공
가방
에서 활
니다.
逸 · 鄭惠允
薰 선생에게 감

(編者)

敎學 漢字・漢文 학습의 길잡이

漢字活用辭典

金東吉 編

㈱敎學社

대한(大韓)의 젊은이들은 머리 쓰는 과학 분야에서부터 음악 등의 예능 부문, 그리고 운동 경기나 바둑에 이르기까지 모든 영역에서 그 두각(頭角)을 지구촌 곳곳에서 나타내고 있습니다. 한자 [illegible] 부라 하여 그 예외가 될 수는 없지 않겠습니까? 이 사전을 [illegible] 이나 포켓에 넣어 가지고 다니면서 필요할 때마다 그 자리 [illegible] 용하는 열성으로 한자에 관한 지식을 쌓아가기를 기대해 [illegible]

끝으로 이 사전을 엮는 데 있어 도와 준 金定吉 · 金 [illegible] 세 분과 필순(筆順) · 행서(行書)의 글씨를 써 준 柳 [illegible] 사의 인사를 드립니다.

2003년 11월 일

편 [illegible]

사전을 어떻게 활용할 것인가!

알고자 하는 한자를 찾으려고 하면 : 校門의 '校'를 예로 들어볼 때,

첫째, 부수를 알면 : 한 자 한 자의 한자를 부수(部首)에 따라 배열하였으니, 부수를 알면 찾을 수 있다.

① '校'는 '木+交'로 이루어진 한자이어서, 부수가 '木'임을 알면, 표지의 안쪽 면에 있는 부수색인에 따라, 이 부수에 딸린 한자는 311페이지부터 실려 있음을 알게 된다.
② 한 부수에 딸린 한자는 그 부수 글자를 뺀 나머지 획의 획수순으로 배열되어 있기에, 校는 '木'의 交의 획수인 6획에서 찾는다.
③ 같은 부수, 같은 획수 안에서는 그 한자의 자음에 따라 가나다 …… 순으로 배열되어 있기에, 이 차례를 따라 찾아 들어가면 다음과 같은 校자가 눈에 띈다.

6 ⑩ 〔校〕*** 一 교: ㊍효: 去效 | xiào, コウ
2336 二 교: 去效 | jiào, コウ

④ 부수를 잘못 알기 쉬운 한자 : '相'은 木부 5획이 아니고 目부 4획이며, '酒'는 氵〔=水〕부 7획이 아니고 酉부 3획이다. 이럴 때 木부나 氵부에서 찾았으나 나오지 않는다 하여 이 사전에는 실려 있지 않다고 지레짐작하지 말고, 자음색인이나 총획색인을 통해 다시 한번 확인하도록 한다.

둘째, 자음을 알면 : 한자는 어느 자이든 그 자의 자음이 있기에, 자음을 알면 사전의 말미에 있는 자음색인에서 찾을 수 있다.

① 자음색인은 국어사전과 같이 가나다 …… 순으로 배열되어 있다.
② '校' 의 자음이 '교' 임을 알고 있으면 자음색인 중에서 '교' 를 찾는다.
③ 같은 자음의 한자가 여럿일 경우에는 한자의 총획수의 순서에 따라 배열하였다. '校' 의 총획수는 10획이므로 '교' 의 10획 부분에서 찾는다.
④ 위의 순서대로 찾아 들어가면 '校 323' 을 찾게 되는데, 323은 '校' 의 풀이가 실려 있는 본문 부분의 페이지를 나타내는 숫자이다.
⑤ 한자 중에는 자음이 둘 이상 있는 것이 많은데 이런 한자는 어느 자음으로 찾아도 찾을 수 있다.

셋째, 부수도 모르고 자음도 모른다면 : 이럴 때는 총획색인에서 찾는다.

① 총획색인은 그 한자의 총획수의 순에 따라 배열해 놓은 찾아보기이다.
② 총획수가 같은 한자가 여럿일 경우에는 부수의 순서에 따랐다.
③ '校' 는 총획수가 10획이고 부수가 '木' 이므로 총획색인의 **10획** 중에 있는 부수 '木' 부분에서 '校 323' 을 찾을 수 있다. 323은 '校' 의 풀이가 실려 있는 본문 부분의 페이지를 나타내는 숫자이다.

이 사전의 짜임은 이렇다

표제자(標題字)

① 〖 〗 안에 들어 있는, 알고자 하는 한 자 한 자의 한자를 표제자라 한다.

② 이 사전에는 다음에 해당하는 한자 6365자를 표제자로 실었다.

○ 교육인적자원부에서 선정한 한문 교육용 기초한자.
○ 대법원 공인 인명용 추가한자.
○ 위 두 가지 한자 중에서 정체(正體) 외에 많이 쓰이고 있는 본자 · 약자 · 속자 등의 이형동자(異形同字).
○ 위 두 가지 한자 중에서 간화자(簡化字)로 쓰게 된 한자.
○ 위 두 가지 한자 외에 엮은이가 꼭 필요하다고 생각하여 수록한 한자.

③ 표제자의 구성

㉠ 한자의 종별(種別)

○ ⁂는 중학교용 기초한자, ⁑는 고등학교용 기초한자, *는 인명용 추가한자임을 나타낸다.

○ 소전은 설문(說文)의 자형을 그대로 보였고, 본자는 바른 자형으로 여겨 온 본래의 자형이고, 동자는 자음 · 새김이 같은 자형이고, 속자약자는 본래의 자형을 변경하였거나 간략화하여 쓰는 이형동자, 행서는 문자 생활에서 쓰는 필기체, 간화는 중국의 간화자의 자형이다.

㉡ 한자의 획수 : 6 ⑩〖校〗⁂ 2336 에서 6은 부수를 뺀 획수, ⑩은 총획수를 나타낸다.

㉢ 문자번호 : 처음부터 표제자의 한 자 한 자에 매긴 0001~6365까지의 고유 번호이다.

자음(字音)

○ 자음에는 우리의 한자음과 중국·일본의 한자음을 나란히 제시하였다.
○ 자음에는 정음(正音)과 관용음(慣用音)의 구별이 있는데, 관용음일 경우에는 ㊍의 약물 다음에 정음을 밝혀 두었다.
○ 자음에는 장음(長音)과 단음(短音)의 구별이 있고, 이에 따라 [새김]이 달라질 경우에는 [一] [二] 로구분하였다.
○ 자음이 둘 이상일 경우에는 [一] [二] 로 구별하여 [새김]도 이에 따라 새겼다.

이 름

○ 우리 나라는 중국이나 일본과는 다르게 '새김+자음' 으로 된 그 한자의 이름이 있어 그를 통해 말로써 그 한자를 다른 한자와 구별할 수 있다. 예를 들면, 자음을 '가'로 읽는 한자에는 '佳·加……', '가:' 로 읽는 한자에는 假·可 등이 있는데, '아름다울 가' 하면 '佳' 자를, '거짓 가:' 하면 '假' 자를 가리키는 이름으로 사용하고 있다. 그래서 그 글자를 대표하는 이름이 되기 때문에 자원 풀이에 앞서 이를 고딕체로 제시하였다.

자원(字源)

한자의 구성과 운용에 관한 6가지 원리인 상형(象形)·

지사(指事) · 회의(會意) · 형성(形聲) · 전주(轉注) · 가차(假借) 등을 자세한 설명과 함께 그 예를 제시하였다. 이를 잘 활용하면 한자의 구성을 쉽게 이해하게 될 것이며 또한 한자를 익히는 효과적이고 능률적인 학습 방법이나 교육 방법이 될 수 있을 것이다.

새 김

○ 새김에는 같은 글자에 두 음이 있거나 음은 같더라도 운목(韻目)을 달리하는 경우에는 ㊀ ㊁ ㊂ …… 의 기호를 써서 구별하였다.

○ ㊀ ㊁ ㊂ 의 안에서는 ① ② ③ …… 의 하위 분류, ① ② ③ …… 안에서는 ㉠ ㉡ ㉢ …… 의 하위 분류에 의하여 풀이하였다.

○ 자의는 자전의 핵심이라는 점을 감안하여 갈래마다 그 글자의 뜻을 이해하는 데 가장 적절하고 쉬운 단어를 제시하였다.

○ 불교에서만 쓰이는 자의는 (佛)의 약물을 두어 일반 자의와 구별하였다.

○ 우리의 선인(先人)들이 새롭게 만들어 쓴 자의에는 國의 약물을 써서 일반적인 자의와 구별하였다.

어휘(語彙)

① 채록의 범위

○ 어휘는 일반 어휘를 주로 채록하되, 고사성어 · 격언을 폭넓게 채록하였다.

○ 인명(人名) · 지명(地名) · 관직명(官職名) · 연호(年號) 등은 채록하지 않았다.

○ 우리 선인들이 만들어 쓴 한자어도 채록하였다.

② 어휘의 풀이

○ 어휘의 표제어(標題語)는 〔 〕 안에 넣고, 그 다음 ( ) 안에 독음(讀音)을 달고, 그 말의 뜻을 간단 명료하게 풀이하였다.

○ 독음은 두음 법칙에 따랐다. 다만 '盟誓(맹세←맹서) · 六月飛霜(유월비상←육월비상)' 과 같이 우리말의 특수성에 따라 한자음에서 벗어나게 읽히는 것은 국어로서의 표기음과 한자음을 함께 밝혀 두었다.

○ 같은 표제어에 독음이 둘 이상 있는 경우에는 ① ② ③으로 나누어 독음을 달고, 단어의 풀이도 그에 맞추어 풀이하였다.

○ 고사성어는 [故]의 약물 뒤에 고사(故事)를 제시하였다.

○ 우리의 한자어에는 [國]의 약물을 두어 한어(漢語)에서 온 말과 구별하였다.

③ 어휘의 배열

○ 표제어의 글자 수에 관계없이 독음의 가나다 …… 순으로 배열하였다.

○ 독음이 같은 표제어에는, 표제어의 둘째 글자의 총획수에 따라 적은 획수를 앞세우고, 그것도 같을 때에는 그 글자의 문자번호의 순에 따랐다.

색인(索引)

총획색인과 자음색인은 이 사전의 말미에 실었다.

1 획 부수 | 一 部

▷명칭:한일
▷쓰임:의부로서의 기능은 없고, 한자의 분류를 위하여 설정한 부수이다.

0 ① 〔一〕*** 일 入質 | yī, イチ·イツ
0001

소전 一 행서 一 통용 壹 이름 한 일 자원 지사. 가로로 한 선을 그어서 '하나'란 뜻을 나타낸다.

필순 一

새김 ❶하나. 한. 수효로서의 하나. ¶聞$_2$一$_1$知$_4$十$_3$(들을 문, 一, 알 지, 열 십)하나를 듣고 열을 앎. ❷한 번. ¶一別(一, 헤어질 별)한 번 헤어짐. ❸첫째. 최고. ¶一流(一, 갈래 류) 여러 계층에서 첫째 가는 부류. ❹같다. ¶同一(같을 동, 一) 하나의 사물인 것처럼 꼭 같음. ❺온. 모두. 죄다. ¶一掃(一, 쓸 소)죄다 쓸어버림. ❻한결같이. 오로지. ¶一向(一, 향할 향)한결같이. 언제나. 예氣體候 一萬康하옵십니까?
〔一家見〕(일가견) 어떤 문제에 대하여, 개인의 일정한 체계를 갖춘 견해.
〔一家親戚〕(일가친척) 동성 동본의 일가와 외척·인척의 모든 겨레붙이.
〔一刻〕(일각) ①매우 짧은 동안. ②한 시간의 4분의 1. 곧 15분. 「은 오두막집.
〔一間斗屋〕(일간두옥) 한 칸밖에 안 되는 작
〔一擧兩得〕(일거양득) 한 가지 일을 하여 두 가지의 이익을 얻음. 일석이조(一石二鳥).
〔一貫〕(일관) ①한 이치로 모든 일을 꿰뚫음. ②처음부터 끝까지 한결같음.
〔一當百〕(일당백) 한 사람이 100사람을 당함. 매우 용맹하거나 능력이 뛰어남의 비유.
〔一刀兩斷〕(일도양단) 단칼에 두 동강을 냄. 머뭇거리지 않고 과감히 처리함의 비유.
〔一蓮托生〕(일련탁생) ①(佛)함께 극락에 왕생할 것을 다짐하고 죽을 때까지 서로 함께 살아감. ②좋든 나쁘든 행동과 운명을 같이 함.
〔一律〕(일률) ①똑같은 음률(音律). ②하나의 규율. 또는 법률. ③같은 방법. 같은 내용.
〔一望無際〕(일망무제) 한 눈에 다 바라볼 수 없을 만큼 넓고 멀어서 끝이 없음.
〔一網打盡〕(일망타진) 한 번 그물을 쳐서 모조리 잡음. 한꺼번에 모두 잡아내거나 소탕함의 형용. 「기로 서로 통함.
〔一脈相通〕(일맥상통) 생각·처지 등이 한 줄
〔一鳴驚人〕(일명경인) 한 마디 말을 하여 사람들을 놀라게 함.
〔一變〕(일변) ①아주 달라짐. ②한 번 바뀜.
〔一絲不亂〕(일사불란) 질서가 정연하여 조금도 흐트러진 데나 어지러운 데가 없음.
〔一石二鳥〕(일석이조)＝一擧兩得(일거양득).
〔一瞬〕(일순) 눈을 한 번 깜박임. 아주 짧은 시간의 비유. 찰나(刹那).
〔一視同仁〕(일시동인) 누구든 차별 없이 보아 똑같이 사랑함.
〔一魚濁水〕(일어탁수) 한 마리의 물고기가 물을 흐리게 한다는 뜻으로, 한 사람의 잘못으로 여러 사람이 해를 입게 됨을 비유하여 이르는 말.
〔一葉片舟〕(일엽편주) 한 척의 쪽배.
〔一日三省〕(일일삼성) 하루에도 여러 번 스스로를 반성함.
〔一場春夢〕(일장춘몽) 한바탕의 봄꿈이란 뜻으로, 헛된 영화나 덧없는 일을 이르는 말.
〔一點紅〕(일점홍) ①무리 중에서 오직 하나만이 특별히 뛰어남의 비유. ②많은 남자들 사이에 끼어 있는 한 사람의 여자.
〔一觸卽發〕(일촉즉발) 한 번 건드리기만 하면 곧 폭발한다는 뜻으로, 사소한 일이 계기가 되어 크게 터질 수 있는 아슬아슬한 형세를 이르는 말. 「지가 서로 같음.
〔一致〕(일치) ①어긋남이 없이 꼭 맞음. ②취
〔一敗塗地〕(일패도지) 한 번 여지없이 패하여 다시 일어날 수가 없게 됨.
〔一片丹心〕(일편단심) 진정으로 우러나오는 충성스러운 마음과 극진한 정성.
〔一筆揮之〕(일필휘지) 한 번 붓을 휘두른다는 뜻으로, 글을 단숨에 죽 내리 씀을 이르는 말. 「얻음.
〔一攫千金〕(일확천금) 단번에 많은 재물을
▷乾坤一擲(건곤일척)·群鷄一鶴(군계일학)·歸一(귀일)·均一(균일)·單一(단일)·萬一(만일)·不一(불일)·純一(순일)·危機一髮(위기일발)·唯一(유일)·專一(전일)·頂門一針(정문일침)·終始如一(종시여일)·知行合一(지행합일)·滄海一粟(창해일속)·統一(통일)·畫一(획일)

1 ② 〔丁〕*** 一 정 平青 | dīng, テイ·チョウ
二 정 平庚 | zhēng, トウ·チョウ
0002

소전 个 행서 丁 이름 고무래 정 ※자의에서 온 새김이 아니고, 자형이 고무래를 닮았기에 붙여진 이름이다. 자원 상형. 못〔釘〕을 옆에서 본 모양. 새김은 가차.

필순 一 丁

새김 一❶넷째 천간. 차례로 넷째. ¶丁未士禍(정미사화). 정미년인 1547년(明宗 2년)에 일어난 사화. ❷성인(成人)이 된 남자. ¶壯丁(장년 장, 一)장년의 남자. ❸일꾼. 남자 일꾼. ¶

園丁(정원 원, 一)정원을 맡아 보살피는 일꾼. ❹당하다. 만나다. ¶丁憂(一, 친상 우)부모의 상사를 당함. 三❶소리의 형용. ¶丁丁(一, 一) 나무를 베기 위해 도끼로 치는 소리나 바둑을 두는 소리의 형용. ❷國단위 이름. 초·먹·활 등을 세는 단위. ¶墨一丁(묵 일정).

〔丁艱〕(정간) 부모상을 당함. 정우(丁憂).

〔丁男〕(정남) 성년이 된 남자. 장정(壯丁).

〔丁年〕(정년) ①태세(太歲)의 천간이 '丁'으로 된 해. ②성년이 되는 나이.

〔丁寧〕(정녕) 틀림없이 꼭.

〔丁夜〕(정야) 오전 2시를 전후한 2시간. 사경(四更).

▷ 目不識丁(목불식정)·白丁(백정)·兵丁(병정)·成丁(성정)

1 ② 〔七〕*** 칠 入質 | qī, シチ

0003

소전 행서 이름 일곱 칠 자원 지사. 一은 지평선이고, ㄴ은 땅 속에서 나오는 기(氣)의 모양. 새김은 가차.

필순 一 七

새김 ❶일곱. ¶七人(一, 사람 인)일곱 사람. ❷일곱 번. ¶七顚八起(一, 넘어질 전, 여덟번 팔, 일어날 기)일곱 번 넘어졌다가 여덟 번 일어남. 여러 번의 실패에도 굽히지 않고 다시 일어남의 형용.

〔七去之惡〕(칠거지악) 옛날에 아내를 내쫓을 수 있는 일곱 가지 조건. 곧 시부모에게 순종하지 않는 일, 자식을 못 낳는 일, 음란한 일, 질투하는 일, 나쁜 질병이 있는 일, 말이 많은 일, 도둑질하는 일.

〔七寶丹粧〕(칠보단장) 國여러 가지 패물로 몸단장을 함. 또는 그 단장.

〔七步才〕(칠보재) 일곱 걸음을 걸을 동안에 시를 지을 만한 재주란 뜻으로, 썩 뛰어난 글재주를 이르는 말.

〔七顚八倒〕(칠전팔도) 일곱 번 넘어지고 여덟 번 거꾸러짐. 여러 번 실패를 거듭하거나 갖은 고생을 함의 형용.

〔七情〕(칠정) 사람의 일곱 가지 감정. ㉠희(喜)·노(怒)·애(哀)·구(懼)·애(愛)·오(惡)·욕(欲). ㉡희·노·애·낙(樂)·애(愛)·오·욕. ㉢(佛)희·노·우(憂)·구·애(愛)·증(憎)·욕.

〔七縱七擒〕(칠종칠금) 책략을 잘 써서 상대방을 심복(心服)시킴의 비유. 故제갈량(諸葛亮)이 맹획(孟獲)을 일곱 번 사로잡았다가 일곱 번 놓아 주어, 그로 하여금 심복하게 하였다는 고사.

2 ③ 〔万〕* 만: 萬(4541)의 고자·간화자

0004

2 ③ 〔三〕*** 삼 平覃 | sān, サン

0005

소전 행서 이름 석 삼 자원 지사. 가로로 세 획을 그어 '셋'의 수효를 나타낸다.

필순 一 二 三

새김 ❶셋. 參(0622)은 갖은자. ¶三人(一, 사람 인)세 사람. ❷세 번. ¶三娶(一, 장가들 취) 세 번째 장가듦. ❸여러 번. 자주. ¶三思(一, 생각할 사)여러 번 생각함.

〔三綱〕(삼강) 군신(君臣)·부자(父子)·부부(夫婦) 사이에 지켜야 할 세 가지 도리. 곧 군위신강(君爲臣綱)·부위자강(父爲子綱)·부위부강(夫爲婦綱).

〔三顧草廬〕(삼고초려) 인재를 등용하기 위해 정성을 다함. 故촉한(蜀漢)의 유비(劉備)가 제갈량(諸葛亮)을 맞아들이기 위하여 그의 집을 세 번이나 찾아갔던 고사.

〔三公六卿〕(삼공육경) 영의정·좌의정·우의정의 삼정승과 육조의 판서.

〔三樂〕(삼락) 군자(君子)의 세 가지 즐거움. 곧 부모가 다 계시고 형제가 무고한 일, 하늘과 사람에게 부끄러움이 없는 일, 천하의 영재(英才)를 얻어 교육하는 일.

〔三昧境〕(삼매경) (佛)마음을 오직 한 가지 일에 집중하는 일심불란(一心不亂)의 경지.

〔三不去〕(삼불거) 칠거지악이 있는 아내라도 내쫓지 못하는 세 가지 경우. 곧 돌아가도 의지할 곳이 없는 경우, 부모의 삼년상을 같이 치른 경우, 장가들 때에 가난해서 같이 고생하다가 뒤에 부귀를 누리게 된 경우.

〔三三五五〕(삼삼오오) 서너 사람 또는 너더댓 사람씩 무리지어 있는 모양.

〔三尺童子〕(삼척동자) 키가 석자에 지나지 않는 어린아이. 곧 철모르는 어린애.

〔三遷之敎〕(삼천지교) 자녀 교육에 나쁜 영향을 미치는 환경을 피해 집을 세 번 옮긴 일. 故맹자(孟子)의 어머니가 맹자의 교육을 위해 묘지(墓地) 옆에서 저자 곁으로, 저자 곁에서 다시 학교 옆으로 집을 옮겼던 고사.

〔三寒四溫〕(삼한사온) 겨울철에 우리나라에서 주기적으로 기온이 바뀌는 현상. 대개 사흘이 추우면 다음 나흘은 따뜻함.

▷ 作心三日(작심삼일)·張三李四(장삼이사)·朝三暮四(조삼모사)

2 ③ 〔上〕*** 一 상: 去漾 shàng, ジョウ 二 상: 上養 shǎng, ジョウ

0006

소전 행서 이름 一위 상: 二오를 상: 자원 지사. 一은 기준선. 그 기준선의 위임을 卜의 부호로 나타냈다.

필순 丨 ⺊ 上

새김 下(0010)의 대. ㊀❶㉠위. ¶地上(땅 지, —)땅의 위. ㉡꼭대기. ¶山上(산 산, —)산꼭대기. ❷신분·지위·수준 등이 높다. ¶上等(—, 등급 등)높은 등급. ❸임금. 상감. ¶主上(임금 주, —)임금. ❹손윗사람. ¶上下(—, 아랫사람 하)손윗사람과 손아랫사람. ㉢— 老少. ❺가. 언저리. 곁. ¶川上(내 천, —)냇가. ❻하늘. ¶上天(—, 하늘 천)하늘. ❼옛날. 또는 시간이나 순서의 앞. ¶上古(—, 예 고)퍽 오랜 옛날. ❽~에서. 무엇을 하는 데 있어서. ¶歷史上(지날 력, 사기 사, —)지금까지 지나온 과정에 있어서. ㊁❶오르다. ㉠위로 올라가다. ¶上昇(—, 오를 승)위로 올라감. ㉡서울 쪽으로 가다. ¶上京(—, 서울 경)시골서 서울로 올라감. ❷올리다. ㉠바치다. ¶上書(—, 글 서)윗사람에게 글이나 편지를 올림. ㉡내놓아 보이다. ¶上演(—, 연기할 연)무대에 연극·영화·연주 등을 올려 여러 사람에게 보임.

〔上監〕(상감) 國 임금의 높임말.

〔上客〕(상객) ①지위가 높은 손님. 상빈(上賓). ②혼인 때, 가족 중에서 신부나 신랑을 데리고 가는 사람. 후행(後行).

〔上告〕(상고) ①윗사람에게 알림. ②제2심(第二審) 판결에 불복하여 상급 재판소에 내는 상소(上訴).

〔上納〕(상납) ①나라에 조세를 바침. ②윗사람에게 금품을 바침.

〔上流〕(상류) ①강물 따위가 흘러내리는 위쪽. 또는 그 지역. ②사회적 지위나 생활 수준 및 교양 등이 높은 계층.

〔上白是〕(상백시) 國 웃어른에게 올리는 편지의 첫머리나 끝에 쓰는 문투. '말씀을 사뢰납니다' 라는 뜻.

〔上疏〕(상소) 임금에게 글을 올림. 또는 그 글.

〔上旬〕(상순) 초하루부터 초열흘까지의 동안. 상한(上澣). 초순(初旬).

〔上申〕(상신) 상부 기관이나 윗사람에게 의견·상황 따위를 말이나 글로 여쭘. 계고(啓告).

〔上元〕(상원) 음력 정월 보름날.

〔上意下達〕(상의하달) 윗사람의 뜻이나 행동이 아랫사람에게 전달됨.

〔上梓〕(상재) 글을 가래나무에 새김. 곧 책을 출판함.

〔上座〕(상좌) ①윗자리. 높은 자리. ↔하좌(下座). ②절의 주지(住持)·강사(講師)·선사(禪師)가 앉는 자리.

〔上天下地〕(상천하지) 위의 하늘과 아래의 땅. 온 세상.

〔上草〕(상초) 國 품질이 아주 좋은 담배.

〔上厚下薄〕(상후하박) 윗사람에게는 후하고 아랫사람에게는 박함. ↔하후상박(下厚上薄).

▷錦上添花(금상첨화)·無上(무상)·浮上(부상)·沙上樓閣(사상누각)·雪上加霜(설상가상)·世上(세상)·身上(신상)·梁上君子(양상군자)·年上(연상)·陸上(육상)·引上(인상)·頂上(정상)·至上(지상)·紙上(지상)·進上(진상)·天上(천상)·最上(최상)·卓上空論(탁상공론)·向上(향상)·形而上(형이상)

2 ③ 〔与〕 0007 여: 與(4366)의 약자·간화자

2 ③ 〔丂〕 0008 우 于(0081)와 동자

2 ③ 〔丈〕** 0009 장: 上 養 | zhàng, ジョウ

소전 행서 이름 어른 장: 자원 회의. 十+又→丈. 十은 지팡이 모양, 又는 손. 손에 지팡이를 들고 있는 모양. 그래서 '어른' 의 뜻이 된다.

필순 一 ナ 丈

새김 ❶어른. 사람의 칭호·별호·직함에 붙여 '어른' 의 뜻을 나타내는 말. ¶兄丈(형 형, —)평교간에 상대방을 높여 부르는 말. ❷씩씩하다. ¶丈夫(—, 사나이 부)다 자란 씩씩한 사나이. 예軒軒—. ❸장. 길이의 단위. 1장은 10척(尺). ¶一丈六尺(일장육척).

〔丈六〕(장륙) (佛)1장(丈) 6척(尺). 불상의 키. 인신하여, 불상.

〔丈母〕(장모) 아내의 친정 어머니. 빙모(聘母).

〔丈席〕(장석) 학문과 덕망이 높은 사람.

〔丈人〕(장인) 아내의 친정 아버지. 빙부(聘父). 악부(岳父).

▷老人丈(노인장)·波瀾萬丈(파란만장)·方丈(방장)·査丈(사장)·椿府丈(춘부장)·函丈(함장)

2 ③ 〔下〕*** 0010 ㊀하 上 馬 xià, カ・ゲ ㊁하: 去 禡 xià, カ・ゲ

소전 행서 이름 ㊀아래 하: ㊁내릴 하: 자원 지사. 一는 기준선. 그 기준선의 아래임을 卜의 부호로 나타냈다.

필순 一 丅 下

새김 上(0006)의 대. ㊀❶아래. ㉠밑. 아래쪽. ¶地下(땅 지, —)땅의 아래. 곧 땅 속. ㉡아래에. 어떤 조건이나 환경에 놓여 있다. ¶侍下(모실 시, —)조부모나 부모를 모시고 있는 가정 환경. ㉢어떤 자리에 있는 사람을 높이는 말. ¶閣下(집 각, —)일정한 고급 공무원에 대한 높임말. ❷아랫사람. ¶部下(거느릴 부, —)거느리고 있는 아랫사람. ❸신분·지위·수준 등이 낮다. ¶下位(—, 자리 위)낮은 자리나 위치. ❹뒤. 시간이나 순서의 뒤. ¶下旬(—, 열흘 순)

한 달 가운데 뒤의 열흘. 곧 21일~말일까지의 동안. [二]❶내리다. ㉠어떤 곳으로 내려오다. ¶下$_{2}$山$_{1}$(—, 뫼 산)산에서 내려옴. ㉡중심에서 먼 곳으로 가다. ¶下$_{2}$鄕$_{1}$(—, 시골 향)시골로 내려감. ㉢내려주다. ¶下$_{2}$命$_{1}$(—, 명령 명)명령을 내림. ❷떨어지다. 낮아지다. ¶低下(낮을 저, —)물가·능률 등이 떨어져 낮아짐.

〔下嫁〕(하가) 공주나 옹주(翁主)가 신하에게 시집감. 「봄을 높혀 이르는 말.

〔下鑑〕(하감) 아랫사람이 올린 글을 윗사람이

〔下降〕(하강) ①아래로 내려옴. ②웃어른이 찾아옴의 높임말. ③하가(下嫁).

〔下剋上〕(하극상) 신분이나 계급이 낮은 사람이 윗사람을 꺾어 누르고 오름. 「계층.

〔下流〕(하류) ①강의 아래쪽. ②낮은 지위나

〔下馬評〕(하마평) 고관에 임명될 후보자에 관하여 세상에 떠도는 풍문.

〔下手人〕(하수인) ①손을 대어 직접 사람을 죽인 사람. ②남의 밑에서 졸개 노릇 하는 사 〔람.

〔下野〕(하야) 관직(官職)에서 물러남.

〔下筆〕(하필) 붓을 댐. 시문을 짓거나 글씨를 쓰거나 그림을 그림.

〔下懷〕(하회) 어른에게 자기의 마음이나 뜻을 낮추어 이르는 말. 하정(下情).

▷却下(각하)·降下(강하)·格下(격하)·貴下(귀하)·廊下(낭하)·燈下不明(등하불명)·莫上莫下(막상막하)·目下(목하)·門下(문하)·上下(상하)·手下(수하)·臣下(신하)·殿下(전하)·足下(족하)·天下(천하)·陛下(폐하)·形而下(형이하)

3 ④ 〔不〕*** [一]불 [入]物 | bù, フ·ブ
[二]부 ㊍부: [上]有 | fǒu, フ·ブ
0011

소전 행서 이름 [一]아닐 불 [二]아닐 부 자원 상형. 새김은 가차.

필순 一 丆 不 不

새김 [一]아니다. ㉠不$_{2}$夜$_{1}$城$_{3}$(—, 밤 야, 성 성)밤이 아닌 성. 곧 등불이 많아서 밤인데도 낮같이 밝은 곳. ㉡아니하다. ¶不$_{2}$通$_{1}$(—, 통할 통)통하지 아니함. ㉢못하다. ¶寡$_{1}$不$_{4}$敵$_{3}$衆$_{2}$(적을 과, —, 대적할 적, 많을 중)적은 수로는 많은 수를 대적하지 못함. [二]뜻은 [一]과 같다. 우리말에서는 '不' 다음에 놓인 자의 초성이 'ㄷ·ㅈ'일 때 '부'로 읽는다. ¶不$_{2}$動$_{1}$(—, 움직일 동)움직이지 아니함. 不$_{2}$正$_{1}$(—, 바를 정)바르지 아니함.

〔不當〕(부당) ①사리에 맞지 아니함. 도리에 벗어나 정당하지 않음. ②당해 낼 수 없음.

〔不得已〕(부득이) 마지못하여. 하는 수 없이.

〔不實〕(부실) ①어떤 일에 성실하지 못함. ②몸이나 마음이 옹골차지 못하고 약함. ③내용이나 실속이 없음.

〔不知不識間〕(부지 불식간) 생각지도 알지도 못하는 사이에. 또는 저도 모르는 사이에.

〔不可〕(불가) ①옳지 않음. ②찬동할 수 없음. ③할 수 없음. 「없음.

〔不可分〕(불가분) 나누려고 해도 나눌 수가

〔不俱戴天〕(불구대천) 함께 하늘을 이지 못한다는 뜻으로, 이 세상에서 함께 살아갈 수 없음을 이르는 말. 예—의 원수.

〔不勞所得〕(불로소득) 생산적 노동에 직접 종사하지 않으면서 얻는 소득. 「한 일.

〔不祥事〕(불상사) 상서롭지 못한 일. 좋지 못

〔不撓不屈〕(불요불굴) 마음이 흔들리거나 굽힘이 없이 강함. 「두지 아니함.

〔不意〕(불의) ①뜻밖. 의외(意外). ②마음에

〔不義〕(불의) 의리나 정의에 어긋남. 인도(人道)에 어긋남. 「음.

〔不忍之心〕(불인지심) 차마 하지 못하는 마

〔不察〕(불찰) 자세히 살펴보지 않아서 생긴 잘못. 「를 낮추어 이르는 말.

〔不肖子〕(불초자) 부모에 대하여 아들이 자기

〔不偏不黨〕(불편부당) 어느 편에도 치우치지 않고 중립(中立)을 취함.

〔不朽〕(불후) 가치나 의의가 영원하도록 변하거나 없어지지 아니함.

▷堅忍不拔(견인불발)·固執不通(고집불통)·過門不入(과문불입)·過猶不及(과유불급)·燈下不明(등하불명)·銘心不忘(명심불망)·手不釋卷(수불석권)·搖之不動(요지부동)·欲速不達(욕속부달)·表裏不同(표리부동)

알아둘 지식

*不遷位(불천위)와 遞遷位(체천위)

우리의 유교 사상에서는 4대 봉사를 원칙으로 하여 기제사는 고조(高祖)까지 받들고, 고손(高孫)이 끊어지면 신주를 무덤 앞에 묻고 기제사를 올리지 않는다.

이 경우 맏집 고손이 죽으면, 맏집의 4대 봉사는 끝났으므로 4대 이내의 자손들 중에서 가장 항렬이 높은 사람이 그 제사를 받들기 위해서 그 신주를 자기 집으로 옮겨 가고, 이 분이 또 죽으면 이같은 방법으로 차례로 옮겨 제사를 받들다가 더 옮겨갈 고손이 없으면 매안(埋安)하는데, 이를 체천위라 한다.

그러나, 나라에 큰 공훈이 있는 사람은 그 공훈을 영원히 기리기 위하여, 체천을 하지 않고 영구히 사당에 위해 두는 것을 나라에서 허락해 주는데, 이를 불천위라 한다.

3 ④ 〔专〕 전 專(1242)의 간화자
0012

3 ④ 〔丑〕*** [一]축 ㊍추: [上]有 | chǒu, チュウ
[二]추: [上]有
0013

소전 丑 행서 丑 이름 ㊀소 축 ㊁사람이름 추: 자원 상형. 손가락 끝에 힘을 주어, 세차게 물건을 잡는 모양. 새김은 가차.

필순 ㇆ 𠃌 丑 丑

새김 ㊀둘째 지지. 육십갑자의 아랫부분의 요소. 방위로는 북북동, 시간으로는 오전 1~3시 사이, 동물로는 소에 배당된다. ㊁❶사람 이름. ¶公孫丑(공손추): 맹자(孟子)의 제자로, 公孫은 성이고 丑는 이름. ❷醜(5544)의 간화자.
〔丑年〕(축년) 태세의 지지가 축으로 된해.
〔丑末〕(축말) 축시(丑時)가 끝날 무렵. 곧 오전 3시경.
〔丑月〕(축월) 음력 12월.
▷乙丑(을축)·丁丑(정축)·己丑(기축)·辛丑(신축)·癸丑(계축)

4 ⑤ 〔丘〕** 구 平尤 qiū, キュウ
0014

소전 丘 행서 丘 동자 邱 이름 언덕 구 자원 상형. 언덕의 모양을 본떴다.

필순 ノ 𠂆 𠂇 斤 丘

새김 ❶언덕. 작은 산. ¶丘陵(一, 언덕 릉)언덕. 예一地帶. ❷무덤. 묘. ¶丘木(一, 나무 목)무덤 주위에 있는 나무.
〔丘里〕(구리) 고향. 향리(鄕里).
〔丘封〕(구봉) 무덤. 구분(丘墳).
〔丘山〕(구산) ①언덕과 산. ②무덤.
〔丘壑〕(구학) ①언덕과 골짜기. ②깊은 사려(思慮)의 비유. ③곤경(困境)의 비유.
▷比丘(비구)·靑丘(청구)

4 ⑤ 〔东〕 동 東(2271)의 간화자
0015

4 ⑤ 〔丙〕*** 병: 上梗 bǐng, ヘイ
0016

소전 丙 행서 丙 이름 남녘 병: 자원 상형. 물건을 올려놓는 대의 모양. 새김은 가차.

필순 一 𠂇 丙 丙 丙

새김 셋째 천간. 방위로는 남쪽, 차례로는 셋째. ¶丙子(병자).
〔丙科〕(병과) 과거(科擧) 성적의 셋째 등급.
〔丙時〕(병시) 이십사시의 열두째 시. 곧 상오 10시 30분부터 11시 30분까지의 동안.
〔丙夜〕(병야) 삼경(三更). 밤 11시부터 다음 날 새벽 1시 사이.
〔丙坐〕(병좌) 묏자리나 집터 따위가 남쪽을 등진 좌향(坐向).

4 ⑤ 〔丕〕* 비 平支 pī, ヒ
0017

소전 丕 행서 丕 이름 클 비 자원 형성. 不+一 → 丕. 不(불)의 변음이 성부.
새김 크다. 주로 임금에 관한 일에 쓴다. ¶丕業(一, 일 업)나라를 세우는 큰 사업.
〔丕命〕(비명) 군주의 명령. 대명(大命).
〔丕子〕(비자) 임금의 적장자(嫡長子). 원자(元子).
〔丕顯〕(비현) ①크게 나타남. ②영명(英明)함.
〔丕訓〕(비훈) 큰 가르침. 큰 훈계.

4 ⑤ 〔丝〕 사 絲(3993)의 간화자
0018

4 ⑤ 〔世〕*** 세: 去霽 shì, セ·セイ
0019

소전 世 고자 卋 행서 世 이름 인간 세: 자원 회의. 十을 석자 묶어놓고, 30년을 나타내어 사람의 한 대를 뜻하게 만든 자.

필순 一 十 卄 卄 世

새김 ❶인간. 사람이 사는 세상. ¶亂世(어지러울 란, 一)어지러운 세상. ❷대. 이어져 내려오는 가계의 대수. 예十世孫(십세손). ❸대대로. ¶世襲(一, 이어받을 습)대대로 이어서 물려받음. 예一財産. ❹맏. 또는 대를 잇다. ¶世子(一, 아들 자)왕위를 물려받을 왕자. ❺때. ㉠중국이나 우리나라·일본에서는 30년 동안. ¶世代(一, 대 대)약 30년 정도의 차이를 두고 이루어지는 비슷한 연령층의 사람들. 예一交替. ㉡서양에서는 100년 동안. ¶世紀(一, 대기)연대에서 100년을 단위로 하는 동안. 예21一. ㉢역사상의 시대 구분. ¶中世(가운데 중, 一)역사의 시대 구분의 하나. 예一史.
〔世間〕(세간) 사람들이 살아가는 세상.
〔世居〕(세거) 한 곳에서 대대로 삶.
〔世系〕(세계) 조상으로부터 내려오는 대대의 계통.
〔世界觀〕(세계관) 세계 구성의 의의(意義)나 가치에 대한 견해와 입장.
〔世念〕(세념) 세상살이에 대한 온갖 생각.
〔世帶〕(세대) 한 살림을 이루고 있는 각각의 가정.
〔世道人心〕(세도인심) 세상의 도의(道義)와 사람의 마음.
〔世俗五戒〕(세속오계) 신라 진평왕(眞平王) 때, 원광법사(圓光法師)가 지은 화랑(花郞)의 다섯 가지 계율. 곧 사군이충(事君以忠)·사친이효(事親以孝)·교우이신(交友以信)·임전무퇴(臨戰無退)·살생유택(殺生有擇).
〔世誼〕(세의) 대대로 사귀어 온 정의.
〔世稱〕(세칭) 세상에서 흔히 말함.
〔世態〕(세태) 세상의 현실 상태.

알아둘 지식

*世와 代

①世의 사용법
㉠세대(世代)를 말할 때에는 代는 쓰지 않고 世만 쓴다. 예僑胞二世.
㉡족보의 세계(世系)에서는 世만 쓴다. 예나는 金海金氏 七十二世이다. (※始祖가 一世이다)
②代의 사용법
㉠이어져 내려오는 가계의 대수를 말할 때에는 世는 쓰지 않고 代만 쓰되, 世數에서 1을 빼고 대수를 계산한다. 예나는 金海金氏 始祖 首露王의 七十一代孫이다.
㉡양수사로는 世는 쓰지 않고 代만 쓴다. 예三代에 걸쳐 富를 누렸다.

▷隔世(격세)·曲學阿世(곡학아세)·救世(구세)·近世(근세)·今世(금세)·來世(내세)·末世(말세)·三世(삼세)·先世(선세)·盛世(성세)·俗世(속세)·厭世(염세)·前世(전세)·絶世(절세)·處世(처세)·出世(출세)·治世(치세)·現世(현세)·後世(후세)

4 ⑤ 〔业〕 0020 업 業(2428)의 간화자

4 ⑤ 〔且〕*** 0021 차: 上 馬 | qiě, シャ

소전 且 행서 且 이름 또 차: 자원 상형. 제상 위에 제물을 괴어 놓은 모양. 새김은 가차.

필순 丨 冂 月 月 且

새김 ❶또. ㉠그 위에 또. ~하면서 또. ¶重且大(무거울 중, 一, 큰 대) 책임이 무거우면서도 또 큼. ㉡且A且B의 문형으로 쓰여, 한편으로는 ~하면서 또 한편으로는 ~하다. ¶且驚且喜(一, 놀랄 경, 一, 기뻐할 희)한편으로는 놀라기도 하면서 또 한편으로는 기뻐하기도 함. ❷잠시. ¶且置(一, 둘 치)잠시 내버려둠. ❸구차하다. ¶苟且(구차할 구, 一)㉮떳떳하지 못하고 구구함. ㉯매우 가난함. ❹막 ~하려 하다. 〔詩經〕會且歸矣(모일 회, 一, 돌아갈 귀, 어조사 의) 모였다가 막 돌아가려 한다.
〔且問且答〕(차문차답) 한편으로는 물으면서 한편으로는 대답함.
〔且夫〕(차부) 게다가. 더군다나. 발어사.
〔且猶〕(차유) 오히려.
〔且戰且走〕(차전차주) 한편으로는 싸우기도 하고 또 한편으로는 달아나기도 함.

4 ⑤ 〔从〕 0022 총 叢(0639)의 간화자

5 ⑥ 〔両〕 0023 량: 兩(0362)의 속자

5 ⑥ 〔丞〕* 0024 승 平 蒸 | chéng, ジョウ

소전 丞 행서 丞 이름 도울 승 자원 회의 卩+凵+收→丞. 卩은 앉아 있는 사람, 凵은 구덩이, 收는 좌우의 두 손. 구덩이에 빠진 사람을 두 손으로 도와 끌어올린다는 뜻.

새김 ❶돕다. 보좌하다. ¶丞相(一, 재상 상)임금을 보좌하는 재상. ❷벼슬 이름. ㉠정승. ¶政丞(정사 정, 一) 영의정·좌의정·우의정의 벼슬. ㉡각 관아의 부관. ¶驛丞(역 역, 一) 역참에 관계되는 일을 맡아보던 벼슬.

5 ⑥ 〔夹〕 0025 협 夾(1008)의 간화자

6 ⑦ 〔两〕 0026 량: 兩(0362)의 속자·간화자

6 ⑦ 〔丽〕 0027 려: 麗(6308)의 간화자

6 ⑦ 〔严〕 0028 엄 嚴(0798)의 간화자

7 ⑧ 〔並〕** 0029 병: 上 迥 | bǐng, ヘイ

소전 並 행서 竝 동자 竝 이름 나란히 병: 자원 회의. 立+立→竝→並. 두 사람이 나란히 서 있다는 뜻.

필순 丶 丷 䒑 𠂉 並 並 並 並

새김 ❶나란히. 다 함께. ¶並進(一, 나아갈 진) 나란히 함께 나아감. ❷나란히 하다. ¶並肩(一, 어깨 견)어깨를 서로 나란히 함.
〔並力〕(병력) 힘을 한데 아우름.
〔並列〕(병렬) 나란히 벌여 서거나 벌여 세움.
〔並立〕(병립) 함께 섬.
〔並用〕(병용) 아울러 씀. 같이 씀.
〔並唱〕(병창) 악기를 타면서 그것에 맞추어 노래를 부름.
〔並稱〕(병칭) ①모두가 칭찬함. ②아울러서 일컬음.
〔並合〕(병합) 하나로 합침.
〔並行〕(병행) ①나란히 감. ②두 가지가 함께 유통됨. ③둘 이상의 일이 한꺼번에 유행됨.

7 ⑧ 〔丧〕 0030 一상: 二상 喪(0757)의 간화자

1 획 부수 丨 部

▷명칭: 뚫을곤
▷쓰임: 뚫다·꿰다의 뜻을 나타내는 한자의 부수로 쓰였다.

2 ③ 〔个〕 0031 ㊀개 箇(3834)와 동자 ㊁개: 個(0242)의 간화자

3 ④ 〔中〕*** 0032 ㊀중 平東 zhōng, チュウ ㊁중: 去送 zhòng, チュウ

소전 中 행서 中 이름 ㊀가운데 중 ㊁맞을 중: 자원 지사. 어떤 사물의 한가운데를 세로의 한 획으로 꿰뚫고 있다는 뜻.

필순 丶 ㄇ ㅁ 中

새김 ㊀❶가운데. ㉠한가운데. ¶中央(—, 가운데 앙)중심이 되는 곳. 예—政府. ㉡중간. 두 사물의 사이. ¶中繼(—, 이을 계)중간에서 한 쪽의 것을 받아 다른 한 쪽에 넘겨 줌. 예—放送. ㉢중도. 도중. ¶中止(—, 그칠 지)어떤 일을 하다가 중도에 그만둠. ❷속. 안. 어떤 범위의 안. ¶胸中(가슴 흉, —)가슴 속. 예—所懷. ❸무엇이 진행되는 상태나 과정에 있다. ¶交涉中(사귈 교, 건널 섭, —)교섭하는 과정에 있음. ❹치우치지 아니하다. ¶中正(—, 바를 정)치우치지 아니하고 똑바른 상태. ❺(大·中·小, 上·中·下 등의)셋으로 나눈 둘째. ¶中品(—, 물품 품)중등이 되는 물품. ㊁❶맞다. 또는 맞히다. ¶百發百中(일백 백, 쏠 발, —, —)백 번 쏘아 백 번 맞힘. ❷독에 걸리다. ¶中毒(—, 독 독)약물이나 독극물 등의 독성으로 기능 장애를 일으키는 일.

〔中間〕(중간) ①둘 이상의 사물·현상의 가운데나 사이. ②처음과 끝과의 사이.
〔中堅〕(중견) 일정한 조직 안에서 중심적 역할을 하는 사람. 예—社員.
〔中年〕(중년) 마흔 살 안팎의 나이. 예—의 「사나이.
〔中斷〕(중단) 계속하다가 중도에서 멎거나 끊음. 예일시적으로 —해야 할 형편이다.
〔中途〕(중도) 길을 가는 중간.
〔中立〕(중립) 대립하는 두 편 사이에서 어느 한 쪽으로 치우치지 않는 중간적인 입장에 섬. 예—國.
〔中傷〕(중상) 사실이 아닌 말로 남을 헐뜯음. 예—과 비방을 일삼는 사람.
〔中庸〕(중용) 지나치거나 모자라지 않고, 또 어느 한 쪽으로 치우치지 아니하고 알맞은 상태나 정도.
〔中興〕(중흥) 쇠퇴한 것이 중간에 다시 일어남. 예조국의 —에 힘쓴 애국 지사.

▷空中(공중)·忙中閑(망중한)·命中(명중)·門中(문중)·熱中(열중)·五里霧中(오리무중)·集中(집중)

3 ④ 〔丰〕 0033 풍 平東 fēng, フウ

소전 丰 이름 풍채 풍 자원 상형. 초목이 성하게 자라는 모양. '풍채'의 새김은 가차.

새김 ❶풍채. 사람의 의표. 風(6037)과 통용. ¶丰度(—, 태도 도)풍채와 태도. ❷豐(5099)의 간화자.

4 ⑤ 〔电〕 0034 전: 電(5916)의 간화자

6 ⑦ 〔串〕* 0035 ㊀관 本관: 去諫 chuàn, カン ㊁곶 國

행서 串 이름 ㊀꿸 관 ㊁곶 곶 자원 상형. 두 개의 물건을 하나의 막대기에 꿴 모양.

참고 인명용 추가한자는 ㊁의 자음을 '꽂'으로 잡았으나 '꽂'은 새김이고 자음은 '곶'이다.

새김 ㊀❶꿰다. 꼬챙이에 꿰다. ¶串柿(—, 감 시) 곶감. ❷꼬치. 꼬챙이에 꿴 물건을 세는 말. ¶茶十串(차 십관). ㊁곶. 갑(岬). 예長山串(장산곶).

8 ⑨ 〔临〕 0036 림 臨(4355)의 간화자

1 획 부수 丶 部

▷명칭: 점주
▷쓰임: 의부로서의 기능은 없고, 문자의 분류를 위해서 설정한 부수이다.

2 ③ 〔义〕 0037 의: 義(4180)의 속자·간화자

2 ③ 〔丸〕** 0038 환 平寒 wán, ガン

소전 丸 행서 丸 이름 알 환 자원 상형. 활시위에 둥근 알을 먹여 당기는 모양.

필순 丿 九 丸

새김 ❶알. 탄알. ¶彈丸(탄알 탄, —)총이나 포로 쏘는 탄알. ❷동글동글하다. ¶丸藥(—, 약 약)잘고 동글동글하게 빚은 알약. ❸환. 환약이나 먹을 세는 말. ¶牛黃淸心丸三丸(우황청심환 삼환).

〔丸劑〕(환제) 동글동글하게 빚은, 환약(丸藥)으로 된 약제.
▷ 睾丸(고환)·飛丸(비환)·砲丸(포환)

3 ④ 〔丹〕*** ㊀단 平寒 ㊁란 國 | dān, タン
0039

소전 행서 이름 ㊀붉을 단 ㊁거란 란 자원 상형. 단사(丹砂)를 캐는 우물 속에 단사가 있는 모양을 본떴다.

필순 丿 冂 月 丹

새김 ㊀❶붉다. ㉠색깔이 붉다. 또는 붉은색. ¶丹脣(—, 입술 순)여자의 붉은 입술. 예—皓齒. ㉡마음이 붉다. 정성스럽고 참되다. ¶丹心(—, 마음 심)정성어린 마음. 예一片—. ❷영약. 불로장생의 약. ¶仙丹(신선 선, —)신선이 먹는다고 하는 장생불사의 약. ㊁거란(契丹). 요(遼)나라를 세웠던, 중국 북방의 유목 민족의 이름.
〔丹毒〕(단독) 다친 곳으로 균이 들어가 피부가 붉게 붓고 아픈 급성병.
〔丹砂〕(단사) ①수은(水銀)과 유황(硫黃)의 화합물. 약이나 붉은색의 염료로 씀. ②단약(丹藥).
〔丹誠〕(단성) 속에서 우러나오는 뜨거운 정성. 단심(丹心).
〔丹藥〕(단약) 단사로 만든 장생불사의 약.
〔丹粧〕(단장) 머리·얼굴·옷차림 등을 곱게 꾸밈. 예素服—.
〔丹田〕(단전) 배꼽 아래 세 치쯤 되는 부분.
〔丹靑〕(단청) ①붉은빛과 푸른빛. ②건축물의 채색 그림이나 무늬. 또는 그 칠.
▷ 金丹(금단)·神丹(신단)·鉛丹(연단)·銀丹(은단)·朱丹(주단)·牧丹(모란)

3 ④ 〔为〕 위 爲(3130)의 간화자
0040

④〔之〕 지 丿부 3획(0048)
⑤〔永〕 영 水부 1획(2607)

4 ⑤ 〔主〕*** 주 本주: 上麌 | zhǔ, シュ
0041

소전 행서 이름 주인 주 자원 상형. 등잔에 켜놓은 불꽃의 모양. 등잔불은 좌중의 중심이 되는 자리란 뜻.

필순 丶 亠 亡 丰 主

새김 ❶주인. ㉠한 가정의 주인. 客(1180)의 대. ¶主客(—, 손 객)주인과 손님. ㉡나라의 주인. 임금. ¶君主(임금 군, —)임금. ㉢물건의 주인. 임자. ¶地主(땅 지, —)땅의 임자. ❷주되는. ¶主力(—, 힘 력)주되는 힘. 예—部隊. ❸숭상하다. 〔論語〕 主3忠1信2(주충신)忠과 信을 숭상함. ❹임금의 딸. ¶公主(임금 공, —)임금의 딸. ❺신주. 위패. ¶木主(나무 목, —)나무로 만든 신주. ❻주. 하느님. 예수교의 말. 예主여!
〔主幹〕(주간) ①원줄기. ②어떤 일을 맡아 주장하여 처리함. 또는 그 사람.
〔主客顚倒〕(주객전도) 사물의 경중(輕重)·본말(本末)·선후(先後)·완급(緩急)의 순서가 뒤바뀜.
〔主管〕(주관) 일을 맡아 책임을 지고 관리함.
〔主觀〕(주관) ①개인적인 견해나 관점. ②현실이나 외부 세계에 대해 인식하고, 그에 대응하는 인식과 의지를 가진 주체. 곧 인간.
〔主權〕(주권) ①가장 중요한 권리. ②국가 구성 요소인 최고의 독립된 권리.
〔主禮〕(주례) 예식(禮式)을 주장하여 진행하는 일. 또는 그 일을 맡아 하는 사람.
〔主審〕(주심) ①심사원의 우두머리. ②운동 경기의 심판원의 우두머리. 나 주장.
〔主義〕(주의) 사상·학설에 대한 일정한 태도
〔主將〕(주장) ①우두머리가 되는 장수. ②운동 선수 가운데 그 팀을 대표하는 사람.
〔主酒客飯〕(주주객반) 주인은 손에게 술을 권하고, 손은 주인에게 밥을 권함.
〔主唱〕(주창) 앞장서서 부르짖음.
〔主體〕(주체) ①사물의 중심이 되는 부분. ②행위하는 그 자체. ↔객체(客體).
〔主催〕(주최) 행사·모임 따위를 책임지고 맡아서 엶. 또는 그 당사자.
〔主筆〕(주필) 신문사나 잡지사에서 사설(社說)·논설(論說) 또는 중요한 기사를 주장으로 맡아 쓰는 사람. 또는 그 직분.
▷ 家主(가주)·客主(객주)·救主(구주)·無主孤魂(무주고혼)·喪主(상주)·船主(선주)·城主(성주)·聖主(성주)·施主(시주)·神主(신주)·領主(영주)·翁主(옹주)·錢主(전주)·祭主(제주)·宗主(종주)·株主(주주)·荷主(하주)·戶主(호주)·婚主(혼주)

8 ⑨ 〔举〕 거: 擧(1992)의 간화자
0042

1획 부수 丿 部

▷명칭:삐침
▷쓰임:의부로서의 기능은 없고, 문자의 분류를 위하여 설정한 부수이다.

②〔九〕 구 乙부 1획 (0058)

1 ② 〔乃〕*** 내: 上賄 | nǎi, ダイ
0043

소전 行서 이름 이에 내: 자원 상형. 활시위를 푼 활짱의 모양. 새김은 가차.

필순 ノ 乃

새김 ❶이에. 그래서. 〔書經〕乃命羲和(내명희화)이에 희화를 명하다. ❷곧. ¶人乃天(사람 인, 一, 하늘 천)사람이 곧 하늘임. ❸너. 그대. ¶乃父(一, 아비 부)너의 아버지.
〔乃至〕(내지) ～로부터 ～에 이르기까지.

1 ② 〔乂〕* 예: 去 隊 yì, ガイ
0044

소전 행서 이름 다스릴 예: 자원 상형. 풀을 베는 가위의 모양을 본떴다.
새김 ❶다스리다. 또는 다스려지다. ¶乂安(一, 편안할 안)잘 다스려져 편안함. ❷풀을 베다. 刈(0440)와 동자.

2 ③ 〔久〕*** 구: 上 有 jiǔ, キュウ
0045

소전 행서 이름 오랠 구: 자원 상형. 시체를 뒤에서 막대기로 받치고 있는 모양. '오래다'의 뜻은 가차.

필순 ノ ク 久

새김 오래다. 시간적으로 길다. ¶久遠(一, 멀 원)까마득하게 오래고 멂. 예—한 역사.
▷耐久(내구)·法久弊生(법구폐생)·良久(양구)·永久(영구)·悠久(유구)·日久月深(일구월심)·長久(장구)·恒久(항구)
③〔千〕천 十부 1획(0566)
④〔及〕급 又부 2획(0626)
④〔升〕승 十부 2획(0567)
④〔午〕오 十부 2획(0568)

3 ④ 〔乌〕 오 烏(3046)의 간화자
0046

④〔夭〕요 大부 1획(0997)

3 ④ 〔长〕 ㊀장 長(5764)의 간화자 ㊁장: 長(5764)의 간화자
0047

3 ④ 〔之〕*** 지 平 支 zhī, シ
0048

소전 행서 이름 갈 지 자원 상형. 발자국의 모양. 발자국은 걸어간 자취이기에 '가다'의 뜻을 나타낸다.

필순 丶 亠 ㄗ 之

새김 ❶가다. ¶之東之西(一, 동녘 동, 一, 서녘 서)동쪽으로도 가고 서쪽으로도 감. ❷이. 지시 대명사. ¶左之右之(왼 좌, 一, 오를 우, 一)이를 왼쪽으로도 하고 이를 오른쪽으로도 함. 곧 이리저리 제 마음대로 다룸의 형용. ❸의. 관형격 조사. ¶人之常情(사람 인, 一, 보통 상, 인정 정)(누구나 가지고 있는) 사람의 보통의 인정.
▷蓋世之風(개세지풍)·犬馬之勞(견마지로)·謙讓之德(겸양지덕)·窮餘之策(궁여지책)·塞翁之馬(새옹지마)·易地思之(역지사지)·搖之不動(요지부동)·由是觀之(유시관지)·天壤之判(천양지판)·他山之石(타산지석)·破竹之勢(파죽지세)·懸河之辯(현하지변)

4 ⑤ 〔乐〕 ㊀락 樂(2464)의 간화자 ㊁악 樂(2464)의 간화자 ㊂요 樂(2464)의 간화자
0049

4 ⑤ 〔乍〕* 사 本사: 去 禡 zhà, サ
0050

소전 행서 이름 잠깐 사 자원 상형. 나뭇가지를 휘어잡아 울짱을 만드는 모양. 옛날에는 作(0176)의 본자로 쓰였다.
새김 잠깐. 또는 갑자기. ¶乍晴(一, 갤 청)내리던 비가 잠깐 갬. 예—乍雨.

4 ⑤ 〔乏〕* 핍 入 洽 fá, ボウ
0051

소전 행서 이름 모자랄 핍 자원 지사. 正(2541)을 뒤집어 놓은 모양. 正이 못 되기에 '모자라다'의 뜻을 나타낸다.
새김 모자라다. 또는 가난하다. ¶窮乏(곤궁할 궁, 一)곤궁하고 가난함.
〔乏絶〕(핍절) 양식이나 여비가 떨어져서 매우 곤궁함.
〔乏盡〕(핍진) 재물·정력 등이 죄다 없어짐.
▷缺乏(결핍)·困乏(곤핍)·耐乏(내핍)·貧乏(빈핍)·絶乏(절핍)

4 ⑤ 〔乎〕*** 호 平 虞 hū, コ
0052

소전 행서 이름 어조사 호 자원 상형. 자루가 달린 울림판 위에 몇 개의 혀가 달려 있는 모양. 신(神)을 부를 때 쓰던 기구인 듯하다.

필순 ノ ㇒ ㇒ 乊 乎

새김 ❶어조사. ㉠～느냐? ～랴! 글 끝에 놓아 의문이나 감탄의 뜻을 나타낸다. 〔論語〕不亦樂乎(불역락호)또한 즐겁지 아니하랴! ㉡어세를 세게 하는 접미사. ¶確乎(굳을 확, 一)아주 단단하고 굳음. 예—不拔. ㉢아. 야. 부

를 때 이름 밑에 쓰는 자. 〔論語〕 參乎(사람이름 삼, —)삼아. '參'은 증자(曾子)의 이름. ❷전치사. ㉠에. 에서. 〔論語〕 浴$_3$乎$_2$沂$_1$(욕호기)기수에서 목욕하다. ㉡을. 〔論語〕攻$_4$乎$_3$異$_1$端$_2$(공호이단)이단을 책망하다. ㉢보다. 보다 더. 〔孟子〕 莫$_5$大$_4$乎$_3$尊$_2$親$_1$(막대호 존친)어버이를 높이는 일보다 더 큰 일은 없다.
▷斷乎(단호)·嗟乎(차호)

5 ⑥ 〔乔〕 교 喬(0752)의 간화자
0053

7 ⑧ 〔乖〕* 괴 平佳 | guāi, カイ
0054

소전 행서 이름 어그러질 괴 자원 상형. 양(羊)의 뿔과 등이 서로 등지고 있는 모양.
새김 어그러지다. 어긋나다. ¶乖離(—, 어긋날 리)어그러져 어긋남.
〔乖僻〕(괴벽) 성질이 괴팍하고 편벽됨.
〔乖愎〕(괴퍅←괴팍) 성미가 까다롭고 별남.
▷分乖(분괴)·中乖(중괴)·醜乖(추괴)
⑧〔垂〕 수 土부 5획(0859)

8 ⑨ 〔乗〕 승 乘(0056)의 속자
0055

9 ⑩ 〔乘〕*** ㊀승 平蒸 | chéng, ジョウ
㊁승: 去徑 | shéng, ジョウ
0056

소전 행서 속자 이름 ㊀탈 승 ㊁ 수레 승: 자원 회의. 大+舛+木→乘. 大는 두 팔과 두 다리를 벌리고 서 있는 사람의 모양, 舛은 두 다리를 벌리고 있는 모양. 사람이 나무에 오르려고 사지를 나무에 붙이고 있는 형상이므로 '오르다'의 뜻을 나타낸다.

필순

새김 ㊀❶오르다. 탈것에 올라 타다. ¶乘$_2$馬$_1$(—, 말 마)말에 올라 탐. ❷틈을 타다. ¶乘$_2$機$_1$(—, 기회 기)기회를 탐. ❸곱하다. 또는 곱셈. 예乘法(—, 법 법)곱하는 방법. ❹법. 부처의 가르침. ¶小乘佛敎(소승불교). ㊁❶수레. 또는 네 필의 말이 끄는 한 대의 수레를 세는 말. ¶千乘之國(일천 천, —, 의 지, 나라 국)1,000대의 수레를 내놓을 수 있는 제후국. ❷사기. 역사의 기록. ¶家乘(집 가, —)한 집안의 역사를 기록한 책.
〔乘間〕(승간) 잠깐 틈을 탐. 기회를 노림.
〔乘勢〕(승세) 유리한 형세나 기회를 탐.
〔乘勝長驅〕(승승장구) 싸움에서 이긴 기세를 타고 계속해서 적을 몰아침.
〔乘時〕(승시) 때를 탐. 기회를 이용함.
〔乘運〕(승운) 좋은 운수를 탐.
〔乘除〕(승제) 곱셈과 나눗셈.
▷大乘(대승)·萬乘(만승)·史乘(사승)·搭乘(탑승)·便乘(편승)·合乘(합승)

1획 부수 乙(乚)部

▷명칭:새을
▷쓰임:의부로서의 기능은 없고, 한자의 분류를 위하여 설정한 부수이다.

0 ① 〔乙〕*** 을 入質 | yǐ, オツ
0057

소전 행서 이름 새 을 자원 상형. 새의 모양. ❷의 새김은 가차.

필순

새김 ❶새. 새 중의 제비. ¶乙鳥(—, 새 조)제비. ❷둘째 천간. 인신하여,차례로 둘째. ¶乙巳士禍(을사사화).
〔乙覽〕(을람) 임금이 독서함. 임금이 정무를 끝내고 을야(乙夜)에 독서를 한 데서 온 말.
〔乙方〕(을방) 24방위의 하나. 정동(正東)에서 남으로 15° 되는 방위를 중심으로 한 방향.
〔乙時〕(을시) 24시의 여덟째 시. 곧 상오 6시 30분부터 7시 30분까지의 동안. 「更).
〔乙夜〕(을야) 지금의 오후 10시경. 이경(二
〔乙坐〕(을좌) 집이나 묏자리 따위가 을방(乙方)을 등지고 앉은 자리.
〔乙丑甲子〕(을축갑자) 國일이 제대로 되지 않고 순서가 뒤바뀜의 비유.
▷甲乙番(갑을번)·太乙(태을)

1 ② 〔九〕*** 구 本구: 上有 | jiǔ, キュウ·ク
0058

소전 행서 이름 아홉 구 자원 상형. 구부러져 끝이 난 모양. 그래서 수의 끝인 '아홉'을 뜻한다.

필순

새김 ❶아홉. ¶九年(—, 해 년)아홉 해. ❷많은 수. 또는 수효가 많다. ¶九死一生(—, 죽을 사, 한 일, 살 생)여러 번의 죽을 고비를 넘어서 겨우 살아남.
〔九曲肝腸〕(구곡간장) 굽이굽이 서린 창자. 마음 상한 일이 쌓이고 쌓인 심정의 비유.
〔九年面壁〕(구년면벽) 온 마음을 다하여 참선하거나 오랫동안 학문이나 일에 전념함. 故선종(禪宗)의 개조인 달마대사(達磨大師)가 9년 동안 벽을 향하여 좌선한 고사.

〔九萬里長天〕(구만리 장천) 한없이 높고 넓은 하늘.
〔九死一生〕(구사일생) 아홉 번이나 죽을 뻔하였다가 한 번 살아났다는 뜻으로, 여러 차례 죽을 고비를 넘어서 겨우 살아남을 이르는 말.
〔九十春光〕(구십춘광) 봄 석 달 동안.
〔九牛一毛〕(구우일모) 아홉 마리의 소 털 중에서 한 가닥의 털. 썩 많은 가운데 극히 적은 수의 비유.
〔九折坂〕(구절판) 國아홉으로 칸이 나누어진 목기에 채소·고기류 등 여덟 가지를 둘레에 담아 놓고, 가운데에 담은 밀전병에 싸서 먹는 음식.
〔九泉〕(구천) 저승. 황천(黃泉).
▷重九(중구)

2 ③ 〔乞〕** 걸 入物 | qǐ, キツ·コ
0059

소전 행서 이름 빌 걸 자원 상형. 구름이 떠도는 모양. 새김은 가차.

필순 ノ ㄴ 乞

새김 빌다. 동냥하다. ¶乞人(一, 사람 인)빌어먹는 사람. 거지.
〔乞客〕(걸객) 몰락한 양반으로서 의관을 갖추고 다니며 얻어 먹는 사람.
〔乞粒〕(걸립) 國①동네의 경비를 마련하기 위해 단체로 풍물을 치고 집집마다 다니며 돈과 곡식을 얻는 일. ②(佛) 절에서 쓸 경비를 마련하기 위해 승려들이 돌아다니며 축복 염불을 하고 쌀이나 돈을 구걸하는 일.
〔乞食〕(걸식) 음식을 구걸함.
▷求乞(구걸)·哀乞(애걸)

2 ③ 〔飞〕 비 飛(6046)의 간화자
0060

2 ③ 〔习〕 습 習(4189)의 간화자
0061

2 ③ 〔也〕*** 야: 上馬 | yě, ヤ
0062

소전 행서 이름 이끼 야: 자원 상형. 물을 담는 대야의 모양. 새김은 가차.

필순 ㄱ ㄘ 也

새김 ❶어조사. ㉠이다. 단정의 뜻을 나타낸다. ¶農者天下之大本也(농자 천하지대본야)농사라는 것은 천하의 큰 근본이다. ㉡~도다! 감탄의 뜻을 나타낸다. 〔論語〕回也不愚(회야불우)회는 어리석지 않도다! ㉢~느냐! 의문이나 반어의 뜻을 나타낸다. 〔論語〕十世可知也(십세 가지야)십세를 가히 알 수 있느냐? ㉣어세를 강하게 한다. ¶獨也青青(홀로 독, 一, 푸를 청, 一)홀로 푸르고 푸르다. ❷또. 또는 또한. ¶也無妨(一, 없을 무, 방해할 방)또한 방해될 것이 없음.
〔也乎〕(야호) 어조사. 강조를 나타냄.
▷今也(금야)·必也(필야)

2 ③ 〔卫〕 위 衛(4745)의 간화자
0063

2 ③ 〔乡〕 향 鄕(5516)의 간화자
0064

3 ④ 〔书〕 서 書(2210)의 간화자
0065

3 ④ 〔乭〕* 울 國字
0066

우리말의 '울' 음을 적은 글자. 뜻은 없다.

5 ⑥ 〔乫〕* 갈 國字
0067

우리말의 '갈' 음을 적은 글자. 뜻은 없다. ¶牛乫非(우갈비)

5 ⑥ 〔乭〕* 돌 國字
0068

우리말의 '돌' 음을 적는 글자. 뜻은 없다. ¶乭丁(돌정).

5 ⑥ 〔买〕 매 買(5142)의 간화자
0069

6 ⑦ 〔乱〕 란: 亂(0075)의 속자·간화자
0070

7 ⑧ 〔乶〕* 볼 國字
0071

우리말의 '볼' 음을 적는 글자. 뜻은 없다. ¶牛乶只(우볼기).

7 ⑧ 〔乷〕* 살 國字
0072

우리말의 '살' 음을 적는 글자. 뜻은 없다.

7 ⑧ 〔乳〕** 유 本유: 上麌 | rǔ, ニュウ
0073

소전 행서 이름 젖 유 자원 회의. 爪+子+乚→乳. 爪는 손으로 붙잡는 모양, 乚은 유방의 모양. 아이가 젖을 먹으려고 손으로 유방을 잡는다는 뜻.

필순 ㇒ ㇒ ㇒ ㇒ ㇒ 乎 孚 乳

새김 ❶젖. ¶母乳(어미 모, ―)어머니의 젖. ❷유방. 젖퉁이. 또는 유방처럼 생긴 물건. ¶乳頭(―, 머리 두)젖꼭지. ❸젖을 먹다. 또는 젖을 먹이다. ¶乳兒(―, 아이 아)젖을 먹는 아이. ㉓―教育.

〔乳糖〕(유당) 젖 속에 포함된 당분.

〔乳鉢〕(유발) 약을 갈거나 빻는 데 쓰는 자그마한 그릇.

〔乳酸菌〕(유산균) 당류(糖類)를 분해하여 유산을 만드는 기능이 있는 박테리아의 총칭.

〔乳液〕(유액) 식물 가운데 함유하고 있는 젖 같은 흰 액체.

〔乳臭〕(유취) 젖냄새. 나이가 어리고 경험이 부족함의 형용. ㉓口尙―.

〔乳齒〕(유치) 배냇니. 젖니.

▷粉乳(분유)·產乳(산유)·授乳(수유)·羊乳(양유)·煉乳(연유)·牛乳(우유)·離乳(이유)·鐘乳石(종유석)·哺乳(포유)

10 ⑪ 〔乾〕*** ㊀건 ㊥先 qián, ケン ㊁간▷건 ㊥寒 gān, カン

0074

소전 𠦝乙 행서 乾 간화 干 이름 ㊀하늘 건 ㊁마를 간▷건 자원 회의. 倝+乙→乾. 倝은 높이 세운 깃대의 모양, 乙은 거기에 달린 깃발의 모양. 그래서 '하늘'의 뜻을 나타낸다.

필순 一 十 𠫓 古 古 直 卓 卓 乾 乾

새김 ㊀❶하늘. 坤(0854)의 대. ¶乾坤(―, 땅 곤)하늘과 땅. ㉓白雪이 滿―할 제. ❷팔괘의 하나. 하늘·태양·임금·아버지·사나이 등의 상징. ¶乾德(―, 큰 덕)㉮하늘의 덕. ㉯임금의 덕. ❸서북방. ¶乾方(건방). ㊁❶마르다. 또는 말리다. 濕(2963)의 대. ¶乾燥(건조)㉮바싹 말라서 물기가 없음. ㉓―한 공기. ㉯인신하여, 예술적 정취나 흥치가 없이 딱딱함. ㉓無味―. ❷술잔을 비우다. ¶乾$_2$杯$_1$(건배)축하나 축복을 하기 위해 술잔을 들어 술을 다 마심. ❸國건. 건으로, 또는 겉으로만. ¶乾酒酊(―, 술 주, 술취할 정)일부러 취한 체하고 하는 주정.

〔乾木水生〕(간목수생) 마른 나무에서 물을 짜냄. 아무 것도 없는 사람에게 무리한 요구를 함의 비유.

〔乾枯〕(건고) 생물의 물기가 마름.

〔乾坤一擲〕(건곤일척) 천하를 걸고 운명에 맡겨 단판걸이로 승부를 겨룸.

〔乾達〕(건달) 國①하는 일 없이 빈둥빈둥 놀거나 게으름을 피우는 사람. ②밑천을 다 잃고 빈털터리가 된 사람.

〔乾糧〕(건량) 가지고 다니기 간편하게 만든 말린 양식.

〔乾坐巽向〕(건좌손향) 건방(乾方;서북방)을 등지고 손방(巽方;동남방)을 바라보는 좌향.

〔乾草〕(건초) 베어서 말린 풀.

〔乾播〕(건파) 마른 논에 벼씨를 뿌려 밭곡식처럼 기르다가 물을 대어 주는 농사법.

▷旱乾(한건)

12 ⑬ 〔亂〕** 란: ㊏翰 luàn, ラン

0075

소전 𤔔 행서 亂 속자 간화 乱 이름 어지러울 란: 자원 형성. 𤔔+乚→亂. 𤔔(란)이 성부.

필순 ㇒ ㇒ ㇒ ㇒ 𤔔 𤔔 𤔔 𤔔 𤔔 亂

새김 ❶어지럽다. 또는 어지럽히다. ¶亂世(―, 세상 세)(평화나 안정이 깨뜨려진) 어지러운 세상. ㉓―의 영웅. ❷난리. 변란. ¶內亂(안내, ―)나라 안에서 일어난 난리. ❸다스리다. ¶亂臣(―, 신하 신)㉮나라를 잘 다스리는 신하. ㉯나라를 어지럽히는 신하. ❹함부로. 마구잡이로. ¶亂射(―, 쏠 사)(총이나 활을) 함부로 쏨. ㉓권총을 ―하다.

〔亂局〕(난국) 어지러운 판국.

〔亂動〕(난동) 함부로 행동함. 또는 그런 행동.

〔亂離〕(난리) ①전쟁이나 재변(災變) 따위로 세상이 어지러워진 사태. 또는 그러한 현상. ②난을 피하여 뿔뿔이 흩어짐.

〔亂立〕(난립) 어지럽게 늘어섬.

〔亂麻〕(난마) 마구 뒤얽힌 여러 가닥의 삼. 갈피를 잡지 못하게 몹시 어지러운 상태의 비유. ㉓快刀―.

〔亂舞〕(난무) ①한데 뒤섞여 어지럽게 춤을 춤. ②함부로 날뜀.

〔亂臣賊子〕(난신적자) 나라를 어지럽히는 신하와 부모의 뜻을 거역하는 자식.

〔亂入〕(난입) 함부로 마구 들어감.

〔亂雜〕(난잡) 어수선하고 혼잡함.

〔亂打〕(난타) 함부로 마구 때리거나 침.

〔亂暴〕(난폭) 몹시 거칠고 사나움.

〔亂筆〕(난필) ①함부로 쓴 글씨. ②자기 글씨의 겸칭.

▷狂亂(광란)·攪亂(교란)·動亂(동란)·叛亂(반란)·變亂(변란)·紛亂(분란)·斯文亂賊(사문난적)·散亂(산란)·淫亂(음란)·一絲不亂(일사불란)·作亂(작란)·戰亂(전란)·錯亂(착란)·治亂(치란)·混亂(혼란)·患亂(환란)

1획 부수 丿部

▷명칭:갈고리궐

▷쓰임:의부로서의 기능은 없고, 한자의 분류를 위해 설정한 부수이다.

1 ② 〔了〕** 료: 上篠 | liǎo, リョウ
0076

소전 행서 이름 마칠 료: 자원 상형. 子의 자형에서 두 팔이 없는 모양. 인신하여, '마치다'의 뜻을 나타낸다.

필순 ㄱ 了

새김 ❶마치다. 끝나다. ¶完了(완전할 완, —)완전히 마침. ❷깨닫다. 이해하다. ¶了解(—, 깨달을 해)환히 깨달아 앎. ❸瞭(3567)의 간화자.
〔了結〕(요결) 일의 끝을 맺음.
▷校了(교료)·修了(수료)·終了(종료)
③〔于〕 우 二부 1획 (0081)

3 ④ 〔予〕** ㊀여: 上語 | yǔ, ヨ ㊁여 平魚 | yú, ヨ ㊂예:
0077

소전 행서 이름 ㊀줄 여: ㊁나 여 ㊂미리 예: 자원 상형. 베틀의 북의 모양. 북은 이쪽에서 저쪽으로 보내야 제 구실을 다하기에 '주다'의 뜻을 나타낸다.

필순 ㄱ ㄱ 予 予

새김 ㊀주다. 與(4366)와 같다. ¶予奪(—, 빼앗을 탈)줌과 빼앗음. ㊁나. 余(0171)와 같다. ㊂豫(5104)의 약자.

5 ⑥ 〔争〕 쟁 爭(3126)의 속자
0078

7 ⑧ 〔事〕*** 사: 去寘 | shì·zì, ジ
0079

소전 행서 이름 일 사: 자원 회의. 史+又→事. 史는 나무에 매달아 놓은 신에게 비는 축원문, 又는 손. 손으로 축문을 받들고 제사를 지내는 일을 뜻한다.

필순 一 ㄱ ㄱ 日 日 ㅋ 事 事

새김 ❶일. ㉠몸과 마음을 쓰는 일. ¶慶事(경사 경, —)경사스러운 일. ㉡벌어진 일. ¶事情(—, 정황 정)벌어진 일의 정황. ❷섬기다. ¶師事(스승 사, —)스승으로 섬김.
〔事件〕(사건) ①문제가 되거나 관심을 끌만한 일. ②뜻밖에 일어난 일.
〔事故〕(사고) 뜻밖에 일어난 사건이나 탈.
〔事大〕(사대) 약자가 강자를, 또는 소국이 대국을 섬기는 일. 예— 思想.
〔事例〕(사례) 일의 전례. 실례(實例).
〔事理〕(사리) 일의 이치.
〔事務〕(사무) 관공서나 기업체에서 문서나 장부를 다루는 일.
〔事變〕(사변) ①사람의 힘으로는 피할 수 없는 천재(天災)나 그 밖의 큰 변고. ②선전 포고 없는 전쟁.
〔事勢〕(사세) 일이 되어가는 형편이나 정황. 예— 固然.
〔事實〕(사실) ①실제로 있는 일. 예— 無根. ②실제로. 예— 나는 알지 못한 일이다.
〔事業〕(사업) 일정한 목적과 계획을 가지고 추진하는 일. 예— 計畫.
〔事緣〕(사연) 일의 앞뒤의 사정과 까닭.
〔事由〕(사유) 일의 까닭.
〔事親〕(사친) 어버이를 섬김.
〔事必歸正〕(사필귀정) 모든 잘잘못은 반드시 바른 도리로 돌아감. 옳지 못한 것은 오래가지 못함의 형용.
▷家事(가사)·幹事(간사)·檢事(검사)·古事(고사)·故事(고사)·工事(공사)·公事(공사)·國事(국사)·軍事(군사)·記事(기사)·吉事(길사)·農事(농사)·能事(능사)·多事(다사)·大事(대사)·萬事(만사)·無事(무사)·文事(문사)·民事(민사)·百事(백사)·兵事(병사)·私事(사사)·喪事(상사)·世事(세사)·小事(소사)·俗事(속사)·理事(이사)·人事(인사)·前事(전사)·政事(정사)·情事(정사)·從事(종사)·主事(주사)·知事(지사)·指事(지사)·執事(집사)·判事(판사)·學事(학사)·行事(행사)·刑事(형사)·好事(호사)·後事(후사)

2 획 부수 二 部

▷명칭:두이
▷쓰임:뜻으로서의 기능은 없고, 문자의 분류를 위하여 설정한 부수이다.

0 ② 〔二〕*** 이: 去寘 | èr, ニ
0080

소전 행서 이름 두 이: 자원 지사. 가로 두 획으로 '둘'이란 수를 나타낸다.

필순 一 二

새김 ❶둘. 두. ¶二人(—, 사람 인)두 사람. ❷두 번. ¶二毛作(—, 식물 모, 지을 작)한 논밭에 1년에 두 번 작물을 심어 거두는 일. ❸두가지. ¶二心(—, 마음 심)두 가지 마음.
〔二刻〕(이각) 한 시간을 넷으로 나눈 둘째 시각. 곧 30분.
〔二更〕(이경) 하룻밤을 오경(五更)으로 나눈 둘째 시각. 오후 9시부터 11시까지.
〔二姓之合〕(이성지합) 성이 다른 남자와 여자가 혼인하는 일.

〔二律背反〕(이율배반) 똑같은 근거를 가지고 정당하다고 주장되는 두 명제가 서로 모순되는 일. 또는 그러한 관계.

〔二重〕(이중) ①같은 것이 두 개 겹치는 일. [예]—窓. ②같은 모양의 일이 두 번 거듭되는 일. [예]— 人格.

〔二八靑春〕(이팔청춘) 16세 전후의 젊은 남녀(男女).

▷唯一無二(유일무이)·一石二鳥(일석이조)

1 ③ 〔于〕*** [一]우 [平]虞 | yú, ウ
[二]우 ㊍허 [平]魚 | xū, ウ
0081

[소전] 亏 [행서] 于 [동자] 亐 [이름] [一]어조사 우: [二]아우 [자원] 상형. 뒤틀린 활을 바로잡는 도지개의 모양. 새김은 가차.

[필순] 一 二 于

[새김] [一]❶가다. ¶于歸(—, 시집갈 귀)시집을 감. ❷어조사. ～에. 전치사. ¶至₃于₂今₁(이를 지, —, 이제 금)지금에 이르기까지. [二]아! 감탄의 뜻을 나타낸다. ¶于嗟(—, 아 차)아! 감탄사.

1 ③ 〔亏〕 휴 虧(4663)의 간화자
0082

2 ④ 〔五〕*** 오: [上]麌 | wǔ, ゴ
0083

[소전] X [행서] 五 [이름] 다섯 오: [자원] 지사. 음양이 하늘과 땅 사이에서 엇걸림을 나타낸다. 새김은 가차.

[필순] 一 丆 万 五

[새김] 다섯. 또는 다섯 번. ¶五人(—, 사람 인)다섯 사람.

〔五感〕(오감) 오관(五官)으로 느끼는 시(視)·청(聽)·후(嗅)·미(味)·촉(觸)의 다섯 감각. 오각(五覺).

〔五更〕(오경) 하룻밤을 다섯으로 나누었을 때의 다섯째 부분인 오전 4시 전후. 또는 오전 3～5시 사이의 시간.

〔五穀〕(오곡) 벼·보리·기장·조·콩의 다섯 가지 중요한 곡식. 인신하여, 중요한 온갖 곡식.

〔五倫〕(오륜) 다섯 가지의 인륜(人倫). 곧 부자유친(父子有親)·군신유의(君臣有義)·부부유별(夫婦有別)·장유유서(長幼有序)·붕우유신(朋友有信). [예]三綱—.

〔五輪〕(오륜) 지구상의 다섯 대륙을, 청·황·흑·녹·적의 다섯 개의 동그라미로 나타낸 올림픽의 마크. [예]—旗.

〔五里霧中〕(오리무중) 무슨 일에 대하여 방향이나 갈피를 잡을 수 없는 상태의 형용.

〔五味〕(오미) 다섯 가지 맛. 곧 신맛·쓴맛·매운맛·단맛·짠맛.

〔五福〕(오복) 다섯 가지 복. 곧 수(壽)·부(富)·강녕(康寧)·유호덕(攸好德)·고종명(考終命).

〔五十步百步〕(오십보 백보) 50보를 후퇴한 사람이 100보 후퇴한 사람을 보고 비웃음. 좀 낫고 못한 정도의 차이가 있긴 하나 그 본질은 같음의 비유.

〔五欲〕(오욕) 사람의 다섯 가지 욕심. 곧 재물욕(財物欲)·명예욕(名譽欲)·식욕(食欲)·수면욕(睡眠欲)·색욕(色欲).

〔五臟六腑〕(오장육부) 간장·심장·비장·폐장·신장의 다섯 가지 내장과 담·위·소장·대장·방광·삼초의 여섯 가지 내장 기관. 가슴과 배에 들어 있는 모든 기관을 통틀어 이르는 말.

〔五行〕(오행) 만물을 생성하고 만상(萬象)을 변화시키는 다섯 가지 원소인 금(金)·목(木)·수(水)·화(火)·토(土).

2 ④ 〔云〕*** 운 [平]文 | yún,
0084

[소전] 云 [행서] 云 [이름] 이를 운 [자원] 상형. 구름이 뭉게뭉게 피어오르는 모양. 새김은 가차.

[필순] 一 二 云 云

[새김] ❶이르다. ㉠말하다. ¶云謂(—, 이를 위)일러 말함. ㉡～라고 말하다. ¶云云(—, —)이러이러하다고 말함. ❷雲(5911)의 간화자.

④〔元〕 원 儿부 2획 (0338)

2 ④ 〔井〕*** 정 ㊍정: [上]梗 | jǐng, セイ·ショウ
0085

[소전] 井 [행서] 井 [이름] 우물 정 [자원] 상형. 우물에 설치한 난간의 모양.

[필순] 一 二 井 井

[새김] ❶우물. ¶井底蛙(—, 밑 저, 개구리 와) 우물 밑의 개구리. 우물 밑에 사는 개구리는 바다가 있음을 알지 못하는 데서, 견문이 좁은 사람의 비유. ❷우물 난간. ㉠井자 모양으로 생긴 것. ¶井田(—, 밭 전)900묘의 논밭을 井자 모양으로 9등분하여 8집에 그 중의 1구획씩을 나누어 주고, 가운데의 1구획을 공전(公田)으로 하여 경작시키던 제도. ㉡井자 모양으로 정연하다. ¶井井(—, —) 구획이 반듯하고 질서나 조리가 있음의 형용. ❸마을. ¶市井(저자 시, —)저자의 마을.

〔井間〕(정간) 가로 세로 여러 개의 평행선을 그어 '井' 자 모양이 거듭된 그 하나하나의 간살. [예]—紙.

사전	사전	사전
사전	공전	사전
사전	사전	사전

정전(井田)

〔井中觀天〕(정중관천) 우

물 안에서 하늘을봄. 견문이 아주 좁음의 형용. ㊐坐井觀天(좌정관천). 「우물물.
〔井華水〕(정화수) 새벽에 남보다 먼저 길은
▷溫井(온정)·油井(유정)·天井(천정)

2 ④ 〔互〕** 호: 去遇 | hù, ゴ
0086

소전 행서 이름 서로 호: 자원 상형. 실이나 새끼를 감는 얼레의 모양.

필순 一 工 互 互

새김 서로. ¶相互(서로 상, —)서로.
〔互相〕(호상) 서로. 상호(相互).
〔互先〕(호선) 맞바둑.
〔互選〕(호선) 피선거권이 있는 사람들이 모여 그들끼리 서로 투표하는 선거.
〔互讓〕(호양) 서로 양보함.
〔互惠〕(호혜) 서로 특별한 편의와 이익을 주고받음. ㊙—條約.

4 ⑥ 〔亙〕 긍: 亘(0088)의 본자
0087

4 ⑥ 〔亘〕* 긍: 去徑 | gèn, コウ
0088

소전 행서 본자 亙 이름 뻗칠 긍: 자원 상형. 집 둘레에 둘러친 담의 모양. 새김은 가차.
새김 뻗치다. ¶亘古(—, 예 고)옛날까지 뻗침.

4 ⑥ 〔亚〕 아: 亞(0092)의 간화자
0089

5 ⑦ 〔些〕* 사 平麻 | xiē, サ
0090

소전 행서 이름 적을 사 자원 형성. 此+二→些. 此(차)의 변음이 성부.
새김 적다. 또는 작다. 또는 조금. ¶些少(—, 적을 소)적음. 또는 작음.
〔些事〕(사사) 자그마한 일. 사소한 일.

5 ⑦ 〔亜〕 아: 亞(0092)의 속자.
0091

6 ⑧ 〔亞〕** 아:▷아 去禡 | yà, ア
0092

소전 행서 속자 亜 간화 亚 이름 버금 아:▷아 자원 상형. 현실(玄室)을 중심으로 한 무덤 안의 평면도. 새김은 가차.

필순 一 丅 丅 丏 丏 丏 亞 亞

새김 ❶버금. 다음. 또는 버금가다. ¶亞聖(—, 성인 성)다음 가는 성인. 맹자(孟子)를 일컫는 말. ❷아시아의 준말. ㊙東南亞(동남아). ❸화학 용어에 붙이는 말. ㊙亞黃酸(아황산).
〔亞流〕(아류) ①둘째 가는 사람. ②어떤 학설이나 주의를 따르거나 모방하는 사람.
〔亞熱帶〕(아열대) 열대와 온대의 중간 지대.
〔亞獻〕(아헌) 제사를 지낼 때, 초헌(初獻)에 이어 두 번째로 술잔을 올리는 일.
▷東亞(동아)

2획 부수 亠 部

▷명칭:돼지해머리. 亥〔돼지 해〕자의 윗부분과 자형이 같기에 붙여진 이름이다.
▷쓰임:의부로서의 기능은 없고, 한자의 분류를 위하여 설정한 부수이다.

1 ③ 〔亡〕*** ㊀망 平陽 | wáng, ボウ ㊁무 平虞 | wú, ブ
0093

소전 행서 이름 ㊀망할 망 ㊁없을 무 자원 상형. 주검의 다리가 굽혀져 있는 모양. '죽다'의 뜻을 나타낸다.

필순 丶 亠 亡

새김 ㊀❶망하다. 또는 망치다. ¶滅亡(멸할 멸, —)멸하여 망함. ❷죽다. ¶死亡(죽을 사, —)(사람이) 죽음. ❸달아나다. ¶逃亡(달아날 도, —)달아남. ❹잃다. ¶亡羊補牢(—, 양 양, 기울 보, 우리 뢰)양을 잃고 우리를 고침. 일을 그르친 뒤에 대책을 강구함의 형용. ㊁없다. 無(3060)와 같게 쓴다. ¶亡窮(—, 다할 궁)다함이 없음. 곧 끝이 없음.
〔亡國〕(망국) ①망한 나라. ②나라를 망침.
〔亡靈〕(망령) 죽은 이의 영혼.
〔亡命〕(망명) ①정치적인 이유 등으로 남의 나라로 몸을 피함. ②달아남. 또는 도망자.
〔亡身〕(망신) 말이나 행동을 잘못하여 체면이나 명예를 망침.
〔亡羊之歎〕(망양지탄) 갈림길에서 양을 잃고 하는 탄식. 학문의 길도 여러 갈래여서 한 가지도 얻기가 어려움의 한탄.
〔亡子計齒〕(망자계치) 國죽은 자식 나이 세기. 이미 망쳐서 아무 소용도 없게 된 일에 미련을 두고 안타까워함의 비유.
▷俱亡(구망)·衰亡(쇠망)·脣亡齒寒(순망치한)·存亡(존망)·敗亡(패망)·興亡(흥망)
④〔六〕 륙 八부 2획(0364)

④〔卞〕 변 卜부 2획(0588)

2④〔亢〕* 항: ㊍강: 㐀漾 | kàng, コウ
0094

소전 행서 이름 높을 항: 자원 상형. 사람의 목의 모양. 새김은 이에서 인신한 뜻.

새김 ❶높다. ¶亢秩(一, 벼슬 질)가장 높은 품계. ❷교만하다. 무례하다. ¶蹇亢(오만할 건, 一)오만하고 무례함. ❸높아지다. 흥분하다. ¶亢進(一, 나아갈 진)(기능이나 기세가) 높아짐. ㉠心悸一.

〔亢龍〕(항룡) 하늘 끝까지 올라가 내려올 줄 모르는 용. 썩 높은 지위의 비유.

⑤〔主〕 주 丶부 4획(0041)

⑤〔市〕 시 巾부 2획(1379)

4⑥〔交〕*** 교 ㊥肴 | jiāo, コウ
0095

소전 행서 이름 사귈 교 자원 상형. 사람이 책상다리를 하고 앉아 있는 모양.

필순 丶 亠 ㅗ 六 ㄆ 交

새김 ❶사귀다. ¶交友(一, 벗 우)벗을 사귐. 또는 사귄 벗. ❷흘레하다. 성적 관계를 맺다. ¶性交(성 성, 一)이성 사이에서 성적 관계를 맺음. ❸맞붙다. 어우러지다. ¶交戰(一, 싸울 전)맞붙어 싸움. ❹서로. ¶交換(一, 바꿀 환)서로 바꿈. ❺주다. ¶交付(一, 줄 부)(증명서 등을) 내어 줌. ㉠證書一.

〔交感〕(교감) 서로 접촉되어 감응(感應)함.

〔交流〕(교류) ①근원을 달리하는 물줄기가 서로 뒤섞여 흐름. ②전류의 강도와 방향이 주기적으로 번갈아 흐름. ③문화·사상·경제·과학·기술 등을 서로 소개하거나 교환함. 「일.

〔交尾〕(교미) 흘레. 동물의 암수가 교접하는

〔交涉〕(교섭) 어떤 일을 이루기 위하여 상대편과 의논함. ㉠幕後一.

〔交易〕(교역) 나라들 사이에서 물건을 팔고 사고 하여 서로 바꿈.

〔交遊〕(교유) 서로 사귀어 왕래함.

〔交際〕(교제) 서로 정의(情誼)로써 사귐.

〔交叉〕(교차) 가로 세로로 엇걸림.

〔交錯〕(교착) 복잡하게 엇걸려 뒤섞임.

〔交通〕(교통) ①오고 감. 왕래함. ②사람의 왕복, 화물의 운반, 의사 전달 따위의 총칭. ③서로 막힘 없이 통함.

▷結交(결교)·國交(국교)·面交(면교)·貧賤之交(빈천지교)·社交(사교)·手交(수교)·水魚之交(수어지교)·外交(외교)·遠交近攻(원교근공)·絶交(절교)·親交(친교)

4⑥〔产〕 산: 産(3384)의 간화자
0096

4⑥〔亦〕*** 역 ㊀陌 | yì, エキ
0097

소전 행서 이름 또 역 자원 지사. 정면에서 바라본 사람의 양쪽 겨드랑이에 점을 찍어 겨드랑이를 가리키는 자. 새김은 가차.

필순 丶 亠 ㄊ 亣 亣 亦

새김 또. 또한. ～도 또한. ¶亦然(一, 그러할 연)또한 그러함.

〔亦是〕(역시) 또한.

▷不亦說乎(불역열호)

4⑥〔亥〕*** 해 ㊍해: ㊤賄 | hài, ガイ
0098

소전 행서 이름 돼지 해 자원 상형. 돼지의 모양. 새김은 가차.

필순 丶 亠 ㄊ 亥 亥 亥

새김 열 둘째 지지. 육십갑자의 아랫부분의 요소. 방위로는 북북서〔亥方〕, 시간으로는 오후 9～11시 사이〔亥時〕, 동물로는 돼지에 배당된다. ㉠辛亥邪獄(신해사옥).

〔亥末〕(해말) 해시(亥時)가 끝날 무렵. 곧 오후 11시경.

〔亥月〕(해월) 음력 10월.

5⑦〔亨〕** 형 ㊥庚 | hēng, コウ
0099

행서 이름 형통할 형 자원 상형. 성벽에 세운 망루의 모양. 새김은 가차. 참고 享(0101)·烹(3055)과 같게 쓰기도 한다.

필순 丶 亠 亠 亡 古 亨 亨

새김 형통하다. 뜻대로 되다. ¶亨通(一, 통할 통)일이 뜻대로 잘 되어감. ㉠萬事一.

6⑧〔京〕*** 경 ㊥庚 | jīng, キョウ·ケイ
0100

소전 행서 통자 京 이름 서울 경 자원 상형. 아치(arch)형의 문 위에 망루가 있는모양. 도성의 입구에 세우던 출입문이기에 '서울'의 뜻을 나타낸다.

필순 丶 亠 亠 亡 古 亨 京 京

새김 ❶서울. 도읍. 수도. ¶京鄕(一, 시골 향)

서울과 시골. 예—各地. ❷경. 수의 이름. 兆(0344)의 1만배. 고대에는 兆의 10배.
〔京畿〕(경기) 서울을 중심으로 한 가까운 지 [방.
〔京師〕(경사) ①서울. ②임금의 군대.
〔京城〕(경성) ①수도(首都). 서울. ②國 일제(日帝) 때 서울의 이름.
〔京職〕(경직) 서울에 있는 각 관아의 벼슬.
▷歸京(귀경)·上京(상경)·入京(입경)
⑧〔夜〕 야 夕부 5획(0993)
⑧〔卒〕 졸 十부 6획(0581)

6 ⑧ 〔享〕** 향: 上 養 xiǎng, キョウ
0101

소전 행서 이름 누릴 향: 자원 상형. 신을 받드는 집의 모양. 올리는 제물을 신이 받는다는 뜻을 나타낸다.

필순 享

새김 누리다. 받아 누리다. ¶享樂(—, 즐거울 락)즐거움을 누림. 예—主義.
〔享年〕(향년) 사람이 생존한 햇수.
〔享福〕(향복) 복을 누림.
〔享祀〕(향사) 제사를 지냄. 또는 제사.
〔享受〕(향수) 받아 누림. 「十—.
〔享壽〕(향수) 장수(長壽)의 복을 누림. 예九
〔享有〕(향유) 누려서 가짐.
▷大享(대향)·配享(배향)·春享(춘향)·歆享(흠향)

7 ⑨ 〔亰〕 경 京(0100)과 동자.
0102

7 ⑨ 〔亮〕* 량 本량: 去 漾 liàng, リョウ
0103

행서 이름 밝을 량 자원 회의. 亠〔高의 생략체〕+儿→亮. 높은 사람이어서 일에 밝다는 뜻을 나타낸다.
새김 ❶밝다. ㉠빛이 밝다. ¶亮月(—, 달 월) 밝은 달. ㉡사리에 밝다. ¶亮察(—, 살필 찰)(사리나 사정을) 밝게 살핌. ❷(소리가) 맑다. ¶淸亮(맑을 청, —)소리가 맑음.
〔亮直〕(양직) 마음이 밝고 정직함.
〔亮許〕(양허) 아랫사람의 형편이나 사정을 잘 헤아려 용서하거나 허락함.
▷明亮(명량)·忠亮(충량)
⑨〔哀〕 애 口부 6획(0710)

7 ⑨ 〔亭〕** 정 平 青 tíng, テイ
0104

소전 행서 속자 亭 이름 정자 정 자원 형성. 亠〔高의 생략체〕+丁→亭. 丁(정)이 성부.

필순 亭

새김 ❶정자. ¶山亭(산 산, —)산 속에 있는 정자. ❷요리점. 또는 여관. ¶料亭(요리할 료, —)요리를 만들어 술을 파는 일을 업으로 하는 집. 요릿집. ❸우뚝하다. 또는 꾸정꾸정하다. ¶亭亭(—, —)㉮우뚝 솟은 모양. ㉯꾸정꾸정한 모양. 예氣力이 —하다.
〔亭然〕(정연) 우뚝 솟은 모양. 정정(亭亭).
〔亭子〕(정자) 경치 좋은 곳에 휴식의 장소로 쓰기 위하여 기둥과 지붕만 있게 지은 집.

8 ⑩ 〔亭〕 정 亭(0104)의 속자
0105

11 ⑬ 〔亶〕* 단: 上 旱 dǎn, タン
0106

소전 행서 이름 진실로 단: 자원 형성. 㐭+旦→亶. 旦(단)이 성부.
새김 진실로. 참으로. 〔詩經〕 亶其然乎(단기연호)진실로 그가 그러한가?

2 획 부수 人 (亻) 部

▷명칭:사람인. 사람인변. 인변
▷쓰임:사람의 성질이나 상태 등을 나타내는 의부로 쓰인다.

0 ② 〔人〕*** 인 平 眞 rén, ジン·ニン
0107

소전 행서 이름 사람 인 자원 상형. 서 있는 사람을 옆에서 본 모양.

필순 ノ 人

새김 사람. ㉠인간. ¶人心(—, 마음 심)사람의 마음. ㉡남. 자기 이외의 사람. ¶人我(—, 나 아)남과 나. ㉢백성. ¶人民(—, 백성 민)백성. 일반 대중. ㉣사람의 수를 세는 말. 예三人.
〔人間味〕(인간미) 사람다운 품성과 인간성이 느껴지는 맛.
〔人格〕(인격) 말이나 행동 등에 나타나는 사람의 품격. 예—陶冶.
〔人權〕(인권) 사람으로서 당연히 가지는 기본 권리. 예 —蹂躪.
〔人面獸心〕(인면수심) 사람의 얼굴을 하고 있으나 마음은 짐승과 같음. 「달려 있음.
〔人命在天〕(인명재천) 사람의 목숨은 하늘에
〔人事不省〕(인사불성) ①정신을 잃어 의식이 없음. ②國 사람으로서 지켜야 할 예절을 차리지 못함. 「남김.
〔人死留名〕(인사유명) 사람은 죽어서 이름을

〔人山人海〕(인산인해) 사람들이 헤아릴 수 없을 정도로 많이 모인 상태의 비유.
〔人生〕(인생) ①생명을 가진 사람의 존재. ㉠허무한 ―. ②사람이 세상에서 살아가는 일. ㉠―行路.
〔人情〕(인정) ①사람이 갖고 있는 감정이나 심정. ②남을 동정하는 따뜻한 마음. ㉠―味.
〔人之常情〕(인지상정) 사람으로서 누구나 가지는 보통의 심정.
〔人品〕(인품) ①사람의 품격. ②용모(容貌).
▷佳人(가인)·巨人(거인)·故人(고인)·寡人(과인)·達人(달인)·大人(대인)·道人(도인)·萬人(만인)·亡人(망인)·盲人(맹인)·名人(명인)·本人(본인)·夫人(부인)·婦人(부인)·庶人(서인)·先人(선인)·聖人(성인)·俗人(속인)·詩人(시인)·愛人(애인)·野人(야인)·戀人(연인)·偉人(위인)·義人(의인)·作人(작인)·丈人(장인)·匠人(장인)·前人(전인)·罪人(죄인)·主人(주인)·中人(중인)·衆人(중인)·證人(증인)·哲人(철인)·他人(타인)·下人(하인)·賢人(현인)·好人(호인)

③〔个〕개 丨부 2획 (0031)

1 ③ 〔亿〕 0108 억 億(0325)의 간화자

2 ④ 〔介〕** 0109 개: 去卦 jiè, カイ

소전 행서 이름 끼일 개: 자원 상형. 몸의 앞뒤에 갑옷을 걸친 사람의 모양.

필순 ノ 人 𠆢 介

새김 ❶(사이에) 끼이다. ¶介在(―, 있을 재)둘 사이에 끼여 있음. ❷소개하다. ¶仲介(가운데 중, ―)당사자 사이에 들어 소개함. ㉠―人. ❸지조가 굳다. 또는 지조. ¶耿介(강직할 경, ―) 대세에 휩쓸리지 않고 제 주장대로 하는 고집이 셈. ❹돕다. ¶介壽(―, 목숨 수)오래 살기를 도움. ❺갑옷. 인신하여, 단단한 딱지. ¶介蟲(―, 벌레 충)껍데기가 단단한 곤충. ㊐甲蟲. ❻낱. 하나. ㉠一介.
〔介殼〕(개각) 연체동물의 단단하게 굳은 겉껍데기.
〔介甲〕(개갑) ①게·거북 따위의 단단한 겉껍데기. ②갑옷.
〔介潔〕(개결) 절조가 있고 고결함.
〔介心〕(개심) 변치 않는 굳은 마음.
〔介意〕(개의) 마음에 두고 생각함.
〔介入〕(개입) 사이에 끼어 듦.
〔介胄〕(개주) 갑옷과 투구.
▷狷介(견개)·介介(개개)·謹介(근개)·媒介(매개)·紹介(소개)·節介(절개)

2 ④ 〔仇〕* 0110 구 平尤 qiú, キュウ

소전 행서 이름 원수 구 자원 형성. 亻+九→仇. 九(구)가 성부.

새김 원수. ¶仇讎(―, 원수 수)원수. 원한의 대상인 사람. ㉠―之間.
〔仇怨〕(구원) ①원한. ②원수.
〔仇敵〕(구적) 원한이 있는 적.
〔仇恨〕(구한) 원한.
▷報仇(보구)·雪仇(설구)·怨仇(원구)

2 ④ 〔仅〕 0111 근: 僅(0300)의 간화자

2 ④ 〔今〕*** 0112 금 平侵 jīn, コン·キン

소전 행서 이름 이제 금 자원 상형. 기물의 뚜껑의 모양. 새김은 가차.

필순 ノ 人 𠆢 今

새김 이제. 지금. 古(0642)·昔(2108)의 대. ¶古今(예 고, ―)옛날과 오늘날.
〔今古〕(금고) 지금과 옛날. 금석(今昔).
〔今明間〕(금명간) 오늘 내일 사이.
〔今方〕(금방) 방금. 지금 막.
〔今昔之感〕(금석지감) 지금과 옛날을 비교할 때 차이가 너무 심한 데 대하여 느끼는 감회.
〔今時〕(금시) 바로 지금. 현재.
〔今始初聞〕(금시초문) 이제야 비로소 처음 들음.
〔今後〕(금후) 이제부터. 지금 이후.
▷當今(당금)·方今(방금)·如今(여금)·昨今(작금)·只今(지금)·至今(지금)·現今(현금)

2 ④ 〔仑〕 0113 륜 侖(0196)의 간화자

2 ④ 〔仆〕 0114 복 僕(0311)의 간화자

2 ④ 〔仏〕 0115 불 佛(0167)의 고자

2 ④ 〔什〕* 0116 ㊀십 入緝 shí, ジュウ ㊁집 入緝 shí, ジュウ

소전 행서 이름 ㊀열사람 십 ㊁세간 집 자원 형성. 亻+十 →什. 十(십)이 성부.

새김 ㊀❶열 사람. 고대의 군대나 호적의 편제 단위. ¶什長(―, 어른 장)병사 10사람의 우두머리. ❷열. 十(0564)의 갖은자. ㉠壹什萬원. ㊁세간. ¶什器(―, 그릇 기)살림살이에 드는 온갖 그릇.
〔什物〕(집물) 살림살이에 쓰이는 온갖 물건.

2 ④ 〔仁〕*** 인 平眞 rén, ジン
0117

소전 행서 이름 어질 인 자원 회의. 亻+二→仁. 사람과 사람 사이에 오가는 다정한 마음씨를 뜻한다.

필순 丿 亻 亻 仁

새김 ❶어질다. 착하다. 특히 유교의 근본 이념인 남을 사랑하고 어질게 행동하는 마음. ¶仁政(—, 정사 정)어진 정치. ❷어진 사람. 〔論語〕 汎愛衆而親仁(범애중 이친인)널리 뭇사람을 사랑하면서 어진 사람과 친하게 지내다. ❸(과일의) 씨. ¶杏仁(살구 행, —)살구씨.
〔仁德〕(인덕) 어진 덕. 사심 없이 모든 사람을 사랑하는 덕.
〔仁術〕(인술) 병을 고치고 사람을 살리는 어진 기술. 곧 의술(醫術).
〔仁義〕(인의) 어진 것과 의로운 것.
〔仁慈〕(인자) 어질고 자애로움.
〔仁者無敵〕(인자무적) 어진 사람에게는 적이 없음.
〔仁者樂山〕(인자요산) 어진 사람은 산을 좋아함. 의리에 자족하고 몸가짐의 중후함이 산과 같기에 이르는 말.
〔仁兄〕(인형) ①친구에 대한 높임말. ②형에 대한 높임말.
〔仁恤〕(인휼) 불쌍히 여겨 인정을 베풂.
▷寬仁(관인)·輔仁(보인)·不仁(불인)·殺身成仁(살신성인)

2 ④ 〔仍〕* 잉 平蒸 réng, ジョウ
0118

소전 행서 이름 인할 잉 자원 형성. 亻+乃→仍. 孕(잉)과 같이 乃(내)의 변음이 성부.
새김 인하다. 그대로 따르다. ¶仍存(—, 있을 존)이전 물건을 그대로 둠.
〔仍用〕(잉용) 이전 것을 그대로 씀.
〔仍任〕(잉임) 國갈릴 기한이 된 벼슬아치를 갈지 않고 그대로 유임함.

2 ④ 〔从〕 ㊀종 ㊁종: 從(1551)의 본자· 간화자
0119

2 ④ 〔仓〕 창 倉(0266)의 간화자
0120

2 ④ 〔仄〕* 측 入職 zè, ソク
0121

소전 행서 이름 기울 측 자원 회의. 厂+人→仄. 벼랑 밑에 사람이 있는 모양. 사람이 제 집으로 돌아오는 것은 해가 기울 때라는 뜻.
새김 ❶기울다. ¶仄日(—, 해 일)기우는 해. 곧 지는 해. ❷측성. 평성이 아닌 상성·거성·입성의 세 성조. ¶平仄(평성 평, —)평성과 측성. 곧 성조의 높낮이. ❸어렴풋이. ¶仄聞(—, 들을 문) 어렴풋이 풍문으로 들음.
〔仄韻〕(측운) 사성(四聲) 중에서 상성(上聲)·거성(去聲)·입성(入聲)에 속하는 운.
〔仄行〕(측행) 모로 걷거나 비뚜로 걸음.
④〔化〕 화 匕부 2획(0551)

3 ⑤ 〔代〕*** 대: 去隊 dài, タイ
0122

소전 행서 이름 대신할 대: 자원 형성. 亻+弋→代. 弋(익)의 변음이 성부.

필순 丿 亻 亻 代 代

새김 ❶대신하다. ¶代行(—, 행할 행)(남을) 대신하여 행함. ❷시대. 역사적으로 구분한 시기. ¶古代(예 고, —)옛날 시대. ❸번갈아들다. 또는 번갈아. ¶交代(서로 교, —)서로 번갈아듦. ❹대. 전부터 이어 내려오는 가계. 예三代獨子(삼대독자). ❺값. 상품의 값. ¶食代(먹을 식, —)먹은 음식 값. ❻사람의 한 평생. ¶一代記(한 일, —, 기록할 기)일생의 사적을 쓴 기록. ❼나이의 구분. 예三十代의 靑年.

알아둘 지식 世와 代. 世(0019)를 보라.

〔代價〕(대가) ①물건의 값. 대금(代金). ②무엇을 희생하여 얻어진 결과.
〔代代〕(대대) 거듭되는 여러 대.
〔代理〕(대리) 남을 대신하여 일을 처리함. 또는 그 사람.
〔代辯人〕(대변인) 어떤 기관이나 단체를 대신하여 그의 의견이나 태도를 발표하는 사람.
〔代案〕(대안) 어떤 안을 대신하는 다른 안.
〔代用〕(대용) 어떤 물건 대신 다른 물건을 씀. 또는 그 물건.
〔代替〕(대체) 다른 것으로 바꿈.
▷近代(근대)·累代(누대)·當代(당대)·萬代(만대)·百代(백대)·先代(선대)·聖代(성대)·世代(세대)·時代(시대)·新陳代謝(신진대사)·歷代(역대)·年代(연대)·前代(전대)·絶代(절대)·遞代(체대)·現代(현대)·花代(화대)·後代(후대)

3 ⑤ 〔仝〕* 동 同(0659)의 고자
0123

3 ⑤ 〔令〕*** ㊀령 平庚 lǐng, レイ ㊁령 ㊍령: 去敬 lìng, レイ
0124

소전 令 행서 令 이름 一하여금 령 二명령 령 자원 회의. 亼+卩→令. 亼는 모으다, 卩은 부절. 사람을 모아 부절을 나누어 주고 명령을 내린다는 뜻.

필순 ノ 人 亼 今 令

새김 一❶하여금. ~로 하여금 ~하게 하다. 〔史記〕 臣能令$_{2\cdot4}$君$_1$勝$_3$(신능 령군승)신이 능히 임금으로 하여금 이기게 하다. ❷만일. 가령. ¶假令(가령 가, —)만일. 가사. 二❶명령. 또는 영을 내리다. ¶指令(지시할 지, —)지시하는 명령. ❷법. 규칙. ¶法令(법 법, —)법. 법규. ❸좋다. 훌륭하다. ¶令名(—, 이름 명)좋은 명성이나 명예. ❹(남의 친족에 대한) 존칭. ¶令息(—, 자식 식) 상대방을 높여 그의 아들을 이르는 말. ❺벼슬 이름. 한 관아의 우두머리 벼슬. ¶縣令(현 현, —)현의 우두머리 벼슬.

〔令監〕(영감) ①나이 든 부부 사이에서 아내가 남편을 이르는 말. ②지체 있는 사람이나 나이가 많은 사람을 대접해서 일컫는 말. ③종2품·정3품의 벼슬아치에 대한 높임말.

〔令堂〕(영당) 남의 어머니를 높이어 일컫는 말. 자당(慈堂).

〔令望〕(영망) ①훌륭한 명예. 좋은 평판. ②남의 인망(人望)을 높이어 이르는 말.

〔令聞〕(영문) 좋은 소문이나 평판.

〔令夫人〕(영부인) 상대방을 높여 그의 아내를 이르는 말.

〔令色〕(영색) 남의 비위를 맞추려고 아첨하는 얼굴빛. 예巧言—.

〔令愛〕(영애) 상대방을 높여 그의 딸을 일컫는 말. 영양(令孃).

〔令人〕(영인) 조선 때, 외명부(外命婦)의 한 품계. 정·종4품 문무관 아내의 봉작(封爵).

〔令狀〕(영장) ①명령이나 지령의 내용을 담은 문건. ②법원에서 사람이나 물건에 대한 강제 처분을 내용으로 하는 문서.

▷敎令(교령)·口令(구령)·軍令(군령)·禁令(금령)·命令(명령)·設令(설령)·政令(정령)·號令(호령)

3 ⑤ 〔们〕 문 們(0252)의 간화자

0125

3 ⑤ 〔付〕** 부: 去遇 | fù, フ

0126

소전 付 행서 付 이름 부칠 부: 자원 회의. 亻+寸→付. 寸은 손〔手〕. 손으로 물건을 남〔人〕에게 준다는 뜻.

필순 ノ 亻 亻 什 付

새김 ❶부치다. ¶付送(—, 보낼 송)(물건을)부치어 보냄. ❷맡기다. ¶付託(—, 부탁할 탁)(어떤 일을) 하여 달라고 맡기거나 청함. ❸주다. ¶付與(—, 줄 여)(남에게) 줌.

〔付過〕(부과) 國잘못이나 허물을 적어 둠.

〔付種〕(부종) 國씨앗을 뿌림. 곧 농사를 지음.

〔付職〕(부직) 國벼슬을 하게 하여 줌.

〔付黃〕(부황) 國결재를 받은 문서의 고쳐야 할 곳에 누른 종이쪽지를 붙이던 일.

▷交付(교부)·給付(급부)·分付(분부)·送付(송부)·受付(수부)·還付(환부)

3 ⑤ 〔仕〕*** 사:▷사 上紙 | shì, シ·ジ

0127

소전 仕 행서 仕 이름 벼슬 사:▷사 자원 형성. 亻+士→仕. 士(사)가 성부.

필순 ノ 亻 亻 仁 什 仕

새김 ❶벼슬. 또는 벼슬하다. ¶致$_2$仕$_1$(그만둘 치, —)(늙어서) 벼슬을 그만둠. ❷섬기다. ¶奉仕(이바지할 봉, —)사회나 남을 위하여 이바지함. 예—活動.

〔仕官〕(사관) ①벼슬살이함. ②國벼슬아치가 매달 초하룻날이면 상관을 찾아뵙던 일.

〔仕日〕(사일) 國벼슬자리에 있던 날수.

〔仕宦〕(사환) ①벼슬길에 나아감. 인신하여, 벼슬길. ②벼슬아치.

▷給仕(급사)·祿仕(녹사)·出仕(출사)

3 ⑤ 〔仙〕*** 선 平先 | xiān, セン

0128

소전 仙 행서 仙 동자 僊 이름 신선 선 자원 형성. 亻+山→仙. 山(산)의 변음이 성부.

필순 ノ 亻 亻 仙 仙

새김 ❶신선. 세속을 떠난 사람. ¶仙界(—, 경계 계)신선이 사는 곳. ❷도교(道敎). ¶仙經(—, 글 경)도교의 경전. ❸(시가나 서화에) 뛰어난 사람. ¶詩仙(시 시, —)시에 뛰어난 사람. 당(唐)의 이백(李白)을 이르는 말.

〔仙境〕(선경) ①신선이 사는 곳. 선계(仙界). ②속세를 떠난 깨끗한 곳.

〔仙窟〕(선굴) 신선이 사는 곳.

〔仙藥〕(선약) 효험이 썩 좋은 약.

〔仙風道骨〕(선풍도골) 신선의 풍채와 도인(道人)의 골상. 남달리 뛰어나고 고아한 풍체의 형용.

〔仙鶴〕(선학) 두루미. 학(鶴).

〔仙化〕(선화) 늙어서 병 없이 곱게 죽음.

▷登仙(등선)·神仙(신선)·酒仙(주선)

3 ⑤ 〔仪〕 의 儀(0326)의 간화자

0129

3 ⑤ 〔以〕*** 이: 上紙 yǐ, イ
0130

소전 행서 이름 써 이: 자원 지사·상형. '그만두다'의 뜻을 나타내는 已를 반대로 뒤집어 놓은 모양. 새김은 가차.

필순

새김 ❶써. ~을 가지고. 수단·방법 등을 나타낸다. 〔詩經〕 他山之石 可以攻玉(타산지석가이공옥)다른 산에서 난 돌도 가히 써 옥을 다듬을 수 있다. ❷~로써 하다. ~을 가지고 하다. 〔孟子〕 祭之以禮(제지이례)이를 제사지냄에 예로써 한다. ❸~로부터. ¶以來(—, 올 래)지나간 일정한 때로부터 내려오면서. ❹~에 의하여. ~라고 하여. 조건이나 이유를 나타낸다. 〔小學〕勿以惡小而爲之(물이악소이위지)악이 작다고 하여 그래서 이를 행하지 말라. ❺그리하여. 접속 관계를 나타낸다. 〔詩經〕 佇立以泣(저립이읍)우두커니 서서 울었다. ❻때문. 까닭. ¶所以(바 소, —)까닭인 바. 곧 까닭. ❼(以爲의 어형으로)생각하건대. 또는 ~라고 생각하다. 〔戰國策〕以爲畏狐也(이위외호야)여우를 두려워한다고 생각하였다.

〔以卵擊石〕(이란격석) 알로써 돌을 침. 자기의 힘을 알지 못하고 무리한 일을 하여 실패함의 비유.

〔以上〕(이상) ①어느 일정한 표준의 위. ②이전(以前). ③문서·목록·서간문 등의 끝에 써서 그 끝임을 나타내는 말.

〔以實直告〕(이실직고) 숨기거나 거짓말을 하지 않고 바른대로 고함.

〔以心傳心〕(이심전심) (佛)마음으로써 마음에 전함. 말이나 글로 전하지 못하는 것을 마음으로 마음에 전하여 깨닫게 함.

〔以熱治熱〕(이열치열) 열로써 열을 다스림. 힘에는 힘으로, 강한 것에는 강한 것으로 상대한다는 뜻.

〔以外〕(이외) 이 밖. 그 밖. ↔이내(以內).

〔以下〕(이하) 어느 한도의 아래.

〔以後〕(이후) ①이제로부터 뒤. ②어느 일정한 때로부터 그 뒤.

▷ 可以(가이)·伏以(복이)·是以(시이)·夜以繼晝(야이계주)·何以(하이)

3 ⑤ 〔仔〕* 자 本자: 上紙 zǎi, シ
0131

소전 행서 이름 자세할 자 자원 형성. 亻+子→仔. 子(자)가 성부.

새김 자세하다. ¶仔詳(—, 자세할 상) 자세하고 꼼꼼함. 예—한 사람.

〔仔細〕(자세) 상세함.

3 ⑤ 〔仗〕* 장: 去漾 zhàng, ジョウ
0132

행서 이름 무기 장: 자원 형성. 亻+丈→仗. 丈(장)이 성부.

새김 무기. 병기. ¶儀仗(의식 의, —) 의식에 쓰는 무기. 예—隊.

▷ 器仗(기장)·兵仗(병장)·倚仗(의장)

3 ⑤ 〔仟〕* 천 平先 qiān, セン
0133

행서 이름 일천 천 자원 형성. 亻+千→仟. 千(천)이 성부.

새김 ❶일천. 千(0566)의 갖은자. 예三仟萬원. ❷1,000사람의 우두머리. ¶仟佰(—, 백사람의 우두머리 백)1,000사람의 우두머리와 100사람의 우두머리.

3 ⑤ 〔他〕*** 타 平歌 tā, タ
0134

소전 행서 이름 다를 타 자원 형성. 亻+也〔它의 변형〕→他. 它(타)가 성부.

필순

새김 ❶다르다. 또는 딴. ¶他意(—, 뜻 의)다른 생각. 딴 마음. ❷남. 자기 이외의 사람. 自(4356)의 대. ¶自他(자기 자, —)자기와 남.

〔他界〕(타계) 인간 세상이 아닌 다른 세계란 뜻으로, 저승을 이르는 말.

〔他故〕(타고) 다른 까닭이나 다른 사고.

〔他山之石〕(타산지석) 다른 산의 돌이라도 자기의 옥을 가는 데에 도움이 됨. 자기의 결점을 보완하거나 인격을 닦는 데에 도움으로 삼는 다른 사람의 의견이나 반대의 비유.

〔他殺〕(타살) 다른 사람이 죽임. 또는 그 죽음. ↔자살(自殺).

〔他律〕(타율) ①다른 규율. ②자기의 본성에서 우러나오지 않고 남의 명령이나 구속에 따라 행동하고 통제 받는 일. ↔자율(自律).

〔他鄕〕(타향) 제 고향이 아닌 다른 고장.

▷ 其他(기타)·排他(배타)·愛他心(애타심)·出他(출타)

4 ⑥ 〔仮〕 가: 假(0275)의 약자
0135

4 ⑥ 〔价〕* ㊀개: 去卦 ㊁가 jiè, カイ
0136

소전 행서 이름 착할 개: 자원 형성. 亻+介→价. 介(개)가 성부.

새김 ㊀착하다. ¶价人(—, 사람 인)착한 사람.

간 價(0320)의 간화자.

4⑥〔件〕** 건 本건: 上銑 | jiàn, ケン
0137

행서 件 이름 일 건 자원 회의. 亻+牛→件. 자원은 확실히 알 수 없음.

필순 丿 亻 亻' 亻𠂉 亻𠂉 件

새김 ❶(문제거리로 생긴) 일. ¶事件(일 사, —)(문제거리로) 생긴 일. ❷건. 사물의 하나하나의 단위를 나타내는 말. 예審議案件三件(심의안건 삼건).
〔件件事事〕(건건사사) 낱낱이 모든 일.
〔件名〕(건명) 일이나 문건의 이름.
〔件數〕(건수) 사물의 수. 사건의 수.
▷物件(물건)·與件(여건)·要件(요건)·用件(용건)·條件(조건)

4⑥〔伋〕* 급 入緝 | jí, キュウ
0138

소전 행서 伋 이름 사람이름 급 자원 형성. 亻+及→伋. 及(급)이 성부.
새김 사람 이름. 공자(孔子)의 손자인 자사(子思)의 이름.

4⑥〔企〕** 기 本기: 上紙 | qǐ, キ
0139

소전 행서 企 이름 꾀할 기 자원 상형. 사람이 발돋움하고 서 있는 모양.

필순 丿 𠆢 今 企 企 企

새김 ❶꾀하다. 계획하다. ¶企圖(—, 꾀할 도) 어떤 일을 이루려고 계획을 세움. ❷바라다. 발돋움하고 기다리다. ¶企待(—, 기다릴 대) (어떤 일이 이루어지기를) 바라고 기다림.
〔企望〕(기망) 무엇이 이루어지기를 바람.
〔企業〕(기업) ①어떤 사업을 계획함. ②영리 사업을 경영함. 또는 그 조직체.
〔企畫〕(기획) 일을 계획함.

4⑥〔伎〕* 기 本기: 上紙 | jì, キ
0140

소전 행서 伎 이름 재간 기 자원 형성. 亻+支→伎. 技(기)·妓(기)·岐(기)와 같이 支(지)의 변음이 성부.
새김 재간. 재능. 기예. 技(1812)와 통용. ¶伎倆(—, 재능 량) 기술상의 재주.

4⑥〔伦〕 륜 倫(0251)의 간화자
0141

4⑥〔伐〕*** 벌 入月 | fá, バツ
0142

소전 행서 伐 이름 칠 벌 자원 회의. 亻+戈→伐. 창으로 사람을 벤다는 뜻.

필순 丿 亻 亻 代 伐 伐

새김 ❶치다. 정벌하다. ¶討伐(칠 토, —) 무력으로 침. 예—隊. ❷(나무를) 베다. ¶伐木(—, 나무 목)나무를 벰. ❸공. 또는 공을 자랑하다. 〔易經〕勞而不伐(노이불벌)수고로웠으나 공을 자랑하지 아니하다.
〔伐氷〕(벌빙) 얼음장을 떠냄.
〔伐性之斧〕(벌성지부) 본성을 베는 도끼란 뜻으로, 몸과 마음을 해치는 여색(女色)을 이르는 말.
〔伐採〕(벌채) 나무를 베어냄. 예山林—.
▷間伐(간벌)·攻伐(공벌)·盜伐(도벌)·殺伐(살벌)·征伐(정벌)

4⑥〔伏〕*** 복 入屋 | fú, フク
0143

소전 행서 伏 이름 엎드릴 복 자원 회의. 亻+犬→伏. 개가 주인의 곁에서 엎드려 주인의 뜻을 살핀다는 뜻.

필순 丿 亻 亻 仕 伏 伏

새김 ❶엎드리다. ¶俯伏(고개숙일 부, —)고개를 숙이고 엎드림. ❷숨다. ¶伏兵(—, 군사 병)(적을 불의에 치기 위하여) 숨어 있는 군사. ❸굴복하다. ¶降伏(항복할 항, —) 적에게 굴복함. ❹복. 여름의 절기 이름. ¶三伏(석 삼, —) 초복·중복·말복의 세 복. 예—더위.
〔伏乞〕(복걸) 엎드려서 빎. 간절히 요구함.
〔伏魔殿〕(복마전) 악마가 숨어 있는 곳. 인신하여, 나쁜 일을 꾀하는 무리들이 모여 있는 소굴을 이르는 말.
〔伏龍〕(복룡) 엎드려 숨어 있는 용. 은거하여 때를 기다리는 인재의 비유.
〔伏望〕(복망) 엎드려 바람. 웃어른의 처분을 바람.
〔伏暑〕(복서) ①삼복(三伏) 더위. ②더위를 먹음.
〔伏線〕(복선) ①만일의 경우에 대비하여 미리 대책을 세우는 일. ②소설·희곡 따위에서 뒤에 일어날 일을 미리 넌지시 암시하여 두는 기교.
〔伏熱〕(복열) 삼복의 더위.
〔伏願〕(복원) 삼가 바람.
〔伏惟〕(복유) 삼가 엎드려 생각컨데.
〔伏中〕(복중) 초복에서 말복까지의 삼복 동안.
〔伏祝〕(복축) 엎드려서 축원함.
▷屈伏(굴복)·起伏(기복)·埋伏(매복)·潛伏(잠복)·蟄伏(칩복)

4 ⑥ 〔伞〕 산 傘(0297)의 간화자
0144

4 ⑥ 〔伤〕 상 傷(0301)의 간화자
0145

4 ⑥ 〔仰〕*** 앙: 上養 | yǎng, ギョウ
0146

소전 행서 이름 우러를 앙: 자원 형성. 亻+卬→仰. 卬(앙)이 성부.

필순 ノ 亻 亻 仁 仰 仰

새김 우러르다. 俯(0258)의 대. ㉠머리를 쳐들다. ¶仰視(—, 볼 시)우러러봄. ㉡경모하다. 존경하여 받들다. ¶信仰(믿을 신, —)종교를 믿고 받듦.
〔仰望〕(앙망) ①우러러 봄. ②우러러 바람.
〔仰慕〕(앙모) 우러러 사모함.
〔仰釜日晷〕(앙부일구) 해의 그림자로 시각을 측정하던 해시계. 앙부일영(仰釜日影).
〔仰天大笑〕(앙천대소) 하늘을 쳐다보고 크게 웃음. 어이가 없어서 큰 소리로 껄껄 웃는다는 뜻.
〔仰請〕(앙청) 우러러 청함.
▷ 景仰(경앙)·俯仰(부앙)·崇仰(숭앙)·推仰(추앙)

4 ⑥ 〔伍〕* 오: 上麌 | wǔ, ゴ
0147

소전 행서 이름 대열 오: 자원 형성. 亻+五→伍. 五(오)가 성부.

새김 ❶대열. 항오. ¶落伍(떨어질 락, —)대열에서 쳐져 떨어짐. ❷다섯. 五(0083)의 갖은자. ㉹參萬伍百원.
〔伍長〕(오장) ①군졸 다섯 사람의 우두머리. ②민가 다섯 집의 우두머리.
▷ 隊伍(대오)·行伍(항오)

4 ⑥ 〔优〕 우 優(0331)의 간화자
0148

4 ⑥ 〔伟〕 위 偉(0281)의 간화자
0149

4 ⑥ 〔伪〕 위 僞(0315)의 간화자
0150

4 ⑥ 〔伊〕* 이 平支 | yī, イ
0151

소전 행서 이름 저 이 자원 형성. 亻+尹→伊. 尹(윤)의 변음이 성부.

새김 저. 또는 이. ¶伊人(—, 사람 인)저 사람. 또는 이 사람.

4 ⑥ 〔任〕** 임: 去沁 | rèn, ニン
0152

소전 행서 이름 맡길 임: 자원 형성. 亻+壬→任. 壬(임)이 성부.

필순 ノ 亻 亻 仁 仟 任

새김 ❶맡기다. ¶委任(맡길 위, —)(어떤 일을) 책임지워 맡김. ㉹—事項. ❷맡다. ¶任務(—, 일 무)맡아서 해야 하는 일. ❸맡은 일. ¶責任(직책 책, —)직책으로서 맡은 일. ❹등용하다. ¶任賢(—, 어진이 현)어진 사람을 등용함. ❺내버려 두다. 맡겨 두다. ¶放任(내버려둘 방, —)(제 마음대로 하게)내버려 둠.
〔任官〕(임관) ①관직에 임명함. ②國사관 후보생이나 사관 생도가 장교로 임명됨.
〔任期〕(임기) 임무를 맡아 보는 일정한 기간.
〔任免〕(임면) 관직을 맡김과 그만두게 함. 임명과 면직.
〔任用〕(임용) 직무를 맡겨서 등용함.
〔任員〕(임원) 어떤 단체의 운영·감독을 맡아 보는 사람.
〔任意〕(임의) 마음대로 함. 생각대로 함.
〔任重道遠〕(임중도원) 짐은 무겁고 길은 멂. 책임은 무겁고 할 일은 많음의 비유.
▷ 兼任(겸임)·擔任(담임)·背任(배임)·赴任(부임)·辭任(사임)·選任(선임)·信任(신임)·留任(유임)·離任(이임)·適任(적임)·專任(전임)·重任(중임)·退任(퇴임)·解任(해임)

4 ⑥ 〔伝〕 전 傳(0305)의 약자
0153

4 ⑥ 〔全〕 전 全(0361)의 속자
0154

4 ⑥ 〔传〕 전 傳(0305)의 간화자
0155

4 ⑥ 〔仲〕** 중:▷중 去送 | zhòng, チュウ
0156

소전 행서 이름 버금 중:▷중 자원 형성. 亻+中→仲. 中(중)이 성부.

필순 ノ 亻 个 仁 仲 仲

새김 ❶버금. 둘째. ¶仲兄(—, 형 형)둘째 형. ❷가운데. ㉠사람과 사람의 사이. ¶仲裁(—, 헤아릴 재)다투는 두 사람 사이에서 화해를 시킴. ㉡한가운데. ¶仲秋(一, 가을 추)음력 8월. 음력에서는 가을철이 7~9월의 석 달임.
〔仲介〕(중개) 제3자로서 두 당사자 사이에 들어 어떤 일을 주선하는 일. 「개함.
〔仲媒〕(중매) 중신. 혼인이 이루어지도록 소
〔仲氏〕(중씨) 형제·자매 중의 둘째.
〔仲春〕(중춘) 음력 2월.
▷伯仲叔季(백중숙계)·伯仲之間(백중지간)

4 ⑥ 〔众〕 0157 중: 衆(4736)의 간화자

⑥〔合〕 합 口부 3획(0665)

4 ⑥ 〔伉〕* 0158 ㊀항: ㊍강: 去漾 kàng, コウ ㊁항: ㊍강 平陽 gāng, コウ

행서 伉 이름 ㊀짝 항: ㊁곧을 항: 자원 형성. 亻+亢→伉. 抗(항)과 같이 亢(항)이 성부.

새김 ㊀짝. 배우자. ¶伉儷(一, 짝 려)남편과 아내로 이루어진 짝. ㊁곧다. 강직하다. ¶伉直(一, 곧을 직)(성질·행동 등이)굳세고 곧음.

4 ⑥ 〔会〕 0159 회: 會(2218)의 약자·간화자

4 ⑥ 〔休〕*** 0160 휴 平尤 xiū, キュウ

소전 𠇷 행서 休 이름 쉴 휴 자원 회의. 亻+木→休. 사람이 나무에 기대어 쉬고 있다는 뜻.

필순 ノ 亻 亻 什 休 休

새김 ❶쉬다. 또는 하던 일을 그만두다. ¶休日(一, 날 일)쉬는 날. ❷경사스럽다. 또는 아름답다. ¶休兆(一, 조짐 조)경사스러운 조짐. ❸행복. 기쁨. ¶休戚(一, 슬플 척)기쁨과 슬픔. 안락과 근심. ㉠一을 같이 하다.
〔休暇〕(휴가) 말미. 학업이나 근무를 일정 기간 쉬는 일. 「얼맛동안 쉼. ㉠一室.
〔休憩〕(휴게) 길을 가거나 어떤 일을 하다가
〔休校〕(휴교) 학교가 한동안 쉬는 일. ㉠臨時一.
〔休眠〕(휴면) 생물이 일정한 기간 성장과 활동을 멈추고 잠을 자는 일. ㉠一期.
〔休息〕(휴식) 하던 일을 멈추고 쉼.
〔休養〕(휴양) 직무를 일시적으로 쉬면서 몸을 보양(保養)함. ㉠一地. 「쉼. ㉠今日一.
〔休業〕(휴업) 영업이나 사업을 일시적으로
〔休戰〕(휴전) 전쟁을 중지함. 「간 학업을 쉼.
〔休學〕(휴학) 학생이 병이나 사고로 일정 기
〔休火山〕(휴화산) 예전에는 분화하였으나 지금은 분화하지 않는 화산. 사화산(死火山).
〔休會〕(휴회) ①개회 중의 회의를 일시 쉼. ②국회나 지방 의회가 일정 기간 회의를 열지 않고 쉼.
▷公休日(공휴일)·歸休(귀휴)·連休(연휴)

5 ⑦ 〔伽〕* 0161 가 平麻 qié, カ

행서 伽 이름 절 가 자원 형성. 亻+加→伽. 加(가)가 성부.

새김 절. 범어 gha의 음역자. ¶伽藍(一, 절 람)절. 중들이 불도를 닦는 곳.
〔伽倻〕(가야) 우리나라 고대 부족 국가의 하나. 「기의 하나.
〔伽倻琴〕(가야금) 國가얏고. 우리 나라 현악

5 ⑦ 〔但〕*** 0162 단: 上旱 dàn, タン

소전 𠀾 행서 但 이름 다만 단: 자원 형성. 亻+旦→但. 旦(단)이 성부.

필순 ノ 亻 亻 亻 但 但 但

새김 다만. 단지. ¶但只(一, 다만 지)다만.
〔但書〕(단서) 본문 다음에 '但'자를 쓰고, 조건이나 예외 등을 밝힌 글.

5 ⑦ 〔来〕 0163 래 來(0194)의 속자·간화자

5 ⑦ 〔伶〕* 0164 령 平青 líng, レイ

소전 𠆩 행서 伶 이름 영리할 령 자원 형성. 亻+令→伶. 領(령)·鈴(령)과 같이 令(령)이 성부.

새김 ❶영리하다. 총명하고 똑똑하다. 怜(1588)과 같다. ¶伶俐(一, 영리할 리)총명하고 똑똑함. ❷악관. 음악을 연주하는 사람. ¶伶人(一, 사람 인)음악을 연주하는 사람.

5 ⑦ 〔伴〕** 0165 반 ㊍반: 上旱 bàn, バン

소전 𠈃 행서 伴 이름 짝 반 자원 형성. 亻+半→伴. 半(반)이 성부.

필순 ノ 亻 亻 亻 亻 伫 伴

새김 ❶짝. 동반자. ¶伴侶(一, 짝 려)짝이 되는 동무. ㉠人生의 一者. ❷따르다. 짝이 되다. ¶伴奏(一, 아뢸 주)짝이 되어 함께 연주함. ❸짝짓다. 짝이 되다. ¶同伴(함께 동, 一). ㉠一者.
〔伴送〕(반송) 다른 물건에 붙여서 함께 딸려 보냄.

〔伴食〕(반식) ①높은 사람을 모시고 한 자리에서 식사를 함. ②하는 일이 없는 무능한 관리의 비유.
〔伴行〕(반행) 길을 함께 감. 동행(同行).
▷相伴(상반)·隨伴(수반)

5 ⑦ 〔伯〕 백 入陌 bó, ハク
0166

소전 伯 행서 伯 이름 맏 백 자원 형성. 亻+白→伯. 柏(백)·帛(백)과 같이 白(백)이 성부.

필순 ノ 亻 亻' 亻' 伯 伯 伯

새김 ❶맏. 맏형. ¶伯父(—, 아비 부)큰아버지. ❷예술 분야에서 뛰어난 사람. ¶畫伯(그림 화, —)그림을 썩 잘 그리는 사람. ❸작위 이름. 오등작의 셋째 작위. ¶伯爵(—, 벼슬 작)오등작에서의 셋째 작위. ❹한 지방의 장관. ¶方伯(곳 방, —)한 지방의 장관. 우리나라에서는 관찰사〔요즈음의 도지사〕. 예守令—.
〔伯母〕(백모) 큰어머니. 백부의 아내.
〔伯仲〕(백중) ①맏이와 둘째. ②사물이 서로 비슷하여 우열을 가리기 어려움의 비유. 예—之勢.
〔伯仲叔季〕(백중숙계) 형제의 순서. 맏이를 백, 둘째를 중, 셋째를 숙, 막내를 계라 함.
〔伯兄〕(백형) 맏형. 백씨(伯氏).
▷道伯(도백)·舍伯(사백)·詞伯(사백)·詩伯(시백)·河伯(하백)·侯伯(후백)

5 ⑦ 〔佛〕 불 入物 fú, ブツ
0167

소전 佛 행서 佛 고자 仏 이름 부처 불 자원 형성. 亻+弗→佛. 拂(불)과 같이 弗(불)이 성부.

필순 ノ 亻 亻' 亻 亻 佛 佛

새김 ❶부처. 석가모니. 깨달은 사람. ¶佛敎(—, 종교 교)석가모니가 일으킨 종교. ❷불상. 부처의 형상. ¶石佛(돌 석, —)돌로 만든 불상. ❸불교. 석가모니가 일으킨 종교. ¶斥佛崇儒(물리칠 척, —, 숭상할 숭, 유교 유)불교를 배척하고 유교를 숭상함. ❹프랑스의 한역자. ¶佛語(—, 말 어) 프랑스 말.
〔佛經〕(불경) 불교의 경전.
〔佛供〕(불공) 부처님 앞에 공양하는 일.
〔佛法僧〕(불법승) (佛)삼보(三寶). 불보(佛寶)·법보(法寶)·승보(僧寶).
〔佛菩薩〕(불보살) (佛)부처를 좇아 중생을 제도하는 부처의 다음 가는 성인.
〔佛心〕(불심) 부처의 자비로운 마음.
〔佛印〕(불인) (佛)중생이 본디 갖추고 있는 불심(佛心).
〔佛誕日〕(불탄일) 석가(釋迦)의 탄생일. 음력 4월 8일.
▷古佛(고불)·灌佛(관불)·大佛(대불)·生佛(생불)·成佛(성불)·神佛(신불)·念佛(염불)·禮佛(예불)

5 ⑦ 〔伺〕 사 本사: 去寘 sì, シ
0168

소전 伺 행서 伺 이름 엿볼 사 자원 형성. 亻+司→伺. 詞(사)·祠(사)·嗣(사)와 같이 司(사)가 성부.
새김 ❶엿보다. 살피다. ¶伺察(—, 살필 찰)(동정을)살핌. ❷묻다. 안부를 묻다. ¶伺候(—, 물을 후)웃어른을 찾아서 문안함.

5 ⑦ 〔似〕 사: 上紙 sì, ジ
0169

소전 似 행서 似 이름 같을 사: 자원 형성. 亻+以→似. 以에는 '이' 외에 '사' 음도 있어. 以(사)가 성부.

필순 ノ 亻 亻 亻 亻 似 似

새김 같다. 닮다. 비슷하다. ¶似而非(—, 말이을 이, 아닐 비)닮았으나 아님. 겉으로는 비슷한 듯하면서 본질은 다름.
▷近似(근사)·相似(상사)·類似(유사)·恰似(흡사)

5 ⑦ 〔伸〕 신 平眞 shēn, シン
0170

소전 伸 행서 伸 이름 펼 신 자원 형성. 亻+申→伸. 神(신)·紳(신)과 같이 申(신)이 성부.

필순 ノ 亻 亻 亻 亻 伸 伸

새김 ❶펴다. 늘이다. 屈(1271)·縮(4117)의 대. ¶屈伸(굽힐 굴, —)굽힘과 폄. ❷풀다. (억울함을) 씻다. ¶伸寃(—, 원통할 원)원통함을 풂. 예—雪恥.
〔伸長〕(신장) 잡아 느림. 길게 느림.
〔伸張〕(신장) 늘여 넓힘.
〔伸縮〕(신축) 늘어남과 줄어듦.
〔伸欠〕(신흠) 기지개를 켜고 하품함.
▷引伸(인신)·追伸(추신)·欠伸(흠신)

5 ⑦ 〔余〕 여 平魚 yú, ヨ
0171

소전 행서 이름 나 여 자원 상형. 지붕과 도리·기둥이 보이는 집의 모양. 새김은 가차.

필순 ノ 人 亼 今 全 余 余

새김 ❶나. 자기 자신. ¶余一人(—, 한 일, 사람 인)나 한사람. 제왕이 자신을 일컫는 말. ❷ 餘(6078)의 약자·간화자.
〔余月〕(여월) 음력 4월의 딴이름.

5 ⑦ 〔佣〕 용 傭(0304)의 간화자
0172

5 ⑦ 〔佑〕* 우: 去宥 | yòu, ユウ
0173

소전 행서 이름 도울 우: 자원 형성. 亻+右→佑. 右(우)가 성부.
새김 돕다. 신이 돕다. ¶天佑神助(하늘 천, —, 신 신, 도울 조)하늘이 돕고 신이 도움.
▷保佑(보우)

5 ⑦ 〔位〕*** 위 本위: 去寘 | wèi, イ
0174

소전 행서 이름 자리 위 자원 회의. 亻+立→位. 사람이 서 있는 자리를 뜻한다.

필순 ノ 亻 亻 亻 仁 位 位

새김 ❶자리. ㉠곳. 장소. ¶部位(부분 부, —)어떤 부분의 자리. 예傷處—. ㉡벼슬자리. 신분. 지위. ¶帝位(임금 제, —)제왕의 자리. ㉢순서나 지위에서 차지하는 자리. ¶上位(위 상, —)윗자리. 예—圈. ㉣방향. ¶方位(쪽 방, —)(사방을 기본으로 한) 그 어느 쪽의 방향. ❷자리하다. ¶位置(—, 있을 치)(일정한 곳에)자리를 차지하고 있음. 또는 그 자리. ❸신위. 신주. ¶位牌(—, 패 패)신주로 모시는 패. ❹분. 사람을 높이는 말. ¶諸位(여러 제, —)여러분.
〔位階〕(위계) 벼슬의 품계. 관위의 등급.
〔位高望重〕(위고망중) 지위나 벼슬이 높고 명망이 두터움.
〔位祿〕(위록) 지위와 녹봉.
〔位序〕(위서) 지위의 순서. 위차(位次).
〔位田〕(위전) 國조상을 위하는 제사에 쓰기 위하여 따로 설정한 밭.
〔位土〕(위토) 國제향(祭享)의 비용으로 쓰기 위하여 설정한 논밭.
▷高位(고위)·官位(관위)·單位(단위)·寶位(보위)·本位(본위)·神位(신위)·爵位(작위)·在位(재위)·卽位(즉위)·地位(지위)·職位(직위)·品位(품위)·下位(하위)
⑦〔攸〕 유 攵부 3획(2015)

5 ⑦ 〔佚〕* ㊀일 入質 | yì, イツ
㊁질 本절 入屑 | dié, テツ
0175

소전 행서 이름 ㊀편안할 일 ㊁갈마들 질 자원 형성. 亻+失→佚. 失(실)의 변음이 성부. 참고 ㊁는 인명용 추가한자가 아님.
새김 ㊀❶편안하다. ¶佚遊(—, 놀 유)편안하게 마음대로 놂. ❷방탕하다. ¶淫佚(음란할 음, —)음란하고 방탕함. ㊁❶갈마들다. 또는 번갈아. ¶佚興(—, 일 흥)번갈아 일어남. ❷구속에서 벗어나다. ¶佚蕩(—, 방종할 탕)구속에서 벗어나 제멋대로 흥겹게 놂.

5 ⑦ 〔作〕*** 작 入藥 | zuò, サク·サ
0176

소전 행서 이름 지을 작 자원 형성. 亻+乍→作. 乍에는 '사' 외에 '작'의 음도 있어, 昨(2128)과 같이 乍(작)이 성부.

필순 ノ 亻 亻 亻 作 作 作

새김 ❶짓다. ㉠물건을 만들다. ¶製作(지을 제, —)(기계·가구·미술품 등을) 만듦. ㉡농사를 짓다. ¶耕作(밭갈 경, —)밭을 갈아 농사를 지음. ㉢글을 짓다. ¶作文(—, 글월 문)글을 지음. ㉣표정을 짓다. ¶作色(—, 안색 색)어떤 느낌을 얼굴빛에 드러냄. ㉤죄를 저지르다. ¶作罪(—, 죄 죄)죄를 저지름. ❷지은 물건. 작품. ¶傑作(뛰어날 걸, —)뛰어난 작품. ❸행하다. ¶動作(움직일 동, —)몸을 움직이거나 행하는 일. ❹일으키다. 또는 일어나다. ¶振作(떨칠 진, —)떨쳐 일으킴. 예士氣—.
〔作家〕(작가) 문예 작품을 창작하는 사람.
〔作故〕(작고) 죽은 사람을 높이어 그의 죽음을 이르는 말.
〔作難〕(작난) ①사건을 일으킴. ②방해함.
〔作黨〕(작당) 떼를 지음. 동아리를 이룸.
〔作法〕(작법) ①글을 짓거나 그림을 그리는 방법. ②법칙을 정함.
〔作舍道傍〕(작사도방) 길가에 집을 지음. 오가는 사람들의 이론(異論)이 많아 일을 이루기 어려움의 비유.
〔作心三日〕(작심삼일) 다져 먹은 마음이 사흘뿐임. 결심이 굳지 못하여 오래가지 아니함의 비유.
〔作用〕(작용) ①어떠한 운동이나 변화를 일으키게 함. ②영향을 줌. 또는 그 영향.
〔作人〕(작인) ①사람의 됨됨이나 생김생김. ②國소작인(小作人).
▷佳作(가작)·工作(공작)·大作(대작)·名作(명작)·始作(시작)·新作(신작)·力作(역작)·著作(저작)·拙作(졸작)·創作(창작)·豊作(풍작)·合作(합작)·凶作(흉작)

5 ⑦ 〔佇〕* 저: 上語 zhù, チョ
0177

소전 행서 이름 오래서있을 저: 자원 형성. 亻+宁→佇. 貯(저)와 같이 宁(저)가 성부.
새김 오래 서 있다. ¶佇立(―, 설 립)오랫동안 우두커니 서 있음.

5 ⑦ 〔低〕*** 저: ㊍저 平齊 dī, テイ
0178

소전 행서 이름 낮을 저: 자원 형성. 亻+氐→低. 底(저)·抵(저)와 같이 氐(저)가 성부.
필순 ノ 亻 亻 亻 任 低 低
새김 ❶낮다. 高(6189)의 대. ㉠(높이가)낮다. ¶高低(높을 고, ―)높낮이. ㉡(온도·값·수준·질 등이) 낮다. ¶低俗(―, 속될 속)품위가 낮고 속됨. ❷낮추다. 숙이다. ¶低頭(―, 머리 두)머리를 숙임.
〔低價〕(저가) 헐한 값. 싼 값. 염가(廉價).
〔低空〕(저공) 땅에 가까운 하늘. ㊇―飛行.
〔低能〕(저능) 정상보다 지적 능력이 낮음.
〔低頭〕(저두) 머리를 숙임. ㊇―平身.
〔低廉〕(저렴) 값이 쌈.
〔低利〕(저리) 싼 이자.
〔低劣〕(저열←저렬) 질이 낮고 용렬함. 품격이 낮고 보잘것없음.
〔低溫〕(저온) 낮은 온도.
〔低音〕(저음) 낮은 음.
〔低調〕(저조) ①낮은 가락. ②능률이 오르지 않음. ③감정이 가라앉아 식음.
〔低質〕(저질) 품질이 좋지 못함.
〔低唱〕(저창) 낮은 소리로 노래를 부름.
〔低下〕(저하) 낮아지거나 떨어짐.
▷最低(최저)

5 ⑦ 〔佃〕* 전 平先 tián, デン
0179

소전 행서 이름 농사지을 전 자원 형성. 亻+田→佃. 田(전)이 성부.
새김 농사를 짓다. ¶佃夫(―, 사나이 부)농사짓는 사람. ㊐農夫.

5 ⑦ 〔佐〕** 좌: 去箇 zuǒ, サ
0180

소전 행서 이름 도울 좌: 자원 형성. 亻+左→佐. 左(좌)가 성부. 참고 佐飯(좌반→자반)과 같이 음이 '자'로 변한 것도 있다.
필순 ノ 亻 亻 仁 仕 佐 佐
새김 돕다. ¶補佐(도울 보, ―)(웃사람이 하는 일을) 도움. ㊇―役.
〔佐命〕(좌명) 천명을 받아 왕위에 오를 사람을 도와 건국의 대업을 이룸. ㊇―功臣.

5 ⑦ 〔住〕*** 주: 去遇 zhù, ジュウ
0181

행서 이름 살 주: 자원 형성. 亻+主→住. 注(주)·柱(주)·駐(주)와 같이 主(주)가 성부.
필순 ノ 亻 亻 亻 仁 住 住
새김 살다. 머물러 살다. ¶住所(―, 곳 소)머물러 사는 곳.
〔住居〕(주거) 어떤 곳에 머물러 삶. 또는 그 집. 「㊇―登錄證.
〔住民〕(주민) 어떤 곳에 머물러 사는 사람.
〔住接〕(주접) 잠시 머물러 삶.
〔住持〕(주지) (佛)한 절을 책임지고 맡아보는 중. 방장(方丈).
〔住宅〕(주택) 사람이 사는 집.
▷居住(거주)·常住(상주)·安住(안주)·永住(영주)·移住(이주)·定住(정주)

5 ⑦ 〔佥〕 첨 僉(0307)의 간화자
0182

5 ⑦ 〔体〕 체 體(6188)의 약자·간화자
0183

5 ⑦ 〔佈〕* 포: 去遇 bù, ホ
0184

행서 이름 펼 포: 자원 형성. 亻+布→佈. 布(포)가 성부.
새김 펴다. 널리 펴다. 또는 두루. 널리. ¶佈告(―, 알릴 고)(법령·명령 등을)널리 펴서 알림. ㊇宣戰―.

5 ⑦ 〔佖〕* 필 入質 bì, ヒツ
0185

소전 이름 찰 필 자원 형성. 亻+必→佖. 泌(필)·苾(필)과 같이 必(필)이 성부.
새김 차다. 가득차다. ¶佖路(―, 길 로)길에 가득참.

5 ⑦ 〔何〕*** 하 平歌 hé, カ
0186

소전 行 행서 何 이름 어찌 하 자원 형성. 亻+可→何. 河(하)와 같이 可(가)의 변음이 성부.

필순 丿 亻 仁 仃 何 何 何

새김 ❶어찌. 어찌하여. ¶何必(—, 반드시 필) 어찌하여 반드시. ❷어느. 무슨. 어떤. ¶何人(—, 사람 인)어떤 사람.
〔何暇〕(하가) 어느 겨를에.
〔何故〕(하고) 무슨 까닭으로.
〔何關〕(하관) 무슨 상관. 예—大事.
〔何等〕(하등) 아무런. 아무. 「뜻.
〔何面目〕(하면목) 무슨 면목. 볼낯이 없다는
〔何事〕(하사) 무슨 일. 어떠한 일. 예—不成.
〔何時〕(하시) 어느 때. 언제.
〔何如間〕(하여간) 어찌하든지 간에. 어쨌든.
〔何許人〕(하허인) 누구인지 모를 어떤 사람.
▷幾何(기하)·奈何(내하)·誰何(수하)·若何(약하)·如何(여하)

6 ⑧ 〔価〕 0187 가 價(0320)와 동자

6 ⑧ 〔佳〕*** 0188 가 平佳 | jiā, カ

소전 佳 행서 佳 이름 아름다울 가 자원 형성. 亻+圭→佳. 街(가)와 같이 圭(규)의 변음이 성부.

필순 丿 亻 仁 仕 佳 佳 佳 佳

새김 ❶아름답다. ¶佳人(—, 사람 인)아름다운 사람. 참고 현대에는 여자에 대해서만 쓰는 말. 예才子—. ❷뛰어나다. 훌륭하다. ¶佳作(—, 작품 작)잘 된 훌륭한 작품. ❸좋다. 경사스럽다. ¶佳辰(—, 때 신)(혼인·회갑 등 축하할 만한) 좋은 날.
〔佳客〕(가객) 반가운 손. 가빈(佳賓).
〔佳景〕(가경) 아름다운 경치.
〔佳境〕(가경) 경치가 좋은 곳. 인신하여, 재미있는 좋은 판이나 고비. 예漸入—.
〔佳期〕(가기) ①좋은 시절. ②남녀가 만나기로 약속한 때.
〔佳約〕(가약) ①좋은 언약(言約). ②부부(夫婦)가 되자는 약속.
〔佳篇〕(가편) 아름다운 시나 글. 「이야기.
〔佳話〕(가화) 사람을 감동시킬 만한 아름다운

6 ⑧ 〔侃〕* 0189 간: 上旱 | kǎn, カン

소전 侃 행서 侃 이름 강직할 간: 자원 회의. 㐰〔信의 고자〕+巛〔川의 변형〕→侃. 흐르는 물처럼 언제까지나 미덥다는 뜻.
새김 강직하다. 꼬장꼬장하다. ¶侃侃(—.—)(성품이나 행실이) 꼬장꼬장함.

6 ⑧ 〔供〕** 0190 ㊀공: 去宋 | gòng, キョウ·ク ㊁공: 本공平冬 | gōng, キョウ·ク

소전 供 행서 供 이름 ㊀이바지할 공: ㊁줄 공: 자원 형성. 亻+共→供. 恭(공)·拱(공)과 같이 共(공)이 성부.

필순 丿 亻 仁 什 仳 供 供 供

새김 ㊀❶이바지하다. 올리다. ¶供養(—, 기를 양)어른을 모시면서 음식 이바지를 함. ❷죄인이 이유나 사정을 말하다. ¶供辭(—, 말 사)죄인이 자기의 범죄 사실을 말하는 일. ㊁주다. 내놓다. ¶供給(—, 줄 급)(수요에 응하여) 물품을 대줌. 예需要—.
〔供物〕(공물) 신이나 부처 앞에 바치는 물건.
〔供述〕(공술) 신문에 응해 진술함. 「는 그 말.
〔供招〕(공초) 죄인이 범죄 사실을 자백함. 또
〔供託〕(공탁) ①물건의 보관을 위탁함. ②금전이나 유가증권, 또는 그 밖의 물건을 공증기관에 맡기는 일.
▷提供(제공)

6 ⑧ 〔侊〕* 0191 광 平陽 | guāng, コウ

행서 侊 이름 클 광 자원 형성. 亻+光→侊. 光(광)이 성부.
새김 크다. 성대하다.

6 ⑧ 〔侨〕 0192 교 僑(0309)의 간화자

6 ⑧ 〔佶〕* 0193 길 入質 | jí, キツ

소전 佶 행서 佶 이름 난삽할 길 자원 형성. 亻+吉→佶. 桔(길)과 같이 吉(길)이 성부.
새김 난삽하다. 어렵고 딱딱하다. ¶佶屈(—, 굽을 굴)글이 어렵고 막히어 뜻을 알기가 거북함.
〔佶屈聱牙〕(길굴오아) 글이 어렵고 막히어서 읽기가 거북함.

6 ⑧ 〔來〕*** 0194 래 平灰 | lái, ライ

소전 來 행서 来 속자 간화 来 이름 올 래 자원 상형. 이삭이 팬 밀의 모양. 새김은 가차.

필순 一 𠂇 𠂉 双 双 來 來 來

새김 ❶오다. 이곳으로 오다. 往(1533)의 대. ¶往來(갈 왕, ―)가고 오고 함. ❷장차 오는. 이 다음의. ¶來年(―, 해 년) 올해의 바로 다음 해. ❸이래. 지금까지. ¶古來(예 고, ―)옛날 이래. 예로부터 지금까지.
〔來客〕(내객) 찾아오는 손. 예― 接待.
〔來到〕(내도) ①어떠한 지점에 와 닿음. ②시간·기회·계절 등이 옴.
〔來歷〕(내력) 현재 상태에 이르기까지의 지내온 과정이나 경력.
〔來訪〕(내방) 집으로 찾아옴.
〔來賓〕(내빈) 찾아온 손님. 예― 接待.
〔來襲〕(내습) 습격하여 옴.
〔來往〕(내왕) ①오고 감. 왕래(往來). ②서로 교제함.
〔來秋〕(내추) 내년 가을.
▷去來(거래)·到來(도래)·未來(미래)·本來(본래)·如來(여래)·外來(외래)·元來(원래)·由來(유래)·以來(이래)·將來(장래)·傳來(전래)·從來(종래)·後來(후래)

6 ⑧ 〔例〕*** 례: 去霽 lì, レイ
0195

소전 행서 이름 법식 례: 자원 형성. 亻+列→例. 列(렬)의 변음이 성부.

필순 丿 亻 亻 仴 伢 侀 例 例

새김 ❶법식. 규칙. ¶條例(조목 조, ―)조목조목 적어놓은 규칙. ❷전례. ¶慣例(익숙할 관, ―)늘 해 내려오는 전례. ❸예. 보기. ¶例文(―, 글월 문)예로 들어 보이는 글.
〔例規〕(예규) 관례로 되어 있는 규칙.
〔例年〕(예년) 國 여느 해.
〔例事〕(예사) 예삿일. 세상에 보통 있는 일.
〔例示〕(예시) 예을 들어 보임.
〔例外〕(예외) 일반적인 규정이나 보통 있는 일에서 벗어남. 또는 그러한 일.
〔例題〕(예제) 예로 드는 문제.
〔例證〕(예증) ①증거가 되는 예. ②실례를 들어 증명함.
〔例話〕(예화) 실례(實例)를 들어서 하는 이야기.
▷古例(고례)·舊例(구례)·凡例(범례)·比例(비례)·事例(사례)·常例(상례)·先例(선례)·實例(실례)·用例(용례)·前例(전례)·定例(정례)·通例(통례)·特例(특례)·判例(판례)

6 ⑧ 〔侖〕* 륜 平眞 lún, ロン·リン
0196

소전 행서 간화 이름 차례 륜 자원 회의. 亼+冊→侖. 亼은 모으다, 冊은 册으로 죽간. 차례를 따라 죽간을 모은다는 뜻.
새김 차례. 순서. 倫(0251)과 통용.

6 ⑧ 〔佰〕* 백 入陌 bǎi, ビャク
0197

소전 행서 이름 일백 백 자원 형성. 人+百→佰. 百(백)이 성부.
새김 ❶일 백. 百(3497)의 갖은자. ❷100사람의 우두머리. ¶仟佰(천사람의우두머리 천, ―) 仟(0132)을 보라.

6 ⑧ 〔併〕* 병: 去敬 bìng, ヘイ
0198

소전 행서 본자 이름 아우를 병: 자원 형성. 亻+幷〔=幷〕→併 屛(병)과 같이 幷(병)이 성부.
새김 ❶아우르다. 합치다. ¶合併(합할 합, ―)한데 합침. ❷나란히 하다. 또는 나란히. 並(0029)과 같게 쓴다.
〔併用〕(병용) ①둘 이상을 함께 아울러 씀. ②한 가지 것을 가지고 이렇게도 저렇게도 다 같이 씀.
〔併呑〕(병탄) 남의 영토나 물건을 강제로 한데 아울러서 제 것으로 삼음.
〔併合〕(병합) 둘 이상의 사물이나 조직을 하나로 합침.
▷兼併(겸병)

6 ⑧ 〔使〕***
0199

㊀ 사:		上紙	shǐ, シ
㊁ 사:	本시:	去寘	shǐ, シ
㊂ 시:		去寘	shǐ, シ

소전 행서 이름 ㊀하여금 사: ㊁사신 사: ㊂ 사신으로 갈 시: 자원 형성. 亻+吏→使. 吏(리)의 변음이 성부.

필순 丿 亻 亻 仁 佢 伊 使 使

새김 ㊀❶하여금. ~로 하여금 ~하게 하다. 〔崔顥·詩〕 煙波江上使$_{2·4}$人$_1$愁$_3$(연파강상 사인수) 저녁 노을이 낀 양자강의 강가는 나로 하여금 시름겹게 한다. ❷부리다. 일을 시키다. 〔論語〕 使$_2$民$_1$以$_4$時$_3$(사민이시)백성을 부리기를(부릴 수 있는) 때로써 한다. ❸쓰다. ¶使用(―, 쓸 용)(물건을) 씀. 예― 方法. ❹가령. 만일. ¶假使(가령 가, ―)가령. ㊁사신. 또는 심부름꾼. ¶特使(특별할 특, ―)특별한 사명을 주어 외국에 보내는 사람. ㊂사신으로 가다. 또는 사신으로 보내다. 〔論語〕 使$_3$於$_2$四方$_1$(시어사방)사방에 사신으로 가다.
〔使徒〕(사도) ①예수가 복음을 전하기 위하여 특별히 뽑은 열두 제자. ②신성한 일을 위하여 헌신적으로 일하는 사람의 비유.
〔使命〕(사명) ①맡겨진 임무. ②사신으로서

받은 명령. 「함.
〔使無訟〕(사무송) 서로 타협하여 시비가 없게
〔使臣〕(사신) 임금의 명을 받아 외국에 사절로 가는 신하.
〔使役〕(사역) 부리어 일을 시킴.
〔使者〕(사자) 시중들거나 심부름하는 사람.
〔使節〕(사절) 어떤 사명을 띠고 국가나 정부를 대표하여 외국에 파견되는 사람.
〔使酒〕(사주) 술 힘을 빌어서 호기를 부림.
〔使嗾〕(사주) 부추겨서 하게 함.
〔使喚〕(사환) 심부름을 하는 사람.
▷公使(공사)·國使(국사)·急使(급사)·勞使(노사)·大使(대사)·正使(정사)·天使(천사)
⑧〔舍〕 사 舌부 2획(4370).

6 ⑧ 〔侍〕** 시: 去寘 shì, ジ
0200

소전 행서 이름 모실 시: 자원 형성. 亻+寺→侍. 寺에는 '사' 외에 '시' 음도 있어, 時(시)·詩(시)와 같이 寺(시)가 성부.

필순 ノ 亻 亻 仁 仕 仕 侍 侍

새김 모시다. 시중을 들다. ¶侍女(—, 계집 녀) 시중을 드는 여자.
〔侍生〕(시생) 웃어른에게 대한 자신의 겸칭.
〔侍衛〕(시위) 임금을 모시고 호위함. 또는 그 사람. 「의원.
〔侍醫〕(시의) 임금과 왕족의 진료를 맡았던
〔侍從〕(시종) 임금이나 신분이 높은 사람의 옆에서 시중을 드는 사람이나 그런 직책.
〔侍下〕(시하) 國조부모나 부모를 모시고 있는 가정 환경.
▷近侍(근시)·內侍(내시)·慈侍下(자시하)

6 ⑧ 〔侁〕* 신 平眞 shēn, シン
0201

행서 이름 다니는모양 신 자원 형성. 人+先→侁. 先(선)의 변음이 성부.
새김 다니는 모양. 분주히 오가는 모양. ¶侁侁(—, —)분주히 왕래하는 모양.

6 ⑧ 〔佯〕* 양 平陽 yáng, ヨウ
0202

행서 이름 속일 양 자원 형성. 亻+羊→佯. 洋(양)과 같이 羊(양)이 성부.
새김 속이다. 거짓 ~인 체하다. ¶佯₂狂₁(—, 미칠 광)거짓 미친 체함.
〔佯怒〕(양노) 거짓 성난 체함.
〔佯醉〕(양취) 거짓 취한 체함.

6 ⑧ 〔侥〕 요 僥(0314)의 간화자
0203

6 ⑧ 〔侑〕* 유: 去宥 yòu, ユウ
0204

소전 행서 이름 권할 유: 자원 형성. 亻+有→侑. 宥(유)와 같이 有(유)가 성부.
새김 (술·음식을) 권하다. ¶侑₂食₁(—, 음식 식)㉮음식을 권함. ㉯제사 때, 삼헌을 끝내고 젯메에 숟가락을 꽂는 일. 이 절차가 끝나면 제관들은 문 밖으로 나가 부복을 한다.

6 ⑧ 〔依〕*** 의 平微 yī, イ
0205

소전 행서 이름 의지할 의 자원 형성. 亻+衣→依. 衣(의)가 성부.

필순 ノ 亻 亻 亻 仁 伏 依 依

새김 ❶의지하다. 기대다. ¶依託(—, 부탁할 탁)남에게 의지하고 부탁함. ❷근거하다. ¶依據(—, 근거할 거)(일정한 사실에) 근거함. ❸예전대로이다. ¶依₂舊₁(—, 예 구)옛날 그대로임. ㊀山川은 —하되 人傑은 간 데 없네. ❹나무가 무성한 모양. ¶依依(—, —)㉮나무가 우거져 푸른 모양. ㉯기억이 어렴풋한 모양.
〔依賴〕(의뢰) 남에게 의지함. 남에게 부탁함.
〔依然〕(의연) 예전과 다름이 없음.
〔依願〕(의원) 원하는 바에 따름. ㊀ —免官.
〔依存〕(의존) 남에게 의지하여 있음.
〔依支〕(의지) ①몸을 기대어 부지함. ②남에게 도움을 받음. 또는 그럴 대상.
〔依稀〕(의희) 어렴풋이 희미함.
▷歸依(귀의)

6 ⑧ 〔佾〕* 일 入質 yì, イツ
0206

소전 행서 이름 춤줄 일 자원 형성. 亻+㐾→佾. 㐾(일)이 성부.
새김 춤줄. 8사람이 한 줄을 이루는 춤의 줄. ¶佾舞(—, 춤 무)고대의 악무(樂舞)의 이름.

6 ⑧ 〔佺〕* 전 平先 quán, セン
0207

행서 이름 악전 전 자원 형성. 人+全→佺. 全(전)이 성부.
새김 악전(偓佺). 전설상의 신선 이름.

6 ⑧ 〔侦〕 정 偵(0284)의 간화자
0208

6 ⑧ 〔侏〕* 주 平虞 | zhū, シュ
0209

행서 侏 이름 난쟁이 주 자원 형성. 亻+朱→侏. 株(주)·誅(주)와 같이 朱(주)가 성부.
새김 난쟁이. ¶侏儒(—, 난쟁이 유)난쟁이.

6 ⑧ 〔侄〕* 질 姪(1082)의 속자
0210

6 ⑧ 〔侘〕* 차: 去禡 | chà, タ
0211

행서 侘 이름 실의할 차: 자원 형성. 亻+宅→侘. 宅에는 '택' 외에 '타' 음도 있어, 宅(타)의 변음이 성부.
새김 실의하다. 또는 낙망하는 모양.

6 ⑧ 〔侧〕 측 側(0286)의 간화자
0212

6 ⑧ 〔侈〕* 치 本치: 上紙 | chǐ, シ
0213

소전 行서 侈 이름 사치할 치 자원 형성. 亻+多→侈. 多(다)의 변음이 성부.
새김 ❶사치하다. ¶奢侈(사치할 사, —)지나치게 의복·음식·거처 등을 치레함. ❷방종하다. 또는 오만하다. ¶邪侈(간사할 사, —)간사하고 방종함. 예放辟—.
〔侈心〕(치심) 사치를 좋아하는 마음.
〔侈風〕(치풍) 사치스러운 풍속.

6 ⑧ 〔佩〕* 패: 去隊 | pèi, ハイ
0214

소전 행서 佩 이름 찰 패: 자원 회의. 亻+凡+巾→佩. 사람이 허리에 차는 수건이란 데서 '차다'의 뜻을 나타낸다.
새김 ❶(옷이나 띠에)차다. ¶佩玉(—, 옥 옥)허리에 차는 장신용 옥. ❷명심하다. ¶感佩(느낄 감, —)깊이 느끼어 마음에 새겨둠. ❸패물. 차는 장식물. ¶玉佩(옥 옥, —)옥으로 만든 패물.
〔佩刀〕(패도) 허리에 칼을 참. 또는 그 칼.
〔佩物〕(패물) 몸에 차는 장식물. 노리개 따위.
〔佩用〕(패용) 명패·훈장 따위를 달거나 참.
〔佩恩〕(패은) 은혜를 입음.
〔佩鐵〕(패철) ①몸에 지남철을 지님. ②찰쇠.
▷銘佩(명패)·環佩(환패)

6 ⑧ 〔侠〕 협 俠(0239)의 속자·간화자
0215

7 ⑨ 〔俭〕 검: 儉(0321)의 간화자
0216

7 ⑨ 〔俓〕* 경: 去徑 | jìng, ケイ
0217

행서 俓 이름 지름길 경: 자원 형성. 亻+巠→俓. 輕(경)·莖(경)·逕(경)과 같이 巠(경)이 성부.
새김 지름길. 또는 소로. 徑(1541)과 동자.

7 ⑨ 〔係〕** 계: 去霽 | xì, ケイ
0218

소전 행서 간화 系 이름 맬 계: 자원 형성. 亻+系→係. 系(계)가 성부.
필순 丿 亻 亻 仁 伾 伾 俘 俘 係
새김 ❶매다. 잡아 매다. 또는 얽매이다. ¶關係(관계할 관, —)사람이나 사물들 사이의 서로 맺어진 연계. ❷계. 사무 분장의 기초 단위. ¶係員(—, 사람 원)기관의 계 단위에서 일하는 직원. 예出納—.
〔係戀〕(계련) 그리워하며 못 잊음. 사랑에 끌려서 몹시 연연해 함.
〔係累〕(계루) ①결박함. ②다른 사물에 얽매이어 누가 됨. ③國딸린 식구.
〔係爭〕(계쟁) 어떤 문제에 대한 당사자 사이의 다툼.

7 ⑨ 〔俩〕 량: 倆(0250)의 간화자
0219

7 ⑨ 〔侣〕* 려: 上語 | lǚ, リョ
0220

소전 행서 侶 이름 짝 려: 자원 형성. 亻+呂→侶. 呂(려)가 성부.
새김 짝. 동료. 또는 짝하다. ¶伴侶(짝 반, —)짝이 되는 친구.
〔侶行〕(여행) 동무삼아 같이 감.
▷僧侶(승려)

7 ⑨ 〔俪〕 려 儷(0334)의 간화자
0221

7 ⑨ 〔俐〕* 리: 悧(1628)와 동자
0222

7 ⑨ 〔俚〕* 리: 上紙 | lǐ, リ
0223

소전 행서 俚 이름 속될 리: 자원 형성. 亻+里→俚. 里(리)가 성부.
새김 속되다. 상스럽다. ¶俚歌(—, 노래 가)(일반에 널리 퍼져 불리는) 속된 노래.
〔俚俗〕(이속) 상스럽고 속됨.
〔俚言〕(이언) 상말. 항간에서 쓰는 속된 말.
〔俚諺〕(이언) 속담. 널리 구전되는 민간 격언.

7 ⑨ 〔侮〕** 모 ㊍모: 上麌 | wǔ, ブ
0224

소전 행서 이름 업신여길 모 자원 형성. 亻+每→侮. 每(매)의 변음이 성부.

필순 ノ 亻 亻 仁 仁 佐 侮 侮 侮

새김 업신여기다. 깔보다. ¶侮辱(—, 욕보일 욕)깔보아서 욕보임.
〔侮蔑〕(모멸) 업신여겨 얕봄. 경멸(輕蔑)함.
▷凌侮(능모)·慢侮(만모)·受侮(수모)

7 ⑨ 〔保〕*** 보: 上皓 | bǎo, ホ
0225

소전 행서 이름 지킬 보: 자원 형성. 亻+呆〔=孚〕→保. 呆(보)가 성부.

필순 ノ 亻 亻 伊 伊 伊 伊 保 保

새김 ❶지키다. 보전하다. ¶保佑(—, 도울 우)지키고 도움. ❷기르다. 보살펴 돌보다. ¶保育(—, 기를 육)(어린아이를)돌보아 기름. ❸보서다. 책임을 지다. ¶保證(—, 증거할 증)남의 신분·채무 등을 책임진다고 증거함. ㊎—人.
〔保健〕(보건) 건강을 지켜나가는 일.
〔保管〕(보관) 맡아서 관리함.
〔保菌〕(보균) 병균을 몸 속에 지니고 있음.
〔保留〕(보류) 어떤 일이나 결정을 미룸.
〔保釋〕(보석) 일정한 보증금을 내게 하고 구류 중인 미결수를 석방하는 일.
〔保守〕(보수) 오랜 습관·제도·방법 등을 그대로 지킴. ↔혁신(革新).
〔保安〕(보안) ①보호하여 안전하게 함. ②사회의 안녕과 질서를 지키는 일.
〔保養〕(보양) 몸과 마음을 편안히 쉬면서 건강을 잘 보살핌. 「㊎—甁.
〔保溫〕(보온) 온도를 일정하게 지켜 나감.
〔保障〕(보장) 잘못되는 일이 없도록 보증함.
〔保全〕(보전) 잘 보호하여 온전하게 유지함.
〔保存〕(보존) 잘 간수하여 본디의 상태대로 남아 있게 함.
〔保險〕(보험) 우연히 입은 재산상. 신체상의 손해를 보상하는 제도. 「봄. ㊎—林.
〔保護〕(보호) 잘못됨이 없도록 잘 보살펴 돌
▷擔保(담보)·安保(안보)·留保(유보)·確保(확보)

7 ⑨ 〔俟〕* 사 ㊍사: 上紙 | sì, シ
0226

소전 행서 이름 기다릴 사 자원 형성. 亻+矣→俟. 矣(의)의 변음이 성부.
새김 기다리다. ¶俟命(—, 명령 명)천명이나 명령을 기다림.

7 ⑨ 〔俗〕*** 속 入沃 | sú, ゾク
0227

소전 행서 이름 풍속 속 자원 형성. 亻+谷→俗. 谷(곡)의 변음이 성부.

필순 ノ 亻 亻 亻 伱 俗 俗 俗 俗

새김 ❶풍속. 풍습. ¶良俗(좋을 량, —)좋은 풍속. ㊎美風—. ❷평범하다. 또는 속되다. ¶凡俗(평범할 범, —)평범하고 속됨. ❸속세. 출가하지 아니한 사람. ¶還俗(돌아올 환, —)중이 속세로 돌아옴.
〔俗界〕(속계) 속된 세계란 뜻으로, 일반 사람들이 살고 있는 현실 세계를 이르는 말.
〔俗念〕(속념) 세속에 얽매인 생각. 속된 생각.
〔俗談〕(속담) 예로부터 구전(口傳)되는 민간의 격언(格言).
〔俗物〕(속물) 세속적인 명리(名利)에만 급급한 사람에 대한 비칭(卑稱).
〔俗說〕(속설) 세간 사람들 사이에 퍼져 전해오기는 하나 학문적으로 검증되지 않은 설.
〔俗世〕(속세) 이 세상. 현실 세계.
〔俗語〕(속어) 통속적으로 쓰이는 저속한 말.
〔俗諺〕(속언) 예로부터 전해 내려오는 민간의 격언. 「기 전의 육친과의 인연.
〔俗緣〕(속연) ①속세와의 인연. ②중으로 되
〔俗謠〕(속요) 민간에 널리 불리는 노래.
〔俗人〕(속인) ①속된 사람. 돈이나 명예만을 추구하는 사람. ②중이 아닌 일반 사람.
〔俗字〕(속자) 한자에서, 규범적 글자가 아니고 통속적으로 쓰이는 글자. 획이 간단하거나 모양이 조금 다른 글자를 말함.
〔俗塵〕(속진) 속세의 티끌이라는 뜻으로, 현실 생활의 번거러운 일을 이르는 말. 「호.
〔俗稱〕(속칭) 통속적으로 일컬음. 또는 그 칭
▷美俗(미속)·民俗(민속)·世俗(세속)·習俗(습속)·異俗(이속)·脫俗(탈속)·土俗(토속)·風俗(풍속)

7 ⑨ 〔信〕*** 신: 去震 | xìn, シン
0228

소전 행서 이름 믿을 신: 자원 회의. 亻+言→信. 사람이 하는 말은 진실해야 믿게 된다는 뜻.

필순 ノ 亻 亻 亻 信 信 信 信 信

새김 ❶믿다. 의심하지 아니하다. ¶確信(확실할 확, —)확실하게 믿음. ❷미쁘다. 성실하다. ¶信實(—, 참될 실)믿음직하고 진실함. ❸신의. ¶背信(등질 배, —)신의를 저버림. ❹소식.

편지. ¶書信(글 서, ―)편지.
〔信念〕(신념) 굳게 믿는 마음.
〔信徒〕(신도) 종교를 믿는 사람.
〔信賴〕(신뢰) 믿고 의지함. 예―感.
〔信望〕(신망) 신임하고 기대함. 또는 신임과 기대.
〔信物〕(신물) 뒷날에 신표가 될 만한 물품.
〔信服〕(신복) 믿고 복종함.
〔信奉〕(신봉) 어떤 종교나 가르침을 옳다고 믿고 받듦. 예―者.
〔信憑〕(신빙) 사실에 근거하여 믿고 의거함. 예―性이 있다.
〔信賞必罰〕(신상필벌) 공이 있으면 반드시 상을 주고, 죄가 있으면 반드시 벌을 줌.
〔信心〕(신심) ①종교를 믿는 마음. ②어떤 일에 대해 꼭 믿는 마음. 예―直行.
〔信仰〕(신앙) 종교를 믿고 받듦.
〔信用〕(신용) ①믿고 임용함. ②약속을 잘 지켜 얻은 신임. ③확실하다고 믿어서 의심치 않음.
〔信義〕(신의) 믿음과 의리.
〔信任〕(신임) 믿고 일을 맡김.
〔信條〕(신조) 굳게 믿고 있는 조목.
〔信託〕(신탁) ①믿고 맡김. ②일정한 목적에 따라서 재산의 관리나 처분을 위탁함.
〔信標〕(신표) 후일에 표적으로 삼기 위하여 주고받는 물품.
〔信號〕(신호) 소식이나 명령을 전하는 데 쓰는 빛·전파·소리·동작 등의 통칭.
▷家信(가신)·迷信(미신)·受信(수신)·自信(자신)·通信(통신)·花信(화신)

7 ⑨ 〔俄〕* 아 平歌 é, ガ
0229

소전 行서 이름 갑자기 아 자원 형성. 亻+我→俄. 餓(아)와 같이 我(아)가 성부.
새김 ❶갑자기. ¶俄然(―, 그러할 연)갑자기. ❷러시아〔俄羅斯〕의 준말. ¶俄館播遷(아관파천)1896년에 조선 고종이 러시아 공사관으로 거처를 옮긴 일.
〔俄刻〕(아각) 극히 짧은 시간. 경각(頃刻).
〔俄頃〕(아경) 잠시. 또는 조금 있다가.
〔俄而〕(아이) ①갑자기. ②머지않아.

7 ⑨ 〔俨〕 엄 儼(0335)의 간화자
0230

7 ⑨ 〔俉〕* 오: 去遇 wǔ, ゴ
0231

이름 맞이할 오: 자원 형성. 亻+吾→俉. 吾(오)가 성부.
새김 맞이하다. 또는 만나다. ¶逢俉(만날 봉, ―)만남.

7 ⑨ 〔俑〕* 용: 上腫 yǒng, ヨウ
0232

소전 행서 이름 허수아비 용: 자원 형성. 亻+甬→俑. 踊(용)과 같이 甬(용)이 성부.
새김 허수아비. 순장(殉葬)에 썼던 인형. 〔孟子〕始作俑者(시작용자)처음으로 허수아비를 만든 사람.

7 ⑨ 〔俎〕* 조 本조: 上語 zǔ, ソ
0233

소전 행서 이름 도마 조 자원 회의. 仌+且→俎. 仌은 고깃덩이, 且는 도마. 도마 위에 고깃덩이가 놓여 있는 모양.
새김 도마. 또는 적대. ¶俎上肉(―, 위 상, 고기 육)도마 위의 고기. 자기의 생사를 상대편이 쥐고 있어, 자기로서는 어찌할 도리가 없게 된 막다른 지경의 비유.
〔俎豆〕(조두) 제사 때 쓰는, 나무로 만든 그릇.
〔俎尊〕(조준) 적대와 술그릇.
▷尊俎(준조)·樽俎(준조)

7 ⑨ 〔俊〕** 준: 去震 jùn, シュン
0234

소전 행서 동자 儁 이름 뛰어날 준: 자원 형성. 亻+夋→俊. 峻(준)·竣(준)과 같이 夋(준)이 성부.
필순 丿 亻 亻 亻 亻 亻 俊 俊 俊
새김 뛰어나다. 또는 준걸. ¶俊才(―, 재주 재)뛰어난 재주. 또는 그런 재주를 가진 사람.
〔俊傑〕(준걸) 재주와 지혜가 뛰어남. 또는 그러한 사람.
〔俊物〕(준물) 준수한 인물.
〔俊秀〕(준수) 재지(才智)나 풍채(風采)가 빼어남. 예―한 인물.
〔俊逸〕(준일) 풍채나 재능이 많은 사람보다 뛰어남. 예―한 풍채.
▷英俊(영준)·才俊(재준)·賢俊(현준)

7 ⑨ 〔促〕** 촉 入沃 cù, ソク
0235

소전 행서 이름 재촉할 촉 자원 형성. 亻+足→促. 足(족)의 변음이 성부.
필순 丿 亻 亻 亻 亻 亻 促 促 促
새김 ❶재촉하다. ¶促進(―, 나아갈 진)재촉하여 빨리 나아가게 함. ❷가까이 닥치다. ¶促迫(―, 닥칠 박)기한이 가까이 닥침.
〔促急〕(촉급) (기한이나 시간이) 촉박하여 몹

시 급함. ㉩사태가 ― 하다.
〔促成〕(촉성) 재촉하여 빨리 이루어지게 함.
〔促壽〕(촉수) 수명을 단축시킴.
▷急促(급촉)·督促(독촉)·催促(최촉)

7 ⑨ 〔侵〕 침 平侵 | qīn, シン
0236

소전 행서 이름 침노할 침 자원 형성. 亻+𠬶→侵. 浸(침)과 같이 𠬶(침)이 성부.

필순 丿 亻 亻 亻 亻 亻 亻 侵 侵

새김 침노하다. 침범하다. ¶侵入(―, 들 입)침범하여 들어옴. ㉩不法―.
〔侵攻〕(침공) 침범하여 공격함.
〔侵略〕(침략) 침범하여 약탈함.
〔侵犯〕(침범) 남의 영토를 침노하여 범함.
〔侵蝕〕(침식) 야금야금 개먹어 들어감.
〔侵害〕(침해) 침입하여 해침.
▷來侵(내침)·不可侵(불가침)·不侵(불침)

7 ⑨ 〔便〕
㊀편 平先 | pián, ベン·ビン
㊁편:▷편 去霰 | piàn, ベン·ビン
㊂변 本변: 去霰 | pián, ベン·ビン
0237

소전 행서 이름 ㊀편할 편 ㊁소식 편:▷편 ㊂변 변 자원 회의. 亻+更→便. 사람은 생활에 불편한 것이 있으면 이를 고쳐서〔更〕 편하게 한다는 뜻.

필순 丿 亻 亻 亻 亻 亻 亻 便 便

새김 ㊀❶편하다. ¶便利(―, 이로울 리)편하고 이로움. ❷말을 잘하다. ¶便佞(―, 아첨할 녕)교묘한 말로 아첨함. ❸편. ㉠전하여 보내는 데 이용하는 수단. ¶人便(사람 인, ―)오고가는 사람의 편. ㉡國쪽. ㉩이긴 便은 東便에 서 있다. ㊁❶소식. 편지. ¶郵$_2$便$_1$(전하여보낼 우, ―)편지를 전하여 보냄. ㉩―物. ❷편리하다. ¶簡便(간단할 간, ―)간단하고 편리함. ㊂❶변. 대소변. ¶便器(―, 그릇 기)대소변을 받아내는 그릇. ❷곧. 곧바로. 〔三國志〕擧$_2$筆$_1$便成(거필변성)붓을 들면 곧바로 글이 이루어짐.
〔便祕〕(변비) 대변이 굳어져 순조롭게 누지 않음. 또는 그러한 증세.
〔便所〕(변소) 대소변을 보는 곳.
〔便覽〕(편람) 보기에 편리하도록 간명하게 만든 책.
〔便利〕(편리) 편하고 이로우며 이용하기 쉬움.
〔便法〕(편법) 편리한 방법.
〔便辟〕(편벽) 남에게 알랑거리며 그 비위를 잘 맞추는 일. 또는 그런 사람.
〔便乘〕(편승) ①남이 타고 가는 수레나 차에 곁붙어 탐. ②세태나 남의 세력을 이용하여 자신의 이익을 얻음.
〔便宜〕(편의) 사용하거나 이용하는 데 편하고 좋음. 또는 그렇게 해주는 일.
〔便益〕(편익) 편리하고 유익함.
〔便殿〕(편전) 임금이 평상시에 거처하는 궁전.
〔便紙〕(편지) 소식을 알리거나 용건을 적어 보내는 글.
▷輕便(경편)·大便(대변)·方便(방편)·小便(소변)·車便(차편)·形便(형편)

7 ⑨ 〔俔〕 현: 本견: 去霰 | qiàn, ケン
0238

소전 행서 이름 비유할 현: 자원 형성. 亻+見→俔. 見(견·현)이 성부.
새김 비유하다. 견주다. 〔詩經〕俔$_1$天$_1$之$_2$妹$_3$(현천지매)하늘의 누이에 비유함. 곧 황후나 공주(公主)를 일컫는 말.

7 ⑨ 〔俠〕 협 入葉 | xiá, キョウ
0239

소전 행서 속자 간화 侠 이름 협기 협 자원 형성. 亻+夾→俠. 峽(협)·挾(협)과 같이 夾(협)이 성부.
새김 협기. 또는 호협하다. 또는 협객. ¶俠客(―, 사람 객)협기가 있는 사람.
〔俠氣〕(협기) 호협한 기개.
▷劍俠(검협)·義俠(의협)·豪俠(호협)

7 ⑨ 〔侯〕 후 平尤 | hóu, コウ
0240

소전 행서 이름 임금 후 자원 회의. 亻+厂+矢→侯. 厂은 쳐놓은 과녁의 모양. 사람이 화살로 과녁을 쏜다는 뜻. 그래서 '과녁'이란 뜻이 있다.

필순 丿 亻 亻 亻 亻 亻 亻 侯 侯

새김 ❶임금. 제후. ¶王侯(임금 왕, ―)제왕과 제후. 임금. ❷후작. 오등작의 둘째. ¶侯國(―, 나라 국)후작의 나라. ❸과녁. ¶射侯(쏠 사, ―)활을 쏠 때에 과녁으로 쓰는 목표물.
〔侯伯〕(후백) 후작과 백작.
〔侯爵〕(후작) 오등작(五等爵)의 둘째.
▷君侯(군후)·諸侯(제후)

7 ⑨ 〔俙〕 희 平微 | xī, キ
0241

행서 이름 감동할 희 자원 형성. 亻+希→俙. 希(희)가 성부.
새김 감동하다. ¶俙然(―, 그러할 연)감동하는 모양.

8 ⑩ 〔個〕*** 개: 去 箇 gè, コ
0242

행서 個 간화 个 이름 낱 개: 자원 형성. 亻+固→個. 箇(개)와 같이 固(고)의 변음이 성부.

필순 丿 亻 亻 们 们 们 們 個 個 個

새김 ❶낱. 개. 낱으로 된 물건을 세는 말. ¶三個(석 삼, ―)세 개. ❷하나. 한 사람. ¶個性(―, 성품 성)개인이 지니고 있는 사고 방식이나 취미. 예― 尊重.
〔個別〕(개별) 하나씩 따로따로.
〔個數〕(개수) 낱으로 세는 물건의 수효.
〔個人〕(개인) 국가나 사회를 이루는 낱낱의 사람. 예― 主義.
〔個體〕(개체) ①각각 따로따로 존재하는 물체나 생물. ②독립하여 생활하는 최소 단위의 생물체.
▷各個(각개)·別個(별개)·一個(일개)

8 ⑩ 〔倨〕* 거: 去 御 jù, キョ
0243

소전 行 행서 倨 이름 거만할 거: 자원 형성. 亻+居→倨. 居(거)가 성부.
새김 거만하다. 잘난 체 뽐내다. ¶倨傲(―, 거만할 오)거만하여 교기가 있음.
〔倨慢〕(거만) 잘난 체하며 뻐김.

8 ⑩ 〔倹〕 검: 儉(0321)의 약자
0244

8 ⑩ 〔倞〕* 경: 去 敬 jìng, ケイ
0245

소전 倞 행서 倞 이름 강할 경: 자원 형성. 亻+京→倞. 鯨(경)·勍(경)과 같이 京(경)이 성부.
새김 강하다. 굳세다.

8 ⑩ 〔倾〕 경 傾(0299)의 간화자
0246

8 ⑩ 〔俱〕** 구 平 虞 jū, グ
0247

소전 俱 행서 俱 이름 함께 구 자원 형성. 亻+具→俱. 具(구)가 성부.

필순 丿 亻 亻 亻 们 们 俱 俱 俱 俱

새김 함께. 다 같이. ¶俱存(―, 있을 존)부모가 함께 살아 있음.
〔俱沒〕(구몰) 부모가 모두 돌아가심.
▷不俱戴天(불구대천)

8 ⑩ 〔倦〕* 권: 去 霰 juàn, ケン
0248

소전 倦 행서 倦 이름 게으를 권: 자원 형성. 亻+卷→倦. 圈(권)과 같이 卷(권)이 성부.
새김 ❶게으르다. 게으름을 피우다. 〔論語〕 誨[2]人[1]不[4]倦[3](회인불권)남을 가르침에 게으름을 피우지 아니함. ❷지치다. 고달프다. ¶倦怠(―, 게으를 태)지쳐서 게으름.
〔倦筆〕(권필) 마지못해 잡는 붓.
▷勞倦傷(노권상)

8 ⑩ 〔倒〕** ㊀도: 上 皓 dǎo, トウ ㊁도: 去 號 dào, トウ
0249

소전 倒 행서 倒 이름 ㊀넘어질 도: ㊁거꾸로 도: 자원 형성. 人+到→倒. 到(도)가 성부.

필순 丿 亻 亻 仁 仁 仨 侄 侄 倒 倒

새김 ㊀넘어지다. 또는 넘어뜨리다. ¶卒倒(갑자기 졸, ―)갑자기 정신을 잃고 쓰러짐. ㊁거꾸로. 또는 거꾸로 하다. ¶倒立(―, 설 립)거꾸로 섬.
〔倒壞〕(도괴) ①넘어지거나 무너뜨림. ②조직이나 기구 등이 무너짐.
〔倒産〕(도산) ①가산을 탕진하여 망함. ②분만 때, 아기가 발부터 나오는 일.
〔倒錯〕(도착) 위아래가 거꾸로 뒤바뀜.
〔倒置〕(도치) 거꾸로 놓음. 뒤바꾸어 놓음.
▷驚倒(경도)·壓倒(압도)·顚倒(전도)·打倒(타도)·抱腹絶倒(포복절도)·昏倒(혼도)

8 ⑩ 〔倆〕* 량: 上 養 liǎng, リョウ
0250

행서 倆 간화 俩 이름 기량 량: 자원 형성. 人+兩→倆. 兩(량)이 성부.
새김 기량. 재능. ¶技倆(재주 기, ―)기술상의 재주. 예노련한―.

8 ⑩ 〔倫〕*** 륜 平 眞 lún, リン
0251

소전 倫 행서 倫 간화 伦 이름 인륜 륜 자원 형성. 亻+侖→倫. 輪(륜)과 같이 侖(륜)이 성부.

필순 丿 亻 亻 亻 仒 伶 伶 倫 倫 倫

새김 ❶인륜. 사람이 지켜야 할 도리. ¶五倫(다섯 오, ―)사람이 지켜야 할 다섯 가지 도리. 곧 父子有親·君臣有義·夫婦有別·長幼有序·朋友有信. 예三綱―. ❷차례. 조리. 질서. ¶天倫

(하늘 천, —)천연으로 정해져 있는 차례나 질서. [예]— 을 어기다. ❸무리. 또래. ¶比倫(견줄 비, —)견줄 만한 또래.
〔倫紀〕(윤기) 윤리와 기강(紀綱).
〔倫理〕(윤리) 사람으로서 마땅히 행하거나 지켜야 할 도리.
〔倫常〕(윤상) 인륜의 상도(常道). 곧 사람이 「지켜야 할 도리.
〔倫匹〕(윤필) ①나이나 신분이 서로 같거나 비슷한 사이의 사람. ②배우자. 배필(配匹).
▷不倫(불륜)·人倫(인륜)·絶倫(절륜)·悖倫(패륜)

8 ⑩ 〔們〕* 문 [平]元 mén, モン
0252

[행서] 们 [간화] 们 [이름] 들 문 [자원] 형성. 亻+門→們. 門(문)이 성부.
[새김] 들. 인칭 대명사 밑에 놓아 복수를 나타낸다. ¶渠們(그 거, —)그들.

8 ⑩ 〔倣〕** 방: [上]養 fǎng, ホウ
0253

[행서] 倣 [이름] 본받을 방: [자원] 형성. 亻+放→倣. 放(방)이 성부.
[필순] 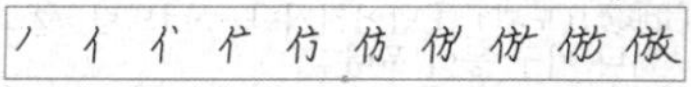
[새김] 본받다. 본뜨다. ¶模倣(본받을 모, —)다른 것을 본받거나 본뜸.
〔倣古〕(방고) 옛사람을 모방함. 옛것을 본뜸.
〔倣傚〕(방효) 모떠서 본받음.
▷依倣(의방)

8 ⑩ 〔俳〕* 배 [平]佳 pái, ハイ
0254

[소전] 俳 [행서] 俳 [이름] 배우 배 [자원] 형성. 亻+非→俳. 排(배)·輩(배)와 같이 非(비)의 변음이 성부.
[새김] 배우. 광대. ¶俳優(—, 배우 우)연극이나 영화에 출연하는 예술인.

8 ⑩ 〔倍〕** [一]배: [上]賄 bèi, バイ
[二]패: [去]隊 bèi, バイ
0255

[소전] 倍 [행서] 倍 [이름] [一]곱 배: [二]등질 패: [자원] 형성. 亻+咅→倍. 培(배)와 같이 咅(부)의 변음이 성부.
[필순] 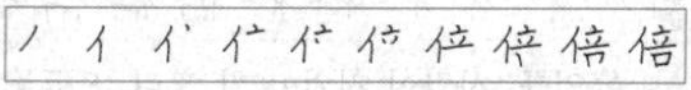
[새김] [一]곱. 갑절. 또는 많게 하다. ¶倍加(—, 더할 가)갑절이 되게 더함. [二]등지다. 배반하다. 〔禮記〕 民不$_2$倍$_1$(민불패)백성은 배반하지 아니함.
〔倍數〕(배수) 어떤 수의 몇 갑절이 되는 수.
〔倍增〕(배증) 갑절로 불음. 또는 갑절로 불림.
▷百倍(백배)·事半功倍(사반공배)

8 ⑩ 〔倂〕* 병: 併(0198)의 본자.
0256

8 ⑩ 〔俸〕* 봉: [去]宋 fèng, ホウ
0257

[행서] 俸 [이름] 녹 봉: [자원] 형성. 亻+奉→俸. 捧(봉)·棒(봉)과 같이 奉(봉)이 성부.
[새김] 녹. 급료. 봉급. ¶年俸(해 년, —)1년을 단위로 하여 받는 봉급.
〔俸給〕(봉급) 공무원이나 회사원과 같이 직장에 일을 한 대가로 받는 보수.
〔俸祿〕(봉록) 벼슬아치에게 주는 곡식·피륙·돈 따위를 통틀어 이르는 말.
▷加俸(가봉)·減俸(감봉)·祿俸(녹봉)·薄俸(박봉)·本俸(본봉)·月俸(월봉)

8 ⑩ 〔俯〕* 부: [上]麌 fǔ, フ
0258

[행서] 俯 [이름] 구부릴 부: [자원] 형성. 亻+府→俯. 府(부)가 성부.
[새김] 구부리다. 고개를 숙이다. 굽어보다. 仰(0146)의 대. ¶俯仰(—, 우러를 앙)고개를 숙임과 쳐듦.
〔俯瞰〕(부감) 높은 곳에서 아래를 내려다봄. [예]— 圖.
〔俯伏〕(부복) 고개를 숙이고 엎드림.

8 ⑩ 〔修〕*** 수 [平]尤 xiū, シュウ
0259

[소전] 修 [행서] 修 [이름] 닦을 수 [자원] 형성. 攸+彡→修. 攸(유)의 변음이 성부.
[필순] 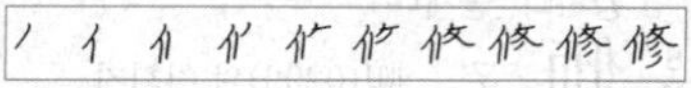
[새김] ❶닦다. 수양하다. ¶修$_2$身$_1$(—, 몸 신)몸과 마음을 닦음. ❷꾸미다. 수식하다. ¶修$_2$辭$_1$(—, 말 사)말을 아름답게 꾸밈. ❸수리하다. ¶補修(기울 보, —)기워서 수리함. [예]— 工事. ❹책을 편찬하다. ¶修$_2$史$_1$(—, 역사 사)역사를 편수함.
〔修交〕(수교) 나라와 나라 사이의 교제를 맺음. [예]— 條約.
〔修道〕(수도) ①도를 닦음. ②길을 보수함.
〔修練〕(수련) 익히고 단련함. 수련(修鍊).
〔修了〕(수료) 일정한 과정을 다 마침.
〔修理〕(수리) ①다스림. ②처리함. ③고장난 곳이나 파괴된 곳을 고침.
〔修繕〕(수선) 낡거나 허름한 것을 손보아 고「침.

〔修省〕(수성) 자신을 수양하고 반성함.
〔修習〕(수습) 학업이나 일을 닦고 익힘.
〔修飾〕(수식) ①글을 고치고 윤색함. ②화장하여 겉모양을 꾸밈.
〔修身齊家〕(수신제가) 자신을 잘 수양하여 「집안을 다스림.
〔修養〕(수양) 고상한 품성과 학덕(學德)을 닦아 기름.
〔修業〕(수업) 학업이나 기예를 닦음. 예俳優「―.
〔修人事待天命〕(수인사 대천명) 사람으로서 할 수 있는 데까지 최선을 다하고, 그 결과는 하늘에 맡김.
〔修正〕(수정) 바로 잡아서 고침. 예원고의「―.
〔修築〕(수축) 집이나 다리 같은 것을 고쳐서 짓거나 쌓거나 함. 예―工事.
〔修學〕(수학) 학문을 닦음.
〔修行〕(수행) 행실·학문·기예 따위를 닦음.
〔修好〕(수호) 나라와 나라 사이에 사이좋게 지냄. 예―條約.
▷監修(감수)·改修(개수)·重修(중수)·撰修(찬수)·纂修(찬수)·編修(편수)

8 ⑩ 〔俺〕* 一 엄: 去豔 yàn, エン 二 암: 上感 ǎn, エン
0260

소전 행서 이름 一클 엄: 二나 암: 자원 형성. 亻+奄→俺. 掩(엄)·淹(엄)과 같이 奄(엄)이 성부. 참고 二는 인명용 추가 한자가 아님.
새김 一크다. 二나. 또는 우리들.

8 ⑩ 〔倪〕* 一 예 平齊 ní, ゲイ 二 예: 去霽 nì, ゲイ
0261

소전 이름 一어린이 예 二흘겨볼 예: 자원 형성. 亻+兒→倪. 兒에는 '아' 외에 '예' 음도 있어, 猊(예)와 같이 兒(예)가 성부.
새김 一어린이. ¶旄倪(늙은이 모, ―)늙은이와 어린이. 二흘겨보다. ¶俾倪(흘겨볼 비, ―)흘겨봄.

8 ⑩ 〔倭〕* 왜 本와 平歌 wō, ワ
0262

행서 이름 왜국 왜 자원 형성. 亻+委→倭. 委(위)의 변음이 성부.
새김 왜국. 일본(日本). ¶倭人(―, 사람 인)일본 사람.
〔倭寇〕(왜구) 지난날의 일본인 해적.
〔倭亂〕(왜란) 왜인이 일으킨 난리. 예壬辰―.
〔倭色〕(왜색) 일본의 문화와 생활 양식에서 「풍기는 색조.
〔倭賊〕(왜적) 왜구(倭寇).
〔倭風〕(왜풍) 일본의 풍속.

8 ⑩ 〔倚〕* 의: 上紙 yǐ, イ
0263

소전 행서 이름 기댈 의: 자원 형성. 亻+奇→倚. 奇에는 '기' 외에 '의' 음도 있어, 椅(의)와 같이 奇(의)가 성부.
새김 기대다. ¶倚門(―, 문 문)문에 기대어 섬. 부모가 대문 밖에서 아들딸이 돌아오기를 초조히 기다림의 형용. 예―而望.
〔倚勢〕(의세) 세력을 믿고 의지함.
〔倚仗〕(의장) 의지하고 믿음.
〔倚杖〕(의장) 지팡이를 짚음.

8 ⑩ 〔倧〕* 종 平冬 zōng, ソウ
0264

행서 이름 신인 종 자원 형성. 亻+宗→倧. 綜(종)·棕(종)과 같이 宗(종)이 성부.
새김 신인(神人). ¶大倧敎(대종교)우리 겨레 고유의 종교 이름.

8 ⑩ 〔借〕*** 一 차: 去禡 jiè, シャク 二 자
0265

소전 행서 이름 빌릴 차: 자원 형성. 人+昔→借. 昔(석)의 변음이 성부.

필순 丿 亻 亻 亻 亻 亻 亻 借 借 借

새김 一❶빌리다. ㉠남으로부터 빌리다. 꾸다. ¶借款(―, 돈 관)돈을 빌림. ㉡남에게 빌려주다. ¶借給(―, 줄 급)빌려 줌. ❷가령. 설사. 또는 시험삼아. 借問(―, 물을 문) 무턱대고 시험삼아 물음. 二藉(4627)의 간화자.
〔借力〕(차력) ①힘을 빌림. ②國약이나 신의 힘을 빌려 보통 사람이 낼 수 없는 힘을 냄.
〔借用〕(차용) 빌려서 씀.
〔借廳入室〕(차청입실) 國대청을 빌려 쓰다가 차츰 안방까지 들어옴. 남에게 의지하였다가 점차 그 권리까지 침범함의 비유.
▷假借(가차)·貸借(대차)

8 ⑩ 〔倉〕** 창 平陽 chāng, ソウ
0266

소전 행서 간화 이름 곳집 창 자원 상형. 곡식을 저장하는 곳집의 모양.

필순 丿 人 亼 今 今 今 倉 倉 倉 倉

새김 ❶곳집. 창고. ¶倉庫(―, 곳집 고)곳집. 물자를 저장하거나 보관하는 건물. ❷갑자기. ¶倉卒(―, 갑자기 졸)갑작스럽게. 예―間에.
〔倉庚〕(창경) 꾀꼬리. 창경(倉鶊).
〔倉廩〕(창름) 곡물을 저장하는 창고.

〔倉忙〕(창망) 황급함. 부산함. 어수선함.
〔倉皇罔措〕(창황망조) 너무 다급하여 어찌할 바를 모름.
▷ 穀倉(곡창)·官倉(관창)·米倉(미창)·義倉(의창)·太倉(태창)

8 ⑩ 〖倡〗* 一 창: ㊍창 平 陽 | chāng, ショウ
二 창: 去 漾 | chàng, ショウ
0267

소전 행서 이름 一광대 창: 二외칠 창: 자원 형성. 亻+昌→ 倡. 唱(창)과 같이 昌(창)이 성부.
새김 一광대. 배우. ¶倡優(—, 광대 우)광대. 배우. 二외치다. 창도하다. ¶倡義(—, 의로움 의)대의를 창도함. 곧 (국난을 당했을 때) 의병을 일으킴.
〔倡道〕(창도) 앞장서서 주장함. 제창함.

8 ⑩ 〖倩〗 채: 債(0306)의 간화자
0268

8 ⑩ 〖倜〗* 척 入 錫 | tì, テキ
0269

소전 행서 이름 뛰어날 척 자원 형성. 亻+周→ 倜. 周(주)의 변음이 성부.
새김 뛰어나다. 또는 쇄탈하다. ¶倜儻(—, 뛰어날 당)(뜻이 크고 기개가 있어) 뛰어남. 예— 不羈.
〔倜儻不羈〕(척당불기) 기개가 있고 뜻이 커서 남에게 자유의 구속을 받지 아니함.

8 ⑩ 〖值〗** 치 ㊍치: 去 寘 | zhí, チ
0270

소전 행서 이름 값 치 자원 형성. 亻+直→ 值. 直에는 '직' 외에 '치' 음도 있어, 置(치)와 같이 直(치)가 성부.

필순 ノ 亻 亻 仁 什 估 佶 俌 值 值

새김 ❶값. ㉠값어치. ¶價值(값 가, —)값. 값어치. ㉡수치. 수의 크기. ¶平均值(평평할 평, 고를 균, —)평균이 되는 수치. ❷만나다. ¶值遇(—, 만날 우)(뜻하지 않게) 만남.
〔值數〕(치수) 값이나 수.
▷ 數值(수치)

8 ⑩ 〖倬〗* 탁 入 覺 | zhuō, タク
0271

소전 행서 이름 높고클 탁 자원 형성. 亻+卓→倬. 卓(탁)이 성부.
새김 높고 크다. 또는 뚜렷이 드러나다. 〔詩經〕 倬彼雲漢(탁피운한) 뚜렷이 드러난 저 운한이여!

8 ⑩ 〖俵〗* 표: 去 嘯 | biào, ヒョウ
0272

행서 이름 나누어줄 표: 자원 형성. 亻+表→ 俵. 表(표)가 성부.
새김 나누어 주다. ¶俵散(—, 흩을 산)여러 사람에게 나누어 줌.

8 ⑩ 〖倖〗* 행: 上 梗 | xìng, コウ
0273

행서 이름 요행 행: 자원 형성. 亻+幸→ 倖. 幸(행)이 성부.
새김 ❶요행. 뜻밖의 행운. ¶倖望(—, 바랄 망) 요행으로 바람. ❷괴다. 총애하다. ¶倖臣(—, 신하 신)총애를 받는 신하.
▷ 薄倖(박행)·射倖(사행)·僥倖(요행)

8 ⑩ 〖候〗** 후 ㊍후: 去 宥 | hòu, コウ
0274

소전 행서 이름 절기 후 자원 형성. 亻+矦〔矦의 변형〕→ 候. 矦(후)가 성부.

필순 ノ 亻 亻 亻 仁 伫 佇 侯 候 候

새김 ❶절기. 철. 또는 때. ¶候鳥(—, 새 조)철새. ❷망보다. 염탐하다. ¶斥候(망볼 척, —)적의 동태를 염탐함. 예— 兵. ❸안부를 묻다. ¶問候(물을 문, —)(웃어른의)안부를 물음. ❹기다리다. ¶候門(—, 문 문)문에서 기다림. ❺조짐. 낌새. ¶徵候(조짐 징, —)겉으로 나타나는 조짐.
〔候騎〕(후기) 정찰하는 기마병.
〔候補〕(후보) ①장차 어떠한 지위나 신분에 나아갈 수 있는 자격을 가지고 있다고 인정을 받은 사람. 예社長—. ②어떤 지위나 신분에 나아가기를 희망하거나, 사람들로부터 그런 자리에 추천된 사람. 예國會議員—者.
〔候鳥〕(후조) 철새.
▷ 氣候(기후)·時候(시후)·節候(절후)·天候(천후)·測候(측후)

9 ⑪ 〖假〗*** 가: 上 馬 | jiǎ, カ
0275

소전 행서 약자 仮 이름 거짓 가: 자원 형성. 亻+叚→ 假. 暇(가)와 같이 叚(가)가 성부.

필순 ノ 亻 亻 亻 亻 仴 作 作 作 假 假

새김 ❶거짓. 또는 가짜. 眞(3543)의 대. ¶眞假(참 진, —)참과 거짓. 진짜와 가짜. ❷임시. 일시적. ¶假設(—, 베풀 설)임시로 시설함. 예— 運動場. ❸가령. 만약. ¶假使(—, 가령

사)가령. 가정하여 말한다면. ❹빌리다. ¶狐假虎威(여우 호, ―, 범 호, 위세 위)여우가 범의 위세를 빌린다는 뜻으로, 남의 권세에 의지하여 위세를 부림의 비유.
〔假令〕(가령) 가정하여 말한다면. 가사.
〔假面〕(가면) ①탈. 예―劇. ②마음 속으로는 그렇지 않으면서도 겉으로 그런 체하고 꾸미는 거짓 행위나 태도.
〔假名〕(가명) ①가짜 이름. ②임시로 지어 부르는 이름.
〔假想〕(가상) 사실이 아닌 것을 사실이라고 가정하여 하는 생각. 예―敵.
〔假說〕(가설) 일정한 현상을 설명하기 위하여 임시로 만든, 근거 있는 학설(學說).
〔假植〕(가식) 씨앗이나 묘목을 임시로 심음.
〔假飾〕(가식) 거짓으로 꾸밈. 임시로 장식함.
〔假裝〕(가장) 사람이나 동물의 모습으로 몸차림을 바꾸어 꾸밈. 예―行列. 「럼 인정함.
〔假定〕(가정) 사실이 아닌 것을 사실인 것처
〔假借〕(가차) ①임시로 빌림. ②한자 육서(六書)의 하나. 음이 같은 글자를 빌려서 딴 뜻에 쓰는 법.
〔假稱〕(가칭) 임시로 일컬음. 또는 그 이름.
〔假託〕(가탁) ①거짓 핑계를 댐. ②다른 사물을 빌어 그것을 통하여 일정한 사상 감정을 표현하는 은유법.
▷虛假(허가)

9 ⑪ 〔健〕** 건: 去 願 jiàn, ケン
0276

소전 행서 이름 굳셀 건: 자원 형성. 亻+建→健. 鍵(건)과 같이 建(건)이 성부.

필순 亻 亻 亻 亻 亻 亻 律 律 健 健

새김 ❶굳세다. 힘이 있다. ¶健脚(―, 다리 각)힘이 있어 잘 걸을 수 있는 다리. ❷튼튼하다. 병이 없다. ¶健康(―, 튼튼할 강)병 없이 몸이 튼튼함. ❸매우. 또는 잘하다. ¶健忘(―, 잊을 망)잘 잊어버림. 또는 잊기를 잘함. 예―症.
〔健勝〕(건승) 건강 상태가 좋음. 건강함.
〔健兒〕(건아) ①건장하고 혈기가 왕성한 사나이. ②병사(兵士).
〔健壯〕(건장) 씩씩하고 굳셈.
〔健在〕(건재) 탈없이 잘 있음.
〔健全〕(건전) ①건강하고 온전함. ②견실하고 든든하며 온전함.
〔健鬪〕(건투) 굴하지 않고 씩씩하게 잘 싸움.
▷剛健(강건)·強健(강건)·保健(보건)·穩健(온건)·雄健(웅건)·壯健(장건)

9 ⑪ 〔偈〕* 게: 去 霽 jì, ゲ
0277

행서 이름 게 게: 자원 형성. 亻+曷→偈. 揭(게)와 같이 曷(갈)의 변음이 성부.
새김 게. 가타. 부처의 가르침이나 덕을 찬미하는 시귀. ¶偈頌(―, 문체이름 송)부처의 공덕을 찬미하는 노래.

9 ⑪ 〔倻〕* 야 yē
0278

행서 이름 가야 야 자원 형성. 亻+耶→倻. 椰(야)·爺(야)와 같이 耶(야)가 성부.
새김 가야(伽倻). 한반도에 있었던 종족 이름. 예―琴.

9 ⑪ 〔偃〕* 언: 上 阮 yǎn, エン
0279

소전 행서 이름 쓰러질 언: 자원 형성. 亻+匽→偃. 匽(언)이 성부.
새김 ❶쓰러지다. 쏠리다. 〔論語〕草上之風必偃(초 상지풍 필언)풀은 이에 바람을 더하면 반드시 쓰러짐. ❷눕다. ¶偃臥(―, 누울 와)(거만스럽게)누워 있음. ❸숨기다. 감추다. ¶偃武(―, 무기 무)무기를 감춤. 전쟁을 그만둠의 형용. 예―修文. ❹언서(偃鼠). 두더지.
〔偃蹇〕(언건) ①거만한 모양. ②높이 솟은 모양. 「서 편안히 지냄.
〔偃仰〕(언앙) ①누웠다 일어났다 함. ②누워

9 ⑪ 〔偶〕** 우: 上 有 ǒu, グウ
0280

소전 행서 이름 짝 우: 자원 형성. 亻+禺→偶. 寓(우)·遇(우)와 같이 禺(우)가 성부.

필순 亻 亻 亻 亻 亻 亻 偶 偶 偶 偶

새김 ❶짝. ㉠배우자. ¶配偶(짝 배, ―)부부로 되는 짝. ㉡짝수. 2로 나누어지는 수. ¶偶數(―, 수 수)짝수. ❷허수아비. 인형. ¶偶像(―, 형상 상)목석이나 쇠붙이로 만든 사람의 형상. ❸우연히. ¶偶合(―, 맞을 합)우연히 맞음.
〔偶發〕(우발) 우연히 발생함.
〔偶然〕(우연) ①뜻하지 않았던 일이 저절로. ②아무런 까닭도 없이.
〔偶人〕(우인) 인형. 또는 허수아비.
〔偶日〕(우일) 날짜가 짝수인 날.
〔偶中〕(우중) 우연히 맞음.
▷奇偶(기우)·對偶(대우)·木偶(목우)·土偶(토우)

9 ⑪ 〔偉〕*** 위 本위: 上 尾 wěi, イ
0281

소전 행서 偉 간화 伟 이름 클 위 자원 형성. 亻+韋→偉. 圍(위)·緯(위)와 같이 韋(위)가 성부.

필순 亻 亻 亻 伫 伫 伟 偉 偉 偉 偉

새김 ❶크다. ¶偉丈夫(—, 씩씩할 장, 사나이 부)포부나 체격이 큰 남자. ❷위대하다. 훌륭하다. ¶偉人(—, 사람 인)위대한 사람.
〔偉觀〕(위관) 훌륭한 경치. 볼 만한 광경.
〔偉大〕(위대) ①거대(巨大)함. ②대단히 훌륭하고 거룩함.
〔偉業〕(위업) 위대한 업적.
〔偉容〕(위용) 훌륭하고 뛰어난 모습이나 모양.
〔偉勳〕(위훈) 위대한 공훈.
▷魁偉(괴위)·雄偉(웅위)

9 ⑪ 〔僞〕 위 僞(0315)의 약자
0282

9 ⑪ 〔停〕*** 정 平青 tíng, テイ
0283

소전 행서 停 이름 머무를 정 자원 형성. 亻+亭→停. 亭(정)이 성부.

필순 丿 亻 亻 亻 伫 仁 停 停 停 停

새김 ❶머무르다. 정지하다. ¶停留(—, 머무를 류)(다니던 차나 수레가)머무름. ❷멎다. 멈추다. 중지하다. ¶停$_2$戰$_1$(—, 싸움 전)전쟁을 중지함. ❸고르다. 또는 멈추게 하다. ¶調停(고를 조, —)분쟁을 조화시켜서 그치게 함.
〔停刊〕(정간) 정기 간행물의 간행을 일시 중지함.
〔停年〕(정년) 연령 제한에 의해 공직에서 물러나게 되는 나이.
〔停頓〕(정돈) ①한때 정지됨. ②침체하여 나아가지 않음.
〔停電〕(정전) 송전이 잠시 중단됨.
〔停止〕(정지) 하던 일을 중도에서 멈춤.
〔停滯〕(정체) 정지되어 진전이 없음.
〔停會〕(정회) ①하던 회의를 잠시 중지함. ②국회의 개회 중, 한때 그 활동을 멈춤.

9 ⑪ 〔偵〕* 정 平庚 zhēn, テイ
0284

소전 행서 偵 간화 侦 이름 엿볼 정 자원 형성. 亻+貞→偵. 楨(정)과 같이 貞(정)이 성부.
새김 ❶엿보다. 염탐하다. ¶偵察(—, 살필 찰)적의 사정을 몰래 살핌. ❷정탐꾼. ¶密偵(은밀할 밀, —)비밀 정탐꾼.
〔偵客〕(정객) 정탐하는 사람.
〔偵諜〕(정첩) 몰래 적정을 살핌. 또는 간첩.
〔偵探〕(정탐) 몰래 적의 내정을 살핌.
▷探偵(탐정)

9 ⑪ 〔做〕* 주: 去遇 zuò, サ
0285

행서 做 이름 지을 주: 자원 회의. 亻+故→做. 사람이 일을 저지른다는 데서 '짓다'의 뜻을 나타낸다.
새김 짓다. 만들다. ¶做作(—, 지을 작)없는 사실을 꾸며 만듦. ㉠—浮言.
〔做錯〕(주착) 잘못인 줄 알면서 저지른 허물.
▷看做(간주)

9 ⑪ 〔側〕** 측 入職 cè, ソク
0286

소전 행서 側 간화 侧 이름 곁 측 자원 형성. 亻+則→側. 測(측)·惻(측)과 같이 則(측→칙)이 성부.

필순 丿 亻 亻 们 们 他 但 俱 俱 側

새김 ❶곁. 옆. ¶左側(왼 좌, —)왼쪽 옆. ❷(귀를)기울이다. ¶側$_2$耳$_1$(—, 귀 이)귀를 기울임.
〔側近〕(측근) ①곁의 가까운 곳. ②윗사람을 곁에서 모시고 가깝게 지내는 사람.
〔側面〕(측면) ①옆쪽. ②한 부분이나 한쪽 면.
〔側目〕(측목) ①무섭고 두려워서 바로 보지 못하고 눈을 돌림. ②흘겨봄. ③곁눈질함.
▷反側(반측)·兩側(양측)·右側(우측)

9 ⑪ 〔偸〕* 투 平尤 tōu, トウ
0287

행서 偸 이름 훔칠 투 자원 형성. 亻+兪→偸. 兪(유)의 변음이 성부.
새김 ❶훔치다. ¶偸盜(—, 훔칠 도)남의 물건을 훔침. ❷탐하다. ¶偸$_2$安$_1$(—, 편안할 안)안일을 탐냄. ❸야박하다. 〔論語〕 民不$_2$偸$_1$(민불투)백성은 야박하지 아니함.
〔偸生〕(투생) 마땅히 죽어야 할 때에 죽지 못하고 욕되게 살기를 탐냄.
〔偸食〕(투식) ①하는 일 없이 그럭저럭 세월을 보냄. ②훔쳐 먹음.
〔偸閑〕(투한) 짬을 냄. 틈을 냄.

9 ⑪ 〔偏〕** 편 平先 piān, ヘン
0288

소전 행서 偏 이름 치우칠 편 자원 형성. 亻+扁→偏. 篇(편)·編(편)과 같이 扁(편)이 성부.

필순 亻 亻 亻 仨 伊 伊 伊 偏 偏 偏

새김 ❶치우치다. 한쪽으로 기울다. ¶偏見(—, 생각 견)한쪽으로 치우친 생각. ❷변. 한자의구성에서 왼쪽 부분. ¶偏旁(—, 방 방)한자의구성에서, 왼쪽의 변과 오른쪽의 방.
〔偏母〕(편모) 홀어머니.
〔偏僻〕(편벽) 마음이 한쪽으로 치우쳐 공정하지 못함.
〔偏私〕(편사) 사정(私情)에 치우침.
〔偏食〕(편식) 입맛에 맞는 음식만을 가려 먹음.
〔偏愛〕(편애) 어떤 사람만을 편벽되게 사랑함.
〔偏在〕(편재) 어느 한쪽에 치우쳐 있음.
〔偏重〕(편중) 어느 한쪽만을 중요하게 여김.
〔偏差〕(편차) 정상적인 기준으로부터 벗어나는 차이.
〔偏頗〕(편파) 한쪽으로 치우쳐서 고르지 못함.
〔偏狹〕(편협) 도량이 좁고 치우침.
▷不偏不黨(불편부당)

9 ⑪ 〔偕〕* 해 本개 平佳 xié, カイ
0289

소전 행서 이름 함께 해 자원 형성. 亻+皆→偕. 楷(해)·諧(해)와 같이 皆(개)의 변음이 성부.
새김 함께. 같이. ¶偕老(—, 늙을 로)부부가 한평생 함께 지내며 같이 늙음. 예百年—.
〔偕樂〕(해락) 함께 즐김.
〔偕行〕(해행) 함께 감.

10 ⑫ 〔傑〕** 걸 入屑 jié, ケツ
0290

소전 행서 속자 杰 이름 뛰어날 걸 자원 형성. 亻+桀→傑. 桀(걸)이 성부.
필순 亻 亻' 亻ケ 亻夕 亻夕— 亻夕木 亻夕午木 亻舛 俾 傑
새김 ❶뛰어나다. ¶傑出(—, 날 출)재능이나 실력이 남보다 뛰어남. ❷준걸. 뛰어난 인물. ¶女傑(여자 녀, —)여자로서 뛰어난 인물.
〔傑物〕(걸물) ①뛰어난 인물. ②훌륭한 물건.
〔傑作〕(걸작) ①매우 뛰어난 작품. ↔졸작(拙作). ②國익살스럽고도 시원스런 말이나 행동. 또는 그러한 말을 하는 사람.
▷奇傑(기걸)·英傑(영걸)·人傑(인걸)·俊傑(준걸)·豪傑(호걸)

10 ⑫ 〔傀〕* 괴: 上賄 kuǐ, カイ
0291

소전 행서 이름 꼭두각시 괴: 자원 형성. 亻+鬼→傀. 塊(괴)·愧(괴)와 같이 鬼(귀)의 변음이 성부.
새김 꼭두각시. 허수아비. 나무나 흙으로 만든 인형. ¶傀儡(—, 허수아비 뢰)꼭두각시. 허수아비. 예—政權.

10 ⑫ 〔傩〕 나 儺(0333)의 간화자
0292

10 ⑫ 〔傍〕** 방 平陽 páng, ボウ
0293

소전 행서 이름 곁 방 자원 형성. 亻+旁→傍. 榜(방)·謗(방)과 같이 旁(방)이 성부.
필순 亻 亻' 亻亠 亻产 亻产 亻产 亻产 亻产 傍 傍
새김 ❶곁. 옆. ¶路傍(길 로, —)길 옆. ❷방. 한자의 구성에서 오른쪽 부분. 旁(2077)과 통용. ¶偏傍(변 편, —)한자의 구성에서, 왼쪽 부분인 변과 오른쪽 부분인 방.
〔傍系〕(방계) 직계에서 갈려 나온 계통.
〔傍觀〕(방관) 직접 관여하지 않고 곁에서 보기만 함.
〔傍若無人〕(방약무인) 곁에 사람이 없는 듯이 거리낌없이 함부로 행동함.
〔傍證〕(방증) 간접적으로 증명함. 또는 그 증거.
〔傍聽〕(방청) 정식 성원이 아닌 사람이 회의나 강의에 참가하여 옆에서 들음. 예—席.
▷近傍(근방)·作舍道傍(작사도방)

10 ⑫ 〔傅〕* 부: 去遇 fù, フ
0294

소전 행서 이름 스승 부: 자원 형성. 亻+尃→傅. 賻(부)와 같이 尃(부)가 성부.
새김 스승. 또는 가르쳐 인도하다. ¶師傅(스승 사, —)㉮스승. ㉯임금이나 왕세자·왕세손의 교육을 맡은 벼슬아치.
〔傅會〕(부회) 이치에 맞지 않는 것을 억지로 끌어다 맞춤. 통附會(부회).

10 ⑫ 〔備〕*** 비: 去寘 bèi, ビ
0295

소전 행서 이름 갖출 비: 자원 형성. 亻+𤰇→備. 𤰇(비)가 성부.
필순 亻 亻 亻艹 亻艹 伊 佯 偌 備 備 備
새김 ❶갖추다. 갖추어 두다. ¶備品(—, 물건 품)갖추어 둔 물건. ❷대비하다. ¶有備無患(있을 유, —, 없을 무, 근심 환)대비함이 있으면 근심이 없음. ❸갖춤. 대비. ¶軍備(군사 군, —)군사상의 대비.
〔備考〕(비고) 문서에 그 내용상 참고할 사항을 보충하여 적어 넣는 일.
〔備忘〕(비망) 잊어버리지 않으려고 하는 준비. 예—錄.

〔備嘗艱苦〕(비상간고) 온갖 고생을 다 겪음.
〔備藏〕(비장) 갖추어서 간직함.
〔備蓄〕(비축) 만약의 경우를 위하여 저축하여 둠.
〔備置〕(비치) 갖추어 마련해 놓음.
〔備荒〕(비황) 흉년에 대비함. ㉠—作物.
▷兼備(겸비)·警備(경비)·具備(구비)·防備(방비)·不備(불비)·守備(수비)·豫備(예비)·完備(완비)·整備(정비)·準備(준비)

10 ⑫ 〔傧〕 0296 빈: 儐(0327)의 간화자

10 ⑫ 〔傘〕* 0297 산 ㊍산: ㊤旱 | sǎn, サン

행서 伞 간화 伞 이름 일산 산 자원 상형. 일산이나 우산의 모양.
새김 일산. ㉠고대의 의장의 하나. ㉡우산. 양산. ¶日傘(해 일, —)㉮의장의 하나인, 자루가 긴 큰 양산. ㉯햇볕을 가리기 위한 큰 양산.
〔傘下〕(산하) 우산 아래란 뜻으로, 어떤 기구나 조직의 관할 아래를 이르는 말.
▷陽傘(양산)·雨傘(우산)

10 ⑫ 〔储〕 0298 저 儲(0332)의 간화자

11 ⑬ 〔傾〕** 0299 경 ㊥庚 | qīng, ケイ

소전 傾 행서 傾 간화 倾 이름 기울 경 자원 형성. 亻+頃→傾. 頃(경)이 성부.

필순 亻 亻 亻 化 化 伒 伒 傾 傾 傾

새김 ❶기울다. 한쪽으로 쏠리다. ¶傾斜(—, 비낄 사)한쪽으로 기울어져 비스듬함. ❷귀를 기울이다. ¶傾聽(—, 들을 청)귀를 기울여 들음.
〔傾家破産〕(경가파산) 재산을 탕진하여 집안 형편이 엉망이 됨.
〔傾國之色〕(경국지색) 나라를 위태롭게 할 만한 미인.
〔傾倒〕(경도) ①기울어져 넘어짐. 또는 기울이어 넘어뜨림. ②마음을 한쪽으로 기울이어 열중함.
〔傾注〕(경주) ①기울여 붓거나 쏟음. ②한 가지 일에 심혈을 기울임.
〔傾向〕(경향) 일정한 방향으로 기울거나 쏠림.
▷右傾(우경)·左傾(좌경)·側傾(측경)

11 ⑬ 〔僅〕** 0300 근: ㊦震 | jǐn, キン

소전 僅 행서 僅 간화 仅 이름 겨우 근: 자원 형성. 亻+堇→僅. 勤(근)·謹(근)과 같이 堇(근)이 성부.

필순 亻 亻 亻 伫 伫 伫 伫 僅 僅 僅

새김 겨우. 고작. ¶僅少(—, 적을 소) 얼마 되지 않을 만큼 아주 적음. ㉠—한 差.
〔僅可〕(근가) 겨우 쓸 만함.
〔僅僅〕(근근) 겨우겨우. 간신히. ㉠—得生.
▷幾死僅生(기사근생)

11 ⑬ 〔傷〕*** 0301 상 ㊥陽 | shāng, ショウ

소전 傷 행서 傷 간화 伤 이름 다칠 상 자원 형성. 亻+𥏻→傷. 觴(상)과 같이 𥏻(상)이 성부.

필순 亻 亻 亻 亻 伤 伤 伤 伤 傷 傷

새김 ❶다치다. 상하다. ¶傷處(—, 곳 처)다친 자리. ❷상처. ¶負傷(질 부, —)몸에 상처를 입음. ❸근심하다. 애태우다. ¶傷心(—, 마음 심)마음을 애태움. 속을 썩임. ❹해치다. 괴롭히다. ¶傷民(—, 백성 민)백성을 괴롭힘.
〔傷悼〕(상도) 마음이 아프도록 슬퍼함.
〔傷痍〕(상이) 상처. 또는 부상당함. ㉠—軍人.
〔傷風〕(상풍) ①좋은 풍속을 해침. ②감기.
〔傷害〕(상해) 남의 몸에 상처를 내어 해를 입힘.
〔傷痕〕(상흔) 상처의 흔적.
▷感傷(감상)·輕傷(경상)·落傷(낙상)·凍傷(동상)·死傷(사상)·殺傷(살상)·損傷(손상)·重傷(중상)

11 ⑬ 〔僊〕* 0302 선 仙(0128)과 동자

11 ⑬ 〔傲〕** 0303 오: ㊦號 | ào, ゴウ

소전 傲 행서 傲 이름 거만할 오: 자원 형성. 亻+敖→傲. 潡(오)와 같이 敖(오)가 성부.

필순 亻 亻 亻 亻 仹 仹 傍 傍 傲 傲

새김 거만하다. 교만하다. ¶傲慢(—, 거만할 만)교만하고 건방짐. ㉠—無禮.
〔傲氣〕(오기) 힘은 모자라면서도 남에게 지기를 싫어하는 오만한 태도나 마음.
〔傲霜孤節〕(오상고절) 서릿발 속에서도 굽히지 않고 외로이 지키는 절개. 국화(菊花)를 비유하여 이르는 말.
〔傲色〕(오색) 힘은 모자라면서도 남에게 지기를 싫어하는 오만스러운 기색.
〔傲世〕(오세) 오만하여 세상을 깔봄.
〔傲視〕(오시) 거만하게 대함.
▷倨傲(거오)·驕傲(교오)

11 ⑬ 〔傭〕* 용 平冬 yōng, ヨウ
0304

행서 傭 간화 佣 이름 품팔이할 용 자원 형성. 亻+庸→傭. 庸이 성부.
새김 품팔이하다. 또는 삯을 주고 일을 시키다. ¶傭兵(—, 군사 병)돈으로 고용된 병사.
〔傭人〕(용인) 고용된 사람.
▷ 雇傭(고용)

11 ⑬ 〔傳〕*** ㊀전 平先 chuán, デン ㊁전: 去霰 zhuàn, デン
0305

소전 傳 행서 傳 약자 伝 간화 传 이름 ㊀전할 전 ㊁전기 전: 자원 형성. 亻+專→傳. 轉(전)과 같이 專(전)이 성부.

필순 亻 亻 亻 伊 伸 伸 俥 傳 傳 傳

새김 ㊀❶전하다. ㉠차례로 전하다. ¶傳達(—, 이를 달)(상대자에게)전하여 이르게 함. ㉡남겨서 물리다. ¶傳說(—, 말 설)옛날부터 전해 오는 이야기. ㉢옮기다. 어떤 상태나 성질이 옮겨 전하여지다. ¶遺傳(남길 유, —)선조의 체질과 특성이 후대에게 전하여지는 일. 예— 病. ❷펴다. 널리 유포시키다. ¶宣傳(펼 선, —)어떤 주장이나 상품의 특징 등을 여러 사람에게 이해시켜 널리 유포시킴. ㊁❶전기. 사람의 일생을 기록한 글. ¶偉人傳(위대할 위, 사람 인, —)위인의 전기. ❷경서의 주석. ¶春秋左氏傳(춘추좌씨전) 좌구명(左丘明)이 지은 춘추의 주석서. ❸역말. 역참에 둔 말이나 수레. ¶傳馬(—, 말 마)역참에 비치해 둔 말.
〔傳喝〕(전갈) 國사람을 시켜 안부를 묻거나 말을 전함. 또는 그 안부나 말.
〔傳記〕(전기) 개인의 사적을 적은 기록.
〔傳單〕(전단) 광고나 선전의 취지를 기재한 종이쪽.
〔傳道〕(전도) 기독교에서, 예수를 믿도록 선전하고 보급시킴.
〔傳來〕(전래) 전하여 옴. 예불교의 —.
〔傳令〕(전령) 명령을 전함. 또는 명령을 전달하는 사람.
〔傳聞〕(전문) 사람들을 통해 들음.
〔傳貰〕(전세) 일정 금액을 주인에게 맡기고 그의 부동산을 어느 기간까지 빌려 쓰는 일.
〔傳授〕(전수) 지식이나 기예를 전하여 줌.
〔傳承〕(전승) 계통을 이어받아 계승함.
〔傳染〕(전염) ①옮아 물듦. ②병이 옮음.
〔傳詔〕(전조) 임금의 명령을 전함.
〔傳統〕(전통) 지난 세대에 이루어져 계통을 이어가며 전하여지는 것.
〔傳播〕(전파) 널리 유포시켜 퍼뜨림.
▷ 家傳(가전)·口傳(구전)·急傳(급전)·紀傳(기전)·祕傳(비전)·相傳(상전)·書傳(서전)·驛傳(역전)·列傳(열전)

11 ⑬ 〔債〕** 채: 去卦 zhài, サイ
0306

소전 債 행서 債 간화 债 이름 빚 채: 자원 형성. 亻+責→債. 責(책)의 변음이 성부.

필순 亻 亻 亻 仕 佳 佳 倩 倩 債 債 債

새김 빚. 채무. ¶債務(—, 일 무)빚을 진 사람이 빚을 준 사람에게 갚아야 하는, 금전상의 의무.
〔債券〕(채권) 정부·법인 등이 그 채무를 증명하려고 발행하는 유가 증권.
〔債權〕(채권) 빌려 준 쪽이 빌린 쪽에 대해 가지는 권리.
〔債鬼〕(채귀) 비싼 이자를 받으면서 빚을 몹시 조르는 빚쟁이.
▷ 公債(공채)·國債(국채)·起債(기채)·卜債(복채)·負債(부채)·私債(사채)·社債(사채)·外債(외채)·酒債(주채)

11 ⑬ 〔僉〕* 첨 平鹽 qiān, セン
0307

소전 僉 행서 僉 간화 佥 이름 모두 첨 자원 회의. 亼+口+口+从→僉. 亼은 모이다, 从은 從의 본자로 따르다. 입(口), 곧 사람들이 모여서 서로 따른다는 데서 '모두'의 뜻을 나타낸다.
새김 모두. 모두 다. ¶僉位(—, 분 위)여러분.
〔僉議〕(첨의) 여러 사람의 의논.
〔僉尊〕(첨존) 첨위(僉位)의 높임말.

11 ⑬ 〔催〕** 최 平灰 cuī, サイ
0308

소전 催 행서 催 이름 재촉할 최 자원 형성. 亻+崔→催. 摧(최)와 같이 崔(최)가 성부.

필순 丿 亻 亻 仁 仙 件 伴 傕 催 催

새김 ❶재촉하다. ¶催告(—, 알릴 고)재촉하는 뜻을 표하여 알림. ❷촉진시키다. 어떤 상태가 되도록 하다. ¶催眠(—, 잠잘 면)잠이 오게 함. 예— 術. ❸國열다. 모임을 베풀다. ¶開催(열 개, —)(회의나 모임 등을)엶.
〔催科〕(최과) 조세의 납부를 독촉함.
〔催淚〕(최루) 눈물을 흘리게 함. 예— 彈.
〔催促〕(최촉) 독촉함. 재촉함.
▷ 主催(주최)
⑬〔會〕 회: 日부 9획 (2218)

12 ⑭ 〔僑〕* 교 平蕭 qiáo, キョウ
0309

소전 행서 간화 侨 이름 우거할 교 자원 형성. 亻+喬→僑. 橋(교)·矯(교)·嬌(교)와 같이 喬(교)가 성부.

새김 우거하다. 또는 외국에서 살다. ¶僑胞(—, 동포 포)외국에서 살고 있는 동포. 예在美—.

〔僑居〕(교거) 남의 집이나 타향 또는 외국에 서 삶.

〔僑民〕(교민) 외국에 가서 사는 사람.

〔僑寓〕(교우) 교거(僑居).

〔僑人〕(교인) 타향에서 사는 사람.

〔僑胞〕(교포) 타향에 나가서 사는 동포.

▷韓僑(한교)·華僑(화교)

12 ⑭ 〔僚〕** 0310 료 平蕭 liáo, リョウ

소전 행서 이름 동료 료 자원 형성. 亻+尞→僚. 寮(료)·遼(료)·瞭(료)와 같이 尞(료)가 성부.

필순 亻 亻 仺 仺 伏 倇 倴 倴 僚 僚

새김 ❶동료. 함께 일하는 사람. ¶同僚(한가지 동, —)같은 직장에서 함께 일하는 사람. ❷관리. 벼슬아치. ¶官僚(벼슬 관, —)벼슬아치.

〔僚屬〕(요속) 지위가 낮은 벼슬아치.

〔僚友〕(요우) 같은 직위에 있는 벗.

▷閣僚(각료)·幕僚(막료)·下僚(하료)

12 ⑭ 〔僕〕* 0311 복 入屋 pú, ボク

소전 행서 간화 仆 이름 종 복 자원 형성. 亻+菐→僕. 菐(복)이 성부.

새김 ❶종. 하인. ¶奴僕(종 노, —)종. 또는 남자종. ❷마부. 말을 모는 사람. ¶僕夫(—, 사나이 부)마부. ❸저. 자기 자신의 겸칭.

〔僕役〕(복역) 종이나 하인이 하는 일.

▷家僕(가복)·公僕(공복)·童僕(동복)·從僕(종복)·忠僕(충복)

12 ⑭ 〔像〕** 0312 상: 上養 xiàng, ゾウ

소전 행서 간화 象 이름 모양 상: 자원 형성. 亻+象→像. 象(상)이 성부.

필순 亻 亻 仏 伯 伯 伊 侈 傪 像 像

새김 모양. 형상. ¶銅像(구리 동, —)구리로 부어 만든, 사람이나 동물의 형상.

▷木像(목상)·佛像(불상)·想像(상상)·石像(석상)·實像(실상)·映像(영상)·偶像(우상)·立像(입상)·坐像(좌상)·肖像(초상)·現像(현상)·畫像(화상)·胸像(흉상)

12 ⑭ 〔僧〕** 0313 승 平蒸 sēng, ソウ

소전 행서 이름 중 승 자원 형성. 亻+曾→僧. 曾(증)의 변음이 성부.

필순 亻 亻 伫 伫 伫 伯 伯 俉 僧 僧

새김 중. 스님. ¶僧侶(—, 짝 려)중. 불도를 닦는 사람.

〔僧軍〕(승군) 승려로 조직된 군대.

〔僧律〕(승률) (佛) 승려가 지켜야할 계율.

〔僧舞〕(승무) 고깔을 쓰고 장삼을 입은 차림으로 추는 춤.

〔僧寶〕(승보) 불교의 삼보(三寶:佛·法·僧)의 하나. 불법을 실천·수행하는 승려.

▷高僧(고승)·帶妻僧(대처승)·佛法僧(불법승)·比丘僧(비구승)·雲水僧(운수승)·托鉢僧(탁발승)·破戒僧(파계승)·行脚僧(행각승)·化主僧(화주승)

12 ⑭ 〔僥〕* 0314 요 本교: 上篠 jiǎo, ギョウ

소전 행서 간화 侥 이름 구할 요 자원 형성. 亻+堯→僥. 饒(요)와 같이 堯(요)가 성부.

새김 구하다. 뜻밖의 복을 바라다. ¶僥倖(—, 요행운 행)뜻밖의 행운을 추구함. 또는 그 행운. 예—을 바라다.

12 ⑭ 〔僞〕** 0315 위 本위: 去寘 wèi, ギ

소전 행서 약자 偽 간화 伪 이름 거짓 위 자원 형성. 亻+爲→僞. 爲(위)가 성부.

필순 亻 亻 亻 亻 亻 伊 伊 伊 僞 僞

새김 거짓. 또는 가짜. 또는 거짓으로 꾸미다. ¶僞計(—, 꾀 계)거짓으로 꾸민 계략.

〔僞善〕(위선) 겉으로만 착한 체함. 또는 그런 선행.

〔僞作〕(위작) 본디의 것과 흡사하게 만든 가짜 작품.

〔僞裝〕(위장) 사실과 다르게 거짓 꾸밈. 또는 그 꾸밈새.

〔僞造〕(위조) 속이려고 물건이나 문서 따위의 가짜를 만듦.

〔僞證〕(위증) ①거짓 증거나 증언. ②증인의 허위 진술.

〔僞幣〕(위폐) 위조한 화폐. 가짜 돈.

▷詐僞(사위)·眞僞(진위)·虛僞(허위)

12 ⑭ 〔儁〕* 0316 준: 俊(0234)과 동자

12 ⑭ 〖僭〗* 참: ㊍점: 去 豔 | jiàn, セン
0317

소전 僭 행서 僭 속자 僣 이름 참람할 참: 자원 형성. 亻+朁→僭. 朁(잠)의 변음이 성부.
새김 참람하다. 분수에 넘치다. ¶僭越(—, 넘을 월)분수에 맞지 아니하게 지나침.
〔僭濫〕(참람) 분수에 맞지 아니하게 지나침.
〔僭稱〕(참칭) 신분에 넘치는 칭호를 씀. 또는 그 칭호.

12 ⑭ 〖僣〗 참: 僭(0317)의 속자
0318

12 ⑭ 〖僖〗* 희 平 支 | xī, キ
0319

행서 僖 이름 시호 희 자원 형성. 亻+喜→僖. 熺(희)·憙(희)와 같이 喜(희)가 성부.
새김 시호(諡號)에 쓰는 자. 예僖康王(희강왕).

13 ⑮ 〖價〗*** 가 ㊍가: 去 禡 | jià, カ
0320

소전 價 행서 價 고자 賈 동자 価 고자 价 이름 값 가 자원 형성. 亻+賈→價. 賈(가)가 성부.

필순 亻 亻 仁 仁 俨 俨 俨 僄 價 價

새김 값. 가격. 가치. ¶物價(물건 물, —)물건의 값. 예—가 오르다.
〔價格〕(가격) 화폐로 표현된 상품의 가치.
〔價額〕(가액) 값.
〔價值〕(가치) 값. 값어치.
▷減價(감가)·高價(고가)·代價(대가)·市價(시가)·廉價(염가)·原價(원가)·定價(정가)·眞價(진가)·評價(평가)

13 ⑮ 〖儉〗** 검: 上 琰 | jiǎn, ケン
0321

소전 儉 행서 儉 약자 倹 간화 俭 이름 검소할 검: 자원 형성. 亻+僉→儉. 劍(검)·檢(검)과 같이 僉(첨)의 변음이 성부.

필순 亻 亻 亻 亻 亻 亻 亻 儉 儉 儉

새김 검소하다. 사치하지 아니하다. ¶勤儉(부지런할 근, —)부지런하고 검소함. 예—節約.
〔儉朴〕(검박) 검소하고 질박함.
〔儉素〕(검소) 검약하고 수수함.
〔儉約〕(검약) 검소하고 절약함.
▷恭儉(공검)·廉儉(염검)·節儉(절검)·淸儉(청검)

13 ⑮ 〖儆〗* 경: 上 梗 | jǐng, ケイ
0322

소전 儆 행서 儆 이름 경계할 경: 자원 형성. 亻+敬→儆. 警(경)·驚(경)과 같이 敬(경)이 성부.
새김 경계하다. 警(5071)과 통용.

13 ⑮ 〖僻〗* 벽 入 陌 | pì, ヘキ
0323

소전 僻 행서 僻 이름 후미질 벽 자원 형성. 亻+辟→僻. 壁(벽)·癖(벽)·闢(벽)과 같이 辟(벽)이 성부.
새김 ❶후미지다. 궁벽하다. ¶僻地(—, 땅 지)궁벽한 곳. ❷치우치다. 편벽되다. ¶僻見(—, 생각 견)편벽된 소견.
〔僻論〕(벽론) 한쪽으로만 치우쳐서 도리에 맞지 않는 언론.
〔僻書〕(벽서) 극히 보기 드문 책. 세상에 잘 알려지지 않은 책.
〔僻說〕(벽설) 편벽된 말. 괴벽스러운 주장.
〔僻字〕(벽자) 흔히 쓰이지 않는 글자.
〔僻村〕(벽촌) 외진 곳에 있는 마을.
▷窮僻(궁벽)·邪僻(사벽)·幽僻(유벽)·偏僻(편벽)

13 ⑮ 〖傻〗* ㊀사: 去 寘 | sì, シ
㊁새: 去 隊 | sài, サイ
0324

행서 傻 이름 자질구레할 사:·새: 자원 형성. 亻+塞→傻. 塞(새)가 성부. 참고 ㊁는 인명용 추가한자가 아님.
새김 ㊀ 자질구레하다. ¶傻說(—, 말씀 설)자질구레한 이야기. ㊁뜻은 ㊀과 같다.

13 ⑮ 〖億〗*** 억 入 職 | yì, オク
0325

소전 億 행서 億 간화 亿 이름 억 억 자원 형성. 亻+意→億. 意에는 '의' 외에 '억' 음도 있어 憶(억)과 같이 意(억)이 성부.

필순 亻 亻 亻 亻 亻 倍 倍 倍 億 億

새김 ❶억. 1만의 1만배. 인신하여, 매우 많은 수. ¶三百億(삼백억). ❷헤아리다. 궁구하다. 〔論語〕 億則屢中(억즉누중)헤아리면 자주 적중함.
〔億劫〕(억겁) (佛)무한히 긴 시간.
〔億萬長者〕(억만장자) 셀 수 없을 정도로 많은 재산을 가진 큰 부자.
〔億載〕(억재) 억년이라는 뜻으로, 매우 긴 세월을 이르는 말.
〔億兆蒼生〕(억조창생) 수많은 백성. 또는 수많은 세상 사람.
▷數億(수억)·千億(천억)

13 ⑮ 〔儀〕** 의 平支 yí, ギ
0326

소전 儀 행서 儀 간화 仪 이름 거동 의 자원 형성. 亻+義→儀. 蟻(의)·議(의)와 같이 義(의)가 성부.

필순 亻 亻 亻 亻 亻 佯 佯 儀 儀 儀

새김 ❶거동. 법도에 맞는 훌륭한 행동. ¶禮儀(예도 례, ―)법도에 맞는 인사·행동·몸가짐 등의 모든 것. ❷의식. 예법에 따라 행하는 행사. ¶儀式(―, 법 식)예를 갖추어 행하는 일정한 행사. ❸의기. 표준이 되는 기구. ¶渾天儀(혼천의)천체의 운행을 보고 알 수 있게, 둥근 공 모양으로 만든천체의 모형.
〔儀軌〕(의궤) 예법의 규범. 의례의 본보기.
〔儀禮〕(의례) 형식을 갖춘 예의.
〔儀範〕(의범) 모범이 될 만한 예의 범절.
〔儀容〕(의용) 예절을 갖춘 몸가짐. 「기 등.
〔儀仗〕(의장) 의식 때 쓰는 기·일산·부채·무
〔儀表〕(의표) ①모범. 본보기. ②겉으로의 차림새. 곧 외모나 태도.
▷母儀(모의)·賻儀(부의)·謝儀(사의)·容儀(용의)·威儀(위의)·賀儀(하의)

14 ⑯ 〔儐〕* ㊀빈: 去震 bìn, ヒン ㊁빈 平眞 bīn, ヒン
0327

소전 儐 간화 傧 이름 ㊀ 인도할 빈: ㊁ 찡그릴 빈 자원 형성. 亻+賓→儐. 賓(빈)이 성부.
새김 ㊀인도하다. 또는 손님을 인도하는 사람. ¶儐從(―, 좇을 종)인도하며 시중을 드는 사람. ㊁찡그리다. ¶儐笑(―, 웃을 소)찡그렸다 웃었다 함.

14 ⑯ 〔儒〕** 유 平虞 rú, ジュ
0328

소전 儒 행서 儒 이름 선비 유 자원 형성. 亻+需→儒. 孺(유)와 같이 需(수)의 변음이 성부.

필순 亻 亻 亻 亻 亻 亻 亻 亻 亻 儒

새김 ❶선비. 학자. ¶巨儒(클 거, ―)(학식이 많은) 큰 선비. ❷유가. 공자(孔子)의 가르침이나 그 학파. ¶儒學(―, 학문 학)공자의 가르침을 배우는 학문. ❸난쟁이. ¶侏儒(난쟁이 주, ―)난쟁이.
〔儒家〕(유가) 공자(孔子)의 학설을 신봉하고 연구하는 학자나 학파. ②지식인의 가문.
〔儒敎〕(유교) 공자(孔子)가 주장한 유학을 받드는 학파.
〔儒道〕(유도) ①유가의 교리나 학문. ②유가와 도가(道家).
〔儒林〕(유림) 유가(儒家)의 학자들. 「식인.
〔儒生〕(유생) 유학을 닦는 선비. 인신하여, 지
▷老儒(노유)·大儒(대유)·名儒(명유)·文儒(문유)·焚書坑儒(분서갱유)·腐儒(부유)·碩儒(석유)·俗儒(속유)·斥佛崇儒(척불숭유)

15 ⑰ 〔儡〕* 뢰: 上賄 lěi, ライ
0329

소전 儡 행서 儡 이름 허수아비 뢰: 자원 형성. 亻+畾→儡. 畾(뢰)가 성부.
새김 허수아비. 꼭두각시. ¶傀儡(꼭두각시 괴, ―)꼭두각시. 허수아비. 예―政權.

15 ⑰ 〔償〕** 상 平陽 cháng, ショウ
0330

소전 償 행서 償 간화 偿 이름 갚을 상 자원 형성. 亻+賞→償. 賞(상)이 성부.

필순 亻 亻 亻 亻 亻 償 償 償 償 償

새김 갚다. 물어주다. 또는 보상. ¶辨償(분별할 변, ―)끼친 손해를 분별하여 갚음.
〔償債〕(상채) 빚을 갚음.
〔償還〕(상환) ①빚을 갚음. ②보충함.
▷減價償却(감가상각)·無償(무상)·賠償(배상)·報償(보상)·補償(보상)·有償(유상)

15 ⑰ 〔優〕** 우 平尤 yōu, ユウ
0331

소전 優 행서 優 간화 优 이름 넉넉할 우 자원 형성. 亻+憂→優. 憂(우)가 성부.

필순 亻 亻 亻 亻 亻 亻 亻 亻 優 優

새김 ❶넉넉하다. 풍부하다. ¶優賜(―, 줄 사)넉넉하게 내려줌. ❷우아하다. ¶優美(―, 아름다울 미)우아하고 아름다움. ❸후하다. 마음이 도탑다. ¶優待(―, 대우할 대)특별히 후하게 대우함. ❹뛰어나다. 낫다. 劣(0505)의 대. ¶優秀(―, 빼어날 수)여럿 가운데서 뛰어나게 빼어남. ❺결단성이 없다. ¶優柔(―, 부드러울 유)결단성이 없고 부드러움. 예―不斷. ❻광대. 배우. ¶俳優(광대 배, ―)연극이나 영화 등 무대에 출연하는 예술가.
〔優等〕(우등) 우수한 등급.
〔優先〕(우선) 특별한 대우로 남이나 다른 것보다 먼저함. 「에 비해 더 나음.
〔優勢〕(우세) 세력이나 형세 따위가 다른 것
〔優勝〕(우승) 경기 등에서 첫째로 이김. 또는 그 승리. 예―杯.

〔優雅〕(우아) 품위가 있고 아름다움.
〔優渥〕(우악) 은혜가 매우 두터움. ㉠—한 성은. 「과 못함.
〔優劣〕(우열←우렬) 우등과 열등. 또는 나음
〔優越感〕(우월감) 자기가 스스로 남보다 낫다고 여기는 생각.
〔優位〕(우위) 다른 것과 비교하여 월등하게 나은 지위나 수준. ㉠—를 차지하다.
〔優遊度日〕(우유도일) 하는 일 없이 한가하게 세월을 보냄. 「하며 지냄.
〔優遊自適〕(우유자적) 한가롭게 스스로 만족
▷ 男優(남우)·名優(명우)·聲優(성우)·女優(여우)

16 ⑱ 〔儲〕* 저 平魚 chǔ, チョ
0332

소전 행서 간화 储 이름 쌓을 저 자원 형성. 亻+諸→ 儲. 諸(저)가 성부.
새김 ❶쌓다. 비축하다. ¶儲置(—, 둘 치)비축해 둠. ❷태자(太子). 세자(世子). ¶儲君(—, 임금 군)왕세자나 황태자.

19 ㉑ 〔儺〕* 나 平歌 nuó, ダ
0333

소전 행서 간화 傩 이름 구나 나 자원 형성. 亻+難→ 儺. 難(난)의 변음이 성부.
새김 구나. 굿. 또는 굿을 하다. ¶驅儺(몰 구, —)대궐 안에서 악귀를 쫓던 일. 곧 굿.
〔儺禮〕(나례) 음력 섣달 그믐날 밤에 궁중에서 역귀(疫鬼)를 쫓던 의식.
〔儺者〕(나자) 國나례를 행하는 방상시(方相氏)·초라니·진자(侲子)·소매(小梅) 등의 통칭.

19 ㉑ 〔儷〕* 려: 去霽 lì, レイ
0334

소전 행서 간화 俪 이름 짝 려: 자원 형성. 亻+麗→ 儷. 麗(려)가 성부.
새김 ❶짝. 배우자. 또는 짝하다. ¶伉儷(짝 항, —)남편과 아내로 이루어진 짝. ❷쌍. 한 쌍의 물건. ¶駢儷文(병려문) 4자구나 6자구의 대구(對句)로 된 한문.
〔儷文〕(여문) 병려문(駢儷文).

20 ㉒ 〔儼〕* 엄: 上琰 yǎn, ゲン
0335

소전 행서 간화 俨 이름 의젓할 엄: 자원 형성. 亻+嚴→儼. 嚴(엄)이 성부.
새김 의젓하다. 근엄하고 진중하다. ¶儼然(—, 그러할 연)㉮의젓함. ㉯현상이 뚜렷하여 누구나 감히 부정할 수 없음. ㉠—한 事實.

2 획 부수 儿 部

▷명칭: 어진사람인
▷쓰임: 문자의 구성에는 주로 발〔脚〕로 쓰였는데, 사람을 나타내는 의부로서도 쓰였고, 자형상의 분류를 위해서도 쓰였다.

0 ② 〔儿〕 ㊀인 平眞 rén, ジン ㊁아 ér
00336

소전 이름 ㊀어진사람 인 ㊁아이 아 자원 상형. 人(0107)의 고문 기자(古文奇字).
새김 ㊀어진 사람. 人(0107)의 고문 기자. ㊁兒(0353)의 간화자.

1 ③ 〔兀〕* 올 入月 wù, ゴツ
0337

소전 행서 이름 우뚝할 올 자원 지사. 사람의 머리 위에 한 획을 그어서 높고 평평함을 나타낸다.
새김 우뚝하다. 높이 솟다. ¶突兀(튀어나올 돌, —) 높이 솟아서 우뚝함.
〔兀然〕(올연) 우뚝 솟은 모양.
〔兀兀〕(올올) 우뚝 솟은 모양.

2 ④ 〔元〕*** 원 平元 yuán, ゲン
0338

소전 행서 이름 으뜸 원 자원 상형. 머리 부분을 두드러지게 나타낸, 사람의 온 몸의 모양.
필순 一 二 テ 元
새김 ❶으뜸. 근본. ¶元素(—,바탕 소)물질을 화학적으로 더 이상 분해할 수 없는 요소. ❷처음. 첫째. ¶元旦(—,아침 단)1월 1일의 아침. 또는 1월 1일. ❸우두머리. 수장(首長). ¶元首(—,머리 수) 국가의 최고 통치권을 가진 사람. ㉠國家—. ❹기원. 즉위·건국 연호의 첫 해. ¶元年(—, 해 년)즉위·건국 연호의 첫 해. ❺원나라. 몽고의 쿠빌라이〔忽必烈〕가 송(宋)나라를 멸하고 세운 왕조.(1271～1368)
〔元氣〕(원기) ①타고난 기운. ②심신(心身)의 정력. ③ 만물의 정기.
〔元老〕(원로) ①국가에 큰 공이 있는 신하. ② 오랫동안 어떤 일에 종사하여 공로가 있는 사람.
〔元利〕(원리) 원금과 이자.
〔元帳〕(원장) 거래의 전부를 기록한 계정(計

定)의 주요 장부. 「음 시작한 사람.
〔元祖〕(원조) ①시조(始祖). ②어떤 일을 처
〔元亨利貞〕(원형이정) ①주역(周易)에서 건괘(乾卦)가 지니는 네 가지 덕. '元'은 만물의 시초로, 봄에 속하며 그 덕은 인(仁). '亨'은 만물의 성장으로, 여름에 속하며 그 덕은 예(禮). '利'는 만물의 이룸으로, 가을에 속하며 그 덕은 의(義). '貞'은 만물의 완성으로, 겨울에 속하며 그 덕은 지(智).
〔元勳〕(원훈) 나라에 이바지한 큰 공적. 또는 그런 공을 세운 사람. 「악당의 두목.
〔元兇〕(원흉) 못된 짓을 한 무리의 우두머리.
▷改元(개원)·紀元(기원)·復元(복원)·身元(신원)·壯元(장원)·還元(환원)

2 ④ 〔允〕* 윤: 上軫 | yǔn, イン
0339

소전 행서 이름 진실로 윤: 자원 형성·회의·상형 등 여러 설이 있으나 정설은 없다.

새김 ❶진실로. ¶允當(—, 마땅할 당) 진실로 마땅함. ❷미쁘다. ㉠신실하다. ¶允恭(—, 공손할 공) 신실하면서 공손함. ㉡國 인신하여, 상대방을 높이는 말. ¶允玉(—, 구슬 옥) 상대방을 높여 그의 아들을 이르는 말. ❸허락하다. 승낙하다. 주로 임금에 대해 쓴다. ¶允許(—, 허가할 허) 왕이 허가함.
〔允可〕(윤가) 임금이 재가함. 윤허(允許).
〔允文允武〕(윤문윤무) 문무(文武)를 겸비하고 있음. 「도에 부합함.
〔允執厥中〕(윤집궐중) 언행이 중정(中正)의

3 ⑤ 〔充〕*** 충 充(0345)의 본자
0340

3 ⑤ 〔兄〕*** 형 平庚 | xiōng, ケイ·キョウ
0341

소전 행서 이름 맏 형 자원 회의. 口+儿→兄. 口는 신에게 비는 축문을 담은 그릇. 이를 이고 신에게 제사를 지내는 사람. 곧 맏이를 뜻한다.

필순 丶 口 口 尸 兄

새김 ❶맏. 형. 弟(1492)의 대. ¶兄弟(—, 아우 제) 형과 아우. 예—姉妹. ❷높임말. 같은 또래의 사이에 쓰는 높임말. ¶學兄(배울 학, —)(편지투) 학우끼리 서로 높이어 쓰는 말.
〔兄友弟恭〕(형우제공) 형은 아우를 사랑하고 아우는 형을 공경함. 「르는 말.
〔兄丈〕(형장) 國 평교간에 상대방을 높이어 이
▷家兄(가형)·老兄(노형)·大兄(대형)·伯兄(백형)·父兄(부형)·舍兄(사형)·雅兄(아형)·仁兄(인형)·姊兄(자형)·長兄(장형)·從兄(종형)·仲兄(중형)

4 ⑥ 〔光〕*** 광 平陽 | guāng, コウ
0342

소전 행서 속자 昳 이름 빛 광 자원 회의. ⺌〔火의 변형〕+儿→光. 불을 신성시하던 고대 사람들이, 사람 위에 火를 더하여 '빛·빛나다'의 뜻을 나타내었다.

필순 丨 丬 ⺌ ⺌ 业 光

새김 ❶빛. 햇빛. ¶日光(해 일, —)햇빛. ❷윤. 광채. ¶光澤(—, 윤 택) 윤. 번들거리는 빛. ❸영예. 영화. ¶榮光(영화 영, —)영화로운 영예. ❹세월. 시간. ¶光陰(—, 시간 음) 시간. 세월. 예一寸—不可輕. ❺경치. ¶觀₂光₁(볼 관, —)경치를 구경함. 예—客.
〔光景〕(광경) ① 풍경. 경치. ② 어떤 상태나 모양. 「이르는 말.
〔光臨〕(광림) 상대방을 높이어 그가 찾아옴을
〔光明正大〕(광명정대) 언행(言行)이 바르고 사심(私心)이 없음. 「음.
〔光復〕(광복) 잃었던 국토나 국권을 도로 찾
〔光線〕(광선) 눈으로 볼 수 있는 빛의 줄기.
〔光榮〕(광영) 빛나는 영예. 「같이 빠름.
〔光陰如矢〕(광음여시) 세월의 흐름이 화살과
〔光彩〕(광채) 아름답고 찬란하게 빛나는 빛.
〔光風霽月〕(광풍제월) 비 갠 뒤의 시원한 바람과 밝은 달. ㉠인품이 고결하고 마음이 탁 트임의 비유. ㉡태평 성세의 비유.
〔光輝〕(광휘) 환하게 빛남. 또는 그 빛.
▷發光(발광)·瑞光(서광)·夜光(야광)·陽光(양광)·圓光(원광)·月光(월광)·威光(위광)·電光(전광)·燭光(촉광)·春光(춘광)·風光(풍광)·螢光(형광)·火光(화광)·後光(후광)

4 ⑥ 〔先〕*** 선 平先 | xiān, セン
0343

소전 행서 이름 먼저 선 자원 회의. 生〔之의 변형〕+儿→先. 之는 가다. 之를 儿의 위에 놓아, 남보다 앞서 간다는 뜻을 나타낸다.

필순 丿 𠂉 ⺧ 止 生 先

새김 ❶먼저. 後(1540)의 대. ㉠미리. 사전에. ¶先見(—, 볼 견) 닥쳐 올 일을 앞질러 봄. 예—之明. ㉡앞서서. 또는 앞장서서. ¶先登(—, 오를 등)앞장서서 먼저 오름. ❷앞. 後(1540)의 대. ㉠시간적인 앞. ¶先代(—, 시대 대)이전의 시대. ㉡공간적인 앞. ¶先頭(—, 앞

두)대열이나 행렬의 앞. ❸조상. ¶先山(—. 무덤 산)조상의 무덤. ❹죽은 사람.¶先考(—. 아버지 고) 죽은 아버지.
〔先覺〕(선각) 남보다 먼저 깨달음. 또는 그 사람. 「판단력.
〔先見之明〕(선견지명) 앞을 내다보는 밝은
〔先決〕(선결) 다른 문제보다 먼저 해결하거나 결정함. ㉮—問題.
〔先公後私〕(선공후사) 공적인 일을 먼저하고 사적인 일을 나중에 함.
〔先驅〕(선구) ①말을 타고 앞장서서 달림. ② 어떤 분야에서 다른 사람보다 앞선 사람.
〔先例〕(선례) ①기준으로 삼을 수 있는, 이전에 있었던 예. ②이전부터 하여 내려오는, 일처리의 관습. ㉮—를 따르다. 「隊.
〔先發〕(선발) 남보다 길을 먼저 떠남. ㉮—
〔先輩〕(선배) ①연령·학문·지위·경험·기술 등에서 자기보다 앞선 사람. ②같은 학교를 자기보다 앞서 졸업한 사람. 「추진하는 사람.
〔先鋒〕(선봉) 주장이나 행동 등을 앞장서서
〔先妣〕(선비) 돌아가신 어머니.
〔先生〕(선생) ①자기보다 앞서 태어남. 또는 그 사람. ㉣後生(후생). ②남을 가르치는 사람. 교수나 교사의 통칭. ③학문이나 기예에 뛰어난 사람이나 존경해야 할 사람을 높여 이르는 말.
〔先手〕(선수) ①장기나 바둑을 시작할 때에 먼저 두는 일. 또는 먼저 두는 사람. ②상대자가 하기 전에 먼저 하는 행동. ㉮—를 쓰다. 「은 열사(烈士).
〔先烈〕(선열←선렬) 정의를 위해서 싸우다 죽
〔先塋〕(선영) 조상의 무덤. 선산(先山).
〔先人〕(선인) ①옛날 사람. ㉮—들의 행적. ②남에게 자기의 죽은 아버지를 이르는 말. ㉮—의 말씀. 「에 미리 가지는 견해.
〔先入見〕(선입견) 어떤 일에 대하여 마음 속
〔先祖〕(선조) 먼 윗대의 조상. 조상.
〔先進國〕(선진국) 다른 나라보다 경제·문화 등이 앞선 나라.
〔先着〕(선착) 남보다 먼저 도착함. ㉮—順.
〔先斬後啓〕(선참후계) 군율을 어긴 사람을 먼저 처형하고, 후에 상관에게 아룀.
〔先天〕(선천) 날 때부터 몸에 지니고 있음. ㉮—性. 「사상가.
〔先哲〕(선철) 옛날의 어진이. 옛날의 훌륭한
〔先親〕(선친) 죽은 아버지. 선고(先考).
〔先賢〕(선현) 先哲(선철).
〔先後〕(선후) 먼저와 나중. ㉮—倒錯.
▷ 機先(기선)·率先(솔선)·于先(우선)·優先(우선)·祖先(조선)·最先(최선)

4 ⑥ 〔兆〕*** 조 ㊍조: 上 篠 zhāo, チョウ
0344

소전 𠒆 행서 兆 이름 조짐 조 자원 상형. 점을 치기 위해 구운, 거북의 등껍데기에 나타난 터진 금의 모양. 고대에는 이를 보고 길흉을 점쳤다.

필순 丿 丿 丬 兆 兆 兆

새김 ❶조짐. 징조. ¶吉兆(길할 길, —)길한 조짐. 좋은 징조. ❷조. 수의 단위. 1억의 1만 배. 인신하여, 썩 많은 수를 나타낸다. ¶兆民(—. 백성 민)많은 백성. ❸무덤. 또는 묘역(墓域). ¶兆域(—. 지역 역)무덤이 있는 지역.
〔兆朕〕(조짐) 낌새. 어떤 일이 일어날 징조.
▷ 京兆(경조)·亡兆(망조)·夢兆(몽조)·祥兆(상조)·億兆(억조)·前兆(전조)·徵兆(징조)

4 ⑥ 〔充〕*** 충 平 東 chōng, ジュウ
0345

소전 𠅩 행서 充 본자 充 이름 찰 충 자원 상형. 살이 찐 사람의 모양. 회의·형성 등 설이 갈라져 있다.

필순 丶 亠 𠫔 𠫓 㐬 充

새김 ❶차다. 가득 차다. ¶充滿(—. 찰 만)가득히 참. ❷채우다. 가득 차게 하다. ¶補充(기울 보, —)부족한 것을 보태어 채움. ㉮—質問.
〔充當〕(충당) 부족한 것을 채움.
〔充分〕(충분) 필요한 양이나 요구하는 수준에 만족할 만큼 넉넉함.
〔充實〕(충실) ①가득 참. 또는 가득 채움. ② 속이 단단하고 여묾.
〔充耳〕(충이) ①죽은 사람을 염습할 때 솜으로 귀를 막음. ②관이나 면류관 양쪽의, 귀까지 늘어뜨린 장식물.
〔充溢〕(충일) 가득 차서 넘침.
〔充腸〕(충장) 굶주린 배를 채움.
〔充電〕(충전) 축전기나 축전지에 전기를 채워 저축함. 「음.
〔充足〕(충족) 가득함. 넉넉하여 모자람이 없
〔充血〕(충혈) 피가 몸의 한 부분에 많이 몰림.
▷ 汗牛充棟(한우충동)·擴充(확충)

4 ⑥ 〔兇〕* 흉 平 冬 xiōng, キョウ
0346

소전 𠒇 행서 兇 이름 흉악할 흉 자원 회의. 凶+儿→兇. 흉한 일을 가진 사람이란 뜻.

새김 ❶흉악하다. 모질고 사납다. ¶兇暴(—. 사나울 포)흉악하고 사나움. ❷흉악한 사람. ¶元兇(우두머리 원, —)우두머리가 되는 흉악한 사람. ㉮나라를 팔아먹은 —.
〔兇惡〕(흉악) ①성질이 몹시 악함. 또는 그런 사람. ②겉 모양이 험상궂고 무섭게 생김.

〔凶彈〕(흉탄) 흉악한 자가 쏜 탄알. ㉠—에 쓰러지다.
〔兇悍〕(흉한) 흉악하고 사나움.
〔兇漢〕(흉한) 남을 해치는 흉악한 사람.
▷內兇(내흉)

5 ⑦ 〔克〕** 극 入職 | kè, コク
0347

소전 행서 이름 이길 극 자원 상형. 무거운 투구를 쓰고 있는 사람의 형상. 그래서 그 무거움을 이겨낸다는 뜻을 나타낸다.

필순 一 十 さ 古 古 古 克

새김 ❶이기다. ¶克己(—, 몸 기)자기를 이김. 자기의 욕망이나 사념을 이김. ㉠—心. ❷잘. 능히. 또는 잘하다. ¶克從(—, 좇을 종)잘 복종함. ❸剋(0468)의 간화자.
〔克己復禮〕(극기복례) 사욕을 눌러 이기고 예(禮)로 돌아감.
〔克明〕(극명) 더 없이 자세하고 분명함.
〔克服〕(극복) 어려움을 이겨냄.

5 ⑦ 〔免〕*** 면: 上銑 | miǎn, メン
0348

소전 행서 본자 免 이름 면할 면: 자원 상형. 사타구니를 벌리고 아이를 낳는 모양. '아이를 낳다'의 뜻일 때는 음이 '문:'이다

필순 ㄱ ㄲ ㄲ 乃 ㄲ 免 免

새김 ❶면하다. 벗어나다. ¶免責(—, 책임 책)책임을 면함. ❷놓아주다. 석방하다. ¶放免(놓을 방, —)가두었던 사람을 풀어서 놓아줌. ㉠無罪—. ❸면제하다. ¶免許(—, 허가할 허)금지해 놓은 제약을 면제하여 허가함. ❹사직하다. 또는 그만두게 하다. ¶免職(—, 벼슬 직)벼슬이나 직무에서 물러나게 함.
〔免無識〕(면무식) 國 겨우 무식을 면함.
〔免稅〕(면세) 세금 납부를 면제함.
〔免疫〕(면역) 저항력이 생겨 특정한 병에 걸리지 않게 되는 일.
〔免除〕(면제) 의무나 책임을 면해 줌.
〔免罪〕(면죄) 죄를 면함. 또는 죄를 면해 줌.
〔免許〕(면허) 국가 기관에서 어떤 활동을 할 권리를 허가하여 줌. 또는 국가 기관에서 인정하는 일정한 기술 자격. ㉠運轉—證.
▷減免(감면)·寬免(관면)·赦免(사면)·任免(임면)·罷免(파면)·解免(해면)

5 ⑦ 〔免〕*** 면: 免(0348)의 본자
0349

5 ⑦ 〔児〕 아 兒(0353)의 속자
0350

5 ⑦ 〔兌〕* 태 本태: 去泰 | duì, ダ
0351

소전 행서 이름 바꿀 태 자원 회의. 八+兄〔祝의 생략체〕→兌. 신에게 빌어서 맺힌 마음이 흩어지는〔八〕 모양. 그래서 '기쁘다'란 뜻을 나타낸다.

새김 ❶바꾸다. 교환하다. ¶兌換(—, 바꿀 환)지폐를 액면 그대로 금 등의 정화(正貨)로 바꿈. ㉠—券. ❷기쁘다. 또는 기뻐하다. 〔莊子〕不失於兌(불실어태) 기쁨을 잃지 아니함.

5 ⑦ 〔兎〕 토 兔(0355)의 속자
0352

6 ⑧ 〔兒〕*** 아 平支 | ér, ジ二
0353

소전 행서 속자 児 간화 儿 이름 아이 아 자원 상형. 머리 부분을 두드러지게 그린 어린아이의 모양.

필순 ′ ſ ſ ſ7 ſ7 臼 白 兒

새김 ❶아이. ㉠어린아이. ¶兒童(—, 아이 동)어린아이. ㉠—文學. ㉡자녀. 아들이나 딸. ¶豚兒(돼지 돈, —)자기의 자식을 낮추어 이르는 말. ❷사람. 특히 젊은이. ¶風雲兒(바람 풍, 구름 운, —)바람과 구름, 곧 어지러운 정세를 타고 활동하는 사람.
〔兒女子〕(아녀자) 부인과 어린아이.
〔兒女之債〕(아녀지채) 자식들에게 드는 교육비나 혼비(婚費) 따위의 비용.
〔兒名〕(아명) 어릴 때에 부르는 이름.
〔兒役〕(아역) 영화·연극 등에서 어린이의 역. 또는 그 역을 맡은 사람.
〔兒患〕(아환) 어린아이의 병.
〔兒戲〕(아희) 아이들의 장난.
▷家兒(가아)·健兒(건아)·男兒(남아)·小兒(소아)·女兒(여아)·嬰兒(영아)·幼兒(유아)·乳兒(유아)·育兒(육아)·胎兒(태아)

6 ⑧ 〔兔〕* 토 本토: 去遇 | tù, ト
0354

소전 행서 본자 兔 속자 兎 이름 토끼 토 자원 상형. 토끼의 모양.

새김 ❶토끼. ¶兔死狗烹(—, 죽을 사, 개 구, 삶을 팽)토끼가 죽으니 (사냥하던) 개가 삶김. 필요할 때는 이용하고 필요 없을 때는 버리는 세상 인심의 비유. ❷달. 달에 토끼가 산다는 전설에서 온 새김. ¶兔影(—, 그림자 영)달그림자.

〔兔脣〕(토순) 언청이. 토결(兔缺).
〔兔烏〕(토오) 달과 해.
▷蟾兔(섬토)·玉兔(옥토)

6 ⑧ 〔兎〕** 토: 兔(0354)의 본자
0355

8 ⑩ 〔党〕 당: 黨(6331)의 약자·간화자
0356

9 ⑪ 〔兜〕* 도 本두 平尤 dōu, ト
0357

소전 행서 이름 투구 도 자원 상형. 투구를 쓴 사람의 모양.
새김 투구. 쇠로 만든 모자.
〔兜鍪〕(도무) 투구. 도모(兜牟).
〔兜率天〕(도솔천) (佛)범어 Tusita의 음역. 미륵보살이 산다는 정토(淨土).

12 ⑭ 〔兢〕* 긍 平蒸 jīng, キョウ
0358

소전 행서 이름 삼갈 긍 자원 회의. 克+克→兢. 이기기 위해 삼가고 조심한다는 뜻.
새김 ❶삼가다. 경계하고 조심하다. ¶兢兢(—, —)경계하고 조심하는 모양. 예戰戰—.
〔兢懼〕(긍구) 조심하고 두려워함.

2 획 부수 入 部

▷명칭: 들입
▷쓰임: 內나 全을 상형자로 보는 견해에 따르면, 의부로서의 기능은 없고 자형상의 분류를 위한 부수이다.

0 ② 〔入〕*** 입 入緝 rù, ニュウ
0359

소전 행서 이름 들 입 자원 상형. 방을 드나드는 입구의 모양.
필순 ノ 入
새김 ❶들다. 들어가다. 들어오다. 出(0431)의 대. ¶出入(날 출, —)나가고 들어옴. 드나듦. ❷넣다. 또는 바치다. ㉠(금융 기관에) 돈을 넣음. ¶入金(—, 돈 금)㉡수입. 들어온 돈. ¶量入計出(헤아릴 량, —, 셈할 계, 지출 출)수입을 헤아려보고 지출할 계획을 세움. ❸들이다. 받거나 거두어 들이다. ¶收入(거둘 수, —)(돈이나 물건 따위를) 거두어 들임. ❹입성(入聲). 한자의 사성(四聲)의 하나.
〔入閣〕(입각) 중앙관서의 장관으로 임명됨.
〔入格〕(입격) ①어떤 격식에 들어맞음. ②시험에 합격함.
〔入國〕(입국) 남의 나라 안으로 들어감.
〔入力〕(입력) 컴퓨터에 정보를 넣음. 대出力(출력).
〔入滅〕(입멸) (佛)출가하여 수도하는 사람이 죽음.
〔入門〕(입문) ①들어가는 문. ②처음으로 학문이나 기예를 배우는 길에 들어감.
〔入山〕(입산) ①산 속으로 들어감. 예—禁止. ②(佛)출가하여 중이 됨. 예—修道.
〔入賞〕(입상) 상을 탈 수 있는 등수에 듦. 예—作品.
〔入選〕(입선) 선발 기준에 합격되어 뽑힘.
〔入手〕(입수) 수중에 들어옴. 또는 수중에 넣음.
〔入神〕(입신) 신의 경지에 들어감.
〔入營〕(입영) 병영에 들어감. 군인이 됨. 입대(入隊).
〔入寂〕(입적) (佛)수도승의 죽음.
〔入籍〕(입적) 출생·결혼·양자 등에 따라 새 호적에 이름을 올림.
〔入札〕(입찰) 공사의 도급이나 경매 등에서 희망자들이 각자의 예정 가액을 적어 내게 하는 일.
〔入學〕(입학) 공부하기 위하여 학교에 들어감. 예—試驗.
〔入鄕循俗〕(입향순속) 다른 지방에 들어가서는 그 지방의 풍속을 따름.
〔入費〕 예—費.
〔入會〕(입회) 어떤 회에 회원으로 들어감.
〔入孝出弟〕(입효출제) 집안에서는 부모에게 효도하고, 밖에 나가서는 어른을 공경함.
▷介入(개입)·購入(구입)·記入(기입)·納入(납입)·導入(도입)·突入(돌입)·沒入(몰입)·拂入(불입)·歲入(세입)·輸入(수입)·漸入佳境(점입가경)·投入(투입)·編入(편입)

2 ④ 〔內〕*** 내: 去隊 nèi, ナイ·ダイ
0360

소전 행서 속자 이름 안 내: 자원 상형. 집 입구의 모양.
필순 丨 冂 内 內
새김 ❶안. 外(0990)의 대. ㉠일정한 공간의 안. ¶國內(나라 국, —)나라의 안. ㉡일정한 시간의 안. ¶年內(해 년, —)그 해의 안. ❷궁중. 또는 조정. ¶內廷(—, 조정 정) 궁궐의 안. ❸아내. 마누라. ¶內助(—, 도울 조)아내의 도움. 또는 아내가 남편을 도움. ❹부녀. 여자. ¶內簡(—, 편지 간)여자들이 주고받는 편지. ❺어머니. ¶內艱(—, 친상 간)어머니의 상사. 예—喪. ❻속마음. ¶內定(—, 정할 정)속마음으로 결정함. 또는 내부적으로 결정함. ❼몰래. 비밀히. ¶內通(—, 통할 통)남모르게 비밀히 정을 통함.

〔內閣〕(내각) 국가의 행정을 담당하는 최고 기관. 「과. 예—醫.
〔內科〕(내과) 속탈을 치료하는 의학의 한 분
〔內規〕(내규) 기관이나 단체가 따로 정하여, 내부적으로 시행하는 규정.
〔內諾〕(내락←내낙) 비공식으로 승낙함.
〔內亂〕(내란) 나라 안에서 일어난 난리.
〔內幕〕(내막) 겉으로 드러나지 않는 사실. 일의 속내.
〔內面〕(내면) ①사물의 안쪽. ②겉으로 나타나지 않는 마음 속. 예—世界.
〔內分〕(내분) 같은 동아리끼리의 분쟁.
〔內査〕(내사) ①비공식으로 몰래 조사함. ②자체에서 하는 조사.
〔內省〕(내성) 마음 속으로 반성함.
〔內申〕(내신) 공개하지 않고 비밀히 상신하거나 보고함. 예—成績.
〔內室〕(내실) 부녀자가 거처하는 안방.
〔內實〕(내실) ①내부의 실정. ②내적으로 충실함. 예—을 다지다.
〔內心〕(내심) 속마음.
〔內譯〕(내역) 물품·비용 등을 쓴 용도에 따라 나누어 놓은 명세.
〔內緣〕(내연) 법률상의 절차를 거치지 않고 결혼 생활을 하는 남녀의 관계. 예—의 妻.
〔內外〕(내외) ①안과 밖. ②아내와 남편. 부부. ③國 딴 이성 사이에 얼굴을 대하지 아니
〔內容〕(내용) 실속. 사물의 속내. ⌊하는 일.
〔內憂外患〕(내우외환) 나라 안팎에서 생기는 여러 환난. 「습은 강하게 보임.
〔內柔外剛〕(내유외강) 속마음은 약하나 겉모
〔內應〕(내응) 적과 몰래 서로 통함.
〔內子〕(내자) 남에게 대하여 자기 아내를 일컫는 말. 「관의 총칭.
〔內臟〕(내장) 가슴과 배의 안에 있는 여러 기
〔內戰〕(내전) 한 나라 안에서 일어난 전쟁.
〔內政〕(내정) 국내의 정치. 예—干涉.
〔內情〕(내정) 내부의 사정. 「함.
〔內探〕(내탐) (내막이나 사정을) 몰래 염탐
〔內包〕(내포) ①안에 가지고 있음. 예모순을 —하고 있다. ②어떤 개념의 내용이 되는 의미나 성질. 대外延.
〔內患〕(내환) 아내의 병. 「敎).
〔內訓〕(내훈) 여자에 대한 가르침. 내교(內
▷家內(가내)·管內(관내)·校內(교내)·區內(구내)·宅內(댁내)·洞內(동내)·域內(역내)·市內(시내)·室內(실내)·案內(안내)·營內(영내)·院內(원내)·邑內(읍내)·場內(장내)·體內(체내)·海內(해내)

4 ⑥ 〔全〕 *** 전 平先 quán, ゼン
0361

소전 全 행서 全 속자 仝 이름 온전할 전 자원 회의. 入+王→全. 王은 玉으로, 넣어서 갈무리해 둔 티 없는 옥이란 뜻. 그래서 '온전하다'는 뜻을 나타낸다.

필순 丿 人 亼 仐 全 全

새김 ❶온전하다. 흠이 없이 다 갖추다. ¶完全(완전할 완, —)부족이나 결함이 없이 온전함. ❷모두. 온통. ¶全國(—, 나라 국) 온 나라.
〔全權〕(전권) ①맡겨진 일을 처리할 수 있는 권한. ②완전한 권리.
〔全力〕(전력) 온 힘.
〔全滅〕(전멸) 죄다 망하여 없어짐.
〔全貌〕(전모) 전체의 모습.
〔全般〕(전반) 어떤 일이나 부문에 대하여 그
〔全部〕(전부) 다. 모두. ⌊것에 관계되는 전체.
〔全盛〕(전성) ①형세가 한창 왕성함. ②한창
〔全燒〕(전소) 온통 다 불탐. ⌊나이.
〔全身〕(전신) 온 몸.
〔全域〕(전역) 어느 지역이나 영역의 전체.
〔全然〕(전연) ①전혀. 아주. 도무지. ②완전하게 구비함. 「람.
〔全人〕(전인) 지덕(智德)을 완전하게 갖춘 사
〔全知全能〕(전지전능) 모든 것을 다 알고 모든 일에 다 능함.
〔全集〕(전집) 한 사람의 여러 저서나 한 부문의 저서를 모아서 한 질로 되게 만든 책.
〔全天候〕(전천후) 날씨의 제한을 받지 않고 온갖 기후 상태에 적응할 수 있는 것.
〔全體〕(전체) ①온 몸. ②어떤 사물이나 현상의 모두. 「전히 다 치료하거나 치료됨.
〔全治〕(전치) ①완전히 다스려짐. ②병을 완
▷健全(건전)·大全(대전)·萬全(만전)·保全(보전)·安全(안전)·兩全(양전)·穩全(온전)

6 ⑧ 〔兩〕 *** ㊀량: 上養 ㊁냥 國 liǎng, リョウ
0362

소전 㒳 행서 兩 속자 両 속자 간화 两 이름 두 량: 자원 상형. 저울의 두개의 추의 모양.

필순 一 丅 帀 币 雨 兩 兩 兩

새김 ㊀❶두. 둘. ¶兩斷(—, 끊을 단)하나를 둘로 끊음. 예一刀—. ❷무게의 단위. 1근(斤)의 16분의 1. ㊁❶은 ㊀의 ❷와 같다. ❷엽전의 단위. 1돈〔錢〕의 10배.
〔兩極〕(양극) ①북극과 남극. ②음극(陰極)과 양극(陽極). 「움.
〔兩難〕(양난) 이러기도 어렵고 저러기도 어려
〔兩得〕(양득) 동시에 두 가지의 좋은 성과나 이익을 얻음. 예—擧—. 「함.
〔兩立〕(양립) 둘이 함께 섬. 또는 쌍방이 존재

〔兩班〕(양반) 國 동반(東班)과 서반(西班). 문관(文官)과 무관(武官). 인신하여, 상류 계급이나 그 계급에 속한 사람.
〔兩者擇一〕(양자택일) 둘 가운데 하나를 택
〔兩親〕(양친) 어버이. 부모. 〔함.

7 ⑨ 〔兪〕* 유 平虞 | yú, ユ
0363

소전 兪 행서 兪 이름 예 유 자원 회의. 亼+月〔舟의 변형〕+巜→兪. 亼는 모으다, 巜는 물. 나무를 모아 만든 배를 물에 띄워 나아가게 한다는 뜻.
새김 예. 그렇다. 수긍하여 응답하는 말. ¶兪音(一, 소리 음)신하의 말에 대하여 내리는 임금의 대답.

2획 부수 八(八)部

▷명칭:여덟팔
▷쓰임:의부로서의 기능은 없고, 자형상의 분류를 위해 설정한 부수이다.

0 ② 〔八〕*** 팔 入黠 | bā, ハチ
0364

소전 八 행서 八 이름 여덟 팔 자원 지사. 사물이 나누어져 등진다는 뜻. 새김은 가차.

필순 ノ 八

새김 ❶여덟. 捌(1896)은 갖은자. 예七十八. ❷여덟 번. ¶七顚八起(일곱번 칠, 넘어질 전, 一, 일어날 기) 七(0003)을 보라.
〔八關會〕(팔관회) 國 고려 때, 나라의 안녕을 기원하며 매년 중경(中京)과 서경(西京)에서 토속신에게 제사지내던 국가적인 의식.
〔八等身〕(팔등신) 신장이 머리 길이의 여덟 배가 되는 몸. 또는 그러한 사람. 흔히 몸의 균형이 잡힌 미인(美人)의 표준으로 삼음.
〔八方〕(팔) ①사방과 네 귀퉁이. ②여러 방면. 모든 방면.
〔八方美人〕(팔방미인) ①어느 모로 보나 아름다운 사람. ②여러 방면에 두루 뛰어난 사람을 이르는 말.
〔八不出〕(팔불출) 國 어느 모로도 쓸 데가 없다는 뜻으로, 몹시 어리석고 모자라는 사람을 이르는 말.
〔八字〕(팔자) 태어난 연(年)·월(月)·일(日)·시(時)에 해당하는 간지(干支)의 여덟 글자. 사주(四柱). 인신하여, 한평생의 운수.
▷亡八(망팔)·望八(망팔)·二八青春(이팔청춘)·丈八(장팔)

알아둘 지식

※팔괘(八卦): 유교(儒敎)에서는 사서 삼경(四書三經)을 매우 중히 여기는데, 그 삼경 중의 하나에 역경(易經)이 있다. 역경은 주(周)나라 때 지어졌기에 흔히 주역(周易)이라 이른다. 이 주역은 음양설(陰陽說)에 따라 인간과 자연의 변화가 어떻게 이루어지는가를 해설하고 있기에 점에 많이 활용되는 책이기도 하다. 음양설에서의 기본인 양은 홀수의 모양인 —의 부호로, 음은 짝수의 모양인 --의 부호로 나타내며, 이들 양과 음의 부호를 3개씩 짜맞추면 ☰,☱,☲,☳,☴,☵,☶,☷의 8가지가 이루어지는데, 이를 팔괘라 한다. 이 팔괘를 다시 둘씩 짜맞추면 모두 64가지의 괘가 이루어지는데, 이를 육십사괘라 한다.이들 팔괘나 육십사괘는 인간계와 자연계의 온갖 현상들을 상징하고 있기에, 이를 기초로 하여 온갖 현상들을 설명하고, 이에 따라 인간의 길흉화복을 점친다.

▶ 팔괘의 부호

팔괘		상징하는 것						태극기 의사괘
부호	이름	자연	인간	성질	신체	방위	동물	
☰	乾(건)	하늘〔天〕	아버지	굳세다	머리	북서	말	좌상
☱	兌(태)	못〔澤〕	少女	기뻐하다	입	서	양	
☲	離(리)	불〔火〕	中女	붙다	눈	남	꿩	좌하
☳	震(진)	번개〔雷〕	맏아들	움직이다	발	동	용	
☴	巽(손)	바람〔風〕	맏딸	들어오다	살	남동	닭	
☵	坎(감)	물〔水〕	中男	빠지다	귀	북	돼지	우상
☶	艮(간)	산〔山〕	少男	멎다	손	북동	개	
☷	坤(곤)	땅〔地〕	어머니	순하다	배	남서	소	우하

2 ④ 〔公〕*** 공 平東 | gōng, コウ
0365

소전 公 행서 公 이름 공변될 공 자원 상형. 厶는 口의 변형으로, 어떤 의식을 행하는 장소이고, 八은 그 좌우에 쳐놓은 담의 모양. 조정이나 관아의 평면도를 본떴다.

필순 ノ 八 公 公

새김 ❶공변되다. ¶公正(一, 바를 정)공변되고 바름. ❷공. 私(3691)의 대. ㉠사회의 일반 사람들에 관계되는 것. ¶公園(一, 동산 원)여러 사람의 보건·휴식 등을 위해 시설해 놓은 동산. ㉡조정. 국가. 관아. ¶公務(一, 일 무)국가나 공공단체의 일. ❸널리. ㉠여럿이 알게. ¶公開(一, 열 개)여러 사람이 다 알게 터놓음. ㉡공통적인. ¶公理(一, 도리 리)일반에 공통되는 도리. ㉢국제적인. ¶公海(一, 바다 해)세계의 여러 나라가 다 같이 쓸 수 있는 바다. ❹임금. 제후. ¶公主(一, 임금딸 주)왕후가 낳은 임금의 딸. ❺공작. 공(公)·후(侯)·백(伯)·자(子)·남(男)의 다섯 작위의 첫째 작위. ¶公侯(—, 후작 후)공작과 후작. ❻공. ㉠당신. 2인칭이나 3인칭의 남자에 대한 높임말. ¶厥公(그 궐, —) 그 이. ㉡남자의 성·시호·아호·관직 밑에 붙이는 높임말. (예)忠武公 李舜臣(충무공 이순신). ㉢분. ¶諸公(여러 제, —)여러분.

〔公卿〕(공경) 삼공(三公)과 구경(九卿). 곧 조정에서 벼슬하는 높은 벼슬아치. (예)—大夫.

〔公告〕(공고) 세상에 널리 알림. 공시(公示).

〔公共〕(공공) 사회나 단체의 구성원에게 다 같이 관계되는 것.

〔公課〕(공과) 국가나 공공 단체가 국민에게 부과하는 세금. 또는 그 밖의 공법상의 부담.

〔公館〕(공관) ①일반 국민이 이용하는 공공 건물. ②영사관·대사관 등의 외교용의 건물. (예)在外—.

〔公權〕(공권) 공법(公法)으로 정해 놓은 권리. 국가의 개인에 대한 권리와 개인의 국가에 대해 가지는 권리가 있음. (예)—力을 투입하다. 「領.

〔公金〕(공금) 국가나 공공단체의 돈. (예)—橫

〔公團〕(공단) 국가가 공공의 사업을 위해 설립한 기업체가 모여 있는 곳.

〔公黨〕(공당) 사회적으로 인정된 정당.

〔公論〕(공론) ①사회 일반에게 통용되는 의론. ②치우치지 않은 공정한 의론.

〔公明正大〕(공명정대) 하는 일이나 태도가 올바르고 떳떳함. 「함.

〔公募〕(공모) 널리 일반에게 공개하여 모집

〔公文〕(공문) 국가나 공공단체에서 직무상으로 작성한 문서.

〔公民〕(공민) 국정에 참여할 수 있는 권리와 의무를 가지고 있는 국민. (예)—權.

〔公法〕(공법) 국가의 통치 또는 공익에 관한 권력 관계의 법률. 헌법·행정법·형법·소송법·국제공법(國際公法) 등.

〔公僕〕(공복) 공무원을 국민의 심부름꾼이란 뜻으로 이르는 말.

〔公私〕(공사) 공적인 것과 사적인 것. 사회적·국가적인 것과 개인적인 것. (예)—合營.

〔公設〕(공설) 국가나 공공단체에서 설립함. (예)—運動場.

〔公示〕(공시) 국가 기관에서 일반 국민에게 공식적으로 알림. (예)투표일의 —.

〔公式〕(공식) ①국가적으로 규정되었거나 사회적으로 인정된, 공적인 형식이나 방식. (예)—行事. ②수학용어. 계산의 방식이나 법칙을 나타낸 법식. 「안.

〔公安〕(공안) 공공의 안녕과 질서. 사회의 치

〔公約〕(공약) ①사회에 대하여 실행하겠다고 약속하는 일 또는 그 약속. ②많은 국가가 협의하여 결의한 조약.

〔公演〕(공연) 일반 관중 앞에서 연극·음악·무용 등을 상연함. (예)定期—.

〔公營〕(공영) 공공단체가 일반 국민을 위해 경영함. (예)—住宅.

〔公用〕(공용) ①공적인 목적에 사용함. 또는 그 비용. ②국가나 공공단체 또는 직장의 일.

〔公益〕(공익) 사회 전체의 이익. (예)—事業.

〔公人〕(공인) 국가나 공공을 위해 일하는 사람. 「정함.

〔公認〕(공인) 국가나 공공단체가 공적으로 인

〔公證〕(공증) ①공적인 증거. ②특정한 법률 사실이나 법률 관계의 존부(存否)를 공식으로 증명함. 또는 그 증서.

〔公職〕(공직) 국가 기관이나 공공단체에서 맡아보는 직무. (예)—生活.

〔公薦〕(공천) ①다수의 합의에 의해 천거함. ②정당에서 공식적으로 후보자를 내세움.

〔公聽會〕(공청회) 사회 일반에 큰 영향이 있는 중요 안건을 의결함에 앞서, 공개적으로 전문가·관계자·중립자로부터 의견을 청문하는 모임.

〔公判〕(공판) 소송 당사자들의 참가 밑에 진행되는, 형사 사건의 재판. (예)—廷.

〔公平無私〕(공평무사) 공평하여 사사로움이 없음.

〔公布〕(공포) 법령 등을 국민에게 발표함.

〔公表〕(공표) 공개해서 널리 발표함.

〔公害〕(공해) 소음이나 대기 오염 등 기업 활동에 의하여 사회 일반인이 받는 피해. 「日.

〔公休〕(공휴) 국가적으로 인정한 휴가. (예)—

▷貴公(귀공)·奉公(봉공)·三公(삼공)·相公(상공)·主人公(주인공)·太公(태공)

2 ④ 〔六〕*** 륙 入 屋 | liù, ロク

0366

소전 행서 이름 여섯 륙 자원 회의·상형 등 설이 있음. 새김은 가차.

필순 丶 亠 六 六

새김 여섯. 또는 여섯 번. (예)三十六.

〔六月飛霜〕(유월비상←육월비상) 유월에 서리가 내림. 곧 억울한 옥사(獄事)의 비유.

〔六感〕(육감) 오감(五感) 다음의 여섯째 감각. 곧 직감적으로 느끼는 기능.

〔六法〕(육법) 여섯 가지의 기본 법률. 곧 헌법(憲法)·형법(刑法)·민법(民法)·상법(商法)·형사소송법·민사소송법.

〔六腑〕(육부) 한의학에서, 소화기 계통의 여섯 기관. 곧 대장(大腸)·소장(小腸)·위(胃)·담(膽)·방광(膀胱)·삼초(三焦)의 총칭.

〔六藝〕(육예) 선비로서 배워야 할 여섯 가지 기예(技藝). 곧, 예(禮)·악(樂)·사(射)·어(御)·서(書)·수(數).

〔六親〕(육친) 여섯 친족. 곧 부(父)·모(母)·형

(兄)·제(弟)·처(妻)·자(子).
〔六合〕(육합) 천지 사방. 곧 온 세상.
〔六爻〕(육효) 64괘의 각 괘의 여섯 획.

2 ④ 〔兮〕 ** 혜 平 齊 | xī, ケイ
0367

소전 행서 이름 어조사 혜 자원 상형. 음악의 박자를 잡는 판의 모양. 주악을 시작할 때나 끝날 때 치던 일종의 악기.

필순 丿 八 公 兮

새김 어조사. 구중에서 어세를 고르거나, 구말에서 영탄의 뜻을 나타낸다. 〔秋風辭〕 秋風起兮白雲飛(추풍기혜 백운비) 가을 바람이 일어서 흰 구름이 날도다.

3 ⑤ 〔兰〕 란 蘭(4647)의 간화자
0368

4 ⑥ 〔共〕 *** 공: 去 宋 | gòng, キョウ
0369

소전 행서 이름 함께 공: 자원 회의. 좌우 두 손으로 물건을 받들어 올리는 모양.

필순 一 十 卄 廾 共 共

새김 ❶함께. 다 같이. 또는 함께 하다. ¶共學(—, 배울 학) 남녀나 이민족이 같은 학교에서 함께 공부함. ❷공산당·공산주의의 준말. ¶反共(반대할 반, —) 공산당이나 공산주의를 반대함.
〔共感〕(공감) 남의 의견이나 주장에 같이 그렇다고 느낌.
〔共同〕(공동) 여러사람이 힘을 합하여 함께 하거나 함께 관계됨. ㉠— 耕作.
〔共謀〕(공모) 두 사람 이상이 공동으로 꾀함.
〔共犯〕(공범) 두 사람 이상이 공모하여 죄를 범함. 또는 그 사람.
〔共益〕(공익) 공동의 이익. 상호간의 이익.
〔共用〕(공용) 공동으로 사용함.
〔共有〕(공유) 두 사람 이상이 한 물건을 공동으로 소유함.
〔共著〕(공저) 두 사람 이상이 공동으로 한 권의 서적을 저술함. 또는 그렇게 지은 저술.
〔共濟〕(공제) 서로 힘을 합하여 도움.
〔共存〕(공존) 서로 다른 두 개 이상의 사물이나 현상이 함께 존재함. ㉠— 共榮.
〔共通〕(공통) 여러 사물에 다 같이 통용됨. ㉠—語.
〔共和國〕(공화국) 주권이 다수의 국민에게 있는 나라. 공화제의 나라.
▷公共(공공)·容共(용공)·中共(중공)

4 ⑥ 〔关〕 관 關(5811)의 간화자
0370

4 ⑥ 〔兴〕 흥 興(4367)의 약자·간화자
0371

5 ⑦ 〔兵〕 *** 병 平 庚 | bīng, ヘイ
0372

소전 행서 이름 군사 병 자원 회의. 斤+八〔廾의 변형〕→兵. 廾는 두 손. 두 손으로 도끼〔斤:고대의 무기〕를 잡은 모양. 그래서 무기를 가지고 싸우는 사람을 뜻한다.

필순 ノ 亻 𠂆 斤 乒 乒 兵

새김 ❶군사. 군인. 병사. ¶海兵(바다 해, —) 해군에 딸린 병사. ❷무기. 전쟁에 쓰는 도구. ¶甲兵(갑옷 갑, —)㉮갑옷과 무기. ㉯갑옷을 입은 병사. ❸전쟁. 또는 전술. ¶兵火(—, 불 화)전쟁으로 말미암아 일어나는 화재.
〔兵家〕(병가) 전술 등 군사학에 정통한 사람. ㉠한 번 실수는 —常事.
〔兵戈〕(병과) ①무기. ②전쟁(戰爭).
〔兵器〕(병기) 전쟁에 쓰는 기구. 무기.
〔兵亂〕(병란) ①전쟁으로 인한 난리. ②군대의 반란.
〔兵力〕(병력) 군대의 전투 능력.
〔兵法〕(병법) 군사 작전의 방법.
〔兵士〕(병사) 군인. 병정.
〔兵役〕(병역) 국민의 의무로서 일정한 기간 군에 복무하는 일.
〔兵營〕(병영) 병사가 집단으로 들어 거주하는 집. 병사(兵舍).
〔兵丁〕(병정) 병역에 종사하는 장정. 군인.
〔兵卒〕(병졸) 계급이 낮은 병사. 군졸(軍卒).
▷強兵(강병)·工兵(공병)·騎兵(기병)·步兵(보병)·士兵(사병)·水兵(수병)·新兵(신병)·將兵(장병)·卒兵(졸병)·徵兵(징병)

6 ⑧ 〔具〕 ** 구 本구: 去 遇 | jù, グ
0373

소전 행서 이름 갖출 구 자원 회의. 目〔고대의 화폐인 貝의 생략체〕+六〔廾의 변형〕→具. 두 손에 화폐를 가지고 이바지한다는 데서 '갖추다'의 뜻을 나타낸다.

필순 丨 冂 月 月 目 且 具 具

새김 ❶갖추다. 또는 갖추어지다. ¶具備(—, 갖출 비) 골고루 다 갖춤. ❷그릇. 갖추어 두는 기물. ¶器具(그릇 기, —) 세간·그릇·도구 등의 총칭. ❸자세하다. 또는 골고루. ¶具申(—, 말할 신) 자세히 말함.
〔具慶〕(구경) 부모가 모두 살아계심.

〔具色〕(구색) 國여러 물건을 골고루 갖춤.
〔具眼〕(구안) 사물을 바르게 판단할 수 있는 능력과 식견(識見)을 지님. 예―者.
〔具有〕(구유) 모두 갖추고 있음.
〔具體〕(구체) ①전체를 완전하게 갖춤. ②개별적인 자세한 사정.
〔具現〕(구현) 어떤 사상이나 내용이 구체적인 「사실로 나타남.
▷家具(가구)·工具(공구)·農具(농구)·道具(도구)·文房具(문방구)·不具(불구)·玩具(완구)·用具(용구)·寢具(침구)

6 ⑧ 〔其〕*** 0374 기 平支 | qí, キ

소전 행서 이름 그 기 자원 상형. 곡식을 까부르는 키의 모양. 새김은 가차.

필순 一 十 卄 廾 甘 苴 其 其

새김 그. 3인칭 대명사. 또는 지시 대명사. ¶其間(―, 사이 간)그 사이.
〔其亦〕(기역) 그것도 또한.
〔其他〕(기타) 그것 외에 또 다른 것.

6 ⑧ 〔单〕 0375 단 單(0754)의 간화자

6 ⑧ 〔典〕*** 0376 전: 上銑 | diǎn, テン

소전 행서 이름 책 전: 자원 회의. 冊+丌→典. 丌는 물건을 올려놓는 대. 책상 위에 있는 책을 뜻한다.

필순 丨 冂 冂 冃 冊 曲 典 典

새김 ❶책. ¶法典(법 법, ―)특정의 법률을 체계적으로 엮은 책. ❷법. 준칙. 제도. ¶典範(―, 모범 범)본보기가 될 만한 모범. ❸의식. ¶祭典(제사 제, ―)㉮제사의 의식. ㉯문화·예술·체육 등에 관한 사회적인 큰 행사. ❹맡다. 관장하다. ¶典掌(―, 맡을 장)일을 맡아서 봄. ❺단아하다. 바르고 아담하다. ¶典雅(―, 바를 아)속되지 않고 바르고 고상함. ❻전당잡히다. ¶典物(―, 물건 물) 전당잡힌 물건.
〔典據〕(전거) 신뢰할 수 있는 문헌상의 근거.
〔典故〕(전고) ①전례(典例)와 고사(故事). ②전거가 되는 옛일. 고실(故實).
〔典校〕(전교) 國향교(鄕校)의 제반 사무를 관장하는 직분.
〔典當〕(전당) 물품을 담보로 하여 돈을 꾸어 「주거나 꾸어 쓰는 일.
〔典獄〕(전옥) ①송옥(訟獄)의 일을 관장함. ②감옥. 교도소.
〔典章〕(전장) ①한 나라의 제도와 문물. ②법칙. 규칙. 장전(章典).
〔典籍〕(전적) 문헌. 서적(書籍).
〔典型〕(전형) ①본보기로 삼을 만한 인물이나 사건. ②닮은 모습이나 얼굴.
▷經典(경전)·古典(고전)·寶典(보전)·事典(사전)·辭典(사전)·上典(상전)·聖典(성전)·式典(식전)·樂典(악전)·字典(자전)

7 ⑨ 〔养〕 0377 양: 養(6072)의 간화자

7 ⑨ 〔总〕 0378 총: 總(4116)의 간화자

8 ⑩ 〔兼〕** 0379 겸 平鹽 | jiān, ケン

소전 행서 이름 겸할 겸 자원 회의. 又+秝→兼. 又는 손〔手〕, 秝는 나란히 심어놓은 벼. 손으로 두 포기의 벼를 잡았다는 데서 '아우르다'의 뜻을 나타낸다.

필순 丶 丷 䒑 兯 兰 兰 尹 芈 兼 兼

새김 ❶겸하다. ¶兼職(―, 일 직) (한 사람이 맡고 있는 일 외에) 다른 일을 겸함. 또는 그 겸하여 보는 직. ❷아우르다. 합치다. ¶兼備(―, 갖출 비)둘 이상의 것을 아울러 갖추고 있음. 예才色을 ―하다.
〔兼務〕(겸무) 본무(本務) 이외에 다른 직무를 겸하여 봄. 또는 그 직무.
〔兼善〕(겸선) 자기뿐만 아니라 다른 사람까지도 감화시켜 착하게 함.
〔兼用〕(겸용) 하나를 가지고 두 가지 이상의 목적에 사용함.
〔兼任〕(겸임) 한 사람이 두 가지 이상의 직무를 겸함. 또는 그 직무.
〔兼全〕(겸전) 둘 이상의 좋은 점을 갖추고 있 「음. 예文武―.

9 ⑪ 〔兽〕 0380 수 獸(3218)의 간화자

14 ⑯ 〔冀〕* 0381 기: 去寘 | jì, キ

소전 행서 이름 바랄 기: 자원 형성. 北+異→冀. 異(이)의 변음이 성부.

새김 바라다. 하고자 하다. ¶冀望(―, 바랄 망) 어떤 일을 이루거나 얻고자 바람.
〔冀願〕(기원) 어떤 일을 이루거나 얻기를 바람. 기망(冀望).

2획 부수 冂 部

▷명칭:멀경
▷쓰임:자형상의 분류를 위한 부수로 쓰였다.

2 ④ 〔冈〕 강 岡(1301)의 간화자
0382

2 ④ 〔内〕 내: 內(0360)의 속자
0383

④〔丹〕 단 丶부 3획(0039)

2 ④ 〔円〕* 원 圓(0825)의 약자
0384

참고 대법원 공인 인명용 추가한자의 음 '엔'은 잘못.

3 ⑤ 〔册〕*** 책 入陌 | cè, サツ
0385

소전 소전 동자 冊 이름 책 책 자원 상형. 종이가 없던 고대에, 글자를 적던 댓조각을 가죽끈으로 아래 위를 엮어 놓은 모양.

필순 丿 ⺆ ⺆ 册 册

새김 ❶책. 서적. ¶別册(다를 별, —)따로 된 책. ❷문서. 임금의 명령을 적은 문서. 또는 책봉하다. ¶册立(—, 세울 립)왕명으로 왕후나 세자를 봉하여 세움.

〔册封〕(책봉) 제왕이 왕세자나 왕세손 및 후(后)·비빈(妃嬪) 등을 봉함.

〔册床兩班〕(책상양반) 國 평민 가운데서 학덕(學德)이 있어 양반이 된 사람.

〔册衣〕(책의) ①책 앞뒤의 겉장. ②책가위.

〔册子〕(책자) 책. 서책(書册).

▷分册(분책)·書册(서책)·竹册(죽책)

3 ⑤ 〔冊〕*** 책 册(0385)과 동자
0386

⑥〔同〕 동 口부 3획(0659)

4 ⑥ 〔再〕*** 재: 去隊 | zài, サイ
0387

소전 행서 이름 두 재: 자원 회의. 一＋冉〔冓의 생략체〕→ 再. 冉는 나무를 쌓아올린 모양. 한번 나무를 쌓은 뒤 다시 한번 더한다는 뜻.

필순 一 厂 冂 冃 冉 再

새김 ❶두 번. 거듭. ¶再拜(—, 절할 배)두 번 절함. ❷두 번 하다. 거듭하다. 〔書經〕 朕言不再(짐언부재) 짐의 말은 두 번 하지 아니함.

〔再嫁〕(재가) 한 번 출가(出嫁)한 여자가 다시 결혼함.

〔再建〕(재건) 무너진 것을 다시 일으켜 세움.

〔再考〕(재고) 다시 생각함.

〔再起〕(재기) 병이나 사업 실패로 쓰러졌다가 다시 일어남. 예— 不能.

〔再讀〕(재독) 두 번째 읽음.

〔再發〕(재발) 나았던 병이나 가라앉았던 사건이 다시 발생함.

〔再拜稽首〕(재배계수) 두 번 절하고 머리를 조아림.

〔再三〕(재삼) 두세 번 거듭.

〔再生〕(재생) ①죽게 되었다가 다시 살아남. ②낡거나 못 쓰게 된 것을 다시 쓸 수 있게 함. ③녹음·녹화된 음성이나 영상을 다시 들려 주거나 보여 주는 일.

〔再演〕(재연) 한 번 한 것을 다시 되풀이 함.

〔再請〕(재청) ①회의에서 남의 동의에 대하여 찬성하는 뜻으로 자기도 그와 같이 청함. ②다시 청함.

〔再湯〕(재탕) ①한 번 달인 약재를 두 번째 달임. ②한 번 써먹은 일이나 말을 되풀이함의 비유.

〔再版〕(재판) 앞서 낸 서적을 두 번째로 출판함.

〔再現〕(재현) 한 번 사라진 것이 다시 나타나거나 사라진 것을 다시 나타냄.

〔再婚〕(재혼) 두 번째로 하는 결혼.

〔再會〕(재회) 헤어졌던 사람이 다시 만남. 예—를 기약하다.

▷非一非再(비일비재)

5 ⑦ 〔冏〕* 경 平青 | jiǎng, ケイ
0388

소전 이름 밝을 경 자원 상형. 창문에 빛이 드러와 밝은 모양.

새김 밝다. 또는 빛나다. ¶冏然(—, 그러할 연)밝고 환한 모양.

⑧〔岡〕 강 山부 5획(1301)

⑧〔罔〕 망 网부 3획(4155)

⑧〔周〕 주 口부 5획(0701)

7 ⑨ 〔冒〕** 모: 去號 | mào, ボウ
0389

소전 행서 이름 무릅쓸 모: 자원 회의. 冃＋目→冒. 冃는 쓰개. 눈까지 가리는 쓰개를 쓰고 나아간다는 데서 '무릅쓰다'의 뜻을 나타낸다.

필순 丨 冂 冃 冃 冐 冒 冒 冒 冒

새김 ❶무릅쓰다. 무릅쓰고 나아가다. ¶冒險(—, 위험할 험)위험함을 무릅쓰고 함. 예—小說. ❷쓰개. 모자. 인신하여, 첫머리. ¶冒頭(—, 머리 두)일이나 문장의 첫머리.

〔冒瀆〕(모독) 침범하여 욕되게 함.

〔冒雨〕(모우) 비를 무릅씀.

▷感冒(감모)·僞冒(위모)·觸冒(촉모)

7 ⑨ 〖冑〗* 주: 去宥 | zhòu, チュウ
0390

소전 행서 이름 투구 주: 자원 형성. 由+冃→冑. 由(유)의 변음이 성부.
참고 肉부 5획 胄(4282)는 딴자.
새김 투구. 병사가 쓰던 쇠모자. ¶甲冑(갑옷 갑, ―)갑옷과 투구.

9 ⑪ 〖冕〗* 면: 上銑 | miǎn, ベン
0391

소전 행서 이름 면류관 면: 자원 형성. 曰+免→冕. 勉(면)과 같이 免(면)이 성부.
새김 면류관. ¶冕旒冠(―, 면류관줄 류, 갓 관) 천자나 대부(大夫) 이상이 쓰던 관 이름.
〔冕服〕(면복) 대부(大夫) 이상이 길례(吉禮) 때 갖추던 면류관과 예복.
▷ 掛冕(괘면)

2 획 부수	冖 部

▷명칭: 민갓머리
▷쓰임: 덮어 가리다. 또는 덮어 가리는 사물의 뜻을 나타내는 한자의 부수로 쓰였고, 때로는 宀의 생략체로도 쓰였다.

2 ④ 〖冗〗* 용 本용: 上腫 | rǒng, ジョウ
0392

소전 행서 이름 쓸데없을 용 자원 회의. 冖+几〔=儿. 人의 변형〕→冗. 冖은 집. 사람이 할 일이 없어서 집 안에 있는 모양. 그래서 '쓸데없다' '남아 돌다'의 뜻을 나타낸다.
새김 쓸데없다. 불필요하다. ¶冗長(―, 길 장) 쓸데 없이 긺. 예―文.
〔冗談〕(용담) 쓸데없이 하는 말.
〔冗漫〕(용만) 말이나 글이 쓸데없이 산만함.
〔冗務〕(용무) 필요하지 아니한 사무.
〔冗文〕(용문) 불필요한 어구나 문장.
〔冗兵〕(용병) 불필요한 군사.
〔冗費〕(용비) 불필요한 비용.
〔冗員〕(용원) 불필요한 인원.

3 ⑤ 〖写〗 사 寫(1224)의 약자·간화자
0393

4 ⑥ 〖军〗 군 軍(5283)의 간화자
0394

4 ⑥ 〖农〗 농 農(5372)의 간화자
0395

5 ⑦ 〖冝〗 의 宜(1174)의 속자
0396

⑦〔罕〕 한 网부 3획(4156)

7 ⑨ 〖冠〗** ㊀관 平寒 | guān, カン
㊁관 本관: 去翰 | guàn, カン
0397

소전 행서 이름 ㊀관 관 ㊁관쓸 관 자원 형성. 冖+元+寸→冠. 元(원)의 변음이 성부.

필순 丶 冖 冖 冖 冖 冖 冠 冠 冠

새김 ㊀❶관. 갓. ¶衣冠(옷 의, ―)옷과 관. 예―文物. ❷볏. ¶鷄冠(닭 계, ―)닭의 볏. ㊁❶관을 쓰다. ㉠남자가 어른이 되다. ¶冠禮(―, 예 례) 남자가 20살이 되면 어른이 된다 하여, 처음으로 관〔갓〕을 쓰기 위해 행하는 예식. ㉡성년. 어른. ¶冠童(―, 아이 동)사내 어른과 사내 아이. ❷으뜸. 또는 가장 뛰어나다. ¶冠絶(―, 뛰어날 절)견줄 만한 것이 없을 정도로 뛰어나고 훌륭함.
〔冠帶〕(관대) 벼슬아치의 공복(公服). 오늘날에는 전통 혼례 때 신랑이 입음. 관복(官服).
〔冠婚喪祭〕(관혼상제) 관례(冠禮)·혼례(婚禮)·상례(喪禮)·제례(祭禮)의 4가지 예식.
▷ 金冠(금관)·戴冠(대관)·冕旒冠(면류관)·弱冠(약관)·王冠(왕관)·月桂冠(월계관)
⑨〔軍〕 군 車부 2획(5283)

8 ⑩ 〖冥〗** 명 平青 | míng, メイ
0398

소전 행서 이름 어두울 명 자원 회의. 冖+日+六→冥. 날〔日〕은 십간(十干)으로 따지기에 10을 뜻하고, 이에 六을 더하였으니 16일이 된다. 음력 16일은 달이 이지러지기 시작하는 날인데, 이에 冖으로 덮어 가리었기에 '어둡다'의 뜻이 된다.

필순 丶 冖 冖 冖 冖 冖 冖 冥 冥 冥

새김 ❶어둡다. ㉠밝지 아니하다. ¶晦冥(그믐 회, ―)그믐의 어두움. 곧 캄캄함. ㉡사리에 어둡다. ¶冥頑(―, 완고할 완)사리에 어둡고 완고함. ❷저승. 죽은이의 세상. ¶冥福(―, 복 복) 사후의 복. ❸부처나 신의 작용. ¶冥助(―, 도울 조) 부처나 신이 남모르게 도움.
〔冥界〕(명계) (佛)저승.
〔冥途〕(명도) (佛)사람이 죽은 뒤에 간다는 「저승의 길.
〔冥冥〕(명명) ①어두운 모양. ②아득하고 그윽한 모양.

〔冥府〕(명부) ①저승. 황천(黃泉). ②(佛)죄를 짓고 죽은 사람을 다스린다는 염라대왕이 있는 곳.
〔冥想〕(명상) 눈을 감고 고요히 생각함. 또는 「그렇게 하는 생각.
▷頑冥(완명)·幽冥(유명)

8 ⑩ 〔冤〕 원 平元 yuān, エン
0399

소전 행서 속자 冤 이름 원통할 원 자원 회의. 冖+兔→冤. 토끼가 위로부터 덮어 씌워져 달리지 못하게 된 형상. 그래서 '원통하다'의 뜻을 나타낸다. 참고 속자가 인명용 추가한자임.
새김 ❶원통하다. ¶冤鬼(—, 귀신 귀)원통하게 죽은 사람의 귀신. ❷원한. 또는 누명. ¶伸冤(펼 신, —)원한을 풂. 예— 雪恥.
〔冤淚〕(원루) 원통하여 흘리는 눈물.
〔冤痛〕(원통) 억울한 일을 당하여 분하고 원망「스러움.
〔冤魂〕(원혼) 원통하게 죽은 사람의 혼령.

14 ⑯ 〔冪〕* 멱 入錫 mì, ベキ
0400

행서 이름 덮을 멱 자원 형성. 冖+冪→冪. 冪(막)의 변음이 성부.
새김 ❶덮다. 또는 음식물을 덮는 상보. ❷멱. 수학 용어. 같은 수나 식을 곱한 수.

2 획 부수 冫 部

▷명칭: 이수변
▷쓰임: 얼다·차다 등의 뜻을 나타내는 한자의 부수로 쓰였다.

3 ⑤ 〔冬〕*** 동 平冬 dōng, トウ
0401

소전 행서 이름 겨울 동 자원 회의. 夂〔終의 고자〕+冫→冬. 1년의 네 철이 끝나는, 얼음이 어는 계절. 곧 겨울을 뜻한다.
필순 ノ ク 夂 冬 冬
새김 겨울. 사철의 하나. 음력 10월에서 12월까지의 동안. ¶冬季(—, 철 계) 겨울철.
〔冬眠〕(동면) 동물의 겨울잠.
〔冬扇夏爐〕(동선하로) 겨울철의 부채와 여름철의 화로. 쓸모 없는 물건의 비유.
〔冬溫夏凊〕(동온하정) 겨울에는 이부자리를 따뜻하게 하고, 여름에는 부채질하여 자리를 시원하게 함. 부모를 정성껏 섬김의 형용.
〔冬至〕(동지) 24절기 중 22번째 절후. 밤이 1년 중 가장 긴 양력 12월 22·23일 무렵.
▷季冬(계동)·暖冬(난동)·晩冬(만동)·孟冬(맹동)·三冬(삼동)·盛冬(성동)·嚴冬(엄동)·越冬(월동)·忍冬(인동)·立冬(입동)

4 ⑥ 〔冰〕 빙 氷(2606)의 본자
0402

⑥〔次〕 차 欠부 2획(2522)

4 ⑥ 〔冲〕 ㊀충 沖(2652)의 속자 ㊁충 衝(4744)의 간화자
0403

5 ⑦ 〔冻〕 동: 凍(0409)의 간화자
0404

5 ⑦ 〔冷〕*** 랭: 上梗 lěng, レイ
0405

소전 행서 이름 찰 랭: 자원 형성. 冫+令→冷. 令(령)의 변음이 성부.
필순 丶 冫 冫 冷 冷 冷 冷
새김 ❶차다. 차갑다. 溫(2835)·暖(2170)의 대. ¶寒冷(추울 한, —)춥고 참. ❷식히다. 차게 하다. ¶冷凍(—, 얼릴 동)식혀서 얼림. ❸쌀쌀하다. 인정미가 적다. ¶冷酷(—, 혹독할 혹) 인정미가 없고 혹독함.
〔冷却〕(냉각) 식어서 차게 함.
〔冷氣〕(냉기) 찬 기운. 예— 가 돌다.
〔冷淡〕(냉담) ①(태도나 마음이) 쌀쌀함. ②무「관심함.
〔冷待〕(냉대) 푸대접. 쌀쌀하게 대접함.
〔冷房〕(냉방) 실내의 온도를 외부의 온도보다 낮게 함. 또는 그렇게 한 방. 예— 裝置.
〔冷水〕(냉수) 찬물. 예— 를 마시다.
〔冷笑〕(냉소) 쌀쌀한 태도로 비웃음. 또는 그러한 웃음.
〔冷嚴〕(냉엄) 인정미가 없이 엄격함. 예— 한 현실.
〔冷藏〕(냉장) 음식물이나 약품 등을 차게 저장「함. 예— 庫.
〔冷戰〕(냉전) 직접 무력을 쓰지는 않으나 적대적 대립이 극도에 이른 상태.
〔冷情〕(냉정) 인정이 없이 쌀쌀함.
〔冷靜〕(냉정) 행동이나 생각 등이 감정에 치우치지 아니하고 침착함. 예— 을 되찾다.
〔冷徹〕(냉철) 생각하고 판단하는 것이 감정에 치우치지 않고 매우 이성적이고 투철함.
〔冷害〕(냉해) 찬 온도로 입는 농작물의 피해.
〔冷血〕(냉혈) 체온이 외계의 온도와 같거나 그보다 낮음. 인신하여, 따뜻한 인정미가 없음의 비유. 예— 動物.

5 ⑦ 〔冶〕* 야: 上馬 yě, ヤ
0406

소전 𣲗 행서 冶 이름 쇠불릴 야: 자원 형성. 冫+台→冶. 台(이)의 변음이 성부.
새김 ❶쇠를 불리다. ¶冶金(—, 쇠 금)광석을 녹여 금속을 뽑아냄. 예—術. ❷아리땁다. 요염하다. ¶艷冶(고울 염, —)자태나 용모가 곱고 아리따움.
〔冶爐〕(야로) 풀무.
〔冶匠〕(야장) 대장장이.
▷鍛冶(단야)·陶冶(도야)

5 ⑦〔況〕 황 況(2696)의 속자
0407

6 ⑧〔洌〕* 렬 入屑 | liè, レツ
0408

행서 洌 이름 차가울 렬 자원 형성. 冫+列→洌. 列(렬)이 성부.
새김 ❶차갑다. 차갑고 맑다. ¶淸洌(맑을 청, —)맑고 차가움. ❷맵짜다. 세차다. ¶凜洌(추울 름, —)추위가 살을 에는 듯이 맵짬.
〔洌泉〕(열천) 맑고 찬 샘.
▷溧洌(율렬)

8 ⑩〔凍〕** 동: 去送 | dòng, トウ
0409

소전 𠗋 행서 凍 간화 冻 이름 얼 동: 자원 형성. 冫+東→凍. 棟(동)과 같이 東(동)이 성부.

필순 丶 冫 冫 冫 沪 泸 洉 凍 凍 凍

새김 얼다. ㉠액체가 얼다. 또는 액체를 얼리다. ¶冷凍(식힐 랭, —)식혀서 얼림. ㉡육체가 얼다. ¶凍死(—, 죽을 사)얼어서 죽음.
〔凍結〕(동결) ①얼어붙음. ②자산·임금·물가·인원 등의 사용·이동·회수·변경 등을 금지함.
〔凍傷〕(동상) 얼어서 피부가 상함. 또는 그 상처.
〔凍足放尿〕(동족방뇨) 國언 발에 오줌누기. 임시 변통은 될 수 있으나 그 효력이 오래 가지 못함의 비유.
〔凍土〕(동토) 언 땅. 얼어붙은 땅.
〔凍破〕(동파) 얼어서 터짐.
▷解凍(해동)

8 ⑩〔凉〕*** 량 涼(2775)의 속자
0410

8 ⑩〔凌〕* 릉 平蒸 | líng, リョウ
0411

소전 𠗲 행서 凌 이름 업신여길 릉 자원 형성. 冫+夌→凌. 陵(릉)·綾(릉)과 같이 夌(릉)이 성부.
새김 ❶업신여기다. 능멸하다. ¶凌辱(—, 욕보일 욕)업신여겨 욕보임. ❷넘다. 남을 앞지르다. ¶凌駕(—, 수레 가)수레를 앞지름. 곧 남보다 뛰어나서 남을 넘어섬.
〔凌蔑〕(능멸) 업신여겨 깔봄.

8 ⑩〔凋〕* 조 平蕭 | diāo, チョウ
0412

소전 𠗉 행서 凋 이름 시들 조 자원 형성. 冫+周→凋. 調(조)와 같이 周(주)의 변음이 성부.
새김 시들다. 풀이나 나무가 시들다. ¶凋落(—, 떨어질 락)초목의 잎이 시들어 떨어짐. 세력이나 살림이 쇠퇴함의 형용.
〔凋枯〕(조고) 나무·풀 등이 시들어서 마름.
〔凋殘〕(조잔) 잎이 말라 거의 다 떨어지고 쓸쓸하게 남아 있음.
▷枯凋(고조)

8 ⑩〔准〕* 준: 上軫 | zhǔn, ジュン
0413

행서 准 이름 승인할 준: 자원 형성. 冫+隹〔隼의 생략체〕→准. 隼(준)이 성부.
새김 ❶승인하다. 허가하다. ¶批准(비답할 비, —)국가가 타국과의 조약을 최종적으로 승인함. 또는 그 승인. ❷정식의 것에 따르다. 예准教師(준교사). ❸準(2879)의 간화자.
▷認准(인준)

8 ⑩〔凄〕* 처 平齊 | qī, セイ
0414

행서 凄 이름 찰 처 자원 형성. 冫+妻→凄. 悽(처)와 같이 妻(처)가 성부.
새김 ❶차다. 날씨가 싸늘하다. ¶凄風(—, 바람 풍)몹시 차가운 바람. ❷처량하다. 마음이 아프고 서글프다. ¶凄切(—, 가까이 닥칠 절)몹시 처량함.
〔凄涼〕(처량) ①날씨가 쓸쓸하고 스산함. ②서글프고 참담함.
⑫〔凴〕 풍 馬부 2획(6106)

13 ⑮〔凜〕* 름: 上寢 | lǐn, リン
0415

소전 𠘅 행서 凜 동자 凛 이름 찰 름: 자원 형성. 冫+稟→凜. 稟(름)이 성부.
새김 ❶차다. 춥다. ¶凜洌(—, 차가울 렬)살을 에는 듯이 추위가 맵짬. ❷의젓하다. 또는 위엄이 있는 모양. ¶凜凜(—, —)사람의 생김새나 태도가 의젓하여 위엄이 있음.
〔凜然〕(늠연) ①위엄이 있고 씩씩한 모양. 늠름한 모양. ②늠렬(凜洌).

13 ⑮ 〔凜〕 름: 凜(0415)과 동자
0416

14 ⑯ 〔凝〕** 一 응: ㊍응 平蒸 | nǐng, ギョウ
二 응: 去徑
0417

소전 행서 이름 一 二 엉길 응: 자원 형성. 冫+疑→凝. 疑에는 '의' 외에 '응' 음도 있어, 疑(응)이 성부.

필순 冫 冫 冫 冫 冫 冫 冫 冫 凝 凝

새김 一 二 ❶엉기다. 굳어지다. ¶凝固(—, 굳어질 고)엉기어 굳어짐. ❷집중하다. 한 곳에 쏟아 움직이지 아니하다. ¶凝視(—, 볼 시)눈길을 한 곳에 집중하여 눈여겨 봄. ❸막히다. 통하지 아니하다. ¶凝滯(—, 머무를 체)내려가지 아니하고 막히어 머물러 있음.
〔凝結〕(응결) ①엉기어 굳어짐. ②기체가 액체로, 액체가 고체로 변하는 현상.
〔凝集〕(응집) 한 곳에 엉기듯이 모임.
〔凝縮〕(응축) 엉기어 줄어듦.
〔凝血〕(응혈) 엉기어 뭉쳐진 피.

14 ⑯ 〔凞〕* 희 平支 | xī, キ
0418

행서 이름 화할 희 자원 형성. 冫+熙→凞. 熙(희)가 성부.
새김 화(和)하다.

2 획 부수 几 部

▷명칭: 안석궤
▷쓰임: 책상과 관계되는 한자의 부수로 쓰였고, 때로는 자형상의 분류를 위한 부수로도 쓰였다.

0 ② 〔几〕 一 궤: 上紙 | jī, キ
二 기
0419

소전 이름 一 안석 궤: 자원 상형. 양쪽에 상다리가 있는 상의 모양.
새김 一 ❶안석. 앉아서 몸을 기대는 탁자. ¶几杖(—, 지팡이 장) 안석과 지팡이. ❷상. 물건을 얹어놓는 상. ¶几筵(—, 자리 연)죽은이의 혼백이나 신주를 모셔두는 상. 二 幾(1424)의 간화자.
〔几案〕(궤안) 탁자. 또는 책상.

1 ③ 〔凡〕*** 범 平咸 | fán, ボン
0420

소전 행서 凡 이름 무릇 범 자원 상형. 바람을 받아 불룩해진 돛의 모양. 바람은 어디든 분다는 데서 '모두'의 뜻을 나타낸다.

필순 丿 几 凡

새김 ❶무릇. 대체로 보아. 〔詩經〕凡今之人 莫[3]如[2]兄弟[1](범금지인 막여형제)무릇 지금의 사람은 형제만 같음이 없음. ❷모두. 죄다. 모든. ¶凡百(—, 일백 백)모든 여러 가지. ❸범상하다. 또는 보통의. 예사로운. ¶凡人(—, 사람 인)보통의 사람. 평범한 사람. 「범한 사람.
〔凡骨〕(범골) 남다른 재주나 능력이 없는 평
〔凡例〕(범례) 일러두기. 그 책의 요지와 그 책을 읽어 나가는 데에 필요한 사항 등을 예를
〔凡夫〕(범부) 평범한 남자. 「들어 적은 글.
〔凡常〕(범상) 평범하고 예사로움.
〔凡俗〕(범속) 평범하고 속됨. ㉠—한 취미.
〔凡眼〕(범안) 평범한 사람의 안목(眼目).
〔凡庸〕(범용) 평범함. ㉠위인이 —치 않다.
〔凡才〕(범재) 평범한 재주. 또는 그런 재주를 가진 사람.
〔凡節〕(범절) 법도에 맞는 모든 질서나 절차.
▷大凡(대범)·不凡(불범)·非凡(비범)·超凡(초범)·出凡(출범)·平凡(평범)

2 ④ 〔凤〕 봉: 鳳(6253)의 속자·간화자
0421

3 ⑤ 〔処〕 처: 處(4656)와 동자
0422

⑥〔夙〕 숙 夕부 2획(0992)

6 ⑧ 〔凯〕 개: 凱(0426)의 간화자
0423

6 ⑧ 〔凭〕 빙 憑(1738)의 동자·간화자
0424

9 ⑪ 〔凰〕* 황 平陽 | huáng, オウ
0425

행서 이름 봉황 황 자원 형성. 几+皇→凰. 惶(황)과 같이 皇(황)이 성부.
새김 봉황(鳳凰). 봉황의 암컷. 태평성대한 세상에 나타난다는, 상상의 새 이름.

10 ⑫ 〔凱〕* 개: 上賄 | kǎi, ガイ
0426

행서 간화 凯 이름 개가 개: 자원 형성. 豈+几→凱. 豈에는 '기' 외에 '개' 음도 있어, 鎧(개)와 같이 豈(개)가 성부.
새김 ❶개가. 승리에서 오는 환희의 함성. 또는

그 때 부르는 노래. ¶凱旋(—, 돌아올 선)싸움에 이기고 승리의 노래를 부르며 돌아옴. ㉠—門. ❷온화하다. 따뜻하다. ¶凱風(—, 바람 풍)온화한 바람. 곧 초여름에 부는 남풍.
〔凱歌〕(개가) ①싸움에서 이기고 돌아올 때에 부르는 노래. 동凱旋歌(개선가). ②國큰 승리나 성과에서 오는 환희의 함성. ㉠—를 올리다.

2획 부수 凵 部

▷명칭: 위터진입구
▷쓰임: 자형상의 분류를 위해 설정한 부수이다.

2 ④ 〔凶〕*** 흉 平冬 xiōng, キョウ
0427

소전 이름 흉할 흉 자원 지사. 乂+凵→凶. 凵은 구덩이, 乂은 그 속에 빠져듦을 뜻한다. 함정에 빠지는 최악의 상태이기에 '흉하다'의 뜻을 나타낸다.

필순 ノ メ 凶 凶

새김 ❶흉하다. 불길하다. 운이 나쁘다. 吉(0658)의 대. ¶凶事(—, 일 사)㉮불길한 일. ㉯궂은 일. ❷사납다. 흉악하다. ¶凶暴(—, 사나울 포)흉악하고 난폭함. ❸사람을 해치다. ¶凶器(—, 기구 기)사람을 죽이거나 상해하는 데 쓰는 기구. ❹흉년. 또는 곡식이 잘 여물지 아니하다. 豐(5099)의 대. ¶凶年(—, 해 년)농작물이 잘 여물지 아니한 해.
〔凶計〕(흉계) 흉악한 계책. 흉모(凶謀).
〔凶夢〕(흉몽) 불길한 꿈.
〔凶報〕(흉보) 사람이 죽었다는 흉한 기별.
〔凶惡〕(흉악) ①성질이 잔인하고 무자비함. ②외모가 험상궂고 고약함.
〔凶作〕(흉작) 흉년이 들어 잘 안된 농사.
〔凶兆〕(흉조) 불길한 징조.
〔凶測〕(흉측) ①생김새가 징그러울 정도로 감때사나움. ②겉과 달리 속이 엉큼함.
〔凶漢〕(흉한) 흉악한 놈. 잔악한 놈.
〔凶荒〕(흉황) 재해로 인하여 흉작이 됨.
▷吉凶(길흉)·陰凶(음흉)·豐凶(풍흉)

3 ⑤ 〔击〕 격 擊(1980)의 간화자
0428

3 ⑤ 〔凹〕* 요 平肴 āo, オウ
0429

행서 이름 오목할 요 자원 상형. 한가운데가 오목하게 들어간 모양.
새김 오목하다. 가운데가 들어가다. 凸(0430)의 대. ¶凹凸(—, 볼록할 철)오목함과 볼록함. 표면이 울퉁불퉁함.
〔凹面〕(요면) 반사면이 오목한 면.
〔凹版〕(요판) 인쇄되는 부분이 다른 부분보다 오목한 인쇄판(印刷版).

3 ⑤ 〔凸〕* 철 入屑 tū, トツ
0430

행서 이름 볼록할 철 자원 상형. 중앙이 볼록하게 튀어나온 모양.
새김 볼록하다. 중앙이 튀어나오다. 凹(0429)의 대. ¶凸面鏡(—, 면 면, 거울 경)볼록거울.
〔凸面〕(철면) 가운데가 볼록해진 면.
〔凸版〕(철판) 인쇄되는 부분이 다른 부분보다 도드라진 인쇄판.

3 ⑤ 〔出〕*** 출 入質 chū, シュツ
0431

소전 행서 이름 날 출 자원 상형. 屮[止의 변형+凵→出. 止는 발의 모양, 凵은 구덩이. 구덩이에서 발이 빠져나오는 모양.

필순 丨 屮 屮 出 出

새김 ❶나다. 태어나다. ¶出生(—, 날 생)아이가 태어남. ㉠—申告. ❷나가다. 入(0359)의 대. ㉠밖으로 나가다. ¶出入(—, 들 입)나감과 들어옴. 드나듦. ㉡어떤 자리에 나가거나 벼슬길에 나서다. ¶出₂戰₁(—, 싸움 전)싸움터나 운동 경기에 나감. ㉠—選手. ❸드러나다. 나타나다. 또는 드러내다. ¶出現(—, 나타날 현) 모습이나 현상이 나타남. 또는 나타냄. ❹시집가다. ¶出嫁(—, 시집갈 가)시집을 감. ㉠—外人. ❺뛰어나다. ¶出₂衆₁(—, 무리 중)여러 사람 중에서 뛰어남. ❻내쫓다. ¶逐出(쫓을 축, —)내쫓음.
〔出家〕(출가) ①집을 떠나감. ②가정을 버리고 중이 됨. ㉠—修行.
〔出系〕(출계) 양자가 되어 다른 가계를 이음.
〔出告反面〕(출곡반면) 자식이 외출을 하거나 외출에서 돌아오면 반드시 부모님께 아룀.
〔出國〕(출국) 국경 밖으로 나감. 또는 자기의 나라를 떠나 외국으로 감.
〔出勤〕(출근) 직장에 근무하러 나감. ㉠—時間.
〔出納〕(출납) 금전·물품 등을 내어주거나 받아드림.
〔出動〕(출동) 군대·경찰관·소방관 등이 의무를 수행하기 위하여 어디로 감. ㉠—命令.
〔出藍〕(출람) 쪽에서 뽑아 낸 청색이 쪽보다 더 푸름. 제자가 스승보다 훌륭하거나, 자식이 부모보다 뛰어남의 비유.
〔出馬〕(출마) ①전장(戰場)에 나감. ②선거에 후보로 나섬.
〔出沒〕(출몰) 어떤 대상이나 현상이 나타났다

가 없어졌다가 함. [예]도둑떼의 ―.
〔出發〕(출발) ①길을 떠남. ②일을 시작함.
〔出帆〕(출범) 배가 떠남. [예]― 한 배.
〔出仕〕(출사) 벼슬하여 관아에 나감.
〔出産〕(출산) 아기를 낳음.
〔出席〕(출석) 어떤 자리에 참석함. [예]―簿.
〔出世〕(출세) 입신(立身)하여 훌륭하게 됨.
〔出身〕(출신) ①출생 당시의 지역적 소속 관계. [예]江原道―. ②거쳐 나온 학교·직업 등의 이력 관계. [예]大卒―. ③출생 당시 가정이 속해 있는 사회적인 신분 관계. [예]兩班―.
〔出捐〕(출연) 남을 돕기 위하여 금품을 내놓음.
〔出演〕(출연) 강연·연기·연주·방송 등을 하기 위하여 연단이나 무대에 나감. [예]―者.
〔出願〕(출원) 원서나 청원을 제출함. [예]―書類.
〔出資〕(출자) 금전 따위를 사업의 자본으로 내놓음.
〔出張〕(출장) 사업상의 임무를 띠고 일시적으로 어떤 곳에 나감. [예]―費.
〔出場〕(출장) 경기에 참가하기 위하여 경기장에 나감. [예]選手―.
〔出典〕(출전) 인용한 글이나 고사성어의 출처가 되는 책. [예]―을 명시하다.
〔出征〕(출정) 전투나 운동 경기에 참가하기 위하여 싸움터나 경기장에 나감.
〔出題〕(출제) 시험 문제를 냄.
〔出陣〕(출진) 싸우기 위하여 싸움터에 나감.
〔出處〕(출처) 사물이나 인용문이나 소문 등이 나온 곳. [예]―를 밝히지 아니하다.
〔出品〕(출품) 전람회·박람회·품평회 등에 물건을 내놓음.
〔出航〕(출항) 배가 항구를 떠나 항해에 나섬.
〔出血〕(출혈) 피가 혈관 밖으로 나옴. 인신하여, 싸움에서 큰 희생이나 손실을 입음의 비유. [예]심대한 ―.
▷突出(돌출)·輩出(배출)·産出(산출)·選出(선출)·歲出(세출)·輸出(수출)·演出(연출)·外出(외출)·流出(유출)·日出(일출)·提出(제출)·支出(지출)·特出(특출)

6 ⑧ 〔函〕* 함: [本]함 [平]咸 hán, カン
0432

[소전] [행서] [속자] 凾 [이름] 함 함: [자원] 상형. 화살을 넣은 전동의 모양.
[새김] 함. 상자. ¶投$_2$票$_1$函(던질 투, 표 표, ―)투표할 때 투표지를 넣는 함.
〔函籠〕(함롱) ①함과 농. ②옷을 담는 함처럼 생긴 농.
〔函丈〕(함장) 스승에 대한 높임말. 지난날 스승과 제자가 동석(同席)할 때 1장(丈)의 사이를 두고 앉은 데서 온 말.
▷木函(목함)·書函(서함)·石函(석함)·玉函(옥함)·惠函(혜함)

6 ⑧ 〔画〕 화: 畫(3420)의 속자
0433

7 ⑨ 〔凾〕 함: 函(0432)의 속자
0434

10 ⑫ 〔凿〕 착 鑿(5763)의 간화자
0435

2획 부수 刀(刂)部

▷명칭:칼도(선칼도)
▷쓰임:칼이나 날붙이, 또는 칼로 베거나 자르는 뜻을 나타내는 한자의 부수로 쓰였다.

0 ② 〔刀〕*** 도 [平]豪 dāo, トウ
0436

[소전] [행서] [이름] 칼 도 [자원] 상형. 칼의 모양을 본떴다.

[필순] ㇆ 刀

[새김] ❶칼. 날붙이의 총칭. ¶短刀(짧을 단, ―)짧은 칼. ❷화폐 이름. 청동으로 만든, 중국 고대의 화폐. ¶刀幣(―, 돈 폐)칼 모양으로 된, 중국 고대의 화폐 이름.
〔刀劍〕(도검) 칼과 검.
〔刀圭〕(도규) 가루약을 뜨는 작은 숟가락. 인신하여, 의술(醫術). [예]―界.
〔刀傷〕(도상) 칼에 베인 상처.
〔刀折矢盡〕(도절시진) 칼은 부러지고 화살은 떨어짐. 격전으로 무기가 다 떨어져 더 이상 싸울 수 없는 상태의 형용.
〔刀筆吏〕(도필리) [國]아전.
▷果刀(과도)·食刀(식도)·利刀(이도)·一刀兩斷(일도양단)·執刀(집도)·佩刀(패도)

1 ③ 〔刃〕* 인: [去]震 rèn, ジン
0437

[소전] [행서] [속자] 刄 [이름] 날 인: [자원] 지사. 刀에 丶을 찍어, 그 곳이 칼날임을 나타내었다.
[새김] ❶날. 칼날. ¶白刃(흰 백, ―)서슬이 시퍼렇게 번쩍이는 칼날. ❷날이 있는 무기. ¶兵刃(군사 병, ―)칼·창 따위의 날이 있는 무기. ❸칼로 베다. 베어 죽이다. ¶自刃(스스로 자, ―)칼로 자살함.
〔刃傷〕(인상) 칼 따위에 다쳐 상함. 또는 그 상처.

▷鋒刃(봉인)·凶刃(흉인)

1 ③ 〔刄〕 인: 刃(0437)의 속자
0438

2 ④ 〔分〕*** ㊀분 平文 fēn, フン·ブン ㊁분: 去問 fèn, フン·ブン ㊂푼 國
0439

소전 행서 이름 ㊀나눌 분 ㊁분수 분: ㊂푼 푼 자원 회의. 八+刀→分. 八은 둘로 나눈 모양. 칼로 하나의 사물을 둘로 나눈다는 뜻.

필순 ノ 八 分 分

새김 ㊀❶나누다. ㉠하나를 몇 개로 가르다. ¶兩分(두 량, ―)둘로 나눔. ㉡나누어지다. 갈라지다. ¶分散(―, 흩어질 산)따로따로 나누어져 흩어짐. ㉢갈라져 나오다. ¶分校(―, 학교 교)본교에서 갈라져 나와 따로 설치한 학교. ❷구별하다. 분별하다. ¶分別(―, 나눌 별)서로 다른 물건을 구별하여 나눔. ❸또렷하다. ¶分明(―, 밝을 명)흐릿하지 않고 똑똑하거나 뚜렷함. ❹몫. ¶一年分(한 일, 해 년, ―)1년 치의 몫. ❺계절 이름. 밤낮의 길이가 같은 때. ¶春分(춘분). 秋分(추분). ❻분. 단위 이름. 길이·무게·각도·소수(小數)·화폐 등에서 10분의 1을 나타내는 단위. ❼國분. ㉠사람을 가리켜 말할 때의 높임말. ㉮有能하신 分. ㉡사람의 수를 나타내는 높임말. ㉮오늘 모임에는 네 分이 參席하셨다. ㊁❶분수. ㉠신분. 사회적 지위. ¶身分(몸 신, ―) 개인의 사회적 지위. ㉡지켜야 할 도리나 일. ¶名分(이름 명, ―)명목이 구분된 대로 지켜야 할 도리. ❷부분. 전체의 한 부분. ¶部分(부위 부, ―) 전체를 몇으로 구분한 것 중의 개별적인 한 단위. ❸타고 난 소질이나 자질. ¶天分(하늘 천, ―)타고 난 재질. ❹요소. 물질을 구성하는 바탕이 되는 물질. ¶成分(이룰 성, ―) 물체를 구성하는 바탕이 되는 물질. ㊂❶푼. ㉠엽전을 세는 단위. 돈〔錢〕의 10분의 1. ㉮葉錢 세 分〔三分〕. ㉡길이를 재는 단위. 치〔寸〕의 10분의 1. ㉮여섯 치 두 分〔六寸二分〕. ㉢무게를 다는 단위. 돈〔錢〕의 10분의 1. ㉮人蔘 두 돈 세 分〔二錢三分〕

〔分家〕(분가) 가족의 일부가 따로 나가 살림을 차림.
〔分揀〕(분간) 선악·시비·대소 등을 분별하여 가려냄.
〔分科〕(분과) 각 과목이나 업무별로 나눔. 또는 그 과목이나 업무.
〔分岐〕(분기) 나뉘어서 여러 갈래로 갈라짐.
〔分期〕(분기) 1년을 석 달씩 넷으로 나누어 놓은 기간.
〔分斷〕(분단) 나누어 끊음. 나누어 두 동강이 남.
〔分擔〕(분담) 일을 갈라서 맡거나 맡김.
〔分量〕(분량) 수량의 많고 적음이나 부피의 크고 작은 정도.
〔分類〕(분류) 종류에 따라서 가름.
〔分離〕(분리) 따로 떨어져 나감. 또는 따로 떼어 놓음.
〔分娩〕(분만) 아이를 낳음. 출산(出産).
〔分配〕(분배) 몫몫이 별러 나눔.
〔分福〕(분복) 타고난 복.
〔分泌〕(분비) 몸 안의 세포나 기관이 일정한 성분의 물질을 만들어 몸 밖으로 내보내는 현상. ㉮―腺.
〔分析〕(분석) ①나누어 가름. ②복합된 사물을 그 요소나 성질에 따라서 가르는 일.
〔分數〕(분수) ①자기 처지나 신분에 적당한 정도. ②수학 용어. 한 수 a를 다른 수 b로 나눌 때 이를 $\frac{a}{b}$로 표시한 것.
〔分野〕(분야) 활동하는 범위나 영역.
〔分讓〕(분양) 여럿으로 갈라서 넘겨 줌.
〔分業〕(분업) ①일을 나누어 함. ②어떤 생산물을 만들 때, 전 공정을 몇 개로 나누어 각각의 공정을 다른 노동자가 따로따로 맡아서 일하는 일.
〔分裂〕(분열←분렬) 한 물질이나 물체가 갈라져 나뉨.
〔分外〕(분외) 분수에 지나침. ㉮―의 환대.
〔分掌〕(분장) 일을 한 부분씩 나누어 맡음.
〔分布〕(분포) 나누어져 퍼져 있음. ㉮식물의 ―圖.
〔分割〕(분할) 나누어 쪼갬. 갈라서 나눔.
〔分轄〕(분할) 나누어 관할함. 나누어 지배함.
〔分解〕(분해) ①하나의 사물을 따로따로 나눔. ②여러 부분이 결합하여 이루어진 것을 그 구성 성분에 따라 갈라냄.
〔分化〕(분화) 본래 하나이던 것이 여러 갈래로 나누어짐. ㉮―作用.
▷過分(과분)·區分(구분)·氣分(기분)·多分(다분)·配分(배분)·本分(본분)·十分(십분)·情分(정분)·職分(직분)·處分(처분)

2 ④ 〔刈〕* 예: 去隊 yì, カイ
0440

소전 행서 이름 벨 예: 자원 乂+刂→刈. 乂는 풀을 베다. 이에 刀를 더하여 그 뜻을 또렷이 드러낸 자.

새김 베다. 풀을 베거나 나무의 가지를 치다. ¶刈穫(―, 거둘 확)농작물을 베어 거두어들임.

2 ④ 〔切〕** ㊀절 入屑 qiē, セツ ㊁체: 去霽 qiè, サイ
0441

소전 행서 이름 ㊀벨 절 ㊁온통 체: 자원 형성. 七+刀→切. 七(칠)의 변음이 성부.

필순 一 七 切 切

새김 ㊀❶베다. 칼로 자르다. ¶切斷(—, 끊을 단)베거나 자르거나 하여 끊음. ❷가까이 닥치다. ¶切迫(—, 닥칠 박)시간·기한·정세 등이 가까이 닥침. ❸간절하다. 절실하고 정성스럽다. ¶切問(—, 물을 문)간절히 물음. ❹알맞다. ¶適切(알맞을 적, —)매우 알맞음. ㊁온통. 모두. ¶一切(한 일, —)모든. 온갖. 또는 모든 것.
〔切感〕(절감) 절실하게 느낌.
〔切開〕(절개) 째어서 갈라 젖힘.
〔切望〕(절망) 간절히 바람.
〔切實〕(절실) ①실정에 꼭 알맞음. ②매우 절박하거나 긴요함.
〔切切〕(절절) 뼈에 사무치게 간절함.
〔切磋琢磨〕(절차탁마) 옥·돌 따위를 자르고 쪼고 갈고 다듬음. 학문이나 인격 향상을 위하여 끊임없이 갈고 닦음의 비유.
〔切齒腐心〕(절치부심) 몹시 분하여 이를 갈고 속을 썩임.
〔切親〕(절친) 아주 친함.
〔切痛〕(절통) 몹시 원통함.
〔切品〕(절품) 물품이 다 팔려서 떨어지고 없음. 상품이 동이 남.
▷懇切(간절)·反切(반절)·親切(친절)·痛切(통절)·品切(품절)

3 ⑤ 〔刊〕** 간 平寒 | kān, カン
0442

소전 行서 이름 간행할 간 자원 형성. 干+刂→刊. 奸(간)과 같이 干(간)이 성부.

필순 一 二 干 刊 刊

새김 ❶간행하다. 책을 인쇄하여 펴내다. ¶日刊紙(날 일, —, 신문 지)날마다 발행하는 신문. ❷새기다. 조각하다. ¶刊石(—, 돌 석)돌에 글자나 그림을 새김.
〔刊印〕(간인) 판각하여 인쇄함.
〔刊布〕(간포) 간행하여 널리 보급함.
〔刊行〕(간행) 인쇄하여 발행함.
▷季刊(계간)·發刊(발간)·續刊(속간)·夕刊(석간)·旬刊(순간)·新刊(신간)·月刊(월간)·停刊(정간)·朝刊(조간)·週刊(주간)·創刊(창간)·休刊(휴간)
⑤〔召〕 소 口부 2획(0648)

3 ⑤ 〔刍〕 추 芻(4432)의 간화자
0443

4 ⑥ 〔刚〕 강 剛(0474)의 간화자
0444

4 ⑥ 〔列〕*** 렬 入屑 | liè, レツ
0445

소전 行서 이름 줄 렬 자원 형성. 歹+刂→列. 歹은 𣦵(렬)의 생략체로 성부.

필순 一 丆 万 歹 歹 列

새김 ❶줄. 열. 또는 그 줄을 세는 말. ¶隊列(대대, —)대를 지은 열. ❷늘어놓다. 나열하다. ¶列擧(—, 들 거)실례·사실들을 죽 들어서 말함. ❸순서. 또는 등급. 반열. ¶序列(차례 서, —)일정한 기준에 따라 늘어놓은 순서. ❹여러. 많은. ¶列國(—, 나라 국)여러 나라.
〔列強〕(열강) 강대한 여러 나라.
〔列島〕(열도) 줄지어 있는 여러 섬.
〔列席〕(열석) 자리에 죽 벌여 앉음.
〔列聖〕(열성) ①역대의 제왕. ②여러 성인.
〔列傳〕(열전) 많은 인물의 사적을 기전체(紀傳體)로 서술한 역사 서적.
〔列座〕(열좌) 여러 사람이 차례대로 벌여 앉음.
▷羅列(나열)·同列(동렬)·班列(반열)·並列(병렬)·分列(분열)·前列(전열)·整列(정렬)·行列(행렬)

4 ⑥ 〔刘〕 류 劉(0494)의 약자·간화자
0446

4 ⑥ 〔刎〕* 문ː 上吻 | wěn, フン
0447

소전 行서 이름 목벨 문ː 자원 형성. 勿+刂→刎. 吻(문)과 같이 勿(물)의 변음이 성부.

새김 목을 베다. ¶刎頸之交(—, 목 경, 의 지, 사귈 교)목이 날아가도 후회하지 않는 사귐. 생사를 함께 할 매우 친한 사이. 또는 그런 벗.
▷自刎(자문)

4 ⑥ 〔则〕 ㊀즉 則(0472)의 간화자 ㊁칙 則(0472)의 간화자
0448

4 ⑥ 〔创〕 ㊀창ː 創(0487)의 간화자 ㊁창 創(0487)의 간화자
0449

4 ⑥ 〔刑〕*** 형 平靑 | xíng, ケイ
0450

소전 行서 이름 형벌 형 자원 형성. 开+刂→刑. 开은 井(정)의 변형으로, 그 변음이 성부.

필순 一 二 干 开 开 刑

새김 형벌. 형. ¶死刑(죽을 사, —)죄 지은 사람의 목숨을 끊는 형벌.
〔刑具〕(형구) 형벌이나 고문 등에 쓰이는 여러 기구.
〔刑期〕(형기) 형의 집행 기간.
〔刑量〕(형량) 형벌(刑罰)의 양.

〔刑罰〕(형벌) 죄인에 대해 형법에 의하여 실행하는 강제 처분.
〔刑法〕(형법) 범죄와 형벌에 관하여 규정한 법률.
〔刑事〕(형사) ①형법의 적용을 받는 사건. ②형사범의 수사나 범인 체포의 직무를 가진 경찰관.
〔刑場〕(형장) 사형을 집행하는 곳. 사형장.
▷減刑(감형)·極刑(극형)·嚴刑(엄형)·流刑(유형)·杖刑(장형)·處刑(처형)·天刑(천형)·行刑(행형)·火刑(화형)

4 ⑥ 〔划〕 0451 획 劃(0491)의 간화자

5 ⑦ 〔利〕*** 0452 리: 去寘 | lì, リ

소전 행서 이름 이로울 리: 자원 회의. 禾+刂→利. 벼를 베는 칼은 그 날이 날카로와야 하기에 '날카롭다'의 뜻을 나타낸다.

필순 丿 𠄌 千 千 禾 𥝌 利

새김 ❶이롭다. 또는 이롭게 하다. 또는 이로움. ¶利用(—, 쓸 용)이롭게 씀. ❷날카롭다. 예리하다. 鈍(5587)의 대. ¶銳利(날카로울 예, —)연장의 날이 잘 들게 날카로움. ❸이기다. 또는 승리. ¶勝利(이길 승, —)싸움에서 이김. ❹이자. 원금에 붙는 이자. ¶金利(돈 금, —)꾸어주거나 맡긴 돈에 대한 이자.
〔利權〕(이권) 이익을 얻을 수 있는 권리.
〔利己〕(이기) 자기 혼자만의 이익과 행복을 꾀함. 예— 主義.
〔利器〕(이기) ①날카로운 무기. ②실용에 편리한 기구. 예문명의 —.
〔利尿〕(이뇨) 오줌을 잘 나오게 함.
〔利用厚生〕(이용후생) 삶을 편리하게 하고 먹고 입는 것을 풍족하게 함.
〔利潤〕(이윤) 장사하여 남은 돈.
〔利率〕(이율←이률) 원금에 대한 이자의 비율.
〔利益〕(이익) ①이롭고 유익한 일. ②물질적으로 수입이 생기는 일. ↔ 손해(損害).
〔利子〕(이자) 길미. 원금에 붙는 일정한 비율의 돈. 이식(利息).
〔利害〕(이해) 이익과 손해. 예— 得失.
▷公利(공리)·功利(공리)·國利(국리)·權利(권리)·名利(명리)·謀利(모리)·薄利(박리)·邊利(변리)·福利(복리)·水利(수리)·營利(영리)·有利(유리)·財利(재리)·便利(편리)

5 ⑦ 〔別〕*** 0453 별 入屑 | bié, ベツ

소전 행서 이름 다를 별 자원 另+刂→別. 另는 冎의 변형으로 뼈의 상형자. 칼〔刂=刀〕로 뼈에서 살을 발라낸다는 데서 '나누다'란 뜻으로 쓴다.

필순 丶 ㄇ ㅁ 号 另 另 別

새김 ❶다르다. 또는 딴. 다른. ¶別味(—, 맛 미)별다른 맛. ❷나누다. 구별하다. ¶識別(알 식, —)알아서 구별함. ❸헤어지다. 이별하다. ¶死別(죽을 사, —)죽어서 이별함.
〔別居〕(별거) (한 집안 식구로서) 따로 떨어져 삶. 예— 生活.
〔別館〕(별관) 본관 외에 따로 세운 건물.
〔別途〕(별도) ①다른 방법이나 수단. ②다른 용도나 방면.
〔別離〕(별리) 헤어져 떠남. 이별(離別).
〔別名〕(별명) ①본명 외의 딴이름. ②國사람의 용모·성격·행동 등에서의 특징을 나타내어 남들이 속되게 지어서 부르는 이름. 예부처란 —을 듣는다.
〔別席〕(별석) 따로 마련한 자리.
〔別世〕(별세) 이 세상을 떠남. 곧 죽음.
〔別食〕(별식) 國일상 먹는 음식이 아닌 색다른 음식.
〔別莊〕(별장) 살림집 외에 경치 좋은 곳이나 조용한 곳에 따로 지어 놓고 때때로 가서 묵으며 쉬는 집.
〔別天地〕(별천지) ①별다른 딴 세계. 동別世界(별세계). ②특별히 경치가 좋은 곳.
〔別稱〕(별칭) 달리 일컫는 이름. 이칭(異稱).
〔別項〕(별항) 다른 항목이나 다른 조항.
〔別號〕(별호) ①호. ②별명(別名).
▷恪別(각별)·訣別(결별)·告別(고별)·區別(구별)·袂別(몌별)·分別(분별)·惜別(석별)·性別(성별)·送別(송별)·離別(이별)·作別(작별)·差別(차별)·特別(특별)

5 ⑦ 〔刪〕* 0454 산 平刪 | shān, サン

소전 행서 이름 깎을 산 자원 회의. 冊+刂→刪. 책에서 틀린 것에 칼을 대어 깎아 버린다는 뜻.
새김 깎다. 글에서 틀렸거나 불필요한 문구를 깎아 버리다. ¶刪削(—, 깎을 삭)깎아 버림. 삭제함.
〔刪改〕(산개) 문자의 자구를 삭제하여 고침.
〔刪蔓〕(산만) 편지에서, 인사말은 빼고 바로 할 말로 들어갈 때에 첫머리에 쓰는 말.
〔刪定〕(산정) 쓸데없는 글자나 글귀를 삭제하여 확정함.

5 ⑦ 〔初〕*** 0455 초 平魚 | chū, ショ

소전 行書 初 이름 처음 초 자원 회의. 衤[=衣]+刀→初. 옷을 짓기 위해 선 먼저 칼로 옷감을 잘라야 한다는 데서 '처음'이란 뜻을 나타낸다.

필순 丶 ㇇ 衤 衤 衤 初 初

새김 처음. 맨 먼저. ¶最初(가장 최, ―)맨 처음. 예―의 우주 비행.
〔初更〕(초경) 하룻밤을 오경(五更)으로 나눈 첫번째의 경(更). 오후 7시에서 9시까지.
〔初級〕(초급) 가장 낮은 등급.
〔初期〕(초기) 맨 처음의 시기. ↔ 말기(末期).
〔初代〕(초대) 같은 자리나 지위를 이어나갈 때의 첫째 번. 또는 그 사람. 예― 대통령.
〔初面〕(초면) 처음으로 대면함. 또는 그러한 사람이나 처지.
〔初犯〕(초범) 처음으로 죄를 범함.
〔初步〕(초보) 첫걸음.
〔初產〕(초산) 아이를 처음 나음. 또는 그 해산.
〔初旬〕(초순) 초하루부터 열흘까지의 동안.
〔初夜〕(초야) ①초경(初更). ②결혼 첫날밤.
〔初志〕(초지) 처음에 세운 뜻. 예――貫.
〔初診〕(초진) 환자에 대한 의사의 첫 진찰.
〔初版〕(초판) 서적의 첫째 번 판. 예―本.
▷當初(당초)·歲初(세초)·始初(시초)·年初(연초)·月初(월초)·週初(주초)·太初(태초)

5 ⑦ 〔判〕*** 판 本판: 去 翰 pàn, ハン
0456

소전 행서 判 이름 판단할 판 자원 형성. 半+刂→判. 半(반)의 변음이 성부.

필순 丶 丷 丷 兰 半 判 判

새김 ❶판단하다. ㉠판별하여 결정하다. ¶審判(살필 심, ―)운동 경기에서 반칙·승부·등수 등을 살펴서 결정함. ㉡재판하다. ¶判決(―, 결정할 결)소송 사건을 재판하여 결정함. 또는 그 내용. ❷구별이 확실하다. ¶判異(―, 다를 이)확실히 구별이 지게 다름.
〔判官〕(판관) ①심판관. 재판관. ②國중앙 여러 관아의 종5품 벼슬.
〔判官使令〕(판관사령) 國아내가 시키는 대로 순종하는 남편을 농으로 이르는 말.
〔判斷〕(판단) 사물의 시비·선악 등을 판별하여 단정을 내림. 또는 그러한 단정.
〔判讀〕(판독) 어려운 글귀나 암호 따위를 판단하여 읽음.
〔判例〕(판례) 소송 사건을 판결한 과거의 실례(實例).
〔判明〕(판명) 어떤 사실이 명확히 드러남. 또는 똑똑히 밝힘.
〔判無識〕(판무식) 國아주 무식함. 또는 그런 사람.
〔判別〕(판별) 판단하여 분별함. 또는 그 분별.
〔判書〕(판서) 國조선 때, 육조(六曹)의 으뜸 벼슬. 예吏曹―.
〔判定〕(판정) 판단을 내려 결정함.
▷公判(공판)·談判(담판)·批判(비판)·誤判(오판)·裁判(재판)

6 ⑧ 〔刻〕** 각 入職 kè, コク
0457

소전 행서 刻 이름 새길 각 자원 형성. 亥+刂→刻. 亥(해)의 변음이 성부.

필순 丶 亠 亡 歹 亥 亥 亥 刻

새김 ❶새기다. 조각하다. ¶彫刻(새길 조, ―)그림·글씨·물건의 형상을 새김. ❷각박하다. 인정이 없이 가혹하다. ¶刻薄(―, 엷을 박)인정이 없이 가혹함. ❸깎다. 고생을 이겨내다. ¶刻苦(―, 애쓸 고)고생을 이겨내면서 애씀. ❹시각. 때. 또는 시간을 재는 단위. ¶遲刻(늦을 지, ―)정해놓은 시간에 대지 못하고 늦음.
〔刻骨〕(각골) 뼈에 새기듯 마음속에 사무침.
〔刻骨難忘〕(각골난망) 입은 은혜의 고마움이 뼈에 새겨져 잊혀지지 아니함.
〔刻漏〕(각루) 물시계. 누각(漏刻).
〔刻銘〕(각명) 금석(金石)에 글자를 새김.
〔刻舟求劍〕(각주구검) 뱃전에 표시를 하였다가 칼을 찾으려 함. 시세의 변함에 어둡고 융통성이 없음의 비유.
▷頃刻(경각)·漏刻(누각)·石刻(석각)·時刻(시각)·印刻(인각)·篆刻(전각)·板刻(판각)

6 ⑧ 〔刮〕* 괄 入黠 guā, カツ
0458

소전 행서 刮 이름 비빌 괄 자원 형성. 舌+刂→刮. 括(괄)·适(괄)과 같이 舌(설)의 변음이 성부.
새김 ❶비비다. 닦아내다. ¶刮目(―, 눈 목)눈을 비비고 다시 봄. 짐작보다 발전의 속도가 너무 빠르기 때문에 수긍하기 어렵다는 느낌을 나타낼 때 쓰는 말. 예―相對. ❷깎다. 깎아버리다. ¶刮垢磨光(―, 때 구, 갈 마, 빛낼 광)때를 깎아내고 갈아서 빛을 냄. 결점을 고치고 장점을 드러내는 방법으로, 인재를 양성함의 형용.

6 ⑧ 〔券〕** 권: 去願 quàn, ケン
0459

소전 행서 券 이름 문서 권: 자원 형성. 龹+刀→券. 卷(권)·拳(권)과 같이 龹(권)이 성부.

필순 丶 丷 䒑 兰 半 关 券 券

새김 ❶문서. 증명서. ¶債券(빚 채, ―)남에게 준 빚에 대한 증명서. ❷증표. 액면가가 적힌 권리증. ¶入₂場₁券(들 입, 마당 장, ―)어떤 장소에 들어갈 수 있는 증표.

〔券面〕(권면) 증권의 금액이나 번호 등을 적은 겉면. 예―額.

▷契券(계권)·文券(문권)·株券(주권)·證券(증권)·割引券(할인권)

6 ⑧ 〔到〕*** 도: 去號 dào, トウ
0460

소전 행서 이름 이를 도: 자원 형성. 至+刂→到. 刂(=刀. 도)가 성부.

필순 一 ㄗ ㄗ 조 주 至 到 到

새김 ❶이르다. 목적한 곳에 도달하다. ¶到着(―, 닿을 착)일정한 곳에 다달음. ❷주밀하다. 빈 틈이 없이 세밀하다. ¶周到(두루 주, ―)빈틈이 없이 두루 찬찬함. 예用意―.

〔到達〕(도달) 정한 곳에 다다름.

〔到來〕(도래) 다다름. 닥쳐 옴.

〔到付〕(도부) 國공문(公文)이 와 닿음.

〔到任〕(도임) 지방관이 임지에 도착함.

〔到底〕(도저) ①깊은 데까지 도달함. ②아무리 하여도. ③처음부터 끝까지.

〔到處〕(도처) 이르는 곳마다의 여러 곳.

▷來到(내도)·迫到(박도)·一到(일도)

6 ⑧ 〔刷〕** 쇄: 本솰 入黠 shuā, サツ
0461

소전 행서 이름 새롭게할 쇄: 자원 형성. 帰+刂→刷. 帰(솰)이 성부.

필순 ㄱ ㄱ 尸 尸 戶 帰 帰 刷

새김 ❶새롭게 하다. 더러워진 것을 깨끗하게 하다. ¶刷新(―, 새롭게할 신)좋지 않거나 묵은 것을 없애고 새롭게 함. ❷찍다. 책을 박다. ¶印刷(찍을 인, ―)글자나 그림을 판에 박음.

▷校正刷(교정쇄)·掃刷(소쇄)·縮刷(축쇄)

6 ⑧ 〔刺〕** ㊀자: 去寘 cì, シ ㊁척 入陌 qì, セキ
0462

소전 행서 이름 ㊀가시 자: ㊁찌를 척 자원 형성. 朿+刂→刺. 朿(자)가 성부.

필순 一 ㄷ 𠃍 市 朿 朿 朿 刺

새김 ㊀❶가시. 초목의 가시. 인신하여, 가시처럼 날카로운 사물. ¶芒刺(까끄라기 망, ―)까끄라기와 가시. ❷찌르다. ㉠찔러 죽이다. ¶刺客(―, 사람 객)특정 사람을 몰래 찔러 죽이는 사람. ㉡바늘로 수놓다. ¶刺繡(―, 수놓을 수)수를 놓음. ㉢신경을 건드리다. ¶刺戟(―, 찌를 극)어떤 반응이 일어나도록 몸이나 마음을 건드림. ❸문신하다. 몸에 글자나 무늬를 먹물로 새기다. ¶刺₂字₁(―, 글자 자) 죄인의 얼굴이나 몸에 문신함. ❹명함. ¶通₂刺₁(통할 통, ―)명함을 내놓고 면회를 청함. ㊁찌르다. 칼·창 따위로 사람을 찌르다. 〔孟子〕 刺₂人₁而殺₂之₁(척인 이살지) 사람을 칼·창 따위로 찔러서 이를 죽이다.

〔刺殺〕(척살) 찔러 죽임.

▷譏刺(기자)·面刺(면자)·繡刺(수자)·諷刺(풍자)

6 ⑧ 〔制〕** 제: 去霽 zhì, セイ
0463

소전 행서 이름 만들 제: 자원 회의. 𠂔+刂→制. 𠂔는 未의 변형으로, 나무의 가지가 얼기설기 뻗은 모양. 칼로 얽힌 가지를 쳐서 가지런하게 한다는 뜻. 이에서 '치수에 맞추어 베고 잘라서 마르다'의 뜻이 되었다.

필순 ノ ㅗ 느 与 寺 𠂔 𠂔 制

새김 ❶만들다. 또는 마르다. ¶制定(―, 정할 정)제도나 규정을 만들어 정함. ❷누르다. 복종시키다. ¶抑制(누를 억, ―)내리눌러서 복종시킴. ❸제도. 정해놓은 규칙. ¶法制(법 법, ―)법으로 정해놓은 제도. ❹임금의 명령. ¶制書(―, 글 서)임금이 내리는 명령을 적은 글. ❺製(4787)의 간화자.

〔制空權〕(제공권) 공군력에 의해 일정한 범위의 하늘을 지배할 수 있는 권력.

〔制度〕(제도) ①정해져 있는 법령이나 규칙. 예租稅―. ②나라나 사회 구조의 체계. 예封建―.

〔制動〕(제동) 운동을 멈추게 함.

〔制禮〕(제례) 예법을 제정함.

〔制服〕(제복) 규정에 따라 입도록 정한 옷. 정복(正服).

〔制壓〕(제압) 남을 위력으로 억눌러 통제함.

〔制約〕(제약) ①사물의 성립에 필요한 조건이나 규정. ②일정한 조건에 맞게 제한함.

〔制御〕(제어) 억눌러 따르게 함.

〔制裁〕(제재) 법이나 규율을 위반하는 행위에 대하여 가하는 처벌.

〔制止〕(제지) 어떤 언동을 하지 못하게 억누름.

〔制覇〕(제패) ①경쟁자를 이기고 패권을 잡음. ②시합이나 경기에서 우승함.

〔制限〕(제한) ①넘어서기 어려운 한도. ②일정한 한도를 넘지 못하게 억누름.

〔制海權〕(제해권) 군사·통상·항해 등에 있어서 일정한 범위의 바다를 지배하는 권력.

▷牽制(견제)·官制(관제)·軍制(군제)·規制(규제)·服制(복제)·自制(자제)·專制(전제)·節制(절제)·體制(체제)·統制(통제)

6
⑧ 〔剂〕 제: 劑(0496)의 간화자
0464

6
⑧ 〔刹〕* 찰 入黠 | chà, サツ
0465

소전 행서 이름 절 찰 자원 형성. 杀+刂→刹. 杀은 殺(살)의 생략체로 그 변음이 성부.
새김 ❶절. 사찰. ¶古刹(예 고, 一)오랜 역사를 가진 옛 절. ❷찰나. 순간. ¶刹那(찰나). 매우 짧은 시간. ㉵一 主義.

6
⑧ 〔刽〕 회: 劊의 약자·간화자
0466

7
⑨ 〔剑〕 검: 劍(0492)의 간화자
0467

7
⑨ 〔剋〕* 극 入職 | kè, コク
0468

행서 간화 克 이름 이길 극 자원 형성. 克+刂→剋. 克(극)이 성부.
새김 이기다. 싸움에 이기다. ¶下剋上(아랫사람 하, 一, 윗사람 상)아랫사람이 윗사람에게 이김.
▷相剋(상극)

7
⑨ 〔剌〕* ㊀랄 入曷 | lā, ラツ
㊁라 | lá
0469

소전 행서 이름 ㊀발랄할 랄 ㊁國수라 라 자원 회의. 朿+刂→剌. 朿은 묶다. 묶어 놓은 것을 칼로 베어 풀어놓다의 뜻. 그래서 '활발하다'의 뜻이 된다.
새김 ㊀발랄하다. 힘차게 약동하다. ¶潑剌(활발할 발, 一)활발하게 살아 움직이는 모양. ㊁國수라. ¶水剌(수라) 임금이 먹는 밥. 참고 剌(0462)로 쓰는 것은 잘못.

7
⑨ 〔削〕** 삭 入藥 | xiāo, サク
0470

소전 행서 이름 깎을 삭 자원 회의. 肖+刂→削. 肖는 고깃덩이의 모양. 이에 칼을 대어 깎아냄을 뜻한다.
필순 丨 ⺌ ⺌ 肖 肖 肖 肖 肖 削

새김 깎다. 깎아내다. ¶削減(一, 줄일 감)깎아서 줄임.
〔削髮〕(삭발) ①머리를 깎음. ②중이 됨.
〔削除〕(삭제) 깎아서 없앰. 지워 버림.
〔削奪〕(삭탈) 빼앗음. ㉵一 官職.
▷減削(감삭)·刪削(산삭)·添削(첨삭)

7
⑨ 〔前〕*** 전 平先 | qián, ゼン
0471

소전 행서 이름 앞 전 자원 형성. 肖〔歬의 변형〕+刂→前. 歬(전)은 前의 고자로 성부.
필순 丶 丷 䒑 䒑 广 广 肙 前 前

새김 ❶앞. 後(1540)의 대. ㉠위치상의 앞. ¶前後(一, 뒤 후)위치상의 앞뒤. ㉵一 左右. ㉡시간상의 앞. ㉮미래. ¶前途(一, 길 도)앞길. ㉵一 洋洋. ㉯과거. ¶前代(一, 시대 대)지나간 과거의 시대. ㉵一 未聞. ❷미리. 앞서서. ¶前兆(一, 조짐 조)미리 나타나는 조짐.
〔前古未聞〕(전고미문) 지난 시기에는 들어보지 못함.
〔前功可惜〕(전공가석) 앞서 세운 공로가 아까움. 애써 한 일이 보람없이 됨의 형용.
〔前科〕(전과) 이전에 형벌을 받은 사실.
〔前期〕(전기) ①전후로 나눈 두 시기의 앞 시기. ②國기한보다 앞섬. ㉵一 해서 빚을 갚다.
〔前年〕(전년) 지난 해. ㉵一 度 예산.
〔前歷〕(전력) 현재까지의 경력.
〔前例〕(전례) ①이전에 있었던 같은 유의 예. ㉵一 가 없다. ②이전부터 하여 내려오는, 일 처리의 관습. ㉵一 를 답습하다.
〔前生〕(전생) 이 세상에 태어나기 이전의 세상.
〔前身〕(전신) ①이 세상에 태어나기 이전의 몸. ②이전의 신분이나 출신. ③변하기 이전의 모양. ㉵우리 회사의 一.
〔前夜〕(전야) ①바로 전날 밤. ㉵一 祭. ②큰 사건이 일어나기 직전. ㉵暴風의 一.
〔前衛〕(전위) ①본대에 앞서 가면서 전방을 경계하는 부대. ②사회 운동이나 예술 운동에서 가장 선구적인 분자.
〔前人未踏〕(전인미답) 지금까지 그 누구도 겪어보거나 도달해 본 일이 없음.
〔前任〕(전임) ①이전의 직임. ②앞서 그 임무를 맡았던 사람. ㉵一 長官.
〔前提〕(전제) 무슨 일이 이루어지기 위하여 선행(先行)되는 조건.
〔前奏〕(전주) 악곡의 첫머리에 도입으로 연주되는 부분.
〔前進〕(전진) 앞으로 나아감. ㉵쉼 없는 一.
〔前轍〕(전철) 앞서 지나간 수레바퀴의 자국. 이전 사람의 착오나 교훈의 비유.
〔前哨戰〕(전초전) ①큰 전투가 있기 전에 벌어지는 작은 싸움. ②본격적인 활동이 시작되기 전에 벌이는 행동. ㉵선거의 一.
〔前項〕(전항) 문서 등에서, 앞에 있는 항목.
▷空前(공전)·面前(면전)·目前(목전)·門前(문전)·倍前(배전)·事前(사전)·生前(생전)·食前(식전)·眼前(안전)·御前(어전)·年前(연전)·午前(오전)·以前(이전)·直前(직전)

7 ⑨ 〔則〕*** ㊀즉 入職 | zé, ソク
㊁칙 入職 | zé, ソク
0472

소전 行書 간화 则 이름 ㊀곧 즉 ㊁법 칙 자원 회의. 貝+刂→則. 貝은 鼎의 변형. 고대에는 백성들이 지켜야 할 중요한 사항들은 鼎에 새겨두었기에 '법'이란 뜻을 나타낸다.

필순 丨 冂 冃 目 目 貝 貝 貝 則

새김 ㊀곧. ㉠~하면 곧. 則의 앞은 원인이나 전제를, 뒤는 그 결과를 나타낸다. 〔孟子〕 求則得之(구즉 득지) 구하면 곧 이를 얻는다. ㉡~하여서는. 행위나 사례를 한정함을 나타낸다. 〔論語〕 弟子入則孝 出則弟(제자 입즉효 출즉제) 제자가 집에 들어와서는 효도하고, 밖에 나가서는 공손하게 한다. ㊁❶법. ㉠규정. 법률. ¶規則(법 규, —)정해 놓은 법. ㉡모범. 〔詩經〕 爲民之則(위민지칙) 백성의 모범이 된다. ❷본받다. 모범으로 삼다. 〔易經〕 聖人則之(성인칙지) 성인이 이를 본받다.

▷ 罰則(벌칙)·法則(법칙)·變則(변칙)·原則(원칙)·準則(준칙)·天則(천칙)·鐵則(철칙)·學則(학칙)·會則(회칙)

7 ⑨ 〔剃〕* 체: 去霽 | tì, テイ
0473

行書 이름 깎을 체: 자원 형성. 弟+刂→剃. 涕(체)와 같이 弟(제)의 변음이 성부.

새김 깎다. 머리털이나 수염을 깎다. ¶剃髮(—, 머리털 발) 머리털을 깎음.

〔剃刀〕(체도) 머리를 깎는 데 쓰는 칼.

〔剃髮〕(체발) 머리털을 깎음.

8 ⑩ 〔剛〕** 강 平陽 | gāng, ゴウ
0474

소전 行書 간화 刚 이름 굳셀 강 자원 형성. 岡+刂→剛. 綱(강)과 같이 岡(강)이 성부.

필순 丨 冂 冂 冂 冈 冈 岡 岡 岡 剛

새김 굳세다. 柔(2319)의 대. ㉠굳다. 의지가 단단하다. ¶外柔內剛(밖 외, 부드러울 유, 안 내, —)겉으로 보기에는 부드러우나 마음은 단단함. ㉡힘이 세다. ¶剛健(—, 튼튼할 건)몸이 힘차고 튼튼함.

〔剛斷〕(강단) ①과감하게 결단함이 있음. ②굽히거나 물러섬이 없이 견디는 씩씩한 기개나 굳은 의지. 「강하면서도 부드러움.

〔剛柔兼全〕(강유겸전) 엄하면서도 너그럽고,

〔剛毅〕(강의) 의지가 굳셈. 예— 木訥.

〔剛直〕(강직) 굳세고 정직함.

〔剛日〕(강일) 십간이 갑(甲)·병(丙)·무(戊)·경(庚)·임(壬)인 날. 기수일(奇數日). ↔ 유일(柔日).

▷ 內柔外剛(내유외강)·柔能制剛(유능제강)·至大至剛(지대지강)

8 ⑩ 〔剣〕 검: 劍(0492)의 약자
0475

8 ⑩ 〔剧〕 극 劇(0493)의 간화자
0476

8 ⑩ 〔剝〕* 박 入覺 | bō, ハク
0477

소전 行書 동자 剥 이름 벗길 박 자원 회의. 彔+刂→剝. 彔은 털이 많은 짐승의 가죽 모양. 이를 칼로 벗긴다는 뜻.

새김 벗기다. ㉠가죽이나 겉껍데기를 벗기다. ¶剝製(—, 만들 제)새나 짐승의 가죽을 벗겨, 그 안에 솜 따위를 채워 살아 있을 때의 모양으로 만듦. 또는 그렇게 만든 표본. ㉡몸에 지니고 있는 것을 억지로 빼앗다. ¶剝奪(—, 빼앗을 탈)재물이나 자격·권리 등을 빼앗음.

〔剝落〕(박락) 쇠붙이나 돌에 새긴 글씨나 그림이 몹시 오래 되어 긁히고 깎여서 떨어짐.

〔剝民〕(박민) 조세나 부역으로 백성을 괴롭힘.

〔剝皮〕(박피) ①가죽이나 껍질을 벗김. ②가혹한 세금으로 백성을 착취하는 사람의 비유.

▷ 割剝(할박)

8 ⑩ 〔剥〕 박 剝(0477)과 동자
0478

8 ⑩ 〔剖〕* 부: 上有 | pōu, ボウ
0479

소전 行書 이름 쪼갤 부: 자원 형성. 咅+刂→剖. 部(부)와 같이 咅(부)가 성부.

새김 ❶쪼개다. 둘로 나누어 가르다. ¶解剖(풀 해, —)생물체를 쪼개어 헤침. 예— 學. ❷밝히다. 판단하다. ¶剖決(—, 정할 결)옳고 그름을 판단하여 결정함.

〔剖檢〕(부검) 시체를 해부하여 죽은 원인을 검사하는 일.

〔剖棺斬屍〕(부관참시) 죽은 뒤에 큰 죄가 드러나면 그 관을 쪼개고 목을 베는 일.

8 ⑩ 〔剡〕* 섬: 上琰 | shàn, セン
0480

소전 行書 이름 강이름 섬: 자원 형성. 炎+刂→剡. 炎(염)의 변음이 성부.

새김 강 이름. 또는 옛 고을 이름.

8 ⑩ 〔劑〕 제: 劑(0496)의 약자
0481

8 ⑩ 〔剔〕* 척 入錫 | tī, テキ
0482

소전 행서 이름 뼈바른 척 자원 형성. 易+刂→剔. 惕(척)과 같이 易(역)의 변음이 성부.
새김 뼈를 바르다. 또는 도려내다. ¶剔抉(—, 도려낼 결)뼈를 바르고 도려냄. 폐단이나 결함을 제거함의 형용.
〔剔出〕(척출) 도려냄. 후벼냄.

9 ⑪ 〔副〕** 부: 去宥 | fù, フク
0483

소전 행서 이름 버금 부: 자원 형성. 畐+刂→副. 富(부)와 같이 畐(부)가 성부.

필순 一 ㄏ ㅁ 戸 戸 畐 畐 畐 畐 副

새김 ❶버금. 둘째 자리. 正(2541)의 대. ¶副官(—, 벼슬 관)군대에서, 지휘관 밑에서 지휘관을 돕는 장교. ❷곁들이다. 또는 제이차적인. ¶副食物(—, 먹을 식, 물건 물)주된 음식에 곁들여서 먹는 음식. ❸예비. ¶副本(—, 책 본)정식 서류와 똑같이 만들어 예비로 두는 서류.
〔副使〕(부사) 정사의 다음 벼슬로, 정사를 돕는 사신.
〔副産物〕(부산물) 주된 생산물 이외에 덧생기는 물품.
〔副賞〕(부상) 주되는 상 외에 곁붙여 주는 상.
〔副審〕(부심) 주심(主審)을 돕는 심판.
〔副業〕(부업) 본업(本業) 외에 여가를 이용하여 하는 일.
〔副應〕(부응) 붙좇아 응함.
〔副作用〕(부작용) 본래의 작용에 곁들어 나타나는 해로운 작용.
〔副葬品〕(부장품) 장사지낼 때에 시체와 함께 묻는, 죽은 사람이 생전에 애용하던 물품.
〔副題〕(부제) 책이나 논문 등의 주장이 되는 제목에 덧붙이는 제목.
▷正副(정부)

9 ⑪ 〔剰〕 잉: 剩(0486)의 약자
0484

9 ⑪ 〔剪〕* 전: 上銑 | jiǎn, セン
0485

행서 이름 벨 전: 자원 형성. 前+刀→剪. 前(전)이 성부.
새김 베다. 가지런하게 자르다. ¶剪枝(—, 가지 지) 나뭇가지를 가지런하게 자름.
〔剪裁〕(전재) 옷감을 마름질함.
〔剪定〕(전정) 나뭇가지를 잘라 다듬음.
〔剪草除根〕(전초제근) 풀을 베고 뿌리를 없앰. 화근을 근본적으로 제거함의 비유.

10 ⑫ 〔剩〕* 잉: 本승: 去徑 | shèng, ジョウ
0486

행서 약자 이름 남을 잉: 자원 형성. 乘+刂→剩. 乘(승)의 변음이 성부.
새김 남다. 남아 돌다. 또는 나머지. ¶剩餘(—, 남을 여) 쓰고 남은 나머지. 예—農産物.
〔剩數〕(잉수) 남은 수. 잉액(剩額).
〔剩額〕(잉액) 남은 액수.
▷過剩(과잉)·餘剩(여잉)

10 ⑫ 〔創〕** ㊀창: 去漾 | chuàng, ソウ ㊁창 平陽 | chuāng, ソウ
0487

소전 행서 간화 创 이름 ㊀비롯할 창: ㊁상처 창 자원 형성. 倉+刂→創. 瘡(창)·滄(창)·蒼(창)과 같이 倉(창)이 성부.

필순 ノ 𠆢 𠆢 今 今 今 倉 倉 倉 創

새김 ㊀비롯하다. 처음으로 시작하다. 또는 처음으로. ¶創立(—, 세울 립)처음으로 설립함. 예—紀念日. ㊁상처. 또는 상처를 입히다. ¶創傷(—, 다칠 상)칼날 따위에 다친 상처.
〔創刊〕(창간) 신문·잡지 등의 정기 간행물을 처음으로 발행함.
〔創建〕(창건) 사업이나 건물 등을 처음으로 경영하거나 건설함. 예고려의 —.
〔創團〕(창단) 단체를 처음으로 만듦.
〔創設〕(창설) 처음으로 설립함.
〔創世〕(창세) 세계를 처음으로 만듦. 예—紀.
〔創始〕(창시) 처음으로 시작함. 예—者.
〔創案〕(창안) 최초로 일을 생각해 냄. 또는 그 안. 예—者.
〔創業〕(창업) ①일정한 사업을 처음으로 이룩함. ②나라를 처음으로 세움. 예—之主.
〔創意〕(창의) 새롭게 생각해 낸 의견. 또는 새로운 생각을 해냄.
〔創作〕(창작) 예술 작품을 독창적으로 제작하는 일. 또는 그 작품.
〔創造〕(창조) ①처음으로 생각해 내어 만듦. ②조물주(造物主)가 처음 우주를 만듦.
▷開創(개창)·獨創(독창)·傷創(상창)·重創(중창)·草創(초창)

10 ⑫ 〔割〕** 할 本갈 入曷 | gē, カツ
0488

소전 행서 이름 가를 할 자원 형성. 害+刂→割. 轄(할)과 같이 害(갈—할)이 성부.

필순 丶 宀 宀 宀 宣 宝 宝 害 害 割

새김 ❶가르다. 쪼개어 나누다. ¶割腹(—, 배복)배를 가름. 예— 自殺. ❷할. 10분의 1. ¶七割(일곱 칠, —)10분의 7.
〔割據〕(할거) 땅을 나누어 차지하여 세력권을 이룸. 예群雄—.
〔割當〕(할당) 몫을 나누어 분배함.
〔割譜〕(할보) 國족보에서 이름을 지워 친족의 관계를 끊음.
〔割賦〕(할부) 분할하여 납부하게 함. 예—金.
〔割愛〕(할애) 아끼는 것을 내어 주거나 나누어 줌.
〔割讓〕(할양) 땅이나 물건의 한 부분을 떼어 서 넘겨 줌. 예領土의 —.
〔割引〕(할인) 일정한 값에서 얼마를 싸게 함.
〔割印〕(할인) 도장을 두 장의 서류에 걸쳐서 찍음. 또는 그 도장.
▷ 分割(분할)·宰割(재할)·烹割(팽할)

11 ⑬ 〔剿〕* 초: 上篠 jiǎo, ソウ
0489

행서 이름 무찌를 초: 자원 형성. 巢+刂→剿. 巢(소)의 변음이 성부.
새김 무찌르다. 또는 죽이다. ¶剿滅(—, 멸할 멸)외적·도적·악당 등을 무찔러 없앰.
〔剿討〕(초토) 도둑의 무리를 토벌함.

11 ⑬ 〔剽〕* 표: 去嘯 piào, ヒョウ
0490

소전 행서 이름 빼앗을 표: 자원 형성. 票+刂→剽. 標(표)와 같이 票(표)가 성부.
새김 ❶빼앗다. 약탈하다. ¶剽竊(—, 훔칠 절)글을 짓는데, 다른 사람의 작품 내용을 몰래 따다 씀. ❷사납다. 또는 날렵하다. ¶剽輕(—, 가벼울 경)사납고 경망스러움.
〔剽掠〕(표략) 위협하여 빼앗음.
〔剽奪〕(표탈) 위협하여 빼앗음.
〔剽悍〕(표한) 날래고 사나움.

12 ⑭ 〔劃〕** 획 入陌 huò, カク
0491

소전 행서 간화 刬 이름 그을 획 자원 형성. 畫+刂→劃. 畫(획)이 성부.

필순 ⺕ ⺕ 聿 聿 書 書 書 畫 畫 劃

새김 긋다. 구획하다. ¶劃期的(—, 기한 기, 어조사 적)기한을 그은 듯한. 곧 일정한 분야에서 새로운 시기를 열어놓을 만큼 특출한. 예— 成果. 참고 현대 표기에서는 計畫을 計劃으로도 쓰듯, 畫(3420) 三와 혼용하는 경향이 있다.
〔劃定〕(획정) 명확히 구별하여 정함.
▷ 區劃(구획)

13 ⑮ 〔劍〕** 검: 去豔 jiàn, ケン
0492

소전 행서 약자 剣 간화 剑 이름 검 검:〔칼 검:〕 자원 형성. 僉+刂→劍. 檢(검)과 같이 僉(첨)의 변음이 성부.

필순 丿 𠆢 𠆢 合 合 合 命 命 僉 劍

새김 검. 무기로 쓰는 긴 칼. ¶寶劍(보배 보, —)보배로운 검.
〔劍客〕(검객) 검술에 능한 사람.
〔劍道〕(검도) 검술(劍術)을 수련하는 무예.
〔劍術〕(검술) 칼을 쓰는 기술.
〔劍舞〕(검무) 칼춤. 검을 가지고 추는 춤.
〔劍俠〕(검협) 검술에 정통한 협객(俠客).
▷ 刻舟求劍(각주구검)·短劍(단검)·帶劍(대검)·刀劍(도검)·木劍(목검)·利劍(이검)·長劍(장검)·銃劍(총검)

13 ⑮ 〔劇〕** 극 入陌 jù, ゲキ
0493

소전 행서 간화 剧 이름 심할 극 자원 형성. 豦+刂→劇. 豦(거)의 변음이 성부.

필순 丶 ⺊ 𠂉 广 虍 虍 虏 豦 豦 劇

새김 ❶심하다. 맹렬하다. ¶劇藥(—, 약 약)비교적 적은 양으로 강한 작용을 하는 약. ❷바쁘다. 일이 번거롭고 많다. ¶劇務(—, 일 무)번거롭고 많아서 매우 바쁜 일. ❸극. 연극. ¶劇場(—, 마당 장)연극이나 영화를 상연하도록 꾸민 건물이나 시설.
〔劇團〕(극단) 연극 상연을 전문으로 하기 위하여 조직한 단체. 예流浪—.
〔劇烈〕(극렬) 과격하고 맹렬함. 격렬(激烈).
〔劇本〕(극본) 연극이나 방송극 등의 대본(臺本).
〔劇甚〕(극심) 아주 심함. 극심(極甚).
〔劇作家〕(극작가) 희극·비극·드라마 등의 문학 작품을 쓰는 사람.
〔劇的〕(극적) 연극을 보듯 감격적이고 인상적인 모양.
▷ 歌劇(가극)·悲劇(비극)·演劇(연극)·慘劇(참극)·活劇(활극)·喜劇(희극)·戲劇(희극)

13 ⑮ 〔劉〕* 류 平尤 liú, リュウ
0494

행서 약자 간화 刘 이름 성 류〔속칭 묘금도 류〕 자원 형성. 卯〔丣의 변형〕+金+刂→劉. 卯(류)가 성부.

새김 성(姓). ¶劉備(유비) 삼국시대, 촉(蜀)의 황제.

13 ⑮ 〔劈〕* 벽 入錫 pī, へキ
0495

소전 행서 이름 쪼갤 벽 자원 형성. 辟+刀→劈. 僻(벽)·璧(벽)과 같이 辟(벽)이 성부.
새김 쪼개다. 가르다. ¶劈開(—, 열 개)㉮칼로 쪼개어 엶. ㉯결을 따라서 쪼개짐.
〔劈頭〕(벽두) (글이나 어떤 일이) 시작되는 첫머리.
〔劈碎〕(벽쇄) 쪼개어 부숨.
〔劈破〕(벽파) 쪼개어 깨뜨림.

14 ⑯ 〔劑〕* 제: 去霽 jì, ザイ
0496

소전 행서 약자 剤 간화 剂 이름 조제할 제: 자원 형성. 齊+刂→劑. 儕(제)·濟(제)와 같이 齊(제)가 성부.
새김 조제하다. 여러 가지 약을 배합하다. 또는 조제한 약. ¶藥劑(약 약, —)조제하거나 사용할 수 있도록 만든 약의 재료.
〔劑和〕(제화) 여러 가지의 약을 조합하여 약제를 만듦.
▷強心劑(강심제)·錠劑(정제)·調劑(조제)·清涼劑(청량제)·催眠劑(최면제)·湯劑(탕제)·丸劑(환제)

2 획 부수 力 部

▷명칭:힘력
▷쓰임:가지고 있는 힘이나 힘을 들이는 뜻을 나타내는 한자의 부수로 쓰였고, 때로는 성부로도 쓰였다.

0 ② 〔力〕*** 력 入職 lì, リョク ·リキ
0497

소전 행서 이름 힘 력 자원 상형. 팔에 힘을 주었을 때 나타나는 알통의 모양. 그래서 힘을 뜻한다.

필순 ㇇ 力

새김 ❶힘. ㉠육체적인 힘. ¶體力(몸 체, —)몸의 육체적인 힘. ㉡작용. 능력. ¶水力(물 수, —)물이 작용하는 힘. 예— 發電所. ❷힘쓰다. 노력하다. ¶力行(—, 행할 행)힘써 행함.
〔力量〕(역량) 일을 해낼 수 있는 능력.
〔力拔山氣蓋世〕(역발산 기개세) 힘은 산을 뽑을 만하고 기개는 세상을 뒤덮을 만함.
〔力士〕(역사) 육체적 힘이 뛰어나게 센 사람.
〔力說〕(역설) (자기의 의도나 이론을) 힘주어 설명하고 주장함.
〔力作〕(역작) 애써서 지은 작품.
〔力點〕(역점) 힘을 많이 들이는 주안점(主眼點).
〔力學〕(역학) ①학문에 힘씀. 힘써 배움. ②물체에 작용하는 힘과 운동과의 관계를 연구하는 학문.
▷強力(강력)·公權力(공권력)·國力(국력)·能力(능력)·勢力(세력)·速力(속력)·人力(인력)·引力(인력)·自力(자력)·專力(전력)·主力(주력)·重力(중력)·彈力(탄력)·暴力(폭력)·效力(효력)

2 ④ 〔劝〕 권: 勸(0539)의 속자·간화자
0498

2 ④ 〔办〕 판 辦(5367)의 속자·간화자
0499

3 ⑤ 〔加〕*** 가 平麻 jiā, カ
0500

소전 행서 이름 더할 가 자원 회의. 力+口→加. 입〔口〕, 곧 사람을 늘리는데 힘쓴다는 뜻. 그래서 '더하다'란 뜻을 나타낸다.

필순 ㇇ 力 カ 加 加

새김 ❶더하다. 減(2810)의 대. ㉠보태다. ¶增加(더할 증, —)더하여 많아짐. ㉡더하기. 덧셈. ¶加算(—, 셈 산)덧셈. ❷들어가다. ¶加入(—, 들 입)조직체에 성원으로 들어감. 예 會員으로 —하다.
〔加減〕(가감) ①보태거나 덞. ②더하기와 빼기.
〔加工〕(가공) ①인공을 가함. ②원료나 반제품을 완제품으로 만듦.
〔加擔〕(가담) ①어떤 일이나 무리에 한몫 낌. ②한편이 되어 힘을 보탬.
〔加療〕(가료) 치료를 함. 예入院— 中.
〔加盟〕(가맹) 동맹이나 연맹에 가입함.
〔加味〕(가미) ①양념 등을 넣어 음식의 맛이 더 나게 함. ②덧붙이거나 곁들임.
〔加勢〕(가세) 힘을 더해 도움.
〔加速度〕(가속도) 진행함에 따라 점점 더 속도가 빨라짐. 또는 증가하여 가는 속도. 예—가 붙다.
〔加熱〕(가열) 일정한 물질에 열을 가함. 예— 裝置.
〔加一層〕(가일층) 한층 더.
〔加重〕(가중) ①더 무거워짐. ②더 무겁게 함.
〔加筆〕(가필) 글이나 그림에 붓을 대어 고침.
〔加害〕(가해) 남에게 해를 입힘. 예— 者.
〔加護〕(가호) ①보살피고 돌봄. ②신불(神佛)이 돌보아 줌.

▷倍加(배가)·附加(부가)·雪上加霜(설상가상)·參加(참가)·添加(첨가)·追加(추가)

3 ⑤ 〔功〕*** 공 平東 | gōng, コウ
0501

소전 행서 이름 공 공 자원 형성. 工+力→功. 空(공)·攻(공)과 같이 工(공)이 성부.

필순 一 丅 工 玎 功

새김 ❶공. 공로. ¶戰功(싸움 전, —)전쟁에서 세운 공. ❷일. 사업. ¶成功(이룰 성, —)목적한 일을 이룸. ❸공을 들이다. ¶功效(—, 보람 효)공을 들인 보람.
〔功過〕(공과) 공로와 과오.
〔功德〕(공덕) ①공로와 덕행. ②(佛)염불·송경·보시 등의 선업(善業).
〔功力〕(공력) ①시간과 노력. ②(佛)불법을 수행하여 얻은 공덕의 힘.
〔功勞〕(공로) 성과를 이룩하는데 이바지한 업적. 또는 힘들여 이룬 노력이나 수고.
〔功利主義〕(공리주의) 인간의 행복이나 이익의 추구가 인생이나 사회에 있어서 최고의 목적이라고 생각하는 사상.
〔功名〕(공명) 공적과 명성.
〔功績〕(공적) 공로와 업적.
〔功成名遂〕(공성명수) 공적을 세워 명성을 떨침.
〔功臣〕(공신) 공훈을 세운 신하.
〔功業〕(공업) 공적이 큰 사업.
〔功效〕(공효) 공을 들인 보람.
〔功勳〕(공훈) 나라를 위해 세운 공로.
〔功虧一簣〕(공휴일궤) 흙을 쌓아 산을 만드는데 한 삼태기의 흙이 모자라서 끝내 완성을 보지 못함. 거의 다 이룬 일을 중지하여 지금까지 해 온 일이 헛수고가 됨의 비유.
▷奇功(기공)·論功(논공)·大功(대공)·武功(무공)·首功(수공)·有功(유공)·勳功(훈공)

3 ⑤ 〔务〕 무: 務(0527)의 간화자
0502

4 ⑥ 〔劤〕* 근: 去問 | jìn, キン
0503

행서 이름 힘 근: 자원 형성. 斤+力→劤. 近(근)·芹(근)과 같이 斤(근)이 성부.
새김 힘. 또는 힘이 세다.

4 ⑥ 〔动〕 동: 動(0525)의 간화자
0504

4 ⑥ 〔劣〕** 렬 入屑 | liè, レツ
0505

소전 행서 이름 뒤떨어질 렬 자원 회의. 少+力→劣. 힘이 적기에, 남에게 '뒤떨어지다'의 뜻을 나타낸다.

필순 丿 小 小 少 劣 劣

새김 ❶뒤떨어지다. 남에게 뒤지다. ¶劣勢(—, 형세 세)상대방에게 뒤떨어져 불리한 형세. ❷천하다. 치뜰다. ¶卑劣(낮을 비, —)변변치 못하고 치뜸.
〔劣等〕(열등) 뒤떨어짐. 또는 낮은 등급.
〔劣馬〕(열마) ①여위고 약한 말. ②성질이 사나워서 길들이기 어려운 말.
〔劣惡〕(열악) 질이 낮고 나쁨.
〔劣弱〕(열약) 남보다 못나고 약함.
〔劣情〕(열정) ①비열한 심정. ②욕정만을 추구하는 마음.
〔劣品〕(열품) 질이 낮은 물건.
▷鄙劣(비열)·優勝劣敗(우승열패)·優劣(우열)·低劣(저열)·拙劣(졸렬)

5 ⑦ 〔劫〕* 겁 入葉 | jié, コウ·キョウ
0506

소전 행서 이름 으를 겁 자원 회의. 去+力→劫. 떠나가려는 사람을 힘으로 말린다는 데서 '으르다'의 뜻을 나타낸다.
새김 ❶으르다. 힘으로 억누르다. ¶劫奪(—, 빼앗을 탈)㉮남의 물건을 위협하거나 폭력을 써서 빼앗음. ㉯폭력·위협 등의 강제 수단을 써서 하는 간통. 동強姦(강간). ❷(佛)겁. 천지가 개벽했다가 다시 개벽하는 동안. 매우 긴 시간. ¶永劫(길 영, —)영원한 세월.
〔劫掠〕(겁략) 협박이나 폭력으로 남의 것을 빼앗음.
〔劫迫〕(겁박) 위력으로 으르고 협박함.
〔劫火〕(겁화) (佛)세계가 파멸할 때 일어난다는 큰 불.
▷萬劫(만겁)·億劫(억겁)

5 ⑦ 〔劲〕 경 勁(0516)의 간화자
0507

5 ⑦ 〔努〕** 노 ㊟노: 去麌 | nǔ, ド
0508

행서 이름 힘쓸 노 자원 형성. 奴+力→努. 怒(노)와 같이 奴(노)가 성부.

필순 ㇛ 女 女 女フ 奴 努 努

새김 힘쓰다. 힘껏 애쓰다. ¶努力(—, 힘쓸 력)어떤 목적을 이루려고 힘씀. 또는 그 힘.

5 ⑦ 〔励〕 려: 勵(0538)의 약자·간화자
0509

5 ⑦ 〔労〕 0510 로 勞(0529)의 속자·간화자

5 ⑦ 〔労〕 0511 로 勞(0529)의 약자

⑦〔幼〕 유 幺부 2획(1422)

5 ⑦ 〔助〕*** 0512 조: 去御 zhù, ジョ

소전 행서 이름 도울 조: 자원 형성. 且+力→助. 且에는 '차' 외에 '조' 음도 있어, 祖(조)·租(조)·組(조)와 같이 且(조)가 성부.

필순 丨 冂 月 月 且 肌 助

새김 돕다. 보좌하다. 또는 도움. ¶助力(—, 힘 력)힘을 도움. 또는 도와 주는 힘.
〔助手〕(조수) 주장되는 사람의 일을 도와 주는 사람.
〔助言〕(조언) ①옆에서 말참견하여 거듦. 또는 그 말. ②남에게 도움이 되는 말을 함.
〔助役〕(조역) 도와 줌. 또는 그런 사람.
〔助演〕(조연) 연극 영화에서, 주인공의 연기를 도와 줌. 또는 그 사람.
〔助長〕(조장) ①도와서 더 자라게 함. ②의도적으로 도와서 북돋움.
▷ 共助(공조)·救助(구조)·內助(내조)·補助(보조)·扶助(부조)·援助(원조)·天佑神助(천우신조)

6 ⑧ 〔势〕 0513 세: 勢(0534)의 속자·간화자

6 ⑧ 〔劾〕* 0514 핵 入職 hé, ガイ

소전 행서 이름 캐물을 핵 자원 형성. 亥+力→劾. 核(핵)과 같이 亥(해)의 변음이 성부.

새김 캐묻다. 죄상을 들추어 고발하다. ¶彈劾(캐물을 탄, —)공무를 맡은 사람의 부정이나 범죄를 따지어 책임을 추궁함.
〔劾論〕(핵론) 허물을 들어 논박함.
〔劾奏〕(핵주) 관원의 죄과를 탄핵하여 임금에 게 아룀.

6 ⑧ 〔効〕* 0515 효: 效(2022)의 속자

7 ⑨ 〔勁〕* 0516 경 本경: 去敬 jìng, ケイ

소전 행서 간화 劲 이름 셀 경 자원 형성. 巠+力→勁. 徑(경)·經(경)·輕(경)과 같이 巠(경)이 성부.

새김 세다. ㉠힘이나 세력이 강하다. ¶勁風(—, 바람 풍)세찬 바람. ㉡빳빳하다. 억세다. ¶勁草(—, 풀 초)빳빳한 풀. 억센 기개를 가진 사람의 비유.
〔勁健〕(경건) ①굳세고 건장함. ②필력이 굳세고 힘참.
〔勁卒〕(경졸) 씩씩하고 굳센 병사. 강한 군사.
〔勁直〕(경직) 의지가 굳세고 곧음.
▷ 強勁(강경)

7 ⑨ 〔勉〕*** 0517 면: 上銑 miǎn, ベン

소전 행서 이름 힘쓸 면: 자원 형성. 免〔=免〕+力→勉. 俛(면)·冕(면)과 같이 免(면)이 성부.

필순 ノ ク 𠂊 ⺈ 名 刍 免 免 勉

새김 힘쓰다. 노력하다. ¶勉學(—, 배울 학)배움에 힘씀.
〔勉強〕(면강) ①힘껏 노력함. ②억지로 함.
〔勉勵〕(면려) ①힘껏 노력함. ②권면하여 힘쓰게 함.
〔勉行〕(면행) 힘써 행함. 역행(力行).
▷ 勸勉(권면)·勤勉(근면)·黽勉(민면)

7 ⑨ 〔勃〕* 0518 발 入月 bó, ボツ

소전 행서 이름 일어날 발 자원 형성. 孛+力→勃. 浡(발)과 같이 孛(발)이 성부.

새김 ❶일어나다. 갑자기 일어나거나 일이 터지다. ¶勃發(—, 일어날 발)큰 사건이 갑자기 일어남. ❷발끈하다. 발끈 화를 내다. ¶勃然(—, 그러할 연)㉮갑자기 화를 내거나 안색을 바꾸는 모양. ㉯갑자기 성하게 일어나는 모양.
〔勃起〕(발기) 갑자기 불끈 일어남.
〔勃興〕(발흥) 갑자기 왕성하게 일어섬.

7 ⑨ 〔勇〕*** 0519 용: 上腫 yǒng, ユウ

소전 행서 속자 勇 이름 날랠 용: 자원 형성. 甬+力→勇. 涌(용)·踊(용)과 같이 甬(용)이 성부.

필순 ㄱ ㄱ マ 丙 丙 甬 甬 勇 勇

새김 ❶날래다. 용감하다. ¶勇士(—, 사람 사)용감한 사람. 또는 용감한 군사. ❷과감하다. 결단성이 있다. ¶勇退(—, 물러날 퇴)결단성이 있게 그 자리에서 물러남.
〔勇敢〕(용감) 씩씩하고 기운참.
〔勇氣〕(용기) 씩씩하고 굳센 기운.
〔勇斷〕(용단) 용기 있게 결단함. 또는 그 결단.

〔勇猛〕(용맹) 날래고 사나움.
〔勇往邁進〕(용왕매진) 용감하고 힘차게 나아감.
〔勇將〕(용장) 용감한 장수.
〔勇戰〕(용전) 용감하게 전투함. 또는 그 전투.
〔勇進〕(용진) 용기 있게 나아감.
▷蠻勇(만용)·武勇(무용)·義勇軍(의용군)·忠勇(충용)·悍勇(한용)·豪勇(호용)

7 ⑨ 〔勇〕 용: 勇(0519)의 속자
0520

7 ⑨ 〔勅〕* 칙 [入]職 | chì, チョク
0521

[소전] [행서] [이름] 신칙할 칙 [자원] 회의. 束+攵〔뒤에 力으로 바뀜〕→敕→勅. 묶어놓은 나뭇단을 쳐서 가지런히 한다는 데서 '신칙하다'의 뜻을 나타낸다. 설문은 束(속)의 변음이 성부인 형성자라 한다.
[새김] 신칙하다. 또는 임금의 신칙하는 명령. ¶勅命(—, 명령 명) 임금의 명령.
〔勅令〕(칙령) 임금의 명령.
〔勅使〕(칙사) 칙명을 받은 사신.
〔勅書〕(칙서) 칙명을 적은 문서.
〔勅詔〕(칙조) 제왕의 명령.
▷密勅(밀칙)·詔勅(조칙)

7 ⑨ 〔勋〕 훈 勳(0537)의 간화자
0522

8 ⑩ 〔勍〕* 경 [平]庚 | qíng, ケイ
0523

[소전] [행서] [이름] 굳셀 경 [자원] 형성. 京+力→勍. 京(경)이 성부.
[새김] 굳세다. 강하다. ¶勍敵(—, 적 적)힘이 센 적.
⑩〔脅〕 협 肉부 6획(4299)

9 ⑪ 〔勘〕* 감 [本]감: [去]勘 | kān, カン
0524

[소전] [행서] [이름] 교감할 감 [자원] 형성. 甚+力→勘. 堪(감)과 같이 甚(심)의 변음이 성부.
[새김] ❶교감하다. 대조·검토하여 바로잡다. ¶勘校(—, 바로잡을 교)여러 책을 대조 검토하여 잘못을 바로잡음. ❷심문하다. 죄를 따져 묻다. ¶勘斷(—, 결단할 단)죄를 심문하여 처단함.
〔勘案〕(감안) 헤아려 생각함.
〔勘罪〕(감죄) [國]죄인을 신문하여 법에 따라 처분함.

9 ⑪ 〔動〕*** 동: [上]董 | dòng, ドウ
0525

[소전] [행서] [간화]动 [이름] 움직일 동: [자원] 형성. 重+力→動. 重에는 '중' 외에 '동' 음도 있어 董(동)과 같이 重(동)이 성부.

[필순] 

[새김] ❶움직이다. 靜(5945)의 대. ㉠행동하다. 또는 행동. ¶言動(말 언, —)말과 행동. ㉡옮기다. 또는 옮겨 가다. ¶移動(옮길 이, —)옮기거나 옮겨 다님. ㉢일하다. 또는 움직이게 하다. ¶動力(—, 힘 력)기계를 움직일 수 있는 물·불·바람·전기 등의 힘. ❷걸핏하면. 자칫하면. ¶動輒見$_2$敗$_1$(—, 문득 첩, 당할 견, 패할 패)걸핏하면 해를 당함.
〔動悸〕(동계) 심장의 고동이 심하여 가슴이 울렁거림.
〔動機〕(동기) 어떤 사태나 행동을 일으키게 하는 계기.
〔動亂〕(동란) 폭동·반란·전쟁 등의 사변이나 난리.
〔動脈〕(동맥) ①심장에서 나오는 피를 몸의 각 부문에 보내는 혈관. [대]靜脈(정맥). ②인신하여, 자재·원료·동력 등을 수송하거나 공급하는 역할을 하는 중요한 교통로. [예]경제 발전의 ─.
〔動物〕(동물) 자유로이 움직여 다닐 수 있는 생물. 특히 인간 이외의 모든 짐승. [예]─園.
〔動產〕(동산) 토지·건물 등의 부동산이 아닌, 형체를 바꾸지 않고 주고 받을 수 있는 재산.
〔動搖〕(동요) ①움직이고 흔들림. ②어수선하고 떠들썩하여 갈팡질팡함.
〔動員〕(동원) 필요한 인원·물자 등을 정부의 관리하에 출동시킴. [예]─人員.
〔動議〕(동의) 토의할 문제를 제출함. 또는 그 제의.
〔動作〕(동작) 몸이나 손발을 움직이는 일. [예]起居─.
〔動靜〕(동정) ①움직임과 정지함. ②행동·상황 등이 벌어지는 상태.
〔動態〕(동태) 움직이는 상태.
〔動向〕(동향) ①움직임. ②움직이는 방향.
▷感動(감동)·擧動(거동)·亂動(난동)·反動(반동)·發動(발동)·變動(변동)·騷動(소동)·行動(행동)

9 ⑪ 〔勒〕* 륵 [入]職 | lè, ロク
0526

[소전] [행서] [이름] 굴레 륵 [자원] 형성. 革+力→勒. 肋(륵)과 같이 力(력)의 변음이 성부.
[새김] ❶굴레. 마소의 머리에서 고삐에 연결시키는 끈. ¶貝勒(조개 패, —)조개로 장식한 굴레. ❷억누르다. 강요하다. ¶勒婚(—, 혼인할 혼)강제로 혼인을 함. 또는 그 혼인.
〔勒賣〕(늑매) 억지로 팖. [동]強賣(강매).
〔勒兵〕(늑병) 군사의 대오를 정돈하고 점검함.

〔勒葬〕(늑장) 國남의 땅이나 남의 마을 또는 남의 무덤 가까이에 강제로 장사지냄.
〔勒奪〕(늑탈) 억지로 빼앗음. 강탈(强奪).

9 ⑪ 〔務〕*** 무: 去遇 | wù, ム
0527

소전 행서 간화 务 이름 힘쓸 무: 자원 형성. 敄+力→務. 敄(무)가 성부.

필순

새김 ❶힘쓰다. 맡은 일에 힘쓰다. ¶務本(—, 근본 본)근본에 힘씀. ❷일. 업무·공무 등의 일. ¶任務(맡을 임, —)맡아서 해야 할 일.
〔務望〕(무망) 애써 바람.
〔務實力行〕(무실역행) 참되고 실속이 있도록 힘써 실행함.
▷ 公務(공무)·軍務(군무)·勤務(근무)·服務(복무)·本務(본무)·事務(사무)·實務(실무)·專務(전무)·職務(직무)·責務(책무)

9 ⑪ 〔勖〕* 욱 入沃 | xù, キョク
0528

소전 행서 이름 힘쓸 욱 자원 형성. 冒+力→勖. 冒(모)의 변음이 성부.
새김 힘쓰다. 노력하다.

10 ⑫ 〔勞〕*** ㊀로 平豪 | láo, ロウ ㊁로: 去號 | lào, ロウ
0529

소전 행서 약자 劳 속자 간화 劳 이름 ㊀일할 로 ㊁위로할 로:
자원 회의. 𤇾+力→勞. 𤇾은 營의 생략체로, 일을 경영한다는 뜻. 곧 일의 경영에 힘쓰느라 수고한다는 뜻.

필순

새김 ㊀❶일하다. 근무하다. 또는 일. ¶勤勞(부지런할 근, —)부지런히 일함. ❷지치다. 지쳐서 힘이 빠지다. ¶疲勞(지칠 피, —)지나친 일로 몸이나 정신이 지침. ❸노고. 수고. 또는 공. 공적. ¶功勞(공 공, —)공을 이루는 데 들인 노고. 또는 힘들여 이룬 공. ❹노동자·노동조합의 준말. ¶勞使(—, 사용자 자)노동자와 그 사용자. 예—關係. ㊁위로하다. 또는 격려하다. ¶慰勞(위로할 위, —)정신적·육체적 고달픔을 풀도록 따뜻하게 어루만짐.
〔勞苦〕(노고) ①수고롭게 애씀. ②수고를 위로함.
〔勞困〕(노곤) 고달프고 피곤함.
〔勞動〕(노동) 정신적·육체적 노력을 들여서 하는 일. 예—時間.
〔勞力〕(노력) 인간의 노동의 힘. 또는 그러한 힘을 들여서 일함. 예獻身的 —.
〔勞務〕(노무) ①임금을 받을 목적으로 하는, 체력을 써서 하는 일. ②노동 행정에 관한 사무. 예—課.
〔勞心焦思〕(노심초사) 마음을 괴롭히며 속을 태움.
〔勞役〕(노역) 힘이 드는 육체적 노동.
〔勞而無功〕(노이무공) 애를 썼으나 아무런 보람이 없음.
〔勞賃〕(노임) 품삯. 노동에 대한 보수. 임금.
〔勞作〕(노작) 힘을 들여서 일함. 또는 그렇게 만든 작품.
〔勞組〕(노조) 노동조합의 준말. 노동자의 이익을 지키기 위하여, 노동자들이 법에 따라 만든 단체.
〔勞瘁〕(노췌) 몹시 고달파서 초췌함.
▷ 犬馬之勞(견마지로)·苦勞(고로)·過勞(과로)·徒勞(도로)·煩勞(번로)·心勞(심로)

10 ⑫ 〔勝〕*** ㊀승: 去徑 | shèng, ショウ ㊁승 平蒸 | shēng, ショウ
0530

소전 행서 간화 胜 이름 ㊀이길 승: ㊁다 승 자원 형성. 朕+力→勝. 朕(짐)의 변음이 성부.

필순

새김 ㊀❶이기다. 경쟁이나 싸움에 이기다. 負(5112)·敗(2031)의 대. ¶勝負(—, 질 부)이김과 짐. ❷뛰어나다. 훌륭하다. 또는 경치가 뛰어난 곳. ¶名勝(이름날 명, —)이름이 난 뛰어난 자연 경치. 예—古蹟. ㊁❶다. 남김없이 모두. 〔孟子〕穀不可勝食也 (곡 불가승식야) 곡식을 다 먹지 못한다. ❷견디다. 당해내다. ¶勝任(—, 책임 임) 책임을 견디어냄.
〔勝景〕(승경) 뛰어나게 아름다운 경치.
〔勝率〕(승률) 경기 따위에서 이긴 비율.
〔勝利〕(승리) 싸움이나 경기에 이김.
〔勝算〕(승산) ①이길 가망성. ②이길 만한 계책.
〔勝訴〕(승소) 소송에 이김. 대 敗訴(패소).
〔勝運〕(승운) 이길 운수. 예—이 따랐다.
〔勝因〕(승인) 이긴 원인. 대 敗因(패인).
〔勝蹟〕(승적) 유명한 고적. 명승 고적.
〔勝戰鼓〕(승전고) 싸움에 이겼을 때 치는 북.
〔勝地〕(승지) 경치나 지형이 뛰어나게 좋은 곳.
〔勝敗〕(승패) 승리와 패배. 승부(勝負).
▷ 健勝(건승)·景勝(경승)·奇勝(기승)·殊勝(수승)·連勝(연승)·戰勝(전승)·必勝(필승)

11 ⑬ 〔勧〕 권: 勸(0539)의 약자
0531

11 ⑬ 〔勤〕*** 근 平文 | qín, キン
0532

소전 행서 이름 부지런할 근 자원 형성. 堇+力→勤. 僅(근)·謹(근)과 같이 堇(근)이 성부.

필순 一 十 廾 廾 芔 苎 苣 堇 堇 勤

새김 ❶부지런하다. 일에 힘쓰다. ¶勤儉(—, 검소할 검)부지런하고 검소함. ❷일. 직무. 또는 근무하다. ¶出₂勤₁(나갈 출, —)직장에 근무하러 나감.
〔勤念〕(근념) 國마음을 써서 힘껏 돌보아 줌.
〔勤勞〕(근로) 부지런히 일함.
〔勤勉〕(근면) 부지런히 힘씀.
〔勤務〕(근무) 맡은 일에 힘씀. 직장에서 일함.
〔勤續〕(근속) 한 직장에서 장기간 오래 근무함.
〔勤實〕(근실) 부지런하고 착실함.
〔勤怠〕(근태) ①부지런함과 게으름. ②출근과 결근.
〔勤學〕(근학) 부지런히 공부함. 또는 학문에 힘씀.
▷缺勤(결근)·精勤(정근)·通勤(통근)·退勤(퇴근)

11 ⑬ 〔募〕** 모 本모: 去遇 mù, ボ
0533

소전 행서 이름 모을 모 자원 형성. 莫+力→募. 莫에는 '막' 외에 '모'음도 있어, 暮(모)·慕(모)와 같이 莫(모)가 성부.

필순 一 十 廾 廾 芇 苜 莫 莫 募 募

새김 모으다. 불러 모으다. ¶募集(—, 모을 집) 널리 불러 모음. 예—人員.
〔募金〕(모금) 기부금을 모음.
〔募兵〕(모병) 병사를 모집함.
▷公募(공모)·急募(급모)·召募(소모)·應募(응모)·徵募(징모)·招募(초모)

11 ⑬ 〔勢〕*** 세: 去霽 shì, セイ
0534

소전 행서 속자 간화 势 이름 권세 세: 자원 형성. 埶+力→勢. 埶(세)가 성부.

필순 一 十 土 夫 坴 坴 埶 埶 勢 勢

새김 ❶권세. 세력. 세도. ¶權勢(권력 권, —)권력과 세력. ❷형세. 되어가는 형편. ¶情勢(사정 정, —)사정과 형세. 일이 되어가는 형편. ❸모양. 상태. ¶姿勢(모양 자, —)몸을 가진 모양. ❹불알. 수컷의 생식기. ¶去₂勢₁(없앨 거, —)수컷의 생식기를 없앰.
〔勢客〕(세객) 세도가 있는 사람.
〔勢道〕(세도) ①정치상의 권세. ②세력을 쓸 수 있는 사회적 지위나 권세.
〔勢力〕(세력) ①높은 지위에 있음으로 해서 생기는 권력. ②정치·경제·군사 방면의 힘.
〔勢不兩立〕(세불양립) 적대 관계에 있는 두 세력이 동시에 병존할 수 없음.
〔勢族〕(세족) 권세 있는 집안. 세문(勢門).
▷氣勢(기세)·劣勢(열세)·威勢(위세)·戰勢(전세)·破竹之勢(파죽지세)·虛張聲勢(허장성세)·形勢(형세)

11 ⑬ 〔勣〕* 적 入錫 jī, セキ
0535

행서 이름 공 적 자원 형성. 責+力→勣. 積(적)과 같이 責(책)의 변음이 성부.
새김 공. 공로. 업적. 績(4114)과 통용.

13 ⑮ 〔勳〕 훈 勳(0537)의 속자
0536

14 ⑯ 〔勳〕* 훈 平文 xūn, クン
0537

소전 행서 속자 勲 간화 勋 이름 공 훈 자원 형성. 熏+力→勳. 薰(훈)과 같이 熏(훈)이 성부.
새김 공. 국가나 임금을 위해 세운 공로. ¶勳章(—, 표시 장)나라나 임금을 위해 세운 공로자를 기리기 위해 국가에서 주는 휘장.
〔勳功〕(훈공) 공로. 공훈.
〔勳等〕(훈등) 공훈의 등급.
〔勳爵〕(훈작) 훈등과 작위.
▷功勳(공훈)·武勳(무훈)·賞勳(상훈)·首勳(수훈)·殊勳(수훈)·樹勳(수훈)·元勳(원훈)·忠勳(충훈)

15 ⑰ 〔勵〕** 려: 去霽 lì, レイ
0538

행서 약자 간화 励 이름 힘쓸 려: 자원 형성. 厲+力→勵. 礪(려)와 같이 厲(려)가 성부.

필순 一 厂 严 厞 厲 厲 厲 厲 厲 勵

새김 ❶힘쓰다. 힘껏 노력하다. ¶勵行(—, 행할 행)정해놓은 일을 힘써 행함. ❷권면하다. 북돋우다. ¶激勵(떨칠 격, —)용기나 의욕을 떨치게 북돋아 줌.
〔勵聲〕(여성) 큰 소리. 대성(大聲).
〔勵精〕(여정) 정신을 가다듬어 떨쳐 일어남.
▷督勵(독려)·勉勵(면려)·奬勵(장려)

18 ⑳ 〔勸〕*** 권: 去願 quàn, カン
0539

소전 행서 속자 간화 劝 약자 勧 이름 권할 권: 자원 형성. 雚+力→勸. 權(권)과 같이 雚(권)이 성부.

필순

새김 권하다. 가르쳐 인도하다. ¶勸善懲惡(一, 착할 선, 징계할 징, 악할 악)착한 일을 권하고 악한 일을 징계함.
〔勸戒〕(권계) 권면하여 훈계함.
〔勸告〕(권고) 타일러 권함.
〔勸農〕(권농) 농사를 장려함.
〔勸勉〕(권면) 권하여 힘쓰게 함. 「도함.
〔勸誘〕(권유) 어떤 일을 하도록 권장하여 유
〔勸奬〕(권장) 권하여 힘쓰게 함. 잘하도록 권하여 장려함.
〔勸學〕(권학) 학문에 힘쓰도록 권함.
▷強勸(강권)·教勸(교권)·奬勸(장권)

2 획 부수 勹 部

▷명칭:쌀포
▷쓰임:자형상의 분류를 위한 부수이기는 하나, '안다·싸다' 등의 뜻과 연관성이 많다.

1/③ 〔勺〕* 작 入藥 zhuó, シャク
0540

소전 행서 동자 이름 구기 작 자원 상형. 자루가 달린, 물을 푸는 구기의 모양.
새김 ❶구기. 물이나 술을 푸는 구기. ¶勺水(一, 물 수)한 구기의 물. 적은 양의 물의 형용. ❷작. 용량의 단위. 1홉〔合〕의 10분의 1. 예 五合二勺.
〔勺水不入〕(작수불입) 國한 모금의 물도 넘기지 못함. 음식을 조금도 먹지 못함의 형용.

1/③ 〔勺〕 작 勺(0540)과 동자
0541

2/④ 〔勾〕* 一구: 去宥 gǒu, コウ 二구 平尤 gōu, ク
0542

행서 이름 一올가미 구: 二굽을 구 자원 형성. 勹+厶→勾. 厶는 口(구)의 변형으로 성부.
새김 一올가미. 함정. ¶勾中(一, 속 중)올가미의 속. 二❶굽다. ¶勾玉(一, 구슬 옥)굽은 구슬. ❷붙잡다. 걸어 잡아당기다. 또는 꾀다. 유혹하다. ¶勾引(一, 당길 인)걸어 잡아당김. 꾀어서 끌어 당김.
〔勾股〕(구고) 직각 삼각형.
〔勾配〕(구배) 기울어진 정도.

2/④ 〔匀〕* 균 平眞 jūn, キン
0543

소전 행서 이름 고를 균 자원 회의. 勹+二→匀. 안고 있는 물건을 혼자 차지하지 않고 둘로 나누면 고르게 된다는 뜻.
새김 ❶고르다. 均(0842)과 같다. ❷國 정승(政丞). 의정(議政)에 관한 일에 붙이던 관형어. ¶匀旨(一, 뜻 지)정승이 발표한 의견.

2/④ 〔勿〕*** 물 入物 wù, ブツ
0544

소전 행서 이름 말 물 자원 상형. 활시위를 풀어놓은 모양. 인신하여, 어떤 행위를 하지 말라는 금지의 뜻으로 쓴다.

필순 ノ 勹 勺 勿

새김 ❶말라. ~하지 말라. 금지의 뜻을 나타낸다. 〔論語〕過則勿憚改(과즉 물탄개) 잘못하였으면 고치기를 꺼리지 말라. ❷없다. 부정의 뜻을 나타낸다. ¶勿論(一, 논할 론)더 말할 것 없이.
〔勿驚〕(물경) 엄청난 것을 말할 때 '놀라지 말라', '놀랍게도'의 뜻을 나타냄.
〔勿禁〕(물금) 國관아(官衙)에서 금한 일을 특별히 하도록 허가하여 줌.
⑤〔句〕 구 口부 2획(0644)

3/⑤ 〔包〕** 포 平肴 bāo, ホウ
0545

소전 행서 이름 쌀 포 자원 상형. 아이를 배서 불룩한 배의 모양. 인신하여, '싸다'의 뜻을 나타낸다.

필순 ノ 勹 勺 匀 包

새김 싸다. 휩싸다. 에워싸다. ¶包圍(一, 둘레 위)둘레를 에워쌈. 예 ─作戰.
〔包莖〕(포경) 우멍거지. 예 ─手術.
〔包括〕(포괄) 하나로 휩쓸어 묶음.
〔包攝〕(포섭) 끌어들임. 자기 편에 가담시킴.
〔包容〕(포용) 너그럽게 용서하고 감싸줌.
〔包裝〕(포장) 물건을 싸거나 꾸림. 「소속시킴.
〔包含〕(포함) 함께 들어 있거나 함께 넣거나

4/⑥ 〔匈〕* 흉 平冬 xiōng, キョウ
0546

행서 이름 오랑캐 흉 자원 형성. 勹+凶→匈. 兇(흉)과 같이 凶(흉)이 성부.
새김 ❶오랑캐. 북방 유목 민족인 흉노(匈奴). ❷떠들썩하다. 마음이 술렁술렁하다. ¶匈匈(一, 一)떠들썩함. 세상이 혼란스러워 인심이 술렁거림의 형용.

7 ⑨ 〖匍〗* 포 平虞 pú, ホ
0547

소전 행서 이름 길 포 자원 형성. 勹+甫→匍. 捕(포)·浦(포)와 같이 甫에는 '보' 외에 '포' 음도 있어, 甫(포)가 성부.
새김 기다. 기어 가다. ¶匍匐(—, 길 복)기어 감.
〔匍匐莖〕(포복경) 땅 위로 기듯이 길게 뻗는 줄기.

9 ⑪ 〖匐〗* 복 入屋 fú, フク
0548

소전 행서 이름 길 복 자원 형성. 勹+畐→匐. 福(복)과 같이 畐(복)이 성부.
새김 기다. 기어가다. ¶匍匐(길 포, —)기어서 감.
〔匐枝〕(복지) 땅 위로 뻗어가며 곳곳에 새 뿌리를 내리고 자라는 가지.

9 ⑪ 〖匏〗* 포 平肴 páo, ホウ
0549

소전 행서 이름 박 포 자원 형성. 夸+包→匏. 抱(포)·泡(포)·砲(포)와 같이 包(포)가 성부.
새김 박. 일년생 만초의 열매. 또는 박으로 만든 바가지. ¶匏樽(—, 술그릇 준)말린 박으로 만든 술그릇.
〔匏竹〕(포죽) 생황·피리 등의 악기.

2 획 부수 匕 部

▷명칭:비수비
▷쓰임:숟가락과 관계 있는 한자의 부수, 또는 한자의 자형상의 분류를 위한 부수 등으로 쓰였다.

0 ② 〖匕〗* 비 本비: 上紙 bǐ, ヒ
0550

소전 행서 이름 비수 비 자원 상형. 숟가락의 모양을 본떴다.
새김 ❶비수. 짤막한 칼. ¶匕首(—, 머리 수)썩 잘 드는 단도. ❷숟가락. ¶匕箸(—, 젓가락 저)숟가락과 젓가락.

2 ④ 〖化〗*** ㊀화: 去禡 huà, カ·ケ ㊁화 平麻 huā, カ·ケ
0551

소전 행서 이름 ㊀될 화: ㊁단장할 화 자원 회의. 亻+匕→化. 匕는 죽은 사람을 거꾸로 놓아둔 모양. 사람이 태어나서 죽음에 이르는 동안 일어나는 변화의 뜻을 나타낸다.

필순 丿 亻 亻' 化

새김 ㊀❶되다. ㉠변하여 다르게 되다. ¶變化(변할 변, —)(사물의 모양·성질·상태 등이) 변하여 다르게 됨. ㉡어떤 상태나 모양으로 되게 하다. ¶近代化(가까울 근, 시대 대, —)근대적 특성을 띠게 함. ❷교화하다. 감화시키다. ¶德化(덕 덕, —)덕으로 감화시킴. ❸화학(化學)의 준말. ¶化合(—, 합할 합)두 가지 이상의 물질이 화학적으로 결합하여, 완전히 다른 물질로 됨. 예—物. ㊁단장하다. 꾸미다. ¶化粧(—, 단장할 장)얼굴을 곱게 꾸밈.
〔化膿〕(화농) 곪아서 고름이 생김.
〔化民成俗〕(화민성속) 백성을 잘 가르쳐 아름다운 풍속을 이룸.
〔化石〕(화석) 땅 속에 묻혀 돌처럼 굳어진 생물의 유해나 그 자취.
〔化身〕(화신) 부처나 신이 사람의 몸으로 이 세상에 나타남. 또는 그렇게 나타난 몸.
〔化育〕(화육) 자연이 만물을 내고 기름.
〔化學〕(화학) 물질의 성질이나 구조, 또는 물질 상호간에 일어나는 반응이나 변화 등을 연구하는 학문.
▷感化(감화)·開化(개화)·教化(교화)·歸化(귀화)·文化(문화)·純化(순화)·造化(조화)·進化(진화)·千變萬化(천변만화)·退化(퇴화)·風化(풍화)
⑤〔句〕 구 口부 2획(0644)
⑥〔旬〕 순 日부 2획(2089)

3 ⑤ 〖北〗*** ㊀북 入職 běi, ホク ㊁배: 去隊 bèi, ハイ
0552

소전 행서 이름 ㊀북녘 북 ㊁패할 배: 자원 회의. 두 사람이 등지고 서 있는 모양. 그래서 '등지다·배반하다'의 뜻을 나타낸다. 남쪽을 향해 앉는 임금의 등진 쪽은 북쪽이기에 '북녘'의 뜻이 된다.

필순 丨 ⺊ 𠁣 北 北

새김 ㊀북녘. 북쪽. 방위의 하나. 南(0584)의 대. ¶北進(—, 나아갈 진)북쪽을 향해 나아감. ㊁패하다. 또는 싸움에져서 달아나다. ¶敗北(패할 배, —)싸움에 짐. 또는 패하여 달아남.
〔北極〕(북극) 지구의 북쪽 끝.
〔北堂〕(북당) 남의 어머니를 높여서 이르는 말. 동慈堂(자당).
〔北斗七星〕(북두칠성) 북쪽 하늘에 국자 모양으로 벌려 있는 7개의 별. 준北斗.

〔北邙〕(북망) 묘지. 또는 무덤. ㉮━山川.
〔北辰〕(북신) 북극성.
〔北緯〕(북위) 적도 이북의 위도.
〔北窓〕(북창) 북쪽으로 난 창문.
〔北村〕(북촌) 북쪽에 위치한 마을.
〔北風〕(북풍) 북쪽에서 불어오는 바람.
▷江北(강북)·極北(극북)·南男北女(남남북녀)·南北(남북)·東北(동북)·朔北(삭북)·西北(서북)·城北(성북)·河北(하북)

⑥〔牝〕 빈 牛부 2획(3149)
⑥〔旨〕 지 日부 2획(2092)
⑥〔此〕 차 止부 2획(2542)
⑩〔能〕 능 肉부 6획(4291)
⑩〔眞〕 진 目부 5획(3543)
⑪〔頃〕 경 頁부 2획(5977)

9 ⑪ 〔匙〕* 시 平 支 chí, シ
0553

소전 행서 이름 숟가락 시 자원 형성. 是+匕→匙. 是(시)가 성부.
새김 숟가락. ¶匙箸(━, 젓가락 저)숟가락과 젓가락.
〔匙楪〕(시접) 제사 때 수저를 올려 놓는 접시.
▷插匙(삽시)·鑰匙(약시)
⑭〔疑〕 의 疋부 9획(3431)

2 획 부수 匚·匸部

匚部와 匸部는 종래에는 딴 부수이었으나, 현대에 내려오면서 두 자형에 구별이 없어졌고, 자전을 이용하는 데 혼란만 일으키기에, 편의상 이를 하나의 부수에 통합하였다.
▷匚의 명칭과 쓰임: 터진입구. 口의 오른쪽 세로획이 없는 데서 붙여진 이름. 주로 상자(箱子)와 관련이 있는 뜻을 가진 한자의 부수로 쓰였다.
▷匸의 명칭과 쓰임: 감출혜. 주로 '감추다·숨기다'와 관련이 있는 뜻을 가진 한자의 부수로 쓰였다.

④〔巨〕 거: 工부 2획(1363)

2 ④ 〔区〕 구 區(0561)의 약자·간화자
0554

2 ④ 〔匹〕*** 필 入 質 pǐ, ヒツ
0555

소전 행서 이름 짝 필 자원 상형. 말의 꼬리가 있는 엉덩이의 모양. 인신하여, 말을 세는 단위로 쓴다.

필순 一 丆 兀 匹

새김 ❶짝. 배우. 동아리. 또는 짝짓다. ¶配匹(짝 배, ━)부부로 되는 짝. ㉮天定━. ❷하나. 단독. ¶匹馬(━, 말 마)한 필의 말. ㉮━單騎. ❸필. ㉠포백을 세는 단위. 1필은 4장(丈). ㉡마리. 말을 세는 단위. ㉮馬三百匹.
〔匹夫〕(필부) ①한 사람의 남자. ②보잘것 없는 평범한 남자. 「믿고 날뛰는 용기.
〔匹夫之勇〕(필부지용) 지모는 없고 혈기만
〔匹敵〕(필적) 상대가 될 만한 적수.
▷馬匹(마필)

4 ⑥ 〔匡〕* 광 平 陽 kuāng, キョウ
0556

행서 이름 바룰 광 자원 형성. 匚+王→匡. 狂(광)과 같이 王은 㞷(황)의 생략체로 그 변음이 성부.
새김 바루다. 바로잡다. 또는 바르다. ¶匡正(━, 바를 정)나쁜 상태를 바로잡음.
〔匡謬正俗〕(광류정속) 그릇된 것을 바로잡고 풍속을 바르게 함.
〔匡弼〕(광필) 바로잡고 도움.
▷弼匡(필광)

4 ⑥ 〔匠〕* 장 本 장: 去 漾 jiàng, ショウ
0557

소전 행서 이름 장인 장 자원 회의. 匚+斤→匠. 斤은 도끼. 도끼로 나무를 다듬어 상자를 만드는 사람, 곧 장인을 뜻한다.
새김 ❶장인. 물건을 만드는 전문 기능인. ¶匠人(━, 사람 인)물건 만드는 일을 업으로 하는 사람. ❷거장. 한 방면에 조예가 깊은 사람. ¶宗匠(마루 종, ━)학문이나 기예에 뛰어나 스승으로 추앙받는 사람.
▷巨匠(거장)·工匠(공장)·名匠(명장)·師匠(사장)·意匠(의장)

5 ⑦ 〔匣〕* 갑 本 합 入 洽 xiá, コウ
0558

소전 행서 이름 갑 갑 자원 형성. 匚+甲→匣. 甲(갑)이 성부.
새김 갑. 작은 상자. 큰 것을 箱(3847)이라 함. ㉮성냥匣.
▷文匣(문갑)·玉匣(옥갑)

5 ⑦ 〔医〕 의 醫(5545)의 약자·간화자
0559

8 ⑩ 〔匪〕* 비: 上 尾 fěi, ヒ
0560

소전 匪 행서 匪 이름 비적 비: 자원 형성. 匚+非→匪. 悲(비)와 같이 非(비)가 성부.

새김 ❶비적. 체제를 무너뜨리려는 악한 사람. ¶匪徒(—, 무리 도)비적의 무리. ❷아니다. ~이 아니다. 부정의 뜻을 나타낸다. 〔詩經〕我心匪石(아심비석) 나의 마음은 돌이 아니다.

〔匪賊〕(비적) 도둑의 무리.

9 ⑪ 〔區〕** 구 平虞 qū, ク
0561

소전 區 행서 區 약자 간화 区 이름 구분할 구 자원 회의. 匚+品→區. 여러 가지 물건을 숨겨두는 곳이란 뜻.

필순 一 丆 ㄷ ㄷ ㄷ 𠃊 ... 區

새김 ❶구분하다. 나누다. ¶區別(—, 나눌 별) 성질이나 종류를 따라 따로따로 나눔. ❷구획. 한계를 지어놓은 구역. ¶地區(땅 지, —)땅을 여럿으로 구획한 하나의 범위. ❸작다. 자질구레하다. ¶區區(—, —)㉮자질구레함. 예—한 사정. ㉯이러니저러니하여 제각기 다름. 예—한 억측. ❹행정 구역의 단위. 예서울特別市 鐘路區 積善洞.

〔區間〕(구간) 일정한 두 구역의 사이.

〔區內〕(구내) 한 구역의 안.

〔區分〕(구분) 따로 따로 갈라서 나눔.

〔區域〕(구역) 일정하게 구분된 지역.

〔區劃〕(구획) 경계를 지어 가름.

▷管區(관구)·選擧區(선거구)·學區(학구)

9 ⑪ 〔匿〕* 닉 入職 nì, トク
0562

소전 匿 행서 匿 이름 숨길 닉 자원 형성. 匚+若→匿. 若(약)의 변음이 성부.

새김 숨기다. 숨겨 감추다. 또는 숨다. ¶隱匿(숨을 은, —)숨겨서 감춤.

〔匿名〕(익명) 이름을 숨김. 또는 그 이름.

▷逃匿(도익)·避匿(피익)

11 ⑬ 〔匯〕* 회: 上賄 huì, カイ
0563

소전 匯 행서 匯 동자 滙 간화 汇 이름 모일 회: 자원 형성. 匚+淮→匯. 淮(회)가 성부.

새김 모이다. 물이 돌아 흘러 모이다.

2 획 부수 十 部

▷명칭: 열십

▷쓰임: 10의 배수를 나타내는 한자의 부수로서 쓰이나, 그 외에는 자형상의 분류를 위한 부수로 쓰였다.

0 ② 〔十〕*** 십 入緝 shí, ジュウ
0564

소전 十 행서 十 이름 열 십 자원 지사. 一은 동서, 丨은 남북. 동서남북의 사방과 중앙이 모두 갖추어진 모양이기에, 수로서 '열'을 뜻한다.

필순 一 十

새김 열. 10의 수. 갖은자로는 拾(1875)을 쓴다. ¶十人(—, 사람 인)열 사람.

〔十干〕(십간) 열 개의 천간(天干). 육십갑자의 윗부분을 이루는 요소인, 갑(甲)·을(乙)·병(丙)·정(丁)·무(戊)·기(己)·경(庚)·신(辛)·임(壬)·계(癸)를 이른다. 「이 통하는 친구.

〔十年知己〕(십년지기) 오랫동안 사귀어 마음

〔十目所視〕(십목소시) 열 사람이 보고 열 사람이 손가락질하는 바임. 많은 사람의 엄정한 비판 앞에서는 자기의 언행이나 본성을 숨기지 못한다는 뜻.

〔十常八九〕(십상팔구) 열이면 여덟 아홉은 그러함. 거의 다 그러함. 십중팔구(十中八九).

〔十匙一飯〕(십시일반) 國열 사람의 한 술 밥이 한 그릇의 밥이 됨. 여럿이 힘을 합하면 한 사람을 돕기는 쉽다는 말.

〔十二支〕(십이지) 열두 지지(地支). 곧 자(子)·축(丑)·인(寅)·묘(卯)·진(辰)·사(巳)·오(午)·미(未)·신(申)·유(酉)·술(戌)·해(亥).

〔十人十色〕(십인십색) 열 사람이면 열 가지 색깔이 있음. 사람마다 생각·취향이 제각기 다르다는 말.

〔十字架〕(십자가) ①옛날 서양에서, 죄를 지은 사람을 十자 모양으로 달아놓고 못을 박아 죽이던 형구의 이름. ②예수교의 신자들이 신앙의 징표로 삼는 십자형의 표.

〔十指不動〕(십지부동) 열 손가락을 움직이지 않는다는 뜻으로, 손가락 하나 까딱도 하지 않고 놀기만 함을 이르는 말.

▷聞一知十(문일지십)

1 ③ 〔卄〕* 입 廿(0569)의 약자
0565

1 ③ 〔千〕*** 천 平先 qiān, セン
0566

소전 千 행서 千 이름 일천 천 자원 형성. 人+十→千. 人(인)의 변음이 성부.

필순 ㇒ 二 千

새김 ❶일천. 수의 1000. 갖은자로는 仟

(0133)·阡(5816)을 쓴다. ¶千人(一, 사람 인)천 사람. ❷韆(5962)의 간화자.
〔千古〕(천고) 아주 오랜 옛날. 태고(太古).
〔千軍萬馬〕(천군만마) 일천의 군사와 만 필의 말이란 뜻으로, 썩 많은 군사와 군마를 이르는 말.
〔千慮一得〕(천려일득) 어리석은 사람에게서도 많은 생각을 하는 가운데에 간혹 좋은 생각이 나올 수 있음.
〔千里馬〕(천리마) 하루에 1,000리를 달릴 정도로 썩 잘 달리는 말.
〔千里眼〕(천리안) 천 리 밖의 것을 볼 수 있는 시력. 인신하여, 사물을 꿰뚫어 보는 판단력의 비유.
〔千萬不當〕(천만부당) 전혀 이치에 맞지 않음.
〔千變萬化〕(천변만화) 천만 가지로 변화함. 곧 변화가 무궁함.
〔千思萬考〕(천사만고) 천만 가지의 생각.
〔千辛萬苦〕(천신만고) 갖은 어려운 고비를 겪으며 여러 가지로 애쓰고 고생함.
〔千紫萬紅〕(천자만홍) 천 가지의 자줏빛과 만 가지 붉은 빛이란 뜻으로, 가지각색의 꽃이 만발함의 형용.
〔千載一遇〕(천재일우) 천 년에 한 번 오는 기회. 또는 기회를 얻기 어려움의 형용.
〔千差萬別〕(천차만별) 가지각색. 여러 가지 사물이 모두 차이와 구별이 있음.
〔千秋〕(천추) 천 년. 긴 세월의 형용.
〔千態萬象〕(천태만상) 천 가지 모양과 만 가지 형상.
〔千篇一律〕(천편일률) ①많은 시문(詩文)의 내용과 구성이 서로 비슷하고 차이가 없음. ②사물이 판에 박은 듯 서로 비슷함.
▷萬千(만천)·百千(백천)·數千(수천)·億千(억천)·一騎當千(일기당천)

2 ④ 〔升〕* 승 平蒸 shēng, ショウ
0567

소전 행서 이름 되 승 자원 상형. 곡식을 되는, 자루가 달린 되의 모양.
새김 ❶되. ㉠용량의 단위. 말〔斗〕의 10분의 1. 예二斗三升. ㉡1승을 되는 용기 이름. ❷오르다. 위로 올라가다. 昇(2109)과 통용. ❸승. 새. 직물의 날실 80올을 이르는 말. 예十二升布.
〔升鑑〕(승감) 올리오니 보시옵소서라는 뜻으로, 편지 겉봉의 받을 사람 이름 아래에 쓰는 말. 승계(升啓).
〔升降〕(승강) 올라감과 내려감.
〔升堂入室〕(승당입실) 마루에 오른 다음 방으로 들어감. 학문이나 기예가 차츰 높은 경지에 도달함의 비유.
〔升遐〕(승하) ①하늘로 올라감. ②제왕이나 후비의 죽음을 완곡하게 이르는 말.
▷斗升(두승)

2 ④ 〔午〕*** 오: 上麌 wǔ, ゴ
0568

소전 행서 이름 낮 오: 자원 상형. 절굿공이의 모양. '낮'이란 뜻은 이 자를 일곱째 지지로 쓴 데서 온 새김.

필순 丿 𠂉 𠂉 午

새김 일곱째 지지. 방위로는 정남, 오행으로는 화(火), 시간으로는 정오, 달로는 5월, 동물로는 말〔馬〕에 배당한다. 예甲午更張(갑오경장).
〔午睡〕(오수) 낮잠.
〔午時〕(오시) 상오 11시부터 하오 1시 사이.
〔午前〕(오전) 밤 12시부터 낮 12시까지의 동안.
〔午餐〕(오찬) 점심밥.
▷端午(단오)·上午(상오)·子午線(자오선)·正午(정오)·下午(하오)

2 ④ 〔廿〕 입 入緝 niàn, ジュウ
0569

행서 약자 이름 스물 입 자원 회의. 十+十→廿. 10을 2개 결합하여 20의 수를 나타낸다.
새김 스물. 20. ¶廿日(一, 날 일) 20일.

2 ④ 〔卆〕 졸 卒(0581)과 동자
0570

⑤〔古〕 고: 口부 2획(0642)

3 ⑤ 〔半〕*** 반: 去翰 bàn, ハン
0571

소전 행서 이름 반 반: 자원 회의. 八+牛→半. 八은 둘로 나눈다는 뜻. 소를 둘로 나눈 그 한 쪽, 곧 '반'을 뜻한다.

필순 丶 丷 䒑 兰 半

새김 반. ㉠절반. 둘로 나눈 것 중의 그 하나. ¶過₂半₁(넘을 반, 一)반을 넘음. 예―數. ㉡중간. 가운데. ¶夜半(밤 야, 一)밤의 한가운데. 한밤중.
〔半減〕(반감) 절반으로 줄어듦.
〔半徑〕(반경) 반지름. 직경의 반의 길이.
〔半旗〕(반기) 기를 깃대 끝에서 조금 내려서 달아, 조의를 표하는 기.
〔半島〕(반도) 삼면이 바다로 둘러싸인 육지.
〔半途而廢〕(반도이폐) 일을 하다가 중도에서 그만둠.
〔半白〕(반백) 반쯤 흼. 머리털과 수염이 희끗희끗함.
〔半步〕(반보) 반 걸음.
〔半生半死〕(반생반사) 거의 죽게 된 상태.
〔半熟〕(반숙) ①곡식 · 과일 · 음식 등이 반쯤

익거나 여묾. ②반쯤 익힘.

〔半信半疑〕(반신반의) 반은 믿고 반은 의심「함.
〔半身不隨〕(반신불수) 몸의 절반이 마비되는 증상. 또는 그런 사람.
〔半額〕(반액) 반 값.
〔半月〕(반월) 반달.
〔半子〕(반자) ①사위. ②의붓자식.
▷事半功倍(사반공배)·前半(전반)·折半(절반)·殆半(태반)·後半(후반)

3 ⑤〔卉〕* 훼: 卉(0577)의 속자
0572

4 ⑥〔卍〕* 만: | wàn, マン
0573

행서 卍 이름 만자 만: 새김 만자(卍字). 불경에서 쓰는 萬(4541)의 뜻. 인도에서 길하고 상서로운 표지로 쓰는 자.
〔卍字窓〕(만자창→완자창) 卍과 같은 모양의 창살이 있는 창.

4 ⑥〔卋〕 세: 世(0019)의 고자
0574

4 ⑥〔协〕 협 協(0583)의 간화자
0575

4 ⑥〔华〕 화 華(4535)의 간화자
0576

4 ⑥〔卉〕* 훼: 去未 | huì, キ
0577

행서 卉 속자 芔 이름 풀 훼: 자원 회의. 十은 屮의 변형으로 풀. 이를 3자를 합하여 풀이 많이 모여 있음을 뜻한다.
새김 풀. 풀의 총칭. ¶花卉(꽃 화, ―)꽃이 피는 풀. 예―園地.

6 ⑧〔卖〕 매: 賣(5184)의 간화자
0578

6 ⑧〔卑〕** 비: 本비 平支 | bēi, ヒ
0579

소전 𤰞 행서 卑 이름 낮을 비: 자원 회의. 윗부분은 술잔 모양의 그릇, 아랫부분은 그 그릇의 자루를 손으로 잡고 있는 모양. 기물을 다루는 사람은 신분이 낮기에 '낮다'의 뜻을 나타낸다.

필순 ′ 亻 白 白 白 由 更 卑

새김 ❶낮다. ㉠천하다. 지위나 신분이 낮다. 尊(1244)의 대. ¶卑賤(―, 천할 천)신분이나 지위가 낮음. ㉡인격이나 품성이 낮다. ¶卑劣(―, 용렬할 렬)치뜰고 용렬함. ❷낮추다. 자기 자신을 낮추다. ¶卑下(―, 낮출 하)자기 자신을 낮춤. ❸가깝다. 가깝고 쉽다. ¶卑近(―, 가까울 근)늘 듣고 볼 수 있을 정도로 생활과 가까움. 예―한 예.
〔卑怯〕(비겁) 비열하고 겁이 많음.
〔卑屈〕(비굴) 용기가 없고 비겁함.「낮고 천함.
〔卑陋〕(비루) ①초라하고 누추함. ②지위가
〔卑俗〕(비속) ①천박하고 속됨. ②비천한 풍속.「친족.
〔卑屬〕(비속) 자손 또는 손아래 항렬에 있는
▷謙卑(겸비)·男尊女卑(남존여비)·野卑(야비)·尊卑(존비)

6 ⑧〔尭〕 요 堯(0910)의 속자
0580

6 ⑧〔卒〕*** ㊀졸 入月 | zú, ソツ
㊁졸 本줄 入質 | zú, ソツ
0581

소전 𧘝 행서 卒 동자 卆 이름 ㊀군사 졸 ㊁마칠 졸 자원 회의. 衣+一→卒. 一은 옷에 표시한 표지. 고대에 표지가 달린 옷을 입은 사람은 병사나 하인이었기에 '군사·하인'의 뜻을 나타낸다.

필순 ˋ 亠 广 六 众 众 쓰 卒

새김 ㊀❶군사. 병사. ¶兵卒(군대 병, ―)군대의 장교 이외의 군인. ❷하인. 종. ¶獄卒(옥 옥, ―)옥에 간힌 사람을 맡아 지키는 사람. ❸갑자기. 별안간. ¶卒倒(―, 넘어질 도)갑자기 정신을 잃고 쓰러짐. ㊁❶마치다. 또는 끝내다. ¶卒[2]業[1](―, 업 업)일정한 규정의 학업을 마침. ❷죽다. 사람이 죽다. ¶卒年(―, 해 년)죽은 해. ❸마침내. 드디어. 〔孟子〕卒爲[3]善[1]士[2](졸위선사) 마침내 착한 선비가 되다.
〔卒哭〕(졸곡) 사람이 죽은 뒤 석 달 만에 오는 첫 정일(丁日)이나 해일(亥日)에 지내는 제사. 졸곡 후에는 무시곡(無時哭)을 그치고 조석으로 곡을 함.
〔卒兵〕(졸병) 지위가 낮은 군사. 병졸(兵卒).
〔卒逝〕(졸서) 죽음. 세상을 떠남.
〔卒然〕(졸연) 별안간. 갑작스럽게.
▷甲卒(갑졸)·軍卒(군졸)·騎卒(기졸)·邏卒(나졸)·士卒(사졸)·弱卒(약졸)·驛卒(역졸)·倉卒間(창졸간)

⑧〔直〕 직 目부 3획(3532)

6 ⑧〔卓〕** 탁 本착 入覺 | zhuō, タク
0582

소전 𣅀 행서 卓 이름 높을 탁 자원 회의. 卜〔人의 변형〕+早→卓. 早는 이른 아침. 사람이 아침의 해 위에 있는 형상. 그래서 '높다'의 뜻을 나타낸다.

필순 丨 卜 卜 占 占 卣 卣 卓

새김 ❶높다. 높고 뛰어나다. ¶卓越(—, 넘을 월)남보다 월등하게 뛰어남. 예—한 識見. ❷책상. 탁자. ¶食卓(밥 식, —)여러 사람이 둘러앉아서 음식을 먹게 만든 탁자.
〔卓見〕(탁견) 뛰어난 이론이나 주장.
〔卓犖〕(탁락) 남보다 월등하게 뛰어남.
〔卓論〕(탁론) 뛰어난 논의. 탁견(卓見).
〔卓立〕(탁립) 뛰어남. 우뚝하게 높음.
〔卓上〕(탁상) 책상·식탁 등의 위. 예— 空論.
〔卓絶〕(탁절) 훨씬 뛰어나 비할 바가 없음.
〔卓出〕(탁출) 특출함. 걸출함.
〔卓行〕(탁행) 뛰어난 품행. 고상한 행위.
▷圓卓(원탁)·超卓(초탁)

6 ⑧ 〔協〕*** 협 入葉 xié, キョウ
0583

소전 協 행서 協 고자 叶 간화 协 이름 화합할 협 자원 형성. 十+劦→協. 脇(협)·脅(협)과 같이 劦(협)이 성부.

필순 一 十 †¬ †カ 协 协 協 協

새김 화합하다. 힘이나 마음을 하나로 합하다. ¶協同(—, 한가지 동)동일한 목적을 위하여 서로 힘을 합쳐 함께 함.
〔協力〕(협력) ①힘을 합하여 서로 도움. ②한 가지 목적을 이루기 위하여 서로 힘을 합침.
〔協商〕(협상) ①협의함. ②국가들 사이에 특정한 사항을 해결하기 위하여 하는 외교적 회담. 예— 代表. 「조약.
〔協約〕(협약) 서로 협의하여 약정함. 또는 그
〔協議〕(협의) 서로 논의함. 함께 토의함.
〔協定〕(협정) ①협의하여 결정함. ②국가간에 협의하여 체결하는 조약.
〔協助〕(협조) 협력하여 도와줌. 예— 精神.
〔協調〕(협조) 서로 힘을 합하여 양보해 가면서 조화를 이루어 나감.
〔協奏〕(협주) ①여러 악기를 함께 연주함. ②관현악 반주를 동반하는 독주.
〔協贊〕(협찬) 협력하여 도움. 「회.
〔協會〕(협회) 회원들이 협동하여 운영하는
▷不協(불협)·妥協(타협)·和協(화협)

7 ⑨ 〔南〕*** ㊀남 ㊁나 平覃 nán, ナン nā, ナ
0584

소전 南 행서 南 이름 ㊀남녘 남 ㊁ 나무 나 자원 형성. 凢〔朩의 변형〕+羊 →南. 羊(임)의 변음이 성부.

필순 一 十 †̈ 冂 冇 冇 内 卥 南

새김 ㊀남녘. 남쪽. 방위의 하나. 北(0552)의 대. ¶南方(—, 방위 방)남쪽. 남녘. 또는 남쪽 지방. ㊁나무(南無). 범어 Namas의 음역. 예 南無阿彌陀佛(나무아미타불).
〔南柯一夢〕(남가일몽) 덧없는 꿈. 또는 한 때의 헛된 부귀 영화. 故 당(唐)나라 순우분(淳于棼)이 괴안국(槐安國)에 이르러 20년 동안 온갖 부귀 영화를 누렸는데, 깨어서 보니 홰나무의 남쪽 가지 아래서 낮잠을 자다가 꾼 꿈이었다는 고사.
〔南瓜〕(남과) 호박. 「(북극).
〔南極〕(남극) 지구 자전축의 남쪽 끝. 대北極
〔南男北女〕(남남북녀) 國 남쪽 지방에서는 남자가 잘생겼고, 북쪽 지방에서는 여자가 아름답다는 말. 「이남의 도.
〔南道〕(남도) ①남쪽으로 난 길. ② 國 경기도
〔南蠻〕(남만) 중국 남쪽 지방의 소수 민족.
〔南面〕(남면) ①앞면을 남쪽으로 둠. ②임금이 앉은 자리의 방향. 인신하여, 임금이 되어 나라를 다스림.
〔南船北馬〕(남선북마) 중국에서는, 남쪽 지방은 배를, 북쪽 지방에서는 말을 주요한 교통 수단으로 한다는 말로, 각지를 이리저리 돌아다님을 이르는 말.
〔南至〕(남지) 동지(冬至).
〔南進〕(남진) 남쪽으로 진출함. 예— 政策.
〔南風〕(남풍) 남쪽에서 불어오는 바람.
〔南下〕(남하) 북쪽에서 남쪽으로 내려옴. 예6·25 때 —한 인민군.
▷江南(강남)·山南(산남)·西南(서남)·嶺南(영남)·指南(지망)·河南(하남)·湖南(호남)

7 ⑨ 〔单〕 단 單(0754)의 약자
0585

⑪〔率〕 솔 玄부 6획(3223)

10 ⑫ 〔博〕** 박 入藥 bó, ハク·バク
0586

소전 博 행서 博 이름 넓을 박 자원 형성. 十+尃→博. 縛(박)·搏(박)과 같이 尃(박)이 성부.

필순 十 十˝ 忄˝ 忄ˇ 愽 愽 愽 博 博 博

새김 ❶넓다. 견문이 넓다. ¶博愛(—, 사랑할 애)모든 사람을 차별 없이 널리 사랑함. ❷장기. 쌍륙. ¶博奕(—, 바둑 혁)장기와 바둑.
〔博覽〕(박람) ①책을 많이 읽음. 예— 強記. ②돌아다니며 여러 가지 사물을 많이 봄. ③많은 일반 사람이 봄. 예— 會.
〔博聞強記〕(박문강기) 사물을 널리 보고 들어 이를 잘 기억함. 박람강기(博覽強記).
〔博文約禮〕(박문약례) 널리 학문을 연구하고, 예법을 잘 지킴.

〔博施濟衆〕(박시제중) 널리 은혜를 베풀어 많은 사람을 구제함.
〔博識〕(박식) 견문이 넓고 아는 것이 많음.
〔博學〕(박학) 학식이 깊고 넓음. 예—多聞.
▷賭博(도박)·該博(해박)·浩博(호박)
⑭〔兢〕 긍 儿부 12획(0358)

2획 부수 卜部

▷명칭:점복
▷쓰임:점과 관련이 있는 한자의 부수로 주로 쓰였으나, 자형상의 분류를 위한 부수도 있다.

0 ② 〔卜〕** 0587 복 入屋 | bú, ボク

소전 卜 행서 卜 이름 점 복 자원 상형. 고대에는 거북을 구워 그 등껍데기에 나타난 갈라진 금을 보고 길흉을 점쳤는데, 이 자는 그 갈라진 금의 모양.

필순 丨 卜

새김 ❶점. 또는 점을 치다. ¶卜術(—, 방법 술) 점을 치는 방법. ❷國짐. 수레나 마소에 싣는 짐. ¶卜馬(—, 말 마)짐을 싣는 말. ❸蔔(4581)의 간화자.
〔卜居〕(복거) 살 만한 곳을 가려서 정함.
〔卜師〕(복사) 점을 치는 사람.
〔卜筮〕(복서) 점을 침. 또는 그 점. 점서(占筮).
〔卜日〕(복일) 점을 쳐서 좋은 날을 가림.
〔卜債〕(복채) 점을 쳐 준 값으로 점쟁이에게 주는 돈.
▷賣卜(매복)·問卜(문복)·占卜(점복)

2 ④ 〔卞〕* 0588 변: 去霰 | biàn, ベン

행서 卞 이름 법 변: 자원 상형. 고대 사람들이 쓰던 관(冠)의 모양.

새김 ❶법. 법도. 〔書經〕率循大卞(솔순대변) 큰 법도를 따름. ❷조급하다. 성질이 급하다. ¶卞急(—, 급할 급)성질이 매우 조급함.

3 ⑤ 〔卢〕 0589 로 盧(3529)의 간화자

3 ⑤ 〔占〕** 0590 ㊀점 平鹽 | zhān, セン ㊁점 本점: 去豔 | zhàn, セン

소전 占 행서 占 이름 ㊀점 점 ㊁차지할 점 자원 회의. 卜+口→占. 卜은 점을 치기 위해 거북을 구웠을 때 그 등껍데기에 나타난 갈라진 금. 이를 보고 그 길흉을 입으로 말한다는 뜻.

필순 丨 卜 ⺊ 占 占

새김 ㊀점. 또는 점을 치다. ¶占星(—, 별 성) 별의 위치·빛 등을 보고 개인이나 국가의 길흉을 점침. 예—家·—術. ㊁차지하다. 자기 것으로 만들다. ¶占領(—, 거느릴 령)무력으로 일정한 지역을 차지하여 자기의 지배하에 둠. 예—軍·—地.
〔占據〕(점거) 일정한 곳을 차지하여 자리잡음.
〔占卦〕(점괘) ①점을 침. ②점을 쳐서 나오는 괘.
〔占辭〕(점사) 점괘의 뜻을 풀이한 말.
〔占術〕(점술) 점치는 술법.
〔占有〕(점유) 차지하여 제 소유로 함.
▷獨占(독점)·卜占(복점)·先占(선점)

4 ⑥ 〔贞〕 0591 정 貞(5114)의 간화자

6 ⑧ 〔卦〕* 0592 괘 本괘: 去卦 | guà, カ

소전 卦 행서 卦 이름 괘 괘 자원 형성. 圭+卜→卦. 圭(규)의 변음이 성부.

새김 괘. 복희씨가 만들었다는, 주역(周易)의 부호. 양효(陽爻 ; ⚊)와 음효(陰爻 ; ⚋)의 세 효로 하나의 괘를 만드는데, 이를 이리저리 배합하면 8괘가 되고, 이 괘를 이리저리 배합하면 64괘가 된다. 점을 쳐서 얻는 이들 괘를 기초로 하여 길흉을 판단한다. 예八卦·六十四卦.
〔卦辭〕(괘사) 주역 각 괘의 뜻을 풀이한 글.
〔卦爻〕(괘효) 주역(周易)의 괘와, 괘를 형성하는 효.
▷占卦(점괘)
⑧〔卓〕 탁 十부 8획(0582)
⑨〔貞〕 정 貝부 2획(5114)

9 ⑪ 〔卨〕* 0593 설 入屑 | xiè, セツ

소전 卨 행서 卨 이름 사람이름 설 자원 상형. 벌레의 모양을 본떴다.

새김 사람 이름. 은(殷)나라 시조의 이름. 契(1015)로도 쓴다.

2획 부수 卩(㔾)部

▷명칭:병부절
▷쓰임:부신(符信)과 관계 있는 한자의 부수로 쓰이기도 하고, 자형상의 분류를 위한 부수로도 쓰였다.

3
⑤ 〔卯〕*** 묘: 上 巧 mǎo, ボウ
0594

소전 卯 행서 卯 이름 토끼 묘: 자원 상형. 문짝을 좌우로 열어놓은 모양. 새김은 가차.

필순 ノ ㄈ 卯 卯 卯

새김 넷째 지지. 방위로는 동쪽, 오행으로는 목(木), 시각으로는 오전 6시 전후, 달로는 음력 2월, 동물로는 토끼에 배당된다. 예 癸卯年(계묘년).
〔卯時〕(묘시) 오전 5시부터 7시까지의 사이.
〔卯酒〕(묘주) 묘시에 마시는 술. 곧 해장술.

4
⑥ 〔危〕*** 위 平 支 wēi, キ
0595

소전 危 행서 危 이름 위태할 위 자원 형성. 𠂊+㔾→危. 𠂊(위)가 성부.

필순 ノ ク ク 产 危 危

새김 ❶위태하다. ㉠형세가 어렵다. ¶危篤(—, 병중할 독)병이 매우 중하여 생명이 위태로움. ㉡위험하다. ¶危急(—, 급할 급)위험이 눈앞에 닥쳐 매우 급함. 예— 存亡之秋. ❷불안해 하다. 두려워하다. ¶危懼(—, 두려워할 구)불안해 하고 두려워함. ❸높다. 아스라하다. ¶危峯(—, 봉우리 봉)높고 험한 산봉우리. ❹반듯하다. 단정하다. 엄격하다. ¶危坐(—, 앉을 좌)상체를 바르게 하여 단정하게 앉음.
〔危機〕(위기) 위급한 고비. 예—에 처하다.
〔危機一髮〕(위기일발) 눈앞에 닥친 아주 위험한 순간.
〔危樓〕(위루) 높은 누각.
〔危如累卵〕(위여누란) 위태롭기가 알을 쌓아 놓은 것과 같음. 몹시 위태함의 비유.
〔危重〕(위중) 병세가 위급함.
〔危殆〕(위태) 위험함. 예—로운 산길.
〔危害〕(위해) 위험한 재해.
〔危險〕(위험) 위태롭고 험하여 안전하지 못함.
▷ 居安思危(거안사위)·累卵之危(누란지위)·安危(안위)

4
⑥ 〔印〕*** 인 本인: 去 震 yìn, イン
0596

소전 印 행서 印 이름 도장 인 자원 회의. ⺕〔爪를 세로로 놓은 모양〕+ 卩→印. 爪는 가지다. 벼슬아치가 가지는 부신. 그래서 '도장'을 뜻한다.

필순 ノ 𠂆 F E E㇆ 印

새김 ❶도장. ¶職印(직분 직, —)직위의 이름을 표시한 도장. ❷도장을 찍다. ㉠인쇄하다. ¶印版(—, 판 판)인쇄하는 판. ㉡흔적을 남기다. ¶印象(—, 형상 상)사물을 접촉하였을 때 마음이 받아들인 느낌이나 기억에 남겨진 흔적. 예 첫 —이 좋다.
〔印鑑〕(인감) 자신의 실인(實印)임을 증명하기 위하여 관공서에 신고한 도장.
〔印本〕(인본) 인쇄한 책.
〔印稅〕(인세) 서적의 발행자가 저자에게 정가의 일정한 비율로 주는 돈.
〔印刷〕(인쇄) 판(版)에 새긴 문자나 그림을 종이·견포(絹布) 등에 박는 일.
〔印影〕(인영) 인발. 찍어놓은 도장의 형적.
〔印章〕(인장) ①도장. ②인발. 찍어 놓은 도장의 흔적.
〔印紙〕(인지) 수수료나 세금 따위를 물었다는 표로 서류에 붙이는, 법으로 정해져 있는 딱지. 예 收入—.
▷ 改印(개인)·檢印(검인)·官印(관인)·烙印(낙인)·捺印(날인)·封印(봉인)·私印(사인)·社印(사인)·消印(소인)

5
⑦ 〔却〕** 각 入 藥 què, キャク
0597

소전 卻 행서 却 본자 卻 이름 물러날 각 자원 형성. 去〔谷의 변형〕+ 卩→卻→却. 谷(곡)의 변음이 성부.

필순 一 + 土 去 去 去㇆ 却

새김 ❶물러나다. ¶退却(물러날 퇴, —)싸움에서, 뒤로 물러남. ❷물리치다. ¶棄却(버릴 기, —)받아들이지 아니하고 물리침. ❸어조사. 동사의 뒤에 놓아 그 동사의 완성을 뜻한다. ¶忘却(잊을 망, —)잊어버림.
〔却說〕(각설) 화제를 돌려 다른 말을 꺼낼 때, 그 첫머리에 쓰는 말.
〔却下〕(각하) 원서·소송 따위를 받지 아니하고 물리침.
▷ 賣却(매각)·燒却(소각)

5
⑦ 〔卵〕*** 란: 上 旱 luǎn, ラン
0598

소전 卵 행서 卵 이름 알 란: 자원 상형. 알이 두 개 겹쳐져 있는 모양.

필순 ノ ㄈ ㄈ 卵 卵 卵 卵

새김 알. 동물의 알. ¶鷄卵(닭 계, —)달걀.
〔卵白〕(난백) 알의 흰자위.
〔卵生〕(난생) 알에서 태어남.
〔卵巢〕(난소) 난자를 만들어 내며 여성 호르몬을 분비하는 생식 기관.
〔卵育〕(난육) 새가 알을 품듯이, 아이를 품에

안아서 기름을 이르는 말.
〔卵子〕(난자) 난소에서 이루어지는 자성(雌性)의 난세포(卵細胞). ↔정자(精子).
▷累卵(누란)·產卵(산란)

5 ⑦〔即〕 즉 卽(0602)과 동자
0599

6 ⑧〔卷〕*** ㊀권: 去霰 juàn, カン ㊁권: 上銑 juǎn, ケン
0600

소전 행서 卷 이름 ㊀책 권; ㊁말 권; 자원 형성. 𢍏+㔾→卷. 券(권)·拳(권)과 같이 𢍏(권)이 성부.

필순 丶 丷 亠 亼 半 关 卷 卷

새김 ㊀❶책. 서적. 특히 두루마리로 된 책. ¶卷頭(—, 머리 두)책의 첫머리. ❷권. ㉠책의 편차의 구별. ¶上卷(위 상, —)상·하, 또는 상·중·하로 된 책의 첫째 권. ㉡책을 세는 단위. ㉾ 藏書二千卷. ㉢國한지 20장을 한 묶음으로 세는 말. ㉾ 韓紙二十卷. ㊁❶말다. 종이·피륙 따위를 말다. ¶卷尺(—, 자 척)헝겊이나 얇은 강철을 좁은 띠 모양으로 만들어, 둥근 갑 속에 돌돌 말아 넣은 자. 필요할 때에 잡아당겨 풀어 내어 쓰게 되어 있다. ❷捲(1904)의 간화자.
〔卷頭言〕(권두언) 책의 머리말.
〔卷數〕(권수) 책의 수효.
〔卷雲〕(권운) 새털구름. 구름 중에서 가장 높이 있는 구름.
〔卷帙〕(권질) ①책. ②책의 편수와 부수.
〔卷軸〕(권축) 족자 아래에 가로대는 둥글고 긴 나무.
▷開卷(개권)·別卷(별권)·壓卷(압권)·全卷(전권)

7 ⑨〔卻〕 각 却(0597)의 본자
0601

7 ⑨〔卽〕*** 즉 入職 jí, ソク
0602

소전 행서 동자 即 이름 나아갈 즉 자원 회의. 皀+卩→卽. 皀는 음식을 담은 그릇, 卩은 꿇어앉은 모양. 사람이 음식 그릇 앞에 꿇어앉는 데서, '나아가다'의 뜻을 나타낸다.

필순 ′ ′ 冂 白 白 自 皀 皀 卽

새김 ❶나아가다. ¶卽位(—, 자리 위)임금의 자리에 나아감. ❷바로. 곧바로. ¶卽決(—, 정할 결)일을 그 자리에서 곧바로 결정하여 처리함. ❸곧. 바꾸어 말하면. ¶色卽是空(색 색, —, 이 시, 빌 공)色은 곧 이것이 空이다.
〔卽刻〕(즉각) 당장에 곧. 즉시(卽時).
〔卽今〕(즉금) 지금. 오늘. 현재.
〔卽死〕(즉사) 당장 그 자리에서 죽음.
〔卽席〕(즉석) 일이 진행되는 바로 그 자리.
〔卽時〕(즉시) 그 때 바로. 당장에.
〔卽應〕(즉응) 그 자리, 그 때에 따라 거기에 곧 응함. ㉾사태에 —하는 대책.
〔卽效〕(즉효) 즉시 나타나는 효력. ㉾ —藥.
〔卽興〕(즉흥) 즉석에서 느끼어 일어나는 흥취. ㉾ —詩.
▷一觸卽發(일촉즉발)

8 ⑩〔卿〕 경 卿(0604)의 속자
0603

10 ⑫〔卿〕** 경 平庚 qīng, ケイ
0604

소전 행서 속자 卿 이름 벼슬 경 자원 회의. 가운데의 皀은 혼자 앉은 자리, 그 좌우는 서로 마주 보고 있는 두 사람. 그래서 한 사람뿐인 임금을 돕는 사람, 곧 대신을 뜻한다.

필순 ′ ľ 卯 ... 卿

새김 ❶벼슬. 정권을 잡고 있는 대신. ¶卿相(—, 재상 상)육경과 삼상(三相). 또는 재상. ❷경. ㉠남자에 대한 높임말. ㉾처칠卿. ㉡임금이 신하를 부르던 말. 우리나라에서는 2품 이상의 신하에게만 쓰던 호칭. ¶卿等(—, 무리 등) 경들.
▷九卿(구경)·上卿(상경)·六卿(육경)

2획 부수 厂部

▷명칭: 민엄호. 广를 '엄호'라 부르는 데서 붙여진 이름.
▷쓰임: 벼랑과 관련이 있는 한자의 부수로 쓰였고, 때로는 广의 생략체로도 쓰였다.

0 ②〔厂〕 창 廠(1468)의 간화자
0605

2 ④〔厄〕** 액 入陌 è, ヤク
0606

소전 행서 厄 이름 재앙 액 자원 상형. 마소에 메우는 멍에의 형상. 인신하여, 재앙의 뜻이 되었다.

필순 一 厂 厅 厄

새김 ❶재앙. 불행한 일. ¶厄會(—, 때 회)재앙이 닥치는 불행한 때. ❷액. 사나운 운수. ¶厄

年(一, 해 년)운수가 사나운 해.
〔厄運〕(액운) 재앙을 당할 운수.
〔厄禍〕(액화) 액으로 당하는 재앙.
▷困厄(곤액)·災厄(재액)·橫厄(횡액)

2④〔历〕0607 ㊀력 歷(2550)의 간화자
㊁력 曆(2196)의 간화자

④〔反〕 반: 又부 2획(0627)

2④〔厅〕0608 청 廳(1471)의 간화자

④〔仄〕 측 人부 2획(0121)

4⑥〔压〕0609 압 壓(0958)의 간화자

4⑥〔厌〕0610 염: 厭(0618)의 간화자

⑥〔灰〕 회 火부 2획(3004)

6⑧〔厓〕* 0611 애 平佳 yá·ái, ガイ

소전 厓 행서 厓 이름 언덕 애 자원 형성. 厂+圭→厓. 圭(규)의 변음이 성부.
새김 ❶언덕. 낭떠러지. 崖(1335)와 같다. ¶斷厓(끊을 단, 一)깎아지른 듯한 낭떠러지. ❷물가. 강기슭. 涯(2786)와 같다.
▷絶厓(절애)·層厓(층애)·懸厓(현애)

7⑨〔厘〕* 0612 리 釐(5563)의 속자·간화자

7⑨〔厚〕*** 0613 후: 上有 hòu, コウ

소전 厚 행서 厚 이름 두터울 후: 자원 회의. 厂+旱→厚. 旱는 享을 거꾸로 둔 모양으로 제삿술을 올리는 모양. 언덕 아래에서 제사를 지낸다는 뜻에서, 예를 차림이 두텁다의 뜻을 나타낸다.

필순 一 厂 𠂆 厈 厚 厚 厚 厚 厚

새김 ❶두텁다. 薄(4616)의 대. ㉠두껍다. ¶厚顔(一, 얼굴 안)낯가죽이 두꺼운 얼굴. 뻔뻔스러운 사람의 형용. ⓔ—無恥. ㉡후하다. 인정이 많다. ¶厚意(一, 뜻 의)남을 위하여 후하게 쓰는 마음씨. ㉢정도가 깊다. ¶濃厚(짙을 농, 一)어떤 경향이나 빛·맛·향기 등의 짙은 정도가 깊음. ❷두텁게 하다. ¶厚生(一, 살 생)사람의 삶을 넉넉하게 함. ⓔ利用—.
〔厚待〕(후대) 특별히 잘 대우함. 또는 그런 대우.
〔厚德〕(후덕) ①넓고 큰 덕. ②후하게 은혜를 베풂.
〔厚朴〕(후박) 정이 깊고 꾸밈이 없음.
〔厚謝〕(후사) 정중히 사례함. 또는 그 사례.
〔厚遇〕(후우) 후하게 대우함. 또는 그러한 대우.
〔厚誼〕(후의) 두텁고 깊은 정의(情誼).
〔厚情〕(후정) 두터운 정. 후의(厚意).
〔厚幣〕(후폐) 융숭한 예물.
▷寬厚(관후)·敦厚(돈후)·深厚(심후)·溫厚(온후)·仁厚(인후)·重厚(중후)

8⑩〔原〕*** 0614 원 平元 yuán, ゲン

소전 原 행서 原 이름 벌판 원 자원 회의. 厂+泉〔泉의 변형〕→原. 언덕 밑에서 솟는 샘. 그래서 '물줄기의 근원'이란 뜻을 나타낸다.

필순 一 厂 厂 𠂆 厈 盾 盾 原 原 原

새김 ❶벌판. 높고 평평한 땅. ¶高原(높을 고, 一)높은 지대에 있는 벌판. ⓔ—地帶. ❷근원. 물줄기의 근원. 또는 사물이 생겨난 근본. ¶原理(一, 이치 리)사물이나 현상의 근본이 되는 도리나 이치.
〔原價〕(원가) ①본값. 상품을 사들인 값. ②제품의 생산에 든 비용. ⓔ—計算.
〔原告〕(원고) 소송을 제기하여 재판을 청구한 사람. ↔피고(被告).
〔原稿〕(원고) 인쇄나 강연 등을 하기 위하여 애벌로 쓴 글. 초고(草稿).
〔原動力〕(원동력) ①운동이나 활동의 근본이 되는 힘. ⓔ발전의 —. ②기계를 움직이는 힘.
〔原料〕(원료) 물건을 만드는 재료.
〔原本〕(원본) ①베끼거나 고치거나 번역하거나 한 것에 대한 근본이 되는 서류나 문건. ②여러 차례 간행된 책에서 맨 처음에 간행된 책. ⓓ原刊本(원간본).
〔原簿〕(원부) ①근본이 되는 장부. ②고쳐 만들기 전의 본디의 장부.
〔原産地〕(원산지) 본디 생산된 땅. 또는 그 지역.
〔原狀〕(원상) 본디의 형편이나 상태. ⓔ—회복.
〔原色〕(원색) 모든 빛의 바탕이 되는 빨강·파랑·노랑의 세 빛깔. 삼원색.
〔原書〕(원서) 번역한 책에 대하여 원문으로 된 책.
〔原始〕(원시) ①본디 그대로 있어 아직 진화하지 아니한. ⓔ—時代. ②자연 그대로 있어 개발하거나 이용하지 아니한. ⓔ—林.
〔原案〕(원안) 회의에 제출된 원래의 안. ⓔ—대로 통과하다.
〔原油〕(원유) 땅 속에서 뽑아내어 아직 정제하지 아니한 기름.
〔原宥〕(원유) 죄를 용서함. 편지투.
〔原因〕(원인) 사물이 일어나게 된 까닭.
〔原典〕(원전) 본디의 책. ⓔ—을 번역하다.

〔原點〕(원점) ①운동이 시작되는 점. 기점(起點). ②거리나 양을 재는데 기준이 되는 점.
〔原從功臣〕(원종공신) 國각 등급의 주(主)가 되는 공신 이외에 비교적 작은 공이 있는 사람에게 주는 칭호.
〔原罪〕(원죄) 예수교에서, 인류가 날 때부터 가지고 있다는 죄.
〔原則〕(원칙) ①근본이 되는 법칙. ②일반적으로 적용되는 규칙.
〔原形〕(원형) 본디부터 가지고 있는 모양.
〔原型〕(원형) 기본이 되는 모형.
▷ 本原(본원)·草原(초원)·平原(평원)

9 ⑪ 〔厠〕* 측 本치: 去寘 | cì, シ
0615

소전 행서 동자 廁 간화 则 이름 뒷간 측 자원 형성. 厂+則→厠. 側(측)·測(측)·惻(측)과 같이 則(칙)의 변음이 성부.
새김 뒷간. 변소. ¶厠間(—, 사이 간)변소.
〔厠鬼〕(측귀) 뒷간에 있다는 귀신.
〔厠鼠〕(측서) 뒷간의 쥐. 지위(地位)를 얻지 못한 사람의 비유.

10 ⑫ 〔厥〕** ㊀궐 入月 | jué, ケツ
㊁궐 本굴 入物 | jué, クツ
0616

소전 행서 이름 ㊀그 궐 ㊁돌궐 궐 자원 형성. 厂+欮→厥. 闕(궐)과 같이 欮(궐)이 성부.
필순 厂 厂 戶 戶 戶 㕀 㕀 㕀 厥 厥
새김 ㊀❶그. 말하는 사람에게서 좀 떨어져 있거나, 이미 말하였거나 알려진 것을 지시하는 말. ¶厥者(—, 놈 자)그 사람. ㊁돌궐. 흉노(匈奴)의 한 갈래.
〔厥公〕(궐공) 그 사람.
〔厥女〕(궐녀) 그 여자.

10 ⑫ 〔厨〕* 주 廚(1467)의 속자
0617

12 ⑭ 〔猒〕* 염: 去豔 | yàn, エン
0618

소전 행서 간화 厌 이름 싫어할 염: 자원 형성. 厂+猒→厭. 猒(염)이 성부.
새김 싫어하다. 싫증을 내다. ¶厭世[1](—, 세상 세)세상이 귀찮아서 살아가기를 싫어함.
〔厭離〕(염리) (佛)사바세계를 싫어하여 떠남.
〔厭症〕(염증) 싫은 마음. 싫증.
▷ 嫌厭(혐염)
⑯〔曆〕 력 日부 12획(2550)
⑯〔歷〕 력 止부 12획(2196)

2획 부수 厶 部

▷명칭:마늘모
▷쓰임:자형상의 분류를 위해 설정한 부수로, 자의와는 상관이 없다.

④〔公〕 공 八부 2획(0365)
④〔云〕 운 二부 2획(0084)
④〔允〕 윤 儿부 2획(0339)

3 ⑤ 〔去〕*** ㊀거: 去御 | qù, キョ
㊁거: 上語 | qǔ, キョ
0619

소전 행서 이름 ㊀갈 거: ㊁버릴 거: 자원 회의. 大+凵→去(←厺). 大는 사람, 凵는 뚜껑을 열어 놓은 그릇. 사람이 신에게 비는 축문을 넣어 놓은 그릇의 뚜껑을 벗겨 버린다는 뜻.
필순 一 + 土 去 去
새김 ㊀❶가다. 來(0194)의 대. ㉠떠나가다. ¶退去(물러날 퇴, —)살던 곳에서 다른 곳으로 떠나감. ㉡지나가다. ¶去年(—, 해 년)지나간 해. ❷거성(去聲). 한자의 사성(四聲)의 하나. ㊁버리다. 제거하다. 없애다. ¶去[2]勢(—, 불알 세)불알을 제거함. 동물의 생식 기능을 없앰. 예—한 수소.
〔去冷〕(거냉←거랭) 조금 데워서 찬 기운을 없앰.
〔去頭截尾〕(거두절미) ①머리와 꼬리를 잘라 버림. ②요점만 남기고 앞뒤의 사설은 뺌.
〔去來〕(거래) ①감과 옴. ②떠나갔다가 다시 돌아옴. ③상품을 사고 팔거나 금전을 주고 받는 일.
〔去番〕(거번) 지난번. 저번.
〔去者勿追〕(거자물추) 떠나는 사람을 억지로 말려서 붙잡아 두려고 하지 말라.
〔去就〕(거취) ①물러남과 나섬. 진퇴(進退). ②행동거지(行動擧止).
〔去皮〕(거피) 껍질을 벗겨버림.
▷ 過去(과거)·死去(사거)·辭去(사거)·三不去(삼불거)·逝去(서거)·收去(수거)·除去(제거)·撤去(철거)·七去之惡(칠거지악)
⑤〔弁〕 변 廾부 2획(1477)
⑤〔台〕 태 口부 2획(0653)
⑤〔弘〕 홍 弓부 2획(1489)
⑥〔牟〕 모 牛부 2획(3148)
⑦〔私〕 사 禾부 2획(3691)
⑦〔矣〕 의 矢부 2획(3577)

5 ⑦ 〔县〕 현 縣(4101)의 간화자
0620

6 ⑧ 〔参〕 ㊀삼 參(0622)의 약자·간화자 ㊁참 參(0622)의 약자·간화자
0621

⑨〔怠〕 태 心부 5획(1595)
⑩〔能〕 능 肉부 6획(4291)

9 ⑪ 〔參〕*** ㊀삼 平覃 sān, サン ㊁참 平覃 cān, サン ㊂참 平侵 cēn, シン
0622

소전 행서 약자 간화 参 이름 ㊀석 삼 ㊁참여할 참 ㊂가지런하지아니할 참 자원 형성. 厽〔品의 변형〕+㐱→參. 㐱(진)의 변음이 성부.

필순

새김 ㊀셋. 三(0005)의 갖은자. 예參千원. ㊁叅(0623)은 속자. ❶참여하다. 끼어들다. ¶參加(—, 더할 가)어떤 조직이나 일에 참여하여 끼어듦. ❷뵙다. 찾아 뵙다. ¶參拜(—, 절할 배)사당이나 절에 가서 절함. ❸참작하다. 점검하다. ¶參考(—, 생각할 고)이리저리 살펴서 자기에게 도움이 되도록 생각함. ㊂가지런하지 아니하다. ¶參差(—, 어긋날 치)들쭉날쭉하게 서로 드나들어서 같지 아니함.
〔參見〕(참견) ①참고하여 봄. ②國남의 일에 간섭함. 「직접 가서 봄.
〔參觀〕(참관) ①대조하여 봄. ②참가하여 봄.
〔參列〕(참렬) 대열·행렬 등에 참가함.
〔參謀〕(참모) ①모의에 참여함. 또는 그 중심 인물. ②고급 지휘관의 막료로서 정보·작전·군수 등의 계획과 지도를 맡은 장교.
〔參席〕(참석) 어떤 자리·모임 등에 참여함.
〔參禪〕(참선) (佛)선의 도를 닦음.
〔參與〕(참여) 참가하여 관여함.
〔參詣〕(참예) 부처나 신 앞에 나아가서 뵘.
〔參酌〕(참작) 서로 비교하여 참고함.
〔參戰〕(참전) 전쟁에 참가함. 예—國.
〔參政權〕(참정권) 국민이 국정에 직접 간접으로 참여하는 권리. 선거권·피선거권 따위.
〔參照〕(참조) 참고로 대조하여 봄.
▷古參(고참)·不參(불참)·新參(신참)·持參(지참)·遲參(지참)

10 ⑫ 〔叅〕 참 參(0622)㊁의 속자
0623

2 획 부수	又 部

▷명칭:또우
▷쓰임:손이나 손의 움직임과 관계되는 한자의 부수로 쓰였다.

0 ② 〔又〕*** 우: 去宥 yòu, ユウ
0624

소전 행서 이름 또 우: 자원 상형. 손가락 다섯을 셋으로 줄인 오른손의 모양. 인신하여, '또'의 뜻으로 쓴다.

필순 フ 又

새김 또. 또 다시. 〔大學〕日日新 又日新(일일신 우일신) 날마다 새로워지고 또 날로 새로워지다.
〔又驚又喜〕(우경우희) 놀라기도 하고 기뻐하기도 함. 「여, 더욱이.
〔又重之〕(우중지) 또 이를 중히 여김. 인신하

1 ③ 〔叉〕* 차 平麻 chā, サ
0625

소전 행서 이름 갈래 차 자원 지사. 又+ ˙ →叉. 又는 손, ˙은 손가락 사이에 끼어 있는 손가락. 그래서 '깍지를 끼다→엇걸리다'의 뜻을 나타낸다.
새김 ❶갈래. 아귀. ¶叉路(—, 길 로)갈림길. ❷엇걸리다. ¶交叉(서로 교, —)서로 엇걸림. 예—路. ❸야차(夜叉). 사람을 해친다는 악귀 이름.
〔叉手〕(차수) 두 손을 어긋매껴 마주 잡음. 공경의 표시.

2 ④ 〔及〕*** 급 入緝 jí, キュウ
0626

소전 행서 이름 미칠 급 자원 회의. 人+又→及. 又는 손. 앞사람에게 뒷사람의 손이 닿은 모양. 그래서 '미치다'의 뜻을 나타낸다.

필순 ノ ア 乃 及

새김 ❶미치다. 또는 미치게 하다. ¶普及(넓을 보, —)널리 펴서 많은 사람에게 미치게 함. ❷이르다. 다다르다. 〔論語〕不[3]及[2]亂[1](불급란) 하는 행동이 어지러움에는 이르지 아니하다. ❸및. ～와(과) ～. 〔史記〕好[4]酒[1]及[2]色[3](호주급색) 술과 색을 좋아하다.
〔及其也〕(급기야) 마침내. 결말에 가서는.
〔及累〕(급루) 남에게 누를 끼침.
〔及門〕(급문) 배우기 위하여 문하에 이름. 곧 제자가 됨.
〔及第〕(급제) 과거에 합격함. 시험에 합격함.
▷過猶不及(과유불급)·論及(논급)·遡及(소급)·言及(언급)·波及(파급)

2 ④ 〔反〕*** ㊀반: 上阮 fǎn, ハン ㊁번 平元 fān, ハン
0627

소전 行書 이름 ㊀돌이킬 반: ㊁ 뒤엎을 번 자원 회의. 厂+又→反. 厂은 언덕, 又는 손. 언덕을 손으로 밀어부치는 모양. 그래서 '거스르다'의 뜻을 나타낸다.

필순 一 厂 万 反

새김 ㊀❶돌이키다. ㉠되돌아오다. ¶反射(一, 쏠 사)빛·소리·전파·열 등이 물체에 부딛쳐 되돌아옴. ㉡되돌아보다. ¶反省(一, 살필 성)자기의 언행에 허물이 없는가를 돌이켜 살펴봄. ❷되풀이하다. 반복하다. ¶反復(一, 되풀이할 복)같은 일을 되풀이함. ❸거스르다. 배반하다. ¶反逆(一, 거스를 역)임금이나 국가의 권력을 거스름. ❹반성하다. ¶自反(스스로 자, 一)스스로 자신을 반성함. ❺반절(反切)의 준말. 한자 2자로 다른 한자 1자의 음을 나타내는 방법. 東은 都籠切로 나타내었는데, 都의 음 '도'에서의 'ㄷ', 籠의 음 '롱'에서의 ㅎ을 취하여 'ㄷ+ㅎ→동'이 東의 음이란 뜻. ❻도리어. 〔史記〕反見辱(반견욕) 도리어 모욕을 당하다. ㊁뒤엎다. 뒤집다. ¶反脣(一, 입술 순)입술을 뒤집는다는 뜻으로, 입술을 삐죽거리며 비웃음을 이르는 말.

〔反感〕(반감) 상대방의 뜻을 거스르는 감정. 예一을 사다.
〔反擊〕(반격) 되받아 침. 또한 그러한 공격.
〔反求諸己〕(반구저기) 자신에게 반문함. 원인을 자신에게서 찾음.
〔反旗〕(반기) 반란을 일으키어 드는 기. 예一를 들다.
〔反對〕(반대) ①두 사물의 방향이 어그러져 등지게 되는 상태. 예一方向. ②어떤 견해나 행동에 맞서서 거스름. 대贊成(찬성).
〔反動〕(반동) 어떤 동작이나 세력에 대하여 반대로 일어나는 동작이나 세력.
〔反亂〕(반란) 반역을 꾀하여 일으킨 난. 반란(叛亂).
〔反論〕(반론) 반대의 의견을 말함. 또는 그 논의.
〔反目〕(반목) 서로 눈을 흘김. 곧 서로 미워하고 사이가 좋지 않음.
〔反問〕(반문) 질문한 사람에게 되받아 물음.
〔反駁〕(반박) 남의 글이나 의견에 반대하여 논박함.
〔反復〕(반복) 되풀이.
〔反覆〕(반복) ①이전대로 도로 되돌림. ②일정한 주견이 없이 태도를 늘 이랬다저랬다 하여 고침.
〔反比例〕(반비례) 두 수나 양이 한쪽이 커지면 다른 쪽이 그만큼 작아지는 관계. 대正比例(정비례).
〔反映〕(반영) ①반사하여 비침. ②일정한 문제에 대한 여론이나 의견을 해당자에게 알림. 예여론의 一.
〔反應〕(반응) 어떤 자극에 따라 일어나는 변화의 현상.
〔反轉〕(반전) ①반대 방향으로 구름. ②일의 형세가 뒤바뀜. 예戰勢의 一.
〔反證〕(반증) 어떤 주장을 부정하기 위하여 반대되는 논거를 들어 증명함. 또는 그 증거.
〔反芻〕(반추) ①되새김질. ②어떤 일을 되풀이하여 음미하고 생각함.
〔反則〕(반칙) 주로 경기 등에서 규정이나 규칙을 어김.
〔反哺之孝〕(반포지효) 자식이 자라서 어버이의 은혜에 보답하는 효성.
〔反抗〕(반항) 반대하여 대어듦. 예一心.
〔反響〕(반향) ①소리가 장애물에 부딪쳐 울리는 현상. ②어떤 일에 대한 여론의 움직임.
▷謀反(모반)·背反(배반)·相反(상반)

2 ④〔双〕 0628 쌍　雙(5900)의 속자·간화자

2 ④〔収〕 0629 수　收(2012)의 속자

2 ④〔友〕* 0630 우: 上有 | yǒu, ユウ

소전 行書 이름 벗 우: 자원 회의. ナ〔又의 변형〕+又→友. 又는 손. 손과 손을 잡는데서 서로 돕고 지내는 '벗'을 뜻한다.

필순 一 ナ 方 友

새김 ❶벗. 친구. ¶親友(친할 친, 一)친한 벗. ❷벗삼다. 친하게 사귀다. ¶友好(一, 좋아할 호)벗끼리나 나라끼리 사이좋게 지내는 일. 예一條約. ❸우애하다. 사랑하다. 〔論語〕友于兄弟(우우형제) 형과 아우를 사랑하다.

〔友軍〕(우군) 자기편의 군대. 아군(我軍).
〔友邦〕(우방) ①이웃 나라. ②서로 친밀한 관계의 나라.
〔友愛〕(우애) ①동기간의 사랑. ②친구간의 정의.
〔友誼〕(우의) 친구 사이의 정분. 우정(友情).
〔友情〕(우정) 벗 사이의 정.
▷故友(고우)·交友(교우)·校友(교우)·朋友(붕우)·畏友(외우)·益友(익우)·學友(학우)·鄕友(향우)

3 ⑤〔发〕 0631 발　㊀발　發(3495)의 간화자　㊁발　髮(6191)의 간화자

6 ⑧〔変〕 0632 변:　變(5082)의 약자·간화자

6 ⑧〔受〕* 0633 수 本수: 上有 | shòu, シュ

소전 行書 이름 받을 수 자원 형성. 爫+冖〔舟의 변형된 생략체〕+又→受. 舟(주)의 변음이 성부.

필순 受

새김 받다. 授(1915)의 대. ㉠복이나 물건을 받다. ¶甘受(달 감, —) 달게 받음. ㉡당하다. ¶受侮(—, 모욕 모) 모욕을 당함.
〔受講〕(수강) 강습을 받거나 강의를 들음.
〔受戒〕(수계) (佛)불문에 들어가 계율을 받음.
〔受難〕(수난) 재난을 당함.
〔受諾〕(수락←수낙) 요구를 받아들여 승락함.
〔受領〕(수령) 금전이나 물품을 받음. 동領受(영수).
〔受賞〕(수상) 상을 받음. 예—者.
〔受信〕(수신) ①통신을 받음. ↔ 발신(發信). ②금융 기관이 고객의 돈을 맡는 일. ↔ 여신(與信).
〔受容〕(수용) 받아들임.
〔受益〕(수익) 이익을 얻음.
〔受精〕(수정) 암컷과 수컷의 생식 세포가 서로 합치는 현상. 예人工—.
〔受注〕(수주) 주문을 받음.
〔受胎〕(수태) 아이를 뱀.
〔受驗〕(수험) 시험을 침. 예—生.
▷拜受(배수)·授受(수수)·領受(영수)·引受(인수)·傳受(전수)·接受(접수)

6 ⑧ 〔叔〕*** 숙 入屋 shū, シュク
0634

소전 행서 이름 아재비 숙 자원 형성. 尗+又→叔. 尗(숙)이 성부.

필순 叔

새김 ❶아재비. 아버지의 아우. 삼촌. ¶叔父(—, 아비 부)아버지의 남동생. ❷형제 중의 셋째. 형제를 나이에 따른 순서로 말할 때는 伯(백)·仲(중)·叔·季(계)라 한다. ¶叔氏(—, 존칭 씨)남의 형제 중의 셋째에 대한 높임말.
〔叔母〕(숙모) 숙부의 아내. 작은어머니.
〔叔姪〕(숙질) 아저씨와 조카. 삼촌과 조카.
〔叔行〕(숙항) 아저씨 뻘의 항렬.
▷堂叔(당숙)·伯叔(백숙)·外叔(외숙)·從叔(종숙)

6 ⑧ 〔取〕*** 취: 上麌 qǔ, シュ
0635

소전 행서 이름 취할 취: 자원 회의. 耳+又→取. 옛날, 전쟁에서 죽인 적의 귀를 베어 모으던 일에서, '취하다'의 뜻이 되었다.

필순 取

새김 취하다. 버리지 않고 가지다. 골라 가지다. 捨(1875)의 대. ¶取捨(—, 버릴 사)취함과 버림. 예—選擇.
〔取扱〕(취급) ①물건을 다룸. ②일을 처리함.
〔取得〕(취득) 손에 넣음. 제 것으로 함.
〔取捨選擇〕(취사선택) 여럿 가운데서 쓸 것은 골라 취하고 버릴 것은 버림.
〔取消〕(취소) 기록하거나 진술한 사실을 지워 없앰. 말소(抹消).
〔取材〕(취재) 기사나 작품 등의 재료를 찾아서 얻음. 또는 그 일.
▷詐取(사취)·爭取(쟁취)·進取(진취)·採取(채취)·奪取(탈취)

7 ⑨ 〔叛〕** 반: 去翰 pàn, ハン
0636

소전 행서 이름 배반할 반: 자원 형성. 半+反→叛. 伴(반)과 같이 半(반)이 성부.

필순 叛

새김 배반하다. 상도를 어지럽히다. ¶叛逆(—, 거스를 역)임금이나 나라를 배반하고 거스름. 예—罪.
〔叛軍〕(반군) 반란을 일으킨 군대.
〔叛亂〕(반란) 배반하여 난을 일으킴. 또는 그 난리.
〔叛臣〕(반신) 배반한 신하.
〔叛心〕(반심) 배반하려는 마음. 반심(反心).
▷謀叛(모반)·背叛(배반)·離叛(이반)

7 ⑨ 〔叙〕 서: 敍(2028)의 속자
0637

⑩〔隻〕 척 隹부 2획(5883)
⑪〔曼〕 만 曰부 7획(2212)

14 ⑯ 〔叡〕* 예: 去霽 ruì, エイ
0638

행서 이름 밝을 예: 자원 형성. 睿+又→叡. 睿(예)가 성부.
새김 ❶밝다. 사리에 밝다. ¶叡智(—, 지혜 지)사리에 통달한 밝은 지혜. ❷임금의 언행에 붙이는 높임말. ¶叡覽(—, 볼 람)임금이 친히 봄.
〔叡旨〕(예지) 임금의 생각. 성지(聖旨).
⑰〔燮〕 섭 火부 13획(3110)
⑱〔雙〕 쌍 隹부 10획(5900)

16 ⑱ 〔叢〕* 총 平東 cóng, ソウ
0639

소전 행서 간화 丛 이름 숲 총 자원 형성. 丵+取→叢. 取(취)의 변음이 성부.
새김 ❶숲. 풀숲이나 나무숲. ¶叢林(—, 수풀 림)우거진 숲. 인신하여, 절. ❷총생하다. 더부

룩히 나다. 인신하여, 떼지어 모이다. 또는 모은 것. ¶叢生(—, 날 생)초목이 무더기로 더부룩하게 남.
〔叢論〕(총론) 여러 가지 논설이나 논문을 모아 놓은 글.
〔叢書〕(총서) ①서적을 모음. ②여러 가지 책으로 한 질을 이루게 간행한 책.
〔叢說〕(총설) 여러 학설이나 논설을 모은 것. 또는 모은 그 학설이나 논설.
〔叢積〕(총적) 무더기로 쌓임. 많이 모임.
〔叢竹〕(총죽) 대숲. 무더기로 난 대.
▷論叢(논총)·淵叢(연총)

3 획 부수 口 部

▷명칭:입구. 입구변
▷쓰임:입을 통해 일어나는 소리·숨·말이나 음식 등과 관계 있는 한자의 부수로 쓰였다.

0 ③ 〔口〕*** 0640 구: 上有 | kǒu, コウ

소전 행서 이름 입 구 자원 상형. 사람의 입 모양을 본떴다.

필순 丨 ㄇ 口

새김 ❶입. 사람의 입. 동물의 주둥이나 부리. ¶耳目口鼻(귀 이, 눈 목, —, 코 비)귀와 눈과 입과 귀. ❷말. 입으로 하는 말. ¶口述(—, 말할 술) 입으로 말함. ❸어귀. 드나드는 곳. ¶出入口(날 출, 들 입, —)드나드는 어귀나 문. ❹사람이나 집의 수. ¶人口(사람 인, —)일정한 지역 안에 사는, 사람의 수효.
〔口腔〕(구강) 입 속.
〔口頭〕(구두) 말로 함. 예—契約.
〔口辯〕(구변) 말솜씨. 언변(言辯).
〔口腹之計〕(구복지계) 먹고 살아 나갈 계책이나 방도.
〔口碑〕(구비) 말로 세운 비. 곧 옛날부터 사람들이 말로 전하여 퍼져 내려온 칭송.
〔口尙乳臭〕(구상유취) 입에서 아직 젖내가 남. 어리고 경험이 적어 언행(言行)이 유치함을 이르는 말.
〔口舌〕(구설) 시비하거나 헐뜯는 말. 또는 말로 일어나는 오해나 말썽.
〔口實〕(구실) ①핑곗거리. ②이야깃거리. 화제(話題).
〔口傳〕(구전) 입으로 전함. 말로 전함.
▷洞口(동구)·食口(식구)·入口(입구)·衆口(중구)·出口(출구)·浦口(포구)·河口(하구)·港口(항구)·戶口(호구)·糊口(호구)
④〔中〕 중 丨부 3획(0032)

2 ⑤ 〔可〕*** 0641 ㊀가: 上哿 | kě, カ ㊁극 入職 | kè, コク

소전 행서 이름 ㊀옳을 가: ㊁극한 극 자원 회의. 丁〔丂의 변형〕+口→可. 丂는 입김이 밖으로 나오는 모양. 이에 口를 더하여, 말로 옳다고 표현한다는 뜻을 나타낸다.

필순 一 丁 冂 日 可

새김 ㊀❶옳다. 否(0676)의 대. ㉠진리나 규범에 맞다. ¶許可(허락할 허, —)법률로 금지해 놓은 행위를, 특정의 경우에 법률에 맞는다고 하여 허락해 줌. 또는 그런 행정적인 처분. ㉡가하다. 마음에 맞다. ¶可決(—, 정할 결)회의에서 일정한 안건을, 가하다고 결정함. ❷가히. ㉠가히 ~ㄹ 수 있음. ¶可能(—, 잘할 능)가히 잘할 수 있음. ㉡가히 ~ㄹ 만하다. ¶可笑(—, 웃을 소)가히 웃을 만함.
〔可觀〕(가관) ①볼 만함. ②國구경거리가 될 만함. 어떤 상태나 행동을 비웃어 이르는 말.
〔可及的〕(가급적) 될 수 있는 대로. 형편이 허락되는 대로.
〔可東可西〕(가동가서) 國이렇게도 할 수 있고 저렇게도 할 수 있음.
〔可憐〕(가련) ①아름답고 사랑스러움. ②딱하고 가엾음. 불쌍함.
〔可望〕(가망) 바랄 수 있음. 희망이 있음.
〔可變〕(가변) 고정 불변한 것이 아니고, 변경하거나 변화할 수 있음. 예—性.
〔可否〕(가부) ①옳음과 그름. 시비(是非). ②찬성과 반대.
〔可視〕(가시) 육안으로 볼 수 있음. 예—距離.
〔可畏〕(가외) 두려워할 만함. 예後生—.
▷無不可(무불가)·不可(불가)·曰可曰否(왈가왈부)·認可(인가)·裁可(재가)

2 ⑤ 〔古〕*** 0642 고: 上麌 | gǔ, コ

소전 행서 이름 예 고: 자원 회의. 十+口→古. 전대의 일을 10대에 이르도록 입을 통해 전해온다는 뜻으로, 오래된 옛날을 뜻한다.

필순 一 十 ㄊ 古 古

새김 ❶예. 옛날. 또는 옛. 옛날의. 今(0112)의 대. ¶古今(—, 이제 금)예와 지금. 예東西—. ❷오래 되다. 또는 예스럽다. 新(2071)의 대. ¶古木(—, 나무 목)오래 된 나무.
〔古宮〕(고궁) 옛 궁궐.
〔古代〕(고대) ①옛 시대. ②역사의 시대 구분의 하나. 원시 시대의 뒤로, 중세 이전의 시대.
〔古都〕(고도) 옛날의 도읍.
〔古來〕(고래) 예로부터 지금에 이르기까지.

〔古文〕(고문) ①옛글. ②진(秦)나라 이전의 한문 문체.
〔古墳〕(고분) 고대의 무덤. 예고구려의 ―.
〔古色〕(고색) 예스러운 정취나 모습. 예―蒼然.
「책.
〔古書〕(고서) ①옛 서적. 예― 수집. ②헌
〔古語〕(고어) 옛말. 예―辭典.
〔古往今來〕(고왕금래) 예로부터 지금까지.
〔古人〕(고인) 옛 사람.
〔古跡〕(고적) 역사상의 유적. 「날의 서적.
〔古典〕(고전) ①옛날의 규범이나 제도. ②옛
〔古刹〕(고찰) 오랜 역사를 가진 옛 절.
〔古風〕(고풍) 질박하고 순수한, 옛사람의 풍
〔古稀〕(고희) 일흔 살. ⌊도.
▷考古(고고)·近古(근고)·萬古(만고)·復古(복고)·太古(태고)·懷古(회고)

2 ⑤ 〔叩〕* 고 本구: 上 有 | kòu, コウ
0643

행서 叩 이름 두드릴 고 자원 회의. 口+卩→叩. 口는 대(臺)의 모양, 卩는 사람이 머리를 대에 대는 모양. 그래서 '머리를 조아리다'의 뜻을 나타낸다.

새김 ❶두드리다. 소리가 나도록 때리다. ¶叩[2]門[1](―, 문 문)문을 두드림. ❷조아리다. 이마가 땅에 닿도록 절하다. ¶叩[2]頭[1](―, 머리 두)머리를 조아림. 예―謝罪.

2 ⑤ 〔句〕*** 구 本구: 去 遇 | jù, ク
0644

소전 行서 句 이름 글귀 구 자원 형성. 勹〔니의 변형〕+口→句. 니(규)의 변음이 성부. 참고 대법원 공인 인명용 추가한자에는 '귀' 음도 넣었으나 '글句→글귀'로 읽는 외에는 '귀' 음을 인정할 수 없기에 '귀' 음을 다루지 않는다.

필순 丿 勹 勹 句 句

새김 글귀. 문장의 구절. ¶詩句(시 시, ―)시의 구절.
〔句讀〕(구두) 문장을 끊어 읽는 곳. 문(文)에서 뜻이 끊기는 곳을 '句', 구(句)에서 읽기에 편하도록 끊는 곳을 '讀'라고 함.
〔句節〕(구절) ①구(句)와 절(節). ②한 토막의 말이나 글.
▷佳句(가구)·警句(경구)·難句(난구)·短句(단구)·名句(명구)·文句(문구)·語句(어구)·字句(자구)·絶句(절구)

2 ⑤ 〔叫〕** 규 本교: 去 嘯 | jiào, キョウ
0645

소전 행서 叫 이름 부르짖을 규 자원 형성. 口+니→叫. 糾(규)와 같이 니(규)가 성부.

필순 丶 口 口 口ㄴ 叫

새김 부르짖다. 크게 외치다. ¶絶叫(매우 절, ―)힘껏 크게 외침.
〔叫苦〕(규고) 괴로움을 부르짖음.
〔叫號〕(규호) 큰 소리로 부르짖음.
〔叫喚〕(규환) 크게 부르짖음.
▷大叫(대규)

2 ⑤ 〔史〕*** 사: 上 紙 | shǐ, シ
0646

소전 행서 史 이름 역사 사: 자원 회의. 中+又→叏→史. 中은 중립, 又는 오른손. 중립의 자세로 오른손을 놀려 글을 써야 할 사람인 사관(史官)을 뜻한다.

필순 丶 冂 口 中 史

새김 ❶역사. 기록. ¶國史(나라 국, ―)우리나라의 역사. ❷사관. 임금의 언행이나 나라에 관한 일을 기록하던 벼슬. ¶太史(클 태, ―)사관이나 역관(曆官)의 우두머리.
〔史家〕(사가) 역사를 연구하는 사람.
〔史觀〕(사관) 역사의 발전 법칙에 대하여 가지는 관점.
〔史記〕(사기) ①역사적 사실을 적은 책. ②한(漢)나라 사마천(司馬遷)이 쓴 중국 역사서.
〔史略〕(사략) 간략하게 서술한 역사책.
〔史料〕(사료) 역사 연구와 역사서의 편찬을 위한 자료. 「有의 일.
〔史上〕(사상) 역사에 기록되어 있음. 예―初
〔史乘〕(사승) 역사를 기록한 역사책.
〔史實〕(사실) 역사상 실제로 있었던 일.
〔史蹟〕(사적) 역사상의 유적. 사적(史跡).
〔史草〕(사초) 國사관(史官)들이 실록 편찬을 위한 사료를 기록한 초고.
〔史話〕(사화) 역사적 사실에 관한 이야기.
〔史禍〕(사화) 國역사를 기록하는 일로 말미암아 입은 화. 예戊午―.
▷經史(경사)·先史(선사)·野史(야사)·女史(여사)·歷史(역사)·外史(외사)

2 ⑤ 〔司〕** 사 平 支 | sī, シ
0647

소전 행서 司 이름 맡을 사 자원 회의. 后자를 반대로 돌려놓은 모양. 后는 임금. 임금은 대궐 안에 있기에, 이를 반대로 돌려놓고 대궐 밖에서 나랏일을 보는 사람을 나타내었다.

필순 𠃌 𠃌 𠃌 𠃌 司

새김 ❶맡다. 직무를 맡다. ¶司會(一, 모임 회)회의 진행을 맡아봄. 또는 그 사람. 예一者. ❷관리. 벼슬아치. 또는 벼슬. ¶上司(위 상, 一)자기보다 계급이 높은 관리나 벼슬. ❸관아. 관청. ¶三司(석 삼, 一)홍문관·사헌부·사간원의 세 관아.
〔司令〕(사령) 군대를 통솔·지휘하는 직책. 또는 그 직책의 무관. 예一官.
〔司法〕(사법) 민사·형사의 재판 및 그에 관련되는 국가의 작용. 예一權.
〔司書〕(사서) 도서관(圖書館)에서 도서의 정리·보존·열람을 맡아보는 직위. 또는 그 직위에 있는 사람.
〔司直〕(사직) 법률에 의거하여 일의 옳고 그름을 바로잡음. 또는 그런 일을 하는 벼슬이나 사람.
▷監司(감사)·公司(공사)·有司(유사)

2 ⑤ 〔召〕** 0648 ㊀소 ㊍조: 去嘯 ㊁조 國 | zhào, ショウ

소전 행서 이름 ㊀부를 소 ㊁대추 조 자원 형성. 刀+口→召. 刀(도)의 변음이 성부.

필순 ㄱ 刀 刀 召 召

새김 ㊀❶부르다. ㉠지위가 높은 사람이 부르다. ¶召集(一, 모을 집)불러서 모음. ㉡불러들이다. 초래하다. ¶召福(一, 복 복)복을 불러들임. 예遠禍一. ❷부름. 지위가 높은 사람의 부름. ¶應召(응할 응, 一)부름에 응함. ㊁대추. 약방문에 쓰는 棗(2410)의 대용자. ¶干三召二(새앙 간, 석 삼, 一, 두 이)새앙 세 쪽과 대추 두 개.
〔召命〕(소명) 임금이 신하를 부르는 명령.
〔召喚〕(소환) 피고인·증인·변호인 등을 일정한 시일에 법정으로 부름.
〔召還〕(소환) 불러들임.
▷徵召(징소)·號召(호소)

2 ⑤ 〔右〕*** 0649 ㊀우: 上有 ㊁우: 去宥 | yòu, ウ·ユウ

소전 행서 이름 ㊀오른 우: ㊁도울 우: 자원 회의. 𠂇(又의 변형)+口→右. 又는 오른손. 손으로 일을 하다가, 그 손만으로는 모자라자 입으로도 그 일을 돕는다는 뜻을 나타낸다.

필순 ノ ナ 才 右 右

새김 ㊀❶오른. 오른쪽. 左(1365)의 대. ¶左右(왼 좌, 一)왼쪽과 오른쪽. ❷높이다. 숭상하다. ¶右文(一, 글월 문)글, 곧 학문을 숭상함. ❸보수적 생각이나 경향. ¶右翼(一, 날개 익)보수적 사상이나 경향. 또는 그런 사상을 가진 사람이나 단체. ㊁돕다. 도와주다. 〔左傳〕王右伯輿(왕우백여) 왕이 백여〔사람 이름〕를 돕다.
〔右傾〕(우경) 사상이 보수적으로 기욺. 대左傾(좌경).
〔右往左往〕(우왕좌왕) 오른쪽으로 갔다 왼쪽으로 갔다 함. 갈팡질팡함.
〔右族〕(우족) ①적자(嫡子)의 계통. ②권세 있는 가문.
〔右側〕(우측) 오른쪽. 바른쪽.
〔右派〕(우파) 보수주의적인 파.
〔右舷〕(우현) 배의 오른쪽 뱃전.
⑤〔占〕 점 卜부 3획(0590)

2 ⑤ 〔只〕*** 0650 ㊀지 ㊍지: 上紙 ㊁척 | zhǐ, シ zhī

소전 행서 이름 ㊀다만 지 ㊁홑 척 자원 지사. 口+八→只. 八은 갈라져 흩어지는 모양. 입에서 나오는 기운이 갈라져 흩어지는 모양. 그래서 어기사로 쓰인다.

필순 丶 口 口 只 只

새김 ㊀❶다만. 겨우. ¶但只(다만 단, 一)다만. ❷어기사. 어구의 끝에 놓아 종결·감탄·한정의 뜻을 나타낸다. 〔詩經〕母也天只(모야천지) 어머니가 하늘이다. ㊁隻(5883)의 간화자.
〔只今〕(지금) ①이제. 현재. ②바로 이 시각.

2 ⑤ 〔叱〕* 0651 질 入質 | chì, シツ

소전 행서 이름 꾸짖을 질 자원 형성. 口+七→叱. 七(칠)의 변음이 성부.
새김 꾸짖다. 나무라다. ¶叱責(一, 꾸짖을 책)잘못을 꾸짖으며 나무람.
〔叱正〕(질정) 꾸짖어 바로잡음.
〔叱咤〕(질타) 큰 소리로 꾸짖음.

2 ⑤ 〔叹〕 0652 탄: 嘆(0783)의 간화자

2 ⑤ 〔台〕* 0653 ㊀태 平灰 ㊁대 | tài, タイ

소전 행서 이름 ㊀별이름 태 ㊁대 대 자원 형성. 厶〔㠯변형〕+口→台. 㠯(이)의 변음이 성부.
새김 ㊀❶별이름. 삼태성(三台星)의 준말. 인신하여, ㉠삼공(三公)의 비유. ¶台位(一, 자리 위)삼공의 지위. ㉡우리나라에서는 종2품 이상의 벼슬에 있거나 있었던 사람에게 붙이던 관형어. ¶台鑑(一, 볼 감)살펴 보소서. 종2품 이상의 벼슬아치에게 내는 편지나 보고서의 겉봉에 쓰던 말. ❷颱(6041)의 간화자. 三臺(4361)의 약자·간화자.
▷三台六卿(삼태육경)·天台宗(천태종)

2 ⑤ 〔叭〕* 팔 入黠 pā, ハ
0654

행서 이름 나팔 팔 자원 형성. 口+八→叭. 八(팔)이 성부.
새김 나팔(喇叭). 악기 이름.

2 ⑤ 〔叶〕 ㊀협 協(0583)의 고자 ㊁엽 葉(4543)의 간화자
0655

⑤〔兄〕 형 儿부 3획(0341)

2 ⑤ 〔号〕 호: 號(4662)의 약자·간화자
0656

3 ⑥ 〔各〕*** 각 入藥 gè, カク
0657

소전 행서 이름 각각 각 자원 회의. 夊+口→各. 夊는 가는 사람을 뒤에서 붙잡으려는 모양. 그래서 사람마다 생각이 제각각이란 뜻을 나타낸다.

필순 丿 ク 夂 冬 各 各

새김 각각. 제각각. 또는 각가지. ¶各樣(—, 모양 양)각가지의 모양. 예—各色의 옷차림.
〔各各〕(각각) 따로따로. 몫몫이.
〔各界各層〕(각계각층) 각 방면과 각 계층.
〔各論〕(각론) 각각의 부문이나 항목에 대한 논설.
〔各別〕(각별) ①각각 따로따로. ②유달리 특별함.
〔各人〕(각인) 각 사람. 예—各色.
〔各自〕(각자) 사람마다 각기. 예—圖生.
〔各種〕(각종) 여러 종류. 여러 가지.
〔各處〕(각처) 여러 곳. 모든 곳.

3 ⑥ 〔吉〕*** 길 入質 jí, キチ·キツ
0658

소전 행서 이름 길할 길 자원 회의. 士+口→吉. 선비가 하는 말에는 거짓이 없는 선량한 말이라는 데서 '길하다·좋다'의 뜻을 나타낸다.

필순 一 十 士 吉 吉 吉

새김 길하다. 좋다. 凶(0427)의 대. ¶吉凶(—, 흉할 흉) 좋은 일과 흉한 일. 예—禍福.
〔吉禮〕(길례) 관례나 혼례 등의 경사스런 예식.
〔吉夢〕(길몽) 좋은 일이 있을 듯한 꿈.
〔吉報〕(길보) 좋은 소식.
〔吉事〕(길사) 혼례나 환갑 등의 기쁜 일.
〔吉祥〕(길상) 경사스러운 일이 있을 징조.
〔吉日〕(길일) 길한 날. 좋은 날.
〔吉兆〕(길조) 좋은 일이 있을 징조.
〔吉凶禍福〕(길흉화복) 길함과 흉함과 재앙과 행복. 인간의 행복과 불행.
▷納吉(납길)·大吉(대길)·卜吉(복길)·不吉(불길)·涓吉(연길)

3 ⑥ 〔同〕*** 동 平東 tóng, ドウ
0659

소전 행서 동자 仝 이름 한가지 동 자원 회의. 冂+口→同. 冂은 위에서 덮어 씌우다의 뜻. 같은 씌우개를 덮어 쓴 입들은 같은 말을 하게 된다는 데서 '같다'의 뜻을 나타낸다.

필순 丨 冂 冂 同 同 同

새김 ❶한가지. 서로 같다. 異(3413)의 대. ¶同姓(—, 성 성)같은 성. 예—同本. ❷함께 하다. 또는 같게 되다. ¶合同(합할 합, —)여럿이 모여 합쳐서 함께 함. ❸무리. 동아리. ¶一同(한 일, —)일정한 모임이나 조직 안의 모든 여러 사람. ❹같이. 함께. ¶同行(—, 갈 행)어떤 곳을 향해 함께 감.
〔同價紅裳〕(동가홍상) 國같은 값이면 다홍치마. 이왕이면 보기 좋고 마음에 드는 것으로 골라잡자는 뜻.
〔同感〕(동감) 느낌이 같음. 남과 같게 느낌.
〔同居〕(동거) ①한 집이나 한 방에서 같이 삶. 예—人. ②법적 부부가 아닌 두 남녀가 한 집에서 같이 삶. 예—生活.
〔同苦同樂〕(동고동락) 괴로움과 즐거움을 같이함.
〔同期〕(동기) ①같은 시기. ②입학이나 졸업의 연도가 같음. 예—同窓.
〔同僚〕(동료) 같은 직장이나 부문에서 함께 일하는 사람.
〔同盟〕(동맹) ①제후끼리 피를 마시며 하는 맹약. ②공동의 목적을 위하여 같은 행동을 할 것을 약속함. 또는 그 약속.
〔同門〕(동문) 같은 문하. 예—受學.
〔同伴〕(동반) 길을 가거나 일을 할 때에 같이 짝을 함. 또는 그 짝. 예—者.
〔同病相憐〕(동병상련) 같은 병을 앓는 사람끼리 서로 가엾게 여김. 어려운 처지에 있는 사람끼리 서로를 동정함의 비유.
〔同腹〕(동복) 한 어머니에게서 남. 예—兄弟.
〔同封〕(동봉) 같이 넣어 봉함.
〔同床異夢〕(동상이몽) 같은 침상에 함께 자면서도 각각 다른 꿈을 꿈. 같이 살거나 같이 행동하면서도 생각은 서로 다름의 비유.
〔同姓〕(동성) 같은 성. 예—同本.

〔同時〕(동시) 같은 때. 또는 같은 시기.
〔同心〕(동심) 마음을 같이함. ㉠—協力.
〔同業〕(동업) ①같은 종류의 직업. ②직업을 같이 함. ㉠—者.
〔同情〕(동정) 남의 어려운 형편을 알아주고 자기 일처럼 가슴아파하며 걱정함.
〔同鼎食〕(동정식) 한 솥의 밥을 먹음. 곧 한 집에서 같이 삶.
〔同調〕(동조) ①같은 가락. ②남의 의견이나 주장에 찬성함. ㉠—勢力. 「㉠—愛.
〔同族〕(동족) 같은 혈족이나 종족. 같은 겨레.
〔同志〕(동지) 같은 목적이나 뜻을 가지고 있음. 또는 그런 친구. ㉠—的 단결.
〔同質〕(동질) 같은 질.
〔同窓〕(동창) 같은 학교나 같은 선생 밑에서 같이 공부함. 또는 그런 사람. ㉠—生.
〔同寢〕(동침) 같이 잠. 잠자리를 같이 함.
〔同胞〕(동포) ①같은 부모에게서 태어난 형제 자매. ②한 겨레. 같은 민족.
〔同鄕〕(동향) 한 고향. ㉠— 친구.
〔同好人〕(동호인) 취미를 같이하는 사람. 같은 취미를 가지고 함께 즐기는 사람.
〔同化〕(동화) ①다른 사물이나 현상을 닮아서 그 성질이 같아짐. ㉠—作用. ②동식물이 그 영양으로 섭취한 물질을, 몸 안에서 자기에게 필요한 성분으로 변화시킴. ㉠炭酸—作用.
▷共同(공동)·大同(대동)·不同(부동)·附和雷同(부화뇌동)·贊同(찬동)·協同(협동)·混同(혼동)·會同(회동)

3 ⑥ 〔吏〕** 리: 去寘 | lì, リ
0660

소전 행서 이름 아전 리: 자원 회의. 一+史→吏. 一은 한결같이 법을 지킨다는 뜻, 史는 사관(史官). 사관은 사실을 바르게 기록하는 자로서, 이 기록은 나라를 다스리는 바탕이 된다는 데서, '아전·벼슬아치'란 뜻을 나타낸다.

필순 一 𠂇 㕜 㕜 吏 吏

새김 ❶아전. 관아에 딸린 구실아치. ¶獄吏(감옥 옥, —)감옥에 딸린 구실아치. ❷벼슬아치. 관리. ¶貪₂官₁汚吏(탐할 탐, 벼슬 관, 더러울 오, —)벼슬을 탐내는 청렴하지 못한 관리.
〔吏道〕(이도) ①벼슬길. ②관리로서 정사를 베푸는 태도나 도리.
〔吏讀〕(이두) 國한자의 음과 뜻을 빌어 우리 말을 표기하던 글자. 신라(新羅)의 설총(薛聰)이 고안하였다고 함. 「성.
〔吏民〕(이민) ①관리와 서민. ②國아전과 백
〔吏屬〕(이속) 아전의 무리.
〔吏才〕(이재) 관리로서의 재능.
▷公吏(공리)·官吏(관리)·軍吏(군리)·能吏(능리)·胥吏(서리)·俗吏(속리)·良吏(양리)·捕吏(포리)

3 ⑥ 〔名〕*** 명 平靑 | míng, メイ
0661

소전 행서 이름 이름 명 자원 회의. 夕+口→名. 저녁에는 어두워서 보이지 않기 때문에, 자신의 이름을 불러 상대방에게 존재를 확인시킨다는 데서 '이름'의 뜻을 나타낸다.

필순 ノ ク タ タ 名 名

새김 ❶이름. ㉠사람이나 사물의 호칭. ¶姓名(성 성, —)성과 이름. ㉡평판. 명성. 명예. ¶名聲(—, 평판 성)세상에 널리 알려진 평판. ㉢명분. 인륜상의 도리. ¶名分(—, 분수 분)사람이 각자의 신분이나 처지에 따라 마땅히 지켜야 할 도리. ㉠大義—. ❷이름이 나다. 소문이 나다. ¶名山(—, 메 산)이름이 난 산. ❸사람. 사람을 세는 단위. ㉠五百名.
〔名曲〕(명곡) 뛰어나게 잘된 악곡(樂曲). 유명한 노래나 악곡.
〔名單〕(명단) 이름을 적은 단자.
〔名談〕(명담) 사리에 맞고 멋있는 말.
〔名利〕(명리) 명예와 이익. ㉠—를 쫓다.
〔名望〕(명망) 명예와 덕망(德望). 「유나 구실.
〔名目〕(명목) ①사물의 이름. ②표면상의 이
〔名文〕(명문) 썩 잘 지은 글. ㉠—大作.
〔名門〕(명문) 이름나고 권세 있는 집안. ㉠—巨族.
〔名簿〕(명부) 사람의 성명을 기록한 장부.
〔名所〕(명소) 자연 경관이나 고적 등으로 이
〔名勝〕(명승) 이름난 자연 풍치. 　ㄴ름난 곳.
〔名實相符〕(명실상부) 이름과 실상이 서로 부합함. 「는 훌륭한 말.
〔名言〕(명언) ①유명한 말. ②사리에 들어맞
〔名譽〕(명예) 사회적으로 훌륭하다고 평가 받는 자랑스럽고 떳떳한 이름.
〔名人〕(명인) 어떤 재주나 어떤 전문 분야에 뛰어나서 이름난 사람.
〔名匠〕(명장) 이름난 장색(匠色).
〔名唱〕(명창) 노래를 썩 잘 부르는 사람.
〔名稱〕(명칭) 사물을 일컫는 이름.
〔名牌〕(명패) 이름이나 직위를 적은 패. 「쪽.
〔名銜〕(명함) 성명·주소·신분 등을 적은 종이
▷假名(가명)·功名(공명)·命名(명명)·美名(미명)·本名(본명)·署名(서명)·實名(실명)·惡名(악명)·有名(유명)·著名(저명)·罪名(죄명)·地名(지명)·指名(지명)·品名(품명)

3 ⑥ 〔问〕 문: 問(0739)의 간화자
0662

3 ⑥ 〔吊〕 ㊀조: 弔(1487)의 속자
㊁적 弔(1487)의 속자
0663

3 ⑥ 〔吐〕** 토: 去遇 | tù, ト
0664

소전 吐 행서 吐 이름 토할 토: 자원 형성. 口+土→吐. 土(토)가 성부.

필순 丨 ㄇ 口 口一 口十 吐

새김 토하다. ㉠게우다. 또는 뱉다. ¶吐血(—, 피 혈)피를 토함. ㉡말하다. 말로 나타내다. ¶吐露(—, 나타낼 로)마음 속의 생각을 말하여 드러냄.
〔吐瀉〕(토사) 게우고 설사함.
〔吐絲〕(토사) 누에가 입에서 실을 토해냄.
〔吐說〕(토설) 일의 경위를 사실대로 말함.
▷嘔吐(구토)·實吐(실토)·呑吐(탄토)

3 ⑥ 〔合〕*** ㊀합 入合 | hé, ゴウ
㊁홉 國
0665

소전 合 행서 合 이름 ㊀합할 합 ㊁홉 홉 자원 회의. 亼+口→合. 亼는 한 곳으로 모이다. 여러 사람의 말이 모여 하나로 합친다는 뜻.

필순 丿 人 亼 亼 合 合

새김 ㊀ ❶합하다. 합치다. ¶合同(—, 함께할 동)여럿이 모여 합쳐서 함께 함. 예—訓練. ❷맞다. 딱 들어맞다. ¶合格(—, 격식 격)㉮일정한 격식이나 조건에 맞음. ㉯시험이나 검사 등의 자격에 맞아 통과함. ❸용량의 단위. 1되〔升〕의 10분의 1. 예一升五合. ㊁홉. 뜻은 ㊀의 ❸과 같다.
〔合計〕(합계) 합쳐 계산함. 또는 그 수.
〔合巹〕(합근) 혼인 예식을 올림.
〔合當〕(합당) 꼭 알맞음.
〔合流〕(합류) ①여러 갈래의 물이 한데 합하여 흐름. ②같지 않은 사상이나 유파가 한데 어울림.
〔合理〕(합리) 도리나 사리에 맞음.
〔合法〕(합법) 법령이나 규칙에 맞음.
〔合倂〕(합병) 둘 이상의 사물·조직을 합하여 하나로 만듦. 병합(倂合).
〔合算〕(합산) 합쳐서 셈함.
〔合勢〕(합세) 세력을 합함. 예—所.
〔合宿〕(합숙) 여러 사람이 한 곳에서 숙박함.
〔合意〕(합의) 서로의 의견이 일치함.
〔合議〕(합의) 여러 사람이 토의하여 의결함.
〔合作〕(합작) 여러 사람이 힘을 합하여 공동으로 만듦.
〔合掌〕(합장) (佛)두 손바닥을 마주 합침. 예—拜禮.
〔合葬〕(합장) 둘 이상의 시체를 한 무덤에 묻음.
〔合從連衡〕(합종연횡) 소진(蘇秦)의 합종설(合從說)과 장의(張儀)의 연횡설(連衡說). 큰 세력에 대항하는 공수 동맹.
〔合唱〕(합창) 여러 사람이 소리를 맞추어 함께 노래함. 예—團.
〔合致〕(합치) 의견·주장 따위가 맞아 일치함.
〔合憲〕(합헌) 헌법의 조문이나 정신에 맞음. 대違憲(위헌).
▷結合(결합)·競合(경합)·交合(교합)·配合(배합)·倂合(병합)·保合(보합)·野合(야합)·連合(연합)·融合(융합)·接合(접합)·組合(조합)·綜合(종합)·集合(집합)·混合(혼합)·和合(화합)·會合(회합)

3 ⑥ 〔向〕*** ㊀향: 去漾 | xiàng, コウ
㊁상: 去漾 | xiàng, ショウ
0666

소전 向 행서 向 이름 ㊀향할 향: ㊁성 상: 자원 상형. 집의 북쪽 벽에 있는 창의 모양. 인신하여, 향하다의 뜻이 되었다.

필순 ノ 丿 门 向 向 向

새김 ㊀❶향하다. ¶北向(북녘 북, —)북쪽으로 향함. ❷향하여 나아가다. ¶所向(곳 소, —)향하여 나아가는 곳. ❸향. 방향. ¶坐向(앉을 좌, —)집터나 묏자리의 앉아 있는 방향. ❹접때. 지난번. ¶向者(—, 것 자)접때. ❺嚮(0797)의 간화자. ㊁성(姓).
〔向年〕(향년) 지나간 해. 왕년(往年).
〔向方〕(향방) 향하여 나아가는 일정한 방향.
〔向背〕(향배) ①앞과 뒤. ②복종과 배반. ③일이 되어가는 형편.
〔向上〕(향상) ①높은 곳이나 위를 향하여 나아감. ②생활·기능 등의 수준이 높아짐.
〔向學〕(향학) 학문에 뜻을 두고 그 길로 정진함.
〔向後〕(향후) 이 뒤. 이후(以後).
▷傾向(경향)·動向(동향)·方向(방향)·背向(배향)·性向(성향)·外向(외향)·意向(의향)·趣向(취향)·風向(풍향)

3 ⑥ 〔后〕* 후: 上有 | hòu, コウ
0667

소전 后 행서 后 이름 임금 후: 자원 회의. 𠂆〔人의 변형〕+口→后. 입으로 명령을 내리는 사람인 임금을 뜻한다.
새김 ❶임금. 제왕. ¶后王(—, 임금 왕)임금. 제왕. ❷제왕의 아내. ¶王后(임금 왕, —)임금의 아내. ❸뒤. 後(1540)의 통용·간화자.

〔后妃〕(후비) 임금의 아내.
〔后土〕(후토) ①토지의 신. ②토지.
▷母后(모후)·太后(태후)·皇后(황후)

3⑥〔吃〕* 흘 ㊍글 入物 | chī, キツ
0668

소전 행서 이름 말더듬을 흘 자원 형성. 口+乞→吃. 屹(흘)과 같이 乞(걸)의 변음이 성부.
새김 ❶말을 더듬다. ¶吃$_2$音$_1$(一, 소리 음)말을 더듬음. ❷먹다. 또는 마시다. ¶吃$_2$水$_1$(一, 물 수)물을 마심. 인신하여, 배의 물에 잠기는 깊이. ㊞一線.
〔吃逆〕(흘역) 딸국질.

4⑦〔启〕 계: 啓(0737)의 동자·간화자
0669

4⑦〔告〕*** 一고: 去號 | gào, コク 二곡 入沃 | gù, コク
0670

소전 행서 이름 一고할 고: 二아뢸 곡 자원 회의. 生〔牛의 변형〕+口→告. 신이나 조상에게 소를 희생으로 바치면서, 입으로 어떤 사실을 고한다는 뜻을 나타낸다.
필순 ノ 𠂉 𠂇 生 牛 告 告
새김 一고하다. 알리다. 보고하다. ¶告示(一, 보일 시)알리어 보임. 二아뢰다. 뵙고 아뢰다. ¶出必告(나갈 출, 반드시 필, 一)밖에 나갈 때에는 가는 곳을 부모에게 반드시 아뢺.
〔告發〕(고발) 범죄에 직접 관계가 없는 제삼자가 범죄 사실을 신고함. 「말함.
〔告白〕(고백) 숨긴 일이나 생각을 사실대로
〔告變〕(고변) ①변을 알림. ②반역을 고발함.
〔告別〕(고별) 작별을 고함.
〔告訃〕(고부) 國사람의 죽음을 통보함.
〔告祀〕(고사) 國액운이 없어지고 집안이 잘 되기를 신령에게 비는 제사.
〔告訴〕(고소) ①하소연함. ②피해자가 범행이 있었다는 것을 해당 기관에 신고하여 법적 처리를 요구하는 행위. 「직첩(職牒).
〔告身〕(고신) 임관한 사람에게 주는 사령서.
〔告由〕(고유) 國사삿집이나 나라에 중요한 일이 있을 때 사당이나 신명에 아뢰는 일.
〔告知〕(고지) 알림. 통지함.
▷警告(경고)·戒告(계고)·公告(공고)·廣告(광고)·密告(밀고)·報告(보고)·訃告(부고)·宣告(선고)·申告(신고)·布告(포고)

⑦〔串〕관 丨부 6획(0035)

4⑦〔呕〕 구 嘔(0779)의 약자·간화자
0671

4⑦〔君〕*** 군 平文 | jūn, クン
0672

소전 행서 이름 임금 군 자원 회의. 尹+口→君. 尹은 다스리다. 입으로 호령하여 다스리는 사람인 임금을 뜻한다.
필순 ㄱ ㅋ ヨ 尹 尹 君 君
새김 ❶임금. 제왕. 臣(4351)의 대. ¶君臣(一, 신하 신)임금과 신하. ❷덕이 뛰어난 사람. ¶君子(一, 어조사 자)덕이나 학식이 뛰어난 사람. ❸호칭. 선조·부모·남편·아내를 높여 일컫는 말. ¶家君(집 가, 一)남에게 대하여, 자기 아버지를 일컫는 말. ❹군. 자네. 또는 벗하는 자리나 손아랫사람의 성이나 이름 밑에 붙이는 말. ㊞金君. ❺國종친이나 훈신의 봉작의 하나. ㊞魯山君.
〔君臨〕(군림) ①임금이 되어 나라를 다스림. ②가장 높은 권위의 자리에 있음.
〔君師父一體〕(군사부 일체) 임금과 스승과 아버지의 은혜는 같다는 뜻.
〔君臣有義〕(군신유의) 오륜의 하나. 임금과 신하 사이에는 의리가 있음.
〔君王〕(군왕) 임금. 천자. 또는 제후.
〔君子三樂〕(군자삼락) 군자의 세 가지 즐거움. 첫째 부모가 다 계시고 형제가 무고함, 둘째 하늘과 사람에게 부끄러워할 일이 없음, 셋째 천하의 영재를 얻어 교육함.
〔君主〕(군주) 임금. 군왕(君王).
▷國君(국군)·郞君(낭군)·大君(대군)·明君(명군)·夫君(부군)·府君(부군)·先君(선군)·諸君(제군)·主君(주군)·賢君(현군)

4⑦〔呂〕* 려: 上語 | lǚ, リョ
0673

소전 행서 이름 음률 려: 자원 상형. 등골뼈가 죽 이어진 모양. 새김은 가차.
새김 음률. 동양 음악의 12음계에서 음(陰)의 6음계인 육려(六呂). 律(1537)의 대. ¶律呂(음률 률, 一)동양 음악의 12음계에서, 양(陽)의 음계인 율과 음의 음계인 여.

4⑦〔吝〕* 린: 去震 | lìn, リン
0674

소전 행서 이름 아낄 린: 자원 형성. 文+口→吝. 文(문)의 변음이 성부.
새김 아끼다. 인색하다. ¶吝嗇(一, 아낄 색)체면을 돌보지 않고 재물을 지나치게 아낌.
▷慳吝(간린)

4⑦〔吻〕* 문: 上吻 | wěn, フン
0675

소전 吻 행서 吻 이름 입술 문: 자원 형성. 口+勿→吻. 刎(문)과 같이 勿(물)의 변음이 성부.
새김 입술. ¶吻合(一, 맞을 합)위아래 입술이 딱 맞음. 서로 딱 들어맞음의 형용.

4 ⑦ 〔否〕*** 一 부: 上 有 | fǒu, ヒ
二 비: 上 紙 | pǐ, ヒ
0676

소전 否 행서 否 이름 一아니 부: 二막힐 비: 자원 회의. 不+口→否. 입으로 아니 다라고 말한다는 뜻.

필순 一 ア 不 不 不 否 否

새김 一아니다. ～하지 아니하다. ¶否決(一, 정할 결)어떤 안건이나 사항에 대하여, 가하지 아니하다고 결정함. 二막히다. 또는 나쁘다. ¶否運(一, 운수 운)막혀서 어려운 처지에 빠진 운수.
〔否認〕(부인) 인정하지 아니함. 동의하지 아니함.
〔否定〕(부정) 그렇지 않다고 함. 그렇다고 인정하지 않음.
〔否塞〕(비색) 운수가 언짢아서 꽉 막힘.
〔否泰〕(비태) 막힘과 통함.
▷可否(가부)·拒否(거부)·安否(안부)·適否(적부)·眞否(진부)

4 ⑦ 〔吩〕* 분 | fēn, フン
0677

행서 吩 이름 분부할 분 자원 형성. 口+分→吩. 粉(분)·紛(분)과 같이 分(분)이 성부.
새김 분부하다. 명령하다. ¶吩咐(一, 분부할 부)아랫사람에게 명령을 내림. 또는 그 명령.

4 ⑦ 〔吳〕* 오 平 虞 | wú, ゴ
0678

소전 吳 행서 吳 이름 오나라 오 자원 회의. 口+夨→吳. 夨은 비뚤어져 바르지 아니하다. 비뚤어진 입에서 나오는 말은 바른 말이 아니란 뜻. 새김은 가차.
새김 오나라. ¶吳越同舟(一, 월나라 월, 함께할 동, 배 주)비록 원수진 사이라도 어려운 처지에서 서로의 이해가 맞아떨어질 때에는 힘을 합쳐 어려움을 함께 극복함의 비유. 故서로 원수지간이었던 오나라 사람과 월나라 사람이 어쩌다 같은 배를 타게 되었는데, 그때 마침 큰바람이 불어 배가 뒤집힐 지경이 되자, 서로 손을 잡고 도왔다는 고사. 〈孫子〉

4 ⑦ 〔吾〕*** 오 平 虞 | wú, ゴ
0679

소전 吾 행서 吾 이름 나 오 자원 형성. 五+口→吾. 伍(오)와 같이 五(오)가 성부.

필순 一 T 万 五 五 吾 吾

새김 ❶나. 또는 우리. ¶吾家(一, 집 가)우리집. ❷그대. 상대방을 친근하게 부를 때 붙이는 말. ¶吾子(一, 너 자)그대. 상대방을 친근하게 부르는 말.
〔吾黨〕(오당) 우리들. 우리의 무리.
〔吾等〕(오등) 우리들.
〔吾不關焉〕(오불관언) 나는 그 일에 전혀 상관하지 않음.
〔吾兄〕(오형) 나의 형이란 뜻으로, 친한 벗 사이에 쓰는 말.
▷從吾所好(종오소호)·支吾(지오)

4 ⑦ 〔呜〕 오 嗚(0773)의 간화자
0680

4 ⑦ 〔员〕 원 員(0729)의 간화자
0681

4 ⑦ 〔吟〕*** 음 平 侵 | yín, ギン
0682

소전 吟 행서 吟 이름 읊을 음 자원 형성. 口+今→吟. 今(금)의 변음이 성부.

필순 ㆍ ㅁ ㅁ 吖 吣 吟 吟

새김 ❶읊다. 시가를 읊조리다. ¶吟詠(一, 읊을 영)시가를 읊조림. ❷끙끙거리다. ¶呻吟(끙끙거릴 신, 一)병으로 앓노라 끙끙거림.
〔吟味〕(음미) ①시(詩)나 노래를 읊어 그 뜻을 새겨 가며 감상함. ②사물의 속뜻을 새겨서 연구함.
〔吟病〕(음병) 병으로 신음함.
〔吟風弄月〕(음풍농월) 바람을 읊고 달을 즐김. 세속을 떠나 한가로운 마음으로 자연을 벗하며 즐김의 형용.
▷朗吟(낭음)

4 ⑦ 〔呈〕* 정 平 庚 | chéng, テイ
0683

소전 呈 행서 呈 이름 바칠 정 자원 형성. 口+壬→呈. 壬(정)이 성부.
새김 ❶바치다. 올리다. ¶贈呈(줄 증, 一)선물이나 성의의 표시로 드림. ❷나타나다. 또는 드러내다. ¶露呈(드러날 로, 一)드러냄.
〔呈單〕(정단) 國 관아에 서류를 제출함.
〔呈上〕(정상) 물건을 진상함.
〔呈訴〕(정소) 소장(訴狀)이나 청원서 등을 관아에 제출함.
〔呈示〕(정시) 내어 보임.
〔呈狀〕(정장) ①소장(訴狀). ②國 정소(呈訴).
▷謹呈(근정)·拜呈(배정)·進呈(진정)·獻呈(헌정)

4 ⑦ 〔听〕 청: 聽(4241)의 와자·간화자
0684

4 ⑦ 〔吹〕*** 취: ㊍취 ㊊支 | chuī, スイ
0685

소전 행서 이름 불 취: 자원 회의. 口+欠→吹. 欠은 하품. 하품하면 숨이 밖으로 나오기에 '불다'의 뜻을 나타낸다.

필순 丶 口 口 口' 口' 吵 吹

새김 불다. ㉠숨을 내쉬다. ¶吹呼(—, 숨내쉴 호)숨을 내쉼. ㉡바람이 불다. ¶吹動(—, 움직일 동)바람이 불어 움직임. ㉢악기를 불다. ¶吹奏(—, 연주할 주)저·피리·나팔 등의 관악기를 불어서 연주함.
〔吹毛覓疵〕(취모멱자) 털을 불어 헤치고 흉터를 찾음. 남의 허물을 억지로 찾아내의 비유.
〔吹雪〕(취설) 눈보라.
▷鼓吹(고취)·倒吹(도취)·蛙吹(와취)

4 ⑦ 〔呑〕* 탄 ㊊元 | tūn, トン
0686

소전 행서 이름 삼킬 탄 자원 형성. 天+口→呑. 天(천)의 변음이 성부.
새김 삼키다. ¶呑吐(—, 뱉을 토)삼킴과 뱉음.
▷甘呑苦吐(감탄고토)·倂呑(병탄)

4 ⑦ 〔呗〕 패: 唄(0733)의 간화자
0687

4 ⑦ 〔吠〕* 폐: ㊎隊 | fèi, ハイ
0688

소전 행서 이름 짖을 폐: 자원 회의. 口+犬→吠. 개가 입으로 짖는다는 뜻.
새김 짖다. 개가 짖다. ¶吠₂日₁(—, 해 일)촉(蜀) 지방은 흐린 날이 많아서, 개가 해를 보면 괴이하게 여겨 짖는다는 뜻으로, 식견이 좁은 사람이 신기한 것을 보고 놀람의 비유.

4 ⑦ 〔含〕** 함 ㊊覃 | hán, ガン
0689

소전 행서 이름 머금을 함 자원 형성. 今+口→含. 今(금)의 변음이 성부.

필순 ノ 人 亼 今 今 含 含

새김 ❶머금다. ㉠입 속에 넣어 가지다. ¶含₂哺₁鼓₄腹₃(—, 음식 포, 두드릴 고, 배 복)입에는 음식을 머금고 배를 두드림. 배부르게 먹으며 안락한 생활을 즐김의 형용. ㉡속에 가지고 있다. ¶含有(—, 있을 유)어떠한 물질 속에 어떤 성분이 들어 있음. ㉢어떤 감정을 약간 드러내다. ¶含₂笑₁(—, 웃음 소)웃음을 머금음. ❷품다. 품고서 참다. ¶含₂憤₁蓄₄怨₃(—, 분 분, 쌓을 축, 원한 원)분한 마음을 품고 원한을 쌓음.
〔含量〕(함량) 들어 있는 분량.
〔含淚〕(함루) 눈물을 머금음.
〔含默〕(함묵) 입을 다물고 조용히 있음.
〔含蓄〕(함축) 말이나 글 속에 많은 의미가 담겨 있음. ㉵—味.
▷飯含(반함)·包含(포함)

4 ⑦ 〔吼〕* 후: ㊤有 | hǒu, コウ
0690

행서 이름 울부짖을 후: 자원 형성. 口+孔→吼. 孔(공)의 변음이 성부.
새김 울부짖다. 또는 소리 높이 외치다. ¶獅子吼(사자 사, 어조사 자, —)사자가 울부짖음. 열변을 토하는 연설의 비유.

4 ⑦ 〔吸〕** 흡 ㊇緝 | xī, キュウ
0691

소전 행서 이름 마실 흡 자원 형성. 口+及→吸. 及(급)의 변음이 성부.

필순 丶 口 口 口 口 叨 吸

새김 ❶마시다. 액체를 마시다. ¶吸₂血₁(—, 피 혈) 피를 마심. ㉵—鬼. ❷숨을 들이쉬다. 呼(0705)의 대. ¶呼吸(숨내쉴 호, —)숨을 내쉼과 들이쉼. ㉵—器.
〔吸收〕(흡수) 외부의 물질을 내부로 빨아들임.
〔吸煙〕(흡연) 담배를 피움.
〔吸入〕(흡입) 빨아들임.

5 ⑧ 〔呵〕* 가 ㊍하 ㊊歌 | hē, カ
0692

행서 이름 꾸짖을 가 자원 형성. 口+可→呵. 柯(가)·苛(가)와 같이 可(가)가 성부.
새김 ❶꾸짖다. 나무라다. ¶呵責(—, 꾸짖을 책) 꾸짖음. ❷크게 웃다. 또는 그 웃음소리. ¶呵呵大笑(—, —, 큰 대, 웃을 소)큰소리로 크게 웃음.
〔呵導〕(가도) 귀인의 행차에 잡인의 통행을 금하던 일. ㊐喝道(갈도).

5 ⑧ 〔呱〕* 고 ㊊虞 | gū, コ
0693

행서 이름 울음소리 고 자원 형성. 口+瓜→呱. 孤(고)와 같이 瓜(과)의 변음이 성부.
새김 울음소리. 갓난아이의 울음소리. ¶呱呱(—, —)아이가 태어나면서 처음 우는 소리.

예 — 之聲.

5 ⑧ 〔咎〕* 구: 上 有 | jiù, キュウ
0694

소전 행서 이름 허물 구: 자원 회의. 各+人→咎. 하늘이 각각〔各〕의 사람〔人〕에게 내리는 재앙이란 뜻.
새김 ❶허물. 잘못. 죄. ¶咎悔(—, 뉘우침 회)잘못과 뉘우침. ❷재앙. 하늘이 내리는 재앙. 〔書經〕天降之咎(천강지구) 하늘이 이에게 재앙을 내리다. ❸탓하다. 잘못을 따지다. 〔論語〕旣往不咎(기왕불구) 이미 지나간 일은 탓하지 아니하다.
▷誰怨誰咎(수원수구)

5 ⑧ 〔命〕*** 명: 去 敬 | mìng, メイ
0695

소전 행서 이름 목숨 명: 자원 회의. 令+口→命. 입〔口〕으로 영(令)을 내린다는 뜻.

필순 丿 人 ᄉ 今 侖 侖 命 命

새김 ❶목숨. ¶生命(살 생, —)살아 있는 목숨. ❷명령하다. 또는 명령. ¶嚴命(엄할 엄, —)엄하게 명령함. 또는 그 명령. ❸운. 운수. ¶運命(운 운, —)하늘에서 타고난, 이미 정해져 있는 행복과 불행의 운수. ❹이름을 짓다. ¶命名(—, 이름 명)이름을 지어 붙임. ❺과녁. 목표. ¶命中(—, 맞출 중)겨냥한 목표물에 바로 맞춤. 예 — 射擊.
〔命令〕(명령) ①윗사람이 아랫사람에게 내리는 분부. ②관청이 그 권한에 의해 국민에게 내리는 지시.
〔命脈〕(명맥) 목숨과 맥. 매우 중요한 관계. 또는 아주 소중한 사물의 비유. 「에 있음.
〔命在頃刻〕(명재경각) 숨이 곧 끊어질 지경
〔命題〕(명제) ①제목을 정함. 또는 그 제목. ②논리학에서, 하나의 판단 내용을 언어나 기호로써 표현한 것. ③주어진 문제.
▷君命(군명)·短命(단명)·亡命(망명)·薄命(박명)·使命(사명)·壽命(수명)·宿命(숙명)·殞命(운명)·天命(천명)·革命(혁명)

5 ⑧ 〔味〕*** 미: 去 未 | wèi, ミ
0696

소전 행서 이름 맛 미: 자원 형성. 口+未→味. 未(미)가 성부.

필순 丶 口 口 口一 口二 吁 味 味

새김 ❶맛. 음식의 맛. ¶甘味(달 감, —)단맛. ❷뜻. 사물의 내용. ¶意味(뜻 의, —)어떤 사물·현상에 담겨 있거나, 어떤 사물·현상이 표현하는 내용이나 뜻. ❸맛보다. 음식의 맛을 보거나 사물의 뜻을 느끼다. ¶玩味(맛볼 완, —) ㉮잘 생각하여 맛봄. ㉯잘 씹어서 맛봄.
〔味覺〕(미각) 맛을 아는 감각. 혀의 미신경이 느끼는 감각.
▷加味(가미)·妙味(묘미)·無味(무미)·嘗味(상미)·滋味(자미)·調味(조미)·眞味(진미)·趣味(취미)·風味(풍미)·興味(흥미)

5 ⑧ 〔咐〕* 부 平 虞 | fú, フ
0697

행서 이름 분부할 부 자원 형성. 口+付→咐. 附(부)와 같이 付(부)가 성부.
새김 분부하다. 명령하다. ¶吩咐(분부할 분, —)아랫사람에게 명령을 내림. 또는 그 명령.
〔咐囑〕(부촉) 분부하여 맡김.

5 ⑧ 〔呻〕* 신 平 眞 | shēn, シン
0698

소전 행서 이름 끙끙거릴 신 자원 口+申→呻. 伸(신)과 같이 申(신)이 성부.
새김 끙끙거리다. ¶呻吟(—, 끙끙거릴 음)병으로 앓느라 끙끙거림.

5 ⑧ 〔咏〕* 영: 詠(4900)과 동자
0699

5 ⑧ 〔咀〕* 저: 上 語 | jǔ, ソ
0700

소전 행서 이름 씹을 저: 자원 형성. 口+且→咀. 且에는 '차' 외에 '저' 음도 있어, 沮(저)·狙(저)와 같이 且(저)가 성부.
새김 ❶씹다. ¶咀嚼(—, 씹을 작)음식물을 씹음. ❷저주하다. 詛(4901)와 통용. ¶咀呪(—, 저주할 주)상대방에게 불행이나 재앙이 있도록 하여 달라고 빎.

5 ⑧ 〔周〕** 주 平 尤 | zhōu, シュウ
0701

소전 행서 이름 두루 주 자원 회의. 用〔用의 변형〕+口→周. 입〔口〕을 잘 써서〔用〕 미치지 않는 곳이 없이 두루 널리 미친다는 뜻을 나타낸다.

필순 丿 冂 冃 冃 用 周 周 周

새김 ❶두루. 또는 두루 미치다. ¶周知(—, 알 지)여러 사람이 두루 앎. 예 —의 事實. ❷돌다. 순환하다. ¶周年(—, 해 년)1년을 단위로 하여 돌아오는 돌. 예 開校五—記念日. ❸둘레. 테두리. ¶周圍(—, 둘레 위)어떤 곳을 둘러

싸고 있는, 바깥 언저리. ❹주나라. B.C. 11세기 무렵, 무왕(武王)이 은(殷)나라를 멸하고 세운 나라. ¶周代(―, 시대 대)주나라 시대.
〔周忌〕(주기) 사람이 죽은 뒤 1년마다 돌아오는 기일. ㉮조모의 ― ―.
〔周到〕(주도) 주의(注意)가 두루 미쳐 빈틈이 없음. 자세하고 찬찬함.
〔周密〕(주밀) 빈틈이 없고 자세함.
〔周邊〕(주변) 둘레의 가장자리.
〔周備〕(주비) 빠짐없이 두루 갖춤.
〔周旋〕(주선) ①왔다갔다 하며 돌아다님. ②가운데서 중재하거나 알선함.
〔周而不比〕(주이불비) 공정한 입장에서 두루 교제하되, 편파적인 붕당은 만들지 않음.
〔周紙〕(주지) 國 두루마리.
〔周波數〕(주파수) 전파·음파 등이 1초 동안에 되풀이되는 진동의 회수.
▷ 四周(사주)·圓周(원주)·一周(일주)

5 ⑧ 〔呪〕* 주: 去宥 zhòu, ジュ
0702

행서 이름 저주할 주: 자원 회의. 口+兄〔祝의 생략체〕→呪. 입〔口〕으로 남이 잘못되기를 축원한다〔祝〕는 뜻.
새김 ❶저주하다. 남에게 재앙이 있게 해 달라고 빌다. ¶咀呪(저주할 저, ―)咀(0700)를 보라. ❷빌다. 재앙을 없게 해 달라고 빌다. ¶呪術(―, 재주 술)어떤 신비한 힘으로 불행이나 재앙을 막는 술법.
〔呪文〕(주문) 술법을 부리거나 귀신을 쫓으려 할 때에 부르는 일정한 글귀. ㉮―을 외다.

5 ⑧ 〔咆〕* 포 平肴 páo, ホウ
0703

소전 행서 이름 으르렁거릴 포 자원 형성. 口+包→咆. 砲(포)와 같이 包(포)가 성부.
새김 으르렁거리다. 짐승이 성내어 울다. ¶咆哮(―, 으르렁거릴 효)짐승이 으르렁거림. 인신하여, 큰소리로 외침.

5 ⑧ 〔呟〕* 현: ㊍견: 上銑 juǎn, ケン
0704

이름 큰소리 현: 자원 형성. 口+玄→呟. 弦(현)·鉉(현)과 같이 玄(현)이 성부.
새김 큰소리.

5 ⑧ 〔呼〕*** 호 平虞 hū, コ
0705

소전 행서 이름 부를 호 자원 형성. 口+乎→呼. 乎(호)가 성부.

필순 丶 口 口 口' 口'' 口''' 呼 呼

새김 ❶부르다. ㉠오라고 하다. ¶呼出(―, 날 출)불러 냄. ㉡소리내어 말하다. ¶呼名(―, 이름 명)이름을 부름. ❷일컫다. 이름을 붙이다. ¶呼稱(―, 일컬을 칭)이름을 붙여 일컬음. ❸숨을 내쉬다. 吸(0691)의 대. ¶呼吸(―, 숨들이쉴 흡)숨을 내쉼과 들이쉼. 곧 숨쉼. ❹아! 슬픔이나 한탄을 나타내는 소리. ¶嗚呼(아 오, ―)아! 어허! 슬프거나 탄식할 때 내는 소리.
〔呼價〕(호가) 팔거나 사려고 하는 물건의 값을 얼마라고 부름.
〔呼客〕(호객) 말이나 손짓으로 손님을 부름.
〔呼訴〕(호소) 억울한 사정을 하소연함.
〔呼應〕(호응) ①부르고 대답함. ②기맥(氣脈)을 서로 통함.
〔呼天〕(호천) 하늘을 향하여 울부짖으며 도움을 청함. ㉮―痛哭.
〔呼兄呼弟〕(호형호제) 썩 가까운 사이에 형이니 아우니 하고 서로 부름.
▷ 點呼(점호)·指呼之間(지호지간)·喚呼(환호)·歡呼(환호)

5 ⑧ 〔和〕*** ㊀화 平歌 hé, ワ ㊁화 ㊍화: 去箇 hè, ワ
0706

소전 행서 이름 ㊀화할 화 ㊁응할 화 자원 형성. 禾+口→和. 禾(화)가 성부.

필순 ′ ㇐ 千 禾 禾 禾 和 和

새김 ㊀❶화하다. ¶溫和(따뜻할 온, ―)㉮날씨가 따스하며 바람이 부드러움. ㉯마음이 따뜻하고 부드러움. ❷평온하다. 사이좋게 지내다. ¶平和(평온할 평, ―)전쟁이나 분쟁이 없이, 평온하고 사이좋게 지내는 상태. ❸일본(日本)의 딴이름. ㊁❶응하다. 응답하다. ¶和答(―, 답할 답)시나 노래로 응하여 답함. ❷섞다. 타다. ¶和劑(―, 조제할 제)약의 재료를 섞어서 조제함. 곧 한약을 짓기 위하여, 그 약에 들어갈 약의 이름과 그 분량을 적은 처방.
〔和光同塵〕(화광동진) 자기의 재능을 드러내지 아니하고 속세에 묻혀 삶의 형용.
〔和氣〕(화기) ①천지간의 음양이 조화된 기운. ②온화한 기색. 화락한 분위기.
〔和氣靄靄〕(화기애애) 여럿이 모인 자리에 온화한 분위기가 넘쳐 흐름. 또는 그 모양.
〔和睦〕(화목) 서로 뜻이 맞고 정다움.
〔和音〕(화음) 고저가 다른 둘 이상의 소리가 일시에 함께 어울리는 소리.
〔和議〕(화의) 화해에 대한 협의. ㉮―가 성립되다.
〔和而不同〕(화이부동) 남과 화합하여 지내기는 하나 뇌동(雷同)하지는 않음.
〔和戰〕(화전) 화친과 전쟁. ㉮―양면 작전.
〔和暢〕(화창) ①날씨가 맑고 따뜻함. ②마음

이 온화하고 상쾌함.
〔和親〕(화친) 분쟁이 없이 사이좋게 지냄.
〔和平〕(화평) 사이좋고 평온함.
〔和風〕(화풍) 봄바람. 화창한 바람.
〔和合〕(화합) 화목하게 한 마음이 됨.
〔和解〕(화해) 다툼을 그치고 사이좋게 됨.
▷ 講和(강화)·共和(공화)·同和(동화)·不和(불화)·宥和(유화)·融和(융화)·人和(인화)·調和(조화)·總和(총화)·親和(친화)

6 ⑨ 〔咬〕* 교: ㊍요: 上巧 yǎo, コウ
0707

행서 이름 깨물 교: 자원 형성. 口+交→咬. 校(교)와 같이 交(교)가 성부.
새김 깨물다. 이로 씹다. ¶咬傷(—, 다칠 상)짐승·독충 등에 물려서 다침. 또는 그 상처.

6 ⑨ 〔咲〕 소: 笑(3799)의 고자
0708

6 ⑨ 〔哑〕 아 啞(0743)의 간화자
0709

6 ⑨ 〔哀〕*** 애 平灰 āi, アイ
0710

소전 행서 이름 슬플 애 자원 형성. 口+衣→哀. 衣(의)의 변음이 성부.
필순 丶 亠 亣 亩 亩 宁 京 京 哀
새김 ❶슬프다. 또는 슬퍼하다. ¶哀愁(—, 시름 수)슬픈 시름. 서글픈 마음. ❷불쌍히 여기다. 가엾게 생각하다. ¶哀憐(—, 가엾게여길 련)남의 불행을 가엾게 여김.
〔哀乞〕(애걸) 애처롭게 사정하여 빎.
〔哀乞伏乞〕(애걸복걸) 굽실거리며 사정하거나 비굴하게 빎.
〔哀悼〕(애도) 사람의 죽음을 슬퍼함.
〔哀傷〕(애상) 어떤 사람의 죽음을 슬퍼하여 매우 마음을 상함. ㉠—의 감정.
〔哀惜〕(애석) 슬퍼하고 아깝게 여김.
〔哀願〕(애원) 간절히 바람.
〔哀泣〕(애읍) 슬피 욺.
〔哀而不傷〕(애이불상) 슬퍼하되 분수에 지나쳐 몸을 상하게는 하지 아니함.
〔哀子〕(애자) ①부모의 상중에 있는 아들. ②아버지는 살아 있고 모친상을 당한 사람의 자칭.
〔哀切〕(애절) 몹시 애처롭고 슬픔.
〔哀話〕(애화) 슬픈 이야기. ㉠눈물겨운 —.
〔哀歡〕(애환) 슬픔과 기쁨.
▷ 孤哀子(고애자)·國哀(국애)·悲哀(비애)·餘哀(여애)

6 ⑨ 〔咽〕* ㊀인 ㊍연 平先 yūn, イン ㊁열 入屑 yè, エツ
0711

소전 행서 이름 ㊀목구멍 인 ㊁목멜 열 자원 형성. 口+因→咽. 姻(인)과 같이 因(인)이 성부.
새김 ㊀목구멍. ¶咽喉(—, 목구멍 후)㉮목구멍. ㉠耳鼻—科. ㉯인신하여, 반드시 거쳐야 할 매우 중요한 목. ㉠—之地. ㊁목이 메다. ¶嗚咽(울 오, —)너무 울어서 목이 멤.
〔咽塞〕(열색) 설움이 복받치어 목이 메어서 말이 잘 나오지 않음.
▷ 哽咽(경열)

6 ⑨ 〔咨〕* 자 平支 zī, シ
0712

소전 행서 이름 물을 자 자원 형성. 次+口→咨. 次에는 '차' 외에 '자' 음도 있어, 姿(자)와 같이 次(자)가 성부.
새김 ❶묻다. 상의하여 꾀하다. ¶咨諏(—, 꾀할 추)물어서 꾀함. ❷탄식하다. 또는 감탄하거나 탄식할 때 지르는 소리. ¶咨歎(—, 탄식할 탄)탄식함.
〔咨文〕(자문) ①중국과 주고 받던, 나라의 문서. ②관아들 사이에서 주고 받던 문서.

6 ⑨ 〔哉〕*** 재 平灰 zāi, サイ
0713

소전 행서 이름 어조사 재 자원 형성. 𢦏+口→哉. 栽(재)·裁(재)와 같이 𢦏(재)가 성부.
필순 一 十 土 𠀉 吉 吉 哉 哉 哉
새김 ❶어조사. ㉠～로다! ～도다! 감탄·영탄의 뜻을 나타낸다. ¶快哉(쾌할 쾌, —)상쾌하도다! ㉡～느냐? 의문·반어의 뜻을 나타낸다. 〔詩經〕曷至哉(갈지재) 어찌 이르렀느냐? ❷비로소. 처음으로. ¶哉生明(—, 날 생, 밝을 명)비로소 밝음이 생김. 곧 음력 초이튿날이나 초사흗날을 이르는 말.
〔哉生魄〕(재생백) 음력 열엿새.
▷ 嗚呼痛哉(오호통재)

6 ⑨ 〔咫〕* 지 ㊍지: 上紙 zhǐ, シ
0714

소전 행서 이름 여덟치 지 자원 형성. 尺+只→咫. 只(지)가 성부.
새김 여덟 치. 주척(周尺)의 8치〔寸〕. 지금의 약 18cm의 길이의 단위. 인신하여, 가까운 거리의 비유. ¶咫尺(—, 자 척)8치와 1자. 매우 가까운 거리의 형용. ㉠—이 千里라.
〔咫步〕(지보) 얼마 안 되는 행보나 거리.

6 ⑨ 〔咤〕* 타: ㊍차: 去禡 | zhà, タ
0715

행서 咤 이름 꾸짖을 타: 자원 형성. 口+宅→咤. 宅(택)의 변음이 성부.
새김 꾸짖다. 큰소리로 꾸짖다. ¶叱咤(꾸짖을 질, —)성난 안색을 하고 큰소리로 꾸짖음.

6 ⑨ 〔品〕*** 품: 上寢 | pǐn, ヒン
0716

소전 행서 品 이름 물건 품: 자원 口+口+口→品. 口는 그릇의 상형. 이를 세 개 늘어놓아 여러 가지의 물건을 뜻한다.

필순 丶 ㄇ 口 口 口 口 口 品 品

새김 ❶물건. 물품. ¶賞品(상줄 상, —)상으로 주는 물품. ❷등급. 벼슬이나 물건의 차등. ㉠正一品(정일품). ❸품격. 사람의 품위. ¶品性(—, 성품 성)품격과 성질. ❹평하다. ¶品評(—, 평론할 평)물건의 좋고 나쁨·가치·등급 등을 논평함. ㉠—會.
〔品格〕(품격) 품성과 인격.
〔品階〕(품계) 관직의 등급.
〔品貴〕(품귀) 물건이 귀함.
〔品目〕(품목) 물품의 명목.
〔品位〕(품위) 사람이나 물품의 질적 수준.
〔品種〕(품종) 물품의 종류.
〔品質〕(품질) 물건의 성질과 바탕.
〔品行〕(품행) 품성과 행실. 조행(操行).
▷氣品(기품)·名品(명품)·物品(물품)·商品(상품)·性品(성품)·人品(인품)·作品(작품)·製品(제품)·中古品(중고품)·眞品(진품)·出品(출품)·特品(특품)

6 ⑨ 〔咸〕** 함 平咸 | xián, カン
0717

소전 행서 咸 이름 다 함 자원 회의. 戌+口→咸. 戌은 모두의 뜻. 모든 사람이 말을 맞춘다는 뜻.

필순 ノ 厂 厂 F 戶 后 咸 咸 咸

새김 ❶다. 모두. ¶咸寧(—, 편안할 녕)모두 다 편안함. ❷鹹(6303)의 간화자.
〔咸告〕(함고) 죄다 일러 바침.
〔咸氏〕(함씨) 남을 높이어 그의 조카를 이르는 말.
〔咸池〕(함지) ①해가 목욕한다는 천상(天上)의 큰 못. ②요(堯)임금 때의 음악 이름.
〔咸興差使〕(함흥차사) 國심부름을 가서 돌아오지 않거나 소식이 없음의 비유. 故조선 태조 이성계(李成桂)가 선위(禪位)하고 함흥에 은퇴하였을 때, 태종(太宗)이 보낸 사신을 죽이거나 혹은 잡아 가두어 돌려보내지 않았다는 고사.

6 ⑨ 〔哈〕* 합 入合 | hā, ゴウ
0718

행서 哈 이름 웃음소리 합 자원 형성. 口+合→哈. 合(합)이 성부.
새김 웃음소리. ¶哈哈(—, —)웃음소리의 형용.

6 ⑨ 〔咳〕* 해 ㊍개: 去隊 | ké, ガイ
0719

소전 행서 咳 이름 기침 해 자원 형성. 口+亥→咳. 垓(해)와 같이 亥(해)가 성부.
새김 기침. 또는 기침을 하다. ¶咳唾(—, 침 타)기침할 때 튀는 침.
〔咳嗽〕(해수) 기침. 기침을 하는 병.
〔咳喘〕(해천) 기침과 천식.
▷謦咳(경해)·鎭咳(진해)

6 ⑨ 〔响〕 향: 響(5973)의 속자.간화자
0720

6 ⑨ 〔哄〕* 홍 平東 | hōng, コウ
0721

행서 哄 이름 소리지를 홍 자원 형성. 口+共→哄. 洪(홍)과 같이 共(공)의 변음이 성부.
새김 소리지르다. 여럿이 일제히 소리지르다. ¶哄笑(—, 웃을 소)많은 사람이 한꺼번에 크게 웃음.
〔哄動〕(홍동) 세상을 떠들썩하게 함.

7 ⑩ 〔哥〕* 가 平歌 | gē, カ
0722

소전 행서 哥 이름 형 가 자원 회의. 可+可→哥. 可의 두 자를 늘어 놓아 노래하는 소리의 모양을 나타낸다.
새김 ❶형. 형 뻘 되는 사람에 대한 호칭. ¶大哥(큰 대, —)큰 형. ❷노래. 또는 노래부르다. 歌(2534)의 고자.

7 ⑩ 〔哭〕** 곡 入屋 | kū, コク
0723

소전 행서 哭 이름 울 곡 자원 형성. 吅+犬〔獄의 생략체〕→哭. 獄(옥)의 변음이 성부.

필순 丶 ㅁ ㅁ ㅁㅁ ㅁㅁ ㅁㅁ 吅 哭 哭 哭

새김 울다. 곡하다. ¶慟哭(통곡할 통, —)슬퍼서 큰소리로 욺.
〔哭聲〕(곡성) 슬피 우는 소리.
〔哭泣〕(곡읍) 소리를 내어 섧게 욺.

▷哀哭(애곡)·痛哭(통곡)·號哭(호곡)

7 ⑩ 〔乼〕* 끗 國字
0724

우리말의 '끗' 음을 적는 글자. 뜻은 없다. 참고 대법원 공인 인명용 추가한자에서 음을 '말'로 잡은 것은 잘못.

7 ⑩ 〔唐〕** 당 平陽 táng, トウ
0725

소전 행서 이름 당나라 당 자원 형성. 庚〔庚의 변형〕+口→唐. 庚(경)의 변음이 성부.

필순 丶 亠 广 户 庐 序 庚 庚 唐 唐

새김 ❶당나라. 이연(李淵)이 수(隋)나라를 멸하고 세운 왕조.(618～907) ¶唐詩(—, 시 시) 당나라 때 지어진 시. ❷허풍을 떨다. 종잡을 수 없다. ¶荒唐(황당할 황, —)허황되고 종잡을 수 없음. 예—無稽.

〔唐突〕(당돌) ①주제넘은 행동을 함. ②國 올차고 다부져 꺼리거나 어려워함이 없음.
〔唐麵〕(당면) 감자 가루로 만든 국수.
〔唐虞〕(당우) 도당씨(陶唐氏)와 유우씨(有虞氏). 요(堯)와 순(舜). 인신하여, 태평 성대.
〔唐材〕(당재) 國 중국에서 들어온 한약재.
〔唐慌〕(당황) 다급하여 어찌할 바를 모름.

7 ⑩ 〔唎〕* 리: 去寘 lì, リ
0726

행서 이름 어조사 리: 자원 형성. 口+利→唎. 悧(리)와 같이 利(리)가 성부.
새김 어조사.

7 ⑩ 〔哩〕 리: 去寘 lǐ, リ
0727

행서 이름 마일 리: 자원 형성. 口+里→哩. 理(리)와 같이 里(리)가 성부.
새김 마일(mile). 약 1.6km의 거리의 단위.

7 ⑩ 〔唆〕* 사 平歌 suō, サ
0728

행서 이름 꼬드길 사 자원 형성. 口+夋→唆. 梭(사)와 같이 夋(준)의 변음이 성부.
새김 꼬드기다. 부추기다. ¶教唆(가르칠 교, —)못된 일을 하도록 남을 부추김. 예—犯.

〔唆諭〕(사유) 부추기어 권함.
〔唆囑〕(사촉) 남을 부추기어 시킴.
▷示唆(시사)

7 ⑩ 〔員〕** 원 平先 yuán, イン
0729

소전 행서 간화 员 이름 인원 원 자원 회의. 口+貝→員. 口는 둥굴다. 貝은 鼎〔솥〕의 변형. 곧 둥근 솥. 가차하여, 사람이나 물건의 수의 뜻으로 쓰였다.

필순 丶 冖 冂 冃 吕 肙 肙 昌 員 員

새김 ❶인원. 사람이나 물건의 수. ¶定員(정할 정, —)일정한 규정으로 정한 인원. ❷조직이나 동아리의 구성원. ¶會員(회 회, —)어떤 회의 구성원.

〔員數〕(원수) 관리의 정원. 또는 인원의 수효.
〔員外〕(원외) 정해진 사람의 수효 밖.
▷減員(감원)·缺員(결원)·官員(관원)·教員(교원)·滿員(만원)·社員(사원)·生員(생원)·議員(의원)·人員(인원)·委員(위원)·任員(임원)·職員(직원)·充員(충원)

7 ⑩ 〔唇〕* 一 진 平眞 zhēn, シン / 二 순 平眞 chūn, シン
0730

소전 행서 이름 一놀랄 진 二입술 순 자원 형성. 辰+口→唇. 振(진)과 같이 辰(진)이 성부. 참고 二는 대법원 공인 인명용 추가 한자가 아님.
새김 一놀라다. 二입술. 脣(4307)과 통용.

7 ⑩ 〔哲〕** 철 入屑 zhé, テツ
0731

소전 행서 동자 喆 이름 밝을 철 자원 형성. 折+口→哲. 折(절)의 변음이 성부.

필순 一 十 扌 扌 扩 扩 折 折 哲 哲

새김 ❶밝다. 사리에 밝다. ¶明哲(밝을 명, —)사리에 밝음. 예—保身. ❷도리에 밝은 사람. 식견이 높은 사람. ¶先哲(먼저 선, —)옛날의 현인이나 철인.

〔哲理〕(철리) ①매우 오묘하고 깊은 이치. ②철학상의 원리나 이치.
〔哲夫〕(철부) ①어질고 지혜로운 남편. ②재덕이 뛰어난 남자.
〔哲婦〕(철부) ①재덕이 뛰어난 여자. ②영리한 여자.
〔哲人〕(철인) ①학식이 높고 사리에 밝은 사람. ②철학자.
〔哲匠〕(철장) ①재주가 뛰어난 문인이나 화가. ②뛰어난 기술이 있는 장인.
〔哲學〕(철학) 자연과 인생, 현실과 이상에 관한 궁극적인 근본 원리를 추구하는 학문.
▷聖哲(성철)·英哲(영철)·賢哲(현철)

7 ⑩ 〔哨〕* 초 本소: 去效 | shào, ショウ
0732

소전 행서 이름 망볼 초 자원 형성. 口+肖→哨. 消(소), 梢(초)와 같이 肖(소—초)가 성부.
새김 망을 보다. 정찰하다. ¶哨戒(—, 경계할 계)적의 움직임을 망보며 경계함. 예—機.
〔哨兵〕(초병) 파수를 보거나 경계 구역을 순찰하는 병사. 보초병(步哨兵).
〔哨船〕(초선) 망보는 임무를 띠고 있는 배.
〔哨所〕(초소) ①보초가 근무하는 장소. ②보위하는 최전선.
▷動哨(동초)·步哨(보초)·立哨(입초)

7 ⑩ 〔唄〕* 패: 去卦 | bài, バイ
0733

행서 간화 呗 이름 범패 패: 자원 형성. 口+貝→唄. 敗(패)와 같이 貝(패)가 성부.
새김 범패(梵唄). 부처의 공덕을 기리는 노래.

7 ⑩ 〔哺〕* 포 本포: 去遇 | bǔ, ホ
0734

소전 행서 이름 먹일 포 자원 형성. 口+甫→哺. 甫에는 '보' 외에 '포' 음도 있어, 捕(포)·浦(포)와 같이 甫(포)가 성부.
새김 먹이다. 먹여 기르다. ¶哺乳(—, 젖 유) 어미가 새끼에게 젖을 먹여 기름. 예—動物.
〔哺育〕(포육) 젖을 먹임. 젖을 먹여 기름.
〔哺啜客〕(포철객) 염치불구하고 남의 음식을 마구 먹는 사람.
▷反哺(반포)·含哺鼓腹(함포고복)

7 ⑩ 〔唤〕 환 喚(0765)과 동자
0735

7 ⑩ 〔哮〕* 효 平肴 | xiāo, コウ
0736

소전 행서 이름 으르렁거릴 효 자원 형성. 口+孝→哮. 孝(효)가 성부.
새김 으르렁거리다. ¶咆哮(으르렁거릴 포, —) 짐승이 으르렁거림. 인신하여, 큰소리로 외침.

8 ⑪ 〔啓〕** 계: 上薺 | qǐ, ケイ
0737

소전 행서 동자 간화 启 이름 열 계: 자원 형성. 启+攵→啓. 启(계)가 성부.

필순 丶 ㇇ ㇇ 户 户' 户' 政 政 啓 啓

새김 ❶열다. ㉠닫힌 것을 열다. ¶啓門(—, 문) 제사를 지낼 때에 합문을 엶. ㉡가르쳐 인도하다. ¶啓蒙(—, 어두울 몽)무지한 사람들을 가르쳐 인도함. ❷아뢰다. 여쭈다. ¶啓上(—, 웃사람 상)웃사람에게 아룀.
〔啓導〕(계도) 깨우쳐 이끌어 줌.
〔啓明星〕(계명성) 금성(金星)의 딴이름. 샛별.
〔啓發〕(계발) 사상·지능 등을 깨우쳐 열어 줌.
〔啓示〕(계시) ①깨우쳐 보여 줌. ②사람의 지혜로 알지 못하는 일을 신이 알게 함.
▷謹啓(근계)·拜啓(배계)·復啓(복계)·上啓(상계)·狀啓(장계)·天啓(천계)

8 ⑪ 〔啖〕* 담: 上感 | dàn, タン
0738

소전 행서 이름 먹을 담: 자원 형성. 口+炎→啖. 炎에는 '염' 외에 '담' 음도 있어, 淡(담)·談(담)과 같이 炎(담)이 성부.
새김 먹다. 씹어 먹다. ¶健啖(잘 건, —)음식을 잘 먹음.

8 ⑪ 〔問〕*** 문: 去問 | wèn, モン
0739

소전 행서 간화 问 이름 물을 문: 자원 형성. 門+口→問. 聞(문)과 같이 門(문)이 성부.

필순 丨 ㇆ ㇆ 尸 尸 門 門 門 問 問

새김 ❶묻다. 또는 물음. 答(3814)의 대. ¶質問(물을 질, —)의문이 나는 것을 물음. ❷방문하다. 찾아보다. ¶慰問(위로할 위, —)위로하기 위하여 방문함.
〔問答〕(문답) 질문과 대답.
〔問東答西〕(문동답서) 동쪽을 물으니 서쪽을 대답함. 묻는 말에 전혀 엉뚱한 대답을 함을 이르는 말. 동문서답(東問西答).
〔問病〕(문병) 병자를 찾아보고 위로함.
〔問喪〕(문상) 사람이 죽었을 때 영전에 인사하고 상주를 위로함. 조상(弔喪).
〔問安〕(문안) 웃어른께 안부를 여쭘. 문후(問候).
〔問題〕(문제) ①대답을 요구하는 물음. ②해결하거나 연구해야 할 사항.
〔問責〕(문책) 잘못을 물어 책망함. 책임을 추궁함.
〔問招〕(문초) 죄인을 신문(訊問)함.
▷拷問(고문)·訪問(방문)·設問(설문)·審問(심문)·疑問(의문)·弔問(조문)·學問(학문)

8 ⑪ 〔商〕*** 상 平陽 | shāng, ショウ
0740

소전 행서 이름 장사 상 자원 형성. 立〔章의 생략체〕+冏→商. 章(장)의 변음이 성부.

필순 丶 亠 亡 广 产 产 两 商 商 商 商

새김 ❶장사. 또는 장사하다. ¶商業(—, 일 업) 장사하는 일. ❷장수. 장사하는 사람. ¶巨商(클 거, —)밑천을 많이 가지고 하는 장수. 또는 그런 장사. ❸헤아리다. 생각하다. ¶商量(—, 헤아릴 량)옳은가 그른가, 덕이 되나 손해가 되나 등을 마음 속으로 이리저리 헤아려 봄. ❹오음(五音)의 하나. 예宮(궁)·商·角(각)·徵(치)·羽(우). ❺상나라. 탕왕(湯王)이 하(夏)나라를 치고 세운 왕조. 반경(盤庚)이 은(殷)으로 천도한 뒤부터를 은나라라 부른다.

〔商街〕(상가) 많은 상점들이 늘어선 거리.
〔商賈〕(상고) 장사하는 사람. '商'은 돌아다니며 하는 장사. '賈'는 앉아서 하는 장사.
〔商圈〕(상권) 상업상의 중심지나 세력권.
〔商談〕(상담) 장사에 대해 주고받는 이야기.
〔商社〕(상사) 상업상의 목적을 위해 조직한 회사나 단체. 흔히 무역 회사의 뜻으로 씀.
〔商船〕(상선) 상업상의 목적으로 사용하는 배.
〔商術〕(상술) 장사 솜씨.
〔商議〕(상의) 서로 모여서 의논함.
〔商敵〕(상적) 상업에서의 경쟁 상대.
〔商店〕(상점) 상품을 파는 가게.
〔商標〕(상표) 제조 회사가 자기의 회사에서 만들었다는 표시로, 상품에 붙이는 일정한 도안.
〔商品〕(상품) 판매를 목적으로 생산한 물건.
〔商港〕(상항) 상선이나 무역선이 드나드는 항구. 무역항(貿易港).
〔商號〕(상호) 상점이나 회사의 이름.
〔商魂〕(상혼) 장삿일에 기울이는 열정.
〔商會〕(상회) 몇 사람이 모여 장사를 경영하는 기업체.
▷隊商(대상)·貿易商(무역상)·富商(부상)·士農工商(사농공상)·通商(통상)·行商(행상)

8 ⑪ 〔啬〕 0741 색 嗇(0772)의 간화자

8 ⑪ 〔啸〕 0742 소: 嘯(0792)의 간화자

8 ⑪ 〔啞〕* 0743 ㊀아 ㊍아: 上馬 yǎ, ア ㊁아 ㊍아: 去禡 yā, ア

소전 行서 간화 哑 이름 ㊀벙어리 아 ㊁아 아 자원 형성. 口＋亞→啞. 亞(아)가 성부.

새김 ㊀벙어리. ¶聾啞(귀머거리 롱, —)귀머거리와 벙어리. ㊁아! 놀라서 지르는 소리. ¶啞然(—, 그러할 연)놀라서 말을 못하고 입을 다물지 못하는 모양. 예— 失色.
▷盲啞(맹아)

8 ⑪ 〔唵〕* 0744 암: 上感 ǎn, アン

행서 이름 움켜먹을 암: 자원 형성. 口＋奄→唵. 庵(암)과 같이 奄(엄)의 변음이 성부.
새김 움켜 먹다. 손으로 움켜 먹다.

8 ⑪ 〔唯〕*** 0745 ㊀유 平支 wéi, ユイ ㊁유: 上紙 wěi, イ

소전 행서 이름 ㊀오직 유 ㊁예 유: 자원 형성. 口＋隹→唯. 隹에는 '추' 외에 '유' 음도 있어, 惟(유)·維(유)와 같이 隹(유)가 성부.

필순 丶 口 口 叮 叮 叭 吖 咿 唯 唯

새김 ㊀오직. 단지. ¶唯一(—, 한 일)오직 하나뿐임. 예— 無二. ㊁예. 그 자리에서 대답하는 소리. ¶唯唯諾諾(—, —, 대답할 낙, —)예, 예 하고 남의 말에 응낙함.
〔唯物論〕(유물론) 만유(萬有)의 궁극적 실재는 물질이며, 정신적인 현상도 모두 물질의 작용이라고 보는 견해.
〔唯我獨存〕(유아독존) 우주 만물 가운데 오직 나만이 가장 높고 귀함. 자기만 잘난 체하는 태도의 형용.

8 ⑪ 〔唱〕*** 0746 창: 去漾 chàng, ショウ

소전 행서 이름 부를 창: 자원 형성. 口＋昌→唱. 倡(창)·猖(창)과 같이 昌(창)이 성부.

필순 丶 口 口 口' 口口 口日 口日 唱 唱 唱

새김 ❶부르다. 노래하다. 또는 노래. ¶合唱(합할 합, —)여러 사람이 소리를 맞추어 노래함. ❷창도하다. 앞장 서 외치다. ¶提唱(내놓을 제, —)어떤 주장이나 의견을 내놓고, 여러 사람에 앞서 외침.
〔唱歌〕(창가) 노래를 부름. 또는 그 노래.
〔唱劇〕(창극) 國전통적인 판소리나 그 형식을 빌려 꾸민 가극.
〔唱導〕(창도) 앞장을 서서 주장하여 지도함.
▷歌唱(가창)·獨唱(독창)·名唱(명창)·先唱(선창)·愛唱(애창)·咏唱(영창)·再唱(재창)·絶唱(절창)·主唱(주창)

8 ⑪ 〔唾〕* 0747 타: 去箇 tuò, ダ

소전 행서 이름 침 타: 자원 형성. 口＋垂→唾. 垂(수)의 변음이 성부.
새김 침. 또는 침을 뱉다. ¶唾棄(—, 버릴 기)침

을 뱉듯이 버리고 돌보지 아니함.
〔唾具〕(타구) 가래침을 뱉는 그릇.
〔唾罵〕(타매) 더럽게 여겨 침을 뱉고 욕을 함.
〔唾液〕(타액) 침.

8 ⑪ 〔啄〕* 탁 本착 入覺 | zhuó, タク
0748

소전 행서 이름 쫄 탁 자원 형성. 口＋豖→啄. 琢(탁)과 같이 豖(탁)이 성부.
새김 쪼다. 새가 부리로 쪼아 먹다. ¶啄$_2$木$_1$鳥(—, 나무 목, 새 조)나무를 쪼는 새. 곧 딱따구리.
〔啄啄〕(탁탁) ①문을 똑똑 두드리는 소리. ②닭이 모이를 쪼아 먹는 소리.
▷剝啄(박탁)

8 ⑪ 〔啣〕* 함 銜(5648)의 속자
0749

9 ⑫ 〔喝〕* 갈 本할 入曷 | hè, カツ
0750

소전 행서 이름 꾸짖을 갈 자원 형성. 口＋曷→喝. 渴(갈)·葛(갈)과 같이 曷(갈)이 성부.
새김 ❶꾸짖다. 큰소리로 꾸짖다. ¶大喝(큰 대, —)큰소리로 꾸짖음. ❷으르다. 위협하다. ¶恐喝(으를 공, —)상대방을 두려워하도록 하기 위하여 을러댐. ❸큰소리를 지르다. 열렬히 외치다. ¶喝采(—, 꾸밀 채)찬양하거나 환영의 뜻을 나타내기 위하여 열렬히 외치는 외침이나 행동.
〔喝道〕(갈도) 지체 높은 사람이 행차할 때, 인도하는 하인이 소리를 질러 행인을 비켜나게 하던 일.
〔喝破〕(갈파) ①큰소리로 나무라면서 꾸짖음. ②바른 말로 바르지 아니한 말을 공박함.
▷一喝(일갈)

9 ⑫ 〔喀〕* 객 入陌 | kā, カク
0751

행서 이름 토할 객 자원 형성. 口＋客→喀. 客(객)이 성부.
새김 토하다. 먹은 음식이나 피를 토하다. ¶喀$_2$血$_1$(—, 피 혈)피를 토함.
〔喀痰〕(객담) 담을 뱉음. 또는 그 담.

9 ⑫ 〔喬〕* 교 平蕭 | qiáo, キョウ
0752

소전 행서 간화 乔 이름 높을 교 자원 형성. 夭＋高〔高의 생략체〕→喬. 高(고)의 변음이 성부.
새김 높다. 키가 크다. ¶喬木(—, 나무 목) 키가 큰 나무.
〔喬遷〕(교천) 낮은 지위에서 높은 지위로 나아감.

9 ⑫ 〔喫〕* 끽 本긱 入錫 | chī, キツ
0753

소전 행서 이름 먹을 끽 자원 형성. 口＋契→喫. 契(계)의 변음이 성부.
새김 ❶먹다. 음식물을 먹다. ¶滿喫(찰 만, —) 배부르게 먹음. ❷마시다. ¶喫$_2$茶$_1$(—, 차 다) 차를 마심. ❸빨다. 피우다. ¶喫$_2$煙$_1$(—, 담배 연)담배를 피움.
〔喫緊〕(끽긴) 매우 긴요함.

9 ⑫ 〔單〕*** ㊀단 平寒 | dān, タン ㊁선 平先 | chán, ゼン
0754

소전 行서 약자 単 간화 单 이름 ㊀홑 단 ㊁선우 선 자원 상형. 끝이 두 가닥으로 갈라진, 타원형으로 된 방패의 모양. 가차하여 '홑'의 뜻으로 쓴다.

필순 丶 ㅁ ㅁ ㅁㅁ 吅 吕 罒 單 單

새김 ㊀❶홑. 하나. 한 사람. ¶單獨(—, 홀로 독)단 하나. 또는 한 사람. 예—行爲. ❷간단하다. 복잡하지 아니하다. ¶單純(—, 순수할 순)복잡하지 아니하고 순수함. ❸단자. 사물을 기록한 쪽지. ¶名單(이름 명, —)이름을 적은 문건. ㊁선우(單于). 흉노(匈奴)의 왕의 칭호.
〔單價〕(단가) 물건 한 개의 값. 또는 일정한 단위의 물건의 값.
〔單騎〕(단기) 단 혼자의 기병. 예匹馬—.
〔單刀直入〕(단도직입) ①한 자루의 칼로 적진을 거침없이 쳐들어감. 용맹스럽게 돌진함의 비유. ②문장이나 언론에서 바로 본론으로 들어감.
〔單發〕(단발) ①하나의 발동기. 예—폭격기. ②단 한번의 발사. 예—에 명중하다. ③방아쇠를 당길 때마다 한 개의 탄알이 나가게 된 것. 또는 그런 총.
〔單色〕(단색) 한 가지 빛.
〔單身〕(단신) 홑몸. 예—越南.
〔單語〕(단어) 문장에서 의미나 기능상으로, 그 이상 더 나눌 수 없는 말의 최소 단위.
〔單元〕(단원) 주제를 중심으로 하여 나눈 학습 내용의 구분. 예—學習.
〔單位〕(단위) ①수량을 헤아릴 때 기초가 되는 분량의 표준. ②조직을 구성하는 기본적인 집단. ③한 위의 신주(神主).
〔單一〕(단일) ①오직 하나. ②다른 것이 섞여 있지 않음.
〔單任〕(단임) 일정 기간 동안 한 차례만 맡음.
〔單子〕(단자) ①國 물품의 이름과 수량을 적은

문서. ②사주(四柱)나 후보자의 성명 등을 적은 종이.
〔單調〕(단조) 변화 없이 같은 것만 되풀이되어 새로운 맛이 없음. 예―로운 리듬.
〔單行本〕(단행본) 한 권 한 책을 단독으로 출판한 책.
▷簡單(간단)·孤單(고단)·收單(수단)·食單(식단)·傳單(전단)

9 ⑫ 〔喇〕* 라 本랄 入曷 | lǎ, ラツ
0755

행서 이름 나팔 라 자원 형성. 口＋剌→喇. 剌(랄)의 변음이 성부.
새김 ❶나팔(喇叭). 악기 이름. ❷라마교(喇嘛教). 티베트와 몽고 등지에 퍼져 있는 불교의 한 갈래. 참고 대법원 공인 인명용 추가 한자에서 '라' 음 외에 '나' 음도 인정한 것은 잘못.

9 ⑫ 〔喷〕 분 噴(0784)의 간화자
0756

9 ⑫ 〔喪〕*** ㊀상: 去漾 | sàng, ソウ ㊁상 平陽 | sāng, ソウ
0757

소전 행서 이름 ㊀잃을 상: ㊁복 상 자원 회의. 哭＋亡→喪. 사람의 죽음〔亡〕을 만나 슬프게 운다〔哭〕는 뜻.
필순

새김 ㊀❶잃다. 지위·땅·사람 등을 잃다. ¶喪失(—, 잃을 실)잃음. ❷죽다. 사람이 죽다. ¶喪家(—, 집 가)사람이 죽은 집. ❸망하다. 멸망하다. ¶時日害喪(이 시, 해 일, 어찌 갈, —)時(2136)를 보라. ㊁복. 또는 복을 입다. 사람이 죽으면 그 연고자가 촌수의 멀고 가까움에 따라 상복을 입고 행신을 삼가는 예. ¶三年喪(석 삼, 해 년, —)부모가 죽었을 때, 세 해 동안 복을 입는 일.
〔喪家之狗〕(상가지구) 상갓집 개. ㉮몹시 수척하고 쇠약한 사람의 비유. ㉯의지할 곳이 없어서 떠도는 사람의 비유.
〔喪故〕(상고) 초상이 나는 일.
〔喪亂〕(상란) 전쟁·전염병·천재 지변 따위로 인해 사람이 많이 죽는 일.
〔喪禮〕(상례) 상중에 행하는 모든 예절.
〔喪服〕(상복) 상중에 입는 옷. 「음이 산란함.
〔喪心〕(상심) 근심 걱정으로 맥이 풀리고 마
〔喪杖〕(상장) 상제가 짚는 지팡이. 아버지 거상에는 대, 어머니 거상에는 오동나무를 씀.
〔喪章〕(상장) 거상 중에 있다는 것을 나타내기 위하여 옷 따위에 다는 표.
〔喪制〕(상제) ①상복(喪服)의 제도. 또는 거상(居喪)하는 기한. ②國 상중에 있는 사람.
〔喪主〕(상주) 맏상제.
▷居喪(거상)·國喪(국상)·問喪(문상)·心喪(심상)·弔喪(조상)·初喪(초상)·脫喪(탈상)·好喪(호상)·護喪(호상)

9 ⑫ 〔善〕*** 선: 上銑 | shàn, ゼン
0758

소전 행서 이름 착할 선: 자원 회의. 羊＋咅〔誩의 생략체〕→善. 羊은 죄인을 심판할 때 쓰는 양, 誩은 소송의 당사자인 원고와 피고. 양 앞에서 서로 자신의 착함을 주장한다는 뜻.
필순

새김 ❶착하다. 선량하다. 惡(1655)의 대. ¶善行(—, 행실 행)착한 행실. ❷좋다. 훌륭하다. ¶最善(가장 최, —)가장 좋거나 가장 훌륭함. ❸잘. 알맞게. 솜씨 좋게. ¶善處(—, 처리할 처)형편에 따라 잘 처리함. ❹친하게 지내다. ¶善隣(—, 이웃 린)친하게 지내는 이웃. 또는 이웃이나 이웃 나라와 친하게 지냄.
〔善價〕(선가) 좋은 값. 높은 가격.
〔善男善女〕(선남선녀) ①착하고 어진 남자와 여자. ②(佛)불문에 귀의(歸依)한 남녀.
〔善導〕(선도) 잘 인도함. 올바른 길로 인도함.
〔善良〕(선량) 착하고 어짊. 「좋음.
〔善始善終〕(선시선종) 처음부터 끝까지 모두
〔善心〕(선심) 착한 마음. 또는 남을 돕는 마음.
〔善惡〕(선악) 착함과 악함.
〔善用〕(선용) 적절하게 잘 씀. 「마음.
〔善意〕(선의) ①착한 마음. ②남을 생각하는
〔善政〕(선정) 훌륭한 정치. 좋은 정치.
〔善策〕(선책) 좋은 책략. 양책(良策).
〔善後策〕(선후책) 뒷갈망을 잘 하려는 계책.
▷勸善(권선)·獨善(독선)·不善(불선)·性善(성선)·僞善(위선)·仁善(인선)·慈善(자선)·積善(적선)·至善(지선)·親善(친선)

9 ⑫ 〔営〕 영 營(3112)의 약자
0759

9 ⑫ 〔喩〕* 유 本유: 去遇 | yù, ユ
0760

행서 이름 깨우칠 유 자원 형성. 口＋兪→喩. 愉(유)·愈(유)·鍮(유)와 같이 兪(유)가 성부.
새김 ❶깨우치다. 가르쳐 일러주다. ¶善喩(잘 선, —)잘 깨우쳐줌. ❷깨닫다. 〔論語〕君子喩[3]於[2]義[1](군자 유어의)군자는 의에서 깨닫는다. ❸비유하다. ¶隱喩(숨을 은, —) '비유하건대·~와 같이' 와 같은 표현을 쓰지 않고 비유하는 수사법의 한 가지.
▷比喩(비유)·譬喩(비유)·直喩(직유)·曉喩

(효유)·訓喩(훈유)

9 ⑫ 〔啼〕* 제 平齊 tí, テイ
0761

행서 이름 울 제 자원 형성. 口+帝→啼. 蹄(제)와 같이 帝(제)가 성부.

새김 울다. ㉠눈물을 흘리며 슬피 울다. ¶啼泣(—, 울 읍)눈물을 흘리며 큰소리로 욺. ㉡새가 지저귀다. ¶啼鳥(—, 새 조)지저귀는 새.

9 ⑫ 〔喘〕* 천: 上銑 chuǎn, セン
0762

소전 행서 이름 숨찰 천: 자원 형성. 口+耑→喘. 耑(단)의 변음이 성부.

새김 ❶숨이 차다. 숨이 차서 헐떡이다. 〔漢書〕牛喘吐舌(우천토설) 소가 숨이 차서 헐떡거리며 혀를 빼물다. ❷기침을 하다. ¶喘息(—, 숨 식)기침이 심하여 숨이 차고 담이 생기는 병.

〔喘氣〕(천기) 천식 같은 증세.

▷餘喘(여천)·殘喘(잔천)·咳喘(해천)

9 ⑫ 〔喆〕* 철 哲(0731)과 동자
0763

9 ⑫ 〔喊〕* 함: 上豏 hǎn, カン
0764

행서 이름 소리칠 함: 자원 형성. 口+咸→喊. 緘(함)과 같이 咸(함)이 성부.

새김 소리치다. 고함을 지르다. ¶喊聲(—, 소리 성) 여러 사람이 함께 고함지르는 소리.

▷高喊(고함)·鼓喊(고함)

9 ⑫ 〔喚〕* 환 ㊍환: 去翰 huàn, カン
0765

소전 행서 통자 喚 이름 부를 환 자원 형성. 口+奐→喚. 換(환)과 같이 奐(환)이 성부.

새김 부르다. 소리쳐 부르다. ¶喚起(—, 일으킬 기)불러 일으킴. ㉮輿論—.

〔喚醒〕(환성) 잠자는 사람이나 어리석은 자를 깨우침.

▷叫喚(규환)·召喚(소환)

9 ⑫ 〔喉〕* 후 平尤 hóu, コウ
0766

소전 행서 이름 목구멍 후 자원 형성. 口+侯→喉. 篌(후)와 같이 侯(후)가 성부.

새김 목구멍. 인신하여, 목구멍과 같은 목이나 급소. ¶咽喉(목구멍 인, —)목구멍. ㉮耳鼻—科.

〔喉頭〕(후두) 호흡기의 한 부분. 숨쉬는 통로이며 목소리를 내는 기관임.

〔喉舌〕(후설) ①목구멍과 혀. ②國 조선 때 승지(承旨)의 딴이름. ㉮—之臣.

▷結喉(결후)

9 ⑫ 〔喧〕* 훤 平元 xuān, ケン
0767

행서 이름 시끄러울 훤 자원 형성. 口+宣→喧. 萱(훤)과 같이 宣(선)의 변음이 성부.

새김 시끄럽다. 떠들썩하다. ¶喧傳(—, 전할 전)뭇사람의 입으로 전하여 왁자하게 퍼짐.

〔喧騷〕(훤소) 뒤떠들어서 소란함. 「떠듦.

〔喧譁〕(훤화) 시끄럽고 떠들썩함. 시끄럽게

9 ⑫ 〔喙〕* 훼: 去隊 huì, カイ
0768

소전 행서 이름 부리 훼: 자원 형성. 口+彖→喙. 彖(단)의 변음이 성부.

새김 부리. 새나 짐승의 주둥이. 인신하여, 사람의 입. ¶容喙(받아들일 용, —)입을 받아들인다는 뜻으로, 간섭하여 말참견을 함.

〔喙長三尺〕(훼장삼척) 부리의 길이가 석 자란 뜻으로, 남을 헐뜯는 말을 잘함을 이르는 말.

9 ⑫ 〔喜〕*** 희: 上紙 xǐ, キ
0769

소전 행서 이름 기쁠 희: 자원 회의. 壴+口→喜. 壴는 악기. 음악을 들으면 즐겁고, 즐거우면 말이나 웃음으로 그 즐거움을 나타내기에 '기쁘다'의 뜻이 된다.

필순 一 十 士 吉 吉 吉 壴 壴 喜 喜

새김 기쁘다. 또는 기뻐하다. 좋아하다. ¶喜色(—, 안색 색)기뻐하는 안색. ㉮—滿面.

〔喜劇〕(희극) ①코메디. 생활 속의 우습고 불합리한 것을 반영하여 유쾌한 웃음을 자아내는 극. ②웃음거리가 되어 사람들의 웃음을 자아내는 행동이나 사실.

〔喜怒哀樂〕(희로애락←희노애락) 기쁨과 노여움과 슬픔과 즐거움. 곧 사람의 온갖 감정.

〔喜悲〕(희비) 기쁨과 슬픔. 「을 내놓음.

〔喜捨〕(희사) 좋은 일을 위하여 돈이나 재물

〔喜壽〕(희수) 사람의 나이의 일흔 일곱 살. 喜의 초서체가 㐂이기에, 파자하면 '七十七'이 된 데서 온 말. 일본 사람들이 쓰는 말.

〔喜鵲〕(희작) 까치.

〔喜悅〕(희열) 기쁨과 즐거움.

〔喜喜樂樂〕(희희낙락) 매우 기쁘고 즐거움. 매우 기뻐하고 즐거워함.

▷慶喜(경희)·歡喜(환희)·欣喜(흔희)

10 ⑬ 〖嗜〗* 기 [本]시: [去]寘 | shì, シ
0770

[소전] [행서] [이름] 즐길 기 [자원] 형성. 口＋耆→嗜. 耆(기)가 성부.
[새김] 즐기다. 특별히 좋아하다. ¶嗜好(—, 좋아할 호) 무슨 사물을 즐기고 좋아함. [예]—品.
〔嗜酒〕(기주) 술을 대단히 좋아함.

10 ⑬ 〖嗣〗* 사: [去]寘 | sì, シ
0771

[소전] [행서] [이름] 이을 사: [자원] 형성. 口＋冊＋司→嗣. 伺(사)와 같이 司(사)가 성부.
[새김] ❶잇다. 이어받다. ¶嗣君(—, 임금 군)선왕의 대를 이은 임금. ❷후사. 대를 이을 아들. ¶嫡嗣(정실 적, —)정실이 낳은 후사.
〔嗣子〕(사자) 대를 이을 아들. 적장자.
▷繼嗣(계사)·後嗣(후사)

10 ⑬ 〖嗇〗* 색 [入]職 | sè, ショク
0772

[소전] [행서] [간화] 啬 [이름] 아낄 색 [자원] 회의. 㠩〔來의 변형〕＋回〔㐭의 생략체〕→嗇. 來는 농작물, 㐭은 그것을 넣어두는 창고. 창고에 넣어두고 내놓지 아니한다는 데서 '아끼다'의 뜻을 나타낸다.
[새김] 아끼다. 소중히 여기다. ¶吝嗇(아낄 린, —)체면을 돌보지 않고 재물을 지나치게 아낌.

10 ⑬ 〖嗚〗* * 오 [平]虞 | wū, オ
0773

[소전] [행서] [간화] 呜 [이름] 울 오 [자원] 형성. 口＋烏→嗚. 烏(오)가 성부.
[필순] 丶 ㅁ ㅁ ㅁ' ㅁ' 口ケ 口乍 口户 口烏 嗚
[새김] ❶울다. 흐느끼며 슬피 울다. ¶嗚咽(—, 목멜 열)너무 슬피 울어서 목이 멤. ❷아! 탄식하는 소리. ¶嗚呼(—, 아 호)아! 어허! 슬프거나 탄식할 때 내는 소리. [예]—痛哉.

10 ⑬ 〖嗔〗* 진 [平]眞 | chēn, シン
0774

[소전] [행서] [이름] 성낼 진 [자원] 형성. 口＋眞→嗔. 塡(진)과 같이 眞(진)이 성부.
[새김] 성내다. 화를 내다. ¶嗔怒(—, 성낼 노) 몹시 성냄. 또는 노여운 감정.
〔嗔言〕(진언) 성내어 꾸짖는 말.
〔嗔責〕(진책) 성내며 책망함.

10 ⑬ 〖嗟〗* 차 [平]麻 | jiē, サ
0775

[행서] [이름] 탄식할 차 [자원] 형성. 口＋差→嗟. 瑳(차)와 같이 差(차)가 성부.
[새김] ❶탄식하다. ¶嗟歎(—, 한탄할 탄)탄식하고 한탄함. ❷아! 탄식하고 한탄하거나 감탄할 때 지르는 소리. ¶嗟乎(—, 어조사 호)놀람·기쁨·슬픔 등을 느꼈을 때 내는 소리.
〔嗟惜〕(차석) 탄식하며 아깝게 여김.
〔嗟稱〕(차칭) 감탄하여 칭찬함.
▷咄嗟(돌차)·怨嗟(원차)·咨嗟(자차)

10 ⑬ 〖嗤〗* 치 [平]支 | chī, シ
0776

[행서] [이름] 비웃을 치 [자원] 형성. 口＋蚩→嗤. 蚩(치)가 성부.
[새김] 비웃다. 또는 웃음거리. ¶嗤笑(—, 웃을 소)비웃음.
〔嗤侮〕(치모) 비웃고 업신여김.

10 ⑬ 〖嗅〗* 후: [去]宥 | xiù, キュウ
0777

[행서] [이름] 맡을 후: [자원] 형성. 口＋臭→嗅. 臭(취)의 변음이 성부.
[새김] 맡다. 냄새를 맡다. ¶嗅覺(—, 감각 각)냄새를 맡는 감각.
〔嗅感〕(후감) 후각(嗅覺).
〔嗅官〕(후관) 냄새를 맡는 기관. 곧 코.

11 ⑭ 〖嘉〗* 가 [平]麻 | jiā, カ
0778

[소전] [행서] [이름] 아름다울 가 [자원] 형성. 壴＋加→嘉. 伽(가)와 같이 加(가)가 성부.
[새김] ❶아름답다. 좋다. 경사스럽다. ¶嘉禮(—, 예식 례)임금의 즉위나 결혼 같은 경사스러운 예식. ❷맛이 좋다. 맛있다. ¶嘉肴(—, 안주 효)맛좋은 안주. ❸기리다. 칭찬하다. ¶嘉尙(—, 숭상할 상)기리고 숭상함. 웃사람이 아랫사람을 평가할 때 쓰는 말.
〔嘉納〕(가납) 옳다고 여겨 받아들임.
〔嘉俳節〕(가배절) [國]한가윗날. 추석. 중추절.
〔嘉祥〕(가상) 경사롭고 길한 징조.
〔嘉辰〕(가신) 좋은 날. 경사스러운 날.
〔嘉言〕(가언) 유익하고 본받을 만한 말.
〔嘉悅〕(가열) 좋아하고 기뻐함.

11 ⑭ 〖嘔〗* [一] 구 [本]우: [上]有 | ǒu, オウ
[二] 구 [本]우 [平]尤 | ōu, オウ
0779

행서 嘔 속자 간화 呕 이름 ㊀토할 구 ㊁노래할 구 자원 형성. 口+區→嘔. 嶇(구)와 같이 區(구)가 성부.
새김 ㊀토하다. 게우다. ¶嘔吐(—, 토할 토)뱃속의 음식물을 토함. ㊁노래하다. 또는 노래. 謳(5051)와 통용.
〔嘔泄〕(구설) 구토와 설사.
〔嘔逆〕(구역) 욕지기. 메스꺼워 토할 듯한 느낌. ㉠—질하다.

11 ⑭ 〔嘗〕** 상 平陽 cháng, ショウ
0780

소전 행서 동자 嘗 간화 尝 이름 맛볼 상 자원 형성. 尙+旨→嘗. 常(상)과 같이 尙(상)이 성부.

필순

새김 ❶맛보다. 또는 먹다. ¶嘗₂味₁(—, 맛 미)맛을 맛봄. ❷시험하다. ¶嘗試(—, 시험할 시)시험하여 봄. ❸일찍이. 이전에. ¶未₁.₄嘗₂有₃(미상유) 아직까지는 일찍이 있지 아니하였음.
〔嘗膽〕(상담) 쓸개를 맛봄. 복수하기 위하여 온갖 고생을 참고 힘써 노력함의 비유. ㉠臥薪—.
〔嘗糞〕(상분) 똥을 맛봄. ①부모가 위중한 병에 걸렸을 때에 병세를 살피기 위하여 그의 대변을 맛본다는 뜻으로, 지극한 효성을 이르는 말. ②목적한 바를 이루기 위해 치욕을 참고 견딤의 비유. ③지나치게 아첨함의 비유.
▷未嘗不(미상불)·未嘗不然(미상불연)

11 ⑭ 〔嗽〕* 수: 去宥 sòu, ソウ
0781

행서 이름 기침 수: 자원 형성. 口+敕→嗽. 敕(수)가 성부.
새김 ❶기침. 또는 기침을 하다. ¶咳嗽(기침 해, —)기침. ㉠—病. ❷양치질하다. 입을 가시다. ¶含嗽(머금을 함, —)입을 가심. 또는 양치질함.

11 ⑭ 〔嗾〕* 주: 上有 sǒu, ソウ
0782

소전 행서 이름 부추길 주: 자원 형성. 口+族→嗾. 族에는 '족' 외에 '주' 음도 있어, 族(주)가 성부.
새김 부추기다. 꼬드기다. ¶使嗾(부릴 사, —)남을 부추겨 나쁜 일을 시킴.
〔嗾囑〕(주촉) 남을 꾀어 부추겨 시킴.

11 ⑭ 〔嘆〕* 탄: 去翰 tàn, タン
0783

소전 행서 간화 叹 이름 한숨쉴 탄: 자원 형성. 口+𦰩→嘆. 歎(탄)과 같이 𦰩(탄)이 성부.
새김 歎(2536)과 통용. ❶한숨쉬다. 한탄하다. ¶嘆息(—, 숨쉴 식)한탄하여 한숨을 쉼. ❷감탄하다. ¶嘆賞(—, 기릴 상)감탄하여 기림.
〔嘆美〕(탄미) 감탄하여 찬미함.
〔嘆服〕(탄복) 감탄하여 마음으로 따름.
▷憤嘆(분탄)·悲嘆(비탄)·詠嘆(영탄)·嗟嘆(차탄)

12 ⑮ 〔噴〕* 분 本분: 去願 pèn, フン
0784

소전 행서 본자 噴 간화 喷 이름 뿜을 분 자원 형성. 口+賁→噴. 墳(분)과 같이 賁(분)이 성부.
새김 뿜다. 내뿜다. ¶噴₂水₁(—, 물 수)물을 내뿜음. ㉠—臺.
〔噴霧器〕(분무기) 물이나 약 따위를 안개 모양으로 뿜어내는 기구.
〔噴射〕(분사) 액체나 기체에 압력을 가하여 뿜어 내보냄.
〔噴出〕(분출) 내뿜음. 뿜어 냄.

12 ⑮ 〔嘶〕* 시 平齊 sī, セイ
0785

행서 이름 말울 시 자원 형성. 口+斯→嘶. 斯(사)의 변음이 성부.
새김 말이 울다. 〔杜甫·詩〕我馬向₂北₁嘶(아마향북시)내 말이 북녘을 향해 울다.

12 ⑮ 〔嘲〕* 조 平肴 chúo, チョウ
0786

소전 행서 이름 비웃을 조 자원 형성. 口+朝→嘲. 潮(조)와 같이 朝(조)가 성부.
새김 비웃다. 조롱하다. ¶嘲笑(—, 웃을 소)비웃음.
〔嘲弄〕(조롱) 비웃거나 깔보고 놀림.
〔嘲罵〕(조매) 비웃으며 꾸짖음.
〔嘲諧〕(조해) 비웃으며 놀림.
〔嘲戲〕(조희) 빈정거리며 희롱함.
▷自嘲(자조)

12 ⑮ 〔嘱〕 촉 囑(0802)의 동자·간화자
0787

12 ⑮ 〔嘴〕* 취: 上紙 zuǐ, シ
0788

행서 이름 부리 취: 자원 형성. 口+觜→嘴. 觜(취)가 성부.
새김 부리. 주둥이. 또는 부리처럼 툭 튀어나온 부위.

12 ⑮ [噓]* 허 平魚 xū, キョ
0789

소전 행서 이름 불 허 자원 형성. 口+虛→噓. 墟(허)와 같이 虛(허)가 성부.
새김 불다. 숨을 내쉬다. ¶噓風扇(―, 바람 풍, 부채 선)숯불을 피울 때, 바람을 불어서 피우는 기구.

13 ⑯ [器]** 기 本기: 去寘 qì, キ
0790

소전 행서 이름 그릇 기 자원 회의. 㗊+犬→器. 口는 제물을 담는 그릇, 犬은 희생으로 쓰는 개. 그 둘레에 네 개의 그릇을 늘어놓아, 제사를 지내기 위해 늘어놓은 그릇을 뜻한다.

필순 丶 ㅁ ㅁ 吅 吅 哭 哭 㗊 器 器

새김 ❶그릇. 물건을 담는 그릇. ¶食器(먹을 식, ―)음식을 담는 그릇. ❷인재. 재능이 있는 사람. ¶大器晩成(큰 대, ―, 늦을 만, 이룰 성) 큰 인재는 늦게 이루어짐. ❸기구. 연장. ¶樂器(음악 악, ―)음악을 연주하는 기구. ❹도량. 또는 재능. ¶器量(―, 재능 량) 도량과 재능. ❺기관. 신체의 기관. ¶臟器(내장 장, ―)내장의 기관.
〔器械〕(기계) 연장·연모·그릇·기구 등의 총칭.
〔器官〕(기관) 생물체의 감각·운동·영양·생식 등의 기능을 하는 부분.
〔器具〕(기구) 세간·그릇·연장 따위의 총칭.
〔器局〕(기국) 도량과 재간.
〔器皿〕(기명) 음식을 담거나 하는 등의 살림에 쓰는 그릇.
〔器物〕(기물) 각종 용구의 총칭.
〔器樂〕(기악) 악기로 연주하는 음악.
〔器才〕(기재) 기량과 재주.
▷陶器(도기)·兵器(병기)·石器(석기)·禮器(예기)·容器(용기)·祭器(제기)·什器(집기)·土器(토기)·凶器(흉기)

13 ⑯ [噴]* 분 噴(0784)의 본자
0791

13 ⑯ [嘯]* 소: 去嘯 xiào, ショウ
0792

소전 행서 간화 啸 이름 울 소: 자원 형성. 口+肅→嘯. 簫(소)와 같이 肅(숙)의 변음이 성부.
새김 ❶울다. 짐승이 소리를 길게 빼며 울다. ¶虎嘯(범 호, ―)범이 으르렁거림. 또는 그 울음. ❷휘파람을 불다. 또는 읊조리다. ¶長嘯(긴 장, ―)휘파람을 길게 붊.

13 ⑯ [噫]* 희 本의: 去支 yī, イ
0793

소전 행서 이름 아 희 자원 형성. 口+意→噫. 意(의)의 변음이 성부.
새김 아! 한탄하거나 감탄할 때 내는 소리. ¶噫乎(―, 어조사 호) 아!

14 ⑰ [嚆]* 효 平肴 hāo, コウ
0794

행서 이름 울 효 자원 형성. 口+蒿→嚆. 蒿(호)의 변음이 성부.
새김 울다. 또는 울리다. ¶嚆矢(―, 화살 시)우는살. 소리를 내면서 날아가는 화살. 인신하여, 사물의 시초.

16 ⑲ [嚬]* 빈 平眞 pín, ヒン
0795

행서 이름 찡그릴 빈 자원 형성. 口+頻→嚬. 頻(빈)이 성부.
새김 찡그리다. 눈살을 찌푸리다. ¶嚬蹙(―, 찡그릴 축)눈살을 찌푸리고 얼굴을 찡그림. 예世人의 ―을 사는 行爲.
〔嚬笑〕(빈소) 눈살을 찌푸리며 비웃음.
〔嚬伸〕(빈신) 함품을 하며 기지개를 켬.

16 ⑲ [嚥]* 연 本연: 去霰 yàn, エン
0796

행서 이름 삼킬 연 자원 형성. 口+燕→嚥. 燕(연)이 성부.
새김 삼키다. 또는 마시다. ¶嚥下(―, 내릴 하) 꿀걱 삼켜서 넘김.

16 ⑲ [嚮]* 향: 去漾 xiàng, キョウ
0797

행서 간화 向 이름 향할 향: 자원 형성. 鄕+向→嚮. 響(향)·饗(향)과 같이 鄕(향)이 성부.
새김 ❶향하다. ¶嚮導(―, 인도할 도)어떤 목적지를 향하여 길을 인도함. ❷접때. 지난번. ¶嚮日(―, 날 일)지난날. 지난번.
〔嚮者〕(향자) 접때. 지난번.

17 ⑳ [嚴]*** 엄 平鹽 yán, ゲン
0798

소전 행서 약자 厳 간화 严 이름 엄할 엄 자원 형성. 吅+厰→嚴. 厰(엄)이 성부.

필순 ㅁ 吅 吅 严 严 严 严 严 嚴 嚴

새김 ❶엄하다. 엄격하다. ¶嚴正(—, 바를 정) 엄격하고 공정함. ❷엄숙하다. ¶威嚴(엄숙할 위, —)남이 어렵게 여길 만한 엄숙함.
〔嚴格〕(엄격) 규범이나 규율을 실행하거나 요구하는 태도가 매우 엄함.
〔嚴禁〕(엄금) 엄중히 막음. 또는 엄한 금령.
〔嚴斷〕(엄단) 엄중하게 처단함.
〔嚴冬〕(엄동) 몹시 추운 겨울. 예—雪寒.
〔嚴命〕(엄명) 엄하게 명령함. 또는 그 명령.
〔嚴密〕(엄밀) 엄하고 세밀하여 빈틈이 없음.
〔嚴罰〕(엄벌) 엄중히 처벌함. 또는 그 벌.
〔嚴父〕(엄부) 엄한 아버지. 자기 아버지의 높임말.
〔嚴選〕(엄선) 엄격히 고름. 예—한 씨앗.
〔嚴守〕(엄수) 엄격하게 지킴. 예規律—.
〔嚴肅〕(엄숙) ①정중하고 위엄이 있음. ②장엄하고 정숙(靜肅)함.
〔嚴侍下〕(엄시하) 國어머니는 별세하고 아버지만 생존한 처지. 대자시하(慈侍下).
〔嚴重〕(엄중) ①엄격하고 정중함. ②몹시 엄함.
〔嚴刑〕(엄형) 엄한 형벌에 처함. 또는 그 형벌.
▷家嚴(가엄)·戒嚴(계엄)·謹嚴(근엄)·森嚴(삼엄)·崇嚴(숭엄)·莊嚴(장엄)·尊嚴(존엄)·峻嚴(준엄)

18 ㉑ 〔嚼〕* 작 入藥 jué, シャク
0799

소전 행서 이름 씹을 작 자원 형성. 口+爵→嚼. 爵(작)이 성부.
새김 씹다. ¶咀嚼(씹을 저, —)음식물을 씹음.

19 ㉒ 〔囊〕* 낭 平陽 nāng, ノウ
0800

소전 행서 이름 주머니 낭 자원 형성. 朿〔橐의 변형〕+襄〔襄의 생략체〕→囊. 襄(양)의 변음이 성부.
새김 주머니. 자루. ¶囊中(—, 속 중)주머니 속. 예—之錐.
〔囊中之錐〕(낭중지추) 주머니 속에 든 송곳. 유능한 사람은 뭇 사람 가운데 섞여 있어도 언젠가는 그 재능이 저절로 드러남의 비유.
〔囊橐〕(낭탁) 자루와 전대. 또는 주머니.
▷錦囊(금낭)·背囊(배낭)·詩囊(시낭)·智囊(지낭)·香囊(향낭)·行囊(행낭)

19 ㉒ 〔囍〕* 희 國字
0801

새김 쌍희(雙喜). 혼인 때나 경사가 있을 때, 그 기쁨을 표시하기 위하여, 도안이나 무늬처럼 쓰는 글자.

21 ㉔ 〔囑〕* 촉 入沃 zhǔ, ショク
0802

행서 동자 간화 嘱 이름 부탁할 촉 자원 형성. 口+屬→囑. 屬(촉)이 성부.
새김 ❶부탁하다. 당부하다. ¶委囑(맡길 위, —)일정한 일을 맡기고 부탁함. ❷맡기다. 붙이다. ¶囑望(—, 바랄 망)바라는 마음을 붙임. 예將來가 —되는 젊은이.
〔囑目〕(촉목) 눈여겨 봄.
〔囑託〕(촉탁) ①일을 부탁하여 맡김. ②공공기관이나 회사에서 임시로 일을 맡김. 또는 그 사람.
▷懇囑(간촉)·咐囑(부촉)·嘱囑(주촉)

3획 부수 囗 部

▷명칭:큰입구
▷쓰임:'에워싸다·둘레' 등의 뜻을 나타내는 한자의 부수로 쓰였다.

2 ⑤ 〔四〕*** 사: 去寘 sì, シ
0803

소전 행서 이름 넉 사: 자원 지사. 고자는 亖로 가로획 넷으로 넷이란 뜻을 나타냈다. 四는 亖의 변형이다.
필순 丨 冂 冂 四 四
새김 ❶넷. 수효의 4. 예六十四. ❷사방. ¶四海(—, 바다 해)사방의 바다.
〔四更〕(사경) 하룻밤을 다섯으로 나눌 때의 넷째 부분인, 오전 2~4시 사이의 시간.
〔四季〕(사계) 봄·여름·가을·겨울의 사철.
〔四顧無親〕(사고무친) 사방을 돌아보아도 의지할 데가 전혀 없음.
〔四君子〕(사군자) 매화·난초·국화·대의 네 식물. 또는 그것을 그린 그림.
〔四窮〕(사궁) 환과고독(鰥寡孤獨). 곧 늙은 홀아비, 늙은 홀어미, 부모 없는 어린아이, 자식 없는 늙은이.
〔四端〕(사단) 인(仁)·의(義)·예(禮)·지(智)의 4가지 덕성의 실마리. 곧 측은(惻隱)·수오(羞惡)·사양(辭讓)·시비(是非).
〔四面楚歌〕(사면초가) 적에게 완전히 포위당하여 고립된 지경. 故초(楚)의 항우(項羽)와 한 고조(漢高祖) 유방(劉邦)이 겨룰 때, 한의 진중(陣中)에서 초나라의 노래가 들리므로, 항우가 자기의 군사가 모두 투항한 것으로 여겨 탄식했다는 고사.
〔四分五裂〕(사분오열←사분오렬) ①여러 갈래로 갈라짐. 분열하여 패망함의 형용. ②뿔

뿔이 분산됨의 형용.
〔四捨五入〕(사사오입) 우수리를 처리할 때 4 이하면 버리고 5이상이면 올리는 방법.
〔四書〕(사서) 유교에서 경전인 대학(大學)·중용(中庸)·논어(論語)·맹자(孟子).
〔四聲〕(사성) 한자가 지니는, 평성·상성·거성·입성의 네 가지 성조.
〔四時〕(사시) 四季(사계). ㉮—장철.
〔四肢〕(사지) 두 손과 두 다리.
〔四通五達〕(사통오달) 길이 사방으로 막힘없이 통함.
▷ 張三李四(장삼이사)·再三再四(재삼재사)·朝三暮四(조삼모사)

2⑤〔囚〕** 수 平尤 qiú, シュウ
0804

소전 행서 이름 가둘 수 자원 회의. 口+人→囚. 사람이 口안에 갇히어 있는 모양. 그래서 옥에 갇힌 사람을 뜻한다.

필순 丨 冂 冂 闪 囚

새김 ❶가두다. 또는 갇히다. ¶囚獄(—, 옥 옥) 죄인을 잡아 가두는 감옥. 곧 교도소. ❷감옥에 갇힌 사람. ¶罪囚(죄 죄, —)죄를 짓고 감옥에 갇히어 있는 사람.
〔囚虜〕(수로) 갇히어 있는 포로(捕虜).
〔囚役〕(수역) 죄수에게 시키는 노역(勞役).
〔囚衣〕(수의) 죄수가 입는 옷.
〔囚人〕(수인) 감옥에 갇힌 사람.
▷ 拘囚(구수)·無期囚(무기수)·死刑囚(사형수)·脫獄囚(탈옥수)

3⑥〔団〕 단 團(0826)의 약자
0805

3⑥〔团〕 단 團(0826)의 간화자
0806

3⑥〔因〕*** 인 平眞 yīn, イン
0807

소전 행서 이름 인할 인 자원 회의. 口+大→因. 口는 사람이 눕는 자리, 大는 네 활개를 벌리고 누워 있는 사람의 모양. 사람이 자리에 의지하여 누워 있다는 뜻.

필순 丨 冂 冂 冃 闲 因

새김 ❶인하다. ㉠말미암다. 답습하다. ¶因人成事(—, 사람 인, 이룰 성, 일 사)남의 힘으로 말미암아 일을 이룸. ㉡인하여. 따라서. 때문에. 〔孟子〕無恒產 因無恒心(무항산 인무항심) 恒產이 없으면 따라서 恒心이 없다. 〔恒產:살아갈 수 있는 일정한 재산. 恒心:늘 일정하게 가지고 있는 마음.〕 ❷원인. 까닭. ¶因果(—, 결과 과)원인과 결과. ㉮—應報. ❸인연. 연줄. ¶因緣(—, 인연 연)사물 간에 서로 맺어지는 관계.
〔因果應報〕(인과응보) (佛)선인(善因)에는 좋은 결과가 오고 악인(惡因)에는 나쁜 결과가 옴.
〔因山〕(인산) 國국장(國葬).
〔因循〕(인순) ①머뭇거림. ②옛 관습을 그대로 따름. ㉮—姑息.
〔因習〕(인습) 옛날부터 전해 내려와 몸에 밴 관습.
〔因襲〕(인습) 종래의 관습이나 예절을 그대로 좇음.
〔因子〕(인자) 어떤 결과의 원인이 되는 낱낱의 요소.
〔因忽不見〕(인홀불견) 언뜻 보이다가 없어져 보이지 않음.
▷ 近因(근인)·起因(기인)·病因(병인)·善因(선인)·勝因(승인)·惡因(악인)·原因(원인)·遠因(원인)·主因(주인)·敗因(패인)

3⑥〔回〕*** 회 平灰 huí, カイ
0808

소전 행서 속자 囬 이름 돌 회 자원 상형. 물이 한 지점을 중심으로 하여 빙빙 도는 모양.

필순 丨 冂 冂 回 回 回

새김 ❶돌다. 빙빙 돌다. 또는 돌리다. ¶回轉(—, 구를 전)한 곳을 중심으로 하여 빙빙 돎. ❷돌아오다. 되돌아오다. 또는 되돌리다. ¶回春(—, 봄 춘)봄이 다시 돌아옴. 인신하여, 병이 나아서 건강을 회복함. ❸돌아보다. 돌이키다. ¶回想(—, 생각할 상)지나간 일을 돌이켜 생각함. ❹번. 차례. 행위나 동작의 회수를 세는 말. ㉮第五回美術展覽會.
〔回顧〕(회고) ①돌아다봄. ②지난 일을 돌이켜 봄.
〔回歸〕(회귀) 한 바퀴 돌아 다시 제자리로 돌아옴.
〔回答〕(회답) 보내온 서신·물음·연락 등에 대하여 상대편에게 대답을 보냄. 또는 그 대답.
〔回覽〕(회람) 차례로 돌려가면서 봄.
〔回復〕(회복) 이전의 상태로 돌아감.
〔回附〕(회부) 돌려 보냄. 회송하여 넘김.
〔回收〕(회수) 도로 거두어 들임.
〔回信〕(회신) 편지 또는 전신·전화 등의 회답.
〔回心〕(회심) ①마음을 돌려 먹음. ②지난날의 애정을 회복함.
〔回診〕(회진) 의사가 병실을 돌아다니며 보는 진찰.
〔回避〕(회피) 꺼림. 꺼려서 피함.
〔回航〕(회항) ①여러 곳으로 돌아다니다가 제 곳으로 돌아옴. ②여러 곳에 들리면서 항해함. 또는 그러한 항해.
▷ 今回(금회)·挽回(만회)·每回(매회)·旋回(선회)·前回(전회)·撤回(철회)

4 ⑦ 〔困〕 *** 곤: 去願 | kùn, コン
0809

소전 행서 이름 곤할 곤: 자원 회의. 口+木→困. 나무가 우리 안에 갇히어 있는 모양. 그래서 '곤하다'의 뜻을 나타낸다.

필순 丨 冂 冃 冃 用 困 困

새김 곤하다. 고생하다. ¶困難(—, 어려울 난) 일의 실행이나 해결이 딱하고 어려움.
〔困境〕(곤경) 곤란한 처지. 어려운 지경.
〔困窮〕(곤궁) 곤란하고 궁함.
〔困辱〕(곤욕) 괴로움과 욕됨. 또는 심한 모욕.
〔困乏〕(고핍) ①고달프고 노곤함. ②가난하여 고생함.
〔困惑〕(곤혹) 곤란한 일을 당하여 처리에 애먹음.
▷窮困(궁곤)·勞困(노곤)·貧困(빈곤)·春困(춘곤)·疲困(피곤)

4 ⑦ 〔図〕 도 圖(0827)의 약자
0810

4 ⑦ 〔囲〕 위 圍(0823)의 약자
0811

4 ⑦ 〔围〕 위 圍(0823)의 간화자
0812

4 ⑦ 〔囬〕 회 回(0808)의 속자
0813

5 ⑧ 〔固〕 *** 고 本고: 去遇 | gù, コ
0814

소전 행서 이름 굳을 고 자원 형성. 口+古→固. 姑(고)·枯(고)와 같이 古(고)가 성부.

필순 丨 冂 冂 冂 冃 冃 冃 固

새김 ❶굳다. 단단하다. ¶堅固(굳을 견, —)굳고 단단함. ❷굳이. 굳게. ¶固辭(—, 사양할 사) 굳이 사양함. ❸고집하다. 굳게 지키다. ¶頑固(완고할 완, —)새로운 것을 받아들이려 하지 않고 자기 의견만 끈질기게 주장하며 버팀. ❹원래. 본디부터. ¶固有(—, 있을 유)㉮어떤 사물이 본디부터 가지고 있음. ㉯어떤 사물에만 특별히 있음. 예—한 文化.
〔固陋〕(고루) 낡은 관념이나 습관에 젖어 고집이 세고 변통성이 없음.
〔固所願〕(고소원) 본래 바라던 바임.
〔固守〕(고수) 굳게 지킴.
〔固定〕(고정) 일정한 장소나 상태에 꼭 박혀 있어 움직이지 아니함. 또는 움직이지 않게 함. 예—資本.
〔固執〕(고집) 자기의 의견을 굳게 내세우고 끝까지 버팀.
〔固着〕(고착) ①굳게 달라붙어 떨어지지 않음. ②옮기지 않고 한 곳에 붙박혀 있음.
〔固體〕(고체) 일정한 형상과 부피를 가지고 있는 물체. 돌·쇠·나무 따위.
〔固形〕(고형) 단단하고 굳어진 일정한 형태.
▷強固(강고)·凝固(응고)·確固(확고)

5 ⑧ 〔国〕 국 國(0821)의 속자·간화자
0815

5 ⑧ 〔图〕 도 圖(0827)의 간화자
0816

5 ⑧ 〔囹〕 * 령 平青 | líng, レイ
0817

소전 행서 이름 옥 령 자원 형성. 口+令→囹. 領(령)·鈴(령)과 같이 令(령)이 성부.

새김 옥. 감옥. ¶囹圄(—, 옥 어)옥. 감옥. 오늘날의 교도소.

7 ⑩ 〔圄〕 * 어: 上語 | yǔ, ギョ
0818

소전 행서 이름 옥 어: 자원 형성. 口+吾→圄. 吾에는 '오' 외에 '어' 음도 있어, 語(어)와 같이 吾(어)가 성부.

새김 옥. 감옥. 또는 가두다. ¶囹圄(옥 령, —) 옥. 감옥. 교도소.

7 ⑩ 〔员〕 원 圓(0825)의 간화자
0819

7 ⑩ 〔圃〕 * 포 本 포: 上麌 | pǔ, ホ
0820

소전 행서 이름 채마밭 포 자원 형성. 口+甫→圃. 甫에는 '보' 외에 '포' 음도 있어, 捕(포)·浦(포)와 같이 甫(포)가 성부.

새김 ❶채마밭. 채소나 과수를 심어 가꾸는 텃밭. ¶圃田(—, 밭 전)채마밭. ❷농부. 채소를 가꾸는 사람. ¶老圃(늙을 로, —)늙은 농부.
▷小圃(소포)·藥圃(약포)

8 ⑪ 〔國〕 *** 국 入職 | guó, コク
0821

소전 행서 속자 간화 国 이름 나라 국 자원 회의. 口+或→國. 或〔口+戈〕은 창을 들고 지키는 일정한 지역. 이에 다시 口을 더하여 '나라'의 뜻을 나타낸다.

필순 丨 冂 冂 冋 冋 冋 國 國 國 國

새김 나라. 국가. ¶國土(—, 땅 토)한 나라가 지배하는 땅.
〔國家〕(국가) 나라.
〔國境〕(국경) 나라와 나라와의 영토의 경계.
〔國庫〕(국고) 국가 재정의 수입과 지출을 맡은 기관. 또는 국가의 재정.
〔國交〕(국교) 나라와 나라 사이의 정식 외교.
〔國旗〕(국기) 나라의 상징으로 정해놓은 기.
〔國難〕(국난) 나라의 중대한 위기.
〔國道〕(국도) 나라의 비용으로 만들고 나라가 관리하는 도로.
〔國力〕(국력) 나라의 경제·문화 등의 힘.
〔國祿〕(국록) 나라에서 주는 녹봉(祿俸).
〔國論〕(국론) 나라 안의 공론(公論). 국민 대다수의 여론.
〔國民〕(국민) 그 나라의 국적을 가진 사람. 한 국가 통치권 아래서 생활하는 사람의 집단.
〔國防〕(국방) 외세의 침략을 막아 나라를 지킴. 예—力.
〔國寶〕(국보) ①나라의 보배. ②국가가 지정하여, 법률로 보호하는 뛰어난 미술품·건조물·문서 등.
〔國賓〕(국빈) 국가의 손님으로서 대우받는 외국인.
〔國史〕(국사) ①한 나라의 역사. ②우리 나라의 역사.
〔國產〕(국산) 제 나라에서 생산함. 또는 그 생산한 제품.
〔國稅〕(국세) 국가가 그 비용에 쓰기 위하여 받는 세금.
〔國粹主義〕(국수주의) 자기 나라의 혈통이나 문화적 전통을 다른 나라의 것보다 뛰어나다고 생각하여, 그것을 지켜나가려는 주의.
〔國是〕(국시) 국가에서 세운 정책상의 기본 방침.
〔國語〕(국어) 자기 나라의 말.
〔國營〕(국영) 국가가 하는 경영. 대民營(민영).
〔國運〕(국운) 나라의 운명.
〔國威〕(국위) 나라의 세력. 국가의 위신.
〔國有〕(국유) 국가가 소유함. 예—林
〔國籍〕(국적) 그 나라의 국민이라는 신분. 예二重—.
〔國定〕(국정) 국가가 정하거나 지정함. 예—教科書.
〔國政〕(국정) 국가의 정치.
〔國際〕(국제) ①국가와 국가 사이의 관계. 예—問題. ②여러 나라 사이에 서로 연관이 있는 관계. 예—法.
〔國策〕(국책) 나라의 정책이나 시책.
〔國泰民安〕(국태민안) 나라는 태평하고 백성들은 편안함.
〔國花〕(국화) 그 나라의 상징으로 정해놓은 꽃. 우리 나라 국화는 무궁화임.
〔國會〕(국회) 국민이 선출한 의원으로 구성되어, 법률과 예산을 심의 의결하는 기관.
▷開國(개국)·擧國(거국)·故國(고국)·歸國(귀국)·同盟國(동맹국)·萬國(만국)·屬國(속국)·愛國(애국)·外國(외국)·全國(전국)·盡忠報國(진충보국)

8 ⑪ 〔圈〕* 一 권: 上 銑 juàn, ケン 二 권 平 先 quān, ケン
0822

소전 행서 이름 一우리 권: 二범위 권 자원 형성. 口+卷→圈. 倦(권)과 같이 卷(권)이 성부.
새김 一우리. 짐승을 가두는 우리. ¶圈牢(—, 우리 뢰)짐승을 가두어 기르는 우리. 二❶범위. 구역. ¶首都圈(머리 수, 도읍 도, —)중앙 정부가 있는 도시의 구역. ❷동그라미. ¶圈點(—, 점 점)㉮문장 중의 중요한 부분을 표시하기 위하여 그 글자의 옆에 찍는 동그란 점. ㉯벼슬아치를 임명하기 위한 후보자 명단에, 자기가 뽑고자 하는 사람의 성명 아래에 찍던 둥근 점.
〔圈內〕(권내) 테두리 안. 어느 범위의 안.
〔圈外〕(권외) 테두리 밖. 범위의 밖.
▷南極圈(남극권)·當選圈(당선권)·大氣圈(대기권)·生活圈(생활권)·勢力圈(세력권)

9 ⑫ 〔圍〕** 위 平 微 wéi, イ
0823

소전 행서 약자 囲 간화 围 이름 에울 위 자원 형성. 口+韋→圍. 偉(위)와 같이 韋(위)가 성부.

필순 冂 冂 冂 冋 冋 冋 冋 圍 圍 圍

새김 ❶에우다. 두르다. 에워싸다. ¶包圍(쌀 포, —)주위를 에워쌈. ❷둘레. ¶周圍(둘레 주, —)어떤 곳을 둘러싸고 있는, 바깥 언저리. ❸구역. 경계. ¶範圍(경계 범, —)어떤 구획된 넓이의 안. 예活動—.
〔圍碁〕(위기) 바둑을 둠.
〔圍籬〕(위리) 國유배인(流配人)의 배소에 가시나무로 울타리를 침. 예—安置.
〔圍繞〕(위요) 어떤 지역이나 현상을 둘러쌈.
▷攻圍(공위)·四圍(사위)·重圍(중위)

10 ⑬ 〔園〕*** 원 平 元 yuán, エン
0824

소전 행서 이름 동산 원 자원 형성. 口+袁→園. 袁(원)이 성부.

필순 冂 冂 冂 冂 冋 冋 冋 園 園 園

새김 ❶동산. 정원. ¶庭園(뜰 정, —)집 울타리 안에 있는 뜰과 화초밭. ❷어떤 목적을 위해 한정해 놓은 곳. ¶植物園(심을 식, 만물 물, —)

식물을 심어 가꾸는 곳.

〔園藝〕(원예) 채소·화초·과수나무 등을 심어 가꾸는 일. ㉠—家·—師.

〔園丁〕(원정) 정원을 맡아 보살피는 사람.

〔園頭幕〕(원두막) 國원두밭을 지키기 위하여 밭 언저리 또는 중앙에 만든 다락집.

〔園囿〕(원유) 여러 가지 초목을 심어 가꾸거나 여러 가지 동물을 기르는 동산.

▷公園(공원)·樂園(낙원)·農園(농원)·陵園(능원)·動物園(동물원)·遊園地(유원지)·幼稚園(유치원)·田園(전원)·花園(화원)

10 ⑬ 〔圓〕*** 원 平先 yuán, エン
0825

소전 행서 약자 円 간화 圆 이름 둥글 원 자원 형성. 口+員→圓. 員(원)이 성부.

필순 冂 冂 冋 冋 冋 冋 冐 圓 圓 圓

새김 ❶둥글다. 또는 원. 원형. ¶圓卓(—, 탁자 탁)둥근 원형의 탁자. ㉠—會議. ❷원만하다. ㉠모나지 아니하다. ¶圓滑(—, 매끄러울 활)모나지 아니하고 거침새 없이 순조로움. ㉡완전무결하다. ¶圓熟(—, 익을 숙)부족한 데 없이 숙달함. ㉠—한 솜씨.

〔圓丘壇〕(원구단) 임금이 동짓날 하늘과 땅에 제사 지내던 원형의 단.

〔圓滿〕(원만) ①인품이나 성격이 너그럽고 결함이 없음. ②일의 진행이 순조로움.

〔圓盤〕(원반) ①둥근 소반·쟁반 따위. ②원반 던지기에 쓰는 운동 기구의 하나.

〔圓周〕(원주) 원의 둘레. 원을 이루는 곡선.

〔圓形〕(원형) 둥근 형상.

▷團圓(단원)·半圓(반원)·方圓(방원)·一圓(일원)·楕圓(타원)

11 ⑭ 〔團〕** 단 平寒 tuán, ダン
0826

소전 행서 약자 団 간화 团 이름 둥글 단 자원 형성. 口+專→團. 專에는 '전' 외에 '단' 음도 있어, 專(단)이 성부.

필순 冂 冂 冂 冂 冂 冂 冂 團 團 團

새김 ❶둥글다. ¶團扇(—, 부채 선)둥글부채. ❷모임. 또는 모이다. ¶團結(—, 모일 결)어떤 목적을 위하여 여러 사람이 한데 뭉침. ㉠—力. ❸화목하다. ¶團欒(—, 구순할 란)식구가 모두 화목하고 구순함. ㉠—한 家庭.

〔團束〕(단속) 國잡도리를 단단히 함.

〔團長〕(단장) 단(團)의 이름으로 불리는 집단의 우두머리.

〔團地〕(단지) 주택이나 공장 등 같은 종류의 건물이 계획된 구획에 모여 세워진 곳. ㉠工業—.

〔團體〕(단체) 공동의 목적을 달성하기 위하여 결합한 집단.

▷軍團(군단)·劇團(극단)·師團(사단)·使節團(사절단)·樂團(악단)·旅團(여단)·一團(일단)·入團(입단)·集團(집단)·創團(창단)

11 ⑭ 〔圖〕*** 도 平虞 tú, ズ·ト
0827

소전 행서 약자 図 간화 图 이름 그림 도 자원 형성. 口+啚→圖. 啚(도)가 성부.

필순 丨 冂 冂 冂 冂 冂 冂 圖 圖 圖

새김 ❶그림. 또는 그리다. ¶地圖(땅 지, —)지구 표면의 생김새를 일정한 비율로 줄여서 그린 그림. ❷꾀하다. 계획하다. ¶意圖(뜻 의, —)어떤 일을 이루려고 마음 속으로 꾀함. 또는 그러한 생각이나 계획. ❸책. 서적. ¶圖書(—, 책 서)책. ㉠—館.

〔圖鑑〕(도감) 그림을 싣고 설명을 붙인 책.

〔圖謀〕(도모) 일을 이루려고 꾀함.

〔圖案〕(도안) 공예품·건축물 등의 제작이나 장식을 위해 일정한 모양으로 그려 낸 고안.

〔圖表〕(도표) 사물의 수량·계통 등의 관계를 일정한 양식에 그림으로 나타낸 표.

〔圖形〕(도형) ①그림의 모양이나 형태. 그림꼴. ②면·선·점 따위가 모여서 이루어진 꼴.

▷構圖(구도)·企圖(기도)·設計圖(설계도)·略圖(약도)·天氣圖(천기도)·版圖(판도)·海圖(해도)·鴻圖(홍도)

3획 부수 土部

▷명칭: 흙토. 흙토변

▷쓰임: 흙이나 땅과 관계되는 한자의 부수로 쓰였다.

0 ③ 〔土〕*** ㊀토 本토: 上麌 ㊁두: 上麌 zhào, ト·ド
0828

소전 土 행서 土 이름 ㊀흙 토 ㊁뿌리 두: 자원 회의. 위의 가로획은 지표, 아래의 가로획은 땅 속, 세로획은 땅 속에서 지표를 뚫고 올라오는 모양. 그래서 만물을 자라게 하는 '땅'을 뜻한다.

필순 一 十 土

새김 ㊀❶흙. ¶土石(—, 돌 석)흙과 돌. ❷땅.

대지. 육지. ¶國土(나라 국, ―)나라의 땅. ❸오행(五行)의 하나. 방위로는 중앙, 인륜으로는 임금, 십간(十干)으로는 무(戊)와 기(己), 오색으로는 황색, 계절로는 사계절에 배당된다. ❹고향. 향토. 또는 지방. ¶土産品(―, 날 산, 물건 품)어느 한 지방에서 특유하게 나는 물품. 三뿌리. 나무 뿌리. ¶桑土(뽕나무 상, ―)뽕나무의 뿌리.
〔土窟〕(토굴) 흙을 파낸 큰 구덩이. 또는 땅 속으로 뚫린 큰 굴.
〔土器〕(토기) 질그릇. 흙으로 만든 그릇.
〔土臺〕(토대) ①흙으로 쌓아 올린 대. ②집이나 사물의 밑바탕이 되는 기초.
〔土木〕(토목) ①흙과 나무. ②흙·나무·돌 등으로 집·다리·도로 등을 만들거나 고치는 일. 예―工事.
〔土崩瓦解〕(토붕와해) 흙이 무너지고 기왓장이 깨짐. 어떤 사물이나 조직이 붕괴됨의 비유.
〔土砂〕(토사) 흙과 모래. 토사(土沙).
〔土星〕(토성) 태양계의 행성의 이름.
〔土壤〕(토양) ①흙. 토지. ②국토(國土). 영토.
〔土着〕(토착) 대대로 한 지방에서 붙박이로 살고 있음.
〔土豪〕(토호) 그 지방의 토착민으로서 재산이 많고 세력이 있는 사람.
▷疆土(강토)·樂土(낙토)·薄土(박토)·本土(본토)·沃土(옥토)·位土(위토)·風土(풍토)·鄕土(향토)·黃土(황토)

2 ⑤ 〔圣〕 0829 성: 聖(4231)의 속자·간화자

2 ⑤ 〔压〕 0830 압 壓(0958)의 약자

3 ⑥ 〔圹〕 0831 광: 壙(0962)의 간화자

3 ⑥ 〔圭〕* 0832 규 平 齊 guī, ケイ

소전 圭 행서 圭 이름 홀 규. (속칭) 양토 규 자원 상형. 천자가 제후를 봉할 때에는 일정한 땅을 떼어주고, 그 신표로서 서옥으로 만든 홀을 하사하였는데, 그 홀의 모양이다.
새김 ❶홀. 천자가 제후를 봉할 때 하사하던 신표. ¶圭角(―, 모 각)홀의 뾰족한 모서리. ❷약숟가락. 가루약을 뜨는 숟가락. ¶刀圭((칼 도, ―)가루약을 뜨는 숟가락. 예―界.

3 ⑥ 〔场〕 0833 장 場(0912)의 간화자

3 ⑥ 〔在〕*** 0834 재: 上 賄 zài, ザイ

소전 在 행서 在 이름 있을 재: 자원 형성. 才〔才의 변형〕+土→在. 才(재)가 성부.

필순 一 ナ オ 木 存 在

새김 ❶있다. ~에 있다. ¶在₂位₁(―, 자리 위) 임금의 자리에 있음. 예―六年. ❷살아 있다. ¶在₂世₁(―, 세상 세)이 세상에 살아 있음. 예―時.
〔在京〕(재경) 서울에 머물러 있음.
〔在庫〕(재고) 창고에 쌓여 있음.
〔在來種〕(재래종) 이전부터 전해 내려온 품종.
〔在野〕(재야) 초야에 있음. 벼슬하지 않고 민간에 있음.
〔在中〕(재중) 속에 들어 있음. 주로 편지 겉봉에 쓰는 말.
〔在職〕(재직) 관직에 있음.
〔在天〕(재천) ②하늘의 뜻에 달렸음.

알아둘 지식

★ '있다'의 새김을 가진 자
在〔있을 재〕 : ~에 있다. ¶在₂京₁(재경) : 서울에 있음. 예○○李氏―花樹會.
有(있을 유) : ~이 있다. 無(3060)의 대. ¶有₂罪₁(유죄) : 죄가 있음. 예―判決.
存(있을 존) : 살아 있다. ¶生存(생존) : 죽지 않고 살아 있음. 예―競爭.

▷健在(건재)·不在(부재)·散在(산재)·所在(소재)·實在(실재)·潛在(잠재)·存在(존재)·駐在(주재)·滯在(체재)·現在(현재)

3 ⑥ 〔地〕*** 0835 지 本지: 去 寘 dì, チ·ジ

소전 地 행서 地 이름 땅 지 자원 형성. 土+也→地. 池(지)와 같이 也(야)의 변음이 성부.

필순 一 十 土 㘝 圵 地

새김 ❶땅. 天(0998)의 대. ¶天地(하늘 천, ―)하늘과 땅. ❷곳. 장소. ¶所₂在₁地₃(곳 소, 있을 재, ―)건물이나 기관 등이 자리잡고 있는 곳. ❸처지. 신분. ¶地位(―, 자리 위)개인이 사회적으로 차지하고 있는 자리. ❹바탕. 본성. ¶心地(마음 심, ―)마음의 바탕. ❺어조사. ¶猝地(갑자기 졸, ―)뜻밖에 갑작스레.
〔地支〕(지지) 육십갑자(六十甲子)의 아랫부분의 요소.
〔地價〕(지가) 땅값. 토지의 값.
〔地球〕(지구) 인류가 살고 있는 땅덩어리.
〔地帶〕(지대) 어떤 특징에 의하여 구획할 수 있는, 일정한 장소나 지역. 예工業―.
〔地雷〕(지뢰) 땅에 묻어놓고, 그 위를 다니면 폭발하도록 장치한 폭탄.

〔地理〕(지리) ①일정한 곳의 지형이나 도로 따위의 형편. ②지구상의 지형·기후·생물·도시·인구·산업 등의 현상과 상태.
〔地面〕(지면) 땅의 표면. 지표(地表).
〔地名〕(지명) 지방·지역·산천 등의 이름.
〔地盤〕(지반) ①땅의 바닥. ②건물의 아랫부분에 있는 땅. ③사업을 함에 있어서의 기초나 근거가 될 만한 바탕.
〔地方〕(지방) ①행정 구역이나 다른 어떤 특징에 의하여 구분되는 어느 한 지역. ②한 나라의 수도 이외의 지역.
〔地方色〕(지방색) 어떤 지방의 자연 풍경과 세태·풍속·인정 등의 특색.
〔地勢〕(지세) 토지나 산천의 형세.
〔地域〕(지역) 일정하게 구획된 땅의 구역.
〔地獄〕(지옥) ①죄를 지은 사람이 죽은 뒤에 그 영혼이 가서 영원히 벌을 받는다는 곳. ②더없이 고통스러운 형편이나 환경의 비유. ㉮交通—.
〔地點〕(지점) 일정한 지역 안에서의 구체적인 어떤 곳.
〔地主〕(지주) 땅의 소유주.
〔地震〕(지진) 지구의 내부에서 일어나는 급격한 변화 때문에 대지가 흔들리는 현상.
〔地質〕(지질) 땅의 성질이나 지층의 상태.
〔地軸〕(지축) 지구의 북극과 남극을 잇는 축. 곧 지구의 자전하는 축.
〔地平線〕(지평선) 평평한 땅과 하늘이 아득히 맞닿아 보이는 선.
〔地下〕(지하) ①땅 속. ②저승. ③정당이나 단체 등의 비합법적인 상태의 비유. ㉮—組織.
〔地形〕(지형) 땅의 모양이나 형세.

알아둘 지식

★地支와 띠: 地支는 열 둘이 있어, 이를 12地支라 한다. 이 12地支는 육십갑자의 아랫부분의 요소가 되고, 그들은 각각 방위·시간·동물 등에 배당되는데, 사람이 난 해의 地支를 그에 배당한 동물 이름으로 이르는 것을 띠라 한다.

子(자):쥐	丑(축):소	寅(인):범	卯(묘):토끼
辰(진):용	巳(사):뱀	午(오):말	未(미):양
申(신):원숭이	酉(유):닭	戌(술):개	亥(해):돼지

▷國有地(국유지)·窮地(궁지)·根據地(근거지)·綠地(녹지)·大地(대지)·盆地(분지)·山地(산지)·植民地(식민지)·實地(실지)·餘地(여지)·要地(요지)·陸地(육지)·立地(입지)·處地(처지)·宅地(택지)

3 ⑥ 〔尘〕 0836 진 塵(0939)의 간화자

4 ⑦ 〔坎〕* 0837 감: 上感 | kǎn, カン

소전 坎 행서 坎 이름 구덩이 감: 자원 형성. 土+欠→坎. 欠(검)의 변음이 성부.
새김 ❶구덩이. ¶坎穽(—, 함정 정)함정. 허방다리. ❷괘 이름. 8괘의 하나.
〔坎方〕(감방) 팔방(八方)의 하나. 정북(正北)을 중심으로 한 45° 각도 안.

4 ⑦ 〔坑〕* 0838 갱 平庚 | kēng, コウ

행서 坑 이름 구덩이 갱 자원 형성. 土+亢→坑. 亢(항)의 변음이 성부.
새김 ❶구덩이. 광석을 캐기 위해 판 구덩이. ¶坑道(—, 길 도)광석을 캐내기 위하여 땅 속에 뚫어놓은 길. ❷구덩이에 묻다. ¶坑儒(—, 선비 유)선비를 산 채로 구덩이에 묻음. 진 시황제(秦始皇帝)가 행한 고사인 焚書—.
〔坑口〕(갱구) 굴의 어귀. 갱도의 들머리.
〔坑內〕(갱내) 탄광·광산 등의 구덩이 안.
▷金坑(금갱)·炭坑(탄갱)·廢坑(폐갱)

4 ⑦ 〔坚〕 0839 견 堅(0885)의 속자·간화자

4 ⑦ 〔坏〕 0840 괴: 壞(0964)의 속자·간화자

4 ⑦ 〔块〕 0841 괴: 塊(0918)의 간화자

4 ⑦ 〔均〕*** 0842 균 平眞 | jūn, キン

소전 均 행서 均 이름 고를 균 자원 형성. 土+匀→均. 鈞(균)·畇(균)과 같이 匀(균)이 성부.

필순 一 十 土 圴 圴 均 均

새김 고르다. 같다. 또는 고르게 하다. 가지런하게 하다. ¶均等(—, 같을 등)고르고 가지런함. ¶機會의 —.
〔均一〕(균일) 한결같이 고름. 똑같음.
〔均平〕(균평) 치우침이 없이 고름. 공평함.
〔均割〕(균할) 균등하게 나눔.
〔均衡〕(균형) 어느 한쪽으로 치우치거나 기울어짐이 없이 고름.
▷平均(평균)

4 ⑦ 〔圻〕* 0843 기 平微 | qí, キ

행서 圻 이름 경기 기 자원 형성. 土+斤→圻. 沂(기)와 같이 斤(근)의 변음이 성부.
새김 경기(京畿). 왕성 주변 사방 1000리 안의 땅.
〔圻內〕(기내) 경기(京畿) 안. 기내(畿內).

4 ⑦ 〔坛〕 단 壇(0951)의 간화자
0844

4 ⑦ 〔坍〕* 담 平覃 tān, タン
0845

행서 坍 이름 무너질 담 자원 형성. 土+丹→坍. 丹(단)의 변음이 성부.
새김 무너지다. 또는 무너뜨리다.

4 ⑦ 〔坊〕* 방 平陽 fāng, ボウ
0846

소전 坊 행서 坊 이름 동네 방 자원 형성. 土+方→坊. 妨(방)·紡(방)·彷(방)과 같이 方(방)이 성부.
새김 ❶동네. 마을. ¶坊坊曲曲(—, —, 굽이 곡, —)동네마다 굽이마다. ❷방. 가게. 별채. ¶敎坊(가르칠 교, —)장악원에서 아악과 속악을 가르치던 곳. ❸國 조선시대에 서울에 두었던, 부(部) 아래의 행정 구역의 단위.
〔坊民〕(방민) 그 방(坊) 안에서 사는 백성.

4 ⑦ 〔坟〕 분 墳(0943)의 간화자
0847

4 ⑦ 〔坞〕 오: 塢(0925)의 간화자
0848

4 ⑦ 〔坐〕*** 좌: 去箇 zuò, ザ
0849

소전 坐 행서 坐 이름 앉을 좌: 자원 회의. 人+人+土→坐. 두 사람이 신을 받드는 땅을 사이에 두고 마주 앉아 있는 모양. 그래서 '앉다'의 뜻을 나타낸다.

필순 丿 人 从 从 坐 坐 坐

새김 ❶앉다. ¶坐像(—, 형상 상) 앉아 있는 모양으로 만든 형상. ❷저절로. 아무런 까닭도 없이. ¶坐愛(—, 사랑할 애)아무런 까닭도 없이 사랑함. 〔杜牧·詩〕停車—楓林晚. ❸國 불상·건물·기물·악기 등을 세는 말. 예金銅佛像一坐.
〔坐不安席〕(좌불안석) 불안·근심 등으로 가만히 앉아 있지를 못함. 안절부절 못함.
〔坐禪〕(좌선) (佛)조용히 앉아서 참선함.
〔坐視〕(좌시) ①앉아서 봄. ②간섭하지 않고 가만히 두고 보기만 함.
〔坐定〕(좌정) 자리잡아 앉음.
〔坐井觀天〕(좌정관천) 우물 속에 앉아 하늘을 봄. 식견이 매우 좁음의 비유.
〔坐礁〕(좌초) 배가 암초에 걸려 그 위에 얹힘.
▷起坐(기좌)·端坐(단좌)·對坐(대좌)·侍坐(시좌)·連坐(연좌)·正坐(정좌)·閑坐(한좌)

4 ⑦ 〔址〕* 지 本지: 上紙 zhǐ, シ
0850

행서 址 이름 터 지 자원 형성. 土+止→址. 沚(지)·芷(지)와 같이 止(지)가 성부.
새김 터. 사물이 있었던 자리. ¶城址(성 성, —) 성을 쌓았던 자리.
〔址臺〕(지대) 탑이나 건물 등의 아랫부분의 터에 돌로 쌓은 부분.
▷故址(고지)·舊址(구지)·基址(기지)·遺址(유지)·寺址(사지)·廢址(폐지)

4 ⑦ 〔坠〕 추 墜(0946)의 간화자
0851

4 ⑦ 〔坂〕* 판: 上阮 bǎn, ハン
0852

행서 坂 이름 비탈 판: 자원 형성. 土+反→坂. 反에는 '반' 외에 '판' 음도 있어, 板(판)·阪(판)·版(판)과 같이 反(판)이 성부.
새김 비탈. 경사진 언덕. ¶坂路(—, 길 로)비탈길.

5 ⑧ 〔坰〕* 경 平青 jiōng, ケイ
0853

소전 坰 행서 坰 이름 들 경 자원 형성. 土+冋→坰. 冋(경)이 성부.
새김 들. 국도(國都)에서 멀리 떨어져 있는 땅. ¶坰外(—, 밖 외) 멀리 떨어져 있는 교외.

5 ⑧ 〔坤〕*** 곤 平元 kūn, コン
0854

소전 坤 행서 坤 이름 땅 곤 자원 형성. 土+申→坤. 申은 십이지(十二支)의 하나로 땅에 배당된다.

필순 一 十 土 圠 坷 坦 坤 坤

새김 ❶땅. 대지. 乾(0074)의 대. ¶乾坤(하늘 건, —)하늘과 땅. ❷괘 이름. 8괘 또는 64괘의 하나. ❸황후. 왕비. 또는 부인. ¶坤德(—, 덕 덕)㉮왕후의 덕. 또는 부인의 덕. ㉯만물을 기르는 대지의 덕.
〔坤方〕(곤방) 서남방(西南方).
〔坤育〕(곤육) 대지가 만물을 내고 기름.
〔坤殿〕(곤전) 國 왕비. 중궁전(中宮殿).

5 ⑧ 〔坵〕* 구 丘(0014)의 속자
0855

5 ⑧ 〔垈〕* 대 國字
0856

행서 垈 이름 터 대 자원 형성. 代+土→垈. 岱(대)·貸(대)·玳(대)와 같이 代(대)가 성부.
새김 터. 집터. ¶垈地(―, 땅 지)집터로서의 땅. 예200평의 ―.

5 ⑧ 〔坮〕* 대 臺(4361)의 고자
0857

5 ⑧ 〔垄〕 롱: 壟(0965)의 간화자
0858

5 ⑧ 〔垂〕** 수 平支 | chuí, スイ
0859

소전 행서 이름 드리울 수 자원 회의. 𠂹+土→垂. 𠂹는 꽃이나 잎이 드리워진 모양. 土를 더하여, 그 드리워짐이 땅에 닿음을 뜻한다.

필순 ㇒ 二 三 𠂹 𠂹 垂 垂 垂

새김 ❶드리우다. ㉠아래로 늘어뜨리다. ¶垂直(―, 곧을 직)㉮드리움이 곧음. ㉯직선이나 평면에 대하여 직각을 이룸. 예―線. ㉡명예나 공적 등을 후세에까지 길이 전하다. ¶垂訓(―, 교훈 훈)후세에 전하는 교훈. ❷거의. ¶垂死(―, 죽을 사)거의 죽게 된 상태.
〔垂簾聽政〕(수렴청정) 발을 드리우고 정사를 들음. 왕대비나 태후가 어린 임금을 도와서 정사를 돌봄.
〔垂範〕(수범) 모범을 보임. 예率先―.
▷胃下垂(위하수)·懸垂(현수)

5 ⑧ 〔茔〕 영 塋(0924)의 간화자
0860

5 ⑧ 〔坧〕* 척 入陌 | zhí, セキ
0861

행서 坧 이름 터 척 자원 형성. 土+石→坧. 石(석)의 변음이 성부.
새김 터. 기지(基址).

5 ⑧ 〔坼〕* 탁 本택 入陌 | chì, タク
0862

소전 행서 이름 터질 탁 자원 형성. 土+斥→坼. 斥에는 '척' 외에 '탁' 음도 있어, 柝(탁)과 같이 斥(탁)이 성부.
새김 터지다. 갈라지다. ¶坼裂(―, 찢어질 렬)터져서 찢어짐.
〔坼甲〕(탁갑) 씨의 껍질이 터지고 싹이 나옴.
〔坼榜〕(탁방) 國①과거에 급제한 사람의 이름을 게시함. ②일의 결말의 비유.
〔坼封〕(탁봉) 봉한 것을 뜯음.
▷開坼(개탁)·龜坼(균탁)

5 ⑧ 〔坦〕* 탄: 上旱 | tǎn, タン
0863

소전 坦 행서 坦 이름 평탄할 탄: 자원 형성. 土+旦→坦. 旦(단)의 변음이 성부.
새김 ❶평탄하다. 평평하다. ¶坦坦(―, ―)험하거나 가파른 곳이 없이 편하고 넓음. 예―大路. ❷너그럽다. 또는 거리낌이 없다. ¶坦懷(―, 생각 회)너그러워 거리낌이 없는 마음. 예虛心―.
〔坦道〕(탄도) 넓고 평평한 길.
〔坦率〕(탄솔) 성미가 너그럽고 대범함.
〔坦蕩〕(탄탕) 마음이 평온하고 넓은 모양.
▷順坦(순탄)·平坦(평탄)

5 ⑧ 〔坡〕* 파 平歌 | pō, ハ
0864

소전 행서 坡 이름 언덕 파 자원 형성. 土+皮→坡. 波(파)·破(파)와 같이 皮(피)의 변음이 성부.
새김 언덕. 산비탈.

5 ⑧ 〔坪〕* 평 平庚 | píng, ヘイ
0865

소전 행서 坪 이름 들 평 자원 형성. 土+平→坪. 枰(평)·泙(평)과 같이 平(평)이 성부.
새김 ❶들. 평지. 예上里坪(상리평). ❷평. 땅이나 건물의 넓이를 나타내는, 사방 6척(尺)의 넓이의 단위. ¶建坪(건물 건, ―)건물의 평수.
〔坪當〕(평당) 한 평에 대한 몫이나 평균치.
〔坪數〕(평수) 평으로 셈한 넓이.

6 ⑨ 〔垦〕 간: 墾(0949)의 간화자
0866

6 ⑨ 〔垢〕* 구: 上有 | gòu, コウ
0867

소전 垢 행서 垢 이름 때 구: 자원 형성. 土+后→垢. 后(후)의 변음이 성부.
새김 때. 몸에 묻은 때. 더러움. ¶垢衣(―, 옷 의)때 묻은 옷.
▷無垢(무구)·身垢(신구)·塵垢(진구)

6 ⑨ 〔垌〕* 동 本동: 上董 | tǒng, トウ
0868

행서 垌 이름 동둑 동 자원 형성. 土+同→垌. 同(동)이 성부.
새김 國동둑. 크게 쌓은 둑. ¶垌畓(—, 논 답) 바닷가에 둑을 쌓고 일군 논.

6 ⑨ 〔城〕*** 성 平庚 | chéng, ジョウ
0869

소전 城 행서 城 본자 城 이름 성 성 자원 형성. 土+成→城. 盛(성)·晟(성)·宬(성)과 같이 成(성)이 성부.

필순 一 十 土 圹 圹 坂 城 城 城

새김 성. 도시를 두른 성. 또는 성벽 안의 마을. ¶都城(도읍 도, —)도읍 주위를 두른 성곽. 인신하여, 서울.
〔城郭〕(성곽) 내성(內城)과 외성(外城).
〔城壘〕(성루) 성채(城砦).
〔城砦〕(성채) 성과 진터.
〔城下之盟〕(성하지맹) 적군이 성 밑까지 쳐들어온 상황에서 체결하는 굴욕적인 강화 조약.
▷干城(간성)·宮城(궁성)·不夜城(불야성)·王城(왕성)·萬里長城(만리장성)·築城(축성)·皇城(황성)

6 ⑨ 〔垩〕 악 堊(0893)의 간화자
0870

6 ⑨ 〔垣〕* 원 平元 | yuán, エン
0871

소전 垣 행서 垣 이름 담 원 자원 형성. 土+亘→垣. 洹(원)과 같이 亘(선)의 변음이 성부.
새김 담. 나지막한 담장. ¶牆垣(담 장, —)담.
▷文垣(문원)

6 ⑨ 〔垠〕* 은 平眞 | yín, ギン
0872

소전 垠 행서 垠 이름 땅끝 은 자원 형성. 土+艮→垠. 艮에는 '간' 외에 '은' 음도 있어, 銀(은)·珢(은)과 같이 艮(은)이 성부.
새김 땅끝. 땅의 가장자리. ¶地垠(땅 지, —)땅의 끝. 곧 지구의 끝.

6 ⑨ 〔垞〕* 택 本타 平麻 | chá, タ
0873

행서 垞 이름 흙산 택 자원 형성. 土+宅→垞. 宅(택)이 성부.
새김 흙산〔土丘〕. 흙언덕.

6 ⑨ 〔垓〕* 해 本개 平灰 | gāi, ガイ
0874

소전 垓 행서 垓 이름 땅끝 해 자원 형성. 土+亥→垓. 咳(해)·該(해)·駭(해)와 같이 亥(해)가 성부.
새김 ❶땅끝. 변경(邊境). 경계. ❷해. 수의 단위. 1000억(億)이란 설, 10000경(京)이란 설 등으로 갈라져 있다.
〔垓心〕(해심) 國경계 안의 한가운데.
〔垓字〕(해자) 國①능(陵)·원(園)·묘(墓)의 경계. ②성의 주위에 돌려 판 못.

6 ⑨ 〔型〕* 형 平青 | xíng, ケイ
0875

소전 型 행서 型 이름 거푸집 형 자원 형성. 刑+土→型. 荊(형)과 같이 刑(형)이 성부.
새김 ❶거푸집. 기물을 주조할 때 쓰는, 기본이 되는 본. ¶鑄型(쇠불릴 주, —)쇳물을 부어 넣어 일정한 물건을 만드는 거푸집의 한 가지. ❷본보기. 모범. ¶典型(법 전, —)법의 본보기. 곧 본보기로 삼을 만한 사물.
▷模型(모형)·木型(목형)·紙型(지형)

6 ⑨ 〔垕〕* 후: 厚(0613)의 고자
0876

7 ⑩ 〔埋〕** 매 平佳 | mái, マイ
0877

행서 埋 이름 묻을 매 자원 형성. 土+里〔貍의 생략체〕→埋. 貍(매)가 성부.

필순 一 十 土 圵 坦 坦 坦 坦 埋 埋

새김 ❶묻다. 땅에 묻다. ¶埋葬(—, 장사지낼 장)죽은 사람을 땅에 묻어 장사지냄. ❷묻히다. 묻히어 사라지다. ¶埋沒(—, 묻힐 몰)재능이나 업적이 묻히어 세상 사람들의 생각에서 사라짐.
〔埋立〕(매립) 우묵한 땅을 메움. 또는 하천이나 바다를 메워 육지로 만드는 일.
〔埋伏〕(매복) 몰래 숨어 있음.
〔埋玉〕(매옥) 옥을 땅에 묻는다는 뜻으로, 재능 있는 사람이 죽어서 땅 속에 묻혀버림의 비유.
〔埋藏〕(매장) ①지하 자원이 땅 속에 묻혀 있음. 예—量. ②인재·물자 등이 이용되지 못하고 묻히어 있음.
〔埋伏〕(매복) 몰래 숨어 있음.
〔埋照〕(매조) 빛을 묻음. 곧 재덕을 감춤.

7 ⑩ 〔城〕*** 성 城(0869)의 본자
0878

7 ⑩ 〔埃〕* 애 平灰 āi, アイ
0879

소전 행서 이름 티끌 애 자원 형성. 土+矣→埃. 矣(의)의 변음이 성부.
새김 티끌. 먼지. ¶塵埃(티끌 진, ―)티끌.
〔埃煤〕(애매) 먼지와 그을음.

7 ⑩ 〔垸〕* 완 yuàn, カン
0880

소전 행서 이름 제방 완 자원 형성. 土+完→垸. 浣(완)·莞(완)과 같이 完(완)이 성부.
새김 제방. 둑.

7 ⑩ 〔埇〕* 용: 上腫 yǒng, ヨウ
0881

행서 이름 길돋울 용: 자원 형성. 土+甬→埇. 勇(용)·涌(용)과 같이 甬(용)이 성부.
새김 길을 돋우다. 길에 흙을 덮어 돋우다.

7 ⑩ 〔埈〕* 준: 去震 jùn, シュン
0882

행서 이름 높을 준: 자원 형성. 土+夋→埈. 俊(준)·浚(준)·竣(준)과 같이 夋(준)이 성부.
새김 높다. 산이 높고 험하다.

7 ⑩ 〔埙〕 훈 壎(0961)의 간화자
0883

8 ⑪ 〔堈〕* 강 平陽 gāng, コウ
0884

행서 이름 독 강 자원 형성. 土+岡→堈. 剛(강)·鋼(강)과 같이 岡(강)이 성부.
새김 독. 항아리.

8 ⑪ 〔堅〕*** 견 平先 jiān, ケン
0885

소전 행서 속자 간화 坚 이름 굳을 견 자원 형성. 臤+土→堅. 臤(견)이 성부.

필순 ─ ㄱ ㅋ ㅋ ㅋ 臣 臤 臤 堅 堅

새김 ❶굳다. 단단하다. ¶堅固(―, 굳을 고)굳고 단단함. ❷굳세다. ¶堅強(―, 굳셀 강)의지가 굳셈.
〔堅甲利兵〕(견갑이병) 견고한 갑옷과 예리한 병기. 강한 군대의 비유.
〔堅實〕(견실) ①확고하여 흔들리지 않음. ②건전하고 착실함.
〔堅忍不拔〕(견인불발) 의지가 강하여 흔들리지 아니함.
〔堅持〕(견지) 한결같이 굳게 지니거나 지킴.
▷中堅(중견)

8 ⑪ 〔堀〕* 굴 入物 kū, クツ
0886

소전 행서 이름 팔 굴 자원 형성. 土+屈→堀. 掘(굴)·窟(굴)과 같이 屈(굴)이 성부.
새김 파다. 굴을 파다.

8 ⑪ 〔埼〕* 기 平支 qí, キ
0887

행서 이름 갑 기 자원 형성. 土+奇→埼. 崎(기)·琦(기)·綺(기)와 같이 奇(기)가 성부.
새김 갑. 곶. 산이나 언덕이 툭 튀어나온 부분.

8 ⑪ 〔基〕*** 기 平支 jī, キ
0888

소전 행서 이름 터 기 자원 형성. 其+土→基. 期(기)·欺(기)와 같이 其(기)가 성부.

필순 一 十 卄 廾 甘 甘 其 其 基 基

새김 ❶터. ㉠건축물을 세우는 땅. ¶開基(열 개, ―)건축물을 세우는 터를 닦기 시작함. ㉡기초. 일의 토대. ¶國基(나라 국, ―)나라의 기초. ❷의거하다. 기초가 되다. ¶基因(―, 원인 인)기초가 되는 원인. ❸기. 화학 용어. 한 화합물이 다른 화합물로 옮겨 갈 때에 분해되지 않는 원자의 덩이. 예鹽基酸(염기산).
〔基幹〕(기간) 일정한 분야에서 기본이나 기초가 되는 중요한 부분.
〔基金〕(기금) ①밑천. 자본금. ②어떤 목적을 위하여 적립하거나 준비한 자금.
〔基盤〕(기반) 기초로 되는 바탕.
〔基本〕(기본) 사물의 근본. 또는 사물의 행동·판단·존재의 근거가 되는 바탕.
〔基宇〕(기우) ①사람의 재능과 식견 및 도량. ②나라의 기업(基業). 또는 국토.
〔基點〕(기점) 기본이 되는 점이나 곳.
〔基調〕(기조) ①기본이 되는 가락. ②사상·학설·작품 등의 근본적인 바탕이나 경향.
〔基準〕(기준) 기본이 되는 표준.
〔基地〕(기지) 군대나 탐험대 등의 활동의 근거지. 예海軍―.
〔基礎〕(기초) ①건축물을 세우기 위한 밑받침. ②사물의 밑바닥. 근저(根底).
▷根基(근기)·弘基(홍기)

8 ⑪ 〔堂〕*** 당 平陽 táng, ドウ
0889

소전 행서 이름 집 당 자원 형성. 尙+土→堂. 當(당)·黨(당)·棠(당)과 같이 尙(상)의 변음이 성부.

필순

새김 ❶집. 규모가 큰 건물. ¶講堂(말할 강, —)모임·예식이나 강연·강의 등을 하는데 쓰기 위하여 많은 사람들을 수용할 수 있도록 꾸민 집. ❷당당하다. ¶堂堂(—, —)어엿하고 드레짐. 예正正—. ❸친족. 고조부가 같은 친족. ¶堂叔(—, 아재비 숙)오촌 아저씨. 종숙(從叔). ❹어머니. 남의 어머니를 높이는 말. ¶母堂(어머니 모, —)남을 높여 그의 어머니를 이르는 말.
〔堂內親〕(당내친) 國 팔촌 이내의 친척.
〔堂上〕(당상) ①정청의 위. ②관아의 장관. 우리 나라에선 정3품 이상의 벼슬. ③부모.
〔堂姪〕(당질) 사촌 형제의 아들. 종질(從姪).
〔堂號〕(당호) ①큰 건물의 이름. ②본 이름 외에 부르는 칭호. 별호(別號).
▷滿堂(만당)·明堂(명당)·法堂(법당)·佛堂(불당)·祠堂(사당)·書堂(서당)·食堂(식당)·殿堂(전당)·草堂(초당)·學堂(학당)

8 ⑪ 〔培〕** 배: 本배 平灰 péi, バイ
0890

소전 행서 이름 북돋을 배: 자원 형성. 土+咅→培. 倍(배)·陪(배)·賠(배)와 같이 咅(배)가 성부.

필순

새김 북돋우다. 또는 양성하다. ¶培養(—, 기를 양)㉮식물을 북돋우어 기름. ㉯세균을 인공적으로 기름. ㉰사람의 인격이나 자질을 기름.
〔培植〕(배식) ①초목을 심고 북돋우어 기름. ②인재를 양성함.
▷·栽培(재배)

8 ⑪ 〔埠〕* 부 本부: 去遇 bù, フ
0891

행서 이름 부두 부 자원 형성. 土+阜→埠. 阜(부)가 성부.
새김 부두(埠頭). 배를 대는 설비를 갖춘 곳.

8 ⑪ 〔埴〕* 식 入職 zhí, ショク
0892

소전 행서 이름 찰흙 식 자원 형성. 土+直→埴. 植(식)·殖(식)과 같이 直(직)의 변음이 성부.
새김 찰흙. 점토. ¶埴土(—, 흙 토)찰흙이 절반 이상 들어 있는 흙.

8 ⑪ 〔堊〕* 악 入藥 è, ア
0893

소전 행서 간화 垩 이름 흰흙 악 자원 형성. 亞+土→堊. 亞에는 '아' 음 외에 '악' 음도 있어, 惡(악)과 같이 亞(악)이 성부.
새김 흰흙. 백토(白土). ¶白堊(흰 백, —)회백색의 석회질 흙. 예—館.

8 ⑪ 〔埜〕 야: 野(5561)의 고자
0894

8 ⑪ 〔域〕** 역 入職 yù, イキ
0895

소전 행서 이름 지경 역 자원 형성. 土+或→域. 或(혹)의 변음이 성부.

필순

새김 ❶지경. 지구. 나누어 놓은 땅. ¶區域(나눌 구, —)일정한 기준에 따라 나누어 놓은 지역. 예工場—. ❷나라. 국토. ¶異域(다를 이, —)다른 나라의 땅. 또는 고향에서 떨어진 먼 곳. 예萬里—. ❸범위. ¶音域(소리 음, —)어떤 악기가 낼 수 있는 최고음과 최저음의 범위.
〔域內〕(역내) 구역 또는 지역의 안.
〔域外〕(역외) 일정한 구역의 밖. 또는 국경밖.
▷聖域(성역)·領域(영역)·流域(유역)

8 ⑪ 〔堉〕* 육 入屋 yù, イク
0896

행서 이름 옥토 육 자원 형성. 土+育→堉. 育(육)이 성부.
새김 옥토(沃土). 기름진 땅.

8 ⑪ 〔埻〕* 준: 上軫 zhǔn, シュン
0897

행서 이름 과녁 준: 자원 형성. 土+享→埻. 享(형)의 변음이 성부.
새김 과녁. 또는 표준. ¶埻的(—, 과녁 적)과녁. 또는 표준.

8 ⑪ 〔執〕*** 집 入緝 zhí, シツ·シュウ
0898

소전 행서 속자 간화 执 이름 잡을 집 자원 회의. 幸+丸→執. 幸은 쇠고랑의 모양. 丸은 사람이 두 손을 내밀고 있는 모양. 그 손에 쇠고랑을 채워 붙잡고 있다는 뜻.

필순 一 十 土 圡 圥 坴 幸 𡘅 執 執

새김 ❶잡다. 손에 쥐다. ¶執權(—, 권세 권)권세나 정권을 잡음. ❷붙잡히다. 또는 붙잡다. ¶執着(—, 잊지못할 착)어떤 일에 마음이 붙잡히어 잊지 못함. ❸관리하다. ¶執行(—, 행할 행)법령이나 판결 등을 관리하여 실행함. ❹벗. 또는 벗하다. ¶父執(아버지 부, —)아버지의 친구로 아버지와 나이가 비슷한 사람.

〔執念〕(집념) ①머리에서 떠나지 않는 생각. ②한 가지 일에 몰두함.

〔執刀〕(집도) 수술이나 해부를 하기 위하여 의사가 칼을 잡음.

〔執務〕(집무) 일을 맡아봄.

〔執事〕(집사) ①일을 집행함. ②고용되어 여러가지 일을 맡아보는 사람. ③상대방에 대한 높임말.

〔執拗〕(집요) 고집이 세고 매우 끈덕짐.

〔執政〕(집정) 나라의 정권을 잡음.

〔執筆〕(집필) 붓을 잡고 글씨를 쓰거나 글을 지음.

〔執行猶豫〕(집행유예) 선고한 유죄 판결을, 일정한 조건하에서 그 집행을 유예하는 일.

▷固執(고집)·我執(아집)·偏執(편집)

8 ⑪ 〔塹〕 참 塹(0940)의 간화자
0899

8 ⑪ 〔埰〕* 채: 去 隊 | cài, サイ
0900

행서 이름 채지 채: 자원 형성. 土+采→埰. 菜(채)·綵(채)와 같이 采(채)가 성부.

새김 채지(采地). 경대부(卿大夫)에게 내려주던 식읍(食邑).

8 ⑪ 〔堆〕* 퇴 平 灰 | duī, タイ
0901

행서 이름 쌓일 퇴 자원 형성. 土+隹→堆. 隹(추)의 변음이 성부.

새김 쌓이다. 또는 쌓다. ¶堆積(—, 쌓을 적)몇 겹이고 덮쳐 쌓임. 또는 덮쳐 쌓음. 예—物.

〔堆肥〕(퇴비) 두엄.

9 ⑫ 〔堪〕* 감 平 覃 | kān, カン
0902

소전 행서 이름 견딜 감 자원 형성. 土+甚→堪. 甚에는 '심' 외에 '감' 음도 있어, 勘(감)·戡(감)과 같이 甚(감)이 성부.

새김 ❶견디다. 참고 배기다. ¶堪耐(—, 견딜 내)참고 견디어냄. ❷하늘. 천도(天道). ¶堪輿(—, 땅 여)㉮하늘과 땅. ㉯집터나 묘지의 형세. 또는 그 형세의 길흉을 판단하는 법.

〔堪當〕(감당) 일을 맡아 잘 해냄.

〔堪輿家〕(감여가) 풍수설에 의해서 묘지나 집터 등의 좋고 나쁨을 가리는 사람.

▷難堪(난감)·不堪(불감)

9 ⑫ 〔堺〕* 계: 界(3402)와 동자
0903

9 ⑫ 〔堵〕* 도 本도: 上 麌 | dǔ, ト
0904

소전 행서 이름 담 도 자원 형성. 土+者→堵. 者에는 '자' 외에 '도' 음도 있어, 都(도)·屠(도)·睹(도)와 같이 者(도)가 성부.

새김 담. ㉠담장. ¶堵列(—, 줄 렬)담이 죽 이어져 있듯이, 사람들이 죽 늘어섬. 또는 늘어선 그 대열. ㉡담의 안. 곧 거처. ¶安堵(편안할 안, —)편안한 거처. 또는 거처에서 편안히 지냄. 인신하여, 안심함. 예—의 숨을 내쉬다.

9 ⑫ 〔塁〕 루 壘(0963)의 약자
0905

9 ⑫ 〔堡〕* 보: 上 晧 | bǎo, ホウ
0906

행서 이름 작은성 보 자원 형성. 保+土→堡. 褓(보)와 같이 保(보)가 성부.

새김 작은 성(城). 흙이나 돌로 쌓은 진지. ¶堡壘(—, 보루 루)적을 막기 위하여 흙이나 돌로 쌓은 진지.

▷橋頭堡(교두보)·城堡(성보)

9 ⑫ 〔報〕*** 보: 去 號 | bào, ホウ
0907

소전 행서 간화 报 이름 갚을 보: 자원 회의. 幸+𠬝→報. 幸은 쇠고랑, 𠬝은 손으로 사람을 붙잡는 모양. 죄인을 붙잡아 형벌로써 갚는다는 뜻.

필순 一 十 土 圡 圥 幸 𡘅 𡙁 報 報

새김 ❶갚다. 은혜에 보답하거나 원한을 갚다. ¶報恩(—, 은혜 은)은혜를 갚음. ❷알리다. 또는 알림. ¶報告(—, 고할 고)알리어 고함. 또는 그 알림. 예—書.

〔報國〕(보국) 나라를 위해 충성을 다함.

〔報答〕(보답) 입은 혜택이나 은혜를 갚음.

〔報道〕(보도) 어떤 소식을 알림. 또는 그 소식.

〔報復〕(보복) 원한을 갚음. 앙갚음.

〔報本〕(보본) 생겨나거나 자라난 근본을 잊지 않고 그 은혜를 갚음.

〔報償〕(보상) ①진 빚을 갚음. ②손해에 대하여 그에 걸맞게 대신 물어줌. 예—金.

〔報酬〕(보수) 근로의 대가.

▷警報(경보)·公報(공보)·官報(관보)·急報(급보)·吉報(길보)·朗報(낭보)·悲報(비

보)·速報(속보)·豫報(예보)·誤報(오보)·電報(전보)·情報(정보)·弘報(홍보)·會報(회보)

9 ⑫ 〔堰〕* 언: 去 霰 | yàn, エン
0908

행서 이름 방죽 언: 자원 형성. 土+匽→堰. 偃(언)과 같이 匽(언)이 성부.
새김 방죽. 제방. ¶堰堤(―, 둑 제)둑. 방죽. 제방.

9 ⑫ 〔堧〕* 연 平 先 | ruán, エン
0909

행서 이름 빈터 연 자원 형성. 土+耎→堧. 耎(연)이 성부.
새김 빈터. 성 아래나 물가의 공터.

9 ⑫ 〔堯〕* 요 平 蕭 | yáo, ギョウ
0910

소전 행서 속자 尭 간화 尧 이름 요임금 요 자원 회의. 垚+兀→堯. 兀은 위가 평평하게 우뚝 솟은 모양. 그 위에 또 흙을 쌓았기에 '높다'의 뜻을 나타낸다.
새김 요임금. 고대 중국의 성군(聖君). ¶堯舜(―, 순임금 순)고대 중국의 성군이었던 요임금과 순임금. 예―時代.

9 ⑫ 〔堣〕* 우 平 虞 | yú, グ
0911

행서 이름 구석 우 자원 형성. 土+禺→堣. 偶(우)·隅(우)·禑(우)와 같이 禺(우)가 성부.
새김 구석. 모퉁이. 隅(5863)와 통용.

9 ⑫ 〔場〕*** 장 平 陽 | cháng, ジョウ
0912

소전 행서 간화 场 이름 마당 장 자원 형성. 土+昜→場. 腸(장)과 같이 昜(양)의 변음이 성부.

필순 一 十 土 坦 坦 坦 坦 坦 場 場

새김 ❶마당. 뜰. ¶運動場(움직일 운, 움직일 동, ―)운동하는 마당. ❷곳. ㉠일이 벌어진 자리. ¶戰場(싸움 전, ―)전쟁이 벌어진 자리. ㉡연기를 연출하는 무대나 장소. ¶登₂場₁(오를 등, ―)무대나 활동 분야에 일정한 임무를 띠고 나타남. ㉢과장(科場)이나 시장(市場). ¶開₂場₁(열 개, ―)㉮과장을 열어 과거를 보임. ㉯저자나 어떤 장소를 개방하여 입장을 시킴. ❸때. 또는 한바탕. ¶一場春夢(한 일, ―, 봄 춘, 꿈 몽) 한때나 한바탕의 봄꿈. 인신하여, 헛된 영화나 덧없는 일의 비유. ❹극에서의 한 단락. 예二幕三場(이막 삼장).
〔場面〕(장면) ①어떤 장소에서 벌어진 광경. ②연극·영화 등에서의 한 정경(情景).
〔場所〕(장소) 자리. 곳.
〔場外〕(장외) 일정한 곳의 바깥.
▷工場(공장)·廣場(광장)·農場(농장)·牧場(목장)·市場(시장)·職場(직장)·罷場(파장)·現場(현장)·刑場(형장)·會場(회장)

9 ⑫ 〔堤〕** 제 平 齊 | dī, テイ
0913

소전 행서 이름 둑 제 자원 형성. 土+是→堤. 是에는 '시' 외에 '제' 음도 있어, 提(제)·題(제)와 같이 是(제)가 성부.

필순 一 十 土 坦 坦 坦 坦 坦 堤 堤

새김 둑. 제방. ¶防₂波₁堤(막을 방, 물결 파, ―)밀려오는 파도를 막기 위하여 바닷가에 쌓은 둑.
〔堤防〕(제방) 둑. 방죽.
〔堤堰〕(제언) 물을 가두어 놓기 위하여 강이나 계곡을 가로질러 막은 둑.
▷防潮堤(방조제)·堰堤(언제)

9 ⑫ 〔堞〕* 첩 入 葉 | dié, チョウ
0914

소전 행서 이름 성가퀴 첩 자원 형성. 土+枼→堞. 牒(첩)·諜(첩)과 같이 枼(첩)이 성부.
새김 성가퀴. 성 위에 쌓은 담. ¶城堞(성 성, ―)성가퀴.

9 ⑫ 〔堕〕 타: 墮(0947)의 속자·간화자
0915

9 ⑫ 〔堭〕* 황 平 陽 | huáng, コウ
0916

행서 이름 전당 황 자원 형성. 土+皇→堭. 徨(황)·篁(황)과 같이 皇(황)이 성부.
새김 전당(殿堂). 사방의 벽이 없는 전당.

10 ⑬ 〔塏〕* 개: 上 賄 | kǎi, ガイ
0917

행서 이름 높고건조할 개: 자원 형성. 土+豈→塏. 豈에는 '기' 음 외에 '개' 음도 있어, 凱(개)·愷(개)·鎧(개)와 같이 豈(개)가 성부.
새김 높고 건조하다. ¶塽塏(높고밝을 상, ―)지대가 높고 밝으며 건조함.

10 ⑬ 〔塊〕** 괴: 去隊 | kuài, カイ
0918

소전 塊 행서 塊 간화 块 이름 덩이 괴: 자원 형성. 土＋鬼→塊. 愧(괴)·傀(괴)·魁(괴)와 같이 鬼(귀)의 변음이 성부.

필순 土 圵 圹 圹 坤 坤 坤 塊 塊 塊

새김 덩이. 덩어리. ¶金塊(금 금, —)금덩이.
〔塊根〕(괴근) 고구마와 같이 덩이 모양으로 된 뿌리.
〔塊石〕(괴석) 돌멩이.
▷大塊(대괴)·石塊(석괴)·肉塊(육괴)·土塊(토괴)

10 ⑬ 〔塘〕* 당 平陽 | tāng, トウ
0919

소전 塘 행서 塘 이름 못 당 자원 형성. 土＋唐→塘. 糖(당)과 같이 唐(당)이 성부.
새김 못. 연못. ¶池塘(못 지, —)못.
▷蓮塘(연당)

10 ⑬ 〔塗〕** 도 平虞 | tú, ト
0920

소전 塗 행서 塗 간화 涂 이름 길 도 자원 형성. 涂＋土→塗. 涂(도)가 성부.

필순 氵 氵 汄 泠 泠 浛 涂 涂 塗 塗

새김 ❶길. 도로. 途(5416)와 통용. ¶道聽塗說(길 도, 들을 청, —, 말할 설)길에서 듣고 길에서 말함. 길거리에 떠도는 뜬소문의 형용. ❷바르다. 칠하다. ¶塗料(—, 거리 료)물건을 썩지 않게 하거나 아름답게 하기 위하여 겉에 바르는, 페인트·니스 같은 물질. ❸진흙. ¶塗炭(—, 숯 탄)진흙과 숯. 진흙에 빠지고 숯불에 달구어지는 것과 같은 고통의 비유. 예—속에서 신음하는 사람들.
〔塗褙〕(도배) 國벽·천장·창·장지 따위를 종이로 바르는 일.
〔塗裝〕(도장) 물건의 겉을 곱게 칠하거나 바름.
▷當塗(당도)·中塗(중도)·糊塗(호도)

10 ⑬ 〔塞〕** ㊀ 색 入職 | sè, ソク
㊁ 새 本새: 去隊 | sài, サイ
0921

소전 塞 행서 塞 이름 ㊀막을 색 ㊁변방 새 자원 형성. 寒＋土→塞. 賽(새)와 같이 寒(새)가 성부.

필순 丶 丷 宀 宀 宑 宑 寒 寒 寒 塞

새김 ㊀막다. 통하지 못하게 막다. 또는 막히다. ¶閉塞(닫을 폐, —)닫아 막음. 또는 닫쳐 막힘. ㊁❶변방. 변경. ¶塞外(—, 밖 외)변방의 외곽지대. ❷요새. 외적을 막기 위한 작은 성. ¶要塞(사북 요, —)국방상 중요한 곳에 설치한 방어 시설.
〔塞翁之馬〕(새옹지마) 인생의 길흉화복은 알기 어려움의 비유. 故 변방의 노인이 기르던 말이 어느날 달아나 사람들이 안됐다고 여겼으나, 얼마 후에 한 필의 준마와 함께 돌아와 오히려 잘된 일로 여겼는데, 그의 아들이 그 준마를 타다가 떨어져 절름발이가 되어 모두 안됐다고 여겼으나, 뒤에 전쟁이 일어나자 그로 인하여 징병이 면제되어 목숨을 보전하였다는 고사.
▷梗塞(경색)·窘塞(군색)·防塞(방색)·拔本塞源(발본색원)·語塞(어색)

10 ⑬ 〔塑〕* 소: 去遇 | sù, ソ
0922

행서 塑 이름 빚을 소: 자원 형성. 朔＋土→塑. 溯(소)·遡(소)와 같이 朔(삭)의 변음이 성부.
새김 빚다. 흙을 이겨 형상을 만들다. ¶塑像(—, 형상 상)진흙이나 석고 등으로 빚은 사람의 형상.
〔塑性〕(소성) 고체가 힘을 받아 형태가 바뀌면 그 힘을 없애도 그 부분이 변형된 그대로 있는 성질.
▷彫塑(조소)

10 ⑬ 〔塩〕 염 鹽(6304)의 속자
0923

10 ⑬ 〔塋〕* 영 平庚 | yíng, エイ
0924

소전 塋 행서 塋 간화 茔 이름 무덤 영 자원 형성. 𤇾＋土→塋. 榮(영)·營(영)·瑩(영)과 같이 𤇾(영)이 성부.
새김 무덤. 분묘. ¶先塋(조상 선, —) 조상의 무덤.

10 ⑬ 〔塢〕* 오: 上麌 | wǔ, オ
0925

행서 塢 간화 坞 이름 성채 오: 자원 형성. 土＋烏→塢. 烏(오)가 성부.
새김 성채. 작은 성. 또는 마을. ¶村塢(촌 촌, —)촌마을.

10 ⑬ 〔塡〕* ㊀ 전 平先 | tián, テン
㊁ 진 平眞 | chén, テン
0926

소전 塡 행서 塡 이름 ㊀메울 전 ㊁오랠 진 자원 형성. 土＋眞→塡. 顚(전)과 같이

眞(진)의 변음이 성부.
새김 一❶메우다. 가득 채우다. ¶充塡(채울 충, ―)채워서 메움. ❷북소리. 〔孟子〕塡然鼓之(전연고지) 둥둥 북을 침. 三오래다. 오래 되다.
〔塡補〕(전보) 메워서 채움.
〔塡塞〕(전색) 메워서 막힘. 또는 메워서 막음.

10 ⑬ 〔塚〕* 총 本冢: 上 腫 zhǒng, チョウ
0927

행서 塚 본자 冢 이름 무덤 총 자원 형성. 土+冢→塚. 冢(총)이 성부.
새김 무덤. 분묘. ¶塚墓(―, 무덤 묘)무덤.
〔塚中枯骨〕(총중고골) 무덤 속의 마른 뼈. 무능한 사람을 이르는 말.
▷古塚(고총)·義塚(의총)·貝塚(패총)

10 ⑬ 〔塔〕** 탑 入 合 tǎ, トウ
0928

소전 塔 행서 塔 이름 탑 탑 자원 형성. 土+荅→塔. 荅(탑)이 성부.
필순 十 土 𡈼 … 塔 塔
새김 탑. ㉠사리나 유골을 모시는 탑. ¶石塔(돌 석, ―)돌탑. ㉡탑처럼 세운 건조물. 예時計塔(시계탑).
〔塔碑〕(탑비) 탑과 비석.
〔塔影〕(탑영) 탑의 그림자.
▷燈塔(등탑)·寶塔(보탑)·佛塔(불탑)·寺塔(사탑)

10 ⑬ 〔塤〕* 훈 壎(0961)과 동자
0929

11 ⑭ 〔境〕** 경: 上 梗 jìng, キョウ
0930

소전 境 행서 境 이름 지경 경: 자원 형성. 土+竟→境. 鏡(경)과 같이 竟(경)이 성부.
필순 土 圹 … 境 境
새김 ❶지경. ㉠땅의 경계. ¶國境(나라 국, ―)나라의 영토의 경계. ㉡경지. 상황. 형편. ¶心境(마음 심, ―)이러저러한 느낌을 가진 마음의 상태. ❷곳. ㉠장소. ¶佳境(아름다울 가, ―)경치가 좋은 곳. ㉡조건. 차지하고 있는 조건이나 정황. ¶環境(두를 환, ―)주위의 자연적·사회적 조건.
〔境界〕(경계) ①지역의 분계. ②일정한 표준에 의하여 분간되는 한계.
〔境遇〕(경우) 처해 있는 형편이나 부닥친 사정.
〔境地〕(경지) ①경계 안의 땅. ②환경과 처지. ③사상·예술 등에서 일정한 특성과 체계로 이루어진 독자적 분야.
▷老境(노경)·妙境(묘경)·邊境(변경)·祕境(비경)·死境(사경)·仙境(선경)·逆境(역경)

11 ⑭ 〔墐〕* 근: 去 震 jìn, キン
0931

소전 墐 행서 墐 이름 묻을 근: 자원 형성. 土+堇→墐. 堇(근)이 성부.
새김 묻다. 땅에 묻다.

11 ⑭ 〔墓〕** 묘: 去 遇 mù, ボ
0932

소전 墓 행서 墓 이름 무덤 묘: 자원 형성. 莫+土→墓. 莫(모)의 변음이 성부.
필순 ⺊ 艹 … 墓 墓
새김 무덤. 분묘. ¶墓碑(―, 비석 비)무덤 앞에 세우는 빗돌. 예―除幕式.
〔墓碣〕(묘갈) 무덤에 세우는 빗돌.
〔墓所〕(묘소) 무덤이 있는 곳. 묘지(墓地).
〔墓域〕(묘역) 무덤이 있는 구역.
〔墓地〕(묘지) 무덤이 있는 땅.
〔墓誌〕(묘지) 죽은 이의 사적을 후세에 전하기 위해, 금석에 새겨 무덤 곁에 묻는 글.
▷古墓(고묘)·陵墓(능묘)·墳墓(분묘)·省墓(성묘)

11 ⑭ 〔塽〕* 상: 上 養 shuǎng, ソウ
0933

행서 塽 이름 높고밝을 상: 자원 형성. 土+爽→塽. 爽(상)이 성부.
새김 높고 밝다. ¶塽塏(―, 높고건조할 개)지대가 높고 밝으며 건조함.

11 ⑭ 〔墅〕* 서: 上 語 shǔ, ショ
0934

행서 墅 이름 농막 서: 자원 형성. 野+土→墅. 野에는 '야'음 외에 '서'음도 있어, 野(서)가 성부.
새김 농막. 농장 가까운 곳에 지은 단촐한 집. ¶別墅(다를 별, ―)전장이 있는 부근에 별장처럼 지은 집.

11 ⑭ 〔塾〕* 숙 入 屋 shú, ジュク
0935

소전 塾 행서 塾 이름 글방 숙 자원 형성. 孰+土→塾. 熟(숙)과 같이 孰(숙)이 성부.
새김 글방. 사설(私設)의 서당. ¶私塾(사사 사,

—)글방.
▷家塾(가숙)·書塾(서숙)

11 ⑭〔墉〕* 용 平冬 | yōng, ヨウ
0936

소전 행서 이름 담 용 자원 형성. 土+庸→墉. 傭(용)·鏞(용)과 같이 庸(용)이 성부.
새김 담. 담장. 성(城)의 담.

11 ⑭〔墻〕 장 墻(0957)의 간화자
0937

11 ⑭〔塼〕* 전 平先 | zhuān, セン
0938

행서 이름 벽돌 전 자원 형성. 土+專→塼. 傳(전)·轉(전)과 같이 專(전)이 성부.
새김 벽돌. ¶塼塔(—, 탑 탑)벽돌로 만든 탑.

11 ⑭〔塵〕* 진 平眞 | chén, ジン
0939

소전 행서 간화 尘 이름 티끌 진 자원 회의. 鹿+土→塵. 사슴이 달릴 때 일어나는 흙먼지. 그래서 '먼지'란 뜻을 나타낸다.
새김 ❶티끌. 먼지. ¶戰塵(싸움 전, —)싸움터에서, 전투로 말미암아 이는 티끌이나 먼지. ❷속세. 또는 세속. ¶塵世(—, 세상 세)인간이 사는 이 세상.
〔塵芥〕(진개) 티끌. 먼지. 작고 보잘것 없음의 비유.
〔塵念〕(진념) 속세의 명예와 이욕을 생각하는 마음.
〔塵埃〕(진애) ①흙먼지. ②속세(俗世).
〔塵土〕(진토) ①티끌과 흙. ②이 세상.
〔塵合泰山〕(진합태산) 國 티끌 모아 태산. 작은 것도 많이 모이면 크게 이루어짐의 비유.
▷蒙塵(몽진)·微塵(미진)·煙塵(연진)·風塵(풍진)·紅塵(홍진)

11 ⑭〔塹〕* 참 本 첨: 去豔 | qiàn, ザン
0940

소전 행서 간화 堑 이름 해자 참 자원 형성. 斬+土→塹. 慚(참)과 같이 斬(참)이 성부.
새김 해자. 성 주위에 판 못. ¶塹壕(—, 해자 호) 해자. 성 주위에 파놓은 못.

12 ⑮〔墩〕* 돈 平元 | dūn, トン
0941

행서 이름 흙무더기 돈 자원 형성. 土+敦→墩. 燉(돈)과 같이 敦(돈)이 성부.
새김 흙무더기. ¶墩臺(—, 대 대)평지보다 조금 높직하게 두드러진, 평평한 땅.

12 ⑮〔墨〕*** 묵 入職 | mò, ボク
0942

소전 행서 이름 먹 묵 자원 회의. 黑+土→墨. 검댕〔黑〕과 흙을 혼합하여 만든 먹을 뜻한다.

필순 (필순 도해)

새김 ❶먹. ¶紙筆墨(종이 지, 붓 필, —)종이와 붓과 먹. ❷먹줄. 대목이 나무를 다듬을 때, 직선을 긋는데 쓰는 줄. ¶繩墨(노 승, —)먹줄. ❸자자(刺字). ¶墨刑(—, 형벌 형)죄인의 얼굴이나 팔에 자자를 하는 형벌.
〔墨客〕(묵객) 문인(文人).
〔墨香〕(묵향) 먹의 향기.
〔墨畫〕(묵화) 먹물만을 사용하여 그린 그림.
▷淡墨(담묵)·文墨從事(문묵종사)·白墨(백묵)·水墨(수묵)·朱墨(주제)·筆墨(필묵)

12 ⑮〔墳〕** 분 平文 | fén, フン
0943

소전 행서 본자 墳 간화 坟 이름 무덤 분 자원 형성. 土+賁→墳. 噴(분)·憤(분)과 같이 賁(분)이 성부.

필순 (필순 도해)

새김 무덤. 분묘. ¶古墳(예 고, —)고대의 무덤. 예—壁畫.
〔墳墓〕(분묘) 무덤.
▷封墳(봉분)

12 ⑮〔墡〕* 선: 上銑 | shàn, セン
0944

행서 이름 흰흙 선: 자원 형성. 土+善→墡. 膳(선)·繕(선)과 같이 善(선)이 성부.
새김 흰흙. 백토(白土).

12 ⑮〔增〕*** 증 平蒸 | zēng, ソウ
0945

소전 행서 이름 더할 증 자원 형성. 土+曾→增. 憎(증)·贈(증)·甑(증)과 같이 曾(증)이 성부.

필순 (필순 도해)

새김 더하다. 보태다. 減(0000)의 대. ¶增減(—, 덜 감)더함과 줄임. 또는 많아짐과 적어짐. ㉾서울 人口의 ―.
〔增加〕(증가) 더하여 많아짐. 또는 늘이거나 더하여 많아지게 함.
〔增強〕(증강) 보태거나 늘려서 더 강력하게 함.
〔增大〕(증대) 더하여져 커짐. 또는 늘려서 많게 함.
〔增補〕(증보) 늘려서 보충함.
〔增産〕(증산) 생산량을 늘림.
〔增設〕(증설) 더 차리거나 시설함.
〔增殖〕(증식) 불어서 많아지거나 불려서 양적으로 늘임.
〔增額〕(증액) 액수를 늘임. 또는 늘인 그 액수.
〔增員〕(증원) 인원의 수를 더 늘임.
〔增築〕(증축) 이미 있는 건물에 더 늘여 지음. ㉾教室―.
▷激增(격증)·急增(급증)·倍增(배증)·割增(할증)

12 ⑮ 〔墜〕* 추 ㉯추: 去寘 zhuì, ツイ
0946

소전 隊 행서 墜 간화 坠 이름 떨어질 추 자원 형성. 隊+土→墜. 隊(대)의 변음이 성부.
새김 ❶떨어지다. ¶墜落(―, 떨어질 락)높은 곳에서 떨어짐. ❷잃다. 떨어뜨리다. ¶失墜(잃을 실, ―)신용이나 권위 등을 떨어뜨림.
▷擊墜(격추)

12 ⑮ 〔墮〕** 타: 上哿 duò, ダ
0947

소전 䧅 행서 墮 속자 간화 堕 이름 떨어질 타: 자원 형성. 隋+土→墮. 隋에는 '수' 음 외에 '타' 음도 있어, 隋(타)가 성부.
필순 ㇇ ㇋ 阝 阝 阝 陏 陏 隋 隋 墮
새김 ❶떨어지다. 또는 떨어뜨리다. ¶墮落(―, 떨어질 락)㉮도덕적으로 잘못된 길로 떨어짐. ㉯신앙심을 잃고 악한 길로 떨어짐. ❷게으르다. 또는 게을리하다. 惰(1689)와 같다. ¶怠墮(게으를 태, ―)게으름.
〔墮淚〕(타루) 눈물을 흘림.
〔墮胎〕(타태) 태아가 떨어짐. 유산됨.

12 ⑮ 〔墟〕* 허 ㉯거 平魚 xū, キョ
0948

행서 墟 이름 터 허 자원 형성. 土+虛→墟. 嘘(허)와 같이 虛(허)가 성부.
새김 터. 옛터. ¶廢墟(내버려둘 폐, ―)내버려져 황폐한 옛터.
▷故墟(고허)·郊墟(교허)·丘墟(구허)

13 ⑯ 〔墾〕* 간: 上阮 kěn, コン
0949

소전 墾 행서 墾 간화 垦 이름 개간할 간: 자원 형성. 貇+土→墾. 懇(간)과 같이 貇(간)이 성부.
새김 개간하다. 논밭을 일구다. ¶開墾(열 개, ―)황무지나 간석지를 일구어서 논밭을 만듦.
〔墾田〕(간전) 개간하여 논밭을 일굼.
▷耕墾(경간)·新墾(신간)

13 ⑯ 〔壊〕 괴: 壞(0964)의 약자
0950

13 ⑯ 〔壇〕** 단 平寒 tán, タン
0951

소전 壇 행서 壇 간화 坛 이름 단 단 자원 형성. 土+亶→壇. 檀(단)과 같이 亶(단)이 성부.
필순 土 圹 圹 圻 垧 垧 坤 墇 壇 壇
새김 ❶단. ㉠제터. ¶祭壇(제사 제, ―)제사를 지내는 단. ㉡높직하게 차린 자리. ¶教壇(가르칠 교, ―)선생이 학생들을 가르칠 때 올라서는 단. ❷사회. 문인·종교인 등 전문가들의 모임. ¶文壇(글월 문, ―)문인들의 사회.
〔壇上〕(단상) 교단이나 강단의 위.
▷講壇(강단)·劇壇(극단)·登壇(등단)·佛壇(불단)·詩壇(시단)·演壇(연단)·畫壇(화단)·花壇(화단)

13 ⑯ 〔壁〕** 벽 入錫 bì, ヘキ
0952

소전 壁 행서 壁 이름 벽 벽 자원 형성. 辟+土→壁. 僻(벽)·劈(벽)·癖(벽)과 같이 辟(벽)이 성부.
필순 ㇇ 尸 尸 居 居 居 启 辟 辟 壁
새김 ❶벽. 바람벽. ¶壁畫(―, 그림 화)건물의 벽에 그려놓은 그림. ❷낭떠러지. ¶絶壁(자를 절, ―)깎아지른듯 험한 낭떠러지.
〔壁報〕(벽보) 벽에 써 붙여 여러 사람에게 알리는 글.
〔壁紙〕(벽지) 벽에 바르는 종이.
〔壁欌〕(벽장) 國벽에 물건을 넣도록 만든 곳.
▷金城鐵壁(금성철벽)·內壁(내벽)·塗壁(토벽)·面壁(면벽)·石壁(석벽)·巖壁(암벽)·障壁(장벽)

13 ⑯ 〔墳〕** 분 墳(0943)의 본자
0953

13 ⑯ 〔壤〕 양 壤(0966)의 약자
0954

13 ⑯ 〔墺〕* 오: 去號 | ào, オウ
0955

소전 행서 이름 물가 오: 자원 형성. 土+奧→墺. 懊(오)·澳(오)와 같이 奧(오)가 성부.
새김 물가. 바닷가의 산간 지대.

13 ⑯ 〔壅〕* 옹 平冬 | yōng, ヨウ
0956

행서 이름 막을 옹 자원 형성. 雍+土→壅. 擁(옹)·甕(옹)과 같이 雍(옹)이 성부.
새김 막다. 또는 막히다. ¶壅拙(—, 졸할 졸)성품이 너그럽지 못하고 편협함.
〔壅固執〕(옹고집) 國 아주 심한 고집.
〔壅塞〕(옹색) ①통하지 못하도록 막음. 또는 막힘. ②國 ㉠형편이 넉넉하지 못하여 불편하고 답답함. ㉡장소가 비좁음. ㉢소견이 옹졸하고 답답함.
〔壅蔽〕(옹폐) 막아서 가림.

13 ⑯ 〔墻〕** 장 平陽 | qiáng, ショウ
0957

소전 행서 본자 牆 간화 墙 이름 담 장 자원 형성. 土+嗇→墻. 檣(장)·薔(장)과 같이 嗇(장)이 성부.

필순 (墻 필순)

새김 담. 담장. ¶墻壁(—, 벽 벽)담과 벽.
〔墻垣〕(장원) 담. 원장(垣墻).
▷宮墻(궁장)·短墻(단장)·路柳墻花(노류장화)·女墻(여장)·越墻(월장)

14 ⑰ 〔壓〕** 압 入洽 | yā, アツ
0958

소전 행서 약자 圧 간화 压 이름 누를 압 자원 형성. 厭+土→壓. 厭에는 '염' 음 외에 '압' 음도 있어, 厭(압)이 성부.

필순 厂 戸 戸 屌 屌 屌 厭 厭 壓 壓

새김 ❶누르다. ㉠위에서 지지르다. ¶壓縮(—, 줄일 축) ㉮위에서 지질러서 부피를 줄임. ㉯많은 내용을 요약하여 줄임. ㉡힘이나 권세로 억누르다. ¶彈壓(탄핵할 탄, —)권력이나 힘으로 강제로 억압함. ❷뛰어나다. 우수하다. ¶壓卷(—, 책 권)시문 가운데 가장 뛰어난 작품. ❸내리누르는 힘. ¶水壓(물 수, —)물의 압력.
〔壓倒〕(압도) ①상대방을 눌러 넘어뜨림. ②남보다 월등히 뛰어남.
〔壓力〕(압력) ①어떤 물체가 다른 물체를 누르는 힘. ②사람을 외부에서 압박하는 일.
〔壓迫〕(압박) 누르고 구박함.
〔壓服〕(압복) 위력으로 눌러서 복종시킴.
〔壓死〕(압사) 눌려서 죽음.
〔壓勝〕(압승) 큰 차이로 상대에게 이김.
〔壓政〕(압정) 권력으로 억압하여, 국민의 자유를 빼앗는 정치.
〔壓制〕(압제) 권력이나 폭력을 써서, 상대의 언동을 억지로 내리눌러 제지함.
▷強壓(강압)·高壓(고압)·氣壓(기압)·變壓(변압)·抑壓(억압)·威壓(위압)·指壓(지압)·鎭壓(진압)·血壓(혈압)

14 ⑰ 〔壑〕* 학 入藥 | hè, ガク
0959

행서 이름 구렁 학 자원 형성. 叡+土→壑. 叡(학)이 성부.
새김 구렁. 골짜기. ¶丘壑(언덕 구, —)언덕과 골짜기.
▷溝壑(구학)·洞壑(동학)·萬壑(만학)·幽壑(유학)

14 ⑰ 〔壕〕* 호 平豪 | háo, ゴウ
0960

행서 이름 해자 호 자원 형성. 土+豪→壕. 濠(호)와 같이 豪(호)가 성부.
새김 해자. 성(城) 둘레에 판 도랑. ¶塹壕(해자 참, —)전투를 위하여 땅에 판, 좁고 긴 해자.
▷待避壕(대피호)·防空壕(방공호)

14 ⑰ 〔壎〕* 훈 本훤 平元 | xūn, クン
0961

소전 행서 동자 塤 간화 埙 이름 질나팔 훈 자원 형성. 土+熏→壎. 勳(훈)·燻(훈)·薰(훈)과 같이 熏(훈)이 성부.
새김 질나팔. 흙으로 구워 만든 취주 악기. ¶壎篪(—, 저 지)질나팔을 불면 저가 화답함. 형제가 화목함의 비유.

15 ⑱ 〔壙〕* 광: 去漾 | kuàng, コウ
0962

소전 행서 간화 圹 이름 들 광: 자원 형성. 土+廣→壙. 鑛(광)·曠(광)과 같이 廣(광)이 성부.
새김 ❶들. 들판. 〔孟子〕獸之走$_2$壙$_1$(수지주광) 짐승이 들판을 달리다. ❷구덩이. 시체를 묻는 무덤의 구덩이. ¶壙中(—, 속 중)시체를 묻는 무덤의 구덩이 속.
〔壙穴〕(광혈) 무덤의 구덩이.

15 ⑱ 〔壘〕* 루: ㊍류:㊤紙 lěi, ルイ
0963

소전 행서 약자 垒 이름 보루 루: 자원 형성. 畾+土→壘. 畾(뢰)의 변음이 성부.
새김 ❶보루(堡壘). 작은 진지. ¶堡壘(작은성 보, —)적을 방어하는 작은 진지. ❷누. 야구에서 일루·이루·삼루의 누. ¶盜₂壘₁(훔칠 도, —)야구에서 수비자의 허술한 틈을 타서 주자가 다음 누로 가는 일.
▷城壘(성루)·營壘(영루)

16 ⑲ 〔壞〕** 괴: ㊦卦 huài, カイ
0964

소전 행서 약자 壊 속자 간화 坏 이름 무너질 괴: 자원 형성. 土+褱→壞. 褱(회)의 변음이 성부.
필순
새김 무너지다. ㉠제도·질서·풍속 등이 완전히 허물어지다. ¶壞亂(—, 어지러울 란)풍속이 허물어져 어지러움. ㉡성(城)이나 집이 무너지다. ¶崩壞(무너질 붕, —)무너짐.
〔壞滅〕(괴멸) 조직이나 체계 등이 무너져 멸망함.
〔壞損〕(괴손) 헐거나 깨뜨리어 못쓰게 만듦.
▷破壞(파괴)

16 ⑲ 〔壟〕* 롱: ㊤腫 lǒng, ロウ
0965

소전 행서 간화 垄 이름 언덕 롱: 자원 형성. 龍+土→壟. 龍에는 '룡' 외에 '롱' 음도 있어, 瓏(롱)·朧(롱)·聾(롱)과 같이 龍(롱)이 성부.
새김 언덕. 작은 구릉. ¶壟斷(—, 끊을 단)㉮깎아지른 듯한 높은 언덕. ㉯이익을 독점함. 故 옛적에 어떤 상인이 높은 언덕에 올라가 시장을 두루 살핀 후, 싼 물건만 사 모았다가 그것을 비싸게 팔아 혼자서 많은 이익을 챙겼다는 고사. 〈孟子〉
▷丘壟(구롱)

17 ⑳ 〔壤〕** 양 ㊍양: ㊤養 rǎng, ジョウ
0966

소전 행서 약자 壌 이름 흙 양 자원 형성. 土+襄→壤. 讓(양)·攘(양)·釀(양)과 같이 襄(양)이 성부.
필순
새김 ❶흙. 농사를 짓는 데 알맞은 흙. ¶土壤(흙 토, —)농작물을 잘 자라게 하는 땅의 보드라운 흙. ❷땅. 대지. ¶天壤(하늘 천, —)하늘과 땅. ㊕—之判.
〔壤土〕(양토) ①토지. 또는 국토. ②경작하기에 알맞은 기름진 토양.
▷擊壤(격양)·沙壤土(사양토)·沃壤(옥양)·黃壤(황양)

3 획 부수 士 部

▷명칭:선비사
▷쓰임:남자와 관계 있는 한자의 부수로 쓰였으나, 때로는 자형상의 분류를 위한 부수로도 쓰였다.

0 ③ 〔士〕*** 사: ㊤紙 shì, シ
0967

소전 행서 이름 선비 사: 자원 상형. 벼슬하는 남자의 신분을 나타내는 큰도끼의 날 부분을 아래쪽으로 놓은 모양.
필순 一 十 士
새김 ❶선비. 학식이 있는 사람. 또는 士·農(농)·工(공)·商(상)으로 구분하였던 사민(四民)의 첫째 신분. ¶志士(뜻 지, —)나라를 근심하는 뜻있는 사람. ㊕愛國—. ❷남자. ¶紳士(큰띠 신, —)교양이 있고 예의 바른 남자. 인신하여, 남자의 미칭. ❸벼슬아치. ¶士大夫(사대부) 벼슬자리에 있는 사람을, 일반 평민에 상대하여 이르는 말. ❹전문 학식을 가진 사람. ¶博士(넓을 박, —)가장 높은 학위. 또는 그 학위를 받은 사람.
〔士官〕(사관) ①병사를 거느리는 무관. ②장교(將校)를 통틀어 이르는 말.
〔士君子〕(사군자) ①학문이 해박하고 인품이 고상한 사람. ②상류 사회의 사람.
〔士氣〕(사기) ①군사(軍士)의 기개. ②이기거나 해낼 수 있다는 씩씩한 기개. ㊕—衝天.
〔士林〕(사림) 유도(儒道)를 닦는 학자들.
〔士兵〕(사병) 하사관(下士官) 이하의 군인의 총칭.
〔士禍〕(사화) 國조선 중기에 신진 사류(新進士類)들이 훈신·척신들로부터 받은 정치적 탄압.
▷軍士(군사)·技士(기사)·道士(도사)·名士(명사)·武士(무사)·文士(문사)·兵士(병사)·碩士(석사)·力士(역사)·演士(연사)·勇士(용사)·人士(인사)·處士(처사)·學士

(학사)

1 ④ 〔壬〕*** 임: 本임 平侵 | rén, ジン
0968

소전 壬 행서 壬 이름 북방 임: 자원 상형. 아이를 배어 배가 부른 여자의 모양. 새김은 가차.

필순 ノ 二 千 壬

새김 ❶아홉째 천간. 오행(五行)으로는 물, 방위로는 북에 배당된다. 예壬辰倭亂(임진왜란). ❷아첨하다. 간사하다. ¶壬人(—, 사람 인) 간사한 사람.
〔壬年〕(임년) 태세(太歲)의 천간(天干)이 임(壬)으로 된 해. 임진년(壬辰年), 임자년(壬子年) 따위.
⑥〔吉〕 길 口부 3획(0658)

3 ⑥ 〔壮〕 장: 壯(0974)의 속자·간화자
0969

4 ⑦ 〔壳〕 각 殼(2576)의 간화자
0970

4 ⑦ 〔売〕 매 賣(5184)의 약자
0971

4 ⑦ 〔声〕 성 聲(4240)의 속자·간화자
0972

4 ⑦ 〔壱〕 일 壹(0978)의 약자
0973

⑦〔志〕 지 心부 3획(1569)

4 ⑦ 〔壯〕*** 장: 去漾 | zhuàng, ソウ
0974

소전 壯 행서 壯 속자 간화 壮 이름 씩씩할 장: 자원 형성. 爿＋士→壯. 狀(장)과 같이 爿(장)이 성부.

필순 丨 丬 丬 爿 爿 壯 壯

새김 ❶씩씩하다. ¶壯烈(—, 열렬할 렬) 씩씩하고 열렬함. ❷장하다. 매우 훌륭하다. ¶壯觀(—, 경관 관)매우 훌륭하여 볼 만한 경관. ❸장년. 남자의 나이 30세. ¶壯丁(—, 성인이된 남자 정)장년의 나이.
〔壯年〕(장년) 한창 원기가 왕성한 나이. 보통 서른 살에서 마흔 살 안팎을 이르는 말.
〔壯談〕(장담) 아주 자신 있게 말함. 또는 그렇게 하는 말.
〔壯大〕(장대) 씩씩하고 허위대가 큼.
〔壯途〕(장도) 중대한 사명이나 큰 뜻을 품고 떠나는 길.
〔壯麗〕(장려) 웅장하고 화려함.
〔壯士〕(장사) ①기개와 허위대가 큰 젊은이. ②육체적 힘이 뛰어나게 센 사람.
〔壯元〕(장원) 國 과거의 갑과(甲科)에 수석으로 급제함. 예— 及第.
〔壯志〕(장지) 큰 뜻. 큰 포부.
▷强壯(강장)·健壯(건장)·宏壯(굉장)·老益壯(노익장)·悲壯(비장)·少壯(소장)·雄壯(웅장)

7 ⑩ 〔壶〕 호 壺(0979)의 간화자
0975

8 ⑪ 〔壸〕 곤: 壼(0980)의 간화자
0976

9 ⑫ 〔壻〕* 서: 去霽 | xù, セイ
0977

소전 壻 행서 壻 동자 婿 이름 사위 서: 자원 형성. 士＋胥→壻. 湑(서)·諝(서)와 같이 胥(서)가 성부.

새김 사위. 딸의 남편. ¶壻郎(—, 사나이 랑) 남의 사위를 높여 이르는 말.
〔壻養子〕(서양자) 國 사위를 양자로 삼음. 또는 그러한 양자.
▷佳壻(가서)·同壻(동서)·女壻(여서)·翁壻(옹서)

9 ⑫ 〔壹〕* 일 入質 | yī, イチ
0978

소전 壹 행서 壹 약자 壱 이름 한 일 자원 형성. 吉＋豆[壺의 변형]→壹. 吉(길)의 변음이 성부.

새김 ❶하나. 一(0001)의 갖은자. 예壹百萬원. ❷전일하다. 또는 오로지. [孟子]志壹則動氣(지일 즉동기) 뜻이 전일하면 기를 움직인다.

9 ⑫ 〔壺〕* 호 平虞 | hú, コ
0979

소전 壺 행서 壺 간화 壶 이름 병 호 자원 상형. 뚜껑이 있는, 배가 볼록한 병의 모양.

새김 병. ㉠물이나 술을 담는 병. ¶酒壺(술 주, —)술병. ㉡투호(投壺)에 쓰는 병. 인신하여, 투호. ¶壺博(—, 장기 박)투호와 장기.
〔壺裏乾坤〕(호리건곤) 國 술병 속의 하늘과 땅. 늘 술에 취해 있는 상태의 형용.
〔壺狀〕(호상) 병이나 항아리처럼 생긴 모양.
〔壺中天〕(호중천) 별천지(別天地). 선경(仙境). 故 후한(後漢)의 비장방(費長房)이, 약을 파는 노인이 장이 파하면 옆에 매달아 놓

은 호리병 속으로 들어가는 것을 보고 따라 들어가니, 화려한 건물에 술과 안주가 가득 차려져 있어 함께 술을 마셨다는 고사.
▷ 漏壺(누호)·唾壺(타호)·投壺(투호)
⑫〔喜〕 희 口부 9획(0769)

10 ⑬ 〔壼〕 곤: 上阮 | kǔn, コン
0980

소전 행서 간화 壸 이름 대궐안길 곤: 자원 상형. 대궐 안의 길을 그린 도형.
새김 대궐 안 길. 인신하여, 내전(內殿). ¶壼位(—, 자리 위)왕후의 지위.
〔壼德〕(곤덕) 부인의 덕. 부덕(婦德).
⑭〔嘉〕 가 口부 11획(0778)
⑭〔臺〕 대 至부 8획(4361)

11 ⑭ 〔壽〕*** 수 本수: 去宥 | shòu, ジュ
0981

소전 행서 속자 간화 寿 이름 목숨 수 자원 형성. 耂〔老의 변형〕+ 𠷎〔𠷎의 변형〕→壽. 𠷎(수)가 성부.

필순

새김 ❶목숨. 수. ¶壽命(—, 목숨 명)사람이 살아 있는 연한. 예—長壽. ❷오래 살다. 수하다. ¶長壽(오랠 장, —)사람이 오래도록 삶.
〔壽器〕(수기) 생전에 미리 만들어 두는 관.
〔壽堂〕(수당) ①살아 있을 때 미리 만들어 두는 무덤. ②출빈(出殯)하기 전에 죽은 이의 관(棺)을 안치하고 제사지내는 곳.
〔壽福康寧〕(수복강녕) 오래 살고 복을 누리며 건강하고 편안함.
〔壽宴〕(수연) 장수를 축하하는 잔치. 보통 환갑(還甲)을 일컬음.
〔壽夭〕(수요) 오래 삶과 일찍 죽음.
〔壽衣〕(수의) 염습할 때 시체에 입히는 옷.
〔壽則多辱〕(수즉다욕) 오래 살수록 욕됨이 많음.
▷ 萬壽(만수)·眉壽(미수)·聖壽(성수)·仁壽(인수)·天壽(천수)·祝壽(축수)·鶴壽(학수)

3 획 부수 夂·夊 部

▷명칭:뒤처져올치 · 천천히걸을쇠
▷쓰임:의부로서의 기능은 없고, 자형상의 분류를 위한 부수이다.
▷참고:종래의 부수 분류에서는 夂와 夊는 딴 부수로 다루었으나 夏→夏처럼 夊가 夂의 자형으로 바뀌어 가는 등 이 두 자형의 구별이 어렵게 되고 있어 하나의 부수로 합쳤다.

⑤〔冬〕 동 冫부 3획(0401)

2 ⑤ 〔处〕 처: 處(4656)의 간화자
0982

⑥〔各〕 각 口부 3획(2657)

3 ⑥ 〔斈〕 학 學(1155)의 속자
0983

5 ⑧ 〔备〕 비: 備(0295)의 간화자
0984

6 ⑨ 〔変〕 변: 變(5082)의 속자
0985

6 ⑨ 〔复〕 一복 復(1552)의 간화자 二복 複(4792)의 간화자
0986

7 ⑩ 〔夏〕*** 一하: 去禡 | xià, カ ** 二하: 上馬 | xià, カ
0987

소전 행서 고자 昰 이름 一여름 하: 二중국 하: 자원 상형. 의젓한 모습을 갖추고서 춤을 추는 사람의 모양. 그런 사람들이 사는 곳이란 뜻으로, 중국을 뜻한다. 여름이란 뜻은 가차.

필순

새김 一여름. 4계절의 하나로, 음력으로는 4·5·6월. 입하(立夏)에서 입추(立秋)까지의 동안. 冬(0401)의 대. ¶夏季(—, 철 계)여름철. 예—放學. 二❶중국. 한족(漢族)들의 자칭. ❷하나라. 우왕(禹王)이 세워 17대 456년 동안 있었던, 가장 오래된 왕조. 걸왕(桀王) 때 은(殷)의 탕왕(湯王)에게 멸망되었음.
〔夏穀〕(하곡) 보리나 밀 따위와 같이 여름에 거두는 곡식.
〔夏期〕(하기) 여름의 시기. 여름 동안. 하계(夏季).
〔夏爐冬扇〕(하로동선) 여름 난로와 겨울 부채란 뜻으로, 철에 맞지 않은 물건이나 아무 쓸모 없는 물건의 비유.
〔夏服〕(하복) 여름철에 입는 옷.
〔夏安居〕(하안거) (佛)중이 음력 4월 중순부터 7월 중순까지 외출을 하지 않고 좌선하며 수도에 전념하는 일.
▷ 晚夏(만하)·孟夏(맹하)·常夏(상하)·盛夏(성하)·炎夏(염하)·初夏(초하)

16 ⑲ 〔夔〕* 기 平支 | kuí, キ
0988

소전 행서 이름 조심할 기 자원 상형. 사람의 얼굴에, 하나의 발을 가지고 있다는 전설상의 짐승의 모양. 새김은 가차.

새김 조심하다. 삼가다. ¶夔夔(一, 一) 조심하며 삼가는 모양.

3획 부수 夕部

▷명칭:저녁석
▷쓰임:밤과 관계가 있는 한자의 부수로 쓰였다.

0 ③ 〔夕〕*** 0989 석 入陌 xī, セキ

소전 행서 이름 저녁 석 자원 상형. 해가 질 무렵에 서쪽 하늘에 보이는 초승달의 모양.

필순 ノ ク 夕

새김 저녁. ㉠해질 무렵. 朝(2231)의 대. ¶夕陽(一, 해 양)해질 무렵의 해. ㉡밤. ¶今夕(이제 금, 一)오늘 밤.
〔夕刊〕(석간) 저녁 때 배달되는 신문.
〔夕照〕(석조) ①해질 무렵의 햇빛. 또는 저녁 해. ②만년의 비유.
〔夕霞〕(석하) ①저녁놀. ②해질 무렵의 안개.
▷旦夕(단석)·一朝一夕(일조일석)·朝夕(조석)·秋夕(추석)·七夕(칠석)

2 ⑤ 〔外〕*** 0990 외: 去泰 wài, ガイ

소전 행서 이름 밖 외: 자원 회의. 夕+卜→外. 점〔卜〕을 치는 일은 아침에 하는 것이 상례인데, 이를 저녁〔夕〕에 친다는 것은 상례의 밖이란 뜻.

필순 ノ ク 夕 夘 外

새김 ❶밖. 內(0360)의 대. ㉠어떤 사물의 안의 반대쪽. ¶校外(학교 교, 一)학교의 밖. ㉡겉. ¶外形(一, 모양 형)겉모양. ❷딴. 다른. ¶外國(一, 나라 국)자기 나라 이외의 딴 나라. ❸외국. 딴 나라. ¶在2外1(있을 재, 一)외국에 있음. 예一公館. ❹어머니. 또는 외척. ¶外家(一, 집 가)어머니의 친정집. ❺남자. 또는 아버지. ¶外艱喪(一, 친상 간, 죽을 상)아버지의 상사. ❻버리다. 제거하다. ¶除外(제거할 제, 一)제거하여 버림. 한데 넣지 않고 빼버림. ❼멀리하다. 배척하다. 〔易經〕外3小1人2(一, 작을 소, 사람 인)소인을 멀리하다.
〔外見〕(외견) 겉으로 보기.
〔外界〕(외계) ①국경 밖. 또는 어떤 범위의 밖. ②사유(思惟)·감각의 주체인 자아 이외의 모든 사물의 총칭.
〔外科〕(외과) 질병이나 부상을 수술이나 물리요법 등으로 치료하는 의학의 한 분과.
〔外廓〕(외곽) ①성 밖으로 다시 둘러 쌓은 성. ②조직이나 사물의 바깥쪽으로 둘러싼 부분. 예一團體. 동外郭(외곽).
〔外觀〕(외관) 겉으로 나타나는 볼품.
〔外交〕(외교) 외국과의 교제.
〔外道〕(외도) ①(佛) 불교 이외의 다른 모든 종교. ②오입. 여색에 방탕하게 놀아나는 것. ③國경기도 밖의 딴 도.
〔外來〕(외래) ①외부에서 옴. 예一者. ②외국에서 옴. 예一語. ③병원에서 치료를 받기 위해 옴. 예一患者.
〔外面〕(외면) ①대면하기를 꺼려 얼굴을 돌림. ②거죽. 또는 겉모양.
〔外貌〕(외모) 겉으로 나타나 보이는 용모.
〔外泊〕(외박) 자기 집 이외의 곳에서 잠.
〔外傷〕(외상) 몸의 겉에 생긴 상처.
〔外勢〕(외세) ①바깥의 형세. ②외국의 세력.
〔外孫〕(외손) 딸이 낳은 아들딸. 예一奉祀.
〔外食〕(외식) 집 밖의 음식점에서 식사를 함.
〔外壓〕(외압) 외부로부터 가해지는 압력.
〔外遊〕(외유) 공부하기 위해 외국을 여행함.
〔外柔內剛〕(외유내강) 겉으로는 부드럽고 순한 듯하나 속으로는 꿋꿋하고 굳셈.
〔外資〕(외자) 외국 사람의 자본.
〔外地〕(외지) 자기가 사는 고장을 벗어난 지방이나 지역. 「레붙이.
〔外戚〕(외척) 어머니나 아내의 친정 쪽의 겨
〔外貨〕(외화) 외국의 화폐.
〔外形〕(외형) 겉으로 보이는 형상.
〔外患〕(외환) 외국이나 외부로부터 받는 압력에 대한 근심. 예內憂一.
▷課外(과외)·郊外(교외)·國外(국외)·內外(내외)·涉外(섭외)·疎外(소외)·市外(시외)·野外(야외)·場外(장외)·號外(호외)

3 ⑥ 〔多〕*** 0991 다 平歌 dūo, タ

소전 행서 이름 많을 다 자원 회의. 夕+夕→多. 夕은 月〔육달월 : 肉의 이체〕의 변형. 고기가 이중으로 쌓였기에 '많다'의 뜻을 나타낸다.

필순 ノ ク 夕 夕 多 多

새김 많다. 또는 많게 하다. 少(1248)·寡(1212)의 대. ¶多寡(一, 적을 과) 많음과 적음.
〔多岐亡羊〕(다기망양) 갈림길이 많아 양을 잃어버림. 정황이 복잡하고 변화가 많아 방향을 잃고 다른 길로 들어섬의 비유. 인신하여 두루 섭렵하기만 하고 전공하는 바가 없

어 끝내 성취하지 못함.

〔多多益善〕(다다익선) 많으면 많을수록 좋음.

〔多讀〕(다독) 책이나 글을 많이 읽음.

〔多忙〕(다망) 매우 바쁨. 바쁜 일이 많음.

〔多發〕(다발) 많이 발생함.

〔多事多難〕(다사다난) 여러 가지로 일이 많고 어려움도 많음.

〔多士濟濟〕(다사제제) 재능이 뛰어난 인재가 많음.

〔多少〕(다소) ①많음과 적음. ②조금. 또는 어느 정도. ㊕── 의 차이. ㊕── 可決.

〔多數〕(다수) 많은 수효. 또는 수효가 많음.

〔多樣〕(다양) 형태·빛깔 등이 갖가지로 많음.

〔多才多能〕(다재다능) 재주와 능력이 많음.

〔多情〕(다정) ①정이 많음. ㊕── 多恨. ②매우 정다움. ㊕── 한 사이.

〔多情多感〕(다정다감) 감정과 정서가 매우 섬세하고 풍부함.

▷過多(과다)·煩多(번다)·數多(수다)·許多(허다)

3 ⑥ 〔夙〕* 숙 入屋 sù, シュク
0992

소전 행서 이름 일찍 숙 자원 회의. 凡〔丮의 변형〕＋夕→夙. 丮은 거머쥐다. 아침이 되기 전인 저녁부터 날이 밝으면 해야 할 일을 챙긴다는 데서 '일찍'이란 뜻을 나타낸다.

새김 ❶일찍. 일찍이. ¶夙成(─, 이루어질 성) 나이에 비해 일찍이 철이 듦. ❷이른 아침. ¶夙夜(─, 밤 야)이른 아침부터 늦은 밤까지.

〔夙昔〕(숙석) 좀 오래 전 옛날.

〔夙願〕(숙원) 오래 전부터 가지고 있는 소원.

〔夙志〕(숙지) 오래 전부터 마음 먹은 뜻.

〔夙興夜寐〕(숙흥야매) 아침 일찍 일어나고 밤에 늦게 잠. 근면함의 형용.

5 ⑧ 〔夜〕*** 야: 平禡 yè, ヤ
0993

소전 행서 이름 밤 야: 자원 형성. 亦〔亦의 변형〕＋夕→夜. 亦(역)의 변음이 성부.

필순 丶 亠 广 疒 疒 夜 夜 夜

새김 밤. 해가 진 뒤부터 다음 날 해가 뜰 때까지의 동안. 晝(2151)의 대. ¶晝夜(낮 주, ─) 낮과 밤. ㊕── 兼行

〔夜景〕(야경) 밤의 경치. 야색(夜色).

〔夜警〕(야경) 밤에 경비함. 또는 그 경비.

〔夜光〕(야광) ①밤이나 어두운 곳에서 내는 빛. ②달의 딴이름.

〔夜勤〕(야근) 밤에 근무함. 또는 밤에 하는 근무.

〔夜來〕(야래) ①밤이 됨. ②밤 사이.

〔夜襲〕(야습) 밤에 어두움을 틈타 습격함.

〔夜深〕(야심) 밤이 깊음. 또는 깊은 밤.

〔夜營〕(야영) 군대가 밤에 진을 치고 머무름.

〔夜陰〕(야음) 밤의 어둠. 또는 캄캄한 밤중.

〔夜學〕(야학) 밤에 배우는 공부.

〔夜話〕(야화) 밤에 모여서 하는 이야기.

▷深夜(심야)·暗夜(암야)·月夜(월야)·日夜(일야)·昨夜(작야)·長夜(장야)·前夜(전야)·除夜(제야)·徹夜(철야)·初夜(초야)

11 ⑭ 〔夢〕** 몽: 去送 mèng, ム
0994

소전 행서 이름 꿈 몽: 자원 형성. 𦫳〔瞢의 생략체〕＋夕→夢. 瞢(몽)이 성부.

필순 ⺀ 艹 艹 芇 苗 苗 苗 𦫳 夢 夢

새김 꿈. 또는 꿈을 꾸다. ¶吉夢(길할 길, ─)길한 꿈.

〔夢寐〕(몽매) 잠을 자며 꿈을 꿈.

〔夢想〕(몽상) 실현성이 없는 헛된 생각.

〔夢遊病〕(몽유병) 자다가 갑자기 일어나서 정신 없이 말과 동작을 하다가 다시 자는 병적인 증세.

〔夢精〕(몽정) 성적(性的)인 자극을 받는 꿈을 꾸면서 사정(射精)하는 일.

〔夢幻〕(몽환) ①꿈과 환상(幻像). ②꿈 속의 환상적인 경지. 덧없고 허망함의 비유.

▷惡夢(악몽)·同床異夢(동상이몽)·春夢(춘몽)·胎夢(태몽)·邯鄲夢(한단몽)·解夢(해몽)·胡蝶夢(호접몽)·凶夢(흉몽)

3 획 부수 大 部

▷명칭:큰대

▷쓰임:사람이 서 있는 모양이나 크다는 뜻과 관계 있는 한자의 부수로 쓰이기도 하고, 때로는 자형상의 분류를 위한 부수로도 쓰였다.

0 ③ 〔大〕*** ㊀대: 去泰 dà, タイ·ダイ ㊁태 本태: 去泰 tài, タイ
0995

소전 행서 이름 ㊀큰 대: ※ 大邱(대구)·大田(대전)과 같이 일부 지명(地名)에서는 단음화(短音化)되었다. ㊁클 태 자원 상형. 두 팔과 두 다리를 벌리고 서 있는 사람의 모양.

필순 一 ナ 大

새김 ㊀❶크다. 小(1247)의 대. ¶大小(—, 작을 소) 큼과 작음. ❷중하다. 중요하다. ¶大事(—, 일 사)중요한 일. ❸훌륭하다. 뛰어나다. ¶偉大(클 위, —)대단히 거룩하고 훌륭함. ㊞—한 人物. ❹자랑하다. ¶自大(스스로 자, —)스스로 자랑함. ㊞自尊—. ❺많다. ¶大衆(—, 무리 중)많은 사람의 무리. ❻대체. 큰 줄거리. ¶大意(—, 뜻 의)글이나 말의 대체의 뜻. ㊁크다. 또는 크게. 太(1000)와 통용. ㊞大學(태학)←太學(태학).

〔大家〕(대가) 어떤 분야에서의 권위자. ㊞書道의—.

〔大概〕(대개) ①대강. ②거의 다. ③대체로.

〔大觀〕(대관) ①크게 널리 관찰함. 또는 그런 관찰. ②웅장한 경관. 「력.

〔大權〕(대권) 국가를 다스리는 최고 통치 권

〔大器晩成〕(대기만성) 큰 그릇은 오랜 시간이 걸려야 완성됨. 큰 인물은 늦게 성공함의

〔大膽〕(대담) 용감하고 담력이 셈. ⌊비유.

〔大德〕(대덕) ①넓고 큰 덕. ②(佛) 높은 덕을 닦은 뛰어난 중.

〔大同小異〕(대동소이) 거의 같고 조금 다름. 서로 비슷비슷함. 「적으로.

〔大略〕(대략) ①큰 계략. ②대체로. 또는 개략

〔大陸〕(대륙) 큰 육지. ㊞아프리카 —.

〔大望〕(대망) 큰 희망. 큰 소망. 「卿—.

〔大夫〕(대부) 옛날의 벼슬 품계의 이름. ㊞公

〔大書特筆〕(대서특필) 어떤 기사를 특별히 드러내 보이기 위하여 큰 글자로 씀.

〔大成〕(대성) 크게 성취함. 크게 이루어짐.

〔大勢〕(대세) 어떤 현상의 결정적인 형세.

〔大悟〕(대오) 번뇌에서 벗어나 진리를 크게 깨달음. ㊞—覺醒.

〔大義名分〕(대의명분) 사람이 마땅히 지켜야 할 큰 의리와 본분.

〔大任〕(대임) 중대한 임무. 「비.

〔大慈大悲〕(대자대비) (佛)끝없이 넓고 큰 자

〔大丈夫〕(대장부) 장하고 씩씩한 사나이.

〔大低〕(대저) 대체로 보아서.

〔大破〕(대파) 크게 깨뜨리거나 부숨.

〔大廈〕(대하) 덩실하게 큰 집. ㊞—高樓.

〔大海〕(대해) 큰 바다.

▷強大(강대)·巨大(거대)·寬大(관대)·莫大(막대)·尨大(방대)·肥大(비대)·事大(사대)·甚大(심대)·遠大(원대)·重大(중대)·最大(최대)·擴大(확대)

1 ④ 〔夫〕*** 0996 부 平虞 | fū, フ·フウ

소전 행서 이름 지아비 부 자원 상형. 두 팔 두 다리를 벌리고 있는 사람〔大〕의 머리에 동곳〔一〕을 꽂고 있는 모양. 곧 남자가 정장을 한 모양.

필순 一 二 夫 夫

새김 ❶지아비. 남편. 妻(1065)·婦(1096)의 대. ¶夫婦(—, 지어미 부)남편과 아내. ❷사나이. 성년이 된 남자. ¶農夫(농사 농, —)농사를 짓는 사나이. ❸대저. 발어사. ❹이. 그. 지시대명사. ❺~구나. ~도다. 감탄의 뜻을 나타내는 종결사.

〔夫君〕(부군) 남편을 높혀 이르는 말.

〔夫婦有別〕(부부유별) 오륜(五倫)의 하나. 부부간에는 인륜상 일정한 직분이 있어 서로 침범하지 못할 구별이 있음. 「칭.

〔夫人〕(부인) 결혼한 부녀(婦女)에 대한 존

〔夫子〕(부자) 남편·스승·현자(賢者)·장자(長者) 등에 대한 존칭. 「따름.

〔夫唱婦隨〕(부창부수) 남편의 주장에 아내가

▷工夫(공부)·狂夫(광부)·大夫(대부)·凡夫(범부)·漁夫(어부)·人夫(인부)·丈夫(장부)·情夫(정부)·匹夫(필부)·火夫(화부)

1 ④ 〔夭〕* 0997 ㊀요: 上篠 | yāo, ヨウ ㊁요 平蕭 | yāo, ヨウ

소전 행서 이름 ㊀일찍죽을 요: ㊁어여쁠 요 자원 상형. 무당이 머리를 약간 숙이고 몸을 꼬며 춤추는 모양. 그래서 '어여쁘다'의 뜻을 나타낸다.

새김 ㊀일찍 죽다. 젊어서 죽다. ¶夭死(—, 죽을 사) 나이가 젊었을 때 죽음. ㊁어여쁘다. 아름답다. ¶夭夭(—, —)나이가 젊고 아름다움.

〔夭壽〕(요수) 요절과 장수. 단명과 장수.

〔夭折〕(요절) 나이가 젊어서 죽음.

▷桃夭(도요)·壽夭(수요)

1 ④ 〔天〕*** 0998 천 平先 | tiān, テン

소전 행서 이름 하늘 천 자원 회의. 一+大→天. 서 있는 사람〔大〕의 머리 위에 一을 더하여, 사람의 머리 위를 덮고 있는 하늘을 뜻한다.

필순 一 二 チ 天

새김 ❶하늘. 地(0835)의 대. ¶天地(—, 땅 지) 하늘과 땅. ❷조물주. 하느님. ¶天罰(—, 벌 벌)하느님이 내리는 벌. ❸자연. 자연의 이치나 힘. ¶天災(—, 재난 재)자연의 현상으로 일어나는 재난. ❹자연의. 타고난. ¶天性(—, 성질 성)선천적으로 타고난 성질. ❺임금. ¶天顔(—, 얼굴 안)임금의 얼굴.

〔天干〕(천간) 십간(十干). 十(0564)을 보라.

〔天高馬肥〕(천고마비) 하늘은 높고 말은 살찐다는 뜻으로, 하늘이 맑고 오곡백과가 결실하는 가을철을 이르는 말.

〔天國〕(천국) 천당(天堂).
〔天堂〕(천당) ①하늘 나라에 있다는 이상적인 세계. ⓢ天國(천국). ②저승.
〔天倫〕(천륜) ①부자·형제 사이에 마땅히 지켜야 할 도리. ②부모 자식 사이에 천연으로 정해져 있는 혈연적·사회적 관계.
〔天理〕(천리) 자연의 이치.
〔天命〕(천명) ①타고난 목숨. ②타고난 운명. ③하늘의 명령. ⓔ— 을 거역하다.
〔天文〕(천문) 여러 천체가 우주에 분포하고 운행하는 온갖 현상. 「질.
〔天賦〕(천부) 선천적으로 타고남. ⓔ— 의 자
〔天使〕(천사) ①신의 사자로서 지상에 보낸 사람. ②천자의 사신. ③친절하고 알뜰하게 돌봐주는 사람의 비유. ⓔ白衣의 —.
〔天壽〕(천수) 하늘에서 주어진 명의 길이. ⓔ— 를 다하다. 「하늘의 한복판.
〔天心〕(천심) ①하늘의 뜻. ②임금의 마음. ③
〔天涯〕(천애) ①하늘의 끝. 인신하여, 아득히 멀리 떨어져 있는 곳의 비유. ⓔ— 異域. ②이 세상에 살아 있는 부모나 혈육이 없음. ⓔ— 의 孤兒.
〔天壤之差〕(천양지차) 하늘과 땅의 차이. 인신하여, 매우 큰 차이. 「로 그러함.
〔天然〕(천연) ①자연 그대로의 상태. ②저절
〔天佑神助〕(천우신조) 하늘과 신의 도움.
〔天運〕(천운) 하늘이 정한 운수.
〔天衣無縫〕(천의무봉) 천인(天人)의 옷에는 바느질 자국이 없는 것처럼, 시(詩)·문장이 꾸민 티 없이 완전무결하게 아름다움의 비유.
〔天子〕(천자) 천명을 받들어 천하를 다스리는 사람. 후대의 황제.
〔天長地久〕(천장지구) 하늘과 땅은 영구히 존재함. 인신하여, 오랜 시간의 형용.
〔天才〕(천재) 남달리 뛰어난 재주. 또는 그런 재주를 가진 사람. 「는 재해.
〔天災地變〕(천재지변) 하늘과 땅에서 일어나
〔天敵〕(천적) 어떤 동물에 있어 그 생존을 위협하는 특정의 동물.
〔天職〕(천직) ①놓여진 환경이나 여건 아래에서 마땅히 해야 할 임무. ②자기의 타고난 재능에 맞는 일.
〔天眞爛漫〕(천진난만) 조금도 꾸밈이 없이 순진하고 자연스러움.
〔天體〕(천체) 우주 공간에 떠 있는 해·달·별 등의 모든 물체. 「질.
〔天稟〕(천품) 선천적으로 타고난 재능이나 성
〔天下〕(천하) ①온 세상. ⓔ— 가 다 아는 사실. ②세상에 다시 없는. 세상에 드문. ⓔ— 名唱.
▷九天(구천)·樂天(낙천)·冬天(동천)·上天(상천)·先天(선천)·昇天(승천)·仰天(앙천)·雨天(우천)·中天(중천)·靑天(청천)·晴天(청천)·皇天(황천)·曉天(효천)·後天(후천)

1 ④ 〔夬〕* 0999 쾌: 去卦 | guài, カイ

소전 행서 이름 결단할 쾌: 자원 상형. 활시위를 당길 때 엄지손가락에 끼는 깍지를 끼고 있는 사람의 모양. 새김은 가차.
새김 결단하다. 또는 과단성이 있다.

1 ④ 〔太〕*** 1000 태 ㊍태: 去泰 | tài, タイ

행서 太 통용 大泰 이름 클 태 자원 형성. 大+丶→太. 大에는 '대' 외에 '태' 음도 있어, 大(태)가 성부.

필순 一 ナ 大 太

새김 ❶크다. 매우 크다. ¶太陽(—, 볕 양) 해. ❷매우. 심히. ¶太甚(—, 심할 심)매우 심함. ❸처음. 시초. ¶太初(—, 처음 초)하늘과 땅이 열리기 시작한 처음. ❹높임말. 신분이 가장 높은 분에게 붙이는 존칭. ¶太子(—, 아들 자)왕의 자리를 이을 왕자. ❺國팥. 또는 콩. 豆太(콩 두, —)콩과 팥.
〔太古〕(태고) 아주 오랜 옛날. 상고(上古).
〔太極〕(태극) 우주 만물의 근원. 천지가 음양(陰陽)으로 갈리기 이전의 혼돈한 상태.
〔太廟〕(태묘) 천자의 조상을 모신 사당.
〔太半〕(태반) 절반 이상. 반수가 넘음.
〔太宗雨〕(태종우) 음력 5월 10일에 오는 비.
〔太平〕(태평) 아무 근심 걱정 없이 평안함.
〔太平聖代〕(태평성대) 임금이 나라를 잘 다스려 태평한 세상이나 시대.

2 ⑤ 〔头〕 1001 두 頭(6009)의 간화자

2 ⑤ 〔失〕*** 1002 실 入質 | shī, シツ

소전 행서 失 이름 잃을 실 자원 형성. 𠂒〔手의 변형〕+乀〔乙의 변형〕→失. 乙(을)의 변음이 성부.

필순 ノ 𠂉 𠂒 𠂒 失

새김 ❶잃다. ㉠상실하다. ¶失明(—, 시력 명) 시력을 잃음. 곧 눈으로 사물을 보지 못함. ㉡놓치다. ¶失機(—, 기회 기)기회를 놓침. ❷잊다. ¶忘失(잊을 망, —)잊어버림. ❸잘못하다. ¶失敗(—, 패할 패)잘못하여 이루려던 일이 헛일이 됨. ❹허물. 잘못. ¶過失(허물 과, —)잘못이나 허물. 「위를 잃음.
〔失脚〕(실각) ①발을 헛디딤. ②실패하여 지

〔失格〕(실격) 자격을 잃음.
〔失禮〕(실례) 언행이 예의에 벗어남.
〔失望〕(실망) 일이 바라는 바대로 되지 않아 낙심함.
〔失笑〕(실소) 저도 모르는 사이에 웃음을 터뜨림.
〔失言〕(실언) 말을 이치에 맞지 않게 함. 또는 그 말.
〔失業〕(실업) 직업을 잃음.
〔失戀〕(실연←실련) 연애에 실패함.
〔失政〕(실정) 정치를 잘못함. 또는 그 정치.
〔失踪〕(실종) 종적을 잃어서 소재나 생사를 모르게 됨. [예]—者.
〔失墜〕(실추) 신용이나 권위 등을 잃어버림.
▷得失(득실)·滅失(멸실)·紛失(분실)·消失(소실)·燒失(소실)·損失(손실)·遺失(유실)

2 ⑤ 〔央〕** 앙 [平]陽 | yāng, オウ
1003

[소전] 央 [행서] 央 [이름] 가운데 앙 [자원] 상형. 사람〔大〕의 목에 큰칼〔冂〕을 씌운 모양. 새김은 가차.

[필순] 丶 冂 口 央 央

[새김] 가운데. 한가운데. ¶中央(가운데 중, —) 중심이 되는 곳. [예]—政府.

3 ⑥ 〔夸〕 과: 誇(4912)과 간회자
1004

3 ⑥ 〔夷〕** 이 [平]支 | yí, イ
1005

[소전] 夷 [행서] 夷 [이름] 오랑캐 이 [자원] 회의. 大+弓→夷. 활〔弓〕을 가지고 있는 사람〔大〕. 중국에 활을 공물로 바치던, 동쪽에 살았던 이민족이란 뜻.

[필순] 一 ㄷ ㅋ 弓 夷 夷

[새김] 오랑캐. 중국의 동쪽에 살았던 이민족. 인신하여, 미개한 이민족. ¶東夷(동녘 동, —)중국의 동쪽에 살았던 이민족.
〔夷狄〕(이적) 중국인이 다른 민족을 얕잡아 일컫는 말.

3 ⑥ 〔夺〕 탈 奪(1030)의 간화자
1006

4 ⑦ 〔会〕* 운: [上]吻 | yǔn, グン
1007

[소전] 会 [행서] 会 [이름] 클 운: [자원] 형성. 大+云→会. 雲(운)·耘(운)·芸(운)과 같이 云(운)이 성부.
[새김] 크다. 또는 높다.

4 ⑦ 〔夾〕* 협 [本]겹 [入]洽 | jiā, キョウ
1008

[소전] 夾 [행서] 夾 [간화] 夹 [이름] 낄 협 [자원] 회의. 大+人+人→夾. 두 팔 두 다리를 벌리고 서 있는 사람〔大〕이 양쪽 겨드랑이에 사람을 끼고 있는 모양.
[새김] 끼다. 양쪽에서 끼다. ¶夾擊(—, 칠 격)적을 양쪽으로 끼고 침.
〔夾攻〕(협공) 양쪽에서 동시에 공격함.
〔夾侍〕(협시) 좌우에서 모심. 또는 그 사람.
〔夾室〕(협실) 곁방. 정실의 양쪽에 있는 방.

5 ⑧ 〔奇〕** 기 [平]支 | qí·jī, キ
1009

[소전] 奇 [행서] 奇 [이름] 기이할 기 [자원] 형성. 大+可→奇. 可(가)의 변음이 성부.

[필순] 一 ナ 大 𡗗 夳 奇 奇 奇

[새김] ❶기이하다. 남다르다. ¶奇人(—, 사람 인)성질이나 행동이 기이한 사람. ❷뛰어나다. 빼어나다. ¶奇才(—, 재주 재)세상에 드물 만큼 뛰어난 재주. 또는 그런 재주를 가진 사람. ❸괴상하다. 이상야릇하다. ¶奇怪(—, 괴이할 괴)이상야릇함. ❹뜻밖의. 불의의. ¶奇襲(—, 습격할 습)적의 틈을 노려 불의에 습격함. 또는 그 습격. ❺홀수. 偶(0280)의 대. ¶奇數(—, 정수 수)2로 나누어지지 않는 정수.
〔奇觀〕(기관) 보기에 썩 드물고 기이한 광경.
〔奇妙〕(기묘) 기이하고 묘함. [예]—한 방법.
〔奇薄〕(기박) 삶이 기구하고 복이 없음.
〔奇拔〕(기발) 유달리 재치 있고 뛰어남.
〔奇想天外〕(기상천외) 착안이나 생각이 보통 사람으로서는 상상할 수 없으리 만큼 기발함.
〔奇巖怪石〕(기암괴석) 기이하고 괴상하게 생긴 바위와 돌.
〔奇異〕(기이) 기묘하고 이상함.
〔奇蹟〕(기적) 사람의 생각과 힘으로는 미치지 못할 신기한 일.
▷怪奇(괴기)·神奇(신기)·獵奇(엽기)·珍奇(진기)·好奇心(호기심)

5 ⑧ 〔奈〕** [一]내: [去]泰 | nài, ダイ
[二]나[本]나: [去]箇 | nài, ナ
1010

[행서] 奈 [이름] [一]어찌 내: [二]나락 나 [자원] 형성. 大〔木의 변형〕+示→奈. 示(시)의 변음이 성부.

[필순] 一 ナ 大 太 夲 夲 奈 奈

[새김] [一]어찌. 어떻게. 또는 어찌하랴? 柰(2303)와 같다. ¶奈何(—, 어찌 하)어찌하랴?

또는 어떠한가? 三(佛)나락. 범어 Naraka의 Na의 음역자. ¶奈落(나락)Naraka의 음역. 지옥.

5 ⑧ 〔奉〕*** 1011 봉: 上腫 | fèng, ホウ

소전 행서 이름 받들 봉: 자원 형성. 夫〔丰의 변형〕+ 手〔收=𠬞의 변형〕→ 奉. 丰(봉)이 성부.

필순 一 二 三 声 夫 夫 叁 奉

새김 ❶받들다. ㉠높이어 모시다. ¶奉親(—, 어버이 친) 어버이를 받들어 모심. ㉡가르침이나 명령을 받다. ¶奉命(—, 명령 명)임금의 명령을 받듦. 예—使臣. ㉢받아들다. ¶奉呈(—, 바칠 정)받들어 바침. 예信任狀—. ❷이바지하다. 힘쓰다. ¶奉仕(—, 섬길 사)사회나 남을 위하여 이바지함. 예—活動.

〔奉公〕(봉공) 공사(公事)를 중시하고 사사로운 정(情)을 따르지 않음.
〔奉祀〕(봉사) 제사를 받듦. 봉제사(奉祭祀).
〔奉送〕(봉송) ①웃어른을 전송함. ②소중한 것을 받들어 보냄.
〔奉安〕(봉안) 신주나 화상 등을 받들어 일정한 곳에 안치함.
〔奉養〕(봉양) 받들어 모시고 부양함.
〔奉職〕(봉직) 공직에 종사함.
〔奉天〕(봉천) 하늘의 명을 받듦.
〔奉祝〕(봉축) 공경하는 마음으로 축하함.
〔奉行〕(봉행) 시키는 대로 받들어 행함.
▷信奉(신봉)·遵奉(준봉)

5 ⑧ 〔奔〕** 1012 분 平元 | bēn, ホン

소전 행서 본자 奔 이름 달아날 분 자원 회의. 大〔夭의 변형〕+ 卉〔歮의 변형〕→奔→奔. 大는 달리는 모양, 止는 발자국 모양. 여기저기 발자국을 남기고 달리는 모양. 그래서 '달아나다'의 뜻을 나타낸다.

필순 一 ナ 大 太 本 夲 奔 奔

새김 ❶달아나다. ¶出奔(나갈 출, —)달아남. 도망침. ❷달리다. ¶狂奔(미칠 광, —)미친듯이 돌아다님. ❸제멋대로 굴다. ¶奔放(—, 멋대로굴 방)제멋대로 굴며 거리낌이 없음.

〔奔騰〕(분등) 물건 값이 갑자기 치솟음.
〔奔流〕(분류) 힘차게 빨리 흐름. 또는 그 물줄기.
〔奔忙〕(분망) 매우 바쁨.
〔奔喪〕(분상) 타향에서 부모의 부고를 받고 급히 집으로 돌아감.
〔奔走〕(분주) ①몹시 바쁨. ②바삐 돌아다님.
▷淫奔(음분)

5 ⑧ 〔奋〕 1013 분: 奮(1033)의 간화자

5 ⑧ 〔奄〕* 1014 一 엄: 上琰 | yǎn, エン 二 엄 平鹽 | yān, エン

소전 행서 이름 一문득 엄: 二숨끊어질듯할 엄 자원 회의. 大+电〔申의 변형〕→奄. 펴서 자란 것을 위에서 크게 덮어 씌운 모양. 새김은 가차.

새김 一문득. 갑자기. ¶奄忽(—, 갑자기 홀)갑자기. 또는 갑작스러움. 二숨이 끊어질 듯하다. ¶奄奄(—, —)숨이 끊어질 듯한 모양.

6 ⑨ 〔契〕** 1015 一 계: 去霽 | qì, ケイ 二 글 入物 | qì, キツ 三 결 入屑 | qiè, ケツ 四 설 入屑 | xiè, セツ

소전 행서 이름 一약속할 계: 二거란 글 三오래헤어져있을 결 四사람이름 설 자원 형성. 㓞+大→契. 㓞(계)가 성부.

필순 一 二 三 丰 㓞 㓞 㓞 㓞 契

새김 一❶약속하다. 또는 약속. ¶契約(—, 약속 약)쌍방이 지켜야 할 의무에 관한 약속. 예—書. ❷고동. 동기. ¶契機(—, 기회 기)어떤 일을 시작하는 동기나 기회. ❸國계. 친목을 위한 모임. ¶親睦契(친할 친, 화목할 목, —)친목을 도모하기 위한 계. 二거란. 글단(契丹)의 변음. 10세기 초에 요(遼)나라를 세운 부족 이름. 三오래 헤어져 있다. ¶契闊(—, 오래만나지못할 활)소식이 막히어 오랜동안 만나지 못함. 四사람 이름. 우(禹)임금을 도와 치수(治水)에 공을 세워, 상(商)나라의 시조가 된 사람.

〔契印〕(계인) 國관련된 두 문서에 걸쳐 찍는, '契' 자를 새긴 도장.
〔契酒生面〕(계주생면) 國곗술로 생색을 낸다는 뜻으로, 여러 사람의 것으로 자기가 생색을 냄을 이르는 말.
▷官契(관계)·金蘭之契(금란지계)·默契(묵계)·書契(서계)

6 ⑨ 〔奎〕* 1016 규 平齊 | kuí, ケイ

소전 행서 이름 별 규 자원 형성. 大+圭→奎. 珪(규)·閨(규)와 같이 圭(규)가 성부.

새김 별자리 이름. 이십팔수의 하나.

〔奎章閣〕(규장각) 國역대 임금의 글·글씨·고명(顧命)·유교(遺敎)·선보(璿譜) 등을 보관하던 관아. 조선 정조(正祖) 원년에 설치함.

6 ⑨ 〔奔〕 1017 분 奔(1012)의 본자

6 ⑨ 〔奖〕* 장: 奬(1029)의 간화자
1018

6 ⑨ 〔奏〕** 주: 去宥 | zòu, ソウ
1019

소전 행서 이름 아뢸 주: 자원 회의. 夲〔屮+𦥑의 변형〕+夭〔夲의 변형〕→奏. 夲는 물건을 두 손으로 받들고 있는 모양, 夭는 앞으로 나아가는 모양. 그래서 사물을 두 손으로 받들고 나아가 드린다는 뜻을 나타낸다.

필순 一 二 三 夫 夫 夫 叁 奏 奏

새김 ❶아뢰다. 임금에게 여쭈다. ¶奏請(—, 청할 청)임금께 아뢰어 허락해 주기를 청함. ❷연주하다. ¶奏₂樂₁(—, 음악 악)음악을 연주함. ❸이루다. 공을 세우다. ¶奏₂功₁(—, 공 공)공을 이룸.
〔奏達〕(주달) 國임금에게 아룀.
〔奏上〕(주상) 임금에게 글을 올려 아룀.
〔奏章〕(주장) 임금에게 아뢰는 글.
〔奏薦〕(주천) 조정에 관원을 천거함.
〔奏效〕(주효) ①공적을 아룀. ②성과를 거둠.
▷獨奏(독주)·伴奏(반주)·上奏(상주)·演奏(연주)·章奏(장주)·吹奏(취주)·彈奏(탄주)·合奏(합주)

6 ⑨ 〔奕〕* 혁 本역 入陌 | yì, エキ
1020

소전 행서 이름 바둑 혁 자원 형성. 亦+大→奕. 亦(역)의 변음이 성부.
새김 ❶바둑. 또는 노름. ¶博奕(장기 박, —)장기와 바둑. ❷크다. 크고 아름답다. ¶奕奕(—, —)크고 아름다움. ❸겹치다. 또는 거듭하다. ¶奕₂世₁(—, 대 세)대를 거듭함. 또는 여러 대.
〔奕棋〕(혁기) 바둑.

6 ⑨ 〔奐〕* 환: 去翰 | huàn, カン
1021

소전 행서 이름 빛날 환: 자원 형성. 𠂊〔敻의 생략체〕+大〔廾의 변형〕→奐. 敻(현)의 변음이 성부.
새김 빛나다. 광채가 선명하다.

7 ⑩ 〔奘〕* 장: 上養 | zàng, ソウ
1022

행서 이름 클 장: 자원 형성. 壯+大→奘. 莊(장)·裝(장)과 같이 壯(장)이 성부.
새김 크다. 크고 당당하다.

7 ⑩ 〔套〕* 투 本토: 去號 | tào, トウ
1023

행서 이름 덮개 투 자원 회의. 大+镸〔長의 이체〕→套. 길게 늘어뜨린 머리털을 그 위에 덮어 씌운〔大〕 모양. 그래서 '덮개'의 뜻을 나타낸다.
새김 ❶덮개. 씌우개. ¶外套(밖 외, —)양복 위에 덧입는 옷의 한 가지. ❷투. 오래 전부터 굳어진 격식이나 말씨. ¶語套(말씀 어, —)말투. 예건방진 —.
〔套袖〕(투수) 토시. 겨울에 손목에 끼는 것.
▷舊套(구투)·封套(봉투)·常套(상투)·俗套(속투)

7 ⑩ 〔奚〕** 해 本혜 平齊 | xī, ケイ
1024

소전 행서 이름 어찌 해 자원 형성. 𡯁〔繇의 변형〕+大→奚. 繇(혜)의 변음이 성부.

필순 ノ ノ ノ ノ 夕 夕 夕 至 奚 奚

새김 ❶어찌. 왜. 또는 무슨. 어떤. 의문이나 반어를 나타내는 말. 〔論語〕子奚不₃爲₂政₁(자해불위정) 그대는 어찌 정치를 하지 아니하는가? ❷종. 하인. ¶奚奴(—, 종 노)종. 하인.
〔奚琴〕(해금) 두 줄로 이루어진, 현악기의 일종.
⑪〔爽〕상 爻부 7획(3136)

9 ⑫ 〔奢〕* 사 平麻 | shē, シャ
1025

소전 행서 이름 사치할 사 자원 형성. 大+者→奢. 者(자)의 변음이 성부.
새김 사치하다. 낭비하다. 儉(0321)의 대. ¶奢侈(—, 사치할 치) 지나치게 의복·거처·음식 등을 치례함.
▷驕奢(교사)·豪奢(호사)·華奢(화사)

9 ⑫ 〔奠〕* 전: 去霰 | diàn, テン
1026

소전 행서 이름 제사지낼 전: 자원 회의. 酋+大→奠. 酋는 술, 大는 丌의 변형으로, 무엇을 받치는 대. 술을 대 위에 올려놓고 제사를 지낸다는 뜻을 나타낸다.
새김 ❶제사를 지내다. ¶釋奠(벌여놓을 석, —)제물을 차려놓고 제사를 지냄. ❷정하다. ¶奠₂都₁(—, 도읍 도)도읍을 정함.
〔奠居〕(전거) 자리잡고 살 만한 곳을 정함.
〔奠雁〕(전안) 혼인 예식에서, 신랑이 가지고 간 기러기를 상 위에 놓고 절하는 의식.
▷夕奠(석전)·祭奠(제전)

10 ⑬ 〔奧〕* 오: 去 號 | ào, オウ
1027

소전 행서 이름 깊을 오: 자원 형성. 宀+类〔𢍏의 변형〕→奧. 𢍏(권)의 변음이 성부.
새김 ❶깊다. 오묘하다. ¶奧義(—, 뜻 의)학문이나 기예의 깊은 뜻. ❷아랫목. 방 안의 서남쪽 구석으로, 제사 때 신주를 모시는 곳.
〔奧妙〕(오묘) 심오하고 미묘함.
〔奧密稠密〕(오밀조밀) ①솜씨나 재간이 매우 정교하고 세밀함. ②마음씨가 매우 자상스럽고 꼼꼼함.
▷深奧(심오)·蘊奧(온오)·玄奧(현오)

10 ⑬ 〔奨〕 장: 奬(1029)의 약자
1028

11 ⑭ 〔奬〕** 장: 上 養 | jiǎng, ショウ
1029

소전 행서 약자 奨 간화 奖 이름 권면할 장: 자원 형성. 將+大〔犬의 변형〕→奬. 漿(장)·醬(장)과 같이 將(장)이 성부.

필순 (필순 그림)

새김 권면하다. 장려하다. ¶奬學(—, 배울 학)공부나 학문을 장려함. 예 —金.
〔奬勵〕(장려) 권하여 힘쓰도록 함.
▷勸奬(권장)

11 ⑭ 〔奪〕** 탈 入 曷 | duó, ダツ
1030

소전 행서 간화 夺 이름 빼앗을 탈 자원 회의. 奞+寸〔손, 곧 又의 변형〕→奪. 奞는 새가 날려고 날개를 치는 일. 새가 날개를 치며 손에서 날아가 버렸다는 뜻.

필순 (필순 그림)

새김 빼앗다. 강제로 빼앗다. 與(4366)의 대. ¶奪取(—, 가질 취)빼앗아 가짐.
〔奪氣〕(탈기) ①놀라거나 겁에 질려 기운이 빠짐. ②몹시 지쳐서 기운이 빠짐.
〔奪還〕(탈환) 도로 빼앗아 찾음.
▷強奪(강탈)·劫奪(겁탈)·剝奪(박탈)·削奪(삭탈)·掠奪(약탈)·爭奪(쟁탈)·侵奪(침탈)

12 ⑮ 〔奭〕* 석 入 陌 | shì, セキ
1031

소전 행서 이름 양백 석. ※새김과는 상관없이 百이 두 자 있기에 붙여진 이름. 자원 형성. 大+皕→奭. 皕(벽)의 변음이 성부.
새김 성(盛)하다.

12 ⑮ 〔奫〕* 윤 平 眞 | yūn, イン
1032

행서 이름 깊고넓을 윤 자원 형성. 大+淵→奫. 淵(연)의 변음이 성부.
새김 물이 깊고 넓다. 또는 그 모양.

13 ⑯ 〔奮〕** 분: 去 問 | fèn, フン
1033

소전 행서 간화 奋 이름 떨칠 분: 자원 회의. 奞+田→奮. 奞는 새가 날려고 날개를 치는 일. 새가 날개를 치며 밭 위로 날아오르려고 한다는 뜻.

필순 (필순 그림)

새김 ❶떨치다. 분발하다. ¶奮戰(—, 싸울 전)떨쳐 일어나서 싸움. ❷격분하다. 憤(1736)과 통용. ¶奮怒(—, 성낼 노)몹시 성을 냄.
〔奮激〕(분격) 세차게 마음을 떨쳐 일으킴.
〔奮起〕(분기) 기운을 내어 일어남.
〔奮發〕(분발) 마음을 단단히 먹고 기운을 냄.
〔奮然〕(분연) 떨치고 일어나는 모양.
〔奮鬪〕(분투) 분전(奮戰).
▷激奮(격분)·發奮(발분)·興奮(흥분)

3 획 부수 女 部

▷명칭:계집녀. 계집녀변
▷쓰임:여인, 여성적인 자태·성격·행위, 또는 남녀 관계에 관한 한자의 부수로 쓰였으며, 如와 같이 성부로 쓰인 경우도 있다.

0 ③ 〔女〕*** 一 녀 本녀: 上 語 | nǚ, ジョ 二 여 本여: 上 語 | rǔ, ジョ
1034

소전 행서 이름 一계집 녀 二너 여 자원 상형. 무릎을 꿇고, 그 위에 두 손을 얹어 얌전하게 앉아 있는 여자의 모양.

필순 (필순 그림)

새김 一❶계집. 여자. 男(3396)의 대. ¶男女(사나이 남, —)남자와 여자. ❷딸. 또는 처녀. ¶長女(맏 장, —)맏딸. 二너. 너희들. 汝(2618)와 통용. 〔史記〕女焉能行之(여 언능행지) 너가 어찌 능히 이를 행하겠느냐?
〔女傑〕(여걸) 호걸스러운 여자.
〔女權〕(여권) 여자의 사회적인 권리.

〔女流〕(여류) 어떤 명사 앞에 쓰이어 그 방면에 능숙한 여성임을 나타내는 말.
〔女士〕(여사) 학문과 덕행이 높은 여자.
〔女史〕(여사) 결혼한 여자나 사회적으로 저명한 여자에 대한 경칭.
〔女色〕(여색) ①여자와의 성적 관계. ②여성의 아름다운 자태나 매력.
〔女性〕(여성) 여자.
〔女裝〕(여장) 남자가 여자의 복장을 함.
〔女丈夫〕(여장부) 남자같이 헌결차고 기개 있는 여자.
〔女婚〕(여혼) 딸자식의 혼인.
▷宮女(궁녀)·妓女(기녀)·美女(미녀)·婦女(부녀)·善男善女(선남선녀)·仙女(선녀)·少女(소녀)·淑女(숙녀)·侍女(시녀)·烈女(열녀)·織女(직녀)·處女(처녀)·海女(해녀)

2 ⑤ 〔奴〕** 노 平虞 | nú, ド
1035

소전 행서 이름 종 노 자원 회의. 女+又→奴. 又는 손. 여자를 손으로 붙잡는 모양. 붙잡아 자유를 빼앗은 여자, 곧 종을 뜻한다.

필순 ㄑ 女 女 奴 奴

새김 ❶종. 노예. 특히 남자종을 奴, 여자종을 婢(1097)라 한다. ¶奴婢(—, 계집종 비)남자종과 여자종. ❷놈. 상대방을 얕잡아 이르는 말. ¶賣₂國₁奴(팔 매, 나라 국, —)나라를 팔아먹은 놈.
〔奴僕〕(노복) 사내종.
〔奴隷〕(노예←노례) ①종. ②자유를 빼앗겨 남에게 부림을 당하고, 또 매매의 대상이 되었던 사람.
▷家奴(가노)·官奴(관노)·守錢奴(수전노)·匈奴(흉노)

3 ⑥ 〔奸〕* ㊀간 平寒 | gān, カン
㊁간 平刪 | jiān, カン
1036

소전 행서 이름 ㊀범할 간 ㊁간사할 간 자원 형성. 女+干→奸. 刊(간)·肝(간)·竿(간)과 같이 干(간)이 성부.
새김 ㊀범하다. 해서는 안 될 일을 하다. 〔左傳〕奸₂王之位₁(간왕지위) 왕의 자리를 범함. ㊁간사하다. 사특하다. 姦(1068)과 통용. ¶奸計(—, 꾀 계)간사한 꾀.
〔奸黨〕(간당) 간사한 무리.
〔奸邪〕(간사) 거짓으로 비위를 맞추며 알랑거리는 솜씨가 교활함.
〔奸詐〕(간사) 간교하게 남을 속이고 해침.
〔奸臣〕(간신) 간사한 신하. 예—賊子.
〔奸惡〕(간악) 간사하고 악독함.
〔奸雄〕(간웅) 간사한 지혜가 많은 영웅.
▷權奸(권간)·弄奸(농간)

3 ⑥ 〔妄〕** 망: 去漾 | wàng, モウ
1037

소전 행서 이름 망녕될 망: 자원 형성. 亡+女→妄. 忘(망)·忙(망)·芒(망)과 같이 亡(망)이 성부.

필순 丶 亠 亡 亡 妄 妄

새김 ❶망녕되다. 말이나 행동이 정상이 아니다. ¶妄言(—, 말씀 언)망녕된 말. ❷허망하다. 현실성이 없다. ¶妄想(—, 생각 상)현실성이 없는, 허망한 생각.
〔妄動〕(망동) 분별 없이 경솔하게 행동함.
〔妄靈〕(망녕←망령) 늙거나 정신이 흐려서 말과 행동이 정상을 벗어난 상태.
〔妄發〕(망발) ①망녕된 말을 함. ②國언행을 무심결에 잘못하여 자기나 조상을 욕되게 함. 또는 그런 말이나 행동.
▷狂妄(광망)·迷妄(미망)·妖妄(요망)·僞妄(위망)·虛妄(허망)

3 ⑥ 〔妇〕 부 婦(1096)의 간화자
1038

3 ⑥ 〔妃〕** 비 平微 | fēi, ヒ
1039

소전 행서 이름 비 비 자원 형성. 女+己→妃. 己(기)의 변음이 성부.

필순 ㄑ 女 女 女 妃 妃

새김 비. ㉠왕의 아내. ¶王妃(임금 왕, —)임금의 아내. ㉡황태자나 왕세자의 아내. ¶世子妃(맏 세, 아들 자, —)왕세자의 아내.
〔妃嬪〕(비빈) 비와 빈. 임금의 정실과 후궁.
▷元妃(원비)·正妃(정비)·后妃(후비)

3 ⑥ 〔如〕*** 여 平魚 | rú, ジョ
1040

소전 행서 이름 같을 여 자원 형성. 女+口→如. 女에는 '녀' 외에 '여' 음도 있어, 女(여)가 성부.

필순 ㄑ 女 女 如 如 如

새김 ❶같다. ~와 같다. ¶如₂意₁(—, 뜻 의)뜻과 같음. 마음먹고 바라던 바와 같음. ❷만일. 가령. 가정의 뜻을 나타낸다. 〔論語〕如用₂之₁(여용지) 만일 이를 쓴다면. ❸어찌. 또는 어찌하랴?

알아둘 지식

＊如何와 何如의 구별

如何(여하) : 어찌할까? 어찌하면 좋겠는가? 수단이나 방법에 대해 묻는 말.
何如(하여) : 어떠한가? 정도나 상태에 대해 묻는 말.

※ 국어에서는 如何를 何如와 같은 뜻으로 뒤섞어 쓰는 경우가 많다.

〔如來〕(여래) (佛)석가모니(釋迦牟尼)의 존칭.
〔如反掌〕(여반장) 손바닥을 뒤집는 것처럼 매우 쉬움.
〔如斯〕(여사) 이와 같음. 여차(如此).
〔如實〕(여실) 사실과 꼭 같음.
〔如切如磋〕(여절여차) 뼈나 뿔을 끊는 듯하고 가는 듯함. 학문을 갈고 닦음의 비유.
〔如此〕(여차) 이와 같음. 약차(若此).
〔如合符節〕(여합부절) 부절을 맞춘 듯이 사물이 딱딱 들어맞음.
〔如或〕(여혹) 만일. 혹시.
▷缺如(결여)·不如(불여)·自如(자여)

3 ⑥ 〔好〕*** ㊀ 호: 上 皓 hǎo, コウ ㊁ 호: 去 號 hào, コウ
1041

소전 행서 이름 ㊀좋을 호: ㊁좋아할 호: 자원 회의. 女+子→好. 여자가 자식을 안고 있는 모양. 그래서 '좋다·좋아하다' 등의 뜻을 나타낸다.

필순 ㄑ 女 女 好 好 好

새김 ㊀좋다. ㉠마음에 들다. ¶好感(—, 느낌 감)좋게 여기는 감정. ㉡사이가 좋다. ¶友好(벗삼을 우, —)벗삼아 사이좋게 지냄. 예—親善을 도모하다. ㉢훌륭하다. 아름답다. ¶好男兒(—, 사나이 남, 젊은이 아)풍채가 좋은 사나이. ㊁좋아하다. 즐기다. ¶愛好(사랑할 애, —)사랑하고 좋아함.
〔好機〕(호기) 좋은 기회.
〔好奇心〕(호기심) 새롭고 신기한 것에 끌리는 마음.
〔好事多魔〕(호사다마) 좋은 일에는 흔히 방해되는 일이 많이 생김.
〔好色〕(호색) ①여색을 좋아함. ②아름다운 용모.
〔好意〕(호의) 친절한 마음. 좋은 의사.
〔好衣好食〕(호의호식) 잘 입고 잘 먹음.
〔好轉〕(호전) ①형세가 좋은 방향으로 잘 되어 나아감. ②병세가 차차 나아짐.
〔好評〕(호평) 좋게 평가함. 또는 좋은 평판.
〔好況〕(호황) 상황이 좋음. 경기가 좋음.
▷嗜好(기호)·同好(동호)·修好(수호)·良好(양호)·親好(친호)

4 ⑦ 〔妗〕* 금: 去 沁 jìn, キン
1042

행서 이름 외숙모 금: 자원 형성. 女+今→妗. 吟(금)·衿(금)·芩(금)과 같이 今(금)이 성부.
새김 외숙모. 외삼촌의 아내.

4 ⑦ 〔妓〕* 기: 上 紙 jì, キ
1043

소전 행서 이름 기생 기: 자원 형성. 女+支→妓. 支에는 '지' 음 외에 '기' 음도 있어, 技(기)·岐(기)·伎(기)와 같이 支(기)가 성부.
새김 기생. 또는 갈보. ¶名妓(이름날 명, —)이름난 기생.
〔妓女〕(기녀) ①춤추고 노래하는 일을 업으로 하는 여자. ②國 의약(醫藥)·침구(鍼灸)·재봉(裁縫)·가무(歌舞) 등을 배워 익히던 여자종.
〔妓樓〕(기루) 창기를 두고 영업하는 집.
〔妓生〕(기생) 國 잔치나 술자리에서 노래·춤 따위로 흥을 돋구는 일을 업으로 하는 여자.
▷官妓(관기)·童妓(동기)·愛妓(애기)·義妓(의기)·娼妓(창기)·退妓(퇴기)

4 ⑦ 〔妙〕*** 묘: 去 嘯 miào, ミョウ
1044

소전 행서 이름 묘할 묘: 자원 형성. 女+少→妙. 訬(묘)와 같이 少(소)의 변음이 성부.

필순 ㄑ 女 女 女 如 如 妙

새김 ❶묘하다. 별스럽게 신기하다. ¶巧妙(공교할 교, —)공교하고 별스럽게 신기함. ❷젊다. ¶妙齡(—, 나이 령)젊은 나이. ❸아름답다. 훌륭하다. ¶妙境(—, 지경 경)풍경이 뛰어나게 아름다운 곳.
〔妙技〕(묘기) 뛰어나고 교묘한 재주.
〔妙計〕(묘계) 기묘한 계책. 묘책(妙策).
〔妙法〕(묘법) ①기묘한 방법. ②(佛)뜻이 심오한 법문. 특히 법화경(法華經)을 이름.
〔妙少年〕(묘소년) 예쁘게 잘 생긴 소년.
〔妙手〕(묘수) ①기술에 뛰어난 재치를 가진 사람. ② 바둑이나 장기에서, 썩 잘 둔 수.
〔妙術〕(묘술) 기묘한 방법이나 전술.
〔妙案〕(묘안) 뛰어나게 묘한 생각이나 방안.
〔妙藥〕(묘약) 효력이 신통한 약.
〔妙策〕(묘책) 기묘하거나 신통한 대책.
▷輕妙(경묘)·奇妙(기묘)·微妙(미묘)·神妙(신묘)·奧妙(오묘)·絶妙(절묘)·玄妙(현묘)

4 ⑦ 〔妨〕** 방 平陽 | fáng, ボウ
1045

행서 妨 이름 방해할 방 자원 형성. 女+方→妨. 放(방)·房(방)·防(방)·芳(방)과 같이 方(방)이 성부.

필순 ㇛ 女 女 女' 女ᅩ 妨 妨

새김 방해하다. 헤살을 놓다. ¶妨害(一, 해칠 해) 헤살을 놓아 해침.
〔妨工害事〕(방공해사) 남의 일에 훼방을 놓아서 해롭게 함.
▷無妨(무방)

4 ⑦ 〔妣〕 비: 上紙 | bǐ, ヒ
1046

행서 妣 이름 어미 비: 자원 형성. 女+比→妣. 批(비)·庇(비)·毘(비)와 같이 比(비)가 성부.
새김 어머니. 죽은 어머니. 考(4207)의 대. ¶妣位(一, 신위 위)죽은 어머니를 비롯해 그 윗대 할머니들의 신위.
▷考妣(고비)·先妣(선비)·祖妣(조비)

4 ⑦ 〔妍〕* 연 平先 | yán, ケン
1047

소전 妍 행서 妍 본자 姸 이름 예쁠 연 자원 형성. 女+开〔幵의 변형〕→妍→姸. 硏(연)과 같이 幵(연)이 성부.
새김 예쁘다. 아름답다. ¶妍醜(一, 못생길 추) 예쁨과 못생김.

4 ⑦ 〔妖〕* 요 平蕭 | yāo, ヨウ
1048

소전 妖 행서 妖 이름 요사할 요 자원 형성. 女+夭→妖. 夭(요)가 성부.
새김 ❶요사하다. 요망스럽고 간사하다. ¶妖精(一, 정기 정)요사스러운 정기. 또는 그 정기가 엉기어 이루어진 형체. ❷아리땁다. 요염하다. ¶妖婦(一, 부인 부)사나이를 유혹하는 요염한 여자.
〔妖怪〕(요괴) 요사스럽고 괴이함.
〔妖氣〕(요기) 상서롭지 못한 기운. 요사스러운 기운.
〔妖妄〕(요망) 요사스럽고 망녕됨.
〔妖邪〕(요사) 요망스럽고 간사함.
〔妖術〕(요술) 사람의 눈을 속여 현혹시키는 괴상한 술법.
〔妖艶〕(요염) 마음을 호릴 만큼 매우 아름다움.
〔妖態〕(요태) 요염한 태도.
▷奸妖(간요)

4 ⑦ 〔妊〕* 임: 去沁 | rèn, ニン
1049

소전 妊 행서 妊 동자 姙 이름 아이밸 임: 자원 형성. 女+壬→妊. 任(임)과 같이 壬(임)이 성부.
새김 아이를 배다. ¶妊娠(一, 아이밸 신)아이를 뱀. 예一婦.
〔妊婦〕(임부) 아이를 밴 부인. 잉부(孕婦).
▷不妊(불임)·避妊(피임)·懷妊(회임)

4 ⑦ 〔妥〕** 타: 上哿 | tuǒ, ダ
1050

소전 妥 행서 妥 이름 마땅할 타: 자원 회의. 爫〔手의 변형〕+女→妥. 여자의 머리 위에 손을 얹어, 여자의 마음을 편안하게 한다는 뜻.

필순 ⼀ ⺈ ⺈ 爫 妥 妥 妥

새김 마땅하다. 타당하다. ¶妥協(一, 화합할 협)서로 좋도록 양보하여 의견을 모음.
〔妥結〕(타결) 양쪽이 타협하여 원만한 합의를 봄.
〔妥當〕(타당) 사리에 맞아 마땅함.

4 ⑦ 〔妒〕 투 妬(1067)와 동자
1051

5 ⑧ 〔姑〕** 고 平虞 | gū, コ
1052

소전 姑 행서 姑 이름 시어머니 고 자원 형성. 女+古→姑. 固(고)·故(고)·枯(고)·苦(고)와 같이 古(고)가 성부.

필순 ㇛ 女 女 女一 女十 姑 姑 姑

새김 ❶시어머니. ¶姑婦(一, 며느리 부)시어머니와 며느리. ❷아주머니. ¶姑母(一, 어머니 모)아버지의 누이. ❸잠시. 일시적인. ¶姑息(一, 쉴 식)일시적인 쉼. 예一的인 方法.
〔姑從〕(고종) 고모의 자녀. 내종 사촌(內從四寸).
▷舅姑(구고)·麻姑(마고)·外姑(외고)

5 ⑧ 〔姈〕* 령 平青 | líng, レイ
1053

행서 姈 이름 약삭빠를 령 자원 형성. 女+令→姈. 零(령)과 같이 令(령)이 성부.
새김 약삭빠르다.

5 ⑧ 〔妹〕*** 매 本매: 去隊 | mèi, マイ
1054

소전 행서 이름 손아랫누이 매 자원 형성. 女+未→妹. 昧(매)·魅(매)와 같이 未(미)의 변음이 성부.

필순 ㄑ 夊 女 女 女 奸 妹 妹

새김 손아랫누이. 姉(1060)의 대. ¶姉妹(맏누이 자, —)손윗누이와 손아랫누이.
〔妹夫〕(매부) 누이동생의 남편.
〔妹弟〕(매제) 누이동생의 남편.
〔妹兄〕(매형) 國 손윗누이의 남편.

5 ⑧ 〔姆〕* 모: 上 麌 | mǎ, ボ·モ
1055

소전 행서 이름 여스승 모: 자원 형성. 女+母→姆. 母(모)가 성부.
새김 여스승. 여자 스승. ¶保姆(기를 보, —)유치원 등에서 어린아이들을 맡아서 교양하며 돌보는 여자.

5 ⑧ 〔姓〕*** 성: 去 敬 | xìng, セイ
1056

소전 행서 이름 성 성: 자원 형성. 女+生→姓. 星(성)·性(성)과 같이 生(생)의 변음이 성부.

필순 ㄑ 夊 女 女 女 女 姓 姓

새김 성. 혈통을 나타내기 위하여 이름 위에 붙이는 칭호. ¶姓名(—, 이름 명)성과 이름.
〔姓氏〕(성씨) ①성(姓)과 씨(氏). ②성(姓). 남의 성을 높이어 이르는 말.
〔姓銜〕(성함) 성명을 높이어 이르는 말.

알아둘 지식

★姓과 氏(씨) : 가족의 계통을 나타내는 데 姓과 氏가 있다. 기원은 姓은 어머니쪽의 혈통을, 氏는 아버지쪽의 혈통을 나타내었으나, 진한(秦漢) 이후로는 그 구별이 없어지면서 통칭 姓氏라는 말로 쓰이게 되었다.

▷ 大姓(대성)·同姓(동성)·百姓(백성)·本姓(본성)

5 ⑧ 〔始〕*** 시: 上 紙 | shǐ, シ
1057

소전 행서 이름 비로소 시: 자원 형성. 女+台→始. 台(이)의 변음이 성부.

필순 ㄑ 夊 女 女 女 女 始 始

새김 ❶비로소. 처음으로. ¶始動(—, 움직일 동)기계가 처음으로 움직임. ❷처음. 시초. 終(3976)의 대. ¶始終(—, 끝 종)처음과 끝. 예—如一. ❸시작하다. ¶開始(시작할 개, —)시작함.
〔始末〕(시말) ①처음과 끝. 시종(始終). ②처음부터 끝까지 줄곧.
〔始作〕(시작) 처음으로 함.
〔始政〕(시정) 정무(政務)를 보기 시작함.
〔始祖〕(시조) ①한 겨레의 맨 처음의 조상. ②종교나 학파 등의 창시자.
〔始終一貫〕(시종일관) 처음부터 끝까지 한결같이함.
▷ 報本(보본)·本始(본시)·原始(원시)·終始(종시)

5 ⑧ 〔婀〕* 아 平 歌 | ē, ア
1058

행서 이름 아름다울 아 자원 형성. 女+可→婀. 可(가)의 변음이 성부.
새김 아름답다.

5 ⑧ 〔委〕** 위 ㊍위: 上 紙 | wěi, イ
1059

소전 행서 이름 맡길 위 자원 형성. 禾+女→委. 禾(화)의 변음이 성부.

필순 ˊ 二 千 禾 禾 禾 委 委

새김 ❶맡기다. 일이나 물건을 맡기다. ¶委任(—, 맡길 임)어떤 일을 책임지워 맡김. ❷버리다. 또는 버려두다. ¶委棄(—, 버릴 기)버려둠. 버리고 돌보지 아니함. ❸자세하다. ¶委曲(—, 굽이 곡) 자세한 곡절.
〔委細〕(위세) 자세함. 상세함.
〔委身〕(위신) 몸을 내맡김. 곧 남을 섬김.
〔委悉〕(위실) 구석구석까지 자세함. 또는 자세하게 진술하여 알기 쉽게 함.
〔委員〕(위원) 위원회의 구성원. 예전형 —.
〔委囑〕(위촉) 남에게 맡겨서 부탁함.
〔委託〕(위탁) 남에게 맡김.

5 ⑧ 〔姉〕*** 자 ㊍자: 上 紙 | zǐ, シ
1060

소전 행서 본자 姊 이름 맏누이 자 자원 형성. 女+市〔𠂔의 변형〕→姊→姉. 𠂔(자)가 성부.

필순 ㄑ 夊 女 女 女 女 姉 姉

새김 맏누이. 손윗누이. 妹(1054)의 대. ¶姉兄(—, 형 형)누나의 남편.
〔姉妹〕(자매) 손윗누이와 손아랫누이.

5 ⑧ 〔姊〕*** 자 姉(1060)의 본자
1061

5 ⑧ 〔姐〕* 저: ㊍자: 上馬 | jiě, シャ
1062

소전 행서 이름 누이 저: 자원 형성. 女+且→姐. 且에는 '차' 외에 '저' 음도 있어, 沮(저)·咀(저)·狙(저)와 같이 且(저)가 성부.
새김 누이. 손윗누이. 또는 아주머니.

5 ⑧ 〔姃〕* 정 平庚 | zhēng, セイ
1063

행서 이름 단정할 정 자원 형성. 女+正→姃. 征(정)·政(정)·鉦(정)과 같이 正(정)이 성부.
새김 단정하다. 여자의 용모가 단정하다.

5 ⑧ 〔姓〕* 주: 上有 | tǒu, トウ
1064

행서 이름 자 주: 자원 형성. 女+主→姓. 注(주)·住(주)·柱(주)와 같이 主(주)가 성부.
새김 자(字). 여자의 자.

5 ⑧ 〔妻〕*** ㊀처 平齊 qī, サイ / ㊁처: 去霽 qì, サイ
1065

소전 행서 이름 ㊀아내 처 ㊁시집보낼 처: 자원 상형. 시집갈 때 하는 예장의 머리 모양을 한 여자의 모양.

필순 一 ㇕ 彐 彐 事 妻 妻 妻

새김 ㊀아내. 夫(0996)의 대. ¶賢妻(어질 현, ―) 어진 아내. ㊁시집을 보내다. 또는 아내로 맞다. 〔論語〕以其子妻之(이기자 처지) 그의 자식으로써 이에게 시집보내다.
〔妻家〕(처가) 아내의 친정집.
〔妻男〕(처남) 아내의 남자 형제.
〔妻黨〕(처당) 아내의 친척.
〔妻福〕(처복) 훌륭한 아내와 생활하는 복.
〔妻室〕(처실) 아내.
〔妻子〕(처자) ①아내. ②아내와 자식.
〔妻妾〕(처첩) 아내와 첩.
▷恐妻(공처)·亡妻(망처)·愛妻(애처)·良妻(양처)·前妻(전처)·糟糠之妻(조강지처)·荊妻(형처)·後妻(후처)

5 ⑧ 〔妾〕** 첩 入葉 | qiè, ショウ
1066

소전 행서 이름 첩 첩 자원 회의. 立〔辛의 생략체〕+女→妾. 辛은 자자(刺字)할 때 쓰는 바늘. 죄가 있어서 이마에 자자를 한 여자란 뜻. 새김은 가차.

필순 丶 亠 亠 亣 立 妾 妾 妾

새김 ❶첩. 본처 이외의 아내. ¶愛妾(사랑할 애, ―) 사랑하는 첩. ❷저. 여자가 자신을 낮추어 일컫는 말. ¶臣妾(신하 신, ―) 신하인 저. 여자가 임금에게 자신을 일컫는 말.
〔妾室〕(첩실) 첩. 소실(小室).
〔妾出〕(첩출) 첩 소생. 첩이 낳은 자식.
▷婢妾(비첩)·侍妾(시첩)·媵妾(잉첩)·妻妾(처첩)·賤妾(천첩)·蓄妾(축첩)

5 ⑧ 〔妬〕* 투 ㊍투: 去遇 | dù, ト
1067

소전 행서 통자 妒 이름 시새울 투 자원 형성. 女+石→妬. 石(석)의 변음이 성부.
새김 시새우다. 미워하고 싫어하다. ¶嫉妬(강새암할 질, ―) 강새암.
〔妬忌〕(투기) 강새암. 질투하고 시기함.
〔妬悍〕(투한) 강새암이 있고 사나움.

6 ⑨ 〔姦〕** 간 平刪 | jiān, カン
1068

소전 행서 이름 간사할 간 자원 회의. 女+女+女→姦. 여자는 간사하다는 옛 사람들의 생각에서, 女 석 자를 결합하여 '간사하다'의 뜻을 나타내었다.

필순 𡿨 女 女 女 女 女 姦 姦 姦

새김 ❶간사하다. 奸(1036)과 통용. ¶姦計(―, 꾀 계) 간사한 꾀. ❷간음하다. 남녀가 정당하지 못한 관계를 맺다. ¶姦通(―, 통할 통) 남녀가 도덕에 반하는 관계를 맺음.
〔姦夫〕(간부) 남의 아내와 간음한 남자.
〔姦婦〕(간부) 남편 이외의 남자와 간음한 여자.
〔姦臣〕(간신) 간사한 신하.
〔姦淫〕(간음) 부부 아닌 남녀가 성적 관계를 맺음.
〔姦慝〕(간특) 간사하고 능청맞음.
〔姦凶〕(간흉) 간사하고 흉측함.
▷強姦(강간)·輪姦(윤간)·通姦(통간)·和姦(화간)

6 ⑨ 〔姜〕* 강 平陽 | jiāng, キョウ
1069

소전 행서 이름 성 강 자원 형성. 𦍌〔羌의 생략체〕+女→姜. 羌(강)이 성부.

새김 ❶성(姓). 예姜太公(강태공). ❷薑(4609)의 간화자

6 ⑨ 〔娇〕 교 嬌(1126)의 간화자
1070

6 ⑨ 〔姞〕* 길 入質 jí, キツ
1071

행서 이름 삼갈 길 자원 형성. 女+吉→姞. 佶(길)·桔(길)과 같이 吉(길)이 성부.
새김 삼가다. 또는 공순하다.

6 ⑨ 〔娄〕 루 婁(1095)의 속자·간화자
1072

6 ⑨ 〔姸〕* 연 姸(1047)의 본자
1073

6 ⑨ 〔娃〕* 와 本왜 平佳 wā, アイ
1074

소전 행서 이름 미녀 와 자원 형성. 女+圭→娃. 蛙(와)와 같이 圭(규)의 변음이 성부.
새김 미녀(美女). 또는 소녀(少女).

6 ⑨ 〔姚〕* 요 平蕭 yáo, ヨウ
1075

소전 행서 이름 예쁠 요 자원 형성. 女+兆→姚. 兆(조)의 변음이 성부.
새김 예쁘다. 자태가 아름답다.

6 ⑨ 〔威〕*** 위 平微 wēi, イ
1076

소전 행서 이름 위엄 위 자원 회의. 戌〔戉의 변형〕+女→威. 戌는 고대의 무기. 무기로 여자를 으른다는 뜻.

필순 一 厂 𠂆 反 反 反 威 威 威

새김 ❶위엄. 위력. ¶國威(나라 국, —) 나라의 위력. 예—를 선양하다. ❷위엄이 있다. 존엄하다. ¶威風(—, 풍채 풍) 위엄이 있는 풍채. 예—이 당당하다. ❸으르다. 위협하다. ¶威壓(—, 누를 압) 위력으로 을러서 내리누름. 예—的인 태도.
〔威光〕(위광) 높은 지위에 있어서 다른 사람이 두려워하며 존경하는, 위엄스러운 기세.
〔威力〕(위력) 위엄 있고 강한 힘. 또는 위세와 권력.
〔威勢〕(위세) 위엄이 있는 기세.
〔威信〕(위신) 위엄과 신망.
〔威嚴〕(위엄) 위세 있고 엄숙함.
〔威容〕(위용) 위엄이 있는 모습.
〔威重〕(위중) 위엄이 있고 중후함.
〔威儀〕(위의) 위엄 있는 엄숙한 차림새.
〔威脅〕(위협) 위세를 부리며 으르고 협박함.
▷權威(권위)·武威(무위)·聲威(성위)·天威(천위)·狐假虎威(호가호위)

6 ⑨ 〔姨〕* 이 平支 yí, イ
1077

소전 행서 이름 이모 이 자원 형성. 女+夷→姨. 痍(이)·荑(이)와 같이 夷(이)가 성부.
새김 이모(姨母). 어머니의 자매. ¶姨姪(—, 조카 질) 여자끼리의 자매의 아들딸.
〔姨從〕(이종) 이모의 자녀. 이종 사촌.

6 ⑨ 〔姻〕** 인 平眞 yīn, イン
1078

소전 행서 이름 혼인할 인 자원 형성. 女+因→姻. 咽(인)·茵(인)과 같이 因(인)이 성부.

필순 ㄑ 女 女 女 如 如 姻 姻 姻

새김 혼인하다. ¶姻戚(—, 친척 척)혼인으로 인하여 맺어진 친척.
〔姻家〕(인가) 혼인 관계로 맺어진 친척의 집.
〔姻婭〕(인아) 사위 집 편의 사돈과 동서네 집 편의 사돈을 통털어 이르는 말. 예—族戚.
▷婚姻(혼인)

6 ⑨ 〔姙〕* 임: 妊(1049)과 동자
1079

6 ⑨ 〔姿〕** 자 平支 zī, シ
1080

소전 행서 이름 모습 자 자원 형성. 次+女→姿. 次에는 '차' 음 외에 '자' 음도 있어, 恣(자)·資(자)·瓷(자)와 같이 次(자)가 성부.

필순 丶 冫 冫 汐 汐 次 姿 姿 姿

새김 모습. 용모. 모양. 맵시. ¶姿態(—, 모양 태) 몸을 가지는 태도와 맵시. 또는 모습이나 모양. 예아름다운 —.
〔姿色〕(자색) 모습과 얼굴 모양. 특히 여자의 고운 얼굴. 예아름다운 —.
〔姿勢〕(자세) 몸을 가지는 모양과 그 태도.
〔姿容〕(자용) 자태와 용모. 자모(姿貌).
〔姿質〕(자질) 타고난 성품이나 소질.
▷聖姿(성자)·容姿(용자)·雄姿(웅자)·天姿(천자)·風姿(풍자)

6⑨ 〔姝〕* 주 平虞 shū, シュ
1081

소전 행서 이름 아름다울 주 자원 형성. 女+朱→姝. 株(주)·珠(주)·侏(주)와 같이 朱(주)가 성부.
새김 아름답다. 예쁘다.

6⑨ 〔姪〕** 질 入質 shí, チツ
1082

소전 행서 속자 侄 이름 조카 질 자원 형성. 女+至→姪. 至에는 '지' 음 외에 '질' 음도 있어, 侄(질)·桎(질)·蛭(질)과 같이 至(질)이 성부.

필순 ㄑ 女 女 女一 女厶 女厶 女至 姪 姪

새김 조카. 형제 자매의 아들딸. ¶姪女(—, 딸 녀) 조카딸.
〔姪婦〕(질부) 조카며느리. 조카의 아내.
〔姪壻〕(질서) 조카사위.
〔姪行〕(질항) 조카 뻘이 되는 항렬.
▷堂姪(당질)·甥姪(생질)·叔姪(숙질)·姨姪(이질)·長姪(장질)·親姪(친질)

6⑨ 〔姮〕* 항 平蒸 héng, コウ
1083

행서 속자 嫦 이름 항아 항. 자원 형성. 女+亘→姮. 恒(항)과 같이 亘(긍)의 변음이 성부.
새김 항아(姮娥). 달에 있다는, 전설상의 여신(女神) 이름. 참고 한 문제(漢文帝)의 이름이 恒인데, 恒은 姮의 본자라는 설 때문에, 피휘하여 姮 대신에 嫦 자를 만들어 姮娥를 嫦娥로 썼다.

6⑨ 〔姬〕* 희 本기 平支 jī, キ
1084

소전 행서 이름 계집 희 자원 형성. 女+𦣞→姬. 𦣞(이)의 변음이 성부.
새김 ❶계집. 아씨. 여자의 미칭. ¶美姬(아름다울 미, —) 아름다운 여자. ❷첩. 측실. ¶寵姬(총애할 총, —) 총애하는 첩. 또는 총애하는 여자.
〔姬妾〕(희첩) 첩. 소실(小室).
▷歌姬(가희)·舞姬(무희)·美姬(미희)·侍姬(시희)·幸姬(행희)

7⑩ 〔娜〕* 나 本나: 上哿 nuó, ダ
1085

행서 이름 아름다울 나 자원 형성. 女+那→娜. 那(나)가 성부.
새김 아름답다. 또는 나긋나긋한 모양.

7⑩ 〔娘〕** 낭 平陽 niáng, ジョウ
1086

행서 이름 계집 낭 자원 회의. 女+良→娘. 어진〔良〕 여자란 뜻.

필순 ㄑ 女 女 女 女ㄱ 女ㅋ 女ㅋ 娘 娘 娘

새김 계집. 여자. 또는 소녀. 아가씨. ¶村娘(시골 촌, —) 시골 소녀.
〔娘娘〕(낭낭) 왕비나 귀족의 아내를 높여 부르는 호칭.
〔娘子〕(낭자) 처녀. 아가씨.

7⑩ 〔娩〕* 만: 本문: 去問 miǎn, ベン
1087

행서 이름 해산할 만: 자원 형성. 女+免→娩. 免에는 '면' 외에 '문' 음도 있어, 晩(만)·輓(만)과 같이 免(문)의 변음이 성부.
새김 해산하다. 아이를 낳다. ¶分娩(나눌 분, —) 아이나 새끼를 낳음.

7⑩ 〔娑〕* 사 本사: 去箇 suò, サ
1088

소전 행서 이름 사바 사 자원 형성. 沙+女→娑. 莎(사)·裟(사)와 같이 沙(사)가 성부.
새김 (佛)범어 Sa의 음역자. 사바(娑婆). 온갖 고통이 있는, 인간이 사는 속세.

7⑩ 〔娍〕* 성: 去敬 shèng, セイ
1089

행서 이름 훤칠할 성: 자원 형성. 女+成→娍. 城(성)·誠(성)·盛(성)·宬(성)과 같이 成(성)이 성부.
새김 훤칠하다. 또는 날씬하고 아름다운 모양.

7⑩ 〔娠〕* 신 平眞 shēn, シン
1090

소전 행서 이름 아이밸 신 자원 형성. 女+辰→娠. 晨(신)·宸(신)·蜃(신)과 같이 辰(신)이 성부.
새김 아이를 배다. ¶妊娠(아이밸 신, —)아이를 뱀. 예— 婦.

7⑩ 〔娥〕* 아 平歌 é, ガ
1091

소전 행서 이름 항아 아 자원 형성. 女+我→娥. 餓(아)·峨(아)·俄(아)와 같이

我(아)가 성부.
새김 ❶항아(姮娥.嫦娥). 달에 있다는, 전설상의 선녀의 이름. ❷아름답다. 곱다. ¶娥眉(—, 눈썹 미) 고운 눈썹.
〔娥英〕(아영) 아황(娥皇)과 여영(女英). 모두 요(堯)임금의 딸로서, 함께 순(舜)임금의 비(妃)가 되었다 함.

7 ⑩ 〔娟〕* 연 平先 juān, エン
1092

소전 행서 이름 어여쁠 연 자원 형성. 女+肙→娟. 涓(연)·捐(연)과 같이 肙(연)이 성부.
새김 어여쁘다. 곱다. ¶嬋娟(아리따울 선, —) 아리땁고 고움.
〔娟娟〕(연연) 맵시가 아름다운 모양.

7 ⑩ 〔娫〕* 연 平先 yán, エン
1093

행서 이름 예쁠 연 자원 형성. 女+延→娫. 挻(연)·涎(연)과 같이 延(연)이 성부.
새김 예쁘다. 또는 예쁜 모양.

7 ⑩ 〔娛〕** 오: 本우 平虞 yú, ゴ
1094

소전 행서 이름 즐길 오: 자원 형성. 女+吳→娛. 誤(오)·筽(오)·蜈(오)와 같이 吳(오)가 성부.
필순 ㄑ 夂 女 女' 女' 如 娛 娛 娛 娛
새김 즐기다. 또는 즐겁다. ¶娛樂(—, 즐거울 락) 노래나 춤 등으로 즐겁게 노는 놀이.
〔娛遊〕(오유) 즐기며 놂.
▷宴娛(연오)·遊娛(유오)·戲娛(희오)

8 ⑪ 〔婁〕* ㊀루 平尤 lóu, ロウ ㊁루: 上麌 lǚ, ル
1095

소전 행서 속자 간화 娄 이름 ㊀별 루 ㊁맬 루: 자원 상형. 긴 머리털을 땋아 올리고, 그 위에 장식물을 얹은 여자의 모양. 새김은 가차.
새김 ㊀별. 별자리 이름. 누수(婁宿)는 이십팔수의 하나. ㊁매다. 잡아매다. 또는 휘감다.

8 ⑪ 〔婦〕*** 부 本부: 上有 fù, フ
1096

소전 행서 간화 妇 이름 며느리 부 자원 회의. 女+帚→婦. 帚는 비. 비를 든 여자, 곧 한 집의 살림을 맡은 여자란 뜻.
필순 ㄑ 夂 女 女' 女 妇 妇 婦 婦 婦
새김 ❶며느리. ¶姑婦(시어머니 고, —)시어머니와 며느리. ❷지어미. 아내. ¶夫婦(남편 부, —)남편과 아내. ❸여자. 시집간 여자. ¶婦人(—, 사람 인)결혼한 여자.
〔婦黨〕(부당) 아내의 일가붙이.
〔婦德〕(부덕) 부녀자의 아름다운 덕행(德行).
〔婦道〕(부도) 부녀자로서 마땅히 지켜야 할 도리.
〔婦椽〕(부연) 國 서까래 끝에 물리는 짧은 서까래.
▷寡婦(과부)·命婦(명부)·孀婦(상부)·新婦(신부)·淫婦(음부)·妊婦(임부)·孕婦(잉부)·子婦(자부)·酌婦(작부)·宗婦(종부)·主婦(주부)·村婦(촌부)·匹婦(필부)·賢婦(현부)

8 ⑪ 〔婢〕** 비 本비: 上紙 bì, ヒ
1097

소전 행서 이름 계집종 비 자원 형성. 女+卑→婢. 碑(비)·裨(비)·脾(비)와 같이 卑(비)가 성부.
필순 ㄑ 夂 女 女' 女' 女' 如 婢 婢 婢
새김 계집종. 몸종. ¶奴婢(남자종 노, —) 남자종과 여자종.
〔婢僕〕(비복) 종. 노비.
〔婢夫〕(비부) 계집종의 지아비.
〔婢妾〕(비첩) 여자종으로서 첩이 된 사람.

8 ⑪ 〔婵〕 선 嬋(1127)의 간화자
1098

8 ⑪ 〔婴〕 영 嬰(1133)의 간화자
1099

8 ⑪ 〔婉〕* 완: 本원: 上阮 wǎn, エン
1100

소전 행서 이름 예쁠 완: 자원 형성. 女+宛→婉. 琬(완)·椀(완)·腕(완)과 같이 宛(완)이 성부.
새김 ❶예쁘다. 우아하다. ¶婉麗(—, 아름다울 려) 우아하고 아름다움. ❷부드럽다. 유순하다. ¶婉媚(—, 예쁠 미) 유순하고 예쁨. ❸에두르다. ¶婉曲(—, 굽을 곡)듣는 이의 감정이 상하지 않도록 에둘러서 말하는 모양.
〔婉娩〕(완만) 말씨와 태도가 얌전함.
〔婉容〕(완용) 상냥하고 부드러운 모습.

8 ⑪ 〔婠〕* 완 平寒 wān, ワン
1101

소전 행서 이름 살질 완 자원 형성. 女+官→婠. 官(관)의 변음이 성부.
새김 살이 지다. 또는 살진 모양.

8 ⑪ 〔娼〕* 창: 本창 平陽 | chāng, ショウ
1102

행서 이름 창녀 창: 자원 형성. 女+昌→娼 唱(창)·倡(창))과 같이 昌(창)이 성부.
새김 창녀. 노래나 춤, 또는 몸을 파는 여자. ¶娼婦(—, 여자 부) 몸을 파는 것을 직업으로 하는 여자.
〔娼妓〕(창기) 기생. 또는 몸을 파는 여자.
〔娼樓〕(창루) 기생집. 기원(妓院).

8 ⑪ 〔娶〕* 취: 本추: 去遇 | qǔ, シュ
1103

소전 행서 이름 장가들 취: 자원 형성. 取+女→娶. 趣(취)·聚(취)와 같이 取(취)가 성부.
새김 장가들다. ¶娶妻(—, 아내로맞을 처) 장가를 들어 아내를 맞음.
〔娶嫁〕(취가) 장가들고 시집가는 일.
▷ 嫁娶(가취)·婚娶(혼취)

8 ⑪ 〔婆〕* ㊀파 平歌 ㊁바 | pó, バ
1104

행서 이름 ㊀할미 파 ㊁사바 바 자원 형성. 波+女→婆. 波(파)가 성부.
새김 ㊀할미. 늙은 여자. 또는 할머니. ¶老婆(늙을 로, —)늙은 여자. 예—心. ㊁ (佛)범어 Ba의 음역자. 예婆羅門(바라문).
〔婆娑〕(파사) ①춤추는 소매의 나부낌이 가벼움. ②힘이나 형세 등이 쇠함.
▷ 媒婆(매파)·産婆(산파)

8 ⑪ 〔婚〕*** 혼 平元 | hūn, コン
1105

소전 행서 이름 혼인할 혼 자원 형성. 女+昏→婚. 昏(혼)이 성부.

필순 ㄑ ㄠ 女 女' 女ᄃ 女ᄃ 女氏 女氏 婚 婚

새김 혼인하다. 장가들고 시집가다. ¶約婚 (약속할 약, —) 혼인하기를 약속함.
〔婚期〕(혼기) 결혼하기에 알맞은 나이.
〔婚談〕(혼담) 혼인하려고 남자 편과 여자 편 사이에 오고 가는 이야기.
〔婚禮〕(혼례) 혼인의 의식. 결혼식.
〔婚需〕(혼수) 혼인에 필요한 모든 물건이나 비용.
〔婚姻〕(혼인) 남녀가 장가들고 시집가는 일.
〔婚處〕(혼처) 혼인하기에 적당한 자리.
〔婚行〕(혼행) 혼인 때, 신랑이 신부집으로 가거나 신부가 신랑집으로 감.
▷ 結婚(결혼)·旣婚(기혼)·晩婚(만혼)·未婚(미혼)·成婚(성혼)·新婚(신혼)·再婚(재혼)·早婚(조혼)·初婚(초혼)·許婚(허혼)

9 ⑫ 〔媒〕** 매 平灰 | méi, バイ
1106

소전 행서 이름 중매 매 자원 형성. 女+某→媒. 某에는 '모' 외에 '매' 음도 있어, 煤(매)와 같이 某(매)가 성부.

필순 女 女 女ᅳ 女卄 女甘 女甘 媒 媒 媒 媒

새김 ❶중매. 남녀의 혼인을 맺어 주는 일. 또는 중매인. ¶媒婆(—, 할미 파)중매하는 할멈. ❷중개. 거간. 또는 거간꾼. ¶蟲媒(벌레 충, —) 곤충의 매개에 의하여 수분 작용이 이루어지는 일. 예—花. ❸꾀어내다. 후리다. ¶媒鳥(—, 새 조)후림새.
〔媒介〕(매개) 둘 사이에 끼어서 양쪽에 관계를 맺어 주는 일.
〔媒合〕(매합) 중매를 서거나 남녀를 서로 만나게 함.
▷ 仲媒(중매)·觸媒(촉매)·風媒(풍매)

9 ⑫ 〔媄〕* 미: 上紙 | měi, ビ
1107

행서 이름 고울 미: 자원 형성. 女+美→媄. 渼(미)와 같이 美(미)가 성부.
새김 곱다. 아름답다.

9 ⑫ 〔媚〕* 미 本미: 去寘 | mèi, ビ
1108

소전 행서 이름 아첨할 미 자원 형성. 女+眉→媚. 嵋(미)·楣(미)와 같이 眉(미)가 성부.
새김 ❶아첨하다. 아양을 떨다. ¶媚態(—, 태도 태) 아양을 떠는 태도. ❷아름답다. ¶明媚(밝을 명, —) 밝고 아름다움. 예—한 風景.
〔媚笑〕(미소) 아양을 떨며 웃는 웃음.

9 ⑫ 〔婿〕 서: 壻(0977)와 동자
1109

9 ⑫ 〔媤〕* 시 平支 | sī, シ
1110

행서 이름 시집 시 자원 형성. 女+思→媤. 思(사)의 변음이 성부.
새김 國시집. 남편의 집. ¶媤父母(—, 아비 부, 어미 모) 시아버지와 시어머니.

〔媤家〕(시가) 國 시집. 남편의 집안.
〔媤宅〕(시댁) 國 시가(媤家)의 높임말.
〔媤同生〕(시동생) 國 남편의 남동생.
〔媤叔〕(시숙) 國 남편의 형제.

9 ⑫ 〔媪〕* 온: 媼(1118)과 동자
1111

9 ⑫ 〔媛〕* 원: 去 霰 yuàn, エン
1112

소전 행서 이름 미녀 원: 자원 형성. 女+爰→媛. 援(원)·湲(원)·瑗(원)과 같이 爰(원)이 성부.
새김 미녀(美女). ¶才媛(재주 재, —) 재주가 있고 아름다운 젊은 여자.

9 ⑫ 〔婷〕* 정 平 青 tíng, テイ
1113

행서 이름 예쁠 정 자원 형성. 女+亭→婷. 停(정)·渟(정)·諪(정)과 같이 亭(정)이 성부.
새김 예쁘다. 곱고 아름답다.

9 ⑫ 〔媓〕* 황 平 陽 huáng, コウ
1114

행서 이름 여황 황 자원 형성. 女+皇→媓. 凰(황)·徨(황)·篁(황)과 같이 皇(황)이 성부.
새김 여황(女媓). 순(舜)임금의 비(妃) 이름.

10 ⑬ 〔嫁〕* 가 本가: 去 禡 jià, カ
1115

소전 행서 이름 시집갈 가 자원 형성. 女+家→嫁. 稼(가)와 같이 家(가)가 성부.
새김 ❶시집가다. ¶再嫁(다시 재, —)한 번 시집갔던 여자가 다시 시집감. ❷떠넘기다. ¶轉嫁(굴릴 전, —)허물이나 책임 등을 남에게 들씌워 떠넘김.
〔嫁娶〕(가취) 시집가고 장가드는 일.
▷改嫁(개가)·下嫁(하가)·婚嫁(혼가)

10 ⑬ 〔嫔〕 빈 嬪(1132)의 간화자
1116

10 ⑬ 〔嫂〕* 수 本소: 上 皓 sǎo, ソウ
1117

소전 행서 이름 형수 수 자원 형성. 女+叟→嫂. 搜(수)·瘦(수)와 같이 叟(수)가 성부.
새김 형수. 형제의 아내. ¶兄嫂(형 형, —)형의 아내.
〔嫂叔〕(수숙) 형수와 시동생.
▷季嫂(계수)

10 ⑬ 〔媼〕* 온: 本오: 上 皓 ǎo, オウ
1118

소전 행서 동자 媪 이름 할미 온: 자원 형성. 女+昷→媼. 温(온)·瑥(온)·緼(온)과 같이 昷(온)이 성부.
새김 할미. 늙은 여자. 翁(4186)의 대. ¶媒媼(중매 매, —)중매하는 늙은 여자.

10 ⑬ 〔嫄〕* 원 平 元 yuán, ゲン
1119

행서 이름 자 원 자원 형성. 女+原→嫄. 源(원)·願(원)과 같이 原(원)이 성부.
새김 자(字). 후직(后稷)의 어머니의 자.

10 ⑬ 〔嫉〕* 질 入 質 jí, シツ
1120

소전 행서 이름 미워할 질 자원 형성. 女+疾→嫉. 疾(질)이 성부.
새김 ❶미워하다. 증오하다. ¶嫉視(—, 볼 시) 밉게 봄. ❷강새암하다. ¶嫉妬(—, 시새울 투) 강새암.
〔嫉賢妬能〕(질현투능) 덕과 재능이 자기보다 나은 사람을 미워하고 시기함.

10 ⑬ 〔嫌〕** 혐 平 鹽 xián, ケン
1121

소전 행서 이름 의심할 혐 자원 형성. 女+兼→嫌. 兼(겸)의 변음이 성부.

필순 ㄑ 女 女 女' 女'' 姘 姘 嫌 嫌 嫌

새김 ❶의심하다. 의아하게 여기다. ¶嫌疑(—, 의심할 의)의심스럽게 생각함. 또는 그런 생각. 예 —를 가지다. ❷미워하다. 싫어하다. ¶嫌惡(—, 미워할 오) 싫어하고 미워함.
〔嫌隙〕(혐극) 서로 의심하고 미워하여 생긴 틈.
〔嫌猜〕(혐시) 시새움. 싫어하고 꺼림.

11 ⑭ 〔嫩〕* 눈: 去 願 nèn, ドン
1122

행서 이름 어릴 눈: 자원 형성. 女+敕→嫩. 敕(칙)의 변음이 성부.
새김 어리다. 새로 돋다. ¶嫩芽(—, 싹 아)새로 돋은 어린 싹.
〔嫩葉〕(눈엽) 새로 돋아난 잎.
〔嫩草〕(눈초) 새로 돋아난 풀.

11 ⑭ 〔嫙〕* 선 平先 | xuán, セン
1123

행서 이름 아름다울 선 자원 형성. 女+旋→嫙. 璇(선)과 같이 旋(선)이 성부.
새김 아름답다.

11 ⑭ 〔嫡〕* 적 入錫 | dí, テキ
1124

소전 행서 이름 적실 적 자원 형성. 女+啇→嫡. 摘(적)·敵(적)·適(적)과 같이 啇(적)이 성부.
새김 ❶적실. 본처. 妾(1066)의 대. ¶嫡妻(一, 아내 처)정식으로 예를 갖추어 맞은 아내. ❷본처가 낳은 아들. ¶嫡派(一, 갈래 파)본처가 낳은 아들의 계통.
〔嫡庶〕(적서) 본처의 아들과 첩의 아들. 적자와 서자.
〔嫡室〕(적실) 본처. 정실(正室).
〔嫡子〕(적자) 정실이 낳은 아들.
〔嫡長〕(적장) 정실의 맏아들이나 맏손자.
〔嫡出〕(적출) 정실이 낳은 자손.
〔嫡統〕(적통) 적파(嫡派)의 계통.

11 ⑭ 〔嫦〕* 항 姮(1083)의 속자
1125

12 ⑮ 〔嬌〕* 교 平蕭 | jiāo, キョウ
1126

소전 행서 간화 娇 이름 아리따울 교 자원 형성. 女+喬→嬌. 橋(교)·矯(교)·驕(교)와 같이 喬(교)가 성부.
새김 ❶아리땁다. 요염하다. ¶嬌態(一, 태도 태) 아리따운 태도. ❷사랑스럽다. ¶愛嬌(사랑스럴 애, 一) 말이나 행동에서, 남에게 귀엽게 보이는 태도.
〔嬌笑〕(교소) 요염한 웃음. 애교를 떤 웃음.

12 ⑮ 〔嬋〕* 선 平先 | chán, セン
1127

소전 행서 간화 婵 이름 아리따울 선 자원 형성. 女+單→嬋. 單에는 '단' 외에 '선' 음도 있어, 禪(선)·蟬(선)과 같이 單(선)이 성부.
새김 아리땁다. 예쁘다. ¶嬋娟(一, 어여쁠 연) 아리땁고 어여쁨.

12 ⑮ 〔嬅〕* 화: 去禡 | huà, カ
1128

행서 이름 아름다울 화: 자원 형성. 女+華→嬅. 譁(화)와 같이 華(화)가 성부.
새김 아름답다. 여자의 용모가 아름답다.

12 ⑮ 〔嬉〕* 희 平支 | xī, キ
1129

행서 이름 즐길 희 자원 형성. 女+喜→嬉. 僖(희)·憙(희)와 같이 熹(희)가 성부.
새김 즐기다. 즐겁게 놀다. ¶嬉笑(一, 웃을 소) 즐겁게 웃음. 즐겁게 놀며 웃음.
〔嬉娛〕(희오) 놀며 즐거워함.
〔嬉遊〕(희유) 즐겁게 놂.
〔嬉戲〕(희희) 즐겁게 장난을 함.

13 ⑯ 〔嬢〕 낭 孃(1134)의 약자
1130

13 ⑯ 〔嬖〕* 폐: 去霽 | bì, ヘイ
1131

소전 행서 이름 사랑할 폐: 자원 형성. 辟+女→嬖. 辟에는 '벽' 외에 '피' 음도 있어, 辟(피)의 변음이 성부.
새김 사랑하다. 또는 총애를 받다. ¶嬖臣(一, 신하 신) 아첨으로 임금에게 총애를 받는 신하.
〔嬖寵〕(폐총) ①총애를 받음. ②임금의 총애를 받는 신하.
〔嬖幸〕(폐행) 아첨으로 남의 귀염을 받음. 또는 그 사람.

14 ⑰ 〔嬪〕* 빈 平眞 | pín, ヒン
1132

소전 행서 간화 嫔 이름 빈 빈 자원 형성. 女+賓→嬪. 濱(빈)·儐(빈)·殯(빈)과 같이 賓(빈)이 성부.
새김 빈. 제왕의 첩. 우리나라에서는 정일품의 내명부의 품계. ¶妃嬪(비 비, 一) 비와 빈.
〔嬪宮〕(빈궁) 國 왕세자의 아내. 세자빈.

14 ⑰ 〔嬰〕* 영 平庚 | yīng, エイ
1133

소전 행서 간화 婴 이름 어린이 영 자원 회의. 賏+女→嬰. 賏은 조개를 꿰어 만든 장식용 목걸이. 여자 아이가 태어나면 이를 목에 걸어 주었기에 '어린아이'란 뜻을 나타낸다.
새김 어린아이. 갓난 아이. ¶嬰兒(一, 아이 아) 젖먹이의 어린아이.
〔嬰孩〕(영해) 어린아이.

17 ⑳ 〔孃〕* 낭 平陽 | niáng, ジョウ
1134

소전 행서 약자 嬢 이름 아가씨 낭 자원 형성. 女+襄→孃. 襄(양)의 변음이 성부.
새김 아가씨. 소녀. 예朴孃(박낭→박양).

17 ⑳ 〔孀〕* 상 平陽 shuāng, ソウ
1135

행서 이름 홀어미 상 자원 형성. 女+霜→孀. 霜(상)이 성부.
새김 홀어미. 과부. ¶靑孀(젊을 청, —)나이가 젊을 때 된 과부. 예—寡婦.
〔孀閨〕(상규) 홀어미가 거처하는 방.
〔孀婦〕(상부) 홀어미. 과부(寡婦).

3 획 부수 子 部

▷명칭:아들자. 아들자변
▷쓰임:아이와 관계 있는 한자의 부수로 쓰였고, 字와 같이 성부로 쓰이기도 하였다.

0 ③ 〔子〕*** 자 本자: 上紙 zǐ, シ
1136

소전 행서 이름 아들 자 자원 상형. 어린아이의 모양.

필순 ㇇ 了 子

새김 ❶아들. 자식. 또는 딸. ¶父子(아비 부, —)아버지와 아들. ❷학문과 덕행이 뛰어난 남자에 붙이는 높임말. 예老子(노자)·孔子(공자). ❸그대. 당신. ¶吾子(나 오, —)나의 그대란 뜻으로, 상대방을 높여 친근하게 이르는 말. ❹씨. 씨앗. ¶種子(씨 종, —)씨. ❺매우 작은 알맹이. ¶原子(근원 원, —)더 이상 쪼갤 수 없는, 그 물질의 가장 작은 입자. 예—彈. ❻사물의 이름에 붙이는 접미사. ¶卓子(책상 탁, —)책상처럼 만든 상. ❼자작. 오등작의 넷째 작위. 예公侯伯子男(공·후·백·자·남). ❽십이지의 첫째. 동물로는 쥐, 시각으로는 오후 11시에서 오전 1시 사이, 방위로는 북, 오행으로는 수(水)에 배당된다. 예甲子(갑자).
〔子宮〕(자궁) 아기집. 여성 생식기의 일부로, 태아가 자라는 곳.
〔子規〕(자규) 소쩍새. 두견(杜鵑).
〔子女〕(자녀) 아들과 딸.
〔子婦〕(자부) ①며느리. ②아들과 며느리.
〔子孫〕(자손) ①아들과 손자. ②후손(後孫).
〔子時〕(자시) ①십이시(十二時)의 첫째 시. 오후 11시부터 오전 1시까지의 동안. ②24시의 첫째 시. 오후 11시 반부터 오전 0시 반까지의 동안.
〔子息〕(자식) 아들과 딸.
〔子子孫孫〕(자자손손) 대를 이어 내려가는 여러 자손들.
〔子爵〕(자작) 오등작의 넷째 작위. 백작(伯爵)의 아래임.
〔子正〕(자정) 밤 12시 정각.
〔子弟〕(자제) 國①남의 아들의 높임말. ②남의 집안 젊은이들의 높임말.
▷孤子(고자)·君子(군자)·卵子(난자)·男子(남자)·獨子(독자)·母子(모자)·世子(세자)·王子(왕자)·妻子(처자)·孝子(효자)

0 ③ 〔孑〕* 혈 本결 入屑 jié, ケツ
1137

소전 행서 이름 홀로 혈 자원 상형. 장구벌레의 모양. 새김은 가차.
새김 홀로. 혼자. 또는 외롭다. ¶孑孑(—, —)의지할 데 없이 외로움. 예—單身.
〔孑遺〕(혈유) ①나머지. 외롭게 남은 씨. ②전쟁이나 재난에서 살아 남은 사람.
〔孑孑單身〕(혈혈단신) 의지할 곳이 없는 외로운 홀몸.

1 ④ 〔孔〕** 공: 上董 kǒng, コウ
1138

소전 행서 이름 구멍 공: 자원 상형. 아이의 머리 뒷부분에 구멍이 있는 모양. 아이가 태어나는 구멍을 뜻한다.

필순 ㇇ 了 孑 孔

새김 ❶구멍. 또는 굴. ¶眼孔(눈 안, —) 눈구멍. ❷공자(孔子)의 준말. ¶孔孟(—, 맹자 맹) 공자와 맹자. ❸매우. 몹시. 孔劇(—, 격렬할 극) 몹시 지독하거나 격렬함.
▷氣孔(기공)·瞳孔(동공)·毛孔(모공)·鼻孔(비공)

2 ⑤ 〔孕〕* 잉: 去徑 yùn, ヨウ
1139

소전 행서 이름 아이밸 잉: 자원 상형. 뱃속에 아이가 들어 있는 모양.
새김 아이를 배다. 임신하다. ¶孕婦(—, 부인 부) 아이를 밴 부인.
〔孕胎〕(잉태) 아이를 뱀. 임신함.

3 ⑥ 〔孙〕 손 孫(1151)의 간화자
1140

3 ⑥ 〔字〕*** 자 本자: 去寘 zì, ジ
1141

소전 행서 이름 글자 자 자원 형성. 宀+子→字. 子(자)가 성부.

필순 ˋ ˊ 宀 宀 宁 字

새김 ❶글자. 문자. ¶漢字(한나라 한, —) 한민족이 만들어 쓴 글자. ❷자. 본이름 외에, 장가를 든 후에 부르기 위하여 짓는 이름. 예退溪의 이름은 淏이요 字는 景浩이다.
〔字句〕(자구) 문자와 어구(語句).
〔字幕〕(자막) 영화·텔레비전 등에서 제목·배역 등을 글자로 나타낸 화면.
〔字牧〕(자목) 國 원이 백성을 사랑으로 다스림.
〔字源〕(자원) 글자가 구성된 근원.
〔字音〕(자음) 글자의 음.
〔字義〕(자의) 글자의 뜻.
〔字典〕(자전) 한자를 일정한 순서로 배열하여 그 음(音)과 뜻을 풀이한 책.
〔字體〕(자체) ①글자의 체. ②자형(字形).
〔字解〕(자해) 글자의 풀이. 문자의 해석.
〔字形〕(자형) 글자의 모양.
〔字畫〕(자획) 글자의 획.
▷古字(고자)·國字(국자)·同字(동자)·文字(문자)·俗字(속자)·誤字(오자)·點字(점자)·正字(정자)·題字(제자)·活字(활자)

3 ⑥ 〔存〕*** 존 平元 | cún, ソン
1142

소전 행서 이름 있을 존 자원 회의. 在〔才의 변형〕+子→存. 才는 신의 지배를 나타내는 푯말. 그 푯말 안에 자식을 두어, 신의 가호로 살아 남는다는 뜻을 나타낸다.

필순 一 ナ 才 亇 存 存

새김 ❶있다. 살아 있다. 실재하다. ¶現存(지금 현, 一) 지금 살아 있음. 또는 현재에 있음. ㉮一人物. ❷보존하다. 잃어버리지 않도록 하다. ¶存續(一, 이을 속) 보존하여 이어감.
〔存立〕(존립) 자기의 위치를 보존하면서 존재하여 있음. 「㉮一之秋.
〔存亡〕(존망) 생존과 사망. 존속과 멸망.
〔存心〕(존심) 마음 속에 간직하고 잊지 않음.
〔存在〕(존재) 실제로 있음. 「폐지.
〔存廢〕(존폐) 남아 있는 것과 없어짐. 보존과
▷保存(보존)·生存(생존)·實存(실존)·依存(의존)

4 ⑦ 〔孚〕* 부 平虞 | fú, フ
1143

소전 행서 이름 미더울 부 자원 회의. 爫+子→孚. 爫는 손. 손으로 자식을 붙잡는 모양. 가차하여, '미덥다'의 뜻을 나타낸다.
새김 미덥다. 또는 신용. 〔詩經〕成王之孚(성왕지부) 성왕의 미더움.

4 ⑦ 〔孜〕* 자 平支 | zī, シ
1144

소전 행서 이름 부지런할 자 자원 형성. 子+攵→孜. 仔(자)·字(자)와 같이 子(자)가 성부.
새김 부지런하다. 또는 부지런히 힘쓰는 모양. ¶孜孜(一, 一) 꾸준히 부지런하게 힘씀.

4 ⑦ 〔孝〕*** 효: 去效 | xiào, コウ
1145

소전 행서 이름 효도 효: 자원 회의. 耂〔老의 생략체〕+子→孝. 늙은이를 잘 봉양하는 자식이란 뜻.

필순 一 十 土 耂 考 孝 孝

새김 ❶효도. ¶忠孝(충성 충, 一) 충성과 효도. ❷효도하다. ¶孝女(一, 딸 녀) 효도하는 딸.
〔孝道〕(효도) 부모를 잘 섬기며 모시는 자식의 도리. 「곳.
〔孝廬〕(효려) 國 상제가 집상하고 거처하는
〔孝誠〕(효성) 어버이를 잘 섬기는 정성.
〔孝心〕(효심) 효성스러운 마음.
〔孝子〕(효자) ①부모를 잘 섬기는 자식. ②부모 제사 때 아들이 자기 이름 위에 쓰는 말.
〔孝悌〕(효제) 부모에게 효도하고, 형이나 어른을 공경함.
〔孝行〕(효행) 부모를 효성으로 섬기는 행실.
▷大孝(대효)·不孝(불효)·純孝(순효)·至孝(지효)

5 ⑧ 〔季〕*** 계: 去寘 | jì, キ
1146

소전 행서 이름 철 계: 자원 회의. 禾+子→季. 禾는 벼. 농작물이 씨〔子〕를 한 번 맺는 3개월 동안. 그래서 '철'을 뜻한다.

필순 ノ 二 千 禾 禾 季 季 季

새김 ❶철. 1년 4철의 어느 한 계절. ¶夏季(여름 하, 一)여름철. ㉮一放學. ❷끝. 孟(1148)의 대. ㉠계절·시대·시기의 끝. ¶季春(一, 봄 춘)끝봄, 곧 음력 3월. ㉡막내. 형제 중에서 나이가 제일 어린 사람. 맏이를 伯(0166), 둘째를 仲(0156), 셋째를 叔(0634)이라 한다. ¶季父(一, 아비 부)아버지의 막내동생.
〔季刊〕(계간) 한 해에 네 번, 철 따라 발간하는 일. 또는 그 간행물. 「대. 말세(末世).
〔季世〕(계세) 정치·도덕·풍속 등이 쇠퇴한 시
〔季嫂〕(계수) 아우의 아내. 「는 말.
〔季氏〕(계씨) 남을 높혀 그의 남동생을 이르
〔季節〕(계절) 철. 일 년을 봄·여름·가을·겨울의 네 시기로 나눈 그 한 동안.
▷冬季(동계)·四季(사계)·秋季(추계)·春季(춘계)

5 ⑧ 〔孤〕** 고 平虞 | gū, コ
1147

소전 행서 이름 외로울 고 자원 형성. 子+瓜→孤. 呱(고)·苽(고)와 같이 瓜(과)의 변음이 성부.

필순

새김 ❶외롭다. 외톨이다. ¶孤立(—, 설 립) 외롭게 홀로 섬. 예—無援. ❷고아. 어려서 아버지나 부모를 여읜 사람. ¶孤兒(—, 아이 아) 아버지나 부모를 여읜 아이. 예—園.

〔孤軍奮鬪〕(고군분투) ①수가 적고 후원이 없는 외로운 군대가 힘에 겨운 적과 용감하게 싸움. ②적은 인원의 약한 힘으로 힘든 일을 억척스레 해냄. 「예絶海의—.

〔孤島〕(고도) 육지에서 멀리 떨어진 외딴 섬.

〔孤獨〕(고독) ①외로움. ②어려서 부모를 잃은 사람과 늙어서 자손이 없는 사람.

〔孤城落日〕(고성낙일) 고립된 성과 지는 해. 혼자 떨어져 남의 도움을 받지 못하는 외로운 사정이나 형편의 비유.

〔孤子〕(고자) ①고아(孤兒). ②외로운 아들이라는 뜻으로, 아버지가 죽고 어머니만 있는 사람이 상중에 자기를 일컫는 말.

〔孤掌難鳴〕(고장난명) 한쪽 손바닥으로는 소리를 낼 수 없음. 혼자의 힘으로는 무슨 일을 하기가 어려움의 비유.

▷德不孤(덕불고)·幼孤(유고)

5 ⑧ 〔孟〕** 맹: 去敬 | mèng, モウ
1148

소전 행서 이름 맏 맹: 자원 형성. 子+皿→孟. 皿(명)의 변음이 성부.

필순

새김 ❶맏. 형제 중에서 나이가 가장 높은 사람. ❷첫. 네 철의 처음 달. 곧 음력 1월·4월·7월·10월. ¶孟春(—, 봄 춘)첫봄. 곧 음력 정월. ❸맹자(孟子)의 준말. ¶孟母三遷(—, 어미 모, 세번 삼, 옮길 천)맹자의 어머니가 사는 곳을 세 번 옮김. 故 맹자의 어머니가 맹자를 보다 더 좋은 환경에서 키우고자, 공동 묘지 부근에서 시장의 근방으로, 다시 학교 근처로 이사하여, 마침내 학업을 성취시켰다는 고사. ❹맹랑(孟浪)하다. ¶孟浪(—, 물결 랑)㉮생각한 바와는 달리 허망함. 예虛無—. ㉯처리하기가 곤란하게 딱함. 예—한 질문. ㉰함부로 만만히 볼 수 없게 깜찍함. 예—한 아이.

〔孟冬〕(맹동) ①초겨울. ②음력 10월.

〔孟母斷機〕(맹모단기) 맹자가 학업을 중단하고 집으로 돌아오자, 그 어머니가 짜던 베를 칼로 끊어 보이며 중도에 그만두는 일을 경계한 고사.

〔孟月〕(맹월) 사계절의 처음 달. 곧 맹춘(孟春 ; 정월)·맹하(孟夏 ; 4월)·맹추(孟秋 ; 7월)·맹동(孟冬 ; 10월).

▷孔孟(공맹)·論孟(논맹)

5 ⑧ 〔学〕 학 學(1155)의 약자·간화자
1149

6 ⑨ 〔孩〕* 해 平灰 | hái, ガイ
1150

소전 행서 이름 아이 해 자원 형성. 子+亥→孩. 該(해)·咳(해)·駭(해)와 같이 亥(해)가 성부..

새김 아이. 어린아이. 또는 어리다. ¶嬰孩(어린아이 영, —)어린아이.

〔孩兒〕(해아) 어린아이.

〔孩提〕(해제) 젖먹이 아이. 두세 살 된 아이.

▷兒孩(아해)

7 ⑩ 〔孫〕*** 손 平元 | sūn, ソン
1151

소전 행서 간화 孙 이름 손자 손 자원 회의. 子+系→孫 조상의 계통을 잇는 자식. 곧 '손자·자손'을 뜻한다.

필순

새김 ❶손자. 아들의 자녀. ¶長孫(맏 장, —) 맏손자. ❷자손. 후손. ¶後孫(뒤 후, —) 여러 대가 지난 뒤의 자손.

〔孫婦〕(손부) 손자의 아내. 아들의 며느리.

〔孫壻〕(손서) 손녀의 남편. 곧, 아들의 사위.

〔孫子〕(손자) 아들의 아들.

〔孫行〕(손항) 손자 뻘 되는 항렬(行列).

▷王孫(왕손)·外孫(외손)·子孫(자손)·宗孫(종손)·從孫(종손)·主孫(주손)·曾孫(증손)·支孫(지손)·玄孫(현손)·孝孫(효손)

8 ⑪ 〔孰〕** 숙 入屋 | shú, ジュク
1152

소전 행서 이름 누구 숙 자원 회의. 古〔亯의 변형〕+子〔羊의 변형〕+丸〔丮의 변형〕→孰. 亯은 음식물을 삶는 그릇, 丮은 물건을 받드는 모양. 양을 삶아서 그 고기를 받들어 올린다는 뜻. 새김은 가차.

필순

새김 ❶누구. 어느 사람. 〔論語〕 孰爲[3]好[2]學[1](숙위호학) 누구를 학문을 좋아한다고 하느냐? ❷어느. 무엇. 〔論語〕 孰不[3]可[2]忍[1]也(숙불가인야) 무엇인들 참지 못하겠느냐?

〔孰能禦之〕(숙능어지) 누가 능히 막으랴? 막아 내기 어려움을 이르는 말.

9 ⑫ 〔孱〕* 잔 平刪 | chán, セン
1153

소전 행서 이름 약할 잔 자원 형성. 尸+孨→孱. 孨(잔)이 성부.
새김 약하다. 야위어서 약하다. 또는 아리잠직하다. ¶孱弱(—, 약할 약) 아리잠직하고 약함.
〔孱妄〕(잔망) 체질이 잔약하고 하는 짓이 너무 용렬함.
〔孱劣〕(잔열←잔렬) 잔약하고 용렬함.
〔孱拙〕(잔졸) 잔약하고 옹졸함.

11 ⑭ 〔孵〕* 부 平虞 | fū, フ
1154

행서 이름 알깔 부 자원 형성. 卵+孚→孵. 浮(부)·桴(부)·莩(부)와 같이 孚(부)가 성부.
새김 알을 까다. ¶孵化(—, 화할 화) 새·곤충 등의 알이 깸. 예人工—.
〔孵卵〕(부란) 새나 물고기의 알이 깸.

13 ⑯ 〔學〕*** 학 入覺 | xué, ガク
1155

소전 행서 약간 자화 学 이름 배울 학 자원 회의. 臼+爻+冖+子→學. 臼는 두 손, 爻는 지붕 위에 ×자 모양으로 짠 나무, 冖는 건물. 아이를 두 손으로 떠밀어 학교에 보낸다는 뜻.

필순 ′ ſ ǐ ǐ′ ǐ′ 臼 臼 臼 與 學

새김 ❶배우다. 가르침을 받다. ¶學習(—, 익힐 습)배우고 익힘. ❷학교. ¶入學(들 입, —)공부하기 위하여, 학교에 들어감. ❸학자. 연구하는 사람. ¶碩學(클 석, —)학식이 많은, 큰 학자. ❹학문. 또는 지식의 체계. ¶哲學(밝을 철, —)자연이나 인류 사회 또는 사유의 일반적인 합법칙성을 연구하는 학문.
〔學界〕(학계) 학문을 연구하는 사회적 분야.
〔學科〕(학과) ①학문을 내용에 따라 나누어 놓은 과목. 예物理—. ②학교 교육에서의 교과목의 구별.
〔學課〕(학과) 학습의 단계에 따라 배정해 놓은 수업의 내용.
〔學德〕(학덕) 학식과 덕행. 예—을 겸비하다.
〔學徒〕(학도) ①학교에 다니면서 공부하는 사람. 동學生(학생). ②학문을 연구하는 사람.
〔學力〕(학력) 공부에 의하여 몸에 밴 학문의 실력.
〔學歷〕(학력) 수학(修學)한 이력.
〔學問〕(학문) ①모르는 것을 배우고 의심나는 것을 물음. ②배워서 익힌 체계가 선 지식.
〔學閥〕(학벌) ①출신 학교의 지체. ②같은 학교 출신이나 같은 학파로 이루어진 파벌.
〔學費〕(학비) 공부하는 데 드는 비용.
〔學生〕(학생) ①학교에서 공부하는 사람. ②國생전에 벼슬을 하지 못하고 죽은 사람을 높이어 그 명정·신주·지방 따위에 쓰는 말.
〔學說〕(학설) 학문상 주장하는 이론이나 의견.
〔學術〕(학술) 학문과 기술.
〔學識〕(학식) 배워서 얻은 지식.
〔學業〕(학업) 공부하여 학문을 닦는 일.
〔學藝〕(학예) 학문과 기예(技藝).
〔學院〕(학원) 학문이나 기술을 가르치는 곳.
〔學園〕(학원) 교육 기관인 학교의 통칭.
〔學位〕(학위) 일정한 학술을 닦아 제출한 연구 논문이 인정된 사람에게, 대학에서 주는 칭호. 석사(碩士)·박사(博士) 따위.
〔學而知之〕(학이지지) 배워서 앎.
〔學者〕(학자) ①학문 연구에 매달린 사람. ②경학과 예학에 능통한 사람.
〔學籍〕(학적) 학교에 갖추어 두는 학생의 성명·생년월일·신분 관계·학과 성적 등에 관한 기록. 예—簿.
〔學窓〕(학창) 학문을 닦는 곳. 학교.
〔學派〕(학파) 학문상의 주장을 달리하여 갈라져 나간 유파.
▷教學(교학)·國學(국학)·大學(대학)·獨學(독학)·勉學(면학)·文學(문학)·博學(박학)·私學(사학)·語學(어학)·中學(중학)·就學(취학)·後學(후학)

14 ⑰ 〔孺〕* 유 本유: 去遇 | rú, ジュ
1156

소전 행서 이름 어릴 유 자원 형성. 子+需→孺. 儒(유)·濡(유)와 같이 需(수)의 변음이 성부.
새김 ❶어리다. 연소하다. 또는 어린이. ¶孺子(—, 접미사 자) 어린아이. ❷아내. ¶孺人(—, 사람 인) ㉮아내. ㉯國생전에 벼슬하지 못한 사람의 아내를 높이어 이르는 말.
〔孺慕〕(유모) 죽은 부모를 그리워함. 또는 부모에 대한 애도의 마음.

16 ⑲ 〔孼〕* 얼 入屑 | niè, ゲツ
1157

소전 행서 이름 서자 얼 자원 형성. 辥+子→孼. 辥(설)의 변음이 성부.
새김 ❶서자. 첩의 소생. ¶庶孼(서자 서, —) 서자와 그의 자손. ❷움. 움돋이. 蘖(4650)과 통용. ❸재앙. ¶自作之孼(스스로 자, 지을 작, 의 지, —)자기가 저지른 일로 말미암아 생기게 된 재앙.

〔孼子〕(얼자) 첩에게서 난 아들. ↔적자(嫡子).
▷ 妖孼(요얼)·遺孼(유얼)

3 획 부수	宀 部

▷명칭:갓머리
▷쓰임:집과 그에 딸린 부속물, 또는 집 안에서 일어나는 일들의 뜻을 나타내는 한자의 부수로 쓰였다.

2⑤〔宁〕 ㊀저: 上語 ㊁녕 zhù, チョ
1158

소전 행서 이름 ㊀오래서있을 저: ㊁ 편안할 녕 자원 상형. 조가비나 무기 등을 갈무리하는 상자의 모양. 새김은 가차.
새김 ㊀오래 서 있다. 우두커니 서 있다. 佇(0177)와 같다. ¶宁立(一, 설 립) 우두커니 서 있음. ㊁寧(1213)의 간화자.

3⑥〔守〕*** ㊀수 ㊍수: 上有 shǒu, シュ ㊁수 ㊍수: 去宥 shòu, シュ
1159

소전 행서 이름 ㊀지킬 수 ㊁지방장관 수 자원 회의. 宀+寸→守. 宀은 관아, 寸은 법도. 관아에 법도가 행하여지게 하여, 조정의 기강을 지킨다는 뜻.

필순 丶 丷 宀 宀 宁 守

새김 ㊀지키다. ㉠이어받은 것을 지켜 나가다. ¶遵守(좇을 준, 一)법령·규정·지시·전례 등을 따라 지킴. ㉡보살피어 보호하다. 감시하여 막다. ¶守護(一, 지킬 호)지키어 보호함. ㉵一神. ㊁지방 장관. ¶郡守(군 군, 一)군의 행정을 맡은 지방 장관.
〔守舊〕(수구) 옛 제도나 도덕·풍습 등을 지킴. ㉵一派.
〔守令〕(수령) 군수(郡守)·현령(縣令) 등의 지방관.
〔守備〕(수비) 성이나 진지 등을 지킴.
〔守成〕(수성) 부조(父祖)의 업적을 지킴. 앞사람의 업적을 잘 이어감.
〔守勢〕(수세) 방어하는 형세. 또는 그 세력.
〔守衛〕(수위) 지킴. 또는 지키는 사람.
〔守錢奴〕(수전노) 한 번 손에 들어간 돈은 좀처럼 내놓지 않는 인색한 사람.
〔守節〕(수절) 절개를 지킴. ㉵一寡婦.
〔守株待兎〕(수주대토) 변통할 줄은 모르고 굳게 지키기 만함. 故 송(宋)의 농부가 토끼가 나무 구루터기에 부딪쳐 죽는 것을 보고, 또 그와 같은 일이 있을까 하여 일도 하지 않고 나무 구루터기만 지켜보고 있었다는 고사.
〔守直〕(수직) ①맡아서 지킴. 당번이 됨. ②정직한 태도를 지킴.
〔守則〕(수칙) 공동으로 지켜야 할 규칙.
▷ 看守(간수)·固守(고수)·保守(보수)·死守(사수)·留守(유수)·鎭守(진수)·太守(태수)

3⑥〔安〕*** 안 平寒 ān, アン
1160

소전 행서 이름 편안할 안 자원 회의. 宀+女→安. 집 안에 있는 여자가 집안일에 힘쓰면 그 집은 편안하다는 뜻.

필순 丶 丷 宀 它 安 安

새김 ❶편안하다. 또는 안락하다. ¶安息(一, 쉴 식)편안히 쉼. ㉵一日. ❷안전하다. 위태롭지 아니하다. 危(0595)의 대. ¶安危(一, 위태할 위)안전함과 위태함. ㉵國家의 一에 관한 일. ❸편안하게 하다. 안심시키다. ¶慰安(위로할 위, 一)위로하여 안심시킴. ❹설치하다. ¶安置(一, 둘 치)㉮일정한 장소에 모셔둠. ㉵佛像의 一. ㉯귀양간 죄인을 가두어 둠. ㉵圍籬 一. ❺어디. 어느 곳. 〔史記〕沛公安在(패공안재) 패공은 어디에 있는가? ❻어찌. 어찌하여. 〔史記〕燕雀安知鴻鵠志哉(연작 안지홍곡지재) 제비나 참새가 어찌 큰기러기와 고니의 뜻을 알겠느냐? 소인은 영웅의 뜻을 알지 못함의 비유.
〔安寧〕(안녕) 몸이 건강하고 마음이 편안함.
〔安堵〕(안도) ①사는 곳에서 편안히 지냄. ②마음을 놓음.
〔安樂〕(안락) 편안하고 즐거움. ㉵ 一死.
〔安保〕(안보) 안전보장(安全保障)의 준말.
〔安否〕(안부) 편안함과 편안하지 아니함. 또는 그에 대한 인사.
〔安分〕(안분) 편안한 마음으로 제 분수를 지킴.
〔安貧樂道〕(안빈낙도) 가난하게 살면서도 편안한 마음으로 도를 즐김.
〔安心〕(안심) 걱정이 없이 마음이 편안함.
〔安穩〕(안온) 편안하고 무사함.
〔安逸〕(안일) ①일이 없이 한가롭고 편안함. ②무엇을 쉽고 편안하게 생각하여 그저 좋게 되겠거니 하고 관심이 적음. ㉵一한 생각.
〔安全〕(안전) 위험이 없음. 탈이 없음.
〔安定〕(안정) ①안전하게 자리잡힘. ②마음이나 일이 편안하게 정하여짐.
〔安靜〕(안정) ①편안하고 고요함. ②태도가 침착함. ③병을 치료하기 위하여 몸과 마음을 편안하게 하고 조용히 지냄.
〔安着〕(안착) 무사히 도착함.
〔安打〕(안타) 야구에서, 타자가 베이스에 나갈 수 있도록 공을 치는 일.
〔安閑〕(안한) 편안하고 한가함.
▷ 苟安(구안)·問安(문안)·保安(문안)·不安(불안)·治安(치안)·便安(편안)·平安(평안)

3 ⑥ 〔宇〕*** 1161 우: 上麌 | yǔ, ウ

소전 행서 이름 집 우: 자원 형성. 宀+于→宇. 玗(우)·迂(우)·盂(우)·芋(우)와 같이 于(우)가 성부.

필순 丶 丷 宀 宀 宇 宇

새김 ❶집. ¶屋宇(집 옥, —)사람이 사는 집. ❷하늘. ¶宇宙(—, 하늘 주)하늘. 모든 천체를 포함한 공간. ❸천지 사방. 천하. ¶宇內(—, 안 내)천지 사방의 안. 곧 온 세상.
〔宇宙觀〕(우주관) 우주의 기원과 본질·변화·발전 등에 관한 견해.
▷氣宇(기우)·基宇(기우)·眉宇(미우)·殿宇(전우)·天宇(천우)

3 ⑥ 〔宅〕*** 1162 ㊀택 本책 入陌 | shāi, タク
㊁댁 國

소전 행서 이름 ㊀집 택 ㊁댁 댁 자원 형성. 宀+乇→宅. 乇(탁)의 변음이 성부.

필순 丶 丷 宀 宀 宅 宅

새김 ㊀집. 사람이 사는 집. ¶宅地(—, 땅 지)집을 지을 땅. 예—開發. ㊁國댁. ㉠남편의 성(姓)이나 벼슬 이름에 붙여 그의 아내임을 나타내는 말. 예金校理宅(김교리댁). ㉡친정의 지명 밑에 붙여 그 부인을 나타내는 말. 예廣州宅(광주댁).
〔宅內〕(댁내) 國상대방을 높이어 그의 집안을 이르는 말.
〔宅兆〕(택조) 묏자리. 묘지(墓地).
〔宅號〕(택호) 國벼슬 이름이나 주부의 친정의 지명을 붙여서 그 사람의 집을 일컫는 이름.
▷家宅(가택)·故宅(고택)·私宅(사택)·安宅(안택)·自宅(자택)·邸宅(저택)·住宅(주택)

4 ⑦ 〔宏〕* 1163 굉 本횡 平庚 | hóng, コウ

소전 행서 동자 竑 이름 클 굉 자원 형성. 宀+厷→宏. 紘(굉)·肱(굉)과 같이 厷(굉)이 성부.
새김 크다. 크고 넓다. ¶宏謀(—, 꾀 모)큰 계획.
〔宏大〕(굉대) 어마어마하게 큼.
〔宏壯〕(굉장) 아주 크고 훌륭함.
〔宏闊〕(굉활) 크고 넓음. 넓고 탁 트임.

4 ⑦ 〔宋〕* 1164 송: 去宋 | sòng, ソウ

소전 행서 이름 송나라 송: 자원 회의. 宀+木→宋. 집 안에 나무를 심은 모양. '주거'가 본뜻이다.
새김 송나라. ㉠춘추(春秋) 때의 나라. 주 무왕(周武王)이 은(殷)나라를 멸하자, 그 유민들이 세웠다. ¶宋襄之仁(송양지인)하찮은 인정의 비유. 故송나라 양공(襄公)이 초(楚)나라와 싸울 때, 적이 전진을 갖추기 전에 공격해야 한다는 부하의 의견을, 군자는 그럴 수 없다고 하여, 전진을 갖추기를 기다린 뒤에 쳤다가 대패했다는 고사. ㉡조광윤(趙匡胤)이 후주(後周)의 선양을 받아 세운 왕조.(960～1279) 사마광(司馬光)·주자(朱子) 등 학자를 배출하였다. ¶宋學(—, 학문 학) 송나라의 유학(儒學).
〔宋版〕(송판)송대(宋代)에 간행된 책.
▷南宋(남송)·唐宋(당송)·北宋(북송)

4 ⑦ 〔完〕*** 1165 완 平寒 | wán, カン

소전 행서 이름 완전할 완 자원 형성. 宀+元→完. 琓(완)·阮(완)과 같이 元(원)의 변음이 성부.

필순 丶 丷 宀 宀 宀 宇 完

새김 완전하다. 결함이 없이 다 갖추어져 있다. ¶完備(—, 갖출 비) 부족함이나 결함이 없이 완전하게 갖춤.
〔完結〕(완결) 완전하게 끝을 맺음.
〔完了〕(완료) 완전히 마치거나 끝냄.
〔完璧〕(완벽) 흠이 없는 옥. 완전 무결한 사람이나 사물의 비유.
〔完成〕(완성) 완전히 다 이룸.
〔完遂〕(완수) 목적이나 책임을 모두 이루거나 다함.
〔完全〕(완전) 부족함이나 흠이 없이 온전함.
〔完治〕(완치) 병을 완전히 고침.
〔完快〕(완쾌) 병이 완전히 나음.
〔完破〕(완파) 완전히 격파함.
〔完敗〕(완패) 손을 써 보지도 못하고 짐.
▷未完(미완)·補完(보완)

5 ⑧ 〔官〕*** 1166 관 平寒 | guān, カン

소전 행서 이름 벼슬 관 자원 회의. 宀+𠂤〔𠂤의 변형〕→官. 𠂤는 장수가 출정할 때 휴대하는 제육(祭肉)의 모양으로, 군례(軍禮)를 행하는 곳에 두었다. 새김은 가차.

필순 丶 丷 宀 宀 宀 官 官 官

새김 ❶벼슬. 관직. ¶高官(높을 고, —)지위가 높은 벼슬. 예—大爵. ❷벼슬아치. 관리. ¶長官(어른 장, —)한 관아의 으뜸 관리. ❸공유(公有). 국유(國有). ¶官廳(—, 관청 청)국가의 사무를 처리하는 곳. ❹기관(器官). 또는 생물체의 기능. ¶五官(다섯 오, —)눈·귀·코·혀·피부 등 다섯 가지의 감각을 맡은 기관.
〔官界〕(관계) 관리의 사회.
〔官公署〕(관공서) 관청과 공공 기관.
〔官權〕(관권) 국가 기관의 권력.
〔官紀〕(관기) 관리들이 마땅히 지켜야 할 기강.
〔官奴〕(관노) 관가에 딸린 남자 종.
〔官能〕(관능) 생물이 생활을 영위하는 여러 기관의 작용.
〔官僚〕(관료) ①같은 관직의 동료. ②정치적 영향력이 있는 고급 관리.
〔官吏〕(관리) 관직에 있는 사람.
〔官報〕(관보) 정부가 국민에게 알리는 사항을 편집하여 발행하는 문서.
〔官舍〕(관사) 관리들이 살림집으로 쓰는 국가 소유의 집. 「예— 理事.
〔官選〕(관선) 정부가 선임함. 대民選(민선).
〔官營〕(관영) 사업을 정부가 경영함.
〔官運〕(관운) 관직을 얻어 출세할 운수. 또는 승진할 운수.
〔官員〕(관원) 벼슬아치.
〔官印〕(관인) 관청의 관직을 새긴 도장.
〔官認〕(관인) 관청에서 인가함.
〔官爵〕(관작) 관직과 작위.
〔官邸〕(관저) 고급 관리에게 제공되는 관사(館舍).
〔官制〕(관제) 국가의 행정 기관 전반에 관한 법규.
〔官職〕(관직) 관리의 직무나 직책.
▷敎官(교관)·名官(명관)·武官(무관)·文官(문관)·百官(백관)·法官(법관)·史官(사관)·上官(상관)·試官(시관)·任官(임관)

5 ⑧ 〔弦〕* 굉 宏(1163)과 동자
1167

5 ⑧ 〔宝〕 보: 寶(1228)의 속자·간화자
1168

5 ⑧ 〔宓〕* 복 入屋 fú, フク
1169

소전 행서 이름 성 복 자원 형성. 宀+必→宓. 必(필)의 변음이 성부.
새김 성(姓). 伏(0143)과 통용. 예宓羲氏(복희씨).

5 ⑧ 〔实〕 실 實(1216)의 속자·간화자
1170

5 ⑧ 〔実〕 실 實(1216)의 약자
1171

5 ⑧ 〔审〕 심: ▷심 審(1224)의 간화자
1172

5 ⑧ 〔宛〕* 완: 本원: 上阮 wǎn, エン
1173

소전 행서 이름 뚜렷할 완: 자원 형성. 宀+夗→宛. 怨(원)·苑(원)과 같이 夗(원)의 변음이 성부.
새김 ❶뚜렷하다. 또는 뚜렷이. ¶宛然(—, 그러할 연) 눈 앞에 직접 보는 것과 같이 뚜렷함. ❷굽다. 또는 굽히다. ¶宛轉(—, 구를 전) ㉮구불구불 빙 돎. ㉯태도가 예쁘고 맵시가 있음.

5 ⑧ 〔宜〕** 의 平支 yí, ギ
1174

소전 행서 이름 마땅 의 자원 상형. 도마 위에 고기를 올려놓은 모양. 새김은 가차.

필순 丶 丷 宀 宀 宀 宜 宜 宜

새김 ❶마땅하다. 알맞다. 좋다. ¶便宜(편할 편, —)생활하거나 일하는 데 편하고 좋음. 예— 施設. ❷마땅히 ~해야 한다. 〔詩經〕宜鑑于殷(의감우은)마땅히 은나라를 거울삼아야 한다.
〔宜家之樂〕(의가지락) 부부간의 재미로운 낙.
〔宜當〕(의당) ①마땅함. 적절함. ②으레. 마땅히.
〔宜兄宜弟〕(의형의제) 형제간에 의가 좋음.
〔宜乎〕(의호) 마땅히. 또는 당연한 모양.
▷機宜(기의)·時宜(시의)·適宜(적의)

5 ⑧ 〔定〕*** 정: 去徑 dìng, テイ·ジョウ
1175

소전 행서 이름 정할 정: 자원 형성. 宀+疋〔正의 변형〕→定. 疋(정)이 성부.

필순 丶 丷 宀 宀 宀 宀 宀 定

새김 ❶정하다. 또는 정해지다. ¶確定(확실할 확, —)확고하게 정함. ❷진정하다. 또는 진정시키다. ¶平定(정벌할 평, —)적을 쳐서 평온하게 진정시킴. ❸약속. 또는 규정. ¶規定(법 규, —)법이나 규칙으로 정한 약속.
〔定價〕(정가) 정해져 있는 상품의 값.
〔定刻〕(정각) 정한 시각.
〔定款〕(정관) 사단법인·재단법인 등의 업무 집행에 관한 규정.
〔定規〕(정규) 정해진 규칙이나 제도.
〔定期〕(정기) 기한을 정함. 또는 그 정해진 기한.
〔定石〕(정석) ①일을 처리하는 일정한 방식. ②바둑에서, 공격과 수비에 가장 좋은 수로 알려져 있는 방식.

〔定說〕(정설) 여러 사람들에 의하여 바르다고 인정되는 학설이나 이론.
〔定省〕(정성) 밤에는 잠자리를 돌보아 드리고 새벽에는 안부를 물음. 곧 자식이 조석으로 부모를 잘 받들어 섬기는 도리. 혼정신성(昏定晨省)의 준말.
〔定數〕(정수) ①일정하게 정해져 있는 수. ②정해져 있는 운수.
〔定額〕(정액) 정해 놓은 금액.
〔定員〕(정원) 규정에 의해 정해져 있는 인원.
〔定義〕(정의) 사물에 관하여 의미를 밝혀 개념을 명확하게 한정하는 일. 또는 그 설명.
〔定足數〕(정족수) 회의를 열거나 의결을 할 수 있는 필요한 최소한의 인원수.
〔定着〕(정착) 일정한 곳에 자리잡아 있음.
〔定處〕(정처) 일정한 거처.
〔定礎〕(정초) ①주춧돌. 또는 주춧돌을 놓음. ②사물의 기초가 되는 것.
〔定評〕(정평) 사회적으로 인정받는 평판.
〔定型詩〕(정형시) 한시나 시조처럼 글자의 수, 운율에 관한 규칙 등이 일정하게 정해져 있는 시.
▷假定(가정)·鑑定(감정)·改定(개정)·檢定(검정)·決定(결정)·固定(고정)·選定(선정)·安定(안정)·豫定(예정)·議定(의정)·認定(인정)·制定(제정)·判定(판정)·限定(한정)

5 ⑧ 〔宗〕*** 1176 종 平冬 | zōng, ソウ

소전 행서 이름 마루 종 자원 회의. 宀+示→宗. 示는 제상(祭床). 집 안에 있는 제상이란 뜻으로, 이에 조상의 신위를 모시기에 '사당'이란 뜻을 나타낸다.

필순 丶 丷 宀 宀 宀 宇 宗 宗

새김 ❶마루. 꼭대기. 제일인자. ¶宗匠(―, 거장 장)학문이나 기예가 뛰어나 스승으로 추앙받는 사람. ❷사당. 조상의 신주를 모시는 곳. ¶宗廟(―, 사당 묘)임금이 그의 조상에게 제사를 올리는 사당. ❸겨레붙이. 종족. ¶宗親(―, 친척 친)㉮같은 성씨의 친족. ㉯임금의 친족. ❹맏아들. 종손. ¶宗家(―, 집 가)종손의 집. ❺유파(流派). ㉾南宗畫(남종화). ❻불교의 교리(敎理). ¶禪宗(선 선, ―)참선으로 불교의 진리를 깨닫고자 하는 교리. 또는 그 종파.
〔宗敎〕(종교) 무한·절대의 초인간적인 대상을 숭배하고 신앙하는 일의 총체적 체계.
〔宗孫〕(종손) 國종가의 맏손자.
〔宗氏〕(종씨) 國동족으로서 촌수가 먼 일가 사이의 호칭.
〔宗旨〕(종지) ①근본이 되는 중요한 뜻. ②한 종교나 종파의 중심이 되는 가르침.
〔宗派〕(종파) ①종족의 갈래. 주로 종가의 계통을 지파에 상대하여 이르는 말. ②학술·문예·종교 등의 유파.
〔宗會〕(종회) 한 문중(門中)의 모임.
▷改宗(개종)·敎宗(교종)·同宗(동종)·儒宗(유종)·祖宗(조종)·曹溪宗(조계종)

5 ⑧ 〔宙〕*** 1177 주: 去宥 | zhòu, チュウ

소전 행서 이름 하늘 주: 자원 형성. 宀+由→宙. 紬(주)와 같이 由(유)의 변음이 성부.

필순 丶 丷 宀 宀 宀 宙 宙 宙

새김 하늘. ¶宇宙(하늘 우, ―) 하늘. 모든 천체를 포함한 공간.

5 ⑧ 〔宠〕 1178 총: 寵(1227)의 간화자

5 ⑧ 〔宕〕* 1179 탕: 去漾 | dàng, トウ

소전 행서 이름 방종할 탕: 자원 회의. 宀+石→宕. 石은 석실(石室). 집 안에 있는 석실이 본뜻. 새김은 가차.

새김 ❶방종하다. 제멋대로 굴다. 蕩(4606)과 통용. ¶宕子(―, 아들 자)방탕한 남자. ❷걸걸하다. 헌거롭고 쾌활하다. ¶豪宕(호기있을 호, ―)호기가 많고 걸걸함. ❸탕건(宕巾). 말총으로 엮어 만든 쓰개의 한 가지. 외출 때에는 갓에 받쳐 쓰고 집 안에서는 그대로 쓴다.
▷佚宕(일탕)·跌宕(질탕)

6 ⑨ 〔客〕*** 1180 객 入陌 | kè, キャク

소전 행서 이름 손 객 자원 형성. 宀+各→客. 各(각)의 변음이 성부.

필순 丶 丷 宀 宀 宀 宊 宊 客 客

새김 ❶손. 主(0041)의 대. ㉠손님. ¶主客(주인 주, ―)주인과 손. ㉡자기에게 상대되는 것. 외부의 제삼자. ¶客觀(―, 볼 관) 주관을 떠나, 제삼자의 처지에서 보거나 생각하는 일. ㉾―的인 評價. ❷객지살이하다. 또는 여행하다. ¶客苦(―, 괴로움 고)객지살이에서 겪는 고생. ❸사람. ㉠나그네. ¶過客(지나갈 과, ―) 지나가는 나그네. ㉡장사 행위의 상대. ¶乘客(탈 승, ―)차·배·항공기 등을 타는 사람. ㉢한 방면에 일가를 이룬 사람. ¶劍客(검 검, ―) 검술에 능한 사람. ❹객쩍다. ¶客談(―, 말 담) 객쩍은 말. ❺지난. 과거의. ¶客年(―, 해 년) 지난 해.

〔客氣〕(객기) 객쩍게 부리는 혈기.
〔客費〕(객비) ①객쩍은 비용. ②객지에서 드는 비용.
〔客死〕(객사) 객지에서 죽음.
〔客席〕(객석) 손님의 자리.
〔客水〕(객수) ①딴 데서 들어온 걸물. ②쓸데없이 내리는 비.
〔客愁〕(객수) 나그네의 시름.
〔客室〕(객실) 손님을 거처하게 하거나 접대하는 방.
〔客員〕(객원) 어떤 기구의 정식 성원이 아니면서 일정한 임무를 맡아 보는 사람. ㉵—教授.
〔客主〕(객주) 國 여관집 주인.
〔客地〕(객지) 자기 집을 떠나 임시로 있는 곳. ㉵—生活.
〔客窓〕(객창) 나그네가 거처하는 방. 여창(旅窓).
〔客體〕(객체) ①객지에 있는 몸. ②생각이나 행동이 미치는 목적물.
〔客懷〕(객회) 나그네의 회포.
▷顧客(고객)·來客(내객)·門客(문객)·食客(식객)·旅客(여객)·政客(정객)·弔客(조객)·賀客(하객)·俠客(협객)

6 ⑨ 〔宣〕** 선 平先 xuān, セン
1181

소전 행서 이름 베풀 선 자원 형성. 宀+亘→宣. 亘에는 '긍' 외에 '선' 음도 있어, 亘(선)이 성부.

필순 丶 丶丶 宀 宀 宀 宁 宣 宣 宣

새김 ❶베풀다. 널리 펴다. 널리 알리다. ¶宣戰(—, 싸움 전) 전쟁의 개시를 널리 알림. ㉵—布告. ❷드러내다. 드러내 밝히다. ¶宣揚(—, 들날릴 양) 명성·권위 등을 널리 들날림. ㉵國威—. ❸조서. 임금의 명령. ¶宣下(—, 내릴 하) 임금이 조서를 내림.
〔宣告〕(선고) ①널리 알림. ②재판관이 판결을 내림.
〔宣教〕(선교) ①선양하여 교화함. ②교령(教令)을 선포함. ③종교를 선전함.
〔宣撫〕(선무) 민심을 어루만져 가라앉힘.
〔宣誓〕(선서) 여러 사람 앞에서 결의를 맹세함.
〔宣言〕(선언) 자기의 의견을 일반 사람에게 밝혀 말함.
〔宣傳〕(선전) 일정한 사상·이론·지식 등을 대중에게 널리 알림.
〔宣布〕(선포) 세상에 널리 알림. 선언하여 공포함.

6 ⑨ 〔宬〕* 성 平庚 chéng, セイ
1182

소전 행서 이름 서고 성 자원 형성. 宀+成→宬. 城(성)·盛(성)·晟(성)과 같이 成(성)이 성부.
새김 서고(書庫). 장서실.

6 ⑨ 〔室〕*** 실 入質 shì, シツ
1183

소전 행서 이름 집 실 자원 회의. 宀+至→室. 사람이 이르러〔至〕 머무는 집이란 뜻.

필순 丶 丶丶 宀 宀 宀 宏 宏 室 室

새김 ❶집. 주택. ¶巨室(클 거, —)큰 집. ❷방. ¶居室(거처할 거, —)거처하는 방. ❸아내. ¶正室(바를 정, —)본처. ❹가족. 집안. ¶王室(임금 왕, —)임금의 집안.
〔室家之樂〕(실가지락) 부부 사이의 의좋은 즐거움.
〔室內〕(실내) ①방의 안. ②國 남의 아내의 일컬음.
〔室人〕(실인) 자기 아내를 낮추어 일컫는 말.
▷教室(교실)·內室(내실)·密室(밀실)·病室(병실)·石室(석실)·溫室(온실)·側室(측실)·寢室(침실)·皇室(황실)

6 ⑨ 〔宥〕* 유: 去宥 yòu, ユウ
1184

소전 행서 이름 용서할 유: 자원 형성. 宀+有→宥. 侑(유)·洧(유)와 같이 有(유)가 성부.
새김 용서하다. 관용을 베풀다. ¶宥和(—, 화할 화)너그럽게 용서하여 사이좋게 함. ㉵—政策.
〔宥恕〕(유서) 너그럽게 용서함.
〔宥還〕(유환) 귀양갔던 사람이 용서를 받아 돌아옴.
▷寬宥(관유)·赦宥(사유)·原宥(원유)

6 ⑨ 〔宦〕* 환: 去諫 huàn, カン
1185

소전 행서 이름 벼슬 환: 자원 회의. 宀+臣→宦. 宀은 종묘. 종묘에서 일하는 신하. 곧 벼슬을 뜻한다.
새김 ❶벼슬. 또는 벼슬살이하다. ¶宦路(—, 길 로) 벼슬길. ❷고자. 내시. ¶宦官(—, 벼슬 관) 고자로서 궁중에서 일하는 벼슬. 곧 내시.
〔宦途〕(환도) 벼슬길. 관도(官途).
〔宦族〕(환족) 대대로 벼슬을 하는 집안.
〔宦海〕(환해) 관리의 사회. 관계(官界).
〔宦況〕(환황) 관직 생활의 형편이나 재미.
▷名宦(명환)·仕宦(사환)·閹宦(엄환)

7 ⑩ 〔家〕*** 가 平麻 jiā, カ
1186

소전 행서 이름 집 가 자원 회의. 宀+豕→家. 豕는 돼지. 본뜻은 돼지우리. 인신하여, 사람이 사는 집의 뜻으로 쓴다.

필순

새김 ❶집. 사람이 사는 집. ¶民家(백성 민, ―) 백성이 사는 집. ❷가정. 가족. ¶家訓(―, 가르침 훈) 한 집안에서 정해 놓은, 자녀들을 교양하는 훈계. ❸가계. 가문. 혈통. ¶名家(이름날 명, ―) 명성이 있는 가문. ❹학파. 학문이나 예술의 유파. ¶儒家(유교 유, ―) 유교를 신봉하고 연구하는 학파나 학자. ❺사람. 전문적인 지식이나 기능을 가진 사람. ¶畫家(그림 화, ―) 그림 그리는 일을 전문으로 하는 사람. ❻겸사. 자기의 친속을 남에게 가리켜 말할 때 쓰는 겸사. ¶家豚(―, 돼지 돈) 자신이 기르는 돼지란 뜻으로, 남에게 자신의 아들을 낮추어 이르는 말.

〔家家禮〕(가가례) 집마다 각기 다른 예법이나 범절.
〔家系〕(가계) 한 집안의 계통.
〔家計〕(가계) 가정의 생계. 가정의 살림살이.
〔家口〕(가구) 세대(世帶). 예100 ―.
〔家具〕(가구) 의장·책상·식탁·의자 따위의 살림살이에 쓰는 세간. 예―店.
〔家給人足〕(가급인족) 집집이 살림이 넉넉하고 사람마다 풍요롭게 삶.
〔家忌〕(가기) 조상의 기제사.
〔家道〕(가도) ①한 집안에서 지켜야 할 규범과 도리. ②가정의 살림 형편.
〔家門〕(가문) 집안의 사회적 지위.
〔家寶〕(가보) 한 집안에 전해져 오는 보배로운 물품.
〔家事〕(가사) 밥짓기·빨래·청소 따위의 사사로운 집안일.
〔家產〕(가산) 가정의 재산. 가자(家貲).
〔家勢〕(가세) 터수. 집안 살림의 형세나 형편.
〔家乘〕(가승) 한 집안의 혈통과 대대로 내려온 사적을 적은 책.
〔家信〕(가신) 자기 집에서 보내온 편지나 소식.
〔家業〕(가업) ①가정의 생계를 이룩해 가는 직업. ②대대로 전해 오는 사업이나 학업.
〔家屋〕(가옥) 사람이 사는 집.
〔家運〕(가운) 한 집안의 운수.
〔家長〕(가장) ①집안의 어른. ②남편.
〔家財〕(가재) 한 집의 재물이나 재산. 예―道具.
〔家庭〕(가정) 남편과 아내, 어버이와 자식들이 함께 생활하는 가족의 집단.
〔家族〕(가족) 주로 부부와 부모 자녀, 형제 등 혈연적으로 이루어진 집단. 또는 그 집단의 성원. 예核―.
〔家畜〕(가축) 집에서 기르는 짐승.
〔家親〕(가친) 남에게 자기 아버지를 일컫는 말.
〔家宅〕(가택) 사람이 살고 있는 집.
〔家風〕(가풍) 한 집안에 대대로 전해 오는 범절이나 기풍(氣風).

▷古家(고가)·官家(관가)·大家(대가)·法家(법가)·史家(사가)·良家(양가)·王家(왕가)·一家(일가)·宗家(종가)·出家(출가)

7 ⑩ 〔宽〕 1187 관 寬(1221)의 간화자

7 ⑩ 〔宮〕** 1188 궁 平東 | gōng, キュウ

소전 행서 이름 집 궁 자원 회의. 宀+呂→宮. 呂는 이어져 있는 방의 평면도. 방이 여럿 있는 집이란 뜻.

필순

새김 ❶집. 방이 여럿 있는 큰 집. ¶迷宮(길잃을 미, ―) 길을 잃는 큰 집. ㉮한번 들어가면 빠져 나올 수 없도록 만들어 놓은 곳의 비유. ㉯일이나 사건이 복잡하게 얽히어 쉽게 풀 수 없게 된 상태의 형용. ❷궁. 궁궐. 궁전. 임금이 거처하는 곳. ¶王宮(임금 왕, ―) 임금이 거처하는 궁전. ❸궁성(宮聲). 宮(궁)·商(상)·角(각)·徵(치)·羽(우)로 나누는 다섯 음계의 하나. ❹생식기. ¶宮刑(―, 형벌 형) 생식기를 제거하는 형벌.

〔宮闕〕(궁궐) 임금이 거처하는 곳.
〔宮女〕(궁녀) 궁중에서 임금의 시중을 드는 여자.
〔宮房田〕(궁방전) 궁가(宮家)에서 세를 받던 논밭.
〔宮殿〕(궁전) 왕의 거처. 궁궐(宮闕).
〔宮合〕(궁합) 國남녀의 사주(四柱)를 맞추어 보아 부부로서 적절한지를 알아보는 점.

▷東宮(동궁)·神宮(신궁)·龍宮(용궁)·月宮(월궁)·離宮(이궁)·子宮(자궁)·梓宮(재궁)·行宮(행궁)·皇宮(황궁)·後宮(후궁)

7 ⑩ 〔宾〕 1189 빈 賓(5179)의 간화자

7 ⑩ 〔宵〕* 1190 소 平蕭 | xiāo, ショウ

소전 행서 이름 밤 소 자원 형성. 宀+肖→宵. 肖에는 '초' 외에 '소' 음도 있어, 消(소)·逍(소)와 같이 肖(소)가 성부.

새김 밤. 초저녁. ¶晝宵(낮 주, ―) 낮과 밤.

〔宵衣旰食〕(소의한식) 새벽에 일어나 정복(正服)을 입고, 해가 진 뒤에 저녁밥을 먹음. 임금이 정사에 부지런함의 형용.

▷今宵(금소)·良宵(양소)·元宵(원소)·中宵(중소)·春宵(춘소)·通宵(통소)

7 ⑩ 〔宸〕* 1191 신 平眞 | chén, シン

소전 宸 행서 宸 이름 대궐 신 자원 형성. 宀+辰→宸. 晨(신)·娠(신)·蜃(신)과 같이 辰(신)이 성부.

새김 대궐. 인신하여, 임금. 또는 왕위. ¶宸念(—, 생각 념)임금의 생각.

〔宸襟〕(신금) 제왕의 생각이나 판단.

〔宸筆〕(신필) 제왕의 친필. 어필(御筆).

7 ⑩ 〔宴〕** 연: 去霰 yàn, エン 1192

소전 宴 행서 宴 이름 잔치 연: 자원 형성. 宀+旻〔晏의 생략체〕→宴. 晏(안)의 변음이 성부.

필순 丶 丷 宀 宀 宀 宀 宀 宴 宴 宴

새김 ❶잔치. 주연. 또는 주연을 베풀다. ¶宴會(—, 모임 회) 잔치를 베푸는 모임. ❷편안하다. 또는 한가롭다. 燕(3105)과 통용. ¶宴居(—, 있을 거) 편안하고 한가롭게 있음.

〔宴禮〕(연례) 나라에 경사가 있을 때에 베푸는 잔치.

〔宴席〕(연석) 술자리. 연회석.

〔宴飮〕(연음) 연석에서 즐겁게 술을 마심.

〔宴享〕(연향) 제왕이 술자리를 베풀어 신하나 빈객(賓客)을 대접함.

▷內宴(내연)·送別宴(송별연)·壽宴(수연)·酒宴(주연)·祝宴(축연)·披露宴(피로연)·賀宴(하연)·饗宴(향연)

7 ⑩ 〔容〕*** 용 平冬 róng, ヨウ 1193

소전 容 행서 容 이름 얼굴 용 자원 형성. 宀+谷〔公의 변형〕→容. 公(공)의 변음이 성부.

필순 丶 丷 宀 宀 宀 宀 灾 容 容 容

새김 ❶얼굴. 또는 용모. ¶美容(아름다울 미, —) ㉮아름다운 얼굴. ㉯얼굴을 아름답게 매만져 꾸밈. 예—師. ❷넣다. 담다. ¶容量(—, 분량 량) 그릇에 담거나 넣을 수 있는 분량. ❸받아들이다. ¶收容(거둘 수, —) 일정한 곳에 거두어 받아들임. 예—所. ❹들어주다. 용서하다. ¶寬容(너그러울 관, —) 너그럽게 용서하거나 들어줌. ❺속내. ¶內容(안 내, —) 사물의 속내. ❻차분하다. ¶從容(태연할 종, —) 태도나 안색이 태연하고 차분함.

〔容器〕(용기) 물건을 담는 그릇.

〔容納〕(용납) 너그럽게 받아드림.

〔容貌〕(용모) 얼굴 모양.

〔容恕〕(용서) 너그럽게 받아들여 꾸짖거나 처벌하지 아니함.

〔容疑者〕(용의자) 범죄를 저질렀다는 의심을 받고 있는 사람.

〔容易〕(용이) 하기 쉬움. 손쉬움.

〔容認〕(용인) 너그럽게 받아들이고 인정함.

〔容態〕(용태) ①용모와 태도. 얼굴 모양과 몸맵시. ②병의 상태.

▷禮容(예용)·威容(위용)·儀容(의용)·理容(이용)·包容(포용)·許容(허용)·形容(형용)

7 ⑩ 〔宰〕** 재: 上賄 zǎi, サイ 1194

소전 宰 행서 宰 이름 재상 재: 자원 회의. 宀+辛→宰. 辛은 희생을 잡을 때 쓰는, 자루 달린 칼의 모양. 사당 안에서 희생을 잡는자. 곧 재상을 뜻한다.

필순 丶 丷 宀 宀 宀 宀 宀 宀 宰 宰

새김 ❶재상. 정승. 상공(相公). 또는 우두머리. ¶宰相(—, 재상 상)임금을 도와 정사를 펴는 가장 높은 벼슬. ❷주관하다. 맡아 다스리다. ¶主宰(주될 주, —)주로 책임지고 맡아 처리함. 예—者.

〔宰殺〕(재살) 짐승이나 희생을 잡음.

〔宰人〕(재인) ①재상(宰相)의 속관. 인신하여, 관원(官員). ②백장. 백정(白丁).

▷卿宰(경재)·冢宰(총재)

7 ⑩ 〔害〕*** 一 해: 去泰 hài, ガイ 二 갈 入曷 hé 1195

소전 害 행서 害 이름 一해칠 해: 二어찌 갈 자원 회의자라는 설과 형성자라는 설이 갈라져 있다. '해치다'의 새김은 가차.

필순 丶 丷 宀 宀 宀 宀 宔 宔 害 害

새김 一❶해치다. ㉠해롭게 하다. ¶殺害(죽일 살, —)사람을 죽여서 해침. ㉡해치는. 해가 되는. ¶害蟲(—, 벌레 충)해가 되는 벌레. ❷해. ㉠재앙이나 근심. 또는 피해. ¶水害(물 수, —)장마나 홍수로 인해 받는 피해. ㉡손해. 해로움. 利(0452)의 대. ¶利害(이로울 리, —)이로움과 해로움. 二어찌. 어찌 ~하지 아니하느냐? 일설에는, 어느 때. 〔孟子〕 時日害喪(시일갈상) 이 해는 어찌 없어지지 아니하느냐?

〔害毒〕(해독) 어떤 일을 망치거나 깨뜨려서 손해를 끼치는 요소.

〔害心〕(해심) 해치려는 마음.

〔害惡〕(해악) 해가 되는 나쁜 일.

▷加害(가해)·公害(공해)·冷害(냉해)·無害(무해)·迫害(박해)·妨害(방해)·損害(손해)·要害(요해)·危害(위해)·自害(자해)·災害(재해)·被害(피해)·旱害(한해)

8 ⑪ 〔寇〕* 구 本구: 去宥 kòu, コウ 1196

소전 행서 이름 도적 구 자원 회의. 完+攴→寇. 完은 사로잡혀 사당에 끌려온 사람. 이를 조상의 신주 앞에서 매질하는 〔攴〕 형상. 그래서 '침략자'를 뜻한다.
새김 ❶도적. 떼지어 다니는 도둑. ¶倭寇(왜 왜, ―) 일본 사람의 해적(海賊). ❷원수. 침략자. ¶寇讐(―, 원수 수) 원수.
〔寇賊〕(구적) 떼지어 다니면서 침범하는 도둑.
▷ 外寇(외구)·侵寇(침구)

8 ⑪ 〔寄〕 기 本기: 去寘 jì, キ
1197

소전 행서 이름 부칠 기 자원 형성. 宀+奇→寄. 騎(기)·崎(기)·畸(기)와 같이 奇(기)가 성부.

필순

새김 ❶부치다. 보내다. ¶寄稿(―, 원고 고) 원고를 보냄. ❷맡기다. 몸이나 물건을 맡기다. ¶寄託(―, 맡길 탁) 몸이나 물건을 맡김. ❸기대다. 의지하다. ¶寄生(―, 살 생) 어떤 생물이 다른 생물에 기대어 삶. 예―蟲.
〔寄居〕(기거) ①타향살이함. ②남의 집에 몸을 의지함.
〔寄留〕(기류) 타향이나 남의 집에 머물러 삶.
〔寄附〕(기부) 재산을 공공 단체나 자선 사업에 내어줌.
〔寄宿〕(기숙) 남의 집에 몸을 붙여 기거함.
〔寄食〕(기식) 남의 집이나 식당에 식사를 붙임.
〔寄與〕(기여) ①물품을 부치어 보내줌. ②보탬이 되게 이바지함.
〔寄寓〕(기우) 일시적으로 다른 곳에 몸을 의지하여 지냄.
〔寄贈〕(기증) 물품을 보내줌.
〔寄港〕(기항) 항해 중의 배가 항구에 들름.
▷ 委寄(위기))·投寄(투기)

8 ⑪ 〔密〕 밀 入質 mì, ミツ
1198

소전 행서 이름 빽빽할 밀 자원 형성. 宓+山→密. 宓에는 '복' 외에 '밀' 음도 있어, 蜜(밀)과 같이 宓(밀)이 성부.

필순

새김 ❶빽빽하다. ¶密林(―, 숲 림) 나무가 빽빽하게 서 있는 숲. ❷촘촘하다. ¶稠密(빽빽할 조, ―) 들어선 것이 빽빽하고 촘촘함. ❸은밀하다. 비밀스럽다. 또는 은밀히. ¶密談(―, 말 담) 비밀히 말함. 또는 그 말. ❹친근하다. 가깝다. ¶親密(친할 친, ―) 지내는 사이가 친하고 가까움. ❺꼼꼼하다. 세밀하다. ¶綿密(자잘할 면, ―) 자잘한 곳까지 세밀하게 꼼꼼함.
〔密計〕(밀계) 은밀한 계략.
〔密告〕(밀고) 비밀히 고함. 남몰래 일러바침.
〔密度〕(밀도) 빽빽한 정도.
〔密獵〕(밀렵) 허가 없이 몰래 사냥함. 예―꾼.
〔密賣〕(밀매) 금제(禁制)나 규약을 어기고 몰래 팖.
〔密命〕(밀명) 비밀리에 내리는 칙명(勅命).
〔密封〕(밀봉) 단단히 봉함.
〔密使〕(밀사) 몰래 보내는 사자(使者).
〔密輸〕(밀수) 법을 어겨 가며 몰래 외국의 상품을 거래함.
〔密室〕(밀실) 함부로 출입할 수 없는, 비밀리에 쓰는 방.
〔密接〕(밀접) ①서로 떨어지기 어려울 정도로 관계가 긴밀함. ②빈틈없이 맞닿음.
〔密旨〕(밀지) 남모르게 내리는 임금의 명령.
〔密集〕(밀집) 빽빽하게 모임.
〔密着〕(밀착) 빈틈없이 단단히 붙음.
〔密航〕(밀항) 일정한 절차를 밟지 않고, 몰래 배나 비행기를 타고 외국으로 건너감.
〔密會〕(밀회) 은밀하게 만남. 또는 그런 모임.
▷ 機密(기밀)·緊密(긴밀)·內密(내밀)·祕密(비밀)·細密(세밀)·嚴密(엄밀)·隱密(은밀)·精密(정밀)·樞密(추밀)·緻密(치밀)

8 ⑪ 〔宿〕 ㊀숙 入屋 sù, シュク ㊁수: 去宥 xiù, シュウ
1199

소전 행서 이름 ㊀잘 숙 ㊁별자리 수: 자원 회의. 宀+人+百〔丙의 변형〕→宿. 丙는 자리. 사당 안에 자리를 깔아놓고 숙직한다는 뜻.

필순

새김 ㊀❶자다. 밤을 새우다. ¶露宿(한데 로, ―) 한데에서 밤을 새움. 곧 한둔. ❷숙소. 여관. ¶投宿(던질 투, ―) 숙소에 몸을 던짐. 곧 여관에 들어 유숙함. ❸묵다. 기간이 오래되다. ¶宿願(―, 소원 원) 오래 전부터 가지고 있는 소원. 예―事業. ❹번들다. ¶宿直(―, 번들 직) 밤을 새우면서 직장을 지키기 위한 번을 듦. ❺타고난. 전세부터의. ¶宿命(―, 운명 명) 타고난 운명. 예―論. ❻미리. 사전에. ¶宿題(―, 과제 제) 예습이나 복습을 위하여 미리 내준 과제. ㊁별자리. ¶二十八宿(이십팔수) 황도(黃道)를 중심으로 펼쳐져 있는 스물 여덟 개의 별자리.
〔宿泊〕(숙박) 여관이나 주막 등에서 묵음.
〔宿所〕(숙소) 숙박하는 곳.
〔宿營〕(숙영) 군대가 병영 이외의 곳에서 머물러 지냄. 예―地.
〔宿敵〕(숙적) 오래 전부터의 적.
〔宿醉〕(숙취) 전날 마신 술이 깨지 않은 취기. 예―未醒.
〔宿患〕(숙환) 오래 된 병.

▷ 寄宿(기숙)·老宿(노숙)·星宿(성수)·野宿(야숙)·旅人宿(여인숙)·留宿(유숙)·齋宿(재숙)·止宿(지숙)·下宿(하숙)·合宿(합숙)

8 ⑪ 〖寃〗* 원 冤(0399)의 속자
1200

8 ⑪ 〖寅〗*** 인 平眞 | yín, イン
1201

소전 행서 이름 범 인 자원 상형. 두 손으로 화살을 잡고 있는 모양. 새김은 가차.

필순 寅

새김 셋째 지지. 방위로는 동북, 시각으로는 오전 3~5시 사이, 달로는 음력 정월, 동물로는 범에 배당된다. 예丙寅洋擾(병인양요).
〔寅方〕(인방) 이십사 방위의 하나. 동동북(東東北).
〔寅時〕(인시) 오전 3시부터 오전 5시까지의 동안.

8 ⑪ 〖寂〗** 적 入錫 | jì, セキ
1202

소전 행서 이름 고요할 적 자원 형성. 宀+叔→寂. 叔(숙)의 변음이 성부.

필순 寂

새김 ❶고요하다. 적적하다. 고요하고 괴괴하다. ¶靜寂(고요할 정, —)고요하고 괴괴함. 예—이 감돌다. ❷(佛)사람이 죽다. ¶入寂(들 입, —)사람이 죽음. 또는 죽음.
〔寂寞〕(적막) ①적적하고 쓸쓸함. 예—한 山村. ②의지할 데 없이 외로움. 예—한 신세.
〔寂滅〕(적멸) (佛)번뇌에서 해탈한 경지.
〔寂寂〕(적적) 조용하고 쓸쓸함.
▷ 孤寂(고적)·空寂(공적)·幽寂(유적)·鬱寂(울적)·閑寂(한적)

8 ⑪ 〖寀〗* 채: 上賄 | cǎi, サイ
1203

행서 이름 채지 채: 자원 형성. 宀+采→寀. 採(채)·彩(채)·菜(채)와 같이 采(채)가 성부.
새김 채지(寀地). 경대부(卿大夫)에게 식읍으로 주던 땅.

9 ⑫ 〖寐〗* 매: 本미: 去寘 | mèi, ビ
1204

소전 행서 이름 잘 매: 자원 형성. 㝱〔寢의 생략체〕+未→寐. 妹(매)·昧(매)와 같이 未(미)의 변음이 성부.

새김 자다. 잠을 자다. 寤(1217)의 대. ¶寤寐(깰 오, —) 잠에서 깬 때나 잠을 잘 때. 예—不忘.
▷ 假寐(가매)·夢寐(몽매)·夙興夜寐(숙흥야매)

9 ⑫ 〖富〗*** 부: 去宥 | fù, フ·フウ
1205

소전 행서 이름 가멸 부: 자원 형성. 宀+畐→富. 副(부)와 같이 畐(복)의 변음이 성부.

필순 富

새김 ❶가멸다. 재물이 많다. ¶富裕(—, 넉넉할 유) 재물이 많고 생활이 넉넉함. ❷부자. 재물이 많은 사람. ¶巨富(클 거, —) 큰 부자. ❸재물. 재산. 〔大學〕富潤屋(—, 윤택하게할 윤, 집 옥) 재물은 집을 윤택하게 한다. ❹넉넉하다. ㉠많다. ¶豐富(넉넉할 풍, —) 넉넉하게 많음. ㉡나이가 젊다. ¶年富力強(나이 년, —, 힘 력, 굳셀 강) 나이는 젊고 힘은 굳셈.
〔富強〕(부강) 부유하고 세력이 강함.
〔富國強兵〕(부국강병) 나라를 부유하게 하고 군대를 강하게 함.
〔富貴〕(부귀) 재물이 많고 지위가 높음.
〔富益富〕(부익부) 부자일수록 더 부자가 됨.
〔富豪〕(부호) 재산이 많고 권세가 있는 사람.
▷ 甲富(갑부)·國富(국부)·貧富(빈부)·猝富(졸부)·致富(치부)

9 ⑫ 〖寔〗* 식 入職 | shí, ショク
1206

소전 행서 이름 이 식 자원 형성. 宀+是→寔. 湜(식)과 같이 是(시)의 변음이 성부.
새김 ❶이. 이것. 〔國語〕寔爲成公(식위성공) 이가 성공이 되다. ❷참으로. 진실로. 〔禮記〕寔受其福(식수기복) 참으로 그 복을 받다.

9 ⑫ 〖寓〗* 우: 去遇 | yù, グウ
1207

소전 행서 이름 맡길 우: 자원 형성. 宀+禺→寓. 偶(우)·遇(우)·隅(우)와 같이 禺(우)가 성부.
새김 ❶맡기다. 얹혀 살다. ¶寓居(—, 있을 거) 임시로 남의 집에 얹혀 삶. 또는 사는 그 집. ❷어떤 사물을 빌려 나타내다. ¶寓話(—, 이야기 화) 교훈적인 가르침을 다른 사물을 빌려 나타내는 이야기.
〔寓舍〕(우사) 거주하고 있는 집.
〔寓意〕(우의) 사물에 뜻을 붙임.
▷ 寄寓(기우)·旅寓(여우)·漂寓(표우)

9 ⑫ 〔寒〕*** 한 平寒 | hán, カン
1208

소전 행서 이름 찰 한 자원 회의. 宀+茻〔茻의 변형〕+冫〔仌의 변형〕→寒. 茻는 풀을 위에 덮고 아래에도 깐 모양. 冫은 얼음. 얼음이 어는 추위가 닥치자, 집의 위아래에 풀을 덮고 깐 모양. 그래서 '춥다'의 뜻을 나타낸다.

필순 丶 宀 宀 宀 宀 宀 宀 寒 寒 寒

새김 ❶차다. 차갑다 ¶寒風(—, 바람 풍) 찬 바람. ❷춥다. 또는 추위. 暑(2172)의 대. ¶酷寒(혹독할 혹, —) 혹독한 추위. ❸쓸쓸하다. 한기가 돌다. ¶貧寒(가난할 빈, —) 가난하고 쓸쓸함. ❹궁하다. 가난하다. ¶寒儒(—, 선비 유) 빈궁한 선비.
〔寒氣〕(한기) 추위. 차가운 기운.
〔寒燈〕(한등) 쓸쓸하게 보이는 등불. 또는 추운 밤의 등불.
〔寒暖〕(한란←한난) 추움과 따뜻함.
〔寒冷〕(한랭) 춥고 참.
〔寒微〕(한미) 가난하고 문벌이 변변치 못함.
〔寒暑〕(한서) ①추위와 더위. ②추운 겨울과 더운 여름.
〔寒心〕(한심) ①몹시 두려워 몸이 오싹함. ②國안타깝고 어이없음. 가엾고 딱함.
〔寒村〕(한촌) 가난하여 쓸쓸한 마을.
〔寒波〕(한파) 겨울에 갑자기 닥치는 추위.
▷苦寒(고한)·極寒(극한)·飢寒(기한)·大寒(대한)·防寒(방한)·小寒(소한)·脣亡齒寒(순망치한)·惡寒(오한)·避寒(피한)

10 ⑬ 〔寛〕 관 寬(1221)의 속자
1209

10 ⑬ 〔寗〕* 녕 寧(1213)의 속자
1210

⑬〔塞〕 색 土부 10획(0921)

10 ⑬ 〔寝〕 침 寢(1220)의 속자·간화자
1211

11 ⑭ 〔寡〕** 과: 上馬 | guǎ, カ
1212

소전 행서 이름 적을 과: 자원 회의. 宀+頒〔憂의 변형〕→寡. 집 안〔宀〕에서 혼자 근심(憂)하는 모양이기에 '홀어미'를 뜻하고, 가차하여 '적다'의 뜻을 나타낸다.

필순 宀 宀 宀 宀 宀 宀 宣 寡 寡 寡

새김 ❶적다. ㉠수효가 적다. 多(0991)·衆(4736)의 대. ¶多寡(많을 다, —) 많음과 적음. ㉡임금〔제후〕이 덕이 적다는 뜻으로 자신을 낮추어 이르는 말. ¶寡人(—, 사람 인) 덕이 적은 사람이란 뜻으로, 임금이 자신을 낮추어 이르는 말. ❷홀어미, 과부. ¶寡婦(—, 지어미 부) 남편을 잃고 혼자 사는 여자.
〔寡默〕(과묵) 말이 적고 침착함.
〔寡聞〕(과문) 견문이 넓지 않음.
〔寡不敵衆〕(과불적중) 적은 수효로는 많은 수를 대적할 수 없음.
〔寡守〕(과수) 홀어미, 과부(寡婦).
▷衆寡不敵(중과부적)·鰥寡孤獨(환과고독)

11 ⑭ 〔寧〕** ㊀녕 平青 | níng, ネイ
㊁녕: 去徑 | nìng, ネイ
1213

소전 행서 속자 寗 간화 宁 이름 ㊀편안할 녕 ㊁차라리 녕:
자원 형성. 寍+丁→寧. 寍(녕)이 성부.

필순 宀 宀 宀 宀 宀 宀 宀 寍 寍 寧

새김 ㊀❶편안하다. 탈 없이 건강하다. ¶安寧(편안할 안, —)마음이 편안하고 몸도 건강함. ❷國 평안북도의 딴이름. ¶寧察(—, 살필 찰) 조선 말기에 평안북도 관찰사를 이르던 말. ㊁❶차라리. 〔史記〕寧爲鷄口 無爲牛後(영위계구 무위우후) 차라리 닭의 주둥이가 될지라도 소의 꽁무니는 되지 말라. 큰 것의 뒤를 따르기 보다는 작은 것의 우두머리가 되라의 비유. ❷정녕(丁寧). ㉮틀림없이 꼭. ㉯신신당부하는 태도가 곡진함.
〔寧歲〕(영세) 평화로운 세월.
〔寧日〕(영일) 무사 평온하거나 편안한 날.
▷康寧(강녕)·歸寧(귀녕)·無寧(무녕)·保寧(보녕)·清寧(청녕)

11 ⑭ 〔寥〕* 료 平蕭 | liáo, リョウ
1214

행서 이름 고요할 료 자원 형성. 宀+翏→寥. 廖(료)·蓼(료)와 같이 翏(료)가 성부.
새김 고요하다. 적막하다. 쓸쓸하다. ¶寂寥(고요할 적, —)적적하고 쓸쓸함.
〔寥寥〕(요료) ①외롭고 쓸쓸함. ②드물고 적음.

11 ⑭ 〔寞〕* 막 入藥 | mò, バク
1215

행서 이름 고요할 막 자원 형성. 宀+莫→寞. 漠(막)·膜(막)과 같이 莫(막)이 성부.
새김 고요하다. 고요하고 쓸쓸하다. ¶寂寞(고요할 적, —)고요하고 쓸쓸함. 예—江山.
〔寞寞〕(막막) ①괴괴하고 쓸쓸함. ②의지할

곳이 없어 외로움.
▷落寞(낙막)·索寞(삭막)

11 ⑭〔實〕*** 실 入質 | shí, ジツ
1216

소전 행서 속자 간화 实 약자 実 이름 열매 실 자원 회의. 宀+貫→實. 宀은 집. 貫은 화폐로 쓰던 조가비를 꿰놓은 것. 그것이 집 안에 가득 차 있다는 뜻.

필순 宀 宀 宀 宀 宀 宀 宀 實 實 實

새김 ❶열매. 과일. ¶果實(실과 과, —)먹을 수 있는 나무의 열매. ❷여물다. ¶實稔(—, 여물 념)곡식의 알이 여묾. ❸가득 차다. ¶充實(찰 충, —)충분하게 참. 예內容이 —하다. ❹내용. 속내. ¶名實(이름 명, —)이름과 속내. 예—相符. ❺참. 실제. ¶實情(—, 사정 정)실제의 사정. ❻참되다. 실답다. ¶誠實(정성 성, —)정성스럽고 참됨. ❼참으로. 실제로. ¶實行(—, 행할 행)실제로 행함.
〔實感〕(실감) 실제로 체험하는 듯한 느낌.
〔實果〕(실과) 먹을 수 있는 초목의 열매. 과실.
〔實權〕(실권) 실지로 행사할 수 있는 권력.
〔實力〕(실력) 실제의 힘. 실제의 역량.
〔實例〕(실례) 실제로 있었던 구체적인 예. 예—를 들다.
〔實錄〕(실록) 사실을 있었던 대로 적은 기록. 예朝鮮王朝—.
〔實務〕(실무) 실제로 맡아 하는 사무나 업무.
〔實費〕(실비) 실지로 드는 비용.
〔實事求是〕(실사구시) 현실적인 사실에 근거하여 사물의 진상이나 진리를 탐구하는 일.
〔實勢〕(실세) ①실제의 세력. ②실제의 시세.
〔實習〕(실습) 이미 배운 것을 실지로 해보며 익힘.
〔實施〕(실시) 실제로 시행함.
〔實用〕(실용) 실제로 씀.
〔實績〕(실적) 실제로 이룬 업적이나 성적.
〔實情〕(실정) 실제의 사정이나 정세.
〔實際〕(실제) 실지의 경우나 형편.
〔實存〕(실존) ①실지로 존재함. ②현실적인 존재.
〔實證〕(실증) ①확실한 증거. ②사실에 의해 증명함.
〔實踐〕(실천) 어떤 생각이나 계획을 실제로 실행함.
〔實彈〕(실탄) ①실제로 사람을 죽일 수 있는 총탄이나 포탄. ②뇌물로 쓰는 현금의 비유.
〔實態〕(실태) 실제의 상황이나 형편.
〔實吐〕(실토) 숨기고 있던 실정이나 속마음을 사실대로 털어 말함.
〔實驗〕(실험) 이론이나 가설 등이 실제로 그러한가 그렇지 않은가를 실제로 시험해 봄.
〔實現〕(실현) 계획·이론·희망 등이 실천을 통해 현실의 것으로 구체화함.
〔實刑〕(실형) 육체적으로 받는 실제의 형벌.
〔實話〕(실화) 실제로 있었던 사실에 대한 이야기.
〔實況〕(실황) 실제의 상황.
〔實效〕(실효) 실제로 나타난 효과나 효력.
▷結實(결실)·口實(구실)·內實(내실)·篤實(독실)·不實(부실)·史實(사실)·眞實(진실)·行實(행실)·虛虛實實(허허실실)·現實(현실)·確實(확실)

11 ⑭〔寤〕* 오: 去遇 | wù, ゴ
1217

소전 행서 이름 깰 오: 자원 형성. 寣〔寢의 생략체〕+吾→寤. 悟(오)·晤(오)·梧(오)와 같이 吾(오)가 성부.
새김 깨다. 잠에서 깨다. 寐(1204)의 대. ¶寤寐(—, 잘 매) 잠에서 깬 때나 잠을 잘 때. 예—不忘.

11 ⑭〔察〕*** 찰 入黠 | chá, サツ
1218

소전 행서 이름 살필 찰 자원 형성. 宀+祭→察. 祭(제)의 변음이 성부.

필순 宀 宀 宀 宀 宀 宀 宀 察 察 察

새김 ❶살피다. 살펴서 헤아리다. ¶觀察(볼 관, —) 주의 깊게 살펴 봄. ❷밝게 분별하다. 자상하고 꼼꼼하다. 또는 깨끗하다. 결백하다. ¶察察(—, —)㉮밝게 분별함. ㉯자상하고 꼼꼼함. ㉰깨끗하고 결백함.
〔察色〕(찰색) 안색을 살핌. 또는 안색을 살펴 그 의중을 헤아림.
〔察照〕(찰조) 잘 살펴서 대조함.
▷監察(감찰)·檢察(검찰)·警察(경찰)·考察(고찰)·明察(명찰)·査察(사찰)·省察(성찰)·視察(시찰)·診察(진찰)·洞察(통찰)

11 ⑭〔寨〕* 채: 去卦 | zhài, サイ
1219

행서 이름 목책 채 자원 회의. 寒〔塞의 생략체〕+木→寨. 나무로 만든 방어 시설이라는 뜻.
새김 목책. 적을 방어하기 위한 시설물. ¶木寨(나무 목, —) 나무 울타리. 울짱.

11 ⑭〔寢〕** 침: 上寑 | qǐn, シン
1220

소전 행서 속자 간화 寝 이름 잘 침: 자원 형성. 寣〔寢의 생략체〕+㑴→寢. 侵(침)·浸(침)과 같이 㑴(침)이 성부.

필순 宀 宀 宀 宀 宀 宀 宀 寢 寢 寢

새김 ❶자다. 잠을 자다. ¶寢室(一, 방 실) 잠을 잘 때 쓰는 방. ❷그치다. 멎다. ¶寢息(一, 쉴 식) 떠들썩하던 일이 가라앉아서 멎음. ❸임금의 능(陵) 안에 있는 정전(正殿). ¶陵寢 (능 릉, 一) 왕·왕비의 무덤.
〔寢具〕(침구) 이부자리와 베개.
〔寢臺〕(침대) 사람이 누워 자도록 만든 방세「간.
〔寢牀〕(침상) ①침대(寢臺). ②사람이 누워 자게 만든 평상.
〔寢睡〕(침수) 잠을 잠. 수면(睡眠)의 높임말.
〔寢食〕(침식) 자고 먹는 일. 곧 일상 생활.
▷起寢(기침)·內寢(내침)·同寢(동침)·午寢(오침)·正寢(정침)·晝寢(주침)·就寢(취침)

12 ⑮ 〔寬〕** 관 平 寒 | kuān, カン
1221

소전 행서 속자 寬 간화 宽 이름 너그러울 관 자원 형성. 宀+萈→寬. 萈(간)의 변음이 성부.

필순

새김 너그럽다. 관대하다. 또는 넓다. ¶寬容(一, 받아들일 용) 너그럽게 받아들이거나 용서함.
〔寬大〕(관대) 마음이 너그럽고 큼.
〔寬恕〕(관서) 너그럽게 용서함.
〔寬裕〕(관유) 마음이 크고 너그러움.
〔寬仁〕(관인) 마음이 너그럽고 인자함.
〔寬厚〕(관후) 너그럽고 후함.

12 ⑮ 〔寮〕* 료 平 蕭 | liáo, リョウ
1222

행서 이름 벼슬아치 료 자원 형성. 宀+尞→寮. 僚(료)·療(료)·遼(료)와 같이 尞(료)가 성부.
새김 ❶벼슬아치. ¶百寮(일백 백, 一)높고 낮은 모든 벼슬아치. ❷작은 집. ¶寮舍(一, 집 사) 여러 사람이 거처하는 집.
〔寮屬〕(요속) 계급이 낮은 관리.

12 ⑮ 〔寫〕** 사 本사: 上 馬 | xiǎ, シャ
1223

소전 행서 약자 간화 写 이름 베낄 사 자원 형성. 宀+舄→寫. 舄(석)의 변음이 성부.

필순

새김 ❶베끼다. 베껴 쓰다. ¶寫本(一, 책 본) 책을 원본대로 베껴 씀. 또는 베껴 쓴 책. ❷묘사하다. 모습·형체·상태 등을 있는 그대로 표현하다. ¶寫生(一, 생물 생)살아 있는 사람이나 자연을 있는 그대로 그림이나 글로 표현함. 예 一畫.
〔寫實〕(사실) 사물을 있는 그대로 그려냄.
〔寫字〕(사자) 글자를 베껴 씀.
〔寫情〕(사정) 실정을 그려냄.
〔寫眞〕(사진) ①실제의 모양을 그대로 그려냄. ②사진기로 찍은 형상.
▷謄寫(등사)·模寫(모사)·描寫(묘사)·複寫(복사)·書寫(서사)·映寫(영사)·轉寫(전사)·筆寫(필사)

12 ⑮ 〔審〕** 심: ▷심 上 寢 | shěn, シン
1224

소전 행서 간화 审 이름 살필 심:▷심 자원 회의. 宀+番→審. 番은 밭에 흩어져 있는 곡식의 낟알. 집[宀] 안에 흩어져 있는 곡식의 낟알을 살펴본다는 뜻.

필순

새김 ❶살피다. 자세하게 조사하다. ¶審査(一, 살필 사) 자세하게 조사하여 좋고 나쁨이나 우열을 정함. 예 一委員. ❷자세하다. 상세하다. ¶審問(一, 물을 문) 자세하게 따져 물음.
〔審理〕(심리) 사실을 자세히 조사하여 진상을 확실하게 밝힘. 특히 법관이 재판 사건의 진상을 밝히기 위한 조사 활동을 이르는 말.
〔審美〕(심미) 미(美)를 살펴 찾음. 예 一眼.
〔審議〕(심의) 심사하고 토의함.
〔審判〕(심판) ①일의 시비 곡직을 심리 판단함. ②운동 경기에서 규칙·성적·승부 등을 판단함. 또는 그 일을 하는 사람.
▷結審(결심)·陪審(배심)·不審(불심)·豫審(예심)·誤審(오심)·初審(초심)

12 ⑮ 〔雋〕* 준: 去 震 | jùn, シュン
1225

행서 이름 뛰어날 준: 자원 형성. 宀+雋→寯. 儁(준)과 같이 雋(준)이 성부.
새김 뛰어나다.

16 ⑲ 〔寶〕 보: 寶(1228)의 속자
1226

16 ⑲ 〔寵〕* 총: 上 腫 | chǒng, チョウ
1227

소전 행서 간화 宠 이름 사랑할 총: 자원 형성. 宀+龍→寵. 龍(룡)의 변음이 성부.
새김 ❶사랑하다. 괴다. 주로 임금이 베푸는 바에 쓰는 말. ¶寵愛(一, 사랑할 애)특별히 사랑함. 또는 그 사랑. ❷은총. 사랑. 또는 영예. ¶天寵(하늘 천, ―)하늘의 은총. 임금의 사랑.
〔寵臣〕(총신)임금의 특별한 사랑을 받는 신하.
〔寵兒〕(총아) 많은 사람들로부터 특별히 사랑을 받는 사람.
〔寵榮〕(총영) 총애를 받아 영화를 누림.
〔寵幸〕(총행) 총애함. 또는 특별한 은총.
〔寵姬〕(총희) 임금의 총애를 받는 여자.
▷恩寵(은총)

17 ⑳ 〔寶〕** 보: 上 皓 | bǎo, ホウ
1228

소전 행서 속자 寳 속자·간화 宝 이름 보배 보: 자원 형성. 宀+珤+貝→寶. 珤(보)가 성부.

필순 (寶의 필순)

새김 ❶보배. 또는 귀중한 물건. ¶國寶(나라 국, ―) 나라의 보배. 나라의 보배로 되는 역사적 기념물이나 가치 있는 미술품 등. ❷보배로 여기다. 또는 보배로운. ¶寶刀(―, 칼 도) 보배로 여겨 소중히 간직하는 칼. ❸임금에 관계되는 일이나 사물에 붙이는 접두어. ¶寶駕(―, 수레 가) 임금이 타는 수레.
〔寶劍〕(보검) 보배로운 칼. 귀중한 칼.
〔寶庫〕(보고) ①귀중한 보물을 넣어 두는 창고. ②훌륭한 물자가 많이 산출되는 곳.
〔寶物〕(보물) 보배로운 물건.
〔寶石〕(보석) 색채와 광택이 아름다워 귀중히 여기는 광물.
〔寶座〕(보좌) ①임금이 앉는 자리. 옥좌(玉座). ②(佛)부처가 앉는 자리. 불좌(佛座).
〔寶刹〕(보찰) (佛)①절. 사찰. ②부처가 사는 극락정토(極樂淨土).
〔寶貨〕(보화) 귀중한 재화(財貨).
▷家寶(가보)·三寶(삼보)·財寶(재보)·重寶(중보)·至寶(지보)·珍寶(진보)·七寶(칠보)

3 획 부수 寸 部

▷명칭:마디촌
▷쓰임:손〔手〕이나 손의 움직임과 관계 있는 한자의 부수로 쓰이기도 하였고, 한자의 분류를 위한 부수로도 쓰였다.

0 ③ 〔寸〕*** 촌: 上 願 | cùn, スン
1229

소전 행서 이름 마디 촌: 자원 회의. 손을 뜻하는 ⺕와 자리를 지시하는 一로 이루어져, 손목에서 맥이 뛰는 곳까지의 거리를 나타내는데, 그 거리를 1寸이라 한다.

필순 一 寸 寸

새김 ❶마디. 치. 길이의 단위. 1자〔尺〕의 10분의 1로, 약 3.03cm. ㉄六尺五寸. ❷조금. ¶寸刻(―, 시각 각) 매우 짧은 시각. ❸國 촌수(寸數). 친척의 멀고 가까운 관계를 나타내는 말. ㉄四寸兄.
〔寸劇〕(촌극) 짤막한 극.
〔寸步〕(촌보) 약간의 걸음. 지극히 짧은 거리의 비유.
〔寸外〕(촌외) 國 열 촌이 넘은, 촌수가 먼 일가.
〔寸陰〕(촌음) 얼마 안 되는 짧은 시간. 촌각(寸刻).
〔寸志〕(촌지) 약소한 마음. 조그마한 성의.
〔寸紙〕(촌지) 짧은 편지.
〔寸鐵殺人〕(촌철살인) 조그마한 무기로 사람을 죽임. 간단한 경구(警句)로 남의 약점을 찌름의 비유.
〔寸土〕(촌토) 얼마 되지 않는 토지.
▷方寸(방촌)·尺寸(척촌)

2 ⑤ 〔対〕 대: 對(1245)의 속자·간화자
1230

3 ⑥ 〔导〕 도: 導(1246)의 간화자
1231

3 ⑥ 〔寺〕*** 一 사: 去 寘 | sì, シ 二 시: 去 寘 | sì, シ
1232

소전 행서 이름 一절 사: 二관아 시: 자원 형성. 土〔之의 고자인 㞢의 변형〕+寸→寺. 㞢(지)의 변음이 성부.

필순 一 十 土 圭 寺 寺

새김 一절. 사찰. ㉄佛國寺(불국사). 二관아. 관청. ㉄司僕寺(사복시).
〔寺院〕(사원) 절. 사찰(寺刹).
〔寺刹〕(사찰) 절과 탑(塔). 또는 사원(寺院).
〔寺塔〕(사탑) 절의 탑.
▷古寺(고사)·本寺(본사)·佛寺(불사)·山寺(산사)

3 ⑥ 〔寻〕 심 尋(1243)의 간화자
1233

4 ⑦ 〔対〕 대: 對(1245)의 약자
1234

4 ⑦ 〔寿〕 수 壽(0981)의 속자·간화자
1235

6 ⑨ 〔封〕** 봉 平 冬 | fēng, フウ·ホウ
1236

소전 행서 封 이름 봉할 봉 자원 회의. 土〔之의 고자인 㞢의 변형〕+土〔제후를 봉할 때 주는 땅〕+寸→封. 寸은 법이나 제도. 제후에게 땅을 주어, 그 곳에 가서 법으로 다스리게 한다는 뜻.

필순 一 十 土 圭 圭 圭 圭一 封 封

새김 ❶봉하다. ㉠땅을 떼어주어 제후(諸侯)를 삼다. ¶封建(—, 세울 건) 천자가 땅을 떼어주어 제후를 세움. 예—制度. ㉡작위를 내려주다. ¶封爵(—, 작위 작) 작위를 내려줌. ㉢봉투나 그릇의 아가리를 봉하다. ¶封書(—, 편지 서) 봉한 편지. ㉣무덤의 굿을 메우고 흙을 쌓다. ¶封墳(—, 무덤 분) 흙을 쌓아올려서 만든 무덤. 또는 흙을 쌓아올려서 무덤을 만듦. ❷닫아 걸다. 잠그다. ¶封鎖(—, 잠글 쇄) 출입을 하지 못하게 굳게 잠금.

〔封庫罷職〕(봉고파직) 國 관찰사나 암행어사가 비위를 저지른 지방관을 면직시키고 그 관고(官庫)를 봉쇄하던 일.

〔封印〕(봉인) 봉한 자리에 도장을 찍음. 또는 그 도장.

〔封土〕(봉토) ①무덤·제단을 만들기 위해 흙을 쌓아올림. ②제후의 영토.

〔封套〕(봉투) 편지·서류 따위를 넣는 봉지.

〔封緘〕(봉함) 포장하여 봉함. 또는 편지를 봉투에 넣고 봉함.

▷開封(개봉)·同封(동봉)·密封(밀봉)·蟻封(의봉)·追封(추봉)·緘封(함봉)

6 ⑨ 〔将〕 1237 ㊀장 將(1241)의 간화자 ㊁장: 將(1241)의 간화자

7 ⑩ 〔射〕*** 1238 사 ㊍사: 㐲禡 | shè, シャ

소전 행서 射 이름 쏠 사 자원 회의. 身+寸→射. 身은 화살을 메운 활의 상형자의 변형. 이를 쏘려고 손〔寸〕에 잡고 있는 모양.

필순 ′ 亻 亣 自 自 身 身 身一 射 射

새김 ❶쏘다. 활이나 총을 쏘다. ¶發射(쏠 발, —) 활·총·로켓트 등을 쏨. ❷궁술. 활 쏘는 기예. 고대에 학생들에게 가르치던 여섯 가지 과목 중의 하나. 〔周禮〕 禮(예)·樂(악)·射·御(어)·書(서)·數(수). ❸노리다. ¶射倖(—, 요행 행) 요행을 노림. 예—心. ❹내쏘다. 빛이 내쏘다. ¶反射(돌이킬 반, —) ㉮빛·소리 등이 어떤 물체에 부딪쳐 진행 방향을 되돌려 내쏨. 예—光. ㉯생물체가 외부의 자극을 받아 일으키는 반응. 예—的인 行動. ❺약물을 피하(皮下)나 혈관에 넣다. ¶注射(물댈 주, —) 약물을 직접 피하나 혈관에 넣음. 예豫防—.

〔射擊〕(사격) 활·총 등을 쏨.

〔射殺〕(사살) 쏘아서 죽임.

〔射手〕(사수) 활이나 총을 쏘는 사람.

〔射的〕(사적) 표적을 쏨. 또는 과녁.

▷騎射(기사)·亂射(난사)·速射(속사)·直射(직사)·投射(투사)·鄕射(향사)

7 ⑩ 〔将〕 1239 ㊀장 將(1241)의 약자 ㊁장: 將(1241)의 간화자

7 ⑩ 〔尉〕* 1240 위 ㊍위: 㐲未 | wèi, イ

소전 행서 尉 이름 벼슬 위 자원 회의. 𡰥+小〔火의 변형〕+寸→尉. 𡰥는 포백(布帛), 寸은 손. 포백을 불을 이용해 손으로 다리는 모양. 원뜻은 '다리미 울'. 새김은 가차.

새김 벼슬 이름. 주로 무관(武官)에 관한 이름. 현대에는 무관의 계급 이름. 예大尉(대위).

〔尉官〕(위관) 군관(軍官)인 대위·중위·소위의 총칭.

▷校尉(교위)·都尉(도위)·副尉(부위)·正尉(정위)·廷尉(정위)·准尉(준위)·中尉(중위)

8 ⑪ 〔將〕*** 1241 ㊀장 㐲陽 | jiāng, ショウ ㊁장: 㐲漾 | jiàng, ショウ

소전 행서 약자 将 간화 将 이름 ㊀장차 자 ㊁장수 장: 자원 형성. 爿〔醬의 생략체〕+寸→將. 爿(장)이 성부.

필순 丨 丬 丬 爿 爿 爿′ 爿″ 爿夕 將 將

새김 ㊀❶장차. 막 ~하려 하다. ¶將來(—, 올 래) 장차 올 앞날. ❷나아가다. ¶日就月將(날 일, 나아갈 취, 달 월, —) 날로 나아가고 달로 나아감. ㊁장수. 군대를 인솔하는 장군. ¶將卒(—, 졸병 졸) 장수와 졸병.

〔將計就計〕(장계취계) 상대편의 계책을 미리 알아 그것을 이용하는 계략.

〔將校〕(장교) ①장군(將軍)과 교위(校尉)의 병칭. 또는 고급 무관의 통칭. ②소위(少尉) 이상의 무관.

〔將軍〕(장군) 일군(一軍)을 통솔하는 무관.

〔將相〕(장상) 장수와 재상. 문무 대신의 범칭.

〔將帥〕(장수) 군대를 거느리고 지휘하는 우두머리.

〔將次〕(장차) 앞으로.

〔將就〕(장취) 나날이 진보함.

▷老將(노장)·大將(대장)·德將(덕장)·猛將(맹장)·名將(명장)·武將(무장)·勇將(용장)·主將(주장)·智將(지장)

8 ⑪ 〔專〕** 1242 전 ㊄先 | zhuān, セン

소전 행서 간화 专 이름 오로지 전 자원 형성. 叀+寸→專. 叀(전)이 성부.

필순 一 㓁 㓁 亩 亩 亩 亩 叀 專 專

새김 ❶오로지. 오직 한 곬으로. ¶專念(—, 생각할 념) 오직 한 가지 일에 마음을 외곬으로 모아 생각함. ❷독점하다. 독차지하다. ¶專有(—, 가질 유) 혼자서 독차지하여 가짐. ㉠—物. ❸전문으로 하다. 한 가지 일에만 힘을 기울이다. ¶專攻(—, 닦을 공) 한 가지 부문을 전문으로 연구함. ㉠—科目. ❹마음대로 하다. ¶專斷(—, 결단할 단) 혼자 생각으로 마음대로 결단함. ㉠—事項.

〔專決〕(전결) 혼자의 생각만으로 일을 결정함.
〔專管〕(전관) 전적으로 책임을 지고 맡아서 관리함. ㉠—水域.
〔專權〕(전권) 권력을 혼자서 쥐고 마음대로 행함.
〔專擔〕(전담) 혼자서 담당함. 전문적으로 담당함.
〔專賣〕(전매) 특정 상품의 생산과 판매를 독점함. ㉠—特許.
〔專務〕(전무) ①전문적으로 맡아보는 일. 또는 그 사람. ㉠旅客—. ②專務理事(전무이사)의 준말. 사장을 도와, 그 회사 전체의 일을 관장하는 사람.
〔專門〕(전문) 한 가지 부문에 국한하여 힘을 기울이거나 연구함. ㉠— 家.
〔專貰〕(전세) 약정한 액수의 돈을 건물이나 물건의 소유자에게 미리 주고 일정한 동안 빌어 쓰는 일. 또는 그 세.
〔專屬〕(전속) 오직 한 곳에만 딸림.
〔專心〕(전심) 마음을 한 곬으로 모아서 씀. ㉠—專力.
〔專業〕(전업) 전문으로 하는 일. ㉠—農家.
〔專用〕(전용) ①특정한 사람만이 혼자서만 씀. ㉠社長—車. ②일정한 일에만 한하여 씀. ㉠夜間—窓口.
〔專一〕(전일) 마음과 힘을 한 곳에 외곬으로 씀.
〔專任〕(전임) 한 가지의 일만을 전문으로 맡음. 또는 그 사람. ㉠—講師.
〔專制〕(전제) ①독단으로 일을 처리함. ②군주가 정권을 혼자 차지함.
〔專橫〕(전횡) 권세를 독차지하여 제멋대로 함.

9 ⑫ 〔尋〕** 심 平侵 xún, ジン
1243

소전 행서 간화 寻 이름 찾을 심 자원 회의. 彐〔⺕=右의 변형〕+工〔𠂇=左의 생략체〕+寸→尋. 寸은 법도. 좌우의 손을 법도에 맞게 벌린 길이인 '발'을 뜻한다.

필순 ㇕ 彐 彐 寻 寻 尋 尋 尋 尋 尋

새김 ❶찾다. 방문하다. ¶尋訪(—, 찾을 방) 방문하여 찾아봄. ❷늘. 또는 보통. ¶尋常(—, 보통 상) 보통이어서 예사로움. ❸발. 길. 두 팔을 벌린 길이인, 주척(周尺)의 8척에 해당하는 길이. ¶千尋(일천 천, —) 천 길. ㉠—絶壁.

〔尋章摘句〕(심장적구) 단편적인 글귀를 여기저기서 따옴. 깊은 이해 없이 자잘한 어구(語句)에 집착함의 비유.
▷枉尺直尋(왕척직심)

9 ⑫ 〔尊〕*** 존 平元 zūn, ソン
1244

소전 행서 이름 높을 존 자원 회의. 酋+寸〔廾의 변형〕→尊. 酋은 술그릇, 寸은 두 손. 두 손으로 술그릇을 떠받드는 모양. 그래서 '높이다·높다'의 뜻을 나타낸다.

필순 丷 䒑 产 苒 芮 酋 酋 酋 尊 尊

새김 ❶높다. 지위나 높이가 높다. ¶天尊地卑(하늘 천, —, 땅 지, 낮을 비) 하늘은 높고 땅은 낮음. ❷높이다. 존중하다. ¶尊敬(—, 공경할 경) 상대방을 높이어 공경함. ❸상대방에 관한 일을 높이는 말. ¶尊顔(—, 얼굴 안) 상대방을 높이어, 그의 얼굴을 이르는 말.

〔尊貴〕(존귀) 지위가 높고 귀함.
〔尊堂〕(존당) 남의 어머니에 대한 높임말.
〔尊待〕(존대) 존경하여 대하거나 대접함.
〔尊卑〕(존비) 신분이나 지위의 높고 낮음.
〔尊屬〕(존속) 부모와 같은 항렬 이상의 친족. ㉣卑屬(비속). ㉠直系—.
〔尊崇〕(존숭) 존경하며 숭배함.
〔尊嚴〕(존엄) ①높고 엄숙함. ②지위나 인품이 높아서 범할 수 없음.
〔尊長〕(존장) 나이가 많은 사람.
〔尊重〕(존중) 높이고 중히 여김.
〔尊稱〕(존칭) 존경의 뜻을 나타내는 호칭.
〔尊翰〕(존한) 남을 높이어 그의 편지를 이르는 말.
〔尊銜〕(존함) 남의 이름에 대한 높임말.
▷達尊(달존)·本尊(본존)·釋尊(석존)·世尊(세존)·自尊(자존)·至尊(지존)·推尊(추존)

11 ⑭ 〔對〕*** 대: 去隊 duì, タイ
1245

소전 행서 약자 対 속자 간화 对 이름 대할 대: 자원 회의. 丵+土+寸→對. 丵는 땅을 파거나, 달구질할 때 쓰는 기구. 寸은 손. 丵를 가지고 땅을 다진다는 데서 '대하다'의 뜻을 나타낸다.

필순 ‖ 业 业 丵 丵 丵 丵 丵 對 對

새김 ❶대하다. ㉠마주 향하다. ¶對立(—, 설 립) 서로 반대되는 처지에서 마주 향하여 섬.

[예]意見의 —. ㉡상대가 되다. ¶對談(—, 말할 담) 상대가 되어 이야기함. ㉢대하여. 또는 대한. [예]失業問題에 對한 論議. ❷대. 짝. 쌍. ¶對句(—, 글귀 구) 짝을 맞춘 글귀.
[對決](대결) 양자(兩者)가 맞서서 승패나 흑백을 결단함. 「장기나 바둑을 둠.
[對局](대국) ①일의 어떠한 국면을 대함. ②
[對答](대답) 부름·물음·시킴 등에 응하는 말.
[對等](대등) 서로 견주어 낫고 못함이 없이 비슷하거나 같음.
[對聯](대련) 문이나 기둥 등에 써 붙이는, 서로 짝이 되는 문구. 「첫—.
[對面](대면) 서로 얼굴을 마주 보고 대함. [예]
[對比](대비) 두 가지를 서로 견주어 비교함. 또는 그 비교. 「하여 미리 준비함.
[對備](대비) 앞으로 있을 일에 대응하기 위
[對象](대상) 인식 활동이 행하여지거나 행동이 행하 여지는 객체. 또는 상대나 상대자. [예]연구의 —. 「(대내).
[對外](대외) 외부나 외국에 대한 것. [대]對內
[對偶](대우) 짝. 또는 짝을 이룸.
[對應](대응) ①맞서서 서로 응함. ②어떤 사태에 알맞은 조치를 취함.
[對人](대인) 사람을 대함. [예]—關係.
[對酌](대작) 마주 앉아 술을 마심.
[對敵](대적) ①적과 맞섬. 적에게 대항함. ②싸움·장기·바둑 등에서 서로 맞서서 겨룸.
[對照](대조) ①둘 이상의 것을 서로 맞추어 봄. [예]原文과 —해 보다. ②두 가지의 것이 서로 반대됨. [예]—的인 사고 방식.
[對座](대좌) 마주 대하여 앉음.
[對陣](대진) 싸울 상대와 서로 마주 대하여 진을 침. [예]—表.
[對策](대책) 어떤 일에 대하여 취하는 방책.
[對處](대처) 어떤 일에 대응하여 조치함. 또
[對峙](대치) 서로 맞서서 버팀. 「는 그 조치.
[對抗](대항) 서로 맞서 겨룸.
[對話](대화) 마주 대하여 이야기함. 또는 주고받는 그 이야기.
▷問對(문대)·反對(반대)·相對(상대)·應對(응대)·敵對(적대)·絶對(절대)

13 ⑯ [導] ** 도: [去]號 | dǎo, ドウ
1246

[소전] 䆃 [행서] 導 [간화] 导 [이름] 이끌 도: [자원] 형성. 道+寸→導. 道(도)가 성부.

[필순] 丷 䒑 艹 首 首 首 渞 道 道 導

[새김] ❶이끌다. 인도하다. 가르쳐 이끌다. ¶指導(가리킬 지, —) 가리켜 일정한 방향으로 나아가게 이끎. ❷열·전기 등을 전달하다. ¶導體(—, 물체 체) 열·전기 등을 전달하는 물체. [예]半—.
[導入](도입) 끌어들임.
[導出](도출) 어떤 판단을 이끌어냄.
[導火線](도화선) ①폭발물이 터지도록 불을 당기는 심지. ②사건을 일으키는 계기의 비유.
▷教導(교도)·輔導(보도)·先導(선도)·善導(선도)·誘導(유도)·引導(인도)·指導(지도)·唱導(창도)·嚮導(향도)·訓導(훈도)

3 획 부수 小 部

▷명칭:작을소
▷쓰임:작다·적다 등의 뜻을 나타내는 한자의 부수로 쓰였다.

0 ③ [小] *** 소: [上]篠 | xiǎo, ショウ
1247

[소전] 小 [행서] 小 [이름] 작을 소: [자원] 회의. 亅+八→小. 亅은 미세한 사물, 八은 둘로 나누다. 작은 사물을 다시 또 둘로 나눈다는 데서 '작다'의 뜻을 나타낸다.

[필순] 亅 亅 小

[새김] ❶작다. 부피나 규모가 작다. 大(0995)의 대. ¶小國(—, 나라 국) 작은 나라. ❷적다. 또는 조금. 약간. ¶小康(—, 편안할 강) 시끄럽던 분란이 조금 가라앉음. [예]—狀態. ❸어리다. 젊다. ¶小兒(—, 아이 아) 어린 아이. ❹지위·신분 등이 낮다. ¶小官(—, 벼슬 관) 지위가 낮은 벼슬이나 벼슬아치. ❺겸사로 쓰는 접두사. ¶小子(—, 아들 자) 아들이 부모에게 대하여 자기를 이르는 말.
[小暇](소가) 짧은 겨를.
[小斂](소렴) 시체를 씻겨서 옷을 입히고 이불로 싸는 절차. 「나누어 팖.
[小賣](소매) 물건을 도거리로 사서 조금씩
[小祥](소상) 죽은 지 1년 만에 지내는 제사.
[小生](소생) 웃어른에 대한 자기의 겸칭.
[小說](소설) 문학의 한 형식. 인생의 여러 가지 삶의 모습이나 사회에서 일어나는 사건을 작자의 상상력으로 줄거리를 세워, 작중 인물의 심리를 통해 묘사해 내는 산문체의 문학 작품.
[小小](소소) ①얼마 안 됨. ②자질구레함.
[小室](소실) 작은집. 첩(妾).
[小心](소심) ①삼가고 조심하는 모양. ②겁이 많음. ③마음이 너그럽지 못함.
[小人](소인) ①신분이 낮은 사람. ②도량이나 식견이 좁은 사람. ③자기의 겸칭. ④체구가 작은 사람.
[小作](소작) [國]남의 논밭을 빌려서 경작함.

〔小貪大失〕(소탐대실) 작은 것을 탐하다가 큰 손실을 봄.
▷輕小(경소)·群小(군소)·短小(단소)·大小(대소)·微小(미소)·弱小(약소)·矮小(왜소)·最小(최소)·縮小(축소)·狹小(협소)

1 ④ 〔少〕*** 1248 ㊀ 소: 上 篠 | shǎo, ショウ ㊁ 소: 去 嘯 | shào, ショウ

소전 행서 이름 ㊀적을 소: ㊁젊을 소: 자원 회의. 小+丿→少. 丿은 깎아서 줄이다. 작은 것〔小〕을 깎아 줄이니, 더욱 작아진다는 데서 '적다'의 뜻을 나타낸다.

필순 亅 小 小 少

새김 ㊀적다. 수량이 적다. 多(0991)의 대. ¶少量(—, 분량 량) 적은 분량. ㊁젊다. 어리다. 老(4206)의 대. ¶年少(나이 년, —) 나이가 젊음. ㉠—한 사람.
〔少頃〕(소경) 잠시 동안. 잠깐 사이.
〔少女〕(소녀) 성년이 되지 않은 젊은 여자.
〔少年〕(소년) ①성년이 되지 않은 젊은 남자. ②젊은 나이. ㉠—登科.
〔少數〕(소수) 적은 수효.
〔少時〕(소시) 어릴 때.
〔少額〕(소액) 적은 금액.
〔少壯〕(소장) 나이가 젊고 혈기가 왕성함. 또는 그러한 사람.
▷減少(감소)·寡少(과소)·僅少(근소)·老少(노소)·多少(다소)·些少(사소)·鮮少(선소)·幼少(유소)·最少(최소)·稀少(희소)

2 ⑤ 〔尔〕 1249 이 爾(3137)와 동자·간화자

3 ⑥ 〔当〕 1250 당 當(3423)의 속자·간화자

3 ⑥ 〔尖〕** 1251 첨 平 鹽 | jiān, セン

행서 이름 뾰족할 첨 자원 회의. 小+大→尖. 위가 아래의 크기보다 작다는 데서, '뾰족하다'란 뜻을 나타낸다.

필순 亅 小 小 尘 尖 尖

새김 뾰족하다. 끝이 날카롭게 뾰족하다. ¶尖銳(—, 날카로울 예) ㉮끝이 뾰족하고 서슬이 날카로움. ㉠—한 칼날. ㉯벌어진 사태가 매우 날카로움. ㉠—한 對立.
〔尖端〕(첨단) ①뾰족하게 모난 물건의 맨 끝. ②시대의 사조나 유행 따위의 맨 앞장.
〔尖尾〕(첨미) 뾰족한 끝이나 꼬리.
〔尖兵〕(첨병) 행군할 때, 부대의 전방에서 적정(敵情)을 살피고 경계·수색하는 소부대나 그 병사.
⑦〔肖〕 초 肉부 3획(4256)

5 ⑧ 〔尙〕*** 1252 상: ▷상 去 漾 | shàng, ショウ

소전 행서 이름 오히려 상:▷상 자원 형성. 向〔向의 변형〕+八→尙. 向에는 '향' 외에 '상' 음도 있어, 向(상)이 성부.

필순 丨 ⺌ ⺌ 尙 尙 尙 尙 尙

새김 ❶오히려. 아직도. ¶尙早(—, 이를 조) 아직도 이름. ㉠時期—. ❷숭상하다. 중히 여기다. ¶尙武(—, 군사 무) 군사나 무예를 숭상함. ❸높다. 또는 높게 가지다. ¶高尙(높을 고, —) 뜻이 높고 품격이 높음. ㉠—한 人品. ❹더하다. 〔論語〕無以尙之(무이상지) 써 이에 더할 것이 없다. ❺바라다. ¶尙饗(—, 흠향할 향) '신령(神靈)이 제물을 흠향하기를 바랍니다'라는 뜻으로, 축문(祝文) 끝에 쓰는 말.
〔尙古〕(상고) 옛 문물 제도를 숭상함.
〔尙存〕(상존) 아직 존재함.
〔尙賢〕(상현) 어진 사람을 존경함.
▷崇尙(숭상)·和尙(화상)

6 ⑨ 〔尝〕 1253 상 嘗(0780)의 간화자

3 획 부수 尢 部

▷명칭:절름발이왕
▷쓰임:절름발이와 관계되는 한자의 부수로도 쓰였고, 한자의 분류를 위한 부수로도 쓰였다.

1 ④ 〔尤〕*** 1254 우 平 尤 | yóu, ユウ

소전 행서 이름 더욱 우 자원 형성. 尢〔又의 변형〕+乙→尤. 又(우)가 성부.

필순 一 ナ 尢 尤

새김 ❶더욱. 한층 더. ¶尤甚(—, 심할 심) 더욱 심함. ❷탓하다. 원망하다. 또는 탓. 〔論語〕不尤人(불우인) 남을 탓하지 아니하다.
〔尤妙〕(우묘) 더욱 묘함. 매우 신통함.
〔尤物〕(우물) ①뛰어난 미녀. ②진기한 물건.

3 ⑥ 〔尧〕 1255 요 堯(0910)의 간화자

4 ⑦ 〔尨〕* 방 本망 平江 máng, ボウ
1256

소전 행서 이름 클 방 자원 회의. 尤〔犬의 변형〕+彡→尨. 털이 많이 난〔彡〕개. 원뜻은 삽살개. 새김은 가차.
새김 크다. 높고 크다. ¶尨大(—, 큰 대) 규모나 양이 매우 큼.

9 ⑫ 〔就〕*** 취: 本추: 去宥 jiù, シュウ
1257

소전 행서 이름 나아갈 취: 자원 회의. 京+尤→就. 京은 사람이 만든 작은 산. 이를 더욱〔尤〕 높게 만든다는 데서, '이루다·나아가다'의 뜻을 나타낸다.

필순 亠 古 亨 京 京 京 京 就 就 就

새김 ❶나아가다. ㉠향하여 가다. ¶進就(나아갈 진, —) 향상하여 나아감. 예—性. ㉡일자리나 벼슬자리에 나아가다. ¶就學(—, 학교 학) 학교에 나아감. 예— 年齡. ❷이루다. 목표한 바를 이루다. ¶成就(이룰 성, —) 목적한 대로 일을 이룸.
〔就業〕(취업) 맡은 바의 일을 하는 자리에 나아가 일을 함. 예— 場所.
〔就任〕(취임) 맡은 임무에 나아감.
〔就中〕(취중) 그 가운데.
〔就職〕(취직) 일정한 직업을 잡아 직장에 나아감.
〔就寢〕(취침) 잠자리에 듦.
〔就航〕(취항) 배나 비행기가 항행의 길을 떠남.
▷去就(거취)·夙就(숙취)

3획 부수 尸 部

▷명칭:주검시
▷쓰임:인체(人體)와 관계되는 한자의 부수로 주로 쓰였고, 때로는 한자를 분류하는 부수로도 쓰였다.

0 ③ 〔尸〕* 시: 本시 平支 shī, シ
1258

소전 행서 이름 주검 시: 자원 상형. 머리를 숙이고 손발을 뻗고 누워 있는 주검의 모양.
새김 ❶주검. 시체. ¶尸諫(—, 간할 간) 주검으로 간함. 故 위(衛)나라 대부(大夫)인 사어(史魚)가 소인을 물리치고 거백옥(蘧伯玉)을 등용하라고 영공(靈公)에게 간했으나 들어주지 않자, 죽을 때 충신이 못 된 주검이라 거실 밖에 초빈하라는 유언을 남겼는데, 영공이 문상을 와서 이를 보고 그의 간함을 받아들였다는 고사. ❷시동. 제사 때 신주 대신에 앉혀놓던 어린아이. ¶尸位(—, 자리 위) 시동을 앉히는 자리. 인신하여, 하는 일 없이 벼슬자리를 차지하고 있는 사람. 예— 素餐.
〔尸祿〕(시록) 봉록(俸祿)을 받으면서 그 직책을 다하지 않는 일.

1 ④ 〔尹〕* 윤: 上軫 yǐn, イン
1259

소전 행서 이름 다스릴 윤: 자원 회의. ヨ〔⺕, 곧 又의 변형〕+丨→尹. 又는 손, 丨은 성직자가 손에 드는 지팡이. 그래서 '다스리다'의 뜻을 나타낸다.
새김 ❶다스리다. 또는 장관(長官) 벼슬. ¶令尹(명령 령, —) 지방의 장관. ❷國 벼슬 이름. 예 漢城府尹(한성 부윤).
▷府尹(부윤)·庶尹(서윤)·判尹(판윤)

1 ④ 〔尺〕*** 척 入陌 chǐ, シャク
1260

소전 행서 이름 자 척 자원 상형. 그는 손목, 八은 손목에 붙어 있는 엄지손가락과 가운뎃손가락을 벌리고 있는 모양. 벌리고 있는 두 손가락의 끝에서 끝까지의 길이. 주척(周尺)으로 약18cm의 길이로, 1장(丈)의 10분의 1, 1치〔寸〕의 10배에 해당한다.

필순 ㄱ ㄱ 尸 尺

새김 ❶자. 길이를 재는 기구. ¶曲尺(굽을 곡, —) 곱자. ❷척. 자. 길이의 단위. 약30cm. ¶三尺(석 삼, —) 석 자. 예— 童子. ❸편지. ¶尺牘(—, 편지 독) 편지. ❹조금. 적음의 비유. ¶尺地(—, 땅 지) 얼마 안 되는 좁은 땅.
〔尺度〕(척도) ①자로 재는 길이의 표준. 곧 자. ②평가나 측정의 기준. ③계량(計量)의 표준.
〔尺雪〕(척설) 한 자쯤 쌓인 눈.
〔尺寸〕(척촌) 한 자와 한 치. 수량·거리 등이 얼마 안 됨의 형용.
〔尺土〕(척토) 얼마 안 되는 땅. 척지(尺地).
▷百尺竿頭(백척간두)·繩尺(승척)·越尺(월척)·咫尺(지척)·縮尺(축척)

2 ⑤ 〔尻〕* 고 平豪 kāo, コウ
1261

소전 행서 이름 꽁무니 고 자원 형성. 尸+九→尻. 九(구)의 변음이 성부.
새김 꽁무니. 엉덩이.

2 ⑤ 〔尼〕* 니 平支 ní, ジ
1262

소전 행서 이름 비구니 니 자원 형성. 尸+匕→尼. 匕(비)의 변음이 성부.

새김 비구니. 신중. ¶僧尼(중 승, ―) 중과 신중.
〔尼寺〕(이사) (佛)신중절. 여승들이 있는 절.
▷陀羅尼(다라니)·比丘尼(비구니)

3 ⑥ 〔尽〕 1263 진: 盡(3527)의 속자·간화자

4 ⑦ 〔局〕 1264 ** 국 入沃 jú, キョク

소전 행서 이름 판 국 자원 회의. 尸〔尺의 변형〕+口→局. 말(言)을 자로 잰 듯이 삼가고, 할 말만에 국한한다는 데서, '판' 이란 뜻을 나타낸다.

필순 ㄱ ㄱ 尸 局 局 局 局

새김 ❶판. 일이 벌어진 자리나 형세. ¶局面(―, 장면 면) 일이 벌어진 장면이나 형세. ❷바둑이나 장기 등의 승부. ¶對局(대할 대, ―) 장기나 바둑을 마주 대하여 승부를 겨룸. ❸부서. 직무를 구분하여 맡은 곳. 예事務局(사무국). ❹기량. 재능. 도량. ¶局量(―, 양 량) 일을 감당하여 처리할 수 있는 재능의 정도. 예―이 좁다. ❺한정되다. 국한되다. ¶局部(―, 부분 부) 전체 가운데의 한정된 한 부분. 인신하여, 음부.
〔局外〕(국외) 어떤 일에 관계되는 그 테 밖.
〔局限〕(국한) 어떤 부분에 한정함.
〔局戲〕(국희) 장기나 바둑 따위의 놀이.
▷開局(개국)·結局(결국)·器局(기국)·難局(난국)·當局(당국)·大局(대국)·本局(본국)·時局(시국)·政局(정국)·形局(형국)

4 ⑦ 〔尿〕 1265 * 뇨: 去嘯 niào, ニョウ

소전 행서 이름 오줌 뇨: 자원 회의. 尸〔尾의 생략체〕+水→尿. 인체의 꼬리 부분, 곧 음부에서 나오는 물인 오줌을 뜻한다.
새김 오줌. 소변. ¶尿道(―, 길 도) 오줌을 누는 관.
〔尿素〕(요소) 오줌에 들어 있는 질소 화합물.
▷排尿(배뇨)·糞尿(분뇨)·泌尿(비뇨)·夜尿(야뇨)·血尿(혈뇨)

4 ⑦ 〔尾〕 1266 *** 미 本미: 上尾 wěi, ビ

소전 행서 이름 꼬리 미 자원 상형. 짐승에 달린 꼬리의 모양.

필순 ㄱ ㄱ 尸 尸 尸 尸 尾

새김 ❶꼬리. ¶龍頭蛇尾(용 룡, 머리 두, 뱀 사, ―) 용의 머리에 뱀의 꼬리. 시작은 성하고 좋았으나 뒤끝이 갈수록 점점 쇠하여지거나 나빠짐의 비유. ❷뒤. ㉠뒤쪽. ¶尾行(―, 다닐 행) 남의 행동을 감시하기 위하여, 그의 뒤를 몰래 따라 다님. ㉡사물의 끝. ¶末尾(끝 말, ―) 끝 부분. ❸흘레하다. ¶交尾(섞을 교, ―) 동물이 흘레함. ❹마리. 물고기를 세는 단위. 예生鮮十尾(생선 십미).
〔尾骨〕(미골) 꽁무니뼈.
〔尾大難掉〕(미대난도) 꼬리가 너무 크면 흔들기가 어렵다는 뜻으로, 일이 끝판에 크게 벌어져 처리하기가 어려움의 형용.
▷大尾(대미)·首尾(수미)·燕尾(연미)·徹頭徹尾(철두철미)·後尾(후미)

4 ⑦ 〔层〕 1267 층 層(1284)의 간화자

5 ⑧ 〔居〕 1268 *** ㊀거 平魚 jū, キョ ㊁거 本기 平支 jī, キ

소전 행서 이름 ㊀살 거 ㊁어조사 거 자원 형성. 尸+古→居. 古(고)의 변음이 성부.

필순 ㄱ ㄱ 尸 尸 尸 尸 居 居

새김 ㊀❶살다. 살고 있다. ¶居住(―, 살 주) 사람이 일정한 곳에 자리를 잡고 삶. ❷머무르다. ¶居留(―, 머무를 류) 남의 집이나 땅에 머물러 있음. ❸앉다. ¶起居(일어설 기, ―) 일어섬과 앉음. 예―動作. ㊁~이여! 지정하여 부르거나 어세를 고르는 조사. ¶日居月諸(날 일, ―, 달 월, 어조사 저) 날이여 달이여! 쉬지 않고 흘러가는 세월의 형용.
〔居士〕(거사) 은거하거나 아직 벼슬을 하지 않은, 재덕을 겸비한 선비. 처사(處士).
〔居喪〕(거상) 직계 존속의 상중에 있음.
〔居室〕(거실) ①거처하는 방이나 집. ②집에서 지냄. ③부부가 함께 삶.
〔居憂〕(거우) 부모의 상중에 있음.
〔居處〕(거처) 일정한 곳에 자리잡고 사는 곳.
▷寄居(기거)·獨居(독거)·同居(동거)·別居(별거)·卜居(복거)·安居(안거)·寓居(우거)·隱居(은거)·住居(주거)·穴居(혈거)

5 ⑧ 〔届〕 1269 * 계: 去卦 jiè, カイ

소전 행서 속자 이름 이를 계: 자원 형성. 尸+凷→屆. 凷(계)가 성부.
새김 ❶이르다. 다다르다. ¶届期(―, 시기 기) 예정된 시기에 이름. ❷계. 국가 기관에 제출하는 신고. 일제(日帝) 때 썼던 새김. 예出生届(출생계).
〔届出〕(계출) 國어떤 사실을 해당 관청에 문건으로 제출함.

5 ⑧ 〖屆〗 1270 계: 屆(1269)의 속자

5 ⑧ 〖屈〗** 1271 굴 入物 | qū, クツ

소전 행서 이름 굽힐 굴 자원 형성. 尸+出→屈. 出(출)의 변음이 성부.

필순

새김 ❶굽히다. 구부리다. 伸(0170)의 대. ¶屈伸(一, 펼 신) 굽힘과 폄. 또는 굽혔다 폈다 함. 예一運動. ❷굽다. 구불구불하다. ¶屈曲(一, 굽을 곡) 구불구불 굽음. ❸꺾다. 뜻을 굽히다. ¶屈服(一, 복종할 복) 뜻을 굽히어 복종함. ❹억세다. 강하다. ¶屈強(一, 굳셀 강) 억세어 남에게 굽히지 아니함.

〔屈身〕(굴신) ①자신을 낮춤. 겸양함. ②허리를 구부려 절함.

〔屈辱〕(굴욕) 억눌리어 업신여김을 받는 모욕.

〔屈折〕(굴절) 꺾이어서 휘어짐.

〔屈節〕(굴절) 절개를 굽혀 복종함.

〔屈從〕(굴종) 자신의 뜻을 굽히어 남에게 복종함.

〔屈指〕(굴지) 무엇을 셀 때에 손가락을 꼽는다는 뜻으로, 여럿 가운데서 손꼽을 만큼 뛰어나다는 뜻을 나타내는 말. 예一의 大企業.

▷不屈(불굴)·卑屈(비굴)

6 ⑨ 〖屛〗** 1272 ㊀병 平青 | píng, ヘイ ㊁병: 上梗 | bǐng, ヘイ

소전 행서 본자 屏 이름 ㊀병풍 병 ㊁숨을 병: 자원 형성. 尸+并→屏→屛. 倂(병)·餠(병)과 같이 并(병)이 성부.

필순

새김 ㊀❶병풍. 가리개. ¶枕屛(베개 침, 一) 머리맡에 치는 병풍. ❷담. 울타리. ¶門屛(문 문, 一) 집 안을 들여다 보지 못하게, 대문 안에 쳐 놓은 담이나 널빤지. ㊁❶숨다. 물러나다. 은퇴하다. ¶屛居(一, 살 거) 세상일에서 물러나서 집에만 있음. ❷숨기다. 숨을 죽이다. ¶屛息(一, 숨 식) 숨을 죽임.

〔屛去〕(병거) 물리침. 쫓아냄.

〔屛氣〕(병기) 숨을 죽임. 삼가고 두려워함의 형용.

〔屛黜〕(병출) 쫓아냄. 제거함.

〔屛風〕(병풍) 바람을 막거나 장식을 위하여 방 안에 둘러치는 물건.

▷曲屛(곡병)·祭屛(제병)·畫屛(화병)

6 ⑨ 〖屍〗* 1273 시: 本시 平支 | shī, シ

소전 행서 이름 주검 시: 자원 회의. 尸+死→屍. 사람의 죽은 몸뚱이.

새김 주검. 사람의 죽은 몸뚱이. ¶屍身(一, 몸 신) 송장. 시체.

〔屍山血海〕(시산혈해) 주검이 산같이 쌓이고 피가 바다처럼 흐름.

〔屍體〕(시체) 송장. 주검. 사체(死體).

〔屍臭〕(시취) 시체에서 풍기는 냄새.

▷檢屍(검시)·死屍(사시)·戮屍(육시)

6 ⑨ 〖屎〗* 1274 시: 上紙 | shǐ, シ

행서 이름 똥 시: 자원 회의. 尸〔尾의 생략체〕+米→屎. 米는 똥덩이의 모양. 궁둥이에서 떨어지는 똥을 뜻한다.

새김 똥. 대변. ¶屎尿(一, 오줌 뇨) 똥과 오줌.

6 ⑨ 〖屋〗*** 1275 옥 入屋 | wū, オク

소전 행서 이름 집 옥 자원 회의. 尸+至→屋. 尸는 집의 모양. 사람이 이르러서〔至〕 머무는 집을 뜻한다.

필순

새김 집. 주거용 건물. ¶屋外(一, 밖 외) 집 밖. 예一燈.

〔屋上架屋〕(옥상가옥) 지붕 위에 거듭 지붕을 만듦. 물건이나 일을 부질없이 거듭함의 비유.

〔屋宇〕(옥우) 집. 가옥(家屋).

〔屋下私談〕(옥하사담) 쓸데없는 사사로운 이야기.

▷家屋(가옥)·茅屋(모옥)·社屋(사옥)·瓦屋(와옥)·草屋(초옥)·板屋(판옥)·韓屋(한옥)

7 ⑩ 〖屑〗* 1276 설 入屑 | xiè, セツ

소전 행서 이름 가루 설 자원 형성. 尸+肖→屑. 肖(초—소)의 변음이 성부.

새김 가루. 잔부스러기. ¶木屑(나무 목, 一) 톱밥.

▷不屑(불설)·瑣屑(쇄설)·玉屑(옥설)

7 ⑩ 〖展〗*** 1277 전: 上銑 | zhǎn, テン

소전 행서 이름 펼 전: 자원 회의. 尸+㠭→展. 㠭은 물건을 괴는 대. 주검을 이 대 위에 올려 놓고 사지를 펴서 옷을 입힌다는 뜻.

필순

새김 ❶펴다. 늘어놓다. ¶展示(—, 보일 시) 여러 가지 물건을 늘어놓고 여러 사람에게 보임. 예—會. ❷뻗다. 넓혀지다. ¶發展(나아갈 발, —) 더 좋은 상태로 나아가 뻗음. ❸바라다보다. ¶展望(—, 바라볼 망) ㉮먼 곳을 멀리 바라다 봄. 또는 바라본 그 경치. 예—臺. ㉯앞날을 미리 헤아려 내다봄. 또는 내다본 그 장래. 예遠大한 —. ❹구르다. 뒤척이다. 輾(5349)과 통용. ¶展轉(—, 구를 전) 누워서 이리저리 뒤척임. 예—反側.

〔展開〕(전개) ①일정한 문제에 대한 논리나 사회적 운동을 시작하여 벌임. 예국산품 애용 운동의 —. ②크게 펼쳐짐. 예壯觀이 — 되다. ③한데 모였던 군대가 전투 대열로 늘어섬. 예—隊列.

〔展覽〕(전람) ①펴서 봄. ②물품을 벌여 놓고 여러 사람에게 보임.

〔展墓〕(전묘) 조상의 묘소를 찾아뵘. 성묘(省墓).

〔展眉〕(전미) 찌푸린 눈살을 폄. 시름이나 근심이 사라짐의 형용.

〔展限〕(전한) 기한을 늘림. 연기(延期)함.

▷ 進展(진전)·親展(친전)

8 ⑪ 〔屛〕** 병 屛(1272)의 본자
1278

9 ⑫ 〔屠〕* 도 平虞 | tú, ト
1279

소전 행서 이름 잡을 도 자원 형성. 尸+者→屠. 都(도)·覩(도)·堵(도)·睹(도)와 같이 者(자)의 변음이 성부.

새김 ❶잡다. 가축을 잡다. ¶屠殺(—, 죽일 살) 가축을 잡아 죽임. 예—場. ❷죽이다. 뭇사람을 죽이다. ¶屠戮(—, 죽일 륙) 많은 사람을 함부로 마구 죽임.

〔屠肆〕(도사) 푸줏간.

〔屠漢〕(도한) 백정.

▷ 浮屠(부도)

9 ⑫ 〔屡〕 루: 屢(1282)의 속자·간화자
1280

9 ⑫ 〔属〕 속 屬(1285)의 속자·간화자
1281

11 ⑭ 〔屢〕** 루: 去遇 | lǚ, ル
1282

소전 행서 속자 간화 屡 이름 자주 루: 자원 형성. 尸+婁→屢. 樓(루)·縷(루)·蔞(루)와 같이 婁(루)가 성부.

필순 ㇇ 尸 ... 屢

새김 자주. 여러 번. ¶屢次(—, 차례 차) 여러 차례. 예—의 경고.

〔屢屢〕(누누) 여러 번. 여러 차례.

〔屢代〕(누대) 여러 대. 역대(歷代).

〔屢報〕(누보) 여러 차례 보도함. 누차 알림.

12 ⑮ 〔履〕** 리: 上紙 | lǚ, リ
1283

소전 행서 이름 밟을 리: 자원 회의. 尸+彳+旨〔舟의 변형〕+夂→履. 彳은 따라 행하다의 뜻, 舟은 신의 모양, 夂는 발의 뜻. 주검을 묻는 의식 때, 예법을 따라 발에 신기는 신을 뜻한다.

필순 ㇇ 尸 ... 履

새김 ❶밟다. ㉠발로 밟다. ¶履霜(—, 서리 상) 서리를 밟음. ㉡겪다. 행하다. 경험하다. ¶履歷(—, 지날 력) 어떤 사람이 겪어 지내온 학업이나 직업 등의 일. 예—書. ❷신. 또는 신을 신다. ¶草履(풀 초, —) 짚신.

〔履氷〕(이빙) 살얼음을 밟음. 매우 위험한 지경에 처함의 비유.

〔履修〕(이수) 차례를 따라 학과 과정을 닦음.

〔履行〕(이행) 실제로 집행함. 실행함.

▷ 木履(목리)·踐履(천리)·敝履(폐리)

12 ⑮ 〔層〕** 층 平蒸 | céng, ソウ
1284

소전 행서 간화 层 이름 층 층 자원 형성. 尸+曾→層. 曾(증)의 변음이 성부.

필순 ㇇ 尸 ... 層

새김 층. ㉠같은 높이로 포개진 건물의 층. ¶層階(—, 계단 계) 층 사이를 오르내리기 위한 계단. ㉡층을 세는 단위. 예九層石塔(구층 석탑). ㉢계급. 사람의 사회적 구분. 예上流層(상류층). ㉣포개진 켜. ¶地層(땅 지, —) 땅 속에 생긴 흙이나 암석의 층.

〔層狀〕(층상) 층을 이룬 모양.

〔層巖絶壁〕(층암절벽) 높고 험한 바위가 겹겹으로 쌓여 이루어진 낭떠러지.

〔層層侍下〕(층층시하) 國부모와 조부모를 다 모시고 있는 형편을 이르는 말.

〔層下〕(층하) 國낮잡아 홀하게 대접함. 또는 그런 차별. 예—를 두다.

▷ 階層(계층)·高層(고층)·單層(단층)·斷層(단층)·上層(상층)·重層(중층)·下層(하층)

18 ㉑ 〔屬〕** ㊀속 入沃 | shǔ, ゾク ㊁촉 入沃 | shǔ, ショク
1285

소전 행서 속자 간화 属 이름 ㊀딸릴 속 ㊁주목할 촉 자원 형성. 𡳐〔尾

의 변형] + 蜀→屬. 燭(촉)·觸(촉)과 같이 蜀(촉→속)이 성부.

필순 尸 尸 尸 屄 屈 屈 屬 屬 屬 屬

새김 ⊖❶딸리다. 소속되다. ¶附屬(붙을 부, —) 주되는 기관이나 물체에 붙어 딸림. ㉮— 病院. ❷살붙이. 권속. ¶親屬(친족 친, —) 친족의 살붙이. 곧 촌수가 가까운 일가. ❸무리. 종류. ¶金屬(쇠 금, —) 쇠붙이. ㉮— 活字. ❹글을 짓다. ¶屬₂文₁(—, 글 문) 문구를 이리저리 얽어서 글을 지음. ⊜囑(0802)과 통용. ❶붙이다. 주목하다. ¶屬₂目₁(—, 눈 목) 눈을 붙임. 곧 기대를 걸고 지켜 봄. ❷맡기다. 부탁하다. ¶屬託(—, 부탁할 탁) 일을 맡기고 부탁함.

〔屬官〕(속관) 하급 관리. 속리(屬吏).

〔屬國〕(속국) 정치적으로 다른 나라에 매여 있는 나라.

〔屬性〕(속성) 사물의 본질을 이루는 고유한 성질이나 특성.

〔屬邑〕(속읍) 큰 고을에 딸린 작은 고을.

〔屬地〕(속지) 어느 나라에 부속된 땅.

〔屬望〕(촉망) ①잘 되기를 기대하고 바람. ②주의 깊게 바라봄.

▷家屬(가속)·官屬(관속)·軍屬(군속)·歸屬(귀속)·卑屬(비속)·所屬(소속)

3획 부수 屮 部

▷명칭:싹철

▷쓰임:의부로서의 기능보다 한자의 분류를 위한 부수로 쓰였다.

1 ④ 〔屯〕** 1286 둔 平元 | tún, トン

소전 行서 이름 진칠 둔 자원 상형. 어린아이의 머리털을 묶어놓은 모양. 그래서 많은 병사가 모여 한 곳에 진을 친다는 뜻을 나타낸다.

필순 ㇒ ㄴ 𠃊 屯

새김 진을 치다. 또는 진을 치고 있는 진영. ¶駐屯(머무를 주, —) 군대가 일정한 지역에 머물러 있으면서 진을 침.

〔屯兵〕(둔병) 군사가 주둔함. 또는 주둔한 군사.

〔屯營〕(둔영) 군사가 주둔한 군영.

〔屯田〕(둔전) 변방을 경비하는 군대가 자체의 군량을 보충하기 위하여 농사짓던 토지.

〔屯聚〕(둔취) 여러 사람이 한 곳에 모여 있음.

1 ④ 〔㞢〕 1287 지 之(0048)의 본자

3획 부수 山 部

▷명칭:메산.메산변

▷쓰임:산의 이름과 그 모양, 또는 산과 관계되는 한자의 부수로 쓰였다.

0 ③ 〔山〕*** 1288 산 平刪 | shān, サン

소전 행서 이름 메 산 자원 상형. 높이 솟은 산봉우리의 모양.

필순 丨 山 山

새김 ❶메. 산. ¶山川(—, 내 천) 산과 내. ❷무덤. 분묘. ¶山所(—, 곳 소) 무덤이 있는 곳. 또는 무덤. ❸절. 사찰. ¶山門(—, 문 문) 절의 문.

〔山徑〕(산경) 산중에 있는 소로(小路).

〔山高水長〕(산고수장) 산은 높고 강은 긺. ㉠산천이 가로막혀서 통하지 못함. ㉡인품이 고결함의 비유.

〔山麓〕(산록) 산기슭.

〔山林〕(산림) ①산과 숲. ②산의 숲.

〔山脈〕(산맥) 산줄기. 큰 산에서 잇달아 길게 뻗은 산줄기.

〔山水畫〕(산수화) 동양화의 하나. 산수의 경치를 그린 그림.

〔山嶽〕(산악) 높고 큰 산. 산악(山岳).

〔山野〕(산야) ①산과 들. ②시골.

〔山紫水明〕(산자수명) 산은 자줏빛이고, 물은 맑음. 산수의 경치가 아름다움의 형용.

〔山莊〕(산장) 산 속에 있는 별장.

〔山賊〕(산적) 산 속에 근거지를 두고 출몰하는 도적.

〔山積〕(산적) 산더미처럼 많이 쌓임. 극히 많음의 비유.

〔山直〕(산직) 國 산지기.

〔山菜〕(산채) 산나물. ㉮—를 캐다.

〔山川草木〕(산천초목) 산과 내와 풀과 나무. 곧 자연(自然).

〔山河〕(산하) 산과 강. ㉮그리운 조국의 —.

〔山海珍味〕(산해진미) 산과 바다의 진귀한 산물을 다 갖추어 썩 잘 차린 음식.

〔山行〕(산행) ①산길을 걸어감. ②등산을 하기 위하여 산에 감. ③國 사냥.

▷高山(고산)·鑛山(광산)·南山(남산)·禿山(독산)·登山(등산)·名山(명산)·先山(선산)·雪山(설산)·青山(청산)·泰山(태산)

3 ⑥ 〔岂〕 1289 기 豈(5095)의 간화자

3 ⑥ 〔屿〕 1290 서: 嶼(1351)의 간화자

3 ⑥ 〔岁〕 세: 歲(2548)의 간화자
1291

3 ⑥ 〔屹〕* 흘 ㊍을 入物 | yì, キツ
1292

행서 屹 이름 우뚝솟을 흘 자원 형성. 山+乞→屹. 吃(흘)·紇(흘)·訖(흘)과 같이 乞(걸)의 변음이 성부.
새김 우뚝 솟다. ¶屹立(—. 설 립) 산이 깎아 세운 듯이 높이 섬.
〔屹然〕(흘연) 산이 높이 솟은 모양. 예— 獨立.

4 ⑦ 〔岗〕 강 崗(1327)의 간화자
1293

4 ⑦ 〔岖〕 구 嶇(1344)의 간화자
1294

4 ⑦ 〔岐〕* 기 平支 | qí, キ
1295

소전 岐 행서 岐 동용 歧 이름 갈림길 기 자원 형성. 山+支→岐. 支에는 '지' 외에 '기' 음도 있어, 技(기)·妓(기)·伎(기)와 같이 支(기)가 성부.
새김 갈림길. 또는 여러 갈래로 갈라지다. ¶岐路(—. 길 로) 갈림길.
▷ 多岐(다기)·分岐(분기)

4 ⑦ 〔岛〕 도 島(1319)의 간화자
1296

4 ⑦ 〔岚〕 람 嵐(1338)의 간화자
1297

4 ⑦ 〔岑〕* ㊀잠 平侵 | cén, シン
㊁음 平侵 | yín, ギン
1298

소전 岑 행서 岑 이름 ㊀산봉우리 잠 ㊁험준할 음 자원 형성. 山+今→岑. 吟(음)과 같이 今(금)의 변음이 성부.
새김 ㊀산봉우리. ¶尖岑(뾰족할 첨, —) 뾰족하게 솟은 산봉우리. ㊁험준하다. 산세가 높고 험하다. ¶岑巖(—. 험준할 암) 산세가 높고 험준함.

4 ⑦ 〔岘〕 현 峴(1325)의 간화자
1299

5 ⑧ 〔岬〕* 갑 入洽 | jiá, コウ
1300

행서 岬 이름 곶 갑 자원 형성. 山+甲→岬. 鉀(갑)·匣(갑)·閘(갑)과 같이 甲(갑)이 성부.
새김 곶. 갑. 바다쪽으로 돌출한 육지. ¶岬角(—. 모 각)곶. 바다로 뻗어 있는 육지의 끝 부분

5 ⑧ 〔岡〕* 강 平陽 | gāng, コウ
1301

소전 岡 행서 岡 동자 崗 간화 冈 이름 메 강 자원 형성. 冂〔网의 변형〕+山→岡. 网(강)이 성부.
새김 메. 나지막한 산. 또는 고개. ¶岡陵(—. 언덕 릉) 나지막한 작은 산.

5 ⑧ 〔岱〕* 대: 去隊 | dài, タイ
1302

소전 岱 행서 岱 이름 대산 대: 자원 형성. 代+山→岱. 玳(대)·貸(대)·袋(대)와 같이 代(대)가 성부.
새김 대산(岱山). 태산(泰山)의 딴이름.

5 ⑧ 〔岺〕* 령 平青 | líng, レイ
1303

행서 岺 이름 깊을 령 자원 형성. 山+令→岺. 領(령)·零(령)과 같이 令(령)이 성부.
새김 깊다. 산이 깊다.

5 ⑧ 〔岭〕 ㊀령 岺(1303)의 속자
㊁령: 嶺(1350)의 간화자
1304

5 ⑧ 〔岷〕* 민 平眞 | mín, ビン
1305

소전 岷 행서 岷 이름 민산 민 자원 형성. 山+民→岷. 民(민)이 성부.
새김 민산(岷山). 사천성(四川省)에 있는 산 이름.

5 ⑧ 〔岫〕* 수: 去宥 | xiù, シュウ
1306

소전 岫 행서 岫 이름 산굴 수: 자원 형성. 山+由→岫. 袖(수)와 같이 由(유)의 변음이 성부.
새김 산굴. 산에 있는 동굴. ¶岫雲(—. 구름 운) 산굴에서 피어오르는 구름.

5 ⑧ 〔岀〕* 수
1307

참고 운서나 자전에서 찾아볼 수 없는 자. 아마도 岫(1306)의 오기인 듯함.

5 ⑧ 〔岳〕** 악 入覺 | yuè, ガク
1308

동자 嶽 이름 큰산 악 자원 상형. 산 위에 또 산이 있는 모양. 그래서 큰 산을 뜻한다.

필순 ㇀ ㇀ 𠂆 斤 丘 乒 岳 岳

새김 ❶큰 산. 특히 오악(五岳)을 이른다. ¶山岳(메 산, 一) 높고 큰 산들. 예一地帶. ❷아내의 부모를 이르는 말. ¶岳父(一, 아비 부) 아내의 아버지. 곧 장인.
〔岳母〕(악모) 장모(丈母).
〔岳丈〕(악장) 장인(丈人). 악부(岳父).
▷楓岳(풍악)

5 ⑧ 〔岸〕** 안: 去翰 | àn, ガン
1309

소전 岸 행서 岸 이름 기슭 안: 자원 형성. 屵+干→岸. 干(간)의 변음이 성부.

필순 丶 山 山 屵 屵 岸 岸 岸

새김 기슭. 또는 강가나 바닷가의 언덕. ¶海岸(바다 해, 一) 바닷가의 기슭. 예一線.
〔岸柳〕(안류) 강가의 버드나무.
▷江岸(강안)·對岸(대안)·沿岸(연안)·彼岸(피안)·河岸(하안)

5 ⑧ 〔岩〕 암 巖(1357)의 속자
1310

5 ⑧ 〔岾〕* 점 國字
1311

행서 岾 이름 고개 점 자원 형성. 山+占→岾. 店(점)·點(점)과 같이 占(점)이 성부.
새김 고개. 길이 나 있는 재. 〔三國遺事〕文殊岾(문수점).

5 ⑧ 〔岵〕* 호: 上麌 | hù, コ
1312

행서 岵 이름 산 호: 자원 형성. 山+古→岵. 胡(호)·祜(호)와 같이 古(고)의 변음이 성부.
새김 산. 초목이 우거진 산. 일설에는, 민둥산.

6 ⑨ 〔峤〕 교 嶠(1346)의 간화자
1313

6 ⑨ 〔峦〕 만 巒(1356)의 약자·간화자
1314

6 ⑨ 〔峠〕* 상
1315

참고 음은 없이 'とうげ'로 훈독하는 일본 한자. 인명용 한자에서 삭제해야 할 자.

6 ⑨ 〔峣〕 요 嶢(1348)의 간화자
1316

6 ⑨ 〔峙〕* 치 本치: 上紙 | zhì, ジ
1317

행서 峙 이름 우뚝설 치 자원 형성. 山+寺→峙. 痔(치)와 같이 寺(시)의 변음이 성부.
새김 우뚝 서다. ¶對峙(대할 대, 一) 두 세력이 맞서서 버팀.
〔峙立〕(치립) 산이 높이 솟아서 우뚝 섬.

6 ⑨ 〔峡〕 협 峽(1326)의 약자·간화자
1318

7 ⑩ 〔島〕*** 도 本도: 上晧 | dǎo, トウ
1319

소전 島 행서 島 동자 嶋 간화 岛 이름 섬 도 자원 형성. 鳥〔鳥의 생략체〕+山→島. 鳥(조)의 변음이 성부.

필순 ㇀ 亻 ⺌ 户 户 自 鳥 鳥 島 島

새김 섬. 바다나 호수 가운데에 있는 육지. ¶孤島(외로울 고, 一) 외딴섬.
〔島民〕(도민) 섬에 사는 주민.
〔島配〕(도배) 죄인을 섬에 유배함.
〔島嶼〕(도서) 크고 작은 섬.
▷群島(군도)·無人島(무인도)·半島(반도)·珊瑚島(산호도)·列島(열도)

7 ⑩ 〔崃〕 래 崍(1330)의 간화자
1320

7 ⑩ 〔峯〕** 봉 平冬 | fēng, ホウ
1321

소전 峯 행서 峯 동자 峰 이름 봉우리 봉 자원 형성. 山+夆→峯. 逢(봉)·蜂(봉)·烽(봉)과 같이 夆(봉)이 성부.

필순 丶 山 山 屮 岁 岑 岑 峯 峯 峯

새김 봉우리. 산봉우리. ¶高峯(높을 고, 一) 높게 솟은 산봉우리. 예一峻嶺.
〔峯頭〕(봉두) 산꼭대기. 봉정(峯頂).
〔峯巒〕(봉만) 면면히 이어진 산봉우리.
▷奇峯(기봉)·上峯(상봉)·連峯(연봉)·主峯(주봉)·峻峯(준봉)·最高峯(최고봉)

7 ⑩ 〔峰〕** 봉 峯(1321)과 동자
1322

7 ⑩ 〔峨〕* 아 平歌 | é, ガ
1323

소전 峨 행서 峨 이름 산높을 아 자원 형성. 山+我→峨. 餓(아)·俄(아)·莪(아)와 같이 我(아)가 성부.

새김 ❶산이 높다. 또는 높이 솟다. ¶峨冠(—, 관 관) 높이 솟은 관. 예—博帶. ❷의용이 엄숙하고 성대하다. ¶峨峨(—, —) 풍채가 단정하고 위엄이 있음의 형용.
▷嵯峨(차아)

7 ⑩ 〔峻〕* 준: 去震 jùn, シュン
1324

소전 행서 이름 높을 준: 자원 형성. 山+夋→峻. 俊(준)·浚(준)·竣(준)과 같이 夋(준)이 성부.
새김 ❶높다. 산이 높고 험하다. ¶峻嶺(—, 재 령) 높고 험한 재. 예泰山—. ❷엄하다. 엄격하다. ¶峻嚴(—, 엄할 엄) 매우 엄함. 예—한 問責.
〔峻德〕(준덕) 큰 덕. 어진 덕. 대덕(大德).
〔峻論〕(준론) 엄정하고 날카로운 언론.
〔峻烈〕(준열←준렬) 매우 위엄있고 격렬함.
〔峻險〕(준험) 산세가 높고 험함.
▷高峻(고준)·嚴峻(엄준)·險峻(험준)

7 ⑩ 〔峴〕* 현: 上銑 xiàn, ケン
1325

행서 간화 岘 이름 고개 현: 자원 형성. 山+見→峴. 見에는 '견' 외에 '현' 음도 있어, 現(현)·俔(현)·睍(현)과 같이 見(현)이 성부.
새김 고개. 고갯마루.

7 ⑩ 〔峽〕* 협 入洽 xiá, キョウ
1326

행서 약자 간화 峡 이름 산골짜기 협 자원 형성. 山+夾→峽. 俠(협)·挾(협)·莢(협)과 같이 夾(협)이 성부.
새김 ❶산골짜기. ¶峽谷(—, 골 곡)산골짜기. ❷육지 사이에 끼어 있는 좁다란 바다. ¶海峽(바다 해, —)육지와 육지 사이에 끼어 있는 좁다란 바다.
〔峽農〕(협농) 두메에서 짓는 농사.
〔峽路〕(협로) 협곡 사이로 통한 소로.
▷山峽(산협)·地峽(지협)

8 ⑪ 〔崗〕* 강 岡(1301)과 동자
1327

8 ⑪ 〔崑〕* 곤 平元 kūn, コン
1328

소전 행서 이름 곤륜 곤 자원 형성. 山+昆→崑. 琨(곤)·鯤(곤)·棍(곤)과 같이 昆(곤)이 성부.
새김 곤륜(崑崙). 산 이름. 전설에서, 서왕모(西王母)가 살며, 아름다운 옥(玉)이 산출된다는 산.
〔崑山片玉〕(곤산편옥) 곤륜산(崑崙山)에서 나는 좋은 옥(玉)의 한 조각. 구하기 어려운 인재나 물건의 비유.

8 ⑪ 〔崎〕* 기 平支 qí, キ
1329

행서 이름 험할 기 자원 형성. 山+奇→崎. 騎(기)·寄(기)·綺(기)와 같이 奇(기)가 성부.
새김 험하다. 산세나 길이 험하다. ¶崎嶇(—, 험난할 구) 산세가 험함. 인신하여, 살아가는 형편이 순조롭지 못하고 가탈이 많음의 비유. 예—한 運命.
〔崎險〕(기험) 산세가 험악함.

8 ⑪ 〔崍〕* 래 平灰 lái, ライ
1330

행서 간화 崃 이름 산이름 래 자원 형성. 山+來→崍. 徠(래)·萊(래)와 같이 來(래)가 성부.
새김 산 이름. 사천성(四川省)에 있는 산.

8 ⑪ 〔崙〕* 륜 平眞 lún, ロン
1331

소전 행서 이름 곤륜 륜 자원 형성. 山+侖→崙. 倫(륜)·輪(륜)·綸(륜)과 같이 侖(륜)이 성부.
새김 곤륜(崑崙). 崑(1328)을 보라.

8 ⑪ 〔崩〕** 붕 平蒸 bēng, ホウ
1332

소전 행서 이름 무너질 붕 자원 형성. 山+朋→崩. 鵬(붕)·棚(붕)·硼(붕)과 같이 朋(붕)이 성부.

필순 ' 山 山 岸 岸 岸 肖 崩 崩 崩

새김 ❶무너지다. 산이 무너져 내리다. ¶崩壞(—, 무너질 괴)무너짐. 예提防의 —. ❷죽다. 임금이나 왕후가 죽다. ¶崩御(—, 높임말 어) 임금이나 왕후가 죽음.
〔崩潰〕(붕괴) 붕괴(崩壞).
〔崩落〕(붕락) ①무너져 떨어짐. ②물가가 뚝 떨어짐.
▷土崩瓦解(토붕와해)

8 ⑪ 〔崇〕*** 숭 平東 chōng, スウ
1333

소전 행서 이름 높을 숭 자원 형성. 山+宗→崇. 宗(종)의 변음이 성부.

[필순] 崇

[새김] ❶높다. ㉠산이 높다. ¶崇嶽(—, 큰산 악) 높이 솟은 큰 산. ㉡갸륵하다. ¶崇高(—, 높을 고) 갸륵하고 고상함. ❷높이다. 높이 떠받들다. ¶崇尙(—, 숭히여길 상) 높이어 소중하게 여김.
〔崇敬〕(숭경) 숭배하고 존경함.
〔崇古〕(숭고) 옛 문물을 숭상함.
〔崇慕〕(숭모) 숭배하여 사모함.
〔崇拜〕(숭배) 높이 우러러 섬기고 존경함.
〔崇仰〕(숭앙) 숭배하여 우러러봄.
〔崇嚴〕(숭엄) 숭고하고 엄숙함.
▷隆崇(융숭)·尊崇(존숭)

8 ⑪ 〔崧〕* 숭 [平]東 | sōng, スウ
1334

[행서] [이름] 높을 숭 [자원] 형성. 山+松→崧. 松(송)의 변음이 성부.
[새김] ❶높다. 산이 높다. ¶崧高(—, 높을 고) 산이 높고 웅장함. ❷산 이름. 하남성(河南省)에 있는 산. 오악(五嶽)의 하나.

8 ⑪ 〔崖〕* 애 [平]佳 | yá, ガイ
1335

[소전] [행서] [이름] 언덕 애 [자원] 형성. 山+厓→崖. 厓(애)가 성부.
[새김] 언덕. 낭떠러지. 벼랑. ¶斷崖(자를 단, —) 깎아지른 듯한 낭떠러지.
〔崖壁〕(애벽) 깎아지른 듯한 낭떠러지.
▷絶崖(절애)·懸崖(현애)

8 ⑪ 〔崔〕* 최 [平]灰 | cuī, サイ
1336

[소전] [행서] [이름] 높을 최 [자원] 형성. 山+隹→崔. 隹에는 '추' 외에 '최' 음도 있어, 隹(최)가 성부.
[새김] ❶높다. 높고 크다. ¶崔嵬(—, 높을 외) 산이 높고 험함. ❷성(姓). [예]최치원(崔致遠).
〔崔崔〕(최최) 산이 크고 높은 모양.

9 ⑫ 〔嵌〕* 감 [平]咸 | qiàn, カン
1337

[소전] [행서] [이름] 박아넣을 감 [자원] 형성. 山+甘+欠→嵌. 柑(감)·紺(감)·疳(감)과 같이 甘(감)이 성부.
[새김] ❶박아넣다. ¶象嵌(모양 상, —) 쇠붙이나 나무·사기 등의 재료를 파내고, 그 자리에 딴 재료를 박아넣는 일. ❷산이 깊다. ¶嵌谷(—, 골 곡) 깊은 계곡.
〔嵌空〕(감공) ①속이 깊은 굴. ②깊은 산골짜기.

9 ⑫ 〔嵐〕* 람 [平]覃 | lán, ラン
1338

[소전] [행서] [간화] 岚 [이름] 이내 람 [자원] 회의. 山+風→嵐. 風은 경치. 산에 푸르스름하게 낀 기운의 경치란 뜻.
[새김] 이내. 멀리 보이는 푸르스름하고 흐릿한 기운. 또는 아지랑이. ¶晴嵐(갤 청, —) 화창하게 갠 날의 아른거리는 이내나 아지랑이.
〔嵐氣〕(남기) 이내. 산안개. 산 속에 끼는 아지랑이 같은 기운.

9 ⑫ 〔嵋〕* 미 [平]支 | méi, ビ
1339

[행서] [이름] 아미산 미 [자원] 형성. 山+眉→嵋. 媚(미)·楣(미)와 같이 眉(미)가 성부.
[새김] 아미산(峨嵋山). 사천성(四川省)에 있는 산 이름.

9 ⑫ 〔嵘〕 영 嶸(1353)의 간화자
1340

10 ⑬ 〔嵩〕* 숭 [平]東 | sōng, スウ
1341

[소전] [행서] [이름] 산높을 숭 [자원] 회의. 山+高→嵩. 산이 높다는 뜻.
[새김] ❶산이 높다. ¶嵩丘(—, 언덕 구) 높은 언덕. ❷숭산(嵩山). 하남성(河南省)에 있는 산 이름.

10 ⑬ 〔嵬〕* 외 [平]灰 | wéi, ガイ
1342

[소전] [행서] [이름] 높을 외 [자원] 형성. 山+鬼→嵬. 鬼(귀)의 변음이 성부.
[새김] 높다. 산이 높고 험하다. ¶崔嵬(높을 최, —) 산이 높고 험함.

10 ⑬ 〔嵯〕* 차 [平]歌 | cuó, サ
1343

[소전] [행서] [이름] 산높을 차 [자원] 형성. 山+差→嵯. 嗟(차)·瑳(차)·磋(차)와 같이 差(차)가 성부.
[새김] 산이 높다. 산이 높고 험하다. ¶嵯峨(—, 산높을 아) 산이 높고 험함.

11 ⑭ 〔嶇〕* 구 [平]虞 | qū, ク
1344

[소전] [간화] 岖 [이름] 험난할 구 [자원] 형성. 山+區→嶇. 驅(구)·嘔(구)·歐(구)·

鷗(구)와 같이 區(구)가 성부.
새김 험난하다. 험준하다. ¶崎嶇(험할 기, —) 崎(1329)를 보라.

11 ⑭ [嶋]* 도 島(1319)와 동자
1345

12 ⑮ [嶠]* 교 平蕭 | qiào, キョウ
1346

소전 嶠 행서 嶠 간화 峤 이름 높을 교 자원 형성. 山+喬→嶠. 橋(교)·矯(교)·僑(교)와 같이 喬(교)가 성부.
새김 ❶높다. 산이 높다. 또는 높은 산. ¶嶠嶽(—, 큰산 악)태산(泰山)의 딴이름. ❷國 조령(鳥嶺). ¶嶠南(—, 남녘 남)조령 남쪽. 곧 경상도를 이르는 말.

12 ⑮ [嶝]* 등: 去徑 | dèng, トウ
1347

행서 嶝 이름 고갯길 등: 자원 형성. 山+登→嶝. 燈(등)·橙(등))과 같이 登(등)이 성부.
새김 고갯길.

12 ⑮ [嶢]* 요 平蕭 | yáo, ギョウ
1348

소전 嶢 행서 嶢 간화 峣 이름 높을 요 자원 형성. 山+堯→嶢. 饒(요)·僥(요)·橈(요)와 같이 堯(요)가 성부.
새김 높다. 위태롭게 높다. ¶嶢嶸(—, 높고험할 영) 위태롭게 느껴질 정도로 높고 험함.

13 ⑯ [嶪]* 업 入葉 | yè, ギョウ
1349

행서 嶪 이름 높이솟을 업 자원 형성. 山+業→嶪. 業(업)이 성부.
새김 높이 솟다. 산이 높고 험하다. ¶岌嶪(높이 솟을 급, —) 산이 높고 험함.

14 ⑰ [嶺]** 령: 上梗 | lǐng, レイ
1350

소전 嶺 행서 嶺 간화 岭 이름 재 령: 자원 형성. 山+領→嶺. 領(령)이 성부.

필순 (stroke order: 嶺)

새김 ❶재. 영. 또는 산봉우리. ¶峻嶺(높을 준, —) 높고 험한 재. 예泰山—. ❷國 조령(鳥嶺)의 준말. 또는 대관령(大關嶺). ¶嶺南(—, 남녘 남) 조령 남쪽. 곧 경상도를 이르는 말.
〔嶺東〕(영동) 國 대관령 동쪽의 강원도.
〔嶺西〕(영서) 國 대관령 서쪽의 강원도.
〔嶺雲〕(영운) 산마루 위에 떠 있는 구름.
▷分水嶺(분수령)·山嶺(산령)·雪嶺(설령)

14 ⑰ [嶼]* 서: 上語 | yǔ, ショ
1351

소전 嶼 행서 嶼 간화 屿 이름 섬 서: 자원 형성. 山+與→嶼. 與(여)의 변음이 성부.
새김 섬. 작은 섬. ¶島嶼(섬 도, —)섬.

14 ⑰ [嶽]* 악 入覺 | yuè, ガク
1352

소전 嶽 행서 嶽 동자 岳 이름 큰산 악 자원 형성. 山+獄→嶽. 獄(옥)의 변음이 성부.
새김 큰 산. 높고 큰 산. ¶山嶽(메 산, —) 높고 큰 산. 예— 地帶.
〔嶽公〕(악공) 장인(丈人)의 존칭. 嶽은 태산(泰山)으로, 그 꼭대기에 장인봉(丈人峯)이 있는 데서 온 말.
〔嶽父〕(악부) 아내의 아버지. 장인(丈人).
▷五嶽(오악)

14 ⑰ [嶸]* 영 平庚 | róng, エイ
1353

소전 嶸 행서 嶸 간화 嵘 이름 높고험할 영 자원 형성. 山+榮→嶸. 瀯(영)과 같이 榮(영)이 성부.
새김 높고 험하다. ¶嶢嶸(높을 요, —) 嶢(1348)를 보라.

17 ⑳ [巖] 암 巖(1357)의 약자
1354

18 ㉑ [巍]* 외 本위 平微 | wēi, ギ
1355

소전 巍 행서 巍 이름 높을 외 자원 형성. 山+魏→巍. 魏에는 '위' 외에 '외' 음도 있어, 魏(외)가 성부.
새김 높다. 높고 크다. ¶巍巍(—, —) 우뚝 솟아 높고 큰 모양.
〔巍勳〕(외훈) 뛰어나게 큰 공훈.

19 ㉒ [巒]* 만 本란 平寒 | luán, ラン
1356

소전 巒 행서 巒 약자 간화 峦 이름 산 만 자원 형성. 䜌+山→巒. 彎(만)·蠻(만)과 같이 䜌(란)의 변음이 성부.
새김 산. 작고 뾰족한 산. ¶峯巒(봉우리 봉, —)꼭대기가 뾰족뾰족한 산봉우리.

20 ㉓ 〔巖〕*** 암 平咸 yán, ガン
1357

소전 巖 행서 巖 속자 岩 약자 巌 이름 바위 암 자원 형성. 山+嚴→巖. 嚴(엄)의 변음이 성부.

필순 山 屵 嵒 ... 巖

새김 ❶바위. ¶巖穴(—, 구멍 혈)바위에 뚫린 굴. 예—之士. ❷험준하다. ¶岑巖(험준할 음, —)산세가 높고 험준함.
〔巖窟〕(암굴) 바위에 뚫린 굴.
〔巖盤〕(암반) 암석(巖石)으로 된 지반(地盤).
〔巖壁〕(암벽) 벽처럼 깎아지른 듯한 낭떠러지.
〔巖石〕(암석) 바위. 바윗돌.
▷奇巖(기암)·熔巖(용암)

3획 부수 巛(川)部

▷명칭:내천. 개미허리
▷쓰임:물이나 물의 흐름과 관계되는 한자의 부수로 쓰이기도 하고, 자형상의 분류를 위한 부수로도 쓰였다.

0 ③ 〔川〕*** 천 平先 chuān, セン
1358

소전 巛 행서 川 이름 내 천 자원 상형. 두 기슭 사이를 흘러내리는 물줄기의 모양.

필순 丿 川 川

새김 내. 개천. ¶山川(메 산, —) 산과 내.
〔川獵〕(천렵) 냇물에서 고기잡는 일.
〔川邊〕(천변) 냇가.
〔川魚〕(천어) 내에 사는 물고기.
〔川澤〕(천택) 하천과 못.
▷大川(대천)·小川魚(소천어)·支川(지천)·河川(하천)

3 ⑥ 〔州〕** 주 平尤 zhōu, シュウ
1359

소전 州 행서 州 이름 고을 주 자원 상형. 川 가운데 여기저기 있는 모래톱의 모양.

필순 丶 丿 ⺌ 州 州 州

새김 고을. 행정 구역의 이름. ㉠고대 중국의 행정 구역. ¶九州(구주). ㉡國신라 이후 우리나라의 지방 행정 구역. ¶完山州(완산주).
〔州郡〕(주군) 주와 군.
〔州牧〕(주목) 주의 장관(長官).
〔州縣〕(주현) 주와 현.

4 ⑦ 〔巡〕** 순 平眞 xún, ジュン
1360

소전 巡 행서 巡 이름 돌 순 자원 형성. 巛+辶→巡. 巛(천)의 변음이 성부.

필순 く 巛 巛 巡 巡 巡 巡

새김 ❶돌다. 돌아다니다. ¶巡禮(—, 예배할 례) 성지를 돌아다니며 예배함. 예聖地—. ❷순찰하다. 살피며 다니다. ¶巡行(—, 다닐 행) 공적인 임무를 띠고 관할 구역을 살피며 다님.
〔巡覽〕(순람) 각처로 돌아다니며 봄.
〔巡撫〕(순무) 각처로 다니면서 백성들을 위로하고 어루만짐.
〔巡訪〕(순방) 여러 곳을 차례로 방문함.
〔巡杯〕(순배) 술잔을 차례로 돌림. 또는 그 술잔.
〔巡守〕(순수) 천자가 수렵(狩獵)을 통하여 병사를 단련시키는 한편, 제후국을 순행하며 정치의 득실(得失)과 민정(民情)을 시찰함.
〔巡視〕(순시) 돌아다니며 시찰함.
〔巡察〕(순찰) 각처로 돌아다니며 사정을 살핌.
〔巡廻〕(순회) ①여러 곳으로 돌아다님. ②배회함.
▷夜巡(야순)·逡巡(준순)

8 ⑪ 〔巢〕* 소 本초 平肴 cháo, ソウ
1361

소전 巢 행서 巢 이름 깃 소 자원 상형. 나무 위에 지은 새집 안에 새새끼가 들어 있는 모양.

새김 ❶깃. 새집. ¶燕巢(제비 연, —) 제비의 집. ❷거처. 나쁜 짓을 하는 무리의 근거지. ¶巢窟(—, 굴 굴) 도둑 등 나쁜 짓을 하는 자들이 모여 사는 장소.
〔巢居〕(소거) 나무 위에 집을 짓고 삶.
〔巢笙〕(소생) 큰 피리.
▷故巢(고소)·歸巢(귀소)·卵巢(난소)·蜂巢(봉소)

3획 부수 工 部

▷명칭:장인공
▷쓰임:공구(工具)·공작(工作) 등의 뜻을 나타내는 한자의 부수로 쓰였다.

0 ③ 〔工〕*** 공 平東 gōng, コウ
1362

소전 工 행서 工 이름 장인 공 자원 상형. 二는 물반〔수준기〕, ㅣ은 먹줄. 곧 공구(工具)의 모양.

필순 一 丅 工

새김 ❶장인. 수공업적 노동으로 물건을 만드는 사람. ¶職工(일 직, 一) 공장에서 노동하는 사람. ❷솜씨. 인공(人工). ¶加工(더할 가, 一) 제품을 만들기 위하여 소재나 자료에 인공을 더함. 예一 食品. ❸벼슬아치. 관리. ¶百工(일백 백, 一) 모든 벼슬아치. 동백관(百官). ❹일. 공업. ¶工場(一, 마당 장) 노동자들이 모여 기계로 물건을 만드는 곳.

〔工價〕(공가) 품삯.

〔工巧〕(공교) ①기예가 뛰어남. ②정교하게 아름다움. ③교활한 수단을 잘 씀.

〔工具〕(공구) 물건을 가공하여 만드는 데 쓰이는 기구.

〔工兵〕(공병) 군대에 소속되어, 토목이나 건축, 진지의 건설 등의 일을 담당하는 병사.

〔工夫〕(공부) 학문이나 글·기술 등을 배우고 익힘. 예十年一 나무아미타불.

〔工事〕(공사) 토목·건축 등의 총칭.

〔工業〕(공업) 원료를 가공하여 물건을 만드는 생산업.

〔工藝〕(공예) 예술적 가치가 있게 만드는 재주와 기술.

〔工賃〕(공임) 물건을 만드는데 들인 노력에 대한 보수.

〔工作〕(공작) ①물건을 만듦. ②일을 계획하여 경영함. 방책과 수단을 꾸밈.

〔工匠〕(공장) 연장으로 물건 만드는 일을 업으로 삼는 사람. 예生産一.

〔工程〕(공정) 작업을 추진하는 순서나 단계.

〔工拙〕(공졸) 능란함과 서투름.

▷起工(기공)·陶工(도공)·木工(목공)·石工(석공)·細工(세공)·手工(수공)·樂工(악공)·女工(여공)·竣工(준공)·漆工(칠공)·土工(토공)·靴工(화공)

2 ⑤ 〔巨〕*** 1363

거: 上 語 | jù, キョ

소전 巨 행서 巨 이름 클 거: 자원 상형. 곱자의 모양. 새김은 가차.

필순 一 𠂆 𠂉 巨 巨

새김 ❶크다. ㉠부피나 넓이가 크다. ¶巨人(一, 클 거) 몸이 유난히 큰 사람. ㉡수량이 많다. ¶巨富(一, 부자 부) 아주 큰 부자. ❷뛰어나다. 훌륭하다. ¶巨匠(一, 조예깊은사람 장)학문이나 예술 분야에서 뛰어나게 조예가 깊은 사람. 예文壇의 一.

〔巨家〕(거가) 문벌이 좋은 집안.

〔巨軀〕(거구) 큰 몸뚱이. 큰 체격.

〔巨金〕(거금) 큰 돈. 많은 돈.

〔巨大〕(거대) 아주 엄청나게 큼. 예一한 규모.

〔巨頭〕(거두) ①머리가 큰 사람. ②어떤 분야의 지도급 인물.

〔巨物〕(거물) ①거창한 물건. ②큰 인물.

〔巨商〕(거상) 장사를 크게 하는 사람.

〔巨星〕(거성) ①큰 별. ②큰 업적을 남긴 위대한 인물의 비유.

〔巨視的〕(거시적) 한 부분에 얽매이지 않고, 전체적인 넓은 안목으로 사물이나 현상을 내다보는 태도. 대微視的(미시적).

〔巨儒〕(거유) 조예가 깊은 유학자. 학식과 덕이 높은 선비.

〔巨作〕(거작) 아주 훌륭한 큰 작품.

〔巨漢〕(거한) 하우대가 몹시 큰 사나이.

2 ⑤ 〔巧〕** 1364

교 本교: 上 巧 | qiǎo, コウ

소전 巧 행서 巧 이름 공교할 교 자원 형성. 工+丂→巧. 丂(교)가 성부.

필순 一 丅 工 工 巧

새김 ❶공교하다. 솜씨가 좋다. ¶巧妙(一, 묘할 묘) ㉮생김새가 공교하고 기묘함. 예一한 美術品. ㉯솜씨나 꾀가 재치 있고 훌륭함. 예一한 言動. ❷솜씨. 기술. ¶技巧(재주 기, 一) 재주와 기술. ❸말을 잘하다. 능란하게 꾸며 말하다. ¶巧言(一, 말씀 언) 듣기 좋게 꾸며대어 하는 말. 예一 令色. ❹예쁘고 귀엽다. ¶巧笑(一, 웃음 소) 예쁘고 귀엽게 웃는 웃음.

〔巧辯〕(교변) 재치 있게 꾸며대는 교묘한 말.

〔巧詐〕(교사) 교묘한 수단으로 사람을 속임.

〔巧拙〕(교졸) ①교묘함과 졸렬함. ②익숙함과 서투름.

〔巧猾〕(교활) 간사하고 꾀바름. 교활(狡猾).

▷計巧(계교)·工巧(공교)·精巧(정교)

2 ⑤ 〔左〕*** 1365

좌: 上 哿 | zuǒ, サ

소전 𠂇 행서 左 이름 왼 좌: 자원 회의. 𠂇〔𠂇의 변형〕+工→左. 𠂇는 왼손, 工은 일의 뜻. 일을 할 때 오른손을 돕는 왼손이란 뜻.

필순 一 ナ 𠂇 左 左

새김 ❶왼. 왼쪽. 또는 왼손. 右(0649)의 대. ¶左右(一, 오른쪽 우) 왼쪽과 오른쪽. ❷낮은 지위. 아랫자리. 또는 낮추다. ¶左遷(一, 옮길 천) 낮은 지위로 낮추어 옮김. ❸증거. 또는 증명하다. ¶證左(증거 증, 一) 증거. ❹급진파의 사상. 진보적이고 혁명적인 경향. ¶左翼(一,

날개 익) 사회주의나 공산주의 등 진보적·혁신적인 사상을 가진 집단.
〔左傾〕(좌경) 사회주의나 공산주의의 급진적인 사상으로 기욺. ㉼右傾(우경).
〔左顧右眄〕(좌고우면) 앞뒤를 재고 망설이며 좌우를 돌아다봄.
〔左袒〕(좌단) 남의 편을 들어서 동의함. 故 한(漢)나라 주발(周勃)이 여씨(呂氏)의 반란을 정토하려고 마음먹고, 군사를 모아놓은 앞에서, 여씨를 편들 자는 오른쪽 소매를 벗고, 한나라 왕을 편들 자는 왼쪽 소매를 벗으라고 했더니, 모든 군사가 왼쪽 웃통을 벗었다는 고사. 「함. 좌사우량(左思右量).
〔左思右考〕(좌사우고) 이리저리 곰곰이 생각
〔左相〕(좌상) 國좌의정(左議政)의 딴이름.
〔左衽〕(좌임) 옷깃을 왼쪽으로 여밈. 옛날 야만인들의 옷 입는 방식이었기에, 야만인의 풍속을 뜻함. 「다룸.
〔左之右之〕(좌지우지) 이리저리 제 마음대로
〔左衝右突〕(좌충우돌) 이리저리 충돌함.
▷如左(여좌)
⑦〔攻〕공 攴부 3획(2014)

3 ⑥ 〔巩〕 1366 공 鞏(5955)의 간화자

4 ⑦ 〔巫〕* 1367 무: ㊍무 平虞 | wū, フ

소전 行서 이름 무당 무: 자원 상형. 두 소매를 펄럭이며, 신이 내리기를 비는 무당의 모양.
새김 무당. 후대에 내려오면서 巫는 여자 무당. 覡(4826)은 박수〔남자 무당〕를 뜻하는 자로 쓰였다. ¶巫覡(—, 박수 격) 여자 무당과 박수.
〔巫堂〕(무당) 國인간과 신의 중개 역할을 한다 하여 길흉을 점치고 굿을 하는 여자.
〔巫卜〕(무복) 무당과 점장이.
〔巫俗〕(무속) 무당들의 풍속.
⑩〔貢〕공 貝부 3획(5116)

7 ⑩ 〔差〕** 1368
一 차 平麻 | chā, サ
二 차 ㊍채 平佳 | chāi, サイ
三 차 ㊍채: 去卦 | chài, サイ
四 치 平支 | cī, シ

소전 행서 이름 一다를 차 二보낼 차 三병 나을 차 四가지런하지아니할 치
자원 형성. 羊〔𠂢의 변형〕+左〔左의 변형〕→差. 左(좌)의 변음이 성부.
필순 丶 丷 䒑 ⺷ 羊 羊 差 差 差 差
새김 一다르다. 또는 차이. 구별. ¶差別(—, 구별할 별) 이것과 저것을 다르게 구별함. 또는 그 구별. 二보내다. 파견하다. ¶差送(—, 보낼 송) 일정한 임무를 주어 사람을 보냄. 三병이 낫다. ¶差度(—, 정도 도) 병이 나아지는 정도. 四가지런하지 아니하다. ¶參差(가지런하지않을 참, —) 길고 짧음이 가지런하지 아니함.
〔差減〕(차감) 비교하여 덜어 냄.
〔差使〕(차사) 國중요한 임무를 맡겨 특별히 파견하는 벼슬아치.
〔差勝〕(차승) 다른 것에 견주어 조금 나음.
〔差額〕(차액) 어떤 액수(額數)에서 다른 액수를 뺀 나머지 액수. 「뽑아냄.
〔差異〕(차이) 서로 다름. 틀림.
〔差出〕(차출) 國벼슬아치를 임명하기 위하여
▷隔差(격차)·落差(낙차)·時差(시차)·誤差(오차)·快差(쾌차)
⑫〔項〕항 頁부 3획(5985)

3획 부수 己 部

▷명칭:몸기
▷쓰임:의부로서의 기능은 없고, 한자의 분류를 위해 설정한 부수이다.

0 ③ 〔己〕*** 1369 기 ㊍기: 上紙 | jǐ·qǐ, キ

소전 행서 이름 몸 기 자원 상형. 몸을 근자 모양으로 꼬고 있는 모양. 새김은 가차.
필순 ㄱ ㄱ 己
새김 ❶몸. 자기의 몸. 또는 자기. ¶利己(이롭게할 리, —) 자기만을 이롭게 함. ㊒—主義. ❷여섯째 천간. 방위로는 중앙, 오행으로는 토(土)에 배당된다. ㊒己未年三月一日.
〔己身〕(기신) 자기의 몸. 자기 자신.
▷屈己(굴기)·克己(극기)·修己(수기)·自己(자기)·知彼知己(지피지기)

0 ③ 〔巳〕*** 1370 사: 上紙 | sì, シ

소전 행서 이름 뱀 사: 자원 상형. 뱀의 모양을 본떴다.
필순 ㄱ ㄱ 巳
새김 여섯째 지지. 방위로는 남남동, 오행으로는 화(火), 시간으로는 오전 9시~11시 사이, 동물로는 뱀, 달로는 음력 4월에 배당된다. ¶辛巳年(신사년).
〔巳時〕(사시) ①십이시의 여섯째 시. 곧 상오 9시~11시. ②이십사시의 열한째 시. 곧 상오 9시 30분~10시 30분.

〔巳月〕(사월) 음력 4월의 딴이름.
〔巳進申退〕(사진신퇴) 國 벼슬아치가 사시(巳時)에 출근하여 신시(申時)에 퇴근함.
▷己巳(기사)·上巳(상사)

0 ③ 〔已〕*** 이: 上 紙 | yǐ, イ
1371

행서 已 이름 이미 이: 자원 상형. 율무의 씨의 모양. 새김은 가차.

필순 ㄱ ㄱ 已

새김 ❶이미. 앞서. ¶已決(—, 정할 결) 이미 결정함. ❷그만두다. 그치다. ¶不得已(아닐 부, 얻을 득, —) 그만둠을 얻지 못함. 곧 마지못하여 할 수 없이. ❸뿐. 따름. 문장의 끝에 놓는 한정의 종결사. 〔莊子〕亦若此而已矣(역 약 차 이이의) 또한 이와 같게 할 뿐이다.
〔已久〕(이구) 이미 오래됨.
〔已甚〕(이심) 매우 심함. 지나침.
〔已然之事〕(이연지사) 이미 그렇게 된 일.
〔已往〕(이왕) 그 전. 기왕(旣往).
▷旣已(기이)·而已(이이)

1 ④ 〔巴〕* 파 平 麻 | bā, ハ
1372

소전 행서 이름 뱀 파 자원 뱀이 똬리를 틀고 있는 모양.
새김 땅 이름. 사천성(四川省)에 있는 지명. ¶巴蜀(—, 땅이름 촉) 사천성에 있었던 파와 촉.
⑦〔忌〕 기 心부 3획(1563)

6 ⑨ 〔巻〕 권 卷(0600)의 속자
1373

6 ⑨ 〔巷〕** 항: 去 絳 | xiàng, コウ
1374

소전 행서 이름 골목 항: 자원 회의. 共+己〔邑의 생략체〕→巷. 고을 사람들이 모두 함께 쓰고 있는 거리란 뜻.

필순 一 十 艹 廾 共 共 巷 巷 巷

새김 골목. 마을의 길거리. ¶巷談(—, 말씀 담) 거리에 떠도는 말.
〔巷間〕(항간) 민간(民間).
〔巷說〕(항설) 항간에 떠도는 말.
〔巷謠〕(항요) 항간에서 불리는 속된 노래.
〔巷傳〕(항전) 항간에서 전함.
▷街談巷議(가담항의)·街巷(가항)·陋巷(누항)·閭巷(여항)·里巷(이항)

9 ⑫ 〔巽〕* 손: 去 願 | xùn, ソン
1375

소전 행서 이름 손방 손: 자원 회의. 巳〔卩의 변형〕+巳〔卩의 변형〕+共〔亓의 변형〕→巽. 卩은 節로, 절도가 있음이요, 亓는 물건을 얹는 대. 본뜻은 사물이 갖추어져 있음을 나타낸다.
새김 ❶손방(巽方). 동남쪽. 팔방의 하나. ❷손괘(巽卦). 주역 팔괘의 하나.
〔巽時〕(손시) 오전 9시 전후.
〔巽二〕(손이) 전설상의 바람의 신.

3획 부수 巾 部

▷명칭: 수건건
▷쓰임: 베〔布〕와 관계 있는 한자의 부수로 쓰였고, 때로는 한자를 분류하기 위한 부수로도 활용되었다.

0 ③ 〔巾〕* 건 本 근 平 眞 | jīn, キン
1376

소전 행서 이름 수건 건 자원 상형. 冂은 한 폭의 천, 丨은 그것을 띠에 차는 끈으로, 몸에 찬 수건이나 행주의 모양.
새김 ❶수건. 또는 행주. ¶手巾(손 수, —) 손이나 얼굴 등을 닦는 천의 조각. ❷건. 쓰개. ¶頭巾(머리 두, —) 머리에 쓰는 쓰개.
〔巾帶〕(건대) 상복에 쓰는 건과 띠.
〔巾櫛〕(건즐) 수건과 빗. 곧 세면 도구.
〔巾布〕(건포) 두건을 만드는 베.
▷葛巾(갈건)·儒巾(유건)

1 ④ 〔币〕 폐: 幣(1413)의 간화자
1377

2 ⑤ 〔帅〕 ㊀수: ㊁솔 帥(1392)의 간화자
1378

2 ⑤ 〔市〕*** 시: 上 紙 | shì, シ
1379

소전 행서 이름 저자 시: 자원 회의·형성. 㞢〔之의 고자〕+冂+乀→市. 㞢는 가다, 冂는 경계, 乀은 及의 변형. 물건이 모여 드는 곳에 가 닿는다는 뜻. 㞢(지)의 변음이 성부.

필순 丶 亠 亠 亣 市

새김 ❶저자. 물건을 파고 사고 하는 곳. ¶市場(—, 마당 장) 상품의 매매가 이루어지는 곳. ❷사고 팔고 하다. ¶市況(—, 형편 황) 시장에서 이루어지는 거래의 형편. ❸시가. 사람들이 많이 사는 번화한 곳. ¶都市(도시 도, ―) 사람이 많이 모여 사는, 정치·경제·문화의 중심이 되는 곳. ❹시. 행정 구역의 이름. ㊀上海市(상해시). 慶州市(경주시).

〔市街〕(시가) 저자거리. 도시의 큰길.

〔市價〕(시가) 상품이 시장에서 매매되는 값.

〔市民〕(시민) 도시의 주민.

〔市井〕(시정) ①거리. 시가. ②많은 사람이 모여서 물건을 매매하는 곳. ③속인(俗人).

〔市販〕(시판) 시장이나 시중에서 일반에게 판매함.

〔市虎〕(시호) 저자 안에 범의 있다는 말로, 근거 없이 떠도는 말이라도 여러 사람이 거듭 이야기하면 듣는 사람은 그 사실을 믿게 됨을 이르는 말.

▷門前成市(문전성시)·夜市(야시)·魚市(어시)·撤市(철시)·波市(파시)

2 ⑤ 〔布〕*** 1380 포:▷포 去遇 | bù, ホ

소전 행서 이름 베 포:▷포 자원 형성. ナ〔父의 변형〕+巾→布. 父(부)의 변음이 성부.

필순 ノ ナ 大 右 布

새김 ❶베. 천. 직물. ¶葛布(칡 갈, ―) 칡의 섬유로 짠 베. ❷펴다. ㉠넓게 벌리다. 배치하다. ¶布陣(―, 진 진) 진을 배치하여 침. ㉡넓히다. 널리 알리다. ¶布教(―, 종교 교) 종교를 널리 폄.

〔布施〕(보시←포시) ①(佛)절이나 승려에게 금품이나 음식을 베풀어 줌. 또는 그 금품이나 음식. ②남에게 재물이나 은혜를 베풂.

〔布告〕(포고) 법령·지시 등을 일반에게 널리 발표하여 알림.

〔布袋〕(포대) ①베로 만든 자루. ②데릴사위.

〔布木〕(포목) 國 베와 무명. 직물.

〔布帛〕(포백) 베와 비단.

〔布石〕(포석) ①바둑을 둘 때에, 처음에 바둑돌을 벌려 놓은 일. ②장래를 위하여 행하는 사전 준비. ㊀선거를 위한 ―.

〔布衣〕(포의) ①베옷. ②벼슬 없는 선비.

〔布衣之交〕(포의지교) 귀천을 떠나서 참된 우정으로 사귐. 또는 그런 벗.

▷公布(공포)·麻布(마포)·綿布(면포)·毛布(모포)·頒布(반포)·發布(발포)·撒布(살포)·宣布(선포)·流布(유포)·瀑布(폭포)

3 ⑥ 〔帆〕* 1381 범 平咸 | fān, ハン

행서 이름 돛 범 자원 형성. 巾+凡→帆. 汎(범)·杋(범)·梵(범)과 같이 凡(범)이 성부.

새김 돛. 바람을 받아 배를 나아가게 하는 천. ¶帆船(―, 배 선) 돛배.

〔帆布〕(범포) 돛을 만드는 두껍고 질긴 베.

▷出帆(출범)·布帆(포범)

3 ⑥ 〔师〕 1382 사 師(1397)의 속자·간화자

4 ⑦ 〔帐〕 1383 장 帳(1401)의 간화자

4 ⑦ 〔希〕*** 1384 희 平微 | xī, キ

행서 이름 바랄 희 자원 회의. 㐅〔爻의 변형〕+巾→希. 爻는 촘촘한 모양으로, 촘촘하게 짠 베라는 뜻. 새김은 가차.

필순 ノ ㄨ 产 㐭 犭 希 希

새김 ❶바라다. 원하다. ¶希望(―, 바랄 망) 원하며 바람. 또는 그 바람. ❷드물다. 적다. 稀(3715)와 통용. ¶希代(―, 세상 대) 세상에 드묾. ㊀―의 英雄.

〔希求〕(희구) 바라며 기대함. 바라서 요구함.

5 ⑧ 〔帘〕 1385 렴 簾(3870)의 간화자

5 ⑧ 〔帛〕* 1386 백 入陌 | bó, ハク

소전 행서 이름 비단 백 자원 형성. 白+巾→帛. 伯(백)·柏(백)·魄(백)과 같이 白(백)이 성부.

새김 비단. 견직물. ¶帛書(―, 글 서) 비단에 쓴 글이나 편지.

〔帛信〕(백신) 비단에 쓴 편지.

▷束帛(속백)·竹帛(죽백)·幣帛(폐백)·布帛(포백)

5 ⑧ 〔帙〕* 1387 질 入質 | zhì, チツ

소전 행서 이름 질 질 자원 형성. 巾+失→帙. 秩(질)·疾(질)·迭(질)과 같이 失(실)의 변음이 성부.

새김 질. ㉠여러 권으로 된 책의 한 벌. ¶全帙(온전할 전, ―) 질로 된 책의 온 질. ㉡책의 권수. ¶落帙(빠질 락, ―) 질로 된 책에서 빠진 권수. ㉢책을 세는 단위. ㊀韓國文學全集一帙(한국문학전집 일질).

〔帙冊〕(질책) 여러 권으로 된 한 벌의 책.

▷卷帙(권질)·散帙(산질)·書帙(서질)

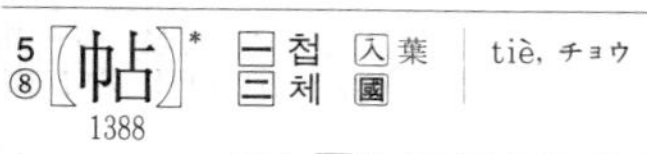

5 ⑧ 〔帖〕* ㊀첩 入葉 tiè, チョウ ㊁체 國
1388

소전 행서 이름 ㊀첩 첩 ㊁체지 체 자원 형성. 巾+占→帖. 貼(첩)과 같이 占(점)의 변음이 성부. 참고 ㊁는 인명용 추가 한자에 들어 있지 않음.
새김 ㊀첩. ㉠공책. ¶手帖(손 수, —)가지고 다니며 무엇을 적을 수 있는 공책. ㉡사진이나 그림 등을 붙이기 위하여 맨 책. 예寫眞帖(사진첩). ❷서첩(書帖). 이름난 이의 글씨를 모아 엮은 책. ¶法帖(본받을 법, —)잘 쓴 글씨를 모아 엮은, 습자용의 서첩. ㊁國체지(帖紙). ㉮관아에서 구실아치를 임명할 때 쓰던 임명장. ㉯영수증.

5 ⑧ 〔帜〕 치: 幟(1412)의 간화자
1389

5 ⑧ 〔帑〕* ㊀탕: 上養 tǎng, トウ ㊁노 平虞 nú, ド
1390

소전 행서 이름 ㊀곳집 탕: ㊁처자 노 자원 형성. 奴+巾→帑. 怒(노)·努(노)·弩(노)와 같이 奴(노)가 성부. 참고 ㊁는 인명용 추가 한자에 들어 있지 않음.
새김 ㊀ 곳집. 금고. 재화를 보관하는 창고. ¶內帑金(안 내, —, 돈 금) 임금이 사사로이 쓰는 돈. ㊁처자. 아내와 자식. 또는 자식. ¶妻帑(아내 처, —) 아내와 자식.
〔帑藏〕(탕장) 국가의 재화를 보관하는 창고.
▷國帑(국탕)

6 ⑨ 〔带〕 대: 帶(1399)의 간화자
1391

6 ⑨ 〔帥〕** ㊀수: 去寘 shuài, スイ ㊁솔 入質 shuài, ソツ
1392

소전 행서 간화 帅 이름 ㊀장수 수: ㊁거느릴 솔 자원 형성. 𠂤+巾→帥. 𠂤(사)의 변음이 성부.

필순 ′ 亻 ㇒ 户 𠂤 𠂤 𠂤 帥 帥

새김 ㊀❶장수. 장군. ¶元帥(으뜸 원, —) 군대 계급에서 가장 높은 장군. ㊁거느리다. 앞장서다. 率(3223)과 통용. 〔孟子〕堯帥₂諸侯₁(요솔제후) 요임금이 제후를 거느리다.
〔帥導〕(솔도) 이끌어 인도함.
▷魁帥(괴수)·將帥(장수)·統帥(통수)

6 ⑨ 〔帧〕 ㊀정: ㊁탱 幀(1405)의 간화자
1393

6 ⑨ 〔帝〕*** 제: 去霽 dì, テイ
1394

소전 행서 이름 임금 제: 자원 상형. 하늘의 신에게 제사를 올릴 때 쓰는 제상祭床)의 모양. 인신하여, 천신(天神)·제왕의 뜻으로 쓴다.

필순 ˋ 亠 亠 产 产 产 产 帝 帝

새김 ❶임금. 천자. 제왕. ¶帝國(—, 나라 국) 제왕이 통치하는 나라. 예—主義. ❷하느님. 우주를 지배하는 신. ¶天帝(하늘 천, —) 하느님.
〔帝王〕(제왕) ①나라의 최고 통치자인 임금. ②황제와 국왕의 총칭.
〔帝位〕(제위) 제왕의 자리.
〔帝政〕(제정) 황제가 다스리는 정치.
▷上帝(상제)·先帝(선제)·女帝(여제)·皇帝(황제)

7 ⑩ 〔帰〕 귀 歸(2551)의 속자
1395

7 ⑩ 〔帯〕 대: 帶(1399)의 속자
1396

7 ⑩ 〔師〕*** 사 平支 shī, シ
1397

소전 행서 속자 간화 师 이름 스승 사 자원 회의. 𠂤+帀→師. 𠂤는 집단, 帀은 두르다는 뜻. 사람들을 모아 이룬 집단, 곧 군대를 뜻한다.

필순 ′ 亻 ㇒ 户 𠂤 𠂤 𠂤 𠂤 師 師

새김 ❶스승. 선생. 弟(1492)의 대. ¶恩師(은혜 은, —)배움을 받은 은혜로운 스승. ❷전문인. 전문적인 기술이나 지식을 가진 사람. ¶醫師(의원 의, —)전문적인 의료 기술을 가지고 병을 치료하는 사람. ❸군대. ¶出₂師₁(내보낼 출, —)군대를 전선에 내보냄. 예—表. ❹도읍. 도시. ¶京師(서울 경, —)도읍. 수도(首都).
〔師團〕(사단) 독립해서 작전을 수행할 수 있는, 군대 편성에서의 가장 큰 단위. 예步兵—.
〔師範〕(사범) ①남의 스승이 될 만한 모범이나 본보기. ②스승. 학문이나 기예를 가르치는 사람.
〔師傅〕(사부) 스승.
〔師事〕(사사) 스승으로 섬김.
〔師友〕(사우) 스승과 벗.
〔師弟〕(사제) ①스승과 제자. ②같은 스승에게 공부한 후배.
〔師表〕(사표) 학식과 덕행이 높아 남의 모범이 됨. 또는 그런 사람.
〔師兄〕(사형) ①나이나 학덕이 자기보다 높은 사람에 대한 존칭. ②(佛)승려(僧侶)끼리의 높임말.
▷教師(교사)·國師(국사)·君師父一體(군사

부일체)·技師(기사)·大師(대사)·牧師(목사)·禪師(선사)·樂師(악사)·太師(태사)

7 ⑩ 〔席〕*** 석 入陌 | xí, セキ
1398

소전 행서 이름 자리 석 자원 형성. 庐〔庶의 변형〕+巾→席. 庶(서)의 변음이 성부.

필순

새김 자리. ㉠앉거나 서는 자리. ¶席次(—, 차례 차) 좌석의 차례. ㉡깔개. ¶草席(풀 초, —) 왕골·부들 따위로 쳐서 만든 자리.

〔席藁待罪〕(석고대죄) 거적을 깔고 엎드려 처벌을 기다림.

〔席卷〕(석권) 자리를 둘둘 말듯이 어떤 세력이 넓은 지역에 걸쳐 빠르게 거침없이 휩쓺.

〔席不暇暖〕(석불가난) 자리가 따뜻해질 겨를이 없다는 뜻으로, 매우 바쁘게 돌아다님의 형용.

〔席順〕(석순) ①자리의 차례. ②성적의 순서.

▷ 客席(객석)·缺席(결석)·末席(말석)·陪席(배석)·上席(상석)·首席(수석)·座席(좌석)·酒席(주석)·卽席(즉석)·寢席(침석)

8 ⑪ 〔帶〕** 대: 去泰 | dài, タイ
1399

소전 행서 속자 帯 간화 带 이름 띠 대: 자원 상형. 허리에 수건을 차고 있는 모양.

필순

새김 ❶띠. 허리띠. ¶革帶(가죽 혁, —) 가죽으로 만든 띠. ❷차다. ㉠허리에 차다. ¶帶劍(—, 검 검) 검을 허리에 참. 또는 그 검. ㉡지니다. 가지다. ¶帶妻(—, 아내 처) 아내를 가짐. 예—僧. ❸일대(一帶). 일정한 곳. ¶地帶(땅 지, —) 어떤 땅의 일정한 구역. 예平野—. ❹위도에 따른 지리상의 구분. ¶熱帶(뜨거울 열, —)적도를 중심으로 남북 위도 23.5도까지의 지대. 예—林.

〔帶同〕(대동) 데리고 감.

〔帶下症〕(대하증) 성인 여자의 생식기에서 분비액이 흘러내리는 병.

▷ 冠帶(관대)·襟帶(금대)·連帶(연대)·玉帶(옥대)·溫帶(온대)·腰帶(요대)·寒帶(한대)·携帶(휴대)

8 ⑪ 〔常〕*** 상 平陽 | cháng, ジョウ
1400

소전 행서 이름 항상 상 자원 형성. 尙+巾→常. 賞(상)·裳(상)과 같이 尙(상)이 성부.

필순

새김 ❶항상. 늘. 언제나. ¶常備(—, 갖출 비) 언제나 늘 갖추어 둠. 예—藥. ❷예사롭다. 평범하다. 또는 보통의. ¶常識(—, 지식 식)일반인이 가져야 할 보통의 지식이나 일반적으로 알려져 있는 지식. ❸떳떳하다. 변하지 아니하다. ¶常道(—, 도리 도)변하지 아니하는 떳떳한 도리. ❹변하지 않는 도리나 도덕. ¶五常(다섯 오, —)사람이 지켜야 할 다섯 가지 도리. 곧 부자 사이의 친애〔父子有親〕, 군신 사이의 의리〔君臣有義〕, 부부 사이의 분별〔夫婦有別〕, 장유 사이의 차례〔長幼有序〕, 벗 사이의 신의〔朋友有信〕. 동오륜(五倫)·오전(五典).

〔常軌〕(상궤) 항상 지켜야 할 바른 길. 예—를 벗어난 행동.

〔常勤〕(상근) 매일 정해진 시간에 근무함.

〔常例〕(상례) 보통 있는 예.

〔常綠樹〕(상록수) 일년 내내 잎이 지지 않고 늘 푸른 나무. 대나무·소나무 따위.

〔常理〕(상리) 떳떳한 도리. 당연한 이치.

〔常務〕(상무) ①늘 언제나 일상적으로 하는 일. ②상무이사(常務理事)의 준말. 주식회사의 임원으로서, 사장을 도와 회사의 업무를 집행하는 직책. 또는 그 직책에 있는 사람.

〔常民〕(상민) ①보통 백성. ②國양반이 아닌 보통 사람.

〔常習〕(상습) 늘 하는 버릇.

〔常任〕(상임) 일정한 직무를 계속하여 맡음.

〔常情〕(상정) 사람으로서 가지는 보통의 정.

〔常駐〕(상주) 늘 주둔해 있음.

〔常套〕(상투) 예사로 늘 하는 투나 버릇.

〔常夏〕(상하) 일 년 내내 여름과 같은 기온·기후인 현상. 예—의 나라.

▷ 綱常(강상)·經常(경상)·無常(무상)·凡常(범상)·非常(비상)·殊常(수상)·尋常(심상)·異常(이상)·日常(일상)·正常(정상)·通常(통상)·平常(평상)·恒常(항상)

8 ⑪ 〔帳〕** 장 本장: 去漾 | zhàng, チョウ
1401

소전 행서 간화 帐 이름 장막 장 자원 형성. 巾+長→帳. 張(장)과 같이 長(장)이 성부.

필순

새김 ❶장막. 주위를 둘러치는 휘장. ¶房帳(방 방, —) 방 안에 치는 휘장. ❷장부. ㉠금전의 출납을 적는 장부. ¶通帳(통할 통, —) 저금·매매 등의 내용을 기록하는 장부. 예預金—.

ⓛ國 공책. 예日記帳(일기장)·練習帳(연습장).
〔帳幕〕(장막) 천막(天幕). 막사(幕舍).
〔帳簿〕(장부) 돈이나 물건의 출납, 수입과 지출에 관한 것을 적은 기록. 또는 그 책.
〔帳中〕(장중) 장막의 안. 진중(陣中).
▷記帳(기장)·臺帳(대장)·元帳(원장)·揮帳(휘장)

9 ⑫ 〔帽〕* 모 本모: 去 號 mào, ボウ
1402

행서 帽 이름 모자 모 자원 형성. 巾+冒→帽. 瑁(모)와 같이 冒(모)가 성부.
새김 모자. 쓰개. ¶脫帽(벗을 탈, —) 모자를 벗음.
〔帽帶〕(모대) 사모(紗帽)와 각대(角帶).
〔帽子〕(모자) 예의를 갖추거나 더위·추위 또는 먼지 등을 막기 위하여 머리에 쓰는 물건의 총칭.
▷官帽(관모)·冠帽(관모)·校帽(교모)·軍帽(군모)·紗帽(사모)·禮帽(예모)·制帽(제모)

9 ⑫ 〔幇〕* 방 平 陽 bāng, ホウ
1403

행서 幇 이름 도울 방 자원 형성. 封+巾→幇. 封(봉)의 변음이 성부.
새김 돕다. 지원하다. ¶幇助(—, 도울 조) 힘을 보태어 도움.

9 ⑫ 〔幄〕* 악 入 覺 wò, アク
1404

행서 幄 이름 장막 악 자원 형성. 巾+屋→幄. 屋에는 '옥' 외에 '악' 음도 있어, 握(악)·渥(악)·齷(악)과 같이 屋(악)의 변음이 성부.
새김 장막. 휘장. ¶帷幄(휘장 유, —) 실내에 치는 휘장.
〔幄手〕(악수) 소렴(小殮)때 시체의 손을 싸는 헝겊.
〔幄次〕(악차) 임금이 거둥할 때 쉴 수 있도록 막을 둘러 친 곳.
▷經幄(경악)

9 ⑫ 〔幀〕* ㊀정: 去 敬 zhèng, テイ ㊁탱 本정: 去 敬 zhèng, テイ
1405

행서 幀 간화 帧 이름 ㊀책꾸밀 정: ㊁탱 탱 자원 형성. 巾+貞→幀. 偵(정)·禎(정)·湞(정)과 같이 貞(정)이 성부. 참고 ㊁는 인명용 추가한자가 아님.
새김 ㊀책을 꾸미다. ¶裝幀(꾸밀 장, —) 책의 겉장이나 싸개를 꾸밈. ㊁탱. 그림 족자. ¶幀畫(—, 그림 화) 그림으로 그려서 벽에 거는 불상.
▷影幀(영정)

9 ⑫ 〔幅〕** 폭 本복 入 屋 fú, フク
1406

소전 幅 행서 幅 이름 폭 폭 자원 형성. 巾+畐→幅. 畐(폭)이 성부.
필순 冂 巾 巾一 巾戸 巾戸 巾戸 帋 帋 幅 幅
새김 ❶폭. ㉠너비. ¶振幅(떨 진, —) 물체가 진동하는 너비. ㉡포백·그림·종이 등을 세는 말. 예한 —의 山水畫. ❷단. 가. 가장자리. ¶邊幅(가 변, —) 피륙 따위의 단이나 가장자리. ❸천·종이 등의 조각. ¶畫幅(그림 화, —) 그림을 그려놓은 천이나 종이의 조각. 예—에 담은 農村風景.
〔幅廣〕(폭광) 폭의 너비.
▷廣幅(광폭)·大幅(대폭)·半幅(반폭)·步幅(보폭)·全幅(전폭)

9 ⑫ 〔帿〕* 후 侯(0240)와 동자
1407

10 ⑬ 〔幌〕* 황: 上 養 huǎng, コウ
1408

행서 幌 이름 휘장 황: 자원 형성. 巾+晃→幌. 滉(황)·榥(황)과 같이 晃(황)이 성부.
새김 휘장. 또는 커튼.

11 ⑭ 〔幕〕** 막 入 藥 mù, バク
1409

소전 幕 행서 幕 이름 막 막 자원 형성. 莫+巾→幕. 漠(막)·膜(막)·寞(막)과 같이 莫(막)이 성부.
필순 ⺊ ⺿ ⺿ 艹 苷 苩 草 莫 幕 幕
새김 ❶막. ㉠장막. ¶天幕(하늘 천, —) 비·햇볕·바람·이슬 등을 가리기 위하여 치는 막. ㉡연극의 단락. 또는 그를 세는 말. ¶單幕劇(홑 단, —, 극 극) 한 막으로 된 연극. ❷장군의 본진. 장수가 군무를 보는 막사. ¶幕僚(—, 벼슬아치 료) 장수 밑에서 장수를 보좌하는 참모.
〔幕間〕(막간) 연극에서, 한 막(幕)이 끝나고 다음 막이 시작될 때까지의 동안.
〔幕舍〕(막사) 판자나 천막 등으로 임시로 지은 집.
〔幕次〕(막차) 國 임시로 장막을 쳐서 임금이나 고관이 휴식하도록 마련한 곳
〔幕下〕(막하) ①대장의 휘하. ②장군의 높임말.
〔幕後〕(막후) ①막의 뒤. ②배후.
▷開幕(개막)·軍幕(군막)·銀幕(은막)·字幕(자막)·酒幕(주막)·閉幕(폐막)·黑幕(흑막)

12 ⑮ 〔幢〕* 당 ㊍장 ㊏江 | chuáng, トウ
1410

소전 幢 행서 幢 이름 기 당 자원 형성. 巾+童→幢. 撞(당)과 같이 童(동)의 변음이 성부.
새김 ❶기(旗). 군대의 지휘나 의장에 쓰던 기. ❷당. ㉠(佛)큰 절의 문 앞에 세우는 기. ¶幢竿(一, 깃대 간) 당을 달아 세우는 깃대. 짐대. ㉡一支柱. ㉡國정재(呈才) 때 춤추는 데 쓰는 기. ❸군대 편제의 단위. ㉠중국에서 군사 100 명으로 된 조직. ㉡國신라 때 썼던 군대의 조직.

12 ⑮ 〔幡〕* 번 ㊏元 | fān, ハン
1411

소전 幡 행서 幡 이름 깃발 번 자원 형성. 巾+番→幡. 繙(번)·翻(번)·磻(번)·蕃(번)과 같이 番(번)이 성부.
새김 ❶깃발. 기치. ¶幡旗(一, 기 기) 깃발. ❷나부끼다. 펄럭이다. ¶幡幡(一, 一) 깃발이 바람에 펄럭이는 모양.
〔幡信〕(번신) 표지가 있는 기(旗)를사용하여 명령을전하는 일.
〔幡然〕(번연) 갑자기 변하는 모양.

12 ⑮ 〔幟〕* 치: ㊓寘 | zhì, シ
1412

소전 幟 행서 幟 간화 帜 이름 깃발 치: 자원 형성. 巾+戠〔戠의 변형〕→幟. 熾(치)와 같이 戠(치)가 성부.
새김 깃발. 표지로 세우는 기. ¶旗幟(기 기, 一) 어떤 표지로 세우거나 드는 기.
▷標幟(표치)

12 ⑮ 〔幣〕** 폐: ㊓霽 | bì, ヘイ
1413

소전 幣 행서 幣 간화 币 이름 화폐 폐: 자원 형성. 敝+巾→幣. 蔽(폐)·弊(폐)·斃(폐)와 같이 敝(폐)가 성부.

필순 ' ⺌ 㡀 ... 敝 幣 幣

새김 ❶화폐. 돈. ¶紙幣(종이 지, 一) 종이돈. ❷예물. ¶幣帛(一, 비단 백) 예물로 주는 비단. 인신하여, 신부가 처음으로 시부모를 뵐 때나 제자가 처음 뵙는 스승에게 드리는 예물.
〔幣物〕(폐물) 선사하는 물건. 예물(禮物).
〔幣聘〕(폐빙) 예를 갖추어서 어진 사람을 초빙함.
▷納幣(납폐)·聘幣(빙폐)·錢幣(전폐)·造幣(조폐)·貨幣(화폐)·厚幣(후폐)

3획 부수 干 部

▷명칭:방패간
▷쓰임:의부로서의 기능은 없고, 한자의 분류상의 부수로 쓰인다.

0 ③ 〔干〕*** ㊀간 ㊏寒 ㊁한 國 | gān, カン
1414

소전 干 행서 干 이름 ㊀방패 간 ㊁일꾼 한 자원 상형. 방패의 모양을 본떴다.

필순 一 二 干

새김 ㊀❶방패. ¶干戈(一, 창 과) ㉮방패와 창. 인신하여, 무기. ㉯전쟁. ❷말리다. 건조시키다. ¶干潮(一, 조수 조) 조수를 말린다는 뜻으로, 썰물을 이르는 말. ❸범하다. 거스르다. ¶干犯(一, 범할 범) 개인의 권리나 국가의 권위를 침범함. ❹구하다. 필요로 하는 것을 찾다. ¶干祿(一, 녹 록) 녹을 구함. 곧 벼슬자리를 구함. ❺관계하다. 관여하다. ¶干涉(一, 관여할 섭) 남의 일에 뛰어들어 참견함. ❻조금. ¶若干(조금 약, 一) 조금. 얼마 되지 아니함. ❼천간(天干). ¶干支(一, 지지 지) 천간과 지지. ❽幹(1420)의 간화자. ㊁國일꾼. ¶漁夫干(물고기잡을 어, 사나이 부, 一) 직업적으로 고기잡이하는 사람을 천하게 이르는 말.
〔干求〕(간구) 바람. 요구(要求)함.
〔干滿〕(간만) 간조(干潮)와 만조(滿潮). 썰물과 밀물.
〔干潟地〕(간석지) 바닷물이 드나드는 개펄.
〔干城〕(간성) ①방패와 성. ②나라를 지키는 군사나 인물의 비유.
〔干與〕(간여) 어떤 일에 참여함. 관여(關與)함.
〔干拓〕(간척) 바다나 호수에 제방을 쌓아 그 안의 물을 빼어 육지로 만드는 일.
▷欄干(난간)·滿干潮(만간조)·十干(십간)·如干(여간)

2 ⑤ 〔平〕*** 평 ㊏庚 | píng, ヘイ
1415

소전 平 행서 平 이름 평평할 평 자원 회의. 干+八→平. 干은 나무를 다듬는 자귀의 모양, 八은 자귀로 깎아낸 나뭇조각이 좌우에 흩어져 있는 모양. 나무를 평평하게 깎는다는 뜻을 나타낸다.

필순 一 ㇀ 冖 㔾 平

새김 ❶평평하다. ¶平地(一, 땅 지) 평평한 땅. ❷고르다. 균등하다. 기울지 아니하다. ¶公平(공변될 공, 一) 공변되어 기울지 아니함. ❸편안하다. 평온하다. ¶平和(一, 화할 화) 전쟁이나 재앙 등이 없는 평온한 상태. ❹다스리다. 정벌하다. ¶平定(—, 진정시킬 정) 적을 쳐서 평온하게 진정시킴. ❺보통. ㉠보통의. ¶平凡(—, 범상할 범) 뛰어나거나 색다르지 않고 예사로움. ㉡늘. 언제나. ¶平素(—, 본디 소) 특별한 일이 없는 늘 그러한 때. ❻손쉽다. ¶平易(—, 쉬울 이) 까다롭지 아니하여 손쉽거나 알기 쉬움. ❼평성. ¶平仄(—, 측성 측) 평성과 측성. 곧 성조의 높낮이.

〔平交〕(평교) ①나이가 서로 비슷한 벗끼리의 교제. 또는 그런 벗. ②평소의 사귐.

〔平均〕(평균) ①많고 적음이 없이 고름. ②모두에게 고르게 함.

〔平年〕(평년) ①윤달이 들지 아니한, 보통의 해. ②농사가 보통 정도로 된 해.

〔平等〕(평등) 차별이 없이 고르고 가지런함.

〔平亂〕(평란) 난리를 평정함.

〔平面〕(평면) 평평한 표면.

〔平民〕(평민) ①서민(庶民). ②백성을 태평하게 잘 다스림.

〔平生〕(평생) 사람의 일생. ㉨— 所願.

〔平聲〕(평성) 사성(四聲)의 하나. 높낮이가 없이 평평하게 내는 소리. 상평성(上平聲)과 하평성(下平聲)의 두 가지가 있음.

〔平時〕(평시) ①평화스러운 때. ②평소(平素).

〔平穩〕(평온) 평화스럽고 안온함.

〔平原〕(평원) 펀펀한 들판.

〔平日〕(평일) 특별한 일이 없는 보통 때. 평상시(平常時).

〔平定〕(평정) 적을 쳐서 난리를 평온하게 진정시킴. ㉨天下를 —하다.

〔平靜〕(평정) 마음이 침착하고 고요함. ㉨마음의 —을 되찾다.

〔平坦〕(평탄) ①바닥이 평평함. ②일이 순조로움.

〔平平〕(평평) 높낮이가 없이 판판함.

〔平行〕(평행) 한 평면 위에 있는 두 직선이 아무리 연장하여도 서로 맞닿뜨리지 아니함.

〔平衡〕(평형) 어느 쪽으로도 기울어지지 않고 균형이 잡힌 상태. ㉨— 感覺

〔平滑〕(평활) 평평하고 미끄러움.

▷開平(개평)·均平(균평)·不平(불평)·水平(수평)·順平(순평)·地平線(지평선)·治平(치평)·太平(태평)·泰平(태평)·和平(화평)

3 ⑥ 〔年〕 1416 *** 년 平先 | nián, ネン

소전 행서 이름 해 년 자원 형성. 禾+千→秊→年. 千(천)의 변음이 성부.

필순 ノ 𠂉 𠂉 𠂉 𠂉 年

새김 ❶해. ㉠1년. ¶新年(새 신, —) 새해. ㉡년. 햇수를 세는 말. ¶百年(일백 백, —) 100년. 썩 많은 세월이나 해의 형용. ㉨—偕老. ❷나이. 연령. ¶年少(—, 젊을 소) 나이가 젊음. ❸때. 시대. 연대. ¶年代(—, 시대 대) 경과한 시대. ㉨—順.

〔年鑑〕(연감) 한 해 동안에 일어난 여러 가지 일이나 기록을 모아 한 해에 한 번씩 내는 간행물.

〔年功〕(연공) 여러 해 동안 쌓은 공로.

〔年貢〕(연공) 봉건 시대에, 영주(領主)나 종주국(宗主國)에게 해마다 바치던 공물.

〔年金〕(연금) 일정 기간 또는 종신토록 해마다 정기적으로 주는 일정 금액.

〔年年〕(연년) 해마다. ㉨—歲歲.

〔年度〕(연도) 사무 처리의 편의상 구분해 놓은 일 년 동안의 기간. ㉨會計—.

〔年頭〕(연두) 새해의 첫머리. 세초(歲初).

〔年齡〕(연령) 나이.

〔年老〕(연로) 나이가 많고 늙음.

〔年輪〕(연륜) ①나이테. ②해마다 성장·변화하여 이룩된 역사의 비유.

〔年末〕(연말) 한해의 끝. 세밑. ㉨—決算.

〔年輩〕(연배) 나이가 서로 비슷한 또래. 또는 그런 사람.

〔年俸〕(연봉) 일 년을 단위로 하여 계산하는 봉급.

〔年長〕(연장) ①자기보다 나이가 많음. 또는 그런 사람. ②나이가 더해짐.

〔年齒〕(연치) 나이. 연령(年齡).

〔年限〕(연한) 경과하거나 정해진 햇수. ㉨修業—.

〔年號〕(연호) 임금이 임금의 자리에 오른 해부터 그 자리에서 물러설 때까지의 기간에 붙이는 연대적인 칭호.

▷光年(광년)·來年(내년)·老年(노년)·當年(당년)·晩年(만년)·每年(매년)·盛年(성년)·翌年(익년)·青年(청년)·豐年(풍년)·行年(행년)·凶年(흉년)

3 ⑥ 〔并〕 1417 병: 幷(1418)의 속자

5 ⑧ 〔幷〕 1418 * 병: 去敬 | bìng, ヘイ

소전 행서 속자 并 이름 아우를 병: 자원 형성. 〃〔从의 변형〕+幵→幷. 幵(견)의 변음이 성부.

새김 아우르다. 합치다. ¶幷力(—, 힘 력) 힘을 합침.

5 ⑧ 〔幸〕 1419 *** 행: 上梗 | xìng, コウ

소전 행서 이름 다행 행: 자원 회의. 土〔夭의 변형〕+羊〔屰의 변형〕→幸. 夭는 일찍 죽다, 羊은 거스르다의 뜻. 일찍 죽는 일을 거스르는 일은 다행스런 일이란 뜻.

필순 一 十 土 土 夫 幸 幸 幸

새김 ❶다행. 또는 운이 좋다. 또는 운 좋게. ¶不幸(아니할 불, —) 운이 좋지 아니함. ❷사랑하다. 총애하다. ¶幸臣(—, 신하 신) 임금이 총애하는 신하. ❸거둥. 임금의 행차. ¶行幸(다닐 행, —) 임금이 궁궐 밖으로 거둥함.
〔幸冀〕(행기) 다행을 바람.
〔幸福〕(행복) ①뜻을 이루어 만족감을 느끼는 상태. ②좋은 운수.
〔幸甚〕(행심) 매우 다행함.
〔幸運〕(행운) 좋은 운수.
〔幸姬〕(행희) 임금의 총애를 받는 여자.
▷ 多幸(다행)·巡幸(순행)·臨幸(임행)·天幸(천행)·寵幸(총행)

10 ⑬ 〔幹〕** 간 本간: 去翰 | gàn, カン
1420

소전 행서 간화 干 이름 줄기 간 자원 형성. 倝+干〔木의 변형〕→幹. 倝(간)이 성부.

필순 一 十 古 古 古 直 卓 卓 幹 幹

새김 ❶줄기. 나무의 밑동. ¶根幹(뿌리 근, —) 뿌리와 줄기. 인신하여, 사물에서 줄거리를 이루는 가장 중요한 부분. ❷재능. 솜씨. ¶才幹(재주 재, —) 재주와 재능. ❸맡다. 담당하다. ¶主幹(주인 주, —) 책임지고 맡아 처리함. 또는 그러한 직책이나 그런 직책에 있는 사람.
〔幹能〕(간능) 일을 잘 처리할 수 있는 재간이 있고 능란함.
〔幹部〕(간부) 단체의 우두머리가 되는 사람「들.
〔幹事〕(간사) ①일을 맡아 처리함. ②조직이나 단체의 중심이 되어 일을 맡아 처리하는 사람. 또는 그 직무.
〔幹線〕(간선) 철도·도로 등의 중요한 선로.
▷ 骨幹(골간)·軀幹(구간)·基幹(기간)

3 획 부수 幺 部

▷명칭: 작을요
▷쓰임: 작다·어리다의 뜻을 나타내는 한자의 부수로도 쓰이고, 한자의 자형상의 분류를 위한 부수로도 쓰였다.

1 ④ 〔幻〕* 환: 去諫 | huàn, ゲン
1421

소전 행서 이름 허깨비 환: 자원 지사. '주다'의 뜻을 나타내는 予자를 거꾸로 놓은 모양. 줄 듯이 하다가 주지 아니하기에 '현혹시키다·속이다'의 뜻을 나타낸다.

새김 ❶허깨비. 환상. 곡두. ¶幻影(—, 그림자 영) 곡두. 실제로는 존재하지 않는데도 있는 것처럼 보이는 환상. ❷현혹시키다. ¶幻惑(—, 미혹할 혹) 사람의 눈을 현혹시켜 마음을 어지럽게 함.
〔幻覺〕(환각) 감각 기관을 자극하는 외계(外界)의 사물이 없는데도 마치 그것이 실재하는 것처럼 느껴지는 착각.
〔幻滅〕(환멸) 기대나 희망이 어그러졌을 때 느끼는, 허무하고 속절없는 마음.
〔幻想〕(환상) 현실에 없는 것을 있는 것처럼 느끼는 망상(妄想).
〔幻生〕(환생) (佛)사람이 죽었다가 형상을 바꾸어서 다시 태어남. 「마술(魔術).
〔幻術〕(환술) 남의 눈을 속이는 요술(妖術).
▷ 夢幻(몽환)·變幻(변환)

2 ⑤ 〔幼〕*** 유 本유: 去宥 | yòu, ヨウ
1422

소전 행서 이름 어릴 유 자원 회의. 幺+力→幼. 幺는 갓 태어난 아이. 힘이 약한 갓 태어난 아이이기에, '어리다'의 뜻을 나타낸다.

필순 ㄑ 幺 幺 幻 幼

새김 어리다. ㉠나이가 어리다. ¶幼兒(—, 아이 아) 어린아이. ㉡지식이나 기량이 미숙하다. ¶幼稚(—, 어릴 치) ㉮지식이나 기량의 수준이 어림. 예—한 행동. ㉯나이가 어림. 예—園.
〔幼年〕(유년) ①어린 나이. ②어린아이.
〔幼弱〕(유약) 어리고 나약함.
〔幼蟲〕(유충) 애벌레. 자충(仔蟲).
〔幼學〕(유학) ①나이 어릴 때 배움. ②國 벼슬하지 않은 선비.
▷ 老幼(노유)·童幼(동유)·長幼(장유)

6 ⑨ 〔幽〕** 유 平尤 | yōu, ユウ
1423

소전 행서 이름 그윽할 유 자원 형성. 山+丝→幽. 丝(유)가 성부.

필순 丨 丩 幺 幺 ㄓ 丝 丝 幽 幽

새김 ❶그윽하다. 깊다. ¶幽谷(—, 골 곡) 깊은 골짜기. ❷저승. 황천. ¶幽界(—, 지경 계) 저승. ❸어둡다. ¶幽明(—, 밝을 명) ㉮어둠과 밝음. ㉯저승과 이승. ❹숨다. 세상을 피하다. ¶幽居(—, 살 거) 세상을 피하여 조용히 삶. 또는 사는 그 거처. ❺가두다. 감금하다. ¶幽閉(—, 닫을 폐) 사람을 가두어 둠.
〔幽靈〕(유령) ①죽은 사람의 혼령. 또는 귀신.

②실지로는 없는 것을 있는 것처럼 꾸며놓은 존재.
〔幽邃〕(유수) 그윽하고 깊숙함.
〔幽暗〕(유암) 그윽하고 어둠침침함.
〔幽人〕(유인) 세상을 피하여 숨어 사는 사람.
〔幽宅〕(유택) 무덤.

9 ⑫ 〖幾〗*** 1424
㊀기 平微 jī, キ
㊁기 本기: 上尾 jǐ, キ
㊂기 本기: 去寘 jì, キ

소전 行書 간화 几 이름 ㊀거의 기 ㊁몇 기 ㊂바랄 기 자원 회의. 𢆶+戍→幾. 𢆶는 적다, 戍는 수자리. 적은 수효의 사람으로 수자리를 서기에 '위태롭다'의 뜻을 나타낸다. 새김은 모두 가차.

필순 幾

새김 ㊀❶거의. 거지반. ¶庶幾(거의 서, —) 거의. ❷조짐. 기미. 낌새. 〔周易〕見幾而作(견기이작) 낌새를 보고서는 일어남. ㊁몇. 얼마. ¶幾何(—, 몇 하) 몇. 얼마. ㊂바라다. 희망하다. ¶庶幾(바랄 서, —) 바람. 희망함.
〔幾度〕(기도) 몇 번. 여러 번.
〔幾微〕(기미) 낌새. 조짐.
〔幾死〕(기사) 거의 죽게 됨.
〔幾日〕(기일) 며칠. 몇 날.
▷萬幾(만기)·未幾(미기)

3 획 부수 广 部

▷명칭:집엄. 엄호
▷쓰임:건축물과 관계 있는 한자의 부수로 쓰였다.

0 ③ 〖广〗* 1425
㊀엄: 上琰 yǎn, ゲン
㊁광: guǎng

소전 이름 ㊀집 엄: ㊁넓을 광: 자원 지사. 丨+厂→广. 丨은 집, 厂은 언덕. 언덕 위에 있는 집을 가리킨다.
새김 ㊀집. 바위에 의지하여 지은 집. ㊁廣(1464)의 간화자.

2 ⑤ 〖広〗 1426 광: 廣(1464)의 약자

2 ⑤ 〖庁〗 1427 청 廳(1471)의 약자

3 ⑥ 〖庄〗* 1428 장 莊(4503)의 속자·간화자

4 ⑦ 〖库〗 1429 고 庫(1444)의 간화자

4 ⑦ 〖庐〗 1430 려 廬(1470)의 간화자

4 ⑦ 〖庇〗* 1431 비: 去寘 bì, ヒ

소전 行書 이름 덮을 비: 자원 형성. 广+比→庇. 批(비)·琵(비)·毘(비)와 같이 比(비)가 성부.
새김 덮다. 감싸다. 또는 덮어 가리다. ¶庇護(—, 지킬 호) 편을 들어 감싸주면서 보호함.
▷曲庇(곡비)

4 ⑦ 〖床〗** 1432 상 平陽 chuáng, ショウ

본자 牀 行書 이름 평상 상 자원 형성. 본자는 爿+木→牀→床. 爿(장)의 변음이 성부.

필순 床

새김 ❶평상. 앉는 의자나 눕는 침대. ¶病床(병 병, —) 병으로 앓아 누워 있는 침대나 자리. ❷바닥. ※ 본자로는 쓰지 아니함. ㉠강의 바닥. ¶河床(강 하, —) 물이 흐르는 강바닥. ㉡인공으로 열을 가하여 식물을 기르는 시설. ¶溫床(따뜻할 온, —) 인공으로 열을 가하여 식물을 기르는 시설.
〔床石〕(상석) 무덤 앞에 제물을 차려 놓기 위해, 돌로 상처럼 만들어 놓은 물건.
〔床花〕(상화) 잔칫상이나 전물상(奠物床)에 꽂을 수 있도록 만든 꽃.
▷起床(기상)·鑛床(광상)·臨床(임상)·撤床(철상)

4 ⑦ 〖序〗*** 1433 서: 上語 xù, ジョ

소전 行書 이름 차례 서: 자원 형성. 广+予→序. 抒(서)·舒(서)와 같이 予(여)의 변음이 성부.

필순 序

새김 ❶차례. 순서. 또는 차례를 정하다. ¶序列(—, 줄 렬) 일정한 기준에 따라 차례로 늘어선 대열. ❷학교. ¶庠序(학교 상, —) 고대에 각 지방에 두었던 학교. ❸머리말. 문체의 하나. ¶序文(—, 글월 문) 머리말. ❹처음. 실마리. ¶序曲(—, 가락 곡) 가극 등에서 막을 열기 전에 그 개막을 알리기 위하여 연주하는 음악. 인신하여, 어떤 일의 진행에 있어서의 그 첫머리의 비유.

〔序論〕(서론) ①서문과 평론. ②책이나 논문의 앞머리에 본론의 실마리가 되는 글.
〔序幕〕(서막) ①연극 등에서 처음 여는 막. ②일의 시작이나 발단.
〔序說〕(서설) ①머리말 삼아 쓴 서론적인 설명. ②서론(序論).
〔序詩〕(서시) ①책의 첫머리에 서문 대신으로 싣는 시. ②장시(長詩)에서 머리말 구실을 하는 부분.
〔序言〕(서언) 책의 머리말. 통서문(序文).
〔序次〕(서차) 차례. 순서.
〔序齒〕(서치) 나이의 많고 적음에 따라 차례를 정함.
▷ 四序(사서)·小序(소서)·順序(순서)·自序(자서)·長幼有序(장유유서)·節序(절서)·秩序(질서)·次序(차서)

4 ⑦ 〔应〕 1434 ⊟응 ⊟응: 應(1755)의 간화자

5 ⑧ 〔庚〕 1435 *** 경 平庚 gēng, コウ

소전 행서 이름 일곱째천간 경 자원 상형. 들판의 곡식이 익어가는 모양. 새김은 가차.

필순 丶 亠 广 户 庐 庐 庚 庚

새김 ❶일곱째 천간. 방위로는 서쪽, 오행으로는 금(金), 사시로는 가을에 배당된다. ¶庚子字(경자자) 경자년인 1420년에 만든 동활자. ❷나이. 연령. ¶同庚(같을 동, ㅡ) 같은 나이. ❸삼복(三伏). ¶庚暑(ㅡ, 더위 서) 삼복 더위. ❹장경(長庚). 저녁때 서쪽 하늘에 보이는 금성(金星).
〔庚時〕(경시) 24시의 18째 시. 곧 16시 30분 ~17시 30분.
▷ 倉庚(창경)

5 ⑧ 〔庙〕 1436 묘: 廟(1465)의 속자·간화자

5 ⑧ 〔庞〕 1437 방 龐(6358)의 간화자

5 ⑧ 〔府〕 1438 ** 부: 上麌 fǔ, フ

소전 행서 이름 관아 부: 자원 형성. 广+付→府. 符(부)·附(부)·咐(부)와 같이 付(부)가 성부.

필순 丶 亠 广 广 庁 庐 府 府

새김 ❶관아. 관청. ¶政府(정사 정, ㅡ) 나라의 정치를 집행하는 기관. 예中央ㅡ. ❷도읍. 도시. ¶首府(첫째 수, ㅡ) 한 나라의 중앙정부가 있는 도시. ❸부. 지방 행정 구역의 이름. 예江陵大都護府(강릉 대도호부).
〔府庫〕(부고) 관부(官府)의 창고.
〔府君〕(부군) 죽은 아버지나 대대의 할아버지를 높여 이르는 말.
〔府使〕(부사) 國 대도호부사(大都護府使)나 도호부사(都護府使)를 일컫는 말.
〔府尹〕(부윤) 부(府)의 장관(長官).
〔府庭〕(부정) 관청의 뜰.
▷ 官府(관부)·幕府(막부)·冥府(명부)·樂府(악부)·兩府(양부)

5 ⑧ 〔底〕 1439 ** 저: 上薺 dǐ, テイ

소전 행서 이름 밑 저: 자원 형성. 广+氐→底. 低(저)·抵(저)·邸(저)와 같이 氐(저)가 성부.

필순 丶 亠 广 户 庀 庀 底 底

새김 ❶밑. 밑바닥. ¶海底(바다 해, ㅡ) 바다의 밑바닥. 예ㅡ探査. ❷초고. 원고. ¶底本(ㅡ, 책 본) ㉮비치해 두는 초고. ㉯번역이나 교정 때 의거하는 원본.
〔底力〕(저력) 듬직하게 버티어 내는 끈기 있는 힘.
〔底流〕(저류) ①강·바다의 밑바닥의 흐름. ②표면에 드러나지 않고 내부에서 움직이고 있는 세력.
〔底邊〕(저변) 사물의 밑바닥의 변.
〔底意〕(저의) 속에 품고 있는 마음.
〔底下〕(저하) ①밑바닥. ②비열(卑劣)함. ③출신이 미천한 사람.
▷ 根底(근저)·基底(기저)·到底(도저)·心底(심저)·徹底(철저)

5 ⑧ 〔店〕 1440 *** 점: 去豔 diàn, テン

행서 이름 가게 점: 자원 형성. 广+占→店. 點(점)·粘(점)과 같이 占(점)이 성부.

필순 丶 亠 广 广 庀 庀 店 店

새김 가게. 점방. ¶書店(책 서, ㅡ) 책을 파는 가게.
〔店員〕(점원) 남의 가게에서 일을 봐주고 보수를 받는 사람.
〔店主〕(점주) 상점(商店)의 주인.
〔店鋪〕(점포) 가게. 상점(商店).
▷ 開店(개점)·露店(노점)·賣店(매점)·本店(본점)·分店(분점)·商店(상점)·旅店(여점)·支店(지점)·閉店(폐점)

5 ⑧ 〔废〕 1441 폐: 廢(1469)의 간화자

6 ⑨ [度]*** ㊀도: 去遇 dù, ド
㊁탁 入藥 duó, タク
1442

소전 度 행서 度 이름 ㊀법도 도: ㊁헤아릴 탁 자원 형성. 广[庶의 생략체]+又→度. 庶(서)의 변음이 성부.

필순 丶 亠 广 广 庐 庐 庐 庹 度

새김 ㊀❶법도. 규범. ¶制度(정할 제, —)㉮정해놓은 규범. ㉥入試—. ㉯국가나 사회의 구조의 체계. ㉥封建—. ❷자. 길이를 재는 자. ¶度量衡(—, 마되 량, 저울 형)자와 말과 저울. 또는 길이를 재며, 분량을 되며, 무게를 다는 일. ❸정도(程度). 알맞은 정도. ¶限度(한정할 한, —)한정해 놓은 정도. ❹국량. 기량. 도량. ¶大度(큰 대, —)큰 도량. ❺풍채. 태도. ¶風度(풍채 풍, —)풍채와 태도. ❻도. 각도·온도·습도 등을 나타내는 단위. ㉥零下五度(영하 오도). ❼(佛)중이 되다. ¶度牒(—, 첩지 첩)승려가 되었음을 인정하는 증명서. ❽(佛)구제하다. ¶濟度(구제할 제, —)부처의 도로써 중생을 번뇌의 고해에서 구제하여 극락 세계로 인도하여 줌. ㊁헤아리다. ¶忖度(헤아릴 촌, —)남의 마음을 미루어 헤아림.
〔度數〕(도수) ①온도·습도·각도 등의 단위를 나타내는 수. ②거듭하는 횟수.
〔度外〕(도외) ①범위의 밖. ②생각 밖.
〔度外視〕(도외시) ①과외의 것으로 간주함. ②상대하지 않음.
〔度日〕(도일) 세월을 보냄.
〔度德量力〕(탁덕양력) 자신의 덕망과 능력을 헤아림.
〔度支〕(탁지) 국가의 재무를 맡은 관아의 이름. ㉥—部大臣
〔度地〕(탁지) 지역이나 지형을 측량함.
▷強度(강도)·經度(경도)·高度(고도)·光度(광도)·法度(법도)·速度(속도)·年度(연도)·溫度(온도)·用度(용도)·緯度(위도)·進度(진도)·尺度(척도)·態度(태도)

6 ⑨ [庠]* 상 平陽 xiáng, ショウ
1443

소전 庠 행서 庠 이름 학교 상 자원 형성. 广+羊→庠. 詳(상)·祥(상)·翔(상)과 같이 羊(양)의 변음이 성부.

새김 학교. 지방에 두었던 학당. ¶庠序(—, 학교 서) 고대에 각 지방에 두었던 학교.

7 ⑩ [庫]** 고 ㊄고: 去遇 kù, コ
1444

소전 庫 행서 庫 간화 库 이름 곳집 고 자원 회의. 广+車→庫. 수레를 넣어두는 창고란 뜻.

필순 丶 亠 广 广 庐 庐 肩 直 宣 庫

새김 곳집. 창고. 물건을 넣어두는 건물. ¶書庫(책 서, —) 책을 넣어 보관하는 집.
〔庫房〕(고방) 곳간. 창고.
〔庫子〕(고자) 관아(官衙)에서 물품 창고를 맡아보던 사람.
〔庫直〕(고직) 國고지기. 관아의 창고를 지키는 사람.
▷金庫(금고)·武庫(무고)·文庫(문고)·兵庫(병고)·寶庫(보고)·府庫(부고)·史庫(사고)·在庫(재고)·倉庫(창고)·出庫(출고)

7 ⑩ [庭]*** 정 平青 tíng, テイ
1445

소전 庭 행서 庭 이름 뜰 정 자원 형성. 广+廷→庭. 挺(정)·珽(정)·綎(정)과 같이 廷(정)이 성부.

필순 丶 亠 广 广 庀 庄 庄 庭 庭 庭

새김 ❶뜰. 마당. ¶校庭(학교 교, —) 학교의 마당이나 운동장. ❷집안. 가정. ¶庭訓(—, 가르침 훈) 가정에서의 가르침.
〔庭試〕(정시) 國나라에 경사가 있을 때 대궐 안에서 행하던 과거.
〔庭園〕(정원) 집 안의 뜰과 꽃밭.
▷家庭(가정)·宮庭(궁정)·來庭(내정)·洞庭(동정)·門庭(문정)·法庭(법정)·前庭(전정)·親庭(친정)·戶庭(호정)·後庭(후정)

7 ⑩ [座]** 좌: 去箇 zuò, ザ
1446

행서 座 이름 자리 좌: 자원 형성. 广+坐→座. 挫(좌)와 같이 坐(좌)가 성부.

필순 丶 亠 广 广 广 庂 庂 座 座 座

새김 ❶자리. ㉠앉는 자리나 여러 사람이 모인 자리. ¶座談(—, 말씀 담) 여러 사람이 모인 자리에서 자유로이 주고받는 이야기. ㉡별이 모여 있는 자리. ¶星座(별 성, —) 별자리. ❷앉다. 坐(0849)와 통용. ¶座席(—, 자리 석) 앉는 자리. ❸좌. 산·탑·건물·불상 등을 세는 말. ㉥佛像一座(불상 일좌).
〔座上〕(좌상) ①여럿이 모인 자리. ②한 자리에 모인 좌석 중에서 가장 웃어른이 되는 사람.
〔座右銘〕(좌우명) 자리 옆에 갖추어 두고 수양의 경계로 삼는 격언.
〔座長〕(좌장) 일정한 모임에서 중심이 되어 질서를 유지하고 진행을 맡아보는 사람.
〔座中〕(좌중) 여러 사람이 모인 자리.
〔座標〕(좌표) 어떤 위치나 점의 자리를 나타

내는 데에 표준이 되는 표.
▷講座(강좌)·口座(구좌)·權座(권좌)·滿座(만좌)·上座(상좌)·首座(수좌)·御座(어좌)·王座(왕좌)

8 ⑪ 〖康〗** 강 平陽 | kāng, コウ
1447

소전 행서 이름 편안할 강 자원 형성. 庚+米→康→康. 庚(경)의 변음이 성부.

필순 丶 广 户 庐 庐 庚 庚 康 康 康

새김 ❶편안하다. ¶小康(적을 소, —) 소란하던 다툼이 가라앉아 조금 편안함. 예—狀態. ❷튼튼하다. 건강하다. ¶康寧(—, 평안할 녕) 건강하고 평안함. ❸큰길. 사통팔달의 큰길. ¶康衢(—, 큰길 구) ㉮사통팔달의 큰길. ㉯인신하여, 태평성대를 칭송하는 노래. 예—烟月.
〔康健〕(강건) 몸이 탈없이 건강함.
〔康衢烟月〕(강구연월) 태평한 세상에 보이는 평화로운 풍경.
▷健康(건강)·安康(안강)

8 ⑪ 〖庶〗** 서: 去御 | shù, ショ
1448

소전 행서 이름 많을 서: 자원 회의. 广+苂[=炗. 光의 고자]→庶. 집 안에 빛이 있기에 여러 사람이 모여든다는 데서, '많다' 의 뜻을 나타낸다.

필순 丶 亠 广 户 庐 庐 府 府 庶 庶

새김 ❶많다. ㉠여러 가지. ¶庶務(—, 일 무) 여러 가지의 잡다한 사무. ㉡일반. 보통. ¶庶民(—, 백성 민) 일반 백성. ❷첩. 또는 첩의 자식. ¶庶子(—, 아들 자) 첩의 몸에서 난 아들. ❸바라다. ¶庶幾(—, 바랄 기) 바람. 희망함. ❹거의. 어느 한도에 매우 가까울 정도로. ¶庶幾(—, 거의 기) 거의.
〔庶母〕(서모) 아버지의 첩(妾).
〔庶孼〕(서얼) 첩(妾)의 자식. 서자(庶子)와 그 자손.
〔庶人〕(서인) 서민(庶民). 평민(平民).
〔庶政〕(서정) 온갖 정사. 만기(萬機).
〔庶出〕(서출) 첩의 소생.
▷民庶(민서)·士庶(사서)·臣庶(신서)·嫡庶(적서)·衆庶(중서)·支庶(지서)

8 ⑪ 〖庵〗* 암 平覃 | ān, アン
1449

행서 동자 菴 이름 암자 암 자원 형성. 广+奄→庵. 唵(암)과 같이 奄(엄)의 변음이 성부.
새김 암자. 승려나 은사(隱士)가 거처하는 작은 집. ¶草庵(풀 초, —) 풀이나 갈대 등으로 지붕을 이은 암자.
〔庵子〕(암자) ①큰 절에 딸린 작은 절. ②승려가 임시로 거처하며 도(道)를 닦는 작은 집.

8 ⑪ 〖庸〗** 용 平冬 | yōng, ヨウ
1450

소전 행서 이름 떳떳할 용 자원 형성. 庚+用→庸. 用(용)이 성부.

필순 丶 亠 广 户 户 户 户 肩 肩 庸

새김 ❶떳떳하다. 일정하여 변함이 없다. ¶庸言(—, 말씀 언) ㉮떳떳한 말. ㉯일상적인 말. ❷쓰다. 임용하다. ¶登庸(올려쓸 등, —) 인재를 가려 올려 씀. 동등용(登用). ❸평범하다. 용렬하다. ¶庸才(—, 재주 재) 평범한 재주. ❹구실. 세제(稅制)의 하나로, 노동의 일에 나가는 대신 바치던 포백(布帛). ¶租庸調(조세 조, —, 구실 조) 논밭에서 받는 조세와 용과 지방 특산물에 매기던 조. 이는 당대(唐代)의 세 가지 징세법이었음.
〔庸德〕(용덕) 언제나 지켜야 하는 떳떳한 덕행.
〔庸劣〕(용렬) 재주가 남만 못하고 어리석음.
〔庸夫〕(용부) 용렬한 사나이.
〔庸常〕(용상) 용렬하고 예사로움.
〔庸拙〕(용졸) 용렬하고 옹졸함.
▷凡庸(범용)·附庸(부용)·中庸(중용)

9 ⑫ 〖廊〗 랑 廊(1456)과 동자
1451

9 ⑫ 〖廂〗* 상 平陽 | xiāng, ソウ
1452

소전 행서 이름 곁채 상 자원 형성. 广+相→廂. 霜(상)·想(상)·湘(상)과 같이 相(상)이 성부.
새김 곁채. 몸채의 동서 양쪽에 있는 곁채.

9 ⑫ 〖庾〗* 유: 上麌 | yǔ, ユ
1453

소전 행서 이름 곳집 유: 자원 형성. 广+臾→庾. 萸(유)·諛(유)와 같이 臾(유)가 성부.
새김 곳집. 곡식 창고. ¶京庾(서울 경, —) 서울에 있는 곡식 창고.

9 ⑫ 〖廁〗 측 厠(0615)과 동자
1454

9 ⑫ 〖廃〗 폐: 廢(1469)의 약자
1455

10 ⑬ 〔廊〕** 랑 平陽 láng, ロウ
1456

소전 廊 행서 廊 동자 郞 이름 행랑 랑 자원 형성. 广+郎→廊. 瑯(랑)·螂(랑)과 같이 郎(랑)이 성부.

필순 广 广 广 庐 庐 庐 庐 廊 廊 廊

새김 ❶행랑. 곁채. ¶行廊(다닐 행, —) ㉮대문간에 붙어 있는 방. ㉯國서울의 큰거리 양쪽에 줄지어 서 있었던, 2층으로 된 가게들. ❷복도. ¶回廊(돌 회, —) 건물의 둘레에 둘러 있는 복도.
〔廊廟〕(낭묘) 國 의정부(議政府)의 딴이름.
〔廊下〕(낭하) 복도(複道). 회랑(廻廊).
▷舍廊(사랑)·畫廊(화랑)

10 ⑬ 〔廉〕** 렴 平鹽 lián, レン
1457

소전 廉 행서 廉 속자 亷 이름 청렴할 렴 자원 형성. 广+兼→廉. 兼(겸)의 변음이 성부.

필순 广 广 广 产 庐 庐 庐 廉 廉 廉

새김 ❶청렴하다. ¶廉直(—, 곧을 직) 청렴하고 정직함. ❷값이 싸다. ¶廉價(—, 값 가) 싼 값. ❸살피다. 자세히 조사하다. ¶廉察(—, 살필 찰) 자세히 살핌.
〔廉潔〕(염결) 청렴하고 결백함.
〔廉隅〕(염우) 품행이 방정하고 절조가 굳음.
〔廉正〕(염정) 청렴하고 공정함.
〔廉恥〕(염치) 청렴하고 깨끗하여 부끄러움을 아는 마음.
〔廉探〕(염탐) 어떤 정황이나 형편을 남모르게 조사함.
▷低廉(저렴)·淸廉(청렴)·孝廉(효렴)

10 ⑬ 〔亷〕** 렴 廉(1457)의 속자
1458

10 ⑬ 〔廈〕* 하: 上馬 shà, カ
1459

소전 廈 행서 廈 이름 집 하: 자원 형성. 广+夏→廈. 夏(하)가 성부.
새김 집. 큰 집. ¶大廈(큰 대, —) 규모가 큰 집.
▷高廈(고하)·廣廈(광하)

11 ⑭ 〔廐〕* 구: 去宥 jiù, キュウ
1460

소전 廐 행서 廐 본자 廏 이름 마구간 구: 자원 형성. 广+旣→廐. 旣(구)가 성부.
새김 마구간. 말을 기르는 집. ¶馬廏(말 마, —) 말을 기르는 집.
▷內廐(내구)·御廐馬(어구마)

11 ⑭ 〔廏〕 구: 廐(1460)의 본자
1461

11 ⑭ 〔廖〕* 료 平蕭 liáo, リョウ
1462

소전 廖 행서 廖 이름 빌 료 자원 형성. 广+翏→廖. 翏(료)가 성부.
새김 비다. 공허하다.

11 ⑭ 〔廓〕* ㊀확 入藥 kuò, カク ㊁곽 入藥 kuò, カク
1463

행서 廓 이름 ㊀넓을 확 ㊁테두리 곽 자원 형성. 广+郭→廓. 椁(곽)과 같이 郭(곽)이 성부.
새김 ㊀넓다. 또는 넓히다. ¶廓大(—, 큰 대) 넓혀서 크게 함. ㊁테두리. 둘레. ¶輪廓(테두리 륜, —) 대체의 테두리. 또는 사물의 모양을 이루는 테두리의 선.
〔廓如〕(확여) 텅 빈 모양. 활짝 열려 탁 트인 모양.
〔廓然〕(확연) ①넓고 휑뎅그렁한 모양. ②마음이 넓고 거리낌이 없는 모양.
〔廓淸〕(확청) 쓸어내거나 숙청하여 말쑥하게 함.
▷恢廓(회확)
⑮〔慶〕 경: 心부 11획(1711)

12 ⑮ 〔廣〕*** 광: 上養 guǎng, コウ
1464

소전 廣 행서 廣 약자 広 간화 广 이름 넓을 광: 자원 형성. 广+黃→廣. 黃(황)의 변음이 성부.

필순 广 广 庐 庐 庐 庐 庐 廣 廣 廣

새김 ❶넓다. 면적이나 범위가 넓다. 狹(3189)의 대. ¶廣大(—, 큰 대) 넓고도 큼. ❷넓히다. 또는 널리. ¶廣告(—, 알릴 고) 널리 알림.
〔廣大無邊〕(광대무변) 한없이 넓고 커서 가이 없음.
〔廣漠〕(광막) 한없이 넓고 아득함. ㉾—한 사막.
〔廣博〕(광박) 학문이나 식견이 넓음.
〔廣野〕(광야) 너른 벌판.
〔廣域〕(광역) 넓은 지역.
〔廣義〕(광의) 넓은 의미.
〔廣場〕(광장) 넓은 마당.
〔廣狹〕(광협) 넓음과 좁음.
〔廣闊〕(광활) 훤하게 넓음.
▷小廣(소광)·深廣(심광)·增廣(증광)·平廣(평광)·幅廣(폭광)·弘廣(홍광)

12 ⑮ 〔廟〕** 1465 묘: 去嘯 | miào, ビョウ

소전 廟 행서 廟 속자 간화 庙 이름 사당 묘: 자원 회의. 广+朝→廟. 조정(朝廷)에서 조회를 열거나 제사를 지내는 집. 제정(祭政)이 분리되면서 종묘의 뜻으로만 쓰이게 되었다.

필순 广 庐 庐 库 盾 庿 廓 廟 廟 廟

새김 ❶사당. 조상의 신주를 모신 집. ¶宗廟(마루 종, ―) 왕실의 역대의 신주를 모셔두는 사당. ❷조정. 나라의 정사를 처리하던 정전(正殿). ¶廟堂(―, 집 당) ㉮조정. ㉯종묘. ㉰國의정부(議政府)의 딴이름.

〔廟啓〕(묘계) 國 조정에서 임금에게 상주(上奏)하는 글.

〔廟謁〕(묘알) 임금이 친히 종묘에 참배함.

〔廟議〕(묘의) 조정(朝廷)의 의논.

▷家廟(가묘)·文廟(문묘)·大廟(태묘)

12 ⑮ 〔廛〕* 1466 전: 本전 平先 | chán, テン

소전 廛 행서 廛 이름 가게 전: 자원 회의. 广+里+儿〔八의 변형〕+土→廛. 里는 살다, 八은 나누다의 뜻. 정전법(井田法)에서 살 집터로 나누어 주던, 공전(公田) 안의 2.5 묘(畝)의 땅을 뜻한다.

새김 가게. 점방. ¶廛鋪(―, 가게 포) 가게.

〔廛房〕(전방) 가게. 상점.

▷市廛(시전)·六注比廛(육주비전)

12 ⑮ 〔廚〕* 1467 주 平虞 | chú, チュウ

소전 廚 행서 廚 동자 厨 이름 부엌 주 자원 형성. 广+尌→廚. 澍(주)와 같이 尌(주)가 성부.

새김 부엌. ¶廚房(―, 방 방) 음식을 만드는 부엌 방.

〔廚子〕(주자) 요리하는 사람. 요리사.

▷御廚(어주)·庖廚(포주)

12 ⑮ 〔廠〕* 1468 창: 上養 | chǎng, ショウ

행서 廠 간화 厂 이름 공장 창: 자원 형성. 广+敞→廠. 敞(창)이 성부.

새김 공장. 물건을 만드는 공장. ¶工廠(장인 공, ―) 철공장.

▷工作廠(공작창)·兵器廠(병기창)·被服廠(피복창)

12 ⑮ 〔廢〕** 1469 폐: 去隊 | fèi, ハイ

소전 廢 행서 廢 약자 廃 간화 废 이름 폐할 폐: 자원 형성. 广+發→廢. 發(발)의 변음이 성부.

필순 丶 广 广 庐 庐 庐 庐 廢 廢 廢

새김 ❶폐하다. ㉠있어 온 제도·기관·풍습 등을 버리거나 없애다. ¶廢止(―, 그만둘 지) 하던 일이나 있던 풍습·제도 등을 그만두거나 없앰. ㉡어떤 신분의 사람을 그 자리에서 몰아내다. ¶廢位(―, 자리 위) 임금의 자리에서 몰아냄. ㉢해 오던 일이나 써 오던 것을 버려두다. ¶廢棄(―, 버릴 기) ㉮쓰지 못할 것으로 여겨 버림. 예―物. ㉯조약·법령·약속 등을 무효로 하여 폐하여 버림. 예―通告. ❷무너지다. 망하다. 興(4367)의 대. ¶興廢(흥할 흥, ―) 흥함과 망함.

〔廢刊〕(폐간) 신문·잡지 등 정기 간행물의 간행을 폐지함.

〔廢校〕(폐교) 학교의 운영을 폐지함.

〔廢物〕(폐물) 아무 소용 없게 된 물건.

〔廢業〕(폐업) ①영업을 그만둠. ②가산을 탕진함.

〔廢人〕(폐인) 사고나 질병 등으로 인해 제 구실을 할 수 없는 사람.

〔廢墟〕(폐허) 황폐해진 옛터.

▷改廢(개폐)·全廢(전폐)·存廢(존폐)·撤廢(철폐)·頹廢(퇴폐)·荒廢(황폐)

⑰〔應〕 응: 心부 13획(1755)

16 ⑲ 〔廬〕* 1470 려 平魚 | lú, ロ

행서 廬 소전 廬 속자 간화 庐 이름 집 려 자원 형성. 广+盧→廬. 驢(려)와 같이 盧(로)의 변음이 성부.

새김 집. 농막. 간이한 작은 집. ¶草廬(풀 초, ―) 지붕을 짚이나 풀로 이은 조그마한 집. 예 三顧―.

〔廬幕〕(여막) 시묘(侍墓)를 위하여 무덤 가까이에 지은 초막.

▷結廬(결려)

⑲〔龐〕 방 龍부 3획(6358)

22 ㉕ 〔廳〕** 1471 청 平青 | tīng, チョウ

행서 廳 약자 庁 간화 厅 이름 관아 청 자원 형성. 广+聽→廳. 聽(청)이 성부.

필순 广 广 庐 庐 庐 庐 廳 廳 廳 廳

새김 ❶관아. 관청. 공무를 집행하는 곳. ¶廳舍(―, 집 사) 관아의 건물. ❷國마루. ¶大廳(큰 대, —) 집 몸체의 방과 방 사이에 있는 큰 마루.
▷ 公廳(공청)·官廳(관청)·郡廳(군청)·道廳(도청)·市廳(시청)·支廳(지청)

3 획 부수 廴 部

▷명칭:민책받침
▷쓰임:'가다·뻗다' 등의 뜻을 나타내는 한자의 부수로 쓰였다.

4 ⑦ 〔延〕** 연 平先 yán, エン 1472

소전 행서 이름 늘일 연 자원 회의. 㢟+廴→延. 㢟는 'ノ+止'로, ノ는 뻗다, 止는 발. 발을 길게 뻗어 걷는다는 뜻.

필순 ㇒ 亻 彳 正 延 延 延

새김 ❶늘이다. 물리다. 연장하다. ¶延期(—, 기일 기) 정한 기일을 물림. ❷맞다. 맞이하다. ¶延見(—, 볼 견) 맞아들여 만나봄.
〔延年益壽〕(연년익수) 해를 늘이어 수를 더한다는 뜻으로, 더욱 오래오래 장수하게 함을 이르는 말.
〔延命〕(연명) ①수명을 연장시킴. ②목숨을 겨우 이어 살아감.
〔延燒〕(연소) 한 곳에서 일어난 불이 그 부근에 번져 탐.
〔延長〕(연장) ①끊이지 않고 장구(長久)함. ②길이나 시간 등을 늘림.
〔延着〕(연착) 정한 시각보다 늦게 도착함.
〔延滯〕(연체) 일정한 기간 안에 정해진 일이나 약속을 지키지 못하고 지체함.
▷ 蔓延(만연)·順延(순연)·遲延(지연)·遷延(천연)

4 ⑦ 〔廷〕** 정 平青 tíng, テイ 1473

소전 행서 이름 조정 정 자원 형성. 壬+廴→廷. 呈(정)과 같이 壬(임)의 변음이 성부.

필순 ㇒ 二 千 壬 廷 廷 廷

새김 ❶조정. 임금이 정사를 처리하는 곳. ¶廷臣(—, 신하 신) 조정의 신하. ❷관아. 특히 재판을 하는 곳. ¶法廷(법 법, —) 재판의 심리를 하는 곳.
〔廷論〕(정론) 조정의 공론.
〔廷吏〕(정리) 법원의 직원.
〔廷議〕(정의) 조정의 의논. 묘의(廟議).
▷ 宮廷(궁정)·入廷(입정)·朝廷(조정)·出廷(출정)·退廷(퇴정)·閉廷(폐정)

6 ⑨ 〔建〕*** 건: 去願 jiàn, ケン 1474

소전 행서 이름 세울 건: 자원 회의. 聿〔律의 생략체〕+廴〔廷의 생략체〕→建. 조정에서 법을 정하여 세운다는 뜻.

필순 ㇕ ㇕ ⺕ ⺕ 𦘒 聿 聿 建 建

새김 ❶세우다. 만들거나 정하여 세우다. ¶建國(—, 나라 국) 나라를 세움. ❷의견을 내놓다. ¶建議(—, 의견 의) 어떤 문제에 대하여 의견을 내놓음.
〔建立〕(건립) 건물 등을 만들어 세움.
〔建物〕(건물) 집·창고 등의 건축물.
〔建設〕(건설) ①건물을 짓거나 시설물을 만들어 세움. ②어떤 사업을 이룩함.
〔建造〕(건조) 건축물을 세우거나 배를 만듦.
〔建築〕(건축) 집·다리 따위를 세우거나 지음.
〔建坪〕(건평) 國 건물이 차지한 바닥의 평수.
▷ 封建(봉건)·月建(월건)·再建(재건)·創建(창건)·土建(토건)

6 ⑨ 〔廻〕* 회 平灰 huí, カイ 1475

행서 이름 돌 회 자원 형성. 回+廴→廻. 徊(회)·蛔(회)·茴(회)와 같이 回(회)가 성부.

새김 돌다. 또는 돌리다. 回(0808)와 통용. ¶廻轉(—, 구를 전) 한 곳을 축으로 하거나 중심으로 하여 그 둘레를 돎.
▷ 上廻(상회)·巡廻(순회)·迂廻(우회)

3 획 부수 廾 部

▷명칭:받들공. 스물입발
▷쓰임:의부로서의 기능은 없고, 자형상의 분류를 위해 설정한 부수이다.

1 ④ 〔开〕 개 開(5775)의 간화자 1476

2 ⑤ 〔弁〕* 변: 去霰 biàn, ベン 1477

소전 행서 이름 고깔 변: 자원 상형. 고깔의 모양을 본떴다. 참고 일본에서는 辨(5365)·辯(5369)·瓣(3370)의 대용자로 쓴다.
새김 고깔. 고대의 관(冠)의 한 가지. ¶武弁(무사 무, 一) 무사들이 쓰던 관. 인신하여, 무관(武官).

3 ⑥ [异] 1478 이: 異(3413)의 고자·간화자

4 ⑦ [弃] 1479 기 棄(2395)의 고자·간화자

4 ⑦ [弄]** 1480 롱: 去送 | lòng, ロウ

소전 행서 이름 농 롱: 자원 회의. 王[玉의 이체]+廾→弄. 옥을 두 손으로 가지고 논다는 뜻.

필순 一 二 千 王 王 弄 弄

새김 ❶농. 실없는 장난. ¶弄談(一, 말씀 담) 농으로 하는 실없는 말. ❷가지고 놀다. 희롱하다. ¶弄₂假₁成₄眞₃(一, 거짓 가, 이룰 성, 참 진) 거짓을 희롱하다가 참을 이룸. 곧 장난삼아 한 짓이 진심으로 한 짓처럼 됨. ❸좋아하다. 사랑하다. ¶弄₂月₁(一, 달 월) 달을 바라보며 즐김. ❹업신여기다. 업신여겨 놀리다. ¶愚弄(어리석을 우, 一) 상대자를 어리석다고 보고 업신여기며 놀림.
〔弄奸〕(농간) 남을 속이려는 간사한 짓.
〔弄過成嗔〕(농과성진) 장난이 지나치면 노여움이 됨.
〔弄瓦〕(농와) 딸을 낳음. 딸이 태어나면 흙으로 구워 만든 실패를 주던 데서 온 말.
〔弄璋〕(농장) 아들을 낳음. 아들이 태어나면 규장(圭璋)을 주어, 후에 왕후(王侯)의 신분이 되기를 축원했던 데서 생긴 말.
〔弄調〕(농조) 희롱하는 어조.
〔弄筆〕(농필) ①붓을 함부로 놀려 사실을 왜곡(歪曲)하여 씀. ②글씨를 쓰고 글을 짓고 그림을 그림.
▷飜弄(번롱)·玩弄(완롱)·嘲弄(조롱)·戲弄(희롱)

12 ⑮ [弊]** 1481 폐: 去霽 | bì, ヘイ

행서 이름 해질 폐: 자원 형성. 敝+廾→弊. 幣(폐)·斃(폐)·蔽(폐)와 같이 敝(폐)가 성부.

필순 丶 丷 尚 尚 淅 敝 敝 敝 弊 弊

새김 ❶해지다. 닳아서 떨어지다. ¶弊衣(一, 옷 의) 해어진 옷. 예一破冠. ❷폐단. 병폐. ¶弊害(一, 해 해) 폐단으로 생기는 해. ❸지치다. 곤하다. ¶疲弊(지칠 피, 一) 지쳐 쇠약해짐. ❹겸사. 자기의 사물에 붙이는 겸칭. ¶弊社(一, 회사 사) 자기 회사의 겸칭.
〔弊家〕(폐가) 자기 집의 겸칭.
〔弊端〕(폐단) 폐해가 되는 단서(端緖). 옳지 않거나 해로운 점.
〔弊習〕(폐습) ①나쁜 버릇. ②폐해(弊害)가 많은 풍습.
〔弊絶風淸〕(폐절풍청) 폐단이 사라지고 풍습이 맑아짐. 나라가 잘 다스려짐의 비유.
〔弊風〕(폐풍) 폐단이 많고 좋지 못한 풍속.
▷舊弊(구폐)·民弊(민폐)·衰弊(쇠폐)·宿弊(숙폐)·時弊(시폐)·惡弊(악폐)·積弊(적폐)

3획 부수 弋 部

▷명칭: 주살익
▷쓰임: 의부로서의 기능보다, 한자의 자형상의 분류를 위해 설정한 부수이다.

2 ⑤ [弍] 1482 이: 二(0080)의 고자

2 ⑤ [式]*** 1483 식 入職 | shì, シキ

소전 행서 이름 법 식 자원 형성. 弋+工→式. 弋(익)의 변음이 성부.

필순 一 二 〒 工 式 式

새김 ❶법. 본보기. 제도. ¶禮式(예 례, 一)예절의 법식. ❷식. ㉠방식. 규격. ¶舊式(예 구, 一)옛날의 방식. ㉡의식. ¶卒₂業₁式(마칠 졸, 학업 업, 一)학생이, 학교의 정해진 학업을 다 마쳤음을 선포하는 의식. ㉢숫자나 부호로 계산을 나타내는 식. 예方程式(방정식).
〔式年試〕(식년시) 國 3년에 한 번씩으로, 지지(地支)가 자(子)·묘(卯)·오(午)·유(酉)가 드는 해에 실시하던 과거 시험.
〔式辭〕(식사) 國 식장에서 인사로 하는 말.
〔式順〕(식순) 의식의 진행 순서.
〔式場〕(식장) 의식을 행하는 장소.
〔式典〕(식전) 의식(儀式)과 전례(典禮).
▷格式(격식)·公式(공식)·圖式(도식)·法式(법식)·數式(수식)·新式(신식)·略式(약식)·樣式(양식)·正式(정식)·形式(형식)

9 ⑫ [弑]* 1484 시: 去寘 | shì, シ

소전 행서 이름 죽일 시: 자원 형성. 杀+式→弑. 試(시)와 같이 式(식)의 변음이 성부.

새김 죽이다. 신하가 임금을, 자식이 부모를 죽이다. ¶弑害(―, 해칠 해) 부모나 임금을 죽임.
〔弑殺〕(시살) 부모나 임금을 죽임. 시역(弑逆).
〔弑逆〕(시역) 시살(弑殺).

3획 부수 弓部

▷명칭:활궁. 활궁변
▷쓰임:여러 가지 모양의 활과 그에 딸린 부품, 활과 관계 있는 동작이나 상태 등의 뜻을 나타내는 한자의 부수로 쓰였다.

0 ③ 〔弓〕*** 궁 平東 gōng, キュウ 1485

소전 行서 이름 활 궁 자원 상형. 활의 모양을 본떴다.

필순 ㄱ ㄱ 弓

새김 ❶활. 화살을 쏘는 무기. ¶洋弓(서양 양, ―) 서양의 활. ❷활을 쏘다. 또는 그 기술. ¶弓術(―, 기술 술) 활을 쏘는 기술.
〔弓馬〕(궁마) ①활과 말. ②궁술과 마술.
〔弓矢〕(궁시) 활과 화살.
〔弓形〕(궁형) 활처럼 굽은 현상.
▷ 強弓(강궁)·半弓(반궁)·良弓(양궁)·胡弓(호궁)

1 ④ 〔引〕*** 인: 上軫 yǐn, イン 1486

소전 행서 이름 끌 인: 자원 회의. 弓+丨→引. 丨은 잡아당기다. 화살을 쏘려고 활시위를 잡아당긴다는 뜻.

필순 ㄱ ㄱ 弓 引

새김 ❶끌다. ㉠잡아당기다. ¶引力(―, 힘 력) 물질이 서로 끌어당기는 힘. 예萬有―. ㉡끌어내다. 찾아내다. ¶索引(찾을 색, ―) 책 속에 있는 글자나 단어·항목 등을 빨리 찾아볼 수 있게 만든 목록. ❷늘이다. 연장하다. ¶延引(늘일 연, ―) 길게 늘임. ❸이끌다. 인도하다. ¶引率(―, 거느릴 솔) 이끌어 거느림. ❹인용하다. 사례나 증거로 들다. ¶引證(―, 증거 증) 인용하여 증거로 삼음. ❺떠맡다. ¶引₂責₁(―, 책임 책) 책임을 떠맡음. 예―辭任. ❻부르다. 불러들이다. ¶誘引(꾈 유, ―) 꾀어서 불러들임.
〔引見〕(인견) 부르거나 맞아들여서 만나봄.
〔引繼〕(인계) 하던 일을 넘겨 줌.
〔引渡〕(인도) 물건이나 권리 등을 남에게 넘겨 줌.
〔引導〕(인도) ①가르쳐 이끎. ②이끌어서 따르게 함.
〔引上〕(인상) ①끌어올림. ②물가·요금·봉급 따위를 올림.
〔引水〕(인수) 물을 끌어 댐. 예我田―.
〔引受〕(인수) 물건이나 권리를 넘겨받음.
〔引伸〕(인신) ①잡아당겨 늘임. ②본래의 뜻에서 파생(派生)되어 다른 뜻이 생김.
〔引用〕(인용) ①남의 글이나 말의 한 부분을 끌어 씀. ②남을 채용함.
〔引重〕(인중) ①무거운 물건을 싣고 운반함. ②높이 치켜세움. 받들어 귀중하게 여김.
〔引出〕(인출) 예금을 찾아냄.
〔引火〕(인화) 불이 옮아 붙음. 예―性.
▷ 牽引(견인)·拘引(구인)·導引(도인)·割引(할인)·吸引(흡인)

1 ④ 〔弔〕** ㊀조: 去嘯 diào, チョウ ㊁적 入錫 dì, テキ 1487

소전 행서 속자 吊 이름 ㊀조문할 조: ㊁이를 적 자원 회의. 弓+丨〔人의 변형〕→弔. 죽은 사람을 묻을 때, 그 주검을 노려 몰려드는 짐승을 활을 쏘아 물리친다는 뜻.

필순 ㄱ ㄱ 弓 弔

새김 ㊀❶조문하다. 사람의 죽음에 조의를 표하다. ¶弔客(―, 사람 객) 상가에 가서 조문하는 사람. ❷매달다. ¶弔橋(―, 다리 교) 허궁다리. 두 쪽 언덕에 쇠사슬 등을 건너지르고 거기에 매달아 만든 다리. 참고 이 새김을 ㊁의 운통에 넣어 '적교'로 읽어야 한다는 설이 있으나 잘못. ㊁이르다. 오다. 〔詩經〕 神之弔矣(신지적의) 신이 이르다.
〔弔歌〕(조가) 사람의 죽음을 애도하는 노래.
〔弔旗〕(조기) 사람의 죽음을 애도하는 뜻을 나타내기 위하여 다는 기. 깃대의 꼭대기에 검은 천을 달거나 깃발을 깃대의 중간 쯤에 달기도 함.
〔弔問〕(조문) 죽은 사람에 대하여 애도의 뜻을 표하고 가족을 위문함.
〔弔詞〕(조사) 남의 죽음을 조상하는 뜻을 표하는 글.
〔弔喪〕(조상) 고인(故人)을 애도하는 인사를 함.
〔弔意〕(조의) 죽은 사람을 애도하는 마음.
〔弔鐘〕(조종) ①죽은 사람을 슬퍼하는 뜻으로 치는 종. ②한때 성행했던 제도·체제나 세력 등이 완전히 허물어져 종말을 고하는 소리의 비유.
〔弔砲〕(조포) 죽음을 조상하는 뜻으로 쏘는 공포.
〔弔恤〕(조휼) 남의 죽음에 조의를 표하고 함께 슬퍼함.
▷ 慶弔(경조)·謹弔(근조)·哀弔(애조)·形影相弔(형영상조)

2⑤ 〔弗〕* 불 入物 | fú, フツ
1488

소전 행서 이름 아닐 불 자원 상형. 서 있는 두 그루의 나무를 새끼로 묶어 놓은 형상. 굽은 데가 없도록 한다는 데서 '아니다'의 뜻을 나타낸다.
새김 ❶아니다. 또는 아니하다. 또는 못 하다. 不(0011)과 통용. ¶弗成(—, 이룰 성) 이루지 못함. ❷불. 달러. 미국의 화폐 단위. 예五十弗(오십불).
〔弗貨〕(불화) 달러를 단위로 하는 화폐.

2⑤ 〔弘〕** 홍 本횡 平蒸 | hóng, コウ
1489

소전 행서 이름 넓을 홍 자원 형성. 弓+厶〔肱의 고자〕→弘. 肱(굉)의 변음이 성부.

필순 ㄱ ㄱ 弓 弘 弘

새김 ❶넓다. 또는 넓히다. ¶弘報(—, 알릴 보) 일반 사람에게 널리 알림. ❷너그럽다. ¶弘恕(—, 용서할 서) 너그럽게 용서함.
〔弘大〕(홍대) 규모나 범위가 매우 넓고 큼.
〔弘益〕(홍익) ①큰 이익. ②널리 이롭게 함.
〔弘益人間〕(홍익인간) 國널리 인간 세계를 이롭게 함. 우리 나라의 건국 이념이며 교육이념임.
〔弘濟〕(홍제) 널리 구제함.
▷寬弘(관홍)·恢弘(회홍)

3⑥ 〔弛〕* 이 本시: 上紙 | chí, シ
1490

소전 행서 이름 늦출 이 자원 형성. 弓+也→弛. 也(야)의 변음이 성부.
새김 늦추다. 또는 느슨해지다. ¶弛緩(—, 느릴 완) 느즈러짐. 느슨해짐.
〔弛張〕(이장) 이완과 긴장.
▷解弛(해이)

4⑦ 〔张〕 장 張(1500)의 간화자
1491

4⑦ 〔弟〕*** 一 제: 去霽 | dì, テイ
三 제: 上薺 | tì, ダイ
1492

소전 행서 이름 一아우 제: 三공경할 제: 자원 상형. 창자루를 가죽끈으로, 위에서 아래로 차례를 따라 감아 내린 모양. 차례를 따른다는 뜻에서, 형의 뒤를 따른 아우를 뜻한다.

필순 丷 丷 丷 丷 弔 弟 弟

새김 一❶아우. 동생. 兄(0341)의 대. ¶兄弟(형 형, —) 형과 아우. ❷제자. 師(1397)의 대. ¶師弟(스승 사, —) 스승과 제자. 三공경하다. 잘 받들어 섬기다. 悌(1637)와 통용. 〔論語〕入則孝 出則弟(입즉효 출즉제) (집에) 들어오면 (부모에게) 효도하고, (집 밖으로) 나가면 (웃어른을) 공경한다.
〔弟妹〕(제매) 아우와 누이동생.
〔弟嫂〕(제수) 아우의 아내.
〔弟氏〕(제씨) 남을 높여서 그의 아우를 이르는 말. 계씨(季氏).
〔弟子〕(제자) ①가르침을 받는 학생. 문인(門人). ②나이 어린 남의 아우나 아들.
▷豈弟(개제)·高弟(고제)·門弟(문제)·舍弟(사제)·令弟(영제)·子弟(자제)·從弟(종제)·表兄弟(표형제)·賢弟(현제)

5⑧ 〔弩〕* 노: 上麌 | nǔ, ド
1493

소전 행서 이름 쇠뇌 노: 자원 형성. 奴+弓→弩. 怒(노)·努(노)·駑(노)와 같이 奴(노)가 성부.
새김 쇠뇌. 기계의 장치로 쏘는 큰 활. ¶強弩(힘셀 강, —) 힘이 센 쇠뇌.
▷弓弩(궁노)·弓弩手(궁노수)

5⑧ 〔弥〕 미 彌(1507)의 동자·간화자
1494

5⑧ 〔弦〕* 현 平先 | xián, ゲン
1495

소전 행서 이름 시위 현 자원 형성. 弓+玄→弦. 絃(현)·炫(현)·鉉(현)과 같이 玄(현)이 성부.
새김 ❶시위. 활시위. ¶弓弦(활 궁, —) 활시위. ❷반달. ¶上弦(위 상, —) 음력 초승에서 보름이 되는 동안에, 반달 모양을 한 달. ❸현. ㉠현악기의 줄. 또는 현악기. 絃(3982)과 통용. 예五弦琴(오현금). ㉡직각삼각형의 사변. 또는 원주(圓周)의 두 점을 잇는 직선. ¶弦弧(—, 호 호) 현과 호.
▷下弦(하현)

5⑧ 〔弧〕* 호 平虞 | hú, コ
1496

소전 행서 이름 활 호 자원 형성. 弓+瓜→弧. 狐(호)·瓠(호)와 같이 瓜(과)의 변음이 성부.
새김 ❶활. 나무로 만든 활. ¶弧矢(—, 화살 시) 나무로 만든 활과 화살. ❷호. 활 모양으로 굽은 것. 또는 원주(圓周)의 한 부분. ¶括弧(묶을 괄, —) 문장 중에 쓰는, 다른 것과의 구별을 위해 쓰는 ( )·〔 〕·〈 〉 따위의 기호.

〔弧懸〕(호현) 아들을 낳음. 아들을 낳으면 문 왼쪽에 호궁(弧弓)을 걸어 놓던 풍속에서 온 말.
〔弧形〕(호형) 활등처럼 굽은 형상.
▷短弧(단호)·桑弧(상호)·設弧(설호)

6 ⑨ 〔弯〕 만 彎(1508)의 간화자
1497

7 ⑩ 〔弱〕*** 약 入藥 | nuò, ジャク
1498

소전 행서 이름 약할 약 자원 상형. 彐〔弱의 변형〕는 털갈이하여 새로 돋은 깃털의 모양. 이를 둘 나란히 놓아 '약하다'의 뜻을 나타낸다.

필순

새김 ❶약하다. 힘이 약하다. 또는 약해지다. 強(1499)의 대. ¶強弱(강할 강, —) 강함과 약함. ❷어리다. 나이가 젊다. 또는 어린이. 젊은이. ¶老弱(늙은이 로, —) 늙은이와 어린이. 예— 者席. ❸부족하다. 조금 모자라다. 強(1499)의 대. 예五割弱(오할약).
〔弱骨〕(약골) ①허약한 골격. ②몸이 허약한 사람.
〔弱冠〕(약관) 남자의 나이 스무 살.
〔弱勢〕(약세) 약한 세력.
〔弱小〕(약소) 약하고 작음. 예— 國.
〔弱肉強食〕(약육강식) 약자는 강자의 먹이가 됨. 강자가 약자를 침해하거나 병탄(倂呑)함.
〔弱點〕(약점) 부족하거나 약한 점.
〔弱卒〕(약졸) 힘이 약한 군졸.
〔弱化〕(약화) 세력이 약해짐. 또는 세력을 약하게 함.
▷懦弱(나약)·文弱(문약)·微弱(미약)·薄弱(박약)·貧弱(빈약)·衰弱(쇠약)·軟弱(연약)·柔弱(유약)·脆弱(취약)·虛弱(허약)

8 ⑪ 〔強〕*** ㊀강 平陽 | qiàng, キョウ
㊁강: 上養 | qiǎng, キョウ
1499

소전 행서 속자 強 이름 ㊀굳셀 강 ㊁억지로 강: 자원 형성. 弘〔彊의 변형〕+虫→強. 弘(강)이 성부.

필순

새김 ㊀❶굳세다. 弱(1498)의 대. ㉠강하다. 세고 힘이 있다. ¶強大國(—, 큰 대, 나라 국) 강하고 큰 나라. ㉡몸이 튼튼하다. ¶強健(—, 튼튼할 건) 몸에 탈이 없이 튼튼함. ❷강하게 하다. ¶增強(더할 증, —) 양적으로 더 늘려 강하게 함. 예兵力—. ❸남다. 조금 많다. 弱(1498)의 대. 예三割強(삼할강). ㊁❶억지로. 무리하게. ¶強勸(—, 권할 권) 억지로 권함. ❷힘쓰다. 부지런히 노력하다. ¶勉強(힘쓸 면, —) 부지런히 힘씀.

〔強姦〕(강간) 부녀자를 강제로 간통함.
〔強硬〕(강경) 굳세게 버티어 굽히지 않음.
〔強權〕(강권)경찰이나 군대가 가지고 있는 강제적인 권력. 예— 發動.
〔強記〕(강기) 오래도록 잊지 아니하고 똑똑하게 기억함. 예博覽—.
〔強盜〕(강도) 폭행·협박 등 강제 수단으로 남의 재물을 빼앗는 도적.
〔強力〕(강력) ①힘이나 성능이 셈. ②힘써 노력함. ③인내심이 강하고 의지가 굳셈.
〔強烈〕(강렬) 강하고 세참. 예—한 의지.
〔強迫〕(강박) 강압하여 복종하게 함.
〔強辯〕(강변) ①말솜씨가 뛰어나 변론을 잘함. ②억지를 부려 끝까지 우김.
〔強盛〕(강성) 힘이 세고 왕성함. 예—한 國力.
〔強壓〕(강압) 강제로 억누름. 예— 手段.
〔強要〕(강요) 강제로 시키거나 무리하게 요구함.
〔強靭〕(강인) 굳세고 질김.
〔強壯〕(강장) 몸이 튼튼하고 힘이 왕성함. 예— 劑.
〔強敵〕(강적) 강한 적. 예—을 만나다.
〔強制〕(강제) 억지로 시킴.
〔強調〕(강조) 어떤 문제에 관심을 더 돌리도록 특히 힘을 주어 말함.
〔強震〕(강진) 강한 지진.
〔強奪〕(강탈) 억지로 빼앗아 가짐.
〔強暴〕(강포) 힘이 세고 사나움. 예—한 만행.
〔強行〕(강행) 무리함을 무릅쓰고 억지로 행함.
〔強行軍〕(강행군) ①더 빨리 목적지에 도달하기 위하여, 보통 행군 이상으로 속도를 내며 하는 행군. ②시간적으로 무리한 계획을 세우고 일을 추진함.
〔強化〕(강화) 부족한 점을 깁거나 보태어, 더 강하고 튼튼하게 함. 예체력—훈련.
▷牽強附會(견강부회)·屈強(굴강)·補強(보강)·富強(부강)·列強(열강)·頑強(완강)

8 ⑪ 〔張〕** 장 平陽 | zhāng, チョウ
1500

소전 행서 간화 张 이름 베풀 장 자원 형성. 弓+長→張. 帳(장)과 같이 長(장)이 성부.

필순

새김 ❶베풀다. 벌여놓다. ¶張本(—, 근본 본) 어떤 일이 크게 벌어지게 되는 근원. 예— 人. ❷켕기다. 팽팽하게 되다. 또는 팽팽하게 죄다. ¶緊張(죌 긴, —) 팽팽하게 켕김. ㉮마음에 조금의 여유도 없이 켕김. 예—이 풀리다. ㉯양자의 사이가 나빠져 금방이라도 무슨 일이 터질 듯이 아주 빠듯함. 예— 狀態의 緩和. ❸넓히다. 늘이다. 크게 하다. ¶擴張(넓힐 확, —)

범위를 늘여 넓힘. ㉥道路—工事. ❹떠벌리다. 크게 말하다. ¶誇張(자랑할 과, —) 자랑하여 크게 떠벌림.
〔張力〕(장력) ①물체가 서로 끌어당기는 힘. ②당기거나 당기어지는 힘.
〔張三李四〕(장삼이사) 장씨의 셋째 아들과 이씨의 넷째 아들. 성명이나 신분을 뚜렷이 밝힐 필요가 없는 평범한 사람들.
〔張皇〕(장황) 번거롭고 긺. ㉥—한 서론.
▷伸張(신장)·弛張(이장)·主張(주장)·出張(출장)

8 ⑪ 〔弹〕 ㊀탄: ㊁탄: 彈(1505)의 간화자
1501

9 ⑫ 〔强〕*** ㊀강 ㊁강: 強(1499)의 속자
1502

9 ⑫ 〔弾〕 ㊀탄: ㊁탄: 彈(1505)의 약자
1503

9 ⑫ 〔弼〕* 필 入質 | bì, ヒツ
1504

소전 행서 弼 이름 도울 필 자원 형성. 弜+百〔西의 변형〕→弻→弼. 西(첨)의 변음이 성부.
새김 돕다. 보좌하다. ¶輔弼(도울 보, —) 임금을 보좌함. ㉥—之臣.
〔弼匡〕(필광) 도와서 바로잡음.
〔弼導〕(필도) 도와서 인도함.
〔弼成〕(필성) 도와서 성취하게 함.
▷良弼(양필)

12 ⑮ 〔彈〕** ㊀탄: ㊁탄: ㊀本탄 平寒 ㊁去翰 | tán, ダン dàn, ダン
1505

소전 彈 행서 彈 약자 弾 간화 弹 이름 ㊀탈 탄: ㊁탄알 탄: 자원 형성. 弓+單→彈. 單(단)의 변음이 성부.

필순: ㇆ 弓 弓 弓 弓 弓 彈 彈 彈 彈

새김 ㊀❶타다. 악기를 타다. ¶彈琴(—, 금금) 금〔가야금이나 거문고〕을 탐. ❷튀기다. 통겨져 나가게 하다. ¶彈力(—, 힘 력) ㉮가해진 외부의 힘을 튀기고, 이전의 상태로 되돌아가려고 하는 힘. ㉯반응이 빠르고 약동하는 힘의 비유. ❸죄를 따지어 바루다. ¶糾彈(바룰 규, —) 죄나 책임의 진상을 따지어 공격함. ㊁탄알. 활이나 총포로 쏘는 탄알. 탄환. ¶砲彈(포포, —) 포로 내쏘는 탄환.
〔彈冠〕(탄관) 관의 먼지를 텂. ㉠임금의 부름을 기다림의 비유. ㉡서로 돕고 이끌어 벼슬길에 나가게 함의 비유.
〔彈道〕(탄도) 발사된 탄환이 지나가는 길.
〔彈壓〕(탄압) 무력이나 위세로 억누름.
〔彈奏〕(탄주) ①관원의 죄상을 밝혀 상소함. ②현악기를 탐.
〔彈指〕(탄지) ①손가락으로 튀김. ②(佛)매우 「짧은 시간의 비유.
〔彈劾〕(탄핵) 관리의 과실이나 죄상을 조사하여 그 책임을 추궁함.
〔彈丸〕(탄환) 탄알. 총알.
▷飛彈(비탄)·實彈(실탄)·流彈(유탄)·肉彈(육탄)·指彈(지탄)·銃彈(총탄)·爆彈(폭탄)

13 ⑯ 〔彊〕* ㊀강 平陽 ㊁강: 上養 | qiáng, キョウ qiǎng, キョウ
1506

소전 행서 彊 통용 強 이름 ㊀강할 강 ㊁애쓸 강: 자원 형성. 弓+畺→彊. 橿(강)·薑(강)과 같이 畺(강)이 성부.
새김 ㊀강하다. 굳세다. ¶彊弩(—, 쇠뇌 노) 힘이 센 쇠뇌. ㊁애쓰다. 노력하다. ¶自彊(스스로 자, —) 스스로 애써 노력함. ㉥—不息.
▷屈彊(굴강)

14 ⑰ 〔彌〕* 미 平支 | mí, ビ
1507

소전 행서 彌 동자 간화 弥 이름 넓을 미 자원 여러 설이 있을 뿐, 정설이 없다.
새김 ❶넓다. 또는 널리 퍼지다. ¶彌漫(—, 넓을 만) 사방에 쫙 퍼져서 그들먹함. ❷점점 더. 더욱 더. 〔論語〕仰之彌高(앙지미고) 이〔공자를 가리키는 대명사〕를 우러름에 더욱 더 높다. ❸오래다. ¶彌久(—, 오랠 구) 매우 오램. ❹깁다. 꿰매다. ¶彌縫(—, 꿰맬 봉) 터진 데를 꿰맴. 일의 빈 구석을 임시변통으로 이리저리 꾸며 맞춤의 비유. ㉥—策.
▷沙彌(사미)

19 ㉒ 〔彎〕* 만 ㊀本완 平刪 | wān, ワン
1508

소전 행서 彎 간화 弯 이름 굽을 만 자원 형성. 䜌+弓→彎. 蠻(만)과 같이 䜌(란)의 변음이 성부.
새김 ❶굽다. 활등처럼 구부러지다. ¶彎曲(—, 굽을 곡) 활등처럼 휘우듬하게 굽음. ❷시위를 당기다. ¶彎弓(—, 활 궁) 활시위를 당김.
〔彎月〕(만월) 활 모양의 달이란 뜻으로, 초승달이나 그믐달을 이르는 말.

3 획 부수 彐(彑)部

▷명칭: 돼지머리계. 터진가로왈
▷쓰임: 의부로서의 기능은 없고, 한자의 자

형상의 분류를 위해 설정한 부수이다.

④〔⺕〕 윤 尸부 1획(1259)

2 ⑤〔归〕 귀　歸(2551)의 간화자
1509

5 ⑧〔彔〕* 록 入屋 | lù, ロク
1510

소전 동자 이름 영롱할 록 자원 상형. 끌로 나무에 구멍을 파노라, 깎이어 나오는 나무 오리의 모양. 새김은 가차.
새김 영롱하다.

5 ⑧〔录〕 ㊀록　彔(1510)과 동자
㊁록　錄(5689)의 간화자
1511

6 ⑨〔彖〕* 단: 去翰 | tuàn, タン
1512

소전 행서 이름 단사 단: 자원 상형. 달리는 짐승의 모양. 새김은 가차.
새김 단사(彖辭). 주역의 한 괘(卦)의 뜻. 인신하여, 점을 치다.
〔彖繫〕(단계) 주역(周易)의 단전(彖傳)과 계사(繫辭).
〔彖傳〕(단전) 역전(易傳)의 하나. 상단(上彖)과 하단(下彖)으로 나누어 육십사괘의 괘명(卦名)·괘사(卦辭)의 뜻을 해석하였음.

8 ⑪〔彗〕* 혜: 去霽 | huì, スイ
1513

소전 행서 이름 살별 혜: 자원 회의. 丰+ヨ〔又의 변형〕→彗. 丰는 비, ヨ는 손. 손에 비를 들고 있다는 뜻.
새김 ❶살별. 혜성(彗星). 별 이름. 고대에는 이 별이 나타나는 것을 불길한 징조로 여겼다. ❷비. 또는 비로 쓸다. ¶彗掃(—, 쓸 소) 비로 깨끗이 쓺.

10 ⑬〔彙〕* 휘 本위: 去未 | huì, イ
1514

소전 행서 간화 汇 이름 무리 휘 자원 상형. 고슴도치가 몸을 웅크리고 있는 모양. 새김은 가차.
새김 ❶무리. 같은 유의 모음. ¶語彙(말 어, —) 단어나 단어의 총체. 예漢字—. ❷모으다. 유끼리 모으다. ¶彙報(—, 알림 보) 여러 가지 자료를 종류별로 모은 기록.
〔彙類〕(휘류) 같은 종류별로 따로 모은 부류.
〔彙集〕(휘집) 같은 부류에 속하는 사물을 모음. 유취(類聚).
▷字彙(자휘)

13 ⑯〔彝〕* 이　彝(1516)와 동자
1515

15 ⑱〔彝〕* 이 平支 | yí, イ
1516

소전 행서 동자 이름 떳떳할 이 자원 회의. ⺕+米+糸+廾→彝. 돼지의 머리 모양을 한 그릇에 오곡을 담고, 그 귀때기는 실로 장식을 하여, 두 손으로 받들고 있다는 뜻. 그래서 종묘의 제례 때 쓰는 제기를 뜻한다.
새김 ❶떳떳하다. 정당하고 어엿하다. ¶彝倫(—, 인륜 륜)사람으로서 지켜야 할 떳떳한 도리. ❷제기. 종묘 제사 때 쓰는 제기. ¶彝器(—, 그릇 기)종묘에서 사용하는 제기.
▷民彝(민이)·秉彝之性(병이지성)

3획 부수　彡 部

▷명칭:터럭삼. 무늬삼
▷쓰임:무늬나 빛깔 등 아름답게 장식하는 뜻과 관계되는 한자의 부수로 쓰였다.

4 ⑦〔形〕*** 형 平青 | xíng, ケイ
1517

소전 행서 이름 모양 형 자원 형성. 开〔井의 변형〕+彡→形. 刑(형)·邢(형)과 같이 井(정)의 변음이 성부.
필순 一 二 于 开 开' 形 形
새김 ❶모양. 형체. 형상. ¶外形(밖 외, —) 밖으로 보이는 형상. ❷상태. 형편. ¶形勢(—, 기운 세) 무엇의 진행되는 형편이나 상태. ❸나타나다. 또는 나타내다. ¶形容(—, 모양 용) 사물의 어떠함을 말·글·몸짓 등으로 나타냄. ❹형. 형식. 예十字形 모판.
〔形狀〕(형상) 물건의 모양과 상태.
〔形相〕(형상) 물건의 생김새.
〔形象〕(형상) 생김새.
〔形色〕(형색) ①형태. 또는 빛깔. ②형체와 용모.
〔形成〕(형성) 일정한 사물이 어떤 형태로 이루어짐. 예民族의 —.
〔形聲〕(형성) ①형체와 소리. ②육서(六書)의 하나. 의부와 성부를 결합하여 한자를 만듦.
〔形式〕(형식) ①겉모습. ②격식. 절차.
〔形影相弔〕(형영상조) 몸과 그림자가 서로를 불쌍히 여긴다는 뜻으로, 몹시 외롭고 의지할 데 없음을 이르는 말.
〔形而上〕(형이상) 형태를 보고 인식할 수 없는 정신적·추상적인 것. 예—學.

〔形而下〕(형이하) 형체를 갖추어, 보거나 만지거나 하여 인식할 수 있는 것. ㉠—學.
〔形質〕(형질) 생긴 모양과 그 바탕.
〔形體〕(형체) ①물건의 외형. ②사람의 신체.
〔形態〕(형태) 사물의 형상과 생김새.
〔形便〕(형편) 일이 되어가는 과정이나 상태.
〔形形色色〕(형형색색) 형태나 종류 등의 서로 다른 가지 각색.
▷奇形(기형)·圖形(도형)·模形(모형)·無形(무형)·象形(상형)·有形(유형)·人形(인형)·整形(정형)·地形(지형)·幻形(환형)

6 ⑨ 〔彥〕* 언: 去霰 | yàn, ゲン
1518

소전 행서 이름 선비 언: 자원 형성. 文+彡〔彣의 파자〕+厂→彥. 厂에는 '한' 외에 '언' 음도 있어, 厂(언)이 성부.
새김 선비. 재주와 덕행이 뛰어난 남자. ¶諸彥(여러 제, —) 여러 선비들.
▷偉彥(위언)·俊彥(준언)

7 ⑩ 〔彧〕* 욱 入屋 | yù, イク
1519

행서 이름 문채날 욱 자원 형성. 式〔或의 변형〕+彡→彧. 或(혹)의 변음이 성부.
새김 문채가 나다. 또는 무늬.

8 ⑪ 〔彬〕* 빈 平眞 | bīn, ヒン
1520

소전 행서 이름 빛날 빈 자원 회의. 林+彡→彬. 사물이 나란히 있어서 아름답게 빛난다는 뜻을 나타낸다.
새김 빛나다. 아름답고 성하다. ¶彬彬(—, —) 문채〔외형〕와 바탕〔내용〕이 갖추갖추 조화를 이루어 아름답고 성한 모양.
〔彬蔚〕(빈위) 문채가 화려하고 성한 모양.

8 ⑪ 〔彫〕* 조 平蕭 | diāo, チョウ
1521

소전 행서 통용 雕 이름 새길 조 자원 형성. 周+彡→彫. 調(조)·凋(조)·稠(조)와 같이 周(주)의 변음이 성부.
새김 새기다. 파서 새기다. 또는 아로새기다. ¶彫刻(—, 새길 각)글씨·그림·무늬 등을 돌·나무·쇠붙이 등에 새김.
〔彫塑〕(조소) 사람이나 기타의 형상을 나무 따위로 조각하거나 흙으로 빚음.
〔彫蟲小技〕(조충소기) 남의 글을 여기저기서 따다 모아서 시가나 문장을 다듬는 변변찮은 재주.
〔彫啄〕(조탁) 새가 먹이를 쪼아 먹음.
〔彫琢〕(조탁) ①보석이나 돌 따위를 새기고 쫌. ②문장의 자구(字句)를 고치고 다듬음.
▷木彫(목조)·浮彫(부조)·後彫(후조)

8 ⑪ 〔彩〕** 채: 上賄 | cǎi, サイ
1522

소전 행서 이름 채색 채: 자원 형성. 采+彡→彩. 採(채)·綵(채)·菜(채)와 같이 采(채)가 성부.

필순 (stroke order)

새김 ❶채색. 빛깔. ¶色彩(빛 색, —) 빛깔. ❷물들이다. 광채가 나다. ¶彩雲(—, 구름 운) 햇빛을 받아 아름답게 물들여진 구름.
〔彩色〕(채색) ①여러 가지 고운 빛깔의 물감. ②여러 가지 고운 빛깔.
〔彩畫〕(채화) 채색을 하여 그린 그림.
▷光彩(광채)·文彩(문채)·水彩畫(수채화)

8 ⑪ 〔彪〕* 표 本퓨 平尤 | biāo, ヒョウ
1523

소전 행서 이름 범 표 자원 회의. 虎+彡→彪. 범가죽의 아름다운 무늬를 뜻한다.
새김 범. 호랑이. 또는 호랑이 가죽의 아름다운 얼룩무늬.

9 ⑫ 〔彭〕* ㊀팽 平庚 | péng, ホウ
㊁팽 | pēng,
1524

소전 행서 이름 ㊀ 나라이름 팽 ㊁ 팽배할 팽 자원 회의. 壴+彡→彭. 壴는 북〔鼓〕의 모양. 북소리의 아름다움을 뜻한다.
새김 ㊀❶나라 이름. 사천성(四川省)에 있었던 고대의 나라. ❷성(姓). ㊁ 팽배(彭湃)하다. 澎(2939)과 같다. ¶彭湃(—, 팽배할 배) ㉮큰 물결이 맞부딪쳐 솟구치는 모양. ㉯기세나 사조 같은 것이 거세게 일어남.

11 ⑭ 〔彰〕* 창 本장 平陽 | zhāng, ショウ
1525

소전 행서 이름 드러낼 창 자원 형성. 章+彡→彰. 章(장)의 변음이 성부.
새김 드러내다. 나타내어 기리다. ¶表彰(드러낼 표, —) 공적이나 훌륭한 사실을 세상에 드러내어 기림. ㉠—狀.
〔彰德〕(창덕) 선행이나 미덕을 세상에 널리 알림.
〔彰明〕(창명) ①명백함. 뚜렷함. ②세상에 공포함.
〔彰顯〕(창현) 널리 알려서 드러냄.

▷ 顯彰(현창)

12 ⑮ 〔影〕** 영: 上 梗 yǐng, エイ
1526

행서 影 이름 그림자 영: 자원 형성. 景+彡→影. 景에는 '경' 외에 '영' 음도 있어, 景(영)이 성부.

필순 丨 冂 日 旦 早 昌 景 景 景 影

새김 ❶그림자. ㉠빛을 가려 나타난 그림자. ¶形影(형체 형, —) 형체와 그림자. 예—相弔. ㉡거울이나 물에 비친 그림자. ¶倒影(거꾸로 도, —) 수면이나 거울에 거꾸로 비치는 그림자. ❷형상. 모습. ¶撮影(찍을 촬, —) 모습을 찍음. 사진을 찍음.
〔影堂〕(영당) ①사당. 가묘(家廟). ②(佛)고승(高僧)의 위패나 초상을 모신 곳. 「의 모습.
〔影像〕(영상) 그림이나 조각으로 나타낸 사람
〔影印〕(영인) 옛날 책 등을 사진으로 찍어서 복제하여 인쇄한 것. 예—本.
〔影幀〕(영정) 족자에 그린 화상.
〔影從〕(영종) 그림자처럼 따라 다님. 신속하게 의지하고 따름의 형용.
〔影響〕(영향) ①그림자와 메아리. 감응이 신속함의 형용. ②어떤 작용이 다른 사물에 미치는 현상.
▷ 燈影(등영)·月影(월영)·印影(인영)·日影(일영)·眞影(진영)·投影(투영)·幻影(환영)

3 획 부수 | 彳 部

▷명칭:중인변
▷쓰임:걷거나 걷는 일에 관계되는 한자의 부수로 쓰였다.

4 ⑦ 〔彷〕* ㊀방 平 陽 páng, ホウ ㊁방: 上 養 fǎng, ホウ
1527

행서 彷 이름 ㊀헤맬 방 ㊁비슷할 방: 자원 형성. 彳+方→彷. 防(방)·訪(방)·放(방)·房(방)과 같이 方(방)이 성부.
새김 ㊀헤매다. 이리저리 돌아다니다. ¶彷徨(—, 헤맬 황) 이리저리 헤매어 돌아다님. 인신하여, 목적을 바로 정하지 못하고 갈팡질팡함. ㊁비슷하다. ¶彷佛(—, 비슷할 불) 거의 비스름함.

4 ⑦ 〔役〕** 역 入 陌 yì, エキ
1528

소전 𢓊 행서 役 이름 부릴 역 자원 회의. 彳+殳→役. 殳는 창. 창을 들고 돌아다니면서 변방을 지킨다는 뜻.

필순 ノ ㇒ 彳 彳 彸 役 役

새김 ❶부리다. 사람을 부리다. 또는 남에게 부려지다. ¶使役(부릴 사, —) 부려서 일을 시킴. ❷일. 국가가 백성에게 시키는 강제 노동. ¶兵役(군사 병, —) 국민이 의무적으로 군대에 복무하는 일. ❸싸움. 전쟁. ¶戰役(싸움 전, —) 전쟁. ❹역. ㉠맡아보는 소임. ¶重役(무거울 중, —) 무거운 소임. 곧 회사나 은행 등에서의 중요한 직책. 또는 그런 직책을 맡은 사람. ㉡영화나 극에서 배우가 맡아 하는 일. ¶配役(나눌 배, —) 영화나 극에서, 배우에게 할 역을 나누어 맡김. 또는 그 역.
〔役夫〕(역부) 일터에서 삯일을 하는 사람.
〔役事〕(역사) ①토목·건축 따위의 공사. ②부역(賦役).
〔役員〕(역원) ①어떤 행사에 임시로 그 일을 맡은 사람. ②임원(任員).
〔役割〕(역할) 소임(所任). 구실.
▷ 苦役(고역)·勞役(노역)·免役(면역)·服役(복역)·賦役(부역)·繇役(요역)·雜役(잡역)·懲役(징역)·現役(현역)

4 ⑦ 〔彻〕 철 徹(1558)의 간화자
1529

5 ⑧ 〔径〕 경 徑(1541)의 약자
1530

5 ⑧ 〔径〕 경 徑(1541)의 간화자
1531

5 ⑧ 〔彿〕* 불 入 物 fú, フツ
1532

행서 彿 이름 비슷할 불 자원 형성. 彳+弗→彿. 佛(불)·拂(불)과 같이 弗(불)이 성부.
새김 비슷하다. ¶彷彿(비슷할 방, —) 거의 비스름함.

5 ⑧ 〔往〕*** 왕: 上 養 wǎng, オウ
1533

소전 𢓸 행서 往 이름 갈 왕: 자원 형성. 彳+主〔㞷의 변형〕→往. 㞷(왕)이 성부.

필순 ノ ㇒ 彳 彳 彳 往 往 往

새김 ❶가다. 목적지를 향하다. 來(0194)·復(1552)의 대. ¶往來(—, 올 래)감과 옴. 가고 오고 함. ❷예. 과거. 또는 지나가다. ¶往年(—, 해 년)이미 지나간 해. ❸이따금. 가끔. ¶往往(—, —)이따금.
〔往古〕(왕고) 아주 먼 옛날. 전고(前古).
〔往復〕(왕복) ①갔다가 돌아옴. 왕반(往返).

②서로 말을 주고받음. 또는 서신(書信)이 왕래함.
〔往事〕(왕사) 과거의 일. 지나간 일.
〔往生〕(왕생) (佛)이 세상을 떠나 저 세상으로 감. 곧 극락 정토에서 다시 태어남.
〔往診〕(왕진) 의사가 환자가 있는 곳에 찾아가서 진찰함.
▷古往今來(고왕금래)·旣往(기왕)·來往(내왕)

5 ⑧ 〔征〕*** ㊀정 ㊁징 平庚 | zhēng, セイ
1534

소전 행서 이름 ㊀칠 정 자원 형성. 彳+正→征. 政(정)·姃(정)·症(정)과 같이 正(정)이 성부.

필순 (stroke order)

새김 ㊀❶치다. 무력으로 치다. ¶征伐(—, 칠 벌) 적이나 나쁜 무리를 군대를 보내어 침. ❷가다. 여행길을 떠나가다. ¶征途(—, 길 도) ㉮여행의 길. ㉯정벌하러 가는 길. ㊁徵(1557)㊀의 간화자.
〔征服〕(정복) ①무력을 사용하여 항복시킴. ②어려움을 극복함.
〔征夫〕(정부) ①전쟁터로 나가는 군사. ②먼 길을 여행하는 나그네.
〔征討〕(정토) 토벌함. 정벌(征伐).
▷外征(외정)·遠征(원정)·長征(장정)·出征(출정)·親征(친정)

5 ⑧ 〔彼〕*** 피: 上紙 | bǐ, ヒ
1535

소전 행서 이름 저 피: 자원 형성. 彳+皮→彼. 被(피)·疲(피)·披(피)와 같이 皮(피)가 성부.

필순 (stroke order)

새김 저. 此(2542)의 대. ㉠저 사람. 3인칭 대명사. ¶彼我(—, 나 아) 저와 나. ㉡저것. 사물을 가리키는 말. ¶彼此(—, 이것 차) 저것과 이것. ㉢저쪽. 저기. 장소를 가리키는 말. ¶彼岸(—, 기슭 안) 저쪽의 강기슭. 인신하여, 일체의 번뇌에서 벗어난 깨달음의 경지.
〔彼一時此一時〕(피일시 차일시) 저 때 한 일과 이 때 한 일이 사정이 서로 달라서, 저것도 한 때요 이것도 한 때라는 뜻.

6 ⑨ 〔待〕*** 대: 上賄 | dài, タイ
1536

소전 행서 이름 기다릴 대: 자원 형성. 彳+寺→待. 寺(사)의 변음이 성부.

필순 (stroke order)

새김 ❶기다리다. 때나 사람이 오기를 기다리다. ¶待$_2$機$_1$(—, 때 기) 일정한 때나 기회를 기다림. ❷대우하다. 또는 대접하다. ¶優待(넉넉할 우, —) 특별히 잘 대우함.
〔待令〕(대령) 웃사람의 명령이나 지시를 기다림.
〔待望〕(대망) 기다리고 바람.
〔待遇〕(대우) ①대접함. 예의를 갖추어 남을 대함. ②직장에서의 지위나 급료 등, 근무자에 대한 처우.
〔待人接物〕(대인접물) 남과 접촉하여 사귐.
〔待接〕(대접) 접대함. 예席藁—.
〔待罪〕(대죄) 저지른 죄에 대한 처벌을 기다림.
〔待避〕(대피) 위험이나 피해를 막기 위하여 일시적으로 피함.
▷苦待(고대)·期待(기대)·冷待(냉대)·薄待(박대)·禮待(예대)·尊待(존대)·招待(초대)·虐待(학대)·歡待(환대)·厚待(후대)

6 ⑨ 〔律〕*** 률 入質 | lǜ, リツ
1537

소전 행서 이름 법 률 자원 형성. 彳+聿→律. 聿(률)이 성부.

필순 (stroke order)

새김 ❶법. 법령. 규칙. ¶法律(법 법, —) 국가가 정해놓은, 국민이 지켜야할 규정. ❷가락. 음악의 가락. ¶音律(소리 음, —) 음악의 곡조. ❸법칙이나 기준을 본받다. 잡도리하다. ¶自律(스스로 자, —) 자기의 행동을 스스로 잡도리함. ❹중이 지켜야 할 규범. ¶戒律(경계 계, —) 중이 지켜야 할 행동의 규범. ❺율. 모두 8구로 이루어지는, 한시의 한 체. 1구가 5자로 된 5언율시와 1구가 7자로 된 7언율시가 있다. ¶律詩(—, 시 시) 한시 형식의 하나. 당대(唐代)에 이루어진 형식으로, 3구와 4구, 5구와 6구는 대구(對句)로 되어야 한다.
〔律客〕(율객) ①음률에 정통한 사람. ②율을 잘 짓는 사람. 예詩人—.
〔律動〕(율동) 규칙적으로 움직이는 주기적인 운동.
〔律令〕(율령) ①법률과 명령. ②일반적인 법칙이나 규율.
〔律法〕(율법) ①규칙. 법칙. ②(佛)계율(戒律).
〔律師〕(율사) ①(佛)계율에 정통한 스님. ②변호사.
〔律學〕(율학) ①율령(律令)을 가르치던 학교. 또는 그에 관련된 학문. ②國고려 때 국자감 소속 학제의 하나.
▷軍律(군율)·規律(규율)·紀律(기율)·不文律(불문율)·旋律(선율)·韻律(운율)·千篇一律(천편일률)·他律(타율)

6 ⑨ 〔徇〕* 순: 去震 xùn, ジュン
1538

소전 행서 이름 따를 순: 자원 형성. 彳+旬→徇. 殉(순)·珣(순)·筍(순)과 같이 旬(순)이 성부.

새김 따르다. 좇다. 〔左傳〕 國人弗徇(국인불순) 나라 사람들이 따르지 아니하다.

6 ⑨ 〔徊〕* 회 平灰 huí, カイ
1539

행서 이름 배회할 회 자원 형성. 彳+回→徊. 茴(회)·蛔(회)와 같이 回(회)가 성부.

새김 배회하다. 어정거리다. ¶徘徊(배회할 배, —) 일정한 목적 없이 왔다갔다 어정거림.

6 ⑨ 〔後〕*** ㊀후: 上有 ㊁후: 去宥 hòu, コウ
1540

소전 행서 간화 后 이름 ㊀뒤 후: ㊁뒤질 후: 자원 회의. 彳+幺+夊→後. 彳은 조금씩 걷다, 幺는 어리다, 夊은 발을 끌다의 뜻. 어린이가 발을 끌면서 조금씩 걷기에 남에게 뒤진다는 뜻이 된다.

필순 ノ 彡 彳 彳' 彳' 彳幺 彳夂 後 後

새김 ㊀뒤. 前(0471)·先(0343)의 대. ㉠뒤쪽. 공간적인 뒤. ¶背後(등 배, —) 등 뒤. 뒤쪽. ㉡뒷날. 장래. 시간적인 뒤. ¶今後(이제 금, —) 지금으로부터 뒤. ㉢나중. 순서에 있어서의 뒤. ¶先後(먼저 선, —) 먼저와 나중. 예—倒錯. ㊁뒤지다. 뒤떨어지다. 또는 뒤로 하다. ¶後進(—, 나아갈 진) 뒤지거나 뒤떨어져 나아감. 예—國.

〔後見〕(후견) 일정한 능력이나 자격이 아직 부족한 사람의 뒤를 돌보아줌. 예—人.
〔後繼〕(후계) 어떤 일이나 사람의 뒤를 이음. 예—者.
〔後顧〕(후고) ①지난 일에 미련을 가지고 뒤돌아보며 생각함. ②뒷일을 못 잊어 하여 돌아보거나 근심함. 예—의 염려가 없다.
〔後光〕(후광) ①(佛)부처의 몸 뒤에서 내비친다는 밝은 빛. 또는 불상의 뒤에서 나타나는 금빛. ②인신하여, 어떤 사물을 더욱 빛나게 하거나 더 두드러지게 하는 배경적인 현상의 비유.
〔後宮〕(후궁) 임금의 첩.
〔後期〕(후기) 한 기간을 둘로 나눈 나중 시기. 대前期(전기).
〔後斂〕(후렴) 시·가사에서 반복되어 나타나는 각 절(節)의 마지막 부분.
〔後輩〕(후배) 나이·지위·경력 따위가 아래인 사람. 후진(後進).
〔後嗣〕(후사) 대(代)를 잇는 자식.
〔後生可畏〕(후생가외) 뒤에 태어난 사람이 두려움. 젊은 사람의 장래는 예측하기 어려울 만큼 크게 발전할 수 있으므로, 그의 진취할 경지는 두려워할 만함.
〔後世〕(후세) ①다음 오는 세상. ②죽은 뒤의 세상. ③자손. 다음 오는 세상의 사람들.
〔後續〕(후속) 뒤에 계속하여 이어짐. 예—部隊.
〔後室〕(후실) 나중에 맞은 아내.
〔後裔〕(후예) 후대의 자손. 후손(後孫).
〔後援〕(후원) 뒤에서 도와 줌. 또는 그 도움.
〔後遺症〕(후유증) 걸린 병이 나았는데도, 뒤에 남아 있는 장애.
〔後任〕(후임) 전에 맡아보던 사람을 대신하여 맡아보는 임무. 또는 그 임무를 맡은 사람.
〔後天〕(후천) 성질·체질·병 등을 세상에 태어난 뒤에 지니게 된 것. 예—性.
〔後退〕(후퇴) 뒤로 물러감.
〔後學〕(후학) 후진의 학자. 인신하여, 선배의 학자에게 자기를 일컫는 겸칭.
〔後患〕(후환) 뒷날의 근심. 나중의 재난.
〔後悔〕(후회) 이전의 잘못을 뒤늦게 깨닫고 뉘우침.
▷空前絶後(공전절후)·落後(낙후)·無後(무후)·病後(병후)·死後(사후)·事後(사후)·產後(산후)·食後(식후)·前後(전후)·最後(최후)·向後(향후)

7 ⑩ 〔徑〕** 경 本경: 去徑 jìng, ケイ
1541

소전 행서 약자 徑 간화 径 이름 지름길 경 자원 형성. 彳+巠→徑. 經(경)·輕(경)·勁(경)·莖(경)과 같이 巠(경)이 성부.

필순 ノ 彡 彳 彳 彳 徑 徑 徑 徑 徑

새김 ❶지름길. 또는 소로. 인신하여, 목적을 이루기 위한 정당하지 않은 길. ¶石徑(돌 석, —) 돌이 많은 좁은 길. ❷지름. ¶半徑(반 반, —) 반지름. ❸마음 내키는 대로 하다. ¶徑行(—, 행할 행)마음 내키는 대로 행함. 徑情直行(경정직행)의 준말.

〔徑道〕(경도) 사잇길. 경로(徑路).
〔徑庭〕(경정) ①현격한 차이가 있음. ②뜰을 가로질러 지나감.
〔徑遞〕(경체) 國임기가 차기 전에 다른 관직으로 갈려 감.
▷斜徑(사경)·直徑(직경)·捷徑(첩경)·蹊徑(혜경)

7 ⑩ 〔徒〕*** 도 平虞 tú, ト
1542

소전 행서 이름 무리 도 자원 형성. 彳+土→徒. 土(토)의 변음이 성부.

필순 ノ ク 彳 彳 彳+ 彳+ 彳+ 徉 徉 徒

새김 ❶무리. 일정한 관계로 모인 동아리. ¶信徒(믿을 신, —) 종교를 믿는 사람들. ❷걸어 다니다. ¶徒步(—, 걸을 보) 탈것을 타지 아니하고 발로 걸음. ❸부질없이. 헛되이. ¶徒食(—, 먹을 식) 하는 일 없이 헛되이 먹기만 함. ㉮無爲—. ❹제자. 문인. ¶門徒(동문 문, —) 이름난 학자 밑의 제자. ❺맨. 맨손이나 맨발. ¶徒手(—, 손 수) 맨손. ㉮—體操.

〔徒黨〕(도당) 뜻을 같이하는 무리.

〔徒勞〕(도로) 헛수고를 함. 또는 헛수고.

〔徒費心力〕(도비심력) 보람도 없는 일에 헛되이 애를 씀.

〔徒刑〕(도형) 오형(五刑)의 하나. 죄인을 구속하고 고된 노역을 시키는 형벌.

▷匪徒(비도)·使徒(사도)·生徒(생도)·囚徒(수도)·暴徒(폭도)·學徒(학도)

7 ⑩ 〔徠〕 1543 래　徠(1547)의 간화자

7 ⑩ 〔徐〕** 1544 서▷서: 平魚 | xú, ジョ

소전 행서 이름 성 서 ▷서: 자원 형성. 彳+余→徐. 敍(서)와 같이 余(여)의 변음이 성부.

필순 ノ ク 彳 彳 彳 彳 徐 徐 徐 徐

새김 ❶성(姓). ※본음대로 짧게 발음한다. ㉮徐敬德(서경덕). ❷천천히. 느릿하게. ※장음(長音)으로 읽는다. ¶徐行(—, 다닐 행) 천천히 다님.

〔徐步〕(서보) 천천히 걸음.

〔徐徐〕(서서) ①편안한 모양. ②느린 모양.

7 ⑩ 〔従〕 1545 ㊀종 ㊁종:　從(1551)의 약자

8 ⑪ 〔得〕*** 1546 득　入職 | dé, トク

소전 행서 이름 얻을 득 자원 형성. 彳+㝵→得. 㝵(득)이 성부.

필순 ノ 彳 彳 彳 彳 彳 彳 得 得 得

새김 ❶얻다. ㉠손에 넣다. 失(1002)의 대. ¶得失(—, 잃을 실) 얻음과 잃음. 또는 이득과 손실. ㉡이익을 얻다. 또는 이익. 損(1949)의 대. ¶一擧兩得(한 일, 행동 거, 두 량, —) 하나의 행동으로 두 가지의 이익을 얻음. ❷깨닫다. 알다. ¶自得(스스로 자, —) ㉮스스로 깨달아 앎. ㉯스스로 흡족하게 여김. ❸만족하다. 또는 만족해 하다. ❷의 ㉯를 보라.

〔得道〕(득도) ①도의에 부합함. ②성불(成佛)하거나 신선이 됨.

〔得隴望蜀〕(득롱망촉) 농(隴) 지방을 평정하고 나서 촉(蜀)나라까지 넘본다는 뜻으로, 만족을 모르고 계속 욕심을 부림을 이르는 말.

〔得利〕(득리) 이익을 얻음.

〔得意〕(득의) 뜻을 이룸. 뜻대로 되어 만족함.

〔得點〕(득점) 시험이나 경기에서 점수를 얻음. 또는 얻은 그 점수.

〔得罪〕(득죄) ①죄를 지음. ②미움을 삼. ③미안하다는 뜻을 나타내는 말.

〔得票〕(득표) 지지하거나 찬성의 표를 얻음. 또는 그 표.

▷旣得(기득)·納得(납득)·所得(소득)·拾得(습득)·習得(습득)·利得(이득)·體得(체득)·攄得(터득)·獲得(획득)

8 ⑪ 〔徠〕* 1547 래　平灰 | lái, ライ

행서 간화 徕 이름 올 래 자원 형성. 彳+來→徠. 崍(래)·萊(래)와 같이 來(래)가 성부.

새김 오다. 다다르다. 來(0194)와 같다.

8 ⑪ 〔徘〕* 1548 배　平灰 | pái, ハイ

행서 이름 배회할 배 자원 형성. 彳+非→徘. 俳(배)·排(배)·輩(배)와 같이 非(비)의 변음이 성부.

새김 배회하다. 어정거리다. ¶徘徊(—, 배회할 회) 일정한 목적 없이 왔다갔다 어정거림.

8 ⑪ 〔徙〕* 1549 사:　上紙 | xǐ, シ

소전 행서 이름 옮길 사: 자원 회의. 彳〔辵의 변형〕+止→徙. 딴 곳으로 옮겨 가서 머물다는 뜻.

새김 옮기다. 자리를 옮기다. ¶移徙(옮길 이, —) 사는 곳을 옮김.

8 ⑪ 〔御〕** 1550 어:　去御 | yù, ギョ·ゴ

소전 행서 이름 거느릴 어: 자원 회의. 彳+卸→御. 卸는 마차에서 말을 풀어놓는다는 뜻. 그래서 말을 몰다의 뜻을 나타낸다.

필순 ノ 彳 彳 彳 彳 彳 彳 徉 御 御

새김 ❶거느리다. 거느려 다스리다. ¶統御(거느릴 통, —) 부하를 거느려 다스림. ❷높임말. 임금과 관계되는 일이나 사물에 붙이는 높임

말. ¶御駕(—, 수레 가) 임금이 타는 수레. ❸몰다. 말이나 수레를 몰다. ¶御者(—, 사람 자) 수레나 말을 모는 사람. ❹모시다. 시중들다. ¶侍御(모실 시, —) 임금을 모시고 시중을 듦. ❺禦(3679)의 간화자.
〔御覽〕(어람) 임금이 봄. 상람(上覽).
〔御命〕(어명) 임금의 명령. 어령(御令).
〔御寶〕(어보) 임금의 도장.
〔御史〕(어사) ①벼슬 이름. ②[國] 임금의 명령으로 지방 정치의 치적(治績)이나 민심을 살피기 위하여 특파된 임시직 관리.
〔御璽〕(어새) 임금의 도장. 어보(御寶).
〔御醫〕(어의) 대궐 안에서 전문적으로 임금의 건강을 보살피는 의원.
〔御前〕(어전) 어좌(御座)의 앞. 임금의 앞.
〔御下〕(어하) 아랫사람을 지배함.
▷崩御(붕어)·臨御(임어)·制御(제어)·奏御(주어)·還御(환어)

8 ⑪ 〔從〕*** [一]종 [平]冬 cóng, ジュウ·ショウ
[二]종: [去]宋 zòng, ジュウ·ショウ
1551

[소전] 從 [행서] 從 [본자][간화] 从 [약자] 従 [이름] [一]좇을 종 [二]일가 종: [자원] 회의. 彳〔辵의 변형〕+从〔從의 본자〕→從. 뒤따라 간다는 뜻.

[필순] 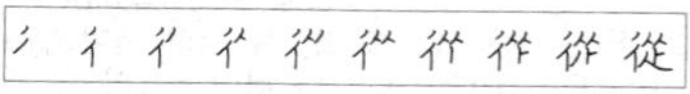

[새김] [一]❶좇다. ㉠뒤따르다. ¶從$_2$軍$_1$(—, 군사 군) 군대를 뒤따라 함께 다님. [예]—記者. ㉡남의 뜻을 따르다. ¶服從(복종할 복, —) 명령을 그대로 따라 좇음. ❷관여하여 일하다. ¶從$_2$事$_1$(—, 일 사) 어떤 일에 관여하여 일함. ❸세로. 남북. 縱(4115)과 같다. ¶合$_2$從$_1$(합할 합, —) 세로로 힘을 합함. 서쪽에 있는 강대국인 진(秦)나라에 대항하기 위하여, 남북으로 이어져 있는 한(韓)·위(魏)·조(趙)·연(燕)·초(楚)·제(齊) 여섯 나라가 세로로 힘을 합해야 한다고, 소진(蘇秦)이 제창한 정책. ❹부터. 에서. ¶從前(—, 앞 전) 일정한 때로부터 그 전. [二]❶일가. 같은 혈통의 친족. ¶從兄(—, 형 형) 사촌형. ❷버금. 위계는 같으나 등급이 낮다. [예]從三品(종삼품). ❸하인. ¶主從(주인 주, —) 주인과 하인.
〔從來〕(종래) 이전부터 지금까지.
〔從僕〕(종복) 사내종. 종자(從者).
〔從屬〕(종속) 주된 것에 딸려서 붙음.
〔從孫〕(종손) 형제의 손자.
〔從心所欲〕(종심소욕) 마음에 하고 싶은 대로 행동함.
〔從業〕(종업) 업무에 종사함.
〔從容〕(종용) ①자연스럽고 태연한 모양. 침착한 모양. ②권유함. 종용(慫慂).
▷屈從(굴종)·盲從(맹종)·面從(면종)·三從之道(삼종지도)·相從(상종)·隨從(수종)·順從(순종)·侍從(시종)

9 ⑫ 〔復〕*** [一]복 [入]屋 fù, フク
[二]부: [去]宥 fù, フク
1552

[소전] 復 [행서] 復 [간화] 复 [이름] [一]돌아올 복 [二]다시 부: [자원] 형성. 彳+复→復. 腹(복)·複(복)·馥(복)과 같이 复(복)이 성부.

[필순] 

[새김] [一]❶돌아오다. 되돌아오다. 往(1533)의 대. ¶往復(갈 왕, —)갔다가 되돌아옴. [예]—車票. ❷회복하다. 원상대로 되돌리다. ¶復$_1$舊$_2$(—, 예 구)옛날의 본래의 상태로 회복함. [예]—工事. ❸아뢰다. ¶復$_2$命$_1$(—, 명령 명)받은 명령을 집행하고 나서 그 결과를 아룀. ❹되풀이하다. ¶復習(—, 익힐 습)배운 것을 되풀이하여 익힘. ❺갚다. 앙갚음하다. ¶復$_2$讎$_1$(—, 원수 수)원수를 갚음. [二]다시. 또. ¶復活(—, 살 활) 죽은 것이 다시 살아남. [예]예수의 —.
〔復刊〕(복간) 중지하였거나 폐간하였던 출판물을 다시 간행함.
〔復古〕(복고) 도로 옛날 그대로 돌아감.
〔復權〕(복권) 법률에 의하여 박탈 당했던 권리를 다시 회복함.
〔復歸〕(복귀) 본디의 자리나 상태로 되돌아감.
〔復棋〕(복기) 바둑을 두고 난 후에 다시 처음부터 그 순서대로 돌을 벌여 놓는 일.
〔復元〕(복원) 본래대로 다시 회복함.
〔復職〕(복직) 그만두었던 관직이나 직업을 회복함.
〔復唱〕(복창) 남의 명령이나 말을 그대로 받아서 욈.
〔復學〕(복학) 휴학이나 퇴학 등으로 학교에 가지 않던 학생이 학교에 되돌아 옴.
〔復興〕(부흥) ①어떤 일을 다시 일으킴. ②쇠했던 것이 다시 흥함.
▷光復(광복)·反復(반복)·報復(보복)·收復(수복)·回復(회복)·恢復(회복)

9 ⑫ 〔循〕** 순 [平]眞 xún, ジュン
1553

[소전] 循 [행서] 循 [이름] 좇을 순 [자원] 형성. 彳+盾→循. 楯(순)과 같이 盾(순)이 성부.

[필순] 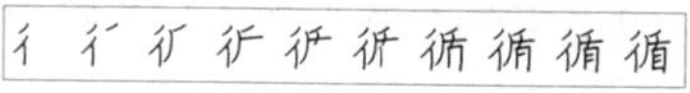

[새김] ❶좇다. 따르다. ¶因循姑息(인할 인, —, 잠시 고, 쉴 식) 낡은 습관이나 규율을 고치지 못하고 그대로 따라 일시적인 안일을 취함. ❷돌다. 돌아 다니다. ¶循環(—, 돌 환) 정해진 궤도를 따라 반복하여 돎. [예]—鐵道.
〔循俗〕(순속) 풍속을 따름.

9 ⑫ 〔徨〕* 황 平陽 huáng, コウ
1554

행서 徨 이름 헤맬 황 자원 형성. 彳+皇→徨. 凰(황)·惶(황)·堭(황)과 같이 皇(황)이 성부.

새김 헤매다. 방황하다. ¶彷徨(헤맬 방, ─) 彷(1527)을 보라.

10 ⑬ 〔微〕** 미 平微 wēi, ビ
1555

소전 행서 微 이름 작을 미 자원 형성. 彳+䰷→微. 䰷(미)가 성부.

필순 彳 彳' 彳'' 彳'' 彳'' 彳'' 彳'' 彳'' 彳'' 微

새김 ❶작다. ㉠미세하다. ¶微小(─, 작을 소) 썩 작음. ㉡낮다. 미미하다. ¶微賤(─, 천할 천) 신분이나 지위가 미미하고 천함. ❷약하다. 또는 조금. 약간. ¶微風(─, 바람 풍)약하게 솔솔 부는 바람. ❸은밀하다. 또는 남모르게. ¶微行(─, 다닐 행)남의 행동을 감시하기 위하여, 그의 뒤를 몰래 밟아 다님. ❹뚜렷하지 아니하다. ¶微妙(─, 묘할 묘)어떤 형상의 내용이 뚜렷이 드러나지는 않으면서 묘함.

〔微官末職〕(미관말직) 변변찮은 벼슬과 말단 직책. 또는 그런 벼슬아치.
〔微動〕(미동) 미약하게 움직임.
〔微力〕(미력) ①적은 힘. ②자기의 노력이나 성의의 겸칭.
〔微微〕(미미) ①보잘것없이 자질구레함. ②뚜렷이 드러나지 않고 아주 희미함.
〔微服〕(미복) 신분을 감추기 위한 복장.
〔微生物〕(미생물) 단세포 생물이나 세균과 같은, 현미경으로나 볼 수 있는 아주 작은 생물.
〔微細〕(미세) 매우 가늘고 작음. 자질구레함.
〔微笑〕(미소) 빙그레 웃음. 또는 그러한 웃음.
〔微弱〕(미약) 미미하고 약함. 예──한 힘.
〔微熱〕(미열) 그다지 높지 않은 신열. 예──이 나다.
〔微塵〕(미진) 썩 작은 티끌. 인신하여, 아주 변변치 못한 물건의 비유.
〔微震〕(미진) 매우 약한 지진. 진도 1이하의 「지진.
▷輕微(경미)·機微(기미)·細微(세미)·衰微(쇠미)·隱微(은미)·至微(지미)·寒微(한미)

12 ⑮ 〔德〕*** 덕 入職 dé, トク
1556

소전 행서 동자 悳 이름 큰 덕 자원 형성. 彳+悳〔悳의 변형〕→德. 悳(덕)이 성부.

필순 彳 彳 彳' 彳'' 彳'' 彳'' 德 德 德 德

새김 ※ '큰 덕' 자로 굳어졌으나, '큰'의 자의적 어원은 확실하지 않다. ❶덕. ㉠사람이 태어나면서 갖추어진 품성. ¶仁德(어질 인, ─) 어진 덕. ㉡수양에 의하여 얻어진 인격이나 덕행. ¶學德(학문 학, ─) 학문과 덕행. ❷은혜. 은덕. ¶以德報怨(써 이, ─, 갚을 보, 원한 원) 은혜로써 원한을 갚음. ❸복(福). ¶德談(─, 말씀 담) 앞으로 복을 받으라고 빌어주는 말.

〔德望〕(덕망) 덕행과 명망.
〔德不孤〕(덕불고) 덕이 있는 사람은 남을 감화시켜 따르게 하므로 외롭지 않음.
〔德性〕(덕성) 도덕을 지키는 바른 성질. 도의에 맞는 지성(至誠)의 성품.
〔德澤〕(덕택) 은덕이나 은혜를 베푼 보람.
〔德行〕(덕행) 어질고 덕성스러운 행실. 「교훈.
〔德化〕(덕화) 덕으로 교화시킴. 또는 도덕의
▷謙德(겸덕)·功德(공덕)·大德(대덕)·道德(도덕)·明德(명덕)·美德(미덕)·薄德(박덕)·福德(복덕)·恩德(은덕)·厚德(후덕)

12 ⑮ 〔徵〕** ㊀징 平蒸 zhēng, チョウ ㊁치: 上紙 zhǐ, チ
1557

소전 행서 徵 이름 ㊀부를 징 ㊁음계이름 치: 자원 회의. 微〔微의 생략체〕+王→徵. 王은 착함이 남보다 뛰어나다의 뜻. 아무리 미천한 사람이라도 그 행실이 남보다 착하면 임금이 그를 부른다는 뜻을 나타낸다.

필순 彳 彳 彳' 彳'' 彳'' 彳'' 彳'' 徵 徵 徵

새김 ㊀征(1534)은 간화자. ❶부르다. 사람을 부르다. ¶徵集(─, 모을 집) 나라에서 필요에 따라 사람을 불러 모음. ❷조짐. 징조. ¶徵候(─, 낌새 후) 겉으로 드러나는 징조. ❸드러난 표지. ¶特徵(특별할 특, ─) 다른 것과 구별되는, 특별히 드러나는 표시. ❹거두다. 받아들이다. ¶徵收(─, 거둘 수) 나라에서 조세나 돈·물품 등을 거두어 들임. ㊁음계 이름. 궁(宮)·상(商)·각(角)·치·우(羽)로 나누는 오음(五音)의 하나.

〔徵發〕(징발) 나라에서 특별한 필요가 있을 때에, 국가 권력으로 물품을 거두어 들이거나 사람을 모아 들임.
〔徵兵〕(징병) ①병사를 불러 모음. 군대를 모집함. ②국가가 법률에 의거하여 해당자를 징집하여 일정 기간 병역에 복무시킴.
〔徵稅〕(징세) 세금을 거두어 받음.
〔徵用〕(징용) ①나라에서 불러 기용함. ②유사시 국가의 권력으로 국민을 강제로 불러서 씀.
〔徵兆〕(징조) 어떤 일이 생길 기미가 보임. 또「는 그런 기미.
〔徵驗〕(징험) ①어떤 징후나 징조를 통하여

경험함. ②사실의 근거. 증거.
▷象徵(상징)·增徵(증징)·追徵(추징)·表徵(표징)·休徵(휴징)

12 ⑮ 〔徹〕** 철 入屑 chè, テツ
1558

소전 𢕫 행서 徹 간화 彻 이름 통할 철 자원 형성. 彳+㪿→徹. 澈(철)·撤(철)·轍(철)과 같이 㪿(철)이 성부.

필순 彳 彳 彳 彳 彳 彳 徉 徉 徹 徹

새김 ❶통하다. 꿰뚫어 미치다. ¶徹底(一, 밑 저)밑바닥까지 속속들이 꿰뚫어 미침. ❷트이다. 밝아오다. ¶徹夜(一, 밤 야)밤을 지나 새날이 밝아 옴. 곧 밤을 지새움. 예—勤務.
〔徹頭徹尾〕(철두철미) 처음부터 끝까지 철저하게.
〔徹宵〕(철소) 자지 않고 밤을 새움.
〔徹天〕(철천) 하늘에 사무친다는 뜻으로, 두고두고 잊을 수 없도록 뼈에 사무침을 이르는 말. 예—之恨.
▷貫徹(관철)·通徹(통철)·透徹(투철)

14 ⑰ 〔徽〕* 휘 平微 huī, キ
1559

소전 𢕹 행서 徽 이름 아름다울 휘 자원 형성. 微〔微의 생략체〕+糸→徽. 微(미)의 변음이 성부.
새김 ❶아름답다. 훌륭하다. ¶徽音(一, 소리 음)아름다운 언행에 대한 소문. ❷표지. 표기. ¶徽章(一, 무늬 장)신분이나 직업 등을 나타내기 위하여, 옷이나 모자 등에 붙이는 표.
〔徽纆〕(휘묵) 죄인을 묶는 노끈. 포승(捕繩).
〔徽旨〕(휘지) 國왕세자가 대리 청정할 때 내리는 명령.

4 획 부수 心(忄·⺗)部

▷명칭:마음심. 심방변
▷쓰임:사람의 마음의 작용이나 움직임에 관한 뜻을 나타내는 한자의 부수로 쓰였다.

0 ④ 〔心〕*** 심 平侵 xīn, シン
1560

소전 𢖩 행서 心 이름 마음 심 자원 상형. 사람의 염통〔심장〕의 모양을 본떴다.

필순 丶 心 心 心

새김 ❶마음. ㉠정신. 또는 뜻. 身(5275)의 대. ¶心身(一, 몸 신) 마음과 몸. 정신과 육체. ㉡생각. 감정. ¶無心(없을 무, 一) 감정이나 생각이 없음. 예—한 歲月. ❷염통. 심장. ¶心筋(一, 근육 근) 심장의 벽을 이루는 근육. ❸한가운데. 중앙. 또는 중요하거나 기본이 되는 곳. ¶中心(가운데 중, 一) ㉮공간적·시간적 관계에서의 복판이나 가운데. ㉯사물이나 일에서 중요하고 기본으로 되는 부분. 예—問題. ❹심. 나무 줄기나 무·배추 등의 뿌리 속에 들어있는 줄기. 예心이 박힌 무. ❺심지. ¶燈心(등불 등, 一) 등불을 켜는 심지.
〔心境〕(심경) 마음의 상태. 심정(心情).
〔心琴〕(심금) 어떤 자극에 예민하게 감동되는 마음결을 금선(琴線)에 비겨 이르는 말.
〔心機一轉〕(심기일전) 어떤 동기에 의하여 지금까지 가졌던 생각을 고쳐 마음이 근본적으로 달라짐.
〔心腹〕(심복) ①가슴과 배. 또는 가장 중요한 부위의 비유. ②마음놓고 믿을 수 있는 부하.
〔心事〕(심사) 마음에 생각하는 바의 일. 예—를 털어놓다.
〔心思〕(심사) ①마음. 예—가 불편하다. ②일을 방해하거나 저주하려는 심술궂은 마음. 예놀부—.
〔心算〕(심산) 속셈.
〔心性〕(심성) 본래 타고난 마음씨.
〔心術〕(심술) ①마음씨. ②지모(智謀). ③남을 괴롭히거나 시기하는 마음.
〔心臟〕(심장) 염통. 오장(五臟)의 하나.
〔心情〕(심정) 마음속에 품은 생각과 감정.
〔心證〕(심증) 마음속에 갖는 확신.
〔心醉〕(심취) ①어떤 일에 깊이 빠져 열중함. ②흠모하여 도취(陶醉)함.
〔心血〕(심혈) 온 정성. 온갖 정력.
▷感心(감심)·改心(개심)·苦心(고심)·內心(내심)·丹心(단심)·都心(도심)·同心(동심)·銘心(명심)·放心(방심)·本心(본심)·誠心(성심)·安心(안심)·疑心(의심)·專心(전심)·淸心(청심)·寒心(한심)·虛心(허심)

1 ④ 〔忆〕 억 憶(1753)의 간화자
1561

1 ⑤ 〔必〕*** 필 入質 bì, ヒツ
1562

소전 㶚 행서 必 이름 반드시 필 자원 형성. 弋+八→必. 八(팔)의 변음이 성부.

필순 丶 ノ 义 必 必

새김 ❶반드시. 꼭. ¶必勝(一, 이길 승) 싸움이나 경기에서 반드시 이김. 예—의 覺悟. ❷반드시 ~하여야 한다. 〔詩經〕 必告父母(필고부모) 반드시 부모에게 고하여야 한다.
〔必讀〕(필독) 꼭 읽어야 함.
〔必須〕(필수) ①반드시 필요함. ②반드시 ~해야 함.

〔必需〕(필수) 꼭 있어야 함. 꼭 쓰임.
〔必是〕(필시) 꼭. 틀림없이.
〔必然〕(필연) 반드시 그렇게 됨. 사리가 반드시 그렇게 되도록 정해짐. ↔ 우연(偶然).
〔必要〕(필요) 꼭 있어야 함. 「있음.
〔必有曲折〕(필유곡절) 반드시 무슨 까닭이
▷期必(기필)·何必(하필)·事必歸正(사필귀정)·信賞必罰(신상필벌)

3 ⑦ 〖忌〗** 기 ㊍기: 去寘 | jì, キ
1563

소전 행서 이름 꺼릴 기 자원 형성. 己+心→忌. 記(기)·紀(기)·杞(기)와 같이 己(기)가 성부.

필순 ㄱ ㄱ ㄹ ㄹ 己 忌 忌

새김 ❶꺼리다. 싫어하다. ¶忌避(―, 피할 피) 꺼려서 피함. ㉡徵兵―. ❷미워하다. 새암하다. ¶猜忌(시기할 시, ―) 자기보다 잘 되거나 나은 처지에 있는 사람을 공연히 미워함. ❸사람의 죽음. 또는 사람의 죽은 날. ¶忌日(―, 날 일) ㉮사람이 죽은 날. 인신하여, 제삿날. ㉯기하는 날.
〔忌故〕(기고) 國기제사를 지냄. 또는 그 제사.
〔忌祭〕(기제) 죽은 날에 지내는 제사. 기제사.
〔忌憚〕(기탄) 어렵게 여겨 꺼림. 「함.
〔忌諱〕(기휘) 꺼리어 싫어함. 또는 꺼리어 피
▷禁忌(금기)·畏忌(외기)·妬忌(투기)·嫌忌(혐기)

3 ⑥ 〖忙〗*** 망 平陽 | máng, ボウ
1564

행서 이름 바쁠 망 자원 형성. 忄+亡→忙. 忘(망)·妄(망)·邙(망)과 같이 亡(망)이 성부.

필순 丶 丷 忄 忄 忙 忙

새김 바쁘다. 일이 많아 바쁘다. ¶多忙(많을 다, ―) 일이 많아 바쁨.
〔忙劇〕(망극) 몹시 바쁨.
〔忙裏偸閑〕(망리투한) 바쁜 가운데 틈을 냄.
〔忙中閑〕(망중한) 바쁜 중에도 짜 낸 겨를.
▷繁忙(번망)·奔忙(분망)·悤忙(총망)·慌忙(황망)·遑忙(황망)

3 ⑦ 〖忘〗*** 망 ㊍망: 去漾 | wàng, ボウ
1565

소전 행서 이름 잊을 망 자원 형성. 亡+心→忘. 忙(망)·妄(망)·芒(망)과 같이 亡(망)이 성부.

필순 丶 亠 亡 亡 忘 忘 忘

새김 잊다. 기억하지 못하다. ¶備忘錄(갖출 비, ―, 기록 록) 잊지 않기 위해 갖추어 두는 기록.
〔忘却〕(망각) 잊어버림. 망실(忘失).
〔忘年之交〕(망년지교) 나이에 구애받지 않고 재덕(才德)을 존중하여 사귐.
〔忘年會〕(망년회) 가는 해의 모든 괴로움을 잊자는 뜻으로 연말에 베푸는 모임.
〔忘失〕(망실) 잊어버림. 망각(忘却).
〔忘我〕(망아) 자기 자신을 잊음. 곧 사심 없이 공정함의 형용.
▷健忘(건망)·不忘(불망)·遺忘(유망)·昏忘(혼망)

3 ⑦ 〖闷〗 민 悶(1651)의 간화자
1566

3 ⑦ 〖応〗 응: 應(1755)의 약자
1567

3 ⑦ 〖忍〗*** 인: 上軫 | rěn, ジン
1568

소전 행서 이름 참을 인: 자원 형성. 刃+心→忍. 刃(인)이 성부.

필순 ㄱ 刀 刃 刃 忍 忍 忍

새김 ❶참다. 참고 견디다. ¶忍耐(―, 견딜 내) 참고 견딤. ❷모질다. ¶殘忍(악착스럴 잔, ―) 악착스럽고 모짊.
〔忍苦〕(인고) 괴로움을 참고 견딤.
〔忍辱〕(인욕) 치욕을 참고 견딤.
〔忍從〕(인종) 참고 순종함.
〔忍之爲德〕(인지위덕) 참는 것이 덕이 됨.
▷堅忍(견인)·不忍見(불인견)·容忍(용인)·隱忍(은인)

3 ⑦ 〖志〗*** 지 ㊍지: 去寘 | zhì, シ
1569

소전 행서 이름 뜻 지 자원 형성. 士〔之의 고자인 㞢의 변형〕+心→志. 㞢(지)가 성부.

필순 一 十 士 士 志 志 志

새김 ❶뜻. 무엇을 하리라고 먹은 마음. ¶初志(처음 초, ―) 처음에 먹은 뜻. ㉡――貫. ❷뜻을 두다. 마음먹다. ¶志學(―, 학문 학) 학문에 뜻을 둠. 인신하여, 15살. 論語의 吾十有五而志于學(내가 열에 또 다섯으로서 학문에 뜻을 두다.)에서 온 말. ❸문체 이름. 변천이나 연혁을 기록하는 문체. 誌(4964)와 통용. ㉵三國志.
〔志氣〕(지기) ①지향과 기량. ②의지와 정신.
〔志望〕(지망) 무엇에 뜻을 두고 바람.
〔志士〕(지사) 의(義)를 지키는 사람. 원대한 뜻을 품은 사람.
〔志願〕(지원) 원하고 바람. 하고 싶어함.
〔志操〕(지조) 원칙과 신념을 지켜 끝까지 굽히지 않는 꿋꿋한 의지. 또는 그런 기개.
▷篤志(독지)·同志(동지)·本志(본지)·雄志(웅지)·有志(유지)·遺志(유지)·意志(의지)·立志(입지)·寸志(촌지)·鴻志(홍지)

3 ⑥ 〔忏〕 1570 참 懺(1764)의 간화자

3 ⑥ 〔忖〕* 1571 촌: 上阮 cǔn, ソン

소전 행서 이름 헤아릴 촌: 자원 형성. 忄+寸→忖. 村(촌)과 같이 寸(촌)이 성부.
새김 헤아리다. 미루어 헤아리다. ¶忖度(—, 헤아릴 탁) 남의 마음이나 생각을 미루어 헤아림.

4 ⑦ 〔忾〕 1572 개: 愾(1693)의 동자·간화자

4 ⑧ 〔念〕*** 1573 념: 去豔 niàn, ネン

소전 행서 이름 생각 념: 자원 형성. 今+心→念. 今(금)의 변음이 성부.
필순 丿 人 亼 今 今 念 念 念
새김 ❶생각. 마음. ¶信念(믿을 신, —) 굳게 믿는 마음. ❷생각하다. 또는 마음에 두다. ¶念願(—, 바랄 원) 마음에 두고 생각하며 바람. ❸외다. 또는 부르다. ¶念佛(—, 부처 불) 부처의 공덕을 생각하면서 나무아미타불을 소리내어 욈. ❹스물. 이십(二十). ¶念間(—, 사이 간) 어떤 달의 스무날〔20日〕 전후.
〔念念不忘〕(염념불망) 잠시도 잊지 않고 늘 생각함.
〔念頭〕(염두) 마음. 생각. 심중(心中).
〔念慮〕(염려) 걱정하는 마음. 또는 근심이나 걱정.
〔念珠〕(염주) (佛) 염불할 때 손에 거는 법구의 하나.
▷概念(개념)·觀念(관념)·紀念(기념)·斷念(단념)·默念(묵념)·邪念(사념)·想念(상념)·餘念(여념)·雜念(잡념)·專念(전념)·執念(집념)·通念(통념)

4 ⑦ 〔怃〕 1574 무 憮(1734)의 간화자

4 ⑧ 〔忞〕* 1575 민 平眞 mín, ビン

소전 행서 이름 힘쓸 민 자원 형성. 文+心→忞. 文(문)의 변음이 성부.
새김 힘쓰다. 노력하다.

4 ⑧ 〔忿〕* 1576 분: 去問 fèn, フン

소전 행서 이름 화낼 분: 자원 형성. 分+心→忿. 紛(분)·粉(분)·盆(분)·芬(분)과 같이 分(분)이 성부.
새김 화내다. 성내다. 또는 화. 분. ¶忿怒(—, 성낼 노) 몹시 성냄.
〔忿心〕(분심) 분한 마음.
▷激忿(격분)

4 ⑧ 〔怂〕 1577 종 慫(1720)의 간화자

4 ⑦ 〔怆〕 1578 창: 愴(1703)의 간화자

4 ⑧ 〔忠〕*** 1579 충 平東 zhōng, チュウ

소전 행서 이름 충성 충 자원 형성. 中+心→忠. 沖(충)·衷(충)과 같이 中(중)의 변음이 성부.
필순 丶 口 口 中 中 忠 忠 忠
새김 ❶충성. ㉠참된 마음. 진심. ¶忠告(—, 타이를 고) 남의 잘못이나 결함을 진심으로 타일러줌. ㉡왕에게 바치는 충직한 지성. ¶忠孝(—, 효도 효) 충성과 효도. ㉵—兼全. ❷충성스럽다. 정성을 다하다. ¶忠直(—, 곧을 직) 충성스럽고 정직함.
〔忠君〕(충군) 임금에게 충성을 다함. ㉵—愛國.
〔忠烈〕(충렬) ①충의(忠義)가 장렬함. ②충성스럽고 강정(剛正)함.
〔忠僕〕(충복) 진심으로 주인을 섬기는 종.
〔忠誠〕(충성) 진실되고 정성스러움. 또는 진심에서 우러나오는 정성.
〔忠臣〕(충신) 충성스러운 신하.
〔忠實〕(충실) 충직하고 성실함.
〔忠言逆耳〕(충언역이) 충직한 말은 귀에 거슬림.
〔忠義〕(충의) 충성스럽고 의로움. 또는 충신과 의사.
〔忠節〕(충절) 충성스러운 절개.
〔忠孝兩全〕(충효양전) 충과 효의 도를 모두 갖춤.
▷孤忠(고충)·不忠(불충)·誠忠(성충)·精忠(정충)·盡忠(진충)

4 ⑦ 〔快〕*** 쾌 ㊍쾌: 去卦 | kuài, カイ
1580

소전 행서 이름 쾌할 쾌: 자원 형성. 忄+夬→快. 夬(쾌)가 성부.

필순 丶 ⺀ 忄 忄 怏 怏 快

새김 ❶쾌하다. ㉠마음이 상쾌하고 기분이 좋다. ¶愉快(즐거울 유, ―) 마음이 즐겁고 기분이 좋음. ㉡병이 낫다. ¶快癒(―, 병나을 유) 병이 다 나음. ㉢성질이 시원스럽다. ¶快諾(―, 허락할 낙. →쾌락) 시원시원하게 승낙함. ❷맑다. 맑게 개다. ¶快晴(―, 갤 청) 구름 한 점 없이 맑게 갬. ❸빠르다. 신속하다. ¶快走(―, 달릴 주) 빨리 달림. ❹예리하다. 잘 들다. ¶快刀(―, 칼 도) 잘 드는 칼. ㉮―亂麻.

〔快感〕(쾌감) 유쾌하고 상쾌한 느낌「쾌한 일.
〔快擧〕(쾌거) 가슴이 후련할 만큼 장하고 통
〔快刀亂麻〕(쾌도난마) 잘 드는 칼로 어지럽게 얽힌 삼을 벤다는 뜻으로, 어지럽게 뒤섞인 사물을 명쾌하게 처리함의 비유.
〔快樂〕(쾌락) 기분이 좋고 즐거움.
〔快雪〕(쾌설) 부끄럽거나 욕된 것을 시원스레 다 씻어 버림.
〔快速〕(쾌속) 속도가 매우 빠름.
〔快哉〕(쾌재) 유쾌하구나! 상쾌하구나!
〔快適〕(쾌적) 기분이 매우 좋음. 상쾌하고 즐
〔快調〕(쾌조) 상태가 매우 좋음. 「거움.
〔快差〕(쾌차) 병이 완전히 나음. 쾌유(快癒).
〔快活〕(쾌활) 씩씩하고 활발함.
▷輕快(경쾌)·明快(명쾌)·不快(불쾌)·爽快(상쾌)·完快(완쾌)·壯快(장쾌)·痛快(통쾌)

4 ⑧ 〔态〕 태: 態(1704)의 간화자
1581

4 ⑧ 〔忽〕** 홀 入月 | hū, コツ
1582

소전 행서 이름 갑자기 홀 자원 형성. 勿+心→忽. 笏(홀)과 같이 勿(물)의 변음이 성부.

필순 丿 ㄅ 勺 勿 勿 忽 忽

새김 ❶갑자기. 느닷없이. ¶忽然(―, 그러할 연) 뜻하지 아니하게 갑자기. ❷소홀하다. ¶忽待(―, 대접할 대) 소홀하게 대접함.

〔忽視〕(홀시) 소홀하게 봄.
〔忽地〕(홀지) 갑자기. 홀연(忽然).
▷輕忽(경홀)·疎忽(소홀)·奄忽(엄홀)·怠忽(태홀)

4 ⑦ 〔怀〕 회 懷(1763)의 간화자
1583

5 ⑧ 〔怯〕* 겁 入葉 | qiè, キョウ
1584

소전 행서 이름 두려워할 겁 자원 형성. 忄+去→怯. 劫(겁)과 같이 去(거)의 변음이 성부.

새김 두려워하다. 겁을 내다. 또는 겁이 많다. ¶卑怯(비열할 비, ―)비열하고 겁이 많음.

〔怯聲〕(겁성) 겁이 나서 지르는 소리.
〔怯弱〕(겁약) 겁이 많고 마음이 약함.

5 ⑧ 〔怪〕** 괴: 去卦 | guài, カイ
1585

소전 행서 이름 괴이할 괴: 자원 형성. 忄+圣→怪. 圣(괴)가 성부.

필순 丶 ⺀ 忄 忄 怪 怪 怪 怪

새김 괴이하다. ㉠모양이 이상야릇하다. ¶怪石(―, 돌 석)겉모양이 이상야릇하게 생긴 돌. ㉮奇巖―. ㉡괴상하다. 불가사의하다. ¶怪變(―, 변고 변)괴상한 변고.

〔怪傑〕(괴걸) 괴상할 정도로 뛰어남. 또는 그런 호걸.
〔怪奇〕(괴기) 괴상하고 기이함. 이상야릇함.
〔怪力〕(괴력) 괴이할 만큼 큰 힘.
〔怪文書〕(괴문서) 남을 중상하거나 남의 비밀을 폭로하거나 하는, 출처가 분명하지 않은 이상한 문서.
〔怪物〕(괴물) ①괴이한 물체. ②요괴(妖怪). ③용모·성정이나 사상·행위가 괴상한 사람.
〔怪常〕(괴상) 괴이하고 수상함.
〔怪異〕(괴이) ①기괴하고 이상함. ②자연계의 이상한 현상(現象).
〔怪疾〕(괴질) 병명을 알 수 없는 괴상한 병.
〔怪漢〕(괴한) 거동이 괴상한 사나이.
▷奇怪(기괴)·變怪(변괴)·妖怪(요괴)·駭怪(해괴)

5 ⑨ 〔急〕*** 급 入緝 | jí, キュウ
1586

소전 행서 이름 급할 급 자원 형성. 刍〔及의 변형〕+心→急. 刍(급)이 성부.

필순 丿 ⺈ ⺈ 刍 刍 刍 急 急 急

새김 ❶급하다. ㉠사정이나 형편이 지체할 겨를이 없다. ¶急務(―, 일 무)시급히 해야 할 일. ㉡성질이 참을성이 없다. ¶性急(성품 성, ―) 성미가 급함. ㉢빠르다. ¶急流(―, 흐를 류)물이 빠르게 흐름. 또는 빠르게 흐르는 흐름. ❷갑자기. ¶急變(―, 변할 변)㉮갑자기 변함. ㉯갑자기 생긴 변고. ❸중요하다. 긴요하다. ¶急所(―, 곳 소)사물의 가장 중요한 부분. 인신하여, 조금만 다쳐도 생명에 관계가 되기 쉬운 몸의 자리. ㉔── 를 찔렸다.
〔急遽〕(급거) 급하게 서두름. 황급함.
〔急激〕(급격) 급하고 격렬함. ㉔── 한 변동.
〔急騰〕(급등) 갑자기 오름. ↔ 급락(急落).
〔急迫〕(급박) 매우 급함. 절박함.
〔急報〕(급보) 급히 알리는 보도나 기별. 「死).
〔急逝〕(급서) 갑자기 세상을 떠남. 급사(急
〔急先務〕(급선무) 가장 먼저 해야 할 일.
〔急襲〕(급습) 갑자기 습격함. 또는 그런 습격.
〔急錢〕(급전) 급히 쓸 돈.
〔急轉直下〕(급전직하) 갑자기 변하여 엄청난 기세로 떨어져 내림. 사태나 정세 따위가 걷잡을 수 없이 갑자기 바뀜의 비유.
〔急行〕(급행) ①서둘러 급히 감. ②급행 열차의 준말. ↔ 완행(緩行). 「는 급한 병.
〔急患〕(급환) 곧바로 치료하지 않으면 안 되
▷救急(구급)·緊急(긴급)·不急(불급)·時急(시급)·緩急(완급)·危急(위급)·躁急(조급)·至急(지급)·特急(특급)·遑急(황급)

5 ⑨ 〔怒〕 ＊＊＊ 노: 去遇 nù, ド
1587

소전 행서 이름 성낼 노: 자원 형성. 奴+心→怒. 努(노)·弩(노)·駑(노)와 같이 奴(노)가 성부.

필순 ㄑ 乆 女 奴 奴 怒 怒 怒 怒

새김 ❶성내다. ㉠노하다. 또는 화가 나다. ¶激怒(결렬할 격, ─) 격렬하게 성을 냄. ㉡노여움. 분노. 〔論語〕不遷怒(불천노) 노여움을 남에게 옮기지 아니한다. ❷세차다. ¶怒濤(─, 파도 도) 세차게 이는 큰 파도.
〔怒氣〕(노기) 성난 기색. ㉔── 騰騰.
〔怒氣衝天〕(노기충천) 성난 기세가 하늘을 찌름. 성이 잔뜩 난 모습의 형용.
〔怒發大發〕(노발대발) 國 몹시 성을 냄.
〔怒號〕(노호) ①성내어 큰 소리로 외침. ②바람이나 물결의 세찬 소리.
▷大怒(대노→대로)·忿怒(분노)·憤怒(분노)·盛怒(성노)·震怒(진노)·天人共怒(천인공노)·赫怒(혁노)·喜怒(희노→희로)

5 ⑧ 〔怜〕 ＊ ㊀령 平青 líng, レイ ㊁련 平先 lián, レン
1588

행서 이름 ㊀영리할 령 ㊁불쌍히여길 련 자원 형성. 忄+令→怜. 領(령)·零(령)·鈴(령)과 같이 令(령)이 성부.
새김 ㊀영리하다. 눈치빠르고 슬기롭다. ¶怜悧(─, 영리할 리) 눈치빠르고 슬기로움. ㊁불쌍히 여기다. 憐(1733)의 동자·간화자.

5 ⑨ 〔思〕 ＊＊＊ ㊀사 平支 sī, シ ㊁사 本사: 去寘 sì, シ
1589

소전 행서 이름 ㊀생각할 사 ㊁생각 사 자원 회의. 田〔囟의 변형〕+心→思. 囟은 머릿골의 상형. 두뇌와 마음으로 생각한다는 뜻.

필순 丨 冂 冂 田 田 田 思 思 思

새김 ㊀생각하다. 또는 그리워하다. ¶思慕(─, 그리워할 모) 몹시 생각하고 그리워함. ㊁생각. 의사. ¶意思(뜻 의, ─) 무엇인가를 하려고 하거나 무엇에 대해 가지는 생각. ㉔── 表示.
〔思考〕(사고) 생각하고 궁리함.
〔思慮〕(사려) 깊이 생각함. 또는 깊은 생각.
〔思料〕(사료) 생각하여 헤아림. 또는 깊이 생각함.
〔思無邪〕(사무사) 생각에 사특함이 없음.
〔思想〕(사상) ①생각. ②사물을 생각하고 판단하고 추리하는 마음의 작용. 또는 그 결과로 인식된 인식의 내용. 「각함.
〔思索〕(사색) 사물의 이치를 따지어 깊이 생
〔思惟〕(사유) 생각함. 「흐름.
〔思潮〕(사조) 한 시대나 사회의 사상(思想)의
〔思春期〕(사춘기) 이성(異性)에 대하여 눈을 뜨고 그리워하는 시기. 「를 생각함.
〔思親〕(사친) 어버이를 생각함. 또는 친한 이
〔思鄕〕(사향) 고향을 생각함.
▷客思(객사)·三思(삼사)·相思(상사)·愁思(수사)·心思(심사)·勞心焦思(노심초사)·秋思(추사)

5 ⑧ 〔性〕 ＊＊＊ 성: 去敬 xìng, セイ·ショウ
1590

소전 행서 이름 성품 성: 자원 형성. 忄+生→性. 姓(성)·星(성)과 같이 生(생)의 변음이 성부.

필순 丶 丷 忄 忄 忄 忙 性 性

새김 ❶성품. 성질. 기질. ¶天性(하늘 천, ─) 선천적으로 타고난 성질. ❷바탕. 본성. ¶本性(근본 본, ─) 원래부터 가지고 있는 본질. ❸성. ㉠성별. ¶男性(사나이 남, ─) 남자. ㉡이성 사이의 성적 관계. ¶性慾(─, 욕심 욕) 성교를 하고 싶어 하는 욕망.
〔性格〕(성격) 각 개인의 특유한 성질.
〔性交〕(성교) 남녀가 육체적 관계를 맺음.
〔性急〕(성급) 성격이 조급함.
〔性能〕(성능) 기계 따위가 지닌 성질과 일을
〔性味〕(성미) 성질과 취미. ⌊해내는 능력.
〔性別〕(성별) 남녀 또는 암수의 구별.
〔性善說〕(성선설) 인간은 태어나면서부터 선

량한 본성을 가지며, 나쁜 행위를 하는 것은 물욕에 의하여 선량한 본성이 가리어지기 때문이라고 주장하는 맹자(孟子)의 학설.
〔性惡說〕(성악설) 인간은 태어나면서부터 악한 본성을 가지며, 선량한 행위는 교육에 의하여 얻어지는 품성이라고 주장하는 순자(荀子)의 학설.
〔性情〕(성정) 성질과 마음씨.
〔性質〕(성질) ①타고난 품성과 기질. ②사물의 특성이나 본질.
〔性品〕(성품) 성격과 품성.
〔性稟〕(성품) 사람이 타고난 성질.
〔性向〕(성향) 성질의 경향. 기질(氣質).
▷根性(근성)·德性(덕성)·屬性(속성)·心性(심성)·陽性(양성)·異性(이성)·理性(이성)·適性(적성)·知性(지성)·特性(특성)·品性(품성)

5 ⑧ 〔怏〕* 앙: 去漾 | yàng, オウ
1591

소전 행서 이름 원망할 앙: 자원 형성. 忄+央→怏. 殃(앙)·秧(앙)·鴦(앙)과 같이 央(앙)이 성부.
새김 ❶원망하다. ¶怏心(—, 마음 심)원한을 품고 앙갚음하기를 벼르는 마음. ❷불만스러워하다. ¶怏怏(—, —)야속하게 여기며 불만스러워함. 예—不樂.
〔怏宿〕(앙숙) 원한을 품고 미워하는 일. 또는 그런 사이.

5 ⑨ 〔怨〕*** 一원: 去願 | yuàn, エン
二원 平元 | yuàn, エン
1592

소전 행서 이름 一원망할 원: 二원망 원 자원 형성. 夗+心→怨. 苑(원)·鴛(원)과 같이 夗(원)이 성부.
필순 ノ ク タ タ⁊ 夗 夗 怨 怨 怨
새김 一❶원망하다. ¶怨聲(—, 소리 성)원망하는 소리. 예—을 듣다. 二❷원망. 원한. ¶宿怨(묵을 숙, —)오래 전부터 품고 있는 원한. ❸원수. 구수. ¶怨讐(—, 원수 수)자기에게 해를 끼치어 앙갚음하겠다는 마음을 먹고 있는 대상. 예不俱戴天의 —.
〔怨望〕(원망) 억울하게 여겨 불평을 품음. 또는 그 품은 마음.
〔怨慕〕(원모) 원망하면서 사모함
〔怨入骨髓〕(원입골수) 원한이 골수에 사무침. 원한이 매우 깊음의 형용.
〔怨天尤人〕(원천우인) 하늘을 원망하고 남을 탓함.
〔怨恨〕(원한) 원통하고 한스러움. 또는 원망스럽고 한이 되는 생각.
▷仇怨(구원)·閨怨(규원)·報怨(보원)·私怨(사원)·含怨(함원)·嫌怨(혐원)

5 ⑧ 〔怡〕* 이 平支 | yí, イ
1593

소전 행서 이름 기쁠 이 자원 형성. 忄+台→怡. 台에는 '태' 외에 '이' 음도 있어, 貽(이)·飴(이)와 같이 台(이)가 성부.
새김 기쁘다. 또는 기뻐하다. 또는 기쁘게 하다. ¶怡然(—, 그러할 연)기뻐하는 모양.
〔怡悅〕(이열) 즐거워하고 기뻐함. 또는 즐겁고 기쁨.

5 ⑨ 〔怱〕 총 平東 | cōng, ソウ
1594

소전 행서 본자 悤 이름 서두를 총 자원 형성. 匆〔=囪〕+心→悤→怱. 匆(총)이 성부.
새김 서두르다. 황급히 굴다. ¶怱怱(—, —) 바쁘게 서두르는 모양. 예—忙忙.
〔怱忙〕(총망) 매우 바쁨. 예—之間.

5 ⑨ 〔怠〕** 태: 上賄 | dài, タイ
1595

소전 행서 이름 게으를 태: 자원 형성. 台+心→怠. 胎(태)·苔(태)·邰(태)와 같이 台(태)가 성부.
필순 ㄥ ム 厶 台 台 台 怠 怠 怠
새김 ❶게으르다. 또는 게으름. ¶怠慢(—, 게으를 만)게으름. 또는 게으름을 피움. ❷지치다. 지쳐서 피곤하다. ¶倦怠(지칠 권, —)지쳐서 생기는 싫증.
〔怠業〕(태업) ①일을 게을리 함. ②노동쟁의 수단의 하나. 고의로 노동의 능률을 저하시켜 업무를 지체시키는 일.
〔怠忽〕(태홀) 게을러서 소홀히 함.
▷勤怠(근태)·懶怠(나태)·懈怠(해태)

5 ⑧ 〔怖〕* 포: 去遇 | bù, フ
1596

행서 이름 두려워할 포: 자원 형성. 忄+布→怖. 佈(포)와 같이 布(포)가 성부.
새김 두려워하다. 또는 두렵다. 무섭다. ¶恐怖(두려울 공, —) 두렵고 무서움.

6 ⑨ 〔恪〕* 각 入藥 | kè, カク
1597

소전 행서 이름 삼갈 각 자원 형성. 忄+各→恪. 各(각)이 성부.
새김 삼가다. 공손하게 애쓰다. 또는 정성. ¶恪勤(—, 부지런할 근)정성껏 부지런히 힘씀.

〔恪敏〕(각민) 삼가며 부지런히 힘씀.
▷忠恪(충각)

6 ⑩ 〔恳〕 간: 懇(1746)의 속자·간화자
1598

6 ⑨ 〔恺〕 개: 愷(1692)의 간화자
1599

6 ⑩ 〔恐〕** 공: 上 腫 | kǒng, キョウ
1600

소전 행서 이름 두려워할 공: 자원 형성. 巩+心→恐. 蛩(공)과 같이 巩(공)이 성부.

필순 一 丅 工 巩 巩 巩 巩 恐 恐 恐

새김 ❶두려워하다. 또는 두렵다. 무섭다. ¶恐怖(—, 무서울 포) 두렵고 무서움. ❷으르다. 두렵게 하다. ¶恐喝(—, 으를 갈)두렵게 여기게 하려고 을러댐. 예—罪.
〔恐懼〕(공구) 두려워함.
〔恐慌〕(공황) ①놀라서 허둥거림. ②모든 경제 활동이 혼란에 빠지는 상태.
▷可恐(가공)·惶恐(황공)

6 ⑩ 〔恭〕** 공 平 冬 | gōng, キョウ
1601

소전 행서 이름 공손할 공 자원 형성. 共+⺗〔心의 이체〕→恭. 供(공)·珙(공)·拱(공)과 같이 共(공)이 성부.

필순 一 十 卄 廾 廾 共 共 恭 恭 恭

새김 공손하다. 행실을 삼가다. ¶恭敬(—, 존경할 경) 남을 대할 때, 행실을 삼가고 존경함.
〔恭儉〕(공검) 공손하고 검소함.
〔恭謹〕(공근) 곤손하고 근신함.
〔恭待〕(공대) 國①공손히 대접함. ②상대방에게 경어를 씀.
〔恭遜〕(공손) 공경하고 겸손함.
〔恭順〕(공순) 공경하고 온순함. 고분고분함.
〔恭畏〕(공외) 공순하고 조심성이 많음.
〔恭賀〕(공하) 공손하게 축하함.
▷不恭(불공)·溫恭(온공)

6 ⑩ 〔恝〕* 괄 本갈 入 黠 | jiá, カツ
1602

행서 이름 업신여길 괄 자원 형성. 㓞+心→恝. 㓞(갈)의 변음이 성부.
새김 업신여기다. 소홀히 하다. ¶恝視(—, 볼 시)업신여겨 하찮게 대함.
〔恝待〕(괄대) 푸대접. 또는 푸대접함.

6 ⑨ 〔恬〕* 념 本첨 平 鹽 | tián, テン
1603

소전 행서 이름 편안할 념 자원 형성. 忄+舌〔甛의 생략체〕→恬. 甛(첨)의 변음이 성부.
새김 편안하다. 편하고 기분이 좋다. ¶恬淡(—, 맑을 담) 욕심이 없어 마음이 편안하고 조촐함.
〔恬雅〕(염아) 욕심이 없고 얌전함.
〔恬然〕(염연) 편안하고 아무런 잡념이 없는 모양.
〔恬靜〕(염정) 편안하고 고요함.
▷文恬武嬉(문념무희)

6 ⑨ 〔恼〕 뇌 惱(1672)의 간화자
1604

6 ⑩ 〔虑〕 려: 慮(1713)의 간화자
1605

6 ⑩ 〔恋〕 련 戀(1767)의 속자·간화자
1606

6 ⑩ 〔恕〕** 서: 去 御 | shù, ジョ
1607

소전 행서 이름 용서할 서: 자원 형성. 如+心→恕. 絮(서)와 같이 如(여)의 변음이 성부.

필순 ㄑ 乆 女 女 如 如 如 恕 恕 恕

새김 ❶용서하다. ¶寬恕(너그러울 관, —) 너그럽게 용서함. ❷어짊. 용서. 자기를 미루어서 남을 대하는 마음. ¶忠恕(충성 충, —) 충성과 용서.
〔恕免〕(서면) 용서하여 형벌을 면하게 함.
〔恕宥〕(서유) 잘못을 너그러이 용서함.
▷容恕(용서)·宥恕(유서)

6 ⑨ 〔恂〕* 순 平 眞 | xún, ジュン
1608

소전 행서 이름 믿을 순 자원 형성. 忄+旬→恂. 殉(순)·洵(순)·筍(순)과 같이 旬(순)이 성부.
새김 믿다. 참되다고 믿다.

6 ⑨ 〔恃〕* 시: 上 紙 | shì, シ
1609

소전 행서 이름 믿을 시: 자원 형성. 忄+寺→恃. 寺에는 '사' 외에 '시'음도 있어, 侍(시)·時(시)·詩(시)와 같이 寺(시)가 성부.
새김 믿다. 믿고 의지하다. ¶恃[2]氣[1](—, 기운 기) 의기나 용기를 믿음.

6 ⑩ 〔息〕** 식 入職 | xī, ソク
1610

소전 행서 이름 쉴 식 자원 회의. 自+心→息. 自는 코, 心은 심장. 허파에서 숨을 쉰다는 뜻. 이에서 '쉬다'의 뜻도 나타낸다.

필순 ノ 亻 ｢ 白 白 自 自 息 息 息

새김 ❶쉬다. 일을 멈추고 쉬다. ¶休息(쉴 휴, —)하던 일을 멈추고 쉼. ❷숨을 쉬다. ¶歎息(탄식할 탄, —)한탄하여 한숨을 쉼. ❸소식. 기별. 알림. ¶聲息(소리 성, —)소식. ❹자식. (특히) 아들. ¶令息(높임말 령, —)상대방을 높여 그의 아들을 이르는 말. ❺이자. 길미. ¶利息(이자 리, —)이자. 길미.
〔息肩〕(식견) 어깨를 쉰다는 뜻으로, 무거운 책임을 벗음의 형용.
▷姑息(고식)·氣息(기식)·棲息(서식)·消息(소식)·安息(안식)·女息(여식)·子息(자식)·窒息(질식)·喘息(천식)·胎息(태식)

6 ⑩ 〔恶〕 ㊀악 惡(1655)의 속자·간화자 ㊁오: 惡(1655)의 속자·간화자 ㊂오 惡(1655)의 속자·간화자
1611

6 ⑩ 〔恙〕* 양: 去漾 | yàng, ヨウ
1612

소전 행서 이름 병 양: 자원 형성. 羊[羊의 변형]+心→恙. 洋(양)·佯(양)·痒(양)과 같이 羊(양)이 성부.
새김 병. 질병. 또는 재앙. 탈. ¶無恙(없을 무, —) 몸에 병이나 탈이 없음. 주로 손윗사람에 대하여 자기를 말할 때나, 아랫사람의 안부를 물을 때 쓰는 말.
▷微恙(미양)

6 ⑩ 〔恩〕*** 은 平元 | ēn, オン
1613

소전 행서 이름 은혜 은 자원 형성. 因+心→恩. 因(인)의 변음이 성부.

필순 丨 冂 冃 冃 用 因 因 恩 恩 恩

새김 은혜. 혜택. 온정. 사랑. ¶報恩(갚을 보, —) 은혜를 갚음. ㊉結草—.
〔恩功〕(은공) 은혜와 공로.
〔恩德〕(은덕) 은혜와 덕.
〔恩師〕(은사) 은혜를 베풀어 준 스승.
〔恩赦〕(은사) 나라에 경사가 있을 때, 일정한 죄인을 석방하거나 감형하는 일.
〔恩賜〕(은사) 임금이 물품을 내려줌. 또는 그 물품.
〔恩愛〕(은애) 온정과 애정.
〔恩怨〕(은원) 은혜와 원망.
〔恩人〕(은인) 은혜를 베풀어 준 사람. ㊉생명의 —.
〔恩典〕(은전) ①온정 있는 조처(措處). ②나라에서 베푸는 특전(特典).
〔恩情〕(은정) 은혜롭게 사랑하는 마음.
〔恩寵〕(은총) ①높은 사람에게서 받는 특별한 은혜와 사랑. ②인간에 대한 신(神)의 사랑.
〔恩惠〕(은혜) 은혜로운 혜택.
〔恩澤〕(은택) 은혜로운 덕택. 은덕(恩德).
▷感恩(감은)·君恩(군은)·背恩(배은)·謝恩(사은)·師恩(사은)·聖恩(성은)·鴻恩(홍은)

6 ⑩ 〔恁〕* 임: 上寢 | rèn, ジン
1614

소전 행서 이름 생각할 임: 자원 형성. 任+心→恁. 賃(임)·姙(임)·荏(임)과 같이 任(임)이 성부.
새김 생각하다.

6 ⑩ 〔恣〕** 자 本자: 去寘 | zì, シ
1615

소전 행서 이름 방자할 자 자원 형성. 次+心→恣. 次에는 '차' 외에 '자' 음도 있어, 姿(자)·資(자)·茨(자)와 같이 次(차)가 성부.

필순 ˋ 冫 丫 ゾ 次 次 次 恣 恣 恣

새김 방자하다. 건방지다. 또는 멋대로. ¶恣行(—, 행할 행) 방자하게 행동함.
〔恣意〕(자의) 제멋대로의 생각.
▷驕恣(교자)·放恣(방자)·專恣(전자)

6 ⑨ 〔恻〕 측 惻(1688)의 간화자
1616

6 ⑩ 〔恥〕** 치 本치: 上紙 | chǐ, チ
1617

소전 행서 이름 부끄러울 치 자원 형성. 耳+心→恥. 耳(이)의 변음이 성부.

필순 一 厂 F F 巨 耳 耳 耻 恥 恥

새김 부끄럽다. 또는 부끄러워하다. 또는 수치. ¶恥辱(—, 욕 욕) 수치와 모욕.
〔恥骨〕(치골) 골반의 앞쪽 아랫부분을 구성하는 뼈.
〔恥部〕(치부) ①남에게 보이면 부끄러운 부분. ㊉사회의 —. ②남녀의 생식기.
▷國恥(국치)·無恥(무치)·雪恥(설치)·羞恥(수치)·廉恥(염치)·破廉恥(파렴치)·厚顔無恥(후안무치)

6 ⑨ 〔恸〕 통: 慟(1726)의 간화자
1618

6 ⑨ 〔恨〕*** 한: 去 願 | hèn, コン
1619

소전 행서 이름 한할 한: 자원 형성. 忄+艮→恨. 限(한)과 같이 艮(간)의 변음이 성부.

필순 忄 忄 忄 忄 忄 忄 恨 恨 恨

새김 ❶한하다. 한스러워하다. ¶恨歎(—, 탄식할 탄) 한스러워하며 탄식함. ❷한. 원한. ¶餘恨(남을 여, —) 남은 원한.
〔恨事〕(한사) 한스러운 일.
▷怨恨(원한)·遺恨(유한)·長恨(장한)·情恨(정한)·痛恨(통한)·悔恨(회한)

6 ⑨ 〔恒〕*** 항 平 蒸 | héng, コウ
1620

소전 행서 본자 恆 이름 항상 항 자원 형성. 忄+亘〔亙의 변형〕→恆→恒. 姮(항)과 같이 亘(긍)의 변음이 성부.

필순 忄 忄 忄 忄 忄 恒 恒 恒 恒

새김 ❶항상. 늘. 언제나. ¶恒例(—, 예 례)언제나 늘 있는 예. ❷변하지 아니하다. ¶恒久(—, 오랠 구)변함없이 오래 감.
〔恒茶飯〕(항다반) 늘 있는 예사로움.
〔恒事〕(항사) 늘 있는 일.
〔恒產〕(항산) 일정한 생업. 또는 일정한 재산.
〔恒常〕(항상) 언제나. 늘. 일상(日常).
〔恒星〕(항성) 태양과 같이 천구상에서 그 자리가 거의 변하지 않고 자체로 빛을 내는 별.
〔恒時〕(항시) 보통 때. 평상시(平常時). 평소.
〔恒心〕(항심) ①사람이 늘 지니고 있는 도덕심. ②오래도록 변하지 않는 의지.

6 ⑨ 〔恆〕 항 恒(1620)의 본자
1621

6 ⑨ 〔恍〕* 황: 上 養 | huǎng, コウ
1622

행서 이름 황홀할 황: 자원 형성. 忄+光→恍. 晃(황)·晄(황)과 같이 光(광)의 변음이 성부.
새김 황홀하다. 마음을 빼앗겨 멍하다. ¶恍惚(—, 황홀할 홀) ㉮한 가지 사물에 마음을 빼앗기어 어리둥절함. ㉯정신이 어찔하고 흐리멍덩함. ㉰눈이 부시어 어릿어릿할 정도로 찬란하거나 화려함.

6 ⑨ 〔恢〕* 회 本괴 平 灰 | huī, カイ
1623

소전 행서 이름 넓을 회 자원 형성. 忄+灰→恢. 灰(회)가 성부.
새김 ❶넓다. 넓고 크다. ¶恢恢(—, —) 넓고 큰 모양. 예天網——. ❷되돌리다. 回(0808)와 통용. ¶恢復(—, 되돌릴 복) 다시 본래의 상태로 되돌리거나 되찾음.
〔恢弘〕(회홍) 넓고 큼. 또는 넓힘.

6 ⑨ 〔恤〕* 휼 本술 入 質 | xù, シュツ
1624

소전 행서 이름 구휼할 휼 자원 형성. 忄+血〔卹의 생략체〕→恤. 卹(휼)이 성부.
새김 ❶구휼하다. 구제하다. ¶恤民(—, 백성 민) 백성의 어려운 사정을 구제함. ❷위로하다. 돌보다. ¶恤兵(—, 병사 병) 금품을 보내어 병사를 위로함.
〔恤功〕(휼공) 백성의 노고(勞苦)를 진심으로 근심하고 염려함.
〔恤貧〕(휼빈) 가난한 사람을 구휼함.
▷救恤(구휼)·矜恤(긍휼)·撫恤(무휼)·恩恤(은휼)·賑恤(진휼)

6 ⑨ 〔恰〕* 흡 本겹 入 洽 | qià, キョウ
1625

소전 행서 이름 흡사 흡 자원 형성. 忄+合→恰. 洽(흡)·翕(흡)과 같이 合(합)의 변음이 성부.
새김 흡사. 마치. 또는 흡사하다. ¶恰似(—, 같을 사) 거의 같을 정도로 비슷함.

7 ⑪ 〔悫〕 각 愨(1707)의 간화자
1626

7 ⑩ 〔悩〕 뇌 惱(1672)의 속자
1627

7 ⑩ 〔悧〕* 리: 俐(0222)와 동자
1628

7 ⑩ 〔悯〕 민 憫(1735)의 간화자
1629

7 ⑩ 〔悚〕* 송: 上 腫 | sǒng, ショウ
1630

행서 이름 두려워할 송: 자원 형성. 忄+束→悚. 束(속)의 변음이 성부.
새김 두려워하다. 또는 황송하다. ¶悚懼(—, 두려울 구) 황송하고 두려움.
〔悚懍〕(송름) 두려워서 쭈뼛쭈뼛함.
〔悚然〕(송연) 무서워서 소름이 끼치는 듯함.
▷罪悚(죄송)·惶悚(황송)

7 ⑪ 〔悉〕* 실 入質 | xī, シツ
1631

소전 행서 이름 다 실 자원 회의. 釆+心→悉. 釆은 짐승의 발톱. 짐승이 그의 발톱으로 다른 짐승의 심장을 다 도려낸다는 뜻.

새김 다. 모두. 또는 다하다. 다 궁구하다. ¶知悉(알 지, —)모든 사정을 다 앎.

▷備悉(비실)·詳悉(상실)

7 ⑪ 〔悪〕 ㊀악 惡(1655)의 속자 ㊁오: 惡(1655)의 속자 ㊂오 惡(1655)의 속자
1632

7 ⑩ 〔悅〕*** 열 入屑 | yuè, エツ
1633

행서 이름 기쁠 열 자원 형성. 忄+兌→悅. 兌에는 '태' 외에 '열' 음도 있어, 說(열)·閱(열)과 같이 兌(열)이 성부.

필순 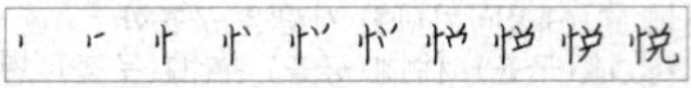

새김 기쁘다. 또는 기뻐하다. ¶悅樂(—, 즐거워할 락) 기뻐하며 즐거워함.

〔悅口〕(열구) 음식이 입에 맞음.

〔悅服〕(열복) 기쁜 마음으로 순종함.

〔悅親〕(열친) 부모의 마음을 기쁘게 함.

▷和悅(화열)·喜悅(희열)

7 ⑩ 〔悟〕*** 오: 去遇 | wù, ゴ
1634

소전 행서 이름 깨달을 오: 자원 형성. 忄+吾→悟. 晤(오)·梧(오)·珸(오)와 같이 吾(오)가 성부.

필순 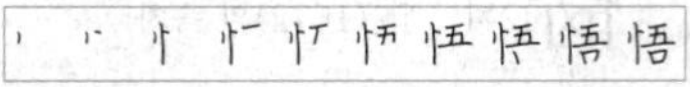

새김 ❶깨닫다. 진리를 깨닫다. 또는 깨우치다. ¶覺悟(깨달을 각, —)㉮사물의 도리를 깨달음. ㉯앞으로 닥쳐올 일에 대한 마음의 준비. ❷슬기롭다. ¶穎悟(영리할 영, —)영리하고 슬기로움.

〔悟道〕(오도) (佛)불도의 진리를 깨달음.

〔悟性〕(오성) 사물을 이해하고 분석하는 사유(思惟)의 능력.

▷開悟(개오)·大悟(대오)·頓悟(돈오)·省悟(성오)·會悟(회오)

7 ⑪ 〔悠〕** 유 平尤 | yōu, ユウ
1635

소전 행서 이름 멀 유 자원 형성. 攸+心→悠. 攸(유)가 성부.

필순 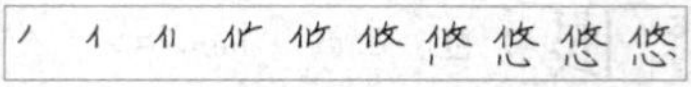

새김 ❶멀다. 오래다. ¶悠久(—, 오랠 구)아득하게 오램. 예—한 歷史. ❷누긋하다. 느릿하고 태연하다. ¶悠悠(—, —)㉮느릿하고 태연함. 예—自適. ㉯아득하게 오램. 예—한 半萬年 歷史.

〔悠邈〕(유막) 아득히 멂. 유원(悠遠).

〔悠然〕(유연) 태연하고 여유가 있는 모양.

〔悠悠度日〕(유유도일) 아무 하는 일 없이 한가로이 세월을 보냄.

〔悠悠自適〕(유유자적) 속세의 번거로운 일에서 떠나, 자신이 마음먹은 대로 아등바등함이 없이 한가롭게 생활함.

〔悠長〕(유장) 아등바등함이 없이 늘쩡함.

7 ⑩ 〔悛〕* 전 平先 | quān, セン
1636

소전 행서 이름 고칠 전 자원 형성. 忄+夋→悛. 夋(준)의 변음이 성부.

새김 고치다. 잘못을 뉘우쳐 고치다. ¶改悛(고칠 개, —) 잘못되었던 생각을 고쳐 마음을 바르게 먹음. 예—의 情.

7 ⑩ 〔悌〕* 제: 去霽 | tì, テイ
1637

소전 행서 이름 공경할 제: 자원 형성. 忄+弟→悌. 梯(제)와 같이 弟(제)가 성부.

새김 ❶공경하다. 연장자를 공경하여 받들다. ¶孝悌(효도할 효, —) 어버이에게 효도하고 연장자를 공경함. ❷편안하다. ¶愷悌(화락할 개, —) 화락하고 편안함.

〔悌友〕(제우) 형제 또는 장유(長幼) 사이의 두터운 정의.

7 ⑪ 〔悤〕* 총 忽(1594)의 본자
1638

7 ⑩ 〔悖〕* 패: 去隊 | bèi, ハイ
1639

소전 행서 이름 어그러질 패: 자원 형성. 忄+孛→悖. 孛(발)의 변음이 성부.

새김 어그러지다. 또는 도리를 거스르다. ¶悖倫(—, 인륜 륜) 인륜에 어그러짐.

〔悖德〕(패덕) 도덕과 의리에 어그러짐. 또는 그런 행위.

〔悖戾〕(패려) 성질이나 언행이 도리에 어그러지고 사나움.

〔悖逆〕(패역) 인륜에 어그러지고 거슬려 불순「함.

▷狂悖(광패)·行悖(행패)·凶悖(흉패)

7 ⑩ 〔悍〕* 한: 去翰 hàn, カン
1640

소전 행서 이름 사나울 한: 자원 형성. 忄+旱→悍. 旱(한)이 성부.
새김 사납다. 흉포하다. ¶悍馬(—, 말 마) 사나운 말.
〔悍勇〕(한용) 사납고 용맹스러움.
▷猛悍(맹한)·勇悍(용한)·精悍(정한)·慓悍(표한)

7 ⑪ 〔悬〕 현 懸(1762)의 간화자
1641

7 ⑪ 〔患〕*** 환: 去諫 huàn, カン
1642

소전 행서 이름 근심 환: 자원 형성. 串+心→患. 串(관)의 변음이 성부.

필순 丶 冂 口 吕 吕 吕 串 串 患 患

새김 ❶근심. 걱정. 또는 근심하다. ¶有備無患(있을 유, 준비 비, 없을 무, —) 미리 준비가 있으면 근심이 없음. ❷앓다. 병을 앓다. 또는 질병. ¶患者(—, 사람 자) 병이나 상처로 앓는 사람.
〔患難〕(환난) 근심과 재난. 예—相救.
〔患部〕(환부) 병이 든 부위. 또는 상처가 난 곳.
〔患候〕(환후) 어른을 높여 그의 병을 이르는 말.
▷內患(내환)·老患(노환)·病患(병환)·宿患(숙환)·外患(외환)·憂患(우환)·重患(중환)·疾患(질환)·親患(친환)·後患(후환)

7 ⑩ 〔悔〕** 회: 上賄 huǐ, カイ
1643

소전 행서 이름 뉘우칠 회: 자원 형성. 忄+每→悔. 晦(회)·誨(회)와 같이 每(매)의 변음이 성부.

필순 丶 丷 忄 忄 忙 忙 怀 悔 悔 悔

새김 뉘우치다. 또는 뉘우침. ¶悔改(—, 고칠 개) 이전의 잘못을 뉘우쳐 고침.
〔悔心〕(회심) 잘못을 뉘우치는 마음.
〔悔悟〕(회오) 잘못을 뉘우치고 깨달음.
〔悔罪〕(회죄) 지은 죄를 뉘우침.
〔悔恨〕(회한) 뉘우치고 한탄함. 회린(悔吝).
▷懊悔(오회)·懺悔(참회)·痛悔(통회)·後悔(후회)

8 ⑪ 〔惊〕 경 驚(6174)의 간화자
1644

8 ⑪ 〔悸〕* 계: 去寘 jì, キ
1645

소전 행서 이름 두근거릴 계: 자원 형성. 忄+季→悸. 季(계)가 성부.
새김 두근거리다. 놀라거나 두려워서 심장이 울렁거리다. ¶動悸(움직일 동, —) 가슴이 두근거림.

8 ⑪ 〔惯〕 관 慣(1712)의 간화자
1646

8 ⑪ 〔惧〕 구: 懼(1765)의 속자·간화자
1647

8 ⑫ 〔悳〕* 덕 德(1556)과 동자
1648

8 ⑪ 〔悼〕* 도: 去號 dào, トウ
1649

소전 행서 이름 슬퍼할 도: 자원 형성. 忄+卓→悼. 掉(도)·棹(도)와 같이 卓(탁)의 변음이 성부.
새김 슬퍼하다. 사람의 죽음을 슬퍼하다. ¶哀悼(슬퍼할 애, —) 사람의 죽음을 슬퍼함.
〔悼惜〕(도석) 죽은 사람을 애석하게 여기어 슬퍼함.
▷悲悼(비도)·傷悼(상도)·深悼(심도)·追悼(추도)·痛悼(통도)

8 ⑪ 〔惇〕* 돈 平元 dūn, トン
1650

소전 행서 이름 도타울 돈 자원 형성. 忄+享→惇. 敦(돈)·焞(돈)과 같이 享(향)의 변음이 성부.
새김 도탑다. 인정이 도탑다.

8 ⑫ 〔悶〕* 민 本문: 去願 mèn, モン
1651

소전 행서 간화 闷 이름 번민할 민 자원 형성. 門+心→悶. 門(문)의 변음이 성부.
새김 번민하다. 애태우다. 또는 번민. ¶苦悶(괴로워할 고, —) 일이 뜻대로 되지 않거나 걱정거리가 있어, 마음 속으로 괴로워하고 애태움.
〔悶死〕(민사) 몹시 고민하다가 죽음.
〔悶鬱〕(민울) 안타깝고 답답함.
▷煩悶(번민)

8 ⑫ 〔悲〕*** 비 平支 bēi, ヒ
1652

소전 悲 행서 悲 이름 슬플 비 자원 형성. 非+心→悲. 扉(비)·匪(비)·斐(비)·誹(비)와 같이 非(비)가 성부.

필순 丿 ㇆ ㇌ ㇌ ㇌ 非 非 非 悲 悲

새김 ❶슬프다. 喜(0769)의 대. ㉠언짢은 생각으로 마음이 아프다. 또는 슬픔. ¶悲慘(—, 참혹할 참)슬프고 참혹함. ㉡슬퍼하다. ¶悲哀(—, 슬퍼할 애)몹시 슬퍼하고 서러워함. ❷가엽게 여기다. ¶慈悲(사랑 자, —)慈(1687)를 보라.

〔悲觀〕(비관) 사물을 슬프게만 봄.

〔悲劇〕(비극) ①비참한 사건. ②슬픈 결말로 끝맺는 극. 「난 사랑.

〔悲戀〕(비련) 이루어지지 못하고 비극으로 끝

〔悲鳴〕(비명) 놀라거나 다급할 때 지르는 외마디 소리.

〔悲報〕(비보) 슬픈 기별. ㉹죽음의 —.

〔悲憤〕(비분) 슬프고 분함. ㉹— 慷慨.

〔悲運〕(비운) 슬픈 운명.

〔悲願〕(비원) ①(佛)모든 중생을 구제하겠다는 자비의 소원. ②어떤 난관이 있더라도 이루어 보겠다는 큰 소원.

〔悲壯〕(비장) 슬프면서도 그 감정을 억제하여 의기가 씩씩함. ㉹—한 목소리.

〔悲歎〕(비탄) 슬퍼하며 탄식함. 비탄(悲嘆).

〔悲痛〕(비통) 몹시 슬프고 가슴이 아픔.

▷大慈大悲(대자대비)·傷悲(상비)·喜悲(희비)

8 ⑫ 〔惫〕 1653 비: 憊(1737)의 간화자

8 ⑪ 〔惜〕*** 1654 석 入 陌 | xī, セキ

소전 惜 행서 惜 이름 아낄 석 자원 형성. 忄+昔→惜. 昔(석)이 성부.

필순 ㇀ 忄 忄 忄 忄 忄 忄 惜 惜 惜

새김 ❶아끼다. 소중히 여기다. ¶惜$_2$陰$_1$(—, 시간 음) 시간을 아낌. ❷아깝다. 애석하다. ¶惜敗(—, 질 패) 아깝게 짐. ❸아까와하다. 아쉬워하다. ¶惜$_2$別$_1$(—, 이별 별) 이별을 아쉬워함. ㉹—의 정을 나누다.

▷哀惜(애석)·痛惜(통석)

8 ⑫ 〔惡〕*** 1655 ㊀악 入 藥 | è, アク ㊁오: 去 遇 | wù, オ ㊂오 平 虞 | wū, オ

소전 惡 행서 惡 속자 悪 속자 간화 恶 이름 ㊀악할 악 ㊁미워할 오: ㊂어찌 오 자원 형성. 亞+心→惡. 亞에는 '아' 외에 '악' 음도 있어, 堊(악)과 같이 亞(악)이 성부.

필순 一 丅 亍 亞 亞 亞 亞 亞 惡 惡

새김 ㊀❶악하다. 善(0758)의 대. ㉠모질고 사납다. ¶惡人(—, 사람 인) 악한 사람. ㉡성질·행동·버릇 등이 도덕적으로 보아 나쁘다. ¶惡習(—, 버릇 습) 나쁜 버릇. ❷거칠다. 질이 나쁘다. ¶惡衣惡食(—, 옷 의, —, 음식 식) 거친 옷과 거친 음식. ❸추하다. 생김새가 더럽다. ¶醜惡(추할 추, —) 생김새·행위·마음가짐 등이 추하고 더러움. ❹매우. 몹시. 또는 세차다. ¶惡戰(—, 싸움 전) 몹시 어려운 조건을 무릅쓰고 세차게 싸우는 싸움. ㉹— 苦鬪. ㊁미워하다. 또는 싫어하다. ¶憎惡(미워할 증, —) 몹시 미워함. ㊂어찌. 어찌하여. 또는 어디. 어디에서. 〔史記〕 惡可$_3$以$_1$已$_2$哉(오가이이재) 어찌 그만둘 수 있겠느냐?

〔惡感〕(악감) 나쁜 감정. ㉹—을 품다.

〔惡鬼〕(악귀) 악한 귀신.

〔惡談〕(악담) 남이 못 되도록 저주(咀呪)하는 말. 「남. 또는 그러한 행위.

〔惡德〕(악덕) ①못된 마음씨. ②도리에 어긋

〔惡黨〕(악당) 악인(惡人)의 무리.

〔惡毒〕(악독) 마음이 흉악하고 독살스러움.

〔惡辣〕(악랄) 매섭고 표독함.

〔惡魔〕(악마) 악독한 마귀. 인신하여, 매우 악독한 행동을 하는 사람. 「이 높다.

〔惡名〕(악명) 악하다는 소문이나 평판. ㉹—

〔惡夢〕(악몽) 불길한 꿈.

〔惡心〕(①악심②오심) ①남을 해치려는 마음. ②속이 불쾌하고 토할 듯한 기분이 생기는

〔惡業〕(악업) (佛)악한 행위. 〔현상.

〔惡役〕(악역) 영화나 극에서 악한 사람의 역을 맡은 사람. 「못한 부부.

〔惡緣〕(악연) 나쁜 인연. 인신하여, 화목하지

〔惡用〕(악용) 옳지 못하게 씀. 「를 품다.

〔惡意〕(악의) 남을 해치려는 나쁜 마음. ㉹—

〔惡政〕(악정) 백성을 괴롭히는 나쁜 정치.

〔惡疾〕(악질) 고치기 어려운 나쁜 병.

〔惡質〕(악질) ①못되고 나쁜 성질. 또는 그런 성질의 사람. ②좋지 못한 바탕.

〔惡臭〕(악취) 나쁜 냄새.

〔惡妻〕(악처) 남편에게 도움이 되지 않는, 성질이나 행실이 나쁜 아내.

〔惡天候〕(악천후) 몹시 나쁜 날씨.

〔惡趣味〕(악취미) 남이 싫어하는 일을 즐겨하는, 나쁜 취미.

〔惡評〕(악평) 좋지 못한 평판. ↔ 호평(好評).

〔惡筆〕(악필) 아주 잘 못 쓴 글씨.

〔惡漢〕(악한) 악한 놈.

〔惡化〕(악화) 어떤 성질·상태·관계 등이 나쁘게 됨. ㉹병세가 날로 —되다.

〔惡寒〕(오한) ①추위를 싫어함. ②병적으로 몸이 오슬오슬 추워지는 증세.

▷姦惡(간악)·極惡(극악)·勸善懲惡(권선징악)·邪惡(사악)·善惡(선악)·性惡說(성악설)·羞惡(수오)·罪惡(죄악)·暴惡(포악)·險惡(험악)·嫌惡(혐오)·凶惡(흉악)

8 ⑪ 〔惟〕** 유 平支 wéi, イ
1656

소전 행서 이름 생각할 유 자원 형성. 忄+隹→惟. 隹에는 '추' 외에 '유' 음도 있어, 唯(유)·維(유)와 같이 隹(유)가 성부.

필순

새김 ❶생각하다. ¶思惟(생각할 사, ―) 생각함. ❷다만. 오직. 범위를 한정하는 뜻으로 쓴다. 唯(0745)·維(4039)와 통용. ¶惟獨(―, 홀로 독) ㉮여럿 가운데 홀로. ㉯유달리.

〔惟日不足〕(유일부족) 바쁘거나 할 일이 많아서 날짜가 모자람.

〔惟精惟一〕(유정유일) 사욕을 떨쳐버리고 마음을 전일하게 지킴.

▷伏惟(복유)

8 ⑪ 〔情〕*** 정 平庚 qíng, ジョウ
1657

소전 행서 동자 情 이름 뜻 정 자원 형성. 忄+青→情. 精(정)·靖(정)·睛(정)과 같이 青(청)의 변음이 성부.

필순

새김 ❶뜻. 속으로 먹는 마음. ¶感情(느낄 감, ―)느끼어 일어나는 심정. ❷정. ㉠애정. 사랑하는 마음. ¶戀情(그리워할 련, ―)남녀 사이에 서로 그리워하며 사랑하는 마음. ㉡인정. 동정하는 마음. ¶無₂情₁(없을 무, ―)인정이나 동정하는 마음이 없음. ❸사정. 정세. 있는 그대로의 모양. ¶實情(실제 실, ―)실제의 사정이나 정세. ❹멋. 흥취. ¶情趣(―, 멋 취)흥취를 자아내는 멋.

〔情感〕(정감) 느낌.

〔情景〕(정경) ①벌어진 형편이나 정황. ②정취와 경치.

〔情交〕(정교) ①정다운 마음으로 친하게 사귐. ②남녀 사이의 육체적인 사귐.

〔情念〕(정념) 감정에서 일어나는 강한 생각.

〔情談〕(정담) ①다정한 이야기. ②남녀간의 애정 이야기.

〔情理〕(정리) 인정과 도리.

〔情報〕(정보) 사건의 실정을 알리는 보고. 또는 그 내용이나 자료.

〔情分〕(정분) ①사귀어서 정이 든 정도. ②정이 넘치는 따뜻한 마음.

〔情死〕(정사) 남녀가 사랑 때문에 함께 자살함.

〔情事〕(정사) 남녀 사이의 애정에 관한 일.

〔情狀〕(정상) 처해 있는 형편이나 상황.

〔情緖〕(정서) ①마음 속에서 우러나는 느낌이나 감정의 실마리. ②본능에 의하여 일어나는 감정.

〔情勢〕(정세) 일의 속사정과 추세. 일이 되어가는 형편.

〔情實〕(정실) ①사사로운 정의나 관계에 끌리는 공평하지 못한 일. 예―에 치우친 人事. ②실제의 사실.

〔情熱〕(정열) 불같이 세차게 일어나는 감정.

〔情慾〕(정욕) 색정에 대한 욕망.

〔情義〕(정의) 인정과 의리.

〔情誼〕(정의) 사귀어 친해진 정.

〔情人〕(정인) 연애를 하거나 사통하는 남녀 사이에서 서로 상대방을 이르는 말.

〔情操〕(정조) 도덕·종교·예술 등의 활동에 따라 일어나는 고상하고 풍부한 감정.

〔情況〕(정황) 사물의 정세와 형편.

▷激情(격정)·多情(다정)·民情(민정)·色情(색정)·煽情(선정)·世情(세정)·溫情(온정)·眞情(진정)·陳情(진정)·衷情(충정)·癡情(치정)·表情(표정)

8 ⑪ 〔情〕 정 情(1657)과 동자
1658

8 ⑪ 〔悰〕* 종 平冬 cóng, ソウ
1659

소전 행서 이름 즐길 종 자원 형성. 忄+宗→悰. 倧(종)·綜(종)·踪(종)과 같이 宗(종)이 성부.

새김 즐기다. 또는 즐거워하다.

8 ⑫ 〔惩〕 징 懲(1759)의 간화자
1660

8 ⑪ 〔惨〕 참 慘(1721)의 속자·간화자
1661

8 ⑪ 〔惭〕 참 慚(1722)의 간화자
1662

8 ⑪ 〔悽〕* 처 平齊 qī, セイ
1663

소전 행서 이름 슬퍼할 처 자원 형성. 忄+妻→悽. 妻(처)가 성부.

새김 슬퍼하다. 또는 슬프다. 마음아프다. ¶悽慘(―, 참혹할 참) 마음이 아플 만큼 끔찍스럽게 참혹함. 예―한 光景.

〔悽然〕(처연) 처량하고 구슬픔.

〔悽絶〕(처절) 더할 나위 없이 애처로움.

〔悽愴〕(처창) 몹시 구슬프고 애닮음.

8 ⑪ 〔悴〕* 췌 ㊍취: 去寘 | cuì, スイ
1664

소전 행서 이름 파리할 췌 자원 형성. 忄+卒→悴. 醉(취)·萃(췌)와 같이 卒(졸)의 변음이 성부.

새김 파리하다. 해쓱하다. ¶憔悴(파리할 초, —)憔(1740)를 보라.

8 ⑪ 〔惮〕 탄: 憚(1741)의 간화자
1665

8 ⑫ 〔惠〕*** 혜: 去霽 | huì, ケイ
1666

소전 행서 이름 은혜 혜: 자원 형성. 叀+心→惠. 叀(혜)가 성부.

필순 一 𠂆 冖 冃 冐 亩 叀 叀 恵 惠

새김 ❶은혜. 베풀어 주는 사랑이나 물질적인 혜택. ¶惠澤(—, 덕택 택)은혜와 덕택. ❷은혜를 베풀다. ¶惠撫(—, 어루만질 무)은혜를 베풀어 어루만짐.

〔惠念〕(혜념) 남의 어려운 사정을 돌보아 생각함. 또는 돌보아 주는 그 생각.

〔惠書〕(혜서) 남을 높여 그의 편지를 이르는 말.

〔惠政〕(혜정) 인자한 정치. 인정(仁政).

〔惠存〕(혜존) 자기의 저서나 작품을 남에게 줄 때, '받아서 간직해 주십시오' 하는 뜻으로 쓰는 말.

〔惠翰〕(혜한) 혜서(惠書).

▷德惠(덕혜)·受惠(수혜)·施惠(시혜)·恩惠(은혜)·仁惠(인혜)·慈惠(자혜)

8 ⑫ 〔惑〕** 혹 入職 | huò, ワク
1667

소전 행서 이름 미혹할 혹 자원 형성. 或+心→惑. 或(혹)이 성부.

필순 一 𠂆 冖 𠮛 𢦏 式 或 或 惑 惑

새김 ❶미혹하다. 혹하다. 무엇에 홀려서 정신이 헷갈리다. ¶疑惑(의심할 의, —) 의심스럽게 여겨 정신이 헷갈림. 또는 그런 생각. ❷미혹하게 하다. 현혹시키다. ¶誘惑(꾈 유, —) 남을 꾀어서 현혹시킴.

〔惑亂〕(혹란) 미혹되어 어지러움.

〔惑星〕(혹성) 태양 주위를 도는 천체들. 행성(行星). 유성(遊星).

〔惑世〕(혹세) 세상을 어지럽고 문란하게 함.

〔惑世誣民〕(혹세무민) 세상을 어지럽게 하고 사람들을 미혹시켜 속임.

▷蠱惑(고혹)·魅惑(매혹)·迷惑(미혹)·不惑(불혹)·眩惑(현혹)

8 ⑪ 〔惚〕* 홀 入月 | hū, コツ
1668

행서 이름 황홀할 홀 자원 형성. 忄+忽→惚. 忽(홀)이 성부.

새김 황홀하다. 마음을 빼앗겨 멍하다. ¶恍惚(황홀할 황, —) 恍(1622)을 보라.

▷怳惚(황홀)·慌惚(황홀)

9 ⑬ 〔感〕*** 감: 上感 | gǎn, カン
1669

소전 행서 이름 느낄 감: 자원 형성. 咸+心→感. 減(감)과 같이 咸(함)의 변음이 성부.

필순 丿 厂 厂 戶 后 咸 咸 咸 感 感

새김 ❶느끼다. ¶感動(—, 움직일 동)깊이 느끼어 마음이 움직임. ❷느낌. ¶快感(쾌할 쾌, —) 유쾌하고 상쾌한 느낌. ❸걸리다. 병에 걸리다. ¶感染(—, 물들 염)전염병에 걸리거나 나쁜 풍습·버릇 등에 물듦.

〔感覺〕(감각) ①느끼어 깨달음. ②외부 또는 내부의 자극에 의해 일어나는 느낌.

〔感慨〕(감개) 마음 속 깊이 사무치게 느낌. 또는 그 느낌.

〔感慨無量〕(감개무량) 마음에 사무치는 느낌이 한이 없음.

〔感激〕(감격) 감격하여 마음 속 느낌이 그지없음.

〔感度〕(감도) 감촉되는 정도.

〔感淚〕(감루) 감격하여 흘리는 눈물.

〔感銘〕(감명) 깊이 느끼어 마음에 새김.

〔感服〕(감복) 과연 훌륭하다고 깊이 느끼어 탄복함.

〔感謝〕(감사) ①고맙게 여김. ②고맙게 여기어 사의(謝意)를 표함.

〔感想〕(감상) ①마음에 느끼어 생각함. ②느낀 바. 느낀 생각.

〔感傷〕(감상) 사소한 일이나 현상에도 쓸쓸하고 슬프게 느끼어 마음이 상함. ㊎—的.

〔感性〕(감성) 감각 능력. 감수성.

〔感受性〕(감수성) 자극을 통하여 느낌을 받는 성질이나 능력. ㊎—이 예민하다.

〔感泣〕(감읍) 감격하여 눈물을 흘리며 욺.

〔感應〕(감응) ①사물에 접촉하여 마음이 따라 움직임. ②인간의 요구를 신령이 받아들임. ③전기나 자기(磁氣)가 그 전장(電場)·자장(磁場) 안에 있는 물체에 미치는 작용.

〔感情〕(감정) 외부 사물의 자극으로 일어나는 희(喜)·노(怒)·애(哀)·락(樂) 따위의 심리적 반응.

〔感知〕(감지) 느껴서 앎.

〔感之德之〕(감지덕지) 고맙게 여기고 은혜롭게 여김.

〔感觸〕(감촉) 외계의 자극에 접촉하여 느끼거나 접촉하여 받는 느낌.

〔感歎〕(감탄) 마음에 깊이 느끼어 탄복함.
〔感化〕(감화) 남의 마음을 감동시켜 변화하게 함.
〔感懷〕(감회) 마음에 느낀 회포.
〔感興〕(감흥) 감동되어서 일어나는 흥취.
〔感喜〕(감희) 고맙게 느껴 기뻐함.
▷共感(공감)·多感(다감)·鈍感(둔감)·敏感(민감)·悲感(비감)·所感(소감)·劣等感(열등감)·豫感(예감)·直感(직감)·好感(호감)

9 ⑫ 〔慨〕 1670 개: 慨(1709)의 속자

9 ⑬ 〔愆〕* 1671 건 平 先 | qiān, ケン

소전 행서 이름 허물 건 자원 형성. 衍+心→愆. 衍(연)의 변음이 성부.
새김 ❶허물. 과실. ¶愆過(—, 허물 과) 허물. ❷어기다. 때를 넘기다. 愆期(—, 기한 기)약속한 기일을 어김.

9 ⑫ 〔惱〕** 1672 뇌 本노: 上 晧 | nǎo, ノウ

소전 행서 속자 悩 간화 恼 이름 괴로워할 뇌 자원 형성. 忄+𡿺→惱. 腦(뇌)와 같이 𡿺(뇌)가 성부.
필순 丶 忄 忄 忄 忄 忄 惱 惱 惱 惱
새김 ❶괴로워하다. 또는 괴롭히다. ¶煩惱(번거롭게할 번, —)사람을 번거롭게 하여 괴롭힘. 또는 그로 인해 겪는 괴로움. 예百八—. ❷괴로움. 고민. 번뇌. ¶苦惱(괴로움 고, —)고통과 번뇌.
〔惱殺〕(뇌쇄) 마음을 몹시 괴롭게 함. 특히 여성이 그의 요염함을 가지고 남성의 마음을 괴로힘을 이르는 말.
〔惱心〕(뇌심) 마음을 괴롭게 함.
〔惱神〕(뇌신) 정신을 괴롭게 함.
▷懊惱(오뇌)

9 ⑬ 〔愍〕* 1673 민: 上 軫 | mǐn, ビン

소전 행서 이름 가엾게여길 민: 자원 형성. 敃+心→愍. 敃(민)이 성부.
새김 가엾게 여기다. 불쌍히 여기다. ¶憐愍(불쌍히여길 련, —)가련하고 불쌍하게 여김.
▷哀愍(애민)

9 ⑫ 〔愤〕 1674 분 憤(1736)의 간화자

9 ⑬ 〔想〕*** 1675 상 本상: 上 養 | xiǎng, ソウ

소전 행서 이름 생각 상 자원 형성. 相+心→想. 霜(상)·箱(상)·湘(상)과 같이 相(상)이 성부.
필순 一 十 才 木 木 杊 相 相 想 想
새김 ❶생각. ¶空想(헛될 공, —) 머리 속에서만 그려보는 희망적인 생각. ❷생각하다. ¶豫想(미리 예, —) 어떤 일을 당하기 전에 미리 생각함. 또는 그 생각.
〔想起〕(상기) 지난 일을 생각해 냄.
〔想念〕(상념) 마음에 떠오르는 생각.
〔想像〕(상상) 이런저런 생각을 머릿속에 그려봄.
▷假想(가상)·感想(감상)·構想(구상)·瞑想(명상)·夢想(몽상)·思想(사상)·理想(이상)·着想(착상)·追想(추상)·回想(회상)

9 ⑫ 〔惰〕* 1676 서 平 魚 | xū, ショ

이름 지혜로울 서 자원 형성. 忄+胥→惰. 壻(서)·諝(서)와 같이 胥(서)가 성부.
새김 지혜롭다. 슬기롭다.

9 ⑫ 〔愃〕* 1677 선 平 先 | xuān, セン

행서 이름 잊을 선 자원 형성. 忄+宣→愃. 渲(선)·瑄(선)과 같이 宣(선)이 성부.
새김 잊다. 잊어버리다.

9 ⑫ 〔惺〕* 1678 성 平 青 | xīng, ショウ

행서 이름 깨달을 성 자원 형성. 忄+星→惺. 醒(성)·猩(성)·瑆(성)과 같이 星(성)이 성부.
새김 깨닫다. 또는 영리하다.

9 ⑬ 〔愁〕*** 1679 수 本추 平 尤 | chóu, シュウ

소전 행서 이름 시름 수 자원 형성. 秋+心→愁. 秋(추)의 변음이 성부.
필순 二 千 禾 禾 禾' 秒 秋 秋 愁 愁
새김 ❶시름. 근심. 슬픔. ¶旅愁(나그네 려, —)나그네가 객지에서 느끼는 시름. ❷시름겹다. 근심하다. ¶愁心(—, 마음 심)근심하는 마음. 예—이 진 얼굴.
〔愁眉〕(수미) 근심으로 찌푸린 미간.
〔愁色〕(수색) 근심스러운 얼굴빛.
▷客愁(객수)·深愁(심수)·哀愁(애수)·憂愁(우수)·鄕愁(향수)

9 ⑫ 〔愕〕* 악 入藥 è, ガク
1680

행서 이름 놀랄 악 자원 형성. 忄+咢→愕. 鍔(악)·鄂(악)과 같이 咢(악)이 성부.
새김 놀라다. ¶驚愕(놀랄 경, —) 깜짝 놀람. 예—失色.

9 ⑬ 〔愛〕*** 애: 去隊 ài, アイ
1681

소전 행서 간화 爱 이름 사랑 애: 자원 형성. 㤅〔炁의 변형〕+夊→愛. 炁(기)의 변음이 성부.

필순

새김 ❶사랑. 애정. ¶祖國愛(조상 조, 나라 국, —)조국에 대한 사랑. ❷사랑하다. 憎(1739)의 대. ㉠귀여워하다. 소중히 여기다. ¶愛₂國₁(—, 나라 국)자기의 나라를 사랑함. ㉡이성(異性)을 사랑하다. ¶愛人(—, 사람 인)이성 사이의 사랑하는 사람. ㉢좋아하다. ¶愛讀(—, 읽을 독)어떤 책을 좋아하여 즐겨 읽음. ❸아끼다. 또는 사랑하다. ¶愛惜(—, 아낄 석)사랑하고 아깝게 여김. 예—하는 마음.
〔愛敬〕(애경) 사랑하고 존경함.
〔愛嬌〕(애교) 상냥한 말이나 행동으로 남에게 귀엽게 보이려는 태도.
〔愛慕〕(애모) 사랑하고 사모함. 예—의 정.
〔愛撫〕(애무) 사랑하여 어루만짐. 예—의 손길.
〔愛誦〕(애송) 글이나 시구를 즐겨 외거나 읊음.
〔愛煙〕(애연) 담배를 즐김. 예—家.
〔愛玩〕(애완) 사랑하여 가까이 두고 즐기며 완상함.
〔愛慾〕(애욕) 이성(異性)에 대한 성적인 욕망.
〔愛用〕(애용) 어떤 물건을 사랑하고 소중히 씀.
〔愛人〕(애인) ①이성 사이의 사랑하는 사람. ②남을 사랑함. 예敬天—.
〔愛藏〕(애장) 소중하게 소장함. 예—의 古書.
〔愛情〕(애정) 사랑하는 정이나 마음.
〔愛酒〕(애주) 술을 즐기고 좋아함.
〔愛憎〕(애증) 사랑과 미움. 좋아함과 미워함.
〔愛之重之〕(애지중지) 매우 사랑하고 소중하게 여김.
〔愛着〕(애착) (佛)은애(恩愛)의 정에 집착하여 떨어질 수 없음. 또는 그러한 마음.
〔愛唱〕(애창) 사랑하여 즐겨 부름. 예—曲.
〔愛稱〕(애칭) 귀엽게 불리우는 이름.
〔愛鄕〕(애향) 자기의 고향을 사랑함. 예—心.
〔愛好〕(애호) 사랑하고 좋아함.
〔愛護〕(애호) 사랑하고 보호함. 예山林—.
▷敬愛(경애)·博愛(박애)·信愛(신애)·戀愛(연애)·熱愛(열애)·令愛(영애)·友愛(우애)·慈愛(자애)·寵愛(총애)·親愛(친애)·割愛(할애)

9 ⑬ 〔惹〕* 야: 上馬 rě, ジャク
1682

소전 행서 이름 끌 야: 자원 형성. 若+心→惹. 若에는 '약' 외에 '야' 음도 있어, 若(야)가 성부.
새김 끌다. 끌어 당기거나 끌어 들이다. ¶惹起(—, 일으킬 기) 어떤 일이나 문제를 끌어 일으킴. 예다른 사태를 —시키다.
〔惹端〕(야단) ①떠들석하게 일을 벌임. ②큰 소리로 마구 꾸짖음.
〔惹鬧〕(야료←야뇨) 까닭 없이 트집을 부리고 마구 떠들어 댐.

9 ⑬ 〔愚〕** 우 平虞 yú, グ
1683

소전 행서 이름 어리석을 우 자원 형성. 禺+心→愚. 偶(우)·遇(우)·寓(우)와 같이 禺(우)가 성부.

필순

새김 ❶어리석다. 미련하다. 賢(5195)의 대. ¶愚昧(—, 어두울 매) 어리석고 사리에 어두움. ❷저. 자기 자신이나 자기에 관계되는 사물에 붙이는 겸사. ¶愚見(—, 소견 견) 남에게 대하여 '저의 소견'이란 뜻으로 말하는 겸사.
〔愚公移山〕(우공이산) 어려움을 무릅쓰고 끊임없이 노력하면 마침내 성공함의 비유. 故 우공(愚公)이 집 앞을 가로막고 있는 산을 옮기려고 매일 쉬지 않고 파내자, 이에 감동한 상제(上帝)가 산을 옮겨 갔다는 고사.
〔愚鈍〕(우둔) 어리석고 둔함.
〔愚弄〕(우롱) 조롱. 업신여기어 놀림.
〔愚問賢答〕(우문현답) 어리석은 물음에 현명한 대답.
〔愚民〕(우민) ①어리석은 백성. ②백성을 어리석게 만듦.
〔愚暗〕(우암) 어리석어 사리에 어두움.
〔愚劣〕(우열←우렬) 어리석고 졸렬함.
〔愚者一得〕(우자일득) 어리석은 사람이라도 많은 생각을 하는 가운데에는 때로 취할 만한 훌륭한 것이 있음. 愚者千慮(우자천려)必有一得(필유일득)의 준말.
〔愚策〕(우책) ①어리석은 계책. ②자기의 계책에 대한 겸칭.
▷大愚(대우)·暗愚(암우)·癡愚(치우)·賢愚(현우)

9 ⑫ 〔愉〕* 유 平虞 | yū, ユ
1684

소전 행서 이름 즐거울 유 자원 형성. 忄+俞→愉. 愈(유)·諭(유)·鍮(유)와 같이 俞(유)가 성부.

새김 즐겁다. 기쁘다. 또는 즐거워하다. ¶愉快(―, 쾌할 쾌) 즐겁고 기분이 상쾌함.

▷怡愉(이유)

9 ⑬ 〔愈〕** 유 本유: 上麌 | yù, ユ
1685

행서 이름 더욱 유 자원 형성. 俞+心→愈. 愉(유)·喩(유)·癒(유)와 같이 俞(유)가 성부.

필순

새김 ❶더욱. 점점 더. ¶愈往愈甚(―, 갈 왕, ―, 심할 심) 점점 더 갈수록 점점 더 심함. ❷낫다. 더 우수하다. 〔論語〕女與回也 孰愈(여여회야 숙유) 너와 회〔곧 顏回〕는 누가 더 우수하냐? ❸병이 낫다. 〔孟子〕今日愈(금일유) 오늘은 병이 나았다.

〔愈出愈怪〕(유출유괴) 점점 더 괴상하여짐.

9 ⑬ 〔意〕*** 의: 去寘 | yì, イ
1686

소전 행서 이름 뜻 의: 자원 회의. 音+心→意. 사람의 말소리를 들으면 그 사람의 마음을 알 수 있다는 데서 '뜻·의향' 등의 뜻을 나타낸다.

필순

새김 ❶뜻. ㉠마음. 의사. 의향. ¶意見(―, 생각 견) 어떤 대상에 대하여 가지는 생각. ㉡말이나 글이 나타내는 의미. ¶文意(글월 문, ―) 글의 뜻. ❷뜻하다. 생각하다. ¶不₂意₁(아니할 불, ―) 뜻하지 아니함. 예―의 風波.

〔意氣〕(의기) 득의한 마음이나 기개. 예―揚揚.

〔意氣投合〕(의기투합) 서로 뜻과 취향이 맞음.

〔意圖〕(의도) 어떤 목적을 이루려는 생각이나 계획.

〔意味〕(의미) 말이나 글이 가지고 있는 뜻. 예―深長.

〔意思〕(의사) ①생각. 사상. ②뜻.

〔意識〕(의식) ①어떤 사물에 대하여 분별하고 판단할 수 있는 마음의 작용. ②사물의 존재나 상황을 똑똑히 알 수 있는 마음의 상태. 예―不明. ③어떤 사물에 마음을 쓰는 일. 예罪―.

〔意譯〕(의역) 원문을 직역하지 아니하고 그 뜻을 기본으로 하여 번역함. 또는 그리하는 번역.

〔意外〕(의외) 뜻밖. 예―의 불상사.

〔意欲〕(의욕) 적극적으로 하고자 하는 마음.

〔意義〕(의의) ①뜻. 의미(意味). ②사물이 가지고 있는 가치.

〔意匠〕(의장) 제작할 물건의 모양·색채·꾸밈 등에 관한 새로운 고안. 예―特許.

〔意中〕(의중) 품고 있는 마음 속. 예―을 떠보다.

〔意志〕(의지) ①마음. 생각. 뜻. ②어떤 목적을 이루기로 결정한 심리 상태.

〔意趣〕(의취) 의지와 취향. 또는 의향과 취미.

〔意表〕(의표) 예상 밖. 예―를 찌르는 말.

〔意向〕(의향) 마음의 향하는 바. 곧 무엇을 하려는 생각.

▷敬意(경의)·故意(고의)·得意(득의)·本意(본의)·謝意(사의)·善意(선의)·失意(실의)·如意(여의)·熱意(열의)·自意(자의)·創意(창의)·合意(합의)·好意(호의)·厚意(후의)

9 ⑬ 〔慈〕*** 자 平支 | cí, シ
1687

소전 행서 본자 慈 이름 사랑 자 자원 형성. 玆〔玆의 변형〕+心→慈. 滋(자)·磁(자)와 같이 玆(자)가 성부.

필순

새김 ❶사랑. ㉠부모나 손윗사람이 자식이나 아랫사람에게 베푸는 사랑. ¶慈愛(―, 사랑 애) 자식이나 아랫사람에 대한 사랑. ㉡부처의 중생을 제도하는 사랑. ¶慈悲(―, 가엾게여길 비) 부처의 사랑으로 가엾게 여김. 곧 부처가 중생들을 구제하여 괴로움에서 벗어나게 해주는 일. ❷사랑하다. 또는 자애롭다. ¶仁慈(어질 인, ―) 어질고 자애로움. ❸어머니. ¶慈訓(―, 가르침 훈) 어머니의 가르침.

〔慈堂〕(자당) 남의 어머니에 대한 높임말. 훤당(萱堂).

〔慈母〕(자모) 어머니.

〔慈善〕(자선) 가난한 사람이나 불쌍한 사람을 가엾게 여겨 도와 줌. 예―事業.

〔慈侍下〕(자시하) 國아버지는 죽고 어머니만 모시고 있는 처지.

〔慈雨〕(자우) 식물이 자라는데 알맞게 내리는 비.

〔慈親〕(자친) 자애로운 어버이. 후에는 대개 어머니를 일컬음.

▷大慈(대자)·大慈大悲(대자대비)·孝慈(효자)

9 ⑫ 〔惻〕* 측 入職 | cè, ソク
1688

소전 행서 간화 恻 이름 가엾게여길 측 자원 형성. 忄+則→惻. 側(측)·

測(측)·厠(측)과 같이 則(칙)의 변음이 성부.
새김 가엾게 여기다. 불쌍히 여기다. ¶惻隱(—, 가엾게여길 은) 가엾고 애처롭게 여김. 예—之心.
〔惻怛〕(측달) 불쌍히 여기어 슬퍼함.
〔惻然〕(측연) 가엾고 애처로움.
▷懇惻(간측)

9 ⑫ 〔惰〕* 타: 去箇 | duò, ダ
1689

행서 이름 게으를 타: 자원 형성. 忄+隋→惰. 楕(타)와 같이 隋(타)가 성부.
새김 ❶게으르다. 또는 게으름을 피우다. ¶怠惰(게으를 태, —) 게으름. ❷오래되어 굳어지다. ¶惰性(—, 성질 성) 오래되어 굳어진 버릇.
〔惰氣〕(타기) 게으른 마음이나 기분.
▷懶惰(나타)·懈惰(해타)

9 ⑫ 〔愎〕* 퍅 本벽 入職 | bì, フク
1690

행서 이름 괴팍할 퍅 자원 형성. 忄+复→愎. 复(복)의 변음이 성부.
새김 괴팍하다. 성질이 까다롭다. ¶乖愎(어그러질 괴, —)남과 어울리지 않고 까다로움.

9 ⑫ 〔惶〕* 황 平陽 | huáng, コウ
1691

소전 행서 이름 두려워할 황 자원 형성. 忄+皇→惶. 凰(황)·堭(황)·篁(황)과 같이 皇(황)이 성부.
새김 두려워하다. 두려워서 어찌할 바를 모르다. ¶惶恐(—, 두려워할 공)지위나 위엄에 눌러 어찌할 바를 모를 정도로 두려움.
〔惶怯〕(황겁) 두려워서 얼떨떨함.
〔惶悚〕(황송) 분에 넘치어 고맙고도 송구스러움. 예—無地.
〔惶汗〕(황한) 몹시 두려워서 흐르는 땀.
▷驚惶(경황)·恐惶(공황)

10 ⑬ 〔愷〕* 개: 上賄 | kǎi, ガイ
1692

소전 행서 간화 恺 이름 즐거울 개: 자원 형성. 忄+豈→愷. 豈에는 '기' 외에 '개' 음도 있어, 凱(개)·塏(개)·鎧(개)와 같이 豈(개)가 성부.
새김 즐겁다. 화락하다. ¶愷悌(—, 편안할 제) 화락하고 편안함.

10 ⑬ 〔愾〕* 개: 去隊 | kài, ガイ
1693

소전 행서 동자 간화 忾 이름 성낼 개: 자원 형성. 忄+氣→愾. 氣(기)의 변음이 성부.
새김 성내다. 분개하다. ¶敵愾心(적 적, —, 마음 심)적을 증오하여 분개하는 마음.

10 ⑬ 〔慊〕* 겸: 上琰 | qiǎn, ケン
1694

소전 행서 이름 흡족할 겸: 자원 형성. 忄+兼→慊. 謙(겸)·鎌(겸)과 같이 兼(겸)이 성부.
새김 ❶흡족하다. 마음에 차다. 〔孟子〕不慊於心(불겸어심) 마음에 흡족하지 아니하다. ❷불만스러워하다. 〔孟子〕吾何慊乎哉(오 하겸호재) 내가 무엇을 불만스러워하겠느냐?

10 ⑬ 〔愧〕** 괴: 去寘 | kuì, キ
1695

소전 행서 이름 부끄러워할 괴: 자원 형성. 忄+鬼→愧. 塊(괴)·傀(괴)·魁(괴)와 같이 鬼(귀)의 변음이 성부.

필순 忄 忄' 忄' 忄 忄 忄 忄 愧 愧 愧

새김 부끄러워하다. ¶慙愧(부끄러워할 참, —) 부끄러워함. 예—無面.
〔愧赧〕(괴난) 부끄러워서 얼굴이 붉어짐.
▷羞愧(수괴)·自愧之心(자괴지심)

10 ⑬ 〔慄〕* 률 入質 | lì, リツ
1696

행서 이름 떨 률 자원 형성. 忄+栗→慄. 栗(률)이 성부.
새김 떨다. 두려워서 떨다. ¶戰慄(두려워할 전, —, →전율)두려워서 떪.

10 ⑬ 〔愼〕** 신: 去震 | shèn, シン
1697

소전 행서 동자 慎 이름 삼갈 신: 자원 형성. 忄+眞→愼. 眞(진)의 변음이 성부.

필순 忄 忄 忄 忄 忄 忄 忄 忄 愼 愼 愼

새김 삼가다. 조심하다. ¶愼重(—, 진중할 중) 조심하여 진중하게 행동함.
〔愼獨〕(신독) 홀로 있을 때에도 도리에 어긋나지 않도록 삼감.
〔愼言〕(신언) 말을 삼감.
〔愼終〕(신종) 초상(初喪) 때 예에 따라 슬픔을 다함.
〔愼終追遠〕(신종추원) 부모의 상을 당했을 때에는 예에 따라 슬픔을 다하고, 조상의 제

사 때에는 정성을 다하고 경건하게 추모함.
〔愼候〕(신후) 병석에 있는 웃어른의 안부.
▷謹愼(근신)·獨愼(독신)·畏愼(외신)

10 ⑬ 〔慎〕 신: 愼(1697)과 동자
1698

10 ⑭ 〔慂〕* 용: 上腫 yǒng, ヨウ
1699

행서 이름 권할 용: 자원 형성. 涌+心→慂. 涌(용)이 성부.
새김 권하다. ¶慫慂(권할 종, —) 달래어 권함.

10 ⑭ 〔愿〕* 원: 去願 yuàn, ゲン
1700

소전 행서 이름 삼갈 원: 자원 형성. 原+心→愿. 願(원)·源(원)·嫄(원)과 같이 原(원)이 성부.
새김 ❶삼가다. 또는 성실하다. 〔書經〕愿而恭(원이공) 성실하면서 공손함. ❷소박하다. 질박하다. ¶愿慤(—, 성실할 각) 소박하고 성실함. ❸願(6028)의 간화자.

10 ⑭ 〔慇〕* 은 平文 yīn, イン
1701

소전 행서 이름 은근할 은 자원 형성. 殷+心→慇. 殷(은)이 성부.
새김 은근하다. 살뜰하다. ¶慇懃(—, 은근할 근) 서로 통하는 마음이 남 모르게 살뜰함.

10 ⑭ 〔慈〕 자 慈(1687)의 본자
1702

10 ⑬ 〔愴〕* 창: 去漾 chuàng, ソウ
1703

소전 행서 간화 怆 이름 슬플 창: 자원 형성. 忄+倉→愴. 創(창)·蒼(창)·槍(창)·瘡(창)과 같이 倉(창)이 성부.
새김 슬프다. 마음이 아프다. 또는 슬퍼하다. ¶悲愴(슬플 비, —) 슬프고 마음이 아픔.
▷悽愴(처창)·悄愴(초창)

10 ⑭ 〔態〕** 태: 去隊 tài, タイ
1704

소전 행서 간화 态 이름 모양 태: 자원 형성. 能+心→態. 能에는 '능' 외에 '태' 음도 있어, 能(태)가 성부.

필순	∠	∠	𠂢	㠯	㣇	𦝠	能	能	態	態

새김 ❶모양. ㉠맵시. 태도. ¶姿態(모습 자, —) 몸을 가지는 태도와 맵시. ㉡형상. 생김새. ¶千態萬象(일천 천, —, 일만 만, 형상 상) 천 가지 모양과 만 가지 형상. 곧 천차만별의 형상. ❷형편. 정황. ¶狀態(형편 상, —) 사물이나 현상이 처하여 있는 형편.
〔態度〕(태도) ①사람의 용모와 행동거지. ②자태. 맵시.
〔態勢〕(태세) 상태. 형세(形勢).
▷嬌態(교태)·舊態(구태)·動態(동태)·變態(변태)·事態(사태)·世態(세태)·容態(용태)·形態(형태)

10 ⑬ 〔愰〕* 황: 上養 huǎng, コウ
1705

행서 이름 들뜰 황: 자원 형성. 忄+晃→愰. 滉(황)·榥(황)·熀(황)과 같이 晃(황)이 성부.
새김 들뜨다. 마음이 들뜨다.

10 ⑬ 〔慌〕* ㊀황: 上養 huǎng, コウ ㊁황 平陽 huāng, コウ
1706

행서 이름 ㊀황홀할 황: ㊁다급할 황 자원 형성. 忄+荒→慌. 荒(황)이 성부.
새김 ㊀황홀하다. ¶慌惚(—, 황홀할 홀) ㉮눈이 부시어 어릿어릿할 정도로 찬란함. ㉯정신을 빼앗겨 어리둥절함. ㊁다급하다. ¶慌忙(—, 바쁠 망) 마음이 다급하여 허둥지둥함.
〔慌忙〕(황망) 마음이 몹시 급하고 당황하여 허둥지둥함.
▷唐慌(당황)

11 ⑮ 〔慤〕* 각 入覺 què, カク
1707

소전 행서 간화 悫 이름 삼갈 각 자원 형성. 殼+心→慤. 殼(각)이 성부.
새김 삼가다. 정성스럽다.

11 ⑭ 〔慷〕* 강 平陽 kāng, コウ
1708

행서 이름 강개할 강 자원 형성. 忄+康→慷. 糠(강)·鱇(강)과 같이 康(강)이 성부.
새김 강개하다. 의기가 북받쳐 오르다. ¶慷慨(—, 강개할 개) 사회의 부정 등에 대하여 의기가 북받치어 원통하게 여김. 예—之士.
〔慷喟〕(강위) 분개하며 탄식함.

11 ⑭ 〔慨〕** 개: 去隊 kǎi, ガイ
1709

소전 행서 속자 慨 이름 강개할 개: 자원 형성. 忄+既→慨. 漑(개)·槪(개)와 같이 既(기)의 변음이 성부.

필순 … 慨

새김 강개하다. 분개하다. ¶慨歎(—, 탄식할 탄) 분개하면서 탄식함.
▷感慨(감개)·慷慨(강개)·憤慨(분개)

11 ⑮ 〔愒〕 1710 게: 憩(1730)의 속자

11 ⑮ 〔慶〕*** 1711 경: 去敬 | qìng, ケイ

소전 행서 이름 경사 경: 자원 형성. 𢉖〔鹿의 생략체〕+心+夊→慶. 夊은 가다. 경사에 축하의 선물로 녹비〔鹿皮〕을 가지고 기쁜 마음으로 간다는 뜻.

필순 … 慶

새김 ❶경사. 축하할 일. ¶餘慶(남을 여, —) 남에게 좋은 일을 많이 한 보람으로 뒷날 그의 자손이 받는 경사. 예積善之家 必有—. ❷축하하다. 또는 경사스럽다. ¶慶祝(—, 축하할 축) 기쁜 일을 축하함. 예—祭典.
〔慶科〕(경과) 國나라에 경사가 있을 때 임시로 보이던 과거(科擧).
〔慶事〕(경사) 축하할 만한 일. 기쁜 일.
〔慶弔〕(경조) 경사와 흉사(凶事). 예—相問.
〔慶賀〕(경하) 경사스러운 일을 축하함.
〔慶會〕(경회) 경사를 축하하는 연회.
▷具慶下(구경하)·吉慶(길경)·大慶(대경)·同慶(동경)

11 ⑭ 〔慣〕** 1712 관 本관: 去諫 | guàn, カン

행서 간화 惯 이름 익숙할 관 자원 형성. 忄+貫→慣. 貫(관)이 성부.

필순 … 慣

새김 ❶익숙하다. 또는 익숙해지다. ¶慣習(—, 버릇 습)옛날부터 널리 행하여져 익숙해진 습관. ❷버릇. 습관. ¶慣行(—, 행할 행)습관으로서 행해짐.
〔慣例〕(관례) 늘 해내려오는 전례. 예國際—.
〔慣性〕(관성) 물체가 현재의 상태를 유지하려고 하는 성질.
〔慣用〕(관용) 관습적으로 늘 씀.
〔慣用語〕(관용어) ①흔히 습관적으로 쓰는 말. ②문법에는 맞지 않으나 널리 쓰는 말.
〔慣用音〕(관용음) 한자음에서, 母는 원음은 '무'이나 '모'로 읽는 따위와 같이, 한자의 원음은 아니나 일반이 습관적으로 읽고 있는 음.
▷舊慣(구관)·習慣(습관)

11 ⑮ 〔慮〕** 1713 려: 去御 | lǜ, リョ

소전 행서 간화 虑 이름 생각 려: 자원 형성. 盧+心→慮. 盧(로)의 변음이 성부.

필순 … 慮

새김 ❶생각. 의도. 의사. ¶遠慮(멀 원, —)먼 앞날에 대한 생각. 예人無— 必有近憂. ❷생각하다. 헤아리다. ¶考慮(생각할 고, —)생각하여 헤아림.
〔慮外〕(여외) 생각 밖. 의외(意外).
▷顧慮(고려)·無慮(무려)·配慮(배려)·思慮(사려)·心慮(심려)·深慮(심려)·念慮(염려)·憂慮(우려)·千慮一失(천려일실)

11 ⑭ 〔慢〕** 1714 만: 去諫 | màn, マン

소전 행서 이름 게으를 만: 자원 형성. 忄+曼→慢. 漫(만)·饅(만)·蔓(만)과 같이 曼(만)이 성부.

필순 … 慢

새김 ❶게으르다. ¶怠慢(게으를 태, —)게으름. 또는 게으름을 피움. ❷뽐내다. 자랑하다. ¶自慢(스스로 자, —)스스로 뽐냄. ❸업신여기다. 만만히 보다. ¶慢侮(—, 업신여길 모)만만히 보아 업신여김.
〔慢性〕(만성) 급하지도 않고 오래 낫지도 않는 성질.
〔慢心〕(만심) 남을 업신여기며 젠체하는 마음.
▷倨慢(거만)·驕慢(교만)·侮慢(모만)·傲慢(오만)·頑慢(완만)

11 ⑮ 〔慕〕** 1715 모: 去遇 | mù, ボ

소전 행서 이름 사모할 모: 자원 형성. 莫+⺗→慕. 莫에는 '막' 외에 '모' 음도 있어, 暮(모)와 같이 莫(모)가 성부.

필순 … 慕

새김 사모하다. 그리워하다. ¶思慕(생각할 사, —)몹시 생각하고 그리워함.
〔慕戀〕(모련) 사모하고 그리워함.
〔慕心〕(모심) 그리워하는 마음.
〔慕情〕(모정) 사모하는 마음.
〔慕效〕(모효) 흠모하고 본받음.
▷仰慕(앙모)·愛慕(애모)·戀慕(연모)·追慕(추모)

11 ⑮ 〔慜〕* 민: 上軫 | mǐn, ビン
1716

행서 慜 이름 총명할 민: 자원 형성. 敏+心→慜. 敏(민)이 성부.
새김 총명하다. 또는 근심하다.

11 ⑮ 〔慾〕** 욕 入沃 | yù, ヨク
1717

행서 慾 이름 욕심 욕 자원 형성. 欲+心→慾. 欲(욕)이 성부.

필순 ノ ハ ク ダ 谷 谷 谷 欲 慾 慾

새김 욕심. 欲(2528)의 새김 중 명사(名詞)로 쓰일 때의 현대 표기. ¶物慾(물건 물, —)물건을 탐내는 마음.
〔慾望〕(욕망) 무엇을 가지고 싶어하거나 부족함을 느껴 채우고자 하는 마음.
〔慾心〕(욕심) 지나치게 탐내거나 누리고 싶어하는 마음. 또는 이성에 대한 정욕.
〔慾火〕(욕화) (佛)불같이 일어나는 욕심.
▷過慾(과욕)·多慾(다욕)·無慾(무욕)·色慾(색욕)·食慾(식욕)·情慾(정욕)·貪慾(탐욕)

11 ⑮ 〔憂〕*** 우 平尤 | yōu, ユウ
1718

소전 憂 행서 憂 이름 근심 우 자원 형성. 㥑〔㥑의 변형〕+夊→憂. 㥑(우)가 성부.

필순 一 ㄒ 丆 丙 百 頁 恴 恴 憂 憂

새김 ❶근심. 걱정. ¶內憂外患(안 내, —, 밖 외, 근심 환)안의 근심과 밖의 근심. ❷근심하다. ¶仁者不憂(어질 인, 놈 자, 아니할 불, —)어진 사람은 근심하지 아니함. ❸친상(親喪). 어버이의 상사. ¶丁憂(당할 정, —)부모의 상사를 당함.
〔憂國〕(우국) 나라의 일을 근심함. 예—之士.
〔憂慮〕(우려) 근심하고 걱정함.
〔憂民〕(우민) 백성의 일을 근심함.
〔憂愁〕(우수) 근심하고 걱정.
〔憂鬱〕(우울) 걱정으로 마음이 답답함.
〔憂患〕(우환) ①괴로움과 환난. ②질병으로 인한 걱정.
▷杞憂(기우)·忘憂物(망우물)·消憂(소우)·外憂(외우)

11 ⑮ 〔慰〕** 위 本위: 去未 | wèi, イ
1719

소전 慰 행서 慰 이름 위로할 위 자원 형성. 尉+心→慰. 尉(위)가 성부.

필순 ⺈ 尸 尸 尸 尸 尸 尉 尉 慰 慰

새김 위로하다. 정신적·육체적 고달픔을 풀어주다. ¶慰安(—, 편안하게할 안)위로하여 안심시킴.
〔慰靈〕(위령) 죽은 사람의 혼령을 위로함.
〔慰勞〕(위로) 몸이나 마음의 괴로움을 풀도록 따뜻하게 대하여 줌.
〔慰撫〕(위무) 위로하고 어루만짐.
〔慰問〕(위문) 위로하고 안부를 물음.
▷撫慰(무위)·安慰(안위)·自慰(자위)·弔慰(조위)

11 ⑮ 〔慫〕* 종 本종: 上腫 | sǒng, ショウ
1720

소전 慫 행서 慫 간화 怂 이름 권할 종 자원 형성. 從+心→慫. 縱(종)·瑽(종)과 같이 從(종)이 성부.
새김 권하다. ¶慫慂(—, 권할 용)달래어 권함.

11 ⑭ 〔慘〕** 참 本참: 上感 | cǎn, サン
1721

소전 慘 행서 慘 속자간화 惨 이름 잔인할 참 자원 형성. 忄+參→慘. 參(참)이 성부.

필순 忄 忄 忄 忄 忄 忄 慘 慘 慘 慘

새김 ❶잔인하다. 참혹하다. ¶慘死(—, 죽을 사)참혹하게 죽음. ❷마음이 아프다. ¶悲慘(슬플 비, —)슬프고 마음이 아픔. 예—한 情景.
〔慘憺〕(참담) ①비참하고 암담함. ②어두침침하고 쓸쓸함.
〔慘狀〕(참상) 참혹한 상태.
〔慘喪〕(참상) 자손이 부모나 조부모보다 먼저 죽는 일.
〔慘敗〕(참패) 참혹한 실패나 패배.
〔慘酷〕(참혹) 몸서리칠 정도로 가혹하고 잔인함.
〔慘禍〕(참화) 참혹한 재화(災禍).
▷無慘(무참)·悽慘(처참)

11 ⑭ 〔慚〕** 참 平覃 | cán, ザン
1722

소전 慚 행서 慚 동자 慙 간화 惭 이름 부끄러워할 참 자원 형성. 忄+斬→慚. 塹(참)과 같이 斬(참)이 성부.

필순 忄 忄 忄 忄 忄 忄 悼 慚 慚 慚

새김 부끄러워하다. 또는 부끄럽다. ¶慚愧(—, 부끄러워할 괴)부끄러워함. 예—無面.
〔慚德〕(참덕) 덕화가 널리 미치지 못함을 부

끄러워함.
〔慚悔〕(참회) 부끄러워하며 뉘우침.
▷無慚(무참)

11 ⑮ 〔慙〕 참 慚(1722)과 동자
1723

11 ⑭ 〔慼〕* 척 入錫 | qī, セキ
1724

소전 행서 이름 근심할 척 자원 형성. 忄+戚→慼. 戚(척)이 성부.
새김 근심하다. 또는 근심. ¶慼然(—, 그러할 연) 근심스러운 모양.

11 ⑭ 〔憁〕* 총: 去送 | còng, ソウ
1725

행서 이름 바쁠 총: 자원 형성. 忄+悤→憁. 總(총)·聰(총)·蔥(총)과 같이 悤(총)이 성부.
새김 바쁘다. 분주하다.

11 ⑭ 〔慟〕* 통: 去送 | tòng, ドウ
1726

소전 행서 간화 恸 이름 애통해할 통: 자원 형성. 忄+動→慟. 動(동)의 변음이 성부.
새김 애통해 하다. 몹시 슬퍼하다. ¶慟哭(—, 울 곡)몹시 슬퍼하며 큰 소리로 욺.
▷哀慟(애통)

11 ⑮ 〔慝〕* 특 入職 | tè, トク
1727

행서 이름 사특할 특 자원 형성. 匿+心→慝. 匿에는 '닉' 외에 '특' 음도 있어, 匿(특)이 성부.
새김 사특하다. 간사하고 능갈치다. ¶姦慝(간사할 간, —)간사하고 능갈침.
〔慝惡〕(특악) 사특한 악.
〔慝僞〕(특위) 간사하고 거짓됨.
▷奸慝(간특)·邪慝(사특)·怨慝(원특)·凶慝(흉특)

11 ⑭ 〔慓〕* 표 平蕭 | piào, ヒョウ
1728

소전 행서 이름 날쌜 표 자원 형성. 忄+票→慓. 標(표)·漂(표)·剽(표)·飄(표)와 같이 票(표)가 성부.
새김 ❶날쌔다. 빠르다. ¶慓悍(—, 사나울 한) 날쌔고 사나움. ❷살차다. 성질이 매섭다. ¶慓毒(—, 독할 독)성질이 살차고 독살스러움.
〔慓果〕(표과) 용맹스럽고 과감함.

11 ⑮ 〔慧〕** 혜: 去霽 | huì, ケイ
1729

소전 행서 이름 지혜 혜: 자원 형성. 彗+心→慧. 彗(혜)가 성부.

필순 一 = 三 丰 丰丰 彗 彗 彗 慧 慧

새김 ❶지혜. 슬기. ¶知慧(알 지, —)사리를 빨리 깨달으며, 창의적으로 정확하게 일을 처리하는 재능. ❷총명하다. 슬기롭다. ¶慧眼(—, 안목 안)사물을 예리하게 보는 안목이나 식견.
〔慧敏〕(혜민) 슬기롭고 민첩함.
〔慧性〕(혜성) 민첩하고 총명한 성품.
▷巧慧(교혜)·敏慧(민혜)·智慧(지혜)·聰慧(총혜)

12 ⑯ 〔憩〕* 게: 去霽 | qì, ケイ
1730

행서 속자 憇 이름 쉴 게: 자원 형성. 舌+息→憩. 舌에는 '설' 외에 '활' 음도 있어, 舌(활)의 변음이 성부.
새김 쉬다. 휴식하다. ¶休憩(쉴 휴, —)일을 하거나 길을 걷다가 얼마동안 쉼.

12 ⑮ 〔憬〕* 경: 上梗 | jǐng, ケイ
1731

소전 행서 이름 그리워할 경: 자원 형성. 忄+景→憬. 暻(경)·璟(경)과 같이 景(경)이 성부.
새김 그리워하다. ¶憧憬(그리워할 동, —)憧(1732)을 보라.

12 ⑮ 〔憧〕* 동 本충 平冬 | chōng, ドウ
1732

소전 행서 이름 그리워할 동 자원 형성. 忄+童→憧. 潼(동)·瞳(동)과 같이 童(동)이 성부.
새김 그리워하다. ¶憧憬(—, 그리워할 경)염원하는 것을 마음에 두고 그리워함.

12 ⑮ 〔憐〕** 련 平先 | lián, レン
1733

소전 행서 동자 간화 怜 이름 불쌍히여길 련 자원 형성. 忄+粦→憐. 粦(린)의 변음이 성부.

필순 忄 忄 忄 忄 忄 忄 憐 憐 憐 憐

새김 불쌍히 여기다. 가엾이 여기다. ¶憐憫(—, 불쌍히여길 민) 가엾고 불쌍하게 여김. 예—

의 情.
▷可憐(가련)·同病相憐(동병상련)·哀憐(애련)·愛憐(애련)

12 ⑮ 〔憮〕* 무: 上 麌 | wǔ, ブ
1734

소전 행서 간화 怃 이름 실망할 무: 자원 형성. 忄+無→憮. 撫(무)·蕪(무)와 같이 無(무)가 성부.
새김 실망하다. 망연자실하다. ¶憮然(—, 그러할 연)실망하여 뜻을 잃은 모양.

12 ⑮ 〔憫〕** 민 本민: 上 軫 | mǐn, ビン
1735

행서 간화 悯 이름 불쌍히여길 민 자원 형성. 忄+閔→憫. 閔(민)이 성부.
필순 忄 忄 忄 忄 忄 忄 忄 忄 忄 憫
새김 ❶불쌍히 여기다. 가엾게 여기다. ¶憐憫(불쌍히여길 련, —)憐(1733)을 보라. ❷근심하다. 괴로워하다. ¶憫憫(—, —)딱한 사정을 근심함.
〔憫惘〕(민망) 國 답답하고 딱하여 안타까움.
▷哀憫(애민)·憂憫(우민)·惻憫(측민)

12 ⑮ 〔憤〕** 분: 上 吻 | fèn, フン
1736

소전 행서 본자 憤 간화 愤 이름 분할 분: 자원 형성. 忄+賁→憤→憤. 墳(분)·噴(분)과 같이 賁(분)이 성부.
필순 忄 忄 忄 忄 忄 忄 忄 忄 忄 憤
새김 ❶분하다. 억울하고 원통하다. ¶憤怒(—, 성낼 노)억울하고 원통하여 몹시 성을 냄. ❷분발하다. 떨쳐 일어나다. ¶發憤(일으킬 발, —)마음을 일으켜 분발함. 예—忘食.
〔憤慨〕(분개) 몹시 분하게 여김.
〔憤激〕(분격) 매우 분하여 감정이 복받침.
〔憤死〕(분사) 분에 못 이겨 죽음.
〔憤痛〕(분통) 몹시 분하여 마음이 아픔.
〔憤敗〕(분패) 분하게 패함.
▷激憤(격분)·悲憤(비분)·雪憤(설분)·鬱憤(울분)·義憤(의분)·痛憤(통분)

12 ⑯ 〔憊〕* 비: 本배: 去 卦 | bèi, ハイ
1737

소전 행서 간화 惫 이름 지칠 비: 자원 형성. 備+心→憊. 備(비)가 성부.
새김 지치다. 지쳐서 고달프다. ¶困憊(곤할 곤, —)힘이 빠져 지치고 고달픔.
〔憊眩〕(비현) 피곤하여 정신이 어지러움.

12 ⑯ 〔憑〕* 빙 平 蒸 | píng, ヒョウ
1738

행서 동자 간화 凭 이름 기댈 빙 자원 형성. 馮+心→憑. 馮에는 '풍' 외에 '빙' 음도 있어, 馮(빙)이 성부.
새김 ❶기대다. 몸을 기대다. 〔書經〕憑₃玉₁几₂(빙옥궤)옥으로 만든 안석에 기대다. ❷의거하다. 근거하다. ¶信憑(믿을 신, —)사실에 근거하여 믿고 의거함. 예—性. ❸건너다. 걸어서 물을 건너다. ¶憑₂河₁(—, 강 하)걸어서 강을 건넘. 무모한 행동이나 무모한 용기의 비유. 예暴虎—.
〔憑據〕(빙거) 사실을 증명할 만한 근거를 댐. 또는 그러한 근거.
〔憑藉〕(빙자) ①말 막음으로 핑계를 댐. ②남의 세력에 의지함.
〔憑險〕(빙험) 험한 지세(地勢)를 의지함.
▷文憑(문빙)·依憑(의빙)·證憑(증빙)

12 ⑮ 〔憎〕** 증 平 蒸 | zēng, ゾウ
1739

소전 행서 이름 미워할 증 자원 형성. 忄+曾→憎. 增(증)·贈(증)·甑(증)과 같이 曾(증)이 성부.
필순 忄 忄 忄 忄 忄 忄 忄 忄 忄 憎
새김 미워하다. 싫어하다. 愛(1681)의 대. ¶憎惡(—, 미워할 오)미워함. 싫어하고 미워함.
〔憎愛〕(증애) 미워함과 사랑함. 증오와 애정.
〔憎嫌〕(증혐) 미워하고 싫어함.
▷可憎(가증)·愛憎(애증)

12 ⑮ 〔憔〕* 초 平 蕭 | qiáo, ショウ
1740

행서 이름 파리할 초 자원 형성. 忄+焦→憔. 樵(초)·礁(초)·蕉(초)와 같이 焦(초)가 성부.
새김 파리하다. 시달리어 지치다. 또는 번민하다. ¶憔悴(—, 파리할 췌)병·고생·근심 등으로 파리하고 해쓱함.

12 ⑮ 〔憚〕* 탄: 去 翰 | dàn, タン
1741

소전 행서 간화 惮 이름 꺼릴 탄: 자원 형성. 忄+單→憚. 彈(탄)과 같이 單(단)의 변음이 성부.
새김 꺼리다. 싫어하다. ¶忌憚(꺼릴 기, —)어렵게 여기거나 거북하게 여겨서 꺼림.

▷敬憚(경탄)·畏憚(외탄)

12 ⑯ 〔憲〕** 헌: 去願 | xiàn, ケン
1742

소전 행서 간화 宪 이름 법 헌: 자원 형성. 害+心→憲. 害(헌)이 성부.

필순 丶 宀 宇 宝 宔 害 害 害 害 憲 憲

새김 ❶법. 법규. 특히 기본이 되는 법. ¶憲法(—, 법 법)국가의 조직과 활동, 국민의 권리와 의무 등을 규정한 국가의 기본 법령. ❷중요한 지위에 있는 벼슬아치. ¶官憲(벼슬 관, —)벼슬아치.
〔憲章〕(헌장) 엄격히 준수해야 하는 법적 성격을 가진 강령이나 규범.
〔憲政〕(헌정) 헌법에 의하여 행하는 정치.
▷改憲(개헌)·國憲(국헌)·違憲(위헌)·立憲(입헌)·風憲(풍헌)

12 ⑮ 〔憓〕* 혜: 去霽 | huì, ケイ
1743

이름 사랑할 혜: 자원 형성. 忄+惠→憓. 蕙(혜)와 같이 惠(혜)가 성부.
새김 사랑하다. 또는 은혜.

12 ⑮ 〔憘〕* 희: 上紙 | xǐ, キ
1744

행서 이름 기뻐할 희: 자원 형성. 忄+喜→憘. 僖(희)·嬉(희)·憙(희)·熹(희)와 같이 喜(희)가 성부.
새김 기뻐하다.

12 ⑯ 〔憙〕* 희: 上紙 | xǐ, キ
1745

소전 행서 이름 기뻐할 희: 자원 형성. 喜+心→憙. 熺(희)·禧(희)·熹(희)와 같이 喜(희)가 성부.
새김 기뻐하다. 또는 좋아하다.

13 ⑰ 〔懇〕** 간: 上阮 | kěn, コン
1746

소전 행서 속자 간화 恳 이름 간절할 간: 자원 형성. 貇+心→懇. 墾(간)과 같이 貇(간)이 성부.

필순 ㇒ 丂 豸 豸 豸ㄱ 豸ㅋ 貇 貇 懇 懇

새김 간절하다. 또는 지성스럽다. ¶懇曲(—, 곡진할 곡)간절하고 곡진함. 예—한 부탁.
〔懇談〕(간담) 마음을 털어놓고 친근하게 이야기하거나 의견을 교환함. 또는 그 이야기. 예—會.
〔懇切〕(간절) ①친절하고 공손함. ②간곡하고 절실함.
〔懇請〕(간청) 간절히 청함.
▷勤懇(근간)·衷懇(충간)

13 ⑯ 〔憾〕* 감: ㊍함: 去勘 | hàn, カン
1747

행서 이름 한할 감: 자원 형성. 忄+感→憾. 感(감)이 성부.
새김 한하다. 섭섭하게 여기다. 또는 한스러움. ¶遺憾(남길 유, —)마음에 남아 있는 섭섭함이나 한스러움.
〔憾情〕(감정) 불평 불만을 품거나 언짢게 여기는 마음.
▷私憾(사감)·宿憾(숙감)

13 ⑰ 〔懃〕* 근 平文 | qín, キン
1748

행서 이름 은근할 근 자원 형성. 勤+心→懃. 勤(근)이 성부.
새김 은근하다. 살뜰하다. ¶慇懃(은근할 은, —) 慇(1701)을 보라.

13 ⑯ 〔憺〕* 담: 去勘 | dàn, タン
1749

소전 행서 이름 처량할 담: 자원 형성. 忄+詹→憺. 詹에는 '첨' 외에 '담'음도 있어, 擔(담)·膽(담)과 같이 詹(담)이 성부.
새김 처량하다. 암담하다. ¶慘憺(참혹할 참, —)참혹하고 암담함. 또는 비참하고 처량함.

13 ⑯ 〔懒〕 라: 懶(1761)의 간화자
1750

13 ⑰ 〔懋〕* 무: 去宥 | mào, ボウ
1751

소전 행서 이름 힘쓸 무: 자원 형성. 林+心→懋. 林(무)가 성부.
새김 힘쓰다. 노력하다. 또는 성대(盛大)하다.

13 ⑯ 〔憤〕 분: 憤(1736)의 본자
1752

13 ⑯ 〔憶〕*** 억 入職 | yì, オク
1753

행서 간화 忆 이름 생각할 억 자원 형성. 忄+意→憶. 意에는 '의' 외에 '억'의 음도 있어, 億(억)과 같이 意(억)이 성부.

필순 忄 忄 忙 忙 怡 怡 悟 悟 愔 憶 憶

새김 ❶생각하다. ¶追憶(거슬러올라갈 추, —) 지나간 일을 거슬러 올라가 생각함. ❷기억하다. 잊지 아니하다. ¶記憶(기억할 기, —)이전의 일을 잊지 아니하고 있음. ❸추측하다. ¶憶測(—, 헤아릴 측)추측하여 헤아림.
〔憶昔當年〕(억석당년) 오래 전에 지나간 그 시기를 추억함.

13 ⑯ 〔懊〕* 오: 去號 ào, オウ
1754

행서 이름 뉘우칠 오: 자원 형성. 忄+奧→懊. 墺(오)·澳(오)와 같이 奧(오)가 성부.
새김 뉘우치다. 뉘우치며 한탄하다. ¶懊惱(—, 괴로워할 뇌)뉘우쳐 한탄하며 괴로워함.
〔懊恨〕(오한) 뉘우치고 한탄함.

13 ⑰ 〔應〕*** ㊀응 平蒸 yīng, オウ ㊁응: 去徑 yìng, オウ
1755

소전 행서 약자 応 간화 应 이름 ㊀응당 응 ㊁응할 응: 자원 형성. 雁+心→應. 膺(응)·鷹(응)과 같이 雁(응)이 성부.

필순 亠 广 庎 府 府 府 庵 庵 應 應

새김 ㊀응당. 마땅히 ~하여야 한다. 〔詩經〕我應受之(아응수지) 우리는 응당 이를 받는다. ㊁❶응하다. ㉠부름이나 물음·요구 등에 맞추어 응하다. ¶應答(—, 대답할 답) 부름이나 물음에 응하여 대답함. 또는 그 대답. ㉡응하여 따르다. ¶順應(따를 순, —) 순순히 응하여 따름. ❷호응하다. 맞장구치다. ¶應援(—, 도울 원) 호응하여 도움. 인신하여, 운동 경기 따위에서, 선수들에게 힘을 내라고 곁에서 격려함. 예—歌. ❸맞다. 어울리다. ¶應分(—, 분수 분) 분수에 맞음. 예—의 책임.
〔應急〕(응급) 급한 상황에 대처함.
〔應諾〕(응낙) ①대답함. ②승낙함.
〔應當〕(응당) ①마땅히 ~해야 함. ②적절하고 당연함.
〔應對〕(응대) 부름이나 물음·요구 등에 응하고 대함. 예—하지 않는다.
〔應募〕(응모) 초모나 모집에 응함. 예—資格.
〔應報〕(응보) 선악의 행적에 응하여 즐거움이나 괴로움의 갚음을 받음. 예因果—.
〔應射〕(응사) 적의 사격에 대응하여 쏨.
〔應酬〕(응수) 상대편이 한 말을 되받아 반박함.
〔應試〕(응시) 시험에 응함.
〔應用〕(응용) 어떤 원리를 실지에 적용하거나 활용함.
〔應戰〕(응전) 상대방의 공격에 응하여 싸움. 예—態勢를 갖추다.
〔應接〕(응접) 찾아온 사람을 맞이하여 접대함.
▷感應(감응)·內應(내응)·對應(대응)·反應(반응)·相應(상응)·酬應(수응)·適應(적응)·饗應(향응)·呼應(호응)

13 ⑯ 〔懈〕* 해: ㊍개: 去卦 xiè, カイ
1756

소전 행서 이름 게으를 해: 자원 형성. 忄+解→懈. 蟹(해)·邂(해)와 같이 解(해)가 성부.
새김 게으르다. 나태하다. ¶懈怠(—, 게으를 태) 게으름.

13 ⑯ 〔懐〕 회 懷(1763)의 속자
1757

14 ⑰ 〔懦〕* 나: 去箇 nuò, ダ
1758

소전 행서 이름 나약할 나: 자원 형성. 忄+需→懦. 需에는 '수' 외에 '난' 음도 있어, 需(난)의 변음이 성부.
새김 나약하다. 마음이 여리다. ¶懦弱(—, 약할 약) 의지가 굳세지 못하고 약함.
〔懦怯〕(나겁) 나약하고 소심함.
〔懦夫〕(나부) 나약한 남자.
▷怯懦(겁나)·柔懦(유나)

15 ⑲ 〔懲〕** 징 平蒸 chéng, チョウ
1759

소전 행서 간화 惩 이름 징계할 징 자원 형성. 徵+心→懲. 徵(징)이 성부.

필순 彳 𢓊 徉 徉 徨 徨 徨 徵 懲 懲

새김 징계하다. 처벌하여 반성시키다. ¶懲戒(—, 징계할 계)허물이나 잘못을 뉘우치도록 나무라고 경계함.
〔懲罰〕(징벌) 벌을 줌. 처벌함.
〔懲惡〕(징악) 옳지 못한 일을 징계함. 예勸善—.
〔懲役〕(징역) 죄인을 교도소에 구치하여 일정 기간 노역을 치르게 하는 형벌.
▷勸懲(권징)·膺懲(응징)

15 ⑱ 〔懴〕 참 懺(1764)의 속자
1760

16 ⑲ 〔懶〕* 라: ㊍란: 上旱 lǎn, ラン
1761

행서 간화 이름 게으를 라: 자원 형성. 忄+賴→懶. 癩(라)와 같이 賴(뢰)의 변음이 성부.
새김 게으르다. 게을리하다. 게으름을 피우다. ¶懶怠(—, 게으를 태) 게으름.
〔懶農〕(나농) 농사를 게을리함.

〔懶惰〕(나타) 게으르고 느림.

16 ⑳ 〔懸〕** 현 平先 | xuán, ケン
1762

행서 懸 간화 悬 이름 달 현 자원 형성. 縣+心→懸. 縣(현)이 성부.

필순 懸

새김 ❶달다. 매달다. 또는 매달리다. ¶懸垂(—, 드리울 수) 매달아 드리움. 또는 매달림. 예—幕. ❷내걸다. ㉠여러 사람이 보이도록 걸다. ¶懸₂賞₁(—, 상 상)어떤 일을 위하여 상을 걺. 예—金. ㉡문제나 조건 등을 내어놓다. ¶懸案(—, 안 안)내걸어놓은 안. 곧 이전부터 의논되어 오면서도 아직 해결하지 못한 문제. ㉢목숨의 희생을 무릅쓰다. ¶懸₂命₁(—, 목숨 명)목숨을 내걺. 곧 어떤 목적을 위하여 죽기를 무릅쓰고 대듦. ❸멀다. 많이 떨어지다. 또는 차이가 있다. ¶懸隔(—, 가로막을 격)동떨어져서 거리가 멀거나 차이가 큼. 예—한 差異.

〔懸殊〕(현수) ①현격하게 다름. ②거리가 멀어서 동떨어져 있음.
〔懸崖〕(현애) 낭떠러지.
〔懸板〕(현판) 글씨·그림 등을 새겨서 문 위나 벽에 다는 널조각.
〔懸河〕(현하) ①폭포(瀑布). ②논변(論辯)이 거침없거나 문사(文辭)가 유창함의 비유. 예—之辯.
▷倒懸(도현)

16 ⑲ 〔懷〕** 회 平佳 | huái, カイ
1763

소전 𢙣 행서 懷 속자 懐 간화 怀 이름 품을 회 자원 형성. 忄+褱→懷. 褱(회)가 성부.

필순 懷

새김 ❶품다. ㉠품안에 가지다. ¶懷₂德₁(—, 덕 덕) 덕을 품안에 품음. ㉡아이를 배다. ¶懷妊(—, 아이밸 임)아이를 뱀. ㉢어떤 생각을 마음속에 가지다. ¶懷₂疑₁(—, 의심 의)의심을 품음. 또는 마음에 품은 의심. ❷그리워하다. 생각하다. ¶懷₂鄕₁(—, 고향 향)고향을 그리워함. ❸감싸다. 어루만져 포용하다. ¶懷柔(—, 달랠 유) 어루만져 포용하고 달램. 예—政策. ❹회포. 생각. ¶詠₂懷₁(읊을 영, —)회포를 읊음. ❺품. 가슴. ¶懷中(—, 속 중)품 속. 예—時計.

〔懷古〕(회고) 옛일을 회상함. 예—談.
〔懷寶〕(회보) 보배를 지님. 재능을 지님의 비유.
〔懷春〕(회춘) 미혼의 젊은 여자가 이성을 그리워함.
〔懷抱〕(회포) ①품에 안음. ②마음속에 품은 정.
▷感懷(감회)·悲懷(비회)·所懷(소회)·素懷(소회)·述懷(술회)·虛心坦懷(허심탄회)

17 ⑳ 〔懺〕* 참 本참: 去陷 | chàn, ザン
1764

행서 懺 속자 懴 간화 忏 이름 뉘우칠 참 자원 형성. 忄+韱→懺. 韱(섬)의 변음이 성부.

새김 뉘우치다. ¶懺悔(—, 뉘우칠 회)승려가 매월 두 번씩, 부처 앞에서 자기의 잘못을 고백하고 죄를 뉘우치는 의식. 인신하여, 잘못을 깨닫고 깊이 뉘우침.

〔懺洗〕(참세) (佛)죄를 참회하여 마음을 깨끗이 함.

18 ㉑ 〔懼〕** 구: 去遇 | jù, ク
1765

소전 懼 행서 懼 속자 간화 惧 이름 두려워할 구: 자원 형성. 忄+瞿→懼. 衢(구)와 같이 瞿(구)가 성부.

필순 懼

새김 두려워하다. 또는 두렵다. ¶恐懼(두려워할 공, —)몹시 두려워함.
▷悚懼(송구)·畏懼(외구)·危懼(위구)·疑懼(의구)

18 ㉒ 〔懿〕* 의 本의: 去寘 | yì, イ
1766

소전 懿 행서 懿 이름 아름다울 의 자원 형성. 壹+恣→懿. 恣(자)의 변음이 성부.

새김 아름답다. 훌륭하다. ¶懿德(—, 덕 덕) 아름다운 덕.

19 ㉓ 〔戀〕** 련: 去霰 | liàn, レン
1767

행서 戀 속자 간화 恋 이름 그리워할 련: 자원 형성. 䜌+心→戀. 孿(련)과 같이 䜌(련)이 성부.

필순 戀

새김 그리워하다. 마음이 끌리다. ¶戀愛(—, 사랑할 애)남녀가 서로 그리워하며 사랑함.

〔戀歌〕(연가) 사랑하는 사람을 그리워하며 읊은 노래.
〔戀慕〕(연모) 간절히 그리워함.
〔戀情〕(연정) 서로 사랑하며 그리워하는 마음.
〔戀人〕(연인) 연애의 상대자.
▷悲戀(비련)·思戀(사련)·失戀(실련)·愛戀(애련)

21 ㉕ 〔戆〕 당: 戇(1769)의 간화자
1768

24 ㉘ 〔戇〕* 당: [本]장: [去]絳 | zhuàng, トウ
1769

[소전] 戇 [행서] 戇 [간화] 戆 [이름] 어리석을 당: [자원] 형성. 章+夊+貢+心→戇. 貢(공)의 변음이 성부.
[새김] 어리석다. 또는 우직하다.

4 획 부수	戈 部

▷명칭:창과
▷쓰임:무기와 무기를 사용하는 싸움과 관계되는 뜻을 나타내는 한자의 부수로 쓰였다.

0 ④ 〔戈〕* 과 [平]歌 | gē, カ
1770

[소전] 戈 [행서] 戈 [이름] 창 과 [자원] 상형. 긴 자루 끝에 날이 달린 무기의 모양.
[새김] ❶창. 병기의 한 가지. ¶干戈(방패 간, —) ㉮방패와 창. 전쟁에 쓰는 무기. ㉯전쟁. ❷싸움. 전쟁. 〔三國志〕 止$_2$戈$_1$興$_4$仁$_3$(지과흥인) 전쟁을 그치고 인의 도를 일으키다.
〔戈劍〕(과검) 창과 검.
▷倒戈(도과)·兵戈(병과)

1 ⑤ 〔戊〕*** 무: [去]宥 | wù, ボ
1771

[소전] 戊 [행서] 戊 [이름] 다섯째천간 무: [자원] 상형. 고대에 있었던 무기의 모양. 새김은 가차.

[필순] 丿 厂 戊 戊 戊

[새김] 다섯째천간. 방위로는 중앙, 오행으로는 土(土)에 배당된다. ¶戊午史禍(무오사화) 무오년인 연산군 4년(1498)에, 유자광(柳子光) 등 훈구파가 김일손(金馹孫) 등 사림파를 몰아낸 사건.
〔戊夜〕(무야) 오전 3시에서 5시 사이. 오경(五更).
〔戊辰〕(무진) 육십갑자의 다섯째.

2 ⑥ 〔成〕*** 성 [平]庚 | chéng, セイ
1772

[소전] 成 [행서] 成 [본자] 成 [이름] 이룰 성 [자원] 형성. 戊+丁→成→成. 丁(정)의 변음이 성부.

[필순] 丿 厂 万 成 成 成

[새김] ❶이루다. ㉠뜻한 바를 이루다. ¶成$_2$功$_1$(—, 공 공)공을 이룸. 인신하여, 뜻한 바를 이룸. ㉡어떤 모양이나 체재로 만들다. ¶養成(기를 양, —)교육이나 훈련을 통하여 인재를 길러서 이룸. [예]人材—. ❷이루어지다. 되다. ¶成人(—, 사람 인)성년(成年)이 된 사람.
〔成果〕(성과) 이루어 놓은 좋은 결과.
〔成句〕(성구) 두 개 이상의 단어로 이루어져 하나의 완결된 의미를 나타내는 말. [동]成語(성어).
〔成年〕(성년) ①풍년. ②어른이 되는 나이. 또는 그런 사람.
〔成禮〕(성례) 혼인의 예식을 치름.
〔成立〕(성립) 이루어짐. [예]契約—.
〔成否〕(성부) 일의 됨과 아니됨. 성공과 실패.
〔成佛〕(성불) ①(佛)번뇌를 벗어나서 부처가 됨. ②사람이 죽음.
〔成事〕(성사) 일을 이룸.
〔成熟〕(성숙) ①오곡과 과실 등이 익음. ②새로운 단계로 들어설 수 있게 무르익음.
〔成案〕(성안) 초안이나 방안을 만들어 이룸. 또는 이루어진 그 초안이나 방안.
〔成語〕(성어) ①성구(成句). ②옛 사람들이 만들어, 널리 써 내려온 말. [예]故事—.
〔成員〕(성원) 조직체를 구성하는 사람들.
〔成長〕(성장) 자라거나 자라남.
〔成績〕(성적) ①이룩한 업적. ②학업·훈련·경기 또는 사업의 결과로 이루어진 실적.
〔成蟲〕(성충) 유충에서 성장하여, 생식 능력을 갖춘 곤충.
〔成就〕(성취) 목적한 바를 이룸.
〔成敗〕(성패) 성공과 실패.
〔成婚〕(성혼) 혼인이 이루어짐.
▷結成(결성)·構成(구성)·落成(낙성)·達成(달성)·大器晩成(대기만성)·大成(대성)·生成(생성)·完成(완성)·育成(육성)·造成(조성)·合成(합성)·混成(혼성)

2 ⑥ 〔戍〕* 수 [本]수: [去]遇 | shù, ジュ
1773

[소전] 戍 [행서] 戍 [이름] 수자리 수 [자원] 회의. 人+戈→戍. 사람이 창을 들고 변방을 지킨다는 뜻.
[새김] 수자리. 국경을 지키는 군사적 임무. 또는 그런 임무에 동원된 사람. 또는 수자리를 살다. ¶戍樓(—, 다락집 루) 적의 동정을 살피기 위하여 국경 지대에 세운 망루(望樓).
〔戍守〕(수수) 국경을 지킴. 또는 그 경비.
▷邊戍(변수)·衛戍(위수)·鎭戍(진수)

2 ⑥ 〔戌〕*** 술 入質 | xū, ジュツ
1774

소전 行서 이름 개 술 자원 회의. 戊〔茂의 생략체〕+一→戌. 一은 일양(一陽). 음력 9월이 되면 성하던 양의 기운이 땅으로 내려가고 하나의 양만 남아 있다는 뜻. 그래서 '음력 9월'을 뜻한다.

필순 丿 厂 F 戌 戌 戌

새김 열 한째 지지. 방위로는 서북, 오행으로는 토(土), 시각으로는 오후 7시~9시 사이, 달로는 음력 9월, 동물로는 개에 배당된다. ¶戌月(一, 달 월)음력 9월.
〔戌時〕(술시) 오후 7시부터 9시까지의 동안.

2 ⑥ 〔戎〕* 융 平東 | róng, ジュウ
1775

소전 행서 이름 오랑캐 융 자원 회의. 戈+十〔干의 생략체〕→戎. 창과 방패, 곧 무기를 뜻한다.
새김 ❶오랑캐. 중국 서쪽 지방의 소수민족. ¶西戎(서녘 서, 一) 중국 서쪽에 있는 오랑캐. ❷무기. 병기. 또는 군대. 병사. ¶戎衣(一, 옷 의) 싸움터에서 병사들이 입던 옷.
〔戎馬〕(융마) ①전쟁에 쓰는 말. 군마(軍馬). ②병거(兵車)와 군마(軍馬).
〔戎服〕(융복) 군복(軍服).
〔戎狄〕(융적) 지난날 중국에서 이민족을 얕잡아 이르던 말. '狄'은 북쪽 지방의 이민족.
▷元戎(원융)

2 ⑥ 〔戏〕 희: 戲(1791)의 간화자
1776

3 ⑦ 〔戒〕** 계: 去卦 | jiē, カイ
1777

소전 행서 이름 경계할 계: 자원 회의. 戈+廾→戒. 廾는 두 손. 두 손에 창을 들고 경계하고 있음을 나타낸다.

필순 一 二 于 开 戒 戒 戒

새김 ❶경계하다. 사고가 일어나지 않도록 경비하다. ¶警戒(지킬 경, 一) 뜻밖의 사고가 일어나지 않도록 미리 주의하여 경비함. 예森嚴한 一. ❷훈계하다. 타일러 주의하게 하다. ¶訓戒(가르칠 훈, 一) 옳지 않은 일을 하지 않도록 타일러 주의하게 함. 또는 그러한 가르침. ❸재계하다. 심신을 깨끗이 하고 조심하다. ¶齋戒(재계할 재, 一) 부정을 타지 않도록 육식을 삼가고 몸과 마음가짐을 깨끗이 함. ❹(佛)계. 계율. ¶戒律(一, 법 률) 승려가 지켜야 할 행동 규범.
〔戒壇〕(계단) (佛)중에게 계를 주기 위하여 흙과 돌로 쌓은 단.
〔戒名〕(계명) (佛)①승려가 계를 받은 후에 스승에게서 받는 이름. ②죽은 승려에게 지어 주는 이름.
〔戒嚴〕(계엄) 전쟁이나 큰 사변이 발생하였을 때 군대로써 일정 지역을 경계함.
▷勸戒(권계)·菩薩戒(보살계)·受戒(수계)·十戒(십계)·懲戒(징계)·破戒(파계)

3 ⑦ 〔成〕*** 성 成(1772)의 본자
1778

3 ⑦ 〔我〕*** 아: 上哿 | wǒ, ガ
1779

소전 행서 이름 나 아: 자원 상형. 날이 서 있는 창의 모양. 새김은 가차.

필순 丿 二 于 手 我 我 我

새김 ❶나. 또는 우리. ¶我田引$_2$水$_1$(一, 밭 전, 끌 인, 물 수) 나의 밭에 물을 끌어댐. 자기에게 이로운 대로만 말하거나 행동함의 비유. ❷외고집. 사사로운 자기만의 생각. ¶我執(一, 잡을 집) 자기의 생각만을 편협하게 끈지게 주장하는 일. 예一이 強한 사람.
〔我慢〕(아만) (佛)자기를 자랑하고 남을 가볍게 여기는 마음.
〔我輩〕(아배) 우리들.
〔我心如秤〕(아심여칭) 내 마음은 저울과 같음. 마음이 공평무사함의 비유.
▷無我(무아)·沒我(몰아)·物我(물아)·小我(소아)·自我(자아)·彼我(피아)

4 ⑧ 〔或〕*** 혹 入職 | huò, ワク
1780

소전 행서 이름 혹 혹 자원 회의. 戈+口+一→或. 口는 성곽의 모양, 一은 그 땅. 창을 들고 성을 지킴. 새김은 가차.

필순 一 𠂇 𠃌 𠮛 豆 式 或 或

새김 ❶혹. 혹은. 선택이나 열거의 뜻을 나타낸다. ¶或坐或立(一, 앉을 좌, 一, 설 립)혹은 앉고 혹은 섬. ❷어떤. 어떠한. ¶或者(一, 사람 자)어떠한 사람. ❸어떤 사람. ¶或曰(一, 말할 왈)어떤 사람이 말하기를.
〔或說〕(혹설) 어떤 사람의 말이나 학설.
〔或是〕(혹시) ①만일에. ②어쩌다가 더러. ③행여나.
〔或時〕(혹시) 어쩌다가 어떠한 때에.
〔或是或非〕(혹시혹비) 혹은 옳기도 하고 혹은 그르기도 하여 시비가 잘 분간되지 않음.
〔或云〕(혹운) 어떤 사람이 이르기를. 혹왈(或曰).
〔或出或處〕(혹출혹처) 혹은 벼슬하여 조정에 나아가고 혹은 은퇴하여 집에 있음.

▷間或(간혹)·設或(설혹)

5 ⑨ 〔战〕 1781 전: 戰(1789)의 속자·간화자

7 ⑪ 〔戚〕** 1782 척 入錫 qī, セキ

소전 행서 이름 겨레 척 자원 형성. 戊〔戉의 변형〕+尗→戚. 尗(숙)의 변음이 성부.

필순 丿 厂 厂 戶 戶 戶 戶 戚 戚 戚

새김 ❶겨레. 살붙이. 일가. ¶外戚(외가 외, —) 외가 쪽의 겨레붙이. ❷슬퍼하다. 서러워하다. ¶哀戚(슬퍼할 애, —)슬퍼하고 서러워함.

〔戚黨〕(척당) 척속(戚屬). 「처족(妻族).

〔戚屬〕(척속) 성이 다른 겨레붙이. 곧 외척과

〔戚臣〕(척신) 임금의 외척이 되는 신하.

〔戚誼〕(척의) 척당 사이에서의 정의(情誼).

▷姻戚(인척)·宗戚(종척)·親戚(친척)

8 ⑫ 〔戟〕* 1783 극 入陌 jǐ, ゲキ

소전 행서 이름 창 극 자원 회의. 卓〔倝의 생략체〕+戈→戟. 倝은 자루 끝에 장식물을 단 모양. 자루를 장식한 창이란 뜻.

새김 ❶창. 양날의 창. ¶劍戟(검 검, —)무기로 쓰는 검과 창. ❷찌르다. 날카로운 것으로 찌르다. ¶刺戟(찌를 자, —)㉮어떤 반응이 일어나도록 감각 기관에 작용을 가함. 또는 그 작용. ㉯일정한 현상이 촉진되도록 충동함. 또는 그러한 작용을 함.

9 ⑬ 〔戡〕* 1784 감 平覃 kān, カン

소전 행서 이름 평정할 감 자원 형성. 甚+戈→戡. 勘(감)과 같이 甚(심)의 변음이 성부.

새김 평정하다. ¶戡定(—, 평정할 정)적을 물리쳐 난리를 평정함.

9 ⑬ 〔戦〕 1785 전 戰(1789)의 약자

10 ⑭ 〔截〕* 1786 절 入屑 jié, セツ

소전 행서 이름 자를 절 자원 형성. 雀〔雀의 변형〕+戈→截. 雀(작)의 변음이 성부.

새김 자르다. 절단하다. ¶截斷(—, 끊을 단)베거나 자르거나 하여 끊음.

〔截長補短〕(절장보단) 긴 것을 끊어 짧은 것에 보탬. 곧 장점으로 단점이나 부족한 점을 보충함.

〔截取〕(절취) 끊어서 가짐.

▷斷截(단절)

11 ⑮ 〔戮〕* 1787 륙 入屋 lù, リク

소전 행서 이름 죽일 륙 자원 형성. 翏+戈→戮. 翏(륙)이 성부.

새김 ❶죽이다. 사형에 처하다. ¶殺戮(죽일 살, —)사람을 마구잡이로 죽임. ❷욕. 또는 욕보이다. ¶戮辱(—, 욕 욕)큰 치욕. 또는 형벌을 가하여 욕되게 함. ❸합하다. 한 데 모으다. ¶戮力(—, 힘 력)서로 힘을 다 내어 합침.

〔戮屍〕(육시) 이미 죽은 사람에게 형벌을 가하여 목을 벰.

▷屠戮(도륙)·誅戮(주륙)·刑戮(형륙)

11 ⑮ 〔戲〕 1788 희: 戲(1791)의 속자

12 ⑯ 〔戰〕*** 1789 전: 去霰 zhàn, セン

소전 행서 속자 간화 战 이름 싸움 전: 자원 형성. 單+戈→戰. 單에는 '단' 외에 '전' 음도 있어, 單(전)이 성부.

필순 丶 𠃌 口 吅 吅 㗊 單 戰 戰 戰

새김 ❶싸움. 전쟁. 또는 싸우다. ¶戰功(—, 공 공)전쟁에서 세운 공. ❷두려워하다. 두려워서 떨다. ¶戰慄(—, 떨 률→전율)두려워서 떪.

〔戰果〕(전과) 전투 · 경기 등에서 거둔 성과. ㉠혁혁한 —.

〔戰機〕(전기) 전투가 어울리는 계기.

〔戰端〕(전단) 전쟁이 시작되는 실마리.

〔戰亂〕(전란) 전쟁으로 인한 난리.

〔戰歿〕(전몰) 전사(戰死). ㉠—將兵.

〔戰死〕(전사) 싸움터에서 싸우다가 죽음.

〔戰線〕(전선) 적과 대치하거나 직접 전투가 벌어지고 있는 지역.

〔戰術〕(전술) ①전투의 여러 가지 책략과 전법. ②어떤 목적을 달성하기 위한 수단이나 방법. 「㉠—記念日.

〔戰勝〕(전승) 전쟁·경기 등에서 싸워 이김.

〔戰時〕(전시) 전쟁하는 시기. ㉠—態勢.

〔戰列〕(전열←전렬) ①전쟁을 하고 있는 부대의 대열. ㉠—의 재정비. ②어떤 목적을 위한 투쟁을 하기 위한 조직이나 단체. ㉠反核運動의 —에 참가하다. 「운 벗.

〔戰友〕(전우) 전쟁에서, 생사를 함께 하며 싸

〔戰雲〕(전운) 전쟁이 일어날 듯한 분위기.

〔戰意〕(전의) 싸우고자 하는 의욕. ㉠—를 북돋우다.

〔戰場〕(전장) 전쟁이 벌어진 곳.

〔戰爭〕(전쟁) 나라와 나라 사이의 무력에 의한 싸움. 인신하여, 그런 싸움에 견줄 만한 격렬한 경쟁. ⓔ交通—.
〔戰戰兢兢〕(전전긍긍) 두려워서 몸을 떨며 조심하는 모양.
〔戰陣〕(전진) 전투를 하기 위하여 치는 진.
〔戰塵〕(전진) 싸움마당에서, 전투로 말미암아 이는 먼지나 티끌. 인신하여, 전투 생활의 비유.
〔戰車〕(전차) 전투에 쓰는 차.
〔戰捷〕(전첩) 전승(戰勝).
〔戰鬪〕(전투) 무력으로 직접 맞붙어 싸움.
〔戰艦〕(전함) 전투에 쓰는 배.
〔戰禍〕(전화) 전쟁으로 입는 재화. ⓔ—를 입다.
〔戰況〕(전황) 전투의 상황. 전상(戰狀).
▷決戰(결전)·奮戰(분전)·宣戰(선전)·實戰(실전)·作戰(작전)·接戰(접전)·敗戰(패전)·血戰(혈전)·會戰(회전)

13 ⑰ 〔戴〕* 대: 去隊 | dài, タイ
1790

소전 行書 이름 일 대: 자원 형성. 𢦏+異→戴. 𢦏(재)의 변음이 성부.
새김 ❶이다. 머리에 이다. ¶戴冠(—, 관 관) 임금이 즉위할 때, 왕관을 씀. ⓔ—式. ❷받들다. 떠받들다. ¶推戴(밀 추, —)웃사람으로서 올려 떠받듦. ⓔ區民의 —를 받아 立候補하다.
▷感戴(감대)·男負女戴(남부여대)·不共戴天之讎(불공대천지수)

13 ⑰ 〔戲〕** 희: 去寘 | xì, ギ
1791

소전 행서 속자 戱 간화 戏 이름 희롱할 희: 자원 형성. 䖒+戈→戲. 䖒(희)가 성부.

필순 丶 ⺊ 广 卢 虍 虐 虚 戲 戲 戲

새김 ❶희롱하다. 조롱하다. ¶戲弄(—, 희롱할 롱) 말이나 행동으로 실없이 놀림. ❷놀다. 장난하다. 또는 놀이. ¶遊戲(놀 유, —)놀며 장난함. 또는 육체적 단련을 목적으로 하는 재미있는 놀이나 운동. ❸연극. 가무·잡기 등의 놀이. ¶戲曲(—, 가락 곡)무대에 상연하기 위하여 쓰여진 문학 작품.
〔戲文〕(희문) ①희곡의 줄거리를 쓴 글. ②장난삼아 쓴 글.
〔戲作〕(희작) 장난삼아 지음. 또는 그 작품.
〔戲謔〕(희학) 실없는 말로 하는 농지거리.
〔戲畫〕(희화) 실없이 장난 삼아 그린 그림.
▷兒戲(아희)·演戲(연희)·作戲(작희)·雜戲(잡희)

4획 부수 戶部

▷명칭:지게호
▷쓰임:문·주거, 또는 주거에 딸린 부속물 등의 뜻을 나타내는 한자의 부수로 쓰였고, 때로는 성부로도 쓰였다.

0 ④ 〔戶〕*** 호: 上麌 | hù, コ
1792

소전 행서 이름 지게 호: 자원 상형. 지게문을 본떴다.

필순 丶 ㇇ 彐 户

새김 ❶지게. 지게문. 외짝으로 된 출입문. ¶門戶(문 문, —)드나드는 문. 인신하여, ㉮어떤 지방을 드나드는 초입의 곳의 비유. ㉯집안. ❷집. ㉠가정. 가족. ¶戶主(—, 주인 주)한 집을 주장하는 주인. ㉡집을 세는 단위. ⓔ三百戶의 大村. ❸주량. 술을 마시는 양. ¶酒戶(술 주, —)술을 마시는 양.
〔戶口〕(호구) 호수(戶數)와 식구(食口).
〔戶別〕(호별) 집집이. 매호(每戶).
〔戶數〕(호수) 집의 수효.
〔戶籍〕(호적) 호수 및 인구를 기록한 장부.
〔戶庭〕(호정) 집 안에 있는 뜰과 마당.
〔戶庭出入〕(호정출입) 앓던 사람이나 늙은이가 겨우 뜰이나 마당 안을 드나듦.
▷大戶(대호)·蓬戶(봉호)·桑戶(상호)·窓戶(창호)

4 ⑧ 〔戾〕* 려: 去霽 | lì, レイ
1793

소전 행서 이름 어그러질 려: 자원 회의. 戶+犬→戾. 개가 닫힌 지게문 밑으로 드나들 때 몸을 굽힌다는 데서 '도리에 어긋나다'의 뜻을 나타낸다.
새김 ❶어그러지다. 도리에 어긋나다. ¶乖戾(어그러질 괴, —)사리에 어그러져 온당하지 아니함. ❷사납다. 포악하다. ¶悖戾(어그러질 패, —)성질이나 언행이 도리에 어그러지고 사나움. ❸이르다. 돌려 보내어 이르게 하다. ¶返戾(돌릴 반, —)도로 돌려 줌.
▷背戾(배려)·罪戾(죄려)

4 ⑧ 〔房〕*** 방 平陽 | fáng, ボウ
1794

소전 행서 이름 방 방 자원 형성. 戶+方→房. 防(방)·訪(방)·放(방)·芳(방)과 같이 方(방)이 성부.

필순 `戶戶戶房房

새김 ❶방. ㉠집 안의 거처하는 방이나 일하는 방. ¶房門(—, 문 문) 방에 드나드는 문. ㉡집. 가옥. ¶山房(메 산, —) 산 속에 있는 별장. ❷벌집. 벌집이나 씨방과 같이 방처럼 구획되어 있는 것. ¶蜂房(벌 봉, —) 벌의 집.
〔房舍〕(방사) 사람이 거처하는 방.
〔房事〕(방사) 남녀가 잠자리하는 일.
〔房帳〕(방장) ①방 안에 치는 휘장. ②모기장.
▷空房(공방)·閨房(규방)·煖房(난방)·冷房(냉방)·茶房(다방)·獨房(독방)·僧房(승방)·新房(신방)·乳房(유방)·廚房(주방)·寢房(침방)

4 ⑧ 〔所〕*** 소: 上語 suǒ, ショ 1795

소전 행서 이름 바 소: 자원 형성. 戶+斤→所. 戶(호)의 변음이 성부.

필순 一 丆 戶 戶 戶' 所 所 所

새김 ❶바. ~하는 바. ~할 바. ¶所₂信₁(—, 믿을 신)믿는 바. ❷곳. ㉠장소. 자리. ¶住所(살 주, —)살고 있는 곳. ㉡어떤 일을 처리하는 곳. ㉸洞事務所(동사무소).
〔所感〕(소감) 느낀 바. 또는 느낀 생각.
〔所見〕(소견) 사물을 보고 가지는 생각이나 의견.
〔所管〕(소관) 맡아 관리하는 바. ㉸—業務.
〔所關〕(소관) 관계하는 바. ㉸—事.
〔所期〕(소기) 마음 속으로 기약한 바. ㉸—의 目的.
〔所得〕(소득) 얻은 수입이나 이익.
〔所望〕(소망) 바람. 또는 바라는 바.
〔所聞〕(소문) 사람들 사이에 들리는 말.
〔所屬〕(소속) 어떤 기관이나 단체에 딸림. 또는 그 속하고 있는 곳.
〔所信〕(소신) 믿는 바. ㉸—을 피력하다.
〔所用〕(소용) 쓸 데. 또는 쓸 물건. ㉸—이 없다.
〔所願〕(소원) 원하고 바라는 바. 원함.
〔所爲〕(소위) 소행(所行).
〔所謂〕(소위) 이른바. 말하는 바.
〔所有〕(소유) 자기 것으로서 가지거나 가지고 있음. ㉸—權.
〔所藏〕(소장) 자기 것으로서 간직하거나 간직하고 있음. ㉸박물관 —의 그림.
〔所在〕(소재) 있는 곳. 있는 지점.
〔所定〕(소정) 정하여진 바. ㉸—期間.
〔所出〕(소출) 논밭에서 생산되는 곡식. 또는 그 곡식의 양.
〔所行〕(소행) ①하여 놓은 일이나 행동. ②하는 행위.
〔所懷〕(소회) 마음에 품고 있는 회포.
▷居所(거소)·急所(급소)·名所(명소)·墓所(묘소)·配所(배소)·宿所(숙소)·場所(장소)·處所(처소)

5 ⑨ 〔扁〕* 편 本변: 上銑 biǎn, ヘン 1796

소전 행서 이름 납작할 편 자원 회의. 戶+冊〔冊의 변형〕→扁. 문짝에 붙이는 문패나 호적부 따위를 뜻한다.
새김 ❶납작하다. ¶扁平足(—, 평평할 평, 발 족) 발바닥의 가운데가 오목하게 들어가지 아니하고 평평한 발. ❷편액. ¶扁額(—, 액자 액) 방 안이나 문 위에 거는 액자.
〔扁桃腺〕(편도선) 사람 목구멍 안쪽에 있는, 복숭아 모양의 림프 조직.
〔扁舟〕(편주) 조각배. 편주(片舟).
〔扁平〕(편평) 넓고 평평함.
〔扁形〕(편형) 평평한 모양.

6 ⑩ 〔扇〕* ㊀선: 去霰 shàn, セン ㊁선 平先 shān, セン 1797

소전 행서 이름 ㊀부채 선: ㊁부채질할 선 자원 회의. 戶+羽→扇. 지게문이 날개짓할 때의 새의 날개처럼 움직인다는 뜻.
새김 ㊀부채. ¶團扇(둥글 단, —) 둥글부채. ㊁부채질하다. 바람을 일으키다. ¶扇₂風₁機(—, 바람 풍, 기계 기) 바람을 일으키는 기계.
〔扇骨〕(선골) 부챗살.
〔扇形〕(선형) 부채꼴. 부채 같이 생긴 모양.
▷秋扇(추선)·太極扇(태극선)·夏爐冬扇(하로동선)

7 ⑪ 〔扈〕* 호: 上麌 hù, コ 1798

소전 행서 이름 뒤따를 호: 자원 형성. 戶+邑→扈. 戶(호)가 성부.
새김 ❶뒤따르다. ¶扈從(—, 좇을 종) 임금의 거가를 모시고 좇음. ㉸—功臣. ❷날뛰다. 횡행하다. ¶跋扈(난폭할 발, —) 권세를 믿고 횡포하게 날뜀. ㉸貪官汚吏의 —.
〔扈駕〕(호가) 임금이 탄 수레를 호위하여 따름. 또는 그 사람.
▷陪扈(배호)·桑扈(상호)

8 ⑫ 〔扉〕* 비 平微 fēi, ヒ 1799

소전 행서 이름 문짝 비 자원 형성. 戶+非→扉. 悲(비)·斐(비)·匪(비)·菲(비)·誹(비)와 같이 非(비)가 성부.

새김 문짝. 또는 사립문. ¶門扉(문 문, —)문짝.
▷柴扉(시비)·竹扉(죽비)

4 획 부수 手(扌)部

▷명칭:손수. 재방변
▷쓰임:손의 각 부분의 이름이나 손의 움직임 등에 관한 뜻을 나타내는 한자의 부수로 쓰였다. 才는 扌과 그 자형이 비슷하기에 이 부수에 넣었다.

0 ④ 〔手〕*** 1800 수:▷수 上有 shǒu, シュ

소전 행서 이름 손 수 자원 상형. 다섯 손가락을 벌리고 있는 손의 모양.

필순 ㇀ 二 三 手

새김 ❶손. 다섯 손가락과 손바닥·손등. ¶擧手(들 거, —) 손을 위로 들어 올림. ❷손수. 몸소. 친히. ¶手記(—, 적을 기)자기의 생활이나 경험을, 자신이 적은 기록. ❸솜씨. 수단. 능력. ¶手法(—, 방법 법)일을 할 때의 수단과 방법. 또는 솜씨. ❹사람. ㉠전문적인 기능이나 기술을 가진 사람. ¶選手(가릴 선, —)일정한 수준의 자격을 인정받아, 뽑히어 경기에 출전하는 사람. ㉡어떤 기능에 뛰어난 사람. ¶國手(나라 국, —)바둑·장기 등에서 수가 한 나라 안에서 첫째 가는 사람.
〔手匣〕(수갑) 죄인의 두 손목에 채우는 쇠로 만든 형구.
〔手巾〕(수건) 얼굴·몸·손 등을 닦기 위하여 만든 천의 조각.
〔手工〕(수공) 손으로 하는 공예.
〔手工業〕(수공업) 손과 간단한 연장을 사용하여 물건을 만드는, 소규모의 공업. ㊀機械工業(기계공업).
〔手交〕(수교) 손수 내어 주거나 전해 줌.
〔手段〕(수단) ①목적을 달성하기 위하여 취하는 방법. ②일을 처리하는 꾀나 솜씨.
〔手當〕(수당) 정한 급료 이외에 주는 보수.
〔手配〕(수배) 國범인을 잡으려고 수사망을 폄. 예指名—.
〔手法〕(수법) ①일을 할 때의 수단과 법칙. 예創作—. ②솜씨.
〔手續〕(수속) 일을 행하는 절차.
〔手數料〕(수수료) 어떤 일을 맡아 처리해 준 데 대한 보수.
〔手術〕(수술) 신체의 일부분을 째거나 베어서, 병이나 상처를 치료함. 또는 그 치료 방법. 예—室.
〔手藝〕(수예) 자수·뜨개질 따위의 손으로 하는 기술. 예—品.
〔手腕〕(수완) 일을 꾸미거나 처리해 나가는 솜씨.
〔手足〕(수족) ①손과 발. ②손발과 같이 요긴하게 부리는 사람.
〔手澤〕(수택) ①오래 사용한 물건에 남아 있는 손때. ②죽은 사람이 생전에 애용하였던 물건.
〔手下〕(수하) ①부하. ②손아래.
〔手話〕(수화) 손짓으로 하는 말.
▷鼓手(고수)·空手(공수)·旗手(기수)·騎手(기수)·能手(능수)·名手(명수)·妙手(묘수)·握手(악수)·助手(조수)·着手(착수)

0 ③ 〔才〕*** 1801 재 平灰 cái·zāi, サイ

소전 행서 이름 재주 재 자원 지사. 一은 땅, 亅는 위로 뻗다, ノ은 땅에 묻혀 있는 가지나 잎의 싹. 그래서 사람이 태어날 때 타고나는 재능을 뜻한다.

필순 一 十 才

새김 ❶재주. 재능. 역량. ¶才色(—, 얼굴모양 색)여자의 재주와 얼굴 모양. ❷인재. 재능이 있는 사람. ¶秀才(빼어날 수, —)재주가 뛰어난 사람.
〔才幹〕(재간) 일을 처리하는 재능이나 솜씨.
〔才能〕(재능) 재주와 능력.
〔才德〕(재덕) 재주와 덕행.
〔才弄〕(재롱) 어린아이의 슬기로운 말과 귀여운 짓.
〔才士〕(재사) 재주가 뛰어난 사람.
〔才勝德薄〕(재승덕박) 재주는 있으나 덕이 적음.
〔才媛〕(재원) 재주가 있는 젊은 여자.
〔才子〕(재자) 재주가 있는 젊은 남자. 예—佳人.
〔才質〕(재질) 재주와 성질.
〔才致〕(재치) 눈치 빠르고 재간 있는 솜씨.
▷鬼才(귀재)·多才(다재)·文才(문재)·辯才(변재)·英才(영재)·庸才(용재)·逸才(일재)·天才(천재)·賢才(현재)

2 ⑤ 〔扑〕 1802 박 撲(1791)의 간화자

2 ⑤ 〔払〕 1803 불 拂(1848)의 약자

2 ⑤ 〔打〕*** 1804 타: 上馬 dǎ, ダ

소전 행서 이름 칠 타: 자원 형성. 扌+丁→打. 丁(정)의 변음이 성부.

필순 一 亅 扌 扌 打

새김 ❶치다. 때리다. 또는 공격하다. ¶打倒(—, 넘어뜨릴 도)때리거나 쳐서 거꾸러뜨림. ❷셈하다. 따지다. ¶打算(—, 셈할 산)따져서 셈함. 예收支—. ❸다스. dozen의 음역자. 12개를 한 묶음으로 세는 말. ¶兩打(두 량, —)2다스.
〔打開〕(타개) 얽히고 막힌 것을 잘 처리해 헤쳐나감.
〔打擊〕(타격) ①때려서 침. ②힘을 꺾는 심한 충격이나 손실을 줌. 또는 그런 충격이나 손실. 「傷.
〔打撲〕(타박) 사람이나 동물을 때려 침. 예—
〔打作〕(타작) 마당질. 곡식의 이삭을 두드려 그 낟알을 거둠.
〔打電〕(타전) 무전이나 전보를 침.
〔打鐘〕(타종) 종을 침.
〔打診〕(타진) ①환부를 두드려 증세를 살핌. ②의사(意思)를 알기 위해 미리 떠봄. 「함.
〔打破〕(타파) ①깨뜨려 부숨. ②적군을 격파
▷強打(강타)·毆打(구타)·亂打(난타)·安打(안타)·連打(연타)·鞭打(편타)

3 ⑥ 〔扫〕 1805 소 掃(1914)의 간화자

3 ⑥ 〔扬〕 1806 양 揚(1936)의 간화자

3 ⑥ 〔执〕 1807 집 執(0898)의 간화자

3 ⑥ 〔托〕** 1808 탁 入藥 tuō, タク

행서 托 이름 의탁할 탁 자원 형성. 扌+乇→托. 託(탁)과 같이 乇(탁)이 성부.

필순 一 十 扌 扌 扌 托

새김 의탁하다. 맡기다. 또는 부탁하다. 託(탁)과 통용. ¶托生(—, 살 생) 의탁하여 살아감. 예一蓮—.
〔托鉢〕(탁발) (佛)승려가 경문(經文)을 외면서 집집마다 다니며 동냥을 함.
〔托身〕(탁신) 몸을 맡김. 탁신(託身).
▷受托(수탁)

3 ⑥ 〔扩〕 1809 확 擴(2003)의 간화자

4 ⑦ 〔抉〕* 1810 결 入屑 jué, ケツ

소전 행서 抉 이름 도려낼 결 자원 형성. 扌+夬→抉. 決(결)·缺(결)·訣(결)과 같이 夬(결)이 성부.
새김 ❶도려내다. 에다. ¶剔抉(뼈바를 척, —) 剔(0482)을 보라. ❷들추어내다. ¶抉摘(—, 들추어낼 적) 숨겨져 있는 것을 들추어냄.
〔抉目〕(결목) 눈을 도려냄.

4 ⑦ 〔扱〕* 1811 급 入緝 qì, キュウ

소전 행서 扱 이름 미칠 급 자원 형성. 扌+及→扱. 級(급)·汲(급)·伋(급)과 같이 及(급)이 성부.
새김 ❶미치다. 닿다. ¶扱地(—, 땅 지) 머리가 땅에 닿음. ❷國다루다. 취급하다. ¶取扱(취할 취, —) 물건을 맡아서 다룸.

4 ⑦ 〔技〕*** 1812 기: 上紙 jì, キ

소전 행서 技 이름 재주 기: 자원 형성. 扌+支→技. 伎(기)·妓(기)·岐(기)와 같이 支(지)의 변음이 성부.

필순 一 十 扌 扌 扌 扌 技

새김 재주. 재능. 솜씨. ¶特技(특별할 특, —) 남달리 가진 특별한 기술이나 재간.
〔技巧〕(기교) 정교한 기술이나 솜씨. 「(技倆).
〔技能〕(기능) 기술적인 능력이나 재능. 기량
〔技術〕(기술) 어떤 일을 솜씨 있게 하는 재간.
〔技藝〕(기예) 미술(美術)·공예(工藝) 등에 관한 재주와 솜씨.
▷競技(경기)·球技(구기)·國技(국기)·妙技(묘기)·演技(연기)·長技(장기)

4 ⑦ 〔抚〕 1813 무: 撫(1970)의 속자·간화자

4 ⑦ 〔报〕 1814 보: 報(0907)의 간화자

4 ⑦ 〔扶〕*** 1815 부 平虞 fú, フ

소전 행서 扶 이름 붙들 부 자원 형성. 扌+夫→扶. 芙(부)·趺(부)와 같이 夫(부)가 성부.

필순 一 十 扌 扌 扌 扶 扶

새김 붙들다. 떠받치다. 부축하여 돕다. ¶扶助(—, 도울 조)힘을 보태어 도움.
〔扶腋〕(부액) 곁부축. 겨드랑이를 붙들어 부축함.
〔扶養〕(부양) 생활 능력이 없는 사람을 돌봄.
▷相扶(상부)·挾扶(협부)

4 ⑦ 〔扮〕* 1816 분 本반: 去諫 bàn, フン

소전 行 행서 扮 이름 꾸밀 분 자원 형성. 扌+分→扮. 紛(분)·粉(분)·芬(분)과 같이 分(분)이 성부.
새김 꾸미다. 매만져 차리다. ¶扮裝(—, 꾸밀 장)배우가 극중 인물에 어울리도록 얼굴·옷차림 등을 꾸며서 차림.
〔扮飾〕(분식) 몸을 치장함.

4 ⑦ 〔批〕** 비: 本비 平齊 | pī, ヒ
1817

소전 행서 批 이름 평할 비: 자원 형성. 扌+比→批. 枇(비)·庇(비)·毖(비)·琵(비)와 같이 比(비)가 성부.

필순 一 十 才 扌 扎 扎 批

새김 ❶평하다. 좋고 나쁨을 평하다. ¶批評(—, 평할 평)선악·시비·우열 등을 따지어 평함. ❷보이다. 임금이 표하여 보이다. ¶批准(—, 승인할 준)신하의 주청에 대하여 임금이 표시를 하여 승인함.
〔批答〕(비답) 신하의 상소(上疏)에 대한 임금의 하답(下答). 또는 그 글.
〔批點〕(비점) 시나 문장을 평가할 때, 잘된 곳에 주묵(朱墨)으로 찍는 둥근 점.
〔批旨〕(비지) 國 임금이 비답(批答)하는 말.
〔批判〕(비판) 비평하여 판단함.

4 ⑦ 〔抒〕* 서: 上語 | shū, ジョ
1818

소전 행서 抒 이름 펼 서: 자원 형성. 扌+予→抒. 序(서)·舒(서)와 같이 予(여)의 변음이 성부.
새김 펴다. 말하다. 마음을 털어놓다. ¶抒情(—, 뜻 정)자기의 감정을 시나 문장을 통해 펴서 나타냄. 예—詩.

4 ⑧ 〔承〕*** 승 平蒸 | chéng, ショウ
1819

소전 행서 承 이름 이을 승 자원 회의. 手〔卩의 변형〕+八〔𠬞의 변형〕→承. 卩은 부절, 𠬞은 좌우의 손. 부절을 좌우의 손으로 떠받들고 있다는 뜻.

필순 フ 了 了 手 手 承 承 承

새김 ❶잇다. 이어받다. ¶繼承(이을 계, —)뒤를 이어받음. ❷받들다. ¶承奉(—, 받들 봉)웃사람의 명령을 받듦. ❸받아들이다. ¶承諾(—, 허락할 낙) 청한 바를 받아들여 허락함.
〔承命〕(승명) 임금이나 부모의 명령을 받듦.
〔承服〕(승복) ①납득하여 좇음. ②죄를 자복함.
〔承上接下〕(승상접하) 윗사람을 받들고 아랫사람을 거느려 둘 사이를 잘 주선함.
〔承恩〕(승은) 은혜를 입음.
〔承認〕(승인) 인정하여 승락함.
〔承重〕(승중) 아버지나 할아버지를 대신하여 조상의 제사를 받드는 일.
▷拜承(배승)·奉承(봉승)·師承(사승)·襲承(습승)·仰承(앙승)·傳承(전승)

4 ⑦ 〔扼〕* 액 入陌 | è, ヤク
1820

행서 扼 이름 누를 액 자원 형성. 扌+厄→扼. 厄(액)이 성부.
새김 누르다. 또는 주먹을 쥐다. ¶扼腕(—, 팔 완)애석해 하거나 분개하여 팔뚝에 힘을 주어 주먹을 쥠.
〔扼喉〕(액후) 목을 졸음. 요해지(要害地)를 점거함의 비유.

4 ⑦ 〔抑〕** 억 入職 | yè, ヨク
1821

소전 행서 抑 이름 누를 억 자원 회의. 扌+卬〔卬을 반대로 놓은 모양〕→抑. 卬은 仰으로, 우러르다의 반대 행위인 누르다의 뜻을 나타낸다.

필순 一 十 才 扌 扌 扣 抑

새김 ❶누르다. ㉠억누르다. ¶抑壓(—, 누를 압)남의 자유나 욕망 등을 강제로 내리누름. 예言論의 —. ㉡억눌러 막다. 제지하다. ¶抑制(—, 제어할 제)강압적으로 막아 제어함. ❷대저. 그렇지 않다면. 또는 그런데도. ¶抑何心情(—, 무슨 하, 마음 심, 뜻 정)대저 무슨 심정이냐? 무슨 심정으로 그런 짓을 하는지 알 수 없다는 뜻을 나타내는 말.
〔抑留〕(억류) 억눌러 잡아 둠.
〔抑揚〕(억양) ①누름과 듦. ②소리의 고저(高低), 글의 기복(起伏). ③찬양과 비난.
〔抑鬱〕(억울) ①억눌러 마음이 답답함. ②불공평한 일을 당하여 속상하고 분함.
〔抑止〕(억지) 억눌러서 멈추게 함.
▷屈抑(굴억)·壓抑(압억)·寃抑(원억)

4 ⑦ 〔扰〕 요: 擾(1999)의 간화자
1822

4 ⑦ 〔拟〕 의: 擬(1995)의 간화자
1823

4 ⑦ 〔折〕** ㊀절 ㊁접 入屑 | zhé, セツ
1824

[소전] [행서] [이름] [一]꺾을 절 [二]접을 접 [자원] 회의. 扌〔艸를 세로로 놓은 屮의 변형〕+斤→折. 도끼로 초목을 벤다는 뜻.

[필순] 一 十 扌 扌 扩 扩 折

[새김] [一]❶꺾다. 부러뜨리다. ¶折$_2$柳$_1$(—, 버드나무 류)버드나무 가지를 꺾음. 인신하여, 전별함. ❷꺾이다. ㉠부러지다. 또는 방향이 바뀌다. ¶屈折(굽을 굴, —)㉮굽어서 꺾임. 또는 꺾이어서 휘어짐. ㉯광선이나 전파 등이 다른 물질 속으로 들어갈 때 나아가던 방향을 바꾸는 현상. ㉡기세나 의지 등이 꺾이다. ¶挫折(꺾을 좌, —)기세나 의지 등이 꺾이거나 꺾어지게 함. ❸나무라다. 꾸짖다. ¶面折(얼굴 면, —)얼굴을 마주 대하여 꾸짖음. [예]—廷爭. ❹죽다. 일찍 죽다. ¶夭折(젊어서죽을 요, —)젊은 나이에 죽음. ❺자르다. 가르다. ¶折半(—, 반 반)갈라놓은 반. 또는 반으로 가름. [二]摺(1963)의 간화자.

〔折桂〕(절계) 계수나무의 가지를 꺾음. 곧 과거에 급제함.
〔折傷〕(절상) 뼈가 부러져 다침.
〔折枝〕(절지) 나뭇가지를 꺾음.
〔折衷〕(절충) 서로 맞지 않는 견해나 관점을 타협시킴. [예]—案.
〔折衝〕(절충) ①적이 쳐들어오는 것을 막아 냄. ②제기된 문제나 사건에 대하여 상대편과 담판하거나 교섭함.
▷曲折(곡절)·骨折(골절)·斷折(단절)·半折(반절)

4 ⑦ 〔抄〕** 초 [平]肴 chāo, ショウ
1825

[행서] [이름] 베낄 초 [자원] 형성. 扌+少→抄. 秒(초)와 같이 少(소)의 변음이 성부.

[필순] 一 十 扌 扌 扌 扌 抄

[새김] ❶베끼다. 가려 뽑아 옮겨 적다. ¶抄本(—, 책 본)필요한 부분만 뽑아서 베낀 책이나 문서. [예]戶籍—. ❷노략질하다. ¶抄略(—, 빼앗을 략)노략질하여 빼앗음. ❸가려 뽑다. ¶抄啓(—, 아뢸 계)인재를 가려 뽑아서 상주함.

〔抄錄〕(초록) 필요한 부분만을 뽑아 적음. 또는 그 기록. 초기(抄記).
〔抄選〕(초선) 의정대신(議政大臣)과 이조 당상관(吏曹堂上官)이 모여서 경연관(經筵官)의 적임자를 선발함.
〔抄譯〕(초역) 필요한 부분만을 뽑아서 번역함. 또는 그 번역.
▷謄抄(등초)·拔抄(발초)·別抄軍(별초군)·詩抄(시초)

4 ⑦ 〔択〕 택 擇(1990)의 약자
1826

4 ⑦ 〔投〕*** 투 [平]尤 tóu, トウ
1827

[소전] [행서] [이름] 던질 투 [자원] 형성. 扌+殳→投. 殳(수)의 변음이 성부.

[필순] 一 十 扌 扌 扌 投 投

[새김] ❶던지다. ㉠내던지다. ¶投手(—, 사람 수)야구에서 공을 던지는 사람. ㉡재물을 내어놓다. ¶投$_2$資$_1$(—, 자본 자)자본이나 자금을 내어놓음. ㉢몸을 던져 뛰어들다. ¶投$_2$身$_1$(—, 몸 신)몸을 내던져 뛰어듦. [예]—自殺. 演藝界에 —한 보람. ㉣던져 넣다. ¶投$_2$票$_1$(—, 표 표)선거나 가부의 결정 때 정해진 사항을 써서 정해진 곳에 내는 일. ㉤물체가 자기 그림자를 나타내다. ¶投影(—, 그림자 영)물체가 나타내는 그림자. ㉥숙소에 들다. ¶投$_2$宿$_1$(—, 숙소 숙)숙소에 들어 머무름. ❷합치하다. 서로 잘 맞다. ¶投合(—, 맞을 합) 마음이 서로 잘 맞음. [예]意氣—. ❸요행을 노리다. ¶投機(—, 기회 기)큰 이익을 얻으려고 요행을 노려 기회를 붙잡는 행위.

〔投稿〕(투고) 신문이나 잡지 등에 실을 원고를 보냄.
〔投網〕(투망) ①그물을 던짐. ②쟁이. 물고기를 잡는 그물의 하나.
〔投賣〕(투매) 손해를 무릅쓰고 상품을 싸게 팖.
〔投書〕(투서) 어떤 사실의 내막이나 남의 비행을 몰래 알리려고 글을 써 보냄. 또는 그 글.
〔投藥〕(투약) 환자에게 약을 주어 먹임.
〔投獄〕(투옥) 감옥에 가둠.
〔投入〕(투입) 던져 넣거나 집어 넣음.
〔投擲〕(투척) 내던짐.
〔投下〕(투하) ①위에서 아래로 내려뜨림. [예]爆彈—. ②어떤 일에 자금·노력·물자 등을 들임. [예]資本의 —.
〔投降〕(투항) 상대에게 항복(降伏)함.
〔投壺〕(투호) 연회 때 흥을 돋구던 놀이의 하나. 화살을 병에 던져서 많이 꽂아 넣는 사람이 승리하고, 진 사람은 벌주를 마심.

4 ⑦ 〔把〕** [一]파: [上]馬 bǎ, ハ [二]파: [去]禡 bà, ハ
1828

[소전] [행서] [이름] [一]잡을 파: [二]자루 파: [자원] 형성. 扌+巴→把. 杷(파)·琶(파)·爬(파)와 같이 巴(파)가 성부.

[필순] 一 十 扌 扌 扌 扌 把

[새김] [一]❶잡다. 손으로 잡다. 쥐다. ¶把握(—, 잡을 악)잡아 쥠. 인신하여, 일정한 대상의 내용이나 본질을 깨닫고 잘 앎. ❷줌. 한 주먹으로 쥘 만한 분량을 세는 단위. ¶一把豆(한 일, —, 콩 두)한 줌의 콩. ❸단. 다발. ¶菜把(나물

채, ―)채소를 묶은 다발. 三자루. 기물의 손잡이. ¶劍把(검 검, ―)검의 손잡이.
〔把守〕(파수) 일정한 곳에서 경비하여 지킴. 또는 지키는 그 사람. 예―兵.
〔把持〕(파지) 꼭 움켜쥠.

4 ⑦ 〔抗〕** 항: ㉯강: 去漾 | kàng, コウ
1829

소전 행서 이름 맞설 항: 자원 형성. 扌+亢→抗. 航(항)·沆(항)·伉(항)과 같이 亢(항)이 성부.

필순 一 十 才 扌 扌 扩 抗

새김 맞서다. 대항하다. ¶抗爭(―, 싸울 쟁)대항하여 싸움. 예4·19―.
〔抗拒〕(항거) 맞서서 대항함.
〔抗命〕(항명) 명령에 항거함.
〔抗辯〕(항변) 상대편의 주장에 맞서 변론함.
〔抗生物質〕(항생물질) 세균이나 곰팡이 등의 미생물에 의해 생성되어 다른 미생물의 발육·번식을 억제할 수 있는 물질.
〔抗訴〕(항소) 하급 법원의 판결에 불복하고 다시 상급 법원에 소(訴)를 제기함.
〔抗禦〕(항어) 대항하여 막음.
〔抗議〕(항의) 상대방의 생각이나 태도에 대하여 반대의 의견을 강하게 내세움. 예―文.
〔抗戰〕(항전) 대항하여 싸움.
▷對抗(대항)·反抗(반항)·抵抗(저항)

4 ⑦ 〔护〕 호: 護(5078)의 간화자
1830

5 ⑧ 〔拣〕 간: 揀(1926)의 간화자
1831

5 ⑧ 〔拒〕** 거: 上語 | jù, キョ
1832

행서 이름 막을 거: 자원 형성. 扌+巨→拒. 距(거)·鉅(거)·炬(거)와 같이 巨(거)가 성부.

필순 一 十 才 扌 扌 扌 拒 拒

새김 ❶막다. 방어하다. ¶拒₂難₁(―, 어려움 난)적의 침입과 같은 어려움을 막음. ❷물리치다. ¶拒絶(―, 물리칠 절)남의 요구·제의·선물 등을 받아들이지 아니하고 물리침. ❸맞서다. 대항하다. ¶抗拒(맞설 항, ―)막아내기 위하여 맞서 대항함.
〔拒門不納〕(거문불납) 문을 막고 들이지 않음.
〔拒否〕(거부) 어떤 사실을 인정하지 않고 부정하거나 반대함.
〔拒逆〕(거역) 따르지 아니하고 거스름.
〔拒戰〕(거전) 항거하여 싸움.

5 ⑧ 〔拠〕 거: 據(1979)의 속자
1833

5 ⑧ 〔拐〕* 괴: 上蟹 | guǎi, カイ
1834

이름 꾀어낼 괴: 자원 형성. 扌+另〔咼의 속자〕→拐. 另(과)의 변음이 성부.
새김 꾀어내다. 속여서 꾀다. ¶誘拐(꾈 유, ―)남을 꾀어냄. 예―犯.

5 ⑧ 〔拘〕** 구 平虞 | jū, コウ
1835

소전 행서 이름 잡을 구 자원 형성. 扌+句→拘. 狗(구)·駒(구)·苟(구)와 같이 句(구)가 성부.

필순 一 十 才 扌 扚 扚 拘 拘

새김 ❶잡다. 붙잡다. ¶拘束(―, 묶을 속)잡아 묶음. 곧 법에 의하여 행동이나 의사의 자유를 제한함. ❷거리끼다. 얽매이다. ¶不₄拘₃小₁節₂(아니할 불, ―, 작을 소, 예절 절)자질구레한 예절에 거리끼지 아니함.
〔拘忌〕(구기) 얽매이고 망설임. 또는 꺼림.
〔拘禁〕(구금) 체포하여 감금함.
〔拘留〕(구류) 잡아서 가두어 둠.
〔拘礙〕(구애) 속박하고 방해함. 또는 거리낌.
〔拘引〕(구인) 체포하여 끌고 감.
〔拘置〕(구치) 붙잡아 가두어 둠.
▷不拘(불구)

5 ⑨ 〔拏〕* 나 拿(1870)의 본자
1836

5 ⑧ 〔拈〕* 념 平鹽 | niān, ネン
1837

소전 행서 이름 딸 념 자원 형성. 扌+占→拈. 占(점)의 변음이 성부.
새김 따다. 달려 있거나 붙어 있는 것을 따다. ¶拈₂華₁微笑(―, 꽃 화, 조금 미, 웃을 소) 문자나 말에 의하지 아니하고 마음에서 마음으로 뜻을 전함의 비유. 故 석가모니가 꽃을 따서 여럿에게 보였으나 아무도 그 뜻을 알아차리지 못하였는데, 가섭(迦葉)만이 그 뜻을 알고 미소지었다는 고사.

5 ⑧ 〔担〕 담 擔(1984)의 약자·간화자
1838

5 ⑧ 〔拉〕* 랍 入合 | lā, ラツ
1839

소전 行書 이름 끌어당길 랍 자원 형성. 扌+立→拉. 立(립)의 변음이 성부.
새김 끌어당기다. ¶拉致(—, 이르게할 치)끌어당겨 이르게 함. 곧 사람을 불법적으로 무리하게 끌고 감. 예어린이 —犯.
▷被拉(피랍)

5 ⑧ 〔抹〕* 말 入曷 mò, マツ
1840

행서 이름 지울 말 자원 형성. 扌+末→抹. 茉(말)·靺(말)과 같이 末(말)이 성부.
새김 ❶지우다. 지워 없애다. ¶抹消(—, 지울 소) 기록되어 있는 것을 지워서 없앰. ❷바르다. 칠하다. ¶塗抹(칠할 도, —) ㉮겉에 칠하여 바름. ㉯겉에 무엇을 발라 본디의 것을 없앰. ❸國말뚝. ¶抹木(—, 나무 목) 말뚝으로 쓰는 나무. 곧 나무 말뚝. 예—을 박다.
〔抹殺〕(말살) 지워 없앰.
〔抹額〕(말액) 마래기. 또는 머리띠.
▷一抹(일말)

5 ⑧ 〔拇〕* 무: 上有 mǔ, ボ
1841

소전 행서 이름 엄지 무: 자원 형성. 扌+母→拇. 母의 본음은 '무'이기에, 母(무)가 성부.
새김 엄지. 엄지손가락이나 엄지발가락. ¶拇印(—, 도장 인)도장 대신 엄지손가락의 지문이 나타나도록 찍는 손도장.
〔拇動〕(무동) 원기가 왕성해서 엄지도 움직임. 인신하여, 시험해 보고 싶어 안달함.
〔拇指〕(무지) 엄지손가락. 또는 엄지발가락.

5 ⑧ 〔拍〕** 박 本백 入陌 pāi, ハク
1842

소전 행서 이름 칠 박 자원 형성. 扌+白→拍. 泊(박)·舶(박)·迫(박)과 같이 白(백)의 변음이 성부.

필순 一 十 扌 扌' 扌' 拍 拍 拍

새김 ❶치다. 두드리다. 또는 손뼉을 치다. ¶拍手(—, 손 수)손을 침. 곧 손뼉을 침. 예—喝采. ❷박자. 가락. 리듬. ¶拍子(—, 어조사 자) 규칙적으로 되풀이되는 소리의 가락.
〔拍掌大笑〕(박장대소) 손뼉을 치며 크게 웃음.
〔拍車〕(박차) ①승마용 구두 뒤축에 댄 톱니 모양의 물건. 말이 달릴 때 말의 배를 툭툭 차서 빨리 달리게 함. ②일의 진행을 촉진하기 위하여 더하는 힘.
▷節拍(절박)

5 ⑧ 〔拌〕* 반: 去翰 pàn, ハン
1843

행서 이름 섞을 반: 자원 형성. 扌+半→拌. 伴(반)·畔(반)과 같이 半(반)이 성부.
새김 섞다. 뒤섞다. ¶攪拌(휘저을 교, —) 휘저어서 한데 섞음.

5 ⑧ 〔拔〕** 발 入黠 bá, ハツ
1844

소전 행서 이름 뽑을 발 자원 형성. 扌+犮→拔. 髮(발)·跋(발)·魃(발)과 같이 犮(발)이 성부.

필순 一 十 扌 扌 扩 扐 拔 拔

새김 ❶뽑다. ㉠박힌 것을 뽑다. ¶拔劍(—, 검 검) 칼집에서 검을 뽑아냄. ㉡여럿 가운데서 뽑다. ¶選拔(가릴 선, —)많은 가운데서 골라 뽑음. ❷빼어나다. 특출하다. ¶拔群(—, 무리 군)무리 가운데서 특별히 뛰어남.
〔拔本塞源〕(발본색원) 폐단의 근본을 뽑아버리고 근원을 막음.
〔拔萃〕(발췌) ①중요한 부분만을 골라 뽑음. ②여럿 가운데서 특별히 뛰어남.
〔拔擢〕(발탁) 여러 사람 가운데서 가려 뽑아 씀.
▷奇拔(기발)·不拔(불발)·引拔(인발)·卓拔(탁발)·海拔(해발)

5 ⑧ 〔拨〕 발 撥(1972)의 간화자
1845

5 ⑨ 〔拜〕*** 배: 去卦 bài, ハイ
1846

소전 행서 속자 拝 이름 절할 배: 자원 회의. 手〔手의 변형〕+丰〔𠦪의 변형〕→拜. 𠦪는 꽃의 모양. 꽃을 손으로 따기 위해 허리를 굽히는 모양이 곧 절을 하는 자세라 하여 만든자.

필순 ノ 二 三 手 手 手 手 拜 拜

새김 ❶절하다. 또는 절. ㉠몸을 굽혀 경의를 나타내다. 또는 그 인사. ¶百拜(많은 백, —)여러 번 많이 절함. 또는 여러 번 하는 절. 예—謝禮. ㉡자신의 행동을 낮추어 말할 때 쓰는 말. '삼가'로 새긴다. ¶拜讀(—, 읽을 독)남의 편지를 삼가 읽음. ❷제수하다. 벼슬을 주다. ¶拜相(—, 정승 상)정승을 제수함.
〔拜見〕(배견) ①어른을 뵘. ②남의 글이나 소중한 물건을 공손하게 봄.
〔拜官〕(배관) 벼슬을 제수함. 관직에 임명함.
〔拜金〕(배금) 돈을 소중히 여김. 예— 主義.
〔拜禮〕(배례) 절을 함. 또는 절하는 예.

〔拜命〕(배명) ①삼가 명령을 받음. ②관직의 임명을 삼가 받음.
〔拜伏〕(배복) 엎드려 절함.
〔拜上〕(배상) 삼가 올린다는 뜻으로, 흔히 편지의 자기 이름 뒤에 쓰는 말.
〔拜受〕(배수) 존경하는 마음으로 삼가 받음.
〔拜承〕(배승) 존경하는 마음으로 삼가 받아보거나 들음.
〔拜顔〕(배안) 배알(拜謁).
〔拜謁〕(배알) 지위가 높은 사람이나 어른을 만나 뵘.
▷ 謹拜(근배)·答拜(답배)·歲拜(세배)·崇拜(숭배)·禮拜(예배)·再拜(재배)·參拜(참배)

5 ⑧ 〔拜〕 1847 배: 拜(1846)의 속자

5 ⑧ 〔拂〕** 1848 불 入物 | fú, フツ

소전 행서 약자 払 이름 털 불 자원 형성. 扌+弗→拂. 佛(불)·彿(불)과 같이 弗(불)이 성부.

필순 一 十 扌 扌 扫 扫 抻 拂

새김 ❶털다. 붙은 것을 떨어지게 하다. ¶拂拭(—, 닦을 식) 털고 닦음. 예疑惑을 —하다. ❷이르다. 가까워지다. ¶拂曉(—, 새벽 효) 새벽에 가까워짐. 곧 동이 틀 무렵. ❸國 치르다. ¶支拂(치를 지, —) 돈을 치루어 줌.
〔拂子〕(불자) 먼지털이.
〔拂下〕(불하) 국가나 공공단체의 재산을 민간에 팔아 넘김.
▷ 先拂(선불)

5 ⑧ 〔押〕** 1849 압 入洽 | yā, オウ

행서 이름 누를 압 자원 형성. 扌+甲→押. 鴨(압)과 같이 甲(갑)의 변음이 성부.

필순 一 十 扌 扌 扣 扣 押 押

새김 ❶누르다. 내리누르다. ¶押收(—, 거두어들일 수) 개인이나 단체의 소유물을 국가가 강제로 몰수함. ❷도장을 찍다. 사인(sign)을 하다. ¶押署(—, 서명할 서) 도장을 찍고 서명함. 서명 날인함. ❸운자를 달다. ¶押韻(—, 운운) 한시를 지을 때 운자를 정해진 자리에 씀. ❹체포하다. 구금하다. ¶押送(—, 보낼 송) 죄인을 구금하여 어떤 곳으로 보냄. ❺수결. 사인. ¶花押(꽃 화, —) 수결. 사인.
〔押留〕(압류) 국가 기관이 특정의 재산이나 권리에 대해 개인의 처분을 금함. 또는 그 행위.
〔押印〕(압인) 도장 따위를 찍음.
〔押釘〕(압정) 손가락으로 눌러 박는 납작한 쇠못.
▷ 署押(서압)·差押(차압)

5 ⑧ 〔拥〕 1850 옹: 擁(1987)의 간화자

5 ⑧ 〔拗〕* 1851 요 平肴 | niù, ヨウ

소전 행서 이름 우길 요 자원 형성. 扌+幼→拗. 幼에는 '유' 외에 '요' 음도 있어, 窈(요)와 같이 幼(요)가 성부.

새김 우기다. 고집하다. ¶執拗(고집할 집, —) 자기의 생각대로 하려고 끈덕지게 물고 늘어짐. 예—한 저항.

5 ⑧ 〔抵〕** 1852 저: 上薺 | dǐ, テイ

소전 행서 이름 맞설 저: 자원 형성. 扌+氐→抵. 低(저)·底(저)·邸(저)와 같이 氐(저)가 성부.

필순 一 十 扌 扌 扌 扺 抵 抵

새김 ❶맞서다. 거스르다. ¶抵抗(—, 대항할 항)일정한 세력에 맞서서 대항함. ❷부딪다. 맞받다. ¶抵觸(—, 닿을 촉)㉮부딪쳐 닿음. ㉯법률이나 규칙에 위반되거나 거슬리거나 함. ❸담보로 하다. ¶抵當(—, 전당잡을 당)일정한 재물을 채무의 담보로 잡음. ❹대저. ¶大抵(큰 대, —)대체로 보아서.
〔抵死〕(저사) 죽음을 각오하고 끝까지 버팀.

5 ⑧ 〔拙〕** 1853 졸 本절 入屑 | zhuō, セツ

소전 행서 이름 서투를 졸 자원 형성. 扌+出→拙. 出(출)의 변음이 성부.

필순 一 十 扌 扌 扌 扌 拙 拙

새김 ❶서투르다. 능하지 못하다. ¶拙劣(—, 뒤떨어질 렬) 서투르고 뒤떨어짐. ❷저. 자신의 일을 낮추어 말할 때 쓰는 겸사. ¶拙文(—, 글월 문) ㉮서투른 글. ㉯자기 글에 대한 겸사.
〔拙計〕(졸계) 서투른 꾀. 졸렬한 계책.
〔拙稿〕(졸고) 자기가 쓴 원고에 대한 겸사.
〔拙誠〕(졸성) 우둔하지만 진실되고 정성스러움. ②하찮은 정성.
〔拙速〕(졸속) 일을 엉성하게 서둘러 처리함.
〔拙吟〕(졸음) 잘 짓지 못한 시. 자기 시에 대한 겸칭.
〔拙作〕(졸작) 보잘것없는 작품. 자기 작품에 대한 겸칭.
〔拙筆〕(졸필) ①잘 쓰지 못한 글씨. ②자기의 글씨나 서화에 대한 겸칭.
▷ 工拙(공졸)·壅拙(옹졸)·稚拙(치졸)

5 ⑧ 〔抮〕* 진: 上軫 | zhěn, シン
1854

이름 뒤틀릴 진: 자원 형성. 扌+㐱→抮. 珍(진)·診(진)·疹(진)과 같이 㐱(진)이 성부.
새김 뒤틀리다. 뒤얽히다.

5 ⑧ 〔拓〕** 一척 入陌 | zhí, タク 二탁 入藥 | tuò, タク
1855

소전 행서 이름 一넓힐 척 二박을 탁 자원 형성. 扌+石→拓. 石(석)의 변음이 성부.

필순 一 十 扌 扌 扩 扣 拓 拓

새김 一넓히다. 확장하다. ¶開拓(열 개, 一)㉮생땅을 일구어 농사지을 땅을 넓힘. ㉯새로운 분야나 진로를 열어 나감. 二박다. 눌러서 찍다. ¶拓₂本₁(一, 근본 본)비석에 새긴 글씨나 그림을 그대로 박아냄.
〔拓殖〕(척식) 땅을 개간하여 백성을 이주시킴.
〔拓地〕(척지) 척토(拓土).
〔拓土〕(척토) 영토를 확장함.
〔拓落〕(척락) 불우한 환경에 처함.
▷干拓(간척)·落拓(낙척)

5 ⑧ 〔招〕*** 초 平蕭 | zhāo, ショウ
1856

소전 행서 이름 부를 초 자원 형성. 扌+召→招. 超(초)·貂(초)·苕(초)와 같이 召(소)의 변음이 성부.

필순 一 十 扌 扌 扣 扣 招 招

새김 ❶부르다. 오라고 청하다. ¶招待(一, 대접할 대) 와 달라고 불러서 대접함. 예一狀. ❷밝히다. 신문하여 밝히다. ¶問招(물을 문, 一) 죄인을 신문하여 죄상을 밝힘.
〔招來〕(초래) 불러 옴. 불러서 오게 함.
〔招聘〕(초빙) 예를 갖추어 불러서 오게 함.
〔招請〕(초청) 청하여 부름. 초대함.
〔招魂〕(초혼) 죽은 사람의 혼을 부름.
▷供招(공초)

5 ⑧ 〔抽〕** 추 平尤 | chōu, チュウ
1857

소전 행서 이름 뽑을 추 자원 형성. 扌+由→抽. 由(유)의 변음이 성부.

필순 一 十 扌 扌 扣 扣 抽 抽

새김 뽑다. ㉠뽑아내다. ¶抽₂籤₁(一, 제비 첨)제비를 뽑음. 또는 그 일. 예一券. ㉡가려 뽑다. ¶抽拔(一, 뽑을 발)골라서 추려냄.
〔抽象〕(추상) 개개의 관념에서 일반적으로 공통된 부분을 추려 내어 그것을 종합하는 일.
〔抽身〕(추신) 바쁘거나 어려운 처지에서 빠져나감.
〔抽出〕(추출) 뽑아냄.

5 ⑧ 〔拖〕* 타 平歌 | tuō, タ
1858

소전 행서 이름 끌 타 자원 형성. 扌+㐌→拖. 㐌(타)가 성부.
새김 끌다. 끌어당기다. ¶拖₂紳₁(一, 큰띠 신) 큰띠를 끌어당김. 인신하여, 대신(大臣)이 병상(病床)에 있음.

5 ⑧ 〔择〕 택 擇(1990)의 간화자
1859

5 ⑧ 〔抱〕*** 포: 上晧 | bào, ホウ
1860

소전 행서 이름 안을 포: 자원 형성. 扌+包→抱. 胞(포)·飽(포)·砲(포)·苞(포)·疱(포)와 같이 包(포)가 성부.

필순 一 十 扌 扌 扚 扚 抅 抱

새김 ❶안다. 껴안다. 품에 안다. ¶抱擁(一, 안을 옹) 품에 껴안음. ❷품다. 마음에 품다. ¶抱負(一, 품을 부) 마음에 품고 있는 결의나 계획. ❸심정. 감회. 품고 있는 정. ¶懷抱(품을 회, 一)마음에 품고 있는 감회.
〔抱腹絶倒〕(포복절도) 배를 그러안고 넘어짐. 곧 몹시 웃음.
〔抱孫〕(포손) 손자를 안음. 곧 손자를 얻음.
〔抱怨〕(포원) 원한을 품음.
〔抱柱〕(포주) 약속을 굳게 지킴의 비유. 故미생(尾生)이 여자와 다리 밑에서 만나기로 약속하였는데, 갑자기 내린 큰 비로 물이 불어나는데도 약속을 지키기 위해 떠나지 않다가 마침내 다리 기둥을 안고 죽었다는 고사.
〔抱炭希涼〕(포탄희량) 숯불을 안고 시원하기를 바람. 행하는 바와 바라는 바가 서로 상반됨의 비유.
〔抱恨〕(포한) 한을 품음.

5 ⑧ 〔抛〕* 포: 本포 平肴 | pāo, ホウ
1861

소전 행서 이름 던질 포: 자원 형성. 扌+尥→抛. 尥(포)가 성부.
새김 던지다. 내던져 버리다. ¶抛棄(一, 버릴 기)내던져 버림. 예權利의 一.
〔抛物線〕(포물선) 팔매질하여 돌을 던질 때, 그 돌이 그리는 것과 같은 둥그스름한 곡선.
〔抛擲〕(포척) 물건을 공중으로 내던짐.

5
⑧ 〔披〕* 피 平支 | pī, ヒ
1862

소전 행서 이름 헤칠 피 자원 형성. 扌+皮→披. 彼(피)·被(피)·疲(피)와 같이 皮(피)가 성부.
새김 ❶헤치다. 펼치다. ¶披見(一, 볼 견) 책이나 편지 따위를 펼쳐서 봄. ❷드러내다. 속마음을 털어놓다. ¶披瀝(一, 나타낼 력) 생각한 바를 털어내어 말함.
〔披露〕(피로) ①문서 따위를 펴 보임. ②어떤 사실을 일반에게 널리 알림. 예一宴.
〔披髮〕(피발) 머리털을 풀어헤침.
〔披針〕(피침) 바소. 곪은 데를 째는 침.
▷猖披(창피)

5
⑧ 〔拡〕 확 擴(2003)의 약자
1863

6
⑩ 〔挙〕 거: 擧(1992)의 약자
1864

6
⑨ 〔拷〕* 고 本고: 上皓 | kǎo, ゴウ
1865

행서 이름 칠 고 자원 형성. 扌+考→拷. 考(고)가 성부.
새김 치다. 때리다. 매질하다. ¶拷問(一, 물을 문) 매질하는 등 육체적 고통을 가하며 신문함.
〔拷打〕(고타) 고문하여 때림.

6
⑨ 〔拱〕* 공: 上腫 | gǒng, キョウ
1866

소전 행서 이름 두손맞잡을 공: 자원 형성. 扌+共→拱. 供(공)·珙(공)·恭(공)과 같이 共(공)이 성부.
새김 두 손을 맞잡다. 두 손을 가슴 앞에서 맞잡고 공경의 뜻을 나타내다. ¶拱₂手₁(一, 손 수) 왼손을 오른손 위에 놓고, 두 손을 마주 잡아서 공경하는 예를 나타냄. 또는 그 예.

6
⑨ 〔括〕* 괄 入屑 | kuò, カツ
1867

소전 행서 이름 묶을 괄 자원 형성. 扌+舌→括. 舌에는 '설' 음 외에 '괄' 음도 있어, 刮(괄)·适(괄)과 같이 舌(괄)이 성부.
새김 묶다. 여럿을 하나로 묶다. ¶包括(쌀 포, 一) 사물 현상을 어떤 범위 안에 끌어 넣어 하나로 묶음.
〔括髮〕(괄발) 상(喪)을 당한 사람이 성복 전에 풀었던 머리털을 묶음.
〔括約筋〕(괄약근) 입·눈·요도·항문 주위에 있는, 늘어났다 오무라졌다 하는 근육.
〔括弧〕(괄호) 묶음표. ( )·〔 〕 따위.
▷概括(개괄)·一括(일괄)·總括(총괄)·統括(통괄)

6
⑩ 〔拳〕** 권 平先 | quán, ケン
1868

소전 행서 이름 주먹 권 자원 형성. 龹+手→拳. 卷(권)·券(권)·眷(권)과 같이 龹(권)이 성부.

필순 丶 丷 䒑 丷 龹 ... 拳

새김 ❶주먹. 또는 주먹을 쓰는 운동이나 무술. ¶拳鬪(一, 싸움 투) 주먹으로 치고 막고 하여 승부를 다투는 운동 경기. ❷정성스럽다. 진지하다. ¶拳拳(一, 一) 진실한 마음으로 정성스럽게 지키는 모양. 예一服膺.
〔拳法〕(권법) 주먹으로 치고 막는 격투법.
〔拳銃〕(권총) 한 손으로 다룰 수 있는 작은 총.
〔拳打〕(권타) 주먹으로 치거나 때림.
▷強拳(강권)·空拳(공권)·鐵拳(철권)

6
⑨ 〔拮〕* 길 入質 | jié, キツ
1869

소전 행서 이름 애쓸 길 자원 형성. 扌+吉→拮. 佶(길)·桔(길)·姞(길)과 같이 吉(길)이 성부.
새김 애쓰다. 바쁘게 일하다. ¶拮据(一, 일할 거) 손발이 쉴 사이 없이 바쁘게 일함.
〔拮抗〕(길항) 버티고 대항함. 예一作用.

6
⑩ 〔拿〕* 나 | ná, ダ
1870

행서 본자 挐 이름 사로잡을 나 자원 형성. 合〔奴의 대용자〕+手→挐→拿. 奴(노)의 변음이 성부.
새김 사로잡다. 체포하다. ¶拿捕(一, 잡을 포) 외국의 선박 따위를 사로잡음.
〔拿鞫〕(나국) 죄인을 잡아다가 국문함.
〔拿入〕(나입) 죄인을 잡아 들임.
〔拿獲〕(나획) 죄인을 체포함.

6
⑨ 〔挠〕 뇨: 撓(1967)의 간화자
1871

6
⑨ 〔挞〕 달 撻(1983)의 간화자
1872

6
⑨ 〔挑〕** 도 本조: 上篠 | tiǎo, チョウ
1873

소전 행서 이름 돋울 도 자원 형성. 扌+兆→挑. 桃(도)·跳(도)·逃(도)와 같이 兆(조)의 변음이 성부.

필순 一 十 扌 扌 扎 扎 挑 挑 挑

새김 돋우다. ㉠자극하여 부추기다. 부추기어 나서게 하다. ¶挑戰(—, 싸움 전)싸움을 돋우어 겲. ㉡위로 끌어 올리다. ¶挑燈(—, 등불 등)등잔의 심지를 돋우어 불을 밝게 함.
〔挑發〕(도발) 상대를 집적거려 일을 일으킴.

6 ⑩ 〔挛〕 1874 련: 攣(2006)의 간화자

6 ⑨ 〔拾〕*** 1875 ㊀습 入緝 shí, シュウ ㊁십 入緝 shí, シュウ

소전 행서 이름 ㊀주을 습 ㊁열 십 자원 형성. 扌+合→拾. 合(합)의 변음이 성부.

필순 一 十 扌 扌 扑 扑 拎 拾 拾

새김 ㊀❶줍다. 떨어져 있는 것을 줍다. ¶拾得(—, 얻을 득)떨어져 있는 물건을 주어서 얻음. 예—物. ❷거두다. 거두어 모으다. ¶收拾(거둘 수, —)收(2012)를 보라. ㊁열. 十(0564)의 갖은자.
〔拾遺〕(습유) ①남이 잃은 물건을 주음. ②빠진 글을 뒤에 보충함.
▷掇拾(철습)

6 ⑨ 〔拭〕* 1876 식 入職 shì, ショク

행서 이름 닦을 식 자원 형성. 扌+式→拭. 栻(식)·軾(식)과 같이 式(식)이 성부.
새김 닦다. 때·먼지 등의 더러운 것을 문질러 닦다. ¶拂拭(털 불, —)拂(1848)을 보라.
〔拭目〕(식목) 눈을 닦음. 자세히 보거나 간절히 기대함의 형용.

6 ⑨ 〔按〕* 1877 안: 去翰 àn, アン

소전 행서 이름 누를 안: 자원 형성. 扌+安→按. 鞍(안)·案(안)·晏(안)과 같이 安(안)이 성부.
새김 ❶누르다. 억누르다. ¶按彊(—, 굳셀 강)굳센 자를 억누름. ❷어루만지다. 주무르다. ¶按摩(—, 어루만질 마)몸을 주무르고 두드려 혈액 순환을 잘 되게 함. 또는 그리하는 일. ❸살피다. 조사하다. ¶按察(—, 살필 찰)자세히 조사하여 살핌. ❹생각하다. ¶按排(—, 배열할 배)생각하여 제 자리 제 차례에 알맞게 벌여놓음.
〔按撫〕(안무) 어루만져 위로하고 달램.
〔按酒〕(안주) 술을 마실 때 곁들여 먹는 음식.
〔按察〕(안찰) 조사하여 살핌.
▷巡按(순안)

6 ⑨ 〔拯〕* 1878 증: 上迥 zhěng, ジョウ

행서 이름 구원할 증: 자원 형성. 扌+丞→拯. 丞에는 '승' 외에 '증' 음도 있어, 烝(증)과 같이 丞(증)이 성부.
새김 구원하다. 구제하다. ¶拯濟(—, 구제할 제)어려운 형편에서 벗어나도록 도와 줌.

6 ⑨ 〔持〕*** 1879 지 平支 chí, チ

소전 행서 이름 가질 지 자원 형성. 扌+寺→持. 寺(시)의 변음이 성부.

필순 一 十 扌 扌 扌 扗 持 持 持

새김 ❶가지다. 손에 쥐거나 몸에 지니다. ¶持病(—, 병 병)낫지 아니하여 늘 지니고 있는 병. 예—인 치질로 고생하다. ❷버티다. 유지하다. ¶持久(—, 오랠 구)오랫동안 버팀. 예—戰. ❸주장하다. 의견을 내세우다. ¶持論(—, 이론 론)늘 가지고 주장하는 이론이나 의견.
〔持分〕(지분) 공동 소유의 재산이나 권리 등에서 각자가 소유 또는 행사하는 비율.
〔持續〕(지속) 같은 상태가 오래 계속됨.
〔持參〕(지참) 돈이나 물건을 가지고 참석함.
▷堅持(견지)·固持(고지)·保持(보지)·扶持(부지)·所持(소지)·維持(유지)·住持(주지)·支持(지지)

6 ⑨ 〔指〕*** 1880 지 本지: 上紙 zhǐ, シ

소전 행서 이름 손가락 지 자원 형성. 扌+旨→指. 旨(지)가 성부.

필순 一 十 扌 扌 扌 扩 指 指 指

새김 ❶손가락. ¶拇指(엄지 무, —)엄지손가락. ❷가리키다. 손가락질하다. ¶指示(—, 보일 시)㉮가리켜 보임. ㉯웃사람이 아랫사람에게 무엇을, 어떻게 하라고 명령함. 또는 그 내용.
〔指導〕(지도) 가르쳐 주어 일정한 방향으로 나아가게 이끎. 예—教師.
〔指令〕(지령) 지시하는 명령. 예上部의—.
〔指鹿爲馬〕(지록위마) 윗사람을 농락하여 권세를 마음대로 부림의 비유. 故조고(趙高)가 반란을 일으키고자 마음을 먹었으나, 군신들이 자기의 뜻을 따르지 아니할까 염려하여, 먼저 군신들의 마음을 떠보기 위해, 진(秦)나라 2세 황제에게 사슴을 바치고는 말이라고 우기자, 2세 황제가 '경은 말을 사슴으로 잘못 알고 있구나' 라고 하자, 좌우의 군신들

이 혹은 말이라 하고 혹은 사슴이라고 하였는데, 조고가 사슴이라고 한 신하를 은밀히 제거하자, 군신들이 조고를 두려워하였다는 고사.
〔指名〕(지명) 이름을 지정함. ㉠—手配.
〔指目〕(지목) 여럿 가운데서 어떤 대상을 짚어서 가리키거나 가리켜 정함. 「양의 금.
〔指紋〕(지문) 손가락 안쪽 끝에 있는 무늬 모
〔指事〕(지사) 한자를 만드는 육서(六書)의 한 가지. 二·上·本과 같이 이미 이루어진 글자나 어떤 부호를 이용하여 새 글자를 만드는 방법임.
〔指數〕(지수) ①물가나 임금 등의 변동을, 기준이 되는 시기나 기간의 수치를 100으로 하여, 이에 견주어 표시하는 수치. ㉠物價—. ②어떤 수나 문자의 오른쪽 어깨에 작게 써 붙여, 그 수를 몇 번 곱할 것인가를 나타내는 숫자나 문자.
〔指壓〕(지압) 손가락이나 손바닥으로 신체의 일부에 압력을 가하는 일. ㉠—療法.
〔指摘〕(지적) ①손가락질하여 가리킴. ②잘못을 집어내어 비평함.
〔指定〕(지정) 가리켜 정함.
〔指天爲誓〕(지천위서) 하늘을 향해 맹세함.
〔指針〕(지침) ①계량기나 시계의 바늘. ②행동이나 생활의 나아갈 방향을 보여주는 준칙. ㉠人生의 —.
〔指彈〕(지탄) 비난함. 손가락질하고 나무람.
〔指標〕(지표) 방향을 가리키는 표지나 사물의 가늠이 되는 표지.
〔指向〕(지향) ①목적을 정하고 그 쪽으로 향함. ②방향을 가리켜 그 쪽으로 향하게 함.
〔指呼之間〕(지호지간) 손짓을 하여 부를 만 「한 가까운 거리.
〔指環〕(지환) 가락지.
〔指揮〕(지휘) 단체나 개인의 행동을 지시하여 움직이게 함. ㉠—官.
▷屈指(굴지)·無名指(무명지)·食指(식지)·藥指(약지)·中指(중지)·彈指(탄지)

6 ⑩ 〔挚〕 1881 지: 摯(1964)의 간화자

6 ⑨ 〔挟〕 1882 협 挾(1898)의 간화자

6 ⑨ 〔挥〕 1883 휘 揮(1943)의 간화자

7 ⑩ 〔捏〕* 1884 날 ㊍녈 ㊆屑 | niē, ネツ

행서 捏 이름 꾸밀 날 자원 형성. 扌+圼→捏. 圼(녈)의 변음이 성부.
새김 꾸미다. 사실이 아닌 것을 사실인 양 꾸미다. ¶捏造(—, 만들 조) 있지도 않은 일을 마치 사실인 것처럼 꾸며냄.

7 ⑩ 〔捣〕 1885 도 搗(1944)의 간화자

7 ⑩ 〔捞〕 1886 로 撈(1969)의 간화자

7 ⑩ 〔挽〕* 1887 만: ㊤阮 | wǎn, バン

행서 挽 이름 당길 만: 자원 형성. 扌+免→挽. 晩(만)·娩(만)·輓(만)과 같이 免(면)의 변음이 성부.
새김 ❶당기다. 잡아당기다. ¶挽回(—, 돌릴 회)잡아당겨서 본래의 상태로 되돌림. ㉠—할 수 없는 失策. ❷죽은 사람을 애도하다. 輓(5315)과 통용. ¶挽章(—, 글 장)죽은 이를 애도하여 지은 글. 또는 그 글을 종이나 천에 써서 기처럼 만든 것.
〔挽歌〕(만가) ①죽은 사람을 애도하는 시가. 만가(輓歌). ②상여를 메고 나갈 때 부르는 소리.
〔挽留〕(만류) 떠나려는 사람을 못 가게 함.

7 ⑩ 〔挿〕* 1888 삽 插(1932)의 속자

7 ⑩ 〔损〕 1889 손: 損(1949)의 간화자

7 ⑩ 〔挻〕* 1890 연 ㊍선 ㊥先 | shān, エン

소전 挻 행서 挻 이름 길 연 자원 형성. 扌+延→挻. 娫(연)·涎(연)·筵(연)과 같이 延(연)이 성부.
새김 길다. 길게 뻗다. ¶挻枝(—, 가지 지) 길게 뻗은 나뭇가지.

7 ⑩ 〔捐〕* 1891 연 ㊥先 | juān, エン

소전 捐 행서 捐 이름 내놓을 연 자원 형성. 扌+肙→捐. 娟(연)·涓(연)과 같이 肙(연)이 성부.
새김 내놓다. 또는 버리다. 남을 구제하기 위하여 금품을 내놓다. ¶義捐金(옳을 의, —, 돈 금) 어떤 사회적 공익을 위하여 내놓는 돈. ㉠—을 모으다.
〔捐金〕(연금) 의연금(義捐金).
〔捐世〕(연세) 세상을 버림. 사람이 죽음.
〔捐助〕(연조) 재물을 기부하여 도와 줌.
▷棄捐(기연)·出捐(출연)

7 ⑩ 〔挺〕* 정 本정: 上 迥 tǐng, テイ
1892

소전 행서 이름 빼어날 정 자원 형성. 扌+廷→挺. 庭(정)·霆(정)·珽(정)·綎(정)과 같이 廷(정)이 성부.
새김 ❶빼어나다. 우뚝하다. ¶挺傑(―, 인걸 걸)빼어난 인걸. ❷나아가다. 몸을 떨쳐 일으키다. ¶挺身(―, 몸 신)몸을 떨쳐 일으켜 어떤 일에 앞장서 나아감. 예―隊. ❸뽑다. 빼내다. ¶挺劍(―, 검 검)칼집에서 검을 뽑음.
〔挺立〕(정립) ①우뚝 솟아 섰음. ②남보다 뛰어남.
〔挺出〕(정출) 남보다 두드러지게 뛰어남.

7 ⑩ 〔挫〕* 좌: 去 箇 cuò, ザ
1893

소전 행서 이름 꺾을 좌: 자원 형성. 扌+坐→挫. 座(좌)와 같이 坐(좌)가 성부.
새김 꺾다. 또는 꺾이다. ¶挫折(―, 꺾을 절) 계획·사업 등이 뜻대로 되지 않아 기세·의지 등이 꺾임. 예―하지 않고 전진한다.
〔挫氣〕(좌기) 기세가 꺾임.
〔挫傷〕(좌상) 기운이 꺾이어 마음이 상함.
〔挫辱〕(좌욕) 굴욕을 당함. 또는 욕보임.
▷頓挫(돈좌)

7 ⑩ 〔振〕** 진: 去 震 zhèn, シン
1894

소전 행서 이름 떨칠 진: 자원 형성. 扌+辰→振. 震(진)·賑(진)과 같이 辰(진)이 성부.
필순 一 十 扌 扌 扩 扩 护 振 振 振
새김 ❶떨치다. 널리 들날리다. ¶振興(―, 일흥) 침체된 상태에서 떨쳐 일어나거나 일으킴. 예農村―運動. ❷흔들다. 휘두르다. ¶振動(―, 움직일 동)㉮흔들거나 흔들리어 움직임. ㉯냄새가 강하게 풍김.
〔振旅〕(진려) 적국에 가서 위엄을 보여 기세를 떨치고 군사를 거두어 돌아옴.
〔振作〕(진작) 떨쳐 일으킴. 예士氣―.
〔振幅〕(진폭) 진동하는 물체가 좌우 극점(極點)에 이르는 범위의 거리.
▷金聲玉振(금성옥진)·不振(부진)

7 ⑩ 〔捉〕** 착 入 覺 zhuō, サク
1895

소전 행서 이름 잡을 착 자원 형성. 扌+足→捉. 足(족)의 변음이 성부.
필순 一 十 扌 扌 扌 扌 扌 扌 扌 捉
새김 ❶잡다. 쥐다. ¶把捉(잡을 파, ―) 단단히 붙잡음. 마음을 단단히 다잡고 늦추기 아니함. ❷사로잡다. 체포하다. ¶捕捉(잡을 포, ―)사로잡음. 인신하여, 기회나 요점·요령을 잡음.
〔捉囚〕(착수) 죄인을 잡아 가둠.
▷推捉(추착)

7 ⑩ 〔捌〕* 팔 入 黠 bā, ハチ
1896

행서 이름 깨뜨릴 팔 자원 형성. 扌+別→捌. 別(별)의 변음이 성부.
새김 ❶깨뜨리다. 부수다. ❷여덟. 八(0364)의 갖은자.

7 ⑩ 〔捕〕** 포: 去 遇 bǔ, ホ
1897

소전 행서 이름 잡을 포: 자원 형성. 扌+甫→捕. 甫에는 '보' 외에 '포'음도 있어, 浦(포)·哺(포)·圃(포)·逋(포)와 같이 甫(포)가 성부.
필순 一 十 扌 扌 扩 扩 折 捐 捕 捕
새김 잡다. 사로잡다. ¶捕縛(―, 묶을 박) 사로잡아서 묶음. 예犯人을 ―하다.
〔捕盜〕(포도) 도둑을 잡음. 「사로잡힌 병사.
〔捕虜〕(포로) 적군을 사로잡음. 또는 적에게
〔捕繩〕(포승) 죄인을 묶는 끈.
〔捕卒〕(포졸) 國조선 때 포도청의 군졸.
〔捕捉〕(포착) ①붙잡음. ②요점이나 요령을 앎. ③기회나 정세를 잡음.
〔捕風捉影〕(포풍착영) 바람을 잡고 그림자를 붙든다는 뜻으로 허망한 언행을 이르는 말.
〔捕獲〕(포획) ①적의 군사를 사로잡음. ②짐승이나 물고기 따위를 잡음.
▷拿捕(나포)·生捕(생포)·逮捕(체포)·追捕(추포)·討捕(토포)

7 ⑩ 〔挾〕* 협 入 葉 xié, キョウ
1898

소전 행서 간화 挟 이름 낄 협 자원 형성. 扌+夾→挾. 俠(협)·峽(협)·莢(협)과 같이 夾(협)이 성부.
새김 끼다. 또는 끼이다. 끼우다. ¶挾攻(―, 칠 공)적을 사이에 두고 양쪽에서 공격함.
〔挾擊〕(협격) 양쪽에서 공격함. 협공(挾攻).
〔挾勢〕(협세) 남의 위세를 믿고 의지함.
〔挾雜〕(협잡) 國옳지 못한 방법으로 남을 속이는 일.

7 ⑩ 〔換〕 환: 換(1942)의 속자
1899

8 ⑪ 〔据〕* [一]거 [平]魚 | jū, キョ
[二]거: [去]御 | jù, キョ
1900

[소전] [행서] [이름] [一]일할 거 [二]의거할 거: [자원] 형성. 扌+居→据. 踞(거)·鋸(거)와 같이 居(거)가 성부.
[새김] [一]일하다. 힘써 일하다. ¶拮据(애쓸 길, —)拮(1869)을 보라. [二]의거하다. 믿고 의지하다. 據(1979)의 간화자. ¶据$_2$法$_1$(—, 법 법)법에 의거함.

8 ⑪ 〔控〕* [一]공 [平]東 | kōng, コウ
[二]공: [去]送 | kòng, コウ
1901

[소전] [행서] [이름] [一]제할 공 [二]알릴 공: [자원] 형성. 扌+空→控. 空(공)이 성부.
[새김] [一]제하다. 빼다. ¶控除(—, 덜 제)받을 돈이나 물품에서 물거나 덜어야 할 것을 제하여 덜어냄. [二]알리다. ¶控訴(—, 하소연할 소)알리어 하소연함. 인신하여, 재판에서 제일심의 판결에 불복할 때, 상급 법원에 재판을 다시 해 주기를 청하는 일.
〔控告〕(공고) 상부에 알림. 호소함.

8 ⑪ 〔掛〕** 괘: [去]卦 | guà, ケイ
1902

[행서] [이름] 걸 괘: [자원] 형성. 扌+卦→掛. 罫(괘)와 같이 卦(괘)가 성부.
[필순] 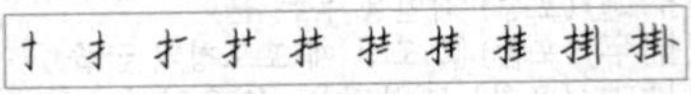
[새김] ❶걸다. 매달다. ¶掛佛(—, 부처 불)그림으로 그려서 걸게 된 불상. ❷마음에 두다. 또는 마음이 끌리다. ¶掛$_2$念$_1$(—, 생각 념)마음에 두고 잊지 아니함.
〔掛冠〕(괘관) 갓을 벗어 걺. 곧 관직(官職)을 그만두고 떠남.
〔掛圖〕(괘도) 걸어 놓고 보는, 학습용의 그림이나 도표.
〔掛榜〕(괘방) ①정령(政令)이나 포고문을 내어붙여 일반에게 보임. ②과거나 시험에 합격한 사람의 이름을 써서 내붙임.
〔掛鐘〕(괘종) 벽이나 기둥 등에 걸어 놓는 시계.

8 ⑪ 〔掘〕* 굴 [入]物 | jué, クツ
1903

[소전] [행서] [이름] 팔 굴 [자원] 형성. 扌+屈→掘. 堀(굴)·窟(굴)과 같이 屈(굴)이 성부.
[새김] 파다. 땅을 파다. 구멍을 파다. ¶掘鑿(—, 뚫을 착) 땅·바위 등을 파서 뚫음. [예]—機.
〔掘井〕(굴정) 우물을 팜.
▷盜掘(도굴)·發掘(발굴)·採掘(채굴)

8 ⑪ 〔捲〕* 권: [上]銑 | juǎn, ケン
1904

[소전] [행서] [간화] 卷 [이름] 휩쓸 권: [자원] 형성. 扌+卷→捲. 倦(권)·淃(권)·圈(권)과 같이 卷(권)이 성부.
[새김] 휩쓸다. 휘말다. ¶捲$_2$土$_1$重來(—, 땅 토, 다시 중, 올 래)땅을 휩쓸면서 다시 옴. 한 번 실패하였다가 세력을 회복하여 다시 들어옴의 형용.
〔捲簾〕(권렴) 늘이었던 발을 걷어서 올림.
▷席捲(석권)

8 ⑪ 〔捺〕* 날 [入]曷 | nà, ナツ
1905

[행서] [이름] 누를 날 [자원] 형성. 扌+奈→捺. 奈(내)의 변음이 성부.
[새김] 누르다. 손으로 내리누르다. ¶捺$_2$印$_1$(—, 도장 인) 도장을 찍음. [예]署名—.
〔捺染〕(날염) 피륙에 무늬를 물들임.

8 ⑪ 〔捻〕* 념: | niǎn, ネン
1906

[소전] [행서] [이름] 비틀 념: [자원] 형성. 扌+念→捻. 念(념)이 성부.
[새김] 비틀다. 비틀어 짜다. ¶捻出(—, 내놓을 출) 재물이나 생각 등을 짜냄.
〔捻挫〕(염좌) 근육이나 힘줄이 비틀어져서 생기는 병.

8 ⑪ 〔掉〕* 도 [本]조: [去]嘯 | diào, トウ
1907

[소전] [행서] [이름] 흔들 도 [자원] 형성. 扌+卓→掉. 悼(도)·棹(도)와 같이 卓(탁)의 변음이 성부.
[새김] 흔들다. ¶掉$_2$尾$_1$(—, 꼬리 미) 꼬리를 흔듦. 끝판에 더욱 세차게 활동함의 비유.
▷尾大不掉(미대부도)

8 ⑪ 〔掠〕** 략 [入]藥 | lüè, リャク
1908

[소전] [행서] [이름] 노략질할 략 [자원] 형성. 扌+京→掠. 涼(량)·諒(량)에서 오는 京(량)의 변음이 성부.
[필순] 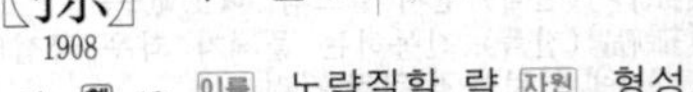
[새김] 노략질하다. 강제로 빼앗다. ¶掠奪(—, 빼앗을 탈) 폭력을 써서 남의 것을 억지로 빼앗음. [예]—行爲.

▷劫掠(겁략)·拷掠(고략)·擄掠(노략)·殺掠(살략)·侵掠(침략)

8 ⑪ 〔掳〕 로 擄(1985)의 간화자
1909

8 ⑪ 〔排〕** 배 平佳 pái, ハイ
1910

소전 행서 이름 물리칠 배 자원 형성. 扌+非→排. 俳(배)·徘(배)·輩(배)와 같이 非(비)의 변음이 성부.

필순 扌 扌 扌 扌 扌 扌 挕 排 排 排

새김 ❶물리치다. 떠밀어내다. ¶排斥(—, 물리칠 척)싫어서 물리침. ❷늘어놓다. ¶排列(—, 늘어놓을 렬)일정한 차례나 간격으로 늘어놓음. 예—順序.
〔排却〕(배각) 거절하여 물리침.
〔排擊〕(배격) 배척하여 물리침. 「뽑아 냄.
〔排氣〕(배기) 안에 든 공기·증기·가스 따위를
〔排卵〕(배란) 일정한 시기에 성숙된 난자(卵子)가 난소(卵巢)에서 떨어져 나오는 일.
〔排泄〕(배설) 안에서 밖으로 내보냄.
〔排水〕(배수) ①안에 있는 물을 밖으로 내보냄. ②물꼬를 터서 물을 내보냄. 예—管.
〔排定〕(배정) 여러 군데로 나누어 벌여 놓음.
〔排除〕(배제) 물리쳐 제거함.
〔排出〕(배출) 안에서 밖으로 내보냄.
▷安排(안배)

8 ⑪ 〔捧〕* 봉: 上腫 pěng, ホウ
1911

행서 이름 받들 봉: 자원 형성. 扌+奉→捧. 俸(봉)·棒(봉)·琫(봉)과 같이 奉(봉)이 성부.

새김 ❶받들다. 두 손으로 받들다. ¶捧納(—, 드릴 납)물건을 두 손으로 받들어 바침. ❷그러안다. 두 손으로 움켜잡다. ¶捧腹絶倒(—, 배 복, 끊어질 절, 넘어질 도)배를 그러안고 숨이 끊어질듯 넘어짐. 매우 크게 웃음의 형용.
〔捧讀〕(봉독) 두 손으로 받들어 읽음.
〔捧負〕(봉부) 안기도 하고 업기도 함. 곧 매우 사랑함. 「國관아에 바침.
〔捧上〕(봉상) ①윗사람에게 받들어 올림. ②
〔捧持〕(봉지) 삼가 두 손으로 받듦.
▷對捧(대봉)·拜捧(배봉)·手捧(수봉)·承捧(승봉)·執捧(집봉)

8 ⑪ 〔捨〕** 사: 上馬 shě, シャ
1912

소전 행서 간화 舍 이름 버릴 사: 자원 형성. 扌+舍→捨. 舍(사)가 성부.

필순 扌 扌 扌 扌 扌 拎 拎 拎 捨 捨

새김 버리다. ㉠내버리다. 取(0635)의 대. ¶取捨(취할 취, —)쓸 것은 취하고 버릴 것은 버림. 예—選擇. ㉡베풀다. 금품을 내놓다. ¶喜捨(기쁠 희, —)어떤 일에 기쁜 마음으로 금품을 내놓음.
〔捨生取義〕(사생취의) 목숨을 버리고 의리를 취함이란 뜻으로, 목숨을 버리더라도 옳은 일을 함을 이르는 말. 「놓는 돌.
〔捨石〕(사석) 바둑에서, 작전상 버릴 셈치고
〔捨身〕(사신) 남을 위하여 자신의 몸을 희생함.
▷四捨五入(사사오입)

8 ⑪ 〔捿〕* 서: 棲(2405)와 동자
1913

8 ⑪ 〔掃〕** 소:▷소 上晧 sǎo, ソウ
1914

행서 간화 扫 이름 쓸 소:▷소 자원 형성. 扌+帚→掃. 帚(추)의 변음이 성부.

필순 扌 扌 扌 扌 扌 扌 扫 掃 掃 掃

새김 ❶쓸다. 비로 쓸다. ¶淸掃(깨끗할 청, —)불결한 것들을 깨끗하게 쓸어버림. ❷멸하다. 무찔러 제거하다. ¶掃蕩(—, 씻을 탕) 쓸고 씻은 듯이 모조리 무찔러 제거함. 예—作戰.
〔掃滅〕(소멸) 싹 쓸어 없앰. 「둘러 쏨.
〔掃射〕(소사) 기관총 따위로 비로 쓸듯이 휘
〔掃灑〕(소쇄) 먼지를 쓸고 물을 뿌림.
〔掃除〕(소제) 깨끗이 쓸고 닦음.
〔掃地〕(소지) 땅을 쓺.
▷刷掃(쇄소)·灑掃(쇄소)·一掃(일소)

8 ⑪ 〔授〕*** 수 本수: 去宥 shòu, ジュ
1915

소전 행서 이름 줄 수 자원 형성. 扌+受→授. 綬(수)와 같이 受(수)가 성부.

필순 扌 扌 扌 扌 扌 扌 扌 扌 授 授

새김 주다. 또는 임명하다. 受(0633)의 대. ¶授與(—, 줄 여)상 등을 공식적인 자리에서 줌. 예卒業證書—.
〔授戒〕(수계) (佛) 불법을 닦은 중에게 계율
〔授受〕(수수) 주고 받음. 줌과 받음. 「을 줌.
〔授業〕(수업) 학업이나 기술 따위를 가르침.
〔授乳〕(수유) 젖을 먹임.
▷見危授命(견위수명)·教授(교수)·口授(구수)·拜授(배수)·傳授(전수)·天授(천수)·

親授(친수)

8 ⑪ 〔掖〕* 액 入陌 yè, エキ
1916

소전 행서 이름 겯부축할 액 자원 형성. 扌+夜→掖. 夜에는 '야' 외에 '액' 음도 있어. 液(액)·腋(액)과 같이 夜(액)이 성부.

새김 ❶겯부축하다. 돕다. ¶扶掖(도울 부, ―)겯부축. ㉮나이가 많거나 동작이 불편한 사람의 겨드랑이를 껴잡아 동작을 도와 줌. ㉯곁에서 거들어 도와 줌. 동扶腋(부액). ❷궁중(宮中). 또는 후궁(後宮). ¶掖隷(―, 하인 례)궁중에서 부리는 하인.

〔掖庭〕(액정) 궁중의 정전(正殿) 옆에 있는 궁전. 비빈이나 궁녀들이 거처하던 곳.

▷宮掖(궁액)·誘掖(유액)

8 ⑪ 〔掩〕* 엄: 上琰 yǎn, エン
1917

소전 행서 이름 가릴 엄: 자원 형성. 扌+奄→掩. 俺(엄)·淹(엄)과 같이 奄(엄)이 성부.

새김 ❶가리다. 보이지 않게 가리다. ¶掩蔽(―, 가릴 폐) 보이지 않게 덮어 가림. 예―物. ❷덮다. 감싸다. 비호하다. ¶掩護(―, 지킬 호) 감싸서 보호함. 예―射擊. ❸갑자기 덮치다. 또는 느닷없이. 불의에. ¶掩襲(―, 덮칠 습)불의에 습격함.

〔掩卷輒忘〕(엄권첩망) 책을 읽고 덮자마자 내용을 잊어버림. 기억력이 부족함의 비유.

〔掩身〕(엄신) ①몸을 가림. ②집이 가난해서 허름한 옷으로 몸만 겨우 가림.

▷遮掩(차엄)

8 ⑫ 〔掌〕** 장: 上養 zhǎng, ショウ
1918

소전 행서 이름 손바닥 장: 자원 형성. 尙+手→掌. 尙(상)의 변음이 성부.

필순 ⺌ 尚 ... 掌

새김 ❶손바닥. 또는 발바닥. ¶拍掌(칠 박, ―)두 손바닥을 마주 침. 예―大笑. ❷맡다. 주관하다. ¶掌握(―, 손에넣을 악)맡아 자기 것으로 만든다는 뜻으로, 사람이나 사물을 틀어 쥐고 자기 마음대로 다룸.

〔掌甲〕(장갑) 추위를 막거나 손을 보호하기 위하여 손에 끼는 물건.

〔掌管〕(장관) 맡아서 관리함. 관장(管掌).

〔掌理〕(장리) 맡아서 처리함.

〔掌中寶玉〕(장중보옥) 손 안에 든 보배로운 구슬. 사랑스럽고 소중한 존재를 이르는 말.

▷分掌(분장)·仙人掌(선인장)·所掌(소장)·如反掌(여반장)·合掌(합장)

8 ⑪ 〔接〕*** 접 入葉 jiē, セツ
1919

소전 행서 이름 이을 접 자원 형성. 扌+妾→接. 妾(첩)의 변음이 성부.

필순 扌 ... 接

새김 ❶잇다. 또는 잇닿다. ¶連接(이을 련, ―)서로 잇닿음. 예―한 山峯. ❷닿다. 맞부딪치다. ¶接戰(―, 싸울 전)서로 맞붙어 어우러져 싸움. 또는 그 싸움. ❸만나다. 맞이하다. ¶接見(―, 볼 견)공식적으로 맞이하여 만나 봄. ❹대접하다. 접대하다. ¶接賓(―, 손 빈)손님을 접대함. ❺받다. 받아들이다. ¶接受(―, 받을 수)받아 들임. 예―窓口.

〔接客〕(접객) 손님을 대접함.

〔接境〕(접경) 경계가 맞닿음. 또는 맞닿은 경계.

〔接骨〕(접골) 어긋나거나 부러진 뼈를 이어 맞춤.

〔接近〕(접근) 가까이 접함.

〔接待〕(접대) ①손을 맞아서 예로써 대함. ②손님을 대접함.

〔接吻〕(접문) 입을 맞춤. 키스.

〔接續〕(접속) 맞닿아서 이어지거나 맞대어서 이음.

〔接手〕(접수) ①두 손을 잡고 경의를 표함. 공수(拱手). ②손을 잡아 끎. ③함께 도박 따위를 함.

〔接種〕(접종) 질병의 예방과 치료를 위하여 병원균을 사람이나 동물의 몸에 주입하는 일.

〔接踵〕(접종) ①남의 바로 뒤에서 바싹 가까이 따름. ②사물이 연해 뒤를 이어 생김.

〔接着〕(접착) 풀 따위로 물건을 붙이거나 붙이는 물건이 붙음. 예―劑.

〔接觸〕(접촉) ①두 물체가 맞닿음. ②함께 일하거나 사귀기 위하여 가까이 대함.

〔接合〕(접합) 한데 닿아서 붙거나, 대어 붙임.

▷間接(간접)·交接(교접)·近接(근접)·待接(대접)·面接(면접)·密接(밀접)·迎接(영접)·隣接(인접)·直接(직접)

8 ⑪ 〔措〕* 조 本조: 去遇 cuò, ソ
1920

소전 행서 이름 둘 조 자원 형성. 扌+昔→措. 昔(석)의 변음이 성부.

새김 ❶두다. ㉠일정한 곳에 놓다. ¶措手不及(―, 손 수, 못할 불, 미칠 급)손을 씀에 미치지 못함. 일이 다급하여 손을 댈 여가가 없음의 형용. ㉡인신하여, 행동하다. 또는 그 태도. ¶擧措(거동 거, ―)말이나 행동을 하는 태도. ❷처리하다. ¶措置(―, 조처할 치)일을 처리하기 위하여 필요한 조처를 취함.

〔措辭〕(조사) 글을 지을 때 적절한 어구를 다루어 쓰는일.

〔措處〕(조처) 제기된 사태에 대처함.

8 ⑪ 〔採〕*** 채: 上 賄 | cǎi, サイ
1921

행서 採 이름 캘 채: 자원 형성. 扌+采→採. 埰(채)·彩(채)·菜(채)·寀(채)와 같이 采(채)가 성부.

필순 一 十 扌 扌 扌 扌 扌 扌 採 採 採

새김 ❶캐다. ㉠캐내다. ¶採₂鑛₁(—, 광석 광)광석을 캐냄. ㉡찾다. 수집하다. ¶採集(—, 모을 집)찾아서 얻어 모음. ❷따다. 뜯다. 베다. ¶伐採(벨 벌, —)서 있는 나무를 벰. 예— 許可. ❸가리다. 선택하다. ¶採用(—, 쓸 용)적당하다고 생각하는 인물·의견·방법 등을 가려서 씀. 예— 考試. ❹받아들이다. ¶採₂光₁(—, 빛 광)햇빛이나 햇볕을 받아들임. 예— 窓. ❺매기다. 정하다. ¶採₂點₁(—, 점수 수)성적을 끊아서 점수를 매김.

〔採掘〕(채굴) 땅 속에 묻혀 있는 것을 캐냄.
〔採根〕(채근) ①뿌리를 캐어냄. ②일의 내용이나 원인 등을 밝혀 냄.
〔採納〕(채납) 의견이나 요구 등을 받아들임.
〔採錄〕(채록) 채택하여 기록함.
〔採訪〕(채방) 물어 가며 찾아감.
〔採算〕(채산) 수입과 지출을 맞추어 보는 계산.
〔採薪之憂〕(채신지우) 땔나무를 해야 하는 근심. 인신하여, 자기의 병에 대한 겸칭.
〔採擇〕(채택) 골라서 가려냄. 가려 뽑음.
▷ 公採(공채)·博採(박채)·收採(수채)·特採(특채)

8 ⑪ 〔掷〕 척 擲(2000)의 간화자
1922

8 ⑪ 〔捷〕* 첩 入 葉 | jié, ショウ
1923

소전 行書 이름 이길 첩 자원 형성. 扌+疌→捷. 疌(첩)이 성부.

새김 ❶이기다. 승리하다. ¶捷報(—, 소식 보)전투에서 이겼다는 소식이나 보고. ❷빠르다. 날래다. ¶敏捷(빠를 민, —) 동작이 날렵하고 재빠름. ❸가깝다. 지르다. ¶捷徑(—, 지름길 경) 지름길.

〔捷書〕(첩서) 전쟁에 승리한 것을 보고하는 글.
▷ 輕捷(경첩)·大捷(대첩)·戰捷(전첩)

8 ⑪ 〔推〕*** ㊀추 平 支 | tuī, スイ ㊁퇴 平 灰 | tuī, タイ
1924

소전 행서 이름 ㊀밀 추 ㊁밀칠 퇴 자원 형성. 扌+隹→推. 錐(추)·椎(추)와 같이 隹(추)가 성부.

필순 一 十 扌 扌 扌 扌 扌 扌 推 推

새김 ㊀❶밀다. 밀어서 나아가게 하다. ¶推進(—, 나아갈 진)밀어서 나아가게 함. 곧 앞으로 나아가거나 향상하도록 떠밂. 예強力한 — 力. ❷떠받들다. 밀어 올리다. ¶推薦(—, 천거할 천)사람이나 사물을 훌륭한 것이라 하여 떠받들어 남에게 천거함. 예候補者—. ❸옮다. 차례대로 변하다. ¶推移(—, 옮을 이)일이나 형편이 일정한 방향으로 옮아 변함. 예時局의 —를 지켜보다. ❹미루어 헤아리다. ¶推察(—, 살필 찰)미루어 생각하여서 살핌. ❺따지다. 심문하다. ¶推鞫(—, 국문할 국)중죄인을 잡아다가 죄상을 따지며 국문함. ㊁밀치다. 밀쳐 열다. ¶推敲(—, 두드릴 고)글이나 시를 지을 때 글귀를 다듬어 고치는 일. 故 당나라 시인 가도(賈島)가 '僧推月下門'이란 시구를 떠올렸는데, 중은 달 아래의 문을 밀치다〔推〕로 할 것인가, 두드리다〔敲〕로 할 것인가를 두고 고심하다가, 한유(韓愈)의 조언을 받아 '僧敲月下門'으로 하였다는 고사.

〔推考〕(추고) ①미루어 생각함. ②벼슬아치의 죄과(罪過)를 추궁함.
〔推究〕(추구) 미루어 생각함.
〔推斷〕(추단) ①미루어 판단함. ②죄 지은 자를 심문하여 처단함.
〔推戴〕(추대) 추천하여 떠받듦.
〔推論〕(추론) 이미 알고 있는 사실에서 아직 모르고 있는 사실을 미루어 생각하여, 새로운 생각을 논리적으로 이끌어 냄. 또는 이끌어 낸 그 이론.
〔推理〕(추리) 사리를 미루어 생각함.
〔推算〕(추산) 어림잡아 셈함.
〔推尋〕(추심) ①챙겨서 찾아 가지거나 독촉하여 받아 냄. ②은행이 소지인의 의뢰를 받아 수표 또는 어음을 지급인에게 제시(提示)하여 지급하는 일.
〔推定〕(추정) 미루어 생각하여 판정함. 예年代—
〔推此可知〕(추차가지) 이 일을 미루어 다른 일을 짐작할 수 있음.
〔推測〕(추측) 미루어 짐작함.
▷ 究推(구추)·上援下推(상원하추)·類推(유추)

8 ⑪ 〔探〕*** 탐 平 覃 | tàn, タン
1925

소전 행서 探 이름 찾을 탐 자원 형성. 扌+罙→探. 罙(탐)이 성부.

필순 一 十 扌 扌 扌 扌 扌 扌 探 探 探

새김 ❶찾다. ㉠뒤지다. ¶探求(—, 구할 구)소용되는 것을 조사하여 찾아내거나 구함. 예物資의 —. ㉡찾아 가다. ¶探₂勝₁(—, 경치좋은 곳 승)경치 좋은 곳을 찾아다님. ㉠―客. ❷궁구하다. 깊이 생각하다. ¶探究(―, 연구할 구) 진리·과학 등을 깊이 파고 들어 연구함. ㉠眞理의 ―. ❸살피다. 엿보다. ¶探知(―, 알 지) 드러나지 않은 사실이나 물건을 살피거나 엿보아서 알아냄. ㉠地雷―機.

〔探問〕(탐문) 어떤 사실을 알아내기 위하여 더듬어 찾아가 물음.

〔探訪〕(탐방) ①여기저기 알아봄. ②방문함.

〔探査〕(탐사) 더듬어 살펴 조사함.

〔探索〕(탐색) 더듬어 샅샅이 찾음.

〔探偵〕(탐정) 몰래 남의 비밀을 캐거나 사적인 행동을 알아내는 일. 또는 그 일을 하는 사람. ㉠―小說.

〔探險〕(탐험) 위험을 무릅쓰고 미지의 세계를 찾아 다니며 살핌. ㉠北極―.

〔探花蜂蝶〕(탐화봉접) 꽃을 찾아다니는 벌과 나비. 여색을 좋아하는 사람의 비유.

▷密探(밀탐)·搜探(수탐)·廉探(염탐)·偵探(정탐)

9 ⑫ 〔揀〕* 간: 上 潸 | jiǎn, カン
1926

행서 揀 간화 拣 이름 가릴 간: 자원 형성. 扌+柬→揀. 諫(간)과 같이 柬(간)이 성부.

새김 가리다. 가려 뽑다. ¶揀擇(―, 가릴 택) ㉮골라서 가림. ㉯國 임금이 왕비나 사위나 며느릿감을 고름.

▷分揀(분간)

9 ⑫ 〔揭〕* 게: 去 霽 | qì, ケイ
1927

소전 행서 揭 이름 내걸 게: 자원 형성. 扌+曷→揭. 偈(게)와 같이 曷(갈)의 변음이 성부.

새김 내걸다. 여러 사람이 볼 수 있도록 높이 내걸다. ¶揭示(―, 보일 시)여러 사람에게 알릴 목적으로 내어 걸거나 내어 붙여서 보게 함. ㉠―板.

〔揭揚〕(게양) 깃발 등을 높이 달아 올림.

〔揭載〕(게재) 글이나 그림을 신문·잡지 등에 실음.

9 ⑫ 〔搅〕 교 攪(2007)의 간화자
1928

9 ⑫ 〔揆〕* 규 ㊍규: 上 紙 | kuí, キ
1929

소전 행서 揆 이름 법도 규 자원 형성. 扌+癸→揆. 葵(규)와 같이 癸(계)의 변음이 성부.

새김 ❶법도. 도리. 〔孟子〕其揆一也(기규일야) 그 법도〔또는 헤아림〕는 같다. ❷벼슬. 또는 벼슬아치. ¶百揆(일백 백, ―)높고 낮은 모든 벼슬아치. ㉢百官(백관).

9 ⑫ 〔揽〕 람: 攬(2009)의 간화자
1930

9 ⑫ 〔描〕* 묘: ㊍묘 平 蕭 | miáo, ビョウ
1931

행서 描 이름 그릴 묘: 자원 형성. 扌+苗→描. 猫(묘)·錨(묘)와 같이 苗(묘)가 성부.

새김 그리다. 본떠서 그리다. 또는 글이나 그림으로 나타내다. ¶描寫(―, 베낄 사) 사물의 모양이나 움직임·감정 등을 글·그림·음악 등으로 나타냄. ㉠自然―.

〔描畫〕(묘화) 그림을 그림.

▷白描畫(백묘화)·素描(소묘)

9 ⑫ 〔插〕* 삽 ㊍잡 入 洽 | chā, ソウ
1932

소전 행서 插 속자 揷 이름 꽂을 삽 자원 형성. 扌+臿→插. 臿(삽)이 성부.

새김 꽂다. 끼워 넣다. ¶插話(―, 이야기 화)문장이나 이야기의 중간에 끼워 넣은, 주제와는 직접적인 관련이 없는 짤막한 이야기.

〔插圖〕(삽도) 삽화(插畫).

〔插木〕(삽목) 꺾꽂이.

〔插入〕(삽입) 끼워 넣음. 사이에 끼워 넣음.

〔插畫〕(삽화) 서적·잡지·신문 등에서 내용이나 기사의 이해를 돕도록 끼워 넣는 그림.

9 ⑫ 〔揷〕* 삽 插(1932)의 속자
1933

9 ⑫ 〔握〕* 악 入 覺 wò, アク
1934

소전 행서 握 이름 잡을 악 자원 형성. 扌+屋→握. 屋에는 '옥' 외에 '악'음도 있어, 幄(악)·渥(악)·齷(악)과 같이 屋(악)이 성부.

새김 ❶잡다. 손으로 쥐다. ¶握手(―, 손 수) 인사·반가움·감사 등의 뜻을 표시하려고, 서로 손을 마주 잡음. ❷손에 넣다. 자기 것으로 만들다. ¶掌握(맡을 장, ―)掌(1918)을 보라. ❸줌. 한 주먹으로 쥘 만한 분량을 세는 말. ¶握椒(―, 산초 초)한 줌의 산초. 남녀 사이에 애정의 표시로 주고받는 예물의 비유.

〔握力〕(악력) 물건을 쥐는 손아귀의 힘.

▷把握(파악)

9 ⑫ 〔揶〕* 야: ㊍야 平 麻 | yé, ヤ
1935

행서 揶 이름 놀릴 야: 자원 형성. 扌+耶→揶. 倻(야)·椰(야)·爺(야)와 같이 耶(야)가 성부.
새김 놀리다. 빈정거리다. ¶揶揄(—, 놀릴 유) 남을 빈정거리며 놀림. 또는 그리하는 말이나 행동. 예—를 퍼붓다.

9 ⑫ 〔揚〕* 양 平陽 yáng, ヨウ
1936

소전 행서 揚 고자 敭 간화 扬 이름 날릴 양 자원 형성. 扌+昜→揚. 陽(양)·楊(양)·瘍(양)과 같이 昜(양)이 성부.

필순 … 揚

새김 ❶날리다. 이름·명성 등을 널리 떨치다. ¶揚名(—, 이름 명)이름을 드날림. ❷오르다. 날아 오르다. ¶飛揚(날 비, —)날아 오름. ❸올리다. 끌어 올리다. ¶揚水(—, 물 수)물을 높은 곳으로 끌어 올림. 예—機. ❹기리다. 찬양하다. ¶稱揚(기릴 칭, —)기려서 찬양함. ❺뽐내고 우쭐거리다. ¶揚揚(—, —)신이 나서 뽐냄. 또는 그런 모양. 예意氣—.
〔揚力〕(양력) 유체(流體) 중에서 운동하는 물체에 작용하여 그 물체를 위로 올려 미는 힘.
〔揚言〕(양언) 내 놓고 공공연하게 말함.
▷揭揚(게양)·發揚(발양)·浮揚(부양)·宣揚(선양)·昂揚(앙양)·抑揚(억양)·顯揚(현양)

9 ⑫ 〔揺〕 요 搖(1951)의 속자
1937

9 ⑫ 〔援〕* 원: 本원 平元 yuán, エン
1938

소전 행서 이름 당길 원: 자원 형성. 扌+爰→援. 媛(원)·瑗(원)·湲(원)과 같이 爰(원)이 성부.

필순 … 援

새김 ❶당기다. 끌어당기다. ¶援用(—, 쓸 용) 자기의 주장이나 의견을 돕기 위하여 남의 의견이나 사실을 끌어다 씀. ❷돕다. 구원하다. ¶援助(—, 도울 조) 어려운 처지에 놓인 사람이나 단체에 금품을 주어 도움.
〔援軍〕(원군) 지원하는 군사.
〔援護〕(원호) 도와 주며 보호함.
▷救援(구원)·聲援(성원)·應援(응원)·支援(지원)·後援(후원)

9 ⑫ 〔揄〕* 유 平虞 yú, ユ
1939

소전 행서 이름 놀릴 유 자원 형성. 扌+兪→揄. 愈(유)·喩(유)·諭(유)와 같이 兪(유)가 성부.
새김 놀리다. 빈정거리다. ¶揶揄(놀릴 야, —) 揶(1935)를 보라.

9 ⑫ 〔揖〕* 읍 入緝 yī, ユウ
1940

소전 행서 이름 읍 읍 자원 형성. 扌+咠→揖. 咠(집)의 변음이 성부.
새김 읍. 두 손을 맞잡아 얼굴 앞으로 들고 허리를 구부렸다 펴면서 손을 내리는 예의 한 가지. 또는 읍하다. ¶揖讓(—, 사양할 양) 읍하고 사양함. 곧 예를 갖추어 사양함.
〔揖禮〕(읍례) 읍을 하는 예.

9 ⑫ 〔提〕* 제 平齊 tí, テイ
1941

소전 행서 이름 끌 제 자원 형성. 扌+是→提. 是에는 '시' 외에 '제' 음도 있어, 題(제)·堤(제)·隄(제)·醍(제)와 같이 是(제)가 성부.

필순 … 提

새김 ❶끌다. 손을 잡고 이끌다. ¶提携(—, 끌 휴)손을 잡아 이끎. 서로 돕고 협력하여 일을 함께 함. 예技術—. ❷들어 보이다. 여럿 앞에 내놓다. ¶提案(—, 안 안)의견이나 의안을 여럿 앞에 내놓음. 또는 그 의견이나 의안. 예—에 대한 討論. ❷거느리다. ¶提督(—, 감독할 독)㉮거느리어 감독함. ㉯해군(海軍)의 장성(將星).
〔提高〕(제고) 끌어 올림. 향상시킴.
〔提供〕(제공) 갖다 주어 이바지함.
〔提起〕(제기) 의견이나 문제를 내놓거나 언급(言及)함.
〔提訴〕(제소) 소송을 일으킴.
〔提議〕(제의) 의논이나 의안을 제출함.
〔提唱〕(제창) 내세우고 주장함.
〔提請〕(제청) 임명하도록 정식으로 요청함.
▷前提(전제)·孩提(해제)

9 ⑫ 〔換〕* 환: 去翰 huàn, カン
1942

소전 행서 속자 换 이름 바꿀 환: 자원 형성. 扌+奐→換. 喚(환)·煥(환)과 같이 奐(환)이 성부.

필순 … 換

새김 바꾸다. 갈아 넣다. 또는 바뀌다. ¶換氣(—, 공기 기)흐린 공기를 빼고 맑은 새 공기로 바꿈. 예—施設.
〔換骨奪胎〕(환골탈태) 뼈를 바꾸고 태를 빼앗음. ㉠모양이 좋은 방향으로 아주 달라짐. ㉡남의 글을 본떠 지었으나 그 짜임새와 수법이

딴판으로 잘됨. ㉢얼굴이나 몸이 그 전보다 훨씬 좋아지고 툭 트이어 딴 사람처럼 됨.
〔換算〕(환산) 단위가 다른 수량으로 바꾸어 셈함.
〔換言〕(환언) 바꾸어 말함.
〔換率〕(환율←환률) 두 나라 사이의 화폐 교환 비율.
〔換腸〕(환장) 國 생각이나 행동이 정상이 아닌 상태로 바뀌어 달라짐.
〔換錢〕(환전) 서로 종류가 다른 화폐와 화폐를 교환하는 일. 「바꿈.
〔換節〕(환절) ①계절이 바뀜. ②절조(節操)를
▷交換(교환)·變換(변환)·轉換(전환)

9 ⑫ 〔揮〕** 1943 휘 平微 huī, キ

소전 행서 간화 挥 이름 휘두를 휘 자원 형성. 扌+軍→揮. 輝(휘)·暉(휘)·煇(휘)와 같이 軍(군)의 변음이 성부.

필순 扌 扌 扌 扌 扌 扌 扌 揮 揮 揮

새김 ❶휘두르다. ㉠휘휘 내두르다. ¶揮劍(—, 검 검)검을 휘두름. ㉡붓을 놀리다. ¶揮毫(—, 붓 호)붓을 휘두름. 곧 글씨를 쓰거나 그림을 그림의 형용. ㉢사람을 다루거나 일을 시키다. ¶指揮(가리킬 지, —)사람에게 지시하여 어떤 일을 시킴. 예—官. ❷뿌리다. 또는 흩어지다. ¶揮發(—, 흩어질 발)액체가 보통 온도에서 기체로 변하여 날아 흩어지는 현상. 예—油.
〔揮淚〕(휘루) 눈물을 흘림.
〔揮帳〕(휘장) 둘러치는 장막.
▷發揮(발휘)·揚揮(양휘)

10 ⑬ 〔搗〕* 1944 도 本도: 上晧 dǎo, トウ

행서 간화 捣 이름 찧을 도 자원 형성. 扌+島→搗. 島(도)가 성부.
새김 ❶찧다. 쓿다. ¶搗精(—, 쓿을 정) 곡식을 찧고 쓿음. ❷다듬이질하다. ¶搗砧(—, 다듬이질할 침) 피륙이나 종이 등을 다듬이질하여 반드럽게 함. 예—을 맞다.
〔搗衣〕(도의) 옷을 다듬이질함.

10 ⑬ 〔搬〕* 1945 반 bān, ハン

행서 이름 나를 반 자원 형성. 扌+般→搬. 盤(반)·磐(반)·瘢(반)과 같이 般(반)이 성부.
새김 나르다. 날라 옮기다. ¶運搬(나를 운, —) 물건을 나름. 예—費.
〔搬出〕(반출) 물건을 다른 곳으로 실어내거나 나르는 일.

10 ⑬ 〔摂〕 1946 섭 攝(2005)의 약자

10 ⑬ 〔摄〕 1947 섭 攝(2005)의 간화자

10 ⑬ 〔搔〕* 1948 소 平豪 sāo, ソウ

소전 행서 이름 긁을 소 자원 형성. 扌+蚤→搔. 騷(소)·瘙(소)와 같이 蚤(조)의 변음이 성부.
새김 긁다. 손톱으로 긁다. ¶搔痒(—, 가려울 양) 가려운 데를 긁음. 예隔靴—.
〔搔爬〕(소파) 기구를 사용하여 몸의 조직을 긁어내는 일. 특히 인공 유산의 수술을 이르는 말.

10 ⑬ 〔損〕** 1949 손: 上阮 sǔn, ソン

소전 행서 간화 损 이름 덜 손: 자원 형성. 扌+員→損. 員(원)의 변음이 성부.

필순 扌 扌 扌 扌 扌 扌 扌 扌 損 損

새김 ❶덜다. 줄이다. 또는 줄다. 益(3515)의 대. ¶減損(덜 감, —)덜리어 줄어짐. ❷해치다. 상처를 입히다. ¶損傷(—, 다칠 상)상처를 입거나 다침. 예—된 名譽. ❸잃다. 밑지다. ¶損失(—, 잃을 실)밑져서 손해를 봄. 또는 그 손해. 예經濟的인 —.
〔損耗〕(손모) 물건을 써서 닳아 없어짐.
〔損費〕(손비) 결손 비용(缺損費用)의 준말. 수입보다 지출이 많아 손실이 생기는 비용.
〔損友〕(손우) 사귀어서 해가 되는 벗. 대익우(益友).
〔損益〕(손익) ①손해와 이익. ②줄임과 늘임.
〔損害〕(손해) 본디보다 밑지거나 해롭게 되는 일.
▷缺損(결손)·汚損(오손)·破損(파손)·毁損(훼손)

10 ⑬ 〔搜〕** 1950 수 平尤 sōu, ソウ

소전 행서 이름 찾을 수 자원 형성. 扌+叟→搜. 叟(수)가 성부.

필순 扌 扌 扌 扌 扌 扌 扌 扌 搜 搜

새김 찾다. 찾아서 뒤지다. ¶搜索(—, 찾을 색) 범죄인이나 범죄에 관련된 물건을 발견하기 위하여 뒤져서 찾음. 예—隊.

〔搜攬〕(수람) 인재를 찾아 초빙함.
〔搜查〕(수사) 범인의 행방을 찾거나 범죄의 증거를 모음.
〔搜所聞〕(수소문) 세상에 떠도는 소문을 더듬어 찾거나 알아봄.

10 ⑬ 〔搖〕** 요 平蕭 yáo, ヨウ
1951

소전 행서 속자 揺 이름 흔들 요 자원 형성. 扌+䍃→搖. 謠(요)·遙(요)·繇(요)와 같이 䍃(요)가 성부.

필순

새김 흔들다. 또는 흔들리다. ¶搖$_2$之$_1$不$_2$動$_1$(—, 이 지, 아니할 부, 움직일 동)이를 흔들어도 움직이지 아니함. 예아무리 꾀어도 —일세.
〔搖動〕(요동) 흔들림. 또는 흔듦.
〔搖籃〕(요람) ①젖먹이를 놀게 하거나 재우기 위하여 올려놓고 흔들도록 만든 물건. ②어떤 사물의 발생지나 출발지 비유.
〔搖鈴〕(요령) 흔들면 소리가 나는 방울.
〔搖尾乞憐〕(요미걸련) 개가 꼬리를 흔들며 사람에게 알찐거린다는 뜻으로, 비굴하게 아첨함의 비유.
▷動搖(동요)·消搖(소요)·飄搖(표요)

10 ⑬ 〔搢〕* 진: 去震 jìn, シン
1952

소전 행서 이름 꽂을 진: 자원 형성. 扌+晉→搢. 瑨(진)·縉(진)과 같이 晉(진)이 성부.
새김 꽂다. 꽂아 끼우다. ¶搢$_2$紳$_1$(—, 큰띠 신) 큰띠에 홀을 꽂음. 인신하여, ㉮벼슬아치. ㉯행동이 점잖고 지위가 높은 사람.
〔搢笏〕(진홀) 손에 들었던 홀을 허리띠에 꽂음. 인신하여, 임금을 알현함.

10 ⑬ 〔搾〕* 착 本자: 去禡 zhà, サク
1953

행서 이름 짤 착 자원 형성. 扌+窄→搾. 窄(착)이 성부.
새김 짜다. 쥐어짜다. ¶搾取(—, 취할 취) 쥐어짜서 취함. 인신하여, 자본가가 노동자를 싼 임금으로 일을 시키고, 그 이익의 대부분을 자본가가 차지함. 예農民—.
〔搾粕〕(착박) 기름을 짜고 남은 찌끼.
〔搾乳〕(착유) 젖을 짬.
▷壓搾(압착)

10 ⑬ 〔搭〕 탑 本답 入合 dā, トウ
1954

행서 이름 탈 탑 자원 형성. 扌+荅→搭. 塔(탑)과 같이 荅(답)의 변음이 성부.
새김 ❶타다. 올라 타다. ¶搭乘(—, 탈 승) 배나 비행기 등에 올라 탐. 예—客. ❷싣다. 사람이나 짐을 싣다. ¶搭載(—, 실을 재) 배·수레·비행기 등에 짐을 실음. 예—貨物.

10 ⑬ 〔搨〕 탑 入合 tà, トウ
1955

행서 이름 박을 탑 자원 형성. 扌+𦐇→搨. 榻(탑)과 같이 𦐇(탑)이 성부.
새김 박다. 틀이나 판에 대고 눌러서 찍다. ¶搨$_2$本$_1$(—, 책 본)비석에 새겨진 글씨나 그림을 그대로 박아냄. 또는 박은 그 종이. 예廣開土大王碑의 —.
〔搨影〕(탑영) 어떤 형태를 본떠서 그림. 또는 그 그림.
〔搨寫〕(탑사) 베낌.
▷模搨(모탑)·寫搨(사탑)·筆搨(필탑)

10 ⑬ 〔摅〕 터: 攄(2001)의 간화자
1956

10 ⑬ 〔摆〕 파: 擺(2002)의 간화자
1957

10 ⑬ 〔携〕** 휴 平齊 xié, ケイ
1958

소전 행서 이름 끌 휴 자원 형성. 扌+隽〔巂의 변형〕→攜→携. 巂(휴)가 성부.

필순

새김 ❶끌다. 손을 잡고 끌다. ¶提携(끌 제, —) 提(1941)를 보라. ❷지니다. 손에 들거나 몸에 지니다. ¶携帶(—, 지닐 대)다닐 때에 손에 들거나 몸에 지님. 예—品.
〔携笻〕(휴공) 지팡이를 지님. 또는 지팡이를 짚고 감.
〔携手同歸〕(휴수동귀) 손잡고 동행을 함.
〔携行〕(휴행) 몸에 지니고 다님.
▷必携(필휴)

11 ⑮ 〔摩〕* 마 平歌 má, マ
1959

소전 행서 이름 비빌 마 자원 형성. 麻+手→摩. 磨(마)·魔(마)와 같이 麻(마)가 성부.
새김 ❶비비다. 문지르다. ¶摩擦(—, 문지를 찰)비벼 문지름. 또는 두 물체가 맞닿아서 비벼짐. 인신하여, 둘 사이의 의견이나 감정의 충돌. 예貿易—. ❷닿다. 가까이 가다. ¶摩$_2$天$_1$樓(—, 하늘 천, 누각 루)하늘에 닿을 듯한 높은 건물.

〔摩頂放踵〕(마정방종) 정수리부터 발꿈치까지 모두 닳아빠짐. 남을 위하여 분골쇄신(粉骨碎身)함의 형용.
▷撫摩(무마)·按摩(안마)

11 ⑭ 〔摸〕* 모 平虞 | mó, モ
1960

행서 摸 동자 摹 이름 본뜰 모 자원 형성. 扌+莫→摸=摹. 莫에는 '막' 외에 '모' 음도 있어, 暮(모)·慕(모)·模(모)·謨(모)와 같이 莫(모)가 성부.
새김 ❶본뜨다. 베끼다. 模(2467)와 통용. ¶摸倣(―, 본받을 방) 다른 것을 본뜨거나 본받음. ❷찾다. 더듬어 찾다. ¶摸索(―, 찾을 색) 어떤 일을 더듬어 찾음. 예暗中―.
〔摸刻〕(모각) 책의 내용을 베껴 판목에 새기는 일.
〔摸寫〕(모사) 배낌. 베껴 씀. 또는 모방하여 씀.
〔摸造〕(모조) 본떠서 만듦. 흉내내어 만듦.

11 ⑮ 〔摹〕* 모 摸(1960)와 동자
1961

11 ⑭ 〔摘〕** 적 入錫 | tì, テキ
1962

소전 摘 행서 摘 이름 딸 적 자원 형성. 扌+啇→摘. 滴(적)·嫡(적)·敵(적)·適(적)과 같이 啇(적)이 성부.

필순 | 扌 扌 扩 扩 扩 拆 拆 拆 摘 摘

새김 ❶따다. 손가락으로 따다. ¶摘出(―, 내놓을 출)집어 따냄. ❷가려서 취하다. ¶摘要(―, 중요할 요)중요한 곳을 가려 뽑아 적음. 또는 그리해 놓은 요점. ❸들추어내다. ¶摘發(―, 들추어낼 발)겉으로 드러나지 않은 나쁜 일을 들추어냄.
〔摘果〕(적과) 좋은 열매를 얻기 위하여 열매를 솎아내는 일.
〔摘錄〕(적록) 뒷날의 참고로 간단히 적어둠. 또는 적어놓은 그 간단한 기록.
〔摘示〕(적시) 지적하여 가리킴.
〔摘心〕(적심) 식물의 순을 침.
〔摘芽〕(적아) 농작물의 빠른 성장을 위하여 필요하지 않는 새싹을 따 버림.
▷指摘(지적)

11 ⑭ 〔摺〕* 접 入葉 | zhé, チョウ
1963

소전 摺 행서 摺 간화 折 이름 접을 접 자원 형성. 扌+習→摺. 習(습)의 변음이 성부.
새김 접다. 접어서 개다. ¶摺扇(―, 부채 선) 접었다 폈다 하게 된 부채. 곧 쥘부채.
〔摺紙〕(접지) ①종이를 접음. 또는 그 종이. ②제본하기 위해 인쇄된 종이를 접음.

11 ⑮ 〔摯〕* 지: 去寘 | zhì, シ
1964

소전 摯 행서 摯 간화 挚 이름 착실할 지: 자원 회의. 執+手→摯. 손으로 잡는다는 뜻. 새김은 가차.
새김 착실하다. 지극하다. ¶眞摯(참 진, ―) 참되고 착실함. 예―한 態度.

11 ⑭ 〔摠〕* 총: 總(4116)과 동자
1965

12 ⑮ 〔撚〕* 년: 上銑 | niǎn, ネン
1966

소전 撚 행서 撚 이름 비빌 년: 자원 형성. 扌+然→撚. 然(연)의 변음이 성부.
새김 비비다. 꼬다. 배배 틀다. ¶撚鬚(―, 수염 수) 수염을 배배 꼼. 시구(詩句)를 다듬거나 시를 읊음의 형용.
〔撚金〕(연금) 금실로 꼬아서 장식함.

12 ⑮ 〔撓〕* 뇨: 上巧 | náo, ドウ
1967

소전 撓 행서 撓 간화 挠 이름 굽힐 뇨: 자원 형성. 扌+堯→撓. 堯(요)의 변음이 성부.
새김 ❶굽히다. 부정(不正)하게 꺾이다. ¶不撓不屈(아니할 불, ―, 아니할 불, 굽힐 굴)한번 먹은 마음이, 외부의 압력으로 꺾이거나 굽히지 아니함. ❷휘다. 움츠려들다. 〔孟子〕不膚撓(불부뇨)살갗이 움츠려들지 아니함.

12 ⑮ 〔撞〕* 당 本장: 去絳 | zhàng, ドウ
1968

소전 撞 행서 撞 이름 칠 당 자원 형성. 扌+童→撞. 童(동)의 변음이 성부.
새김 ❶치다. 목적물에 부딪다. ¶撞球(―, 공 구) 붉고 흰 2개씩의 공을 놓고, 긴 막대기로 쳐서 맞히는 놀이의 한 가지. ❷부딪치다. 충돌하다. ¶撞着(―, 붙을 착) 맞부딪침. 곧 말이나 행동이 앞뒤가 맞지 아니함. 예自家―.

12 ⑮ 〔撈〕* 로 平豪 | lāo, ロウ
1969

행서 撈 간화 捞 이름 건질 로 자원 형성. 扌+勞→撈. 勞(로)가 성부.
새김 건지다. 물에서 잡아 올리다. ¶漁撈(고기 잡을 어, ―)물고기를 잡음. 예―水域.

12 ⑮ 〔撫〕* 무: 本부: 上麌 fǔ, ブ
1970

소전 행서 속자 간화 抚 이름 어루만질 무: 자원 형성. 扌+無→撫. 憮(무)·蕪(무)와 같이 無(무)가 성부.
새김 어루만지다. ㉠쓰다듬으며 달래다. ¶鎭撫(진압할 진, ―)진압하여 어루만져 달램. 예―使. ㉡사랑하다. ¶撫育(―, 기를 육)웃사람이 잘 돌보아 사랑하여 기름. 예―之恩.
〔撫摩〕(무마) 어루만짐. 또는 타이르고 어르면서 달램.
〔撫恤〕(무휼) 위로하고 도와 줌. 동정하고 사랑함.
▷宣撫(선무)·巡撫(순무)·按撫(안무)·愛撫(애무)·慰撫(위무)

12 ⑮ 〔撲〕* 박 入覺 pū, ボク
1971

소전 행서 간화 扑 이름 칠 박 자원 형성. 扌+菐→撲. 璞(박)·樸(박)과 같이 菐(복)의 변음이 성부.
새김 치다. 때리다. ¶打撲(칠 타, ―)사람이나 동물을 때려 침. 예―傷.
〔撲滿〕(박만) 흙으로 만든 벙어리 저금통. 돈이 가득차면 깨뜨려서 꺼내는 데서 온 말.
〔撲滅〕(박멸) 모조리 잡아 없애 버림.
〔撲殺〕(박살) 때려죽임.

12 ⑮ 〔撥〕* 발 入曷 bō, ハツ
1972

소전 행서 간화 拨 이름 다스릴 발 자원 형성. 扌+發→撥. 潑(발)·醱(발)과 같이 發(발)이 성부.
새김 ❶다스리다. ¶撥亂(―, 어지러울 란)어지러운 세상을 다스림. 예―反正. ❷퉁기다. 튀기다. ¶反撥(거스를 반, ―)거슬러서 퉁겨짐. 인신하여, 상대편의 의견이나 행동에 대하여 거슬러서 반항함. 예―心. ❸채. 악기의 현을 켜는 도구. ¶撥木(―, 나무 목)비파를 타는 데에 쓰는 나무로 만든 부속품. ❹國파발. ¶擺撥(파발 파, ―)擺(2002)를 보라.
〔撥悶〕(발민) 근심과 걱정을 물리쳐 없앰.
▷觸撥(촉발)

12 ⑮ 〔撒〕* 살 入曷 sā, サツ
1973

행서 이름 뿌릴 살 자원 형성. 扌+散→撒. 散(산)의 변음이 성부.
새김 뿌리다. 흩뜨리다. ¶撒水(―, 물 수) 물을 흩어 뿌림. 예―車.
〔撒菽〕(살숙) 콩을 뿌림. 큰 비가 오는 모양의 비유.
〔撒布〕(살포) 뿌려서 흩음. 예―藥.

12 ⑮ 〔撰〕* 찬: 上潸 zhuàn, サン
1974

행서 이름 지을 찬: 자원 형성. 扌+巽→撰. 饌(찬)과 같이 巽(손)의 변음이 성부.
새김 짓다. 글을 짓다. ¶撰述(―, 지을 술) 글을 지음.
〔撰著〕(찬저) 글을 지음. 저술(著述)함.
〔撰進〕(찬진) 임금에게 글이나 책을 지어서 바침.
〔撰集〕(찬집) 시나 문장 따위를 골라 모음. 또는 그러한 책.
▷改撰(개찬)·修撰(수찬)

12 ⑮ 〔撤〕* 철 入屑 chè, テツ
1975

행서 이름 거둘 철 자원 형성. 扌+敨→撤. 徹(철)·澈(철)·轍(철)과 같이 敨(철)이 성부.
새김 ❶거두다. ㉠거두어 들이다. ¶撤兵(―, 군대 병) 파견하였던 군대를 거두어 들임. ㉡거두어 치우다. ¶撤廢(―, 버릴 폐) 지금까지 시행해 오던 제도 따위를 거두어 폐지함.
〔撤去〕(철거) 건물·시설 따위를 걷어치워 버림.
〔撤床〕(철상) 상에 차려 놓았던 음식물을 거두어 치움.
〔撤收〕(철수) ①거두어 들임. 걷어치움. ②진지 따위를 걷어치우고 군대가 물러남.
〔撤市〕(철시) 시장·점포 등의 문을 닫고 영업을 하지 않음.
〔撤回〕(철회) 이미 내었거나 보낸 것을 도로 거두어 들이거나 무효로 선포함.

12 ⑮ 〔撮〕* 촬 入曷 cuō, サツ
1976

소전 행서 이름 모을 촬 자원 형성. 扌+最→撮. 最에는 '최' 외에 '촬' 음도 있어, 最(촬)이 성부.
새김 ❶모으다. 간추려 모으다. ¶撮要(―, 요점 요)중요한 점만을 간추려 모음. 예市政―. ❷자밤. 또는 줌. 적은 분량을 형용하는 말. ¶撮土(―, 흙 토)한 자밤〔또는 줌〕의 흙. 얼마 안 되는 토지의 형용. ❸國사진을 찍다. ¶撮影(―, 그림자 영)사진이나 영화를 찍음. 예紀念―.

12 ⑮ 〔撐〕* 탱 平庚 chēng, トウ
1977

행서 이름 버틸 탱 자원 형성. 扌+掌〔牚의 변형〕→撑→撐. 牚(탱)이 성부.
새김 버티다. 떠받치다. ¶支撐(버틸 지, ―)오래 버티거나 배겨남.
〔撐柱〕(탱주) 버팀 기둥.
〔撐天〕(탱천) 하늘을 떠받침.

12 ⑮ 〔播〕** 파 ㊍파: 去 箇 | bō, ハ
1978

소전 幡 행서 播 이름 씨뿌릴 파 자원 형성. 扌+番→播. 番에는 '번' 외에 '파' 음도 있어, 番(파)가 성부.

필순 扌 扌 扌 扌 扌 扌 扌 播 播 播

새김 ❶씨를 뿌리다. ¶播₂種₁(—, 씨앗 종)논밭에다 곡식의 씨앗을 뿌려 심음. ❷펴다. 널리 퍼뜨리다. ¶傳播(전할 전, —)전하여 널리 퍼뜨림. ㉾소문의 —.
〔播越〕(파월) 파천(播遷).
〔播遷〕(파천) 임금이 도성(都城)을 떠나 피난함.
▷乾播(건파)·直播(직파)·秋播(추파)·春播(춘파)

13 ⑯ 〔據〕** 거: 去 御 | jù, キョ
1979

소전 據 행서 據 속자 拠 간화 据 이름 의거할 거: 자원 형성. 扌+豦→據. 遽(거)와 같이 豦(거)가 성부.

필순 扌 扌 扌 扌 扌 扌 扌 扌 據 據

새김 ❶의거하다. ㉠굳게 지키다. 의지하다. ¶割據(나눌 할, —)땅을 분할하여 차지하고 굳게 지킴. ㉡근거로 삼다. 기초를 두다. 또는 근거. ¶證據(증명할 증, —)사실을 증명할 만한 근거. ❷차지하다. ¶占據(차지할 점, —)일정한 곳을 차지하여 자리를 잡음.
〔據點〕(거점) 근거로 삼거나 의거할 수 있는 중요한 지점.
▷群雄割據(군웅할거)·根據(근거)·論據(논거)·本據(본거)·雄據(웅거)·依據(의거)·典據(전거)

13 ⑰ 〔擊〕** 격 入 錫 | jī, ゲキ
1980

소전 擊 행서 擊 간화 击 이름 칠 격 자원 형성. 毄+手→擊. 毄(격)이 성부.

필순 一 ㄇ 亘 車 車 軎 軗 毄 擊 擊

새김 ❶치다. ㉠두드리다. ¶擊₂鼓₁(—, 북 고)북을 침. ㉾—鳴金. ㉡공격하다. 무력으로 치다. ¶襲擊(덮칠 습, —)적을 덮쳐 침. ❷닿다. 시선이 미치다. ¶目擊(눈 목, —)직접 자기의 눈으로 봄. ❸일깨우다. 가르쳐 열어주다. ¶擊₂蒙₁(—, 어린이 몽)어린이를 가르쳐 일깨워 줌. ㉾—要訣.
〔擊滅〕(격멸) 쳐서 멸함.
〔擊壤歌〕(격양가) 태평 성대를 구가하는 노래.
〔擊節嘆賞〕(격절탄상) 무릎을 치면서 감탄하여 칭찬함.
〔擊墜〕(격추) 비행기 따위를 쏴서 떨어뜨림.
〔擊沈〕(격침) 선박을 공격하여 침몰시킴.
〔擊退〕(격퇴) 적을 쳐서 물리침.
〔擊破〕(격파) 쳐부숨. 패배시킴.
▷攻擊(공격)·突擊(돌격)·排擊(배격)·射擊(사격)·狙擊(저격)·進擊(진격)·追擊(추격)·衝擊(충격)·打擊(타격)·砲擊(포격)

13 ⑰ 〔擎〕* 경 平 庚 | qíng, ケイ
1981

행서 擎 이름 떠받칠 경 자원 형성. 敬+手→擎. 驚(경)·警(경)·儆(경)과 같이 敬(경)이 성부.
새김 떠받치다. 또는 들어 올리다. ¶擎₂天₁(—, 하늘 천) 하늘을 떠받침. 힘이 셈의 형용.

13 ⑯ 〔擒〕* 금 平 侵 | qín, キン
1982

행서 擒 이름 사로잡을 금 자원 형성. 扌+禽→擒. 檎(금)과 같이 禽(금)이 성부.
새김 사로잡다. 산 채로 붙잡다. ¶生擒(살 생, —) 산 채로 붙잡음.
▷七縱七擒(칠종칠금)

13 ⑯ 〔撻〕* 달 入 曷 | tà, タツ
1983

소전 撻 행서 撻 간화 挞 이름 매질할 달 자원 형성. 扌+達→撻. 澾(달)과 같이 達(달)이 성부.
새김 매질하다. 또는 매를 맞다. ¶鞭撻(채찍 편, —)채찍으로 매질함. 세차게 격려함의 형용. ㉾指導와 —.
〔撻楚〕(달초) 잘못을 저질렀을 때 어버이나 스승이 회초리로 종아리를 때림.
▷楚撻(초달)

13 ⑯ 〔擔〕** ㊀담 平 覃 | dān, タン
㊁담: 去 勘 | dàn, タン
1984

행서 擔 약자 担 간화 担 이름 ㊀멜 담 ㊁책임 담: 자원 형성. 扌+詹→擔. 詹에는 '첨' 외에 '담' 음도 있어, 膽(담)·憺(담)과 같이 詹(담)이 성부.

필순 扌 扌 扌 扌 扌 扌 扌 扌 擔 擔

새김 ㊀❶메다. 또는 짊어지다. ¶擔具(—, 기구 구)어깨에 메고 물건을 나르는 기구. ❷떠맡다. 책임을 지다. ¶擔任(—, 맡을 임)책임을 지고 맡음. ㉾—先生. ㊁책임. 맡은 임무. ¶負₂擔₁(질

부, ―)어떤 책임이나 의무를 짐. 또는 짊어진 책임이나 의무.
〔擔軍〕(담군) 國 짐꾼. 「맡을 책임을 감당함.
〔擔當〕(담당) ①어떤 일을 맡아 책임을 짐. ②
〔擔保〕(담보) 채무자가 채무를 갚지 않을 경우에 대비하여 그 빚을 대신할 수 있는 보장.
▷加擔(가담)·分擔(분담)·全擔(전담)·專擔(전담)·荷擔(하담)

13 ⑯ 〔擄〕* 로 本로: 上 麌 lǔ, ロ
1985

행서 擄 간화 掳 이름 노략질할 로 자원 형성. 扌+虜→擄. 虜(로)가 성부.
새김 노략질하다. 약탈하다. ¶擄掠(―, 노략질할 략)떼를 지어 돌아다니면서 사람과 재물을 빼앗음.

13 ⑰ 〔擘〕* 벽 入 陌 bò, ヘキ
1986

소전 擘 행서 擘 이름 엄지 벽 자원 형성. 辟+手→擘. 璧(벽)·僻(벽)·闢(벽)·霹(벽)과 같이 辟(벽)이 성부.
새김 엄지. 엄지손가락. ¶巨擘(클 거, ―)큰 엄지손가락이란 뜻으로, 학문이나 일정한 전문분야에서 남달리 뛰어난 사람의 비유. 예當代 儒學의 ―.

13 ⑯ 〔擁〕** 옹: 上 腫 yōng, ヨウ
1987

소전 擁 행서 擁 간화 拥 이름 안을 옹: 자원 형성. 扌+雍→擁. 壅(옹)·甕(옹)·饔(옹)과 같이 雍(옹)이 성부.
필순 扌 扌 扌 扌 扌 扌 扌 擁 擁 擁
새김 ❶안다. 품에 안다. ¶抱擁(안을 포, ―)사람끼리 품에 껴 안음. ❷호위하다. 도와 지키다. ¶擁護(―, 지킬 호)감싸서 지킴. 예人權 ―.
〔擁立〕(옹립) 떠받들어 제왕이나 우두머리의 자리에 세움.
〔擁衛〕(옹위) 부축하고 호위(護衛)함.

13 ⑯ 〔操〕** 一 조 平 豪 cāo, ソウ
二 조 本조: 去 號 cāo, ソウ
1988

소전 操 행서 操 이름 一부릴 조 二지조 조 자원 형성. 扌+喿→操. 燥(조)·躁(조)·璪(조)와 같이 喿(조)가 성부.
필순 扌 扌 扌 扌 扌 扌 扌 扌 搡 操
새김 一❶부리다. 다루다. ¶操縱(―, 마음대로 종)㉮기계류를 다루어 부림. 예―士. ㉯남을 제 마음대로 부림. ❷잡다. 손에 쥐다. ¶操觚(―, 목간 고)글자를 쓰던 목간(木簡)을 잡음. 곧 문필(文筆)에 종사함. 예―界. 二지조. 굳게 지키는 의지. ¶貞操(곧을 정, ―)여자가 성생활에 있어서 지키는 순결성. 예―를 지키는 女子.
〔操練〕(조련) 실전을 익히기 위해 연습함.
〔操守〕(조수) 정조나 지조를 단단히 지킴.
〔操心〕(조심) 잘못이나 실수가 없게 마음을 씀.
〔操業〕(조업) 작업을 함. 일을 함.
〔操作〕(조작) 기계 따위를 다루어 움직이게 함.
〔操舵〕(조타) 배의 키를 조종함.
▷士操(사조)·節操(절조)·志操(지조)·體操(체조)

13 ⑯ 〔擅〕* 천: 本선: 去 霰 shàn, セン
1989

소전 擅 행서 擅 이름 마음대로 천: 자원 형성. 扌+亶→擅. 亶에는 '단' 외에 '선' 음도 있어, 亶(선)의 변음이 성부.
새김 마음대로. 또는 마음대로 하다. ¶擅斷(―, 결단할 단)제 마음대로 결단함.
〔擅橫〕(천횡) 제멋대로 권세를 휘두름.
▷獨擅(독천)·恣擅(자천)·專擅(전천)

13 ⑯ 〔擇〕** 택 本책 入 陌 zé, タク
1990

소전 擇 행서 擇 약자 択 간화 择 이름 가릴 택 자원 형성. 扌+睪→擇. 睪에는 '역' 외에 '택' 음도 있어, 澤(택)과 같이 睪(택)이 성부.
필순 扌 扌 扌 扌 扌 扌 扌 擇 擇 擇
새김 가리다. ㉠좋은 것을 가려 뽑다. ¶選擇(가릴 선, ―)여럿 가운데서 필요하거나 좋은 것을 가려 뽑음. ㉡가려내다. 구별하다. 〔孟子〕牛羊何擇焉(우양 하택언)소와 양을 어찌 구별할 것인가?
〔擇偶〕(택우) 배우자를 고름.
〔擇一〕(택일) 여럿 중 하나를 택함.
〔擇日〕(택일) 좋은 날을 가림.
〔擇地〕(택지) 살 만한 땅을 고름.
〔擇婚〕(택혼) 혼인할 상대자를 고름.
▷揀擇(간택)·簡擇(간택)·採擇(채택)·推擇(추택)

14 ⑰ 〔擱〕 각 gē, カク
1991

행서 擱 간화 搁 이름 놓을 각 자원 형성. 扌+閣→擱. 閣(각)이 성부.

새김 놓다. 들고 있던 것을 손에서 놓다. ¶擱筆(—, 붓 필)글을 다 쓰고 붓을 놓음.
〔擱坐〕(각좌) 배가 암초(暗礁)에 얹힘. 좌초(坐礁)함.

14 ⑱ 〔擧〕*** 거: 上語 | jǔ, キョ
1992

소전 행서 약자 擧 간화 举 이름 들 거: 자원 형성. 與+手→擧. 與(여)의 변음이 성부.

필순 ⺊ ⺊ 𦥑 𦥑 𦥑 𦥑 𦥑 與 與 擧

새김 ❶들다. ㉠들어 올리다. ¶擧手(—, 손 수)손을 위로 들어 올림. 예— 敬禮. ㉡사실이나 예를 들다. ¶列擧(늘어놓을 렬, —)列(0445)을 보라. ❷올려 쓰다. 기용하다. 〔論語〕擧賢人(거현인)어진 사람을 올려 씀. ❸잡다. 잡아들이다. ¶檢擧(잡도리할 거, —)법령이나 사회 질서를 어지럽힌 자를 잡도리하려고 잡아들임. ❹일으키다. ㉠군대를 일으키다. ¶擧兵(—, 군대 병)싸우기 위하여 군대를 일으킴. ㉡일을 일으키다. ¶義擧(의로울 의, —)정의를 위하여 일으킴. 또는 그런 거사. ❺행동하다. 또는 행동. ¶輕擧(경솔할 경, —)경솔하게 행동함. 또는 경솔한 행동. 예— 妄動. ❻시험. 과거. ¶科擧(과거 과, —)관리의 등용 시험. ❼다. 온. 모조리. ¶擧國(—, 나라 국)온 나라. 예— 一致.
〔擧皆〕(거개) 거의 모두. 거의 다.
〔擧動〕(거동) ①몸을 움직이는 행동이나 태도. ②거둥. 임금의 행차.
〔擧論〕(거론) 논의거리로 삼아 제기하거나 말함.
〔擧名〕(거명) 어떤 사람의 이름을 들어 말함.
〔擧事〕(거사) 큰 일을 일으킴.
〔擧世〕(거세) 온 세상. 세상 사람 모두.
〔擧止〕(거지) 몸을 움직이는 모든 짓. 행동거지(行動擧止).
〔擧行〕(거행) ①행사나 의식을 정한대로 행함. ②명령에 따라 시행함.
▷枚擧(매거)·選擧(선거)·壯擧(장거)·薦擧(천거)·快擧(쾌거)

14 ⑰ 〔擡〕* 대 平灰 | tái, タイ
1993

행서 擡 이름 쳐들 대 자원 형성. 扌+臺→擡. 臺(대)가 성부.
새김 쳐들다. 높이 치켜 들다. ¶擡頭(—, 머리 두)머리를 쳐듦. 새로운 세력이나 사회적 현상이 힘을 얻어 나타남의 형용.

14 ⑱ 〔擥〕* 람: 攬(2009)과 동자
1994

14 ⑰ 〔擬〕* 의 本의: 上紙 | nǐ, ギ
1995

소전 행서 擬 간화 拟 이름 모방할 의 자원 형성. 扌+疑→擬. 疑(의)가 성부.
새김 ❶모방하다. 본뜨다. ¶擬聲語(—, 소리 성, 말 어)사물의 소리나 동물의 울음소리를 흉내내어 나타내는 말. '솔솔·좔좔·멍멍…' 따위. ❷비기다. 비유하다. ¶擬人(—, 사람 인)사람이 아닌 것을 사람에 비김. 예— 化.
〔擬古〕(의고) 옛것을 모방함.
〔擬死〕(의사) 곤충 등이 죽은 체하는 상태.
〔擬似〕(의사) 실제와 비슷함.
〔擬態〕(의태) 어떤 모양을 흉내내어 그와 비슷하게 꾸미거나 만듦.
▷模擬(모의)

14 ⑰ 〔擦〕* 찰 入黠 | cā, サツ
1996

행서 擦 이름 문지를 찰 자원 형성. 扌+察→擦. 察(찰)이 성부.
새김 문지르다. 비비다. 또는 쓸리다. 비벼지다. ¶摩擦(비빌 마, —)摩(1959)를 보라.
〔擦過傷〕(찰과상) 마찰로 인하여 생긴 상처.

14 ⑰ 〔擢〕* 탁 入覺 | zhuó, テキ
1997

소전 행서 擢 이름 뽑을 탁 자원 형성. 扌+翟→擢. 濯(탁)과 같이 翟(적)의 변음이 성부.
새김 뽑다. 가려 뽑아서 쓰다. ¶拔擢(뽑을 발, —)여러 사람 가운데에서 가려 뽑아서 씀.
〔擢用〕(탁용) 우수한 사람을 뽑아서 임용함.
▷簡擢(간탁)

15 ⑲ 〔攀〕* 반 平刪 | pān, ハン
1998

소전 행서 攀 이름 더위잡을 반 자원 형성. 樊+手→攀. 礬(반)과 같이 樊(번)의 변음이 성부.
새김 더위잡다. 더위잡고 기어 오르다. ¶登攀(오를 등, —)높은 곳으로 기어오름. 예— 隊.
〔攀緣〕(반연) ①더위잡고 기어올라감. ②세력이 있는 연줄을 의지함. 또는 그 연줄.

15 ⑱ 〔擾〕* 요: 上篠 | rǎo, ジョウ
1999

소전 행서 擾 간화 扰 이름 어지럽힐 요: 자원 형성. 扌+憂→擾. 憂(우)의 변음이 성부.
새김 어지럽히다. 또는 어지러워지다. ¶騷擾

(시끄러울 소, ―)시끄럽게 세상을 어지럽힘. 또는 그 소동.
〔擾亂〕(요란) 시끄럽고 어수선함.
〔擾民〕(요민) 백성을 성가시게 함.
▷軍擾(군요)·紛擾(분요)

15 ⑱ 〔擲〕* 척 入陌 zhì, テキ
2000

행서 擲 간화 掷 이름 던질 척 자원 형성. 扌+鄭→擲. 鄭(정)의 변음이 성부.
새김 던지다. 내던지다. ¶投擲(던질 투, ―) 물건을 내던짐.
〔擲去〕(척거) 내던져 버림.
〔擲柶〕(척사) 國 윷놀이. 「유.
〔擲梭〕(척사) ①베를 짬. ②세월이 빠름의 비
▷乾坤一擲(건곤일척)·放擲(방척)·抛擲(포척)

15 ⑱ 〔攄〕* 터: 本처 平魚 shū, チョ
2001

행서 攄 간화 摅 이름 펼 터: 자원 형성. 扌+慮→攄. 慮(려)의 변음이 성부.
새김 ❶펴다. 속마음을 말하다. ¶攄懷(―, 품을 회) 마음속에 품은 생각을 툭 털어놓고 말함. ❷國 헤아리다. 상량하다. ¶攄得(―, 깨달을 득) 스스로 생각하여서 깨달아 앎.
〔攄破〕(터파) 國 자기의 속마음을 모두 말하여 남의 오해나 의혹을 풀어 줌.

15 ⑱ 〔擺〕* 파: 本패: 去蟹 bǎi, ハイ
2002

행서 擺 간화 罢 이름 물리칠 파: 자원 형성. 扌+罷→擺. 罷(파)가 성부.
새김 ❶물리치다. 배제하다. ¶擺脫(―, 벗을 탈)자유로이 하기 위하여 구속이나 예절에서 벗어남. ❷國 파발. ¶擺撥(―, 파발 발)공문을 빨리 전달하기 위하여 설치한 역참. 예 ―馬.
〔擺撥馬〕(파발마) 國 공무로 급히 가는 사람이 타던 말.

15 ⑱ 〔擴〕** 확 本곽 入藥 kuò, カク
2003

행서 擴 약자 拡 간화 扩 이름 넓힐 확 자원 형성. 扌+廣→擴. 廣(광)의 변음이 성부.

필순 扌 扩 护 护 护 护 擴 擴 擴 擴

새김 넓히다. 늘리다. 또는 넓어지다. ¶擴大(―, 큰 대)사물의 모양이나 규모를 늘려서 크게 함. 예 ―幹部會議.
〔擴散〕(확산) 퍼져 흩어짐.
〔擴聲器〕(확성기) 음성(音聲)을 크게 하여 먼 곳까지 들리게 하는 장치.
〔擴張〕(확장) 세력이나 범위를 넓힘.
〔擴充〕(확충) 넓혀서 충분하게 함.

17 ⑳ 〔攘〕* 양: 上養 rǎng, ジョウ
2004

소전 攘 행서 攘 이름 물리칠 양: 자원 형성. 扌+襄→攘. 讓(양)·壤(양)·釀(양)과 같이 襄(양)이 성부.
새김 물리치다. 내쫓다. ¶攘夷(―, 오랑캐 이) 오랑캐〔외국 사람을 얕보고 하는 말〕를 내쫓음. 조선 말기 대원군(大院君)이 '斥和―'란 말을 국책으로 내세웠다.
〔攘奪〕(양탈) 힘으로 빼앗음.
▷擾攘(요양)·搶攘(창양)

18 ㉑ 〔攝〕** 섭 入葉 shè, セツ
2005

소전 攝 행서 攝 약자 摂 간화 摄 이름 대리할 섭 자원 형성. 扌+聶→攝. 聶(섭)이 성부.

필순 扌 扌 扌 扌 扌 扌 扌 扌 扌 攝

새김 ❶대리하다. ¶攝政(―, 정사 정)임금에게 어떤 사정이 있을 때, 그를 대리하여 나라를 다스림. ❷거두어 들이다. ¶攝取(―, 취할 취) 거두어 들여 자기 것으로 만듦. 예 養分―. ❸다스리다. 통솔하다. ¶攝理(―, 다스릴 리)㉮병을 앓거나 쇠약해진 몸을 잘 보살펴 다스림. ㉯(예수교에서 쓰는 말)우주를 다스리는 하느님의 뜻. ❹기르다. 봉양하다. ¶攝生(―, 삶 생)건강에 유의하여 오래 살도록 몸을 기름.
〔攝祀〕(섭사) 대신하여 제사를 지냄.
〔攝心〕(섭심) (佛)정신을 다잡음.
〔攝衣〕(섭의) ①옷매무새를 단정하게 함. ②옷자락을 걷어 올려 쥠.
〔攝衆〕(섭중) (佛)중생을 거두어 보호함.
〔攝行〕(섭행) ①일을 대신 행함. ②임금의 통치권을 대행함.
▷包攝(포섭)

19 ㉓ 〔攣〕* 련: 去霰 liàn, レン
2006

소전 攣 행서 攣 간화 挛 이름 쥐날 련 자원 형성. 䜌+手→攣. 戀(련)과 같이 䜌(련)이 성부.
새김 쥐가 나다. 경련이 일다. ¶痙攣(쥐날 경, ―) 쥐가 남. 근육이 발작적으로 수축하거나 떪. 또는 그런 현상.

20 ㉓ 〔攪〕* 교 本교: 上巧 | jiǎo, カク
2007

소전 행서 간화 搅 이름 어지럽힐 교 자원 형성. 扌+覺→攪. 覺에는 '각' 외에 '교' 음도 있어, 覺(교)가 성부.
새김 ❶어지럽히다. ¶攪亂(—, 어지럽힐 란)뒤흔들어서 어지럽힘. 예—作戰. ❷휘젓다. 뒤섞다. ¶攪飯(—, 밥 반)비빔밥.
〔攪拌〕(교반) 휘저어서 한데 섞음.

20 ㉓ 〔攫〕* 확 本곽 入藥 | jué, カク
2008

소전 행서 이름 움킬 확 자원 형성. 扌+矍→攫. 矍(확)이 성부.
새김 움키다. 움켜 쥐다. ¶一攫千金(한번 일, —, 일천 천, 돈 금)한 번에 천금을 움켜쥠. 힘 안 들이고 대번에 많은 재물을 얻음의 형용.

21 ㉔ 〔攬〕* 람: 上感 | lǎn, ラン
2009

행서 동자 擥 간화 揽 이름 잡을 람: 자원 형성. 扌+覽→攬. 欖(람)·纜(람)과 같이 覽(람)이 성부.
새김 잡다. ㉠마음을 사로잡다. ¶收攬(거둘 수, —)사람들의 마음을 거두어 잡음. ㉡여럿 중에서 가려 뽑아 잡다. ¶攬要(—, 요점 요)요점을 가려 뽑아서 잡음. ㉢장악하다. ¶總攬(모두 총, —)모든 일을 다 장악함.
▷收攬(수람)

4 획 부수 支 部

▷명칭: 버틸지
▷쓰임: 의부로서의 기능은 없고, 자형상의 분류를 위해 설정한 부수이다.

0 ④ 〔支〕*** 지 平支 | zhī, シ
2010

소전 행서 이름 버틸 지 자원 회의. 十+又→支. 十은 나무의 가지, 又는 손. 손에 꺾은 가지를 들고 있다는 뜻으로, '나뉘다·갈라지다'의 뜻을 나타낸다.

필순 一 十 歹 支

새김 ❶버티다. 떠받치다. ¶支柱(—, 기둥 주)쓰러지지 않게 떠받치고 있는 기둥. 인신하여, 어떤 조직이나 사물이 의지해 나갈 수 있는 중요한 인물이나 힘의 비유. ❷순종하지 않아 거치적거리다. ¶支障(—, 장애 장)일을 하는 데에 거치적거리는 장애. ❸나뉘다. 갈라지다. ¶支流(—, 흐를 류)강물의 원줄기에서 갈라져 나온 흐름. ❹주다. 내주다. ¶支給(—, 줄 급)주어야 할 돈이나 물품을 내줌. ❺지지(地支). 地(0835)를 보라.
〔支離滅裂〕(지리멸렬) 체계가 없어 함부로 흩어져 갈피를 잡을 수 없음.
〔支配〕(지배) 자기의 의사나 힘으로 다른 사람이나 사물을 복종시켜 관리하거나 이용함.
〔支部〕(지부) 본부의 관할 아래서 일정한 지역 안의 일을 맡아보는 조직.
〔支拂〕(지불) ①돈을 치러 줌. ②물건 값을 갚아 줌.
〔支社〕(지사) 본사의 관할 아래서 일정한 지역에서의 일을 맡아보는 조직.
〔支線〕(지선) 본선(本線)이나 간선(幹線)에서 갈라져 나간 선.
〔支援〕(지원) 지지하여 도움. 「후원함.
〔支持〕(지지) ①견뎌냄. 지탱함. ②찬동하여
〔支出〕(지출) 돈이나 물건을 치러 줌.
〔支撐〕(지탱) 오래 버티거나 배겨냄.
▷干支(간지)·氣管支(기관지)·收支(수지)·十二支(십이지)·依支(의지)

4 획 부수 攴(攵)部

▷명칭: 칠복. 등글월문
▷쓰임: 때리다·매질하다, 또는 이런 행위로 남을 강제하는 뜻을 나타내는 한자의 부수로 쓰였다.

2 ⑥ 〔攷〕* 고 本고: 上皓 | kǎo, コウ
2011

소전 행서 통용 考 이름 생각할 고 자원 형성. 丂+攵→攷. 丂(고)가 성부.
새김 생각하다. 고찰하다.

2 ⑥ 〔收〕*** 수 平尤 | shōu, シュウ
2012

소전 행서 속자 収 이름 거둘 수 자원 형성. 丩+攵→收. 丩(규)의 변음이 성부.

필순 ㇀ 丩 丩 丩' 屮 收

새김 ❶거두다. ㉠거두어 들이다. ¶收穫(—, 거둘 확)농작물을 거두어 들임. 또는 거두어 들인 그 농작물. 예—期. ㉡거두어 모으다. ¶收拾(—, 거둘 습)거두어 모음. 인신하여, 흐트러진 정신이나 사태를 거두어 바로잡음. 예混亂한 政局을 —하다. ❷받아들이다. ¶收容(—, 받아들일 용)일정한 곳에 사물이나 물건을 받아들임. 예—能力. ❸벌어들이다. 또는 수입. ¶

收支(—, 내줄 지)돈을 벌어들임과 내줌. 또는 수입과 지출. 예—打算. ❹줄어들다. ¶收縮(—, 줄 축)어떤 물건이 줄어들거나 오그라 듦. 예心臟의 —作用.
〔收監〕(수감) 체포하여 옥(獄)에 가둠.
〔收納〕(수납) 돈이나 물품 등을 거두어 들이거나 거두어 바침. 예金錢—.
〔收攬〕(수람) 사람들의 마음을 거두어 잡음.
〔收斂〕(수렴) ①거두어 모음. ②세금 따위를 거두어 들임.
〔收錄〕(수록) 기록하여 넣거나 모아서 실음.
〔收買〕(수매) 거두어 사들임.
〔收復〕(수복) 잃었던 땅을 되찾음.
〔收用〕(수용) ①거두어 씀. ②공공을 위하여 국가나 공공단체가 개인이나 단체의 물품이나 토지 소유권을 강제적으로 거두어 씀.
〔收益〕(수익) 이익을 거두어 들임. 또는 그 이익. 「결과로 생긴 이익.
〔收入〕(수입) ①금품을 거두어 들임. ②일의
〔收集〕(수집) 거두어 모음. 수집(收輯).
〔收奪〕(수탈) 강제로 빼앗음.
〔收賄〕(수회) 뇌물을 받음.
▷減收(감수)·買收(매수)·沒收(몰수)·領收(영수)·增收(증수)·徵收(징수)·撤收(철수)·秋收(추수)·還收(환수)·回收(회수)

3 ⑦〔改〕*** 개: 上賄 gǎi, カイ
2013

소전 행서 이름 고칠 개: 자원 형성. 己+攵→改. 己(기)의 변음이 성부.

필순 ㄱ ㄱ 己 己' 己ㅏ 己ㅏ 改

새김 고치다. ㉠바꾸다. 변경하다. ¶改定(—, 정할 정)정하였던 것을 고쳐 다시 정함. 예法令의 —. ㉡그릇된 것을 바로잡다. ¶改₂過₁(—, 허물 과)허물을 고침. 예—遷善.
〔改嫁〕(개가) 다시 시집감.
〔改良〕(개량) 나쁜 점을 고쳐 좋게 함.
〔改名〕(개명) 이름을 고침.
〔改善〕(개선) 잘못을 고쳐 좋게 함.
〔改選〕(개선) 임기가 끝난 의원이나 임원 등을 새로이 선거함. 예委員—.
〔改心〕(개심) 그릇된 마음을 고쳐먹음.
〔改惡〕(개악) 제도나 법규 등을 고쳐서 본디보다 더 나쁘게 함. 「고쳐먹음.
〔改悛〕(개전) 잘못을 뉘우치고 마음을 바르게
〔改正〕(개정) 고쳐서 바로잡음.
〔改訂〕(개정) 고치어 정정함. 「게 만듦.
〔改造〕(개조) 건물이나 조직 등을 고쳐 새롭
〔改宗〕(개종) 지금껏 믿어 온 종교를 그만두고 다른 종교를 믿음. 「—工事.
〔改築〕(개축) 건물을 고치어 쌓거나 지음. 예
〔改廢〕(개폐) 고치거나 폐지함. 또는 개정과
〔改憲〕(개헌) 헌법을 고침. 「폐지.
〔改革〕(개혁) 낡은 제도나 이미 써오던 것을 근본적으로 새롭게 고침.
▷變改(변개)·朝令暮改(조령모개)·朝變夕改(조변석개)·悔改(회개)

3 ⑦〔攻〕** 공: 本공 平冬 gōng, コウ
2014

소전 행서 이름 칠 공: 자원 형성. 工+攵→攻. 功(공)·空(공)과 같이 工(공)이 성부.

필순 一 丁 工 工' 工ㅏ 巧 攻

새김 ❶치다. 공격하다. ¶攻守(—, 지킬 수)공격함과 수비함. 예—同盟. ❷닦다. 배우다. 연구하다. ¶專攻(오로지 전, —)한 가지 부문을 전문으로 연구함. 예—科目. ❸다듬다. 갈다. ¶攻₂玉₁(—, 옥 옥)옥을 갊. 인신하여, 수양을 쌓고 학문을 닦음.
〔攻擊〕(공격) ①적을 침. ②상대편을 수세에 몰아넣고 강하게 밀어붙임.
〔攻略〕(공략) 공격하여 빼앗음.
〔攻駁〕(공박) 남의 잘못에 대하여 따지고 논
〔攻防〕(공방) 공격과 방어. 「박함.
〔攻勢〕(공세) 공격하는 태세나 세력.
▷難攻(난공)·先攻(선공)·速攻(속공)·守攻(수공)·侵攻(침공)·挾攻(협공)·火攻(화공)

3 ⑦〔攸〕* 유 平尤 yōu, ユウ
2015

소전 행서 이름 바 유 자원 회의. 亻+丨〔水의 생략체〕+攵→攸. 사람의 등 뒤에 물을 끼얹어 몸을 씻는다는 뜻. 새김은 가차.
새김 바. 또는 곳. 所(1795)와 거의 같게 쓴다. ¶攸₂好₁德(—, 좋아할 호, 덕 덕)좋아하는 바는 덕임. 곧 즐겨 덕을 행하려고 하는 일. 오복(五福)의 하나임.

4 ⑧〔放〕*** 방: 去漾 fàng, ホウ
2016

소전 행서 이름 놓을 방: 자원 형성. 方+攵→放. 房(방)·芳(방)·妨(방)·防(방)·訪(방)과 같이 方(방)이 성부.

필순 丶 亠 亡 方 方' 方ㅏ 方攵 放

새김 ❶놓다. ㉠구속했던 것을 풀어주다. ¶釋放(풀 석, —)가두었던 사람을 풀어놓음. ㉡풀어놓다. ¶放牧(—, 칠 목)가축을 풀어 놓아서 침. ㉢불을 지르다. ¶放₂火₁(—, 불 화)불을 지름.

㉮—犯. ❷내보내다. ¶放送(—, 보낼 송)음성이나 영상을 전자파로 바꾸어 내보냄. ㉮—局. ❸내쫓다. ¶追放(쫓을 추, —)일정한 자리에서 내쫓음. ❹내버려두다. ¶放置(—, 둘 치)내버려둠. ❺멋대로 굴다. ¶放恣(—, 방자할 자)제멋대로 굴며 건방짐.

〔放歌〕(방가) 목소리를 높이어 노래를 부름. ㉮高聲—.

〔放棄〕(방기) 아주 내버리고 돌아보지 아니함.

〔放尿〕(방뇨) 오줌을 눔.

〔放談〕(방담) 생각나는 대로 거리낌없이 마구 말함. 또는 그런 이야기. ㉮—客.

〔放浪〕(방랑) 정처 없이 이리저리 떠돌아 다님.

〔放流〕(방류) 가두어 둔 물을 흘려 내보냄.

〔放漫〕(방만) 짜임새 없이 제멋대로 임. ㉮—한 經營.

〔放賣〕(방매) 물건을 내놓고 마구 팖.

〔放免〕(방면) 피의자(被疑者)나 재소자(在所者)를 석방함.

〔放射〕(방사) ①중심에서 사방으로 햇살이나 바퀴살 모양으로 내뻗힘. ②어떤 물체에서 광선이나 열 따위가 뻗쳐 나옴.

〔放飼〕(방사) 가축을 가두거나 매지 아니하고 놓아서 기름.

〔放射能〕(방사능) 우라늄·라듐 등의 방사선 원소가 다른 원소로 전활될 때 방사선을 내는 능력.

〔放射線〕(방사선) 방사능을 가진 물질에서 뻗쳐 나오는, 전기를 띤 알맹이나 전자파의 흐름.

〔放生〕(방생) 잡힌 물고기나 새 따위의 생물을 놓아 살려 줌.

〔放心〕(방심) 마음의 긴장을 풂.

〔放言〕(방언) 거리낌이 없거나 무책임하게 함부로 하는 말.

〔放逸〕(방일) 제멋대로 함부로 놂.

〔放任〕(방임) 간섭하지 아니하고 내버려 둠.

〔放縱〕(방종) 거리낌없이 제멋대로 행동함.

〔放蕩〕(방탕) ①방자함. 제멋대로임. ②주색에 빠져 난봉을 부림.

▷開放(개방)·奔放(분방)·解放(해방)·豪放(호방)·訓放(훈방)

4 ⑧〔败〕 2017 패: 敗(2031)의 간화자

5 ⑨〔故〕*** 2018 고: 去遇 | gù, コ

소전 행서 이름 연고 고: 자원 형성. 古+攵→故. 枯(고)·固(고)·苦(고)와 같이 古(고)가 성부.

필순 一 十 古 古 古 古' 古ケ 故 故

새김 ❶연고. 까닭. 이유. ¶緣故(인연할 연, —)인연하는 까닭. ❷예. 옛날. ¶故舊(—, 옛친구 구)옛날부터 사귀어 온 친구. ❸오래 되다. 또는 예스럽다. ¶溫故知新(익힐 온, —, 알 지, 새 신)옛 것을 익혀 그것을 미루어서 새것을 앎. ❹죽다. 사망하다. ¶故人(—, 사람 인)죽은 사람. ㉮—이 된 그 사람. ❺일. 사정. 사고. ¶有故(있을 유, —)특별한 사정이 있음. ㉮—時에 對處할 마음가짐. ❻일부러. 짐짓. ¶故意(—, 마음 의)일부러 하는 생각. ㉮—的인 行動.

〔故家〕(고가) ①여러 대에 걸쳐 벼슬한 집안. ②고향집. 이전에 살던 집.

〔故國〕(고국) ①오래된 나라. 역사가 긴 나라. ②자기의 조국.

〔故老〕(고로) 연륜이 높아 옛일에 밝은 사람.

〔故事〕(고사) ①일정한 유래와 관계된 옛일이나 옛이야기. ②옛날부터 전해 내려오는 일정한 관례나 규칙.

〔故友〕(고우) 옛날부터 사귀어 온 친구.

〔故障〕(고장) 기계 따위에 생긴 이상.

〔故鄕〕(고향) 조상 대대로 살아오고 자기가 나서 자란 곳.

▷大故(대고)·無故(무고)·變故(변고)·事故(사고)·然故(연고)·典故(전고)·親故(친고)

5 ⑨〔敃〕* 2019 민: 上軫 | mǐn, ビン

행서 이름 힘쓸 민: 자원 형성. 民+攵→敃. 暋(민)·泯(민)·珉(민)과 같이 民(민)이 성부.

새김 힘쓰다. 노력하다.

5 ⑨〔政〕*** 2020 정 本정: 去敬 | zhèng, セイ

소전 행서 이름 정사 정 자원 형성. 正+攵→政. 征(정)·姃(정)·鉦(정)과 같이 正(정)이 성부.

필순 一 丅 下 正 正 正' 正ケ 政 政

새김 ❶정사. 나라를 다스리는 일. ¶政府(—, 관아 부)나라의 정사를 집행하는 관아. ㉮中央—. ❷관리하여 다스리는 일. ¶財政(재물 재, —)국가나 지방 자치단체가, 그들의 일이나 활동을 위하여 수입을 꾀하고 지출을 행하는 경제 활동.

〔政客〕(정객) 정계에서 활동하는 사람. 정치가(政治家).

〔政見〕(정견) 정치상의 의견이나 입장.

〔政經〕(정경) 정치와 경제. ㉮—分離.

〔政界〕(정계) 정치에 관계되는 사람들의 사회.

〔政局〕(정국) 정치의 형편이나 국면. 정계의 판국.

〔政權〕(정권) 국가의 정치적 주권. ㉮—을 잡다.

〔政黨〕(정당) 정견을 같이하는 사람들이 정치에 참여하기 위해 조직하는 단체.
〔政略〕(정략) ①정치상의 책략. ②목적을 이루기 위한 방략(方略).
〔政變〕(정변) 불법적인 수단으로 국가의 권력을 빼앗고 요직을 갈아치우는 정치적 사변.
〔政事〕(정사) 정치에 관한 일.
〔政社〕(정사) 정치상의 의견을 같이하는 사람들이 조직한 단체. 정당.
〔政商輩〕(정상배) 정권을 이용하여 사리(私利)를 꾀하는 무리.
〔政敵〕(정적) 정계에서 의견을 달리하여 대립되는 처지에 있는 상대.
〔政策〕(정책) 정치에 관한 방침이나 그것을 이루기 위한 수단.
〔政治〕(정치) 나라를 다스리는 일.
▷ 國政(국정)·內政(내정)·民政(민정)·法政(법정)·善政(선정)·攝政(섭정)·施政(시정)·議政(의정)·行政(행정)·憲政(헌정)·刑政(형정)

6 ⑩ 〔敌〕 적 敵(2042)의 간화자
2021

6 ⑩ 〔效〕*** 효: 去效 | xiào, コウ
2022

소전 행서 속자 効 이름 본받을 효: 자원 형성. 交+攵→效. 交(교)의 변음이 성부.

필순

새김 ❶본받다. ¶效則(―, 법 칙)무엇을 본받아 법으로 삼음. ❷보람. 효과. 효험. ¶藥效(약 약, ―)약의 효과. ❸힘쓰다. 있는 힘을 다하다. ¶效[2]忠[1](―, 충성 충)충성을 다함.
〔效果〕(효과) ①보람. ②좋은 결과.
〔效能〕(효능) 효험을 나타내는 성능.
〔效力〕(효력) 보람. 또는 보람을 나타내는 힘. 예――을 상실하다.
〔效顰〕(효빈) 무턱대고 남의 흉내를 내거나 남의 결점을 장점인 줄 알고 본뜸. 故 월(越)의 서시(西施)가 가슴앓이로 눈살을 찡그리고 다녔는데, 그것을 아름답게 여긴 이웃의 추녀(醜女)가 흉내를 내며 다니자, 그 모습이 하도 흉하여 이웃 사람들이 문을 닫고 나오지 않거나 다른 곳으로 떠났다는 고사.
〔效死〕(효사) 목숨을 바침.
〔效用〕(효용) ①쓸모. 용도. ②효험(效驗).
〔效率〕(효율) 들인 힘에 대하여 실지로 유효하게 쓰인 분량의 비율.
〔效驗〕(효험) 일의 좋은 보람.
▷ 功效(공효)·發效(발효)·神效(신효)·失效(실효)·靈效(영효)·則效(즉효)·特效(특효)

7 ⑪ 〔教〕*** 一 교: 去效 | jiáo, キョウ
二 교 平肴 | jiāo, キョウ
2023

소전 행서 속자 教 이름 一가르칠 교: 二하여금 교 자원 회의. 孝〔爻의 변형〕+子+攵→教. 爻는 신성시하는 건물. 이 곳에 자제들을 모아놓고 매질을 해가며 가르친다는 뜻.

필순

새김 一❶가르치다. ¶教育(―, 기를 육)지식을 가르치며 품성을 길러줌. ❷가르침. ㉠신이나 부처의 가르침. ¶佛教(부처 불, ―)부처의 가르침. 기원전 6세기 말에 인도(印度)에서 석가모니가 개창한 종교. ㉡학문. 또는 교육. ¶文教(글월 문, ―)문화와 교육. 二하여금. ～로 하여금 ～하게 하다. 〔墨子〕 教[2·5]臣[1]殺[4]君[3](교신살군)신하로 하여금 임금을 죽이게 하다.
〔教官〕(교관) ①학교나 연구소 등에서 학문이나 기술을 가르치는 공무원. ②군사 훈련을 담당한 장교.
〔教壇〕(교단) 교실에서 교사가 교수할 때에 올라 서는 단. 예――에 서다.
〔教徒〕(교도) 종교를 믿는 사람. 신자(信者).
〔教理〕(교리) 종교상의 기본 원리나 이치.
〔教範〕(교범) 모범으로 삼아 가르치는 법식(法式).
〔教師〕(교사) 학술이나 기예(技藝)를 가르치는 스승.
〔教唆〕(교사) 남을 꾀어 못된 일을 하도록 부추김.
〔教書〕(교서) ①미국 대통령이 의회에 보내는 정치상의 의견서. 예年頭――. ②로마 교황이 공식적으로 내리는 문서.
〔教授〕(교수) ①학문이나 기예(技藝)를 전수함. ②대학에서 학문(學問)을 가르치는 사람.
〔教室〕(교실) 학교에서 학생들을 가르치는 방.
〔教養〕(교양) ①가르쳐 양육함. ②학식을 바탕으로 하여 닦는 수양.
〔教員〕(교원) 학교에서 학생들을 교육하는 사람.
〔教材〕(교재) 학생들을 가르치는 데 쓰이는 교과서를 비롯한 여러 가지 재료.
〔教祖〕(교조) 어떤 종교를 처음 연 사람.
〔教職〕(교직) 학생을 가르치는 교사로서의 직무.
〔教鞭〕(교편) 학생을 가르칠 때 교사가 쓰는 회초리.
〔教化〕(교화) ①사람들을 가르치고 인도하여 좋은 방향으로 나아가게 함. ②(佛) 불도로 사람들을 가르치고 인도함.
〔教會〕(교회) 예수교를 믿는 사람들이 모여서 예배를 보거나 의식을 행하기 위해 세운 건물. 동教會堂(교회당).
〔教訓〕(교훈) ①가르치고 깨우침. ②앞으로의 사업이나 행동에 귀중한 도움이 되거나 참고로 되는 사실.

▷國教(국교)·道教(도교)·宣教(선교)·設教(설교)·殉教(순교)·儒教(유교)·宗教(종교)·胎教(태교)·布教(포교)·下教(하교)

7 ⑪ 〖教〗*** ㊀교: ㊁교 教(2023)의 속자
2024

7 ⑪ 〖救〗*** 구: 去宥 | jiù, キュウ
2025

소전 행서 이름 구원할 구: 자원 형성. 求+攵→救. 球(구)·逑(구)·毬(구)와 같이 求(구)가 성부.

필순 ㇐ 十 才 求 求 求 求 求 救 救

새김 구원하다. 돕다. 또는 구원. ¶救助(—, 도울 조)어려운 지경에 놓인 사람을 도와 줌.
〔救國〕(구국) 위기에 처한 나라를 구해냄.
〔救窮〕(구궁) 가난을 구제함.
〔救急〕(구급) 위급한 상황을 구제함.
〔救命〕(구명) 목숨을 구해 줌. 「예—濟民.
〔救世〕(구세) 세상 사람들의 불행을 구원함.
〔救世主〕(구세주) 인류를 구원하는 힘을 가진 하나님이란 뜻으로, 예수 그리스도를 이르는 말. 「여 줌.
〔救援〕(구원) 위험이나 어려운 고비에서 구하
〔救濟〕(구제) 구원함. 구하여 도와 줌. 구조
〔救護〕(구호) 구제하고 보호함. ⌊(救助).
〔救荒〕(구황) 흉년이 들어 기근이 심할 때에 굶주림을 구제함. 예—作物. 「줌.
〔救恤〕(구휼) 빈민·이재민에게 금품으로 도와
▷乞救(걸구)·匡救(광구)·急救(급구)

7 ⑪ 〖敛〗 렴: 斂(2045)의 간화자
2026

7 ⑪ 〖敏〗** 민 本민: 上軫 | mǐn, ビン
2027

소전 행서 이름 재빠를 민 자원 형성. 每+攵→敏. 每(매)의 변음이 성부.

필순 ㇒ ㇓ 𠂉 𠂉 每 每 每 每 敏 敏

새김 ❶재빠르다. 날렵하다. ¶敏捷(—, 날랠 첩)재빠르고 날렵함. ❷지혜롭다. 재치가 있다. ¶銳敏(예리할 예, —)예리하고 지혜로움. 예—한 感受性.
〔敏感〕(민감) 감각이 예민함.
〔敏達〕(민달) 총명하고 사리에 통달함.
〔敏腕〕(민완) 민첩한 수완(手腕). 재치 있게 처리하는 능란한 솜씨.
〔敏活〕(민활) 날쌔고 활발함.
▷過敏(과민)·機敏(기민)·明敏(명민)·不敏(불민)·英敏(영민)

7 ⑪ 〖敍〗** 서: 上語 | xù, ジョ
2028

소전 행서 속자 叙 이름 말할 서: 자원 형성. 余+攴→敍. 余에는 '여' 외에 '서' 음도 있어, 徐(서)와 같이 余(서)가 성부.

필순 ㇒ 人 亼 今 余 余 余 余 釒 敍

새김 ❶말하다. 차례를 따라 말하다. ¶敍述(—, 말할 술)일정한 내용을 차례를 따라 말하거나 글로 적음. ❷차례를 정하다. 또는 관직이나 작위를 주다. ¶敍勳(—, 공 훈)공훈의 등급에 따라 훈장을 줌.
〔敍事〕(서사) 사실을 있는 그대로 서술함. 또는 그 글. 「을 내용으로 한 시.
〔敍事詩〕(서사시) 역사적인 사실이나 사건 등
〔敍用〕(서용) 죄가 있어 면관(免官)되었던 사람을 다시 임용하던 일.
〔敍任〕(서임) 벼슬을 내려 등용함.
〔敍情〕(서정) 자신의 감정을 그려냄. 「은 시.
〔敍情詩〕(서정시) 자기의 감동이나 느낌을 읊
▷自敍傳(자서전)

7 ⑪ 〖敖〗* 오 平豪 | áo, ゴウ
2029

소전 행서 이름 놀 오 자원 회의. 土〔出의 변형〕+放→敖. 해방되어서 제 마음대로 나가서 논다는 뜻.
새김 놀다. 또는 희롱하다.

7 ⑪ 〖敕〗 칙 勅(0521)과 동자
2030

7 ⑪ 〖敗〗*** 패: 去卦 | bài, ハイ
2031

소전 행서 간화 败 이름 질 패: 자원 형성. 貝+攵→敗. 浿(패)·唄(패)·狽(패)와 같이 貝(패)가 성부.

필순 丨 冂 月 目 目 貝 貝 貝 敗 敗

새김 ❶지다. 싸움에 패하다. 勝(0530)의 대. ¶敗北(—, 달아날 배) 싸움에 져서 달아남. 인신하여, 싸움에 짐. ❷망가뜨리다. 살림을 거덜내다. ¶敗家(—, 집 가)집안 살림을 거덜냄. 예—亡身. ❸잘못되다. 헛일이 되다. ¶失敗(잘못할 실, —)잘못하여 목적을 이루지 못하고 헛일이 됨. ❹썩다. ¶腐敗(썩을 부, —)㉮유기 물질이 썩음. ㉯사상이나 기강이 타락하여 못쓰게 됨. 예—한 社會.
〔敗德〕(패덕) 도덕과 의리를 그르침.
〔敗亡〕(패망) 패하여 망함. 예日帝의 —.

〔敗色〕(패색) 싸움에 질 조짐.
〔敗訴〕(패소) 소송에서 짐.
〔敗因〕(패인) 패한 원인. 「예—兵.
〔敗殘〕(패잔) 싸움에 패하여 겨우 살아 남음.
〔敗走〕(패주) 싸움에서 지고 달아남.
▷大敗(대패)·憤敗(분패)·惜敗(석패)·成敗(성패)·勝敗(승패)·慘敗(참패)·頹敗(퇴패)

8 ⑫ 〔敢〕*** 감: 上感 gǎn, カン
2032

소전 행서 이름 감히 감: 자원 상형. 손에 든 술구기로 술을 떠서 강신(降神)의 예를 행하는 모양. 새김은 가차.

필순 敢

새김 ❶감히. ㉠주제넘게. 〔論語〕敢問死(감문사)주제넘게 죽음에 대해 묻습니다. ㉡두려움이나 어려움을 무릅쓰고. ¶敢行(—, 행할 행) 어려움을 무릅쓰고 실행함. ❷용감하다. 씩씩하다. ¶果敢(과단성있을 과, —)과단성 있게 용감함.
〔敢死〕(감사) 죽을 각오를 함. 「자리.
〔敢言之地〕(감언지지) 기탄없이 말할 만한
▷不敢(불감)·焉敢(언감)·勇敢(용감)

8 ⑫ 〔敦〕** 돈 平元 dūn, トン
2033

소전 행서 이름 도타울 돈 자원 형성. 享〔辜의 변형〕+攵→敦. 惇(돈)·焞(돈)과 같이 享(돈)이 성부.

필순 敦

새김 도탑다. 인정이 많다. ¶敦厚(—, 후할 후) 인정이 많고 후함.
〔敦篤〕(돈독) 인정이 많고 살뜰함.
〔敦睦〕(돈목) 정의가 도탑고 구순함.

8 ⑫ 〔散〕*** ㊀산: 上翰 sàn, サン ㊁산: 上旱 sǎn, サン
2034

소전 행서 이름 ㊀흩을 산: ㊁한가할 산: 자원 회의. 卄+月〔=肉〕+攵→散. 卄은 힘줄. 단단한 고기를 두드려 부드럽게 한다는 뜻. 그래서 '흩다'의 뜻을 나타낸다.

필순 散

새김 ㊀❶흩다. 또는 흩어지다. 集(5890)의 대. ¶集散(모을 집, —)모음과 흩음. 또는 모여듦과 흩어짐. 예農産物의 —地. ❷헤어지다. 또는 뿔뿔이 헤어져 가게 하다. ¶散會(—, 모임 회)모임을 헤침. 곧 모임이 끝나서 모였던 사람들이 헤어져 가게 함. ㊁❶흐트러지다. 느슨하여 어수선하다. ¶散漫(—, 흩어질 만)흐트러져 어수선하여 통일성이 없음. 예글의 內容이 —하다. ❷한가하다. ¶閑散(한가할 한, —)㉮하는 일 없이 한가로움. ㉯한적하고 쓸쓸함. ❸일정한 목적이 없다. ¶散步(—, 걸을 보)일정한 목적도 없이 이리저리 거닒. ❹가루약. ¶散藥(—, 약 약)가루약. ❺산문. 운율이 없는 글. ¶散文(—, 글월 문)운율이나 자수의 제한 등 정형이 없는 글.
〔散官〕(산관) ①한가한 지위에 있는 관리. ②관명(官名)만 있고 직무가 없는 명예직.
〔散亂〕(산란) 흩어져 어지러움. 곧 어수선하고 뒤숭숭함. 예—한 마음.
〔散髮〕(산발) ①머리를 풀어 헤침. 또는 그 머리. ②사직하고 은거(隱居)함의 비유.
〔散佚〕(산일) 흩어져 없어짐. 산일(散逸).
〔散在〕(산재) 여기저기 흩어져 있음.
〔散策〕(산책) 가벼운 기분으로 한가로이 이리저리 거닒. 산보(散步).
〔散華〕(산화) ①꽃이 져서 흩어짐. ②꽃다운 젊은 목숨이 싸움터에서 죽음.
▷霧散(무산)·發散(발산)·分散(분산)·離散(이산)·聚散(취산)·風飛雹散(풍비박산)·解散(해산)·魂飛魄散(혼비백산)

8 ⑫ 〔敞〕* 창: 上養 chǎng, ショウ
2035

소전 행서 이름 탁트일 창: 자원 형성. 尙+攵→敞. 尙(상)의 변음이 성부.
새김 탁 트이다. 지대가 높아 시원하다. ¶高敞(높을 고, —)지대가 높고 시야가 탁 트여 시원함.

9 ⑬ 〔敬〕*** 경: 去敬 jìng, ケイ
2036

소전 행서 이름 공경할 경: 자원 회의. 苟+攵→敬. 苟는 엄하게 경계한다는 뜻. 엄하게 경계하면서 그 위에 또 매질하여 더욱 삼가도록 한다는 뜻.

필순 敬

새김 공경하다. 존경하다. ¶敬意(—, 뜻 의)공경하는 뜻. 예—를 表하다.
〔敬虔〕(경건) 소중히 받드는 마음에서 태도가 조심스럽고 엄숙함.
〔敬禮〕(경례) 공경하는 마음으로 예절을 지켜서 나타내는 인사.
〔敬老〕(경로) 노인을 공경함. 예—思想.
〔敬慕〕(경모) 존경하고 그리워함. 예—心.
〔敬愛〕(경애) 존경하고 사랑함. 예—心.

〔敬語〕(경어) 공대말. 높임말.
〔敬畏〕(경외) 공경하고 두려워함.
〔敬遠〕(경원) 겉으로는 존경하는 듯하지만 실제로는 꺼려 멀리함.
〔敬天愛人〕(경천애인) 하늘을 공경하고 사람을 사랑함.
〔敬稱〕(경칭) 공경하여 부르는 칭호.
〔敬歎〕(경탄) 존경하여 탄복함.
▷ 恭敬(공경)·不敬(불경)·誠敬(성경)·愛敬(애경)·尊敬(존경)

9 ⑬ 〔数〕 2037 수: 數(2041)의 약자·간화자

9 ⑬ 〔敭〕* 2038 양 揚(1936)의 고자

10 ⑭ 〔敲〕* 2039 고 平肴 | qiāo, コウ

소전 行書 敲 이름 두드릴 고 자원 형성. 高+攴→敲. 稿(고)·槁(고)·鬲(고)와 같이 高(고)가 성부.
새김 두드리다. 가볍게 두드리다. ¶推敲(밀칠 퇴, —) 推(1924)를 보라.

11 ⑮ 〔敷〕* 2040 부▷부: 平虞 | fū, フ

소전 行書 敷 이름 펼 부▷부: 자원 형성. 旉+攵→敷. 旉(부)가 성부.
새김 펴다. 넓게 깔거나 벌리다. ¶敷設(—, 베풀 설) 다리·지뢰 등을 설치함. 예橋梁—.
〔敷衍〕(부연) 알기 쉽게 덧붙여 자세히 설명함.
〔敷地〕(부지) 집·길·둑 등을 짓거나 만드는 데 쓰는 땅.
〔敷化〕(부화) 널리 교화를 펼침.

11 ⑮ 〔數〕*** 2041
一 수: 上麌 | shǔ, ス·スウ
二 수: 去遇 | shù, ス·スウ
三 삭 入覺 | shuò, サク
四 촉 入沃 | cù, ソク

소전 行書 數 약자 간화 数 이름 一셀 수: 二수 수: 三자주 삭 四촘촘할 촉
자원 형성. 婁+攵→數. 婁(루)의 변음이 성부.

필순 ㅁ ㅁ ㅁ 吕 曲 婁 婁 婁 數 數

새김 一❶세다. 헤아리다. ¶數米而炊(—, 쌀 미, 말이을 이, 밥지을 취)쌀알을 세어서 밥을 지음. 사소한 일을 너무 따지다가 큰일을 그르침의 비유. ❷들추다. 죄목을 열거하다. ¶數罪(—, 죄 죄)㉮죄를 들추어 열거함. ㉯여러 가지의 죄. 二❶수. 양을 셀 때의 수효. ¶數量(—, 분량 량)수효와 분량. ❷몇. 일정하지 않은 약간의 수. ㉠두어. 또는 서너. ¶數年(—, 해 년) 두어 서너 해. 예最近 — 동안. ㉡여러. ¶數次(—, 차례 차)몇 차례. 여러 차례. 예— 意見을 나누다. ❸운수. 운명. ¶天數(하늘 천, —) 하늘로 부터 타고난 운수나 운명. ❹책략. 계책. ¶術數(꾀 술, —)꾀와 책략. 예權謀—. 三 자주. ¶數數(—, —)자주 여러 번. 四촘촘하다. ¶數罟(—, 그물 고)코가 촘촘한 그물.
〔數尿症〕(삭뇨증) 오줌이 자주 마려운 병.
〔數理〕(수리) ①수학의 이론이나 이치. ②셈. 계산의 이치.
〔數式〕(수식) 수나 양을 나타내는 숫자나 문자를 계산 기호로 쓴 식.
〔數值〕(수치) 계산하여 얻은 수의 값.
〔數學〕(수학) 수나 양 및 공간의 도형에서의 온갖 관계를 연구하는 학문.
〔數爻〕(수효) 사물에 대한 낱낱의 수.
▷ 計數(계수)·級數(급수)·多數(다수)·命數(명수)·變數(변수)·算數(산수)·運數(운수)·指數(지수)·虛數(허수)·回數(회수)

11 ⑮ 〔敵〕*** 2042 적 入錫 | dí, テキ

소전 行書 敵 간화 敌 이름 대적할 적 자원 형성. 啇+攵→敵. 摘(적)·滴(적)·適(적)과 같이 啇(적)이 성부.

필순 丶 亠 亠 产 产 产 商 商 敵 敵

새김 ❶대적하다. 맞서다. ¶衆寡不敵(많을 중, 적을 과, 아닐 불, —)많은 수효와 적은 수효는 대적하지 못함. ❷적. ㉠싸우는 상대자. ¶敵軍(—, 군사 군)적의 군사나 군대. ㉡서로 겨루는 상대자. ¶仁者無敵(어질 인, 놈 자, 없을 무, —)어진 사람에게는 겨루는 상대자가 없음.
〔敵愾心〕(적개심) 적에 대한 미워하고 분개하는 마음.
〔敵國〕(적국) ①적대 관계에 있는 나라. ②지위나 세력이 서로 비등한 나라.
〔敵機〕(적기) 적의 비행기.
〔敵對視〕(적대시) 적으로 생각하여 봄.
〔敵手〕(적수) 투쟁이나 경쟁의 상대자.
〔敵意〕(적의) 적으로 대하는 마음. 예—를 품다.
〔敵情〕(적정) 적의 형편. 적의 상황.
〔敵地〕(적지) ①적의 영토. ②적의 점령지.
〔敵陣〕(적진) 적군의 진지(陣地).
▷ 強敵(강적)·公敵(공적)·對敵(대적)·宿敵(숙적)·政敵(정적)·天敵(천적)·匹敵(필적)

12 ⑯ 〔敾〕* 2043 선: 繕(4121)과 동자

참고 자서에는 없는 자형. 敾의 속자인 듯하다.

12 ⑯ 〔整〕** 정: 上梗 | zhěng, セイ
2044

소전 행서 이름 가지런할 정: 자원 형성. 敕+正→整. 政(정)·征(정)과 같이 正(정)이 성부.

필순 一 ㄱ 申 東 束 敕 敕 整 整 整

새김 ❶가지런하다. 질서가 있다. ¶整列(—, 늘어놓을 렬)가지런하게 줄을 지어 늘어놓음. ❷가지런히 하다. 가지런하게 바로잡다. ¶整形(—, 모양 형)몸의 외형의 생김을 정상적인 것으로 바로잡음. 예—手術. ❸정. 증서에서 금액 표시의 끝에 붙여 써서, 끝수가 없이 꼭 그 액수임을 나타내는 말. 예壹百萬원整.

〔整頓〕(정돈) ①가지런히 고쳐 놓거나 바로잡음. ②수습함.

〔整理〕(정리) 정돈하여 가지런하게 함.

〔整備〕(정비) ①정돈하여 바로 갖춤. ②기계 따위를 손보거나 수리함.

〔整地〕(정지) ①땅을 번번하게 고름. 예—工事. ②곡식을 심을 수 있도록 땅을 고르고 흙을 부드럽게 함. 예밭갈이 —作業.

13 ⑰ 〔斂〕* 렴: 上琰 | liǎn, レン
2045

소전 행서 간화 敛 이름 거둘 렴: 자원 형성. 僉+攵→斂. 殮(렴)과 같이 僉(첨)의 변음이 성부.

새김 ❶거두다. 걷어 들이다. ¶苛斂(가혹할 가, —)세금 등을 강제로 가혹하게 걷어들임. 예—誅求. ❷염하다. 시체에 옷을 입히다. 殮(2567)과 같게 쓴다.

〔斂襟〕(염금) 옷깃을 바로잡고 정숙히 함. 예의를 차려 남을 대함의 비유.

〔斂跡〕(염적) ①자취를 감춤. ②은퇴함.

▷收斂(수렴)·出斂(출렴)·聚斂(취렴)

14 ⑱ 〔斃〕* 폐: 去霽 | bì, ヘイ
2046

소전 행서 간화 毙 이름 넘어질 폐: 자원 형성. 敝+死→斃. 弊(폐)·幣(폐)·蔽(폐)와 같이 敝(폐)가 성부.

새김 넘어지다. 쓰러지다. 또는 쓰러져 죽다. ¶斃死(—, 죽을 사)쓰러져 죽음.

16 ⑳ 〔斅〕* 효: 去效 | xiào, コウ
2047

소전 행서 이름 가르칠 효: 자원 형성. 學+攴→斅. 斅은 學(1155)의 본자로, '학' 외에 '효'의 음도 있어, 學(효)가 성부.

새김 가르치다. 또는 배우다.

4 획 부수 | 文 部

▷명칭: 글월문
▷쓰임: 무늬와 관계 있는 뜻을 가진 한자의 부수로 쓰였다.

0 ④ 〔文〕*** 문 平文 | wén, ブン
2048

소전 행서 이름 글월 문 자원 상형. 획이 이리저리 엇걸린 모양. 그 엇걸리는 모양에 따라 여러 가지 무늬가 나타난다는 뜻.

필순 丶 亠 ナ 文

새김 ❶글월. 글. 문장. ¶文名(—, 이름 명)글을 잘한다는 명성. 예—을 떨친 선비. ❷글자. 한자 중에서 상형자나 지사자와 같은 독체(獨體)의 글자. 이에 대해 회의자나 형성자는 字(1141)라 한다. ¶文字(—, 글자 자)㉮〔문짜로 발음〕 말이나 소리를 적는 글자. 예表音—. ㉯〔문자로 발음〕 한자로 된 숙어나 성구. 예어려운 —를 즐겨 쓴다. ❸무늬. ㉠여러 가지 형상이나 빛깔로 이루어진 무늬. 인신하여, 아름답게 꾸미다. ¶文飾(—, 꾸밀 식)글을 아름답게 꾸밈. ㉡자연계나 인간계에 나타나는 현상. ¶天文(하늘 천, —)우주와 천체의 현상과 그 법칙성. 예—學者. ❹문물. 책·기록 등의 문화적 산물. ¶文獻(—, 어진이 헌)문물 제도에 관련된 기록과 역사적 사실을 많이 아는 사람. 인신하여, 어떤 사실을 조사하는 데 가치가 있는 도서 자료. ❺학문. 학문이나 예술 분야. 武(2544)의 대. ¶文武(—, 군사 무)㉮학문과 무예. 예—兼全. ㉯문관과 무관. 예—百官. ❻무늬를 그려 넣다. ¶文身(—, 몸 신)살갗을 바늘로 찔러 먹물 등으로 무늬를 그려 넣음. 또는 그렇게 한 몸. ❼문. ㉠중국의 동전의 단위. ㉡國푼. 엽전의 단위. ㉢國신발의 치수의 단위. 예十七文 고무신.

〔文庫〕(문고) ①책을 쌓아 두는 창고. 또는 서적·문서를 담는 상자. ②대중에게 널리 보급하기 위하여 다루기 좋게 여러 권으로 출판하는 책.

〔文官〕(문관) 군사 이외의 행정을 맡아보는 관리.

〔文敎〕(문교) 문화와 교육.

〔文句〕(문구) 글의 구절.

〔文壇〕(문단) 문인들의 사회. 문학계(文學界).

〔文理〕(문리) ①문장의 뜻. 또는 글의 뜻을 깨달아 아는 힘. ②결. 무늬. ③문과(文科)와 이과(理科).

〔文脈〕(문맥) 문장의 맥락(脈絡).

〔文盲〕(문맹) 까막눈. 글을 볼 줄도 쓸 줄도 모름.

〔文明〕(문명) ①사회가 발전하고 물질 문화적 수준이 높은 상태. ②문장이 빛나고 명백함.

〔文物〕(문물) 정신 문화와 물질 문화. 또는 그 산물.
〔文房具〕(문방구) 학용품이나 사무용품의 통칭.
〔文法〕(문법) 말이나 문장에서의 단어의 결합에 관한 규칙. ㊞英―.
〔文士〕(문사) 문인(文人).
〔文書〕(문서) ①글로서 어떤 내용을 표사한 것의 총칭. ②계약 서류. 계약서.
〔文臣〕(문신) 문관(文官)의 직책에 있는 관리.
〔文案〕(문안) 문서나 문장의 초안.
〔文弱〕(문약) 글만 숭상하고 실천과는 유리되어 나약함.
〔文樣〕(문양) 무늬.
〔文藝〕(문예) ①문학과 예술. ②학문과 기예.
〔文運〕(문운) 학문이나 예술의 발달하는 운세.
〔文義〕(문의) 글의 뜻.
〔文人〕(문인) 문필이나 학문에 종사하는 사람.
〔文章〕(문장) ①글. 또는 글귀. ②문채나 무늬. ③예악(禮樂)과 제도(制度).
〔文才〕(문재) 글재주.
〔文鎭〕(문진) 책장이나 종이가 바람에 날리지 못하게 누르는 물건. ㊐書鎭(서진).
〔文集〕(문집) 한 사람의 시문을 모아 놓은 책.
〔文彩〕(문채) ①무늬. ②문장의 아름다운 광채. 문채(文采).
〔文體〕(문체) 문장의 체재나 구조 및 풍격.
〔文治〕(문치) 무력을 쓰지 않고, 학문·도덕·법률 등으로 나라를 다스리는 일.
〔文筆〕(문필) ①글과 글씨. ②글을 짓거나 쓰는 일.
〔文學〕(문학) 인간의 사상·감정 등을 언어와 문자로써 표현한 예술 작품의 범칭.
〔文豪〕(문호) 크게 뛰어나고 이름이 높은 작가.
〔文化〕(문화) 인류 사회의 역사 발전 과정 중에 이룩해 낸 물질적·정신적 소득의 총칭. 특히 과학과 기술, 문학과 예술, 도덕과 풍속을 말함.
▷經文(경문)·短文(단문)·名文(명문)·碑文(비문)·斯文(사문)·序文(서문)·諺文(언문)·例文(예문)·韻文(운문)·作文(작문)·祭文(제문)·條文(조문)·祝文(축문)·漢文(한문)

2 ⑥ 〔齐〕 2049 ㊀제 齊(6339)의 속자·간화자 ㊁재 齊(6339)의 속자·간화자

3 ⑦ 〔斈〕 2050 학 學(1155)의 속자

4 ⑧ 〔斉〕 2051 ㊀제 齊(6339)의 약자 ㊁재 齊(6339)의 약자

6 ⑩ 〔斋〕 2052 재 齋(6340)의 동자·간화자

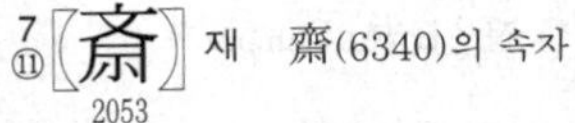

7 ⑪ 〔斎〕 2053 재 齋(6340)의 속자

8 ⑫ 〔斑〕* 2054 반 平删 | bān, ハン

소전 班 행서 斑 이름 아롱질 반 자원 회의. 玨〔玨의 변형〕+文→斑. 玨은 두 개의 옥. 이 두 개의 옥의 빛깔이 어우러져 이루는 무늬〔文〕를 뜻한다.
새김 ❶아롱지다. ㉠얼룩얼룩 아롱지다. ¶斑文(—, 무늬 문)얼룩얼룩하게 아롱진 무늬. ㊐斑紋(반문). ㉡희끗희끗하다. ¶斑白(—, 흰 백) 희끗희끗하게 센 머리털. ㊐頒白(반백). ❷얼룩. 아롱이. ¶斑點(—, 점 점)얼룩이 진 점.
〔斑衣〕(반의) 여러 가지 빛깔의 옷감으로 지은 때때옷.
〔斑竹〕(반죽) 표피(表皮)에 얼룩점이 있는 대.

8 ⑫ 〔斐〕* 2055 비: 上尾 | fěi, ヒ

소전 斐 행서 斐 이름 문채날 비: 자원 형성. 非+文→斐. 悲(비)·扉(비)·匪(비)와 같이 非(비)가 성부.
새김 문채가 나다. 또는 문채가 아름다운 모양. ¶斐然(—, 그러할 연) 문채가 나서 아름다운 모양. ㊞—成章.

8 ⑫ 〔斌〕* 2056 빈 彬(1520)과 동자

4 획 부수	斗 部

▷명칭: 말두
▷쓰임: 말·구기 등의 용기와, 푸다·헤아리다 등의 뜻을 나타내는 한자의 부수로 쓰였다.

0 ④ 〔斗〕*** 2057 두 ㊍두: 上有 | dǒu, ト

소전 斗 행서 斗 이름 말 두 자원 상형. 자루가 달린, 용량을 되는 말의 모양.

필순 丶 ⺀ 三 斗

새김 ❶말. ㉠용량을 되는 용기. ¶平斗(평평할 평, —)곡식을 될 때 평미레로 밀어 되는 말. ㊞高捧과 —. ㉡10되 들이의 용기. ¶斗升(—, 되 승)말과 되. 인신하여, 얼마 안 되는 양의 비유. ㉢10되. 용량의 단위. ¶斗酒(—, 술 주)1말의 술. ㊞—不辭. ❷별자리 이름. 또는 북두칠성. ¶泰斗(태산 태, —)태산과 북두칠성. 어떤 전문 분야에서 썩 권위가 있는 사람의

비유. ㉪歷史學界의 ―.
〔斗斛〕(두곡) 말과 휘.
〔斗穀〕(두곡) 한 말 가량 되는 곡식.
〔斗量〕(두량) ①말로 됨. 또는 그 분량. ②일을 두루 헤아려 처리함.
〔斗屋〕(두옥) 매우 작고 초라한 집. ㉪三間―.
〔斗牛〕(두우) 이십팔수의 두수(斗宿)와 우수(牛宿).
〔斗酒不辭〕(두주불사) 말 술도 사양하지 않음. 주량이 매우 많음의 형용.
▷大斗(대두)·北斗(북두)·小斗(소두)·星斗(성두)·泰山北斗(태산북두)

6 ⑩ 〔料〕*** 료:▷료 去嘯 liào, リョウ
2058

소전 행서 이름 헤아릴 료:▷료 자원 회의. 米+斗→料. 말로 쌀〔곡식〕을 된다는 뜻. 그래서 '헤아리다'의 뜻을 나타낸다.

필순 丶 丷 䒑 半 米 米 米' 米' 料 料

새김 ❶헤아리다. ㉠양을 셈하다. ¶料量(―, 양 량)양을 셈함. 인신하여, 사정·형편 등을 헤아려 생각함. 또는 그 생각. ㉡분간하거나 기늠하다. 미루어 짐작하다. ¶思料(생각할 사, ―) 생각하여 헤아림. ❷요리하다. 음식을 만들다. ¶料亭(―, 정자 정)요리집. ❸거리. 감. ¶材料(원료 재, ―)물건을 만드는 바탕이 되는 감. ❹녹. 급여. ¶料米(―, 쌀 미)구실아치에게 급료로 주던 쌀. ❺삯. 요금. ¶送料(보낼 송, ―) 물건을 부치는 요금.
〔料金〕(요금) 사물을 사용·관람하거나 남의 힘을 빌린 대가로 치르는 돈.
〔料理〕(요리) ①일을 처리함. ②음식을 맛있게 만듦. 또는 맛있게 만든 음식.
▷給料(급료)·塗料(도료)·無料(무료)·史料(사료)·手數料(수수료)·顏料(안료)·燃料(연료)·原料(원료)·有料(유료)·資料(자료)

7 ⑪ 〔斛〕* 곡 本혹 入屋 hú, コク
2059

소전 행서 이름 휘 곡 자원 형성. 角+斗→斛. 角에는 '각' 외에 '곡' 음도 있어, 角(곡)이 성부.
새김 ❶휘. 곡식을 되는 그릇의 하나. 우리 나라에서는 20말들이·15말들이가 있다. ¶斗斛(말 두, ―)말과 휘. ❷곡. 곡식을 되는 단위. 고대에는 10말〔斗〕, 현대에는 5말을 이른다. 〔三國志〕穀一斛五十餘萬錢.

7 ⑪ 〔斜〕** 사 平麻 xié, シャ
2060

소전 행서 이름 비낄 사 자원 형성. 余+斗→斜. 余(여)의 변음이 성부.

필순 丿 𠆢 亽 今 令 余 余 余 余 斜

새김 ❶비끼다. 비스듬하다. ¶傾斜(기울 경, ―)기울어져 비낌. ㉪―가 급하다. ❷기울다. 해나 달이 지다. ¶斜陽(―, 태양 양)서쪽으로 지는 해. 인신하여, 쇠하여 기울어져감의 비유. ㉪―産業. ❸눈을 흘기다. ¶斜視(―, 볼 시) ㉮눈을 흘겨 봄. ㉯사팔뜨기.
〔斜面〕(사면) 경사진 면. 비스듬한 표면.
〔斜線〕(사선) ①비스듬하게 그은 선. ②평면에 서 있는, 수직이 아닌 선.
▷橫斜(횡사)

9 ⑬ 〔斟〕* 침▷짐 平侵 zhēn, シン
2061

소전 행서 이름 술따를 침▷짐 자원 형성. 甚+斗→斟. 甚(심)의 변음이 성부.
새김 ❶술을 따르다. ¶斟酒(술따를 침, 술 주) 술을 따름. ❷헤아리다. 사정을 헤아리다. ¶斟酌(헤아릴 짐, 헤아릴 작)사정이나 형편 등을 이리저리 헤아림. ㉪―이 가다.

10 ⑭ 〔斡〕* 알 入曷 wò, アツ
2062

소전 행서 이름 돌 알 자원 형성. 倝+斗→斡. 倝(간)의 변음이 성부.
새김 ❶돌다. 빙빙 돌다. ¶斡流(―, 흐를 류)물이 빙빙 돌아서 흐름. 또는 그렇게 흐르는 물. ❷보살피다. ¶斡旋(―, 주선할 선)남의 일을 보살피며 주선함.

4획 부수 斤 部

▷명칭:도끼근. 날근
▷쓰임:날이 있는 연장의 이름이나 베다의 뜻을 나타내는 한자의 부수로 쓰였다.

0 ④ 〔斤〕** 근 平文 jīn, キン
2063

소전 행서 이름 도끼 근 자원 상형. ㄏ는 자루가 달린 도끼 모양, 그 오른쪽의 ㄑ은 도끼로 벤 나무토막. 그래서 나무를 베는 도끼를 뜻한다.

필순 ㇒ 𠂆 𠂇 斤

새김 ❶도끼. 나무를 베는 연장 이름. 斧(2065)보다 작은 도끼. ¶斧斤(도끼 부, ―)큰 도끼와 작은 도끼. ❷근. 무게의 단위. 1근은 16냥(兩)으로, 약 600g. ㉠五斤六兩.
〔斤量〕(근량) ①무게의 단위인 근과 냥. ②물건의 무게. ㉠—이 얼마냐?

1⑤〔斥〕** 척 入陌 | chì, セキ
2064

소전 행서 이름 물리칠 척 자원 상형. 도끼로 나무〔丶〕를 쪼개는 모양. 새김은 가차.

필순 ノ 厂 斤 斥

새김 ❶물리치다. 배척하다. ¶斥和碑(—, 화할 화, 비 비) 1871년 대원군(大院君)이 서양 사람들과의 화의를 배척하기 위하여 세운 비. ❷망보다. 염탐하다. ¶斥候(—, 염탐할 후)적의 움직임을 엿보아 정탐함. ㉠—兵.
〔斥邪〕(척사) 간사한 것을 물리침.
〔斥退〕(척퇴) 물리침. 추방함.
〔斥呼姓名〕(척호성명) 버릇없이 어른의 성명을 함부로 부름.
▷排斥(배척)·指斥(지척)·黜斥(출척)·退斥(퇴척)·貶斥(폄척)

4⑧〔斧〕* 부: 上麌 | fǔ, フ
2065

소전 행서 이름 도끼 부: 자원 형성. 父+斤→斧. 父(부)가 성부.
새김 도끼. 나무를 베거나 병기나 형구(刑具)로 쓰는 도끼. ¶石斧(돌 석, —)돌도끼.
〔斧劈〕(부벽) 동양화 화법의 한 가지. 산수화를 그릴 때, 산이나 암석의 험하고 주름진 모양을 나타내기 위하여 도끼로 나무를 깎은 것과 같이 표현하는 기법.
〔斧鉞〕(부월) ①형구로 쓰던 작은 도끼와 큰 도끼. 인신하여, 중형·정벌의 비유. ②의장의 한 가지.
▷拒斧(거부)·雷斧(뇌부)

4⑧〔斩〕 참: 斬(2069)의 간화자
2066

5⑨〔斫〕* 작 入藥 | zhuó, シャク
2067

행서 이름 벨 작 자원 형성. 石+斤→斫. 石(석)의 변음이 성부.
새김 베다. 자르다. ¶斫刀(—, 칼 도)짚 따위의 가축의 사료를 써는 도구.
▷長斫(장작)

7⑪〔断〕 단: 斷(2072)의 속자·간화자
2068

7⑪〔斬〕* 참: 上豏 | zhǎn, ザン
2069

소전 행서 간화 斩 이름 벨 참: 자원 회의. 車+斤→斬. 수레를 만들려 나무를 벤다는 뜻.
새김 ❶베다. 목을 베다. ¶斬殺(—, 죽일 살)목을 베어 죽임. ㉠—을 당하다. ❷상복(喪服) 이름. 斬衰(—, 상복이름 최)외간상에 입는 오복의 하나. 거친 삼베로 짓되, 아랫단을 꿰매지 아니함.
〔斬首〕(참수) 목을 베어 죽임.
▷腰斬(요참)

8⑫〔斯〕** 사 平支 | sī, シ
2070

소전 행서 이름 이 사 자원 형성. 其+斤→斯. 其(기)의 변음이 성부.

필순 一 十 廾 甘 甘 其 其 斯 斯 斯

새김 이. 또는 이에. 여기. ¶斯文(—, 학문 문)이 학문. 특히 유교의 학문. ㉠—亂賊.
〔斯界〕(사계) 이 한 부문에 관한 전문 분야. ㉠—의 권위.
〔斯道〕(사도) ①성현의 길. 공자(孔子)·맹자(孟子)의 가르침. ②일정한 전문 방면의 일. ㉠—의 大家.

9⑬〔新〕*** 신 平眞 | xīn, シン
2071

소전 행서 이름 새 신 자원 형성. 亲〔辛의 변형〕+斤→新. 亲(신)이 성부.

필순 亠 亣 立 辛 辛 亲 亲 新 新 新

새김 ❶새. 舊(4368)의 대. ㉠새로운. 시작의. 처음으로 나타난. ¶新年(—, 해 년)새해. ㉠—賀禮. ㉡새로. 새롭게. ¶新設(—, 베풀 설)새로 시설하거나 설립함. ㉠—學校. ❷새롭다. 새롭고 산뜻하다. ¶新鮮(—, 산뜻할 선)새롭고 산뜻함. ㉠—한 空氣. ❸새롭게 하다. ¶更新(고칠 경, —)옛 제도 등을 고쳐서 새롭게 함.
〔新刊〕(신간) 출판물을 새로 박아 내놓음. 또는 그 출판물. ㉠—書籍.
〔新曲〕(신곡) 새로운 곡. ㉠—을 발표하다.
〔新穀〕(신곡) 그 해에 새로 난 곡식. ㉠—으로 차례를 올리다.
〔新舊〕(신구) 새것과 낡은 것. 또는 새것과 옛것. ㉠—思想.
〔新規〕(신규) 새로운 규칙이나 법도.
〔新奇〕(신기) 새롭고 진기함. ㉠—한 商品.
〔新紀元〕(신기원) 획기적인 큰 사업으로 인하여 나타나는 새 시대. ㉠—을 열다.

〔新大陸〕(신대륙) 새로이 발견한 대륙이란 뜻으로, 남북 아메리카와 오스트레일리아를 이르는 말. 「남자.
〔新郞〕(신랑) 갓 결혼하였거나 당장 결혼할
〔新綠〕(신록) 늦은 봄이나 초여름의 새로 나온 잎의 연한 푸른빛.
〔新面目〕(신면목) 아주 달라진 새로운 모양.
〔新聞〕(신문) ①새로운 소식. ②새로운 소식이나 사건들을 신속히 보도하고 사회 여론을 대변하는 정기 간행물. 「여자.
〔新婦〕(신부) 갓 결혼하였거나 당장 결혼할
〔新世界〕(신세계) ①새로운 세계. ②신대륙(新大陸). 「物.
〔新式〕(신식) 새로운 형식이나 격식. ㉮— 人
〔新案〕(신안) 새로운 고안. ㉮— 特許.
〔新銳〕(신예) ①새롭고 날카로움. ②젊은이의 왕성한 기운.
〔新人〕(신인) ①예술·문학 등 일정한 부문에 나선 지 오래지 않은 새 사람. ②새댁. 신부.
〔新任〕(신임) 새로 임명됨. 또는 그 임명된 사람. ㉮— 長官. 「業.
〔新裝〕(신장) 새로 장치하거나 꾸밈. ㉮— 開
〔新進〕(신진) ①새로 나옴. ②처음 벼슬에 오르거나 과거에 급제함.
〔新陳代謝〕(신진대사) ①묵은 것은 없어지고 새것이 새로 생김. ②생물체가 영양물을 섭취하고 노폐물을 배설하는 생리 작용.
〔新參〕(신참) ①새로 들어온 사람. ②새로 벼슬한 사람이 처음으로 관청에 들어감.
〔新天地〕(신천지) ①지금까지 알려지지 아니한 새로운 곳. ②새로운 활동의 장소. ㉮—
〔新築〕(신축) 새로 건축함. 를 개척하다.
〔新春〕(신춘) ①새봄. 초봄. ②새해.
〔新行〕(신행) 혼인할 때에 신랑이 신부집에 처음 가거나, 신부가 신랑집에 처음 가는 일.
〔新婚〕(신혼) 갓 결혼함.
〔新興〕(신흥) 어떤 세력이나 사회적 현상이 새로 일어남. ㉮— 財閥.
▷改新(개신)·刷新(쇄신)·送舊迎新(송구영신)·溫故知新(온고지신)·維新(유신)·一新(일신)·日新(일신)·自新(자신)·斬新(참신)·最新(최신)·革新(혁신)

14 ⑱ 〔斷〕 *** 一 단: 上 旱 / 二 단: 去 翰 | duàn, ダン
2072

소전 𣃔 행서 断 속자 간화 断 이름 一끊을 단: 二결단할 단: 자원 회의. 㡭〔𢇍를 뒤집어 놓은 모양〕+斤→斷. 𢇍은 자르다. 斤은 도끼. 도끼로 자른다는 뜻을 나타낸다.

필순 丨 ㇐ ㇐ … 斷

새김 一❶끊다. 자르다. ¶切斷(벨 절, —)베거나 자르거나 하여 끊음. ❷그만두다. ¶中斷(가운데 중, —)중도에서 그만둠. ❸가파르다. 깎아지른 듯하다. ¶斷崖(—, 낭떠러지 애)깎아지른 듯한 낭떠러지. 二❶결단하다. ¶斷定(—, 정할 정) 결단하여 작정함. ❷처단하다. ¶斷罪(—, 죄 죄)죄를 처단함. ❸절대로. 또는 확고하게. ¶斷不容貸(—, 아니할 불, 용서할 용, 용서할 대)절대로 용서하지 아니함.
〔斷交〕(단교) ①교제를 끊음. 절교(絶交). ②외교 관계를 끊음.
〔斷機之戒〕(단기지계) 학문을 중도에서 그만둠은 짜던 베를 끊어 버림과 같다는 훈계(訓戒). 故 맹자(孟子)가 어릴 때 학문을 중단하고 집에 돌아오자, 그 어머니가 짜던 베를 잘라 보이며 훈계한 고사.
〔斷念〕(단념) 품었던 생각을 아예 버리고 그만둠. 「㉮— 에 오르다.
〔斷頭臺〕(단두대) 죄인의 목을 자르는 대.
〔斷末魔〕(단말마) 숨이 끊어질 때의 마지막 모지름을 쓰는 일. ㉮— 的인 발악.
〔斷髮〕(단발) 머리털을 짧게 깎거나 자름. 또는 목을 덮지 않을 정도로 머리털을 가지런히 자름. ㉮— 머리.
〔斷續〕(단속) 끊어졌다 이어졌다 함.
〔斷食〕(단식) 의도적으로 음식을 먹지 않고 굶음. 「또는 그 판단.
〔斷案〕(단안) 옳고 그름을 딱 잘라서 판단함.
〔斷言〕(단언) 딱 잘라서 말함. 또는 그 말.
〔斷熱〕(단열) 다른 물체에 열을 옮겨주지 않게 함. ㉮— 材.
〔斷腸〕(단장) 창자가 끊어질 것만 같다는 뜻으로, 애타게 슬픔의 형용. ㉮— 의 슬픔.
〔斷絶〕(단절) 자름. 끊음. 단절(斷切).
〔斷片〕(단편) 끊어지거나 쪼개진 조각. 인신하여, 절반에 걸치지 못한 토막진 일부분. ㉮— 的 見解.
〔斷行〕(단행) 결단하여 실행함. 결행(決行).
▷間斷(간단)·決斷(결단)·獨斷(독단)·不斷(부단)·速斷(속단)·勇斷(용단)·裁斷(재단)·診斷(진단)·處斷(처단)·判斷(판단)

4 획 부수 方 部

▷명칭:모방. 모방변
▷쓰임:方이 독립적으로 부수로 쓰인 경우도 있으나, 주로 㫃〔㫃의 변형〕의 자형으로 쓰여, 관계 있는 뜻을 나타내는 한자를 이루며, 때로는 성부로도 쓰였다.

0 ④ 〔方〕 *** 방 平 陽 | fāng, ホウ
2073

소전 方 행서 方 이름 모 방 자원 상형. 흙을 갈아엎을 때 쓰는 농기구의 모양. 쉿

날의 끝은 갈아 엎으려는 곳을 향하고 있기에 '방향·방위'의 뜻을 나타낸다.

필순 丶 亠 亣 方

새김 ❶모. 네모. ¶方形(—, 모양 형)네모진 형상. ❷쪽. 방위. 방향. ¶四方(넉 사, —)동·서·남·북의 네 쪽. ❸곳. 장소. ¶近方(가까울 근, —)가까운 곳. ❹방법. 수단. 계책. ¶妙方(묘할 묘, —)묘한 방법. ❺바르다. 정직하다. ¶方正(—, 바를 정)말이나 행동이 바름. ❻바야흐로. 바로. ¶方今(—, 이제 금)바로 지금.

〔方途〕(방도) 일을 치러 가는 방법.

〔方略〕(방략) 일을 꾀하는 책략.

〔方面〕(방면) ①어떤 지역이 있는 방향. 또는 그 일대. ㉠全羅道 —. ②어떤 전문적인 부분을 포괄하는 분야. ㉠藝術—. ③네모난 얼굴. ㉠—大耳.

〔方物〕(방물) 한 지방의 특산물.

〔方法〕(방법) 일정한 목적을 달성하려고 취하는 수단.

〔方士〕(방사) 신선의 술법을 닦은 사람.

〔方術〕(방술) ①장생 불사의 선술(仙術). ②의술·복술(卜術)·관상술 등의 술법.

〔方式〕(방식) 일정한 형식이나 방법.

〔方案〕(방안) 일을 처리할 방법이나 방도에 관한 안(案).

〔方言〕(방언) 사투리. 각 지방의 언어.

〔方位〕(방위) 동서남북을 기준으로 하여 정한 방향과 위치.

알아둘 지식

〔方位圖〕 고래로 방위에 써 온 말은 다음 세 가지다.

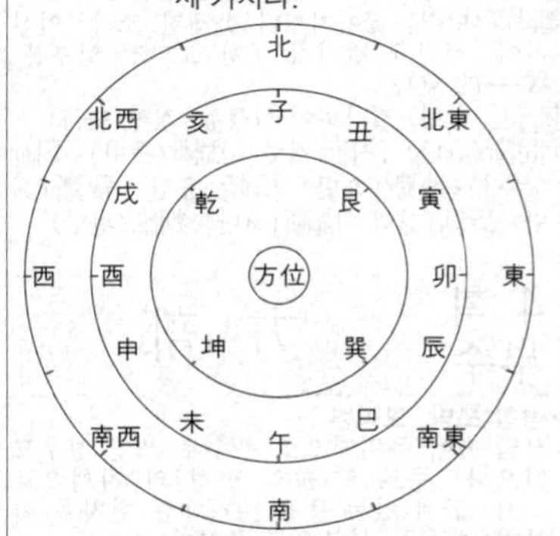

〔方丈〕(방장) ①사방 1장의 면적. ②(佛)㉠고승(高僧)이 거처하는 처소. ㉡주지(住持)의 딴 이름.

〔方長不折〕(방장부절) 한창 자라는 초목을 꺾지 아니함. 인신하여, 장래성이 있는 사람이나 일에 대하여 헤살을 놓지 아니함.

〔方正〕(방정) 말이나 행동이 단정하고 사심(邪心)이 없음.

〔方舟〕(방주) 두 척의 배를 나란히 맴. 또는 그 배.

〔方寸〕(방촌) ①사방 한 치의 넓이. 얼마 안 되는 크기나 면적. ②마음. 흉중(胸中).

〔方針〕(방침) 앞으로 나아갈 일정한 방향과 계획.

〔方便〕(방편) 형편에 따라 일을 쉽게 처리할 수 있는 수단.

〔方向〕(방향) 향하거나 나아가는 쪽.

▷秘方(비방)·雙方(쌍방)·兩方(양방)·遠方(원방)·地方(지방)·處方(처방)·平方(평방)·漢方(한방)·行方(행방)·後方(후방)

4 ⑧ 〔於〕 *** ㊀어 平魚 | yū, オ
㊁오 平虞 | wū, ウ
2074

소전 행서 이름 ㊀어조사 어 ㊁아 오 자원 상형. 까마귀의 깃을 새끼줄에 걸어놓은 모양. 새김은 가차.

필순 丶 亠 亣 方 方 於 於 於

새김 ㊀어조사. 于(0081)와 같이 쓰는 전치사. ㉠~에. ~에서. 장소나 시간을 나타낸다. 〔論語〕子路宿$_3$於$_2$石門$_1$(자로 숙어석문) 자로〔인명〕가 석문〔지명〕에서 유숙하다. ㉡~보다 더. 비교를 나타낸다. 〔禮記〕苛政猛$_3$於$_2$虎$_1$(가정 맹어호) 가혹한 정치는 범보다 더 사납다. ㉢~에. ~로부터. 원인·유래·근거를 나타낸다. 〔論語〕獲$_4$罪$_1$於$_3$天$_2$(획죄어천) 죄를 하늘에 지음. 또는 죄를 하늘로부터 받음. ㉣~에게. 대상이나 방향을 나타낸다. 〔論語〕勿$_4$施$_3$於$_2$人$_1$(물시어인) 남에게 베풀지 말라. ㊁아! 탄식·감탄·찬미의 뜻을 나타내는 감탄사. ¶於乎(—, 어조사 호) 아! 슬픔이나 탄식을 나타내는 말.

〔於是乎〕(어시호) ①이에 있어서. 그래서. ②그리하여.

〔於焉間〕(어언간) 어느덧. 어느 사이에.

〔於此於彼〕(어차어피) 이렇게 하든지 저렇게 하든지. 어차피(於此彼).

▷甚至於(심지어)

5 ⑨ 〔施〕 *** 시▷시: 平支 | shī, シ
2075

소전 행서 이름 베풀 시▷시: 자원 형성. 㫃+也→施. 也에는 '야' 외에 '이' 음도 있어, 也(이)의 변음이 성부.

필순 丶 亠 亣 方 方 方 於 旃 施

새김 베풀다. ㉠어떤 일을 차리어 벌이다. 행하다. ¶施行(—, 행할 행)㉮어떤 일을 벌여 실제로 행함. ㉠計畫대로 —하다. ㉯법령을 공표한 뒤 그 효력을 발생시킴. ㉠—期日. ㉡끼치어 주다. ¶施與(—, 줄 여) 남에게 물품을 베풀어 줌.

〔施工〕(시공) 공사를 착수하여 진행함.
〔施肥〕(시비) 가꾸는 식물에 거름이나 비료를 줌. ㉧—量.
〔施賞〕(시상) 상을 줌.
〔施設〕(시설) 구조물을 설치함. 또는 그 설비나 구조물.
〔施術〕(시술) 수술을 함.
〔施政〕(시정) 정사를 베풂. 국가의 정무를 시행함. ㉧— 方針.
〔施主〕(시주) (佛)중이나 절에 물건을 베풀어 주는 일. 또는 그런 사람.
〔施策〕(시책) 계책을 베풂. 또는 그 계책.
〔施惠〕(시혜) 은혜를 베풂.
▷勿施(물시)·博施(박시)·布施(보시←포시)·實施(실시)

6 ⑩ 〔旅〕*** 려 ㊍려: 上語 lǚ, リョ
2076

소전 행서 이름 나그네 려 자원 회의. 㫃+氏〔从의 변형〕→旅. 氏은 많은 사람. 많은 사람이 깃발을 앞세우고 간다는 데서 '군대'의 뜻을 나타낸다.

필순 丶 亠 方 方 方 㫃 㫃 旅 旅 旅

새김 ❶나그네. 길손. ¶行旅(갈 행, —)길을 가는 나그네. ㉧— 病者. ❷여행하다. 또는 객지살이하다. ¶旅客(—, 사람 객)여행하는 사람. ㉧— 輸送列車. ❸군대. 고대 군대의 편제 단위로, 병사 500명으로 조직된 군단. ¶軍旅(군사 군, —)군대.
〔旅館〕(여관) 돈을 받고 여객을 묵게 하는 집.
〔旅券〕(여권) 외국에 여행하는 사람의 신분·국적을 증명하는 증명서.
〔旅團〕(여단) 육군 부대 편성의 한 단위. 연대의 위, 사단의 아래.
〔旅毒〕(여독) 여행으로 쌓인 피로.
〔旅路〕(여로) 여행하는 길.
〔旅費〕(여비) 여행에 드는 비용. ㉧出張—.
〔旅愁〕(여수) 나그네가 느끼는 시름.
〔旅裝〕(여장) 여행을 하기 위하여 갖추는 차림새.
〔旅程〕(여정) ①나그네길. 노정(路程). ②여행의 일정(日程).
〔旅進旅退〕(여진여퇴) 일정한 주견이 없이 남에게 부화뇌동함.
〔旅行〕(여행) 다른 고장이나 외국에 나다니는 일.
▷逆旅(역려)

6 ⑩ 〔旁〕* 방 平陽 páng, ボウ
2077

소전 행서 이름 곁 방 자원 형성. 亠+方→旁. 防(방)·訪(방)·放(방)·房(방)과 같이 方(방)이 성부.
새김 ❶곁. 옆. 傍(0293)과 같다. ❷두루. 널리. ¶旁通(—, 통할 통)널리 두루 통함. ❸방. 한자 구성에서 오른쪽에 붙는 글자. ¶偏旁(변 편, —)한자 구성에서 왼쪽 부분인 변과 오른쪽 부분인 방.
〔旁求〕(방구) 널리 찾아서 구함.

7 ⑪ 〔旋〕** ㊀선 平先 xuán, セン ㊁선 ㊍선: 去霰 xuàn, セン
2078

소전 행서 이름 ㊀돌 선 ㊁회오리칠 선 자원 회의. 㫃+疋〔足의 변형〕→旋. 깃발로 지휘할 때에는 기의 향하는 방향으로 그 깃대의 발을 그에 맞추어 돌린다는 뜻.

필순 丶 亠 方 方 方 㫃 㫃 旅 旋 旋

새김 ㊀❶돌다. 빙빙 돌다. 또는 돌리다. ¶旋回(—, 돌 회)빙빙 돎. ❷돌아오다. 귀환하다. ¶凱旋(싸움에이길 개, —)싸움에 이기고 돌아옴. ㉧—門. ❸보살피다. 도와주다. ¶周旋(두루 주, —)여러 가지 방법으로 이리저리 두루 보살피어 줌. ㉧친구들의 —으로 書店을 차렸다. ❹가락. 음의 고저나 장단의 가락. ¶旋律(—, 음률 률)아름답게 들리는 가락의 흐름. ㊁회오리치다. ¶旋風(—, 바람 풍)㉮회오리바람. ㉯갑작스럽게 일어나는, 세상을 들끓게 하는 사건. ㉧減員—.
〔旋紋〕(선문) 물이 소용돌이치는 것과 같은 모양의 무늬.
〔旋盤〕(선반) 금속 소재를 회전시켜 기계의 부속품을 깎거나 뚫는 공작 기계.
▷螺旋(나선)·斡旋(알선)·轉旋(전선)·廻旋(회선)

7 ⑪ 〔旌〕* 정 平庚 jīng, セイ
2079

소전 행서 이름 정 정 자원 형성. 㫃+生→旌. 生(생)의 변음이 성부.
새김 ❶정. 깃대 끝을 장목으로 꾸민 기. 인신하여, 기의 범칭. ¶旌旗(—, 기 기)정과 기. 또는 기. ❷표창하다. 기리어 드러내다. ¶旌門(—, 문 문)충신·효자·열녀 등을 기리기 위하여 그 집 앞에 세우던 붉은 문.
〔旌閭〕(정려) 정문(旌門)을 세워 충신·효자·열녀 등을 표창함.
〔旌表〕(정표) 착한 행실을, 세상에 널리 드러내어 알림.
▷銘旌(명정)·表旌(표정)

7 ⑪ 〔族〕*** 족 入屋 zú, ゾク
2080

소전 행서 이름 겨레 족 자원 회의. 㫃+矢→族. 矢는 맹세하다. 한 겨레를 상징하는 깃발을 세워놓고, 같은 씨족의 사람들이 같은 겨레임을 맹세한다는 뜻.

필순 亠 亍 方 方 方' 方' 方' 方' 族 族

새김 겨레. ㉠같은 조상의 혈연 관계가 있는 일가. ¶家族(집 가, —)같은 집에서 생활하는 부모와 부부, 자식·형제 등. ㉡같은 동포나 민족. ¶同族(같을 동, —)같은 동포.
〔族閥〕(족벌) 큰 세력을 가진 문벌의 일족(一族).
〔族譜〕(족보) 한 집안의 계통과 혈통에 관하여 기록한 책.
〔族屬〕(족속) ①겨레붙이. ②같은 동아리.
〔族親〕(족친) 유복친(有服親)이 아닌 일가.
▷ 擧族(거족)·貴族(귀족)·滅族(멸족)·民族(민족)·魚族(어족)·遺族(유족)·種族(종족)·親族(친족)·血族(혈족)·豪族(호족)

9 ⑬ 〔旒〕* 류 平尤 | liú, リュウ
2081

행서 旒 이름 술 류 자원 형성. 㫃+㐬→旒. 流(류)·琉(류)와 같이 㐬(류)가 성부.
새김 술. 깃발에 달린 술. 또는 면류관의 앞뒤에 늘어뜨린 줄. ¶冕旒冠(예관 면, —, 관 관)주옥을 꿴 끈을 앞뒤에 늘어뜨린, 임금이 정복에 갖추어 쓰던 관.

10 ⑭ 〔旗〕** 기 平支 | qí, キ
2082

소전 㫃 행서 旗 이름 기 기 자원 형성. 㫃+其→旗. 期(기)·基(기)·棋(기)와 같이 其(기)가 성부.

필순 亠 亍 方 方 方' 方' 旃 旃 旗 旗

새김 기. 깃발. ¶國旗(나라 국, —) 나라를 상징하는 기.
〔旗鼓〕(기고) 전장에서 군대를 지휘하는 데 쓰는 기와 북.
〔旗手〕(기수) ①기를 잡은 사람. ②영도(領導)하거나 앞장서는 사람의 비유.
〔旗幟〕(기치) ①군중(軍中)에서 쓰던 기(旗)의 총칭. ②어떤 목적을 위하여 표명하는 태도나 주장.
〔旗幅〕(기폭) 깃발. 또는 기의 나비.
〔旗艦〕(기함) 함선들을 지휘하는 사령관이 타고 있는 군함.
▷ 校旗(교기)·軍旗(군기)·反旗(반기)·白旗(백기)·弔旗(조기)

4획 부수 无 部

▷명칭:없을무
▷쓰임:부수로는 无의 자형이 아닌 旡〔목멜기〕의 자형으로 쓰였는데, 한자의 분류를 위한 부수로서의 구실만 한다.

0 ④ 〔无〕 무 無(3060)의 동자·간화자
2083

5 ⑨ 〔既〕 기 旣(2085)의 약자
2084

7 ⑪ 〔旣〕*** 기 ㊍기: 去未 | jì, キ
2085

소전 㫓 행서 旣 약자 既 이름 이미 기 자원 형성. 皀+旡→旣. 旡(기)가 성부.

필순 ′ ㇒ 亻 白 白 自 皀 皀' 皀' 旣

새김 이미. 벌써. 이전에. ¶旣婚(—, 결혼할 혼) 이미 결혼하였음. 예— 男.
〔旣決〕(기결) 이미 결정되었거나 해결함.
〔旣得〕(기득) 이미 얻어서 차지함.
〔旣望〕(기망) 이미 보름〔望〕이 지났다는 뜻으로, 음력 열엿샛날을 이름.
〔旣成〕(기성) 이미 이루어짐.
〔旣往〕(기왕) ①지금보다 이전. ②이왕에.
〔旣往不咎〕(기왕불구) 이미 지나간 잘못은 새삼스레 추궁하지 않음.
〔旣存〕(기존) 이전부터 있음.

4획 부수 日 部

▷명칭:날일, 날일변
▷쓰임:해·명암·시간 등의 뜻을 나타내는 한자의 부수로 쓰였다.

0 ④ 〔日〕*** 일 入質 | rì, ニチ·ジツ
2086

소전 日 행서 日 이름 날 일 자원 상형. 태양〔해〕의 모양을 본떴다.

필순 丨 冂 月 日

새김 ❶날. ㉠하루. 하루 밤낮의 동안. ¶休日(쉴 휴, —)공휴일 등의 쉬는 날. ㉡날짜. 어느 날이라고 정해놓은 날. ¶生日(날 생, —)해마다 한 번씩 돌아오는, 세상에 태어난 날과 같은 달 같은 날의 날짜. ㉢날수를 세는 말. 예三日 동안. ❷해. 태양. 月(2219)의 대. ¶日光(—, 빛 광)햇빛. 예— 浴. ❸낮. 해가 떠서 질 때까지의 동안. 夜(0993)의 대. ¶日夜(—, 밤 야) 낮과 밤. 또는 밤낮. ❹나날이. 날로. ¶日進月

步(一, 나아갈 진, 다달이 월, 걸을 보)날마다 나아가고 다달이 걸음. 곧 날로 달로 진보함. ❺일요일. 칠요일의 하나. ㊀日曜日(일요일). ❻일본(日本)의 준말. ㊀在₂日₁僑胞(재일교포).
〔日刊〕(일간) 날마다 간행함. 또는 그 간행물.
〔日課〕(일과) 날마다 하는 일. 또는 날마다 하는 공부.
「이나 습도 등의 차이.
〔日較差〕(일교차) 하루 동안에 변화하는 기온
〔日久月深〕(일구월심) 날이 오래 되고 달이 깊어짐. 곧 오랜 세월이 흘러감.
〔日給〕(일급) ①하루를 단위로 계산하여 주는 노동 보수. ②날마다 주는 급료.
〔日記〕(일기) 날마다 생긴 일이나 생활을 적는 일. 또는 그 기록. ㊀─冊.
〔日輪〕(일륜) 해. 태양.
〔日暮途遠〕(일모도원) 날은 저물고 갈길은 멂. 몸은 늙고 쇠약한데 할 일은 아직도 많음
〔日沒〕(일몰) 해가 짐. 일입(日入). ⌊의 비유.
〔日報〕(일보) ①나날의 보도나 보고. ②매일 발간하는 신문. ㊀東亞─.
「기는 병.
〔日射病〕(일사병) 햇빛을 지나치게 쬐어서 생
〔日傘〕(일산) ①햇볕을 가리기 위한 큰 양산. ②의장의 하나인, 자루가 길고 큰 양산.
〔日常〕(일상) 날마다 평소에. ㊀─生活.
〔日收〕(일수) 國①하루의 수입. ②본전에 이자를 얹어서 날마다 갚아가는 빚.
〔日蝕〕(일식) 달이 태양과 지구 사이에 있을 때, 달이 태양의 전부 또는 일부를 가리는 현
〔日夜〕(일야) 낮과 밤. 주야(晝夜). ⌊상.
〔日用〕(일용) ①날마다 씀. ㊀─雜貨. ②날마다 쓰는 용돈. ㊀─을 타 쓰다.
〔日傭〕(일용) 날품팔이.
〔日月〕(일월) 해와 달. 인신하여, 세월.
〔日程〕(일정) ①매일 해야 할 일. 또는 그 분량이나 차례. ②그날 하루의 노정(路程).
〔日照量〕(일조량) 일정한 지표나 물체에 비치는 햇볕의 양.
「록.
〔日誌〕(일지) 그날그날에 있는 일을 적은 기
〔日直〕(일직) 그날 낮의 당번. 또는 그 당번을 서는 사람. ㊉宿直(숙직).
〔日就月將〕(일취월장) 날이 가고 달이 갈수록 더욱 자라고 발전함.
▷近日(근일)·今日(금일)·忌日(기일)·每日(매일)·曜日(요일)·翌日(익일)·昨日(작일)·終日(종일)·擇日(택일)

1/⑤ 〔旧〕 2087 구: 舊(4368)의 약자·간화자

1/⑤ 〔旦〕** 2088 단 ㊍단: 去 翰 | dàn, タン

소전 행서 이름 아침 단 자원 상형. 日+一→旦. 一은 지평선. 지평선 위로 떠오르는 태양의 모양. 그래서 '아침'이란 뜻을 나타낸다.

필순 丨 ㄇ 月 日 旦

새김 아침. 夕(0989)의 대. ¶元旦(정월초하루 원, 一)설날 아침.
〔旦暮〕(단모) 아침과 저녁. 또는 아침부터 저녁까지 하루 종일.

2/⑥ 〔旬〕** 2089 순 平 眞 | xún, ジュン

소전 행서 이름 열흘 순 자원 회의. 勹+日→旬. 勹는 싸다의 뜻으로, 싸자면 한 바퀴를 돌아야 하는데, 해는 십간(十干) 곧 갑(甲)에서 계(癸)까지 10일을 돌아야 다시 제자리에 돌아오기에 10일을 뜻한다.

필순 丿 勹 勺 旬 旬 旬

새김 ❶열흘. 10일 동안. 1개월을 3등분한 그 중의 하나. ¶旬報(一, 보도 보)열흘에 한 번씩 발간하는 신문이나 보도. ❷열 살. 또는 10년. ¶七旬(일곱 칠, 一)일흔 살. ㊀─老婆.
〔旬刊〕(순간) 열흘에 한 번씩 간행함. 또는 그 간행물. 순보(旬報).
〔旬朔〕(순삭) 초열흘과 초하루.
〔旬餘〕(순여) 열흘 남짓한 동안.
▷上旬(상순)·中旬(중순)·初旬(초순)·下旬(하순)

2/⑥ 〔旭〕* 2090 욱 入 沃 | xù, キョク

소전 행서 이름 아침해 욱 자원 형성. 九+日→旭. 九(구)의 변음이 성부.
새김 아침해. ¶旭日(一, 해 일) 아침에 떠오르는 해. ㊀─昇天.

2/⑥ 〔早〕*** 2091 조: 上 皓 | zǎo, ソウ

소전 행서 이름 일찍 조: 자원 회의. 日+十〔甲의 변형〕→早. 甲은 사람의 머리 모양. 해가 떠서 사람의 머리 위에 있는 때. 그래서 '이르다'의 뜻을 나타낸다.

필순 丨 ㄇ 日 日 旦 早

새김 ❶일찍. 또는 이르다. 정해진 시간보다 이르다. 晩(2146)의 대. ㉠아침의 이른 때. ¶早朝(一, 아침 조)이른 아침. ㉡시기나 때가 이르다. ¶早熟(一, 익을 숙)㉮곡식이나 과일 따위가 제 철보다 일찍 익음. ㉯사람의 재능이나 육체적 발육이 올됨. ㉢철이 이르다. ¶早春(一, 봄 춘) 이른 봄. ❷서두르다. ¶早急(一, 서두를

급)급하게 서두름. ㉠—하게 판단하지 말라. ❸젊다. 나이가 어리다. ¶早年(—, 나이 년)어린 나이. 또는 젊었을 때.
〔早期〕(조기) 이른 시기.
〔早老〕(조로) 나이에 비해 일찍 늙음.
〔早晩間〕(조만간) ①머지않아. ②이르든지 늦든지 간에.
〔早産〕(조산) 달이 차기 전에 아기를 낳음.
〔早速〕(조속) 이르고도 빠름. 「여읨.
〔早失父母〕(조실부모) 일찍이 어려서 부모를
〔早退〕(조퇴) 퇴근이나 하교(下校)를 정한 시간 이전에 함. 「혼함.
〔早婚〕(조혼) 미성년의 어린 나이에 일찍 결
▷時期尙早(시기상조)

2 ⑥〔旨〕* 지 ㊍지: 上紙 | zhǐ, シ
2092

소전 행서 이름 뜻 지 자원 형성. 匕+日→旨. 匕(비)의 변음이 성부.
새김 ❶뜻. 생각. 또는 나타내려고 하는 내용. ¶要旨(중요로울 요, —)말이나 글의 줄거리가 되는 중요한 뜻. ❷맛있다. 또는 맛있는 음식. ¶旨酒(—, 술 주)맛있는 좋은 술.
〔旨意〕(지의) 취지나 속뜻. 「취지(趣旨).
〔旨趣〕(지취) ①어떠한 일에 대한 깊은 맛. ②
▷甘旨(감지)·論旨(논지)·密旨(밀지)·聖旨(성지)·宗旨(종지)·趣旨(취지)

3 ⑦〔旷〕 광: 曠(2202)의 간화자
2093

3 ⑦〔旲〕* 대 平灰 | tāi, タイ
2094

행서 이름 햇빛 대 자원 형성. 日+大→旲. 大(대)가 성부.
새김 햇빛. 또는 햇살.

3 ⑦〔时〕 시 時(2136)의 속자·간화자
2095

3 ⑦〔旸〕 양 暘(2174)의 간화자
2096

3 ⑦〔旴〕* 우 ㊍후 平虞 | xū, ク
2097

행서 이름 해뜰 우 자원 형성. 日+于→旴. 玗(우)·迂(우)·芋(우)와 같이 于(우)가 성부.
새김 해가 뜨다.

3 ⑦〔旱〕** 한: 上旱 | hàn, カン
2098

소전 행서 이름 가물 한: 자원 형성. 日+干→旱. 干에는 '간' 외에 '한' 음도 있어, 汗(한)·罕(한)과 같이 干(한)이 성부.

필순 丶 冂 冃 曰 旦 㫗 旱

새김 가물다. 또는 가뭄. ¶旱害(—, 재해 해) 가뭄으로 말미암은 재해. ㉠—와 水害.
〔旱魃〕(한발) ①가뭄. ②가뭄을 맡고 있다는 전설상의 신. 「한해(旱害).
〔旱災〕(한재) 가뭄으로 인하여 생기는 재해.
〔旱天〕(한천) 몹시 가무는 날씨.
▷大旱(대한)·炎旱(염한)

4 ⑧〔昆〕* 곤 平元 | kūn, コン
2099

소전 행서 이름 맏 곤 자원 상형. 곤충의 모양을 본떴다.
새김 ❶맏. 형. 弟(1492)의 대. ¶昆弟(—, 아우 제)형과 아우. ㊇兄弟(형제). ❷후손. 자손. ¶後昆(뒤 후, —)여러 대가 지난 뒤의 자손. ❸벌레. 곤충. ¶昆蟲(—, 벌레 충)몸에 마디가 많고, 머리·가슴·배의 세 부분으로 이루어지며, 세 쌍의 발이 있는 벌레 이름.
〔昆季〕(곤계) 형과 아우.
〔昆孫〕(곤손) 육대손(六代孫). 현손(玄孫)의 손자. 또는 먼 후손의 통칭.

4 ⑧〔昑〕* 금: 上寑 | qǐn, キン
2100

행서 이름 밝을 금: 자원 형성. 日+今→昑. 琴(금)·衾(금)·衿(금)과 같이 今(금)이 성부.
새김 밝다. 환하다.

4 ⑧〔昙〕 담 曇(2194)의 간화자
2101

4 ⑧〔盹〕* 돈 暾(2195)과 동자
2102

4 ⑧〔明〕*** 명 平庚 | míng, メイ·ミョウ
2103

소전 행서 이름 밝을 명 자원 회의. 日+月→明. 해와 달이 있는 곳은 밝다는 생각으로 만든 자.

필순 丨 冂 日 日 日) 明 明 明

새김 ❶밝다. 暗(2173)의 대. ㉠환하다. 빛이 밝다. ¶明月(—, 달 월)밝은 달. ㉡현명하다. 사리에 밝다. ¶明君(—, 임금 군)현명한 임금. ❷시력. 또는 시력이 좋다. ¶失明(잃을 실, —)시력을 상실함. ❸밝아오다. 밤이 새고 아침이 되다. ¶明日(—, 날 일)밝아오는 날. 곧 오늘의 바로 다음 날. ❹분명하다. 확실하다. ¶明確(—, 확실할 확) 분명하고 확실함. 예—한 對答. ❺밝히다. ¶說明(말할 설, —)내용을 말하여 밝힘. ❻이승. 이 세상. 幽(1423)의 대. ¶幽明(저승 유, —)저승과 이승. 예—을 달리한 故人. ❼신령. 귀신. ¶神明(신 신, —)하늘과 땅의 신령. ❽명나라. 주원장(朱元璋)이 세운, 1368～1661년 동안 있었던 중국의 왕조 이름.

〔明鏡止水〕(명경지수) 맑은 거울과 잔잔한 물. 잡념과 욕심이 없는 아주 맑고 깨끗한 마음의 비유.

〔明年〕(명년) 다음 해. 내년(來年).

〔明堂〕(명당) 풍수설에서, 좋은 묏자리나 집터.

〔明朗〕(명랑) ①밝고 환함. ②성격이 솔직하고 쾌활함.

〔明瞭〕(명료) 분명하고 똑똑함. 명백(明白).

〔明滅〕(명멸) 불이 켜졌다 꺼졌다 함.

〔明明白白〕(명명백백) 아주 명백함.

〔明白〕(명백) ①더 이렇다 할 여지 없이 아주 뚜렷하고 환함. ②잘잘못이나 옳고 그름이 분명함.

〔明晳〕(명석) 사고와 판단이 이치에 맞고 분명함.

〔明細〕(명세) 분명하고 자세함. 예—書.

〔明示〕(명시) 분명히 밝혀 주거나 보여줌.

〔明暗〕(명암) ①밝음과 어두움. ②기쁜 일과 슬픈 일.

〔明若觀火〕(명약관화) 불을 보듯 환함.

〔明朝〕(명조) ①동트는 이른 아침. ②내일 아침. ③명나라 조정.

〔明察〕(명찰) 밝게 살핌.

〔明哲〕(명철) 판단이 정확하고 사리에 밝음.

〔明春〕(명춘) 내년 봄.

〔明快〕(명쾌) ①말이나 글의 조리가 명백하여 듣기에 속이 시원함. ②명랑하고 쾌활함.

▷高明(고명)·公明(공명)·光明(광명)·文明(문명)·發明(발명)·分明(분명)·鮮明(선명)·黎明(여명)·證明(증명)·清明(청명)·聰明(총명)·賢明(현명)

4 ⑧ 〔旼〕* 민 平眞 | mín, ビン
2104

행서 旼 이름 화목할 민 자원 형성. 日＋文→旼. 玟(민)·旻(민)·閔(민)과 같이 文(문)의 변음이 성부.

새김 ❶화목하다. 화락하다. ❷하늘. 旻(2105)과 동자.

4 ⑧ 〔旻〕* 민 平眞 | mín, ビン
2105

소전 旻 행서 旻 동자 旼 이름 하늘 민 자원 형성. 日＋文→旻. 旼(민)·玟(민)·閔(민)과 같이 文(문)의 변음이 성부.

새김 하늘. 가을 하늘. ¶旻天(—, 하늘 천) ㉮하늘. ㉯가을 하늘.

4 ⑧ 〔昉〕* 방: 上養 | fǎng, ホウ
2106

소전 昉 행서 昉 이름 비로소 방 자원 형성. 日＋方→昉. 防(방)·放(방)·房(방)과 같이 方(방)이 성부.

새김 비로소. 또는 시작하다.

4 ⑧ 〔昐〕* 분 平文 | fēn, フン
2107

행서 昐 이름 햇빛 분 자원 형성. 日＋分→昐. 紛(분)·粉(분)·雰(분)과 같이 分(분)이 성부.

새김 햇빛.

4 ⑧ 〔昔〕*** 석 入陌 | xī, セキ
2108

소전 昔 행서 昔 이름 예 석 자원 회의. 廾〔㣺의 변형〕＋日→昔. 㣺은 저민 고기의 모양. 이를 말리는 데에는 하루의 햇볕이 필요하기에 '어제'란 뜻을 나타낸다.

필순 一 十 廾 龷 昔 昔 昔 昔

새김 ❶예. 옛날. 今(0112)의 대. ¶今昔(이제 금, —)지금과 예. 예—之感. ❷어제. 어저께. ¶昔者(—, 어조사 자)㉮어제. ㉯옛적.

〔昔年〕(석년) 옛날. 여러 해 전.

〔昔時〕(석시) 옛적. 지나간 날.

▷古昔(고석)·宿昔(숙석)·往昔(왕석)·在昔(재석)

4 ⑧ 〔昇〕** 승 平蒸 | shēng, ショウ
2109

소전 昇 행서 昇 이름 오를 승 자원 형성. 日＋升→昇. 升(승)이 성부.

필순 丶 冂 冃 日 旦 昇 昇 昇

새김 ❶오르다. 올라가다. 降(5837)의 대. ㉠높은 데로 오르다. ¶昇降(—, 내릴 강)오르내림. 예—機. ㉡직위나 등급 등이 높아지다. ¶昇級(—, 급 급)급수가 올라감. ❷죽다. 임금이 죽다. ¶昇遐(—, 갈 하)죽어서 감. 곧 임금이 죽음.

〔昇格〕(승격) 격을 올림. 격이 높아짐.

〔昇進〕(승진) 벼슬이나 지위가 높아짐.

〔昇天〕(승천) ①하늘에 오름. ②사람이 죽음.

〔昇天入地〕(승천입지) 하늘에 오르고 땅으로 들어감. 자취를 감춤의 비유.

〔昇平〕(승평) 세상이 편안하고 나라가 태평함.

▷ 上昇(상승)

4 ⑧ 〔昂〕* 앙▷앙: 平陽 | áng, コウ
2110

소전 행서 속자 昻 이름 오를 앙▷앙: 자원 형성. 日＋卬→昂. 仰(앙)과 같이 卬(앙) 성부.

새김 ❶오르다. 높게 올라가다. ¶昂騰(―, 오를 등) 물가나 주가(株價)가 뛰어오름. ❷흥분하다. 의기가 치솟다. ¶激昂(거셀 격, ―) 감정·기운 등이 거세게 치솟음. 예―된 群衆.

〔昂貴〕(앙귀) 물건 값이 오름. 등귀(騰貴).

〔昂霄〕(앙소) 하늘 높이 솟음. 재능이 뛰어남의 비유.

〔昂揚〕(앙양) 기세나 열의가 드높아짐.

▷ 低昂(저앙)·軒昂(헌앙)

4 ⑧ 〔易〕*** 一역 入陌 | yì, エキ 二이: 去寘 | yì, イ
2111

소전 행서 이름 一바꿀 역 二쉬울 이: 자원 상형. 도마뱀이나 수궁(守宮)의 형상. 새김은 가차.

필순 丨 冂 日 日 月 昜 昜 易

새김 一❶바꾸다. ㉠고치다. 본래의 것을 딴것으로 바꾸다. ¶改易(고칠 개, ―)다른 것으로 고치어 바꿈. ㉡교환하다. 어떤 것을 주고 그 대신으로 딴것을 받다. ¶貿易(바꿀 무, ―)외국과 상품의 거래를 하는 일. ❷바뀌다. 달라지다. ¶不易(아니할 불, ―)바뀌어 달라지지 아니함. 예萬古―의 眞理. ❸점. 또는 점에 관한 책. ¶易書(―, 책 서)점에 관하여 기록한 책. 二쉽다. 손쉽다. 알기 쉽다. 難(5903)의 대. ¶難易(어려울 난, ―)어려움과 쉬움. 예―度.

〔易經〕(역경) 삼경(三經)의 하나로, 음양(陰陽)의 원리에 따라 만물의 변화를 해석한 책. 주역(周易).

〔易姓革命〕(역성혁명) 성(姓)을 바꾸고 천명(天命)을 고침. 곧 왕조가 바뀜을 이르는 말.

〔易數〕(역수) 주역의 원리에 따라 점을 쳐서 길흉을 미리 아는 방술(方術). 「함.

〔易地思之〕(역지사지) 처지를 바꾸어서 생각

〔易學〕(역학) 주역에 관하여 연구하는 학문.

▷ 簡易(간이)·交易(교역)·變易(변역)·安易(안이)·容易(용이)·便易(편이)·平易(평이)

4 ⑧ 〔旿〕* 오: 上麌 | wǔ, ゴ
2112

행서 이름 밝을 오: 자원 형성. 日＋午→旿. 午(오)가 성부.

새김 밝다. 대낮이어서 밝다.

4 ⑧ 〔旺〕* 왕: 去漾 | wàng, オウ
2113

행서 이름 왕성할 왕: 자원 형성. 日＋王→旺. 汪(왕)·枉(왕)과 같이 王(왕)이 성부.

새김 왕성하다. ¶旺盛(―, 성할 성) 기운이나 세력이 와짝 성함. 예―한 食慾.

〔旺運〕(왕운) 왕성할 운수.

▷ 盛旺(성왕)·興旺(흥왕)

4 ⑧ 〔昌〕*** 창 平陽 | chāng, ショウ
2114

소전 행서 이름 창성할 창 자원 회의. 日＋曰→昌. 해처럼 영원히 빛날 말이란 뜻. 그래서 '착하다·선량하다'란 뜻을 나타낸다.

필순 丨 冂 日 日 月 昌 昌 昌

새김 ❶창성하다. 홍성하다. 번성하다. ¶昌運(―, 운 운)앞길이 탁 트여 홍성할 운수. ❷착하다. 선량하다. ¶昌言(―, 말 언) 이치에 맞는 훌륭한 말.

〔昌盛〕(창성) 번창하고 융성함.

〔昌平〕(창평) 나라는 번창하고 세상은 태평함.

▷ 繁昌(번창)·隆昌(융창)

4 ⑧ 〔昊〕* 호: 上皓 | hào, コウ
2115

행서 이름 하늘 호: 자원 형성. 日＋天〔夰의 변형〕→昊. 夰(호)가 성부.

새김 하늘. 허공. ¶昊天(―, 하늘 천) 가없이 넓은 하늘. 예―罔極.

〔昊天罔極〕(호천망극) 하늘이 넓고 커서 끝이 없음. 인신하여, 부모의 은혜가 끝없이 넓고 큼의 비유.

4 ⑧ 〔昏〕** 혼 平元 | hūn, コン
2116

소전 행서 이름 어두울 혼 자원 회의. 氏〔氐의 생략체〕＋日→氏. 氐는 내려가다. 해가 서쪽으로 내려가니 어두워진다는 뜻.

필순 丿 𠂆 𠂇 氏 氏 昏 昏 昏

새김 ❶어둡다. ㉠햇빛이 가리어져 어둡다. 또는 해질 무렵. ¶黃昏(누를 황, ―)해가 지고 어둑어둑할 때. ㉡사리에 어두워 어리석다. ¶昏暗(―, 어두울 암)어리석고 못나서 사리에 어두움. ❷의식을 잃다. 깊이 잠이 들다. ¶昏睡(―, 잠들 수)의식을 잃고 외부의 자극을 깨닫지 못함. 예―狀態.

〔昏昧〕(혼매) 분개가 흐리고 사리에 어두움.

〔昏迷〕(혼미) ①사리에 어둡고 흐리멍텅함.

②의식 불명임. 인사 불성임.
〔昏絶〕(혼절) 정신이 아찔하여 까무러침.
〔昏定晨省〕(혼정신성) 저녁에 이부자리를 깔아 드리고 새벽에 문안을 올림. 부모를 모시는 일상의 예절. 「가물한 모양.
〔昏昏〕(혼혼) ①어두운 모양. ②정신이 가물
▷老昏(노혼)·幽昏(유혼)

4 ⑧ 〔昕〕* 흔 平文 xīn, キン
2117

소전 행서 이름 새벽 흔 자원 형성. 日＋斤→昕. 欣(흔)·炘(흔)과 같이 斤(근)의 변음이 성부.
새김 새벽. 동틀 무렵. ¶昕夕(—, 저녁 석) 새벽부터 저녁까지.

5 ⑨ 〔昤〕* 령 平青 líng, レイ
2118

이름 햇빛 령 자원 형성. 日＋令→昤. 鈴(령)·領(령)·零(령)과 같이 令(령)이 성부.
새김 햇빛. 또는 그림자의 형용.

5 ⑨ 〔昧〕* 매: 去隊 meì, マイ
2119

소전 행서 이름 어두울 매: 자원 형성. 日＋未→昧. 妹(매)·魅(매)와 같이 未(미)의 변음이 성부.
새김 어둡다. ㉠밝지 아니하다. ¶昧例(—, 전례 례) 관습으로 내려오는 전례에 어두움. ㉡분명하지 못하다. ¶曖昧(희미할 애, —) 사리가 희미하고 분명하지 못함. ㉢사리에 어둡다. ¶愚昧(어리석을 우, —) 어리석어 사리에 어두움.
〔昧事〕(매사) 사리에 어두움.
〔昧爽〕(매상) 먼동이 틀 무렵.
▷蒙昧(몽매)·迷昧(미매)·三昧(삼매)·暗昧(암매)·昏昧(혼매)

5 ⑨ 〔昴〕* 묘: 上巧 mǎo, ボウ
2120

소전 행서 이름 묘성 묘: 자원 형성. 日＋卯→昴. 卯(묘)가 성부.
새김 묘성(昴星). 이십팔수의 하나.
〔昴宿〕(묘수) 이십팔수의 하나. 백호칠수(白虎七宿)의 넷째 성수(星宿).

5 ⑨ 〔昞〕* 병: 炳(3024)과 동자
2121

5 ⑨ 〔星〕*** 성 平青 xīng, セイ
2122

소전 행서 이름 별 성 자원 형성. 日＋生→星. 姓(성)·性(성)과 같이 生(생)의 변음이 성부.

필순

새김 ❶별. 천체인 별. ¶星座(—, 자리 좌)별자리. 무리를 이루고 있는 하늘의 별을 몇 개의 부분으로 나누어 놓은 구역. ❷해. 또는 세월. ¶星霜(—, 서리 상)한 해 동안의 세월. 또는 그 세월을 세는 말. 예十五—. ❸중요한 인물의 비유. ¶將星(장수 장, —)㉮군대를 통솔하는 장수. ㉯준장·소장·중장·대장의 통칭. ❹희끗희끗하다. ¶星星(—, —)머리털이 희끗희끗함. 예白髮이 —하다.
〔星光〕(성광) 별빛.
〔星宿〕(성수) 모든 별자리의 별들.
〔星辰〕(성신) 뭇 별의 통칭.
〔星雲〕(성운) 군데군데 구름처럼 보이는 별의 ⌊무리.
〔星條旗〕(성조기) 미국의 국기.
〔星火〕(성화) ①별찌. ②일이 매우 급박함의 비유. 예—督促.
▷金星(금성)·明星(명성)·衛星(위성)·流星(유성)·遊星(유성)·恒星(항성)·彗星(혜성)·惑星(혹성)·火星(화성)·曉星(효성)

5 ⑨ 〔昭〕** ㊀소 本조 平蕭 ㊁소 本조: 上篠 zhāo, ショウ
2123

소전 행서 이름 ㊀밝게빛날 소 ㊁밝을 소 자원 형성. 日＋召→昭. 沼(소)·紹(소)·邵(소)와 같이 召(소)가 성부.

필순

새김 ㊀❶밝게 빛나다. ¶昭代(—, 시대 대)나라가 잘 다스려져 태평한 시대. ❷사당에 신주를 모시는 차례. 중앙에 모시는 시조의 좌측을 '昭'라 하여 그 2세·4세를 모시고, 시조의 우측을 '목(穆)'이라 하여 그 3세·5세를 모신다. ¶昭穆(—, 사당차례 목)사당에 신주를 모시는 차례. ㊁밝다. 분명하다. ¶昭昭(—, —)환하게 밝고 분명함. 예— 한 神明.
〔昭明〕(소명) 분간이 밝고 똑똑함. 예—한 ⌊少年.
〔昭詳〕(소상) 분명하고 자세함.
〔昭應〕(소응) 감응이 뚜렷이 나타남.

5 ⑨ 〔是〕*** 시: 上紙 shì, シ
2124

소전 행서 이름 이 시: 자원 회의. 日＋疋〔正의 변형〕→昰→是. 해와도 같이 더 의심할 여지 없이 바르다는 뜻.

필순

새김 ❶이. 지시대명사. 또는 이에. ¶是日(—,

날 일) 이 날. 예—也放聲大哭. ❷옳다. 非(5946)의 대. ㉠사리에 맞다. ¶是認(—, 인정할 인) 옳다고 인정함. ㉡옳다고 하다. 옳다고 여기다. ¶是是非非(—, 옳을 시, 그르다고 할 비, 그를 비) ㉮옳은 것을 옳다고 하고 그른 것을 그르다고 함. ㉯여러 가지의 잘잘못. ❸방침. 기본 방침. ¶國是(나라 국, —) 국가에서 세운 정책상의 기본 방침.
〔是故〕(시고) 그러므로. 이런 까닭으로.
〔是非〕(시비) ①옳음과 그름. ②다툼. 옳고 그름을 논하는 말.
〔是非曲直〕(시비곡직) 옳고 그름과 굽고 곧음. 곧 잘잘못.
〔是非之心〕(시비지심) 옳고 그름을 구별하는 마음.
〔是正〕(시정) 잘못을 바로잡음.
▷於是(어시)·由是(유시)·或是(혹시)

5 ⑨ 〔昻〕 2125 앙 昂(2110)의 속자

5 ⑨ 〔映〕** 2126 영:▷영 去敬 yìng, エイ

소전 行서 속자 暎 이름 비칠 영:▷영 자원 형성. 日+央→映. 英(영)과 같이 央(앙)의 변음이 성부.

필순 丨 冂 月 日 日' 日⼌ 日口 映 映

새김 비치다. 반사하다. 또는 비추다. ¶映畫(—, 그림 화)촬영한 필름을 영사기로 영사막에, 살아 움직이듯이 재현하는 일. 예—俳優.
〔映寫〕(영사) 영화 필름·슬라이드 따위를 영사막에 비춤. 예—機.
〔映像〕(영상) 광선의 굴절이나 반사에 따라 물체의 모양이 비추어진 것.
〔映雪讀書〕(영설독서) 부지런히 독서함의 형용. 故 진(晉)의 손강(孫康)이 가난하여 겨울에 눈빛으로 책을 읽었다는 고사.
〔映窓〕(영창) 國 채광(採光)을 위하여 방과 마루 사이에 낸 두 쪽의 미닫이.
▷反映(반영)·放映(방영)·上映(상영)

5 ⑨ 〔昱〕* 2127 욱 入屋 yù, イク

소전 行서 이름 빛날 욱 자원 형성. 日+立→昱. 立(립)의 변음이 성부.
새김 빛나다. 밝다. ¶昱昱(—, —)햇빛이 눈부시게 빛남.

5 ⑨ 〔昨〕*** 2128 작 入藥 zuó, サク

소전 行서 이름 어제 작 자원 형성. 日+乍→昨. 作(작)·炸(작)과 같이 乍(작)이 성부.

필순 丨 冂 月 日 日' 日𠂉 昨 昨 昨

새김 어제. 또는 지난날. 또는 작년. ¶昨年(—, 해 년) 지난 해.
〔昨今〕(작금) 어제와 오늘. 요즈음.
〔昨夜〕(작야) 어젯밤. 거야(去夜).
〔昨日〕(작일) 어제.
〔昨醉未醒〕(작취미성) 어제 마신 술이 아직 덜 깸.

5 ⑨ 〔昼〕 2129 주 晝(2151)의 속자·간화자

5 ⑨ 〔昶〕* 2130 창: 上養 chǎng, チョウ

소전 行서 이름 통할 창: 자원 회의. 永+日→昶. 해가 길다는 뜻. 새김은 가차.
새김 통하다. 트이다.

5 ⑨ 〔春〕*** 2131 춘 平眞 chūn, シュン

소전 行서 이름 봄 춘 자원 형성. 𡗗〔芚의 변형〕+日→春. 芚(춘)이 성부.

필순 一 二 三 丰 夫 夫 春 春 春

새김 ❶봄. 네 계절의 첫째. 음력으로는 정월·이월·삼월의 석 달 동안. ¶春色(—, 빛 색)봄빛. 예—이 宛然한 古宮. ❷정욕. 남녀의 색정. ¶思春期(생각할 사, —, 시기 기)이성에 대한 감정을 느끼기 시작하는 시기. ❸젊은 나이. ¶青春(젊을 청, —)젊은 나이의 시절. ❹해. 세월. ¶春秋(—, 때 추)㉮세월. ㉯봄과 가을. ㉰나이. 특히 어른의 나이.
〔春耕〕(춘경) 봄갈이. 봄에 논밭을 가는 일.
〔春季〕(춘계) ①봄철. ②늦은 봄철.
〔春困〕(춘곤) 봄철에 몸이 노곤해지는 일.
〔春窮〕(춘궁) 國 보릿고개. 봄에 묵은 곡식은 다 떨어지고 햇곡식은 아직 나지 않아서 식량 사정이 매우 어려워 곤란을 겪는 일. 또는 그 시기.
〔春眠〕(춘면) 봄철의 노곤한 졸음. 예—不覺曉.
〔春夢〕(춘몽) ①봄날에 낮잠을 자며 꾸는 꿈. 영욕의 무상함과 인생의 덧없음의 비유. 예一場—.
〔春府丈〕(춘부장) 國 남의 아버지에 대한 존칭.
〔春分〕(춘분) 24절기의 하나. 경칩과 청명 사이에 있는 절기로, 밤낮의 길이가 같음.
〔春宵〕(춘소) 봄철의 밤.
〔春信〕(춘신) 봄 소식. 곧 새싹이 움트고 꽃이 피는 것과 같은 자연 현상.
〔春心〕(춘심) ①봄철에 느끼는 정서. ②남녀 간의 정욕. 춘정(春情).

〔春日〕(춘일) 봄날. (예)― 遲遲.
〔春情〕(춘정) 남녀 사이의 정욕.
〔春秋筆法〕(춘추필법) 대의 명분(大義名分)을 밝히는 준엄한 논조(論調).
〔春風〕(춘풍) 봄바람. 「러가는 세월의 비유.
〔春風秋雨〕(춘풍추우) 봄바람과 가을비. 흘
〔春寒老健〕(춘한노건) 봄추위와 늙은이의 건강. 오래 가지 못함의 비유.
▷季春(계춘)·晩春(만춘)·孟春(맹춘)·暮春(모춘)·三春(삼춘)·新春(신춘)·陽春(양춘)·立春(입춘)·仲春(중춘)·回春(회춘)

5 ⑨ 〔昰〕* 하: 夏(0987)의 고자
2132

5 ⑨ 〔昡〕* 현: [去]霰 | xuàn, ケン
2133

[행서] [이름] 햇빛 현: [자원] 형성. 日+玄→昡. 絃(현)·鉉(현)·弦(현)과 같이 玄(현)이 성부.
[새김] 햇빛. 태양의 빛.

5 ⑨ 〔昺〕 현: 顯(6036)의 간화자
2134

6 ⑩ 〔晟〕* 성: [去]敬 | shèng, セイ
2135

[소전] [행서] [본자] 晟 [이름] 빛날 성: [자원] 형성. 日+成→晟→晟. 城(성)·誠(성)·盛(성)과 같이 成(성)이 성부.
[새김] 빛나다. 밝게 빛나다.

6 ⑩ 〔時〕*** 시 [平]支 | shí, シ·ジ
2136

[소전] [행서] 時 [속자][간화] 时 [이름] 때 시 [자원] 형성. 日+寺→時. 寺에는 '사' 외에 '시' 음도 있어, 詩(시)·侍(시)·恃(시)와 같이 寺(시)가 성부.

[필순] 丨 𠃌 ⺆ 日 日̄ 日+ 日土 日寺 時 時

[새김] ❶때. ㉠시간상의 일정한 시점. ¶時刻(―, 시간 각)시간의 어떤 시점. ㉡철. 계절. ¶四時(넉 사, ―)사철. 봄·여름·가을·겨울의 네 철. ㉢시기. 일정한 때. ¶天時(하늘 천, ―)하늘이 도와주는 시기. ㉣기회. 알맞은 때. ¶失$_2$時$_1$(잃을 실, ―)기회를 잃음. 알맞은 때를 놓침. ❷때마다. 늘. ¶時習(―, 익힐 습)늘 익힘. ❸때에 맞다. 때를 맞추다. ¶時雨(―, 비 우)때를 맞추어서 오는 비. ❹이[대명사]. 是(2124)와 통용. ¶時$_1$ 日$_2$ 害$_{3\cdot5}$ 喪$_4$(―, 해 일, 어찌 갈, 망할 상)이 해〔天子의 비유〕는 어찌 망하지 아니하느냐? ❺시간의 단위. (예)두 時 五分(오분).

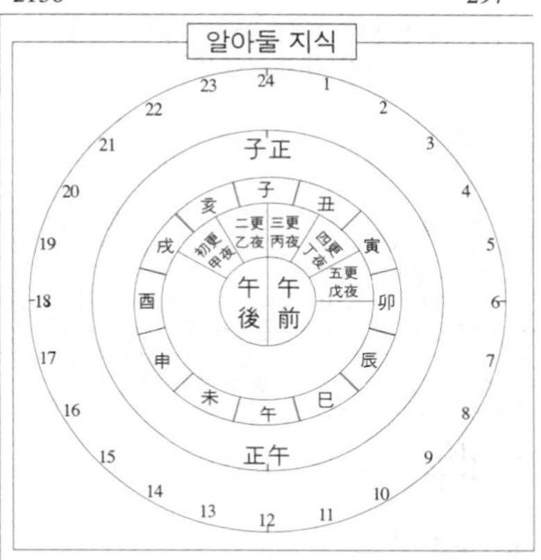

〔時價〕(시가) 그 때의 가격.
〔時間〕(시간) ①어떤 정해진 때. (예)―을 알리다. ②어떤 시각과 시각의 사이의 길이. (예)―이 걸리다. ③과거·현재·미래로 이어지는 끝없는 흐름. (대)空間(공간). ④때를 재는, 하루의 24분의 1의 동안. (예)두 ―은 걸린다.
〔時局〕(시국) 그 당시의 대세나 정황.
〔時期〕(시기) 일정한 일이 진행되는 때. (예)戰爭―. 「尙早.
〔時機〕(시기) 기회로 되는 적당한 때. (예)―
〔時代〕(시대) 역사적 특징으로 구분한 한 기간.
〔時流〕(시류) 그 시대의 풍조(風潮)나 유행.
〔時事〕(시사) ①그 당시에 일어난 세상일. ②계절에 따라 하는 농사일. 「가격.
〔時勢〕(시세) ①그 때의 형세. ②거래할 때의
〔時俗〕(시속) 그 시대의 인정과 풍속.
〔時速〕(시속) 한 시간을 단위로 하는 속도.
〔時時刻刻〕(시시각각) 시간이 흐름에 따라.
〔時運〕(시운) 시대나 때의 운수. (예)―이 불행하다. 「일이나 기한. (예)―을 끌다.
〔時日〕(시일) ①때와 날. (예)―과 장소. ②기
〔時節〕(시절) ①철. 계절. ②시간. 세월. ③사람의 한평생을 나눈 한 동안.
〔時差〕(시차) ①지구상의 각 지방에서 다르게 쓰는 시간의 차. (예)―의 극복. ②시간을 미루는 일. (예)出勤時間에 ―를 두다.
〔時弊〕(시폐) 그 때에 나타나고 있는 폐단.
〔時限〕(시한) 일정한 시간의 기간이나 한계.
〔時和年豐〕(시화연풍) 세상은 평화롭고 농사는 풍년이 듦. 태평성대를 칭송하는 말.
〔時效〕(시효) ①어떤 법적인 권리나 의무가 존속되는 법적인 기간. (예)―가 지나다. ②어떤 효력이 지속되는 일정한 기간. (예)―를 넘긴 약.
▷當時(당시)·同時(동시)·常時(상시)·隨時

(수시)·臨時(임시)·暫時(잠시)·適時(적시)·卽時(즉시)·恒時(항시)

6 ⑩ 〔晏〕* 안: 去 諫 | yàn, アン
2137

소전 행서 이름 늦을 안: 자원 형성. 日+安→晏. 案(안)·按(안)·鞍(안)과 같이 安(안)이 성부.
새김 ❶늦다. 시간이 늦다. 〔論語〕何晏也(하안야) 어찌 늦었느냐? ❷편안하다. 탈이 없어 편안하다. ¶晏然(—, 그러할 연) 불안해 하거나 초조해 하는 일 없이 마음이 편안함.
〔晏息〕(안식) 편히 쉼. 안식(安息).

6 ⑩ 〔晔〕 엽 曄(2188)의 간화자
2138

6 ⑩ 〔晁〕* 조 平 蕭 | cháo, チョウ
2139

행서 이름 아침 조 자원 형성. 日+兆→晁. 窕(조)·眺(조)와 같이 兆(조)가 성부.
새김 아침. 朝(2231)와 같다.

6 ⑩ 〔晉〕* 진: 去 震 | jìn, シン
2140

소전 행서 속자 晋 이름 나아갈 진: 자원 형성. 𠃊[臸의 변형]+日→晉→晋. 臸(진)이 성부.
새김 ❶나아가다. 進(5437)과 같게 쓴다. ❷진나라. ㉠춘추(春秋) 때의 오패(五霸)의 하나. ㉡사마염(司馬炎)이 삼국의 위(魏)를 멸하고 세운 나라.
▷東晉(동진)·西晉(서진)·後晉(후진)

6 ⑩ 〔晋〕 진: 晉(2140)의 속자
2141

6 ⑩ 〔晃〕* 황: 上 養 | huǎng, コウ
2142

소전 행서 동자 晄 이름 밝을 황: 자원 형성. 日+光→晃. 光(광)의 변음이 성부.
새김 밝다. 또는 빛나다.

6 ⑩ 〔晄〕* 황: 晃(2142)과 동자
2143

6 ⑩ 〔晓〕 효: 曉(2198)의 간화자
2144

6 ⑩ 〔晕〕 훈 暈(2178)의 간화자
2145

7 ⑪ 〔晚〕*** 만: 上 阮 | wǎn, バン
2146

소전 행서 이름 늦을 만: 자원 형성. 日+免〔免과 동자〕→晚. 娩(만)·挽(만)·輓(만)과 같이 免(면)의 변음이 성부.

필순 丨 冂 日 日' 日'' 旷 昤 晗 晚 晚

새김 ❶늦다. 정해진 시간보다 늦다. 早(2091)의 대. ¶晚成(—, 이룰 성)늦게서야 이루어짐. 곧 나이가 많아서 뜻을 이룸. 예大器—. ❷해질녘. 황혼 무렵. 또는 해가 저물다. ¶晚鐘(—, 종 종) 해질녘에 치는 종. 또는 그 종소리.
〔晚年〕(만년) 늘그막. 노년(老年).
〔晚達〕(만달) 늘그막에 벼슬과 명망이 높아짐.
〔晚時之歎〕(만시지탄) 때늦은 한탄. 곧 일정한 기회를 놓쳐서 안타까워하는 탄식.
〔晚餐〕(만찬) 저녁 식사.
〔晚秋〕(만추) 늦가을. 곧 음력 9월. 모추(暮秋).
〔晚翠〕(만취) 겨울에도 변하지 않는 초목의 푸른색.
〔晚學〕(만학) ①나이가 들어 늦게 공부함. ②동년배에 대한 자신의 겸칭.
▷歲晚(세만)·昨晚(작만)·早晚(조만)

7 ⑪ 〔晟〕 성: 晟(2135)의 본자
2147

7 ⑪ 〔晨〕** 신 平 眞 | chén, シン
2148

소전 행서 이름 새벽 신 자원 형성. 日+辰→晨. 娠(신)·宸(신)·蜃(신)과 같이 辰(신)이 성부.

필순 丶 冂 日 日 旦 尸 尸 尸 晨 晨

새김 ❶새벽. 이른 아침. ¶晨省(—, 살필 성)새벽에 부모의 침소에 들어가서 밤 사이의 안후를 살핌. 예昏定—. ❷별자리 이름. 이십팔수의 하나.
〔晨鷄〕(신계) 새벽을 알리는 수탉.
〔晨星〕(신성) 새벽 하늘에 드문드문 보이는 별. 사물이 여기저기 드문드문 흩어져 있는 모양의 비유.
▷牝鷄司晨(빈계사신)·一日難再晨(일일난재신)·淸晨(청신)

7 ⑪ 〔晤〕* 오: 去 遇 | wù, ゴ
2149

소전 행서 이름 만날 오: 자원 형성. 日+吾→晤. 悟(오)·梧(오)·珸(오)와 같이 吾(오)가 성부.
새김 만나다. 대면하다.

7 ⑪ 〔晢〕* 절 入屑 zhé, セツ
2150

소전 행서 이름 밝을 절 자원 형성. 折＋日→晢. 折(절)이 성부.
새김 밝다. 똑똑하다.

7 ⑪ 〔晝〕*** 주 ㊍주: 去宥 zhòu, チュウ
2151

소전 행서 속자 간화 昼 이름 낮 주 자원 회의. 𦘔〔畫의 생략체〕＋日→晝. 해의 뜨고 짐에 따라 밤과의 구별이 확연한 낮을 뜻한다.

필순 ㇇ ㇆ ⺕ ⺕ 聿 聿 書 書 書 晝

새김 낮. 해가 떠서 질 때까지의 동안. 夜(0993)의 대. ¶晝夜(—, 밤 야)낮과 밤. ㉠—兼行.
〔晝間〕(주간) 낮 동안.
〔晝耕夜讀〕(주경야독) 낮에는 밭을 갈고 밤에는 글을 읽음. 곧 바쁜 틈을 타서 어렵게 공부함의 형용.
〔晝寢〕(주침) 낮잠. 또는 낮잠을 잠.
▷ 白晝(백주)

7 ⑪ 〔晙〕* 준: 去震 jùn, シュン
2152

행서 이름 밝을 준: 자원 형성. 日＋夋→晙. 俊(준)·峻(준)·逡(준)과 같이 夋(준)이 성부.
새김 밝다. 환하다.

7 ⑪ 〔晛〕* 현: 上銑 xiàn, ケン
2153

행서 이름 햇살 현: 자원 형성. 日＋見→晛. 見에는 '견' 외에 '현' 음도 있어, 現(현)·峴(현)·睍(현)과 같이 見(현)이 성부.
새김 햇살. 햇볕. 또는 밝다.

7 ⑪ 〔晧〕* 호: 上晧 hào, コウ
2154

소전 행서 이름 빛날 호: 자원 형성. 日＋告→晧. 浩(호)·皓(호)와 같이 告(고)의 변음이 성부.
새김 ❶빛나다. 반짝이다. ❷희다. 皓(3504)와 같게 쓴다.

7 ⑪ 〔晥〕* 환: 上潸 huǎn, カン
2155

행서 이름 밝을 환: 자원 형성. 日＋完→晥. 完(완)의 변음이 성부.
새김 밝다. 또는 고을 이름.

7 ⑪ 〔晦〕* 회: 去隊 huì, カイ
2156

소전 행서 이름 그믐 회: 자원 형성. 日＋每→晦. 悔(회)·誨(회)와 같이 每(매)의 변음이 성부.
새김 ❶그믐. 음력에서 그 달의 마지막 날. 朔(2225)의 대. ¶晦朔(—, 초하루 삭)그믐과 초하루. ❷어둡다. 또는 밤. ¶晦明(—, 밝을 명)어둠과 밝음.
〔晦冥〕(회명) 어두컴컴함.
〔晦塞〕(회색) 밝았던 것이 깜깜하게 꽉 막힘.

7 ⑪ 〔晞〕* 희 平微 xī, キ
2157

소전 행서 이름 날밝을 희 자원 형성. 日＋希→晞. 稀(희)·俙(희)와 같이 希(희)가 성부.
새김 날이 밝다. 날이 새다. 〔詩經〕東方未₂晞₁(동방미희) 동쪽이 아직 날이 밝지 아니하다.

8 ⑫ 〔景〕*** ㊀경:▷경 上梗 jǐng, ケイ ㊁영: 上梗 yǐng, エイ
2158

소전 행서 이름 ㊀형편 경:▷경 ㊁그림자 영: 자원 형성. 日＋京→景. 倞(경)·鯨(경)·勍(경)과 같이 京(경)이 성부.

필순 ㇆ ㇆ 曰 旦 早 早 暑 景 景 景

새김 ㊀❶형편. 또는 모양. ¶情景(형편 정, —) ㉮일이 벌어진 형편. ㉯사람이 처하고 있는 형편. ❷경치. 풍치. ¶絶景(뛰어날 절, —)매우 뛰어난 경치. ❸우러르다. 숭배하다. ¶景慕(—, 사모할 모)우러러 사모함. ❹경사스럽다. ¶景雲(—, 구름 운)경사스러운 일이 있을 조짐의 구름. ❺(현대 용어)상품을 사는 사람에게 곁들여주다. ¶景品(—, 물건 품)물건을 사는 사람에게 곁들여 주는 물건. ㊁그림자. 影(1526)의 고자. ¶日景(해 일, —)햇빛이 비쳐서 생기는 그림자.
〔景概〕(경개) 경치(景致).
〔景光〕(경광) ①상서로운 빛. 또는 은덕(恩德). ②세월. 광음(光陰). ③國경치.
〔景勝〕(경승) 경치가 좋음. 또는 그런 곳.
〔景致〕(경치) 산수 등의 아름다운 풍경. 경개(景概). 경색(景色).
〔景從〕(영종) 그림자같이 따라 다님. 긴밀히 서로 따름의 비유.
▷ 光景(광경)·近景(근경)·倒景(도영)·晚景(만경)·背景(배경)·全景(전경)·風景(풍경)

8 ⑫ 〔晷〕 2159 구: ㊍귀: 上紙 | guǐ, キ

소전 행서 이름 해그림자 구: 자원 형성. 日+咎→晷. 咎(구)가 성부.

새김 해 그림자. 또는 해시계. 인신하여, 시간. 세월. ¶寸晷(마디 촌, —)짧은 시간. 동寸陰(촌음)

〔晷刻〕(구각) ①짧은 동안. ②해시계와 물시계.

8 ⑫ 〔普〕** 2160 보: 上麌 | pǔ, フ

소전 행서 이름 넓을 보: 자원 형성. 並〔竝의 속자〕+日→普→普. 並(병)의 변음이 성부.

필순 丶 丷 丷 並 並 並 並 普 普 普

새김 ❶넓다. 광대하다. ¶普天之下(—, 하늘 천, 의 지, 아래 하)광대한 하늘의 아래. 곧 온 세상. ❷널리. 또는 두루 미치다. ¶普及(—, 미칠 급)널리 펴서 두루 미치게 함. ❸프러시아(Prussia)의 음역자.

〔普通〕(보통) 널리 일반에게 통함.

〔普遍〕(보편) 모든 것에 두루 미침. 예—性.

8 ⑫ 〔晳〕* 2161 석 入錫 | xī, セキ

행서 이름 밝을 석 자원 형성. 析+日→晳. 淅(석)과 같이 析(석)이 성부.

새김 밝다. 분명하다. ¶明晳(밝을 명, —) 사고하고 판단함이 똑똑하고 분명함. 예—한 頭腦.

8 ⑫ 〔暘〕* 2162 역 入陌 | yì, エキ

소전 행서 이름 해은현할 역 자원 형성. 日+易→暘. 易(역)이 성부.

새김 해가 은현하다. 해가 구름에 가리어졌다 나타났다 하다.

8 ⑫ 〔暂〕 2163 잠: 暫(2189)의 간화자

8 ⑫ 〔晶〕* 2164 정 平庚 | jīng, ショウ

소전 행서 이름 수정 정 자원 회의. 日+日+日→晶. 日은 별. 하늘에 흩어져 있는 별이 빛난다는 뜻. 새김은 가차.

새김 ❶수정(水晶). 광석의 이름. ❷결정(結晶). 원자나 분자들이 규칙적으로 배열되어 이루어진 고체. 인신하여, 애써서 이룬 보람 있는 결과. 예땀의 —.

▷氷晶石(빙정석)

⑫〔㝡〕 정 日부 9획(2177)

8 ⑫ 〔智〕** 2165 지 ㊍지: 去寘 | zhì, チ

소전 행서 이름 지혜 지 자원 형성. 知+日→智. 知(지)가 성부.

필순 丿 𠂉 𠂉 矢 矢 知 知 知 智 智

새김 ❶지혜. 슬기. ¶智謀(—, 꾀 모)슬기와 꾀. ❷지혜롭다. 슬기가 많다. ¶智者(—, 사람 자) 지혜로운 사람.

〔智能〕(지능) 지혜와 능력. 지모(智謀)와 재능.

〔智略〕(지략) 슬기로운 계략이나 꾀.

〔智勇〕(지용) 지혜롭고 용감함. 또는 슬기와 용기.

〔智慧〕(지혜) 슬기로움. 또는 슬기.

▷機智(기지)·仁義禮智(인의예지)·人智(인지)·才智(재지)·衆智(중지)

8 ⑫ 〔晴〕*** 2166 청 平庚 | qíng, セイ

행서 이름 갤 청 자원 형성. 日+青→晴. 清(청)·請(청)·菁(청)과 같이 青(청)이 성부.

필순 丨 ㄇ 日 日 日= 日丰 日丰 晴 晴 晴

새김 개다. 비가 개다. 또는 하늘에 구름이 없다. ¶晴耕雨讀(—, 밭갈 경, 비올 우, 읽을 독) 비가 개면 밭을 갈고 비가 오면 글을 읽음. 농사를 지으면서 틈틈이 글공부를 함의 형용.

〔晴空〕(청공) 맑게 갠 하늘.

〔晴曇〕(청담) 날씨의 갬과 흐림.

〔晴雨〕(청우) 날이 갬과 비가 옴.

〔晴天〕(청천) 맑게 갠 하늘. 예—霹靂.

▷乍晴(사청)·雨晴(우청)·秋晴(추청)·春晴(춘청)·快晴(쾌청)

8 ⑫ 〔晫〕* 2167 탁 入覺 | zhuó, タク

행서 이름 밝을탁 자원 형성. 日+卓→晫. 倬(탁)·琸(탁)과 같이 卓(탁)이 성부.

새김 밝다.

8 ⑫ 〔晓〕 2168 효: 曉(2198)의 속자

9 ⑬ 〔暇〕** 2169 가 ㊍하: 去禡 | xiá, カ

소전 행서 이름 겨를 가 자원 형성. 日+叚→暇. 假(가)와 같이 叚(하→

가)가 성부.

필순

새김 겨를. 일이 없이 한가롭게 지내는 틈. ¶休暇(쉴 휴, ―)학업이나 근무를 하지 않고 일정 기간 쉬는 일. 또는 그 겨를. 예有給―.
〔暇日〕(가일) 틈이 있는 날. 한가한 날.
▷公暇(공가)·病暇(병가)·賜暇(사가)·餘暇(여가)·請暇(청가)·閑暇(한가)

9 ⑬ 〔暖〕*** 난: 上旱 nuǎn, ダン
2170

행서 暖 동자 煖 이름 따뜻할 난: 자원 형성. 日+爰→暖. 爰(원)의 변음이 성부.

필순

새김 따뜻하다. 冷(0405)의 대. ㉠따스하다. ¶暖流(―, 흐름 류)적도 부근에서 온대·한대를 향하여 흐르는, 수온이 높은 해류. ㉡따뜻하게 하다. ¶暖房(―, 방 방)방을 따뜻하게 함. 또는 그렇게 해서 따뜻해진 방. 예―裝置.
〔暖帶〕(난대) 열대와 온대의 중간 지대. 아열대(亞熱帶).
〔暖冬〕(난동) 따뜻한 겨울.
〔暖爐〕(난로) 실내를 따뜻하게 하기 위하여 불을 피우는 기구.
〔暖衣〕(난의) 입으면 따뜻해지는 옷. 또는 옷을 따뜻하게 입음. 예―飽食.
▷溫暖(온난)·春暖(춘난)·寒暖(한난)·和暖(화난)

9 ⑬ 〔暋〕* 민: 上軫 mǐn, ビン
2171

행서 暋 이름 사나울 민: 자원 형성. 敃+日→暋. 愍(민)과 같이 敃(민)이 성부.
새김 사납다. 억세다. 〔書經〕 暋不畏死(민불외사)사나워서 죽음을 두려워하지 아니하다.

9 ⑬ 〔暑〕*** 서: 上語 shǔ, ショ
2172

소전 暑 행서 暑 이름 더울 서: 자원 형성. 日+者→暑. 署(서)·緖(서)와 같이 者(자)의 변음이 성부.

필순

새김 덥다. 또는 더위. 또는 더운 계절. 寒(1208)의 대. ¶避暑(피할 피, ―)더위를 피함. 예―地.
〔暑氣〕(서기) 한여름의 열기. 서열(暑熱).
〔暑炎〕(서염) 심한 더위.
〔暑天〕(서천) 무더운 여름날. 또는 여름.
〔暑退〕(서퇴) 더위가 물러감.
▷大暑(대서)·盛暑(성서)·小暑(소서)·炎暑(염서)·殘暑(잔서)·處暑(처서)·暴暑(폭서)·寒暑(한서)·酷暑(혹서)

9 ⑬ 〔暗〕*** 암: 去勘 àn, アン
2173

소전 暗 행서 暗 이름 어두울 암: 자원 형성. 日+音→暗. 闇(암)과 같이 音(음)의 변음이 성부.

필순

새김 ❶어둡다. 明(2103)의 대. ㉠빛이 없다. ¶明暗(밝을 명, ―)밝음과 어두움. ㉡어리석다. 도리에 어둡다. ¶暗君(―, 임금 군)도리에 어둡고 어리석은 임금. ❷몰래. 슬며시. 넌지시. ¶暗殺(―, 죽일 살)몰래 죽임. ❸외다. 암기하다. ¶暗記(―, 기억할 기)외어서 기억함.
〔暗計〕(암계) 비밀리에 꾀함. 또는 그 계략.
〔暗澹〕(암담) ①어두컴컴하고 쓸쓸함. ②어둡고 막막함.
〔暗昧〕(암매) 사리에 어둡고 어리석음.
〔暗算〕(암산) 속셈. 마음 속으로 하는 계산.
〔暗示〕(암시) 넌지시 깨우쳐 알게 함.
〔暗室〕(암실) ①캄캄한 방. ②사진 현상에 사용되는, 빛이 들지 않도록 설비한 방.
〔暗暗裡〕(암암리) 남이 모르는 사이에.
〔暗躍〕(암약) 암암리에 활약함.
〔暗愚〕(암우) 사리에 어둡고 어리석음.
〔暗鬱〕(암울) ①어두컴컴하고 답답함. ②암담하고 침울함.
〔暗中〕(암중) ①어두움 속. ②은밀한 가운데.
〔暗中摸索〕(암중모색) ①어둠 속에서 더듬어 찾음. ②어림으로 막연하게 알아내려고 함.
〔暗礁〕(암초) 바닷속에 잠겨서 보이지 않는 바위.
〔暗鬪〕(암투) 드러내지 않고 서로 적의(敵意)를 품고 다툼.
〔暗行〕(암행) 자기의 정체를 드러내지 아니하고 남모르게 다님. 예―御史.
〔暗香〕(암향) 그윽하게 풍기는 향기.
〔暗號〕(암호) 당사자끼리만 알 수 있게 만든 신호나 부호.
〔暗黑〕(암흑) 캄캄함. 어두움.
▷夜暗(야암)·幽暗(유암)·黑暗(흑암)

9 ⑬ 〔暘〕* 양 平陽 yáng, ヨウ
2174

소전 暘 행서 暘 간화 旸 이름 해돋을 양 자원 형성. 日+昜→暘. 陽(양)·楊(양)·瘍(양)과 같이 昜(양)이 성부.

새김 해가 돋다. ¶暘谷(一, 골 곡) 해가 돋는 곳.

9 ⑬ 〔暎〕* 2175 영: 映(2126)의 속자

9 ⑬ 〔暐〕* 2176 위: 上尾 wěi, イ

행서 이름 번쩍일 위: 자원 형성. 日+韋→暐. 韋(위)·偉(위)·緯(위)와 같이 韋(위)가 성부.
새김 빛이 번쩍이다.

9 ⑬ 〔晸〕* 2177 정: 上梗 zhěng, セイ

행서 이름 해돋을 정: 자원 형성. 日+政→晸. 政(정)이 성부.
새김 해가 돋다.

9 ⑬ 〔暈〕* 2178 훈 本운: 去問 yùn, ウン

소전 행서 간화 晕 이름 무리 훈 자원 형성. 日+軍→暈. 運(운)과 같이 軍(군)의 변음이 성부.
새김 ❶무리. 햇무리나 달무리. ¶日暈(해 일, 一)햇무리. ❷멀미. 또는 배나 비행기 등의 흔들림으로 어질어질해지다. ¶船暈(배 선, 一) 뱃멀미.
〔暈色〕(훈색) 선이 분명하지 않고 우련하게 보이는 빛깔. 「두리. 훈륜(暈輪).
〔暈圍〕(훈위) 햇무리·달무리 따위의 둥근 테
▷月暈(월훈)·酒暈(주훈)·眩暈(현훈)

9 ⑬ 〔暄〕* 2179 훤 平元 xuān, ケン

행서 이름 따뜻할 훤 자원 형성. 日+宣→暄. 喧(훤)·萱(훤)과 같이 宣(선)의 변음이 성부.
새김 따뜻하다. 온난하다. ¶暄風(一, 바람 풍) 따뜻한 바람.
〔暄日〕(훤일) 따뜻한 날씨.
〔暄寒〕(훤한) ①따뜻함과 추움. ②날씨와 일상 생활에 대한 인사말.
▷晴暄(청훤)·寒暄(한훤)

9 ⑬ 〔暉〕* 2180 휘 平微 huī, キ

소전 행서 이름 빛 휘 자원 형성. 日+軍→暉. 輝(휘)·揮(휘)·煇(휘)와 같이 軍(군)의 변음이 성부.
새김 빛. 햇빛. 또는 빛나다. ¶夕暉(저녁 석, 一) 저녁때 지는 햇빛.

10 ⑭ 〔暠〕* 2181 고: 上皓 gǎo, コウ

행서 이름 밝을 고: 자원 형성. 日+高→暠. 稿(고)·槁(고)·敲(고)와 같이 高(고)가 성부.
새김 밝다. 환하다.

10 ⑭ 〔暣〕* 2182 기: 去未 qì, キ

행서 이름 태양기운 기 자원 형성. 日+氣→暣. 氣(기)가 성부.
새김 태양의 기운.

10 ⑭ 〔暦〕 2183 력 曆(2196)의 약자

10 ⑭ 〔暝〕* 2184 명 平青 míng, メイ

행서 이름 어두울 명 자원 형성. 日+冥→暝. 溟(명)·瞑(명)·蓂(명)과 같이 冥(명)이 성부.
새김 어둡다. 어둑어둑하다.

10 ⑭ 〔暧〕 2185 애: 曖(2199)의 간화자

10 ⑭ 〔暢〕** 2186 창: 去漾 chàng, チョウ

행서 간화 畅 이름 통할 창: 자원 형성. 申+昜→暢. 昜(양)의 변음이 성부.

필순 ㅁ 日 申 申 ...暢

새김 ❶통하다. 막힘이 없다. ¶流暢(흐를 류, 一)말이나 글이 줄줄 내려가 막힘이 없음. 예一한 外國語의 驅使. ❷펴다. 마음껏 펴다. ¶暢達(一, 이를 달)의견이나 언론 등을 아무런 꺼림도 없이 자유로이 마음껏 펼침. 예言論一. ❸상쾌하다. ¶和暢(온화할 화, 一)날씨나 바람이 온화하고 상쾌함. 예一한 봄날.
〔暢茂〕(창무) 풀과 나무가 무성함.
〔暢敍〕(창서) 마음이나 정회 등을 시원하게 탁 터 놓음.
〔暢懷〕(창회) 품고 있던 회포를 시원하게 풂.
▷萬花方暢(만화방창)·通暢(통창)

11 ⑮ 〔暮〕*** 2187 모: 去遇 mù, ボ

소전 행서 이름 저물 모: 자원 형성. 莫+日→暮. 莫에는 '막' 외에 '모'음도 있어, 慕(모)·模(모)·募(모)와 같이 莫(모)가 성부.

필순 艹 艹 艹 苜 苩 莫 莫 莫 幕 暮

새김 ❶저물다. 날이나 한 해가 저물다. ¶日暮途遠(날 일, —, 길 도, 멀 원) 日(2086)을 보라. ❷저물녘. 어떤 때의 끝무렵. ¶歲暮(해 세, —) 한 해가 다 저물어 가는 마지막 때.
〔暮景〕(모경) ①해질 무렵의 경치. ②늙으막의 정경. ③석양(夕陽).
〔暮境〕(모경) 늙바탕. 만경(晩境).
〔暮年〕(모년) 늙은 나이. 노년(老年).
〔暮齡〕(모령) 늙으막. 만년(萬年).
〔暮愁〕(모수) 저녁 때면 느끼는 쓸쓸한 생각.
〔暮秋〕(모추) 늦가을. 음력 9월. 만추(晩秋).
〔暮春〕(모춘) 늦은 봄. 음력 3월. 만춘(晩春).
▷薄暮(박모)·朝暮(조모)

11 ⑮ 〔曄〕* 엽 入 葉 | yè, ヨウ
2188

소전 행서 간화 晔 이름 빛날 엽 자원 회의. 日＋華→曄. 태양이 빛난다는 뜻.
새김 빛나다. 또는 번개가 번쩍이는 모양.

11 ⑮ 〔暫〕** 잠: 去 勘 | zàn, ザン
2189

소전 행서 간화 暂 이름 잠시 잠: 자원 형성. 斬＋日→暫. 斬(참)의 변음이 성부.

필순 一 亓 亘 亘 車 車 斬 斬 暫 暫

새김 잠시. 잠깐. ¶暫定(—, 정할 정)잠시 동안 임시적으로 정해 둠. 예—的 方針.
〔暫不離側〕(잠불리측) 잠시도 곁에서 떠나지 않음.
〔暫時〕(잠시) 잠깐. 단시간(短時間).
〔暫許〕(잠허) 잠깐동안 허락함.

11 ⑮ 〔暲〕* 장 平 陽 | zhāng, ショウ
2190

행서 이름 밝을 장 자원 형성. 日＋章→暲. 障(장)·璋(장)·獐(장)과 같이 章(장)이 성부.
새김 밝다.

11 ⑮ 〔暴〕*** ㊀포▷폭 本포: 去 號 | bào, ボウ
㊁폭 入 屋 | pù, バク
2191

소전 행서 이름 ㊀사나울 포▷폭 ㊁드러낼 폭 자원 회의. 日＋𣎆→暴. 𣎆는 짐승의 시체의 모양. 그 위에 日을 더하여, 짐승의 시체를 햇볕에 쬔다는 뜻을 나타낸다.

필순 日 旦 㫗 旦 昇 㬥 㬥 㬥 暴 暴

새김 ㊀❶사납다. ¶暴惡(포악) 몹시 사납고 악함. ¶暴君(폭군) 사나운 임금. 곧 난폭한 임금. ❷갑자기. 느닷없이. ¶暴落(폭락)물가나 주가(株價)가 갑자기 떨어짐. ❸세차다. ㉠격렬하다. ¶暴風(폭풍)세차게 부는 바람. ㉡정도를 벗어나다. ¶暴利(폭리)일반적인 정도를 벗어나 엄청나게 남기는 부당한 이익. ❹해치다. 손상하다. ¶自暴自棄(자포자기)극도의 절망 상태에 빠져 자신을 스스로 해치고 스스로 버려서 돌아보지 아니함. ❺맨손으로 때려 잡다. ¶暴虎(포호)범을 맨손으로 때려 잡음. ㊁드러내다. 드러내 보이다. ¶暴露(폭로)알려지지 않은 일을 밝게 드러내거나 드러남. 예—記事.
〔暴棄〕(포기) 자포자기(自暴自棄)의 준말.
〔暴掠〕(포략) 강탈함. 약탈함.
〔暴虐〕(포학) 사납고 잔학함.
〔暴虎馮河〕(포호빙하) 호랑이를 맨손으로 때려 잡고 황하(黃河)를 걸어서 건넘. 용기만 있고 지혜가 없음의 비유. 「한 무리.
〔暴徒〕(폭도) 법을 지키지 않는 사납고 포악
〔暴動〕(폭동) 집단으로 소란을 피워 사회 질서를 어지럽히는 일.
〔暴騰〕(폭등) 물가나 주가 등이 갑자기 오름.
〔暴力〕(폭력) ①난폭한 힘. ②무력 따위의 강제적인 힘.
〔暴吏〕(폭리) 포악한 관리.
〔暴暑〕(폭서) 매우 심한 더위. 폭염(暴炎).
〔暴食〕(폭식) 음식을 한꺼번에 많이 먹음.
〔暴言〕(폭언) 난폭한 말.
〔暴雨〕(폭우) 갑자기 퍼붓듯이 쏟아지는 비.
〔暴飮〕(폭음) 술을 한꺼번에 많이 마심.
〔暴政〕(폭정) 포악한 정치.
〔暴風雨〕(폭풍우) 폭풍이 불면서 세차게 쏟아지는 큰비.
〔暴行〕(폭행) ①난폭한 행동. ②남에게 폭력을 가하는 일.
▷強暴(강포)·亂暴(난폭)·橫暴(횡포)·凶暴(흉포)

11 ⑮ 〔暳〕* 혜: 去 霽 | huì, ケイ
2192

행서 이름 별많을 혜: 자원 형성. 日＋彗→暳. 慧(혜)와 같이 彗(혜)가 성부.
새김 별이 많다. 또는 많은 별의 모양.

12 ⑯ 〔暻〕* 경: 上 梗 | jǐng, ケイ
2193

행서 이름 밝을 경: 자원 형성. 日＋景→暻. 憬(경)·璟(경)과 같이 景(경)이 성부.
새김 밝다.

12 ⑯ 〔曇〕* 담 [平]覃 | tán, トン
2194

[소전] 曇 [행서] 曇 [간화] 昙 [이름] 구름낄 담 [자원] 회의. 日+雲→曇. 구름이 해를 뒤덮는다는 뜻.
[새김] 구름이 끼다. 또는 낀 그 구름. ¶曇天(—, 하늘 천) 구름이 낀 하늘.
▷晴曇(청담)

12 ⑯ 〔暾〕* 돈 [平]元 | tūn, トン
2195

[행서] 暾 [동자] 旽 [이름] 돋는해 돈 [자원] 형성. 日+敦→暾. 墩(돈)·燉(돈)과 같이 敦(돈)이 성부.
[새김] 돋는 해. 또는 아침 해가 비추다.

12 ⑯ 〔曆〕** 력 [入]錫 | lì, レキ
2196

[소전] 曆 [행서] 曆 [약자] 暦 [간화] 历 [이름] 달력 력 [자원] 형성. 厤+日→曆. 歷(력)과 같이 厤(력)이 성부.

[필순] 一 厂 厂 厂 戸 戸 屏 厤 曆 曆

[새김] ❶달력. 책력. ¶陰曆(달 음, —) 달을 기준으로 하여 만든 책력. ❷운수. 운명. ¶曆數(—, 운수 수) ㉮제왕이나 왕조가 교체되는 운수. ㉯책력을 만드는 방법.
〔曆法〕(역법) 해·달·별 등 천체의 운행을 관측하여 절후와 세시를 추산하는 방법.
〔曆書〕(역서) 책력.
▷西曆(서력)·陽曆(양력)·月曆(월력)·日曆(일력)·冊曆(책력)·太陽曆(태양력)

12 ⑯ 〔暹〕* 섬 [平]鹽 | xiān, セン
2197

[행서] 暹 [이름] 해뜰 섬 [자원] 회의. 日+進→暹. 해가 중천(中天)을 향해 나아간다 뜻.
[새김] 해가 뜨다. 해가 떠서 햇살이 퍼지다.

12 ⑯ 〔曉〕** 효: [上]篠 | xiǎo, ギョウ
2198

[소전] 曉 [행서] 曉 [속자] 暁 [간화] 晓 [이름] 새벽 효: [자원] 형성. 日+堯→曉. 驍(효)와 같이 堯(요)의 변음이 성부.

[필순] 冂 日 日一 日十 日土 日圭 日垚 日垚 曉 曉

[새김] ❶새벽. 동이 틀 무렵. ¶曉鐘(—, 종 종)새벽에 치는 종. ❷깨닫다. 환히 알다. ¶通曉(통할 통, —)환히 깨달아서 앎. [예]易學에 —한 사람.
〔曉達〕(효달) 깊은 뜻에 이르기가지 환히 앎.
〔曉得〕(효득) 깨달아서 앎.
〔曉星〕(효성) ①새벽 하늘에 드문드문 보이는 별. ②샛별. 금성(金星).
〔曉喩〕(효유) 깨달아 알도록 타이름.
〔曉解〕(효해) 터득함. 이해함.

13 ⑰ 〔曖〕* 애: [去]隊 | ài, アイ
2199

[행서] 曖 [간화] 暧 [이름] 어두울 애: [자원] 형성. 日+愛→曖. 愛(애)가 성부.
[새김] 어둡다. 또는 가리어져 희미하다. ¶曖昧(—, 어두울 매) 사리가 희미하고 분명하지 못함. [예]— 한處身.

14 ⑱ 〔曙〕* 서: [去]御 | shǔ, ショ
2200

[소전] 曙 [행서] 曙 [이름] 새벽 서: [자원] 형성. 日+署→曙. 署(서)가 성부.
[새김] 새벽. 또는 동이 트다. ¶曙光(—, 빛 광) 동틀 때의 햇빛. 좋은 일이 있을 조짐의 비유.
〔曙天〕(서천) 새벽 하늘.

14 ⑱ 〔曜〕* 요: [去]嘯 | yào, ヨウ
2201

[행서] 曜 [이름] 요일 요: [자원] 형성. 日+翟→曜. 耀(요)·燿(요)와 같이 翟(적)의 변음이 성부.
[새김] 요일. ¶曜日(—, 날 일) 일·월·화·수·목·금·토에 '曜' 자를 붙여서 나타내는 일주일의 각각의 날. [예]月曜日.
▷日曜日(일요일)·七曜(칠요)

15 ⑲ 〔曠〕* 광: [去]漾 | kuàng, コウ
2202

[소전] 曠 [행서] 曠 [간화] 旷 [이름] 허비할 광: [자원] 형성. 日+廣→曠. 鑛(광)·壙(광)과 같이 廣(광)이 성부.
[새김] ❶허비하다. 헛되이 보내다. ¶曠$_2$日$_1$(—, 날 일)날을 헛되이 보냄. [예]—彌久. ❷넓다. 넓게 탁 트이다. ¶曠野(—, 들 야)넓게 탁 트인 들판.
〔曠夫〕(광부) 아내가 없는 장년의 남자.
〔曠世〕(광세) 세상에 견줄 만한 것이 없음. [예]—之才.
▷怨曠(원광)

15 ⑲ 〔曝〕* 폭▷포 [入]屋 | pù, バク
2203

행서 曝 이름 볕쬘 폭▷포 자원 형성. 日＋暴→曝. 瀑(폭)과 같이 暴(폭)이 성부.
새김 볕에 쬐다. 또는 비바람에 쐬다. ¶曝曬(볕쬘 포, 볕쬘 쇄)젖거나 축축한 것을 볕에 쬐고 바람을 쐼. 예—官. ¶曝衣(볕쬘 폭, 옷 의) 옷을 햇볕에 쬠.
〔曝白〕(포백) 마전. 베나 무명 따위를 삶거나 빨아서 볕에 바래는 일.
〔曝陽〕(폭양) 쨍쨍 내리쬐는 볕.

16 ⑳ 〔曦〕* 2204 희 平支 xī, ギ

행서 曦 이름 햇빛 희 자원 형성. 日＋羲→曦. 犧(희)·爔(희)와 같이 羲(희)가 성부.
새김 햇빛. 또는 해. ¶曦光(—, 빛 광) 햇빛.

4 획 부수 曰 部

▷명칭:가로왈
▷쓰임:의부로서의 기능은 없고, 자형상의 분류를 위해 설정한 부수이다. 그러나 예를 들면, '書'의 부수인 '曰'이 '日'이냐 '曰'이냐에 대해 그 자형만으로는 구별하기가 쉽지 않다. 자원을 통해 유추해야 한다.

0 ④ 〔曰〕*** 2205 왈 入月 yuē, エツ

소전 행서 이름 가로 왈 자원 지사. 입〔口〕에서 소리가 입 밖으로 나오는 것을 ㄴ으로 표시한 자. 그래서 '가로되'의 뜻을 나타낸다.

필순 丶 冂 冃 曰

새김 가로되. 말하되. 말하기를. 또는 말하다. '가로'는 고어 '골오딕'의 준말. ¶曰可曰否(—, 가할 가, —, 아닐 부)어떤 일에 대하여 가하다고 말하고 가하지 아니하다고 말함.
〔曰是曰非〕(왈시왈비) 어떤 일에 대하여 옳거니 그르거니 하고 말함.
〔曰牌〕(왈패) 國 언행이 버릇없이 막되고 거친 사람.

2 ⑥ 〔曲〕*** 2206 곡 入沃 qū·qǔ, キョク

소전 행서 이름 굽을 곡 자원 상형. 나무나 대를 구부려서 만든 그릇의 모양. 그래서 '굽다'의 뜻을 나타낸다.

필순 丶 冂 冃 冃 曲 曲

새김 ❶굽다. 直(3532)의 대. ¶曲線(—, 선 선) 굽거나 휜 선. ❷굽히다. 구부리다. ¶曲肱(—, 팔 굉)팔을 구부림. 예—而枕之. ❸사특하다. 바르지 아니하다. ¶曲學(—, 학문 학) 사특하여 바르지 아니한 학문. 예—阿世. ❹자세하다. 또는 간곡하다. 극진하다. ¶曲盡(—, 다할 진)㉮자세하고 간곡함. 예—한 사연. ㉯정성이 극진함. 예어머니의 —한 사랑. ❺작은 마을. ¶坊坊曲曲(마을 방, —, —, —)큰 마을이나 작은 마을이나 모든 마을. 예—으로 퍼져 나간 光復의 기쁨. ❻곡조. 가락. 또는 음악. 또는 그를 세는 말. ¶名曲(이름날 명, —) 이름난 악곡.
〔曲馬〕(곡마) 길들인 말이나 기타의 짐승들을 가지고 부리는 재주. 예—團.
〔曲水〕(곡수) 굽이굽이 휘돌아 흐르는 물.
〔曲水流觴〕(곡수유상) 굽이져 흐르도록 만든 물길 위에 술잔을 띄우고, 그 술잔이 차례로 돌아앉은 자기 앞에 닿는 동안에 시를 짓고 그 술잔을 들어 마시던 풍류스러운 놀이.
〔曲藝〕(곡예) 곡마·줄타기 등 묘한 기술을 부리는 재주.
〔曲折〕(곡절) ①구부러지고 꺾어짐. ②까닭이나 영문. ③복잡하게 얽힌 내막.
〔曲調〕(곡조) 가사나 음악의 가락.
〔曲坐〕(곡좌) 어른 앞에 앉을 때, 공경하는 뜻으로 마주 향하지 않고 옆으로 꺾어앉음.
〔曲直〕(곡직) ①굽음과 곧음. 예是非—. ②사리의 옳고 그름.
〔曲尺〕(곡척) 곱자. 'ㄱ'자 모양으로 만든 자.
〔曲筆〕(곡필) 사실을 왜곡하여 씀. 또는 그 글.
〔曲解〕(곡해) 사실과 다르게 잘못 이해함.
▷歌曲(가곡)·懇曲(간곡)·交響曲(교향곡)·屈曲(굴곡)·舞曲(무곡)·悲曲(비곡)·序曲(서곡)·小夜曲(소야곡)·樂曲(악곡)·婉曲(완곡)·歪曲(외곡)·作曲(작곡)·戲曲(희곡)

2 ⑥ 〔曳〕* 2207 예: 去霽 yè, エイ

소전 행서 이름 끌 예: 자원 회의. 臼〔臼의 변형〕＋乀(人의 변형)→曳. 臼는 끌다. 사람이 두 손으로 끌어당긴다는 뜻.
새김 끌다. 끌어당기다. ¶曳船(—, 배 선) 배를 끌어당김. 또는 다른 배를 끌고 가는 배.
〔曳光彈〕(예광탄) 탄도(彈道)를 알 수 있게 빛을 내며 나가는 탄환.
〔曳引船〕(예인선) 다른 배를 끄는 배.

3 ⑦ 〔更〕*** 2208 ㊀갱: 去敬 gèng, コウ ㊁경 平庚 gēng, コウ

소전 행서 이름 ㊀다시 갱: ㊁고칠 경 자원 형성. 攴〔丙의 변형〕＋乀〔攴의 변형〕→㪅→更. 丙(병)의 변음이 성부.

필순 一 丅 万 百 亘 更 更

새김 ㊀다시. 다시 또. ¶更生(一, 살 생)죽어가던 것이 다시 살아남. 인신하여, 다시 바른 생활에 들어섬. ㊁고치다. 또는 바꾸다. ¶變更(변할 변, 一)본디의 것과 다르게 고침.
〔更無道理〕(갱무도리) 다시 어찌 해볼 도리가 없음.
〔更少年〕(갱소년) 다시 젊어짐.
〔更新〕(①갱신. ②경신) ①다시 새롭게 하거나 새로워짐. ②옛 제도 등을 고쳐 새롭게 함.
〔更紙〕(갱지) 조금 거친 양지(洋紙)의 한 가지. 신문(新聞) 용지 등에 쓰임.
〔更張〕(경장) 제도를 혁신함. ㉔甲午一.
〔更點〕(경점) 시간의 단위인 경과 점. 하룻밤을 5경으로 나누고 1경을 5점으로 나누었음.
〔更訂〕(경정) 변경하여 정정함.
〔更迭〕(경질) 어떤 직위에 있는 사람을 갈아내고 다른 사람으로 바꿔 임용함.
▷三更(삼경)·初更(초경)

5 ⑨ 〔曷〕* 2209 갈 ㊍할 入曷 | hé, カツ

소전 행서 이름 어찌 갈 자원 형성. 曰+匃→曷. 匃(갈)이 성부.
새김 ❶어찌. 또는 어찌 아니하느냐? 〔書經〕汝曷弗告朕(여 갈불고짐) 너가 어찌 짐에게 고하지 않느냐? ❷언제. 어느 때. 〔左傳〕吾子其曷歸(오자 기갈귀) 내 아들이 언제 돌아오느냐?

6 ⑩ 〔書〕*** 2210 서 平魚 | shū, ショ

소전 행서 간화 书 이름 글 서 자원 형성. 聿〔聿의 변형〕+曰〔者의 생략체〕→書. 者(자)의 변음이 성부.

필순 ㇕ ⺕ ⺕ ⺕ 聿 聿 聿 書 書 書

새김 ❶글. ㉠글자. 문자. ¶書體(一, 체 체)글자를 써놓은 모양새. ㉡언어를 글자로 적어놓은 모든 것. ㉮기록. 문서. ¶書類(一, 무리 류)여러 가지의 문서나 기록. ㉯편지. 서찰. ¶書信(一, 소식 신)편지로 전하는 소식. ❷책. 서적. ¶書店(一, 가게 점)책을 파는 가게. ❸쓰다. 적다. ¶書式(一, 방식 식)규격화되어 있는 서류에서의, 정해져 있는 쓰는 방식. ❹서경(書經)의 준말. ¶詩書(시경 시, 一) ㉮시경(詩經)과 서경. ㉯시와 글. 또는 시와 글씨.
〔書架〕(서가) 책을 얹어 두거나 꽂아 두는 시렁.
〔書簡〕(서간) 편지. 서한(書翰).
〔書庫〕(서고) 도서를 보관하는 건물.
〔書記〕(서기) 문서나 기록을 맡아보는 사무원.
〔書道〕(서도) 글씨 쓰는 법을 배우는 길.
〔書面〕(서면) ①글씨를 쓴 지면. ②일정한 내용을 적은 문서. ㉔一으로 보고하다.
〔書法〕(서법) 서예(書藝). 서도(書道).
〔書肆〕(서사) 서점(書店).
〔書生〕(서생) 학문을 닦는 유생(儒生)을 이르는 말.
〔書藝〕(서예) 붓글씨를 예술의 관점에서 이르
〔書院〕(서원) 큰 학자의 위패를 모셔놓고 제사를 받들며, 선비들이 모여서 학문을 강론하는 곳. ㉔陶山一.
〔書齋〕(서재) 책을 읽고 공부하는 방.
〔書籍〕(서적) 책. 서책(書冊).
〔書誌學〕(서지학) 도서의 해제 및 그 역사를 연구의 대상으로 삼는 학문.
〔書評〕(서평) 책 내용에 대한 평. ㉔新刊一.
〔書翰〕(서한) 편지. 서간(書簡).
〔書畫〕(서화) 글씨와 그림.
▷經書(경서)·公文書(공문서)·司書(사서)·良書(양서)·六書(육서)·證書(증서)·投書(투서)·行書(행서)

6 ⑩ 〔曺〕* 2211 조 曹(2213)의 속자

새김 國성(姓). ㉔曺植.

7 ⑪ 〔曼〕* 2212 만: 去願 | màn, マン

소전 행서 이름 길 만: 자원 형성. 𦉼〔冒의 변형〕+又→曼. 冒(모)의 변음이 성부.
새김 길다. 또는 길게 끌다. 〔詩經〕孔曼且碩(공만차석) 매우 길면서 또 크다.

7 ⑪ 〔曹〕* 2213 조 平豪 | cáo, ソウ

소전 행서 속자 曺 이름 무리 조 자원 회의. 曲〔棘의 변형〕+曰→曹. 棘는 법정의 동쪽에 서 있는 원고와 피고의 두 사람. 그들이 각기 자기의 정당함을 말한다는 데서, 소송의 당사자를 뜻한다.
새김 ❶무리. 또래. ¶兒曹(아이 아, 一)아이의 무리. 곧 아이들. ❷관아. 관청. ¶禮曹(예 례, 一)예악·제사·조빙·학교·과거 등의 일을 맡아보았던 관아. 육조(六曹)의 하나. ㉔一判書. ❸성(姓). 우리 나라에서는 이 정자로 쓰는 曹氏는 없고, 속자를 쓰는 曺氏만 있다.
▷工曹(공조)·法曹(법조)·兵曹(병조)·六曹(육조)·吏曹(이조)·刑曹(형조)·戶曹(호조)

8 ⑫ 〔曾〕*** 2214 증 平蒸 | zēng, ソウ

소전 행서 이름 일찍 증 자원 상형. 시루의 모양을 본뜬 자. 새김은 가차.

필순 丿 亻 亼 尒 尙 𠓗 𠓛 㑹 曾 曾

새김 ❶일찍. 일찍이. 이전에. ¶未₁₋₄曾₂有₁(아닐 미, —, 있을 유)아직 일찍이 있지 아니함. 곧 아직까지는 있어 본 적이 없음. ❷두 대를 건너 뛰다. ¶曾祖父(—, 할아버지 조, 아버지 부)두 대를 건너뛴 조부. 곧 아버지의 조부.
〔曾孫〕(증손) 아들의 손자.
〔曾往〕(증왕) 일찍이 지나간 그때.

8 ⑫ 〔替〕 ** 체 ㊍체: 去霽 tì, タイ
2215

소전 행서 이름 바꿀 체 자원 형성. 㚘〔竝의 변형〕+日〔白의 변형〕→替. 白(백)의 변음이 성부.

필순 一 二 ≠ 夫 夫 㚘 㚘 替 替 替

새김 ❶바꾸다. 서로 갈아 들다. ¶交替(서로 교, —)일정한 자리에 있는 사람이나 사물을 서로 갈아서 바꿈. 예人員—. ❷쇠하다. 쇠퇴하다. ¶隆替(성할 륭, —)성함과 쇠함.
〔替代〕(체대) 서로 번갈아 바꾸어 대신함.
〔替送〕(체송) 다른 것을 대신 보냄.
〔替換〕(체환) 갈아서 바꿈.
▷代替(대체)·對替(대체)·興替(흥체)

8 ⑫ 〔最〕 *** 최: 去泰 zuì, サイ
2216

소전 행서 이름 가장 최: 자원 회의. 曰〔冃의 변형〕+取→最. 冃는 얼굴을 가리고 무턱대고 나아가다. 그래서 앞뒤 돌보지 않고 취한다는 뜻. 새김 은 가차.

필순 丶 冂 曰 旦 㫗 𣍝 𣍝 最 最 最

새김 가장. 제일. 어느것보다도 더. ¶最善(—, 좋을 선)가장 좋음. 예—의 方法.
〔最強〕(최강) 가장 강함.
〔最高〕(최고) 가장 높음.
〔最近〕(최근) 요즈음. 요사이.
〔最上〕(최상) ①맨 위. ②맨 위의 등급.
〔最新〕(최신) 가장 새로움.
〔最適〕(최적) 가장 적합함.
〔最終〕(최종) 맨 끝. 맨 나중.
〔最初〕(최초) 맨 처음.
〔最惠國〕(최혜국) 통상 조약국 가운데서 가장 유리한 조약을 맺은 나라.
〔最後〕(최후) 맨 뒤. 맨 마지막.

8 ⑫ 〔會〕 회: 會(2218)의 속자
2217

9 ⑬ 〔會〕 *** 회: 去泰 huì, カイ
2218

소전 행서 속자 会 약자 간화 会 이름 모일 회: 자원 상형. 뚜껑이 있는 시루의 모양. 亼은 뚜껑, 曾은 시루를 뜻하는 甑의 변인 曾의 생략형. 뚜껑이 합해졌기에 '모이다'의 뜻을 나타낸다.

필순 丿 人 亼 亼 佡 侖 侖 侖 會 會

새김 ❶모이다. 또는 모으다. ¶會議(—, 의논할 의)여럿이 모여서 의논함. 예—案件. ❷모임. 회. 일정한 목적의 집회. ¶大會(큰 대, —)여러 사람이 모이는 큰 모임. 예體育—. ❸만나다. ¶會見(—, 볼 견)서로 만나 봄. 예—席上의 분위기. ❹깨닫다. 이해하다. ¶會悟(—, 깨달을 오)무엇을 깨달음. ❺때. 시기. ¶機會(때 기, —)㉮어떤 행동을 하기에 알맞은 때. 예좋은 —를 놓쳤다. ㉯겨를이나 짬. 예말할 —를 얻지 못했다.
〔會計〕(회계) ①여러 가지를 한데 몰아서 셈침. ②금전의 출납을 계산함.
〔會稽之恥〕(회계지치) 패전의 치욕. 故 춘추(春秋) 때 월왕(越王) 구천(句踐)이 오왕(吳王) 부차(夫差)에게 회계산에서 패하고, 그 굴욕을 씻고 원수를 갚기 위하여 와신상담(臥薪嘗膽)한 고사.
〔會館〕(회관) 많은 사람의 집회장으로 쓰는 큰 건물.
〔會期〕(회기) 집회나 회의 등이 열리고 있는 기간이나 시기.
〔會談〕(회담) 모여서 의논함.
〔會同〕(회동) 일정한 목적으로 여러 사람이 한 곳에 모임.
〔會得〕(회득) 깨달아 이해함.
〔會報〕(회보) 회에 관한 일을 회원들에게 알리기 위하여 간행하는 인쇄물.
〔會費〕(회비) 회를 유지해 나가는데 쓰는 경비. 예—를 거두다.
〔會社〕(회사) 영리 사업을 목적으로 하는 사단법인. 합명(合名)·합자(合資)·주식(株式) 등의 구별이 있음.
〔會食〕(회식) 여러 사람이 함께 모여서 음식을 먹음.
〔會心〕(회심) 마음에 맞음. 예—의 微笑.
〔會員〕(회원) 회를 구성하고 있는 사람. 예—募集.
〔會意〕(회의) ①마음이 맞음. 뜻이 통함. ②육서(六書)의 하나. 둘 이상의 한자를 결합시켜 하나의 한자를 만드는 방법. '人'과 '言'이 합하여 '信'이 되는 따위.
〔會者定離〕(회자정리) (佛)만나면 반드시 헤어짐. 모든 것이 무상함의 형용.
〔會場〕(회장) 모임이나 회의가 열리는 곳.
〔會合〕(회합) 여러 사람의 모임.
〔會話〕(회화) ①서로 만나서 이야기함. ②외

국어로 이야기함. 또는 그런 말이나 이야기.
▷開會(개회)·教會(교회)·國會(교회)·都會(도회)·法會(법회)·司會(사회)·議會(의회)·再會(재회)·照會(조회)·集會(집회)·親睦會(친목회)·閉會(폐회)

4획 부수 月部

▷명칭:달월, 달월변
▷쓰임:천체의 달과 세월의 나달 등의 뜻을 나타내는 한자의 부수로 쓰였다.
▷참고:肉(4250)이 변으로 쓰일 때의 육달월은 그 자형이 月로, 달월과 비슷하나 다르다. 月 안의 二가 달월은 오른쪽 획과 떨어져 있고, 육달월은 붙어 있다. 그러나 현대에 쓰는 자형에는 그 구별이 또렷하지 않다. 다음은 모두 肉의 부수에 속한다.
②肌(4251)·肋(4252)·③肝(4253)·肖(4256)·肛(4257)·④肩(4258)·股(4259)·肱(4260)·肯(4261)·肪(4262)·肥(4264)·育(4266)·肢(4268)·肺(4270)·肴(4272)·⑤胛(4273)·背(4277)·胚(4278)·胥(4279)·胃(4280)·胤(4281)·胄(4282)·胎(4283)·胞(4285)·胡(4286)·⑥胱(4287)·能(4291)·胴(4292)·脈(4293)·脂(4296)·脊(4297)·脆(4298)·脅(4299)·脇(4300)·胸(4302)·⑦脚(4303)·脛(4304)·脩(4306)·脣(4307)·脘(4308)·脫(4309)·脯(4310)·⑧腔(4311)·腑(4314)·脾(4315)·腎(4316)·腋(4317)·腕(4318)·脹(4319)·⑨腱(4320)·腦(4321)·腹(4322)·腺(4323)·腥(4324)·腰(4325)·腸(4326)·腫(4327)·⑩膈(4328)·膏(4329)·膊(4330)·膀(4331)·腿(4332)·⑪膠(4333)·膜(4334)·膚(4335)·膝(4336)·膛(4337)·⑫膳(4338)·膵(4339)·膨(4340)·⑬膿(4341)·膽(4342)·臀(4343)·臂(4344)·臆(4345)·膺(4346)·膾(4347)·⑭臍(4348)·⑮臘(4349)·⑱臟(4350)·

0 ④ 〔月〕*** 2219
월 入月 | yuè, ゲツ

소전 행서 이름 달 월 자원 상형. 초승달 또는 그믐달의 모양을 본떴다.

필순 丿 冂 月 月

새김 달. ㉠천체의 하나인 달. 日(2086)의 대. ¶月光(—, 빛 광)달빛. ㉡한 달. 1년을 12등분한 그 한 기간. 또는 그 기간을 세는 단위. ¶月刊(—, 간행할 간)한 달을 단위로 하여 정기적으로 간행함. 또는 그 간행물. 예—雜誌.
〔月建〕(월건) 달의 간지(干支).
〔月經〕(월경) 달거리. 성숙한 여자가 자궁에서 정기적으로 달마다 피가 나오는 일.
〔月桂冠〕(월계관) ①월계수의 잎으로 만든 관. 고대 그리스에서, 경기의 우승자에게 씌워 주었음. ②우승의 영예. 승리의 표지.
〔月給〕(월급) 다달이 지급하는 봉급.
〔月例〕(월례) 다달이 한 번씩 정해놓고 행하는 일. 예—行事.
〔月輪〕(월륜) 달. 또는 달의 둘레.
〔月明星稀〕(월명성희) 달이 밝아서 별이 드물게 보임. 훌륭한 사람이 나타나면 소인이 빛을 잃음의 비유.
〔月白風淸〕(월백풍청) 달은 밝고 바람은 맑음.
〔月報〕(월보) 다달이 내는 보고.
〔月賦〕(월부) 물건 값이나 빚을 다달이 얼마씩 나누어 갚는 일. 예—金.
〔月蝕〕(월식) 지구가 해와 달 사이에 있어서 지구 그림자가 달의 전부나 일부가 가리어져 보이지 않게 되는 현상.
〔月餘〕(월여) 한 달 남짓.
〔月下氷人〕(월하빙인) 부부의 인연을 맺어준다는 사람. 故 月下老와 氷上人의 합성어로, 月下老는 당(唐)나라 위고(韋固)가 달밤에 인연을 맺어준다는 붉은 끈을 가진 노인을 만난 뒤, 그의 예언대로 결혼을 하게 되었다는 고사에서, 氷上人은 진(晋)나라 영호책(令狐策)이 얼음 위에서 얼음 밑에 있는 사람과 이야기를 나눈 꿈을 꾸어 꿈대로 중매인이 되었다는 고사에서 나온 말.
〔月暈〕(월훈) 달무리.
▷隔月(격월)·光風霽月(광풍제월)·滿月(만월)·明月(명월)·半月(반월)·歲月(세월)·閏月(윤월)·正月(정월)·風月(풍월)

2 ⑥ 〔有〕*** 2220
㊀유: 上有 | yǒu, ユウ
㊁유: 去有 | yòu, ユウ

소전 행서 이름 ㊀있을 유: ㊁또 유: 자원 형성. ナ〔又의 변형〕+月→有. 又(우)의 변음이 성부.

필순 ノ ナ 才 冇 有 有

새김 ㊀❶있다. 무엇이 존재해 있다. 無(3060)의 대. ¶有無(—, 없을 무) 있음과 없음. 예—相通. ❷가지다. 소유하다. ¶共有(함께 공, —) 두 사람 이상이 한 물건을 함께 소유함. 예—物. ㊁또. 그 위에 또. 또는 또다시. 〔論語〕吾十有五而志$_3$于$_2$學$_1$(오 십유오이 지우학) 내가 열에 또 다섯〔곧 열 다섯살〕으로서 학문에 뜻을 두었다.
〔有故〕(유고) 탈이나 사고·사정이 있음.
〔有口無言〕(유구무언) 國 입은 있어도 말이

없음. 곧 하고 싶은 말을 못하거나 변명할 말이 없음.
〔有能〕(유능) 재능이 있음. 능력이 있음.
〔有力〕(유력) ①세력이나 영향력을 가지고 있음. ㉠無力(무력). ②일을 처리하는데 확실한 역할을 할 수 있는 힘이 있음. ㉡—한 證據. 「한 條件.
〔有利〕(유리) 이로움이나 이익이 있음. ㉡—
〔有望〕(유망) 희망이 있음.
〔有名〕(유명) 이름이 널리 알려져 있음.
〔有名無實〕(유명무실) 형식상의 이름뿐이고 아무런 내용도 실속도 없음.
〔有備無患〕(유비무환) 미리 준비해 두어야 재난을 피할 수 있음. 「또는 그 사람.
〔有司〕(유사) 단체의 사무를 맡아보는 직무.
〔有史以來〕(유사이래) 역사가 시작된 그 뒤로부터 지금까지. ㉡— 처음 있는 일.
〔有償〕(유상) 어떤 행위에 대하여 돈이나 기타의 보상이 있음. ㉠無償(무상).
〔有象無象〕(유상무상) 천지 간에 있는 형체가 있고 형체가 없는 모든 것.
〔有始無終〕(유시무종) 시작은 있으나 끝이 없음. 곧 시작만 하고 결과를 맺지 못함.
〔有識〕(유식) 학식이 있음. 아는 것이 많음.
〔有耶無耶〕(유야무야) ①있는듯 없는듯. ②흐지부지한 모양.
〔有益〕(유익) 이익이 있음. 도움이 됨.
〔有終〕(유종) 끝맺음이 있음.
〔有終之美〕(유종지미) 시작한 일의 끝맺음이 좋음. ㉡—를 거두다.
〔有限〕(유한) 일정한 한도나 한계가 있음. ㉡—한 人生. 「것이 없음.
〔有害無益〕(유해무익) 해롭기만 하고 이로울
〔有形無形〕(유형무형) ①형체가 있는 것과 형체가 없는 것. ②형체가 있는지 없는지 똑똑하지 않음.
〔有效〕(유효) 효과가 있음. 보람이 있음.
▷固有(고유)·國有(국유)·萬有(만유)·未曾有(미증유)·保有(보유)·私有(사유)·所有(소유)·專有(전유)·特有(특유)·享有(향유)

4 ⑧ 〔服〕*** 복 入屋 fú, フク
2221

소전 행서 이름 옷 복 자원 형성. 月＋𠬝→服. 𠬝(복)이 성부.

필순 丿 𠃌 月 月 月 肌 服 服

새김 ❶옷. ¶衣服(옷 의, —)옷. ❷입다. ¶服着(—, 입을 착) 옷을 입음. ❸먹다. ㉠약이나 음식물을 먹다. ¶服藥(—, 약 약)약을 먹음. ㉡남의 것을 자기의 것으로 만들다. ¶着服(붙일 착, —)남의 재물을 부당하게 제것으로 함. ❹복종하다. 또는 복종시키다. ¶心服(마음 심, —)마음으로 복종함. ❺생각하다. 마음에 새겨 잊지 아니하다. ¶服膺(—, 마음 응)마음에 새겨 두어 잊지 아니함. ❻종사하다. 맡아서 행하다. ¶服務(—, 일 무)일을 맡아서 행함. ㉡—年限. ❼복. 또는 복을 입다. ¶服喪(—, 복입을 상)상중의 복을 입음.
〔服色〕(복색) 옷의 꾸밈새와 빛깔.
〔服飾〕(복식) 옷의 꾸밈새. 「(懲役)을 치름.
〔服役〕(복역) ①병역(兵役)에 복무함. ②징역
〔服牛〕(복우) 소의 목에 멍에를 얹음.
〔服用〕(복용) 약을 먹음. 복약(服藥).
〔服裝〕(복장) 옷차림.
〔服制〕(복제) ①신분·등급에 따라 규정한 복식의 제도. ②상복(喪服)의 제도.
〔服從〕(복종) 명령이나 지시 등을 그대로 따라 좇음. 「종하여 받음.
〔服罪〕(복죄) 죄에 대하여 규정된 형벌을 복
▷感服(감복)·敬服(경복)·校服(교복)·克服(극복)·法服(법복)·說服(설복)·洋服(양복)·征服(정복)·制服(제복)·祭服(제복)·朝服(조복)·歎服(탄복)·韓服(한복)

4 ⑧ 〔朋〕*** 붕 平蒸 pēng, ホウ
2222

소전 행서 이름 벗 붕 자원 상형. 여러 개의 조개비를 실에 꿴, 두 꿰미를 나란히 놓은 모양. 새김은 가차.

필순 丿 𠃌 月 月 別 肌 朋 朋

새김 벗. ㉠동문(同門)의 벗. 또는 뜻을 같이하는 벗. 〔論語〕有朋自遠方來(유붕 자원방래) 벗이 있어 먼 곳으로부터 오다. ㉡친구. 동무. ¶朋黨(—, 무리 당)이해 관계나 생각이 같은 사람끼리 어울려 이루는 동아리.
〔朋友〕(붕우) 뜻과 목표가 같은 벗.
〔朋友有信〕(붕우유신) 오륜의 하나. 친구 사이에는 신의(信義)에 있음.
▷良朋(양붕)·親朋(친붕)

5 ⑨ 〔胧〕 롱 朧(2233)의 간화자
2223

6 ⑩ 〔朗〕 랑: 朗(2227)의 속자
2224

6 ⑩ 〔朔〕** 삭 入覺 shuò, サク
2225

소전 행서 이름 초하루 삭 자원 형성. 屰＋月→朔. 屰(역)의 변음이 성부.

필순 丶 丷 丄 屰 屰 屰 朔 朔 朔 朔

새김 ❶초하루. 음력으로 그 달의 첫째 날. 晦(2156)의 대. ¶朔日(—, 날 일)음력의 매월 초하룻날. ❷북녘. ¶朔風(—, 바람 풍)북쪽에서 불어오는 찬 바람. ⓢ北風(북풍). ❸달력. 천자가 매년 연말에 제후에게 나누어 주던 달력. ¶正朔(정월 정, —)㉮제왕이 새롭게 반포한 달력. 인신하여, 음력의 달력. ㉯정월 초하루.
〔朔禽〕(삭금) 기러기.
〔朔望〕(삭망) 초하루와 보름. 곧 음력 1일과 15일.
〔朔方〕(삭방) 북쪽 지방.
〔朔月〕(삭월) 매월 초하룻날의 달.
〔朔月貰〕(삭월세) 남의 집이나 방을 빌려 살면서 다달이 내는 세.
〔朔地〕(삭지) 북쪽 땅.
▷告朔(곡삭)·滿朔(만삭)·月朔(월삭)·晦朔(회삭)

6 ⑩ 〔朕〕* 2226 짐: 上寢 | zhèn, チン

소전 행서 이름 나 짐: 자원 회의. 月〔舟의 변형〕+关→朕. 자원이 확실하지 않음.
새김 ❶나. 일인칭의 범칭. 진 시황(秦始皇) 이후로는 제왕이 자신을 일컫는 말로 쓰였다. ⓔ—의 말을 百官에게 傳하라. ❷조짐. 징조. ¶兆朕(조짐 조, —)어떤 일이 생길 기미가 보이는 현상. ⓔ풍년이 들 —.

7 ⑪ 〔朗〕* 2227 랑: 上養 | lǎng, ロウ

소전 행서 속자 朗 이름 밝을 랑: 자원 형성. 良+月→朗. 良에는 '량' 외에 '랑' 음도 있어, 浪(랑)·郎(랑)과 같이 良(랑)이 성부.
새김 ❶밝다. 기분이나 분위기가 유쾌하고 밝다. ¶明朗(밝을 명, —)㉮우울한 빛이 없이 밝고 유쾌함. ⓔ—한 얼굴. ㉯흐릿한 기운이 없이 밝고 환함. ⓔ—한 아침. ❷맑다. 소리가 맑다. ¶朗誦(—, 읽을 송)가락을 붙여 맑은 소리로 읽거나 외거나 함. 또는 글을 유창하게 소리내어 욈. ⓔ詩—.
〔朗讀〕(낭독) 소리 높여 읽음.
〔朗朗〕(낭랑) ①매우 밝고 환함. ②소리가 맑고 또랑또랑함.
〔朗報〕(낭보) 명랑하고 반가운 소식.
▷淸朗(청랑)

7 ⑪ 〔望〕*** 2228 망: 去漾 | wàng, ボウ

소전 행서 이름 바랄 망: 자원 형성. 亡+𡈼〔朢의 생략체〕→望. 忙(망)·忘(망)·芒(망)과 같이 亡(망)이 성부.

필순 亠 亡 切 胡 胡 朢 望 望

새김 ❶바라다. 원하다. ¶希望(바랄 희, —)앞일에 대하여 기대를 가지고 바람. 또는 바라는 그 기대. ⓔ—찬 앞날. ❷바라보다. 먼 곳을 바라보다. ¶望遠(—, 멀 원)먼 곳을 바라봄. ⓔ—鏡. ❸명성. 인기. ¶名望(이름 명, —)명성과 인기. ⓔ—이 높다. ❹보름. 음력의 매달 15일. ¶望月(—, 달 월)㉮보름달. ㉯달을 바라봄.
〔望九〕(망구) 아흔을 바라본다는 뜻으로, 나이 여든 한 살을 이르는 말.
〔望臺〕(망대) 먼 곳을 바라보거나 적(敵)의 동태를 살피기 위하여 만든 높은 대.
〔望樓〕(망루) 적의 동정을 감시하기 위하여 세운 높은 누각.
〔望百〕(망백) 백을 바라본다는 뜻으로 나이 아흔 한 살을 이르는 말.
〔望雲之情〕(망운지정) 자식이 타향에서 부모를 그리워하는 마음.
〔望八〕(망팔) 여든을 바라본다는 뜻으로, 나이 일흔 한 살을 이르는 말.
〔望鄕〕(망향) 고향을 바라봄. 또는 고향을 그리워함.
▷可望(가망)·渴望(갈망)·落望(낙망)·待望(대망)·德望(덕망)·物望(물망)·羨望(선망)·所望(소망)·仰望(앙망)·野望(야망)·怨望(원망)·展望(전망)·絶望(절망)·責望(책망)

8 ⑫ 〔期〕*** 2229 기 平支 | qī, キ·ゴ

소전 행서 이름 기약할 기 자원 형성. 其+月→期. 欺(기)·基(기)·旗(기)·棋(기)와 같이 其(기)가 성부.

필순 一 十 卄 甘 甘 其 其 期 期 期

새김 ❶기약하다. 때를 정해놓고 바라다. ¶期待(—, 기다릴 대) 어떤 일이 이루어지기를 바라고 기다림. 또는 반드시 이루어지리라고 마음으로 믿는 일. ⓔ—를 저버리다. ❷때. ㉠돌. 만 하루, 만 1개월, 만 1년이 되는 때. 朞(2230)와 같다. ¶期年(—, 해 년) 만 1년이 되는 돌. ㉡예정된 날짜나 시기. ¶定期(정할 정, —) 일정하게 정해져 있는 날짜나 시기. ⓔ—刊行物.
〔期間〕(기간) 일정한 때에서 일정한 때까지의 동안.
〔期成〕(기성) 어떤 일을 이룰 것을 기약하거나 목적함. ⓔ—會.
〔期約〕(기약) 때를 정하여 약속함.
〔期頤〕(기이) 백 살.
〔期必〕(기필) 반드시. 틀림없이.
〔期限〕(기한) 한정된 기간. 규정된 시한.
▷短期(단기)·滿期(만기)·所期(소기)·時期

(시기)·失期(실기)·延期(연기)·豫期(예기)·任期(임기)·長期(장기)·適期(적기)

8 ⑫ 〔朞〕* 기 期(2229) ❷㉠과 같다.
2230

8 ⑫ 〔朝〕*** 조 平蕭 zhāo, チョウ
2231

소전 행서 이름 아침 조 자원 형성. 卓〔倝의 변형〕+月〔舟의 변형〕→朝. 舟(주)의 변음이 성부.

필순 一 十 𠂇 古 吉 直 卓 朝 朝 朝

새김 ❶아침. 夕(0989)·暮(2187)의 대. ¶朝令暮改(—, 명령할 령, 저물 모, 고칠 개)아침에 명령을 내렸다가 해질 무렵에 고침. 법령이나 명령이 자주 바뀌어 믿을 수 없음의 비유. ❷조정(朝廷). 임금이 정사를 행하는 곳. ¶朝野(—, 민간 야)조정과 민간. 예—의 公論. ❸왕조. 같은 세계(世系)의 임금이 다스리는 기간. 또는 한 임금의 통치 기간. ¶漢朝(한나라 한, —)한 나라의 왕조.

〔朝刊〕(조간) 아침에 발행함. 또는 그 신문. 대 석간(夕刊).

〔朝貢〕(조공) 속국이 종주국에 공물을 바치던 「일.

〔朝堂〕(조당) 조정(朝廷).

〔朝露〕(조로) 아침 이슬. ㉮깨끗하고 맑음의 비유. ㉯인생의 무상(無常)함이나 존재하는 시간이 오래지 아니함의 비유.

〔朝暮〕(조모) 아침과 저녁.

〔朝聞夕死〕(조문석사) 아침에 도를 깨달았으면 그날 저녁에 죽어도 한이 없음. 진리(眞理)를 간절히 추구함의 형용.

〔朝飯夕粥〕(조반석죽) 國아침에는 밥, 저녁에는 죽을 먹음. 가난한 살림의 비유.

〔朝變夕改〕(조변석개) 아침에 변경하고 저녁에 고침. 자주 바꾸고 변경함을 이르는 말.

〔朝不慮夕〕(조불려석) 형세가 딱하여 아침에 저녁 일을 헤아리지 못한다는 뜻으로, 눈앞의 당장을 걱정할 뿐이고 바로 그 다음 일도 돌아볼 여유가 없음을 이르는 말.

〔朝三暮四〕(조삼모사) 간사하고 얕은 꾀로 남을 농락함. 故 송(宋)나라 저공(狙公)이 원숭이들에게 상수리를 아침에 세 개, 저녁에 네 개씩 주겠노라고 하니, 원숭이들이 화를 내므로 아침에 네 개, 저녁에 세 개씩 주겠노라 하니 좋아하였다는 고사.

〔朝夕〕(조석) ①아침과 저녁. ②아침부터 저녁까지. ③國아침밥과 저녁밥.

〔朝餐〕(조찬) 아침밥.

〔朝會〕(조회) ①조정의 벼슬아치들이 아침에 임금을 알현하기 위하여 모이는 의식. ②학교·관청 등에서 행하는 아침 모임.

▷ 國朝(국조)·來朝(내조)·本朝(본조)·聖朝(성조)·王朝(왕조)·元朝(원조)·前朝(전조)·早朝(조조)·花朝月夕(화조월석)

14 ⑱ 〔朦〕* 몽 平東 méng, モウ
2232

소전 행서 이름 어슴푸레할 몽 자원 형성. 月+蒙→朦. 蒙(몽)이 성부.

새김 어슴푸레하다. 달빛이 어슴푸레하다. ¶朦朧(—, 흐릿할 롱) ㉮달빛이 어슴푸레하고 희미함. 예—한 달빛. ㉯의식이 가물가물 어렴풋함. 예—한 意識.

〔朦昏〕(몽혼) 독물이나 약물로 말미암아 생물체의 일부 또는 전체가 감각을 잃은 상태.

16 ⑳ 〔朧〕* 롱 平東 lóng, ロウ
2233

소전 행서 간화 胧 이름 흐릿할 롱 자원 형성. 月+龍→朧. 龍에는 '룡' 외에 '롱' 음도 있어, 籠(롱)·聾(롱)·瓏(롱)과 같이 龍(롱)이 성부.

새김 흐릿하다. 달빛이 흐릿하다. ¶朦朧(어슴푸레할 몽, —) 朦(2232)을 보라.

4획 부수 木部

▷명칭:나무목. 나무목변

▷쓰임:나무 이름, 나무의 한 부분, 나무의 상태, 나무로 만든 물건 등의 뜻을 나타내는 문자의 부수로 쓰였다.

0 ④ 〔木〕*** 목 入屋 mù, ボク
2234

소전 행서 이름 나무 목 자원 상형. 나무의 위로 뻗은 줄기와 가지, 그리고 땅 속으로 뻗은 뿌리의 모양을 본떴다.

필순 一 十 才 木

새김 ❶나무. ㉠살아서 서 있는 나무. ¶草木(풀 초, —) 풀과 나무. 예山川—. ㉡기물을 만드는 재료인 나무. ¶木造(—, 지을 조)나무를 재료로 하여 만듦. 예—建物. ❷목. 오행(五行)의 하나. 방위로는 동쪽, 계절로는 봄, 간지(干支)로는 갑(甲)과 을(乙)에 배당된다. ¶木克土(—, 이길 극, 토 토)오행설에서, 목이 토를 이긴다는 뜻. ❸목성(木星). 별 이름. ❹질박하다. 순박하고 꾸밈이 없다. ¶木訥(—, 어눌할 눌) 질박하면서 말주변이 없음. ❺國무명. 피륙의 한 가지. ¶廣木(넓을 광, —)무명실로 폭을 넓게 짠 피륙.

〔木刻〕(목각) 나무에 그림이나 글씨를 새김.

〔木工〕(목공) 나무로 물건을 만드는 일. 또는 그 사람.
〔木器〕(목기) 나무로 만든 그릇.
〔木理〕(목리) ①나뭇결. ②나무의 나이테.
〔木石〕(목석) ①나무와 돌. ②감정이 무딘 사람의 비유.
〔木姓〕(목성) 國술가(術家)에서 말하는 오행(五行)의 목에 속한 성(姓). 곧 김(金)·박(朴)·고(高)·조(趙)·최(崔)·차(車)·유(劉) 등.
〔木材〕(목재) 건축·가구 등에 쓰이는 재료로서의 나무.
〔木柵〕(목책) 나무 울타리.
〔木鐸〕(목탁) ①나무 토막의 속을 파서 방울처럼 만든, 중이 염불할 때 두드리는 기구. ②세상 사람을 가르쳐 인도할 만한 인물의 비유. 예社會의 ──.
〔木炭〕(목탄) ①숯. ②그림을 그리는 데 쓰는, 숯으로 만든 붓.
〔木板本〕(목판본) 목판으로 찍은 책. 대활자본(活字本).
▷巨木(거목)·灌木(관목)·苗木(묘목)·植木(식목)·林木(임목)·椄木(접목)·土木(토목)

1 ⑤ 〔末〕*** 말 入曷 | mò, マツ
2235

소전 행서 이름 끝 말 자원 지사. 本(2237)의 상대적 개념을 나타내기 위하여, 木의 위쪽에 一의 부호를 더하여 서 있는 나무의 위쪽 끝을 가리킨다.

필순 一 二 キ 才 末

새김 ❶끝. 本(2237)의 대. ㉠시간·공간·사물 등에서의 끝. ¶年末(해 년, ─)한 해가 다 끝나가는 마지막 때. ㉡서 있는 나무의 맨 꼭대기나 긴 물건의 끝. ¶末端(─, 끝 단)맨 끄트머리. ㉢차례의 끝. 또는 가장 낮은 자리. ¶末席(─, 자리 석)㉮좌석 차례에서의 맨 끝자리. 예──에 앉은 사람. ㉯지위나 직위에서의 제일 낮은 자리. 예文武百官의 ──에 끼이게 되었다. ❷가루. ¶粉末(가루 분, ─)가루. 예──牛乳. ❸중요하지 않다. 또는 지엽적인 것. ¶末節(─, 예절 절) 중요하지 않은 사소한 예절.
〔末技〕(말기) 하찮은 재주. 보잘것없는 기예.
〔末期〕(말기) 어떤 시대나 일정한 기간의 끝이 되는 시기.
〔末年〕(말년) 늘그막. 인생의 마지막 시기.
〔末利〕(말리) 당장 눈앞에 보이는 작은 이익.
〔末尾〕(말미) 맨 끝. 끝부분. 말단(末端).
〔末伏〕(말복) 삼복(三伏)의 마지막 복. 입추(立秋)가 지난 뒤 첫째 경일(庚日).
〔末世〕(말세) 정치·도덕·풍속 등이 아주 쇠퇴한 시대. 곧 망해가는 세상.
〔末俗〕(말속) 말세의 풍속.
〔末職〕(말직) 맨 끝자리의 벼슬이나 직위.
〔末梢〕(말초) ①나뭇가지의 끝. ②사물의 끝부분. 예──神經.

▷結末(결말)·本末(본말)·歲末(세말)·始末(시말)·月末(월말)·顚末(전말)·終末(종말)·週末(주말)·毫末(호말)

1 ⑤ 〔未〕*** 미: 去未 | wèi, ミ
2236

소전 행서 이름 아닐 미: 자원 상형. 나무의 가지와 잎이 무성하게 자라고 있는 모양. 새김은 가차.

필순 一 二 キ 才 未

새김 ❶아니다. 아직 ~하지 아니하다. 아직 ~하지 못하다. 부정의 뜻을 나타낸다. ¶未1·3知2(─, 알 지)아직 알지 못함. 예──의 世界. ❷여덟째 지지. 방위로는 서남쪽, 시간으로는 오후 1~3시, 동물로는 양에 배당된다. ¶未時(─, 때 시)하루를 12시로 가를 때는 오후 1~3시, 하루를 24시로 나눌 때는 오후 1시 30분~2시 30분의 동안.
〔未開〕(미개) ①꽃이 아직 피지 아니함. ②사회 발전과 물질 문명이 낮은 수준에 있음.
〔未納〕(미납) 아직 바치지 않았거나 바치지 못함. 예──稅額
〔未達〕(미달) 아직 어떤 한도에 이르지 못함.
〔未來〕(미래) ①앞으로 올 때. 예──社會. ②앞으로의 전망이나 전도. 예보람찬 ──.
〔未備〕(미비) 아직 다 갖추지 못함.
〔未嘗不〕(미상불) 아닌게 아니라.
〔未成年〕(미성년) 만 20세가 안 된 나이. 또는 그 사람.
〔未遂〕(미수) 목적한 바를 이루지 못함.
〔未熟〕(미숙) ①음식·과실 등이 아직 덜 익음. ②익숙하지 않아 서투름.
〔未安〕(미안) ①마음이 편안하지 못함. ②남에게 대하여 부끄럽고 겸연쩍은 마음이 있음.
〔未曾有〕(미증유) 아직까지 있어 본 적이 없음.
〔未知數〕(미지수) ①수학 용어. 방정식에서 구하려고 하는 수. ②國앞으로 어떻게 될지 아직 알 수 없는 일.
〔未畢〕(미필) 아직 끝내지 못함.
〔未婚〕(미혼) 아직 결혼하지 않음.
▷癸未(계미)·己未(기미)·辛未(신미)·乙未(을미)·丁未(정미)

1 ④ 〔本〕*** 본 本본: 上阮 | běn, ホン
2237

소전 행서 이름 근본 본 자원 지사. 末(2235)의 상대적 재념을 나타내기 위하여, 木의 밑둥 쪽에 一의 부호를 더하여, 뿌리나 근본의 뜻을 나타낸다.

필순 一 十 才 木 本

새김 ❶근본. ㉠어떤 것의 본질로 되거나 어떤 것이 이루어지는 기본이 되는 것. ¶基本(기초 기, ―)사물·현상·이론의 기초와 근본. 예―問題. ㉡기본이 되는. 주되는. ¶本論(―, 이론 론)말이나 글에서의 서론이나 결론 밖의 기본이 되는 부분. ❷근거하다. 근거로 삼다. ¶本據(―, 의거할 거)근거로 삼아 의거하는 곳. 예―地. ❸본디. 본디 그대로의. ¶本性(―, 성질 성) 사람의 본래의 성질. ❹원금. 밑천. ¶資本(밑천 자, ―)사업을 하는데 밑천이 되는 돈. ❺책. 서적. ¶製₂本₁(만들 제, ―)인쇄한 종이를 매어서 책을 만듦. 예―所. ❻이. ㉠자기 또는 자기에 관계되는 일이나 사물임을 가리키는 말. ¶本朝(―, 조정 조)이 조정. 곧 자기 나라의 조정. ㉡지시 대명사. ¶本年(―, 해 년)이해. 곧 올해. ❼식물. ¶草本(풀 초, ―)풀인 식물. 예多年生―. ❽國본. 관향. 예姓은 金인데 本은 安東이다.

〔本格〕(본격) 근본이 되는 격식. 또는 본래의 격식.
〔本絹〕(본견) 명주실로 짠 비단.
〔本貫〕(본관) 시조(始祖)가 태어난 곳. 또는 조상이 살던 곳. 관향(貫鄕).
〔本能〕(본능) 타고 난 성능.
〔本末〕(본말) ①일의 처음과 끝. ②일의 주되는 것과 그에 딸린 것.
〔本分〕(본분) 자기가 지켜야 할 분수나 마땅히 해야 할 의무.
〔本色〕(본색) ①본래의 색깔. ②본래의 생김새나 바탕.
〔本業〕(본업) ①본래의 직업. ②기본이 되는 생업(生業).
〔本意〕(본의) 본래의 마음에 품고 있는 생각이나 의도.
〔本籍〕(본적) 호적이 있는 곳.
〔本店〕(본점) ①영업의 본거지가 되는 점포. ②이 상점. 본포(本鋪).
〔本第〕(본제) 고향에 있는 본집. 예―入納.
〔本質〕(본질) 사물이나 현상에 내재하는 근본적인 성질.
〔本體〕(본체) 사물의 본바탕. 정체(正體).
▷脚本(각본)·古本(고본)·劇本(극본)·根本(근본)·臺本(대본)·讀本(독본)·謄本(등본)·寫本(사본)·印本(인본)·標本(표본)

1⑤〔术〕 2238　술　術(4739)의 간화자

1⑤〔札〕* 2239　찰　入黠　zhá, サツ

소전 행서 이름 편지 찰 자원 형성. 木+乚〔乙의 변형〕→札. 乙(을)의 변음이 성부.
새김 ❶편지. 서신. ¶書札(편지 서, ―) 편지. ❷패. 패찰. 얇다란 나뭇조각. ¶入₂札₁(들 입, ―) 패찰을 들여놓음. 곧 경매 따위를 할 때에, 희망자들이 각자의 예정 가격을 써서 내는 일. ❸표. 차표나 입장권. ¶出₂札₁口₃(내놓을 출, ―, 어귀 구) ㉮차표를 사는 손님에게 차표를 내주는 구명. ㉯차에서 내린 손님이 표를 내고 나가거나 나오는 곳. ❹지폐. 돈. ¶現札(이제 현, ―) 현재 통용하고 있는 화폐.
▷簡札(간찰)·鑑札(감찰)·落札(낙찰)·名札(명찰)·牌札(패찰)·標札(표찰)

1⑤〔朮〕* 2240　출 本술　入質　shú, ジュツ

행서 이름 차조 출 자원 상형. 짐승의 모양. 새김은 가차.
새김 차조. 조〔粟〕의 한 가지.

2⑥〔权〕 2241　권　權(2517)의 속자·간화자

2⑥〔机〕* 2242　㊀궤: 本기: 上紙　㊁기　jī, キ

소전 행서 이름 ㊀책상 궤: ㊁때 기 자원 형성. 木+几→机. 肌(기)와 같이 几(궤)의 변음이 성부.
새김 ㊀책상. 또는 작은 탁자. ¶机上肉(―, 위 상, 고기 육) 도마 위의 고기. 자기의 운명이 남의 손에 맡겨짐의 비유. ㊁機(2482)의 간화자.

2⑥〔朴〕*** 2243　박　入覺　pò, ボク

소전 행서 이름 질박할 박 자원 형성. 木+卜→朴. 卜(복)의 변음이 성부.

필순 一 十 才 木 札 朴

새김 ❶질박하다. 꾸밈이 없이 수수하다. ¶素朴(치레없을 소, ―) ㉮치레 없이 수수함. 예―한 生活. ㉯꾸미거나 거짓이 없이 순진함. 예―한 質問. ❷國성(姓). ❸樸(2485)의 간화자.
▷淳朴(순박)·頑朴(완박)·質朴(질박)·厚朴(후박)

2⑥〔杀〕 2244　살　殺(2575)의 간화자

2⑥〔杂〕 2245　잡　雜(5901)의 간화자

2⑥〔朱〕*** 2246　주　平虞　zhū, シュ

소전 행서 이름 붉을 주 자원 지사. 서 있는 나무의 중간 부분에 一의 부호를 더하여, 그 속의 심이 붉은 빛깔임을 가리킨다.

필순 丿 𠂉 𠂉 牛 牛 朱

새김 붉다. 또는 붉은 빛깔. ¶朱書(―, 글 서) 붉은 먹으로 글씨를 씀. 또는 그 글이나 글자.
〔朱丹〕(주단) 붉은색.
〔朱門〕(주문) 붉은 칠을 한 대문. 인신하여, 귀족이나 부호의 집의 비유.
〔朱脣皓齒〕(주순호치) 붉은 입술과 하얀 이. 여자의 아름다운 얼굴의 형용.
〔朱紅〕(주홍) 붉은빛과 누른빛의 중간 빛깔.
〔朱黃〕(주황) 주홍빛과 누른빛의 중간으로 붉은 쪽에 가까운 빛깔.
▷印朱(인주)·紫朱(자주)

2 ⑥ 〔朶〕* 타: 上 哿 | duǒ, ダ
2247

소전 행서 이름 꽃 타: 자원 상형. 나무에 핀 꽃의 모양.
새김 ❶꽃. 꽃송이. 또는 꽃송이를 세는 말. ¶萬朶(일만 만, ―)1만의 꽃송이. 곧 많은 꽃송이. ❷드리워지다. 또는 드리워진 사물. ¶耳朶(귀 이, ―)귓불.

2 ⑥ 〔朽〕* 후 本후: 上 有 | xiǔ, キュウ
2248

소전 행서 이름 썩을 후 자원 형성. 木+丂→朽. 丂(고)의 변음이 성부.
새김 썩다. ㉠부패하다. ¶朽木(―, 나무 목) 썩은 나무. 예 ―糞牆. ㉡쇠하여 쓸모가 없다. ¶老朽(늙을 로, ―) 늙고 낡아서 쓸모가 없음.
〔朽敗〕(후패) 썩어서 못쓰게 됨.
▷不朽(불후)

3 ⑦ 〔杆〕* 간 平 寒 | gān, カン
2249

행서 속자 桿 이름 지레 간 자원 형성. 木+干→杆. 肝(간)·刊(간)·竿(간)과 같이 干(간)이 성부.
새김 ❶지레. 막대기. ¶槓杆(지레 공, ―) 지레. ❷난간. ¶欄杆(난간 란, ―) 층계·마루·다리등의 가장자리를 일정한 높이로 막은 물건.

3 ⑦ 〔杠〕* 강 平 江 | gāng, コウ
2250

소전 행서 이름 다리 강 자원 형성. 木+工→杠. 江(강)·舡(강)과 같이 工(공)의 변음이 성부.
새김 다리. 외나무다리. ¶徒杠(걸어다닐 도, ―) 걸어다니는 다리.

3 ⑦ 〔极〕 극 極(2393)의 간화자
2251

3 ⑦ 〔杞〕* 기 本기: 上 紙 | qǐ, キ
2252

소전 행서 이름 구기자 기 자원 형성. 木+己→杞. 記(기)·起(기)·忌(기)와 같이 己(기)가 성부.
새김 ❶구기자. 구기자나무. ¶枸杞(구기 구, ―)구기자나무. ❷고리버들. ¶杞柳(―, 버들 류)고리버들. ❸나라 이름. ¶杞憂(―, 근심 우)쓸데없는 근심 걱정. 故 기나라의 어떤 사람이 하늘이 무너지면 어떻게 할까 하고 걱정했다는 고사.

3 ⑦ 〔杜〕* 두 本두: 上 麌 | dù, ト
2253

소전 행서 이름 막을 두 자원 형성. 木+土→杜. 土에는 '토' 외에 '두' 음도 있어, 土(두)가 성부.
새김 ❶막다. 또는 막히다. ¶杜絶(―, 끊어질 절)교통·통신 등이 막히어 끊어짐. 예 눈으로 交通이 ―된 두메 산골. ❷근거가 없다. ¶杜撰(―, 지을 찬)전거가 정확하지 못하거나 틀린 곳이 많은 저술.
〔杜鵑〕(두견) ①두견새. ②두견화(杜鵑花).
〔杜門不出〕(두문불출) 문을 닫고 밖에 나가지 아니함.
〔杜詩〕(두시) 두보(杜甫)의 시(詩).

3 ⑦ 〔来〕 래 來(0194)의 약자·간화자
2254

3 ⑦ 〔李〕*** 리: 上 紙 | lǐ, リ
2255

소전 행서 이름 오얏 리: 자원 회의. 木+子→李. 잉부가 좋아하는 신맛이 나는 나무의 열매란 뜻으로 '오얏'을 뜻한다.

필순 一 十 才 木 本 李 李

새김 ❶오얏. 오얏나무의 열매. ¶桃李(복숭아 도, ―) 복숭아와 오얏. ❷오얏나무. 〔文選〕李下不正冠(이하 부정관) 오얏나무 아래에서는 관을 바루지 아니함. 남에게 의심을 살 만한 일은 아예 하지 말라는 말.
〔李花〕(이화) 오얏꽃.
▷郁李(욱리)·行李(행리)

3 ⑦ 〔杋〕* 범 平 咸 | fán, ハン
2256

행서 杋 이름 나무이름 범 자원 형성. 木+凡→杋. 帆(범)·汎(범)·梵(범)과 같이 凡(범)이 성부.
새김 나무 이름. 수부목(水浮木)의 딴이름.

3 ⑦ 〔杉〕* 삼 平咸 shān, サン
2257

행서 杉 이름 삼나무 삼 자원 형성. 木+彡→杉. 衫(삼)과 같이 彡(삼)이 성부.
새김 삼나무. 상록 교목의 하나. ¶杉木(—, 나무 목) 삼나무.

3 ⑦ 〔束〕** 속 入沃 shù, ソク
2258

소전 束 행서 束 이름 묶을 속 자원 회의. 木+口〔○의 변형〕→束. ○는 한데 묶은 모양. 나무를 단으로 묶는다는 뜻.

필순 一 ㄒ 〒 声 申 束 束

새김 ❶묶다. ㉠흐트러지지 않게 동여 묶다. ¶束脩(—, 육포 수)묶은 육포. 남을 방문하거나 입문(入門) 때 선생에게 드리는 예물로 썼음. ㉡결박하다. ¶束₂手₁(—, 손 수)두 손을 묶음. ㊎—無策. ❷정하다. 어떤 일을 어떻게 하기로 정하다. ¶約束(정할 약, —)어떤 일에 대하여 상대방과 어떻게 하기로 정함. 또는 정한 그 사항. ❸뭇. ㉠묶음. 단이나 다발로 된 것을 세는 말. ¶一束(한 일, —)한 묶음. ㉡國조세를 계산하기 위한 토지 넓이의 단위. 10파(把)가 1속.
〔束縛〕(속박) ① 사람의 손이나 몸을 동하여 묶음. ②자유를 제한함.
〔束髮〕(속발) 머리털을 빗어 올려서 잡아 묶거나 상투를 틂.
〔束身自潔〕(속신자결) 몸을 단속하여 지조를 깨끗이 지킴.
▷檢束(검속)·結束(결속)·拘束(구속)·團束(단속)·裝束(장속)

3 ⑦ 〔杨〕 양 楊(2427)의 간화자
2259

3 ⑦ 〔杖〕* 장: 上養 zhàng, ジョウ
2260

소전 杖 행서 杖 이름 지팡이 장: 자원 형성. 木+丈→杖. 仗(장)과 같이 丈(장)이 성부.
새김 ❶지팡이. ¶竹杖(대 죽, —)대지팡이. ❷매. 곤장. ¶杖刑(—, 형벌 형)곤장으로 볼기를 치는 형벌.
〔杖屨〕(장구) ①지팡이와 신. ②이름난 사람이 머물러 있던 자취의 형용.
〔杖朞〕(장기) 상장을 짚고 생베로 지은 상복을 1년 동안 입는 거상(居喪).
〔杖罪〕(장죄) 장형(杖刑)에 해당하는 죄.
▷短杖(단장)·錫杖(석장)·鐵杖(철장)·靑藜杖(청려장)

3 ⑦ 〔材〕*** 재 平灰 cái, ザイ
2261

소전 材 행서 材 이름 재목 재 자원 형성. 木+才→材. 才(재)가 성부.

필순 一 十 才 木 木一 村 材

새김 ❶재목. 건축이나 가구 등의 재료로 쓰이는 나무. ¶木材(나무 목, —)건축이나 가구 등을 만드는 데 재료로 쓰이는 나무. ㊎—家具. ❷원료. 거리. ¶材料(—, 감 료)㉮물건을 만드는 바탕이 되는 감. ㊎建設—. ㉯사물을 생각하거나 연구하는데 필요한 거리. ㊎研究—. ❸재능. 또는 재능이 있는 사람. ¶人材(사람 인, —)어떤 일을 훌륭하게 치러낼 만한 재능이 있는 사람. ㊎—養成.
〔材能〕(재능) 재주와 능력. 재능(才能).
〔材木〕(재목) 건축이나 가구를 만드는 데 재료가 되는 나무.
〔材質〕(재질) 재료의 성질이나 바탕.
▷教材(교재)·素材(소재)·藥材(약재)·資材(자재)·製材(제재)·取材(취재)

3 ⑦ 〔条〕 조 條(2382)의 속자·간화자
2262

3 ⑦ 〔村〕*** 촌: 本촌 平元 cūn, ソン
2263

행서 村 본자 邨 이름 마을 촌: 자원 형성. 木+寸→村. 寸(촌)이 성부.

필순 一 十 才 木 木一 村 村

새김 ❶마을. 동네. ¶農村(농사 농, —)농민들이 사는 마을. ❷시골. 촌. 또는 촌스럽다. ㊎村티가 나는 사나이.
〔村家〕(촌가) 시골에 있는 집.
〔村落〕(촌락) 시골 마을. 또는 시골의 범칭.
〔村莊〕(촌장) 촌에 있는 별장.
▷江村(강촌)·僻村(벽촌)·富村(부촌)·貧村(빈촌)·山村(산촌)·漁村(어촌)·鄕村(향촌)

3 ⑦ 〔杓〕* 표 平蕭 biāo, ヒョウ
2264

소전 杓 행서 杓 이름 별이름 표 자원 형성. 木+勺→杓. 豹(표)와 같이 勺(작)의 변음이 성부.
새김 별 이름. 북두칠성의 자루에 해당하는 곳에 있는 세 별.

3 ⑦ 〔杏〕* 행: 上梗 | xìng, キョウ
2265

소전 행서 이름 살구 행: 자원 형성. 木+口〔向의 생략체〕→杏. 向(향)의 변음이 성부.

새김 ❶살구. 또는 살구나무. ¶杏仁(—, 씨 인)살구씨. ❷은행나무. 또는 은행. ¶杏子木(—, 어조사 자, 나무 목)은행나무의 목재.

〔杏壇〕(행단) 공자(孔子)가 제자를 가르쳤다는 곳. 인신하여, 학문을 닦는 곳.

〔杏林〕(행림) 병을 잘 고치는 의사(醫師). 故 삼국(三國) 때 오(吳)나라 동봉(董奉)이 여산(廬山)에 은거하면서 환자를 치료하되, 돈을 받지 않는 대신 중병이 나은 사람은 살구나무 5그루, 병이 가벼워진 사람은 1그루를 심게 하였는데, 몇 해 되지 않아 울창한 숲을 이루게 되었다는 고사.

▷ 銀杏(은행)

4 ⑧ 〔杰〕* 걸 傑(0290)의 속자
2266

4 ⑧ 〔果〕*** 과: 上哿 | guǒ, カ
2267

소전 행서 이름 실과 과: 자원 상형. 나무에 열매가 열려 있는 모양.

필순 丨 冂 日 日 旦 甲 果 果

새김 ❶실과. 과실. 식물의 열매. ¶果樹(—, 나무 수)과실이 열리는 나무. ❷결과. 사물의 결말. ¶成果(이룰 성, —)이룬 결과. ❸과감하다. 결단성이 있다. ¶果斷(—, 결단할 단)일을 과감하게 결단함. 예—性. ❹정말로. 실지로. ¶果然(—, 그러할 연)알고보니 정말로. 예—天下의 명승지로다.

〔果敢〕(과감) 결단성이 있고 용감함.

〔果物〕(과물) 과실(果實).

〔果房〕(과방) 國①잔치 때 음식을 장만하는 곳. ②잔치 때 음식을 일정하게 차려놓는 일을 맡아 하는 사람.

〔果報〕(과보) 인과응보(因果應報)의 준말.

〔果實〕(과실) 식용으로 할 수 있는 나무의 열매.

〔果汁〕(과즙) 과실에서 짜낸 즙.

〔果悍〕(과한) 결단성이 있고 용맹스러움.

▷ 結果(결과)·茶果(다과)·善果(선과)·惡果(악과)·因果(인과)·青果(청과)

4 ⑧ 〔构〕 구 構(2444)의 속자·간화자
2268

4 ⑧ 〔枏〕* 남 楠(2416)과 동자
2269

4 ⑧ 〔杻〕* 뉴: 上有 | niǔ, ジュウ
2270

행서 이름 감탕나무 뉴: 자원 형성. 木+丑→杻. 紐(뉴)·鈕(뉴)와 같이 丑(추)의 변음이 성부.

새김 감탕나무. 상록 활엽 교목의 이름.

4 ⑧ 〔東〕*** 동 平東 | dōng, トウ
2271

소전 행서 간화 东 이름 동녘 동 자원 회의. 木+日→東. 해가 떠올라 나무의 중간쯤에 걸쳐져 있기에 방위로 동쪽을 뜻한다.

필순 一 𠃊 冂 百 百 亘 車 東

새김 동녘. ㉠동쪽. 西(4808)의 대. ¶東西(—, 서녘 서)동쪽과 서쪽. ㉡봄. 東은 계절로는 봄에 배당된다. ¶東風(—, 바람 풍)㉮봄바람. 예馬耳—. ㉯동쪽에서 불어오는 바람.

〔東家食西家宿〕(동가식 서가숙) 國먹을 곳과 잘 곳이 없거나 일정하지 않아서 떠돌아 다님.

〔東歐〕(동구) 동유럽. 유럽의 동부 지방. 대西歐(서구).

〔東國〕(동국) 우리 나라의 딴이름.

〔東君〕(동군) ①태양신(太陽神). 또는 태양. ②봄을 맡은 신(神).

〔東宮〕(동궁) ①황태자나 왕세자의 딴이름. ②태자궁이나 세자궁의 딴이름.

〔東問西答〕(동문서답) 동쪽에 대하여 묻는데 서쪽에 대하여 대답함. 곧 물음에 전혀 맞지 않는 엉뚱한 대답을 함.

〔東奔西走〕(동분서주) 동쪽으로 달리고 서쪽으로 뜀. 곧 사방으로 바쁘게 돌아다님.

〔東西古今〕(동서고금) 동양과 서양, 옛날과 지금.

〔東亞〕(동아) 아시아의 동부 지방.

〔東洋〕(동양) ①대륙의 동쪽에 있는 바다. ②아시아 동쪽의 국가.

〔東夷〕(동이) 중원 동쪽의 여러 소수 민족.

〔東漸〕(동점) 차츰 동쪽으로 나아감. 예西勢—.

▷ 江東(강동)·關東(관동)·極東(극동)·近東(근동)·大東(대동)·遼東(요동)·海東(해동)

4 ⑧ 〔枓〕* 두 本두: 上有 | dǒu, トウ
2272

소전 행서 이름 두공 두 자원 형성. 木+斗→枓. 斗(두)가 성부.

새김 두공. ¶枓栱(—, 두공 공)규모가 큰 목조 건물의 기둥 위에 지붕을 받치며, 장식으로 짜 올린 구조물.

⑧〔來〕 래 人부 6획(0194)

4 ⑧ 〔林〕*** 림 平侵 lín, リン
2273

소전 行서 이름 수풀 림 자원 회의. 木+木→林. 두 그루의 나무가 서 있는 곳. 곧 많은 나무가 서 있는 숲을 뜻한다.

필순 一 十 才 木 木 村 材 林

새김 ❶수풀. 숲. ¶松林(솔 송, ―)소나무숲. ❷사물이 많이 모이는 곳. ¶藝林(예술 예, ―)예술가들의 모임이나 사회.
〔林立〕(임립) 빽빽하게 서 있음.
〔林野〕(임야) 나무가 늘어서 있는 넓은 땅.
〔林業〕(임업) 산림을 경영하는 사업.
〔林泉〕(임천) ①숲과 샘. ②산과 들의 한적하고 아름다운 경치의 비유.
〔林下〕(임하) ①숲 속. 그윽하고 고요한 곳. ②한가롭고 고상함.
▷密林(밀림)·詞林(사림)·山林(산림)·森林(삼림)·書林(서림)·禪林(선림)·原始林(원시림)·儒林(유림)·造林(조림)·酒池肉林(주지육림)·竹林(죽림)·翰林(한림)

4 ⑧ 〔枚〕* 매 平灰 méi, マイ
2274

소전 행서 이름 낱 매 자원 회의. 木+攵〔=攴〕→枚. 攴은 때리다. 곧 사람을 칠 만한 나무의 줄기. 새김은 가차.
새김 ❶낱. 또는 낱낱이 세다. ¶枚擧(―, 들 거) 낱낱이 들어서 셈. 예――할 겨를이 없다. ❷장. 얇은 물건을 세는 단위. 예原稿五十枚.
〔枚數〕(매수) 낱장으로 된 물건의 수효.
〔枚移〕(매이) 國관아 사이에 서로 공문을 주고 받음.
〔枚陳〕(매진) 일일이 사실대로 진술함.

4 ⑧ 〔杳〕* 묘: 本요: 上篠 yǎo, ヨウ
2275

소전 행서 이름 아득할 묘: 자원 회의. 木+日→杳. 해가 나무 밑에 있기에, 해가 지고 어두워짐을 뜻한다.
새김 ❶아득하다. ¶杳然(―, 그러할 연) 아득하게 먼 모양. ❷어둡다. 아득하고 어둡다. ¶杳冥(―, 어두울 명) 어둑어둑함.
〔杳杳〕(묘묘) 아득하게 멂.

4 ⑧ 〔枋〕* 방 平陽 fāng, ホウ
2276

소전 행서 이름 박달나무 방 자원 형성. 木+方→枋. 訪(방)·放(방)·房(방)·芳(방)과 같이 方(방)이 성부.
새김 박달나무. 낙엽 활엽 교목의 하나.

4 ⑧ 〔杯〕*** 배 平灰 bēi, ハイ
2277

소전 행서 속자 盃 이름 잔 배 자원 형성. 木+不〔否의 변형〕→杯. 否(비)의 변음이 성부.

필순 一 十 才 木 木 杉 杯 杯

새김 잔. ㉠술잔. 인신하여, 술. ¶祝杯(축하할 축, ―)축하의 뜻을 표하기 위하여 마시는 술. 또는 그 술잔. 예――를 들다. ㉡잔처럼 생긴 사물. ¶優勝杯(뛰어날 우, 이길 승, ―)운동 경기에서 첫째 가는 승리자에게 주는, 큰 잔 모양의 물품. ㉢잔에 담은 술 등을 세는 말. ¶一杯酒(한 일, ―, 술 주)한 잔의 술.
〔杯盤〕(배반) 술상에 차려놓은 잔 등의 그릇들. 또는 거기에 차린 음식.
〔杯盤狼藉〕(배반낭자) 술잔과 안주 그릇이 어지럽게 흩어져 있음. 연회가 끝났거나 끝날 무렵의 어수선한 모양의 형용.
〔杯酒〕(배주) 잔에 따른 술.
▷乾杯(건배)·苦杯(고배)·金杯(금배)·玉杯(옥배)·銀杯(은배)·酒杯(주배)

4 ⑧ 〔枇〕* 비 平支 pí, ヒ
2278

소전 행서 이름 비파나무 비 자원 형성. 木+比→枇. 批(비)·庇(비)·毘(비)와 같이 比(비)가 성부.
새김 비파나무. 상록의 과실 나무 이름.

4 ⑧ 〔析〕** 석 入錫 xī, セキ
2279

소전 행서 이름 쪼갤 석 자원 회의. 木+斤→析. 도끼로 나무를 쪼갠다는 뜻.

필순 一 十 才 木 木 村 析 析

새김 쪼개다. ㉠나무를 패다. ¶析薪(―, 땔나무 신)장작 등의 땔나무를 팸. ㉡분해하다. ¶分析(나눌 분, ―)㉮물질을 분해하여 그 물질을 구성하고 있는 성분을 밝히는 일. 예化學――. ㉯사물 현상의 내용을 하나하나 나누어 그 요소들을 밝히는 일. 예情勢――.
〔析出〕(석출) 분석하여 골라냄.
▷開析谷(개석곡)·剖析(부석)·解析(해석)

4 ⑧ 〔松〕*** 송 平冬 sōng, ショウ
2280

소전 행서 이름 솔 송 자원 형성. 木+公→松. 訟(송)·頌(송)과 같이 公(공)의 변음이 성부.

필순 一 十 才 木 木 松 松 松

새김 솔. 소나무. ¶松柏(—, 측백나무 백)㉮소나무와 측백나무. ㉯國소나무와 잣나무. ㉰인신하여, 굳은 절개의 상징으로 쓰는 말.
〔松籟〕(송뢰) 소나무가 바람에 설레는 소리.
〔松林〕(송림) 소나무숲.
〔松栮〕(송이) 솔밭에서 나는 송이과의 식용(食用) 버섯.
〔松脂〕(송지) 송진(松津).
〔松津〕(송진) 소나무에서 나는 끈끈한 수지.
〔松風〕(송풍) 솔숲을 스치어 부는 바람.
▷古松(고송)·孤松(고송)·老松(노송)·白松(백송)·陸松(육송)·赤松(적송)·蒼松(창송)·青松(청송)·海松(해송)

4 ⑧ 〔枉〕* 2281 왕: 上養 | wǎng, オウ

소전 행서 이름 굽힐 왕: 자원 형성. 木+王→枉. 旺(왕)·汪(왕)과 같이 王(왕)이 성부.
새김 굽히다. 또는 굽다. ㉠생각·의지 등을 굽히다. ¶枉法(—, 법 법)법을 굽힘. 곧 법을 그릇되게 해석함. ㉡몸을 굽히다. 겸사로 쓰는 말. ¶枉臨(—, 임할 림)상대방이 자기의 있는 곳에 옴을, 상대방을 높여 이르는 말. 예바쁘실 터인데 —해 주셔서 감사합니다.
〔枉尺直尋〕(왕척직심) 한 자를 굽혀서 여덟 자를 폄. 조그마한 양보로 큰 이득을 얻거나 작은 어려움을 참아 큰일을 성사시킴의 비유.
▷冤枉(원왕)

4 ⑧ 〔杵〕* 2282 저: 上語 | chǔ, ショ

소전 행서 이름 공이 저: 자원 형성. 木+午→杵. 午(오)의 변음이 성부.
새김 공이. 절굿공이. ¶杵臼(—, 절구 구) 절굿공이와 절구. 예—之交.
〔杵臼之交〕(저구지교) 귀천을 가리지 않고 사귐. 故한(漢)나라 공사목(公沙穆)이 태학(太學)에서 공부할 때, 변복(變服)을 하고 오우(吳祐)의 집에서 방아 찧는 품팔이를 하였는데, 이때 오우가 공사목의 비범함을 알고 친교를 맺었다는 고사.

4 ⑧ 〔枣〕 2283 조 棗(2410)의 간화자

4 ⑧ 〔枝〕*** 2284 지 平支 | zhī, シ

소전 행서 이름 가지 지 자원 형성. 木+支→枝. 肢(지)와 같이 支(지)가 성부.

필순 一 十 才 木 朩 朩 枋 枝

새김 가지. 나뭇가지. ¶枝葉(—, 잎 엽)㉮나무의 가지와 잎. ㉯중요한 본질적인 것이 아닌 부차적인 것. 예—的인 問題.
〔枝梧〕(지오) ①서로 어긋남. ②맞서서 겨룸.
〔枝節〕(지절) ①식물의 가지와 마디. ②여러 갈래로 파생한 사정이나 까닭의 비유.
▷幹枝(간지)·樹枝(수지)·剪枝(전지)

4 ⑧ 〔枪〕 2285 창 槍(2454)의 간화자

4 ⑧ 〔枢〕 2286 추 樞(2475)의 약자·간화자

4 ⑧ 〔枕〕** 2287 침: 上寑 | zhěn, チン

소전 행서 이름 베개 침: 자원 형성. 木+冘→枕. 冘(침)이 성부.

필순 一 十 才 木 木 朩 朸 枕

새김 ❶베개. ¶木枕(나무 목, —)나무로 만든 베개. ❷베다. 베개로 삼아 베다. ¶枕流漱石(—, 흐름 류, 양치질할 수, 돌 석)자연 속에 은거함의 비유. 故진(晉)나라 손초(孫楚)가 '枕石漱流(돌을 베고 흐르는 물로 양치질함)'이라고 할 것을 '흐르는 물을 베고 돌로 양치질함'이라고 잘못 말하였다는 고사.
〔枕木〕(침목) ①물건 밑을 괴는 나무 토막. ②철로 밑에 괴는 나무 토막.
〔枕屏〕(침병) 머리맡에 치는 작은 병풍.
〔枕上〕(침상) ①베개 위. ②잠을 자거나 누워 있을 때.
〔枕席〕(침석) 베개와 자리.
▷高枕(고침)·起枕(기침)·安枕(안침)·就枕(취침)

4 ⑧ 〔杷〕* 2288 파 平麻 | pā, ハ

소전 행서 이름 갈퀴 파 자원 형성. 木+巴→杷. 把(파)·芭(파)·爬(파)와 같이 巴(파)가 성부.
새김 ❶갈퀴. 곡물이나 낙엽 따위를 긁어 모으는 농기구 이름. ❷비파(枇杷). 또는 비파나무.

4 ⑧ 〔板〕** 2289 판 本판: 上潸 | bǎn, ハン

행서 통용 版 이름 널 판 자원 형성. 木+反→板. 反에는 '반' 외에 '판' 음도 있어, 販(판)·坂(판)과 같이 反(판)이 성부.

필순 一 十 才 木 杉 枋 柄 板

새김 ❶널. 널빤지. ¶看板(볼 간, —)상점이나 기관·단체 등의 이름을 써서 내건 물건. ❷판목. 인쇄하기 위해 글자나 그림을 새긴 판. ¶木板(나무 목, —)나무에 새긴 책판이나 그림판. 예—本.
〔板刻〕(판각) 글씨·그림 등을 나뭇조각에 새김.
〔板本〕(판본) 목판으로 인쇄한 책.
〔板書〕(판서) 분필로 칠판에 글을 씀.
〔板子〕(판자) 나무 널빤지.
〔板籍〕(판적) 호적(戶籍).
〔板蕩〕(판탕) 정치를 잘못하여 나라가 혼란하고 불안함. 시경(詩經) 대아(大雅)에 板과 蕩의 두 편이 있는데, 이는 모두 여왕(厲王)의 무도함을 풍자한 시이기에 생긴 말.
▷甲板(갑판)·坐板(좌판)·珠板(주판)·鐵板(철판)·平板(평판)·懸板(현판)·活板(활판)·黑板(흑판)

4 ⑧ 〔枫〕 2290 풍 楓(2440)의 간화자

4 ⑧ 〔杭〕* 2291 항 平陽 háng, コウ

행서 杭 이름 땅이름 항 자원 형성. 木+亢→杭. 抗(항)·航(항)·伉(항)과 같이 亢(항)이 성부.
새김 땅이름. 절강성(浙江省)의 항주(杭州).

4 ⑧ 〔枭〕 2292 효 梟(2387)의 간화자

5 ⑨ 〔柯〕* 2293 가 平歌 kē, カ

소전 柯 행서 柯 이름 자루 가 자원 형성. 木+可→柯. 呵(가)·軻(가)·苛(가)와 같이 可(가)가 성부.
새김 ❶자루. 도끼 등 연장의 자루. ¶斧柯(도끼 부, —)도끼자루. ❷가지. 나뭇가지. ¶柯葉(—, 잎 엽)나무의 가지와 잎.
▷南柯一夢(남가일몽)·橫柯(횡가)

5 ⑨ 〔枷〕* 2294 가 平麻 jiā, カ

소전 枷 행서 枷 이름 도리깨 가 자원 형성. 木+加→枷. 伽(가)·駕(가)·迦(가)·茄(가)와 같이 加(가) 성부.
새김 ❶도리깨. 곡식의 낟알을 떨기 위하여 두드리는 농구의 한 가지. ¶連枷(이을 련, —)도리깨. ❷칼. 죄인의 목에 씌우는 형구 이름. 또는 칼을 씌우다. ¶枷鎖(—, 족쇄 쇄)칼과 족쇄. 또는 죄인에게 칼을 씌우고 족쇄를 채움.

5 ⑨ 〔架〕** 2295 가: 去禡 jià, カ

행서 架 이름 시렁 가: 자원 형성. 加+木→架. 袈(가)·痂(가)·茄(가)·伽(가)와 같이 加(가)가 성부.

필순 フ カ か 加 加 加 架 架 架

새김 ❶시렁. 물건을 얹어 놓는 선반. ¶書架(책 서, —)책을 얹어 두는 선반. 예책이 죽 꽂혀 있는 —. ❷건너지르다. 걸쳐놓다. ¶架空(—, 하늘 공)하늘에 걸쳐 놓음. 예— cable.
〔架橋〕(가교) 다리를 놓음.
〔架設〕(가설) 전화선이나 전력선·삭도선 등을 공중에 매어다는 공사를 함. 예電話—.
〔架子〕(가자) ①나뭇가지를 받치는 시렁같이 만든 물건. ②편종(編鐘)·편경(編磬) 등을 달아 놓는 틀.
▷高架(고가)·十字架(십자가)

5 ⑨ 〔柬〕* 2296 간: 上潸 jiǎn, カン

소전 柬 행서 柬 이름 가릴 간: 자원 상형. 자루 속에 물건이 들어 있는 모양. 새김은 가차.
새김 가리다. 선별하여 가리다.

5 ⑨ 〔柑〕* 2297 감 平覃 gān, カン

행서 柑 이름 감귤 감 자원 형성. 木+甘→柑. 疳(감)·紺(감)과 같이 甘(감)이 성부.
새김 감귤(柑橘). 밀감(蜜柑). 과수 이름. 또는 그 열매.

5 ⑨ 〔柜〕 2298 ㊀거: 上語 ㊁궤: jǔ, キョ

소전 柜 이름 ㊀고리버들 거: ㊁함 궤: 자원 형성. 木+巨→柜. 拒(거)·距(거)와 같이 巨(거)가 성부.
새김 ㊀고리버들. 낙엽 활엽 관목의 이름. ¶柜柳(—, 수양버들 류)고리버들과 수양버들. ㊁櫃(2507)의 간화자.

5 ⑨ 〔枯〕** 2299 고 平虞 kū, コ

소전 枯 행서 枯 이름 마를 고 자원 형성. 木+古→枯. 姑(고)·苦(고)·固(고)·辜(고)와 같이 古(고)가 성부.

필순 一 十 才 木 朩 朴 朴 枯 枯

새김 ❶마르다. ㉠물이 마르다. ¶枯渴(—, 마를 갈)㉮물이 말라서 없어짐. ㉡가뭄으로 시냇물이 —되었다. ㉯물품·자원 등이 다하여 없어짐. ㉡物資의 —. ㉡물기가 말라서 시들다. ¶枯死(—, 죽을 사)나무나 풀이 말라 죽음. ❷쇠하여 멸망하다. ¶榮枯(번영할 영, —)번영함과 쇠하여 멸망함. ㉡—盛衰.

〔枯槁〕(고고) ①식물이 말라서 물기기 없음. ②여위고 파리함. ㉡形容이 —하다.

〔枯骨〕(고골) 살은 썩어 없어지고 남은 뼈.

〔枯木〕(고목) 말라 죽은 나무.

〔枯木死灰〕(고목사회) 말라 죽은 나무와 불이 꺼진 재. 사람이 무심하고 무감각함의 비유.

〔枯木生花〕(고목생화) 마른 나무에 꽃이 핌. ㉮곤궁한 사람이 행운을 만나게 됨의 비유. ㉯늙바탕에 아기를 낳거나 대가 끊길 지경에 대 이을 아들을 낳음의 비유.

5 ⑨ 〔枸〕* 2300 ㊀구: 上麌 jŭ, ク ㊁구 本구: 上有 gŏu, ク

소전 행서 이름 ㊀호깨나무 구: ㊁구기 구 자원 형성. 木+句→枸. 拘(구)·狗(구)·苟(구)와 같이 句(구)가 성부.

새김 ㊀호깨나무. 〔詩經〕南山有枸 (남산유구) 남쪽 산에 호깨나무가 있다. ㊁구기(枸杞). 구기자나무. ㉡枸杞子(구기자) 구기자나무의 열매.

5 ⑨ 〔柩〕* 2301 구 本구: 去宥 jiù, キュウ

소전 행서 속자 柾 이름 널 구 자원 형성. 木+匛→柩. 匛(구)가 성부.

새김 널. 관(棺). ¶靈柩(신령 령, —)시체를 넣는 널. ㉡—車.

〔柩衣〕(구의) 영구를 덮는 보자기.

▷運柩(운구)

5 ⑨ 〔柾〕* 2302 ㊀구 ㊁정 柩(2301)의 속자

참고 ㊁는 대법원이 잘못 공인한 인명용 추가한자. 이는 'まさ'로 훈독하는 일본의 인명용 한자. 이 자에는 '정'이란 음은 없다.

5 ⑨ 〔柰〕* 2303 ㊀내: 去泰 nài, ダイ ㊁나

소전 행서 이름 ㊀과수이름 내: ㊁X 자원 형성. 木+示→柰. 奈(내)와 같이 示(시)의 변음이 성부.

새김 ㊀❶과수 이름. 능금나무의 일종. ❷어찌. 어떻게. 또는 어찌하랴? 奈(1010)와 같다. ¶柰何(—, 어찌 하) 어찌하랴? ㊁대법원 공인 인명용 추가한자의 음. 잘못 잡은 음이다.

5 ⑨ 〔栋〕 2304 동 棟(2398)의 간화자

5 ⑨ 〔栏〕 2305 란 欄(2515)의 간화자

5 ⑨ 〔柳〕*** 2306 류: 上有 liŭ, リュウ

행서 이름 버들 류: 자원 형성. 木+丣〔丣의 변형〕→柳. 留(류)와 같이 丣(유)의 변음이 성부.

필순 一 十 木 木 木' 杉 枊 柳 柳

새김 버들. 수양버들. ¶柳綠花紅(—, 푸를 록, 꽃 화, 붉을 홍)버들은 푸르고 꽃은 붉음. 봄철의 아름다운 자연의 형용.

〔柳車〕(유거) 장사 지낼 때, 시체를 싣고 끄는 바퀴가 넓은 수레.

〔柳器〕(유기) 고리. 고리버들 가지로 결어서 만든 그릇.

〔柳絮〕(유서) 버들개지.

▷細柳(세류)·楊柳(양류)·蒲柳(포류)·花柳(화류)

5 ⑨ 〔某〕** 2307 모: 本무: 上有 mŏu, ボウ

소전 행서 이름 아무 모: 자원 회의. 甘〔曰의 변형〕+木→某. 曰은 신에게 고하는 축문을 넣어두는 그릇. 이를 나무 위에 매달아놓고 아무개가 신에게 빈다는 데서 '아무개'란 뜻을 나타낸다.

필순 一 十 廿 甘 甘 甘 苴 某 某

새김 ❶아무. 아무개. ¶某某(—, —)아무아무. ㉡—諸人. ❷어느. 어떤. 명사 앞에 놓아 구체적으로 밝힐 필요가 없거나 불명확한 대상을 가리키는 말. ¶某種(—, 종류 종)그 어떤 종류. ㉡—의 협의를 포착하였다.

〔某所〕(모소) 어떤 곳. 모처(某處).

〔某氏〕(모씨) 아무개. 아무 양반.

〔某也某也〕(모야모야) 國아무아무.

〔某處〕(모처) 아무 곳. 어떤 곳.

5 ⑨ 〔柏〕* 2308 백 入陌 băi, ハク

소전 행서 속자 栢 이름 측백 백 자원 형성. 木+白→柏. 伯(백)·帛(백)과 같이 白(백)이 성부.

새김 ❶측백(側柏). 측백나무. 상록 침엽 교목의 하나. ¶松柏(솔 송, —) 松(2280)을 보라. ❷國잣나무. 상록 교목의 하나. ¶柏子(—, 아들 자) 잣나무의 열매인 잣.

〔柏葉〕(백엽) 측백나무의 잎. ㉮━酒.
▷扁柏(편백)

5 ⑨ 〔柄〕* 병: 上梗 bǐng, ヘイ
2309

소전 柄 행서 柄 동자 棅 이름 자루 병: 자원 형성. 木+丙→柄. 病(병)·炳(병)과 같이 丙(병)이 성부.
새김 ❶자루. 기물에 달린 손잡이. ¶斗柄(북두 두, ━) 북두칠성 가운데서 자루가 되는 자리에 있는 별들. ❷권력. 권세. ¶權柄(권세 권, ━) 권력을 가지고 정사를 좌지우지할 수 있는 힘. ㉮━을 잡다.

5 ⑨ 〔柶〕* 사: 去寘 sì, シ
2310

행서 柶 이름 숟가락 사: 자원 형성. 木+四→柶. 泗(사)와 같이 四(사)가 성부.
새김 ❶숟가락. ❷國 윷가락. 윷짝. ¶擲柶(던질 척, ━)윷가락을 던짐. 곧 윷놀이. ㉮━大會.

5 ⑨ 〔查〕** 사 平麻 zhā, サ
2311

행서 査 이름 조사할 사 자원 형성. 木+且→查. 且(차)의 변음이 성부.
필순 一 十 才 木 木 杏 杳 杳 查
새김 ❶조사하다. 사정을 밝게 살피다. ¶查察(━, 살필 찰)남의 행동이나 일의 사정을 조사하여 살핌. ❷國 사돈. ¶查頓(━, 사돈 돈)혼인한 집안끼리 서로 부르는 말. ㉮━의 八寸.
〔查問〕(사문) 사실을 해명하기 위하여 조사하여 심문함.
〔查閱〕(사열) 부대의 장병을 정렬시키거나 행진시키어 그 사기나 장비를 검열하는 일.
〔查丈〕(사장) 國 사돈 어른.
〔查正〕(사정) 잘못된 것을 조사하여 바로잡음.
〔查定〕(사정) 심사하여 결정함. ㉮等級━.
〔查弟〕(사제) 國 사돈 사이에 서로 자기를 낮추어 겸손하게 이르는 말.
〔查證〕(사증) 외국을 여행할 때, 여행하는 나라에서 여행자의 신분이나 입국 목적 등을 조사하여, 그 입국을 허락하는 표시로 적어 주는 증명서. 비자.
▷監查(감사)·檢查(검사)·考查(고사)·內查(내사)·踏查(답사)·搜查(수사)·審查(심사)·調查(조사)·探查(탐사)

5 ⑨ 〔柖〕* 소 平蕭 sháo, ショウ
2312

이름 나무흔들릴 소 자원 형성. 木+召→柖. 昭(소)·沼(소)와 같이 召(소)가 성부.
새김 나무가 흔들리다.

5 ⑨ 〔树〕 수 樹(2487)의 간화자
2313

5 ⑨ 〔柿〕* 시: 上紙 shì, シ
2314

소전 柿 행서 柿 이름 감 시: 자원 형성. 木+市→柿. 市(시)가 성부.
새김 감. 감나무의 열매. 또는 감나무. ¶紅柿(붉을 홍, ━) 붉게 익은 감. 연감.
〔柿霜〕(시상) 시설(柿雪).
〔柿雪〕(시설) 곶감의 거죽에 생기는 흰 가루.
〔柿蔕〕(시체) 감의 꼭지. 딸꾹질을 멈추게 하는 약재로 쓰임.
▷乾柿(건시)·軟柿(연시)·沈柿(침시)

5 ⑨ 〔柴〕* 시 ㉬재 平佳 chái, サイ
2315

소전 柴 행서 柴 이름 섶 시 자원 형성. 此+木→柴. 此(차)의 변음이 성부.
새김 섶. ㉠땔나무. ¶柴木(━, 나무 목) 땔나무. ㉡싸리. 또는 야생의 잡목. ¶柴扉(━, 문 비) 싸리문. 또는 나뭇가지를 결어서 만든 문.
〔柴糧〕(시량) 땔나무와 양식.
〔柴門〕(시문) 사립문.
〔柴炭〕(시탄) 땔나무와 숯.

5 ⑨ 〔染〕** 염: 上琰 rǎn, セン
2316

소전 染 행서 染 이름 물들일 염: 자원 형성. 氵+朵〔朵의 변형〕→染. 朵(타)의 변음이 성부.
필순 丶 丶 氵 氵 氿 氿 卆 染 染
새김 ❶물들이다. 천 등에 빛깔을 들이다. ¶染色(━, 빛 색) 실이나 천 등에 염료로 물을 들임. ㉮━工場. ❷물들다. 영향이나 감화를 받다. ¶汚染(더러울 오, ━) 더럽게 물듦. ㉮━防止對策. ❸병이 옮다. ¶傳染(전할 전, ━) 병이 이 사람에게서 저 사람으로 옮음. ㉮━病.
〔染料〕(염료) 물감. 염색 원료.
〔染俗〕(염속) 세속(世俗)에 물듦.
〔染指〕(염지) 손가락을 맛봄. ㉠음식을 맛봄. ㉡분수 밖의 이익을 탐냄.
〔染織〕(염직) ①염색과 직조. ②피륙에 물을 들임.
▷感染(감염)·捺染(날염)·漸染(점염)·浸染(침염)·薰染(훈염)

5 ⑨ 〔栄〕 영 榮(2451)의 약자
2317

5 ⑨ 〔荣〕 영 榮(2451)의 속자·간화자
2318

5 ⑨ 〔柔〕*** 유 平尤 | róu, ジュウ
2319

소전 행서 이름 부드러울 유 자원 형성. 矛+木→柔. 矛(모)의 변음이 성부.

필순 ㇇ マ ス 予 矛 柔 柔 柔 柔

새김 ❶부드럽다. 성품이 부드럽다. 剛(0474)의 대. ¶柔和(—, 온화할 화) 성품이 부드럽고 온화함. ❷마음을 부드럽게 하다. ¶懷柔(어루만질 회, —) 어루만져서 부드럽게 함. 예—政策.

〔柔能制剛〕(유능제강) 부드러운 것이 능히 굳센 것을 이김.

〔柔道〕(유도) 맨손으로 상대방을 넘어뜨리거나 메어치는 무술의 한 가지.

〔柔順〕(유순) 부드럽고 순함.

〔柔弱〕(유약) 부드럽고 나약함.

〔柔軟〕(유연) 부드럽고 연함.

▷剛柔(강유)·善柔(선유)·溫柔(온유)·優柔不斷(우유부단)

5 ⑨ 〔柚〕* 유: 去宥 | yòu, ユウ
2320

소전 행서 이름 유자 유: 자원 형성. 木+由→柚. 油(유)·釉(유)와 같이 由(유)가 성부.

새김 유자(柚子). 유자나무. 또는 그 나무의 열매. ¶橘柚(귤 귤, —) 귤과 유자.

5 ⑨ 〔栈〕 잔 棧(2409)의 간화자
2321

5 ⑨ 〔柽〕 정 檉(2505)의 간화자
2322

5 ⑨ 〔柱〕** 주 本주: 上麌 | zhù, チュウ
2323

소전 행서 이름 기둥 주 자원 형성. 木+主→柱. 住(주)·注(주)·註(주)와 같이 主(주)가 성부.

필순 一 十 才 木 木' 杧 杧 柱 柱

새김 기둥. ㉠건축물에서 보나 도리 등을 받치는 기둥. ¶柱礎(—, 주춧돌 초)기둥 밑에 괴는 주춧돌. ㉡한 집안이나 나라의 의지가 되는 중심 인물의 비유. ¶柱石之臣(—, 돌 석, 의 지, 신하 신)나라를 버티고 있는 중요한 신하.

〔柱聯〕(주련) 기둥이나 벽에 써 붙이는 한시(漢詩)의 연구(聯句).

〔柱石〕(주석) ①기둥과 주춧돌. ②나라의 중요한 임무를 맡은 사람의 비유.

▷膠柱鼓瑟(교주고슬)·石柱(석주)·圓柱(원주)·電柱(전주)·支柱(지주)·鐵柱(철주)

5 ⑨ 〔栉〕 즐 櫛(2513)의 간화자
2324

5 ⑨ 〔枳〕* 지 本지: 上紙 | zhǐ, シ
2325

소전 행서 이름 탱자나무 지 자원 형성. 木+只→枳. 咫(지)와 같이 只(지)가 성부.

새김 탱자나무. 낙엽 관목의 이름. ¶枳棘(—, 가시나무 극) 탱자나무와 가시나무.

〔枳殼〕(지각) 썰어 말린 탱자. 위장을 맑게 하고 대변을 순하게 하는 데에 약재로 씀.

5 ⑨ 〔柵〕* 책 入陌 | zhà, サク
2326

소전 행서 동자 栅 이름 울타리 책 자원 형성. 木+冊→柵. 冊(책)이 성부.

새김 울타리. 울짱. ¶木柵(나무 목, —)나무 울타리.

▷城柵(성책)·竹柵(죽책)·鐵柵(철책)

5 ⑨ 〔栅〕 책 柵(2326)과 동자
2327

5 ⑨ 〔柒〕* 칠 漆(2911)과 동자
2328

5 ⑨ 〔柝〕* 탁 入藥 | tuò, タク
2329

소전 행서 이름 딱다기 탁 자원 형성. 木+斥→柝. 斥에는 '척' 외에 '탁' 음도 있어, 坼(탁)과 같이 斥(탁)이 성부.

새김 딱다기. 야경꾼이 야경을 돌면서 치던 나무토막. ¶擊₂柝₁(칠 격, —) 딱다기를 침.

5 ⑨ 〔枰〕* 평 平庚 | píng, ヘイ
2330

소전 행서 이름 은행나무 평 자원 형성. 木+平→枰. 評(평)·坪(평)과 같이 平(평)이 성부.

새김 ❶은행나무. 낙엽 교목의 하나. ❷바둑판. ¶棋枰(바둑 기, —) 바둑판.

6 ⑩ 〔栞〕* 간 平寒 kān, カン
2331

소전 행서 이름 꺾을 간 자원 형성. 幵+木→栞. 幵(견)의 변음이 성부.
새김 꺾다. 나무를 꺾어서 표시를 하다. ¶栞木(—, 나무 목) 산길을 갈 때, 나무를 꺾어서 간길을 표시하는 일.

6 ⑩ 〔桀〕* 걸 入屑 jié, ケツ
2332

소전 행서 이름 홰 걸 자원 회의. 나무 위에 두 사람을 묶어 놓은 모양. 새김은 가차.
새김 ❶홰. 닭의 홰. 〔詩經〕鷄棲于桀(계서우걸) 닭이 홰에 깃들임. ❷걸왕(桀王). 하(夏)나라의 마지막 천자. ¶桀狗吠堯(—, 개 구, 짖을 폐, 요임금 요). 걸왕(桀王)의 개가 요(堯)임금을 향해 짖음. 각자 자기의 주인에게 충성을 다함의 비유.
〔桀紂〕(걸주) 하나라의 걸왕과 은(殷)나라의 주왕(紂王). 인신하여, 폭군의 범칭.

6 ⑩ 〔格〕** 격 入陌 gé, カク
2333

소전 행서 이름 격식 격 자원 형성. 木+各→格. 各(각)의 변음이 성부.
필순 一 十 才 木 朩 朷 柊 柊 格 格
새김 ❶격식. 자격. 표준. ¶合格(맞을 합, —) 일정한 자격을 얻는 시험·심사·검사에서 자격에 맞아 통과함. 예—者 發表. ❷격. ㉠신분. 지위. 품격. ¶昇格(오를 승, —)격이 높아짐. 또는 격을 높임. 예專門大學이 四年制大學으로 —하였다. ㉡문장에서 하나의 말이 다른 말에 대하여 가지는 관계를 나타내는 말. ¶主格(주인 주, —)문장에서 주어임을 나타내는 격. ❸궁구하다. 사물의 본질이나 도리를 밝히다. ¶格物致知(—, 사물 물, 이를 치, 알 지)사물의 이치를 궁구하여 자기의 지식을 높은 차원에 다다르게 함. ❹바로잡다. 행동을 바르게 고치다. ¶格言(—, 말 언)행동을 바르게 고치는데 지침이 되는 교훈적인 짤막한 말. ❺치다. 손으로 때리다. ¶格鬪(—, 싸울 투)서로 맞닥뜨리어 때리면서 싸움. 예들판에서 벌어진 —. ❻격자. ¶格子(—, 어조사 자)나무오리나 대오리·쇠붙이 따위로 가로세로 일정한 간격을 두고 얽어 짠 물건. 예—窓.
〔格納庫〕(격납고) 비행기를 보관하거나 정비와 수리를 하는 시설물. 「식.
〔格式〕(격식) 규정이나 틀에 맞는 일정한 방
〔格調〕(격조) ①시가(詩歌)의 격률과 성조. 또는 작품의 예술적 풍격(風格). ②사람의 품격(品格). 「차이. 예賃金—.
〔格差〕(격차) 가격이나 등급 등에서의 격의
〔格下〕(격하) 자격·등급·지위 등의 격을 낮춤.
▷價格(가격)·具格(구격)·規格(규격)·本格(본격)·性格(성격)·嚴格(엄격)·人格(인격)·資格(자격)·體格(체격)·破格(파격)·品格(품격)·風格(풍격)

6 ⑩ 〔桂〕** 계: 去霽 guì, ケイ
2334

소전 행서 이름 계수나무 계: 자원 형성. 木+圭→桂. 烓(계)와 같이 圭(규)의 변음이 성부.
필순 一 十 才 木 木 朩 杜 桂 桂 桂
새김 계수나무. 상록 교목인 월계수. 또는 달에 있다고 하는, 전설상의 계수나무. ¶月桂(달 월, —)㉮달에 있다고 하는 계수나무. ㉯월계수. 예勝利의 —冠.
〔桂冠〕(계관) 월계수의 잎으로 만든 관. 훌륭한 시인이나 경기의 우승자에게 씌워 기리던 월계관. 예—詩人.
〔桂皮〕(계피) 계수나무의 껍질.
▷官桂(관계)·肉桂(육계)·折桂(절계)

6 ⑩ 〔桄〕* 광 平陽 guāng, コウ
2335

소전 행서 이름 광랑 광 자원 형성. 木+光→桄. 侊(광)·胱(광)과 같이 光(광)이 성부.
새김 광랑(桄榔). 광랑나무. 상록 교목의 하나.

6 ⑩ 〔校〕*** ㊀교: ㊍효: 去效 xiào, コウ ㊁교: 去效 jiào, コウ
2336

소전 행서 이름 ㊀학교 교: ㊁교정할 교: 자원 형성. 木+交→校. 較(교)·郊(교)·蛟(교)와 같이 交(교)가 성부.
필순 一 十 才 木 木 朩 杧 杧 校 校
새김 ㊀❶학교. ¶校庭(—, 뜰 정)학교의 뜰이나 운동장. ❷군대 계급의 하나. 장군보다는 낮은 위관(尉官)의 윗계급. 우리나라에서는 영관(領官)과 위관의 통칭. ¶將校(장수 장, —)장군과 교관(校官). 인신하여, 병사(兵士)를 통솔하는 무관의 통칭. ㊁❶차꼬. 차꼬·수갑·칼 따위 형구의 통칭. ❷교정하다. 틀린 글자나 잘못된 글귀를 바로잡다. ¶校閱(—, 교열할 열)원고의 내용을 검열하여 바로잡음. 예原稿—.
〔校歌〕(교가) 학교의 특성을 나타내어 교풍을 떨치게 하는 노래.

〔校監〕(교감) 학교장을 보좌하여 교무를 감독하는 직책. 또는 그 사람.
〔校舍〕(교사) 학교의 건물.
〔校友〕(교우) ①같은 학교를 다니는 벗. ②같은 학교의 직원·재학생·졸업생의 통칭.
〔校長〕(교장) 학교의 최고 책임자.
〔校正〕(교정) 인쇄물을 원고와 대조하여 잘못된 것을 바로잡음.
〔校訂〕(교정) 고전(古典)을 다른 판본과 비교 검토하여 바로잡음.
〔校誌〕(교지) 학생들이 교내에서 편집·발행하는 잡지.
〔校則〕(교칙) 학교의 규칙.
〔校風〕(교풍) 학교의 기풍.
〔校訓〕(교훈) 학교의 교육 이념을 간명하게 나타낸 표어.
▷登校(등교)·母校(모교)·本校(본교)·分校(분교)·入校(입교)·退校(퇴교)·學校(학교)·鄕校(향교)·休校(휴교)

6 ⑩〔桥〕 2337 교 橋(2480)의 간화자

6 ⑩〔根〕*** 2338 근 平元 | gēn, コン

소전 根 행서 根 이름 뿌리 근 자원 형성. 木+艮→根. 艮(은)의 변음이 성부.

필순 一 十 才 木 村 村 村 根 根 根

새김 ❶뿌리. ㉠식물의 뿌리. ¶草根(풀 조, —) 풀뿌리. 예—木皮. ㉡이·머리카락 따위의 살 속에 박혀 있는 밑부분. ¶齒根(이 치, —)이뿌리. ㉢사물이나 현상이 일어나고 발전할 수 있는 근본이 되는 것의 비유. ¶根據(—, 의거할 거)㉮어떤 행동을 할 때 의거하는 중심이 되는 곳. 예—地. ㉯어떤 말이나 이론이 의거하는 출처나 이유. 예理論的 —. ❷뿌리를 내리다. 또는 기초를 두다. ¶根性(—, 성질 성)뿌리 깊이 내린, 사람의 나쁜 성질. 예官僚的인 —. ❸생식기. ¶男根(사나이 남, —)남자의 생식기. 곧 자지. ❹근. ㉠수학 용어. 방정식을 풀어서 얻는 값. 예平方根. ㉡불교 용어. 능력. 또는 감각을 일으키는 바탕. ¶六根(여섯 륙, —)눈·코·입·귀·몸·뜻의 통칭. ㉢國한의학 용어. 오래 된 종기가 곪아서 엉긴 물질.
〔根幹〕(근간) ①뿌리와 줄기. ②사물의 바탕이나 중심이 되는 부분.
〔根莖〕(근경) 땅 속으로 뻗어 자라는 줄기.
〔根本〕(근본) 사물의 본바탕.
〔根源〕(근원) ①물의 줄기가 나오기 시작하는 곳. ②근본이나 원인.
〔根柢〕(근저) 사물의 뿌리나 밑바탕으로 되는 기초.
〔根絶〕(근절) 뿌리째 끊어 없애 버림.
〔根治〕(근치) 병의 뿌리를 뽑음.
▷毛根(모근)·無根(무근)·病根(병근)·禍根(화근)

6 ⑩〔桔〕* 2339 길 本결 入屑 | jié, キツ

소전 桔 행서 桔 이름 도라지 길 자원 형성. 木+吉→桔. 佶(길)·姞(길)과 같이 吉(길)이 성부.
새김 도라지. ¶桔梗(—, 도라지 경) 도라지. 풀이름.

6 ⑩〔桃〕** 2340 도 平豪 | táo, トウ

소전 桃 행서 桃 이름 복숭아 도 자원 형성. 木+兆→桃. 挑(도)·跳(도)·逃(도)와 같이 兆(조)의 변음이 성부.

필순 一 十 才 木 札 杉 杉 桃 桃 桃

새김 복숭아. 또는 복숭아나무. ¶桃花(—, 꽃 화) 복숭아꽃.
〔桃李〕(도리) ①복숭아꽃과 오얏꽃. 또는 복숭아와 오얏. ②가르친 제자나 이끌어 준 후배의 비유.
〔桃色〕(도색) ①복숭아 꽃과 같은 분홍빛. ②남녀 사이에 얽힌 색정적(色情的)인 것.
〔桃源〕(도원) 속세를 떠난 평화로운 별천지. 武陵桃園(무릉도원)의 준말로, 도잠(陶潛)의 도화원기(桃花源記)에서 생긴 말.
〔桃園結義〕(도원결의) 의형제를 맺음. 故촉(蜀)의 유비(劉備)·관우(關羽)·장비(張飛)가 복숭아 동산에서 형제의 의를 맺었던 고사.
▷白桃(백도)·仙桃(선도)·櫻桃(앵도)·天桃(천도)·胡桃(호도)

6 ⑩〔桐〕* 2341 동 平東 | tóng, トウ

소전 桐 행서 桐 이름 오동 동 자원 형성. 木+同→桐. 洞(동)·銅(동)과 같이 同(동)이 성부.
새김 오동(梧桐). 오동나무. 낙엽 활엽 교목의 이름. ¶桐油(—, 기름 유)오동나무의 씨로 짜낸 기름.
▷碧梧桐(벽오동)

6 ⑩〔栾〕 2342 란 欒(2519)의 속자·간화자

6 ⑩〔栗〕** 2343 률 入質 | lì, リツ

소전 栗 행서 栗 이름 밤 률 자원 상형. 우둠지에 밤송이가 달려 있는 모양.

필순 一 亠 冖 冂 襾 覀 覀 覀 覀 栗

새김 ❶밤. 또는 밤나무. ¶棗栗梨柿(대추 조, —, 배 리, 감 시)棗(2410)를 보라. ❷두려워하다. 무서워서 벌벌 떨다. 慄(1696)과 같게 쓴다.
〔栗房〕(율방) 밤송이.
〔栗園〕(율원) 밤나무 동산.
▷生栗(생률)·黃栗(황률)

6 ⑩ 〔栢〕* 2344 백 柏(2308)의 속자

6 ⑩ 〔桑〕** 2345 상 平陽 sāng, ソウ

소전 행서 이름 뽕나무 상 자원 상형. 뽕잎이 우거져 있는 뽕나무의 모양.

필순 フ ヌ ヌ ヌ ヌ ヌ 叒 桑 桑 桑

새김 뽕나무. ¶桑田碧海(—, 밭 전, 푸를 벽, 바다 해)뽕나무가 서 있던 밭이 푸른 바다가 됨. 자연이나 사회의 심한 변천의 비유.
〔桑婦〕(상부) 뽕잎을 따는 부녀자.
〔桑椹〕(상심) 오디. 뽕나무의 열매.
▷農桑(농상)·扶桑(부상)·蠶桑(잠상)·貯桑(저상)

6 ⑩ 〔栒〕* 2346 순 平眞 xún, シュン

행서 이름 나무이름 순 자원 형성. 木+旬→栒. 殉(순)·筍(순)과 같이 旬(순)이 성부.
새김 나무 이름.

6 ⑩ 〔栻〕* 2347 식 入職 shì, ショク

행서 이름 점판 식 자원 형성. 木+式→栻. 拭(식)·軾(식)과 같이 式(식)이 성부.
새김 점판. 점을 칠 때 쓰는 기구의 하나.

6 ⑩ 〔案〕*** 2348 안: 去翰 àn, アン

소전 행서 이름 책상 안: 자원 형성. 安+木→案. 晏(안)·按(안)·鞍(안)과 같이 安(안)이 성부.

필순 ˋ ˊ 宀 它 安 安 安 案 案 案

새김 ❶책상. ¶書案(책 서, —)책을 얹어놓는 책상. ❷안. ㉠계획. ¶考案(생각할 고, —)새로운 안을 생각해냄. 또는 생각해낸 그 안. ㉡안건. ¶議案(의논할 의, —)회의에서 심의할 안건.
〔案件〕(안건) 토의하거나 연구할 사항.
〔案內〕(안내) ①어떤 내용을 소개함. ②목적하는 곳으로 인도함.
〔案山〕(안산) 國 집터나 묏자리의 맞은편에 있는 산.
〔案席〕(안석) 앉아서 몸을 뒤로 기대는 방석.
〔案前〕(안전) 國 하급 관리가 상급 관리에게 쓰던 이인칭 대명사.
▷勘案(감안)·教案(교안)·答案(답안)·名案(명안)·腹案(복안)·試案(시안)·提案(제안)·創案(창안)·懸案(현안)

6 ⑩ 〔桜〕 2349 앵 櫻(2516)의 약자

6 ⑩ 〔样〕 2350 양: 樣(2470)의 간화자

6 ⑩ 〔桡〕 2351 요 橈(2489)의 간화자

6 ⑩ 〔栯〕* 2352 욱 入屋 yù, イク

행서 이름 욱리 욱 자원 형성. 木+有→栯. 郁(욱)과 같이 有(유)의 변음이 성부.
새김 욱리(栯李). 나무 이름.

6 ⑩ 〔栈〕 2353 잔 棧(2409)의 약자

6 ⑩ 〔栽〕*** 2354 재: 本재 平灰 zāi, サイ

소전 행서 이름 심을 재: 자원 형성. 𢦏+木→栽. 哉(재)·裁(재)·載(재)와 같이 𢦏(재)가 성부.

필순 一 十 土 圭 圭 圭 圭 栽 栽 栽

새김 심다. 식물을 심다. ¶栽培(—, 가꿀 배)식물을 심어 가꿈. 예人蔘—.
〔栽植〕(재식) 초목이나 농작물을 심음.
▷盆栽(분재)·

6 ⑩ 〔栓〕* 2355 전 本선 平先 shuān, セン

행서 이름 마개 전 자원 형성. 木+全→栓. 詮(전)·銓(전)·筌(전)과 같이 全(전)이 성부.
새김 마개. 또는 구멍을 메우는 나무못. ¶消火栓(끌 소, 불 화, —) 불을 끄는 물을 쓰기 위하여 특별히 설치해 놓은 수도의 장치.

6 ⑩ 〔桢〕 2356 정 楨(2434)의 간화자

6 ⑩ 〔株〕** 2357 주 平虞 | xhū, シュ

소전 행서 이름 그루 주 자원 형성. 木+朱→株. 姝(주)·誅(주)와 같이 朱(주)가 성부.

필순 一 十 才 木 木' 杧 杵 杵 株 株

새김 ❶그루. ㉠줄기의 하단 부분. 또는 그루터기. ¶守₂株₁(지킬 수, 一)그루터기를 지킴. 곧 주변이 없어서 변통할 줄은 모르고 굳게 지키기만 함. 예一待兔. ㉡초목의 수를 세는 말. 예桑百株. ❷주식. ¶株價(一, 값 가)주식이 거래되는 값. 예一下落.
〔株券〕(주권) 주식을 증명하는 유가 증권.
〔株式〕(주식) 주식회사의 자본을 주(株)의 수에 따라 나눈 자본의 단위.
〔株主〕(주주) 주권(株券)의 소유자.

6 ⑩ 〔桎〕* 2358 질 入質 | zhì, シツ

소전 행서 이름 차꼬 질 자원 형성. 木+至→桎. 至에는 '지' 외에 '질' 음도 있어, 姪(질)·窒(질)과 같이 至(질)이 성부.
새김 차꼬. 족쇄. 죄인의 발에 채우는 형구. ¶桎梏(一, 수갑 곡)차꼬와 수갑. 인신하여, 자유를 구속함의 비유.

6 ⑩ 〔桁〕* 2359 ㊀항 平陽 hāng, コウ ㊁항: 去漾 hàng, コウ

행서 이름 ㊀차꼬 항 ㊁횃대 항: 자원 형성. 木+行→桁. 行에는 '행' 외에 '항' 음도 있어, 行(항)이 성부.
새김 ㊀차꼬. 족쇄나 칼. ㊁횃대. 옷걸이.

6 ⑩ 〔核〕** 2360 핵 入陌 | hé, カク

소전 행서 이름 씨 핵 자원 형성. 木+亥→核. 劾(핵)과 같이 亥(해)의 변음이 성부.

필순 一 十 才 木 木' 杧 杧 杉 核 核

새김 ❶씨. 과일의 씨. ¶核果(一, 과일 과)속살 속에 단단한 씨가 있는 과일. ❷사물의 중심. ¶核心(一, 심 심)중심이 되는 알맹이. 인신하여, 일정한 조직체에서 중심적 역할을 하는 사람. 예一社員. ❸핵. 원자핵. ¶核物理(핵물리)원자핵에서 진행되는 물리적 현상과 과정.
〔核武器〕(핵무기) 핵 에너지를 이용한 여러 가지 무기.
〔核反應〕(핵반응) 원자핵이 다른 중성자나 소립자의 상호 작용에 의해서 다른 원자핵이 생길 때의 현상.
〔核燃料〕(핵연료) 핵반응, 특히 핵분열을 일으켜 고에너지를 방출하는 물질.
▷結核(결핵)·原子核(원자핵)·中核(중핵)

6 ⑩ 〔桦〕 2361 화 樺(2493)의 간화자

6 ⑩ 〔桓〕* 2362 환 平寒 | huán, カン

소전 행서 이름 머뭇거릴 환 자원 형성. 木+亘→桓. 亘에는 '긍' 외에 '환' 음도 있어, 亘(환)이 성부.
새김 ❶머뭇거리다. ¶盤桓(돌 반, 一) 어떤 자리를 선뜻 떠나가지 못하고 빙빙 돌면서 머뭇거림. ❷크다. ¶盤桓(넓고클 반, 一) 궁궐이나 성 따위가 넓고 큼.

6 ⑩ 〔桧〕 2363 회 檜(2506)의 간화자

7 ⑪ 〔桿〕* 2364 간: 杆(2249)의 속자

7 ⑪ 〔检〕 2365 검: 檢(2497)의 간화자

7 ⑪ 〔梗〕* 2366 경: 上梗 | gěng, コウ

소전 행서 이름 도라지 경 자원 형성. 木+更→梗. 硬(경)과 같이 更(경)이 성부.
새김 ❶도라지. 풀 이름. ¶桔梗(도라지 길, 一) 도라지. ❷대개. 대략. ¶梗概(一, 대개 개)대략. 또는 어떤 이야기의 대강의 줄거리. ❸막다. 또는 막히다. ¶梗塞(一, 막을 색)막히어 통하지 아니함. 예金融一. ❹굳세다. 의지가 굳세다. ¶梗直(一, 곧을 직)의지가 굳세고 곧음.
▷剛梗(강경)·強梗(강경)

7 ⑪ 〔械〕** 2367 계: ㊍해: 去卦 | xiè, カイ

소전 행서 이름 틀 계: 자원 형성. 木+戒→械. 誡(계)와 같이 戒(계)가 성부.

필순 十 才 木 朾 杅 枅 械 械 械 械

새김 틀. 기계. ¶機械(틀 기, 一)인력 이외의 힘으로 유용한 일을 하게 만든 장치. 예精密一.
▷器械(기계)

7 ⑪ 〔梏〕* 곡 入沃 | gù, コク
2368

소전 행서 이름 쇠고랑 곡 자원 형성. 木+告→梏. 告에는 '고' 외에 '곡' 음도 있어, 鵠(곡)과 같이 告(곡)이 성부.
새김 쇠고랑. 수갑. 형구 이름. ¶桎梏(차꼬 질, —)桎(2358)을 보라.

7 ⑪ 〔梱〕* 곤: 上阮 | kŭn, コン
2369

소전 행서 이름 문지방 곤: 자원 형성. 木+困→梱. 困(곤)이 성부.
새김 문지방. ¶梱外之任(—, 밖 외, 의 지, 임무 임) 문지방 밖의 임무. 대궐 밖의 군대를 통솔하는 일은 장군의 책임이라는 뜻으로, 병마(兵馬)를 통솔하는 직임을 이르는 말.

7 ⑪ 〔梡〕* 관: 上旱 | kuăn, カン
2370

소전 행서 이름 적대 관: 자원 형성. 木+完→梡. 完에는 '완' 외에 '관' 음도 있어, 完(관)이 성부. 참고 대법원 공인 인명용 추가한자에는 '관' 외에 '완' 음도 있으나, '완'으로 관용화된 용례가 없다.
새김 적대. 발이 넷인 옛 제기 이름.

7 ⑪ 〔梁〕** 량 平陽 | liáng, リョウ
2371

소전 행서 동자 樑 이름 다리 량 자원 형성. 氵刅+木→梁. 粱(량)과 같이 氵刅(량)이 성부.

필순 ` ⺀ 氵 汈 沏 沏 沏 梁 梁 梁

새김 ❶다리. 물을 건너 다니도록 놓은 다리. ¶橋梁(다리 교, —)다리. 예漢江에 놓은 —. ❷들보. 대들보. ¶梁上君子(—, 위 상, 어진이 군, 어조사 자)㉮도둑. 故 후한(後漢)의 진식(陳寔)이 들보 위에 도둑이 숨어 있는 것을 눈치채고, 그의 자손들을 불러 모아, '나쁜 사람도 본래 악한 것이 아니라 나쁜 습관이 들어서 그렇게 된 것이니, 저 들보 위의 군자도 그러하다.' 라고 훈계를 하자, 그 말을 들은 도둑이 감복하여 사죄하였다는 고사. ㉯國 쥐의 곁말.
▷棟梁(동량)·鼻梁(비량)

7 ⑪ 〔梨〕** 리 平支 | lí, リ
2372

소전 행서 이름 배 리 자원 형성. 利+木→梨. 唎(리)·莉(리)·犁(리)·痢(리)와 같이 利(리)가 성부.

필순 ˊ 二 千 禾 禾 利 利 科 梨 梨

새김 배. 또는 배나무. ¶梨花(—, 꽃 화) 배꽃.
〔梨園〕(이원) ①배나무 동산. ②당 현종(唐玄宗) 때 궁녀를 선발하여 가무(歌舞)를 가르치던 곳. 인신하여, 연극계, 또는 예술인들의 집단.

7 ⑪ 〔梅〕** 매 平灰 | méi, バイ
2373

소전 행서 이름 매화 매 자원 형성. 木+每→梅. 每(매)가 성부.

필순 一 十 木 木 木 朼 梅 梅 梅 梅

새김 매화. 또는 매화나무. ¶梅實(—, 열매 실) 매화나무의 열매. 예—酒.
〔梅毒〕(매독) 전염성이 강한 성병의 한 가지.
〔梅雨〕(매우) 매실이 익을 무렵에 오는 초여름 장마.
〔梅香〕(매향) 매화의 향기.
〔梅花〕(매화) 매화꽃.
▷落梅(낙매)·白梅(백매)·青梅(청매)·春梅(춘매)·寒梅(한매)·紅梅(홍매)·黃梅(황매)

7 ⑪ 〔梶〕* 미: 上尾 | wěi, ビ
2374

행서 이름 나무끝 미: 자원 형성. 木+尾→梶. 尾(미)가 성부.
새김 나무끝. 우듬지.

7 ⑪ 〔梵〕* 범: 去陷 | fàn, ボン
2375

소전 행서 이름 범어 범: 자원 형성. 林+凡→梵. 帆(범)·汎(범)과 같이 凡(범)이 성부.
새김 ❶범어(梵語). 고대 인도(印度)에서 쓰던 아어(雅語). 산스크리트(Sanskrit). ¶梵字(—, 글자 자)범어를 적던 문자. ❷범천(梵天). 범천왕. 인도의 바라문교에서 믿던 우주 창조의 신. ❸부처나 불교에 관한 사물에 붙이는 접두어. ¶梵鐘(—, 종 종)절에 매달아 놓고 치는 종.
〔梵閣〕(범각) 절. 또는 불당.
〔梵僧〕(범승) 계행(戒行)을 엄수하여 덕행이 높은 중.
〔梵唄〕(범패) (佛)①부처의 공덕을 찬양하는 노래. ②경 읽는 소리.

7 ⑪ 〔梭〕* 사 平歌 | suō, サ
2376

소전 행서 이름 북 사 자원 형성. 木+夋→梭. 唆(사)와 같이 夋(준)의 변음이 성부.
새김 북. 씨실의 꾸리를 넣는, 베틀 부속품의 하나. ¶梭田(—, 밭 전) 國베 짜는 북 모양으로 생긴, 길죽하고 두 끝이 빤 밭.

7 ⑪ 〔梳〕* 소 平魚 shū, ソ
2377

소전 梳 행서 梳, 이름 빗 소 자원 형성. 木+㐬〔疏의 생략체〕→梳. 疏(소)가 성부.
새김 빗. 얼레빗. 또는 빗질하다. ¶梳洗(—, 씻을 세)머리를 빗고 낯을 씻음.
〔梳櫛機〕(소즐기) 섬유를 빗질하여 꼬치로 만드는 기계.

7 ⑪ 〔梧〕* 오 平虞 wú, ゴ
2378

소전 梧 행서 梧 이름 오동나무 오 자원 형성. 木+吾→梧. 悟(오)·俉(오)와 같이 吾(오)가 성부.
새김 오동나무. ¶梧葉(—, 잎 엽)오동나무의 잎.
〔梧桐〕(오동) 오동나무.
〔梧秋〕(오추) 음력 7월의 딴이름.
▷ 碧梧桐(벽오동)·枝梧(지오)

7 ⑪ 〔梓〕* 자:▷재 上紙 zǐ, シ
2379

소전 梓 행서 梓 이름 가래나무 자:▷재 자원 형성. 木+辛→梓. 宰(재)와 같이 辛(신)의 변음이 성부.
새김 ❶가래나무. 낙엽 교목의 이름. ❷판목(版木). 또는 판목으로 인쇄하다. ¶上梓(올릴 상, —)출판하기 위하여 책을 박음. ❸대목. 목수. ¶梓人(—, 사람 인)대목. 목수. ❹널. 관. 임금이나 왕후의 관은 가래나무로 만들었기에 이르는 말. ¶梓宮(—, 집 궁)임금의 시체를 넣는 관.
〔梓室〕(재실) 國왕세자의 관(棺).

7 ⑪ 〔桯〕* 정 平青 tīng, テイ
2380

소전 桯 행서 桯 이름 안석 정 자원 형성. 木+呈→桯. 程(정)·鋥(정)과 같이 呈(정)이 성부.
새김 안석. 탑전에 놓는 안석.

7 ⑪ 〔梯〕* 제 平齊 tī, テイ
2381

소전 梯 행서 梯 이름 사다리 제 자원 형성. 木+弟→梯. 悌(제)와 같이 弟(제)가 성부.
새김 사다리. ¶階梯(계단 계, —)㉮층층대나 사다리를 밟아 올라 가듯이, 일의 진행되는 순서나 절차. ㉯무슨 일을 할 수 있도록 된 조건이나 기회. 예앞뒤를 가릴 —가 아니다.
〔梯田〕(제전) 비탈에 층층으로 일구어서 사닥다리 모양으로 된 논밭.
〔梯形〕(제형) 사다리꼴.
▷ 雲梯(운제)

7 ⑪ 〔條〕** 조 平蕭 tiáo, ジョウ
2382

소전 條 행서 條 속자 간화 条 이름 가지 조 자원 형성. 攸+木→條. 攸(유)의 변음이 성부.

필순 ノ 亻 亻 亻 攸 攸 修 條 條 條

새김 ❶가지. 나뭇가지. ¶枝條(가지 지, —)나뭇가지. ❷맥락. ¶條理(—, 결 리)일이나 행동 또는 말이나 글에서 앞뒤가 동이 닿고 체계가 서는 갈피. 예—가 맞는 말. ❸조목. 항목. ¶條例(—, 법식 례)한 조목 한 조목 열거해 놓은 규칙이나 법령. 예서울特別市 —.
〔條件〕(조건) 어떤 사물이 성립되는 데 갖추어야 하는 요소.
〔條目〕(조목) ①내용에 따라 나누어 놓은 항목. ②법률이나 규칙 등의 낱낱의 항목.
〔條文〕(조문) 조목조목 나누어 적어놓은 글.
〔條約〕(조약) ①조문(條文)으로 된 약속. ②문서에 의한 국가간의 합의.
▷ 箇條(개조)·金科玉條(금과옥조)·蕭條(소조)·信條(신조)·逐條(축조)

7 ⑪ 〔桭〕* 진 平眞 zhēn, シン
2383

행서 桭 이름 평고대 진 자원 형성. 木+辰→桭. 振(진)·晨(진)과 같이 辰(진)이 성부.
새김 평고대. 또는 처마.

7 ⑪ 〔梢〕* 초 本소 平肴 shāo, ショウ
2384

소전 梢 행서 梢 이름 끝 초 자원 형성. 木+肖→梢. 哨(초)·硝(초)와 같이 肖(초)가 성부.
새김 끝. 또는 우듬지. ¶末梢(끝 말, —)나뭇가지의 끝으로 갈라져 나간 가는 가지. 예—神經.
〔梢頭〕(초두) 우듬지. 나뭇가지의 끝.

7 ⑪ 〔梔〕* 치: 本치 平支 zhī, シ
2385

소전 梔 행서 梔 이름 치자나무 치: 자원 형성. 木+巵→梔. 巵(치)가 성부.

새김 치자나무. 상록 활엽 관목의 하나. ¶梔子(—, 아들 자)치자나무의 열매.

7 ⑪ 〔桶〕* 통 本통: 上董 tǒng, トウ
2386

소전 행서 이름 통 통 자원 형성. 木+甬→桶. 通(통)·痛(통)과 같이 甬(통)이 성부.
새김 통. ㉠물 같은 것을 담는 그릇. ¶木桶(나무 목, —)나무통. ㉡통에 담긴 것을 세는 말. 예한 桶의 石油.
▷水桶(수통)·鐵桶(철통)·筆桶(필통)

7 ⑪ 〔梟〕* 효 本교 平蕭 xiāo, キョウ
2387

소전 행서 간화 枭 이름 올빼미 효 자원 회의. 鳥〔鳥의 생략체〕+木→梟. 올빼미는 불효(不孝)한 새이기에, 이를 잡아 나무 꼭대기에 매단다는 뜻.
새김 ❶올빼미. 밤이 되어야 활동하는 불효조. ¶鴟梟(올빼미 치, —)올빼미. 인신하여, 남의 것을 포악하게 빼앗는 성질을 가진 사람의 비유. ❷용맹스럽다. 날쌔고 사납다. ¶梟雄(—, 영웅 웅)용맹스럽고 사나운 영웅. ❸목을 베어 매달다. ¶梟首(—, 머리 수)목을 베어 높은 곳에 매닮. 예——를 당하다.
〔梟猛〕(효맹) 날쌔고 용맹함.
〔梟示〕(효시) 죄인의 목을 베어 높은 곳에 매달아 뭇 사람에게 보임.
〔梟將〕(효장) 용맹한 장수.

8 ⑫ 〔検〕 검: 檢(2497)과 동자
2388

8 ⑫ 〔棨〕* 계: 上薺 qǐ, ケイ
2389

소전 행서 이름 창 계: 자원 형성. 啓+木→棨. 啓(계)가 성부.
새김 창. 적흑색 비단으로 싼 의장용 나무 창.

8 ⑫ 〔棍〕* 곤 本곤: 去願 gùn, コン
2390

행서 이름 몽둥이 곤 자원 형성. 木+昆→棍. 棍(곤)·崑(곤)과 같이 昆(곤)이 성부.
새김 몽둥이. ¶棍棒(—, 몽둥이 봉)나무로 만든 몽둥이.
〔棍杖〕(곤장) 國형구(刑具)의 하나. 죄인의 볼기를 치는 데 썼음.

8 ⑫ 〔棺〕* 관 平寒 guān, カン
2391

소전 행서 이름 널 관 자원 형성. 木+官→棺. 館(관)·管(관)과 같이 官(관)이 성부.
새김 널. 관. 특히 속널. ¶石棺(돌 석, —)돌로 만든 널.
〔棺槨〕(관곽) 시체를 넣는 속널과 덧널. 널의 범칭.
〔棺柩〕(관구) 시체가 들어 있는 관.
▷入棺(입관)·出棺(출관)·下棺(하관)

8 ⑫ 〔棘〕* 극 入職 jí, キョク
2392

소전 행서 이름 가시 극 자원 회의. 朿+朿→棘. 朿은 나무의 가시. 이를 나란히 놓아 가시나무를 뜻한다.
새김 ❶가시. 또는 가시가 있는 나무. ¶荊棘(가시 형, —)나무의 온갖 가시. 인신하여, 고초나 난관의 비유.
〔棘圍〕(극위) 과거 보이는 장소에 함부로 드나들지 못하도록 둘러 막은 울타리.
〔棘人〕(극인) 부모의 상(喪)을 당한 사람.

8 ⑫ 〔極〕*** 극 入職 jí, キョク
2393

소전 행서 간화 极 이름 다할 극 자원 형성. 木+亟→極. 亟(극)이 성부. 참고 강희자전은 木부 9획으로 다루었다.

필순 十 才 木 朩 朩 朩 桁 柄 極 極

새김 ❶다하다. 최후까지 다다르다. 한계에 이르다. ¶極度(—, 정도 도)더할 수 없는, 한계에 이른 정도. 예——의 興奮. ❷끝. ㉠한계. 한도. ¶極端(—, 끝 단)한계의 끝. 곧 극도에 달한 막다른 지경. 예——的인 言動. ㉡지축이나 자석의 끝. ¶北極(북녘 북, —)지구 자전축의 북쪽 끝. 예——圈. ❸매우. 심히. 극히. ¶極祕(—, 숨길 비)매우 숨겨야 할 중요한 비밀. 예——文件. ❹임금의 자리. ¶登極(오를 등, —) 임금의 자리에 오름. 예世宗의 ——.
〔極光〕(극광) 지구의 양극 공중에 나타나는 아름다운 빛. 오로라(aurora).
〔極難〕(극난) 몹시 어려움.
〔極力〕(극력) 있는 힘을 다함.
〔極貧〕(극빈) 몹시 가난함.
〔極甚〕(극심) 매우 심함.
〔極惡無道〕(극악무도) 더없이 악하고 도의심이 없음.
〔極右〕(극우) 극단의 우익 사상이나 단체.
〔極盡〕(극진) 마음과 정성을 다함.
〔極致〕(극치) 그 이상 더 이를 수 없는 높은 경지.
▷窮極(궁극)·南極(남극)·罔極(망극)·無極(무극)·兩極(양극)·陽極(양극)·陰極(음극)·積極(적극)·至極(지극)·太極(태극)

8 ⑫ 〔棋〕* 기 平支 qí, キ
2394

소전 행서 동자 碁 이름 바둑 기 자원 형성. 木+其→棋. 期(기)·基(기)·淇(기)·旗(기)와 같이 其(기)가 성부.

새김 바둑. 또는 장기. ¶棋譜(—, 족보 보) 바둑이나 장기 두는 법을 해설한 책.

〔棋局〕(기국) ①바둑판. ②바둑판 위의 포석(布石)의 형세.
〔棋士〕(기사) 바둑을 직업으로 삼아 두는 사람.
〔棋院〕(기원) 바둑을 즐기는 사람들에게 시설과 장소를 제공하는 업소.
▷圍棋(위기)·將棋(장기)·奕棋(혁기)

8 ⑫ 〔棄〕** 기 本기: 去寘 qì, キ
2395

소전 행서 고자 간화 弃 이름 버릴 기 자원 회의. 去+華+廾→棄. 去는 㐬의 생략체로 도산(倒産)한 아이, 華는 떠밀어 버리다, 廾는 두 손. 도산으로 나온 아이를 두 손으로 떠밀어 버린다는 뜻.

필순 亠 ㄊ 𠫓 ... 棄

새김 버리다. ㉠내버리다. ¶棄₂權₁(—, 권리 권) 자기의 권리를 버림. 예投票에서의 —. ㉡물리치다. ¶棄却(—, 물리칠 각)제기된 안건이나 문제를 받아들이지 아니하고 물리침. 예—處分.

〔棄世〕(기세) 세상을 버림. 곧 죽음.
〔棄兒〕(기아) ①어린애를 내버림. ②버림받은 아이.
▷放棄(방기)·遺棄(유기)·自暴自棄(자포자기)·唾棄(타기)·破棄(파기)·廢棄(폐기)·抛棄(포기)

8 ⑫ 〔棠〕* 당 平陽 táng, トウ
2396

소전 행서 이름 산앵도나무 당 자원 형성. 尙+木→棠. 堂(당)·當(당)·黨(당)과 같이 尙(상)의 변음이 성부.

새김 ❶당체(棠棣). 산앵도나무. 낙엽 활엽 관목 이름. ❷감당(甘棠). 팥배나무. 낙엽 활엽 교목 이름.

〔棠梨〕(당리) 팥배. 팥배나무의 열매.
〔棠軒〕(당헌) 國 관찰사가 집무하던 선화당(宣化堂)의 딴이름.

8 ⑫ 〔棹〕* 도 本조: 去效 zhào, トウ
2397

행서 이름 노 도 자원 형성. 木+卓→棹. 悼(도)·掉(도)와 같이 卓(탁)의 변음이 성부.

새김 노. 배를 젓는 노. 또는 노를 젓다. ¶棹歌(—, 노래 가) 노를 저으면서 부르는 노래. 곧 뱃노래.

8 ⑫ 〔棟〕* 동 本동: 去送 dòng, トウ
2398

소전 행서 간화 栋 이름 마룻대 동 자원 형성. 木+東→棟. 凍(동)·蝀(동)과 같이 東(동)이 성부.

새김 ❶마룻대. 또는 들보. ¶棟梁(—, 들보 량) 마룻대와 들보. 인신하여, 한 나라나 한 집안의 중요한 책임을 맡을 만한 사람의 비유. 예—之材. ❷동. ㉠집. 건물. ¶病棟(병 병, —) 병원 안의 입원실로 쓰이는 건물. ㉡채. 건물을 세는 말. 예商街五棟이 全燒되었다.

〔棟梁〕(동량) 대들보.
▷汗牛充棟(한우충동)

8 ⑫ 〔棉〕* 면 平先 mián, メン
2399

행서 이름 목화 면 자원 회의. 木+帛→棉. 帛은 포백. 포백을 만드는 나무. 곧 목화를 뜻한다.

새김 목화. 섬유 식물인 1년초 이름. ¶棉花(—, 꽃 화) 목화.

〔棉作〕(면작) 목화 농사.
▷木棉(목면)·草棉(초면)

8 ⑫ 〔椧〕* 명 國字
2400

행서 이름 홈통 명 자원 형성. 木+命→椧. 命(명)이 성부.

새김 홈통. 홈을 파서 물 따위를 이끄는 데 쓰는 길다란 물건.

8 ⑫ 〔棅〕* 병: 柄(2309)과 동자
2401

8 ⑫ 〔棒〕* 봉: 本방: 上講 bòng, ボウ
2402

행서 이름 몽둥이 봉: 자원 형성. 木+奉→棒. 俸(봉)·捧(봉)과 같이 奉(봉)이 성부.

새김 몽둥이. 막대기. ¶鐵棒(쇠 철, —) ㉮쇠몽둥이. ㉯두 말뚝 사이에 쇠막대기를 가로 질러 놓은 운동 기구 이름.

〔棒高跳〕(봉고도) 장대높이뛰기.
〔棒術〕(봉술) 몽둥이를 사용하여 적을 공격하고 자신을 보호하는 무술.
▷棍棒(곤봉)

8 ⑫ 〔棚〕* 붕 本팽 平庚 péng, ホウ
2403

소전 행서 이름 시렁 붕 자원 형성. 木+朋→棚. 崩(붕)·鵬(붕)과 같이 朋(붕)이 성부.
새김 시렁. ㉠선반. ¶書棚(책 서, ―) 책을 얹거나 꽂아놓는 시렁이나 선반. ㉡육지에서 선반처럼 뻗어 나간 얕은 바닷속. ¶大陸棚(큰 대, 뭍 륙, ―) 해안선에서 가까운 얕은 바다의 밑부분.

8 ⑫ 〔森〕* 삼 平侵 sēn, シン
2404

소전 행서 이름 빽빽할 삼 자원 회의. 木+木+木→森. 나무가 한 곳에 많이 모여 서 있음을 뜻한다.
새김 ❶빽빽하다. ㉠나무가 빽빽하게 들어선 모양. ¶森林(―, 숲 림) 나무가 빽빽하게 들어선 숲. 예―地帶. ㉡빽빽히. 또는 많은 모양. ¶森羅萬象(―, 벌릴 라, 일만 만, 모양 상)우주 사이에 널려 있는 온갖 사물. ❷무시무시하다. ¶森嚴(―, 엄숙할 엄)무시무시하게 엄숙함. 예―한 警戒.
〔森立〕(삼립) 빽빽하게 들어 서 있음.
〔森森〕(삼삼) 나무가 빽빽하게 들어선 모양.
▷蕭森(소삼)

8 ⑫ 〔棲〕* 서: 本서 平齊 qī, セイ
2405

행서 이름 깃들일 서: 자원 형성. 木+妻→棲. 捿(서)와 같이 妻(처)의 변음이 성부.
새김 ❶깃들이다. 짐승이 보금자리에 들다. ¶棲息(―, 살 식)동물이 깃들어 삶. 예―處. ❷살다. ¶同棲(함께 동, ―)법적 부부가 아닌 두 남녀가 한 집에서 같이 삶. 또는 서로 다른 종류의 동물이 한 곳에서 함께 삶. 예―生活.
▷水棲動物(수서동물)·兩棲動物(양서동물)·幽棲(유서)

8 ⑫ 〔植〕*** 식 入職 zhí, ショク
2406

소전 행서 이름 심을 식 자원 형성. 木+直→植. 埴(식)·殖(식)과 같이 直(직)의 변음이 성부.

필순 十 木 木 朩 朩 朩 枯 植 植 植

새김 ❶심다. 식물을 심다. ¶植樹[1](―, 나무 수)나무를 심음. 예紀念―. ❷꽂다. 인쇄판을 짜다. ¶植[2]字[1](―, 글자 자)원고에 맞추어 활자를 판에 꽂음. 예―工. ❸이주(移住)시키다. ¶植[2]民[1](―, 백성 민) 정치적·경제적 목적을 위하여 다른 나라에 백성을 이주시킴. 예―地.
〔植林〕(식림) 나무를 심어 숲을 이루도록 기름.
〔植木〕(식목) 나무를 심음.
〔植物〕(식물) 난 자리에서 이동하지 않고, 공기·물·토양에서 양분을 섭취하여 사는, 초목(草木)·균류(菌類)·조류(藻類) 따위.
〔植種〕(식종) 종자를 심음. 씨를 심음.
▷扶植(부식)·誤植(오식)·移植(이식)·播植(파식)

8 ⑫ 〔椀〕* 완: 上旱 wǎn, ワン
2407

행서 이름 주발 완: 자원 형성. 木+宛→椀. 腕(완)·婉(완)과 같이 宛(완)이 성부.
새김 주발. 사발. 음식을 담는 그릇 이름. 또는 그것을 세는 말.

8 ⑫ 〔椅〕* 의 本의: 上紙 yǐ, イ
2408

소전 행서 이름 걸상 의 자원 형성. 木+奇→椅. 奇에는 '기' 외에 '의' 음도 있어, 倚(의)와 같이 奇(의)가 성부.
새김 걸상. 의자. ¶椅子(―, 어조사 자) 걸상.
▷交椅(교의)

8 ⑫ 〔棧〕* 잔 本잔: 去諫 zhàn, サン
2409

소전 행서 약자 栈 간화 栈 이름 잔교 잔 자원 형성. 木+戔→棧. 戔에는 '전' 외에 '잔' 음도 있어, 殘(잔)·盞(잔)과 같이 戔(잔)이 성부.
새김 잔교(棧橋). ㉮벼랑에 선반을 매듯이 하여 낸 다리. ㉯다리 모양으로 만든 선창.
〔棧道〕(잔도) 험한 산이나 낭떠러지에 선반을 매듯이 낸 길.
〔棧板〕(잔판) 國질그릇을 굽기 전에 담아 나르는 널빤지.

8 ⑫ 〔棗〕* 조 本조: 上皓 zǎo, ソウ
2410

소전 행서 간화 枣 이름 대추 조 자원 회의. 朿+朿→棗. 朿는 나무의 가시. 이를 상하로 포개어 놓아, 가시가 많은 나무인 대추나무를 뜻한다.
새김 대추. 또는 대추나무. ¶棗栗(―, 밤 률) 대추와 밤. 또는 대추나무와 밤나무. 예―梨柹.
〔棗栗梨柹〕(조율이시←조률리시) 제사에 쓰는 대추·밤·배·감.
▷酸棗(산조)

8 ⑫ 〔棕〕* 종 平東 | zōng, ソウ
2411

행서 棕 이름 종려 종 자원 형성. 木+宗→棕. 綜(종)·踪(종)과 같이 宗(종)이 성부.
새김 종려(棕櫚). 종려나무. 상록 교목의 이름.

8 ⑫ 〔椒〕* 초 平蕭 | jiāo, ショウ
2412

행서 椒 이름 산초 초 자원 형성. 木+叔→椒. 叔(숙)의 변음이 성부.
새김 ❶산초(山椒). 또는 산초나무. ❷호초(胡椒). 후추. 또는 후추나무.
〔椒房〕(초방) 후비(后妃)가 거처하던 방.

8 ⑫ 〔椎〕* 추 平支 | chuí, ツイ
2413

소전 椎 행서 椎 이름 몽치 추 자원 형성. 木+隹→椎. 推(추)·錐(추)와 같이 隹(추)가 성부.
새김 ❶몽치. 망치. 방망이. ¶鐵椎(쇠 철, —) 쇠몽치. ❷등뼈. ¶脊椎(등마루 척, —) 등골뼈. 예—動物.

9 ⑬ 〔概〕 개: 槪(2459)의 약자
2414

9 ⑬ 〔楗〕* 건: 上阮 | jiǎn, ケン
2415

소전 楗 행서 楗 이름 빗장 건: 자원 형성. 木+建→楗. 健(건)·鍵(건)과 같이 建(건)이 성부.
새김 빗장. 문빗장.

9 ⑬ 〔楠〕* 남 平覃 | nán, ナン
2416

행서 楠 동자 枏 이름 녹나무 남 자원 형성. 木+南→楠. 南(남)이 성부.
새김 녹나무. 상록 교목 이름.

9 ⑬ 〔楽〕 ㊀락 樂(2464)의 속자
㊁악 樂(2464)의 속자
㊂요 樂(2464)의 속자
2417

9 ⑬ 〔榄〕 람: 欖(2520)의 간화자
2418

9 ⑬ 〔榈〕 려 櫚(2511)의 간화자
2419

9 ⑬ 〔楼〕 루 樓(2466)의 속자·간화자
2420

9 ⑬ 〔楞〕* 릉 平蒸 | léng, リョウ
2421

행서 楞 이름 모 릉 자원 형성. 木+罗〔夌의 이체〕→楞. 罗(릉)이 성부.
새김 모. 모서리.

9 ⑬ 〔楙〕* 무: 去宥 | mào, ボウ
2422

소전 楙 행서 楙 이름 우거질 무: 자원 형성. 林+矛→楙. 矛(모)의 변음이 성부.
새김 우거지다. 무성하다. 茂(4446)와 통용.

9 ⑬ 〔楣〕* 미 平支 | méi, ビ
2423

소전 楣 행서 楣 이름 인방 미 자원 형성. 木+眉→楣. 嵋(미)·湄(미)와 같이 眉(미)가 성부.
새김 인방. 특히 상인방. ¶門楣(문 문, —)문얼굴 위에 대는 상인방.

9 ⑬ 〔楔〕* 설 入屑 | xiē, セツ
2424

소전 楔 행서 楔 이름 쐐기 설 자원 형성. 木+契→楔. 契에는 '계' 외에 '설' 음도 있어, 契(설)이 성부.
새김 쐐기. 물건의 틈에 박는, V자 모양의 나뭇조각. ¶楔形文字(—, 모양 형, 글월 문, 글자 자)고대 바빌로니아·앗시리아 등에서 쓰여졌던, 쐐기 모양을 한 글자.
〔楔子〕(설자) 쐐기.
〔楔齒〕(설치) 반함(飯含)을 물리기 위하여 입을 다물어지지 않게 하려고 입에 물리는 수저 모양의 예기(禮器).

9 ⑬ 〔楯〕* 순: 上軫 | shǔn, ジュン
2425

소전 楯 행서 楯 이름 방패 순: 자원 형성. 木+盾→楯. 盾(순)이 성부.
새김 방패. 칼이나 화살을 막는 무기. 盾(3539)과 통용.

9 ⑬ 〔椰〕* 야: 本야 平麻 | yē, ヤ
2426

행서 椰 이름 야자나무 야: 자원 형성. 木+耶→椰. 爺(야)와 같이 耶(야)가 성부.
새김 ❶야자(椰子)나무. 열대 지방의 상록 교목 이름. ❷야유하다. ¶椰揄(—, 야유할 유) 남을 빈정거리며 놀림. 또는 그리하는 말이나 행동.
〔椰子樹〕(야자수) 야자나무.
〔椰子油〕(야자유) 야자나무의 열매로 짠 기름.

9 ⑬ 〔楊〕** 양 平陽 yáng, ヨウ
2427

소전 𣗳 행서 杨 간화 杨 이름 버들 양 자원 형성. 木+昜→楊. 陽(양)·揚(양)과 같이 昜(양)이 성부.

필순 十 木 木' 杣 杣 杣 柦 柦 楊 楊

새김 ❶버들. 버드나무. ¶楊柳(—, 버들 류) 버드나무. ❷양주(楊朱)의 준말. ¶楊墨(—, 묵적 묵) 양주와 묵적(墨翟).
〔楊枝〕(양지) 버드나무 가지로 만든 이쑤시개.
▷ 白楊(백양)·垂楊(수양)·黃楊木(황양목)

9 ⑬ 〔業〕*** 업 入葉 yè, ギョウ
2428

소전 業 행서 業 간화 业 이름 업 업 자원 상형. 종이나 북을 매다는 틀을 장식하는 판의모양. 이 판을 가지고 하는 일을 뜻하고, 인신하여, 학문·기예를 닦는 일을 뜻한다.

필순 丷 业 业 业 业 业 业 丵 丵 業

새김 ❶업. ㉠직업. 일. ¶業務(—, 일 무)직업이나 생업으로 하는 일. ㉡기업. ¶業者(—, 사람 자)기업이나 영업을 하는 사람. ㉢(佛)몸·입·뜻 등으로 짓는 선악의 소행. ¶業苦(—, 괴로울 고)전생의 악한 소행으로 말미암아 받는 괴로움. ❷학문. 또는 기예. ¶修₂業₁(닦을 수, —) 학문이나 기예를 닦음. 예俳優—.
〔業界〕(업계) 같은 사업이나 영업에 종사하는 사람들의 사회. 예出版—.
〔業報〕(업보) (佛)전생에서 한 착한 일이나 악한 일에 대한 현세의 갚음.
〔業因〕(업인) (佛)선악의 갚음을 받을 원인이 되는 행위.
〔業績〕(업적) 사업이나 연구 따위에서 이룩한 성과.
〔業種〕(업종) 영업이나 사업의 종류.
〔業體〕(업체) 영업이나 사업의 주체.
▷ 家業(가업)·開業(개업)·企業(기업)·農業(농업)·事業(사업)·授業(수업)·失業(실업)·營業(영업)·卒業(졸업)·職業(직업)·就業(취업)·罷業(파업)·廢業(폐업)·學業(학업)·休業(휴업)

9 ⑬ 〔椽〕* 연 本전 平先 chuán, テン
2429

소전 椽 행서 椽 이름 서까래 연 자원 형성. 木+彖→椽. 緣(연)과 같이 彖(단)의 변음이 성부.
새김 서까래. 한옥 건축물에서, 도리에서 처마 끝까지 건너지르는 나무.
〔椽蓋板〕(연개판) 서까래 위를 덮는 널빤지.
〔椽木〕(연목) 서까래.
▷ 短椽(단연)

9 ⑬ 〔楹〕* 영 平庚 yíng, エイ
2430

소전 楹 행서 楹 이름 기둥 영 자원 형성. 木+盈→楹. 盈(영)이 성부.
새김 기둥. 건축물의 기둥.
〔楹聯〕(영연) 기둥에 써 붙이거나 걸어 놓는, 한시의 연구(聯句).

9 ⑬ 〔楡〕* 유 平虞 yú, ユ
2431

소전 楡 행서 楡 이름 느릅나무 유 자원 형성. 木+兪→楡. 喩(유)·愉(유)와 같이 兪(유)가 성부.
새김 느릅나무. 낙엽 교목의 이름. ¶桑楡(뽕나무 상, —) ㉮뽕나무와 느릅나무. ㉯해가 서쪽으로 넘어 갈 때의 그림자. ㉰서쪽.

9 ⑬ 〔楢〕* 유 平尤 yóu, ユウ
2432

소전 楢 행서 楢 이름 졸참나무 유 자원 형성. 木+酋→楢. 猶(유)·猷(유)와 같이 酋(추)의 변음이 성부.
새김 졸참나무. 낙엽 교목의 이름.

9 ⑬ 〔楮〕* 저: 上語 chǔ, チョ
2433

소전 楮 행서 楮 이름 닥나무 저: 자원 형성. 木+者→楮. 著(저)·猪(저)와 같이 者(자)의 변음이 성부.
새김 닥나무. 껍질로 종이를 만드는, 낙엽 관목의 이름. 인신하여, 종이·지폐 등을 뜻한다. ¶楮貨(—, 돈 화) 國조선 초기에 통용하였던 지폐의 이름.
〔楮實〕(저실) 닥나무의 열매.
〔楮幣〕(저폐) 종이돈. 지폐(紙幣).
▷ 寸楮(촌저)

9 ⑬ 〔楨〕* 정 平庚 zhēn, テイ
2434

소전 楨 행서 楨 간화 桢 이름 광나무 정 자원 형성. 木+貞→楨. 偵(정)·禎(정)과 같이 貞(정)이 성부.
새김 ❶광나무. 상록 관목의 이름. ❷담기둥. 담을 쌓을 때 양쪽에 세우는 나무. ¶楨榦(—, 담기둥 간) 담을 쌓을 때 양쪽에 세우는 나무. 인신하여, 사물의 뼈대.

9 ⑬ 〔楫〕* 집 本즙 入緝 | jí, シュウ
2435

소전 행서 이름 노 집 자원 형성. 木+咠→楫. 輯(집)·緝(집)과 같이 咠(집)이 성부.
새김 노. 배를 젓는 길이가 짧은 노. 길이가 긴 노는 櫂(2508)라 한다. 인신하여, 배.

9 ⑬ 〔楚〕* 초 本초: 上語 | chǔ, ソ
2436

소전 행서 이름 가시나무 초 자원 형성. 林+疋→楚. 疋(소)의 변음이 성부.
새김 ❶가시나무. 가시가 있는 나무. ❷마음이 괴롭다. ¶苦楚(괴로울 고, —) 어려움과 괴로움. 예모진 —를 겪다. ❸초나라. 전국 시대의 칠웅(七雄)의 하나이었던 나라 이름. ¶楚歌(—, 노래 가) 초나라 지방의 노래. 예四面—. ❹말쑥하다. 선명하다. ¶楚楚(—, —) 모양이나 차림새가 말쑥하고 깨끗함.
〔楚漢〕(초한) 진말(秦末)에 항우(項羽)와 유방(劉邦)이 할거하였던 초나라와 한나라.
▷淸楚(청초)·痛楚(통초)

9 ⑬ 〔楸〕* 추 平尤 | qiū, シュウ
2437

소전 행서 이름 가래나무 추 자원 형성. 木+秋→楸. 湫(추)·萩(추)와 같이 秋(추)가 성부.
새김 가래나무. 낙엽 교목의 이름. ¶楸木(—, 나무 목) 가래나무. 또는 가래나무의 재목.
〔楸子〕(추자) 호두. 가래나무의 열매.

9 ⑬ 〔椿〕* 춘 平眞 | chūn, チン
2438

행서 이름 참죽나무 춘 자원 형성. 木+春→椿. 賰(춘)과 같이 春(춘)이 성부.
새김 ❶참죽나무. 낙엽 활엽 교목의 이름. ❷신령스런 나무의 이름. 8천 년을 산다는 나무. 인신하여, 장수(長壽)의 비유. ¶椿壽(—, 목숨 수) 오래 사는 목숨. 동長壽. ❸아버지의 비유. ¶椿府丈(—, 부군 부, 어른 장) 남의 아버지를 높이어 이르는 말. 예—께서 평안하신가?
〔椿堂〕(춘당) 남의 아버지에 대한 높임말.

9 ⑬ 〔楕〕* 타: 上哿 | tuǒ, ダ
2439

소전 행서 이름 길둥글 타: 자원 형성. 木+䧟〔隋의 생략체〕→楕. 惰(타)와 같이 䧟(타)가 성부.
새김 길둥글다. 길쭉하면서 둥글다. ¶楕圓(—, 원 원) 길둥근 원. 예—形.

9 ⑬ 〔楓〕* 풍 平東 | fēng, フウ
2440

행서 간화 枫 이름 단풍나무 풍 자원 형성. 木+風→楓. 諷(풍)과 같이 風(풍)이 성부.
새김 단풍나무. 낙엽 교목의 이름. 또는 단풍. ¶霜楓(서리 상, —) 서리 맞은 단풍.
〔楓林〕(풍림) 단풍나무의 숲.
〔楓嶽〕(풍악) 國가을철의 금강산의 딴이름.
〔楓葉〕(풍엽) 단풍나무 잎. 또는 가을에 붉게 물든 나뭇잎.
▷丹楓(단풍)

9 ⑬ 〔楷〕* 一 해 本개 平佳 | jiē, カイ / 二 해 本개: 上蟹 | kǎi, カイ
2441

소전 행서 이름 一황련목 해 二해서 해 자원 형성. 木+皆→楷. 偕(해)·諧(해)와 같이 皆(개)의 변음이 성부.
새김 一황련목. 공자(孔子)의 무덤에, 그의 제자인 자공(子貢)이 심었다고 하는 상록의 교목 이름. 二해서(楷書). 점이나 획을 똑바르게 쓰는 서체 이름.
〔楷正〕(해정) 글자의 획이 또렷하고 바름.

10 ⑮ 〔槁〕* 고: 上皓 | gǎo, コウ
2442

행서 이름 마를 고: 자원 형성. 木+高→槁. 稿(고)·敲(고)·鄗(고)와 같이 高(고)가 성부.
새김 마르다. 물기가 없어지다. ¶槁木(—, 나무 목) 말라 죽는 나무.

10 ⑭ 〔槐〕* 괴 本회 平佳 | huái, カイ
2443

소전 행서 이름 홰나무 괴 자원 형성. 木+鬼→槐. 塊(괴)·愧(괴)·魁(괴)와 같이 鬼(귀)의 변음이 성부.
새김 ❶홰나무. 낙엽 활엽 교목의 이름. ¶槐木(—, 나무 목) 홰나무. ❷삼공(三公)의 딴이름. 주대(周代)에, 삼공이 서는 자리를, 홰나무를 심어서 표시하였던 데서 온 말. ¶槐位(—, 자리 위) 삼공의 자리.
〔槐安夢〕(괴안몽) 인생은 꿈과 같아서 부귀 영화가 덧없음의 비유. 故당(唐)나라 순우분(淳于棼)이 홰나무 밑에서 술을 마시다가 취해서 잠이 들었는데, 꿈 속에서 괴안국(槐安國)의 부마(駙馬)가 되고 남가군(南柯郡)의 태수가 되어 30년 동안이나 부귀 영화를 누렸다는 고사. 남가일몽(南柯一夢).

10 ⑭ 〔構〕*** 구 本구: 去宥 gòu, コウ
2444

소전 행서 속자 간화 构 이름 얽을 구 자원 형성. 木+冓→構. 溝(구)·購(구)와 같이 冓(구)가 성부.

필순 十 木 朩 栍 栚 栜 構 構 構 構

새김 ❶얽다. ㉠집을 짓다. ¶構築(—, 쌓을 축)건물을 얽고 쌓아 만듦. ㉡생각하여 계획하다. ¶構想(—, 생각 상)㉮일정한 일을 어떻게 하겠다고 계획하는 생각. ㉯일정한 작품을 만들기 위한 내용이나 방법 등에 대한 계획이나 생각. ❷집. 가옥. ¶構內(—, 안 내)일정한 건물의 울안. 예— 食堂.
〔構圖〕(구도) ①꾀함. 도모함. ②전체적으로 조화롭게 배치하는 도면의 구성.
〔構亂〕(구란) 반란함. 난을 일으킴.
〔構成〕(구성) 얽어 만듦. 짜서 맞춤.
〔構造〕(구조) 전체를 이루고 있는 부분들의 서로 짜인 관계나 체계.
▷結構(결구)·機構(기구)·堂構(당구)·虛構(허구)

10 ⑭ 〔榴〕* 류 平尤 liú, リュウ
2445

행서 이름 석류나무 류 자원 형성. 木+留→榴. 瘤(류)와 같이 留(류)가 성부.
새김 석류(石榴)나무. 낙엽 활엽 교목의 이름. 또는 그 열매인 석류.
〔榴月〕(유월) 석류꽃이 피는 달. 음력 6월의 딴이름.
〔榴花〕(유화) 석류나무의 꽃.
▷紅榴石(홍류석)

10 ⑭ 〔槃〕* 반 平寒 pán, バン
2446

소전 행서 이름 대야 반 자원 형성. 般+木→槃. 盤(반)·搬(반)·瘢(반)과 같이 般(반)이 성부.
새김 ❶대야. 盤(3528)과 같다. ❷佛 열반(涅槃). 범어의 음역. 모든 번뇌에서 해탈한, 불교의 최상 이상의 경지.

10 ⑭ 〔榜〕* 방: 上養 bǎng, ボウ
2447

소전 행서 이름 방 방: 자원 형성. 木+旁→榜. 傍(방)·蒡(방)과 같이 旁(방)이 성부.
새김 방. ㉠급제한 사람의 성명을 적은 명단. ¶榜目(—, 명단 목)과거에 급제하거나 시험에 합격한 사람의 성명을 적은 명부. ㉡공고문. 고시문. ¶榜文(—, 글월 문)여러 사람에게 알리기 위하여 길거리에 써 붙이는 글.
▷落榜(낙방)·放榜(방방)

10 ⑭ 〔榧〕* 비: 上尾 fěi, ヒ
2448

행서 이름 비자나무 비: 자원 형성. 木+匪→榧. 匪(비)가 성부.
새김 비자(榧子)나무. 상록 활엽 교목의 이름. 또는 그 열매인 비자.

10 ⑭ 〔梹〕 빈 檳(2509)의 간화자
2449

10 ⑭ 〔様〕 양: 樣(2470)의 약자
2450

10 ⑭ 〔榮〕*** 영 平庚 róng, エイ
2451

소전 행서 약자 栄 속자 간화 荣 이름 영화 영 자원 형성. 𤇾+木→榮. 營(영)·塋(영)과 같이 𤇾(영)이 성부.

필순 丶 丷 火 炏 炏 𤇾 𤇾 𤇾 榮 榮

새김 ❶영화. 영광. 영예. 辱(5371)의 대. ¶榮辱(—, 치욕 욕)영예와 치욕. 예—과 苦樂을 함께 한 夫婦. ❷영화롭다. 또는 영화로와지다. ¶榮達(—, 다다를 달)높은 지위에 올라 신분이 귀하여짐. 예—의 길이 열리다. ❸피. 활동력. ¶榮養(—, 기를 양)생물의 성장이나 활동에 필요한 물질. 예— 失調.
〔榮枯〕(영고) 번영함과 쇠멸함.
〔榮枯盛衰〕(영고성쇠) 번영하여 성함과 말라 쇠잔함.
〔榮光〕(영광) 빛나는 명예(名譽). 영예(榮譽).
〔榮貴〕(영귀) 영화롭고 지체가 높음.
〔榮落〕(영락) 흥성함과 쇠락함.
〔榮名〕(영명) 영광스러운 이름. 훌륭한 명예.
〔榮譽〕(영예) 영광스런 명예.
〔榮轉〕(영전) 더 높은 지위로 옮김.
〔榮進〕(영진) 벼슬이나 지위가 높아짐.
〔榮華〕(영화) 돈이나 권력을 가진 빛나는 행복. 예—를 누리다.
▷共榮(공영)·光榮(광영)·繁榮(번영)·虛榮(허영)

10 ⑭ 〔榕〕* 용 平冬 róng, ヨウ
2452

행서 이름 용나무 용 자원 형성. 木+容→榕. 溶(용)·鎔(용)과 같이 容(용)이 성부.
새김 용나무. 상록 교목의 이름.

10 ⑭ 〔榛〕* 진 平眞 | zhēn, シン
2453

소전 行書 이름 개암나무 진 자원 형성. 木+秦→榛. 溱(진)과 같이 秦(진)이 성부.
새김 개암나무. 낙엽 교목의 이름.

10 ⑭ 〔槍〕* 창 平陽 | qiāng, ソウ
2454

소전 行書 간화 枪 이름 창 창 자원 형성. 木+倉→槍. 創(창)·蒼(창)·瘡(창)과 같이 倉(창)이 성부.
새김 창. 긴 자루 끝에 좁다란 날을 단 무기 이름. ¶槍劍(—, 검 검) 창과 검.
〔槍術〕(창술) 창을 쓰는 무술.
▷短槍(단창)·長槍(장창)·竹槍(죽창)·鐵槍(철창)

10 ⑭ 〔榻〕* 탑 入合 | tà, トウ
2455

소전 行書 이름 탑 탑 자원 형성. 木+搨→榻. 搨(탑)이 성부.
새김 탑. 길고 좁게 만든 걸상이나 평상. ¶榻牀(—, 평상 상)의자·침대 등의 통칭.
〔榻敎〕(탑교) 國 탑에서 내리는 교지란 뜻으로, 의정(議政)을 불러서 직접 전하는 왕명.
〔榻前〕(탑전) 임금의 자리 앞.
▷牀榻(상탑)·石榻(석탑)·臥榻(와탑)

10 ⑭ 〔槌〕* 퇴 本추 平支 | chuí, ツイ
2456

소전 行書 이름 몽치 퇴 자원 형성. 木+追→槌. 追(추)의 변음이 성부.
새김 몽치. 몽둥이. 또는 몽둥이로 치다. ¶鐵槌(쇠 철, —)㉮쇠몽치. 또는 쇠몽둥이. ㉯옛날 적을 쳐 죽이는데 썼던 병기의 한 가지.

10 ⑭ 〔槛〕 함: 檻(2510)의 간화자
2457

10 ⑭ 〔榥〕* 황: 上養 | huàng, コウ
2458

行書 이름 창 황: 자원 형성. 木+晃→榥. 滉(황)과 같이 晃(황)이 성부.
새김 창(窓). 또는 창에 단 차양.

11 ⑮ 〔槪〕** 개: 去隊 | gài, ガイ
2459

소전 行書 약자 概 이름 대개 개: 자원 형성. 木+既→槪. 慨(개)·漑(개)와 같이 旣(기)의 변음이 성부.

필순 木 朩 朩 朾 朾 栢 栢 椤 槪 槪

새김 ❶대개. 대체의 개략. ¶槪要(—, 요지 요) 개략적인 중요한 내용. 예論文의 —. ❷절조. 절개. ¶氣槪(기운 기, —)씩씩한 기상과 굽히지 아니하는 의지. 예崇高한 —. ❸경치. ¶景槪(경치 경, —)경치. 예山川—. ❹평미레. 곡식을 될 때, 말이나 되에 담은 곡식을 밀어 위를 평평하게 하는데 쓰는 기구.
〔槪觀〕(개관) 대충 살펴봄. 또는 대체적인 관찰.
〔槪括〕(개괄) 어떤 내용의 줄거리를 대강 추려 뭉뚱그림.
〔槪念〕(개념) 여러 관념 속에서 공통된 요소를 뽑아내어 종합하여 얻은 관념.
〔槪略〕(개략) 대강 추려서 줄임. 또는 대체의 요약.
〔槪論〕(개론) 전체의 내용을 개략적으로 서술한 해설. 예文學—.
〔槪算〕(개산) 개략적인 계산.
〔槪數〕(개수) 짐작으로 잡은 대체적인 수효.
〔槪則〕(개칙) 대체적인 규칙.
〔槪況〕(개황) 대강의 상황.
▷大槪(대개)·節槪(절개)·志槪(지개))

11 ⑮ 〔槨〕* 곽 入藥 | guǒ, カク
2460

行書 이름 덧널 곽 자원 형성. 木+郭→槨. 廓(곽)과 같이 郭(곽)이 성부.
새김 덧널. 관을 담는 겉널. ¶棺槨(속널 관, —) 속널과 덧널.

11 ⑮ 〔権〕 권 權(2517)의 속자
2461

11 ⑮ 〔槻〕* 규 平支 | guī, キ
2462

行書 이름 물푸레나무 규 자원 형성. 木+規→槻. 窺(규)와 같이 規(규)가 성부.
새김 물푸레나무. 상록 교목의 이름.

11 ⑮ 〔槿〕* 근: 上吻 | jǐn, キン
2463

行書 이름 무궁화 근: 자원 형성. 木+堇→槿. 僅(근)·謹(근)·勤(근)과 같이 堇(근)이 성부.
새김 무궁화. 무궁화나무. ¶槿花(—, 꽃 화) 무궁화꽃.
〔槿域〕(근역) 國 우리 나라의 딴이름.

11 ⑮ 〔樂〕*** ㊀락 入藥 lè, ラク ㊁악 入覺 yuè, ガク ㊂요: 去效 yào, ゴウ
2464

소전 行書 속자 樂 간화 乐 이름 ㊀즐거울 락 ㊁풍류 악 ㊂좋아할 요:
자원 상형. 나무 자루가 달린, 손으로 흔들어 소리를 내는 요령의 모양. 이 요령을 흔들어 그 소리로 신을 즐겁게 해 주었던 악기의 일종.

필순

새김 ㊀즐겁다. 기쁘다. 또는 즐거워하다. 기뻐하다. 苦(4441)의 대. ¶樂園(一, 동산 원)즐거움이 넘쳐 흐르는 살기 좋은 곳. ㊁❶풍류. 음악. ¶樂器(一, 기구 기)음악을 연주하는 기구. 현악기·관악기·타악기 등이 있음. ❷육예(六藝)인 예(禮)·악·사(射)·어(御)·서(書)·수(數) 중의 하나. ㊂좋아하다. 또는 즐기다. ¶樂山樂水(一, 메 산, 一, 물 수)산을 좋아하고 물을 좋아함. 곧 산수〔자연〕를 좋아함.
〔樂觀〕(낙관) 일이 잘될 것으로 봄. ㊥비관(悲觀).
〔樂勝〕(낙승) 전쟁이나 운동 경기에서 쉽게 이김.
〔樂天〕(낙천) ①기꺼이 천명을 따름. ②자기 처지에 만족해 함. ㊞一主義.
〔樂土〕(낙토) 살기좋은 곳.
〔樂曲〕(악곡) 음악의 곡조.
〔樂團〕(악단) 음악을 연주하는 단체.
〔樂壇〕(악단) 음악가들의 사회.
〔樂隊〕(악대) 기악이나 취주악을 연주하는 사람들이 이룬 대오.
〔樂譜〕(악보) 음악의 곡조를 기호로 나타낸 것.
〔樂士〕(악사) 관현악 등의 협주 음악에 참여하는 각각의 연주자.
〔樂聖〕(악성) 고금에 뛰어난 위대한 음악가.
〔樂章〕(악장) ①음악에 사용하는 시가(詩歌). ②소나타·교향곡 등을 구성하는 악곡.
▷苦樂(고락)·軍樂(군악)·同樂(동락)·俗樂(속악)·安樂(안락)·娛樂(오락)·奏樂(주악)·快樂(쾌락)·享樂(향락)·和樂(화락)

11 ⑮ 〔樑〕* 2465
량 梁(2371)과 동자

11 ⑮ 〔樓〕** 2466
루 平尤 lóu, ロウ

소전 행서 속자 간화 楼 이름 다락 루 자원 형성. 木+婁→樓. 屢(루)·縷(루)·蔞(루)와 같이 婁(루)가 성부.

필순

새김 ❶다락. 다락집. 층집. ¶樓閣(一, 큰집 각) 다락집과 큰 집. 곧 높고 크게 지은 집. ㊞沙上一. ❷망루. 사방을 바라볼 수 있는 집. ¶城樓(성 성, 一)성곽의 군데군데에 있는 망루. ❸술집·다방 등의 가게. ¶酒樓(술 주, 一)술을 파는 집.
〔樓觀〕(누관) 다락집으로 된 큰 집.
〔樓上〕(누상) 누각 위.
〔樓船〕(누선) 층루(層樓)가 있는 큰 배.
▷高樓(고루)·妓樓(기루)·登樓(등루)·望樓(망루)·門樓(문루)·戍樓(수루)·玉樓(옥루)·鐘樓(종루)·紅樓(홍루)

11 ⑮ 〔模〕** 2467
모 平虞 mó, モ

소전 행서 이름 법 모 자원 형성. 木+莫→模. 莫에는 '막'외에 '모'음도 있어, 謨(모)·慕(모)와 같이 莫(모)가 성부.

필순

새김 ❶법. 법식. 표준. ¶模範(一, 법 범)본받아 배워야 할 본보기. ㊞一解答. ❷거푸집. 주형. ¶模型(一, 틀 형)실물의 모양과 같게 만든 틀. ㊞一圖. ❸본뜨다. 또는 본받다. ¶模倣(一, 본뜰 방) 다른 것을 본뜨거나 본받음. ㊞一藝術. ❹흐릿하다. 분명하지 않다. ¶模糊(一, 흐릿할 호)분명하지 아니함. ㊞曖昧一.
〔模寫〕(모사) 모방해서 그리거나 씀.
〔模樣〕(모양) 생김새, 겉에 드러난 꼴.
〔模擬〕(모의) 흉내를 냄. 모방함. ㊞一試驗.
〔模造〕(모조) 모방하여 그대로 만듦. 또는 그렇게 만든 물품.
〔模造紙〕(모조지) 표면이 매끄럽고 광택이 있는 인쇄 용지.
▷規模(규모)

11 ⑮ 〔樊〕* 2468
번 平元 fán, ハン

소전 행서 이름 울 번 자원 회의. 棥+大〔廾의 변형〕→樊. 棥은 울타리, 大는 두 손으로 밀치는 모양. 새김은 가차.
새김 울. 울타리. 藩(4633)과 통용. ¶樊籬(一, 울 리)울타리.

11 ⑮ 〔樱〕 2469
앵 櫻(2516)의 간화자

11 ⑮ 〔樣〕** 2470
양: 去漾 yàng, ヨウ

소전 행서 약자 様 간화 样 이름 모양 양: 자원 형성. 木+羕→樣. 漾(양)과 같이 羕(양)이 성부.

필순

새김 ❶모양. 형상. 꼴. ¶樣相(一, 모양 상)사물의 모양. ❷본. 모형. ¶樣式(一, 방식 식)㉮정해진 일정한 본이 되는 방식. ㊞生活一. ㉯예술 작품의 특징이 되는 일정한 표현 방식.

〔樣態〕(양태) 모양과 상태. 또는 모양과 태도.
▷各樣(각양)·多樣(다양)·模樣(모양)·貌樣(모양)·紋樣(문양)

11 ⑮ 〔樟〕* 장 平陽 chāng, ショウ
2471

행서 이름 녹나무 장 자원 형성. 木+章→樟. 璋(장)·獐(장)과 같이 章(장)이 성부.
새김 녹나무. 상록 교목의 이름. ¶樟腦(—, 뇌 뇌)녹나무에서 추출하여 만든 무색·반투명의 결정. 독특한 냄새가 있어 향료나 공업용의 원료로 씀.

11 ⑮ 〔樯〕 장 檣(2504)의 간화자
2472

11 ⑮ 〔樗〕* 저 平魚 chū, チョ
2473

소전 행서 이름 가죽나무 저 자원 형성. 木+雩→樗. 雩(우)의 변음이 성부.
새김 가죽나무. 낙엽 활엽 교목의 이름. ¶樗櫟(—, 상수리나무 력)가죽나무와 상수리나무. 인신하여, 재능이 보잘것없음의 비유. 예—之材.
〔樗木〕(저목) 가죽나무.

11 ⑮ 〔槽〕* 조 平豪 cáo, ソウ
2474

소전 행서 이름 구유 조 자원 형성. 木+曹→槽. 漕(조)·遭(조)와 같이 曹(조)가 성부.
새김 ❶구유. 가축의 먹이를 담아 주는 그릇. ❷통. 물통. ¶水槽(물 수, —)물을 담아 두는 큰 통. ❸확. ¶齒槽(이 치, —)잇몸.
▷浴槽(욕조)·油槽車(유조차)·酒槽(주조)

11 ⑮ 〔樞〕* 추 平虞 shū, スウ
2475

소전 행서 약자 간화 枢 이름 지도리 추 자원 형성. 木+區→樞. 區(구)의 변음이 성부.
새김 ❶지도리. 문짝을 여닫게 하는 축. ❷사북. 사물의 가장 중요한 부분. ¶樞密(—, 비밀 밀)가장 요긴하고 중요한, 정치상의 비밀.
〔樞機〕(추기) ①사물의 중요한 부분. ②조정의 중요한 사무.
〔樞星〕(추성) 북두칠성의 첫째 별.
〔樞軸〕(추축) ①문지도리와 수레의 굴대. 곧 사물을 움직이는 중심으로 되는 가장 중요한 것. ②권력이나 정치의 중심.
▷中樞(중추)·天樞(천추)

11 ⑮ 〔標〕** 표 平蕭 biāo, ヒョウ
2476

소전 행서 이름 표할 표 자원 형성. 木+票→標. 票(표)가 성부.

필순 十 木 杧 杧 柵 標 標 標 標 標

새김 ❶표하다. 표시하다. ¶標石(—, 돌 석) 목표로 삼거나, 무엇을 표시하는 돌. ❷표시. 표. ¶暗標(몰래 암, —)남모르게 한 표시. ❸모범. 본보기. ¶標本(—, 본보기 본)모범이 되는 본보기. 예—室.
〔標高〕(표고) 바다의 수평면에서 지표의 어느 지점까지의 수직 거리.
〔標榜〕(표방) ①어떤 명목을 붙여서 자기 주장을 내세움. ②남의 착한 행실을 내세워 칭찬함.
〔標語〕(표어) 주의·강령 등을 간명하게 표현「한 어구.
〔標的〕(표적) 목표로 삼는 물건.
〔標準〕(표준) 사물을 판단하고 평가하는 준칙.
〔標識〕(표지) 식별하기 편리하게 하는 기호나 부호.
▷目標(목표)·墓標(묘표)·商標(상표)·信標(신표)·里程標(이정표)·座標(좌표)·指標(지표)

11 ⑮ 〔樺〕 화 樺(2493)와 동자
2477

11 ⑮ 〔横〕 횡 橫(2494)의 속자
2478

12 ⑯ 〔橄〕* 감: 上感 gǎn, カン
2479

행서 이름 감람나무 감: 자원 형성. 木+敢→橄. 瞰(감)과 같이 敢(감)이 성부.
새김 감람(橄欖)나무. 상록 교목의 이름. 또는 그 열매인 감람. ¶橄欖油(—, 감람나무 람, 기름 유)감람의 씨로 짠 기름.

12 ⑯ 〔橋〕*** 교 平蕭 qiáo, キョウ
2480

소전 행서 간화 桥 이름 다리 교 자원 형성. 木+喬→橋. 矯(교)·僑(교)와 같이 喬(교)가 성부.

필순 十 木 杧 杯 桥 桥 桥 桥 橋 橋

새김 다리. 강물을 건너 다니게 놓은 다리. ¶鐵橋(쇠 철, —)쇠를 재료로 하여 놓은 다리.
〔橋脚〕(교각) 다리의 몸체를 받치는 기둥.
〔橋頭堡〕(교두보) 상륙이나 도하 작전을 유리하게 전개시키기 위하여 설치하는 거점.

〔橋梁〕(교량) 다리.
▷架橋(가교)·踏橋(답교)·木橋(목교)·浮橋(부교)·石橋(석교)·船橋(선교)·陸橋(육교)·棧橋(잔교)·板橋(판교)

12 ⑯ 〔橘〕* 귤 入質 jú, キツ
2481

소전 행서 이름 귤나무 귤 자원 형성. 木+矞→橘. 矞(휼)의 변음이 성부.
새김 귤나무. 상록 교목의 이름. 또는 그 열매인 귤. 예柑橘(감귤)
〔橘井〕(귤정) 병을 고쳐주는 의사. 故 진(晉)나라 소탐(蘇耽)이 임종 때, 이듬해에 역질이 돌 것을 예견하고, 마당 안에 있는 우물의 물과 처마 끝에 매달아 놓은 귤나무의 잎으로 병을 치료하는 방법을 일러주어, 사람들을 구제하였다는 고사.
〔橘皮〕(귤피) 귤의 껍질. 귤포(橘包).

12 ⑯ 〔機〕** 기 平微 jī, キ
2482

소전 행서 간화 机 이름 틀 기 자원 형성. 木+幾→機. 磯(기)·譏(기)와 같이 幾(기)가 성부.

필순 十 木 杦 桦 桦 桦 桦 樸 機 機

새김 ❶틀. ㉠기계. 기계 장치를 한 기기. ¶機械(—, 틀 계)사람의 힘 이외의 힘으로 어떤 일을 할 수 있는 장치. 예精密—. ㉡얼개. 짜임새. ¶機構(—, 얼개 구)일정한 활동을 하는 조직의 짜임새. 예—縮小. ㉢비행기의 준말. ¶機體(—, 몸 체)비행기의 동체. ❷사물이나 마음의 활동. ¶機敏(—, 민첩할 민)눈치나 동작이 빠르고 날쌤. 예—한 行動. ❸기틀. ㉠일의 가장 중요한 고동. ¶機密(—, 비밀 밀)외부에 드러내서는 안 되는 중요한 비밀. 예—文書. ㉡기회. 또는 낌새. 조짐. ¶機會(—, 때 회)어떤 일을 하기에 알맞거나 효과적인 때. 예좋은 —.
〔機關〕(기관) ①엔진. 열 에너지를 동력으로 바꾸는 기계 장치. ②어떤 목적을 이루기 위해 설치한 조직. 예—紙.
〔機巧〕(기교) 잔꾀와 잔솜씨가 매우 교묘함.
〔機能〕(기능) 작용. 활동 능력.
〔機動〕(기동) 시기에 맞추어 제때에 빠르게 움직임. 예—訓鍊
〔機務〕(기무) ①근본이 되는 중요한 사무. ②기밀에 속하는 중요한 정무(政務).
〔機微〕(기미) 낌새나 눈치.
〔機先〕(기선) 어떤 일이 일어나려는 바로 직전. 예—을 제압하다.
〔機首〕(기수) 비행기의 앞부분. 예—를 돌리다.
〔機運〕(기운) 어떻게 되려고 하는 돌아가는 분위기.
〔機智〕(기지) 그때그때의 상황에 맞게 행동하는 꾀나 재치.
〔機會主義〕(기회주의) 그때그때의 정세에 따라 원칙이 없이 유리한 쪽으로 붙으려는 경향이나 태도.
▷待機(대기)·動機(동기)·萬機(만기)·乘機(승기)·時機(시기)·失機(실기)·危機(위기)·轉機(전기)·投機(투기)·好機(호기)

12 ⑯ 〔橙〕* 등 本쟁 平庚 chéng, トウ
2483

소전 행서 이름 등자나무 등 자원 형성. 木+登→橙. 燈(등)·鄧(등)과 같이 登(등)이 성부.
새김 등자나무. 상록 교목의 이름. 또는 그 열매인 등자. ¶橙子(—, 씨 자) 등자나무의 열매.
〔橙色〕(등색) 등자 껍질의 빛깔. 오렌지색.
〔橙黃色〕(등황색) 등색을 띤 누른 빛깔.

12 ⑯ 〔橹〕 로: 櫓(2512)의 간화자
2484

12 ⑯ 〔樸〕* 박 入覺 pǔ, ボク
2485

소전 행서 간화 朴 이름 질박할 박 자원 형성. 木+菐→樸. 撲(박)·璞(박)과 같이 菐(복)의 변음이 성부.
새김 질박하다. 꾸밈이 없다. ¶質樸(질박할 질, —)꾸민 티가 없이 수수함. 예—한 生活.
〔樸直〕(박직) 순박하고 정직함.
▷古樸(고박)·淳樸(순박)

12 ⑯ 〔橡〕* 상 本상: 上養 xiàng, ソウ
2486

행서 이름 상수리나무 상 자원 형성. 木+象→橡. 像(상)과 같이 象(상)이 성부.
새김 상수리나무. 낙엽 활엽 교목의 이름. 또는 그 열매인 상수리. ¶橡實(—, 열매 실)상수리나무의 열매. 곧 상수리.
〔橡木〕(상목) 상수리나무.
〔橡實乳〕(상실유) 도토리묵.

12 ⑯ 〔樹〕*** ㊀수 本수: 去遇 shù, ジュ
㊁수 本수: 上麌 shù, ジュ
2487

소전 행서 간화 树 이름 ㊀나무 수 ㊁심을 수 자원 형성. 木+尌→樹. 尌(주)의 변음이 성부.

필순 木 朩 朾 梀 梪 梪 植 樹 樹 樹

새김 ㊀나무. 자라고 있는 나무. ¶樹木(—, 나

무 목)살아서 서 있는 나무. ㉠—園. 二❶심다. ¶樹植(—, 심을 식)나무를 심음. ❷세우다. ¶樹立(—, 설 립)나라나 제도·계획 등을 세움. ㉠政府—.
〔樹林〕(수림) 나무숲.
〔樹欲靜而風不止〕(수욕정이 풍부지) 나무가 고요하고자 하나 바람이 멎지 아니함. 이는 '子欲養而親不待(자식이 봉양하고자 하나 어버이는 기다려 주지 아니한다)'의 대구(對句)로, 자식이 어버이에게 효도를 해야겠다고 마음먹었을 때는 이미 어버이는 세상을 떠났음을 한탄할 때 쓰는 말.
〔樹種〕(수종) 나무의 종류.
〔樹海〕(수해) 나무의 바다. 울창한 나무숲이 드넓게 펼쳐져 있음의 비유.
〔樹勳〕(수훈) 공을 세움.
▷街路樹(가로수)·果樹(과수)·常綠樹(상록수)·針葉樹(침엽수)·闊葉樹(활엽수)

12 ⑯ 〔橓〕* 순: 去震 | shùn, シュン
2488

행서 이름 무궁화나무 순: 자원 형성. 木+舜→橓. 蕣(순)과 같이 舜(순)이 성부.
새김 무궁화나무. 낙엽 관목의 이름.

12 ⑯ 〔橈〕* 요 平蕭 | ráo, ジョウ
2489

소전 행서 간화 桡 이름 노 요 자원 형성. 木+堯→橈. 嶢(요)·鐃(요)와 같이 堯(요)가 성부.
새김 노. 배를 젓는 노. 또는 노를 젓다.

12 ⑯ 〔橒〕* 운 平文 | yún, ウン
2490

행서 이름 나뭇결 운 자원 형성. 木+雲→橒. 澐(운)과 같이 雲(운)이 성부.
새김 나뭇결. 나무의 무늬.

12 ⑯ 〔樽〕* 준 平元 | zūn, ソン
2491

행서 이름 술통 준 자원 형성. 木+尊→樽. 尊에는 '존' 외에 '준' 음도 있어, 遵(준)과 같이 尊(준)이 성부.
새김 술통. 단지·두루미 등 술을 담는 그릇. ¶酒樽(술 주, —)술두루미.
〔樽節〕(준절) 國비용을 절약함. 아껴서 씀.
〔樽俎〕(준조) ①제사 때에 쓰는, 술을 담는 그릇과 고기를 괴는 적대. ②연회석(宴會席). 또는 연회.
〔樽酒〕(준주) 술통에 담은 술.
▷金樽(금준)·

12 ⑯ 〔樵〕* 초 平蕭 | qiáo, ショウ
2492

소전 행서 이름 나무꾼 초 자원 형성. 木+焦→樵. 憔(초)·蕉(초)와 같이 焦(초)가 성부.
새김 나무꾼. 또는 나무하다. ¶樵童(—, 아이 동) 나무하는 아이. ㉠—牧竪.
〔樵汲〕(초급) 나무를 하고 물을 길음.
〔樵夫〕(초부) 나무꾼.
〔樵漁〕(초어) ①나무를 하고 물고기를 잡음. ②나무꾼과 어부.
▷漁樵(어초)

12 ⑯ 〔樺〕* 화 本화: 去禡 | huà, カ
2493

행서 동자 樺 간화 桦 이름 자작나무 화 자원 형성. 木+華→樺. 嬅(화)·譁(화)와 같이 華(화)가 성부.
새김 자작나무. 붓나무. 낙엽 교목의 이름.

12 ⑯ 〔橫〕** 一횡 平庚 | héng, コウ
二횡 本횡: 去敬 | hèng, コウ
2494

소전 행서 속자 横 이름 一가로 횡 二방자할 횡 자원 형성. 木+黃→橫. 鐄(횡)과 같이 黃(황)의 변음이 성부.

필순 木 木 木 木 木 木 木 木 木 橫

새김 一❶가로. 동서나 좌우의 방향. 縱(4115)의 대. ¶縱橫(세로 종, —)세로와 가로. ❷가로지르다. ¶橫流(—, 흐를 류)물이 옆으로 가로질러 흐름. ❸가로로 놓다. ¶橫隊(—, 무리 대)가로로 열을 지은 대형이나 대열. 二❶방자하다. 멋대로 굴다. ¶橫暴(—, 사나울 포)제멋대로 사납게 굶. ❷뜻밖의. 갑작스러운. ¶橫死(—, 죽을 사)뜻밖의 재화로 말미암아 죽음. ❸바르지 아니하다. 또는 불법으로. ¶橫領(—, 차지할 령)국가나 남의 재물을 불법으로 차지하여 가짐. ㉠公金—.
〔橫斷〕(횡단) ①가로로 자름. ②가로질러 건넘. ㉠—步道.
〔橫步〕(횡보) 마음내키는 대로 걸음.
〔橫書〕(횡서) 글씨를 가로로 씀. 또는 그 글씨.
〔橫說竪說〕(횡설수설) 조리가 없는 말을 함부로 지껄임.
〔橫厄〕(횡액) 뜻밖에 당하는 불행.
〔橫財〕(횡재) 뜻밖에 힘들이지 않고 얻는 재물.
〔橫行〕(횡행) 꺼리낌없이 제멋대로 행동함.
▷專橫(전횡)·擅橫(천횡)·暴橫(포횡)

12 ⑯ 〔橲〕* 희
2495

참고 자음은 없이 훈독하는 일본 한자. 대법원에서 인명용 한자로 공인한 것은 잘못.

13 ⑰ 〔櫃〕* 강 平陽 jiāng, キョウ
2496

소전 櫃 행서 櫃 이름 감탕나무 강 자원 형성. 木+畺→櫃. 彊(강)·薑(강)과 같이 畺(강)이 성부.
새김 감탕나무. 일설에는, 떡갈나무.

13 ⑰ 〔檢〕** 검: 上琰 jiǎn, ケン
2497

소전 檢 행서 檢 동자 検 간화 检 이름 조사할 검: 자원 형성. 木+僉→檢. 儉(검)·劍(검)과 같이 僉(첨)의 변음이 성부.

필순 木 杧 朩 朩 朩 檢 檢 檢 檢 檢

새김 ❶조사하다. 살펴보다. ¶檢査(—, 살필 사)실상을 조사하여 옳고 그름이나 좋고 나쁨 등을 알아봄. 예製品—. ❷단속하다. 잡도리하다. ¶檢擧(—, 붙잡을 거)범인이나 범죄 용의자를 단속하거나 조사하기 위하여 경찰에 데려가는 일. 예犯人—.
〔檢問〕(검문) 조사하고 심문함.
〔檢索〕(검색) 검사하여 찾아봄.
〔檢屍〕(검시) 주로 변사자의 죽은 원인을 알기 위하여 시체를 검사함.
〔檢疫〕(검역) 전염병이 퍼지는 것을 막기 위하여 소독이나 검진 등의 방역 사업을 함.
〔檢閱〕(검열) 검사하고 열람함.
〔檢印〕(검인) 검사한 표로 찍는 도장.
〔檢字〕(검자) 자전(字典)에서, 글자의 총 획수의 차례를 따라 배열해 놓은 찾아보기의 한 가지.
〔檢定〕(검정) 자격·가치·품격 등을 검사하여 결정함.
〔檢證〕(검증) 검사하여 증명함.
〔檢診〕(검진) 병이 있나 없나를 검사하는 진찰.
〔檢察〕(검찰) ①점검하여 살핌. ②범죄를 수사하여 증거를 찾음.
〔檢討〕(검토) 내용을 분석하여 따져봄.
▷ 巡檢(순검)·臨檢(임검)·點檢(점검)

13 ⑰ 〔檄〕* 격 本혁 xí, ゲキ
2498

소전 檄 행서 檄 이름 격문 격 자원 형성. 木+敫→檄. 激(격)과 같이 敫(교)의 변음이 성부.
새김 격문. ¶檄文(—, 글월 문) ㉮일정한 사태에 관하여 여러 사람을 부추기기 위하여 쓴 글. ㉯급히 여러 사람에게 알리려고 각 곳에 보내는 글. ㉰적군을 비난하여 자기에게 동조하도록 설복하는 글.
▷ 飛檄(비격)

13 ⑰ 〔檎〕* 금 平侵 qín, キン
2499

행서 檎 이름 능금나무 금 자원 형성. 木+禽→檎. 擒(금)과 같이 禽(금)이 성부.
새김 능금나무. 낙엽 아교목의 이름. 또는 그 열매인 능금.

13 ⑰ 〔檀〕** 단 平寒 tán, ダン
2500

소전 檀 행서 檀 이름 참빗살나무 단 자원 형성. 木+亶→檀. 壇(단)과 같이 亶(단)이 성부.

필순 木 杧 朩 朩 栢 桓 椢 檀 檀 檀

새김 ❶참빗살나무. 낙엽 관목의 이름. ❷단향목(檀香木). 자단·백단 등의 향나무의 총칭. ❸國박달나무. 활엽 교목의 이름. ¶檀君(—, 임금 군) 우리 민족의 개국 시조로 받드는, 신화상의 임금. 박달나무 아래에서 겨레를 다스렸다는 신화에서 붙여진 이름.
〔檀弓〕(단궁) 참빗살나무로 만든 활.
〔檀紀〕(단기) 단군 기원(檀君紀元). 단군이 즉위한 기원 전 2333년을 원년으로 하는 우리 나라의 기원.
〔檀木〕(단목) 國박달나무.
▷ 槐檀(괴단)·白檀(백단)·紫檀(자단)·黑檀(흑단)

13 ⑰ 〔檗〕* 벽 入陌 bò, ハク
2501

소전 檗 행서 檗 동자 蘗 이름 황벽나무 벽 자원 형성. 辟+木→檗. 壁(벽)·僻(벽)·癖(벽)과 같이 辟(벽)이 성부.
새김 황벽나무. 낙엽 활엽 교목의 이름.

13 ⑰ 〔橚〕* 숙 入屋 sù, シュク
2502

소전 橚 행서 橚 이름 밋밋할 숙 자원 형성. 木+肅→橚. 潚(숙)과 같이 肅(숙)이 성부.
새김 밋밋하다. 또는 나무가 곧고 키가 큰 모양.

13 ⑰ 〔檍〕* 억 入職 yì, オク
2503

소전 檍 행서 檍 이름 감탕나무 억 자원 형성. 木+意→檍. 意에는 '의' 외에 '억'음도 있어. 億(억)·憶(억)과 같이 意(억)이 성부.
새김 감탕나무. 상록 교목의 이름.

13 ⑰ 〔檣〕* 장 平陽 qiáng, ショウ
2504

행서 간화 樯 이름 돛대 장 자원 형성. 木+嗇→檣. 墻(장)·薔(장)과 같이 嗇(색)의 변음이 성부.
새김 돛대. 돛을 다는 기둥. ¶檣樓(—, 층집 루) 큰 배의 돛대 위에 꾸며놓은 망루.
〔檣竿〕(장간) 돛대.

13 ⑰ 〔檉〕* 정 平庚 chēng, テイ
2505

소전 행서 이름 버드나무 정 자원 형성. 木+聖→檉. 聖(성)의 변음이 성부.
새김 버드나무. 낙엽 소교목의 이름.

13 ⑰ 〔檜〕* 회 本괴: 去泰 guì, カイ
2506

소전 행서 간화 桧 이름 노송나무 회 자원 형성. 木+會→檜. 繪(회)·膾(회)와 같이 會(회)가 성부.
새김 노송나무. 상록 교목의 이름.

14 ⑱ 〔櫃〕* 궤: 去寘 guì, キ
2507

행서 간화 柜 이름 궤 궤: 자원 형성. 木+匱→櫃. 匱(궤)가 성부.
새김 궤. 함. 옷·책 따위를 넣어두는 궤. ¶櫃封(—, 봉할 봉)물건을 궤에 넣고 봉하여 둠.

14 ⑱ 〔櫂〕* 도: 去效 zhào, トウ
2508

소전 행서 이름 노 도: 자원 형성. 木+翟→櫂. 翟(적)의 변음이 성부.
새김 노. 배를 젓는 노. 또는 노를 젓다. 棹(2397)와 같다.

14 ⑱ 〔檳〕* 빈 平眞 bīng, ビン
2509

행서 간화 槟 이름 빈랑나무 빈 자원 형성. 木+賓→檳. 嬪(빈)·濱(빈)과 같이 賓(빈)이 성부.
새김 빈랑(檳榔)나무. 종려과의 상록 교목의 이름. 또는 그 열매인 빈랑.

14 ⑱ 〔檻〕* 함: 上豏 jiàn, カン
2510

소전 행서 간화 槛 이름 우리 함: 자원 형성. 木+監→檻. 艦(함)과 같이 監(감)의 변음이 성부.
새김 ❶우리. ㉠짐승을 가두는 우리. ㉡죄인을 가두는 우리. ¶檻車(—, 수레 거)옛날에 죄인을 호송하던 수레. ❷덫. 허방다리. ¶檻穽(—, 덫 정) 허방다리. 동陷穽(함정). ❸난간(欄干). ¶欄檻(난간 란, —) 난간.
▷軒檻(헌함)

15 ⑲ 〔櫚〕* 려 平魚 lǘ, リョ
2511

행서 간화 榈 이름 종려나무 려 자원 형성. 木+閭→櫚. 閭(려)가 성부.
새김 종려(棕櫚)나무. 상록 교목의 이름. 또는 그 열매인 종려.

15 ⑲ 〔櫓〕* 로: 上麌 lǔ, ロ
2512

소전 행서 간화 橹 이름 노 로: 자원 형성. 木+魯→櫓. 魯(로)가 성부.
새김 노. 배를 젓는, 크고 긴 노. 예櫓를 젓다.

15 ⑲ 〔櫛〕* 즐 入質 zhì, シツ
2513

소전 행서 간화 栉 이름 빗 즐 자원 형성. 木+節→櫛. 節(절)의 변음이 성부.
새김 ❶빗. 머리를 빗는 빗. 또는 빗다. ¶巾櫛(수건 건, —)㉮수건과 빗. ㉯낯을 씻고 머리를 빗는 일. ❷늘어서다. 빗살처럼 늘어서다. ¶櫛比(—, 늘어설 비)한 줄로 죽 늘어서 있음. 예—하게 늘어선 고층 건물.
〔櫛風沐雨〕(즐풍목우) 바람으로 머리를 빗고 비로 머리를 감음. 긴 세월을 밖에서 고생을 하며 바삐 돌아다님의 비유.
▷盥櫛(관즐)·梳櫛機(소즐기)

16 ⑳ 〔櫶〕* 헌: xiǎn, ケン
2514

행서 이름 나무이름 헌: 자원 형성. 木+憲→櫶. 憲(헌)이 성부.
새김 나무 이름.

17 ㉑ 〔欄〕** 란 平寒 lán, ラン
2515

소전 행서 간화 栏 이름 난간 란 자원 형성. 木+闌→欄. 爛(란)·蘭(란)과 같이 闌(란)이 성부.

필순 木 木 朩 朩 柙 柙 椚 欄 欄 欄

새김 ❶난간. ¶朱欄(붉을 주, —)붉은 칠을 한 난간. 예—畫閣. ❷난. 지면에 글이나 그림 등을 싣기 위하여 줄을 그어놓은 난. ¶欄外(一, 밖 외)난의 바깥쪽.
〔欄干〕(난간) 계단·마루·다리 등의 가장자리를 일정한 높이로 막은 물건. 난간(欄杆).
〔欄檻〕(난함) 난간.
▷ 空欄(공란)·文藝欄(문예란)·石欄(석란)

17 ㉑ 〔櫻〕* 앵 平庚 yīng, オウ
2516

소전 행서 약자 桜 간화 樱 이름 앵두나무 앵 자원 형성. 木+嬰→櫻. 鸚(앵)과 같이 嬰(영)의 변음이 성부.
새김 ❶앵두나무. 낙엽 활엽 관목의 이름. 또는 그 열매인 앵두. ❷〈日本〉벚나무. 낙엽 교목의 이름.
〔櫻桃〕(앵도) 앵두나무. 또는 그 열매.
〔櫻花〕(앵화) ①앵두나무의 꽃. ②벚꽃.

18 ㉒ 〔權〕*** 권 平先 quán, ケン
2517

소전 행서 속자 権 속자 간화 权 이름 권세 권 자원 형성. 木+雚→權. 勸(권)과 같이 雚(관)의 변음이 성부.
필순 木 木 术 术 桦 桦 榨 榨 權 權
새김 ❶권세. 남에게 자기의 의지를 강제하여 복종시키는 힘. ¶權力(一, 힘 력)남을 억눌러 복종시키는 힘. 예—濫用. ❷저울추. 또는 저울. ¶權衡(一, 저울대 형)㉮저울추와 저울대. 또는 저울. ㉯사물의 경중을 고르게 하는 일. ❸모략. 계략. ¶權謀(一, 꾀 모)그때그때의 형편에 맞게 대처하는 모략. 예—術數. ❹권리. ¶人權(사람 인, 一)사람이 태어나면서부터 가지고 있는, 사람으로서의 권리. 예—伸長. ❺임시 변통. ¶權道(一, 길 도)정당한 목적을 이루기 위하여 임시 변통으로 취하는 수단.
〔權能〕(권능) 권리를 주장하고 행사할 수 있는 능력 「유.
〔權利〕(권리) 합법적으로 보장된 자격이나 자
〔權門〕(권문) 권세 있는 집안. 權門勢家(권문세가)의 준말. 예—子弟.
〔權柄〕(권병) 권력을 가지고 마음대로 사람을 좌우할 수 있는 힘. 예—을 잡다.
〔權勢〕(권세) 권력과 세력.
〔權威〕(권위) ①권력과 위세. ②사회적으로 널리 인정되고 그 분야에 큰 영향을 미치고 있는 신망과 위세. 또는 그런 사람.
〔權益〕(권익) 권리와 이익.
〔權座〕(권좌) 통치권을 가진 자리. 「범위.
〔權限〕(권한) 권리나 권력 및 직권이 미치는
▷ 公權(공권)·國權(국권)·棄權(기권)·大權(대권)·物權(물권)·政權(정권)·主權(주권)·執權(집권)·債權(채권)·特權(특권)·版權(판권)

18 ㉒ 〔欌〕* 장: 國字
2518

행서 이름 장 장: 자원 회의·형성. 木+藏→欌. 물건을 나무 그릇에 갈무리해 둔다는 뜻. 藏(장)이 성부를 겸한다.
새김 장. 물건을 넣어두는 그릇. ¶衣欌(옷 의, 一)옷장.
〔欌籠〕(장롱) 옷을 넣는 장.
▷ 饌欌(찬장)·冊欌(책장)

19 ㉓ 〔欒〕* 란 平寒 luán, ラン
2519

소전 행서 속자 간화 栾 이름 구순할 란 자원 형성. 䜌+木→欒. 䜌에는 '련' 외에 '란' 음도 있어, 鸞(란)과 같이 䜌(란)이 성부.
새김 구순하다. ¶團欒(모일 단, 一)식구가 한 곳에 모여 즐겁고 구순함.

21 ㉕ 〔欖〕* 람: 上感 lǎn, ラン
2520

행서 간화 榄 이름 감람나무 람: 자원 형성. 木+覽→欖. 纜(람)과 같이 覽(람)이 성부.
새김 감람(橄欖)나무. 상록 교목의 이름. 또는 그 열매인 감람.

4획 부수 欠 部

▷명칭:하품흠
▷쓰임:입으로 숨을 쉬는 일이나 이에 수반되는 행동에 관한 뜻을 나타내는 한자의 부수로 쓰였다.

0 ④ 〔欠〕* ㊀흠: ㊁검:去陷 qiàn, ケツ ㊂결
2521

소전 행서 이름 ㊀하품 흠: ㊂모자랄 결 자원 상형. 사람이 입을 크게 벌리고 기지개를 켜면서 하품을 하고 있는 모양.
새김 ㊀❶하품. ¶欠伸(一, 기지개 신)하품과 기지개. ❷모자라다. ¶欠缺(一, 모자랄 결)일정한 수에서 생긴 모자람. 예—이 나다. ❸굽히다. 몸을 구부리다. ¶欠身(一, 몸 신)경의를 표하기 위하여 몸을 굽힘. ❹國흠. ㉠물건의 상한 자리. ¶欠이 지다. ㉡사람의 흉이 될 만한 점. ¶欠을 잡히다. ㊂缺(4148)의 약자. 일본의

영향을 받은 용법.
〔欠事〕(흠사) 흠으로 되는 일.
〔欠典〕(흠전) ①흠점이 있는 곳. ②흠점이 있는 법규.
〔欠節〕(흠절) 흠으로 되는 점.
〔欠乏〕(흠핍) 빠지거나 이지러져서 모자람.

2 ⑥ 〔次〕*** 차: 去寘 cì, ジ·シ
2522

소전 행서 이름 버금 차: 자원 형성. 二+欠→次. 二(이)의 변음이 성부.

필순 丶 冫 冫 次 次 次

새김 ❶버금. 등급의 차례에서의 둘째. ¶次官(―, 벼슬 관)각 부의 장관(長官)의 다음가는 벼슬. 예外交通商部―. ❷다음. 일정한 차례나 순서의 바로 뒤. ¶次期(―, 시기 기)다음 시기. 예―大會. ❸차례. 순서. ¶席次(자리 석, ―)좌석의 차례. ❹번. 차례. 횟수를 나타내는 말. 예第二次定期總會.
〔次男〕(차남) 둘째 아들.
〔次例〕(차례) 순서(順序).
〔次席〕(차석) 수석(首席)의 다음가는 자리.
〔次善〕(차선) 최선(最善)의 다음. 두 번째로 좋은 것.
〔次韻〕(차운) 남이 지은 시의 운자(韻字)를 따서 시를 지음.
〔次點〕(차점) 최고점의 다음가는 점수.
▷屢次(누차)·目次(목차)·歲次(세차)·數次(수차)·順次(순차)·年次(연차)·位次(위차)·漸次(점차)·行次(행차)

2 ⑥ 〔欢〕 환 歡(2539)의 약자·간화자
2523

3 ⑦ 〔欤〕 여 歟(2538)의 약자·간화자
2524

4 ⑧ 〔欧〕 구 歐(2535)의 약자·간화자
2525

4 ⑧ 〔欣〕* 흔 平文 xīn, キン
2526

소전 행서 이름 기뻐할 흔 자원 형성. 斤+欠→欣. 斤(근)의 변음이 성부.
새김 기뻐하다. 또는 기쁘다. ¶欣快(―, 유쾌할 쾌)기쁘고 유쾌함. 예―히 받아들이다.
〔欣然〕(흔연) 기쁘거나 반가와 기분이 좋음.
〔欣欣〕(흔흔) 즐겁고 기쁜 모양.

5 ⑨ 〔钦〕 흠 欽(2531)의 간화자
2527

7 ⑪ 〔欲〕*** 욕 入沃 yù, ヨク
2528

소전 행서 이름 하고자할 욕 자원 형성. 谷+欠→欲. 谷에는 '곡' 외에 '욕' 음도 있어, 浴(욕)과 같이 谷(욕)이 성부.

필순 ノ 八 久 父 谷 谷 谷 谷 欲 欲

새김 ❶하고자하다. 바라다. ¶欲速不達(―, 빠를 속, 못할 부, 이룰 달)일을 서둘러 빠르게 하고자하면 이루지 못함. ❷욕심. 慾(1717)과 같다. 현대에는 '욕심'의 새김으로는 거의 이 자를 쓰지 않는다.
〔欲巧反拙〕(욕교반졸) 國너무 잘 하려고 하면 도리어 졸렬하게 됨.
〔欲求〕(욕구) 바라고 구함.
〔欲望〕(욕망) 바라고 원함. 또는 그 마음.
〔欲罷不能〕(욕파불능) 그만두려 해도 그만둘 수 없음.

8 ⑫ 〔款〕* 관 本관: 上旱 kuǎn, カン
2529

소전 행서 이름 정성 관 자원 형성. 𥛔〔𣪊의 생략체〕+欠→款. 𣪊(최)의 변음이 성부.
새김 ❶정성. 또는 정성스럽다. ¶款待(―, 대접할 대)남을 정성껏 대접함. ❷조목. 열거한 항목. ¶定款(정할 정, ―)회사나 단체의 설립 목적·기구·활동 등에 대하여 정해놓은 기본 규칙. ❸돈. 또는 경비. ¶借款(빌 차, ―) 나라와 나라 사이에서 자금을 빌리거나 꾸어주는 일. ❹새긴 글자. 인신하여, 서화에 찍는 도장. ¶落款(도장찍을 락, ―) 글씨나 그림에 글씨를 쓰거나 그림을 그린 사람이 자필로 자기의 이름을 쓰고 도장을 찍음.
〔款曲〕(관곡) 정답고 친절함.
〔款談〕(관담) 마음을 터놓고 하는 간곡한 이야기.
〔款項〕(관항) 조목과 항목(項目).
▷誠款(성관)·約款(약관)

8 ⑫ 〔欺〕** 기 平支 qī, キ
2530

소전 행서 이름 속일 기 자원 형성. 其+欠→欺. 期(기)·基(기)·淇(기)와 같이 其(기)가 성부.

필순 一 十 卄 甘 甘 其 其 其 欺 欺

새김 속이다. 거짓말하다. ¶詐欺(속일 사, ―) 나쁜 꾀로 남을 속임. 예―行脚.
〔欺弄〕(기롱) 속이고 우롱함.
〔欺瞞〕(기만) 남을 속여 넘김.

〔欺罔〕(기망) 속여서 진상을 감춤.
〔欺世盜名〕(기세도명) 세상 사람을 속이고 명예를 훔침.
〔欺心〕(기심) 자기의 양심을 속임.
▷誣欺(무기)·自欺(자기)

8 ⑫ 〔欽〕* 흠 本금 平侵 qīn, キン
2531

소전 행서 간화 钦 이름 공경할 흠 자원 형성. 金+欠→欽. 金(금)의 변음이 성부.
새김 ❶공경하다. ¶欽慕(—, 사모할 모)공경하는 마음으로 사모함. ❷존칭. 천자의 동작에 붙여 존경의 뜻을 나타내는 말. ¶欽定(—, 정할 정)임금의 명령으로 제정함.
〔欽命〕(흠명) 임금이 내리는 명령.
〔欽仰〕(흠앙) 공경하며 우러러 보고 사모함.
〔欽差〕(흠차) 임금의 명령으로 보내는 사신.

9 ⑬ 〔歇〕* 헐 入月 xiē, ケツ
2532

소전 행서 이름 쉴 헐 자원 형성. 曷+欠→歇. 曷(갈)의 변음이 성부.
새김 ❶쉬다. 휴식하다. ¶間歇(사이 간, —)얼마 동안씩 시간을 두고 사이사이 쉼. 예—的으로 불어오는 바람. ❷國헐하다. 값이 싸다. ¶歇價(—, 값 가)싼 값. 예—로 팔다.

9 ⑬ 〔歆〕* 흠 平侵 xīn, キン
2533

소전 행서 이름 제물받을 흠 자원 형성. 音+欠→歆. 音(음)의 변음이 성부.
새김 신이 제물을 받다. ¶歆饗(—, 먹을 향)신이 제물을 받아서 먹음. 예祖靈께서 —하소서.

10 ⑭ 〔歌〕*** 가 平歌 gē, カ
2534

소전 행서 이름 노래 가 자원 형성. 哥+欠→歌. 哥(가)가 성부.
필순 一 丆 丙 叵 可 哥 哥 哥' 哥' 歌
새김 ❶노래. 가곡. ¶校歌(학교 교, —)학교의 특성을 나타내어 그 기상을 드높이는 노래. ❷노래하다. ¶歌手(—, 사람 수)노래 부르는 일을 직업으로 삼는 사람.
〔歌曲〕(가곡) ①노래의 곡조. ②노래로 부를 수 있도록 가사와 곡조가 결합된 작품.
〔歌劇〕(가극) 오페라. 노래로 극의 내용을 전달하는 노래와 극으로 짜여진 종합 예술
〔歌舞〕(가무) ①노래와 춤. ②노래하고 춤을 춤.
〔歌詞〕(가사) 노랫말.
〔歌辭〕(가사) ①가사(歌詞). ②國고려말부터 조선 초기 사이에 발생한 우리 나라 고유의 문학 형식.
〔歌謠〕(가요) 민요(民謠)·동요(童謠)·속요(俗謠)·유행가(流行歌) 등의 총칭.
〔歌唱〕(가창) 노래를 부름.
▷凱歌(개가)·擊壤歌(격양가)·古歌(고가)·軍歌(군가)·輓歌(만가)·四面楚歌(사면초가)·詩歌(시가)·戀歌(연가)·唱歌(창가)·樵歌(초가)·鄕歌(향가)

11 ⑮ 〔歐〕* 구 本우: 上有 ǒu, オウ
2535

소전 행서 약자 간화 欧 이름 칠 구 자원 형성. 區+欠→歐. 毆(구)·嘔(구)와 같이 區(구)가 성부.
새김 ❶치다. 때리다. ¶毆打(—, 칠 타)사람이나 짐승을 치고 때림. ❷구라파(歐羅巴)의 준말. 유럽. ¶歐美(—, 미국 미). ㉮유럽주와 아메리카주. ㉯유럽과 미국.
▷東歐(동구)·北歐(북구)·西歐(서구)

11 ⑮ 〔歎〕** 탄: 去翰 tàn, タン
2536

소전 행서 이름 탄식할 탄: 자원 형성. 堇+欠→歎. 嘆(탄)과 같이 堇(탄)이 성부.
필순 一 艹 廿 芇 茣 革 堇 堇' 歎' 歎
새김 ❶탄식하다. 한탄하다. ¶悲歎(슬퍼할 비, —)몹시 슬퍼하며 탄식함. 또는 그 탄식. 예—에 잠기다. ❷칭찬하다. 감탄하여 기리다. 현대에는 주로 嘆(0783)으로 쓴다.
〔歎服〕(탄복) 감탄하여 마음으로 따름.
〔歎辭〕(탄사) 감탄하여 하는 말.
〔歎聲〕(탄성) ①탄식하는 소리. ②감탄하는 소리.
〔歎息〕(탄식) 한숨을 쉼. 또는 그 한숨.
〔歎願〕(탄원) 사정을 밝히어 도와주기를 바람.
▷感歎(감탄)·慨歎(개탄)·驚歎(경탄)·亡羊之歎(망양지탄)·詠歎(영탄)·讚歎(찬탄)·痛歎(통탄)·恨歎(한탄)

11 ⑮ 〔歓〕 환 歡(2539)의 속자
2537

14 ⑱ 〔歟〕* 여 平魚 yú, ヨ
2538

소전 행서 약자 간화 欤 이름 어조사 여 자원 형성. 與+欠→歟. 璵(여)와 같이 與(여)가 성부.
새김 어조사. 의문·추측·반문·감탄 등의 뜻을

나타내는 종결사. 〔楚辭〕子非三閭大夫歟(자비삼려대부여) 그대는 삼려대부〔벼슬 이름〕가 아닌가?

18 ㉒ 〔歡〕*** 환 平寒 huān, カン
2539

소전 행서 속자 歓 약자 간화 欢 이름 기쁠 환 자원 형성. 雚+欠→歡. 驩(환)과 같이 雚(환)이 성부.

필순

새김 기쁘다. 또는 기뻐하다. 또는 기쁨. ¶歡迎(—, 맞을 영)기쁜 마음으로 반갑게 맞음. 예—會.
〔歡談〕(환담) 정답고 즐겁게 이야기함. 또는 그러한 이야기.
〔歡待〕(환대) 반가이 맞아 정성껏 대접함.
〔歡樂〕(환락) 기뻐하고 즐거워함. 「올리다.
〔歡聲〕(환성) 기뻐서 지르는 소리. 예—을
〔歡送〕(환송) 떠나는 사람을 기쁜 마음으로 보냄 「사다.
〔歡心〕(환심) 기뻐하고 즐기는 마음. 예—을
〔歡呼〕(환호) 기쁘고 감격하여 부르짖음.
〔歡喜〕(환희) 즐겁고 기쁨.
▷交歡(교환)·悲歡(비환)·哀歡(애환)·合歡(합환)

4획 부수 止部

▷명칭:그칠지
▷쓰임:걷거나 멎거나 하는 발의 동작이나, 시간의 흐름에 관한 한자의 부수로 쓰였다.

0 ④ 〔止〕*** 지 本지: 上紙 zhǐ, シ
2540

소전 행서 이름 그칠 지 자원 상형. 사람의 발이 밟은 발자국의 모양. 한문에서는 '발'이란 새김으로 쓰였으나 현대어에는 그 용례가 없다. 새김은 가차.

필순 丨 卜 𣥂 止

새김 ❶그치다. 또는 그치게 하다. ¶禁止(금할 금, —)금하여 하지 못하게 함. 예出入—. ❷멈추다. 또는 멈추게 하다. ¶中止(가운데 중, —)하다가 중도에서 멈추거나 그만두거나 함. ❸멎다. 머무르다. ¶止宿(—, 잘 숙)머물러서 잠. 예東京에서 하룻밤 —했다. ❹행동. ¶擧止(행동 거, —)몸을 움직여서 하는 행동. 예行動—.
〔止渴〕(지갈) 갈증이 멎음. 또는 갈증을 그치게 함.
〔止觀〕(지관)(佛)잡념을 버리고 맑고 바른 마음으로 사물의 진상을 비추어 보는 일.
〔止水〕(지수) 흐르지 않고 괴어 있는 물. 예明鏡—.
〔止息〕(지식) ①멈춤. ②머물러 쉼.
〔止揚〕(지양) 어떤 것을 그 자체로서는 부정하면서, 도리어 한층 높은 차원에서 긍정하는 일.
〔止血〕(지혈) 나오는 피를 멎게 함.
▷動止(동지)·防止(방지)·抑止(억지)·沮止(저지)·停止(정지)·制止(제지)·終止(종지)·廢止(폐지)·行止(행지)

1 ⑤ 〔正〕*** ㊀정: 去敬 zhèng, セイ ㊁정 平庚 zhēng, ショウ
2541

소전 행서 이름 ㊀바를 정: ㊁정월 정 자원 회의. 一+止→正. 한결같은 도, 곧 바른 도에 머무른다는 뜻.

필순 一 丅 下 𤴓 正

새김 ㊀❶바르다. 반듯하다. 곧다. 邪(5490)의 대. ¶正直(—, 곧을 직)마음이 거짓이 없이 바르고 곧음. 예—한 사람. ❷바루다. 바로잡다. ¶是正(옳을 시, —)잘못된 것을 바로잡음. 예그릇된 認識의 —. ❸본처. ¶正室(—, 아내 실)본처인 아내. 예—에는 두 딸만 있다. ❹바로. 확실히. ¶正午(—, 낮 오)낮 12시. ❺정. 주가 되는 것. 副(0483)의 대. ¶正使(—, 사신 사)두 사람의 사신 중에서, 주되는 사신. ㊁정월. 음력 1월. ¶正初(—, 처음 초)정월 초순. 예그는 —에 고향을 다녀왔다.
〔正刻〕(정각) 조금도 틀림없는 바로 그 시각.
〔正鵠〕(정곡) ①과녁의 중심점. ②사물의 요점·급소의 비유.
〔正規〕(정규) 정식의 규정.
〔正當〕(정당) 바르고 마땅함. 예—防衛.
〔正大〕(정대) 공정하고 의젓함. 예公明—.
〔正道〕(정도) ①바른 길. ② 정당한 도리.
〔正論〕(정론) 이치에 바른 언론. 예—을 펴다.
〔正面〕(정면) 바로 마주 보이는 쪽.
〔正比例〕(정비례) 두 양이 같은 비율로 증가하거나 감소하거나 함. 대反比例(반비례).
〔正史〕(정사) ①나라에서 편수한 역사. 가장 정확하게 서술한 역사. ②기전체(紀傳體)로 서술한 역사.
〔正邪〕(정사) 정대한 일과 사사스러운 일.
〔正常〕(정상) ①바르고 떳떳함. ②사고나 탈이 없이 올바른 상태.
〔正視〕(정시) 똑바로 봄.
〔正式〕(정식) 정당한 격식.
〔正義〕(정의) 진리에 맞는 정당한 일.
〔正一品〕(정일품) 18등급으로 가른 문무관의 품계에서 가장 높은 품계.
〔正裝〕(정장) 정식으로 차려입은 복장.

〔正正堂堂〕(정정당당) 정당하고 떳떳함. ㉮—한 태도.
〔正統〕(정통) 바른 계통.
〔正確〕(정확) 바르고 확실함. ㉮—한 내용.
▷改正(개정)·公正(공정)·匡正(광정)·校正(교정)·端正(단정)·方正(방정)·不正(부정)·司正(사정)·修正(수정)·嚴正(엄정)·子正(자정)·訂正(정정)·宗正(종정)

2⑥〔此〕*** 차 ㊍차: 上 紙 | cǐ, シ
2542

소전 행서 이름 이 차 자원 회의. 止+匕〔比의 생략체〕→此. 사람이 죽 늘어서 있는 중에서 자기에게 가장 가까운 곳에 머물러 있는 사람이나 곳을 가리킨다. 참고 紫(3972)·雌(5892)와 같이, 이 자가 한자의 한 구성 부분이 되었을 때는 총6획이 아닌 5획으로 잡아온 관례에 따른다.

필순

새김 이. 이것. 이 곳. 가까운 사물·장소 등을 가리키는 말. 彼(1535)의 대. ¶此日(—, 날 일) 이 날. ㉮—彼日 미루기만 한다.
〔此等〕(차등) 이들. 이것들.
〔此一時彼一時〕(차일시 피일시) 이것도 한 때요 저것도 한 때임. 시간이 지나면 사정이 달라질 수 있다는 뜻.
〔此際〕(차제) 이 즈음. 또는 이 기회.
〔此後〕(차후) 이 다음. 이후.
▷若此(약차)·如此(여차)·自此(자차)·從此(종차)·彼此(피차)

3⑦〔步〕*** 보: 去 遇 | bù, ホ·ブ
2543

소전 행서 와자 이름 걸음 보: 자원 회의. 止+少→步. 少도 발자국의 모양. 좌우의 발자국이 이어져 있기에 '걷다'의 뜻을 나타낸다.

필순

새김 ❶걷다. 걸어가다. 또는 걸음걸이. ¶步行(—, 다닐 행)걸어다님. ㉮—이 불편하다. ❷시운(時運). 되어가는 형편. ¶國步(나라 국, —)나라의 되어 가는 형편. ㉮—艱難. ❸보. ㉠걸음. 걸음을 세는 말. ㉮一步前進. ㉡길이의 단위. 주(周)나라 때는 8척(尺), 진(秦)나라 때는 6척을 1보라 하였다. ㉢넓이의 단위. 坪(0865)과 같다.
〔步道〕(보도) 사람이 걸어다니는 길.
〔步武〕(보무) 씩씩하게 걷는 걸음걸이. ㉮—堂堂.
〔步兵〕(보병) 말이나 수레를 타지 않고, 도보로 전투에 참가하는 군인.
〔步調〕(보조) ①걸음걸이의 속도나 모양. ㉮—를 맞추다. ②여러 사람이 함께 행동할 때의 그들 상호간의 진행 속도나 상태.
〔步哨〕(보초) 초소에 서서 경비를 하는 사람. ㉮—兵.
▷驅步(구보)·踏步(답보)·徒步(도보)·獨步(독보)·漫步(만보)·散步(산보)·進步(진보)·初步(초보)·寸步(촌보)·行步(행보)·闊步(활보)

4⑧〔武〕*** 무: 上 麌 | wǔ, ブ
2544

소전 행서 이름 군사 무: 자원 회의. 弋〔戈의 변형〕+止→武. 창〔戈〕을 들고 그 힘으로 난리를 미리 그치게 한다는 뜻.

필순

새김 ❶군사. 군대나 전쟁에 관한 일. ¶武器(—, 기구 기)적을 치거나 막는 데 쓰는 기구. ㉮—庫. ❷호반. 무반. 무관. ¶文武(문관 문, —)문관과 무관. ㉮—百官. ❸용맹스럽다. 〔詩經〕 孔武有力(공무유력)매우 용맹스럽고 힘이 있다. ❹반보(半步). 반걸음. ¶步武(걸음 보, —)한 걸음과 반 걸음. 곧 얼마 안 되는 거리. 인신하여, 걷는 걸음걸이. ㉮—堂堂.
〔武功〕(무공) 전쟁에서 세운 공적.
〔武官〕(무관) ①군사에 관한 일을 맡아보는 관리. ㊐文官(문관). ②군대의 장교.
〔武斷〕(무단) 무력으로 일을 추진하는 일. ㉮—政治.
〔武道〕(무도) ①무인이 마땅히 지켜야 할 도리. ②무예와 무술의 총칭.
〔武力〕(무력) 군사상의 힘. ㉮—示威.
〔武陵桃源〕(무릉도원) 별천지(別天地). 사람들이 화목하고 행복하게 살 수 있는 곳의 비유. 故 진(晉)나라 때 무릉에 사는 한 어부가 배를 타고 시냇물을 거슬러 올라가 복숭아나무 숲을 지나서 굴을 발견하고, 그 안에 들어가 보니 외부와는 전혀 다른 세상이 있었다는 고사.
〔武備〕(무비) 전쟁을 위한 군사상의 준비.
〔武士〕(무사) 군사. 군인.
〔武事〕(무사) 군대나 전쟁에 관한 일.
〔武術〕(무술) 말타기·활쏘기·창쓰기·칼쓰기 등에 관계되는 기술.
〔武藝〕(무예) 무술에 관한 재주.
〔武勇〕(무용) 씩씩하고 용맹스러움.
〔武運〕(무운) 전쟁에서 이기고 지는 운수.
〔武威〕(무위) 무력에 의한 위엄. ㉮—를 떨치다.
〔武裝〕(무장) 전쟁이나 전투에 필요한 장비를 갖춤. 또는 갖춘 그 장비.
〔武勳〕(무훈) 무공(武功).
▷講武(강무)·尙武(상무)·練武(연무)·勇武

(용무)·威武(위무)·振武(진무)·玄武(현무)

4 ⑧ 〔歩〕 2545 보: 步(2543)의 와자

5 ⑨ 〔歪〕* 2546 외 平佳 | wāi, ワイ

행서 歪 이름 비뚤 외 자원 회의. 不+正→歪. 바르지 아니하다란 뜻을 나타낸다. 참고 현재 '왜'로 읽는 경향이 있으나, 자원적 근거가 없는 잘못 읽는 음이다.

새김 비뚤다. 비뚤어지다. ¶歪曲(―, 굽을 곡) 비뚤고 굽음. 곧 사실과 맞지 않게 그릇되게 말함. ㉠事實을 ―하다.

8 ⑫ 〔歯〕 2547 치 齒(6342)의 속자

9 ⑬ 〔歲〕*** 2548 세: 去霽 | suì, サイ·セイ

소전 歲 행서 歲 이름 해 세: 자원 형성. 步〔=步〕+戌→歲. 戌(술)의 변음이 성부.

필순 ⺊ ⺊ 止 产 卢 炭 歲 歲 歲 歲

새김 ❶해. ㉠1년. ¶過₂歲₁(지날 과, ―)1년이 지나감. 곧 설을 쇰. ㉡광음. 지나가는 시간. ¶歲月(―, 달 월)해나 달을 단위로 하는, 지나가는 시간. ㉢년. 햇수를 세는 말. ¶萬歲(일만 만, ―)1만년. ㊀萬年(만년). ㉠千秋―. ❷나이. ㉠연령. ¶年歲(해 년, ―)나이. ㉡살. 나이를 세는 말. ¶五歲(다섯 오, ―)다섯 살.

알아둘 지식

★나이에 관한 딴이름

나이	딴 이 름	나이	딴 이 름
10	幼學(유학)	50	知名(지명)
15	志學(지학)	60	耳順(이순)
20	弱冠(약관)	61	還甲(환갑)
30	而立(이립)		回甲(회갑)
40	不惑(불혹)	70	古稀(고희)

참고 77살을 喜壽(희수), 88살을 米壽(미수), 99살을 白壽(백수)라 함은 파자(破字)의 원리를 이용해서, 일본 사람들이 만들어 쓴 말.

〔歲末〕(세말) 세밑. 한 해가 다 저물어 가는 마지막 때.
〔歲暮〕(세모) 한 해가 저물어 가는 마지막 때.
〔歲拜〕(세배) 國설에 하는 인사. 「하여, 세월.
〔歲序〕(세서) 세월이 바뀌어 가는 순서. 인신
〔歲時〕(세시) ①1년과 4계절. ②정월의 초승.
〔歲入〕(세입) 한 회계 연도 동안의 총 수입.
〔歲出〕(세출) 한 회계 연도 동안의 총 지출.
〔歲寒〕(세한) 설 전후의 추위라는 뜻으로, 유난히 추운 한겨울의 추위를 이르는 말.
〔歲寒三友〕(세한삼우) 추운 겨울의 세 벗이란 뜻으로, 소나무·대·매화나무를 이르는 말.
▷客歲(객세)·去歲(거세)·近歲(근세)·往歲(왕세)·千歲(천세)·太歲(태세)·凶歲(흉세)

10 ⑭ 〔歴〕 2549 력 歷(2550)의 속자

12 ⑯ 〔歷〕*** 2550 력 入錫 | lì, レキ

소전 歷 행서 歷 속자 歴 간화 历 이름 지날 력 자원 형성. 厤+止→歷. 曆(력)과 같이 厤(력)이 성부.

필순 一 厂 厂 严 屛 屛 屛 厤 厤 歷

새김 ❶지나다. 지나오다. 또는 겪다. ¶歷史(―, 역사 사)지금까지 지나온 발전과 변천 과정. ㉠半萬年 ―. ❷차례차례로. 또는 차례로 이어오다. ¶歷代(―, 대 대)차례로 이어온 그 여러 대. ㉠―大統領. ❸또렷하다. 분명하다. ¶歷歷(―, ―)기억이나 자취 등이 환히 알 수 있게 또렷함. ㉠過去의 일이 ―히 눈앞에 떠오른다.

〔歷覽〕(역람) ①하나하나 샅샅이 봄. ②여러 곳을 두루 구경함.
〔歷訪〕(역방) 여러 곳을 차례로 두루 방문함.
〔歷然〕(역연) 기억에 또렷함.
〔歷任〕(역임) 여러 관직을 차례로 지냄.
〔歷戰〕(역전) 많은 전쟁을 겪음. ㉠―의 용사.
〔歷程〕(역정) 거쳐 온 길. 지나온 경로.
▷經歷(경력)·來歷(내력)·病歷(병력)·履歷(이력)·遍歷(편력)·學歷(학력)

14 ⑱ 〔歸〕*** 2551 귀 平微 | guī, キ

소전 歸 행서 歸 속자 帰 간화 归 이름 돌아갈 귀 자원 형성. 自+止+帚〔婦의 생략체〕→歸. 自(퇴)의 변음이 성부.

필순 亻 户 白 自 自 自 皀 歸 歸 歸

새김 ❶돌아가다. 또는 돌아오다. ¶歸₂家₁(―, 집 가)집으로 돌아오거나 돌아감. ㉠―길. ❷시집가다. ¶歸寧(―, 편안할 녕)시집간 딸이 친정에 가서 부모를 뵘.

〔歸結〕(귀결) 어떤 결과에 도달함. 또는 그 결말이나 결과.
〔歸國〕(귀국) 본국으로 돌아옴. 환국(還國).

〔歸納〕(귀납) 개개의 구체적 사실로부터 일반적 원리나 결론으로 이끌어 감.
〔歸路〕(귀로) 돌아가거나 돌아오는 길.
〔歸省〕(귀성) 고향에 돌아가 부모를 뵘.
〔歸屬〕(귀속) 영토·재산·권리 따위가 누구 또는 어디에 붙거나 딸림.
〔歸順〕(귀순) 적대 행위를 버리고 투항함.
〔歸依〕(귀의) ①돌아가 몸을 의지함. ②신불(神佛)을 신앙하여 의지함.
〔歸一〕(귀일) ①여러 가지 현상이 한 가지 결과로 귀착됨. ②여러 가닥으로 나뉘어졌던 것이 다시 하나로 합쳐짐.
〔歸着〕(귀착) ①돌아와 닿음. ②의논·의견 등이 어떤 결말에 이름.
〔歸鄕〕(귀향) 고향으로 돌아가거나 돌아옴.
〔歸化〕(귀화) ①외국의 국적을 얻어 그 나라 국민이 됨. ②정복당한 종족이 정복자에게 순종함.
〔歸還〕(귀환) 돌아오거나 돌아감.
▷復歸(복귀)·不歸(불귀)·于歸(우귀)·回歸(회귀)

4 획 부수	歹 部

▷명칭:죽을사변
▷쓰임:죽음과 관계 있는 한자의 부수로 쓰였다.

2 ⑥ 〔死〕*** 사: 上 紙 | sǐ, シ
2552

소전 𣦵 행서 死 이름 죽을 사: 자원 회의. 歹+匕〔人의 변형〕→死. 살은 썩어 없어지고 뼈만 남아 있는 사람. 그래서 '죽다'의 뜻을 나타낸다.

필순 一 厂 歹 歹 歹 死

새김 ❶죽다. 목숨이 끊어지다. 生(3383)의 대. ¶死生(—, 살 생)죽음과 삶. 예—決斷. ❷목숨을 바치다. 죽음을 무릅쓰다. ¶死守(—, 지킬 수)죽음을 무릅쓰고 지킴.
〔死境〕(사경) 죽을 지경. 죽음이 임박한 상태.
〔死交〕(사교) 죽어도 변하지 않을 굳은 사귐.
〔死力〕(사력) 죽기를 각오하고 쓰는 힘. 필사의 노력.
〔死亡〕(사망) 죽음.
〔死文〕(사문) 실제로 시행되지 않는 규정.
〔死別〕(사별) 죽어서 이별함.
〔死線〕(사선) 죽느냐 사느냐의 경계나 고비.
〔死因〕(사인) 죽은 원인. 예—을 규명하다.
〔死藏〕(사장) 사물을 활용하지 아니하고 저장하여 둠.
〔死地〕(사지) ①죽을 곳. ②살아 나올 길이 없는 곳.
〔死鬪〕(사투) 죽음을 무릅쓰고 싸움.
〔死血〕(사혈) 죽은 피.
〔死刑〕(사형) 범인의 목숨을 박탈하는 형벌.
〔死禍〕(사화) 죽음을 당하는 화.
〔死活〕(사활) 죽기와 살기. 죽음과 삶.
〔死後〕(사후) 죽은 뒤.
▷假死(가사)·客死(객사)·決死(결사)·枯死(고사)·凍死(동사)·病死(병사)·憤死(분사)·餓死(아사)·夭死(요사)·溺死(익사)

3 ⑦ 〔歼〕 섬 殲(2569)의 간화자
2553

4 ⑧ 〔歿〕* 몰 入 月 | mò, ボツ
2554

행서 歿 이름 죽을 몰 자원 형성. 歹+殳→歿. 沒(몰)과 같이 殳(몰)이 성부.
새김 죽다. 생명이 다하다. ¶歿年(—, 해 년) ㉮죽은 해. ㉯죽은 해의 나이.
▷病歿(병몰)·戰歿(전몰)·存歿(존몰)·陣歿(진몰)·盡歿(진몰)

5 ⑨ 〔殃〕** 앙 平 陽 | yāng, オウ
2555

소전 𣨙 행서 殃 이름 재앙 앙 자원 형성. 歹+央→殃. 怏(앙)·秧(앙)과 같이 央(앙)이 성부.

필순 一 厂 歹 歹 歹 歹 歹 殃 殃

새김 재앙. 하늘이 내리는 벌. ¶殃及池魚(—, 미칠 급, 못 지, 물고기 어)재앙이 못의 물고기에 미침. ㉮뜻밖의 곳에 재앙이 미침의 비유. ㉯제삼자가 까닭 없이 재앙을 입음의 비유. 故 송(宋)나라의 성문이 불타자, 불을 끄려고 못의 물을 다 퍼온 탓으로, 그 못의 물고기가 말라 죽었다는 고사.
〔殃及子孫〕(앙급자손) 재앙이 자손에게 미침.
〔殃禍〕(앙화) 어떤 일로 말미암아 입게 되는 화나 재난.
▷災殃(재앙)·天殃(천앙)

5 ⑨ 〔残〕 잔 殘(2564)의 약자·간화자
2556

5 ⑨ 〔殄〕* 진 本 전: 上 銑 | tiǎn, テン
2557

소전 𣧑 행서 殄 이름 그칠 진 자원 형성. 歹+㐱→殄. 珍(진)·診(진)·疹(진)과 같이 㐱(진)이 성부.
새김 다하다. 사라져 없어지다. 또는 죄다. ¶殄滅(—, 멸할 멸)죄다 무찔러 없앰.
〔殄戮〕(진륙) 죄다 죽임.

5 ⑨ 〔殆〕** 태 ㊍태: 上 賄 | dài, タイ
2558

소전 행서 이름 위태할 태 자원 형성. 歹+台→殆. 怠(태)·苔(태)와 같이 台(태)가 성부.

필순 一 ア 歹 歹 歹 歹 殆 殆 殆

새김 ❶위태하다. 위험하다. ¶危殆(위험할 위, —)형세가 마음을 놓을 수 없게 안전하지 아니함. ㉠— 로운 산길. ❷거의. 어느 한도에 매우 가까운 정도로. ¶殆無(—, 없을 무)거의 없음.
〔殆半〕(태반) 거의 절반. 대부분.
▷百戰不殆(백전불태)

6 ⑩ 〔殊〕** 수 平 虞 | shū, シュ
2559

소전 행서 이름 다를 수 자원 형성. 歹+朱→殊. 朱에는 '주' 외에 '수' 음도 있어, 洙(수)·銖(수)와 같이 朱(수)가 성부.

필순 一 ア 歹 歹 歹 歹 歹 殊 殊 殊

새김 ❶다르다. 또는 달리하다. ¶特殊(특별할 특, —)보통보다 특별히 다름. ㉠—한 사람. ❷결심하다. 각오하다. ¶殊死(—, 죽을 사) 일을 이루기 위하여 죽음을 각오함.
〔殊常〕(수상) 보통과 달리 이상함.
〔殊俗〕(수속) 보통과 다른 풍속(風俗).
〔殊遇〕(수우) 특별한 대우.
〔殊異〕(수이) 유별나게 다름.
〔殊勳〕(수훈) 특별히 뛰어난 공훈.

6 ⑩ 〔殉〕** 순 ㊍순: 去 震 | xùn, ジュン
2560

행서 이름 목숨바칠 순 자원 형성. 歹+旬→殉. 荀(순)과 같이 旬(순)이 성부.

필순 一 ア 歹 歹 歹 歹 殉 殉 殉 殉

새김 ❶목숨을 바치다. 어떤 일을 위하여 목숨을 바치다. ¶殉國(—, 나라 국)조국을 위하여 목숨을 바침. ㉠—先烈. ❷따라죽다. 주인의 뒤를 따라 죽다. ¶殉葬(—, 장사할 장)권력 있는 자가 죽었을 때에 그가 부리던 종을 산 채로 함께 장사하던 일.
〔殉敎〕(순교) 자기가 믿는 종교를 위하여 목숨을 버림.
〔殉道〕(순도) 도의를 위하여 목숨을 바침.
〔殉死〕(순사) 죽은 임금이나 남편의 뒤를 따라 자살하여 죽음.
〔殉節〕(순절) 절개를 지키기 위하여 죽음.
〔殉職〕(순직) 직무를 수행하다가 목숨을 잃음.

7 ⑪ 〔殓〕 렴: 殮(2567)의 간화자
2561

7 ⑪ 〔殒〕 운: 殞(2566)의 간화자
2562

8 ⑫ 〔殖〕* 식 入 職 | zhí, ショク
2563

소전 행서 이름 불을 식 자원 형성. 歹+直→殖. 植(식)·埴(식)과 같이 直(직)의 변음이 성부.

새김 ❶붇다. 불어나다. ¶繁殖(번성할 번, —) 많이 퍼져서 붇고 늘어남. ㉠—期. ❷불리다. 늘리다. ¶殖產(—, 재산 산) 재산이나 산물을 불림. ❸심다. 사람을 옮겨 살게 하다. 植(2406)과 통용. ¶殖民(—, 백성 민) 정치 경제적 목적으로 본국 사람을 다른 나라에 이주시킴. ㉠—地.
〔殖利〕(식리) 재물을 불리어 이익을 늘림.
〔殖產〕(식산) ①식재(殖財). ②산물을 늘림.
〔殖財〕(식재) 재물을 늘림. 식산(殖產).
▷蕃殖(번식)·生殖(생식)·利殖(이식)·增殖(증식)·拓殖(척식)·貨殖(화식)

8 ⑫ 〔殘〕** 잔 平 寒 | cán, ザン
2564

소전 행서 약자 간화 残 이름 남을 잔 자원 형성. 歹+戔→殘. 戔에는 '전' 외에 '잔' 음도 있어, 棧(잔)·盞(잔)과 같이 戔(잔)이 성부.

필순 一 ア 歹 歹 歹 歹 歹 歹 殘 殘

새김 ❶남다. 또는 남기다. 또는 나머지. ¶殘雪(—, 눈 설) 봄까지 녹지 않고 남아 있는 눈. ❷모질다. 악착스럽다. 또는 해치다. ¶殘忍(—, 모질 인) 악착스럽고 모짊. ㉠—한 사람. ❸쇠하다. 못 쓰게 되다. ¶衰殘(쇠할 쇠, —) 쇠하여 못 쓰게 됨.
〔殘高〕(잔고) 금액이나 물품 따위의 쓰다 남은 나머지의 수량.
〔殘金〕(잔금) ①쓰고 남은 돈. ②다 갚지 못하고 처져 있는 돈. ㉠계약의 —.
〔殘黨〕(잔당) 패배하거나 망하고 남은 도당. ㉠공산주의의 —.
〔殘燈〕(잔등) 심지가 다 타서 거의 꺼지려고 하는 등불.
〔殘留〕(잔류) 뒤처져 남아 있음.
〔殘命〕(잔명) 남은 목숨.
〔殘暑〕(잔서) 늦여름의, 아직도 남아 있는 더위.
〔殘惡〕(잔악) 잔인하고 악독함.
〔殘額〕(잔액) 나머지 돈의 액수.

〔殘業〕(잔업) 정해진 시간 이후에도 남아서 일을 하는 일. 또는 그 일. ㉮—手當.
〔殘餘〕(잔여) 쓰고 남은 나머지.
〔殘滓〕(잔재) 남은 찌꺼지.
〔殘虐〕(잔학) 잔인하고 포학함.
〔殘骸〕(잔해) 부서지거나 못 쓰게 되거나 하여 남아 있는 물체. ㉮추락한 비행기의 —.
〔殘酷〕(잔혹) 잔인하고 혹독함.
▷老殘(노잔)·相殘(상잔)·凋殘(조잔)·侵殘(침잔)·敗殘(패잔)·荒殘(황잔)

10 ⑭ 〔殯〕 2565 빈 殯(2568)의 간화자

10 ⑭ 〔殞〕* 2566 운: 上軫 yǔn, オン

행서 殞 간화 殒 이름 떨어질 운: 자원 형성. 歹+員→殞. 員에는 '원' 외에 '운' 음도 있어, 韻(운)·隕(운)과 같이 員(운)이 성부.
새김 떨어지다. ㉠추락하다. 隕(5869)과 통용. ㉡끊어지다. 죽다. ¶殞命(—, 목숨 명)사람의 목숨이 끊어짐. 사람이 죽음. ㉮—한 때.

13 ⑰ 〔殮〕* 2567 렴: 去豔 liàn, レン

행서 殮 간화 殓 이름 염할 렴: 자원 형성. 歹+僉→殮. 斂(렴)과 같이 僉(첨)의 변음이 성부.
새김 염하다. 시체를 씻어 옷을 입히다. ¶殮襲(—, 겹쳐입힐 습)시체를 씻은 다음, 옷을 입히고 홑이불로 쌈.
〔殮布〕(염포) 염습할 때에 시체를 묶는 베.
▷大殮(대렴)·小殮(소렴)

14 ⑱ 〔殯〕* 2568 빈 ㊍빈: 去震 bìn, ヒン

행서 殯 간화 殡 이름 초빈할 빈 자원 형성. 歹+賓→殯. 濱(빈)·嬪(빈)과 같이 賓(빈)이 성부.
새김 초빈하다. 영구(靈柩)를 임시로 모시다. 또는 영구. ¶殯所(—, 곳 소)상가에서 발인할 때까지 영구를 놓아두는 곳.
〔殯宮〕(빈궁) 발인할 때까지 왕세자나 세자빈의 영구를 안치하는 곳.
〔殯殿〕(빈전) 國 인산(因山) 때까지 임금의 관을 두는 전각.

17 ㉑ 〔殲〕* 2569 섬 平鹽 jiān, セン

행서 殲 간화 歼 이름 다죽일 섬 자원 형성. 歹+韱→殲. 韱(섬)이 성부.
새김 다 죽이다. ¶殲滅(—, 멸할 멸)한 사람도 남기지 않고 다 죽여 멸함. ㉮包圍—.

4 획 부수	殳 部

▷명칭:창수. 갖은등글월문
▷쓰임:치다·때리다 등의 뜻을 나타내는 한자의 부수로 쓰였다.

4 ⑧ 〔殴〕 2570 구 毆(2580)의 약자·간화자

5 ⑨ 〔段〕** 2571 단 ㊍단: 去翰 duàn, ダン

소전 段 행서 段 이름 층계 단 자원 형성. 𠂤〔耑의 변형〕+殳→段. 𠂤(단)이 성부.
필순 ′ 丨 F F 𠂤 𠂤 𠂤 段 段
새김 ❶층계. 층층대의 단. ¶階段(층계 계, —) 오르내르기 위한 층층대. 또는 그 낱개. ❷단락. 문장이나 이야기 등의 끝나는 마디. ¶段落(—, 떨어질 락)긴 문장이나 일정한 일 중에서 일단 끝나는 하나의 토막. ❸방도. 솜씨. ¶手段(솜씨 수, —)㉮어떤 목적을 이루기 위하여 쓰는 행동의 방도. ㉮—과 方法. ㉯어떤 활동을 실현하는 데 쓰는 도구나 설비. ㉮生産—. ❹단. ㉠출판물의 지면의 구획. ㉮二段 가로짜기. ㉡바둑·유도 등의 등급을 세는 단위. ㉮프로 九段. ㉢계단을 세는 단위. ㉮두段 세段 씩 건너뛰어 올라가다. ㉣땅의 넓이를 재는 단위. 300평에 해당한다. ㉮林野三段步.
〔段階〕(단계) ①층계. ②순차적인 과정.
〔段丘〕(단구) 강·바다의 연안에 형성된 계단식 지형.
▷別段(별단)·分段(분단)·上段(상단)·前段(전단)·下段(하단)·後段(후단)

6 ⑩ 〔殺〕 2572 살 殺(2574)의 속자

6 ⑩ 〔殷〕* 2573 은 平文 yīn, イン

소전 殷 행서 殷 이름 은나라 은 자원 회의. 𠂣〔身을 뒤집어 놓은 모양〕+殳→殷. 창을 들고 몸을 돌려가며 춤을 춘다는 뜻. 그래서 성대하다는 뜻을 나타낸다.
새김 ❶은나라. 중국 고대의 왕조 이름. 처음에는 商(상)이라 하였다가 殷으로 고쳤다. ¶殷鑑(—, 거울 감)은나라가 반성의 거울로 삼을 일은 바로 앞 왕조인 하(夏)나라의 걸왕(桀王)이 행한 포악한 정사라는 뜻. 인신하여, 남의 실패한 일을 보고 자기의 경계로 삼을 만한 일. ㉮—不遠. ❷성하다. 많다. 풍부하다. ¶殷盛

(一, 성할 성)번화하고 풍성함. 예—한 거리.
〔殷墟〕(은허) 은나라의 도읍터. 지금의 하남성(河南省) 안양현(安陽縣)에 있음.

7 ⑪ 〔殼〕 2574 각　殼(2576)의 속자

7 ⑪ 〔殺〕*** 2575 ㊀살 入黠 shā, サツ ㊁쇄: 去卦 shài, サイ

소전 殺 행서 殺 동자 煞 속자 殺 간화 杀 이름 ㊀죽일 살 ㊁매우 쇄: 자원 형성. 杀+殳→殺. 杀(살)이 성부.

필순 ノ 乄 三 千 杀 杀 杀 杀 杀 殺

새김 ㊀❶죽이다. ¶殺人(一, 사람 인)사람을 죽임. 예—事件. ❷없애다. 제거하다. ¶抹殺(칠하여없앨 말, 一)있는 사실을 부인하여 없앰. 예民族文化의 —. ❸독살스럽다. 무시무시하다. ¶殺氣(一, 기운 기)당장에 죽이기라도 할 것 같은 독살스럽고 무시무시한 기운. 예—가 그득한 눈. ㊁❶매우. 심하게. ¶殺到(一, 이를 도)사람이나 사물이 한꺼번에 갑자기 많이 몰려듦. 예—한 人波. ❷줄이다. 감하다. ¶相殺(서로 상, 一)두 편의 셈을 서로 감해 버림. 예債務 관계의 —.
〔殺菌〕(살균) 균을 죽임. 예—消毒.
〔殺伐〕(살벌) 행동이나 분위기가 거칠고 무시무시함.
〔殺傷〕(살상) 죽이거나 상처를 입힘.
〔殺生〕(살생) ①죽임과 살림. 생사를 좌우함. ②(佛)목숨을 가진 생물을 죽이는 일.
〔殺身成仁〕(살신성인) 목숨을 바쳐 인(仁)을 이룸. 곧 정의를 위하여 목숨을 버림.
〔殺戮〕(살육←살륙) 사람을 마구 죽임.
〔殺風景〕(살풍경) ①경치나 풍경이 멋적고 스산함. ②광경이 살기를 띠어 무시무시함.
〔殺害〕(살해) 사람의 생명을 해침.
▷減殺(감쇄)·惱殺(뇌쇄)·毒殺(독살)·射殺(사살)·暗殺(암살)·自殺(자살)·斬殺(참살)·銃殺(총살)·虐殺(학살)

8 ⑫ 〔殼〕* 2576 각 入覺 qiào, カク

소전 殼 행서 殼 속자 殼 간화 壳 이름 껍질 각 자원 형성. 壳(青의 변형)+殳→殼. 壳(각)이 성부.
새김 껍질. 겉껍데기. ¶地殼(땅 지, 一) 지구의 겉껍데기. 예—運動.
〔殼果〕(각과) 호두·야자와 같이 굳은 껍질에 싸여 있는 실과. 견과(堅果).
〔殼斗〕(각두) 깍정이. 떡갈나무·상수리나무 등의 열매의 밑받침.
▷舊殼(구각)·卵殼(난각)

9 ⑬ 〔殿〕** 2577 전: 去霰 diàn, デン

소전 殿 행서 殿 이름 큰집 전: 자원 형성. 展(屍의 변형)+殳→殿. 展(전)이 성부.

필순 ㄱ コ 尸 尸 尸 屏 屏 展 展 殿

새김 ❶큰 집. 크고 훌륭한 집. 또는 궁궐. ¶殿閣(一, 큰집 각)임금이 사는 큰 집. 예昌慶宮에 있는 —들. ❷전하(殿下). 제후(諸侯)에 대한 높임말. 조선 시대에는 왕·왕비나 왕족에 대한 높임말로 쓰였다. 예主上—. ❸꽁무니. 행군 때 가장 뒤에 서는 군대. ¶殿軍(一, 군대 군)맨 꽁무니에 따르는 군대.
〔殿堂〕(전당) 높고 큰 건물. 예예술의 —.
〔殿試〕(전시) 제왕이 친히 참가하여 보이던 과거 시험.
▷宮殿(궁전)·大雄殿(대웅전)·大殿(대전)·別殿(별전)·伏魔殿(복마전)·佛殿(불전)·神殿(신전)·御殿(어전)·正殿(정전)·便殿(편전)

9 ⑬ 〔毀〕** 2578 훼: 上紙 huǐ, キ

소전 毀 행서 毀 속자 毁 이름 헐 훼: 자원 형성. 毇(毇의 생략체)+殳→毀. 毇(훼)가 성부.

필순 ㇒ 亻 亻 亻 亻 臼 皇 皇 毀 毀

새김 ❶헐다. ㉠허물다. 부수다. ¶毀棄(一, 버릴 기)헐거나 깨뜨리어 버림. ㉡다치다. 또는 다치게 하다. ¶毀傷(一, 다칠 상)다쳐서 상하게 함. ❷헐뜯다. 비방하다. ¶毀譽(一, 기릴 예)헐뜯음과 기림. 비방과 칭찬.
〔毀壞〕(훼괴) ①무너짐. ②헐어서 무너뜨림.
〔毀慕〕(훼모) 죽은 어버이를 몸이 상하도록 사모함.
〔毀謗〕(훼방) ①헐뜯고 비방함. ②남의 일을 방해함.
〔毀損〕(훼손) ①체면이나 명예를 손상함. ②헐거나 깨뜨려 못 쓰게 함.
〔毀節〕(훼절) 절개나 절조를 깨뜨림.
〔毀瘠〕(훼척) 지나치게 슬퍼하여 몸이 수척해짐.
▷誹毀(비훼)·破毀(파훼)

9 ⑬ 〔毁〕* 2579 훼: 毀(2578)의 속자

11 ⑮ 〔毆〕* 2580 구 本우: 上有 ōu, オウ

소전 毆 행서 毆 약자·간화 殴 이름 칠 구 자원 형성. 區+殳→毆. 歐(구)·嘔(구)와 같이 區(구)가 성부.

새김 치다. 때리다. ¶毆打(一, 칠 타)사람이나 짐승을 때림.
〔毆撻〕(구달) 때림. 매질함.
〔毆罵〕(구매) 때리고 욕함.
〔毆殺〕(구살) 때려 죽임. 박살(搏殺).

11 ⑮ 〔毅〕* 의 本의: 去未 yī, ギ
2581

소전 행서 이름 굳셀 의 자원 형성. 豙〔豪의 변형〕+殳→毅. 豙(의)가 성부.
새김 굳세다. 의지가 굳세다. 결단력이 있다. ¶毅然(一, 그러할 연) 의지가 굳세어서 사물이나 환경에 흔들리지 아니함. 예—한 態度.
▷剛毅(강의)·弘毅(홍의)

4획 부수 毋 部

▷명칭:말무
▷쓰임:의부로서의 기능은 없고, 자형상의 분류를 위해 설정한 부수이다.

0 ④ 〔毋〕* 무 平虞 wú, ブ
2582

소전 행서 이름 말 무 자원 회의. 㚢〔女의 변형〕+一→毋. 一은 문빗장. 여자가 빗장을 걸어놓고, 자기를 범하려는 자에게 들어오지 말라고 한다는 뜻.
새김 말라. ~하지 말라. 금지의 뜻을 나타낸다. ¶毋友(一, 벗할 우)벗하지 말라. 예—不如己者.
〔毋論〕(무론) 말할 필요도 없음.

1 ⑤ 〔母〕*** 모: 本무: 上有 mǔ, ボ
2583

소전 행서 이름 어미 모: 자원 상형. 두 젖통을 달고 있는 여자의 모양. 그래서 '어머니'를 뜻한다.

필순 ㄴ 𠃋 𠃋 𠂚 母

새김 ❶어미. 어머니. 父(3132)의 대. ¶母女(一, 딸 녀)어머니와 딸. ❷근원. 출신지. ¶母校(一, 학교 교)자기가 졸업한 학교.
〔母系〕(모계) ①어머니 쪽의 혈통. ②모녀(母女)로 이어지는 계통.
〔母國〕(모국) 자기가 출생한 나라. 조국(祖國).
〔母堂〕(모당) 남의 어머니에 대한 존칭. 훤당(萱堂).
〔母船〕(모선) 원양 어업 등에서, 딸린 작은 배들의 기지의 구실을 하는 큰 배.
〔母性〕(모성) 어머니로서 자식을 사랑하고 보호하는 본능.
〔母乳〕(모유) 어머니의 젖.
〔母子〕(모자) 어머니와 아들.
〔母體〕(모체) ①어머니의 몸. ②무엇이 딸려 있거나 생겨나거나 하는 기본의 본체.
〔母親〕(모친) 어머니.
〔母胎〕(모태) ①어미의 태. ②사물의 발생·발전의 근거가 되는 토대.
〔母艦〕(모함) 딸린 작은 배나 비행기들의 기지의 구실을 하는 배. 예航空—.
▷家母(가모)·繼母(계모)·姑母(고모)·國母(국모)·老母(노모)·生母(생모)·叔母(숙모)·媤母(시모)·乳母(유모)·慈母(자모)·祖母(조모)·親母(친모)·賢母(현모)

3 ⑦ 〔每〕*** 매: 上賄 měi, マイ
2584

소전 행서 이름 매양 매: 자원 형성. 𠂉+母→每. 母(모)의 변음이 성부.

필순 ノ 𠂉 𠂉 𠂉 𠂉 𠂉 每

새김 매양. ~마다. 언제나. ¶每日(一, 날 일)날마다. 예— 아침.
〔每番〕(매번) 어떤 일이 있을 때마다.
〔每事〕(매사) 일마다. 일이 있을 때마다.
〔每朔〕(매삭) 달마다. 다달이. 매월(每月).
〔每樣〕(매양) 항상 그 모양으로.

4 ⑧ 〔毒〕** 독 入沃 dú, ドク
2585

소전 행서 속자 毒 이름 독 독 자원 회의. 主〔生의 변형〕+毋→毒. 삶을 방해하는 것을 뜻한다.

필순 一 = 丰 丰 𡗗 责 毒 毒

새김 ❶독. 목숨이나 건강을 해치는 것. ¶毒藥(一, 약 약)소량으로도 목숨을 해치는 약. ❷독하다. 모질고 매섭다. ¶毒婦(一, 여자 부)독한 여자. 모질고 사나운 여자.
〔毒氣〕(독기) ①사납고 모진 기운. ②독의 성분이나 기운.
〔毒蛇〕(독사) 물 때에 이빨에서 독을 내쏘는 뱀. 또는 살무사. 예—에게 물리다.
〔毒殺〕(독살) 독약으로 죽임.
〔毒舌〕(독설) 독살스러운 말이나 욕설.
〔毒素〕(독소) ①해독(害毒)이 되는 성분이나 물질. ②해롭거나 나쁜 요소.
〔毒酒〕(독주) ①독약을 탄 술. ②몹시 독한 술.
〔毒草〕(독초) ①독이 있는 풀. ②몹시 독한 담배.
〔毒血〕(독혈) 독이 있는 나쁜피.

▷路毒(노독)·丹毒(단독)·梅毒(매독)·防毒(방독)·消毒(소독)·旅毒(여독)·有毒(유독)·解毒(해독)·害毒(해독)·酷毒(혹독)

5 ⑨ 〖毒〗 독 毒(2585)의 속자
2586

10 ⑭ 〖毓〗* 육 育(4266)의 고자
2587

4획 부수 比 部

▷명칭:견줄비
▷쓰임:의부로서의 기능은 없고, 자형상의 분류를 위하여 설정한 부수이다.

0 ④ 〖比〗*** ㊀비: 上紙 bǐ, ヒ ㊁비: 去寘 bì, ヒ
2588

소전 행서 이름 ㊀견줄 비: ㊁나란히할 비: 자원 회의. 匕〔오른쪽을 향하고 있는 人〕+匕→比. 두 사람이 나란히 서 있음을 뜻한다.

필순 ㇐ ⺊ 比 比

새김 ㊀견주다. ¶比較(—, 견줄 교)둘 이상의 사물을 서로 견주어 봄. ㉠—的 쉬운 일. ㊁나란히 하다. 나란히 늘어서다. ¶比肩(—, 어깨 견)어깨를 서로 나란히 함. 서로 동등한 능력이 있음의 비유. ㉠先進國에 —하다.
〔比丘〕(비구) (佛) 범어(梵語) Bhiksu의 음역. 불교에 귀의하여 구족계(具足戒)를 받은 남자 중.
〔比年〕(비년) ①해마다. 매년. ②근년(近年).
〔比等〕(비등) 비교해 보아 서로 비슷함.
〔比例〕(비례) ①두 수(數)나 양(量)의 비가 다른 두 수나 양의 비와 같게 됨. 또는 그런 관계. ②예를 들어 비교함.
〔比隣〕(비린) ①이웃 ②서로 이웃하여 삶.
〔比倫〕(비륜) 비교하여 같은 또래가 될 만함.
〔比喩〕(비유) 어떤 현상이나 사물에 대하여 그와 비슷한 성질을 가진 다른 현상·사물을 끌어대어 설명함.
〔比率〕(비율←비률) 일정한 양(量)에 대한 다른 양의 비(比).
〔比重〕(비중) 다른 사물과 비교할 때의 중요한 정도.
▷對比(대비)·無比(무비)·櫛比(즐비)

2 ⑥ 〖毕〗 필 畢(3414)의 간화자
2589

5 ⑨ 〖毗〗* 비 平支 pí, ヒ
2590

소전 행서 동자 毘 이름 도울 비 자원 형성. 田+比→毗=毘. 批(비)·庇(비)와 같이 比(비)가 성부.
새김 돕다. 보좌하다. ¶毗益(—, 이롭게할 익) 도와서 이롭게 함.
〔毗補〕(비보) 도와서 부족함을 채움. 도와서 보완함.
〔毗依〕(비의) 의지함. 의뢰함.
▷荼毗(다비)

5 ⑨ 〖毘〗* 비 毗(2590)와 동자
2591

5 ⑨ 〖毖〗* 비: 去寘 bì, ヒ
2592

소전 행서 이름 삼갈 비: 자원 형성. 比+必→毖. 秘(비)와 같이 必(필)의 변음이 성부.
새김 삼가다. 조심하다. ¶懲毖(징계할 징, —) 징계하고 삼감. ㉠柳成龍의 —錄.

6 ⑩ 〖毙〗 폐 斃(2046)의 간화자
2593

4획 부수 毛 部

▷명칭:터럭모
▷쓰임:털이나 털로 만든 물건을 뜻하는 한 자의 부수로 쓰였다.

0 ④ 〖毛〗*** 모 平豪 máo, モウ
2594

소전 행서 毛 이름 터럭 모 자원 상형. 사람이나 짐승의 몸에 나 있는 털의 모양을 본떴다.

필순 ㇒ 二 三 毛

새김 ❶터럭. 사람이나 짐승의 털. ¶毛髮(—, 터럭 발) 사람의 몸에 난 털. 특히 그 중의 머리털. ㉠—이 희끗희끗하다. ❷식물. 또는 초목이 자라다. ¶不毛(아니할 불, —)곡식이나 초목이 자라지 아니함. ㉠—地. ❸가늘다·가볍다의 비유. ¶毛細管(—, 가늘 세, 관 관)털과 같이 아주 가는 관.
〔毛骨竦然〕(모골송연) 끔찍스러운 느낌으로 몸이 으쓱하여지고 뼈가 자릿자릿함.
〔毛根〕(모근) 터럭이 피부에 박힌 부분.
〔毛織〕(모직) 짐승의 털로 짠 피륙.
〔毛布〕(모포) 담요.

〔毛皮〕(모피) 털가죽. 털이 붙는 짐승의 가죽.
〔毛筆〕(모필) 붓.
▷九牛一毛(구우일모)·純毛(순모)·羊毛(양모)·羽毛(우모)·脫毛(탈모)·鴻毛(홍모)·黃毛(황모)

5 ⑨ 〔毡〕 2595 전 氈(2598)의 속자·간화자

7 ⑪ 〔毬〕* 2596 구 平尤 qiú, キュウ

소전 행서 이름 공 구 자원 형성. 毛+求→毬. 球(구)·救(구)와 같이 求(구)가 성부.
새김 공. 구(球). ¶擊毬(칠 격, ―)공을 침. 고대에 무예의 연습이나 운동의 한 가지로, 말을 타고 하던 놀이의 한 가지.
〔毬果〕(구과) 솔방울·잣송이 따위.
〔毬場〕(구장) 격구(擊毬)를 하던 넓은 마당.
▷毛毬(모구)·打毬(타구)

7 ⑪ 〔毫〕** 2597 호 平豪 háo, ゴウ

행서 이름 털 호 자원 형성. 亠〔豪의 생략체〕+毛→毫. 亠(호)가 성부.
필순
새김 ❶털. 가는 털. ¶毫末(―, 끝 말)털끝. 매우 미세함의 비유. ❷붓. 모필. ¶揮毫(휘두를 휘, ―)붓을 휘두름. 붓글씨를 쓰거나 그림을 그림의 형용. 예―料.
〔毫端〕(호단) 붓끝. 필단(筆端).
〔毫釐〕(호리) 극히 적은 분량.
〔毫末〕(호말) 털끝. 「금도. 예―不動.
〔毫髮〕(호발) 가느다란 털. 인신하여, 아주 조
▷秋毫(추호)

13 ⑰ 〔氈〕* 2598 전 平先 zhān, セン

소전 행서 속자 간화 毡 이름 요 전 자원 형성. 亶+毛→氈. 亶에는 '단' 외에 '전' 음도 있어, 亶(전)이 성부.
새김 요. 짐승의 털로 짠 요. ¶毛氈(털 모, ―)짐승의 털로 짠 요.
〔氈帽〕(전모) 모직으로 만든 모자.
▷靑氈(청전)

4 획 부수 氏 部

▷명칭: 성씨
▷쓰임: 의부로서의 기능은 없고, 자형상의 분류를 위하여 설정한 부수이다.

0 ④ 〔氏〕*** 2599 ㊀씨 本시: 上紙 shì, シ ㊁지 平支 zhī, シ

소전 행서 이름 ㊀성 씨 ㊁월지 지 자원 상형. 잔치 때 고기를 써는, 자루가 달린 칼의 모양. 잔치에 모이는 사람은 같은 씨족이기에 '성'이란 뜻을 나타낸다.
필순
새김 ㊀❶성(姓). 같은 성 중에서 다시 갈라진 혈통의 갈래. ¶氏族(―, 겨레 족)같은 조상의 혈통을 이은 사람들의 집단. 예―社會. ❷호칭. ㉠전설적 이름이나 나라 이름에 붙였던 칭호. 예陶唐氏. ㉡사람의 성이나 이름 밑에 붙이는 높임말. 예安東金氏. 李○○氏. ㉢그 사람. 대명사적으로 쓰이는 호칭 밑에 붙이는 높임말. ¶伯氏(맏 백, ―)남의 맏형을 높여 이르는 말. ㊁월지(月氏). 한(漢) 때 서역(西域)에 있었던 나라 이름.
〔氏名〕(씨명) 성명(姓名).
▷季氏(계씨)·無名氏(무명씨)·伏羲氏(복희씨)·姓氏(성씨)·叔氏(숙씨)·仲氏(중씨)

1 ⑤ 〔民〕*** 2600 민 平眞 mín, ミン

소전 행서 이름 백성 민 자원 상형. 사람의 한쪽 눈을 바늘로 찌른 모양. 그래서 지배를 받는 사람, 곧 백성을 뜻한다.
필순
새김 백성. 사람. 인류. ¶民心(―, 마음 심) 국민의 마음. 인민의 마음.
〔民家〕(민가) 일반 백성이 사는 집.
〔民間〕(민간) 백성의 사회.
〔民度〕(민도) 백성의 문화 생활의 수준.
〔民泊〕(민박) 민가에 숙박함.
〔民放〕(민방) 민간방송(民間放送)의 준말. 민간의 자본으로 설립하여, 광고 수입으로 경영하는 방송 사업.
〔民法〕(민법) 개인의 신분·재산·상속 등에 대한 권리·의무를 규정한 법률. 대刑法(형법).
〔民事〕(민사) 법률로 정해져 있는 개인의 신분·재산에 관한 일. 예―訴訟.
〔民生〕(민생) 국민의 생계.
〔民選〕(민선) 국민이 가려 뽑음. 예―市長.
〔民俗〕(민속) 민간의 풍속이나 생활 풍습.
〔民需〕(민수) 일반 민간에서 필요한 것.

[民謠](민요) 일반 민간의 생활 속에서 만들어져, 오랜 옛날부터 전해져 온 노래.
[民願](민원) 국민의 소원이나 청원.
[民意](민의) 일반 백성들의 생각이나 의사.
[民族](민족) 인종의 기원을 같이하고, 언어·문화·역사 등의 공통성에 의하여 이루어진 사람들의 집단.
[民主主義](민주주의) 주권의 주체인 국민의 권리와 자유를 정치상의 기본으로 삼아 국민의 뜻에 따라서 정치를 행하는 주의.
[民衆](민중) 다수의 일반 국민.
[民草](민초) 일반 국민.
[民弊](민폐) 민간에 끼치는 폐해.
▷僑民(교민)·國民(국민)·農民(농민)·庶民(서민)·良民(양민)·遺民(유민)·移民(이민)·人民(인민)·賤民(천민)·訓民(훈민)

4 ⑧ [氓]* 맹 平庚 | méng, ボウ
2601

소전 氓 행서 氓 이름 백성 맹 자원 형성. 亡+民→氓. 亡(망)의 변음이 성부.
새김 백성. 특히 다른 나라에서 이주해 온 백성. ¶蒼氓(성할 창, ―)수많은 백성.

4 획 부수	气 部

▷명칭:기운기
▷쓰임:천지 사이에 충만해 있는 온갖 현상이나 기에 관한 한자의 부수로 쓰였으나, 氣와 같이 성부로도 쓰였다.

0 ④ [气] 기 本기: 去未 | qì, キ
2602

행서 气 이름 운기 기 자원 상형. 뭉게뭉게 피어오르는 구름의 모양을 본떴다.
새김 ❶운기(雲氣). 뭉게뭉게 피어오르는 구름의 기운. ❷氣(2604)의 고자.간화자.

2 ⑥ [気] 기 氣(2604)의 약자
2603

6 ⑩ [氣]*** 기 本기: 去未 | qì, キ
2604

소전 氣 행서 氣 고간 자화 气 약자 気 이름 기운 기 자원 형성. 气+米→氣. 汽(기)와 같이 气(기)가 성부.

필순 ノ ㇐ ㇐ 气 气 气 氕 氣 氣 氣

새김 ❶기운. 눈으로 볼 수 없는, 생물의 살아 움직이는 힘. ¶氣力(―, 힘 력)사람이 몸으로 활동할 수 있는 힘. 예―이 정정하다. ❷숨. 호흡. 숨쉬는 일. ¶氣管(―, 관 관)숨쉴 때에 공기가 통하는 호흡기의 일부. 예―支炎. ❸천지간의 자연 현상. ¶氣象(―, 현상 상)맑고 흐림, 춥고 더움, 바람의 세고 여림 등의 현상. 예―觀測. ❹공기. 대기. 또는 수증기. ¶氣壓(―, 누를 압)대기의 압력. 예―計. ❺타고난 성질. ¶氣質(―, 성질 질)사람의 타고난 성질.
[氣概](기개) 씩씩한 기상과 꿋꿋한 의지.
[氣球](기구) 공중에 떠 있도록 공기보다 가벼운 기체를 넣어 만든 장치.
[氣流](기류) 대기의 흐름. 예上昇―.
[氣脈](기맥) ①기운과 피. ②낌새나 분위기.
[氣魄](기백) 씩씩한 기상과 진취성이 있는 정신.
[氣分](기분) 감각에 따라 생기는 단순한 감정.
[氣色](기색) ①얼굴에 나타난 감정의 변화. ②모양. 상태.
[氣勢](기세) 기운차게 내뻗는 형세.
[氣息](기식) 숨기운. 예―奄奄.
[氣焰](기염) 호기스러운 기세. 예―을 토하다.
[氣銳](기예) 기세가 예민함. 예新進―.
[氣溫](기온) 대지의 온도. 예높은 ―.
[氣宇](기우) 기개와 도량(度量).
[氣運](기운) 형세가 어떤 방향으로 기울어지려는 움직임.
[氣絶](기절) ①숨이 끊어짐. ②한때 정신을 잃음.
[氣體](기체) 공기 따위처럼 일정한 형상이나 부피가 없는 물체.
[氣風](기풍) 한 집단이나 일정한 지역 사람들의 공통된 기질.
[氣候](기후) 일정한 지역의 평균적인 기상상태.
▷脚氣(각기)·感氣(감기)·空氣(공기)·怒氣(노기)·大氣(대기)·毒氣(독기)·同氣(동기)·瑞氣(서기)·心氣(심기)·傲氣(오기)·勇氣(용기)·元氣(원기)·意氣(의기)·人氣(인기)·日氣(일기)·才氣(재기)·節氣(절기)·天氣(천기)·聰氣(총기)·血氣(혈기)·浩然之氣(호연지기)·活氣(활기)

4 획 부수	水(氵·氺)部

▷명칭:물수. 삼수변
▷쓰임:내나 강의 이름, 물의 상태나 물과 상관되는 일 등의 뜻을 나타내는 한자의 부수로 쓰였다.

0 ④ [水]*** 수 本수: 上紙 | shuǐ, スイ
2605

소전 巛 행서 水 이름 물 수 자원 상형. 물이 갈래를 지으며 흘러가는 모양.

필순 亅 刁 刀 水

새김 ❶물. 산소와 수소의 화합물. 인신하여, 액체. 火(3001)의 대. ¶溫水(따뜻할 온, ―)따뜻하거나 더운 물. ❷내. 강. 또는 냇물. 강물. 홍수. ¶山水(산 산, ―)산과 강. 곧 자연의 산과 내. ❸수. 오행(五行)인 水·木·火·土·金의 하나. 방위로는 북, 계절로는 겨울, 십간(十干)으로는 임(壬)·계(癸)에 배당된다.

〔水道〕(수도) ①음료수나 공업용수 등을 관을 통하여 보내는 시설. 예―事業. ②상수도의 물을 길을 수 있게 장치한 시설. 예―꼭지.
〔水力〕(수력) 물의 힘. 예―發電.
〔水路〕(수로) ①물이 흐르는 길. ②배가 다니는 길. 「육로(陸路).
〔水陸〕(수륙) ①물과 육지. ②수로(水路)와
〔水利〕(수리) ①물을 이용하여 얻게 되는 편리. ②관계 용수나 식수 등의 공급을 편리하게 하는 일. 「이르는 말.
〔水魔〕(수마) 수해(水害)를 악마에 비유하여
〔水脈〕(수맥) 지하를 흐르는 물줄기.
〔水沒〕(수몰) 물속에 잠김.
〔水墨〕(수묵) 묵화(墨畫)를 그리는 데 쓰는 빛이 엷은 먹물.
〔水門〕(수문) 저수지나 댐 등에 시설한, 수량을 조절하는 물문. 예―을 열다.
〔水産物〕(수산물) 내·바다·호수 등에서 나는 모든 생산물.
〔水星〕(수성) 9대 행성의 하나. 행성 중에서 가장 작고 태양에 가장 가까운 별.
〔水洗〕(수세) 물로 씻음. 예―式 便所.
〔水勢〕(수세) 물이 흘러내리는 힘이나 형세.
〔水素〕(수소) 무색·무미·무취의 기체이며 아주 가벼움. 「의 한가운데.
〔水心〕(수심) ①수면의 중심. ②내·호수 따위
〔水深〕(수심) 물의 깊이.
〔水壓〕(수압) 물의 압력.
〔水魚之交〕(수어지교) 물고기가 물이 없으면 살 수 없는 것과 같은 사귐이란 뜻으로, 떨어질 수 없는 특별히 친근한 사이를 이르는 말.
〔水域〕(수역) 바다나 수면의, 어떤 정해진 구
〔水泳〕(수영) 헤엄. 유영(游泳). ⌊역.
〔水運〕(수운) 배로서 사람이나 물건을 나르는
〔水源〕(수원) 물이 흘러오는 근원. ⌊일.
〔水位〕(수위) 수면(水面)의 높이.
〔水葬〕(수장) 시체를 물 속에 던져 장사지냄.
〔水災〕(수재) 큰물로 인한 재난. 수화(水禍).
〔水族館〕(수족관) 물 속에 사는 동물을 모아 기르며 그를 여러 사람에게 구경시키는 곳.
〔水準〕(수준) 물건이나 일의 일정한 표준.
〔水蒸氣〕(수증기) 기체 상태에 있는 물.
〔水質〕(수질) 물의 성분이나 품질. 예―檢査.
〔水平〕(수평) 기울지 않고 평면을 이룬 상태.
〔水平線〕(수평선) ①정지한 수면에 평행하는 직선. ②바다와 하늘이 맞닿아 보이는 경계선. 「이 되는 것의 비유.
〔水泡〕(수포) ①물거품. ②공들인 일이 헛되
〔水害〕(수해) 홍수로 말미암은 재해.
〔水火〕(수화) ①물과 불. 일상 생활에 없어서는 안 될 중요한 물건의 비유. ②양립(兩立)할 수 없는 형세의 비유. 빙탄(氷炭).

▷鏡水(경수)·曲水(곡수)·冷水(냉수)·淡水(담수)·潭水(담수)·防水(방수)·排水(배수)·噴水(분수)·流水(유수)·淨水(정수)·井華水(정화수)·潮水(조수)·治水(치수)·濁水(탁수)·風水(풍수)·河水(하수)·海水(해수)·湖水(호수)·洪水(홍수)

1 ⑤ 〔氷〕*** 빙 平蒸 | bīng, ヒョウ
2606

행서 氷 본자 冰 이름 얼음 빙 자원 회의. 冫+水→冰→氷. 冫은 물이 얼어붙다. 곧 얼어붙은 물이란 뜻.

필순 亅 刁 氵 氺 氷

새김 ❶얼음. 물이 얼어붙은 고체. ¶氷山(―, 산 산)얼음산. 예―의 一角. ❷얼다. ¶氷點(―, 점 점)얼음이 얼기 시작하거나, 얼음이 녹기 시작할 때의 온도. 곧 섭씨 0도.

〔氷結〕(빙결) 얼음이 얼어 붙음.
〔氷壁〕(빙벽) 눈이나 얼음으로 덮인 낭떠러지.
〔氷雪〕(빙설) ①얼음과 눈. ②마음이 맑고 지조가 굳고 깨끗함의 비유.
〔氷炭不相容〕(빙탄 불상용) 얼음과 숯불은 서로 용납하지 못함. 서로 용납되거나 화합하기 어려움의 비유.
〔氷板〕(빙판) 얼음판.
〔氷河〕(빙하) 극 지대나 높은 산에서 눈이 쌓여 얼음으로 된 것이 강과 같이 흐르는 것.

▷結氷(결빙)·薄氷(박빙)·履氷(이빙)·製氷(제빙)·採氷(채빙)·解氷(해빙)

1 ⑤ 〔永〕*** 영: 上 | yǒng, エイ
2607

소전 𣶒 행서 永 이름 길 영: 자원 상형. 물의 흐름이 길게 뻗어 있는 모양.

필순 丶 亅 刁 ㇇ 永

새김 길다. 시간의 흐름이 길다. 또는 길이. 오래도록. ¶永遠(―, 멀 원)앞으로의 시간이 한없이 오래 이어짐. 예―無窮.

〔永劫〕(영겁) (佛)아주 긴 세월. 영원한 세월.

〔永訣〕(영결) 영원히 이별함.
〔永久〕(영구) 길고 오램. ㉕—不滅.
〔永眠〕(영면) 영원히 잠듦. 곧 죽음.
〔永世〕(영세) 끝없는 세월. 영원한 세월.
〔永永〕(영영) 언제까지나. 아주 오래도록.
〔永住〕(영주) 일정한 곳에 언제까지나 오랫동안 삶. ㉕—權.

2 ⑦ 〔求〕*** 구 平尤 | qiú, キュウ
2608

행서 求 이름 구할 구 자원 상형. 털이 있는 짐승의 가죽 모양으로, 갖옷을 만드는 감. 살아나가기 위해 사람은 의식주(衣食住)를 구하기에 '구하다'의 뜻을 나타낸다.

필순 一 𠂇 寸 才 求 求 求

새김 ❶구하다. ㉠찾다. ¶求人(一, 사람 인)채용할 사람을 찾음. ㉕—廣告. ㉡바라다. 청하다. ¶求愛(一, 사랑 애)이성에 대하여 자기를 사랑해 달라고 청함. ❷모으다. 또는 모이다. ¶求心(一, 중심 심)회전하는 물체가 중심을 향하여 쏠리는 일. ㉕—力.
〔求乞〕(구걸) 남에게 돈·곡식·물건 따위를 거저 달라고 청함.
〔求道〕(구도) ①진리를 찾음. ②(佛)불법(佛法)의 정도를 찾아 수행함.
〔求職〕(구직) 직업이나 직장을 구함.
〔求刑〕(구형) 형벌을 주기를 요구함.
〔求婚〕(구혼) ①혼처(婚處)를 구함. ②결혼해 주기를 청함.
▷渴求(갈구)·要求(요구)·欲求(욕구)·請求(청구)·追求(추구)·探求(탐구)

2 ⑤ 〔氾〕* 범: 去陷 | fàn, ハン
2609

소전 𣲖 행서 氾 이름 넘칠 범: 자원 형성. 氵+㔾→氾. 㔾(범)이 성부.
새김 넘치다. 물이 넘쳐 흐르다. ¶氾濫(一, 넘칠 람) ㉮물이 넘쳐 흐름. ㉕洪水의 —. ㉯세상에 수많은 물건이 쏟아져 나와 돌아다님. ㉕가짜 醫藥品의 —.
〔氾論〕(범론) 널리 개괄하여 설명한 이론.

2 ⑤ 〔汀〕* 정 平青 | tīng, テイ
2610

소전 𣲗 행서 汀 이름 물가 정 자원 형성. 氵+丁→汀. 訂(정)·頂(정)·亭(정)과 같이 丁(정)이 성부.
새김 물가. 강기슭. ¶汀沙(一, 모래 사)물가의 모래.
〔汀線〕(정선) 바다와 해안이 맞닿는 선.
〔汀洲〕(정주) 얕은 내 가운데 토사(土沙)가 쌓여 드러난 곳.

2 ⑤ 〔汁〕* 즙 入緝 | zhī, ジュウ
2611

소전 汁 행서 汁 이름 즙 즙 자원 형성. 氵+十→汁. 十(십)의 변음이 성부.
새김 ❶즙. 물체에서 짜낸 액체. ¶果汁(과실 과, 一)과실에서 짜낸 즙. ❷물처럼 생긴 물건. ¶墨汁(묵 묵, 一) ㉮먹즙. 먹물. ㉯고락. 낙지 뱃속의 검은 물. ❸국물. 먹는 국물. ¶羹汁(국 갱, 一)국의 국물.
〔汁液〕(즙액) 즙. 즙물.
〔汁滓〕(즙재) 즙을 짜낸 찌끼.
▷膽汁(담즙)·乳汁(유즙)·肉汁(육즙)

2 ⑤ 〔汉〕 한 漢(2913)의 간화자
2612

2 ⑤ 〔汇〕 회: 匯(0563)의 간화자
2613

3 ⑥ 〔江〕*** 강 平江 | jiāng, コウ
2614

소전 江 행서 江 이름 강 강 자원 형성. 氵+工→江. 杠(강)·缸(강)과 같이 工(공)의 변음이 성부.

필순 丶 冫 氵 氵 汀 江

새김 ❶강. 내의 큰 것. ¶江村(一, 마을 촌)강가에 있는 마을. ❷양자강(揚子江)의 준말. ¶江南(一, 남녘 남)중국 양자강의 남쪽 땅.
〔江山〕(강산) ①강과 산. ②국토(國土). ㉕三千里 —.
〔江心〕(강심) 강의 한복판.
〔江河〕(강하) ①양자강(揚子江)과 황하(黃河). ②큰 강.
〔江湖〕(강호) ①강과 호수. ②은사(隱士)가 사는 곳.
▷大江(대강)·渡江(도강)·長江(장강)

3 ⑥ 〔汎〕* 범: 去陷 | fàn, ハン
2615

소전 𣲜 행서 汎 이름 넓을 범: 자원 형성. 氵+凡→汎. 帆(범)·梵(범)과 같이 凡(범)이 성부.
새김 넓다. 또는 널리. 골고루. ¶汎愛(一, 사랑 애) 모든 사람을 차별을 두지 아니하고 널리 골고루 사랑함.
〔汎濫〕(범람) ①물이 넘쳐 흐름. ②넘쳐 흐르듯 막 쏟아져 나와 뒤덮임.
〔汎論〕(범론) 널리 개괄하여 설명한 이론.

〔汎稱〕(범칭) 넓은 범위로 두루 일컫는 이름.

3 ⑥ 〔汕〕* 산: 去 諫 | shàn, サン
2616

소전 행서 이름 오구 산: 자원 형성. 氵+山→汕. 疝(산)과 같이 山(산)이 성부.
새김 오구. 물고기를 잡는 그물의 한 가지.

3 ⑥ 〔汐〕* 석 入 陌 | xī, セキ
2617

행서 이름 조수 석 자원 형성. 氵+夕→汐. 夕(석)이 성부.
새김 조수. 저녁에 밀려드는 조수. ¶潮汐(조수 조, —)밀물과 썰물이 일어나는 현상. 또는 밀물과 썰물. 예西海岸에서의 —의 差.
〔汐水〕(석수)저녁때 밀려왔다가 밀려나가는 바닷물.

3 ⑥ 〔汝〕*** 여: 上 語 | rŭ, ジョ
2618

소전 행서 이름 너 여: 자원 형성. 氵+女→汝. 女에는 '녀' 외에 '여' 음도 있어, 如(여)와 같이 女(여)가 성부.
필순 丶 冫 氵 汄 汝 汝
새김 너. 동료간이나 손아랫사람에 대한 이인칭 대명사. ¶汝等(—, 무리 등) 너희들.
〔汝輩〕(여배) 너희들. 여등(汝等).
〔汝墻折角〕(여장절각) 너의 담이 내 소의 뿔을 부려뜨렸다는 뜻으로, 자기 잘못으로 입은 손해를 공연히 남에게 덮어씌우려고 억지 쓰며 트집잡음을 이르는 말.
〔汝曹〕(여조) 너희들. 당신들.

3 ⑥ 〔汚〕** 오 平 虞 | wū, オ
2619

소전 행서 동자 汙 이름 더러울 오 자원 형성. 氵+亏〔于의 변형〕→汙→汚. 于(우)의 변음이 성부.
필순 丶 冫 氵 氵 汻 汚
새김 ❶더럽다. ¶汚物(—, 물건 물) 지저분하고 더러운 물건. 예—을 버리다. ❷더럽히다. 또는 더러워지다. ¶汚名(—, 이름 명) 더러워진 이름. 예—을 씻다.
〔汚吏〕(오리) 청렴하지 못하고 재물을 탐내는 벼슬아치. 예貪官—.
〔汚染〕(오염) 더럽혀짐. 또는 더럽게 물듦.
〔汚穢〕(오예) 더럽고 불결함.
〔汚辱〕(오욕) ①더럽히고 욕되게 함. ②수치.
〔汚點〕(오점) ①더러운 점. ②명예를 더럽히는 결점.
〔汚池〕(오지) ①물이 깨끗하지 못한 못. ②검버섯.
〔汚濁〕(오탁) 더럽고 혼탁함.
▷濁汚(탁오)·貪汚(탐오)

3 ⑥ 〔汙〕 오 汚(2619)와 동자
2620

3 ⑥ 〔池〕** 지 平 支 | chí, チ
2621

소전 행서 이름 못 지 자원 형성. 氵+也→池. 地(지)와 같이 也(야)의 변음이 성부.
필순 丶 冫 氵 氵 汋 池
새김 ❶못. 물이 괴어 있는 곳. ¶貯水池(담을 저, 물 수, —)식수·공업·농업·발전 등을 위하여 물을 담아 두는 못. ❷해자. 성 주위에 파놓은 못. ¶金城湯池(쇠 금, 성 성, 끓는물 탕, —)쇠의 성과 끓는 물의 해자. 곧 아주 견고한 방어 시설의 비유. ❸벼루의 물을 담아두는 곳. ¶硯池(벼루 연, —)벼루에 오목하게 파서 물을 담아두는 곳.
〔池塘〕(지당) 못. 연못.
〔池魚之殃〕(지어지앙) 아무런 죄도 없이 화를 당함의 비유. 故초(楚)나라의 성문이 불탈 때, 그 옆에 있는 못의 물로 불을 껐기 때문에 못물이 말라버려 물고기가 죄다 죽었다는 고사.
▷城池(성지)·蓮池(연지)·汚池(오지)·電池(전지)·咸池(함지)

3 ⑥ 〔汤〕 탕 湯(2581)의 간화자
2622

3 ⑥ 〔汗〕** ㊀한: 去 翰 | hàn, カン ㊁한 平 寒 | hān, カン
2623

소전 행서 이름 ㊀땀 한: ㊁추장 한 자원 형성. 氵+干→汗. 干에는 '간' 외에 '한' 음도 있어, 旱(한)·罕(한)과 같이 干(한)이 성부.
필순 丶 冫 氵 氵 汗 汗
새김 ㊀땀. 또는 땀을 흘리다. ¶汗牛充棟(—, 소 우, 채울 충, 마룻대 동)소를 땀 흘리게 하고 마룻대를 채움. 곧 짐으로 실으면 무거워서 소가 땀을 흘리고, 집 안에 쌓으면 마룻대에까지 찬다는 뜻으로, 책이 썩 많음의 형용. ㊁추장. 몽고(蒙古)·돌궐(突厥)·회흘(回紇) 등 만족의 추장. 예成吉思汗(성길사한) 징기스칸.
〔汗馬之勞〕(한마지로) 전공(戰功).

〔汗衫〕(한삼) ①속적삼. ②두루마기·창옷·여자들의 저고리 따위의 두 소맷부리에, 손을 감추기 위해 흰 헝겊으로 길게 덧대는 소매.
〔汗腺〕(한선) 땀샘.
〔汗蒸〕(한증) 높은 온도로 몸을 덥혀, 땀을 내어 병을 다스리는 일. ㉠—幕.
〔汗血〕(한혈) ①땀과 피. ②피와 땀을 흘림. 몹시 노력함의 형용.
▷發汗(발한)·流汗(유한)

3 ⑦ 〔汞〕* 2624 홍: 上董 | gǒng, コウ

행서 이름 수은 홍: 자원 형성. 工+水→汞. 紅(홍)과 같이 工(공)의 변음이 성부.
새김 수은. 금속 원소의 이름. ㉠昇汞水(승홍수).

4 ⑦ 〔決〕*** 2625 결 入屑 | jué, ケツ

소전 행서 이름 정할 결 자원 형성. 氵+夬→決. 缺(결)·訣(결)과 같이 夬(결)이 성부.

필순 丶 冫 氵 汀 汀 沪 決

새김 ❶정하다. ㉠결정하다. 나아갈 방향이나 취할 태도를 정하다. ¶決心(—, 마음 심) 할 행동에 대하여 마음을 결정함. 또는 그 마음. ㉡각오하다. ¶決死(—, 죽을 사) 죽음을 각오함. ㉠—反對. ❷트우다. 물길을 트우다. 또는 터져 무너지다. ¶決潰(—, 무너질 궤)둑이나 방죽 따위가 물에 밀리어 터져 무너짐. ❸터지다. 터져서 갈라지다. ¶決裂(—, 찢어질 렬) 터지고 찢어짐. (회의 같은 데서) 의견이 맞지 않아서 완전히 갈라섬. ㉠交涉—. ❹반드시. 틀림없이. 결코. ¶決然(—, 그러할 연) 결심한 바에 따라 반드시 그대로 행하겠다는 의지가 강한 모양. ㉠—한 태도.
〔決斷〕(결단) 결정적인 판단이나 단정을 내림. 또는 그 판단.
〔決算〕(결산) 일정한 기간의 경영 활동에 대한 수입과 지출을 마감한 총계산.
〔決選〕(결선) 법에서 정한 일정한 수의 표를 얻은 당선자가 없을 때, 다시 당선자를 결정하기 위하여, 후보자 중 표를 많이 받은 두 사람을 놓고 실시하는 선거. ㉠—投票.
〔決勝〕(결승) 최후의 승부를 정함.
〔決意〕(결의) 뜻을 정하여 굳게 마음을 먹음. 또는 그 먹은 마음.
〔決議〕(결의) 회의에서 어떤 문제를 토의하여 참가자 전체의 의사로써 결정함.
〔決裁〕(결재) 하급관이 내놓은 안(案)을 상관이 헤아려 승인함.
〔決定〕(결정) 결단하여 정함. 「관계를 끝냄.
〔決濟〕(결제) 처리하여 끝냄. 금전상의 거래
〔決鬪〕(결투) ①최후의 승부를 결정하는 싸움. ②서양에서 두 사람 사이에 맺힌 원한을 풀기 위하여 일정한 조건 아래 무기를 가지고 결판을 내는 싸움.
〔決行〕(결행) 결단하여 실행함. 단행함.
▷可決(가결)·旣決(기결)·對決(대결)·未決(미결)·否決(부결)·自決(자결)·專決(전결)·終決(종결)·卽決(즉결)·判決(판결)·解決(해결)

4 ⑦ 〔汩〕* 2626 골 入月 | gǔ, コツ

행서 이름 뒤덮을 골 자원 형성. 氵+曰〔曶의 생략체〕→汩. 曶(홀)의 변음이 성부.
새김 뒤덮다. 또는 뒤덮히다. ¶汩沒(—, 빠질 몰) 다른 생각을 할 여유도 없이 어떤 한 일에 파묻힘. ㉠—無暇.

4 ⑦ 〔沟〕 2627 구 溝(2858)의 간화자

4 ⑦ 〔汲〕* 2628 급 入緝 | jí, キュウ

소전 행서 이름 길을 급 자원 형성. 氵+及→汲. 級(급)·扱(급)과 같이 及(급)이 성부.
새김 ❶긷다. 물을 푸다. ¶汲水(—, 물 수)물을 길음. ㉠—功德. ❷바쁘다. 골몰하게 애쓰다. ¶汲汲(—, —)골몰하게 어떤 일에만 마음을 씀. ㉠商品輸出에 —한 企業家들.
〔汲引〕(급인) ①물을 길어 올림. ②인재(人材)를 등용함.

4 ⑦ 〔汽〕* 2629 기 本기: 去未 | qì, キ

소전 행서 이름 김 기 자원 형성. 氵+气→汽. 氣(기)와 같이 气(기)가 성부.
새김 김. 증기. ¶汽車(—, 차 차)증기의 힘으로, 선로 위를 달리는 차.
〔汽罐〕(기관) 물을 끓여 증기를 발생시키는 큰 쇠가마.
〔汽船〕(기선) 증기력으로 물 위를 달리는 배.
〔汽笛〕(기적) 기차·기선 등에서 울리는 고동.

4 ⑦ 〔沂〕* 2630 기 本의 平微 | yí, キ

소전 행서 이름 기수 기 자원 형성. 氵+斤→沂. 圻(기)와 같이 斤(근)의

변음이 성부.
새김 기수. 산동성(山東省)에 있는 강 이름.

4 ⑧ 〔沓〕* 답 入合 tà, トウ
2631

소전 행서 이름 수다스러울 답 자원 회의. 水+曰→沓. 물 흐르듯 끊임없이 말한다는 뜻을 나타낸다.
새김 ❶수다스럽다. ¶沓沓(―, ―)말이 많은 모양. ❷북적거리다. ¶雜沓(섞일 잡, ―)여럿이 뒤섞여 북적거림. ❸빨리 가다. ¶沓沓(―, ―)빨리 가는 모양.
▷紛沓(분답)

4 ⑦ 〔沌〕* 돈: 上阮 dùn, トン
2632

행서 이름 뒤섞일 돈: 자원 형성. 氵+屯→沌. 頓(돈)과 같이 屯(둔)의 변음이 성부.
새김 뒤섞이다. 우주의 만물이 각자의 형체를 나타내기 이전의 상태. ¶混沌(섞일 혼, ―) 동양 철학에서 말하는, 하늘과 땅이 나누어지기 이전의 상태. 인신하여, 뒤섞이거나 뒤엉켜 갈피를 잡을 수 없음.

4 ⑦ 〔沥〕 력 瀝(2979)의 간화자
2633

4 ⑦ 〔沦〕 륜 淪(2777)의 간화자
2634

4 ⑦ 〔沔〕* 면: 上銑 miǎn, ベン
2635

소전 행서 이름 면수 면: 자원 형성. 氵+丏→沔. 眄(면)과 같이 丏(면)이 성부.
새김 면수. 섬서성(陝西省)에 있는 강 이름.

4 ⑦ 〔沐〕* 목 入屋 mù, モク
2636

소전 행서 이름 머리감을 목 자원 형성. 氵+木→沐. 木(목)이 성부.
새김 머리를 감다. ¶沐浴(―, 몸씻을 욕) 머리를 감고 몸을 씻음. 예―湯.
〔沐雨〕(목우) 비에 흠씬 젖음.
〔沐雨櫛風〕(목우즐풍) 빗물로 머리를 감고 바람으로 빗질함. 온갖 고생을 겪으면서 동분서주함의 형용.
〔沐汗〕(목한) 땀을 많이 흘림.
〔沐猴〕(목후) 원숭이.
〔沐猴而冠〕(목후이관) 원숭이가 관을 씀. 겉모습은 사람 모양을 갖추었으나 행동은 사람답지 못한 사람을 이르는 말.

4 ⑦ 〔沒〕** 몰 入月 mò, ボツ
2637

소전 행서 속자 没 이름 빠질 몰 자원 형성. 氵+𠬛→沒. 歿(몰)과 같이 𠬛(몰)이 성부.

필순 ` ` 氵 氵 沪 沪 沒

새김 ❶빠지다. ㉠물에 빠지다. ¶沈沒(가라앉을 침, ―)물에 빠져서 가라앉음. 예배가 ―되다. ㉡무엇에 정신이 쏠리어 헤어나지 못하다. ¶沒頭(―, 머리 두)한 가지 일에 깊이 열중함. ❷숨다. 또는 없어지다. ¶出沒(나타날 출, ―)어떤 대상이나 현상이 나타났다가 없어졌다가 함. 예山賊이 ―하던 산길. ❸지다. 해나 달이 지다. ¶日沒(해 일, ―)해가 짐. 예― 시간. ❹죽다. 사람이 죽다. 歿(2554)과 통용. ¶沒年(―, 해 년)어떤 사람의 죽은 해. 예丁若鏞의 生年과 沒年. ❺없다. ¶沒人情(―, 사람 인, 뜻 정)인정머리가 없음. 예―한 사람. ❻쇠하다. 패망하다. ¶沒落(―, 떨어질 락)사회적으로나 경제적으로 쇠하여 보잘것없이 됨. 예家勢의 ―. ❼거두어 들이다. ¶沒收(―, 거둘 수)남의 소유물을 강제로 거두어들임. 예―品. ❽묻다. 또는 묻히다. ¶埋沒(묻을 매, ―)파묻음.
〔沒却〕(몰각) 완전히 없애버림.
〔沒溺〕(몰닉) 헤어날 수 없게 깊이 빠짐.
〔沒死〕(몰사) 죄다 죽음.
〔沒殺〕(몰살) 모조리 다 죽임.
〔沒世〕(몰세) 죽음. 한평생을 마침.
〔沒數〕(몰수) 어떤 수량의 전부.
〔沒廉恥〕(몰염치←몰렴치) 염치가 아주 없음.
〔沒入〕(몰입) ①한 가지 일에 깊이 빠져 듦. ②점점 가라앉아 들어감.
〔沒後〕(몰후) 사람이 죽은 뒤. 사후(死後).
▷汨沒(골몰)·病沒(병몰)·生沒(생몰)·神出鬼沒신출귀몰)·戰沒(전몰)·陷沒(함몰)

4 ⑦ 〔没〕 몰 沒(2637)의 속자
2638

4 ⑦ 〔汶〕* 문 本문: 去問 wèn, モン
2639

소전 행서 이름 문수 문 자원 형성. 氵+文→汶. 紋(문)·紊(문)·雯(문)과 같이 文(문)이 성부.
새김 문수. 산동성(山東省)에 있는 강 이름.

4 ⑦ 〔沕〕* 물 入物 wù, ブツ
2640

행서 이름 깊고은미할 물 자원 형성. 氵+勿→沕. 物(물)과 같이 勿(물)이 성부.
새김 깊고 은미하다.

4 ⑦ 〔汾〕* 분 平文 fén, フン
2641

소전 행서 이름 분하 분 자원 형성. 氵+分→汾. 粉(분)·盆(분)·芬(분)과 같이 分(분)이 성부.
새김 분하. 산서성(山西省)에 있는 강 이름.

4 ⑦ 〔沙〕** 사 平麻 shā, サ
2642

소전 행서 이름 모래 사 자원 형성. 氵+少→沙. 砂(사)·紗(사)와 같이 少(소)의 변음이 성부.

필순 丶 冫 氵 氵 沙 沙 沙

새김 ❶모래. 砂(3589)와 동자. ¶沙漠(—, 사막 막)대륙 안에 있는, 비가 적어 초목이 잘 자라지 못하는 모래 벌판. ❷일다. 물에 일어 선별하다. ¶沙汰(—, 일 태)㉮물에 일어서 필요한 것만 가려냄. ㉯산이나 높은 곳의 눈이 무너져 내리는 현상. 예눈—. ㉰國사람이나 물건이 일시에 많이 몰려듦의 비유. 예사람—.
〔沙丘〕(사구) 모래로 이루어진 언덕.
〔沙金〕(사금) 모래에 섞여 있는 황금.
〔沙器〕(사기) 백토(白土)로 구워 만든 그릇.
〔沙礫〕(사력) 자갈.
〔沙門〕(사문) 출가하여 수행하는 사람. 중.
〔沙鉢〕(사발) 國사기로 만든 주발.
〔沙上樓閣〕(사상누각) 모래 위에 지은 누각. 곧 기초가 튼튼하지 못하여 오래 견디지 못함의 비유.
〔沙洲〕(사주) 강·호수·바다에 모래나 자갈 등이 쌓여서 이루어진 넓고 평평한 땅.
▷明沙(명사)·白沙(백사)·土沙(토사)·黃沙(황사)

4 ⑦ 〔沁〕* 심: 本침: 去沁 qìn, シン
2643

소전 행서 이름 스며들 심: 자원 형성. 氵+心→沁. 芯(심)과 같이 心(심)이 성부.
새김 스며들다. 배어들다. ¶沁$_2$骨$_1$(—, 뼈 골) 뼈에 스며듦. 곧 뼈에 사무침.

4 ⑦ 〔沇〕* 연: 上銑 yǎn, エン
2644

소전 행서 이름 강이름 연: 자원 형성. 氵+允→沇. 允에는 '윤' 외에 '연' 음도 있어, 允(연)이 성부.
새김 강 이름. 하남성(河南省)에 있는 제수(濟水)의 딴이름.

4 ⑦ 〔汭〕* 예: 去霽 ruì, ゼイ
2645

소전 행서 이름 물가 예: 자원 형성. 氵+內→汭. 內에는 '내' 외에 '예' 음도 있어, 芮(예)와 같이 內(예)가 성부.
새김 물가. 강기슭.

4 ⑦ 〔沃〕* 옥 入沃 wò, ヨク
2646

행서 이름 기름질 옥 자원 형성. 氵+夭→沃. 夭에는 '요' 외에 '옥' 음도 있어, 夭(옥)이 성부.
새김 기름지다. 비옥하다. ¶沃土(—, 땅 토)기름진 땅.
〔沃畓〕(옥답) 國기름진 논. 예門前—.
〔沃野〕(옥야) 비옥한 들판. 예—千里.
▷肥沃(비옥)

4 ⑦ 〔汪〕* 왕 平陽 wāng, オウ
2647

소전 행서 이름 넓을 왕 자원 형성. 氵+王→汪. 旺(왕)·枉(왕)과 같이 王(왕)이 성부.
새김 넓다. 물이 질펀하다. ¶汪洋(—, 광대할 양)㉮바다가 가이 없이 넓음. ㉯추측하기 어렵게 광대함.
〔汪汪〕(왕왕) ①광활한 모양. ②물이 질펀하게 많은 모양.

4 ⑦ 〔沄〕* 운 平文 yún, ウン
2648

소전 행서 이름 돌아흐를 운 자원 형성. 氵+云→沄. 耘(운)·雲(운)과 같이 云(운)이 성부.
새김 돌아 흐르다. 또는 물이 빙 돌아 흐르는 모양.

4 ⑦ 〔沅〕* 원 平元 yuán, ゲン
2649

소전 행서 이름 원수 원 자원 형성. 氵+元→沅. 元(원)이 성부.
새김 원수. 귀주성(貴州省)에 있는 강 이름.

4 ⑦ 〔沚〕* 지: 上紙 zhǐ, シ
2650

소전 행서 이름 모래톱 지: 자원 형성. 氵+止→沚. 址(지)·芷(지)와 같이 止(지)가 성부.
새김 모래톱. 강 가운데의 작은 섬.

4 ⑦ 〔沧〕 창 滄(2881)의 간화자
2651

4 ⑦ 〔沖〕* 충 平東 | chōng, チュウ
2652

소전 행서 속자 이름 오를 충 자원 형성. 氵+中→沖. 忠(충)·衷(충)과 같이 中(중)의 변음이 성부.
새김 오르다. 솟구치다. 또는 도달하다. ¶沖天(—, 하늘 천)하늘 높이 솟구침.
〔沖年〕(충년) 어린 나이. 유년(幼年).
▷相沖(상충)·幼沖(유충)·和沖(화충)

4 ⑦ 〔沈〕** ㊀침 平侵 | chén, チン
㊁심: 上寢 | shěn, シン
2653

소전 행서 이름 ㊀잠길 침 ㊁성 심: 자원 형성. 氵+冘→沈. 枕(침)과 같이 冘(침)이 성부.
필순
새김 ㊀❶잠기다. 浮(2743)의 대. ㉠물에 가라앉다. ¶沈沒(—, 빠질 몰)물에 빠져서 가라앉음. 예—船. ㉡주색(酒色)에 빠지다. ¶沈醉(—, 취할 취)술에 빠져 몹시 취함. ㉢마음이 가라앉다. ¶沈着(—, 붙을 착)행동이 들뜨지 않고 찬찬함. 예—한 行動. ㉣슬픔이나 근심에 잠기다. ¶沈痛(—, 아플 통)슬픔이나 근심 등으로 마음이 괴롭고 아픔. 예—한 氣色. ❷막히다. 정체되다. ¶沈滯(—, 막힐 체)사물 현상이 나아가지 못하고 한 자리에 머묾. 예—된 분위기. ❸조용하다. 말이 없다. ¶沈默(—, 잠잠할 묵)아무 말도 하지 않고 잠잠함. 예 —을 깨뜨리다. ㊁❶성(姓). 예孝女沈淸. ❷瀋(2975)의 간화자.
〔沈降〕(침강) 가라앉음. 침하(沈下).
〔沈溺〕(침닉) ①물에 빠져 가라앉음. ②주색이나 노름 따위에 깊이 빠져 헤어나지 못함.
〔沈淪〕(침륜) ①깊이 가라앉음. ②쇠하여 보잘것없이 됨. 몰락(沒落).
〔沈眠〕(침면) 곤하여 깊이 잠듦.
〔沈思〕(침사) 깊이 생각함. 차분히 생각함.
〔沈鬱〕(침울) 근심과 걱정에 잠겨 우울함.
〔沈潛〕(침잠) ①물 속에 깊이 잠김. ②침착하여 감정을 겉으로 드러내지 않음.
〔沈沈〕(침침) ①광선이 약하여 어두컴컴함. ②눈이 어두워서 보이는 것이 흐릿함.
▷擊沈(격침)·浮沈(부침)

4 ⑦ 〔汰〕* 태 本태: 去泰 | tài, タイ
2654

행서 이름 일 태 자원 형성. 氵+太→汰. 太(태)가 성부.
새김 일다. ㉠물에 일어서 걸러내다. ¶沙汰(일 사, —)沙(2642)를 보라. ㉡불필요한 것을 제거하다. ¶淘汰(일 도, —)㉮일어서 필요하지 않은 것은 버려 없앰. ㉯환경에 대한 적응성이 약한 생물이 사라져 버리는 현상. 예自然—.
〔汰揀〕(태간) 가림. 고름.
〔汰去〕(태거) ①골라서 빼냄. ②國죄 있는 벼슬아치를 가려내어 파면함.
〔汰金〕(태금) 물에 일어 황금을 골라냄.
〔汰沙〕(태사) 일어서 쓸모없는 물건을 골라내어 버림.

4 ⑦ 〔沢〕 택 澤(2956)의 약자
2655

4 ⑦ 〔沛〕* 패: 去泰 | pèi, ハイ
2656

소전 행서 이름 늪 패: 자원 형성. 氵+市→沛. 市(불)의 변음이 성부.
새김 ❶늪. 풀이 우거진 못. ¶沛澤(—, 못 택)풀이 우거진 못. ❷비가 세차게 내리는 모양. ¶沛然(—, 그러할 연)비가 세차게 내리는 모양. ❸넘어지다. ¶顚沛(넘어질 전, —)넘어지고 자빠지고 함.

4 ⑦ 〔沆〕* 항: 上養 | hàng, コウ
2657

소전 행서 이름 넓을 항: 자원 형성. 氵+亢→沆. 抗(항)·航(항)과 같이 亢(항)이 성부.
새김 넓다. 또는 강이나 호수가 넓디넓은 모양.

5 ⑧ 〔泾〕 경 涇(2735)의 간화자
2658

5 ⑧ 〔沽〕* 고 本고: 去遇 | gū, コ
2659

소전 행서 이름 팔 고 자원 형성. 氵+古→沽. 枯(고)·苦(고)·固(고)와 같이 古(고)가 성부.
새김 ❶팔다. 물건을 팔다. 〔論語〕求善賈而沽諸(구선가 이고저) 좋은 값을 받고서 이를 팔겠느냐? ❷사다. 술을 사다. ¶沽酒(—, 술 주) 술을 삼.
〔沽賣〕(고매) 팖. 주로 술을 팖.
〔沽名〕(고명) 명예를 얻으려고 함.
〔沽販〕(고판) 사고 팖. 곧 장사함.

5 ⑧ 〔泥〕** 니 平齊 | ní, デイ
2660

소전 行서 이름 진흙 니 자원 형성. 氵+尼→泥. 尼(니)가 성부.

필순 丶 冫 氵 氵 汀 沪 泥 泥

새김 ❶진흙. ¶泥土(—, 흙 토)진흙. ❷진흙 같은 물건. ¶泥金(—, 금 금)금가루를 아교풀에 갠 것. ❸얽매이다. ¶拘泥(거리낄 구, —)어떤 일에 얽매임.
〔泥濘〕(이녕) 진흙탕. 진창.
〔泥田鬪狗〕(이전투구) 國진흙탕에서 싸우는 개. 강인한 성격을 가진 함경도(咸鏡道)사람을 평한 말.
〔泥醉〕(이취) 곤죽이 되도록 술에 취함.
▷雲泥之差(운니지차)·銀泥(은니)·塵泥(진니)

5 ⑧ 〔泸〕 로 瀘(2980)의 간화자
2661

5 ⑧ 〔泷〕 롱 瀧(2981)의 간화자
2662

5 ⑧ 〔沫〕* 말 入曷 | mò, マツ
2663

소전 행서 이름 거품 말 자원 형성. 氵+末→沫. 抹(말)·茉(말)과 같이 末(말)이 성부.
새김 ❶거품. ¶泡沫(거품 포, —)물거품. ❷물방울. 흩날리는 물보라. ¶飛沫(날 비, —)날아 흩어지는 물방울. 예—을 뿌리는 파도.

5 ⑧ 〔泯〕* 민 本민: 上軫 | mǐn, ミン
2664

소전 행서 이름 사라질 민 자원 형성. 氵+民→泯. 珉(민)·敃(민)과 같이 民(민)이 성부.
새김 사라지다. 소멸하다. ¶泯滅(—, 사라질 멸)형적이 사라져 없어짐. ❷어지러워지다. ¶泯亂(—, 어지러울 란)사회의 질서와 도덕이 어지러워짐.
〔泯亂〕(민란) 질서와 도덕을 어지럽게 함.
〔泯沒〕(민몰) 자취가 사라져 없어짐.

5 ⑧ 〔泊〕** 박 入藥 | bó, ハク
2665

행서 이름 머무를 박 자원 형성. 氵+白→泊. 拍(박)·迫(박)과 같이 白(백)의 변음이 성부.

필순 丶 冫 氵 氵 氵 泊 泊 泊

새김 ❶머무르다. ㉠배를 대다. ¶碇泊(닻내릴 정, —)배가 닻을 내리고 머무름. 예—船. ㉡묵다. 유숙하다. ¶宿泊(잘 숙, —)남의 집이나 여관에서 머무름. 예—料. ❷묵는 횟수를 세는 말. 예三泊四日의 旅行. ❸담담하다. 또는 산뜻하다. ¶淡泊(담담할 담, —)㉮욕심이 없이 담담함. 예—한 人品. ㉯음식맛이 느끼하지 않고 산뜻함. 예—한 飮食.
▷澹泊(담박)·外泊(외박)·漂泊(표박)

5 ⑧ 〔泮〕* 반: 去翰 | pàn, ハン
2666

소전 행서 이름 반궁 반: 자원 형성. 氵+半→泮. 伴(반)·畔(반)과 같이 半(반)이 성부.
새김 반궁(泮宮). 제후(諸侯)의 국학(國學). 천자의 벽옹(辟雍)에 상대하여 이르는 말.
〔泮蛙〕(반와) 國성균관 개구리. 자나깨나 글만 읽는 사람을 놓으로 일컫는 말.
〔泮儒〕(반유) 國성균관에서 기숙하면서 공부하는 유생.

5 ⑧ 〔泼〕 발 潑(2925)의 간화자
2667

5 ⑧ 〔泛〕* 범: 去陷 | fàn, ハン
2668

소전 행서 이름 뜰 범: 자원 형성. 氵+乏→泛. 乏(핍)의 변음이 성부.
새김 ❶뜨다. 물 위에 뜨다. 또는 띄우다. ¶泛₂舟₁(—, 배 주) 배를 물에 띄움. ❷넘치다. 물이 넘치다. 氾(2609)·汎(2615)과 통용. ¶泛溢(—, 넘칠 일) 물이 넘쳐 흐름. ❸대범하다. 또는 예사롭다. ¶泛然(—, 그러할 연) 애틋하지 않고 예사로움. 예—하게 대하다.
〔泛過〕(범과) 데면데면하게 지나침.
〔泛論〕(범론) 전반에 걸쳐 개괄한 이론.
〔泛泛〕(범범) 찬찬하지 아니하고 데면데면함.
〔泛稱〕(범칭) 포괄적으로 넓게 부르는 이름.

5 ⑧ 〔法〕*** 법 入洽 | fǎ, ホウ
2669

소전 행서 고자 이름 법 법 자원 회의. 氵+廌〔생략〕+去→灋→法. 氵는 수평 곧 공평하다, 廌는 닿기만 해도 그의 죄상을 안다는 영검이 있는 짐승인 해태. 죄를 공평하게 심사하여 죄 있는 자를 제거하는 법을 뜻한다.

필순 丶 冫 氵 氵 汁 注 法 法

새김 ❶법. 법령. ¶法律(—, 법 률)국가가 정해 놓은, 국민이 지켜야 할 규범. ❷수단. 방법. ¶兵法(군사 병, —)군사를 쓰는 방법. 예—에 통달하였던 제갈량(諸葛亮). ❸모범. 본보기.

¶法帖(—, 서첩 첩)잘 쓴 글씨로 만든 서첩. 예—에 따라 글씨를 익혔다. ❹불교의 가르침. 불법. ¶法語(—, 말 어)불교의 교리로 삼는 부처의 말. ❺법국(法國). 프랑스(France)의 한역자.

〔法家〕(법가) ①중국의 제자백가(諸子百家)의 하나. 도덕보다도 법률을 중히 여겨, 이를 정치의 기본이라고 생각하였던 학파. 상앙(商鞅)·한비자(韓非子) 등이 그 대표임. ②법률에 정통한 사람. ③國 예법을 중하게 여기는 집안.

〔法規〕(법규) ①법률상의 규정. ②법률과 규칙.

〔法難〕(법난) (佛)불교의 교단이나 포교(布敎)하는 사람이 받는 박해.

〔法度〕(법도) 생활상의 예법이나 제도. 예— 있는 생활.

〔法力〕(법력) ①법의 힘이나 효력. ②(佛)불법의 위력.

〔法令〕(법령) 법률과 명령.

〔法網〕(법망) 죄인을 사로잡는 법의 그물이란 뜻으로, 법률, 또는 그 집행기관을 이르는 말. 예—에 걸리다.

〔法服〕(법복) ①법관·변호사 등이 법정에서 입는 옷. ②임금의 예복. ③중이나 신부가 입는 특수하게 지은 옷.

〔法師〕(법사) (佛) 불법에 통달하고 설법을 잘하는 고승.

〔法式〕(법식) 법도와 양식. 규칙이나 방법.

〔法案〕(법안) 법률의 초안. 법률안.

〔法悅〕(법열) (佛)설법(說法)을 듣고 느끼는 기쁨.

〔法人〕(법인) 법률상의 인간과 같이 권리와 의무가 인정되어 있는 단체. 예社團—.

〔法典〕(법전) 법률을 체계적으로 정리하여 엮은 책.

〔法廷〕(법정) 법원이 송사를 심리하고 판결하는 곳.

〔法定〕(법정) 법으로써 규정함. 예— 期日.

〔法曹〕(법조) 법관 또는 법률가. 예— 界.

〔法治〕(법치) 법률에 의하여 나라를 다스림. 또는 그 정치. 예— 主義.

〔法則〕(법칙) ①지키지 않으면 안 되는 규칙. ②현상들 사이에 객관적으로 존재하는 상관관계. 예萬有引力의 —.

〔法統〕(법통) ①(佛)불법의 전통. ②헌법이나 법률의 전통.

〔法會〕(법회) (佛)설법이나 불공 등의 집회.

▷ 家法(가법)·公法(공법)·國法(국법)·方法(방법)·佛法(불법)·商法(상법)·說法(설법)·新法(신법)·禮法(예법)·立法(입법)·適法(적법)·便法(편법)·合法(합법)·憲法(헌법)

5 ⑧ 〔泌〕* ㊀비: 去寘 | bì, ヒ
㊁필 入質 | bì, ヒツ
2670

소전 행서 이름 ㊀분비할 비: ㊁물결부딪칠 필 자원 형성. 氵+必→泌. 珌(필)·祕(비)와 같이 必(필→비)가 성부.

새김 ㊀분비하다. 스며나오다. ¶泌尿(—, 오줌 뇨)오줌을 분비 배설함. 예—器. ㊁물결이 부딪치다.

5 ⑧ 〔沸〕* 비: 去未 | fèi, フツ
2671

소전 행서 이름 끓을 비: 자원 형성. 氵+弗→沸. 費(비)와 같이 弗(불)의 변음이 성부.

새김 끓다. 물이 끓다. 또는 끓이다. ¶沸騰(—, 오를 등)액체가 끓어오름. 예—點.

5 ⑧ 〔泻〕 사: 瀉(2974)의 간화자
2672

5 ⑧ 〔泗〕* 사: 去寘 | sì, シ
2673

소전 행서 이름 사수 사: 자원 형성. 氵+四→泗. 柶(사)·駟(사)와 같이 四(사)가 성부.

새김 ❶사수. 산동성(山東省)에 있는 강 이름. 수수(洙水)와 함께 이 유역은 공자(孔子)의 출생지이면서 제자들을 가르친 곳이다. ¶洙泗學(수사학) 洙(2710)를 보라. ❷콧물. ¶涕泗(눈물 체, —)울어서 흐르는 눈물과 콧물.

5 ⑧ 〔泄〕* 설 入屑 | xiè, セツ
2674

소전 행서 동자 洩 이름 샐 설 자원 형성. 氵+世→泄. 世(세)의 변음이 성부.

새김 ❶새다. ㉠액체·공기·냄새 등이 밖으로 새다. ¶漏泄(샐 루, —) 물·공기·냄새 등이 밖으로 샘. ㉡비밀이 밖으로 새다. ¶漏泄(샐 루, —) 비밀이 밖으로 새거나, 비밀을 밖으로 새어 나가게 함. 예祕密을 —하다. ❷내보내다. 또는 오줌이나 똥을 누다. ¶泄瀉(—, 배설할 사) 물찌똥을 눔. 또는 그 똥. 예—를 하다.

〔泄氣〕(설기) ①휘발성 있는 물건의 기운이 새어서 날아감. ②설사를 할 것만 같은 기운. 예—가 있다.

▷ 夢泄(몽설)·排泄(배설)

5 ⑧ 〔沼〕* 소 本조: 上篠 | zhǎo, ショウ
2675

소전 행서 이름 늪 소 자원 형성. 氵+召→沼. 昭(소)·紹(소)와 같이 召(소)가 성부.

새김 늪. 못. ¶沼澤(—, 못 택) 늪과 못. 예—草地.

〔沼湖〕(소호) 늪과 호수.

▷ 池沼(지소)·湖沼(호소)

5 ⑧ 〔沿〕*** 연 平先 | yán, エン
2676

소전 행서 이름 따를 연 자원 형성. 氵+㕣〔㕣의 변형〕→沿→沿. 鉛(연)과 같이 㕣(연)이 성부.

필순 沿

새김 따르다. ㉠물길이나 길을 따르다. ¶沿道(—, 길 도)큰길을 따른 좌우의 근처. 예—에 늘어선 환영 人波. ㉡선례를 따르다. ¶沿革(—, 바꿀 혁) 선례를 따라 변천하여 온 내력. 예—을 기록하다.
〔沿邊〕(연변) ①국경을 따라 위치한 일대. ②강·도로·철도 등에 인접한 지역.
〔沿岸〕(연안) 바다·강·호수에 인접해 있는 지대.
〔沿海〕(연해) ①바닷가에 인접해 있는 땅. ②육지에 가까운 얕은 바다.

5 ⑧ 〔泳〕** 영: 去敬 | yǒng, エイ
2677

소전 행서 이름 헤엄칠 영: 자원 형성. 氵+永→泳. 詠(영)과 같이 永(영)이 성부.

필순 泳

새김 헤엄치다. 무자맥질하다. ¶水泳(물 수, —) 물 속에서 헤엄침.
▷背泳(배영)·游泳(유영)·蝶泳(접영)·平泳(평영)·涵泳(함영)

5 ⑧ 〔油〕*** 유 平尤 | yóu, ユ
2678

소전 행서 이름 기름 유 자원 형성. 氵+由→油. 柚(유)·釉(유)와 같이 由(유)가 성부.

필순 油

새김 ❶기름. ㉠동식물에서 추출한 기름. ¶肝油(간 간, —)생선의 간에서 짜낸 기름. ㉡석유. ¶油田(—, 밭 전)땅 속에서 석유가 많이 나는 지대. ❷성하게 일다. ¶油然(—, 그러할 연)구름이 성하게 일어나는 모양.
〔油價〕(유가) 석유의 가격.
〔油類〕(유류) 기름 종류의 총칭.
〔油印物〕(유인물) 등사한 인쇄물.
〔油脂〕(유지) 동식물에서 짜낸 기름의 총칭.
〔油畫〕(유화) 기름에 갠 물감으로 그린 그림.
▷燈油(등유)·石油(석유)·食油(식유)·魚油(어유)·原油(원유)·注油(주유)·重油(중유)·香油(향유)

5 ⑧ 〔泣〕*** 읍 ㊍급 入緝 | qì, キュウ
2679

소전 행서 이름 울 읍 자원 형성. 氵+立→泣. 立(립)의 변음이 성부.

필순 泣

새김 울다. 눈물을 흘리며 울다. ¶泣訴(—, 하소연할 소) 울면서 하소연함.
〔泣諫〕(읍간) 울면서 간함.
〔泣斬馬謖〕(읍참마속) 큰 목적을 위해서 사랑하는 사람도 버림의 비유. 故 촉(蜀)의 제갈량(諸葛亮)이 마속을 무척 사랑하였으나, 그가 명령을 어기고 가정(街亭)의 전투에서 패했을 때, 가차없이 처형했다는 고사.
〔泣涕〕(읍체) 소리를 내지 아니하고 눈물을 흘리면서 욺.
〔泣血〕(읍혈) 눈물이 다하여 피가 나옴. 부모의 상사를 당하여 몹시 비통해 함의 형용.
▷感泣(감읍)·哭泣(곡읍)·悲泣(비읍)·哀泣(애읍)·涕泣(체읍)·號泣(호읍)

5 ⑧ 〔沮〕* 저: 上語 | jǔ, ショ
2680

소전 행서 이름 막을 저: 자원 형성. 氵+且→沮. 且에는 '차' 외에 '저' 음도 있어, 咀(저)·狙(저)와 같이 且(저)가 성부.

새김 ❶막다. 또는 방해하다. ¶沮止(—, 그칠 지)밀막아서 못하게 함. 예敵의 공격을 —하다. ❷꺾이다. 원기나 의기 등이 꺾이다. ¶沮喪(—, 잃을 상)원기·의기 등이 꺾이어 힘을 잃음. 예士氣—.
〔沮氣〕(저기) 두렵거나 무서워서 기가 꺾임.
〔沮害〕(저해) 막아서 못 하도록 방해함.

5 ⑧ 〔沾〕 점 平鹽 | zhān, セン
2681

소전 행서 이름 젖을 점 자원 형성. 氵+占→沾. 店(점)·點(점)과 같이 占(점)이 성부.

새김 젖다. 물이나 습기에 젖다. 또는 적시다. ¶沾寒(—, 찰 한) 습기에 젖어서 추위를 느낌.
〔沾背〕(점배) 땀이 등을 적심. 몹시 부끄러워 함의 형용.
〔沾濕〕(점습) 젖음. 습윤(濕潤).
〔沾染〕(점염) ①적심. 또는 젖음. ②접촉하여 물듦.
〔沾濡〕(점유) 젖음. 인신하여, 은택이 널리 미침.

5 ⑧ 〔注〕*** 주: 去遇 | zhù, チュウ
2682

소전 행서 이름 부을 주: 자원 형성. 氵+主→注. 柱(주)·註(주)·駐(주)와 같이 主(주)가 성부.

필순 注

새김 ❶붓다. 액체를 쏟아 붓다. ¶注射(—, 쏠 사)약물을 주사기로 근육이나 혈관에 넣음. ❷쏟다. 마음이나 시선을 한 곳에 집중하다. ¶注目(—, 볼 목)시선을 모아서 봄. ❸주. 뜻을 풀이하거나 설명한 글. 註(4905)와 통용. ¶頭注(꼭대기 두, —)본문 위쪽에 단 주. ❹주를 내다. 풀이하다. 註(4905)와 통용. ¶注釋(—, 풀 석)단어나 글·글자의 뜻을 풀이함.

〔注文〕(주문) ①자구(字句)를 해석한 글. 주문(註文). ②물건의 제작이나 송부를 의뢰하거나 신청하는 일.

〔注視〕(주시) 눈여겨 봄. 주의하여 봄.

〔注意〕(주의) ①어떤 일에 마음을 집중함. ②조심하며 마음을 씀.

〔注入〕(주입) ①부어 넣음. 쏟아 넣음. ②학습 내용을 암기하도록 하여 지식을 불어 넣음.

〔注解〕(주해) 본문의 뜻을 주를 달아 풀이함. 또는 그 글. 주석(注釋).

▷脚注(각주)·傾注(경주)·傳注(전주)·箋注(전주)·集注(집주)·標注(표주)·懸注(현주)

5 ⑨ 〔泉〕*** 천 平先 | quán, セン
2683

소전 행서 이름 샘 천 자원 상형. 언덕 아래에서 솟은 샘물이 아래로 흘러내리는 모양.

필순 泉

새김 ❶샘. 또는 샘물. ¶溫泉(따뜻할 온, —) 땅속에서 더운 물이 솟는 샘. ❷저승. ¶黃泉(누를 황, —) 저승.

〔泉脈〕(천맥) 땅 속의 수맥(水脈).

〔泉石〕(천석) 샘과 돌. 인신하여, 자연의 경치.

〔泉源〕(천원) 샘의 근원.

〔泉布〕(천포) 화폐. 돈.

〔泉下〕(천하) 저승. 황천(黃泉).

▷甘泉(감천)·鑛泉(광천)·九泉(구천)·冷泉(냉천)·玉泉(옥천)·源泉(원천)

5 ⑧ 〔浅〕 천: 淺(2799)의 간화자
2684

5 ⑧ 〔治〕*** ㊀치 平支 | chí, チ
㊁치 本치: 去寘 | zhì, チ
2685

소전 행서 이름 ㊀다스릴 치 ㊁다스려질 치 자원 형성. 氵+台→治. 台(이)의 변음이 성부.

필순 治

새김 ㊀❶다스리다. 亂(0075)의 대. ㉠나라나 백성을 다스리다. ¶治國(—, 나라 국)나라나 백성을 다스림. 예——平天下. ㉡관리하다. 처리하다. ¶治產(—, 재산 산)집안 재산을 잘 다스림. 예——을 잘하여 부자가 되었다. ❷병을 고치다. ¶治療(—, 병고칠 료)병을 고침. 또는 그를 위한 행위. 예——費. ㊁❶다스려지다. 질서가 잡히다. ¶不治(아니할 불, —)㉮나라가 잘 다스려지지 아니함. ㉯병을 고치지 못함. 예——病. ❷정사. 정령. ¶邦治(나라 방, —)나라의 정사.

〔治亂〕(치란) ①잘 다스려진 세상과 어지러운 세상. ②어지러운 세상을 다스림.

〔治山治水〕(치산치수) 홍수와 가뭄 등의 재해(災害)를 방지하기 위하여 산과 강물을 다스리는 일.

〔治世〕(치세) ①태평한 세상. ②세상을 다스림. 나라를 다스림.

〔治安〕(치안) ①다스려 편안하게 함. ②정치가 맑고 사회가 안정됨.

〔治外法權〕(치외법권) 외국에 있으면서 그 나라의 법률의 지배를 받지 아니하는 특권.

〔治癒〕(치유) 치료에 의하여 병이 나음.

〔治績〕(치적) 백성을 잘 다스린 공적. 예많은 ——을 남겼다.

〔治罪〕(치죄) 법에 따라 범인을 처벌함.

〔治下〕(치하) 지배하거나 통치하는 아래.

▷官治(관치)·根治(근치)·難治(난치)·文治(문치)·法治(법치)·政治(정치)·統治(통치)·退治(퇴치)

5 ⑩ 〔泰〕*** 태 本태: 去泰 | tài, タイ
2686

소전 행서 이름 클 태 자원 형성. 𡗕〔大+廾의 변형〕+氺→泰. 大에는 '대' 외에 '태' 음도 있어, 大(태)가 성부.

필순 泰

새김 ❶크다. 또는 넓다. 太(1000)와 통용. ¶泰河(—, 강 하)큰 강. ❷편안하다. 걱정 없이 편안하다. 太(1000)와 통용. ¶泰平(—, 태평할 평)㉮나라나 사회가 잘 다스려져 아무 걱정 없이 편안함. 예——한 세상. ㉯몸·마음·집안 등이 아무 걱정 없이 평안함. 예——한 생각. ❸느긋하고 예사롭다. ¶泰然(—, 그러할 연)태도나 기색이 느긋하면서 예사로움. 예——한 자세.

〔泰斗〕(태두) ①태산북두(泰山北斗)의 준말.

〔泰山〕(태산) ①높고 큰 산. ②오악(五嶽)의 하나로 산동성(山東省)에 있는 산 이름.

〔泰山北斗〕(태산북두) 많은 사람들이 우러러 보는 태산과 북두성이란 뜻에서, 많은 사람들의 우러러 받듦을 받는 사람을 비유하여

이르는 말.
〔泰山峻嶺〕(태산준령) 큰 산과 험한 재.
▷國泰(국태)·否泰(비태)·安泰(안태)

5 ⑧ 〔泽〕 택 澤(2956)의 간화자
2687

5 ⑧ 〔波〕*** 파 平歌 | bō, ハ
2688

소전 행서 이름 물결 파 자원 형성. 氵+皮→波. 破(파)·頗(파)와 같이 皮(피)의 변음이 성부.

필순 丶 冫 氵 氵 汀 沪 波 波

새김 ❶물결. ㉠물의 흐름이나 수면에 생기는 파동. ¶波濤(―, 물결 도)큰 물결. 예―가 일다. ㉡물결과 같이 움직이는 현상의 비유. ¶電波(전기 전, ―)전기의 파동. 예―를 타고 전해지는 뉴스. ㉢무리를 지어 움직이는 흐름의 비유. ¶人波(사람 인, ―)사람의 물결. 예歡迎―. ❷눈빛. 눈짓. 눈길. ¶秋波(가을 추, ―)가을철의 잔잔하고 고운 물결. 인신하여, 은근한 정을 나타내는 눈짓. 예―를 던지다.
〔波高〕(파고) 물결의 높이.
〔波及〕(파급) 파동이 미침. 어떤 일의 여파나 영향이 미침.
〔波動〕(파동) ①물결의 움직임. ②전파되는 진동. ③사회적으로 일어나는 큰 변동이나 동요의 비유.
〔波瀾〕(파란) ①크고 작은 물결. ②세상사의 기복과 변화의 비유.
〔波瀾萬丈〕(파란만장) 일의 진행에 기복과 변화가 매우 심함의 형용.
〔波浪〕(파랑) 물결. 파도.
〔波紋〕(파문) ①수면에 이는 물결의 무늬. ②어떤 일로 말미암아 다른 데까지 미치는 영향. 예―을 던지다.
〔波狀〕(파상) 물결이 밀려오듯이 어떤 일이 일어났다 그쳤다를 거듭하는 모양.
〔波市〕(파시) 國바다 위에서 열리는 생선 시장.
〔波長〕(파장) 소리나 빛이 일으키는 파동에서 도 같은 위상을 가진 서로 이웃한 두 점 사이의 거리.
▷短波(단파)·萬頃蒼波(만경창파)·世波(세파)·餘波(여파)·煙波(연파)·音波(음파)·滄波(창파)·風波(풍파)

5 ⑧ 〔泙〕* 평 平庚 | pēng, ヒョウ
2689

소전 행서 이름 물소리 평 자원 형성. 氵+平→泙. 評(평)·坪(평)과 같이 平(평)이 성부.
새김 물소리. 또는 물결이 부딪는 모양.

5 ⑧ 〔泡〕* 포 平肴 | pāo, ホウ
2690

소전 행서 이름 거품 포 자원 형성. 氵+包→泡. 抱(포)·胞(포)·疱(포)와 같이 包(포)가 성부.
새김 거품. 물거품. ¶泡沫(―, 거품 말) 물거품. 예흰 ―을 날리며 달리는 배.
〔泡影〕(포영) 물거품과 그림자. 덧없는 사물의 비유.
〔泡匠〕(포장) 國두부를 만드는 사람.
▷氣泡(기포)·水泡(수포)

5 ⑧ 〔河〕*** 하 平歌 | hé, カ
2691

소전 행서 이름 강 하 자원 형성. 氵+可→河. 何(하)와 같이 可(가)의 변음이 성부.

필순 丶 冫 氵 汀 沪 河 河 河

새김 ❶강. ㉠큰 내. ¶河川(―, 내 천)강과 내. 예―敷地. ㉡강을 닮은 것. 예銀河. 運河. ❷황하(黃河)의 준말. 양자강(揚子江)을 江(2614)이라 하는 데 상대하여 이르는 말. ¶河北(―, 북녘 북)황하의 이북 지방.
〔河口〕(하구) 바다·호수 등으로 흘러드는 강물의 어귀.
〔河圖〕(하도) 복희씨(伏羲氏) 때 황하에서 용마(龍馬)가 등에 지고 나왔다는, 주역(周易) 팔괘(八卦)의 근원이 된 그림.
〔河床〕(하상) 강의 바닥.
〔河淸〕(하청) 황하의 물이 맑음. 황하의 물은 항상 흐려 있으나 1,000년에 한 번 맑아진다 함. ㉮어진 임금이 나타나서 세상이 태평하게 다스려짐의 비유. ㉯바라기가 매우 어려움의 비유.
〔河海〕(하해) 강과 바다.
〔河海之澤〕(하해지택) 넓고 큰 은택.
▷江河(강하)·渡河(도하)·氷河(빙하)·山河(산하)·星河(성하)

5 ⑧ 〔泫〕* 현 平先 | xuān, ケン
2692

소전 행서 이름 물깊을 현 자원 형성. 氵+玄→泫. 絃(현)·眩(현)과 같이 玄(현)이 성부.
새김 물이 깊다. 또는 물이 깊고 넓은 모양.

5 ⑧ 〔泂〕* 형: 上迥 | jiǒng, ケイ
2693

소전 행서 이름 멀 형: 자원 형성. 氵+冋→泂. 冋(형)이 성부.
새김 멀다. 또는 깊고 넓은 모양.

5 ⑨ [荥] 2694 형 滎(2884)의 간화자

5 ⑧ [泓]* 2695 홍 本횡 平庚 hóng, オウ

소전 행서 이름 깊고넓을 홍 자원 형성. 氵+弘→泓. 弘(홍)이 성부.
새김 물이 깊고 넓다.

5 ⑧ [況]** 2696 황: 去漾 huàng, キョウ

소전 행서 이름 하물며 황: 자원 형성. 氵+兄→況. 兄에는 '형' 외에 '황' 음도 있어, 兄(황)이 성부.

필순

새김 ❶하물며. 더군다나. ¶況且(—, 또한 차) 하물며. 예어린이도 지켜야 할 예절이거늘 — 어른에 있어서랴? ❷실정. 형편. ¶近況(가까울 근, —)최근의 형편. 예자네의 —이 궁금하네.
▷不況(불황)·盛況(성황)·實況(실황)·作況(작황)·情況(정황)·活況(활황)

6 ⑨ [洁] 2697 결 潔(2916)의 간화자

6 ⑨ [洸]* 2698 광 平陽 guāng, コウ

소전 행서 이름 번쩍일 광 자원 형성. 氵+光→洸. 侊(광)·胱(광)과 같이 光(광)이 성부.
새김 ❶물결이 번쩍이다. 또는 그 모양. ❷굳세다. 또는 위엄이 있고 씩씩한 모양.

6 ⑨ [浓] 2699 농 濃(2943)의 간화자

6 ⑨ [溚] 2700 달 澾(2944)의 간화자

6 ⑨ [洞]*** 2701 ㊀동: 去送 dòng, ドウ ㊁통: 本동: 去送 dòng, ドウ

소전 행서 이름 ㊀골 동: ㊁뚫을 통: 자원 형성. 氵+同→洞. 銅(동)·桐(동), 筒(통)과 같이 同(동)이 성부.

필순

새김 ㊀❶골. 골짜기. ¶空洞(빌 공, —)아무것도 없이 텅 빈 골짜기. ❷굴. ¶洞窟(—, 굴 굴)자연적으로 이루어진 굴. 예原始人들은 —에서 살기도 했다. ❸동네. 마을. ¶洞口(—, 어귀 구)동네 어귀. 예— 밖의 느티나무. ❹삼가다. 또는 삼가는 모양. ¶洞洞(—, —)삼가고 성실한 모양. 예—屬屬. ❺행정 구역의 이름. 예○○洞事務所. ㊁뚫다. ㉠꿰뚫어 보다. ¶洞察(—, 살필 찰)사물이나 현상을 환히 내다보며 살핌. 예—力. ㉡통하다. ¶洞簫(—, 통소 소)통소. 관악기의 한 가지.
〔洞洞屬屬〕(동동촉촉) 깊은 애정을 가지면서 매우 삼가고 공경하고 조심하는 모양.
〔洞里〕(동리) 마을.
〔洞房〕(동방) ①깊숙한 침실. ②신혼 부부의 방.
〔洞房華燭〕(동방화촉) 신방에 켠 환한 촛불.
〔洞天〕(동천) 신선이 산다는 별천지. 인신하여, 산과 내로 둘러싸인 경치가 좋은 곳.
〔洞燭〕(통촉) 사정이나 형편을 깊이 헤아리고 밝게 살핌.

6 ⑨ [洛]* 2702 락 入藥 luò, ラク

소전 행서 이름 낙수 락 자원 형성. 氵+各→洛. 絡(락)·烙(락)과 같이 各(각)의 변음이 성부.
새김 ❶낙수. 섬서성(陝西省)에 있는 강 이름. ❷낙양(洛陽)의 준말. 하남성(河南省)에 있는 주(周)나라의 도읍지. 인신하여, 서울. 수도.
〔洛書〕(낙서) 우(禹)임금 때에 낙수(洛水)에서 나온, 거북의 등에 있었다고 하는 45개의 점으로 된 무늬. 홍범구주(洪範九疇)를 창작하는 바탕이 되었다 함.
〔洛陽紙價貴〕(낙양 지가귀) 책이 널리 세상에 퍼져 애독됨. 故 진(晉)의 좌사(左思)가 삼도부(三都賦)를 짓자, 사람들이 다투어 그 글을 전사(傳寫)하였기 때문에, 낙양의 종이 값이 치솟았다는 고사.
▷京洛(경락)·上洛(상락)

6 ⑨ [洌]* 2703 렬 入屑 liè, レツ

소전 행서 이름 맑을 렬 자원 형성. 氵+列→洌. 烈(렬)·裂(렬)과 같이 列(렬)이 성부.
새김 ❶맑다. 물이나 술이 맑다. ❷열수. 우리나라의 대동강이라는 설과 한강이라는 설이 있다.

6 ⑨ [㳅] 2704 류 流(2741)의 본자

6 ⑨ [浏] 2705 류 瀏(2973)의 간화자

6 ⑨ [洑]* 2706 보 國

행서 洑 이름 보 보 자원 형성. 氵+伏→洑. 伏(복)의 변음이 성부.
새김 보. 논밭에 물을 대기 위하여 둑을 쌓아 물을 막아 가두는 곳. ¶洑稅(―, 세금 세) 봇물을 쓰는 값으로 내는 돈이나 곡식.

6 ⑨ 〔洩〕* 설 泄(2674)과 동자
2707

6 ⑨ 〔洗〕*** 세: 上薺 xǐ, セン
2708

소전 洗 행서 洗 이름 씻을 세: 자원 형성. 氵+先→洗. 先(선)의 변음이 성부.
필순 丶 冫 氵 氵 氵 汁 汢 洗 洗
새김 ❶씻다. ㉠때나 더러운 것을 물로 빨다. ¶洗濯(―, 씻을 탁)물로 빪. 또는 빨래. 예―物. ㉡누명이나 치욕을 벗거나 원한을 풀다. ¶洗雪(―, 씻을 설)누명이나 치욕을 씻음. ㉢마음을 깨끗하게 하다. ¶洗禮(―, 예 례)예수교에서 신자가 될 때 행하는 의식. 예―를 받다. ❷때를 벗다. 갈고 다듬다. ¶洗鍊(―, 단련할 련)서투르거나 어색한 데가 없이 능숙하게 가다듬거나 단련함. 예―된 솜씨.
〔洗腦〕(세뇌) 뇌를 씻음. 곧 선전이나 계몽을 통하여 사상을 개조시킴.
〔洗面〕(세면) 얼굴을 씻음.
〔洗手〕(세수) ①손을 씻음. ②나쁜 짓에서 손을 떼고 바른 길로 돌아옴의 비유. ③國얼굴을 씻음.
〔洗劑〕(세제) 물을 타서 표면에 묻은 물질을 씻어 내는 데 쓰는 약제.
〔洗淨〕(세정) 깨끗하게 빨거나 씻음.
〔洗滌〕(세척) 깨끗이 빨거나 씻음.
▷水洗(수세)·領洗(영세))

6 ⑨ 〔洒〕 쇄: 灑(2997)의 동자·간화자
2709

6 ⑨ 〔洙〕* 수 平虞 shū, シュ
2710

소전 洙 행서 洙 이름 수수 수 자원 형성. 氵+朱→洙. 朱에는 '주' 외에 '수'음도 있어, 銖(수)와 같이 朱(수)가 성부.
새김 수수. 산동성(山東省)에 있는 강 이름. 사수(泗水)와 함께 이 유역은 공자(孔子)의 출생지이면서 제자들을 가르친 곳이다. ¶洙泗學(수사학)공자의 학문과 그의 학통. 곧 유학(儒學).

6 ⑨ 〔洵〕* 순 平眞 xún, シュン
2711

소전 洵 행서 洵 이름 진실로 순 자원 형성. 氵+旬→洵. 殉(순)·筍(순)과 같이 旬(순)이 성부.
새김 진실로. 참으로. ¶洵美(―, 아름다울 미)진실로 아름다움.

6 ⑨ 〔洋〕*** 양 平陽 yáng, ヨウ
2712

소전 洋 행서 洋 이름 바다 양 자원 형성. 氵+羊→洋. 養(양)·佯(양)·痒(양)과 같이 羊(양)이 성부.
필순 丶 冫 氵 氵 氵 氵 氵 洋 洋
새김 ❶바다. 큰 바다. ¶海洋(바다 해, ―)넓고 큰 바다. ❷광대하다. ㉠넓디넓다. ¶汪洋(넓을 왕, ―)汪(2647)을 보라. ㉡많고 크다. ¶洋洋(―, ―)㉮앞날의 희망이 한없이 많고 큼. 예―한 앞길. ㉯물이 가없이 너름. 예―한 바다. ❸외국. 중국이 아닌 다른 나라. 예東洋(동양)·西洋(서양). ❹서양. ¶洋服(―, 옷 복)서양식의 옷. 예―店.
〔洋弓〕(양궁) 서양식의 활. 또는 그 활로 쏘는 궁술.
〔洋食〕(양식) 서양식의 음식.
〔洋藥〕(양약) 서양 의학에 기초하여 만든 약.
〔洋屋〕(양옥) 서양식으로 지은 집.
〔洋擾〕(양요) 國서양 사람들의 침입으로 인하여 일어난 난리. 병인양요(丙寅洋擾)·신미양요(辛未洋擾) 등.
〔洋夷〕(양이) 國서양 사람을 얕잡아 이르던 말.
〔洋溢〕(양일) 지진이나 태풍 등의 영향으로 바닷물이 육지로 넘쳐 흘러드는 일. 동海溢(해일).
〔洋裝〕(양장) ①서양식 복장. ②서양식의 장정(裝幀).
〔洋酒〕(양주) 서양 술.
〔洋品〕(양품) 서양에서 들어온 물품. 예―店.
〔洋風〕(양풍) 서양풍의 생활 양식이나 풍습.
〔洋學〕(양학) 서양의 학문.
〔洋行〕(양행) 외국 상인과 교역하는 상점.
〔洋灰〕(양회) 시멘트.
▷南洋(남양)·大洋(대양)·望洋之歎(망양지탄)·遠洋(원양)

6 ⑨ 〔洼〕 와 平麻 wā, ワ
2713

소전 洼 행서 洼 이름 웅덩이 와 자원 형성. 氵+圭→洼. 圭(규)의 변음이 성부.
새김 ❶웅덩이. 작은 못. ❷窪(3768)의 간화자

6 ⑨ 〔洹〕* 원 平元 hwĕn, エン
2714

소전 洹 행서 洹 이름 원수 원 자원 형성. 氵+亘→洹. 垣(원)과 같이 亘(환)의 변음이 성부.
새김 원수. 하남성(河南省)에 있었던 옛 강 이름.

6 ⑨ 〔洧〕* 2715 유: 上 紙 wěi, イ

소전 행서 이름 유수 유: 자원 형성. 氵+有→洧. 侑(유)·宥(유)와 같이 有(유)가 성부.
새김 유수. 하남성(河南省)에 있는 강 이름.

6 ⑨ 〔浆〕 2716 장 漿(2903)의 간화자

6 ⑨ 〔净〕 2717 정 淨(2795)의 속자

6 ⑨ 〔浈〕 2718 정 湞(2845)의 간화자

6 ⑨ 〔済〕 2719 제: 濟(2966)의 간화자

6 ⑨ 〔洲〕** 2720 주 平 尤 zhōu, シュウ

행서 이름 섬 주 자원 형성. 氵+州→洲. 州(주)가 성부.

필순 丶 冫 氵 氵 氿 氿 洲 洲 洲

새김 ❶섬. 강 가운데에 생긴 땅. ¶砂洲(모래 사, —)해안에 모래가 쌓여 이루어진 땅. ❷대륙. 예六大洲 五大洋.
▷滿洲(만주)·三角洲(삼각주)

6 ⑨ 〔津〕* 2721 진 平 眞 jīn, シン

소전 행서 이름 나루 진 자원 형성. 氵+聿→津. 聿(진)이 성부.
새김 ❶나루. 나루터. ¶津頭(—, 언저리 두)나루. ❷진. 초목에서 분비되는 끈끈한 물질. ¶津液(—, 액체 액)생물의 몸 안에서 생겨나는 액체. ❸윤택하다. 풍성풍성하다. ¶津津(—, —)푸지고 풍성풍성함. 예—한 술자리. ❹흐뭇하다. ¶津津(—, —)흥미나 재미가 깊고 흐뭇함. 예興味—한 이야기.
〔津氣〕(진기) ①진액의 끈끈한 기운. ②먹으면 징건하여 오래 든든한 속 기운. 예—가 빠지다.
〔津渡〕(진도) 나루.
▷渡津(도진)·松津(송진)·要津(요진)

6 ⑨ 〔浅〕 2722 천: 淺(2799)의 속자

6 ⑨ 〔测〕 2723 측 測(2850)의 간화자

6 ⑨ 〔浊〕 2724 탁 濁(2955)의 간화자

6 ⑨ 〔派〕** 2725 파 本패: 去 卦 pài, ハ

소전 행서 이름 갈래 파 자원 형성. 氵+𠂢→派. 𠂢(파)가 성부.

필순 丶 冫 氵 氵 氵 氵 沂 派 派

새김 ❶갈래. 유파. ¶學派(학문 학, —)학문의 유파. ❷갈라지다. 나누어지다. ¶派生(—, 날 생)본체에서 갈라져 나와 생김. 예—語. ❸보내다. ¶派遣(—, 보낼 견)일정한 임무를 주어 사람을 보냄. 예—部隊.
〔派系〕(파계) 갈려나와 갈래를 이룬 계통.
〔派閥〕(파벌) 출신·소속 등을 같이하는 사람들끼리의 신분적인 연결.
〔派兵〕(파병) 군대를 파견함.
〔派譜〕(파보) 동종(同宗) 중의 한 파의 보첩(譜牒).
〔派爭〕(파쟁) 파벌 싸움. 편싸움.
〔派出〕(파출) 임무를 주어 파견하여 보냄.
▷舊派(구파)·黨派(당파)·分派(분파)·新派(신파)·流派(유파)·宗派(종파)·支派(지파)·特派(특파)

6 ⑨ 〔浃〕 2726 협 浹(2766)의 속자·간화자

6 ⑨ 〔浒〕 2727 호: 滸(2914)의 간화자

6 ⑨ 〔浑〕 2728 혼 渾(2854)의 간화자

6 ⑨ 〔洪〕** 2729 홍 平 東 hóng, コウ

소전 행서 이름 넓을 홍 자원 형성. 氵+共→洪. 哄(홍)·烘(홍)과 같이 共(공)의 변음이 성부.

필순 丶 冫 氵 氵 汁 汫 洪 洪 洪

새김 ❶넓다. 넓고 크다. ¶洪爐點雪(—, 화로 로, 점 점, 눈 설)넓고 큰 화로에 한 점 두 점 떨어지는 눈. 크나큰 일에 작은 힘이 아무 보람도 나지 아니함의 비유. ❷큰물. ¶洪水(—, 물 수)큰물. 예—被害.
〔洪量〕(홍량) 넓은 도량.
〔洪福〕(홍복) 큰 행복. 큰 복.
〔洪纖〕(홍섬) 큰 것과 작은 것. 굵은 것과 가는 것.
〔洪業〕(홍업) 나라를 세우는 큰 사업.

6 ⑨〔活〕*** 활 入曷 huó, カツ
2730

소전 행서 이름 살 활 자원 형성. 氵+舌→活. 舌에는 '설' 외에 '괄' 음도 있어, 舌(괄)의 변음이 성부.

필순 丶 丶 氵 氵 汻 汗 汗 活 活

새김 ❶살다. 생존하다. 死(2552)의 대. ¶死活(죽을 사, —)죽음과 삶. 예—을 左右하는 문제. ❷삶을 꾸려 나가다. ¶生活(살 생, —)먹고 입고 하며 살아감. 예—與件. ❸생기가 돌다. ¶活氣(—, 기운 기)생기가 도는 활발한 기운. 예—찬 生活. ❹살아 움직이다. ¶活動(—, 움직일 동)어떤 목적을 위하여 몸을 움직여 행동함. 예—分野.
〔活力〕(활력) 살아 활발하게 움직이는 힘.
〔活路〕(활로) 어려움을 뚫고 살아나갈 길. 예—의 개척.
〔活潑〕(활발) 생기 있고 힘차게 움직임. 또는 그 모양.
〔活躍〕(활약) 눈부시게 활동함.
〔活魚〕(활어) 살아 있는 물고기.
〔活用〕(활용) ①잘 이용하거나 응용함. ②기회를 잘 살려서 변통하여 씀.
〔活人〕(활인) ①살아 있는 사람. ②사람을 살림.
〔活字〕(활자) 인쇄에 사용하기 위하여 주조한 자형(字型).
〔活版〕(활판) 활자로 된 인쇄판.
〔活火山〕(활화산) 현재 화산 활동을 계속하고 있는 화산.
〔活況〕(활황) 활기 있는 상황.
▷復活(부활)·自活(자활)·快活(쾌활)

6 ⑨〔浍〕 회: 澮(2958)의 간화자
2731

6 ⑨〔汹〕* 흉 平冬 xiōng, キョウ
2732

소전 행서 이름 흉흉할 흉 자원 형성. 氵+匈→洶. 胸(흉)과 같이 匈(흉)이 성부.
새김 흉흉하다. ¶洶洶(—, —) ㉮물결이 세차고 물소리가 시끄러움. 예—한 濁流. ㉯술렁술렁하여 험악함. 예—한 人心.
〔洶湧〕(흉용) ①용솟음쳐 흐르는 물결이 세참. ②술렁술렁하여 들끓는 기세가 세참.

6 ⑨〔洽〕* 흡 本협 入洽 qià, コウ
2733

소전 행서 이름 두루미칠 흡 자원 형성. 氵+合→洽. 恰(흡)·翕(흡)과 같이 合(합)의 변음이 성부.
새김 두루 미치다. ¶洽足(—, 넉넉할 족)아쉽거나 모자람이 없이 두루 넉넉함. 예아버님께서도 매우 —해 하셨다.
〔洽覽〕(흡람) 널리 두루 봄. 박람(博覽).
〔洽聞〕(흡문) 견문이 넓고 지식이 풍부함.
〔洽然〕(흡연) 흡족한 모양.
▷未洽(미흡)·博洽(박흡)

7 ⑩〔涧〕 간: 澗(2915)의 간화자
2734

7 ⑩〔涇〕* 경 平青 jīng, ケイ
2735

소전 행서 간화 泾 이름 경수 경 자원 형성. 氵+巠→涇. 經(경)·勁(경)·莖(경)·逕(경)과 같이 巠(경)이 성부.
새김 경수. 감숙성(甘肅省)에 있는 강 이름.
〔涇渭〕(경위) 경수(涇水)와 위수(渭水). 경수는 흐리고 위수는 맑다는 데서, ㉮엉크러져 있는 내용에서 갈라내는 옳음과 그름의 비유. ㉯청탁의 구별이 분명하게 정하여져 있음의 비유.

7 ⑩〔涅〕 一날 本녈 入屑 niè, デツ / 二녈 入屑 niè, ネ
2736

소전 행서 이름 一검게물들일 날 二열반 녈 자원 형성. 氵+圼→涅. 捏(날)과 같이 圼(날→녈)이 성부.
새김 一검게 물을 들이다. 〔論語〕涅而不緇(날이불치)검은 물감으로 물을 들여도 검어지지 아니함. 인품이 고상하여 나쁜 환경의 영향을 받지 아니함의 비유. 二(佛)열반(涅槃). 범어 nirvāna의 음역인 涅槃의 준말. ¶涅槃(열반) ㉮일체의 번뇌에서 벗어난 깨달음의 경지. ㉯석가의 죽음. 인신하여, 승려의 죽음.

7 ⑩〔涛〕 도 濤(2959)의 속자·간화자
2737

7 ⑩〔凃〕 도 塗(0920)의 속자·간화자
2738

7 ⑩〔浪〕*** 一랑: 去漾 làng, ロウ / 二랑: 上養 ロウ
2739

소전 행서 이름 一물결 랑: 二맹랑할 랑: 자원 형성. 氵+良→浪. 良에는 '량' 외에 '랑' 음도 있어, 狼(랑)·郎(랑)과 같이 良(랑)이 성부.

필순 丶 丶 氵 氵 氵 氵 沪 浪 浪 浪

새김 一❶물결. 파도. ¶風浪(바람 풍, —)㉮바람과 물결. 또는 바람 따라 일어나는 파도. ㉯생활에서 겪는 어려운 고난의 비유. ❷떠돌다. ¶放浪(놓을 방, —)정처 없이 이리저리 떠돌아다님. 예—詩人 金삿갓. ❸헛되이. 쓸데없이. ¶浪費(—, 쓸 비)쓰지 않아도 될 경우에 필요 이상으로 허투로 소비함. 예物資—. 二맹랑하다. ¶孟浪(맹랑할 맹, ―)㉮생각하던 바와는 달리 허망함. ㉠虛無―한 이야기. ㉯처리하기가 곤란하게 딱함. ㉠―한 質問.
〔浪漫〕(낭만) 고상하고 서정적이면서 더 아름다운 미래를 지향하는 낙천적인 상태.
〔浪說〕(낭설) 터무니없는 헛소문.
〔浪遊〕(낭유) ①하는 일 없이 빈둥빈둥 놀고 지냄. ②방랑객으로 돌아다니면서 하는 유람.
〔浪人〕(낭인) 방랑 생활을 하는 사람.
〔浪跡〕(낭적) 정처 없이 떠돌아다니는 걸음.
▷ 激浪(격랑)·浮浪(부랑)·流浪(유랑)·滄浪(창랑)·波浪(파랑)

7 ⑩ 〔涟〕 련 漣(2890)의 간화자
2740

7 ⑩ 〔流〕*** 류 平尤 | liú, リュウ
2741

소전 행서 流 본자 流 이름 흐를 류 자원 회의. 氵+㐬〔㐬의 변형〕→流→流. 㐬는 머리부터 내밀고 어머니 뱃속에서 나오는 아이의 모양. 양수와 함께 흘러나온다는 뜻.

필순 丶 冫 氵 氵 汇 泣 泣 浐 济 流

새김 ❶물이나 액체가 흐르다. ¶流水(―, 물 수)흐르는 물. ❷흐름. ¶海流(바다 해, ―) (일정한 방향으로 흐르는)바닷물의 흐름. ❸갈래. ㉠부류. 사회적인 계층. ¶一流(첫째 일, ―) (여럿 계층에서)첫째 가는 부류. ㉡유파·학문·기예·무술 등의 계통. ¶亞流(버금 아, ―)으뜸에 다음 가는 유파. ❹떠돌다. 방랑하다. ¶流浪(―, 떠돌 랑)정처 없이 떠돌아 다님. ❺널리 퍼지다. ¶流行(―, 다닐 행)일시적으로 세상에 널리 퍼짐. ❻유배하다. 형벌로서 먼 곳에 보내다. ¶流刑(―, 형벌 형)죄인을 섬이나 먼 지방에 추방하는 형벌. ❼거침이 없다. ¶流暢(―, 통할 창)말이나 글이 거침없이 줄줄 내려감. ㉠―한 웅변.
〔流動〕(유동) 액체 따위가 ①흘러 움직임. ②이리저리 옮겨 다님.
〔流量〕(유량) 물이나 전기 등이 어느 횡단면을 단위 시간 안에 흐르는 양.
〔流露〕(유로) 감정이 일정한 상태로 흘러 나타남. ㉠感情의 ―.
〔流離〕(유리) ①떠돌아 다님. ②풀어 놓아 흩어지게 함. ③광채가 눈부시게 빛나는 모양.
〔流民〕(유민) 일정한 거처 없이 유랑(流浪)하는 백성.
〔流芳百世〕(유방백세) 꽃다운 이름이 후세에 길이 전함.
〔流配〕(유배) 죄인을 먼 지방으로 귀양보냄.
〔流産〕(유산) ①태아가 죽어서 나옴. ②계획한 일이 뜻대로 성립되지 못함.
〔流觴曲水〕(유상곡수) 술잔을 휘돌아 흐르게 된 물 위에 띄워, 그 술잔이 돌아 앉은 사람 앞에 닿는 대로 술을 마시고 시를 지으며 놀던 놀이. 신라 때에 행하여졌던 풍속임.
〔流星〕(유성) 별똥별.
〔流失〕(유실) 물에 떠내려 가서 없어짐. ㉠태풍 때 ―된 논밭.
〔流言〕(유언) 근거 없는 소문. ㉠―蜚語.
〔流域〕(유역) 하천(河川)이 흐르는 언저리의 땅.
〔流用〕(유용) 남은 것이나, 다른 데 쓰기로 되어 있는 것을 돌려씀.
〔流入〕(유입) ①물이나 공기 등이 흘러듦. ②문화·화폐·사조·사람의 무리 등이 흘러들 듯이 들어옴. ㉠西洋文化의 ―.
〔流涕〕(유체) 눈물을 흘리며 욺.
〔流出〕(유출) 흘러 나가거나 흘러 나옴.
〔流彈〕(유탄) 목표물을 맞히지 못하고 빗나간 탄환. ㉠―에 맞다.
〔流通〕(유통) ①막힘 없이 통함. ②널리 통용됨.
〔流派〕(유파) 줄기에서 갈라져 나온 지파(支派).
〔流布〕(유포) 세상에 널리 퍼짐. 또는 널리 퍼뜨림.
〔流血〕(유혈) 흐르는 피. 또는 피를 흘림.
〔流會〕(유회) 회의나 회합이 열리지 못함.
▷ 激流(격류)·交流(교류)·氣流(기류)·暖流(난류)·放流(방류)·本流(본류)·分類(분류)·上流(상류)·電流(전류)·風流(풍류)·合流(합류)

7 ⑩ 〔浬〕* 리 平支 | lǐ, リ
2742

행서 浬 이름 해리 리 자원 형성. 氵+里→浬. 理(리)·裏(리)·厘(리)와 같이 里(리)가 성부.

새김 해리(海里). 해상의 거리 1,852m를 나타내는 단위.

7 ⑩ 〔浮〕*** 부 平尤 | fú, フ
2743

소전 행서 浮 이름 뜰 부 자원 형성. 氵+孚→浮. 艀(부)·莩(부)와 같이 孚(부)가 성부.

필순 丶 冫 氵 氵 汀 汀 泙 浮 浮 浮

새김 ❶뜨다. 물 위나 공간에 뜨다. 沈(2653)의 대. ¶浮沈(―, 잠길 침)어떤 물건이 물 위에 떴다 잠겼다 함. 인신하여, 세력·시세 등이 좋아졌다 나빠졌다 하는 변화의 비유. ❷떠돌다. ㉠정처 없이 떠돌아 다니다. ¶浮浪(―, 떠돌 랑)일정한 주소와 직업이 없이 떠돌아 다님. ㉠―者. ㉡근거 없는 말이나 소문이 떠돌다. ¶浮說(―, 말 설)근거도 없이 떠돌아 다니는 말. ❸들뜨다. 허황되다. ¶浮華(―, 화려할 화)허영심에 들떠 실속 없이 겉치레만 화려함. ㉠―한 生活. ❹덧없다. 공허하다. ¶浮生(―,

인생 생) 덧없는 인생.
〔浮刻〕(부각) ①사물의 특징을 두드러지게 나타냄. ②돈을새김.
〔浮動〕(부동) ①떠서 움직임. 유동(流動). ②진득하지 못하고 들떠서 움직임. 「는 힘.
〔浮力〕(부력) 물체가 중력에 반하여 위로 뜨
〔浮薄〕(부박) 천박하고 경솔함. 경박함.
〔浮上〕(부상) ①표면으로 떠오름. ②능력·실력 등이 드러남.
〔浮揚〕(부양) 떠오르거나 떠오르게 함.
〔浮雲〕(부운) ①뜬구름. 인신하여, 아무 관계가 없거나 관심을 두지 않는 대상의 비유. ②세상 일이 변화 무상함의 비유.
〔浮標〕(부표) ①물 위에 띄워 표적으로 삼는 물건. ②낚시찌. 「누렇게 되는 병.
〔浮黃〕(부황) 오랫동안 굶주려 살가죽이 붓고

7 ⑩ 〖浜〗* 빈 濱(2961)의 속자
2744

7 ⑩ 〖涩〗 삽 澀(2962)의 간화자
2745

7 ⑩ 〖涉〗*** 섭 入葉 | shè, ショウ
2746

소전 행서 이름 건널 섭 자원 회의. 氵+步→涉. 강물을 걸어서 건너간다는 뜻.

필순 丶 冫 氵 氵 氵 氵 氵 汁 沙 涉

새김 ❶건너다. 강물을 건너다. ¶渡涉(건널 도, ―)강물을 건넘. ❷관계하다. 교섭하다. ¶涉₂外₁(―, 밖 외)외부나 외국과 연락하여 교섭함. 예―活動. ❸널리 훑어보다. ¶涉獵(―, 훑어볼 렵)여러 가지 책을 널리 읽음. 예古今의 詩書를 ―하다.
〔涉歷〕(섭력) 물을 건너고 산을 넘음이란 뜻으로, 온갖 일을 많이 경험함의 비유.
〔涉獵〕(섭렵) ①많은 책을 두루 읽음. ②이런 저런 일을 두루 접촉하고 관계함.
〔涉水〕(섭수) 물을 건넘.
▷干涉(간섭)·交涉(교섭)·徒涉(도섭)

7 ⑩ 〖消〗*** 소 平蕭 | xiāo, ショウ
2747

소전 행서 이름 사라질 소 자원 형성. 氵+肖→消. 肖에는 '초'외에 '소'음도 있어, 宵(소)·逍(소)와 같이 肖(소)가 성부.

필순 丶 冫 氵 氵 氵 氵 氵 消 消 消

새김 ❶사라지다. 없어지다. ¶消滅(―, 없어질 멸)사라져 없어짐. 예自然―. ❷지우다. 없애다. ¶抹消(지울 말, ―)기록 같은 것을 지워서 없앰. 예名簿에서 ―하다. ❸불을 끄다. ¶消₂火₁(―, 불 화)타는 불을 끔. 예―器. ❹쓰다. ㉠물건이나 기자재를 쓰다. ¶消費(―, 쓸 비)금품을 써버림. 예―者. ㉡시간을 보내다. ¶消₂日₁(―, 날 일)세월을 보냄. 예―거리. ❺편지. 기별. ¶消息(―, 기별 식)안부나 새로운 사실에 관한 기별이나 알림. 예―이 감감하다. ❻박력이 적다. ¶消極(―, 끝 극)자진하여 일을 하려는 박력이 적음. 예―的인 態度.
〔消毒〕(소독) ①해독을 제거함. ②화학 약품으로 병균을 죽임.
〔消燈〕(소등) 등불을 끔 ↔ 점등(點燈).
〔消耗〕(소모) 써서 없어지거나 사용하여 없앰.
〔消防〕(소방) 화재를 예방하고 불을 끄는 일.
〔消長〕(소장) 사라짐과 자라남. 쇠함과 성함.
〔消盡〕(소진) ①다 사라져 없어짐. ②남김없이 다 소비함. 「수하는 작용.
〔消化〕(소화) 먹은 음식을 삭여 영양분을 흡
▷取消(취소)·解消(해소)

7 ⑩ 〖涑〗* 속 入屋 | sù, ソク
2748

소전 행서 이름 속천 속 자원 형성. 氵+束→涑. 速(속)과 같이 束(속)이 성부.

새김 속천(涑川). 산서성(山西省)에 있는 내 이름.

7 ⑩ 〖涓〗* 연 本견 平先 | juān, ケン
2749

소전 행서 이름 가릴 연 자원 형성. 氵+肙→涓. 肙(견)의 변음이 성부.

새김 가리다. 고르다. ¶涓₂吉₁(―, 길할 길)길한 날을 가림. 同擇日(택일).

7 ⑩ 〖涎〗* 연 本선 平先 | xián, エン
2750

소전 행서 동자 㳄 이름 침 연 자원 형성. 氵+延→涎. 筵(연)과 같이 延(연)이 성부.

새김 침 ¶垂涎(드리울 수, ―) 먹고 싶어서 침을 흘림. 예―萬丈.

7 ⑩ 〖涡〗 와 渦(2836)의 간화자
2751

7 ⑩ 〖浣〗* 완: 本환: 上旱 | huàn, カン
2752

소전 행서 이름 빨 완: 자원 형성. 氵+完→浣. 完(완)이 성부.

새김 ❶빨다. 빨래하다. 씻다. ¶浣衣(—, 옷의)옷을 빨래함. ❷열흘. 당(唐)나라 때에 벼슬아치들에게 열흘에 하루씩 휴가를 주던 일. ¶上浣(위 상, —)한 달 가운데 초하루부터 초열흘까지의 사이. 동上旬(상순).
▷中浣(중완)·下浣(하완)

7 ⑩ 〔浴〕*** 욕 入沃 yù, ヨク
2753

소전 행서 이름 목욕할 욕 자원 형성. 氵+谷→浴. 谷에는 '곡' 외에 '욕' 음도 있어, 欲(욕)과 같이 谷(욕)이 성부.

필순 丶 冫 氵 氵 氵 氵 氵 浴 浴 浴

새김 ❶목욕하다. 몸을 씻다. ¶浴室(—, 방 실) 목욕을 할 수 있도록 시설한 방. ❷목욕. 몸을 햇볕에 쬐거나 바닷물에 미역을 감는 일. ¶日光浴(해 일, 빛 광, —)몸을 드러내어 햇볕을 쬐는 일.
〔浴槽〕(욕조) 목욕통. 목욕물을 담는 통.
〔浴化〕(욕화) 덕화(德化)를 입음.
▷冷水浴(냉수욕)·沐浴(목욕)·入浴(입욕)·海水浴(해수욕)

7 ⑩ 〔涌〕* 용: 湧(2837)과 동자
2754

7 ⑩ 〔润〕 윤: 潤(2930)의 간화자
2755

7 ⑩ 〔浙〕* 절 入屑 zhè, セツ
2756

소전 행서 이름 절강 절 자원 형성. 氵+折→浙. 折(절)이 성부.
새김 절강(浙江). 절강성(浙江省)에 있는 강 이름. 또는 절강성의 준말.

7 ⑩ 〔涏〕* 정: 上迥 tǐng, テイ
2757

행서 이름 물결똑바를 정: 자원 형성. 氵+廷→涏. 挺(정)과 같이 廷(정)이 성부.
새김 물결이 똑바르다. 또는 그 모양.

7 ⑩ 〔浚〕* 준: 去震 jùn, シュン
2758

소전 행서 이름 칠 준: 자원 형성. 氵+夋→浚. 俊(준)·峻(준)과 같이 夋(준)이 성부.
새김 치다. 개천이나 우물을 치다. ¶浚渫(—, 칠 설) 개천이나 강·우물 따위의 메워진 것을 파냄. 예—船.
〔浚井〕(준정) 우물을 깨끗이 쳐냄.

7 ⑩ 〔涨〕 창: 漲(2908)의 간화자
2759

7 ⑩ 〔涤〕 척 滌(2909)의 간화자
2760

7 ⑩ 〔涕〕* 체 本체: 去霽 tì, テイ
2761

소전 행서 이름 눈물 체 자원 형성. 氵+弟→涕. 剃(체)와 같이 弟(제)의 변음이 성부.
새김 눈물. 또는 눈물을 흘리며 울다. ¶涕泣(—, 울 읍)눈물을 흘리면서 욺.
〔涕淚〕(체루) 울어서 흐르는 눈물.
〔涕泗〕(체사) 울어서 흐르는 눈물과 콧물.
▷流涕(유체)·泣涕(읍체)

7 ⑩ 〔浸〕** 침:▷침 去沁 jìn, シン
2762

소전 행서 이름 잠길 침:▷침 자원 형성. 氵+㑴→浸. 侵(침)과 같이 㑴(침)이 성부.

필순 丶 冫 氵 氵 氵 氵 氵 氵 浸 浸

새김 ❶잠기다. 물에 잠기다. ¶浸水(—, 물 수)물에 잠김. 예—被害. ❷스며들다. ¶浸透(—, 꿰뚫을 투)물기가 속으로 스며듦. 인신하여, 어떤 풍조나 사상이 속속들이 스며듦. 예새로운 思潮의 —.
〔浸濕〕(침습) 물기에 젖음. 젖어서 축축함.
〔浸蝕〕(침식) 빗물·냇물·바람·파도 따위의 힘에 의하여 땅이나 바위가 깎이어 들어감.
〔浸染〕(침염) 점차로 물듦. 차차 감화됨.
〔浸潤〕(침윤) ①물기가 차차 젖어듦. ②차차 번져 나감. 예—之譖.

7 ⑩ 〔浿〕* 패: 去泰 pèi, ハイ
2763

행서 이름 패수 패: 자원 형성. 氵+貝→浿. 唄(패)·狽(패)와 같이 貝(패)가 성부.
새김 패수. 우리 나라의 대동강·청천강·압록강·예성강·임진강이라는 등 여러 설이 있다.

7 ⑩ 〔浦〕** 포 本포: 上麌 pǔ, ホ
2764

소전 행서 이름 물가 포 자원 형성. 氵+甫→浦. 甫에는 '보' 외에 '포' 음도 있어, 捕(포)·圃(포)·逋(포)와 같이 甫(포)가 성부.

필순 丶 冫 氵 汀 汀 汸 洦 浉 浦 浦

새김 물가. 개. 조수가 드나드는 강어귀. ¶浦口(—, 어귀 구)배가 드나드는 개의 어귀. 예— 로 돌아오는 고깃배.
〔浦落〕(포락) 國강물이나 냇물에 논밭이 개 먹어서 무너져 떨어짐.
〔浦民〕(포민) 갯가에서 사는 백성.
〔浦村〕(포촌) 갯가에 있는 마을.

7 ⑩ 〔海〕*** 해: 上賄 | hǎi, カイ
2765

소전 行서 海 이름 바다 해: 자원 형성. 氵+每→海. 每(매)의 변음이 성부.

필순 丶 冫 氵 氵 汇 汇 海 海 海 海

새김 ❶바다. 陸(5850)의 대. ¶海路(—, 길 로)바닷길. 예— 로 들어온 中國僑胞. ❷사물이 많이 모이는 곳. ¶樹海(나무 수, —)울창한 삼림의 광대함을 바다에 비유하여 이르는 말. ❸널리. ¶海諒(—, 살필 량)넓은 도량으로 널리 헤아림. 상대방에게 양해를 구할 때 쓰는 말. 예미흡함이 많사오나 —하시기 바라옵니다.
〔海軍〕(해군) 바다에서의 방어와 전투를 맡아 하는 군대.
〔海難〕(해난) 항해 중에 당하는 재난.
〔海女〕(해녀) 바다 속에 들어가서 해산물을 채취하는 일을 업으로 하는 여자.
〔海東〕(해동) ①바다의 동쪽 지역. ②우리 나라의 이칭(異稱).
〔海流〕(해류) 바닷물의 흐름.
〔海里〕(해리) 해상(海上)의 거리 단위. 1해리는 약 1,852m.
〔海面〕(해면) 바닷물의 표면.
〔海拔〕(해발) 바다의 평균 수면을 기준으로 한, 육지나 산 등의 높이.
〔海邊〕(해변) 바닷가.
〔海産物〕(해산물) 바다에서 나는 물건.
〔海岸〕(해안) 바닷가. 해변(海邊).
〔海洋〕(해양) 넓고 큰 바다. 예—氣候.
〔海域〕(해역) 바다 위의 일정한 구역.
〔海外〕(해외) 바다 밖에 있는 나라. 곧 외국. 예—旅行.
〔海運〕(해운) 해상에서 배로 하는 운송.
〔海月〕(해월) 바다 위에 뜬 달.
〔海衣〕(해의) 김. 해태(海苔).
〔海溢〕(해일) 지진·화산폭발·폭풍우 등으로 인하여 바닷물이 갑자기 일어 육지로 넘쳐 들어오는 현상.
〔海低〕(해저) 바다의 밑바닥.
〔海戰〕(해전) 바다에서 하는 전투.
〔海藻〕(해조) 바다에서 나는 조류(藻類). 김·다시마·미역·파래 따위.
〔海草〕(해초) 해조(海藻).
〔海峽〕(해협) 육지 또는 섬 사이의 긴 바다.
▷苦海(고해)·近海(근해)·南海(남해)·大海(대해)·渡海(도해)·東海(동해)·北海(북해)·四海(사해)·桑田碧海(상전벽해)·沿海(연해)·領海(영해)·雲海(운해)·學海(학해)·航海(항해)

7 ⑩ 〔浹〕* 협 本접 入葉 | jiā, ショウ
2766

소전 行서 속자 간화 浃 이름 일주할 협 자원 형성. 氵+夾→浹. 狹(협)·莢(협)·頰(협)과 같이 夾(협)이 성부.
새김 일주하다. 십간(十干)이나 십이지(十二支)를 일주하다. ¶浹[2]旬[1](—, 열흘 순)열흘을 일주함. 곧 열흘 동안.
〔浹日〕(협일) 십간(十干)이 일주하는 10일.

7 ⑩ 〔浩〕** 호: 上皓 | hào, コウ
2767

소전 行서 동자 澔 이름 넓을 호: 자원 형성. 氵+告→浩. 皓(호)·晧(호)와 같이 告(고)의 변음이 성부.

필순 丶 冫 氵 氵 汇 汼 泮 浩 浩 浩

새김 ❶넓다. 넓고 크다. ¶浩浩漠漠(—, —, 넓을 막, —)사막이나 벌 따위가 넓디넓어 눈이 모자라도록 아득함. 예—한 砂漠은 가이 없다. ❷많다. 넉넉하다. ¶浩瀚(—, 많을 한)㉮사물이 풍부한 모양. 또는 책의 권수나 양이 아주 많음. 예—한 書籍. ㉯넓디넓은 모양. 예가도 없는 —한 湖水.
〔浩大〕(해대) 기세나 규모 등이 성대함.
〔浩然〕(호연) ①물이 드넓은 모양. ②광대하고 웅장한 모양.
〔浩然之氣〕(호연지기) 공명 정대하여 조금도 부끄러울 것이 없는 도덕적 용기.
〔浩蕩〕(호탕) ①아주 넓어서 끝이 없음. ②생각이 자유 분방한 모양.

7 ⑩ 〔涍〕* 효: 去效 | xiào, コウ
2768

行서 이름 효천 효: 자원 형성. 氵+孝→涍. 哮(효)·酵(효)와 같이 孝(효)가 성부.
새김 효천(涍泉). 샘 이름.

8 ⑪ 〔渓〕 계 溪(2857)의 일본 상용한자
2769

8 ⑪ 〔淃〕* 권: 去霰 juàn, ケン
2770

행서 淃 이름 물돌아흐를 권: 자원 형성. 氵+卷→淃. 倦(권)·圈(권)과 같이 卷(권)이 성부.
새김 물이 돌아 흐르다. 또는 그 모양.

8 ⑪ 〔淇〕* 기 平支 qí, キ
2771

소전 행서 淇 이름 기수 기 자원 형성. 氵+其→淇. 琪(기)·期(기)·基(기)·旗(기)와 같이 其(기)가 성부.
새김 기수. 하남성(河南省)에 있는 강 이름.

8 ⑪ 〔淡〕** 담: 上感 dàn, タン
2772

소전 행서 淡 이름 싱거울 담: 자원 형성. 氵+炎→淡. 炎에는 '염' 외에 '담' 음도 있어, 談(담)·痰(담)과 같이 炎(담)이 성부.

필순 ` ⺀ 氵 氵 氵' 氵丷 氵火 淡 淡 淡

새김 ❶싱겁다. 소금기가 없다. ¶淡水(—, 물 수)민물. 강·호수 등의 소금기가 없는 물. 예—養魚. ❷연하다. 빛깔이 짙지 아니하다. 濃(2943)의 대. ¶濃淡(짙을 농, —)빛깔의 짙음과 연함. 예—의 差異. ❸맑다. ㉠욕심이 없다. ¶淡泊(—, 조촐한 박)욕심이 없이 조촐함. 예—한 절개. ㉡산뜻하다. ¶淡泊(—, 산뜻할 박)음식 맛이 느끼하지 않고 산뜻함. 예—한 飮食. ❹쌀쌀하다. ¶冷淡(찰 냉, —)태도나 마음이 쌀쌀함. 예—한 態度.
〔淡交〕(담교) 사심이 없이 담박하게 사귀는 교제.
〔淡淡〕(담담) ①빛깔이 엷고 맑음. ②욕심이 없이 조촐함.
〔淡雲〕(담운) 엷은 구름.
▷雅淡(아담)·淸淡(청담)

8 ⑪ 〔淘〕* 도 平豪 táo, トウ
2773

행서 淘 이름 일 도 자원 형성. 氵+匋→淘. 陶(도)와 같이 匋(도)가 성부.
새김 일다. 물에 일어서 쓸것과 못쓸것을 가리다. ¶淘汰(—, 일 태)㉮물에 일어서 쓸데없는 것을 가려 버림. ㉯주위의 환경에 적응하지 못하는 생물이 사라져 버리는 일. 예自然—.

8 ⑪ 〔渎〕 독 瀆(2971)의 간화자
2774

8 ⑪ 〔涼〕*** 량 平陽 liáng, リョウ
2775

소전 행서 凉 속자 凉 이름 서늘할 량 자원 형성. 氵+京→涼. 諒(량)과 같이 京(경)의 변음이 성부.

필순 ` ⺀ 氵 氵' 氵亠 氵古 氵古 氵京 涼 涼

새김 ❶서늘하다. ¶涼風(—, 바람 풍)서늘한 바람. ❷쓸쓸하다. ¶荒涼(거칠 황, —)황폐하여 거칠고 쓸쓸함. 예—한 들판.
〔涼氣〕(양기) 서늘한 기운.
〔涼雨〕(양우) 가을철의 서늘한 비.
〔涼秋〕(양추) 서늘한 가을.
▷納涼(납량)·炎涼(염량)·淒涼(처량)·淸涼(청량)

8 ⑪ 〔淚〕** 루: 去寘 lèi, ルイ
2776

행서 淚 이름 눈물 루: 자원 형성. 氵+戾→淚. 戾(려)의 변음이 성부.

필순 ⺀ 氵 氵' 氵⼾ 氵⼾ 氵户 氵戶 淚 淚 淚

새김 눈물. 또는 눈물을 흘리다. ¶落淚(떨굴 락, —)눈물을 흘림.
〔淚眼〕(누안) 눈물이 글썽글썽한 눈.
〔淚痕〕(누흔) 눈물 자국.
▷感淚(감루)·別淚(별루)·泣淚(읍루)·催淚(최루)·燭淚(촉루)·血淚(혈루)·揮淚(휘루)

8 ⑪ 〔淪〕* 륜 平眞 lún, リン
2777

소전 행서 淪 간화 沦 이름 빠질 륜 자원 형성. 氵+侖→淪. 倫(륜)·輪(륜)·崙(륜)과 같이 侖(륜)이 성부.
새김 빠지다. 나쁜 곳에 빠지다. ¶淪落(—, 떨어질 락)여자가 도덕적으로 몸을 망치게 되는 상태에 빠짐. 예—行爲.
〔淪沒〕(윤몰) ①물에 빠져 들어감. ②죄에 빠져 들어감. ③쇠하여 없어짐.
▷沈淪(침륜)·混淪(혼륜)

8 ⑪ 〔淋〕* 림 平侵 lín, リン
2778

소전 행서 淋 이름 들을 림 자원 형성. 氵+林→淋. 琳(림)·霖(림)과 같이 林(림)이 성부.
새김 ❶듣다. 물방울·피 따위가 뚝뚝 떨어지다. ¶淋漓(—, 떨어질 리)물이나 피·땀이 뚝뚝 떨어짐. 예流血—. ❷임질(淋疾). 성병의 이름.
〔淋巴腺〕(임파선) 림프샘. 임파관의 군데군데에 있는 둥근 조직.

8 ⑪ 〔渗〕 삼 滲(2895)의 간화자
2779

8 ⑪ 〔渋〕 삽 澁(2927)의 약자
2780

8 ⑪ 〔淅〕* 석 入錫 | xī, セキ
2781

소전 행서 이름 일 석 자원 형성. 氵+析→淅. 晳(석)과 같이 析(석)이 성부.
새김 일다. 쌀을 일다. ¶淅$_2$米$_1$(—, 쌀 미)쌀을 읾.

8 ⑪ 〔淞〕* 송 平冬 | sōng, ショウ
2782

행서 이름 상고대 송 자원 형성. 氵+松→淞. 松(송)이 성부.
새김 상고대. 또는 눈꽃.

8 ⑪ 〔淑〕*** 숙 入屋 | shū, シュク
2783

소전 행서 이름 얌전할 숙 자원 형성. 氵+叔→淑. 琡(숙)·菽(숙)과 같이 叔(숙)이 성부.

필순 氵 氵 汁 汁 汴 汴 汴 沫 淑 淑

새김 ❶얌전하다. 선량하다. 주로 여성에 대하여 쓰는 말. ¶淑女(—, 여자 녀)품행이 바른, 얌전한 여자. 예紳士— 여러분! ❷취(取)하다. 본받아 취하다. ¶私淑(사사로이 사, —)직접 가르침은 받지 아니하였으나, 마음 속으로 어떤 사람을 본받아서 배우거나 따름. 예그를 —하는 사람이 적지 않았다.
〔淑德〕(숙덕) 여자의 얌전한 덕행(德行).
〔淑姿〕(숙자) 여자의 얌전하고 착한 자태.
〔淑淸〕(숙청) 성품·언행이 정숙하고 깨끗함.
▷貞淑(정숙)·淸淑(청숙)·賢淑(현숙)

8 ⑪ 〔淳〕* 순 平眞 | chún, ジュン
2784

소전 행서 이름 순박할 순 자원 형성. 氵+享→淳. 諄(순)·醇(순)과 같이 享(향)의 변음이 성부.
새김 순박하다. ¶淳厚(—, 후할 후)순박하고 후함. 예—한 性品.
〔淳良〕(순량) 순박하고 선량함.
〔淳朴〕(순박) 선량하고 꾸밈이 없음.
〔淳風〕(순풍) 순박한 풍속.

8 ⑪ 〔深〕*** 심 平侵 | shēn, シン
2785

소전 행서 이름 깊을 심 자원 형성. 氵+罙〔㝐의 변형〕→淡→深. 㝐(심)이 성부.

필순 氵 氵 氵 氵 沪 沪 泙 泙 泙 深

새김 ❶깊다. ㉠깊이가 깊거나 길이가 길다. 淺(2799)의 대. ¶深山(—, 산 산)깊은 산. 예—幽谷. ㉡살뜰하다. 인정·마음씨 등이 깊다. ¶深厚(—, 두터울 후)인정이나 마음씨가 깊고 두터움. 예—하고 正直한 마음. ㉢웅숭깊다. 심오하다. ¶深遠(—, 멀 원)내용이나 뜻을 쉽사리 헤아릴 수 없게 웅숭깊음. 예—한 思想. ㉣오랜 시간이 지나다. 오래되다. ¶深夜(—, 밤 야)깊은 밤. 예—에 찾아온 친구. ❷짙다. 빛깔이 짙다. ¶深紅(—, 붉을 홍)짙은 빨강.
〔深刻〕(심각) ①깊이 새김. ②깊고 절실함.
〔深耕〕(심경) 땅을 깊이 갊.
〔深度〕(심도) 깊이. 깊은 정도.
〔深慮〕(심려) 깊이 염려함. 또는 그 염려.
〔深謀遠慮〕(심모원려) 깊은 꾀와 원대한 염려.
〔深思熟考〕(심사숙고) 깊이 생각하고 곰곰이 따져봄. 또는 그런 생각.
〔深甚〕(심심) 매우 깊음. 매우 심함.
〔深深山川〕(심심산천) 깊디깊은 산골.
〔深淵〕(심연) ①깊은 못. ②빠져 나오기 어려운 깊은 구렁의 비유. 예—으로 몰아넣다.
〔深奧〕(심오) 깊고 오묘함.
〔深長〕(심장) ①깊고 긺. ②깊고 정밀함.
〔深淺〕(심천) 깊음과 얕음. 또는 크고 작음이나 많고 적음.
〔深層〕(심층) 깊은 층이란 뜻으로, 깊이 숨겨져 있는 부분을 이르는 말. 예—取材.
〔深化〕(심화) 깊어짐. 또는 심오하게 함.
▷水深(수심)·夜深(야심)·幽深(유심)·淺深(천심)·海深(해심)

8 ⑪ 〔涯〕** 애 平佳 | yá, ガイ
2786

소전 행서 이름 물가 애 자원 형성. 氵+厓→涯. 厓(애)가 성부.

필순 丶 ﹔ 氵 汀 汇 沂 沂 涯 涯 涯

새김 ❶물가. ¶水涯(물 수, —)물가. ❷끝. 한계. ¶天涯(하늘 천, —)하늘의 끝. 예—의 孤兒.
〔涯角〕(애각) 國멀리 떨어진 궁벽한 곳.
▷無涯(무애)·生涯(생애)

8 ⑪ 〔液〕* 액 入陌 | yè, エキ
2787

소전 행서 이름 액 액 자원 형성. 氵+夜→液. 夜에는 '야' 외에 '액' 음도 있어, 腋(액)과 같이 夜(액)이 성부.
새김 액. ㉠액체. ¶血液(피 혈, —)피. 예—循環. ㉡진액. 생물체에서 뽑아 낸 액체. ¶樹液(나무 수, —)나무에서 짜낸 진액.
〔液汁〕(액즙) 즙(汁). 물체에서 배어 나오거나 짜낸 액체.
〔液體〕(액체) 물·기름과 같이 부피는 있으나 일정한 형태는 가지지 않고 흐를 수 있는 물체.
〔液化〕(액화) 기체가 냉각 또는 압력에 의하여 액체로 변하는 현상.
▷溶液(용액)·乳液(유액)·粘液(점액)·津液(진액)·唾液(타액)

8 ⑪ 〔渔〕 2788 어 漁(2899)의 간화자

8 ⑪ 〔淹〕* 2789 엄 平 鹽 yān, エン

소전 행서 이름 오랠 엄 자원 형성. 氵+奄→淹. 俺(엄)·掩(엄)과 같이 奄(엄)이 성부.
새김 ❶오래다. 또는 오랜동안. ¶淹泊(—, 머무를 박) 한 곳에 오래 묵음. ❷담그다. 또는 물에 빠지다. ¶淹沒(—, 가라앉을 몰) 물에 빠져서 가라앉음. 동沈沒(침몰).
〔淹留〕(엄류) 오래 머무름. 엄박(淹泊).

8 ⑪ 〔渊〕 2790 연 淵(2832)의 속자·간화자

8 ⑫ 〔颍〕 2791 영: 潁(2901)의 간화자

8 ⑪ 〔淫〕** 2792 음 平 侵 yín, イン

소전 행서 이름 음란할 음 자원 형성. 氵+㸒→淫. 㸒(음)이 성부.
필순 氵 氵 氵 氵 氵 氵 氵 氵 淫 淫
새김 ❶음란하다. 남녀의 관계가 어지럽다. ¶淫蕩(—, 방탕할 탕)음란하고 방탕함. 예—한 사회 풍조. ❷장마. ¶淫雨(—, 비 우)오래 오는 장마비.
〔淫談悖說〕(음담패설) 國 음탕하고 상스러운 이야기.
〔淫亂〕(음란) 음탕하고 난잡함.
〔淫書〕(음서) 내용이 외설한 책.
〔淫心〕(음심) 음란한 마음.
〔淫行〕(음행) 음란한 행위. 방탕한 행동.
▷姦淫(간음)·浸淫(침음)·荒淫(황음)

8 ⑪ 〔淀〕* 2793 전: 澱(2953)의 동자·간화자
참고 대법원 공인 인명용 추가한자의 자음 '정'은 잘못.

8 ⑪ 〔渐〕 2794 점: 漸(2905)의 간화자

8 ⑪ 〔淨〕*** 2795 정 本정: 去 敬 jìng, ジョウ

소전 행서 속자 净 이름 깨끗할 정 자원 형성. 氵+爭→淨. 靜(정)과 같이 爭(쟁)의 변음이 성부.
필순 氵 氵 氵 氵 氵 氵 氵 氵 淨 淨
새김 깨끗하다. 또는 깨끗하게 하다. ¶淨水(—, 물 수)깨끗한 물. 또는 물을 깨끗하게 함. 예—器.
〔淨潔〕(정결) 깨끗함. 정하고 깨끗함.
〔淨書〕(정서) 글씨를 깨끗이 씀. 또는 초잡은 글을 깨끗이 베껴 씀.
〔淨財〕(정재) 깨끗한 재물이란 뜻으로, 사원(寺院)이나 자선 사업에 내는 기부금·자선금·희사금 따위를 이르는 말.
〔淨土〕(정토) (佛)번뇌로부터 벗어난 아주 깨끗한 세상.
〔淨化〕(정화) 깨끗하게 함.
▷不淨(부정)·洗淨(세정)·自淨(자정)·淸淨(청정)

8 ⑪ 〔済〕 2796 제: 濟(2966)의 속자

8 ⑪ 〔淙〕* 2797 종 平 冬 cóng, ソウ

소전 행서 이름 물소리 종 자원 형성. 氵+宗→淙. 棕(종)·綜(종)과 같이 宗(종)이 성부.
새김 물소리. 또는 물이 흐르는 모양.

8 ⑪ 〔渍〕 2798 지: 漬(2907)의 간화자

8 ⑪ 〔淺〕*** 2799 천: 上 銑 qiǎn, セン

소전 행서 속자 浅 간화 浅 이름 얕을 천: 자원 형성. 氵+戔→淺. 賤(천)·踐(천)과 같이 戔(전)의 변음이 성부.
필순 氵 氵 氵 氵 氵 氵 氵 淺 淺 淺
새김 얕다. 深(2785)의 대. ㉠물이 얕다. ¶淺海(—, 바다 해)얕은 바다. ㉡학식이 얕다. 지식이나 경험이 적다. ¶淺學(—, 학문 학)얕은 학문. 천박한 학식. ㉢생각이 얕다. ¶淺見(—, 생각 견)얕은 생각이나 견해. 인신하여, 자기 의견을 겸손하게 이르는 말. ㉣시일이 오래지 않다. ¶日淺(날 일, —)시작한 날수가 많지 않

음. ⓛ빛깔이 연하다. ¶淺綠色(一, 푸를 록, 빛색)연한 녹색.
〔淺近〕(천근) 천박함. 얕고 속됨.
〔淺薄〕(천박) ①학문·수양 따위가 얕음. ②인심이 각박함.
〔淺學菲才〕(천학비재) 학식이 얕고 재주가 변변하지 못함. 자기의 학식에 대한 겸칭.
▷深淺(심천)

8 ⑪ 〔添〕** 첨 平鹽 | tiān, テン
2800

행서 이름 더할 첨 자원 형성. 氵+忝→添. 忝(첨)이 성부.

필순 丶 冫 氵 氵 汘 沃 沃 添 添 添

새김 더하다. 보태다. ¶添加(一, 더할 가)이미 있는 데다 더 보탬. 예—와 削減.
〔添杯〕(첨배) 술이 들어 있는 술잔에 술을 더 따름.
〔添附〕(첨부) 더함. 덧붙임. 첨부(添付).
〔添削〕(첨삭) 글·글자를 더하거나 빼거나 하여 시문(詩文)을 고침.
〔添言〕(첨언) 덧붙여 말함.
〔添酌〕(첨작) 國제사 때 종헌(終獻)으로 올린 잔에 술을 더 부어 가득하게 채우는 일.
▷加添(가첨)·別添(별첨)

8 ⑪ 〔清〕*** 청 平庚 | qīng, セイ
2801

소전 행서 본자 淸 이름 맑을 청 자원 형성. 氵+青〔青의 변형〕→清→清. 晴(청)·請(청)·菁(청)과 같이 青(청)이 성부.

필순 丶 冫 氵 氵 汢 洼 洼 清 清 清

새김 ❶맑다. 濁(2955)의 대. ㉠물이 맑다. ¶清流(一, 흐를 류) 맑게 흐르는 강물. ㉡날씨가 맑다. ¶清明(一, 밝을 명) 날씨가 개고 화창함. 예초가을의 —한 날씨. ㉢정신이 맑다. 청렴하다. ¶清高(一, 높을 고) 청렴하고 고결함. 예—한 人格. ㉣산뜻하다. 신선하다. ¶清新(一, 새 신) 산뜻하게 맑고 새로움. 예—한 空氣. ❷풍류스럽다. 속되지 아니하다. ¶清談(一, 말 담) 명리(名利)를 떠난, 속되지 않고 고상한 이야기. ❸깨끗하게 하다. ㉠청소하다. ¶肅清(맑을 숙, 一) 부정적인 대상을 깨끗이 치워 없앰. 예叛逆者의 —. ㉡셈을 끝내다. ¶清算(一, 셈 산) 셈을 말끔하게 끝냄. 예負債—. ❹청나라. 만주족이 명(明)나라를 멸하고 세운 왕조. 예清日戰爭. ❺國꿀. 벌꿀. 또는 조청(造清). ¶清蜜(一, 꿀 밀) 꿀.
〔清潔〕(청결) 맑고 깨끗함.
〔清涼〕(청량) 맑고 시원함.
〔清廉〕(청렴) 마음이 깨끗하고 바름. 이욕(利慾)에 끌리지 않음.
〔清白〕(청백) 물욕에 대해서 청렴하고 결백함.
〔清白吏〕(청백리) 청렴 결백한 관리.
〔清貧〕(청빈) 청렴하고 가난함.
〔清純〕(청순) 깨끗하고 순수함.
〔清雅〕(청아) 청초(清楚)하고 고아함. 맑고 우아함.
〔清酌〕(청작) 제사에 쓰는 맑은 술.
〔清淨〕(청정) 맑고 깨끗함.
〔清楚〕(청초) 깨끗하고 말쑥함.
〔清濁〕(청탁) ①맑음과 흐림. ②청음(清音)과 탁음(濁音). ③청주(清酒)와 탁주(濁酒).
〔清風明月〕(청풍명월) ①맑은 바람과 밝은 달. ②고상한 멋의 비유.
▷掃清(소청)·澄清(징청)·血清(혈청)

8 ⑪ 〔淸〕*** 청 清(2801)의 본자
2802

8 ⑪ 〔淄〕* 치 平支 | zī, シ
2803

행서 이름 검어질 치 자원 형성. 氵+甾→淄. 緇(치)·輜(치)와 같이 甾(치)가 성부.
새김 검어지다. 검게 물들다. 〔論語〕涅而不淄(날이불치) 검을 물감으로 물을 들여도 검어지지 아니함. 인품이 고상하여 나쁜 환경의 영향을 받지 아니함의 비유.

8 ⑪ 〔涵〕* 함 平覃 | hán, カン
2804

소전 행서 이름 젖실 함 자원 형성. 氵+函→涵. 函(함)이 성부.
새김 적시다. 물에 적시다. ¶涵養(一, 기를 양) 인격이나 학문 등을 길러서 키움. 예人格의 —에 힘쓰다.
〔涵泳〕(함영) 무자맥질함. 인신하여, 은혜를 흠뻑 받음.

8 ⑪ 〔淏〕* 호: 上皓 | hào, コウ
2805

행서 이름 물맑을 호: 자원 형성. 氵+昊→淏. 昊(호)가 성부.
새김 물이 맑다. 또는 그 모양.

8 ⑪ 〔混〕*** 혼: 上阮 | hùn, コン
2806

소전 행서 이름 섞일 혼: 자원 형성. 氵+昆→混. 昆에는 '곤' 외에 '혼' 음도 있어. 昆(혼)이 성부.

필순 氵 氵 氵 氵 沪 沪 沪 涅 涅 混

새김 ❶섞이다. 뒤섞이다. ¶混亂(—, 어지러울 란)갈피를 잡을 수 없게 뒤섞이어 어지러움. 예— 한 틈. ❷섞다. 뒤섞다. ¶混合(—, 합할 합)여러 가지를 뒤섞어 한데 합함. 예— 肥料.

〔混沌〕(혼돈) ①천지 개벽 이전에 원기(元氣)가 아직 나누어지지 않은 상태. ②사물의 구별이 확실하지 않은 상태. 혼돈(渾沌).

〔混同〕(혼동) ①뒤섞어 놓음. ②뒤섞어 구별되지 않음.

〔混線〕(혼선) ①전력이나 전신의 선이 서로 접촉하여 작용에 지장이 생기는 일. ②얘기할 때 말의 갈래가 뒤섞이어 알아듣을 수 없게 되는 일.

〔混成〕(혼성) 서로 혼합되어 이루어짐. 또는 혼합하여 이룸. 예— 팀.

〔混聲〕(혼성) 남성의 목소리와 여성의 목소리를 합하여 함께 노래하는 일. 예— 合唱.

〔混用〕(혼용) 두 가지 이상을 섞어서 씀.

〔混雜〕(혼잡) 뒤섞여서 복잡함.

〔混戰〕(혼전) 두 편이 서로 뒤섞여 싸움.

〔混濁〕(혼탁) ①맑지 아니하고 흐림. ②세상이 혼란함의 비유.

〔混血〕(혼혈) 종족이 다른 부모의 혈통이 섞임.

〔混淆〕(혼효) 서로 분간이 안 되게 함부로 뒤섞이거나 뒤섞음. 예玉石—.

8 ⑪ 〔淮〕* 회 平佳 huái, ワイ

2807

소전 행서 이름 회수 회 자원 형성. 氵+隹→淮. 隹(최)의 변음이 성부.

새김 회수. 하남성(河南省)에 있는 강 이름.

8 ⑪ 〔淆〕* 효 平肴 xiáo, コウ

2808

행서 이름 뒤섞을 효 자원 형성. 氵+肴→淆. 肴(효)가 성부.

새김 뒤섞다. 또는 뒤섞이어 어지럽다. ¶混淆(섞일 혼, —)混(2806)을 보라.

〔淆亂〕(효란) 혼란스러움. 뒤섞여 어지러움.

〔淆雜〕(효잡) 뒤죽박죽이 되어 어수선함.

9 ⑫ 〔渴〕*** ㊀갈 入曷 kě, カツ
㊁갈 ㊎걸 入屑 jié, カツ

2809

소전 행서 이름 ㊀목마를 갈 ㊁물마를 갈 자원 형성. 氵+曷→渴. 碣(갈)·葛(갈)과 같이 曷(갈)이 성부.

필순 氵 氵 氵 氵 沪 沪 渇 渇 渇 渴

새김 ㊀❶목이 마르다. ㉠갈증이 나다. ¶渴症(—, 증세 증) 목이 말라 물이 먹고 싶은 느낌. 예— 解消. ㉡(목마른 사람이 물을 찾듯이) 몹시. 매우. ¶渴望(—, 바랄 망)몹시 바람. 예自由에 대한 —. ❷서두르다. ¶渴葬(—, 장사지낼 장)예월(禮月)을 기다리지 아니하고 서둘러 장사지냄. ※禮月 : 죽은 후 장사지내는 달로, 천자는 7개월, 제후는 5개월, 대부(大夫)는 3개월째 되는 달이다. ㊁물이 마르다. 말라서 물이 없다. ¶枯渴(마를 고, —)흐르거나 괴어 있는 물이 말라서 없어짐. 예냇물의 —.

〔渴求〕(갈구) 몹시 바라고 구함.

〔渴水期〕(갈수기) 가뭄으로 하천의 물이 마르는 시기.

〔渴而穿井〕(갈이천정) 목마른 후에야 우물을 팜. 사전 준비 없이 일이 다급해져서야 서두름의 비유.

▷飢渴(기갈)·涸渴(학갈)·解渴(해갈)

9 ⑫ 〔減〕*** 감: 上豏 jiǎn, ゲン

2810

소전 행서 이름 덜 감: 자원 형성. 氵+咸→減. 咸에는 '함' 외에 '감' 음도 있어, 感(감)과 같이 咸(감)이 성부.

필순 氵 氵 氵 汇 沪 沪 洉 減 減 減

새김 ❶덜다. 줄이다. 또는 가볍게 하다. 增(0945)의 대. ¶減刑(—, 형벌 형)형벌을 덜어 가볍게 함. ❷줄다. 적어지다. 增(0945)의 대. ¶減少(—, 적을 소)줄어서 적어짐. 또는 덜어서 적게 함. 예人員을 —하다. ❸빼기. 加(0500)의 대. ¶加減乘除(더하기 가, —, 곱하기 승, 나누기 제)더하기·빼기·곱하기·나누기.

〔減價償却〕(감가상각) 사용하는데 따라 줄어드는 기계·건물 등의 자산으로서의 가치를, 그 정도에 따라 비용으로 보상하는 일.

〔減量〕(감량) 분량이나 체중을 줄임.

〔減免〕(감면) 형벌·조세 따위를 감하거나 면제해 줌. 예稅金—.

〔減俸〕(감봉) 봉급의 액수를 줄임.

〔減産〕(감산) 생산량을 줄임.

〔減速〕(감속) 속도를 줄임.

〔減殺〕(감쇄) 덜리어 없어지거나 덜어서 없애버림.

〔減收〕(감수) 수확이나 수입이 줄어듦.

〔減壽〕(감수) 목숨이 짧아짐. 수명이 줄어듦.

〔減額〕(감액) 액수를 줄임. 또는 줄인 액수.

〔減員〕(감원) 인원수를 줄임.

〔減點〕(감점) 점수를 줄임. 또는 줄인 점수.

〔減罪〕(감죄) 죄에 대한 처벌을 가볍게 함.

〔減縮〕(감축) 덜고 줄임.

〔減退〕(감퇴) 줄어지고 적어짐. 예食慾—.

▷加減(가감)·輕減(경감)·半減(반감)·削減(삭감)·增減(증감)

9 ⑫ 〔漑〕 개: 漑(2887)의 속자
2811

9 ⑫ 〔渠〕* 거 平魚 qú, キョ
2812

소전 행서 이름 도랑 거 자원 형성. 氵+巨+木→渠. 拒(거)·距(거)와 같이 巨(거)가 성부.
새김 ❶도랑. 인공으로 판 수로. ¶溝渠(도랑 구, —)도랑. 개골창. ❷그. 제삼인칭 대명사. ¶渠輩(—, 무리 배)그들. 그 사람들. ❸크다. 인신하여, 우두머리. ¶渠魁(—, 우두머리 괴) 우두머리. 특히 도적의 우두머리.

9 ⑫ 〔溃〕 궤: 潰(2917)의 간화자
2813

9 ⑫ 〔湳〕* 남: 上感 nǎn, ダン
2814

소전 행서 이름 남수 남: 자원 형성. 氵+南→湳. 楠(남)과 같이 南(남)이 성부.
새김 남수. 산서성(山西省)에 있는 강 이름.

9 ⑫ 〔湍〕* 단 平寒 tuān, タン
2815

소전 행서 이름 여울 단 자원 형성. 氵+耑→湍. 耑(단)이 성부.
새김 여울. 물살이 빠르게 흐르는 곳. ¶急湍(급할 급, —)강물이 급하게 흐르는 여울.

9 ⑫ 〔湛〕* 담 平覃 dān, タン
2816

소전 행서 이름 화락할 담 자원 형성. 氵+甚→湛. 甚(심)의 변음이 성부.
새김 화락하다. ¶湛樂(—, 즐길 락)화락하게 즐김.

9 ⑫ 〔渡〕** 도 本도: 去遇 dù, ト
2817

소전 행서 이름 건널 도 자원 형성. 氵+度→渡. 度(도)가 성부.

필순 氵 氵 氵 汇 浐 浐 浐 浐 渡 渡

새김 ❶건너다. 강을 건너다. ¶渡河(—, 강하)강을 건넘. 예—作戰. ❷건네주다. ¶讓渡(물려줄 양, —)물건이나 권리를 남에게 넘겨줌. 예—所得稅.
〔渡江〕(도강) 강을 건넘. 도하(渡河).
〔渡船〕(도선) 나룻배.
〔渡津〕(도진) 나루.
〔渡海〕(도해) 바다를 건넘.
▷過渡期(과도기)·賣渡(매도)·明渡(명도)·不渡(부도)·引渡(인도)

9 ⑫ 〔満〕 만: ▷만 滿(2893)의 약자
2818

9 ⑫ 〔湾〕 만 灣(3000)의 약자·간화자
2819

9 ⑫ 〔渺〕* 묘: 上篠 miǎo, ビョウ
2820

행서 이름 멀 묘: 자원 형성. 氵+眇→渺. 眇(묘)가 성부.
새김 멀다. 까마득하다. ¶渺茫(—, 드넓을 망) 멀고 넓어서 까마득함. 예—한 바다.
〔渺然〕(묘연) ①끝없이 멀고 넓은 모양. ②멀어지거나 오래되어 형체가 사라져 버림.

9 ⑫ 〔渼〕* 미: 上紙 měi, ビ
2821

행서 이름 미파 미: 자원 형성. 氵+美→渼. 媄(미)와 같이 美(미)가 성부.
새김 미파(渼陂). 섬서성(陝西省)에 있는 호수 이름.

9 ⑫ 〔湄〕* 미 平支 méi, ビ
2822

소전 행서 이름 물가 미 자원 형성. 氵+眉→湄. 媚(미)·嵋(미)와 같이 眉(미)가 성부.
새김 물가. 풀이 우거진 물가.

9 ⑫ 〔渤〕* 발 入月 bó, ボツ
2823

행서 이름 발해 발 자원 형성. 氵+勃→渤. 勃(발)이 성부.
새김 발해(渤海). ㉮바다 이름. 산동반도와 요동반도에 둘러 싸인 바다. ㉯나라 이름. 당(唐)나라 때, 대조영(大祚榮)이 한반도의 북쪽, 중국의 북동쪽에 세웠던 나라.

9 ⑫ 〔湃〕* 배: 去卦 pài, ハイ
2824

행서 이름 물결부딪칠 배: 자원 형성. 氵+拜→湃. 拜(배)가 성부.
새김 물결이 부딪치다. 또는 부딪치는 그 소리. ¶澎湃(물결칠 팽, —)큰 물결이 서로 맞부딪쳐 솟구침. 인신하여, 기세가 세차게 일어남의 형용.

9 ⑫ 〔渣〕* 사 平麻 zhā, サ
2825

행서 이름 찌끼 사 자원 형성. 氵+查→渣. 查(사)가 성부.
새김 찌끼. 찌꺼기. ¶渣滓(—, 찌끼 재) 가라앉은 찌끼.

9 ⑫ 〔湘〕* 상 平陽 xiāng, ショウ
2826

소전 행서 이름 상수 상 자원 형성. 氵+相→湘. 想(상)·霜(상)·廂(상)과 같이 相(상)이 성부.
새김 ❶상수. 광서성(廣西省)에 있는 강 이름. ❷호남성(湖南省)의 딴이름.
〔湘君〕(상군) 상수의(湘水)의 수신(水神). 순(舜)임금이 죽자 그의 비(妃)인 아황(娥皇)과 여영(女英)이 상수에 몸을 던져 신이 되었다는 전설에서 온 말.
〔湘妃〕(상비) 순(舜)임금의 妃(비)인 아황(娥皇)과 여영(女英).
〔湘娥〕(상아) 상비(湘妃)

9 ⑫ 〔渲〕* 선 本선: 去霰 xuàn, セン
2827

행서 이름 바림 선 자원 형성. 氵+宣→渲. 愃(선)·瑄(선)과 같이 宣(선)이 성부.
새김 바림. 채색을 차차 엷게 하여 흐리게 하는 일. ¶渲染(—, 물들 염)바림. 예— 法.

9 ⑫ 〔渫〕* 설 入屑 xiè, セツ
2828

소전 행서 이름 칠 설 자원 형성. 氵+枼→渫. 枼(엽)의 변음이 성부.
새김 치다. 강바닥이나 우물을 치다. ¶浚渫(칠 준, —)우물·못·강 따위의 메워진 것을 파냄. 예漢江의 —作業.

9 ⑫ 〔湿〕 습 濕(2963)의 약자·간화자
2829

9 ⑫ 〔湜〕* 식 入職 shí, ショク
2830

소전 행서 이름 맑을 식 자원 형성. 氵+是→湜. 是(시)의 변음이 성부.
새김 맑다. 물이 맑아 강바닥까지 환하게 들여다 보이다.

9 ⑫ 〔渥〕* 악 入覺 wò, アク
2831

소전 행서 이름 두터울 악 자원 형성. 氵+屋→渥. 屋에는 '옥' 외에 '악' 음도 있어, 幄(악)·握(악)과 같이 屋(악)이 성부.
새김 두텁다. 극진하다. ¶優渥(넉넉할 우, —) 은혜가 매우 두터움. 예— 한 聖恩.

9 ⑫ 〔淵〕* 연 平先 yuān, エン
2832

소전 행서 속자 간화 渊 이름 못 연 자원 형성. 氵+𣶒→淵. 𣶒(연)이 성부.
새김 ❶못. 소. ¶深淵(깊을 심, —)깊은 못. 예— 에서 노는 물고기. ❷근원. 근본. 출처. ¶淵源(—, 근원 원)사물의 일어난 근원. 예씨름의 —은 매우 오래다. ❸사물이 많이 모이는 곳. ¶淵藪(—, 사물이모이는곳 수)여러 가지 사물들이 많이 모여 있는 곳. 예史跡의 —인 慶州.

9 ⑫ 〔渷〕* 연 涎(2750)과 동자
2833

참고 대법원 공인 인명용 추가한자에서 음을 '보'로 잡은 것은 잘못.

9 ⑫ 〔渶〕* 영 平庚 yīng, エイ
2834

행서 이름 강이름 영 자원 형성. 氵+英→渶. 煐(영)·瑛(영)과 같이 英(영)이 성부.
새김 강 이름. 산동성(山東省)에 있었던 옛 강.

9 ⑫ 〔温〕*** 온 平元 wēn, オン
2835

소전 행서 이름 따뜻할 온 자원 형성. 氵+𥁕〔𥁕의 변형〕→溫→温. 縕(온)과 같이 𥁕(온)이 성부.

필순 (필순 도해)

새김 ❶따뜻하다. ㉠온도나 날씨가 따뜻하다. ¶温度(—, 정도 도)따뜻한 정도. 곧 덥고 찬 정도. 예— 計. ㉡마음씨나 태도가 온화하다. ¶温順(—, 순할 순)고분고분하고 순함. 예— 한 사람. ㉢따뜻하게 하다. ¶冬温夏凊(겨울 동, —, 여름 하, 서늘하게할 정)겨울에는 따뜻하게 하고, 여름에는 서늘하게 함. ❷익히다. 복습하다. ¶温故知新(—, 옛 고, 알 지, 새 신)옛것을 익혀 그것을 미루어서 새것을 앎.
〔温恭〕(온공) 온화하고 공손함.
〔温暖〕(온난) 날씨가 따뜻함.
〔温帶〕(온대) 지구의 열대와 한대 사이에 있는, 기후가 따뜻한 지대. 예— 林.
〔温突〕(온돌) 방구들.
〔温床〕(온상) ①인공으로 열을 가하여 식물을

가꾸는 시설. ②어떤 현상이 싹터 자라나는 토대나 환경.
〔温室〕(온실) 추운 때에도 안의 온도를 덥게 하여 식물을 기르도록 만든 방. 「品.
〔温雅〕(온아) 온화하고 조촐함. ㉠─한 人
〔温柔〕(온유) 마음이 온화하고 부드러움.
〔温情〕(온정) 따뜻한 인정.
〔温泉〕(온천) 더운 물이 나오는 샘.
〔温和〕(온화) ①날씨가 따뜻하고 화창함. ②성질이 온유하고 화평함.
〔温厚〕(온후) 성질이 온화하고 너그러움.
▷高温(고온)·氣温(기온)·微温(미온)·保温(보온)·水温(수온)·低温(저온)·體温(체온)

9 ⑫ 〔渦〕* 와 平歌 wō, カ
2836
행서 간화 涡 이름 소용돌이칠 와 자원 형성. 氵+咼→渦. 蝸(와)·窩(와)와 같이 咼(와)가 성부.
새김 소용돌이치다. 또는 소용돌이. ¶渦中(─, 가운데 중) 소용돌이치는 가운데. 인신하여, 어지러운 사건의 가운데. ㉠政爭의 ─.
〔渦形〕(와형) 소용돌이 모양으로 빙빙 도는 형상. ㉢渦狀(와상).
▷旋渦(선와)

9 ⑫ 〔湧〕* 용: 上腫 yǒng, ヨウ
2837
행서 통자 涌 이름 물솟을 용: 자원 형성. 氵+勇→湧. 勇(용)이 성부.
새김 물이 솟아오르다. ¶湧出(─, 솟아나올 출) 물이 솟아 나옴.

9 ⑫ 〔湲〕* 원 平先 yuán, エン
2838
소전 행서 이름 물소리 원 자원 형성. 氵+爰→湲. 援(원)·媛(원)과 같이 爰(원)이 성부.
새김 물소리. ¶湲湲(─, ─)물소리의 형용.

9 ⑫ 〔渭〕* 위: 去未 xèi, イ
2839
소전 행서 이름 위수 위: 자원 형성. 氵+胃→渭. 謂(위)·蝟(위)와 같이 胃(위)가 성부.
새김 위수. 감숙성(甘肅省)에서 발원하여 황하로 흘러드는 강 이름.
〔渭陽丈〕(위양장) 남의 외숙(外叔)을 높여 이르는 말.
〔渭濁涇淸〕(위탁경청) 위수는 탁하고 경수는 맑음. 사물이나 인품의 격차의 비유.

9 ⑫ 〔游〕* 유 平尤 yóu, ユウ
2840
소전 행서 이름 헤엄칠 유 자원 형성. 氵+斿→游. 遊(유)와 같이 斿(유)가 성부.
새김 ❶헤엄치다. 遊(5447)와 통용. ❷놀다. 遊(5447)와 동자.

9 ⑫ 〔湮〕* 인 平眞 yīn, イン
2841
소전 행서 이름 가라앉을 인 자원 형성. 氵+垔→湮. 垔(인)이 성부.
새김 가라앉다. 또는 매몰되다. 인신하여, 망하다. ¶湮滅(─, 없어질 멸) 자취가 묻히어 없어짐. ㉠證據─.

9 ⑫ 〔滋〕* 자 平支 zī, シ
2842
소전 행서 본자 이름 불을 자 자원 형성. 氵+滋〔茲의 변형〕→滋→滋. 慈(자)·磁(자)와 같이 茲(자)가 성부.
새김 ❶붇다. 많아지다. 또는 불리다. ¶滋養(─, 영양 양)몸의 영양을 불림. ㉠─劑. ❷맛있다. 또는 좋은 맛. ¶滋味(─, 음식 미)맛있는 음식. ❸자라다. 또는 자라게 하다. ¶滋雨(─, 비 우) 만물을 자라게 하는 비.
〔滋蔓〕(자만) 차차 자라서 퍼짐.
〔滋甚〕(자심) 더욱 심함. 또는 더욱더 심해짐.

9 ⑫ 〔渽〕* 재 平灰 zāi, サイ
2843
행서 이름 강이름 재 자원 형성. 氵+哉→渽. 哉(재)가 성부.
새김 강 이름. 지금의 대도하(大渡河).

9 ⑫ 〔渚〕* 저: 上語 zhǔ, ショ
2844
소전 행서 이름 물가 저: 자원 형성. 氵+者→渚. 猪(저)·箸(저)와 같이 者(자)의 변음이 성부.
새김 물가. 바닷가.

9 ⑫ 〔湞〕* 정 平庚 zhēn, トウ
2845
행서 간화 浈 이름 정수 정 자원 형성. 氵+貞→湞. 偵(정)·禎(정)과 같이 貞(정)이 성부.
새김 정수. 광동성(廣東省)에 있는 강 이름.

9 ⑫ 〔渟〕* 정 平青 tíng, テイ
2846

행서 渟 이름 물괼 정 자원 형성. 氵+亭→渟. 婷(정)·諪(정)과 같이 亭(정)이 성부.
새김 ❶물이 괴다. 물이 모여 괴다. ¶渟滀(—, 물모일 축) 물이 모여 괴여 있는 곳. ❷머무르다. 停(0283)과 통용. ¶渟泊(—, 머무를 박) 배가 항구에 머무름.
〔渟水〕(정수) 괴어 있는 물.

9 ⑫ 〔湊〕* 주: 去宥 còu, ソウ
2847

소전 행서 湊 이름 모일 주: 자원 형성. 氵+奏→湊. 輳(주)와 같이 奏(주)가 성부.
새김 모이다. 물이나 사물이 한 곳에 모이다. ¶輻湊(모여들 폭, —) 한 곳으로 많이 몰려듦.

9 ⑫ 〔滞〕 체 滯(2910)의 간화자
2848

9 ⑫ 〔湫〕* 추 平尤 qiū, シュウ
2849

소전 행서 湫 이름 못 추 자원 형성. 氵+秋→湫. 鰍(추)·萩(추)와 같이 秋(추)가 성부.
새김 못. 소. 깊은 소. ¶龍湫(용 룡, —) 폭포가 떨어지는 바로 밑에 물받이로 되어 있는 소.

9 ⑫ 〔測〕** 측 入職 cè, ソク
2850

소전 행서 간화 测 이름 헤아릴 측 자원 형성. 氵+則→測. 側(측)과 같이 則(즉)의 변음이 성부.
필순 丶 冫 氵 氵 汀 沮 浿 浿 測 測
새김 헤아리다. ㉠재다. 광협·장단·고저·원근 등을 재다. ¶測定(—, 정할 정)측량하여 정함. ㉥—距離. ㉡추측하다. 생각하다. ¶豫測(미리 예, —)미리 추측함. ㉥—不許.
〔測量〕(측량) ①헤아림. ②넓이·깊이·높이·부피·따위를 잼.
〔測雨器〕(측우기) 國비가 온 양을 재는 기구.
〔測地〕(측지) 땅의 넓이·높낮이를 측량함.
〔測候〕(측후) 천문(天文)과 기상을 관측함.
▷計測(계측)·觀測(관측)·難測(난측)·目測(목측)·實測(실측)·臆測(억측)·推測(추측)

9 ⑫ 〔湯〕** ㊀탕: 本탕 平陽 tāng, トウ ㊁탕: 去漾 tàng, トウ
2851

소전 행서 湯 간화 汤 이름 ㊀탕 탕: ㊁끓일 탕: 자원 형성. 氵+昜→湯. 昜(양)의 변음이 성부.
필순 氵 氵 汩 沪 沪 浧 浧 湯 湯 湯
새김 ㊀❶탕. ㉠끓는 물. 온천이나 목욕탕. ¶湯治(—, 병고칠 치)온천에 목욕하여 병을 고침. ㉡탕약. 달여서 먹는 한약. ㉥四物湯(사물탕). ❷탕왕(湯王). 상(商)나라를 세운 제왕 이름. ㊁끓이다. 또는 끓다. ¶湯水(—, 물 수)끓는 물. 또는 끓인 물.
〔湯罐〕(탕관) 국을 끓이거나 약을 달이는 그릇.
〔湯飯〕(탕반) 국밥.
〔湯藥〕(탕약) 달여서 짜먹는 약. 탕제(湯劑).
〔湯池〕(탕지) ①끓는 물을 담고 있는 해자(垓字). 성곽의 방비가 견고함의 형용. ㉥金城—. ②온천(溫泉).
▷白湯(백탕)·藥湯(약탕)·熱湯(열탕)·溫湯(온탕)·浴湯(욕탕)·雜湯(잡탕)·再湯(재탕)

9 ⑫ 〔港〕** 항: 本강: 上講 gǎng, コウ
2852

소전 행서 港 이름 항구 항: 자원 형성. 氵+巷→港. 巷(항)이 성부.
필순 氵 氵 汁 汫 洪 洪 洪 洪 港 港
새김 ❶항구. 배를 대는 곳. ¶漁港(고기잡을 어, —)어선이 드나들도록 시설을 한 항구. ❷비행장. ¶空港(하늘 공, —)항공기가 이착륙하는 곳. ㉥仁川—.
〔港口〕(항구) 강이나 바다의 연안에 배를 댈 수 있도록 시설을 갖추어 놓은 곳.
〔港都〕(항도) 항구 도시의 준말.
〔港灣〕(항만) 선박이 머물 수 있고 화물과 여객을 옮길 수 있는 시설이 갖추어진 곳.
▷開港(개항)·軍港(군항)·密港(밀항)·商港(상항)·入港(입항)

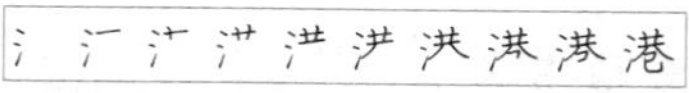

9 ⑫ 〔湖〕*** 호 平虞 hú, コ
2853

소전 행서 湖 이름 호수 호 자원 형성. 氵+胡→湖. 瑚(호)·葫(호)와 같이 胡(호)가 성부.
필순 氵 氵 汁 汁 沽 沽 湖 湖 湖 湖
새김 ❶호수. 큰 못. ¶湖畔(—, 가 반)호수의 가. ㉥—風景. ❷호남성(湖南省)과 호북성(湖北省)의 통칭. ❸國충청도(忠清道)의 통칭. ¶畿湖(경기 기, —)경기도와 충청도의 통칭. ㉥—地方.
〔湖沼〕(호소) 호수와 늪.

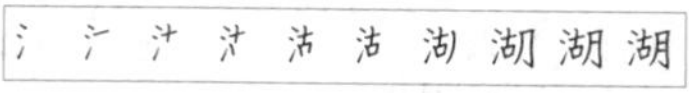

〔湖水〕(호수) ①큰 못. ②호수의 물.
〔湖心〕(호심) 호수의 한가운데.
▷江湖(강호)·大湖(대호)

9 ⑫ 〔渾〕* ㊀혼: ㊍혼 平元 hún, コン ㊁혼: 上阮 hùn, コン
2854

소전 행서 간화 浑 이름 ㊀모두 혼: ㊁클 혼: 자원 형성. 氵+軍→渾. 琿(혼)과 같이 軍(군)의 변음이 성부.
새김 ㊀❶모두. 다. 온. ¶渾身(—, 몸 신)온 몸. ㊞—의 힘을 다하다. ❷뒤섞다. 혼합하다. 混(2806)과 통용. ¶渾沌(—, 뒤섞일 돈)하늘과 땅이 나뉘기 전의 한데 뒤엉켜 있는 상태. ⓢ混沌(혼돈). ㊁크다. 크고 힘이 있다. ¶雄渾(웅장할 웅, —)시문(詩文) 따위가 웅장하면서 힘이 있음. ㊞—한 筆致.
〔渾眷〕(혼권) 한 집안의 온 식구. 혼가(渾家).
〔渾然〕(혼연) 구별이나 차별, 대립이나 결함 등이 없이 온전하고 원만함.
〔渾然一體〕(혼연일체) 조금의 차별이나 균열도 없이 한 몸이 됨.

9 ⑫ 〔渙〕* 환: 去翰 huàn, カン
2855

소전 행서 이름 선포할 환: 자원 형성. 氵+奐→渙. 換(환)·煥(환)과 같이 奐(환)이 성부.
새김 ❶선포하다. 제왕이 명령을 내리다. ¶渙發(—, 공포할 발) 임금이 명령을 널리 선포함. ❷풀리다. 의심이 사라지다. ¶渙然(—, 그러할 연) 의심스럽던 것이 가뭇없이 사라지는 모양. ㊞— 氷釋.

9 ⑫ 〔湟〕* 황 平陽 huáng, コウ
2856

소전 행서 이름 웅덩이 황 자원 형성. 氵+皇→湟. 煌(황)·篁(황)·遑(황)과 같이 皇(황)이 성부.
새김 웅덩이. 물이 고여 있는 곳.

10 ⑬ 〔溪〕*** 계 平齊 xī, ケイ
2857

행서 속자 渓 이름 시내 계 자원 형성. 氵+奚→溪. 磎(계)·谿(계)와 같이 奚(혜)의 변음이 성부.

필순 氵 氵 氵 氵 氵 泽 泽 溪 溪 溪

새김 시내. 개울. 산골짜기를 흐르는 시내. ¶溪谷(—, 골 곡)개울이 흐르는 골짜기.
〔溪流〕(계류) 산골짜기를 흐르는 물.
〔溪聲〕(계성) 시냇물이 흐르는 소리.
〔溪川〕(계천) 시내.
▷碧溪(벽계)·清溪(청계)

10 ⑬ 〔溝〕* 구 平尤 gōu, コウ
2858

소전 행서 간화 沟 이름 도랑 구 자원 형성. 氵+冓→溝. 構(구)·購(구)와 같이 冓(구)가 성부.
새김 도랑. 논밭 사이의 물길이나 수채·해자 등. ¶溝壑(—, 구렁 학) 구렁.
〔溝渠〕(구거) 도랑. 하수도.
〔溝洫〕(구혁) 논밭 사이에 있는 도랑.
▷排水溝(배수구)·泥溝(이구)·下水溝(하수구)

10 ⑬ 〔溺〕* 닉 入錫 nì, デキ
2859

소전 행서 이름 빠질 닉 자원 형성. 氵+弱→溺. 弱(약)의 변음이 성부.
새김 빠지다. ㉠물에 빠지다. ¶溺死(—, 죽을 사) 물에 빠져 죽음. ㊞—者. ㉡마음을 빼앗기다. 무엇에 정신이 쏠려 헤어나지 못하다. ¶溺愛(—, 사랑 애)너무 지나치게 사랑에 빠짐.
〔溺沒〕(익몰) ①물 속에 빠짐. ②익사(溺死).
〔溺職〕(익직) 직무를 감당하지 못함.
▷耽溺(탐닉)·陷溺(함닉)

10 ⑬ 〔滔〕* 도 平豪 tāo, トウ
2860

소전 행서 이름 찰 도 자원 형성. 氵+舀→滔. 稻(도)·蹈(도)와 같이 舀(도)가 성부.
새김 차다. 물이 그득 차다. 또는 그 물이 세차게 흐르다. ¶滔滔(—, —)넓은 자리를 잡고 그득 차게 흐르는 물이 막힘이 없이 세참. 인신하여, ㉮기세 있게 하는 말이 거침이 없음. ㊞—한 辯論. ㉯벅차 오르는 감흥이 세참. ㊞—한 詩興. ㉰시대의 사조·세력 등이 걷잡을 수 없이 성함. ㊞ 外國文化의 —한 渡來.
〔滔天〕(도천) 물이 하늘까지 꽉 차 넘침. ㉮세력이 세차게 퍼짐의 형용. ㉯죄악이 대단히 큼의 비유.

10 ⑬ 〔滥〕 람: 濫(2960)의 간화자
2861

10 ⑬ 〔滤〕 려: 濾(2972)의 간화자
2862

10 ⑬ 〔滝〕 롱 瀧(2981)의 고자
2863

10 ⑬ [溜]* 류: 去宥 liù, リュウ
2864

소전 행서 이름 물방울 류: 자원 형성. 氵+留→溜. 瑠(류)·瘤(류)와 같이 留(류)가 성부.
새김 물방울. 또는 물방울이 듣다. ¶蒸溜(찔 증, —)액체나 쉽게 녹는 고체를 가열하여 증기로 변화시킨 뒤, 그것을 식혀서 액체나 고체로 만드는 일. 예—水.
〔溜槽〕(유조) 빗물을 받는 홈통.

10 ⑬ [满] 만:▷만 滿(2893)의 간화자
2865

10 ⑬ [滅]** 멸 入屑 miè, メツ
2866

소전 행서 간화 灭 이름 멸할 멸 자원 형성. 氵+威→滅. 威(멸)이 성부.

필순 氵 氵 汇 沂 沂 泝 泝 滅 滅 滅

새김 ❶멸하다. ㉠망하여 없어지다. 사라지다. ¶滅亡(—, 망할 망)망하여 없어짐. 예扶餘의 —. ㉡쳐서 없애버리다. ¶擊滅(칠 격, —)공격하여 없애버림. ❷불을 끄다. 또는 불이 꺼지다. ¶明滅(불켤 명, —)불이 켜졌다 꺼졌다 함. 인신하여, 불빛이나 별빛 등이 깜박거림. 예불빛이 —하는 港口의 밤. ❸부처나 중의 죽음. ¶入滅(들 입, —)부처나 중의 죽음. 동入寂(입적).
〔滅菌〕(멸균) 세균을 죽여 없앰.
〔滅門〕(멸문) 한 집안 사람을 다 죽여 없앰.
〔滅族〕(멸족) 한 가족 한 겨레를 죽여 없앰.
〔滅種〕(멸종) 씨가 없어짐. 또는 씨를 아주 없애 버림.
▷壞滅(괴멸)·撲滅(박멸)·不滅(불멸)·殲滅(섬멸)·消滅(소멸)·湮滅(인멸)·全滅(전멸)·絶滅(절멸)·破滅(파멸)·幻滅(환멸)

10 ⑬ [溟]* 명 平青 míng, メイ
2867

소전 행서 이름 바다 명 자원 형성. 氵+冥→溟. 暝(명)·蓂(명)과 같이 冥(명)이 성부.
새김 바다. 큰 바다. ¶北溟(북녘 북, —) 북쪽에 있는 큰 바다.
▷南溟(남명)·滄溟(창명)

10 ⑬ [滂]* 방 平陽 pāng, ボウ
2868

소전 행서 이름 비올 방 자원 형성. 氵+旁→滂. 謗(방)·膀(방)과 같이 旁(방)이 성부.
새김 비가 오다. 또는 비가 세차게 내리는 모양. ¶滂沛(—, 비올 패)큰 비가 세차게 내리는 모양.
〔滂沱〕(방타) ①비가 좍좍 쏟아짐. ②눈물이나 피가 뚝뚝 떨어짐.

10 ⑬ [溥]* 부 平虞 fū, フ
2869

소전 행서 이름 펼 부 자원 형성. 氵+尃→溥. 傅(부)·賻(부)와 같이 尃(부)가 성부.
새김 펴다. 베풀다. 敷(2040)와 통용.

10 ⑬ [滨] 빈 濱(2961)의 간화자
2870

10 ⑬ [溯]* 소 本소: 去遇 sù, ソ
2871

행서 이름 거슬러올라갈 소 자원 형성. 氵+朔→溯. 遡(소)·塑(소)와 같이 朔(삭)의 변음이 성부.
새김 거슬러 올라가다. ㉠물길을 거슬러 올라가다. ¶溯流(—, 흐를 류)흐르는 흐름을 거슬러 올라감. ㉡근원으로 거슬러 올라가 상고하다. ¶溯源(—, 근원 원)근본으로 거슬러 올라가서 상고함.
〔溯及〕(소급) 지나간 일에까지 거슬러 올라 미치게 함. 소급(遡及).
〔溯洄〕(소회) 배를 저어 상류로 거슬러 올라감.

10 ⑬ [溫]*** 온 温(2835)의 본자
2872

10 ⑬ [溶]* 용 平冬 róng, ヨウ
2873

소전 행서 이름 녹을 용 자원 형성. 氵+容→溶. 鎔(용)·蓉(용)과 같이 容(용)이 성부.
새김 ❶녹다. 물질이 물에 녹다. 또는 녹이다. ¶溶液(—, 액체 액)한 물질이 다른 물질에 녹아서 퍼져 있는 액체. ❷물이 도도히 흐르다. 또는 그 모양. ¶溶溶(—, —)큰 강물이 도도히 흐르는 모양. 예—하게 흐르는 漢江.
〔溶媒〕(용매) 용액을 만들 때에 용질(溶質)을 녹이는 물질. 용해제(溶解劑).
〔溶溢〕(용일) 물이 성대한 모양.
〔溶質〕(용질) 용액 속에 녹아 있는 물질.
〔溶解〕(용해) ①녹음. 또는 녹임. ②기체·액체·고체가 각각 고르게 섞이어 혼합물을 이루는 현상.

10 ⑬ [源]** 원 平元 yuán, ゲン
2874

행서 源 이름 근원 원 자원 형성. 氵+原→源. 嫄(원)·願(원)·愿(원)과 같이 原(원)이 성부.

필순 氵 氵 汇 汇 沂 沥 洍 源 源 源

새김 근원. ㉠물이 처음 솟아나는 곳. ¶源泉(—, 샘 천)물이 처음 흘러나오는 곳. 인신하여, 사물이 처음으로 생겨나는 근원. ㉡사물의 시초. ¶起源(일어날 기, —)사물이 생긴 근원. ㉾ 言語의 —.
〔源流〕(원류) ①물이 흐르는 근원. ②사물이 일어나는 근원.
▷根源(근원)·武陵桃源(무릉도원)·發源(발원)·本源(본원)·水源(수원)·語源(어원)·淵源(연원)·字源(자원)·資源(자원)·電源(전원)

10 ⑬ 〔溵〕* 은 平文 | yīn, イン
2875
이름 은수 은 자원 형성. 氵+殷→溵. 慇(은)과 같이 殷(은)이 성부.
새김 은수. 하남성(河南省)에 있는 강 이름.

10 ⑬ 〔溢〕* 일 入質 | yì, イツ
2876
행서 溢 이름 넘칠 일 자원 형성. 氵+益→溢. 益에는 '익' 외에 '일' 음도 있어, 鎰(일)과 같이 益(일)이 성부.
새김 넘치다. 가득 차 넘치다. ¶海溢(바다 해, —)지진·태풍 등으로 인하여 바닷물이 육지로 넘쳐 들어옴. ㉾—被害.
〔溢血〕(일혈) 신체 조직의 안에서 일어나는 출혈.
▷泛溢(범일)·充溢(충일)

10 ⑬ 〔滋〕 자 滋(2842)의 본자
2877

10 ⑬ 〔滓〕* 재 ㊍자: 上紙 | zǐ, シ
2878
소전 滓 행서 滓 이름 찌끼 재 자원 형성. 氵+宰→滓. 縡(재)와 같이 宰(재)가 성부.
새김 찌끼. 찌꺼기. 앙금. ¶殘滓(남을 잔, —)지난날의 의식이나 생활 양식의 남아 있는 찌끼. ㉾日帝의 —.
〔滓炭〕(재탄) 찌끼로 된 숯이나 탄.
▷渣滓(사재)

10 ⑬ 〔準〕** 준: 上軫 | zhǔn, ジュン
2879
소전 準 행서 準 간화 准 이름 법도 준: 자원 형성. 氵+隼→準. 隼(준)이 성부.

필순 氵 氵 氵 汁 汁 淮 淮 淮 準 準

새김 ❶법도. 표준. 기준. ¶準則(—, 규칙 칙)의거할 기준이 되는 규칙. ㉾生活—. ❷수준기. 수평을 재는 기구. ¶規矩準繩(걸음쇠 규, 곱자 구, —, 먹줄 승)걸음쇠·곱자·수준기·먹줄. 인신하여, 지켜야 할 법도. ❸준하다. 기준으로 삼아 따르다. ¶準據(—, 의거할 거)일정한 기준에 준하여 의거함. ❹마련하다. ¶準備(—, 갖출 비)미리 마련하여 갖춤.
〔準用〕(준용) 표준으로 삼아 적용함.
〔準行〕(준행) 일정한 기준을 좇아서 실행함.
▷基準(기준)·水準(수준)·照準(조준)·平準(평준)·標準(표준)

10 ⑬ 〔溱〕* 진 平眞 | zhēn, シン
2880
소전 溱 행서 溱 이름 많을 진 자원 형성. 氵+秦→溱. 榛(진)·臻(진)과 같이 秦(진)이 성부.
새김 ❶많다. 많고 성하다. ¶溱溱(—, —)많고 성한 모양. ❷진수(溱水). 하남성(河南省)에 있는 강 이름.

10 ⑬ 〔滄〕* 창 平陽 | cāng, ソウ
2881
소전 滄 행서 滄 간화 沧 이름 푸를 창 자원 형성. 氵+倉→滄. 愴(창)·創(창)·蒼(창)·瘡(창)과 같이 倉(창)이 성부.
새김 푸르다. 물빛이 푸르다. 蒼(4571)과 통용. ¶滄海(—, 바다 해)푸른 바다. ㉾——粟.
〔滄浪〕(창랑) 맑고 푸른 물결.
〔滄茫〕(창망) 넓고 멀어서 아득함. 창망(蒼茫).
〔滄桑之變〕 푸른 바다가 뽕나무밭으로 바뀌는 변. 세상 일의 변화가 매우 심함의 비유.

10 ⑬ 〔滞〕 체 滯(2910)의 약자
2882

10 ⑬ 〔滩〕 탄 灘(2998)의 간화자
2883

10 ⑭ 〔滎〕* 형 平靑 | xíng, ケイ
2884
소전 滎 행서 滎 간화 荥 이름 형택 형 자원 형성. 𤇾+水→滎. 螢(형)·瑩(형)과 같이 𤇾(형)이 성부.
새김 형택(滎澤). 하남성(河南省)에 있는 못 이름.

10 ⑬ [滑]* ㊀활 入黠 huá, カツ ㊁골 入月 gǔ, コツ
2885

소전 행서 이름 ㊀미끄러질 활 ㊁익살 골 자원 형성. 氵+骨→滑. 猾(활)과 같이 骨(골)의 본음과 변음이 성부.
새김 ㊀❶미끄러지다. ¶滑走(—, 달릴 주)미끄러지듯이 달림. 예—路. ❷순조롭다. 거침새가 없다. ¶圓滑(둥글 원, —)거침새가 없이 순조로움. 예競技의 —한 進行. ㊁익살. 또는 익살을 부리다. ¶滑稽(—, 유창할 계)사람들의 웃음을 자아내는 익살스러운 말이나 행동. 예—小說.
〔滑降〕(활강) 비탈진 곳을 미끄러져 내려옴.
〔滑空〕(활공) 바람·기류(氣流) 등을 이용하여 공중을 미끄러지듯이 낢.
〔滑氷〕(활빙) 얼음 지치기. 스케이팅.
〔滑車〕(활차) 도르래. 활륜(滑輪).
▷潤滑(윤활)·平滑(평활)

10 ⑬ [滉]* 황: 上養 huàng, コウ
2886

행서 이름 넓을 황: 자원 형성. 氵+晃→滉. 榥(황)·愰(황)과 같이 晃(황)이 성부.
새김 넓다. 물이 깊고 넓다.

11 ⑭ [漑]* 개: 去隊 gài, ガイ
2887

소전 행서 속자 漑 이름 물댈 개: 자원 형성. 氵+旣→漑. 慨(개)·槪(개)와 같이 旣(기)의 변음이 성부.
새김 물을 대다. 논밭에 물을 끌어대다. ¶灌漑(물댈 관, —) 논밭에 물을 끌어댐. 예—施設.

11 ⑭ [滾]* 곤: 上阮 gǔn, コン
2888

행서 이름 큰물흐를 곤: 자원 형성. 氵+袞→滾. 袞(곤)이 성부.
새김 큰 물이 흐르다. ¶滾滾(—, —) 많은 물이 세차게 흐르는 모양. 예 —한 물결.

11 ⑭ [漌]* 근: 上吻 jǐn, キン
2889

행서 이름 맑을 근: 자원 형성. 氵+堇→漌. 僅(근)·謹(근)·勤(근)과 같이 堇(근)이 성부.
새김 맑다. 깨끗하다.

11 ⑭ [漣]* 련 平先 lián, レン
2890

행서 간화 涟 이름 잔물결 련 자원 형성. 氵+連→漣. 璉(련)·蓮(련)과 같이 連(련)이 성부.
새김 잔물결. 잔잔한 물결. ¶漣猗(—, 물결무늬 의)작은 물결.

11 ⑭ [漏]** 루: 去宥 lòu, ロウ
2891

소전 행서 이름 샐 루: 자원 형성. 氵+屚→漏. 屚(루)가 성부.

필순 氵 氵 氵 氵 氵 氵 漏 漏 漏 漏

새김 ❶새다. ㉠물이나 전기가 새나오다. ¶漏水(—, 물 수)물이 새나옴. ㉡비밀이 밖으로 알려지다. ¶漏泄(—, 샐 설)㉮비밀이 밖으로 샘. 또는 비밀을 밖으로 새어나가게 함. 예그 사실을 —하면 큰일나네. ㉯물이나 공기가 밖으로 샘. ❷빠뜨리다. ¶脫漏(빠뜨릴 탈, —)빠뜨림. 예—稅額. ❸물시계. ¶漏刻(—, 시각 각)물시계.
〔漏落〕(누락) 빠뜨림. 또는 기록에서 빠짐.
〔漏屋〕(누옥) 비가 새는 집.
〔漏電〕(누전) 전류가 전선 밖으로 새어 나감.
〔漏出〕(누출) 기체·액체 따위가 새어 나옴.
▷刻漏(각루)·疏漏(소루)·遺漏(유루)

11 ⑭ [漠]** 막 入藥 mò, バク
2892

소전 행서 이름 사막 막 자원 형성. 氵+莫→漠. 膜(막)·幕(막)·寞(막)과 같이 莫(막)이 성부.

필순 氵 氵 氵 氵 氵 氵 漠 漠 漠 漠

새김 ❶사막. 모래벌판. ¶沙漠(모래 사, —)모래로 뒤덮여 식물이 자라지 못하는 벌판. 예고비—. ❷넓다. 넓디넓어 끝이 없다. ¶漠漠(—, —)넓디넓어 아득함. 예浩浩—. ❸똑똑하지 못하고 어렴풋하다. ¶漠然(—, 그러할 연)똑똑하지 못하고 어렴풋함. 예—한 생각.
▷索漠(삭막)·荒漠(황막)

11 ⑭ [滿]*** 만:▷만 上旱 mǎn, マン
2893

소전 행서 약자 満 간화 满 이름 찰 만:▷만 자원 형성. 氵+㒼→滿. 瞞(만)·鏋(만)과 같이 㒼(만)이 성부.

필순 氵 氵 氵 氵 氵 満 滿 滿 滿 滿

새김 ❶차다. ㉠가득 차다. 또는 채우다. ¶滿員(—, 인원 원)정한 인원의 수가 다 참. 예—버스. ㉢마음에 차다. ¶滿足(一, 넉넉할 족)희망이나 욕구대로 이루어져 마음이 흐뭇함. ㉠一感. ㉢기한이 차다. ¶滿期(一, 기한 기)미리 정해 놓은 기한이 다 참. ㉠一除隊. ❷온. 모든. ¶滿天下(一, 하늘 천, 아래 하)온 천하. 온 세계. ㉠一에 그의 허물을 暴露하다.
〔滿腔〕(만강) 마음 속에 꽉 참. ㉠一의 謝意.
〔滿開〕(만개) 꽃이 활짝 핌.
〔滿乾坤〕(만건곤) 하늘과 땅에 가득 참.
〔滿喫〕(만끽) ①배불리 먹고 마심. ②욕망을 마음껏 충족시킴. 「함. ㉠一의 손님.
〔滿堂〕(만당) 사람이 방이나 회의장에 가득
〔滿了〕(만료) 일정한 한도나 기일이 다 차서 끝남. 「자가 있는 일.
〔滿壘〕(만루) 야구에서, 세 개의 루에 모두 주
〔滿面〕(만면) 얼굴에 가득함.
〔滿發〕(만발) 꽃이 활짝 핌. 「一感.
〔滿腹〕(만복) 많이 먹어 배가 잔뜩 부름. ㉠
〔滿朔〕(만삭) 아이를 낳을 달이 참.
〔滿船〕(만선) 배에 가득 실음.
〔滿身瘡痍〕(만신창이) 온 몸에 성한 곳이 없이 다친 상처. 또는 그러한 상태.
〔滿月〕(만월) ①보름달. ②만삭(滿朔).
〔滿場〕(만장) 회의장·강당 등의 장소에 가득
〔滿載〕(만재) 가득 실음. ⌊참.
〔滿點〕(만점) ①시험에서 정해놓은 최고의 점수. ㉠百點一. ②완전하여 모자람이 없는 일. ㉠榮養一. 「밀물.
〔滿潮〕(만조) 가장 높은 물높이까지 들어온
〔滿座〕(만좌) ①자리에 차서 가득함. ㉠一의 來賓. ②온 좌석에 있는 사람들. ㉠一를 웃긴 코미디.
▷干滿(간만)·不滿(불만)·肥滿(비만)·圓滿(원만)·充滿(충만)·飽滿(포만)·豐滿(풍만)

11 ⑭ 〔漫〕** 2894 만: 去翰 | màn, マン

행서 漫 이름 넓을 만: 자원 형성. 氵+曼→漫. 慢(만)·蔓(만)과 같이 曼(만)이 성부.

필순 氵 氵 氵 氵 氵 浔 浔 温 漫 漫

새김 ❶넓다. 끝없이 넓다. ¶漫漫(一, 一)끝없이 넓음. 또는 그 모양. ❷느슨하다. 또는 두서가 없다. ¶散漫(흩어질 산, 一)흩어져 통일성이 없음. ㉠一한 內容. ❸함부로. 생각나는 대로. ¶漫筆(一, 붓 필)생각나는 대로, 체계에 구애받지 않고 쓴 글. ❹익살스럽다. ¶漫畫(一, 그림 화)세상 일이나 어떤 사물을 재미있고 익살스럽게 그린 그림. ㉠一映畫.
〔漫談〕(만담) 해학과 익살로 세상과 인정을 풍자하는 이야기.
〔漫步〕(만보) 한가롭게 거니는 걸음.
〔漫評〕(만평) 일정한 주의나 체계 없이 생각나는 대로 하는 비평. 「나는 흥취.
〔漫興〕(만흥) 특별한 느낌이 없이 저절로 일어
〔漫忽〕(만홀) 등한하고 소홀함.
▷爛漫(난만)·浪漫(낭만)·彌漫(미만)·放漫(방만)

11 ⑭ 〔滲〕* 2895 삼 ㉭삼: 去沁 | shèn, シン

소전 행서 滲 간화 渗 이름 스며들 삼 자원 형성. 氵+參→滲. 蔘(삼)과 같이 參(삼)이 성부.

새김 스며들다. 배다. ¶滲透(一, 꿰뚫을 투)스미어 들어 감. ㉠一作用.
〔滲入〕(삼입) 물 따위가 스며듦.
〔滲出〕(삼출) 액체가 스며 나옴.

11 ⑭ 〔潇〕 2896 소 瀟(2990)의 간화자

11 ⑭ 〔漱〕* 2897 수: 去宥 | shù, ソウ

소전 행서 漱 이름 양치질할 수: 자원 형성. 氵+欶→漱. 欶(수)가 성부.

새김 양치질하다. 입을 가시다. ¶漱石枕流(一, 돌 석, 벨 침, 흐름 류)㉮이치에 닿지 않는 말로 억지를 부림의 비유. ㉯은거 생활의 형용. 故진(晉)나라 손초(孫楚)가 '돌을 베고 흐름에 양치질함〔枕石漱流〕'이라고 할 것을 '돌에 양치질하고 흐름을 벰〔漱石枕流〕'이라고 잘못 말하자 임금이 그 잘못을 지적하니, 손초가 漱石은 이를 닦기 위함이요, 枕流는 속된 말을 들은 귀를 씻기 위해서라고 억지 대답을 한 고사.

11 ⑭ 〔漾〕* 2898 양: 去漾 | yàng, ヨウ

소전 행서 漾 이름 양수 양: 자원 형성. 氵+羕→漾. 樣(양)과 같이 羕(양)이 성부.

새김 양수. 섬서성(陝西省)에 있는 강 이름.

11 ⑭ 〔漁〕*** 2899 어 平魚 | yú, ギョ

소전 행서 漁 간화 渔 이름 고기잡을 어 자원 형성. 氵+魚→漁. 魚(어)가 성부.

필순 氵 氵 氵 氵 氵 治 渔 渔 渔 漁

새김 ❶물고기를 잡다. ¶漁船(一, 배 선)고기잡이하는 배. ❷탐하다. 찾아 구하다. ¶漁色(一, 여색 색)여색을 탐함.
〔漁撈〕(어로) 고기잡이.

〔漁網〕(어망) 고기잡이 그물.
〔漁民〕(어민) ①고기잡이를 생업으로 하는 사람. ②백성의 재물을 약탈함.
〔漁夫〕(어부) 고기잡이를 업으로 하는 사람.
〔漁父之利〕(어부지리) 둘이 서로 다투는 틈을 타서 제삼자가 애쓰지 않고 이익을 얻음. 故도요새가 무명조개의 조갯살을 먹으려다가 부리를 조개비에 물리어 싸우는 통에, 어부가 와서 두 놈을 다 잡았다는 고사.
〔漁船〕(어선) 고깃배.
〔漁業〕(어업) 고기잡이나 양어를 업으로 하는 일. ㉠遠洋―.
〔漁場〕(어장) 고기잡이를 하는 곳.
〔漁村〕(어촌) 어민들이 모여 사는 마을.
〔漁港〕(어항) 어업을 위한 시설을 갖춘 항구.
〔漁火〕(어화) 고기잡이하는 등불이나 횃불.
〔漁獲〕(어획) 어류·패류 등 수산물을 잡거나 채취함. ㉠―高.
▷禁漁(금어)·大漁(대어)·出漁(출어)·豐漁(풍어)·凶漁(흉어)

11 ⑭ 〔演〕** 연: 上銑 | yǎn, エン
2900

소전 행서 이름 익힐 연: 자원 형성. 氵+寅→演. 縯(연)과 같이 寅(인)의 변음이 성부.

필순 氵 氵 氵 沪 浐 渲 渲 演 演 演

새김 ❶익히다. 학습하다. ¶演習(―, 익힐 습)(기술·무예 등을)반복하여 익힘. ❷말하다. 설명하다. ¶演壇(―, 단 단)연설이나 강연을 하는 사람이 서는 단. ❸연기하다. 극·영화·연주 등을 행하다. ¶演藝(―, 재주 예)대중 앞에서 연극·무용·음악 등을 무대에 나가 공연하여 보임. ㉠―人.
〔演劇〕(연극) 배우가 무대에서 각본에 따라 동작·대사로 표현하는 종합 예술.
〔演技〕(연기) 연극이나 영화에서 배우들이 극중 인물이 되어 연출에 따라 관객에게 보이는 예술적 활동.
〔演說〕(연설) 여러 사람 앞에서 자기의 주장이나 의견을 발표하고 설명함.
〔演繹〕(연역) 덧붙여 해석하고 설명함. 「일.
〔演奏〕(연주) 악기를 다루어 음악을 들려주는
〔演出〕(연출) 각본이나 시나리오를 기초로, 배우의 연기와 기타의 요소를 종합하여 무대 위의 상연이나 영화 제작을 지도하는 일.
▷講演(강연)·競演(경연)·公演(공연)·上演(상연)·實演(실연)·熱演(열연)·出演(출연)

11 ⑮ 〔潁〕* 영: 上梗 | yǐng, エイ
2901

소전 행서 간화 颍 이름 영수 영: 자원 형성. 頃+水→潁. 穎(영)과 같이 頃(경)의 변음이 성부.
새김 영수. 하남성(河南省)에 있는 강 이름.

11 ⑭ 〔漳〕* 장 平陽 | zhāng, ショウ
2902

소전 행서 이름 장하 장 자원 형성. 氵+章→漳. 障(장)·璋(장)과 같이 章(장)이 성부.
새김 장하(漳河). 산서성(山西省)에 있는 강 이름.

11 ⑮ 〔漿〕* 장 平陽 | jiāng, ショウ
2903

행서 간화 浆 이름 즙 장 자원 형성. 將+水→漿. 奬(장)·蔣(장)과 같이 將(장)이 성부.
새김 즙. 걸쭉한 액체. 또는 게의 딱지 속에 있는 누르스름한 액체. ¶漿果(―, 과일 과)포도나 다래와 같이, 겉껍질 안에 즙이 많은 과일.

11 ⑭ 〔滴〕** 적 入錫 | dī, テキ
2904

소전 행서 이름 물방울 적 자원 형성. 氵+啇→滴. 摘(적)·敵(적)·適(적)과 같이 啇(적)이 성부.

필순 氵 氵 氵 氵 氵 洁 渧 滴 滴 滴

새김 ❶물방울. ¶雨滴(비 우, ―)빗방울. ❷듣다. 방울져 떨어지다. ¶滴水成河(―, 물 수, 이룰 성, 강 하)방울져 떨어지는 물이 강을 이룸. ⊜積小成大(적소성대).
〔滴水穿石〕(적수천석) 방울져 떨어지는 물이 돌을 뚫음. 꾸준히 노력하면 반드시 성공할 수 있음의 비유.
▷餘滴(여적)·硯滴(연적)·點滴(점적)

11 ⑭ 〔漸〕** 점: 上琰 | jiàn, ゼン
2905

소전 행서 간화 渐 이름 점점 점: 자원 형성. 氵+斬→漸. 斬(참)의 변음이 성부.

필순 氵 氵 沪 沪 浐 淖 淖 漸 漸 漸

새김 ❶점점. 차츰차츰. ¶漸進(―, 나아갈 진)점차로 나아감. 또는 점점 발전함. ㉠―的. ❷점차 나아가다. ¶東漸(동녘 동, ―)동쪽으로 점차 나아감. ㉠西勢―.
〔漸染〕(점염) 점점 물듦. 차츰 전염됨.

〔漸入佳境〕(점입가경) 점점 아름다운 경지로 들어감. 차츰 좋아지거나 흥미가 점차 더해짐의 비유.
〔漸漸〕(점점) 조금씩 더하거나 덜하는 모양.
〔漸增〕(점증) 점점 증가함.
〔漸次〕(점차) 점점. 차례대로.

11 ⑭ 〔漕〕* 2906 조 平豪 cáo, ソウ

소전 행서 이름 나를 조 자원 형성. 氵+曹→漕. 糟(조)·遭(조)와 같이 曹(조)가 성부.
새김 ❶나르다. 배로 실어 나르다. ¶漕運(—, 나를 운)짐을 배로 실어 나름. 예稅穀의 —. ❷배를 젓다. ¶漕艇(—, 거룻배 정) 거룻배〔보트〕를 저음. 예— 競技.
〔漕船〕(조선) ①조운(漕運)에 쓰이는 배. ② 배를 저음.
〔漕倉〕(조창) 조운(漕運)할 곡식을 쌓아 두던 「곳집.

11 ⑭ 〔漬〕* 2907 지: 去寘 zì, シ

소전 행서 간화 渍 이름 담글 지: 자원 형성. 氵+責→漬. 責(책)의 변음이 성부.
새김 담그다. 물에 담그다. 또는 소금에 절이다. ¶浸漬(담글 침, —) 물건을 물 속에 담금.

11 ⑭ 〔漲〕* 2908 창: 去漾 zhǎng, チョウ

행서 간화 涨 이름 불을 창: 자원 형성. 氵+張→漲. 張(장)의 변음이 성부.
새김 붇다. 물이 붇다. 또는 물이 불어 넘쳐 흐르다. ¶漲溢(—, 넘칠 일)물이 불어 넘쳐 흐름. 예장마철에 사방에서 물이 —하였다.
〔漲水〕(창수) 큰물이 져서 넘치는 물.

11 ⑭ 〔滌〕* 2909 척 入錫 dí, デキ

소전 행서 간화 涤 이름 씻을 척 자원 형성. 氵+條→滌. 條에는 '조' 외에 '척' 음도 있어, 條(척)이 성부.
새김 씻다. 빨다. 헹구다. ¶洗滌(씻을 세, —) 깨끗하게 씻거나 빪. 예—劑.
〔滌暑〕(척서) 더위를 씻어 버림.
〔滌蕩〕(척탕) ①더러움을 씻어 없앰. ②억울하게 쓴 죄를 깨끗이 벗겨줌.

11 ⑭ 〔滯〕* * 2910 체 本체: 去霽 chì, テイ

소전 행서 약자 滞 간화 滞 이름 막힐 체 자원 형성. 氵+帶→滯. 帶(대)의 변음이 성부.

필순 氵 氵 氵 氵 氵 氵 氵 滞 滞 滞

새김 ❶막히다. 일이 술술 풀리지 아니하다. ¶停滯(머무를 정, —)발전의 상태가 정지되어 풀리지 아니함. 예— 된 景氣. ❷머무르다. 묵다. ¶滯留(—, 머무를 류)객지에서 머물러 있음. 예— 期間. ❸체하다. 쌓이다. ¶滯症(—, 증세 증)체하여 생긴 증세. 예묵은 —.
〔滯納〕(체납) 세금 따위의 납부 기한을 넘김.
〔滯念〕(체념) 풀지 못하고 오랫동안 마음 속에 맺힌 생각. 「고 미룸.
〔滯拂〕(체불) 응당 지불할 것을 지급하지 않
〔滯賃〕(체임) 마땅히 지불해야 할 임금을 지급하지 않고 뒤로 미룸. 「留).
〔滯在〕(체재) 객지에 머물러 있음. 체류(滯
▷食滯(식체)·濡滯(유체)·酒滯(주체)·遲滯(지체)·沈滯(침체)

11 ⑭ 〔漆〕* * 2911 칠 入質 qī, シツ

소전 행서 동자 柒 이름 옻나무 칠 자원 형성. 氵+桼→漆. 桼(칠)이 성부.

필순 氵 氵 氵 氵 氵 氵 漆 漆 漆 漆

새김 ❶옻나무. 낙엽 교목. 이 나무의 진이 옻칠이다. ❷옻칠. 또는 옻칠을 하다. ¶漆器(—, 그릇 기)옻칠을 한 그릇이나 기구. 예나전—. ❸옻칠을 한 듯이 검다. 어둡다. ¶漆黑(—, 검을 흑)옻칠을 한 것과 같이 검음. 예달이 없는 — 같은 밤.
〔漆工〕(칠공) 칠장이. 칠을 하는 일. 또는 그 일을 업으로 삼는 사람.
〔漆夜〕(칠야) 매우 캄캄한 밤. 흑야(黑夜).
〔漆板〕(칠판) 검은 칠을 하여 분필로 글씨를 쓰게 만든 널조각.
▷乾漆(건칠)·膠漆(교칠)·黑漆(흑칠)

11 ⑭ 〔漂〕* * 2912 ㊀표 平蕭 piāo, ヒョウ ㊁표 本표: 上篠 piǎo, ヒョウ

소전 행서 이름 ㊀떠돌 표 ㊁바랠 표 자원 형성. 氵+票→漂. 標(표)·瓢(표)와 같이 票(표)가 성부.

필순 氵 氵 氵 氵 氵 氵 氵 漂 漂 漂

새김 ㊀떠돌다. 정처없이 물에 떠 다니다. ¶漂流(—, 흐를 류)정처없이 물에 떠서 흘러다님. 예漢江에 —하는 廢品. ㊁바래다. 물이나 약품으로 희게 하다. ¶漂白(—, 휠 백)피륙이나 종이를 물에 빨아 바래거나 약품을 써서 희게 함. ㉠—劑.
〔漂浪〕(표랑) ①물 위에 떠돌아다님. ②유랑(流浪).
〔漂母〕(표모) 빨래하는 노파.
〔漂泊〕(표박) ①풍랑을 만난 배가 정처 없이 물위에 떠돎. ②정처 없이 여기저기 떠돌아다니며 삶.
〔漂着〕(표착) 표류하다 어떤 곳에 닿음.
▷浮漂(부표)

11 ⑭ 〔漢〕*** 한: 去翰 hàn, カン
2913

소전 행서 간화 汉 이름 한수 한: 자원 형성. 氵+𦰩→漢. 𦰩(한)이 성부.

필순 氵 汀 汁 汁 洴 洴 𣵼 漌 漢 漢

새김 ❶한수. 섬서성(陝西省)에 있는 강 이름. ❷한나라. 유방(劉邦:漢高祖)이 진(秦)나라를 멸하고, 이어 초(楚)나라의 항우(項羽)를 멸하고 세운 왕조. ❸한족(漢族). 중국인의 주류를 이루는 종족. 인신하여, 중국의 통칭. ¶漢人(—, 사람 인)중국 사람. ❹하늘에 있는 내. 곧 은하(銀河). ㉠銀漢(은한). ❺놈. 남자. ¶惡漢(악할 악, —)악한 놈.
〔漢江投石〕(한강투석) 國한강에 돌 던지기. 지나치게 미미하여 전혀 효과가 없음의 비유.
〔漢文〕(한문) 한자(漢字)로 된 글.
〔漢方〕(한방) 중국에서 발달한 의술.
〔漢詩〕(한시) 한문으로 된 시.
〔漢陽〕(한양) 國서울의 옛 이름.
〔漢語〕(한어) 중국말.
〔漢醫〕(한의) ①한방(漢方) 의술. ②한의사.
〔漢字〕(한자) 중국 고유의 문자.
▷無賴漢(무뢰한)·門外漢(문외한)·村漢(촌한)·癡漢(치한)

11 ⑭ 〔滸〕* 호: 上麌 hǔ, コ
2914

행서 간화 浒 이름 물가 호: 자원 형성. 氵+許→滸. 許에는 '허' 외에 '호' 음도 있어, 許(호)가 성부.
새김 물가. 강가.

12 ⑮ 〔澗〕* 간: 去諫 jiàn, カン
2915

소전 행서 간화 涧 이름 시내 간: 자원 형성. 氵+間→澗. 磵(간)·簡(간)·癇(간)과 같이 間(간)이 성부.
새김 시내. 계곡을 흐르는 시내. ¶石澗(돌 석, —) 산골짜기의 돌이 많은 곳에 흐르는 시내.

〔澗壑〕(간학) 시내가 흐르는 산골짜기.

12 ⑮ 〔潔〕*** 결 入屑 jié, ケツ
2916

행서 간화 洁 이름 깨끗할 결 자원 형성. 氵+絜→潔. 絜(결)이 성부.

필순 氵 氵 汁 汁 淜 潔 潔 潔 潔 潔

새김 ❶깨끗하다. ㉠더러운 데가 없다. ¶清潔(맑을 청, —)지저분한 데 없이 깨끗함. ㉠— 한 옷. ㉡마음씨나 몸가짐이 깨끗하다. ¶潔白(—, 진솔할 백)마음씨나 몸가짐이 깨끗하여 아무런 허물이 없음. ㉠마음이 — 하다. ❷군더더기가 없다. ¶簡潔(간단할 간, —)간단하면서도 군더더기가 없음. ㉠— 한 文章.
〔潔癖〕(결벽) 유난스럽게 깨끗함을 좋아하는 성질.
〔潔行〕(결행) 깨끗한 몸가짐.
▷高潔(고결)·不潔(불결)·純潔(순결)·廉潔(염결)·淨潔(정결)

12 ⑮ 〔潰〕* 궤: 本회: 去隊 kuì, カイ
2917

소전 행서 간화 溃 이름 무너질 궤: 자원 형성. 氵+貴→潰. 饋(궤)와 같이 貴(귀)의 변음이 성부.
새김 ❶무너지다. 또는 무너뜨리다. ¶決潰(터질 결, —)둑이나 방죽 따위가 물에 밀리어 터져 무너짐. ㉠堤防의 —. ❷패주하다. 싸움에 져서 달아나다. ¶潰走(—, 달릴 주)싸움에 져서 흩어져 달아남. ㉠— 하는 敵.
〔潰爛〕(궤란) 썩어서 문드러짐.
〔潰滅〕(궤멸) 허물어져 없어지거나 망함.
〔潰散〕(궤산) 싸움에 패하여 허물어져 흩어짐.
〔潰瘍〕(궤양) 피부나 점막의 표피가 짓무르고 헐는 증상. ㉠胃—.
▷崩潰(붕궤)

12 ⑮ 〔潭〕* 담 平覃 tán, タン
2918

소전 행서 이름 못 담 자원 형성. 氵+覃→潭. 覃(담)이 성부.
새김 못. 소. 또는 물이 깊다. ¶深潭(깊을 심, —)깊은 소.

12 ⑮ 〔潼〕* 동 平東 tóng, ドウ
2919

소전 행서 이름 동수 동 자원 형성. 氵+童→潼. 憧(동)·瞳(동)과 같이 童(동)이 성부.
새김 동수. 섬서성(陝西省)에 있는 강 이름.

12 ⑮ 〔澜〕 란 瀾(2989)의 간화자
2920

12 ⑮ 〔潞〕* 로: 去遇 | lù, ロ
2921

소전 행서 이름 노수 로: 자원 형성. 氵+路→潞. 露(로)·鷺(로)와 같이 路(로)가 성부.
새김 노수. 산서성(山西省)에 있는 강 이름.

12 ⑮ 〔潾〕* 린 平眞 | lín, リン
2922

행서 이름 물맑을 린 자원 형성. 氵+粦→潾. 麟(린)·隣(린)과 같이 粦(린)이 성부.
새김 물이 맑다. 또는 그 모양.

12 ⑮ 〔潣〕* 민: 上軫 | mǐn, ビン
2923

소전 행서 이름 물편편할 민: 자원 형성. 氵+閔→潣. 憫(민)과 같이 閔(민)이 성부.
새김 물이 펀펀하다. 또는 그 모양.

12 ⑮ 〔潘〕* 반 平寒 | pān, ハン
2924

소전 행서 이름 뜨물 반 자원 형성. 氵+番→潘. 番에는 '번' 외에 '반' 음도 있어, 磻(반)·蟠(반)과 같이 番(반)이 성부.
새김 뜨물. 쌀뜨물. ¶潘沐(—, 머리감을 목) 쌀뜨물로 머리를 감음.

12 ⑮ 〔潑〕* 발 入曷 | bō, ハツ
2925

행서 간화 泼 이름 발랄할 발 자원 형성. 氵+發→潑. 撥(발)·醱(발)과 같이 發(발)이 성부.
새김 발랄하다. ¶潑剌(—, 발랄할 랄)생기 있는 기세가 약동함. 예生氣 —한 젊은이.
〔潑墨〕(발묵) 글씨를 쓰고 그림을 그린 때에 먹물이 번저서 퍼져 나감. 또는 그렇게 하는 수법.
〔潑天〕(발천) 하늘에 가득 참. 인신하여, 매우 크고 많음의 형용.

12 ⑮ 〔潽〕* 보: 上麌 | pǔ, ホ
2926

행서 이름 강이름 보: 자원 형성. 氵+普→潽. 譜(보)와 같이 普(보)가 성부.
새김 강 이름.

12 ⑮ 〔澁〕* 삽 入緝 | sè, ジュウ
2927

행서 본자 澀 약자 渋 간화 涩 이름 떫을 삽 자원 회의. 氵+刃+刃+止+止→澀→澁. 刃은 止를 거꾸로 놓은 모양으로 발을 뜻한다. 위에서 두 발이 오고, 아래에서 두 발이 와서 마주치는 모양. 물처럼 슬슬 내려가지 못하고 막힌다는 뜻을 나타낸다.
새김 ❶떫다. 맛이 떫다. ¶澁味(—, 맛 미)떫은 맛. ❷막히다. ㉠일이 매끄럽게 나아가지 아니하다. ¶澁滯(—, 막힐 체)일이 순조롭게 나가지 아니하고 막힘. ㉡말을 더듬거리다. ¶澁語(—, 말 어)더듬거리는 말.
▷難澁(난삽)

12 ⑮ 〔潟〕* 석 入陌 | xì, セキ
2928

행서 이름 개펄 석 자원 형성. 氵+舃→潟. 舃(석)이 성부.
새김 개펄. 바닷가의 개흙이 깔린 벌판. ¶干潟地(물가 간, —, 땅 지)개펄.
〔潟湖〕(석호) 해안의 모래톱에 의하여 생긴 호수.

12 ⑮ 〔澐〕* 운 平文 | yún, ウン
2929

소전 행서 이름 물결 운 자원 형성. 氵+雲→澐. 橒(운)·蕓(운)과 같이 雲(운)이 성부.
새김 물결. 또는 물이 흐르는 모양.

12 ⑮ 〔潤〕** 윤: 去震 | rùn, ジュン
2930

소전 행서 간화 润 이름 젖을 윤: 자원 형성. 氵+閏→潤. 閏(윤)이 성부.

필순 氵 氵 汈 沪 沪 泪 潤 潤 潤 潤

새김 ❶젖다. 지척지척하다. ¶濕潤(습할 습, —)습하고 지척지척함. 예— 한 地帶. ❷적시다. 물에 젖게 하다. ¶潤筆(—, 붓 필)붓을 적심. 곧 글씨를 쓰거나 그림을 그리는 일. 예—料. ❸윤. 아름답게 번지르르한 기름기. ¶潤氣(—, 기운 기)아름답게 번지르르한 기운. ❹이익. 이득. ¶利潤(이익 리, —)기업의 경영에서 얻는 이익. 예—追求. ❺윤이 나다. 번지르르하다. ¶潤澤(—, 적실 택)윤이 나게 적신다는 뜻으로, 살림살이가 넉넉하고 칠칠함. 예—한 生活. ❺윤을 내다. 꾸미다. ¶潤色(—, 빛 색)사실이나 문장을 매만져 아름답게 꾸밈. 예文學的으로 —하다. ❻부드럽다. 화기롭다. ¶溫潤(따뜻할 온, —)마음씨가 따뜻하고 부드러움. ⓔ性品이 ─하다.
〔潤文〕(윤문) 글을 다듬어 문채가 나게 함.
〔潤滑〕(윤활) 물기나 기름기가 있어 뻑뻑하지 않고 매끄러움. ⓔ─油
▷浸潤(침윤)

12 ⑮ 〔潺〕* 잔 平 刪 chán, セン
2931

소전 행서 이름 물소리 잔 자원 형성. 氵+孱→潺. 孱(잔)이 성부.
새김 물소리. 또는 물이 흐르는 모양. ¶潺潺(─, ─)졸졸 흐르는 물소리가 가늚. ⓔ─한 물소리.

12 ⑮ 〔潛〕** 잠 本첨 平 鹽 qián, セン
2932

소전 행서 속자 潜 이름 잠길 잠 자원 형성. 氵+朁→潛. 簪(잠)·蠶(잠)과 같이 朁(잠)이 성부.

필순

새김 ❶잠기다. ㉠물 속에 잠기다. ¶潛水(─, 물 수)물 속에 잠김. ⓔ─艦. ㉡어떤 한 가지 일에 열중하다. ¶潛心(─, 마음 심)마음을 어떤 일에 두어 열심히 생각함. ⓔ 공부에 ─하다. ❷숨다. 또는 숨기다. ¶潛伏(─, 엎드릴 복)드러나지 않게 숨어 있음. ⓔ─勤務. ❸몰래. 은밀하게. ¶潛入(─, 들 입)남이 모르게 숨어 듦. ⓔ─한 간첩.
〔潛在〕(잠재) 겉으로 드러나지 않고 속에 잠겨 있거나 숨어 있거나 함.
〔潛在意識〕(잠재의식) 자각(自覺)됨이 없이 활동하는 의식.
〔潛邸〕(잠저) 임금이 즉위하기 전에 거처하던 「저택.
〔潛迹〕(잠적) 감취를 감춤. 종적을 감춤.
〔潛行〕(잠행) ①물 속에 잠겨 수영함. ②몰래 숨어서 다님.
▷龍潛(용잠)·沈潛(침잠)

12 ⑮ 〔潜〕* 잠 潛(2932)의 속자
2933

12 ⑮ 〔潮〕** 조 平 蕭 cháo, チョウ
2934

소전 행서 이름 조수 조 자원 형성. 氵+朝→潮. 嘲(조)와 같이 朝(조)가 성부.

필순

새김 ❶조수(潮水). 달의 인력으로 주기적으로 밀려 들어왔다 나갔다 하는 바닷물. ¶滿潮(찰 만, ─)바다의 밀물이 꽉 차게 들어오는 일. ⓔ─時刻. ❷시류(時流). 시대의 경향. ¶思潮(생각 사, ─)일정한 시대의 사람들이 가지고 있는 사상의 흐름. ⓔ文學─.
〔潮流〕(조류) ①조수(潮水)로 인한 바닷물의 흐름. ②사회의 변동이나 발전의 추세(趨勢).
〔潮汐〕(조석) 밀물과 썰물.
▷干潮(간조)·風潮(풍조)·海潮(해조)

12 ⑮ 〔澍〕* 주: 去 遇 zhù, ジュ
2935

소전 행서 이름 단비 주: 자원 형성. 氵+尌→澍. 尌(주)가 성부.
새김 단비. 때 맞추어 내리는 비. 또는 단비에 젖다.

12 ⑮ 〔潗〕* 집 入 緝 jí, シュウ
2936

행서 이름 샘솟을 집 자원 형성. 氵+集→潗. 鏶(집)과 같이 集(집)이 성부.
새김 샘이 솟다. 또는 그 모양.

12 ⑮ 〔澄〕* 징 平 蒸 chéng, チョウ
2937

행서 이름 맑을 징 자원 형성. 氵+登→澄. 登(등)의 변음이 성부.
새김 맑다. 맑고 깨끗하다. 또는 맑게 하다. ¶澄淸(─, 맑을 청) 맑고 깨끗함.
▷明澄(명징)

12 ⑮ 〔澈〕* 철 入 屑 chè, テツ
2938

행서 이름 맑을 철 자원 형성. 氵+攵→澈. 徹(철)·轍(철)과 같이 攵(철)이 성부.
새김 맑다. 물이 맑다.

12 ⑮ 〔澎〕* 팽 平 庚 pēng, ホウ
2939

행서 이름 물결칠 팽 자원 형성. 氵+彭→澎. 彭(팽)이 성부.
새김 물결치다. ¶澎湃(─, 물결부딪칠 배)큰 물결이 서로 맞부딪쳐 솟구침. 인신하여, 기세나 사조가 세차게 일어남.

12 ⑮ 〔澔〕* 호: 浩(2767)와 동자
2940

12 ⑮ 〔潢〕* 황 平 陽 huáng, コウ
2941

소전 행서 이름 웅덩이 황 자원 형성. 氵+黃→潢. 璜(황)·簧(황)과 같이 黃

(황)이 성부.
새김 웅덩이. 물이 괴어 있는 곳. ¶潢池(—, 못 지)시궁발치.

13 ⑯ 〔激〕** 격 入錫 | jī, ゲキ
2942

소전 행서 이름 격렬할 격 자원 형성. 氵+敫→激. 檄(격)과 같이 敫(교)의 변음이 성부.

필순 氵 氵 氵 氵 氵 氵 氵 氵 氵 激

새김 ❶격렬하다. 성격·말·행동이 과격하다. ¶激動(—, 움직일 동) 격렬하게 움직임. 예—의 時代. ❷물살이 빠르다. ¶激流(—, 흐름 류) 빠르게 흐르는 흐름. 예—에 휘말리다. ❸떨치다. ¶激勵(—, 북돋울 려) 용기나 의욕을 떨치도록 북돋움. 예—의 편지. ❹흥분하다. ¶感激(느낄 감, —) 깊이 느끼어 흥분함. 예부풀어 오르는 —.
〔激減〕(격감) 급격히 줄거나 줄임.
〔激怒〕(격노) 몹시 성냄.
〔激突〕(격돌) 거세게 부딪침.
〔激浪〕(격랑) 사납게 치는 물결. 인신하여, 사납고 어려운 사회적 시련의 비유.
〔激烈〕(격렬) 몹시 맹렬함.
〔激論〕(격론) 격렬한 논쟁이나 언론.
〔激務〕(격무) 눈코 뜰 새 없이 바쁜 일.
〔激變〕(격변) 급격하게 변함.
〔激憤〕(격분) 몹시 분하여 성이 확 치받침.
〔激甚〕(격심) 아주 심함. 예—한 凶年.
〔激昂〕(격앙) 감정이 몹시 복받쳐 흥분함.
〔激戰〕(격전) 격렬한 싸움. 예—場.
〔激情〕(격정) ①감정 따위가 끓어오름. ②억누르기 힘든 격한 감정.
〔激增〕(격증) 갑자기 증가함.
〔激化〕(격화) 격렬하게 됨. 예데모의 —.
▷過激(과격)·急激(급격)·奮激(분격)·憤激(분격)·衝激(충격)

13 ⑯ 〔濃〕* 농 平冬 | nóng, ノウ
2943

소전 행서 간화 浓 이름 짙을 농 자원 형성. 氵+農→濃. 膿(농)과 같이 農(농)이 성부.
새김 짙다. 淡(2772)의 대. ㉠색갈이나 맛이 짙다. ¶濃淡(—, 엷을 담)짙음과 엷음. ㉡자욱하다. 밀도가 높다. ¶濃霧(—, 안개 무)자욱히 낀 짙은 안개. 예—가 자주 낀다.
〔濃度〕(농도) 농담(濃淡)의 정도.
〔濃縮〕(농축) 액체가 진하게 엉기어 빠짝 졸아들거나 액체를 진하게 졸임.
〔濃厚〕(농후) ①진하거나 걸쭉함. ②경향이나 사상에 젖은 정도가 깊음. ③가능성이 있음.

13 ⑯ 〔澾〕* 달 入曷 | tà, タツ
2944

행서 간화 汏 이름 매끄러울 달 자원 형성. 氵+達→澾. 撻(달)과 같이 達(달)이 성부.
새김 매끄럽다. 미끈미끈하다.

13 ⑯ 〔澹〕* 담: 上感 | dàn, タン
2945

소전 행서 이름 욕심없을 담: 자원 형성. 氵+詹→澹. 擔(담)·膽(담)과 같이 詹(담)이 성부.
새김 욕심이 없다. 淡(2772)과 통용. ¶澹泊(—, 조촐할 박)㉮욕심이 없이 조촐함. 동淡泊(담박). 예—한 氣象. ㉯음식맛이 느끼하지 않고 산뜻함. 예—한 飮食.
〔澹味〕(담미) 담백한 맛. 산뜻하고 싱거운 맛.
〔澹雅〕(담아) 담박하고 고아함.

13 ⑯ 〔濂〕* 렴 平鹽 | lián, レン
2946

행서 이름 염계 렴 자원 형성. 氵+廉→濂. 簾(렴)과 같이 廉(렴)이 성부.
새김 염계(濂溪). 호남성(湖南省)에 있는 강 이름. 송(宋)나라의 주돈이(周敦頤)가 살았던 곳이기에, 주돈이의 학파를 濂溪學派(염계학파)라 이른다.

13 ⑯ 〔澧〕* 례: 上薺 | lǐ, レイ
2947

소전 행서 이름 예수 례: 자원 형성. 氵+豊→澧. 禮(례)·醴(례)와 같이 豊(례)가 성부.
새김 예수. 하남성(河南省)에 있는 강 이름.

13 ⑯ 〔濑〕 뢰: 瀨(2982)의 간화자
2948

13 ⑯ 〔濒〕 빈 瀕(2983)의 간화자
2949

13 ⑯ 〔潚〕* 숙 入屋 | sù, シュク
2950

행서 이름 빠를 숙 자원 형성. 氵+肅→潚. 橚(숙)과 같이 肅(숙)이 성부.
새김 빠르다. 신속하다.

13 ⑯ 〔濊〕* 예: 去 隊 | weì, ワイ
2951

행서 濊 이름 예 예: 자원 형성. 氵+歲→濊. 穢(예)와 같이 歲(세)의 변음이 성부.
새김 예. 고대 한반도에 있었던 종족 이름. ¶濊貊(—, 맥 맥) 예족과 맥족. 우리 민족의 근간이 된 종족임.

13 ⑯ 〔澳〕* 오: 去 號 | aò, オウ
2952

소전 행서 澳 이름 깊을 오: 자원 형성. 氵+奧→澳. 墺(오)·懊(오)와 같이 奧(오)가 성부.
새김 ❶깊다. 물이 깊다. ❷중국 마카오의 한역어인 오문(澳門)의 준말.

13 ⑯ 〔澱〕* 전: 去 霰 | diàn, デン
2953

소전 행서 澱 동자 간화 淀 이름 찌끼 전: 자원 형성. 氵+殿→澱. 殿(전)이 성부.
새김 찌끼. 앙금. ¶沈澱(가라앉을 침, —) 액체 속에 가라앉은 찌끼. 예—物.
〔澱物〕(전물) 가라앉아서 앙금이 된 물질.
〔澱粉〕(전분) 녹말. 식물의 종자·근경(根莖)·괴근(塊根)에 함유되어 있는 탄수화물.

13 ⑯ 〔澯〕* 찬: 去 翰 | càn, サン
2954

행서 澯 이름 맑을 찬: 자원 형성. 氵+粲→澯. 燦(찬)·璨(찬)과 같이 粲(찬)이 성부.
새김 맑다. 물이 맑다.

13 ⑯ 〔濁〕** 탁 本착 入 覺 | zhuó, タク
2955

소전 행서 濁 간화 浊 이름 흐릴 탁 자원 형성. 氵+蜀→濁. 蜀(촉)의 변음이 성부.

필순 氵 氵罒 氵罒 氵罒 氵罒 氵罒 濁 濁 濁 濁

새김 ❶흐리다. 清(2801)의 대. ㉠물이 흐리다. ¶濁流(—, 흐름 류)흐린 흐름. 또는 그 물. 예장마 때의 —. ㉡목소리가 흐리다. ¶濁音(—, 소리 음) 울림소리. ❷어지럽다. 바르지 아니하다. 또는 더럽히다. ¶濁世(—, 세상 세)사회의 기강이 어지럽게 된 세상.
〔濁浪〕(탁랑) 흐린 물결.
〔濁汚〕(탁오) 흐리고 더러움.
〔濁酒〕(탁주) 막걸리.
▷汚濁(오탁)·清濁(청탁)·混濁(혼탁)

13 ⑯ 〔澤〕** 택 本책 入 陌 | zé, タク
2956

소전 行서 澤 약자 沢 간화 泽 이름 못 택 자원 형성. 氵+睪→澤. 睪에는 '역' 외에 '택' 음도 있어, 擇(택)과 같이 睪(택)이 성부.

필순 氵 氵罒 氵罒 氵罒 氵罒 氵罒 澤 澤 澤 澤

새김 ❶못. 소. 또는 늪. ¶沼澤(늪 소, —)늪과 소. 예—草地. ❷은혜. 덕택. ¶恩澤(은혜 은, —)은혜로운 덕택. 예—을 입다. ❸윤. 윤기. ¶光澤(빛 광, —) 빛의 반사에 의하여 번쩍이는 윤기. ❹손때. ¶手澤(손 수, —)손이 닿았던 책이나 물건에 남아 있는 손때. 예先親의 —이 남아 있는 책.
〔澤畔〕(택반) 못가.
〔澤雨〕(택우) 만물을 적셔 주는 비. 자우(慈雨).
▷德澤(덕택)·遺澤(유택)·潤澤(윤택)·惠澤(혜택)

13 ⑯ 〔澣〕* 한: 本환: 上 旱 | huàn, カン
2957

소전 행서 澣 이름 빨 한: 자원 형성. 氵+幹→澣. 幹에는 '간' 외에 '한' 음도 있어, 幹(한)이 성부.
새김 ❶빨다. 씻다. ¶澣衣(—, 옷 의)옷을 빪. ❷열흘. 당대(唐代)에, 관리들에게 열흘마다 하루씩 목욕하는 휴가를 주었던 일. ¶上澣(위 상, —)한 달 가운데서 초하루부터 초열흘까지의 사이. 동上旬(상순). 上浣(상완).
〔澣濯〕(한탁) 때 묻은 옷을 빪.
▷中澣(중한)·下澣(하한)

13 ⑯ 〔澮〕* 회: 本괴: 去 泰 | kuài, カイ
2958

소전 행서 澮 간화 浍 이름 회수 회: 자원 형성. 氵+會→澮. 檜(회)·繪(회)와 같이 會(회)가 성부.
새김 회수. 산서성(山西省)에 있는 강 이름.

14 ⑰ 〔濤〕* 도 平 豪 | tāo, トウ
2959

소전 행서 濤 속자 간화 涛 이름 물결 도 자원 형성. 氵+壽→濤. 禱(도)·燾(도)와 같이 壽(수)의 변음이 성부.
새김 물결. 파도. ¶怒濤(성낼 노, —)성난 파도. 예—와 같이 밀려온 群衆.
〔濤瀾〕(도란) 큰 물결. 큰 파도.

〔濤聲〕(도성) 파도 소리.
▷狂濤(광도)·波濤(파도)·風濤(풍도)

14 ⑰ 〖濫〗** 람: [去]勘 | làn, ラン
2960

[소전] [행서] [간화] 滥 [이름] 넘칠 람: [자원] 형성. 氵+監→濫. 襤(람)·藍(람)과 같이 監(감)의 변음이 성부.

[필순]

[새김] ❶넘치다. ㉠물이 넘쳐 흐르다. ¶氾濫(넘칠 범, —)큰 물이 넘쳐 흐름. [예]河川의 —. ㉡지나치다. 분수나 정도에 넘치다. ¶猥濫(함부로 외, —)하는 짓이 분수에 지나침. [예]—된 言動. ❷함부로. 멋대로. ¶濫用(—, 쓸 용)함부로 사용함. [예]權力—. ❸띄우다. 물에 띄우다. ¶濫觴(—, 잔 상)술잔을 물에 띄움. 큰 강도 그 근원은 술잔을 띄울 정도의 작은 흐름에서 시작된다는 데서, 사물 발생의 첫 출발을 이르는 말.
〔濫發〕(남발) 정해진 규정을 벗어나 함부로 발포(發布)하거나 발행함.
〔濫刑〕(남형) 법을 벗어나 함부로 형벌을 적용함. 또는 그렇게 하는 형벌.
〔濫獲〕(남획) 물고기나 산짐승 등을 함부로 「마구 잡음.
▷僭濫(참람)

14 ⑰ 〖濱〗* 빈 [平]眞 | bīn, ヒン
2961

[행서] [속자] [간화] 浜 [이름] 물가 빈 [자원] 형성. 氵+賓→濱. 儐(빈)·嬪(빈)과 같이 賓(빈)이 성부.
[새김] ❶물가. 강가. 바닷가. ¶海濱(바다 해, —)바닷가. ❷끝. 변방. 〔詩經〕率土之濱(솔토지빈) 다스리는 영토의 끝.
▷水濱(수빈)

14 ⑰ 〖澀〗 삽 澁(2927)의 본자
2962

14 ⑰ 〖濕〗** 습 [入]緝 | shī, シツ
2963

[소전] [행서] [약자] [간화] 湿 [이름] 습할 습 [자원] 형성. 氵+㬎〔㬎의 변형〕→濕. 㬎(견)의 변음이 성부.

[필순]

[새김] 습하다. 축축하다. ¶濕地(—, 땅 지)습한 땅. [예]—植物.
〔濕氣〕(습기) 축축한 기운.
〔濕度〕(습도) 공기 중에 들어 있는 수증기의 정도. 또는 그것을 나타내는 양.
〔濕潤〕(습윤) 습하고 질척질척함.
〔濕症〕(습증) 습기로 인하여 생기는 병.
〔濕疹〕(습진) 습기로 인하여 생기는 부스럼.
▷乾濕(건습)·冷濕(냉습)·防濕(방습)·陰濕(음습)·燥濕(조습)

14 ⑰ 〖濴〗* 영 [平]庚 | yíng, エイ
2964

[행서] [이름] 작은물 영 [자원] 형성. 氵+縈→濴. 嶸(영)과 같이 縈(영)이 성부.
[새김] 작은 물. 또는 물의 흐름이 작은 모양.

14 ⑰ 〖濡〗* 유 [平]虞 | rū, ジュ
2965

[소전] [행서] [이름] 젖을 유 [자원] 형성. 氵+需→濡. 儒(유)·孺(유)와 같이 需(수)의 변음이 성부.
[새김] ❶젖다. 물에 젖다. 또는 적시다. ¶濡染(—, 물들 염) 젖어서 물이 듦. ❷막히다. 막히어 멎다. ¶濡滯(—, 머무를 체)막히어 오래 머무름.

14 ⑰ 〖濟〗** [一] 제: [去]霽 | jì, セイ
[二] 제: [上]薺 | jǐ, セイ
2966

[소전] [행서] [속자] 済 [간화] 济 [이름] [一]건질 제: [二]많을 제: [자원] 형성. 氵+齊→濟. 劑(제)와 같이 齊(제)가 성부.

[필순]

[새김] [一]❶건지다. 구제하다. ¶濟世(—, 세상 세)세상을 구제함. [예]—安民. ❷건너다. 물을 건너다. 〔書經〕濟巨川(제거천) 큰 내를 건넘. ❸마치다. 끝내다. ¶完濟(완전할 완, —)완전히 마침. [동]完了(완료). ❹이루다. 성취하다. ¶濟美(—, 아름다울 미)조상의 사업을 이어받아 좋은 일을 성취함. [二]많다. 많고 성하다. ¶濟濟(—, —)인재가 많고 성함. [예]—多士.
〔濟度〕(제도) ①강을 건넘. ②(佛)중생을 고해(苦海)에서 건져 극락(極樂)으로 인도함.
〔濟貧〕(제빈) 가난한 사람을 구제함.
〔濟濟多士〕(제제다사) 수많은 훌륭한 인재.
〔濟衆〕(제중) 널리 많은 사람을 구제함.
▷決濟(결제)·經濟(경제)·共濟(공제)·救濟(구제)·未濟(미제)·返濟(반제)·辨濟(변제)·弘濟(홍제)

14 ⑰ 〖濬〗* 준: [本]순: [去]震 | jùn, シュン
2967

[행서] [이름] 칠 준: [자원] 형성. 氵+睿→濬. 睿(예)의 변음이 성부.

새김 치다. 물길을 준설하다. ¶濬川(—, 내천)개천 바닥을 파내어 침.

14 ⑰ [濯]* 탁 ㊍착 入覺 | zhuó, タク
2968

소전 행서 이름 씻을 탁 자원 형성. 氵+翟→濯. 擢(탁)과 같이 翟(적)의 변음이 성부.

필순

새김 씻다. 빨다. ¶洗濯(씻을 세, —)빨래함. 또는 빨래. 예—機.
〔濯足〕(탁족) 발을 씻음. 세속의 때를 씻고 고결함을 지킴의 비유.
▷澣濯(한탁)

14 ⑰ [濠]* 호 平豪 | háo, ゴウ
2969

행서 이름 해자 호 자원 형성. 氵+豪→濠. 壕(호)와 같이 豪(호)가 성부.
새김 ❶해자. 성 둘레에 파놓은 못. ¶城濠(성 성, —)적을 막기 위하여 파놓은 성 주위의 해자. ❷호주. 오스트레일리아의 한역자.
▷塹濠(참호)

14 ⑰ [濩]* 호: 去遇 | hù, コ
2970

소전 행서 이름 퍼질 호: 자원 형성. 氵+蒦→濩. 護(호)와 같이 蒦(확)의 변음이 성부.
새김 퍼지다. 널리 퍼지다.

15 ⑱ [瀆]* 독 入屋 | dú, トク
2971

소전 행서 간화 渎 이름 도랑 독 자원 형성. 氵+賣→瀆. 讀(독)·牘(독)과 같이 賣(육)의 변음이 성부. 참고 賣(육)은 賣(매)와는 딴자.
새김 ❶도랑. 봇도랑. ¶溝瀆(도랑 구, —) 도랑이나 개천. ❷더럽히다. 또는 어지럽히다. ¶瀆職(—, 직책 직) 벼슬아치가 자기의 지위를 악용하여 직책을 더럽힘. 예—事件.
▷冒瀆(모독)·四瀆(사독)·汚瀆(오독)

15 ⑱ [濾]* 려: 去御 | lǜ, リョ
2972

행서 간화 滤 이름 거를 려: 자원 형성. 氵+慮→濾. 慮(려)가 성부.
새김 거르다. 걸러내다. ¶濾過(—, 지나갈 과) 거름. 걸러서 밭여 냄. 예—裝置.

15 ⑱ [瀏]* 류 平尤 | liú, リュウ
2973

소전 행서 간화 浏 이름 맑을 류 자원 형성. 氵+劉→瀏. 劉(류)가 성부.
새김 맑다. 또는 물이 맑고 깊은 모양.

15 ⑱ [瀉]* 사: 去禡 | xiè, シャ
2974

행서 간화 泻 이름 부을 사: 자원 형성. 氵+寫→瀉. 寫(사)가 성부.
새김 ❶붓다. 물을 쏟아 붓다. 또는 물을 흘려 보내다. ¶一瀉千里(일사천리)한번 쏟아 부은 물이 천 리를 간다는 뜻으로, 일이 거침없이 기세 좋게 진행됨을 이르는 말. 예—로 진척되는 土木工事. ❷배설하다. 설사하다. ¶吐瀉(토할 토, —)토하기도 하고 설사하기도 함. 예—를 만나다.
〔瀉劑〕(사제) 설사를 하게 하는 약.
▷泄瀉(설사)·澤瀉(택사)

15 ⑱ [瀋]* 심: 上寢 | shěn, シン
2975

소전 행서 간화 沈 이름 심수 심: 자원 형성. 氵+審→瀋. 審(심)이 성부.
새김 심수. 요녕성(遼寧省)에 있는 강 이름.

15 ⑱ [瀁]* 양: 上養 | yǎng, ヨウ
2976

행서 이름 끝없이넓을 양: 자원 형성. 氵+養→瀁. 養(양)이 성부.
새김 끝없이 넓다. 또는 광대무변의 모양.

15 ⑱ [瀑]* 폭 入屋 | pù, バク
2977

소전 행서 이름 폭포 폭 자원 형성. 氵+暴→瀑. 爆(폭)·曝(폭)과 같이 暴(폭)이 성부.
새김 폭포. ¶懸瀑(매달 현, —)아주 높은 곳에서 떨어지는 폭포.
〔瀑布〕(폭포) 높은 절벽에서 곧추 쏟아져 내리는 물.

15 ⑱ [瀅]* 형: ㊍영: 去徑 | yìng, エイ
2978

행서 이름 물맑을 형: 자원 형성. 氵+瑩→瀅. 瑩(형)이 성부.

새김 물이 맑다.

16 ⑲ 〔瀝〕* 력 入錫 | lì, レキ
2979

소전 행서 간화 沥 이름 듣을 력 자원 형성. 氵+歷→瀝. 靂(력)과 같이 歷(력)이 성부.
새김 ❶듣다. 눈물·피·물 등이 떨어지다. ❷나타내다. 토로하다. ¶披瀝(말할 피, —)생각한 바를 털어내어 말함. 예所感을 —하다. ❸남은 음식. ¶餘瀝(남을 여, —)먹고 남긴 술이나 음식. 인신하여, 자기 집의 술이나 음식을 겸손하게 이르는 말.
〔瀝靑〕(역청) ①송지(松脂)의 딴이름. ②콜타르에서 휘발 성분을 증류하고 남은 찌꺼기. 도로 포장·방수(防水) 등에 쓰임.

16 ⑲ 〔瀘〕* 로 平虞 | lú, ロ
2980

소전 행서 간화 泸 이름 노수 로 자원 형성. 氵+盧→瀘. 爐(로)·蘆(로)와 같이 盧(로)가 성부.
새김 노수. 사천성(四川省)에 있는 금사강(金沙江)의 옛 이름.

16 ⑲ 〔瀧〕* 롱 平東 | lóng, ロウ
2981

소전 행서 고자 滝 간화 泷 이름 물소리 롱 자원 형성. 氵+龍→瀧. 龍에는 '룡' 외에 '롱' 음도 있어, 朧(롱)·籠(롱)·聾(롱)과 같이 龍(롱)이 성부.
새김 물소리. 또는 비가 계속 내리는 모양.

16 ⑲ 〔瀨〕* 뢰: 去泰 | lài, ライ
2982

소전 행서 간화 濑 이름 여울 뢰: 자원 형성. 氵+賴→瀨. 賴(뢰)가 성부.
새김 여울. 물살이 빠른 얕은 물.

16 ⑲ 〔瀕〕* 빈 平眞 | bīn, ヒン
2983

소전 행서 간화 濒 이름 물가 빈 자원 형성. 氵+頻→瀕. 嚬(빈)과 같이 頻(빈)이 성부.
새김 ❶물가. 강변. ❷다가오다. 임박하다. ¶瀕[2]死[1](—, 죽을 사)거의 죽을 지경에 이름. 예—狀態.
〔瀕水〕(빈수) 강물에 잇닿은 지대.
〔瀕海〕(빈해) 지형이 바다에 가까이 닿음.

16 ⑲ 〔瀛〕* 영 平庚 | yíng, エイ
2984

소전 행서 이름 바다 영 자원 형성. 氵+嬴→瀛. 嬴(영)이 성부.
새김 ❶바다. ¶大瀛(큰 대, —)큰 바다. 동大海(대해). ❷영주(瀛洲). 신선이 산다는 전설상의 산 이름.

16 ⑲ 〔瀜〕* 융 平東 | róng, ユウ
2985

행서 이름 깊고넓을 융 자원 형성. 氵+融→瀜. 融(융)이 성부.
새김 물이 깊고 넓다. 또는 그 모양.

16 ⑲ 〔瀞〕* 정: 去敬 | jìng, セイ
2986

소전 행서 이름 맑을 정: 자원 형성. 氵+靜→瀞. 靜(정)이 성부.
새김 맑다. 물이 맑고 깨끗하다.

16 ⑲ 〔瀚〕* 한: 去翰 | hàn, カン
2987

행서 이름 광대할 한: 자원 형성. 氵+翰→瀚. 翰(한)이 성부.
새김 광대하다. 또는 넓고 큰 모양. ¶浩瀚(넓을 호, —) 넓고 커서 질펀함. 예—한 湖水.

16 ⑲ 〔瀣〕* 해: 去卦 | xiè, カイ
2988

소전 행서 이름 바닷기운 해: 자원 형성. 氵+韰→瀣. 韰(해)가 성부.
새김 바닷기운. 또는 이슬이 내리는 밤의 기운. ¶沆瀣(뿌연기운 항, —) 한밤중의 이슬 기운.

17 ⑳ 〔瀾〕* ㊀란 平寒 | lán, ラン
㊁란: 去翰 | làn, ラン
2989

소전 행서 간화 澜 이름 ㊀물결 란 ㊁선명할 란: 자원 형성. 氵+闌→瀾. 爛(란)·蘭(란)과 같이 闌(란)이 성부.
새김 ㊀물결. 큰 파도. ¶波瀾(물결 파, —)작은 물결과 큰 파도. 인신하여, 순조롭지 아니하게 일어나는 이러저러한 어려움. 예—萬丈한 生涯. ㊁선명하다. 색채가 선명하다. 또는 어지러히 뒤섞이다. ¶瀾漫(—, 두서없을 만)한창 흐드러짐. 예百花가 —하다.

17 ⑳ 〔瀟〕* 소 平蕭 | xiāo, ショウ
2990

소전 瀟 행서 瀟 간화 潇 이름 소수 소 자원 형성. 氵+蕭→瀟. 蕭(소)가 성부.
새김 ❶소수. 호남성(湖南省)에 있는 강 이름. ❷비바람이 세차다. 또는 그 모양. ¶瀟瀟(―, ―)비바람이 세참. 또는 그 모양.
〔瀟湘〕(소상) 소수(瀟水)와 상수(湘水). 인신하여, 호남성(湖南省)의 범칭.
〔瀟灑〕(소쇄) 속세의 티가 없이 맑고 깨끗함.

17 ⑳ 〔瀯〕* 영 平 庚 yíng, エイ
2991

행서 瀯 이름 물흐를 영 자원 형성. 氵+營→瀯. 營(영)이 성부.
새김 물이 흐르다. 물이 빙 돌아 흐르다.

17 ⑳ 〔瀷〕* 익 入 職 yì, ヨク
2992

소전 瀷 행서 瀷 이름 물결무늬 익 자원 형성. 氵+翼→瀷. 翼(익)이 성부.
새김 물결의 무늬.

18 ㉑ 〔灌〕* 관: 去 翰 guàn, カン
2993

소전 灌 행서 灌 이름 물댈 관: 자원 형성. 氵+雚→灌. 罐(관)·觀(관)과 같이 雚(관)이 성부.
새김 ❶물을 대다. ¶灌漑(―, 물댈 개)논밭에 물을 댐. 예―用水. ❷떨기. 총생한 나무. 또는 총생하다. ¶灌木(―, 나무 목)키는 낮고, 밑둥에서 가지가 많이 나는 나무. 예―林.
〔灌佛〕(관불) (佛)여러 가지 향료를 탄 물을 불상에 뿌리는 의식. 4월 초파일에 거행함.
〔灌腸〕(관장) 병의 치료나 영양 공급, 혹은 변을 보게 하기 위해 항문을 통하여 약물이나 영양 물질을 장에 넣는 일.

18 ㉑ 〔灋〕 법 法(2669)의 고자
2994

18 ㉑ 〔瀅〕* 형 國字
2995

행서 瀅 이름 이름 형. 인명(人名)에 쓰는 글자.

18 ㉑ 〔灏〕 호: 灝(2999)의 간화자
2996

19 ㉒ 〔灑〕* 쇄: 去 蟹 sǎ, サイ
2997

소전 灑 행서 灑 동자 간화 洒 이름 물뿌릴 쇄: 자원 형성. 氵+麗→灑. 麗(려)의 변음이 성부.
새김 ❶물을 뿌리다. 물을 뿌려 깨끗이 청소하다. ¶灑掃(―, 쓸 소)물을 뿌리고 비로 쓸고 함. 예집을 ―하다. ❷깨끗하고 산뜻하다. ¶灑落(―, 떨어질 락)몸이나 기분이 깨끗하고 개운함. 예精神이 ―하다.

19 ㉒ 〔灘〕* 탄 平 寒 tān, タン
2998

소전 灘 행서 灘 간화 滩 이름 여울 탄 자원 형성. 氵+難→灘. 難(난)의 변음이 성부.
새김 ❶여울. ¶灘聲(―, 소리 성)여울물이 흐르는 소리. ❷물살은 빠르고 파도가 거칠게 이는 바다. 예玄海灘(현해탄).

21 ㉔ 〔灝〕* 호: 上 皓 hào, コウ
2999

소전 灝 행서 灝 간화 灏 이름 넓을 호: 자원 형성. 氵+顥→灝. 顥(호)가 성부.
새김 넓다. 물이 끝없이 넓다. 浩(2767)와 통용.

22 ㉕ 〔灣〕* 만 本완 平 刪 wān, ワン
3000

행서 灣 약자 간화 湾 이름 만 만 자원 형성. 氵+彎→灣. 彎(만)이 성부.
새김 만. 육지로 쑥 들어온 물굽이. ¶港灣(항구 항, ―)항구와 만. 또는 바닷가가 만을 이루어서 항구 설치에 적당한 곳. 예―施設.
〔灣入〕(만입) 바닷물이나 강물이 뭍으로 활처럼 휘어 들어감.

4 획 부수 火(灬) 部

▷명칭:불화. 불화변
▷쓰임:불의 성질이나 작용, 또는 불을 다루는데 쓰는 연장이나 동작 등에 관한 뜻을 나타내는 한자의 부수로 쓰였다.

0 ④ 〔火〕*** 화: 上 哿 huǒ, カ
3001

소전 火 행서 火 이름 불 화: 자원 상형. 불이 타오르는 모양.

필순 丶 丷 火 火

새김 ❶불. ㉠붉게 타는 불. ¶火光(―, 빛 광)불빛. 예―이 충천하다. ㉡등불·횃불 따위의 불. ¶漁火(고기잡을 어, ―)고기잡이하는 등불이나 횃불. ❷화. 노여움을 타거나 뜻대로 되지 않아서 일어나는 감정의 비유. ¶心火(마음 심, ―)울적하게 북받쳐 일어나는 화. ㉄―를 못 이기다. ❸오행(五行)의 하나. 방위로는 남, 계절로는 여름, 십간(十干)으로는 병(丙)·정(丁)에 배당된다. ❹다급하다. ¶火急(―, 급할 급) 매우 급함. ㉄―한 瞬間. ❺불태우다. 또는 불타다. ¶火田(―, 밭 전)산간의 초목을 불태우고 그 자리를 갈아 농사를 짓는 밭. ㉄―民. ❻탄약. 인신하여, 전쟁의 비유 ¶火器(―, 기구 기)전쟁에서 쓰는 사격하는 기구. ❼화요일의 준말.

〔火光衝天〕(화광충천) 화염이 하늘을 찌름. 형세가 매우 맹렬함의 형용.

〔火氣〕(화기) ①불기나 불기운. ②성냄의 비유.

〔火力〕(화력) ①불의 힘. 불의 기세. ②총포 따위의 위력. ③불이 가진 열에너지의 정도.

〔火爐〕(화로) 불을 담아 두는 그릇.

〔火傷〕(화상) 높은 열에 뎀. 또는 그렇게 입은 상처.

〔火炎〕(화염) 불이 탐. 또는 그 불꽃. 화염(火焰).

〔火因〕(화인) 화재의 원인.

〔火葬〕(화장) 시체를 불에 태움 또는 그렇게 장사지내는 일.

〔火災〕(화재) 불로 인한 재해. 불이 나는 재앙.

〔火刑〕(화형) 불살라 죽이는 형벌.

▷燈火(등화)·發火(발화)·放火(방화)·烽火(봉화)·飛火(비화)·聖火(성화)·水火(수화)·失火(실화)·鬱火(울화)·鎭火(진화)

1 ⑤ 〔灭〕 3002 멸 滅(2866)의 간화자

2 ⑥ 〔灯〕 3003 등 燈(3099)의 속자·간화자

2 ⑥ 〔灰〕* 3004 회 平灰 | huī, カイ

소전 행서 이름 재 회 자원 회의. ナ〔又의 변형〕+火→灰→灰. 又는 오른손. 오른손으로 쥘 수 있는 불, 곧 재를 뜻한다.

새김 ❶재. 타고 난 재. ¶灰燼(―, 탄끄트러기 신)불타고 남은 재나 끄트러기. ㉄귀중한 文化財가 ―으로 돌아갔다. ❷잿빛. 회색. ¶灰白色(―, 흰 백, 빛 색)잿빛을 띤 흰 빛깔. ❸석회(石灰)의 준말.

〔灰色〕(회색) ①잿빛. ②소속이나 주의(主義)가 분명하지 않은 상태의 비유. ㉄―分子.

▷冷灰(냉회)·死灰(사회)·石灰(석회)

3 ⑦ 〔灸〕* 3005 구: 上有 | jiǔ, キュウ

소전 행서 이름 뜸 구: 자원 형성. 久+火→灸. 久(구)가 성부.

새김 뜸. 약쑥으로 살갗의 일부를 뜨는 일. 또는 뜸을 뜨다. ¶鍼灸(침 침, ―)침과 뜸. 또는 침질과 뜸질.

〔灸點〕(구점) 뜸뜰 자리에 먹물을 칠한 점.

〔灸瘡〕(구창) 뜸뜬 곳이 헐어 생긴 부스럼.

3 ⑦ 〔灵〕 3006 령 靈(5937)의 속자·간화자

3 ⑦ 〔炀〕 3007 양: 煬(3072)의 간화자

3 ⑦ 〔灼〕* 3008 작 入藥 | zhuó, シャク

소전 행서 이름 불사를 작 자원 형성. 火+勺→灼. 酌(작)·芍(작)과 같이 勺(작)이 성부.

새김 ❶불사르다. 또는 불에 타다. ¶灼熱(―, 달 열) 불에 타서 새빨갛게 닮. ㉄―하는 太陽. ❷밝다. 또는 밝게 빛나는 모양. ¶灼灼(―, ―)핀 꽃의 빛깔이 곱고 선명한 모양.

3 ⑦ 〔災〕** 3009 재 平灰 | zāi, サイ

소전 행서 동자 간화 灾 이름 재앙 재 자원 회의. 巛〔巛의 생략체〕+火→災. 巛는 재앙. 불 때문에 받는 재앙을 뜻한다.

필순 ㄑ 巜 巛 巛 巛 災 災

새김 재앙. 불행한 변고. ¶天災(하늘 천, ―)자연 현상으로 일어나는 재앙. ㉄―地變.

〔災難〕(재난) 뜻밖의 불행한 일.

〔災變〕(재변) 재앙으로 생긴 변고.

〔災殃〕(재앙) 천재지변으로 인한 온갖 불행한 일.

〔災厄〕(재액) 재난과 액운.

〔災害〕(재해) 재난으로 인한 피해.

〔災禍〕(재화) 재앙과 화난(禍難).

▷三災(삼재)·水災(수재)·人災(인재)·旱災(한재)·火災(화재)

3 ⑦ 〔灾〕 3010 재 災(3009)의 동자·간화자

3 ⑦ 〔灿〕 3011 찬: 燦(3114)의 간화자

4 ⑧ 〔炅〕* 3012 경: 上迥 | jiǒng, ケイ

소전 행서 이름 빛날 경: 자원 회의. 日+火→炅. 해와 불이 있기에 빛난다는 뜻을 나타낸다.

새김 빛나다. 환하다.

4 ⑧ 〔旷〕* 광 光(0342)의 속자
3013

4 ⑧ 〔炉〕 로 爐(3112)의 속자·간화자
3014

4 ⑧ 〔炆〕* 문 平文 wén, ブン
3015

행서 炆 이름 미화 문 자원 형성. 火+文→炆. 汶(문)·紋(문)과 같이 文(문)이 성부.
새김 미화(微火). 불꽃이 없는 약한 불.

4 ⑧ 〔炎〕*** 一 염 平鹽 yán, エン 二 염: 去豔 yàn, エン
3016

소전 炎 행서 炎 이름 一더위 염 二불꽃 염: 자원 회의. 火+火→炎. 타오르는 불꽃을 뜻한다.

필순 丶 丷 火 火 炎 炎 炎 炎

새김 一❶더위. 또는 덥다. ¶炎天(―, 날씨 천) 몹시 더운 날씨. 예―의 뙤약볕. ❷염증(炎症). 병의 한 가지. ¶肺炎(폐 폐, ―) 폐에 생기는 염증. 예―을 앓다. 二불꽃. 焰(3065)과 같다. ¶火炎(불 화, ―)불꽃. 동火焰(화염). 예―에 휩싸이다.
〔炎涼〕(염량) ①더위와 추위. ②세력의 성함과 쇠함.
〔炎涼世態〕(염량세태) 권세가 있을 때는 아첨하여 좇고, 권세가 없어지면 푸대접하는 세속의 인심.
〔炎陽〕(염양) 불볕. 뜨겁게 내리쬐는 햇볕.
▷肝炎(간염)·暴炎(폭염)

4 ⑧ 〔炙〕* 一 자: 去禡 zhì, シャ 二 적 入陌 zhì, セキ
3017

소전 炙 행서 炙 이름 一구울 자: 二구울 적 자원 회의. 夕〔肉의 변으로 쓰일 때의 月의 변형〕+火→炙. 고기를 불 위에 올려 굽는다는 뜻을 나타낸다. 참고 같은 새김으로 쓰는 두 음인데, 炙臺〔○적대, ×자대〕, 膾炙〔○회자, ×회적〕와 같이 어느 음으로 읽느냐는 언어 관습에 따라야 한다.
새김 一❶굽다. 불에 고기를 굽다. 〔詩經〕 燔[2]之[1]炙[2]之[1](번지자지) 이를 불에 굽고 이를 불에 굽도다. ❷적. 구운 고기. ¶膾炙(회 회, ―) 회와 적. 날고기 회와 구운 고기. 인신하여, 널리 칭찬을 받으며 사람들의 입으로 퍼져 전해짐. 예 널리 人口에 ―된 詩. ❸가까이하다. 가까이서 가르침을 받다. ¶親炙(친히 친, ―) 선생에게서 직접 가르침을 받음. 예―를 받다. 二 뜻은 一과 같다.
〔炙鐵〕(적철) 國석쇠. 번철(燔鐵).
▷散炙(산적)

4 ⑧ 〔炒〕* 초 本초: 上巧 chǎo, ショウ
3018

행서 炒 이름 볶을 초 자원 형성. 火+少→炒. 抄(초)·秒(초)와 같이 少(소)의 변음이 성부.
새김 볶다. 불에 볶다. ¶炒醬(―, 장 장)볶은 장.
〔炒黃〕(초황) 國약재(藥材)를 빛깔이 누르스름해질 정도로 불에 볶음.

4 ⑧ 〔炊〕* 취: 本취 平支 chuī, スイ
3019

소전 炊 행서 炊 이름 밥지을 취: 자원 형성. 火+欠〔吹의 생략체〕→炊. 吹(취)가 성부.
새김 밥을 짓다. 불을 때어 음식을 만들다. ¶炊事(―, 일 사) 밥을 짓거나 음식을 마련하는 일. 예―場.
〔炊飯〕(취반) 밥을 지음.
〔炊煙〕(취연) 밥을 짓는 연기.
▷自炊(자취)

4 ⑧ 〔炘〕* 흔 平文 xīn, キン
3020

행서 炘 이름 불길세찰 흔 자원 형성. 火+斤→炘. 昕(흔)·欣(흔)과 같이 斤(근)의 변음이 성부.
새김 불길이 세차다. 또는 그 모양.

5 ⑨ 〔炬〕* 거: 上語 jù, キョ
3021

행서 炬 이름 횃불 거: 자원 형성. 火+巨→炬. 拒(거)·距(거)와 같이 巨(거)가 성부.
새김 횃불. ¶炬火(―, 불 화)횃불. 예류관순이 든 3·1운동의 ―.

5 ⑨ 〔烂〕 란: 爛(3124)의 간화자
3022

5 ⑨ 〔炼〕 련: 煉(3068)의 간화자
3023

5 ⑨ 〔炳〕* 병: 上梗 bǐng, ヘイ
3024

소전 炳 행서 炳 동자 昞 이름 밝을 병: 자원 형성. 火+丙→炳. 柄(병)·病(병)과 같이 丙(병)이 성부.
새김 밝다. 또는 빛나다.

5 ⑨ 〔炤〕* 소 本조 平蕭 | zhāo, ショウ
3025

행서 이름 밝을 소 자원 형성. 火＋召→炤. 昭(소)·紹(소)와 같이 召(소)가 성부.
새김 밝다. 환하다. 昭(2123)와 통용.

5 ⑨ 〔為〕 위 爲(3130)의 약자
3026

5 ⑨ 〔炸〕* 작 | zhà, サク
3027

행서 이름 터질 작 자원 형성. 火＋乍→炸. 乍에는 '사' 외에 '작' 음도 있어, 作(작)·昨(작)과 같이 乍(작)이 성부.
새김 터지다. 폭발하다. ¶炸裂(—, 흩어질 렬) 포탄이 폭발하여 확 흩어짐. 예砲彈이 —하는 戰線.
〔炸發〕(작발) 폭발함.
〔炸彈〕(작탄) 폭약을 넣은 탄환.

5 ⑨ 〔畑〕* 전 〔日本漢字〕
3028

참고 음은 없이 훈독하는 일본 한자. 대법원 공인 인명용 추가한자에 넣은 것은 잘못.

5 ⑨ 〔点〕* 점: 點(6328)의 속자·간화자
3029

5 ⑨ 〔炡〕* 정 平庚 | zhēng, セイ
3030

행서 이름 빛날 정 자원 형성. 火＋正→炡. 征(정)·政(정)과 같이 正(정)이 성부.
새김 빛나다. 일설에는, 불에 굽다.

5 ⑨ 〔炷〕* 주: 去遇 | zhù, シュ
3031

행서 이름 심지 주: 자원 형성. 火＋主→炷. 住(주)·注(주)와 같이 主(주)가 성부.
새김 심지. 등심. 촛불이나 등불의 심지.

5 ⑨ 〔炽〕 치 熾(3107)의 간화자
3032

5 ⑨ 〔炭〕** 탄: 去翰 | tàn, タン
3033

소전 행서 이름 숯 탄: 자원 형성. 屵〔岸의 생략체〕＋火→炭. 岸(안)의 변음이 성부.

필순 丶 ㅛ 山 屵 屵 屵 岸 炭 炭

새김 ❶숯. 목탄. ¶氷炭(얼음 빙, —)얼음과 숯. 둘이 서로 용납하지 않는 관계의 비유. 예—不相容. ❷숯불. 재난이나 고난의 비유. ¶塗炭(진흙 도, —)진흙과 숯불. 몹시 어렵고 고통스러운 지경의 비유. 예—에 빠진 民生. ❸석탄(石炭). ¶炭鑛(—, 광산 광)석탄을 캐내는 광산. 예—村.
〔炭末〕(탄말) 숯가루. 탄가루. 「에 들어 있음.
〔炭素〕(탄소) 비금속 원소의 하나. 석탄·목탄 등
〔炭田〕(탄전) 석탄이 매장되어 있는 지역.
▷褐炭(갈탄)·木炭(목탄)·煉炭(연탄)·黑炭(흑탄)

5 ⑨ 〔炫〕* 현: 去霰 | xuàn, ゲン
3034

소전 행서 이름 빛날 현: 자원 형성. 火＋玄→炫. 絃(현)·衒(현)과 같이 玄(현)이 성부.
새김 빛나다. 또는 밝게 비추다.

5 ⑨ 〔炯〕* 형 本형: 上迥 | jiǒng, ケイ
3035

소전 행서 속자 烱 이름 빛날 형 자원 형성. 火＋冋→炯. 泂(형)과 같이 冋(형)이 성부.
새김 ❶빛나다. 밝게 빛나다. ¶炯炯(—, —) 광채나 광선이 번쩍번쩍 빛남. 예—한 눈동자. ❷밝다. 판단력이 밝다. ¶炯眼(—, 눈 안) 관찰력이 밝은 눈. 예—을 가진 人士.

5 ⑨ 〔荧〕 형 熒(3090)의 간화자
3036

6 ⑩ 〔烓〕* 계: 去霽 | wēi, ケイ
3037

소전 행서 이름 밝을 계: 자원 형성. 火＋圭→烓. 桂(계)와 같이 圭(규)의 변음이 성부.
새김 밝다. 환하다.

6 ⑩ 〔烙〕* 락 入藥 | lào, ラク
3038

소전 행서 이름 단근질 락 자원 형성. 火＋各→烙. 絡(락)·洛(락)과 같이 各(각)의 변음이 성부.
새김 ❶단근질. 또는 단근질하다. ¶炮烙(구울 포, —)뜨거운 쇠로 단근질함. 또는 그 형벌. 예—之刑. ❷불에 달구다. ¶烙印(—, 도장 인)쇠붙이로 만들어 불에 달구어 찍는 도장. 예—을 찍다.
〔烙刑〕(낙형) 단근질하여 벌함. 또는 그 형벌.

6 ⑩ 〔烈〕*** 렬 入屑 liè, レツ
3039

소전 행서 이름 세찰 렬 자원 형성. 列+灬→烈. 裂(렬)·冽(렬)과 같이 列(렬)이 성부.

필순

새김 ❶세차다. 불길이나 세력이 세차다. ¶烈風(—, 바람 풍)매우 세찬 바람. ❷강직하다. 성품이나 지조가 굳세고 바르다. ¶烈女(—, 여자 녀)바른 품성으로 정조를 굳게 지키는 여자. ㉔—碑. ❸열사. 절의를 위해 목숨을 바친 사람. ¶先烈(죽을 선, —)나라를 위하여 죽은 열사. ㉔愛國—.
〔烈士〕(열사) ①불의에 굴하지 않는 강직한 사람. ②나라를 위하여 목숨을 바친 사람.
〔烈祖〕(열조) 큰 공업(功業)을 세운 선조.
〔烈火〕(열화) 맹렬하게 타는 불.
▷ 激烈(격렬)·猛烈(맹렬)·熱烈(열렬)·壯烈(장렬)·忠烈(충렬)·熾烈(치열)

6 ⑩ 〔烦〕 번 煩(3070)의 간화자
3040

6 ⑩ 〔烧〕 소 燒(3103)의 간화자
3041

6 ⑩ 〔烬〕 신: 燼(3117)의 간화자
3042

6 ⑩ 〔烟〕* 연 煙(3073)과 동자
3043

6 ⑩ 〔热〕 열 熱(3096)의 간화자
3044

6 ⑩ 〔烨〕 엽 燁(3106)의 간화자
3045

6 ⑩ 〔烏〕*** 오 平虞 wū, ウ·オ
3046

소전 행서 간화 乌 이름 까마귀 오 자원 상형. 까마귀의 모양을 본떴다.

필순

새김 ❶까마귀. ㉠새 이름. ¶烏飛梨落(—, 날 비, 배 리, 떨어질 락)까마귀가 날자 배가 떨어짐. 어떤 행동을 하자, 마치 그 결과 나타난 일로 의심을 받을 만한 딴 일이 뒤미처 일어남의 비유. ㉡발이 셋 달린, 해에 산다는 전설상의 까마귀. 인신하여, 해. ¶烏兎(—, 토끼 토)전설상 해에 산다는 까마귀와 달에 산다는 토끼. 인신하여, 해와 달. ❸어찌. 의문이나 반어를 나타낸다. ¶烏有(—, 있을 유)어찌 있겠는가의 반어로, 아무것도 없이 됨을 이르는 말. ㉔—로 되어버렸다.
〔烏鵲〕(오작) 까마귀와 까치.
〔烏竹〕(오죽) 껍질이 검은 대나무의 한 가지. 껍질이 처음에는 녹색이나 다음 해부터는 흑색으로 변함.
〔烏合之衆〕(오합지중) 까마귀 떼처럼 모인, 규율이 없고 무질서한 군중.

6 ⑩ 〔烝〕* 증 平蒸 zhēng, ジョウ
3047

소전 이름 찔 증 자원 형성. 丞+灬→烝. 拯(증)과 같이 丞(증)이 성부.
새김 ❶찌다. 음식물을 익히다. 蒸(4570)과 통용. ❷많다. 蒸(4570)과 통용. ¶烝民(—, 백성 민)많은 백성. 모든 백성.

6 ⑩ 〔烛〕 촉 燭(3115)의 속자·간화자
3048

6 ⑩ 〔烘〕* 홍 平東 hōng, コウ
3049

소전 행서 이름 불피울 홍 자원 형성. 火+共→烘. 洪(홍)·哄(홍)과 같이 共(공)의 변음이 성부.
새김 불을 피우다. 또는 말리다.

6 ⑩ 〔烋〕* 휴 平尤 xiū, キュウ
3050

행서 이름 아름다울 휴 자원 형성. 休+灬→烋. 休(휴)가 성부.
새김 아름답다. 좋다. 또는 복되다. 休(0160)와 같다.

7 ⑪ 〔焘〕 도: 燾(3116)의 간화자
3051

7 ⑪ 〔烽〕* 봉 平冬 fēng, ホウ
3052

소전 행서 동자 熢 이름 봉화 봉 자원 형성. 火+夆→烽. 蜂(봉)·峯(봉)·逢(봉)과 같이 夆(봉)이 성부.
새김 봉화. 변란이나 사변이 일어났을 때 신호로 올리던 연기나 불. ¶烽臺(—, 대 대)봉화를 올릴 설비가 있는 곳.
〔烽鼓〕(봉고) 봉화와 북. 전란의 비유.
〔烽燧〕(봉수) 변란(變亂)이 발생하였을 때 신호로 올리던 불이나 연기.
〔烽火〕(봉화) 변란을 알리기 위하여 올리던 「불.

7 ⑪ 〔焉〕** 언 平先 | yān, エン
3053

소전 행서 이름 어찌 언 자원 상형. 언조(焉鳥)라는 새의 모양을 본뜬 자.

필순

새김 ❶어찌. 의문·반어를 나타낸다. ¶焉敢生心(―, 감히 감, 날 생, 마음 심)어찌 감히 그런 마음을 먹을 수 있으랴? ❷이. 사물·사건·장소 등을 지시하는 대명사. 〔論語〕衆好之 必察焉(중호지 필찰언)뭇사람이 이를 좋아하더라도 반드시 이를 살펴본다. ❸어조사. 긍정이나 단정의 뜻을 나타낸다. ¶吾不關焉(나 오, 아니할 불, 상관할 관, ―)나는 상관하지 아니한다.

7 ⑪ 〔焌〕* 준: 去震 | jùn, シュン
3054

행서 이름 불사를 준: 자원 형성. 火+夋→焌. 俊(준)·駿(준)과 같이 夋(준)이 성부.
새김 불사르다. 불로 굽다.

7 ⑪ 〔烹〕* 팽 平庚 | pēng, ホウ
3055

행서 이름 삶을 팽 자원 형성. 亨+灬→烹. 亨에는 '형' 외에 '팽' 음도 있어, 亨(팽)이 성부.
새김 삶다. 음식물을 삶다. 〔史記〕狡兎死 走狗烹(교토사 주구팽) 재빠른 토끼가 죽으면, 그를 잡기 위해 기르던 좋은 사냥개를 삶아서 먹음. 임금이 적국을 멸망시키고 나면, 불필요해진 책사나 공신을 살해함의 비유.
〔烹茶〕(팽다) 차를 다림. 전다(煎茶).
〔烹頭耳熟〕(팽두이숙) 國 머리를 삶으면 귀까지 익음. 곧 중요한 것만 해결하면 나머지 것은 따라서 해결됨의 비유.
〔烹飪〕(팽임) 삶고 지져서 음식을 만듦.
▷割烹(할팽)

7 ⑪ 〔烱〕* 형 炯(3035)의 속자
3056

참고 대법원 공인 인명용 추가한자의 음 '경'은 잘못.

7 ⑪ 〔焕〕 환: 煥(3079)의 속자
3057

7 ⑪ 〔焄〕* 훈 平文 | xūn, クン
3058

행서 이름 그을릴 훈 자원 형성. 君+灬→焄. 君(군)의 변음이 성부.
새김 그을리다. 또는 그스르다.

8 ⑫ 〔焞〕* ㊀돈 平元 | tūn, トン ㊁순 平眞 | tūn, シュン
3059

소전 행서 이름 ㊀어스레할 돈 ㊁밝을 순 자원 형성. 火+享→焞. 敦(돈)·惇(돈), 淳(순)·諄(순)과 같이 享(향)의 변음이 성부.
새김 ㊀어스레하다. 또는 어둑어둑한 모양. ㊁밝다. 빛이 밝다.

8 ⑫ 〔無〕*** 무 平虞 | wú, ム·ブ
3060

소전 행서 동자 간화 无 이름 없을 무 자원 상형. 사람이 춤추는 모양을 본떴다. 후대에 이 뜻으로는 舞(4376) 자를 만들어 쓰고, '없다'의 뜻은 가차.

필순

새김 ❶없다. 有(2220)의 대. ¶無人(―, 사람 인)사람이 없음. 예―島. ❷말라. 금지의 뜻을 나타낸다. 毋(2582)와 같게 쓴다. ¶公無渡河(공 공, ―, 건널 도, 강 하)그대는 강을 건너가지 말라. ❸무시하다. 업신여기다. 〔孟子〕無父無君(―, 아비 부, ―, 임금 군)아비를 업신여기고 임금을 업신여기다. ❹무려. 대강. ¶無慮(―, 무려 려)예상보다 많음을 강조할 때에 '대략'의 뜻을 나타내는 말. 예― 수십 번의 실험을 통해 얻은 연구 결과이다.
〔無辜〕(무고) 잘못이 없음. 예―한 백성.
〔無骨好人〕(무골호인) 줏대 없이 두루뭉실하게, 남의 비위를 다 맞추는 사람.
〔無窮〕(무궁) 시간이나 공간의 끝이 없음.
〔無期〕(무기) 정한 기한이 없음. 예―懲役.
〔無氣力〕(무기력) 어떤 일을 해보려고 하는 의욕이 없음. 예―狀態.
〔無記名〕(무기명) 투표용지나 증권 등에 그 권리자의 성명을 쓰지 아니함. 예―投票.
〔無難〕(무난) ①재난(災難)이 없음. ②어려움이 없음.
〔無念〕(무념) ①잊지 말아야 함. ②(佛)무아(無我)의 경지에 이르러 아무 생각이 없음. 집착이 없음.
〔無能〕(무능) 재능이나 능력이 없음. 예―한 「사람.
〔無端〕(무단) ①이유 없이 해(害)를 끼침. ②아무런 인연이나 원인이 없음. ③단서(端緖)가 없음.
〔無斷〕(무단) 사전에 아무런 연락이나 허락이 「없음.
〔無道〕(무도) 지켜야 할 도리를 어기어 법이 없이 막됨. 예―莫甚.
〔無力〕(무력) 힘이 없음. 능력이나 금력·세력 등의 역량이 없음. 예―한 사람. 「을 함.
〔無禮〕(무례) 예의가 없음. 도리에 어긋난 짓
〔無賴漢〕(무뢰한) 일정한 직업이 없이 방탕하

고 불량한 짓을 하는 사람.
〔無聊〕(무료) 지루하고 심심함.
〔無理〕(무리) ①이치에 닿지 않고 억지스러움. ㉠── 한 論調. ②힘에 겨운 짓을 억지로 함. ㉠── 하지 말라.
〔無名〕(무명) ①이름이 없음. ②이름이 세상에 알려지지 않음. 「음.
〔無謀〕(무모) 하는 짓이 어리석고 분별이 없
〔無味乾燥〕(무미건조) 느끼는 바가 딱딱하거나 깔깔하여 재미가 없음. ㉠── 한 이야기.
〔無法天地〕(무법천지) 제도와 질서가 문란하여 법이 없는 것과 같은 세상.
〔無邊曠野〕(무변광야) 가이 없이 넓은 들.
〔無病〕(무병) 몸에 병이 없음. ㉠── 長壽.
〔無不干涉〕(무불간섭) 남의 일에 간섭하지 않음이 없음. 「음.
〔無比〕(무비) 썩 뛰어나서 견줄 만한 것이 없
〔無非〕(무비) 아니 그러한 것이 없이 모두. ㉠ 한 사람도 빠짐없이 ── 英雄이다.
〔無事泰平〕(무사태평) 모든 것을 편안하게 생각하여 아무런 근심 걱정도 함이 없음.
〔無常〕(무상) ①일정하지 아니하고 변함. ②나고 죽고, 흥하고 망하는 것이 덧없음. ③때를 가리지 아니함. ㉠── 出入.
〔無償〕(무상) 일정한 보상이 없이 거저임. ㉠── 贈與. 「없음. ㉠勇敢──.
〔無雙〕(무쌍) 서로 견주어 짝을 할 만한 것이
〔無線〕(무선) 전선을 이용하지 아니함. ㉠── 電話. 「별.
〔無數〕(무수) 이루 셀 수 없이 많음. ㉠── 한
〔無心〕(무심) ①누구를 위해 걱정하거나 관심을 가짐이 없음. ㉠너무도 ── 하다. ②감정이나 의식이 없음. ㉠── 한 구름.
〔無我〕(무아) 네니 내니 하는 사사로운 마음이나 아집이 없는 심리 상태. ㉠── 境.
〔無顔〕(무안) 면목이 없음. 부끄러워 볼 낯이 없음.
〔無言〕(무언) 잠잠하니 말이 없음. ㉠有口──.
〔無嚴〕(무엄) 삼가고 어려워함이 없음.
〔無用之物〕(무용지물) 아무짝에도 쓸데없는 물건이나 사람.
〔無爲〕(무위) ①아무 일도 하지 아니함. ②자연 그대로 두어 사람의 손을 대지 아니함.
〔無爲徒食〕(무위도식) 하는 일 없이 먹고 놀기만 함.
〔無意識〕(무의식) 의식함이 없음. 또는 의식하지 아니함. 「百害──.
〔無益〕(무익) 이롭거나 도움될 것이 없음. ㉠
〔無賃〕(무임) 삯을 냄이 없음. ㉠── 乘車.
〔無慈悲〕(무자비) 사정에 끌림이 없이 냉혹함. ㉠── 한 숙청.
〔無情〕(무정) ①인정이나 애정이 없음. ㉠── 한 사람. ②남의 사정을 헤아림이 없음. ㉠── 한 세월.

〔無條件〕(무조건) ①아무런 조건도 붙임이 없음. ㉠── 降服. ②덮어놓고.
〔無罪〕(무죄) 지은 죄가 없음. ㉠── 釋放.
〔無知〕(무지) 아는 것이 없음. 어리석음.
〔無盡藏〕(무진장) 다함이 없이 굉장하게 많음. ㉠── 한 資源. 「람.
〔無恥〕(무치) 부끄러움을 모름. 또는 그런 사
〔無限〕(무한) 한이 없음. 끝이 없음.
〔無血〕(무혈) 피를 흘림이 없음. ㉠── 革命.
〔無形文化財〕(무형 문화재) 예능이나 공예기술 등 형체가 없는 것으로서, 역사적으로나 예술적으로 가치가 높다고 보고 국가가 인정해서 보호하는 것. 「력이 없음.
〔無效〕(무효) ①보람이 없음. ②법률상의 효
▷感慨無量(감개무량)·公平無私(공평무사)·有無(유무)·有也無也(유야무야)·唯一無二(유일무이)·前無後無(전무후무)·絶無(절무)·虛無(허무)

8 ⑫ 〔焙〕* 배: 去隊 | bèi, ハイ
3061

행서 焙 이름 볶을 배: 자원 형성. 火＋咅→焙. 倍(배)·培(배)·賠(배)와 같이 咅(부)의 변음이 성부.
새김 볶다. 불에 쬐어 굽다. ¶焙籠(一, 대바구니 롱)젖은 옷 따위를 말릴 때, 그 옷을 얹어 놓기 위해 화로에 덮어 씌우는, 엉성하게 만든 대바구니 비슷한 물건.

8 ⑫ 〔焚〕* 분 平文 | fén, フン
3062

소전 燓 행서 焚 이름 불사를 분 자원 회의. 林＋火→焚. 숲에 불을 놓아 사냥을 한다는 뜻.
새김 불사르다. 불태우다. ¶焚書坑儒(一, 책 서, 묻을 갱, 선비 유)책을 불사르고 살아 있는 선비를 구덩이에 묻음. 故 진 시황(秦始皇)이 학자들의 정치 비평을 막기 위하여, 그 재료가 되는 책을 불태우고, 460여 명의 유학자를 생매장한 사건.
〔焚燒〕(분소) 불태움. 또는 불탐.
〔焚身〕(분신) 자기 몸을 불사름.
〔焚香〕(분향) 향을 피움. ㉠── 再拜.
▷玉石俱焚(옥석구분)

8 ⑫ 〔焼〕 소 燒(3103)의 약자
3063

8 ⑫ 〔然〕*** 연 平先 | rán, ゼン
3064

소전 然 행서 然 이름 그럴 연 자원 형성. 肰＋灬→然. 肰(연)이 성부.

필순 丿 ク タ タ タ⺈ 外 狄 狄 狄 然

새김 ❶그러하다. ㉠다름없이 그와 같다. 〔論語〕雍之言然(옹지언 연) 옹〔사람 이름〕의 말이 그러하다. ㉡그러한. 그리고 나서. ¶然後(一, 뒤 후)그러한 뒤. ㉫醫師는 증세를 들은 一에 진찰을 시작하였다. ❷불타다. 燃(3104)의 고자. 〔孟子〕火之始然(화지시연) 불이 처음으로 타오르다. ❸접속사. 그러하나·그리하여·그런데도·그렇다면 등의 뜻으로 쓰인다. ❹접미사. 형용사나 명사 뒤에 놓여, 어떤 상태를 나타낸다. ¶泰然(편안할 태, 一)태도나 기색에 아무런 변화도 없이 예사로움. ㉫一自若.
〔然諾〕(연낙) 그리하겠다고 허락함.
〔然而〕(연이) 그러나. 그런데.
〔然則〕(연즉) 그런즉. 그러면.
▷蓋然(개연)·居然(거연)·公然(공연)·果然(과연)·漠然(막연)·未然(미연)·不然(불연)·肅然(숙연)·悠然(유연)·隱然(은연)·毅然(의연)·自然(자연)·燦然(찬연)·天然(천연)·超然(초연)·必然(필연)·浩然(호연)·確然(확연)·欣然(흔연)

8 ⑫ 〔焰〕* 염: 去豔 yàn, エン
3065

소전 행서 이름 불꽃 염: 자원 형성. 火+臽→焰. 臽(함)의 변음이 성부.
새김 불꽃. 타오르는 불꽃이나 불빛. 炎(3016)과 같다. ¶火焰(불 화, 一)불꽃. ㊍火炎(화염). ㉫一에 휩싸이다.

8 ⑫ 〔焦〕* 초 平蕭 qiáo, ショウ
3066

소전 행서 이름 탈 초 자원 형성. 隹+灬→焦. 隹(추)의 변음이 성부.
새김 ❶타다. ㉠타서 검어지다. ¶焦土(一, 땅 토)불에 타서 검어진 땅. ㉫一化. ㉡태우다. ¶焦眉(一, 눈썹 미)눈썹을 태움. 매우 다급함의 형용. ㉫一의 問題. ❷애태우다. ¶焦燥(一, 애태울 조)애를 태우며 마음을 조임. ㉫一感.
〔焦眉之急〕(초미지급) 눈썹에 불이 붙은 것과 같이 매우 급박함.
〔焦思〕(초사) 애를 태우며 하는 생각. 또는 애를 태우며 생각함. ㉫勞心一.
〔焦點〕(초점) ①관심이나 시선이 집중되는 사물의 중심. ②광선이 렌즈 따위에 반사·굴절되어 한 곳에 모이는 점.
▷三焦(삼초)

9 ⑬ 〔煖〕* 난: 上旱 nuǎn, ダン
3067

소전 행서 이름 따뜻할 난: 자원 형성. 火+爰→煖. 暖(난)과 같이 爰(원)의 변음이 성부.
새김 따뜻하다. 또는 따뜻하게 하다. 暖(2170)과 같다. ¶煖衣飽食(一, 옷입을 의, 배부를 포, 먹을 식)따뜻하게 옷을 입고 배부르게 먹음. 호사스런 생활을 함의 형용.
〔煖爐〕(난로) 불을 피워 방 안을 따뜻하게 하는 장치.

9 ⑬ 〔煉〕* 련: 去霰 liàn, レン
3068

소전 행서 간화 炼 이름 불릴 련: 자원 형성. 火+柬→煉. 練(련)·鍊(련)과 같이 柬(간)의 변음이 성부.
새김 ❶불리다. 쇠붙이를 불에 녹여서 정련하다. 인신하여, 심신을 수련하다. 練(4059)·鍊(5712)과 통용. ❷이기다. 흙·가루 등을 이기다. ¶煉瓦(一, 기와 와)찰흙을 이겨 구워서 만든 벽돌.
〔煉獄〕(연옥) 영혼이 천국에 들어가기 전에 불로써 단련하여 지은 죄를 깨끗하게 한다는 곳.
〔煉乳〕(연유) 우유를 농축한 것.
〔煉炭〕(연탄) 가루 석탄에 흙을 넣고 반죽하여 굳히어 만든 연료.

9 ⑬ 〔煤〕* 매 平灰 méi, バイ
3069

행서 이름 그을음 매 자원 형성. 火+某→煤. 某에는 '모' 외에 '매' 음도 있어, 媒(매)와 같이 某(매)가 성부.
새김 그을음. 또는 그을다. ¶煤煙(一, 연기 연)그을음이 섞인 검은 연기. 석탄 따위를 태울 때 나는 연기. ㉫一을 내뿜으며 달리는 버스.
〔煤氣〕(매기) ①그을음이 섞인 공기. ②석탄가스.
〔煤炭〕(매탄) 석탄(石炭).

9 ⑬ 〔煩〕** 번 平元 fán, ハン
3070

소전 행서 간화 烦 이름 번거로울 번 자원 회의. 火+頁→煩. 火는 마음에 일어나는 화, 頁은 머리. 마음의 화 때문에 머리가 아프다는 뜻.

필순 丶 丷 火 火 火丆 火丌 炘 煩 煩 煩

새김 ❶번거롭다. ¶煩雜(一, 복잡할 잡)번거롭고 복잡함. ㉫一한 業務. ❷답답하다. 마음이 답답하여 괴롭다. ¶煩惱(一, 괴로워할 뇌)마음으로 몹시 괴로워함. 또는 그 괴로움. ㉫百八一.
〔煩急〕(번급) 몹시 번거롭고 급함.
〔煩多〕(번다) 번거로울 정도로 많음.

〔煩勞〕(번로) 번거롭고 수고로움.
〔煩悶〕(번민) 마음이 번거롭고 답답함.
〔煩碎〕(번쇄) 번잡하고 자질구레함.
▷頻煩(빈번)

9 ⑬ 〔煞〕* 살 殺(2575)과 동자
3071

9 ⑬ 〔煬〕* 양: 去 漾 yáng, ヨウ
3072

소전 煬 행서 煬 간화 炀 이름 불쬘 양: 자원 형성. 火+昜→煬. 揚(양)·陽(양)·瘍(양)과 같이 昜(양)이 성부.
새김 불을 쬐다. 불을 쬐어 말리다. 또는 불을 때다.

9 ⑬ 〔煙〕*** 연 平 先 yān, エン
3073

소전 煙 행서 煙 동자 烟 이름 연기 연 자원 형성. 火+垔→煙. 垔(인)의 변음이 성부.

필순 丶 火 火 火 炉 炉 畑 煙 煙 煙

새김 ❶연기. ㉠물건이 탈 때 나는 연기. ¶煙突(—, 굴뚝 돌)연기의 통로인 굴뚝. ㉡연기처럼 낀 안개. ¶煙雨(—, 비 우)안개와 같이 뿌옇게 내리는 비. ❷담배. ¶禁$_2$煙$_1$(금할 금, —)담배 피우는 것을 금함. 예— 區域.
〔煙氣〕(연기) 물건이 탈 때 생기는 기체.
〔煙幕〕(연막) 적(敵)이 보지 못하게 하기 위하여 피우는 짙은 연기.
〔煙滅〕(연멸) 연기처럼 사라짐.
〔煙霧〕(연무) 연기와 안개.
〔煙月〕(연월) 으스름달. 안개 같은 것이 끼어 흐릿하게 보이는 달.
〔煙塵〕(연진) ①연기와 먼지. ②전쟁으로 인한 어지러운 환경.
〔煙草〕(연초) 담배. 「게 낀 수면.
〔煙波〕(연파) 물안개. 연기나 안개가 자욱하
〔煙霞〕(연하) ①안개와 놀. ②고요한 자연의 경치. 「변방의 봉화(烽火).
〔煙火〕(연화) ①밥짓는 연기. 인연(人煙). ②
▷喫煙(끽연)·煤煙(매연)·暮煙(모연)·松煙(송연)·油煙(유연)·炊煙(취연)·香煙(향연)·吸煙(흡연)

9 ⑬ 〔煐〕* 영 平 庚 yīng, エイ
3074

행서 煐 이름 이름 영 자원 형성. 火+英→煐. 渶(영)·瑛(영)과 같이 英(영)이 성부.
새김 이름. 사람의 이름.

9 ⑬ 〔煜〕* 욱 入 屋 yù, イク
3075

소전 煜 행서 煜 이름 빛날 욱 자원 형성. 火+昱→煜. 昱(욱)이 성부.
새김 빛나다. 환히 빛나다. ¶煜煜(—, —) 환히 빛남. 빛나서 환함.

9 ⑬ 〔煮〕* 자: 本 저: 上 語 zhǔ, シャ
3076

행서 煮 이름 삶을 자: 자원 형성. 者+灬→煮. 者(자)가 성부.
새김 삶다. 끓는 물에 삶다. 또는 물이 끓다. ¶煮沸(—, 끓을 비)액체가 펄펄 끓음.

9 ⑬ 〔煎〕* 전 平 先 jiān, セン
3077

소전 煎 행서 煎 이름 달일 전 자원 형성. 前+灬→煎. 箭(전)과 같이 前(전)이 성부.
새김 달이다. 약을 달이다. ¶煎$_2$藥$_1$(—, 약 약)약을 달임. 또는 그 약.
〔煎茶〕(전다) 차를 달임. 팽다(烹茶)
〔煎悶〕(전민) 근심이나 걱정으로 가슴을 태움. 또는 그 근심이나 걱정. 「둥근 떡.
〔煎餠〕(전병) 부꾸미. 번철에 지진 넓적하고
〔煎油〕(전유) 지짐질. 또는 그에 쓰이는 기름.
▷花煎(화전)

9 ⑬ 〔照〕** 조: 去 嘯 zhào, ショウ
3078

소전 照 행서 照 이름 비출 조: 자원 형성. 昭+灬→照. 昭에는 '소' 외에 '조' 음도 있어, 昭(조)가 성부.

필순 丨 ㄇ 日 日 日ㄱ 昭 昭 昭 昭 照

새김 ❶비추다. 비추어 보다. ¶照明(—, 밝을 명)㉮광선으로 비추어 밝힘. ㉯여러 가지 불빛을 이용하여 무대나 화면을 밝게 하고 시각적인 환경 등을 나타내는 일. 예— 裝置. ❷대조하다. 맞추어 보다. ¶照$_2$合$_1$(—, 맞을 합)틀림이 있는가 없는가를 알아보려고 서로 맞추어 봄. ❸겨누다. ¶照$_2$準$_1$(—, 표준 준)총이나 포 등을 쏠 때 목표물을 겨눔. 예— 距離.
〔照鑑〕(조감) ①비추어 봄. ②환히 살펴 봄.
〔照度〕(조도) 일정한 면에 비치는 빛의 밝은 정도. 조명도(照明度).
〔照臨〕(조림) ①해와 달이 위에서 사방을 비춤. 임금이 백성을 다스림의 비유. ②신불(神佛)이 세상을 굽어봄.
〔照會〕(조회) 물어서 알아봄.

▷肝膽相照(간담상조)·落潮(낙조)·對照(대조)·査照(사조)·夕照(석조)·參照(참조)·偏照(편조)

9 ⑬ 〔煥〕* 환: 去翰 | huàn, カン
3079

소전 행서 속자 煥 이름 빛날 환: 자원 형성. 火+奐→煥. 換(환)·喚(환)과 같이 奐(환)이 성부.
새김 빛나다. 또는 밝다.

9 ⑬ 〔煌〕* 황 平陽 | huáng, コウ
3080

소전 행서 이름 빛날 황 자원 형성. 火+皇→煌. 惶(황)·篁(황)·遑(황)과 같이 皇(황)이 성부.
새김 빛나다. 밝게 빛나다. ¶輝煌(빛날 휘, —) 눈부시게 빛남. 예—燦爛.
〔煌煌〕(황황) 번쩍번쩍 밝게 빛나는 모양.
▷炫煌(현황)

9 ⑬ 〔煦〕* 후: 去遇 | xù, ク
3081

소전 행서 이름 따뜻하게할 후: 자원 형성. 昫+灬→煦. 昫(후)가 성부.
새김 ❶따뜻하게 하다. 햇볕이 만물을 따뜻하게 하여 기르다. ¶煦育(—, 기를 육)따뜻하게 하여 기름. ❷햇볕. ¶春煦(봄 춘, —)봄볕.

9 ⑬ 〔煊〕* 훤 平元 | xuān, ケン
3082

행서 이름 따뜻할 훤 자원 형성. 火+宣→煊. 暄(훤)·萱(훤)과 같이 宣(선)의 변음이 성부.
새김 따뜻하다.

9 ⑬ 〔煇〕* 휘 平微 | huī, キ
3083

소전 행서 이름 빛날 휘 자원 형성. 火+軍→煇. 揮(휘)·輝(휘)와 같이 軍(군)의 변음이 성부.
새김 빛나다. 밝게 빛나다.

9 ⑬ 〔熙〕* 희 平支 | xī, キ
3084

소전 행서 이름 빛날 희 자원 형성. 巸+灬→熙. 巸(희)가 성부.
새김 ❶빛나다. 환히 빛나다. ❷기뻐하다. 또는 화락하다. ¶熙熙皞皞(—, —,화락할 호, —)백성들의 생활이 매우 화평하고 즐거움.

10 ⑭ 〔煽〕* 선 平先 | shān, セン
3085

소전 행서 이름 부칠 선 자원 형성. 火+扇→煽. 扇(선)이 성부.
새김 ❶부치다. 부채질하다. ❷부추기다. 꼬드기다. ¶煽動(—, 움직일 동)어떤 행동에 나서도록 부추겨 움직임. 예—家.
〔煽惑〕(선혹) 선동하여 홀리게 함.

10 ⑭ 〔熄〕* 식 平職 | xī, ソク
3086

소전 행서 이름 불꺼질 식 자원 형성. 火+息→熄. 息(식)이 성부.
새김 ❶불이 꺼지다. ❷그치다. 멎다. 그만두다. ¶終熄(끝날 종, —)한때 성하던 것이 끝나 멎음. 예不正腐敗의 —을 바라는 國民.
〔熄滅〕(식멸) ①아주 없애버림. ②난을 평정(平定)함.

10 ⑭ 〔熔〕* 용 鎔(5726)의 속자
3087

10 ⑭ 〔熉〕* 운 平文 | yún, ウン
3088

행서 이름 누를 운 자원 형성. 火+員→熉. 員에는 '원' 외에 '운'음도 있어, 韻(운)·殞(운)과 같이 員(운)이 성부.
새김 누르다. 노랗다.

10 ⑭ 〔熊〕* 웅 平東 | xióng, ユウ
3089

소전 행서 이름 곰 웅 자원 회의. 能+灬→熊. 能은 전설상의 곰의 한 가지. 곰이 불의 정기를 띤 짐승이라 하여, 이에 灬를 더하였다.
새김 곰. 포유류 동물의 한 가지. ¶熊膽(—, 쓸개 담)곰의 쓸개.
〔熊掌〕(웅장) 곰의 발바닥. 매우 진귀한 음식의 한 가지. 「함의 비유.
〔熊虎〕(웅호) 곰과 호랑이라는 뜻으로, 용맹

10 ⑭ 〔熒〕* 형 平青 | yíng, ケイ
3090

소전 행서 간화 荧 이름 빛날 형 자원 회의. 炏+冂→熒. 冂은 방(房). 방 안에 피워놓는 화톳불을 뜻한다.
새김 ❶빛나다. 아름답고 빛나다. ¶熒熒(—, —)아름답고 빛남. 예—한 얼굴. ❷번쩍이다. 별빛이나 불빛 또는 눈물이 번쩍이다. ¶熒熒

(—, —)빛이 번쩍거림. 또는 그 모양.
〔熒燭〕(형촉) 반짝이는 촛불.
〔熒惑〕(형혹) 정신이 어수선하고 헷갈림.

10⑭〔熀〕* 황: 上 養 | huǎng, コウ
3091

행서 熀 이름 밝을 황: 자원 형성. 火+晃→熀. 滉(황)·愰(황)과 같이 晃(황)이 성부.
새김 밝다. 환하다.

10⑭〔熏〕* 훈 燻(3120)의 본자
3092

11⑮〔熲〕* 경: 上 迥 | jiǒng, ケイ
3093

소전 熲 행서 熲 이름 불빛 경: 자원 형성. 頃+火→熲. 頃(경)이 성부.
새김 불빛. 또는 눈부시게 빛나다.

11⑮〔熢〕* 봉 烽(3052)과 동자
3094

11⑮〔熟〕** 숙 入 屋 | shū, ジュク
3095

행서 熟 이름 익을 숙 자원 형성. 孰+灬→熟. 塾(숙)과 같이 孰(숙)이 성부.

필순 亠 古 古 亨 享 享 孰 孰 孰 熟

새김 ❶익다. ㉠곡식이나 과일이 익다. ¶早熟(일찍 조, —)곡식이나 과일이 올익음. ㉠—種. ㉡인신하여, 지능이나 육체가 발달하다. ¶早熟(—, —)사람의 지능이나 육체의 발육이 올됨. ㉠— 한 사람. ❷익히다. 또는 삶다. ¶半熟(반 반, —)반쯤 익힘. ㉠— 한 달걀. ❸익숙하다. 능숙하다. ¶熟讀(—, 읽을 독)익숙하게 되도록 읽음. ❹곰곰히. 자세히. ¶熟視(—, 볼 시)눈여겨 자세히 봄.
〔熟客〕(숙객) 낯익은 손님. 단골 손님.
〔熟考〕(숙고) 곰곰히 생각함. 잘 생각함.
〔熟果〕(숙과) 잘 익은 과일.
〔熟達〕(숙달) 익숙하여 통달함.
〔熟卵〕(숙란) 삶아서 익힌 달걀.
〔熟練〕(숙련) 능숙하고 익숙함.
〔熟面〕(숙면) 익히 잘 아는 사람.
〔熟眠〕(숙면) 잠이 깊이 듦. 또는 그 잠.
〔熟省〕(숙성) 지나간 일을 돌이켜 보아 깊이 반성함.
〔熟語〕(숙어) 두 개 이상의 단어가 합하여 한 뜻을 나타내는 말.
〔熟議〕(숙의) 충분히 토의함.
▷能熟(능숙)·爛熟(난숙)·晩熟種(만숙종)·未熟(미숙)·成熟(성숙)·完熟(완숙)·圓熟(원숙)

11⑮〔熱〕*** 열 入 屑 | rè, ネツ
3096

소전 熱 행서 熱 간화 热 이름 뜨거울 열 자원 형성. 埶+灬→熱. 埶(예)의 변음이 성부.

필순 一 十 土 夫 夫 幸 坴 執 埶 熱

새김 ❶뜨겁다. 덥다. 또는 더위. 冷(0405)의 대. ¶熱帶(—, 지대 대)지구의 적도를 중심으로 한, 남북의 몹시 더운 지대. ㉠—林. ❷열. ㉠뜨거운 기운. ¶熱量(—, 양 량)일정한 물질이 내는 열의 분량. ㉠—計. ㉡신열. 몸에 생기는 열. ¶微熱(적을 미, —)그다지 높지 않은 신열. ㉠—이 나다. ❸골똘하다. 열렬하다. ¶熱情(—, 뜻 정)열렬한 정열. ㉠온갖 —을 기울이다.
〔熱狂〕(열광) 흥분하여 미친 듯이 날뜀.
〔熱氣〕(열기) ①뜨거운 기운. ②고조된 흥분. 또는 그런 분위기.
〔熱烈〕(열렬) ①열기가 한창임. ②주장·감정 따위가 매우 뜨겁고 강함.
〔熱望〕(열망) 열렬한 마음으로 바람.
〔熱辯〕(열변) 불을 뿜는 듯한 웅변.
〔熱射病〕(열사병) 고온의 장소에 장시간 있을 때에, 체온의 발산이 되지 않아 일어나는 병.
〔熱誠〕(열성) 열렬한 성의. ㉠—分子.
〔熱心〕(열심) 어떤 일에 깊이 마음을 쏟음.
〔熱愛〕(열애) 열렬히 사랑함.
〔熱演〕(열연) 연극이나 음악 등을 열렬히 연기하고 연주함.
〔熱意〕(열의) 열성을 다하는 마음.
〔熱戰〕(열전) ①무력을 사용하는 전쟁. ②격렬한 경기 시합.
〔熱中〕(열중) 한 가지 일에 정신을 쏟아 골몰함.
〔熱唱〕(열창) 열의를 다하여 노래함.
〔熱湯〕(열탕) 뜨겁게 끓는 물이나 국.
〔熱血〕(열혈) 열정에 불타는 의기. ㉠—男兒.
〔熱火〕(열화) 뜨거운 불길. 인신하여, 격정(激情)의 비유. ㉠— 같은 환호.
▷高熱(고열)·耐熱(내열)·發熱(발열)·白熱(백열)·身熱(신열)·溫熱(온열)·以熱治熱(이열치열)·低熱(저열)·解熱(해열)

11⑮〔熬〕* 오 平 豪 | áo, ゴウ
3097

소전 熬 행서 熬 이름 볶을 오 자원 형성. 敖+灬→熬. 傲(오)·鰲(오)와 같이 敖(오)가 성부.
새김 볶다. 불에 볶다. ¶熬穀(—, 곡식 곡) 볶은 곡식.
〔熬煎〕(오전) ①볶고 지짐. ②고통을 겪음.

12 ⑯ 〔燉〕* 돈 平元 tūn, トン
3098

行書 燉 이름 불빛 돈 자원 형성. 火+敦→燉. 墩(돈)·暾(돈)과 같이 敦(돈)이 성부.
새김 불빛. 또는 불이 이글거리는 모양.

12 ⑯ 〔燈〕*** 등 平蒸 dēng, トウ
3099

行書 燈 속자간화 灯 이름 등 등 자원 형성. 火+登→燈. 橙(등)·鄧(등)과 같이 登(등)이 성부.
필순 火 灯 炉 炉 炉 烬 烬 燈 燈 燈
새김 ❶등. 등불. 등촉. ¶燈火(—, 불 화)등불. 예—可親. ❷불법(佛法)의 비유. ¶傳燈(전할 전, —)불법을 전함.
〔燈架〕(등가) 등잔을 걸어놓게 된 물건.
〔燈臺〕(등대) 항로나 위험한 장소를 알리기 위하여, 섬이나 바닷가에 세운 신호등이 있는 시설.
〔燈盞〕(등잔) 기름을 담아 등불을 켜는 그릇.
〔燈下不明〕(등하불명) 등잔 밑이 어두움. 가까이 있는 것이나 가까이에서 일어나는 일을 도리어 잘 모름의 비유.
〔燈火可親〕(등화가친) 가을이 되면 서늘하여 등불을 가까이하여 글 읽기에 좋음.
▷街路燈(가로등)·石燈(석등)·長明燈(장명등)·電燈(전등)·點燈(점등)·走馬燈(주마등)·紅燈(홍등)

12 ⑯ 〔燎〕* ㊀료 ㊍료: 上篠 liǎo, リョウ ㊁료 平蕭 liáo, リョウ
3100

소전 燎 行書 燎 이름 ㊀불태울 료 ㊁화톳불 료 자원 형성. 火+尞→燎. 僚(료)·遼(료)·寮(료)·療(료)와 같이 尞(료)가 성부.
새김 ㊀불태우다. 불을 놓아 태우다. ¶燎原(—, 들 원)들판을 불태움. 불길이 세차게 번져 가듯이 기세가 맹렬하여 막을 수 없음의 비유. 예—의 불길. ㊁화톳불. ¶庭燎(뜰 정, —) 뜰에 피워놓은 화톳불.
〔燎祭〕(요제) 화톳불을 피워 천지와 산천에게 제사를 지냄.
〔燎燭〕(요촉) 화톳불. 또는 횃불.

12 ⑯ 〔燐〕* 린 平眞 lín, リン
3101

行書 燐 이름 인 린 자원 형성. 火+粦→燐. 隣(린)·鱗(린)과 같이 粦(린)이 성부.
새김 ❶인. 화학 원소의 하나. 예燐酸(인산). ❷도깨비불. ¶燐火(—, 불 화)도깨비불.

12 ⑯ 〔燔〕* 번 平元 fán, ハン
3102

소전 燔 行書 燔 이름 구울 번 자원 형성. 火+番→燔. 磻(번)·蕃(번)과 같이 番(번)이 성부.
새김 굽다. 불에 굽다. 또는 불에 익힌 제사 고기. ¶燔肉(—, 고기 육)㉮구운 고기. ㉯제사 지낸 고기.
〔燔灼〕(번작) 불에 구움.
〔燔鐵〕(번철) 國지짐질하는 데 쓰는 무쇠 그릇.

12 ⑯ 〔燒〕** 소 平蕭 shāo, ショウ
3103

소전 燒 行書 燒 약자 焼 간화 烧 이름 탈 소 자원 형성. 火+堯→燒. 堯(요)의 변음이 성부.
필순 丶 丷 火 火 火 炷 炷 焼 焼 燒
새김 타다. 불에 타다. 또는 불태우다. ¶燒失(—, 잃을 실) 불에 타서 없어짐.
〔燒却〕(소각) 태워 없애 버림. 소기(燒棄).
〔燒滅〕(소멸) 태워 없앰.
〔燒死〕(소사) 불에 타서 죽음.
〔燒紙〕(소지) 신령 앞에서, 비는 뜻으로 얇은 종이를 불살라 공중으로 날리는 일. 또는 그 종이.
〔燒盡〕(소진) 불에 다 타서 없어짐.
〔燒香〕(소향) 향을 피움.
▷燃燒(연소)·全燒(전소)

12 ⑯ 〔燃〕** 연 平先 rán, ネン
3104

行書 燃 이름 탈 연 자원 형성. 火+然→燃. 然(연)이 성부.
필순 丶 火 火 灯 炉 炒 炒 燃 燃 燃
새김 타다. 불에 타다. 또는 불에 태우다. ¶燃燒(—, 탈 소)불에 탐.
〔燃料〕(연료) 빛이나 열을 이용하기 위해 태우는 재료.
〔燃眉之厄〕(연미지액) 눈앞에 매우 급박하게 닥친 재액.
▷可燃性(가연성)·不燃(불연)·再燃(재연)

12 ⑯ 〔燕〕** ㊀연: 去霰 yàn, エン ㊁연 平先 yān, エン
3105

소전 燕 行書 燕 이름 ㊀제비 연: ㊁연나라 연 자원 상형. 제비의 모양을 본떴다.
필순 一 艹 廿 甘 苗 苗 苗 菰 燕 燕

새김 ㊀❶제비. 현조(玄鳥). ¶燕雀(—, 참새작)제비와 참새. ❷편안하다. 한가롭게 쉬다. ¶燕居(—, 있을 거)평상시에 특별한 일 없이 한가로이 지냄. ㊁연나라. 전국(戰國) 때의 칠웅(七雄)의 하나. ¶燕京(—, 서울 경)중국 북경의 딴이름. 춘추 시대 연나라의 수도였던 데서 온 말.

〔燕尾服〕(연미복) 검은색에 뒤가 두 갈래로 갈라져 제비 초리같이 되어 있는 남자용 예복.

▷春燕(춘연)

12 ⑯ 〖燁〗* 엽 入葉 | yè, ヨウ
3106

행서 燁 간화 烨 이름 빛날 엽 자원 형성. 火+華→燁. 曄(엽)과 같이 華(화)의 변음이 성부.

새김 빛나다. 눈부시게 빛나다.

12 ⑯ 〖熾〗* 치 本치: 去寘 | chì, シ
3107

소전 熾 행서 熾 간화 炽 이름 성할 치 자원 형성. 火+戠→熾. 戠(지)의 변음이 성부.

새김 성하다. 세차다. ¶熾烈(—, 세찰 렬) 기세가 세차고 맹렬함. 예—한 戰鬪.

12 ⑯ 〖熹〗* 희 平支 | xī, キ
3108

소전 熹 행서 熹 동자 熺 이름 밝을 희 자원 형성. 喜+灬→熹. 僖(희)·嬉(희)와 같이 喜(희)가 성부.

새김 밝다. 불빛이 환하다.

12 ⑯ 〖熺〗* 희 熹(3108)와 동자
3109

13 ⑰ 〖燮〗* 섭 入葉 | xiè, ショウ
3110

소전 燮 행서 燮 이름 화할 섭 자원 회의. 言+火+火+又→燮. 火+火는 성화(聖火), 又는 손. 손에 성화를 들고, 화목하게 지낼 것을 신에게 말로 다짐한다는 뜻.

새김 화하다. 화순하다. ¶燮理(—, 다스릴 리) 화하게 다스림. 예—陰陽.

13 ⑰ 〖燧〗* 수: 去寘 | suì, スイ
3111

소전 燧 행서 燧 이름 봉화 수: 자원 형성. 火+遂→燧. 璲(수)·隧(수)와 같이 遂(수)가 성부.

새김 ❶봉화. ¶烽燧(봉화 봉, —)봉화. 나라에 변란이 있을 때 신호로 올리던 횃불과 연기. 예—臺. ❷부시. 불을 일으키는 기구. 햇볕으로 불을 일으키는 거울이나 문지르고 쳐서 불을 일으키는 부시 따위. ¶燧石(—, 돌 석)부싯돌.

13 ⑰ 〖營〗** 영 平庚 | yíng, エイ
3112

소전 營 행서 營 약자 営 간화 营 이름 경영할 영 자원 형성. 𤇾+呂→營. 榮(영)·瑩(영)과 같이 𤇾(영)이 성부.

필순 ' '' ⺌ ⺍ 炏 𤇾 營 營 營 營

새김 ❶경영하다. ㉠사업이나 기업을 운영하다. ¶營業(—, 일 업)영리를 목적으로 경영하는 사업. 예—場所. ㉡집을 짓거나 물건을 만들다. ¶營造(—, 지을 조)집을 짓거나 물건을 만듦. 예—物. ❷꾀하다. 헤아리다. ¶營利(—, 이익 리)이익을 꾀함. 예—事業. ❸병영. 군영. ¶陣營(진 진, —)㉮진을 치고 있는 병영. 예我軍의 —. ㉯정치적 또는 사회적으로 구분되어 이루어진 집단. 예民主主義 —. ❹주둔하다. ¶野營(들 야, —)야외에 진을 치고 군대가 주둔함. 예—訓練.

〔營建〕(영건) 건물 따위를 지음.

〔營內〕(영내) 병영(兵營)의 안.

〔營農〕(영농) 농업을 경영함.

〔營林〕(영림) 삼림(森林)을 경영함. 「수리함.

〔營繕〕(영선) 건물·비품 따위를 다시 짓거나

〔營爲〕(영위) 일을 경영하거나 처리해 나감.

▷監營(감영)·經營(경영)·共營(공영)·國營(국영)·民營(민영)·本營(본영)·宿營(숙영)·運營(운영)·自營(자영)

13 ⑰ 〖燥〗** 조 本소: 去號 | zào, ソウ
3113

소전 燥 행서 燥 이름 마를 조 자원 형성. 火+喿→燥. 操(조)·繰(조)와 같이 喿(조)가 성부.

필순 ' 火 火' 火ᄆ 火ᄆ 炉 焜 燥 燥 燥

새김 ❶마르다. 또는 말리다. ¶乾燥(마를 건, —)바싹 말라 물기가 없음. 예—한 空氣. ❷애태우다. 마음을 조이다. ¶焦燥(애탈 초, —)애를 태우고 마음을 조임. 예—해 하지 말라.

〔燥渴〕(조갈) 목이 타는 듯이 마름. 예—症.

〔燥濕〕(조습) 메마름과 축축함.

〔燥心〕(조심) 애태움. 또는 초조한 마음.

13 ⑰ 〖燦〗* 찬: 去翰 | càn, サン
3114

소전 爘 행서 燦 간화 灿 이름 빛날 찬: 자원 형성. 火+粲→燦. 澯(찬)·璨(찬)과 같이 粲(찬)이 성부.
새김 빛나다. 밝게 빛나다. ¶燦爛(—, 빛날 란) 빛이 눈부시게 빛남. 예—한 太陽.
〔燦然〕(찬연) 눈부시게 빛남.

13 ⑰ 〔燭〕** 촉 入沃 zhú, ショウ
3115

소전 燭 행서 燭 속자 간화 烛 이름 촛불 촉 자원 형성. 火+蜀→燭. 觸(촉)과 같이 蜀(촉)이 성부.

필순 丶 火 炉 炉 炉 焗 燭 燭 燭 燭

새김 ❶촛불. ¶華燭(빛날 화, —)화려한 촛불. 예洞房—. ❷초. ¶燭臺(—, 대 대)촛대. 초를 세워 꽂는 대. ❸촉. 빛의 밝기를 나타내는 단위. 예三十燭電球.
〔燭光〕(촉광) ①촛불의 빛. ②빛의 밝기를 헤아리는 단위.
〔燭淚〕(촉루) 초가 탈 때 녹아서 흐르는 것. 촉농(燭膿).
〔燭數〕(촉수) 전등의 촉광 수.
〔燭察〕(촉찰) 실정을 밝게 샅샅이 살핌.
▷燈燭(등촉)·秉燭(병촉)·紙燭(지촉)·洞燭(통촉)

14 ⑱ 〔燾〕* 도: 去號 dào, トウ
3116

소전 燾 행서 燾 간화 焘 이름 덮을 도: 자원 형성. 壽+灬→燾. 濤(도)·禱(도)와 같이 壽(수)의 변음이 성부.
새김 덮다. 덮어 가리다. 또는 감싸다.

14 ⑱ 〔燼〕* 신: 去震 jìn, シン
3117

행서 燼 간화 烬 이름 탄나머지 신: 자원 형성. 火+盡→燼. 藎(신)과 같이 盡(진)의 변음이 성부.
새김 탄 나머지. 타고 난 뒤의 끄트러기. ¶灰燼(재 회, —)불에 타고 남은 재나 끄트러기. 예 중요한 文化財가 —으로 돌아갔다.
〔燼灰〕(신회) 타다 남은 찌끼와 재.
▷餘燼(여신)·火燼(화신)

14 ⑱ 〔燿〕* 요: 去嘯 yào, ヨウ
3118

소전 燿 행서 燿 이름 빛날 요: 자원 형성. 火+翟→燿. 曜(요)·耀(요)와 같이 翟(적)의 변음이 성부.
새김 빛나다. 또는 비추어 밝히는 빛.

14 ⑱ 〔爀〕* 혁 入陌 hè, カク
3119

행서 爀 이름 붉을 혁 자원 형성. 火+赫→爀. 赫(혁)이 성부.
새김 붉다. 불빛이 붉다.

14 ⑱ 〔燻〕* 훈 平文 xūn, クン
3120

행서 燻 이름 연기피울 훈 자원 형성. 火+熏→燻. 勳(훈)·壎(훈)·薰(훈)과 같이 熏(훈)이 성부.
새김 연기를 피우다. 연기를 쐬다. ¶燻蒸(—, 찔 증)연기를 피워 쬠.
〔燻肉〕(훈육) 훈제한 고기.
〔燻製〕(훈제) 소금에 간한 어육(魚肉)을 연기에 쐬어 말림. 또는 그리한 것.

15 ⑲ 〔爆〕** 폭 本포 去效 bào, バク
3121

소전 爆 행서 爆 이름 터질 폭 자원 형성. 火+暴→爆. 瀑(폭)·曝(폭)과 같이 暴(폭)이 성부.

필순 火 炉 炉 焊 焊 焊 爆 爆 爆 爆

새김 ❶터지다. 폭발하다. 또는 터뜨리다. ¶爆音(—, 소리 음)폭발할 때 나는 소리. 예天地를 뒤흔드는 —. ❷폭탄. ¶爆擊(—, 칠 격)폭탄을 떨어뜨려 공격함. 또는 그 공격. 예—機.
〔爆發〕(폭발) ①어떤 일이 별안간 터짐. ②갑자기 화를 버럭 내는 모양.
〔爆死〕(폭사) 폭격에 맞아 죽거나 폭발사고로 죽음.
〔爆笑〕(폭소) 갑자기 터져 나오는 큰 웃음.
〔爆藥〕(폭약) 폭발을 일으키는 화약류의 총칭.
〔爆破〕(폭파) 폭발시켜 파괴함.
▷猛爆(맹폭)·原爆(원폭)·自爆(자폭)

16 ⑳ 〔爐〕** 로 平虞 lú, ロ
3122

행서 爐 속자 간화 炉 이름 화로 로 자원 형성. 火+盧→爐. 瀘(로)·蘆(로)와 같이 盧(로)가 성부.

필순 火 火 炉 炉 炉 炉 爐 爐 爐 爐

새김 ❶화로. ¶香爐(향 향, —)향을 피우는 화로. ❷노. 열을 가하여 쇠붙이를 녹이는 시설. ¶熔鑛爐(녹일 용, 광석 광, —)광석을 녹여 금속을 뽑아내는 장치.
〔爐邊〕(노변) 화롯가. 난롯가.

▷高爐(고로)·煖爐(난로)·冬扇夏爐(동선하로)·風爐(풍로)·火爐(화로)

16 ⑳ 〔爔〕* 희 平支 xī, キ
3123

행서 이름 햇빛 희 자원 형성. 火+羲→爔. 犧(희)·曦(희)와 같이 羲(희)가 성부.
새김 햇빛. 曦(2204)와 같다.

17 ㉑ 〔爛〕* 란: 去翰 làn, ラン
3124

행서 간화 烂 이름 무르익을 란: 자원 형성. 火+闌→爛. 欄(란)·蘭(란)과 같이 闌(란)이 성부.
새김 ❶무르익다. 과일·열매 등이 익을 대로 다 익다. ¶爛熟(—, 익을 숙)무르녹게 푹 익음. 인신하여, 일정한 현상이 더할나위 없이 발전됨. 예—期. ❷빛나다. 빛이 눈부시다. ¶燦爛(빛날 찬, —)빛이 눈부시게 빛남. 예輝煌—. ❸꽃이 흐드러지다. ¶爛漫(—, 많을 만)꽃이 흐드러지게 많이 피어 있음. 예百花 —. ❹문드러지다. 진무르다. 腐爛(썩을 부, —)썩어 진무름.
〔爛開〕(난개) 꽃이 활짝 핌. 꽃이 만발함.
〔爛醉〕(난취) 술에 몹시 취함. 이취(泥醉).
▷糜爛(미란)·腐爛(부란)·熟爛(숙란)·絢爛(현란)

4 획 부수	爪(爫)部

▷명칭:손톱조. 손톱조머리
▷쓰임:손으로 하는 붙잡다·잡아당기다 등의 뜻을 나타내는 한자의 부수로 쓰였다.

0 ④ 〔爪〕* 조 本조: 上巧 zhǎo, ソウ
3125

소전 爪 행서 爪 이름 손톱 조 자원 상형. 새나 짐승의 긴 발톱의 모양을 본떴다.
새김 손톱. 발톱. ¶爪牙(—, 어금니 아)손톱과 어금니. 매우 쓸모 있는 사람이나 물건의 비유.
〔爪甲〕(조갑) 손톱과 발톱.
〔爪痕〕(조흔) 손톱으로 할퀸 흔적.
▷指爪(지조)

4 ⑧ 〔爭〕*** 一 쟁 平庚 zhēng, ソウ 二 쟁 本쟁: 去敬 zhèng, ソウ
3126

소전 행서 속자 争 이름 一다툴 쟁 二간할 쟁 자원 회의. 가운데 있는 지팡이를 앞뒤에서 서로 끌어당기며 다투는 모양.

필순 ノ ⺈ ⺈ ⺤ 乊 乊 乌 爭

새김 一다투다. ㉠싸우다. ¶戰爭(싸울 전, —)나라와 나라 사이의 무력에 의한 싸움. ㉡겨루다. ¶競爭(다툴 경, —)이기거나 앞서려고 서로 겨룸. 二간하다. ¶爭臣(—, 신하 신)임금의 잘못을 간하는 신하.
〔爭功〕(쟁공) 공을 서로 다툼.
〔爭論〕(쟁론) 서로 다투어 토론함. 또는 그 토론.
〔爭議〕(쟁의) 서로 자기 의견을 내새우는 다툼질.
〔爭點〕(쟁점) 서로 다투는 중심점.
〔爭取〕(쟁취) 투쟁하여 얻음.
〔爭奪〕(쟁탈) 서로 다투어 빼앗음.
〔爭鬪〕(쟁투) 서로 다투어 싸움.
〔爭覇〕(쟁패) 패권을 다툼. 우승을 다툼.
▷論爭(논쟁)·黨爭(당쟁)·紛爭(분쟁)·政爭(정쟁)·鬪爭(투쟁)·抗爭(항쟁)

4 ⑧ 〔爬〕* 파 平麻 pā, ハ
3127

행서 爬 이름 긁을 파 자원 형성. 爪+巴→爬. 把(파)·芭(파)와 같이 巴(파)가 성부.
새김 ❶긁다. ¶搔爬(긁을 소, —)세포 조직의 일부를 긁어냄. 예—手術. ❷기다. 기어 다니다. ¶爬蟲(—, 벌레 충)기어 다니는 척추 동물인 벌레. 예—類.
〔爬羅剔抉〕(파라척결) 손톱으로 긁거나 후비어 모조리 파냄. ㉮남의 결점·비밀 등을 파헤침. ㉯인재를 찾아냄.
〔爬行〕(파행) 벌레·뱀 따위가 기어 다님.

5 ⑨ 〔爰〕* 원 平元 yuán, エン
3128

소전 행서 이름 이에 원 자원 회의. 爫+于〔亐의 변형〕+又→爰. 爫는 손톱, 又는 손. 상하에서 손으로 亐를 끌어당기는 모양. 새김은 가차.
새김 이에. 또는 이에 있어서.

6 ⑩ 〔爱〕 애: 愛(1681)의 간화자
3129

8 ⑫ 〔爲〕*** 一 위 平支 wéi, イ 二 위: 去寘 wèi, イ
3130

소전 행서 약자 為 간화 为 이름 一하 위 二위할 위: 자원 상형. 爫는 원숭이의 발톱, 爲는 머리·눈·몸·발의 모양. 새김은 가차.

필순 ノ ⺈ ⺈ ⺤ 爫 爫 爫 爲 爲 爲

새김 一❶하다. 행하다. ¶無爲(없을 무, —)아

무것도 하는 일이 없음. ㉵—徒食. ❷다스리다. 정사를 보다. ¶爲政(—, 정사 정)정사를 다스림. ㉵—者. ❸만들다. ¶營爲(경영할 영, —)일을 경영하여 만듦. ㉵文化生活을 —하다. ❹행동. 소행. ¶行爲(행할 행, —)어떤 의지를 가지고 행하는 행동. ㉵不正—. ㊁❶위하다. ¶爲國(—, 나라 국)나라를 위함. ㉵—忠情. ❷위하여 하다. 또는 때문에. ¶爲己(—, 몸 기)자기 자신을 위하여 함. ㉵—之學.
〔爲國忠節〕(위국충절) 나라를 위한 충성스러운 절개.
〔爲民〕(위민) 백성을 위함.
〔爲人〕(위인) ①사람의 됨됨이. ②남을 위하여 함. 남에게 알려지려고 함.
〔爲主〕(위주) ①주인이 됨. ②주장(主張)을 삼음.
▷當爲(당위)·不作爲(부작위)·所爲(소위)·有爲(유위)·作爲(작위)

14 ⑱ 〔爵〕** 작 入藥 | jué, シャク
3131

소전 행서 이름 벼슬 작 자원 상형. 고대에 있었던 술잔의 모양.

필순

새김 ❶벼슬. 고대에 세습하던 높은 벼슬. ¶爵位(—, 자리 위)벼슬과 위계. ❷술잔. ¶獻爵(드릴 헌, —)제사 때에 잔에 술을 부어 드림. ㉵—한 뒤에 祝文을 읽는다.
〔爵號〕(작호) 작위의 이름. 곧 공(公)·후(侯)·백(伯)·자(子)·남(男).
▷公爵(공작)·男爵(남작)·伯爵(백작)·封爵(봉작)·五等爵(오등작)·子爵(자작)·天爵(천작)·顯爵(현작)·侯爵(후작)

4 획 부수 父 部

▷명칭:아비부
▷쓰임:아버지나 연장자에 관한 뜻을 나타내는 한자의 부수로 쓰였다.

0 ④ 〔父〕*** ㊀부 ㊍부: 上麌 | fù, フ
㊁보▷㊍보: 上麌 | fǔ, ホ
3132

소전 행서 이름 ㊀아비 부 ㊁남자 보 자원 지사. 오른손〔又〕에 회초리〔丨〕를 들고 있는 모양으로, 가장인 아버지를 뜻한다.

필순 丿 八 㐅 父

새김 ㊀❶아버지. 母(2583)의 대. ¶父母(—, 어머니 모)아버지와 어머니. ❷친족의 어른. 부모의 남성 존속. ¶伯父(맏 백, —)큰아버지. 아버지의 맏형. ❸창시자. ¶國父(나라 국, —)건국에 공로가 있어 국민으로부터 추앙을 받는 사람. ㉵한때 —로 추앙받았던 李承晩. ㊁남자. ㉠재주와 덕행이 있거나 나이가 많은 남자를 높여 이르는 말. ¶尙父(오히려 상, —)임금이 특별한 예우로 신하에게 내리던 칭호. ㉡각종 직업에 종사하는 남자. ¶漁父(고기잡을 어, —)고기잡이를 업으로 삼고 있는 남자.
〔父系〕(부계) 아버지의 계통. 아버지 쪽 혈통의 계통. ↔ 모계(母系).
〔父道〕(부도) ①아버지로서 지켜야 할 도리. ②아버지가 일생 행하여 온 길.
〔父老〕(부로) 남자로서 한 마을에서 나이가 많은 사람.
〔父事之〕(부사지) 아버지처럼 섬김.
〔父子〕(부자) 아버지와 아들.
〔父子有親〕(부자유친) 오륜(五倫)의 하나. 아버지와 아들의 도리는 친애(親愛)함에 있음.
〔父傳子傳〕(부전자전) 대대로 아버지가 아들에게 전함.
〔父祖〕(부조) ①아버지와 할아버지. ②조상(祖上).
〔父執〕(부집) 아버지의 벗으로, 나이가 아버지와 비슷한 사람.
〔父親〕(부친) 아버지.
〔父兄〕(부형) ①아버지와 형. ②아버지 뻘이 되고 형 뻘이 됨. 곧 손윗사람.
▷家父(가부)·君父(군부)·老父(노부)·代父(대부)·師父(사부)·叔父(숙부)·神父(신부)·嚴父(엄부)·祖父(조부)

2 ⑥ 〔爷〕 야 爺(3134)의 간화자
3133

9 ⑬ 〔爺〕* 야 平麻 | yé, ヤ
3134

행서 간화 이름 아비 야 자원 형성. 父+耶→爺. 倻(야)·椰(야)와 같이 耶(야)가 성부.

새김 아비. 아버지의 속칭. 또는 연장의 남자에 대한 존칭.

4 획 부수 爻 部

▷명칭:점괘효
▷쓰임:자형상의 분류를 위해 설정한 부수이다.

0 ④ 〔爻〕* 효 平肴 | yáo, コウ
3135

소전 행서 이름 효 효 자원 지사. 주역의 효가 얽걸린 모양을 본떠서, 엇걸리다의 뜻을 나타낸다.

새김 효. 주역의 괘를 이루는, 가로 그은 획. 효

에는 양효(陽爻)인 ━와 음효(陰爻)인 --가 있어, 이를 조합하여 우주의 모든 현상을 설명한다. ¶爻辭(―, 말 사)주역의 64괘의 각각의 효상(爻象)을 설명한 글.

〔爻象〕(효상) 주역의 6효로 이루어진 괘(卦)가 나타내는 사물의 상.

▷卦爻(괘효)·六爻(육효)

7 ⑪ 〔爽〕* 상 本상: 上 養 | shuǎng, ソウ
3136

소전 행서 이름 시원할 상 자원 회의. 大+㸚→爽. 大는 사람을 정면에서 본 모양, 㸚은 격자창. 사람이 정면으로 서서 격자창을 통해 들어오는 밝은 빛을 막는다는 뜻.

새김 ❶시원하다. 기분이 좋다. ¶爽快(―, 쾌할 쾌) 마음이 시원하고 기분이 쾌함. 예―한 아침. ❷밝다. 날이 새다. ¶昧爽(어두울 매, ―) 날이 막 새려고 먼동이 틀 때.

〔爽涼〕(상량) 기후가 상쾌하고 서늘함.

〔爽明〕(상명) 시원하고 밝음.

▷精爽(정상)·清爽(청상)·豪爽(호상)

10 ⑭ 〔爾〕* 이: 上 紙 | ěr, ジ
3137

소전 행서 간화 尔 이름 너 이: 자원 형성. 尒+冂+㸚→爾. 尒(이)가 성부. 새김은 가차.

새김 ❶너. 이인칭 대명사. ¶爾汝(―, 너 여)너. 또는 너희들. ❷뿐. 또는 뿐이다. 한정의 뜻을 나타낸다. 耳(4217)와 같게 쓰고, '而已'와 뜻이 같다. 〔論語〕唯謹爾(유근이) 오직 삼갈 뿐이다. ❸어조사. 형용사나 부사를 만든다. ¶莞爾(빙그레웃을 완, ―)빙그레 웃는 모양. 예―而笑. ❹그. 其(0374)와 같게 쓴다. ¶爾時(―, 때 시)그 때.

〔爾餘〕(이여) 그 나머지.

▷率爾(솔이)·云爾(운이)

4 획 부수 爿 部

▷명칭:장수장변

▷쓰임:자형상의 분류를 위해 설정한 부수이다.

4 ⑧ 〔牀〕 상 床(1432)의 본자
3138

13 ⑰ 〔牆〕 장 墻(0957)의 본자
3139

4 획 부수 片 部

▷명칭:조각편

▷쓰임:널빤지나 널빤지와 관계 있는 한자의 부수로 쓰였다.

0 ④ 〔片〕*** 편: 去 霰 | piàn, ヘン
3140

소전 행서 이름 조각 편: 자원 지사. 木 자를 세로로 둘로 갈라, 왼쪽은 爿, 오른쪽은 片으로 만든 그 오른쪽의 것.

필순 丿 丿' 𠂇 片

새김 ❶조각. ㉠어떤 물건에서 떨어져 나온 작은 조각. ¶破片(깨질 파, ―) 깨어져 부서진 조각. 예바위의 ―. ㉡얇고 판판한 조각을 세는 말. 예세 片의 人蔘. ㉢마음·정감·기상 등을 나타내는 말. ¶一片丹心(한 일, ―, 붉을 단, 마음 심) 오로지 한 곬으로만 쏠리는, 한 조각의 붉은 마음. 예李舜臣의 나라를 위한 ―. ❷홀. ㉠한 쪽의. 한 부분의. ¶片面(―, 면 면) 한 쪽의 면. ㉡간단한. 짤막한. ¶片言(―, 말 언) 한두 마디의 짤막한 말. 예―隻字.

〔片薑〕(편강) 國 얇게 저미어서 설탕에 졸여 말린 새앙.

〔片道〕(편도) 가거나 오거나 할 때의 한쪽 길.

〔片鱗〕(편린) 한 조각의 비늘. 사물의 극히 작은 일부분.

〔片時〕(편시) 잠깐 동안. 또는 짧은 시간.

〔片雲〕(편운) 조각 구름.

〔片肉〕(편육) 얇게 저민 수육.

〔片舟〕(편주) 작은 배. 예 一葉―.

〔片紙〕(편지) ①한 조각의 종이. ②서신(書信). 편지(便紙).

〔片片〕(편편) ①조각조각. ②가볍게 날리는 모양.

▷斷片(단편)·木片(목편)·阿片(아편)·鐵片(철편)·花片(화편)

4 ⑧ 〔版〕** 판 本판: 上 潸 | bǎn, ハン
3141

소전 행서 통용 板 이름 널 판 자원 형성. 片+反→版. 反에는 '반' 외에 '판' 음도 있어, 板(판)·販(판)과 같이 反(판)이 성부.

필순 丿 丿' 𠂇 片 片一 版 版 版

새김 ❶널. 널빤지. ¶版畫(―, 그림 화)목판·석판·동판 따위에 그림을 새겨 인쇄한 그림. ❷호적(戶籍). 인구·토지 등의 장부. ¶版圖(―,

지도 도)㉮호적과 지도. ㉯인신하여, 한 나라의 영토. ㉠新羅의 ―. ❸판. ㉠책판. 인쇄하기 위하여 글자나 그림을 새긴 판. ¶木版(나무 목, ―)나무에 새긴 책판. ㉡출판. 또는 출판하다. ¶版權(―, 권리 권)책을 출판하는 권리. ㉢출판하는 책자의 규격. ㉠46版. ㉣인쇄물을 인쇄한 횟수를 나타내는 말. ㉠第三版.

〔版木〕(판목) 인쇄하기 위하여 글자나 그림을 새긴 널조각.

〔版型〕(판형) 인쇄물의 크기.

▷刻版(각판)·銅版(동판)·寫眞版(사진판)·原版(원판)·再版(재판)·重版(중판)·初版(초판)·出版(출판)·活版(활판)

8 ⑫ 〔牍〕 3142 독 牘(3145)의 간화자

8 ⑫ 〔牌〕* 3143 패 平佳 pái, ハイ

행서 牌 이름 패 패 자원 형성. 片+卑→牌. 稗(패)와 같이 卑(비)의 변음이 성부.

새김 ❶패. 어떤 사실을 알리기 위하여 이름이나 특징 따위를 쓴 패. ¶名牌(이름 명, ―)이름이나 직위 등을 적어서 남이 쉽게 알 수 있게 한 패. ㉠책상에 놓인 ―. ❷신주. ¶位牌(영위 위, ―)영위(靈位)로 모시는 신주. ㉠―앞에 祭物을 진설하다. ❸國동아리. 어울린 사람들의 동아리. ㉠牌를 짜서 윷놀이를 하다.

〔牌木〕(패목) 팻말.

〔牌號〕(패호) ①상호(商號). 또는 상표. ②좋지 못하게 남들이 붙여 부르는 별명. ㉠―를 차다.

▷骨牌(골패)·銅牌(동패)·門牌(문패)·號牌(호패)

9 ⑬ 〔牒〕* 3144 첩 入葉 dié, チョウ

소전 牒 행서 牒 이름 문서 첩 자원 형성. 片+枼→牒. 堞(첩)·諜(첩)과 같이 枼(엽)의 변음이 성부.

새김 ❶문서. 관청의 문서. ¶牒報(―, 알릴 보)상관에 문서로 보고함. 또는 그 보고. ㉠地方官이 ―를 띄우다. ❷사령장. 임명장. ¶牒紙(―, 종이 지)관리의 임명장. ㉠―를 받다. ❸증명서. 신분증. ¶度牒(건널 도, ―)승려가 되었음을 인정하는 증명서. ㉠―를 받은 僧侶. ❹책. 계보를 적은 책. ¶譜牒(족보 보, ―)족보로 된 책.

▷家牒(가첩)·公牒(공첩)·簿牒(부첩)·請牒(청첩)·通牒(통첩)

15 ⑲ 〔牘〕* 3145 독 入屋 dú, トク

소전 牘 행서 牘 간화 牍 이름 편지 독 자원 형성. 片+賣→牘. 讀(독)·犢(독)과 같이 賣(육)의 변음이 성부. 참고 賣(육)과 賣(매)는 딴자.

새김 편지. 서찰. ¶簡牘(편지 간, ―) 편지를.

▷書牘(서독)·尺牘(척독)

4획 부수 牙部

▷명칭:어금니아

▷쓰임:이와 관계 있는 한자의 부수로 쓰였다.

0 ④ 〔牙〕** 3146 아 平麻 yá, ガ

소전 牙 행서 牙 이름 어금니 아 자원 상형. 아래위가 맞닿아 있는 어금니의 모양.

필순 一 二 于 牙

새김 ❶어금니. 또는 짐승의 송곳니. ¶象牙(코끼리 상, ―)코끼리의 어금니. ㉠―塔. ❷아기(牙旗). 임금이나 장군이 세우는 기. ¶牙城(―, 성 성)아기가 서 있는 성. 곧 주장이 있는 성.

〔牙器〕(아기) 상아로 만든 그릇.

▷毒牙(독아)·齒牙(치아)

4획 부수 牛(牜)部

▷명칭:소우. 소우변

▷쓰임:소의 종류, 또는 소를 부리거나 사육하는 뜻과 관계 있는 한자의 부수로 쓰였다.

0 ④ 〔牛〕*** 3147 우 平尤 niú, ギュウ

소전 牛 행서 牛 이름 소 우 자원 상형. 소를 머리 앞쪽에서 본 모양을 본떴다.

필순 ノ 𠂉 二 牛

새김 ❶소. 가축의 하나. 인신하여, 소가 지니는 특성인 '느릿하다·고집스럽다' 등의 비유로 쓰인다. ¶牛馬(―, 말 마)소와 말. ❷견우성(牽牛星).

〔牛痘〕(우두) ①천연두를 예방하는 데 쓰는, 소에서 뽑은 면역 물질. ②종두(種痘).

〔牛步〕(우보) 소걸음. 일의 진도가 느림의 비유.

〔牛溲馬勃〕(우수마발) ①질경이와 버섯류. 매우 흔하면서도 유용하게 쓸 수 있는 물건

의 비유. ②쇠오줌과 버섯류. 아무 소용없는 것의 비유.
〔牛乳〕(우유) 암소의 젖.
〔牛耳〕(우이) ①소귀. ②같은 무리의 우두머리나 단체의 지배자. 맹주(盟主).
〔牛耳讀經〕(우이독경) 國 쇠귀에 경 읽기. 어리석은 사람에게는 아무리 가르치고 일러주어도 알아듣지 못하여 효과가 없음.
〔牛黃〕(우황) 소의 쓸개에 병적으로 생겨 뭉친 누런 덩이. 약재로 쓰임.
▷斗牛(두우)·野牛(야우)·乳牛(유우)·鬪牛(투우)

2 ⑥ 〔牟〕* 모 本무 平尤 móu, ボウ
3148

소전 행서 이름 보리 모 자원 상형. 코뚜레를 꿴 소의 모양. 새김은 가차.
새김 ❶보리. 또는 밀. ¶牟麥(―, 보리 맥)밀보리. ❷탐하다. 또는 꾀하다. ¶牟利(―, 이익 리)이기적으로 지나치게 이익을 꾀함. 예―輩.

2 ⑥ 〔牝〕* 빈 本빈: 上軫 pìn, ヒン
3149

소전 행서 이름 암컷 빈 자원 형성. 牛+匕→牝. 匕에는 '비' 외에 '빈' 음도 있어, 匕(빈)이 성부.
새김 암컷. 짐승의 암컷. 牡(3151)의 대. ¶牝牡(―, 수컷 모)암컷과 수컷.
〔牝鷄司晨〕(빈계사신) 암탉이 새벽에 우는 일을 맡았다는 뜻으로, 여자가 권력을 손아귀에 넣음의 비유.
〔牝牛〕(빈우) 암소.

3 ⑦ 〔牢〕* 뢰 本로 平豪 láo, ロウ
3150

소전 행서 이름 우리 뢰 자원 회의. 宀+牛→牢. 소를 가두고 있는 집, 곧 우리를 뜻한다.
새김 ❶우리. 가축을 가두어 두고 기르는 집. ¶亡羊補牢(잃을 망, 양 양, 기울 보, ―)양을 잃고 우리를 기움. 〈속담〉 소 잃고 외양간 고친다. ❷감옥. 죄인을 가두어 두는 곳. ¶牢獄(―, 옥 옥)죄인을 가두어 두는 곳. 현대의 교도소. ❸단단하다. 견고하다. ¶堅牢(굳을 견, ―)굳고 단단함. ❹굳이. 또는 굳게 지켜 흔들리지 아니하다. ¶牢拒(―, 거절할 거)굳이 거절함. ❺희생. 소·양·돼지의 세 가지 희생. ¶太牢(클 태, ―)제사에 쓰는 소·양·돼지의 희생.
〔牢却〕(뇌각) 요구·선물 따위를 굳이 물리침.
〔牢固〕(뇌고) 의지·우의·성채 등이 튼튼하고 견고함.

3 ⑦ 〔牡〕* 모 本무: 上有 mǔ, ボウ
3151

소전 행서 이름 수컷 모 자원 형성. 牛+土→牡. 土에는 '토' 외에 '두' 음도 있어, 土〔두→무〕의 변음이 성부.
새김 수컷. 짐승의 수컷. 牝(3149)의 대. ¶牝牡(암컷 빈, ―)암컷과 수컷.
〔牡瓦〕(모와) 수키와.
〔牡牛〕(모우) 수소. 황소.

4 ⑧ 〔牧〕** 목 入屋 mù, ボク
3152

소전 행서 이름 칠 목 자원 회의. 牛+攵→牧. 소를 매로 몰아 기른다는 뜻.
필순 丿 𠂉 牛 牛 牜 牜 牧 牧
새김 ❶치다. 가축을 기르다. ¶牧童(―, 아이 동)가축을 치는 아이. ❷다스리다. 가르쳐 인도하다. ¶牧民(―, 백성 민)(임금이나 원이)백성들을 다스림. 예―官. ❸옛날의 지방 행정 구역의 이름. ¶牧使(―, 벼슬이름 사)지방 행정 구역인 '牧'을 다스리던 벼슬. 또는 그 벼슬아치.
〔牧師〕(목사) 교회에서 예배를 인도하고 교회를 관리하는 교역자(敎役者).
〔牧者〕(목자) ①양을 치는 사람. ②신자(信者)를 보호하고 지도하는 성직자(聖職者).
〔牧草〕(목초) 소·양·말 등을 먹이는 풀.
〔牧畜〕(목축) 가축을 치는 일.
▷農牧(농목)·放牧(방목)·遊牧(유목)

4 ⑧ 〔物〕*** 물 入物 wù, ブツ·モツ
3153

소전 행서 이름 만물 물 자원 형성. 牛+勿→物. 勿(물)이 성부.
필순 丿 𠂉 牛 牛 牜 牞 物 物
새김 ❶만물. 우주에 존재하는 모든 물건. ¶物資(―, 재물 자)생활해 나가는데 필요한 모든 물건이나 재물. 예援助―. ❷일. 사물. ¶文物(글월 문, ―)정치·경제·문화의 총체. 예朝鮮時代의 ―. ❸사람의 됨됨이. ¶人物(사람 인, ―)사람의 생김새와 됨됨이. 또는 그런 측면에서 본 사람. 예훌륭한 ―. ❹세상 사람들. ¶物議(―, 의논 의)세상 사람들의 논의. 예―를 일으키다. ❺살피다. 형편을 살피다. ¶物色(―, 빛깔 색)마음에 드는 빛깔을 살핀다는 뜻으로, 일정한 기준을 가지고 찾거나 고름을 이르는 말. 예―해 놓은 사윗감. ❻죽다. 사람이 죽다. ¶物故(―, 일 고)사람이 죽음을 당하는 일. 예―를 내겠다고 벼르는 守令의 호통.

〔物價〕(물가) 물건값.
〔物件〕(물건) 일정한 형체를 가진 모든 물질.
〔物權〕(물권) 재산권의 하나. 소유권·점유권·지상권 등.
〔物量〕(물량) 물자의 양. 또는 사물의 분량.
〔物理〕(물리) ①사물의 이치. ②사물에 대한 이해나 판단의 힘. ㉮—가 나다. ③물리학(物理學).
〔物理學〕(물리학) 물질의 속성과 구조, 그 운동과 변화의 형태, 빛·소리·열·전기 등의 일반적 법칙 등을 연구하는 학문.
〔物望〕(물망) 여러 사람이 인정하거나 우러러 보는 명망(名望).
〔物物交換〕(물물교환) 화폐로 사고 팔지 않고 직접 물건과 물건을 맞바꾸는 일.
〔物心〕(물심) 물질적인 것과 정신적인 것. ㉮— 兩面.
〔物我〕(물아) ①남과 나. ②외물과 나. ③객관과 주관.
〔物外〕(물외) 세상 밖. 속세를 벗어난 곳.
〔物慾〕(물욕) 돈이나 물건을 탐내는 마음.
〔物情〕(물정) 사물의 이치와 사람의 정. 곧 이러저러한 실정이나 형편.
〔物主〕(물주) ①물품의 소유주(所有主). ②國 ㉠밑천을 대는 사람. ㉡노름판에서 패를 잡는 사람.
〔物證〕(물증) 물건에 의한 증거.
〔物質〕(물질) ①물건의 본바탕. ②공간을 차지하고 질량이 있는 물건.
〔物體〕(물체) 모양과 크기를 가지고 공간에 존재하는 물건.
〔物品〕(물품) 물건이나 제품.
〔物換星移〕(물환성이) 사물은 바뀌고 세월은 흘러감. 계절과 세상일이 변천함의 형용.
▷格物(격물)·官物(관물)·賂物(뇌물)·萬物(만물)·微物(미물)·寶物(보물)·事物(사물)·俗物(속물)·禮物(예물)·財物(재물)·風物(풍물)·海物(해물)·貨物(화물)

5 ⑨ 〔牵〕 3154 견 牽(3158)의 간화자

5 ⑨ 〔牲〕* 3155 생 平庚 | shēng, セイ

소전 행서 이름 희생 생 자원 형성. 牛+生→牲. 甥(생)·笙(생)과 같이 生(생)이 성부.
새김 희생. 제물로 쓰는 가축. ¶犧牲(희생 희, —)犧(3165)를 보라.

6 ⑩ 〔特〕*** 3156 특 入職 | tè, トク

소전 행서 이름 특별할 특 자원 형성. 牛+寺→特. 寺(사)의 변음이 성부.
필순 丿 𠂉 牛 牛 牜 牜 牯 特 特 特

새김 ❶특별하다. 또는 특별히. ¶特異(—, 다를 이)특별하게 다름. ㉮—한 文化. ❷뛰어나다. ¶特技(—, 재주 기)남달리 가진, 뛰어난 기술이나 재간. ㉮—를 자랑하다. ❸하나. 홀로. 또는 한 마리. ¶特羊(—, 양 양)한 마리의 양.
〔特權〕(특권) 특정인에게 주어지는 우월한 지위나 권리.
〔特記〕(특기) 특별히 취급하여 기록함. ㉮— 事項.
〔特例〕(특례) 특수한 예. 또는 특별히 인정되어 있는 예.
〔特別〕(특별) ①보통과 다름. ②보통보다 훨씬 뛰어남.
〔特使〕(특사) 국가나 국가 원수가 특별한 사명을 주어 외국에 파견하는 사람. ㉮大統領—.
〔特赦〕(특사) 형을 받고 있는 특정의 죄인에 대하여 대통령이 형을 면제해 주거나 경감해 주는 일.
〔特色〕(특색) 다른 것과 견주어 특별히 다른 점.
〔特選〕(특선) 특별히 뛰어나다고 하여 골라 뽑음. 또는 그 골라 뽑은 것. ㉮—作品.
〔特性〕(특성) 그것에만 있는 특수한 성질.
〔特殊〕(특수) 보통과 아주 다름.
〔特約〕(특약) 특별한 조건을 붙여서 약속하거나 계약함. 또는 그 계약. ㉮—店.
〔特有〕(특유) 특별히 있거나 특별히 지니고 있음.
〔特典〕(특전) 법적으로 주는 특별한 대우. ㉮—을 주다.
〔特定〕(특정) 특별히 지정함.
〔特質〕(특질) 다른 것과 구별되는, 사물의 특징적인 성질이나 질.
〔特輯〕(특집) 신문·잡지·방송 프로 등에서 특정 문제를 중심으로 특별히 편집함.
〔特徵〕(특징) 다른 것과 구별되는 독특한 점.
〔特出〕(특출) 특별히 뛰어남. ㉮—한 재간.
〔特派〕(특파) 특별히 파견함.
〔特筆〕(특필) 특별히 두드러지게 적음. 또는 그렇게 적은 글. ㉮大書—.
〔特許〕(특허) ①특별히 허가함. ②정부가 어떤 발명을 한 자에게, 그만이 그 창안을 이용하는 권리를 줌. ㉮—權.
〔特惠〕(특혜) 특별한 혜택.
〔特效〕(특효) 특별한 효력이나 효과.
▷奇特(기특)·獨特(독특)·英特(영특)

6 ⑩ 〔牺〕 3157 희 犧(3165)의 간화자

7 ⑪ 〔牽〕** 3158 견 平先 | qiān, ケン

소전 행서 간화 牵 이름 끌 견 자원 형성. 玄+冖+牛→牽. 玄(현)의 변음이 성부.

필순 丶 亠 亡 玄 玄 牵 牵 牵 牽 牽

새김 ❶끌다. ㉠끌어당기다. ¶牽引(―, 당길 인)끌어 당김. 예―車. ㉡끌고 가다. ¶牽牛(―, 소 우)㉮소를 끌고 감. ㉯견우성. 예―와 織女. ❷강제하다. 억지로 시키다. ¶牽制(―, 제지할 제)제 멋대로 행동하지 못하도록 강제하여 제지함.
〔牽強附會〕(견강부회) 가당찮는 말을 억지로 끌어다 붙임.
〔牽連〕(견련) ①서로 끌어당겨 관련시킴. ②서로 얽혀 관련됨.

7 ⑪ 〔犁〕* 리 犂(3161)와 동자
3159

8 ⑫ 〔犊〕 독 犢(3164)의 간화자
3160

8 ⑫ 〔犂〕 리 平支 | lí, リ
3161

소전 행서 동자 犁 이름 쟁기 리 자원 형성. 秎+牛→犂. 秎(리)가 성부.
새김 ❶쟁기. 소가 끄는 농구 이름. ❷얼룩얼룩하다. 또는 얼룩소. ¶犂牛(―, 소 우)얼룩소.

8 ⑫ 〔犀〕* 서: 本서 平齊 | xī, サイ
3162

소전 행서 이름 무소 서: 자원 형성. 尸〔尾의 변형〕+牛→犀. 尾(미)의 변음이 성부.
새김 ❶무소. 코뿔소. ¶犀角(―, 뿔 각) 무소의 뿔. ❷단단하다. 견고하다. ¶犀利(―, 날카로울 리) 무기가 단단하고 날카로움.
〔犀牛〕(서우) 무소. 코뿔소.

13 ⑰ 〔犧〕 희 犧(3165)의 와자
3163

15 ⑲ 〔犢〕* 독 入屋 | dú, トク
3164

소전 행서 간화 犊 이름 송아지 독 자원 형성. 牛+賣→犢. 讀(독)·牘(독)과 같이 賣(육)의 변음이 성부.
참고 賣(육)과 賣(매)는 딴자.
새김 송아지. ¶舐犢之愛(핥을 저, ―, 의 지, 사랑 애)어미소가 송아지를 핥는 사랑. 인신하여, 어버이가 제 자식을 몹시 귀히 여기는 사랑.
〔犢牛〕(독우) 송아지.

16 ⑳ 〔犧〕* 희 平支 | xī, ギ
3165

소전 행서 간화 牺 와자 犧 이름 희생 희 자원 형성. 牛+羲→犧. 爔(희)·曦(희)와 같이 羲(희)가 성부.
새김 희생. 제물로 바치는 가축. ¶犧牲(―, 희생 생)㉮제물로 쓰는 소·양·돼지 등의 가축. ㉯공적이고 의로운 일을 위하여 자기의 목숨이나 재물을 내던지는 일. 예―精神.

4 획 부수 犬(犭)部

▷명칭:개견. 개사슴록변
▷쓰임:여러 가지 종류의 개나 개를 닮은 짐승, 또는 이들의 습성과 사냥, 한족(漢族)이 보는 이민족(異民族)의 명칭과 관계되는 한자의 부수로 쓰였다.

0 ④ 〔犬〕*** 견 本견: 上銑 | quǎn, ケン
3166

소전 행서 이름 개 견 자원 상형. 옆에서 본 개의 모양을 본떴다.

필순 一 ナ 大 犬

새김 ❶개. 가축의 하나. ¶犬猿(―, 원숭이 원) 개와 원숭이. 사이가 매우 좋지 않은 동지의 비유. 예―之間. ❷겸칭. 신하가 임금에게, 자기 아들을 남에게 말할 때 쓰는 겸사. ¶犬馬之勞(―, 말 마, 의 지, 노고 로)임금이나 윗사람에게 바치는 자기의 노력을 겸손하게 이르는 말. 예―를 다하겠다.
〔犬馬之誠〕(견마지성) 남에게 대하여 자기의 바치는 정성을 겸손하게 이르는 말.
〔犬馬之齒〕(견마지치) 남에게 대하여 자기의 나이를 겸손하게 이르는 말.
〔犬吠〕(견폐) 개가 짖음.
▷狂犬(광견)·軍犬(군견)·猛犬(맹견)·愛犬(애견)·獵犬(엽견)·忠犬(충견)·鬪犬(투견)

2 ⑤ 〔犯〕** 범: 上豏 | fàn, ハン
3167

소전 행서 이름 범할 범: 자원 형성. 犭+㔾→犯. 㔾(범)이 성부.

필순 ノ 犭 犭 犭⁷ 犯

새김 ❶범하다. ㉠넘어서는 안 될 경계선을 넘다. ¶犯界(―, 경계 계)남의 땅의 경계를 넘어 들어옴. ㉡법을 어기다. 죄를 짓다. ¶犯人(―, 사람 인)죄를 지은 사람. 예―引渡條約. ㉢인격·위신 등을 함부로 건드리다. ¶犯顔(―, 얼굴 안)임금이 좋지 않은 낯빛을 하는데도 바른말로 간함. ❷죄. 또는 죄를 지은 사람.

¶殺人犯(죽일 살, 사람 인, ―)사람을 죽인 죄. 또는 그 죄를 저지른 사람.
〔犯法〕(범법) 법률을 위반함.
〔犯罪〕(범죄) 법률이나 규정을 위반하여 죄를 「지음.
〔犯則〕(범칙) 법칙이나 규칙을 어김.
〔犯行〕(범행) 범죄의 행위.
▷輕犯(경범)·共犯(공범)·防犯(방범)·主犯(주범)·眞犯(진범)·初犯(초범)·侵犯(침범)

3 ⑦ 〔状〕 3168 ㊀상 狀(3170)의 속자·간화자 ㊁장: 狀(3170)의 속자·간화자

4 ⑦ 〔狂〕** 3169 광 平陽 | kuáng, キョウ

소전 행서 이름 미칠 광 자원 형성. 犭+王→狂. 匡(광)과 같이 王(왕)의 변음이 성부.

필순 丿 犭 犭 犭 犭 狂 狂

새김 ❶미치다. ㉠정신에 이상이 생기다. ¶狂人(―, 사람 인)정신이 이상해진 사람. ㉡비정상적일 정도로 어떤 일에 흥분하다. ¶熱狂(열중할 열, ―)열정을 집중하여 더없이 흥분함. ❷세차다. 세력이 강하다. ¶狂風(―, 바람 풍)세차게 부는 바람.
〔狂犬〕(광견) 미친개. 예――病.
〔狂氣〕(광기) 미친 기미. 예――를 떤 술주정.
〔狂亂〕(광란) 미친 듯이 어지럽게 마구 날뜀.
〔狂奔〕(광분) ①미친 듯이 뛰어다님. ②어떤 일을 이루려고 분주히 뛰어다님.
〔狂信〕(광신) 미친 듯이 맹목적으로 믿음.
〔狂症〕(광증) 미친 증세.
〔狂態〕(광태) 미치광이 같은 짓.
〔狂暴〕(광포) 행동이 미친 듯이 사나움.
〔狂漢〕(광한) ①미친 놈. ②미친 놈처럼 분별없이 행동하는 사람.
▷發狂(발광)·酒狂(주광)·醉狂(취광)

4 ⑧ 〔狀〕** 3170 ㊀상 本상: 去漾 | zhuàng, ジョウ ㊁장: 去漾 | zhuàng, ジョウ

소전 행서 속자 간화 状 이름 ㊀형상 상 ㊁문서 장: 자원 형성. 爿+犬→狀. 壯(장)과 같이 爿(장)이 성부.

필순 丨 丬 丬 爿 爿 壯 狀 狀

새김 ㊀❶형상. 모양. 모습. ¶形狀(모양 형, ―)물건의 모양. 예험상궂은 ―. ❷사정. 사연. 형편. ¶狀況(―, 실정 황)형편의 실정. 예工事의 進行―. ㊁문서. 서류. ¶賞狀(상 상, ―)상으로 주는 증서. 예―과 賞品.
〔狀態〕(상태) 처한 형편이나 모양.
〔狀啓〕(장계) 國감사(監司) 또는 지방에 파견된 관원이 서면으로 임금에게 보고함. 또는 그 보고.
〔狀頭〕(장두) 國연명으로 된 소장에 맨 처음 이름을 적은 사람.
▷告訴狀(고소장)·公開狀(공개장)·書狀(서장)·信用狀(신용장)·年賀狀(연하장)·令狀(영장)·請牒狀(청첩장)·招請狀(초청장)·推薦狀(추천장)·行狀(행장)

4 ⑦ 〔犹〕 3171 유 猶(3200)의 동자·간화자

4 ⑦ 〔狄〕* 3172 적 入錫 | dí, テキ

소전 행서 이름 오랑캐 적 자원 형성. 犭+火〔亦의 변형〕→狄. 迹(적)과 같이 亦(역)의 변음이 성부.
새김 오랑캐. 중국의 북방에 살았던 소수 민족. ¶北狄(북녘 북, ―)북쪽의 오랑캐. 예南蠻―.
〔狄人〕(적인) 중국 북방의 종족을 일컫던 말.
▷戎狄(융적)·夷狄(이적)

4 ⑦ 〔狈〕 3173 패: 狽(3188)의 간화자

5 ⑧ 〔狗〕** 3174 구 本구: 上有 | gǒu, ク

소전 행서 이름 개 구 자원 형성. 犭+句→狗. 拘(구)·苟(구)와 같이 句(구)가 성부.

필순 丿 犭 犭 犭 犳 犳 狗 狗

새김 개. ㉠가축의 하나. 큰 개를 犬(3166), 작은 개를 狗라 한다. ¶狗肉(―, 고기 육)개고기. 예羊頭―. ㉡개새끼. 행동이 비열한 사람의 비유. ¶走狗(달릴 주, ―)나쁜 짓을 하는 자의 앞잡이. 예― 노릇을 하다.
〔狗盜〕(구도) 좀도둑.
〔狗尾續貂〕(구미속초) 개 꼬리로 담비 꼬리를 대신함. ㉮벼슬을 함부로 줌. 故옛날 근신(近臣)들에게 담비 꼬리로 관(冠)을 장식하게 했는데, 벼슬을 함부로 주어 담비 꼬리가 부족하자 개 꼬리로 대신하였다는 고사. ㉯하찮은 자질로 훌륭한 사람의 뒤를 이음의 비유.
▷喪家之狗(상가지구)·獵狗(엽구)·海狗(해구)·黃狗(황구)

5 ⑧ 〔狞〕 3175 녕 獰(3215)의 간화자

5 ⑧ 〔狎〕* 3176 압 本합 入洽 | xiá, コウ

소전 狎 행서 狎 이름 친숙할 압 자원 형성. 犭+甲→狎. 押(압)·鴨(압)과 같이 甲(갑)의 변음이 성부.
새김 친숙하다. 또는 친숙해지다. ¶狎近(—, 가까울 근) 허물없이 친숙하게 가까와짐.
▷親狎(친압)

5 ⑧ [狙]* 저: 本저 平魚 | jū, ソ
3177

소전 狙 행서 狙 이름 원숭이 저: 자원 형성. 犭+且→狙. 且에는 '차' 외에 '저' 음도 있어, 沮(저)·疽(저)와 같이 且(저)가 성부.
새김 ❶원숭이. ¶狙公(—, 공 공)원숭이를 기르는 사람. ❷노리다. 기회를 엿보다. ¶狙擊(—, 칠 격)일정한 대상을 노리고 있다가 치거나 쏘거나 함. 예—手.

5 ⑧ [狐]* 호 平虞 | hú, コ
3178

소전 狐 행서 狐 이름 여우 호 자원 형성. 犭+瓜→狐. 弧(호)와 같이 瓜(과)의 변음이 성부.
새김 여우. 포유 동물의 이름. 인신하여, 간교한 사람의 비유. ¶狐假[3]虎[1]威[2](—, 빌릴 가, 범 호, 위세 위)여우가 범의 위세를 빌림. 힘이 없는 자가 힘이 있는 자의 권력에 의지하여 권세를 부림의 비유.
〔狐狸〕(호리) ①여우와 삵괭이. ②간교(奸狡)한 소인(小人)의 비유.
〔狐死首丘〕(호사수구) 여우가 죽을 때에는 반드시 제가 태어난 언덕 쪽으로 머리를 둠. ㉮근본을 잊지 않음의 비유. ㉯고향을 그리워함의 비유.
▷九尾狐(구미호)·白狐(백호)·妖狐(요호)

6 ⑨ [狡]* 교 本교: 上巧 | jiǎo, コウ
3179

소전 狡 행서 狡 이름 교활할 교 자원 형성. 犭+交→狡. 校(교)·郊(교)와 같이 交(교)가 성부.
새김 교활하다. 간사하고 능갈치다. ¶狡兎(—, 토끼 토)교활한 토기. 예—死 走狗烹(교토사주구팽).
〔狡滑〕(교활) 간사한 꾀가 많고 약삭빠름.
〔狡譎〕(교휼) 간사한 꾀로 남을 잘 속임.

6 ⑨ [独] 독 獨(3213)의 속자·간화자
3180

6 ⑨ [狮] 사 獅(3204)의 간화자
3181

6 ⑨ [狩]* 수 本수: 去宥 | shòu, シュ
3182

소전 狩 행서 狩 이름 사냥 수 자원 형성. 犭+守→狩. 守(수)가 성부.
새김 ❶사냥. 또는 사냥하다. ¶狩獵(—, 사냥할 렵)사냥. 또는 사냥함. 예—銃. ❷순시하다. 제왕이 지방을 순시하다. ¶巡狩(돌 순, —)임금이 국내의 이곳저곳을 순시함.

6 ⑨ [狱] 옥 獄(3208)의 간화자
3183

6 ⑨ [狯] 一 쾌: 二 회: 獪(3214)의 간화자
3184

6 ⑨ [狭] 협 狹(3189)의 약자·간화자
3185

7 ⑩ [狼]* 랑 平陽 | láng, ロウ
3186

소전 狼 행서 狼 이름 이리 랑 자원 형성. 犭+良→狼. 良에는 '량' 외에 '랑' 음도 있어, 浪(랑)·郎(랑)과 같이 良(랑)이 성부.
새김 ❶이리. 개와 비슷한 짐승 이름. ¶虎狼(범 호, —)범과 이리. 욕심이 많고 잔인한 사람의 비유. ❷낭. 앞다리는 길고 뒷다리는 매우 짧다는, 전설상의 짐승 이름. ¶狼狽(—, 패 패)낭과 앞다리는 매우 짧고 뒷다리는 긴 패. 다니자면 패가 낭의 등에 업혀서, 낭의 앞다리와 패의 뒷다리로 걸어야 한다고 함. 인신하여, 계획한 일이 실패되거나 바라던 일이 어그러짐을 이르는 말. 예—가 없도록 조심해라. ❸어지럽다. ¶狼藉(—, 어지러울 자)여기저기 함부로 흩어져 어지러움. 예流血이 —하다.
▷豺狼(시랑)

7 ⑩ [狸]* 리 平支 | lí, リ
3187

행서 狸 이름 삵괭이 리 자원 형성. 犭+里→狸. 理(리)·裏(리)·厘(리)와 같이 里(리)가 성부.
자원 삵괭이. 동물 이름. ¶狐狸(여우 호, —) 여우와 삵괭이. 인신하여, 소인배의 비유.

7 ⑩ [狽]* 패: 去泰 | bèi, ハイ
3188

행서 狽 간화 狈 이름 패 패: 자원 형성. 犭+貝→狽. 敗(패)·唄(패)와 같이 貝(패)가 성부.
새김 패. 앞다리는 매우 짧고 뒷다리는 길다는, 전설상의 짐승 이름. ¶狼狽(낭 랑, —)狼(3186)을 보라.

7 ⑩ [狹]* 협 入洽 xiá, キョウ
3189

행서 약자 간화 狭 이름 좁을 협 자원 형성. 犭+夾→狹. 峽(협)·莢(협)과 같이 夾(협)이 성부.
새김 좁다. 廣(1464)의 대. ㉠면적이나 공간이 좁다. ¶狹路(—, 길 로)좁은 길. 예—로 접어들다. ㉡범위가 좁다. ¶狹義(—, 뜻 의)좁은 뜻. 예—로 해석하다. ㉢마음이 좁다. ¶狹量(—, 도량 량)좁은 도량. 예그런 —으로 어찌 사람을 거느리겠느냐?
〔狹軌〕(협궤) 레일 사이의 너비가 표준보다 좁은 철도의 선로.
〔狹小〕(협소) 좁고 작음. 아주 좁음.
〔狹窄〕(협착) 몹시 좁음.
▷廣狹(광협)·偏狹(편협)·闊狹(활협)

8 ⑪ [猟] 렵 獵(3217)의 약자
3190

8 ⑪ [猎] 렵 獵(3217)의 간화자
3191

8 ⑪ [猛]** 맹: 上迥 měng, モウ
3192

소전 행서 이름 사나울 맹: 자원 형성. 犭+孟→猛. 孟(맹)이 성부.

필순 丿 犭 犭 犭 犭 犭 犭 猛 猛 猛

새김 ❶사납다. ㉠성질이나 행동이 억세다. ¶猛虎(—, 범 호)사나운 범. 인신하여, 몹시 사나운 사람의 비유. ㉡세차다. 기세가 세차다. ¶猛烈(—, 세찰 렬)기세가 몹시 세참. 예—한 공격. ❷용맹하다. ¶猛將(—, 장수 장)용맹한 장수.
〔猛犬〕(맹견) 매우 사나운 개.
〔猛攻〕(맹공) 맹렬히 공격함.
〔猛毒〕(맹독) 독성이 강한 독.
〔猛獸〕(맹수) 사나운 짐승.
〔猛打〕(맹타) 맹렬하게 침. 맹렬한 공격.
〔猛爆〕(맹폭) 몹시 세차게 폭격함.

8 ⑪ [猜]* 시 本채 平灰 cāi, サイ
3193

소전 행서 이름 시새울 시 자원 형성. 犭+青→猜. 青(청)의 변음이 성부.
새김 시새우다. 시기하다. 또는 시기. ¶猜疑(—, 의심할 의) 시기하고 의심함. 예—心.
〔猜忌〕(시기) 시샘하여 미워함.
〔猜毁〕(시훼) 시기하고 헐뜯음.
▷嫌猜(혐시)

8 ⑪ [猊]* 예 平齊 ní, ゲイ
3194

행서 이름 사자 예 자원 형성. 犭+兒→猊. 兒에는 '아' 외에 '예' 음도 있어, 倪(예)·霓(예)와 같이 兒(예)가 성부.
새김 사자. 맹수의 이름.

8 ⑪ [猝]* 졸 入月 cù, ソツ
3195

소전 행서 이름 갑자기 졸 자원 형성. 犭+卒→猝. 卒(졸)이 성부.
새김 갑자기. 창졸간에. ¶猝地(—, 곳 지)뜻밖에. 갑작스레. 예그는 —에 부자가 되었다.
〔猝富〕(졸부) 벼락부자.
〔猝然〕(졸연) 갑작스러운 모양.
▷倉猝(창졸)

8 ⑪ [猖]* 창 平陽 chāng, ショウ
3196

행서 이름 날칠 창 자원 형성. 犭+昌→猖. 唱(창)·菖(창)과 같이 昌(창)이 성부.
새김 날치다. 멋대로 날뛰다. ¶猖獗(—, 날뛸 궐)㉮나쁜 무리들이 맹렬히 일어나 날뜀. 예도둑떼의 —. ㉯전염병이 널리 번져 퍼짐. 예전염병이 —하다.
〔猖狂〕(창광) 분별없이 함부로 날뜀.
〔猖厲〕(창려) 제멋대로 행동하고 사나움.
〔猖披〕(창피) 國 체면이 깎이는 일을 당하여 부끄러움.

9 ⑫ [猫]* 묘 平蕭 māo, ビョウ
3197

행서 이름 고양이 묘 자원 형성. 犭+苗→猫. 描(묘)·錨(묘)와 같이 苗(묘)가 성부.
새김 고양이. 짐승 이름. ¶猫頭懸₂鈴₁(—, 머리 두, 달 현, 방울 령)〈속담〉 고양이 목에 방울 달기. 〈뜻〉 좋은 방법 같으나, 사실은 그 방법을 쓴다면 써 보기도 전에 큰 해를 입게 되는 실현성이 없는 방법임을 이르는 말.

9 ⑫ [猩]* 성 本생 平庚 xīng, ショウ
3198

소전 행서 이름 성성이 성 자원 형성. 犭+星→猩. 醒(성)·腥(성)과 같이 星(성)이 성부.
새김 성성이. ¶猩猩(—, —)㉮원숭이의 일종인 오랑우탕. ㉯술을 잘 마신다는, 중국의 전설상의 동물 이름.
〔猩紅熱〕(성홍열) 어린이에게 많은 전염병의 하나. 열이 높고 온몸에 빨간 반점이 나타남.

9 ⑫ 〔猥〕* 외: 上賄 wěi, ワイ
3199

소전 행서 이름 함부로 외: 자원 형성. 犭+畏→猥. 畏(외)가 성부.
새김 함부로. 멋대로. ¶猥濫(—, 넘칠 람)하는 짓이 도리나 분수에 지나침. 예좀 —되지만 제 소견을 말씀 드리겠습니다.
〔猥褻〕(외설) ①이성에게 대함이 난잡스러움. ②너무 무람이 없음.

9 ⑫ 〔猶〕*** 유 平尤 yóu, ユウ
3200

소전 행서 동자 간화 犹 이름 오히려 유 자원 형성. 犭+酋→猶. 楢(유)·猷(유)와 같이 酋(추)의 변음이 성부.

필순 犭 犭 犭' 犭' 犭' 犭' 犭' 犭' 猶 猶

새김 ❶오히려. 오히려 ~와 같다. ¶過猶不及(지나칠 과, —, 못할 불, 미칠 급)지나침은 오히려 미치지 못함과 같다. ❷망설이다. 주저하다. ¶猶豫(—, 망설일 예)㉮할까 말까 망설임. 예—未決. ㉯시간이나 날짜를 미루고 끎. 예一刻의 —도 허락되지 않는 급박한 사태.
〔猶父猶子〕(유부유자) 아버지 같고 자식 같음. 삼촌과 조카 사이를 일컫는 말.
〔猶不足〕(유부족) 오히려 모자람.

9 ⑫ 〔猷〕* 유 平尤 yóu, ユウ
3201

행서 이름 꾀할 유 자원 형성. 酋+犬→猷. 猶(유)·楢(유)와 같이 酋(추)의 변음이 성부.
새김 꾀하다. 또는 꾀. 계획. ¶謀猷(꾀 모, —) 계획.
▷皇猷(황유)

9 ⑫ 〔猪〕* 저 平魚 zhū, チョ
3202

소전 행서 이름 돼지 저 자원 형성. 犭+者→猪. 楮(저)·著(저)와 같이 者(자)의 변음이 성부.
새김 돼지. 가축으로 기르는 돼지나 멧돼지. ¶猪突(—, 부딪칠 돌)멧돼지가 목표물을 향해 내달리듯, 앞뒤를 헤아리지 않고 맹목적으로 불쑥 덤빔의 비유. 예—的으로 덤비다.
〔猪肉〕(저육) 돼지고기.
▷山猪(산저)·野猪(야저)

9 ⑬ 〔献〕 헌: 獻(3220)의 속자·간화자
3203

10 ⑬ 〔獅〕* 사 平支 shī, シ
3204

행서 간화 狮 이름 사자 사 자원 형성. 犭+師→獅. 篩(사)와 같이 師(사)가 성부.
새김 사자. 맹수의 이름. ¶獅子(—, 어조사 자) 사자.
〔獅子吼〕(사자후) ①사자의 울부짖음. ②크게 외치며 열변을 토함.

10 ⑬ 〔猿〕* 원 平元 yuán, エン
3205

행서 이름 원숭이 원 자원 형성. 犭+袁→猿. 轅(원)·園(원)과 같이 袁(원)이 성부.
새김 원숭이. ¶猿猴(—, 원숭이 후)원숭이.
▷類人猿(유인원)

10 ⑬ 〔猾〕* 활 入黠 huá, カツ
3206

행서 이름 교활할 활 자원 형성. 犭+骨→猾. 滑(활)과 같이 骨(골)의 변음이 성부.
새김 교활하다. ¶狡猾(교활할 교, —)간사하고 능갈침. 예—한 웃음.
〔猾吏〕(활리) 교활한 관리.
▷姦猾(간활)·巧猾(교활)

11 ⑮ 〔獒〕* 오 平豪 áo, ゴウ
3207

소전 행서 이름 개 오 자원 형성. 敖+犬→獒. 熬(오)·傲(오)와 같이 敖(오)가 성부.
새김 개. 큰 개. 또는 사나운 개.

11 ⑭ 〔獄〕** 옥 入沃 yù, ゴク
3208

소전 행서 간화 狱 이름 옥 옥 자원 회의. 犭+言+犬→獄. 言은 신에게 맹세하는 말. 두 마리의 개를 희생으로 올리면서 자신의 유죄·무죄에 대해 신에게 맹세한다는 뜻.

필순 犭 犭 犭' 犭' 犭' 犭' 犭' 獄 獄 獄

새김 ❶옥. 감옥. 오늘날의 교도소. ¶獄死(—, 죽을 사)갇혀서 감옥 안에서 죽음. ❷송사. 소송 사건. 또는 쟁론하다. ¶疑獄(의심할 의, —) 의혹이 많아 판결하기 어려운 범죄 사건.
〔獄苦〕(옥고) 옥살이 하는 고생.
〔獄吏〕(옥리) 감옥에 딸린 구실아치.
〔獄事〕(옥사) 역적·살인 등의 중범죄를 다스

리는 일. 또는 그 사건.
〔獄卒〕(옥졸) 옥사장이. 옛날의 간수.
▷監獄(감옥)·典獄(전옥)·地獄(지옥)·投獄(투옥)·下獄(하옥)·刑獄(형옥)

11 ⑭ 〔獐〕* 장 平陽 | zhāng, ショウ
3209

행서 獐 이름 노루 장 자원 형성. 犭+章→獐. 障(장)·璋(장)과 같이 章(장)이 성부.
새김 노루. 사슴의 일종. ¶獐角(—, 뿔 각)노루의 굳은 뿔.
〔獐腋〕(장액) 노루 앞다리의 안쪽 겨드랑이 털. 보드랍고 끝이 가늘어서 붓을 매는 데 씀. 예—筆.

12 ⑮ 〔獗〕* 궐 入月 | jué, ケツ
3210

행서 獗 이름 날뛸 궐 자원 형성. 犭+厥→獗. 蹶(궐)·闕(궐)과 같이 厥(궐)이 성부.
새김 날뛰다. 사납게 날뛰다. ¶猖獗(날칠 창, —)猖(3196)을 보라.

12 ⑯ 〔獃〕 수 獸(3218)의 약자
3211

13 ⑯ 〔獺〕 달 獺(3219)의 간화자
3212

13 ⑯ 〔獨〕*** 독 入屋 | dú, ドク
3213

소전 행서 속자 간화 独 이름 홀로 독 자원 형성. 犭+蜀→獨. 蜀(촉)의 변음이 성부.

필순 犭 犭 犭 犭 犭 独 獨 獨 獨 獨

새김 ❶홀로. 혼자. 단독. ¶獨身(—, 몸 신)㉮형제 자매가 없는 홑몸. 예나는 —으로 자랐다. ㉯배우자가 없는 홑몸. 예—女性. ❷남과 다르다. ¶獨特(—, 특별할 특)남과 다르게 특별함. 예—한 방식. ❸외롭다. 또는 외로운 사람. ¶孤獨(외로울 고, —)㉮외로움. 예—感. ㉯부모 잃은 어린이와 자식 없는 늙은이. 예鰥寡—. ❹독일. ¶獨語(—, 말 어)독일말.
〔獨斷〕(독단) 남과 의논하지 않고 자기 혼자서 판단함. 또는 그 결정.
〔獨立〕(독립) ①다른 사람에게 의존하지 않고 자립함. ②혼자 서 있음. ③무리 중에서 뛰어남.
〔獨房〕(독방) 혼자서 쓰는 방.
〔獨白〕(독백) ①혼자서 중얼거림. ②연극에서 혼자하는 말.
〔獨步〕(독보) 일정한 분야에서 남이 따를 수 없게 뛰어남. 예—古今.
〔獨善〕(독선) 저 혼자만이 바르다고 생각함.
〔獨守空房〕(독수공방) 결혼한 여자가 남편 없이 혼자서 밤을 새움.
〔獨食〕(독식) ①혼자서 먹음. ②이익을 독차지함.
〔獨子〕(독자) 외아들.
〔獨裁〕(독재) 특정한 개인·단체·계급이 모든 권력을 쥐고 지배하는 일.
〔獨占〕(독점) 독차지. 혼자서 차지함.
〔獨走〕(독주) 남을 떼어놓고 혼자서만 달림.
〔獨奏〕(독주) 악기를 혼자서 연주함. 예—피아노
〔獨唱〕(독창) 여러 사람 앞에서 혼자서 노래를 부름. 예—曲.
〔獨創〕(독창) 남의 것을 흉내내지 않고 자신의 생각으로 새로운 것을 만들어 냄. 예—性.
〔獨學〕(독학) 스승 없이 자기 혼자 힘으로 공부함.
▷單獨(단독)·愼獨(신독)·唯獨(유독)

13 ⑯ 〔獪〕* ㊀쾌: 去卦 | kuài, カイ ㊁회: 本괴: 去泰 | kuài, カイ
3214

소전 행서 간화 狯 이름 ㊀교활할 쾌: ㊁교활할 회: 자원 형성. 犭+會→獪. 會(회)가 성부. 참고 ① ㊀,㊁의 어느 음으로 읽는가는 관습에 따른다. ②대법원 공인 인명용 추가한자는 ㊁의 음만을 인정하였다.
새김 ㊀교활하다. ¶狡獪(교활할 교, —)교활함. ㊁교활하다. ¶老獪(의뭉할 로, —)의뭉하고 교활함.

14 ⑰ 〔獰〕* 녕 平庚 | níng, ドウ
3215

행서 간화 狞 이름 흉악할 녕 자원 형성. 犭+寧→獰. 寧(녕)이 성부.
새김 흉악하다. 사납고 모질다. ¶獰惡(—, 악할 악) 성질이 모질고 악함. 예—한 사람.
〔獰猛〕(영맹) 모질고 사나움.
▷凶獰(흉녕)

14 ⑰ 〔獲〕** 획 入陌 | huò, カク
3216

소전 행서 간화 获 이름 얻을 획 자원 형성. 犭+蒦→獲. 蒦(확)의 변음이 성부.

필순 犭 犭 犭 犭 犭 犭 犭 獲 獲 獲

새김 얻다. ㉠손에 넣다. ¶獲得(—, 얻을 득)얻어 가짐. 예—物. ㉡사냥하여 짐승을 잡다. ¶漁獲(고기잡을 어, —)물고기를 잡음. 예—量.
〔獲利〕(획리) 이익을 얻음. 득리(得利).
〔獲罪〕(획죄) 죄를 지음. 득죄(得罪).

▷拿獲(나획)·鹵獲(노획)·虜獲(노획)·捕獲(포획)

15 ⑱ [獵]** 렵 入葉 liè, リョウ
3217

소전 행서 약자 猟 간화 猎 이름 사냥할 렵 자원 형성. 犭+巤→獵. 巤(렵)이 성부.

필순 犭 犭 犭 犭 犭 犭 犭 犭 犭 獵

새김 ❶사냥하다. 또는 사냥. ¶獵銃(—, 총 총) 사냥총. ❷널리 훑어보다. 또는 널리 찾아 구하다. ¶涉獵(널리훑어볼 섭, —)여러 가지 책을 널리 읽음. 예동서 고금의 史書를 —하다.

〔獵官〕(엽관) 벼슬을 사냥한다는 뜻으로, 온갖 방법으로 벼슬자리를 구함을 이르는 말.
〔獵奇〕(엽기) 기이하고 비정상적인 것에 호기심을 가지고 흥미를 느끼는 일.
▷禁獵(금렵)·密獵(밀렵)·狩獵(수렵)·漁獵(어렵)·出獵(출렵)

15 ⑲ [獸]** 수 本수: 去宥 shòu, ジュウ
3218

소전 행서 약자 獣 간화 兽 이름 짐승 수 자원 형성. 嘼+犬→獸. 嘼(수)가 성부.

필순 ㅁ ㅁㅁ 罒 罒 嘼 嘼 嘼 獸 獸

새김 짐승. 네 발 달린 야생의 짐승. 禽(3688)의 대. ¶猛獸(사나울 맹, —)사나운 짐승.

〔獸心〕(수심) 짐승과 같이 사납고 모진 마음. 예人面—.
〔獸欲〕(수욕) 짐승과 같은 음란한 욕심.「의사.
〔獸醫〕(수의) 가축의 질병 치료를 전공하는
〔獸檻〕(수함) 짐승을 가두는 우리.
〔獸患〕(수환) 짐승의 피해에 대한 근심.
▷怪獸(괴수)·禽獸(금수)·百獸(백수)·野獸(야수)·仁獸(인수)·鳥獸(조수)

16 ⑲ [獺]* 달 入曷 tǎ, ダツ
3219

소전 행서 간화 獭 이름 수달 달 자원 형성. 犭+賴→獺. 賴(뢰)의 변음이 성부.

새김 수달. 물개. 물고기를 잡아 먹고 사는 짐승 이름. ¶獺祭(—, 제사지낼 제)물개가 잡은 물고기를 먹기 전에 제물처럼 늘어놓음. 시문을 지을 때 많은 참고 서적을 늘어놓음의 비유. 예—魚.
▷山獺(산달)·水獺(수달)·海獺(해달)

16 ⑳ [獻]** 헌: 去願 xiàn, ケン
3220

소전 행서 속자 간화 献 이름 드릴 헌: 자원 형성. 鬳+犬→獻. 鬳(헌)이 성부.

필순 ⺊ 广 广 广 虍 虍 鬳 鬳 獻 獻

새김 ❶드리다. 올리다. 바치다. ¶獻上(—, 손윗사람 상)임금이나 손윗사람에게 올림. ❷어진이. 또는 전고에 밝은 사람. ¶文獻(글월 문, —)제도에 관한 기록과 전고(典故)에 밝은 사람. 인신하여, 역사적 가치나 참고할 가치가 있는 도서나 문물.

〔獻金〕(헌금) 돈을 바침. 또는 그 돈.
〔獻納〕(헌납) 금품을 바침.
〔獻壽〕(헌수) 환갑 잔치에서 장수를 비는 뜻으로 술잔을 올리는 일.「함.
〔獻身〕(헌신) 몸과 마음을 바쳐 있는 힘을 다
〔獻血〕(헌혈) 자기의 피를 바침.
▷貢獻(공헌)·奉獻(봉헌)·亞獻(아헌)·終獻(종헌)·進獻(진헌)·初獻(초헌)

5 획 부수 玄 部

▷명칭: 검을현
▷쓰임: 자형상의 분류를 위해 설정한 부수이다.

0 ⑤ [玄]** 현 平先 xuán, ゲン
3221

소전 행서 이름 검을 현 자원 회의. 亠+幺→玄. 亠는 덮어 가리다. 幺는 희미하다. 희미한 것을 덮어 가리었기에 심오하다의 뜻을 나타낸다.

필순 ' 亠 玄 玄 玄

새김 ❶검다. ¶玄室(—, 방 실)캄캄한 방이란 뜻으로, 고분에서 시체를 안치한 방을 이르는 말. ❷그윽하다. 심원하다. ¶玄妙(—, 묘할 묘) 아주 그윽하고 묘함. 예—한 이치. ❸도교(道教). 또는 도가(道家)의 학설. ¶玄理(—, 이치 리)㉮노장(老莊)의 학설. ㉯심오한 도리. ❹손자의 손자. ¶玄孫(—, 손자 손)손자의 손자.

〔玄木〕(현목) 뉘지 아니한 무명.「은 쌀.
〔玄米〕(현미) 벼의 겉껍질만 벗기고 쓿지 않
〔玄酒〕(현주) ①제사에 쓰는 맑은 물. ②담박한 술.「학(形而上學).
〔玄學〕(현학) ①노장(老莊)의 학문. ②형이상
▷深玄(심현)·幽玄(유현)

5획

5 ⑩ 〔兹〕*** 자 平支 zī, シ
3222

소전 𢆶 행서 兹 속자 玆 이름 이 자 자원 회의. 玄+玄→兹. 검다의 뜻을 나타낸다. 새김은 가차.

필순 丶 亠 ⺍ 玄 玄 玄' 玄ˊ 兹ˊ 兹 兹

새김 ❶이. ¶自兹(부터 자, ―)이로부터. ¶兹에 我朝鮮의 獨立國임을 宣言하노라.

6 ⑪ 〔率〕*** ㊀률 入質 lǜ, リツ ㊁솔 ㊍술 入質 shuài, ソツ
3223

소전 率 행서 率 이름 ㊀비율 률 ㊁거느릴 솔 자원 상형. 실을 실패에 감는 모양. 실을 감을 때에는 바짝 조여야 하기에 거느리다의 뜻을 나타낸다.

필순 亠 ⺍ 玄 玄 玄 玄 玄 玆 玆 率

새김 ㊀비율. ¶利率(이자 리, ―)본전에 대한 이자의 비율. ㉵높은 ―. ㊁❶거느리다. ¶引率(끌 인, ―)남을 이끌고 거느림. ㉵―者. ❷앞장서다. ¶率先(―, 먼저 선)남보다 앞서서 먼저. ㉵―垂範. ❸거짓이 없다. ¶率直(―, 곧을 직)거짓이나 숨김이 없이 바르고 곧음. ㉵―한 사람. ❹가볍다. 언동이 가볍다. ¶輕率(가벼울 경, ―)말이나 행동이 가벼움. ㉵―한 말.

〔率眷〕(솔권) 집안 식구를 모두 거느리고 가거나 옴.

〔率爾〕(솔이) 신중하지 아니하고 조심성이 없음.

〔率土〕(솔토) 영토의 안.

▷家率(가솔)·能率(능률)·比率(비율)·食率(식솔)·眞率(진솔)·統率(통솔)·效率(효율)

5획 부수 玉(王)部

▷명칭: 구슬옥. 구슬옥변

▷쓰임: 여러 종류의 옥과 그 상태, 옥으로 만든 사물과 옥을 다듬는 일 등의 뜻을 나타내는 한자의 부수로 쓰였다. 王(3225)은 玉의 소전의 자형과 같기에 이 부수에 넣었다.

0 ⑤ 〔玉〕*** 옥 入沃 yù, ギョク
3224

소전 王 행서 玉 이름 구슬 옥 자원 상형. 세 개의 옥을 끈으로 꿴 모양. 소전의 자형이 王(3225)과 같기에, 두 자를 구별하기 위하여 점을 찍었다.

필순 一 二 干 王 玉

새김 ❶구슬. 보석으로 만든 물건. ¶佩玉(찰 패, ―)옛날 금관 조복의 좌우에 차던 구슬. ❷옥. 옥돌. ¶玉杯(―, 술잔 배)옥으로 만든 술잔. ❸미칭(美稱). ㉠임금의 사물에 붙이는 말. ¶玉座(―, 자리 좌)임금이 앉는 자리. ㉡아름다운 사물의 비유. ¶玉骨(―, 뼈 골)아름다운 몸매. ㉵―仙風. ㉢남의 언행이나 사물에 붙여 높이는 말. ¶玉韻(―, 운 운)남을 높여, 그가 지은 시를 이르는 말. ❹아름다운 덕이나 어진 재질의 비유. ¶懷[2]玉[1](품을 회, ―)아름다운 덕이나 어진 재질을 가짐의 비유.

〔玉稿〕(옥고) 남을 높이어 그의 원고를 이르는 말.

〔玉童子〕(옥동자) 옥같이 예쁜 어린 아들.

〔玉露〕(옥로) ①가을 이슬. ②맛있는 술.

〔玉樓〕(옥루) ①화려하게 장식한 누각. ②전설상의 신선이 산다는 곳.

〔玉門〕(옥문) 음문(陰門).

〔玉璽〕(옥새) 임금의 도장.

〔玉石〕(옥석) ①옥과 돌. ②좋은 것과 나쁜 것.

〔玉石俱焚〕(옥석구분) 옥과 돌이 함께 불탐. 곧 좋고 나쁨의 구별이 없이 해를 입음.

〔玉碎〕(옥쇄) 옥같이 바스러짐. 훌륭한 공을 세우고 죽음의 비유.

〔玉手〕(옥수) 옥과 같이 깨끗하고 흰 손. ㉮임금의 손. ㉯아름다운 여자의 손. ㉵纖纖―.

〔玉水〕(옥수) 맑은 샘물.

〔玉顔〕(옥안) ①임금의 얼굴. ②미인의 얼굴.

〔玉體〕(옥체) ①임금의 몸. ②남의 몸의 높임말로 귀중한 몸이라는 뜻.

〔玉篇〕(옥편) 한자 자전의 범칭.

〔玉函〕(옥함) 옥으로 만든 함.

▷曲玉(곡옥)·攻玉(공옥)·金玉(금옥)·美玉(미옥)·璞玉(박옥)·白玉(백옥)·璧玉(벽옥)·寶玉(보옥)·珠玉(주옥)·紅玉(홍옥).

0 ④ 〔王〕*** ㊀왕 平陽 wāng, オウ ㊁왕: 去漾 wàng, オウ
3225

소전 王 행서 王 이름 ㊀임금 왕 ㊁왕노릇할 왕: 자원 상형. 군왕을 상징하는 부월을, 날이 있는 쪽을 아래로 한 모양.

필순 一 二 千 王

새김 ㊀❶임금. 왕. ㉠천자. 진시황(秦始皇) 이후의 황제. ¶聖王(거룩할 성, ―) 거룩한 임금. ㉡전국(戰國) 때의 제후(諸侯). ¶越王(월나라 월, ―) 월나라의 임금 ㉢진(秦)·한(漢) 이후 황족이나 공신에게 내리던 최고의 직위. ❷할아버지·할머니에 대한 높임말. ¶王考(―, 죽은 아비 고)죽은 할아버지. ㉣祖考(조고). ❸제일인자. 기예에서 가장 뛰어난 자. [예]發明王. [三] 왕노릇하다. ¶王[2]天下[1](一, 하늘 천, 아래 하) 천하에 왕노릇함.
〔王家〕(왕가) 임금의 집안. 왕실(王室).
〔王冠〕(왕관) 임금이 쓰는 관.
〔王宮〕(왕궁) 왕의 궁전.
〔王權〕(왕권) 왕의 권력.
〔王大人〕(왕대인) 남의 할아버지의 존칭.
〔王道〕(왕도) ①임금으로서 지켜야 할 도리. ②인의(仁義)에 바탕을 둔 어진 정치.
〔王師〕(왕사) ①왕의 군대. ②왕의 스승.
〔王世子〕(왕세자) 왕위를 이을 왕자.
〔王室〕(왕실) 왕의 집안.
〔王業〕(왕업) 왕이 이룩한 사업.
〔王位〕(왕위) 왕의 자리. [예]—繼承.
〔王威〕(왕위) 왕위 위엄. [예]—를 떨치다.
〔王子〕(왕자) 왕의 아들. [예]—와 公主.
〔王者〕(왕자) ①왕인 사람. ②왕도로서 천하를 다스리는 자. [예]—와 패자.
〔王政〕(왕정) ①왕이 행하는 정치. ②왕이 주권을 가지는 정치 체제. [예]—復古.
〔王朝〕(왕조) ①천자나 제왕이 친히 정사를 행하는 조정. ②세습적 권리에 따라 순차적으로 왕위에 오르는 왕들이 통치하는 동안. [예]高麗—. 「②으뜸가는 자리.
〔王座〕(왕좌) ①임금이 앉는 자리 왕위(王位).
〔王中王〕(왕중왕) 왕 가운데서도 왕. 곧 훌륭한 것들 가운데서도 월등하게 뛰어난 것.
〔王后〕(왕후) 임금의 아내. 왕비(王妃).
〔王侯將相〕(왕후장상) 제왕(帝王)·제후(諸侯)·장수(將帥)·재상(宰相). 인신하여, 지위나 신분이 높고 귀한 사람.
▷國王(국왕)·君王(군왕)·大王(대왕)·名王(명왕)·法王(법왕)·女王(여왕)·帝王(제왕)·天王(천왕)·賢王(현왕)

2 ⑥ 〔玑〕 기 璣(3342)의 간화자
3226

2 ⑥ 〔玎〕* 정 [平]青 | dīng, テイ
3227

[소전] [행서] [이름] 옥소리 정 [자원] 형성. 王+丁→玎. 訂(정)·頂(정)과 같이 丁(정)이 성부.
[새김] 옥소리. 옥이 부딪칠 때 나는 소리의 형용.

3 ⑦ 〔玕〕* 간 [平]寒 | gān, カン
3228

[소전] [이름] 낭간 간 [자원] 형성. 王+干→玕. 肝(간)·刊(간)·竿(간)과 같이 干(간)이 성부.
[새김] 낭간(琅玕). 옥에 버금가는 아름다운 돌 이름.

3 ⑦ 〔玖〕* 구: [上]有 | jiǔ, キュウ
3229

[소전] [행서] [이름] 옥이름 구: [자원] 형성. 王+久→玖. 灸(구)와 같이 久(구)가 성부.
[새김] 옥 이름. 검은 빛깔의 옥돌 이름.

3 ⑦ 〔玘〕* 기: [上]紙 | qǐ, キ
3230

[행서] [이름] 옥이름 기: [자원] 형성. 王+己→玘. 기(記)·기(忌)와 같이 기(己)가 성부.
[새김] 옥 이름.

3 ⑦ 〔玛〕 마 瑪(3325)의 간화자
3231

3 ⑦ 〔玗〕* 우 [平]虞 | yú, ウ
3232

[소전] [행서] [이름] 우기 우 [자원] 형성. 王+于→玗. 吁(우)·宇(우)·迂(우)와 같이 于(우)가 성부.
[새김] 우기(玗琪). 아름다운 돌 이름.

3 ⑦ 〔玔〕* 천: [去]霰 | chuàn, セン
3233

[행서] [이름] 옥가락지 천: [자원] 형성. 王+川→玔. 釧(천)과 같이 천(川)이 성부.
[새김] 옥가락지.

4 ⑧ 〔玟〕* 민 [平]眞 | mín, ビン
3234

[소전] [행서] [이름] 옥돌 민 [자원] 형성. 王+文→玟. 旼(민)·旻(민)·閔(민)과 같이 文(문)의 변음이 성부.
[새김] 옥돌. 아름다운 돌 이름.

4 ⑧ 〔玭〕* 빈 [平]眞 | pín, ビン
3235

[소전] [행서] [이름] 빈주 빈 [자원] 형성. 王+比→玭. 比(비)의 변음이 성부.
[새김] 빈주(玭珠). 구슬 이름.

4 ⑧ 〔玩〕* 완: [去]翰 | wán, ガン
3236

[소전] [행서] [이름] 희롱할 완: [자원] 형성. 王+元→玩. 阮(완)·完(완)과 같이 元(원)의 변음이 성부.
[새김] ❶희롱하다. 가지고 놀다. ¶玩具(一, 기구 구)놀잇감. [예]—商. ❷감상하다. 깊이 맛보다.

¶玩味(一, 맛볼 미). ㉮ 글의 뜻을 잘 생각하며 맛봄. ㉯음식물을 잘 씹어 맛봄.
〔玩弄〕(완롱) 장난감처럼 희롱함.
〔玩賞〕(완상) 놀이로 즐기며 감상함.
〔玩月〕(완월) 달을 구경하며 즐김.
▷賞玩(상완)·愛玩(애완)

4 ⑧ 〔玮〕 3237 위: 瑋(3316)의 간화자

4 ⑧ 〔玧〕* 3238 윤: 上軫 yǔn, イン

행서 玧 이름 귀막이 윤: 자원 형성. 王+允→玧. 鈗(윤)과 같이 允(윤)이 성부.
새김 귀막이. 면류관 좌우에 드리우던 구슬.

4 ⑧ 〔现〕 3239 현 現(3286)의 간화자

4 ⑧ 〔环〕 3240 환 環(3353)의 약자·간화자

5 ⑨ 〔珂〕* 3241 가 平歌 kē, カ

소전 珂 이름 흰옥돌 가 자원 형성. 王+可→珂. 呵(가)·苛(가)와 같이 可(가)가 성부.
새김 흰 옥돌. 일설에는, 흰 마노.

5 ⑨ 〔珏〕* 3242 각 入覺 juē, カク

소전 珏 행서 珏 이름 쌍옥 각 자원 회의. 王+玉→珏. 玉을 둘 놓아 쌍옥의 뜻을 나타낸다.
새김 쌍옥(雙玉).

5 ⑨ 〔玳〕* 3243 대: 去隊 dài, タイ

행서 玳 이름 대모 대: 자원 형성. 王+代→玳. 貸(대)·袋(대)와 같이 代(대)가 성부.
새김 대모(玳瑁). 바다거북의 일종. 예—甲.

5 ⑨ 〔玲〕* 3244 령 平青 líng, レイ

소전 玲 행서 玲 이름 찬란할 령 자원 형성. 王+令→玲. 怜(령)·領(령)·零(령)·囹(령)과 같이 令(령)이 성부.
새김 ❶찬란하다. ¶玲瓏(一, 찬란할 롱)눈부시게 찬란함. 예—한 이슬. ❷맑고 산뜻하다. ¶玲瓏(一, 맑고 산뜻할 롱)소리가 맑고 산뜻함. 예—한 소리.

5 ⑨ 〔珑〕 3245 롱 瓏(3361)의 간화자

5 ⑨ 〔珉〕* 3246 민 平眞 mín, ビン

소전 珉 행서 珉 이름 옥돌 민 자원 형성. 王+民→珉. 岷(민)·敃(민)과 같이 民(민)이 성부.
새김 옥돌. 아름다운 돌의 하나.

5 ⑨ 〔珀〕* 3247 박 本백 入陌 pò, ハク

행서 珀 이름 호박 박 자원 형성. 王+白→珀. 泊(박)·迫(박)과 같이 白(백)의 변음이 성부.
새김 호박(琥珀). 땅 속에 묻힌 송진이 굳어져 된 화석.

5 ⑨ 〔珊〕* 3248 산 平寒 shān, サン

소전 珊 행서 珊 동자 珊 이름 산호 산 자원 형성. 王+册〔删의 생략체〕→珊. 删(산)이 성부.
새김 산호(珊瑚). 산호충의 석회질 골격이 쌓여 굳어진 것. 예—礁.

5 ⑨ 〔珊〕 3249 산 珊(3248)과 동자

5 ⑩ 〔玺〕 3250 새: 璽(3355)의 속자·간화자

5 ⑨ 〔玿〕* 3251 소 平蕭 shāo, ショ

행서 玿 이름 옥 소 자원 형성. 王+召→玿. 昭(소)·邵(소)와 같이 召(소)가 성부.
새김 옥. 아름다운 옥.

5 ⑩ 〔莹〕 3252 一 영 二 형 瑩(3326)의 간화자

5 ⑨ 〔珍〕** 3253 진 平眞 zhēn, チン

소전 珍 행서 珍 이름 진귀할 진 자원 형성. 王+㐱→珍. 診(진)·疹(진)과 같이 㐱(진)이 성부.

필순 一 二 千 王 王' 王^ 珍 珍 珍

새김 ❶진귀하다. 보기 드물게 귀하다. ¶珍味(一, 맛 미)맛보기 드문 좋은 맛. 또는 그런 맛

의 음식물. 예山海—. ❷소중하다. 귀중하다. ¶珍藏(—, 갈무리할 장)보배롭게 여겨 소중하게 갈무리해 둠. ❸이상야릇하다. ¶珍事(—, 일 사)이상야릇한 일.
〔珍客〕(진객) 귀중한 손님.
〔珍貴〕(진귀) 보기 드물게 보배롭고 귀중함.
〔珍奇〕(진기) 진귀하고 기이함.
〔珍寶〕(진보) 진귀한 보배.
〔珍羞盛饌〕(진수성찬) 맛이 좋고 많이 잘 차린 음식.
〔珍重〕(진중) ①진귀하고 소중함. ②아주 소중히 여김.
〔珍品〕(진품) 진귀한 물품.

5 ⑨ 〔珌〕* 필 入質 bì, ヒツ
3254

소전 행서 이름 칼집장식 필 자원 형성. 王+必→珌. 泌(필)·苾(필)과 같이 必(필)이 성부.
새김 칼집 장식. 패도의 칼집 끝에 다는 장식.

5 ⑨ 〔玹〕* 현 平先 xuán, ケン
3255

행서 이름 옥돌 현 자원 형성. 王+玄→玹. 絃(현)·衒(현)과 같이 玄(현)이 성부.
새김 옥돌. 옥에 버금가는 아름다운 돌.

6 ⑩ 〔珙〕* 공: 上腫 gǒng, キョウ
3256

소전 행서 이름 큰구슬 공: 자원 형성. 王+共→珙. 供(공)·恭(공)과 같이 共(공)이 성부.
새김 큰 구슬. 큰 옥.

6 ⑩ 〔珖〕* 광 平陽 guāng, コウ
3257

행서 이름 옥이름 광 자원 형성. 王+光→珖. 胱(광)과 같이 光(광)이 성부.
새김 옥 이름.

6 ⑩ 〔珪〕* 규 平齊 guī, ケイ
3258

행서 이름 홀 규 자원 형성. 王+圭→珪. 硅(규)·奎(규)와 같이 圭(규)가 성부.
새김 홀. 제후(諸侯)가 들던 홀. 圭(0832)의 고자.

6 ⑩ 〔珞〕* 락 入藥 lì, ラク
3259

행서 이름 영락 락 자원 형성. 王+各→珞. 絡(락)·洛(락)과 같이 各(각)의 변음이 성부.
새김 영락(瓔珞). 구슬을 꿰어 만든 장식용 목걸이.

6 ⑩ 〔班〕** 반 平刪 bān, ハン
3260

소전 행서 이름 반 반 자원 회의. 玨+リ〔刂의 변형〕→班. 쌍옥을 칼〔刂→リ〕을 가지고 둘로 나눈다는 뜻.

필순 一 二 千 王 王 玎 玒 玬 玵 班

새김 ❶반. ㉠일정한 목적을 위하여 조직한 집단. ¶班長(—, 어른 장)반의 일을 맡아보는 책임자. ㉡ ㉠의 집단을 세는 말. 예一學年 三班. ❷반열. 품계나 신분의 등급의 차례. ¶班次(—, 차례 차)품계나 신분의 등급의 차례. ❸대열. 줄. ¶武班(무관 무, —)무관의 대열. ❹國양반. ¶班常(—, 상민 상)양반과 상민. 예—의 구별. ❺돌아가다. 또는 돌리다. 班師(—, 군대 사) 출정했던 군대를 거느리고 돌아감.
〔班家〕(반가) 양반의 집안.
〔班班可考〕(반반가고) 사실의 근거가 명백하여 상고할 수 있음.
〔班員〕(반원) 한 반을 이루는 각 사람.
〔班村〕(반촌) 國양반들이 많이 사는 동네.
〔班鄕〕(반향) 國양반들이 많이 사는 시골.
▷同班(동반)·文班(문반)·兩班(양반)·朝班(조반)

6 ⑩ 〔珤〕* 보: 寶(1228)의 고자
3261

6 ⑩ 〔珗〕* 선 平先 xiān, セン
3262

행서 이름 옥돌 선 자원 형성. 王+先→珗. 銑(선)과 같이 先(선)이 성부.
새김 옥돌.

6 ⑩ 〔珣〕* 순 平眞 xún, シュン
3263

소전 행서 이름 순우기 순 자원 형성. 王+旬→珣. 殉(순)·荀(순)과 같이 旬(순)이 성부.
새김 순우기(珣玗琪). 옥돌의 이름.

6 ⑩ 〔珢〕* 은 平眞 yín, ギン
3264

행서 이름 옥돌 은 자원 형성. 王+艮→珢. 艮에는 '간' 외에 '은' 음도 있어, 銀(은)·垠(은)과 같이 艮(은)이 성부.

새김 옥돌.

6 ⑩ [珥]* 이: 上紙 | ěr, ジ
3265

소전 행서 이름 귀걸이 이: 자원 형성. 王+耳→珥. 耳(이)가 성부.
새김 귀걸이. 주옥으로 만든 귀걸이.

6 ⑩ [珠]** 주 平虞 | zhū , シュ
3266

소전 행서 이름 구슬 주 자원 형성. 王+朱→珠. 株(주)·誅(주)와 같이 朱(주)가 성부.

필순 一 二 千 王 王' 王'' 王'' 珄 珠 珠

새김 구슬. ㉠보석으로 동글게 만든 구슬. ¶珠玉(—, 옥돌 옥)구슬과 옥돌. 인신하여, 여럿 가운데서 가장 알짜로 되는, 아름답고 귀중한 것의 비유. 예—같은 글씨. ㉡진주(眞珠). 진주조개의 살 속에 생기는 구슬. ㉢조그마한 동근 물건. ¶念珠(생각 념, —)여러 개의 보리수·금강주나무 등의 열매를 실에 꿰어서 염불할 때 손으로 돌리는 물건.
〔珠簾〕(주렴) 구슬을 꿰어 만든 발.
〔珠算〕(주산) 수판(數板)을 써서 하는 셈. 수판셈.
▷短珠(단주)·美珠(미주)·如意珠(여의주)

6 ⑩ [珫]* 충 平東 | chōng, シュウ
3267

이름 충이 충 자원 형성. 王+充→珫. 充(충)이 성부.
새김 충이(珫耳). 면류관의 좌·우에 드리우는, 구슬을 꿴 장식물.

6 ⑩ [珦]* 향: 去漾 | xiàng, キョウ
3268

행서 이름 옥이름 향: 자원 형성. 王+向→珦. 向(향)이 성부.
새김 옥 이름

6 ⑩ [珩]* 형 平庚 | héng, コウ
3269

소전 행서 이름 비녀 형 자원 형성. 王+行→珩. 行(행)의 변음이 성부.
새김 비녀. 관(冠)을 고정시키는, 장식용 비녀.

6 ⑩ [珝]* 후: 上麌 | xǔ, ク
3270

행서 이름 옥이름 후: 자원 형성. 王+羽→珝. 羽(우)의 변음이 성부.
새김 옥 이름.

6 ⑩ [珲] 훈 琿(3322)의 간화자
3271

7 ⑪ [球]** 구 平尤 | qiú, キュウ
3272

소전 행서 이름 공 구 자원 형성. 王+求→球. 銶(구)·救(구)·毬(구)와 같이 求(구)가 성부.

필순 一 二 千 王 王 玎 玗 玗 球 球 球

새김 ❶공. ㉠운동 기구의 이름. ¶球技(—, 재주 기)공을 가지고 하는 운동 경기. ㉡알. 공처럼 생긴 물건. ¶眼球(눈 안, —)눈알. ❷지구의 준말. 예北半球.
〔球莖〕(구경) 알줄기. 토란 따위처럼 양분이 많이 모여 둥글게 살찐 땅 속의 줄기.
〔球根〕(구근) 둥글게 되어 있는 식물의 뿌리. 백합·감자·창포·다알리아 따위의 뿌리.
〔球形〕(구형) 공같이 둥근 모양.
▷氣球(기구)·籠球(농구)·撞球(당구)·排球(배구)·野球(야구)·電球(전구)·地球(지구)·蹴球(축구)·卓球(탁구)·投球(투구)·血球(혈구)

7 ⑪ [琅]* 랑 平陽 | láng, ロウ
3273

소전 행서 속자 瑯 이름 낭랑할 랑 자원 형성. 王+良→琅. 良에는 '량' 외에 '랑' 음도 있어, 郎(랑)·狼(랑)과 같이 良(랑)이 성부.
새김 ❶낭랑(琅琅)하다. ¶琅琅(—, —)옥이 부딪쳐 댕그랑댕그랑하는 소리가 맑음. ❷법랑(琺瑯). 琺(3294)을 보라.

7 ⑪ [琏] 련: 璉(3335)의 간화자
3274

7 ⑪ [琉]* 류 平尤 | liú, リュウ
3275

행서 동자 璢 이름 유리 류 자원 형성. 王+㐬→琉. 流(류)·硫(류)와 같이 㐬(류)가 성부.
새김 유리(琉璃). ㉮칠보(七寶)의 하나인 보석 이름. ㉯글라스.

7 ⑪ [理]*** 리: 上紙 | lǐ, リ
3276

소전 행서 이름 다스릴 리: 자원 형성. 王+里→理. 俚(리)·裏(리)·厘(리)

와 같이 里(리)가 성부.

필순 一 二 王 王 玔 珂 玾 琟 理 理

새김 ❶다스리다. ㉠국가·사회·가정 등을 다스리다. ¶理國(—, 나라 국)나라를 다스림. 동 治國(치국). ㉡일을 처리하다. ¶管理(관장할 관, —)일을 관장하여 처리함. 예—人. ㉢손질하여 고치거나 매만지다. ¶理容(—, 얼굴 용)얼굴이나 머리를 아름답게 다듬고 매만지는 일. 예—師. ❷조리. 이치. 사리. ¶原理(근원 원, —)사물 현상의 근본이 되는 이치. ❸결. 나뭇결이나 살결. ¶木理(나무 목, —)나뭇결. ❹우주 만물의 본체. 동양 철학에서 쓰는 용어로, 氣(2064)의 대. ¶理氣(—, 기 기) 성리학(性理學)에서, 우주의 본체인 理와 우주의 현상인 氣를 이르는 말.

〔理念〕(이념) ①관념이나 사상. ②무엇을 지향하는 견해나 생각.

〔理路〕(이로) 이론상의 조리. 예정연한 —.

〔理論〕(이론) ①이치에 의거하여 변론함. ②실험에 의하지 아니하고 추리에 의하여 세운 논리.

〔理髮〕(이발) ①머리를 빗어 가지런히 함. ②머리털을 깎음.

〔理法〕(이법) 사물의 원리와 법칙.

〔理事〕(이사) ①일을 처리함. ②법인을 대표하여 그 사무를 처리하는 기관. 또는 그 직위에 있는 사람.

〔理想〕(이상) 앞으로의 활동과 지향의 최고 목표.

〔理性〕(이성) 사물의 이치를 논리적으로 생각하고 판단하는 마음의 작용.

〔理由〕(이유) 까닭이나 근거. 예—不問.

〔理財〕(이재) 재물을 유리하게 다루어 운용함. 예—에 밝다.

〔理致〕(이치) 사물에 대한 정당한 도리나 취지.

〔理解〕(이해) ①깨달아 앎. ②남의 형편이나 사정을 잘 알아주고 너그럽게 대해 줌.

▷教理(교리)·論理(논리)·道理(도리)·物理(물리)·非理(비리)·事理(사리)·生理(생리)·性理(성리)·修理(수리)·倫理(윤리)·整理(정리)·調理(조리)·眞理(진리)

7 ⑪ 〔珷〕* 3277 무: 上麌 wǔ, ブ

행서 이름 무부 무: 자원 형성. 王+武→珷. 鵡(무)와 같이 武(무)가 성부.

새김 무부(珷玞). 옥 비슷한 아름다운 돌 이름.

7 ⑪ 〔琁〕* 3278 선 璇(3337)과 동자

7 ⑪ 〔珹〕* 3279 성 平庚 chéng, セイ

행서 이름 옥이름 성 자원 형성. 王+成→珹. 城(성)·盛(성)·晟(성)과 같이 成(성)이 성부.

새김 옥 이름.

7 ⑪ 〔琇〕* 3280 수: 去宥 xiù, シュウ

행서 이름 옥돌이름 수: 자원 형성. 王+秀→琇. 銹(수)와 같이 秀(수)가 성부.

새김 옥돌 이름. 아름다운 돌 이름.

7 ⑪ 〔珸〕* 3281 오 平虞 wú, ゴ

행서 이름 곤오 오 자원 형성. 王+吾→珸. 悟(오)·梧(오)와 같이 吾(오)가 성부.

새김 곤오(琨珸). ㉮아름다운 돌 이름. ㉯산 이름.

7 ⑪ 〔琓〕* 3282 완 國字

행서 이름 완하 완 자원 형성. 王+完→琓. 浣(완)·莞(완)과 같이 完(완)이 성부.

새김 완하(琓夏). 고대에 있었던 나라 이름.

7 ⑪ 〔珵〕* 3283 정 平庚 chéng, テイ

행서 이름 옥이름 정 자원 형성. 王+呈→珵. 程(정)과 같이 呈(정)이 성부.

새김 옥 이름. 아름다운 옥 이름.

7 ⑪ 〔珽〕* 3284 정: 上迥 tǐng, テイ

소전 행서 이름 옥홀 정: 자원 형성. 王+廷→珽. 挺(정)·庭(정)과 같이 廷(정)이 성부.

새김 옥홀. 제왕이 지니던 옥으로 만든 큰 홀.

7 ⑪ 〔琎〕 3285 진 璡(3345)의 간화자

7 ⑪ 〔現〕*** 3286 현: 去霰 xiàn, ゲン

행서 간화 现 이름 나타날 현: 자원 형성. 王+見→現. 見에는 '견' 외에 '현' 음도 있어, 峴(현)과 같이 見(현)이 성부.

필순 一 二 千 王 玑 玑 玥 珇 現 現

새김 ❶나타나다. 드러나다. 또는 나타내다. 드러내다. ¶實現(실제 실, —)계획이나 희망을 구체화하여 실제로 나타냄. ⑩平和統一의 ―. ❷지금. 이제. 현재. ¶現存(―, 있을 존)현재에 있음. ⑩― 人物.
〔現金〕(현금) ①현재 가지고 있는 돈. ②실제로 통용되는 화폐.
〔現代〕(현대) 오늘날의 시대.
〔現物〕(현물) ①현재 있는 물건. ②금전에 대하여, 실지의 그 물건. ⑩― 支給.
〔現狀〕(현상) 현재의 상태나 형편. 「상태.
〔現象〕(현상) 관찰할수 있는 사물의 모양이나
〔現世〕(현세) 지금의 이 세상. 전세(前世)와 내세(來世)의 사이에 있는 세상.
〔現實〕(현실) 실제의 사실이나 상태.
〔現役〕(현역) ①현재 군무에 복무하고 있음. ⑩― 軍人. ②현재 어떤 지위나 직무에서 활동하고 있는 사람.
〔現場〕(현장) ①사물이 현재 있는 곳. ②사건이 발생한 곳.
〔現在〕(현재) 이제. 지금.
〔現住所〕(현주소) 현재 거주하고 있는 곳.
〔現地〕(현지) 어떤 일이 발생한 바로 그 곳.
〔現職〕(현직) 현재의 직무. 또는 현재 하고 있는 직업.
〔現行〕(현행) 현재 행함. 또는 행하고 있음.
〔現況〕(현황) 현재의 정황(情況).
▷具現(구현)·發現(발현)·再現(재현)·出現(출현)·表現(표현)

8 ⑫ 〔琼〕 3287 경 瓊(3359)의 간화자

8 ⑫ 〔琨〕* 3288 곤 平元 kūn, コン

소전 행서 이름 곤오 곤 자원 형성. 王+昆→琨. 棍(곤)·崑(곤)과 같이 昆(곤)이 성부.
새김 곤오(琨珸). ㉮아름다운 돌 이름. ㉯산 이름.

8 ⑫ 〔琯〕* 3289 관: 上旱 guǎn, カン

소전 행서 이름 옥관 관: 자원 형성. 王+官→琯. 館(관)·管(관)과 같이 官(관)이 성부.
새김 옥관. 6개의 구멍이 있는, 옥으로 만든 피리 모양의 악기 이름. 인신하여, 관악기.

8 ⑫ 〔琴〕** 3290 금 平侵 qín, キン

소전 행서 이름 거문고 금 자원 상형. 거문고의 모양을 본떴다.

필순 一 = 千 王 玨 玨 珡 琹 琹 琴

새김 ❶거문고. 현악기의 한 가지. 공명관 위에, 현이 여섯이고 술대로 퉁겨서 소리를 낸다. ¶彈₂琴₁(탈 탄, ―)거문고나 가야금을 탐. ❷금. 거문고와 모양이 비슷한 현악기. 현이 일곱이고 손가락으로 뜯는다.
〔琴棋〕(금기) 거문고와 바둑.
〔琴道〕(금도) 거문고에 대한 이론(理論)과 타는 기술.
〔琴書〕(금서) 거문고와 책. 또는 거문고를 타고 책을 읽음.
〔琴瑟〕(금슬) ①거문고와 비파. ②부부 사이의 애정의 비유.
▷心琴(심금)·洋琴(양금)·風琴(풍금)·胡琴(호금)

8 ⑫ 〔琦〕* 3291 기 平支 qí, キ

행서 이름 기이할 기 자원 형성. 王+奇→琦. 騎(기)·寄(기)와 같이 奇(기)가 성부.
새김 기이하다. ¶琦辭(―, 말 사)기이한 말.

8 ⑫ 〔琪〕* 3292 기 平支 qí, キ

행서 이름 옥이름 기 자원 형성. 王+其→琪. 麒(기)·期(기)·旗(기)와 같이 其(기)가 성부.
새김 옥 이름. ¶琪花(―, 꽃 화)선경(仙境)에 있다는 꽃 이름. 인신하여, 아름답고 고운 꽃. ⑩― 瑤草.

8 ⑫ 〔琳〕* 3293 림 平侵 lín, リン

소전 행서 이름 옥이름 림 자원 형성. 王+林→琳. 淋(림)·霖(림)과 같이 林(림)이 성부.
새김 옥 이름. 아름다운 옥 이름.

8 ⑫ 〔琺〕* 3294 법 fà, ホウ

행서 이름 법랑 법 자원 형성. 王+法→琺. 法(법)이 성부.
새김 법랑(琺瑯). 사기그릇이나 쇠그릇 거죽에 올리는 반들반들한 유리질의 유약. ⑩― 鐵器.
〔琺瑯質〕(법랑질) 사람이나 동물의 치아(齒牙) 겉을 싸고 있는 단단한 물질.

8 ⑫ 〔琫〕* 3295 봉: 上董 běng, ホウ

소전 행서 이름 칼집장식 봉: 자원 형성. 王+奉→琫. 俸(봉)·棒(봉)과 같이 奉(봉)이 성부.

새김 칼집 장식. 칼집 손잡이 부분의 장식.

8 ⑫ [琵]* 비 平支 pí, ビ
3296

소전 행서 이름 비파 비 자원 형성. 玨+比→琵. 批(비)·庇(비)와 같이 比(비)가 성부.
새김 비파(琵琶). 현악기의 한가지. 4현·6현의 두 종류가 있다.

8 ⑫ [琡]* 숙 入屋 chù, シュク
3297

소전 행서 이름 서옥 숙 자원 형성. 王+叔→琡. 淑(숙)·菽(숙)과 같이 叔(숙)이 성부.
새김 서옥. 8치〔寸〕 길이의 홀.

8 ⑫ [琰]* 염: 上琰 yǎn, エン
3298

소전 행서 이름 완염 염: 자원 형성. 王+炎→琰. 炎(염)이 성부.
새김 완염(琬琰). 아름다운 옥 이름.

8 ⑫ [琬]* 완: 本원:上阮 wǎn, エン
3299

소전 행서 이름 완염 완: 자원 형성. 王+宛→琬. 婉(완)·碗(완)과 같이 宛(완)이 성부.
새김 ❶완염(琬琰). 아름다운 옥 이름. ❷완규(琬圭). 상단이 동그스름한 홀 이름.
〔琬象〕(완상) 아름다운 옥과 상아(象牙).

8 ⑫ [琠]* 전: 上銑 tiǎn, テン
3300

행서 이름 옥이름 전: 자원 형성. 王+典→琠. 典(전)이 성부.
새김 옥 이름.

8 ⑫ [琮]* 종: 平冬 cóng, ソウ
3301

소전 행서 이름 서옥 종: 자원 형성. 王+宗→琮. 綜(종)·踪(종)과 같이 宗(종)이 성부.
새김 서옥. 옥으로 만든 제기(祭器)나 부절(符節).

8 ⑫ [琛]* 침 平侵 chēn, チン
3302

소전 행서 이름 보배 침 자원 형성. 王+罙→琛. 罙(심)의 변음이 성부.
새김 보배. 천연의 보배. 또는 아름다운 옥.

8 ⑫ [琢]* 탁 入覺 zhuó, タク
3303

소전 행서 이름 다듬을 탁 자원 형성. 王+豖→琢. 啄(탁)과 같이 豖(탁)이 성부.
새김 ❶다듬다. 옥이나 글을 다듬다.〔禮記〕 玉不琢, 不成器(옥불탁 불성기)옥은 다듬지 아니하면 그릇을 이루지 못한다. ❷닦다. 학문이나 기술을 연마하다. ¶琢磨(—, 갈 마)돌이나 옥을 다듬고 갊. 인신하여, 학문과 기술을 애써 닦고 갊의 비유. 예切磋—.
▷磨琢(마탁)·彫琢(조탁)

8 ⑫ [琸]* 탁 入覺 zhuó, タク
3304

행서 이름 사람이름 탁 자원 형성. 王+卓→琸. 倬(탁)과 같이 卓(탁)이 성부.
새김 사람 이름.

8 ⑫ [琶]* 파 平麻 pá, ハ
3305

소전 행서 이름 비파 파 자원 형성. 玨+巴→琶. 芭(파)·把(파)와 같이 巴(파)가 성부.
새김 비파(琵琶). 琵(3296)를 보라.

8 ⑫ [琥]* 호: 上麌 hǔ, コ
3306

소전 행서 이름 호박 호: 자원 형성. 王+虎→琥. 虎(호)가 성부.
새김 ❶호박(琥珀). 땅 속에 묻힌 송진이 굳어져 된 화석. ❷서옥. 범 모양을 조각한, 옥으로 만든 병부(兵符)나 제기(祭器).

9 ⑬ [瑙]* 노: 上皓 nǎo, ノウ
3307

행서 이름 마노 노: 자원 형성. 王+𡿺→瑙. 𡿺(뇌)의 변음이 성부.
새김 마노(瑪瑙). 瑪(3325)를 보라.

9 ⑬ [瑁]* 모: 本매:去隊 mào, バイ
3308

소전 행서 이름 대모 모: 자원 형성. 王+冒→瑁. 冒(모)가 성부.
새김 대모(玳瑁). 바다거북의 일종.

9 ⑬ 〔瑞〕* 서: ㊍수: [去]寘 | ruì, ズイ
3309

[소전] [행서] [이름] 상서로울 서: [자원] 형성. 王+耑→瑞. 耑(단)의 변음이 성부.
[새김] ❶상서롭다. 또는 상서롭게 하다. ¶瑞雲(—, 구름 운)상서로운 구름. ㊐慶雲(경운). ❷서옥. 천자가 제후를 봉할 때 주던 옥홀.
〔瑞光〕(서광) ①상서로운 빛. ②길한 일의 조짐.
〔瑞氣〕(서기) 상서로운 기운.
〔瑞雪〕(서설) 상서로운 눈.
〔瑞兆〕(서조) 상서로운 조짐.
▷吉瑞(길서)·祥瑞(상서)

9 ⑬ 〔瑄〕* 선 [平]先 | xuān, セン
3310

[소전] [행서] [이름] 선옥 선 [자원] 형성. 王+宣→瑄. 愃(선)·渲(선)과 같이 宣(선)이 성부.
[새김] 선옥(瑄玉). 하늘에 제사지낼 때 쓰던 큰 옥.

9 ⑬ 〔瑆〕* 성 [平]青 | xīng, セイ
3311

[행서] [이름] 옥빛 성 [자원] 형성. 王+星→瑆. 醒(성)·腥(성)과 같이 星(성)이 성부.
[새김] 옥빛. 옥의 광채.

9 ⑬ 〔瑟〕* 슬 [入]質 | sè, シツ
3312

[소전] [행서] [이름] 슬 슬 [자원] 형성. 珡+必→瑟. 必(필)의 변음이 성부.
[새김] ❶슬. 가야금 비슷하게 생긴, 25현의 현악기 이름. 또는 비파. ¶琴瑟(거문고 금, —)㉮거문고와 비파. ㉯부부간의 애정. ㊑—이 좋은 부부. ❷쓸쓸하다. ¶蕭瑟(쓸쓸할 소, —)가을바람이 으스스하고 쓸쓸함. ㊑—한 가을 바람.
〔瑟瑟〕(슬슬) 바람이 쓸쓸하게 부는 소리.

9 ⑬ 〔瑛〕* 영 [平]庚 | yīng, エイ
3313

[소전] [행서] [이름] 옥빛 영 [자원] 형성. 王+英→瑛. 煐(영)·暎(영)과 같이 英(영)이 성부.
[새김] 옥빛. 옥의 광채.

9 ⑬ 〔瑀〕* 우: [上]麌 | yǔ, ウ
3314

[소전] [행서] [이름] 패옥이름 우: [자원] 형성. 王+禹→瑀. 禹(우)가 성부.
[새김] 패옥 이름.

9 ⑬ 〔瑗〕* 원 [去]霰 | yuàn, エン
3315

[소전] [행서] [이름] 구슬 원 [자원] 형성. 王+爰→瑗. 援(원)·媛(원)과 같이 爰(원)가 성부.
[새김] 구슬. 구멍은 크고 가장자리는 좁은 구슬.

9 ⑬ 〔瑋〕* 위: [上]尾 | wěi, イ
3316

[행서] [간화] 玮 [이름] 진기할 위: [자원] 형성. 王+韋→瑋. 偉(위)·違(위)·葦(위)·圍(위)와 같이 韋(위)가 성부.
[새김] 진기(珍奇)하다. ¶瑋寶(—, 보배 보)진기한 보배.

9 ⑬ 〔瑜〕* 유 [平]虞 | yú, ユ
3317

[소전] [행서] [이름] 옥이름 유 [자원] 형성. 王+兪→瑜. 喩(유)·愈(유)와 같이 兪(유)가 성부.
[새김] 옥 이름. 또는 옥의 광채.
娣悌

9 ⑬ 〔瑅〕* 제 [平]齊 | tí, テイ
3318

[행서] [이름] 옥이름 제 [자원] 형성. 王+是→瑅. 是에는 '시' 외에 '제' 음도 있어, 提(제)·題(제)와 같이 是(제)가 성부.
[새김] 옥 이름.

9 ⑬ 〔瑃〕* 춘 [平]眞 | chūn, チュン
3319

[행서] [이름] 옥이름 춘 [자원] 형성. 王+春→瑃. 椿(춘)과 같이 春(춘)이 성부.
[새김] 옥 이름.

9 ⑬ 〔瑕〕* 하 [平]麻 | xiá, カ
3320

[소전] [행서] [이름] 옥티 하 [자원] 형성. 王+叚→瑕. 蝦(하)·霞(하)·遐(하)와 같이 叚(하)가 성부.
[새김] 옥티. 옥의 표면에 생긴 흠. 인신하여, 흠·허물. 결점.
〔瑕疵〕(하자) ①옥의 티. ②흠이나 허물.

9 ⑬ 〔瑚〕* 호 [平]虞 | hú, コ
3321

소전 행서 瑚 이름 산호 호 자원 형성. 王+胡→瑚. 湖(호)·葫(호)와 같이 胡(호)가 성부.
새김 ❶산호(珊瑚). 珊(3248)을 보라. ❷제기 이름. 하(夏)나라 때 서직을 담던 제기. 은(殷)나라 때는 璉(3335)이라 하였다. ¶瑚璉(—, 제기이름 련) 종묘에 쓰던 서직을 담던 제기. 인신하여, 사람이 중히 여겨야 할 품격(品格)을 이르는 말.

9 ⑬ [琿]* 3322 훈 本혼 平元 hún, コン

행서 간화 珲 이름 옥이름 훈 자원 형성. 王+軍→琿. 暈(훈)과 같이 軍(군)의 변음이 성부.
새김 옥 이름. 아름다운 옥의 하나.

10 ⑭ [瑯]* 3323 랑 琅(3273)의 속자

10 ⑭ [瑠]* 3324 류 琉(3275)와 동자

10 ⑭ [瑪]* 3325 마 本마: 上馬 mǎ,

행서 간화 玛 이름 마노 마 자원 형성. 王+馬→瑪. 碼(마)와 같이 馬(마)가 성부.
새김 마노(瑪瑙). 보석의 이름. 칠보의 하나.

10 ⑭ [瑩]* 3326 ㊀영 平庚 yíng, エイ ㊁형: 本영: 上迥 yǐng, エイ

소전 행서 간화 莹 이름 ㊀맑을 영 ㊁의혹할 형: 자원 형성. 𤇾+玉→瑩. 榮(영)·營(영)과 같이 𤇾(영)이 성부.
새김 ㊀맑다. 투명하다. ㊁의혹하다. 의심스럽게 여기다.

10 ⑭ [瑥]* 3327 온 平元 wēn, オン

행서 이름 사람이름 온 자원 형성. 王+昷→瑥. 溫(온)·瘟(온)과 같이 昷(온)이 성부.
새김 사람 이름.

10 ⑭ [瑤]* 3328 요 平蕭 yáo, ヨウ

소전 행서 이름 옥돌 요 자원 형성. 王+䍃→瑤. 謠(요)·遙(요)와 같이 䍃(요)가 성부.
새김 ❶옥돌. 아름다운 옥돌. ❷요초(瑤草). 전설상의 향초 이름. 예琪花—.
〔樓臺〕 ①옥으로 꾸민 누대. ②신선이 산다는 누대. 인신하여, 달.
〔瑤池鏡〕(요지경) 상자 앞면에 확대경을 달고, 그 안에 여러 가지 그림을 넣어 들여다보게 만든 장치.

10 ⑭ [瑢]* 3329 용 平冬 rong, ヨウ

행서 이름 패옥소리 용 자원 형성. 王+容→瑢. 溶(용)·蓉(용)과 같이 容(용)이 성부.
새김 패옥소리. 패옥이 부딪쳐 나는 소리.

10 ⑭ [瑱]* 3330 진: 去震 zhèn, チン

소전 행서 이름 진규 진: 자원 형성. 王+眞→瑱. 鎭(진)·嗔(진)과 같이 眞(진)이 성부.
새김 진규(瑱圭). 육서(六瑞)의 하나. 천자가 제후의 조회를 받을 때 지니던 서옥.

10 ⑭ [瑨]* 3331 진: 去震 jìn, シン

행서 이름 미옥 진: 자원 형성. 王+晉→瑨. 縉(진)과 같이 晉(진)이 성부.
새김 미옥. 옥에 버금가는 아름다운 돌.

10 ⑭ [瑳]* 3332 차 平歌 cuō, サ

소전 행서 이름 갈 차 자원 형성. 王+差→瑳. 嗟(차)·磋(차)와 같이 差(차)가 성부.
새김 ❶선명하다. 빛깔이 선명하다. 〔詩經〕 瑳兮瑳兮(차혜차혜) 빛깔이 선명하며 선명하다. ❷갈다. 인신하여, 연마하다. 磋(3628)와 통용. ¶切瑳(자를 절,—)자르고 갊. 곧 옥·돌·뼈·뿔 따위를 깎고 갊. 예—琢磨.

11 ⑮ [瑾]* 3333 근: 去震 jǐn, キン

소전 행서 이름 미옥 근: 자원 형성. 王+堇→瑾. 僅(근)·勤(근)과 같이 堇(근)이 성부.
새김 미옥. 아름다운 돌의 한 가지. 인신하여, 미덕의 비유.

11 ⑮ [璂]* 3334 기 平支 qí, キ

행서 이름 고깔장식옥 기 자원 형성. 王+基→璂. 基(기)가 성부.
새김 고깔 장식 옥.

11 ⑮ 〖璉〗* 3335 련: 上銑 | liǎn, レン

간화 琏 이름 제기이름 련: 자원 형성. 王+連→璉. 蓮(련)과 같이 連(련)이 성부.
새김 제기 이름. 은(殷)나라 때, 서직을 담던 제기 이름. 하(夏)나라 때는 瑚라 하였다. 瑚(3321)를 보라.

11 ⑮ 〖璃〗* 3336 리 平支 | lí, リ

행서 이름 파리 리 자원 형성. 王+离→璃. 離(리)와 같이 离(리)가 성부.
새김 ❶파리(玻璃). 색깔이 있고 반투명의 수정. ❷유리. 글라스.

11 ⑮ 〖璇〗* 3337 선 平先 | xuán, セン

행서 동자 璿 이름 구슬 선 자원 형성. 王+旋→璇. 旋(선)이 성부.
새김 ❶구슬. 또는 미옥(美玉). ¶璇源(—, 근원 원)구슬이 나는 근원. 인신하여, 왕족(王族). ❷별 이름. 북두칠성의 둘째 별. ¶璇璣(—, 별이름 기)북두칠성의 둘째 별과 셋째 별. 또는 북두칠성의 앞의 네 개의 별. ❸선기(璇璣). 천문을 관측하는 의기 중의 운전하는 부분. 예—玉衡.

11 ⑮ 〖璎〗 3338 영 瓔(3364)의 간화자

11 ⑮ 〖璋〗* 3339 장 平陽 | zhāng, ショウ

소전 행서 이름 서옥이름 장 자원 형성. 王+章→璋. 障(장)·漳(장)과 같이 章(장)이 성부.
새김 서옥 이름. 조빙·제사·용병(用兵) 등에 쓰던 예기(禮器). ¶弄璋(희롱할 롱, —)남자 아이의 출생. 故 옛날 중국 사람들은 남자가 태어나면 구슬 장난감을, 여자가 태어나면 실패 장난감을 주었다는 고사에서 생긴 말.

11 ⑮ 〖瑽〗* 3340 종 本총 平冬 | cōng, ショウ

행서 이름 패옥소리 종 자원 형성. 王+從→瑽. 慫(종)과 같이 從(종)이 성부.
새김 패옥 소리. 패옥이 울리는 소리.

12 ⑯ 〖璟〗* 3341 경: 上梗 | jǐng, ケイ

행서 이름 옥빛 경: 자원 형성. 王+景→璟. 憬(경)과 같이 景(경)이 성부.
새김 옥빛. 옥의 광채.

12 ⑯ 〖璣〗* 3342 기 平微 | jī, キ

소전 행서 간화 玑 이름 별이름 기 자원 형성. 王+幾→璣. 機(기)·譏(기)와 같이 幾(기)가 성부.
새김 ❶별 이름. 북두칠성의 셋째 별. ¶璇璣(별이름 선, —)璇(3337)을 보라. ❷선기(璇璣). 璇(3337)을 보라.

12 ⑯ 〖璘〗* 3343 린 平眞 | lín, リン

행서 이름 옥빛 린 자원 형성. 王+粦→璘. 隣(린)·麟(린)과 같이 粦(린)이 성부.
새김 옥빛. 옥의 광채.
〔璘斑〕(인반) 옥빛처럼 화려한 모양.

12 ⑯ 〖璞〗* 3344 박 入覺 | pú, ハク

행서 이름 옥돌 박 자원 형성. 王+菐→璞. 樸(박)과 같이 菐(복)의 변음이 성부.
새김 옥돌. 가공하지 않은 옥돌. ¶璞玉(—, 옥 옥)아직 제품으로 갈거나 쪼지 아니한 옥.

12 ⑯ 〖璡〗* 3345 진 平眞 | jìn, シン

소전 행서 간화 琎 이름 돌이름 진 자원 형성. 王+進→璡. 進(진)이 성부.
새김 돌 이름. 옥처럼 아름다운 돌 이름.

12 ⑯ 〖璜〗* 3346 황 平陽 | huáng, コウ

소전 행서 이름 서옥이름 황 자원 형성. 王+黃→璜. 潢(황)·簧(황)과 같이 黃(황)이 성부.
새김 서옥 이름. 조빙·제사·징소(徵召) 등에 쓰던 서옥.

13 ⑰ 〖璥〗* 3347 경: 上梗 | jǐng, ケイ

행서 이름 옥이름 경: 자원 형성. 王+敬→璥. 儆(경)·警(경)과 같이 敬(경)이 성부.
새김 옥 이름.

13 ⑰ 〔璧〕* 벽 入陌 bì, ヘキ
3348

소전 璧 행서 璧 이름 구슬 벽 자원 형성. 辟+玉→璧. 壁(벽)·僻(벽)과 같이 辟(벽)이 성부.
새김 구슬. ㉠중앙에 구멍이 있는, 둥근 모양의 큰 구슬. ¶和氏之璧(화씨지벽)초(楚)나라 사람인 화씨가 얻었다는 보옥의 이름. 故 옥을 잘 감정할 줄 알았던 화씨가 초산(楚山)에서 이 보옥을 얻어 여왕(厲王)에게 바쳤더니, 이를 돌로 감정하고 임금을 속이는 자라 하여 그의 왼발을 잘랐다. 뒤에 무왕(武王)에게 또 바쳤다가 같은 이유로 오른발을 잘리었다. 문왕(文王) 때에 초산 아래에서 사흘 밤낮을 울고서 바쳤더니 보옥으로 판정되었다는 보옥. ㉡티나 결함이 없음의 비유. ¶完璧(완전할 완, —)아무런 결함이 없이 완전함. 예—한 준비 태세.
▷奎璧(규벽)·返璧(반벽)·雙璧(쌍벽).

13 ⑰ 〔璲〕* 수: 去寘 suì, スイ
3349

행서 璲 이름 서옥이름 수: 자원 형성. 王+遂→璲. 燧(수)·隧(수)와 같이 遂(수)가 성부.
새김 서옥 이름. 패옥의 한 가지.

13 ⑰ 〔瑟〕* 슬 入質 sè, シツ
3350

소전 瑟 이름 산뜻할 슬 자원 형성. 王+瑟→璱. 瑟(슬)이 성부.
새김 산뜻하다. 옥의 빛깔이 산뜻하다.

13 ⑰ 〔璪〕* 조: 上皓 zǎo, ソウ
3351

행서 璪 이름 면류관장식 조: 자원 형성. 王+喿→璪. 燥(조)·操(조)와 같이 喿(조)가 성부.
새김 면류관 장식. 오색의 실에다 옥을 꿴 장식.

13 ⑰ 〔璨〕* 찬: 去翰 càn, サン
3352

소전 璨 행서 璨 이름 빛날 찬: 자원 형성. 王+粲→璨. 燦(찬)·澯(찬)과 같이 粲(찬)이 성부.
새김 빛나다. 밝게 빛나다. ¶璨爛(—, 빛날 란)빛이 눈부시게 빛남. 예—한 무지개.

13 ⑰ 〔環〕** 환 平刪 huán, カン
3353

소전 環 행서 環 약자 간화 环 이름 돌 환 자원 형성. 王+睘→環. 鐶(환)·還(환)과 같이 睘(환)이 성부.

필순 王 玒 玔 玴 瑨 瑻 璟 環 環 環

새김 ❶돌다. 반복하여 돌다. ¶循環(돌 순, —)주기적으로 반복하여 돎. 예血液—. ❷에두르다. 둘러싸다. ¶環境(—, 지경 경)㉮생활하고 있는 주변의 상태. 예깨끗한 —. ㉯주위의 사회적 조건이나 정황. 예家庭—. ❸고리. 둥근 모양에 둥근 구멍이 있는 물건. ¶指環(손가락 지, —)가락지. 예金—. ❹둥근 옥. ¶環玉(—, 옥 옥)도리옥. 일품(一品) 벼슬이 붙이던 옥관자.
〔環視〕(환시) 뭇사람이 에워싸고 주시함.
〔環紆〕(환우) 빙 돌거나 꾸불꾸불한 모양.
〔環坐〕(환좌) 여러 사람이 빙 둘러앉음.
〔環形〕(환형) 고리같이 둥글게 생긴 모양.
▷金環(금환)·耳環(이환)·花環(화환)

14 ⑱ 〔璸〕* 빈 平眞 bīn, ヒン
3354

소전 璸 이름 옥무늬 빈 자원 형성. 王+賓→璸. 濱(빈)·嬪(빈)과 같이 賓(빈)이 성부.
새김 옥의 무늬.

14 ⑲ 〔璽〕* 새: 本사: 上紙 xǐ, ジ
3355

행서 璽 속자 간화 玺 이름 도장 새: 자원 형성. 爾+玉→璽. 爾(이)의 변음이 성부.
새김 도장. 특히 임금의 도장. ¶玉璽(임금에관한관형사 옥,—)임금의 도장.
▷鈐璽(검새)·國璽(국새)·符璽(부새)·印璽(인새).

14 ⑱ 〔璿〕* 선 璇(3337)과 동자
3356

14 ⑱ 〔璹〕* 숙 入屋 shú, シュク
3357

행서 璹 이름 옥이름 숙 자원 형성. 王+壽→璹. 壽(수)의 변음이 성부.
새김 옥 이름.

14 ⑱ 〔璵〕* 여 平魚 yú, ヨ
3358

소전 璵 행서 璵 이름 여번 여 자원 형성. 王+與→璵. 歟(여)·轝(여)와 같이 與(여)가 성부.
새김 여번(璵璠). 춘추(春秋) 때 노(魯)나라의 보옥 이름.

15 ⑲ 〔瓊〕* 3359 경 平庚 qióng, ケイ

소전 瓊 행서 瓊 간화 琼 이름 옥 경 자원 형성. 王+夐→瓊. 夐(형)의 변음이 성부.
새김 ❶옥. 붉은 옥. 일설에는, 아름다운 옥. ❷아름다운 사물의 비유. ¶瓊姿(—, 모습 자)아름다운 자태.
〔瓊團〕(경단) 찹쌀가루나 수숫가루를 반죽하여 밤톨만한 크기로 둥글게 빚어서, 끓는 물에 삶아 건져낸 뒤에 고물을 묻힌 떡.
〔瓊玉膏〕(경옥고) 혈액 순환을 돕는 한약 이름.
〔瓊章〕(경장) 남의 시의 미칭(美稱).

15 ⑲ 〔瓆〕* 3360 질 入質 zhì, シツ

행서 瓆 이름 사람이름 질 자원 형성. 王+質→瓆. 質(질)이 성부.
새김 사람 이름.

16 ⑳ 〔瓏〕* 3361 롱 平東 lóng, ロウ

소전 瓏 행서 瓏 간화 珑 이름 영롱할 롱 자원 형성. 王+龍→瓏. 龍에는 '룡' 외에 '롱' 음도 있어, 瀧(롱)·籠(롱)·聾(롱)과 같이 龍(롱)이 성부.
새김 영롱하다. ¶玲瓏(찬란할 령, —)玲(3244)을 보라.

16 ⑳ 〔瓒〕 3362 찬: 瓚(3366)의 간화자

17 ㉑ 〔瓓〕* 3363 란: 去翰 làn, ラン

행서 瓓 이름 옥돌 란: 자원 형성. 王+闌→瓓. 欄(란)·蘭(란)과 같이 闌(란)이 성부.
새김 옥돌. 옥과 비슷한 아름다운 돌.

17 ㉑ 〔瓔〕* 3364 영 平庚 yīng, エイ

행서 瓔 간화 璎 이름 영락 영 자원 형성. 王+嬰→瓔. 嬰(영)이 성부.
새김 영락(瓔珞). 구슬을 꿰어 만든 목걸이.

18 ㉒ 〔瓘〕* 3365 관: 去翰 quàn, カン

소전 瓘 행서 瓘 이름 옥이름 관: 자원 형성. 王+雚→瓘. 罐(관)·觀(관)과 같이 雚(관)이 성부.
새김 옥 이름. 또는 서옥의 이름.

19 ㉓ 〔瓚〕* 3366 찬: 上旱 zàn, サン

소전 瓚 행서 瓚 간화 瓒 이름 제기이름 찬: 자원 형성. 王+贊→瓚. 讚(찬)·鑽(찬)과 같이 贊(찬)이 성부.
새김 제기 이름. 강신제 때 울창주를 푸는, 자루를 옥으로 만든 술구기. ¶圭瓚(홀 규, —)종묘나 문묘 또는 나라 제사에서 강신할 때에 쓰는 술잔.

5획 부수 瓜 部

▷명칭: 외과
▷쓰임: 여러 가지 외를 나타내는 한자의 부수로 쓰였다.

0 ⑤ 〔瓜〕* 3367 과 平麻 guā, カ

소전 瓜 행서 瓜 이름 외 과 자원 상형. 𠂢는 외의 뻗은 줄기, ㅿ는 거기에 달린 외를 본떴다.
새김 외. 박과에 딸린 일년생 채소의 열매. ¶瓜田(—, 밭 전) 외밭. 예—不納履.
〔瓜葛〕(과갈) 오이와 칡. 둘 다 덩굴 풀이기에 인신하여, 혼인 관계로 얽혀 맺어진 인척(姻戚) 관계의 비유.
〔瓜期〕(과기) ①벼슬의 임기. 故춘추 때 제 양공(齊襄公)이 외가 익을 무렵에, 연칭(連稱)과 관지보(管至父)를 규구(葵丘)의 수자리에 파견하면서, 내년 외가 익을 무렵에 교체하겠다고 약속한 고사. ②여자가 시집갈 나이가 된 시기.
〔瓜年〕(과년) 國①여자가 혼기에 이른 나이. 곧 16세. ②벼슬의 임기가 다한 해.
〔瓜菜〕(과채) 오이 나물.
▷甘瓜(감과)·苦瓜(고과)·木瓜(목과)·王瓜(왕과)·瓠瓜(호과).

6 ⑪ 〔瓠〕* 3368 호 本호: 去遇 hù, コ

소전 瓠 행서 瓠 이름 호리병박 호 자원 형성. 夸+瓜→瓠. 夸(과)의 변음이 성부.
새김 호리병박. 박과의 일년생 만초. 또는 표주박. ¶瓠犀(—, 박씨 서)박씨. 인신하여, 보기 좋게 박힌 아름다운 치아의 비유.
〔瓠果〕(호과) 외·수박 따위와 같은, 겉가죽은 단단하고 속살에 씨가 박힌 열매.

11 ⑯ 〔瓢〕* 3369 표 平蕭 piáo, ヒョウ

소전 瓢 행서 瓢 이름 표주박 표 자원 형성. 票+瓜→瓢. 剽(표)·標(표)와 같이 票(표)가 성부.
새김 표주박. 박을 쪼개어 만든 바가지. ¶一瓢飮(한 일, 一, 음료 음)한 표주박의 음료. 예一簞食一.

14 ⑲ 〔瓣〕* 판 本판: 去 諫 | bàn, ハン
3370

소전 瓣 행서 瓣 이름 꽃잎 판 자원 형성. 辡+瓜→瓣. 辦(판)과 같이 辡(변)의 변음이 성부.
새김 꽃잎. ¶花瓣(꽃 화, 一,)꽃잎.

5 획 부수 瓦 部

▷명칭: 기와와
▷쓰임: 흙을 구워서 만든 그릇에 관한 한자의 부수로 쓰였다.

0 ⑤ 〔瓦〕*** 와: 上 馬 | wǎ, ガ
3371

소전 瓦 행서 瓦 이름 기와 와: 자원 상형. 줄지어 늘어놓은 기와의 모양을 본떴다.

필순 一 丆 丆 瓦 瓦

새김 ❶기와. 지붕을 이는 기와. ¶瓦家(一, 집 가)기와집. ❷와트. 전력(電力)의 단위인 watt의 음역자.
〔瓦器〕(와기) 질그릇.
〔瓦當〕(와당) 기와의 마구리.
〔瓦全〕(와전) 보람없이 지내며 목숨이나 부지함. ↔ 옥쇄(玉碎).
〔瓦解〕(와해) 기왓장이 깨지듯이, 사물이 깨어져 흩어짐.
▷古瓦(고와)·弄瓦(농와)·陶瓦(도와)·甓瓦(벽와)·靑瓦(청와)

4 ⑨ 〔瓮〕* 옹: 甕(3378)과 동자
3372

6 ⑪ 〔瓶〕* 병 平 靑 | píng, ビン
3373

행서 缾 본자 甁 이름 병 병 자원 형성. 幷(=并)+瓦→甁→瓶. 倂(병)·屛(병)과 같이 幷(병)이 성부.
새김 병. 물병·꽃병 등의 온갖 병. ¶花瓶(꽃 화, 一)꽃병
▷金瓶(금병)·銅瓶(동병)·銀瓶(은병)·酒瓶(주병)

6 ⑪ 〔瓷〕* 자 平 支 | cí, シ
3374

소전 瓷 행서 瓷 이름 오지그릇 자 자원 형성. 次+瓦→瓷. 次에는 '차' 외에 '자' 음도 있어, 資(자)·姿(자)·茨(자)와 같이 次(자)가 성부.
새김 오지그릇. 질그릇. 磁(3621)와 통용. ¶瓷器(一, 그릇 기)오지그릇·사기그릇 등의 총칭. 예高麗一.
〔瓷土〕(자토) 도자기를 만드는 데에 쓰이는 질흙.
▷綠瓷(녹자)·陶瓷器(도자기)·靑瓷(청자)

8 ⑬ 〔甁〕* 병 瓶(3373)의 본자
3375

9 ⑭ 〔甄〕* 견 平 先 | zhēn, ケン
3376

소전 甄 행서 甄 이름 선발할 견 자원 형성. 垔+瓦→甄. 垔(인)의 변음이 성부.
새김 선발하다. 또는 표창하다. ¶甄差(一, 부릴 차)國나이가 많아서 벼슬을 그만둔 사람을 다시 불러 벼슬을 맡김.

12 ⑰ 〔甑〕* 증 本증: 去 徑 | zèng, ソウ
3377

소전 甑 행서 甑 이름 시루 증 자원 형성. 曾+瓦→甑. 增(증)·憎(증)과 같이 曾(증)이 성부.
새김 시루. 떡이나 쌀을 찌는 질그릇. ¶甑餠(一, 떡 병)시루떡.

13 ⑱ 〔甕〕* 옹: 去 送 | wèng, オウ
3378

행서 甕 동자 瓮 이름 독 옹: 자원 형성. 雍+瓦→甕. 壅(옹)·擁(옹)과 같이 雍(옹)이 성부.
새김 독. 물·술·장 등을 담는 질그릇. ¶甕器(一, 그릇 기)질그릇이나 오지그릇의 총칭. 예一匠.
〔甕產〕(옹산) 독·항아리·단지 따위와 같은, 살림살이에 쓰는 옹기그릇.
〔甕算〕(옹산) 독장수 구구. 실속없이 희망적인 타산만을 하거나 헛수고로 애만 씀. 예一畫餠.
〔甕城〕(옹성) 큰 성문을 엄호하기 위하여 성문 밖에 반달 모양으로 달아 쌓은 성.

5 획 부수 甘 部

▷명칭: 달감
▷쓰임: 달다·맛있다 등의 뜻을 나타내는 한자의 부수로 쓰였다.

0 ⑤ [甘] *** 감 平覃 | gān, カン
3379

소전 행서 이름 달 감 자원 지사. 口+一→甘. 一은 입 안에 있는 맛있는 먹을거리. 그래서 '달다'의 뜻을 나타낸다.

필순 丨 十 廾 甘 甘

새김 ❶달다. ㉠맛이 달다. ¶甘味(一, 맛 미)단맛. ㉡맛있다. 맛나다. ¶甘食(一, 먹을 식)맛있게 먹음. ㉢마음에 흡족하거나 기분이 좋다. ¶甘言(一, 말 언)남의 비위에 맞추어 듣기 좋게 하는 말. 예—利說. ❷달게 여기다. 만족해하다. ¶甘受(一, 받을 수)고통이나 책망 등을 불만이 없이 달게 받음.
〔甘言利說〕(감언이설) 비위에 맞도록 유혹하거나 이로운 조건을 내세워 꾀는 말.
〔甘雨〕(감우) 단비. 제때에 알맞게 오는 비.
〔甘酒〕(감주) ①맛 좋은 술. ②단술.
〔甘旨〕(감지) ①맛있는 음식. ②단맛.
〔甘草〕(감초) ①한약재로 쓰이는 약용 식물의 하나. ②어떤 일에 빠지지 않고 한몫 끼는 사람의 비유.
〔甘呑苦吐〕(감탄고토) 달면 삼키고 쓰면 뱉음. 곧 사리의 옳고 그름에 관계 없이 제 비위에 맞으면 좋아하고 틀리면 돌아선다는 말.
▷秘甘(비감)

4 ⑨ [甚] *** 심: 上寑 | shèn, ジン
3380

소전 행서 이름 심할 심: 자원 회의. 甘+匹→甚. 匹은 부부나 남녀의 짝. 그 짝의 사이가 매우 달콤하다는 뜻.

필순 一 十 卄 廿 甘 甘 其 其 甚

새김 심하다. 정도에 지나치다. 또는 심히. 매우. ¶甚大(一, 큰 대)매우 큼.
〔甚難〕(심난) 매우 어려움.
〔甚深〕(심심) 매우 깊음.
〔甚至於〕(심지어) 심하다 못해 나중에는.
▷極甚(극심)·滋甚(자심)·太甚(태심)·幸甚(행심)

6 ⑪ [甛] * 첨 平鹽 | tián, テン
3381

소전 행서 이름 달 첨 자원 회의. 甘+舌→甛. 단맛을 혀로 알아낸다는 뜻.
새김 달다. 맛이 달다. 또는 단맛.

8 ⑬ [嘗] 상 嘗(0780)과 동자
3382

5획 부수 生部

▷명칭: 날생
▷쓰임: 태어나다·생겨나다·삶·생활 등과 관계 있는 한자의 부수로 쓰였으나, 甥(3386)과 같이 성부로 쓰이기도 하였다.

0 ⑤ [生] *** 생 平庚 | shēng, セイ·ショウ
3383

소전 행서 이름 날 생 자원 상형. 땅 속에서 움튼 싹이 땅 위로 돋아나오는 모양.

필순 丿 𠂉 𠂉 牛 生

새김 ❶나다. 초목의 싹이 나서 자라다. ¶野生(들 야, 一)산과 들에 절로 나서 자람. 또는 그런 생물. 예—花. ❷낳다. 아이를 낳다. 또는 태어나다. ¶生₂男₁(一, 아들 남)아들을 낳음. ❸살다. 死(2552)의 대. ¶生存(一, 있을 존)죽지 않고 살아 있음. 예—競爭. ❹목숨. 생명. 또는 삶. ¶餘生(남을 여, 一)앞으로 남은 목숨. 늙은이의 앞으로 남은 세월의 삶. 예—을 편안하게 살다. ❺생활. ¶民生(백성 민, 一)백성의 생활. 예—問題. ❻사람. 특히 공부하는 사람. ¶生徒(一, 제자 도)학교에서 공부하는 학생. ❼날. 또는 익히지 아니하다. 熟(3095)의 대. ¶生菜(一, 나물 채)익히지 아니하고 날로 무친 나물. 예무—.
〔生家〕(생가) 자기가 태어난 집.
〔生硬〕(생경) ①부자연스럽고 원숙(圓熟)하지 못함. ②세상 물정에 어둡고 완고함. ③시문(詩文) 등이 세련되지 못함의 형용.
〔生計〕(생계) 살아갈 방도.
〔生光〕(생광) ①빛이 남. ②영광스러워 낯이 남. 생색(生色).
〔生氣〕(생기) 활발하고 생생한 기운.
〔生動〕(생동) 살아 생기 있게 움직임.
〔生老病死〕(생로병사) (佛) 인생이 겪는 네 가지 큰 고통. 곧 태어나고, 늙고, 병들고, 죽고 하는 일.
〔生理〕(생리) ①생물이 살아가기 위해 활동하는 몸의 기능과 작용. 예—學. ②월경(月經). 예—不順.
〔生面不知〕(생면부지) 國한 번도 만나 본 일이 없어서 전혀 모르는 사람.
〔生命〕(생명) 목숨.
〔生沒〕(생몰) 태어남과 죽음.

〔生物〕(생물) 생명을 유지하며 성장하고 번식하는 동물·식물·미생물의 총칭.
〔生民〕(생민) 살아 있는 백성. 국민.
〔生死〕(생사) 삶과 죽음. 예—存亡.
〔生產〕(생산) ①아이를 낳음. 출산(出產). ②자연물에 인공을 가하여 재화를 만들어 냄.
〔生殺〕(생살) 살림과 죽임. 예—與奪의 權.
〔生鮮〕(생선) ①빛깔이 선명함. ② 國 말리거나 절이지 않은 신선한 물고기.
〔生疎〕(생소) ①낯이 섦. ②서투름.
〔生食〕(생식) 날것으로 먹음.
〔生殖〕(생식) 생물이 자기와 같은 종의 생물을 낳아서 불림. 예—細胞.
〔生辰〕(생신) 생일(生日)의 높임말.
〔生涯〕(생애) ①살아 있는 한평생 동안. ②생계(生計).
〔生業〕(생업) 살아가기 위하여 가지는 직업.
〔生育〕(생육) ①생물이 살아서 자람. ②낳아서 기름.
〔生者必滅〕(생자필멸) 생명이 있는 것은 반드시 죽음. 예— 會者定離.
〔生長〕(생장) 나서 자람.
〔生前〕(생전) 살아 있는 동안. 예—의 恨.
〔生地獄〕(생지옥) 산 사람이 겪는 지옥이란 뜻으로, 처참할 정도로 살아가기가 아주 고통스러운 곳을 이르는 말.
〔生體〕(생체) 살아 있는 생물의 몸. 예—實驗.
〔生態〕(생태) 생물의 자연계에서의 생활 상태. 예—變化.
〔生捕〕(생포) 산 채로 잡음.
〔生花〕(생화) 살아 있는 그대로의 꽃.
〔生還〕(생환) 살아서 돌아옴.
〔生活〕(생활) ①살아서 활동함. ②살림을 꾸려 나감.
▷更生(갱생)·寄生(기생)·卵生(난생)·同生(동생)·發生(발생)·死生(사생)·書生(서생)·先生(선생)·養生(양생)·衛生(위생)·儒生(유생)·自生(자생)·再生(재생)·衆生(중생)·蒼生(창생)·出生(출생)·胎生(태생)·平生(평생)·學生(학생)·回生(회생)·後生(후생)

6 ⑪ 〔產〕*** 3384 산: 上 潸 | chǎn, サン

소전 행서 동자 產 간화 产 이름 낳을 산: 자원 형성. 产〔彥의 생략체〕+生 →產. 彥(언)의 변음이 성부.

필순 丶 亠 亣 立 产 产 彦 彦 產

새김 ❶낳다. 아이·새끼·알 등을 낳다. ¶產卵(—, 알 란)동물이 알을 낳음. 예—期. ❷만들어 내다. 생산되다. ¶產物(—, 물건 물)㉮어떤 곳에서 생산되어 나오는 물건. 예우리 고장의 —인 배. ㉯무엇에 의하여 생겨나는 사물. 예오늘의 富는 겨레의 피땀의 —이다. ❸산물. 물건. ¶國產(나라 국, —)제 나라에서 생산한 물건. 예—車. ❹재산. 자산. ¶破產(깨뜨릴 파, —)재산을 전부 없애고 망함. 예—을 재촉한 원인.

〔產故〕(산고) 國 아이를 낳는 일.
〔產氣〕(산기) ①만물을 낳는 기운. ② 國 아이를 낳으려는 기미.
〔產婦〕(산부) 해산한 여자. 예—의 조리.
〔產室〕(산실) ①아이를 낳는 방. ②어떤 일을 꾸미거나 이루어 내는 곳.
〔產業〕(산업) 생산을 하는 일. 곧 농업·수산업·공업·상업 따위.
〔產地〕(산지) 생산되어 나오는 곳. 예—價格.
〔產出〕(산출) 생산되어 나오거나 생산하여 냄. 예—物量.
〔產婆〕(산파) 출산을 도와 태어난 아이의 뒷바라지를 직업으로 삼는 부인. 인신하여, 어떤 사회적 현상의 발생이나 실현을 촉진시키는 존재의 비유. 예—役.
▷家產(가산)·農產(농산)·動產(동산)·物產(물산)·生產(생산)·水產(수산)·流產(유산)·財產(재산)·助產(조산)·畜產(축산)·出產(출산)·治產(치산)·土產物(토산물)·恒產(항산)·解產(해산)·海產物(해산물)

6 ⑪ 〔産〕 3385 산: 產(3384)과 동자

7 ⑫ 〔甥〕* 3386 생 平 庚 | shēng, セイ

소전 행서 이름 생질 생 자원 형성. 生+男→甥. 牲(생)·笙(생)과 같이 生(생)이 성부.

새김 ❶생질(甥姪). 누이의 아들. ❷사위. 딸의 남편.

7 ⑫ 〔甦〕* 3387 소 平 虞 | sū, ソ

행서 이름 되살아날 소 자원 회의. 更+生 → 甦. 죽었다가 다시 살아난다는 뜻.

새김 되살아나다. 죽었다가 다시 살아나다. 蘇(4641)와 통용. ¶甦生(—, 살 생)거의 죽어가던 상태에서 다시 살아남.

5 획 부수 用 部

▷명칭: 쓸용
▷쓰임: 자형상의 분류를 위해 설정한 부수이다.

0 ⑤ 〔用〕*** 3388 용: 去宋 | yòng, ヨウ

소전 用 행서 用 이름 쓸 용: 자원 상형. 목장의 둘레에 쳐 놓은 나무 울짱. 새김은 가차.

필순 丿 冂 月 月 用

새김 ❶쓰다. ㉠어떤 일을 하는 데 어떤 물건이나 방법을 쓰다. ¶利用(이로울 리, ―)필요한 데에 이롭게 씀. 예―厚生. ㉡어떤 말을 사용하다. ¶用語(―, 말 어)일정한 분야에서 사용하는 말. 예學術―. ㉢사람을 쓰다. ¶採用(가릴 채, ―)쓸 만한 사람을 가려서 씀. 예―人員. ㉣마음이나 힘을 쓰다. ¶用意(―, 마음 의)어떤 일에 마음을 씀. 예―周到. ㉤약을 먹다. ¶服用(먹을 복, ―)약으로 먹음. 예―하는 藥. ❷용도. 쓰임. ¶效用(보람 효, ―)보람 있는 쓰임. 예―의 極大化.
〔用件〕(용건) 용무로 되는 일.
〔用器〕(용기) 기구를 사용함. 또는 그 기구.
〔用途〕(용도) 사용하는 자리나 방법.
〔用例〕(용례) ①전부터 써 온 사례. ②무엇의 사용을 보여 주는 예.
〔用務〕(용무) 볼일. 용건(用件).
〔用法〕(용법) 사용하는 방법.
〔用兵〕(용병) 군사를 부림.
〔用錢〕(용전) ①돈을 씀. ②용돈.
〔用品〕(용품) 쓰는 물품. 예事務―.
▷ 公用(공용)·軍用(군용)·多用(다용)·登用(등용)·並用(병용)·費用(비용)·使用(사용)·食用(식용)·信用(신용)·實用(실용)·惡用(악용)·任用(임용)·作用(작용)·適用(적용)·重用(중용)·借用(차용)·佩用(패용)·效用(효용)

2 ⑦ 〔甫〕* 3389 보: 上麌 | fǔ, フ

소전 甫 행서 甫 이름 겨우 보: 자원 형성. 父+用→甫. 父에는 '부' 외에 '보' 음도 있어 父(보)가 성부.
새김 ❶겨우. 겨우 이제서야. ❷남자의 미칭. 남자의 이름이나 자 밑에 붙이는 말. 예○○甫는 安昌浩先生의 아들이다. ❸장보(章甫). 은대(殷代)의 관(冠) 이름. 孔子(공자)가 이를 쓰면서부터 유학자들의 관이 되었고, 인신하여 유생(儒生)을 뜻하는 말로 쓴다.

2 ⑦ 〔甬〕* 3390 용: 上腫 | yǒng, ヨウ

소전 甬 행서 甬 이름 휘 용: 자원 형성. マ+用→甬. 用(용) 성부.
새김 휘. 곡식 10말〔斗〕들이의 용기.

5획 부수 田部

▷명칭: 밭전
▷쓰임: 논밭이나 농사짓는 일에 관계되는 한자의 부수로 쓰였고, 때로는 자형상의 분류를 위한 부수로도 쓰였다.

0 ⑤ 〔田〕*** 3391 전 平先 | tián, デン

소전 田 행서 田 이름 밭 전 자원 상형. 동서남북으로 길이 나 있는 논밭의 모양.

필순 丨 冂 日 田 田

새김 ❶밭. ㉠곡식을 심는 경작지. 우리나라에서는 '밭'의 뜻으로만 쓰고, '논'의 뜻으로는 畓(3404) 자를 만들어 썼다. ¶田畓(―, 논 답)밭과 논. ㉡자원을 얻을 수 있는 곳. ¶鹽田(소금 염, ―)소금밭. ❷사냥하다. 또는 사냥. ¶田獵(―, 사냥 렵)사냥. 또는 사냥함.
〔田園〕(전원) ①논밭과 동산. ②시골.
〔田作〕(전작) ①농사를 지음. ②밭농사. 또는 밭곡식.
〔田庄〕(전장) ①논밭과 집. ② 國 논밭.
〔田地〕(전지) 논밭.
▷ 耕田(경전)·瓜田(과전)·丹田(단전)·屯田(둔전)·私田(사전)·桑田(상전)·油田(유전)·井田(정전)·炭田(탄전)·旱田(한전)·火田(화전)

0 ⑤ 〔甲〕*** 3392 갑 入洽 | jiǎ, コウ·カン

소전 甲 행서 甲 이름 갑옷 갑 자원 상형. 갑옷의 모양을 본떴다. 첫째 천간으로 쓰는 것은 가차.

필순 丨 冂 日 日 甲

새김 ❶갑옷. ¶甲兵(―, 병사 병)갑옷을 입은 병사. ❷딱지. 몸을 싸고 있는 단단한 껍데기. ¶甲蟲(―, 벌레 충)껍데기가 단단한 곤충. ❸첫째 천간. ㉠십간(十干)의 첫째. 방위로는 동쪽, 오행으로는 목(木)에 배당된다. 예甲子年. ㉡인신하여, 순서나 등급에서의 첫째. ¶甲科(―, 과목 과)옛날 과거에서, 성적순으로 나눈 첫째 등급. ㉢육십갑자(六十甲子)의 준말. ¶還甲(돌아올 환, ―)육십갑자를 한 바퀴 돌아 다시 그 간지(干支)의 해가 된다는 뜻으로, 61살을 이르는 말. ❹아무개. 모(某). ¶甲論乙駁(―, 논할 론, 아무개 을, 반박할 박)갑이 말하면 을이 반박함. 곧 여러 사람들이 옳으니 그르니 하면서 서로 자기의 주장만을 내세우며 다른 사람의 주장을 반박함.
〔甲殼〕(갑각) 게·새우 따위의 딱딱한 등딱지.
〔甲骨文字〕(갑골문자) 거북의 등껍데기나 짐승의 뼈등에 새겨진, 중국 고대의 문자.
〔甲年〕(갑년) 예순 한 살 되는 해. 회갑(回甲)이 되는 해.
〔甲富〕(갑부) 첫째가는 부자.
〔甲族〕(갑족) 대대로 문벌이 높은 집안.
〔甲冑〕(갑주) 갑옷과 투구.
〔甲板〕(갑판) 배 위에 나무나 철판으로 깐 바닥.
▷堅甲(견갑)·同甲(동갑)·兵甲(병갑)·進甲(진갑)·鐵甲(철갑)·華甲(화갑)·回甲(회갑)

0 ⑤ 〔申〕*** 3393 신 平眞 shēn, シン

소전 행서 이름 말할 신 자원 상형. 번개가 치는 모양. 새김은 가차.

필순 丨 冂 日 日 申

새김 ❶말하다. 아뢰다. ¶申告(—, 고할 고)관청에 일정한 사실을 보고함. 예出生—. ❷아홉째 지지. 방위로는 서남서, 동물로는 원숭이, 시각으로는 오후 3시~5시〔또는 오후 4시〕에 배당된다. ¶申時(—, 때 시)오후 3시~5시까지. 또는 오후 4시를 중심으로 한 1시간 동안.
〔申聞鼓〕(신문고) 조선 시대에, 백성이 원통한 일을 하소연할 때 치게 했던 북.
〔申方〕(신방) 24방위의 하나. 곧 서남서.
〔申嚴〕(신엄) 거듭 엄중히 타이름.
〔申請〕(신청) 어떤 일을 해 주거나 물건을 내줄 것을 청구하는 일.
▷內申(내신)·上申(상신)·追申(추신)

0 ⑤ 〔由〕*** 3394 유 平尤 yóu, ユ·ユウ

행서 이름 말미암을 유 자원 상형. 박·호박 따위가 익어서 묽숙해진 모양. 새김은 가차.

필순 丨 冂 日 由 由

새김 ❶말미암다. 거치다. ¶由來(—, 올 래)말미암아 옴. 곧 사물이 거치어 내려온 내력. 예地名의 —가 깊다. ❷까닭. 원인. 또는 인연. ¶事由(일 사, —)일의 까닭. 예—를 묻다. ❸부터. ~으로부터. ~에서. 기점(起點)을 나타낸다. 〔孟子〕由鄒之任(—, 추나라 추, 갈 지, 임나라 임)추나라로부터 임나라에 가다. ❹國말미. 벼슬아치에게 주던 휴가. ¶給由(줄 급, —) 말미를 줌.
〔由奢入儉〕(유사입검) 사치로부터 검소함에 들어감. 곧 사치를 버리고 검소하게 살고자 힘씀.
〔由緖〕(유서) 전하여 오는 내력. 또는 유래.
▷所由(소유)·緣由(연유)·理由(이유)·自由(자유)·解由(해유)

0 ⑤ 〔电〕 3395 전: 電(5916)의 간화자

2 ⑦ 〔男〕*** 3396 남 平覃 nán, ダン

소전 행서 이름 사나이 남 자원 회의. 田+力 →男. 밭에 나가 농삿일에 힘쓰는 사람, 곧 사나이를 뜻한다.

필순 丨 冂 日 田 田 男 男

새김 ❶사나이. 남자. 女(1034)의 대. ¶男女(—, 여자 녀)남자와 여자. ❷아들. 女(1034)의 대. ¶長男(맏 장, —)맏아들. ❸남작(男爵). 오등작 중의 맨 끝 작위.
〔男妹〕(남매) 國오누이. 오라비와 누이.
〔男負女戴〕(남부여대) 남자는 지고 여자는 이고 감. 가난한 사람이 살 곳을 찾아 이곳저곳 떠돌아다님의 형용.
〔男色〕(남색) 비역.
〔男兒〕(남아) ①사내아이. 아들. ②장부(丈夫). 사나이.
〔男裝〕(남장) 여자가 남자처럼 차림을 함.
〔男尊女卑〕(남존여비) 남자를 존중하고 여자를 천시하는 일.
〔男便〕(남편) 지아비.
▷得男(득남)·美男(미남)·生男(생남)·快男(쾌남)·好男(호남)

2 ⑦ 〔亩〕 3397 묘: 畝(3407)의 간화자

2 ⑦ 〔甸〕* 3398 전: 去霰 diàn, デン

소전 행서 이름 경기 전: 자원 회의. 勹〔人의 변형〕+田→ 甸. 논밭을 관리하는 사람이란 뜻.
새김 경기(京畿). 왕성(王城) 주위 500리 이내의, 천자가 직할하던 땅.
▷畿田(기전)

2 ⑦ 〔町〕* 3399 정: 上迥 tǐng, チョウ

소전 행서 이름 밭두둑 정: 자원 형성. 田+丁→ 町. 訂(정)·汀(정)과 같이 丁(정)이 성부.
새김 ❶밭두둑. 밭의 경계가 되는 두둑. ❷지적의 단위. 정전법(井田法)에서는 900묘(畝), 우리나라에서는 3,000평(坪)의 땅의 넓이. ¶町步(정보) 넓이가 정(町)으로 끝나고 단수(端數)가 없을 때의 일컬음.

3 ⑧ [畅] 3400 창 暢(2186)의 간화자

3 ⑧ [画] 3401 ㊀ 화: 畫(3420)의 동자·간화자 ㊁ 획 畫(3420)의 동자·간화자

4 ⑨ [界]*** 3402 계: 去卦 | jiè, カイ

소전 행서 동자 堺 이름 경계 계: 자원 형성. 田+介 → 界. 介(개)의 변음이 성부.

필순 丶 冂 冃 田 田 甼 畀 畀 界

새김 ❶경계. 지역이 나누어지는 곳. ¶限界(한정할 한, —)한정된 경계. 예—線. ❷세상. 공통된 일정한 특수성을 가진 사회. ¶政界(정사 정, —)정치에 관여하는 사람들의 사회. 예혼탁해진 —.
▷境界(경계)·分界(분계)·仙界(선계)·世界(세계)·眼界(안계)·業界(업계)·外界(외계)·財界(재계)·天界(천계)·學界(학계)

4 ⑨ [畇]* 3403 균 平眞 | yún, キン

행서 이름 개간할 균 자원 형성. 田+匀→畇. 均(균)·鈞(균)과 같이 匀(균)이 성부.
새김 개간하다. 논밭을 일구다.

4 ⑨ [畓]** 3404 답 國字

행서 이름 논 답 자원 회의. 水+田→畓. 물이 있는 밭, 곧 논을 뜻한다.

필순 丿 기 水 水 水 水 沓 畓 畓

새김 논. ¶田畓(밭 전, —)밭과 논.
〔畓穀〕(답곡) 벼.
〔畓農〕(답농) 논농사.
▷乾畓(건답)·奉天畓(봉천답)·沃畓(옥답)·祭畓(제답)·天水畓(천수답)

4 ⑨ [畏]** 3405 외: 本위: 去未 | wèi, イ

소전 행서 이름 두려워할 외: 자원 회의. 田〔鬼의 생략체〕+虍〔虎의 변형〕→畏. 귀신도 범도 다 두려워할 대상이기에 '두려워하다'의 뜻을 나타낸다.

필순 丶 冂 冃 田 田 田 畏 畏 畏

새김 두려워하다. 두려워서 꺼리다. ¶畏敬(—, 공경할 경)두려워하며 공경함.
〔畏友〕(외우) 외경(畏敬)하는 친구.
〔畏天〕(외천) 하늘의 위엄을 두려워함.
〔畏怖〕(외포) 몹시 두려워 함.
▷後生可畏(후생가외)
⑨〔畑〕 전 火부 3획 (3028)

5 ⑩ [留]*** 3406 류 平尤 | liú, リュウ

소전 행서 본자 畱 이름 머무를 류 자원 형성. 卯〔丣의 변형〕+田→留. 丣(류)가 성부.

필순 ノ ㄷ ㄷ 㔿 㔿 㽞 㽞 留 留 留

새김 ❶머무르다. ㉠한 곳에 머물러 있다. ¶留學(—, 배울 학)외지에 머물러 있으면서 공부함. 예—生. ㉡남겨두다. ¶留意(—, 뜻 의)마음에 남겨 두어 주의하거나 관심을 가짐. ❷붙잡아 두다. ¶抑留(저지할 억, —)남의 자유를 저지하여 붙잡아 둠. 예—生活.
〔留級〕(유급) 진급하지 못하고 그대로 남음.
〔留保〕(유보) 어떤 안건을 처리하지 아니하고 미루어 둠. 동保留(보류).
〔留宿〕(유숙) 남의 집에 묵음.
〔留任〕(유임) 임기가 만료된 후에도 계속 원래의 직위에 머물러 있음.
▷居留(거류)·拘留(구류)·寄留(기류)·逗留(두류)·保留(보류)·押留(압류)·停留(정류)·殘留(잔류)·滯留(체류)

5 ⑩ [畝]* 3407 묘: 本무: 上有 | mǔ, ボウ

소전 행서 간화 亩 이름 밭두둑 묘: 자원 형성. 一〔十의 변형〕+田+久→畝. 久(구)의 변음이 성부.
새김 ❶밭두둑. 밭이랑. ¶畎畝(밭도랑 견, —)밭도랑과 밭이랑. 곧 논밭. 또는 들판. 인신하여, 농부. ❷묘. 지적의 단위. 6척(尺) 사방을 1보(步), 100보를 1묘라 한다. 〔孟子〕五畝之宅(오묘지택).
▷田畝(전묘)

5 ⑩ [畔]* 3408 반: 去翰 | pàn, ハン

소전 행서 이름 밭두둑 반: 자원 형성. 田+半→畔. 伴(반)·泮(반)과 같이 半(반)이 성부.

새김 ❶밭두둑. 논밭의 경계. ¶畦畔(밭두둑 규, —)밭두둑. ❷가. 물가. ¶湖畔(호수 호, —)호수의 가. 예— 을 거닐다.
▷池畔(지반)·河畔(하반)

5 ⑩ 〔畛〕* 진: 上 軫 zhěn, シン
3409

소전 행서 이름 밭둑길 진: 자원 형성. 田+㐱→畛. 珍(진)·疹(진)과 같이 㐱(진)이 성부.
새김 밭둑길. 밭 사이로 나 있는 길

5 ⑩ 〔畜〕** 一 축 本 추: 去 宥 chù, チク 二 휵 入 屋 xù, チク
3410

소전 행서 이름 一가축 축 二기를 휵 자원 회의. 玄+田→畜. 玄은 하늘의 빛깔. 田은 푸른 풀이 우거진 땅. 곧 목장을 뜻하며 인신하여, 가축을 뜻한다.

필순 丶 亠 亡 玄 玄 产 畜 畜 畜 畜

새김 一 가축. 집에서 기르는 동물. ¶畜産(—, 낳을 산)가축을 길러서 생산하는 일. 예—業.
二 기르다. 양육하거나 사육하다. ¶畜我(—, 나 아)나를 양육함. 예— 父母.
〔畜舍〕(축사) 가축을 기르는 건물.
〔畜生〕(축생) ①짐승. 금수(禽獸). ②사람답지 못한 짓을 하는 자를 욕하여 이르는 말.
〔畜牛〕(축우) 집에서 기르는 소.
〔畜妾〕(축첩) 첩을 둠.
〔畜養〕(휵양) 가축을 기름.
▷家畜(가축)·牧畜(목축)·養畜(양축)

6 ⑪ 〔畦〕* 규 本 휴 平 齊 qí, ケイ
3411

소전 행서 이름 밭두둑 규 자원 형성. 田+圭→畦. 圭(규)가 성부.
새김 ❶밭두둑. 논밭의 경계. ¶畦畔(—, 밭두둑 반)밭두둑. ❷지적의 단위. 50묘(畝)의 넓이. 일설에는 25묘.

6 ⑪ 〔略〕** 략 入 藥 lüè, リャク
3412

소전 행서 이름 꾀 략 자원 형성. 田+各→略. 各(각)의 변음이 성부.

필순 冂 日 田 田 田' 町 畋 畋 略 略

새김 ❶꾀. 계책. 계획. ¶策略(꾀 책, —)어떤 일을 이루기 위한 계책. 예—家. ❷다스리다. 보살피다. ¶經略(다스릴 경, —)침략하여 차지한 지방이나 이민족이 사는 지방을 다스림. ❸줄이다. 간단하게 하다. ¶略字(—, 글자 자) 한자의 획수를 줄여서 쓴 글자. ❹빼앗다. 탈취하다. ¶侵略(침노할 침, —)침노하여 억지로 빼앗음. 예日帝의 —期. ❺대략. 개략. ¶大略(큰 대, —)대체의 개략. 예時間이 없으니 — 만 말하겠다.
〔略圖〕(약도) 간단하게 줄여 요점만 그린 그림.
〔略歷〕(약력) 간단하게 줄인 경력. 예—紹介.
〔略式〕(약식) 정식 순서를 일부 생략하는 방식. 간략하게 줄이는 방식.
〔略語〕(약어) 준말. '大韓民國'을 '韓國'이라 하는 따위.
〔略言〕(약언) 요점만 따서 줄여서 말함.
〔略解〕(약해) 간략하게 풀이함.
〔略號〕(약호) 어떤 이름을 간략하게 부르거나 표현하기 위하여 사용하는 기호나 부호.
▷簡略(간략)·概略(개략)·計略(계략)·攻略(공략)·謀略(모략)·省略(생략)·六韜三略(육도삼략)·戰略(전략)·智略(지략)

6 ⑪ 〔異〕*** 이: 去 寘 yì, イ
3413

소전 행서 본자 異 고자 간화 异 이름 다를 이: 자원 상형. 귀신의 탈을 쓴 사람이 두 손을 들고 있는 모양. 속과 겉이 다르다는 뜻을 나타낸다.

필순 丶 冂 冃 田 田 罒 畀 畀 異 異

새김 ❶다르다. ㉠서로 같지 아니하다. 同(0659)의 대. ¶特異(특별할 특, —)표나게 특별히 다름. 예—한 性格. ㉡다른. 딴. ¶異國(—, 나라 국)자기 조국이 아닌, 다른 나라. 예—의 情趣. ❷뛰어나다. 또는 기이하다. ¶異人(—, 사람 인)보통 사람과는 아주 달리 뛰어난 재주를 가진 사람. 예—이 태어났다. ❸괴이하다. 이상야릇하다. ¶怪異(괴이할 괴, —)이상야릇함. 예—한 소리.
〔異見〕(이견) 남과 다른 의견이나 견해.
〔異口同聲〕(이구동성) 여러 사람이 같은 말을 함. 의견이 일치함의 형용.
〔異端〕(이단) ①정통 학파나 종파에서 벗어나는 학설이나 파벌. ②견해를 달리함.
〔異例〕(이례) 보통의 예에서 벗어난 특이한 예.
〔異論〕(이론) 달리 논함. 또는 다른 이론(理論)이나 이견.
〔異邦〕(이방) 자기 조국이 아닌 다른 나라. 예—人.
〔異變〕(이변) 괴이한 변고.
〔異腹〕(이복) 아버지는 같고 어머니가 다름.
〔異狀〕(이상) 다른 모양. 기이한 현상.
〔異常〕(이상) 정상적인 상태와 다름. 예—氣

候. 「⑩— 人種.
〔異色〕(이색) 다른 빛깔. 또는 색다른 것.
〔異說〕(이설) 남과 다른 의견이나 학설.
〔異性〕(이성) ①다른 성질. ②다른 성(性).
〔異心〕(이심) 다른 마음. 또는 두 가지 마음. 남을 배반하려는 마음. ⑩— 을 품다.
〔異域〕(이역) ①외국 땅. ⑩— 山河. ②고장에서 멀리 떨어진 다른 곳. ⑩萬里—.
〔異意〕(이의) 다른 의사나 의견.
〔異議〕(이의) ①다른 의견. ②법관이나 심판의 결정에 불복의 뜻을 나타내는 일.
〔異彩〕(이채) ①이상한 광채. 색다른 빛깔. ②특별나게 뛰어나거나 나타나는 일.
▷驚異(경이)·奇異(기이)·大同小異(대동소이)·變異(변이)·相異(상이)·殊異(수이)·神異(신이)·判異(판이)

6 ⑪ 〔畢〕** 필 入質 | bì, ヒツ
3414

소전 畢 행서 畢 간화 毕 이름 마칠 필 자원 상형. 새나 짐승을 잡는 그물에 긴 끈이 달린 모양. 새김은 가차.

필순 | 丨 冂 冃 冃 田 田 旦 早 昇 畢

새김 ❶마치다. 끝내다. ¶畢生(—, 삶 생)삶을 마침. 곧 한평생에 걸침. ⑩— 의 事業. ❷마침내. ¶畢竟(—, 마침내 경)끝장에 가서는 마침내. ⑩그는 뜻한 바를 — 이루었다. ❸다. 모두. ¶畢備(—, 갖출 비)모두 다 갖춤.
〔畢納〕(필납) 납세나 납품을 끝냄.
〔畢業〕(필업) 하던 사업이나 학업을 끝마침.
▷未畢(미필)

7 ⑫ 〔畱〕 류 留(3406)의 본자
3415

7 ⑫ 〔番〕*** 번 平元 | fān, バン
3416

소전 番 행서 番 이름 차례 번 자원 상형. 釆+田→番. 釆은 짐승의 발톱, 田은 발바닥의 모양. 새김은 가차.

필순 | ノ 𠂊 ⺌ 平 采 采 番 番 番 番

새김 ❶차례. 순번. ¶番號(—, 이름 호)차례를 나타내는 숫자나 부호의 이름. ❷번. ㉠교대로 맡는 근무. ¶當番(맡을 당, —)번을 맡음. 또는 맡은 그 사람. ㉡횟수를 나타내는 말. ¶여러 番 타일렀다.
〔番所〕(번소) 교대하여 번을 드는 곳.
〔番地〕(번지) 토지를 여러 조각으로 나누어 매겨 놓은 번호.
〔番次〕(번차) 번을 드는 차례.

▷交番(교번)·非番(비번)·順番(순번)·輪番(윤번)·地番(지번)

7 ⑫ 〔畀〕*** 이: 異(3413)의 본자
3417

7 ⑫ 〔畴〕 주 疇(3426)의 간화자
3418

7 ⑫ 〔畯〕* 준: 去震 | jùn, シュン
3419

소전 畯 행서 畯 이름 뛰어날 준: 자원 형성. 田+夋→畯. 俊(준)·峻(준)과 같이 夋(준)이 성부.
새김 뛰어나다. 훌륭하다. ¶畯民(—, 백성 민)뛰어난 백성, 곧 현명한 사람.

7 ⑫ 〔畫〕*** ㊀화: 本홰: 去卦 | huà, ガ
㊁획 入陌 | huà, カク
3420

소전 畫 행서 畫 동자 畵 간화 画 이름 ㊀그림 화: ㊁꾀 획 자원 회의. 聿〔聿의 변형〕+田〔周의 변형〕→畫. 聿은 붓, 周는 둘레. 붓으로 논밭의 둘레의 경계를 그어 정한다는 뜻.

필순 | 乛 ⺕ ⺕ 聿 聿 書 書 書 畫 畫

새김 ㊀❶그림. ¶名畫(이름날 명, —)이름난 그림. ❷그림을 그리다. ¶畫家(—, 전문가 가)그림 그리는 일을 전문으로 하는 사람. ㊁❶꾀. 계책. 또는 꾀하다. ¶畫策(—, 꾀 책)어떤 일을 하려고 꾸미거나 꾀함. 또는 그러한 계책. ❷긋다. 한계를 긋다. 劃(0491)과 통용. ❸획. 한자를 이루고 있는 점이나 선. ¶畫數(—, 수 수)한자의 획의 수효.
〔畫工〕(화공) 그림 그리는 일을 업으로 하는 사람.
〔畫壇〕(화단) 화가들의 사회.
〔畫廊〕(화랑) 미술 작품을 전시하여 놓고 여러 사람이 관람도록 만든 방.
〔畫龍點睛〕(화룡점정) 용을 그리고 눈동자를 그려 넣음. 무슨 일을 하는데 가장 긴요한 부분을 끝내어 완성시킴을 이르는 말.
〔畫面〕(화면) ①그림이나 도형을 그린 면. ②영화나 텔레비전에서 영상이 나타나는 면. 또는 나타나는 그 영상.
〔畫伯〕(화백) 화가(畫家)를 높여 이르는 말.
〔畫報〕(화보) 사진이나 그림을 주로 하여 내는 잡지 형식의 간행물.
〔畫像〕(화상) 그림으로 그린 초상. 인신하여, 아무 능력도 없는 사람의 비유.
〔畫題〕(화제) ①그림의 제목. ②그림의 주제.
〔畫中之餠〕(화중지병) 그림의 떡. 이름뿐이고 실속이 없는 사람이나 사물의 비유.
〔畫幅〕(화폭) 그림을 그려 놓은 천·종이 따위

의 조각.
〔畫風〕(화풍) 그림에 나타나는 어떤 경향.
〔畫順〕(획순) 글씨를 쓸 때에 획을 긋는 순서.
〔畫一〕(획일) ①먹줄을 친 듯이 가지런함. ②한결같이 변함이 없음.
▷計畫(계획)·區畫(구획)·圖畫(도화)·東洋畫(동양화)·西洋畫(서양화)·書畫(서화)·水彩畫(수채화)·油畫(유화)·繪畫(회화)

8 ⑬ 〔畺〕* 강　疆(3425)과 동자
3421

8 ⑬ 〔畸〕* 기　平支　jī, キ
3422

소전 행서 이름 기이할 기 자원 형성. 田+奇→畸. 騎(기)·寄(기)와 같이 奇(기)가 성부.
새김 기이하다. 奇(1009)와 통용. ㉠먹은 마음이나 행동이 기이하다. ¶畸人(—, 사람 인)먹은 마음이나 행동이 독특하여 보통 사람과 다른 사람. ㉡동식물의 발육이 이상하다. ¶畸形(—, 모양 형)태아난 동식물에 나타나는 발육 이상. 예— 兒.

8 ⑬ 〔當〕*** ㊀당　平陽　dāng, トウ / ㊁당 本당:　去漾　dàng, トウ
3423

소전 행서 속자 간화 当 이름 ㊀마땅할 당 ㊁알맞을 당 자원 형성. 尙+田→當. 堂(당)·黨(당)과 같이 尙(상)의 변음이 성부.

필순

새김 ㊀❶마땅하다. 사리에 맞다. ¶當然(—, 그러할 연)마땅하게 그러함. 마땅함. 예자네의 말이 — 하다. ❷마땅히. 마땅히 ~하여야 한다. ¶當1·3爲2(—, 행할 위)마땅히 행하여야 함. 예— 性. ❸맡다. 떠맡다. ¶當2直1(—, 숙직할 직)숙직의 임무를 맡음. 또는 맡은 그 사람. 예— 將校. ❹당하다. ㉠대적하여 이겨내다. ¶一當2百1(한 일, —, 일백 백)한 사람이 백 사람을 대적함. 예— 의 勇士. ㉡닥쳐오는 일을 직접 만나다. ¶當2面1(—, 얼굴 면)얼굴 앞에 일이 닥침. 예— 課題. ❺뽑히다. ¶當2選1(—, 가릴 선)선거나 심사에 뽑힘. 예국회의원에 — 되었다. ㊁❶알맞다. ¶適當(알맞을 적, —)정도에 알맞음. 예— 한 運動. ❷그. 또는 이. 일이 일어난 때나 장소를 가리킨다. ¶當日(—, 날 일)어떤 일이 있었던 그 날. 예— 되돌아갔다. ❸담보. 또는 저당잡히다. ¶典當(전당잡힐 전, —)담보로 어떤 물건을 맡기는 일. 예— 鋪.
〔當故〕(당고) 國 부모의 상(喪)을 당함.
〔當局〕(당국) 어떤 일을 담당하여 주제함. 또는 그 기관.
〔當年〕(당년) 그 해. 그 사건이 있었던 해.
〔當代〕(당대) ①그 시대. ②지금의 이 시대. ③현재의 왕조.
〔當到〕(당도) 목적한 곳에 다다름.
〔當落〕(당락) 당선(當選)과 낙선(落選). 예— 이 판명나다.
〔當番〕(당번) 번드는 차례가 됨. 또는 그 차례에 당한 사람.
〔當付〕(당부) 말로써 꼭 해 주기를 부탁함. 또는 그 부탁.
〔當事者〕(당사자) 어떤 일에 직접 관계가 있거나 관계한 사람.
〔當世〕(당세) 그 시대. 그 세상. 또는 바로 지금의 시대. 예— 의 英雄.
〔當時〕(당시) 일이 생긴 그 때. 예— 의 情勢.
〔當座〕(당좌) ①그 자리. ②當座預金의 준말. 예금자가 수표나 어음을 발행하면, 언제든지 현금 지급을 청구할 수 있는 은행 예금.
〔當地〕(당지) 이 곳. 일이 생긴 그 곳.
〔當籤〕(당첨) 추첨에 뽑힘. 예福券—.
〔當初〕(당초) ①애초. 맨 처음. 예初任—. ②처음부터 도무지. 예— 에 이해할 수 없다.
▷可當(가당)·擔當(담당)·配當(배당)·不當(부당)·相當(상당)·應當(응당)·正當(정당)·至當(지당)·充當(충당)·妥當(타당)·該當(해당)

10 ⑮ 〔畿〕** 기　平微　jī, キ
3424

소전 행서 이름 경기 기 자원 형성. 幾〔幾의 생략체〕+田→畿. 機(기)·譏(기)와 같이 幾(기)가 성부.

필순

새김 경기(京畿). 도성 주위 1,000리(里) 이내의, 천자가 직접 관할하던 땅. ¶畿內(—, 안 내)도성을 중심으로 한 주위 1,000리 이내의 땅. 인신하여, 서울을 중심으로 하여 가까운 행정 구역을 포괄한 지역.
〔畿湖〕(기호) 國 경기도와 충청도 지방.
▷近畿(근기)·王畿(왕기)

14 ⑲ 〔疆〕* 강　平陽　jiāng, キョウ
3425

행서 동자 畺 이름 지경 강 자원 형성. 弓+土+畺→疆. 彊(강)·薑(강)과 같이 畺(강)이 성부.
새김 지경. 영토나 경작지의 경계. ¶疆域(—, 구역 역) 영토의 구역.
〔疆土〕(강토) 국경 안에 있는 땅. 영토(領土).
▷無疆(무강)·邊疆(변강)·封疆(봉강)

14 ⑲ 〖疇〗* 주 平尤 chóu, チュウ
3426

소전 행서 간화 畴 이름 밭두둑 주 자원 형성. 田＋壽→疇. 鑄(주)·籌(주)와 같이 壽(수)의 변음이 성부.
새김 ❶밭두둑. 논밭의 경계. ¶田疇(밭 전, —)밭두둑. ❷무리. 부류. ¶範疇(본보기 범, —)같은 종류의 대상·현상들의 부류. 예文學의 —. ❸이전. 접때. ¶疇昔(—, 옛 석)그다지 오래지 아니한 지나간 날.

17 ㉒ 〖疊〗* 첩 入葉 dié, ジョウ
3427

소전 행서 이름 포갤 첩 자원 회의. 畾〔晶의 변형〕＋宜〔宐의 변형〕→疊. 옥관(獄官)이 사흘 동안 심사 숙고하여 마땅한 형벌을 매긴다는 뜻. 새김은 가차.
새김 포개다. 겹치다. ¶重疊(거듭 중, —)거듭 겹침. 예—된 苦難.
〔疊語〕(첩어) 같은 낱말을 거듭하여 한 단어를 이룬 것. 부슬부슬·빨리빨리 따위.
〔疊載〕(첩재) 한 가지 사실을 중복하여 실음.
〔疊疊〕(첩첩) 여러 겹으로 겹쳐 있는 모양.
▷積疊(적첩)·層疊(층첩)

5획 부수 疋(⺪)部

▷명칭: 필필. 필필변
▷쓰임: 자형상의 분류를 위해 설정한 부수이다.

0 ⑤ 〖疋〗* ㊀필 入質 pǐ, ヒツ ㊁아: 上馬 yǎ, ガ
3428

소전 행서 이름 ㊀필 필 ㊁바를 아: 자원 상형. 무릎 아래의 장딴지와 발바닥의 모양. 새김은 가차. 참고 ㊁는 인명용 추가 한자가 아님.
새김 ㊀필 ㉠말이나 소를 세는 말. 匹(0555)과 통용. 예馬五十疋. ㉡피륙을 세는 말. 예모시 二疋. ㊁바르다. 雅(5886)의 고자. 예疋言覺非.
〔疋緞〕(필단) 필로 된 비단.
〔疋木〕(필목) 필로 된 모시나 무명.

7 ⑫ 〖疎〗** 소 平魚 shū, ソ
3429

행서 동자 疏 이름 성길 소 자원 형성. 𤴔〔＝疋〕＋束→疎. 疋에는 '필·아' 외에 '소' 음도 있어, 疋(소)가 성부. 참고 疏(3430)와 완전 동자인데, ①이 두 자중 어느 자를 쓰느냐는 관행에 따르며, ②관용상 疏의 ㊁의 운통에는 이 자를 쓰지 아니한다.

필순 ㇇ ㇖ ... 疎

새김 ❶성기다. ㉠촘촘하지 아니하다. ¶疎密(—, 빽빽할 밀)성김과 빽빽함. 예—이 고르지 아니하다. ㉡세밀하지 못하다. 데면데면하다. ¶疎略(—, 간략할 략)세밀하지 못하고 간략함. 예일의 처리가 —하다. ㉢관계가 버성기다. 친근하지 아니하다. ¶疎遠(—, 멀리할 원)지내는 사이가 버성기고 멀리함. 예친했던 둘 사이가 —해졌다. ❷통하다. 또는 통하게 하다. ¶疎通(—, 통할 통)막힘이 없이 서로 통함. 예意思의 —.
〔疎外〕(소외) 사귀는 사이가 서먹서먹하여 멀어짐.
〔疎忽〕(소홀) ①대수롭지 않게 여기고 등한히 함. ②데면데면하고 대범함.
▷親疎(친소)

7 ⑫ 〖疏〗* ㊀소 平魚 shū, ソ ㊁소 本소: 去御 shū, ソ
3430

소전 행서 이름 ㊀성길 소 ㊁소 소 자원 형성. 𤴔＋㐬→疏. 疋에는 '필·아' 외에 '소' 음도 있어, 疋(소)가 성부.
새김 ㊀ 疎(3429)와 동자. ㊁ ❶소. 임금에게 올리는 글. ¶上疏(올릴 상, —)임금에게 소를 올림. 또는 그 글. 예王에게 —하다. ❷주. 주해. ¶疏註(—, 주 주)본문에 대한 주해.
〔疏漏〕(소루) 소홀히 하여 빠뜨림.
〔疏食〕(①소사 ②소식) ①거친 밥. ②일상 생활에서 거친 음식을 먹음.
〔疏章〕(소장) 상소하는 글.
〔疏脫〕(소탈) 수수하고 털털함.
〔疏通〕(소통) 막힘이 없이 통함.

9 ⑭ 〖疑〗** 의 平支 yí, ギ
3431

소전 행서 이름 의심할 의 자원 형성. 匕矢〔𠤕의 생략체〕＋龴〔子의 변형〕＋疋〔止의 변형〕→疑. 止(지)의 변음이 성부.

필순 ... 疑

새김 ❶의심하다. 믿지 아니하다. ¶疑問(—, 물을 문)의심스럽게 여겨 물음. 또는 의심스럽게 여기는 사실. 예—點. ❷아마도. 아마도 ~인 듯하다. 〔李白·詩〕疑是銀河落九天(의시은하낙구천)(천 길 위에서 떨어지는 폭포는)아마도 이는 은하수가 하늘에서 떨어지는 듯하다.
〔疑忌〕(의기) 의심하여 꺼림.
〔疑心〕(의심) 믿지 못하여 미심쩍게 여기는 마음.
〔疑訝〕(의아) 의심스럽고 괴이쩍음.

〔疑獄〕(의옥) 죄상이 복잡하여 의혹이 많아 쉽게 판명하기 어려운 범죄 사건.
〔疑惑〕(의혹) 의심스럽게 여겨 분간하지 못함. 또는 그런 생각.
▷半信半疑(반신반의)·容疑者(용의자)·質疑(질의)·嫌疑(혐의)·懷疑(회의)

5획 부수 疒 部

▷명칭: 병질
▷쓰임: 병과 관계가 있는 한자의 부수로 쓰였다.

2 ⑦ 〔疗〕 3432 료 療(3479)의 간화자

2 ⑦ 〔疖〕 3433 절 癤(3486)의 간화자

3 ⑧ 〔疝〕* 3434 산 本산: 去諫 shàn, セン

소전 행서 이름 산증 산 자원 형성. 疒+山→疝. 汕(산)과 같이 山(산)이 성부.
새김 산증. ¶疝症(—, 증세 증)신장·방광·생식기 등에 생기는, 오줌이 잘 나오지 않고 아픈 병.
〔疝痛〕(산통) 갑자기 발작적으로 오는 아픔. 내장의 여러 질환에 따르는 증후.

3 ⑧ 〔疡〕 3435 양 瘍(3469)의 간화자

4 ⑨ 〔疥〕* 3436 개: 去卦 jiè, カイ

소전 행서 이름 옴 개: 자원 형성. 疒+介→疥. 价(개)·芥(개)와 같이 介(개)가 성부.
새김 옴. 몹시 가려운, 전염성 피부병의 한 가지. ¶疥癬(—, 옴 선)옴.
〔疥瘡〕(개창) 옴.
▷蟲疥(충개)

4 ⑨ 〔疫〕** 3437 역 入陌 yì, エキ

소전 행서 이름 염병 역 자원 형성. 疒+殳〔役의 생략체〕→疫. 役(역)이 성부.
필순 丶 亠 广 疒 疒 疒 疖 疗 疫

새김 염병. 유행성 급성 전염병. ¶防疫(막을 방, —)전염성 질병이 발생하거나 전염하는 것을 미리 막음. 예—對策.
〔疫鬼〕(역귀) 돌림병을 퍼뜨린다는 귀신.
〔疫癘〕(역려) 유행성 급성 전염병의 범칭.
〔疫痢〕(역리) 전염성이 강한 이질.
〔疫病〕(역병) 염병. 유행성 급성 전염병.
〔疫疾〕(역질) 천연두(天然痘)의 딴이름.
▷救疫(구역)·免疫(면역)·惡疫(악역)·疾疫(질역)·逐疫(축역)

4 ⑨ 〔疮〕 3438 창 瘡(3475)의 간화자

5 ⑩ 〔痂〕* 3439 가 平麻 jiā, カ

소전 행서 이름 헌데딱지 가 자원 형성. 疒+加→痂. 架(가)·茄(가)·伽(가)와 같이 加(가)가 성부.
새김 헌데딱지.

5 ⑩ 〔疳〕* 3440 감 平覃 gān, カン

행서 이름 감병 감 자원 형성. 疒+甘→疳. 柑(감)·紺(감)과 같이 甘(감)이 성부.
새김 감병(疳病). 영양 실조나 기생충 등으로 인하여, 어린이에게 생기는 영양 장애·만성 소화 불량 등의 병.
〔疳疾〕(감질) ①감병(疳病). ②國먹고 싶거나 가지고 싶거나 하고 싶거나 하여 몹시 애타는 마음. 예—이 나다.

5 ⑩ 〔痉〕 3441 경 痙(3458)의 간화자

5 ⑩ 〔疸〕* 3442 달 本단: 上旱 dǎn, タン

소전 행서 이름 달병 달 자원 형성. 疒+旦→疸. 旦(단)의 변음이 성부.
새김 달병(疸病). 두통·현훈·구토가 생기며 피부가 누렇게 되고 누른 오줌이 나오는 병.
〔疸症〕(달증) 달병(疸病).
▷酒疸(주달)·黃疸(황달)·黑疸(흑달)

5 ⑩ 〔疼〕* 3443 동 平冬 téng, トウ

행서 이름 아플 동 자원 형성. 疒+冬→疼. 冬(동)이 성부.
새김 아프다. 쑤시듯이 아프다. ¶疼痛(—, 아플 통)몸이 쑤시듯이 아픈 아픔. 예患者가 느끼는 —.
〔疼腫〕(동종) 아프고 부어오름.

5 ⑩ 〔病〕*** 병: 去敬 | bìng, ビョウ
3444

소전 行書 이름 병 병: 자원 형성. 疒+丙→病. 柄(병)·炳(병)과 같이 丙(병)이 성부.

필순 丶 亠 广 疒 疒 疒 疒 病 病 病

새김 ❶병. 질병. ¶病院(—, 집 원)병의 치료를 위하여 일정한 시설을 갖춘 보건 기구. 예大學附屬—. ❷앓다. 병을 앓다. ¶病席(—, 자리 석)앓아 누워 있는 자리. 예달포나 —에 누워 있었다. ❸흠. 결점. 병통. ¶病弊(—, 폐단 폐)깊이 박혀 있는 결점과 폐단. 예여러 가지 —가 드러나다. ❹근심하다. 염려하다. 〔論語〕君子病無能焉(군자 병무능언)군자는 자신의 무능함을 근심한다.
〔病暇〕(병가) 병으로 휴가를 청함. 또는 병으로 얻은 휴가.
〔病苦〕(병고) 병으로 인한 괴로움. 예—를 이겨내다.
〔病骨〕(병골) 병이 몸에 배다 싶이 하여 매우 허약한 몸. 또는 그러한 사람.
〔病菌〕(병균) 병을 일으키는 세균.
〔病棟〕(병동) 병원 안의 입원실로 쓰이는 건물. 예內科—.
〔病理〕(병리) 병의 원인·발생·과정 등에 관한 이론. 예—學者.
〔病魔〕(병마) 질병에 걸리게 하는 악마란 뜻으로, 질병을 이르는 말. 예—에 시달리다.
〔病死〕(병사) 병으로 죽음. 예—者.
〔病床〕(병상) 병든 사람이 누워 있는 침상.
〔病狀〕(병상) 앓는 증상이나 상태.
〔病勢〕(병세) 병의 형세. 예—의 惡化.
〔病身〕(병신) ①늘 병을 앓고 있는 몸. ②불구. 또는 불구자.
〔病弱〕(병약) 병으로 몸이 쇠약함.
〔病原〕(병원) 병을 일으키는 원인으로 되는 것. 예—菌.
〔病症〕(병증) 앓는 증세. 예—이 심하다.
〔病痛〕(병통) ①탈이 생기게 되는 원인. ②결점. 결함.
〔病患〕(병환) 상대자를 높이어 그의 병을 이르는 말.
▷看病(간병)·急病(급병)·老病(노병)·多病(다병)·萬病(만병)·身病(신병)·流行病(유행병)·傳染病(전염병)·重病(중병)·持病(지병)·疾病(질병)

5 ⑩ 〔痈〕 옹 癰(3490)의 간화자
3445

5 ⑩ 〔疵〕* 자 平支 | cī, シ
3446

소전 行書 이름 흠 자 자원 형성. 疒+此→疵. 紫(자)·雌(자)와 같이 此(차)의 변음이 성부.
새김 흠. 결점. ¶瑕疵(허물 하, —)흠. 허물이나 결점.
▷小疵(소자)

5 ⑩ 〔疽〕* 저 平魚 | jū, ショ
3447

소전 行書 이름 종기 저 자원 형성. 疒+且→疽. 且에는 '차' 외에 '저' 음도 있어, 咀(저)·雎(저)와 같이 且(저)가 성부.
새김 종기. 뿌리가 깊은 악성의 종기.

5 ⑩ 〔症〕** 증: | zhèng, ショウ
3448

行書 이름 증세 증: 자원 형성. 疒+正→症. 正(정)의 변음이 성부.

필순 丶 亠 广 疒 疒 疒 疒 疒 症 症

새김 증세. 병의 형세나 현상. ¶病症(병 병, —)앓고 있는 병의 증세.
〔症狀〕(증상) 증세(症勢).
〔症勢〕(증세) 병으로 말미암아 나타나는 현상이나 상태.
〔症候〕(증후) 증세(症勢).
▷渴症(갈증)·對症療法(대증요법)·不眠症(불면증)·不姙症(불임증)·炎症(염증)·痛症(통증)

5 ⑩ 〔疹〕* ㊀진: 上軫 ㊁진: 去震 | zhěn, シン chèn, チン
3449

行書 이름 ㊀열꽃 진: ㊁열병 진: 자원 형성. 疒+㐱→疹. 珍(진)·診(진)과 같이 㐱(진)이 성부.
새김 ㊀열꽃. 마마꽃. ¶發疹(일어날 발, —)열병을 앓을 때 살가죽에 열꽃이 내돋음. 또는 그 열꽃. 예—이 돋다. ㊁열병. ¶風疹(바람 풍, —)피부에 좁쌀알 같은 것이 돋는 전염병.
▷痲疹(마진)·濕疹(습진)·泡疹(포진)·汗疹(한진)

5 ⑩ 〔疾〕** 질 入質 | jí, シツ
3450

소전 行書 이름 병 질 자원 형성. 疒+矢→疾. 矢(시)의 변음이 성부.

필순 丶 亠 广 疒 疒 疒 疒 疒 疾 疾

새김 ❶병. 질병 ¶疾患(—, 병 환)병. 동疾病(질병). ❷괴로워하다. 아파하다. ¶疾首蹙頞(—, 머리 수, 찡그릴 축, 콧대 알)머리를 아파하고 콧대를 찡그림. 몹시 싫거나 못마땅하게 여김의 형용. ❸미워하다. 밉게 보다. 嫉(1120)과 통용. ¶疾視(—, 볼 시)밉게 봄. ㊞反目—. ❹빠르다. 신속하다. ¶疾風(—, 바람 풍)빠른 속도로 강하게 부는 바람. ㊞—怒濤.
〔疾苦〕(질고) 병으로 인한 고통. 병고(病苦).
〔疾故〕(질고) 병으로 인한 사고.
〔疾病〕(질병) 온갖 병을 통틀어 일컫는 말. 질환(疾患).
〔疾走〕(질주) 빨리 달림.
▷痼疾(고질)·怪疾(괴질)·奇疾(기질)·惡疾(악질)·眼疾(안질)

5 ⑩ 〔疱〕* 3451 포: 去效 pào, ホウ

행서 이름 여드름 포: 자원 형성. 疒+包→疱. 抱(포)·胞(포)·苞(포)와 같이 包(포)가 성부.
새김 여드름. 또는 부스럼. ¶疱疹(—, 열꽃 진)비루스의 감염에 의한 피부병. ㊞帶狀—.
▷水疱(수포)

5 ⑩ 〔疲〕** 3452 피 平支 pí, ヒ

소전 행서 이름 지칠 피 자원 형성. 疒+皮→疲. 彼(피)·被(피)와 같이 皮(피)가 성부.

필순 丶 亠 广 疒 疒 疒 疒 疒 疲 疲

새김 지치다. 기운이 빠지다. ¶疲弊(—, 곤할 폐)지쳐서 곤함. ㊞—한 農村.
〔疲困〕(피곤) 지쳐서 고달픔.
〔疲勞〕(피로) 몸이나 정신이 지치어 고달픔. 또는 그러한 상태.

6 ⑪ 〔痒〕* 3453 양: 上養 yǎng, ヨウ

소전 행서 이름 가려울 양: 자원 형성. 疒+羊→痒. 洋(양)·恙(양)과 같이 羊(양)이 성부.
새김 가렵다. 살가죽이 가렵다. ¶隔靴搔痒(격할 격, 신 화, 긁을 소, —) 〈속담〉 신을 신고 발바닥 긁기. 〈뜻〉 신을 격하여 가려움을 긁음. 일을 하느라고 애는 쓰나 정통을 찌르지 못하여 안타까움을 이르는 말.

6 ⑪ 〔痍〕* 3454 이 平支 yí, イ

소전 행서 이름 다칠 이 자원 형성. 疒+夷→痍. 姨(이)·荑(이)와 같이 夷(이)가 성부.
새김 다치다. 상처를 입다. 또는 상처. ¶傷痍(다칠 상, —)다침. 또는 다친 자리. ㊞—勇士.
▷創痍(창이)

6 ⑪ 〔痔〕* 3455 치 本치: 上紙 zhì, チ

소전 행서 이름 치질 치 자원 형성. 疒+寺→痔. 峙(치)와 같이 寺(시)의 변음이 성부.
새김 치질. 항문에 나는 병. ¶痔疾(—, 병 질)항문에 나는 병.
〔痔瘻〕(치루) 치질의 일종. 항문·직장 주위에 구멍이 뚫리고 고름이 나옴. 치루(痔漏).
▷內痔(내치)·外痔(외치)·腸痔(장치)·血痔(혈치)

6 ⑪ 〔痕〕* 3456 흔 平元 hén, コン

소전 행서 이름 흉터 흔 자원 형성. 疒+艮→痕. 艮(은)의 변음이 성부.
새김 ❶흉터. 상처의 자취. ¶傷痕(다칠 상,—)다친 자리에 남은 흉터. ㊞얼굴에 있는 —. ❷자취. ¶痕迹(—, 자취 적)어떤 사물 현상이 지나간 뒤에 남는 자취나 자국. ㊞—도 없이 사라지다.
▷刀痕(도흔)·痘痕(두흔)·墨痕(묵흔)·瘢痕(반흔)·爪痕(조흔)·血痕(혈흔)

7 ⑫ 〔痫〕 3457 간 癎(3478)의 간화자

7 ⑫ 〔痙〕* 3458 경 本경: 上梗 jìng, ケイ

소전 행서 간화 痉 이름 경련 경 자원 형성. 疒+巠→痙. 輕(경)·勁(경)·莖(경)·逕(경)과 같이 巠(경)이 성부.
새김 경련. 또는 근육이 발작적으로 오그라들다. ¶痙攣(—, 쥐날 련)근육이 발작적으로 오그라듦. 또는 그런 현상. ㊞—이 일어나다.

7 ⑫ 〔痘〕* 3459 두 本두: 去宥 dòu, トウ

행서 이름 마마 두 자원 형성. 疒+豆→痘. 頭(두)·荳(두)·逗(두)와 같이 豆(두)가 성부.
새김 마마. 천연두. ¶痘痕(—, 흉터 흔)마마자국.
〔痘面〕(두면) 곰보. 얽은 얼굴.
〔痘瘡〕(두창) 마마. 천연두.
▷水痘(수두)·牛痘(우두)·種痘(종두)·天然痘(천연두)

7 ⑫ 〔痢〕* 리: 去寘 | lì, リ
3460

행서 이름 이질 리: 자원 형성. 疒+利→痢. 梨(리)·莉(리)·悧(리)와 같이 利(리)가 성부.
새김 이질(痢疾). 똥에 곱이 섞여 나오는 병. ¶痢症(—, 증세 증)이질의 증세.
▷疫痢(역리)·赤痢(적리)·下痢(하리)·血痢(혈리)

7 ⑫ 〔痛〕** 통: 去送 | tòng, ツウ
3461

소전 행서 이름 아플 통: 자원 형성. 疒+甬→痛. 通(통)·桶(통)과 같이 甬(통)이 성부.

필순 丶 亠 广 疒 疒 疔 疗 病 痌 痛

새김 ❶아프다. ㉠몸이 아프다. ¶痛症(—, 증세 증) 아픔을 느끼는 증세. 예—이 심하다. ㉡마음이 아프다. ¶悲痛(슬플 비, —)몹시 슬프고 마음이 아픔. 예—한 심회. ❷매우. 심히. ¶痛快(—, 쾌할 쾌)일이 마음에 흡족하여 마음이 매우 쾌함. 예—한 勝利.
〔痛感〕(통감) 마음에 사무치도록 느낌.
〔痛哭〕(통곡) 큰 소리로 슬피 욺. 「批判.
〔痛烈〕(통렬) 몹시 날카롭고 격렬함. 예—한
〔痛憤〕(통분) ①원통함과 분함. ②몹시 분함.
〔痛惜〕(통석) 몹시 애석하고 아까움.
〔痛心〕(통심) 몹시 아파하는 마음.
〔痛飮〕(통음) 술을 몹시 많이 마심.
〔痛切〕(통절) ①뼈에 사무치게 간절함. ②비통함이 절실함.
〔痛打〕(통타) ①상대에게 심한 타격을 가함. ②야구에서, 상대편에게 아픔이 될 만한 강력한 안타를 침.
〔痛歎〕(통탄) 몹시 슬퍼하고 탄식함.
〔痛風〕(통풍) 수족의 관절이나 그 주위에 염증이 생겨서 쑤시고 아픈 병.
〔痛恨〕(통한) 몹시 한탄함.
▷苦痛(고통)·頭痛(두통)·腹痛(복통)·憤痛(분통)·心痛(심통)·哀痛(애통)·寃痛(원통)·切痛(절통)·鎭痛(진통)·沈痛(침통)

8 ⑬ 〔痼〕* 고 本고: 去遇 | gù, コ
3462

행서 이름 고질 고 자원 형성. 疒+固→痼. 錮(고)와 같이 固(고)가 성부.
새김 고질(痼疾). 오래도록 낫지 않는 병.
〔痼癖〕(고벽) 오랫동안 굳어져서 고치기 어려운 버릇.
〔痼弊〕(고폐) 바로잡기 어려운 폐단.

8 ⑬ 〔痰〕* 담 平覃 | tán, タン
3463

행서 이름 가래 담 자원 형성. 疒+炎→痰. 炎에는 '염' 외에 '담' 음도 있어, 談(담)·淡(담)과 같이 炎(담)이 성부.
새김 가래. 담. ¶血痰(피 혈, —)피가 섞이어 나오는 가래.
〔痰結〕(담결) 가래가 목구멍에 엉키어 뱉을 수도 삼킬 수도 없는 병.
〔痰涎〕(담연) 가래와 침. 또는 가래침.
▷喀痰(객담)·氣痰(기담)·風痰(풍담)·寒痰(한담)

8 ⑬ 〔痲〕* 마 平麻 | má, マ
3464

행서 이름 저릴 마 자원 형성. 疒+林→痲. 林(패)의 변음이 성부.
새김 ❶저리다. 마비되다. ¶痲痺(—, 저릴 비) 몸의 한 부분의 기능이 상실되는 일. 예心臟—. ❷마진(痲疹). 홍역. 어린아이들이 앓는 전염병 이름.
〔痲醉〕(마취) 일정한 약물의 작용에 의하여 일시적으로 의식이나 감각을 잃게 함.

8 ⑬ 〔痺〕* 비: 去寘 | bì, ヒ
3465

행서 이름 저릴 비: 자원 형성. 疒+卑→痺. 婢(비)·碑(비)와 같이 卑(비)가 성부.
새김 ❶저리다. 마비되다. ¶痲痺(저릴 마, —) 痲(3464)를 보라.

8 ⑬ 〔瘀〕* 어: 去御 | yù, ヨ
3466

소전 행서 이름 엉길 어: 자원 형성. 疒+於→瘀. 於(어)가 성부.
새김 엉기다. 피가 엉기다. ¶瘀血(—, 피 혈)엉긴 피. 또는 피가 엉김. 예—진 도깨비 개천물 마시듯.

8 ⑬ 〔痴〕* 치 癡(3485)의 속자
3467

9 ⑭ 〔瘘〕 ㊀루: ㊁루 瘻(3477)의 간화자
3468

9 ⑭ 〔瘍〕* 양 平陽 | yáng, ヨウ
3469

소전 행서 간화 疡 이름 종기 양 자원 형성. 疒+昜→瘍. 陽(양)·揚

(양)과 같이 昜(양)이 성부.
새김 종기. 헌데·부스럼의 총칭. ¶腫瘍(종기 종, —)몸에 생기는 종기의 한 가지. 예惡性—.
▷潰瘍(궤양)

10 ⑮ 〔瘤〕* 류 平尤 liú, リュウ
3470

소전 𤻎 행서 瘤 이름 혹 류 자원 형성. 疒+留→瘤. 瑠(류)·榴(류)와 같이 留(류)가 성부.
새김 혹. ㉠몸에 생긴 군살. 〔列女傳〕 項有₃大₁瘤₂(항유대류)목에 큰 혹이 있다. ㉡식물에 난 옹두리. ¶木瘤(나무 목, —)옹두리.

10 ⑮ 〔瘢〕* 반 平寒 bān, ハン
3471

소전 𤺺 행서 瘢 이름 흉터 반 자원 형성. 疒+般→瘢. 盤(반)·搬(반)과 같이 般(반)이 성부.
새김 흉터. 상처가 아문 자국. ¶瘢痕(—, 흉터 흔)상처가 나은 뒤에 남은 흔적.

10 ⑮ 〔瘙〕* 소: 去號 sào, ソウ
3472

행서 瘙 이름 옴 소: 자원 형성. 疒+蚤→瘙. 騷(소)·搔(소)와 같이 蚤(조)의 변음이 성부.
새김 옴. 가려운 피부병 이름.

10 ⑮ 〔瘦〕* 수 本수: 去宥 shòu, ソウ
3473

행서 瘦 이름 여윌 수 자원 형성. 疒+叟→瘦. 搜(수)·嫂(수)와 같이 叟(수)가 성부.
새김 여위다. ¶瘦瘠(—, 여윌 척)몸이 여윔. 예—한 얼굴.

10 ⑮ 〔瘟〕* 온 平元 wēn, オン
3474

행서 瘟 이름 돌림병 온 자원 형성. 疒+昷→瘟. 溫(온)·縕(온)과 같이 昷(온)이 성부.
새김 돌림병. 급성 전염병.

10 ⑮ 〔瘡〕* 창 平陽 chuāng, ソウ
3475

행서 瘡 간화 疮 이름 부스럼 창 자원 형성. 疒+倉→瘡. 創(창)·蒼(창)·槍(창)과 같이 倉(창)이 성부.
새김 ❶부스럼. 버짐. 피부병의 한 가지. ¶惡瘡(악할 악, —)고치기 어려운 부스럼. ❷상처. 다친 자리. 創(0487)과 통용. ¶瘡痍(—, 상처 이)병기에 다친 상처.
〔瘡病〕(창병) 화류병의 한 가지. 매독(梅毒).
▷頭瘡(두창)·癬瘡(선창)·連珠瘡(연주창)

10 ⑮ 〔瘠〕* 척 本적 入陌 jí, セキ
3476

행서 瘠 이름 여윌 척 자원 형성. 疒+脊→瘠. 脊(척)이 성부.
새김 ❶여위다. 파리하다. ¶瘦瘠(여윌 수, —)몸이 여윔. 예—한 얼굴. ❷메마르다. 기름지지 아니하다. ¶瘠土(—, 땅 토)메마른 땅.
〔瘠骨〕(척골) 신병으로 살이 바짝 말라서 뼈만 앙상함.
〔瘠薄〕(척박) ①땅이 메마름. ②빈약하고 보잘것없음.
▷肥瘠(비척)·毁瘠(훼척)

11 ⑯ 〔瘻〕* ㊀루: 去宥 lòu, ロウ ㊁루 平虞 lú, ル
3477

소전 𤼀 행서 瘻 간화 瘘 이름 ㊀나력 루: ㊁곱사등이 루 자원 형성. 疒+婁→瘻. 屢(루)·樓(루)와 같이 婁(루)가 성부.
새김 ㊀❶나력. 결핵성 임파선염. ❷누치(瘻痔). 항문가에 작은 구멍이 생겨 고름이 나오는 치질의 한 가지. ㊁곱사등이. ¶痀瘻(곱사등이 구, —)곱사등이.

12 ⑰ 〔癇〕* 간 本한 平刪 xián, カン
3478

소전 𤺻 행서 癇 간화 痫 이름 간질 간 자원 형성. 疒+間→癇. 簡(간)·澗(간)과 같이 間(간)이 성부.
새김 ❶간질(癎疾). 지랄병. ❷경기. 어린아이에게 잘 걸리는 신경성 병 이름.
▷癲癇(전간)

12 ⑰ 〔療〕* 료 本료: 去嘯 liáo, リョウ
3479

행서 療 간화 疗 이름 병고칠 료 자원 형성. 疒+尞→療. 僚(료)·寮(료)·遼(료)와 같이 尞(료)가 성부.
새김 병을 고치다. ¶治療(다스릴 치, —)병을 고치기 위하여 의학적 처리를 함. 또는 그 처리. 예應急—.
〔療渴〕(요갈) 갈증을 면함.
〔療飢〕(요기) 시장기를 면할 정도로 먹음.
〔療法〕(요법) 병을 치료하는 방법.
〔療養〕(요양) 병을 치료하면서 조양(調養)함.
▷加療(가료)·救療(구료)·醫療(의료)·診療(진료)

12 ⑰ 〔癌〕* 암: áì, ガン
3480

행서 이름 암 암: 자원 형성. 疒+嵒→癌. 嵒(암)이 성부.
새김 암. 악성 종양의 총칭. ¶肝癌(간 간, —) 간에 생긴 암.
〔癌腫〕(암종) 체내에 굳은 덩어리가 생기는 악성 종기. 암.
▷ 胃癌(위암)·乳房癌(유방암)·子宮癌(자궁암)·肺癌(폐암)·抗癌劑(항암제)

13 ⑱ 〔癞〕 라: 癩(3487)의 간화자
3481

13 ⑱ 〔癖〕* 벽 入錫 pǐ, ヘキ
3482

행서 이름 버릇 벽 자원 형성. 疒+辟→癖. 僻(벽)·璧(벽)·闢(벽)과 같이 辟(벽)이 성부.
새김 버릇. 고질화된 습관. ¶盜癖(훔칠 도, —) 남의 물건을 훔치는 버릇.
〔癖積〕(벽적) 오랜 체증으로 인하여 뱃속에 덩어리가 생기는 병.
▷ 潔癖(결벽)·怪癖(괴벽)·病癖(병벽)·性癖(성벽)·酒癖(주벽)

13 ⑱ 〔癒〕* 유: 上麌 yù, ユ
3483

행서 이름 병나을 유: 자원 형성. 疒+愈→癒. 愈(유)가 성부.
새김 병이 낫다. ¶快癒(쾌할 쾌, —)병이 시원스레 다 나음. 예—를 빌다.
〔癒着〕(유착) 별개의 사물이 한데 들어붙거나 아물어 붙음.
〔癒合〕(유합) 國상처가 아묾.
▷ 治癒(치유)

14 ⑲ 〔癣〕 선 癬(3489)의 간화자
3484

14 ⑲ 〔癡〕* 치 平支 chī, チ
3485

소전 행서 속자 痴 이름 어리석을 치 자원 형성. 疒+疑→癡. 疑(의)의 변음이 성부.
새김 ❶어리석다. ¶癡愚(—, 어리석을 우)몹시 어리석음. ❷색에 눈이 멀다. ¶癡情(—, 뜻 정) 옳지 못한 남녀간의 사랑에 빠진 감정. 예—關係.
〔癡呆〕(치매) 정상적인 정신 상태를 잃어버린 상태.
〔癡人〕(치인) ①어리석고 못난 사람. ②지나치게 천진한 사람.
〔癡子〕(치자) 어리석은 사람.
〔癡漢〕(치한) ①어리석고 못생긴 사나이. ②부녀자를 희롱하는 남자.
▷ 白癡(백치)·書癡(서치)·音癡(음치)·天癡(천치)

15 ⑳ 〔癤〕* 절 入屑 jiē, セツ
3486

행서 간화 疖 이름 부스럼 절 자원 형성. 疒+節→癤. 節(절)이 성부.
새김 부스럼. 작은 종기.

16 ㉑ 〔癩〕* 라: 本뢰: 去泰 lài, ライ
3487

행서 간화 癞 이름 나병 라: 자원 형성. 疒+賴→癩. 懶(라)와 같이 賴(뢰)의 변음이 성부.
새김 나병(癩病). 문둥병.

16 ㉑ 〔癫〕 전 癲(3491)의 간화자
3488

17 ㉒ 〔癬〕* 선 本선: 上銑 xuǎn, セン
3489

소전 행서 간화 癣 이름 옴 선 자원 형성. 疒+鮮→癬. 蘚(선)과 같이 鮮(선)이 성부.
새김 옴. 몹시 가려운, 전염성 피부병의 한 가지. ¶疥癬(옴 개, —)옴.
〔癬疥〕(선개) 버짐과 옴. 또는 옴.
〔癬瘡〕(선창) 버짐.
▷ 白癬(백선)

18 ㉓ 〔癰〕* 옹 平冬 yōng, ヨウ
3490

소전 행서 간화 痈 이름 종양 옹 자원 형성. 疒+雝→癰. 雝(옹)이 성부.
새김 종양. 종기. ¶癰疽(—, 종기 저) 종기.
〔癰腫〕(옹종) 악성 종기.
▷ 吮癰舐痔(연옹지치)

19 ㉔ 〔癲〕* 전 平先 diān, テン
3491

행서 간화 癫 이름 지랄병 전 자원 형성. 疒+顚→癲. 顚(전)이 성부.
새김 지랄병. 간질(癎疾). ¶癲癎(—, 지랄병 간)지랄병.
〔癲狂〕(전광) 정신 이상으로 실없은 웃음을 잘 웃는 병.
〔癲疾〕(전질) 정신병.

5 획 부수 癶 部

▷명칭: 필발머리
▷쓰임: 자형상의 분류를 위해 설정한 부수이다.

4 ⑨ 〔癸〕*** 계: ㊉규: 上 紙 | guǐ, キ
3492

소전 행서 이름 열째천간 계: 자원 상형. 물이 사방에서 흘러 와서 땅 속으로 들어가는 모양. 새김은 가차.

필순

새김 열째 천간. 십간(十干)의 열째. 방위로는 북방, 철로는 가을, 오행으로는 수(水)에 배당된다. ¶癸丑字(—, 둘째지지 축, 글자 자)계축년인 조선 성종 24년(1493)에 만든 동활자.
〔癸方〕(계방) 24방위의 하나. 정북에서 동으로 15° 되는 쪽을 중심으로 한 15°의 방위.
〔癸時〕(계시) 24시의 둘째 시. 곧 상오 0시30분~1시30분.
〔癸坐〕(계좌) 묏자리나 집터의 계방을 등진 좌향.
▷天癸(천계)

4 ⑨ 〔発〕 발 發(3495)의 약자
3493

7 ⑫ 〔登〕*** 등 平 蒸 | dēng, トウ
3494

소전 행서 이름 오를 등 자원 상형. 두 발을 벌리고 수레에 오르는 모양.

필순

새김 ❶오르다. ㉠높은 곳에 오르다. ¶登山(—, 산 산)산에 오름. 예—客. ㉡높은 지위나 자리에 오르다. ¶登極(—, 임금자리 극)임금의 자리에 오름. 예李成桂의 —. ㉢학교나 직장에 가다. ¶登校(—, 학교 교)학생이 학교에 출석함. 예—時間. ㉣시험에 합격하다. ¶登科(—, 과거 과)과거에 급제함. 예少年—. ❷올리다. ㉠사람을 올려 쓰다. ¶登用(—, 쓸 용)인재를 가려 뽑아 올려 씀. 예人材—. ㉡장부에 올리다. ¶登錄(—, 기록할 록)공식적인 장부나 문서에 기록함. 예立候補者—. ❸여물다. 오곡이 익다. ¶豐登(풍년 풍, —)풍년이 듦.
〔登記〕(등기) 권리·재산·신분 등의 사실이나 관계를 공적인 문건이나 대장에 올림.
〔登年〕(등년) 여러 해가 걸림.
〔登壇〕(등단) ①연단이나 교단에 오름. ②문단(文壇)같은 특수 분야에 처음 나타남.
〔登攀〕(등반) 높거나 험한 곳에 더위잡아 오름.
〔登山臨水〕(등산임수) 산에 오르고 물가에 감.
〔登龍門〕(등용문) 크게 영달함의 비유. 故 龍門은 황하(黃河)의 상류에 있는 급한 여울의 이름으로, 잉어가 이 곳을 올라가면 용이 된다는 전설이 있음.
〔登場〕(등장) ①무대·연단 등에 오름. ②어떤 활동 분야에 나타남.
〔登載〕(등재) 신문·잡지 등에 기사를 실음. 동 揭載(게재). 예日刊紙에 —하다.
〔登程〕(등정) 여정(旅程)에 오름. 길을 떠남.
〔登俊試〕(등준시) 國 재상 이하의 문관을 시험하던 과거.
▷降登(강등)·攀登(반등)·先登(선등)

7 ⑫ 〔發〕*** 발 入 月 | fā, ハツ
3495

소전 행서 약자 発 간화 发 이름 필 발 자원 형성. 癹+弓→發. 癹(발)이 성부.

필순

새김 ❶피다. 꽃이 피다. ¶滿發(찰 만, —)많은 꽃이 모두 활짝 핌. 예百花—. ❷쏘다. 탄환이나 화살을 쏘다. ¶發射(—, 쏠 사)총·화살·로케트 따위를 쏨. 예拳銃—. ❸내다. ㉠빛을 내다. ¶發光(—, 빛 광)몸에서 빛을 냄. 예—魚類. ㉡소리를 내다. ¶發聲(—, 소리 성)소리를 냄. 또는 그 소리. 예—映畫. ❹떠나다. 출발하다. ¶始發(처음 시, —)어떤 지점을 처음으로 출발함. 예—驛. ❺일으키다. ¶發兵(—, 군사 병)군사를 일으킴. ❻일어나다. 생겨나다. ¶發生(—, 날 생)사물이 생겨남. 예人類의 —. ❼보내다. 편지나 물건을 보내다. ¶發送(—, 보낼 송)물품이나 편지·신호 등을 보냄. 예—한 物品. ❽나아가다. 뻗다. 성하여지다. ¶發達(—, 드러낼 달)사물이나 현상이 진보하여 더욱 좋아짐. 예人智의 —. ❾드러나다. 또는 드러내다. ¶發露(—, 드러날 로)표면으로 드러남. 예愛國心의 —. ❿열다. 깨우쳐 열어주다. ¶啓發(열 계, —)사상이나 지능 등을 깨우쳐 열어줌. 예智能의 —. ⓫폭로하다. 들추어내다. ¶告發(알릴 고, —)제삼자가 범죄 사실을 경찰 등에 알리어 폭로함. 예 —人. ⓬발행하다. ¶發券(—, 증표 권)은행권을 발행함. 예—銀行.
〔發覺〕(발각) 숨겨져 있던 일이 드러남.
〔發刊〕(발간) 책이나 신문 등을 간행함.
〔發見〕(발견) 처음으로 새로운 사물을 찾아냄.
〔發狂〕(발광) ①미친 증세가 일어남. ②미친 듯이 날뜀.
〔發掘〕(발굴) ①흙 속에 묻혀 있는 것을 파냄. 예古墳의 —. ②세상에 알려지지 않고 있는

것을 찾아냄. ㉠人材의 ─.
〔發起〕(발기) 남보다 먼저 새로운 의견이나 방안을 내어놓고 그 일을 시작하자고 주장함. ㉠─人大會. 「실마리.
〔發端〕(발단) 일이 일어남. 또는 그 계기가 된
〔發動〕(발동) ①동력을 일으킴. ㉠─機. ②권력이나 권리를 행사함. ㉠強權─.
〔發令〕(발령) ①명령을 내림. ②임명이나 사명 등의 사령을 발표함.
〔發賣〕(발매) 상품을 내다 팖. ㉠─禁止.
〔發明〕(발명) ①새로운 것을 생각해 내거나 새로운 기계나 물건을 만들어 냄. ㉠─家. ②國 죄나 잘못이 없음을 말하여 밝힘. ㉠─無路. 「─.
〔發福〕(발복) 운이 틔어서 복이 닥침. ㉠當代
〔發憤〕(발분) 마음을 굳게 먹고 힘을 돋우어
〔發散〕(발산) 밖으로 퍼져서 흩어짐. ⌊일으킴.
〔發祥〕(발상) 사물이 처음으로 새롭게 일어남. ㉠─地.
〔發想〕(발상) 생각이 떠오름. 또는 떠오른 그 생각. 아이디어. ㉠뛰어난 ─. 「(수신).
〔發信〕(발신) 편지나 전신 등을 보냄. ㉣受信
〔發芽〕(발아) 풀이나 나무·씨앗의 싹이 틈. ㉠─率.
〔發言〕(발언) 의견을 표시하는 말을 함. ㉠─
〔發育〕(발육) 자라남. 태어나 성장함. ⌊權.
〔發議〕(발의) 회의에서 의안을 제출함.
〔發作〕(발작) ①어떠한 병이나 증세가 갑자기 일어남. ②어떤 감정이 일어남.
〔發展〕(발전) ①널리 뻗어나거나 번영하여 감. ②낮은 단계에서 높은 단계로 옮아감.
〔發電〕(발전) 전기를 일으킴. ㉠─所.
〔發情〕(발정) 동물의 암컷이 성적 충동을 일으킴. ㉠─期.
〔發足〕(발족) ①길을 떠남. ②사업을 시작함.
〔發注〕(발주) 물건을 주문함.
〔發車〕(발차) 차가 떠남. 「㉠─소리.
〔發破〕(발파) 화약으로 바위 등을 깨뜨림.
〔發布〕(발포) 법령을 세상에 널리 펴서 알림. ㉠憲法─.
〔發砲〕(발포) 포탄(砲彈)을 쏨.
〔發表〕(발표) 세상에 널리 알림. 대중 앞에서 의견이나 생각을 말함.
〔發行〕(발행) ①신문이나 책을 인쇄하여 세상에 내놓음. ㉠校誌─. ②화폐나 공채, 증명서나 입장권 등을 만들어 사회에 내보냄. ㉠貨幣─. 「㉠─點.
〔發火〕(발화) 불이 일어나거나 타기 시작함.
〔發效〕(발효) 법령이나 조약 등이 그 효력을 내기 시작함. ㉣失效(실효).
〔發酵〕(발효) 효소의 작용으로 유기 물질의 화학적 분해가 일어남. ㉠─飼料.
〔發揮〕(발휘) 재능이나 실력을 떨쳐 드러냄.

▷開發(개발)·濫發(남발)·突發(돌발)·憤發(분발)·不發(불발)·先發(선발)·連發(연발)·自發(자발)·再發(재발)·摘發(적발)·出發(출발)·爆發(폭발)·揮發油(휘발유)

5획 부수 白 部

▷명칭: 흰백
▷쓰임: 희다·밝다 등의 뜻을 나타내는 한자의 부수로 쓰였다.

0 ⑤ 〔白〕*** 백 入陌 | bái, ハク
3496

소전 白 행서 白 이름 흰 백 자원 지사. 入+二→白. 入과 二는 음(陰) 또는 서(西)를 뜻하여, 해질 무렵의 희끄무레한 빛깔을 가리킨다.

필순 ノ 亻 白 白 白

새김 ❶희다. ㉠빛깔이 희다. ¶白髮(─, 머리털 발) 흰 머리털 ㉠─老人. ㉡깨끗하다. ¶潔白(깨끗한 결, ─)마음씨나 몸가짐이 깨끗하여 아무런 허물이 없음. ㉠─한 마음. ❷흰 빛깔. 黑(6323)의 대. ¶黑白(검을 흑, ─)㉮검은 빛깔과 흰 빛깔. ㉠─이 또렷한 눈동자. ㉯잘잘못이나 시비. ㉠─을 따지다. ❸희게 하다. ¶漂白(빨래할 표, ─)물에 빨아 바래거나 약품을 써서 희게 함. ㉠─劑. ❹밝다. 또는 밝아지다. ¶白晝(─, 낮 주)밝은 낮. 대낮. ㉠─대낮. ❺분명하다. ¶明白(밝을 명, ─)아주 뚜렷하고 분명함. ㉠─한 證據. ❻비다. 아무것도 없다. ¶空白(빌 공, ─)일정한 지면이나 화면 등에 글씨나 그림이 없는 빈 곳. ㉠서류의 ─에 적어넣다. ❼아뢰다. 말하다. ¶告白(아뢸 고, ─)숨긴 일이나 생각하는 바를 그대로 말함. ㉠良心의 ─. ❽흘겨보다. 업신여겨서 흘겨보다. ¶白眼(─, 눈 안)업신여겨서 흘겨봄. ㉠─視. ❾벼슬이 없다. ¶白衣(─, 옷 의)벼슬이 없는 사람이 입는 옷. 인신하여, 벼슬하지 않은 사람. ㉠─從軍.
〔白骨〕(백골) ①죽은 사람의 살이 다 썩고 남은 흰 뼈. ②칠을 하지 아니한 목기(木器)나 목물(木物) 따위.
〔白骨難忘〕(백골난망) 죽어 백골이 된 뒤에도 은혜를 잊을 수 없음.
〔白骨養子〕(백골양자) 이미 죽은 사람으로 양자를 삼아 대를 잇게 함. 「는 기.
〔白旗〕(백기) ①흰 기. ②항복함을 알릴 때 드
〔白頭〕(백두) ①백발의 머리. 백수(白首). ②벼슬하지 못한 사람.
〔白面書生〕(백면서생) 글만 읽을 줄 알았지 세상 물정에는 아무것도 모르는 사람.

〔白墨〕(백묵) 분필. 칠판에 글씨를 쓸 때 쓰는 흰빛깔의 필기 용구.
〔白眉〕(백미) ①흰 눈썹. ②여럿 중에서 가장 뛰어난 사람. 故 촉(蜀)나라 마씨(馬氏) 집안 5형제가 모두 재명(才名)이 있었는데, 그 중에서도 눈썹이 흰 마량(馬良)이 가장 뛰어났다는 고사. 「서 싸우는 돌격전.
〔白兵戰〕(백병전) 총칼을 가지고 서로 맞붙어
〔白書〕(백서) 정부가 발표하는 공식의 조사 보고서. 예國防—. 참고 영국 정부가 보고서의 표지에 흰 종이를 쓴 데서 유래한 말.
〔白首〕(백수) 허옇게 센 머리. 동白頭(백두) 예— 兩堂.
〔白壽〕(백수) 99살. 참고 일본에서 온 말. 百을 파자하면 '一+白'이 되기에 '100에서 1이 없는' 99을 뜻한다. 「겨봄.
〔白眼視〕(백안시) 업신여기거나 냉대하여 흘
〔白夜〕(백야) ①대낮같이 밝은 달밤. ②극 지방에서 박명(薄明)이 오래 계속되는 현상.
〔白熱〕(백열) ①물체에서 흰 빛이 나도록 열이 높아짐. 또는 그 열. ②힘이나 정열이 극도에 오름.
〔白衣從軍〕(백의종군) 벼슬하지 아니한 사람이 군대를 따라 싸움터에 나감.
〔白人〕(백인) 피부의 빛깔이 흰 사람.
〔白刃〕(백인) 서슬이 시퍼렇게 번쩍이는 칼날.
〔白日〕(백일) ①구름이 끼지 아니한 밝은 해. 예— 青天. ②대낮. 예— 昇天. 「의 비유.
〔白日夢〕(백일몽) 대낮에 꾸는 꿈. 헛된 공상
〔白紙〕(백지) ①흰 종이. ②아무 것도 쓰지 않은 종이. ②잡념이나 선입관이 없는 상태.
〔白癡〕(백치) 정신 작용이 완전하지 못한 병. 또는 그런 사람. 「말. 예— 文.
〔白話〕(백화) 중국어에서의 구두어로 쓰이는
▷獨白(독백)·斑白(반백)·頒白(반백)·餘白(여백)·自白(자백)·蒼白(창백)·淸白(청백)·太白(태백)·紅白(홍백)

1 ⑥ 〔百〕 *** 백 入 陌 bǎi, ヒャク
3497

소전 행서 이름 일백 백 자원 회의. 一+白→百. 1에서 세기 시작하여 100에 이르면, 다시 또 처음의 1부터 시작한다는 데서 100을 뜻한다.

필순 一 丆 丅 丙 百 百

새김 ❶일백. 수로서의 100. ¶百人(一, 사람 인)백 사람. ❷온갖. 모든. ¶百貨店(一, 재물 화, 가게 점)여러 가지 상품을 골고루 갖추어 놓고 파는 큰 상점.
〔百家書〕(백가서) 여러 학자들이 지은 여러 가지 책.
〔百家爭鳴〕(백가쟁명) 여러 학자들이 각자의 학설을 자유롭게 내놓고 논쟁함.
〔百穀〕(백곡) 온갖 곡식.
〔百果〕(백과) 온갖 과일. 예五穀—.
〔百科〕(백과) 여러 가지의 과목이나 학과 예— 事典.
〔百年河淸〕(백년하청) 백 년에 한 번 황하(黃河)의 물이 맑아짐. 이루어지기 어려운 일을 오래 두고 기다림의 비유. 「삶.
〔百年偕老〕(백년해로) 부부가 의좋게 오래
〔百代〕(백대) ①오래 이어 내려오는 여러 세대. 예— 之親. ②멀고 오랜 세월.
〔百聞不如一見〕(백문 불여일견) 백 번 말로만 듣는 것이 실제로 한 번 보는 것만 못함.
〔百發百中〕(백발백중) 백 번 쏘아 백 번 다 맞춤. ㉮활솜씨가 출중함의 형용. ㉯생각한 것이나 계획이 잘 들어맞음의 비유.
〔百姓〕(백성) 일반 국민. 서민. 평민.
〔百世〕(백세) 매우 긴 세월. 「평생.
〔百歲〕(백세) ①100년. 오랜 세월의 형용. ②
〔百戰老將〕(백전노장) ①수많은 싸움을 겪은 노련한 장수. ②온갖 세상 풍파를 겪은 사람의 비유.
〔百折不屈〕(백절불굴) 백 번 꺾여도 굽히지 않음. 어떠한 난관과 역경에도 굴하지 않고 의지가 강함의 형용.
〔百尺竿頭〕(백척간두) 100척이나 되는 장대의 끝. 매우 위태롭고 어려운 지경의 비유.
〔百出〕(백출) 여러 가지로 많이 나옴. 예意見—.
〔百態〕(백태) 온갖 자태나 여러 가지의 모양.
〔百八煩惱〕(백팔번뇌) (佛) 인간이 가지고 있는 108가지의 괴로움이나 욕망.
〔百害〕(백해) 온갖 해로운 일. 예— 無益.
〔百花〕(백화) 갖가지 꽃. 많은 꽃. 예— 齊放.
▷凡百(범백)·數百(수백)·一當百(일당백)

3 ⑧ 〔的〕 *** 적 入 錫 dī·dè, テキ
3498

행서 이름 과녁 적 자원 형성. 白+勺→的. 勺(작)의 변음이 성부.

필순 ノ 亻 白 白 白 的 的 的

새김 ❶과녁. 활을 쏘는 과녁. ¶射的(쏠 사, 一)활이나 총을 쏘는 과녁. ❷목표. ¶目的(눈 목, 一)지향하거나 실현하려고 하는 목표. ❸확실하다. ¶的確(一, 확실할 확)의심할 나위 없이 확실함. 예— 한 증거. ❹어조사. ㉠의. 소유나 종속 관계를 나타낸다. 예國家的損失(국가적 손실). ㉡~에 관계되는. ~의 성격을 띤. 예美的感覺(미적 감각).
〔的實〕(적실) 정말이어서 틀림이 없음.
〔的中〕(적중) ①화살이 과녁에 맞음. ②예측이 들어 맞음.

▷公的(공적)·端的(단적)·動的(동적)·物的(물적)·私的(사적)·質的(질적)·標的(표적)

4 ⑨ [皆] *** 개 平佳 | jiē, カイ
3499

소전 행서 이름 다 개 자원 회의. 比+白→皆. 比는 나란히, 白은 아뢰다. 여럿이 나란히 아뢴다는 데서 '모두·다'의 뜻을 나타낸다.

필순

새김 다. 모두. 함께 . 또는 두루 미치다. ¶皆勤(—, 일할 근)일정한 기간 동안 하루도 빠짐없이 출근하거나 출석함. 예— 賞.
〔皆骨山〕(개골산) 금강산(金剛山)의 겨울 이름.
〔皆旣蝕〕(개기식) 개기 일식 또는 개기 월식. 달이 지구의 그림자에 가려서 안 보이거나, 해가 달의 그림자에 가려서 안 보이는 현상.
▷擧皆(거개)

4 ⑨ [皇] *** 황 平陽 | huáng, コウ·オウ
3500

소전 행서 이름 임금 황 자원 회의. 白〔自의 변형〕+王→皇. 自는 鼻의 본자로 처음이란 뜻. 중국의 최초의 왕인 삼황(三皇)을 뜻한다.

필순

새김 ❶임금. 제왕. 천자. ¶皇帝(—, 임금 제)임금. 제왕. ❷높임말. 죽은 조상에 대한 존칭. ¶皇考(—, 죽은아비 고)죽은 아버지.
〔皇恩〕(황은) 황제의 은덕.
〔皇族〕(황족) 황제의 겨레붙이. 황제의 친족.
〔皇天〕(황천) 하늘. 또는 천제(天帝).
〔皇天后土〕(황천후토) 하늘의 신과 땅의 신.
〔皇后〕(황후) 황제의 정실(正室).
▷敎皇(교황)·法皇(법황)·三皇(삼황)·上皇(상황)·女皇(여황)·玉皇(옥황)·天皇(천황)·太上皇(태상황)

5 ⑩ [皋] 고 皐(3502)와 동자
3501

6 ⑪ [皐] * 고 平豪 | gāo, コウ
3502

소전 행서 동자 皋 이름 언덕 고 자원 회의. 白+丰〔夲의 변형〕→皐. 夲는 나아가다. 흰 기운이 피어오른다는 뜻. 새김은 가차.

새김 ❶언덕. 나지막한 구릉. ❷음력 5월의 딴 이름. ¶皐月(—, 달 월)음력 5월.
〔皐復〕(고복) 사람이 죽은 뒤에 초혼(招魂)하고 발상을 하는 의식.

6 ⑪ [皎] * 교: 上篠 | jiǎo, コウ
3503

소전 행서 이름 밝을 교: 자원 형성. 白+交→皎. 校(교)·郊(교)와 같이 交(교)가 성부.

새김 밝다. 희고 밝다. ¶皎皎(—, —)휘영청 밝음. 예— 한 月色.
〔皎潔〕(교결) ①달빛이 밝고 맑음. ②깨끗하고 조출함.
〔皎月〕(교월) 밝은 달.

7 ⑫ [皓] * 호: 上皓 | hào, コウ
3504

행서 이름 흴 호: 자원 형성. 白+告→皓. 浩(호)·晧(호)와 같이 告(고)의 변음이 성부.

새김 ❶희다. 깨끗하게 희다. ¶皓皓(—, —)깨끗하게 힘. 예— 白髮. ❷밝다. 맑고 환하다. ¶皓皓(—, —)빛이 맑고 환함. 예— 한 별빛.
〔皓首〕(호수) 하얗게 센 머리.
〔皓月〕(호월) 밝은 달. 교월(皎月).
〔皓齒〕(호치) 희고 깨끗한 이. 예— 丹脣.

5획 부수 皮部

▷명칭: 가죽피
▷쓰임: 피부와 관계 있는 한자의 부수로 쓰였다.

0 ⑤ [皮] *** 피 平支 | pí, ヒ
3505

소전 행서 이름 가죽 피 자원 상형. 손으로 짐승의 가죽을 벗기는 모양. 그래서 '가죽'이란 뜻을 나타낸다.

필순 ノ 厂 广 皮 皮

새김 ❶가죽. ㉠동물의 가죽. ¶毛皮(털 모, —)털이 붙어 있는, 짐승의 가죽. 예— 商. ㉡사람의 살가죽. ¶皮膚(—, 살갗 부)살가죽. 살갗. 예— 炎. ❷껍질. 식물의 껍질. ¶草根木皮(풀 초, 뿌리 근, 나무 목, —)풀뿌리와 나무껍질. ❸겉. 사물의 표면. ¶皮相(—, 모양 상)일이나 현상의 겉으로 드러나 보이는 모양. 예— 的인 관찰.
〔皮封〕(피봉) 겉봉. 편지를 봉투에 넣고 다시 싸서 봉한 종이.

〔皮下〕(피하) 살가죽의 밑. ㊞—注射.
〔皮革〕(피혁) 털이 붙어 있는 가죽과, 털을 뽑고 가공한 가죽. ㊞—商.
▷桂皮(계피)·果皮(과피)·鐵面皮(철면피)·脫皮(탈피)·表皮(표피)·虎皮(호피)

5 ⑩ 〔皱〕 3506 추: 皺(3507)의 간화자

10 ⑮ 〔皺〕* 3507 추: 去宥 | zhòu, シュウ

행서 皺 간화 皱 이름 주름 추: 자원 형성. 芻+皮→皺. 雛(추)·趨(추)와 같이 芻(추)가 성부.
새김 주름. 옷·물건·피부에 잡힌 주름. 또는 주름이 잡히다. ¶皺面(—, 얼굴 면)주름살 잡힌 얼굴.
〔皺紋〕(추문) 주름살 같은 무늬.

5 획 부수 皿 部

▷명칭: 그릇명, 기명명
▷쓰임: 여러 가지의 그릇과 그들 그릇에 담는 일 등에 관한 한자의 부수로 쓰였다.

0 ⑤ 〔皿〕* 3508 명: 上梗 | mǐn, ベイ

소전 행서 皿 이름 그릇 명: 자원 상형. 음식을 담는, 발이 달린 접시의 모양을 본뜬 자.
새김 그릇. 음식물을 담는, 접시류의 그릇. ¶器皿(그릇 기, —)살림살이에 쓰는 온갖 그릇.

3 ⑧ 〔盂〕* 3509 우 平虞 | yú, ウ

소전 盂 행서 盂 이름 그릇 우 자원 형성. 于+皿→盂. 宇(우)·迂(우)·吁(우)와 같이 于(우)가 성부.
새김 그릇. 음식물을 담는 그릇. ¶鉢盂(그릇 발, —)바리. 놋쇠로 만든 밥그릇의 한 가지.

4 ⑨ 〔盃〕 3510 배 杯(2277)의 속자

4 ⑨ 〔盆〕* 3511 분 平元 | pén, ボン

소전 행서 盆 이름 주발 분 자원 형성. 分+皿→盆. 忿(분)·粉(분)·芬(분)과 같이 分(분)이 성부.
새김 ❶주발. 물이나 술을 담는, 아가리가 넓은 그릇. ❷분. ㉠화분. ¶花盆(꽃 화, —) 꽃을 심는 분. ㊞—에 심는 꽃나무. ㉡분처럼 우묵하게 생기다. ¶盆地(—, 땅 지) 산으로 둘러싸인 우묵한 평지. ㊞大邱는 — 속의 都市이다.
〔盆栽〕(분재) 꽃이나 나무를 화분에 심어 아름답게 가꿈.

4 ⑨ 〔盈〕* 3512 영 平庚 | yíng, エイ

소전 행서 盈 이름 찰 영 자원 회의. 夃+皿→盈. 夃은 뚱뚱한 몸집의 사람 모양. 그런 사람이 그릇 위에 있기에, 그릇의 물이 가득 차 넘친다는 뜻을 나타낸다.
새김 차다. ㉠가득 차다. 또는 가득 차 넘치다. ¶盈滿(—, 찰 만)가득 참. ㉡이지러진 데가 없다. 만월(滿月)이 되다. ¶盈虛(—, 빌 허)달이 가득 참과 이지러짐. ㊞—之理.
〔盈餘〕(영여) 여유가 있음. 남아 돎.
〔盈月〕(영월) 보름달. 둥근 달. 만월(滿月).
〔盈虧〕(영휴) 가득 참과 이지러짐.
▷貫盈(관영)·豐盈(풍영)·虧盈(휴영)

5 ⑩ 〔监〕 3513 감 監(3526)의 약자·간화자

5 ⑩ 〔盐〕 3514 염 鹽(6304)의 간화자

5 ⑩ 〔益〕*** 3515 익 入陌 | yì, エキ

소전 행서 益 이름 더할 익 자원 회의. 氺〔水를 옆으로 누인 자형〕+皿→益. 그릇에 물을 더 붓는다는 뜻.

필순 丿 八 亼 ⺈ 㕣 ... 益

새김 ❶더하다. 더 보태다. ¶增益(더할 증, —) 더하여 수량을 늘림. ❷더욱. 한결 더. ¶老益壯(늙을 로, —, 씩씩할 장)늙어서도 더욱 씩씩함. ㊞여든의 나이인데도 —을 과시한다. ❸이롭다. 유익하다. ¶益鳥(—, 새 조)인간의 생활에 도움을 주는 새. ㊞ —와 害鳥. ❹이익. 도움. 이로움. 損(1949)의 대. ¶損益(—, 손해 손)손해와 이익. ㊞ —計算.
〔益甚〕(익심) 갈수록 더욱 심함.
〔益者三友〕(익자삼우) 사귀어서 자기에게 유익한 세 종류의 벗. 곧 정직한 사람, 신의가 있는 사람, 견문이 많은 사람.
▷公益(공익)·權益(권익)·無益(무익)·補益(보익)·收益(수익)·純益(순익)·有益(유익)·利益(이익)·便益(편익)

5 ⑩ 〔盏〕 3516 잔 盞(3525)의 간화자

6 ⑪ 〔盖〕* 개: 蓋(4555)의 속자·간화자
3517

6 ⑪ 〔盗〕 도 盜(3522)의 속자
3518

6 ⑪ 〔盘〕 반 盤(3528)의 간화자
3519

6 ⑪ 〔盛〕*** ㊀성: 去敬 shèng, セイ ㊁성 平庚 shéng, セイ
3520

소전 행서 본자 盛 이름 ㊀성할 성: ㊁담을 성 자원 형성. 成+皿→盛→盛. 城(성)·晟(성)과 같이 成(성)이 성부.

필순 丿 厂 万 成 成 成 成 成 盛 盛

새김 ㊀❶성하다. ㉠기세 좋게 일어나다. ¶全盛(모두 전, ―)형세 따위가 한창 성함. 예―時代. ㉡싱싱하게 우거지다. ¶茂盛(우거질 무, ―)한창 우거짐. 예―한 나무. ❷풍성하다. ¶盛饌(―, 음식 찬)푸짐하게 잘 차린 음식. 예―을 베풀다. ❸빛나다. 성대하다. ¶盛裝(―, 꾸밀 장)아름답게 차려 입음. 예―美人. ❹젊다. ¶盛年(―, 나이 년)젊은 나이. 혈기가 왕성한 한창때. 예―不重來. ㊁담다. 그릇에 담다. ¶盛₂水₁不₄漏₃(―, 물 수, 아니할 불, 샐 루)물을 담아도 새지 아니함. 곧 사물이 잘 째여 조금도 틈이 없음의 형용.
〔盛大〕(성대) 아주 성하고 큼.
〔盛名〕(성명) 굉장한 명성. 훌륭한 평판.
〔盛世〕(성세) 번성하고 태평한 시대.
〔盛衰〕(성쇠) 흥성함과 쇠퇴함. 「시기.
〔盛需期〕(성수기) 어떤 물건이 한창 쓰이는
〔盛業〕(성업) 사업이나 장사가 잘됨.
〔盛壯〕(성장) ①기운이 왕성하고 몸이 튼튼함. ②빈 데가 없이 가득 참.
〔盛典〕(성전) 성대한 의식.
〔盛夏〕(성하) 한여름. 예―炎熱.
〔盛行〕(성행) 매우 성하게 행하여짐. 널리 유행함.
〔盛況〕(성황) 성대한 상황.
▷強盛(강성)·極盛(극성)·繁盛(번성)·旺盛(왕성)·隆盛(융성)·昌盛(창성)·豐盛(풍성)

6 ⑪ 〔盒〕* 합 入合 hé, コウ
3521

행서 盒 이름 합 합 자원 형성. 合+皿→盒. 蛤(합)·閤(합)과 같이 合(합)이 성부.
새김 합. 뚜껑이 있는, 동글납작한 그릇. ¶饌盒(반찬 찬, ―)여러 개를 포개어 한 벌로 된, 주로 반찬을 담는 그릇.

7 ⑫ 〔盜〕** 도 本도: 去號 dào, トウ
3522

소전 행서 속자 盗 이름 도둑 도 자원 회의. 次+皿→盜. 次는 침을 흘린다는 뜻. 그릇에 담긴 음식물을 보고 침을 흘리다가 훔칠 생각을 낸다는 뜻.

필순 氵 氵 汐 汐 次 次 浛 浛 盜 盜

새김 ❶도둑. 도적. 남의 물건을 훔치는 사람. ¶強盜(억지로 강, ―)강제 수단으로 남의 재물을 빼앗는 도둑. 예殺人―. ❷훔치다. 도둑질하다. ¶竊盜(훔칠 절, ―)남의 물건을 훔침. 예―犯. ❸남몰래. 슬그머니. ¶盜聽(―, 들을 청)남의 통화 내용을 몰래 들음. 예―器.
〔盜掘〕(도굴) 고분(古墳) 따위를 몰래 파헤쳐 부장품을 훔침.
〔盜難〕(도난) 물건을 도둑맞는 재난.
〔盜伐〕(도벌) 남의 산의 나무를 몰래 벰.
〔盜癖〕(도벽) 물건을 훔치는 버릇.
〔盜用〕(도용) 몰래 훔쳐서 씀.
〔盜賊〕(도적) 남의 물건을 빼앗거나 훔치는 짓을 하는 사람. 「은땀.
〔盜汗〕(도한) 몸이 허약하여 잠잘 때 나는 식
▷群盜(군도)·大盜(대도)·賊盜(적도)·偸盜(투도)·捕盜(포도)

7 ⑫ 〔盛〕*** ㊀성: ㊁성 盛(3520)의 본자
3523

8 ⑬ 〔盟〕** 맹 本명 平庚 méng, メイ
3524

소전 행서 이름 맹세할 맹 자원 형성. 明+皿→盟. 萌(맹)과 같이 明(명)의 변음이 성부.

필순 丨 冂 日 日 明 明 明 明 盟 盟

새김 맹세하다. 또는 맹세. ¶盟約(―, 약속할 약) 맹세하여 굳게 약속함. 또는 그 약속. 예―을 지키다.
〔盟邦〕(맹방) 동맹을 맺은 나라.
〔盟誓〕(맹세←맹서) 일정한 목표나 약속을 반드시 실현하거나 실행하겠다고 굳게 다짐함.
〔盟主〕(맹주) 동맹(同盟)을 한 제후 중의 우두머리. 또는 맹약의 주관자.
▷結盟(결맹)·同盟(동맹)·連盟(연맹)

8 ⑬ 〔盞〕* 잔 本잔: 上濟 zhǎn, サン
3525

행서 간화 盏 이름 잔 잔 자원 형성. 戔+皿→盞. 殘(잔)·棧(잔)과 같이 戔(잔)이 성부.

새김 잔. 자그마한 술잔. ¶金盞(금 금, ─)금으로 만들거나 장식한 술잔. 예─玉臺.
〔盞臺〕(잔대) 國 술잔 받침.
▷燈盞(등잔)·玉盞(옥잔)·酒盞(주잔)

9 ⑭ 〔監〕** ㊀감 平咸 jiān, カン
3526 ㊁감 ㊍감: 去陷 jiàn, カン

소전 행서 약자 간화 监 이름 ㊀볼 감 ㊁벼슬이름 감 자원 회의. 臥+皿→監. 물을 담은 그릇에 자기의 모습을 비추어 본다는 뜻.

필순 一 ㄱ ㅋ 彐 ヨ 臣 臣' 臣ㅏ 臣ㅗ 監

새김 ㊀❶보다. 살펴보다. ¶監視(─, 볼 시)경계하기 위하여 주의해서 살펴봄. 예─哨所. ❷가두다. 또는 옥. ¶監獄(─, 옥 옥)죄 지은 사람을 가두어 두는 곳. 예─살이. ㊁❶벼슬이름. ㉠감찰 임무를 띤 벼슬이나 벼슬아치. ¶舍監(집 사, ─)기숙사를 관리하며 기숙생들의 생활을 지도하는 직책. 또는 그 직책에 있는 사람. ㉡國 관찰사의 딴이름. ¶監營(─, 관아 영)조선 시대에, 관찰사가 일을 보던 관아. 예京畿─. ❷관아 이름. 국자감(國子監)·중서감(中書監) 등. ❸거울. 교훈. 경계. 鑑(5757)과 통용. 〔漢書〕殷監不$_2$遠$_1$(은감불원) 은나라의 교훈이 멀지 아니하다. ❹비추어 보다. 거울로 삼다. 〔論語〕周監$_3$於$_2$二代$_1$(주 감어이대) 주나라는 하(夏)·은(殷)의 두 왕조를 거울로 삼다.
〔監戒〕(감계) 지난 잘못을 거울로 삼아 그 잘못을 다시 하지 않도록 하는 경계.
〔監禁〕(감금) 가두어서 신체의 자유를 속박함.
〔監督〕(감독) 감시하고 독촉함. 또는 그런 일을 하는 사람.
〔監房〕(감방) 감옥에서 죄인을 가두어 두는 방.
〔監司〕(감사) 國 조선 시대의 각 도(道)의 장관. 관찰사(觀察使).
〔監査〕(감사) 감독하고 검사함. 또는 그 임무를 맡은 사람.
〔監修〕(감수) 서적의 편찬을 감독함. 또는 그런 일을 하는 사람.
〔監察〕(감찰) 감시하여 살핌.
▷校監(교감)·軍監(군감)·大監(대감)·收監(수감)·令監(영감)·出監(출감)·統監(통감)

9 ⑭ 〔盡〕*** 진: 上軫 jìn, ジン
3527

소전 행서 속자 간화 尽 이름 다할 진: 자원 형성. 𦘒〔𦘔의 변형〕+皿→盡. 𦘔(진)이 성부.

필순 ㄱ ㅋ ㅋ 申 聿 肀 肀 肀 盡 盡

새김 ❶다하다. ㉠일을 위하여 필요한 것을 있는 대로 다 들이다. ¶盡$_2$忠$_1$(─, 충성 충)충성을 다함. 예─報國. ㉡더는 남아 있지 아니하다. ¶無$_2$盡$_1$藏$_3$(없을 무, ─, 저장할 장)다함이 없이 저장함. 예─으로 있는 石炭. ❷다 없애다. ¶一網打盡(한 일, 그물 망, 칠 타, ─)한 번의 그물로 쳐서 다 없앰. 한꺼번에 모조리 잡음의 형용. 예준동하는 도둑떼를 ─하였다.
〔盡力〕(진력) 있는 힘을 다함.
〔盡善盡美〕(진선진미) 완전 무결하게 좋고 아름다움.
〔盡心〕(진심) 온 정성을 다 기울임.
〔盡心竭力〕(진심갈력) 마음과 힘을 다함.
〔盡人事待天命〕(진인사 대천명) 인간으로서 할 수 있는 데까지 최선을 다하고 그 후는 천명에 맡김.
▷極盡(극진)·賣盡(매진)·勢窮力盡(세궁역진)·消盡(소진)·力盡(역진)·自盡(자진)·殫盡(탄진)·脫盡(탈진)·蕩盡(탕진)

10 ⑮ 〔盤〕** 반 平寒 pán, ハン
3528

행서 간화 盘 이름 쟁반 반 자원 형성. 般+皿→盤. 槃(반)·搬(반)·瘢(반)과 같이 般(반)이 성부.

필순 ′ 介 舟 舟 舟 舟' 般 般 盤 盤

새김 ❶쟁반. 둥글납작한 큰 접시. ¶杯盤(술잔 배, ─)술상에 차려놓은 술잔이나 쟁반 같은 그릇들. 예─이 낭자하다. ❷바닥. 기초가 되는 평평한 바탕이나 받침대. ¶地盤(땅 지, ─)땅의 바닥. 예─이 고르지 아니하다. ❸굽다. 구불구불 돌다. ¶盤曲(─, 굽을 곡)구불구불 굽음. ❹사리다. 서리다. ¶盤根錯節(─, 뿌리 근, 섞일 착, 마디 절)서린 뿌리와 엉클어진 마디. 복잡하게 엉클어져 해결하기가 매우 어려운 일의 비유. ❺너럭바위. 널찍한 큰 바위. ¶盤石(─, 돌 석)너럭바위. 안정되고 견고함의 비유. 예─ 위에 올려놓은 經濟.
〔盤據〕(반거) 넓은 땅을 차지하여 의거함.
〔盤溪曲徑〕(반계곡경) 國 구불구불한 시냇물과 길. 일을 정당한 방법으로 하지 않고, 그릇된 방법을 써서 억지로 함의 비유.
〔盤龍〕(반룡) 서리고 있는 용.
〔盤旋〕(반선) 강이나 길이 구불구불하게 빙빙 돌아 구부러짐.
〔盤松〕(반송) 키가 작고 가지가 옆으로 퍼진 소나무.
〔盤回〕(반회) 구부러져 빙 돎.
▷基盤(기반)·羅針盤(나침반)·小盤(소반)·圓盤(원반)·銀盤(은반)·音盤(음반)·錚盤(쟁반)

11 ⑯ 〔盧〕* 로 平虞 lú, ロ
3529

소전 행서 盧 간화 卢 이름 성 로 자원 형성. 虍+皿→盧. 虍(로)가 성부.
새김 성(姓). ¶盧生之夢(—, 사람 생, 의 지, 꿈 몽)인생의 영고성쇠는 꿈처럼 헛되고 덧없음의 비유. 故 당대(唐代)에 노의 성을 가진 젊은이가 한단(邯鄲)이란 곳에서 도사(道士)인 여옹(呂翁)의 베개를 빌려 베고 잠이 들었다가 80평생 영화를 누렸는데, 깨고 보니 짧은 동안의 꿈이었다는 고사. 동邯鄲之夢(한단지몽).

5획 부수 目(罒) 部

▷명칭: 눈목
▷쓰임: 눈, 또는 눈의 움직임이나 상태, 또는 눈으로 보는 일과 관계되는 한자의 부수로 쓰였다.

0 ⑤ 〔目〕*** 목 入屋 | mù, モク·ボク
3530

소전 행서 이름 눈 목 자원 상형. 눈동자가 또렷한 사람의 눈의 모양.

필순 丨 冂 月 月 目

새김 ❶눈. ¶耳目(귀 이, —)귀와 눈. 예—口鼻. ❷눈길. 또는 눈짓하다. ¶目禮(—, 예 례)눈짓으로 하는 인사. 예—를 보내다. ❸보다. ¶注目(쏟을 주, —)시선을 모아 봄. 예선생님을 —하다. ❹지향하다. 노리다. ¶目的(—, 목표 적)지향하거나 노리는 목표. 예—을 이루다. ❺일컫다. 말하다. ¶指目(가리킬 지, —)가리키어 말함. 예—한 사람. ❻우두머리. ¶頭目(우두머리 두, —)우두머리. 예깡패—. ❼조목. 나눈 갈래. ¶細目(자세할 세, —)상세한 조목. 예規約의 —. ❽이름. 명칭. ¶罪目(죄 죄, —)저지른 죄의 이름. 예—을 열거하다. ❾견식. 보는 눈. ¶眼目(눈 안, —)사물을 분별하는 견식. 예높은 —을 가진 사람.
〔目擊〕(목격) 직접 제 눈으로 봄.
〔目巧〕(목교) 눈썰미. 예—가 있는 사람.
〔目睹〕(목도) 목격(目擊).
〔目錄〕(목록) ①물품의 이름이나 책의 제목을 순서대로 적어 놓은 것. ②목차(目次).
〔目不識丁〕(목불식정) 고무래를 보고도 丁자임을 알지 못함. 아무것도 모르는 일자무식(一字無識)의 형용.
〔目不忍見〕(목불인견) 눈뜨고 차마 볼 수 없음. 광경이 지극히 비참함의 형용.
〔目前〕(목전) 눈 앞.
〔目次〕(목차) 제목·항목 따위를 차례로 배열한 것.
〔目睫〕(목첩) 눈과 속눈썹. 인신하여, 시간적으로나 공간적으로 아주 가까움.
〔目測〕(목측) 눈대중으로 길이나 크기를 잼.
〔目標〕(목표) 성취하려고 하는 대상으로 삼는 것.
〔目下〕(목하) 눈 앞의 형편 아래.
▷綱目(강목)·課目(과목)·刮目(괄목)·盲目(맹목)·面目(면목)·要目(요목)·題目(제목)·條目(조목)·品目(품목)·項目(항목)

3 ⑧ 〔盲〕** 맹 平庚 | máng, モウ
3531

소전 행서 이름 소경 맹 자원 형성. 亡+目→盲. 氓(맹)과 같이 亡(망)의 변음이 성부.

필순 丶 亠 亡 亡 肓 肓 盲 盲

새김 ❶소경. 봉사. 또는 눈이 멀다. ¶盲人(—, 사람 인)소경. ❷어리석다. 사리에 어둡다. ¶盲從(—, 좇을 종)남이 시키는 대로 맹목적으로 따름. 예남의 의견에 —하는 사람.
〔盲目〕(맹목) ①먼눈. ②어두운 눈.
〔盲目的〕(맹목적) 주관이나 원칙 없이 덮어놓고 하는. 예—인 行爲.
〔盲信〕(맹신) 옳고 그름의 분별없이 무작정 믿음.
〔盲啞〕(맹아) 소경과 벙어리.
〔盲點〕(맹점) 시신경이 망막으로 들어오는 곳에 있는 희고 둥근 부분.
▷文盲(문맹)·色盲(색맹)·夜盲(야맹)·青盲(청맹)

3 ⑧ 〔直〕*** 一 직 入職 | zhí, チョク
二 치: 去寘 | zhì, チ
3532

소전 直 행서 直 이름 一곧을 직 二값 치: 자원 회의. 十+目+乚→直. 乚은 숨겨 감춘다는 뜻. 아무리 숨겨 감추어도 10개의 눈으로 보면 드러난다는 뜻.

필순 一 十 广 冇 冇 有 直 直

새김 一❶곧다. 曲(2206)의 대. ㉠굽지 아니하다. ¶直線(—, 선 선)꺾이거나 휜 데가 없는 선. 예—距離. ㉡마음이 똑바르다. ¶正直(바를 정, —)마음이 거짓이 없이 바르고 곧음. 예—한 사람. ❷번들다. 숙직하다. 또는 번. 숙직. ¶當直(당할 당, —)숙직의 차례에 당함. 또는 그 차례에 당한 사람. 예—勤務. ❸곧바로. 곧장. ¶直接(—, 닿을 접)중간에 다른 사람이나 사물을 통하지 않고 바로 접촉하는 관계. 예—選擧. ❹다만. 단지. 〔孟子〕直好世俗之樂耳(직호 세속지악이)다만 세속의 음악을 좋아할 뿐이다. 二값. 가치. 値(0270)와 같다. 〔蘇軾·詩〕春宵一刻直千金(춘소일각 치천금)봄밤의 한 시각은 값이 천금이다.
〔直角〕(직각) 두 직선이 이루는 90도의 각. 예—三角形.

〔直覺〕(직각) ①보거나 듣는 즉시 바로 느껴 깨달음. ②직감(直感).
〔直諫〕(직간) 곧바른 말로 간함.
〔直感〕(직감) 사물을 접촉하였을 때 순간적으로 판단하는 느낌.
〔直擊〕(직격) 직접 공격함. 또는 포탄이 직접 명중함. 예—彈.
〔直結〕(직결) 딴 것을 사이에 넣지 않고 직접 연결함.
〔直徑〕(직경) 지름.
〔直系〕(직계) 한 가닥으로 곧게 이어 내린 계통. 예—家族.
〔直觀〕(직관) ①사물을 보거나 듣는 즉시로 바로 느껴 깨달음. ②깊은 사고 없이 대상을 곧 알아서 분별함.
〔直立〕(직립) 꼿꼿이 바로 섬.
〔直面〕(직면) 직접 대함. 당면함.
〔直射〕(직사) 광선이 곧게 바로 비침. 예—光線.
〔直屬〕(직속) 직접 그 밑에서 지휘·감독을 받음. 또는 그런 소속. 예—上官.
〔直輸入〕(직수입) 외국의 상품을 중개하는 나라나 상인을 거치지 아니하고 직접 사들임.
〔直輸出〕(직수출) 국내의 상품을 중간에서 중개하는 나라나 상인을 거치지 아니하고 외국으로 직접 내보냄.
〔直視〕(직시) 똑바로 봄.
〔直言〕(직언) ①정직하고 솔직한 말. ②옳고 그른 것에 대하여 기탄 없이 말함.
〔直譯〕(직역) 원문의 문구(文句)대로 번역함.
〔直營〕(직영) 일정한 기관이나 생산 회사가 판매·편의 시설 등을 직접 경영함. 예—店.
〔直喩〕(직유) 어떤 사물을 직접 딴 사물에 비겨 '꿈과 같은 이야기'와 같이 표현하는 수사법. 대隱喩(은유).
〔直通〕(직통) 막힘이 없이 곧장 통함. 예—電話(전화).
〔直播〕(직파) 옮겨 심지 아니하고, 기를 제자리에 씨를 바로 뿌림.
〔直販〕(직판) 생산자가 상인의 손을 거치지 않고 소비자에게 직접 물건을 팖. 예—場.
〔直筆〕(직필) 어떤 사실을 있는 그대로 적음.
〔直下〕(직하) ①바로 그 아래. 예赤道—. ②곧게 내려가거나 떨어짐. 예急轉—.
〔直轄〕(직할) 직접 관할함. 예—區域.
〔直航〕(직항) 배나 비행기가 다른 곳에 들리지 않고 곧바로 목적지로 감. 예—路.
〔直行〕(직행) 중도에 머물거나 다른 데 들리지 아니하고 곧바로 감. 예—버스.
▷剛直(강직)·曲直(곡직)·方直(방직)·率直(솔직)·垂直(수직)·宿直(숙직)·廉直(염직)·愚直(우직)·日直(일직)·忠直(충직)

4 ⑨ 〔看〕*** 3533
간 本간: 去翰 | kàn, カン

소전 행서 이름 볼 간 자원 회의. 手〔手의 변형〕+目→看. 손을 눈 위에 얹고 바라본다는 뜻.

필순 丿 二 三 手 矛 看 看 看 看

새김 ❶보다. ㉠둘러보다. 살펴보다. ¶看過(—, 지날 과)대강대강 보고 지나쳐버림. 예—할 수 없는 잘못. ㉡감시하다. ¶看守(—, 지킬 수)일제 때, 형무소에서 죄인을 감시하던 일을 맡았던 직위나 그 사람. ❷바라지하다. 보살피며 바라지하다. ¶看病(—, 병 병)앓는 사람을 보살피고 이바지하여 줌. 예—人.
〔看做〕(간주) 그렇다고 봄. 또는 그렇다고 여김.
〔看破〕(간파) 내용을 확실히 꿰뚫어 알아 깨침.
〔看板〕(간판) 상호·업종 따위를 써서 내거는 표지.
〔看護〕(간호) 환자를 보살피고 그의 시중을 듦.
▷臥看床(와간상)·走馬看山(주마간산)

4 ⑨ 〔眄〕* 3534
면: 上銑 | miǎn, ベン

소전 행서 이름 돌아다볼 면: 자원 형성. 目+丏→眄. 沔(면)과 같이 丏(면)이 성부.
새김 돌아다 보다. ¶左顧右眄(왼 좌, 돌아다볼 고, 오른쪽 우, —)왼쪽으로 돌아다 보고 오른쪽으로 돌아다 봄. 곧 앞뒤를 재고 망설이는 모양의 형용. 예—하는 공무원들.
⑨〔冒〕 모 冂부 7획 (0389)

4 ⑨ 〔眉〕** 3535
미 平支 | méi, ビ

소전 행서 이름 눈썹 미 자원 상형. 눈 위에 있는 눈썹의 모양.

필순 ㄱ ㄲ ㅋ 尸 尸 屙 屙 眉 眉

새김 ❶눈썹. ¶眉目(—, 눈 목)눈썹과 눈. 인신하여, 얼굴의 생김새. 예—이 수려하다. ❷늙다. 눈썹이 길게 자라도록 수하다. ¶眉壽(—, 수할 수)눈썹이 길게 자라도록 수함. 또는 그런 수명. 예—를 누리다.
〔眉間〕(미간) 두 눈썹 사이.
▷白眉(백미)·愁眉(수미)·蛾眉(아미)·焦眉(초미)

4 ⑨ 〔盼〕* 3536
변: 本반: 去諫 | pàn, ハン

소전 행서 이름 눈또렷할 변: 자원 형성. 目+分→盼. 分(분)의 변음이 성부.
새김 눈이 또렷하다. 눈이 초롱초롱하다. 〔論語〕美目盼兮(미목변혜) 아름다운 눈이 또렷함이여!

4 ⑨ 〔相〕*** ㊀상　平陽　xiāng, ソウ
㊁상 本상: 去漾　xiàng, ソウ
3537

소전 相 행서 相 이름 ㊀서로 상 ㊁모양 상 자원 회의. 木+目→相. 자세히 보기 위하여 나무 위에 올라가 내려다본다는 뜻.

필순 一 十 才 木 机 机 相 相 相

새김 ㊀서로. ㉠서로서로. ¶相互(ㅡ, 서로 호) 서로. 예ㅡ協力. ㉡ 다음다음으로. 대대로. ¶相傳(ㅡ, 전할 전)대대로 서로 전함. 예父子ㅡ. ㊁❶모양. 모습. 사람의 용모. ¶人相(사람 인, ㅡ)사람의 생김새. ❷정승. 재상. 집정자. ¶首相(우두머리 수, ㅡ)한 나라의 내각의 최고 지도자. 옛날의 영의정.

〔相公〕(상공) 재상(宰相)의 높임말.
〔相關〕(상관) 둘 이상의 것이 서로 관계를 맺음. 예ㅡ關係.
〔相剋〕(상극) ①서로 맞지 않거나 서로 대립되어 함께 있을 수 없는 일. ②두 사람 사이에 마음이 서로 맞지 아니함. ③오행설에서 나무는 흙, 흙은 불, 불은 쇠, 쇠는 나무를 이긴다는 말.
〔相談〕(상담) 서로 의논함. 「서로 대립이 됨.
〔相對〕(상대) ①마주 대함. 또는 그 상대. ②
〔相面〕(상면) 처음으로 서로 만나봄.
〔相反〕(상반) 서로 반대가 됨.
〔相逢〕(상봉) 서로 만남.
〔相扶相助〕(상부상조) 서로서로 도움.
〔相似〕(상사) 서로 비슷함.
〔相思〕(상사) 남녀가 서로 그리워함.
〔相生〕(상생) 오행설에서, 나무는 불, 불은 흙, 흙은 쇠, 쇠는 물, 물은 다시 나무를 만들어 냄을 이르는 말. 예ㅡ之理.
〔相續〕(상속) 소유주가 죽은 뒤에 그에게 속했던 권리·의무 등이 딴 사람에게 넘어가거나 딴 사람이 이어 받음. 예ㅡ財産.
〔相殺〕(상쇄) 엇셈. 셈을 서로 비김.
〔相乘〕(상승) 두 개 이상의 수를 서로 곱함. 예ㅡ效果. 「③서로 기맥이 통함.
〔相應〕(상응) ①서로 호응함. ②서로 부합함.
〔相殘〕(상잔) 서로 싸우고 해침. 예骨肉ㅡ.
〔相從〕(상종) ①서로 따름. ②서로 사귐.
▷骨相(골상)·觀相(관상)·面相(면상)·手相(수상)·丞相(승상)·實相(실상)·樣相(양상)·宰相(재상)·眞相(진상)

4 ⑨ 〔省〕*** ㊀성 本성: 上梗　xǐng, セイ
㊁생 本생: 上梗　shěng, ショウ
3538

소전 省 행서 省 이름 ㊀살필 성 ㊁덜 생 자원 형성. 少〔生의 변형〕+目→省. 生(생)이 성부.

필순 丨 小 小 少 少 省 省 省 省

새김 ㊀❶살피다. ㉠자세히 관찰하다. 〔論語〕退而省$_3$其$_1$私$_2$(퇴이 성기사) 물러 간 뒤의 그의 사생활을 관찰하다. ㉡반성하다. ¶自省(스스로 자, ㅡ)스스로 반성함. ㉢안부를 묻다. ¶歸省(돌아갈 귀, ㅡ)객지에 살다가 고향집에 돌아가 부모의 안부를 물음. 예ㅡ列車. ❷깨닫다. ¶人事不$_2$省$_1$(사람 인, 일 사, 못할 불, ㅡ) ㉮자기의 신상에 일어난 일을 알지 못함. 예ㅡ의 重患者. ㉯지켜야 할 예절을 차리지 아니함. 예ㅡ의 막되먹은 놈. ❸중국의 가장 큰 지방 행정 구역. 예河北省. ㊁덜다. 줄이다. ¶省略(ㅡ, 줄일 략)글이나 말 또는 일정한 절차에서 일부분을 줄임. 예ㅡ文.

〔省禮〕(생례) 國 예절을 생략함. 상제나 복인(服人)에게 하는 편지 첫머리에 쓰는 말투.
〔省墓〕(성묘) 조상의 산소를 살펴봄.
〔省悟〕(성오) 자기가 한 일을 돌이켜 살펴 잘못과 허물을 깨달음. 「살핌.
〔省察〕(성찰) ①자세히 고찰함. ②반성하여
▷減省(감생)·內省(내성)·反省(반성)·昏定晨省(혼정신성)

4 ⑨ 〔盾〕* 순: 上軫　shǔn, ジュン
3539

소전 盾 행서 盾 이름 방패 순: 자원 상형. 눈 위에 방패를 쳐들고 적의 공격을 막고 있는 형상.

새김 방패. 적의 화살이나 칼에서 몸을 보호하는 무기. ¶矛盾(창 모, ㅡ)矛(3574)를 보라.

4 ⑨ 〔眈〕* 탐: 上感　dān, タン
3540

소전 眈 행서 眈 이름 노려볼 탐: 자원 형성. 目+冘→眈. 耽(탐)과 같이 冘(임)의 변음이 성부.

새김 노려보다. 인신하여, 웅시(雄視)하다. ¶虎視眈眈(범 호, 볼 시, ㅡ, ㅡ)범이 사냥할 대상을 탐욕스레 노려봄. 남의 것을 탐욕스레 노리며 기회를 살핌의 형용. 예우리 나라를 ㅡ하던 日帝.

4 ⑨ 〔県〕 현: 縣(4101)의 약자
3541

5 ⑩ 〔眠〕*** 면 平先　mián, ミン
3542

행서 眠 이름 잠잘 면 자원 형성. 目+民→眠. 民(민)의 변음이 성부.

필순 丨 冂 冃 月 目 目' 目ᄀ 旷 眠 眠

[새김] 잠을 자다. ㉠눈을 감고 자다. ¶安眠(편안할 안, ―)편안히 잠을 잠. (예)― 妨害. ㉡인신하여, 죽다의 비유. ¶永眠(길 영, ―)영원히 잠듦. 곧 사람이 죽음. ㉢동물이 겨울잠을 자다. ¶冬眠(겨울 동, ―)동물이 겨울 동안 잠자는 상태로 있음. (예)오랜 ―에서 깨어나다.
〔眠食〕(면식) 자는 일과 먹는 일. 인신하여, 일상 생활.
▷不眠(불면)·睡眠(수면)·熟眠(숙면)·催眠(최면)

5 ⑩ 〔眞〕*** 진 [平]眞 | zhēn, シン
3543

[소전] [행서] [속자] 真 [이름] 참 진 [자원] 회의. 匕〔化의 고자〕+目+乚+八→眞. 乚은 숨기다, 八은 구름의 모양. 신선이 된 사람이 사람의 눈에 뜨이지 않게, 구름을 타고 몸을 숨겨 하늘로 올라간다는 뜻. 그래서 자연·천성·참 등의 뜻을 나타낸다.

[필순] 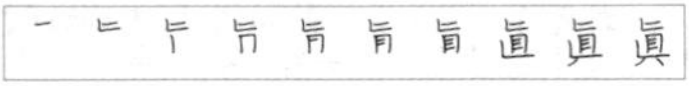

[새김] ❶참. 僞(0315)·假(0275)의 대. ㉠거짓이 아닌 것. ¶眞僞(―, 거짓 위)참과 거짓. (예)―를 가리다. ㉡참되다. 거짓이 아니다. ¶眞相(―, 모양 상)참된 모양이나 내용. (예)事件의 ―. ❷자연 그대로의 모양. 또는 본래의 모습 그대로. ¶天眞(자연 천, ―)자연 그대로의 모습이나 타고난 그대로의 성질. (예)― 爛漫. ❸도가(道家)의 진리. ¶眞人(―, 사람 인)도가의 깊은 진리를 깨달은 사람. ❹부처. 깨달은 사람. ¶眞言(―, 말 언)불경에 나오는, 부처의 말. (예)―을 외다. ❺진서(眞書). 해서(楷書)의 딴이름.
〔眞價〕(진가) 참된 가치.
〔眞境〕(진경) ①선경(仙境). ②본바탕을 가장 잘 나타낸 참다운 경지.
〔眞空〕(진공) ①공기가 전혀 없는 공간. (예)― 狀態. ②(佛)우주의 일체의 현상은 참으로 빈 현상이라는 뜻. ⌈는 말.
〔眞談〕(진담) 진정에서 우러나오는 거짓이 없
〔眞理〕(진리) 참된 도리. 바른 이치.
〔眞面目〕(진면목) 본래부터 지니고 있는 그대로의 상태나 진상(眞相).
〔眞味〕(진미) ①음식의 썩 좋은 맛. ②참된 의 ⌊미.
〔眞率〕(진솔) 진실하고 솔직함.
〔眞髓〕(진수) 사물 현상의 핵심을 이루는 가장 중요한 본질적인 알맹이. (예)民族文化의
〔眞實〕(진실) 거짓이 없고 참됨. ⌊―.
〔眞如〕(진여) (佛)우주 만물의 본체로서, 영원히 변하지 않는 진리.
〔眞影〕(진영) ①참다운 모습. 인신하여, 인물화나 사진. ②부처의 초상.
〔眞鍮〕(진유) 놋쇠.
〔眞意〕(진의) 참뜻. 본마음.
〔眞情〕(진정) 거짓이 없는 참된 정이나 진실한 마음. (예)― 所願.
〔眞摯〕(진지) 참되고 착실함.
〔眞諦〕(진제←진체) (佛)①사물의 근본에 있는 진리. ②평등하고 차별이 없다는, 불교의 가장 오묘한 원리.
▷寫眞(사진)·純眞(순진)·正眞(정진)

5 ⑩ 〔真〕 진 眞(3543)의 속자
3544

5 ⑩ 〔眩〕* 현: [去]霰 | xuàn, ゲン
3545

[소전] [행서] [이름] 어지러울 현: [자원] 형성. 目+玄→眩. 絃(현)·鉉(현)과 같이 玄(현)이 성부.
[새김] ❶어지럽다. 어질어질하다. ¶眩氣(―, 기운 기)어질어질한 기운. (예)― 症. ❷속이다. 어지럽히다. ¶眩惑(―, 미혹할 혹)제 정신을 못 차리게 미혹함. (예)― 되지 말라.
〔眩耀〕(현요) 눈부시게 빛나고 찬란함.
〔眩暈〕(현훈) 눈앞이 아찔하고 어지러움.

6 ⑪ 〔眷〕* 권: [去]霰 | juàn, ケン
3546

[소전] [행서] [이름] 돌아볼 권: [자원] 형성. 𠔉〔卷의 생략체〕+目→眷. 卷(권)이 성부.
[새김] ❶돌아보다. 뒤를 돌아보다. ¶眷顧(―, 돌아볼 고)㉮뒤를 돌아봄. ㉯돌보아 줌. ❷돌보다. 생각하다. ¶眷愛(―, 사랑할 애)돌보아서 사랑함. ❸식솔. 친족. ¶眷屬(―, 살붙이 속)자기 집안에 딸린 식구. (예)돌봐야 할 ―.
〔眷眷〕(권권) 애타게 그리워하는 모양. (예)―
〔眷念〕(권념) 돌보아서 생각함. ⌊不忘.
〔眷率〕(권솔) 한 집에서 거느리고 사는 식구.
▷家眷(가권)·親眷(친권)

6 ⑪ 〔眸〕* 모 (本)무 [平]尤 | móu, ボウ
3547

[소전] [행서] [이름] 눈동자 모 [자원] 형성. 目+牟→眸. 牟(무-모)가 성부.
[새김] 눈동자. 안구. ¶眸子(―, 어조사 자)눈동자.
▷明眸(명모)

6 ⑪ 〔眼〕*** 안: [上]潸 | yǎn, ガン·ゲン
3548

[소전] [행서] [이름] 눈 안: [자원] 형성. 目+艮→眼. 艮(간)의 변음이 성부.

필순 丨 冂 月 目 目 目 目 目 眼 眼 眼

새김 ❶눈. 눈동자. ¶眼球(—, 공 구)눈알. ❷(눈과 같이 생긴) 구멍. ¶銃眼(총 총, —)총 구멍. ❸보다. 바라보다. ¶眼界(—, 경계 계)눈으로 바라볼 수 있는 범위. ㉠—가 탁 트이다. ❹사북. 가장 중요한 점. ¶主眼點(주될 주, —, 점 점)중점을 두어서 특히 보는 점. ❺안목. 식견. ¶具眼(갖출 구, —)식견을 갖춤. ㉠—者.

〔眼鏡〕(안경) 눈을 보호하거나 시력을 돕기 위하여 눈에 쓰게 만든 물건.

〔眼光〕(안광) ①눈빛. ②사물을 관찰하는 능력. ③시력(視力). 「높다.

〔眼目〕(안목) 사물을 분별하는 견식. ㉠—이

〔眼識〕(안식) 안목(眼目). ㉠—을 넓히다.

〔眼睛〕(안정) 눈동자.

〔眼下無人〕(안하무인) 國눈 아래 다른 사람이 없음. 교만해서 남을 업신여김의 형용.

▷開眼(개안)·近視眼(근시안)·老眼(노안)·碧眼(벽안)·心眼(심안)·肉眼(육안)·着眼(착안)·千里眼(천리안)·血眼(혈안)·慧眼(혜안)

6 ⑪ 〔眺〕* 3549 조 本조: 去嘯 tiào, チョウ

소전 행서 이름 바라볼 조 자원 형성. 目+兆→眺. 晁(조)·窕(조)와 같이 兆(조)가 성부.

새김 바라보다. 멀리 바라보다. ¶眺望(—, 바라볼 망)먼 데를 바라봄. 또는 바라보이는 풍경. ㉠—이 좋다.

〔眺覽〕(조람) 눈 가는 데까지 한껏 바라봄.

7 ⑫ 〔睑〕 3550 검: 瞼(3570)의 간화자

7 ⑫ 〔着〕 3551 착 着(4176)과 동자

7 ⑫ 〔睍〕* 3552 현: 上銑 xiǎn, ゲン

소전 행서 이름 힐끗볼 현: 자원 형성. 目+見→睍. 現(현)·峴(현)과 같이 見(현)이 성부.

새김 ❶힐끗 보다. 겁을 먹고 똑바로 보지 못하다. ❷새가 아름답다. 또는 새소리가 청아하다.

8 ⑬ 〔督〕** 3553 독 入沃 dū, トク

소전 행서 이름 감독할 독 자원 형성. 叔+目→督. 叔(숙)의 변음이 성부.

필순 丨 卜 上 于 未 叔 叔 叔 督 督

새김 ❶감독하다. ¶督察(—, 살필 찰)감독하고 시찰함. ❷재촉하다. ¶督促(—, 재촉할 촉)빨리 서둘러 하도록 재촉함. ㉠성화 같은 —. ❸대장. 군대의 우두머리. ¶提督(거느릴 제, —)해군의 장성. 또는 함대의 사령관. ㉠海軍—.

〔督勵〕(독려) 독촉하고 격려함.

〔督戰〕(독전) 전쟁을 독려함.

▷家督(가독)·監督(감독)·都督(도독)·總督(총독)

8 ⑬ 〔睦〕** 3554 목 入屋 mù, ボク

소전 행서 이름 화목할 목 자원 형성. 目+坴→睦. 坴(륙)의 변음이 성부.

필순 丨 冂 月 目 目 目 目 目 目 睦

새김 화목하다. 사이좋게 지내다. ¶親睦(친할 친, —)서로 친하여 화목함. ㉠—會.

〔睦族〕(목족) 친족끼리 서로 화목하게 지냄.

〔睦月〕(목월) 음력 정월의 딴이름.

▷敦睦(돈목)·和睦(화목)

8 ⑬ 〔睡〕** 3555 수 本수: 去寘 shuì, スイ

소전 행서 이름 졸 수 자원 형성. 目+垂→睡. 垂(수)가 성부.

필순 冂 月 目 目 目 目 目 目 睡 睡

새김 졸다. 잠을 자다. 또는 잠. ¶睡眠(—, 잠잘 면)㉮잠을 잠. ㉠—狀態. ㉯잠. ㉠—不足.

〔睡魔〕(수마) 심한 졸음의 비유.

〔睡鄕〕(수향) 꿈나라. 수면 생태.

▷假睡(가수)·熟睡(숙수)·午睡(오수)·寢睡(침수)·昏睡(혼수)

8 ⑬ 〔睛〕* 3556 정 平庚 jīng, セイ

행서 이름 눈동자 정 자원 형성. 目+青→睛. 情(정)·精(정)과 같이 青(청)의 변음이 성부.

새김 눈동자. ¶畫龍點睛(그릴 화, 용 룡, 점찍을 점, —)용을 그리고 눈동자를 점찍음. 무슨 일을 하는데 가장 중요한 부분을 마치어 완성시킴의 비유.

8 ⑬ 〔睫〕* 3557 첩 入葉 jiē, ショウ

행서 睫 이름 눈썹 첩 자원 형성. 目+疌→睫. 捷(첩)과 같이 疌(첩)이 성부.
새김 눈썹. ¶睫毛(—, 털 모)눈썹. 속눈썹.

9 ⑭ [睾]* 고 平豪 gāo, コウ
3558

행서 睾 이름 불알 고 자원 자원이 밝혀지지 않은 자이다.
새김 불알. 남성의 생식기의 일부. ¶睾丸(—, 알 환) 불알.
〔睾女〕(고녀) 國어지자지. 남녀추니. 남녀의 생식기를 아울러 가진 사람.

9 ⑭ [睹]* 도: 上麌 dǔ, ト
3559

소전 睹 행서 睹 이름 볼 도: 자원 형성. 目+者→睹. 堵(도)·都(도)·屠(도)와 같이 者(자)의 변음이 성부.
새김 보다. 눈으로 보다. ¶目睹(눈 목, —)자기의 눈으로 직접 봄. 통目擊(목격). 예내가 —한 처참한 광경.

9 ⑭ [睿] 예: 去霽 ruì, エイ
3560

행서 睿 이름 슬기로울 예: 자원 형성. 㕡〔壑의 생략체〕+目→睿. 睿(예)가 성부.
새김 ❶슬기롭다. ¶睿智(—, 지혜 지) 슬기로운 지혜. ❷임금에 관한 일에 붙이는 높임말. ¶睿覽(—, 볼 람) 임금이나 왕세자가 열람함.
〔睿德〕(예덕) ①매우 뛰어난 덕망(德望). ②왕세자의 덕망.
〔睿旨〕(예지) 섭정(攝政)하는 왕세자의 분부나 명령.
▷聰睿(총예)

10 ⑮ [瞒] 만 瞞(3564)의 간화자
3561

10 ⑮ [瞑]* 명 平青 míng, メイ
3562

소전 瞑 행서 瞑 이름 눈감을 명 자원 형성. 目+冥→瞑. 溟(명)·蓂(명)과 같이 冥(명)이 성부.
새김 눈을 감다. ¶瞑想(—, 생각할 상) 눈을 감고 고요한 기분으로 깊이 생각함. 또는 그리하는 생각. 예—에 잠겨 있는 그 모습.
〔瞑目〕(명목) 눈을 감음.

10 ⑮ [瞋]* 진 平眞 chēn, シン
3563

소전 瞋 행서 瞋 이름 부릅뜰 진 자원 형성. 目+眞→瞋. 鎭(진)·嗔(진)과 같이 眞(진)이 성부.
새김 부릅뜨다. 눈을 크게 뜨다. ¶瞋目(—, 눈 목)눈을 부릅뜸.

11 ⑯ [瞞]* 만 平寒 mán, マン
3564

소전 瞞 행서 瞞 간화 瞒 이름 속일 만 자원 형성. 目+㒼→瞞. 滿(만)·鏋(만)과 같이 㒼(만)이 성부.
새김 속이다. ¶欺瞞(속일 기, —)남을 속여 넘김. 예—行爲.
〔瞞過〕(만과) 속여 넘김.

12 ⑰ [瞰]* 감: 去勘 kàn, カン
3565

행서 瞰 이름 볼 감: 자원 형성. 目+敢→瞰. 橄(감)과 같이 敢(감)이 성부.
새김 보다. 멀리 바라보거나 굽어보다. ¶鳥瞰圖(새 조, —, 그림 도)높은 곳에서 아래를 굽어본 모양의 그림이나 도면. 통俯瞰圖(부감도).
〔瞰射〕(감사) 총이나 활 따위를 높은 데서 내려다 보고 쏨.

12 ⑰ [瞳]* 동: 本동 平東 tóng, ドウ
3566

행서 瞳 이름 눈동자 동: 자원 형성. 目+童→瞳. 憧(동)과 같이 童(동)이 성부.
새김 눈동자. ¶瞳孔(—, 구멍 공)눈알의 한가운데에 있는, 광선이 들어가는 작은 구멍. 눈동자.
〔瞳子〕(동자) 눈동자.

12 ⑰ [瞭]* 료 本료: 上篠 liǎo, リョウ
3567

행서 瞭 간화 了 이름 또렷할 료 자원 형성. 目+尞→瞭. 僚(료)·寮(료)·遼(료)와 같이 尞(료)가 성부.
새김 또렷하다. 분명하다. ¶瞭然(—, 그러할 연)현상이나 사리 등이 분명하고 또렷함. 예一目—.
〔瞭望〕(요망) 높은 곳에 올라 멀리 바라봄.
▷明瞭(명료)

12 ⑰ [瞥]* 별 入屑 piē, ベツ
3568

소전 瞥 행서 瞥 이름 언뜻 별 자원 형성. 敝+目→瞥. 敝에는 '폐' 외에 '별' 음도 있어, 鱉(별)과 같이 敝(별)이 성부.
새김 언뜻. 또는 스치는 눈길로 얼른 보다. ¶瞥見(—, 볼 견)얼른 스쳐 봄.
〔瞥眼間〕(별안간) 눈 깜박할 사이. 아주 짧은

동안.
▷一瞥(일별)

12 ⑰ 〔瞬〕** 순 本순: 去震 | shùn, シュン
3569

행서 瞬 이름 눈깜짝일 순 자원 형성. 目+舜→瞬. 橓(순)·蕣(순)과 같이 舜(순)이 성부.

필순 | 𥃭 𥃭 𥃭 𥃭 𥃭 𥃭 𥃭 𥃭 瞬 瞬

새김 눈을 깜짝이다. 또는 한 번 눈을 깜박일 정도의 매우 짧은 시간. ¶瞬間(—, 동안 간)눈 깜짝할 동안. 곧 아주 짧은 동안. 예마지막 —.
〔瞬視〕(순시) 눈을 깜박이며 봄.
〔瞬息間〕(순식간) 눈을 한 번 깜박이고 숨을 한 번 쉬는 동안. 매우 짧은 시간.
▷一瞬(일순)·轉瞬間(전순간)

13 ⑱ 〔瞼〕* 검: 上琰 | jiǎn, ケン
3570

소전 瞼 행서 瞼 간화 睑 이름 눈꺼풀 검: 자원 형성. 目+僉→瞼. 儉(검)·劍(검)과 같이 僉(첨)의 변음이 성부.
새김 눈꺼풀. ¶眼瞼(눈 안, —) 눈꺼풀.

13 ⑱ 〔瞿〕* 구: 去遇 | jù, ク
3571

소전 瞿 행서 瞿 이름 놀라서볼 구: 자원 형성. 䀠+隹→瞿. 䀠(구)가 성부.
새김 놀라서 보다. 또는 두려워하다.

13 ⑱ 〔瞻〕* 첨 平鹽 | zhān, セン
3572

소전 瞻 행서 瞻 이름 볼 첨 자원 형성. 目+詹→瞻. 詹(첨)이 성부.
새김 보다. 쳐다보다. 우러러보다. ¶瞻星臺(—, 별 성, 대 대)별을 관찰하는 대.
〔瞻望〕(첨망) ①멀리 바라봄. ②우러러 봄.
〔瞻慕〕(첨모) 우러러 사모함.
〔瞻視〕(첨시) 봄. 관찰함.
〔瞻仰〕(첨앙) 우러러보거나 우러러 사모함.
〔瞻依〕(첨의) 우러러 의지함.
▷顧瞻(고첨)·觀瞻(관첨)·仰瞻(앙첨)

19 ㉔ 〔矗〕* 촉 入屋 | chù, チク
3573

행서 矗 이름 우뚝솟을 촉 자원 회의. 直+直+直→矗. 곧게 우뚝 솟아 있음을 뜻한다.
새김 우뚝 솟다. ¶矗矗(—, —)높이 솟아 우뚝우뚝함. 예— 한 산봉우리.

5획 부수 矛 部

▷명칭: 창모
▷쓰임: 무기인 창에 관한 한자의 부수로 쓰였다.

0 ⑤ 〔矛〕* 모 本무 平尤 | máo, ム
3574

소전 矛 행서 矛 이름 창 모 자원 상형. 긴 자루가 달린, 병기인 창의 모양.
새김 창. 긴 자루 끝에 날을 단 병기 이름. ¶矛盾(—, 방패 순)㉮창과 방패. ㉯말이나 행동의 앞뒤가 맞지 않아 어긋남의 비유. 故 옛날 초(楚)나라에 창과 방패를 파는 장수가 있어서 자랑하기를 '이 창으론 어떤 견고한 방패도 뚫을 수 있다.' 고 말하더니, 또 '이 방패는 어떤 예리한 창으로도 뚫을 수 없다' 고 말하기에, 이를 들은 사람이 '그대의 창으로 그대의 방패를 뚫으면 어찌 되느냐?' 고 묻자, 그 장수는 말이 막혀 대답을 못하였다는 고사.

4 ⑨ 〔矜〕* 긍: 本긍 平蒸 | jīn, キョウ
3575

소전 矜 행서 矜 이름 자랑할 긍: 자원 형성. 矛+今→矜. 今(금)의 변음이 성부.
새김 ❶자랑하다. 뽐내고 으스대다. ¶矜持(—, 가질 지)자신의 능력을 뛰어나다고 여겨 가지는 자랑. 예—心. ❷불쌍히 여기다. 가엾게 여기다. ¶矜恤(—, 구휼할 휼)불쌍히 여겨 돌보아줌. ❸존경하다. ¶矜式(—, 본받을 식)존경하여 본받음.
〔矜伐〕(긍벌) 드러내어서 자랑함.
▷可矜(가긍)·驕矜(교긍)·自矜(자긍)

5획 부수 矢 部

▷명칭: 화살시. 화살시변
▷쓰임: 화살에 관한 뜻을 나타내는 한자의 부수로 쓰였다.

0 ⑤ 〔矢〕** 시: 上紙 | shǐ, シ
3576

소전 矢 행서 矢 이름 화살 시: 자원 상형. 화살의 모양을 본떴다.

필순 | ノ 𠂉 𠂉 𠂉 矢

새김 ❶화살. 활로 쏘는 화살. 인신하여, 곧다·빠르다의 비유로 쓴다. ¶弓矢(활 궁, —)활과 화살. ❷맹세하다. ¶矢心(一. 마음 심)마음에 맹세함.
〔矢石〕(시석) 화살과 돌.
〔矢言〕(시언) 맹세하여 언약한 말.
▷毒矢(독시)·桑弧蓬矢(상호봉시)·流矢(유시)·嚆矢(효시)

2 ⑦ 〔矣〕*** 의: 上 紙 | yǐ, イ
3577

소전 행서 이름 어조사 의: 자원 형성. 厶〔㠯의 변형〕+矢→矣. 㠯(이)의 변음이 성부.

필순 ㄥ ㄙ ㄙ 厶 厶 乒 矣

새김 어조사. 구말에 놓아 단정·한정·영탄 등의 뜻을 나타낸다. 〔論語〕 不幸短命死矣(불행 단명사의) 불행하게도 명이 짧아서 죽었다.

3 ⑧ 〔知〕*** ㊀ 지 平 支 | zhī, チ
㊁ 지 本지: 去 寘 | zhì, チ
3578

소전 행서 이름 ㊀알 지 ㊁슬기 지 자원 회의. 矢+口→知. 마음으로 깨달은 바는 입을 통해 화살처럼 빠르게 남들에게 알려진다는 뜻.

필순 ノ ㅅ ㄷ 午 矢 矢 知 知

새김 ㊀❶알다. 깨닫다. ¶感知(느낄 감, 一)느끼어 앎. ❷알아주다. 인정하다. ¶知己(一, 몸 기)자기의 속마음을 알아줌. 예一之友. ❸알리다. 알게 하다. ¶告知(고할 고, 一)통지하여 알림. 예一書. ❹다스리다. 맡아 주재하다. ¶知事(一, 일 사)지방 행정을 맡아 다스리는 최고의 관리. 예京畿道一. ㊁슬기. 지혜. 또는 슬기롭다. 智(2165)와 같다. ¶知略(一, 꾀 략)슬기와 꾀. 동智謀(지모).
〔知覺〕(지각) ①앎. 깨달음. ②감각 기관에 의하여 외계(外界)의 사물을 인식하는 기능.
〔知能〕(지능) 지혜와 재능. 지능(智能).
〔知命〕(지명) 50살의 나이.
〔知性〕(지성) 지적 작용에 관한 성질이나 능력.
〔知識〕(지식) 사물에 대한 명료한 의식과 판단.
〔知悉〕(지실) 모든 사정을 자세히 앎.
〔知友〕(지우) 잘 아는 벗.
〔知音〕(지음) 자기의 마음을 알아주는 벗의 비유. 故 춘추 때의 종자기(鐘子期)는 백아(伯牙)가 타는 거문고의 음색(音色)에서 백아의 마음을 읽을 수 있었다. 종자기가 죽자, 백아는 자기가 타는 거문고 소리를 알아줄 사람이 없다고 하여, 거문고의 현을 끊고 다시는 거문고를 타지 않았다는 고사.
〔知人〕(지인) ①아는 사람. ②사람을 잘 알아봄. 예一之鑑.
〔知者〕(지자) 지식이 많거나 사리에 밝은 사람.
〔知的〕(지적) 지식이나 지성에 관한. 예一能力.
〔知足〕(지족) 분수를 헤아려 만족할 줄을 앎.
〔知彼知己〕(지피지기) 적과 나 쌍방의 정황이나 우열을 잘 앎.
〔知行〕(지행) 지식과 행위. 예一合一說.
〔知慧〕(지혜) 사리를 빨리 깨닫고, 사물을 처리함에 잘 판단하는 지능. 동智慧(지혜).
▷無知(무지)·未知(미지)·熟知(숙지)·諒知(양지)·豫知(예지)·周知(주지)·格物致知(격물치지)·親知(친지)·通知(통지)

5 ⑩ 〔矩〕* 구 本구: 上 麌 | jǔ, ク
3579

행서 이름 곱자 구 자원 형성. 矢+巨→矩. 巨(거)의 변음이 성부.

새김 ❶곱자. 직각(直角)을 재는 자. ¶規矩(걸음쇠 규, 一)걸음쇠와 곱자. 예一準繩. ❷네모. 사각형. ¶矩形(一, 모양 형)직사각형. ❸법도. 상규. 〔論語〕 不踰矩(불유구) 법도를 넘지 아니함. 곧 법도에 맞게 행동함.

6 ⑪ 〔矫〕 교 矯(3583)의 간화자
3580

7 ⑫ 〔短〕*** 단: 上 旱 | duǎn, タン
3581

소전 행서 이름 짧을 단: 자원 형성. 矢+豆→短. 豆(두)의 변음이 성부.

필순 ㅅ ㄷ 午 矢 矢 矢 知 知 短 短

새김 ❶짧다. 長(5764)의 대. ㉠길이가 짧다. ¶短劍(一, 검 검)짤막한 검. ㉡시간이 짧다. ¶短期(一, 기간 기)짧은 기간. ㉢키가 작다. ¶短身(一, 몸 신)키가 작은 몸. 예一의 농구 선수. ㉣식견이나 소견이 짧다. ¶短見(一, 생각 견)짧은 식견이나 소견. ❷짧게 하다. ¶短縮(一, 줄일 축)동안이나 거리를 짧게 줄임. 예時間一. ❸모자라다. 부족하다. ¶短點(一, 점 점)모자라거나 잘못되어서 흠으로 되는 점. 예一보다 長點이 많은 사람.
〔短句〕(단구) 짧은 문구(文句). 짧은 시(詩).
〔短軀〕(단구) 키가 작은 몸.
〔短刀〕(단도) 자루가 붙박이로 된 짧은 칼.
〔短命〕(단명) 목숨이 짧음. 또는 짧은 목숨.
〔短文〕(단문) ①짧은 글. 간단한 문장. 대장문(長文). ②글을 아는 것이 넉넉하지 못함.
〔短時日〕(단시일) 며칠 안 되는 짧은 날수.
〔短信〕(단신) ①짧은 편지. ②짧은 소식.
〔短波〕(단파) 원거리 통신에 쓰는, 파장이 짧

은 전파. ㉠超━.
〔短篇〕(단편) ①짤막하게 지은 글. ②단편 소설.
〔短評〕(단평) 짤막한 비평.
▷長短(장단)·截長補短(절장보단)

8 ⑬ 〔矮〕* 왜 ㊍왜: 上 蟹 | ǎi, ワイ
3582

소전 행서 이름 키작을 왜 자원 형성. 矢+委→矮. 倭(왜)와 같이 委(위)의 변음이 성부.
새김 키가 작다. ¶矮小(—, 작을 소) 키가 작고 몸집이 작음. ㉠━한 체구.
〔矮人〕(왜인) 난쟁이. ㉠━觀場.

12 ⑰ 〔矯〕** 교 ㊍교: 上 篠 | jiǎo, キョウ
3583

소전 행서 간화 矫 이름 바로잡을 교 자원 형성. 矢+喬→矯. 橋(교)·蕎(교)와 같이 喬(교)가 성부.
필순

새김 ❶바로잡다. ㉠굽을 것을 곧게 하다. ¶矯角殺牛(—, 뿔 각, 죽일 살, 소 우)굽은 뿔을 곧게 하려다가 소를 죽임. 작은 흠을 바로잡으려다가 도리어 일 자체를 그르침의 비유. ㉡잘못을 바로잡다. ¶矯正(—, 바룰 정)잘못되었거나 결점이 있는 것을 바로 고침. ㉠視力━. ❷속이다. ¶矯飾(—, 꾸밀 식)사람의 눈을 속여 겉만 번지르르하게 꾸밈. ❸씩씩하다. 기운이 세차다. ¶矯激(—, 세찰 격)성질이 괄고 세참. ㉠사람됨이 ━하다.

5획 부수 石 部

▷명칭: 돌석. 돌석변
▷쓰임: 여러 종류의 돌이나 광석, 그 돌들의 모양이나 상태, 또는 돌로 만들거나 이루어진 사물의 부수로 쓰였다.

0 ⑤ 〔石〕*** 석 入 陌 | shí, セキ
3584

소전 행서 이름 돌 석 자원 상형. 厂은 언덕, 口는 돌. 언덕 밑에 있는 돌의 모양.
필순 一 ア 丆 石 石

새김 ❶돌. 암석. 인신하여, 단단하거나 견고한 것의 비유. ¶石佛(—, 부처 불)돌로 새겨 만든 부처. ❷돌침. 병을 치료하는 돌침. ¶藥石(약, —)약과 돌침. ㉠ ━의 효험. ❸석물. ㉠무덤 앞에 돌로 만들어 놓는 물건. ¶床石(상상, —)무덤 앞에 제물을 차려기 위하여 만들어 놓은 돌상. ㉡비석. ¶金石文(쇠 금, —, 글자 문)종 같은 쇠붙이나 비석에 새겨진 글자. ❹양수사. ㉠무게의 단위. 1석은 120근. ㉡용량의 단위. 섬. 1섬은 10말〔斗〕. ¶萬石(일만 만, —)곡식 1만 섬. ㉠━巨富.
〔石工〕(석공) 돌을 다루어 물건을 만드는 사람. 석수(石手).
〔石棺〕(석관) 돌로 만든 관.
〔石窟〕(석굴) 바위에 뚫린 굴.
〔石器〕(석기) 돌로 만든 기물(器物). ㉠━時代.
〔石壁〕(석벽) ①바위 절벽. ②돌로 쌓아 만든 벽.
〔石碑〕(석비) 돌비.
〔石像〕(석상) 돌로 조각하여 만든, 사람이나 동물의 형상.
〔石室〕(석실) 돌 방. 또는 돌 함.
〔石油〕(석유) 땅 속에서 천연으로 나는 가연성의 액체.
〔石人〕(석인) 무덤 앞에 세우는 돌사람. 문관석·무관석 따위.
〔石材〕(석재) 토목·건축·조각 등의 재료로 쓰는 돌.
〔石塔〕(석탑) 돌탑. 돌로 쌓은 탑.
〔石火〕(석화) 돌을 부딪칠 때 나는 불. 인신하여, 아주 빠름의 비유. ㉠電光━.
▷鑛石(광석)·怪石(괴석)·木石(목석)·墓石(묘석)·寶石(보석)·碑石(비석)·壽石(수석)·試金石(시금석)·磁石(자석)·採石(채석)·鐵石(철석)·礎石(초석)·他山之石(타산지석)·化石(화석)

2 ⑦ 〔矶〕 기 磯(3633)의 간화자
3585

3 ⑧ 〔码〕 마: 碼(3624)의 간화자
3586

3 ⑧ 〔矾〕 반: 礬(3641)의 간화자
3587

4 ⑨ 〔砒〕* 비: ㊍비 平 齊 | pī, ヒ
3588

행서 이름 비석 비: 자원 형성. 石+比→砒. 批(비)·庇(비)와 같이 比(비)가 성부.
새김 비석(砒石). 비소(砒素)를 함유한 광물. 인신하여, 비금속 원소인 비소.
〔砒霜〕(비상) 비석(砒石)을 승화하여 얻은 결정. 무서운 독이 있음.
〔砒素〕(비소) 회백색의 금속 광택을 가진 무른 결정의 비금속 원소. 독약으로 쓰임.

4 ⑨ 〔砂〕* 사 平 麻 | shā, サ
3589

행서 砂 이름 모래 사 자원 형성. 石＋少→砂. 沙(사)·紗(사)와 같이 少(소)의 변음이 성부.
새김 ❶모래. 沙(2642)와 동자. ¶砂丘(―, 언덕 구) 바람에 불려서 쌓인 모래 언덕. ❷모래 모양의 자잘한 물건. ㉠砂糖(사탕↔사당). ❸주사(朱砂). 또는 단사(丹砂).
〔砂金〕(사금) 모래나 자갈에 섞여 나오는 금.
〔砂礫〕(사력) 자갈.
〔砂漠〕(사막) 모래나 자갈로 뒤덮이고 메말라서 식물이 거의 없는 넓은 지대.
〔砂防〕(사방) 國 산이나 강가 등에 흙·모래 따위가 무너지고 밀려 내리는 것을 막는 일.
▷白砂(백사)·辰砂(진사)·土砂(토사)

4 ⑨ 〔砕〕 3590 쇄: 碎(3614)의 약자

4 ⑨ 〔研〕*** 3591 연: ㊍연 平 先 yán, ケン

소전 행서 본자 研 이름 갈 연: 자원 형성. 石＋幵→硏→研. 妍(연)과 같이 幵(견)의 변음이 성부.

필순 ノ 𠂇 𠂉 石 石 石一 矸 研

새김 ❶갈다. 갈고 문지르다. ¶研磨(―, 갈 마) ㉮돌이나 쇠붙이를 반들반들 윤이 나게 갊. ㉠―機. ㉯학문이나 기술을 힘써 배우고 닦음. ㉠技術―. ❷연구하다. 사물의 이치를 깊이 캐다. ¶研修(―, 닦을 수)학문 등을 연구하고 닦음. ㉠―會.
〔研究〕(연구) 사물을 깊이 생각하고 자세히 조사하여 어떤 이치·사실을 밝혀냄.
〔研鑽〕(연찬) 사물의 도리를 깊이 연구함.

4 ⑨ 〔砚〕 3592 연: 硯(3607)의 간화자

5 ⑩ 〔砺〕 3593 려: 礪(3639)의 간화자

5 ⑩ 〔砾〕 3594 력 礫(3640)의 간화자

5 ⑩ 〔砬〕* 3595 립 入 緝 lì, リュウ

행서 砬 이름 해독약 립 자원 형성. 石＋立→砬. 笠(립)과 같이 立(립)이 성부.
새김 해독약. 독기를 풀어내는 약.

5 ⑩ 〔砥〕* 3596 지 ㊍지: 上 紙 dǐ, シ

행서 砥 이름 숫돌 지 자원 형성. 石＋氐→砥. 祇(지)와 같이 氐(지)가 성부.
새김 ❶숫돌. 날이 서게 가는, 결이 고운 숫돌. ¶砥礪(―, 숫돌 려)숫돌. ❷갈다. 날을 세우다. 인신하여, 닦다. 수련하다. ¶砥礪(―, 갈 려)숫돌에 갈아 날을 세움. 인신하여, 학문을 닦거나 수양에 힘씀.
〔砥石〕(지석) 숫돌.

5 ⑩ 〔砦〕* 3597 채: 去 卦 zhài, サイ

행서 砦 이름 작은성 채: 자원 형성. 此〔柴의 생략체〕＋石→砦. 柴(채)가 성부.
새김 작은 성. ¶城砦(성 성, ―)적을 방어하기 위한 성이나 작은 성.

5 ⑩ 〔础〕 3598 초 礎(3636)의 간화자

5 ⑩ 〔砧〕* 3599 침 平 侵 zhēn, チン

소전 행서 砧 이름 다듬잇돌 침 자원 형성. 石＋占→砧. 占(점)의 변음이 성부.
새김 다듬잇돌. 또는 다듬이질하다. ¶擣砧(다듬이질할 도, ―)피륙이나 종이 등을 다듬이질하여 반드럽게 함. ㉠ ―을 맞다.
〔砧聲〕(침성) 다듬이질하는 소리.
〔砧杵〕(침저) 다듬이질하는 방망이.

5 ⑩ 〔破〕*** 3600 파: 去 箇 pò, ハ

소전 행서 破 이름 깨뜨릴 파: 자원 형성. 石＋皮→破. 波(파)·坡(파)와 같이 皮(피)의 변음이 성부.

필순 一 ア 𠂇 石 石 石 矿 矿 砂 破

새김 ❶깨뜨리다. 또는 깨지다. ¶破損(―, 해칠 손)깨어져 못 쓰게 되거나 깨뜨려 못 쓰게 함. ㉠ ―된 器物. ❷쳐부수다. ¶打破(칠 타, ―)부정적인 관습·제도 등을 쳐부숨. ㉠迷信―. ❸무너뜨리다. 격식을 벗어나다. ¶破顔大笑(―, 얼굴 안, 큰 대, 웃을 소)지금까지의 얼굴 표정을 무너뜨려 즐거운 표정으로 크게 웃음. ㉠그 이야기에 모두들 ―하였다. ❹내몰다. 쫓아내다. ¶破門(―, 문하 문)신도의 자격을 빼앗고 문하에서 내어 쫓음. ❺다하다. 끝내다. ¶讀破(읽을 독, ―)많은 분량의 책이나 글을 끝까지 읽어 냄. ㉠三國志를 ―하다.
〔破格〕(파격) 지금까지의 격식을 깨뜨림. ㉠―的인 대우.
〔破鏡〕(파경) ①깨어진 거울. ②부부의 영원「한 이별의 비유.
〔破戒〕(파계) (佛)계률(戒律)을 어김.

〔破瓜〕(파과) '瓜'를 파자(破字)하면 '八八'이 됨으로, 더하여 여자 나이 16세, 곱하여 남자 나이 64세를 이르는 말. 파과지년(破瓜之年).
〔破壞〕(파괴) 깨뜨려서 헐어버림. 「처하다.
〔破局〕(파국) 일이 결단나는 판국. ㉠— 에
〔破棄〕(파기) ①깨거나 찢어서 내버림. ②약속이나 조약 등을 지키지 아니하고 깨버림. ㉠條約의 —.
〔破廉恥〕(파렴치) 염치도 없이 뻔뻔스러움.
〔破滅〕(파멸) 깨어져 멸망함.
〔破僻〕(파벽) 벽성(僻姓)이나 상민(常民)만 사는 시골에서 훌륭한 인재가 나서 본래의 미천한 신분을 비로소 면하게 됨.
〔破邪顯正〕(파사현정) 그릇된 것을 깨뜨리고 올바른 것을 드러냄.
〔破産〕(파산) 가산을 모두 날려버림.
〔破船〕(파선) 풍파를 만나거나 암초에 부딪쳐서 배가 깨어짐.
〔破約〕(파약) 약속이나 계약 등을 지키지 아니하고 깨뜨림.
〔破裂〕(파열↔파렬) 짜개지거나 갈라져 터짐.
〔破字〕(파자) 한자의 자획을 나누거나 합하여 다른 글자나 뜻을 나타내는 일. '姜'자를 분해 하여, '八王女'라 하는 따위.
〔破竹之勢〕(파죽지세) 대나무를 쪼개는 기세. 감히 막을 수 없는 맹렬한 기세의 비유.
〔破天荒〕(파천황) ①하늘과 땅이 나누어지지 않은 天荒의 상태를 깨뜨린다는 뜻으로, 종래에 아무도 하지 못한 큰 일을 처음으로 해냄을 이르는 말. 파벽(破僻).
〔破綻〕(파탄) ①찢어져 터진다는 뜻으로, 일정한 목적이나 계획 등이 이루어지지 못하고 깨어짐. ②회사나 기업이 지불 정지로 됨.
〔破片〕(파편) 깨어져 부서진 조각.
〔破婚〕(파혼) 약혼한 것을 깨뜨림.
▷看破(간파)·擊破(격파)·難破(난파)·論破(논파)·踏破(답파)·大破(대파)·突破(돌파)·說破(설파)·裂破(열파)

5 ⑩ 〔砲〕* 포 ㊍포: 㖴效 | pào, ホウ
3601

행서 砲 이름 포 포 자원 형성. 石+包→砲. 抱(포)·胞(포)·苞(포)와 같이 包(포)가 성부.
새김 포. 화약의 힘으로 포탄을 쏘는 무기. ¶砲擊(—, 칠 격) 대포 등으로 적을 공격함.
〔砲臺〕(포대) 포나 기관총 따위를 걸어놓고 쏘게 만든 군사 시설물. 「口).
〔砲門〕(포문) 포탄이 나가는 구멍. 포구(砲
〔砲兵〕(포병) 각종의 포로 무장한 군대.
〔砲聲〕(포성) 대포를 쏠 때의 소리.
〔砲手〕(포수) ①대포를 쏘는 군인. ②國 총으로 산 짐승을 잡는 일을 전문으로 하는 사람.
〔砲火〕(포화) 대포나 총을 쏠 때 일어나는 불.
▷空砲(공포)·大砲(대포)·迫擊砲(박격포)·發砲(발포)·禮砲(예포)·銃砲(총포)·祝砲(축포)·艦砲(함포)

6 ⑪ 〔硅〕* 규 | guī, ケイ
3602

행서 硅 이름 규소 규 자원 형성. 石+圭→硅. 珪(규)·奎(규)·閨(규)와 같이 圭(규)가 성부.
새김 규소(珪素). 비금속 원소의 이름.
〔硅酸〕(규산) 규소·산소·물 따위의 화합물. 유리와 자기의 원료로 쓰임.

6 ⑪ 〔硕〕 석 碩(3620)의 간화자
3603

6 ⑪ 〔研〕*** 연: 硏(3591)의 본자
3604

7 ⑫ 〔硬〕** 경 ㊍영: 㖴敬 | yìng, コウ
3605

행서 硬 이름 단단할 경 자원 형성. 石+更→硬. 梗(경)과 같이 更(경)이 성부.

필순 一 厂 石 石 矿 矿 硒 硒 硬 硬

새김 ❶단단하다. 軟(5291)의 대. ¶硬貨(—, 돈 화)쇠붙이로 주조한 돈. ❷완강하다. 굳세다. ¶強硬(굳셀 강, —)남과 타협하거나 남에게 굽힘이 없이 굳세고 완강함. ㉠ —한 태도.
〔硬音〕(경음) 된소리. ㄲ·ㄸ·ㅃ·ㅆ·ㅉ 따위.
〔硬直〕(경직) 굳어서 꼿꼿함.
〔硬化〕(경화) ①굳어서 단단하게 됨. ②주장이나 태도가 강경하여짐.
▷生硬(생경)

7 ⑫ 〔硫〕* 류 平尤 | liú, リュウ
3606

행서 硫 이름 유황 류 자원 형성. 石+㐬→硫. 流(류)·琉(류)와 같이 㐬(류)가 성부.
새김 유황(硫黃). 비금속 원소의 이름.

7 ⑫ 〔硯〕* 연: 㖴霰 | yàn, ケン
3607

소전 硯 행서 硯 간화 砚 이름 벼루 연: 자원 형성. 石+見→硯. 見(견)의 변음이 성부.
새김 벼루. 먹을 가는 벼루. ¶硯滴(—, 물방울 적)벼룻물을 담는 작은 그릇.
〔硯池〕(연지) 벼룻물을 담는 오목한 곳.

▷筆硯(필연)

7 ⑫ 〔硝〕* 초 本소 平蕭 xiāo, ショウ
3608

행서 이름 초석 초 자원 형성. 石+肖→硝. 哨(초)·梢(초)와 같이 肖(초)가 성부.
새김 ❶초석(硝石). 질산칼륨. 폭발성이 있는 광물 이름. ❷화약. ¶硝煙(—, 연기 연)화약의 연기. 예 —에 뒤덮인 싸움터.
〔硝酸〕(초산) 질산(窒酸). 질소와 산소의 화합물.
〔硝子〕(초자) ①인조 수정. ②유리.
▷芒硝(망초)

7 ⑫ 〔确〕 확 確(3629)의 간화자
3609

8 ⑬ 〔碁〕* 기 棋(2394)와 동자
3610

8 ⑬ 〔碌〕* 록 入屋 lù, ロク
3611

소전 행서 이름 무능할 록 자원 형성. 石+彔→碌. 綠(록)·錄(록)과 같이 彔(록)이 성부.
새김 무능하다. 용렬하다. ¶碌碌(—, —)㉮평범하고 하찮것없음. 예—치 않은 人物. ㉯만만하고 호락호락함. 예—하게 屈服할 爲人은 아니다.

8 ⑬ 〔硼〕* 붕 péng, ホウ
3612

행서 이름 붕사 붕 자원 형성. 石+朋→硼. 棚(붕)·鵬(붕)·崩(붕)과 같이 朋(붕)이 성부.
새김 붕사(硼砂). 붕산 나트륨의 흰 결정체.
〔硼素〕(붕소) 비금속 원소의 하나. 흑갈색의 단단한 반도체의 고체.

8 ⑬ 〔碑〕** 비 平支 bēi, ヒ
3613

소전 행서 이름 비석 비 자원 형성. 石+卑→碑. 婢(비)·痺(비)와 같이 卑(비)가 성부.

필순: 一 厂 石 石' 石' 石ᅡ 石白 砷 碑 碑

새김 비석. 무덤 앞에 세우는 비. ¶碑文(—, 글 문)비석에 새긴 글.
〔碑閣〕(비각) 비를 세우고 그 위에 지은 집.
〔碑銘〕(비명) ①비석에 새긴 명문(銘文). ②묘비에 씌어 있는 시가.
〔碑石〕(비석) 빗돌. 인물이나 사적을 기념하려고, 무덤 앞에 글을 새겨서 세운 돌.
▷記念碑(기념비)·墓碑(묘비)·石碑(석비)·頌德碑(송덕비)·神道碑(신도비)·斥和碑(척화비)

8 ⑬ 〔碎〕* 쇄: 去隊 suì, サイ
3614

소전 행서 약자 碎 이름 부술 쇄: 자원 형성. 石+卒→碎. 卒에는 '졸' 외에 '쉬' 음도 있어, 卒(쉬)의 변음이 성부.
새김 ❶부수다. 잘게 부수다. 또는 부서지다. ¶粉碎(가루 분, —)가루처럼 잘게 부숨. 예飼料—機. ❷수다스럽다. 또는 자질구레하다. ¶煩碎(번거로울 번, —)㉮너더분하고 자질구레함. ㉯번거로움.
〔碎氷〕(쇄빙) 얼음을 깨뜨림.
〔碎身〕(쇄신) 몸이 부서질 정도로 죽을 힘을 다하여 애씀. 예粉骨—.
▷玉碎(옥쇄)·破碎(파쇄)

8 ⑬ 〔碍〕* 애: 礙(3637)의 속자·간화자
3615

8 ⑬ 〔碗〕* 완: wǎn, ワン
3616

행서 이름 식기 완: 자원 형성. 石+宛→碗. 婉(완)·腕(완)과 같이 宛(완)이 성부.
새김 식기. 음식을 담는 사발 따위의 식기.

8 ⑬ 〔碇〕* 정: 去徑 dìng, テイ
3617

행서 이름 닻 정: 자원 형성. 石+定→碇. 錠(정)과 같이 定(정)이 성부.
새김 닻. 닻돌. 또는 닻을 내리다. ¶碇泊(—, 배댈 박)닻을 내리고 배를 댐. 예 —港.

9 ⑭ 〔碣〕* 갈 入月 jié, ケツ
3618

소전 행서 이름 비석 갈 자원 형성. 石+曷→碣. 渴(갈)·喝(갈)과 같이 曷(갈)이 성부.
새김 비석. 무덤 앞에 세우는 비. 가첨석을 얹은 것을 碑(3613), 얹지 않고 머리를 둥그스름하게 만든 것을 碣이라 한다. ¶墓碣(무덤 묘, —)무덤 앞에 세우는 비.
▷碑碣(비갈)

9 ⑭ 〔碧〕** 벽 入陌 bì, ヘキ
3619

소전 행서 이름 푸를 벽 자원 형성. 王〔=玉〕+白+石→碧. 白(백)의 변음이 성부.

필순 ＝ 王 王 王' 王ᅵ 玑 珀 珀 珀 碧

새김 푸르다. 또는 짙은 녹색. ¶碧海(—. 바다 해)짙푸른 바다. ㉠桑田—.
〔碧溪〕(벽계) 물빛이 맑아 푸르게 보이는 시내.
〔碧空〕(벽공) 푸른 하늘.
〔碧眼〕(벽안) 검은 자위가 파란 눈.
〔碧玉〕(벽옥) 푸르고 아름다운 옥.

9 ⑭ 〔碩〕* 석 入陌 shuò, セキ 3620

소전 행서 간화 硕 이름 클 석 자원 형성. 石＋頁→碩. 鉐(석)과 같이 石(석)이 성부.
새김 ❶크다. ¶碩大(—, 큰 대)몸집이 큼. ㉠—한 사람. ❷학식이 많다. ¶碩學(—, 학자 학)학식이 많은 학자. ㉠—名儒.
〔碩士〕(석사) ①인격이 훌륭한 선비의 존칭. ②대학원의 석사 과정을 마치고 논문이 통과된 사람에게 주는 학위.
〔碩儒〕(석유) 학문과 덕망이 높은 선비. 거유(巨儒).

9 ⑭ 〔磁〕* 자 平支 cí, ジ 3621

행서 본자 磁 이름 자석 자 자원 형성. 石＋玆〔玆의 변형〕→磁→磁. 滋(자)와 같이 玆(자)가 성부.
새김 ❶자석(磁石). 쇠붙이를 끌어당기는 성질이 있는 광물. ¶磁力(—, 힘 력)자석이 쇠를 끌어당기는 힘. ❷자기(磁器). 사기그릇. 瓷(3374)와 동자. ¶青磁(푸를 청, —) 푸른 빛깔의 자기. ㉠高麗—.
〔磁極〕(자극) 자석의 음양 두 극.
〔磁氣〕(자기) 자석이 쇠붙이를 서로 끌어당기고 배척하는 현상.
〔磁針〕(자침) 자석으로 된 바늘. 지남침(指南針).
▷ 陶磁器(도자기)·電磁氣(전자기)

10 ⑮ 〔碳〕* 계 谿(5092)와 동자 3622

10 ⑮ 〔磊〕* 뢰: 上賄 lěi, ライ 3623

소전 행서 이름 돌쌓일 뢰: 자원 회의. 石을 3자 놓아 돌이 쌓여 있음을 뜻한다.
새김 ❶돌이 쌓이다. 또는 그 모양. ❷헌칠하다. 또는 마음이 너그럽고 작은 일에 얽매이지 않는 모양. ¶磊落(—, 우뚝솟을 락) 마음이 너그럽고 선선하여 자질구레한 일에 거리끼지 않는 모양. ㉠ —한 기상.

10 ⑮ 〔碼〕* 마: 上馬 mǎ, バ 3624

행서 간화 码 이름 마노 마: 자원 형성. 石＋馬→碼. 馬(마)가 성부.
새김 ❶마노(瑪瑙). 옥의 한 가지. 瑪(3325)와 동자. ❷야드(yard)의 한역자. 길이를 재는 단위. 1碼는 약91.4cm.

10 ⑮ 〔磐〕* 반 平寒 pán, バン 3625

행서 이름 너럭바위 반 자원 형성. 般＋石→磐. 盤(반)·搬(반)과 같이 般(반)이 성부.
새김 너럭바위. 큰 돌. ¶磐石(—, 돌 석)너럭바위. 인신하여, 일이나 사물의 매우 견고한 것의 비유. ㉠— 위에 올려놓은 民主政治.

10 ⑮ 〔磅〕* 방 平陽 pāng, ホウ 3626

행서 이름 소리 방 자원 형성. 石＋旁→磅. 傍(방)·蒡(방)과 같이 旁(방)이 성부.
새김 ❶소리. 북소리·우렛소리·물소리 등의 형용. ❷파운드(pound)의 음역자. ㉮무게의 단위. 1磅은 약 453g. ㉯영국의 화폐의 단위.

10 ⑮ 〔磁〕* 자 磁(3621)의 본자. 3627

10 ⑮ 〔磋〕* 차 平歌 cuō, サ 3628

행서 이름 갈 차 자원 형성. 石＋差→磋. 嗟(차)·瑳(차)와 같이 差(차)가 성부.
새김 갈다. 상아·옥·뿔 따위를 갈다. 인신하여, 학문이나 덕행을 연마하다. ¶切磋(자를 절, —)뿔·돌·옥 따위를 깎고 갊. 인신하여, 학문이나 기예를 애써 배워 닦음. ㉠—琢磨.

10 ⑮ 〔確〕** 확 本각 入覺 què, カク 3629

행서 간화 确 이름 굳을 확 자원 형성. 石＋隺→確. 隺(각)의 변음이 성부.

필순 ㄏ 石 石' 石' 矿 砷 碎 碎 碓 確

새김 ❶굳다. 견고하다. ¶確乎(—, 어조사 호)아주 견고함. ㉠ —不動. ❷확실하다. 또는 확실히. ¶確認(—, 인정할 인)확실하게 인정함. ㉠—節次.
〔確固〕(확고) 확실하고 굳음.
〔確答〕(확답) 확실한 대답.
〔確率〕(확률) 일정한 조건 밑에서 어떤 일이 일어날 확실한 비율. ㉠당선될 —.

〔確立〕(확립) 어떤 체계나 조직·기풍·입장 등이 확실하게 서거나 세움. ㉠軍紀—.
〔確保〕(확보) 확실히 보유함.
〔確信〕(확신) 확실히 믿음. 또는 그러한 믿음.
〔確實〕(확실) 틀림없이 실지로 그러함.
〔確約〕(확약) 확실히 약속함. 그러한 약속. ㉠—을 받다.
〔確定〕(확정) 확고하게 정함. 「거.
〔確證〕(확증) 확실히 증명함. 또는 그러한 증
▷明確(명확)·的確(적확)·正確(정확)

11 ⑯ 〔磬〕* 경: 去徑 qìng, ケイ
3630

소전 행서 이름 경쇠 경: 자원 형성. 殸+石→磬. 殸(경)이 성부.
새김 경쇠. 옥이나 돌로 만든 아악기의 한 가지. ¶鐘磬(종 종, —) 종과 경쇠.
▷風磬(풍경)·編磬(편경)

11 ⑯ 〔磨〕** 마 平歌 mó, マ
3631

소전 행서 이름 갈 마 자원 형성. 麻+石→磨. 魔(마)·摩(마)와 같이 麻(마)가 성부.

필순 亠 广 广 广 庐 庥 麻 麻 麼 磨

새김 ❶갈다. 문지르다. ¶磨$_2$刀$_1$(—, 칼 도)칼을 갊. ㉠—水. ❷갈리다. ¶磨滅(—, 없어질 멸) 갈리어서 닳아 없어짐. ㉠기계의 —. ❸닦다. 연구하다. ¶鍊磨(수련할 련, —)학문이나 기술을 힘써 배우고 닦음. ㉠技術 —.
〔磨耗〕(마모) 갈리어 닳아서 작아지거나 없어짐. ㉠—率.
〔磨石〕(마석) ①돌을 윤기나게 갊. ②맷돌.
〔磨崖〕(마애) 석벽을 쪼아 글자나 그림을 새김. ㉠—佛
〔磨擦〕(마찰) 두 물건이 서로 닿아서 쓸리거나 비벼짐. 인신하여, 둘 사이의 알력(軋轢).
▷硏磨(연마)·琢磨(탁마)

12 ⑰ 〔磵〕* 간: 去諫 jiàn, カン
3632

행서 이름 도랑 간: 자원 형성. 石+間→磵. 澗(간)·簡(간)·癎(간)과 같이 間(간)이 성부.
새김 도랑. 산골짜기를 흐르는 시내.

12 ⑰ 〔磯〕* 기 平微 jī, キ
3633

소전 행서 간화 矶 이름 서덜 기 자원 형성. 石+幾→磯. 機(기)·饑(기)와 같이 幾(기)가 성부.
새김 ❶서덜. 물가의 자갈밭. ❷물결이 돌에 부딪치다.

12 ⑰ 〔磻〕* 반 平寒 pán, ハン
3634

소전 행서 이름 반계 반 자원 형성. 石+番→磻. 番에는 '번' 외에 '반' 음도 있어, 番(반)이 성부.
새김 반계(磻溪). 섬서성(陝西省)에 있는, 강태공(姜太公)이 낚시질을 하였다는 시내 이름.

12 ⑰ 〔礁〕* 초 jiāo, ショウ
3635

행서 이름 암초 초 자원 형성. 石+焦→礁. 樵(초)·蕉(초)와 같이 焦(초)가 성부.
새김 암초(暗礁). 물에 잠겨서 보이지 않는 바위. ¶坐礁(앉을 좌, —)배가 암초 위에 얹힘.
〔礁石〕(초석) 물에 잠겨서 보이지 않는 바위.
▷珊瑚礁(산호초)

13 ⑱ 〔礎〕** 초 ㊍초: 上語 chǔ, ソ
3636

소전 행서 간화 础 이름 주춧돌 초 자원 형성. 石+楚→礎. 楚(초)가 성부.

필순 丆 石 石 石 石 石 石林 石楚 石楚 礎

새김 주춧돌. ㉠기둥 밑에 괴는 돌. ¶礎石(—, 돌 석)주춧돌. 인신하여, 어떤 사물의 기초. ㉡인신하여, 토대. ¶基礎(터 기, —)기본으로 되는 토대. ㉠ —知識.
〔礎業〕(초업) 기초가 되는 사업.
〔礎材〕(초재) 기초가 되는 재료.
▷定礎(정초)·柱礎(주초)

14 ⑲ 〔礙〕 애: 去隊 ài, アイ
3637

소전 속자 간화 碍 이름 막을 애: 자원 형성. 石+疑→礙. 疑(의)의 변음이 성부.
새김 막다. 방해하다. 또는 장해가 되다. ¶拘礙(거리낄 구, —)거리끼어 방해가 됨. ㉠아무런 —됨이 없다.
〔礙子〕(애자) 뚱딴지. 전선을 매어 달 때 쓰는 사기로 만든 전류 절연체.
〔礙滯〕(애체) 걸리어서 막힘.
▷無礙(무애)·障礙(장애)·阻礙(저애)

14 ⑲ 〖磠〗* 여 참고 상고할 수 없는 자. 礜의 오기인 듯도 하나 확실하지 않음.
3638

15 ⑳ 〖礪〗* 려: 去霽 | lì, レイ
3639

소전 행서 간화 砺 이름 숫돌 려: 자원 형성. 石+厲→礪. 勵(려)와 같이 厲(려)가 성부.
새김 숫돌. 또는 숫돌에 갈다. ¶砥礪(숫돌 지, 一)숫돌.
〔礪石〕(여석) 숫돌.
〔礪砥〕(여지) ①숫돌. ②갈고 닦음.
〔礪行〕(여행) 행실을 닦음.
▷磨礪(마려)

15 ⑳ 〖礫〗* 력 入錫 | lì, レキ
3640

소전 행서 간화 砾 이름 자갈 력 자원 형성. 石+樂→礫. 轢(력)과 같이 樂(락)의 변음이 성부.
새김 자갈. 조약돌. ¶瓦礫(기와 와, 一)기와와 자갈. 가치가 없는 물건의 비유.

15 ⑳ 〖礬〗* 반: 本번 平元 | fán, バン
3641

행서 간화 矾 이름 명반 반: 자원 형성. 樊+石→礬. 攀(반)과 같이 樊(번)의 변음이 성부.
새김 병반(明礬). 유산을 함유하고 있는 광물 이름.
▷白礬(백반)

5획 부수 示(礻)部

▷명칭: 보일시. 보일시변
▷쓰임: 신이나 제사, 또는 신이 내리는 화나 복에 관한 한자의 부수로 쓰였다.

0 ⑤ 〖示〗*** 시: 去寘 | shì, シ
3642

소전 행서 이름 보일 시: 자원 지사. 二+小〔川의 변형〕→示. 二는 上의 고문으로 하늘을, 川은 해·달·별을 뜻한다. 하늘이 이들 해·달·별을 통해 인간에게 길흉을 나타내 보인다는 뜻. 참고 ①祭·票·禁 등과 같이 한자의 구성에서 발로 쓰일 때는 示의 자형이고, 변으로는 礻의 자형으로 쓰인다. ②현대에는 변으로 쓰일 때에는 그 자형을 礻으로 쓴 것이 통례이다.

필순 一 二 亍 示

새김 보이다. 알도록 보이다. 또는 알리다. ¶示範(一, 모범 범)모범을 보임. 예一動作.
〔示達〕(시달) 명령·지시 등을 상부에서 하부로 내려 보냄.
〔示唆〕(시사) 미리 암시하여 알려줌.
〔示威〕(시위) 위력나 기세를 떨쳐 보임.
▷揭示(게시)·啓示(계시)·告示(고시)·公示(공시)·誇示(과시)·教示(교시)·明示(명시)·默示(묵시)·暗示(암시)·提示(제시)·指示(지시)·表示(표시)·訓示(훈시)

1 ⑤ 〖礼〗 례: 禮(3683)의 고자·간화자
3643

3 ⑧ 〖祁〗* 기 平支 | qí, キ
3644

소전 행서 이름 클 기 자원 형성. 示+阝→祁. 示(시)의 변음이 성부.
새김 크다. 또는 많다. ¶祁寒(一, 추위 한)큰 추위. 몹시 심한 추위.

3 ⑧ 〖祀〗** 사 本사: 上紙 | sì, シ
3645

소전 행서 이름 제사지낼 사 자원 형성. 示+巳→祀. 巳(사)가 성부.

필순 丶 亠 亍 礻 礻 祀 祀 祀

새김 제사를 지내다. 제사를 받들다. 또는 제사. ¶祀孫(一, 자손 손)조상의 제사를 맡아 지내는 자손. 동奉祀孫(봉사손).
〔祀天〕(사천) 하늘에 제사를 지냄.
▷告祀(고사)·奉祀(봉사)·時祀(시사)·祭祀(제사)·享祀(향사)

3 ⑧ 〖社〗** 사:▷사 上馬 | shè, シャ
3646

소전 행서 이름 토지신 사:▷사 자원 회의. 示+土→社. 示는 신(神)의 뜻. 땅을 맡은 신을 뜻한다.

필순 丶 亠 亍 礻 礻 社 社 社

새김 ❶토지신. ¶社稷(一, 곡신 직)나라에서 제사지내던 토지의 신과 오곡의 신. 인신하여, 국가. 예宗廟一. ❷모임. 단체. ¶社會(一, 모임 회)사람들이 모여 공동 생활을 하는 곳. 예 一生活.
〔社交〕(사교) 사회 생활에서의 교제(交際).
〔社說〕(사설) 신문 등에서 그 사(社)의 주장

으로 내새워 싣는 논설.
〔社屋〕(사옥) 회사의 건물.
〔社友〕(사우) 같은 사(社)에 다니는 친구.
〔社員〕(사원) 회사에 근무하는 사람.
〔社債〕(사채) 주식회사가 일반인으로부터 자금을 빌리기 위하여 발행하는 채권.
▷結社(결사)·公社(공사)·本社(본사)·商社(상사)·入社(입사)·宗社(종사)·退社(퇴사)·會社(회사)

4 ⑨ 〔祈〕** 기 平微 qí, キ
3647

소전 행서 이름 빌 기 자원 형성. 示+斤→祈. 沂(기)·圻(기)와 같이 斤(근)의 변음이 성부.

필순

새김 빌다. 신에게 복을 빌다. ¶祈禱(—, 빌 도) 신이나 부처에게 빎. 또는 그 의식.
〔祈求〕(기구) 간절히 빌어서 구함.
〔祈福〕(기복) 복을 빎.
〔祈雨祭〕(기우제) 몹시 가물 때, 비를 오게 하여 달라고 비는 제사.
〔祈願〕(기원) 소원이 이루어지길 빎.

4 ⑨ 〔祇〕* 기 平支 qí, キ
3648

소전 행서 이름 지신 기 자원 형성. 示+氏→祇. 氏에는 '씨' 외에 '지' 음도 있어, 氏(지)의 변음이 성부.
새김 지신(地神). 땅의 신. ¶神祇(천신 신, —) 하늘의 신과 땅의 신.

4 ⑨ 〔祉〕* 지: 上紙 zhǐ, シ
3649

소전 행서 이름 복 지: 자원 형성. 示+止→祉. 址(지)·芷(지)와 같이 止(지)가 성부.
새김 복. 신이 내려주는 행복. ¶福祉(복 복, —) 복. 행복. 예 —國家.

5 ⑩ 〔祛〕* 거 平魚 qū, キョ
3650

행서 이름 떨쳐버릴 거 자원 형성. 示+去→祛. 去(거)가 성부.
새김 떨쳐버리다. 제거하다.

5 ⑩ 〔祔〕 부: 去遇 fù, フ
3651

소전 행서 이름 부제 부: 자원 형성. 示+付→祔. 附(부)·符(부)와 같이 付(부)가 성부.
새김 ❶부제(祔祭). 부사(祔祀). 삼년상을 마치고 신주를 사당에 모실 때에 지내는 제사. ❷합장(合葬). ¶祔左(—, 왼 좌) 합장할 때에 아내를 남편의 왼쪽에 묻음.
〔祔右〕(부우) 합장(合葬)할 때 아내를 남편의 오른편에 묻음. 대부좌(祔左).

5 ⑩ 〔祕〕** 비: 去寘 mì, ヒ
3652

소전 행서 속자 秘 이름 감출 비: 자원 형성. 示+必→祕→秘. 泌(비)와 같이 必(필)의 변음이 성부.

필순

새김 ❶감추다. 숨기다. ¶祕藏(—, 갈무리할 장)일반에게 공개하지 않고 소중히 갈무리해 둠. 예—의 고려 청자. ❷비밀스럽다. 비밀로 하다. ¶祕策(—, 꾀 책)비밀로 하는 계책. 예—이 알려지다. ❸불가사의하다. ¶神祕(신기할 신, —)사람의 지혜로는 알 수 없게 신기하고 불가사의함. 예눈에 뒤덮인—로운 白頭山. ❹알려지지 아니하다. ¶祕境(—, 지경 경)사람의 발걸음이 닿지 아니하여, 거의 알려지지 아니한 곳. 예世界의 — 아마존江. ❺막히다. 잘 통하지 아니하다. ¶便祕(똥 변, —)똥이 잘 눠지지 아니함. 또는 그런 병. 예—症.
〔祕訣〕(비결) 비밀로 하고 있는 묘한 방법이나 방도.
〔祕密〕(비밀) 남들이 아는 것을 꺼리거나, 몰래 숨기고 있는 일.
〔祕方〕(비방) ①은밀하고 교묘한 방법. ②비밀리에 전해 오는 약방문.
〔祕法〕(비법) 비밀리에 전하여 오는 술법(術法).
〔祕史〕(비사) 세상에 드러나지 아니한 역사적 사실.
〔祕書〕(비서) ①비밀히 간직한 문서나 책. ②중요한 직책에 있는 사람에게 직속되어 기밀한 문서나 사무를 맡아 보는 직책. 또는 그 사람.
〔祕苑〕(비원) ①대궐 안에 있는 동산. ②國 창덕궁(昌德宮)의 후원.
〔祕話〕(비화) 세상에 알려지지 않은 이야기.
▷極祕(극비)

5 ⑩ 〔祠〕* 사 平支 cí, シ
3653

소전 행서 이름 사당 사 자원 형성. 示+司→祠. 詞(사)·伺(사)와 같이 司(사)가 성부.
새김 ❶사당(祠堂). 조상의 위패나 신을 모시고 제사를 지내는 집. ¶祠宇(—, 집 우)사당. ❷제사를 지내다. 〔書經〕 祠3于2先王1(사우선왕)先王에게 제사를 지내다.
〔祠院〕(사원) 사당과 서원.
〔祠版〕(사판) 죽은 이의 위패. 신주(神主).
▷神祠(신사)

5 ⑩ 〔神〕*** 신 平眞 | shén, シン
3654

소전 行서 이름 귀신 신 자원 형성. 示+申→神. 伸(신)·紳(신)과 같이 申(신)이 성부.

필순 一 二 亍 示 示 示 和 和 神 神

새김 ❶귀신. ㉠죽은 사람의 넋. ¶神主(—, 위패 주)사당에 위하여 두는 죽은 사람의 위패. 예—養子. ㉡신. 만물의 주재자인, 신앙상의 신. ¶天神(하늘 천, —)하늘에 있는 신. ❷넋. 마음. 혼. ¶精神(넋 정, —) 넋. 마음. 예民族—. ❸신기하다. ¶神妙(—, 묘할 묘)신기하고 묘함. 예—한 劍術. ❹재능이 뛰어난 사람의 형용. ¶神童(—, 아이동)재주와 지혜가 특별히 뛰어난 아이.
〔神經〕(신경) 사람과 동물의 유기체에서 자극을 전달하는 기능을 가진 조직.
〔神技〕(신기) 신묘(神妙)한 기술.
〔神奇〕(신기) 신묘하고 기이함.
〔神靈〕(신령) ①신(神)의 총칭. ②사람의 영혼. 혼백. ③신기하고 영묘함.
〔神佛〕(신불) 신과 부처.
〔神祕〕(신비) 어림하여 알기 어렵게 신기함.
〔神社〕(신사) 일본에서 신을 모시는 집.
〔神祠〕(신사) 신을 위하는 사당.
〔神色〕(신색) 표정과 안색(顔色).
〔神仙〕(신선) 인간 세계를 떠나서 온갖 고통·질병·죽음이 없이 산다는 전설상의 사람.
〔神聖〕(신성) 거룩하고 성스러움.
〔神韻〕(신운) 예술 작품에서 풍기는, 신비스러운 운치. 예—이 生動하다.
〔神出鬼沒〕(신출귀몰) 귀신처럼 홀연히 나타났다 사라졌다 함.
〔神通〕(신통) ①감응하여 마음이 통함. ②신기하게 통달함. ③약효가 신기하게 나타남.
〔神通力〕(신통력) 신기하고 불가사의한 힘.
〔神話〕(신화) 사람들의 원시적인 생각이 반영되어 있는, 세계의 기원, 자연 현상, 사회 생활 등에 관한 옛이야기.
▷降神(강신)·鬼神(귀신)·山神(산신)·水神(수신)·心神(심신)·入神(입신)

알아둘 지식

*신위(神位)에 대하여
신령이나 혼령이 의지하도록 만든 물건을 신위라 한다. 이에는 혼백(魂魄)·신주(神主)·지방(紙榜)이 있다.
①혼백: 사람이 죽으면 신주를 만드는데, 신주를 만들기 전에 모시나 삼베 조각으로 만들어 쓰는 임시 신위로, 초상 중에만 쓰는 것이 원칙이고, 장사를 지내고 나서는 신주를 쓰며, 그렇지 못한 경우에는 삼년상 내만 계속 쓴다.
②신주: 사당에 모셔 두는 죽은 사람의 위패를 이르는 말. 대개 밤나무로 만든다.
③지방: 종이로 만든 신주. 오늘날은 거의 사당이 없어졌기에 신주도 만들지 않아서 기제사 때에는 지방을 만들어 신주 대신으로 쓰며, 제사가 끝나면 불에 태워 없앤다.
*신위를 쓰는 서식(書式)
고위(考位)와 비위(妣位)의 서식이 다르다. 고위란 죽은 아버지로부터 그 윗대의 대대의 죽은 할아버지를 이르고, 비위란 죽은 어머니를 비롯한 그 윗대의 죽은 할머니를 이른다.
顯(현):자손이 죽은 직계 조상을 기리고 높이는 말. 考(고):죽은 아버지. 妣(비):죽은 어머니. 學生(학생):생전에 벼슬하지 아니하고 죽은 사람에 대한 높임말. 가문에 따라서는 學生 대신에 處士란 말을 쓰기도 한다. 孺人(유인):구품(九品) 문무관의 아내에게 내리는 품계를 뜻하나, 여기서는 벼슬하지 아니한 사람의 아내를 높여 이르는 말. 府君(부군):죽은 아버지나 남자 조상에 대한 높임말. 安東金氏(안동김씨):비위의 관향과 성. 위의 서식은 죽은 아버지와 어머니에 대한 서식이고, 그 윗대일 때에는 다음과 같이 쓴다.

〈고위〉〈비위〉 〈해 설〉

〈고위〉	〈비위〉
顯考學生府君神位	顯妣孺人安東金氏神位

祖父이면	顯考	→ 顯祖考
祖母이면	顯妣	→ 顯祖妣
曾祖父이면		→ 顯曾祖考
曾祖母이면		→ 顯曾祖妣
高祖父이면		→ 顯高祖考
高祖母이면		→ 顯高祖妣

또 벼슬을 하였을 경우에는 고위의 學生은 學生이란 말 대신에 품계와 벼슬 이름을 쓰고, 비위의 孺人은 孺人이란 말 대신에 외명부(外命婦)의 품계를 쓴다

5 ⑩ 〔祐〕* 3655 우: 去宥 | yòu, ユウ

소전 행서 이름 도울 우: 자원 형성. 示+右→祐. 佑(우)와 같이 右(우)가 성부.
새김 돕다. 신이 돕다. 또는 거들어 돕다.

5 ⑩ 〔祖〕*** 3656 조 本조: 上麌 | zǔ, ソ

소전 행서 이름 할아버지 조 자원 형성. 示+且→祖. 且에는 '차' 외에 '조' 음도 있어, 組(조)·助(조)와 같이 且(조)가 성부.

필순 丶 二 亍 示 礻 礻 初 祁 䄍 祖

새김 ❶할아버지. 부모의 아버지. ¶祖母(—, 어머니 모)할머니. 부모의 어머니. 예外—. ❷조상. 조부 이상의 윗대의 선조. ¶始祖(처음 시, —)한 겨레의 맨 처음의 조상. ❸창시자. 종교의 한 파를 연 사람. ¶教祖(종교 교, —)어떤 종교를 처음 내세운 사람. ❹본받다. 근본으로 삼다. ¶祖述(—, 지을 술)이전 사람이 이미 말한 바를 근본으로 삼아, 그 뜻을 이어 서술함.
〔祖考〕(조고) 돌아간 할아버지.
〔祖國〕(조국) 조상 적부터 살던 나라. 자기가 태어난 나라. 모국(母國).
〔祖靈〕(조령) 조상의 영혼.
〔祖父〕(조부) 할아버지.
〔祖師〕(조사) ①한 학파를 처음 세운 사람. ②(佛)한 종파를 세운 스님.
〔祖上〕(조상) 같은 혈통으로 된, 할아버지 이상의 대대의 어른.
〔祖孫〕(조손) 할아버지와 손자.
〔祖奠〕(조전) ①발인 전에 영결을 고하는 의식. ②신주 앞에 지내는 제사.
〔祖業〕(조업) 조상 대대로 전하여 오는 가업.
〔祖宗〕(조종) ①조상. 임금의 조상. ②가장 근원적이며 뿌리가 되는 거룩한 존재.
▷開祖(개조)·高祖(고조)·父祖(부조)·鼻祖(비조)·先祖(선조)·外祖(외조)·元祖(원조)·從祖(종조)·曾祖(증조)·太祖(태조)·派祖(파조)·皇祖(황조)

5 ⑩ 〔祚〕* 3657 조: 去遇 | zuò, ソ

소전 행서 이름 복 조: 자원 형성. 示+乍→祚. 乍(작)의 변음이 성부.
새김 ❶복. 하늘이 내리는 복. ¶福祚(복 복, —)복. ❷왕위. 임금의 자리. ¶踐祚(밟을 천, —)왕위를 계승함.
▷登祚(등조)·寶祚(보조)·聖祚(성조)·皇祚(황조)

5 ⑩ 〔祗〕* 3658 지 平支 | zhī, シ

소전 행서 이름 공경할 지 자원 형성. 示+氐→祗. 氐(지)가 성부.
새김 공경하다. 삼가다. ¶祗候(—, 안부물을 후) 삼가 안부를 물음.

5 ⑩ 〔祝〕*** 3659 축 入屋 | zhù, シュク

소전 행서 이름 빌 축 자원 회의. 示+兄→祝. 示는 신(神), 兄은 사람의 뜻. 사람이 신에게 복을 내려달라고 빈다는 뜻.

필순 丶 二 亍 示 礻 礻 祀 祀 祝 祝

새김 ❶빌다. 복을 내려달라고 신에게 빌다. ¶祝福(—, 복 복)앞날의 행복을 빎. ❷축문. 신에게 고하는 말. ¶讀祝(읽을 독, —)축문을 읽음. ❸축하하다. 경하하다. 또는 축하. ¶祝杯(—, 술잔 배)축하의 뜻을 표하기 위하여 마시는 술. 또는 그 술잔. 예 —를 들다.
〔祝官〕(축관) 제사 때 축문을 읽는 사람.
〔祝辭〕(축사) 축하하는 말이나 글.
〔祝壽〕(축수) 장수(長壽)하기를 축원함.
〔祝宴〕(축연) 축하의 뜻을 표하기 위하여 베푸는 연회. 祝賀宴(축하연)의 준말.
〔祝願〕(축원) ①희망하는 대로 되기를 원하는 일. ②신불(神佛) 앞에서 소원을 성취시켜 달라고 빎.
〔祝儀〕(축의) ①축하하는 의식. ②축하하는 뜻으로 보내는 돈이나 물건.
〔祝典〕(축전) 축하하는 뜻으로 여는, 문화·예술·체육 등의 행사
〔祝電〕(축전) 축하하는 전보.
〔祝祭〕(축제) 경축하는 뜻으로 벌이는 큰 잔치나 행사.
〔祝賀〕(축하) 경축하고 치하함.
▷慶祝(경축)·奉祝(봉축)·自祝(자축)

5 ⑩ 〔祜〕* 3660 호: 上麌 | hǔ, コ

소전 행서 이름 복 호: 자원 형성. 示+古→祜. 岵(호)·胡(호)와 같이 古(고)의 변음이 성부.
새김 복. 신이 내리는 큰 복.

6 ⑪ 〔祥〕** 3661 상 平陽 | xiáng, ショウ

소전 행서 이름 상서로울 상 자원 형성. 示+羊→祥. 詳(상)·庠(상)과 같이 羊(양)의 변음이 성부.

알아둘 지식

＊ 祝文(축문)에 대하여

축문이란 제사를 지낼 때 고하는 글을 말한다. 축문에는 여러 가지가 있으나, 우리 생활에서 가장 필요로 하는 기제사 때의 축문을 살펴본다.

기제사도 가문에 따라 고위(考位)와 비위(妣位)를 단위(單位)로 모시는 집과 합사(合祀)로 모시는 집이 있어, 그에 따라 그 서식(書式)이 다르다.

〔가〕 단위로 모실 때의 고위 축문

維歲次壬午九月丁未朔初二日戊申 孝子○○
敢昭告于
顯考學生府君 ①歲序遷易 ②諱日復臨 ③追遠感時
④昊天罔極 ⑤謹以淸酌庶羞 ⑥恭伸奠獻 ⑦尙
饗

〈형식〉 顯과 饗은 줄을 바꾸어 1자 높여 쓰고, 敢과 尙은 1자 띄워 쓴다. 顯考學生府君: 神位의 서식과 같게 쓴다. 神位(3654)를 보라.

〈해설〉 維(유): 발어사. 歲次(세차): 해의 차례. 丁未朔(정미삭): 壬午年 九月의 월건(月建). 丁未로 시작되는 달이란 뜻으로, 어느 해의 어느 달인가를 밝히는 말. 初二日戊申 (초이일무신): 제사를 지내는 날이 壬午年九月二日인 戊申日이란 뜻. 孝子(효자): 제사를 받드는 아들이란 뜻으로 축문에 쓰는 투식. ○○: 孝子의 이름. 孝子○○은 다른 글자보다 좀 잔 글씨로 쓰며 누가 이 제사를 올리는가를 밝히는 말.

〈전문풀이〉 壬午年 九月初二日인 戊申日에 孝子○○는 顯考學生府君에게 감히 밝게 아뢥니다. ①해의 차례가 옮겨 바뀌어 ②돌아가신 날이 다시 돌아오니 ③어버이를 추모하는 마음이 때를 따라 일어나 ④하늘처럼 크고 다함이 없음을 느낍니다. ⑤삼가 맑은 술과 여러 가지 음식으로 ⑥공손히 상을 차려 올리오니 ⑦흠향하시기를 바라옵니다.

〔나〕 단위로 모실 때의 비위 축문

顯考學生府君을 顯妣孺人安東金氏로 바꾸어 쓰되, 그 외는 고위와 같다.

〔다〕 합사로 모실 때의 축문

顯考學生府君을
　고위 제사일 때는
顯考學生府君
顯妣孺人安東金氏歲序遷易
顯考學生府君諱日復臨…… 으로 쓰며,
　비위 제사일 때는
顯考學生府君
顯妣孺人安東金氏歲序遷易
顯妣孺人安東金氏諱日復臨…… 으로 쓴다.

이 경우에도 顯 자를 쓰는 위치와 줄에 주의한다.

〔라〕 祖父母 이상일 때

孝子○○을
祖父母이면　　孝孫○○
曾祖이면　　孝曾孫○○
高祖이면　　孝玄孫○○
로 고쳐 쓰고,
④昊天罔極만을 不勝永慕로 바꾸어 쓰되 그 외는 같다.

필순 丶 ㇇ 礻 礻 礻 礻 礻 礻 礻 祥

새김 ❶상서롭다. 길하다. ¶祥雲(—, 구름 운) 상서로운 구름. ❷조짐. 징조. ¶吉祥(길할 길, —)좋은 일이 있을 징조. ❸제사 이름. 사람이 죽은 지 한 돌 만에 지내는 제사를 小祥, 두 돌 만에 지내는 제사를 大祥이라 한다. ¶祥事(—, 일 사)대상(大祥).

〔祥慶〕(상경) 상서롭고 경사스러움.

〔祥夢〕(상몽) 상서로운 꿈.

〔祥瑞〕(상서) 즐겁고 길한 일이 있을 징조.

▷嘉祥(가상)·不祥(불상)·禎祥(정상)

6 ⑩ 〔祯〕 3662 정 禎(3676)의 간화자

6 ⑪ 〔祭〕*** 3663 제: 去 霽 jì, サイ

소전 𥛭 행서 祭 이름 제사 제: 자원 회의. 夕〔肉의 이체인 月〕+又+示→祭. 又는 손. 손으로 고기를 제상에 올려놓고 신에게 제사를 올린다는 뜻.

필순 ノ ク タ タ 夕 ⺼ 㸚 癸 祭 祭

새김 ❶제사. 또는 제사를 지내다. ¶祭酒(—, 술 주)제사에 쓰는 술. ❷많은 사람이 모여 벌이는 행사. ¶前夜祭(앞 전, 밤 야, —)어떤 행사가 열리는 전날밤에, 그 행사를 경축하기 위하여 베푸는 행사.

〔祭壇〕(제단) ①제사를 지내는 단. ②자기를 희생하여 어떤 일에 몸을 바치는 장소.

〔祭文〕(제문) 죽은 사람을 조상하기 위하여 제사 때에 치전을 드리면서 읽는 글.

〔祭物〕(제물) ①제사에 쓰는 음식. 제수(祭需). ②희생의 대상을 비겨 이르는 말.

〔祭祀〕(제사) 신령에게 음식을 차려놓고 의식을 갖추어 정성을 나타내는 일.

〔祭需〕(제수) ①제사에 쓰는 여러 가지 재료. ②제사에 쓰는 음식. 제물(祭物).
〔祭典〕(제전) ①제사의 의식. 제례(祭禮). ②성대히 열리는 문화·예술·체육 등의 행사.
▷冠婚喪祭(관혼상제)·忌祭(기제)·墓祭(묘제)·司祭(사제)·時祭(시제)·祝祭(축제)

6 ⑪ 〔票〕** 3664 표 ㊍표: 去 嘯 | piào, ヒョウ

소전 행서 이름 표 표 자원 형성. 襾〔要의 생략체〕+示→票. 要(요)의 변음이 성부.

필순 一 丆 亓 币 西 覀 覀 票 票 票

새김 표. ㉠입장권·차표와 같은 유가증권의 표. ¶郵票(우편 우, —)우편 요금을 낸 표시로 우편물에 붙이는 표. ㉡자기의 의사를 적은 표. 또는 그것을 세는 단위. ¶投票(던질 투, —)표를 던짐. 선거를 하거나 어떤 결정의 가부를 표시하는 방법으로, 일정한 용지에 일정한 사항을 적어서 일정한 곳에 낸다. ㉠ —率.
〔票決〕(표결) 가부의 의사를 투표로 결정함.
▷開票(개표)·記票(기표)·賣票(매표)·證票(증표)·車票(차표)

7 ⑪ 〔祷〕 3665 도: 禱(3684)의 간화자

7 ⑪ 〔祸〕 3666 화: 禍(3677)의 간화자

8 ⑬ 〔禁〕*** 3667 ㊀금: 去 沁 | jìn, キン ㊁금: ㊍금 平 侵 | jīn, キン

소전 행서 이름 ㊀금할 금: ㊁자제할 금: 자원 형성. 林+示→禁. 林(림)의 변음이 성부.

필순 一 十 才 木 林 林 梺 梺 禁 禁

새김 ㊀❶금하다. 하지 못하게 하다. ¶禁止(—, 막을 지)하지 못하게 막음. ㉠出入—. ❷대궐. 궁궐. ¶禁中(—, 안 중)궁궐의 안. ㊐闕內(궐내). ❸가두다. 감금하다. ¶拘禁(잡을 구, —)사람을 붙잡아 가둠. ❹꺼리다. 싫어서 피하다. ¶禁忌(—, 싫어할 기)꺼리어서 싫어함. ㊁자제하다. 억제하다. ¶禁慾(—, 욕심 욕)육체적·정신적 욕심이나 욕구를 억제함. ㉠ —主義.
〔禁戒〕(금계) 금지하고 경계함.
〔禁軍〕(금군) 궁중(宮中)를 지키고 임금을 호위하던 군사.
〔禁斷〕(금단) 못하게 막음. 금하여 못하게 함.
〔禁令〕(금령) 금지하는 법령. 「배를 끊음.
〔禁煙〕(금연) ①담배 피우는 것을 금함. ②담
〔禁足〕(금족) 외출을 금함.
〔禁酒〕(금주) ①술을 마시지 못하게 함. ②술을 끊음. 단주(斷酒).
〔禁婚〕(금혼) ①통혼(通婚)을 금함. ②國 왕비나 세자·세손의 빈(嬪)을 간택할 때 민간의 혼인을 금하던 일.
▷監禁(감금)·門禁(문금)·犯禁(범금)·法禁(법금)·夜禁(야금)·嚴禁(엄금)·軟禁(연금)·通禁(통금)·解禁(해금)

8 ⑬ 〔祺〕* 3668 기 平 支 | qí, キ

소전 행서 이름 복 기 자원 형성. 示+其→祺. 棋(기)·期(기)·基(기)와 같이 其(기)가 성부.
새김 복. 행복. 또는 마음이 편안한 모양.

8 ⑬ 〔祿〕** 3669 록 入 屋 | lù, ロク

소전 행서 동자 禄 이름 녹 록 자원 형성. 示+彔→祿. 綠(록)·菉(록)과 같이 彔(록)이 성부.

필순 ⼀ 亍 礻 礻 祀 祃 祃 祃 祿 祿

새김 ❶녹. 벼슬아치의 급료. ¶祿米(—, 쌀 미)벼슬아치에게 급료로 주던 쌀. ❷복. 행복. ¶天祿(하늘 천, —)하늘이 주는 복.
〔祿俸〕(녹봉) 벼슬아치에게 주는 봉급.
▷官祿(관록)·國祿(국록)·福祿(복록)·俸祿(봉록)·世祿(세록)·食祿(식록)·厚祿(후록)

8 ⑫ 〔禄〕 3670 록 祿(3669)과 동자

8 ⑫ 〔禅〕 3671 선: 禪(3681)의 간화자

8 ⑬ 〔禀〕 3672 품: 稟(3724)의 속자

9 ⑭ 〔福〕*** 3673 복 入 屋 | fú, フク

소전 행서 이름 복 복 자원 형성. 示+畐→福. 輻(복)·匐(복)과 같이 畐(복)이 성부.

필순 ⼀ 亍 礻 礻 祀 祀 福 福 福 福

새김 ❶복. 행복. 또는 복되다. 복을 내려주다. 禍(3677)의 대. ¶福利(—, 이익 리)행복과 이익. ㉠—厚生. ❷제물. 제사에 쓴 술과 고기. ¶飮福(마실 음, —)제사를 지내고 난 뒤에 제물을 나누어 먹음. 또는 그 일.
〔福券〕(복권) 제비를 뽑아 당첨되면 큰 배당을 받게 되는 표.
〔福德〕(복덕) 많은 복과 후한 덕.
〔福祿〕(복록) 타고난 복과 나라에서 주는 벼슬아치의 녹.
〔福音〕(복음) ①기쁜 소식. ②예수를 통하여 하느님이 인간에게 준 계시(啓示). 「경.
〔福祉〕(복지) ①행복. ②만족할 만한 생활 환
▷多福(다복)·冥福(명복)·薄福(박복)·壽福(수복)·轉禍爲福(전화위복)·祝福(축복)·幸福(행복)·享福(향복)·禍福(화복)

9 ⑬ 〔禅〕 3674 선: 禪(3681)의 속자

9 ⑭ 〔禑〕* 3675 우 平虞 | wú, グ

행서 禑 이름 복 우 자원 형성. 示+禺→禑. 偶(우)·遇(우)와 같이 禺(우)가 성부.
새김 복(福).

9 ⑭ 〔禎〕* 3676 정 平庚 | dēng, テイ

소전 禎 행서 禎 간화 祯 이름 길조 정 자원 형성. 示+貞→禎. 偵(정)·湞(정)과 같이 貞(정)이 성부.
새김 길조. 상서로운 징조. ¶禎祥(—, 조짐 상) 상서로운 징조.

9 ⑭ 〔禍〕** 3677 화: 上哿 | huò, カ

소전 禍 행서 禍 간화 祸 이름 재앙 화: 자원 형성. 示+咼→禍. 咼(화)가 성부.

필순 一 丁 不 礻 礻 礻 祀 禍 禍 禍

새김 재앙. 재난. 또는 재앙을 내리다. 福(3673)의 대. ¶禍福(—, 복 복)재앙과 복. 재난과 행복. 예 —無門.
〔禍根〕(화근) 재앙이 되는 근원.
〔禍難〕(화난) 재앙과 환난(患難).
〔禍端〕(화단) 화를 일으킬 실마리.
〔禍患〕(화환) 재화와 환난. 화난(禍難).
▷遠禍召福(원화소복)·災禍(재화)·戰禍(전화)·慘禍(참화)

10 ⑮ 〔禛〕* 3678 진 平眞 | zhēn, シン

행서 禛 이름 복받을 진 자원 형성. 示+眞→禛. 鎭(진)·嗔(진)과 같이 眞(진)이 성부.
새김 복을 받다.

11 ⑯ 〔禦〕* 3679 어: 上語 | yù, ギョ

소전 禦 행서 禦 간화 御 이름 막을 어: 자원 형성. 御+示→禦. 御(어)가 성부.
새김 막다. 막아 지키다. ¶防禦(막을 방, —)적의 공격을 막아 지킴. 예 —陣地.
〔禦侮〕(어모) 밖에서의 업신여김을 막음.
〔禦寒〕(어한) 國 추위에 언 몸을 풀리게 함.
▷備禦(비어)·守禦(수어))

12 ⑰ 〔禫〕 3680 담: 上感 | dàn, タン

소전 禫 행서 禫 이름 담제 담: 자원 형성. 示+覃→禫. 覃(담)이 성부.
새김 담제(禫祭). 대상(大祥)을 치른 그 다음 다음 달에 지내는 제사. 同禫祀(담사).
〔禫服〕(담복) 상복(喪服)의 하나. 상제가 담제 뒤 길제(吉祭) 때까지 입는 흰 옷.

12 ⑰ 〔禪〕** 3681 ㊀선: 去霰 | shàn, ゼン ㊁선 平先 | chán, ゼン

소전 禪 행서 禪 속자 禅 간화 禅 이름 ㊀물려줄 선: ㊁선 선 자원 형성. 示+單→禪. 單에는 '단' 외에 '선' 음도 있어, 蟬(선)·嬋(선)과 같이 單(선)이 성부.

필순 一 丁 礻 礻 礻 祀 祀 禪 禪 禪

새김 ㊀물려주다. 임금의 자리를 타성(他姓)에게 물려주다. ¶禪讓(—, 물려줄 양)천자의 자리를 타성의 어진 이에게 물려줌. ㊁❶선. 또는 참선하다. ㉠마음을 통일하여 진리를 직관하는 일. ¶坐禪(앉을 좌, —)앉아서 참선함. ㉡선종. 불교의 한 갈래. ¶禪僧(—, 중 승)선종을 믿는 중. ❷불교와 유관한 사물에 붙이는 말. ¶禪門(—, 문 문)불교을 믿는 사람들의 사회. 同佛門(불문).
〔禪林〕(선림) 절. 사찰(寺刹).
〔禪房〕(선방) 참선하는 방. 선실(禪室).
〔禪師〕(선사) 선종(禪宗)의 승려로서 도에 정통한 사람.
〔禪院〕(선원) 절. 사원(寺院).
〔禪位〕(선위) 임금의 자리를 어진 사람에게 물려 줌. 「신을 통일함.
〔禪定〕(선정) 참선하여 마음을 가라앉히고 정
〔禪宗〕(선종) 경전을 읽고 교리를 배우는 것보다 참선하는 것으로 마음을 닦아야 한다고 주장하는 불교의 한 종파.
▷封禪(봉선)·參禪(참선)

12 ⑰ 〔禧〕* 희 平支 | xī, キ
3682

소전 행서 이름 복 희 자원 형성. 示+喜→禧. 僖(희)·熹(희)와 같이 喜(희)가 성부.
새김 복. 또는 길상(吉祥). 예恭賀新禧(공하신희) 삼가 새해의 복을 축하함. 연하장에 쓰는 글투.

13 ⑱ 〔禮〕*** 례: 上薺 | lǐ, レイ
3683

소전 행서 고자 간화 礼 이름 예도 례: 자원 형성. 示+豊→禮. 澧(례)·醴(례)와 같이 豊(례)가 성부.

필순 礻 礻 礻 礻 禮 禮 禮 禮 禮 禮

새김 ❶예도(禮道). ㉠사람으로서 행해야 할 도리. ¶禮節(—, 범절 절)예의에 관한 범절. 예 —을 지키다. ㉡생활상의 의식. ¶婚禮(혼인할 혼, —)혼인을 하는 의식. 예 —를 치르다. ❷경례. 경의를 표하거나 인사를 하는 동작. ¶目禮(눈 목, —)눈으로 하는 인사. ❸감사의 뜻을 표하다. ¶禮物(—, 물건 물)사례나 기념의 뜻으로 주는 물건. 예 —交換.
〔禮緞〕(예단) 예물로 주는 비단.
〔禮度〕(예도) ①예의와 법도. ②점잖고 예절이 바른 풍도(風度).
〔禮貌〕(예모) 예의 범절을 지키는 태도와 행동.
〔禮訪〕(예방) 예의를 갖추어 방문함.
〔禮拜〕(예배) 신이나 부처 앞에 절하는 일.
〔禮法〕(예법) ①예로 지켜야 할 규범. ②예의의 정한 법식.
〔禮聘〕(예빙) ①예의를 갖추어 초빙함. ②예를 갖추어 아내를 맞아오거나 데려옴.
〔禮式〕(예식) ①예절의 법식. ②예법에 따라서 하는 식. 인신하여, 결혼식
〔禮樂〕(예악) 예법과 음악. 유교에서는 禮는 사회의 질서를 유지하고, 樂은 사람들의 마음을 화락하게 하는 것으로서, 매우 존중되었음.
〔禮遇〕(예우) 예로써 대우함.
〔禮儀〕(예의) ①예절과 의식. ②서로 상대방에게 예를 표시하는 언행과 몸가짐.
〔禮讚〕(예찬) ①존경하고 찬양함. ②(佛)부처 앞에 예배하며 그 공덕을 기림.
〔禮幣〕(예폐) 고마움과 공경하는 뜻을 표하기 위하여 보내는 예물.
〔禮砲〕(예포) 환영이나 존경 또는 축하의 뜻을 나타내기 위하여 쏘는 포.
〔禮賢〕(예현) 어진이를 예우함.
▷家禮(가례)·缺禮(결례)·敬禮(경례)·答禮(답례)·拜禮(배례)·謝禮(사례)·失禮(실례)·祭禮(제례)·虛禮(허례)

14 ⑲ 〔禱〕* 도: 上晧 | dǎo, トウ
3684

소전 행서 간화 祷 이름 빌 도: 자원 형성. 示+壽→禱. 濤(도)·燾(도)와 같이 壽(수)의 변음이 성부.
새김 빌다. 신에게 복을 내려달라고 빌다. ¶祈禱(빌 기, —)신이나 부처에게 빎. 또는 그 일.
〔禱請〕(도청) 신이나 부처에게 소원이 이루어지기를 기도함.
▷默禱(묵도)·拜禱(배도)·祝禱(축도)

17 ㉒ 〔禳〕* 양 平陽 | ráng, ジョウ
3685

소전 행서 이름 푸닥거리 양 자원 형성. 示+襄→禳. 讓(양)·壤(양)과 같이 襄(양)이 성부.
새김 푸닥거리. 재앙이나 질병을 물리치기 위하여 하는 푸닥거리. 또는 푸닥거리를 하다. ¶禳災(—, 재앙 재)푸닥거리로 재앙을 물리침.

5 획 부수 　 禸 部

▷명칭: 자귀유
▷쓰임: 동물에 관한 한자를 만드는데 있어서, 그 상형성(象形性)을 돕는 구실을 한다.

4 ⑨ 〔禹〕* 우: 上麌 | yǔ, ウ
3686

소전 행서 이름 우임금 우: 자원 상형. 네 발이 달린 벌레의 모양.
새김 우임금. 중국 고대의 전설상의 천자 이름. 하(夏)나라의 시조.

6 ⑪ 〔离〕* 리 離(5904)와 동자·간화자
3687

8 ⑬ 〔禽〕** 금 平侵 | qín, キン
3688

소전 행서 이름 새 금 자원 상형. 네 발 달린 짐승의 모양. 지금은 길짐승에는 쓰지 않고, 새의 뜻으로만 쓴다.

필순 人 亽 今 今 佥 侌 禽 禽 禽 禽

새김 새. 날짐승. ¶禽獸(—, 짐승 수)새와 길짐승. 예—같은 놈.
〔禽語〕(금어) 새소리. 새의 지저귐.
〔禽鳥〕(금조) 날짐승.
▷家禽(가금)·鳴禽(명금)··仙禽(선금)·野禽(야금)·珍禽(진금)

5획 부수 禾部

▷명칭: 벼화. 벼화변
▷쓰임: 벼를 비롯한 곡식과 그들의 수확, 이에 따라 부담하는 조세 등에 관한 한자의 부수로 쓰였다.

0 ⑤ 〔禾〕** 화 平歌 | hé, カ
3689

소전 행서 이름 벼 화 자원 상형. 익은 이삭을 아래로 드리운 벼의 모양.

필순 ㇒ 二 千 禾 禾

새김 벼. 인신하여, 곡식의 총칭. ¶禾穀(—, 곡식 곡)벼에 속하는 곡식.
〔禾穗〕(화수) 벼의 이삭.

2 ⑦ 〔禿〕* 독 入屋 | tū, トク
3690

소전 행서 이름 벗겨질 독 자원 회의. 禾+儿〔=人〕→禿. 벼는 익으면 이삭이 아래로 드리워져 머리 부분이 없어지는 것이 마치 사람이 대머리가 되는 것과 같게 된다는 뜻.
새김 ❶벗겨지다. ㉠대머리가 되다. ¶禿頭(—, 머리 두)대머리. ㉡민둥산이 되다. ¶禿山(—, 산 산)민둥산. ❷모지라지다. 뾰족한 끝이 닳다. ¶禿筆(—, 붓 필)몽당붓.
⑦〔利〕 리: 刀부 5획 (0452)

2 ⑦ 〔私〕*** 사 平支 | sī, シ
3691

소전 행서 이름 사사 사 자원 형성. 禾+厶→私. 厶(사)가 성부.

필순 ㇒ 二 千 禾 禾 私 私

새김 ❶사사(私事). 개인의 일. 公(0365)의 대. ¶公私(공 공, —)공과 사. 공적인 것과 사적인 것. 인신하여, 정부와 민간. ㊞ —를 가리다. ❷사사롭다. 또는 사사로이. ¶私用(—, 쓸 용)사사로이 씀. 또는 그런 물건. ❸남 모르게. 마음 속으로. ¶私淑(—, 주워서가질 숙)직접 가르침을 받지는 않아도 마음 속으로 그 사람을 본받아서 배우거나 따름.
〔私憾〕(사감) 사사로운 일로 언짢게 여기는 마음.
〔私見〕(사견) 개인의 생각이나 의견.
〔私談〕(사담) 사사로이 하는 말.
〔私利〕(사리) 사사로운 이익. ㊞— 私慾.
〔私立〕(사립) 개인이 세움. ㊞— 學校.
〔私法〕(사법) 민법(民法)·상법(商法)과 같은, 개인의 권리와 의무에 대해 규정한 법률.
〔私兵〕(사병) 개인이 양성하여 고용하고 있는 군대.
〔私服〕(사복) 사사로이 입는 의복. ㊥관복(官服)·제복(制服).
〔私腹〕(사복) 사사로운 배라는 뜻으로, 사리사욕을 이르는 말. ㊞—을 채우다.
〔私費〕(사비) 개인이 부담하는 비용.
〔私生活〕(사생활) 개인의 사사로운 일상 생활.
〔私席〕(사석) 사사로운 자리. ㊥공석(公席).
〔私設〕(사설) 개인이 사사로이 설치함. ㊥공설(公設).
〔私信〕(사신) 개인간의 서신.
〔私心〕(사심) ①자기 혼자만의 생각. ②자기만의 이익을 꾀하는 마음.
〔私慾〕(사욕) 자기의 이익만을 채우려는 욕망.
〔私有〕(사유) 개인의 소유. ㊥공유(公有). 국유(國有).
〔私財〕(사재) 개인 소유의 재산.
〔私邸〕(사저) 개인의 저택. ㊥官邸(관저).
〔私的〕(사적) 개인에 관계되는 것. 개인적인 것. ㊥공적(公的).
〔私情〕(사정) 사사로운 정. 개인적인 감정.
〔私債〕(사채) 개인끼리의 사사로운 빚.
〔私和〕(사화) 원한을 풀고 서로 사이좋게 지냄.
▷公平無私(공평무사)·便私(편사)

2 ⑦ 〔秀〕*** 수 本수: 去宥 | xiù, シュウ
3692

소전 행서 이름 빼어날 수 자원 상형. 벼의 이삭이 패서 열매를 맺고 있는 모양.

필순 ㇒ 二 千 禾 禾 秀 秀

새김 ❶빼어나다. 출중하다. ¶秀才(—, 인재 재)재주가 뛰어난 사람. ㊞ —들만 모인 학교. ❷패다. 이삭이 패다. 〔論語〕秀而不實者(수이 부실자) 곡식의 이삭은 팼으나 열매를 맺지 아니하는 것.
〔秀麗〕(수려) 빼어나게 아름다움.
〔秀士〕(수사) 학식이 뛰어난 선비.
〔秀作〕(수작) 우수한 작품. ㊥拙作(졸작).
▷閨秀(규수)·優秀(우수)·俊秀(준수)·淸秀(청수)·特秀(특수)

3 ⑧ 〔秉〕* 병: 上梗 | bǐng, ヘイ
3693

소전 행서 이름 잡을 병: 자원 회의. 禾+⺕〔又의 변형〕→秉. ⺕는 손. 손에 볏단을 잡고 있음을 나타낸다.
새김 ❶잡다. 손에 쥐다. ¶秉權(—, 권세 권)권세를 잡음. 권력을 장악함.
〔秉彝〕(병이) 상도(常道)를 지킴.

〔秉燭〕(병촉) 촛불을 손에 잡음.

4 ⑨ 〔科〕*** 과 平歌 | kē, カ
3694

소전 行서 이름 과목 과 자원 회의. 禾+斗→科. 말〔斗〕로 곡식을 된다는 뜻. 새김은 가차.

필순 ㇒ 二 千 禾 禾 禾 科 科 科

새김 ❶과목. 교과나 학과의 구분. 課(4968)와 통용. ¶學科(배울 학, —)학교에서 교육하는 과목. ❷과. ㉠부문이나 부서를 구분하는 단위. ¶外科(밖 외, —)병이나 상처를 수술로 고치는 의학의 분야. 예整形—. ㉡동식물을 분류하는 단위. 예미나리科. ❸법령. 법규. ¶金科玉條(금 금, —, 옥 옥, 조목 조)금 같은 법규와 옥 같은 조목. 곧 조금도 움직일 수 없는, 아주 귀중한 법으로 삼을 조문. ❹과거. 관리의 등용 시험. ¶登$_2$科$_1$(오를 등, —)과거에 급제함. 예少年—. ❺죄. 또는 죄를 짓다. ¶前科(앞 전, —)이전에 죄를 지어 형벌을 받은 사실. 예—者. ❻배우의 연기 중의 동작. ¶科白(—, 대사 백)연기 중에 하는, 배우의 동작과 대사.

〔科擧〕(과거) 國나라에서 벼슬아치를 뽑던 시험.

〔科料〕(과료) 일제 때, 가벼운 법죄에 부과하던 벌금.

〔科榜〕(과방) 과거에 급제한 사람의 성명을 발표하던 방.

〔科學〕(과학) 자연과 사회 발전의 합법칙성에 관한 지식의 체계를 세워서 논증하는 학문.

▷工科(공과)·敎科(교과)·農科(농과)·文科(문과)·分科(분과)·理科(이과)·罪科(죄과)·學科(학과)

4 ⑨ 〔秕〕* 비: 上紙 | bǐ, ヒ
3695

소전 행서 동자 粃 이름 쭉정이 비: 자원 형성. 禾+比→秕. 批(비)·庇(비)·毖(비)와 같이 比(비)가 성부.

새김 ❶쭉정이. 알이 들지 않은 곡식의 열매. ¶秕糠(—, 겨 강)쭉정이와 겨. 쓸모없는 것의 비유. ❷나쁘다. 악하다. ¶秕政(—, 정사 정)백성을 괴롭히는, 나쁜 정사.

4 ⑨ 〔种〕 ㊀종 ㊁종: 種(3727)의 간화자
3696

4 ⑨ 〔秒〕** 초 本묘: 上篠 | miǎo, ビョウ
3697

소전 행서 이름 초 초 자원 형성. 禾+少→秒. 抄(초)·炒(초)와 같이 少(소)의 변음이 성부.

필순 ㇒ 二 千 禾 禾 利 利 秒 秒

새김 초. ㉠시간의 단위. 1분의 60분의 1. ¶秒速(—, 빠르기 속)1초 동안에 나아가는 거리로 나타내는 빠르기. 예— 20m의 바람. ㉡각도나 경위도의 단위. 1도의 360분의 1. 예東經 130度 5秒.

〔秒針〕(초침) 초를 가리키는 시곗바늘.

4 ⑨ 〔秋〕*** 추 平尤 | qiū, シュウ
3698

소전 행서 이름 가을 추 자원 형성. 禾+火〔龝의 생략체〕→秋. 龝(추)가 성부.

필순 ㇒ 二 千 禾 禾 禾 禾' 秒 秋

새김 ❶가을. 네 철의 하나. 음력으로는 7~9월. ¶秋風(—, 바람 풍) 가을바람. ❷때. 시기. ¶危急存亡之秋(위급 존망지추)나라의 존망이 걸려 있는 위급한 때. ❸해. 1년의 세월. ¶千秋(일천 천, —)1,000년의 세월. 곧 오래고 긴 세월의 형용. 예—에 길이 빛나다.

〔秋穀〕(추곡) 가을에 거두는 곡식.

〔秋霜〕(추상) 가을의 찬 서리. ㉮서슬이 퍼런 위엄이나 엄한 형벌의 비유. ㉯백발(白髮)의 비유.

〔秋色〕(추색) 가을철의 자연 풍경에서 나타내는 빛. 예—이 완연하다.

〔秋扇〕(추선) 가을철의 부채. ㉮철이 지나 쓸모없는 물건의 비유. ㉯늙어서 버림받은 여인의 비유.

〔秋聲〕(추성) 가을의 분위기를 느끼게 하는 소리.

〔秋收〕(추수) 가을에 곡식을 거둬들임.

〔秋情〕(추정) 가을의 정취(情趣).

〔秋波〕(추파) ①가을철의 잔잔하고 아름다운 물결. ②은근한 정을 나타내는 눈짓.

〔秋風落葉〕(추풍낙엽) 가을 바람에 떨어지는 나뭇잎. 세력이나 형세가 갑자기 기울거나 시듦의 비유.

〔秋毫〕(추호) 가을철에 털갈이한 짐승의 가는 털끝. 매우 미세한 것의 비유.

〔秋興〕(추흥) 가을철에 일어나는 흥취.

▷季秋(계추)·九秋(구추)·晩秋(만추)·孟秋(맹추)·悲秋(비추)·三秋(삼추)·涼秋(양추)·立秋(입추)·早秋(조추)·仲秋(중추)·初秋(초추)·春秋(춘추)

5 ⑩ 〔秘〕** 비: 祕(3652)의 속자
3699

5 ⑩ 〔祏〕* 석 入陌 | shí, セキ
3700

행서 䄷 이름 석 석 자원 형성. 禾+石→䄷. 䄷(석)·碩(석)과 같이 石(석)이 성부.
새김 석. 무게의 단위. 1䄷은 120근(斤).

5 ⑩ 〔秧〕* 앙 平陽 yāng, オウ
3701

소전 행서 이름 모 앙 자원 형성. 禾+央→秧. 怏(앙)·鴦(앙)과 같이 央(앙)이 성부.
새김 모. 볏모. 또는 모내기하다. ¶移₂秧(옮겨 심을 이, 一)모를 옮겨 심음. 모내기함. ㉰一期.
〔秧苗〕(앙묘) 벼의 싹.
〔秧板〕(앙판) 못자리.

5 ⑩ 〔秞〕* 유 平尤 yóu, ユウ
3702

행서 이름 무성할 유 자원 형성. 禾+由→秞. 油(유)·柚(유)와 같이 由(유)가 성부.
새김 무성하다. 또는 곡식이 무성한 모양.

5 ⑩ 〔积〕 積(3739)의 간화자
3703

5 ⑩ 〔租〕** 조 平 zū, ソ
3704

소전 행서 이름 구실 조 자원 형성. 禾+且→租. 且에는 '차' 외에 '조' 음도 있어, 祖(조)·助(조)와 같이 且(조)가 성부.
필순 ノ 二 千 于 禾 禾 和 和 租 租
새김 ❶구실. 세금. 논밭에 부과하는 세금. ¶租稅(一, 세금 세)국가나 지방 공공 단체가 국민으로부터 거두는 세금. ❷빌리다. 세내다. ¶租借(一, 빌릴 차)어떤 나라가, 조약에 의하여 다른 나라의 영토를 일정 기간 빌려서 통치하는 일. ㉰一期限.
〔租庸調〕(조용조) 당대(唐代)의 세 가지 세제. '租'는 토지세, '庸'은 사람에게 과하는 노역 의무, '調'는 가업(家業)에 관한 현물세.
▷賭租(도조)·定租(정조)

5 ⑩ 〔秦〕* 진 平眞 qín, シン
3705

소전 행서 이름 진나라 진 자원 회의. 𡗗〔舂의 생략체〕+禾→秦. 벼를 찧기 위하여 두 손으로 방앗공이를 들어올린다는 뜻.
새김 ❶진나라. 서기전 221년에, 시황제(始皇帝)가 중원을 통일하여 세운, 중국 최초의 중앙 집권적 봉건 왕조. ❷중국의 통칭.
〔秦晉之好〕(진진지호) 혼인을 한 두 집 사이의 친밀한 정의. 故 춘추 때 진(秦)나라와 진(晉)나라의 두 나라가 대대로 혼인을 맺어 친밀한 관계를 유지하였던 고사.

5 ⑩ 〔秩〕** 질 入質 zhì, チツ
3706

소전 행서 이름 차례 질 자원 형성. 禾+失→秩. 帙(질)·疾(질)·迭(질)과 같이 失(실)의 변음이 성부.
필순 ノ 二 千 于 禾 禾 禾 秆 秩 秩
새김 ❶차례. ㉠일의 순서. 또는 순서를 세우다. ¶秩序(一, 차례 서)정해져 있는 일의 바른 차례나 절차. ㉰交通一. ㉡벼슬의 등급. ¶品秩(품계 품, 一)벼슬자리에 대하여 매기는 등급. 동品階(품계). ❷녹봉. 벼슬아치의 봉급. ¶秩米(一, 쌀 미)녹봉으로 주는 쌀.
〔秩高〕(질고) 벼슬의 등급이 높음.

5 ⑩ 〔秤〕* ㊀칭 本칭: 去徑 chèng, ショウ ㊁칭 平蒸 chēng, ショウ
3707

행서 이름 ㊀저울 칭 ㊁저울질할 칭 자원 형성. 禾+平→秤. 平(평)의 변음이 성부.
새김 ㊀저울. 무게를 다는 기구. ¶秤錘(一, 추 추)저울추. ㊁저울질하다. 무게를 달다. 또는 헤아리다. ¶秤量(一, 헤아릴 량)저울로 무게를 닮. 인신하여, 헤아림.
▷天秤(천칭)

5 ⑩ 〔称〕 ㊀칭 稱(3728)의 속자·간화자 ㊁칭: 稱(3728)의 속자·간화자
3708

5 ⑩ 〔秽〕 예: 穢(3743)의 간화자
3709

6 ⑪ 〔移〕*** 이 平支 yí, イ
3710

소전 행서 이름 옮길 이 자원 형성. 禾+多→移. 多(다)의 변음이 성부.
필순 二 千 于 禾 禾 秒 秒 秒 移 移
새김 ❶옮기다. 자리를 옮기다. ¶移植(一, 심을 식)㉮옮겨 심음. ㉰苗木一. ㉯신체의 일부 조직을 다른 부위에 옮겨 붙임. ㉰角膜一. ❷옮다. 장소나 위치가 달라지다. ¶移動(一, 움직일 동)옮아 움직임. ㉰一通信. ❸옮겨 심다. ¶移₂秧(一, 모 앙)모를 옮겨 심음. 모내기함. ㉰一期. ❹변하다. 달라지다. 〔書經〕世變風移(세변풍이)세상은 변하고 풍속은 달라짐.
〔移管〕(이관) 관할(管轄)을 옮김.

〔移民〕(이민) 자기 나라를 떠나 다른 나라로 옮겨 가서 삶.
〔移徙〕(이사) 사는 곳을 옮김.
〔移送〕(이송) 어떤 장소에서 다른 장소에, 어떤 사람에게서 다른 사람에게 옮기어 보냄.
〔移讓〕(이양) 남에게 양보하여 넘겨 줌.
〔移葬〕(이장) 무덤을 옮김. 면례(緬禮).
〔移籍〕(이적) 호적을 다른 곳으로 옮김.
〔移轉〕(이전) 장소나 주소를 옮김. 「삶.
〔移住〕(이주) 다른 장소나 나라로 옮겨 가서
〔移牒〕(이첩) 받은 공문이나 통첩을 다음 기관에 다시 알림. 또는 그 공문이나 통첩.
〔移行〕(이행) 옮아감. 변하여 감.
▷ 變移(변이)·轉移(전이)·推移(추이)

7 ⑫ 〖稈〗* 간: 上 旱 gǎn, カン
3711

소전 행서 이름 볏짚 간: 자원 형성. 禾+旱→稈. 桿(간)과 같이 旱(한)의 변음이 성부.

새김 볏짚. 인신하여, 식물의 줄기. ¶麥稈(보리 맥, —)보릿짚이나 밀짚의 줄기.

7 ⑫ 〖稅〗*** 세: 去 霽 shuì, ゼイ
3712

소전 행서 이름 구실 세: 자원 형성. 禾+兌→稅. 兌에는 '태' 외에 '예' 음도 있어, 說(세)와 같이 兌(예)의 변음이 성부.

필순 二 千 禾 禾 ... 稅

새김 구실. 조세. 세금. ¶納稅(바칠 납, —)세금을 바침. 예—義務.
〔稅關〕(세관) 공항이나 항구에 두어, 수출입의 물품 검사나 관세의 부과 등의 사무를 맡아보는 관청. 예仁川—.
〔稅金〕(세금) 조세(租稅)로 내는 돈.
〔稅吏〕(세리) 세금에 관한 사무를 맡아보는 공무원 「관한 사무.
〔稅務〕(세무) 세금을 부과하고 징수하는 것에
〔稅米〕(세미) 조세로 바치던 쌀.
〔稅法〕(세법) 세금에 관해 규정해 놓은 법률.
〔稅收〕(세수) 세금의 수입. 세수입(稅收入).
〔稅額〕(세액) 부과한 세금의 액수.
〔稅源〕(세원) 세금을 매길 근원이 되는 소득이나 재산.
〔稅率〕(세율←세률) 세액을 산정하는 비율.
〔稅政〕(세정) 세금을 매기고 받아 들이는 데 관한 행정. 세무 행정(稅務行政). 「도.
〔稅制〕(세제) 조세의 부과와 징수에 대한 제
▷ 課稅(과세)·關稅(관세)·國稅(국세)·免稅(면세)·保稅(보세)·所得稅(소세)·收稅(수세)·印稅(인세)·雜稅(잡세)

7 ⑫ 〖程〗** 정 平 庚 chéng, テイ
3713

소전 행서 이름 길 정 자원 형성. 禾+呈→程. 呈(정)이 성부.

필순 二 千 禾 禾 ... 程

새김 ❶길. ㉠경로. 코스. ¶行程(갈 행, —)멀리 가는 길. ㉡할 일의 순서나 단계. ¶日程(날 일, —)그날그날 해야 할 일의 순서와 그 정해져 있는 일. 예바쁜 —을 보내다. ❷가야 할 길의 거리. ¶日程(날 일, —)하루에 가야 할 거리. ❸법. 규정. ¶規程(법 규, —)규칙으로서 정해 놓은 것. ❹한도. 정해진 기준. ¶程度(—, 정도 도)일의 알맞은 한도. 기준의 높이. 예 —가 높다.
〔程式〕(정식) 표준으로 삼는 방식.
▷ 工程(공정)·過程(과정)·路程(노정)·道程(도정)·方程式(방정식)·射程(사정)·旅程(여정)·音程(음정)

7 ⑫ 〖稍〗* 초 本소: 去 效 shāo, ショウ
3714

소전 행서 이름 점점 초 자원 형성. 禾+肖→稍. 哨(초)·梢(초)와 같이 肖(초)가 성부.

새김 ❶점점. 차츰차츰. ¶稍稍(—, —)점점. 차츰차츰. ❷조금. 약간. ¶稍遠(—, 멀 원)약간 멂. 예人家가 —한 산골.
〔稍解文字〕(초해문자) 겨우 글자나 뜯어볼 정도로 판무식을 면함.

7 ⑫ 〖稀〗** 희 平 微 xī, キ
3715

소전 행서 이름 드물 희 자원 형성. 禾+希→稀. 希(희)가 성부.

필순 二 千 禾 禾 ... 稀

새김 ❶드물다. 드문드문하다. ¶稀少(—, 적을 소)드물고 적음. 예—價値. ❷묽다. 진하지 않다. ¶稀釋(—, 풀 석)묽게 타서 풂. 예—燒酒.
〔稀貴〕(희귀) 매우 드물어서 진귀함.
〔稀代〕(희대) 세상(世上)에 드묾.
〔稀微〕(희미) 분명하지 못하고 어렴풋함.
〔稀薄〕(희박) ①기체나 액체의 농도나 밀도가 엷거나 묽음. ②일이 이루어질 희망이나 가망이 적음. 예成功할 確率이 —하다.
〔稀世〕(희세) 세상에 드묾.
〔稀罕〕(희한) 매우 드묾.
▷ 古稀(고희)·月明星稀(월명성희)·依稀(의희)

8 ⑬ 〖稔〗* 념 ㊍임: 上 寢 | rěn, ネン
3716

소전 稔 행서 稔 이름 여물 념 자원 형성. 禾+念→稔. 念(념)이 성부.
새김 여물다. 곡식이 여물다. ¶實稔(열매 실, —)곡식의 알이 여묾. ㉠—이 잘된 해.

8 ⑬ 〖稜〗* 릉 平 蒸 | léng, リョウ
3717

행서 稜 이름 모 릉 자원 형성. 禾+夌→稜. 陵(릉)·菱(릉)과 같이 夌(릉)이 성부.
새김 ❶모. 모서리. ¶稜角(—, 모 각)물체의 뾰족한 모서리. ❷위세. 위엄. ¶稜威(—, 위엄 위)매우 존엄한 위세.
〔稜線〕(능선) 산의 등성이를 따라 죽 이어진 봉우리의 선.

8 ⑬ 〖颖〗 영: 穎(3737)의 간화자
3718

8 ⑬ 〖稠〗* 조 ㊍주 平 尤 | chóu, チュウ
3719

소전 稠 행서 稠 이름 빽빽할 조 자원 형성. 禾+周→稠. 調(조)·凋(조)와 같이 周(주)의 변음이 성부.
새김 빽빽하다. 촘촘하다. ¶稠密(—, 빽빽할 밀)들어 찬 것이 빽빽하고 촘촘함. ㉠ —한 人口分布.
〔稠人廣座〕(조인광좌) 여러 사람이 빽빽하게 모인 자리.
〔稠雜〕(조잡) 집이 즐비하고 교통이 복잡함.

8 ⑬ 〖稙〗* 직 入 職 | zhí, チョク
3720

소전 稙 행서 稙 이름 올벼 직 자원 형성. 禾+直→稙. 直(직)이 성부.
새김 올벼. 일찍 심는 곡식.

8 ⑬ 〖稚〗* 치 ㊍치: 去 寘 | zhì, チ
3721

행서 稚 동자 穉 이름 어릴 치 자원 형성. 禾+隹→稚. 隹(추)의 변음이 성부.
새김 어리다. ㉠나이가 어리다. ¶幼稚(어릴 유, —)나이가 어림. ㉠—園. ㉡수준이 어리다. ¶稚拙(—, 졸렬할 졸)수준이 어리고 졸렬함. ㉠—한 생각.
〔稚氣〕(치기) 유치하고, 어린 기분.
〔稚心〕(치심) 어릴 적의 마음. 또는 어린애 같은 마음.
〔稚魚〕(치어) 어린 물고기.

8 ⑬ 〖稗〗* 패: 去 卦 | bài, ハイ
3722

소전 稗 행서 稗 이름 피 패: 자원 형성. 禾+卑→稗. 牌(패)와 같이 卑(비)의 변음이 성부.
새김 ❶피. 논에 나는 벼와 비슷한 식물. ¶稗飯(—, 밥 반)피밥. 피로 지은 밥. ❷작다. 잘다. 인신하여, 미천하다. ¶稗史(—, 역사 사)민간의 자질구레한 이야기들을 기록한 글.
〔稗官〕(패관) 민간의 풍설과 소문을 수집하여 기록하던 벼슬아치. ㉠—小說(소설).
〔稗說〕(패설) 민간에서 떠도는 야사(野史)와 전설.

8 ⑬ 〖稟〗* 품: 上 寢 | bǐng, ヒン
3723

소전 稟 행서 稟 속자 禀 이름 아뢸 품: 자원 회의. 㐭+禾→稟. 㐭은 창고의 모양. 벼를 저장하는 창고란 뜻. 참고 이 자에는 '곳집 름:'이란 훈음의 갈래가 있다.
새김 ❶아뢰다. 품하다. ¶稟議(—, 의논할 의)품하여 의논함. ㉠ —書類. ❷받다. 타고 나다. ¶稟性(—, 성품 성)선천적으로 타고난 성품.
〔稟達〕(품달) 웃어른이나 상급 기관에 보고함.
〔稟目〕(품목) 상관에게 아뢰는 글.
▷氣稟(기품)·性稟(성품)·天稟(천품)

9 ⑭ 〖稲〗 도 稻(3732)의 속자
3724

9 ⑭ 〖稳〗 온: 穩(3744)의 간화자
3725

9 ⑭ 〖種〗*** ㊀종 ㊍종: 上 腫 | zhǒng, ショウ
㊁종: 去 宋 | zhòng, ショウ
3726

소전 種 행서 種 간화 种 이름 ㊀씨 종 ㊁심을 종: 자원 형성. 禾+重→種. 鍾(종)·腫(종)과 같이 重(중)의 변음이 성부.

필순 ニ 千 禾 禾 秆 秳 稍 稍 種 種

새김 ㊀❶씨. ㉠식물의 씨. ¶種子(—, 씨앗 자)씨. ㉡동식물의 혈통이나 계통. ¶種族(—, 겨레 족)같은 혈통이나 계통에 딸린 생물의 겨레붙이. ㉠ —保存. ❷종류. ¶種別(—, 구별할 별)종류에 따라 구별함. 또는 그런 구별. ㉠—로 분류하다. ㊁심다. 식물이나 씨를 심어 가꾸다. ¶種樹(—, 나무 수)나무를 심음. 또는 식물을 심어 가꿈.
〔種瓜得瓜〕(종과득과) 오이를 심으면 오이를 얻게 됨. 원인이 있으면 그에 따른 결과가 있음의 비유.
〔種豚〕(종돈) 씨받이 돼지.
〔種痘〕(종두) 우두를 맞음.

〔種類〕(종류) 사물의 성질이나 특성에 따라 나누어지는 갈래.
〔種目〕(종목) 여러가지 종류의 항목.
〔種苗〕(종묘) 씨를 심어 묘목을 가꿈. 또는 그 묘목.
〔種種〕(종종) 國 가끔. 또는 때때로.
〔種畜〕(종축) 씨를 받기 위하여 기르는 가축.
▷ 各種(각종)·同種(동종)·芒種(망종)·變種(변종)·別種(별종)·純種(순종)·良種(양종)·業種(업종)·人種(인종)·雜種(잡종)·播種(파종)·品種(품종)

9 ⑭ 〔稱〕 ** 3727 ㊀칭 平 蒸 chēng, ショウ ㊁칭: 去 徑 chèn, ショウ

소전 稱 행서 稱 속자 간화 称 이름 ㊀일컬을 칭 ㊁걸맞을 칭: 자원 형성. 禾+爯→稱. 爯(칭)이 성부.

필순 𠂉 千 禾 禾 禾 禾 稍 稍 稱 稱

새김 ㊀❶일컫다. ¶稱號(—, 이름 호)사회적으로 일컫는 이름. ❷기리다. ¶稱讚(—, 기릴 찬)장하고 훌륭하다고 기리어 말함. 예 —이 자자하다. ❸무게를 달다. 인신하여, 헤아리다. ¶稱量(—, 헤아릴 량)저울로 닮. 인신하여, 헤아림. ㊁걸맞다. 어울리다. ¶稱₂位₁(—, 자리 위)직위(職位)에 걸맞음.
〔稱病〕(칭병) 병이 들었다고 핑계함.
〔稱頌〕(칭송) 훌륭하다고 높이 찬양하여 기림.
〔稱揚〕(칭양) 잘한다고 추어 올림.
〔稱職〕(칭직) 재능이 그 직무에 걸맞음.
〔稱頉〕(칭탈) 國 무엇 때문이라고 핑계를 댐.
▷ 假稱(가칭)·謙稱(겸칭)·敬稱(경칭)·名稱(명칭)·別稱(별칭)·俗稱(속칭)·愛稱(애칭)·尊稱(존칭)·通稱(통칭)·呼稱(호칭)

알아둘 지식

＊칭위(稱謂)대하여

칭위라 함은 일가친척의 관계에 있는 사람에 대한 정해진 호칭을 이른다. 서양은 말할 것도 없고 중국이나 일본보다도 더 엄격한 칭위법을 지켜 온 우리 겨레는 이 칭위에 의해 상대방에 걸맞은 예의를 갖추게 된다.

〔가〕본가(本家)의 칭위

우리의 가족 제도는 고조(高祖)를 정점으로 하여, 같은 고조의 자손들인 8촌 이내는 한 가족으로 여겨 당내(堂內)라 부르고, 오대조 이상의 자손들은 일가라 부른다. 그래서, 불천위(不遷位)를 제외하고는 기제사도 체천(遞遷)을 해가며 고조까지만 모시며, 복제(服制)에 따라 복을 입는 유복친(有服親)도 이 촌수에 한정된다.

※직계(直系)의 호칭

①父:남에게 대하여, 살아 있는 아버지는 家親·家嚴이라 부르고, 돌아간 아버지는 先考·先親이라 부른다.
참고 남의 아버지는 椿府丈·椿庭·令尊이라 부른다.
②母:남에게 대하여, 살아 있는 어머니는 慈親·家母라 부르고, 돌아간 아어머니는 先妣라 부른다.
③祖:
참고 남의 조부는 王尊丈·王大人이라 부른다.
④子·女:남에게 대하여, 자기 아들은 家兒·豚兒·迷豚, 자기 딸은 女兒·女息이라 부른다.
참고 남의 아들은 令郎·令息·令胤, 남의 딸

(자매) ← (직계) → (형제)

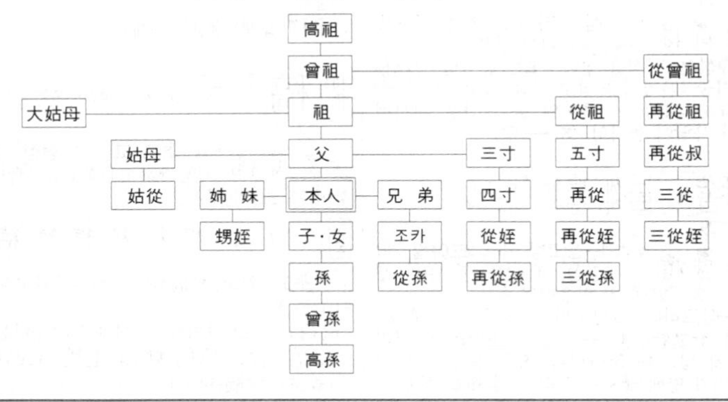

은 令愛·令嬌라 부른다.
⑤高孫: 玄孫이라고 한다.

※방계(傍系)의 호칭
①兄弟: 맏형을 伯兄, 둘째 兄은 仲兄이라 부른다.
참고 남의 맏형은 伯氏, 남의 둘째 형은 仲氏, 남의 세째 형이나 아우는 叔氏라 부른다.
②조카: 조카 중 맏을 長姪이라 부른고, 딸은 姪女라 부른다.
③三寸: 맏三寸을 伯父, 그 외는 叔父라 부른다.
참고 남의 三寸은 阮丈(완장)이라 부른다.
④四寸: 남자는 형이면 從兄, 아우이면 從弟라부르고, 여자는 손위는 從姉, 손아래는 從妹라 부른다.
⑤五寸: 남자는 從叔 또는 堂叔이라 부르고, 여자는 從姑母 또는 堂姑母 라 부른다.
⑥從姪: 堂姪이라고도 한다.
⑦姉妹: 손위누이의 남편을 姉兄 또는 妹兄이라 부르고, 손아래누이의 남편을 妹弟라 부른다.
참고 남의 손위 누이를 姉氏, 손아래누이를 妹氏라 부른다.
⑧姑從: 內從이라고도 하고, 맏이면 內從兄, 아우이면 內從弟라 부른다.
⑨大姑母: 王姑母 또는 尊姑母라고도 부른다.

〔나〕외가(外家)의 칭위
①아버지의 외가는 陳外家, 어머니의 외가는 外外家라 부른다.
②外三寸: 外叔이라 부른다.
③外四寸: 外從이라고도 하고, 맏이면 外從兄, 아우이면 外從弟라 부른다.

(자매) ← (직계) → (형제)

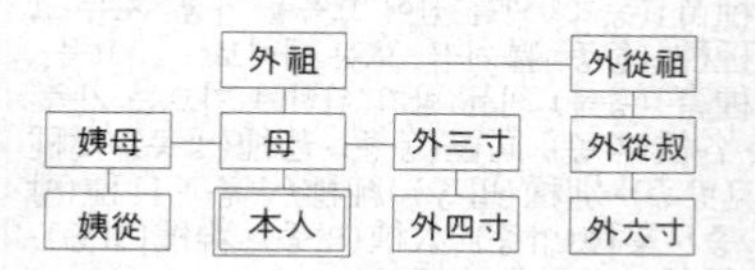

〔다〕처가(妻家)의 칭위
①아내의 아버지: 丈人·岳丈(악장)·빙장(氷丈·聘丈)
②아내의 어머니: 丈母·岳母·氷母·聘母
③아내의 삼촌: 남자는 妻三寸, 여자는 妻姑母라 부른다.
④아내의 동기: 남자 동기는 妻男, 妻男의 아내는 '처남의 댁'이라 부르고, 여자 동기 중 손위는 妻兄, 손아래는 妻弟라 부르고, 그들의 남편은 同壻(동서)라 부른다.
⑤아내의 동기의 자녀: 妻男의 자녀는 妻姪, 妻兄·妻弟의 자녀는 妻姨姪(처이질) 또는 姨姪(이질)이라 부른다.

〔라〕시가(媤家)의 칭위
①남편의 아버지는 媤父, 어머니는 媤母라 부른다.
②남편의 형제는 媤叔, 그들의 아내는 同壻라 부르고, 남편의 자매는 '시누이', 남편의 姉兄은 시아주버니라 부르고, 남편의 妹弟는 姓을 따서 金書房·李書房 등으로 부른다.
③시누이의 자녀는 甥姪이라 부른다.

10 ⑮ 〔稼〕* 가 本가: 去禡 | jià, カ
3728

소전 행서 이름 심을 가 자원 형성. 禾+家→稼. 家(가)가 성부.
새김 ❶심다. 곡식을 심다. 또는 농사일. ¶稼穡(—, 거둘 색)곡식을 심고 거둠. 또는 그 일. ❷일하다. ¶稼動(—, 움직일 동)생산을 위하여 기계나 사람이 움직임. 예 —率.

10 ⑮ 〔稽〕* ㊀계 平齊 | jī, ケイ ㊁계: 上薺 | qǐ, ケイ
3729

소전 행서 이름 ㊀상고할 계 ㊁조아릴 계: 자원 형성. 禾+尤→旨〔詣의 생략체〕→稽. 詣(예)의 변음이 성부.
새김 ㊀상고하다. 고찰하다. ¶稽₂古₁(—, 예 고)옛일을 상고함. 예 —之力. ㊁조아리다. 머리가 땅에 닿도록 조아리다. ¶稽₂首₁(—, 머리 수)머리가 땅에 닿도록 꾸벅임. 동頓首(돈수).
〔稽考〕(계고) 상고하여 봄.
〔稽顙〕(계상) 꿇어 엎드려 이마를 땅에 닿게 절함.
▷滑稽(골계)·無稽(무계)

10 ⑮ 〔稿〕** 고 平豪 | gǎo, コウ
3730

소전 행서 이름 초고 고 자원 형성. 禾+高→稿. 槁(고)·鄗(고)·膏(고)와 같이 高(고)가 성부.
필순 ノ 千 禾 禾 禾 稿 稿 稿 稿 稿
새김 초고. 원고. ¶稿本(—, 책 본)원고채로 매어두는 책.
〔稿料〕(고료) 원고를 쓴 대가로 지불하는 돈.
▷寄稿(기고)·原稿(원고)·遺稿(유고)·拙稿(졸고)·脫稿(탈고)

10 ⑮ 〔穀〕*** 곡 入屋 gǔ, コク
3731

소전 행서 이름 곡식 곡 자원 형성. 㱿+禾→穀. 㱿(각)의 변음이 성부.

필순 十 士 声 声 壳 壳 壳 穀 穀 穀

새김 ❶곡식. 논밭에 기르는 곡식. ¶五穀(다섯 오, ―)벼·보리·조·기장·콩의 다섯 가지 곡식. 예―밥. ❷기르다. ¶穀雨(―, 비 우)곡식을 기르는 비라는 뜻으로, 24절기의 하나. 양력 4월 21일 무렵.
〔穀類〕(곡류) 곡식의 종류. 쌀·보리·밀 따위.
〔穀物〕(곡물) 양식이 되는 쌀·보리·조·콩 따위의 총칭. 곡식.
〔穀倉〕(곡창) ①곡물 창고. ②곡식이 많이 나는 곳. 곡향(穀鄕).
▷舊穀(구곡)·米穀(미곡)·糧穀(양곡)·錢穀(전곡)·脫穀(탈곡)·布穀(포곡)·禾穀(화곡)

10 ⑮ 〔稻〕** 도 本도: 上晧 dào, トウ
3732

소전 행서 속자 稲 이름 벼 도 자원 형성. 禾+舀→稻. 滔(도)·蹈(도)와 같이 舀(요)의 변음이 성부.

필순 千 禾 禾 禾 禾 禾 禾 稻 稻 稻

새김 벼. 오곡의 하나. ¶陸稻(뭍 륙, ―)밭벼. 밭에 심는 벼.
〔稻熱病〕(도열병) 잘 자란 벼의 줄기와 잎에 흰 점이 생기면서 이삭이 돋아나지 않게 되는 병.
〔稻作〕(도작) 벼농사.
〔稻田〕(도전) 벼를 심는 논밭.
▷晩稻(만도)·水稻(수도)·早稻(조도)

10 ⑮ 〔稶〕* 욱 入屋 yù, イク
3733

행서 이름 서직성할 욱 자원 형성. 禾+彧→稶. 彧(욱)이 성부.
새김 서직(黍稷)이 성(盛)하다.

10 ⑮ 〔稷〕* 직 入職 jì, ショク
3734

소전 행서 이름 기장 직 자원 형성. 禾+畟→稷. 畟(직)이 성부.
새김 ❶기장. 오곡의 하나. ※기장 외에 '조·수수'를 뜻하기도 하고, 우리나라에서는 '피'의 새김으로 흔히 쓴다. ¶黍稷(기장 서, ―)㉮기장. ㉯國기장과 피. ❷곡신(穀神). 오곡의 신. ¶社稷(토지신 사, ―)社(3646)를 보라.
〔稷神〕(직신) 곡식을 맡은 신.

11 ⑯ 〔穆〕* 목 入屋 mù, ボク
3735

소전 행서 이름 화평할 목 자원 형성. 禾+㐱→穆. 㐱(목)이 성부.
새김 ❶화평하다. 평온하다. ¶淸穆(맑을 청, ―)심기가 맑고 화평함. 편지에서, 상대방의 건강을 말할 때 쓰는 투. ❷사당 차례. 사당에 위패를 모시는 차례. 주벽(主壁)을 향하여 왼쪽을 昭(2123)라 하여 2·4·6세를, 오른쪽을 穆이라 하여 3·5·7세를 모신다. ¶昭穆(사당차례 소, ―)사당에 신주를 모시는 차례.
▷敦穆(돈목)·和穆(화목)

11 ⑯ 〔穑〕 색 穡(3742)의 간화자
3736

11 ⑯ 〔穎〕* 영: 上梗 yǐng, エイ
3737

소전 간화 颖 이름 이삭 영: 자원 형성. 頃+禾→穎. 潁(영)과 같이 頃(경)의 변음이 성부.
새김 ❶이삭. 곡식의 이삭. ¶禾穎(벼 화, ―)벼이삭. ❷총명하다. 영리하다. ¶穎悟(―, 슬기로울 오)영리하고 슬기로움.
〔穎敏〕(영민) 영특하고 민첩함.

11 ⑯ 〔穏〕 온: 穩(3744)의 속자
3738

11 〔積〕** 적 入陌 jī, セキ
3739

소전 행서 간화 积 이름 쌓을 적 자원 형성. 禾+責→積. 績(적)·勣(적)과 같이 責(책)의 변음이 성부.

필순 二 千 禾 禾 禾 禾 秸 積 積 積

새김 ❶쌓다. 포개어 쌓다. ¶積小成大(―, 작을 소, 이룰 성, 큰 대)작은 것을 쌓아 큰 것을 이룸. 곧 작은 것이라도 많이 모여 쌓이면 크게 됨. ❷쌓이다. ¶積雪(―, 눈 설)내려 쌓인 눈. 예―量. ❸곱하여 얻은 수. 또는 면(面)이나 공간의 넓이. ¶面積(면 면, ―)평면이나 구면의 표면의 넓이.
〔積極〕(적극) 능동적이고 활동적임.
〔積金〕(적금) 돈을 모아 쌓음. 또는 그 돈.
〔積立〕(적립) 모아서 쌓아 둠.
〔積善〕(적선) 착한 일을 많이 함. 예―之家必有餘慶.
〔積載〕(적재) 배·수레 따위에 물건을 쌓아 실음. 예―量.
〔積阻〕(적조) 오랫동안 서로 소식이 막힘.
〔積弊〕(적폐) 오래 계속되는 폐단.

▷露積(노적)·累積(누적)·山積(산적)·容積(용적)·體積(체적)·蓄積(축적)

12 ⑰ 〖穗〗* 수: 去寘 | suì, スイ
3740

행서 이름 이삭 수: 자원 형성. 禾+惠→穗. 惠(혜)의 변음이 성부.
새김 이삭. 식물의 이삭. ¶出穗(날 출, —) 이삭이 나옴. 이삭이 팸. 동拔穗(발수).
〔穗狀〕(수상) 이삭과 같은 모양. 예— 花序.
▷落穗(낙수)·發穗(발수)·禾穗(화수)

12 ⑰ 〖穉〗* 치 稚(3721)와 동자
3741

13 ⑱ 〖穡〗* 색 入職 | sè, ショク
3742

소전 행서 간화 穑 이름 거둘 색 자원 형성. 禾+嗇→穡. 嗇(색)이 성부.
새김 거두다. 곡식을 거두어 들이다. ¶稼穡(심을 가, —)곡식을 심고 거둠. 또는그 일.

13 ⑱ 〖穢〗* 예: 去隊 | huì, ワイ
3743

행서 간화 秽 이름 더러워질 예: 자원 형성. 禾+歲→穢. 歲(세)의 변음이 성부.
새김 ❶더러워지다. 또는 더럽다. ¶穢土(—, 땅 토)더러워진 땅. 인신하여, 이승. ❷오물. 인신하여, 똥. ¶汚穢(오물 오, —)지저분하고 더러운 것. 예— 物.
〔穢德〕(예덕) 추악한 행실.
〔穢慾〕(예욕) 더러운 욕심.
〔穢土〕(예토) 더러운 세상. 곧 이승.
▷醜穢(추예)·荒穢(황예)

14 ⑲ 〖穩〗* 온: 上阮 | wěn, オン
3744

소전 행서 속자 穏 간화 稳 이름 안온할 온: 자원 형성. 禾+㥯→穩. 㥯(은)의 변음이 성부.
새김 ❶안온하다. 편안하다. ¶安穩(편안할 안, —)탈 없이 편안함. 예— 한 家庭. ❷온당하다. 사리에 맞다. ¶穩當(—, 마땅할 당)사리에 어그러지지 아니하고 마땅함. 예— 한 處事.
〔穩健〕(온건) 온당하고 건전함.
〔穩全〕(온전) 본바탕대로 고스란함.
▷不穩(불온)·平穩(평온)

14 ⑲ 〖穫〗** 확 入藥 | huò, カク
3745

소전 행서 간화 获 이름 거둘 확 자원 형성. 禾+蒦→穫. 蒦(확)이 성부.

필순 禾 禾' 秆 秆 秆 秆 稚 穫 穫 穫

새김 거두다. 벼나 보리 등 농작물을 베어 거두어 들이다. ¶收穫(거둘 수, —)농작물을 베어 거두어 들임. 예— 高.
〔穫刈〕(확예) 농작물을 수확함.
▷耕穫(경확)·秋穫(추확)

17 ㉒ 〖穰〗* 양 平陽 | ráng, ジョウ
3746

소전 행서 이름 풍성할 양 자원 형성. 禾+襄→穰. 讓(양)·壤(양)과 같이 襄(양)이 성부.
새김 풍성하다. 풍성하게 결실하다. ¶豐穰(풍년 풍, —)풍년이 들어 곡식이 잘 여묾.

5획 부수 穴部

▷명칭: 구멍혈
▷쓰임: 구멍이나 굴, 구멍의 형상을 한 기물, 또는 그들의 상태나 구멍을 뚫는 일 등에 관한 한자의 부수로 쓰였다.

0 ⑤ 〖穴〗** 혈 入屑 | xué, ケツ
3747

소전 행서 이름 굴 혈 자원 상형. 토굴로 들어가는 입구의 모양.

필순 ' '' 宀 宀 穴

새김 ❶굴. 동굴. 또는 구멍. ¶穴居(—, 살 거)굴 속에서 삶. 예— 野處. ❷혈. ㉠침을 놓거나 뜸을 뜨는 인체의 부위. ¶經穴(경맥 경, —)병을 고치기 위하여 침을 놓거나 뜸을 뜨기에 알맞은 자리. ㉡國 광맥. ¶鑛穴(쇳돌 광, —)광석이 매장되어 있는 줄기. ㉢國 풍수설에서 말하는, 좋은 묏자리.
〔穴隙〕(혈극) 구멍과 틈.
〔穴農〕(혈농) 國 구메농사. 기후 등이 고르지 않아 고장에 따라 풍흉(豐凶)이 다르게 되는 농사.
▷窟穴(굴혈)·洞穴(동혈)·墓穴(묘혈)

2 ⑦ 〖究〗*** 구 本구: 去宥 | jiū, キュウ
3748

소전 행서 이름 연구할 구 자원 형성. 穴+九→究. 仇(구)와 같이 九(구)가 성부.

필순 丶 丷 宀 穴 穴 穵 究

새김 ❶연구하다. 궁구하다. ¶究明(―, 밝힐 명)사리나 원인을 깊이 연구하여 밝힘. ㉠ 原因을 ―하다. ❷끝. 맨 마지막. ¶究極(―, 끝 극)끝. 막다른 고비. ❸마침내. 필경. ¶究竟(―, 마침내 경)마침내. 필경. ㉠선생님의 매는 ―은 학생들을 사람답게 키운다.

〔究問〕(구문) 캐어 물음.

▷講究(강구)·考究(고구)·窮究(궁구)·研究(연구)·探究(탐구)·學究(학구)

2 ⑦ 〔穷〕 궁 窮(3770)의 간화자 3749

3 ⑧ 〔空〕*** 공 平東 | kōng, クウ 3750

소전 행서 이름 하늘 공 자원 형성. 穴+工→空. 功(공)·貢(공)과 같이 工(공)이 성부.

필순 丶 丷 宀 穴 穴 穵 空 空

새김 ❶하늘. ¶空襲(―, 칠 습)비행기로 하늘에서 공격함. ❷비다. ㉠속이 비다. ¶空腹(―, 배 복) 뱃속이 텅 빔. 또는 그런 배. ㉠―에 먹는 藥. ㉡사람이 없다. ¶空山(―, 메 산)사람이 없는 산. ㉠―明月. ㉢아무것도 가진 것이 없다. ¶空手(―, 손 수)빈 손. ㉠―來 ―去. ㉣근거가 없다. 내용이 헛되다. ¶空論(―, 이론 론)실속이 없는 이론이나 논의. ㉠卓上―. ❷공연히. 쓸데없이. 헛되이. ¶空念佛(―, 월 념, 부처 불)헛되이 입으로만 부처를 욈. 실행이 따르지 않는 주장의 비유. ❸허무(虛無). 도가(道家)의 사상의 하나. ❹(佛)공. 만물은 인연에 의해 생겨나는 임시 모습이며 실체는 없다는 생각. ¶色卽是空(색 색, 곧 즉, 이 시, ―)색은 곧 공이다. 인신하여, 만물은 인연에 의해 생겨나므로 실체가 없는 공이다.

〔空間〕(공간) 아무것도 없이 비어 있는 칸.

〔空軍〕(공군) 공중에서의 공격과 방비를 맡은 군대.

〔空拳〕(공권) ①맨주먹. ②가진 재물이 전혀 없음.

〔空理空論〕(공리공론) 실천이 없는 헛된 이론.

〔空白〕(공백) ①일정한 지면이나 화면 등에 글씨나 그림이 없이 빈 곳. ②사업에서의 빈 구석.

〔空想〕(공상) ①이루어질 수 없는 헛된 생각. ②실제에 맞지 않는 생각.

〔空席〕(공석) ①비어 있는 직위. ②빈자리.

〔空輸〕(공수) 항공기로 수송함.

〔空日〕(공일) ①날짜를 표시하지 아니함. ②쉬는 날. ③國 일요일.

〔空轉〕(공전) 기계나 바퀴 등이 헛돎. 인신하여, 의견이 맞지 않아 의론이 헛돎.

〔空前絶後〕(공전절후) 이전에도 그런 예가 없었거니와 앞으로도 그런 예가 없음. ㉠―의 成果.

〔空中〕(공중) ①하늘. ②가운데가 텅 빔.

〔空砲〕(공포) 위협으로 공중을 향하여 쏘는 총.

〔空港〕(공항) 비행장.

〔空行〕(공행) 헛걸음. 허행(虛行).

〔空虛〕(공허) ①속이 텅 빔. ②실속이 없이 헛됨.

〔空闊〕(공활) 탁 트이어 넓음.

▷架空(가공)·高空(고공)·對空(대공)·碧空(벽공)·上空(상공)·領空(영공)·眞空(진공)·蒼空(창공)·天空(천공)·滯空(체공)·航空(항공)·虛空(허공)

3 ⑧ 〔穹〕* 궁 平東 | qióng, キュウ 3751

소전 행서 이름 하늘 궁 자원 형성. 穴+弓→穹. 躬(궁)·芎(궁)과 같이 弓(궁)이 성부.

새김 ❶하늘. ¶蒼穹(푸를 창, ―)푸른 하늘. 동 蒼空(창공). ❷궁륭(穹隆). 중앙은 높고 사방은 아래로 처진 모양, 곧 하늘 모양의 형용.

〔穹蒼〕(궁창) 높고 푸른 하늘.

4 ⑨ 〔突〕** 돌 入月 | tū, トツ 3752

소전 행서 이름 갑자기 돌 자원 회의. 穴+犬→突. 개가 구멍에서 갑자기 뛰어나온다는 뜻.

필순 丶 丷 宀 穴 穴 空 穵 突 突

새김 ❶갑자기. ¶突發(―, 일어날 발)뜻밖의 일이 갑자기 일어남. ㉠―事件. ❷부딪다. 부딪치다. ¶激突(거셀 격, ―)세차게 부딪침. ❸튀어나오다. 내밀다. ¶突出(―, 나올 출)쑥 튀어나오거나 내밂. ㉠―한 산봉우리. ❹굴뚝. ¶煙突(연기 연, ―)굴뚝. ❺구들. 방구들. ¶冷突(찰 랭, ―)차가운 구들방.

〔突擊〕(돌격) 돌진하여 공격함.

〔突起〕(돌기) 오뚝하게 내밀거나 도드라짐.

〔突變〕(돌변) 갑자기 변함.

〔突然〕(돌연) 별안간. 갑작스럽게. ㉠―變異.

〔突兀〕(돌올) ①높이 솟아 우뚝한 모양. ②특출함. ③갑자기.

〔突進〕(돌진) 냅다 찌르는 기세로 나아감.

〔突破〕(돌파) ①곤란·장애 따위를 헤치고 나아감. ②일정한 기준·기록 등을 지나서 넘음.

〔突風〕(돌풍) 갑자기 세차게 일어나는 바람.

▷唐突(당돌)·溫突(온돌)·猪突(저돌)·衝突(충돌)

4 ⑨ [窃] 3753 절 竊(3778)의 속자·간화자

4 ⑨ [穽]* 3754 정: 上梗 | jǐng, セイ

행서 穽 이름 함정 정: 자원 형성. 穴+井→穽. 井(정)이 성부.
새김 함정(陷穽). 허방다리. 짐승을 잡기 위하여 구덩이를 파고, 그 위를 가리워놓은 장치. 인신하여, 남을 해치기 위한 모략의 비유.

4 ⑨ [穿]* 3755 천: 本천 平先 | chuān, セン

소전 穿 행서 穿 이름 뚫을 천: 자원 회의. 穴+牙→穿. 쥐 같은 동물이 이빨로 구멍을 뚫는다는 뜻.
새김 뚫다. 구멍을 뚫다. ¶穿鑿(—, 뚫을 착)땅이나 암석 등을 파서 뚫음. 인신하여, 깊이 파고들어 연구하거나 알려고 함. 예—을 거듭하다.
〔穿孔〕(천공) 구멍을 뚫음. 또는 구멍이 뚫림.
〔穿踰〕(천유) 담을 뚫거나 담을 넘음. 곧 도적질하는 행위.
▷貫穿(관천)

5 ⑩ [窍] 3756 규: 竅(3773)의 간화자

5 ⑩ [窈]* 3757 요: 上篠 | yǎo, ヨウ

소전 窈 행서 窈 이름 얌전할 요: 자원 형성. 穴+幼→窈. 幼에는 '유' 외에 '요' 음도 있어, 拗(요)와 같이 幼(요)가 성부.
새김 얌전하다. 여성의 마음씨가 얌전하고 자태가 곱다. ¶窈窕(—, 아리따울 조)여자가 마음씨가 얌전하고 자태가 고움. 예—淑女.
〔窈窕淑女〕(요조숙녀) 품위 있고 얌전한 여자.

5 ⑩ [窄]* 3758 착 本책: 入陌 | zhǎi, サク

행서 窄 이름 좁을 착 자원 형성. 穴+乍→窄. 乍(작)의 변음이 성부.
새김 좁다. 자리가 좁다. ¶狹窄(좁을 협, —)차지하고 있는 자리가 좁음. 예地形이 —하다.

6 ⑪ [窕]* 3759 조: 上篠 | tiǎo, チョウ

소전 窕 행서 窕 이름 아리따울 조: 자원 형성. 穴+兆→窕. 兆(조)가 성부.
새김 아리땁다. 여자의 자태가 곱다. ¶窈窕(얌전할 요, —)窈(3757)를 보라.

6 ⑪ [窒]* 3760 질 入質 | zhì, チツ

소전 窒 행서 窒 이름 막힐 질 자원 형성. 穴+至→窒. 至에는 '지' 외에 '질' 음도 있어, 姪(질)·蛭(질)과 같이 至(질)이 성부.
새김 ❶막히다. 또는 막다. ¶窒息(—, 숨 식)숨이 막힘. 예煙氣에 —하다. ❷질소(窒素). 원소의 이름.
〔窒塞〕(질색) ①숨이 막힘. ②國 숨이 막힐 지경으로 몹시 놀라거나 싫어함. 예—을 하다.
▷穹窒(궁질)·屯窒(둔질)·堙窒(인질)·懲窒(징질)

6 ⑪ [窓]*** 3761 창 | chuāng, ソウ

행서 窓 이름 창 창 자원 형성. 穴+厶〔悤→囪의 변형〕→窗→窓. 悤(총)의 변음이 성부.
필순 ' '' 宀 宂 宆 空 窓 窓 窓 窓
새김 창. 창문. ¶東窓(동녘 동, —)동쪽으로 난 창문. 예—이 밝아온다.
〔窓口〕(창구) ①문서·돈 따위를 주고받기 위하여 자그마하게 만든 창문. ②외부와 교섭을 담당하는 곳.
〔窓門〕(창문) 빛이나 바람이 통하고 사람이 내다볼 수 있도록 벽에 낸 문.
〔窓戶〕(창호) 창. 창문.
▷客窓(객창)·同窓(동창)·北窓(북창)·書窓(서창)·車窓(차창)·學窓(학창)

7 ⑫ [窘]* 3762 군: 上軫 | jiǒng, キン

소전 窘 행서 窘 이름 가난할 군: 자원 형성. 穴+君→窘. 裙(군)·郡(군)과 같이 君(군)이 성부.
새김 가난하다. 곤궁하다. ¶窘塞(—, 막힐 색) 살림이 가난하고 옹색함. 예 —한 살림.
〔窘急〕(군급) 일이 펴이지 않아 사세가 급함.
〔窘乏〕(군핍) 소용되는 것이 없거나 모자라거나 하여 군색하고 아쉬움.
▷艱窘(간군)·困窘(곤군)

7 ⑫ [窝] 3763 와 窩(3769)의 간화자

7 ⑫ [窜] 3764 찬: 竄(3774)의 간화자

8 ⑬ [窟]* 3765 굴 入月 | kū, クツ

행서 이름 굴 굴 자원 형성. 穴+屈→窟. 掘(굴)·堀(굴)과 같이 屈(굴)이 성부.
새김 ❶굴. 토굴. 움집. ¶窟穴(—, 굴 혈)굴. 동굴. ❷소굴(巢窟). 나쁜 짓을 하는 사람들이 모여서 활동의 근거로 삼는 곳. 예 도둑의 —.
〔窟室〕(굴실) 지하실. 굴 안에 만든 방.
▷洞窟(동굴)·石窟(석굴)·巖窟(암굴)

8 ⑬ 〔窥〕 규 窺(3772)의 간화자
3766

8 ⑬ 〔窦〕 두: 竇(3776)의 간화자
3767

9 ⑭ 〔窪〕* 와 平麻 wā, ワ
3768

행서 간화 洼 이름 웅덩이 와 자원 형성. 氵+窐→窪. 窐(와)가 성부.
새김 웅덩이. 또는 땅이 오목하게 들어가다.

9 ⑭ 〔窩〕* 와 平歌 wō, カ
3769

행서 간화 窝 이름 보금자리 와 자원 형성. 穴+咼→窩. 渦(와)·蝸(와)와 같이 咼(와)가 성부.
새김 보금자리. 둥지. 곤충의 집. 또는 사람의 거처. ¶蜂窩(벌 봉, —)벌집.
〔窩窟〕(와굴) 나쁜 짓을 하는 무리들이 사는 곳. 소굴(巢窟).
〔窩主〕(와주) 노름꾼이나 도둑을 숨겨 주는 사람.
▷燕窩(연와)

10 ⑮ 〔窮〕** 궁 平東 qióng, キュウ
3770

소전 행서 본자 竆 간화 穷 이름 다할 궁 자원 형성. 穴+躬→窮. 躬(궁)이 성부.
필순

새김 ❶다하다. ㉠있는 힘을 다하다. ¶窮餘之策(—, 나머지 여, 의 지, 꾀 책)있는 힘을 다한 나머지의 계책. 곧 막다른 골목에서 그 국면을 타개하려고 생각다 못해 내는 계책. ㉡끝나다. 또는 끝. ¶無窮(없을 무, —)다함이 없음. 끝이 없음. 예— 無盡한 지하 자원. ❷궁하다. ㉠가난하다. ¶窮乏(—, 모자랄 핍)곤궁하고 가난함. 예— 한 생활. ㉡앞길이 막히다. ¶窮地(—, 지경 지)살아갈 길이 막혀서 매우 어려운 지경. 예 —에 몰리다. ❸궁구하다. 깊이 생각하다. ¶窮理(—, 이치 리)사물의 이치를 깊이 따지어 생각함. 예— 끝에 얻은 妙策.
〔窮究〕(궁구) 속속들이 깊이 연구함.
〔窮極〕(궁극) 어떤 일의 마지막 끝이나 막다른 고비.
〔窮達〕(궁달) 곤궁과 영달(榮達).
〔窮狀〕(궁상) 곤궁한 상태. 예—을 떨다.
〔窮相〕(궁상) 궁하게 생긴 얼굴이나 상.
〔窮塞〕(궁색) 아주 가난하고 군색함.
▷困窮(곤궁)·貧窮(빈궁)·追窮(추궁)

10 ⑮ 〔窯〕* 요 平蕭 yáo, ヨウ
3771

소전 행서 이름 가마 요 자원 형성. 穴+羔→窯. 羔(고)의 변음이 성부.
새김 가마. 도자기나 벽돌을 굽는 가마. ¶窯業(—, 일 업)도자기·벽돌·기와 등을 굽는 공업.
▷陶窯(도요)·瓦窯(와요)

11 ⑯ 〔窺〕* 규 平支 kuī, キ
3772

행서 간화 窥 이름 엿볼 규 자원 형성. 穴+規→窺. 規(규)가 성부.
새김 엿보다. 몰래 훔쳐 보다. ¶窺視(—, 볼 시)남이 모르게 엿봄.

13 ⑱ 〔竅〕* 규 本교: 去嘯 qiào, キョウ
3773

행서 간화 窍 이름 구멍 규 자원 형성. 穴+敫→竅. 敫(교)의 변음이 성부.
새김 구멍. ¶九竅(아홉 구, —)인체에 있는 아홉 개의 구멍. 곧 눈·코·귀·입의 일곱 구멍과 오줌과 똥이 나오는 두 구멍을 합하여 이르는 말.
▷七竅(칠규)

13 ⑱ 〔竄〕* 찬: 去翰 cuàn, ザン
3774

행서 간화 窜 이름 숨을 찬: 자원 회의. 穴+鼠→竄. 쥐가 구멍 속에 숨듯이 숨는다는 뜻을 나타낸다.
새김 ❶숨다. 달아나 숨다. ¶逃竄(달아날 도, —)달아나 숨음. ❷내쫓다. 귀양보내다. ¶流竄(유배할 류, —)귀양보냄. 동流配(유배). ❸고치다. 정정하다. ¶改竄(고칠 개, —)글이나 글자를 고침.
〔竄配〕(찬배) 國 장소를 정하여 귀양보냄.
〔竄逐〕(찬축) 죄인을 귀양보내 멀리 내쫓음.

14 ⑲ 〔竆〕 궁 窮(3770)의 본자
3775

15 ⑳ 〔竇〕* 두: 去宥 dòu, トウ
3776

소전 행서 간화 窦 이름 구멍 두: 자원 형성. 穴+賣→竇. 讀(두)와 같이 賣(독)의 변음이 성부.
새김 구멍. 또는 지하실.

16 ㉑ 〔竈〕 조 ㊉조: 去 號 | zào, ソウ
3777

소전 속자 간화 灶 이름 부엌 조 자원 형성. 穴+黽〔竈의 생략체〕→竈. 竈(족)의 변음이 성부.
새김 부엌. 또는 조왕(竈王). 부엌을 맡은 신.
〔竈神〕(조신) 부엌을 맡은 귀신.

17 ㉒ 〔竊〕** 절 入 屑 | qiè, セツ
3778

소전 행서 속자 간화 窃 이름 훔칠 절 자원 형성. 穴+釆+卨→竊. 卨(설)의 변음이 성부.

필순 丶 宀 穴 ...

새김 ❶훔치다. 남의 물건이나 눈을 훔치다. ¶竊取(—, 취할 취)훔쳐서 가짐. ❷남모르게. 몰래. ¶竊念(—, 생각할 념)자기 혼자 남모르게 여러 모로 생각함.
〔竊盜〕(절도) 남의 물건을 몰래 훔침.
▷剽竊(표절)

5획 부수	立 部

▷명칭: 설립. 설립변
▷쓰임: 서다·일어서다의 뜻을 나타내는 한자의 부수로도 쓰였고, 때로는 한자의 자형상 분류를 위한 부수로도 쓰였다.

0 ⑤ 〔立〕*** 립 入 緝 | lì, リツ
3779

소전 행서 이름 설 립 자원 회의. 大+一→立. 大는 서 있는 사람의 모양, 一은 땅. 사람이 땅 위에 서 있음을 뜻한다.

필순 丶 亠 ... 立

새김 ❶서다. 곧게 서다. ¶起立(일어날 기, —) 일어나 섬. ❷세우다. 집·탑·동상 등을 세우다. ¶建立(세울 건, —)탑이나 동상 등을 만들어 세움. ㉠銅像—. ❸이루다. ¶成立(이룰 성, —)이루어짐. ㉠契約—. ❹시작하다. ¶立春 (—, 봄 춘)24절기의 하나. 봄이 시작되는 날이란 뜻으로, 양력 2월 3,4일경.
〔立脚〕(입각) 어떤 입장에 서서 그 무엇에 근거함.
〔立件〕(입건) 혐의 사실을 인정하고 사건을 성립시킴.
〔立法〕(입법) 법을 제정함.
〔立石〕(입석) ①비석을 세움. ②선돌.
〔立身〕(입신) 사회적으로 좋은 자리를 차지하고 출세함. ㉠—揚名.
〔立案〕(입안) ①방안을 세움. ②國 관아에서 어떠한 사실을 인증한 문서.
〔立卽〕(입즉) 곧. 즉시.
〔立證〕(입증) 증거를 내세워 증명함.
〔立地〕(입지) ①곧. 그 자리에서 당장. ②놓여진 환경.
〔立志〕(입지) 뜻을 세움. 포부를 가짐. ㉠—傳.
〔立體〕(입체) 일정한 길이·너비·두께가 있는 물건.
〔立錐之地〕(입추지지) 송곳 하나 세울 만한 아주 좁은 땅.
〔立憲〕(입헌) 헌법을 제정함.
〔立候補〕(입후보) 선거에서 후보자로 나서거나 내세움. 또는 그 사람. ㉠大統領 선거에 —하다.
▷孤立(고립)·官立(관립)·國立(국립)·對立(대립)·私立(사립)·樹立(수립)·兩立(양립)·擁立(옹립)·自立(자립)·存立(존립)·中立(중립)·確立(확립)

4 ⑨ 〔竗〕* 묘: 妙(1044)와 동자
3780

4 ⑨ 〔竖〕 수 竪(3790)의 간화자
3781

5 ⑩ 〔竞〕 경: 競(3793)의 간화자
3782

5 ⑩ 〔竜〕 룡 龍(6356)의 고자
3783

5 ⑩ 〔竝〕** 병: 並(0029)과 동자
3784

5 ⑩ 〔站〕* 참: 去 陷 | zhàn, タン
3785

행서 이름 역참 참: 자원 형성. 立+占→站. 占(점)의 변음이 성부.
새김 ❶역참(驛站). 역말을 갈아타거나 숙식을 하던 곳. ¶兵站(군사 병, —)전선으로 나갈 군대가 주둔하거나, 전선으로 군수품을 수송 공급하는 설비를 갖춘 곳. ㉠—基地. ❷國 참. ㉠일을 하다가 쉬는 일정한 동안. ㉠쉴 站도 없다. ㉡일을 하다가 쉬는 일정한 시간에 먹는 식사. ㉠站으로 먹는 국수.

6 ⑪ [竟]** 경: 去敬 jìng, キョウ
3786

소전 행서 이름 마침내 경: 자원 회의. 音+儿〔=人〕→竟. 음악을 연주하던 사람이 그 연주를 끝냄을 뜻한다.

필순 亠 亡 立 产 音 音 音 竟

새김 마침내. 끝장에 가서는 드디어. ¶畢竟(마침내 필, ―)끝장에 가서는 마침내. 예―― 에는 그 일을 이루어 놓았구나!
〔竟夜〕(경야) 國밤을 새움.

6 ⑪ [章]*** 장 平陽 zhāng, ショウ
3787

소전 행서 이름 글 장 자원 회의. 音+十 → 章. 十은 수의 끝나는 곳. 음악이 끝나는 한 절을 뜻하고, 인신하여, 완결된 뜻을 가진 시나 글의 한 단락을 뜻한다.

필순 丶 亠 亡 立 产 音 音 音 章 章

새김 ❶글. 문장. ¶文章(글월 문, ―)완결된 사상을 나타내는 글. 예이해하기 어려운 ――. ❷시문이나 음악의 한 단락. ¶章句(―, 글귀 구)문장의 장과 구. 인신하여, 문장의 단락. ❸무늬. ㉠휘장. 표지. ¶勳章(공 훈, ―)공을 세운 사람에게 국가가 주는 휘장. ㉡도장. ¶印章(도장 인, ―)도장. ❹법. 규범. 제도. ¶憲章(법 헌, ―)법적으로 규정한 규범. 예어린이 ――.
〔章甫〕(장보) 은대(殷代)의 예관(禮冠)의 이름. 공자(孔子)가 이 관을 쓰면서부터 유생(儒生)들이 쓰는 관으로 되었고, 인신하여, 유생의 뜻으로 쓰이게 되었음.
〔章服〕(장복) ①해·달·별 등의 무늬로 등급을 나타낸 예복. ②식별할 부호가 있는 옷. 「정.
〔章程〕(장정) 여러 조목으로 나누어 정한 규
▷肩章(견장)·記章(기장)·圖章(도장)·樂章(악장)·典章(전장)·徽章(휘장)

7 ⑫ [童]*** 동: 本동 平東 tóng, ドウ
3788

소전 행서 이름 아이 동: 자원 형성. 立〔辛의 변형〕+里〔重의 변형〕→童. 董(동)과 같이 重(중)의 변음이 성부.

필순 丶 亠 亡 立 产 音 音 音 童 童

새김 아이. 어린아이. ¶童顔(―, 얼굴 안) 어린아이의 얼굴. 늙어서도 천진스럽고, 혈색이 좋은 얼굴의 형용.
〔童蒙〕(동몽) ①어리고 어리석음. ②철없는 어린아이.
〔童心〕(동심) ①어린아이의 마음. ②어린 때의 순진한 마음.
〔童謠〕(동요) 아이들이 부르는 노래.
〔童貞〕(동정) 한 번도 성적 접촉을 하지 않은 순결성.
〔童濯〕(동탁) ①씻은 듯이 아주 깨끗함. ②산에 초목이 없음.
〔童話〕(동화) 아이들을 위하여 지은 이야기.
▷牧童(목동)·神童(신동)·兒童(아동)·學童(학동)

7 ⑫ [竣]* 준: 本준 平眞 jùn, シュン
3789

소전 행서 이름 끝낼 준: 자원 형성. 立+夋→竣. 俊(준)·逡(준)과 같이 夋(준)이 성부.
새김 끝내다. 끝마치다. ¶竣工(―, 공사 공) 건축·시설 등의 공사를 끝마침. 예――式.
〔竣役〕(준역) 일을 끝냄. 소임을 마침.

8 ⑬ [竪]* 수 本수: 上麌 shù, ジュ
3790

행서 간화 竖 이름 세울 수 자원 형성. 臤+豆→臤→竪. 豆(두)의 변음이 성부.
새김 ❶세우다. ¶竪碣(―, 비석 갈)비석을 세움. 예――告由. ❷아이. 미성년자. ¶竪子(―, 어조사 자)아이. 미성년자.

9 ⑭ [竭]* 갈 入月 jié, ケツ
3791

소전 행서 이름 다할 갈 자원 형성. 立+曷→竭. 渴(갈)·葛(갈)과 같이 曷(갈)이 성부.
새김 다하다. 있는 힘을 다하다. ¶竭忠(―, 충성 충)충성을 다함. 예――報國.
〔竭力〕(갈력) 있는 힘을 다함. 예盡心――.

9 ⑭ [端]*** 단 平寒 duān, タン
3792

소전 행서 이름 끝 단 자원 형성. 立+耑→端. 湍(단)과 같이 耑(단)이 성부.

필순 亠 立 立 立' 立山 立山 立屵 立耑 端 端

새김 ❶끝. 물건의 끝. ¶尖端(뾰족할 첨, ―)물건의 뾰족한 끝. 예――産業. ❷처음. 실마리. ¶端緒(―, 실마리 서)실마리. 일의 시초. 예――를 얻다. ❸바르다. 용모나 품행이 바르다. ¶端正(―, 바를 정)용모나 품행이 바름. 예――한 옷차림.

〔端麗〕(단려) 품행이 단정하고 자태가 고움.
〔端雅〕(단아) 단정하고 아담함.
〔端役〕(단역) 연극·영화에서의 대수롭지 않은 배역. 또는 그 역을 맡은 사람. 「명백함.
〔端的〕(단적) ①참으로. 확실히. ②곧바르고
▷極端(극단)·多端(다단)·萬端(만단)·末端(말단)·無端(무단)·發端(발단)·四端(사단)·事端(사단)·異端(이단)

15 ⑳ 〔競〕*** 경: 去敬 | jìng, キョウ
3793

소전 행서 간화 竞 이름 겨룰 경: 자원 회의. 竞+竞→競. 두 사람이 나란히 서서, 말로 서로 겨루고 있음을 뜻한다.

필순 亠 立 ... 競

새김 겨루다. 다투다. ¶競爭(—, 다툴 쟁)서로 이기거나 앞서려고 겨루며 다툼. 예生存—.
〔競技〕(경기) 기술의 우열을 겨루는 일.
〔競落〕(경락) 경매를 할 때에 팔 사람이, 살 사람이 부르는 값에 응하여 팔기로 결정하는 의사 표시.
〔競輪〕(경륜) 직업 선수에 의해 행해지는 자전거 경주. 「달리기를 내기하는 경기.
〔競馬〕(경마) 말을 타고 일정한 코스를 빨리
〔競賣〕(경매) 사려는 사람이 많을 때, 값을 가장 많이 부르는 사람에게 파는 일.
〔競步〕(경보) 육상 경기 종목의 하나. 어느 쪽이든 한 쪽 발뒤꿈치는 언제나 지면에 닿아 있도록 걸어서, 그 빠르기를 겨루는 경기.
〔競選〕(경선) 서로 우열을 겨루어 선발함.
〔競演〕(경연)연극·무용·음악 따위의 연기를 겨루는 일.
〔競泳〕(경영) 헤엄의 빠르고 더딤을 겨룸. 또는 그 경기. 「기의 한 가지.
〔競走〕(경주) 빨리 달리기를 겨루는 육상 경
〔競合〕(경합) 서로 차지하려고 겨룸.
▷奔競(분경)

6획 부수 竹部

▷명칭: 대죽
▷쓰임: 여러 가지의 대나무와 대나무로 만든 생활 용구에 관한 한자의 부수로 쓰였고, 때로는 성부로도 쓰였다.

0 ⑥ 〔竹〕*** 죽 入屋 | zhú, チク
3794

소전 행서 이름 대 죽 자원 상형. 대의 줄기에 달린 잎이 아래로 드리워져 있는 대나무의 모양.

필순 ノ ㅅ 𠂉 𠂉 𥫗 竹

새김 대. 대나무. ¶破$_2$竹$_1$之勢(쪼갤 파, —, 의 지, 기세 세)대를 쪼개는 기세. 감히 막을 수 없도록 맹렬히 적을 공격하는 기세의 형용.
〔竹簡〕(죽간) 종이가 없던 시대에 글을 적던 대쪽. 인신하여, 역사책.
〔竹林七賢〕(죽림칠현) 위(魏) 말엽에 대숲에서 노닐며 청담(淸談)을 일삼던 일곱 사람. 곧 완적(阮籍)·완함(阮咸)·혜강(嵇康)·산도(山濤)·상수(尙秀)·유령(劉伶)·왕융(王戎).
〔竹馬故友〕(죽마고우) 어릴 때부터 함께 놀며 자란 오랜 벗.
〔竹帛〕(죽백) 대쪽과 비단. 인신하여, 역사를 기록한 책. 「늘한 기운을 취하는 물건.
〔竹夫人〕(죽부인) 여름철에 껴안고 자면서 서
〔竹筍〕(죽순) 대의 어린 싹.
〔竹園〕(죽원) 대나무를 심은 동산.
〔竹杖〕(죽장) 대지팡이. 예—芒鞋.
▷苦竹(고죽)·石竹(석죽)·松竹(송죽)·烏竹(오죽)·爆竹(폭죽)

2 ⑧ 〔竺〕* 축 入屋 | zhú, ジク
3795

소전 행서 이름 천축 축 자원 형성. 竹+二→竺. 竹(죽)의 변음이 성부.
새김 천축(天竺). 또는 천축의 준말. 지금의 인도(印度)를 일컫던 말.

3 ⑨ 〔竿〕* 간 平寒 | gān, カン
3796

소전 행서 이름 장대 간 자원 형성. 竹+干→竿. 干(간)이 성부.
새김 장대. 대나무 막대. 또는 낚싯대. ¶竿頭(—, 머리 두)장대나 막대의 끝. 예百尺—.
▷旗竿(기간)·幢竿(당간)·釣竿(조간)·竹竿(죽간)

3 ⑨ 〔笃〕 독 篤(3856)의 간화자
3797

4 ⑩ 〔笈〕 급 入緝 | jí, キュウ
3798

행서 이름 상자 급 자원 형성. 竹+及→笈. 級(급)·扱(급)과 같이 及(급)이 성부.
새김 상자. 대로 엮어 등에 짊어지도록 만든, 책·옷·약 등을 넣는 상자. ¶負$_2$笈$_1$從$_2$師$_1$(질 부, —, 따를 종, 스승 사)책장을 지고 스승을 따름. 곧 먼 곳으로 공부하러 감.

4 ⑩ 〔笑〕*** 소: 去 嘯 xiào, ショウ
3799

소전 행서 이름 웃을 소: 자원 형성. 竹+夭→笑. 夭(요)의 변음이 성부.

필순

새김 웃다. ¶大笑(큰 대, —)크게 웃음. 예拍掌—.
〔笑納〕(소납) 보내는 물건이 보잘것 없으나 웃으며 받아 달라는 겸사.
〔笑嘲〕(소조) 비웃음. 조소(嘲笑).
〔笑話〕(소화) 우스운 이야기.
▷可笑(가소)·苦笑(고소)·冷笑(냉소)·談笑(담소)·微笑(미소)·嘲笑(조소)·爆笑(폭소)

4 ⑩ 〔笔〕 필 筆(3824)의 동자·간화자
3800

4 ⑩ 〔笏〕* 홀 入 月 hù, コツ
3801

소전 행서 이름 홀 홀 자원 형성. 竹+勿→笏. 忽(홀)과 같이 勿(물)의 변음이 성부.
새김 홀. 신하가 임금을 뵐 때 손에 들던 판.
〔笏記〕(홀기) 國혼례나 제례의 의식 때에 그 진행 순서를 적은 글.

5 ⑪ 〔笭〕* 령 平 青 líng, レイ
3802

소전 행서 이름 대바구니 령 자원 형성. 竹+令→笭. 零(령)·領(령)·伶(령)·囹(령)과 같이 令(령)이 성부.
새김 대바구니. 종다래끼. 어구의 한 가지. ¶笭箵(—, 종다래끼 성)종다래끼. 물고기를 담는 대바구니.

5 ⑪ 〔笼〕 롱 籠(3878)의 간화자
3803

5 ⑪ 〔笠〕* 립 入 緝 lì, リュウ
3804

소전 행서 이름 삿갓 립 자원 형성. 竹+立→笠. 粒(립)·砬(립)과 같이 立(립)이 성부.
새김 삿갓. 대오리를 걸어 만든 쓰개. 우리 나라에서는 '갓'의 뜻으로도 쓴다. ¶破笠(해질 파, —)해진 삿갓이나 갓.
〔笠帽〕(입모) 國갈모. 비 올 때 갓 위에 덮어 쓰는 유지(油紙)로 만든 물건.
〔笠纓〕(입영) 갓끈.
▷蓑笠(사립)

5 ⑪ 〔符〕** 부▷부: 平 虞 fú, フ
3805

소전 행서 이름 부신 부▷부: 자원 형성. 竹+付→符. 府(부)·附(부)와 같이 付(부)가 성부.

필순

새김 ❶부신(符信). 대·나무·종이 등에 글자를 적고 도장을 찍은 뒤에, 이를 둘로 쪼개어 각각 한 쪽 씩을 보관하였다가, 뒷날 이를 맞추어 보아 증거로 삼게 만든 물건. ¶符合(—, 맞을 합)부신처럼 맞음. 곧 서로 틀림없이 꼭 들어맞음. 예말과 행동이 —하다. ❷부적(符籍). 악귀를 쫓고 재앙을 물리친다고 하여 몸에 지니는 종이. ¶護身符(지킬 호, 몸 신, —)자기 몸을 질병이나 화액으로부터 보호하기 위하여 지니는, 신이나 부처의 부적. ❸기호. 부호. ¶音符(소리 음, —)악보를 만들 때에 쓰는, 음의 부호.
〔符書〕(부서) 닥쳐 올 길흉·화복을 해석하기 어렵게 적어 놓은 예언서. 부참(符讖).
〔符應〕(부응) 하늘에서 내려주는 길조와 인사(人事)가 서로 호응함.
〔符節〕(부절) 돌이나 대나무로 만든 신표.
〔符號〕(부호) 어떤 뜻을 나타내는 기호.
▷神符(신부)

5 ⑪ 〔笙〕* 생 平 庚 shēng, ショウ
3806

소전 행서 이름 생황 생 자원 형성. 竹+生→笙. 甥生(생)이 성부.
새김 생황(笙簧). 17개의 관을, 둥근 나무통 위에 세워놓은 관악기의 이름.

5 ⑪ 〔笹〕* 세〔日本 漢字〕
3807

참고 음은 없이 'ささ'로 훈독하는 일본 한자. 인명용 추가 한자에서 빼버려야 할 자.

5 ⑪ 〔笛〕* 적 入 錫 dí, テキ
3808

소전 행서 이름 피리 적 자원 형성. 竹+由→笛. 迪(적)과 같이 由(유)의 변음이 성부.
새김 ❶피리. 저. ¶吹笛(불 취, —)피리를 붊. ❷날카로운 소리. ¶汽笛(증기 기, —)증기로 소리를 내게 하는 장치. 예—을 울리다.
▷警笛(경적)·牧笛(목적)·玉笛(옥적)

5 ⑪ 〔笺〕 전 箋(3843)의 간화자
3809

6획

5 ⑪ 〔第〕*** 제: 去霽 | dì, ダイ
3810

소전 행서 이름 차례 제: 자원 형성. 竹+弔〔弟의 생략체〕→第. 弟(제)가 성부.

필순

새김 ❶차례. 순서. ¶第一(—, 첫째 일)차례로 첫째. 예우승한 자가 — 먼저 웃었다. ❷집. 큰 저택. ¶私第(사사 사, —)개인의 사사로운 저택. 동私邸(사저). ❸과거. 관리의 등용 시험. ¶及第(합격할 급, —)과거에 합격함. 예壯元—.
〔第三者〕(제삼자) 직접 서로 관계되는 당사자 이외의 사람.
〔第六感〕(제육감) 사람의 오감(五感) 이외에 직감적으로 느껴 알아내는 감각.
〔第一人者〕(제일인자) 어떤 분야나 사회에서 첫째로 가게 뛰어난 사람.
〔第宅〕(제택) 집. 살림집.
▷科第(과제)·落第(낙제)·別第(별제)·本第(본제)·次第(차제)

5 ⑪ 〔笞〕* 태 本치 平支 | chī, チ
3811

소전 행서 이름 매질할 태 자원 형성. 竹+台→笞. 苔(태)·怠(태)·殆(태)와 같이 台(태)가 성부.
새김 매질하다. 또는 태형(笞刑). ¶笞刑(—, 형벌 형)대쪽으로 볼기를 치는 형벌.
〔笞杖〕(태장) 태형(笞刑)과 장형(杖刑).

6 ⑫ 〔筐〕* 광 平陽 | kuāng, キョウ
3812

행서 이름 광주리 광 자원 형성. 竹+匡→筐. 匡(광)이 성부.
새김 광주리. 대오리를 결어, 네모지게 만든 그릇.

6 ⑫ 〔筋〕* 근 平文 | jīn, キン
3813

소전 행서 이름 힘줄 근 자원 회의. 竹+月〔=肉〕+力→筋. 대나무의 섬유질처럼 센 살의 힘이란 뜻으로, 힘줄을 뜻한다.
새김 ❶힘줄. 몸의 살 속에 있는 힘줄. ¶筋肉(—, 살 육)힘줄과 살. 예—이 발달한 운동 선수. ❷힘줄처럼 생긴 막대. ¶鐵筋(쇠 철, —)건물이나 구조물을 만들 때에 속에 박는 쇠막대.
〔筋骨〕(근골) 근육과 뼈대.
〔筋力〕(근력) ①근육의 힘. ②기력(氣力).
▷骨骼筋(골격근)

6 ⑫ 〔答〕*** 답 入合 | dá, トウ
3814

행서 이름 대답 답 자원 형성. 竹+合→答. 合(합)의 변음이 성부.

필순

새김 ❶대답. 물음에 대한 대답. 問(0739)의 대. ¶確答(확실할 확, —)확실한 대답. 예너의 —을 듣고 싶다. ❷대답하다. ¶笑而不答(웃을 소, 말이을 이, 아니할 불, —)웃으면서 대답하지 아니함.
〔答禮〕(답례) 남에게서 받은 인사를 갚음. 또는 그 인사.
〔答拜〕(답배) 남에게서 절을 받을 때 맞절함. 또는 그 절.
〔答辯〕(답변) 물음에 대하여 대답하는 말.
〔答辭〕(답사) ①대답하는 말. ②식사나 축사에 대하여 대답으로 하는 말.
〔答申〕(답신) 상사의 물음이나 자문에 대하여, 회답의 의견을 말함. 또는 그 의견. 예—書.
〔答案〕(답안) 해답을 쓴 글.
〔答狀〕(답장) 회답하는 편지. 답서(答書).
▷對答(대답)·問答(문답)·報答(보답)·應答(응답)·解答(해답)·回答(회답)

6 ⑫ 〔等〕*** 등: 上迥 | děng, トウ
3815

소전 행서 이름 무리 등: 자원 회의. 竹+寺→等. 竹은 죽간으로 문서, 寺(시)는 관아의 뜻. 벼슬아치가 관아에서 문서를 공평하게 처리한다는 뜻.

필순

새김 ❶무리. 들. 등. ¶我等(우리 아, —)우리들. ❷같다. 계급·조건·수량 등이 같다. 또는 같게 하다. ¶均等(고를 균, —)넘고 처짐이 없이 고르고 가지런함. 예—한 社會. ❸등급. 품계. ¶同等(같을 동, —)같은 등급이나 정도. 예—한 자격. ❹기다리다. ¶等待(—, 기다릴 대)미리 준비해 놓고 기다림. 예—하고 있는 人力車.
〔等高線〕(등고선) 지도에서, 해면에서의 높이가 같은 지점을 연결한 선.
〔等級〕(등급) 높고 낮음이나 좋고 나쁜 차이를 구별하는 급수.
〔等式〕(등식) 두 수나 두 식을 등호인 =로 연결한 식.
〔等身〕(등신) 사람의 키와 같은 높이. 예—佛.
〔等溫〕(등온) 같은 온도. 예—線.
〔等差〕(등차) ①등급의 차별. ②國차이가 같음. 또는 같은 차이.

〔等閑視〕(등한시) 대수롭지 않게 봄.
▷降等(강등)·高等(고등)·上等(상등)·劣等(열등)·優等(우등)·越等(월등)·中等(중등)·差等(차등)·平等(평등)·何等(하등)

6 ⑫ 〔筏〕* 벌 入月 fá, バツ
3816

행서 이름 떼 벌 자원 형성. 竹+伐→筏. 閥(벌)과 같이 伐(벌)이 성부.
새김 떼. 뗏목. 나무를 엮어 물 위에 띄우는 떼.

6 ⑫ 〔筛〕 사 篩(3859)의 간화자
3817

6 ⑫ 〔筍〕* 순 本순: 上軫 sǔn, ジュン
3718

소전 행서 이름 죽순 순 자원 형성. 竹+旬→筍. 荀(순)·殉(순)과 같이 旬(순)이 성부.
새김 ❶죽순(竹筍). 대의 어린 싹. ¶筍皮(—, 껍질 피)죽순 껍질. ❷악기틀. 종이나 경을 거는 가름대.
▷石筍(석순)

6 ⑫ 〔筝〕 쟁 箏(3842)의 속자
3819

6 ⑫ 〔筌〕* 전 平先 quán, セン
3820

행서 이름 통발 전 자원 형성. 竹+全→筌. 荃(전)·詮(전)과 같이 全(전)이 성부.
새김 통발. 대오리나 싸리 등으로 결어서 만든, 물고기를 잡는 기구. ¶漁筌(고기잡을 어, —)물고기를 잡는 통발.

6 ⑫ 〔策〕** 책 入陌 cè, サク
3821

소전 행서 이름 꾀 책 자원 형성. 竹+朿→策. 朿(자)의 변음이 성부.
필순

새김 ❶꾀. 계책. ¶策略(—, 모략 략)계책과 모략. 예—家. ❷꾀하다. 기획하다. ¶策動(—, 움직일 동)어떤 일을 꾸며서 움직임. 예평화적 통일을 방해하는 어떤 —도 용납하지 않는다. ❸채찍질하다. 또는 채찍. 〔論語〕策其馬(책기마)그 말에 채찍질하다. ❹지팡이. 또는 지팡이를 짚고 거닐다. ¶散策(한가할 산, —)한가롭게 지팡이를 짚고 거닒. 예공원을 —하다. ❺명령서. 임금의 명령을 전하는 문서. ¶策命(—, 명령 명)왕이 신하에게 내려서 명령하는 글발. 예—書. ❻문체의 이름. 왕이 정치상의 문제를 묻는 것을 책문(策問)이라 하고, 이에 대답하는 것을 대책(對策)이라 하며, 이를 과거와 같은 시험 문제로 묻는 것을 시책(試策)이라 하고, 유생이나 벼슬아치가 자진하여 정치에 관한 의견을 상주하는 것을 진책(進策)이라 한다.
〔策勵〕(책려) 채찍질하여 격려함.
〔策士〕(책사) 책략(策略)을 잘 쓰는 사람.
〔策定〕(책정) 계책을 세워서 결정함.
▷計策(계책)·對策(대책)·妙策(묘책)·方策(방책)·上策(상책)·失策(실책)·政策(정책)·畫策(획책)

6 ⑫ 〔筑〕* 축 入屋 zhú, チク
3822

소전 행서 이름 축 축 자원 형성. 竹+巩→筑. 巩(공)의 변음이 성부.
새김 ❶축. 모양이 거문고와 비슷한 악기 이름. ❷築(3863)의 간화자.

6 ⑫ 〔筒〕* 통 平東 tǒng, トウ
3823

소전 행서 이름 통 통 자원 형성. 竹+同→筒. 洞(통)과 같이 同(동)의 변음이 성부.
새김 통. 속이 빈, 긴 관. 또는 원통형의 기물. ¶筆筒(붓 필, —)붓이나 연필을 꽂아 두는 통.
▷算筒(산통)·水筒(수통)·煙筒(연통)·竹筒(죽통)

6 ⑫ 〔筆〕*** 필 入質 bǐ, ヒツ
3824

소전 행서 통자 간화 笔 이름 붓 필 자원 회의. 竹+聿→筆. 죽간에 글씨를 쓰려고 붓을 잡고 있는 모양.
필순

새김 ❶붓. 글자를 쓰거나 그림을 그리는 도구. ¶筆筒(—, 통 통)붓이나 연필을 꽂아 두는 통. 인신하여, 가지고 다니기 편리하도록 만든, 붓·연필 등을 넣는 기구. ❷쓰다. 그리다. ¶筆寫(—, 베낄 사)쓰거나 베낌. 예—本. ❸시문이나 서화의 작품. ¶名筆(이름날 명, —)썩 잘 쓴 글씨. 또는 글씨를 잘 쓰기로 이름이 난 사람. 예秋史는 —로 이름을 날린다.
〔筆耕〕(필경) 붓으로 농사를 대신함. 곧 글이나 글씨 쓰는 일을 직업으로 삼아 생활함.
〔筆記〕(필기) 글로 적음. 또는 받아 적음. 「일.
〔筆談〕(필담) 글자를 써서 의견을 교환하는
〔筆答〕(필답) 글로 써서 대답함. 예—考査.
〔筆力〕(필력) ①글씨의 획에 드러난 힘. ②문

장의 힘.
〔筆名〕(필명) ①글씨를 잘 쓴다는 명성. ②작가나 화가가 작품을 발표할 때 쓰는, 본명 이외의 이름.
〔筆墨〕(필묵) 붓과 먹.
〔筆鋒〕(필봉) ①붓끝. ②문장을 쓰는 기세.
〔筆算〕(필산) 숫자를 적어 가지고 계산함. 또는 그리하는 계산.
〔筆舌〕(필설) 붓과 혀. 문장과 말.
〔筆順〕(필순) 글자를 쓰는 획(劃)의 차례.
〔筆蹟〕(필적) ①써 놓은 글씨의 글자 모양. ②글씨를 쓰거나 그림을 그리는 기법. 「영.
〔筆陣〕(필진) 출판물에 기고하는 집필자의 진
〔筆致〕(필치) 글·글씨·그림에서 나타나는 개성적인 맛이 나타나는 솜씨. ㉠예리한 ―.
〔筆禍〕(필화) 글이 말썽이 되어 당하는 화.
▷加筆(가필)·擱筆(각필)·達筆(달필)·文筆(문필)·史筆(사필)·惡筆(악필)·一筆(일필)·自筆(자필)·絶筆(절필)·主筆(주필)·執筆(집필)·親筆(친필)

7 ⑬ 〔简〕 3825 간: 簡(3866)의 간화자

7 ⑬ 〔筠〕* 3826 균 ㊍윤 平眞 | yún, イン

소전 행서 이름 대 균 자원 형성. 竹+均→筠. 均(균)이 성부.
새김 대. 대나무.

7 ⑬ 〔筮〕* 3827 서: 去霽 | shì, ゼイ

소전 행서 이름 점대 서: 자원 회의. 竹+巫→筮. 巫는 점을 치다. 점을 칠 때 쓰는 점대를 뜻한다.
새김 ❶점대. 역(易)에 따라 점을 칠 때 쓰는 점대. 또는 점을 치다. ¶卜筮(점 복, ―)점을 침. 또는 그 점.
▷占筮(점서)

7 ⑬ 〔筬〕* 3828 성 平庚 | chéng, セイ

행서 이름 바디 성 자원 형성. 竹+成→筬. 城(성)·盛(성)·宬(성)과 같이 成(성)이 성부.
새김 바디. 씨실을 치는, 베틀 부속품의 하나.

7 ⑬ 〔筵〕* 3829 연 平先 | yán, エン

소전 행서 이름 자리 연 자원 형성. 竹+延→筵. 挻(연)·涎(연)과 같이 延(연)이 성부.
새김 자리. 깔개. 또는 좌석. ¶經筵(경서 경, ―)임금 앞에서 경서를 강론하는 자리. ㉠―廳.
〔筵席〕(연석) 임금과 신하가 모여 묻고 대답하는 자리.
▷講筵(강연)

7 ⑬ 〔筽〕* 3830 오 國字

행서 이름 고리 오 자원 형성. 竹+吳→筽. 蜈(오)와 같이 吳(오)가 성부.
새김 고리. 고리버들의 가지나 대오리를 엮어서 만든, 상자 비슷한 물건.

7 ⑬ 〔節〕 3831 절 節(3853)의 속자

7 ⑬ 〔筹〕 3832 주 籌(3877)의 약자·간화자

7 ⑬ 〔签〕 3833 ㊀첨 簽(3874)의 간화자 ㊁첨 籤(3880)의 간화자

8 ⑭ 〔箇〕* 3834 개: 去箇 | gè, カ

소전 행서 이름 개 개: 자원 형성. 竹+固→箇. 個(개)와 같이 固(고)의 변음이 성부.
새김 개. 낱으로 된 물건을 세는 단위. ¶幾箇(몇 기, ―)몇 개.
〔箇箇〕(개개) 하나하나. 또는 낱낱이. ㉠―名唱.
〔箇數〕(개수) 한 개 두 개로 세는 물건의 수효.
〔箇中〕(개중) 여럿 있는 그 가운데.
▷別箇(별개)·每箇(매개)

8 ⑭ 〔箝〕* 3835 겸 平鹽 | qián, カン

소전 행서 이름 입다물 겸 자원 형성. 竹+拑→箝. 拑(겸)이 성부.
새김 ❶입을 다물다. ¶箝口(―, 입 구)입을 다묾. ㊐緘口(함구). ㉠―勿說. ❷재갈. 또는 재갈을 먹이다. ¶箝制(―, 누를 제)재갈을 먹여 누름. 인신하여, 자유를 억누름.

8 ⑭ 〔管〕** 3836 관 ㊍관: 上旱 | guǎn, カン

소전 행서 이름 관 관 자원 형성. 竹+官→管. 菅(관)·棺(관)과 같이 官(관)이 성부.

필순 ノ ㇐ ⺮ 竺 竺 竺 竺 笁 笞 管

새김 ❶관. 대롱. 긴 통. ¶送油管(보낼 송, 기름 유, —)석유나 휘발유 등의 기름을 보내는 관. ❷관악기. ¶管絃樂(—, 현악기 현, 음악 악)관악기·현악기·타악기 등의 여러 가지 악기를 함께 연주하는 음악. 예—團. ❸붓대. 붓자루. ¶筆管(붓 필, —)붓대. 예文益漸은 목화씨를 —에 넣어 가지고 귀국하였다. ❹관장하다. 관할하다. ¶管理(—, 다스릴 리)일을 관할하여 처리함. 예—費.
〔管見〕(관견) 대롱을 통하여 봄. 좁은 소견이란 뜻으로 자기 소견에 대한 겸칭.
〔管內〕(관내) 일정한 기관이 관할하는 구역안.
〔管掌〕(관장) 주관하여 맡아봄.
〔管制〕(관제) 관리하고 통제함.
〔管鮑之交〕(관포지교) 춘추(春秋)때 제(齊)의 관중(管仲)과 포숙아(鮑叔牙)의 사귐. 인신하여, 우의(友誼)가 썩 깊은 친구 관계.
〔管轄〕(관할) 권한을 가지고 지배함. 또는 그 권한이 미치는 범위.
〔管穴〕(관혈) 대롱의 구멍. 식견이 얕고 좁음의 비유.
▷氣管(기관)·毛管(모관)·保管(보관)·所管(소관)·移管(이관)·主管(주관)·血管(혈관)

8 ⑭ 〔箕〕* 기 平支 jī, キ
3837

소전 행서 이름 키 기 자원 형성. 竹+其→箕. 基(기)·期(기)·棋(기)와 같이 其(기)가 성부.
새김 ❶키. 곡식을 까부르는 기구. ❷쓰레받기.
〔箕踞〕(기거) 두 다리를 쭉 뻗고 앉음.
〔箕裘之業〕(기구지업) 조상 대대로 전승하여 오는 사업.

8 ⑭ 〔箪〕 단 簞(3867)의 간화자
3838

8 ⑭ 〔箔〕* 박 入藥 bó, ハク
3839

행서 이름 발 박 자원 형성. 竹+泊→箔. 泊(박)이 성부.
새김 ❶발. 대오리나 갈대 따위로 엮은 발. 또는 발처럼 엮은 채반. ¶蠶箔(누에 잠, —)누에를 담아 기르는 채반. 예누에로 가득 찬 —. ❷박. 종이처럼 된, 금속의 얇은 조각. ¶金箔(금 금, —)황금을 아주 얇은 종이처럼 만든 조각. 예—을 박은 비단옷.

8 ⑭ 〔算〕*** 산: 上旱 suàn, サン
3840

소전 행서 이름 셀 산: 자원 회의. 竹+昇〔具의 변형〕→算. 수를 셀 때 쓰는 산가지가 갖추어졌다는 뜻으로, 수를 셈을 나타낸다.

필순 丿 𠂉 𥫗 𥫗 竹 竹 笪 笪 筧 算

새김 ❶세다. 수를 세다. 셈하다. ¶計算(셈할 계, —)사물의 수나 양을 헤아려 셈. ❷꾀. 계책. ¶妙算(묘할 묘, —)기묘한 계책. 동妙策(묘책). ❸계산. 또는 계산의 방법. ¶暗算(몰래 암, —)머리속으로 하는 계산.
〔算數〕(산수) ①수를 셈. ②셈법.
〔算入〕(산입) 셈에 넣음.
〔算定〕(산정) 셈하여 정함.
〔算出〕(산출) 셈하여 냄.
〔算筒〕(산통) 장님이 점을 치는 데 쓰는, 산가지를 넣어 두는 통.
▷加算(가산)·檢算(검산)·決算(결산)·勝算(승산)·豫算(예산)·推算(추산)·合算(합산)

8 ⑭ 〔箫〕 소 簫(3873)의 간화자
3841

8 ⑭ 〔箏〕* 쟁 平庚 zhēng, ソウ
3842

소전 행서 속자 筝 이름 쟁 쟁 자원 형성. 竹+爭→箏. 錚(쟁)·諍(쟁)과 같이 爭(쟁)이 성부.
새김 쟁. 거문고처럼 생긴 현악기의 이름.

8 ⑭ 〔箋〕* 전 平先 jiān, セン
3843

소전 행서 간화 笺 이름 주석 전 자원 형성. 竹+戔→箋. 錢(전)·餞(전)과 같이 戔(전)이 성부.
새김 ❶주석. 주해. ¶箋注(—, 주 주)본문의 뜻을 풀이한 주석. ❷종이. 시문·편지 등을 쓸때 쓰는 고운 종이. ¶詩箋紙(시 시, —, 종이 지)한시나 편지 따위를 쓰는 종이. ❸쪽지. ¶附箋(붙일 부, —)서류나 문건에 붙이는 쪽지. 예—紙.
▷用箋(용전)·華箋(화전)

8 ⑭ 〔箚〕* 차 本잡 入洽 zhā, サツ
3844

행서 이름 차자 차 자원 형성. 答+刂→箚. 答(답)의 변음이 성부.
새김 ❶차자(箚子). 상주문(上奏文). 간단한 서식의 상소문. ❷머무르다. ¶駐箚(머무를 주, —)외교 사절이 외국에 주재함.

8 ⑭ 〔箦〕 책 簀(3865)의 간화자
3845

9 ⑮ 〔範〕** 범: 上豏 fàn, ハン
3846

소전 행서 간화 范 이름 법 범: 자원 형성. 車+笵〔笵의 생략체〕→範. 笵(범)이 성부.

필순 (stroke order)

새김 ❶법. 규범. 또는 모범. ¶示範(보일 시, 一)모범을 보임. 예一動作. ❷테두리. 한계. ¶範圍(一, 테두리 위)한정된 테두리의 안. 예活動一.
〔範疇〕(범주) ①같은 종류의 대상·현상들의 부류. ②가장 포괄적이고 일반적인 개념.
▷教範(교범)·規範(규범)·閨範(규범)·模範(모범)·師範(사범)·典範(전범)

9 ⑮ 〔箱〕* 상 平陽 | xiāng, ソウ
3847

소전 행서 이름 상자 상 자원 형성. 竹+相→箱. 霜(상)·想(상)·湘(상)과 같이 相(상)이 성부.
새김 상자. 물건을 넣는 상자. ¶木箱子(나무 목, 一, 어조사 자)나무로 만든 상자.
〔箱房〕(상방) 國궁궐·사찰 따위의 정당(正堂) 앞이나 좌우에 달아 지은 행랑.
▷方箱(방상)·書箱(서상)

9 ⑮ 〔篒〕* 식 國字
3848

행서 이름 땅이름 식 자원 형성. 竹+食→篒. 食(식)이 성부.
새김 땅 이름.

9 ⑮ 〔箴〕* 잠 本침 入侵 | zhēn, シン
3849

소전 행서 이름 경계할 잠 자원 형성. 竹+咸→箴. 咸(함)의 변음이 성부.
새김 ❶경계하다. ¶箴言(一, 말 언)경계하는 말. 또는 경계가 되는 말. ❷잠. 훈계하는 뜻을 적은 글. 또는 그 문체. ¶箴銘(一, 명 명)잠과 명. 銘은 자신의 거울로 삼는 座右銘이나, 기물이나 비석에 남의 행적을 새겨 찬양하는 글임.
〔箴戒〕(잠계) 가르쳐서 깨우치게 하는 경계.
▷酒箴(주잠)

9 ⑮ 〔箸〕* 저: 去御 | zhù, チョ
3850

소전 행서 이름 젓가락 저: 자원 형성. 竹+者→箸. 著(저)·猪(저)와 같이 者(자)의 변음이 성부.
새김 젓가락. 식사용의 젓가락. ¶箸筒(一, 통 통)젓가락·숟가락 등을 꽂아두는 통.
▷匙箸(시저)·象箸(상저)·玉箸(옥저)·竹箸(죽저)·火箸(화저)

9 ⑮ 〔篆〕* 전: 上銑 | zhuàn, テン
3851

소전 행서 이름 전자 전: 자원 형성. 竹+彖→篆. 彖(단)의 변음이 성부.
새김 전자(篆字). 한자 서체의 하나. 주(周)나라의 태사(太史) 주(籀)가 썼다는 주문(籀文)을 대전(大篆)이라 하고, 진(秦)나라 이사(李斯)가 쓴 것을 소전(小篆)이라 하는데, 이를 아울러 이르는 말. 사적으로는 주문이 소전으로, 소전이 예서(隸書)로 바뀌었다. ¶篆隸(一, 예서 례)전서와 예서.
〔篆刻〕(전각) ①도장이나 비문을 전자체로 새김. ②심혈을 기울여 글을 지음의 비유.「碣).
〔篆額〕(전액) 전자체로 쓴 현판이나 비갈(碑
▷大篆(대전)·小篆(소전)

9 ⑮ 〔箭〕* 전: 去霰 | jiàn, セン
3852

소전 행서 이름 화살 전: 자원 형성. 竹+前→箭. 剪(전)·煎(전)과 같이 前(전)이 성부.
새김 화살. ¶箭筒(一, 통 통)화살을 넣는 통.
〔箭窓〕(전창) ①활을 쏘기 위하여 성가퀴에 낸 창구멍. ②國살창.
〔箭鏃〕(전촉) 화살촉.

9 ⑮ 〔節〕*** 절 入屑 | jié, セツ
3853

소전 행서 속자 節 간화 节 이름 마디 절 자원 형성. 竹+卽→節. 卽(즉)의 변음이 성부.

필순 (stroke order)

새김 ❶마디. ㉠초목의 마디. ¶末節(끝 말, 一)여러 동강으로 나눈 끝 마디. ㉡뼈마디. ¶關節(인체의급소 관, 一)뼈와 뼈가 맞닿은 곳. 예一炎. ❷시가나 문장의 단락. 예애국가의 第一節. ❸절개. 지조. ¶守$_2$節$_1$(지킬 수, 一)절개를 지킴. 예一寡婦. ❹조절하다. 알맞게 하다. ¶節食(一, 먹을 식)음식을 절제하여 알맞게 먹음. ❺절약하다. 알맞게 쓰다. ¶節$_2$水$_1$(一, 물 수)물을 절약함. 예一運動. ❻법도. 예절. ¶凡節(모두 범, 一)모든 예절. 예人事一. ❼철. 절기. ¶季節(철 계, 一)철. ❽때. 시기. ¶時節(때 시, 一)어느 한 때. 예어린 一. ❾명일. 경축하는 날. ¶名節(이름 명, 一)국가적으로나 사회적으로 정해놓고 경축하는 날. 예秋夕一. ❿부절(符節). 신표로 지니던 부신. 예如合一.

〔節減〕(절감) 아껴서 줄임.
〔節槪〕(절개) 지조를 지키는 굳건한 마음이나 태도.
〔節氣〕(절기) 철. 계절과 기후.
〔節度〕(절도) 생활이나 행동 등에서 정도에 알맞게 하는 규칙적인 한도. ㉠—있는 생활.
〔節目〕(절목) ①초목의 마디와 눈. 항목(項目). 조목(條目).
〔節約〕(절약) 함부로 쓰지 않고 아끼어 씀.
〔節義〕(절의) ①절개와 의리. ②굳은 지조.
〔節電〕(절전) 전기를 아껴 씀.
〔節制〕(절제) 알맞게 조절함.
〔節操〕(절조) 절개와 지조.
〔節酒〕(절주) 술 마시는 양을 알맞게 조절함.
〔節次〕(절차) 일을 치르는 차례와 방법.
▷佳節(가절)·高節(고절)·句節(구절)·變節(변절)·使節(사절)·禮節(예절)·貞節(정절)

9 ⑮ 〔篇〕*** 편 平 先 piān, ヘン
3854

소전 篇 행서 篇 이름 글 편 자원 형성. 竹+扁→篇. 編(편)·遍(편)과 같이 扁(편)이 성부.

필순 丿 𠂉 ⺮ 竹 笞 笞 笧 篇 篇 篇

새김 ❶글. ¶短篇(짧을 단, —)길이를 짧게 완결 지은 문학 작품. ㉠—小說. ❷편. ㉠글이나 책 안에서 나누어 놓은 한 부분. ¶前篇(앞 전, —)앞의 편. ㉡시문을 세는 단위. ㉠세 篇의 詩.
〔篇首〕(편수) 시나 문장의 첫머리.
▷玉篇(옥편)·長篇(장편)·全篇(전편)

9 ⑮ 〔篁〕* 황 平 陽 huáng, コウ
3855

소전 篁 행서 篁 이름 대밭 황 자원 형성. 竹+皇→篁. 惶(황)·遑(황)과 같이 皇(황)이 성부.
새김 ❶대밭. 대숲. ❷대. 대나무.

10 ⑯ 〔篤〕** 독 入 沃 dǔ, トク
3856

소전 篤 행서 篤 간화 笃 이름 도타울 독 자원 형성. 竹+馬→篤. 竹(죽)의 변음이 성부.

필순 丿 𠂉 ⺮ 竹 竺 竺 笞 笞 筥 篤

새김 ❶도탑다. 인정이 많고 깊다. ¶敦篤(두터울 돈, —)인정이 많고 깊음. ❷매우. 몹시. ¶篤老(—, 늙을 로)몹시 늙음. ㉠—侍下. ❸독실하다. 한눈 팔지 아니하다. ¶篤學(—, 배울 학)독실하게 공부함. ❹위중하다. 병이 중하다. ¶危篤(위태로울 위, —)생명이 위태롭도록 병이 매우 중함. ㉠—한 患者.
〔篤農家〕(독농가) 농삿일에 착실하고 부지런한 사람.
〔篤信〕(독신) 깊은 믿음. 굳게 믿음.
〔篤實〕(독실) 열성이 있고 진실함.
〔篤志〕(독지) 도타운 마음. ㉠—家.
〔篤行〕(독행) ①인정이 두터운 행실. ②부지런하고 성실한 행실.

10 ⑯ 〔篮〕 람 籃(3875)의 간화자
3857

10 ⑯ 〔篱〕 리 籬(3881)의 간화자
3858

10 ⑯ 〔篩〕* 사 平 佳 shāi, サイ
3859

행서 篩 간화 筛 이름 체 사 자원 형성. 竹+師→篩. 師(사)가 성부.
새김 체. 가루를 치는 체. 또는 체로 치다.
〔篩管〕(사관) 식물체에서 양분의 통로가 되는 길고 가느다란 관(管) 모양의 조직.

10 ⑯ 〔簑〕 사 蓑(4560)와 동자
3860

10 ⑯ 〔篠〕 조: 本 소: 上 篠 xiǎo, ショウ
3861

소전 篠 행서 篠 이름 조릿대 조: 자원 형성. 竹+條→篠. 條(조)가 성부.
새김 조릿대. 화살대로 쓰는, 줄기가 가는 대.

10 ⑯ 〔篡〕* 찬: 去 諫 cuàn, サン
3862

소전 篡 행서 篡 이름 빼앗을 찬: 자원 형성. 算+厶→篡. 纂(찬)과 같이 算(산)의 변음이 성부.
새김 빼앗다. 임금의 자리를 빼앗다. ¶篡奪(—, 빼앗을 탈)신하가 임금의 자리를 빼앗음.
〔篡立〕(찬립) 신하가 왕위를 빼앗아 그 자리에 오름.
〔篡逆〕(찬역) 신하가 반역하여 왕위를 빼앗음.

10 ⑯ 〔築〕** 축 入 屋 zhù, チク
3863

소전 築 행서 築 간화 筑 이름 쌓을 축 자원 형성. 筑+木→築. 筑(축)이 성부.

필순 丿 𠂉 ⺮ 竹 竺 筑 筑 筑 築 築

새김 쌓다. 집을 세우거나 성을 쌓다. ¶築造

(—, 만들 조)쌓아서 만듦.
〔築臺〕(축대) ①대를 쌓음. ②높이 쌓아 올린 대.
〔築城〕(축성) 성을 쌓음. ㉑—役事.
〔築港〕(축항) 항구를 구축함.
▷改築(개축)·建築(건축)·構築(구축)·修築(수축)·新築(신축)·增築(증축)

11 ⑰ 〔簇〕* 족 平屋 | cù, ソク
3864

행서 簇 이름 떨기 족 자원 형성. 竹+族→簇. 族(족)이 성부.
새김 ❶떨기. 또는 총생하다. ¶簇生(—, 날 생)떨기로 더부룩하게 남. 인신하여, 어떤 인물들이 일시에 많이 배출됨. ❷國 족자(簇子).

11 ⑰ 〔簀〕 책 入陌 | zé, サク
3865

소전 簀 행서 簀 간화 箦 이름 대자리 책 자원 형성. 竹+責→簀. 責(책)이 성부.
새김 대자리. 대오리나 갈대를 엮어 만든 깔개. ¶易簀(바꿀 역, —)사람이 죽음. 故 증삼(曾參)이 임종 때 그가 깔고 있는 대자리가 신분에 어울리지 않는다며 바꾸게 하고 죽었다는 고사.

12 ⑱ 〔簡〕** 간: 上潸 | jiǎn, カン
3866

소전 簡 행서 简 간화 简 이름 대쪽 간: 자원 형성. 竹+間→簡. 澗(간)·癇(간)과 같이 間(간)이 성부.

필순 ⺮ 竹 竹 笁 笁 筲 筲 筲 簡 簡

새김 ❶대쪽. 종이가 없던 때 문자를 적던 대쪽. ¶竹簡(대 죽, —)대나무를 쪼개어 만든 대쪽. 오늘날의 종이처럼 썼다. ❷편지. 서찰. ¶書簡(글 서, —)편지. ㉑—文. ❸간단하다. 단출하다. ¶簡便(—, 편리할 편)간단하고 편리함. ㉑—한 연장. ❹가리다. 고르다. ¶簡拔(—, 뽑을 발)여럿 가운데서 골라 뽑음.
〔簡潔〕(간결) 간단하고 깔끔함.
〔簡單〕(간단) 간략하고 단순함.
〔簡牘〕(간독) ①글씨를 쓰던 대쪽과 나무쪽. ②편지. 또는 책.
〔簡略〕(간략) 간단하고 소략함.
〔簡素〕(간소) 간략하고 수수함.
〔簡策〕(간책) 글을 쓴 대쪽을 엮어 맨 책.
〔簡擇〕(간택) ①여럿 중에서 가려 뽑음. ②임금이 아내나 사위·며느리감을 고름. 동간택(揀擇)
〔簡筆〕(간필) ①편지 쓰기에 알맞은 모필. ②줄여서 씀.
▷內簡(내간)·殘簡(잔간)

12 ⑱ 〔簞〕* 단 平寒 | dān, タン
3867

소전 簞 행서 簞 간화 箪 이름 대바구니 단 자원 형성. 竹+單→簞. 鄲(단)과 같이 單(단)이 성부.
새김 대바구니. 대로 엮어 만든 바구니. ¶簞食(—, 밥 사)대로 만든 바구니에 담은 밥. ㉑—壺漿.
〔簞食豆羹〕(단사두갱) 한 대그릇의 밥과 한 그릇의 국. 소량의 음식물. 인신하여, 작은 이익의 비유.
〔簞食瓢飮〕(단사표음) 한 대그릇의 밥과 한 표주박의 물. 인신하여, 몹시 가난하게 살면서도 편안한 마음으로 천도(天道)를 즐김의 비유.
〔簞瓢士〕(단표사) 안빈낙도(安貧樂道)의 어진 선비.

12 ⑱ 〔簪〕* 잠 平覃 | zān, サン
3868

소전 簪 이름 잠 잠 자원 형성. 竹+朁→簪. 潛(잠)·蠶(잠)과 같이 朁(잠)이 성부.
새김 잠. 관(冠)을 고정시키는 물건. 또는 비녀. ¶玉簪(옥 옥, —)옥으로 만든 잠. 또는 옥비녀.
〔簪纓〕(잠영) 잠과 갓끈. 현귀(顯貴)한 지위의 비유.
〔簪笏〕(잠홀) 잠과 홀.

12 ⑱ 〔篁〕* 황 平陽 | huáng, コウ
3869

소전 篁 이름 생황 황 자원 형성. 竹+黃→篁. 璜(황)·潢(황)과 같이 黃(황)이 성부.
새김 생황(笙篁). 笙(3806)을 보라. ¶篁葉(—, 잎 엽)피리 따위의 부는 혀.

13 ⑲ 〔簾〕* 렴 平鹽 | lián, レン
3870

소전 簾 간화 帘 이름 발 렴 자원 형성. 竹+廉→簾. 濂(렴)과 같이 廉(렴)이 성부.
새김 ❶발. 창이나 방에 가리개로 치는, 대오리나 갈대로 엮어 만든 발. ¶垂簾聽政(드리울 수, —, 들을 청, 정사 정)발을 드리우고 정사를 들음. 곧 왕이 어릴 경우에, 왕대비나 대왕대비가 왕을 도와 정사를 돌봄. ❷國 염. 한시를 지을 때 평측을 맞추는 방법. ㉑가새簾.
〔簾幕〕(염막) 발과 장막.
▷細簾(세렴)·珠簾(주렴)·竹簾(죽렴)

13 ⑲ 〔籁〕 뢰: 籟(3879)의 간화자
3871

13 ⑲ 〔簿〕** 부: 上 麌 bù, ボ
3872

행서 簿 이름 장부 부: 자원 형성. 竹+溥→簿. 溥(부)가 성부.

필순 ⺮ 竹 笞 笻 篟 篟 篟 簿 簿 簿

새김 장부. 기록부. 노트. ¶名簿(이름 명, —)이름을 적어 놓은 장부. 동名單(명단).
〔簿記〕(부기) ①장부에 기입함. ②재정의 출납이나 증감을 일정한 형식에 따라 장부에 기록하는 방법.
▷家計簿(가계부)·原簿(원부)·帳簿(장부)·會計簿(회계부)

13 ⑲ 〔簫〕* 소 平 蕭 xiāo, ショウ
3873

소전 簫 행서 簫 간화 箫 이름 소 소 자원 형성. 竹+肅→簫. 蕭(소)·嘯(소)와 같이 肅(숙)의 변음이 성부.
새김 ❶소. 대로 만든 16개의 피리를 한 줄에 꽂아 불게 만든 악기 이름. ❷퉁소. 부는 악기 이름. ¶短簫(짧을 단, —)퉁소보다 좀 짧은 관악기의 한 가지.
▷玉簫(옥소)·洞簫(통소→퉁소)

13 ⑲ 〔簽〕* 첨 平 鹽 qiān, セン
3874

행서 簽 간화 签 이름 쪽지 첨 자원 형성. 竹+僉→簽. 僉(첨)이 성부.
새김 쪽지. 또는 쪽지에 의견이나 요점을 표시하다.

14 ⑳ 〔籃〕* 람 平 覃 lán, ラン
3875

소전 籃 행서 籃 간화 篮 이름 광주리 람 자원 형성. 竹+監→籃. 藍(람)·濫(람)과 같이 監(감)의 변음이 성부.
새김 광주리. 바구니. ¶搖籃(흔들 요, —)젖먹이를 놀게 하거나 재우기 위하여 올려놓고 흔들도록 만든 물건. 인신하여, 사물의 발생지나 출발지의 비유. 예馬山은 4·19義擧의 —이다.
〔籃輿〕(남여) 덮개가 없는 작은 가마.

14 ⑳ 〔籍〕** 적 入 陌 jí, セキ
3876

소전 籍 행서 籍 이름 책 적 자원 형성. 竹+耤→籍. 耤(적)이 성부.

필순 ⺮ 竹 笞 笞 筣 筣 箝 箝 籍 籍

새김 ❶책. 문서. ¶書籍(책 서, —)책. ❷호적. ¶本籍(근본 본, —)본래의 호적. 예—地.
〔籍沒〕(적몰) 죄인의 재산을 몰수하여 관(官)에 귀속시킴.
〔籍田〕(적전) 천자가 시범적으로 경작하던 토지. 권농(勸農)의 의미로 밭을 갈아 시범을 보였으며, 거기서 수확한 곡식으로 종묘에 제사지냈음.
▷經籍(경적)·國籍(국적)·兵籍(병적)·史籍(사적)·原籍(원적)·入籍(입적)·在籍(재적)·地籍(지적)·學籍(학적)·戶籍(호적)

14 ⑳ 〔籌〕* 주 平 尤 chóu, チュウ
3877

소전 籌 행서 籌 간화 筹 이름 산가지 주 자원 형성. 竹+壽→籌. 鑄(주)·躊(주)와 같이 壽(수)의 변음이 성부.
새김 ❶산가지. ¶籌板(—, 판 판)셈을 하는 데 쓰는 기구. 예—을 놓다. ❷꾀. 계획. 또는 꾀하다. ¶籌備(—, 준비할 비)미리 계획하여 준비함. 예—委員會.
〔籌算〕(주산) 주판으로 하는 셈.
〔籌策〕(주책) 이해 관계를 헤아려 꾸민 계책.
▷象籌(상주)·運籌(운주)

16 ㉒ 〔籠〕* 롱 平 東 lǒng, ロウ
3878

소전 籠 행서 籠 간화 笼 이름 바구니 롱 자원 형성. 竹+龍→籠. 龍에는 '룡' 외에 '롱' 음도 있어, 瓏(롱)·聾(롱)과 같이 龍(롱)이 성부.
새김 ❶바구니. 대바구니. ¶竹籠(대 죽, —)대오리로 결어 만든 바구니. ❷새장. ¶鳥籠(새 조, —)새장. ❸제압하다. 바구니 안에 집어넣다. ¶籠絡(—, 얽을 락)간교한 꾀로 남을 휘잡아 놀림. 예政商輩의 —. ❹들어 박히다. 밖에 나가지 아니하다. ¶籠城(—, 성 성)㉮성 안에 들어 박히어 밖으로 나가지 아니함. 예—鬪爭. ㉯적에게 포위되어 성문을 굳게 닫고 성을 지킴. 예—하는 적.
〔籠球〕(농구) 바스켓에 공을 던져 넣어 득점을 겨루는 경기.
〔籠鳥〕(농조) 새장의 새. 자유롭지 못한 몸의 비유.
▷燈籠(등롱)·魚籠(어롱)

16 ㉒ 〔籟〕 뢰: 去 泰 lài, ライ
3879

소전 籟 간화 籁 이름 퉁소 뢰: 자원 형성. 竹+賴→籟. 瀨(뢰)와 같이 賴(뢰)가 성부.
새김 ❶퉁소. 구멍이 셋 있는 피리의 한 가지. ❷소리. ¶松籟(솔 송, —)소나무가 바람에 부딪쳐서 나는 소리.

17 ㉓ 〔籤〕* 3880 첨 平鹽 | qiān, セン

소전 籤 행서 籤 간화 签 이름 제비 첨 자원 형성. 竹+韱→籤. 韱(섬)의 변음이 성부.

새김 제비. 추첨 때 쓰는 제비. ¶抽籤(뽑을 추, 一)제비를 뽑음. 예 一을 실시하다.

〔籤辭〕(첨사) 점대에 적힌, 길흉에 관한 문구.

〔籤紙〕(첨지) 찌지. 책에 표하느라고 붙이는 쪽지.

▷當籤(당첨)

19 ㉕ 〔籬〕* 3881 리 平支 | lí, リ

행서 籬 간화 篱 이름 울타리 리 자원 형성. 竹+離→籬. 離(리)가 성부.

새김 울타리. 울. ¶籬落(一, 울타리 락)울타리.

〔籬鷃〕(이안) 울타리 사이를 나는 세가락메추라기. 소견이 좁아 큰 뜻을 이해할 수 없는 사람의 비유.

▷短籬(단리)·東籬(동리)·竹籬(죽리)

6 획 부수 米 部

▷명칭: 쌀미. 쌀미변

▷쓰임: 여러가지의 쌀과 곡물, 그들을 가공하여 얻은 음식물 등에 관한 한자의 부수로 쓰였다.

0 ⑥ 〔米〕*** 3882 미 本미: 上薺 | mǐ, ベイ

소전 米 행서 米 이름 쌀 미 자원 상형. 네 점은 곡식의 낟알이고, 十은 그것이 따로 따로 떨어져 있음을 나타낸다.

필순 丶 丷 二 半 米 米

새김 ❶쌀. 껍질을 벗긴 낟곡식의 알맹이. ¶白米(흰 백, 一)희게 쓿은 볍쌀. ❷미터(meter). 길이를 재는 단위로, 100㎝.

〔米穀〕(미곡) 식량. 양식.

〔米粒〕(미립) 쌀알. 낟알.

〔米壽〕(미수) 나이 88세. 일본 사람들이 '米'자를 파자(破字)하면 八十八이 되기에 이르는 말.

〔米飮〕(미음) 묽은 쌀죽.

▷白米(백미)·稅米(세미)·粟米(속미)·安南米(안남미)·節米(절미)·精米(정미)·玄米(현미)

3 ⑨ 〔类〕 3883 류: 類(6027)의 동자·간화자

4 ⑩ 〔粉〕** 3884 분 本분: 上吻 | fěn, フン

소전 粉 행서 粉 이름 가루 분 자원 형성. 米+分→粉. 紛(분)·盆(분)·芬(분)과 같이 分(분)이 성부.

필순 丶 丷 二 半 米 米 米 米 粉 粉

새김 ❶가루. 잘고 보드랍게 부스러진 것. ¶粉末(一, 가루 말)가루. 예 一牛乳. ❷분. 화장용 분. ¶粉飾(一, 꾸밀 식)분으로 화장을 함. 인신하여, 내용은 없이 겉으로만 꾸밈. ❸부수다. 잘게 부수어 가루로 만들다. ¶粉骨碎身(一, 뼈 골, 부술 쇄, 몸 신)뼈를 부수고 몸을 부숨. 곧 목숨을 내놓고 있는 힘을 다함의 형용.

〔粉匣〕(분갑) 國 분을 담는 조그만 갑.

〔粉壁〕(분벽) 하얗게 꾸민 벽.

〔粉碎〕(분쇄) ①가루처럼 잘게 부스러뜨림. ②여지없이 쳐부숨.

〔粉食〕(분식) 빵·국수 등과 같이 곡식의 가루로 만든 음식.

〔粉塵〕(분진) 가루처럼 아주 작은 먼지.

〔粉紅〕(분홍) 분홍빛. 분홍색.

▷骨粉(골분)·麥粉(맥분)·白粉(백분)·脂粉(지분)·香粉(향분)·花粉(화분)

4 ⑩ 〔粃〕* 3885 비 秕(3695)의 속자

4 ⑩ 〔粋〕* 3886 수 粹(3899)와 동자

5 ⑪ 〔粒〕* 3887 립 入緝 | lì, リュウ

소전 粒 행서 粒 이름 낟알 립 자원 형성. 米+立→粒. 砬(립)·笠(립)과 같이 立(립)이 성부.

새김 ❶낟알. 곡식의 낟알. ¶米粒(쌀 미, 一)쌀알. ❷알. ㉠구슬·환약 등과 같은, 알처럼 생긴 것. ¶粒子(一, 어조사 자)미세한 알갱이. ㉡알을 세는 말.

〔粒米〕(입미) 낟알. 쌀알.

〔粒狀〕(입상) 낟알 모양의 형상.

▷飯粒(반립)·砂粒(사립)

5 ⑪ 〔粕〕* 3888 박 入藥 | pò, ハク

소전 粕 행서 粕 이름 지게미 박 자원 형성. 米+白→粕. 泊(박)·迫(박)과 같이 白(백)의 변음이 성부.

새김 지게미. 술을 걸은 뒤에 남는 찌꺼기. ¶酒粕(술 주, ―)지게미.
▷糟粕(조박)

5 ⑪ 〔粘〕* 점 本념 平鹽 zhān, ネン
3889

행서 이름 차질 점 자원 형성. 米+占→粘. 點(점)·店(점)과 같이 占(점)이 성부.
새김 차지다. 끈적끈적하다. ¶粘土(―, 흙 토)차진 흙. 찰흙.
〔粘性〕(점성) 차지고 끈끈한 성질.
〔粘液〕(점액) 끈끈한 액체.
〔粘着〕(점착) 끈기 있게 달라 붙음.

5 ⑪ 〔粗〕* 조 本추 平虞 cū, ソ
3890

소전 행서 이름 거칠 조 자원 형성. 米+且→粗. 且에는 '차' 외에 '조' 음도 있어, 租(조)·助(조)와 같이 且(조)가 성부.
새김 거칠다. 조잡하다. ¶粗惡(―, 나쁠 악)품질이 거칠고 나쁨. 예―한 商品.
〔粗略〕(조략) 거칠고 엉성함.
〔粗安〕(조안) 별일 없이 편안함.
〔粗雜〕(조잡) 거칠고 막됨.

6 ⑫ 〔粪〕 분 糞(3904)의 간화자
3891

6 ⑫ 〔粟〕** 속 入沃 sù, ソク
3892

소전 행서 이름 조 속 자원 회의. 西〔鹵의 변형〕+米→粟. 鹵는 초목의 열매. 이에 米를 더하여 곡식을 뜻한다.

필순 一 ㇀ 冖 襾 西 西 覀 覀 粟 粟

새김 조. 오곡의 하나. 인신하여, 곡식·녹봉의 뜻으로 쓴다. ¶滄海一粟(푸를 창, 바다 해, 한 일, ―)푸른 바다 가운데의 한 알의 좁쌀. 매우 많거나 넓은 가운데 섞여 있는 보잘것없는 작은 물건의 비유.
〔粟米〕(속미) 좁쌀.
▷黍粟(서속)·菽粟(숙속)·罌粟(앵속)

6 ⑫ 〔粧〕** 장 平陽 zhuāng, ショウ
3893

행서 이름 화장할 장 자원 형성. 米+庄→粧. 庄(장)이 성부.

필순 丷 ⺌ 半 米 米 米' 粁 粁 粧 粧

새김 화장하다. 또는 화장. ¶丹粧(붉을 단, ―)얼굴·머리·옷차림 등을 곱게 꾸밈. 예素服―.
〔粧鏡〕(장경) 화장용 거울.
〔粧飾〕(장식) 화장하여 꾸밈. 또는 그 꾸밈새.
▷美粧(미장)·新粧(신장)·治粧(치장)·化粧(화장)

6 ⑫ 〔粥〕* 죽 入屋 zhōu, シュク
3894

행서 이름 죽 죽 자원 회의. 弜+米→粥. 弜은 밥을 짓는다는 뜻. 쌀로 지은 음식, 곧 죽을 뜻한다.
새김 죽. 묽게 지은 음식. ¶豆粥(콩 두, ―)콩죽. 또는 팥죽.
〔粥飯〕(죽반) 죽과 밥.
〔粥飯僧〕(죽반승) 죽이나 밥을 먹기만 하고 수행에 힘쓰지 않는 중. 무위도식(無爲徒食)하는 사람의 비유.
▷朝飯夕粥(조반석죽)

7 ⑬ 〔粳〕* 갱 平庚 jīng, コウ
3895

행서 이름 메벼 갱 자원 형성. 米+更→粳. 更(갱)이 성부.
새김 메벼. 찰기가 적은 벼. ¶粳米(―, 쌀 미)멥쌀.

7 ⑬ 〔粮〕 량 糧(3906)의 동자·간화자
3896

7 ⑬ 〔粱〕* 량 平陽 liáng, リョウ
3897

소전 이름 기장 량 자원 형성. 汾+米→粱. 梁(량)과 같이 汾(량)이 성부.
새김 기장. 조보다 알이 굵은 밭곡 이름. ㉠고량(高粱). 수수. 예高粱酒. ㉡황량(黃粱). 메조. 예黃粱夢.
▷膏粱(고량)

7 ⑬ 〔粲〕* 찬: 去翰 càn, サン
3898

소전 행서 이름 또렷할 찬: 자원 형성. 奴+米→粲. 奴(찬)이 성부.
새김 또렷하다. 산뜻하다. ¶粲然(―, 그러할 연)㉮옷차림이 산뜻함. ㉯이를 드러내고 웃는 모양이 산뜻함.
〔粲爛〕(찬란) 화려하고 선명한 모양.
〔粲粲〕(찬찬) 뚜렷하고 선명한 모양.

8 ⑭ 〔粹〕* 수 本수: 去寘 cuì, スイ
3899

소전 粹 행서 粋 동자 粋 이름 순수할 수 자원 형성. 米+卒→粹. 卒(졸)의 변음이 성부.

새김 순수하다. 불순물이 섞이지 아니하다. ¶精粹(순수할 정, ―)불순한 것이 섞이지 아니하여 아주 순수함. 인신하여, 사물의 가장 기본적이며 알짜로 되는 것. 예민족 문화의 ―.

〔粹然〕(수연) 꾸밈이 없이 순수한 모양.

▷純粹(순수)

8 ⑭ 〔精〕*** 정 平庚 | jīng, セイ
3900

소전 精 행서 精 이름 정세할 정 자원 형성. 米+青→精. 情(정)·睛(정)과 같이 青(청)의 변음이 성부.

필순 丶 丷 半 米 米一 米丰 粗 精 精 精

새김 ❶정세하다. 자세하다. ¶精巧(―, 교묘할 교)정세하고 교묘함. 예―한 솜씨. ❷쓿다. 곡식을 찧다. ¶精米(―, 쌀 미)㉮하얗게 쓿은 쌀. ㉯현미를 찧어서 희게 함. 예―所. ❸순수하다. ㉠불순물이 섞이지 아니하다. ¶精粹(―, 순수할 수)불순물이 섞이지 아니하여 아주 순수함. ㉡순수하게 하다. 정제하다. ¶精油(―, 기름 유)정제한 기름. 또는 기름을 정제함. 예―工場. ❹넋. ㉠마음. 혼. ¶精神(―, 마음 신)마음. 혼. ㉡정령(精靈). 귀신. ¶妖精(요사할 요, ―)요사스런 정령. ❺날카롭다. 예리하다. ¶精銳(―, 예리할 예)날래고 용맹함. 예―部隊. ❻원기. 사람의 생명력. ¶精力(―, 힘 력)마음이나 몸의 활동의 근원이 되는 힘. 예왕성한 ―.

〔精潔〕(정결) 순수하고 고결함.
〔精勤〕(정근) 정성을 기울여 일에 힘씀.
〔精氣〕(정기) ①음양의 원기. ②사람의 정신과 원기. ③맑고 밝은 순수한 기운.
〔精讀〕(정독) 뜻을 깊이 새겨가며 자세히 읽음.
〔精鍊〕(정련) 광석에서 뽑아낸 금속을 정제하여 순도가 높은 것으로 만듦.
〔精妙〕(정묘) 정밀하고 묘함. 예―한 工藝品.
〔精微〕(정미) 정밀하고 미세함.
〔精密〕(정밀) 자세하여 빈틈이 없음.
〔精兵〕(정병) 잘 훈련되어 강한 군대.
〔精舍〕(정사) ①승려가 도를 닦는 곳. ②학문을 가르치려고 지은 집.
〔精算〕(정산) 정밀하게 계산함. 또는 그 계산.
〔精選〕(정선) 정밀하게 골라 뽑음.
〔精誠〕(정성) 참되고 성실한 마음.
〔精髓〕(정수) ①뼛속에 있는 골. ②사물의 본질을 이루는, 가장 뛰어나면서 중심이 되는 골자나 요점.
〔精神一到何事不成〕(정신일도 하사불성) 정신을 집중하여 한결같이 노력하면 아무리 어려운 일이라도 성취할 수 있음.
〔精肉〕(정육) 좋은 살코기. 예―店.
〔精子〕(정자) 수컷의 생식 세포.
〔精製〕(정제) 조제품을 다시 가공하여 불순물을 없애고 품질이 좋은 물건으로 만듦. 예原油―.
〔精進〕(정진) ①정력을 한 곳에 기울여 열심히 노력함. 예學業에 ―하다. ②(佛)잡된 생각을 버리고 불도의 수행에 힘씀.
〔精緻〕(정치) 정교하고 치밀함. 예―한 계획.
〔精通〕(정통) 깊고 자세히 앎.
〔精解〕(정해) 자세하게 해석함. 또는 그 해석.
〔精華〕(정화) ①사물의 가장 순수하고 아름다운 부분. ②정신의 원기. ③빛. 광채(光彩).

▷山精(산정)·受精(수정)·酒精(주정)

9 ⑮ 〔糊〕* 호 平虞 | hú, コ
3901

행서 糊 이름 풀칠할 호 자원 형성. 米+胡→糊. 湖(호)·葫(호)와 같이 胡(호)가 성부.

새김 ❶풀칠하다. ¶糊口(―, 입 구)입에 풀칠을 함. 겨우 끼니를 이어감의 비유. 예―之策. ❷흐릿하다. 분명하지 아니하다. ¶模糊(본받을 모, ―)말이나 태도를 어물어물하여 분명하지 아니함. 예―한 태도.

〔糊塗〕(호도) ①사리에 어두워서 흐리터분함. ②일시적으로 속이거나 덮어 버림.

10 ⑯ 〔糖〕** 당 平陽 | táng, トウ
3902

소전 糖 행서 糖 이름 엿 당 자원 형성. 米+唐→糖. 塘(당)과 같이 唐(당)이 성부. 참고 沙糖(사탕←사당)·雪糖(설탕←설당)의 발음은 十月(시월←십월)·六月(유월←륙월)과 같은 현상으로, '탕'이 이 자의 음은 아님. 그래서 인명용 추가 한자의 '탕' 음은 잘못 잡은 음임.

필순 丷 半 米 米' 米广 米庐 粐 粓 糖 糖

새김 엿. 사탕. 단맛이 나는 물건. ¶糖分(―, 성분 분)사탕 성분.

〔糖尿病〕(당뇨병) 오줌에 당분이 많이 포함되어 나오는 병.
〔糖類〕(당류) 물에 녹으며 단맛이 있는 탄수화물의 총칭.

▷果糖(과당)·砂糖(사당→사탕)·雪糖(설당→설탕)·製糖(제당)·葡萄糖(포도당)

11 ⑰ 〔糠〕* 강 平陽 | kāng, コウ
3903

행서 糠 이름 겨 강 자원 형성. 米+康→糠. 慷(강)과 같이 康(강)이 성부.

새김 겨. 쌀겨. 곡식을 찧어낸 껍질. ¶糟糠(지게미 조, ―)糟(3905)를 보라.

11 ⑰ 〔糞〕* 분 本분: 去問 fèn, フン
3904

소전 행서 간화 粪 이름 똥 분 자원 회의. 米〔釆의 변형〕+畀〔華의 변형〕+六〔廾의 변형〕→糞. 釆는 오물, 華는 쓰레받기, 廾는 두 손. 두 손에 쓰레받기를 들고 오물을 치운다는 뜻.
새김 ❶똥. 대변. ¶糞尿(―, 오줌 뇨)똥과 오줌. ❷썩다. 부패하다. ¶糞土(―, 흙 토)썩은 흙.
▷馬糞(마분)·放糞(방분)·人糞(인분)

11 ⑰ 〔糟〕* 조 平豪 zāo, ソウ
3905

소전 행서 이름 지게미 조 자원 형성. 米+曹→糟. 曹(조)가 성부.
새김 지게미. 술을 거르고 남은 찌꺼기. ¶糟糠(―, 겨 강)지게미와 쌀겨. 인신하여, 가난한 사람이 먹는 보잘것없는 음식. 예―之妻.
〔糟糠之妻〕(조강지처) 지게미와 쌀겨를 같이 먹고 지낸 아내. 곧 가난할 때 고생을 함께 한 아내. 「소용이 없는 것의 비유.
〔糟粕〕(조박) 술지게미. 보잘것없는 것이나
▷酒糟(주조)

12 ⑱ 〔糧〕** 량 平陽 liáng, リョウ
3906

소전 행서 동자 간화 粮 이름 양식 량 자원 형성. 米+量→糧. 量(량)이 성부.

필순 米 米 米 米 米 粗 粮 糧 糧 糧

새김 양식. 식량. ¶糧穀(―, 곡식 곡)양식으로 쓰는 곡식. 예―倉庫.
〔糧道〕(양도) ①군량을 운반하는 길. ②國끼니거리. 「군량(軍糧).
〔糧食〕(양식) ①먹고 사는 데 드는 곡식. ②國
〔糧草〕(양초) 군량과 말먹이.
▷軍糧(군량)·農糧(농량)·食糧(식량)·絶糧(절량)

6 획 부수	糸(糹)部

▷명칭: 실사. 실사변
▷쓰임: 여러 가지 종류의 실과 끈, 이들의 성질과 상태, 이들을 짜거나 사용하는 동작, 실로 짜는 베와 무늬 등에 관한 한자의 부수로 쓰였다.

0 ⑥ 〔糸〕* 사 平支 sī, シ
3907

소전 행서 이름 실 사 자원 상형. 가는 실을 사려서 뭉쳐놓은 타래의 모양.
참고 변으로 쓰일 때와 필기체에서는 糹의 자형으로, 간화자에서는 纟의 자형으로 쓴다.
새김 실. 絲(3993)와 같다.

1 ⑦ 〔系〕** 계: 本혜: 去霽 xì, ケイ
3908

소전 행서 이름 이을 계: 자원 상형. 장식으로 늘어뜨린 술의 모양. 새김은 가차.

필순 一 ㄷ 玄 玄 孚 系 系

새김 ❶잇다. 이어지다. ¶系統(―, 체계 통)일정한 순서로 이어져 있는 체계. 예命令―. ❷혈통. ¶家系(집 가, ―)한 집안의 혈통. ❸계통. 예太陽系(태양계)태양과 그를 중심으로 공전하는 행성, 그 행성의 위성 등이 이루고 있는 천체의 계통. ❹繫(4128)의 간화자. ❺係(0218)의 간화자.
〔系譜〕(계보) ①한 집안의 족보. ②혈연·학문·사상 등의 계통을 나타낸 기록.
〔系列〕(계열←계렬) 공통성·유사성을 지니어 연결되는 계통에 따른 배열.
〔系子〕(계자) 國양아들. 계자(繼子).
▷傍系(방계)·母系(모계)·父系(부계)·世系(세계)·直系(직계)

2 ⑧ 〔糾〕** 규 本규: 上有 jiū, キュウ
3909

소전 행서 간화 纠 이름 뒤얽힐 규 자원 형성. 糸+丩→糾. 叫(규)·赳(규)와 같이 丩(규)가 성부.

필순 ㄥ 幺 幺 糸 糸 糸 糾 糾

새김 ❶뒤얽히다. 뒤얽혀 어지럽다. ¶紛糾(어지러울 분, ―)紛(3943)을 보라. ❷모으다. 모아서 합치다. ¶糾合(―, 합할 합)일정한 일을 꾸미려고 사람을 끌어 모음. 예동지를 ―하다. ❸바루다. 바로잡다. ¶糾彈(―, 탄핵할 탄)죄나 책임 등을 따지어 바로잡아 엄하게 공격함. 예국민의 항의와 ―은 더욱 거세졌다.
〔糾明〕(규명) 사실을 따지고 밝힘.
〔糾察〕(규찰) 적발하여 자세히 살핌.

2 ⑤ 〔纠〕 규 糾(3909)의 간화자
3910

3 ⑥ 〔级〕 3911 급 級(3930)의 간화자

3 ⑨ 〔紀〕*** 3912 기 本기: 上 紙 | jì, キ

소전 紀 행서 纪 간화 纪 이름 적을 기 자원 형성. 糸+己→紀. 記(기)·忌(기)와 같이 己(기)가 성부.

필순 ㄥ 幺 幺 糸 糸 糸 紀 紀 紀

새김 ❶적다. 기록하다. ¶紀行(一, 다닐 행)여행 중 본 일이나 느낀 감상을 적음. 예—文. ❷규율. 규칙. ¶紀綱(一, 법 강)국가나 조직을 이끌어 가는데 필요한 규율이나 질서. 예—確立. ❸해. ㉠연대를 계산하는 출발점. ¶紀元(一, 첫째 원)연대를 계산하는 데 출발점으로 삼는 해. 예—前 300年. ㉡대. 100년을 이르는 말. 예二十一世紀. ㉢나이. 연령. ¶年紀(나이 년, 一)나이. 예올해 —가 몇이시요?
〔紀念〕(기념) 오래도록 잊지 아니함.
〔紀律〕(기율←기률) ①기강. 법도. ②질서 있게 하기 위한 행동의 규정. 규율(規律).
▷綱紀(강기)·軍紀(군기)·檀紀(단기)·本紀(본기)·西紀(서기)·世紀(세기)·倫紀(윤기)·律紀(율기)·風紀(풍기)

3 ⑥ 〔纪〕 3913 기 紀(3912)의 간화자

3 ⑥ 〔纤〕 3914 섬 纖(4141)의 간화자

3 ⑨ 〔約〕*** 3915 약 入 藥 | yuē, ヤク

소전 約 행서 约 간화 约 이름 약속할 약 자원 형성. 糸+勺→約. 勺(작)의 변음이 성부.

필순 ㄥ 幺 幺 糸 糸 糸 糸 約 約

새김 ❶약속하다. ¶約定(一, 정할 정)약속하여 정함. 예—한 날짜. ❷약속. 언약이나 계약. ¶公約(공 공, 一)㉮국가와 국가 사이의 약속. 예國際—. ㉯사회에 대하여 선포한 약속. 예選擧—. ❸묶다. 하나로 묶다. ¶要約(요점 요, 一)요점만 따서 짧게 하나로 묶음. 예이야기를 한마디로 —하다. ❹줄이다. 씀씀이를 줄이다. ¶節約(아껴쓸 절, 一)아껴 써서 소비를 줄임. 예電力의 —. ❺대략. 대강. ¶大約(큰 대, 一) 대체로. 동大略(대략). ❻얌전하다. ¶綽約(아름다울 작, 一) 綽(4041)을 보라.
〔約款〕(약관) 약속하여 정한 조항.
〔約束〕(약속) 앞으로 어떻게 하기로 상대자와 미리 정하여 둠. 또는 그렇게 정한 내용.
〔約條〕(약조) ①조건을 정하여 약속함. ②약속하여 정한 조항.
〔約婚〕(약혼) 결혼하기로 약속함.
▷儉約(검약)·契約(계약)·規約(규약)·期約(기약)·盟約(맹약)·誓約(서약)·言約(언약)·豫約(예약)·制約(제약)·條約(조약)·協約(협약)·確約(확약)

3 ⑥ 〔约〕 3916 약 約(3915)의 간화자

3 ⑨ 〔紆〕* 3917 우 平 虞 | yū, ウ

소전 紆 행서 紆 간화 纡 이름 굽을 우 자원 형성. 糸+于→紆. 吁(우)·宇(우)·迂(우)와 于(우)가 성부.
새김 굽다. 구부러지다. ¶紆餘曲折(一, 남을 여, 굽을 곡, 꺾일 절) 굽음이 남아 굽고 꺾임. 곧 이리저리 굽음. 인신하여, 순조롭지 아니하게 엉클어진 이런저런 복잡한 사정. 예온갖 —을 겪다.

3 ⑥ 〔纡〕 3918 우 紆(3917)의 간화자

3 ⑨ 〔紂〕* 3919 주: 上 | zhòu, チュウ

소전 紂 행서 紂 간화 纣 이름 주왕 주: 자원 형성. 糸+寸→紂. 酎(주)와 같이 寸(촌)의 변음이 성부.
새김 주왕(紂王). 은(殷)나라의 마지막 천자로서, 폭군의 대표로 지목된다.

3 ⑥ 〔纣〕 3920 주: 紂(3919)의 간화자

3 ⑨ 〔紅〕*** 3921 홍 平 東 | hōng, コウ

소전 紅 행서 红 간화 红 이름 붉을 홍 자원 형성. 糸+工→紅. 虹(홍)·訌(홍)과 같이 工(공)의 변음이 성부.

필순 ㄥ 幺 幺 糸 糸 糸 糸 紅 紅

새김 ❶붉다. ¶紅葉(一, 잎 엽)붉게 물든 잎. ❷붉은색. 주홍색. ¶千紫萬紅(일천 천, 자줏빛 자, 일만 만, 一)천 가지의 자줏빛과 만 가지의 붉은색. 곧 울긋불긋한 여러 가지의 빛깔, 또는 가지각색으로 만발한 꽃의 형용. ❸여성(女性)의 비유. ¶紅一點(一, 한 일, 점 점)많은 남자들 속에 섞여 있는 단 한 사람의 여자.
〔紅燈街〕(홍등가) 술집이나 유곽 따위가 늘어선 거리. 「—.
〔紅裳〕(홍상) 다홍치마. 붉은 치마. 예綠衣

〔紅脣〕(홍순) 붉은입술. 미인의 입술.
〔紅顔〕(홍안) ①젊은 남자의 혈색이 좋은 얼굴. ②여자의 아름다운 얼굴.
〔紅疫〕(홍역) 전염병의 일종. 홍진(紅疹). 마진(痲疹).
〔紅牋〕(홍전) 시(詩)·사(詞)를 쓰거나 명함을 만드는데 쓰이는 붉은 종이.
〔紅潮〕(홍조) ①취하거나 상기되거나 하여 뺨에 붉은 빛이 드러남. ②國아침해가 바다에 비치어 붉게 반사되는 경치.
〔紅塵〕(홍진) 햇볕에 비춰져 벌겋게 보이는 먼지. 인신하여, 번거로운 세상.
▷淡紅(담홍)·百日紅(백일홍)·鮮紅(선홍)·朱紅(주홍)·眞紅(진홍)

3 ⑥ 〔红〕 3922 홍 紅(3921)의 간화자

3 ⑨ 〔紈〕* 3923 환 平 寒 wán, カン

소전 行書 간화 纨 이름 흰비단 환 자원 형성. 糸+丸→紈. 丸(환)이 성부.
새김 흰 비단. ¶紈扇(—, 부채 선)희고 고운 비단으로 바른 부채.
〔紈袴〕(환고) 희고 고운 비단으로 지은 바지. 인신하여, 부귀한 집안의 자제. 예—子弟.
▷綺紈(기환)

3 ⑥ 〔纨〕 3924 환 紈(3923)의 간화자

3 ⑨ 〔紇〕* 3925 흘 入 月 hé, コツ

소전 行書 간화 纥 이름 회흘 흘 자원 형성. 糸+乞→紇. 吃(흘)·屹(흘)과 같이 乞(걸)의 변음이 성부.
새김 회흘(回紇). 고대에 있었던 종족 이름.

3 ⑥ 〔纥〕 3926 흘 紇(3925)의 간화자

4 ⑦ 〔纲〕 3927 강 綱(4018)의 간화자

4 ⑩ 〔紘〕* 3928 굉 本횡 平 庚 hóng, コウ

소전 行書 간화 纮 이름 끈 굉 자원 형성. 糸+厷→紘. 肱(굉)·宏(굉)과 같이 厷(굉)이 성부.
새김 ❶끈. 관(冠)의 끈. ❷끝. 하늘과 땅의 가장자리. ¶八紘(여덟 팔, —)팔방의 먼 가장자리. 인신하여, 온 세상. 예——宇.

4 ⑦ 〔纮〕 3929 굉 紘(4928)의 간화자

4 ⑩ 〔級〕** 3930 급 入 緝 jí, キュウ

소전 行書 간화 级 이름 등급 급 자원 형성. 糸+及→級. 汲(급)·扱(급)과 같이 及(급)이 성부.

필순 ㄥ 幺 幺 幺 糸 糸 糹 紉 級 級

새김 ❶등급. 신분이나 벼슬의 등급. ¶階級(층계 계, —)신분이나 지위에 의한 등급. ❷학급. ¶級友(—, 벗 우)한 학급에서 같이 공부하는 벗. ❷머리. 싸움터에서 베어 얻은 적의 머리. 또는 그를 세는 단위. ¶首級(머리 수, —)전쟁터에서 베어 얻은 적의 머리.
〔級數〕(급수) 우열(優劣)에 따라 매기는 등급의 차례.
▷高級(고급)·同級(동급)·等級(등급)·上級(상급)·昇級(승급)·留級(유급)·進級(진급)

4 ⑩ 〔紧〕 3931 긴 緊(4021)의 간화자

4 ⑩ 〔納〕** 3932 납 入 合 nà, ノウ

소전 行書 속자 納 간화 纳 이름 바칠 납 자원 형성. 糸+內→納. 內에는 '내' 외에 '납' 음도 있어 內(납)이 성부.

필순 ㄥ 幺 幺 幺 糸 糸 糹 紉 納 納

새김 ❶바치다. 내놓다. ¶納稅(—, 세금 세)세금을 바침. 예—義務. ❷거두어 들이다. ¶收納(거둘 수, —)돈이나 물품 등을 받아 거두어 들임. 예金錢—. ❷받아들이다. ¶容納(받아들일 용, —)남의 말이나 행동 등을 포용성 있게 받아들임. 예—못할 행동.
〔納骨堂〕(납골당) 화장한 유골(遺骨)을 봉안해 두는 집.
〔納期〕(납기) 세금·공과금 등을 바치는 기한.
〔納得〕(납득) 잘 받아들여 이해함.
〔納涼〕(납량) 여름철에 더위를 피하여 서늘한 바람을 쐼.
〔納付〕(납부) 세금·등록금 따위를 바침.
〔納祿〕(납록) 녹을 반납함. 관직을 사퇴함.
〔納入〕(납입) 세금이나 공과금을 바침.
〔納品〕(납품) 주문 받은 물품을, 주문한 곳이나 사람에게 가져다 줌.
▷嘉納(가납)·未納(미납)·奉納(봉납)·分納(분납)·上納(상납)·笑納(소납)·完納(완납)·滯納(체납)·出納(출납)·獻納(헌납)

4 ⑩ 〔納〕 3933 납 納(3932)의 속자

4 ⑦ 〔纳〕 3934 납 納(3932)의 간화자

4 ⑩ 〔紐〕* 3935 뉴: 上有 | niǔ, チュウ

소전 紐 행서 紐 간화 纽 이름 끈 뉴: 자원 형성. 糸＋丑→紐. 鈕(뉴)·杻(뉴)와 같이 丑(추)의 변음이 성부.

새김 ❶끈. ¶結紐(맺을 결, —)끈을 맺음. 인신하여, 서약(誓約)함. ❷매다. 연결하다. ¶紐帶(—, 묶을 대)나라와 나라, 개인과 개인 사이를 서로 연결하여 묶음. 또는 그 관계. ㉮두 나라의 —를 더욱 공고히 하다.

4 ⑦ 〔纽〕 3936 뉴: 紐(3935)의 간화자

4 ⑦ 〔纶〕 3937 륜 綸(4026)의 간화자

4 ⑩ 〔紋〕* 3938 문 平文 | wén, モン

행서 紋 간화 纹 이름 무늬 문 자원 형성. 糸＋文→紋. 蚊(문)·雯(문)과 같이 文(문)이 성부.

새김 무늬. ¶指紋(손가락 지, —)손가락 끝 안쪽에 금으로 이루어진 무늬. ㉮—을 찍다.

〔紋織〕(문직) 무늬를 넣어 짬. 또는 무늬가 돋아나게 짠 옷감.

▷斑紋(반문)·雲紋(운문)·波紋(파문)

4 ⑦ 〔纹〕 3939 문 紋(3938)의 간화자

4 ⑩ 〔紊〕* 3940 문 本문: 去問 | wèn, ブン

소전 紊 행서 紊 이름 어지러울 문 자원 형성. 文＋糸→紊. 雯(문)·紋(문)과 같이 文(문)이 성부.

새김 어지럽다. 또는 어지럽히다. ¶紊亂(—, 어지러울 란)도덕이나 질서가 뒤죽박죽이 되어 어지러움. ㉮—한 風紀.

4 ⑩ 〔紡〕* 3941 방 本방: 上養 | fǎng, ボウ

소전 紡 행서 紡 간화 纺 이름 길쌈할 방 자원 형성. 糸＋方→紡. 訪(방)·放(방)과 같이 方(방)이 성부.

새김 길쌈하다. 실을 잣다. ¶紡織(—, 짤 직)실을 자아서 피륙을 짬. ㉮—工場.

〔紡績〕(방적) 솜·고치·털 등에서 실을 뽑는 일. 또는 길쌈.

〔紡錘〕(방추) ①실을 감는 가락. ② 북.

▷綿紡(면방)·毛紡(모방)·混紡(혼방)

4 ⑦ 〔纺〕 3942 방 紡(3941)의 간화자

4 ⑩ 〔紛〕** 3943 분 平文 | fēn, フン

소전 紛 행서 紛 간화 纷 이름 어지러울 분 자원 형성. 糸＋分→紛. 粉(분)·雰(분)과 같이 分(분)이 성부.

필순 ㇐ 𠂉 幺 幺 糸 糸 糹 紒 紛 紛

새김 ❶어지럽다. 또는 어지럽히다. ¶紛糾(—, 뒤얽힐 규)복잡하고 어지럽게 뒤얽혀 생긴 말썽. ㉮—를 수습하다. ❷헷갈리다. ¶紛失(—, 잃을 실)알지 못하는 사이에 잃어버림. ㉮—物.

〔紛紛〕(분분) ①뒤섞여 어지러운 모양. ② 바빠서 두서가 없는 모양.

〔紛爭〕(분쟁) 복잡한 문제를 둘러싸고 엉클어져 다툼.

▷內紛(내분)

4 ⑦ 〔纷〕 3944 분 紛(3943)의 간화자

4 ⑩ 〔紗〕* 3945 사 平麻 | shā, サ

행서 紗 간화 纱 이름 비단 사 자원 형성. 糸＋少→紗. 沙(사)와 같이 少(소)의 변음이 성부.

새김 비단. 사. 깁. 얇고 가벼운 비단. ¶紗窓(—, 창 창)사로 바른 창.

〔紗帽〕(사모) 깁으로 만든 벼슬아치의 예모(禮帽).

▷羅紗(나사)

4 ⑦ 〔纱〕 3946 사 紗(3945)의 간화자

4 ⑩ 〔索〕** 3947 ㊀색 入陌 | suǒ, サク ㊁삭 入藥 | suǒ, サク

소전 索 행서 索 이름 ㊀찾을 색 ㊁노 삭 자원 회의. 冂〔𣎳의 변형〕＋糸→索. 𣎳는 초목이 무성한 모양. 그 줄기나 잎을 실처럼 꼬아서 만든 새끼를 뜻한다.

필순 一 十 𠂇 𠫓 𠫓 𦍌 𦍌 索 索 索

새김 ㊀찾다. 있는 곳을 찾다. ¶搜索(찾을 수, —)범죄인이나 범죄와 관련된 물건을 뒤져서 찾음. ㉮家宅—. ㊁❶노. 새끼. 줄. ¶鐵索(쇠 철, —)쇠줄로 꼬아 만든 줄. ㉮—으로 동여매다. ❷쓸쓸하다. 적막하다. ¶索莫(—, 쓸쓸할 막)㉮쓸쓸하고 황량한 모양. ㉯적막하고 무료한 모양.
〔索道〕(삭도) 공중에 가설한 강철줄에 운반차를 매달아 화물 따위를 나르는 설비.
〔索引〕(색인) ①찾아냄. 끌어냄. ②책에 있는 글자나 단어·항목 등을 빨리 찾아볼 수 있도록 만든 목록.
▷鋼索(강삭)·摸索(모색)·思索(사색)·探索(탐색)·討索(토색)

4 ⑩ 〔素〕 *** ㊀소: 去遇 sù, ソ ㊁소 本소: 去遇 sù, ソ
3948

소전 행서 이름 ㊀흴 소: ㊁바탕 소 자원 회의. 主〔𠂹의 변형〕+糸→素. 𠂹는 발이 고운 비단이 드리워진 모양. 그래서 발이 고운 흰 빛깔의 비단을 뜻한다.

필순 一 = 丰 主 丰 圭 妻 妻 素 素

새김 ㊀❶희다. 또는 흰 빛깔. ¶素服(—, 옷 복) 흰 옷. 또는 하얗게 차린 옷. 예—丹粧. ❷나물. 채소. ¶素食(—, 음식 식)야채만으로 차린 음식. 예—을 즐기다. ㊁❶바탕. 근본이 되는 것. ¶素材(—, 재료 재)예술 작품의 바탕이 되는 생활 재료. 예文學作品의 —. ❷질박하다. 꾸밈이 없다. ¶素朴(—, 꾸밈없을 박)꾸미거나 거짓이 없이 순진함. 예—한 人品. ❸본디부터. 본래의. 또는 평상시. ¶素行(—, 행실 행) ㉮본래의 행실. ㉯평소의 행실. 예—이 얌전하다.
〔素描〕(소묘) 색칠을 하지 않고 연필·숯·펜 등을 써서 선과 명암법으로 그린 그림. 또는 그렇게 그리는 방법. 데생(dessin).
〔素養〕(소양) 평소에 닦고 쌓은 지식이나 교양.
〔素月〕(소월) 밝고 빛이 흰 달.
〔素因〕(소인) 근본 원인.
〔素人劇〕(소인극) 전문적인 배우가 아닌 사람들이 하는 연극.
〔素一〕(소일) 순일(純一)함. 소박함.
〔素族〕(소족) ①벼슬하는 사람이 없는 집안. 평민. ②대대로 이어져 온 세족(世族).
〔素地〕(소지) 본바탕. 근본이 되는 바탕.
〔素志〕(소지) 오래 전부터 품은 뜻.
〔素質〕(소질) ①흰 바탕. ②본래 타고난 성질.
〔素饌〕(소찬) 고기나 생선을 넣지 않은 반찬.
▷簡素(간소)·儉素(검소)·酸素(산소)·水素(수소)·要素(요소)·元素(원소)·質素(질소)·炭素(탄소)·平素(평소)

4 ⑩ 〔純〕 *** 순 平眞 chún, ジュン
3949

소전 행서 간화 纯 이름 순수할 순 자원 형성. 糸+屯→純. 屯(둔)의 변음이 성부.

필순 𠂉 ㄠ 幺 糸 糸 糸 糸 紅 紅 純

새김 순수하다. 잡것이 섞이지 아니하다. ¶純潔(—, 깨끗할 결)마음이나 신체에 조금도 더러운 티가 없이 깨끗함. 예—無垢.
〔純金〕(순금) 다른 금속이 섞이지 않은 황금.
〔純度〕(순도) 순수한 정도.
〔純朴〕(순박) 순진하고 소박함.
〔純臣〕(순신) 사심이 없는 충직한 신하.
〔純粹〕(순수) 다른 것이 조금도 섞이지 않음.
〔純益〕(순익) 모든 경비를 빼고 남은 순전한 이익.
〔純全〕(순전) 순수하고 완전함.
〔純情〕(순정) ①순진한 마음. ②참되고 깨끗한 애정.
〔純眞〕(순진) 꾸밈없이 순수하고 참됨.
〔純厚〕(순후) 순박하고 인정이 두터움.
▷單純(단순)·不純(불순)·至純(지순)·清純(청순)

4 ⑦ 〔纯〕 순 純(3949)의 간화자
3950

4 ⑦ 〔纬〕 위 緯(4076)의 간화자
3951

4 ⑦ 〔纵〕 종 縱(4115)의 간화자
3952

4 ⑩ 〔紙〕 *** 지 本지: 上紙 zhǐ, シ
3953

소전 행서 간화 纸 이름 종이 지 자원 형성. 糸+氏→紙. 氏에는 '씨' 외에 '지' 음도 있어, 氏(지)가 성부.

필순 𠂉 ㄠ 幺 糸 糸 糸 糸 紅 紅 紙

새김 종이. ㉠글씨를 쓰거나 그림을 그리는 종이. ¶製紙(만들 제, —)종이를 만듦. 예—工場. ㉡인쇄되어 있는 종이. 특히 신문을 이르는 말. ¶紙上(—, 위 상)신문의 지면 위. 예—討論.
〔紙齡〕(지령) 신문이 창간된 후부터 발간한 날짜의 총수.
〔紙面〕(지면) ①종이의 표면. ②기사나 내용이 실린 종이의 겉면. 지상(紙上).
〔紙物鋪〕(지물포) 종이를 파는 점포.
〔紙榜〕(지방) 國종이로 만든, 죽은 이의 위패(位牌).
〔紙質〕(지질) 종이의 품질.
〔紙燭〕(지촉) 國상가집에 부의로 보내는 종이와 초.
〔紙幣〕(지폐) 종이돈. 지전(紙錢).
〔紙筆〕(지필) 종이와 붓.
▷簡紙(간지)·白紙(백지)·用紙(용지)·油紙(유지)·印紙(인지)·破紙(파지)·便紙(편지)·表紙(표지)·休紙(휴지)

4 ⑦ 〔纸〕 3954 지 紙(3953)의 간화자

5 ⑪ 〔紺〕* 3955 감: 去勘 | gàn, コン

소전 紺 행서 紺 간화 绀 이름 감색 감: 자원 형성. 糸+甘→紺. 柑(감)·疳(감)과 같이 甘(감)이 성부.

새김 감색(紺色). 반물. 검은 빛을 띤 짙은 남색. ¶紺青(—, 푸를 청)곱고 진한 남빛.

5 ⑧ 〔绀〕 3956 감: 紺(3955)의 간화자

5 ⑪ 〔絅〕* 3957 경: 上 | jiǒng, ケイ

소전 絅 행서 絅 이름 홑옷 경: 자원 형성. 糸+冋→絅. 冋(경)이 성부.

새김 홑옷. 한 겹으로 된 옷.

5 ⑪ 〔経〕 3958 경 經(4009)의 속자

5 ⑧ 〔经〕 3959 경 經(4009)의 간화자

5 ⑧ 〔练〕 3960 련: 練(4059)의 간화자

5 ⑪ 〔累〕** 3961 ㊀루: 上紙 | lěi, ルイ ㊁루: 去寘 | lèi, ルイ

행서 累 이름 ㊀쌓을 루: ㊁관련될 루: 자원 형성. 田〔畾의 생략체〕+糸→累. 畾(루)가 성부.

필순 丶 冂 冃 冊 田 罒 罒 畀 累 累

새김 ㊀❶쌓다. 포개다. 또는 쌓이다. ¶累積(—, 쌓을 적)거듭거듭 포개어 쌓거나 쌓임. ㉠赤字의 —. ❷누. 남의 잘못으로 인하여 입는, 정신상의 괴로움이나 물질상의 손해. ㉠累를 끼치다. ㊁❶관련되다. 관계가 있다. ¶連累(이어질 련, —)남의 범죄 행위에 관계가 있게 됨. ㉠—의 혐의를 받다. ❷근심. 걱정거리. ¶家累(집 가, —)집안 생활에 관한 걱정.

〔累計〕(누계) 이전의 합계에 추가하여 계산함.총계(總計).

〔累代〕(누대) 여러 대. 누세(累世).

〔累卵之勢〕(누란지세) 알을 포개어 놓은 형세. 몹시 위태로운 형세의 형용.

〔累犯〕(누범) 한 번 죄를 짓고 형벌을 받은 사람이 또 다시 죄를 범함. 또는 그 범인.

〔累世〕(누세) 누대(累代).

〔累進〕(누진) ①관직이 여러 번 승진함. ②비율이 차차 올라감.

〔累次〕(누차) 여러 번. 여러 차례. 수차(數次).

▷繫累(계루)·物累(물루)·煩累(번루)·俗累(속루)·罪累(죄루)

5 ⑪ 〔絆〕* 3962 반: 去翰 | bàn, ハン

소전 絆 행서 绊 간화 绊 이름 잡아맬 반: 자원 형성. 糸+半→絆. 半(반)이 성부.

새김 잡아매다. 또는 말의 발을 묶는 끈. ¶羈絆(억류할 기, —)억류하여 잡아맴. 인신하여, 자유의 구속과 억압. ㉠8·15光復으로 日帝의 —에서 풀려났다.

〔絆創膏〕(반창고) 상처를 보호하거나 붕대 따위를 고정시키는 데 쓰는 접착성 헝겊.

▷脚絆(각반)

5 ⑧ 〔绊〕 3963 반: 絆(3962)의 간화자

5 ⑧ 〔线〕 3964 선 線(4067)의 간화자

5 ⑪ 〔細〕*** 3965 세: 去霽 | xì, セイ

소전 細 행서 細 간화 细 이름 가늘 세: 자원 형성. 糸+田〔囟의 변형〕→細. 囟(시)의 변음이 성부.

필순 ㄥ 幺 幺 糸 糸 糹 約 紃 細 細

새김 ❶가늘다. 굵지 아니하다. ¶細雨(—, 비 우)가랑비. ㉠斜風 —. ❷가난하다. ¶零細(작을 령, —)규모가 작고 가난함. ㉠—農民. ❸잘다. 자질구레하다. ¶細事(—, 일 사)자질구레한 일. ❹자세하다. 꼼꼼하다. ¶詳細(자세할 상, —)자세하고 꼼꼼함. ㉠—한 報道. ❺작다. ¶微細(작을 미, —)분간하기 어려울 정도로 몹시 작음. ㉠—한 차이.

〔細工〕(세공) 잔손질이 많이 가는 정밀한 수공업. 또는 그 일을 직업으로 하는 사람.

〔細菌〕(세균) 박테리아. 생물체의 최하등인 단세포 미생물의 하나.

〔細柳〕(세류) 실버들.

〔細流〕(세류) 작은 시냇물.

〔細目〕(세목) 자세하게 규정한 조목.

〔細密〕(세밀) 자세하고 꼼꼼함.

〔細部〕(세부) 세세한 부분. ㉠—的인 문제.

〔細細〕(세세) 아주 자세함. ㉠—한 관심.

〔細瑣〕(세쇄) 자질구레함. 사소함.

〔細心〕(세심) 아주 작은 데까지 마음을 씀. 또는 꼼꼼하게 주의하는 마음.

〔細腰〕(세요) 여자의 날씬하게 생긴 가는 허리.
〔細則〕(세칙) 자질구레한 일에 대해 규정한 규칙.
〔細胞〕(세포) ①생물체의 기본적 구성의 최소 단위. ②어떠한 단체를 조직하는 최소 구성 단위.
▷巨細(거세)·明細(명세)·仔細(자세)·纖細(섬세)

5 ⑧ 〔细〕 3966 세: 細(3965)의 간화자

5 ⑪ 〔紹〕* 3967 소 ㊍소: 上 篠 shào, ショウ

소전 紹 행서 紹 간화 绍 이름 이을 소 자원 형성. 糸+召→紹. 昭(소)·邵(소)와 같이 召(소)가 성부.

새김 ❶잇다. 계승하다. ¶紹興(—, 일 흥)계승하여 일어남. ❷소개하다. 주선하다. ¶紹介(—, 소개할 개)양편 사이에 서서 알리거나 주선하거나 하여 새로운 관계를 맺게 함. ㉖職業—所.
〔紹述〕(소술) 선대(先代)의 일을 이어받아 이를 좇아 행함.

5 ⑧ 〔绍〕 3968 소 紹(3967)의 간화자

5 ⑪ 〔紳〕* 3969 신: ㊍신 平 眞 shēn, シン

소전 紳 행서 紳 간화 绅 이름 큰띠 신: 자원 형성. 糸+申→紳. 神(신)·伸(신)과 같이 申(신)이 성부.

새김 큰띠. 신분이 높은 사람이 예복 차림에 띠던 띠. 또는 그런 띠를 띠던 사람. ¶紳士(—, 선비 사)큰 띠를 띤 선비. 인신하여, 교양이 있고 덕망이 높은 남자. ㉖— 淑女.
▷縉紳(진신)

5 ⑧ 〔绅〕 3970 신: 紳(3969)의 간화자

5 ⑧ 〔绎〕 3971 역 繹(4131)의 간화자

5 ⑪ 〔紫〕** 3972 자 ㊍자: 上 紙 zǐ, シ

소전 紫 행서 紫 이름 자줏빛 자 자원 형성. 此+糸→紫. 雌(자)·疵(자)와 같이 此(차)의 변음이 성부.

필순 丨 ⺊ 止 止' 此 此 此 毕 紫 紫

새김 자줏빛. ㉠홍색과 남색의 간색. 또는 보라빛. ¶紫煙(—, 연기 연)㉮보라빛 연기. ㉯담배 연기. ㉡임금이나 신선이 사는 집의 빛. ㉖紫禁城(자금성) 북경(北京)에 있는, 명(明)·청(淸) 때의 궁성 이름.
〔紫微〕(자미) ①북두성의 북쪽에 있는 별 이름. 천제(天帝)가 거처하는 곳이라 함. 자미궁(紫微宮). ②궁궐(宮闕).
〔紫色〕(자색) 자줏빛.
〔紫外線〕(자외선) 태양광선의 스펙트럼에서 보라빛의 바깥쪽에 나타나는 파장이 긴 복사선(輻射線).
〔紫霞〕(자하) ①자줏빛 안개. ②신선이 사는 곳에 낀 안개. 인신하여, 선궁(仙宮).
▷千紫萬紅(천자만홍)

5 ⑪ 〔紵〕* 3973 저: 上 語 zhù, チョ

소전 紵 행서 紵 이름 모시 저: 자원 형성. 糸+宁→紵. 佇(저)·苧(저)와 같이 宁(저)가 성부.

새김 모시. 모시풀의 섬유로 짠 피륙. ¶紵布(—, 베 포) 모시.

5 ⑪ 〔組〕** 3974 조 ㊍조: 上 麌 zǔ, ソ

소전 組 행서 組 간화 组 이름 짤 조: 자원 형성. 糸+且→組. 且에는 '차' 외에 '조' 음도 있어, 祖(조)·助(조)와 같이 且(조)가 성부.

필순 ㄥ 幺 幺 糸 糸 糸 糹 紅 組 組

새김 ❶짜다. ㉠피륙을 짜거나 물건을 만들다. ¶組成(—, 이룰 성)두 가지 이상의 요소를 짜 맞추어 만듦. ㉡일정한 사람들로 조직체를 만들다. ¶組閣(—, 내각 각)내각을 조직함. ❷조. 어떤 목적을 위하여 조직한, 규모가 작은 사람들의 집단. ¶組合(—, 합할 합)이해를 같이하는 사람들이, 공통의 목적을 이루기 위하여 협력하여 운영하는 조직. ㉖勞動 —.
〔組立〕(조립) 짜 맞춤.
〔組織〕(조직) ①실을 꼬고 베를 짜는 일. ②기구나 단체를 결성함.
〔組版〕(조판) 활자를 골라 뽑아 원고대로 인쇄판을 짬. 제판(製版).

5 ⑧ 〔组〕 3975 조 組(3974)의 간화자

5 ⑪ 〔終〕*** 3976 종 平 東 zhōng, シュウ

소전 終 행서 終 간화 终 이름 마칠 종 자원 형성. 糸+冬→終. 冬(동)의 변음이 성부.

필순 終

새김 ❶마치다. 끝내다. 始(1057)의 대. ¶終了(—, 마칠 료)하던 일을 마쳐서 끝냄. 예—時間. ❷끝. 始(1057)의 대. ¶始終(처음 시, —) 처음과 끝. 예——貫.
〔終結〕(종결) 끝마침. 끝을 냄.
〔終局〕(종국) ①대국(對局)을 끝냄. ②끝판.
〔終乃〕(종내) 종국에 가서는. 또는 끝내.
〔終末〕(종말) 계속되던 일의 맨 끝.
〔終盤〕(종반) 바둑이나 장기에서, 승부가 끝날 무렵의 판국.
〔終始〕(종시) ①끝과 처음. 또는 끝냄과 시작함. ②처음부터 끝까지. 시종(始終).
〔終熄〕(종식) 한 때 성하던 것이 끝나 멎음.
〔終身〕(종신) ①한평생. 또는 한평생을 마침. ②國 임종(臨終).
〔終焉〕(종언) ①일생이 끝남. ②하던 일이 끝남. ③막다른 처지에 이름.
〔終譽〕(종예) 오래도록 없어지지 않는 칭송. 또는 영원히 명예를 누림.
〔終點〕(종점) ①일정한 구간이나 동안의 맨 끝이 되는 곳이나 때. ②기차나 버스 등의 최후에 도착하는 곳.
〔終止〕(종지) 끝마쳐 그침. 예—符.
〔終着〕(종착) 마지막으로 도착함. 대시발(始發). 예—驛.
▷無始無終(무시무종)·歲終(세종)·愼終(신종)·有始有終(유시유종)·臨終(임종)·最終(최종)

5 ⑧ 〔终〕 3977 종 終(3976)의 간화자

5 ⑪ 〔紬〕* 3978 주 平尤 chōu, チュウ

소전 紬 행서 紬 간화 䌷 이름 명주 주 자원 형성. 糸+由→紬. 宙(주)와 같이 由(유)의 변음이 성부.
새김 명주. 명주실로 짠 피륙. ¶紬緞(—, 비단 단) 명주와 비단.

5 ⑧ 〔䌷〕 3979 주 紬(3978)의 간화자

5 ⑧ 〔织〕* 3980 직 織(4126)의 간화자

5 ⑪ 〔紮〕* 3981 찰 入黠 zā, サツ

행서 紮 이름 머무를 찰 자원 형성. 札+糸→紮. 札(찰)이 성부.
새김 머무르다. 군대가 머무르다.

5 ⑪ 〔絃〕** 3982 현 平先 xián, ゲン

행서 絃 이름 현 현 자원 형성. 糸+玄→絃. 鉉(현)·衒(현)과 같이 玄(현)이 성부.

필순 絃

새김 현. 거문고·비파 등 악기의 현. ¶絃樂(—, 음악 악) 현을 울려서 연주하는 음악. 예—器.
〔絃誦〕(현송) 거문고를 타면서 시를 읊음. 예—之聲.
▷管絃(관현)·斷絃(단현)·續絃(속현)·絶絃(절현)·彈絃(탄현)

6 ⑫ 〔絳〕* 3983 강: 去絳 jiàng, コウ

소전 絳 행서 絳 간화 绛 이름 진홍 강: 자원 형성. 糸+夅→絳. 降(강)과 같이 夅(강)이 성부.
새김 진홍. 진한 붉은 빛깔. 또는 붉게 물들이다.

6 ⑨ 〔绛〕 3984 강: 絳(3983)의 간화자

6 ⑫ 〔結〕*** 3985 결 入屑 jié, ケツ

소전 結 행서 结 간화 结 이름 맺을 결 자원 형성. 糸+吉→結. 吉(길)의 변음이 성부.

필순 結

새김 ❶맺다. ㉠노끈·실 따위를 얽어서 매듭이 지게 하다. ¶結繩(—, 노 승)노를 맺음. 곧 문자가 없던 고대에 끈이나 새끼를 맺어, 그 맺은 방법에 따라 의사를 소통하거나 어떤 일을 기억하게 하던 일. 예—文字. ㉡열매를 맺다. ¶結實(—, 열매 실)열매를 맺음. 또는 맺은 그 열매. 예—이 잘 된 가을 들판. ㉢인연이나 관계를 맺다. ¶結義(—, 의 의)남남끼리 의리상의 관계를 맺음. 예—兄弟. ㉣끝을 맺다. 매듭짓다. ¶結論(—, 주장 론)주장을 매듭지음. 또는 매듭지은 그 주장. 예—이 나다. ❷묶다. ¶結髮(—, 머리카락 발)머리카락을 묶음. 곧 머리를 얹거나 상투를 틂. 예—夫婦. ❸엉기다. 얼다. ¶結氷(—, 얼음 빙)물이 얼어서 얼음이 됨. 또는 그 얼음. 예—期. ❹모으다. 또는 모이다. ¶結集(—, 모을 집)흩어져 있는 것을 하나로 모음. 예모든 힘을 —하다.
〔結果〕(결과) ①열매를 맺음. ②어떤 행위로 이루어진 결말.
〔結交〕(결교) 교분을 맺음.
〔結局〕(결국) 마침내. 끝판에 이르러서는.
〔結膜〕(결막) 눈꺼풀의 안쪽과 눈알의 표면을

덮은 투명한 엷은 막. ㉠— 炎.
〔結末〕(결말) 일의 마무리로 되는 끝. 또는 그 결과. 「동여 맴.
〔結縛〕(결박) 손이나 몸을 움직이지 못하도록
〔結社〕(결사) 주의·주장이나 목적을 같이하는 사람들이 모여서 단체를 만듦. 또는 그 단체. ㉠— 의 自由. 「한 덩이.
〔結石〕(결석) 내장 안에 생긴, 돌과 같이 단단
〔結成〕(결성) 일정한 단체를 조직함. ㉠同窓會—. 「뜻으로 굳게 뭉치게 함.
〔結束〕(결속) ①한 덩이로 묶음. ②한마음 한
〔結晶〕(결정) ①원자나 분자들이 조직적으로 배열되어 이루어진 고체. ②애써서 이루어 놓은 보람있는 결과. ㉠고귀한 땀의 —.
〔結草報恩〕(결초보은) 남의 은혜에 깊이 감사할 때, 죽어서도 은혜를 갚겠다는 뜻으로 하는 말. 故 진(晉)나라의 위무자(魏武子)는 그의 아들 과(顆)에게, 자기가 죽거던 자기의 첩을 순장하라는 유언을 남겼으나, 과는 유언대로 하지 않고 개가를 시켰다. 뒷날 과가 진(秦)나라의 두회(杜回)와 싸울 때, 한 노인이 나타나 풀을 묶어 놓았는데, 회가 여기에 걸리어 넘어지게 되자, 과가 회를 사로잡게 되었다. 밤에 이 노인이 과의 꿈에 나타나, 나는 그대가 개가시킨 그대의 서모의 아버지로서, 그대가 취한 의로운 처사에 대한 은혜를 갚기 위해 한 일이었노라라고 말하였다는 고사. 「日帝와 —한 親日派.
〔結託〕(결탁) 서로 연계를 맺어 한통이 됨. ㉠
〔結合〕(결합) 둘 이상의 사물이 서로 관계를 맺어 어우러짐. ㉠— 體. 「음.
〔結婚〕(결혼) 남녀가 정식으로 부부관계를 맺
▷歸結(귀결)·團結(단결)·連結(연결)·完結(완결)·凝結(응결)·終結(종결)·締結(체결)

6 ⑨ 〔结〕 3986 결 結(3985)의 간화자

6 ⑫ 〔絞〕* 3987 교 ㊍교:上巧 | jiǎo, コウ

소전 絞 행서 絞 간화 绞 이름 목맬 교 자원 형성. 糸+交→絞. 校(교)·郊(교)와 같이 交(교)가 성부.
새김 목을 매다. ¶絞首(—, 머리 수)머리〔곧 목〕을 옭아 맴. ㉠—刑.

6 ⑨ 〔绞〕 3988 교 絞(3987)의 간화자

6 ⑫ 〔給〕*** 3989 급 入緝 | jí, キュウ

소전 給 행서 給 간화 给 이름 줄 급 자원 형성. 糸+合→給. 合(합)의 변음이 성부.

필순 ㇀ ㇜ 幺 糸 糸 糸 糸 給 給 給

새김 ❶주다. ㉠대주다. 부족한 것을 이어 대다. ¶供給(이바지할 공, —)수요에 응하여 물품을 제공함. ㉠需要—. ㉡베풀어 주다. ¶給與(—, 줄 여) ㉮돈이나 물건을 줌. ㉯봉급이나 임금으로 주는 돈이나 물품. ❷넉넉하다. 〔孟子〕助不給(조불급) 풍족하지 못함을 도와줌. ❸일하다. 남을 위하여 일하다. ¶給仕(—, 일할 사) 관청이나 회사에서 심부름을 함. 또는 그 사람.
〔給料〕(급료) 노력에 대한 보수로 지급하는 돈. 급여(給與). 봉급(俸給).
〔給水〕(급수) 물을 공급함.
〔給食〕(급식) 식사를 제공함.
〔給油〕(급유) ①연료를 공급함. ②기름을 침.
▷官給(관급)·配給(배급)·俸給(봉급)·昇給(승급)·月給(월급)·自給(자급)·支給(지급)

6 ⑨ 〔给〕 3990 급 給(3989)의 간화자

6 ⑫ 〔絡〕** 3991 락 入藥 | luò, ラク

소전 絡 행서 絡 간화 络 이름 이을 락 자원 형성. 糸+各→絡. 洛(락)·烙(락)과 같이 各(각)의 변음이 성부.

필순 ㇀ ㇜ 幺 糸 糸 糸 絡 絡 絡 絡

새김 ❶잇다. 또는 이어지다. ¶絡繹(—, 이어질 역)가고 옴이 이어짐. 왕래가 끊임이 없음. ㉠— 不絶. ❷통로. ¶脈絡(혈맥 맥, —)혈맥의 통로. 인신하여, 사물이 잇닿아 있는 연계. ㉠— 貫通. ❸얽다. 휘감다. ¶籠絡(제압할 롱, —) 제압하여 얽음. 인신하여, 간교한 꾀로 남을 제 마음대로 휘잡아 놀림. ㉠政商輩의 —.
▷經絡(경락)·連絡(연락)

6 ⑨ 〔络〕 3992 락 絡(3991)의 간화자

6 ⑫ 〔絲〕*** 3993 사 平支 | sī, シ

소전 絲 행서 絲 동자 糸 간화 丝 이름 실 사 자원 회의. 糸+糸→絲. 실을 감은 실톳을 뜻한다.

필순 ㇀ ㇜ 幺 糸 糸 糸 糸 絲 絲 絲

새김 ❶실. 명주실. 또는 실의 범칭. ¶一絲(한 일, —)한 오리의 실. ㉠— 不亂. ❷악기 이름. 팔음(八音)의 하나인 현악기.
〔絲管〕(사관) ①실 같이 가느다란 관. ②거문고와 퉁소. 또는 현악기(絃樂器)와 관악기(管樂器).

〔絲笠〕(사립) 명주실로 싸개를 하여 만든 갓.
〔絲麻〕(사마) 명주실과 삼실.
〔絲竹〕(사죽) ①현악기와 관악기. ②음악.
▷繭絲(견사)·麻絲(마사)·毛絲(모사)·生絲(생사)·素絲(소사)·練絲(연사)·鐵絲(철사)

6 ⑫ 〔絮〕* 3994 서: 去 御 | xù, ジョ

소전 行서 이름 솜 서: 자원 형성. 如+糸→絮. 恕(서)와 같이 如(여)의 변음이 성부.
새김 ❶솜. 목화꽃으로 튼 솜. 또는 풀솜. ❷버들개지. 버드나무의 꽃. ¶柳絮(버들 류, 一)버들개지.

6 ⑨ 〔绕〕 3995 요: 繞(4123)의 간화자

6 ⑫ 〔絨〕* 3996 융 平 東 | yóng, ジュウ

행서 絨 간화 绒 이름 융 융 자원 형성. 糸+戎→絨. 戎(융)이 성부.
새김 융. 두껍게 짠 모직물의 한 가지. ¶絨緞(一, 비단 단) 두껍게 짠 모직물 이름. 양탄자.

6 ⑨ 〔绒〕 3997 융 絨(3996)의 간화자

6 ⑫ 〔絪〕* 3998 인 平 眞 | yīn, イン

행서 絪 이름 깔개 인 자원 형성. 糸+因→絪. 姻(인)·咽(인)과 같이 因(인)이 성부.
새김 깔개. 수레나 침상에 까는 깔개.

6 ⑫ 〔絶〕*** 3999 절 入 屑 | jué, セジ

소전 행서 간화 绝 이름 끊을 절 자원 형성. 糸+刀+巴〔卩의 변형〕→絶. 卩(절)이 성부.

필순 ㄥ ㄠ 𠂔 糸 糸 糹 紒 絇 絕 絶

새김 ❶끊다. ㉠자르다. ¶絶壁(一, 벽 벽)세로로 잘라서 깎아 세운 듯한 낭떠러지. ㉡千仞一. ㉡관계를 끊다. ¶絶$_2$緣$_1$(一, 인연 연)인연을 아주 끊음. ㉡一한 남편. ❷끊어지다. ¶絶$_2$命$_1$(一, 목숨 명)목숨이 끊어짐. ㉡총탄을 맞고 一한 戰友. ❸아득하다. 아득히 멀다. ¶絶海(一, 바다 해)육지에서 아득히 멀리 떨어진 바다. ㉡一孤島. ❹떨어지다. 바닥이 나다. ¶絶$_2$糧$_1$(一, 양식 량)양식이 떨어짐. ㉡一農家. ❺물리치다. 받아들이지 아니하다. ¶拒絶(물리칠 거, 一)요구·제의·선물 등을 받아들이지 아니하고 물리침. ㉡그는 나의 요구를 一하였다. ❻뛰어나다. 훌륭하다. ¶絶景(一, 경치 경)아주 뛰어난 경치. ㉡금강산은 天下의 一이다. ❼매우. 아주. ¶絶妙(一, 묘할 묘)아주 묘함. ㉡一한 솜씨. ❽절구(絶句). 4구(句)로 된 한시의 시체 이름. 칠언(七言)과 오언(五言)이 있다. ¶七絶(일곱 칠, 一)칠언 절구(七言絶句)의 준말. ❾결단코. 어떤 일이 있더라도. ¶絶對(一, 절대 대)어떤 일이 있더라도. ㉡一로 용서하지 않겠다.

〔絶交〕(절교) 교제를 끊음. 단교(斷交).
〔絶叫〕(절규) 큰 소리로 부르짖음.
〔絶端〕(절단) ①실마리를 잘라버림. ②물건의 맨끝.
〔絶倒〕(절도) 기절하여 넘어짐. ㉡抱腹一.
〔絶倫〕(절륜) 아주 두드러지게 뛰어남. ㉡一의 氣力.
〔絶望〕(절망) 소망이 아주 끊어짐. 희망을 버리고 체념함.
〔絶妙〕(절묘) 아주 훌륭하고 묘함. ㉡一한 演技.
〔絶色〕(절색) ㉡一의 美人.
〔絶世〕(절세) 세상에 다시 없을 만큼 뛰어남.
〔絶勝〕(절승) ①경치가 비할 데 없이 아름다움. ②경치가 뛰어나게 아름다운 곳.
〔絶崖〕(절애) 험한 낭떠러지. 절벽(絶壁).
〔絶頂〕(절정) ①산의 맨 꼭대기. ②사물의 최고 경지의 비유.
〔絶讚〕(절찬) 극구 칭찬함. 또는 그 칭찬.
〔絶唱〕(절창) ①아주 뛰어나게 잘 부르는 노래. ②더없이 잘 지은 시.
〔絶體絶命〕(절체절명) 몸도 목숨도 다 되어 피할래야 피할 수 없이 된 궁박한 처지. ㉡一의 막다른 골목.
〔絶版〕(절판) 앞서 출판한 책의 출판을 그만둠.
〔絶品〕(절품) 매우 좋고 뛰어난 물품이나 작품.
〔絶筆〕(절필) ①붓을 놓고 다시 쓰지 않음. ②지극히 뛰어난 필적. 명필(名筆).
〔絶好〕(절호) 시기·기회 등이 아주 딱 좋음. ㉡一의 기회.
〔絶火〕(절화) 가난하여 밥을 짓지 못함.
〔絶後〕(절후) ①이후로 그런 일이 다시는 없음. ↔공전(空前). ②대를 이을 후손이 없음. 무후(無後).
▷隔絶(격절)·氣絶(기절)·斷絶(단절)·杜絶(두절)·謝絶(사절)·中絶(중절)·悽絶(처절)

6 ⑨ 〔绝〕 4000 절 絶(3999)의 간화자

6 ⑫ 〔統〕*** 4001 통: 去 宋 | tǒng, トウ

소전 행서 统 간화 统 이름 거느릴 통: 자원 형성. 糸+充→統. 充(충)의 변음이 성부.

필순 ㄠ ㄠ 糸 糸 紵 紵 紵 紡 統 統

새김 ❶거느리다. 인솔하다. ¶統率(—, 거느릴 솔)많은 사람을 통일적으로 거느림. ㊀부대를 — 하는 부대장. ❷다스리다. 관리하다. ¶統治(—, 다스릴 치)나라와 국민을 다스리고 지배함. ㊀—權. ❸계통. 한 줄기로 이어지는 체계. ¶血統(피 혈, —)같은 조상에서 갈려 내려오는 핏줄의 계통. ㊀독립 투사의 —을 잇다. ❹합하다. 합치다. ¶統一(—, 한 일)뿔뿔이 흩어져 있는 것을 하나로 합침. ㊀南北의 平和的 —. ❺國민가 편제의 단위. 시대에 따라 그 규모가 달랐다. ㊀統長과 班長.

〔統計〕(통계) ①많은 현상을 종합적으로 한 눈에 알아볼 수 있도록 수자(數字)로 나타낸 것. ②통괄하여 계산함.

〔統括〕(통괄) 여러 부분을 한데 종합하여 뭉뚱그림.

〔統帥〕(통수) 군사를 거느리는 장수.

〔統制〕(통제) 일정한 규율에 따라 제한하거나 제약함. 통어(統御).

〔統稱〕(통칭) ①통틀어 일컫는 이름. ②國일반적으로 널리 부르는 이름.

〔統轄〕(통할) 모두 거느려서 관할함.

〔統合〕(통합) 합쳐서 하나로 만듦.

▷系統(계통)·大統(대통)·王統(왕통)·傳統(전통)·正統(정통)·總統(총통)

6 ⑨ 〔统〕 4002 통: 統(4001)의 간화자

6 ⑫ 〔絢〕* 4003 현 本현: 去霰 | xuàn, ケン

소전 絢 행서 绚 간화 绚 이름 눈부실 현 자원 형성. 糸+旬→絢. 旬(순)의 변음이 성부.

새김 눈부시다. 또는 눈부시게 하다. ¶絢爛(—, 빛날 란)눈부시게 빛나서 아름다움. ㊀— 한 文章.

6 ⑨ 〔绚〕 4004 현 絢(4003)의 간화자

6 ⑫ 〔絵〕 4005 회: 繪(4134)의 약자

6 ⑨ 〔绘〕 4006 회: 繪(4134)의 간화자

7 ⑬ 〔絹〕** 4007 견 本견: 去霰 | juàn, ケン

소전 絹 행서 绢 간화 绢 이름 명주실 견 자원 형성. 糸+肙→絹. 鵑(견)과 같이 肙(연)의 변음이 성부.

필순 ㄑ ㄠ ㄠ 糸 糸 紀 紀 絹 絹 絹

새김 명주실. 또는 명주. ¶絹織(—, 피륙 직)명주실로 짠 피륙. 同絹織物(견직물).

〔絹本〕(견본) 비단에 그린 서화(書畫). 또는 서화를 그리는 데 쓰는 비단.

〔絹絲〕(견사) 명주실. 누에고치에서 뽑은 실.

▷本絹(본견)·生絹(생견)·素絹(소견)·純見(순견)·人造絹(인조견)

7 ⑩ 〔绢〕 4008 견 絹(4007)의 간화자

7 ⑬ 〔經〕*** 4009 경 平青 | jīng, ケイ

소전 經 행서 经 속자 経 간화 经 이름 날 경 자원 형성. 糸+巠→經. 輕(경)·莖(경)·逕(경)과 같이 巠(경)이 성부.

필순 ㄑ ㄠ ㄠ 糸 紅 紅 經 經 經 經

새김 ❶날. 날실. 동서에 대한 남북이나 좌우에 대한 상하의 방향이나 선. 緯(4076)의 대. ¶經緯(—, 씨 위)㉮직물의 날과 씨. ㉯경도와 위도. ㉰경선과 위선. ❷글. ㉠유교에서 성인(聖人)의 가르침을 적은 책. ¶三經(석 삼, —)시전·서전·주역의 세 경서. ㉡불교에서 부처의 가르침을 적은 책. ¶經文(—, 글 문)불경의 글. ❸떳떳하다. 일정하여 변하지 아니하다. ¶經常(—, 떳떳할 상)임시적인 변동이 없이 늘 일정하게 계속하는 것. ㊀—費. ❹다스리다. 관리하다. ¶經營(—, 운영할 영)사업이나 기업을 관리하고 운영함. ㊀—難. ❺지나다. 겪다. ¶經過(—, 지날 과)㉮시간이 지나감. ㊀기한이 —하다. ㉯일의 진행 과정. ㊀—報告.

〔經國〕(경국) 나라를 다스림.

〔經度〕(경도) 지구 표면의 위치를 표시하는 좌표의 하나.

〔經歷〕(경력) 학업·직업 등의 이력. 「정.

〔經路〕(경로) ①지나가는 길. ②일의 진행 과

〔經綸〕(경륜) ①나라의 대사를 계획하고 다스림. ②국가를 다스리는 포부와 수완.

〔經理〕(경리) 회계·급여에 관한 사무.

〔經費〕(경비) ①어떤 일에 쓰이는 비용. ②일정하게 정해진 평소의 비용.

〔經書〕(경서) 유교의 사상과 교리를 기록한 문헌. 옛 성현(聖賢)의 언행과 가르침을 적은 사서 오경(四書五經).

〔經世濟民〕(경세제민) 세상을 다스리고 백성을 구제함. 「列車.

〔經由〕(경유) 거쳐 지나감. ㊀大田— 木浦行

〔經典〕(경전) ①모범이 될 수 있는 경서(經書). ②종교의 교리를 적은 전적(典籍).

〔經濟〕(경제) ①나라를 다스리고 백성을 구제

함. ②인간 생활의 유지·발전에 필요한 재화(財貨)나 용역을 생산·소비하는 일체의 활동.
〔經天緯地〕(경천위지) 하늘을 날실로, 땅을 씨실로 삼음. 온 천하를 다스림의 비유.
〔經驗〕(경험) 실제로 겪어보거나 해보거나 함. 또는 그 과정에서 얻은 지식이나 기술.
▷道經(도경)·讀經(독경)·東經(동경)·佛經(불경)·聖經(성경)·誦經(송경)·五經(오경)·月經(월경)·政經(정경)

7 ⑬ 〖絏〗 4010 계: 繼(4135)의 속자

7 ⑩ 〖继〗 4011 계: 繼(4135)의 간화자

7 ⑬ 〖絿〗* 4012 구 平尤 | qíu, キュウ

행서 絿 이름 급할 구 자원 형성. 糸+求→絿. 球(구)·救(구)·逑(구)와 같이 求(구)가 성부.
새김 급하다. 조급하다.

7 ⑬ 〖続〗 4013 속 續(4138)의 약자

7 ⑬ 〖綏〗* 4014 수 平支 | suī, スイ

소전 綏 행서 綏 간화 绥 이름 편안할 수 자원 형성. 糸+妥→綏. 妥(타)의 변음이 성부.
새김 ❶편안하다. 편안하게 안정시키다. ❷수레의 손잡이. 수레에 오를 때나 수레 안에서 몸을 가누기 위해 잡는 끈. 〔論語〕 正立執綏(정립집수)똑바로 서서 손잡이를 잡음.
〔綏集〕(수집) 위무하여 모여들게 함.

7 ⑬ 〖綉〗 4015 수: 繡(4129)와 동자

7 ⑩ 〖绣〗 4016 수: 繡(4129)의 간화자

7 ⑬ 〖綎〗* 4017 정 平陽 | tíng, テイ

소전 綎 행서 綎 이름 끈 정 자원 형성. 糸+廷→綎. 挺(정)·艇(정)과 같이 廷(정)이 성부.
새김 끈. 패옥을 띠에 차는 끈.

8 ⑭ 〖綱〗** 4018 강 平陽 | gāng, コウ

소전 綱 행서 綱 간화 纲 이름 벼리 강 자원 형성. 糸+岡→綱. 鋼(강)·剛(강)·崗(강)과 같이 岡(강)이 성부.

필순 ㄥ 幺 糸 紅 紅 網 網 網 綱 綱

새김 ❶벼리. 그물의 코를 꿰어 잡아당기는 줄. 인신하여, 일의 근본. ¶綱領(—, 요점 령)㉮활동이나 사업 등에서의 중심이 되는 중요한 내용이나 계획. ㉯정당이나 단체 등에서 그 주의·주장·방침 등을 요약해 놓은 것. ❷법. 일을 잡도리하는 규칙. ¶綱紀(—, 규율 기)법과 규율. 예—肅正. ❸강. 생물을 분류하는 단위의 하나. 門(5765)과 目(3530)의 사이. 예척추 동물門 포유綱.
〔綱目〕(강목) ①큰 줄거리와 작은 항목. ②사물의 대강(大綱)과 세목(細目).
〔綱常〕(강상) 사람이 마땅히 지켜야 할 도리라 하여 이르는, 삼강(三綱)과 오상(五常).
▷紀綱(기강)·大綱(대강)·三綱(삼강)·要綱(요강)·政綱(정강)

8 ⑭ 〖綺〗* 4019 기 本기: 上紙 | qǐ, キ

소전 綺 행서 綺 간화 绮 이름 비단 기 자원 형성. 糸+奇→綺. 騎(기)·寄(기)와 같이 奇(기)가 성부.
새김 ❶비단. 무늬가 있는 비단. ¶綺羅(—, 비단 라)무늬가 있는 비단과 얇은 비단. 인신하여, 화려한 옷. 예—星. ❷아름답다. 화려하다. ¶綺語(—, 말 어)㉮아름답게 꾸민 말. ㉯불교의 십악(十惡)의 하나. 교묘하게 꾸며 겉과 속이 다른 말.
〔綺麗〕(기려) 아름답고 고움. 화려함.
〔綺紈〕(기환) 곱고 값진 비단옷. 예—公子.

8 ⑪ 〖绮〗 4020 기 綺(4019)의 간화자

8 ⑭ 〖緊〗** 4021 긴 本긴: 上軫 | jǐn, キン

소전 緊 행서 緊 간화 紧 이름 팽팽할 긴 자원 형성. 臤+糸→緊. 臤(현)의 변음이 성부.

필순 一 丆 ㅋ ㅋ 臣 臤 臤 緊 緊 緊

새김 ❶팽팽하다. 팽팽하게 죄다. ¶緊張(—, 펼 장)㉮일을 수행하기 위하여 주의를 집중함. 예—이 풀리다. ㉯어떤 상서롭지 못한 일이 터질 듯이 평온하지 않음. 예—이 고조된 휴전선. ❷긴하다. 매우 긴하다. ¶緊急(—, 급할 급)일이 매우 긴하고 급함. 예—한 일.
〔緊密〕(긴밀) 매우 가까워 빈틈이 없음. 매우 밀접함.

〔緊迫〕(긴박) 몹시 급하고 절박함.
〔緊要〕(긴요) 꼭 필요함.
〔緊縮〕(긴축) 바짝 줄임.
▷喫緊(끽긴)·要緊(요긴)

8 ⑭ 〖練〗 4022 련: 練(4059)의 속자

8 ⑭ 〖綠〗*** 4023 록 入沃 lǜ, リョク

소전 행서 동자 綠 간화 绿 이름 푸를 록 자원 형성. 糸+彔→綠. 錄(록)·菉(록)과 같이 彔(록)이 성부.

필순

새김 푸르다. 또는 초록색. ¶綠竹(—, 대 죽) 푸른 대. 예靑松—.
〔綠豆〕(녹두) 콩과의 일년초. 열매가 팥보다 잘고 빛이 푸름.
〔綠蕪〕(녹무) 우거진 잡초. 인신하여, 멸망한 나라의 황량한 옛터.
〔綠色〕(녹색) 청색과 황색의 중간색. 곧 초록빛.
〔綠水〕(녹수) 푸른 물.
〔綠陰〕(녹음) 푸르게 우거진 나뭇잎의 그늘.
〔綠陰芳草〕(녹음방초) 푸르게 우거진 나뭇잎의 그늘과 꽃다운 풀. 여름철 자연 경관의 형용.
〔綠衣紅裳〕(녹의홍상) 연두 저고리와 다홍 치마. 젊은 여자가 곱게 차려 입은 옷차림의 형용.
〔綠地〕(녹지) 초목이 푸르게 우거진 땅.
〔綠化〕(녹화) 산·들·공원 따위에 나무나 화초를 많이 심고 잘 가꾸어 푸르게 만듦.
▷淡綠(담록)·常綠(상록)·新綠(신록)

8 ⑭ 〖緑〗 4024 록 綠(4023)과 동자

8 ⑪ 〖绿〗 4025 록 綠(4023)의 간화자

8 ⑭ 〖綸〗* 4026 륜 平眞 lún, リン

소전 행서 간화 纶 이름 다스릴 륜 자원 형성. 糸+侖→綸. 倫(륜)·崙(륜)과 같이 侖(륜)이 성부.
새김 ❶다스리다. ¶經綸(다스릴 경, —)천하를 다스림. 인신하여, 어떤 포부를 가지고 어떤 일을 계획하는 방법이나 수단. 예—家. ❷임금에 관한 일에 쓰는 말. ¶綸旨(—, 뜻 지)임금의 뜻. 또는 그 뜻을 적은 문서.
〔綸音〕(윤음) 임금이 신하에게 내리는 말.
▷絲綸(사륜)

8 ⑭ 〖綾〗* 4027 릉 平蒸 líng, リョウ

소전 행서 간화 绫 이름 비단 릉 자원 상형. 糸+夌→綾. 陵(릉)·菱(릉)과 같이 夌(릉)이 성부.
새김 비단. 무늬가 있는 비단. ¶綾羅(—, 비단 라)무늬 있는 비단과 얇은 비단. 예—錦衣.

8 ⑪ 〖绫〗 4028 릉 綾(4027)의 간화자

8 ⑭ 〖網〗* 4029 망 本망: 上養 wǎng, モウ

행서 본자 간화 网 이름 그물 망 자원 형성. 糸+罔→網. 輞(망)과 같이 罔(망)이 성부.
새김 ❶그물. ㉠물고기·새·짐승을 잡는 그물. ¶魚網(물고기 어, —)물고기를 잡는 그물. ㉡그물처럼 쳐져 있는 것. ¶法網(법 법, —)죄인을 잡기 위한 법을, 그물에 비유하여 이르는 말. 예—에 걸리다. ❷그물질하다. ¶網羅(—, 그물질할 라)그물질하여 몽땅 잡음. 인신하여, 어떤 체계나 범위 안에 걷어 넣어 포함시킴. 예각계 각층의 人士가 —되어 있다.
〔網膜〕(망막) 안구(眼球)의 가장 안쪽에 있는, 시신경(視神經)이 분포되어 있는 막.
〔網紗〕(망사) 그물처럼 성기게 짠 깁.
▷交通網(교통망)·防蟲網(방충망)·鐵網(철망)·投網(투망)

8 ⑭ 〖綿〗** 4030 면 平先 mián, メン

소전 행서 동자 緜 간화 绵 이름 솜 면 자원 회의. 糸〔系의 생략체〕+帛→緜→綿. 비단을 짜는데 소용되는 실이 가늘고 길게 이어져 있음을 뜻한다.

필순

새김 ❶솜. 목화에서 씨를 뽑아 낸 솜. ¶綿布(—, 베 포)무명실로 짠 천. ❷이어지다. 길게 이어지다. ¶綿綿(—, —)끊임이 없이 죽 이어짐. 예—한 조국의 역사. ❸찬찬하다. ¶綿密(—, 세밀할 밀)찬찬하고 세밀함. 예—한 檢討.
〔綿紡績〕(면방적) 면을 기본 원료로 하여 방직에 쓸 실을 뽑는 기술 공정.
〔綿絲〕(면사) ①무명실. ②솜과 실.
〔綿織物〕(면직물) 무명실로 짠 피륙의 총칭.
▷木綿(목면)·石綿(석면)·海綿(해면)

8 ⑪ 〖绵〗 4031 면 綿(4030)의 간화자

8 ⑭ 〔緋〕* 비 平微 fēi, ヒ
4032

소전 緋 행서 緋 간화 绯 이름 붉은색 비 자원 형성. 糸＋非→緋. 誹(비)·悲(비)·菲(비)와 같이 非(비)가 성부.

새김 ❶붉은 색. 홍색. ❷國비단(緋緞). 명주실로 짠 피륙.

〔緋玉〕(비옥) 비단옷과 옥관자(玉冠子). 당상관(堂上官)의 관복.

8 ⑪ 〔绯〕 비 緋(4032)의 간화자
4033

8 ⑪ 〔绪〕 서: 緖(4066)의 간화자
4034

8 ⑪ 〔续〕 속 續(4138)의 간화자
4035

8 ⑭ 〔綬〕* 수: 上有 shòu, ジュ
4036

소전 綬 행서 綬 간화 绶 이름 인끈 수: 자원 형성. 糸＋受→綬. 授(수)와 같이 受(수)가 성부.

새김 인끈. 도장이나 패옥에 달린 끈. ¶印綬(도장 인, —)관직에 임명될 때 임금에게서 받는, 관인의 꼭지에 달린 끈.

8 ⑪ 〔绶〕 수: 綬(4036)의 간화자
4037

8 ⑪ 〔绳〕 승 繩(4130)의 간화자
4038

8 ⑭ 〔維〕** 유 平支 wéi, イ
4039

소전 維 행서 維 간화 维 이름 맬 유 자원 형성. 糸＋隹→維. 隹에는 '추' 외에 '유' 음도 있어, 唯(유)·惟(유)와 같이 隹(유)가 성부.

필순 幺 幺 糸 糸 糹 紒 紨 維 維 維

새김 ❶매다. 그대로 보전하다. ¶維持(—, 가질 지)어떤 상태를 그대로 보전하여 지탱함. 예現狀—. ❷오직. 唯(0745)와 통용. ¶進退維谷(나아갈 진, 물러설 퇴, —, 골 곡)나아가도 물러서도 오직 골짜기 뿐임. 곧 나아가자니 앞이 막히고 물러서려니 뒤도 막히어 어찌 해볼 도리가 없음의 형용. ❸이. 이에. 다음에 오는 말을 강조하기 위하여 쓰는 말. ¶維新(—, 새롭게할 신)낡은 제도의 폐습을 고쳐 새롭게 함. ❹실. ¶纖維(가늘 섬, —)실이나 털과 같이, 질기고 탄력이 있는 물체. 예化學—.

〔維歲次〕(유세차) 제문(祭文)의 첫머리에 쓰는 말로, 이 해의 차례라는 뜻.

▷四維(사유)

8 ⑪ 〔维〕 유 維(4039)의 간화자
4040

8 ⑭ 〔綽〕* 작 入藥 chuò, シャク
4041

소전 綽 행서 綽 간화 绰 이름 여유있을 작 자원 형성. 糸＋卓→綽. 卓(탁)의 변음이 성부.

새김 ❶여유가 있다. 넉넉하다. ¶綽綽(—, —)빠듯하지 아니하고 넉넉함. 예——有餘. ❷아름답다. 몸매가 날씬하다. ¶綽約(—, 얌전할 약)몸매가 날씬하고 얌전함.

〔綽名〕(작명) 작호(綽號).

〔綽態〕(작태) 아름다운 자태.

〔綽號〕(작호) 별명(別名). 작명(綽名).

8 ⑪ 〔绰〕 작 綽(4041)의 간화자
4042

8 ⑪ 〔绩〕 적 績(4114)의 간화자
4043

8 ⑭ 〔綜〕* 종 本종: 去宋 zòng, ソウ
4044

소전 綜 행서 綜 간화 综 이름 모을 종 자원 형성. 糸＋宗→綜. 倧(종)·踪(종)과 같이 宗(종)이 성부.

새김 모으다. 합하다. 또는 모이다. ¶綜合(—, 합할 합)여러 가지나 이것저것을 한데 모아 합함. 예政府—廳舍.

〔綜覽〕(종람) 총괄하여 봄. 종합적으로 훑어봄.

〔綜絲〕(종사) 잉아. 베틀의 날실을 끌어올리기 위하여 맨 굵은 실.

〔綜核〕(종핵) 사건의 본말을 자세하게 밝힘. 종핵(綜覈).

8 ⑪ 〔综〕 종 綜(4044)의 간화자
4045

8 ⑭ 〔綢〕* 주 平尤 chōu, チュウ
4046

소전 綢 행서 綢 간화 绸 이름 비단 주 자원 형성. 糸＋周→綢. 週(주)와 같이 周(주)가 성부.

새김 비단. 견직물. ¶綢緞(—, 비단 단)비단.

8 ⑪ 〔绸〕 주 綢(4046)의 간화자
4047

8 ⑭ [綵]* 4048 채: 上 賄 | cǎi, サイ

행서 綵 이름 비단 채: 자원 형성. 糸+采 →綵. 採(채)·彩(채)·棌(채)와 같이 采(채)가 성부.

새김 비단. 무늬가 있는 비단. ¶綵衣(—, 옷 의) 울긋불긋한 비단옷.

〔綵緞〕(채단) 비단의 총칭.

8 ⑭ [綴]* 4049 철 本체: 去 霽 | zhuì, テイ

소전 綴 행서 綴 간화 缀 이름 꿰맬 철 자원 형성. 糸+叕→綴. 輟(철)과 같이 叕(철)이 성부.

새김 ❶꿰매다. 옷을 꿰매다. ¶補綴(기울 보, —)해진 곳을 깁고 꿰맴. ❷철하다. 묶어 매다. 또는 철한 그 철. ¶緝綴(모을 집, —)한데 모아서 철함. 또는 철한 그 책. ❸늘어놓다. 연결하다. ¶點綴(점 점, —)점점이 흐트러져 있는 것들이 늘어놓은 듯이 이어짐.

〔綴字〕(철자) 자음자와 모음자를 맞추어 한 음절자를 만듦.

▷雜綴(잡철)·編綴(편철)

8 ⑪ [缀] 4050 철 綴(4049)과 간화자

8 ⑭ [綜] 4051 총: 總(4116)과 동자

8 ⑭ [緇]* 4052 치 平 支 | zī, シ

소전 緇 행서 緇 간화 缁 이름 검을 치 자원 형성. 糸+甾→緇. 輜(치)와 같이 甾(치)가 성부.

새김 검다. 또는 검게 물들다. ¶緇布(—, 베 포) 검은 빛깔의 베. 예—冠.

〔緇素〕(치소) ①검은 색과 흰 색. 또는 검정 옷과 흰 옷. ②승려와 속인(俗人).

〔緇布冠〕(치포관) 사(士)·서인(庶人)이 평시에 쓰는, 검은 베로 만든 관(冠)의 한 가지.

8 ⑪ [缁] 4053 치 緇(4052)의 간화자

8 ⑭ [綻]* 4054 탄: 本잔: 去 諫 | zhàn, タン

행서 綻 간화 绽 이름 터질 탄: 자원 형성. 糸+定→綻. 定(정)의 변음이 성부.

새김 터지다. 찢어져 터지다. ¶綻露(—, 드러날 로)겉이 터져서 속이 드러남. 곧 비밀이 드러나거나 비밀을 드러냄. 예—가 나다.

▷破綻(파탄)

8 ⑪ [绽] 4055 탄: 綻(4054)의 간화자

9 ⑮ [緞]* 4056 단: 上 旱 | duàn, ダン

행서 緞 간화 缎 이름 비단 단: 자원 형성. 糸+段 →緞. 段(단)이 성부.

새김 비단. 두껍고 광택이 있는 비단. ¶綢緞(비단 주, —)비단.

▷羽緞(우단)·紬緞(주단)·綵緞(채단)

9 ⑫ [缎] 4057 단: 緞(4056)의 간화자

9 ⑫ [缆] 4058 람: 纜(4145)의 간화자

9 ⑮ [練]*** 4059 련: 去 霰 | liàn, レン

소전 練 행서 練 속자 練 간화 练 이름 익힐 련: 자원 형성. 糸+柬 →練. 煉(련)과 같이 柬(간)의 변음이 성부.

필순 ㄥ 幺 糸 糸 紅 絧 絧 緬 練 練

새김 ❶익히다. 훈련하다. 鍊(5712)과 통용. ¶練習(—, 익힐 습)학문이나 기예에 익숙해지도록 하기 위하여 되풀이하여 익힘. 예—問題. ❷누이다. 피륙을 잿물에 삶아 희게 하다. ¶練布(—, 베 포)잿물에 누인 베. ❸부재모상(父在母喪)의 소상(小祥). ¶練祀(—, 제사 사)아버지가 살아 있을 때 죽은 어머니의 소상을, 앞당겨 11개월만에 지내는 제사.

〔練磨〕(연마) 학문이나 기술을 갈고 닦음.

〔練兵〕(연병) 군대를 훈련함.

〔練祥〕(연상) 소상(小祥).

▷未練(미련)·熟練(숙련)·精練(정련)·訓練(훈련)

9 ⑫ [缕] 4060 루: 縷(4104)의 간화자

9 ⑮ [緬]* 4061 면: 上 銑 | miǎn, メン

소전 緬 행서 緬 간화 缅 이름 멀 면: 자원 형성. 糸+面 →緬. 麵(면)과 같이 面(면)이 성부.

새김 ❶멀다. 아득하다. ❷미얀마(Myanmar)의 한역자. 나라 이름. ❸國 무덤을 옮기다. ¶緬禮(—, 예 례)무덤을 옮겨서 장사를 다시 지냄. 또는 그 예.

〔緬羊〕(면양) 털이 많고 긴 양의 한가지. 면양(綿羊).

9 ⑫ 〔缅〕 4062 면: 緬(4061)의 간화자

9 ⑮ 〔緜〕 4063 면 綿(4030)과 동자

9 ⑮ 〔緡〕* 4064 민 平眞 | mín, ビン

행서 緡 간화 缗 이름 낚시줄 민 자원 형성. 糸+昏→緡. 昏(민)이 성부.

새김 ❶낚싯줄. 또는 꿰미. ¶緡錢(—, 돈 전)꿰미에 꿴 돈. ❷어리석다. 우둔하다.

9 ⑫ 〔缗〕 4065 민 緡(4064)의 간화자

9 ⑮ 〔緒〕** 4066 서: 上語 | xù, ショ

소전 緒 행서 緒 간화 绪 이름 실마리 서: 자원 형성. 糸+者→緒. 者(자)의 변음이 성부.

필순 幺 糸 糹 紸 紶 紺 緒 緒 緒 緒

새김 ❶실마리. ㉠실의 끝. ㉡일의 첫머리. ¶端緒(실마리 단, —)어떤 문제를 풀 수 있는 실마리. ㊀—를 얻다. ❷마음. 기분. ¶情緒(뜻 정, —)㉮듣거나 보거나 하여 움직이는 마음의 상태. ㊀—教育. ㉯기쁨·노여움 등, 복잡하게 변화하는 감정이나 마음의 움직임.

〔緒論〕(서론) ①본론의 실마리가 되는 논설. ②머릿말.

〔緒戰〕(서전) ①전쟁의 첫 번째 싸움. ②운동 경기의 첫 번째 경기.

▷頭緒(두서)·由緒(유서)

9 ⑮ 〔線〕*** 4067 선㊍선: 去霰 | xiàn, セン

행서 線 간화 线 이름 선 선 자원 형성. 糸+泉→線. 腺(선)과 같이 泉(천)의 변음이 성부.

필순 ㄥ 幺 糸 糹 約 絈 綿 線 線 線

새김 선. ㉠금. ¶直線(곧을 직, —)꺾이거나 휜 데가 없는, 곧은 선. ㊀—距離. ㉡줄. ¶鐵線(쇠 철, —)쇠로 만든 가늘고 긴 줄. ㉢윤곽을 이루는 경계. ¶生命線(살 생, 목숨 명, —)삶과 죽음의 경계선. 곧 생명을 유지하는 데 반드시 필요한 방도. ㉣노선(路線). 통행하는, 정해져 있는 길. ㊀湖南線(호남선). ㉤줄처럼 보이거나 느껴지는 것. ¶視線(볼 시, —)어떤 대상을 바라보는 눈길.

〔線路〕(선로) ①좁은 길. ②기차나 전차가 다니는 길. 궤도(軌道).

▷幹線(간선)·光線(광선)·罫線(괘선)·本線(본선)·水平線(수평선)·電線(전선)·點線(점선)·地平線(지평선)

9 ⑮ 〔縄〕 4068 승 繩(4130)의 속자

9 ⑮ 〔緣〕** 4069 연 平先 | yuán, エン

소전 緣 행서 緣 동자 縁 간화 缘 이름 인연 연 자원 형성. 糸+彖→緣. 椽(연)과 같이 彖(단)의 변음이 성부.

필순 ㄥ 幺 糸 紀 紀 紀 紀 緣 緣 緣

새김 ❶인연. 연분. 어떤 일로 인하여 생기는 관계. ¶血緣(피 혈, —)혈통 관계로 인하여 생기는 인연. ❷인연하다. 의거하다. ¶緣由(—, 까닭 유)서로 인연하는 까닭. ❸더위잡다. 붙잡고 기어오르다. ¶緣$_2$木$_1$求$_2$魚$_1$(—, 나무 목, 구할 구, 물고기 어)나무에 기어올라가서 물고기를 구함. 곧 실현성이 없는 당치 않은 일을 하려 함의 형용. ❹가. 테. 가장자리. ¶緣海(—, 바다 해)섬이나 반도를 두르고 있는 바다.

〔緣故〕(연고) ①까닭. 이유. ②혈연이나 정분으로 맺어진 관계.

〔緣起〕(연기) ①사물의 원인이나 유래. ②(佛)모든 사물 현상은 인연에 의하여 생김. ㊀—論.

〔緣分〕(연분) ①서로 관계를 가지게 되는 인연. ②부부가 될 인연.

〔緣飾〕(연식) ①글을 아름답게 꾸밈. ②가선을 둘러서 가장자리를 꾸밈.

〔緣坐〕(연좌) 부자·형제·숙질의 범죄로 인하여 죄 없이 처벌을 당함.

▷奇緣(기연)·內緣(내연)·佛緣(불연)·事緣(사연)·宿緣(숙연)·因緣(인연)

9 ⑮ 〔縁〕 4070 연 緣(4069)과 동자

9 ⑫ 〔缘〕 4071 연 緣(4069)의 간화자

9 ⑮ 〔縕〕* 4072 온㊍온: 平眞 | yùn, ウン

소전 縕 행서 縕 본자 緼 간화 缊 이름 솜 온 자원 형성. 糸+昷〔𥁕의 변형〕→緼→縕. 溫(온)·瘟(온)과 같이 昷(온)이 성부.

새김 솜. 묵솜. ¶縕袍(—, 도포 포)묵솜을 둔 도 「포.

9 ⑫ 〔缊〕 온 縕(4090)의 간화자
4073

9 ⑮ 〔緩〕** 완: ㊍환: 上旱 huǎn, カン
4074

소전 행서 간화 缓 이름 느릴 완: 자원 형성. 糸+爰→緩. 爰(원)의 변음이 성부.

필순

새김 ❶느리다. ¶緩急(—, 급할 급)느릿함과 급함. ㊀—의 조절. ❷느슨하다. 또는 느슨해지다. ¶緩和(—, 화할 화)느슨하게 풀림. ㊀緊張—. ❸늦추다. 완화시키다. ¶緩衝(—, 부딪칠 충)충돌을 완화시킴. ㊀—地帶.
〔緩流〕(완류) 느리게 흐름. 또는 그런 흐름.
〔緩慢〕(완만) 느리고 게으름.
〔緩步〕(완보) 천천히 걸음. 또는 느린 걸음.
〔緩行〕(완행) 천천히 감. 더디 감.
▷徐緩(서완)·弛緩(이완)·遲緩(지완)

9 ⑫ 〔缓〕 완: 緩(4074)의 간화자
4075

9 ⑮ 〔緯〕** 위 ㊍위: 去未 wěi, イ
4076

소전 행서 간화 纬 이름 씨 위 자원 형성. 糸+韋→緯. 偉(위)·違(위)·葦(위)와 같이 韋(위)가 성부.

필순

새김 ❶씨. 씨실. 남북에 대한 동서나 상하에 대한 좌우의 방향이나 선. 經(4009)의 대. ¶經緯(날 경, —)經(4009)을 보라. ❷예언. 한(漢)나라 사람들이 경서에 가탁하여, 길흉화복이나 치란흥망에 대해 말한 예언. ¶緯書(—, 글 서)한대(漢代)에 쓰여진, 미래에 대한 예언서. ❸다스리다. 주관하다. ¶經₂天₁緯₂地₁(다스릴 경, 하늘 천, —, 땅 지) 하늘을 다스리고 땅을 다스림. 곧 온 천하를 경륜하여 다스림.
〔緯度〕(위도) 적도를 0도로 하여 남북으로 각각 평행하게 90도씩 나눈 위선과 적도가 이루는 각도.
▷讖緯(참위)

9 ⑮ 〔緝〕* 집 入緝 jī, シュウ
4077

소전 행서 간화 缉 이름 모을 집 자원 형성. 糸+咠→緝. 輯(집)·楫(집)과 같이 咠(집)이 성부.
새김 모으다. ¶緝綴(—, 철할 철)한 데 모아서 철함. 또는 그 철한 책.

9 ⑫ 〔缉〕 집 緝(4077)의 간화자
4078

9 ⑮ 〔締〕* 체 ㊍체: 去霽 dì, テイ
4079

소전 행서 간화 缔 이름 맺을 체 자원 형성. 糸+帝→締. 諦(체)와 같이 帝(제)의 변음이 성부.
새김 맺다. 조약·약속 등 관계를 맺다. ¶締結(—, 맺을 결)조약이나 계약 등을 맺음. ㊀條約—.
〔締盟〕(체맹) 맹약을 체결함. ㊀—國.
〔締約〕(체약) 약속이나 조약을 맺음. ㊀—國.

9 ⑫ 〔缔〕 체 締(4079)의 간화자
4080

9 ⑮ 〔編〕** 편 平先 biān, ヘン
4081

소전 행서 간화 编 이름 엮을 편 자원 형성. 糸+扁→編. 偏(편)·篇(편)·遍(편)과 같이 扁(편)이 성부.

필순

새김 ❶엮다. ㉠얽어 짜다. ¶編成(—, 이룰 성) ㉮낱낱의 것을 얽어 짜서 체계가 서는 하나로 정리함. ㊀豫算—. ㉯일정한 사람들로 대오나 조직을 짜서 이룸. ㊀部隊—. ㉡원고를 엮다. 책으로 엮다. ¶編輯(—, 모을 집)여러 가지의 원고를 엮어 모아서 책이나 신문잡지를 만듦. ㊀新聞—. ❷책끈. 죽간을 엮는 끈. ¶韋編(가죽 위, —)책을 매는 가죽끈. ㊀—三絶. ❸편. 일정한 형식으로 끝을 막은 시문(詩文)이나 하나의 긴 저작 가운데서 일정한 단락으로 내용을 가른 한 부분. 또는 그들을 세는 단위. ¶續編(이을 속, —)이미 발간한 책에 이어 발간하는 책.
〔編年體〕(편년체) 연대순으로 기술하는 역사 편찬의 한 체재.
〔編隊〕(편대) 대오(隊伍)를 갖춤. 또는 그 대오.
〔編柳〕(편류) 곤궁한 처지에서도 열심히 공부함의 비유. 故 초(楚)의 손경(孫敬)이 집이 가난하여 버드나무 잎을 엮어 경서를 베낀 고사.
〔編物〕(편물) 뜨개질. 또는 뜨개질로 만든 물건.
〔編修〕(편수) 책을 편집하고 수정함.
〔編入〕(편입) 이미 편성된 대열이나 조직에 끼어 들어감. ㊀—試驗.
〔編次〕(편차) 일정한 사실을 차례를 따라 편찬함. 또는 그 차례.
▷改編(개편)·共編(공편)·新編(신편)·前編(전편)

9 ⑫ 〔编〕 편　編(4081)의 간화자
4082

9 ⑮ 〔緘〕* 함 [本]감　[平]咸 | jiān, カン
4083

[소전] 緘 [행서] 缄 [간화] 缄 [이름] 봉할 함 [자원] 형성. 糸＋咸→緘. 喊(함)·鹹(함)과 같이 咸(함)이 성부.
[새김] 봉하다. ㉠입을 다물다. ¶緘$_2$口$_1$(—, 입구)입을 다묾. [예]—不言. ㉡봉투나 그릇 따위의 아가리를 봉하다. ¶封緘(봉할 봉, —)편지를 봉함. [예]—葉書.
〔緘封〕(함봉) 편지 따위의 겉봉을 봉함.
▷三緘(삼함)

9 ⑫ 〔缄〕 함　緘(4083)의 간화자
4084

10 ⑯ 〔縛〕* 박　[入]藥 | fù, バク
4085

[소전] 縛 [행서] 缚 [간화] 缚 [이름] 묶을 박 [자원] 형성. 糸＋尃→縛. 博(박)·膊(박)과 같이 尃(박)이 성부.
[새김] 묶다. 끈으로 묶다. ¶捕縛(잡을 포, —)잡아서 묶음. [예]罪人을 —하다.
〔縛繩〕(박승) 죄인을 묶는 노끈. 포승.
▷結縛(결박)·緊縛(긴박)·束縛(속박)

10 ⑬ 〔缚〕 박　縛(4085)의 간화자
4086

10 ⑬ 〔缝〕 봉　縫(4108)의 간화자
4087

10 ⑯ 〔縊〕* 액 [本]의:　[去]寘 | yì, イ
4088

[소전] 縊 [행서] 缢 [간화] 缢 [이름] 목맬 액 [자원] 형성. 糸＋益→縊. 益(익)의 변음이 성부.
[새김] 목을 매다. 목을 조르다. ¶縊死(—, 죽을 사)목을 매어 죽음.
〔縊殺〕(액살) 목졸라 죽임.
▷自縊(자액)

10 ⑬ 〔缢〕 액　縊(4088)의 간화자
4089

10 ⑯ 〔縕〕* 온:　緼(4072)의 본자
4090

10 ⑯ 〔縟〕* 욕　[入]沃 | rù, ジョク
4091

[소전] 縟 [행서] 縟 [간화] 缛 [이름] 요 욕 [자원] 형성. 糸＋辱→縟. 褥(욕)과 같이 辱(욕)이 성부.
[새김] ❶요. 사람이 앉거나 누울 때 까는 요. ❷번거롭다. 번거롭고 까다롭다. ¶縟禮(—, 예례)복잡하고 까다로운 예절. [예]繁文—.
▷繁縟(번욕)

10 ⑬ 〔缛〕 욕　縟(4091)의 간화자
4092

10 ⑯ 〔縡〕* 재:　[去]隊 | zài, サイ
4093

[소전] 縡 [행서] 縡 [이름] 일 재: [자원] 형성. 糸＋宰→縡. 滓(재)와 같이 宰(재)가 성부.
[새김] 일. 하는 일의 내용.

10 ⑬ 〔缠〕 전　纏(4139)의 간화자
4094

10 ⑯ 〔縦〕 종　縱(4115)의 속자
4095

10 ⑯ 〔縝〕* 진:　[上]軫 | zhěn, シン
4096

[행서] 縝 [간화] 缜 [이름] 자상할 진: [자원] 형성. 糸＋眞→縝. 鎭(진)·嗔(진)과 같이 眞(진)이 성부.
[새김] 자상하다. 세밀하다.
〔縝緻〕(진치) 세밀함. 치밀함.

10 ⑬ 〔缜〕 진:　縝(4096)의 간화자
4097

10 ⑯ 〔縉〕* 진:　[去]震 | jìn, シン
4098

[소전] 縉 [행서] 縉 [간화] 缙 [이름] 꽂을 진: [자원] 형성. 糸＋晉→縉. 瑨(진)·搢(진)과 같이 晉(진)이 성부.
[새김] 꽂다. 찔러 넣다. ¶縉$_2$紳$_1$(—, 큰띠 신)홀(笏)을 꽂음. 인신하여, 높은 벼슬아치.

10 ⑬ 〔缙〕 진:　縉(4098)의 간화자
4099

10 ⑯ 〔緻〕* 치 [本]치:　[去]寘 | zhì, チ
4100

[소전] 緻 [행서] 緻 [간화] 致 [이름] 꼼꼼할 치 [자원] 형성. 糸＋致→緻. 致(치)가 성부. [참고]강희자전의 자형은 緻인데, 현대에는 쓰이지 않는다.
[새김] 꼼꼼하다. 세밀하다. ¶緻密(—, 찬찬할 밀)꼼꼼하고 찬찬함. [예]—한 계획.

▷巧緻(교치)·精緻(정치)

10⑯〔縣〕** 현: 去霰 xiàn, ケン
4101

소전 縣 행서 縣 약자 県 간화 县 이름 현 현: 자원 회의. 県+系→縣. 県은 머리가 거꾸로 놓인 모양. 새끼로 머리를 거꾸로 매단다는 뜻. 그래서 이 자에는 매달다란 뜻이 있다.

필순 丨 冂 目 旦 早 県 県 縣 縣 縣

새김 현. 지방. 지방 행정 구역의 하나. 그 수장(首將)을 현감(縣監)이라 한다.
〔縣令〕(현령) ①한 현의 장관. ②國한 현의 장관. 작은 현에는 현감(縣監)을 두었음.
▷郡縣(군현)·府縣(부현)·州縣(주현)

10⑯〔縞〕* 호: 本고: 上皓 gǎo, コウ
4102

소전 縞 행서 縞 간화 缟 이름 명주 호: 자원 형성. 糸+高→縞. 鎬(호)·蒿(호)와 같이 高(고)의 변음이 성부.
새김 명주. 곱고 흰 명주. ¶縞衣(—, 옷 의)흰 명주 옷. 예— 玄裳.

10⑬〔缟〕 호: 縞(4102)의 간화자
4103

11〔縷〕* 루: 上麌 lǚ, ル
4104

소전 縷 행서 縷 간화 缕 이름 실 루: 자원 형성. 糸+婁→縷. 樓(루)·屢(루)·蔞(루)와 같이 婁(루)가 성부.
새김 실. 가늘고 긴 실. ¶一縷(한 일, —)한 오리의 실. 인신하여, 매우 약하여 겨우 유지되는 상태의 비유. 예—의 희망도 없게 되었다.

11〔繆〕* ㊀무 平尤 móu, ボウ ㊁목 入屋 mù, ボウ
4105

소전 繆 행서 繆 간화 缪 이름 ㊀얽을 무 ㊁사당 차례 목 자원 형성. 糸+翏→繆. 翏(류)의 변음이 성부.
새김 ㊀얽다. 꼼꼼하게 얽다. ¶綢繆(묶을 주, —)묶어서 얽음. 인신하여, 미리미리 꼼꼼하게 자세하게 준비함. ㊁사당의 차례. 穆(3735)과 통용. ¶昭繆(사당차례 소, —)穆(3735)을 보라.

11〔缪〕 ㊀무 繆(4105)의 간화자 ㊁목 繆(4105)의 간화자
4106

11〔繁〕** 번 平元 fán, ハン
4107

행서 繁 이름 성할 번 자원 회의. 敏+糸→繁. 敏은 부인이 제사 때 큰머리를 한 모양. 이에 糸를 더하여 '성대하다'의 뜻을 나타낸다.

필순 𠂉 𠂇 每 每 每 敏 敏 繁 繁 繁

새김 ❶성(盛)하다. 성대하다. ¶繁榮(—, 영화로울 영)번성하고 영화로움. 예祖國의 —을 기원하다. ❷번거롭다. 복잡하다. 煩(3070)과 통용. ¶繁多(—, 많을 다)번거로울 정도로 많음. ❸우거지다. 무성하다. ¶繁茂(—, 우거질 무)초목이 무성함.
〔繁務〕(번무) 번거로운 사무.
〔繁文縟禮〕(번문욕례) 번거롭고 자질구레한 의식이나 예절.
〔繁盛〕(번성) ①번영하고 흥성함. ②매우 많고 무성함.
〔繁殖〕(번식) 붇고 늘어서 많이 퍼짐.
〔繁昌〕(번창) 번영하고 창성(昌盛)함.
〔繁華〕(번화) 번성하고 화려함.
▷頻繁(빈번)·浩繁(호번)

11〔縫〕* ㊀봉 平冬 féng, ホウ ㊁봉: 去宋 fèng, ホウ
4108

소전 縫 행서 縫 간화 缝 이름 ㊀꿰맬 봉 ㊁솔기 봉: 자원 형성. 糸+逢→縫(봉)·蓬(봉)과 같이 逢(봉)이 성부.
새김 ㊀꿰매다. 바느질하다. ¶縫合(—, 합할 합)실로 꿰맴. ㊁솔기. 맞대고 꿰맨 줄. ¶天衣無縫(하늘 천, 옷 의, 없을 무, —)하늘 나라 사람들이 입는 옷에는 솔기가 없음. 시가나 문장의 완미함의 비유.
〔縫製〕(봉제) 재봉틀 따위로 박아서 만듦. 예—品.
▷彌縫(미봉)·裁縫(재봉)

11〔繃〕* 붕 本팽 平庚 bēng, ホウ
4109

소전 繃 행서 繃 이름 묶을 붕 자원 형성. 糸+崩→繃. 崩(붕)이 성부.
새김 묶다. 동여매다. ¶繃帶(—, 띠 대)헌데나 상처 등을 감아 매는 데 쓰는, 좁고 긴 헝겊.

11⑭〔纤〕 섬 纖(4141)의 간화자
4110

11〔縯〕* 연: 上銑 yǎn, エン
4111

행서 縯 이름 부연할 연: 자원 형성. 糸+寅→縯. 演(연)과 같이 寅(인)의 변음이 성부.
새김 부연하다. 첨가하여 설명하다.

1 1 〖缨〗 영 纓(4142)의 간화자
4112

1 1 〖䌊〗* 요 平蕭 yáo, ヨウ
4113

소전 䌊 행서 䌊 이름 무성할 요 자원 형성. 䍃+系→䌊. 搖(요)·遙(요)와 같이 䍃(요)가 성부.
새김 무성하다. 초목이 우거지다.

1 1 〖績〗** 적 入錫 jī, セキ
4114

소전 績 행서 绩 간화 绩 이름 길쌈할 적 자원 형성. 糸+責→績. 積(적)·勣(적)과 같이 責(책)의 변음이 성부.

필순 ㄥ ㄠ 糸 糹 紶 絆 緖 績 績 績

새김 ❶길쌈하다. 실을 뽑아 피륙을 짜다. ¶紡績(길쌈할 방, ―)실을 뽑아 피륙을 짬. 예―工場. ❷공로. 일의 성과. 실적. ¶治績(다스릴 치, ―)나라를 잘 다스린 공적.
▷功績(공적)·成績(성적)·實績(실적)·業績(업적)

1 1 〖縱〗** ㊀종 平冬 cóng, シュウ
㊁종 本종: 去宋 zòng, シュウ
4115

소전 縱 행서 縦 속자 縦 간화 纵 이름 ㊀세로 종 ㊁멋대로 종
자원 형성. 糸+從→縱. 從(종)이 성부.

필순 ㄥ ㄠ 糸 紒 紒 紒 紒 紒 紒 縱

새김 ㊀세로. 남북이나 상하의 방향. 橫(2494)의 대. ¶縱書(―, 쓸 서)세로쓰기. 예―와 橫書. ㊁멋대로. 또는 거림낌없이 행동하다. ¶縱橫無$_2$盡$_1$(―, 멋대로 횡, 없을 무, 다할 진) 제멋대로 오가며 끝남이 없음. 곧 자유자재로 거침이 없이 행동함의 형용.
〔縱斷〕(종단) ①세로로 자름. ②남북의 방향으로 건너가거나 건너오거나 함.
〔縱隊〕(종대) 세로로 길게 늘어선 대열.
〔縱覽〕(종람) 마음대로 구경함.
〔縱走〕(종주) 세로나 남북으로 달림.
〔縱橫〕(종횡) ①세로와 가로. 남북과 동서. ②구속을 받지 않고 자유 분방함.
▷放縱(방종)·操縱(조종)·天縱之聖(천종지성)

1 1 〖總〗** 총: 上董 zǒng, ソウ
4116

소전 總 행서 總 동자 総 간화 总 이름 다 총: 자원 형성. 糸+悤→總. 聰(총)·蔥(총)과 같이 悤(총)이 성부.

필순 ㄥ ㄠ 糸 糹 糿 約 絢 總 總 總

새김 ❶다. 모두. ¶總意(―, 뜻 의)성원 전체의 의견. 예―로 추대하다. ❷거느리다. 다스리다. ¶總裁(―, 헤아릴 재)일정한 기관의 행정 책임을 맡은 직위. 또는 그 직위에 있는 사람. 예韓國銀行―. ❸총괄하다. ¶總論(―, 이론 론)㉮어떤 부분의 일반적 이론을 총괄하여 서술한 해설. ㉯논문이나 저서의 첫머리에 실는, 그 논문이나 저서의 큰 줄거리.
〔總角〕(총각) ①아이들의 머리카락을 양쪽으로 갈라 뿔 모양으로 동여매는 머리 묶음. ②國결혼하지 않은 성년 남자.
〔總監〕(총감) 총괄하여 감독함.
〔總計〕(총계) 전체의 합계.
〔總括〕(총괄) 통틀어 한데 종합하거나 묶음.
〔總督〕(총독) 총괄하여 관리·감독함.
〔總力〕(총력) 전체의 모든 힘. 예―을 경주하다.
〔總理〕(총리) ①전체를 다스림. ②내각의 최고 「책임자.
〔總務〕(총무) 전체적이며 일반적인 사무. 또는 그 일을 맡은 사람.
〔總額〕(총액) 모두를 합한 액수.
〔總員〕(총원) 모든 인원. 전체의 인원.
〔總體〕(총체) 전체(全體).
〔總稱〕(총칭) 전부를 총괄하여 일컬음. 또는 그 이름.
〔總統〕(총통) ①총괄하여 다스림. ②공화국의 「국가 원수의 명칭.
〔總評〕(총평) 전체에 대한 평가나 비평.
〔總和〕(총화) 전체가 모두 뜻을 같이하여 화합함.
〔總會〕(총회) 회원 전체가 모이는 회의. 예株「主―.

1 1 〖縮〗** 축 本숙 入屋 suō, シュク
4117

소전 縮 행서 缩 간화 缩 이름 오그라들 축 자원 형성. 糸+宿→縮. 宿(숙)의 변음이 성부.

필순 ㄥ 糸 糸' 紵 紵 紵 紵 縮 縮 縮

새김 ❶오그라들다. 짧아지다. 또는 오그리다. 짧게 하다. ¶短縮(짧을 단, ―)동안이나 거리를 짧게 함. 예時間―. ❷줄이다. ¶減縮(덜 감, ―)덜어서 줄임. 또는 덜리어 줄어짐. 예軍備―. ❸움추리다. ¶畏縮(두려울 외, ―)두려워서 몸을 움추림.
〔縮圖〕(축도) 원형을 축소해 그린 그림.
〔縮小〕(축소) 줄여서 작게 함.
〔縮刷〕(축쇄) 원형을 줄여서 인쇄함.

〔縮約〕(축약) 글의 내용 등을 짧게 줄여 요약함.
〔縮尺〕(축척) 축도를 그릴 때 그 축소한 비(比).
▷軍縮(군축)·緊縮(긴축)·濃縮(농축)·伸縮(신축)·壓縮(압축)·盈縮(영축)

11 11 〔缩〕 4118 축 縮(4117)의 간화자

11 11 〔縹〕 4119 표 ㊍표: 上 篠 | piāo, ヒョウ

소전 행서 간화 缥 이름 아득할 표 자원 형성. 糸+票→縹. 標(표)·剽(표)와 같이 票(표)가 성부.
새김 아득하다. 아득하여 어렴풋하다. ¶縹渺(—, 멀 묘)끝없이 넓거나 멀어서 어렴풋함.

11 ⑭ 〔缥〕 4120 표 縹(4119)의 간화자

12 ⑱ 〔繕〕* 4121 선: 去 霰 | shàn, ゼン

소전 행서 간화 缮 이름 기울 선: 자원 형성. 糸+善→繕. 膳(선)·敾(선)과 같이 善(선)이 성부.
새김 깁다. 수리하다. ¶營繕(지을 영, —)건축물을 짓거나 비품을 수리함. 예—費.
〔繕寫〕(선사) ①정서(淨書)함. ②자료를 모아 편술함.
▷修繕(수선)

12 ⑮ 〔缮〕 4122 선: 繕(4121)의 간화자

12 ⑱ 〔繞〕* 4123 요: 去 嘯 | rào, ジョウ

소전 행서 간화 绕 이름 두를 요: 자원 형성. 糸+堯→繞. 饒(요)·嶢(요)와 같이 堯(요)가 성부.
새김 두르다. 에워싸다. ¶圍繞(두를 위, —)어떤 지역이나 현상을 둘러쌈. 예地球를 —하고 있는 大氣.
▷纏繞(전요)·還繞(환요)

12 ⑱ 〔繒〕* 4124 증 平 蒸 | zēng, ソウ

소전 행서 간화 缯 이름 비단 증 자원 형성. 糸+曾→繒. 增(증)·贈(증)과 같이 曾(증)이 성부.
새김 비단. 견직물의 총칭.

12 ⑮ 〔缯〕 4125 증 繒(4124)의 간화자

12 ⑱ 〔織〕** 4126 직 入 職 | zhī, ショク·シキ

소전 행서 간화 织 이름 짤 직 자원 형성. 糸+戠→織. 職(직)과 같이 戠(직)이 성부.
필순
새김 ❶짜다. ㉠피륙을 짜다. 길쌈을 하다. ¶織女(—, 여자 녀)㉮길쌈을 하는 여자. ㉯織女星의 준말. ㉡조직체를 짜다. ¶組織(짤 조, —)㉮여러 사람이나 요소를 모아 하나의 체계가 선 집단으로 짬. 또는 그 집단이나 그 집단의 짜여진 기구. 예政府—法. ㉯같은 기능과 같은 구성을 가진, 세포의 결합. 예—檢査. ❷피륙. ¶絹織(명주실 견, —) 명주실로 짠 피륙.
〔織機〕(직기) 피륙을 짜는 기계.
〔織物〕(직물) 온갖 피륙의 총칭.
〔織造〕(직조) 피륙을 짬.
▷羅織(나직)·紡織(방직)·染織(염직)

13 ⑲ 〔繭〕* 4127 견 ㊍견: 上 銑 | jiǎn, ケン

소전 행서 간화 茧 이름 고치 견 자원 회의. 芇+糸+虫→繭. 芇은 뽕잎의 모양. 벌레가 뽕잎을 먹고 실을 토하여 짓는 고치를 뜻한다.
새김 고치. 누에고치. ¶繭絲(—, 실 사)고치에서 뽑은 실.
〔繭蠶〕(견잠) 고치를 지은 누에.
〔繭紬〕(견주) 산누에고치에서 뽑은 실로 짠 명주.
▷蠶繭(잠견)

13 ⑲ 〔繫〕** 4128 계: ㊍혜: 去 霽 | xì, ケイ

소전 행서 간화 系 이름 맬 계: 자원 형성. 毄+糸→繫. 毄(계)가 성부.
필순
새김 ❶매다. 매달다. ¶繫留(—, 머무를 류)일정한 자리를 함부로 벗어나지 못하게 붙잡아 매어놓음. 예—氣球. ❷얽매이다. ¶連繫(이을 련, —)관련이 되어 얽매임. 또는 그러한 관계. 예경제적인 —.
〔繫累〕(계루) ①얽어 맴. 붙잡아 가둠. ②國㉠딸린 식구. ㉡다른 사물에 얽매이어 누가 됨.
▷囚繫(수계)

13 ⑲ 〔繡〕* 4129 수: 去 宥 | xiù, シュウ

소전 繡 행서 繡 동자 綉 간화 绣 이름 수 수: 자원 형성. 糸+肅→繡. 肅(숙)의 변음이 성부.
새김 ❶수. 색실로 천에 그림·글자·무늬 등을 떠서 놓은 수. ¶錦繡(비단 금, —)비단과 수. 인신하여, 아름다움의 형용. 예—江山. ❷수를 놓다. ¶刺繡(수놓을 자, —)수를 놓음.
〔繡囊〕(수낭) ①수놓은 주머니. ②지식이 많은 사람의 비유.
〔繡衣〕(수의) ①오색의 수를 놓은 의복. ②國 어사(御史)가 입는 옷.

13 ⑲ 〔繩〕* 승 平蒸 shéng, ジョウ
4130

소전 繩 행서 绳 약자 縄 간화 绳 이름 노 승 자원 형성. 糸+黽→繩. 蠅(승)과 같이 黽(맹)의 변음이 성부.
새김 ❶노. 새끼. ¶繩索(—, 새끼 삭)노와 새끼. ❷먹줄. 목수가 쓰는 먹줄. ¶繩墨(—, 먹 묵)먹줄.
▷結繩(결승)·準繩(준승)·捕繩(포승)

13 ⑲ 〔繹〕* 역 入陌 yì, エキ
4131

소전 繹 행서 繹 이름 이어질 역 자원 형성. 糸+睪→繹. 譯(역)·驛(역)과 같이 睪(역)이 성부.
새김 ❶이어지다. ¶絡繹(이어질 락, —)오고 감이 끊어지지 않고 이어짐. 예—不絕. ❷찾다. 일반적인 원리에서 사실을 설명하다. ¶演繹(부연할 연, —)일반적인 명제에서 특수적이고 개별적인 명제를 이끌어냄. 예—法.

13 ⑲ 〔繰〕* 조: 上晧 zǎo, ソウ
4132

소전 繰 행서 繰 간화 缲 이름 빨 조: 자원 형성. 糸+喿→繰. 操(조)·燥(조)와 같이 喿(조)가 성부.
새김 빨다. 씻다.

13 ⑯ 〔缲〕 조: 繰(4132)의 간화자
4133

13 ⑲ 〔繪〕* 회: 去泰 huì, カイ
4134

소전 繪 행서 繪 약자 絵 간화 绘 이름 그림 회: 자원 형성. 糸+會→繪. 檜(회)·膾(회)와 같이 會(회)가 성부.
새김 그림. 또는 그림을 그리다. ¶繪畫(—, 그림 화)그림. 예—文字.
〔繪事後素〕(회사후소) 그림을 그리는 데에는 먼저 흰색의 비단이나 종이를 바탕으로 삼고 그 뒤에 채색을 함. 사람은 타고난 좋은 바탕이 있고, 그 위에 문식(文飾)을 더해야 함의 비유.
〔繪像〕(회상) 사람의 얼굴을 그린 형상. 화상(畫像). 초상화(肖像畫).

14 ⑳ 〔繼〕** 계: 去霽 jì, ケイ
4135

소전 繼 행서 継 속자 継 간화 继 이름 이을 계: 자원 회의. 糸+𢇍〔斷의 생략체〕→繼. 끊어진 곳을 실로 잇는다는 뜻.

필순 ㄥ 幺 糹 糸 紒 絲 綣 繼 繼 繼

새김 ❶잇다. 뒤를 잇다. ¶繼承(—, 이을 승)뒤를 받아 이음. 예전통 문화의 —. ❷후사. 뒤를 잇는 사람. ¶後繼(뒤 후, —)어떤 일이나 사람의 뒤를 이음. 또는 그 사람. 예—者.
〔繼母〕(계모) 의붓어미. 후모(後母).
〔繼父〕(계부) 의붓아버지.
〔繼嗣〕(계사) ①혈통을 이음. ②후손. 후사.
〔繼續〕(계속) ①끊이지 않고 이어 나감. ②중단했던 일을 다시 시작해 나감.
〔繼走〕(계주) 이어 달리기.
〔繼後〕(계후) 계통을 이음. 또는 그 사람. 계사(繼嗣).
▷承繼(승계)·引繼(인계)·中繼(중계)

14 ⑳ 〔纂〕* 찬: 上旱 zuǎn, サン
4136

소전 纂 행서 纂 이름 모을 찬: 자원 형성. 算〔算의 변형〕+糸→纂. 算(산)의 변음이 성부.
새김 모으다. 모아서 엮다. ¶纂述(—, 지을 술)글을 모아서 저술함.
〔纂修〕(찬수) 글을 모아서 책으로 엮음.
▷編纂(편찬)

15 ㉑ 〔纎〕 섬 纖(4141)의 속자
4137

15 ㉑ 〔續〕*** 속 入沃 xù, ゾク
4138

소전 續 행서 續 약자 続 간화 续 이름 이을 속 자원 형성. 糸+賣→續. 贖(속)과 같이 賣(독)의 변음이 성부. 참고 賣(독)과 賣(매)는 딴자.

필순 ㄥ 幺 糹 紅 紸 綪 續 續 續 續

새김 잇다. 이어지다. ¶續出(—, 날 출)잇대어서 나오거나 남. 예妙技—.
〔續刊〕(속간) 중단되었던 신문이나 잡지를 다시 계속하여 간행함.

〔續開〕(속개) 일단 멈추었던 회의 등을 다시 엶.
〔續報〕(속보) 계속하여 알림. 또는 그 보도.
〔續貂〕(속초) 봉작(封爵)을 마구잡이로 제수함. 구미속초(狗尾續貂)의 준말.
〔續絃〕(속현) ①끊어진 활시위를 이음. ②후처(後妻)를 맞이함의 비유.
〔續編〕(속편) 책이나 영화 등에서 본편에 잇대어 만들어진 편.
▷繼續(계속)·斷續(단속)·連續(연속)·永續(영속)

15 ㉑ 〔纏〕* 전 平先 chán, テン
4139

소전 纏 행서 纏 간화 缠 이름 휘감을 전 자원 형성. 糸+廛→纏. 廛(전)이 성부.
새김 ❶휘감다. ¶纏足(—, 발 족)옛날 중국의 풍속에서, 여자의 발을 작게 하기 위하여, 어릴 때에 발을 피륙으로 싸 감아 크지 못하게 하던 일. ❷뒤얽히다. ¶纏綿(—, 이어질 면)친친 뒤얽힘. 인신하여, 남녀 사이의 사랑이 뒤얽혀 깊게 이어짐.
〔纏帶〕(전대) ①허리에 두르는 넓은 띠. ②國 돈이나 물건을 넣어 허리에 두르거나 어깨에 매도록 만든, 자루의 일종.

16 ⑲ 〔缵〕 찬: 纘(4144)의 간화자
4140

17 ㉓ 〔纖〕* 섬 平鹽 xiān, セン
4141

행서 纖 속자 繊 약자 纎 간화 纤 이름 가늘 섬 자원 형성. 糸 +韱→纖. 韱(섬)이 성부.
새김 ❶가늘다. ¶纖細(—, 가늘 세)㉮가늘디 가늚. ㉯감정이 살살하고 세밀함. 예—한 감정. ❷여리고 가냘프다. ¶纖纖玉手(—, —, 구슬 옥, 손 수)가냘프고 고운 여자의 손. ❸실. 가는 실. ¶纖維(—, 섬유 유)실이나 털과 같이, 질기고 탄력이 있는 가는 물체. 예化學—.
〔纖弱〕(섬약) 가냘픔.
〔纖月〕(섬월) 초승달.
〔纖毫〕(섬호) ①썩 가는 털. ②아주 작은 사물.

17 ㉓ 〔纓〕* 영 平庚 yīng, エイ
4142

소전 纓 행서 纓 간화 缨 이름 갓끈 영 자원 형성. 糸+嬰→纓. 嬰(영)이 성부.
새김 갓끈. 관(冠)의 끈. 또는 멍에 끈. ¶簪纓(잠 잠, —)높은 벼슬아치가 쓰던 잠과 갓끈이란 뜻으로, 높은 지위를 이르는 말.
▷珠纓(주영)

18 ㉔ 〔纛〕* 독 入沃 dú, トク
4143

행서 纛 이름 둑 독 자원 형성. 毒+縣→纛. 毒(독)이 성부.
새김 둑. 대가나 대장의 앞에 세우던 기.

19 ㉕ 〔纘〕* 찬: 上旱 zuǎn, サン
4144

소전 纘 행서 纘 간화 缵 이름 이을 찬: 자원 형성. 糸+贊→纘. 讚(찬)·鑽(찬)과 같이 贊(찬)이 성부.
새김 잇다. 계승하다.
〔纘續〕(찬속) 계속함.
〔纘述〕(찬술) 이어받아 전술(傳述)함.

21 ㉗ 〔纜〕* 람: 去勘 lǎn, ラン
4145

행서 纜 간화 缆 이름 닻줄 람: 자원 형성. 糸+覽→纜. 攬(람)·欖(람)과 같이 覽(람)이 성부.
새김 닻줄. 배를 붙들어 매는 줄. ¶解纜(풀 해, —)배에 맨 닻줄을 풂. 곧 배가 출범함.

6 획 부수 缶 部

▷명칭: 장군부. 장군부변
▷쓰임: 병·항아리·단지 등의 기물을 나타내는 한자의 부수로 쓰였다.

0 ⑥ 〔缶〕* 부: 上有 fǒu, フ
4146

소전 缶 행서 缶 이름 장군 부: 자원 상형. 달걀을 뉘어놓은 듯한 모양의, 액체를 담는 기구인 장군의 모양.
새김 ❶장군. 액체를 담는 그릇의 한 가지. ¶缶器(—, 그릇 기)배가 부르고 아가리는 좁은 질그릇. 장군 따위. ❷질장구. 흙으로 만든 악기 이름.

3 ⑨ 〔缸〕* 항 平江 gāng, コウ
4147

소전 缸 행서 缸 이름 항아리 항 자원 형성. 缶+工→缸. 肛(항)·項(항)과 같이 工(공)의 변음이 성부.
새김 항아리. 10되〔升〕들이의, 목이 긴 질그릇. ¶酒缸(술 주, —)술을 담는 항아리.
〔缸胎〕(항태) 國 ①오지그릇의 한 가지. ②잿물을 올리기 전의 도자기의 몸체.

4 ⑩ 〔缺〕** 결 入屑 | quē, ケツ
4148

소전 행서 속자 欠 이름 이지러질 결 자원 형성. 缶＋夬→缺. 決(결)·訣(결)과 같이 夬(결)이 성부. 참고 欠(2521)을 이 자의 속자로 쓰는 것은 일본의 영향 때문.

필순 丿 ㅗ ㄷ 午 缶 缶 缶 缶 缺 缺

새김 ❶이지러지다. 물건의 한 부분이 떨어져 없어지다. ¶缺點(—, 점 점)잘못되거나 모자라서 흠으로 되는 점. 예—보다 長點이 많은 사람. ❷빠지다. 자리를 비우다. ¶缺席(—, 자리 석)자리에 빠짐. 곧 출석하여야 할 사람이 출석하지 아니함. 예—한 날수. ❸결함. 잘못. ¶無缺(없을 무, —)결함이나 흠 잡을 데가 없음. 예完全—.
〔缺缺〕(결결) 경박하고 간사한 모양.
〔缺勤〕(결근) 출근할 날에 출근을 하지 않거나 못함.
〔缺禮〕(결례) 예의 범절에 벗어남. 또는 그러한 행동.
〔缺漏〕(결루) 들어가야 할 것이 빠져서 모자람.
〔缺損〕(결손) ①축나거나 손해가 남. ②계산상의 손실.
〔缺食〕(결식) 끼니를 거름.
〔缺員〕(결원) 정한 인원에서 모자람. 또는 그 인원.
〔缺陷〕(결함) 흠이 있어 완전치 못함.
〔缺航〕(결항) 비행기나 선박이 정기적인 운항을 거름.

8 ⑭ 〔罂〕 앵 罌(4150)의 간화자
4149

14 ⑳ 〔罌〕* 앵 平庚 | yīng, コウ
4150

소전 행서 간화 罂 이름 단지 앵 자원 형성. 賏＋缶→罌. 賏(영)의 변음이 성부.
새김 단지. 항아리. 또는 아가리는 작고 배가 부른 병.
〔罌粟〕(앵속) 양귀비(楊貴妃). 양귀비과의 이년초.

18 ㉔ 〔罐〕* 관: 去翰 | quàn, カン
4151

소전 행서 이름 가마 관: 자원 형성. 缶＋雚→罐. 灌(관)·觀(관)과 같이 雚(관)이 성부.
새김 가마. ㉠음식물을 달이거나 끓이는데 쓰는 그릇. ¶藥湯罐(약 약, 끓일 탕, —)탕약을 달이는데 쓰는 그릇. ㉡보일러(boiler). ¶汽罐(김 기, —)증기를 일으키는 쇠통 가마. 보일러.

6획 부수 网(罒)部

▷명칭: 그물망. 그물망머리
▷쓰임: 여러 가지의 그물, 또는 그물로 짐승을 잡는 일 등에 관한 한자의 부수로 쓰였다.

0 ⑥ 〔网〕 망 網(4029)의 본자·간화자
4152

0 ⑤ 〔罒〕 망 网(4152)의 이체
4153

3 ⑧ 〔罗〕 라 羅(4168)의 속자·간화자
4154

3 ⑧ 〔罔〕** 망 本망: 上養 | wǎng, モウ
4155

소전 행서 이름 없을 망 자원 형성. 冂〔网의 변형〕＋亡→罔. 忙(망)·忘(망)·芒(망)과 같이 亡(망)이 성부.

필순 丨 冂 冂 冂 罔 罔 罔 罔

새김 ❶없다. ¶罔極之痛(—, 다할 극, 의 지, 아플 통)다함이 없는 아픔. 부모나 임금과 관련한 일로 일어난 슬픔을 만났을 때, 그지없는 슬픔이란 뜻으로 이르는 말. ❷속이다. ¶罔民(—, 백성 민)백성을 속임.
〔罔測〕(망측) 정상적인 상태에서 벗어나 어이가 없거나 차마 볼 수 없음.
〔罔然〕(망연) ①실의에 빠져 멍한 모양. ②당황하여 어쩔 줄 모르는 모양.
▷欺罔(기망)

3 ⑦ 〔罕〕* 한: 上旱 | hǎn, カン
4156

소전 행서 이름 드물 한: 자원 형성. 罒〔冂의 변형〕＋干→罕. 旱(한)·汗(한)과 같이 干(간)의 변음이 성부.
새김 드물다. 적다. ¶稀罕(드물 희, —)매우 드물어서 좀처럼 볼 수 없음. 예—한 일도 많다.
〔罕例〕(한례) 드문 전례(前例).
〔罕言〕(한언) 드물게 말함. 말수가 적음.
〔罕有〕(한유) 드물게 있음.

4 ⑨ 〔罚〕 벌 罰(4162)의 간화자
4157

5 ⑩ 〔罢〕 파: 罷(4165)의 속자·간화자
4158

8 ⑬ 〔罫〕* 괘: 上 蟹 | guǎi, カイ
4159

행서 罫 이름 정간 괘: 자원 형성. 罒+卦→罫. 掛(괘)와 같이 卦(괘)가 성부.

새김 정간(井間). 바둑판 모양으로, 가로 세로로 여러 개의 평행선을 그은 간살. ¶罫紙(—, 종이 지)괘선을 친 용지.

〔罫線〕(괘선) ①인쇄물에서, 윤곽이나 경계를 나타낸 선. ②공책 따위에, 칸을 지어 그은 선.

8 ⑬ 〔罪〕*** 죄: 上 賄 | zuì, ザイ
4160

소전 행서 이름 허물 죄: 자원 형성. 罒+非→罪. 非(비)의 변음이 성부.

필순 丶 冖 罒 罒 罒 罒 罕 罪 罪 罪

새김 ❶허물. 저지른 잘못. ¶謝罪(사과할 사, —)저지른 허물이나 잘못에 대하여 상대방에게 사과함. 예百拜—. ❷죄. 불법적인 행위. ¶罪人(—, 사람 인)죄를 지은 사람. 예피의자는 —이 아니다. ❸죄주다. 죄에 대하여 벌을 주다. ¶免罪(면할 면, —)죄주는 일을 면해 줌. 예—符.

〔罪過〕(죄과) 죄가 될 만한 허물.
〔罪名〕(죄명) ①지은 죄의 이름. ②죄를 지었다는 세상 사람들의 소문이나 평판. 예—을 벗다.
〔罪狀〕(죄상) 죄를 저지른 실제 사정.
〔罪悚〕(죄송) 죄스러울 정도로 황송함.
〔罪囚〕(죄수) 죄를 지어 옥에 갇힌 사람.
〔罪惡〕(죄악) 죄가 될 만한 나쁜 행위.
〔罪質〕(죄질) 범죄의 성질.
▷輕罪(경죄)·功罪(공죄)·斷罪(단죄)·無罪(무죄)·問罪(문죄)·犯罪(범죄)·死罪(사죄)·有罪(유죄)·重罪(중죄)·治罪(치죄)

8 ⑬ 〔置〕** 치: 去 寘 | zhì, チ
4161

소전 행서 이름 둘 치: 자원 형성. 罒+直→置. 直에는 '직' 외에 '치' 음도 있어, 値(치)와 같이 直(치)가 성부.

필순 丶 冖 罒 罒 罒 罒 罟 罟 置 置

새김 ❶두다. ㉠일정한 자리에 두다. ¶安置(편안할 안, —)일정한 자리에 모셔 둠. 예圍籬—. ㉡차리어 두다. ¶設置(베풀 설, —)베풀어 둠. 예기계의 —. ❷버리다. 내버려 두다. ¶放置(놓을 방, —)내버려 둠. 예다급한 일을 —해 두다. ❸치우다. ¶處置(처리할 처, —)처리하여 치움. 예—하기 어려운 음식 쓰레기. ❹대책을 세우다. ¶措置(둘 조, —)제기된 문제나 사태를 해결하기 위하여 필요한 대책을 세움. 또는 세운 그 대책. 예—를 강구하다.

〔置簿〕(치부) 國범죄 사실이나 출납 내용을 장부에 적음. 또는 그 장부.
〔置中〕(치중) 바둑에서 상대방의 말을 잡기 위하여 두 호구가 나지 못하도록 중앙에 놓아 파호하는 일.
〔置重〕(치중) 중요하게 여김.
〔置之度外〕(치지도외) 내버려 두고 문제 삼지 아니함. 도외시함.
▷拘置(구치)·代置(대치)·備置(비치)·位置(위치)·留置(유치)·裝置(장치)·前置詞(전치사)·存置(존치)

9 ⑭ 〔罰〕** 벌 入 屑 | fá, バツ
4162

소전 행서 간화 罚 이름 벌 벌 자원 회의. 詈+刂(=刀)→罰. 詈는 꾸짖다. 맹세한 말을 실천하지 않을 때, 칼을 가지고 꾸짖는다는 뜻.

필순 丶 冖 罒 罒 罒 罒 罡 詈 詈 罰

새김 ❶벌. 형벌. 처벌. ¶天罰(하늘 천, —)하늘이 내리는 벌. 예—을 받다. ❷벌하다. 벌을 주다. ¶信賞必罰(반드시 신, 상줄 상, 반드시 필, —)상을 줄 만한 공이나 행위가 있는 사람에게는 반드시 상을 주고, 벌을 줄 만한 죄나 허물이 있는 자는 반드시 벌함. 곧 상벌을 규정대로 엄격하게 함.

〔罰金〕(벌금) ①벌로 물리는 돈. ②범죄 행위에 대한 처벌로서 부과하는 돈.
〔罰點〕(벌점) 잘못을 벌로 따지는 점수.
〔罰則〕(벌칙) 법규를 위반한 행위에 대한 처벌을 정해 놓은 규칙.
▷賞罰(상벌)·罪罰(죄벌)·重罰(중벌)·處罰(처벌)·體罰(체벌)·刑罰(형벌)

9 ⑭ 〔署〕** 서: 去 御 | shǔ, ショ
4163

소전 행서 이름 관아 서: 자원 형성. 罒+者→署. 暑(서)·緖(서)와 같이 者(자)의 변음이 성부.

필순 冖 罒 罒 罒 罒 罜 罢 署 署 署

새김 ❶관아. ㉠관청. 예警察署. ㉡직무의 갈래. ¶部署(부문 부, —)관아나 조직에서, 일의 기능에 따라 갈라진 업무의 단위. 예새 —를 두다. ❷적다. 이름을 손수 쓰다. ¶署名(—, 이름 명)어떤 문서의 내용을 인정하거나 찬동하는 표시로, 자기 이름을 적음. 예—運動.

〔署理〕(서리) 관직에 결원이 생겼을 때 그 직무를 대리함. 또는 그 사람.
〔署押〕(서압) 서명 날인함. 수결을 둠.
▷公署(공서)·官署(관서)·副署(부서)·連署(연서)·自署(자서)·支署(지서)·親署(친서)

10 ⑮ 〔罵〕* 매: ㊍마: 去禡 | mà, バ
4164

소전 행서 간화 骂 이름 욕할 매: 자원 형성. 罒+馬→罵. 馬(마)의 변음이 성부.
새김 욕하다. 욕설을 퍼붓다. ¶罵倒(—, 거스를 도)욕하며 거스름. 몹시 욕하며 꾸짖음.
〔罵詈〕(매리) 욕하고 꾸짖음.
▷怒罵(노매)·笑罵(소매)·唾罵(타매)

10 ⑮ 〔罷〕** 파: ㊍패: 上蟹 | bà, ハイ
4165

소전 행서 속자 간화 罢 이름 파할 파: 자원 회의. 罒+能→罷. 능력이 있는 사람은 법망(法網)에 걸리더라도 곧 풀려난다는 뜻.
필순 罷

새김 ❶파하다. 벌어졌던 모임이 끝나서 헤어지다. ¶罷₂場₁(—, 마당 장)㉮시장이 파함. ㉯과장(科場)이나 백일장이 파함. ❷그만두다. 하던 일을 멈추다. ¶罷₂業₁(—, 일 업)노동자가 하던 작업을 멈춤. ㊀同盟—. ❸물리치다. 그만두게 하다. ¶罷免(—, 사직시킬 면)잘못을 저지른 자를 맡은 직무에서 물러나게 함. ㊀—을 당하다.
〔罷榜〕(파방) 國과거(科擧)에 급제한 사람의 발표를 취소함.
〔罷市〕(파시) 시장의 상인이 가게를 닫고 물건 파는 것을 중지하는 일.
〔罷養〕(파양) 國양아들의 인연을 끊음.
〔罷職〕(파직) 관직을 파면함.
▷革罷(혁파)

11 〔罹〕* 리 平支 | lí, リ
4166

소전 행서 이름 걸릴 리 자원 회의. 罒+小+隹→罹. 그물에 걸린 새가 애를 태운다는 뜻.
새김 ❶걸리다. 병에 걸리다. ¶罹₂病₁(—, 병 병)병에 걸림. ❷재난을 당하다. ¶罹₂災₁(—, 재해 재)뜻밖의 재해를 당함. ㊀—民.

12 ⑰ 〔羁〕 기 羈(4169)의 간화자
4167

14 ⑲ 〔羅〕** 라 平歌 | luó, ラ
4168

소전 행서 속자 간화 罗 이름 벌일 라 자원 회의. 罒+糸+隹→羅. 새를 잡는, 실로 얽은 그물을 뜻한다.
필순 羅

새김 ❶벌이다. 벌여놓다. ¶羅列(—, 나란히세울 렬)나란히 벌여놓음. ㊀죄상을 —하다. ❷비단. ¶羅紗(—, 비단 사)비단. ❸그물. ¶網羅(그물 망, —)물고기나 새를 잡는 그물. ❹걷어 넣다. ¶網羅(그물 망, —)어떤 범위 안에 널리 건어넣어 포함시킴. ㊀全國民을 —한 환영 행사.
〔羅杉〕(나삼) ①가볍고 얇은 비단으로 지은 적삼. ②國혼례 때 신부가 활옷을 벗고 입는 예복.
〔羅卒〕(나졸) 國지방 관아에 딸린 군뢰(軍牢)·사령(使令)의 총칭.
〔羅針盤〕(나침반) 지남철의 성질을 이용하여 방위를 알 수 있도록 만든 기구.
▷綺羅(기라)·綾羅(능라)·曼陀羅(만다라)·汨羅(멱라)·森羅(삼라)·新羅(신라)·耽羅(탐라)·亢羅(항라)

19 ㉔ 〔羈〕* 기 平支 | jī, キ
4169

행서 간화 羁 이름 굴레 기 자원 회의. 罒+革+馬→羈. 말에 그물처럼 씌우는, 가죽으로 만든 굴레란 뜻.
새김 ❶굴레. 마소를 다루기 위하여, 머리에 씌워 고삐에 연결하는 물건. ¶羈絆(—, 끈 반)굴레. 인신하여, 자유의 구속과 억압. ❷얽매이다. 견제되다. ¶不₂羈₁(아니할 불, —)남에게 구속을 받지 아니함. ❸객지살이. 또는 나그네. ¶羈旅(—, 나그네 려)객지살이를 하는 나그네.
〔羈縻〕(기미) 굴레와 고삐. 인신하여, 속박하거나 견제함의 비유.

6 획 부수 羊(⺶) 部

▷명칭: 양양
▷쓰임: 여러 종류의 양과 그 양들의 상태에 관한 한자의 부수로 쓰였다.

0 ⑥ 〔羊〕*** 양 平陽 | yáng, ヨウ
4170

소전 羊 행서 이름 양 양 자원 상형. 양을 앞에서 본 모양.
필순 丶 丷 䒑 兰 羊

[새김] 양. 가축의 하나. ¶羊毛(ㅡ, 털 모)양털.
〔羊頭狗肉〕(양두구육) 양의 대가리를 내걸고 개고기를 팖. 겉으로는 그럴 듯하게 내세우나 속으로는 음흉하게 딴 짓을 함의 비유.
〔羊腸〕(양장) 양의 창자. 꼬불꼬불한 좁은 길의 비유.
▷多岐亡羊(다기망양)·綿羊(면양)·牧羊(목양)·白羊(백양)·山羊(산양)·牛羊(우양)

2 ⑧ 〔羌〕* 강 [平]陽 qiāng, キョウ
4171

[행서] 羌 [이름] 오랑캐 강 [자원] 형성. 𦍌〔=羊〕+儿→羌. 羊(양)의 변음이 성부.
[새김] 오랑캐. 중국의 서쪽 지방에 있었던 소수민족의 이름.

3 ⑨ 〔美〕* 미: [上]紙 měi, ビ
4172

[소전] 美 [행서] 美 [이름] 아름다울 미: [자원] 회의. 𦍌〔=羊〕+大→美. 살찐 큰 양은 맛이 있다는 뜻.

[필순] 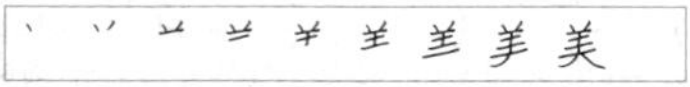

[새김] ❶아름답다. 醜(5544)의 대. ㉠모양이 예쁘다. ¶美人(ㅡ, 사람 인)용모가 아름다운 여자. [예]ㅡ薄命. ㉡경치가 아름답다. ¶美觀(ㅡ, 경치 관)아름다운 경치. [예]ㅡ을 해치다. ㉢훌륭하다. 바르다. 惡(1655)의 대. ¶美風(ㅡ, 기풍 풍)아름다운 기풍. [예]ㅡ良俗. ㉣아름답게 꾸미다. ¶美容(ㅡ, 얼굴 용)얼굴이나 머리를 아름답게 다듬고 매만짐. [예]ㅡ師. ❷맛있다. 맛이 좋다. ¶美食(ㅡ, 음식 식)맛있는 음식. [예]ㅡ家. ❸기리다. ¶歎美(감탄할 탄, ㅡ)감탄하여 기림.
〔美談〕(미담) ①아름다운 이야기. ②남의 칭찬을 받을 만한 좋은 일.
〔美德〕(미덕) 고상하고 찬양할 만한 아름다운 도덕. 또는 그러한 행위.
〔美名〕(미명) 아름다운 이름. 좋은 평판.
〔美貌〕(미모) 아름다운 얼굴. 아름다운 용모.
〔美辭麗句〕(미사여구) 아름다운 말과 주옥같은 글귀.
〔美色〕(미색) ①아름다운 빛깔. ②여자의 아름다운 용모.
〔美術〕(미술) 그림·조각·건축·공예 등에서 색이나 모양을 통해 미적 감정을 표현한 예술.
〔美酒〕(미주) 맛이 좋은 술.
〔美醜〕(미추) 아름다움과 추악함. 또는 미인과 추부.
〔美稱〕(미칭) 아름답게 일컫는 이름.
〔美化〕(미화) 아름답게 되게 함. [예]環境ㅡ.
〔美姬〕(미희) 아름다운 여성. 미인(美人).
▷甘美(감미)·審美(심미)·雅美(아미)·優美(우미)·自然美(자연미)·盡善盡美(진선진미)·醜美(추미)·耽美(탐미)·華美(화미)

4 ⑩ 〔羔〕* 고 [平]豪 gāo, コウ
4173

[소전] 羔 [행서] 羔 [이름] 새끼양 고 [자원] 상형. 양의 새끼가 막 태어나서 겨우 일어선 모양.
[새김] 새끼 양. ¶羔羊(ㅡ, 양 양)어린 양.
〔羔裘〕(고구) 검은 양의 가죽으로 지은 갖옷. 대부(大夫)의 예복(禮服)이었음.

5 ⑪ 〔羚〕* 령 [平]青 líng, レイ
4174

[행서] 羚 [이름] 영양 령 [자원] 형성. 羊+令→羚. 鈴(령)·領(령)·零(령)과 같이 令(령)이 성부.
[새김] 영양(羚羊). 산양과 비슷한 짐승 이름.

5 ⑪ 〔羞〕* 수 [平]尤 xiū, シュウ
4175

[소전] 羞 [행서] 羞 [이름] 부끄러울 수 [자원] 회의. 𦍌〔羊의 변형〕+丑→羞. 丑는 손가락으로 잡는 모양. 제사 때 양고기를 손가락으로 집어 올린다는 뜻.
[새김] ❶부끄럽다. 또는 부끄러움. ¶羞恥(ㅡ, 부끄러울 치) 부끄러움. [예]ㅡ心. ❷부끄러워하다. ¶羞惡之心(ㅡ, 미워할 오, 의 지, 마음 심) 자기의 옳지 못함을 부끄러워하고 남의 옳지 못함을 미워하는 마음. ❸음식. 맛있는 음식. ¶珍羞(진귀할 진, ㅡ)진귀한 음식. [예]ㅡ盛饌.
〔羞態〕(수태) 부끄러워하는 태도.
▷庶羞(서수)·時羞(시수)

5 ⑪ 〔着〕* 착 zhuó, チャク
4176

[행서] 着 [동자] 着 [이름] 붙을 착 [참고] 著(4548)㊂의 속자. 다음 새김들은, 현대에는 본자로는 거의 쓰지 아니하고 이 속자로만 주로 쓴다.

[필순] 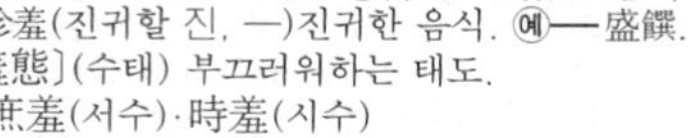

[새김] ❶붙다. 붙어서 떨어지지 아니하다. 또는 붙이다. ¶密着(빈틈없을 밀, ㅡ)빈틈없이 착 달라붙음. [예]ㅡ取材. ❷붙박이로 살다. ¶土着(땅 토, ㅡ)한 지방에서 여러 대를 붙박이로 살고 있음. [예]ㅡ民. ❸다다르다. 도착하다. 發(3495)의 대. ¶發着(떠날 발, ㅡ)출발과 도착. [예]ㅡ時間. ❹손을 대다. 착수하다. ¶着

工(—, 공사 공)공사에 착수함. ㉠— 날짜. ❺입다. 옷을 걸치다. 脫(4309)의 대. ¶着衣(—, 옷 의)옷을 입음. ❻잡다. 생각이 떠오르다. ¶着想(—, 생각 상)어떤 계획이나 구상 등을 잡음. 또는 마음에 떠오른 생각이나 구상. ❼침착하다. ¶着實(—, 실다울 실)침착하고 실다움. ㉠—한 사람. ❽끝이 나다. 결말을 짓다. ¶落着(떨어질 락, —)일이 해결되어 끝이 남. ㉠—이 나다.

〔着服〕(착복) ①옷을 입음. 착의(着衣). ②남의 재물을 부당하게 제것으로 함. ㉠—한 公金.
〔着色〕(착색) 물을 들이거나 색을 칠함.
〔着手〕(착수) 일에 손을 댐. ㉠工事에 —하다.
〔着眼〕(착안) 일정한 일이나 현상에 눈을 돌림. ㉠—點.
〔着用〕(착용) 옷 따위를 입음. ㉠軍服—.
〔着任〕(착임) 임지에 도착함.
〔着地〕(착지) ①하늘에서 지상에 내려앉음. ②운동 경기에서 연기를 끝내고 바닥에 내려섬. ㉠—姿勢.
▷ 歸着(귀착)·到着(도착)·附着(부착)·先着(선착)·愛着(애착)·終着驛(종착역)·執着(집착)·沈着(침착)

7 ⑬ 〔群〕** 군 平文 | qún, グン
4177

소전 행서 본자 羣 이름 무리 군 자원 형성. 君＋羊→羣→群. 郡(군)·裙(군)·窘(군)과 같이 君(군)이 성부.

필순 ㄱ ㅋ ㅋ 尹 君 君 君 君' 群 群

새김 ❶무리. 사람이나 짐승의 떼. ¶群鷄一鶴(—, 닭 계, 한 일, 학 학)무리의 닭 가운데 있는 한 마리의 학. 많은 사람 가운데서 뛰어난 인물의 비유. ❷무리를 짓다. 또는 많은. 허다한. ¶群衆(—, 무리 중)한데 모인 많은 사람들. ㉠—集會.

〔群島〕(군도) 무리를 이루고 있는 여러 섬. ㉠南洋—.
〔群盜〕(군도) 떼를 지어 행동하는 도적.
〔群落〕(군락) 같은 자연 환경에서 자라는 식물군.
〔群像〕(군상) 國많은 사람들이 모여 있는 모습.
〔群小〕(군소) 그다지 크지 않는 여럿. ㉠—政黨.
〔群臣〕(군신) 많은 여러 신하.
〔群雄割據〕(군웅할거) 많은 영웅들이 여기저기서 한 지방씩 차지하여 세력을 떨침.
▷ 拔群(발군)·不群(불군)·魚群(어군)·出群(출군)

7 ⑬ 〔羣〕 군 群(4177)의 본자
4178

7 ⑬ 〔羨〕* 선: 去霰 | xiàn, セン
4179

소전 행서 이름 부러워할 선: 자원 회의. 𦍌〔羑의 생략체〕＋次→羨. 羑는 이끌리다, 次은 침. 욕망에 이끌리어 침을 흘린다는 데서 부러워하다의 뜻을 나타낸다.

새김 ❶부러워하다. 탐내다. ¶羨望(—, 바랄 망)부러워하여 바람. ㉠—의 대상이 되다. ❷나머지. 잉여. 〔孟子〕以羨補不足(이선보부족)나머지로써 넉넉하지 못함을 보충함.
▷ 欽羨(흠선)

7 ⑬ 〔義〕*** 의: 去寘 | yì, ギ
4180

소전 행서 속자 간화 义 이름 옳을 의: 자원 회의. 羊＋我→義. 我는 톱의 모양. 희생인 양을 신의 뜻에 맞게 톱으로 썬다는 데서 옳다의 뜻을 나타낸다.

필순 丷 䒑 ⺷ 𦍌 羊 羊 𦍌 義 義 義

새김 ❶옳다. 의롭다. 공공이나 정의를 위해 행동하다. ¶不義(아니할 불, —)의롭지 아니함. ㉠—를 미워하다. ❷의. ㉠사람으로서 행해야 할 떳떳하고 정당한 도리. ¶正義(바를 정, —)사람으로서 행해야 할 바른 도리. ㉠—感. ㉡골육이 아닌 사람과 맺는, 골육과 같은 관계. ¶義兄弟(—, 형 형, 아우 제)의로 맺은 형과 아우. ❸뜻. 의미. ¶字義(글자 자, —)한자가 지닌 뜻. ❹가짜. 실물의 대용. ¶義足(—, 발 족)나무나 고무 따위로 만들어 쓰는 가짜 발.

〔義擧〕(의거) 의로운 일을 위해 떨쳐 일어남. 또는 정의(正義)로운 거사.
〔義理〕(의리) 사람으로서 마땅히 지켜야 할 도리.
〔義務〕(의무) 마땅히 실행해야 하는 일.
〔義兵〕(의병) 정의(正義)를 위하여 일으킨 군대.
〔義父〕(의부) 의붓아비.
〔義憤〕(의분) 정의감으로 인하여 일어나는 분노.
〔義士〕(의사) ①의리와 지조를 굳게 지키는 사람. ②나라와 민족을 위해 의로운 행동으로 목숨을 바친 사람.
〔義眼〕(의안) 만들어 박은 눈알.
〔義捐〕(의연) 자선과 공익을 위하여 금품을 기부함. ㉠—金.
〔義烈〕(의열) 뛰어난 충의(忠義). 또는 충의가 뛰어난 사람.
〔義人〕(의인) 자신의 이해를 돌보지 않고 정의를 실천하는 사람.
〔義賊〕(의적) 의로운 도둑.
〔義絶〕(의절) 國①맺었던 의를 끊음. ②친구나 친척 사이의 정을 끊음.
〔義塚〕(의총) ①연고자가 없는 사람의 무덤. ②國의롭게 죽은 이의 무덤.
〔義齒〕(의치) 만들어 박은 이.

〔義俠〕(의협) 남의 어려운 사정이나 딱한 형편을 도와주려는 의로운 마음이 강함.
▷ 見利思義(견리사의)·廣義(광의)·大義(대의)·道義(도의)·信義(신의)·意義(의의)·仁義(인의)·節義(절의)·主義(주의)·眞義(진의)·倡義(창의)·忠義(충의)

10 ⑯ 〔羲〕* 희 平支 xī, ギ
4181

소전 행서 이름 복희 희 자원 형성. 義+兮→羲. 義(의)의 변음이 성부.
새김 복희(伏羲). 고대 중국의 삼황(三皇)의 한 사람.

13 ⑲ 〔羹〕* 갱 平庚 gēng, コウ
4182

소전 행서 이름 국 갱 자원 회의. 羔+美→羹. 새끼 양으로 끓인 국이 가장 맛있는 국이란 뜻.
새김 ❶국. 오미(五味)로 요리한 국. ¶菜羹(나물 채, —) 나물국. ❷양갱(羊羹). 과자 이름. 일본에서만 쓰는 말.

13 ⑲ 〔羸〕* 리 平支 léi, ルイ
4183

소전 행서 이름 야윌 리 자원 형성. 𣎆+羊→羸. 𣎆(영)의 변음이 성부.
새김 야위다. 파리하다. ¶老羸(늙을 로, —) 늙고 파리함. 또는 그런 사람.

6 획 부수 羽 部

▷명칭: 깃우
▷쓰임: 새의 날개나 새가 나는 일이나 모양 등에 관한 한자의 부수로 쓰였다.

0 ⑥ 〔羽〕** 우: 上麌 yǔ, ウ
4184

소전 행서 이름 깃 우: 자원 상형. 새의 깃 모양을 본떴다.

필순 ㄱ ㅋ 㕣 羽 羽 羽

새김 ❶깃. 새의 날개. ¶羽毛(—, 털 모)깃과 털. 또는 새의 깃에 붙어 있는 털. ❷우. 궁·상·각·치·우(宮商角徵羽)로 나타내는 오음(五音)의 하나. 가장 맑은 소리임.
〔羽扇〕(우선) 새의 깃으로 만든 부채.
〔羽衣〕(우의) 신선이나 도사가 입는다는, 새의 깃털로 만든 옷.
〔羽翼〕(우익) ①새의 날개. ②좌우에서 보좌함. 또는 그 사람.
〔羽化登仙〕(우화등선) 몸에 날개가 돋아 하늘로 올라가 신선이 됨.

4 ⑩ 〔翅〕* 시: 去寘 chì, シ
4185

소전 행서 이름 날개 시: 자원 형성. 支+羽→翅. 支(지)의 변음이 성부.
새김 날개. 새나 곤충의 날개.

4 ⑩ 〔翁〕** 옹 平東 wēng, オウ
4186

소전 행서 이름 늙은이 옹 자원 형성. 公+羽→翁. 公(공)의 변음이 성부.

필순 ノ 八 公 公 ⺈ ⺈ ⺈ 翁 翁 翁

새김 ❶늙은이. 남자 늙은이. ¶老翁(늙을 로, —)남자 늙은이. ❷장인. 아내의 아버지. 또는 시아버지. ¶翁壻(—, 사위 서)장인과 사위.
〔翁姑〕(옹고) 시아버지와 시어머니.
〔翁主〕(옹주) 國 후궁이 낳은 딸.
▷ 白頭翁(백두옹)·婦翁(부옹)·塞翁之馬(새옹지마)·漁翁(어옹)·村翁(촌옹)

4 ⑩ 〔翠〕 취: 翠(4197)의 속자·간화자
4187

5 ⑪ 〔翎〕* 령 平青 líng, レイ
4188

소전 행서 이름 깃 령 자원 형성. 令+羽→翎. 領(령)·怜(령)·零(령)과 같이 令(령)이 성부.
새김 깃. 새의 날개나 꼬리의 긴 깃. ¶翎毛(—, 털 모)㉮깃털. ㉯새나 짐승을 그린 그림.

5 ⑪ 〔習〕*** 습 入緝 xí, シュウ
4189

소전 행서 간화 习 이름 익힐 습 자원 회의. 羽+白〔鼻의 본자인 自의 변형〕→習. 새의 새끼가 날아보려고 날갯질을 되풀이하느라, 그 숨찬 입김이 코에 나타난다는 뜻.

필순 ㄱ ㄱ 㕣 羽 羽 羽 習 習 習 習

새김 ❶익히다. 배우다. ¶學習(배울 학, —)배워서 익힘. 예—科目. ❷버릇. 몸에 밴 버릇. ¶習慣(—, 버릇 관)버릇. 예좋은 —.
〔習得〕(습득) 배워서 터득함. 익혀서 깨달음.

〔習性〕(습성) 버릇.
〔習俗〕(습속) 옛부터 내려오는 습관과 풍속.
〔習字〕(습자) 글씨 쓰기를 익힘. 「그 작품.
〔習作〕(습작) 연습으로 시험삼아 만듦. 또는
▷見習(견습)·慣習(관습)·教習(교습)·復習(복습)·常習(상습)·惡習(악습)·練習(연습)·豫習(예습)·因習(인습)·風習(풍습)

5 ⑪ 〔翌〕* 4190 익 入職 | yì, ヨク

행서 이름 밝는 익 자원 형성. 羽+立→翌. 翊(익)과 같이 立(립)의 변음이 성부.
새김 밝는. 새날이나 새해가 열리는. ¶翌日(—, 날 일)밝는 날. 곧 이튿날.
〔翌年〕(익년) 다음해. 이듬해.

5 ⑪ 〔翊〕* 4191 익 入職 | yì, ヨク

소전 행서 이름 도울 익 자원 형성. 羽+立→翊. 翌(익)과 같이 立(립)의 변음이 성부.
새김 돕다. 보좌하다. ¶翊贊(—, 도울 찬)임금의 정사를 잘 도움. 예成三問 등이 世宗을 —하여 訓民正音을 창제하였다.
〔翊戴〕(익대) 임금을 보좌하여 추대함. 익대(翼戴).
▷匡翊(광익)·輔翊(보익)

6 ⑫ 〔翘〕 4192 교 翹(4203)의 간화자

6 ⑫ 〔翔〕* 4193 상 平陽 | xiáng, ショウ

소전 행서 이름 날 상 자원 형성. 羊+羽→翔. 詳(상)·庠(상)과 같이 羊(양)의 변음이 성부.
새김 날다. 빙빙 돌면서 날다. ¶飛翔(날 비, —)하늘을 낢. 예하늘을 —하는 솔개.
〔翔空〕(상공) 하늘을 날아다님.
▷高翔(고상)·回翔(회상)

6 ⑫ 〔翕〕* 4194 흡 入緝 | xì, キュウ

소전 행서 이름 모을 흡 자원 형성. 合+羽→翕. 洽(흡)·恰(흡)과 같이 合(합)의 변음이 성부.
새김 ❶모으다. 또는 모이다. ¶翕集(—, 모을 집)여럿을 한 곳에 모음. ❷성하다. 기세 좋게 일어나다. ¶翕然(—, 그러할 연)여럿의 의사가 어떤 방향으로 쏠리어 기세 좋게 일어나는 모양.

8 ⑭ 〔翡〕* 4195 비: 去未 | fěi, ヒ

소전 행서 이름 물총새 비: 자원 형성. 非+羽→翡. 悲(비)·誹(비)·扉(비)와 같이 非(비)가 성부.
새김 ❶물총새. 물촉새. 쇠새. 수컷을 翡, 암컷을 翠(4197)라 한다. ¶翡翠(—, 물총새 취)물총새. ❷비취(翡翠). 비취옥. 보석의 한 가지. 예—비녀.
〔翡玉〕(비옥) 붉은 점이 박힌 비취옥.

8 ⑭ 〔翟〕* 4196 적 入錫 | dí, テキ

소전 행서 이름 꿩 적 자원 회의. 羽+隹→翟. 깃이 아름다운 새, 곧 꿩을 가리킨다.
새김 꿩. 새의 한 가지. 또는 꿩깃. ¶翟羽(—, 깃 우)꿩의 깃. 춤출 때 씀.

8 ⑭ 〔翠〕* 4197 취: 去寘 | cuì, スイ

소전 행서 속자 간화 이름 물총새 취: 자원 형성. 羽+卒→翠. 醉(취)와 같이 卒(졸)의 변음이 성부.
새김 ❶물총새. 물촉새. 쇠새. 암컷을 翠, 수컷을 翡(4195)라 한다. ¶翡翠(물총새 비, —)물총새. ❷비취(翡翠). 비취옥. 보석의 한 가지. 예—목걸이. ❸푸르다. 또는 비취빛. ¶翠壁(—, 절벽 벽)푸른 빛으로 뒤덮인 절벽.
〔翠色〕(취색) 비취빛. 청록색(青綠色).
▷晩翠(만취)·蒼翠(창취)

9 ⑮ 〔翫〕* 4198 완: 去翰 | wàn, ガン

소전 행서 통용 玩 이름 희롱할 완: 자원 형성. 習+元→翫. 玩(완)·頑(완)과 같이 元(원)의 변음이 성부. 참고 우리나라에서는 이 자는 거의 쓰지 않고 玩(3236)으로만 쓰는 경향이 있다. 새김과 용례는 玩(3236)을 보라.

9 ⑮ 〔翦〕 4199 전: 剪(0485)의 본자

9 ⑮ 〔翩〕* 4200 편 平先 | piān, ヘン

소전 행서 이름 날 편 자원 형성. 扁+羽→翩. 編(편)·篇(편)·遍(편)과 같이 扁(편)이 성부.
새김 ❶날다. 또는 나는 모양. ¶翩翩(—, —)새가 나는 모양. 예—黃鳥. ❷펄럭이다. 나부끼다. ¶翩飜(—, 펄럭일 번)기가 바람에 펄럭임. 또는 그 모양.

10 ⑯ 〔翰〕* 한: 去 翰 hàn, カン
4201

소전 행서 이름 글 한: 자원 형성. 倝+羽→翰. 倝(간)의 변음이 성부.
새김 ❶글. 문장. ¶文翰(글 문, —)글. 문장. 예—家. ❷편지. 서신. ¶書翰(편지 서, —)편지. ❸붓. 모필. ¶翰墨(—, 먹 묵)붓과 먹. 인신하여, 글을 짓거나 그림을 그리는 일.
〔翰林〕(한림) ①학자와 문인(文人). 또는 그들의 사회나 단체. ②조선 시대 예문관 검열(藝文館 檢閱)의 딴이름.
〔翰藻〕(한조) 시문의 문채(文彩). 또는 문장.
▷公翰(공한)·手翰(수한)·札翰(찰한)

11 ⑰ 〔翼〕** 익 入 職 yì, ヨク
4202

소전 행서 이름 날개 익 자원 형성. 羽+異→翼. 異(이)의 변음이 성부.
필순 ㄱ ㅋ ... 翼
새김 ❶날개. ㉠새나 곤충의 날개. ¶羽翼(날개 우, —)새의 날개. ㉡비행기의 날개. ¶銀翼(은빛 은, —)비행기의 날개. 예領空을 지키는 —. ❷단체. 진영(陣營). ¶左翼(왼 좌, —)사회주의·공산주의와 같이, 급진적·혁신적 사상을 가진 단체. 대右翼(우익). ❸돕다. 보필하다. ¶翼贊(—, 도울 찬)임금의 정사를 도움.
〔翼戴〕(익대) 보좌하여 추대함.
〔翼蔽〕(익폐) 덮어서 감쌈. 가로막아 보호함.
▷輔翼(보익)·兩翼(양익)·鶴翼(학익)

12 ⑱ 〔翹〕* 교 平 蕭 qiáo, ギョウ
4203

소전 행서 간화 翘 이름 꽁지 교 자원 형성. 堯+羽→翹. 堯(요)의 변음이 성부.
새김 꽁지. 새의 꽁지. 또는 새 꽁지의 긴 깃.

12 ⑱ 〔翻〕* 번 飜(6047)과 동자
4204

14 ⑳ 〔耀〕* 요: 去 嘯 yào, ヨウ
4205

행서 이름 빛날 요: 자원 형성. 光+翟→耀. 曜(요)와 같이 翟(적)의 변음이 성부.
새김 빛나다. 또는 빛나는 빛. ¶光耀(빛날 광, —) 찬란하게 빛남. 또는 빛나는 그 빛.
▷英耀(영요)·晶耀(정요)·照耀(조요)

6 획 부수 老(耂) 部

▷명칭: 늙을로. 늙을로머리
▷쓰임: 늙다·늙은이 등의 뜻을 나타내는 한자의 부수로 쓰였다.

0 ⑥ 〔老〕*** 로: 上 皓 lǎo, ロウ
4206

소전 행서 이름 늙을 로: 자원 상형. 머리털이 길게 자란, 허리 굽은 사람이 지팡이를 짚고 있는 모양.
필순 一 十 土 耂 老 老
새김 ❶늙다. 나이를 많이 먹다. 幼(1422)·少(1248)의 대. ¶老人(—, 사람 인)늙은 사람. ❷늙은이. 연장자. 幼(1422)·少(1248)의 대. ¶敬老(공경할 경, —)늙은이를 공경함. 예—思想. ❸낡다. ¶老朽(—, 썩을 후)낡아서 쓸모가 없음. 예—한 기계. ❹노련하다. 경험이 쌓여서 익숙하다. ¶老成(—, 이룰 성)오랜 경험이 쌓여 세상 일에 익숙함. ❺노자(老子). 또는 노자의 학설. ¶老莊之學(—, 장자 장, 의지, 학문 학)노자와 장자의 학문이나 학설.
〔老境〕(노경) 늙바탕.
〔老軀〕(노구) 늙은 몸.
〔老練〕(노련) 오랜 경험을 쌓아 능란하고 익숙함.
〔老齡〕(노령) 늙이 나이.
〔老少〕(노소) 늙은이와 젊은이. 예—同樂.
〔老衰〕(노쇠) 늙어서 쇠약함.
〔老熟〕(노숙) 오랜 경험을 쌓아 능숙함.
〔老僧〕(노승) 늙은 중.
〔老弱〕(노약) ①늙고 쇠약함. 그러한 사람. ②늙은이와 젊은이.
〔老益壯〕(노익장) 늙어가며 더욱 기운이 씩씩함.
〔老婆〕(노파) 여자 늙은이. 할멈.
〔老婆心〕(노파심) 國걱정하지 않아도 될 일에까지 마음을 놓지 못하고 지나치게 걱정하는 마음.
〔老廢〕(노폐) 늙어서 제 구실을 할 수 없거나 낡아서 쓸모가 없음. 예—物.
〔老患〕(노환) 늙어서 병듦. 또는 늙어서 앓는 병.
〔老獪〕(노회) 의뭉하고 능갈침. 예—한 늙은이.
〔老後〕(노후) 늙은 뒤. 예—生活.
▷養老(양로)·元老(원로)·長老(장로)

2 ⑥ 〔考〕*** 고 本고: 上 皓 kǎo, コウ
4207

소전 행서 동자 攷 이름 생각할 고 자원 형성. 耂+丂→考. 丂(고)가 성부.

필순 一 十 土 耂 耂 考

새김 ❶생각하다. 깊이 헤아리다. 또는 생각. ¶考慮(—, 헤아릴 려)생각하여 헤아림. ㉰환경을 —한 도시 계획. ❷조사하다. 시험해 보다. ¶考試(—, 시험할 시)학생이나 지원자의 학력을 시험하는 일. ㉠試驗(시험). ❸오래 살다. ¶考終命(—, 마칠 종, 목숨 명)오래 살다가 목숨을 마침. 곧 살 만큼 오래 살다가 편안히 죽음. ❹죽은 아버지. 妣(1046)의 대. ¶先考(죽은이 선, —)죽은 아버지.

〔考古〕(고고) 고대의 문헌·유물·유적 따위를 고찰하고 연구함. ㉰—學.

〔考課〕(고과) 벼슬아치나 직장인들의 근무 성적을 조사하여 그 우열을 정함.

〔考妣〕(고비) 돌아가신 부모.

〔考査〕(고사) ①인품이나 실력 등을 상고하여 검사하는 일. ㉰人物—. ②학교에서, 학생들의 학력을 알아보기 위해 치르는 시험. ㉰期末—.

〔考案〕(고안) 방법·물건 등을 연구하여 생각해 냄.

〔考證〕(고증) 옛 문헌이나 자료에 의거하여 조사하고 실증하여 밝힘.

〔考察〕(고찰) 상고하여 살펴봄.

▷詳考(상고)·祖考(조고)·參考(참고)·皇考(황고)

4 ⑩ 〔耆〕* 기 平支 | qí, キ

4208

소전 행서 이름 늙은이 기 자원 형성. 耂+旨→耆. 旨(지)의 변음이 성부.

새김 늙은이. 60세 이상의 늙은이. 일설에는 70세 이상의 늙은이. ¶耆老(—, 늙은이 로)예순 살 이상의 늙은이. ㉰—科.

〔耆年〕(기년) 60세가 넘은 나이.

5 ⑨ 〔耇〕* 구: 上有 | gǒu, コウ

4209

소전 행서 이름 오래살 구: 자원 형성. 耂+句→耇. 拘(구)·苟(구)와 같이 句(구)가 성부.

새김 오래 살다. 나이가 많다.

5 ⑨ 〔者〕*** 자: 上馬 | zhě, シャ

4210

소전 행서 이름 놈 자: 자원 형성자다 회의자다 하는 등 설이 갈라져 있어, 자원이 확실하지 않다.

필순 一 十 土 耂 耂 耂 者 者 者

새김 ❶놈. 사람. ¶患者(앓을 환, —)병으로 앓는 사람. ㉰入院—. ❷것. 일·곳·사물·시간을 가리켜 이르는 말. ¶前者(앞 전, —)먼저 지적한 것. 또는 지난 번. ❸은(는). …이란 것은. 뜻을 강하게 하거나 다른 것과 구별하는 어조사. 〔孟子〕大人者(대인자) 대인이란 것은.

▷近者(근자)·記者(기자)·讀者(독자)·亡者(망자)·聖者(성자)·識者(식자)·信者(신자)·王者(왕자)·作者(작자)·著者(저자)·筆者(필자)·學者(학자)·賢者(현자)·後者(후자)

6 획 부수 而 部

▷명칭: 말이을이

▷쓰임: 자형상의 분류를 위해 둔 부수이다.

0 ⑥ 〔而〕*** 이 平支 | ér, ジ

4211

소전 행서 이름 말이을 이 자원 상형. 길게 자란 수염의 모양. 새김은 가차.

필순 一 丆 丆 丙 而 而

새김 ❶말을 잇다. ㉠그리하여, 그리고, 그리고 나서. 순접의 관계로 잇는다. 〔論語〕學而時習之(학이 시습지) 배우고 나서 때마다 이를 익히다. ㉡그러나. 그런데도. 역접의 관계로 잇는다. ¶似是而非(같을 사, 옳을 시, —, 그를 비)옳은 것 같은데도 그름. 곧 얼핏 보기에는 옳은 듯하지만 사실은 그름. ❷너. 그대. 당신. 이인칭 대명사. 〔孟子〕而國危矣(이국 위의) 그대의 나라는 위태로워지다. 참고 ❶의 새김으로 보아 '그래서 나라는 위태로워진다'로 새기기도 한다. ❸뿐. 따름. 구말에 놓아, 한정하거나 강조하는 뜻을 나타낸다. ¶而已(—, 뿐 이)뿐. 따름.

〔而今而後〕(이금이후) 현재 이후에. 금후(今後).

〔而立〕(이립) 나이 30세를 이르는 말.

〔而後〕(이후) 이제부터. 이후(以後).

▷然而(연이)·哀而不悲(애이불비)

3 ⑨ 〔耐〕** 내: 去隊 | nài, タイ

4212

소전 행서 이름 견딜 내: 자원 회의. 而+寸→耐. 而는 수염, 寸은 법. 수염을 깎는 형벌이란 뜻. 새김은 가차.

필순 一 丆 丆 丙 而 而 而 耐 耐

새김 견디다. ㉠참고 견디다. ¶忍耐(참을 인, —)괴로움이나 어려움을 참고 견딤. ㉰—心.

㉡버티어 나가다. ¶耐火(一, 불 화)불에 타지 아니하고 견딤. 예一性.
〔耐久〕(내구) 오래 견디어 냄.
〔耐性〕(내성) ①어려움을 견딜 수 있는 성질. ②병원균 따위가 어떤 약에도 죽지 않고 살아남는 성질. 곧 저항성.
〔耐震〕(내진) 건조물 따위가 지진(地震)의 진동에 견딤.
〔耐乏〕(내핍) 가난을 참고 견딤.
〔耐寒〕(내한)추위를 견딤.
▷堪耐(감내)

6획 부수 耒 部

▷명칭: 쟁기뢰. 쟁기뢰변
▷쓰임: 농구나 농사짓는 일에 관한 한자의 부수로 쓰였다.

4 ⑩ 〔耕〕*** 경 平庚 | gēng, コウ
4213

소전 耕 행서 耕 이름 밭갈 경 자원 회의. 耒+井→耕. 井은 정전(井田). 쟁기로 정전을 간다는 뜻.

필순 一 二 三 丰 丰 耒 耒 耒 耕 耕

새김 밭을 갈다. 농사를 짓다. ¶耕地(一, 땅 지) 밭을 갈아 농사를 짓는 땅. 예一面積.
〔耕耘〕(경운) 논밭을 갈고 김을 맴. 예一機.
〔耕作〕(경작) 논밭을 갈아 농사를 지음.
〔耕田〕(경전) 논밭을 갊.
▷農耕(농경)·深耕(심경)·筆耕(필경)·休耕(휴경)

4 ⑩ 〔耗〕* 모 本호: 去號 | hào, モウ
4214

행서 耗 이름 줄 모 자원 형성. 耒+毛→耗. 芼(모)와 같이 毛(모)가 성부.
새김 줄다. 써서 줄다. 또는 줄이다. ¶消耗(소모할 소, 一)사용하여 자꾸 줄어지거나 없어지거나 함. 예一品.
〔耗盡〕(모진) 줄거나 닳아서 없어짐.
▷磨耗(마모)

4 ⑩ 〔耘〕* 운 平文 | yún, ウン
4215

행서 耘 이름 김맬 운 자원 형성. 耒+云→耘. 沄(운)·雲(운)과 같이 云(운)이 성부.
새김 김을 매다. ¶耕耘(밭갈 경, 一)논밭을 갈고 김을 맴. 예一機.

12 ⑱ 〔機〕* 기 平微 | jī, キ
4216

행서 機 이름 밭갈 기 자원 형성. 耒+幾→機. 機(기)·磯(기)와 같이 幾(기)가 성부.
새김 밭을 갈다.

6획 부수 耳 部

▷명칭: 귀이. 귀이변
▷쓰임: 귀의 기능과 상태에 관한 뜻을 나타내는 한자의 부수로 쓰였다.

0 ⑥ 〔耳〕*** 이: 上紙 | ěr, ジ
4217

소전 耳 행서 耳 이름 귀 이: 자원 상형. 귓불이 늘어진 귀의 모양을 본떴다.

필순 一 丅 下 F E 耳

새김 ❶귀. 청각을 맡은, 오관의 하나. ¶耳目(一, 눈 목)㉮귀와 눈. 예一口鼻. ㉯인신하여, 얼굴의 생김새. 예一이 반듯하다. ㉰인신하여, 남들이 쏟는 관심. 예남의一을 꺼리다. ❷그릇의 양쪽에 귀처럼 달린 손잡이. ¶鼎耳(솥 정, 一)솥귀. ❸뿐. 따름. 한정하는 뜻을 나타낸다. 〔論語〕 前言戲之耳(전언 희지이) 앞의 말은 이를 희롱하였을 뿐이다.
〔耳聾〕(이롱) 귀가 먹어 소리를 듣지 못함.
〔耳明酒〕(이명주) 國귀밝이술. 음력 정월 보름날 아침에 마시는 술.
〔耳鳴症〕(이명증) 귀울림. 귀에서 저절로 소리가 나는 병적인 현상.
〔耳順〕(이순) 나이 60세.
〔耳懸鈴鼻懸鈴〕(이현령 비현령) 귀에 걸면 귀걸이, 코에 걸면 코걸이. 그 관점에 따라 이리 될 수도 저리 될 수도 있다는 뜻.
▷內耳(내이)·馬耳東風(마이동풍)·洗耳(세이)·牛耳(우이)·充耳(충이)

3 ⑨ 〔闻〕 ㊀문 聞(4232)의 간화자 ㊁문: 聞(4232)의 간화자
4218

3 ⑨ 〔耶〕** 야 平麻 | yé, ヤ
4219

행서 耶 이름 어조사 야 자원 형성. 耳〔牙의 변형〕+阝→耶. 牙(아)의 변음이 성부.

필순 一 丅 下 F E 耳 耳 耳 耶

새김 어조사. ㉠~냐? 구말에 놓아 의문·반어의 뜻을 나타낸다. 〔范仲淹·岳陽樓記〕 何時而樂耶

(하시이낙야) 어느 때라야 즐거우냐? ㉡~ㄴ 듯. 확실하지 않음을 나타낸다. ¶有耶無耶(있을 유, —, 없을 무, —)있는 듯 없는 듯. 예— 넘겨 버리다.

4 ⑩ 〔耿〕* 4220 경: 上梗 | gěng, ケイ

소전 행서 이름 밝을 경 자원 회의. 耳〔聖의 생략체〕+火→耿. 거룩함을 불을 비추어 밝게 드러낸다는 뜻.
새김 ❶밝다. 환하다. ¶耿光(—, 빛 광)밝은 빛. 빛나는 성덕(盛德)의 형용. ❷잊지 못하는 모양. ¶耿耿(—, —)마음에 잊혀지지 아니하는 모양. 예— 不寐. ❸강직하다. ¶耿介(—, 단단할 개)대세에 휩쓸리지 아니하고 제 주장을 지킴이 단단함. 예— 한 사람.

4 ⑩ 〔耸〕 4221 용: 聳(4237)와 본자·간화자

4 ⑩ 〔耻〕 4222 치 恥(1617)의 속자

4 ⑩ 〔耽〕* 4223 탐 平覃 | dān, タン

소전 행서 이름 빠질 탐 자원 형성. 耳+冘→耽. 眈(탐)과 같이 冘(임)의 변음이 성부.
새김 빠지다. 열중하다. ¶耽讀(—, 읽을 독)어떤 책이나 글을 열중하여 읽음. 예小說을 — 하다.
〔耽溺〕(탐닉) 주색에 빠짐.
〔耽羅〕(탐라) 제주도(濟州道)의 옛이름.
〔耽樂〕(탐락) 주색이나 오락을 정신이 빠질 정도로 즐김.
〔耽美〕(탐미) 아름다움을 즐기며 거기에 흠뻑 빠짐.
〔耽玩〕(탐완) 마음을 오로지하여 연구함.
〔耽惑〕(탐혹) 즐거움에 빠져 미혹(迷惑)됨.

5 ⑪ 〔聃〕* 4224 담 平覃 | dān, タン

소전 행서 이름 귓불클 담 자원 형성. 耳+冉→聃. 冉(염)의 변음이 성부.
새김 ❶귓불이 크다. 귓불이 길쭉하고 크다. ❷노자(老子)의 자(字).

5 ⑪ 〔聆〕* 4225 령 平青 | líng, レイ

소전 행서 이름 들을 령 자원 형성. 耳+令→聆. 伶(령)·領·(령)·囹(령)과 같이 令(령)이 성부.
새김 듣다. 귀를 기울여 듣다.

5 ⑪ 〔聋〕 4226 롱 聾(4240)의 간화자

5 ⑪ 〔聊〕* 4227 료 平蕭 | liáo, リョウ

소전 행서 이름 즐거울 료 자원 형성. 耳+卯〔丣의 변형〕→聊. 丣(류)의 변음이 성부.
새김 ❶즐겁다. 또는 즐기다. ¶無聊(없을 무, —)즐거움이 없음. 인신하여, ㉮지리하고 심심함. 예— 한 나날을 보내다. ㉯부끄럽고 열적음. 예— 한 얼굴. ❷의지하다. ¶聊賴(—, 의뢰할 뢰)의지하고 의뢰함.

5 ⑪ 〔职〕 4228 직 職(4239)의 간화자

6 ⑫ 〔联〕 4229 련 聯(4235)의 간화자

7 ⑬ 〔聘〕** 4230 빙 本빙: 去敬 | pìn, ヘイ

소전 행서 이름 부를 빙 자원 형성. 耳+甹→聘. 甹(빙)이 성부.

필순 一 丅 F 耳 耶 耶 耼 聃 聘 聘

새김 ❶부르다. 예를 갖추어 부르다. ¶招聘(부를 초, —)예를 갖추어 초청하여 부름. 예演士 —. ❷방문하다. 찾아가 안부를 묻다. ¶聘問(—, 물을 문)예를 갖추어 방문함.
〔聘禮〕(빙례) 혼인(婚姻)의 의례(儀禮).
〔聘母〕(빙모) 國 장모(丈母). 아내의 어머니.
〔聘父〕(빙부) 國 장인(丈人). 아내의 아버지.
〔聘丈〕(빙장) 國 빙부(聘父)의 높임말.
▷朝聘(조빙)

7 ⑬ 〔聖〕*** 4231 성: 去敬 | shèng, セイ

소전 행서 간화 圣 이름 성인 성: 자원 형성. 耳+呈→聖. 呈(정)의 변음이 성부.

필순 一 丅 F 耳 耳 耶 耶 聖 聖 聖

새김 ❶성인. 학문과 덕행이 뛰어나고 사물의 이치에 통달한 사람. ¶聖賢(—, 현인 현)성인과 현인. 예— 의 말씀. ❷성스럽다. 거룩하다. ¶聖域(—, 구역 역)범해서는 안 될 신성한 지역. 예— 化. ❸임금. 제왕에 관한 일에 붙이는 말. ¶聖恩(—, 은혜 은)임금의 은혜. 예망극한 —. ❹어떤 방면의 제일인자. ¶詩聖(시 시, —)매우 뛰어난, 고금의 대시인. 예杜甫(두보)

를 ―이라 하고, 李白(이백)을 詩仙(시선)이라 부른다. ❺**종교의 발상지.** ¶聖地(―, 땅 지) 종교의 발상지인 신성한 땅. ㉑―巡禮.
〔聖經〕(성경) ①종교의 교리를 적은 책. ②성인이 지은 책.
〔聖堂〕(성당) 천주교에서 교회당을 이르는 말.
〔聖靈〕(성령) ①거룩한 혼령. ②예수교에서, 신·예수와 함께 삼위일체를 이루는 것.
〔聖書〕(성서) 예수교에서, 종교의 교리를 적은 책. 구약성서와 신약성서가 있음.
〔聖上〕(성상) 현재의 임금에 대한 높임말.
〔聖人〕(성인) 지덕(智德)이 높아 만세에 인류의 사표가 될 만한 사람.
〔聖戰〕(성전) 정의를 위한 성스러운 싸움.
〔聖旨〕(성지) 임금의 뜻. ㉑―를 받들다.
〔聖職〕(성직) 거룩한 직분.
〔聖哲〕(성철) 성인과 철인이란 뜻으로, 덕이 높고 지혜가 뛰어나 만사에 통달한 사람을 이르는 말.
〔聖誕〕(성탄) ①임금이나 성인의 탄생. ②성탄절의 준말.
〔聖火〕(성화) ①신에게 바치는 성스러운 불. ②각종 체육 대회 때 경기장에 켜놓는 불.
▷大聖(대성)·神聖(신성)

8 ⑭ 〔聞〕*** ㊀문 ㊥文 wén, ブン ㊁문: ㊦問 wèn, ブン
4232

소전 䎽 행서 闻 간화 闻 이름 ㊀들을 문 ㊁소문 문: 자원 형성. 門+耳→聞. 問(문)·們(문)과 같이 門(문)이 성부.

필순 丨 冂 戸 戶 門 門 門 門 聞 聞

새김 ㊀❶**들다.** 소리를 듣다. ¶聞一知十(―, 한 일, 알 지, 열 십)하나를 듣고 열을 앎. 곧 지극히 총명함의 형용. ❷**지식.** 들어서 안 지식. ¶寡聞(적을 과, ―)들어서 아는 지식이 적음. ㉑―한 탓. ㊁❶**소식.** 소문. ¶風聞(바람 풍, ―)바람결에 들리는 소문. ㉑―을 듣다. ❷**명성.** 명망. ¶令聞(아름다울 령, ―)아름다운 명성이나 평판.
〔聞見〕(문견) ①듣고 봄. ②들은 것과 본 것. 또는 그것으로써 깨달아 얻은 지식.
〔聞達〕(문달) 이름이 나고 지위가 오름.
▷見聞(견문)·多聞(다문)·博聞(박문)·所聞(소문)·新聞(신문)·聽聞(청문)

8 ⑭ 〔聚〕* 취 ㊄추: ㊤麌 jù, シュウ
4233

소전 𦗦 행서 聚 이름 모일 취: 자원 형성. 取+豖→聚. 趣(취)와 같이 取(취)가 성부.

새김 ❶**모이다.** 한 곳으로 모이다. 散(2034)의 대. ¶屯聚(모일 둔, ―) 여러 사람이 한 곳에 모여 있음. ❷**쌓다.** 모아서 쌓다. ¶積聚(쌓을 적, ―) 쌓아 모으거나 쌓여서 모이거나 함. ❸**마을.** 동네. ¶聚落(―, 마을 락) 사람들이 모여 생활하는 마을.
〔聚斂〕(취렴) ①세금을 과도하게 거둠. ②재물을 긁어 모음.
〔聚散〕(취산) 모임과 흩어짐.
〔聚合〕(취합) 모아서 합침.
▷類聚(유취)·合聚(합취)

9 ⑮ 〔聡〕 총 聽(4238)의 간화자
4234

11 ⑰ 〔聯〕** 련 ㊥先 lián, レン
4235

소전 聯 행서 聯 간화 联 이름 이을 련 자원 회의. 耳+丝〔絲의 변형〕→聯. 귀가 뺨에 이어지듯, 실이 끊이지 않고 이어짐을 뜻한다.

필순 一 丅 F 耳 耳 聠 聠 聯 聯 聯

새김 ❶**잇다.** 이어지다. 잇닿다. ¶聯合(―, 합할 합)둘 이상의 것이 공통의 목적을 이루기 위하여 하나로 이어 힘을 합함. ㉑―艦隊. ❷**연.** 한시에서 서로 대가 되는 구절. ¶柱聯(기둥 주, ―)기둥에 써 붙이는, 한시의 연구(聯句). ㉑절 기둥에 써 붙인 ―.
〔聯立〕(연립) 둘 이상의 사물이 죽 벌이어 서거나 어우러져 섬.
〔聯盟〕(연맹) 공동의 목적을 이루기 위하여 연합하여 맹약하는 일. 또는 그 조직체.
〔聯邦〕(연방) 몇 나라가 연합하여 하나의 주권 국가를 이루고 있는 나라.
〔聯想〕(연상) 한 관념에 의하여 그에 관련되는 다른 관념을 생각하게 되는 심리 작용.
▷關聯(관련)·對聯(대련)·詩聯(시련)

11 ⑰ 〔聲〕*** 성 ㊥庚 shēng, セイ
4236

소전 聲 행서 聲 속자 간화 声 이름 소리 성 자원 형성. 殸+耳→聲. 殸(성)이 성부.

필순 𠀎 𡗗 𡗗 声 声 殸 殸 殸 聲 聲

새김 ❶**소리.** 사람·동물·사물이 내는 소리. ¶音聲(소리 음, ―)목소리나 말소리. ❷**말하다.** 소리지르다. ¶聲援(―, 응원할 원)소리를 질러 응원함. 또는 그 응원. ㉑많은 ―과 支持. ❸**평판.** ¶名聲(이름날 명, ―)세상에 널리 알려진 평판. ㉑―을 떨치다.
〔聲帶〕(성대) 목청. ㉑―模寫.
〔聲量〕(성량) 목소리의 울리는 양.
〔聲律〕(성률) 음악의 가락. 음률(音律).
〔聲望〕(성망) 명성과 덕망. ㉑―이 높다.

〔聲明〕(성명) 공언(公言)하여 의사를 분명하게 밝힘. ㉠—書.
〔聲色〕(성색) ①목소리와 얼굴빛. ②음악과 「여색.
〔聲樂〕(성악) 사람의 목소리로 이루어진 음악.
〔聲優〕(성우) 라디오 방송이나 외국 영화의 말을 우리말로 바꾸는 등의, 목소리만으로 출연하는 배우.
〔聲調〕(성조) ①음악의 곡조나 시문의 운율. ②한자의 자음(字音)의 높낮이.
▷歌聲(가성)·四聲(사성)·笑聲(소성)·肉聲(육성)·終聲(종성)·鐘聲(종성)·歎聲(탄성)·平聲(평성)·風聲(풍성)·形聲(형성)

11 ⑰ 〖聳〗* 용: ㊍송: ㊤腫 | sǒng, ショウ
4237

소전 行서 본간자화 耸 이름 솟을 용: 자원 형성. 從+耳→聳. 從(종)의 변음이 성부.
새김 ❶솟다. 높이 솟다. ¶聳立(—, 설 립)높이 우뚝 솟음. ㉠—한 산봉우리. ❷두려워하다. 또는 놀라다. ¶聳動(—, 움직일 동)두렵거나 놀라와 움직임. 또는 움직이게 함. ㉠—世를 —하다.
〔聳出〕(용출) 우뚝하게 솟음.

11 ⑰ 〖聰〗** 총 ㊥東 | cōng, ソウ
4238

소전 행서 聽 간화 聪 이름 지혜로울 총 자원 형성. 耳+悤→聰. 總(총)·蔥(총)과 같이 悤(총)이 성부.

필순 丆 耳 耳 耳' 耶 聊 聰 聰 聰 聰

새김 지혜롭다. ¶聰明(—, 밝을 명)매우 지혜롭고 영리함. ㉠—好學.
〔聰氣〕(총기) ①총명한 기질. ②기억을 잘하는 능력.
〔聰敏〕(총민) 슬기롭고 민첩함.
〔聰慧〕(총혜) 총명하고 슬기로움.
▷聖聰(성총)

12 ⑱ 〖職〗** 직 ㊈職 | zhí, ショク
4239

소전 행서 職 간화 职 이름 벼슬 직 자원 형성. 耳+戠→職. 織(직)과 같이 戠(직)이 성부.

필순 丆 耳 耳 耳 耶 聍 聕 聕 職 職

새김 ❶벼슬. 나랏일을 맡아 보는 자리. ¶官職(벼슬 관, —)관리의 벼슬자리. ㉠削奪—. ❷직책. 직임. ¶職務(—, 일 무)직책상 해야 할 일. ㉠—遺棄.
〔職工〕(직공) 공장에서 일하는 노동자.
〔職權〕(직권) 직무상의 권한.
〔職能〕(직능) ①직무를 수행하는 능력. ②직업에 따라 각기 다른 고유한 기능.
〔職分〕(직분) ①자기가 마땅히 해야 할 본분. ②직무상의 본분.
〔職業〕(직업) 생계를 꾸리기 위하여 일상 종사하는 업무.
〔職員〕(직원) 학교나 단체·회사 등 일정한 직장에서 근무하는 사람.
〔職印〕(직인) 기관 책임자의 직위의 이름을 「표시한 도장.
〔職場〕(직장) 일을 맡아서 하는 자리.
〔職制〕(직제) 직무상에 관한 제도.
〔職責〕(직책) 직무상의 책임.
〔職銜〕(직함) 벼슬의 이름. 관함(官銜).
▷兼職(겸직)·求職(구직)·免職(면직)·無職(무직)·辭職(사직)·聖職(성직)·失職(실직)·要職(요직)·在職(재직)·就職(취직)·退職(퇴직)·休職(휴직)

16 ㉒ 〖聾〗* 롱 ㊥東 | lóng, ロウ
4240

소전 행서 간화 聋 이름 귀먹을 롱 자원 형성. 龍+耳→聾. 龍에는 '룡' 외에 '롱'의 음도 있어, 壟(롱)·朧(롱)과 같이 龍(롱)이 성부.
새김 귀가 먹다. 또는 귀머거리. ¶聾啞(—, 벙어리 아) 귀머거리와 벙어리. ㉠ —學校.
▷耳聾(이롱)·痴聾(치롱)

16 ㉒ 〖聽〗*** 청: ㊍청 ㊥青 | tīng, チョウ
4241

소전 행서 聽 간화 听 이름 들을 청: 자원 형성. 耳+王+悳→聽. 王(정)의 변음이 성부.

필순 耳 耳 耳 聑 聑 聕 聽 聽 聽 聽

새김 ❶듣다. 주의하여 듣다. ¶傍聽(곁 방, —) 정식 참가자가 아닌 사람이 곁에서 들음. ㉠—席. ❷들어주다. 요청이나 제안을 받아들이다. ¶聽許(—, 허락할 허)제의한 것을 받아들여 허락함. ㉠民願의 —. ❸심리하다. 재판하다. ¶聽訟(—, 송사 송)송사를 심리함.
〔聽覺〕(청각) 소리를 듣는 감각.
〔聽德〕(청덕) 덕 있는 사람의 말을 받아들임.
〔聽令〕(청령) 명령을 들음. 청명(聽命).
〔聽衆〕(청중) 강연 등을 듣는 군중.
〔聽診〕(청진) 몸 안의 음향을 들어서 병을 진단함.
〔聽取〕(청취) 방송·진술 등을 들음.
▷傾聽(경청)·盜聽(도청)·垂簾聽政(수렴청정)·視聽(시청)

6 획 부수 聿 部

▷명칭: 붓율
▷쓰임: 자형상의 분류를 위해 설정한 부수이다.

0 ⑥ 〔聿〕* 율 入質 yù, イツ
4242

소전 행서 이름 붓 율 자원 상형. 손에 붓을 잡고 있는 모양.
새김 ❶붓. 글씨를 쓰거나 그림을 그리는 붓. ❷빠르다. 신속하다. ¶聿越(—, 넘을 월)빠르게 뛰어넘음.

2 ⑧ 〔肃〕 숙 肅(4248)의 약자
4243

4 ⑧ 〔肃〕 숙 肅(4248)의 간화자
4244

6 ⑪ 〔粛〕 숙 肅(4248)의 속자
4245

7 ⑬ 〔肆〕* 사: 去寘 sì, シ
4246

소전 행서 이름 방자할 사: 자원 형성. 镸+聿〔隶의 변형〕→肆. 隶(이)의 변음이 성부.
새김 ❶방자하다. 제멋대로 굴다. ¶放肆(방자할 방, —)제멋대로 굴며 어림성이 없음. 예 —한 말과 행동. ❷가게. 점포. ¶冊肆(책 책, —)책방. 서점.
〔肆氣〕(사기) 함부로 성미를 부림.
▷書肆(서사)·市肆(시사)·店肆(점사)·酒肆(주사)

7 ⑬ 〔肄〕* 이: 去寘 yì, イ
4247

소전 행서 이름 익힐 이: 자원 형성. 矣+聿〔隶의 변형〕→肄. 矣(이)가 성부.
새김 익히다. 연습하다. ¶肄習(—, 익힐 습) 익힘. 연습함.

8 ⑬ 〔肅〕*** 숙 入屋 sù, シュク
4248

소전 행서 속자 粛 약자 肃 간화 肃 이름 엄숙할 숙 자원 회의. 聿+𣶒〔淵의 생략체〕→肅. 聿은 '又〔手〕+巾'으로, 손에 수건을 들고 일을 한다는 뜻. 깊은 소에 다달아 일을 행할 때와 같이, 두려워하며 삼간다는 뜻을 나타낸다.

필순 ⺕ ⺕ 肀 肀 肀 肃 肃 肃 肅 肅

새김 ❶엄숙하다. 위엄이 있다. ¶靜肅(고요할 정, —)조용하고 엄숙함. ❷삼가다. 조심하다. ¶自肅(스스로 자, —)자기의 행동을 스스로 조심함. 예— 自戒. ❸엄격하다. 준엄하다. ¶肅正(—, 바룰 정)엄격하게 바로잡음. 예軍紀—.
〔肅啓〕(숙계) 삼가 아룀. 편지투.
〔肅軍〕(숙군) 군의 기강을 바로잡음.
〔肅拜〕(숙배) ①공손히 삼가 절함. ②공경하는 마음으로 인사를 드림. 편지투.
〔肅殺〕(숙살) ①가을 기운이 스산하고 쌀쌀함의 형용. ②준엄하고 매서움.
〔肅然〕(숙연) ①두려워하는 모양. ②엄숙하고 조용한 모양.
〔肅淸〕(숙청) 온갖 부정적인 것을 깨끗이 쓸어 없앰.
▷敬肅(경숙)·嚴肅(엄숙)

8 ⑭ 〔肇〕* 조: 上篠 zhào, チョウ
4249

소전 행서 이름 비롯할 조: 자원 회의. 攵〔啓의 생략체〕+聿→肇. 어떤 일을 열어 시작하고, 그 일을 붓으로 기록한다는 뜻.
새김 비롯하다. 창시하다. ¶肇國(—, 나라 국) 나라를 처음으로 세움.
〔肇始〕(조시) 처음으로 시작함.
〔肇業〕(조업) 사업을 처음으로 시작함.

6 획 부수 肉(月) 部

▷명칭: 고기육. 육달월. 육달월변
▷쓰임: 신체 각 부위의 명칭과 그 상태, 고기와 그 고기로 만드는 음식 등에 관한 한자의 부수로 쓰였다.
▷참고: 육달월은 그 자형이 달월〔月〕과 거의 같은데, 달월은 안의 =가 오른쪽 획과 떨어져 있고, 육달월은 붙어 있어 원래는 다르나, 오늘날의 활자체에서는 그 구분이 뚜렷하지 않다. 다음 한자들은 달월 부수에 속한다.
有(2220)·服(2221)·朋(2222)·朔(2225)·朕(2226)·朗(2227)·望(2228)·期(2229)·朞(2230)·朝(2231)·朦(2232)

0 ⑥ 〔肉〕*** 육 入屋 ròu, ニク
4250

소전 행서 이름 고기 육 자원 상형. 힘줄이 보이는 살코기의 한 덩이를 본떴다.

필순 丨 冂 内 内 肉 肉

새김 ❶고기. 동물의 살코기. ¶牛肉(소 우, —) 쇠고기. ❷살. ㉠피부. 살갗. ¶肉色(—, 빛 색) 피부의 빛깔. 예건강한 —. ㉡사람이나 동물의 몸을 이룬 살. ¶骨肉(뼈 골, —)뼈와 살. 인신하여, 부모나 조상이 같은 살붙이. 예—之情. ㉢과일이나 식물의 껍질 안에 있는 살. ¶多$_2$肉$_1$(많을 다, —)식물의 열매·잎·줄기 등에 살이 많음. 예—果. ❸몸. 사람의 육체. ¶肉體(—, 몸 체)사람의 몸. 예— 勞動.

〔肉感〕(육감) ①몸에 받는, 육체적인 감각. ②성적인 실감.

〔肉頭文字〕(육두문자) 야비하고 상스러운 말.

〔肉薄戰〕(육박전) 적과 직접 맞붙어서 하는 전투.

〔肉聲〕(육성) 기계나 기구를 통하지 않고 직접 입으로 하는 사람의 목소리.

〔肉食〕(육식) 고기를 주식으로 먹음. 대채식(菜食).

〔肉眼〕(육안) ①안경을 쓰지 않은 눈. ②식견이 없는 안목(眼目).

〔肉慾〕(육욕) ①육체적인 욕망. ②남녀간의 성적인 욕망.

〔肉親〕(육친) 혈족 관계에 있는 사람. 부모·형제·자매 따위. 예—의 情.

〔肉彈〕(육탄) 몸을 탄환의 대신으로 삼아 적진으로 뛰어 드는 일. 예—戰.

〔肉筆〕(육필) 본인이 직접 쓴 글씨나 그림.

▷果肉(과육)·筋肉(근육)·肥肉(비육)·魚肉(어육)·酒肉(주육)·血肉(혈육)

2 ⑥ 〔肌〕* 기 平支 jī, キ
4251

소전 행서 이름 살갗 기 자원 형성. 月+几→肌. 飢(기)와 같이 几(궤)의 변음이 성부.

새김 살갗. 피부. 또는 살. ¶肌膚(—, 살갗 부) 살가죽. 피부. 또는 살.

〔肌骨〕(기골) 살과 뼈.

2 ⑥ 〔肋〕* 륵 入職 lèi, ロク
4252

소전 행서 이름 갈비 륵 자원 형성. 月+力→肋. 勒(륵)과 같이 力(력)의 변음이 성부.

새김 갈비. 갈빗대. ¶肋骨(—, 뼈 골)갈비뼈.

〔肋膜〕(늑막) 늑골의 안쪽에 있는, 폐의 표면과 흉곽의 내면을 싸고 있는 막.

▷鷄肋(계륵)

3 ⑦ 〔肝〕** 간: 本간 平寒 gān, カン
4253

소전 행서 이름 간 간: 자원 형성. 月+干→肝. 奸(간)·刊(간)·幹(간)과 같이 干(간)이 성부.

필순 丿 刀 月 月 肝 肝 肝

새김 간. 간장. ¶肝膽(—, 쓸개 담)간과 쓸개. 인신하여, 속마음의 비유. 예— 相照.

〔肝膽相照〕(간담상조) 서로 마음을 터놓고 사귐.

〔肝要〕(간요) 간처럼 요긴함. 매우 요긴함.

〔肝腸〕(간장) 간장과 창자. 인신하여, 마음.

〔肝臟〕(간장) 오장(五臟)의 하나. 횡격막 아래에 있으며, 소화에 필요한 물질을 만들고 해독 작용을 함.

▷心肝(심간)·忠肝(충간)·肺肝(폐간)

3 ⑦ 〔肓〕 육 育(4266)의 본자
4254

3 ⑦ 〔肠〕 장 腸(4326)의 간화자
4255

3 ⑦ 〔肖〕** 초 本소: 去嘯 xiāo, ショウ
4256

소전 행서 이름 닮을 초 자원 형성. 小+月→肖. 小(소)의 변음이 성부.

필순 丨 丨 小 小 肖 肖 肖

새김 ❶닮다. 모양이나 행실이 닮다. ¶不$_2$肖$_1$(아니할 불, —)닮지 아니함. 곧 어버이의 덕망이나 사업을 이을 만한 자질이 없음. 인신하여, 못나고 어리석음. 예— 子息. ❷본뜨다. ¶肖像(—, 모양 상)사람의 얼굴이나 모습을 그린 그림이나 조각한 조각. 예—畫.

3 ⑦ 〔肛〕* 항 本홍 平東 gāng, コウ
4257

행서 이름 똥구멍 항 자원 형성. 月+工→肛. 項(항)과 같이 工(공)의 변음이 성부.

새김 똥구멍. ¶肛門(—, 문 문) 똥구멍.

4 ⑧ 〔肩〕** 견 平先 jiān, ケン
4258

소전 행서 이름 어깨 견 자원 상형. 어깨의 모양을 본떴다.

필순 丶 ㇇ 彐 户 户 肩 肩 肩

새김 어깨. 팔과 몸통이 이어지는 부분. ¶肩章(—, 표지 장)계급 등을 나타내기 위하여 어깨에 붙이는 표지. 예이등병의 —을 단 철수.

〔肩胛〕(견갑) 어깨뼈가 있는 곳. 예—骨.

〔肩骨〕(견골) 어깨뼈.

▷比肩(비견)·雙肩(쌍견)·兩肩(양견)·脅肩諂笑(협견첨소)

4 ⑧ [股]* 고 本고: 上 麌 | gǔ, コ
4259

소전 행서 이름 넓적다리 고 자원 형성. 月+殳→股. 殳(수)의 변음이 성부.
새김 넓적다리. ¶股肱(—, 팔뚝 굉)넓적다리와 팔뚝. 인신하여, 좌우에서 보좌하는 신하의 비유. 예—之臣.
〔股間〕(고간) 사타구니. 샅.

4 ⑧ [肱]* 굉 平 蒸 | gōng, コウ
4260

행서 이름 팔뚝 굉 자원 형성. 月+厷→肱. 宏(굉)과 같이 厷(굉)이 성부.
새김 팔뚝. 팔. 〔論語〕曲肱而枕之(곡굉 이침지)팔을 굽혀서 이를 벰.
▷股肱(고굉)

4 ⑧ [肯]** 긍: 上 迥 | kěn, コウ
4261

소전 행서 이름 동의할 긍: 자원 회의. 止+月→肯. 止는 뼈의 모양. 그 뼈에 살이 붙어 있음을 뜻한다.

필순 肯

새김 ❶동의하다. 찬동하다. ¶肯定(—, 정할 정) 어떤 사실·현상·사태에 대해서, 그것이 그러하다고 동의하거나 옳다고 찬동함. 예—的인 평가. ❷뼈에 붙은 살. ¶肯綮(—, 힘줄 경)뼈에 붙은 살과 힘줄. 인신하여, 일의 요긴한 대목.
〔肯從〕(긍종) 기꺼이 따름. 수긍하여 좇음.
▷不肯(불긍)·首肯(수긍)

4 ⑧ [肪]* 방 平 陽 | fáng, ボウ
4262

소전 행서 이름 비계 방 자원 형성. 月+方→肪. 防(방)·放(방)·房(방)·芳(방)과 같이 方(방)이 성부.
새김 비계. 기름기. ¶脂肪(기름 지, —) 동물이나 식물에 들어 있는 기름. 예—質.

4 ⑧ [肤] 부 膚(4335)의 동자·간화자
4263

4 ⑧ [肥]** 비: 本비 平 微 | féi, ヒ
4264

소전 행서 이름 살찔 비: 자원 회의. 月+巴〔節의 이체인 卩의 변형〕→肥. 조절하여 알맞게 살이 찜을 뜻한다.

필순 肥

새김 ❶살찌다. 살이 오르다. ¶肥滿(—, 찰 만) 살이 쪄서 몸이 뚱뚱함. 예—한 사람. ❷기름지다. 땅이 걸다. ¶肥沃(—, 기름질 옥)땅이 걸고 기름짐. 예—한 땅. ❸거름. 비료. ¶施肥(베풀 시, —)거름을 줌. 예—量.
〔肥大〕(비대) ①살이 쪄서 몸집이 크고 뚱뚱함. ②어떠한 기관이 필요 이상으로 커짐.
〔肥料〕(비료) 식물의 성장을 촉진하려고 땅에 주는 영양 물질.
▷天高馬肥(천고마비)·堆肥(퇴비)

4 ⑧ [肾] 신: 腎(4316)의 간화자
4265

4 ⑧ [育]*** 육 入 屋 | yù, イク
4266

소전 행서 본자 育 고자 毓 이름 기를 육 자원 형성. 𠫓+月→育. 月(육)이 성부.

필순 育

새김 ❶기르다. 양육하다. ¶育英(—, 인재 영) 인재를 기름. 예—財團. ❷자라다. 생장하다. ¶發育(자라날 발, —)생물체가 자라남. 예—不全.
〔育林〕(육림) 나무를 심어서 숲을 가꾸는 일.
〔育成〕(육성) 길러서 자라게 함.
〔育兒〕(육아) 어린아이를 기름.
▷教育(교육)·德育(덕육)·飼育(사육)·生育(생육)·養育(양육)·體育(체육)·訓育(훈육)

4 ⑧ [肿] 종: 腫(4327)의 간화자
4267

4 ⑧ [肢]* 지 平 支 | zhī, シ
4268

소전 행서 이름 팔다리 지 자원 형성. 月+支→肢. 枝(지)와 같이 支(지)가 성부.
새김 팔다리. 두 팔과 두 다리. ¶肢體(—, 몸 체)팔다리와 몸. 예—障碍兒.
〔肢骨〕(지골) 사지의 뼈.
▷四肢(사지)·上肢(상지)·下肢(하지)

4 ⑧ [胀] 창: 脹(4319)의 간화자
4269

4 ⑧ [肺]** 폐: 去 隊 | fèi, ハイ
4270

소전 行書 肺 동자 肺 이름 허파 폐: 자원 형성. 月+市→肺. 市(불)의 변음이 성부.

필순 丿 刀 月 月 肝 肝 肺 肺

새김 ❶허파. 폐. ¶肺病(—, 병 병)허파에 생긴 병. 예—患者. ❷마음. 속마음. ¶肺腑(—, 마음 부)마음의 깊은 속. 예—를 찌르는 말.
〔肺氣〕(폐기) 딸꾹질.
〔肺炎〕(폐렴←폐염) 허파의 염증.
〔肺活量〕(폐활량) 숨을 최대 한도로 깊이 들이쉬었다가 힘껏 내쉴 때의 공기의 양.
▷心肺(심폐)

4 ⑧ 〔胁〕 4271 협 脅(4299)의 간화자

4 ⑧ 〔肴〕* 4272 효 平肴 | yáo, コウ

소전 행서 이름 안주 효 자원 형성. 𠂹〔爻의 변형〕+月→肴. 爻(효)가 성부.
새김 안주. 술안주. 요리. ¶酒肴(술 주, —)술과 안주. 예—를 갖추어 대접하다.
〔肴核〕(효핵) 술안주로 차린 반찬과 과일.
▷佳肴(가효)·美肴(미효)

5 ⑨ 〔胛〕* 4273 갑 入洽 | jiǎ, コウ

행서 이름 어깨뼈 갑 자원 형성. 月+甲→胛. 岬(갑)·匣(갑)·閘(갑)과 같이 甲(갑)이 성부.
새김 어깨뼈. ¶肩胛(어깨 견, —)어깻죽지의 뼈가 있는 자리. 예—骨.

5 ⑨ 〔胫〕 4274 경: 脛(4304)의 간화자

5 ⑨ 〔胆〕 4275 담: 膽(4342)의 속자·간화자

5 ⑨ 〔脉〕 4276 맥: 脈(4293)의 속자

5 ⑨ 〔背〕** 4277 배: 去隊 | bèi, ハイ

소전 행서 이름 등 배: 자원 형성. 北+月→背. 北에는 '북' 외에 '배'의 음도 있어, 北(배)가 성부.

필순 丨 丬 丬 丬 北 北 背 背 背

새김 ❶등. 배의 반대쪽. 腹(4322)의 대. ¶腹背(배 복, —)배와 등. 예—受敵. ❷뒤. 뒤쪽. ¶背景(—, 경치 경)뒤편의 경치. 예푸른 하늘을 —으로 삼아 사진을 찍다. ❸등지다. 등 뒤에 두다. ¶背水陣(—, 물 수, 진 진)뒤로 물러설 수 없도록, 강물을 등지고 친 진. 활로를 찾기 위해 필사적으로 성패를 겨룸의 비유. ❹저버리다. 배반하다. ¶背信(—, 믿음 신)신의를 저버림. 예—行爲.
〔背囊〕(배낭) 물건을 넣어 등에 지도록 만든 자루.
〔背叛〕(배반) 등지고 저버림. 배반(背反).
〔背恩忘德〕(배은망덕) 남한테 입은 은덕을 저버리고 배반함.
〔背任〕(배임) 임무를 저버림. 「지 아니한 뒤편.
〔背後〕(배후) ①등 뒤. 뒤쪽. ②정면으로 나서
▷違背(위배)·向背(향배)

5 ⑨ 〔胚〕* 4278 배 平灰 | pēi, ハイ

소전 행서 이름 아이밸 배 자원 형성. 月+丕→胚. 丕(비)의 변음이 성부.
새김 ❶아이를 배다. ¶胚胎(—, 아이밸 태)㉮아이나 새끼를 뱀. 예—도 못 해 본 여자. ㉯인신하여, 어떤 일이 내면적으로 생김의 비유. 예위험성의 —. ❷배. 생물체가 생겨나는 시초로 되는 물질. ¶胚芽(—, 싹 아)종자 안에 있는, 자라서 생물체가 되는 부분.
〔胚子〕(배자) 동물이 수정하여 생긴 태나 알이 새끼가 될 때까지 모체 속에서 보호되고 있는 것.

5 ⑨ 〔胥〕* 4279 ㊀서 平魚 | xū, ショ ㊁서: 上語 | xǔ, ショ

소전 행서 이름 ㊀서로 서 ㊁아전 서: 자원 형성. 疋+月→胥. 疋(서)가 성부.
새김 ㊀서로. 상호. ¶胥怨(—, 원망할 원)서로 원망함. ㊁아전. 구실아치. ¶胥吏(—, 아전 리)아전.

5 ⑨ 〔胃〕** 4280 위 ㊍위: 去未 | wèi, イ

소전 행서 이름 위 위 자원 회의. 田+月→胃. 田은 위의 모양. 이에 月을 더하여 오장의 하나인 위를 뜻한다.

필순 丶 冂 冂 冊 田 甲 胃 胃 胃

새김 위. 밥통. 소화 기관의 하나. ¶胃酸(—, 산 산)위액에 포함되어 있는 산성 물질. 예—過多症.
〔胃癌〕(위암) 위에 생기는 암.

〔胃腸〕(위장) 위와 창자.
〔胃痛〕(위통) 위가 아픈 증세.
▷健胃(건위)·脾胃(비위)·調胃(조위)

5 ⑨ 〔胤〕* 윤: ㊍인: 去震 | yìn, イン
4281

소전 행서 이름 이을 윤: 자원 회의. 八+幺+月→胤. 八은 길게 뻗다. 幺는 겹치다의 뜻. 혈통으로 이어지는 자손이 대를 이어 나간다는 뜻.
새김 ❶잇다. 계승하다. ¶胤玉(―, 구슬 옥)남의 아들에 대한 높임말. ㊐允玉(윤옥). ❷혈통. 가계. 또는 후사. 후손.

5 ⑨ 〔冑〕* 주 ㊍주: 去宥 | zhòu, チュウ
4282

소전 행서 이름 ㊀맏아들 주 ㊁투구 주 자원 형성. 由+月→冑. 紬(주)와 같이 由(유)의 변음이 성부. 참고 ㊁는 종래에는 冂부 7획으로, ㊀과는 딴 자로 다루었으나, 자형과 운통과 자음이 똑같기에 여기에 합쳐서 다룬다.
새김 ㊀맏아들. 가계를 잇는 후사. ¶冑孫(―, 손자 손)적자의 맏아들. ㊁투구. 무사가 방위용으로 쓰던, 쇠로 만든 모자. ¶甲冑(갑옷 갑, ―)갑옷과 투구. ㊄―를 갖춘 무사.
〔冑裔〕(주예) 자손. 후손.
〔冑子〕(주자) 임금의 맏아들. 인신하여, 맏아들.

5 ⑨ 〔胎〕* 태 平灰 | tāi, タイ
4283

소전 행서 이름 아이밸 태 자원 형성. 月+台→胎. 殆(태)·怠(태)·苔(태)와 같이 台(태)가 성부.
새김 ❶아이를 배다. ¶孕胎(아이밸 잉, ―)아이를 뱀. ㊐姙娠(임신). ❷태아. 뱃속에 있는 아이. ¶落胎(떨어질 락, ―)달이 차기 전에 죽은 태아를 낳음. ❸태. 태반. ¶胎内(―, 안 내)태의 속. ㊄―에서 아이가 꿈틀거리다.
〔胎教〕(태교) 임신한 여자가 태아에게 좋은 영향을 주기 위하여 언행을 삼가는 일.
〔胎氣〕(태기) 아기를 밴 기미.
〔胎動〕(태동) 배 안에서 태아가 움직임. 인신하여, 어떤 사물 현상이 생기려고 싹트기 시작함의 비유.
〔胎夢〕(태몽) 아이를 밸 징조(徵兆)의 꿈.
〔胎生〕(태생) ①태어남. ②모태(母胎) 안에서 일정한 기간 발육한 뒤에 출생하는 일.
〔胎兒〕(태아) 뱃속에 있는 아이.
〔胎中〕(태중) 아이를 배어 가지고 있는 동안.
▷動胎(동태)·母胎(모태)·胚胎(배태)·受胎(수태)·換骨奪胎(환골탈태)

5 ⑨ 〔胏〕 폐: 肺(4270)와 동자
4284

5 ⑨ 〔胞〕** 포 平肴 | bāo, ホウ
4285

소전 행서 이름 삼 포 자원 형성. 月+包→胞. 抱(포)·苞(포)와 같이 包(포)가 성부.

필순 丿 刀 月 月 月' 肑 肑 肑 胞

새김 ❶삼. 태아를 싸고 있는 막. ¶胞胎(―, 태태)태아를 싸고 있는 삼과 태. ❷동기. 형제 자매. ¶同胞(같을 동, ―)같은 민족의 사람을 형제 자매와 같이 보고 이르는 말. ㊄七千萬―. ❸세포. 생물체를 이루고 있는 원형질. ¶胞子(―, 어조사 자)버섯·이끼 등 꽃이 피지 않는 식물에 있는 무성 생식 세포. ㊄―繁殖.
〔胞宮〕(포궁) 아기집. 자궁(子宮).
▷僑胞(교포)·細胞(세포)

5 ⑨ 〔胡〕** 호 平虞 | hú, コ
4286

소전 행서 이름 오랑캐 호 자원 형성. 古+月→胡. 岵(호)와 같이 古(고)의 변음이 성부.

필순 一 十 十 古 古 古 刮 胡 胡

새김 ❶오랑캐. 고대의 중국의 북방과 서방에 살았던 소수 민족. ㊄丙子胡亂(병자호란) ❷어찌. 의문이나 반어의 뜻을 나타낸다. ¶胡不歸(―, 아니할 불, 돌아갈 귀)㉮어찌 돌아가지 아니하겠느냐? 돌아가겠다는 뜻. ㉯어찌 돌아가지 않느냐? 돌아가라의 뜻.
〔胡國〕(호국) 북쪽 변방의 나라.
〔胡亂〕(호란) 國호인(胡人)들이 일으킨 난. ㊄丙子―.
〔胡人〕(호인) 중국 북방과 서역에 거주하던 민족.

6 ⑩ 〔胱〕* 광 平陽 | guāng, コウ
4287

행서 이름 방광 광 자원 형성. 月+光→胱. 侊(광)·洸(광)과 같이 光(광)이 성부.
새김 방광(膀胱). 오줌통.

6 ⑩ 〔胶〕 교 膠(4333)의 간화자
4288

6 ⑩ 〔脓〕 농 膿(4341)의 간화자
4289

6 ⑩ 〔脑〕 뇌 腦(4321)의 간화자
4290

6 ⑩ 〔能〕*** 능 平蒸 | néng, ノウ
4291

소전 행서 이름 능할 능 자원 상형. 큰 입을 벌리고 있는, 전설상의 짐승인 곰의 일종의 모양. 새김은 가차.

필순

새김 ❶능하다. 잘하다. ¶能力(一, 힘 력)어떤 일을 잘할 수 있는 힘. 예―이 있다. ❷능력. 일을 처리할 수 있는 힘. ¶才能(재주 재, 一)재주와 능력. 예남다른 ―을 가졌다. ❸능히. 잘. 〔論語〕愛之能勿勞乎(애지 능 물로호) 이를 사랑하면 능히 수고롭게 함이 없겠느냐? 수고롭게 한다는 뜻.
〔能爛〕(능란) 솜씨가 익숙함.
〔能率〕(능률) 일정한 동안에 할 수 있는 일의 비율.
〔能手〕(능수) 일에 능란한 솜씨. 또는 그러한 사람.
〔能熟〕(능숙) 능하고 익숙함. 예―한 솜씨.
〔能通〕(능통) 어떤 일에 통달함.
▷可能(가능)·技能(기능)·多能(다능)·萬能(만능)·本能(본능)·性能(성능)·效能(효능)

6 ⑩ 〔胴〕* 동: 去送 | dòng, ドウ
4292

행서 이름 몸통 동: 자원 형성. 月＋同→胴. 洞(동)·銅(동)과 같이 同(동)이 성부.
새김 몸통. ¶胴體(一, 몸 체) 머리·팔·다리·꼬리·날개 등을 제외한 부분. 예비행기의 ―.

6 ⑩ 〔脈〕** 맥 入陌 | mài, ミャク
4293

행서 속자 脉 이름 맥 맥 자원 회의. 月＋𠂢→脈. 𠂢는 갈라져 흐르는 물줄기. 몸에 물줄기처럼 갈라져 퍼져 있는 혈맥을 뜻한다.

필순

새김 ❶맥. ㉠혈맥. 혈관. ¶動脈(움직일 동, 一) 심장에서 나오는 피를 몸의 각 부분에 보내는 혈관. 예―硬化症. ㉡맥박(脈搏). 심장의 운동에 의하여 일어나는 동맥의 율동적인 움직임. 예―이 뛰다. ❷줄기. ¶山脈(산 산, 一)산이 이어진 줄기. 예小白―. ❸이어진 계통. ¶脈絡(一, 통로 락)사물의 잇닿아 있는 통로. 예―이 끊기다. ❹國기운이나 힘. 예脈이 빠지다.
〔脈動〕(맥동) 맥박이 뜀. 또는 맥박처럼 끊임없이 주기적으로 일어나는 움직임.
〔脈脈〕(맥맥) 끊어짐이 없이 줄기차게.
▷經脈(경맥)·亂脈(난맥)·命脈(명맥)·文脈(문맥)·水脈(수맥)·人脈(인맥)·靜脈(정맥)·地脈(지맥)·診脈(진맥)·血脈(혈맥)

6 ⑩ 〔脏〕 장: 臟(4350)의 간화자
4294

6 ⑩ 〔脐〕 제 臍(4348)의 간화자
4295

6 ⑩ 〔脂〕* 지 平支 | zhī, シ
4296

소전 행서 이름 기름 지 자원 형성. 月＋旨→脂. 指旨(지)가 성부.
새김 ❶기름. 동물의 비계. ¶脂肪(一, 비계 방) 동물이나 식물에 들어 있는 기름. 예―質. ❷진. 식물의 진. ¶樹脂(나무 수, 一)나무의 진. ❸연지. 화장품의 한 가지. ¶脂粉(一, 분 분)연지와 분.
〔脂肉〕(지육) 기름기와 살코기.
▷臙脂(연지)·油脂(유지)·凝脂(응지)

6 ⑩ 〔脊〕* 척 入陌 | jǐ, セキ
4297

소전 행서 이름 등골뼈 척 자원 회의. 𠦬＋月→脊. 𠦬는 등골뼈의 모양. 이에 月을 더하여 몸에 있는 등골뼈를 뜻한다.
새김 ❶등골뼈. ¶脊椎(一, 등뼈 추)등골뼈. 예―動物. ❷등. 등마루. ¶山脊(산 산, 一)산등성이.
〔脊梁〕(척량) 등마루. 등줄기.
〔脊髓〕(척수) 등골뼈 안에 있는 신경 중추.
▷屋脊(옥척)

6 ⑩ 〔脆〕* 취: 去霽 | cuì, ゼイ
4298

소전 행서 이름 무를 취: 자원 형성. 月＋危〔絶의 생략체인 色의 변형〕→脆. 絶(절)의 변음이 성부.
새김 무르다. 연하다. 연약하다. ¶脆弱(一, 약할 약) 무르고 약함. 인신하여, 허약하고 가냘픔. 예안보 태세의 ―點을 점검하다.

6 ⑩ 〔脅〕** ㊀협 入葉 | xié, キョウ
㊁협 本흡 入緝 | xī, キョウ
4299

소전 행서 동자 脇 간화 胁 이름 ㊀으를 협 ㊁움츠릴 협 자원 형성. 月＋劦→脇→脅. 協(협)과 같이 劦(협)이 성부. 참고 脅과 脇은 동자이지만, ㊀의 ❶과 ㊁

의 새김일 때는 脅으로 쓰고, 一의 ❷의 새김일 때는 脇으로 쓰는 것이 관용의 통례이다.

필순 ㄱ 力 力 カ 刕 劦 脅 脅 脅 脅

새김 一❶으르다. 핍박하다. ¶脅迫(—, 핍박할 박)을러메면서 핍박함. 예恐喝—. ❷곁. 옆. ¶脅書(—, 쓸 서)본문 옆에 따로 글을 적음. 또는 적은 그 글. 二움츠리다. 옹송그리다. ¶脅肩諂笑(—, 어깨 견, 아첨할 첨, 웃을 소)어깨를 움츠리고 아첨하느라 아양을 부리며 웃음.

〔脅杖〕(협장) 다리가 온전하지 못한 사람이 겨드랑이에 끼고 의지하여 걷는 지팡이.

▷威脅(위협)

6 ⑩ 〔脇〕* 4300 협 脅(4299)과 동자

6 ⑩ 〔脍〕 4301 회: 膾(4347)의 약자·간화자

6 ⑩ 〔胸〕*** 4302 흉 平冬 xiōng, キョウ

행서 胸 이름 가슴 흉 자원 형성. 月+匈→胸. 匈(흉)이 성부.

필순 丿 刀 月 月 肑 肑 肑 胸 胸 胸

새김 ❶가슴. 목 아래, 배 위의 부분. ¶胸像(—, 형상 상)가슴까지의 사람의 형상을 새긴 조각이나 그린 그림. 예이승만 박사의 —. ❷마음. ¶胸中(—, 속 중)마음 속. 예—所懷.

〔胸襟〕(흉금) 가슴 속에 품은 생각.

〔胸背〕(흉배) ①가슴과 등. ②國관복의 가슴과 등에 붙이던 수놓은 헝겊 조각.

〔胸部〕(흉부) 가슴 부분.

7 ⑪ 〔脚〕*** 4303 각 入藥 jiǎo·jué, キャク

소전 脚 행서 脚 이름 다리 각 자원 형성. 月+却→脚. 却(각)이 성부.

필순 丿 刀 月 月 肚 肚 肚 肚 脚 脚

새김 ❶다리. 발. ㉠사람이나 동물의 다리. ¶健脚(튼튼할 건, —)튼튼한 다리. 곧 걸음을 잘 걸을 수 있는 다리. 또는 그런 다리를 가진 사람. 예마라톤 경기에 참가한 —들. ㉡물체의 다리나 발. ¶橋脚(다리 교, —)다릿발. 다리의 건너지른 부분을 받치는 다리. 예—을 세우다. ❷어떤 자리의 아래쪽. ¶脚註(—, 주 주)책 본문의 아래쪽에 따로 단 주. ❸시구의 끝. ¶脚韻(—, 운 운)한시에서 각 시구의 끝에 다는 운. ❹발판. ¶失脚(잃을 실, —)발판을 잃음. 곧 차지하고 있던 지위를 잃음. ❺밟다. 밟고 다니다. ¶行脚(다닐 행, —)어떤 목적으로 여기저기 돌아다님. 예詐欺—. ❻희곡 중의 인물의 유형. ¶脚色(—, 빛 색)문학 작품을 극이나 영화로 만들기 위하여 각본으로 고쳐 씀.

〔脚光〕(각광) ①무대 전면의 아래쪽에서 배우를 비추는 불빛. ②사회의 주목을 끄는 일.

〔脚氣〕(각기) 비타민 B가 모자라서 생기는 영양 실조의 하나로, 다리가 마비되고 부음.

〔脚本〕(각본) 영화나 연극의 대본(臺本).

〔脚線美〕(각선미) 다리의 곡선에서 느끼는 아름다움.

▷馬脚(마각)·三脚(삼각)

7 ⑪ 〔脛〕* 4304 경: 本형: 去徑 jìng, ケイ

소전 脛 행서 脛 간화 胫 이름 정강이 경: 자원 형성. 月+巠→脛. 輕(경)·勁(경)·莖(경)과 같이 巠(경)이 성부.

새김 정강이. 또는 새나 짐승의 다리. ¶鶴脛(학 학, —)학의 다리.

〔脛骨〕(경골) 정강이뼈.

7 ⑪ 〔脳〕 4305 뇌 腦(4321)의 약자

7 ⑪ 〔脩〕* 4306 수 平尤 xiū, シュウ

소전 脩 행서 脩 통용 修 이름 포 수 자원 형성. 攸+月→脩. 攸(유)의 변음이 성부.

새김 ❶포. 말린 고기. ¶束脩(묶을 속, —)묶음으로 된 육포. ❷길다. 밋밋하다. ¶脩竹(—, 대 죽)밋밋하게 자란 대. ❸닦다. 학습하다. 수양하다. 참고 오늘날은 주로 修(0259)로만 쓴다.

〔脩短〕(수단) 길고 짧음. ㉮길이의 장단. ㉯수명의 길고 짧음. ㉰장점과 단점.

7 ⑪ 〔脣〕** 4307 순 平眞 chún, シン

소전 脣 행서 脣 이름 입술 순 자원 형성. 辰+月→脣. 辰(신)의 변음이 성부.

필순 一 厂 厂 尸 尼 尼 辰 辰 脣 脣

새김 입술. ¶脣亡齒寒(—, 잃을 망, 이 치, 시릴 한)입술이 없어지면 이가 시림. 이해 관계가 서로 밀접하여, 어느 한 쪽의 멸망이 곧 다른쪽의 위기가 됨의 비유.

〔脣音〕(순음) 입술이 맞닿아 나는 'ㅁ·ㅂ·ㅃ·ㅍ' 따위의 소리. 입술소리.

〔脣齒〕(순치) ①입술과 이. ②서로 가까이 있고 이해 관계가 긴밀한 사이의 비유.

7 ⑪ 〔脘〕* 완: ㊍관: 上旱 | wǎn, カン
4308

소전 행서 이름 밥통 완: 자원 형성. 月+完→脘. 浣(완)·莞(완)과 같이 完(완)이 성부.
새김 밥통. 위장.

7 ⑪ 〔脫〕*** 탈 入曷 | tuō, タツ
4309

소전 행서 이름 벗을 탈 자원 형성. 月+兌→脫. 兌에는 '태' 외에 '탈' 음도 있어, 兌(탈)이 성부.

필순 丿 刀 月 月 月' 月'' 肸 肸 脫 脫

새김 ❶벗다. 옷이나 모자를 벗다. ¶脫衣(—, 옷 의)옷을 벗음. 예—室. ❷벗어나다. ㉠일정한 범위나 한계 밖으로 빠져 나오다. ¶脫走(—, 달아날 주)몰래 빠져나와 달아남. 예—者. ㉡일정한 책임이나 일에서 벗어나다. ¶脫稿(—, 원고 고)원고 쓰는 일에서 벗어남. 곧 원고의 집필을 끝냄. ㉢일정한 규칙이나 체계에서 벗어나다. ¶脫線(—, 선로 로) 차량의 바퀴가 궤도에서 벗어남. ❸빠지다. ¶脫毛(—, 털 모)털이 빠짐. 예—症.
〔脫殼〕(탈각) 곤충류 등이 허물을 벗음.
〔脫穀〕(탈곡) 곡식의 낟알을 이삭에서 떨어냄.
〔脫落〕(탈락) 어떤 데에 끼지 못하고 빠지거나 떨어져 나감.
〔脫漏〕(탈루) 빠지고 샘.
〔脫出〕(탈출) 빠져 나감.
〔脫退〕(탈퇴) 물러남. 또는 관계를 끊고 빠져나옴.
〔脫皮〕(탈피) 國①가죽이나 껍질을 벗김. ②낡은 방식에서 완전히 벗어남.
▷離脫(이탈)·超脫(초탈)·解脫(해탈)

7 ⑪ 〔脯〕* 포 ㊍포: 上麌 | fǔ, ホ
4310

소전 행서 이름 포 포 자원 형성. 月+甫→脯. 甫에는 '보' 외에 '포' 음도 있어, 浦(포)·逋(포)·圃(포)와 같이 甫(포)가 성부.
새김 포. 말린 고기. ¶肉脯(고기 육, —)쇠고기로 만든 포. 예—를 뜨다.
〔脯肉〕(포육) 포. 얇게 저며 양념해서 말린 고기.
〔脯醯〕(포혜) 포육과 식혜.
▷魚脯(어포)

8 ⑫ 〔腔〕* 강 平江 | qiāng, コウ
4311

소전 행서 이름 빈속 강 자원 형성. 月+空→腔. 空(공)의 변음이 성부.
새김 빈 속. 몸 속의 비어 있는 곳. ¶口腔(입 구, —)입 안. 예—衛生.
〔腔腸〕(강장) 강장 동물의 몸통.
▷滿腔(만강)·腹腔(복강)·鼻腔(비강)·膣腔(질강)

8 ⑫ 〔腊〕 랍 臘(4349)의 간화자
4312

8 ⑫ 〔腐〕** 부: 上麌 | fǔ, フ
4313

소전 행서 이름 썩을 부: 자원 상형. 府+肉→腐. 俯(부)·腑(부)와 같이 府(부)가 성부.

필순 丶 亠 广 庁 庁 府 府 腐 腐 腐

새김 ❶썩다. ¶腐敗(—, 썩을 패)썩음. 예—한 음식물. ❷썩이다. 마음을 썩이다. ¶腐心(—, 마음 심)근심 걱정으로 마음을 썩임. 예切齒—. ❸낡다. 오래되어 쓸모가 없다. ¶陳腐(묵을 진, —)케케묵고 낡음. 예—한 이론.
〔腐蝕〕(부식) ①썩고 벌레가 먹음. ②외부적 환경과의 상호작용에 의하여 금속이 저절로 소모되는 현상. ③암석이 공기와 물의 작용으로 화학적 변화를 일으키는 현상.
〔腐刑〕(부형) 남자 생식기를 없애는 형벌. 궁형(宮刑).
▷豆腐(두부)·防腐劑(방부제)

8 ⑫ 〔腑〕* 부: 上麌 | fǔ, フ
4314

행서 이름 내장 부: 자원 형성. 月+府→腑. 俯(부)·腐(부)와 같이 府(부)가 성부.
새김 내장. 장부(臟腑). 오장 육부. ¶肺腑(허파 폐, —)사람의 몸 안에 있는 내장. 인신하여, 마음의 깊은 속의 비유. 예—를 찌르는 말.

8 ⑫ 〔脾〕* 비 平支 | pí, ヒ
4315

소전 행서 이름 지라 비 자원 형성. 月+卑→脾. 婢(비)·痺(비)와 같이 卑(비)가 성부.
새김 지라. 비장(脾臟). 오장의 하나. ¶脾胃(—, 위 위)지라와 위. 인신하여, ㉮어떤 일을 하고 싶거나 어떤 음식을 먹고 싶은 생각. 예—를 돋우다. ㉯음식이나 일을 받아 삭여내거나 감당하여 내는 성미. 예—를 맞추다.

8 ⑫ 〔腎〕* 신: 上軫 | shèn, シン
4316

소전 행서 간화 肾 이름 콩팥 신: 자원 형성. 臤+月→腎. 臤(긴)

의 변음이 성부.
새김 ❶콩팥. 신장(腎臟). ❷불알. 신낭(腎囊).

8 ⑫ 〔腋〕* 액 入陌 yè, エキ
4317

행서 腋 이름 겨드랑이 액 자원 형성. 月+夜→腋. 夜에는 '야' 외에 '액'의 음도 있어, 液(액)·掖(액)과 같이 夜(액)이 성부.
새김 겨드랑이. ¶腋臭(—, 냄새 취)겨드랑이에서 나는 좋지 못한 냄새. 예—를 발산하다.
〔腋氣〕(액기) 암내. 겨드랑이에서 나는 고약한 냄새.

8 ⑫ 〔腕〕* 완: 去翰 wàn, ワン
4318

행서 腕 이름 팔뚝 완: 자원 형성. 月+宛→腕. 婉(완)·豌(완)과 같이 宛(완)이 성부.
새김 ❶팔뚝. 팔꿈치로부터 손목까지의 부위. 또는 팔. ¶腕章(—, 표지 장)무엇을 나타내기 위하여 팔에 두르는, 천 따위로 만든 표지. 예—을 두른 자원봉사자. ❷솜씨. 기량. ¶手腕(솜씨 수, —)일을 다루어 운영하는 솜씨. 예—이 좋다.
〔腕力〕(완력) ①팔의 힘. ②육체적으로 억압하는 힘.
▷敏腕(민완)·上腕(상완)·右腕(우완)·左腕(좌완)

8 ⑫ 〔脹〕* 창: 去漾 zhàng, チョウ
4319

행서 脹 간화 胀 이름 부을 창: 자원 형성. 月+長→脹. 長(장)의 변음이 성부.
새김 ❶붓다. 부어 오르다. ¶腹脹(배 복, —)배가 부어 오름. 예—症. ❷부풀다. 부피가 커지다. ¶膨脹(부풀 팽, —)膨(4340)을 보라.
〔脹滿〕(창만) ①배가 잔뜩 부름. ②배가 부어 오르는 병.

9 ⑬ 〔腱〕* 건: 去願 jiàn, ケン
4320

행서 腱 이름 힘줄 건: 자원 형성. 月+建→腱. 健(건)·鍵(건)과 같이 建(건)이 성부.
새김 힘줄. 건. 예아킬레스腱.

9 ⑬ 〔腦〕** 뇌 本노: 上皓 nǎo, ノウ
4321

소전 [篆] 행서 腦 약자 脳 간화 脑 이름 뇌 뇌 자원 회의. 月+𡿺→腦. 𡿺는 드리워진 머리카락 밑에 있는 머릿골의 모양. 이에 다시 月을 더하여 뇌를 나타낸다.

필순 丿 刀 月 月⺍ 月⺍ 月⺍ 月⺍ 腦 腦 腦

새김 ❶뇌. 두개골 속에 있는 신경 계통의 중추. ¶大腦(큰 대, —)정신 작용을 맡은 뇌수의 한 부분. ❷머리. 또는 중심 인물. ¶首腦(머리 수, —)국가나 단체의 가장 높은 지위에 있는 사람. 예—部.
〔腦死〕(뇌사) 뇌의 기능이 완전히 정지되어 있는 상태.
〔腦髓〕(뇌수) 머릿골. 뇌.
〔腦炎〕(뇌염) 뇌수에 염증이 생기어 일어나는 병의 총칭.
〔腦溢血〕(뇌일혈) 뇌의 혈관이 터져 피가 뇌 속에 흘러나오는 병.
▷肝腦(간뇌)·頭腦(두뇌)·小腦(소뇌)

9 ⑬ 〔腹〕** 복 入屋 fù, フク
4322

소전 [篆] 행서 腹 이름 배 복 자원 형성. 月+复→腹. 復(복)·複(복)과 같이 复(복)이 성부.

필순 丿 刀 月 月' 月ᅩ 肵 胙 胙 腹 腹

새김 ❶배. 사람이나 동물의 배. ¶腹痛(—, 아플 통)배가 아픔. 또는 배앓이. 예腰折—. ❷마음. 속마음. ¶腹案(—,안 안)마음 속으로 생각하고 있는 안. 예—을 세우다. ❸가운데. 지형이나 사물의 중심 부분. ¶中腹(가운데 중, —)산이나 고개 등의 중턱. 예山 —에 나 있는 길. ❹믿고 의지하는 사람. ¶心腹(마음 심, —)마음으로 믿고 의지하는 사람. 예—을 시켜 몰래 살펴보다.
〔腹膜〕(복막) 복벽(腹壁)의 안쪽에서 내장 기관들을 싸고 있는 얇은 막.
〔腹背〕(복배) ①배와 등. ②앞과 뒤.
〔腹部〕(복부) 배 부분.
▷空腹(공복)·同腹(동복)·滿腹(만복)·私腹(사복)·遺腹(유복)·異腹(이복)

9 ⑬ 〔腺〕* 선 xiàn, セン
4323

행서 腺 이름 선 선 자원 형성. 月+泉→腺. 線(선)과 같이 泉(천)의 변음이 성부.
새김 선. 몸 안의 분비·배설 작용을 하는 기관. 예淋巴腺(임파선)·甲狀腺(갑상선).
〔腺毛〕(선모) 곤충이나 식물의 몸 겉쪽에 있으면서 점액을 분비하는 털.
▷淚腺(누선)·分泌腺(분비선)·乳腺(유선)·扁桃腺(편도선)

9 ⑬ 〔腥〕* 성 平青 xīng, セイ
4324

소전 腥 행서 腥 이름 비릴 성 자원 형성. 月＋星→腥. 醒(성)·惺(성)과 같이 星(성)이 성부.
새김 ❶비리다. 또는 비린내. ¶腥血(—, 피 혈) 비린내 나는 피. 예싸움터의 —. ❷날고기. 익히지 않은 고기. 〔論語〕君賜₂腥₁(군사성) 임금이 날고기를 하사하다.

9 ⑬ 〔腰〕** 요 平蕭 yāo, ヨウ
4325

행서 腰 이름 허리 요 자원 형성. 月＋要→腰. 要(요)가 성부.
필순 丿 刀 月 月 ... 腰

새김 ❶허리. ㉠인체의 허리. ¶腰帶(—, 띠 대) 허리띠. ㉡사물의 중간 부분. ¶山腰(산 산, —) 산허리.
〔腰折〕(요절) ①허리가 부러짐. ②너무 우스워서 허리가 부러질 듯함. 예— 腹痛.
〔腰痛〕(요통) 허리가 아픈 증세.
▷細腰(세요)

9 ⑬ 〔腸〕** 장 平陽 cháng, チョウ
4326

소전 腸 행서 腸 간화 肠 이름 창자 장 자원 형성. 月＋昜→腸. 場(장)과 같이 昜(양)의 변음이 성부.
필순 丿 刀 月 ... 腸

새김 창자. 밸. ㉠소화 기관의 하나. ¶大腸(큰 대, —)소장에 이어져 항문까지 이르는 소화관의 한 부분. ㉡마음·감정의 비유. ¶斷₂腸₁(끊어질 단, —)창자가 끊어지는 듯한, 애타는 슬픔의 형용. 예—의 슬픔.
〔腸壁〕(장벽) 창자 내부의 벽.
〔腸胃〕(장위) ①창자와 밥통. ②사물의 중심이 되는 요긴한 곳.
▷腔腸(강장)·灌腸(관장)·小腸(소장)·羊腸(양장)·胃腸(위장)

9 ⑬ 〔腫〕* 종: 上腫 zhǒng, シヨウ
4327

소전 腫 행서 腫 간화 肿 이름 종기 종: 자원 형성. 月＋重→腫. 種(종)·鍾(종)과 같이 重(중)의 변음이 성부.
새김 ❶종기. 부스럼. ¶腫瘍(—, 종기 양)몸에 생기는 혹의 한 가지. 예惡性 —. ❷붓다. ¶浮腫(뜰 부, —)몸이 붓는 병. 예産後의 —.
〔腫氣〕(종기) 피부에 생기는 곪는 병.
〔腫毒〕(종독) 종기의 독기.

10 ⑭ 〔膈〕* 격 入陌 gé, カク
4328

행서 膈 이름 횡격막 격 자원 형성. 月＋鬲→膈. 隔(격)과 같이 鬲(격)이 성부.
새김 횡격막(橫隔膜). 포유 동물의 가슴과 배 사이의 막. 동膈膜(격막)

10 ⑭ 〔膏〕* ㊀고 平豪 gāo, コウ ㊁고 本고: 去號 gào, コウ
4329

소전 膏 행서 膏 이름 ㊀기름 고 ㊁적실 고 자원 형성. 高＋月→膏. 槁(고)·敲(고)·翯(고)와 같이 高(고)가 성부.
새김 ㊀❶기름. 동물의 지방. ¶膏血(—, 피 혈) 사람의 기름과 피. 백성들을 착취하여 얻는 이익의 비유. 예—을 짜내다. ❷기름지다. 비옥하다. ¶膏壤(—, 땅 양)기름진 땅. 동沃土(옥토). ❸고약. 종기나 상처에 바르는 약. ¶軟膏(부드러울 연, —)기름·와셀린 등을 경고에 섞어서 만든 고약. ❹고황. ¶膏肓(—, 고황 황) 심장과 횡격막의 사이. 치료할 수 없는 곳으로 여겨온다. 예병이 —에 들다. ㊁적시다. 기름지게 하다. ¶膏雨(—, 비 우)농작물을 알맞게 적시어 주는 비.
〔膏粱珍味〕(고량진미) 기름진 고기와 좋은 곡식으로 만든 맛있는 음식.
〔膏藥〕(고약) 종기나 상처에 붙이는 끈적끈적한 약.
〔膏澤〕(고택) ①남의 은혜나 덕택. ②비나 이슬의 혜택.
〔膏土〕(고토) 기름진 땅.
▷硬膏(경고)·脂膏(지고)

10 ⑭ 〔膊〕* 박 入藥 bó, ハク
4330

소전 膊 행서 膊 이름 팔 박 자원 형성. 月＋尃→膊. 博(박)·縛(박)과 같이 尃(박)이 성부.
새김 팔. 어깨에서 손목까지의 부위. ¶上膊(위 상, —)어깨로부터 팔굽까지의 부분. 예—骨.

10 ⑭ 〔膀〕* 방 平陽 páng, ボウ
4331

소전 膀 행서 膀 이름 방광 방 자원 형성. 月＋旁→膀. 傍(방)·謗(방)과 같이 旁(방)이 성부.
새김 방광(膀胱). 오줌통.

10 ⑭ 〔腿〕* 퇴: 上賄 tuǐ, タイ
4332

행서 腿 이름 넓적다리 퇴: 자원 형성. 月＋退→腿. 褪(퇴)와 같이 退(퇴)가 성부.
새김 넓적다리. 또는 넓적다리와 정강이. ¶大腿

(큰 대, 一)넓적다리. ㊎━骨.

11 ⑮ 〖膠〗* 교 平肴 jiāo, コウ
4333

소전 膠 행서 膠 간화 胶 이름 갖풀 교 자원 형성. 月＋翏→膠. 翏(료)의 변음이 성부.
새김 ❶갖풀. 동물의 가죽이나 뼈를 고아서 만든 접착제. ¶阿膠(아교 皿, 一)갖풀. ❷달라붙다. ¶膠着(一, 붙을 착)㉮아주 단단히 달라붙음. ㊎━力. ㉯사물이나 현상이 어떤 상태에 머물러 옴쭉하지 아니함. ㊎━狀態.
〔膠質〕(교질) 물질의 끈끈한 성질.
▷魚膠(어교)

11 ⑭ 〖膜〗* 막 入藥 mó, マク
4334

소전 膜 행서 膜 이름 막 막 자원 형성. 月＋莫→膜. 漠(막)·幕(막)·寞(막)과 같이 莫(막)이 성부.
새김 막. 물질의 겉을 싸고 있는 얇은 꺼풀. ¶鼓膜(진동시킬 고, 一)귀청. ㊎━을 찢는 듯한 폭음.
〔膜翅類〕(막시류) 얇고 투명한 막으로 된 날개가 있는 곤충의 한 가지. 벌·개미 따위.
▷角膜(각막)·結膜(결막)·肋膜(늑막)·粘膜(점막)

11 ⑮ 〖膚〗* 부 平虞 fū, フ
4335

소전 膚 행서 膚 동자 간화 肤 이름 살갗 부 자원 형성. 虍〔盧의 생략체〕＋月→膚. 盧(로)의 변음이 성부.
새김 ❶살갗. 몸의 거죽. ¶皮膚(가죽 피, 一)사람이나 동물의 몸을 싸고 있는 겉껍질. ㊎━色. ❷천박하다. 아는 것이 얕다. ¶膚淺(一, 얕을 천)지식이 천박함.
〔膚受之愬〕(부수지소) 피부에 와 닿는 간절한 하소연. 일설에는, 차츰 믿게 되는 남을 헐뜯는 말.
▷肌膚(기부)·氷膚(빙부)·雪膚(설부)·身體髮膚(신체발부)

11 ⑮ 〖膝〗* 슬 入質 xī, シツ
4336

소전 膝 행서 膝 이름 무릎 슬 자원 형성. 月＋桼→膝. 桼(칠)의 변음이 성부.
새김 무릎. ¶膝下(一, 아래 하)무릎 아래. 인신하여, 보살핌을 받는 부모나 조부모의 아래. ㊎父母의 ━에서 자라다.
〔膝甲〕(슬갑) 國추위를 막기 위하여 바지 위에 무릎 아래까지 껴 입는 옷.
〔膝行〕(슬행) 무릎을 꿇고 나아감.
▷屈膝(굴슬)·接膝(접슬)

11 ⑮ 〖膣〗* 질 入質 zhì, チツ
4337

행서 膣 이름 질 질 자원 형성. 月＋窒→膣. 窒(질)이 성부.
새김 질. 자궁 아래에 잇달린 관 모양의 여자 생식기의 한 부분. ¶膣腔(一, 빈속 강)질 속의 빈 곳.

12 ⑯ 〖膳〗* 선: 去霰 shàn, ゼン
4338

소전 膳 행서 膳 동자 饍 이름 반찬 선: 자원 형성. 月＋善→膳. 繕(선)·敾(선)과 같이 善(선)이 성부.
새김 ❶반찬. 요리. ¶減膳(줄일 감, 一)나라에 변고가 있을 때, 임금이 근신한다는 뜻으로 수라상의 음식 가짓수를 줄임. ㊎━撤樂. ❷선사하다. 음식물을 곁들어 선사하다. ¶膳物(一, 물품 물)선사로 물건을 줌. 또는 그 물건.
〔膳賜〕(선사) 정의 표시로 물건을 줌.

12 ⑯ 〖膵〗* 췌: 日字 chì, スイ
4339

행서 膵 이름 췌장 췌: 참고 자음이 '취'냐, '췌'냐에 대한 이설이 있으나, 이 사전에서는 일단 대법원공인 인명용 추가한자의 자음을 따랐다.
새김 췌장(膵臟). 위의 아래에 달려, 소화액을 분비하는 소화기의 하나.
〔膵液〕(췌액) 췌장에서 분비되는 무색 무취의 알카리성 소화액.

12 ⑯ 〖膨〗* 팽 ㊍팽: 去敬 pèng, ボウ
4340

행서 膨 이름 부풀 팽 자원 형성. 月＋彭→膨. 彭(팽)이 성부.
새김 부풀다. 부피가 커지다. ¶膨脹(一, 부풀 창)부풀어 띵띵해짐. 인신하여, 세력이나 현상이 정상에서 벗어나게 늘어남. ㊎通貨━.

13 ⑰ 〖膿〗* 농 平冬 nóng, ノウ
4341

행서 膿 간화 脓 이름 고름 농 자원 형성. 月＋農→膿. 濃(농)과 같이 農(농)이 성부.
새김 ❶고름. 곪아서 생기는 액체. ¶膿泡(一, 거품 포)고름. 또는 고름집. ❷곪다. 짓무르다. ¶化膿(될 화, 一)곪아서 고름이 생김.

〔膿瘍〕(농양) 세균의 침입으로 신체 조직 속에 고름이 생기는 종양(腫瘍).
〔膿血〕(농혈) 피고름.

13 ⑰〖膽〗* 담: 上感 | dǎn, タン
4342

소전 행서 속자 간화 胆 이름 쓸개 담: 자원 형성. 月+詹→膽. 擔(담)·澹(담)과 같이 詹(담)이 성부.
새김 ❶쓸개. 담. ¶臥薪嘗膽(누울 와, 섶 신, 맛볼 상, ─) 臥(4352)를 보라. ❷배짱. 기백. ¶膽力(─, 힘 력)배짱의 힘. 곧 겁을 모르는 용감한 기백.
〔膽囊〕(담낭) 쓸개·담. 간장(肝臟)에서 분비하는 담즙(膽汁)을 일시적으로 담아 두는 얇은 주머니.
〔膽大〕(담대) 담력이 큼.
〔膽汁〕(담즙) 간장에서 분비되는 소화액.
▷肝膽(간담)·落膽(낙담)·大膽(대담)·熊膽(웅담)·壯膽(장담)·魂膽(혼담)

13 ⑰〖臀〗* 둔 平元 | tún, テン
4343

행서 이름 볼기 둔 자원 형성. 殿+月→臀. 殿(전)의 변음이 성부.
새김 볼기. 궁둥이. 엉덩이. ¶臀部(─, 부분 부) 몸의 볼기 부분.

13 ⑰〖臂〗* 비: 去寘 | bì, ヒ
4344

소전 행서 이름 팔 비: 자원 형성. 辟+月→臂. 辟에는 '벽' 외에 '피' 음도 있어, 譬(비)와 같이 辟(피)의 변음이 성부.
새김 팔. 어깨에서 손목까지의 부분. ¶臂不外曲(─, 아니할 불, 밖 외, 굽을 곡)팔이 밖으로 굽지 아니함. 가까운 사람에게 인정이 쏠리는 것은 어쩔 수 없는 일이라는 뜻.

13 ⑰〖臆〗* 억 入職 | yì, オク
4345

소전 행서 이름 가슴 억 자원 형성. 月+意→臆. 意에는 '의' 외에 '억' 음도 있어, 億(억)·憶(억)과 같이 意(억)이 성부.
새김 ❶가슴. ¶胸臆(가슴 흉, ─)가슴. ❷추측하다. 지레짐작하다. ¶臆測(─, 헤아릴 측)아마도 이러하리라고 지레짐작함. 또는 정확한 이유나 근거도 없이 하는 추측.
〔臆斷〕(억단) 억측하여 판단함.
〔臆說〕(억설) ①근거 없이 주관적으로 하는 말. ②억측하여 하는 말.

13 ⑰〖膺〗* 응 平蒸 | yīng, ヨウ
4346

소전 행서 이름 가슴 응 자원 형성. 雁+月→膺. 應(응)·鷹(응)과 같이 雁(응)이 성부.
새김 ❶가슴. 흉부. ❷마음. 심중. ¶服膺(생각할 복, ─)교훈을 잊지 아니하고 늘 마음에 두고 생각함. 예拳拳──. ❸치다. 징계하다. ¶膺懲(─, 징계할 징)잘못을 고치도록 징계함. 예악당을 ─할 방도.

13 ⑰〖膾〗* 회: 本괴: 去泰 | kuài, カイ
4347

소전 행서 약자 간화 脍 이름 회 회: 자원 형성. 月+會→膾. 繪(회)·檜(회)와 같이 會(회)가 성부.
새김 회. 잘게 썬 생선이나 고기. ¶膾炙(─, 구운고기 자)날고기의 회와 구운 고기. 널리 상찬을 받으며 사람들의 입에 오르내리며 번져 전해짐의 비유. 예──되던 時調.
▷魚膾(어회)·肉膾(육회)

14 ⑱〖臍〗* 제 平齊 qí, セイ
4348

소전 행서 간화 脐 이름 배꼽 제 자원 형성. 月+齊→臍. 濟(제)·劑(제)·薺(제)와 같이 齊(제)가 성부.
새김 배꼽. ¶臍緖(─, 실마리 서)탯줄.
〔臍帶〕(제대) 탯줄. 제서(臍緖).

15 ⑲〖臘〗* 랍 入合 | là, ロウ
4349

소전 행서 간화 腊 이름 섣달 랍 자원 형성. 月+巤→臘. 蠟(랍)과 같이 巤(렵)의 변음이 성부.
새김 ❶섣달. 음력 12월. ¶臘月(─, 달 월)섣달. ❷납일(臘日). 음력 12월 8일. 석존(釋尊)이 성도(成道)한 날. 일설에는, 동지(冬至) 후 세번째의 술일(戌日). 이 날 모든 신에게 세모의 제사를 올린다.
〔臘尾〕(납미) 세밑. 연말(年末).
〔臘享〕(납향) 國납일에, 한 해 동안의 농삿일과 그 밖의 일을 신에게 고하는 제사.
▷舊臘(구랍)·法臘(법랍)·正臘(정랍)

18 ㉒〖臟〗** 장: 去漾 | zàng, ソウ
4350

행서 臟 간화 脏 이름 내장 장: 자원 형성. 月+藏→臟. 欌(장)과 같이 藏(장)이 성부.

필순 月 月⁺⁺ 月⁺⁺ 肝 肝 肝 臓 臓 臟 臟

새김 내장. 몸 안에 있는 여러 기관의 총칭. ¶五臟(다섯 오, ―)간장·심장·비장·폐장·신장의 다섯 가지 내장. 예― 六腑.
〔臟器〕(장기) 내장의 기관(器官).
〔臟腑〕(장부) ①오장(五臟)과 육부(六腑). 내장의 총칭. ②마음 속. 흉중(胸中).
▷肝臟(간장)·內臟(내장)·腎臟(신장)·心臟(심장)·肺臟(폐장)

6 획 부수 臣 部

▷명칭: 신하신
▷쓰임: 자형상의 분류를 위해 설정한 부수이다.

0 ⑥ 〔臣〕*** 신 平眞 chén, シン
4351

소전 行書 이름 신하 신 자원 상형. 임금의 앞에서 무릎을 꿇고 있는 신하의 모양. 참고 필기할 때에는 흔히 7획으로 쓰고 있다.

필순 一 丅 丂 丂 丂 臣

새김 ❶신하(臣下). ㉠임금을 섬기는 사람. 인신하여, 백성. 君(0672)의 대. ¶忠臣(충성 충, ―)임금에게 충성을 다하는 신하. ㉡저. 임금에게 자신을 일컫는 말. 〔孟子〕 臣未聞之也(신 미지문야) 저는 아직 이를 듣지 못하였습니다. ❷신하가 되어 섬기다. 또는 신하로서. ¶臣服(―, 복종할 복)신하가 되어 복종함.
〔臣民〕(신민) 신하와 백성.
〔臣妾〕(신첩) 여자가 임금에게 자기를 낮추어 일컫는 말.
〔臣下〕(신하) 임금을 섬겨 벼슬하는 사람.
▷家臣(가신)·奸臣(간신)·功臣(공신)·君臣(군신)·大臣(대신)·文臣(문신)·使臣(사신)·逆臣(역신)·重臣(중신)

2 ⑧ 〔臥〕*** 와: 去箇 wò, ガ
4352

소전 行書 속자 卧 이름 누울 와: 자원 회의. 臣+人→臥. 신하된 사람은 누구나 다 임금 앞에 나오면 몸을 굽혀 엎드린다는 뜻.

필순 一 丅 丂 丂 丂 臣 臥 臥

새김 ❶눕다. 드러눕다. 엎드리다. ¶臥薪嘗膽(―, 섶 신, 맛볼 상, 쓸개 담). 원수를 갚기 위한 복수심을 늦추지 않으려고 괴로움과 어려움을 참으면서 겪음의 비유. 故 춘추 시대에, 오왕(吳王) 부차(夫差)는 월(越)나라에 진 아버지의 원수를 갚기 위해 거북스런 섶 위에서 잠을 자며 복수심을 다져서 마침내 월나라를 쳐부수었고, 부차에게 진 월왕 구천(勾踐)은 쓰디쓴 쓸개를 씹으면서 굴욕을 씻으려고 마음을 다져 먹어 드디어 오나라를 멸망시켰다는 고사.
〔臥龍〕(와룡) 누워 있는 용. 때를 만나지 못한 영웅의 비유.
〔臥病〕(와병) 병으로 누워 있음.
〔臥席終身〕(와석종신) 제 명을 고스란히 다 살고 자리에 누워서 죽음.
▷起臥(기와)·病臥(병와)·醉臥(취와)

2 ⑧ 〔卧〕 와: 臥(4352)의 속자
4353

8 ⑭ 〔臧〕* 장 平陽 zāng, ゾウ
4354

소전 이름 착할 장 자원 형성. 戕+臣→臧. 戕(장)이 성부.

새김 착하다. 선량하다. ¶臧否(―, 아닐 부)착함과 착하지 아니함.

11 ⑰ 〔臨〕** 림 平侵 lín, リン
4355

소전 行書 간화 临 이름 임할 림 자원 형성. 臥+品→臨. 品(품)의 변음이 성부.

필순 丅 丂 丂 臣 臣⁺ 臥⁺ 臨 臨 臨 臨

새김 ❶임하다. ㉠어떤 곳에 이르다. 또는 웃사람이 아랫사람이 있는 곳에 다다르다. ¶臨席(―, 자리 석)어떤 모임의 자리에 참석함. 예대통령이 ―한 자리. ㉡어떤 시기나 기회에 이르다. ¶臨機應變(―, 기회 기, 응할 응, 변할 변)기회에 임하여 변함에 응함. 곧 그때 그때의 사정과 형편을 보아 실정에 맞게 그 자리에서 좋은 방법을 취함. ❷모뜨다. 옆에 두고 본떠 그리거나 쓰다. ¶臨畫(―, 그림 화)이미 있는 그림을 보고 본떠 그림. 또는 본떠 그린 그 그림.
〔臨檢〕(임검) 일이 일어난 현장에 가서 검사함. 예現場―.
〔臨迫〕(임박) 일정한 시기나 사건이 닥쳐옴.
〔臨床〕(임상) 환자를 치료하기 위하여 병상에 임함. 예― 實驗.
〔臨時〕(임시) ①일정한 시기에 다다름. 또는 그 때. ②일시적인 얼마 동안.
〔臨戰〕(임전) 싸움터에 나아감. 예― 無退.
〔臨終〕(임종) ①죽음에 다다름. 사람의 목숨이 끊어지려고 할 때. ②國 부모가 돌아가실

때 곁에서 모시고 있음. 종신(終身).

〔臨海〕(임해) 바다에 임함. (예)—工團.

〔臨幸〕(임행) 어떤 곳에 임금이 거둥함.

▷光臨(광림)·君臨(군림)·登臨(등림)·枉臨(왕림)·親臨(친림)

6 획 부수	自 部

▷명칭: 스스로자

▷쓰임: 코로 맡는 냄새에 관한 한자의 부수로 쓰였다.

0 6 〔自〕*** 자 ㊍자: 去寘 | zì, ジ

4356

소전 행서 이름 스스로 자 자원 상형. 사람의 코의 모양을 본뜬 자. 뒤에 코의 뜻으로는 鼻(6338)자를 따로 만들어 쓰고, 가차하여 새김과 같은 뜻을 나타낸다.

필순 丿 亻 冂 白 自 自

새김 ❶스스로. ㉠자기 자신이. ¶自習(—, 익힐 습)자기 자신의 힘으로 혼자서 공부함. (예)自學—. ㉡남이 아닌 자기 자신. ¶各自(각각 각, —)각각의 자기 자신. (예)—圖生. ❷저절로. 제 힘으로. ¶自然(—, 그러할 연)인간의 힘을 더하지 아니한, 우주에 저절로 있는 모든 것. (예)大—의 품. ❸생각대로. 마음먹은 대로. ¶自由(—, 따를 유)남에게 구속을 받거나 무엇에 얽매이지 않고 제 뜻대로 행동할 수 있는 가능성. (예)표현의 —. ❹부터. ~에서. ¶自$_2$今$_1$(—, 이제 금) 지금으로부터. (예)—以後.

〔自家〕(자가) ①자기의 집. ②자기(自己). (예)—撞着.

〔自覺〕(자각) 자기의 처지·책무 따위를 스스로 깨닫거나 깨달아 앎.

〔自決〕(자결) ①자기의 목숨을 스스로 끊음. ②자기에게 관계 되는 일을 스스로 결단하여 해결함. (예)—權.

〔自古〕(자고) 예로부터.

〔自給〕(자급) 필요한 물자를 자기의 힘으로 장만함. (예)—自足.

〔自力〕(자력) 자기의 힘. (예)—更生.

〔自立〕(자립) 남에게 예속되거나 의존하지 아니함. (예)—經濟.

〔自慢〕(자만) 스스로 뽐냄. (예)—하지 말라.

〔自滅〕(자멸) 제 스스로 멸망함. (예)—의 길.

〔自問〕(자문) 자기 자신에게 스스로 물어봄. (예)—自答.

〔自白〕(자백) 자기가 저지른 일이나 범죄 사실을 스스로 고백함.

〔自負〕(자부) 자기의 가치나 능력에 대하여 자신을 가짐. (예)—心.

〔自殺〕(자살) 자기의 목숨을 스스로 끊어서 죽음.

〔自敍傳〕(자서전) 자기가 쓴 자기의 전기.

〔自省〕(자성) 스스로 반성함.

〔自首〕(자수) 범죄자가 자진하여 해당 기관에 찾아가 범죄 사실을 자백함.

〔自手成家〕(자수성가) 물려받은 재산 없이 자기 혼자의 힘으로 살림을 꾸려나감.

〔自肅〕(자숙) 자기의 행동을 스스로 조심함. (예)—自戒.

〔自繩自縛〕(자승자박) 제가 꼰 노끈으로 제 몸을 결박한다는 뜻으로, 말과 행동을 잘못하여 스스로 얽혀 들어가 곤란하게 됨을 이르는 말.

〔自信〕(자신) 자기의 능력이나 일의 보람에 대하여 스스로 믿음.

〔自失〕(자실) 자신의 감각을 잃은 것처럼 멍하게 됨. (예)茫然—.

〔自我〕(자아) 남과 구별되는 자기 자신. (예)—의 實現.

〔自若〕(자약) 예사롭고 태연함. (예)顔色이 —하다.

〔自業自得〕(자업자득) 자작지얼(自作之孼).

〔自然淘汰〕(자연도태) 환경에 적응하는 생물은 살아남아 번식하고, 그렇지 못한 생물은 자연히 사라져 가는 현상.

〔自營〕(자영) 사업을 자신이 경영함. (예)—業者.

〔自慰〕(자위) 자기의 마음을 스스로 위로함.

〔自由自在〕(자유자재) 마음먹은 대로 이루어지는 모양.

〔自律〕(자율←자률) 자기의 행동을 스스로 절제함.

〔自任〕(자임) 스스로 일정한 일을 자기의 임무로 여김.

〔自作農〕(자작농) 제 농토로 제가 직접 짓는 농사.

〔自作之孼〕(자작지얼) 자기가 저지른 일로 말미암아 생기게 된 재앙.

〔自適〕(자적) 아무 구속이 없이 마음 내키는 대로 즐김. (예)悠悠—.

〔自制〕(자제) 자기의 욕망이나 감정을 스스로 억제함. (예)—力.

〔自嘲〕(자조) 스스로 자기를 비웃음. (예)—的 언사.

〔自尊心〕(자존심) 제 몸이나 품위를 스스로 높게 가지는 마음.

〔自主〕(자주) 남의 보호나 간섭을 받지 아니하고 독립적으로 행함.

〔自重〕(자중) ①자기 몸을 소중하게 함. ②자기의 언행이나 몸가짐을 신중히 함.

〔自盡〕(자진) 식음을 끊어 스스로 죽음.

〔自讚〕(자찬) 제가 한 일을 스스로 칭찬함. (예)自畫—.

〔自責〕(자책) 자신을 스스로 책망함.

〔自初至終〕(자초지종) 처음부터 끝까지.

〔自炊〕(자취) 손수 밥을 지음.

〔自治〕(자치) ①스스로 관리하거나 처리함. ②자연히 다스려짐. ③지방 단체나 공공 조합이 국가의 위임을 받아 스스로 그 일을 처리함.

〔自他〕(자타) 자기와 남.

〔自暴自棄〕(자포자기) 절망 상태에 빠져서 자기 자신을 스스로 버리고 돌보지 않음.

〔自虐〕(자학) 스스로 자신을 학대함. ㉠—的인 性格.
〔自畫自讚〕(자화자찬) 자기가 그린 그림을 자기가 칭찬함. 곧 제가 한 일을 제 스스로 자랑함.
〔自活〕(자활) 자기의 힘으로 살아나감. ㉠—의 길을 찾다.
▷獨自(독자)

4 ⑩ 〔臭〕** 취: ㊍추: 去宥 | chòu, シュウ
4357

소전 행서 이름 냄새 취: 자원 회의. 自〔鼻의 본자〕+犬→臭. 개는 코로 냄새를 잘 맡는다는 뜻.

필순 ノ 亻 冂 白 自 自 自 臭 臭 臭

새김 냄새. 향기로운 냄새나 좋지 않은 냄새. ¶惡臭(나쁠 악, —)나쁜 냄새. ㉠—가 코를 찌른다.
〔臭氣〕(취기) 좋지 않은 냄새.
▷腋臭(액취)·乳臭(유취)·遺臭(유취)·香臭(향취)

6 획 부수 至 部

▷명칭: 이를지
▷쓰임: 이르다·도달하다의 뜻을 나타내는 한자의 부수로 쓰였다.

0 ⑥ 〔至〕*** 지 ㊍지: 去寘 | zhì, シ
4358

소전 행서 이름 이를 지 자원 회의. 𡈼+一→至. 𡈼는 矢를 거꾸로 놓은 모양, 一은 땅. 쏜 화살이 땅에 이르러 거꾸로 박혔다는 뜻.

필순 一 ㄗ ㄗ 亚 至 至

새김 ❶이르다. 도달하다. ¶必至(반드시 필, —)반드시 이름. ❷지극히. 더할 수 없이. ¶至大(—, 큰 대)더할 수 없이 큼. ㉠—한 공헌.
〔至極〕(지극) 더할 수 없이 극진함.
〔至今〕(지금) 이제에 이르기까지.
〔至急〕(지급) 매우 급함.
〔至難〕(지난) 더할 수 없이 어려움. ㉠—한 일.
〔至當〕(지당) ①아주 당연함. ②아주 정당함.
〔至上〕(지상) 더할 수 없이 높음.
〔至誠〕(지성) 지극한 정성.
〔至親〕(지친) 더할 수 없이 가까운 친척. 곧 부자·형제·숙질 등과 같은 친족.
▷乃至(내지)·遝至(답지)·冬至(동지)·夏至(하지)

3 ⑨ 〔致〕 치: 致(4360)의 본자
4359

4 ⑩ 〔致〕*** 치: 去寘 | zhì, チ
4360

소전 행서 본자 致 이름 이를 치: 자원 회의. 至+攵〔夊의 변형〕→致→致. 夊는 가다. 가서 어떤 곳에 이른다는 뜻.

필순 一 ㄗ ㄗ 亚 至 至 到 到 致 致

새김 ❶이르다. 일정한 정도나 처지에 이르다. ¶格物致知(궁구할 격, 사물 물, —, 알 지) 사물의 이치를 궁구하여 그 도리를 알기에 이름. 곧 실제적인 사물을 통하여 이치를 연구하고 온전한 지식에 다달음. ❷이르게 하다. ㉠불러서 이르게 하다. ¶招致(부를 초, —)불러서 이르게 함. ㉠오늘의 환난을 —한 원인. ㉡보내서 이르게 하다. ¶送致(보낼 송, —)서류나 물건 등을 다른 데로 보내어 이르게 함. ❸맞다. 틀리거나 어긋나지 아니하다. ¶一致(한 일, —)어긋남이 없이 한결같게 서로 맞음. ㉠言行—. ❹되돌려주다. 인신하여, 벼슬자리에서 물러나다. ¶致仕(—, 벼슬 사)늙어서 벼슬에서 물러남. ❺맡기다. 바치다. 〔論語〕事君 能致其身 (사군 능치기신) 임금을 섬김에 능히 그의 몸을 바치다. ❻취향. 정취. 경치. ¶風致(멋스러울 풍, —)멋스러운 경치. ㉠아름다운 —.
〔致命〕(치명) ①임금과 나라를 위하여 목숨을 바침. ②죽을 지경에 이름. ㉠—的인 상처.
〔致死〕(치사) 죽음에 이르게 함.
〔致謝〕(치사) 감사의 뜻을 전함.
〔致辭〕(치사) 치하(致賀)하는 말.
〔致誠〕(치성) ①정성을 다함. ②國소원을 이루려고 신불(神佛)에게 정성을 드림.
〔致賀〕(치하) 경사에 대하여 칭찬하거나 축하하는 뜻을 나타냄.
▷景致(경치)·極致(극치)·雅致(아치)·韻致(운치)·誘致(유치)·興致(흥치)

8 ⑭ 〔臺〕** 대 平灰 | tái, タイ
4361

소전 행서 속자 간화 台 이름 대 대 자원 회의. 士〔之의 변형〕+冂〔高의 생략체〕+至→臺. 사람들이 가서 이르는, 사방을 바라볼 수 있게 높이 쌓은 대를 뜻한다.

필순 士 吉 吉 吉 吉 吉 臺 臺 臺 臺

새김 ❶대. ㉠사방을 바라볼 수 있게 높이 만든 곳이나 건축물. ¶燈臺(등 등, —)항로를 알리기 위하여 섬이나 바닷가에 세운, 신호 등이 있는 시설. ㉠—지기. ㉡ ㉠처럼 만든 장소. ¶

舞臺(춤출 무, ―)연극·무용·음악 등을 하기 위하여 관중석 정면에 만든 장소. ㉠―裝置. ㉢받침. 무엇을 받치는 대. ¶鏡臺(거울 경, ―)거울을 받쳐 놓는 대. ㉣비행기·자동차·기계 등을 세는 단위. ㉠自動車 두 臺. ❷밑바탕. 기초나 기본이 되는 것. ¶臺帳(―, 장부 장)어떤 근거가 되도록 일정한 서식으로 기록한 장부. ㉠出納―.

〔臺閣〕(대각) ①누각과 정자. ②團사헌부(司憲府)와 사간원(司諫院)의 딴이름.

〔臺本〕(대본) 연극이나 영화 등에서 배우가 하는 대사나 동작 등을 적어 놓은 책.

〔臺詞〕(대사) 각본(脚本)에 따라 배우가 무대에서 하는 말.

▷高臺廣室(고대광실)·樓臺(누대)·墩臺(돈대)·靈臺(영대)·燭臺(촉대)·土臺(토대)

10 ⑯ 〔臻〕* 진 平眞 | zhēn, シン
4362

소전 행서 이름 이를 진 자원 형성. 至+秦→臻. 榛(진)·溱(진)과 같이 秦(진)이 성부.

새김 이르다. 도달하다.

6 획 부수 臼 部

▷명칭: 절구구

▷쓰임: 절구나 절구질에 관한 한자의 부수로 쓰이기도 하고, 때로는 성부로도 쓰였다.

0 ⑥ 〔臼〕* 구 本구: 上有 | jiù, キュウ
4363

소전 행서 이름 절구 구 자원 상형. 확 속에 곡식이 들어 있는 절구의 모양.

새김 ❶절구. 확. ¶石臼(돌 석, ―)돌절구. ❷절구의 모양을 한 것. ¶臼齒(―, 이 치)어금니.

2 ⑧ 〔臾〕* 유 平虞 | yú, ユ
4364

소전 행서 이름 수유 유 자원 상형. 사람이 좌우의 손을 얹고 있는 모양. 새김은 가차.

새김 수유(須臾). 잠깐. 잠시.

7 ⑬ 〔舅〕* 구 本구: 上有 | jiù, キュウ
4365

소전 행서 이름 시아버지 구 자원 형성. 臼+男→舅. 舊(구)와 같이 臼(구)가 성부.

새김 ❶시아버지. 남편의 아버지. 姑(1052)의 대. ¶舅姑(―, 시어머니 고)시아버지와 시어머니. ❷장인. 아내의 친정 아버지. ¶外舅(밖 외, ―)장인. ❸외삼촌. 어머니의 남자 형제. ¶內舅(안 내, ―)외삼촌. 외숙.

〔舅婦〕(구부) 시아버지와 며느리.

▷國舅(국구)

7 ⑭ 〔與〕*** ㊀여: 上語 | yǔ, ヨ ㊁여: 去御 | yù, ヨ ㊂여 平魚 | yú, ヨ
4366

소전 행서 약자 간화 与 이름 ㊀더불어 여: ㊁참여할 여: ㊂어조사 여 자원 회의. 舁+与〔与의 변형〕→與. 舁는 상하 좌우에서 내미는 네 손〔手〕, 与는 상아(象牙)와 같은 귀중한 물건. 사방에서 손을 내밀어 귀중한 물건을 떠받든다는 뜻.

필순

새김 ㊀❶더불어. ~와 함께. ¶與民同樂(―, 백성 민, 같이 동, 즐길 락)백성과 더불어 다 같이 즐김. ❷그러하다. ¶與否(―, 아닐 부)그러함과 그렇지 아니함. ㉠許諾―. ❸더불다. 편들다. 같은 편이 되다. ¶與黨(―, 정당 당)현재 정부를 구성하고 있는 정당. 대野黨(야당). ❹주다. ¶與奪(―, 빼앗을 탈)줌과 빼앗음. ㉠生殺―. ❺와. 및. 〔史記〕 我與若(나 아, ―, 너 약)나와 너. ㊁참여하다. 관계하다. ¶關與(관계할 관, ―)일정한 일에 관계하여 참여함. ㉠회사의 운영에 ―하다. ㊂어조사. 의문이나 반문의 뜻을 나타낸다. 〔論語〕 求之與(구지여) 이를 구하였는냐?

〔與件〕(여건) 團주어진 조건.

〔與受〕(여수) 주고 받고 하는 일.

〔與信〕(여신) 금융 기관에서 고객에게 신용을 주는 일. 곧 고객을 신용하는 일.

▷給與(급여)·寄與(기여)·貸與(대여)·賦與(부여)·賞與金(상여금)·授與(수여)·讓與(양여)·贈與(증여)·參與(참여)

9 ⑯ 〔興〕*** ㊀흥 平蒸 | xīng, コウ ㊁흥: 去徑 | xìng, キョウ
4367

소전 행서 약자 간화 兴 이름 ㊀일 흥 ㊁흥 흥: 자원 회의. 舁+同→興. 舁는 상하 좌우에서 내미는 네 손. 同은 강신제 때 술을 담는 그릇. 이 그릇을 상하에서 네 손으로 받들어 술을 땅에 뿌려서 지령(地靈)을 불러 일으킨다는 뜻을 나타낸다.

필순

새김 ㊀❶일다. 흥하다. 성하게 되다. ¶興亡(―, 망할 망)흥함과 망함. ㉠―盛衰. ❷일어나다. ㉠없던 현상이 일어나다. 생겨나다. ¶興奮(—, 힘낼 분)자극을 받아서 감정이 북받쳐 일어남. 또는 그러한 감정. 예—을 억제하다. ㉡잠을 깨어 몸을 일으키다. 몸을 일으키어 서다. ¶夙興夜寐(일찍 숙, —, 밤 야, 잘 매)아침에 일찍 일어나고 밤이 늦어서 잠. 곧 일상 생활을 부지런히 함의 형용. ❸일으키다. 일어나게 하다. ¶復興(다시 부, —)쇠퇴했던 것을 다시 일으킴. 예經濟—. 二흥. 마음이 이끌리는 재미나 멋. ¶興味(—, 재미 미)흥을 느끼는 재미. 예—津津.

〔興起〕(흥기) ①감동되어 떨쳐 일어남. ②사물의 세력이 성해짐. 예나라의—.

〔興隆〕(흥륭) 어떤 일이 일어나 그 세력이 성해짐.

〔興盡悲來〕(흥진비래) 흥겨운 일이 다하면 슬픈 일이 닥쳐 옴.

〔興趣〕(흥취) 흥겨운 멋.

〔興廢〕(흥폐) 흥함과 망함. 동興亡(흥망).

〔興行〕(흥행) 연극 또는 연예 단체가 곳곳을 돌아다니며 상연함.

▷感興(감흥)·新興(신흥)·遊興(유흥)·酒興(주흥)·中興(중흥)·振興(진흥)

12 ⑱ 〔舊〕*** 구: 去宥 | jiù, キュウ
4368

소전 舊 행서 舊 약자 간화 旧 이름 예 구: 자원 형성. 萑+臼→舊. 舅(구)와 같이 臼(구)가 성부.

필순 (舊)

새김 ❶예. 오래 전. 新(2071)의 대. ¶復舊(회복할 복, —)옛날의 상태로 회복함. 예—工事. ❷옛. 옛날의. 예전의. 新(2071)의 대. ¶舊習(—, 풍습 습)예전부터 내려오는 낡은 풍습. 예—打破. ❸친구. 벗. ¶故舊(옛 고, —)사귄 지 오랜 친구. 예일가 친척과 —가 모두 모였다. ❹음력. ¶舊正(—, 정월 정)음력 정월. 또는 음력 설날. 예—의 귀성객.

〔舊面〕(구면) 전부터 안면이 있는 사람.

〔舊式〕(구식) 옛 격식. 낡은 방식.

〔舊怨〕(구원) 오래된 원한.

〔舊態〕(구태) 전날의 자태. 옛 모습.

▷新舊(신구)·親舊(친구)

6 획 부수 舌 部

▷명칭: 혀설

▷쓰임: 혀의 작용과 움직임에 관한 한자의 부수로도 쓰였고, 자형상의 분류를 위한 부수로도 쓰였다.

0 ⑥ 〔舌〕*** 설 入屑 | shé, ゼツ
4369

소전 舌 행서 舌 이름 혀 설 자원 상형. 입 안에서 내민 혀의 모양.

필순 (舌)

새김 ❶혀. 사람이나 동물의 혀. ¶舌端(—, 끝 단) 혀끝. ❷말. 언어. ¶舌戰(—, 싸움 전)말다툼.

〔舌音〕(설음) 혀을 움직여서 내는 자음. ㄴ·ㄷ·ㅌ 등.

〔舌禍〕(설화) 말을 잘못한 것으로 인하여 입는 화.

▷口舌(구설)·毒舌(독설)·辯舌(변설)·長廣舌(장광설)·筆舌(필설)

2 ⑧ 〔舍〕*** 一 사 本사: 去禡 | shè, シャ / 二 사: 上馬 | shě, シャ
4370

소전 舍 행서 舍 속자 舎 이름 一집 사 二버릴 사: 자원 회의. 亼+十〔屮의 변형〕+口→舍. 亼는 지붕, 屮은 기둥, 口는 사방의 벽의 모양. 합하여 사람이 사는 집을 뜻한다.

필순 (舍)

새김 一❶집. ㉠사람이 거처하거나 머무르는 집. ¶校舍(학교 교, —)학교의 건물. ㉡가축을 기르는 집. ¶畜舍(가축 축, —)가축을 기르는 집. ❷저. 자기에게 딸린 친족 관계임을 나타내는 겸칭의 접두어. ¶舍兄(—, 형 형)남에게 대하여 자기의 형을 이르는 말. 二버리다. 捨(1875)의 동자·간화자.

〔舍監〕(사감) 기숙사에서 기숙생을 감독하는 사람.

〔舍利〕(사리) (佛)sarira의 음역. 부처나 고승(高僧)을 화장한 뒤에 나온 유골(遺骨).

〔舍弟〕(사제) 남에게 대하여 자기의 아우를 이르는 말.

〔舍宅〕(사택) 기업체나 기관에서 직원을 위하여 지은 살림집.

▷客舍(객사)·官舍(관사)·宿舍(숙사)·旅舍(여사)·驛舍(역사)·精舍(정사)·學舍(학사)

6 ⑫ 〔舒〕* 서: 本서 平魚 | shū, ジョ
4371

소전 舒 행서 舒 이름 펼 서: 자원 형성. 舍+予→舒. 抒(서)·序(서)와 같이 予(여)의 변음이 성부.

새김 펴다. ㉠접었던 것을 펼치다. ㉡마음이나 감정을 펴다. ¶緩舒(너그러울 완, —)너그럽게 마음을 편다는 뜻으로, 한가롭고 편안함을 이르는 말.

〔舒啓〕(서계) 널리 폄.

9 ⑮ 〔鋪〕 포 鋪(5671)의 속자
4372

10 ⑯ 〔舘〕 관 館(6080)의 속자
4373

6획 부수 舛部

▷명칭: 어그러질천
▷쓰임: 자형상의 분류를 위해 설정한 부수이나 때로는 성부로도 쓰였다.

0 ⑥ 〔舛〕* 천: ㊄전: 上銑 | chuǎn, セン
4374

소전 행서 이름 어그러질 천: 자원 회의. 夕+㐄〔夕을 반대로 뒤집어놓은 모양〕→舛. 사람과 사람이 등지고 있다는 뜻을 나타낸다.
새김 어그러지다. 서로 등지다. ¶舛逆(—, 거스를 역)서로 등져서 어긋나고 거슬림.
〔舛誤〕(천오) 잘못. 착오(錯誤).

6 ⑫ 〔舜〕* 순: 去震 | shùn, シュン
4375

소전 행서 이름 순임금 순: 자원 형성. 𠬞〔𦥑의 변형〕+舛→舜. 舛(천)의 변음이 성부.
새김 ❶순임금. 중국 고대의 전설상의 성천자(聖天子). ¶堯舜(요임금 요, —)요임금과 순임금. ㊞—時節. ❷무궁화. ¶舜花(—, 꽃 화)무궁화꽃.

8 ⑭ 〔舞〕*** 무: 上麌 | wǔ, ブ
4376

소전 행서 이름 춤출 무: 자원 형성. 無〔無의 생략체〕+舛→舞. 無(무)가 성부.

필순 丿 𠂉 𠂉 ... 舞

새김 ❶춤을 추다. 또는 춤. ¶歌舞(노래 가, —)노래와 춤. 또는 노래를 부르면서 추는 춤. ❷부추기다. ¶鼓舞(북돋울 고, —)자신감을 얻어 힘을 내도록 용기를 북돋움. ㊞—激勵.
〔舞臺〕(무대) 연극·춤·노래를 할 수 있게 마련한 장소.
〔舞踊〕(무용) 춤.
〔舞鶴〕(무학) 춤을 추는 학.
〔舞姬〕(무희) 춤을 추는 여자.
▷亂舞(난무)·僧舞(승무)·圓舞(원무)·輪舞(윤무)

6획 부수 舟部

▷명칭: 배주. 배주변
▷쓰임: 여러 가지의 배, 배에 딸린 기구, 배로 통행하는 일 등에 관한 한자의 부수로 쓰였다.

0 ⑥ 〔舟〕** 주 平尤 | zhōu, シュウ
4377

소전 행서 이름 배 주 자원 상형. 통나무의 속을 파내어 만든 배의 모양.

필순 ノ 丿 ... 舟

새김 배. 작은 배. ¶一葉片舟(한 일, 잎 엽, 조각 편, —)하나의 나뭇잎과 같은, 한 척의 쪽배. ㊞만경창파 —에 몸을 맡기다.
〔舟車〕(주거) ①배와 수레. ②배나 수레를 타고 여행함. 인신하여, 여행길.
〔舟人〕(주인) 뱃사공.
▷刻舟求劍(각주구검)·孤舟(고주)·方舟(방주)·漁舟(어주)·吳越同舟(오월동주)

3 ⑨ 〔舡〕* 강 ㊄항 平江 | xiāng, コウ
4378

행서 이름 배 강 자원 형성. 舟+工→舡. 江(강)·杠(강)과 같이 工(공)의 변음이 성부.
새김 배. 선박.

4 ⑩ 〔般〕** ㊀반 平删 | bān, ハン
㊁반: 上旱 | bǎn, ハン
4379

소전 행서 이름 ㊀가지 반 ㊁반야 반: 자원 회의. 舟+殳→般. 殳는 장대. 장대로 배를 밀어 나아가게 한다는 데서, 나르다의 뜻을 나타낸다.

필순 ノ 丿 ... 般

새김 ㊀❶가지. 종류. ¶萬般(일만 만, —)일만 가지. 곧 갖출 수 있는 모든 것. ㊞—의 준비. ❷나르다. 운반하다. 搬(1945)과 통용. ¶般載(—, 실을 재)날라 실음. 실어 나름. ❸크다. ¶般樂(—, 즐길 락)크게 놀면서 마음껏 즐김. ㊁(佛)반야(般若). 범어 prajna의 음역자. 지혜의 뜻.
〔般旋〕(반선) ①빙빙 돎. ②머뭇거림. 뱁회함.
▷今般(금반)·百般(백반)·一般(일반)·全般(전반)·諸般(제반)

4 ⑩ 〔舫〕* 방: 去漾 | fǎng, ホウ
4380

소전 舫 행서 舫 이름 배 방: 자원 형성. 舟+方→舫. 防(방)·放(방)·芳(방)·房(방)과 같이 方(방)이 성부.
새김 배. 또는 두 척의 배를 연결한 쌍배.

4 ⑩ 〔舩〕 선 船(4386)의 속자
4381

4 ⑩ 〔舱〕 창 艙(4392)의 간화자
4382

4 ⑩ 〔舰〕 함 艦(4394)의 간화자
4383

4 ⑩ 〔航〕** 항: 本항 平陽 | háng, コウ
4384

행서 航 이름 물건널 항: 자원 형성. 舟+亢→航. 抗(항)·杭(항)과 같이 亢(항)이 성부.

필순 ′ 丿 ⺆ ⺆ 舟 舟 舟' 舟' 舟' 航

새김 ❶물을 건너다. 배를 타고 바다를 다니다. ¶航海(—, 바다 해)배를 타고 바다를 다님. 예—術. ❷하늘을 날다. ¶航空(—, 하늘 공)항공기를 타고 하늘을 낢. 예—機.
〔航行〕(항행) 비행기나 배를 타고 다님.
▷缺航(결항)·寄航(기항)·渡航(도항)·密航(밀항)·巡航(순항)·直航(직항)·出航(출항)·就航(취항)·回航(회항)

5 ⑪ 〔舶〕* 박 本백 入陌 | bó, ハク
4385

행서 舶 이름 배 박 자원 형성. 舟+白→舶. 泊(박)·迫(박)과 같이 白(백)의 변음이 성부.
새김 배. 바다를 항해하는 큰 배. ¶船舶(배 선, —)배.

5 ⑪ 〔船〕*** 선 平先 | chuán, セン
4386

소전 船 행서 船 속자 舩 이름 배 선 자원 형성. 舟+㕣→船. 㕣(연)의 변음이 성부.

필순 ′ 丿 ⺆ ⺆ 舟 舟' 舟ʼ 舟ʼ 船 船

새김 배. 큰 배. ¶漁船(고기잡을 어, —)고기잡이하는 배. 고깃배. 예遠洋—.
〔船舶〕(선박) 배의 총칭.
〔船室〕(선실) 배 안의 방.
〔船員〕(선원) 배에서 일하는 사람.
〔船艙〕(선창) 國항구나 포구에 다리처럼 만들어 배를 대는 곳.
▷客船(객선)·汽船(기선)·渡船(도선)·商船(상선)·乘船(승선)·連絡船(연락선)·遊覽船(유람선)·造船(조선)

5 ⑪ 〔舵〕* 타 本타: 上哿 | duò, ダ
4387

행서 舵 이름 키 타 자원 형성. 舟+它→舵. 駝(타)와 같이 它(타)가 성부.
새김 키. 배나 비행기의 방향을 잡는 장치. ¶舵手(—, 사람 수)키잡이. 배의 키를 잡는 사람.

5 ⑪ 〔舷〕* 현 平先 | xián, ケン
4388

행서 舷 이름 뱃전 현 자원 형성. 舟+玄→舷. 絃(현)·衒(현)과 같이 玄(현)이 성부.
새김 뱃전. 현. 현측. ¶舷窓(—, 창 창)배의 현측에 낸 창문.

7 ⑬ 〔艀〕* 부 平尤 | fú, フ
4389

행서 艀 이름 거룻배 부 자원 형성. 舟+孚→艀. 浮(부)·莩(부)와 같이 孚(부)가 성부.
새김 거룻배. 작은 배.

7 ⑬ 〔艅〕* 여 平魚 | yú, ヨ
4390

소전 艅 행서 艅 이름 배이름 여 자원 형성. 舟+余→艅. 餘(여)와 같이 余(여)가 성부.
새김 배 이름. 또는 큰 배.

7 ⑬ 〔艇〕* 정: 上迴 | tǐng, テイ
4391

소전 艇 행서 艇 이름 거룻배 정: 자원 형성. 舟+廷→艇. 挺(정)·庭(정)과 같이 廷(정)이 성부.
새김 거룻배. 간편한 작은 배. 보트. ¶漕艇(실어나를 조, —)보트를 젓는 운동 경기의 한 가지. 예—競技.
▷艦艇(함정)

10 ⑯ 〔艙〕* 창 | cāng, ソウ
4392

행서 艙 간화 舱 이름 선실 창 자원 형성. 舟+倉→艙. 滄(창)·創(창)·蒼(창)과 같이 倉(창)이 성부.
새김 ❶선실. 사람이나 화물을 싣는, 배의 방. ❷國 배다리. ¶船艙(배 선, —)배다리. 선박이 닿는 곳에 다리처럼 만든 시설. ㊉仁川港 —.

13 ⑲ 〔艤〕* 의: 上 紙 | yǐ, ギ
4393

행서 艤 이름 배댈 의: 자원 형성. 舟+義→艤. 議(의)·儀(의)와 같이 義(의)가 성부.
새김 배를 대다. 배를 물가에 대다.

14 ⑳ 〔艦〕* 함: 上 豏 | jiàn, カン
4394

행서 艦 간화 舰 이름 배 함: 자원 형성. 舟+監→艦. 檻(함)과 같이 監(감)의 변음이 성부.
새김 배. 큰 전함. ¶軍艦(군사 군, —)전투 작전에 참가하는 배.
〔艦隊〕(함대) 군함 2척 이상으로 조직된 연합 부대.
〔艦長〕(함장) 군함을 지휘 통솔하는 우두머리.
〔艦艇〕(함정) 전투력을 가진 배의 총칭. 전함 · 잠수함 · 어뢰정 따위.
〔艦砲〕(함포) 군함에 장치한 포. ㊉—射擊.
▷驅逐艦(구축함)·母艦(모함)·巡洋艦(순양함)·潛水艦(잠수함)·戰艦(전함)·砲艦(포함)·航空母艦(항공모함)

6획 부수 艮 部

▷명칭: 괘이름간
▷쓰임: 자형상의 분류를 위해 설정한 부수이나 때로는 성부로도 쓰였다.

0 ⑥ 〔艮〕* 간: 去 願 | gèn, ゴン
4395

소전 ⾉ 행서 艮 이름 간괘 간: 자원 회의. 目+匕〔人의 변형〕→皀→艮. 사람의 등 뒤로 돌린 눈. 곧 얼굴을 돌린다는 데서, 거스르다의 뜻을 나타낸다. 새김은 가차.
새김 ❶간괘(艮卦). 팔괘의 하나. 또 육십사괘의 하나. ❷간방(艮方). 동북쪽의 방향. ❸간시(艮時). 오전 2~4시 사이.

1 ⑦ 〔良〕*** 량 平 陽 | liáng, リョウ
4396

소전 良 행서 良 이름 어질 량 자원 상형. 위아래에 아가리가 있는 자루의 모양. 새김은 가차.

필순 丶 ㇉ ㇋ ㇌ 㿝 皀 良

새김 ❶어질다. 선량하다. ¶溫良(따뜻할 온, —)성품이 온화하고 어짊. ㊉—한 성격. ❷좋다. 惡(1655)의 대. ㉠내용이 좋다. ¶良好(—, 좋을 호)품질이나 성적 등이 질적으로 좋음. ㊉—한 성적. ㉡문벌이 좋다. ¶良家(—, 집 가)신분이나 혈통이 좋은 집. ㊉—子弟. ❸타고나다. 자연 그대로 바르다. ¶良心(—, 마음 심)자기의 행동이나 생각에 대하여 도덕적인 책임감을 느끼는 마음. ㊉—의 가책. ❹오래다. 또는 오래도록. ¶良久(—, 오랠 구)시간이 꽤 오램. 또는 한참만에. ❺참으로. 〔曹丕·書〕 良有以也(양유이야) 참으로 까닭이 있다. ❻남편. 아내가 지아비를 이르는 말. ¶良人(—, 사람 인) 아내가 지아비를 일컫는 말.
〔良計〕(양계) 좋은 계책.
〔良民〕(양민) ①선량한 백성. ②國 양반과 천민과의 중간 신분의 백성.
〔良書〕(양서) 내용이 좋은 책.
〔良識〕(양식) 건전한 판단력을 갖춘 식견.
〔良質〕(양질) 좋은 품질.
〔良貨〕(양화) ①좋은 보물. ②실제 가격과 법적 가격의 차이가 적은 화폐.
▷改良(개량)·不良(불량)·善良(선량)·優良(우량)·閑良(한량)·賢良(현량)

2 ⑧ 〔艰〕 간 艱(4398)의 간화자
4397

11 ⑰ 〔艱〕* 간 平 刪 | jiān, カン
4398

소전 艱 행서 艱 간화 艰 이름 어려울 간 자원 형성. 菫+艮→艱. 艮(간)이 성부.
새김 어렵다. ㉠가난하다. ¶艱苦(—, 괴로울 고)가난하고 고생스러움. ㊉—한 생활. ㉡힘들고 괴롭다. ¶艱難(—, 어려울 난)몹시 힘들고 곤란함. ㊉—辛苦.
〔艱苟〕(간구) 가난하고 구차함.
〔艱辛〕(간신) 힘들고 고생스러움.
▷內艱(내간)·外艱(외간)·丁艱(정간)

6획 부수 色 部

▷명칭: 빛색
▷쓰임: 빛깔에 관한 한자의 부수로 쓰였다.

0 ⑥ 〔色〕*** 색 入 職 | sè, ショク·シキ
4399

소전 행서 이름 빛 색 자원 회의. ⺈〔人의 변형〕+巴〔節의 본자인 卩의 변형〕→色. 사람의 마음은 마치 부절을 맞추어 보는 것과도 같이 그대로 안색으로 나타난다는 데서, 안색·빛깔 등의 뜻을 나타낸다.

필순 ノ ⺈ ⺈ ⺈ ⺈ 色

새김 ❶빛. ㉠어둠을 물리치는 빛. ¶月色(달 월, ―)달빛. ㉮皎皎한 ―. ㉡색. 빛깔. ¶青色(푸를 청, ―)푸른 빛깔. ㉢안색. 표정. 기색. ¶喜色(기뻐할 희, ―)기뻐하는 기색. ㉮―이 滿面하다. ❷여색. 정욕. 성욕. ¶好色(좋아할 호, ―)여색을 남달리 좋아함. ㉮―家. ❸모양. ㉠얼굴 모양. ¶才色(재주 재, ―)재주와 얼굴 모양. ㉮―兼備. ㉡광경. 경치. ¶春色(봄 춘, ―)봄빛. 봄의 경치. ㉮―이 완연하다. ㉢다른 것보다 표나게 드러나는 점. ¶特色(특별할 특, ―)다른 것에 비하여 특별히 다른 점. ㉮민족적―. ❹(佛)색. 감지할 수 있는 형상. ¶色卽是空(색즉시공)우주에 존재하는 형체가 있는 모든 것은 실체가 없는 공(空)에 불과하다는 뜻.

〔色魔〕(색마) 색욕에 미쳐 비도덕적 행동을 하는 사람. 「또는 그런 사람.

〔色盲〕(색맹) 빛깔을 구별하지 못하는 시각.

〔色相〕(색상) ①색채의 강약·농담의 정도. ②(佛)눈으로 볼 수 있는 만물의 형상.

〔色慾〕(색욕) 남녀간의 욕정. 성욕(性慾).

〔色情〕(색정) 남녀간의 욕정. 또는 여색을 좋

〔色彩〕(색채) 빛깔. ⌊아하는 마음.

〔色鄕〕(색향) 國①미인이 많이 나는 고을. ②기생 많기로 이름난 고장.

▷脚色(각색)·氣色(기색)·名色(명색)·物色(물색)·白色(백색)·本色(본색)·女色(여색)·正色(정색)·形色(형색)·黑色(흑색)

4 ⑩ 〔艳〕 4400 염: 艷(4402)의 간화자

13 ⑲ 〔豔〕 4401 염: 艷(4402)의 속자

18 ㉔ 〔艷〕 4402 염: 去豔 yàn, エン

행서 속자 艶 간화 艳 이름 고울 염: 자원 회의. 豐+色→艷. 풍부한 표정을 가졌다는 데서 곱다는 뜻을 나타낸다.

새김 ❶곱다. 아리땁다. ¶艷麗(―, 고울 려)몸매나 태도가 아리따움. ㉮―한 용모. ❷바람기가 있다. 또는 남녀간의 정사. ¶艷聞(―, 소문 문)바람을 피운다는 소문.

〔艷福〕(염복) 남자에게 여자가 잘 따르는 복.

〔艷態〕(염태) 아름답고 고운 자태.

6획 부수 艸(艹 艹)部

▷명칭: 풀초. 초두

▷쓰임: 풀의 이름과 그 상태. 또는 풀로 만드는 사물들에 관한 한자의 부수로 쓰였다.

0 ⑥ 〔艸〕* 4403 초 ㊍초: 上皓 cǎo, ソウ

소전 행서 이름 풀 초 자원 회의. 屮+屮→艸. 屮는 초목의 싹이 돋아나는 모양. 이를 둘을 나란히 놓아 풀을 뜻한다.

새김 풀. 草(4483)와 같다.

1 ④ 〔艺〕 4404 예: 藝(4636)의 간화자

2 ⑥ 〔艾〕* 4405 애: 去泰 ài, ガイ

소전 행서 이름 쑥 애: 자원 형성. 艹+乂→艾. 乂(애)가 성부.

새김 쑥. 엉거시과의 다년초 이름. 약초로 쓴다.

2 ⑤ 〔节〕 4406 절 節(3853)의 간화자

3 ⑦ 〔芎〕* 4407 궁 平東 xiōng, キュウ

소전 행서 이름 궁궁이 궁 자원 형성. 艹+弓→芎. 穹(궁)·躬(궁)과 같이 弓(궁)이 성부.

새김 궁궁이. 미나리과의 다년초 이름. 천궁(川芎).

3 ⑦ 〔芒〕* 4408 망 平陽 máng, ボウ

소전 행서 이름 까끄라기 망 자원 상형. 艹+亡→芒. 忘(망)·忙(망)·邙(망)과 같이 亡(망)이 성부.

새김 ❶까끄라기. 벼나 보리의 까끄라기. ¶芒種(―, 씨 종)㉮벼·보리 따위의 까끄라기가 있는 곡식. ㉯이십사절기의 하나. 양력 6월 5,6일경. ❷빛발. 빛살. ¶光芒(빛 광, ―)비치는 빛발. ❸참억새. 화본과의 다년초 이름.

〔芒刺〕(망자) 까끄라기와 가시.

3 ⑦ 〔芋〕* 4409 우: 去遇 yù, ウ

소전 행서 이름 토란 우: 자원 형성. 艹+于→芋. 宇(우)·紆(우)와 같이 于(우)가 성부.

새김 토란. 다년생 풀의 한 가지.

3 ⑦ [芍]* 작 入藥 | sháo, シャク
4410

소전 행서 이름 작약 작 자원 형성. ⺾+勺→芍. 灼(작)·酌(작)과 같이 勺(작)이 성부.
새김 작약(芍藥). 함박꽃.

4 ⑧ [芥]* 개 ㊍개: 去卦 | jiè, カイ
4411

소전 행서 이름 겨자 개 자원 형성. ⺾+介→芥. 价(개)·疥(개)와 같이 介(개)가 성부.
새김 ❶겨자. 겨자과의 향초 이름. 또는 그 씨로 만든 양념 이름. ¶芥子(—, 어조사 자)겨자. ❷티끌. 먼지. ¶塵芥(티끌 진, —)티끌.

4 ⑧ [芹]* 근 平文 | qín, キン
4412

소전 행서 이름 미나리 근 자원 형성. ⺾+斤→芹. 近(근)·劤(근)과 같이 斤(근)이 성부.
새김 미나리. 습지나 물에서 자라는, 미나리과의 다년초 이름. ¶芹菜(—, 나물 채)미나리.
〔芹誠〕(근성) 정성을 다하여 바치는 마음. 야인(野人)이 남에게 물품을 선사할 때 쓰는 겸사.

4 ⑧ [芩]* 금 平侵 | qín, キン
4413

소전 행서 이름 황금 금 자원 형성. ⺾+今→芩. 琴(금)·衿(금)과 같이 今(금)이 성부.
새김 황금(黃芩). 속썩은풀. 또는 속썩은풀의 뿌리.

4 ⑧ [芚]* 둔 平元 | tún, トン
4414

행서 이름 싹돋을 둔 자원 형성. ⺾+屯→芚. 鈍(둔)과 같이 屯(둔)이 성부.
새김 싹이 돋다. 초목의 싹이 돋다.

4 ⑦ [芦] 로 蘆(4639)의 속자·간화자
4415

4 ⑧ [芼]* 모: 去號 | mào, ボウ
4416

소전 행서 이름 뽑을 모: 자원 형성. ⺾+毛→芼. 毛(모)가 성부.
새김 뽑다. 솎다.

4 ⑦ [芜] 무 蕪(4599)의 간화자
4417

4 ⑧ [芳]** 방 平陽 | fāng, ホウ
4418

소전 행서 이름 꽃다울 방 자원 형성. ⺾+方→芳. 房(방)·訪(방)·放(방)과 같이 方(방)이 성부.

필순 丶 ⺊ ⺾ ⺾ ⺾ 芏 芳 芳

새김 ❶꽃답다. ㉠향기가 좋다. ¶芳香(—, 향기 향)꽃다운 향내. ㉡아름답다. ¶芳年(—, 나이 년)한창 아름다운 젊은 나이. ❷빛나는 명성. ¶遺芳(끼칠 유, —)후세에 남는 빛나는 명성. ❸높임말. 남의 사물에 붙여서 경의를 나타내는 말. ¶芳名(—, 이름 명)남을 높이여 그의 성명을 이르는 말. ㉠—錄.
〔芳墨〕(방묵) ①향내가 나는 먹. ②상대방을 높여 그의 글이나 편지를 이르는 말.
〔芳辰〕(방신) 좋은 계절. 봄철.
〔芳顔〕(방안) 남의 얼굴을 높여 이르는 말.
〔芳草〕(방초) 향기로운 풀.
▷流芳(유방)

4 ⑧ [芙]* 부 平虞 | fú, フ
4419

소전 행서 이름 부용 부 자원 형성. ⺾+夫→芙. 扶(부)·趺(부)와 같이 夫(부)가 성부.
새김 부용(芙蓉). 연꽃. 또는 목부용.

4 ⑧ [芬]* 분 平文 | fēn, フン
4420

행서 이름 향기로울 분 자원 형성. ⺾+分→芬. 雰(분)·盆(분)·紛(분)과 같이 分(분)이 성부.
새김 향기롭다. 또는 향기.
〔芬芳〕(분방) ①꽃다운 향기. ②훌륭한 덕행이나 명성의 비유.

4 ⑧ [芟]* 삼 平咸 | shān, サン
4421

소전 행서 이름 벨 삼 자원 회의. ⺾+殳→芟. 殳은 낫을 들고 있는 모양. 곧 낫을 들고 풀을 벤다는 뜻.
새김 베다. 풀을 베다. 또는 적을 베다. ¶芟除(—, 제거할 제)풀을 베듯이 베어 버림.

4 ⑦ [苏] 소 蘇(4641)의 간화자
4422

4 ⑧ 〔芯〕* 심 平侵 xīn, シン
4423

행서 芯 이름 심지 심 자원 상형. ++＋心→芯. 沁(심)과 같이 心(심)이 성부.
새김 심지.등불의 심지.

4 ⑧ 〔芽〕** 아 平麻 yá, ガ
4424

소전 행서 이름 싹 아 자원 형성. ++＋牙→芽. 雅(아)·訝(아)와 같이 牙(아)가 성부.
필순 丶 ㅗ 䒑 艹 芒 芓 芽 芽
새김 싹. 초목의 싹. 또는 싹이 트다. ¶發₂芽₁(터질 발, —)풀이나 나무의 싹이 틈.
〔芽椄〕(아접) 접붙이는 방법의 한 가지. 눈을 따서 접을 붙임.
▷麥芽(맥아)·萌芽(맹아)·新芽(신아)·胎芽(태아)

4 ⑧ 〔芮〕** 예: 去霽 ruì, ゼイ
4425

소전 행서 이름 물가 예: 자원 형성. ++＋內→芮. 汭(예)와 같이 內(내)의 변음이 성부.
새김 물가. 바다·강·못 등의 가장자리.

4 ⑧ 〔芸〕** ㊀운 平文 ㊁예: yún, ウン
4426

소전 행서 이름 ㊀김맬 운 ㊁재주 예: 자원 형성. ++＋云→芸. 雲(운)·耘(운)과 같이 云(운)이 성부.
새김 ㊀❶김을 매다. 〔論語〕植₃其₁杖₂而芸(치기장이운)그 지팡이를 땅에 꽂고서 김을 매다. ❷운향(芸香). 운향과의 다년생 향초 이름. 예—科. ❸蕓(4603)의 간화자. ㊁藝(4636)의 약자.

4 ⑦ 〔苇〕 위: 葦(4544)의 간화자
4427

4 ⑧ 〔艿〕* 잉: 去徑 rèng, ジョウ
4428

행서 艿 이름 풀 잉: 자원 형성. ++＋仍→艿. 仍(잉)이 성부.
새김 풀. 벤 뒤에 새로 돋은 풀.

4 ⑧ 〔芝〕* 지 平支 zhī, シ
4429

소전 행서 이름 지초 지 자원 형성. ++＋之→芝. 之(지)가 성부.
새김 지초(芝草). ㉠지치. 다년생 풀 이름. ¶芝蘭(—, 난초 란)지초와 난초. 인신하여, ㉮맑고 높은 재질의 비유. ㉯남의 집의 똑똑한 아들의 비유. ㉡영지(靈芝). 버섯의 한 가지.
〔芝蘭之交〕(지란지교) 벗 사이에 서로 좋은 감화(感化)를 주는 맑고도 높은 사귐.

4 ⑧ 〔芷〕* 지: 上支 zhǐ, シ
4430

행서 이름 백지 지: 자원 형성. ++＋止→芷. 址(지)·祉(지)와 같이 止(지)가 성부.
새김 백지(白芷). 구리때. 약재로 쓰는 풀의 한 가지.

4 ⑦ 〔苍〕 창 蒼(4571)의 간화자
4431

4 ⑩ 〔芻〕* 추 平虞 chú, ス
4432

소전 행서 간화 刍 이름 꼴 추 자원 상형. 손안에 꼴을 잡고 있는 모양. 그래서 꼴을 베다의 뜻을 나타낸다.
새김 ❶꼴. 마소에게 먹이는 풀. 또는 꼴을 베거나 먹이다. ¶反₂芻₁(되돌릴 반, —)소·양 등이 먹었던 꼴을 입으로 되내어 씹음. 새김질. 예—動物. ❷초식의 가축. ¶芻豢(—, 곡식먹는가축 환) 풀을 먹는 소·양·말과 곡식을 먹는 돼지·개 등.
〔芻靈〕(추령) 제웅. 띠풀을 묶어 만든 사람이나 말. 고대에 순장(殉葬)에 썼던 물건.

4 ⑧ 〔芭〕* 파 平麻 bā, ハ
4433

행서 이름 파초 파 자원 형성. ++＋巴→芭. 把(파)·爬(파)와 같이 巴(파)가 성부.
새김 파초(芭蕉). 파초과의 다년초 이름. ¶芭葉(—, 잎 엽)파초의 잎.

4 ⑧ 〔芐〕* 호: 上麌 hù, コ
4434

행서 이름 지황 호: 자원 형성. ++＋戶→芐. 扈(호)와 같이 戶(호)가 성부.
새김 지황(地黃). 약초 이름.

4 ⑧ 〔花〕*** 화 平麻 huā, カ
4435

소전 행서 花 이름 꽃 화 자원 형성. ++＋化→花. 貨(화)·靴(화)와 같이 化(화)가 성부.

필순 丶 ㅗ 卄 艹 艹 芀 芲 花

새김 ❶꽃. 식물에 피는 꽃. ¶花甁(─, 병 병)꽃병. ❷꽃답다. 꽃처럼 아름답다. ¶花顔(─, 얼굴 안)꽃처럼 아름다운 얼굴. ❸꽃무늬. 또는 불꽃. ¶眼花(눈 안, ─)눈 앞에 불꽃 같은 것이 번쩍거리는 눈병의 증세.

〔花壇〕(화단) 꽃밭.
〔花郞〕(화랑) 國신라 진흥왕(眞興王) 때에 귀족 출신의 청소년들로 조직한, 군사적 훈련과 도의의 연마를 목적으로 한 수련 단체. 또는 그 중심 인물.
〔花柳〕(화류) ①꽃과 버들. ②기원(妓院).
〔花粉〕(화분) 꽃가루.
〔花信〕(화신) 꽃 소식. 봄 소식.
〔花心〕(화심) ①꽃술. 꽃의 중심 부분. ②촛불의 심지.
〔花押〕(화압) 수결과 함자.
〔花園〕(화원) 꽃동산.
〔花煎〕(화전) 꽃잎을 붙여서 기름에 지진 전.
〔花朝月夕〕(화조월석) ①꽃 피는 아침과 달 밝은 저녁처럼, 경치가 아주 좋은 시절. ②음력 2월 보름날과 8월 보름날을 이르는 말.
〔花菜〕(화채) 國꿀이나 설탕을 탄 오미자 물에 과일을 썰어 놓고 잣을 띄운 음료.
〔華燭〕(화촉) 물들인 밀초. 결혼식날 신방(新房)을 밝히는 데서 결혼의 뜻으로 씀.
〔花環〕(화환) 축하나 애도의 뜻을 표하기 위하여, 생화나 조화로 고리처럼 둥글게 만든 꽃다발.
〔花卉〕(화훼) 꽃이 피는 풀. 또는 관상용으로 재배하는 식물.
▷ 假花(가화)·開花(개화)·菊花(국화)·落花(낙화)·百花(백화)·生花(생화)·梨花(이화)·弔花(조화)·紅花(홍화)

5 ⑨ 〔苛〕* 4436 가 本하 平歌 | kē, カ

소전 행서 이름 모질 가 자원 형성. ++ + 可→苛. 柯(가)·軻(가)와 같이 可(가)가 성부.

새김 모질다. 까다롭다. ¶苛酷(─, 혹독할 혹)몹시 모질고 혹독함. 예─한 형벌.

〔苛斂誅求〕(가렴주구) 여러 가지 명목으로 세금을 가혹하게 거두어들이고 재물을 강제로 빼앗음.
〔苛細〕(가세) 성질이 까다롭고 하는 일이 잔닮.
〔苛政〕(가정) 포학한 정치. 학정(虐政).
▷ 煩苛(번가)

5 ⑨ 〔茄〕* 4437 가 平歌 | qié, カ

소전 행서 이름 가지 가 자원 형성. ++ + 加→茄. 架(가)·伽(가)·迦(가)와 같이 加(가)가 성부.

새김 가지. 열매를 먹는 일년초 이름.

5 ⑨ 〔茎〕 4438 경 莖(4490)의 속자

5 ⑧ 〔茎〕 4439 경 莖(4490)의 간화자

5 ⑨ 〔苽〕* 4440 고 菰(4509)와 동자

5 ⑨ 〔苦〕*** 4441 고 本고: 上麌 | kǔ, ク

소전 행서 이름 괴로울 고 자원 형성. ++ + 古→苦. 枯(고)·故(고)·固(고)와 같이 古(고)가 성부.

필순 丶 ㅗ 卄 艹 艹 芏 苎 苦 苦

새김 ❶괴롭다. ㉠마음이 괴롭다. 괴로워하다. ¶苦悶(─, 애태울 민)마음 속으로 괴로워하고 애태움. 예정신적 ─. ㉡고생하다. 어렵고 고되다. ¶苦役(─, 일 역)어렵고 고된 일. 예─에 시달리다. ❷쓰다. 맛이 쓰다. ¶甘呑苦吐(달 감, 삼킬 탄, ─, 뱉을 토)달면 삼키고 쓰면 뱉음. 자기에게 유리하면 하고 불리하면 안 하는 이기주의적 태도의 비유. ❸애쓰다. 힘을 들이다. ¶苦學(─, 배울 학)애써서 배움. 학비나 생활비를 자기의 노력으로 벌어 공부함. 예─生. ❹몹시. 심히. ¶苦待(─, 기다릴 대)몹시 기다림. 예鶴首─.

〔苦難〕(고난) 괴로움과 어려움. 고초(苦楚).
〔苦惱〕(고뇌) 괴로움과 번민.
〔苦杯〕(고배) 쓴 술잔. 쓰라린 패배나 실패의 비유.
〔苦生〕(고생) 괴롭고 힘든 생활을 겪음.
〔苦笑〕(고소) 쓴웃음. 마지 못해 웃는 웃음.
〔苦肉之計〕(고육지계) 자기 자신의 희생까지도 무릅쓰고 상대편을 속이기 위하여 꾸미는 계책.
〔苦戰〕(고전) 전투나 경기에서, 몹시 힘들고 어렵게 싸움. 또는 그 싸움.
〔苦盡甘來〕(고진감래) 쓴 것이 다하면 단 것이 옴. 고생 끝에 낙이 옴을 이르는 말.
〔苦衷〕(고충) 괴로운 심정.
〔苦痛〕(고통) 괴로움과 아픔.
〔苦鬪〕(고투) 힘드는 어려운 싸움을 함. 예惡戰─.
〔苦海〕(고해) (佛)근심과 괴로움으로 뒤덮여 있는 인간세상.
〔苦行〕(고행) (佛)정신적 수련을 위하여 짐짓 온갖 육체적 괴로움을 쌓는 일.
▷ 刻苦(각고)·勞苦(노고)·病苦(병고)·貧苦(빈고)·辛苦(신고)·獄苦(옥고)

5 ⑨ 〔苟〕** 구: 上有 gǒu, コウ
4442

소전 행서 이름 구차할 구: 자원 형성. ++ + 句→苟. 拘(구)·狗(구)와 같이 句(구)가 성부.

필순

새김 ❶구차하다. 또는 구차하게. ¶苟全性命(—, 보전할 전, 천성 성, 목숨 명)구차하게 천성과 목숨을 보전함. ❷잠시. 한때. ¶苟安(—, 편안할 안) 한때 겨우 편안함. ❸진실로. 참으로. 〔大學〕 苟日新(구일신) 진실로 날마다 새로워지다.

〔苟延歲月〕(구연세월) 구차하게 나달을 보냄.

〔苟且〕(구차) 國①살림이 매우 가난함. ②언행이 떳떳하지 못하고 구구함.

5 ⑨ 〔茉〕* 말 入曷 mò, マツ
4443

행서 이름 말리 말 자원 형성. ++ + 末→茉. 抹(말)·沫(말)과 같이 末(말)이 성부.

새김 말리(茉莉). 목서과의 상록 관목 이름.

5 ⑨ 〔茅〕* 모 平肴 máo, ボウ
4444

소전 행서 이름 띠 모 자원 형성. ++ + 矛→茅. 矛(모)가 성부.

새김 띠. 포아풀과의 다년초 이름. ¶茅屋(—, 집 옥) 띠로 지붕을 이은 초라한 집. 인신하여, 자기 집의 겸칭.

〔茅沙〕(모사) 國제사 때 쓰는, 그릇에 담은 모래와 거기에 꽂은 띠묶음.

〔茅舍〕(모사) 띠로 지붕을 이은 초라한 집. 인신하여, 자기가 사는 집의 겸칭.

5 ⑨ 〔苗〕** 묘: 本묘 平蕭 miáo, ビョウ
4445

소전 행서 이름 싹 묘: 자원 회의. ++ + 田→苗. 밭에 나는 작은 풀, 곧 싹을 뜻한다.

필순

새김 ❶싹. 풀의 싹. 또는 모. ¶苗木(—, 나무 목)옮겨 심기 위한 어린 나무 모. 예果樹—. ❷자손. 후손. ¶苗裔(—, 후손 예)여러 대를 지난 먼 후손.

〔苗床〕(묘상) ①모종을 키우는 자리. ②못자리. 묘판(苗板).

〔苗板〕(묘판) 못자리.

▷種苗(종묘)·禾苗(화묘)

5 ⑨ 〔茂〕*** 무: 去宥 mào, モ
4446

소전 행서 이름 우거질 무: 자원 형성. ++ + 戊→茂. 戊(무)가 성부.

필순

새김 우거지다. 식물이 무성하다. ¶茂林(—, 숲 림)나무가 우거진 숲. 예—山中.

〔茂盛〕(무성) 풀이나 나무가 우거져 성함.

5 ⑨ 〔范〕* 범: 上豏 fàn, ハン
4447

소전 행서 이름 법 범: 자원 형성. ++ + 氾→范. 氾(범)이 성부.

새김 ❶법. 규범. 範(3846)의 간화자. ❷거푸집. 금속을 녹여서 붓는 거푸집.

5 ⑨ 〔若〕*** 一 약 入藥 ruò, ジャク / 二 야: 上馬 rě, ニャ
4448

소전 행서 이름 一같을 약 二반야 야: 자원 회의. ++ + 右→若. 오른손으로 풀〔채소〕을 솎는다는 뜻. 새김은 가차.

필순

새김 一❶같다. 如(1040)와 같게 쓴다. ㉠~와 같다. ¶傍若[3]無[2]人[1](곁 방, —, 없을 무, 사람 인)곁에 사람이 없음과 같음. 아무 어렴성 없이 함부로 꺼떡거림의 형용. ㉡마치 ~듯하다. 상태를 나타낼 때 쓰는 말. ¶自若(저절로 자, —) 흥분하거나 당황함이 없이 예사롭고 태연함. 예泰然—. ❷얼마. 조금. ¶若干(—, 약간 간) 얼마 되지 아니한. 예—의 선물. ❸만일. 가령. ¶萬若(일만 만, —)혹시나 있을 수 있는 어떤 경우에. 예— 그런 일이 생긴다면. ❹어찌. ¶若何(—, 어찌 하)㉮어찌하랴? 어떻게 하면 좋겠느냐? ㉯어떠하게. 동如何(여하). ❺너. 이인칭 대명사. 〔史記〕 我與若(아여약) 나와 너. 二반야(般若). 범어 Prajnā의 음역. 망상을 떠나 모든 사물의 이치를 꿰뚫어 아는 지혜라는 뜻.

〔若此〕(약차) 이와 같이. 약시(若是).

〔若合符節〕(약합부절) 부절을 맞춘 듯 사물이 딱 들어맞음.

〔若或〕(약혹) 혹시. 만일. 만약.

5 ⑨ 〔苒〕* 염: 上琰 rǎn, ゼン
4449

행서 이름 흘러갈 염: 자원 형성. ++ + 冉→苒. 冉(염)이 성부.

새김 흘러가다. 세월이 흘러가다. ¶荏苒(흘러갈

임, ㅡ)荏(4475)을 보라.

5 ⑨ 〔英〕*** 영 平庚 yīng, エイ
4450

소전 행서 이름 꽃부리 영 자원 형성. 艹+央→英. 央(앙)의 변음이 성부.

필순 丶 ㅗ 艹 艹 艹 芇 苎 英 英

새김 ❶꽃부리. 또는 꽃. ¶群英(무리 군, ㅡ)온갖 꽃. ❷뛰어나다. 빼어나다. ¶英才(ㅡ, 재주 재)뛰어난 재주. 또는 그런 재주를 가진 사람. 예ㅡ教育. ❸영국(英國). 예英韓辭典(영한사전).
〔英傑〕(영걸) 뛰어난 큰 인물.
〔英斷〕(영단) 명철하고 결단성 있는 판단. 예ㅡ을 내리다.
〔英靈〕(영령) ①죽은 사람의 영혼. ②산천의 정기를 타고난 아주 뛰어난 인재.
〔英明〕(영명) 인물이 뛰어나고 사리의 판단이 밝음. 예ㅡ한 君主.
〔英敏〕(영민) 영특하고 민첩함.
〔英雄〕(영웅) 재능과 무용(武勇)이 뛰어난 사람. 예ㅡ豪傑.
〔英主〕(영주) 뛰어난 임금.
〔英特〕(영특) 재지(才智)가 뛰어남. 또는 그런 사람.
〔英華〕(영화) ①아름다운 광채. ②훌륭한 명예. ③뛰어나게 운치 있는 시나 문장.
▷育英(육영)

5 ⑨ 〔苑〕* 원: 上阮 yuàn, エン
4451

소전 행서 이름 동산 원: 자원 형성. 艹+夗→苑. 怨(원)과 같이 夗(원)이 성부.
새김 ❶동산. ㉠초목을 심은 뜰. ¶禁苑(궁궐 금, ㅡ)궁궐 안에 있는 동산. ㉡울을 치고 짐승을 길러 사냥터로 활용하였던 곳. ¶苑囿(ㅡ, 동산 유)짐승을 기르던 동산. ❷사물이 모이는 곳. 학술이나 문예의 중심지. ¶文苑(글월 문, ㅡ)문학자들의 세계. 동文壇(문단).
▷故苑(고원)·祕苑(비원)·藝苑(예원)

5 ⑨ 〔苡〕* 이: 上紙 yǐ, イ
4452

소전 행서 이름 의이 이: 자원 형성. 艹+以→苡. 以(이)가 성부.
새김 의이(薏苡). 율무.

5 ⑨ 〔苧〕* 저 本저: 上語 zhù, チョ
4453

행서 이름 모시풀 저 자원 형성. 艹+宁→苧. 貯(저)·佇(저)와 같이 宁(저)가 성부.
새김 모시풀. 저마(苧麻). 또는 그 섬유로 짠 모시. ¶苧布(ㅡ, 베 포)모시.

5 ⑨ 〔茁〕* 줄 本촬 入黠 zhuó, サツ
4454

소전 행서 이름 싹돋을 줄 자원 형성. 艹+出→茁. 出(출)의 변음이 성부.
새김 싹이 돋다. 인신하여, 식물이나 동물이 자라다. ¶茁壯(ㅡ, 씩씩할 장)㉮풀이나 나무가 나서 자람. ㉯짐승이 커서 살찜.

5 ⑨ 〔苕〕* 초 平蕭 tiāo, チョウ
4455

소전 행서 이름 완두 초 자원 형성. 艹+召→苕. 招(초)·超(초)와 같이 召(소)의 변음이 성부.
새김 ❶완두. 콩과의 재배 작물의 이름. ❷능소화. 능소화과의 낙엽 만목 이름.

5 ⑨ 〔苔〕* 태 平灰 tái, タイ
4456

행서 이름 이끼 태 자원 형성. 艹+台→苔. 怠(태)·殆(태)와 같이 台(태)가 성부.
새김 ❶이끼. 고목·바위·습지 등에 나는 이끼. ¶苔蘚(ㅡ, 이끼 선)이끼. ❷國김. 먹는 해초의 이름. ¶苔田(ㅡ, 밭 전)김을 양식하는 곳.
〔苔階〕(태계) 이끼 낀 섬돌.
〔苔碑〕(태비) 이끼 긴 비석.
▷綠苔(녹태)·石苔(석태)·青苔(청태)·海苔(해태)

5 ⑨ 〔苞〕* 포 平肴 bāo, ホウ
4457

소전 행서 이름 쌀 포 자원 형성. 艹+包→苞. 抱(포)·疱(포)와 같이 包(포)가 성부.
새김 싸다. 포장하다. ¶苞苴(ㅡ, 쌀 저)부들이나 띠풀로 만든, 어육(魚肉) 등 식품을 싸는 포장용 싸개. 인신하여, 뇌물로 보내는 물건.

5 ⑨ 〔苾〕* 필 入質 bì, ヒツ
4458

소전 행서 이름 향기로울 필 자원 형성. 艹+必→苾. 泌(필)·佖(필)과 같이 必(필)이 성부.
새김 향기롭다. 또는 향기.

6 ⑨ 〔茧〕 견 繭(4127)의 간화자
4459

6 ⑨ 〔荞〕 교 蕎(4596)의 간화자
4460

6 ⑨ 〔荨〕 담 蕁(4598)의 간화자
4461

6 ⑩ 〔茫〕** 망 平陽 máng, ボウ
4462

행서 茫 이름 드넓을 망 자원 형성. 氵+芒→茫. 芒(망)이 성부.

필순 丶 亠 艹 艹 艹 艹 茫 茫 茫 茫

새김 ❶드넓다. 아득하다. ¶茫茫(一, 一)넓고 멂. 예一一大海. ❷멍하다. 아무런 생각이 없다. 茫然(一, 그러할 연)아무런 생각 없이 멍함. 예一一自失.
〔茫洋〕(망양) 한없이 넓고 아득함.
▷渺茫(묘망)·滄茫(창망)

6 ⑩ 〔茗〕* 명: 上迥 míng, メイ
4463

소전 행서 이름 차 명: 자원 형성. 艹+名→茗. 銘(명)·酩(명)과 같이 名(명)이 성부.
새김 차. 또는 늦게 딴 차.

6 ⑩ 〔茯〕* 복 入屋 fú, フク
4464

행서 이름 복령 복 자원 형성. 艹+伏→茯. 伏(복)이 성부.
새김 복령(茯苓). 소나무를 벤 뒤 그 뿌리에 나는 버섯 종류의 한 가지.

6 ⑨ 〔荪〕 손 蓀(4563)의 간화자
4465

6 ⑩ 〔茱〕* 수 平虞 shū, シュ
4466

소전 행서 이름 수유 수 자원 형성. 艹+朱→茱. 朱에는 '주' 외에 '수' 음도 있어, 殊(수)·洙(수)와 같이 朱(수)가 성부.
새김 ❶수유(茱萸). 운향과의 낙엽 활엽 교목. 또는 그 열매.

6 ⑩ 〔荀〕* 순 平眞 xún, ジュン
4467

소전 행서 이름 순초 순 자원 형성. 艹+旬→荀. 筍(순)·殉(순)과 같이 旬(순)이 성부.
새김 순초(荀草). 전설상의 향초 이름.

6 ⑨ 〔荩〕 신: 藎(4626)의 간화자
4468

6 ⑨ 〔药〕 약 藥(4635)의 간화자
4469

6 ⑨ 〔茹〕* 여 平魚 rú, ジョ
4470

소전 행서 이름 먹을 여 자원 형성. 艹+如→茹. 如(여)가 성부.
새김 먹다. 채소류를 먹다. 삼키다. 〔詩經〕柔則茹之(유즉여지)부드러우면 이를 먹는다.

6 ⑩ 〔茸〕* 용 平冬 róng, ジョウ
4471

소전 행서 이름 녹용 용 자원 형성. 艹+耳→茸. 耳(이)의 변음이 성부.
새김 녹용(鹿茸). 사슴의 뿔.

6 ⑨ 〔荫〕 음 蔭(4588)의 간화자
4472

6 ⑩ 〔荑〕* 이 平支 yí, イ
4473

소전 행서 이름 벨 이 자원 형성. 艹+夷→荑. 姨(이)·痍(이)와 같이 夷(이)가 성부.
새김 베다. 풀을 베다.

6 ⑩ 〔茵〕* 인 平眞 yīn, イン
4474

소전 행서 이름 깔개 인 자원 형성. 艹+因→茵. 姻(인)·咽(인)과 같이 因(인)이 성부.
새김 ❶깔개. 자리. ¶茵席(一, 자리 석)왕골이나 부들 따위로 매거나 친 자리. ❷인진(茵蔯). 사철쑥. 더위지기. 예一一餠.

6 ⑩ 〔荏〕* 임: 上寢 rěn, ジン
4475

소전 행서 이름 들깨 임: 자원 형성. 艹+任→荏. 賃(임)·姙(임)과 같이 任(임)이 성부.
새김 ❶들깨. 꿀풀과의 일년생 재배 식물. ¶荏子(一, 어조사 자)들깨. ❷흘러가다. 시간이 지나가다. ¶荏苒(一, 흘러갈 염)세월이 차츰차츰 지나감. 또는 차츰차츰 흘러가는 세월이 덧없음. 예─한 세월.

6 ⑨ 〔玆〕 4476 자 玆(3222)와 동자

6 ⑩ 〔茨〕* 4477 자 平支 cí, シ

소전 행서 이름 새 자 자원 형성. ++ + 次→茨. 次에는 '차' 외에 '자' 음도 있어, 資(자)·姿(자)와 같이 次(자)가 성부.

새김 새. 띠·억새 따위의 총칭. 또는 새로 지붕을 이다. ¶茅茨(띠 모, ─)지붕을 이는 띠나 새.

6 ⑩ 〔荘〕 4478 장 莊(4503)의 약자

6 ⑩ 〔荃〕* 4479 전 平先 quán, セン

소전 행서 이름 창포 전 자원 형성. ++ + 全→荃. 銓(전)·栓(전)과 같이 全(전)이 성부.

새김 ❶창포(菖蒲). 인신하여, 임금의 비유. ❷통발. 물고기를 잡는 기구. 筌(3820)과 통용.

6 ⑨ 〔荠〕 4480 제: 薺(4629)의 간화자

6 ⑩ 〔茶〕** 4481 차▷다 平麻 chá, チャ·サ

행서 이름 차 차▷다 참고 茶禮를 '다례'로도 읽고 '차례'로도 읽듯이, '다·차'의 독음의 구분에 확연한 기준이 없기에 관용에 따라야 한다.

필순 丶 ⺀ ⺾ 艹 艾 苁 苃 茶 茶 茶

새김 ❶차. 차나무의 잎으로 만드는 음료. ¶茶房(차 다, 방 방)찻집. ❷차나무. 후피향나무과의 상록 활엽 관목.

〔茶菓〕(다과) 차와 과자. 예─店.

〔茶道〕(다도) ①차를 끓이는 방법. ②차를 달여 마시는 데 있어서 지켜야 할 일정한 격식이나 예절.

〔茶禮〕(다례) 國 음력 초하루·보름이나 명절·조상의 생일 등에 지내는 간단한 아침 제사.

〔茶飯事〕(다반사) 차를 마시고 밥을 먹는 것과 같이, 보통 있는 예사로운 일.

〔茶毗〕(다비) 범어 Jhāpita의 음역(音譯). 승려가 죽어서 화장하는 일.

▷喫茶(끽다)·綠茶(녹차)·抹茶(말차)·新茶(신차)·紅茶(홍차)

6 ⑨ 〔荐〕 4482 천: 薦(4619)의 간화자

6 ⑩ 〔草〕*** 4483 초 本초: 上皓 cǎo, ソウ

소전 행서 동자 艸 이름 풀 초 자원 형성. ++ + 早→草. 早(조)의 변음이 성부.

필순 丶 ⺀ ⺾ 艹 艹 艹 苜 苜 苣 草

새김 ❶풀. 초본 식물. ¶草木(─, 나무 목)풀과 나무. 예山川─. ❷풀로 이다. ¶草家(─, 집 가)지붕을 이엉으로 이은 집. 예─三間. ❸거칠다. 어설프다. ¶草率(─, 거칠 솔)어설프고 보잘것없음. 예─한 행색. ❹시작하다. 또는 처음. ¶草創(─, 비롯할 창)어떤 일을 처음으로 시작함. 또는 그 시초. 예─期. ❺초잡다. 또는 초고. ¶草案(─, 안 안)초잡은 안. 예─作成. ❻초서(草書). 한자의 서체의 하나. ❼國 담배. ¶行草(다닐 행, ─)여행할 때 피우려고 가지고 가는 담배.

〔草芥〕(초개) 풀과 티끌. 아무 소용이 없거나 하찮은 것의 비유.

〔草稿〕(초고) 문장이나 시 따위의 맨 처음 쓴 원고.

〔草根木皮〕(초근목피) 풀 뿌리와 나무 껍질.

〔草堂〕(초당) ①이엉으로 지붕을 이은 별채. ②별당. ②자기 집의 겸칭.

〔草廬〕(초려) ①지붕을 짚이나 풀로 인 조그마한 집.

〔草露〕(초로) ①풀에 맺힌 이슬. ②사물의 덧없음의 비유.

〔草綠〕(초록) 초록빛. 「─童.

〔草笠〕(초립) 풀로 결은, 누른 빛깔의 갓. 예

〔草莽〕(초망) ①풀숲. ②초야(草野). 예─之臣. ③세상 물정에 서투름.

〔草昧〕(초매) 천지가 개벽하던 처음. 인신하여, ㉮거칠고 어두운 세상. ㉯사물이 정돈되지 못한 상태의 비유.

〔草本〕(초본) 시문의 원고(原稿).

〔草食〕(초식) 푸성귀로만 만든 음식. 또는 그런 음식만을 먹음.

〔草野〕(초야) 풀이 무성한 들판. 인신하여, 궁벽한 시골.

〔草屋〕(초옥) 이엉으로 지붕을 이은, 작고 볼품없는 집.

▷結草報恩(결초보은)·起草(기초)·芳草(방초)·百草(백초)·伐草(벌초)·藥草(약초)·雜草(잡초)·除草(제초)

6 ⑨ 〔荡〕 4484 탕: 蕩(4606)의 간화자

6 ⑩ 〔荇〕* 4485 행: 上梗 xìng, コウ

소전 행서 이름 노랑어리연꽃 행: 자원 형성. ++ + 行→荇. 行(행)이 성부.

새김 노랑어리연꽃. 다년생 수초의 이름.

6 ⑨ 〔茓〕 협 荚(4506)의 간화자
4486

6 ⑩ 〔荊〕* 형 ㊍경 平庚 | jīng, ケイ
4487

소전 행서 이름 가시나무 형 자원 형성. ++ 刑→荊. 型(형)과 같이 刑(형)이 성부.

새김 ❶가시나무. 가시가 있는 나무의 총칭. ¶荊棘(―, 가시나무 극)가시나무. 인신하여, 고초나 난관의 비유. ㉑―의 길을 걷다. ❷아내. 자기 아내에 대한 겸칭. ¶荊妻(―, 아내 처)남에게 대하여 자기 아내를 이르는 말.

6 ⑩ 〔荒〕** 황 平陽 | huāng, コウ
4488

소전 행서 이름 거칠 황 자원 형성. ++ + 巟→荒. 巟(황)이 성부.

필순 丶 亠 亠 艹 艹 艹 芒 芒 芹 荒

새김 ❶거칠다. 그대로 버려두어 묵다. ¶荒野(―, 들 야)거친 들. ㉑광막한 ―. ❷흉년이 들다. 또는 흉년. ¶荒年(―, 해 년)흉년이 든 해. ❸허황하다. ¶荒唐(―, 황당할 당)종잡을 수 없이 허황함. ❹주색에 빠지다. ¶荒淫(―, 음탕할 음)주색에 빠져 음탕함. ㉑―無道.
〔荒唐無稽〕(황당무계) 언행이 너무 허황되고 터무니없음.
〔荒涼〕(황량) 황폐하고 쓸쓸함.
〔荒蕪地〕(황무지) 버려두어 거칠고 잡초가 무성한 땅.
〔荒廢〕(황폐) 버려 두어 거칠어져 못쓰게 됨.
▷八荒(팔황)

6 ⑩ 〔茴〕* 회 平灰 | huí, カイ
4489

행서 이름 회향 회 자원 형성. ++ + 回→茴. 蛔(회)·廻(회)와 같이 回(회)가 성부.
새김 회향(茴香). 미나리아재비과의 다년초.

7 ⑪ 〔莖〕* 경 ㊍형 平庚 | jīng, ケイ
4490

소전 행서 속자 茎 간화 茎 이름 줄기 경 자원 형성. ++ + 巠→莖. 輕(경)·勁(경)과 같이 巠(경)이 성부.
새김 ❶줄기. 식물의 줄기. ¶地下莖(땅 지, 아래 하, ―)식물의 땅 속에 묻혀 있는 줄기. ❷양수사. 풀이나 가늘고 긴 물건을 세는 말.
〔莖葉〕(경엽) 줄기와 잎.
▷球莖(구경)·根莖(근경)·陰莖(음경)

7 ⑪ 〔荳〕* 두 豆(5094)의 속자
4491

7 ⑩ 〔莱〕 래 萊(4517)의 간화자
4492

7 ⑩ 〔莲〕 련 蓮(4575)의 간화자
4493

7 ⑪ 〔莉〕* 리 平齊 | lí, リ
4494

행서 이름 말리 리 자원 형성. ++ + 利→莉. 梨(리)·悧(리)와 같이 利(리)가 성부.
새김 말리(茉莉). 목서과의 상록 관목 이름.

7 ⑪ 〔莫〕*** ㊀막 入藥 | mò, バク
㊁모: 去遇 | mù, ボ
4495

소전 행서 이름 ㊀말 막 ㊁저물 모: 자원 회의. ++ + 日 + 大〔艸의 변형〕→莫. 해가 풀 속으로 빠져 들어간다는 뜻. 그래서 해가 저물다의 뜻을 나타낸다.

필순 丶 亠 亠 艹 艹 艹 节 � 莒 莫

새김 ㊀❶말라. ～하지 말라. 금지의 뜻을 나타낸다. ¶莫交三公(―, 사귈 교, 석 삼, 공 공) 세 정승을 사귀지 말라. ㉑―하고 愼吾身하라. ❷～하지 못하다. 불능의 뜻을 나타낸다. ¶後悔莫及(뒤 후, 뉘우칠 회, ―, 미칠 급)잘못한 뒤에 뉘우쳐도 미치지 못함. ❸없다. ㉠있지 아니하다. ¶莫逆(―, 거스를 역)거스름이 없다는 뜻으로, 친구 간에 뜻이 서로 맞아 지내는 사이가 썩 가까움을 이르는 말. ㉑―之友. ㉡더할 수 없이. ¶莫強(―, 강할 강) 더할 수 없이 아주 강함. ㉑―한 군대. ㊁저물다. 暮(2187)의 고자.
〔莫大〕(막대) 더할 수 없이 큼.
〔莫論〕(막론) 이것저것 가리고 따져 말할 것 없이.
〔莫上莫下〕(막상막하) 우열(優劣)의 차이가 없이 비슷비슷함.
〔莫甚〕(막심) 더없이 심함. 매우 심함.
〔莫逆之交〕(막역지교) 뜻이 맞고 의기가 투합하는 도타운 사귐.
〔莫重〕(막중) 더할 수 없이 소중함.

7 ⑪ 〔莽〕 망: 莾(4520)의 속자
4496

7 ⑪ 〔莩〕* ㊀부 平虞 | fū, フ
㊁표: 上篠 | piǎo, ヒョウ
4497

소전 행서 이름 ㊀껍질 부 ㊁주려죽을 표: 자원 형성. ++ + 孚→莩. 浮(부)·

孵(부)와 같이 孚(부)가 성부. 참고 대법원 공인 인명용 추가한자는 ㊀.

새김 ㊀껍질. 갈대의 흰 속껍질이나 씨의 겉껍질. ㊁주려 죽다. 또는 그 주검. 〔孟子〕 塗有餓莩(도유아표) 길에는 굶주려 죽은 주검이 있다.

7 ⑪ 〔莎〕* 사 平歌 | suō, サ
4498

소전 행서 이름 사초 사 자원 형성. 艹+沙→莎. 裟(사)·娑(사)와 같이 沙(사)가 성부.

새김 사초(莎草). 방동사니과의 다년초 이름.

7 ⑩ 〔莳〕 시: 蒔(4567)의 간화자
4499

7 ⑪ 〔莘〕* 신 平眞 | xīn, シン
4500

행서 이름 세신 신 자원 형성. 艹+辛→莘. 辛(신)이 성부.

새김 세신(細莘). 족두리풀.

7 ⑪ 〔莪〕* 아 平歌 | é, ガ
4501

소전 행서 이름 아호 아 자원 형성. 艹+我→莪. 餓(아)·俄(아)와 같이 我(아)가 성부.

새김 아호(莪蒿). 쑥의 일종.

7 ⑪ 〔莞〕* ㊀완 ㊌관 平寒 | guān, カン / ㊁완: ㊌환: 上潸 | wǎn, カン
4502

소전 행서 이름 ㊀왕골 완 ㊁빙그레웃을 완: 자원 형성. 艹+完→莞. 垸(완)·浣(완)과 같이 完(완)이 성부.

새김 ㊀왕골. 줄기와 껍질을 공예 원료로 쓰는, 일년생 풀의 이름. ㊁빙그레 웃다. ¶莞爾(—, 그러할 이)빙그레 웃는 모양.

7 ⑪ 〔莊〕** 장 平陽 | zhuāng, ソウ
4503

소전 행서 속자 간화 庄 약자 荘 이름 엄숙할 장 자원 형성. 艹+壯→莊. 裝(장)·奘(장)과 같이 壯(장)이 성부.

필순 丶 亠 亠 艹 竹 竹 节 莊 莊 莊

새김 ❶엄숙하다. ¶莊嚴(—, 엄숙할 엄)위엄이 있고 엄숙함. 예—한 의식. ❷집. 시골에 있는, 임시로 거처하는 집. ¶別莊(딴 별, —)경치 좋은 곳에 지어놓고 때때로 가서 묵으며 쉬는 집. 예설악산에 있는 —. ❸장자(莊子)의 준말. ¶老莊(노자 로, —)노자(老子)와 장자. 예—之學.

〔莊園〕(장원) 황실·귀족·고관·부호·사원(寺院)등이 점유한 광대한 토지.

〔莊重〕(장중) 장엄하고 정중함.

▷山莊(산장)

7 ⑪ 〔荻〕* 적 入錫 | dí, テキ
4504

행서 이름 적 적 자원 형성. 艹+狄→荻. 狄(적)이 성부.

새김 적. 물억새. 물가나 습지에 자생하는 다년초 이름.

7 ⑪ 〔荷〕** ㊀하 平歌 | hé, カ / ㊁하: 上哿 | hè, カ
4505

소전 행서 이름 ㊀연 하 ㊁짐 하: 자원 형성. 艹+何→荷. 何(하)가 성부.

필순 丶 亠 艹 艹 艹 芢 芢 荷 荷 荷

새김 ㊀연(蓮). ¶荷花(—, 꽃 화)연꽃. ㊁❶짐. ¶荷物(—, 물품 물)기차·자동차·배·비행기 등으로 실어 나르는 짐. ❷메다. 어깨에 메다. ¶賊反荷杖(도적 적, 도리어 반, —, 몽둥이 장) 도적이 도리어 몽둥이를 멤. 곧 잘못한 사람이 도리어 아무 잘못도 없는 사람에게 시비나 트집을 겲.

〔荷役〕(하역) 짐의 싣고 내리는 일.

〔荷重〕(하중) ①짐의 무게. ②구조물 등이 반고 견딜 수 있는 무게.

▷感荷(감하)·負荷(부하)·出荷(출하)

7 ⑪ 〔莢〕* 협 ㊌겹 入葉 | jiá, キョウ
4506

소전 행서 간화 荚 이름 꼬투리 협 자원 형성. 艹+夾→莢. 峽(협)·頰(협)과 같이 夾(협)이 성부.

새김 ❶꼬투리. 콩·팥 따위의 씨가 들어 있는 깍지. ¶莢果(—, 열매 과)콩·팥 따위와 같은, 꼬투리로 열리는 열매. ❷명협(蓂莢). 달력풀. 전설상의 상서로운 풀 이름.

7 ⑪ 〔華〕 화 華(4535)와 동자
4507

7 ⑩ 〔获〕 ㊀획 獲(3216)의 간화자 / ㊁확 穫(3745)의 간화자
4508

8 ⑫ 〔菰〕* 고 平虞 | gū, コ
4509

행서 菰 동자 苽 이름 줄 고 자원 형성. 艹+孤→菰. 孤(고)가 성부.
새김 줄. 줄풀. 진고(眞菰). 다년생 풀 이름. ¶菰根(一, 뿌리 근)줄의 뿌리.

8 ⑫ 〔菓〕* 과 ㊍과: 上 哿 | guǒ, カ
4510

행서 菓 이름 실과 과 자원 형성. 艹+果→菓. 課(과)·顆(과)와 같이 果(과)가 성부.
새김 ❶실과. 나무의 열매. 果(2267)와 같다. ❷國과자. ¶茶菓(차 다, 一)차와 과자. 예一店.
〔菓子〕(과자) 國밀가루·쌀가루·설탕 따위로 만들어 간식으로 먹는 음식물.
▷氷菓(빙과)·油菓(유과)·製菓(제과)

8 ⑫ 〔菅〕* 관 平 刪 | guān, カン
4511

소전 菅 행서 菅 이름 땅이름 관 자원 형성. 艹+官→菅. 管(관)·館(관)과 같이 官(관)이 성부.
새김 땅 이름. 춘추(春秋) 때 송(宋)나라에 있었던 지명.

8 ⑫ 〔菊〕** 국 入 屋 | jú, キク
4512

소전 菊 행서 菊 이름 국화 국 자원 형성. 艹+匊→菊. 鞠(국)·麴(국)과 같이 匊(국)이 성부.

필순 丶 亠 十 廾 艹 艹 芍 芍 菊 菊

새김 국화. 엉거시과의 다년초 이름. ¶黃菊(누를 황, 一)누른 꽃이 피는 국화.
〔菊月〕(국월) 음력 9월의 딴이름.
〔菊版〕(국판) ①종이 규격의 한 가지. 가로 636mm, 세로939mm. ②국판 전지(全紙)를 16겹으로 접은 크기의 책 판형. 가로 150mm, 세로220mm.
〔菊花酒〕(국화주) 국화를 넣어 빚은 술.
▷霜菊(상국)·殘菊(잔국)

8 ⑫ 〔菌〕** 균 ㊍균: 上 軫 | jùn, キン
4513

소전 菌 행서 菌 이름 균 균 자원 형성. 艹+囷→菌. 囷(균)이 성부.

필순 丶 亠 十 廾 艹 芇 芮 菌 菌 菌

새김 균. 세균(細菌). ¶殺₂菌₁(죽일 살, 一)균을 죽임. 예一作用.
〔菌類〕(균류) 곰팡이·버섯 등의 총칭.
〔菌傘〕(균산) 버섯 따위의 줄기 위에 있는 우산 모양의 부분.
▷病菌(병균)

8 ⑫ 〔堇〕* ㊀근: 上 吻 | jǐn, キン ㊁근: 去 震 | jìn, キン
4514

소전 堇 행서 堇 이름 ㊀제비꽃 근: ㊁오두 근: 자원 형성. 艹+堇→堇. 堇(근)이 성부.
새김 ㊀제비꽃. 오랑캐꽃. 다년초 이름. ㊁오두(烏頭). 바곳. 다년초 이름.

8 ⑫ 〔萄〕* 도 平 豪 | táo, トウ
4515

소전 萄 행서 萄 이름 포도 도 자원 형성. 艹+匋→萄. 陶(도)·淘(도)와 같이 匋(도)가 성부.
새김 포도(葡萄). 포도나무. 또는 그 열매.

8 ⑪ 〔萝〕 라 蘿(4651)의 간화자
4516

8 ⑫ 〔萊〕* 래 平 灰 | lái, ライ
4517

소전 萊 행서 萊 간화 莱 이름 명아주 래 자원 형성. 艹+來→萊. 崍(래)·徠(래)와 같이 來(래)가 성부.
새김 ❶명아주. 명아주과의 일년초 이름. ❷잡초가 우거지다. 또는 우거진 잡초.
▷蓬萊山(봉래산)

8 ⑫ 〔菉〕* 록 入 沃 | lù, リョク
4518

소전 菉 행서 菉 이름 조개풀 록 자원 형성. 艹+彔→菉. 彔(록)이 성부.
새김 조개풀. 일년생 풀 이름.

8 ⑫ 〔菱〕* 릉 平 蒸 | líng, リョウ
4519

행서 菱 이름 마름 릉 자원 형성. 艹+夌→菱. 陵(릉)·淩(릉)과 같이 夌(릉)이 성부.
새김 마름. 바늘꽃과의 일년초 이름. 또는 그 열매. ¶菱實(一, 열매 실) 마름.
〔菱形〕(능형) 마름모.

8 ⑫ 〔莽〕* 망: 上 養 | mǎng, ボウ
4520

소전 莽 행서 莽 속자 莽 이름 풀 망: 자원 형성. 艹〔茻의 변형〕+犬→莽.

茻(망)이 성부.

새김 풀. 잡초. 또는 우거진 풀숲. ¶草莽(풀 초, —)풀숲. 인신하여, 초야(草野). 예—之臣.

8 ⑫ 〔萌〕* 맹 平庚 | méng, ホウ
4521

소전 행서 이름 싹 맹 자원 형성. ++ + 明→萌. 盟(맹)과 같이 明(명)의 변음이 성부.

새김 싹. 또는 싹이 트다. ¶萌動(—, 움직일 동)싹이 틈. 인신하여, 어떤 생각이나 일이 일어나기 시작함.

〔萌芽〕(맹아) 식물의 새싹. 인신하여, 처음 생겨나는 사물의 비유.

8 ⑫ 〔菩〕* 보 平虞 | pú, ボ
4522

소전 행서 이름 보제 보 자원 형성. ++ + 咅→菩. 咅(부)의 변음이 성부.

새김 (佛)보제(菩提). 범어 Bodhi의 음역. 보리. 의역은 정각(正覺). 번뇌를 끊고 진리를 깨닫는 일.

〔菩薩〕(보살) (佛)①부처 다음가는 성인. ②불교를 믿는 나이 든 여신도.

〔菩提心〕(보제심→보리심) (佛)불도(佛道)를 구하는 마음. 깨달음을 얻고자 하는 마음.

8 ⑫ 〔菲〕* 비 本비: 上尾 | fěi, ヒ
4523

소전 행서 이름 채소이름 비 자원 형성. ++ + 非→菲. 誹(비)·悲(비)·匪(비)·扉(비)와 같이 非(비)가 성부.

새김 ❶채소 이름. 순무 비슷한 채소. ❷박하다. 변변치 못하다. ¶菲才(—, 재주 재)변변치 못한 재주. 인신하여, 자기의 재주를 겸손하게 이르는 말. 예淺學—.

8 ⑪ 〔萨〕 살 薩(4623)의 간화자
4524

8 ⑪ 〔萧〕 소 蕭(4613)의 간화자
4525

8 ⑫ 〔菽〕* 숙 入屋 | shū, シュク
4526

행서 이름 콩 숙 자원 형성. ++ + 叔→菽. 淑(숙)과 같이 叔(숙)이 성부.

새김 콩. ¶菽水(—, 물 수)콩과 물. 인신하여, 검소한 음식.

〔菽麥不辨〕(숙맥불변) 콩과 보리를 구별하지 못함. 매우 어리석은 사람의 비유.

8 ⑫ 〔菴〕* 암 平覃 | ān, アン
4527

행서 이름 암자 암 자원 형성. ++ + 奄→菴. 庵(암)·唵(암)과 같이 奄(엄)의 변음이 성부.

새김 ❶암자. 庵(1449)과 동자. ❷암려(菴藺). 맑은대쑥. 개제비쑥. 산에 절로 자라는 풀 이름.

8 ⑫ 〔萎〕* 위 平支 | wěi, イ
4528

소전 행서 이름 시들 위 자원 형성. ++ + 委→萎. 委(위)가 성부.

새김 시들다. ㉠초목이 말라 시들다. ¶萎落(—, 떨어질 락)초목이 시들어 잎이 떨어짐. ㉡몸의 건강·기력이나 기세가 줄어지다. ¶萎縮(—, 줄 축)어떤 힘에 눌려서 기세가 줄어져 기를 펴지 못함. 예—되지 않는 강한 의지력.

〔萎靡〕(위미) 시듦. 또는 쇠하여 느른해짐. 예—不振.

8 ⑫ 〔菹〕* 一 저 平魚 | zū, ショ
二 저: 去御 | jù, ショ
4529

소전 행서 이름 一김치 저 二늪 저: 자원 형성. ++ + 沮→菹. 沮(저)가 성부.

새김 一김치. 채소로 담근 반찬. ¶菹醢(—, 젓갈 해)㉮김치와 젓갈. ㉯죄인을 죽여 젓을 담그는 형벌. 인신하여, 사형에 처함. 二늪. 수초가 많은 연못.

8 ⑫ 〔菖〕* 창 平陽 | chāng, ショウ
4530

행서 이름 창포 창 자원 형성. ++ + 昌→菖. 唱(창)·娼(창)과 같이 昌(창)이 성부.

새김 창포(菖蒲). 천남성과의 다년초 이름.

8 ⑫ 〔菜〕*** 채: 去隊 | cài, サイ
4531

소전 행서 이름 나물 채: 자원 형성. ++ + 采→菜. 採(채)·彩(채)·寀(채)와 같이 采(채)가 성부.

필순 丶 ㅗ 十 艹 艹 艹 苎 苎 苹 菜

새김 나물. 푸성귀. 채소. ¶菜食(—, 먹을 식)고기를 먹지 않고, 주로 채소로 만든 반찬을 먹음. 예—主義.

〔菜根〕(채근) 채소의 뿌리. 인신하여, 변변치 않은 음식.

〔菜麻〕(채마) 무·배추 따위의 재배하는 채소.

〔菜蔬〕(채소) 남새. 푸성귀.

▷山菜(산채)·生菜(생채)·蔬菜(소채)·野菜(야채)

8 ⑫ [菁]* ㊀청 平庚 jīng, セイ
㊁청 平青 jīng, セイ
4532

소전 행서 이름 ㊀무청 청 ㊁우거질 청 자원 형성. 艹+青→菁. 淸(청)·晴(청)과 같이 青(청)이 성부.
새김 ㊀❶무청(蕪菁). 순무. 무와 비슷한, 재배하는 채소 이름. ❷부추꽃. 인신하여, 꽃. ㊁우거지다. 또는 초목이 우거진 모양. ¶菁菁(—, —)초목이 우거진 모양.

8 ⑫ [萃]* 췌 本취: 去寘 cuì, スイ
4533

소전 행서 이름 모일 췌 자원 형성. 艹+卒→萃. 悴(췌)와 같이 卒(졸)의 변음이 성부.
새김 모이다. 또는 모으다. ¶拔萃(뽑을 발, —) 글 가운데서 필요한 부분만 뽑아서 모음.

8 ⑫ [萍]* 평 平青 píng, ヘイ
4534

소전 행서 이름 개구리밥 평 자원 형성. 氵+苹→萍. 苹(평)이 성부.
새김 개구리밥. 부평초(浮萍草). 수초의 이름.
〔萍水〕(평수) 물 위를 떠다니는 부평초란 뜻으로, 이리저리 떠돌아 다님의 비유. 예—相逢.

8 ⑫ [華]*** 화 平麻 huā, カ
4535

소전 행서 동자 𦻏 간화 华 이름 빛날 화 자원 상형. 좌우에 잎이 나 있는 꽃의 모양.

필순 華

새김 ❶빛나다. 화려하다. ¶繁華(번창할 번, —) 번창하고 화려함. 예—한 거리. ❷꽃. 초목의 꽃. 花(4435)와 같게 쓴다. ¶華顔(—, 얼굴 안)꽃과 같이 아름다운 얼굴. ❸번영하다. ¶榮華(번영할 영, —)권력이나 돈이 있어서 번영함. 또는 그 번영으로 누리는 행복. 예—를 누리다. ❹알짜. 정수가 될 찬란한 부분. ¶精華(완미할 정, —)그 사물의 참된 가치를 드러내는, 정수가 될 가장 뛰어난 부분. 예문화의 —. ❺중국(中國)의 미칭. 예華商(—, 상인 상)중국 사람의 상인.
〔華甲〕(화갑) 61세. '華'를 파자(破字)하면 '十'자 여섯과 '一'자 하나가 된 데서 온 말.
〔華僑〕(화교) 외국에 이주하여, 주로 상업에 종사하는 중국인.
〔華麗〕(화려) 빛나고 고움. 예—한 우대.
〔華美〕(화미) 화려하고 아름다움.
〔華奢〕(화사) 화려하고 사치스러움.
〔華燭〕(화촉) ①화려한 촛불. ②혼인 때 쓰는 물감을 들인 초. 인신하여, 결혼.
〔華翰〕(화한) 남을 높이어 그의 편지를 이르는 말.
▷光華(광화)·文華(문화)·浮華(부화)·中華(중화)·豪華(호화)

9 ⑬ [葛]* 갈 入曷 gé, カツ
4536

소전 행서 이름 칡 갈 자원 형성. 艹+曷→葛. 渴(갈)·喝(갈)과 같이 曷(갈)이 성부.
새김 칡. 콩과의 다년생 만초 이름. ¶葛根(—, 뿌리 근) 칡뿌리.
〔葛藤〕(갈등) ①칡덩굴과 등나무. ②일이 복잡하게 뒤얽히거나 말이 장황하여 이해하기 어려움의 비유.
〔葛布〕(갈포) 칡의 섬유로 짠 베.
▷瓜葛之親(과갈지친)

9 ⑬ [葵]* 규 平支 kuí, キ
4537

소전 행서 이름 아욱 규 자원 형성. 艹+癸→葵. 揆(규)와 같이 癸(계)의 변음이 성부.
새김 ❶아욱. 노규(露葵). 채소의 이름. ❷규곽(葵藿). 해바라기. 재배하는 일년초의 이름.
▷蜀葵(촉규)·向日葵(향일규)

9 ⑬ [董]* 동: 上董 dǒng, トウ
4538

행서 이름 감독할 동: 자원 형성. 艹+重→董. 重에는 '중' 외에 '동'의 음도 있어, 動(동)과 같이 重(동)이 성부.
새김 ❶감독하다. 감시하여 살피다. ¶董督(—, 채근할 독)감시하고 채근함. ❷깊이 간직하다. ¶骨董(뼈 골, —)오래되고 희귀한 옛날의 기구나 미술품. 예—品.

9 ⑬ [落]*** 락 入藥 luò, ラク
4539

소전 행서 이름 떨어질 락 자원 형성. 艹+洛→落. 洛(락)이 성부.

필순 落

새김 ❶떨어지다. ㉠아래로 떨어지다. ¶落下(—, 내릴 하)위에서 아래로 떨어져 내림.

㉮—傘. ㉡달렸거나 붙었던 것이 떨어지다. 빠지다. ¶落₂葉₁(—, 잎 엽)나뭇잎이 떨어짐. 또는 떨어진 나뭇잎. ㉢해나 달이 지다. ¶落日(—, 해 일)지는 해. ㉮西山—. ㉣밴 아이가 지다. ¶落胎(—, 태아 태)달이 차기 전에 죽은 태아를 낳음. ㉤뒤처지다. 뒤떨어지다. ¶落後(—, 뒤질 후)어떤 일에서 남에게 뒤떨어짐. ㉮—된 農村. ㉥시험이나 선거에서 떨어지다. ¶落₂第₁(—, 과거 제)과거나 시험에 떨어짐. ㉦성을 빼앗기다. ¶難₂攻₁不₄落₃(어려울 난, 칠 공, 아니할 불, —)공격하기가 어려워 함락되지 아니함. ㉮—의 要塞. ❷쇠하다. ¶沒落(다할 몰, —)힘이 다하여 쇠하여짐. ㉮家勢의 —. ❸이루어져 끝나다. ¶落成(—, 이룰 성)건축 공사가 다 되어 끝남. ㉮—式. ❹떨어뜨리다. 죽다. ¶落₂命₁(—, 목숨 명)목숨을 떨어뜨림. 곧 죽음. ❺마을. 사람이 사는 곳. ¶村落(마을 촌, —)시골의 작은 마을. ❻가지가 축축 늘어지다. ¶落落長松(—, —, 길 장, 소나무 송) 긴 가지가 축축 늘어진, 키가 큰 소나무. ❼國두락(斗落). 마지기. 대략 200평 내지 300평의 논밭의 넓이의 단위. ㉮三—의 논.

〔落膽〕(낙담) 간이 떨어짐. ①몹시 놀람의 형용. ②國기대하던 일이 실패하여 갑자기 기운이 풀림.

〔落島〕(낙도) 육지에서 멀리 떨어져 있는 섬.

〔落雷〕(낙뢰) 벼락이 떨어짐.

〔落淚〕(낙루) 눈물을 흘림.

〔落書〕(낙서) 장난으로 아무 데나 함부로 글자를 씀. 또는 그 글자.

〔落選〕(낙선) 선거에서 떨어짐.

〔落陽〕(낙양) 지는 해. 석양(夕陽).

〔落伍〕(낙오) ①대오에서 뒤떨어짐. ②경쟁에서 뒤로 처짐.

〔落照〕(낙조) 지는 햇빛.

〔落帙〕(낙질) 여러 권으로 한 질이 되는 책에서, 빠진 권이 있어 온전하지 못하게 됨. 또는 그 빠진 책.

〔落着〕(낙착) 일이 해결되어 끝이 남.

〔落札〕(낙찰) 입찰한 사람 중에서, 그 권리가 자기에게 떨어짐. ㉮—價.

〔落鄕〕(낙향) 서울에서 시골로 이사함.

〔落花〕(낙화) 꽃이 떨어짐. 또는 떨어진 꽃. ㉮—流水.

▷磊落(뇌락)·段落(단락)·部落(부락)·零落(영락)·淪落(윤락)·墜落(추락)·墮落(타락)·脫落(탈락)·下落(하락)

9 ⑫ 〔蒌〕 4540 루 蔞(4577)의 간화자

9 ⑬ 〔萬〕*** 4541 만: 去願 wàn, マン·バン

소전 𦦍 행서 萬 고자 간화 万 이름 일만 만: 자원 상형. 독이 있는 벌레의 모양을 본떴다. 새김은 가차.

필순 艹 艹 艹 芇 苩 苩 萬 萬 萬 萬

새김 일만. 수로서의 10,000. 인신하여, 많다. ¶萬邦(—, 나라 방)많은 모든 나라. ㉮世界—.

〔萬感〕(만감) 만 가지 느낌. 온갖 생각.

〔萬頃蒼波〕(만경창파) 한없이 넓고 넓은 바다.

〔萬古〕(만고) ①오랜 옛적. 또는 오랜 세월을 통하여. ㉮—不變. ②세상에 그 유가 없는. ㉮—烈女.

〔萬機〕(만기) ①정치상의 여러 가지 중요한 기틀. ㉮—要覽. ②임금이 보는 여러 가지 정무. ㉮—를 총람하다.

〔萬能〕(만능) 온갖 일에 두루 능통함.

〔萬端〕(만단) ①여러 갈래나 토막. ②여러 가지. 온갖. 또는 여러가지로.

〔萬物〕(만물) 이 세상에 존재하는 모든 사물. ㉮—의 靈長.

〔萬般〕(만반) 여러 가지의 온갖. ㉮—의 준비.

〔萬病〕(만병) 온갖 병. ㉮—通治藥.

〔萬事〕(만사) 여러 가지의 온갖 일. ㉮—亨通.

〔萬象〕(만상) 온갖 물건의 형상. ㉮森羅—.

〔萬世〕(만세) 아주 오래 계속되는 세대. ㉮—不易.

〔萬歲〕(만세) ①썩 많은 햇수. ②경축이나 축복할 때, 언제까지나 살아서 영화를 누리라는 뜻으로 외치는 소리. ㉮—三唱.

〔萬壽無疆〕(만수무강) 끝없이 오래 삶. 장수를 축원하는 말.

〔萬乘〕(만승) 일만 대의 병거. 인신하여, 천자(天子). ㉮—之國.

〔萬有引力〕(만유인력) 온갖 물체가 서로 끌어당기는 힘.

〔萬一〕(만일) ①만에 하나라도. 만약. ②만분지일(萬分之一).

〔萬全〕(만전) 조금도 허술한 틈이 없이 아주 안전함.

▷巨萬(거만)·幾萬(기만)·累萬(누만)·億萬(억만)·千萬(천만)

9 ⑬ 〔葯〕* 4542 약 入藥 yào, ヤク

행서 葯 이름 구리때 약 자원 형성. 艹+約→葯. 約(약)이 성부.

새김 ❶구리때. 약재로 쓰는 풀의 한 가지. 그 뿌리를 백지(白芷)라 한다. ❷약(葯). 화분이 들어 있는, 수꽃술의 끝부분. ¶葯胞(—, 세포 포)약.

9 ⑬ 〔葉〕*** 4543 ㊀엽 入葉 yè, ヨウ ㊁섭 入葉 shè, ショウ

소전 葉 행서 葉 간화 叶 이름 ㊀잎 엽 ㊁성 섭 자원 형성. 艹+枼→葉. 枼(엽)이 성부.

필순 ⺊ ⺾ 艹 ... 葉

새김 一❶잎. 나뭇잎. 인신하여, 잎처럼 얄팍한 물건. ¶落葉(떨어질 락, ―)나뭇잎이 떨어짐. 또는 떨어진 잎. ❷시대. 시기. ¶末葉(끝 말, ―)일정한 역사적 시기에서의 끝 시기. 예高麗―. ❸國 엽전(葉錢). 조선 말기에 쓰였던 동전. 二성(姓). 또는 지명(地名).
〔葉綠素〕(엽록소) 식물의 잎에 있는 초록빛 색소.
〔葉書〕(엽서) 우편 용지 규격의 하나.
〔葉草〕(엽초) 입담배.
▷枯葉(고엽)·金枝玉葉(금지옥엽)·霜葉(상엽)·竹葉(죽엽)·枝葉(지엽)·初葉(초엽)·胎葉(태엽)·貝葉(패엽)·紅葉(홍엽)

9 ⑬ 〔葦〕* 위: 上尾 wěi, イ
4544

소전 행서 간화 苇 이름 갈대 위: 자원 형성. ++ + 韋→葦. 偉(위)·圍(위)·違(위)와 같이 韋(위)가 성부.
새김 ❶갈대. 포아풀과의 다년생 풀 이름. ❷거룻배. 돛이 없는 작은 배. ¶一葦(한 일, ―)한 척의 거룻배.

9 ⑬ 〔萸〕* 유 平虞 yú, ユ
4545

소전 행서 이름 수유 유 자원 형성. ++ + 臾→萸. 諛(유)와 같이 臾(유)가 성부.
새김 수유(茱萸). 약초 이름. 또는 그 열매.

9 ⑬ 〔葬〕** 장: 去漾 zàng, ソウ
4546

소전 행서 이름 장사지낼 장: 자원 회의. 廾〔茻의 변형〕+ 死→葬. 죽은 사람을 풀숲 속에 놓아둔다는 데서 '장사지내다'의 뜻을 나타낸다.

필순 丶 ⺊ ... 葬

새김 장사지내다. 시체를 땅에 묻다. ¶葬禮(―, 예 례) 죽은 사람을 장사지내는 예. 예―式.
〔葬事〕(장사) 예를 갖추어 시신을 묻거나 화장하는 일.
〔葬儀〕(장의) 죽은 사람의 장사를 지내는 의식.
〔葬地〕(장지) 장사지내어 시체를 묻는 땅.
▷改葬(개장)·國葬(국장)·埋葬(매장)·水葬(수장)·暗葬(암장)·禮葬(예장)·移葬(이장)·偸葬(투장)·合葬(합장)·火葬(화장)

9 ⑫ 〔蒋〕 一장 蔣(4590)의 간화자
二장: 蔣(4590)의 간화자
4547

9 ⑬ 〔著〕*** 一저: 去御 zhù, チョ
二착 入藥 zhuó, チャク
4548

행서 着 이름 一나타날 저: 二붙을 착 자원 형성. ++ + 者→著. 箸(저)·楮(저)와 같이 者(자)의 변음이 성부.

필순 ⺊ ⺾ ... 著

새김 一❶나타나다. 드러나다. ¶著名(―, 이름 명)세상에 이름이 널리 알려져 있음. 예―人士. ❷뚜렷하다. 명백하다. ¶顯著(드러날 현, ―)드러남이 두드러져 분명함. 예―한 成果. ❸나타내다. 글을 짓다. ¶著書(―, 책 서)글을 지어 펴낸 책. 예수 많은 ―. 二붙다. 着(4176)은 속자. 참고 오늘날은 주로 속자로 쓰고 본자로는 쓰지 않는다.
〔著述〕(저술) 글을 씀. 또는 그 글이나 책.
〔著者〕(저자) 글이나 책을 지은 사람.
〔著作權〕(저작권) 저작자가 그 저작물을 독점적으로 이용할 수 있는 지적(知的) 소유권.
▷共著(공저)·論著(논저)·名著(명저)·雜著(잡저)

9 ⑬ 〔葺〕* 집 本즙 入緝 qiū, シュウ
4549

소전 행서 이름 지붕일 집 자원 형성. ++ + 咠→葺. 輯(집)·緝(집)와 같이 咠(집)이 성부.
새김 지붕을 이다. 짚이나 띠로 지붕을 덮다.

9 ⑬ 〔葱〕 총 蔥(4595)과 동자
4550

9 ⑬ 〔萩〕* 추 平尤 qiū, シュウ
4551

소전 행서 이름 다북쑥 추 자원 형성. ++ + 秋→萩. 楸(추)·湫(추)와 같이 秋(추)가 성부.
새김 다북쑥. 엉거시과의 다년생 풀 이름.

9 ⑬ 〔葡〕* 포 平虞 pú, ブ
4552

행서 이름 포도 포 자원 형성. ++ + 匍→葡. 匍(포)가 성부.
새김 포도(葡萄). 포도나무. 또는 포도나무의 열매.
〔葡萄糖〕(포도당) 꿀이나 단맛을 가진 과일에 들어 있는, 물에 잘 녹는 당분의 한 가지.

9 ⑬ 〔葫〕* 호 平虞 hú, コ
4553

행서 葫 이름 호로 호 자원 형성. ++ +胡→葫. 湖(호)·蝴(호)와 같이 胡(호)가 성부.

새김 호로(葫蘆). 호로병박. 덩굴지는 일년초 이름. 또는 그 열매.

9 ⑬ 〔萱〕* 훤 平 元 | xuān, ケン
4554

소전 행서 萱 이름 원추리 훤 자원 형성. ++ +宣→萱. 喧(훤)·煊(훤)과 같이 宣(선)의 변음이 성부.

새김 ❶원추리. 망우초. 다년생 풀로, 이 풀을 먹으면 근심 걱정을 잊어버린다고 함. ❷훤당(萱堂). 어머니의 거처. 인신하여, 어머니. 故 옛날 중국에서는, 어머니는 집의 북쪽에 있는 안채에 거처하고, 그 뜰에는 원추리를 심었던 고사.

10 ⑭ 〔蓋〕** 개: 去 泰 | gài, ガイ
4555

소전 행서 속자 간화 盖 이름 덮을 개: 자원 형성. ++ +盍→蓋. 盍(합)의 변음이 성부.

필순 丶 ⺊ 艹 艹 芏 芏 苦 菩 蓋 蓋

새김 ❶덮다. 뒤덮다. ¶蓋世(—, 세상 세)기운이나 위풍이 세상을 뒤덮음. 예—之風. ❷뚜껑. 덮개. ¶天蓋(하늘 천, —)관(棺)의 뚜껑. 동天板(천판). ❸대개. 또는 아마도. 미루어 헤아리는 뜻을 나타내는 말. ¶蓋然性(—, 그러할 연, 성질 성)대개 그러하리란 성질. 곧 일정한 조건 밑에서 어떤 일이 일어날 수 있는 가능성의 정도.

〔蓋棺〕(개관) 관의 뚜껑을 덮음. 곧 사람이 죽음.

〔蓋草〕(개초) 國 ①이엉. ②이엉으로 지붕을 「임.

▷車蓋(거개)·傾蓋如舊(경개여구)·冠蓋(관개)·方底圓蓋(방저원개)

10 ⑬ 〔蓝〕 람 藍(4622)의 간화자
4556

10 ⑭ 〔蓂〕* 명 平 青 | míng, メイ
4557

소전 행서 蓂 이름 명협 명 자원 형성. ++ +冥→蓂. 溟(명)·暝(명)과 같이 冥(명)이 성부.

새김 명협(蓂莢). 달력풀. 전설상의 상서로운 풀 이름.

10 ⑭ 〔蒙〕** 몽 平 東 | méng, ボウ
4558

소전 행서 蒙 이름 어릴 몽 자원 형성. ++ +冡→蒙. 冡(몽)이 성부.

필순 ⺊ 艹 艹 芦 芦 苎 芦 蒙 蒙 蒙

새김 ❶어리다. 나이가 어리다. 또는 어린이. ¶童蒙(아이 동, —)아직 장가들지 않은 아이. ❷어리석다. 무지하다. ¶啓蒙(열 계, —)지식 수준이 낮은 사람을 가르치고 깨우쳐 줌. 예—運動. ❸입다. 받다. ¶蒙利(—, 이익 리)이익을 입거나 받음. 예—面積. ❹뒤집어쓰다. ¶蒙塵(—, 티끌 진)티끌을 뒤집어씀. 곧 임금이 난리를 피하여 서울을 떠나 다른 곳으로 감을 이르는 말. ❺몽고(蒙古)의 준말. ¶蒙語(—, 말 어)몽고 말.

〔蒙昧〕(몽매) ①어리석고 세상 물정이나 사리에 어두움. ②희미함. 어렴풋함.

〔蒙恩〕(몽은) 은혜를 입음.

▷愚蒙(우몽)·昏蒙(혼몽)

10 ⑭ 〔蒡〕* 방: 上 養 | bàng, ボウ
4559

행서 蒡 이름 우방 방: 자원 형성. ++ +旁→蒡. 傍(방)·謗(방)과 같이 旁(방)이 성부.

새김 우방(牛蒡). 우엉. 일년생 풀의 한 가지.

10 ⑭ 〔蓑〕* 사 平 歌 | suō, サ
4560

행서 蓑 이름 도롱이 사 자원 형성. ++ +衰→蓑. 衰에는 '쇠' 외에 '사' 음도 있어, 衰(사)가 성부.

새김 도롱이. 농촌에서 일할 때에 몸에 걸치는 우장(雨裝)의 한 가지. 簑(3860)와 동자. ¶蓑笠(—, 삿갓 립)도롱이와 삿갓.

〔蓑衣〕(사의) 도롱이.

10 ⑭ 〔蒜〕* 산: 去 翰 | suàn, サン
4561

소전 행서 蒜 이름 마늘 산: 자원 형성. ++ +祘→蒜. 祘(산)이 성부.

새김 마늘. 백합과의 다년초 이름.

10 ⑭ 〔蓆〕* 석 入 陌 | xí, セキ
4562

소전 행서 蓆 이름 자리 석 자원 형성. ++ +席→蓆. 席(석)이 성부.

새김 ❶자리. 대·갈대·부들 따위로 결어 만든 자리. ❷크고 넓다.

10 ⑭ 〔蓀〕* 손 平 元 | sūn, ソン
4563

소전 행서 간화 荪 이름 향초이름 손 자원 형성. ++ +孫→蓀. 遜(손)

과 같이 孫(손)이 성부.
새김 향초(香草) 이름.

10 ⑭ 〔蒐〕* 수 平尤 sōu, シュウ
4564

소전 행서 이름 모을 수 자원 회의. ++＋鬼→蒐. 鬼는 사람의 혼. 사람이 먹으면 그 피를 맑게 한다는 풀인 꼭두서니를 뜻한다.
새김 ❶모으다. ¶蒐集(—, 모을 집) 여러 가지 자료를 찾아 모음. ㉠—癖. ❷꼭두서니. 천초(茜草). 다년생 풀 이름.

10 ⑭ 〔蓚〕* 수 참고 대법원 공인 인명용 추가한자에 들어 있으나 상고할 수 없는 자.
4565

10 ⑭ 〔蓍〕* 시 平支 shī, シ
4566

소전 행서 이름 시초 시 자원 형성. ++＋耆→蓍. 耆(시)가 성부.
새김 시초(蓍草). 가새풀. 시초의 줄기는 점을 치는 점대로 썼기에, 인신하여 '점대'의 뜻으로도 쓴다. ¶蓍龜(—, 거북 귀)점을 칠 때 쓰는 점대와 거북.

10 ⑭ 〔蒔〕* 시: 去寘 shì, ジ
4567

소전 행서 간화 莳 이름 심을 시: 자원 형성. ++＋時→蒔. 時(시)가 성부.
새김 심다. 씨를 뿌리다. 또는 모종하다.

10 ⑭ 〔蒻〕* 약 入藥 ruò, ジャク
4568

소전 행서 이름 구약 약 자원 형성. ++＋弱→蒻. 弱(약)이 성부.
새김 ❶구약(蒟蒻). 재배하는 식물의 한 가지. 구약의 구경(球莖)의 가루에 석회유를 섞어, 끓여서 만든 식료품을 곤약이라 한다. ❷부들. 어린 부들. 또는 부들로 짠 자리.

10 ⑭ 〔蓉〕* 용 平冬 róng, ヨウ
4569

소전 행서 이름 부용 용 자원 형성. ++＋容→蓉. 溶(용)·熔(용)과 같이 容(용)이 성부.
새김 부용(芙蓉). ㉠연꽃. ㉡목부용. 무궁화과의 낙엽 관목 이름.

10 ⑭ 〔蒸〕** 증 平蒸 zhēng, ジョウ
4570

소전 행서 이름 찔 증 자원 형성. ++＋烝→蒸. 烝(증)이 성부.

필순 (stroke order)

새김 ❶찌다. ¶蒸餠(—, 떡 병)묽게 한 쌀가루 반죽에 술을 치고 삭혀서 찐 떡. ❷김이 오르다. 액체나 고체가 조금씩 기체로 되다. ¶蒸發(—, 떠날 발)액체가 그 표면에서부터 기체로 변하는 일. ❸많다. 烝(3047)과 통용. ¶蒸民(—, 백성 민)일반의 많은 백성.
〔蒸氣〕(증기) ①수증기. ②물질의 기체 상태.
〔蒸溜〕(증류) 증기를 냉각시켜, 불순물이 없는 물이 되도록 정제하는 일.
〔蒸暑〕(증서) 찌는 듯한 무더위.

10 ⑭ 〔蒼〕** 창 平陽 cāng, ソウ
4571

소전 행서 간화 苍 이름 푸를 창 자원 형성. ++＋倉→蒼. 創(창)·滄(창)과 같이 倉(창)이 성부.

필순 (stroke order)

새김 ❶푸르다. 또는 풀의 빛깔. ¶蒼海(—, 바다 해)푸른 바다. ❷무성하다. 푸르게 우거지다. ¶蒼蒼(—, —)㉮초목이 푸르게 우거짐. ㉯하늘·바다 등의 빛이 매우 푸름. ㉠—한 하늘.
〔蒼空〕(창공) 푸른 하늘.
〔蒼茫〕(창망) 넓고 멀어서 아득함.
〔蒼白〕(창백) 푸른 기가 돌 정도로 해쓱함.

10 ⑭ 〔蓄〕** 축 入屋 xù, チク
4572

소전 행서 이름 쌓을 축 자원 형성. ++＋畜→蓄. 畜(축)이 성부.

필순 (stroke order)

새김 쌓다. 모으다. ¶蓄財(—, 재물 재)재물을 모아 쌓음. ㉠不正—.
〔蓄怨〕(축원) 원한을 쌓음. 또는 쌓인 원한.
〔蓄積〕(축적) 모아 쌓음.
〔蓄妾〕(축첩) 첩을 둠.
▷備蓄(비축)·貯蓄(저축)·含蓄(함축)

10 ⑭ 〔蒲〕* 포 平虞 pú, ホ
4573

소전 행서 이름 부들 포 자원 형성. ++＋浦→蒲. 浦(포)가 성부.
새김 ❶부들. 향포(香蒲). 물가에 나는 다년초 이름. ¶蒲席(—, 자리 석)부들로 짠 자리. ❷포류(蒲柳). 갯버들. 버드나무의 한 가지.
▷菖蒲(창포)

10 ⑭ 〔蒿〕* 호 平豪 hāo, コウ
4574

소전 행서 이름 쑥 호 자원 형성. ++ + 高→蒿. 鎬(호)와 같이 高(고)의 변음이 성부.
새김 쑥. 엉거시과의 다년초 이름. ¶白蒿(힌 백, —)다북떡쑥.
▷蔞蒿(누호)·蓬蒿(봉호)·艾蒿(애호)

11 ⑮ 〔蓮〕** 련 平先 lián, レン
4575

소전 행서 간화 莲 이름 연 련 자원 형성. ++ + 連→蓮. 漣(련)·璉(련)과 같이 連(련)이 성부.

필순 艹 艹 芦 莒 莒 菅 蓮 蓮 蓮 蓮

새김 연. 흔히 못에 심어 가꾸는, 다년생 수초의 이름. ¶蓮花(—, 꽃 화)연꽃. 예—座.
〔蓮根〕(연근) 연뿌리. 구멍이 많으며 식용함.
▷白蓮(백련)·木蓮(목련)·水蓮(수련)·池蓮(지련)·紅蓮(홍련)

11 ⑮ 〔蓼〕* 료: 上篠 liǎo, リョウ
4576

소전 행서 이름 여뀌 료: 자원 형성. ++ + 翏→蓼. 廖(료)와 같이 翏(료)가 성부.
새김 여뀌. 마디풀과의 다년초 이름.

11 ⑮ 〔蔞〕* 루 平尤 lóu, ロウ
4577

소전 행서 간화 蒌 이름 누호 루 자원 형성. ++ + 婁→蔞. 樓(루)·屢(루)와 같이 婁(루)가 성부.
새김 누호(蔞蒿). 물쑥. 물가에 자라는 풀의 한 가지.

11 ⑭ 〔蔺〕 린: 藺(4640)의 간화자
4578

11 ⑮ 〔蔓〕* 만 本만: 去願 màn, マン
4579

소전 행서 이름 덩굴 만 자원 형성. ++ + 曼→蔓. 漫(만)과 같이 曼(만)이 성부.
새김 ❶덩굴. 길게 뻗어나가면서 다른 물건에 감기는 식물의 줄기. ¶蔓草(—, 풀 초)덩굴이 뻗는 풀. ❷뻗어나가다. ¶蔓延(—, 퍼질 연)식물의 줄기가 널리 뻗어 퍼짐. 인신하여, 전염병이나 부정적 현상들이 널리 번지어 퍼짐. 예전염병의 —.
〔蔓生〕(만생) 덩굴이 뻗으며 자람.
〔蔓衍〕(만연) 널리 퍼짐.

11 ⑮ 〔蔑〕* 멸 入屑 miè, ベツ
4580

소전 행서 이름 업신여길 멸 자원 회의. 𦭝〔苜의 변형〕+ 戍→蔑. 苜는 지친 눈, 戍는 수자리의 뜻. 수자리하느라 지쳐서 눈이 거슴푸레함을 뜻한다. 새김은 가차.
새김 업신여기다. 깔보다. ¶蔑視(—, 볼 시) 업신여겨 깔봄. 예—의 눈초리.
〔蔑如〕(멸여) 남을 업신여기어 보잘것없는 것으로 생각함.
▷輕蔑(경멸)·凌蔑(능멸)·侮蔑(모멸)

11 ⑮ 〔蔔〕* 복 入職 bo, フク
4581

행서 간화 卜 이름 무 복 자원 형성. ++ + 匐→蔔. 匐(복)이 성부.
새김 무. 나복(蘿蔔). 채소의 한 가지.

11 ⑮ 〔蓬〕* 봉 平東 pèng, ホウ
4582

소전 행서 이름 쑥 봉 자원 형성. ++ + 逢→蓬. 逢(봉)이 성부.
새김 ❶쑥. 엉거시과의 다년초 이름. ¶蓬蒿(—, 쑥 호)다북떡쑥. ❷흐트러지다. 헝클어지다. ¶蓬首(—, 머리 수)헝클어진 머리. 예—垢面.
〔蓬萊山〕(봉래산) ①신선이 산다고 하는 신령한 산. ②國여름철의 금강산(金剛山)의 딴이름.
〔蓬門〕(봉문) 쑥대로 엮어 만든 문. 가난한 집이나 은거하는 사람의 집의 형용.

11 ⑮ 〔蔘〕* 삼 平侵 shēn, シン
4583

행서 이름 인삼 삼 자원 형성. ++ + 參→蔘. 滲(삼)과 같이 參(삼)이 성부.
새김 인삼(人蔘). 參(0622)과 통용. ¶山蔘(메 산, —)산에서 저절로 나서 자란 인삼.
〔蔘圃〕(삼포) 삼밭. 인삼을 재배하는 밭.
▷乾蔘(건삼)·童蔘(동삼)·白蔘(백삼)·水蔘(수삼)·紅蔘(홍삼)

11 ⑮ 〔蔬〕** 소 平魚 shū, ソ
4584

소전 행서 이름 푸성귀 소 자원 형성. ++ + 疏→蔬. 疏(소)가 성부.

필순 艹 艹 苎 苎 苎 莳 莳 蒜 蔬 蔬

새김 푸성귀. 채소·산나물·들나물 등의 총칭. ¶蔬菜(—, 나물 채)푸성귀.

〔蔬食〕(소식) 푸성귀 반찬의 음식을 먹음.
▷菜蔬(채소)

11 ⑮ 〔蓴〕* 순 平眞 | chún, シュン
4585

소전 행서 이름 순채 순 자원 형성. ++＋專→蓴. 專(전)의 변음이 성부.
새김 순채(蓴菜). 수련과의 다년생 수초 이름.

11 ⑭ 〔蔼〕 애 藹(4642)의 간화자
4586

11 ⑮ 〔蔚〕* 울 入物 | yù, ウツ
4587

소전 행서 이름 땅이름 울 자원 형성. ++＋尉→蔚. 尉(위)의 변음이 성부.
새김 땅 이름. 또는 성(姓).

11 ⑮ 〔蔭〕* ㊀음 平侵 | yīn, イン
㊁음 本음: 去沁 | yìn, イン
4588

소전 행서 간화 荫 이름 ㊀그늘 음 ㊁조상덕 음 자원 형성. ++＋陰→蔭. 陰(음)이 성부.
새김 ㊀그늘. 나무 그늘. 陰(5853)과 통용. ¶樹蔭(나무 수, 一)나무 그늘. ㊁조상의 덕. ¶蔭仕(一, 벼슬살이 사)과거에 급제하지 아니한 사람으로서 조상의 공덕으로 하는 벼슬살이.
〔蔭官〕(음관) 부조의 공덕으로 얻은 벼슬.
〔蔭德〕(음덕) ①조상의 덕. ②남이 알지 못하는 선행(善行).
〔蔭職〕(음직) 國과거를 거치지 않고 조상의 공덕으로 얻은 벼슬.

11 ⑮ 〔蔗〕* 자: 去禡 | zhè, シャ
4589

소전 행서 이름 감자 자: 자원 형성. ++＋庶→蔗. 庶에는 '서' 외에 '자' 음도 있어, 庶(자)가 성부.
새김 감자(甘蔗). 사탕수수. ¶蔗糖(一, 엿 당) 사탕수수를 고아서 만든 당분.

11 ⑮ 〔蔣〕* ㊀장 平陽 | jiāng, ショウ
㊁장: 上養 | jiǎng, ショウ
4590

소전 행서 간화 蒋 이름 ㊀줄 장 ㊁성 장: 자원 형성. ++＋將→蔣. 奬(장)·漿(장)과 같이 將(장)이 성부.
새김 ㊀줄. 줄풀. 포아풀과의 다년생 수초. ㊁성(姓). 또는 나라 이름.

11 ⑭ 〔蔷〕 장 薔(4618)의 간화자
4591

11 ⑭ 〔蔵〕 장: 藏(4628)의 약자
4592

11 ⑮ 〔蔯〕* 진 平眞 | chén, チン
4593

행서 이름 인진 진 자원 형성. ++＋陳→蔯. 陳(진)이 성부.
새김 인진(茵蔯). 더위지기. 엉거시과의 다년초 이름.

11 ⑮ 〔蔡〕* 채: 去泰 | cài, サイ
4594

소전 행서 이름 성 채: 자원 형성. ++＋祭→蔡. 祭에는 '제' 외에 '채' 음도 있어, 祭(채)가 성부.
새김 성(姓). 또는 나라 이름.

11 ⑮ 〔蔥〕* 총 平東 | cōng, ソウ
4595

소전 행서 동자 葱 이름 파 총 자원 형성. ++＋悤→蔥. 總(총)·摠(총)과 같이 悤(총)이 성부.
새김 파. 채소의 한 가지. 백합과의 다년초.

12 ⑯ 〔蕎〕* 교 平蕭 | qiáo, キョウ
4596

행서 간화 荞 이름 교맥 교 자원 형성. ++＋喬→蕎. 橋(교)·矯(교)와 같이 喬(교)가 성부.
새김 교맥(蕎麥). 메밀.

12 ⑯ 〔蕨〕* 궐 入月 | jué, ケツ
4597

소전 행서 이름 고사리 궐 자원 형성. ++＋厥→蕨. 蹶(궐)·獗(궐)과 같이 厥(궐)이 성부.
새김 고사리. 산야에 자생하는, 식용의 다년초.

12 ⑯ 〔蕁〕* 담 平覃 | tán, タン
4598

소전 행서 간화 荨 이름 불길치솟을 담 자원 형성. ++＋尋→蕁. 尋(심)의 변음이 성부.
새김 불길이 치솟다.

12 ⑯ 〔蕪〕* 무 平虞 | wú, ブ
4599

소전 蕪 행서 蕪 간화 芜 이름 거칠어질 무 자원 형성. ++＋無→蕪. 撫(무)·憮(무)와 같이 無(무)가 성부.
새김 ❶거칠어지다. 잡초가 자라 거칠어지다. ¶荒蕪地(거칠 황, —, 땅 지)거두지 아니하고 내버려두어, 거칠어진 땅. 예— 개간. ❷무청(蕪菁). 순무. 일년생 또는 이년생의 채소 이름.
〔蕪辭〕(무사) 두서가 없는 말. 자기 말에 대한 겸사.
〔蕪穢〕(무예) 논밭이 잡초가 우거져 거칠어짐.

12 ⑯ 〚蕃〛* 번 平元 fán, バン
4600

소전 蕃 행서 蕃 이름 불어날 번 자원 형성. ++＋番→蕃. 燔(번)·繙(번)과 같이 番(번)이 성부.
새김 ❶불어나다. 번식하다. ¶蕃殖(—, 불을 식)붇고 늘어서 많이 퍼짐. 예家畜—. ❷야만인. ¶蕃人(—, 사람 인)야만인. 미개인.
〔蕃盛〕(번성) 한창 불어나 성하게 퍼짐.
〔蕃衍〕(번연) 번창하여 많이 퍼짐.
▷吐蕃(토번)

12 ⑯ 〚蕣〛* 순: 去震 shùn, シュン
4601

소전 蕣 행서 蕣 이름 무궁화나무 순: 자원 형성. ++＋舜→蕣. 瞬(순)·橓(순)과 같이 舜(순)이 성부.
새김 무궁화나무. ¶蕣華(—, 꽃 화)무궁화.

12 ⑮ 〚蕴〛 온: 蘊(4644)의 간화자
4602

12 ⑯ 〚蕓〛* 운 平文 yún, ウン
4603

행서 蕓 간화 芸 이름 운대 운 자원 형성. ++＋雲→蕓. 橒(운)과 같이 雲(운)이 성부.
새김 운대(蕓薹). 유채. 평지. 유지 작물(油脂作物)의 한 가지.

12 ⑯ 〚蔿〛* 위: 上紙 wěi, イ
4604

소전 蔿 행서 蔿 이름 땅이름 위 자원 형성. ++＋爲→蔿. 僞(위)와 같이 爲(위)가 성부.
새김 땅 이름. 춘추(春秋) 때의 고을 이름.

12 ⑯ 〚蕉〛* 초 平蕭 jiāo, ショウ
4605

소전 蕉 행서 蕉 이름 파초 초 자원 형성. ++＋焦→蕉. 樵(초)·礁(초)와 같이 焦(초)가 성부.
새김 파초(芭蕉). 파초과의 다년초. ¶蕉葉(—, 잎 엽) 파초의 잎.

12 ⑯ 〚蕩〛* 탕: 上養 dàng, トウ
4606

소전 蕩 행서 蕩 간화 荡 이름 방탕할 탕: 자원 형성. ++＋湯→蕩. 湯(탕)이 성부.
새김 ❶방탕하다. 제멋대로 굴다. ¶蕩兒(—, 아이 아)방탕한 아이. 곧 주색에 빠져 놀아나는 사나이를 얕잡아 이르는 말. ❷씻다. 다 없애버리다. ¶蕩盡(—, 다할 진)재물을 죄다 써버림. 예—家產. ❸넓다. 광대하다. ¶浩蕩(넓을 호, —)㉮바다나 호수의 물이 출렁거리며 한없이 넓음. ㉯세차게 내달리는 듯이 힘참. ㉰흥이나 즐거움이 한껏 무르익어 고조에 달함.
〔蕩減〕(탕감) 國 빚이나 세금 등을 감해 줌.
〔蕩平〕(탕평) ①소탕하여 평정(平定)함. ②어느 한 쪽에도 치우치지 않고 공평함.
▷放蕩(방탕)·紛蕩(분탕)·掃蕩(소탕)·淫蕩(음탕)·跌蕩(질탕)·豪蕩(호탕)

12 ⑯ 〚蔽〛*** 폐: 去霽 bì, ヘイ
4607

소전 蔽 행서 蔽 이름 가릴 폐: 자원 형성. ++＋敝→蔽. 弊(폐)·幣(폐)와 같이 敝(폐)가 성부.

필순 丶 艹 艹 艹 芇 芇 芇 蔽 蔽 蔽

새김 가리다. 덮어 가리다. ¶隱蔽(숨길 은, —) 숨겨 가리거나 덮어 감춤.
〔蔽塞〕(폐색) 가리어 막음.
〔蔽一言〕(폐일언) 한 마디 말로 말하여.
▷掩蔽(엄폐)·擁蔽(옹폐)·遮蔽(차폐)

12 ⑯ 〚蕙〛* 혜: 去霽 huì, ケイ
4608

행서 蕙 이름 혜초 혜: 자원 형성. ++＋惠→蕙. 憓(혜)와 같이 惠(혜)가 성부.
새김 혜초(蕙草). 또는 혜란(蕙蘭). 난초의 한 가지.

13 ⑰ 〚薑〛* 강 平陽 jiāng, コウ
4609

소전 薑 행서 薑 간화 姜 이름 생강 강 자원 형성. ++＋畺→薑. 彊(강)·橿(강)과 같이 畺(강)이 성부.
새김 생강. 새앙. 생강과의 다년초. ¶乾薑(말릴

건, ―)말린 새앙.

13 ⑰ 〔薇〕* 미 平 微 wēi, ビ
4610

소전 행서 이름 장미 미 자원 형성. 艹+微→薇. 微(미)가 성부.
새김 ❶장미(薔薇). 장미과의 낙엽 관목. ❷자미(紫薇). 배롱나무. 패양수. 낙엽 관목의 이름.

13 ⑰ 〔薄〕** 박 入 藥 bó, ハク
4611

소전 행서 이름 엷을 박 자원 형성. 艹+溥→薄. 溥(박)이 성부.

필순

새김 ❶엷다. 두께가 얇다. 厚(0613)의 대. ¶薄氷(―, 얼음 빙)얇게 언 얼음. 곧 살얼음. 예如履―. ❷적다. 많지 아니하다. ¶薄福(―, 복 복)복이 적음. 예美人―. ❸박하다. 마음 씀이 쌀쌀하다. ¶薄情(―, 정 정)인정이 박함. 예―한 사람. ❹메마르다. 척박하다. ¶薄土(―, 땅 토)메마른 땅. ❺싱겁다. 맛이 없다. ¶薄酒(―, 술 주)맛이 싱거운 변변치 않은 술. 인신하여, 자기가 남을 대접하는 술을 겸손하게 이르는 말. 예―라도 한 잔 들어보게. ❻얕다. 지식이나 소견이 얕다. ¶輕薄(가벼울 경, ―)행동이 방정맞고 소견이 얕음. 예―한 행동. ❼다가들다. 접근하다. ¶肉薄(살 육, ―)바싹 가까이 다가듦. 예―戰.
〔薄待〕(박대) 푸대접함. 대후대(厚待).
〔薄利〕(박리) 적은 이익. 박한 이익. 예―多賣.
〔薄命〕(박명) ①운명이 기구함. 불운(不運). ②목숨이 짧음.
〔薄暮〕(박모) 땅거미. 해가 막 떨어져 어스레한 때.
〔薄俸〕(박봉) 적은 월급.
〔薄色〕(박색) 아주 못생긴 얼굴. 또는 그러한 사람.
〔薄弱〕(박약) ①불충분하거나 부족함. ②의지가 굳세지 못하고 여림.
▷刻薄(각박)·儉薄(검박)·浮薄(부박)·疏薄(소박)·野薄(야박)·淺薄(천박)·厚薄(후박)

13 ⑰ 〔薛〕* 설 入 屑 xuē, セツ
4612

소전 행서 이름 성 설 자원 형성. 艹+辥〔辪의 생략체〕→薛. 辪(설)이 성부.
새김 성(姓). 또는 나라 이름.

13 ⑰ 〔蕭〕* 소 平 蕭 xiāo, ショウ
4613

소전 행서 간화 萧 이름 쑥 소 자원 형성. 艹+肅→蕭. 簫(소)·嘯(소)와 같이 肅(숙)의 변음이 성부.
새김 ❶쑥. 애호(艾蒿). 산에 자라는 다년생 풀. ❷쓸쓸하다. 적막하고 쓸쓸하다. ¶蕭蕭(―, ―)우수수 부는 바람소리가 쓸쓸함.
〔蕭瑟〕(소슬) 가을 바람이 으스스하고 쓸쓸함.
〔蕭條〕(소조) 쓸쓸하고 호젓함.

13 ⑯ 〔薮〕 수: 藪(4634)의 간화자
4614

13 ⑰ 〔薪〕* 신 平 眞 xīn, シン
4615

소전 행서 이름 섶 신 자원 형성. 艹+新→薪. 新(신)이 성부.
새김 섶. 섶나무. 땔나무. ¶薪炭(―, 숯 탄)땔나무와 숯.
〔薪水〕(신수) 땔나무와 먹을 물.
▷負薪(부신)·臥薪嘗膽(와신상담)·採薪之憂(채신지우)

13 ⑯ 〔薬〕 약 藥(4635)의 약자
4616

13 ⑰ 〔薏〕* 의: 去 寘 yì, イ
4617

소전 행서 이름 의이 의: 자원 형성. 艹+意→薏. 意(의)가 성부.
새김 의이(薏苡). 율무. 재배하는 일년초의 이름. ¶薏米(―, 쌀 미)율무쌀.

13 ⑰ 〔薔〕* 장 平 陽 qiáng, ショウ
4618

소전 행서 간화 蔷 이름 장미 장 자원 형성. 艹+嗇→薔. 墻(장)·檣(장)과 같이 嗇(색)의 변음이 성부.
새김 장미(薔薇). 장미과의 낙엽 관목 이름.

13 ⑰ 〔薦〕** 천: 去 霰 jiàn, セン
4619

소전 행서 간화 荐 이름 천거할 천: 자원 회의. 艹+廌→薦. 廌는 해태. 해태가 먹는 풀이란 뜻. 새김은 가차.

필순

새김 ❶천거하다. ¶推薦(밀 추, ―)밀어서 천거함. 곧 어떤 조건에 적합한 사람이라고 책임지고 소개함. 예―書. ❷바치다. 올리다. ¶薦新(―, 새 신)그 해에 새로 난 과일이나 농산물로 차례를 지냄.
〔薦擧〕(천거) 인재를 추천함.
▷公薦(공천)·自薦(자천)·他薦(타천)

13 ⑰ 〖薨〗* 훙 平蒸 | hōng, コウ
4620

소전 행서 이름 죽을 훙 자원 형성. 𦫳[瞢의 생략체]+死→薨. 瞢(몽)의 변음이 성부.
새김 죽다. 임금이나 귀인의 죽음에 쓰는 자. ¶薨逝(—, 죽을 서)임금이나 귀인이 죽음.
〔薨去〕(훙거) 죽음. 사망(死亡).

14 ⑱ 〖藁〗* 고: 上皓 | gǎo, コウ
4621

행서 이름 짚 고: 자원 형성. ++＋稾→藁. 稾(고)가 성부.
새김 ❶짚. 볏짚이나 보릿짚. ¶藁草(—, 풀 초)볏짚. ❷마르다. 또는 마른 나무.

14 ⑱ 〖藍〗* 람 平覃 | lán, ラン
4622

소전 행서 간화 蓝 이름 쪽 람 자원 형성. ++＋監→藍. 濫(람)·襤(람)과 같이 監(감)의 변음이 성부.
새김 ❶쪽. 마디풀과의 일년초 이름. ¶青[1]出[4]於[3]藍[2](청색 청, 날 출, 에서 어, —)청색은 쪽에서 나옴. '青出於藍 而青於藍: 청색은 쪽에서 나왔으나 쪽빛보다 더 푸르다.'의 준말로 쓰여, 제자나 후배가 선생이나 선배보다 더 우수함의 비유로 쓰는 말. ❷쪽빛. 남색. ¶藍青(—, 청색 청)검푸른 빛. ❸절. 사찰. ¶伽藍(절 가, —)절. ❹감람(甘藍). 양배추. 채소의 이름.
〔藍色〕(남색) 쪽빛. 푸른빛.
▷出藍(출람)

14 ⑱ 〖薩〗* 살 入曷 | sà, サツ
4623

행서 간화 萨 이름 보살 살 자원 범어 Sat의 음역자로 쓰기 위하여 만든 자.
새김 보살(菩薩). ㉮부처의 가르침을 닦아 중생을 제도하는, 부처의 다음 가는 성인. 예觀世音—. ㉯불교를 믿는 여자.

14 ⑱ 〖薯〗* 서: 去御 | shǔ, ショ
4624

행서 이름 서여 서: 자원 형성. ++＋署→薯. 署(서)가 성부.
새김 ❶서여(薯蕷). 마. 만초의 이름. ❷마령서(馬鈴薯). 감자. 농작물의 한 가지.

14 ⑰ 〖鲜〗 선 蘚(4649)의 간화자
4625

14 ⑱ 〖藎〗* 신: 去震 | jìn, シン
4626

소전 행서 간화 荩 이름 충성스럴 신: 자원 형성. ++＋盡→藎. 燼(신)과 같이 盡(진)의 변음이 성부.
새김 충성스럽다. ¶藎臣(—, 신하 신)충성스러운 신하.

14 ⑱ 〖藉〗* ㊀자: 去禡 | jiè, シャ
㊁적 入陌 | jí, セキ
4627

소전 행서 간화 借 이름 ㊀빌릴 자: ㊁적전 적 자원 형성. ++＋耤→藉. 耤(자-적)이 성부.
새김 ㊀❶빌리다. 구실삼다. 핑계대다. ¶憑藉(의지할 빙, —)말막음으로 핑계를 댐. ❷위로하다. 위로하여 돕다. ¶慰藉(위로할 위, —)위로하여 도와줌. 예—料. ❸온자하다. 교양이 있고 얌전하다. ¶蘊藉(온자할 온, —)교양이 있고 얌전함. 예—한 性品. ❹뒤섞여 어지럽다. ¶狼藉(어지러울 랑, —)여기저기 함부로 흩어져 매우 어지러움. 예流血이 —하다. ❺國소문이 짜하다. ¶藉藉(—, —)소문이 짜함. 예소문이 —하다. ㊁적전(藉田). 왕실이 직영하는 제전(祭田). 籍(3876)과 통용.
〔藉勢〕(자세) 남의 세력을 빙자하여 의지함.

14 ⑱ 〖藏〗** ㊀장 平陽 | cáng, ゾウ
㊁장 本장: 去漾 | zàng, ゾウ
4628

소전 행서 약자 蔵 이름 ㊀감출 장 ㊁불경 장 자원 형성. ++＋臧→藏. 贓(장)과 같이 臧(장)이 성부.

필순 艹 产 芦 茾 葤 葥 蔣 藏 藏

새김 ㊀❶감추다. 숨기다. ¶祕藏(비밀 비, —)비밀히 감추어 둠. 예—의 고려 청자. ❷갈무리하다. 저장하다. ¶藏[2]書[1](—, 책 서)책을 간직하여 둠. 또는 그 책. 예—家. ㊁❶불경(佛經). ¶大藏經(큰 대, —, 경전 경)모든 불경을 망라한 경전. 예八萬—. ❷곳집. 창고.
▷家藏(가장)·內藏(내장)·冷藏(냉장)·埋藏(매장)·無盡藏(무진장)·死藏(사장)·所藏(소장)·收藏(수장)·貯藏(저장)

14 ⑱ 〖薺〗* 제: 上薺 | jì, セイ
4629

소전 행서 간화 荠 이름 냉이 제: 자원 형성. ++＋齊→薺. 濟(제)·劑(제)와 같이 齊(제)가 성부.
새김 냉이. 식용하는 풀의 한 가지. ¶薺菜(—, 나물 채)냉이.

14 ⑱ 〔薰〕* 훈 平文 xūn, クン
4630

소전 행서 이름 따뜻할 훈 자원 형성. ++＋熏→薰. 勳(훈)·壎(훈)과 같이 熏(훈)이 성부.

새김 ❶따뜻하다. ㉠날씨나 온도가 따뜻하다. ¶薰風(—, 바람 풍)초여름에 부는 따뜻한 바람. ㉡마음이 따뜻하다. ¶薰薰(—, —)마음을 부드럽게 누여주는 따뜻함이 있음. 예—한 人心. ❷감화하다. 또는 감화시키다. ¶薰陶(—, 교화할 도)남을 가르쳐 감화시킴. 예—를 받은 제자. ❸향기. 냄새. ¶芳薰(꽃다울 방, —)향기로운 냄새. ❹훈. 또는 훈하다. 약재를 태워 그 연기를 쐬다. ¶薰藥(—, 약 약)불에 태워서 그 기운을 쐬어 병을 치료하는 약.

〔薰氣〕(훈기) ①훈훈한 기운. ②권세 있는 사람의 세력이나 그 영향의 비유.

〔薰育〕(훈육) 학문이나 덕행으로 교육함.

▷餘薰(여훈)·香薰(향훈)

15 ⑲ 〔藤〕* 등 平蒸 téng, トウ
4631

행서 이름 등나무 등 자원 형성. ++＋滕→藤. 滕(등)이 성부.

새김 등나무. 등과의 낙엽 활엽 만목. ¶藤蘿(—, 덩굴 라)칡·담쟁이·등나무 등의 덩굴.

〔藤架〕(등가) 등나무 덩굴을 올리는 시렁.

▷葛藤(갈등)

15 ⑲ 〔藜〕* 려 平齊 lí, レイ
4632

소전 행서 이름 명아주 려 자원 형성. ++＋黎→藜. 黎(려)가 성부.

새김 ❶명아주. 들에 절로 자라는 풀 이름. ¶藜杖(—, 지팡이 장)명아주의 줄기로 만든 지팡이. ❷질려(蒺藜). 납가새. 바닷가나 모래땅에 자라는 풀 이름.

15 ⑲ 〔藩〕* 번 平元 fān, ハン
4633

소전 행서 이름 울 번 자원 형성. ++＋潘→藩. 潘(번)이 성부.

새김 ❶울. 바자울. 울타리. ¶藩屛(—, 병풍 병)울타리와 대문의 가리개. 인신하여, 왕실을 수호하는 먼 밖의 감영이나 병영. ❷속국. 천자나 제후의 울이 되는 속국. ¶藩國(—, 나라 국)제후가 다스리는, 제후의 속국.

〔藩邦〕(번방) 신하로 복종하여 울타리가 되는 나라. 곧 제후(諸侯)의 나라.

〔藩臣〕(번신) ①왕실을 지키는 신하. 곧 제후(諸侯). ②國 중앙에서 먼 곳에 떨어져 있는 감영의 관찰사.

15 ⑲ 〔藪〕* 수: 上有 sǒu, ソウ
4634

소전 행서 간화 薮 이름 늪 수: 자원 형성. ++＋數→藪. 數(수)가 성부.

새김 ❶늪. 초목이 우거진 습지. ❷사람이나 사물이 모이는 곳. ¶淵藪(소 연, —)여러 가지의 어떤 물건들이 많이 모여 있는 곳. 예文化의 —.

15 ⑲ 〔藥〕*** 약 入藥 yào, ヤク
4635

소전 행서 약자 薬 간화 药 이름 약 약 자원 형성. ++＋樂→藥. 樂(악)의 변음이 성부.

필순

새김 ❶약. 병을 고치는 약. ¶藥效(—, 보람 효)약의 효험. 예—가 나다. ❷화약(火藥). 열이나 충격에 의하여 폭발하는 물질. ❸작약(芍藥). 함박꽃.

〔藥果〕(약과) 國 ①과줄. 유밀과의 한 가지. ②그만하기로 다행한 일이라는 뜻으로 쓰는 말.

〔藥局〕(약국) 약을 파는 가게.

〔藥方文〕(약방문) 약을 짓기 위하여 약재의 이름과 분량을 적은 처방. 또는 그 종이.

〔藥石〕(약석) ①약과 침. 또는 약을 쓰고 침으로 치료함. ②교훈이나 경계가 되는 유익한 말의 비유.

〔藥材〕(약재) 약을 만드는 재료.

〔藥草〕(약초) 약재로 쓰는 풀.

▷劇藥(극약)·丹藥(단약)·妙藥(묘약)·補藥(보약)·服藥(복약)·仙藥(선약)·神藥(신약)·靈藥(영약)·投藥(투약)·漢藥(한약)

15 ⑲ 〔藝〕*** 예: 去霽 yì, ゲイ
4636

행서 약자 芸 간화 艺 이름 재주 예: 자원 형성. 芸＋埶→藝. 埶(예)가 성부.

필순

새김 ❶재주. 재능. ¶藝術(—, 재주 술)문학·그림·음악·조각 등과 같이 정해진 틀에 따라 아름다움을 표현하는 일. 또는 그 작품. 예—作品. ❷심다. 초목을 심다. ¶園藝(동산 원, —)채소·과수·화초 등을 심어 가꾸는 일. 예—師.

〔藝能〕(예능) ①기예와 재능. ②연극·영화·음악·무용 따위의 총칭.

〔藝名〕(예명) 연예인이 본명 이외에 따로 부르는 이름.

▷曲藝(곡예)·工藝(공예)·技藝(기예)·武藝(무예)·文藝(문예)·演藝(연예)·學藝(학예)

15 ⑲ 〖藕〗* 4637 우: 上有 ǒu, ゴウ

행서 藕 이름 연뿌리 우: 자원 형성. 艹+耦→藕. 耦(우)가 성부.
새김 연뿌리. 연근(蓮根).

16 ⑳ 〖藿〗* 4638 곽 本확 入藥 huò, カク

소전 행서 이름 콩잎 곽 자원 형성. 艹+霍→藿. 霍(곽)이 성부.
새김 ❶콩잎. 콩의 잎. ❷國 미역. 갈조류의 바닷말. ¶藿岩(—, 바위 암)미역이 붙어서 자라는 바위.
〔藿田〕(곽전) 바다에서 미역 따는 곳.

16 ⑳ 〖蘆〗* 4639 로 平虞 lú, ロ

소전 행서 蘆 속자 간화 芦 이름 갈대 로 자원 형성. 艹+盧→蘆. 濾(로)와 같이 盧(로)가 성부.
새김 ❶갈대. 포아풀과의 다년초. ¶蘆花(—, 꽃 화)갈대꽃. ❷노복(蘆菔). 무. 채소의 이름.

16 ⑳ 〖藺〗* 4640 린: 去震 lìn, リン

소전 행서 간화 蔺 이름 골풀 린: 자원 형성. 艹+閵→藺. 閵(린)이 성부.
새김 골풀. 등심초. 들이나 습지에 자라는 풀 이름.

16 ⑳ 〖蘇〗** 4641 소 平虞 sū, ソ

소전 행서 간화 苏 이름 되살아날 소 자원 형성. 艹+穌→蘇. 穌(소)가 성부.

필순 蘇 (필순)

새김 ❶되살아나다. ¶蘇生(—, 살 생)거의 죽어가던 상태에서 되살아남. ❷자소(紫蘇). 차조기. 재배하는 일년초의 한 가지. ¶蘇葉(—, 잎 엽)차조기의 잎.
〔蘇復〕(소복) 병이 나은 뒤에 원기가 그 전대로 회복되거나 회복되게 함.
〔蘇息〕(소식) 막혔던 숨을 돌려서 쉼.
▷耶蘇(야소)

16 ⑳ 〖藹〗 4642 애 本애: 去泰 ǎi, アイ

소전 행서 간화 蔼 이름 온화할 애 자원 형성. 艹+謁→藹. 靄(애)와 같이 謁(알)의 변음이 성부.
새김 ❶온화하다. 부드럽고 포근하다. ¶藹藹(—, —)감도는 화기가 부드럽고 포근함. 예和氣—. ❷많다. 선비가 많다. ¶藹藹(—, —)훌륭한 선비가 많음.

16 ⑳ 〖蘂〗* 4643 예: 本유: 上紙 ruǐ, ズイ

행서 이름 꽃술 예: 자원 형성. 艹+惢+木→蘂. 惢(유)의 변음이 성부.
새김 꽃술. 꽃의 번식 기관. ¶雄蘂(수컷 웅, —)수꽃술.

16 ⑳ 〖蘊〗* 4644 온: 去問 yùn, ウン

행서 간화 蕴 이름 쌓을 온: 자원 형성. 艹+緼→蘊. 緼(온)이 성부.
새김 ❶쌓다. 축적하다. 또는 쌓이다. ¶蘊蓄(—, 쌓을 축)학식 등을 축적함. 또는 마음 속에 깊이 쌓아 둠. ❷깊숙하다. ¶蘊奧(—, 깊을 오)학문이나 지식이 공골차고 깊숙함. ❸온자하다. 교양이 있고 얌전하다. ¶蘊藉(—, 온자할 자)교양이 있고 얌전함.

16 ⑳ 〖藷〗* 4645 저 平魚 zhū, ショ

소전 행서 이름 감저 저 자원 형성. 艹+諸→藷. 諸(저)가 성부.
새김 감저(甘藷). 감자. 또는 고구마.

16 ⑳ 〖藻〗* 4646 조 本조: 上晧 zǎo, ソウ

소전 행서 이름 말 조 자원 형성. 艹+澡→藻. 澡(조)가 성부.
새김 ❶말. 마름. 물 속에서 자라는 풀. ¶藻類(—, 무리 류)물 속에서 자라는, 은화 식물의 총칭. ❷글. 화려한 문장. ¶文藻(글월 문, —)훌륭하게 잘 수식된 문장.
〔藻思〕(조사) 글을 잘짓는 재주.
▷辭藻(사조)·海藻(해조)

17 ㉑ 〖蘭〗** 4647 란 平寒 lán, ラン

소전 행서 간화 兰 이름 난초 란 자원 형성. 艹+闌→蘭. 欄(란)·瀾(란)과 같이 闌(란)이 성부.

필순 蘭 (필순)

새김 ❶난초. 난초과의 향초 이름. 관상용으로 재배한다. ¶蘭香(—, 향기 향)난초꽃의 향기.

❷택란(澤蘭). 쉽싸리. 꿀풀과의 다년초. ❸화란(和蘭)의 준말. 네덜란드의 한역어.
〔蘭交〕(난교) 정의가 매우 두터운 사귐. 금란지교(金蘭之交).
▷金蘭(금란)·梅蘭菊竹(매란국죽)·木蘭(목란)·芝蘭(지란)·蕙蘭(혜란)

17 ㉑ 〖蘗〗* 벽 檗(2501)과 동자
4648

17 ㉑ 〖蘚〗* 선 本선: 上 銑 | xiǎn, セン
4649

행서 蘚 간화 藓 이름 이끼 선 자원 형성. ⺾+鮮→蘚. 癬(선)과 같이 鮮(선)이 성부.
새김 이끼. 음습한 곳에 자생하는 은화 식물의 총칭. ¶蘚苔(—, 이끼 태)이끼.
〔蘚墻〕(선장) 이끼 낀 담.
▷碧蘚(벽선)·蒼蘚(창선)·苔蘚(태선)

17 ㉑ 〖蘖〗* 얼 入 屑 | niè, ゲツ
4650

행서 蘖 이름 움 얼 자원 형성. ⺾+檗〔櫱의 생략체〕→蘖. 櫱(얼)이 성부.
새김 움. 그루터기에서 돋은 싹.

19 ㉓ 〖蘿〗* 라 平 歌 | luó, ラ
4651

소전 蘿 행서 蘿 간화 萝 이름 여라 라 자원 형성. ⺾+羅→蘿. 邏(라)와 같이 羅(라)가 성부.
새김 ❶여라(女蘿). 나무 위에 나는 이끼의 한 가지. 松蘿(소나무 송, —)소나무겨우살이. ❷등라(藤蘿). 칡·담쟁이 따위의 덩굴진 식물의 덩굴. ❸나복(蘿蔔). 무. 채소의 한 가지.

6 획 부수 虍 部

▷명칭: 범호
▷쓰임: 범에 관한 한자의 부수로 쓰이기도 하고, 때로는 성부로도 쓰였다.

2 ⑧ 〖虏〗 로 虜(4660)의 간화자
4652

2 ⑧ 〖虎〗*** 호: 上 麌 | hǔ, コ
4653

소전 虎 행서 虎 이름 범 호: 자원 상형. 虍는 범의 대가리, 儿는 범의 발로, 범의 모양을 본떴다.

필순 丶 ⺊ 𠂉 广 卢 虍 虎 虎

새김 범. 호랑이. ¶虎皮(—, 가죽 피)범의 가죽. 예—담요.
〔虎口〕(호구) ①범의 아가리. 매우 위험한 지경의 비유. ②國바둑에서, 상대편의 석 점이 이미 포위하고 있는 그 속.
〔虎狼〕(호랑) 호랑이와 이리. 욕심이 많고 잔인한 사람의 비유.
〔虎視眈眈〕(호시탐탐) 범이 먹이를 노려 눈을 부릅뜨고 지켜 보는 모양.
〔虎穴〕(호혈) ①범이 사는 굴. 매우 위험한 곳의 비유. ②풍수설에서, 범의 혈로 된 묏자리.
▷猛虎(맹호)·白虎(백호)·伏虎(복호)·龍虎(용호)·熊虎(웅호)·咆虎陷浦(포호함포)

3 ⑨ 〖虐〗* 학 本약 入 藥 | nüè, ギャク
4654

소전 虐 행서 虐 이름 모질 학 자원 회의. 虍+⺕〔爪의 변형〕→虐. ⺕는 발톱. 범이 발톱으로 사람을 해친다는 뜻.
새김 모질다. 포악하다. ¶虐待(—, 대우할 대)모질게 대우함. 혹독한 짓으로 남을 괴롭힘.
〔虐殺〕(학살) 사람을 잔인하고 참혹한 방법으로 죽임.
〔虐政〕(학정) 포학한 정치.
▷殘虐(잔학)·暴虐(포학)

4 ⑩ 〖虔〗* 건 平 先 | qián, ケン
4655

소전 虔 행서 虔 이름 삼갈 건 자원 회의. 虍+文→虔. 범의 가죽에 무늬가 있다는 뜻. 새김은 가차.
새김 삼가다. 조심하고 삼가다. ¶敬虔(공경할 경, —)공경하는 마음으로 깊이 삼가하는 태도가 있음. 예—한 마음.

5 ⑪ 〖處〗*** ㊀처: 上 語 chǔ, ショ ㊁처: 去 御 chù, ショ
4656

소전 處 행서 處 동자 処 간화 处 이름 ㊀살 처: ㊁곳 처: 자원 회의. 虍〔虎의 변형〕+几→處. 범의 가죽을 두른 사람이 의자에 앉아 있다는 데서 '살다'의 뜻을 나타낸다.

필순 丶 ⺊ 𠂉 广 卢 虍 虍 虏 虔 處

새김 ㊀❶살다. 생활하다. ¶穴居野處(굴 혈, 살 거, 들 야, —)굴 속에서 살거나 들에서 삶. ❷있다. ㉠벼슬길에 나서지 않고 집에 있다. ¶處士(—, 선비 사)재덕이 있으면서도 벼슬길에 나서지 아니하고 집에 은거하고 있는 선비. ㉡시집가지 아니하고 친정에 있다. ¶處女(—, 여자녀)아직 결혼하지 아니한 여자. ❸다스리다. 시비를 가리다. ¶處理(―, 다스릴 리)사건이나 사무 등을 정리하여 결말을 지음. ㊁곳. 장소. ¶居處(살 거, ―)일정하게 자리를 잡고 사는 곳.
〔處斷〕(처단) 결단하여 처분하거나 처치함.
〔處罰〕(처벌) 형벌에 처함.
〔處分〕(처분) ①처리해 치움. ②행정·사법 관청의 법규에 의한 처리.
〔處世〕(처세) 남들과 사귀면서 살아가는 일.
〔處所〕(처소) 사람이 살거나 머물러 있는 곳.
〔處地〕(처지) 놓여 있는 사정이나 형편.
〔處處〕(처처) 곳곳. 군데군데.
〔處刑〕(처형) 형벌에 처함.
▷難處(난처)·傷處(상처)·定處(정처)·出處(출처)

5 ⑪ 〔虚〕 4657 허 虛(4659)의 속자

6 ⑫ 〔虜〕 4658 로 虜(4660)의 본자

6 ⑫ 〔虛〕*** 4659 허 平魚 | xū, キョ

소전 行서 속자 虚 이름 빌 허 자원 형성. 虍+丠→虛. 虍(호)의 변음이 성부.

필순 丶 ⺊ 广 虍 虍 虍 虚 虚 虛 虛

새김 ❶비다. 텅 비다. ¶空虛(빌 공, ―)텅 빔. ❷비우다. 욕심을 버리다. ¶虛₂心₁(―, 마음 심)마음을 비움. 곧 마음 속에 아무런 욕심도 없음. 예―坦懷. ❸하늘. ¶虛空(―, 하늘 공)하늘. 예―을 날다. ❹거짓. ¶虛僞(―, 거짓 위)거짓. 예―事實. ❺약하다. ¶虛弱(―, 약할 약)기운이나 힘이 튼튼하지 못하고 약함. 예―한 체질. ❻헛되다. 또는 헛되이. ¶虛勢(―, 기세 세)실상이 없는 기세. 예―를 부리다.
〔虛構〕(허구) ①사실이 없는 일을 얽어 만듦. ②소설·희곡 등의 내용을 작가의 상상력으로 창작해 내는 일.
〔虛禮〕(허례) 겉으로만 꾸미는 형식적인 예절이나 형식.
〔虛無〕(허무) ①텅 비어 실상이 없음. ②덧없음.
〔虛費〕(허비) 쓸데없는 비용을 씀.
〔虛送〕(허송) 헛되이 보냄.
〔虛實〕(허실) ①거짓과 참. ②허함과 실함.
〔虛榮〕(허영) 헛된 영화. 예―에 들뜬 마음.
〔虛慾〕(허욕) 헛된 욕심. 예―을 부리다.
〔虛張聲勢〕(허장성세) 실력은 없으면서 허세만 벌림.
〔虛點〕(허점) 틈이 생겨 허술한 점.
〔虛脫〕(허탈) 멍하여 힘이 빠지고 일이 손에 안 잡히는 상태.
▷謙虛(겸허)·盈虛(영허)·太虛(태허)

7 ⑬ 〔虜〕* 4660 로 本로: 上麌 | lǔ, リョ

소전 行서 본자 虜 간화 虏 이름 사로잡을 로 자원 형성. 虍〔盧의 생략체〕+力→虜→虜. 盧(로)가 성부.
새김 사로잡다. 또는 사로잡은 사람. 인신하여, 노예. 야만인. ¶捕虜(잡을 포, ―)사로잡은 적의 군사.
〔虜獲〕(노획) 전투에서 적을 사로잡음.

7 ⑬ 〔虞〕* 4661 우 平虞 | yú, グ

소전 行서 이름 헤아릴 우 자원 형성. 虍+吳→虞. 吳(오)의 변음이 성부.
새김 ❶헤아리다. 생각하다. ¶不₂虞₁之變(아니할 불, ―, 의 지, 변고 변) 예견하지 못한 변고. ❷근심하다. 또는 근심. ¶無₂虞₁(없을 무, ―)근심이 없음. ❸왕조 이름. 순임금이 세운 왕조. ❹상제(喪祭) 이름. ¶虞祭(―, 제사 제) 장례를 지내고 집에 돌아와서 지내는 제사인 초우(初虞)·재우(再虞)·삼우(三虞)의 총칭.
〔虞犯〕(우범) 성격·환경 등에 비추어 죄를 범할 우려가 있음. 예―地帶.

7 ⑬ 〔號〕*** 4662 ㊀호 平豪 | háo, ゴウ ㊁호: 去號 | hào, ゴウ

소전 行서 약자 간화 号 이름 ㊀울부짖을 호 ㊁이름 호: 자원 형성. 号+虎→號. 号(호)가 성부.

필순 口 ㄇ 号 号 号' 号ᐟ 号ᐟ 號 號 號

새김 ㊀울부짖다. 또는 통곡하다. ¶號泣(―, 울 읍)큰 소리로 울부짖으며 욺. 또는 그 울음. ㊁❶이름. 명칭. ¶國號(나라 국, ―)나라의 명칭. ❷호. 이름이나 자(字) 이외의 다른 명칭. 예秋史는 金正喜의 號이다. ❸명령. 지시. 또는 명령하다. ¶號令(―, 영 령)지휘하여 명령함. 또는 그 명령. ❹기호. 표지. ¶信號(신호 신, ―)약속된 부호나 색깔·소리·빛 등으로 지시를 하는 일이나 방법. 예―燈. ❺호수. 수자로써 순서나 등급을 나타내는 말. 예四月號.
〔號哭〕(호곡) 목놓아 슬피 욺. 통곡(痛哭).
〔號俸〕(호봉) 직제(職制)나 연공(年功)을 기초로 하여 정해진 급여 체계 안에서의 등급.
〔號外〕(호외) 정기적으로 발행하는 호수(號數) 이외에 임시로 특별히 발행하는 신문이나 잡지.
▷口號(구호)·記號(기호)·番號(번호)·別號(별호)·商號(상호)·諡號(시호)·雅號(아호)·暗號(암호)·年號(연호)·稱號(칭호)

11 ⑰ 〔虧〕* 휴 本규 平支 kuī, キ
4663

소전 행서 간화 亏 이름 이지러질 휴 자원 형성. 虍+亏→虧. 虍(규)가 성부.
새김 이지러지다. 한 귀퉁이가 떨어져 없어지다. ¶虧月(一, 달 월) 이지러진 달.
〔虧損〕(휴손) ①축나거나 손해가 남. ②수입보다 지출이 많음.
〔虧盈〕(휴영) 이지러짐과 가득 참. 인신하여, 성쇠(盛衰)·소장(消長).
▷傾虧(경휴)·盈虧(영휴)

6 획 부수	虫 部

▷명칭: 벌레충. 벌레충변
▷쓰임: 각종의 벌레와 개구리·뱀 등의 이름과 그들의 움직임이나 상태 등에 관한 한자의 부수로 쓰였고, 더러는 성부로도 쓰였다.

0 ⑥ 〔虫〕* 충 平東 chóng, チュウ
4664

소전 행서 동자 蟲 이름 벌레 충 자원 상형. 살무사가 몸을 사린 모양. 인신하여 '벌레'의 뜻으로 쓴다.
새김 벌레. 우리나라에서는 주로 蟲(4724)으로 쓰고, 중국에서는 蟲의 간화자로 쓴다.

3 ⑨ 〔虽〕 수 雖(5898)의 속자·간화자
4665

3 ⑨ 〔蚀〕 식 蝕(4707)의 간화자
4666

3 ⑨ 〔蚁〕 의: 蟻(4727)의 간화자
4667

3 ⑨ 〔虾〕 하 蝦(4711)의 간화자
4668

3 ⑨ 〔虹〕* 홍 平東 hóng, コウ
4669

소전 행서 이름 무지개 홍 자원 형성. 虫+工→虹. 紅(홍)·訌(홍)과 같이 工(공)의 변음이 성부.
새김 무지개. 인신하여, 다리의 비유. ¶虹霓(一, 무지개 예)㉮무지개. ㉯홍예문.
〔虹橋〕(홍교) 홍예다리.
〔虹霓門〕(홍예문) 문얼굴의 윗머리가 무지개처럼 반원형이 되게 만든 문.

4 ⑩ 〔蚣〕* 공 平東 gōng, コウ
4670

행서 이름 오공 공 자원 형성. 虫+公→蚣. 公(공)이 성부.
새김 오공(蜈蚣). 지네. 벌레의 한 가지.

4 ⑩ 〔蚊〕* 문 平文 wén, ブン
4671

소전 행서 이름 모기 문 자원 형성. 虫+文→蚊. 文(문)이 성부.
새김 모기. 사람이나 동물의 피를 빨아 먹는 곤충의 이름. ¶見蚊拔劍(볼 견, 一, 뽑을 발, 검 검)모기를 보고 검을 뽑음. 보잘것없는 작은 일에 어울리지 않게 큰 대책을 세움의 비유.
〔蚊煙〕(문연) 모기향.

4 ⑩ 〔蚌〕* 방 本방: 上講 bàng, ボウ
4672

소전 행서 이름 조개 방 자원 형성. 虫+丰→蚌. 邦(방)과 같이 丰(방)이 성부.
새김 조개. 민물에 사는 연체 동물의 한 가지. ¶蚌蛤(一, 조개 합)민물에 사는 조개의 이름.
〔蚌珠〕(방주) 진주.
〔蚌鷸之爭〕(방휼지쟁) 제3자만 이득을 보게 하는 싸움. 故 도요새가 조개의 살을 먹으려고 부리를 조가비 안에 넣는 순간, 조개가 조가비를 닫아 버려 서로 버티는 사이에 어부가 둘을 다 잡았다는 고사.

4 ⑩ 〔蚓〕* 인: 上軫 yǐn, イン
4673

행서 이름 지렁이 인: 자원 형성. 虫+引→蚓. 靷(인)과 같이 引(인)이 성부.
새김 지렁이. 가늘고 긴 원통 모양으로 생긴 동물의 한 가지. ¶蚯蚓(지렁이 구, 一) 지렁이.

4 ⑩ 〔蚕〕 잠 蠶(4733)의 속자·간화자
4674

4 ⑩ 〔蚤〕* 조: 上晧 zǎo, ソウ
4675

소전 행서 이름 벼룩 조: 자원 형성. 叉+虫→蚤. 叉(조)가 성부.
새김 ❶벼룩. 기생 곤충의 한 가지. ❷일찍. 早(2091)와 통용.

4 ⑩ 〔蚩〕* 치 平支 chī, シ
4676

소전 행서 이름 어리석을 치 자원 형성. 屮〔之의 고자〕+虫→蚩. 屮(지)의 변음이 성부.
새김 어리석다. 우매하다.

5 ⑪ 〔蛊〕 4677 고: 蠱(4732)의 동자·간화자

5 ⑪ 〔蛋〕* 4678 단: 去 翰 | dàn, タン

행서 이름 알 단: 자원 형성. 疋〔延의 변형〕+虫→蛋. 延(연)의 변음이 성부.
새김 알. 새·거북·뱀 따위의 알. ¶蛋白(一, 흰 백)알의 흰자위. 예一質.
〔蛋白質〕(단백질) 흰자질. 생물체를 구성하는 고분자 유기물의 총칭.

5 ⑪ 〔蛎〕 4679 려: 蠣(4730)의 간화자

5 ⑪ 〔蛇〕** 4680 사 平 麻 | shé, ジャ

소전 행서 이름 뱀 사 자원 형성. 虫+它→蛇. 它(타)의 변음이 성부.

필순 | 口 口 中 虫 虫 虫' 虫' 虫' 虫' 蛇

새김 뱀. 파충류의 동물 이름. ¶蛇足(一, 발 족) 쓸데없는 군더더기를 덧붙여 도리어 일을 그르침의 비유. 故 옛날 초(楚)나라 사람이 뱀을 그리는 내기를 하였는데, 제일 먼저 그린 사람이 시간이 남았다 하여, 있지도 않은 뱀의 발을 그리다가 내기에 졌다는 고사.〔戰國策〕
〔蛇蝎〕(사갈) ① 뱀과 전갈. ② 매우 두려운 사물이나 악독한 사람의 비유.
〔蛇行〕(사행) ① 뱀처럼 구불거리면서 감. ② 하천이 구불구불하게 된 곳.
▷毒蛇(독사)·白蛇(백사)·龍頭蛇尾(용두사미)·長蛇陣(장사진)·海蛇(해사)

5 ⑪ 〔萤〕 4681 형 螢(4717)의 간화자

5 ⑪ 〔蛍〕 4682 형 螢(4717)의 약자

6 ⑫ 〔蛟〕* 4683 교 平 肴 | jiāo, コウ

소전 행서 이름 교룡 교 자원 형성. 虫+交→蛟. 校(교)·郊(교)와 같이 交(교)가 성부.
새김 교룡(蛟龍). 구름과 비를 일으킨다는 전설상의 동물 이름.

6 ⑫ 〔蛮〕 4684 만 蠻(4734)의 약자·간화자

6 ⑫ 〔蛙〕* 4685 와 平 麻 | wā, ア

행서 이름 개구리 와 자원 형성. 虫+圭→蛙. 圭(규)의 변음이 성부.
새김 개구리 ¶井底蛙(우물 정, 밑 저, 一)우물 밑의 개구리. 견문이 좁은 사람을 조소하여 이르는 말.
▷青蛙(청와)

6 ⑫ 〔蛲〕 4686 요 蟯(4723)의 간화자

6 ⑫ 〔蛛〕* 4687 주 平 虞 | zhū, チュ

행서 이름 거미 주 자원 형성. 虫+朱→蛛. 株(주)·珠(주)와 같이 朱(주)가 성부.
새김 거미. 지주(蜘蛛). 벌레의 한 가지.
〔蛛網〕(주망) 거미줄.

6 ⑫ 〔蛭〕* 4688 질 入 質 | zhì, シツ

소전 행서 이름 거머리 질 자원 형성. 虫+至→蛭. 至에는 '지' 외에 '질' 음도 있어, 姪(질)·桎(질)과 같이 至(질)이 성부.
새김 거머리. 환형 동물의 한 가지로, 못·늪 등에 살며, 사람이나 동물에 달라 붙어서 피를 빨아 먹는다.

6 ⑫ 〔蛰〕 4689 칩 蟄(4720)의 간화자

6 ⑫ 〔蛤〕* 4690 합 本갑 入 合 | gé, コウ

소전 행서 이름 조개 합 자원 형성. 虫+合→蛤. 哈(합)·盒(합)·閤(합)과 같이 合(합)이 성부.
새김 조개. 바다나 민물에 사는 조개의 총칭. ¶蚌蛤(조개 방, 一)민물에 사는 조개이름.
〔蛤子〕(합자) 홍합과 섭조개를 말린 어물.
▷海蛤(해합)·紅蛤(홍합)

6 ⑫ 〔蛔〕* 4691 회 平 灰 | huí, カイ

행서 이름 회충 회 자원 형성. 虫+回→蛔. 徊(회)·茴(회)와 같이 回(회)가 성부.
새김 회충(蛔蟲). 회. 거위. 사람이나 동물의 장속에 기생하는 해충.

7 ⑬ 〔蜂〕** 봉 平冬 | fēng, ホウ
4692

소전 행서 이름 벌 봉 자원 형성. 虫+夆→蜂. 鋒(봉)·峯(봉)·逢(봉)과 같이 夆(봉)이 성부.

필순 口 中 虫 虫 虫' 虫ク 虫夂 蜂 蜂

새김 ❶벌. 막시류의 곤충 이름. ¶蜂蝶(—, 나비 접) 벌과 나비. 예 探花—. ❷많고 어지럽다. ¶蜂起(—, 일어날 기)벌떼처럼 많은 사람이 함께 들고 일어남. 예 民衆—.
〔蜂蜜〕(봉밀) 벌꿀. 꿀.
▷ 蜜蜂(밀봉)·分蜂(분봉)·養蜂(양봉)·女王蜂(여왕봉)·土蜂(토봉)·胡蜂(호봉)

7 ⑬ 〔蜃〕* 신 本신: 去震 | shèn, シン
4693

소전 행서 이름 이무기 신 자원 형성. 辰+虫→蜃. 晨(신)·娠(신)과 같이 辰(신)이 성부.
새김 이무기. 전설상의 동물로, 입김을 내뿜으면 신기루(蜃氣樓)가 나타난다고 생각하였다.
〔蜃氣樓〕(신기루) 대기 중의 열기나 냉기에 의한 빛의 굴절 작용으로 형상이 나타나 보이는 현상.

7 ⑬ 〔蛾〕* 아 平歌 | é, ガ
4694

소전 행서 이름 나방 아 자원 형성. 虫+我→蛾. 俄(아)·莪(아)와 같이 我(아)가 성부.
새김 ❶나방. 누에나방. 나비와 비슷한, 누에나 벌레의 성충. ❷누에나방의 눈썹. ¶蛾眉(—, 눈썹 미)누에나방의 눈썹이란 뜻으로, 아름다운 미인의 눈썹을 이르는 말. 예— 月.

7 ⑬ 〔蜈〕* 오 平虞 | wú, ゴ
4695

행서 이름 오공 오 자원 형성. 虫+吳→蜈. 娛(오)·筽(오)와 같이 吳(오)가 성부
새김 오공(蜈蚣). 지네. 벌레의 한 가지.

7 ⑬ 〔蜗〕 와 蝸(4708)의 간화자
4696

7 ⑬ 〔蜀〕* 촉 入屋 | shǔ, ショク
4697

소전 행서 이름 촉나라 촉 자원 회의. 罒+勹+虫→蜀. 罒은 벌레의 대가리 모양, 勹는 그 몸뚱이가 움직이는 모양. 이에 虫을 더하여, 꿈틀거리는 애벌레를 뜻한다.
새김 ❶촉나라. 중국의 삼국 시대에 유비(劉備)가 세운 나라. 촉한(蜀漢). ¶蜀相(—, 재상 상) 촉한의 재상. 인신하여, 제갈공명(諸葛孔明)을 가리키는 말. ❷사천성(四川省)의 딴이름.
〔蜀魂〕(촉혼) 소쩍새. 촉(蜀)나라 망제(望帝)가 죽어 그의 넋이 변하여 되었다는 새.
▷ 巴蜀(파촉)

8 ⑭ 〔蝀〕* 동 平東 | dōng, トウ
4698

소전 행서 이름 무지개 동 자원 형성. 虫+東→蝀. 東(동)이 성부.
새김 무지개. 비 온 뒤에 공중에 서는 무지개.

8 ⑭ 〔蜡〕 랍 蠟(4729)의 속자·간화자
4699

8 ⑭ 〔蜜〕** 밀 入質 | mì, ミツ
4700

소전 행서 이름 꿀 밀 자원 형성. 宓+虫→蜜. 密(밀)과 같이 宓(밀)이 성부.

필순 宀 宀 宓 宓 宓 宓 密 蜜 蜜 蜜

새김 ❶꿀. 벌꿀. ¶蜜蜂(—, 벌 봉)꿀벌. ❷달콤하다. 감미롭다. ¶蜜月(—, 달 월)꿀과도 같이 달콤한, 신혼의 한 달. 예— 旅行.
〔蜜柑〕(밀감) 귤. 또는 귤나무.
〔蜜蠟〕(밀랍) 꿀벌의 집을 이루는 물질.
〔蜜腺〕(밀선) 꿀을 분비하는 기관.
▷ 糖蜜(당밀)·蜂蜜(봉밀)

8 ⑭ 〔蜚〕* 비 平微 | fēi, ヒ
4701

소전 행서 이름 날 비 자원 형성. 非+虫→蜚. 非(비)가 성부.
새김 날다. 날아 다니다. ¶蜚語(—, 말 어)근거도 없이 떠도는 말. 예 流言—.

8 ⑭ 〔蝉〕 一 선 蟬(4722)의 간화자
二 제 蟬(4722)의 간화자
4702

8 ⑭ 〔蝇〕 승 蠅(4726)의 약자·간화자
4703

8 ⑭ 〔蜘〕* 지 平支 | zhī, チ
4704

소전 행서 이름 지주 지 자원 형성. 虫+知→蜘. 知(지)가 성부.
새김 지주(蜘蛛). 거미. 벌레의 한 가지.

9 ⑮ 〔蝎〕* 갈 本할 入曷 | hé カツ
4705

소전 행서 이름 나무좀 갈 자원 형성. 虫＋曷→蝎. 渴(갈)·葛(갈)과 같이 曷(갈)이 성부.
새김 나무좀. 나무를 파먹는 작은 벌레 이름.

9 ⑮ 〔蝨〕* 슬 入質 | shī, シツ
4706

소전 행서 이름 이 슬 자원 형성. 卂＋蚰→蝨. 卂(신)의 변음이 성부.
새김 이. 사람이나 동물에 기생하여 피를 빨아 먹는 곤충의 이름.

9 ⑮ 〔蝕〕* 식 入職 | shí, ショク
4707

소전 행서 간화 蚀 이름 좀먹을 식 자원 형성. 食＋虫→蝕. 篒(식)과 같이 食(식)이 성부.
새김 ❶좀이 먹다. 벌레가 먹다. ¶腐蝕(썩을 부, 一)썩고 벌레가 먹음. 또는 썩어서 개먹어 들어감. ❷이지러지다. 해나 달의 일부나 전부가 보이지 않게 되다. ¶日蝕(해 일, 一)태양의 일부나 전부를 볼 수 없게 되는 현상. ❸개먹다. ¶侵蝕(침범할 침, 一)조금씩 조금씩 개먹어 들어감.
▷皆旣蝕(개기식)·月蝕(월식)

9 ⑮ 〔蝸〕* 와 平麻 | wō, カ
4708

소전 행서 간화 蜗 이름 달팽이 와 자원 형성. 虫＋咼→蝸. 渦(와)·窩(와)와 같이 咼(와)가 성부.
새김 달팽이. 와우(蝸牛). 연체 동물의 한 가지. ¶蝸角(一, 뿔 각)달팽이 의 더듬이. 매우 좁은 곳의 비유.
〔蝸角之爭〕(와각지쟁) 달팽이의 더듬이 위에서의 싸움. 작은 나라끼리 싸우거나 좁은 범위 안에서 하찮은 일로 싸우는 일의 비유.
〔蝸屋〕(와옥) 달팽이의 집이란 뜻으로, 비좁고 초라한 집의 비유. 또는 자기 집의 겸사.

9 ⑮ 〔蝟〕* 위: 去未 | wèi, イ
4709

행서 이름 고슴도치 위: 자원 형성. 虫＋胃→蝟. 謂(위)·渭(위)와 같이 胃(위)가 성부.
새김 ❶고슴도치. 전신에 바늘과 같은 털이 나 있는 짐승 이름. ❷많다. 많이 모이다. ¶蝟集(一, 모일 집)사물이 한꺼번에 많이 모임.

9 ⑮ 〔蝶〕** 접 入葉 | dié, チョウ
4710

행서 이름 나비 접 자원 형성. 虫＋枼→蝶. 枼(엽)의 변음이 성부.

필순 口 中 虫 虫 虫 虫 虫 蛐 蝶 蝶

새김 나비. 곤충 이름. ¶探花 蜂蝶(찾을 탐, 꽃 화, 벌 봉, 一)꽃을 찾아 다니는 벌과 나비. 사랑하는 여성을 그리어 찾아 가는 남자의 비유.
〔蝶舞〕(접무) ①나비춤. ②나비가 춤추듯 날아다님.
▷蝴蝶(호접)

9 ⑮ 〔蝦〕* 하 平麻 | há, カ
4711

소전 행서 간화 虾 이름 새우 하 자원 형성. 虫＋叚→蝦. 瑕(하)·霞(하)·遐(하)와 같이 叚(하)가 성부.
새김 ❶새우. 절족 동물의 총칭. ¶大蝦(큰 대, 一) 왕새우. ❷하마(蝦蟆). 청개구리. 또는 개구리·두꺼비 등의 총칭.

9 ⑮ 〔蝴〕* 호 平虞 | hú, コ
4712

행서 이름 호접 호 자원 형성. 虫＋胡→蝴. 湖(호)·糊(호)와 같이 胡(호)가 성부.
새김 호접(蝴蝶). 나비. 곤충 이름. ¶蝴蝶夢(一, 나비 접, 꿈 몽)㉮너와 나의 구별을 잊어버림의 비유. ㉯인생의 덧없음의 비유. 故 장주(莊周)가 꿈에 나비가 되어 즐기다 보니, 자신이 장주인지 나비인지를 알지 못하였다는 고사. 〔莊子〕

9 ⑮ 〔蝗〕* 황 平陽 | huáng, コウ
4713

소전 행서 이름 누리 황 자원 형성. 虫＋皇→蝗. 隍(황)·遑(황)과 같이 皇(황)이 성부.
새김 누리. 또는 메뚜기. 곤충의 이름. ¶蝗蟲(一, 벌레 충)㉮누리. ㉯메뚜기.

10 ⑯ 〔螂〕* 랑 平陽 | láng, ロウ
4714

행서 이름 당랑 랑 자원 형성. 虫＋郎→螂. 瑯(랑)·廊(랑)과 같이 郎(랑)이 성부.
새김 당랑(螳螂). 버마재비. 메뚜기 비슷하게 생긴 벌레 이름. 예 一拒轍.

10 ⑯ 〔螟〕* 명 平青 | míng, メイ
4715

소전 螟 행서 螟 이름 마디충 명 자원 형성. 虫+冥→螟. 溟(명)·蓂(명)과 같이 冥(명)이 성부.
새김 ❶마디충. 식물의 줄기 속을 파먹는 벌레. ¶螟蟲(—, 벌레 충)마디충. 이화명충. ❷명령(螟蛉). 마디충나방의 애벌레.

10 ⑯ 〔融〕* 융 平東 róng, ユウ
4716

소전 融 행서 融 이름 녹을 융 자원 형성. 鬲+虫→融. 虫(충)의 변음이 성부.
새김 ❶녹다. 고체가 녹다. ¶融解(—, 풀릴 해) ㉮녹아 풀어짐. ㉯열에 의하여 고체가 액체로 변하는 현상. ❷융통하다. 유통하다. ¶融資(—, 자금 자)자금을 융통함. 사업에 필요한 자금을 빌리거나 빌려줌. 또는 그 자금. ㉬銀行—. ❸화합하다. 한 마음이 되다. ¶融和(—, 화할 화) 한 마음으로 화합함.
〔融通〕(융통) ①거침없이 통함. ②國 필요한 물건이나 돈을 돌려 씀.
〔融合〕(융합) ①한데 녹아 붙음. ②격의 없이 서로 어울려 화합함.
▷金融(금융)·圓融(원융)·祝融(축융)

10 ⑯ 〔螢〕** 형 平青 yíng, ケイ
4717

행서 螢 약자 蛍 간화 萤 이름 개똥벌레 형 자원 형성. 𤇾+虫→螢. 瑩(형)·滎(형)과 같이 𤇾(영)의 변음이 성부.

필순 螢

새김 개똥벌레. 밤이 되면 꽁무니에서 청백색의 빛을 내는 곤충의 이름. ¶螢雪(—, 눈 설)가난한 속에서도 애써 부지런히 공부함의 비유. 故 집이 가난하여 등불을 밝힐 기름을 살 수 없었던 진(晉)나라의 차윤(車胤)은 여름이면 반딧불에, 손강(孫康)은 겨울이면 눈빛에 책을 비추어 글을 읽었다는 고사. ㉬—之功.
〔螢光〕(형광) ①반딧불. ②물체가 빛을 받았을 때, 받은 빛과 전혀 다른 그 물체의 고유한 빛을 내는 현상. 또는 그 빛.
〔螢窓〕(형창) 공부하는 방. 고학(苦學)하는 서재. 故 진(晉)나라 차윤(車胤)이 반딧불로 고학했던 고사. ㉬—雪案.

11 ⑰ 〔螳〕* 당 平陽 táng, トウ
4718

소전 螳 행서 螳 이름 당랑 당 자원 형성. 虫+堂→螳. 堂(당)이 성부.
새김 당랑(螳螂). 버마재비. 메뚜기 비슷하게 생긴 벌레 이름. ㉬—拒轍.
〔螳螂拒轍〕(당랑거철) 버마재비가 수레바퀴를 멈추려고 앞발을 들고 항거함. 미약한 제 힘도 모르고 덤벼드는 무모한 짓의 비유.

11 ⑰ 〔螺〕* 라 平歌 luó, ラ
4719

행서 螺 이름 고둥 라 자원 형성. 虫+累→螺. 累에는 '루' 외에 '라' 음도 있어, 累(라)가 성부.
새김 고둥. 소라·우렁이 등의 총칭. ¶螺旋(—, 돌 선)우렁이 껍질처럼 빙빙 감아 돈 모양. ㉬—形의 층층대.
〔螺絲〕(나사) ①우렁이 껍질처럼 빙빙 비틀리게 고랑이 진 모양. ② 나사못.
〔螺線〕(나선) 나사 모양으로 된 선.
▷法螺(법라)·旋螺風(선라풍)

11 ⑰ 〔蟄〕* 칩 入緝 zhé, チツ
4720

소전 蟄 행서 蟄 간화 蛰 이름 동면할 칩 자원 형성. 執+虫→蟄. 執(집)의 변음이 성부.
새김 ❶동면하다. 또는 동면하고 있는 동물. ¶驚蟄(놀랄 경,—)동면하고 있는 동물을 놀라게 한다는 뜻으로, 3월 5일이나 6일에 드는 이십사절기의 하나. ❷숨어 살다. ¶蟄居(—, 살 거) 사회에 나가서 활동하지 않고 자기 집에만 들어박혀 있음. ㉬—生活.
〔蟄龍〕(칩룡) 숨어 있는 용. 때를 만나지 못하여 숨어 있는 영웅이나 인재의 비유.
〔蟄伏〕(칩복) ①벌레·뱀 따위가 동면함. ②자기 처소에만 들어박혀 숨어서 삶.
▷啓蟄(계칩)·閉蟄(폐칩)

12 ⑱ 〔蟠〕* 반 平寒 pán, ハン
4721

소전 蟠 행서 蟠 이름 서릴 반 자원 형성. 虫+番→蟠. 番에는 '번' 외에 '반' 음도 있어, 潘(반)·磻(반)과 같이 番(반)이 성부.
새김 서리다. 뱀·구렁이 등이 몸을 똬리 모양으로 감다. ¶蟠龍(—,용 룡)몸을 서리고 있는 용.
〔蟠踞〕(반거) ①몸을 서리어 웅크림. ②차지하고 세력을 떨침.

12 ⑱ 〔蟬〕* ㊀선 平先 chán, セン ㊁제 平齊 tí, テイ
4722

소전 蟬 행서 蟬 간화 蝉 이름 ㊀매미 선 ㊁점제 제 자원 형성. 虫+單→蟬. 單에는 '단' 외에 '선' 음도 있어, 禪(선)과 같이 單(선)이 성부.
새김 ㊀매미. 매미과 곤충의 총칭. ¶蟬噪蛙鳴

(—, 울 조, 개구리 와, 울 명)매미가 떼지어 울고 개구리가 욺. 여러 사람이 귀아프게 떠듦의 형용. 三점제(黏蟬). 우리나라에 두었던, 한대(漢代)의 현(縣) 이름. 예—縣碑.
〔蟬聲〕(선성) 매미의 우는 소리.
▷鳴蟬(명선)·暮蟬(모선)·秋蟬(추선)·寒蟬(한선)

12 ⑱ 〔蟯〕* 요 平蕭 | náo, ジョウ
4723

소전 행서 간화 蛲 이름 요충 요 자원 형성. 虫+堯→蟯. 嶢(요)·饒(요)와 같이 堯(요)가 성부.
새김 요충(蟯蟲). 기생충의 한 가지.

12 ⑱ 〔蟲〕*** 충 平東 | chóng, チュウ
4724

소전 행서 동자 간화 虫 이름 벌레 충 자원 회의. 虫을 석자 합하여 벌레란 뜻을 나타낸다.

필순 丶 ㇆ 口 中 虫 虫 虫 虫 蟲 蟲

새김 벌레. 곤충의 총칭. ¶害蟲(해로울 해, —) 해가 되는 벌레. 예—과 益蟲.
〔蟲災〕(충재) 해충으로 인한 재해.
〔蟲齒〕(충치) 벌레 먹은 이.
▷甲蟲(갑충)·昆蟲(곤충)·寄生蟲(기생충)·幼蟲(유충)·寸蟲(촌충)·蛔蟲(회충)

13 ⑲ 〔蟾〕* 섬 平鹽 | chán, セン
4725

행서 이름 두꺼비 섬 자원 형성. 虫+詹→蟾. 贍(섬)과 같이 詹(첨)의 변음이 성부.
새김 ❶두꺼비. 개구리와 비슷한 동물의 이름. ¶蟾蜍(—, 두꺼비 여)두꺼비. ❷달. 전설상 달에 두꺼비가 살고 있다는 데서 온 말. ¶蟾兎(—, 달 토)달의 딴이름.
〔蟾光〕(섬광) 달빛. 월광(月光).

13 ⑲ 〔蠅〕* 승 本응 平蒸 | yíng, ヨウ
4726

소전 행서 약자 간화 蝇 이름 파리 승 자원 회의. 虫+黽→蠅. 黽은 맹꽁이. 맹꽁이처럼 큰 배를 가진 벌레라는 뜻으로, 파리를 뜻한다.
새김 파리. 쌍시류 곤충의 한 가지. ¶蠅頭之利(—, 머리 두, 의 지, 이익 리)파리 대가리만한 이익이란 뜻으로, 얼마 되지 아니하는 적은 이익을 이르는 말.

13 ⑲ 〔蟻〕* 의: 上紙 | yǐ, ギ
4727

행서 간화 蚁 이름 개미 의: 자원 형성. 虫+義→蟻. 儀(의)·議(의)와 같이 義(의)가 성부.
새김 개미. 개미와 곤충의 총칭. ¶蟻穴(—, 구멍 혈)개미집.
〔蟻垤〕(의질) 개밋둑. 의봉(蟻封).

13 ⑲ 〔蟹〕* 해: 上蟹 | xiè, カイ
4728

소전 행서 이름 게 해: 자원 형성. 解+虫→蟹. 解(해)가 성부.
새김 게. 갑각류의 절족 동물 이름. ¶魚蟹(물고기 어, —)물고기와 게.
〔蟹行〕(해행) 게걸음을 함.

15 ㉑ 〔蠟〕* 랍 入合 | là, ロウ
4729

행서 속자 간화 蜡 이름 밀 랍 자원 형성. 虫+巤→蠟. 臘(랍)과 같이 巤(렵)의 변음이 성부.
새김 밀. 납. 밀랍. ¶蠟燭(—, 초 촉)밀랍으로 만든 초.
〔蠟書〕(납서) 누설(漏泄)을 막기 위하여, 밀랍으로 단단히 봉한 문서.
▷蜜蠟(밀랍)·白蠟(백랍)·黃蠟(황랍)

15 ㉑ 〔蠣〕* 려: 去霽 | lì, レイ
4730

행서 간화 蛎 이름 굴조개 려: 자원 형성. 虫+厲→蠣. 礪(려)·勵(려)와 같이 厲(려)가 성부.
새김 굴조개. 모려(牡蠣). 석화(石花). 조개의 이름. ¶牡蠣肉(수컷 모, —, 살 육)굴조개의 말린 살을 한방에서 약재로 이르는 말.

15 ㉑ 〔蠢〕* 준: 上軫 | chǔn, シュン
4731

소전 행서 이름 꿈틀거릴 준: 자원 형성. 春+䖵→蠢. 春(춘)의 변음이 성부.
새김 꿈틀거리다. ¶蠢動(—, 움직일 동)벌레가 꿈틀거리며 움직임. 인신하여, 나쁜 세력이 드러나지 않게 계략을 세워 활동함. 예敵의 —에 대비하다.

17 ㉓ 〔蠱〕* 고: 上麌 | gǔ, コ
4732

소전 행서 동자 간화 蛊 이름 기생충 고: 자원 회의. 蟲+皿→蠱. 접시에 모여든 벌레가 음식물을 따라 뱃속으로 들어간다는 뜻으로, 기생충을 뜻한다.
새김 ❶ 기생충. 사람의 뱃속에 있는 기생충. ❷ 독충(毒蟲). ¶蠱毒(—, 독 독)독충의 독. ❸ 유혹하다. 마음을 어지럽히다. ¶蠱惑(—, 유혹할 혹)유혹함. 또는 정신을 못 차리게 어지럽힘.

18 ㉔ 〔蠶〕* 잠 平覃 cán, サン
4733

소전 행서 속자 간화 蚕 이름 누에 잠 자원 형성. 朁+䖵→蠶. 潛(잠)·簪(잠)과 같이 朁(잠)이 성부.
새김 누에. 누에나방의 유충. ¶蠶業(—, 일 업)누에를 치는 일.
〔蠶箔〕(잠박) 누에를 치는 데 쓰는 채반.
〔蠶食〕(잠식) 누에가 뽕잎을 갉아 먹듯이, 남의 것을 차츰차츰 침략하여 점거함.
〔蠶室〕(잠실) 누에를 치는 방.
▷農蠶(농잠)·桑蠶(상잠)·養蠶(양잠)·秋蠶(추잠)·春蠶(춘잠)

19 ㉕ 〔蠻〕* 만 平刪 mán, バン
4734

소전 행서 약자 간화 蛮 이름 오랑캐 만 자원 형성. 䜌+虫→蠻. 巒(만)·彎(만)과 같이 䜌(만)이 성부
새김 ❶오랑캐. 고대 중국의 남쪽에 살았던 미개 민족. 인신하여, 문화 수준이 낮은 민족이나 종족의 통칭. ¶蠻族(—, 겨레 족)미개한 민족이나 종족. ❷미개하다. 미개하여 거칠다. ¶蠻勇(—, 용기 용)앞뒤를 가리지 못하고 날뛰는 용기. ㉠— 을 부리다.
〔蠻夷〕(만이) 남방의 소수 민족.
〔蠻行〕(만행) 야만적인 행위.
▷南蠻(남만)·野蠻(야만)·夷蠻(이만)

6 획 부수 血 部

▷명칭: 피혈
▷쓰임: 사람이나 동물의 피와 관계 있는 한자의 부수로도 쓰이고, 衆(4736)과 같이 자형상의 분류를 위한 부수로도 쓰였다.

0 ⑥ 〔血〕*** 혈 入屑 xuè, ケツ
4735

소전 행서 이름 피 혈 자원 지사. 丿〔·의 변형〕+皿→血. · 은 핏덩이. 신에게 바치기 위해 담은 접시의 피를 뜻한다.

필순 ノ ㇒ 白 冊 皿 血

새김 ❶피. 사람이나 동물의 몸에 있는 피. ¶血液(—, 액체 액)피. ❷혈연 관계. 혈통. ¶血族(—, 겨레 족)혈통의 관계가 있는 겨레붙이. ❸목숨을 걸다. ¶血戰(—, 싸움 전)죽기 아니면 살기로 덤벼드는 싸움. ㉠— 을 벌이다.
〔血管〕(혈관) 핏줄. 피가 흐르는 근육질의 관.
〔血氣〕(혈기) ①생명을 유지하는 피와 원기. ②활기차고 씩씩한 기운.
〔血路〕(혈로) ①적의 포위망을 뚫고 벗어나가는 길. ②매우 곤란하고 위태로운 경우를 벗어나는 길
〔血淚〕(혈루) 피눈물. 매우 슬프거나 애통하여 흘리는 눈물.
〔血脈〕(혈맥) 몸 안의 피가 도는 줄기.
〔血盟〕(혈맹) 피로써 맹세함. 또는 그 맹세.
〔血便〕(혈변) 피똥. 피가 섞여 나오는 대변.
〔血色〕(혈색) 핏기. 또는 안색. ㉠— 이 좋다.
〔血書〕(혈서) 제 몸의 피로 쓴 글씨나 글.
〔血稅〕(혈세) 피를 흘리는 듯한 생각으로 내는, 무거운 세금.
〔血眼〕(혈안) 노하거나 흥분하여 핏발이 선 눈.
〔血壓〕(혈압) 혈관 안의 혈액이 혈관에 주는 압력.
〔血緣〕(혈연) 혈통 관계로 서로 이어진 줄.
〔血肉〕(혈육) ① 피와 살. ② 자기의 아들 딸.
〔血淸〕(혈청) 혈액이 굳어질 때에 분리되어 나오는, 누른 빛깔의 투명한 액체.
〔血統〕(혈통) 한 조상에서 갈려 내려오는 겨레붙이의 계통.
〔血鬪〕(혈투) 죽기를 각오하고 덤벼드는 싸움.
▷鮮血(선혈)·鳥足之血(조족지혈)·充血(충혈)·下血(하혈)

6 ⑫ 〔衆〕*** 중: 去送 zhòng, シュウ
4736

소전 행서 이름 무리 중: 자원 회의. 血〔目의 변형〕+乑〔人을 석 자 합한 자〕→衆. 많은 사람의 눈이란 뜻으로 '무리'를 뜻한다.

필순 ′ ′′ 白 血 血 𠂉 衆 衆 衆 衆

새김 무리. 많은 사람. ¶群衆(무리 군, —)한데 모인 많은 사람들. ㉠— 의 환호를 받다.
〔衆寡〕(중과) 수효의 많음과 적음.
〔衆寡不敵〕(중과부적) 적은 수효로는 많은 수효를 대적할 수 없음.
〔衆口〕(중구) 뭇사람의 입. 많은 사람들의 평판. ㉠— 難防.
〔衆望〕(중망) 여러 사람의 촉망. ㉠— 所歸.
〔衆生〕(중생) ①많은 사람들. ②(佛)생명이 있는 모든 생물.

〔衆智〕(중지) 뭇사람의 지혜. ㉠—를 모으다.
〔衆評〕(중평) 대중의 평판. 뭇사람의 비평.
▷ 公衆(공중)·觀衆(관중)·大衆(대중)·民衆(민중)·聽衆(청중)

6 획 부수 行 部

▷명칭: 다닐행. 갈행.
▷쓰임: 다니는 길이나 거리 등의 뜻을 나타내는 한자의 부수로 쓰였고, 衡(4746)과 같이 성부로도 쓰였다.

0 ⑥ 〔行〕*** 4737
一 행 平 庚 xíng, コウ
二 행: 去 敬 xìng, ギョウ
三 항▷행 平 陽 háng, コウ
四 항㊍항: 去 漾 hàng, コウ

소전 행서 이름 一 다닐 행 二 행실 행: 三 줄 항▷행 四 항렬 항 자원 상형. 십자가의 거리 모양을 본 떴다.

필순

새김 一 ❶다니다. 걸어 가다. ¶行進(—, 나아갈 진)여러 사람이 대오를 지어, 앞으로 걸어 나아감. ㉠—隊列. ❷행하다. 일을 행하다. ¶行事(—, 일 사)어떤 계획에 따라 행하는 일. ㉠慶祝—. ❸주다. 수여하다. ¶論功行賞(논할 론, 공 공, —, 상 상)공로를 평가하여 상을 줌. ❹행서(行書). 한자를 쓰는 서체의 하나. ❺한시(漢詩)의 한 체. ㉠琵琶行. ❻오행(五行). 또는 해·달·별 등 전체의 운행이나 그 궤도. 二 행실. 품행. 또는 몸과 마음을 단련하는 행위. ¶修行(닦을 수,—)행실이나 학문·기예 등을 닦음. 三 '항'으로 읽느냐, '행'으로 읽느냐는 언어 생활에서의 관행에 따른다. ❶줄. ㉠군대의 대열. ¶行伍(줄 항, 대오 오)군대를 편성한 대오. ㉡늘어선 줄. ¶行列(줄 행, 줄 렬)여럿이 늘어선 줄. ❷가게. 점포. ¶銀行(돈 은, 가게 행) 돈을 맡기기도 하고 빌려주기도 하는 일을 맡은 기관. 四 항렬(行列). 혈족간의 대수를 표시하는 관계. ¶叔行(아저씨 숙, —)아저씨뻘이 되는 항렬. 곧 아버지와 같은 항렬.
〔行脚〕(행각) ① 여기저기 돌아다님. ②(佛) 승려가 여기저기 돌아다니며 수행함.
〔行間〕(행간) 글줄과 글줄의 사이. ㉠—을 좁히다.
〔行軍〕(행군) 군대 또는 많은 인원이 줄을 지어 걸어감.
〔行宮〕(행궁) 임금이 거둥할 때에 묵는 별궁.
〔行囊〕(행낭) ① 여행할 때 가지고 다니는 큰 주머니. ② 우편물을 넣어 보내는 큰 자루.
〔行年〕(행년) 현재의 나이.
〔行動〕(행동) 동작을 하여 행하는 일. ㉠—擧止.
〔行樂〕(행락) 놀고 즐김.
〔行路〕(행로) ① 사람이나 수레가 다니는 길. ② 사람이 살아가는 과정.
〔行方〕(행방) 가는 방향. 또는 간 곳.
〔行使〕(행사) 권리의 내용을 실제로 행함. ㉠司法權—.
〔行商〕(행상) 돌아다니며 물건을 팖. 또는 그런 장사꾼.
〔行實〕(행실) 행동으로 나타나는 품행.
〔行雲流水〕(행운유수) 떠 가는 구름과 흐르는 물. ㉮자연의 추세에 맡겨 그대로 따름의 비유. ㉯일을 함에 있어서 막힘이 없이 술술 풀림의 형용. ㉰일정한 형태가 없이 늘 변함의 비유. ㉱마음씨가 시원시원함의 비유.
〔行爲〕(행위) 행하는 짓. 행동(行動).
〔行人〕(행인) 길 가는 사람.
〔行狀〕(행장) 죽은 사람의 세계(世系)·생몰년월일 및 이력과 업적 등을 적은 글.
〔行跡〕(행적) 행동의 실적이나 자취.
〔行政〕(행정) 나라를 다스리는 삼권의 하나. 대통령이 법률에 의하여 나라의 정치를 행하는 일. ㉠—機關.
〔行幸〕(행행) 임금이 궁궐 밖으로 거둥함.
〔行刑〕(행형) 형벌을 집행함.
▷ 急行(급행)·步行(보행)·飛行(비행)·善行(선행)·施行(시행)·實行(실행)·言行(언행)·旅行(여행)·運行(운행)·流行(유행)·進行(진행)·通行(통행)·平行(평행)·品行(품행)

3 ⑨ 〔衍〕* 4738 연: 上 銑 yǎn, エン

소전 행서 이름 넓힐 연: 자원 회의. 行+氵→衍. 모든 물이 바다로 흘러 들어간다는 데서 넓히다의 뜻을 나타낸다.
새김 ❶ 넓히다. 또는 넓어지다. ¶敷衍(펼 부, —)㉮ 늘여서 널리 퍼지게 함. ㉯ 알기쉽게 첨가하여 자세히 설명함. ㉠—하여 말하다. ❷ 잘못 끼어들다. ¶衍文(—, 글월 문)문장 중에 잘못 끼어든 군더더기 글이나 문구.
〔衍義〕(연의) 뜻을 부연하여 자세히 설명함.

5 ⑪ 〔術〕** 4739 술 入 質 shù, ジュツ

소전 행서 간화 术 이름 방법 술 자원 형성. 行+朮→術. 述(술)·鉥(술)과 같이 朮(출)의 변음 성부.

필순

새김 ❶방법. 수단. ¶術策(—, 꾀 책)무슨 일을 이루려는 방법이나 꾀. ㉠ 온갖 —을 다 쓰다. ❷재주. 학술이나 기예. ¶藝術(재주 예, —)문학·음악·회화·조각 등과 같이 어떤 정해진 틀에 의하여 미(美)를 표현하는 일. 또는 그 작품. ㉠—家. ❸술법. 마술. ¶妖術(요사할 요, —)사람의 눈을 속여 넘기는 괴상한 술법. ❹마음보. ¶心術(마음 심, —)남이 잘못되기를 좋아하는 마음보. ㉠—이 나다.
〔術法〕(술법) 음양(陰陽)과 복술(卜術) 등에 관한 법.
〔術士〕(술사) 음양·복서·점술 등으로 점을 치는 사람.
〔術數〕(술수) ① 술책(術策). ② 나라를 다스리는 방법과 책략. ㉠權謀—.
▷劍術(검술)·技術(기술)·武術(무술)·美術(미술)·算術(산술)·手術(수술)·醫術(의술)·仁術(인술)·話術(화술)

5 ⑪ 〔衒〕* 현: 去霰 xuàn, ゲン
4740

소전 行서 이름 자랑할 현: 자원 회의. 行+玄〔言의 변형〕→衒. 길을 걸어가면서 말을 한다는 뜻으로, 자기 자랑을 늘어놓다의 뜻을 나타낸다.
새김 자랑하다. 제 자랑을 하다. ¶衒學(—, 학문 학) 학식이 있음을 자랑하여 뽐냄. ㉠—的.

6 ⑫ 〔街〕*** 가 平佳 jiē, ガイ
4741

소전 행서 이름 거리 가 자원 형성. 行+圭→街. 佳(가)와 같이 圭(규)의 변음이 성부.
필순
새김 거리. 도시의 큰길. ¶街路(—, 길 로)도시의 큰길. ㉠—燈.
〔街談巷說〕(가담항설) 거리의 뜬소문.
〔街頭〕(가두) 길가. 길거리.
▷四街(사가)·市街(시가)·十字街(십자가)

7 ⑬ 〔衙〕* 아 平麻 yá, ガ
4742

소전 행서 이름 관아 아 자원 형성. 行+吾→衙. 吾에는 '오' 외에 '아' 음도 있어, 吾(아)가 성부.
새김 관아(官衙). 관청. ¶公衙(공 공, —)공무원이 사무를 보는 관공서.
〔衙門〕(아문) ① 관아의 문. ② 관청(官廳).
〔衙前〕(아전) 國 지방 관아에 딸린 구실아치.

9 ⑮ 〔衛〕 위 衞(4745)의 속자
4743

9 ⑮ 〔衝〕** 충 平冬 chōng, ショウ
4744

소전 행서 간화 冲 이름 찌를 충 자원 형성. 行+重→衝. 重(중)의 변음이 성부.
필순
새김 ❶찌르다. 쥐어지르다. ¶衝突(—, 부딪칠 돌)서로 마주 부딪침. 인신하여, 의견의 대립으로 서로 맞서서 싸움. ❷요긴한 곳. 중요한 위치. ¶要衝(중요할 요, —)지리상 또는 군사상 긴요한 곳. ㉠—地.
〔衝激〕(충격) ①서로 대질러 부딪침. ②정신적으로 받는 심한 충동.
〔衝動〕(충동) ① 흥분할 정도의 강한 자극을 일으킴. 또는 그러한 자극. ② 남을 부추기거나 어떤 일을 일으키게 뒤에서 꼬드김.
〔衝天〕(충천) ①하늘을 찌를 듯이 높이 솟음. ②기세나 기개 등이 북받쳐 오름. ㉠怒氣—.
▷緩衝(완충)·折衝(절충)·左衝右突(좌충우돌)

10 ⑯ 〔衞〕** 위 ㊄위: 去霽 wèi, エイ
4745

소전 행서 속자 衛 간화 卫 이름 지킬 위 자원 형성. 行+韋〔韋의 변형〕→衞. 韋(위)가 성부.
필순
새김 ❶ 지키다. 호위하다. ¶衞生(—, 살 생) 삶을 지킨다는 뜻으로, 병에 걸리지 않도록 건강을 지키는 일. ㉠ 保健—. ❷돌다. 호위하듯 둘레를 돌다. ¶衞星(—, 별 성)㉮ 행성의 주위를 돌면서 행성을 따라 태양 주위를 도는 천체. ㉠人工—. ㉯ 인신하여, 중심이 되는 것의 주위에 있어서 그것에 딸려 있는 것. ㉠—都市.
〔衞兵〕(위병) 경비하거나 호위하는 병사.
〔衞戍〕(위수) ① 군대가 주둔하여 그 구역 안을 경비함. ② 國 국경을 지키기 위하여 수자리를 사는 일.
▷警衞(경위)·禁衞營(금위영)·防衞(방위)·守衞(수위)·自衞(자위)·護衞(호위)

10 ⑯ 〔衡〕** ㊀형 平庚 héng, コウ ㊁횡 平庚 héng, コウ
4746

소전 행서 속자 衡 이름 ㊀저울대 형 ㊁가로 횡 자원 형성. 行+奐→衡. 行(행)의 변음이 성부.
필순
새김 ㊀❶저울대. 또는 저울. ¶度量衡(자 도, 말 량, —)자로 길이를 재며, 마되로 분량을 되며, 저울로 무게를 다는 일. ❷고르다. 평평하다. ¶均衡(고를 균, ―)어느 한 군데로 치우쳐지거나 기울어지지 아니하고 고름. 예―이 잡히다. 三가로. 橫(2494)과 같다. ¶合從連衡(합칠 합, 세로 종, 이을 련, ―)큰 나라에 대항하기 위한 공수 동맹. 合(0665)을 보라.
〔衡圈〕(형권) 國 대제학(大提學)을 뽑을 때에, 전 대제학이 자기가 시키고 싶은 사람의 이름에 찍던 권점.
〔衡平〕(형평) 균형이 잡혀 있음.
▷ 權衡(권형)·詮衡(전형)·平衡(평형)

11 ⑰ 〔衡〕 4747 一 형 衡(4746)의 속자 二 횡 衡(4746)의 속자

18 ㉔ 〔衢〕* 4748 구 平 虞 | qú, ク

소전 행서 이름 거리 구 자원 형성. 行+瞿→衢. 瞿(구)가 성부.
새김 거리. 사통팔달의 큰 길. ¶康衢(큰길 강, ―)사통팔달의 큰 길거리. 예―烟月.

6 획 부수 衣(衤)部

▷명칭: 옷의. 옷의변
▷쓰임: 여러 가지의 옷과 그 옷에 딸린 각 부위의 이름을 나타내는 한자의 부수로 쓰였다.

0 ⑥ 〔衣〕*** 4749 一 의 平 微 | yī, イ 二 의: 去 未 | yì, イ

소전 행서 이름 一 옷 의 二 옷입을 의: 자원 상형. 옷깃을 여미고 있는 옷의 모양을 본떴다.

필순 丶 亠 ナ 衣 衣 衣

새김 一 옷. 특히 윗도리나 겉에 입는 옷. ¶衣服(―, 옷 복)옷. 二 옷을 입다. 〔論語〕 衣敝縕袍(의폐온포)해진 솜을 둔 옷을 입다.
〔衣架〕(의가) 옷걸이.
〔衣冠〕(의관) 옷과 관.
〔衣類〕(의류) 옷의 총칭.
〔衣裳〕(의상) ①저고리와 치마. 상의와 하의. ② 옷. 의복(衣服).
〔衣食住〕(의식주) 옷과 양식과 집. 곧 일상 생활에 꼭 필요한 것.
▷ 更衣室(갱의실)·錦衣(금의)·綠衣紅裳(녹의홍상)·麻衣(마의)·白衣(백의)·雨衣(우의)·着衣(착의)·脫衣(탈의)·布衣(포의)

2 ⑦ 〔补〕 4750 보: 補(4778)의 간화자

3 ⑧ 〔衫〕* 4751 삼 平 咸 | shān, サン

소전 행서 이름 적삼 삼 자원 형성. 衤+彡→衫. 杉(삼)과 같이 彡(삼)이 성부.
새김 적삼. 소매가 없는 속적삼. ¶汗衫(땀 한, ―)㉮속적삼 ㉯國 두루마기·창옷, 여자들의 저고리 따위의 두 소맷부리에, 흰 헝겊으로 길게 덧댄, 손을 감추는 소매.

3 ⑧ 〔表〕*** 4752 표 ㊍표: 上 篠 | biǎo, ヒョウ

소전 행서 이름 겉 표 자원 회의. 衣+土〔毛의 변형〕→表. 짐승의 겉은 털이고, 사람의 겉은 옷이란 뜻으로 만든 자, 그리서 '겉'이란 뜻을 나타낸다.

필순 一 = ≠ 圭 耒 耒 表 表

새김 ❶겉. 외면. 裏(4776)의 대. ¶表面(―, 면면) 겉. 또는 겉면. ❷나타내다. 또는 나타나다. ¶表現(―, 나타날 현)자기의 생각이나 느낌을, 글·말·그림 등으로 나타냄. 예 ―의 自由. ❸표지. 푯말. ¶墓表(모덤 묘, ―)무덤 앞에 세우는 푯말이나 푯돌. ❹아뢰다. 웃사람에게 아뢰다. 또는 그 글. ¶辭表(사임할 사, ―)본인이 어떤 직에서 물러나겠다는 뜻을 적은 서면. ❺문체 이름. 사리를 밝혀서 임금에게 올리는 글. 예諸葛孔明의 出師表. ❻외척. 외가쪽 친척. ¶表兄弟(―, 형 형, 아우 제)외사촌 형제. ❼본보기. 모범. 귀감. ¶師表(스승 사, ―) 스승으로서의 본보기란 뜻으로, 세상 사람들의 모범이 될 만한 학식이나 덕행을 갖춘 사람을 이르는 말. 예 온 세상의 ―가 될 만하다. ❽표. 어떤 내용을 한 눈으로 볼 수 있게 일정한 순서로 배열해 놓은 것. 예―覽表(일람표).
〔表決〕(표결) 의안(議案)에 대한 가부(可否) 의사를 표시하여 결정함.
〔表具〕(표구) 책이나 서화첩·족자 따위를 꾸며서 만듦. 예―師.
〔表記〕(표기) 말을 문자나 기호로써 적어 나타냄.
〔表裏〕(표리) 안팎. 겉과 속.
〔表明〕(표명) 드러내어 명백히 함.
〔表示〕(표시) 겉으로 드러내어 보임.
〔表音文字〕(표음문자) 로마자와 같이, 한 자만으로는 뜻을 나타내지 못하고 음만을 나타내는 글자.
〔表意文字〕(표의문자) 한자와 같이, 한 자 한 자가 뜻을 나타내는 글자.
〔表情〕(표정) ① 마음 속의 감정을 얼굴이나 외모로 나타냄. ② 안색.
〔表紙〕(표지) 책의 맨 겉쪽에, 종이·베·가죽 등으로 덮어 싼 뚜껑.
〔表彰〕(표창) 공적(功績)·선행(善行) 등을 세상에 드러내어 칭찬함

▷公表(공표)·代表(대표)·圖表(도표)·發表(발표)·年表(연표)·意表(의표)·旌表(정표)

4 ⑩ 〔衮〕 곤: 袞(4762)의 본자
4753

4 ⑨ 〔衿〕* 금 平侵 jīn, キン
4754

행서 衿 이름 옷깃 금 자원 형성. 衤+今→衿. 妗(금)·琴(금)·衾(금)과 같이 今(금)이 성부.
새김 옷깃. 옷의 깃. 또는 오지랖. ¶青衿(푸를 청,—)푸른 옷깃이란 뜻으로, 유생(儒生)을 이르는 말.

4 ⑨ 〔衾〕* 금 平侵 qīn, キン
4755

소전 衾 행서 衾 이름 이불 금 자원 형성. 今+衣→衾. 衿(금)·琴(금)과 같이 今(금)이 성부.
새김 이불. 잘 때 덮는 이불. ¶衾枕(—, 베개 침) 이불과 베개.
▷同衾(동금)·鴛鴦衾(원앙금)

4 ⑨ 〔衲〕* 납 入合 nà, ドウ
4756

행서 衲 이름 누빌 납 자원 형성. 衤+內→衲. 內(내)에는 '내' 외에 '납' 음도 있어, 納(납)과 같이 內(납)이 성부.
새김 ❶누비다. ¶衲衣(—, 옷 의)누비옷. ❷중. 또는 장삼. ¶衲衣(—, 옷 의)중이 입는 옷.

4 ⑨ 〔袂〕* 메: 去霽 mèi, ベイ
4757

소전 袂 행서 袂 이름 소매 메: 자원 형성. 衤+夬→袂. 夬(쾌)의 변음이 성부.
새김 소매. 옷소매. ¶分袂(나눌 분, —)소매를 나눈다는 뜻으로, 서로 헤어짐을 이르는 말.
〔袂別〕(메별) 소매를 잡고 헤어짐. 작별함.

4 ⑩ 〔衰〕** 쇠 平支 shuāi, スイ
4758

소전 衰 행서 衰 이름 쇠할 쇠 자원 상형. 도롱이의 모양을 본떴다. 새김은 가차.

필순 丶 亠 亡 亣 亩 亩 宑 衰 衰 衰

새김 쇠하다. 기운이나 세력이 약해지다. 盛(3520)의 대. ¶衰弱(—,약할 약)쇠하여 약함. 예— 한 몸.
〔衰亡〕(쇠망) 쇠퇴하여 멸망함.
〔衰微〕(쇠미) 쇠퇴하여 미미함. 예— 한 집안.
〔衰運〕(쇠운) 쇠하여지는 운수. 예— 이 들다.
〔衰殘〕(쇠잔) 쇠퇴하여 없어짐
〔衰盡〕(쇠진) 쇠하여 아주 없어짐.
〔衰退〕(쇠퇴) 쇠하여 전보다 못해짐.
〔衰頹〕(쇠퇴) 쇠하여 결딴이 남.
▷老衰(뇌쇠)·病衰(병쇠))·盛衰(성쇠)

4 ⑩ 〔袁〕* 원 平元 yuán, エン
4759

소전 袁 행서 袁 이름 성 원 자원 회의. 衣+之+玉→袁. 옷깃에 매단 방울을 뜻하며, 遠(5461)의 최초의 글자.
새김 성(姓).

4 ⑩ 〔衷〕* 충 平東 zhōng, チュウ
4760

소전 衷 행서 衷 이름 속마음 충 자원 형성. 衣+中→衷. 忠(충)·沖(충)과 같이 中(중)의 변음이 성부.
새김 ❶ 속마음. 참마음. ¶苦衷(괴로울 고, —) 괴로운 속마음. 괴로운 심정. 예 그 간의 —을 털어놓다. ❷가운데. 또는 치우침이 없다. ¶折衷(꺾을 절, —)서로 같지 않는 견해를 타협시킴. 예— 案.
〔衷心〕(충심) 속으로 우러나오는 참된 마음.
〔衷情〕(충정) 진심에서 우러나오는 정.

5 ⑪ 〔袈〕* 가 平麻 jiā, カ
4761

행서 袈 이름 가사 가 자원 형성. 加+衣→袈. 架(가)·伽(가)와 같이 加(가)가 성부.
새김 가사(袈裟). 범어. Kasaya의 음역. 중이 입는 옷.

5 ⑪ 〔袞〕* 곤: 上阮 gǔn, コン
4762

소전 袞 행서 袞 본자 衮 이름 곤의 곤: 자원 형성. 衣+台〔公의 변형〕→衮→袞. 公(공)의 변음이 성부.
새김 곤의(袞衣). 곤룡포(袞龍袍). 제왕이나 상공(上公)이 입던, 용의 무늬를 수놓은 예복.

5 ⑩ 〔袒〕* 단: 上旱 tǎn, タン
4763

소전 袒 행서 袒 이름 웃통벗을 단: 자원 형성. 衤+旦→袒. 但(단)과 같이 旦(단)이 성부.
새김 웃통을 벗다. 소매를 벗어 어깨를 드러내

다. ¶左袒(왼 좌, —)남의 의견에 동의함. 故 한대(漢代)에 여후(呂后)의 일족이 난을 일으키려고 하였을 때, 주발(周勃)이 군대를 향하여 '여후를 도우려는 군사는 오른쪽 어깨를 드러내고, 유씨(劉氏)를 도우려는 군사는 왼쪽 어깨를 드러내라.' 고 명령을 내리자, 모든 군사가 왼쪽 어깨를 드러냈다는 고사.

5 ⑪ 〔袋〕* 4764 대: 去隊 dài, タイ

행서 이름 자루 대: 자원 형성. 代+衣→袋. 貸(대)·玳(대)와 같이 代(대)가 성부.
새김 자루. 포대. 부대. ¶布袋(베 포, —)무명이나 삼베 따위로 만든 자루. 예쌀 한 —.
▷麻袋(마대)

5 ⑩ 〔袖〕* 4765 수 本수: 去宥 xiù, シュウ

소전 행서 이름 소매 수 자원 형성. 衤+由→袖. 岫(수)와 같이 由(유)의 변음이 성부.
새김 소매. 또는 소매 속에 숨기다. ¶袖手傍觀(—, 손 수, 옆 방, 볼 관)손을 소매 속에 숨기고 옆에서 바라봄. 곧 응당 하여야 할 일에 아무런 손도 쓰지 않고 그저 보고만 있음. 예— 하고 있다니 말이 되느냐?
▷領袖(영수)·長袖(장수)

5 ⑪ 〔袭〕 4766 습 襲(4807)의 간화자

5 ⑩ 〔袗〕* 4767 진: 上軫 zhěn, シン

소전 행서 이름 홑옷 진: 자원 형성. 衤+㐱→袗. 珍(진)·殄(진)과 같이 㐱(진)이 성부.
새김 홑옷. 홑겹으로 된 옷.

5 ⑩ 〔袍〕* 4768 포 平豪 páo, ホウ

소전 행서 이름 도포 포 자원 형성. 衤+包→袍. 抱(포)·胞(포)와 같이 包(포)가 성부.
새김 도포. 두루마기 위에 입는 예복. ¶靑袍(푸를 청, —)푸른 도포.
▷袞龍袍(곤룡포)·道袍(도포)

5 ⑩ 〔被〕** 4769 피: 上紙 bèi, ヒ

소전 행서 이름 입을 피: 자원 형성. 衤+皮→被. 彼(피)·疲(피)와 같이 皮(피)가 성부.
필순 丶 ヲ 衤 衤 衤 衤 衤 衤 衤 被
새김 입다. ㉠옷을 입다. ¶被服(—, 옷 복)입는 옷. 예— 商. ㉡무엇을 당하거나 받거나 하다. ¶被害(—, 해 해)해를 입음. 또는 입은 그 해. 예— 者.
〔被擊〕(피격) 습격이나 공격을 받음.
〔被告〕(피고) 소송에서 고소를 당한 사람.
〔被動〕(피동) 남의 힘이나 영향을 받아서 움직임.
〔被拉〕(피랍) 납치를 당함.
〔被殺〕(피살) 살해를 당함.
〔被襲〕(피습) 습격을 당함.
〔被疑〕(피의) 의심이나 혐의를 받음. 예— 者.

6 ⑪ 〔袴〕* 4770 고: 去遇 kù, コ

행서 이름 바지 고: 자원 형성. 衤+夸→袴. 夸(과)의 변음이 성부.
새김 바지. 가랑이가 둘로 갈라진 바지.

6 ⑫ 〔裂〕** 4771 렬 入屑 liè, レツ

소전 행서 이름 찢을 렬 자원 형성. 列+衣→裂. 烈(렬)·洌(렬)과 같이 列(렬)이 성부.
필순 一 ア 歹 歹 列 列 裂 裂 裂 裂
새김 찢다. 쪼개다. 또는 찢어지다. 갈라지다. ¶分裂(나눌 분, —)하나의 물건이나 조직체 또는 사상이 나뉘어져 갈라짐. 예 思想의 —.
〔裂果〕(열과) 익으면 열매의 껍질이 절로 터지고 안의 씨가 떨어져 흩어지는 과실.
〔裂傷〕(열상) 피부가 찢어진 상처.
▷決裂(결렬)·龜裂(균렬)·支離滅裂(지리멸렬)·炸裂(작렬)·破裂(파렬)

6 ⑫ 〔亵〕 4772 설 褻(4799)의 간화자

6 ⑫ 〔装〕 4773 장 裝(4782)의 약자·간화자

6 ⑫ 〔裁〕** 4774 재 平灰 cái, サイ

소전 행서 이름 마를 재 자원 형성. 𢦏+衣→裁. 哉(재)·栽(재)와 같이 𢦏(재)가 성부.
필순 十 土 圭 圭 圭 圭 表 裁 裁 裁

새김 ❶마르다. 옷을 마르다. ¶裁縫(—, 바느질할 봉)천으로 옷을 말라 바느질함. 예—틀. ❷심리하다. 심판하다. ¶裁判(—, 판단할 판)법관이 다툼이나 소송 사건을 법률에 의하여 심리하여 판단을 내림. 예 民事—. ❸헤아리다. 또는 처리하다. ¶裁量(—, 헤아릴 량)그 사람의 생각으로 일을 판단하여 처리함. 예 —權. ❹격식. 틀. ¶體裁(몸 체, —)이루어진 형식이나 그 됨됨이.
〔裁可〕(재가) 결재하여 허가함.
〔裁決〕(재결) 옳고 그름을 가려서 결정함.
〔裁斷〕(재단) 옷감 따위를 본에 맞추어 자름.
〔裁定〕(재정) 옳고 그름을 따져서 결정함.
▷決裁(결재)·獨裁(독재)·制裁(제재)·仲裁(중재)·總裁(총재)

7 ⑫ 〔裙〕* 군 平文 qún, クン
4775

행서 이름 치마 군 자원 형성. 衤+君→裙. 郡(군)·窘(군)과 같이 君(군)이 성부.
새김 치마. 고대에는 남녀의 아랫도리에 입는 겉옷이 통칭이었으나, 후대에 내려오면서 여자의 치마만을 뜻하게 되었다. ¶羅裙(비단 라, —)가볍고 엷은 비단으로 지은 치마.
▷青裙(청군)·紅裙(홍군)

7 ⑬ 〔裏〕** 리: 上紙 lǐ, リ
4776

소전 행서 동자 裡 간화 里 이름 속 리: 자원 형성. 衣+里→裏. 理(리)·厘(리)와 같이 里(리)가 성부.

필순

새김 ❶속. 안. 내부. 表(4752)의 대. ¶表裏(겉 표, —)겉과 속. 또는 안과 밖. 예—不同. ❷안에. 어떤 상태나 조건의 사이에. ¶暗暗裏(몰래 암, —, —)남이 모르는 사이에. 예 —에 북한을 다녀왔다.
〔裏面〕(이면) ① 속. 안. ②겉으로 드러나지 않는 속사정.
〔裏書〕(이서) 어음·수표 등의 뒷면에 주소·성명을 쓰는 일.
▷心裏(심리)·胸裏(흉리)

7 ⑫ 〔裡〕* 리: 裏(4776)와 동자
4777

7 ⑫ 〔補〕** 보: 上麌 bǔ, ホ
4778

소전 행서 간화 补 이름 기울 보: 자원 형성. 衤+甫→補. 輔(보)와 같이 甫(보)가 성부.

필순

새김 ❶깁다. ㉠해진 데를 꿰매거나 수리하다. ¶補綴(—, 철할 철)해진 곳을 깁고 꿰맴. ㉡부족한 점을 보태다. ¶補充(—, 채울 충)부족한 점을 보태어 채움. 예—人員. ❷돕다. 또는 도움. ¶補佐(—, 도울 좌) 남의 일을 도움. 또는 그런 일을 하는 사람. 예—役. ❸보하다. 기운을 돕다. ¶補藥(—, 약 약)몸을 보하는 약. 예—을 먹다. ❹벼슬에 임용하다. ¶補任(—, 맡길 임)관리로 임용하여 직책을 맡김.
〔補強〕(보강) 보충하여 더 강하게 함.
〔補缺〕(보결) ① 결점을 보충함. ② 결원(缺員)을 보충함.
〔補給〕(보급) 물자나 돈을 계속하여 대어 줌.
〔補償〕(보상) 유형 무형의 손해에 대하여 다른 것으로 대신 갚아 줌. 예—金.
〔補修〕(보수) 보충하여 수리함. 예—工事.
〔補習〕(보습) 정해진 수업 이외에, 부족한 점을 보충하기 위하여 다시 또 학습하는 일.
〔補完〕(보완) 보충하여 완전하게 함.
〔補遺〕(보유) 책을 엮으면서 빠뜨린 것을 보충함.
〔補塡〕(보전) 부족한 것을 보태어 채움.
〔補正〕(보정) 미비한 점을 보태고 바로잡음.
〔補助〕(보조) ①보태어 도움. ②생활이 어려운 사람을 도와 줌.
〔補血〕(보혈) 몸의 혈액을 보함.
▷匡補(광보)·裨補(비보)·試補(시보)·蔭補(음보)·轉補(전보)·候補(후보)

7 ⑬ 〔裟〕* 사 平麻 shā, サ
4779

행서 이름 가사 사 자원 형성. 沙+衣→裟. 娑(사)와 같이 沙(사)가 성부.
새김 가사(袈裟). 중의 옷. 袈(4761)를 보라

7 ⑬ 〔裔〕* 예: 去霽 yì, エイ
4780

소전 행서 이름 후손 예: 자원 형성. 衣+冏→裔. 冏(경)의 변음이 성부.
새김 후손. 자손. ¶後裔(뒤 후, —) 핏줄을 이은 후손. 예 名門大家의 —들.
〔裔孫〕(예손) 대수(代數)가 먼 자손.
▷末裔(말예)·苗裔(묘예)·遐裔(하예)

7 ⑫ 〔裕〕** 유 本유: 去遇 yù, ユウ
4781

소전 행서 이름 넉넉할 유 자원 형성. 衤+谷→裕. 谷(곡)에는 '곡' 외에 '욕' 음도 있어, 谷(욕)의 변음이 성부.

필순 丶 ㇇ 礻 礻 礻' 礻'' 衤八 衤公 裕 裕

새김 ❶넉넉하다. 재물이 많다. ¶富裕(가멸 부, —)재산이 썩 많고 넉넉함. 예—한 생활. ❷너그럽다. 여유가 있다. ¶寬裕(너그러울 관, —)마음이 너그럽고 여유가 있음.
〔裕福〕(유복) 살림이 넉넉함.
〔裕足〕(유족) 살림살이가 넉넉함.
▷餘裕(여유)

7 ⑬ 〔裝〕** 4782 장 平陽 zhuāng, ソウ

소전 행서 약자 간화 装 이름 꾸밀 장 자원 형성. 壯+衣→裝. 莊(장)·奘(장)과 같이 壯(장)이 성부.

필순 丨 丬 丬 爿 爿+ 壯 壯 裝 裝 裝

새김 ❶꾸미다. 매만져 차리다. ¶裝飾(—, 꾸밀 식)매만져 꾸밈. 예—品. ❷치장. 차림. ¶旅裝(나그네 려, —)나그네의 차림. 예—을 풀다.
〔裝備〕(장비) ①필요한 용구를 갖추어 차림. ② 장치와 설비.
〔裝身具〕(장신구) 몸을 치장하는 데 쓰이는 반지·귀고리 따위의 공예품.
〔裝幀〕(장정) 책의 겉장이나 덧씌우개를 보기 좋게 꾸밈. 또는 그 꾸밈새.
〔裝置〕(장치) ①설비·장식물 등을 꾸미어 차림. 또는 그 꾸미어 차린 것. ② 기계 따위를 설비함. 또는 그 설비.
▷假裝(가장)·軍裝(군장)·男裝(남장)·武裝(무장)·變裝(변장)·服裝(복장)·扮裝(분장)·盛裝(성장)·新裝(신장)·女裝(여장)·行裝(행장)

8 ⑬ 〔裸〕* 4783 라: 上哿 luǒ, ラ

행서 이름 벌거벗을 라: 자원 형성. 衤+果→裸. 果에는 '과' 외에 '라' 음도 있어, 果(라)가 성부.
새김 벌거벗다. 또는 알몸. ¶裸體(—, 몸 체)알몸. 예—畫.
〔裸麥〕(나맥) 쌀보리
〔裸身〕(나신) 알몸. 나체(裸體).
▷半裸(반라)·赤裸裸(적라라)·全裸(전라)

8 ⑭ 〔裵〕* 4784 배 平灰 péi, ハイ

소전 행서 이름 성 배 자원 형성. 衣+非→裵. 排(배)·輩(배)와 같이 非(비)의 변음이 성부.
새김 성(姓).

8 ⑬ 〔裨〕* 4785 비 平支 pí, ヒ

소전 행서 이름 도울 비 자원 형성. 衤+卑→裨. 卑(비)가 성부.
새김 돕다. 보좌하다. ¶裨益(—, 이익 익)도와서 이익이 되게 함.
〔裨補〕(비보) 도와서 모자람을 채움.
〔裨將〕(비장) 國조선 때, 감사(監司)·유수(留守)·병사(兵使)·수사(水使) 등이 거느리고 다니던 막료(幕僚).

8 ⑭ 〔裳〕** 4786 상 平陽 cháng, ショウ

행서 이름 치마 상 자원 형성. 尙+衣→裳. 賞(상)·嘗(상)과 같이 尙(상)이 성부.

필순 丨 丷 ⺌ 屵 尚 尚 尝 裳 裳 裳

새김 치마. 고대에는 남자의 바지도 裳이라 하였다. ¶衣裳(웃도리 의, —)웃도리와 치마. 곧 저고리와 치마. 인신하여, 옷.
▷羅裳(나상)·紅裳(홍상)

8 ⑭ 〔製〕*** 4787 제: 去霽 zhì, セイ

소전 행서 간화 制 이름 지을 제: 자원 형성. 制+衣→製. 制(제)가 성부.

필순 丿 𠂉 告 告 制 制 製 製 製 製

새김 짓다. ㉠기물을 만들다. ¶製品(—, 물건 품)자료를 써서 만들어 낸 물건. ㉡약을 만들다. ¶製藥(—, 약 약)약재를 조합하여 약을 만듦. 예—會社. ㉢글을 짓다. ¶御製(임금 어, —)임금이 글을 지음. 또는 그 글. 예—訓民正音序.
〔製菓〕(제과) 과자를 만듦. 예—店.
〔製圖〕(제도) 기계·건축물 등의 도면(圖面)·도안(圖案)을 그려 만듦.
〔製本〕(제본) 인쇄물을 책으로 만듦. 제책(製冊).
〔製氷〕(제빙) 얼음을 만듦.
〔製作〕(제작) 물건을 만듦. 예—工場.
〔製材〕(제재) 베어낸 나무로 재목을 만듦. 예
〔製鐵〕(제철) 광석에서 철을 뽑음. 예—所.
〔製造〕(제조) ① 만듦. 지음. ② 원료를 가공하여 제품을 만듦.
▷官製(관제)·複製(복제)·私製(사제)·手製(수제)·外製(외제)·精製(정제)·特製(특제)

9 ⑭ 〔褐〕* 4788 갈 本할 入曷 hè, カツ

소전 행서 이름 거친옷 갈 자원 형성. 衤+曷→褐. 渴(갈)·葛(갈)과 같이 曷(갈)이 성부.
새김 ❶거친 옷. 천한 사람이 입던 옷. ¶褐寬博(—, 넓을 관, 넓을 박)거친 베로 지은, 헐렁한 옷. 또는 그런 옷차림을 한 미천한 사람. ❷갈색(褐色). 거무스름한 주황빛.
〔褐炭〕(갈탄) 탄화 작용이 불완전한 갈색의 석탄.

9 ⑭ 〔褛〕 루: 褸(4798)의 약자·간화자
4789

9 ⑭ 〔褙〕* 배: 去隊 bèi, ハイ
4790

행서 이름 배접할 배: 자원 형성. 衤+背→褙. 배(背)가 성부.
새김 ❶배접(褙接)하다. ¶褙接(—, 붙일 접)종이·헝겊·널조각 등을 여러 겹 포개어 붙임. ❷배자(褙子). 조끼 비슷하게 생기고 주머니가 없는 덧옷.

9 ⑭ 〔褓〕* 보: 上晧 bǎo, ホウ
4791

행서 이름 포대기 보: 자원 형성. 衤+保→褓. 보(堡)와 같이 保(보)가 성부.
새김 포대기. 어린아이의 이불. ¶襁褓(띠 강, —)襁(4803)을 보라.
〔褓負商〕(보부상) 國 봇짐장수와 등짐장수

9 ⑭ 〔複〕** 복 入屋 fù, フク
4792

소전 행서 간화 复 이름 겹칠 복 자원 형성. 衤+复→複. 復(복)·馥(복)과 같이 复(복)이 성부.

필순 (획순 도해)

새김 ❶겹치다. 중복하다. ¶複雜(—, 섞일 잡)겹쳐 뒤섞임. 곧 가려내기 어렵게 여러 갈래의 내용이 뒤얽혀 있음. 예—한 내용. ❷베끼다. 베껴서 다시 만들다. ¶複製(—, 만들 제)남의 저작이나 작품 등을 그대로 베껴서 다시 만듦.
〔複道〕(복도) 같은 층의 여러 방들을 연결하는 통로.
〔複利〕(복리) 일정한 기간에 붙은 이자를 원금에 넣어, 다음 기간부터 다시 이자를 계산하는 방법.
〔複寫〕(복사) ①한 번 베낀 것을 다시 베낌. ② 먹지를 용지 사이에 끼워 두 장 이상을 한꺼번에 씀.
〔複線〕(복선) 가고 오고 하는 차가 다른 궤도를 달리도록 깔아놓은 철도의 노선.
〔複姓〕(복성) 南宮·皇甫와 같이 두 글자로 된 성.
〔複數〕(복수) 둘 이상의 수. 대단수(單數).
〔複垣〕(복원) 겹으로 된 담.
〔複合〕(복합) 둘 이상이 결합하여 하나가 됨.
▷單複(단복)·重複(중복)

9 ⑭ 〔褘〕* 위 平支 yī イ
4793

소전 행서 이름 아름다울 위 자원 형성. 衤+韋→褘. 偉(위)·圍(위)와 같이 韋(위)가 성부.
새김 아름답다. 덕(德)이 훌륭하다.

9 ⑮ 〔褒〕* 포 平豪 bāo, ホウ
4794

소전 행서 본자 襃 이름 기릴 포 자원 형성. 衣+保→褒. 保(보)의 변음이 성부.
새김 기리다. 칭찬하다. ¶褒賞(—, 상줄 상)기리어 상을 줌. 예—金.
〔褒章〕(포장) 국가나 사회에 공이 있는 사람에게 표창하여 주는 휘장(徽章).
〔褒貶〕(포폄) 칭찬함과 비난함.

10 ⑮ 〔褴〕 람 襤(4805)의 간화자
4795

10 ⑮ 〔褥〕* 욕 入沃 rù, ジョク
4796

행서 이름 요 욕 자원 형성. 衤+辱→褥. 縟(욕)과 같이 辱(욕)이 성부.
새김 요. 깔개.

10 ⑮ 〔褪〕* 퇴: 本톤: 去願 tuì, タイ
4797

행서 이름 빛바랠 퇴: 자원 형성. 衤+退→褪. 腿(퇴)와 같이 退(퇴)가 성부.
새김 빛이 바래다. ¶褪色(—, 빛 색)빛이 바램. 예—하기 시작한 단풍.

11 ⑯ 〔褸〕* 루: 上麌 rǔ, ル
4798

소전 행서 약자 간화 褛 이름 해질 루: 자원 형성. 衤+婁→褸. 樓(루)·屢(루)와 같이 婁(루)가 성부.
새김 해지다. 옷이 해지다. ¶襤褸(해질 람, —)옷이 해져서 볼성 사나움. 예—한 옷.

11 ⑰ 〔褻〕* 설 入屑 xiè, セツ
4799

소전 행서 간화 이름 무람없을 설 자원 형성. 衣+埶→褻. 埶(예)의 변음이 성부.
새김 ❶무람없다. 버릇없다. ¶猥褻(친근할 외, —)너무 가까이하여 스스럼없고 버릇이 없음. ❷난잡하다. 또는 더러워지다. ¶猥褻(함부로 외, —)이성(異性)을 대함이 난잡함. 예—物.

11 ⑯ 〔褶〕* 습 本첩 入葉 dié, チョウ
4800

행서 이름 주름 습 자원 형성. 衤+習→褶. 習(습)이 성부.
새김 ❶주름. 옷의 구김살. ¶褶曲(—, 굽을 곡)지층(地層)이 지각 운동의 힘의 영향을 받아 파도 모양을 이룬 주름. ❷겹옷. 또는 웃옷.

11 ⑰ 〔襄〕* 양 本상 平陽 xiāng, ジョウ
4801

소전 행서 이름 이룰 양 자원 형성자라는 설과 회의자라는 설 등이 있으나 확실하지 않다.
새김 이루다. 완성하다. ¶襄禮(—, 예 례)國예를 이룬다는 뜻으로, 장사를 지내는 일을 이르는 말.

11 ⑰ 〔褎〕 포 褒(4794)의 본자
4802

12 ⑰ 〔襁〕* 강 本강: 上養 qiǎng, キョウ
4803

소전 행서 이름 띠 강 자원 형성. 衤+强→襁. 强(강)이 성부.
새김 띠. 어린아이를 업을 때 쓰는 띠. ¶襁褓(—, 포대기 보)어린아이를 업을 때 쓰는 띠와 포대기. 예—幼兒.

13 ⑱ 〔襟〕* 금 平侵 jīn, キン
4804

행서 이름 옷깃 금 자원 형성. 衤+禁→襟. 禁(금)이 성부.
새김 ❶옷깃. 또는 옷섶. ¶開襟(열 개, —)돕지. 갑옷이나 마고자 등의, 앞을 여미지 아니하고 두 쪽이 나란히 맞닿게 된 섶. ❷마음. 심회. 생각. ¶胸襟(가슴 흉, —)가슴 속의 심정. 예—을 털어놓다.
〔襟度〕(금도) 남을 포용하는 도량.
▷宸襟(신금)·衣襟(의금)

14 ⑲ 〔襤〕* 람 平覃 lán, ラン
4805

소전 행서 간화 이름 해질 람 자원 형성. 衤+監→襤. 濫(람)·籃(람)과 같이 監(감)의 변음이 성부.
새김 해지다. 옷이 해지다. ¶襤褸(—, 해질 루)옷이 해져서 볼성 사나움. 예—한 옷.

15 ⑳ 〔襪〕* 말 入月 wà, バツ
4806

행서 이름 버선 말 자원 형성. 衤+蔑→襪. 蔑(멸)의 변음이 성부.
새김 버선. 발에 신는 물건. ¶洋襪(서양 양, —)서양식의 버선이란 뜻으로, 실로 짠 맨발에 신는 물건.

16 ㉒ 〔襲〕** 습 入緝 xí, シュウ
4807

소전 행서 간화 袭 이름 칠 습 자원 형성. 龍(龖의 생략체)+衣→襲. 龖(답)의 변음이 성부.

필순 (획순 도해)

새김 ❶치다. 불의에 치다. ¶襲擊(—, 칠 격)불의에 공격함. 예적의 —을 받다. ❷염하다. 시체에 옷을 입히다. ¶殮襲(염할 렴, —)시체에 옷을 입힘. ❸예전대로 따르다. ¶因襲(따를 인, —)예전의 습관이나 풍속 등을 그대로 따름. ❹잇다. 물려받다. ¶世襲(대 세, —)신분·직업·재산 등을 한 집안에서 대대로 이어받음. 예— 身分. ❺벌. 상하의가 갖추어진 의복을 세는 말. ¶一襲(한 일, —)한 벌. 예 韓服 —.
〔襲衣〕(습의) 염할 때 시체에 입히는 옷.
〔襲爵〕(습작) 작위를 물려받음.
▷空襲(공습)·急襲(급습)·奇襲(기습)·來襲(내습)·踏襲(답습)·夜襲(야습)·掩襲(엄습)·逆襲(역습)·被襲(피습)

6획 부수 襾(覀) 部

▷명칭: 덮을아. 덮을아머리
▷쓰임: 덮다의 뜻과 관계 있는 한자의 부수로 쓰였다.

0 ⑥ 〔西〕*** 서 平齊 xī, セイ
4808

소전 행서 이름 서녘 서 자원 상형. 새가 깃들인 모양. 새가 깃들이는 때는 해가 서쪽으로 넘어갈 때이기에 '서녘'을 뜻한다.

필순 一 丆 丙 丙 西 西

새김 서녘. ㉠서쪽. 東(2271)의 대. ¶西海(—, 바다 해)서쪽에 있는 바다. ㉡사시로는 가을,

오행으로는 금(金)에 배당한다. [ㄷ]서양(西洋). ¶西曆(—, 달력 력)서양에서 쓰던 달력이란 뜻으로, 지금 국제적으로 통용하는 양력을 이르는 말. [예]— 기원전.
〔西歐〕(서구) 서부 유럽.
〔西紀〕(서기) 예수가 태어난 해를 원년(元年)으로 삼는 서력의 기원.
〔西道〕(서도) [國]황해도와 평안도. [예]—民謠.
〔西方淨土〕(서방정토) (佛)서쪽의 극락세계.
〔西洋〕(서양) 유럽과 아메리카의 나라들을 통칭하는 말. [대]東洋(동양).
〔西學〕(서학) [國]서양의 학문. 천주교와 함께 들어온 자연 과학·기술 등을 통틀어 이르는 말.
▷江西(강서)·關西(관서)·南西(남서)·東問西答(동문서답)·東西(동서)·嶺西(영서)·湖西(호서)

3 ⑨ 〔要〕* [一]요 [平]蕭 yāo, ヨウ
[二]요 [本]요: [去]嘯 yào, ヨウ
4809

[소전] [행서] [이름] [一]구할 요 [二]사북 요 [자원] 상형. 사람의 허리뼈의 모양. 그래서 '사북'의 뜻을 나타낸다.

[필순]

[새김] [一] 구하다. 바라다. ¶要請(—, 청할 청)요구하거나 요망하여 청함. [예]—을 들어주다. [二] ❶사북. 요점. 가장 중요한 곳. ¶概要(대개 개, —)개략적인 중요한 내용. [예] 논문의 —. ❷중요하다. 종요롭다. ¶要旨(—, 뜻 지)글이나 말의 줄거리가 되는 중요한 뜻. [예] 토론의 —. ❸간략하다. 또는 간략하게 하다. ¶要約(—, 줄일 약)말이나 글에서 중요한 곳을 따서 간략하게 줄임. [예]내용을 —하다.
〔要綱〕(요강) 중요한 골자나 줄거리.
〔要件〕(요건) 꼭 필요한 일이나 안건.
〔要訣〕(요결) 가장 긴요한 방법.
〔要求〕(요구) 달라고 청구함. 또는 그 청구.
〔要緊〕(요긴) 매우 중요하고 긴함.
〔要覽〕(요람) 어떤 부분의 긴요한 것만 모아서 만든 책. [예]萬機—.
〔要領〕(요령) 어떤 일에서 가장 기본적인 골자나 줄거리.
〔要路〕(요로) ①중요한 길목. ②권력을 쥔 중요한 지위.
〔要望〕(요망) 어떤 기대나 희망이 이루어지기를 간절히 바람. [예]—事項.
〔要目〕(요목) 중요한 조목.
〔要塞〕(요새) 군사적으로 중요한 곳에 견고하게 만든 방어 시설.
〔要員〕(요원) ①필요한 인원. ②중요한 지위에 있는 인원이나 관원.
〔要人〕(요인) 중요한 자리에 있는 사람.
〔要因〕(요인) 중요한 원인.
〔要點〕(요점) 어떤 내용 가운데서 가장 요긴하고 중요한 점.
〔要職〕(요직) 중요한 직책이나 직위.
〔要諦〕(요체) ①사물의 가장 중요한 점. ②(佛)중요한 깨달음. 또는 중요한 진리.
〔要害地〕(요해지) 지세가 험하여 적의 공격을 막기에 유리한 곳.
▷強要(강요)·緊要(긴요)·需要(수요)·摘要(적요)·切要(절요)·主要(주요)·重要(중요)·必要(필요)

6 ⑫ 〔覃〕* 담 [平]覃 tán, タン
4810

[소전] [행서] [이름] 깊을 담 [자원] 상형. 병 안에 물건을 가득 넣은 모양. 그래서 '깊다'의 뜻을 나타낸다.
[새김] 깊다. 깊이 파고들다. ¶覃思(—, 생각할 사)깊이 생각함.

12 ⑱ 〔覆〕** [一]복 [入]屋 fù, フク
[二]부: ▷복 [入]宥 fù, フウ
4811

[소전] [행서] [이름] [一]뒤집힐 복 [二]덮을 부: ▷복 [자원] 형성. 襾+復→覆. 復(복—부)가 성부.

[필순]

[새김] [一]뒤집히다. 또는 뒤집다. ¶顚覆(넘어질 전, —)넘어져 뒤집힘. [예] 列車의 —. [二]덮다. 덮어 가리다. ¶覆面(—, 얼굴 면)얼굴을 싸서 가림. [예]—強盜. [참고] 어느 때 '부'로 읽고 어느 때 '복'으로 읽는가는 관용에 따르되, 옛 글에서는 거의 '부'로 읽는다.
〔覆蓋〕(복개←부개) 뚜껑이나 덮개를 덮음.
〔覆水難收〕(복수난수) 엎질러진 물은 다시 담을 수 없음. 일의 형세가 이미 결정되어 만회할 수 없음의 비유.
〔覆載〕(부재) 하늘은 만물을 덮고, 땅은 만물을 싣는다는 뜻으로, 하늘과 땅을 이르는 말.
▷反覆(반복)·飜覆(번복)

13 ⑲ 〔覇〕* 패: [本]파: [去]禡 bà, ハ
4812

[소전] [본자] 霸 [행서] [이름] 우두머리 패: [자원] 형성. 䨣+月→霸→覇. 䨣(박)의 변음이 성부.
[새김] ❶우두머리. 무력이나 권력으로 천하를 지배한 맹주. ¶覇權(—, 권세 권)무력으로 천하를 거머쥔 자의 권력. 인신하여, 일정한 분야에서 우두머리의 자리를 차지하여 누리는 권력. [예]—을 잃다. ❷제후의 맹주가 되다. 인신하여, 경쟁에서 이기다. ¶制覇(누를 제, —)남

을 누르고 권력을 잡음. 인신하여, 경기에서 우승함. 예 전종목을 ―하다.
〔霸氣〕(패기) ①패자가 되려는 야심. ②적극적으로 일을 해내려는 기백.
〔霸者〕(패자) ①제후(諸侯)의 우두머리. 패왕(霸王). ②어느 부문에서 제일인자가 된 사람.
▷王霸(왕패)·爭霸(쟁패)

19 ㉕ 〔覇〕 4813 기 覊(4812)의 속자

7획 부수 見部

▷명칭: 볼견
▷쓰임: 보는 일에 관한 뜻을 나타내는 한자의 부수로 쓰였다.

0 ⑦ 〔見〕*** 4814 ㊀견: 去霰 jiàn, ケン ㊁현: 去霰 xiàn, ゲン

소전 행서 간화 见 이름 ㊀볼 견: ㊁뵐 현: 자원 회의. 目＋儿→見. 儿은 사람. 사람의 눈으로 본다는 뜻.

필순 丨 冂 月 月 目 貝 見

새김 ㊀❶보다. 눈으로 보다. ¶見聞(—, 들을 문)보고 들음. 또는 그로 인해 얻은 지식. 예―이 넓다. ❷생각. 의견. ¶意見(뜻 의, —)일정한 대상에 대하여 가지는 생각. 예―을 나누다. ❸~을 당하다. ~을 받다. 〔楚辭〕是以見放(시이견방) 이 때문에 추방을 당하다. ㊁❶뵙다. 웃어른을 뵙다. ¶謁見(뵐 알, —)지체 높은 사람을 뵘. ❷나타나다. 또는 나타내다. 現(3286)의 고자.
〔見物生心〕(견물생심) 물건을 보면 갖고자 하는 욕심이 생김.
〔見本〕(견본)본보기로 되는 물건.
〔見習〕(견습)남이 하는 것을 보고 그 기술이나 기능을 배우고 익힘.
〔見識〕(견식)견문과 학식.
〔見學〕(견학)실지로 현장에 가서 보고 배움. 「예工場―.
〔見解〕(견해)어떤 사물이나 현상에 대하여 가지는 의견이나 생각.
▷高見(고견)·短見(단견)·發見(발견)·相見(상견)·先見(선견)·所見(소견)·識見(식견)·卓見(탁견)·會見(회견)

0 ④ 〔见〕 4815 ㊀견: 見(4814)의 간화자 ㊁현: 見(4814)의 간화자

2 ⑥ 〔观〕 4816 관 觀(4836)의 간화자

4 ⑪ 〔規〕** 4817 규 平支 guī, キ

소전 행서 간화 规 이름 법 규 자원 회의. 夫＋見→規. 사나이의 보는 바는 흐트러짐이 없이 규격에 들어맞는다는 데서 '법'이란 뜻을 나타낸다.

필순 一 二 ナ 夫 夫 𡗗 𧠏 規 規 規

새김 ❶법. 법도. ¶規則(—, 법 칙)지켜야 하는, 정해놓은 법. ❷걸음쇠. 콤파스. ¶規矩(—, 곱자 구)걸음쇠와 곱자. 인신하여, 법도. 규칙. 예―準繩. ❸바루다. 바로잡다. ¶規制(—, 제재할 제)정해진 규칙에 따라 바로잡아 제재함. 예 금융 거래상의 ―를 풀다.
〔規格〕(규격) ①사물의 표준이 되는 격식. ②공업 제품의 품질·형식·대소 등의 표준.
〔規模〕(규모) ①만들거나 지음에 있어서 본이 될 만한 것. ②사물이나 현상의 크기와 범위. ③國 재물을 씀에 있어서의 계획성이나 절도. 예―있는 살림.
〔規範〕(규범) 꼭 지켜야 할 법칙이나 질서.
〔規約〕(규약) 서로 협의하여 정한 규칙.
〔規律〕(규율←규률) ①규칙과 율령. 행동의 준칙. ②일정한 질서.
〔規定〕(규정) 규칙을 정함. 또는 그 규칙.
▷官規(관규)·內規(내규)·法規(법규)·常規(상규)·子規(자규)·箴規(잠규)·正規(정규)·定規(정규)·準規(준규)

4 ⑧ 〔规〕 4818 규 規(4817)의 간화자

4 ⑪ 〔覓〕* 4819 멱 入錫 mì, ベキ

행서 간화 觅 이름 찾을 멱 자원 회의. ⺤〔手의 변형〕＋見→覓. 손을 이마에 얹고 본다는 데서 '찾다'의 뜻을 나타낸다.
새김 찾다. 찾아 구하다.
〔覓句〕(멱구) 글귀를 찾음. 시를 지으려고 애씀의 형용.

4 ⑧ 〔觅〕 4820 멱 覓(4819)의 간화자

4 ⑧ 〔视〕 4821 시: 視(4825)의 간화자

5 ⑨ 〔觉〕 4822 각 覺(4834)의 간화자

5 ⑫ 〔覚〕 4823 각 覺(4834)의 속자

5 ⑨ 〔览〕 람 覽(4835)의 간화자
4824

5 ⑫ 〔視〕*** 시: 去寘 shì, シ
4825

소전 視 행서 視 간화 视 이름 볼 시: 자원 형성. 示+見→視. 示(시)가 성부.

필순 ㇀ 亍 礻 礻 礻 礻 礻 視 視 視

새김 보다. 눈으로 보다. ¶視察(—, 살필 찰)실제로 그 자리에 가서 보고 살핌.
〔視角〕(시각) ①보는 각도(角度). ②보거나 생각하는 방향.
〔視覺〕(시각) 사물을 보는 눈의 감각.
〔視界〕(시계) 눈으로 볼 수 있는 범위.
〔視力〕(시력) 눈으로 볼 수 있는 능력.
〔視線〕(시선) ①눈길. 또는 눈초리. ②주의. 또는 관심
〔視野〕(시야) ①시력이 미치는 범위. ②사물을 관찰하는 식견의 범위.
〔視聽〕(시청) 눈으로 보고 귀로 들음.
▷監視(감시)·近視(근시)·亂視(난시)·同一視(동일시)·等閑視(등한시)·蔑視(멸시)·無視(무시)·白眼視(백안시)·巡視(순시)·遠視(원시)·凝視(응시)·注視(주시)·直視(직시)

7 ⑭ 〔覡〕* 격 本혁 入錫 xí, ケキ
4826

소전 覡 행서 覡 간화 觋 이름 박수 격 자원 회의. 巫+見→覡. 무당 중에서 남자 무당을 뜻한다.
새김 박수. 남자 무당. 후대에는 무당의 통칭으로 쓴다. ¶巫覡(무당 무, —)무당과 박수.

7 ⑪ 〔觋〕 격 覡(4826)의 간화자
4827

9 ⑯ 〔覩〕* 도: 上麌 dǔ, ト
4828

행서 覩 이름 볼 도: 자원 형성. 者+見→覩. 都(도)·睹(도)와 같이 者(자)의 변음이 성부.
새김 보다. 눈으로 보다. 睹(3559)와 같다. ¶目覩(눈 목, —)자기의 눈으로 직접 봄.

9 ⑯ 〔覧〕 람: 覽(4835)의 속자
4829

9 ⑯ 〔親〕*** ㊀친 平眞 qīn, シン ㊁신 平眞 xīn, シン
4830

소전 親 행서 親 간화 亲 이름 ㊀친할 친 ㊁새롭게 할 신 자원 형성. 亲+見→親. 亲(친)이 성부.

필순 亠 ㅎ 立 立 辛 亲 亲 新 親 親

새김 ㊀❶친하다. 사귀는 사이가 가깝다. ¶親友(—, 벗 우)친한 벗. ❷어버이. 부모. 또는 아버지나 어머니. ¶兩親(두 량, —)두 어버이. 곧 아버지와 어머니. ❸친척. 같은 핏줄. ¶親族(—, 겨레붙이 족)촌수가 가까운 일가. ❹몸소. ㉠자기 자신. ¶親庭(—, 뜰 정)시집간 여자의 자신이 태어난 본집. 예—살이. ㉡친히. 또는 몸소 행하다. ¶親書(—, 글 서) 친히 쓴 글. 예 대통령의 —. ㊁새롭게 하다. 〔大學〕在[3]親[2]民[1](재신민)백성들을 새롭게 함에 있다. 곧 백성을 교화하여 선(善)으로 인도함에 있다.
〔親舊〕(친구) 친하게 사귀는 벗.
〔親眷〕(친권) 가까운 일가나 친척.
〔親權〕(친권) 자식에 대하여 부모가 가지는 권리.
〔親近〕(친근) 썩 가깝고 허물없음.
〔親忌〕(친기) 國 부모의 제사(祭祀).
〔親覽〕(친람) 친히 관람함.
〔親臨〕(친림) 어떤 곳에 임금이 직접 나가거나 나옴.
〔親睦〕(친목) 서로 친하여 화목함.
〔親密〕(친밀) 친하여 사이가 밀접함.
〔親分〕(친분) 친밀한 정분.
〔親喪〕(친상) 부모의 상사(喪事).
〔親善〕(친선) 서로 친하고 사이가 좋음. 또는 사이좋게 친함. 예—競技.
〔親疎〕(친소) 친함과 버성김.
〔親愛〕(친애) 친근하게 사랑함. 예—의 情.
〔親日〕(친일) 일본을 호의적으로 추종함. 예—派.
〔親征〕(친정) 임금이 직접 군사를 거느리고 정벌함.
〔親政〕(친정) 임금이 직접 정사를 봄.
〔親知〕(친지) 친하게 잘 알고 지내는 사람.
〔親戚〕(친척) 친족과 인척.
〔親筆〕(친필) 손수 쓴 글씨.
〔親和〕(친화) 서로 친하여 화합함.
▷骨肉親(골육친)·近親(근친)·老親(노친)·燈火可親(등화가친)·養親(양친)·嚴親(엄친)·肉親(육친)·慈親(자친)·切親(절친)·宗親(종친)·和親(화친)

11 ⑱ 〔覌〕 관 觀(4836)의 속자
4831

11 ⑱ 〔覲〕* 근: 去震 jìn, キン
4832

소전 覲 행서 覲 간화 觐 이름 뵐 근: 자원 형성. 堇+見→覲. 勤(근)과 같이 堇(근)이 성부.
새김 뵙다. 웃어른을 찾아뵙다. ¶覲親(—, 어버이 친)시집간 딸이 친정에 가서 부모를 뵘. 예—을 가다.

〔覲行〕(근행) 근친(覲親)의 나들이

11 ⑮ 〔觐〕 근: 覲(4832)의 간화자
4833

13 ⑳ 〔覺〕** 각 入覺 jué, カク
4834

소전 覺 행서 覚 속자 覚 간화 觉 이름 깨달을 각 자원 형성. 𦥯〔學의 생략체〕+見→覺. 學(학)의 변음이 성부.

필순 ⺈ ⺊ ⺊ 𦥑 ⺊ 𦥑 𦥯 𦥯 覺

새김 ❶깨닫다. 이해하다. ¶先覺(먼저 선, ―) 남보다 먼저 깨달음. 예 겨레의 ―者. ❷느끼다. ¶感覺(느낄 감, ―)눈·귀·코·혀·피부 등으로 외부의 자극을 느낌. 예 ―器官. ❸깨다. 깨어나다. 눈을 뜨다. ¶覺醒(―, 깰 성)눈이 뜨임. 잘못을 깨닫거나 미혹에서 벗어남. ❹밝혀지다. 남이 알게 되다. ¶發覺(드러날 발, ―)숨겨져 있던 일이 드러나서 남이 알게 됨

〔覺書〕(각서) ①일을 이행할 약속으로 상대편에게 건네는 문서. ② 어떤 국제 문제에 관한 정부의 견해와 의견을 적은 외교 문서.

〔覺悟〕(각오) ① 깨달음. 각성함. ② 國앞으로 닥칠 곤란이나 책임 등에 관한 마음의 준비.

▷警覺(경각)·味覺(미각)·視覺(시각)·自覺(자각)·知覺(지각)·幻覺(환각)

14 ㉑ 〔覽〕** 람: 上感 lǎn, ラン
4835

소전 覽 행서 覧 속자 覧 간화 览 이름 볼 람: 자원 형성. 監〔監의 변형〕+見→覽. 擥(람)·濫(람)과 같이 監(감)의 변음이 성부.

필순 ⺈ 臣 臣⺊ 臣⺊ 臨 臨 臨 監 監 覽

새김 보다. 널리 또는 두루 보다. ¶博覽(넓을 박, ―)㉮여러 가지 책을 많이 읽음. 예―強記. ㉯돌아 다니며 여러 가지 사물을 널리 봄.

▷觀覽(관람)·閱覽(열람)·一覽(일람)·展覽(전람)·便覽(편람)·回覽(회람)

18 ㉕ 〔觀〕*** 관 平寒 guān, カン
4836

소전 觀 행서 観 속자 観 간화 观 이름 볼 관 자원 형성. 雚+見→觀. 灌(관)·罐(관)과 같이 雚(관)이 성부.

필순 ⺊ 艹 艹 茚 萨 萑 雚 雚 觀 觀

새김 ❶보다. ㉠구경하다. 또는 살펴보다. ¶觀客(―, 사람 객)구경하는 사람. 예수많은 ―. ㉡감상하다. 즐기며 보다. ¶觀賞(―, 기릴 상)취미에 맞는 대상을 즐기며 봄. 예―植物. ❷관점. 생각. ¶人生觀(사람 인, 살 생, ―)사람이 살아가는 목적이나 가치 등에 대하여 가지고 있는 관점이나 생각. ❸경치. 보이는 모양. ¶景觀(경치 경, ―)경치. 예수려한 ―.

〔觀光〕(관광) 다른 지방이나 외국의 풍경·역사유적 등을 구경함.

〔觀念〕(관념) 일정한 일에 대하여 가지고 있는 견해나 생각. 예衛生―.

〔觀覽〕(관람) 구경함. 예―席.

〔觀望〕(관망) ① 멀리서 바라봄. ② 사태의 추이를 어떤 테두리 밖에서 바라봄.

〔觀相〕(관상) 사람의 얼굴 생김을 보고 그 사람의 수명이나 운명을 판단하는 일.

〔觀戰〕(관전) ①전쟁의 상황을 살펴봄. ② 바둑이나 운동 경기 따위를 구경함.

〔觀點〕(관점) 사물을 관찰하거나 생각할 때의 기본 출발점. 예다른 ―에서 보다.

〔觀照〕(관조) 사물의 본질을 주관이나 선입관을 섞지 않고 제삼자의 입장에서 냉정하게 봄. 예人生을 ―하다.

〔觀衆〕(관중) 구경하는 군중. 예―席.

〔觀察〕(관찰) 주의 깊게 살펴봄.

〔觀測〕(관측) ①천체나 기상을 관찰하여 그것의 변화·운행을 측정함. ② 사정이나 형편을 미리 보고 헤아림.

▷可觀(가관)·客觀(객관)·樂觀(낙관)·達觀(달관)·美觀(미관)·傍觀(방관)·悲觀(비관)·壯觀(장관)·主觀(주관)·參觀(참관)

7획 부수 角 部

▷명칭: 뿔각. 뿔각변

▷쓰임: 뿔의 상태, 뿔로 만든 물건, 뿔을 이용한 움직임 등을 나타내는 한자의 부수로 쓰였다.

0 ⑦ 〔角〕*** 각 入覺 jiǎo, カク
4837

소전 角 행서 角 이름 뿔 각 자원 상형. 짐승의 뿔의 모양을 본떴다.

필순 ノ ⺈ ⺈ 角 角 角 角

새김 ❶뿔. 짐승의 뿔. ¶鹿角(사슴 록, ―)사슴의 뿔. ❷촉각(觸角). 벌레 대가리에 있는 감각기관. ❸총각(總角). 고대에, 사내아이의 정수리 양쪽으로 남겨놓은 머리털. ❹다투다. 힘을 겨루다. ¶角逐(―, 쫓을 축)서로 이기려고 힘을 겨루며 덤벼듦. 예―場. ❺각. ㉠오음의 하나. 예宮商角徵羽(궁·상·각·치·우). ㉡악기 이

름. 옛날에, 군대 안에서 불던 대각·날라리 따위의 악기. ¶角聲(—, 소리 성)옛날, 군중에서 나팔을 불던 소리. ❻각. ㉠모. ¶角材(—, 재목 재)모가 지게 켠 재목. ㉡두 직선이 이루는 각. ¶角度(—, 도수 도)각의 벌어진 정도.

〔角弓〕(각궁) 뿔로 꾸민 활.

〔角膜〕(각막) 눈알의 앞면 겉을 싸고 있는 접시 모양의 투명한 막.

〔角木〕(각목) 네모지게 켠 나무.

〔角笛〕(각적) 뿔로 만든 피리.

▷鼓角(고각)·矯角殺牛(교각살우)·頭角(두각)·銳角(예각)·牛角(우각)·直角(직각)

5 ⑫ 〔觞〕 4838 상 觴(4842)의 간화자

5 ⑫ 〔觧〕 4839 해: 解(4841)와 동자

6 ⑬ 〔触〕 4840 촉 觸(4843)의 속자·간화자

6 ⑬ 〔解〕*** 4841 해: [本]개: [上]蟹 | jiě, カイ

[소전] 解 [행서] 解 [동자] 觧 [이름] 풀 해: [자원] 회의. 角+刀+牛→解. 칼로 소의 몸뚱이에서 뿔을 갈라낸다는 데서 '가르다'란 뜻을 나타낸다.

[필순] 

[새김] ❶풀다. ㉠매이거나 감기거나 얽히거나 다투던 것을 풀다. ¶結者解$_2$之$_1$(묶을 결, 사람 자, —, 이 지)묶은 사람이 이를 푼다는 뜻으로, 어떤 일이 잘못되었을 때에 처음에 그 일에 관계하였던 사람이 그 일을 해결하여야 함을 이르는 말. ㉡따로따로 헤어지다. ¶解散(—, 흩어질 산)모였던 군중이 따로따로 헤어져 흩어짐. [예]군중을 —시키다. ㉢갇힌 것을 풀어 놓다. ¶解$_2$放$_1$(—, 놓을 방)구속이나 예속 상태에서 벗어나도록 풀어 놓음. [예]조국의 —. ㉣금지하였거나 제한하였던 것을 풀다. ¶解禁(—, 금할 금) 금지하였던 것을 풂. ㉤의심스러운 점을 풀다. ¶解$_2$惑$_1$(—, 의혹 혹)의혹을 풀어버림. ㉥풀어서 없애다. ¶解$_2$毒$_1$(—, 독 독) 독기를 풀어서 없앰. [예]— 作用. ❷풀이하다. 설명하다. ¶解說(—, 말할 설)알기 쉽게 풀이하여 설명함. 또는 그 설명. ❸내보내다. 그만두게 하다. ¶解$_2$任$_1$(—, 맡길 임)맡긴 임무에서 그만두게 함. ❹녹다. 또는 녹이다. 녹아서 풀리다. ¶解$_2$凍$_1$(—, 얼 동)얼었던 것이 녹아서 풀림. [예]—이 되다. ❺가르다. 쪼개다. ¶解剖(—, 쪼갤 부)내부의 조직이나 구조를 살펴보기 위해, 생물체의 몸뚱이를 쪼갬. [예]— 學. ❻쪼개지다. 갈라지다. ¶土崩瓦解(흙 토, 무너질 붕, 기와 와, —)흙이 무너지고 기와가 깨진다는 뜻으로, 어떤 모임이나 조직이 무너져버림의 형용. ❼생각. 의견. ¶見解(생각 견, —)일정한 사물이나 현상에 대하여 가지는 의견이나 생각. [예]—의 差를 좁히다.

〔解渴〕(해갈) ①목마름을 풂. ②가뭄이 해소됨.

〔解決〕(해결) 제기된 문제를 해명하여 처리함.

〔解雇〕(해고) 고용하였던 사람을 그 직무에서 내보냄.

〔解答〕(해답) 무슨 문제를 풀어서 말함. 또는 그 말.

〔解讀〕(해독) 알기 어려운 문장이나 암호를 풀어 읽음.

〔解明〕(해명) 의심나는 곳을 풀어서 밝힘.

〔解夢〕(해몽) 꿈의 길흉을 풀이함.

〔解氷〕(해빙) 날씨가 풀리면서 얼음이 녹음.

〔解產〕(해산) 아이를 낳음. 몸을 풂.

〔解析〕(해석) ①사물을 상세히 풀어서 이론적으로 연구함. ②대수학이나 기하학에 대하여 미분이나 적분 등의 분야를 이르는 말.

〔解釋〕(해석) 알기 쉽게 풀어 설명함.

〔解消〕(해소) 유지되어 온 관계를 풀어 없앰.

〔解約〕(해약) 계약을 해제함.

〔解熱〕(해열) 병으로 생긴 몸의 열이 내림.

〔解除〕(해제) ①제거함. ②제한 조치를 풀어서 원래의 상태로 되돌아가게 함.

〔解題〕(해제) 책의 저자·내용·출판 등에 관한 간단한 설명.

〔解體〕(해체) ①물체가 분해됨. ②단체를 해산함.

〔解脫〕(해탈) ①구속에서 벗어남. ②(佛)세속의 번뇌에서 벗어남.

〔懈怠〕(해태) 게으름.

▷曲解(곡해)·難解(난해)·讀解(독해)·分解(분해)·諒解(양해)·誤解(오해)·理解(이해)·精解(정해)·註解(주해)·和解(화해)

11 〔觴〕* 4842 상 [平]陽 | shāng, ショウ

[소전] 觴 [행서] 觴 [간화] 觞 [이름] 잔 상 [자원] 형성. 角+𥏫→觴. 傷(상)과 같이 𥏫(상)이 성부.

[새김] 잔. 술잔. 또는 술을 권하다. ¶濫$_2$觴$_1$(넘칠 람, —)큰 강물도 그 근원은 술잔에 넘치는 정도의 작은 흐름이라는 뜻에서, 사물 발생의 첫 출발을 이르는 말.

13 ⑳ 〔觸〕** 4843 촉 [入]沃 | chù, ショク

[소전] 觸 [행서] 觸 [속자][간화] 触 [이름] 닿을 촉 [자원] 형성. 角+蜀→觸. 燭(촉)과 같이 蜀(촉)이 성부.

[필순] 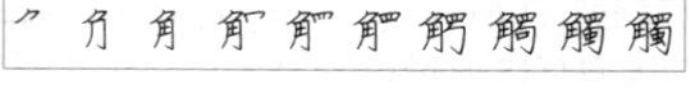

새김 ❶닿다. 접촉하다. ¶一觸卽發(한 일, 一, 곧 즉, 터질 발)한 번 닿으면 곧 터짐. 사소한 것으로도 동기가 되어 크게 벌어질 수 있는 아슬아슬한 형세를 이르는 말. 예—의 위기. ❷부딪치다. 충돌하다. ¶抵觸(저촉될 저, —)위반되거나 거슬리거나 함. 예 法에 —되는 일.

〔觸角〕(촉각) 더듬이. 곤충 따위의 머리 부분에 있는 감각기.

〔觸覺〕(촉각) 피부에 무엇이 닿았을 때 느끼는 감각.

〔觸感〕(촉감) 피부에 닿는 느낌.

〔觸媒〕(촉매) 자체는 반응에 참가하지 않고 반응의 속도를 높이거나 늦추거나 하는 물질.

〔觸發〕(촉발) ①일을 당하여 느끼는 마음이 일어남. ② 건드리거나 부딪치면 폭발함.

▷感觸(감촉)·接觸(접촉)

7 획 부수 言 部

▷명칭: 말씀언. 말씀언변

▷쓰임: 말과 말에 수반되는 여러 가지의 행위에 관계되는 한자의 부수로 쓰였다.

0 ⑦ 〔言〕*** 언 平元 yán, ゲン
4844

소전 행서 이름 말 언 자원 형성. 言〔辛의 변형〕+口→言. 辛(건)의 변음이 성부.

필순 丶 亠 亠 글 글 言 言

새김 ❶말. 언어. ¶言行(—, 행실 행)말과 행실. 예——致. ❷말하다. 이야기하다. ¶斷言(단정할 단,—)단정하여 말함. 예—하는 근거.

〔言及〕(언급) 어떤 문제에 대하여 말함.

〔言動〕(언동) 하는 말과 하는 짓. 예—을 삼가다.

〔言論〕(언론) 말이나 글로써 발표하는 자기의 주장과 견해. 또는 그 말과 글.

〔言明〕(언명) 말이나 글로써 자기의 의사나 태도를 밝힘.

〔言文一致〕(언문일치) 문장에 쓰는 말이 문어체를 쓰지 않고, 입으로 하는 현대의 말과 일치함.

〔言辯〕(언변) 말솜씨. 말재주.

〔言辭〕(언사) 대화 중의 말이나 말씨. 예공손한 —.

〔言語〕(언어) 말. 생각이나 느낌을 음성으로 전달하는 수단과 체계.

〔言語道斷〕(언어도단) 너무 사리에 맞지 않거나 턱없어서 말할 수가 없음.

〔言外〕(언외) 말로 직접 표현하지 아니한 부분. 예—之意.

〔言爭〕(언쟁) 말다툼.

〔言質〕(언질) 뒷날 증거로 되는 말. 예—을 받다.

▷甘言(감언)·格言(격언)·公言(공언)·巧言(교언)·金言(금언)·無言(무언)·方言(방언)·宣言(선언)·食言(식언)·豫言(예언)·直言(직언)·忠言(충언)·虛言(허언)·豪言(호언)

2 ⑨ 〔計〕*** 계: 去霽 jì, ケイ
4845

소전 행서 간화 计 이름 셈할 계: 자원 회의. 言+十→計. 十은 수의 대표. 수를 말한다는 데서 '셈하다'의 뜻을 나타낸다.

필순 丶 亠 亠 글 글 言 言 計 計

새김 ❶셈하다. 세다. 또는 셈. ¶計算(—, 셈할 산)㉮사물의 수나 양을 셈함. ㉯더하기·빼기·곱하기·나누기나 기타의 방법으로 답을 구하는 일. ❷꾀하다. 계획하다. 또는 계획이나 계책. ¶計略(—, 모략 략)계책과 모략. 예—을 세우다. ❸살림살이. ¶家計(집 가, —)한 집안의 살아가는 살림살이. 예—簿. ❹계기. 측정하는 기구. 예時計(시계).

〔計器〕(계기) 분량이나 정도 등을 재는 기구.

〔計量〕(계량) 분량을 헤아림. 양을 계산함.

〔計數〕(계수) 수량을 계산함.

〔計策〕(계책) 무엇을 실현하기 위하여 짜낸 대책.

〔計測〕(계측) 계산하여 측정함.

〔計畫〕(계획) 앞으로 할 일의 내용이나 절차 등을 미리 짜서 정함. 또는 짜놓은 그 내용.

▷奇計(기계)·累計(누계)·百計(백계)·生計(생계)·設計(설계)·月計(월계)·總計(총계)·合計(합계)·會計(회계)

2 ④ 〔计〕 계: 計(4845)의 간화자
4846

2 ④ 〔讥〕 기 譏(5059)의 간화자
4847

2 ⑨ 〔訃〕* 부: 去遇 fù, フ
4848

행서 간화 讣 이름 부고 부: 자원 형성. 言+卜→訃. 赴(부)와 같이 卜(복)의 변음이 성부.

새김 부고. 또는 사람의 죽음을 알리다. ¶訃告(—, 알릴 고)사람의 죽음을 알리는 글. 예 —를 받다.

〔訃音〕(부음) 사람의 죽음을 알리는 글.

2 ④ 〔讣〕 부: 訃(4848)의 간화자
4849

2 ④ 〔认〕 인 認(4963)의 간화자
4850

2 ⑨ 〔訂〕** 정 ㊍정: 上 迥 | dìng, テイ
4851

소전 행서 간화 订 이름 고칠 정 자원 형성. 言+丁→訂. 汀(정)·亭(정)과 같이 丁(정)이 성부.

필순 丶 亠 亠 言 言 言 言 言一 訂

새김 고치다. 바로잡다. ¶訂正(—, 바를 정)틀리거나 잘못된 곳을 고쳐서 바로잡음.
〔訂定〕(정정) 잘잘못을 의논해 정함.
▷改訂(개정)·檢訂(검정)·校訂(교정)·修訂(수정)·增訂(증정)

2 ④ 〔订〕 정 訂(4851)의 간화자
4852

3 ⑩ 〔記〕*** 기 ㊍기: 去 寘 | jì, キ
4853

소전 행서 간화 记 이름 적을 기 자원 형성. 言+己→記. 杞(기)·忌(기)와 같이 己(기)가 성부.

필순 丶 亠 亠 言 言 言 言 言⁷ 言⁷ 記

새김 ❶적다. 기록하다. ¶記載(—, 실을 재)문서·신문·잡지 등에 기록하여 실음. ㊎장부에 —하다. ❷외다. 기억하다. ¶記憶(—, 생각할 억)이전의 일을 의식 속에 보존하거나 도로 생각해냄. 또는 그 내용. ㊎—을 더듬다. ❸글. 서적. ¶古記(예 고, —)옛날의 글이나 서적. ❹표지. ¶記號(—, 기호 호)무슨 뜻을 나타내기 위하여 쓰이는 표나 부호. ㊎音樂 —.
〔記念〕(기념) 오래도록 기억하여 잊지 않음.
〔記錄〕(기록) ①어떤 사실을 적음. ② 숫자로 견줄 수 있는 것에서의 가장 높은 수준.
〔記事〕(기사) ①사실을 그대로 적음. ②신문·잡지 등에 기재된 사실.
〔記述〕(기술) 기록하여 서술함. 또는 그 기록.
〔記入〕(기입) 적어 넣음.
〔記者〕(기자) 신문·잡지 등의 기사를 쓰거나 편집하는 사람.
〔記章〕(기장) ①신분이나 직업 등을 나타내기 위하여 모자나 옷에 다는 표지. ②어떤 일을 기념하는 뜻을 나타내는 휘장.
▷登記(등기)·明記(명기)·無記名投票(무기명투표)·簿記(부기)·速記(속기)·手記(수기)·暗記(암기)·日記(일기)·雜記(잡기)·傳記(전기)·筆記(필기)

3 ⑤ 〔记〕 기 記(4853)의 간화자
4854

3 ⑩ 〔訊〕* 신: 去 震 | xùn, ジン
4855

소전 행서 간화 讯 이름 물을 신: 자원 형성. 言+卂→訊. 迅(신)과 같이 卂(신)이 성부.
새김 묻다. 책임을 따져 묻다. ¶訊問(—, 물을 문) 알고 있는 사실에 대해, 책임을 따지어 물음. ㊎證人—.

3 ⑤ 〔讯〕 신: 訊(4855)의 간화자
4856

3 ⑤ 〔让〕 양: 讓(5086)의 간화자
4857

3 ⑤ 〔议〕 의: 議(5075)의 간화자
4858

3 ⑩ 〔託〕* 탁 入 藥 | tuō, タク
4859

소전 행서 이름 부탁할 탁 자원 형성. 言+乇→託. 托(탁)과 같이 乇(탁)이 성부.
새김 ❶부탁하다. ¶委託(맡길 위, —)일정한 사물을 남에게 부탁하여 맡김. ㊎—耕作. ❷의탁하다. ¶託身(—, 몸 신)몸을 의탁함. ❸핑계하다. 구실로 삼다. ¶假託(거짓 가, —)거짓 핑계를 함. 곧 무슨 일을 할 때에 다른 일을 구실로 삼음. ㊎軍에 간 아들의 면회를 —하여 금강산 관광길에 나섰다.
〔託送〕(탁송) 남이나 수송 기관에 부탁하여 물건을 보냄.
▷結託(결탁)·供託(공탁)·付託(부탁)·信託(신탁)·依託(의탁)·請託(청탁)

3 ⑩ 〔討〕** 토:▷토 上 晧 | tǎo, トウ
4860

소전 행서 간화 讨 이름 칠 토:▷토 자원 회의. 言+寸→討. 寸은 법이란 뜻. 법으로써 죄를 따지어 악을 징계한다는 데서 '치다'의 뜻을 나타낸다.

필순 丶 亠 亠 言 言 言 言 言一 訁寸 討

새김 ❶치다. ㉠죄를 따지어 치다. ¶聲討(성토할 성, —)죄상을 폭로 비판하여 침. ㊎—大會. ㉡ 무력으로 공격하다. ¶討伐(—, 칠 벌)반항하는 자를 무력으로 침. ¶山賊의 —. ❷연구하다. 또는 토론하다. 討議(—, 의논할 의)토론하여 의논함. ㊎—案件.
〔討論〕(토론) 어떤 논제(論題)에 대하여 여러 사람이 각각 자기 의견을 말하여 논의함.
▷檢討(검토)·征討(정토)·追討(추토)

3 ⑤ 〔讨〕 토:▷토 討(4860)의 간화자
4861

3 ⑩ 〔訌〕* 4862 홍 平東 | hòng, コウ

소전 행서 간화 讧 이름 뒤숭숭할 홍 자원 형성. 言+工→訌. 紅(홍)·汞(홍)과 같이 工(공)의 변음이 성부.

새김 뒤숭숭하다. 어지럽다. 또는 분쟁. ¶內訌(안 내, ―)집단이나 조직 내부에서 저희들끼리 일으킨 분쟁.

3 ⑤ 〔讧〕 4863 홍 訌(4862)의 간화자

3 ⑩ 〔訓〕*** 4864 훈: 去問 | xùn, クン

소전 행서 간화 训 이름 가르칠 훈: 자원 형성. 言+川→訓. 川(천)의 변음이 성부.

필순 丶 亠 亠 言 言 言 言 訁 訓 訓

새김 ❶가르치다. 타이르다. ¶訓戒(―, 경계할 계)타일러서 경계함. 또는 그 말. ❷가르침. 교훈. ¶家訓(집 가,―)가정에서 자녀들을 교양하기 위한, 전통으로 내려오는 교훈. ❸풀이하다. 해설하다. ¶訓詁(―, 주낼 고)유교의 경서들에 대한 해설·주석·고증 등을 이르는 말. ㉮―學. ❹새김. ¶音訓(소리 음, ―)한자의 음과 새김.

〔訓導〕(훈도) 가르쳐서 인도함. 「(音讀).
〔訓讀〕(훈독) 한문을 새김으로 읽음. ㉰음독
〔訓練〕(훈련) 배워 익히도록 연습하고 단련함.
〔訓放〕(훈방) 가벼운 죄를 범한 죄인을 훈계하여 방면(放免)함.
〔訓示〕(훈시) ① 가르쳐 보임. ② 상관이 직무상 주의 사항을 부하 관리에게 일러 주는 일.
〔訓育〕(훈육) ①가르쳐 키움. ② 도덕적 품성을 키워 인격을 완성시키는 교육.
〔訓話〕(훈화) 훈시하는 말.
▷校訓(교훈)·教訓(교훈)·內訓(내훈)·社訓(사훈)·垂訓(수훈)·遺訓(유훈)·庭訓(정훈)

3 ⑤ 〔训〕 4865 훈: 訓(4864)의 간화자

3 ⑩ 〔訖〕* 4866 흘 ㊍글 入物 | qì, キツ

소전 행서 간화 讫 이름 이를 흘 자원 형성. 言+乞→訖. 屹(흘)·吃(흘)과 같이 乞(걸)의 변음이 성부.

새김 이르다. 미치다. 〔書經〕 訖$_3$于$_2$四海$_1$(흘우사해) 사해에 미치다.

3 ⑤ 〔讫〕 4867 흘 訖(4866)의 간화자

4 ⑥ 〔讲〕 4868 강: 講(5033)의 간화자

4 ⑪ 〔訣〕* 4869 결 入屑 | jué, ケツ

소전 행서 간화 诀 이름 헤어질 결 자원 형성. 言+夬→訣. 決(결)·缺(결)과 같이 夬(결)이 성부.

새김 ❶헤어지다. 영원히 이별하다. ¶訣別(―, 헤어질 별)다시 만나지 못하게 이별함. 또는 그런 이별. ㉮―을 선언하다. ❷깊은 뜻. ¶祕訣(비밀할 비, ―)㉮일을 잘 처리하기 위한 특별히 좋은 방법. ㉮건강의 ―. ㉯앞날의 길흉이나 운명을, 얼른 보아 그 내용을 알 수 없도록 적어놓은 문서. ㉮鄭鑑錄(정감록)은 우리 겨레의 마음을 사로잡은 ―이었다.
▷口訣(구결)·永訣(영결)·要訣(요결)

4 ⑥ 〔诀〕 4870 결 訣(4869)의 간화자

4 ⑥ 〔讴〕 4871 구 謳(5051)의 간화자

4 ⑪ 〔訥〕* 4872 눌 入月 | nè, トツ

소전 행서 간화 讷 이름 서투를 눌 자원 형성. 言+內→訥. 內(내)의 변음이 성부.

새김 서툴다. 말이 서투르다. 말을 더듬거리다. ¶訥辯(―, 언변 변)더듬거리는 서투른 말솜씨.
〔訥言〕(눌언) 더듬거리는 말.
▷口訥(구눌)·木訥(목눌)·語訥(어눌)·拙訥(졸눌)

4 ⑥ 〔讷〕 4873 눌 訥(4872)의 간화자

4 ⑥ 〔论〕 4874 론 論(4976)의 간화자

4 ⑪ 〔訪〕*** 4875 방: 去漾 | fǎng, ホウ

소전 행서 간화 访 이름 찾을 방: 자원 형성. 言+方→訪. 防(방)·放(방)·房(방)·芳(방)과 같이 方(방)이 성부.

필순 亠 亠 言 言 言 言 訁 訁 訪 訪

새김 찾다. 찾아가 보다. ¶訪問(―, 물을 문)남을 찾아가 봄. ㉮ 家庭―.
▷來訪(내방)·巡訪(순방)·尋訪(심방)·歷訪(역방)·探訪(탐방)

4⑥〔访〕 방: 訪(4875)의 간화자
4876

4⑪〔設〕*** 설 入屑 shè, セツ
4877

소전 䛧 행서 設 간화 设 이름 베풀 설 자원 회의. 言＋殳→設. 殳는 사람을 부린다는 뜻. 말로 사람을 부려 설립하거나 진열한다는 뜻을 나타낸다.

필순 ㅗ 亠 亠 亠 言 言 言 訁 訁 設

새김 ❶베풀다. 어떤 일을 차리어 벌이다. ¶設置(—, 둘 치)베풀어 둠. 예기계의 —. ❷가령. 또는 설사 ～하더라도. ¶設令(—, 가령 령)일러서. 가정하여.
〔設計〕(설계) ①계획을 세움. ②건설 공사나 물건 제작 등을 위하여 규모·구조·재료 등의 계획을 세우고, 도면 등으로 명시하는 일.
〔設立〕(설립) 만들어 세움.
〔設問〕(설문) 문제를 내어 물어봄.
〔設備〕(설비) 시설을 베풀어 갖춤.
〔設使〕(설사) 그렇다 치더라도. 가령. 설령(設令).
▷假說(가설)·建設(건설)·公設(공설)·附設(부설)·常設(상설)·新設(신설)·增設(증설)

4⑥〔设〕 설 設(4877)의 간화자
4878

4⑪〔訟〕** 송: 去宋 sòng, ショウ
4879

소전 訟 행서 訟 간화 讼 이름 송사할 송: 자원 형성. 言＋公→訟. 松(송)·頌(송)과 같이 公(공)의 변음이 성부.

필순 ㅗ 亠 亠 亠 言 言 言 訁 訟 訟

새김 송사하다. 고소하다. ¶訴訟(고소할 소, —)법원에, 재판을 해 달라고 요구하는 일. 예刑事—.
〔訟事〕(송사) 소송하는 일. 소송 사건.
〔訟獄〕(송옥) 소송함.

4⑥〔讼〕 송: 訟(4879)의 간화자
4880

4⑪〔訝〕* 아: 去禡 yà, ガ
4881

소전 訝 행서 讶 간화 讶 이름 의심할 아: 자원 형성. 言＋牙→訝. 雅(아)·芽(아)와 같이 牙(아)가 성부.
새김 의심하다. 수상하게 여기다. ¶疑訝(의심할 의, —)의심하며 수상해 함. 예—해 하다.

4⑥〔讶〕 아: 訝(4881)의 간화자
4882

4⑪〔訳〕 역 譯(5074)의 약자
4883

4⑪〔訛〕* 와 平歌 é, カ
4884

본자 譌 행서 訛 간화 讹 이름 그릇될 와 자원 형성. 言＋化→訛. 化(화)의 변음이 성부.
새김 그릇되다. 잘못되다. ¶訛傳(—, 전할 전)일정한 사실을 그릇되게 전함. 예—된 소문.
〔訛言〕(와언) 사실과는 달리 잘못 전해진 말.
〔訛音〕(와음) 그릇 전해진 글자의 음.
〔訛字〕(와자) 잘못 쓰이고 있는 글자.

4⑥〔讹〕 와 訛(4884)의 간화자
4885

4⑥〔讽〕 풍 諷(5027)의 간화자
4886

4⑪〔許〕*** 허 本허: 上語 xǔ, キョ
4887

소전 許 행서 许 간화 许 이름 허락할 허 자원 형성. 言＋午→許. 午(오)의 변음이 성부.

필순 ㅗ 亠 亠 亠 言 言 言 訁 訁 許

새김 ❶허락하다. 들어주다. ¶許可(—, 가할 가)㉮원하는 바를 들어줌. ㉯법에 의하여 제한하는 어떤 행위를 특정한 경우나 대상자에게 허락하여 주는 행정적 처분. 예建築—. ❷많다. ¶許多(—, 많을 다)많고 많음. 예—한 인재. ❸쯤. 대략의 수치를 나타내는 말. 예一步許(일보허).
〔許交〕(허교) 사귐을 허락함.
〔許久〕(허구) 매우 오래됨.
〔許諾〕(허락←허낙)청원을 들어 승낙함.
〔許容〕(허용) 허락하여 용납함.
〔許由〕(허유) 國 말미를 허락함.
〔許婚〕(허혼) 청혼에 대해 혼인을 허락함.
▷官許(관허)·免許(면허)·允許(윤허)·聽許(청허)·特許(특허)

4⑥〔许〕 허 許(4887)의 간화자
4888

4⑥〔讳〕 휘 諱(5032)의 간화자
4889

5 ⑫ 〔訶〕* 가 ㊍하 平歌 | hē, カ
4890

소전 행서 간화 诃 이름 꾸짖을 가 자원 형성. 言＋可→訶. 呵(가)·苛(가)와 같이 可(가)가 성부.
새김 꾸짖다. 큰 소리로 구짖다.

5 ⑦ 〔诃〕 가 訶(4890)의 간화자
4891

5 ⑫ 〔詐〕** 사 ㊍자: 去禡 | zhà, サ
4892

소전 행서 간화 诈 이름 속일 사 자원 형성. 言＋乍→詐. 乍(사)가 성부.
필순 亠 亖 言 言 言 訁 訐 訐 詐 詐
새김 속이다. 나쁜 꾀로 남을 속이다. ¶詐欺(—, 속일 기)나쁜 꾀로 남을 속임. ㉨—罪.
〔詐術〕(사술) 남을 속이는 책략이나 수단.
〔詐取〕(사취) 남의 물건을 속여서 빼앗음.
〔詐稱〕(사칭) 거짓으로 일컬음.
▷姦詐(간사)·巧詐(교사)·變詐(변사)·譎詐(휼사)

5 ⑦ 〔诈〕 사 詐(4892)의 간화자
4893

5 ⑫ 〔詞〕** 사 平支 | cí, シ
4894

소전 행서 간화 词 이름 말 사 자원 형성. 言＋司→詞. 伺(사)·飼(사)와 같이 司(사)가 성부.
필순 亠 亖 言 言 言 訁 訂 訂 詞 詞
새김 ❶말. 언어. 품사. ¶名詞(이름 명, —)사물의 이름을 나타내는 단어. ❷글. 문장. 시문. ¶詞伯(—, 으뜸 백)시문에 능한 사람을 높이어 이르는 말. ❸문체 이름. 당대(唐代)에 일어나 송대(宋代)에 성행하였던 운문의 한 체.
〔詞林〕(사림) ①시문(詩文)을 모아 엮은 책. ②시인·문객들의 사회. 문단(文壇).
〔詞賦〕(사부) 사와 부. 운자를 달아서 지은 글.
〔詞章〕(사장) 시문(詩文). 시가와 문장.
〔詞藻〕(사조) ①글의 수식. ②시가나 문장.
〔詞兄〕(사형) 문인이나 학자끼리 서로 상대방을 높여 부르는 말.
〔詞華〕(사화) 詞藻(사조).
▷歌詞(가사)·動詞(동사)·副詞(부사)·數詞(수사)·弔詞(조사)·品詞(품사)

5 ⑦ 〔词〕 사 詞(4894)의 간화자
4895

5 ⑫ 〔訴〕** 소 ㊍소: 去遇 | sù, ソ
4896

소전 행서 간화 诉 이름 하소연할 소 자원 형성. 言＋斥→訴. 斥(척)의 변음이 성부.
필순 亠 亖 言 言 言 訁 訂 訢 訴 訴
새김 ❶하소연하다. 억울하거나 딱한 사정을 호소하다. ¶泣訴(울 읍, —)울면서 하소연함. ❷일러바치다. 또는 고소하다. 송사하다. ¶訴訟(—, 송사할 송)법원에, 재판을 해 달라고 요구하는 일. ㉨民事—.
〔訴冤〕(소원) 원통한 일을 관아에 하소연함.
〔訴願〕(소원) 부당한 행정 처분으로 권리나 이익을 침해당했을 때, 그 처분의 취소 또는 변경을 요구하는 일.
〔訴狀〕(소장) 소송을 제기하기 위하여 재판소에 내는 문서.
〔訴追〕(소추) 형사 소송에서, 검사가 피의자의 재판을 법원에 청구함. 또는 그 일.
▷公訴(공소)·起訴(기소)·上訴(상소)·勝訴(승소)·提訴(제소)·敗訴(패소)·呼訴(호소)

5 ⑦ 〔诉〕 소 訴(4896)의 간화자
4897

5 ⑦ 〔识〕 ㊀식 識(5064)의 간화자 ㊁지 識(5064)의 간화자
4898

5 ⑦ 〔译〕 역 譯(5074)의 간화자
4899

5 ⑫ 〔詠〕** 영: 去敬 | yǒng, エイ
4900

소전 행서 이름 읊을 영: 자원 형성. 言＋永→詠. 泳(영)·咏(영)과 같이 永(영)이 성부.
필순 亠 亖 言 言 言 訁 訂 訆 訪 詠
새김 읊다. ㉠시가를 읊다. ¶詠歌(—, 노래 가)노래를 읊음. ㉡심회를 소리로 나타내다. ¶詠嘆(—, 외칠 탄)깊은 정회를 길게 소리내어 외침.
〔詠物〕(영물) 자연 경물을 제재로 하여 시를 지음.
〔詠頌〕(영송) 시가를 지어 기림.
〔詠詩〕(영시) 시를 읊음.
〔詠懷〕(영회) 감정과 포부를 시로 읊음.
▷誦詠(송영)·吟詠(음영)

5 ⑫ 〔詛〕* 저: ㊍조: 上皓 | zǔ, ソ
4901

소전 詛 행서 詛 간화 诅 이름 저주할 저: 자원 형성. 言+且→詛. 且에는 '차' 외에 '저' 음도 있어, 咀(저)·狙(저)와 같이 且(저)가 성부.
새김 저주하다. 신에게 재앙을 내려 주도록 빌다. ¶詛呪(—, 저주할 주)증오하는 상대에게 재앙이나 불행이 있도록 해 달라고 빎.

5 ⑦ 〔诅〕 4902 저: 詛(4901)의 간화자

5 ⑫ 〔詔〕* 4903 조: 去 嘯 zhào, ショウ

소전 詔 행서 詔 간화 诏 이름 칙명 조: 자원 형성. 言+召→詔. 召에는 '소' 외에 '조' 음도 있어, 召(조)가 성부.
새김 칙명. 황제의 명령. ¶詔書(—, 글 서)임금이 내리는 명령을 적은 문서.
〔詔勅〕(조칙) 왕이 내리는 명령을 적은 문서.

5 ⑦ 〔诏〕 4904 조: 詔(4903)의 간화자

5 ⑫ 〔註〕* 4905 주: 去 遇 zhù, チュウ

행서 註 이름 주낼 주: 자원 형성. 言+主→註. 住(주)·注(주)와 같이 主(주)가 성부.
새김 주내다. 글이나 글자의 뜻을 풀어 밝히다. 또는 그 주. 注(2682)와 통용. ¶註釋(—, 풀이할 석)글자나 단어·문장의 뜻을 풀이함. 예—을 달다.
〔註疏〕(주소) 경서를 자세히 풀이함. 疏는 주(註)를 다시 풀이한 것.
〔註解〕(주해) 본문의 뜻을 주를 달아 풀이함. 또는 그 글.
▷脚註(각주)·頭註(두주)·旁註(방주)

5 ⑫ 〔証〕 4906 증: 證(5066)과 동자

5 ⑦ 〔证〕 4907 증: 證(5066)의 간화자

5 ⑫ 〔診〕* 4908 진: 上 軫 zhěn, シン

소전 診 행서 診 간화 诊 이름 살펴볼 진: 자원 형성. 言+㐱→診. 珍(진)·軫(진)과 같이 㐱(진)가 성부.
새김 살펴보다. 맥을 짚어 병의 형편을 살펴보다. ¶診斷(—, 판단할 단)의사가 병자를 살펴보고 병의 종류·형편 등을 판단함. 예—書.
〔診療〕(진료) 진찰하여 치료함.
〔診脈〕(진맥) 병자의 맥을 짚어 병의 상태를 살핌.
〔診察〕(진찰) 병의 증상을 살펴봄.
▷檢診(검진)·誤診(오진)·往診(왕진)·打診(타진)·回診(회진)·休診(휴진)

5 ⑦ 〔诊〕 4909 진: 診(4908)의 간화자

5 ⑫ 〔評〕** 4910 평 平 庚 píng, ヒョウ

행서 評 간화 评 이름 평할 평 자원 형성. 言+平→評. 坪(평)·泙(평)와 같이 平(평)이 성부.

필순 亠 亠 亠 言 言 言 訂 訂 評 評

새김 ❶평하다. 좋고 나쁨을 공평하게 판단하다. ¶評價(—, 값 가)사물의 가치나 값을 평함. 또는 평한 그 가치나 값. 예—切下. ❷평판. 평론. ¶世評(세상 세, —)세상 사람들이 말하는 평판. 예구두쇠라는 —이 있다.
〔評論〕(평론) 사물의 옳고 그름이나 좋고 나쁨을 비평하여 논함. 또는 그 글.
〔評點〕(평점) 평가하여 매기는 점수.
〔評判〕(평판) 세상 사람들의 평.
▷公評(공평)·論評(논평)·批評(비평)·惡評(악평)·定評(정평)·品評(품평)·好評(호평)

5 ⑦ 〔评〕 4911 평 評(4910)의 간화자

6 ⑬ 〔誇〕** 4912 과: 本과 平 麻 kuā, カ

소전 誇 행서 誇 간화 夸 이름 자랑할 과: 자원 형성. 言+夸→誇. 跨(과)와 같이 夸(과)가 성부.

필순 亠 亠 言 言 言 訂 訡 誇 誇 誇

새김 자랑하다. 뽐내며 말하다. ¶誇示(—, 보일 시)자랑하여 보임. 또는 사실보다 크게 나타내어 보임. 예才能의 —.
〔誇大〕(과대) 사실 이상으로 지나치게 과장함.
〔誇大妄想〕(과대망상) 사실보다 지나치게 과장하여 상상하는 허망한 생각.
〔誇張〕(과장) 사실보다 크게 나타냄.

6 ⑬ 〔詭〕* 4913 궤: 上 紙 guǐ, キ

소전 詭 행서 詭 간화 诡 이름 속일 궤: 자원 형성. 言+危→詭. 危(위)의 변음이 성부.
새김 속이다. 거짓으로 속이다. ¶詭辯(—, 말 변)남을 속이기 위해 이리저리 둘러대는 말. 예—을 늘어놓다.
〔詭計〕(궤계) 거짓으로 꾸민 꾀. 또는 교활한

계략.
〔詭遇〕(궤우) 정당하지 않은 방법으로 명리(名利)나 지위를 얻음의 비유.

6 ⑧ 〔诡〕 4914 궤: 詭(4913)의 간화자

6 ⑬ 〔誊〕 4915 등 謄(5036)의 간화자

6 ⑬ 〔詳〕** 4916 상 平陽 | xiáng, ショウ

소전 詳 행서 詳 간화 详 이름 자세할 상 자원 형성. 言+羊→詳. 祥(상)·庠(상)과 같이 羊(양)의 변음이 성부.

필순 亠 言 言 言 言 言 言' 詳 詳 詳

새김 자세하다. 세밀하다. ¶詳解(—, 풀이할 해)자세하게 풀이함. 또는 그런 해설.
〔詳報〕(상보) 자세히 보도함. 또는 그렇게 하는 보도.
〔詳細〕(상세) 자상하고 세밀함.
〔詳述〕(상술) 자세하게 진술함.
▷未詳(미상)·昭詳(소상)·仔詳(자상)·精詳(정상)

6 ⑧ 〔详〕 4917 상 詳(4916)의 간화자

6 ⑬ 〔詵〕* 4918 선 本신 平眞 | shēn, セン

소전 詵 행서 詵 이름 많을 선 자원 형성. 言+先→詵. 銑(선)·跣(선)과 같이 先(선)이 성부.
새김 많다. 또는 여럿이 이러니저러니 말하다.

6 ⑬ 〔誠〕*** 4919 성 平庚 | chéng, セイ

소전 誠 행서 誠 본자 誠 간화 诚 이름 정성 성 자원 형성. 言+成→誠→誠 城(성)·盛(성)과 같이 成(성)이 성부.

필순 亠 言 言 言 訁 訂 訪 誠 誠 誠

새김 ❶정성. 거짓이 없는 참마음. ¶孝誠(효도할 효, —)부모를 잘 섬기는 정성. 예—이 지극하다. ❷정성스럽다. ¶誠實(—, 참될 실)정성스럽고 참됨. 예—한 사람. ❸참으로. 확실히. 〔孟子〕 是誠不能也(시성불능야)이는 참으로 할 수 없다.
〔誠金〕(성금) 정성으로 내는 돈.
〔誠心〕(성심) 정성스러운 마음.
〔誠意〕(성의) 정성스러운 뜻.
▷丹誠(단성)·熱誠(열성)·精誠(정성)·至誠(지성)·忠誠(충성)·致誠(치성)

6 ⑧ 〔诚〕 4920 성 誠(4954)의 간화자

6 ⑬ 〔詢〕* 4921 순 平眞 | xún, ジュン

소전 詢 행서 詢 간화 询 이름 물을 순 자원 형성. 言+旬→詢. 殉(순)·荀(순)과 같이 旬(순)이 성부.
새김 묻다. 가르침이나 의견을 구하다. ¶諮詢(물을 자, —)임금이 신하에게 물음.
〔詢問〕(순문) 임금이 신하나 백성에게 물음.

6 ⑧ 〔询〕 4922 순 詢(4921)의 간화자

6 ⑬ 〔詩〕*** 4923 시 平支 | shī, シ

소전 詩 행서 詩 간화 诗 이름 시 시 자원 형성. 言+寺→詩. 寺에는 '사' 외에 '시' 음도 있어, 侍(시)와 같이 寺(시)가 성부.

필순 亠 言 言 言 言一 言+ 註 詩 詩 詩

새김 ❶시. 한시나 현대시의 통칭. ¶詩集(—, 모을 집)시를 모아 엮은 책. ❷시경(詩經)의 준말. ¶詩書(—, 서경 서)시경과 서경.
〔詩歌〕(시가) ①시와 노래. ②가사(歌辭)를 포함한 시문학의 총칭.
〔詩壇〕(시단) 시인(詩人)들의 사회.
〔詩文〕(시문) 시와 문장. 인신하여, 문학 작품.
〔詩賦〕(시부) 한문의 운문체인 시와 부.
〔詩碑〕(시비) 시를 새긴 비.
〔詩想〕(시상) 시를 짓기 위한 시인의 착상이나 구상.
〔詩仙〕(시선) 천재적인 시인이란 뜻으로, 당대(唐代)의 이백(李白)을, 두보(杜甫)를 시성(詩聖)이라 부르는 데 상대하여 하는 말.
〔詩選〕(시선) 시를 가려 뽑아 모은 책.
〔詩聖〕(시성) 고금에 뛰어난 시인이란 뜻으로, 당대(唐代)의 두보(杜甫)를, 이백(李白)을 시선(詩仙)이라 부르는 데 상대하여 이르는 말.
〔詩語〕(시어) 시에 쓰이는 어구
〔詩人〕(시인) 시의 창작을 전문적으로 하는 사람.
〔詩才〕(시재) 시를 짓는 재능.
〔詩情〕(시정) ①시적인 정서. ②시에 나타나 있는 정취.
〔詩抄〕(시초) 많은 시 가운데서 몇 수를 가려 뽑아 엮은 시집.
〔詩趣〕(시취) 시적인 흥취. 또는 시에 나타나 있는 멋.
〔詩風〕(시풍) 시 작품에 나타나는 경향이나 특색.
〔詩話〕(시화) 시 작품에 대한 간단한 비평이나 시의 작법, 시의 창작 등과 관련하여 전하여 오는 이야기.

〔詩會〕(시회) 시를 짓기 위한 모임.
〔詩興〕(시흥) 시상이 일어나는 흥취.
▷ 古詩(고시)·唐詩(당시)·抒情詩(서정시)·詠詩(영시)·律詩(율시)·作詩(작시)·七步詩(칠보시)·祝詩(축시)·漢詩(한시)

6 ⑧ 〔诗〕 4924 시 詩(4923)의 간화자

6 ⑬ 〔試〕*** 4925 시: 去寘 | shì, シ

소전 行서 간화 试 이름 시험할 시: 자원 형성. 言+式→試. 拭(시)와 같이 式(식)의 변음이 성부.

필순 亠 亠 言 言 言 言 訁 訁 試 試

새김 ❶시험하다. 지식이나 기능을 시험해 보다. ¶試才(—, 재주 재)재주를 시험해 봄. ❷시험. ¶入試(들 입, —)입학 시험. ⓔ치열한 — 경쟁. ❸시험삼아. ¶試案(—, 안 안)시험삼아 꾸민 안.
〔試金石〕(시금석) ①층샛돌. 금의 품질을 검사하는 돌. ②사물의 본질이나 가치를 평가하는 기준. 「나 행동함.
〔試圖〕(시도) 무엇을 실현해 보려고 계획하거
〔試鍊〕(시련) ①의지나 됨됨이 등을 시험하여 봄. ②겪기 어려운 단련이나 고비.
〔試寫〕(시사) 영화를 일반에게 공개하기 전에 시험적으로 상영함. ⓔ—會.
〔試乘〕(시승) 시험삼아 타 봄. 「어봄.
〔試食〕(시식) 음식의 맛을 알아보기 위하여 먹
〔試運轉〕(시운전) 차나 기계 따위를 새로 만들어서 사용하기 전에 시험적으로 하여 보는 운전. 「를 겨룸.
〔試合〕(시합) 운동이나 경기 등에서 서로 승부
〔試行錯誤〕(시행착오) 여러 번의 실패를 거듭하면서 차츰차츰 목적한 바의 방법을 익혀 가는 일. ⓔ—를 거듭하다.
〔試驗〕(시험) ①사물의 성질이나 상태를 증험하여 봄. ②지식이나 기술의 수준과 숙련 정도를 일정한 절차로 검열하는 일.
▷ 考試(고시)·科試(과시)·應試(응시)·殿試(전시)·初試(초시)·鄕試(향시)·會試(회시)

6 ⑧ 〔试〕 4926 시: 試(4925)의 간화자

6 ⑬ 〔詣〕* 4927 예: 去霽 | yì, ケイ

소전 행서 간화 诣 이름 이를 예: 자원 형성. 言+旨→詣. 旨(지)의 변음이 성부.
새김 이르다. 도달하다. ¶造詣(이를 조, —)학문이나 기예 등의 일정한 부문에 관하여 도달한 정도. ⓔ—가 깊다.
〔詣闕〕(예궐) 대궐에 들어감.

6 ⑧ 〔诣〕 4928 예: 詣(4927)의 간화자

6 ⑬ 〔誉〕 4929 예: 譽(5077)의 약자·간화자

6 ⑬ 〔諍〕 4930 쟁 諍(4987)의 속자

6 ⑧ 〔诤〕 4931 쟁 諍(4987)의 간화자

6 ⑬ 〔詮〕* 4932 전 平先 | quán, セン

소전 행서 간화 诠 이름 저울질할 전 자원 형성. 言+全→詮. 銓(전)·荃(전)과 같이 全(전)이 성부.
새김 저울질하다. 또는 이리저리 따져 골라 뽑다. ¶銓衡(—, 저울질할 형)사람을 이모저모로 따져 골라 뽑음. ⓔ—委員.

6 ⑧ 〔诠〕 4933 전 詮(4932)의 간화자

6 ⑬ 〔誅〕* 4934 주 平虞 | zhū, チュウ

소전 행서 간화 诛 이름 벨 주 자원 형성. 言+朱→誅. 株(주)·珠(주)와 같이 朱(주)가 성부.
새김 ❶베다. 죽이다. ¶誅殺(—, 죽일 살) 죄 있는 자를 죽임. ❷치다. 무력으로 토벌하다. ¶誅滅(—, 멸할 멸)죄 지은 자를 무력으로 쳐서 없앰. ❸꾸짖다. 나무라다. ¶誅罰(—, 벌할 벌) 죄인을 꾸짖어 벌을 줌. ❹토색질하다. 강탈하다. ¶誅求(—, 요구할 구)억지로 요구하여 빼앗음. ⓔ苛斂—.
〔誅戮〕(주륙) 죽임. 죄를 몰아 죽임.
〔誅責〕(주책) 준엄하게 꾸짖음.

6 ⑧ 〔诛〕 4935 주 誅(4934)의 간화자

6 ⑬ 〔詹〕* 4936 첨 平鹽 | zhān, セン

소전 행서 이름 이를 첨 자원 회의. 广+八+言→詹. 广은 높다. 八은 나누다의 뜻. 사물을 나누어 끝까지 이러쿵저러쿵 말한다는 뜻.
새김 ❶이르다. 도달하다. ❷공급하다. 부족한 것을 대주다.

6 ⑧ [诞] 4937 탄: 誕(4965)의 간화자

6 ⑬ [該]** 4938 해 ㊍개 平灰 | gāi, ガイ

소전 行서 간화 该 이름 갖출 해 자원 형성. 言＋亥→該. 咳(해)·骸(해)와 같이 亥(해)가 성부.

필순 亠 ⺀ 言 言 言' 言亠 該 該 該 該

새김 ❶갖추다. 또는 너르다. 널리. ¶該博(—, 너를 박)학문이나 지식이 넓고 넓음. ㉠—한 지식. ❷들어맞다. ¶該當(—, 맞을 당)어떤 사물에 바로 들어맞음. ㉠—者. ❸그. 위에서 말한 사람이나 사물을 가리키는 말. ¶該當(—, 그 당)무엇에 관계되는 바로 그. ㉠—機關.

6 ⑧ [该] 4939 해 該(4938)의 간화자

6 ⑬ [話]*** 4940 화: 去卦 | huà, ワ

소전 행서 간화 话 이름 말 화: 자원 형성. 言＋舌〔昏의 변형〕→話. 昏(괄)의 변음이 성부.

필순 亠 ⺀ 言 言 言' 言' 言千 話 話 話

새김 ❶말. 이야기. ¶童話(아이 동, —)어린이들을 위하여 지은 이야기. ㉠—作家. ❷말하다. 이야기하다. ¶話術(—, 재주 술)말하는 재주나 기술. ㉠—이 좋다.
〔話頭〕(화두) 말의 첫머리.
〔話題〕(화제) 이야기의 제목. 이야기의 주제.
▷談話(담화)·對話(대화)·秘話(비화)·神話(신화)·夜話(야화)·逸話(일화)·電話(전화)·通話(통화)·會話(회화)

6 ⑧ [话] 4941 화: 話(4940)의 간화자

6 ⑬ [詰]* 4942 힐 ㊍길 入質 | jié, キツ

소전 행서 간화 诘 이름 따질 힐 자원 형성. 言＋吉→詰. 吉(길)의 변음이 성부.

새김 ❶따지다. 따지어 캐묻다. ¶詰責(—, 꾸짖을 책)잘못된 점을 따져 꾸짖음. ㉠—하듯 나무라다. ❷굽다. 구부러지다. ¶詰屈(—, 굽을 굴)이리저리 구부러짐. 인신하여, 말이나 글이 까다로와 이해하기가 어려움. ㉠—聱牙.
〔詰難〕(힐난) 트집을 잡아 따지고 듦.
〔詰問〕(힐문) 따져 물음.

6 ⑧ [诘] 4943 힐 詰(4942)의 간화자

7 ⑭ [誡]* 4944 계: 去卦 | jiè, カイ

소전 행서 간화 诫 이름 타이를 계: 자원 형성. 言＋戒→誡. 械(계)와 같이 戒(계)가 성부.

새김 타이르다. 훈계하다. 참고 오늘날은 주로 戒(1777)로 쓴다.

7 ⑨ [诫] 4945 계: 誡(4944)의 간화자

7 ⑭ [誥]* 4946 고: 去號 | gào, コウ

소전 행서 간화 诰 이름 고할 고: 자원 형성. 言＋告→誥. 告(고)가 성부.

새김 ❶고하다. 아뢰거나 알리다. ❷훈계하다. 타이르다. 또는 훈계하는 글. ¶訓誥(훈계할 훈, —)훈계하여 타이름.

7 ⑨ [诰] 4947 고: 誥(4946)의 간화자

7 ⑭ [読] 4948 독 讀(5079)의 약자

7 ⑭ [誣]* 4949 무: ㊍무 平虞 | wū, フ

소전 행서 간화 诬 이름 꾸며댈 무: 자원 형성. 言＋巫→誣. 巫(무)가 성부.

새김 꾸며대다. 없는 사실을 있는 듯이 꾸며대다. ¶誣告(—, 고할 고)사실이 없는 것을 꾸며서 해당 기관에 고발하거나 고소함. ㉠—罪.
〔誣罔〕(무망) 허위 사실을 날조하거나 거짓된 말로 남을 속임.
〔誣陷〕(무함) 없는 일을 꾸며대어 남을 궁지에 빠뜨림.

7 ⑨ [诬] 4950 무: 誣(4949)의 간화자

7 ⑭ [誓]** 4951 서: 去霽 | shì, セイ

소전 행서 이름 맹세할 서: 자원 형성. 折＋言→誓. 逝(서)와 같이 折(절)의 변음이 성부.

필순 扌 扌 扌 扩 折 折 誓 誓 誓 誓

새김 맹세하다. 굳게 다짐하다. 또는 맹세. ¶誓約(—, 약속할 약)맹세하여 약속함. 또는 그 약속. ㉠—書.

〔誓告〕(서고) 맹세하여 고함.　「소원.
〔誓願〕(서원) 맹세하여 소원을 세움. 또는 그
▷盟誓(맹서)·宣誓(선서)

7 ⑭ 〔說〕*** 4952
㊀설 入屑 shuō, セツ
㊁세: 去霽 shuì, セイ
㊂열 入屑 yuè, エツ

소전 행서 간화 说 이름 ㊀말할 설 ㊁달랠 세: ㊂기쁠 열 자원 형성. 言+兌→說. 稅(세), 悅(열)과 같이 兌(탈-예)의 변음이 성부.

필순

새김 ㊀❶말하다. 풀어서 말하다. ¶說明(—, 밝힐 명)내용을 말하여 밝힘. 예—書. ❷말. 이야기. ¶說話(—, 이야기 화)이야기. 예—文學. ❸설. 의견. 의사. ¶學說(학문 학, —)학문에 대하여 주장하는 의견이나 이론. 예朱子의 —. ㊁달래다. 자기 의견에 따르도록 꾀다. ¶說客(—, 사람 객)자기 의견을 따르도록 꾀는 사람. ㊂기쁘다. 悅(1633)과 같다. 〔論語〕不亦說乎(불역열호)또한 기쁘지 아니하겠는가?(기쁘다는 뜻).
〔說敎〕(설교) 종교의 교리를 설명함.
〔說得〕(설득) 알아듣도록 설명하여 납득시킴.
〔說往說來〕(설왕설래) 서로 말이 오고 가며 옥신각신함.
〔說破〕(설파) 사물의 내용을 밝혀 말함.
▷講說(강설)·浪說(낭설)·論說(논설)·辯說(변설)·社說(사설)·序說(서설)·力說(역설)·遊說(유세)·異說(이설)·雜說(잡설)·總說(총설)·卓說(탁설)·解說(해설)

7 ⑨ 〔说〕 4953
㊀설 說(4952)의 간화자
㊁세: 說(4952)의 간화자
㊂열 說(4952)의 간화자

7 ⑭ 〔誠〕*** 성 誠(4919)의 본자
4954

7 ⑭ 〔誦〕** 송: 去宋 sòng, ショウ
4955

소전 행서 간화 诵 이름 욀 송: 자원 형성. 言+甬→誦. 甬(용)의 변음이 성부.

필순

새김 ❶외다. 암기하다. ¶暗誦(욀 암, —)시나 문장 등을 보지 않고 욈. ❷읊다. 가락을 붙여 읽다. ¶朗誦(밝을 랑, —)소리를 내어 읊음. 예詩—.
〔誦經〕(송경) 경서(經書)나 불경을 욈.
〔誦讀〕(송독) 책을 외어 읽음. 암송(暗誦)함.
▷口誦(구송)·愛誦(애송)·傳誦(전송)

7 ⑨ 〔诵〕 송: 誦(4955)의 간화자
4956

7 ⑭ 〔語〕*** 어: 上語 yǔ, ゴ
4957

소전 행서 간화 语 이름 말 어: 자원 형성. 言+吾→語. 吾에는 '오' 외에 '어' 음도 있어, 齬(어)·圄(어)와 같이 吾(어)가 성부.

필순

새김 ❶말. 언어. ¶國語(나라 국, —)자기 나라의 말. ❷말하다. ¶語調(—, 가락 조)말할 때 소리내는 가락. 예그의 —에는 서운함이 배어난다.
〔語感〕(어감) 말소리나 말투가 지니는 여러 가지 느낌과 맛.　「말을 모은 기록.
〔語錄〕(어록) 위인이나 유명한 학자들이 한
〔語不成說〕(어불성설) 말이 사리에 도무지 맞지 않아 말 같지 않음.
〔語源〕(어원) 말이 이루어진 근원.
〔語套〕(어투) 말버릇. 말투.
〔語彙〕(어휘) 단어. 또는 단어의 총체.
▷古語(고어)·單語(단어)·文語(문어)·反語(반어)·俗語(속어)·述語(술어)·言語(언어)·原語(원어)·隱語(은어)·標語(표어)

7 ⑨ 〔语〕 어: 語(4957)의 간화자
4958

7 ⑭ 〔誤〕*** 오: 去遇 wù, ゴ
4959

소전 행서 간화 误 이름 잘못 오: 자원 형성. 言+吳→誤. 娛(오)·筽(오)와 같이 吳(오)가 성부.

필순

새김 ❶잘못. ㉠실수. ¶過誤(허물 과, —)허물이나 잘못. 예—를 저지르다. ㉡잘못되게. 틀리거나 그릇되게. ¶誤審(—, 심판할 심)잘못 심판함. 또는 잘못된 심판. 예—으로 인해 우승을 못했다. ❷틀리다. 잘못되다. ¶誤字(—, 글자 자)틀린 글자. 또는 잘못 쓴 글자.
〔誤算〕(오산) 잘못 계산함. 또는 잘못된 계산.
〔誤譯〕(오역) 잘못된 번역. 또는 잘못 그릇되게 번역함.
〔誤診〕(오진) 잘못 진찰함.
〔誤判〕(오판) 잘못된 판단이나 판결. 또는 잘못 판단하거나 판결함.
〔誤解〕(오해) 잘못 생각하거나 잘못 이해함. 또는 그런 생각이나 이해.
▷正誤(정오)·錯誤(착오)

7 ⑨ 〔误〕 오: 誤(4959)의 간화자
4960

7 ⑭ 〔誘〕** 유 [本]유: [上]有 | yǒu, ユウ
4961

[소전] 誘 [행서] 誘 [간화] 诱 [이름] 꾈 유 [자원] 형성. 言+秀→誘. 秀(수)의 변음이 성부.

[필순] 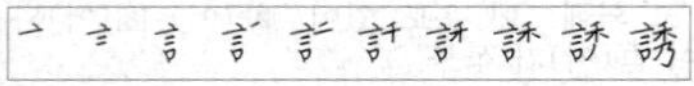

[새김] ❶꾀다. 꾀어내다. ¶誘惑(—, 현혹시킬 혹)남을 꾀어서 정신을 현혹시킴. 또는 나쁜 길로 꾐. [예]—에 빠지다. ❷이끌다. 인도하다. ¶誘致(—, 이를 치)사람이나 행사·공장 등을 어떤 데로 이끌어 이르게 함. [예]월드컵 축구대회의 —.
〔誘拐〕(유괴) 속여서 데려감. 속여서 꾀어냄.
〔誘導〕(유도) 어떤 곳이나 상태로 꾀어서 이끎.
〔誘發〕(유발) 어떤 일에 유인되어 다른 일이 발생함.
〔誘引〕(유인) 유혹하여 꾀어냄.
▷勸誘(권유)·善誘(선유)·誨誘(회유)

7 ⑨ 〔诱〕 유 誘(4961)의 간화자
4962

7 ⑭ 〔認〕*** 인 [本]인: [去]震 | rèn, ニン
4963

[행서] 認 [간화] 认 [이름] 알 인 [자원] 형성. 言+忍→認. 忍(인)이 성부.

[필순] 

[새김] ❶알다. 식별하다. ¶認識(—, 알 식)사물을 분별하고 판단하여 아는 일. [예]—不足. ❷간주하다. 승인하다. ¶認定(—, 결정할 정)㉮확실하게 그렇다고 여김. ㉯사실이나 자격의 유무를 공적인 기관에서 그러하다고 판단을 내리는 일. [예]—教科書.
〔認可〕(인가) 법적으로 인정하여 허가함.
〔認證〕(인증) 인정하여 증명함. [예]—書.
〔認知〕(인지) 어떤 사실을 그러한 줄로 인정하여 앎.
〔認許〕(인허) 인가(認可).
▷公認(공인)·默認(묵인)·否認(부인)·承認(승인)·是認(시인)·誤認(오인)

7 ⑭ 〔誌〕** 지: [去]寘 | zhì, シ
4964

[소전] 誌 [행서] 誌 [이름] 기록 지: [자원] 형성. 言+志→誌. 志(지)가 성부.

[필순] 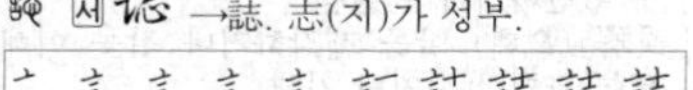

[새김] ❶기록. 또는 기록하다. ¶日誌(날 일, —)그날 그날 일어난 사실을 적은 기록. [예]事業—. ❷표지. 안표. ¶墓誌(무덤 묘, —)죽은 사람의 생명·행적·신분 등을, 돌 등에 새겨 무덤 옆에 묻는 표지.
〔誌面〕(지면) 신문 따위 인쇄물의 기사가 실린 종이의 면. 지상(誌上).
〔誌石〕(지석) 죽은 사람의 이름·생몰 연월일·행적·무덤의 좌향 등을 적어서 무덤 앞에 묻는 돌.
▷書誌(서지)·雜誌(잡지)·會誌(회지)

7 ⑭ 〔誕〕** 탄: [上]旱 | dàn, タン
4965

[소전] 誕 [행서] 誕 [간화] 诞 [이름] 태어날 탄: [자원] 형성. 言+延→誕. 延(연)의 변음이 성부.

[필순] 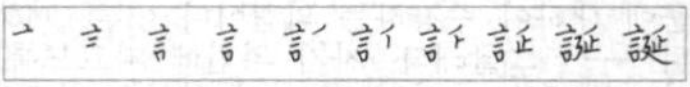

[새김] ❶태어나다. 출생하다. ¶誕辰(—, 날 신)태어난 날. [동]誕日(탄일). ❷헛되다. 허황하다. ¶荒誕(허황할 황, —)아무런 근거도 없고 허황함. [예]—한 말.
〔誕降〕(탄강) 하늘에서 내려옴. 임금이나 성인의 탄생을 뜻함.
〔誕生〕(탄생) 사람이 태어남.
〔誕日〕(탄일) 태어난 날.
▷降誕(강탄)·放誕(방탄)·聖誕(성탄)·虛誕(허탄)

7 ⑭ 〔誨〕* 회: [去]隊 | huì, カイ
4966

[소전] 誨 [행서] 誨 [간화] 诲 [이름] 가르칠 회: [자원] 형성. 言+每→誨. 悔(회)·晦(회)와 같이 每(매)의 변음이 성부.
[새김] 가르치다. 깨우쳐 주다. ¶教誨(가르칠 교, —)잘 가르쳐서 잘못을 깨우치게 함.
〔誨諭〕(회유) 가르쳐 깨우침.
▷訓誨(훈회)

7 ⑨ 〔诲〕 회: 誨(4966)의 간화자
4967

8 ⑮ 〔課〕*** 과 [本]과: [去]箇 | kè, カ
4968

[소전] 課 [행서] 課 [간화] 课 [이름] 일과 과 [자원] 형성. 言+果→課. 菓(과)·顆(과)와 같이 果(과)가 성부.

[필순] 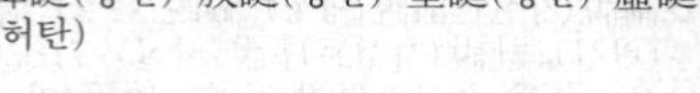

[새김] ❶일과. 매일 하는 맡겨진 일. ¶日課(날

일, —)날마다 하기로 정해져 있는 일. ㉠—를 끝내다. ❷부과하다. ㉠조세를 부과하다. ¶課稅(—, 세금 세)세금을 부과함. ㉡할 일을 부과하다. ¶課題(—, 문제 제)부과한 문제. 또는 해결해야 할 문제. ㉠당면한 —. ❸과목. 교과의 과목. ¶課程(—, 한도 정)학교에서, 일정한 동안에 학습해야 하는 학습의 내용. ㉠教育—. ❹과. 기관이나 회사의 사무의 구분. ㉠學務課.

〔課目〕(과목) 교과 안에서 구분한 한 분야.
〔課業〕(과업) 앞으로 하여야 할 일이나 임무.
〔課外〕(과외) 규정된 학과 과정의 밖.
▷ 考課(고과)·賦課(부과)·學課(학과)

8 ⑩ 〔课〕 4969 과 課(4968)의 간화자

8 ⑩ 〔诺〕 4970 낙 諾(4999)의 간화자

8 ⑮ 〔談〕*** 4971 담 平 覃 tàn, タン

소전 𧫴 행서 談 간화 谈 이름 말 담 자원 형성. 言+炎→談. 炎에는 '염' 외에 '담' 음도 있어, 淡(담)·痰(담)와 같이 炎(담)이 성부.

필순 亠 亖 言 言 言 言 言' 言'' 訟 談

새김 ❶말. 이야기. ¶冒險談(무릅쓸 모, 위험할 험, —)위험을 무릅쓰고 한 행동이나 사실에 대한 이야기. ❷말하다. 이야기하다. ¶面談(대면할 면, —)서로 대면하여 이야기함. ㉠—을 주선하다.

〔談笑〕(담소) 웃으면서 이야기함.
〔談判〕(담판) 시비를 가리거나 결말을 짓기 위해 당사자들이 서로 논의함.
〔談話〕(담화) 어떤 일에 대한 의견이나 태도를 공식적으로 발표하는 말.
▷ 古談(고담)·弄談(농담)·對談(대담)·美談(미담)·私談(사담)·相談(상담)·餘談(여담)·情談(정담)·座談(좌담)·會談(회담)

8 ⑩ 〔谈〕 4972 담 談(4971)의 간화자

8 ⑩ 〔读〕 4973 ㊀ 독 讀(5079)의 간화자 ㊁ 두: 讀(5079)의 간화자

8 ⑮ 〔諒〕** 4974 량 ㊍량: 去 漾 liàng, リョウ

소전 𧬊 행서 諒 간화 谅 이름 참될 량 자원 형성. 言+京→諒. 涼(량)과 같이 京(경)의 변음이 성부.

필순 亠 亠 言 言' 言 諒 諒 諒 諒 諒

새김 ❶참되다. 또는 참된 사람. 〔論語〕 友諒(우량) 참된 사람을 벗함. ❷살피다. 헤아려 살피다. ¶諒解(—, 이해할 해)일의 내용이나 사정 등을 헤아려 살펴서 그럴 수 있으리라고 이해함. ㉠—를 바라다.

〔諒知〕(양지) 헤아려 앎.
〔諒察〕(양찰) 사정을 헤아려 살핌.

8 ⑩ 〔谅〕 4975 량 諒(4974)의 간화자

8 ⑮ 〔論〕*** 4976 론 ㊍론: 去 願 lùn, ロン

소전 𧩼 행서 論 간화 论 이름 논할 론 자원 형성. 言+侖→論. 侖(륜)의 변음이 성부.

필순 亠 亖 言 言 訁 訡 訡 論 論 論

새김 ❶논하다. 조리를 세우거나 시비를 따져 말하다. ¶論議(—, 의논할 의)어떤 문제에 대하여 서로의 의견을 말하여 의논함. ㉠—를 거듭하다. ❷주장. 조리 있는 주장이나 의견. ¶論據(—, 근거 거)주장이나 이론의 근거. ㉠명백한 —. ❸논어(論語)의 준말. ¶論孟(—, 맹자 맹)유교의 경서인 논어와 맹자.

〔論告〕(논고) 형사 재판에서, 피고의 범죄 사실과 법률 적용에 관한 검사의 논증.
〔論功行賞〕(논공행상) 공로를 평가하여 상을 주거나 표창을 함.
〔論壇〕(논단) 평론가나 비평가들의 사회.
〔論難〕(논란←논난) 이러니저러니 논하여 시비하거나 비난함. 「인 思考.
〔論理〕(논리) 말이나 글에서의 조리. ㉠—的
〔論文〕(논문) 일정한 문제나 주제에 대한 연구 결과를 발표하는 글.
〔論駁〕(논박) 결함이나 부족한 점을 들어 공격하여 말함. 「그 글.
〔論說〕(논설) 사물을 평론하고 설명함. 또는
〔論述〕(논술) 어떤 문제에 관하여 의견이나 사실을 논하여 서술함. 또는 그 서술.
〔論外〕(논외) 논의하는 범위의 밖.
〔論爭〕(논쟁) 어떤 문제에 대하여 옳고 그름을 따지어 다툼. 「온건한 —
〔論調〕(논조) 의견이나 이론을 말하는 투. ㉠.
〔論罪〕(논죄) 죄의 성립이나 경중을 논함.
〔論旨〕(논지) 논하는 말이나 글의 취지.
〔論評〕(논평) 논하면서 비평함.
▷ 槪論(개론)·公論(공론)·國論(국론)·談論(담론)·勿論(물론)·反論(반론)·序論(서론)·言論(언론)·輿論(여론)·理論(이론)·

正論(정론)·衆論(중론)·持論(지론)·討論(토론)

8 ⑮ 〔誹〕* 비 平微 | fěi, ヒ
4977

소전 行서 간화 诽 이름 헐뜯을 비 자원 형성. 言+非→誹. 悲(비)·扉(비)와 같이 非(비)가 성부.
새김 헐뜯다. 욕하다. ¶誹謗(—, 헐뜯을 방)남을 헐뜯어 말함. 예—者.

8 ⑩ 〔诽〕 비 誹(4977)의 간화자
4978

8 ⑮ 〔誰〕*** 수 平支 | shuí, スイ
4979

소전 行서 간화 谁 이름 누구 수 자원 형성. 言+隹→誰. 隹(추)의 변음이 성부.

필순 丶 亠 亠 言 言 訁 訃 詐 誰 誰

새김 누구. 어떤 사람. ¶誰怨誰咎(—, 원망할 원, —, 탓할 구)누구를 원망하고 누구를 탓하랴? 곧 남을 원망하거나 탓할 것이 없다는 뜻.
〔誰某〕(수모) 아무개. 어떤 사람.
〔誰知烏之雌雄〕(수지 오지자웅) 누가 까마귀의 암수를 분별하랴? 옳고 그름의 구별이 어려움의 형용.
〔誰何〕(수하) 누구. 아무개. 또는 누구냐?

8 ⑩ 〔谁〕 수 誰(4979)의 간화자
4980

8 ⑮ 〔諄〕* 순 本준 平眞 | zhūn, ジュン
4981

소전 行서 간화 谆 이름 타이를 순 자원 형성. 言+享→諄. 淳(순)·醇(순)과 같이 享(향)의 변음이 성부.
새김 타이르다. 되풀이하여 친절하게 타이르다. ¶諄諄(—, —)친절하게 되풀이하여 타이름. 또는 그런 모양.

8 ⑩ 〔谆〕 순 諄(4981)의 간화자
4982

8 ⑩ 〔谀〕 유 諛(5015)의 간화자
4983

8 ⑮ 〔誾〕* 은 平眞 | yín, ギン
4984

소전 行서 이름 화기애애할 은 자원 형성. 門+言→誾. 門(문)의 변음이 성부.
새김 화기애애하다. 화기애애한 가운데 시비를 따지다. ¶誾誾(—, —)화기애애하면서도 시비를 분명히 따지는 모양.

8 ⑮ 〔誼〕* 의: 去寘 | yì, ギ
4985

소전 行서 간화 谊 이름 의 의: 자원 형성. 言+宜→誼. 宜(의)가 성부.
새김 의. 정분. 정의. ¶友誼(우애할 우, —)우애하는 정의. 예 —를 돈독히 하다.
▷恩誼(은의)·情誼(정의)·厚誼(후의)

8 ⑩ 〔谊〕 의: 誼(4985)의 간화자
4986

8 ⑮ 〔諍〕* 쟁 本쟁: 去敬 | zhèng, ソウ
4987

소전 行서 속자 諍 간화 诤 이름 간할 쟁 자원 형성. 言+爭→諍. 錚(쟁)·箏(쟁)과 같이 爭(쟁)이 성부.
새김 간하다. 간하여 바루다. ¶諍臣(—, 신하 신)임금의 잘못에 대해 바른 말로 간하는 신하.
〔諍論〕(쟁론) 서로 이러니저러니 하고 다툼.
〔諍訟〕(쟁송) 송사를 일으켜 서로 다툼.
▷諫諍(간쟁)

8 ⑩ 〔诸〕 ㊀제 諸(5019)의 간화자 ㊁저 諸(5019)의 간화자
4988

8 ⑮ 〔調〕*** ㊀조 平蕭 | tiáo, チョウ ㊁조 本조: 去嘯 | diào, チョウ
4989

소전 行서 간화 调 이름 ㊀고를 조 ㊁가락 조 자원 형성. 言+周→調. 凋(조)·彫(조)와 같이 周(주)의 변음이 성부.

필순 丶 亠 言 訂 訂 訂 訶 調 調 調

새김 ㊀❶고르다. ㉠알맞게 하다. 균형이 잡히다. ¶調和(—, 화할 화)환경이나 조건 등에 알맞게 어울림. 예내용과 형식의 —. ㉡알맞게 조절하다. ¶調停(—, 멈출 정)분쟁을 조화시키어 멈추게 함. 예居中—. ㉢정상적 상태로 순조롭다. ¶雨順風調(비 우, 따를 순, 바람 풍, —)곡식이 잘 자라도록 때에 맞추어 비가 오고 바람이 순조로움. ❷간을 맞추다. ¶調味(—, 맛 미)음식의 맛을 알맞게 맞춤. 예—料. ❸병을 다스리다. ¶調攝(—, 기를 섭)병을 다스리고 몸을 보살펴 보양함. 예병을 앓고 난 뒤의 —. ❹찾아 보거나 살펴보다. ¶調査(—, 살필 사)모르는 사실을 분명히 알기 위하여 찾아보거나 살펴보거나 함. 예—研究. ❺구하다. 사다. ¶調達(—, 이를 달)필요한 돈이나 물건을 구하거나 사서 갖춤. 예資材—. ㊁❶가락. 음악의 곡조나 시의 운율. ¶曲調(가락 곡, —) 음악적인 가락. 예흥겨운 —. ❷구실.

고대의 부세의 하나. ¶租庸調(구실 조, 구실 용, —)국가가 국민에게서 조세로 받아들이던 곡식·노동력·지방 토산물.
〔調練〕(조련) 병사(兵士)를 훈련함.
〔調理〕(조리) ①몸을 보살피고 병을 다스림. ②음식을 요리함.
〔調書〕(조서) 조사한 사실을 기록한 문서.
〔調律〕(조율←조률) 악기의 음을 조정하여 정확한 음으로 맞춤. ㉨—師.
〔調印〕(조인) 도장을 찍음. 조약(條約)에 서명 날인함.
〔調節〕(조절) 균형이 잡히고 조화를 이루게 정돈하여 바로잡음.
〔調整〕(조정) 실정에 맞게 조절함.
〔調劑〕(조제) 여러 약제를 조합하여 약을 만듦. 「한데 섞음.
〔調合〕(조합) 일정한 비율로 고르게 맞추어서
▷格調(격조)·基調(기조)·同調(동조)·變調(변조)·順調(순조)·時調(시조)·哀調(애조)·情調(정조)·協調(협조)·好調(호조)

8 ⑩ 〔调〕 4990 조 調(4989)의 간화자

8 ⑮ 〔諂〕* 4991 첨 ㊍첨: 上琰 chǎn, テン

소전 행서 간화 谄 이름 아첨할 첨 자원 형성. 言+臽〔閻의 생략체〕→諂. 閻(염)의 변음이 성부.
새김 아첨하다. 또는 아첨. ¶諂諛(—, 아첨할 유) 아첨함. 또는 아첨.
〔諂笑〕(첨소) 아양을 떨며 아첨하여 웃음.
▷阿諂(아첨)

8 ⑩ 〔谄〕 4992 첨 諂(4991)의 간화자

8 ⑮ 〔請〕*** 4993 청 ㊍청: 上梗 qǐng, セイ

소전 행서 간화 请 이름 청할 청 자원 형성. 言+青→請. 淸(청)·晴(청)과 같이 靑(청)이 성부.

필순 ㇀ 亠 言 言 詰 請 請 請 請 請

새김 ❶청하다. 요구하다. ¶請願(—, 원할 원) 희망·요구 등을 해결하여 줄 것을 청하여 원함. ㉨—書. ❷떠맡다. 청하여 맡다. ¶請負(—, 질 부)토목·건축 따위의 일을 자진하여 맡음. ㉨—業者.
〔請暇〕(청가) 말미를 청함.
〔請求〕(청구) 달라고 청하여 요구함.
〔請牒〕(청첩) 경사 때 남을 초청하는 일. 또는 그 글. ㉨—狀.
〔請託〕(청탁) 청하고 부탁함.
〔請婚〕(청혼) 결혼하여 줄 것을 청함.
▷懇請(간청)·強請(강청)·申請(신청)·要請(요청)·奏請(주청)·招請(초청)

8 ⑩ 〔请〕 4994 청 請(4993)의 간화자

8 ⑮ 〔諏〕* 4995 추 平虞 zōu, シュ

소전 행서 간화 诹 이름 물을 추 자원 형성. 言+取→諏. 取에는 '취' 외에 '추' 음도 있어, 取(추)가 성부.
새김 묻다. 의견을 묻다.

8 ⑩ 〔诹〕 4996 추 諏(4995)의 간화자

9 ⑯ 〔諫〕* 4997 간: 去諫 jiàn, カン

소전 행서 간화 谏 이름 간할 간: 자원 형성. 言+柬→諫. 揀(간)과 같이 柬(간)이 성부.
새김 간하다. 바른 말로 충고하다. ¶諫言(—, 말 언)임금이나 웃사람에게 간하는 말.
〔諫臣〕(간신) 임금에게 옳은 말로 간하는 신하. 「함.
〔諫爭〕(간쟁) 잘못을 바로잡도록 직언으로 간
▷苦諫(고간)·極諫(극간)·泣諫(읍간)·直諫(직간)·忠諫(충간)

9 ⑪ 〔谏〕 4998 간: 諫(4997)의 간화자

9 ⑯ 〔諾〕** 4999 낙 入藥 nùo, ダク

소전 행서 간화 诺 이름 승낙할 낙 자원 형성. 言+若→諾. 若(약)의 변음이 성부.

필순 ㇀ 亠 言 言 言 言 言 訁 訁 諾

새김 승낙하다. 동의하다. 말을 들어주다. ¶快諾(쾌히 쾌, —)쾌히 승낙함. 또는 그 승낙.
〔諾否〕(낙부) 허락과 거절.
▷輕諾(경낙)·受諾(수락)·承諾(승낙)·應諾(응낙)·許諾(허락)

9 ⑯ 〔謀〕** 5000 모 ㊍무 平尤 móu, ボウ

소전 행서 간화 谋 이름 꾀 모 자원 형성. 言+某→謀. 某(모)가 성부.

필순 亠 言 言 言 訁 訁 誁 誁 謀 謀

새김 ❶꾀. 책략. 계략. ¶智謀(슬기 지, ―)슬기와 꾀. 예비상한 ―. ❷꾀하다. 생각을 하다. 계책을 세우다. ¶謀叛(―, 배반할 반)임금을 배반하고 거병할 것을 꾀함. 예 ―者.
〔謀略〕(모략) 사실을 외곡하거나 속임수를 써서 꾸미는 책략.
〔謀免〕(모면) 어떤 상황이나 책임에서 꾀나 수단을 써서 벗어남.
〔謀士〕(모사) 일을 잘 꾀하여 이루게 하는 사람.
〔謀議〕(모의) 어떤 일을 꾀하고 의논함.
〔謀陷〕(모함) 남을 해쳐서 곤경에 빠뜨림.
▷權謀(권모)·圖謀(도모)·無謀(무모)·密謀(밀모)·逆謀(역모)·陰謀(음모)·策謀(책모)

9 ⑪ 〔谋〕 5001 모 謀(5000)의 간화자

9 ⑪ 〔谜〕 5002 미 謎(5038)의 간화자

9 ⑯ 〔諝〕* 5003 서 平魚 | xū, ショ

소전 行서 간화 谞 이름 슬기 서 자원 형성. 言＋胥→諝. 壻(서)·惰(서)와 같이 胥(서)가 성부.
새김 슬기. 재지(才智). 또는 꾀.

9 ⑪ 〔谞〕 5004 서 諝(5003)의 간화자

9 ⑯ 〔謚〕* 5005 시: 去寘 | shì, シ

소전 행서 통자 謚 이름 시호 시: 자원 형성. 言＋益〔益의 변형〕→謚→謚. 益(익)의 변음이 성부.
새김 시호(謚號). 죽은 사람의 생전의 공덕을 기려 추증하는 이름.

9 ⑯ 〔謁〕** 5006 알 入月 | yè, エツ

소전 행서 간화 谒 이름 뵐 알 자원 형성. 言＋曷→謁. 曷에는 '갈' 외에 '알' 음도 있어, 曷(알)이 성부.

필순 亠 言 言 訁 訁 訁 謁 謁 謁 謁

새김 뵙다. 신분이 높은 사람을 면회하다. ¶謁見(―, 뵐 현)신분이 높은 사람을 뵘.
〔謁廟〕(알묘) 사당(祠堂)에 참배함.
〔謁聖〕(알성) 國임금이 문묘(文廟)에 참배함. 예― 及第.

▷拜謁(배알)·朝謁(조알)·請謁(청알)

9 ⑪ 〔谒〕 5007 알 謁(5006)의 간화자

9 ⑯ 〔諺〕* 5008 언: 去霰 | yàn, ゲン

소전 행서 간화 谚 이름 속담 언: 자원 형성. 言＋彥→諺. 彥(언)이 성부.
새김 ❶속담. 예로부터 전해 오는 격언. ¶古諺(예 고, ―)예로부터 전하여 오는 속담. ❷國한글. 훈민정음. ¶諺文(―, 글 문)한글.
〔諺解〕(언해) 國한문을 한글로 번역함.
▷俗諺(속언)·俚諺(이언)

9 ⑪ 〔谚〕 5009 언: 諺(5008)의 간화자

9 ⑯ 〔謡〕 5010 요 謠(5049)의 약자

9 ⑯ 〔謂〕** 5011 위: 去未 | wèi, イ

소전 행서 간화 谓 이름 이를 위: 자원 형성. 言＋胃→謂. 渭(위)·蝟(위)와 같이 胃(위)가 성부.

필순 亠 言 言 訁 訁 訁 謂 謂 謂 謂

새김 이르다. 말하다. ¶所謂(바 소, ―)이른바. 말하는 바.
▷可謂(가위)·云謂(운위)

9 ⑪ 〔谓〕 5012 위: 謂(5011)의 간화자

9 ⑯ 〔諭〕* 5013 유 本유: 去遇 | yù, ユ

소전 행서 간화 谕 이름 타이를 유 자원 형성. 言＋俞→諭. 喩(유)·愈(유)와 같이 俞(유)가 성부.
새김 타이르다. ㉠가르쳐 인도하다. ¶敎諭(가르칠 교, ―)가르치고 타이름. ㉡임금이나 정부가 백성에게 타이르다. 또는 그 글이나 명령. ¶諭示(―, 보일 시)임금이나 관청이 백성을 타일러 가르침. 또는 그 글.
〔諭告〕(유고) ①깨달아 알도록 타이름. ②문체(文體) 이름. 윗사람이 아랫사람에게 내리는 통고나 명령.
〔諭旨〕(유지) 임금이 신하와 백성에게 내리는 명령. 또는 그 글.
▷告諭(고유)·宣諭(선유)·說諭(설유)·勅諭(칙유)·諷諭(풍유)·誨諭(회유)

9 ⑪ [谕] 5014 유 諭(5013)의 간화자

9 ⑯ [諛]* 5015 유 平虞 | yú, ユ

소전 諛 행서 諛 간화 谀 이름 아첨할 유 자원 형성. 言+臾→諛. 萸(유)·庾(유)와 같이 臾(유)가 성부.
새김 아첨하다. 남의 비위를 맞추다. ¶諛言(—, 말 언) 아첨하는 말.
▷阿諛苟容(아유구용)

9 ⑯ [諮]* 5016 자 平支 | zī, シ

행서 諮 간화 谘 이름 물을 자 자원 형성. 言+咨→諮. 咨(자)가 성부.
새김 묻다. 상의하다. ¶諮問(—, 물을 문)의견을 물음. 예—機關.

9 ⑪ [谘] 5017 자 諮(5016)의 간화자

9 ⑯ [諪]* 5018 정 平青 | tíng, テイ

행서 諪 이름 조정할 정 자원 형성. 言+亭→諪. 停(정)·渟(정)과 같이 亭(정)이 성부.
새김 조정(調停)하다.

9 ⑯ [諸]*** 5019 ㊀ 제 本저 平魚 | zhū, ショ ㊁ 저 平魚 | zhū, ショ

소전 諸 행서 諸 간화 诸 이름 ㊀모든 제 ㊁어조사 저 자원 형성. 言+者→諸. 楮(저)와 같이 者(자)의 변음이 성부.

필순 丶 亠 言 言 計 計 訪 諸 諸 諸

새김 ㊀모든. 여러. 많은. ¶諸國(—, 나라 국) 여러 나라. 예東南亞—. ㊁❶이를 ~ 느냐? '之乎'의 합음자. 〔孟子〕有諸(유저)이를 가졌느냐? ❷어조사. 영탄의 뜻을 나타낸다. ¶日居月諸(날 일, 어조사 거, 달 월, —)날이여 달이여란 뜻으로, 쉬지 않고 지나가는 세월을 이르는 말.
〔諸君〕(제군) 자네들. 여러분.
〔諸般〕(제반) 여러 가지.
〔諸位〕(제위) 여러분.
〔諸侯〕(제후) 제왕(帝王)에게 매여 있으면서 제각기 봉토를 가지고 그 지역 안을 통치하는 왕이나 봉건 귀족.

9 ⑪ [谗] 5020 참 讒(5087)의 간화자

9 ⑯ [諜]* 5021 첩 入葉 | dié, チョウ

소전 諜 행서 諜 간화 谍 이름 첩자 첩 자원 형성. 言+枼→諜. 堞(첩)·牒(첩)과 같이 枼(접)의 변음이 성부.
새김 ❶간첩. 염탐꾼. 스파이. ¶間諜(첩자 간, —)염탐꾼. 스파이. 예南派—. ❷염탐하다. 정찰하다. ¶諜報(—, 알릴 보)정탐한 사정을 보고함. 또는 그 보고. 예—網.
〔諜者〕(첩자) 염탐꾼. 간첩.
▷防諜(방첩)·偵諜(정첩)

9 ⑪ [谍] 5022 첩 諜(5021)의 간화자

9 ⑯ [諦]* 5023 체 本제: 去霽 | dì, テイ

소전 諦 행서 諦 간화 谛 이름 주의할 체 자원 형성. 言+帝→諦. 締(체)와 같이 帝(제)의 변음이 성부.
새김 ❶주의하다. 주의를 기울이다. ¶諦念(—, 생각 념)골똘한 생각. ❷(佛)진리. 범어 satya의 의역. ¶眞諦(참 진, —)거짓이나 차별이 없는 진리. ❸國 단념하다. ¶諦念(—, 생각 념)단념한 생각. 또는 생각을 단념함.
〔諦觀〕(체관) ①살살이 살펴봄. ②國 단념함.
〔諦聽〕(체청) 주의하여 자세히 들음.
▷詳諦(상체)·審諦(심체)·要諦(요체)

9 ⑪ [谛] 5024 체 諦(5023)의 간화자

9 ⑯ [諶]* 5025 침 本심 平侵 | chén, シン

소전 諶 행서 諶 간화 谌 이름 믿을 침 자원 형성. 言+甚→諶. 甚(심)의 변음이 성부. 참고 대법원 공인 인명용 추가한자의 자음은 본음인 '심'으로 되어 있으나, 詩經·書經의 언해음은 다 관용음인 '침'으로 되어 있다.
새김 ❶믿다. 〔書經〕天難諶(천난침)하늘도 믿기가 어렵다. ❷진정. 참마음. 〔詩經〕其命匪諶(기명비침) 그 명이 진정이 아님.

9 ⑪ [谌] 5026 침 諶(5025)의 간화자

9 ⑯ [諷]* 5027 풍 本풍: 去送 | fěng, フウ

소전 諷 행서 諷 간화 讽 이름 풍자할 풍 자원 형성. 言+風→諷. 楓(풍)과 같이 風(풍)이 성부.
새김 ❶풍자하다. 빗대어 말하다. ¶諷刺(—, 찌를 자)사회적 현상이나 남의 결점을 빗대어 조소하거나 폭로하여 찌름. 예—詩. ❷외다. 외어 읊다. ¶諷誦(—, 욀 송)시나 글을 외어서 읽거나 읊음.
〔諷諫〕(풍간) 넌지시 비유하여 간함.
〔諷詠〕(풍영) 시가를 소리내어 읊조림. 「함.
〔諷諭〕(풍유) 넌지시 돌려서 타이르거나 풍자

9 ⑯ 〖謔〗* 학 入藥 | xuè, ギャク
5028

소전 행서 간화 谑 이름 농지거리할 학 자원 형성. 言+虐→謔. 虐(학)이 성부.
새김 농지거리하다. ¶諧謔(농지거리할 해, —) 諧(5030)을 보라.
▷侮謔(모학)·諧謔(해학)·戲謔(희학)

9 ⑪ 〖谑〗 학 謔(5028)의 간화자
5029

9 ⑯ 〖諧〗* 해 | xié, カイ
5030

소전 행서 간화 谐 이름 화할 해 자원 형성. 言+皆→諧. 偕(해)·楷(해)와 같이 皆(개)의 변음이 성부.
새김 ❶화하다. 조화를 이루다. ¶諧調(—, 고를 조)잘 조화를 이룸. 또는 그런 가락. ❷농지거리하다. ¶諧謔(—, 농지거리할 학)농지거리로 하는 익살스러운 말이나 짓. 예—小說.
〔諧語〕(해어) 농지거리. 익살. 「잘 어울림.
〔諧和〕(해와) ①서로 화합함. ②음악의 곡조가

9 ⑪ 〖谐〗 해 諧(5030)의 간화자
5031

9 ⑯ 〖諱〗* 휘 本휘: 去未 | huì, キ
5032

소전 행서 간화 讳 이름 꺼릴 휘 자원 형성. 言+韋→諱. 韋(위)의 변음이 성부.
새김 ❶꺼리다. 휘하다. 꺼리어 피하다. ¶忌諱(꺼릴 기, —)꺼리어 피함. 또는 꺼리어 싫어함. 예노동조합의 결성을 —하는 기업주. ❷휘. 죽은 사람의 생전의 이름. 예退溪先生의 —.
〔諱日〕(휘일) 사람이 죽은 날. 기일(忌日).
〔諱字〕(휘자) 돌아가신 어른의 살아 있을 때의 이름자.
〔諱之祕之〕(휘지비지) 國남을 꺼리어서 숨기고 우물쭈물 얼버무려 넘김.
▷不諱(불휘)·隱諱(은휘)·避諱(피휘)

10 ⑰ 〖講〗*** 강: 上講 | jiǎng, コウ
5033

소전 행서 간화 讲 이름 익힐 강: 자원 형성. 言+冓→講. 冓(구)의 변음이 성부.

필순 亠 言 言 訁 訁 訁 講 講 講 講

새김 ❶익히다. 훈련하다. ¶講武(—, 무예 무)무예를 익히거나 훈련함. ❷화해하다. ¶講和(—, 화할 화)교전국 쌍방이 전투 행동을 그만두고 사이좋게 지내기로 함. 예—條約. ❸강론하다. ㉠여러 사람에게 말하다. ¶講演(—, 말할 연)일정한 주제로 여러 사람 앞에서 강의 형식으로 말함. 또는 그 말. 예—會. ㉡풀어서 밝히다. ¶講義(—, 뜻 의)학술이나 기술에 관한 내용을 체계적으로 설명함. 또는 그 내용. 예—錄.
〔講究〕(강구) 연구하여 대책을 세움.
〔講壇〕(강단) 강의나 강연을 하는 사람이 올라 서는 자리.
〔講堂〕(강당) 의식이나 강연을 하기 위하여 많은 사람을 수용할 수 있게 지은 큰 방.
〔講讀〕(강독) 글을 읽으면서 그 뜻을 밝힘. 또는 그것을 목적으로 하는 학과. 「토론함.
〔講論〕(강론) 어떤 이치나 글의 뜻을 해설하며
〔講師〕(강사) ①강연이나 강의를 하는 사람. ②대학에서 일정 기간 강의를 맡은 사람. 예專任—.
〔講習〕(강습) 학문·예술·기술·실무 등을 익히고 연습함. 「목.
〔講座〕(강좌) 대학 교수가 강의를 맡은 한 과
〔講評〕(강평) 어떤 훈련이나 의식 등을 치르고 난 뒤, 그에 대하여 총괄적으로 평가함. 또는 그 평가.
▷開講(개강)·缺講(결강)·名講(명강)·受講(수강)·始講(시강)·熱講(열강)·終講(종강)·聽講(청강)·特講(특강)·廢講(폐강)

10 ⑰ 〖謙〗** 겸 平鹽 | qiān, ケン
5034

소전 행서 간화 谦 이름 겸손할 겸 자원 형성. 言+兼→謙. 鎌(겸)·慊(겸)과 같이 兼(겸)이 성부.

필순 亠 言 言 訁 訁 訁 謙 謙 謙 謙

새김 겸손하다. 남에게 자신을 낮추다. ¶謙讓(—, 사양할 양)겸손한 태도로 남에게 사양함. 예—의 미덕.
〔謙遜〕(겸손) 남을 높이고 자기를 낮추며 태도가 공손함.
〔謙稱〕(겸칭) 겸손하게 일컫는 말.
〔謙虛〕(겸허) 겸손하여 교기가 없음.
▷恭謙(공겸)·自謙(자겸)

10 ⑫ 〔谦〕 겸 謙(5034)의 간화자
5035

10 ⑰ 〔謄〕* 등 平蒸 téng, トウ
5036

소전 謄 행서 謄 간화 誊 이름 베낄 등 자원 형성. 朕〔朕의 변형〕+言→謄. 騰(등)과 같이 朕(짐)의 변음이 성부.
새김 베끼다. 원본을 그대로 베끼다. ¶謄本(—, 근본 본)원본을 그대로 베낌. 또는 그 서류. 예戶籍—.
〔謄寫〕(등사) 원본 그대로 베껴 냄.
〔謄抄〕(등초) 등사(謄寫)

10 ⑫ 〔谟〕 모 謨(5056)의 간화자
5037

10 ⑰ 〔謎〕* 미 本미: 去霽 mí, メイ
5038

소전 謎 행서 謎 간화 谜 이름 수수께끼 미 자원 형성. 言+迷 →謎. 迷(미)가 성부.
새김 수수께끼. 또는 은어(隱語). ¶謎語(—, 말 어)수수께끼.

10 ⑰ 〔謐〕* 밀 入質 mì, ヒツ
5039

소전 謐 행서 謐 간화 谧 이름 고요할 밀 자원 형성. 言+监→謐. 监(밀)이 성부.
새김 고요하다. 조용하다. ¶靜謐(고요할 정, —)아주 고요함. 또는 편안하고 고요함.

10 ⑫ 〔谧〕 밀 謐(5039)의 간화자
5040

10 ⑰ 〔謗〕* 방: 去漾 bàng, ボウ
5041

소전 謗 행서 謗 간화 谤 이름 헐뜯을 방: 자원 형성. 言+旁→謗. 傍(방)·榜(방)과 같이 旁(방)이 성부.
새김 헐뜯다. 남의 흉을 보다. ¶誹謗(헐뜯을 비, —)誹(4977)를 보라.
▷毁謗(훼방)

10 ⑫ 〔谤〕 방: 謗(5041)의 간화자
5042

10 ⑰ 〔謝〕*** 사: 去禡 xiè, シャ
5043

소전 謝 행서 謝 간화 谢 이름 사례할 사: 자원 형성. 言+射→謝. 射(사)가 성부.

필순 亠 言 言 言 訁 訃 訆 謝 謝 謝

새김 ❶사례하다. 감사하다는 인사를 하다. ¶謝恩(—, 은혜 은)받은 은혜에 고마움을 표시함. ❷물리치다. 거절하다. ¶謝絶(—, 거절할 절)요구를 물리치고 들어주지 아니함. 예面會—. ❸갈아들다. ¶新陳代謝(새 신, 묵을 진, 번갈 대, —)새 것과 묵은 것이 번갈아 갈아듦. ㉮묵은 것은 없어지고 새 것이 대신 생김. ㉯생물체가 생리적 작용에 의하여 낡아진 물질을 배설하고 새로운 물질을 받아들이는 일. ❹사과하다. 잘못을 빌다. ¶謝罪(—, 허물 죄)지은 죄나 잘못에 대하여 상대방에게 용서를 빎. 예百拜—.
〔謝過〕(사과) 자기의 잘못에 대하여 용서를 빎.
〔謝禮〕(사례) 감사의 뜻을 나타냄. 또는 그 인사.
〔謝意〕(사의) ①감사의 뜻. ②사과하는 마음.
▷感謝(감사)·多謝(다사)·拜謝(배사)·陳謝(진사)·厚謝(후사)

10 ⑫ 〔谢〕 사: 謝(5043)의 간화자
5044

10 ⑰ 〔謖〕* 속 入屋 sù, ショク
5045

행서 謖 간화 谡 이름 일어설 속 자원 형성. 言+畟→謖. 畟(측)의 변음이 성부.
새김 일어서다. 또는 우뚝 솟은 모양.

10 ⑫ 〔谡〕 속 謖(5045)의 간화자
5046

10 ⑰ 〔謚〕 ㊀시: 去寘 shì, シ ㊁익 入陌 yì, エキ
5047

소전 謚 행서 謚 간화 谥 이름 ㊀시호 시: ㊁웃는 모양 익 자원 형성. 言+益→謚. 益(익)이 성부.
새김 ㊀시호. 諡(5005)와 동자. ㊁웃는 모양.

10 ⑫ 〔谥〕 ㊀시: ㊁익 謚(5047)의 간화자
5048

10 ⑰ 〔謠〕** 요 平蕭 yáo, ヨウ
5049

행서 謠 약자 謡 간화 谣 이름 노래 요 자원 형성. 言+䍃→謠. 搖(요)·遙(요)와 같이 䍃(요)가 성부.

필순 亠 言 訁 診 診 諮 謠 謠 謠 謠

새김 노래. 유행가. ¶民謠(백성 민, —)백성들의 생활 속에서 만들어져 널리 불리면서 전해져 오는 노래.

▷歌謠(가요)·童謠(동요)·俗謠(속요)

10 ⑫ 〔谣〕 요 謠(5049)의 간화자
5050

11 ⑱ 〔謳〕* 구 本우 平尤 ōu, オウ
5051

소전 행서 간화 讴 이름 노래할 구 자원 형성. 言＋區→謳. 驅(구)·嘔(구)와 같이 區(구)가 성부.
새김 노래하다. 기리어 노래하다. ¶謳歌(—, 노래할 가) 은덕을 기리어 노래함. 또는 칭찬하여 노래함. 예태평성대를 —하다.

11 ⑱ 〔謹〕** 근: 上吻 jǐn, キン
5052

소전 행서 간화 谨 이름 삼갈 근: 자원 형성. 言＋堇→謹. 僅(근)·勤(근)과 같이 堇(근)이 성부.

필순 言 言 言 訁 詳 詳 諅 謹 謹 謹

새김 삼가다. 언행을 조심하여 공경하다. ¶謹愼(—, 삼갈 신)말이나 행동을 삼가서 조심함.
〔謹啓〕(근계) 삼가 아뢲. 편지 첫머리에 쓰는 말.
〔謹嚴〕(근엄) 매우 점잖고 엄숙함.
〔謹呈〕(근정) 공손히 바침. 삼가 드림.
〔謹弔〕(근조) 삼가 조상(弔喪)함.
〔謹賀〕(근하) 삼가 축하함.
▷敬謹(경근)·恭謹(공근)

11 ⑬ 〔谨〕 근: 謹(5052)의 간화자
5053

11 ⑱ 〔謬〕* 류: 本무: 去宥 miù, ビュウ
5054

소전 행서 간화 谬 이름 잘못 류: 자원 형성. 言＋翏→謬. 翏(류)가 성부.
새김 잘못. 실수. 또는 잘못하다. 그릇치다. ¶誤謬(잘못 오, —)행동이나 사고에 있어서의 그릇된 일. 예—를 범하다.

11 ⑬ 〔谬〕 류: 謬(5054)의 간화자
5055

11 ⑱ 〔謨〕* 모 平虞 mó, ボ
5056

소전 행서 간화 谟 이름 꾀 모 자원 형성. 言＋莫→謨. 莫에는 '막' 외에 '모' 음도 있어, 模(모)·暮(모)와 같이 莫(모)가 성부.
새김 꾀. 계략. 또는 꾀하다. ¶聖謨(성스러울 성, —)임금의 계획과 방책.

11 ⑱ 〔謫〕* 적 入陌 zhé, タク
5057

소전 행서 간화 谪 이름 귀양갈 적 자원 형성. 言＋商→謫. 摘(적)·敵(적)·適(적)과 같이 啇(적)이 성부.
새김 귀양가다. 또는 귀양보내다. ¶謫所(—, 곳 소)귀양살이하는 곳. 예—에서 죽다.
〔謫居〕(적거) 귀양살이를 하고 있음.
〔謫仙〕(적선) ①선계(仙界)에서 인간 세계로 쫓겨온 선인(仙人). ②당대(唐代)의 시인 이백(李白)을 높여 이르는 말.
▷流謫(유적)·貶謫(폄적)

11 ⑬ 〔谪〕 적 謫(5057)의 간화자
5058

12 ⑲ 〔譏〕* 기 平微 jī, キ
5059

소전 행서 간화 讥 이름 나무랄 기 자원 형성. 言＋幾→譏. 機(기)·饑(기)와 같이 幾(기)가 성부.
새김 ❶나무라다. 조롱하다. 또는 비난. ¶譏弄(—, 희롱할 롱)실없는 말로 조롱하여 놀림. ❷조사하다. 검열하다. ¶譏察(—, 살필 찰)범인을 잡기 위하여 수소문하고 행인을 조사함. 예—을 당하다.

12 ⑲ 〔譚〕* 담 平覃 tán, タン
5060

행서 간화 谭 이름 이야기 담 자원 형성. 言＋覃→譚. 潭(담)과 같이 覃(담)이 성부.
새김 이야기. 談(4971)과 통용. ¶奇譚(기이할 기, —)기이한 이야기.
〔譚詩〕(담시) 이야기 형식으로 쓴 시. 발라드.
▷民譚(민담)

12 ⑭ 〔谭〕 담 譚(5060)의 간화자
5061

12 ⑲ 〔譜〕** 보: 上麌 pǔ, ホ
5062

소전 행서 간화 谱 이름 계도 보: 자원 형성. 言＋普→譜. 潽(보)와 같이 普(보)가 성부.

필순 亠 亠 言 言 言 言 譜 譜 譜 譜

새김 ❶계도. ㉠사람이나 동식물의 계통을 순서에 따라 배열한 기록. ¶族譜(겨레 족, —)집안의 계통과 혈통의 관계를 적어놓은 기록. ㉡사실을 햇수에 따라 적은 기록. ¶年譜(해 년, —)사람의 한 평생의 사적을 햇수에 따라 차례대로 적은 기록. ❷악보(樂譜). 음악의 가락을 부호로 기록한 것.
〔譜牒〕(보첩) 씨족이나 종족의 세계(世系)를 적은 책. 족보(族譜).
〔譜表〕(보표) ①사물을 종류별·계통별로 엮어 만든 표. ②음악을 악보로 표시하기 위한 5선의 체계.
〔譜學〕(보학) 각 성씨(姓氏)의 계보를 연구하는 학문.
▷系譜(계보)·世譜(세보)·音譜(음보)

12 ⑭ 〔谱〕 보: 譜(5062)의 간화자
5063

12 ⑲ 〔識〕*** ㊀식 入職 shí, シキ ㊁지: 去寘 zhì, シ
5064

소전 𧫷 행서 識 간화 识 이름 ㊀알 식 ㊁표지 지: 자원 형성. 言+戠→識. 戠(직)의 변음이 성부.

필순 言 言 言 訁 訁 諳 諳 識 識 識

새김 ㊀❶알다. 이해하다. 깨닫다. ¶識別(—, 구별할 별)알아서 구별함. ㊀眞僞(진위)의 —. ❷아는 벗. 또는 아는 알음. ¶一面識(한 일, 얼굴 면, —)한 번 서로 만나본 정도로 아는 알음. ㊀—도 없는 사이. ❸지식. ¶識見(—, 견문 견)학식과 견문. 또는 사물을 분별하여 알아내는 능력. ㊀정치적 —. ㊁❶표지. 안표(眼標). ¶標識(표할 표, —)다른 것과 구별하는 데 필요한 표시. ㊀—板. ❷적다. 기록하다. ¶謹識(삼갈 근, —)삼가 적음.
〔識者〕(식자) 사물의 이치를 잘 아는 사람.
〔識字憂患〕(식자우환) 國 글자깨나 아는 것이 도리어 근심을 사게 됨.
▷鑑識(감식)·見識(견식)·無意識(무의식)·博識(박식)·常識(상식)·良識(양식)·意識(의식)·認識(인식)·知識(지식)·學識(학식)

12 ⑲ 〔譌〕 와 訛(4884)의 본자
5065

12 ⑲ 〔證〕*** 증: 去徑 zhèng, ショウ
5066

소전 證 행서 證 동자 証 간화 证 이름 증명할 증: 자원 형성. 言+登→證. 登(등)의 변음이 성부.

필순 言 言 訁 訁 訁 訟 訟 諮 諮 證

새김 ❶증명하다. 증거하다. ¶證人(—, 사람 인)증명하는 사람. 증거를 서는 사람. ㊀—을 내세우다. ❷증명. 증거. ¶確證(확실할 확, —)확실한 증거. ㊀—이 있다.
〔證據〕(증거) 어떠한 사실을 증명할 만한 근거나 표적.
〔證券〕(증권) ①증거로 되는 문서. ②재산에 관한 권리 의무를 나타낸, 법적인 증거 서면.
〔證明〕(증명) 증거를 들어 진위(眞僞)를 밝힘.
〔證憑〕(증빙) 증거가 되거나 증거로 삼음.
〔證書〕(증서) 어떤 사실을 증명하는 문서.
〔證言〕(증언) ①증거로 되거나 사실을 증명하는 말. ②증인으로서 진술하는 말.
〔證左〕(증좌) 참고가 될 만한 증거.
〔證驗〕(증험) ①증거. 또는 증거로 내세울 만한 경험. ②효험(效驗).
▷檢證(검증)·考證(고증)·物證(물증)·反證(반증)·保證(보증)·實證(실증)·僞證(위증)·立證(입증)

12 ⑲ 〔譁〕* 화 平麻 huá, カ
5067

소전 譁 행서 譁 이름 떠들 화 자원 형성. 言+華→譁. 嬅(화)·樺(화)와 같이 華(화)가 성부.
새김 떠들다. 시끄럽게 떠들다. ¶喧譁(시끄러울 훤, —)시끄럽게 떠듦. ㊀—之聲

12 ⑲ 〔譎〕* 휼 ㊍결: 入屑 júe, ケツ
5068

소전 譎 행서 譎 간화 谲 이름 간사할 휼 자원 형성. 言+矞→譎. 鷸(휼)과 같이 矞(결)의 변음이 성부.
새김 간사하다. 간사하고 능청스럽다. ¶譎計(—, 꾀 계)간사하고 능청스러운 꾀. ㊀—에 빠지다.
〔譎詐〕(휼사) 간사한 꾀를 부려 남을 속임.
▷詭譎(궤휼)·詐譎(사휼)

12 ⑭ 〔谲〕 휼 譎(5068)의 간화자
5069

13 ⑮ 〔谴〕 견: 譴(5076)의 간화자
5070

13 ⑳ 〔警〕** 경: 上梗 jǐng, ケイ
5071

소전 警 행서 警 이름 경계할 경: 자원 형성. 敬+言→警. 驚(경)·儆(경)과 같이 敬(경)이 성부.

필순 一 艹 艹 芍 苟 苟 苟 敬 警 警

새김 경계하다. 경계하여 깨우치다. ¶警備(—, 지킬 비)뜻밖에 일어날 비상 사태에 대처하기 위하여 경계하여 지킴. ㊀—員.
〔警戒〕(경계) ①옳지 않은 행동이나 잘못된 일을 하지 않도록 타일러 주의하게 함. ②뜻밖에 사고가 생기지 않도록 미리 주의하여

단속함.
〔警告〕(경고) 조심하라고 경계하여 알림.
〔警句〕(경구) 진리나 인간의 수양에 도움이 되는 뛰어난 생각을 간결하고 날카롭게 표현한 말이나 문구.
〔警報〕(경보) 닥쳐올 위험을 경계하도록 사전「에 알리는 신호.
〔警世〕(경세) 세상 사람을 경계하여 깨우침.
〔警笛〕(경적) 비상 상태를 알리거나 사고의 발생을 미리 경계하기 위하여 울리는 고동. ㉠― 을 울리다.
〔警鐘〕(경종) ①비상 사태나 위급한 일을 알리는 종이나 사이렌 따위의 신호. ②미리 경계하여 이르는 주의나 충고.
〔警察〕(경찰) 국민의 생명과 재산을 지키고 사회의 질서를 유지하는 일을 목적으로 하는 행정. 또는 그 조직. ㉠―官.
〔警護〕(경호) 경계하고 호위함.
▷ 軍警(군경)·巡警(순경)·夜警(야경)

13 ⑳ 〖譬〗* 비: 去寘 | pì, ヒ
5072

소전 행서 이름 비유할 비: 자원 형성. 辟+言 →譬. 辟에는 '벽·피·비' 등의 음이 있어, 臂(비)와 같이 辟(비)가 성부.
새김 비유하다. 또는 비유. ¶譬喩(―, 비유할 유)어떤 사물을 설명하기 위하여 다른 사물을 빌어서 표현함. 또는 그 표현.

13 ⑳ 〖譲〗 양: 讓(5086)의 약자
5073

13 ⑳ 〖譯〗** 역 入陌 | yì, ヤク
5074

소전 행서 약자 訳 간화 译 이름 번역할 역 자원 형성. 言+睪→譯. 驛(역)·繹(역)과 같이 睪(역)이 성부.
필순
새김 번역하다. 어떤 언어를 다른 언어로 옮기다. ¶飜譯(번역할 번, ―)어떤 언어로 된 글을 다른 언어의 글로 옮김. ㉠―小說.
〔譯官〕(역관) 통역·번역을 맡아보는 관리. 통역관(通譯官).
〔譯詩〕(역시) 시를 번역함. 또는 그 시.
▷ 共譯(공역)·誤譯(오역)·意譯(의역)·重譯(중역)·直譯(직역)·通譯(통역)

13 ⑳ 〖議〗*** 의: 去寘 | yì, ギ
5075

소전 행서 간화 议 이름 의논할 의: 자원 형성. 言+義 →議. 儀(의)·蟻(의)와 같이 義(의)가 성부.
필순
새김 ❶의논하다. 상의하다. ¶會議(모일 회, ―)여럿이 모여 의논함. 또는 그 모임. ㉠國際―. ❷의견. 주장. 언론. ¶異議(다를 이, ―)다른 의견이나 주장. ㉠―를 제기하다.
〔議決〕(의결) 논의하여 결정함.
〔議論〕(①의론 ②의논←의론) ①이러니저러니 시비를 따지어 토의함. 또는 그 토의. ②일정한 문제의 해결을 위하여 서로 의견을 교환함. ⓢ논의(論議).
〔議事〕(의사) 회의에서 어떤 안건을 토의함.
〔議席〕(의석) 회의장에서 의원이 앉는 자리. 인신하여, 의원으로서의 자격.
〔議案〕(의안) 회의에서 토의할 안건.
〔議員〕(의원) 의결권(議決權)을 가진 합의 기관의 구성원. ㉠國會―.
〔議題〕(의제) 회의에서 의논할 문제.
〔議會〕(의회) 국민에 의하여 선출된 의원이, 국가나 자치단체의 정치에 대하여 심의하고 의결하는 기관. ㉠―民主主義.
▷ 建議(건의)·決議(결의)·論議(논의)·物議(물의)·動議(동의)·不可思議(불가사의)·提議(제의)·討議(토의)·稟議(품의)·抗議(항의)·和議(화의)

14 ㉑ 〖譴〗* 견: 去霰 | qiǎn, ケン
5076

소전 행서 간화 谴 이름 꾸짖을 견: 자원 형성. 言+遣 →譴. 遣(견)이 성부.
새김 꾸짖다. 문책하다. ¶譴責(―, 꾸짖을 책)허물이나 잘못을 꾸짖고 나무람.

14 ㉑ 〖譽〗** 예: ㊉여: 去御 | yù, ヨ
5077

소전 행서 약자 간화 誉 이름 기릴 예: 자원 형성. 與+言 →譽. 與(여)의 변음이 성부.
필순
새김 ❶기리다. 칭찬하다. 〔論語〕誰毁誰譽(수훼수예)누구를 헐뜯고 누구를 기리겠느냐? 남을 헐뜯거나 칭찬할 것이 없다는 뜻. ❷명예. 명성. 좋은 평판. ¶榮譽(영광스러울 영, ―)영광스러운 명예. ㉠우승의 ―.
▷ 名譽(명예)·稱譽(칭예)·毁譽(훼예)

14 ㉑ 〖護〗** 호: 去遇 | hù, ゴ
5078

소전 護 행서 護 간화 护 이름 지킬 호: 자원 형성. 言+蒦→護. 濩(호)·頀(호)와 같이 蒦(확)의 변음이 성부.

필순 言 言 言 言 訁 詳 謙 謹 護 護

새김 ❶지키다. 수호하다. ¶護國(—, 나라 국) 나라를 수호함. ㉠— 英靈. ❷돕다. 도와 보살피다. ¶救護(구할 구, —)재해로 인한 생활의 고통이나 생명의 위험 등을 도와 보살핌. ㉠이재민의 —物資.

〔護喪〕(호상) 초상을 치르는 데서 모든 일을 맡아서 보살핌. 또는 그 사람.
〔護送〕(호송) 보호하여 보냄.
〔護身〕(호신) 자기 몸을 보호함.
〔護衛〕(호위) 보호하여 지킴..
〔護憲〕(호헌) 헌법이나 입헌 정치를 지킴. ㉠— 運動.
▷看護(간호)·防護(방호)·辯護(변호)·保護(보호)·庇護(비호)·守護(수호)·愛護(애호)·掩護(엄호).

15 ㉒ 〔讀〕*** 5079 ㊀독 入屋 dú, ドク ㊁두: 去宥 dòu, トウ

소전 讀 행서 讀 약자 読 간화 读 이름 ㊀읽을 독 ㊁구두 두: 자원 형성. 言+賣 →讀. 瀆(독)·牘(독)과 같이 賣(독)이 성부.

필순 言 言 訁 訁 詰 詰 詰 讀 讀 讀

새김 ㊀읽다. 글을 읽다. ¶讀書(—, 책 서)책을 읽음. ㉠— 家. ㊁❶구두(句讀). 문장의 단락. ㉠— 點. ❷國이두(吏讀). 한자로 우리말을 적는 방법이나 한문에 우리말의 토를 다는 등의 체계. ㉠— 文.

〔讀經〕(독경) 경서(經書)나 불경(佛經)을 소리내어 읽음.
〔讀書三到〕(독서삼도) 송(宋)나라 주희(朱熹)가 주장한, 독서의 세 가지 방법. 곧 心到(심도:정신을 집중함)·眼到(안도:잘 살펴봄)·口到(구도:소리를 내어 읽음)의 세 가지를 이르는 말.
〔讀書三餘〕(독서삼여) 독서하기에 적합한 겨울과 밤과 비 올 때의 세 여가.
〔讀者〕(독자) 책·신문·잡지 따위를 읽는 사람.
〔讀祝〕(독축) 축문을 읽음.
〔讀破〕(독파) 책을 끝까지 다 읽음.
〔讀解〕(독해) 책을 읽어서 이해함.
〔讀後感〕(독후감) 책이나 글을 읽은 뒤의 느낌. 또는 그 느낌을 적은 글.
▷購讀(구독)·朗讀(낭독)·多讀(다독)·代讀(대독)·目讀(목독)·熟讀(숙독)·愛讀(애독)·音讀(음독)·精讀(정독)·訓讀(훈독)

15 ㉒ 〔讃〕 5080 찬: 讚(5090)의 약자

15 ㉒ 〔譓〕* 5081 혜: 去霽 huì, ケイ

행서 譓 이름 살필 혜: 자원 형성. 言+慧 →譓. 慧(혜)가 성부.

새김 살피다. 슬기롭게 살피다.

16 ㉓ 〔變〕*** 5082 변: 去霰 biàn, ヘン

소전 變 행서 變 속자 変 약자 간화 变 이름 변할 변: 자원 형성. 䜌+攵 →變. 䜌(련)의 변음이 성부.

필순 亠 亠 言 言 結 結 䜌 䜌 變 變

새김 ❶변하다. 달라지다. ¶變化(—, 될 화)성질이나 모양·상태가 변하여 달라짐. ㉠— 無窮. ❷고치다. 바꾸다. ¶變更(—, 고칠 경)다르게 고침. ㉠계획의 —. ❸변고. ㉠중대한 돌발 사고. ¶異變(이상할 이, —)괴이한 변고. ㉠—이 일어나다. ㉡자연의 재앙. ¶災變(재앙 재, —)재앙으로 생기는 변고.

〔變故〕(변고) 뜻밖에 일어난 재변(災變)과 사고.
〔變德〕(변덕) 國이랬다저랬다 하여 변하기를 잘하는 마음이나 태도.
〔變動〕(변동) 변하여 움직임.
〔變亂〕(변란) 사변으로 일어난 소란.
〔變名〕(변명) 본명을 숨기기 위하여 다른 이름을 씀. 또는 달리 부르는 그 이름.
〔變貌〕(변모) 모양이 달라짐. 또는 달라진 모양.
〔變死〕(변사) 변고로 죽음.
〔變聲〕(변성) 목소리가 변함. ㉠— 期.
〔變身〕(변신) 몸의 모양을 바꿈. 또는 그렇게 한 몸. ㉠— 術.
〔變心〕(변심) 마음이 변함. ㉠—이 잦다.
〔變裝〕(변장) 정체를 감추기 위하여 옷을 바꾸어 입거나 모습을 다르게 꾸밈. ㉠— 術.
〔變節〕(변절) 절개를 지키지 아니하고 배반함.
〔變造〕(변조) 바꾸어 만듦. 변작(變作).
〔變質〕(변질) 질이 변함. ㉠약품의 —.
〔變遷〕(변천) 변하여 바뀜.
〔變則〕(변칙) 정상적인 법칙이나 원칙에서 벗어나 달라진 법칙.
〔變態〕(변태) 정상이 아닌 상태로 달라짐. 또는 그렇게 달라진 상태.
〔變通〕(변통) ①그때 그때의 상황에 따라 융통성 있게 일을 처리함. ②國돈이나 물건을 돌려 씀.
〔變革〕(변혁) 사물이나 제도가 근본부터 급격히 달라짐. 또는 그러한 변화.

〔變形〕(변형) 모양이나 형태가 변함. 또는 변하여 달라진 형태.
▷逢變(봉변)·不變(불변)·事變(사변)·時變(시변)·臨機應變(임기응변)·滄桑之變(창상지변)·千變萬化(천변만화)·天災地變(천재지변)·豹變(표변)

16 ㉓ 〔讐〕* 수 平尤 | chóu, シュウ
5083

행서 讐 동자 讎 간화 雠 이름 원수 수 자원 형성. 雔+言 →讐. 雔(수)가 성부.
새김 원수. 또는 원수로 삼다. 원수를 갚다. ¶復讐(갚을 복, —)원수를 갚음. 예—心.
〔讐嫌〕(수혐) 원수같이 여겨 미워함.
▷仇讐(구수)·寇讐(구수)·不俱戴天之讐(불구대천지수)·怨讐(원수)

16 ㉓ 〔讎〕 수 讐(5083)와 동자
5084

16 ⑱ 〔雠〕 수 讐(5083)의 간화자
5085

17 ㉔ 〔讓〕*** 양: 去漾 | ràng, ジョウ
5086

소전 讓 행서 讓 약자 譲 간화 让 이름 사양할 양: 자원 형성. 言+襄 →讓. 壤(양)·攘(양)과 같이 襄(양)이 성부.

필순 言 言 言 訁 訁 訁 讓 讓 讓 讓

새김 ❶사양하다. ¶讓步(—, 걸음 보)걸음을 사양함. 인신하여, ㉮길·자리·물건 등을 남이 먼저 가거나 앉거나 가지도록 사양하여 물러남. ㉯자기의 주장을 사양하여 굽힘. ❷물려주다. ¶讓位(—, 자리 위)임금이 자리를 물려줌.
〔讓渡〕(양도) 자기의 권리·재산 따위를 남에게 넘겨 줌.
〔讓與〕(양여) 양도(讓渡).
▷謙讓(겸양)·分讓(분양)·辭讓(사양)·禪讓(선양)·禮讓(예양)·互讓(호양)

17 ㉔ 〔讒〕* 참 平咸 | chán, ザン
5087

소전 讒 행서 讒 간화 谗 이름 헐뜯을 참 자원 형성. 言+毚 →讒. 毚(참)이 성부.
새김 헐뜯다. 헐뜯어 모함하다. 또는 그 말. ¶讒訴(—, 일러바칠 소)남을 헐뜯어 웃사람에게 꾸며서 일러바침. 예간신의 —.
〔讒言〕(참언) 거짓 꾸며서 남을 헐뜯는 말.
〔讒毁〕(참훼) 참소하여 헐뜯음.

17 ㉔ 〔讖〕* 참 本참: 去沁 | chèn, シン
5088

소전 讖 행서 讖 간화 谶 이름 참언 참 자원 형성. 言+韱 →讖. 懺(참)과 같이 韱(섬)의 변음이 성부.
새김 참언(讖言). 앞일에 대하여 그 좋고 언짢음을 예언하는 말. ¶讖書(—, 책 서)참언을 기록한 책.
〔讖記〕(참기) 미래의 일을 예언한 기록.
▷圖讖(도참)·符讖(부참)

17 ⑲ 〔谶〕 참 讖(5088)의 간화자
5089

19 ㉖ 〔讚〕** 찬: 去翰 | zàn, サン
5090

행서 讚 약자 讃 이름 기릴 찬: 자원 형성. 言+贊 →讚. 纘(찬)·鑽(찬)과 같이 贊(찬)이 성부.

필순 言 言 訁 訁 訁 訁 訁 讚 讚 讚

새김 기리다. 칭송하다. ¶讚佛(—, 부처 불)부처의 공덕을 칭송함. 예—歌.
〔讚美〕(찬미) 아름답거나 거룩한 것을 찬양함.
〔讚辭〕(찬사) 칭찬하는 말이나 글.
〔讚頌〕(찬송) 기리고 찬양함.
〔讚揚〕(찬양) 높이 칭찬하여 드러냄.
▷賞讚(상찬)·禮讚(예찬)·自畫自讚(자화자찬)·絶讚(절찬)·稱讚(칭찬)

7획 부수 谷 部

▷명칭: 골곡
▷쓰임: 골짜기와 관계가 있는 한자의 부수로 쓰였다.

0 ⑦ 〔谷〕*** 곡 入屋 | gǔ, コク
5091

소전 谷 행서 谷 이름 골 곡 자원 상형. 좌우에서 산이 다가 와 골짜기의 어귀를 이룬 모양.

필순 ノ ハ ク 仌 仌 谷 谷

새김 ❶골. 골짜기. ¶溪谷(시내 계, —)시내가 흐르는 골짜기. 예속리산 —. ❷곡식. 穀(3731)과 통용·간화자.
〔谷口〕(곡구) 골짜기 어귀.
〔谷風〕(곡풍) ①동풍(東風). ②산골짜기에 부「는 바람.

▷谿谷(계곡)·空谷(공곡)·深谷(심곡)·進退維谷(진퇴유곡)·峽谷(협곡)

10 ⑰ 〔谿〕* 계: 平 齊 | qī, ケイ
5092

소전 행서 이름 골짜기 계: 자원 형성. 奚+谷→谿. 鷄(계)·磎(계)와 같이 奚(해)의 변음이 성부.
새김 골짜기. 또는 골짜기를 흐르는 시내. 溪(2857)와 같다.

10 ⑰ 〔豁〕* 활 平 曷 | huò, カツ
5093

소전 행서 이름 열릴 활 자원 형성. 害+谷→豁. 害에는 '해' 외에 '할' 음도 있어, 害(할)의 변음이 성부.
새김 ❶열리다. 탁 트이다. ¶豁然(—, 그러할 연)눈 앞이 가리는 것 없이 탁 트임. 인신하여, 의심이 풀리거나 미혹에서 벗어나 깨달음이 환한 모양의 형용. ❷넓다. 도량이 크다. ¶豁達(—, 통달할 달)㉮작은 일에 구애되지 않고, 도량이 너그럽고 큼. 예—한 성격. ㉯탁 트이어 시원스러움. ❸활발하고 의젓함.
〔豁達大度〕(활달대도) 아주 넓고 큰 도량.
▷空豁(공활)

7 획 부수 豆 部

▷명칭:콩두
▷쓰임:콩과 콩의 가공품에 관한 한자와 그릇에 관한 한자의 부수로 쓰였다.

0 ⑦ 〔豆〕*** 두 本두: 去 宥 | dòu, トウ
5094

소전 행서 속자 荳 이름 콩 두 자원 상형. 발이 달린, 음식을 담는 그릇의 모양. 가차하여 '콩'의 뜻으로 쓴다.
필순 一 𠮛 𠮛 豆 豆 豆 豆

새김 ❶콩. 식용 곡물의 하나. ¶豆腐(—, 썩을 부)콩을 갈아서 끓여, 간수를 쳐 엉긴 것을 눌러 짜서 만든 반찬거리. ❷두. 제사에 쓰는, 발이 달린 나무그릇. ¶籩豆(변 변, —)제사에 쓰는 그릇인 변과 두.
〔豆油〕(두유) 콩기름.
〔豆粥〕(두죽) ①콩죽. ②國 팥죽.
〔豆太〕(두태) 國 ①콩과 팥. ②콩팥.
▷綠豆(녹두)·大豆(대두)·小豆(소두)·俎豆(조두)

3 ⑩ 〔豈〕** 一 기: 上 尾 | qǐ, キ
二 개: 上 賄 | kǎi, ガイ
5095

소전 행서 간화 岂 이름 一어찌 기: 二즐거울 개: 자원 형성. 山〔微의 생략체〕+豆→豈. 微(미)의 변음이 성부.
필순 ' 山 山 ... 豈

새김 一어찌. 어째서. 어떻게. 의문·반어·영탄·추측 등의 뜻을 나타낸다. 〔詩經〕 豈無他人(기무타인)어찌 딴 사람이 없겠는가? (나 이외에 타인이 반드시 있다는 뜻). 二즐겁다. 愷(1692)와 통용.

6 ⑬ 〔豊〕 풍 豐(5099)의 속자
5096

8 ⑮ 〔豎〕 수 本수: 上 麌 | shù, ジュ
5097

소전 행서 속자 竪 이름 세울 수 자원 형성. 臤+豆→豎. 豆(두)의 변음이 성부.
새김 ❶세우다. 곧게 세우다. ¶豎碣(—, 비석 갈)비석을 세움. 예—告由. ❷아이. 남을 업신여겨 하는 말. ¶豎子(—, 어조사 자)어린아이.
〔豎童〕(수동) 더벅머리 아이.
〔豎立〕(수립) 똑바로 세움.

8 ⑮ 〔豌〕* 완 平 寒 | wān, エン
5098

행서 이름 완두 완 자원 형성. 豆+宛→豌. 婉(완)·琬(완)과 같이 宛(완)이 성부.
새김 완두(豌豆). 콩의 한 가지.

11 ⑱ 〔豐〕*** 풍 平 東 | fēng, ホウ
5099

소전 행서 속자 豊 간화 丰 이름 넉넉할 풍 자원 상형. 그릇의 한 가지인 豆에 음식물이 가득 담겨 있는 모양. 그래서 '넉넉하다'의 뜻을 나타낸다.
필순 丨 ... 豐

새김 ❶넉넉하다. 많다. ¶豐富(—, 많을 부)넉넉하게 많음. 예—한 지하 자원. ❷풍년이 들다. 곡식이 잘 여물다. ¶豐年(—, 해 년)곡식이 잘 여물어 소출이 많은 해. 예—歌. ❸부하다. 살지다. 뚱뚱하다 ¶豐滿(—, 찰 만)살이 쪄 피둥피둥함. 예—한 육체.
〔豐盛〕(풍성) ①넘치게 많음. ②곡식이 잘 여묾.
〔豐饒〕(풍요) 매우 많아서 넉넉함.
〔豐作〕(풍작) 농작물이 풍성하게 잘 익음. 또

는 풍성하게 잘 된 농작물.
〔豐足〕(풍족) 매우 넉넉하여 모자람이 없음.
〔豐凶〕(풍흉) 풍년과 흉년.
▷大豐(대풍)·登豐(등풍)·歲豐(세풍)·時和年豐(시화연풍)·凶豐(흉풍)

7획 부수 豕部

▷명칭:돼지시
▷쓰임:돼지와 돼지를 닮은 동물에 관한 한자의 부수로 쓰였다.

0 ⑦ 〔豕〕** 시: 上紙 | shǐ, シ
5100

소전 행서 이름 돼지 시: 자원 상형. 꼬리를 치켜 든 돼지의 모양을 본떴다.

새김 돼지. 집돼지나 산돼지. ¶豕突(—, 찌를 돌) 앞뒤를 헤아리지 않고 맹목적으로 불쑥 덤빔의 형용. 동猪突(저돌).

4 ⑪ 〔豚〕** 돈 平元 | tún, トン
5101

소전 행서 이름 돼지 돈 자원 회의. 月〔=肉〕+豕 →豚. 희생으로 쓰는 돼지를 뜻한다.

필순 丿 刀 月 月' 月' 肟 肟 豚 豚 豚

새김 돼지. ㉠집돼지. 가축의 하나. ¶養豚(기를 양, —)돼지를 기름. 예—業. ㉡미련함의 비유. ¶豚兒(—, 아이 아)미련한 아이란 뜻으로, 남에게 대하여 자기의 아들을 이르는 말.
〔豚魚〕(돈어) ①돼지와 물고기란 뜻으로, 미천한 사람이나 못 생긴 사람의 비유. ②복어의 딴이름.
〔豚肉〕(돈육) 돼지고기.
▷家豚(가돈)·鷄豚(계돈)·河豚(하돈)·海豚(해돈)

5 ⑫ 〔象〕** 상 本상: 上養 | xiàng, ショウ
5102

소전 행서 이름 코끼리 상 자원 상형. 긴 코를 가진 코끼리의 모양을 본떴다.

필순 ノ ク 勺 合 侖 争 旁 旁 象 象

새김 ❶코끼리. 동물의 이름. ¶象牙(—, 어금니 아)코끼리의 어금니. ❷모양. 형상. 생김새. ¶現象(나타날 현, —)눈앞에 나타나 보이는 사물의 형상. ❸본뜨다. 본떠 그리다. ¶象徵(—, 표현할 징)형체가 없는 것을 조건적으로 구체적인 사물로 표현함. 또는 그 사물. 예평화의 —. ❹像(0312)의 간화자.
〔象嵌〕(상감) 금속·도자기 따위의 표면을 파내고 그 자리에 다른 재료를 넣어 무늬나 그림을 형상하는 장식 기법.
〔象牙塔〕(상아탑) 학자나 예술가들이 현실 생활과는 떨어져서 오로지 학문이나 예술에만 도취하는 경지나 그들 사회의 비유.
〔象形〕(상형) ①형상을 본뜸. ②육서(六書)의 하나로, 사물의 모양을 본뜬 글자. 日·月·山·川 따위.
▷氣象(기상)·對象(대상)·事象(사상)·森羅萬象(삼라만상)·印象(인상)·抽象(추상)·表象(표상)·形象(형상)

7 ⑭ 〔豪〕** 호 平豪 | háo, ゴウ
5103

소전 행서 이름 호걸 호 자원 형성. 亠〔高의 생략체〕+豕 →豪. 毫(호)와 같이 高(고)의 변음이 성부.

필순 丶 亠 古 亣 亯 亭 亭 豪 豪 豪

새김 ❶호걸. ㉠재덕이나 역량이 뛰어난 사람. ¶文豪(글 문, —)매우 뛰어난 작가. ㉡재력이나 권력을 믿고 날뛰는 사람. ¶土豪(땅 토, —)어느 한 지방에 오랜 동안 살면서 많은 재산이나 세력을 가지고 횡포를 부리는 사람. ❷세차다. 기세가 세다. ¶豪雨(—, 비 우)세차게 많이 내리는 비. 예—警報. ❸호화롭다. 사치스럽고 화려하다. ¶豪遊(—, 놀 유)호화롭게 놂. ❹의기가 당당하다. 걸걸하다. ¶豪放(—, 방자할 방)걸걸하고 소탈하여 작은 일에 얽매이지 아니함. 예—한 성격.
〔豪傑〕(호걸) 재덕(才德)이 출중하고 도량과 기개가 있는 사람.
〔豪氣〕(호기) ①씩씩한 의기. ②호방한 기상.
〔豪奢〕(호사) 호화롭고 사치함.
〔豪勇〕(호용) 호기롭고 용감함.
〔豪族〕(호족) 그 지방에서 세력이 있는 문벌.
〔豪快〕(호쾌) 호기롭고 쾌활함. 예—한 사람.
〔豪俠〕(호협) 호방하고 의협심이 강함.
〔豪華〕(호화) 매우 사치스럽고 화려함.
▷強豪(강호)·富豪(부호)·詩豪(시호)·酒豪(주호)

9 ⑯ 〔豫〕** 예: 本여: 去御 | yù, ヨ
5104

소전 행서 약자 予 이름 미리 예: 자원 형성. 予+象 →豫. 預(예)와 같이 予(여)의 변음이 성부.

필순 (stroke order)

새김 ❶미리. 사전에. ¶豫定(—, 정할 정)미리 작정함. 또는 그 작정. 예— 期日. ❷망설이다. 주저하다. ¶猶豫(망설일 유, —)㉮할까말까 망설임. 예— 未決. ㉯일의 집행이나 결정에서 시간을 미루고 끎. 예일각의 —도 허락하지 않는다.

〔豫感〕(예감) 앞으로 닥쳐올 일을 미리 느낌. 또는 느끼는 그 느낌.
〔豫告〕(예고) 미리 알려서 알게 함.
〔豫買〕(예매) 미리 삼.
〔豫防〕(예방) 탈이 있기 전에 미리 막음.
〔豫備〕(예비) 사전에 갖추어 놓거나 미리 준비해 둠.
〔豫算〕(예산) ①미리 계산함. 또는 그 계산. ②국가나 단체가 수입과 지출을 미리 따지어 계산해 두는 일. 대결산(決算). 예— 編成.
〔豫想〕(예상) 사전에 미리 헤아려 생각함. 또는 그 생각.
〔豫習〕(예습) 앞으로 배울 내용을 미리 익힘.
〔豫約〕(예약) 미리 약속하거나 계약함. 또는 그 약속이나 계약.
〔豫言〕(예언) 앞일을 미리 말함. 또는 그런 말.
〔豫測〕(예측) 미리 추측함. 또는 그 추측.

7 획 부수 豸 部

▷명칭: 벌레치. 벌레치변
▷쓰임: 여러 가지 짐승의 이름을 나타내는 한자의 부수로 쓰였다.

3 ⑩ 〔豺〕* 5105 시 ㊍재 平佳 chái, サイ

소전 행서 이름 승냥이 시 자원 형성. 豸+才 →豺. 才(재)의 변음이 성부.

새김 승냥이. 이리 비슷한 맹수 이름. 豺狼(—, 이리 랑) 승냥이와 이리.

〔豺虎〕(시호) ①승냥이와 범. ②탐욕스럽고 포악한 사람의 비유.

3 ⑩ 〔豹〕* 5106 표 ㊍표: 去效 bào, ヒョウ

소전 행서 이름 표범 표 자원 형성. 豸+勺→豹. 杓(표)와 같이 勺(작)의 변음이 성부.

새김 표범. 범을 닮은, 개과의 맹수 이름. ¶豹變(—, 변할 변)표범이 그의 무늬를 바꾸듯이, 마음이나 행동이 돌변함을 이르는 말. 예— 無雙한 언동.

〔豹皮〕(표피) 표범의 털가죽.
▷水豹(수표)·虎豹(호표)

5 ⑫ 〔貂〕* 5107 초 平蕭 diāo, チョウ

소전 행서 이름 담비 초 자원 형성. 豸+召→貂. 招(초)·超(초)와 같이 召(조)의 변음이 성부.

새김 담비. 또는 담비 꼬리나 가죽. ¶狗尾續貂(개 구, 꼬리 미, 이을 속, —)개의 꼬리가 담비 꼬리를 이음. ㉮벼슬을 함부로 마구 제수함의 비유. ㉯착하고 아름다운 것의 뒤를 거칠고 못한 것이 이음의 비유.

〔貂裘〕(초구) 담비의 털가죽으로 만든 갖옷.

6 ⑬ 〔貊〕* 5108 맥 入陌 mò, バク

행서 이름 맥 맥 자원 형성. 豸+百 →貊. 百에는 '백' 외에 '맥' 음도 있어, 陌(맥)과 같이 百(맥)이 성부.

새김 맥. 우리 나라와 중국 동북에 있었던 고대 종족의 하나. ¶蠻貊(오랑캐 만, —)고대에 중국 사람이, 중국의 남쪽과 동북쪽에 살았던 종족을 일컫던 말. 예— 之邦.

▷濊貊(예맥)

7 ⑭ 〔貌〕** 5109 모 ㊍모: 去效 mào, ボウ

소전 행서 이름 모양 모 자원 회의. 豸+皃 →貌. 皃는 머리와 두 발이 있는 사람의 모양. 이에 豸를 더하여, 사람이나 벌레 등 모든 사물의 모양을 뜻한다.

필순 (stroke order)

새김 모양. 얼굴 모양. ¶美貌(아름다울 미, —) 아름답게 생긴 얼굴 모양. 예 —의 사나이.

〔貌樣〕(모양) 겉으로 나타나 보이는 생김새. 또는 맵시나 차림새.
▷面貌(면모)·色貌(색모)·禮貌(예모)·外貌(외모)·容貌(용모)·才貌(재모)·風貌(풍모)

7 획 부수 貝 部

▷명칭: 조개패. 조개패변
▷쓰임: 화폐나 금은 보화, 그리고 이들과 유사한 행위 등에 관한 한자의 부수로 쓰였다.

0 ⑦ 〔貝〕*** 5110 패: 去泰 bèi, バイ

소전 貝 행서 貝 간화 贝 이름 조개 패: 자원 상형. 바다에 사는 조개의 모양을 본떴다.

필순 丨 冂 冂 月 目 貝 貝

새김 ❶조개. 합과의 연체 동물의 총칭. 또는 조개의 껍데기. ¶貝殼(—, 껍데기 각)조개의 껍데기. 곧 조가비. ❷조가비. 고대에 화폐로 사용했던 조가비. 인신하여, 화폐.
〔貝物〕(패물) 國산호·호박·수정·대모(玳瑁) 따위로 만든 물건.
〔貝塚〕(패총) 조개무지. 원시민들이 조개를 까먹고 버린, 조가비가 쌓여 이룬 무더기.

0 ④ 〔贝〕 5111 패: 貝(5110)의 간화자

2 ⑨ 〔負〕** 5112 부: 上有 | fù, フ

소전 負 행서 負 간화 负 이름 질 부: 자원 회의. 𠂊〔人의 변형〕+貝 →負. 사람이 조개를 짊어지고 있는 모양. 그래서 '등에 지다'의 뜻을 나타낸다.

필순 ノ ⺈ ⺈ 负 负 负 負 負 負

새김 ❶지다. ㉠등에 지다. 짊어지다. ¶男負女戴(사나이 남, —, 여자 녀, 일 대)남자는 지고 여자는 인다는 뜻으로, 살 곳을 찾아 지고 이고 이리저리 떠돌아 다님을 이르는 말. 예6·25 때 —하고 피난길을 떠났다. ㉡책임을 지다. 떠맡다. ¶負擔(—, 책임 담)어떠한 의무나 책임을 짐. 또는 떠맡은 그 의무나 책임. 예많은 —을 지다. ❷패하다. 싸움에 지다. 勝(0530)의 대. ¶勝負(이길 승, —)이김과 짐. 예—가 나다. ❸입다. 받다. ¶負傷(—, 상처 상)몸에 상처를 입음. 예—兵. ❹믿다. 자신을 가지다. ¶自負(스스로 자, —)자신의 가치나 능력에 대하여 자신을 가짐. 예—心. ❺계획이나 희망. ¶抱負(안을 포, —)마음에 품고 있는 계획이나 희망. 예큰 —. ❻부. 0보다 작은 수. 마이너스. 正(2541)의 대. ¶負數(—, 수 수)0보다 작은 수. 예—와 正數. ❼國짐. 조세를 계산하기 위한, 논밭의 면적을 나타내는 단위. 結(3985)의 100분의 1.
〔負笈〕(부급) 책 상자를 짊어짐. 곧 외지로 공부하러 감.
〔負商〕(부상) 國등짐장수. 또는 등짐장사.
〔負債〕(부채) 빚. 또는 빚을 짐.
〔負荷〕(부하) 등에 지고 어깨에 멤.
▷擔負之役(담부지역)

2 ⑥ 〔负〕 5113 부: 負(5112)의 간화자

2 ⑨ 〔貞〕*** 5114 정 平庚 | zhēn, テイ

소전 貞 행서 貞 간화 贞 이름 곧을 정 자원 형성. 卜+貝〔鼎의 변형〕→貞. 鼎(정)이 성부.

필순 丨 ⺊ ⺊ 占 占 貞 貞 貞 貞

새김 ❶곧다. 여자의 지조가 곧다. ¶貞操(—, 지조 조)여자가 성 생활에 있어서 지키는 순결성. 예—를 지키다. ❷성 관계를 하지 아니하다. 또는 그 순결성. ¶童貞(아이 동, —)한 번도 성교를 하지 아니한 순결성. 예—을 지키다.
〔貞烈〕(정렬) 여자로서의 정조가 곧고 굳셈.
〔貞淑〕(정숙) 여자의 행실이 얌전하고 마음씨가 고움.
〔貞節〕(정절) 여자의 곧은 절개.
▷不貞(부정)·元亨利貞(원형이정)·忠貞(충정)

2 ⑥ 〔贞〕 5115 정 貞(5114)의 간화자

3 ⑩ 〔貢〕** 5116 공: 去送 | gòng, コウ

소전 貢 행서 貢 간화 贡 이름 바칠 공: 자원 형성. 工+貝 →貢. 功(공)·空(공)과 같이 工(공)이 성부.

필순 一 丅 工 舌 舌 贡 贡 貢 貢 貢

새김 ❶바치다. 지방의 토산물을 조정에 바치다. ¶貢物(—, 물건 물)조정이나 종주국에 바치던 특산물. 예—을 바치다. ❷공물. 조정이나 종주국에 바치던 물건. ¶貢賦(—, 부세 부)공물과 백성에게 부과하는 조세.
〔貢納〕(공납) 공물(貢物)을 바침.
〔貢布〕(공포) 國결세로 바치던 삼베나 무명.
〔貢獻〕(공헌) ①공물을 바침. ②국가나 사회를 위하여 이바지함.
▷來貢(내공)·歲貢(세공)·朝貢(조공)

3 ⑦ 〔贡〕 5117 공: 貢(5116)의 간화자

3 ⑩ 〔財〕*** 5118 재 平灰 | cái, ザイ

소전 財 행서 財 간화 财 이름 재물 재 자원 형성. 貝+才 →財. 材(재)와 같이 才(재)가 성부.

필순 丨 冂 冂 月 目 貝 貝 貝 財 財

새김 재물. 생활에 도움이 되는 물자와 돈. ¶財貨(—, 재물 화)재물. 물자와 돈.

〔財界〕(재계) 자본가·실업가 및 금융업자의 사회. 「재산의 집단. ㉨── 法人.
〔財團〕(재단) 일정한 목적을 위하여 결합된
〔財力〕(재력) ①금전을 내놓을 수 있는 힘. ②재산에 의한 세력. 「는 물건.
〔財物〕(재물) 돈 또는 재산이 되는, 값이 나가
〔財閥〕(재벌) 재계에서 큰 세력을 가진 자본가나 기업가의 무리.
〔財產〕(재산) 개인이나 단체가 소유한 재물.
〔財源〕(재원) 지출하는 금전의 출처.
〔財政〕(재정) 국가나 공공단체가, 그들의 활동을 추진하기 위하여 자금을 형성하고 관리하며 이용하는 경제 행위. ㉨── 赤字.
▷文化財(문화재)·私財(사재)·理財(이재)·資財(자재)·蓄財(축재)·橫財(횡재)

3 ⑦ 〔财〕 재 財(5118)의 간화자
5119

4 ⑪ 〔貫〕** 관 ㊍관: 去 翰 | quàn, カン
5120

소전 행서 간화 贯 이름 꿰뚫을 관 자원 형성. 毌+貝 →貫. 毌(관)이 성부.

필순 ㄴ 口 ㅁ 毌 毌 毌 貫 貫 貫 貫

새김 ❶꿰뚫다. ¶貫通(─, 통할 통) 꿰뚫어서 통함. ㉨호남평야를 ──하는 고속도로. ❷뚫다. 난관이나 장애를 헤치다. ¶貫徹(─, 통할 철) 어려움을 뚫고 내세운 목적을 기어이 해냄. ㉨初志──. ❸본적. ¶貫鄕(─, 고향 향) 시조가 난 곳. ㉨──이 어딘가? ❸관. 무게의 단위. 1관은 3.75kg.
〔貫祿〕(관록) 몸에 갖추어진 위엄.
〔貫流〕(관류) 강물이 관통하여 흐름. 「고리.
〔貫子〕(관자) 國 망건에 달아 당줄을 꿰는 작은
▷本貫(본관)·始終一貫(시종일관)

4 ⑧ 〔贯〕 관 貫(5120)의 간화자
5121

4 ⑧ 〔购〕 구 購(5201)의 간화자
5122

4 ⑪ 〔貧〕*** 빈 平 眞 | pín, ヒン
5123

소전 행서 간화 贫 이름 가난할 빈 자원 형성. 分+貝 →貧. 分(분)의 변음이 성부.

필순 ノ 八 分 分 分 貧 貧 貧 貧 貧

새김 ❶가난하다. 또는 가난. 富(1205)의 대. ¶貧富(─, 넉넉할 부) 살림의 가난함과 넉넉함. ㉨── 貴賤. ❷적다. 모자라다. ¶貧$_{2}$血$_{1}$(─, 피 혈) 혈액이나 혈액 중의 적혈구가 일정량보다 적음. ㉨── 症. ❸자신의 겸칭. ¶貧道(─, 도 도) 중이 자기를 겸손하게 이르는 말.
〔貧困〕(빈곤) 살림이 가난하고 곤란함.
〔貧窮〕(빈궁) 가난하고 곤궁함.
〔貧民〕(빈민) 가난한 사람.
〔貧弱〕(빈약) ①가난하고 무력함. ②보잘것없고 변변치 못함.
〔貧賤〕(빈천) 가난하고 미천함.
〔貧村〕(빈촌) 가난한 마을. 「없음.
〔貧寒〕(빈한) 살림이 가난하고 문벌이 보잘것
▷極貧(극빈)·安貧(안빈)·赤貧(적빈)·清貧(청빈)

4 ⑧ 〔贫〕 빈 貧(5123)의 간화자
5124

4 ⑧ 〔贮〕 저: 貯(5155)의 간화자
5125

4 ⑪ 〔貭〕 ㊀ 질 質(5192)의 약자 ㊁ 지: 質(5192)의 약자
5126

4 ⑧ 〔质〕 ㊀ 질 質(5192)의 간화자 ㊁ 지: 質(5192)의 간화자
5127

4 ⑪ 〔責〕*** 책 入 陌 | zé, セキ
5128

소전 행서 간화 责 이름 꾸짖을 책 자원 형성. 主〔朿의 변형〕+貝 →責. 朿(극)의 변음이 성부.

필순 一 二 キ 丰 青 青 青 青 責 責

새김 ❶꾸짖다. 나무라다. ¶自責(스스로 자, ─) 자신의 결함이나 잘못에 대하여 자신을 스스로 꾸짖고 나무람. ㉨──感. ❷맡겨지다. 책임이 지워지다. ¶責任(─, 임무 임) 맡겨진 임무. ㉨중대한 ──. ❸책임. 직책. ¶重責(무거울 중, ─) 중대한 책임. ㉨──을 맡다.
〔責望〕(책망) 잘못을 나무라거나 꾸짖음.
〔責務〕(책무) 직책과 임무. 또는 책임진 임무.
〔責善〕(책선) 친구 사이에 착한 일을 하도록 서로 권면함.
▷譴責(견책)·問責(문책)·引責(인책)·職責(직책)·叱責(질책)·詰責(힐책)

4 ⑧ 〔责〕 책 責(5128)의 간화자
5129

4 ⑪ 〔貪〕** 탐 平 覃 | tān, タン
5130

소전 貪 행서 貪 간화 贪 이름 탐할 탐 자원 형성. 今+貝→貪. 今(금)의 변음이 성부.

필순 ノ 人 𠆢 今 今 含 含 貪 貪 貪

새김 탐하다. 분수에 넘게 욕심을 부리다. ¶貪慾(—, 욕심 욕)사물을 탐하는 욕심.
〔貪官〕(탐관) 재물을 탐내는 관리.
〔貪官汚吏〕(탐관오리) 재물을 탐내는 관리와 청렴하지 못한 벼슬아치.
▷色貪(색탐)·食貪(식탐)

4 ⑧ 〔贪〕 5131 탐 貪(5130)의 간화자

4 ⑪ 〔販〕** 5132 판 ㊍판: 去願 | fàn, ハン

소전 販 행서 販 간화 贩 이름 팔 판 자원 형성. 貝+反→販. 反에는 '반' 외에 '판' 음도 있어, 板(판)·版(판)과 같이 反(판)이 성부.

필순 丨 Π 目 目 目 貝 貝 貝 販 販

새김 팔다. 상품을 팔다. ¶販賣(—, 팔 매)상품을 팖. 예—經路.
〔販路〕(판로) 상품이 팔리는 방면이나 길.
〔販促〕(판촉) 판매를 촉진함.
▷街販(가판)·共販(공판)·市販(시판)·外販(외판)·總販(총판)

4 ⑧ 〔贩〕 5133 판 販(5132)의 간화자

4 ⑧ 〔贬〕 5134 폄: 貶(5159)의 간화자

4 ⑧ 〔贤〕 5135 현 賢(5195)의 간화자

4 ⑪ 〔貨〕*** 5136 화: 去箇 | huò, カ

소전 貨 행서 貨 간화 货 이름 재물 화: 자원 형성. 化+貝→貨. 花(화)·靴(화)와 같이 化(화)가 성부.

필순 ノ イ 亻 化 化 化 貨 貨 貨 貨

새김 ❶재물. 주옥·비단 따위의 가치 있는 물건. ¶財貨(재물 재, —)재산으로 되는 물건. ❷돈. 화폐. ¶通貨(통할 통, —)유통과 지불 수단으로 통용되는 화폐. ❸짐. ¶貨物(—, 물건 물)배·수레·차·비행기 등으로 실어 나르는 짐. 예—列車.
〔貨幣〕(화폐) 돈.
▷金貨(금화)·物貨(물화)·寶貨(보화)·外貨(외화)·銀貨(은화)·雜貨(잡화)

4 ⑧ 〔货〕 5137 화: 貨(5136)의 간화자

5 ⑫ 〔貴〕*** 5138 귀: 去未 | guì, キ

소전 貴 행서 貴 간화 贵 이름 귀할 귀: 자원 형성. 虫〔臾의 변형〕+貝→貴. 臾(귀)의 변음이 성부.

필순 丶 冖 冖 中 中 中 冑 冑 貴 貴

새김 ❶귀하다. ㉠신분·지위가 높다. 賤(5194)의 대. ¶貴族(—, 겨레 족)문벌이나 신분이 높아, 대대로 특권이 주어진 계급. 또는 그 계급에 속하는 사람들. 예—社會. ㉡가치가 높다. 구하기 힘들 정도로 드물다. ¶稀貴(드물 희, —)썩 드물어서 진귀함. 예—本. ㉢사랑스러워 귀염을 받다. ¶貴童子(—, 아이 동, 아들 자)특별히 귀염을 받는 사내아이. ❷중요하다. 소중하다. ¶貴重(—, 중요할 중)㉮매우 필요하고 소중함. 예—한 체험. ㉯진귀하고 중요함. 예—한 자료. ❸상대방에의 존경을 나타낼 때 쓰는 말. ¶貴下(—, 아래 하)상대방을 높여서 이르는 말.
〔貴骨〕(귀골) ①장차 귀한 사람이 될 수 있는 골격. ②귀하게 자란 사람.
〔貴公子〕(귀공자) 지위가 높은 집에 태어난 젊은이.
〔貴金屬〕(귀금속) 생산량은 적고, 화학 변화도 잘 일어나지 않는 금·은 등의 귀중한 금속.
〔貴人〕(귀인) 지위나 신분이 높은 사람.
〔貴賤〕(귀천) 귀함과 천함.
〔貴體〕(귀체) ①귀한 몸. ②상대방을 높여 그의 몸을 이르는 말.
▷高貴(고귀)·騰貴(등귀)·富貴(부귀)·尊貴(존귀)·品貴(품귀)·顯貴(현귀)

5 ⑨ 〔贵〕 5139 귀: 貴(5138)의 간화자

5 ⑫ 〔貸〕** 5140 대: 去隊 | dài, タイ

소전 貸 행서 貸 간화 贷 이름 빌릴 대: 자원 형성. 代+貝→貸. 岱(대)·玳(대)와 같이 代(대)가 성부.

필순 イ 亻 代 代 代 代 貸 貸 貸 貸

새김 빌리다. 빌려 오거나 빌려 주다. ¶貸與(—, 줄 여)빌려 주거나 꾸어 줌. 예—物.
〔貸付〕(대부) 이자와 기한을 정하고 돈이나 물건을 빌려 줌.
〔貸借〕(대차) 꾸어 줌과 빌려 옴.

〔貸出〕(대출) 돈·물건 등을 빚으로 꾸어 줌.
▷假貸(가대)·賃貸(임대)

5 ⑨ 〔贷〕 대: 貸(5140)의 간화자
5141

5 ⑫ 〔買〕*** 매: 上蟹 | mǎi, バイ
5142

소전 행서 간화 买 이름 살 매: 자원 회의. 罒〔网의 변형〕+貝→買. 网은 그물. 재물을 그물질하듯이 긁어 모은다는 뜻에서 '사다'란 뜻을 나타낸다.

필순

새김 사다. 돈을 주고 물건을 사다. 賣(5148)의 대. ¶買收(—, 거둘 수)㉮물건을 사서 거두어 들임. ㉯재물을 주거나 말로 꾀어서 자기 편으로 끌어들임. ㉠적을 ―하다.
〔買上〕(매상) 상품을 사들임.
〔買占賣惜〕(매점매석) 값이 오르거나 물건이 달릴 것을 예상하여 어떤 상품을 많이 사 두고 팔지 않음.
▷購買(구매)·賣買(매매)·不買(불매)

5 ⑫ 〔貿〕** 무: 去宥 | mào, ボウ
5143

소전 행서 간화 贸 이름 교역할 무: 자원 형성. 㚙〔卯의 변형〕+貝→貿. 卯(묘)의 변음이 성부.

필순

새김 교역(交易)하다. 매매하다. 서로 상품을 교환하다. ¶貿易(—, 바꿀 역)다른 나라와 물건을 사고 팔고 함. ㉠―收支.
〔貿穀〕(무곡) 이익을 남기고 팔려고 곡식을 몰아서 많이 사들임.

5 ⑨ 〔贸〕 무: 貿(5143)의 간화자
5144

5 ⑫ 〔賁〕* 분 平文 | fén, フン
5145

소전 행서 간화 贲 이름 클 분 자원 형성. 卉+貝→賁. 卉(훼)의 변음이 성부.
새김 크다. 거대하다.

5 ⑨ 〔贲〕 분 賁(5145)의 간화자
5146

5 ⑫ 〔費〕** 비: 去未 | fèi, ヒ
5147

소전 행서 간화 费 이름 쓸 비: 자원 형성. 弗+貝→費. 沸(비)와 같이 弗(불)의 변음이 성부.

필순

새김 ❶쓰다. 금품을 소비하다. ¶浪費(헛되이 랑, —)쓰지 않아도 될 경우에 필요 이상으로 허투로 소비함. ㉠物資―. ❷비발. 비용. ¶旅費(여행 려, —)여행에 드는 비용.
〔費目〕(비목) 지출하는 비용의 명목.
〔費用〕(비용) 드는 돈. 쓰는 돈.
▷經費(경비)·官費(관비)·國費(국비)·路費(노비)·私費(사비)·消費(소비)·食費(식비)·學費(학비)·虛費(허비)

5 ⑨ 〔费〕 비: 費(5147)의 간화자
5148

5 ⑫ 〔貰〕* 세: 去霽 | shì, セイ
5149

소전 행서 간화 贳 이름 세 세: 자원 형성. 世+貝→貰. 世(세)가 성부.
새김 ❶세. 돈을 받고 빌려 주는 일. 또는 그 돈. ¶月貰(달 월, —)집이나 방을 빌려 주고 다달이 받는 세. ㊂朔月貰(삭월세). ㉠―房. ❷세를 놓다. 또는 세를 내다. ¶貰房(—, 방 방)세를 받고 빌려 주는 방. ㉠―살이.
〔貰物〕(세물) 세를 놓는 물건.
▷家貰(가세)·傳貰(전세)

5 ⑨ 〔贳〕 세: 貰(5149)의 간화자
5150

5 ⑫ 〔貳〕* 이: 去寘 | èr, ニ
5151

소전 행서 고자 弍 간화 贰 이름 두 이: 자원 형성. 弍+貝→貳. 弍(이)가 성부.
새김 ❶둘. 二(0080)의 갖은자. ❷두 마음. 또는 두 마음을 품다. ¶貳心(—, 마음 심) 두 마음을 품은 마음. 인신하여, 섬기던 주인을 배반하려는 마음.
〔貳相〕(이상) 國 삼정승의 다음 가는 정승이란 뜻으로, 좌찬성(左贊成)·우찬성(右贊成)을 이르는 말.

5 ⑨ 〔贰〕 이: 貳(5151)의 간화자
5152

5 ⑫ 〔貽〕* 이 平支 | yí, イ
5153

소전 행서 간화 贻 이름 줄 이 자원 형성. 貝+台→貽. 怡(이)·飴(이)와 같이 台(이)가 성부.

새김 주다. 후세에 물려주다. 또는 남에게 보내주다. ¶貽謀(―, 꾀 모)조상이 자손에게 물려준 계책.
〔貽訓〕(이훈) 선인(先人)이 남긴 교훈.

5 ⑨ 〔贻〕 이 貽(5153)의 간화자
5154

5 ⑫ 〔貯〕*** 저: 上語 | zhù, チョ
5155

소전 賆 행서 貯 간화 贮 이름 쌓을 저: 자원 형성. 貝+宁→貯. 佇(저)·苧(저)와 같이 宁(저)가 성부.

필순 丨 冂 月 目 貝 貝 貝' 貯 貯 貯

새김 쌓다. 모아 쌓다. ¶貯蓄(―, 쌓을 축)여투어 모아 둠. 예―奬勵.
〔貯穀〕(저곡) 곡식을 쌓아 둠. 또는 그 곡식.
〔貯金〕(저금) 돈을 저축함. 또는 그 돈.
〔貯水〕(저수) 물을 모아 둠. 예―池.
〔貯藏〕(저장) 쌓아서 갱여 둠.

5 ⑨ 〔贱〕 천: 賤(5194)의 간화자
5156

5 ⑫ 〔貼〕* 첩 入葉 | tiē, チョウ
5157

소전 貼 행서 貼 간화 贴 이름 붙일 첩 자원 형성. 貝+占→貼. 帖(첩)과 같이 占(점)의 변음이 성부.
새김 ❶붙이다. 풀 따위로 붙이다. ¶貼付(―, 붙일 부)발라서 붙임. ❷첩. 화제에 의하여 지어서 싼 약봉지. 또는 그 봉지를 세는 말. 예藥貼이나 먹어야 하겠다.
〔貼藥〕(첩약) 國처방에 따라 한 첩씩 약봉지에 싼 약.
〔貼用〕(첩용) 바르고 붙혀서 씀.

5 ⑨ 〔贴〕 첩 貼(5157)의 간화자
5158

5 ⑫ 〔貶〕* 폄: 上琰 | biǎn, ヘン
5159

소전 貶 행서 貶 간화 贬 이름 폄할 폄: 자원 형성. 貝+乏→貶. 乏(핍)의 변음이 성부.
새김 폄하다. 헐뜯고 깎아내리다. 또는 폄. ¶貶下(―, 내릴 하)치적이 좋지 못한 원을 하등으로 깎아내림.
〔貶降〕(폄강) 벼슬의 등급을 떨어뜨림.
〔貶視〕(폄시) 깔봄. 남을 업신여겨 무시함.
〔貶毁〕(폄훼) 남을 깎아 내리고 헐뜯음.
▷損貶(손폄)·褒貶(포폄)

5 ⑫ 〔賀〕*** 하: 去箇 | hè, ガ
5160

소전 賀 행서 賀 간화 贺 이름 하례할 하: 자원 형성. 加+貝→賀. 加(가)의 변음이 성부.

필순 ㄱ 力 力 加 加 加 賀 賀 賀 賀

새김 하례하다. 축하하다. ¶賀客(―, 사람 객)축하하는 사람.
〔賀禮〕(하례) 축하하는 의식(儀式).
〔賀章〕(하장) 남의 기쁜 일을 축하하는 시문(詩文).
〔賀正〕(하정) 신년(新年)을 축하함.
▷慶賀(경하)·年賀(년하)·拜賀(배하)·朝賀(조하)·祝賀(축하)

5 ⑨ 〔贺〕 하: 賀(5160)의 간화자
5161

6 ⑬ 〔賈〕* ㊀고: 上麌 | gǔ, コ ㊁가 本가: 去禡 | jià, カ
5162

소전 賈 행서 賈 간화 贾 이름 ㊀장사할 고: ㊁값 가 자원 형성. 襾〔襾의 변형〕+貝→賈. 襾(아)의 변음이 성부.
새김 ㊀❶장사하다. 가게를 차려놓고 물건을 팔다. ¶賈人(―, 사람 인)장사하는 사람. 상인. ❷장수. 상인. ¶商賈(장수 상, ―) 장수. 상인. ㊁값. 價(0320)의 고자.
▷商賈(상고)·善賈(선가)

6 ⑩ 〔贾〕* ㊀고: 賈(5162)의 간화자 ㊁가 賈(5162)의 간화자
5163

6 ⑬ 〔賂〕* 뢰 本로: 去遇 | lù, ロ
5164

소전 賂 행서 賂 간화 赂 이름 뇌물 뢰 자원 형성. 貝+各→賂. 各(각)의 변음이 성부.
새김 뇌물. 청탁을 위해 주는 부정한 금품. ¶受賂(받을 수, ―)뇌물을 받음. 예―嫌疑.
〔賂物〕(뇌물) 불법적인 이익을 얻기 위하여 관계자에게 몰래 주는 정당하지 못한 돈이나 물건.
▷賄賂(회뢰)

6 ⑩ 〔赂〕 뢰 賂(5164)의 간화자
5165

6 ⑬ 〔賃〕** 임: 本님: 去沁 | lìn, チン
5166

소전 賃 행서 賃 간화 赁 이름 삯 임: 자원 형성. 任+貝→賃. 恁(임)·姙(임)과 같이 任(임)이 성부.

필순 亻 亻' 仁 仟 任 任 侍 侍 賃 賃

새김 ❶삯. 품삯. 보수. ¶賃金(—, 돈 금)품삯. 예—滯拂. ❷빌리다. 세를 받고 빌려 주다. ¶賃貸(—, 빌릴 대)세를 받고 빌려 줌. 예—契約.
〔賃借〕(임차) 세를 내고 빌림.
▷無賃(무임)·船賃(선임)·運賃(운임)·車賃(차임)

6 ⑩ 〔赁〕 5167 임: 賃(5166)의 간화자

6 ⑬ 〔資〕** 5168 자 平支 zī, シ

소전 𧶠 행서 資 간화 资 이름 재물 자 자원 형성. 次+貝→資. 次에는 '차' 외에 '자' 음도 있어, 姿(자)·恣(자)와 같이 次(자)가 성부.

필순 冫 冫' 冫ケ 次 次 次 咨 資 資 資

새김 ❶재물. 재화. ¶資產(—, 재산 산)㉮재물이 되는 재산. ㉯자본으로서의 구실을 하는 재산. ❷자본. 밑천. ¶投₂資₁(던질 투, —)자금이나 자본을 댐. 예株式—. ❸타고나다. 또는 타고난 성질. ¶資質(—, 바탕 질)타고난 성품이나 재능. 예총명한 —. ❹지위. 신분. ¶資格(—, 신분 격)㉮일정한 신분이나 지위. ㉯일정한 신분이나 지위를 가지는 데 필요한 조건이나 능력. 예—證. ❺바탕. 원료. ¶資料(—, 거리 료)사물을 이루는데 바탕으로 되는 물자나 재료. 예研究—.
〔資金〕(자금) 사업을 하는 데에 드는 돈.
〔資本〕(자본) 상공업을 경영할 밑천. 예—家.
〔資源〕(자원) 일정한 목적에 쓰이는 사람이나 물자의 원천. 「재료.
〔資材〕(자재) 어떤 물건을 만드는 근본이 되는
〔資稟〕(자품) 타고난 성품.
▷軍資金(군자금)·路資(노자)·物資(물자)·學資(학자)·合資(합자)

6 ⑩ 〔资〕 5169 자 資(5168)의 간화자

6 ⑩ 〔赃〕 5170 장 贓(5216)의 간화자

6 ⑬ 〔賊〕** 5171 적 入職 zéi, ゾク

소전 賊 행서 賊 간화 贼 이름 도적 적 자원 형성. 財〔則의 변형〕+戈→賊. 財(즉)의 변음이 성부.

필순 冂 月 目 貝 貝一 貝ト 貯 賊 賊 賊

새김 ❶도적. 도둑. ¶賊反荷₂杖₁(—, 도리어 반, 멜 하, 몽둥이 장)도둑이 도리어 몽둥이를 멘다는 뜻으로, 잘못한 사람이 도리어 큰소리를 침의 비유. ❷역적. 나라나 사회의 질서를 어지럽히는 자. ¶賊臣(—, 신하 신)임금을 배반하는 신하. ❸도적질하다. 또는 거역하다. ¶賊子(—, 아들 자)어버이에게 거역하는 아들. 예亂臣—.
〔賊徒〕(적도) 도둑의 무리.
〔賊心〕(적심) 도적질하려는 마음.
▷國賊(국적)·盜賊(도적)·山賊(산적)·逆賊(역적)·海賊(해적)

6 ⑩ 〔贼〕 5172 적 賊(5171)의 간화자

6 ⑩ 〔贽〕 5173 지: 贄(5207)의 간화자

6 ⑬ 〔賄〕* 5174 회 本회: 上賄 huì, ワイ

소전 賄 행서 賄 간화 贿 이름 뇌물 회 자원 형성. 貝+有→賄. 有(유)의 변음이 성부.

새김 뇌물. 청탁을 위해 주는 부정한 금품. ¶賄賂(—, 뇌물 뢰)뇌물. 예—公行.
▷收賄(수회)·贈賄(증회)

6 ⑩ 〔贿〕 5175 회 賄(5174)의 간화자

7 ⑪ 〔赉〕 5176 뢰: 賚(5183)의 간화자

7 ⑭ 〔賦〕** 5177 부: 去遇 fù, フ

소전 賦 행서 賦 간화 赋 이름 구실 부: 자원 형성. 貝+武→賦. 武(무)의 변음이 성부.

필순 冂 目 貝 貝一 貝ト 貯 貯 貯 賦 賦

새김 ❶구실. 부세. 조세나 부역. ¶貢賦(공물 공, —)공물과 부세. ❷물리다. 부과하여 거두어 들이다. ¶賦₂稅₁(—, 세금 세)세금을 매겨서 물림. 또는 물린 그 세금. ❸주다. 수여하다. ¶賦與(—, 줄 여)지니거나 가지도록 줌. 예권리의 —. ❹타고나다. ¶天賦(하늘 천, —)선천적으로 타고남. 예—의 재질. ❺시가를 짓다. ¶賦詠(—, 읊을 영)시가를 짓고 읊음. ❻문체 이름. 한대(漢代) 이후 성행한 문체. 예赤壁賦.
〔賦課〕(부과) ①세금을 매겨 부담하게 함. ②일정한 책임을 맡김.
〔賦役〕(부역) 국가나 공공 단체가 국민에게 의무적으로 지우는 노역(勞役).
▷詩賦(시부)·年賦(연부)·月賦(월부)·割賦

(할부)

7 ⑪ 〔赋〕 부: 賦(5177)의 간화자
5178

7 ⑭ 〔賓〕** 빈 平眞 | bīn, ヒン
5179

소전 賓 행서 賓 간화 宾 이름 손 빈 자원 형성. 宀〔㝖의 변형〕+貝→賓. 㝖(빈)이 성부.

필순 宀 宀 宀 宀 宀 宀 宀 宀 賓 賓

새김 손. 손님. 主(0041)의 대. ¶賓客(一. 손 객) 손. 손님.
〔賓主〕(빈주) 손과 주인. 주객(主客).
▷ 國賓(국빈)·貴賓(귀빈)·來賓(내빈)·迎賓(영빈)·外賓(외빈)·接賓(접빈)·主賓(주빈)

7 ⑭ 〔賑〕* 진: 去震 | zhèn, シン
5180

소전 賑 행서 賑 간화 赈 이름 구휼할 진: 자원 형성. 貝+辰→賑. 振(진)·震(진)과 같이 辰(진)이 성부.
새김 구휼하다. 가난한 사람에게 금품을 주다. ¶賑恤(一. 구휼할 휼)흉년이나 재앙이 있을 때 어려운 사람들을 금품을 주어 도움. 물품을 베풀어 줌.
〔賑財〕(진재) 재난을 구제하는 데 쓰는 재물.

7 ⑪ 〔赈〕 진: 賑(5180)의 간화자
5181

8 ⑫ 〔赌〕 도 賭(5196)의 간화자
5182

8 ⑮ 〔賚〕* 뢰: 去隊 | lài, ライ
5183

소전 賚 행서 賚 간화 赉 이름 줄 뢰: 자원 형성. 來+貝→賚. 來(래)의 변음이 성부.
새김 주다. 하사하다.

8 ⑮ 〔賣〕*** 매:▷매 去卦 | mài, バイ
5184

소전 賣 행서 賣 약자 売 간화 卖 이름 팔 매:▷매 자원 회의. 士〔出의 변형〕+買→賣. 산 것을 다시 내다 판다는 뜻.

필순 一 十 士 声 声 声 声 青 賣 賣

새김 팔다. 값을 받고 물건을 주다. 買(5142)의 대. ¶賣買(一. 살 매)물건을 팔고 사고함.
〔賣渡〕(매도) 물건을 팔아 넘김. 매각(賣却).
〔賣店〕(매점) 물건을 파는 작은 가게.
〔賣盡〕(매진) 남김없이 다 팔림.
〔賣出〕(매출) 물건을 내다 팖.
▷ 競賣(경매)·發賣(발매)·放賣(방매)·專賣(전매)·投賣(투매)·販賣(판매)

8 ⑮ 〔賠〕* 배 | péi, バイ
5185

행서 賠 간화 赔 이름 물어줄 배 자원 형성. 貝+咅→賠. 倍(배)·培(배)와 같이 咅(배)가 성부.
새김 물어주다. 보상하다. ¶賠償(一. 갚을 상) 남에게 입힌 손해를 물어줌. 예一金.

8 ⑫ 〔赔〕 배 賠(5185)의 간화자
5186

8 ⑮ 〔賜〕** 사: 去寘 | cì, シ
5187

소전 賜 행서 賜 간화 赐 이름 줄 사: 자원 형성. 貝+易→賜. 易(이)의 변음이 성부.

필순 丨 冂 目 貝 貝 貝 貝 貝 賜 賜

새김 주다. 하사하다. ¶賜額書院(一. 편액 액, 글 서, 집 원)임금이 이름을 지어 편액을 하사한 서원. 예陶山書院은 一이다.
〔賜姓〕(사성) 공신에게 성을 하사함.
〔賜藥〕(사약) 國중한 죄를 지은 신하에게 먹고 자살하도록 임금이 독약을 내려 줌. 또는 그 약.
▷ 恩賜(은사)·下賜(하사)·厚賜(후사)

8 ⑫ 〔赐〕 사: 賜(5187)의 간화자
5188

8 ⑮ 〔賞〕*** 상 ㊍상: 上養 | shǎng, ショウ
5189

소전 賞 행서 賞 간화 赏 이름 상 상 자원 형성. 尙+貝→賞. 常(상)·裳(상)과 같이 尙(상)이 성부.

필순 丨 丷 丷 尚 尚 尚 尚 賞 賞 賞

새김 ❶상. 공로를 기리기 위하여 주는 금품. ¶賞品(一. 물건 품)상으로 주는 금품. ❷상을 주다. ¶信賞必罰(참으로 신, 一. 반드시 필, 벌할 벌)공이 있는 사람에게는 꼭 상을 주고 죄가 있는 사람에게는 반드시 벌을 준다는 뜻으로, 상과 벌을 규정대로 분명하게 실시함을 이르는 말. ❸기리다. 칭송하다. ¶賞讚(一. 기릴 찬)훌륭하다고 칭찬함. 예분에 넘치는 一을 받다.

❹완상하다. 구경하며 즐기다. ¶賞春(一, 봄 춘)봄 경치를 구경하며 즐김. ㉔—客.
〔賞金〕(상금) 상으로 주는 돈.
〔賞罰〕(상벌) 상과 벌.
〔賞與〕(상여) 상으로 금품을 줌. ㉔—金.
〔賞狀〕(상장) 상으로 주는 증서.
〔賞牌〕(상패) 상으로 주는 패.
〔賞勳〕(상훈) 공훈에 대하여 상을 주거나 표창함.
▷ 鑑賞(감상)·受賞(수상)·玩賞(완상)·稱賞(칭상)·褒賞(포상)·懸賞(현상)

8 ⑫ 〔赏〕 5190 상 賞(5189)의 간화자

8 ⑫ 〔赎〕 5191 속 贖(5217)의 간화자

8 ⑮ 〔質〕*** 5192
㊀ 질 ㊅質 zhì, シツ
㊁ 질 ㊍지: ㊎寘 zhì, チ
㊂ 지: ㊎寘 zhì, シ

소전 行서 貭 약자 质 간화 质 이름 ㊀바탕 질 ㊁볼모 질 ㊂폐백 지: 자원 형성. 斦+貝→質. 斦(은)의 변음이 성부.

필순 丿 𠂆 斤 斤 斦 斦 斦 質 質 質

새김 ㊀❶바탕. 타고난 본질. ¶素質(본디 소, 一)나면서부터 가지고 있는 재능의 바탕. ㉔문학적 —. ❷질. 됨됨이의 내용. ¶品質(물건 품, 一)물품의 질. ㉔—이 좋다. ❸묻다. 질문하다. ¶質疑(一, 의심날 의)의심나는 점을 물음. ㉔—應答. ❹수수하다. 꾸민 데가 없다. ¶質朴(一, 수수할 박)별스럽게 꾸민 티가 없이 수수함. ㉔—한 생활. ㊁볼모. 또는 사람이나 재물을 저당하다. ¶人質(사람 인, 一)볼모로 잡힌 사람. ㊂폐백. 예물. 贄(5027)와 통용.
〔質量〕(질량) ①자질과 기량. ②질과 양.
〔質問〕(질문) 모르거나 의심나는 것을 물음.
〔質責〕(질책) 질문하고 책망함. 또는 시비 선악을 따짐.
▷ 氣質(기질)·物質(물질)·本質(본질)·性質(성질)·弱質(약질)·異質(이질)·資質(자질)·才質(재질)·體質(체질)·形質(형질)

8 ⑮ 〔賛〕 5193 찬: 贊(5212)의 속자

8 ⑮ 〔賤〕** 5194 천: ㊎霰 jiàn, セン

소전 행서 賎 간화 贱 이름 천할 천: 자원 형성. 貝+戔→賤. 淺(천)·踐(천)과 같이 戔(전)의 변음이 성부.

필순 丨 冂 冃 目 貝 貝 貝 貝 貝 賤

새김 ❶천하다. ㉠신분이나 지위가 낮다. 貴(5138)의 대. ¶賤民(一, 백성 민)신분이 낮은 백성. ㉡흔해서 귀하지 않다. ¶至賤(지극히 지, 一)너무 많아서 귀할 것이 없음. ㉔산에 —으로 피고 지는 진달래. ❷얕보다. 천하게 여기다. ¶賤視(一, 볼 시)천하게 여겨 얕봄. ㉔육체 노동을 —하는 풍조. ❸겸사. 자신을 낮추어 이르는 말. ¶賤臣(一, 신하 신)임금에게 대하여 신하가 자신을 낮추어 이르는 말.
〔賤待〕(천대) 업신여겨 푸대접함.
〔賤陋〕(천루) 천하고 던지러움.
〔賤業〕(천업) 낮고 천한 직업.
〔賤職〕(천직) 낮고 보잘것없는 관직. 또는 자기의 직위를 겸손하게 이르는 말.
〔賤出〕(천출) ①첩의 소생. 서출(庶出). ②싼 값으로 팖.
▷ 貴賤(귀천)·微賤(미천)·卑賤(비천)·貧賤(빈천)·下賤(하천)

8 ⑮ 〔賢〕*** 5195 현 ㊆先 xián, ケン

소전 행서 賢 간화 贤 이름 어질 현 자원 형성. 臤+貝→賢. 臤(견)의 변음이 성부.

필순 一 ㄱ ヨ ヨ 臣 臣 臤 臤 賢 賢

새김 ❶어질다. 슬기롭고 착하다. ¶賢明(一, 밝을 명)어질고 사리에 밝음. ㉔—한 처사. ❷현인. 덕행이 뛰어난 사람. ¶聖賢(성인 성, 一)성인과 현인. ㉔—의 말씀. ❸남을 높이는 말. ¶賢弟(一, 아우 제)아웃벌이 되는 사람을 대접하여 이르는 말.
〔賢良〕(현량) 어질고 착함.
〔賢母良妻〕(현모양처) 어진 어머니이면서 착한 아내.
〔賢淑〕(현숙) 어질고 정숙함. 또는 그러한 여자.
〔賢臣〕(현신) 어진 신하.
〔賢愚〕(현우) 현명함과 어리석음. 또는 현명한 사람과 어리석은 사람.
〔賢人〕(현인) 재능과 덕행이 뛰어난 사람.
〔賢哲〕(현철) 어질고 지혜로움. 또는 그런 사람.
▷ 大賢(대현)·明賢(명현)·先賢(선현)·英賢(영현)·竹林七賢(죽림칠현)

9 ⑯ 〔賭〕* 5196 도 ㊍도: ㊏麌 dǔ, ト

소전 행서 賭 간화 赌 이름 노름할 도 자원 형성. 貝+者→賭. 堵(도)·都(도)·屠(도)와 같이 者(자)의 변음이 성부.
새김 노름하다. 금품을 걸고 내기를 하다. 또는 노름. ¶賭博(一, 노름 박)노름. ㉔—판.
〔賭租〕(도조) 國소작하는 사람이 지주에게 내는 일정한 대가.

〔賭地〕(도지) 일정한 도조를 물고 빌려 쓰는 논밭이나 집터.

9 ⑯ 〔賴〕** 뢰: 去泰 | lài, ライ
5197

소전 행서 속자 賴 간화 赖 이름 힘입을 뢰: 자원 형성. 剌〔剌의 변형〕+貝→賴. 剌(랄)의 변음이 성부.

필순 ㄧ ㄱ 弓 束 束 剌 剌 剌 頼 賴

새김 힘을 입다. 의지하다. ¶信賴(믿을 신, —) 믿고 의지함. 예—하는 사람.
〔賴德〕(뇌덕) 남의 은덕을 입음.
▷無賴(무뢰)·依賴(의뢰)

9 ⑬ 〔赖〕 뢰: 賴(5197)의 간화자
5198

9 ⑯ 〔賱〕* 운: 上吻 | yǔn, ウン
5199

행서 이름 부 운: 자원 형성. 貝+軍→賱. 運(운)과 같이 軍(군)의 변음이 성부.
새김 부(富). 재물.

9 ⑯ 〔賰〕* 춘: 上軫 | chǔn, シュン
5200

행서 이름 넉넉할 춘: 자원 형성. 貝+春→賰. 椿(춘)·瑃(춘)과 같이 春(춘)이 성부.
새김 넉넉하다. 재물이 많다.

10 ⑰ 〔購〕* 구 本구: 去宥 | gòu, コウ
5201

소전 행서 간화 购 이름 살 구 자원 형성. 貝+冓→購. 構(구)·溝(구)와 같이 冓(구)가 성부.
새김 사다. 돈을 주고 사다. ¶購讀(—, 읽을 독) 책·신문·잡지 등을 사서 읽음. 예新聞—.
〔購買〕(구매) 물품을 사들임.
〔購入〕(구입) 구매(購買).

10 ⑰ 〔賻〕* 부: 去遇 | fù, フ
5202

소전 행서 간화 赙 이름 부의 부: 자원 형성. 貝+尃→賻. 傅(부)·溥(부)와 같이 尃(부)가 성부.
새김 부의(賻儀). 상가(喪家)에 보내는 부조.

10 ⑭ 〔赙〕 부: 賻(5202)의 간화자
5203

10 ⑰ 〔賽〕* 새: 去隊 | sài, サイ
5204

소전 행서 간화 赛 이름 굿할 새: 자원 형성. 寒〔塞의 생략체〕+貝→賽. 塞(새)가 성부.
새김 굿하다. 복을 받은 데 대한 감사의 굿을 하다. ¶賽錢(—, 돈 전)굿을 할 때 신령 앞에 올리는 돈.
〔賽神〕(새신) 신에게 올리는 굿 또는 푸닥거리.

10 ⑭ 〔赛〕 새: 賽(5204)의 간화자
5205

11 ⑱ 〔贇〕* 윤 平眞 | zhì, シ
5206

행서 이름 예쁠 윤 자원 형성. 斌+貝→贇. 이 자에는 '빈' 음도 斌(빈)이 성부. '윤'은 그 변음이다.
새김 예쁘다. 아름답다.

11 ⑱ 〔贄〕* 지: 去寘 | zhì, シ
5207

행서 간화 贽 이름 폐백 지: 자원 형성. 執+貝→贄. 摯(지)와 같이 執(집)의 변음이 성부.
새김 폐백. 윗사람을 뵐 때 올리는 예물. ¶執贄(잡을 집, —)폐백을 잡는다는 뜻으로, 제자가 스승을 처음으로 뵐 때에 폐백을 바쳐 경의를 나타냄을 이르는 말.

11 ⑱ 〔贅〕* 췌: 去霽 | zhuì, ゼイ
5208

소전 행서 간화 赘 이름 혹 췌: 자원 회의. 敖+貝→贅. 敖는 내놓다의 뜻. 재물을 내놓아 전당잡힌다는 뜻을 나타낸다. 새김은 가차.
새김 혹. 인신하여, 군더더기. ¶贅言(—, 말 언) 쓸데없는 군더더기 말. 예—이 필요치 않다.
〔贅論〕(췌론) 쓸데없는 군더더기 논의.
〔贅壻〕(췌서) 데릴사위.
〔贅疣〕(췌우) 혹과 사마귀. 쓸모없는 군더더기의 비유.

11 ⑮ 〔赘〕 췌: 贅(5208)의 간화자
5209

12 ⑲ 〔贈〕** 증 本증: 去徑 | zèng, ソウ
5210

소전 행서 간화 赠 이름 보낼 증 자원 형성. 貝+曾→贈. 增(증)·憎(증)과 같이 曾(증)이 성부.

필순 冂 目 貝 貝' 貝'' 貝'' 貝'' 貝'' 貝曾 贈

새김 ❶보내다. 금품을 보내어 주다. ¶贈與(—, 줄 여)㉮금품을 보내어 줌. ㉯재산을 남겨 줌. 예—稅. ❷죽은 사람에게 벼슬을 주다. ¶追贈(쫓을 추, —)죽은 뒤에 관직을 줌. 예벼슬을 —하다.
〔贈答〕(증답) 선물을 주고 받고 함.
〔贈呈〕(증정) 바침. 드림.
〔贈職〕(증직) 죽은 뒤에 벼슬과 품계를 주는 일. 또는 그렇게 준 벼슬이나 품계.
〔贈賄〕(증회) 노물을 줌. 예—罪.
▷寄贈(기증)·受贈(수증)·遺贈(유증)

12 ⑯ 〔赠〕 5211 증 贈(5210)의 간화자

12 ⑲ 〔贊〕** 5212 찬: 去翰 zàn, サン

소전 贊 행서 賛 속자 賛 간화 赞 이름 도울 찬: 자원 회의. 兟은 바치다. 신에게 재물을 바쳐 그 도움을 구한다는 뜻.

필순 ノ ㅗ 屮 生 先 先ㅗ 兟 兟 贊 贊

새김 ❶돕다. 힘을 보태다. ¶協贊(힘합할 협, —)협력하여 도움. ❷동의하다. 찬성하다. ¶贊同(—, 동의할 동)찬성하여 동의함. ❸찬. 인물의 훌륭한 행적을 기리거나 서화(書畫)를 찬양하는 문체의 이름.
〔贊反〕(찬반) 찬성과 반대.
〔贊否〕(찬부) 찬성함과 찬성하지 않음.
〔贊成〕(찬성) 타인의 주장이나 행위에 동의함.
〔贊助〕(찬조) 뜻을 같이하여 도움.
〔贊嘆〕(찬탄) 찬양하고 감탄함.
▷自贊(자찬)

12 ⑯ 〔赞〕 5213 찬: 贊(5212)의 간화자

13 ⑳ 〔贍〕* 5214 섬 本섬: 去豔 shàn, セン

소전 贍 행서 贍 간화 赡 이름 넉넉할 섬 자원 형성. 貝+詹→贍. 蟾(섬)과 같이 詹(첨)의 변음이 성부.
새김 넉넉하다. 재물이 유여하다. ¶贍富(—, 넉넉할 부)재물이 넉넉함. 예재력이 —하다.
〔贍足〕(섬족) 넉넉하고 풍족함.

13 ⑰ 〔赡〕 5215 섬 贍(5214)의 간화자

14 ㉑ 〔贓〕* 5216 장 平陽 zāng, ゾウ

행서 贓 간화 赃 이름 장물 장 자원 형성. 貝+臧→贓. 藏(장)과 같이 臧(장)이 성부.
새김 장물. 또는 부정한 수단으로 금품을 손에 넣다. ¶贓物(—, 물건 물)도둑질 등 부정한 수단으로 손에 넣은 물건. 예—取得罪.

15 ㉒ 〔贖〕* 5217 속 入沃 shú, ショク

소전 贖 행서 贖 간화 赎 이름 속 속 자원 형성. 貝+賣→贖. 續(속)과 같이 賣(육)의 변음이 성부.
새김 속. 또는 속하다. 금품을 내어 죄를 때워 없애다. ¶贖罪(—, 죄 죄)금품을 내어 죄를 때워서 없애버림. 예—를 하기 위한 방법.
〔贖良〕(속량) 國몸값을 받고 종의 신분을 면하여 양민이 되게 함.
〔贖錢〕(속전) 죄를 면하기 위하여 바치는 돈.
〔贖刑〕(속형) 돈을 바치고 형벌을 면제받음.

7 획 부수　赤 部

▷명칭: 붉을적
▷쓰임: 붉은 빛깔과 관계 있는 뜻을 가진 한자의 부수로 쓰이고, 때로는 성부로도 쓰였다.

0 ⑦ 〔赤〕*** 5218 적 入陌 chì, セキ

소전 赤 행서 赤 이름 붉을 적 자원 회의. 土〔大의 변형〕+灬〔火의 변형〕→赤. 크게 타오르는 불길의 빛깔인 붉은 색을 뜻한다.

필순 一 + 土 赤 赤 赤 赤

새김 ❶붉다. ㉠빛깔이 불빛과 같다. 또는 붉은 색. ¶赤潮(—, 조수 조)바닷물이 그 속에 있는 미생물 때문에, 물의 빛깔이 붉게 보이는 현상. ㉡한 곬으로 참되게 바치는. ¶赤心(—, 마음 심)참되고 정성스러운 마음. ㉢공산주의. ¶赤化(—, 될 화)공산주의로 됨. 예—統一의 야욕. ❷비다. 아무것도 가진 것이 없다. ¶赤手(—, 손 수)빈손. 아무것도 가진 것이 없음의 형용. 예—空拳. ❸발가벗다. ¶赤子(—, 아들 자)갓난아이. 인신하여, 갓난아이가 부모의 보호를 받듯이, 임금의 보살핌을 받는 국민을 이르는 말.
〔赤旗〕(적기) ①붉은 빛깔의 기. ②공산주의를 상징하는 기.
〔赤裸裸〕(적나라←적라라) 있는 그대로 다 드러내어 숨김이 없음.
〔赤貧〕(적빈) 아주 가난함.
〔赤色〕(적색) ①붉은 빛. ②공산주의를 상징하는 빛깔.

〔赤信號〕(적신호) ①교통의 정지 신호. ②위험 신호. 「보다 많은 일.
〔赤字〕(적자) ①붉은색의 글자. ②지출이 수입

4 ⑪ 〔赦〕* 사: 去 禡 | shè, シャ
5219

소전 행서 이름 용서할 사: 자원 형성. 赤+攵→赦. 赤(적)의 변음이 성부.
새김 용서하다. 죄나 허물을 용서하다. ¶赦免(—, 면할 면)죄를 용서하여 형벌을 면제함. 예 대통령의 —權.
〔赦宥〕(사유) 죄를 너그럽게 용서하여 줌.
▷大赦(대사)·放赦(방사)·容赦(용사)·恩赦(은사)·特赦(특사)

7 ⑭ 〔赫〕* 혁 入 陌 | hè, カク
5220

소전 행서 이름 빛날 혁 자원 회의. 赤+赤→赫. 붉고 붉기에 '빛나다'의 뜻을 나타낸다.
새김 ❶빛나다. ¶赫赫(—, —)공로나 업적 등이 매우 빛남. 예—한 공로. ❷성내다. 몹시 화내다. ¶赫然(—, 그러할 연)왈칵 화를 내는 모양이 대단함.
〔赫怒〕(혁노) 몹시 성냄.

7 획 부수 走 部

▷명칭: 달릴주. 달릴주받침
▷쓰임: 걷다·달리다 등의 동작에 관한 뜻을 나타내는 한자의 부수로 쓰였다.

0 ⑦ 〔走〕*** 주: 上 有 | zǒu, ソウ
5221

소전 행서 이름 달릴 주: 자원 회의. 土〔夭의 변형〕+㐧〔止의 변형〕→走. 夭는 팔을 좌우로 휘두르다. 止는 발. 팔을 좌우로 휘두르며 발로 달린다는 뜻.
필순 一 + 土 キ キ 𧺆 走
새김 ❶달리다. 빠르게 걷다. ¶走馬(—, 말 마)달리는 말. 예—看山. ❷달아나다. ¶敗走(질 패, —)싸움에 져서 달아남. ❸심부름꾼. ¶走卒(—, 하인 졸)남의 심부름이나 하는 하인.
〔走狗〕(주구) ①사냥개. ②남의 앞잡이 노릇을 하는 사람의 비유.
〔走力〕(주력) 달리는 힘.
〔走馬加鞭〕(주마가편) 國 닫는 말에 채찍질함. 잘 되어 가는 일을 더 잘 하게 격려하고 편달함의 비유.
〔走馬看山〕(주마간산) 말을 타고 달리면서 산천을 구경한다는 뜻으로, 바쁘게 대충대충 보고 지남을 이르는 말.
〔走馬燈〕(주마등) 등 안의 불을 켜면, 그림이 빙빙 돌면서 잇달아 나타나 보이게 되어 있는 등의 한 가지. 「림.
〔走破〕(주파) 예정된 코스를 취후까지 다 달
〔走筆〕(주필) 붓을 달리게 한다는 뜻으로, 글이나 글씨를 매우 빨리 씀을 이르는 말.
〔走行〕(주행) 달림. 또는 달려 감. 예—距離.
▷競走(경주)·逃走(도주)·奔走(분주)·疾走(질주)·脫走(탈주)

2 ⑨ 〔赳〕* 규 本규: 上 有 | jiǔ, キュウ
5222

소전 행서 이름 씩씩할 규 자원 형성. 走+丩→赳. 叫(규)·糾(규)와 같이 丩(규)가 성부.
새김 씩씩하다. 헌걸차고 씩씩하다. ¶赳赳(—, —)헌걸차고 씩씩함. 예—武夫.

2 ⑨ 〔赴〕** 부: 去 遇 | fù, フ
5223

소전 행서 이름 다다를 부: 자원 형성. 走+卜→赴. 訃(부)와 같이 卜(복)의 변음이 성부.
필순 一 + 土 キ キ 𧺆 走 赴 赴
새김 다다르다. 또는 목적지로 떠나가다. ¶赴₂任₁(—, 임지 임)새 임지를 향해 떠나감. 또는 새 임지에 도착함. 예새 군수가 —하다.
〔赴召〕(부소) 임금의 부름에 응하여 나아감.

2 ⑨ 〔赵〕 조: 趙(5229)의 간화자
5224

3 ⑩ 〔起〕*** 기 本기: 上 紙 | qǐ, キ
5225

소전 행서 이름 일어날 기 자원 형성. 走+己→起. 記(기)·忌(기)와 같이 己(기)가 성부.
필순 一 + 土 キ キ 𧺆 走 起 起 起
새김 ❶일어나다. 생겨나다. ¶起源(—, 근원 원)사물이 생긴 근원. 예우리말의 —. ❷일어서다. 몸을 일으키다. ¶起立(—, 설 립)자리에서 일어섬. 예—拍手. ❸일으키다. ㉠군대를 일으키다. ¶起₂兵₁(—, 군사 병)군사를 일으킴. 예東學黨의 —. ㉡불러 일으키다. 일깨우다. ¶喚起(부를 환, —)불러 일으킴. 예輿論—. ❹시작하다. 착수하다. ¶起₂工₁(—, 일 공)공사를 시작함. ㉮—式. ❺초잡다. 원고를 쓰다. ¶起草(—, 초잡을 초)글의 초안을 잡음. ㉮法案을 — 하다.
〔起居〕(기거) 일상적인 생활에서의 행동. 거동(擧動).
〔起伏〕(기복) ①지세가 높았다 낮았다 함. ②흥망성쇠의 비유. ③감정이 일어났다 가라앉았다 함.
〔起死回生〕(기사회생) ①죽게 된 사람이 다시 살아남. ②전혀 일어설 수 없게 된 것을 다시 일으킴.
〔起算〕(기산) 언제부터, 또는 어디서부터 시작하여 계산을 함. ㉮—點.
〔起床〕(기상) 잠자리에서 일어남. ㉮—나팔.
〔起訴〕(기소) 검사가 법원에 형사 사건의 재판을 청구함. ㉮—猶豫.
〔起承轉結〕(기승전결) 한시의 서술 체계. 절구(絶句)에서는, 기구〔제1구〕에서는 시상을 일으키고, 승구〔2구〕에서는 기구의 시상을 전개하고, 전구〔3구〕에서는 지금까지의 시상을 전환하여, 결구〔4구〕에서 전체의 시상을 결말짓는다. 율시(律詩)는 2구씩을 한구로 생각한다.
〔起案〕(기안) 문건의 초안을 잡음. ㉮公文의 「—.
〔起用〕(기용) ①인재를 등용함. ②이미 퇴직하거나 면직된 사람을 다시 관직에 임용함.
〔起因〕(기인) 일이 일어난 원인.
〔起點〕(기점) 일이나 현상이 처음으로 시작되는 출발점.
〔起爆劑〕(기폭제) 화약을 폭발시키는 데 쓰는 「물질.
▷蹶起(궐기)·突起(돌기)·發起(발기)·惹起(야기)·隆起(융기)·早起(조기)

5 ⑫ 〔越〕** 월 入月 yuè, エツ
5226

소전 행서 이름 넘을 월 자원 형성. 走+戉→越. 戉(월)이 성부.

필순 + 土 キ ‡ 走 走 走 越 越 越

새김 ❶넘다. ㉠일정한 경계선을 넘다. ¶越境(—, 지경 경)국경이나 경계를 넘음. ㉮— 해온 契丹兵. ㉡일정한 기준을 뛰어넘다. ¶超越(넘을 초, —)일정한 한도나 표준을 뛰어넘음. ㉮人間을 —한 힘. ㉢신분·지위·분수를 넘다. ¶越權(—, 권리 권)자기 권한의 범위를 넘어섬. ㉮—行爲. ❷건너다. 강물을 건너다. ¶越江(—, 강 강)강을 건넘. ㉮— 해 다니며 농사를 짓다. ❸남보다 뛰어나다. ¶卓越(높을 탁, —)남보다 동뜨게 뛰어남. ㉮—한 人材. ❹월나라. 춘추(春秋) 때의 나라 이름. ¶吳越同舟(오나라 오, —, 같을 동, 배 주)적대 관계에 있었던 오나라와 월나라 사람이 같은 배를 탐. ㉮서로 적대 관계에 있는 사람이 함께 있음의 비유. ㉯적끼리도 같은 어려움을 당하면 서로 협력함의 비유. 故오나라와 월나라는 서로 적대 관계에 있었는데, 두 나라 사람이 같은 배를 타고 강을 건너다 풍파를 만나게 되자, 서로 도우며 힘을 합하였다는 고사.〔孫子〕
〔越冬〕(월동) 겨울을 넘김.
〔越等〕(월등) 다른 것보다 훨씬 뛰어남.
〔越三道〕(월삼도) 國세 도를 넘는다는 뜻으로, 먼 지방으로 귀양보냄을 이르는 말.
〔越墻〕(월장) 담을 넘음.
〔越尺〕(월척) 낚시로 잡은 물고기의 길이가 한 자가 넘음. 또는 그 물고기.
▷優越(우월)·踰越(유월)

5 ⑫ 〔超〕** 초 平蕭 chāo, チョウ
5227

소전 행서 이름 넘을 초 자원 형성. 走+召→超. 召에는 '소' 외에 '조' 음도 있어, 招(초)·苕(초)와 같이 召(조)의 변음이 성부.

필순 + 土 キ ‡ 走 起 起 起 超 超

새김 ❶넘다. 일정한 기준이나 한도를 넘다. ¶超過(—, 지날 과)일정한 수효나 한도를 넘음. ㉮定員—. ❷뛰어나다. 빼어나다. ¶超人(—, 사람 인)보통 사람보다 뛰어난 재능이 있음. ㉮—的인 정력. ❸멀리 떨어지다. 벗어나다. ¶超脫(—, 벗을 탈)세속적인 것이나 일반적인 것에서 벗어나 멀리 떨어짐. ㉮속세를 —하다. ❹너무. 지나치게. ¶超滿員(초만원)너무 지나치게 된 만원.
〔超高速〕(초고속) 썩 빠른 고속보다도 훨씬 더 빠른. ㉮—通信網.
〔超黨的〕(초당적) 이념이나 정책이 다른 정당이나 그 소속 당원이, 그들의 주장을 뛰어넘어 협력하여 일에 임하는. ㉮—인 對處.
〔超凡〕(초범) 범속을 초월함. 보통 사람보다 뛰어남.
〔超然〕(초연) ①세속에 얽매이지 않는 모양. ②출중한 모양. ③높은 모양.
〔超越〕(초월) ①어떤 한계나 표준을 뛰어넘음. ②등급을 뛰어넘어 등용함.

5 ⑫ 〔趋〕* 추 趨(5231)의 간화자
5228

7 ⑭ 〔趙〕* 조: 上篠 zhào, チョウ
5229

소전 행서 간화 赵 이름 조나라 조: 자원 형성. 走+肖→趙. 肖(초)의 변음이 성부.
새김 ❶조나라. 중국 전국 시대에 있었던 나라의 하나. ❷성(姓).

8 ⑮ 〚趣〛** 5230 취 本추: 去遇 | qù, シュ

소전 행서 이름 뜻 취: 자원 형성. 走+取→趣. 聚(취)·娶(취)와 같이 取(취)가 성부.

필순 + 土 丰 丰 走 走 走 趄 趣 趣

새김 ❶뜻. 의사. ¶趣旨(—, 뜻 지)일정한 일에 대한 기본적인 목적이나 생각. 예—를 설명하다. ❷흥취. 재미. ¶趣味(—, 맛 미)전문이나 직업으로 하지 않고 마음에 끌려 하는 재미. 예—生活.
〔趣向〕(취향) 어떤 방향으로 마음이 쏠리어 움직임. 또는 그 방향.
▷妙趣(묘취)·別趣(별취)·雅趣(아취)·情趣(정취)·旨趣(지취)·興趣(흥취)

10 ⑰ 〚趨〛* 5231 추 平虞 | qū, スウ

소전 행서 간화 趋 이름 붙쫓을 추 자원 형성. 走+芻→趨. 鄒(추)·皺(추)와 같이 芻(추)가 성부.
새김 ❶붙쫓다. 어떤 방향을 향하여 나아가다. ¶趨勢(—, 형세 세)대세가 나아가는 형세. 예사회 발전의 —. ❷달리다. 종종걸음치다. 〔論語〕必趨(필추) 반드시 종종걸음을 침.
〔趨時〕(추시) 시대의 흐름이나 시속(時俗)을 따름.
〔趨進〕(추진) 좇아서 빠르게 나아감.
〔趨向〕(추향) ①대세(大勢)를 따라 나아감. ②대세가 나아가는 방향.
▷歸趨(귀추)

7 획 부수 足(⻊)部

▷명칭: 발족. 발족변
▷쓰임: 발의 각 부위의 명칭, 발을 움직이는 동작이나 상태 등을 나타내는 한자의 부수로 쓰였다.

0 ⑦ 〚足〛*** 5232 ㊀족 入沃 | zú, ソク ㊁주: 去遇 | jù, シュ

소전 행서 이름 ㊀발 족 ㊁지나칠 주: 자원 상형. 정강이 이하의 사람의 발 모양을 본떴다.

필순 ⼂ 口 口 ⺊ 早 𧾷 足

새김 ㊀❶발. ㉠사람이나 동물의 발. ¶手足(손 수, —)손과 발. ㉡기물의 발. ¶鼎足(솥 정, —)솥발. ❷넉넉하다. ㉠부유하다. ¶裕足(넉넉할 유, —)살림살이가 넉넉함. 예—한 생활. ㉡마음에 차다. ¶滿足(찰 만, —)㉮마음에 모자람이 없어 충분함. 예—한 기분. ㉯흡족하게 여김. 예—感. ❸능히. 족히. 예足히 그럴 수 있다. ㊁지나치다. 분수에 넘치다. 〔論語〕足$_2$恭$_1$(주공) 공손함이 지나침.
〔足鎖〕(족쇄) 차꼬. 죄인의 발목에 채우던 쇠사슬.
〔足跡〕(족적) ①발자국. ②걸어온 발자취.
▷不足(부족)·蛇足(사족)·洗足(세족)·遠足(원족)·義足(의족)·長足(장족)·知足(지족)·充足(충족)·濯足(탁족)·豊足(풍족)

4 ⑪ 〚趺〛* 5233 부 平虞 | fū, フ

행서 이름 책상다리할 부 자원 형성. ⻊+夫→趺. 扶(부)·芙(부)와 같이 夫(부)가 성부.
새김 책상다리하다. ¶跏趺坐(책상다리할 가, —, 앉을 좌) 跏(5236)를 보라.

4 ⑪ 〚趺〛 5234 약 躍(5272)의 간화자

4 ⑪ 〚趾〛* 5235 지 本지: 上紙 | zhǐ, シ

행서 이름 터 지 자원 형성. ⻊+止→趾. 祉(지)·芷(지)와 같이 止(지)가 성부.
새김 ❶터. 토대. 또는 자취. 址(0850)와 통용. ¶城趾(성 성, —)성터. ❷발. 또는 발가락. ¶趾骨(—, 뼈 골)발가락의 뼈.
▷基趾(기지)·遺趾(유지)·足趾(족지)

5 ⑫ 〚跏〛* 5236 가 平麻 | jiā, カ

행서 이름 책상다리할 가 자원 형성. ⻊+加→跏. 伽(가)·駕(가)·茄(가)와 같이 加(가)가 성부.
새김 책상다리하다. ¶跏趺坐(—, 책상다리할 부, 앉을 좌)책상다리를 하고 앉는 앉음새.

5 ⑫ 〚距〛** 5237 거: 上語 | jù, キョ

소전 행서 이름 떨어질 거: 자원 형성. ⻊+巨→距. 拒(거)·鉅(거)와 같이 巨(거)가 성부.

필순 口 ⺊ 早 𧾷 ⻊ 距 距 距 距 距

새김 떨어지다. ㉠공간적으로 떨어지다. ¶距離(—, 떨어질 리)두 곳 사이의 떨어져 있는 길이. 예—를 재다. ㉡시간적으로 거슬러 올라가다. ¶距今(—, 이제 금)지금으로부터 거슬러 올라가서. ㉠— 300년 전의 일.
▷相距(상거)·長距離(장거리)

5 ⑫ 〔跋〕* 발 入 曷 bá, バツ
5238

소전 행서 이름 밟을 발 자원 형성. 𧾷+犮→跋. 拔(발)·魃(발)과 같이 犮(발)이 성부.
새김 ❶밟다. 짓밟다. ¶跋扈(—, 널리퍼질 호) 짓밟음이 널리 퍼진다는 뜻으로, 권세를 마음대로 휘두르며 날뜀을 이르는 말. ㉠탐관 오리의 —. ❷산을 넘다. ¶跋涉(—, 건널 섭)산을 넘고 강을 건너서 길을 감. ❸발. 발문. 序(1433)의 대. ¶跋文(—, 글월 문)책 뒤 끝에 책의 발간 경위에 대해 쓰는 글.

5 ⑫ 〔跌〕* 질 ㊄절 入 屑 diē, テツ
5239

소전 행서 이름 헛디딜 질 자원 형성. 𧾷+失→跌. 秩(질)·迭(질)과 같이 失(실)의 변음이 성부.
새김 ❶헛디디다. 헛디디어 넘어지다. 또는 틀어지다. ¶蹉跌(헛디딜 차, —)蹉(5254)를 보라. ❷넘치다. 또는 제멋대로. ¶跌宕(—, 방종할 탕)정도에 넘치게 제멋대로 놀아남.

5 ⑫ 〔践〕 천: 踐(5254)의 간화자
5240

5 ⑫ 〔跆〕* 태 平 灰 tái, タイ
5241

행서 이름 밟을 태 자원 형성. 𧾷+台→跆. 殆(태)·怠(태)와 같이 台(태)가 성부.
새김 밟다. 또는 업신여기다.
〔跆拳〕(태권) 國 우리나라 고유의 무예.

5 ⑫ 〔跛〕* 파 ㊄파: 上 智 bǒ, ハ
5242

소전 행서 이름 절뚝거릴 파 자원 형성. 𧾷+皮→跛. 破(파)·頗(파)와 같이 皮(피)의 변음이 성부.
새김 절뚝거리다. 또는 절름발이. ¶跛行(—, 다닐 행) 절뚝거리며 걸음. 인신하여, 일이 순조롭게 진행되지 아니함.

6 ⑬ 〔跨〕* 과: 去 禡 kuà, コ
5243

소전 행서 이름 올라탈 과: 자원 형성. 𧾷+夸→跨. 誇(과)와 같이 夸(과)가 성부.
새김 올라 타다. 두 다리를 벌리고 걸터 타다. ¶跨鶴(—, 학 학)학에 올라탐. 인신하여, 선인(仙人)이 됨.

6 ⑬ 〔跳〕** 도 ㊄조 平 蕭 tiào, チョウ
5244

소전 행서 이름 뛸 도 자원 형성. 𧾷+兆→跳. 桃(도)·逃(도)와 같이 兆(조)의 변음이 성부.

필순 口 早 早 𧾷 𧾷 𧾷) 𧾷𠃌 𧾷兆 跳 跳

새김 ❶뛰다. 뛰어 오르다. ¶跳躍(—, 뛸 약)뛰어 오름. ㉠—運動. ❷날뛰다. 횡행하다. ¶跳梁(—, 노략질할 량)나쁜 세력이나 사람이 꺼림없이 함부로 날뛰며 노략질함. ㉠敵들의 —이 날로 심해지다.
〔跳開橋〕(도개교) 國 배가 통과할 수 있도록 다리의 일부가 들리면서 열리게 만든 다리.
▷高跳(고도)

6 ⑬ 〔路〕*** 로: 去 遇 lù, ロ
5245

소전 행서 이름 길 로: 자원 형성. 𧾷+各→路. 輅(로)와 같이 各(각)의 변음이 성부.

필순 口 早 早 𧾷 𧾷 𧾷' 𧾷夂 𧾷夂 路 路

새김 ❶길. ㉠사람·수레·비행기 등이 다니는 길. ¶道路(길 도, —)닦아놓은, 사람이나 수레가 다니는 길. ㉠—標識. ㉡마땅히 지켜야 할 길. ¶正路(바를 정, —)사람이 지켜야 할 바른 길. ❷조리. 사물의 체계. ¶理路(이치 리, —) 이론상의 조리. ㉠정연한 —. ❸벼슬. 중요한 자리. ¶要路(중요할 료, —)중요한 자리. ㉠—의 당국자들.
〔路毒〕(노독) 여행에서 오는 피로.
〔路面〕(노면) 길바닥의 겉면. ㉠평탄한 —.
〔路傍〕(노방) 길가. 노변(路邊).
〔路費〕(노비) 먼 길을 오가는 데 드는 비용. 여비(旅費).
〔路線〕(노선) ①정해 놓고 통행하는 길. ②행동이나 견해의 방향.
〔路資〕(노자) 먼 길을 오가는데 드는 비용. 노비(路費). 여비(旅費).
〔路程〕(노정) ①길의 이수(里數). ②거쳐 지나가는 길이나 과정.
〔路祭〕(노제) 발인(發靷)할 때 문 앞이나 길에서 지내는 제사.
▷街路(가로)·經路(경로)·岐路(기로)·末路(말로)·小路(소로)·進路(진로)·通路(통로)·行路(행로)·回路(회로)

6 ⑬ 〔跣〕** 5246 선: 上銑 | xiǎn, セン

소전 行서 이름 맨발 선: 자원 형성. 足+先→跣. 銑(선)·珗(선)과 같이 先(선)이 성부.

새김 맨발. 아무것도 신지 않은 발. ¶跣足(—, 발 족)맨발.

6 ⑬ 〔跡〕** 5247 적 入陌 | jī, セキ

행서 동자 迹 이름 자취 적 자원 형성. 足+亦→跡. 迹(적)과 같이 亦(역)의 변음이 성부.

필순 口 口 口 卩 足 足' 足ᅳ 跡 跡 跡

새김 자취. ㉠발자취. ¶人跡(사람 인, —)사람이 다닌 발자취. 또는 사람의 자취. 예 —이 끊기다. ㉡흔적. ¶遺跡(남을 유, —)남아 있는 사적. 예— 踏査.

▷古蹟(고적)·軌跡(궤적)·史蹟(사적)·踪跡(종적)·筆跡(필적)·形跡(형적)·痕迹(흔적)

6 ⑬ 〔践〕 5248 천: 踐(5254)의 약자

7 ⑭ 〔踊〕* 5249 용: 上腫 | yǒng, ヨウ

소전 행서 이름 뛸 용: 자원 형성. 足+甬→踊. 勇(용)·埇(용)과 같이 甬(용)이 성부.

새김 뛰다. 춤을 추듯이 뛰다. ¶踊躍(—, 뛸 약)기뻐서 춤을 추듯이 뜀.

〔踊貴〕(용귀) 물가가 뛰어오름.

〔踊塔〕(용탑) 높이 우뚝 솟은 탑.

〔踊現〕(용현) 우뚝하게 드러남.

▷舞踊(무용)·擗踊(벽용)

7 ⑭ 〔踌〕 5250 주 躊(5273)의 간화자

8 ⑮ 〔踞〕* 5251 거: 去御 | jù, キョ

소전 행서 이름 걸터앉을 거: 자원 형성. 足+居→踞. 据(거)·鋸(거)와 같이 居(거)가 성부.

새김 걸터앉다. 또는 기대다. ¶盤踞(사릴 반, —)사리어 걸터앉는다의 뜻으로, 어떤 집단이 어떤 곳을 근거지로 삼아 세력을 떨치고 있음을 이르는 말.

〔踞床〕(거상) 걸상에 걸터앉음.

〔踞坐〕(거좌) 걸터앉음.

8 ⑮ 〔踏〕** 5252 답 入合 | tà, トウ

행서 이름 밟을 답 자원 형성. 足+沓→踏. 沓(답)이 성부.

필순 口 口 卩 足 足' 足ˊ 足ᄽ 跦 踏 踏

새김 ❶밟다. 발로 밟다. ¶踏査(—, 살필 사)실지로 현지에 가서 돌아다니며 조사함. 예古蹟—. ❷좇다. 그대로 이어받다. ¶踏襲(—, 이을 습)전부터 해 내려온 방식·수법 등을 그대로 이어받아 함. 예— 해 온 祭禮의 의식.

〔踏橋〕(답교) 다리밟기. 음력 정월 보름날 밤에 그 해의 재액을 물리친다 하여 다리 위를 밟고 거니는 일.

〔踏步〕(답보) 제자리걸음. 일의 진전이 없음의 비유. 「가로이 거닒.

〔踏月〕(답월) 달빛을 밟음. 곧 달빛 아래서 한

▷高踏(고답)·踐踏(천답)

8 ⑮ 〔踪〕* 5253 종 平冬 | zōng, ショウ

행서 동자 蹤 이름 자취 종 자원 형성. 足+宗→踪. 綜(종)·棕(종)과 같이 宗(종)이 성부.

새김 ❶자취. 사람의 발자취. ¶踪跡(—, 자취 적)사람의 발자취. 예—을 감추다. ❷뒤따르다. 뒤따라 가다. ¶追踪(좇을 추, —)발자국을 따라 뒤따라 감. 예他의 —을 불허하다.

▷失踪(실종)

8 ⑮ 〔踐〕** 5254 천: 上銑 | jiàn, セン

소전 행서 약자 践 간화 践 이름 밟을 천: 자원 형성. 足+戔→踐. 淺(천)·賤(천)과 같이 戔(전)의 변음이 성부.

필순 口 口 口 卩 足 足' 跘 践 践 踐

새김 ❶밟다. 발로 밟다. ¶踐踏(—, 밟을 답)발로 짓밟음. ❷행하다. ¶實踐(실제 실, —)실제로 행함. 예— 躬行. ❸자리에 오르다. ¶踐[2]祚[1](—, 왕위 조)임금의 자리에 오름. 왕위를 계승함.

〔踐言〕(천언) 말한 바를 이행함.

9 ⑯ 〔踰〕* 5255 유 平虞 | yú, ユ

소전 행서 이름 넘을 유 자원 형성. 足+兪→踰. 喩(유)·愈(유)와 같이 兪(유)가 성부.

새김 넘다. 또는 넘기다. ¶踰[2]月[1](—, 달 월)그 달의 그믐을 넘김.
〔踰年〕(유년) 해를 넘김.
〔踰越〕(유월) ①극복함. 뛰어넘음. ②분수를 벗어남.

9 ⑯〔蹂〕* 유: 上 有 rǒu, ジュウ
5256

소전 행서 이름 짓밟을 유: 자원 형성. 𧾷+柔→蹂. 柔(유)가 성부.
새김 짓밟다. ¶蹂躪(—, 밟을 린)폭력이나 권력으로 남의 권리를 짓밟음. 예人權—.

9 ⑯〔蹄〕* 제 平 齊 tí, テイ
5257

행서 이름 굽 제 자원 형성. 𧾷+帝→蹄. 啼(제)와 같이 帝(제)가 성부.
새김 굽. 짐승의 발굽. ¶蹄鐵(—, 쇠 철) 편자. 말굽에 대어 박는 쇠.
〔蹄齧〕(제설) 짐승이 발로 차고 이로 물어 뜯음. 사람끼리 서로 옥신각신함의 비유.
▷擧踪蹄(거종제)·馬蹄(마제)

9 ⑯〔踵〕* 종 本종: 上 腫 zhǒng, ショウ
5258

소전 행서 이름 발꿈치 종 자원 형성. 𧾷+重→踵. 種(종)·鍾(종)과 같이 重(중)의 변음이 성부.
새김 발꿈치. ¶接踵(잇닿을 접, —)발꿈치를 잇닿게 한다는 뜻으로, ㉮남의 바로 뒤에서 바싹 가까이 따름. ㉯사물이 연해 뒤를 이어 생김을 이르는 말.
〔踵門〕(종문) 문에 다다름. 곧 친히 그 집을 방문함.
▷擧踵蹄(거종제)

10 ⑰〔蹇〕* 건: 上 銑 jiǎn, ケン
5259

소전 행서 이름 절름발이 건: 자원 형성. 寒〔搴의 생략체〕+足→蹇. 騫(건)과 같이 搴(건)이 성부.
새김 ❶절름발이. 또는 절뚝거리다. ¶蹇脚(—, 다리 각)절뚝발이. ❷오만하다. 목곧다. ¶剛蹇(강할 강, —)꼬장꼬장하고 목곧음. 예—한 성미.

10 ⑰〔蹈〕* 도 本도: 去 號 dǎo, トウ
5260

소전 행서 이름 밟을 도 자원 형성. 𧾷+舀→蹈. 稻(도)·韜(도)와 같이 舀(도)가 성부.
새김 ❶밟다. 발을 구르다. ¶舞蹈(춤출 무, —)춤을 추고 발을 구른다는 뜻으로, 서양식 춤을 이르는 말. 예—會. ❷따르다. ¶蹈襲(—, 이을 습)전부터 해 내려온 방식·수법 등을 그대로 따라 이어받음.
▷高蹈(고도)·足蹈(족도)

10 ⑰〔蹉〕* 차 平 歌 cuō, サ
5261

소전 행서 이름 어긋날 차 자원 형성. 𧾷+差→蹉. 磋(차)·瑳(차)와 같이 差(차)가 성부.
새김 ❶어긋나다. 틀어지다. ¶蹉跌(—, 틀어질 질)하던 일이 틀어짐. 예—이 생기다. ❷헛디디다. 헛디디어 넘어지다. ¶蹉跌(—, 헛디딜 질)헛디디어 넘어짐.
〔蹉過〕(차과) 과오. 실수.

10 ⑰〔蹊〕* 혜 平 齊 xī, ケイ
5262

행서 이름 소로 혜 자원 형성. 𧾷+奚→蹊. 奚(혜)가 성부.
새김 소로. 소로길.
〔蹊徑〕(혜경) 오솔길. 소로(小路).

11 ⑱〔蹟〕* 적 跡(5247)과 동자
5263

11 ⑱〔蹤〕 종 踪(5253)과 동자
5264

11 ⑱〔蹠〕* 척 入 陌 zhí, セキ
5265

소전 행서 이름 밟을 척 자원 형성. 𧾷+庶→蹠. 庶(자)의 변음이 성부.
새김 ❶밟다. 발로 밟다. ❷발바닥. ¶對蹠(대할 대, —)마주 대하고 있는 발바닥이란 뜻으로, 서로 정반대의 관계에 있음을 이르는 말. 예—的인 현상.

11 ⑱〔蹙〕* 축 入 屋 cù, シュク
5266

소전 행서 이름 찡그릴 축 자원 형성. 戚+足→蹙. 戚(척)의 변음이 성부.
새김 찡그리다. 찌프리다. 〔孟子〕 蹙頞(축알)이맛살을 찌푸림.
▷窮蹙(궁축)·嚬蹙(빈축)

12 ⑲〔蹶〕* 궐 入 月 jué, ケツ
5267

소전 蹶 행서 蹶 이름 박찰 궐 자원 형성. 足+厥→蹶. 獗(궐)·闕(궐)과 같이 厥(궐)이 성부.
새김 박차다. 박차고 일어나다. ¶蹶起(―, 일어날 기)일정한 목적을 이루기 위하여 분발하여 일어남. 예―大會.

12 ⑲ 〔蹴〕* 축 入屋 | cù, シュク
5268

소전 蹴 행서 蹴 이름 찰 축 자원 형성. 足+就→蹴. 就(추)의 변음이 성부.
새김 차다. 발로 차다. ¶蹴球(―, 공 구)두 편으로 갈라져서 공을 차서 상대방 골에 차넣는 운동 경기.
〔蹴鞠〕(축국) 발로 공을 차는 놀이.

13 ⑳ 〔躇〕* 저 平魚 | chú, チョ
5269

이름 머뭇거릴 저 자원 형성. 足+著→躇. 著(저)가 성부.
새김 머뭇거리다. 망설이다. ¶躊躇(머뭇거릴 주, ―)躊(5273)를 보라.

13 ⑳ 〔躁〕* 조 本조: 去號 | zào, ソウ
5270

행서 躁 이름 급할 조 자원 형성. 足+喿→躁. 燥(조)·操(조)와 같이 喿(조)가 성부.
새김 급하다. 성질이 급하다. ¶躁急(―, 급할 급)성질이 참을성이 없이 매우 급함.

14 ㉑ 〔躪〕 린: 躪(5274)의 간화자
5271

14 ㉑ 〔躍〕** 약 入藥 | yuè, ヤク
5272

소전 躍 행서 躍 간화 跃 이름 뛸 약 자원 형성. 足+翟→躍. 翟(적)의 변음이 성부.

필순 ㄱ ㅁ 㔾 足 趴 趵 趵 跀 躍 躍

새김 뛰다. ㉠뛰어 오르다. ¶跳躍(뛸 도, ―)뛰어 오름. 예―競技. ㉡생기 있게 움직이다. ¶躍動(―, 움직일 동)생기 있게 활동함. 예생명의 ―.
〔躍進〕(약진) 힘차게 앞으로 뛰어나감.
▷暗躍(암약)·鳶飛魚躍(연비어약)·勇躍(용약)·一躍(일약)·雀躍(작약)·活躍(활약)

14 ㉑ 〔躊〕* 주 平尤 | chóu, チュウ
5273

행서 躊 간화 踌 이름 머뭇거릴 주 자원 형성. 足+壽→躊. 鑄(주)와 같이 壽(수)의 변음이 성부.
새김 머뭇거리다. 망설이다. ¶躊躇(―, 머뭇거릴 저)결심을 하지 못하고 머무적거리거나 망설임. 예―하지 말고 決行하라.

20 ㉗ 〔躪〕* 린: 去震 | lìn, リン
5274

행서 躪 간화 躏 이름 밟을 린: 자원 형성. 足+藺→躪. 藺(린)이 성부.
새김 밟다. 짓밟다. ¶蹂躪(짓밟을 유, ―)蹂(5256)를 보라.

7획 부수 身部

▷명칭: 몸신. 몸신변
▷쓰임: 신체에 관한 뜻을 나타내는 한자의 부수로 쓰였다.

0 ⑦ 〔身〕*** 신 平眞 | shēn, シン
5275

소전 身 행서 身 이름 몸 신 자원 상형. 아이를 밴 여자를 옆에서 본 모양.

필순 ′ 亻 冂 户 自 身 身

새김 ❶몸. ㉠신체. 몸뚱이. 육체. ¶心身(마음 심, ―)마음과 몸. 예―의 단련. ㉡물체의 몸. ¶刀身(칼 도, ―)칼의 몸. 예―이 짧다. ❷나. 자기. ¶自身(스스로 자, ―)스스로인 나. 예―의 수양에 힘쓰다. ❸사회적인 신분이나 지위. ¶身上(―, 위 상)어느 한 사람에 관련된 신분이나 지위. 예―에 관한 소문.
〔身老心不老〕(신로 심불로) 몸은 늙었으나 마음은 늙지 않았음.
〔身命〕(신명) 몸과 목숨. 예―을 바치다.
〔身邊〕(신변) 몸의 주변.
〔身病〕(신병) 몸에 생긴 병.
〔身分〕(신분) ①출신과 사회적 지위. ②법률상의 일정한 지위나 자격.
〔身言書判〕(신언서판) 당대(唐代)에 인재를 등용할 때 선발의 기준으로 삼던, 신수·말씨·글씨·문리(文理)의 네 가지 조건.
〔身元〕(신원) 사람의 출생·신분·직업·주소·품성 따위의 일체. 예―保證.
〔身長〕(신장) 사람의 키.
〔身體〕(신체) 사람의 몸. 예―髮膚.
▷告身(고신)·單身(단신)·滿身(만신)·保身(보신)·安身(안신)·肉身(육신)·立身(입신)·全身(전신)·終身(종신)·出身(출신)·

化身(화신)

3 ⑩〔躬〕* 궁 平冬 gōng, キュウ
5276

소전 躳 행서 躬 이름 몸 궁 자원 형성. 身+弓→躬. 穹(궁)·芎(궁)과 같이 弓(궁)이 성부.
새김 ❶몸. 신체. ¶鞠躬(굽힐 국, —)몸을 굽힘. 예—再拜. ❷몸소. 제 스스로. ¶躬行(—, 행할 행)제 스스로 행함. 예實踐—.
〔躬耕〕(궁경) 몸소 농사를 지음.

4 ⑪〔躯〕 구 軀(5278)의 간화자
5277

11 ⑱〔軀〕* 구 平虞 qū, ク
5278

소전 軀 행서 軀 간화 躯 이름 몸집 구 자원 형성. 身+區→軀. 驅(구)·鷗(구)와 같이 區(구)가 성부.
새김 몸집. 육체. 신체. ¶體軀(몸 체, —)몸집. 예늠름한 —.
〔軀幹〕(구간) ①몸의 골격. ②몸통.
〔軀體〕(구체) 몸. 신체.
▷巨軀(거구)·老軀(노구)

7 획 부수 車部

▷명칭: 수레거. 수레거변
▷쓰임: 수레의 종류, 수레에 딸린 부품, 수레의 움직임 등에 관한 뜻을 가진 한자의 부수로 쓰였다.

0 ⑦〔車〕*** 一거 平魚 jū, キョ 二차 平麻 chē, シャ
5279

소전 車 행서 車 간화 车 이름 一수레 거 二수레 차 자원 상형. 수레의 모양을 본떴다.

필순 一 𠂆 冂 日 旦 亘 車

새김 一수레. 바퀴의 회전으로 움직이는 수레. ¶車馬(—, 말 마)수레와 말. 二❶차. 뜻은 一과 같다. 참고 어느 때 '차'로 읽고 어느 때 '거'로 읽는 가는 관행에 따른다. ❷바퀴의 회전력을 이용하는 기계. ¶風車(바람 풍, —)바람의 힘을 기계적인 힘으로 바꾸는 장치. ❸성(姓). ❹차. 장기짝의 이름의 하나. 예車를 쓰다.
〔車馬費〕(거마비) 공무로 출장 나갈 때의 교통비.
〔車庫〕(차고) 자동차 등을 넣어 두는 건물.
〔車道〕(차도) 차만 다니도록 정한 길.
〔車輛〕(차량) ①수레의 총칭. ②열차의 한 칸.
〔車輪〕(차륜) 차바퀴.
〔車窓〕(차창) 차에 달린 창문.
〔車體〕(차체) 차량의 몸체로, 승객이나 화물을 싣는 부분.
〔車軸〕(차축) 두 개의 차바퀴를 연결하는 축.
▷客車(객차)·汽車(기차)·水車(수차)·乘車(승차)·牛車(우차)·人力車(인력거)·自動車(자동차)·電車(전차)·戰車(전차)·停車(정거·정차)·駐車(주차)

0 ④〔车〕 一거 車(5279)의 간화자 二차 車(5279)의 간화자
5280

1 ⑧〔軋〕* 알 入黠 yà, アツ
5281

소전 軋 행서 軋 간화 轧 이름 삐걱거릴 알 자원 형성. 車+乚〔乙의 변형〕→軋. 乙(을)의 변음이 성부.
새김 삐걱거리다. 인신하여. 서로 다투다. ¶軋轢(—, 삐걱거릴 력)수레가 삐걱거림. 인신하여, 사이가 나빠지거나 의견이 맞지 않아 서로 다툼. 예—이 생기다.

1 ⑤〔轧〕 알 軋(5281)의 간화자
5282

2 ⑨〔軍〕*** 군 平文 jūn, グン
5283

소전 軍 행서 軍 간화 军 이름 군사 군 자원 회의. 冖〔勹의 변형〕+車→軍. 勹는 包로, 에워싸다의 뜻. 병사들이 병거를 에워싸고 진격한다는 데서 '군사'의 뜻을 나타낸다.

필순 丨 冖 冖 冖 冃 冒 冒 宣 軍

새김 군사. 군대. ¶軍糧(—, 양식 량)군대의 양식. 예—의 보급.
〔軍歌〕(군가) 군대에서, 군인들의 사기를 돋우기 위하여 부르는 노래.
〔軍警〕(군경) ①군사상의 경보(警報). ②군대와 경찰.
〔軍國主義〕(군국주의) 나라의 정치·경제·교육 등의 모든 분야를 전쟁을 위해 정비하고, 군사력으로 나라를 발전시키겠다는 주의.
〔軍紀〕(군기) 군대의 규율과 풍기.
〔軍機〕(군기) 군사상의 기밀.
〔軍隊〕(군대) 일정한 규율과 질서 아래 편제된 군인의 집단.
〔軍務〕(군무) 군사에 관한 사무.
〔軍門〕(군문) 병영의 문.
〔軍閥〕(군벌) 군의 세력을 중심으로 하여 이루어진 정치적 파벌.
〔軍費〕(군비) 군사상의 목적으로 쓰이는 모든 경비.

〔軍備〕(군비) 국방상의 시설과 장비.
〔軍士〕(군사) 병사. 사병(士兵).
〔軍事〕(군사) 군대·군비·전쟁 등에 관한 일. ⓔ—教育.
〔軍屬〕(군속) 민간인으로서 군무(軍務)에 종사하는 사람.
〔軍需〕(군수) 군사상에 필요한 물자.
〔軍樂〕(군악) 군대의 의식이나 군대의 사기를 높이기 위하여 쓰는 음악.
〔軍營〕(군영) 군대가 주둔한 곳. 진영(陣營).
〔軍用〕(군용) 군사 목적에 쓰이는 것.
〔軍律〕(군율←군률) 군대의 규율. ⓔ엄한 —.
〔軍醫〕(군의) 군대에 소속되어 있는 의사. ⓔ—官.
〔軍資金〕(군자금) 전쟁을 하기 위하여 필요한 돈.
〔軍政〕(군정) 전시(戰時)나 사변 때에 점령 지역의 군사령관이 그 지역에 행하는 임시 행정.
〔軍縮〕(군축) 군비 축소(軍備縮小)의 준말. 전쟁 수행을 위한 준비를 줄임. ⓔ—會談.
〔軍艦〕(군함) 전쟁을 하기 위한 무기를 갖추고 있는 배.
〔軍靴〕(군화) 군인들이 신는 신.
▷減軍(감군)·空軍(공군)·援軍(원군)·陸軍(육군)·義勇軍(의용군)·將軍(장군)·從軍(종군)·進軍(진군)·敗軍(패군)·海軍(해군)

2 ⑥ 〔军〕 5284 군 軍(5283)의 간화자

2 ⑨ 〔軌〕** 5285 궤: 上 紙 | guǐ, キ

소전 軌 행서 軌 간화 轨 이름 궤도 궤: 자원 형성. 車+九→軌. 九(구)의 변음이 성부.

필순 一 丆 冂 币 百 亘 車 軌 軌

새김 ❶궤도. ㉠천체가 공전하는 길. ¶軌道(—, 길 도)천체가 공전하는 길. ㉡수레의 좌우 바퀴의 간격. 또는 레일. ¶狹軌(좁을 협, —)표준 궤도보다 좁은 궤도. ⓔ—列車. ❷수레. ¶軌跡(—, 자취 적)수레가 지나간 자국. 인신하여, 옛 사람의 행적. ❸법도. 정해진 규칙. ¶軌範(—, 규범 범)판단이나 행동의 기준이 되는 규범.
▷同軌(동궤)·常軌(상궤)·儀軌(의궤)

2 ⑥ 〔轨〕 5286 궤: 軌(5285)의 간화자

3 ⑩ 〔軒〕** 5287 헌 平 元 | xuān, ケン

소전 軒 행서 軒 간화 轩 이름 수레 헌 자원 형성. 車+干→軒. 干(간)의 변음이 성부.

필순 一 丆 冂 币 百 亘 車 軒 軒 軒

새김 ❶수레. 귀인이 타던 수레. ¶軺軒(수레 초, —)㉮날쌔게 달릴 수 있는 수레. ㉯國 옛날에 종이품 이상의 벼슬아치가 타던, 외바퀴 달린 가마. ❷처마. ㉠지붕의 도리 밖으로 내민 부분. ¶軒燈(—, 등 등)처마에 다는 등. ㉡인신하여, 옥호나 아호 등에 붙이는 말. ⓔ烏竹軒. ❸높다. 풍채가 좋고 의기가 당당하다. ¶軒軒(—, —)풍채가 좋고 의기가 당당함. ⓔ—丈夫.
〔軒昂〕(헌앙) ①높이 솟은 모양. ②의기가 당당함.
〔軒檻〕(헌함) 대청이나 복도의 난간.

3 ⑦ 〔轩〕 5288 헌 軒(5287)의 간화자

4 ⑧ 〔轰〕 5289 굉 轟(5357)의 간화자

4 ⑧ 〔轮〕 5290 륜 輪(5323)의 간화자

4 ⑪ 〔軟〕** 5291 연: 上 銑 | ruǎn, ナン

행서 軟 간화 软 이름 연할 연: 자원 형성. 車+欠〔耎의 변형〕→輭→軟. 耎(연)이 성부.

필순 一 丆 冂 币 百 亘 車 軟 軟 軟

새김 ❶연하다. ㉠무르고 부드럽다. ¶軟性(—, 성질 성)부드럽거나 연한 성질. ㉡빛이 얕고 산뜻하다. ⓔ軟粉紅 치마. ❷여리다. 감정이나 의지가 여리다. ¶軟弱(—, 약할 약)㉮여리고 약함. ⓔ—한 마음. ㉯연하고 약함. ⓔ—한 힘.
〔軟骨〕(연골) 물렁뼈. ↔경골(硬骨).
〔軟禁〕(연금) 감옥에 갇히지는 않으나 행동이 자유롭지 못하고 감시를 받는 상태.
〔軟化〕(연화) ①단단한 것이 부드럽고 무르게 됨. ②강경한 태도나 주장을 누그러뜨리고 타협함.
▷硬軟(경연)·柔軟(유연)

4 ⑧ 〔软〕 5292 연: 軟(5291)의 간화자

4 ⑪ 〔転〕 5293 전: 轉(5353)의 약자

4 ⑧ 〔转〕 5294 전: 轉(5353)의 간화자

5 ⑫ 〖軻〗* 가 平 歌 | kē, カ
5295

[소전] 軻 [행서] 軻 [간화] 轲 [이름] 수레 가 [자원] 형성. 車＋可→軻. 呵(가)·柯(가)와 같이 可(가)가 성부.
[새김] ❶수레. ❷맹자(孟子)의 이름.

5 ⑨ 〖轲〗 가 軻(5295)의 간화자
5296

5 ⑫ 〖軽〗 경 輕(5313)과 동자
5297

5 ⑨ 〖轻〗 경 輕(5313)의 간화자
5298

5 ⑨ 〖轹〗 력 轢(5359)의 간화자
5299

5 ⑫ 〖軫〗* 진: 上 軫 | zhěn, シン
5300

[소전] 軫 [행서] 軫 [간화] 轸 [이름] 수레 진: [자원] 형성. 車＋㐱→軫. 珍(진)·診(진)과 같이 㐱(진)이 성부.
[새김] 수레. 또는 수레 뒤턱의 가로장.

5 ⑨ 〖轸〗 진: 軫(5300)의 간화자
5301

5 ⑫ 〖軸〗* 축 入 屋 | zhóu, ジク
5302

[소전] 軸 [행서] 軸 [간화] 轴 [이름] 굴대 축 [자원] 형성. 車＋由→軸. 由(유)의 변음이 성부.
[새김] 축. 굴대. ㉠수레바퀴의 굴대. ¶車軸(차 차, ㅡ)두 개의 차바퀴를 연결하는 축. ㉡회전하는 기계의 굴대. ¶回轉軸(돌 회, 돌 전, ㅡ)한 곳을 중심으로 하여 빙빙 도는 기계의 굴대. ㉢굴대처럼 생긴 물건. ¶卷軸(두루마리 권, ㅡ)족자 아래에 가로로 댄 둥글고 긴 나무. ❷두루마리. ㉠가로로 둘둘 만 종이. ¶詩軸(시 시, ㅡ)시를 적은 두루마리. ㉡國 한지 10권, 두루마리 하나를 세는 단위. ㉨韓紙三軸.
〔軸頭〕(축두) 주련·시축 등의 첫 머리에 쓰거나 그리는 시·글씨·그림.
▷ 主軸(주축)·地軸(지축)·樞軸(추축)

5 ⑨ 〖轴〗 축 軸(5302)의 간화자
5303

6 ⑬ 〖較〗** 교 本교: 去 效 | jiào, カク
5304

[행서] 較 [간화] 较 [이름] 견줄 교 [자원] 형성. 車＋交→較. 校(교)·郊(교)와 같이 交(교)가 성부.

[필순] 一 丆 百 亘 車 車 軒 軗 較 較

[새김] 견주다. 견주어 헤아리다. ¶比較(견줄 비, ㅡ)서로 견주어 봄. ㉨ㅡ檢討.
〔較量〕(교량) 비교하여 헤아림.
▷ 計較(계교)

6 ⑩ 〖较〗 교 較(5304)의 간화자
5305

6 ⑩ 〖轿〗 교 轎(5354)의 간화자
5306

6 ⑬ 〖輅〗* 로: 去 遇 | lù, ロ
5307

[소전] 輅 [행서] 輅 [간화] 辂 [이름] 수레 로: [자원] 형성. 車＋各→輅. 路(로)와 같이 各(각)의 변음이 성부.
[새김] 수레. 임금이 타던 수레.

6 ⑩ 〖辂〗 로: 輅(5307)의 간화자
5308

6 ⑬ 〖軾〗* 식 入 職 | shì, ショク
5309

[소전] 軾 [행서] 軾 [간화] 轼 [이름] 식 식 [자원] 형성. 車＋式→軾. 拭(식)·拭(식)과 같이 式(식)이 성부.
[새김] 식. 수레 앞쪽에 가로로 댄 가름대. 수레 위에서 예를 행할 때에 잡는다.

6 ⑩ 〖轼〗 식 軾(5309)의 간화자
5310

6 ⑬ 〖載〗** ㊀재: 去 隊 | zài, サイ
㊁재: 上 賄 | zǎi, サイ
5311

[소전] 載 [행서] 載 [간화] 载 [이름] ㊀실을 재: ㊁해 재: [자원] 형성. 𢦔＋車→載. 栽(재)·裁(재)와 같이 𢦔(재)가 성부.

[필순] 十 土 圭 圭 盂 흥 輂 載 載 載

[새김] ㊀싣다. ㉠물건을 차·배·비행기 등에 싣다. ¶積載(쌓을 적, ㅡ)물건을 실음. ㉨ㅡ量. ㉡글이나 그림을 책이나 간행물에 싣다. ¶連載(이을 련, ㅡ)한 편의 글이나 여러 장면으로 된 그림 등을 여러 차례로 나누어 신문이나 잡지에 이어서 실음. ㉨ㅡ小說. ㊁해. 년. ¶千載一遇(일천 천, ㅡ, 한 일, 만날 우)천 년에 한 번 만난다는 뜻으로, 좀처럼 만나기 어려운 좋은 기회를 이르는 말.

〔載錄〕(재록) 기록하여 실음.
〔載送〕(재송) 물건을 실어서 보냄.
▷揭載(게재)·記載(기재)·登載(등재)·滿載(만재)·轉載(전재)·搭載(탑재)

6 ⑩〔载〕 재: 載(5311)의 간화자
5312

7 ⑭〔輕〕*** 경 平庚 | qīng, ケイ
5313

소전 輕 행서 軽 동자 軽 간화 轻 이름 가벼울 경 자원 형성. 車+巠→輕. 經(경)·勁(경)·莖(경)·逕(경)과 같이 巠(경)이 성부.

필순 一 亓 戸 亘 車 車 軒 軺 輕 輕

새김 ❶가볍다. 重(5560)의 대. ㉠무게가 가볍다. ¶輕重(—, 무거울 중)㉮무거움과 가벼움. ㉯중요한 것과 중요하지 아니한 것. ㉡정도가 가볍다. ¶輕傷(—, 상처 상)가볍게 입은 상처. 예— 을 입다. ㉢옷차림이 단출하다. ¶輕裝(—, 꾸밈 장)단출한 차림새. 예배낭만 멘 —. ㉣동작이 날쌔고 재다. ¶輕快(—, 날랠 쾌)동작이 날쌔고 잼. 예— 한 동작. ㉤말이나 행동이 가볍다. ¶輕率(—, 경솔할 솔)말이나 행동이 가벼움. 예— 한 행동. ❷손쉽다. 용이하다. ¶輕便(—, 편리할 편)손쉽고 편리함. 예— 한 工具. ❸업신여기다. 重(5560)의 대. ¶輕視(—, 볼 시)남을 업신여겨 대수롭지 않게 봄. 예노동자를 — 하는 풍조.
〔輕減〕(경감) 처벌이나 부담을 덜어서 가볍게 함.
〔輕擧妄動〕(경거망동) 경솔하게 함부로 행동함.
〔輕工業〕(경공업) 식품이나 잡화 등 일상의 소비품을 생산하는 공업.
〔輕蔑〕(경멸) 깔보아 업신여김.
〔輕侮〕(경모) 남을 하찮게 보아 업신여기거나 모욕함.
〔輕微〕(경미) 매우 작거나 적어서 대수롭지 않음.
〔輕薄〕(경박) 침착하지 못함.
〔輕犯〕(경범) 비교적 가벼운 범죄.
〔輕音樂〕(경음악) 재즈·탱고와 같은, 가벼운 기분으로 들을 수 있는 대중적 음악.
〔輕佻浮薄〕(경조부박) 언행이 경솔하여 겉치레뿐이고 진실하지 못함. 예— 한 허영심.
〔輕捷〕(경첩) ①몸이 재고 날쌤. 예— 한 동작. ②차림차림이 홀가분함. 예— 한 旅裝.

7 ⑪〔辆〕 량: 輛(5320)의 간화자
5314

7 ⑭〔輓〕* 만 本만: 上阮 | wǎn, バン
5315

소전 輓 행서 輓 이름 애도할 만 자원 형성. 車+免→輓. 晩(만)·挽(만)과 같이 免(면)의 변음이 성부.
새김 ❶애도하다. 죽은이를 애도하다. ¶輓詞(—, 글 사)죽은이를 애도하여 지은 글. ❷요즈음. ¶輓近(—, 가까울 근)요즈음. 최근. 예— 以來.
〔輓歌〕(만가) ①상엿소리. ②죽은 사람을 애도하는 시가(詩歌).
〔輓章〕(만장) 죽은 사람을 애도하는 글.

7 ⑭〔輔〕* 보: 上麌 | fǔ, ホ
5316

소전 輔 행서 輔 간화 辅 이름 도울 보: 자원 형성. 車+甫→輔. 補(보)와 같이 甫(보)가 성부.
새김 돕다. 힘을 보태어 돕다. ¶輔弼(—, 도울 필)임금을 보좌함. 예— 之臣.
〔輔國〕(보국) 충성을 다하여 나랏일을 도움. 예— 安民.
〔輔導〕(보도) 도와서 옳은 데로 인도함.
〔輔仁〕(보인) 어진 덕성(德性)을 도움. 벗들이 서로 도덕적 품성을 쌓도록 격려하고 도움.
〔輔佐〕(보좌) 웃사람의 일을 도움.

7 ⑪〔辅〕 보: 輔(5316)의 간화자
5317

7 ⑭〔輒〕* 첩 入葉 | zhé, チョウ
5318

소전 輒 행서 輒 간화 辄 이름 문득 첩 자원 형성. 車+耴→輒. 耴(첩)이 성부.
새김 문득. 곧. 손쉽게. ¶一覽輒記(한 일, 볼 람, —, 기억할 기)한 번 보면 곧 기억함.
▷動輒見敗(동첩견패)

7 ⑪〔辄〕 첩 輒(5318)의 간화자
5319

8 ⑮〔輛〕* 량: 去漾 | liàng, リョウ
5320

행서 輛 간화 辆 이름 수레 량: 자원 형성. 車+兩→輛. 倆(량)과 같이 兩(량)이 성부.
새김 ❶수레. 차. ¶車輛(차 차, —)수레, 또는 연결된 기차의 하나하나의 차간. ❷량. 수레의 대수나 기차의 차간을 세는 말. 예열 輛을 단 기차.

8 ⑮〔輦〕* 련 本련: 上銑 | niǎn, レン
5321

소전 輦 행서 輦 간화 辇 이름 연 련 자원 회의. 扶+車→輦. 扶는 두 사나이란 뜻으로, 두 사나이가 끄는 수레를 뜻한다.
새김 연. 임금이 타던 수레나 가마. ¶輦路(—, 길 로)임금이 탄 수레가 지나가는 길.

8 ⑫ 〔辇〕 5322 련 輦(5321)의 간화자

8 ⑮ 〔輪〕** 5323 륜 平眞 | lún, リン

소전 輪 행서 輪 간화 轮 이름 바퀴 륜 자원 형성. 車+侖→輪. 倫(륜)·崙(륜)과 같이 侖(륜)이 성부.

필순

새김 ❶바퀴. 차바퀴. ¶車輪(차 차, —)차바퀴. ❷수레. 차. ¶輪禍(—, 재앙 화)차로 인한 재앙. 곧 교통 사고. 예—로 숨진 사람. ❸둘레. 테두리. ¶輪廓(—, 둘레 곽)사물의 모양을 나타내는 테두리. 예—이 드러나다. ❹테. 둥근 모양의 사물. ¶日輪(해 일, —)해. 태양. ❺돌다. 차례로 돌다. ¶輪番(—, 차례 번)여러 사람이 번갈아 하는 일에서 일정한 순서로 돌아가는 차례. ❻채. 수레를 세는 말.
〔輪感〕(윤감) 國돌림감기. 유행성 감기.
〔輪讀〕(윤독) 여러 사람이 돌려가며 읽음.
〔輪作〕(윤작) 그루돌림. 같은 땅에 한 가지 작물만을 계속 심지 않고 해마다 다른 작물로 바꾸어 심는 일.
〔輪廻〕(윤회) ①그치지 않고 차례로 돎. ②(佛)몸은 죽어 없어져도 영혼은 남아 다른 몸에 옮아 삼계육도(三界六道)를 돌며 생사를 반복함.
▷法輪(법륜)·年輪(연륜)·五輪(오륜)·月輪(월륜)·火輪船(화륜선)

8 ⑮ 〔輞〕* 5324 망: 上養 | wǎng, ボウ

행서 輞 간화 辋 이름 바퀴테 망: 자원 형성. 車+罔→輞. 網(망)과 같이 罔(망)이 성부.
새김 바퀴테. 수레바퀴의 겉에 메우는 테.

8 ⑫ 〔辋〕 5325 망: 輞(5324)의 간화자

8 ⑮ 〔輩〕** 5326 배: 去隊 | bèi, ハイ

소전 輩 행서 輩 간화 辈 이름 무리 배: 자원 형성. 非+車→輩. 排(배)·俳(배)와 같이 非(비)의 변음이 성부.

필순

새김 ❶무리. 또래. 벗. ¶先輩(먼저 선, —)같은 분야에서 먼저 종사하여 자기보다 앞선 사람. 또는 같은 학교를 자기보다 앞서 나온 사람. ❷뒤를 잇다. ¶輩出(—, 날 출)인재가 뒤를 이어 세상에 나옴. 예퇴계 문하에서 많은 인재가 —되었다.
〔輩行〕(배항) ①선후배의 순서. ②같은 또래의 친구.
▷同輩(동배)·年輩(연배)·吾輩(오배)·儕輩(재배)·後輩(후배)

8 ⑫ 〔辈〕 5327 배: 輩(5326)의 간화자

8 ⑮ 〔輧〕* 5328 병 平青 | píng, ヘイ

소전 輧 행서 輧 이름 수레 병 자원 형성. 車+幷의 →輧. 餅(병)·屛(병)과 같이 幷(병)이 성부.
새김 수레. 휘장을 친 수레.

8 ⑮ 〔輟〕* 5329 철 入屑 | chuò, テツ

행서 輟 간화 辍 이름 멈출 철 자원 형성. 車+叕→輟. 綴(철)과 같이 叕(철)이 성부.
새김 멈추다. 그만두다. 〔論語〕耰而不[2]輟[1](우이불철) 씨를 뿌리면서 멈추지 아니하다.

8 ⑫ 〔辍〕 5330 철 輟(5329)의 간화자

8 ⑮ 〔輜〕* 5331 치 平支 | zī, シ

소전 輜 행서 輜 간화 辎 이름 수레 치 자원 형성. 車+甾→輜. 緇(치)와 같이 甾(치)가 성부.
새김 수레. 군수품을 싣는 수레. ¶輜重(—, 짐 중)수레에 싣는 짐. 또는 군수품. 예—兵.

8 ⑫ 〔辎〕 5332 치 輜(5331)의 간화자

8 ⑮ 〔輝〕** 5333 휘 平微 | huī, キ

행서 輝 간화 辉 이름 빛날 휘 자원 형성. 光+軍→輝. 揮(휘)·煇(휘)와 같이 軍(군)의 변음이 성부.

필순

새김 빛나다. 빛이 사방으로 뻗다. ¶輝煌燦爛(—, 빛날 황, 빛날 찬, 빛날 란)눈부시게 빛남. 예— 한 조국의 앞날.
▷光輝(광휘)·明輝(명휘)

8 ⑫ 〔辉〕 휘 輝(5333)의 간화자
5334

9 ⑯ 〔輹〕* 복 入屋 | fù, フク
5335

소전 輹 행서 輹 간화 辐 이름 바퀴살 복 자원 형성. 車+复→輹. 復(복)·腹(복)과 같이 复(복)이 성부.
새김 바퀴살. 수레바퀴의 살.

9 ⑬ 〔辐〕 복 輹(5335)의 간화자
5336

9 ⑯ 〔輻〕* 복▷폭 入屋 | fù, フク
5337

소전 輻 행서 輻 간화 辐 이름 바퀴살 복▷폭 자원 형성. 車+畐→輻. 福(복)·匐(복)과 같이 畐(복)이 성부. 참고 어느 때에 '복'으로 읽고 어느 때에 '폭'으로 읽는가는 관행에 따른다.
새김 바퀴살. ㉠바퀴살처럼 사방으로 흩어지다. ¶輻射(복사)빛이나 열이 물체에서 사방으로 내쏨. 예—熱. ㉡바퀴살처럼 중심으로 모여들다. ¶輻輳(폭주)사람이나 물건이 한 곳으로 모여듦. 예—하는 차량.

9 ⑬ 〔辐〕 복▷폭 輻(5337)의 간화자
5338

9 ⑯ 〔輸〕** 수 平虞 | shū, ユ
5339

소전 輸 행서 輸 간화 输 이름 나를 수 자원 형성. 車+俞→輸. 兪(유)의 변음이 성부.

필순 一 ㄇ 日 旦 車 軩 軩 輸 輸 輸

새김 나르다. 실어 나르다. ¶輸送(—, 보낼 송)차·배·항공기 등으로 사람이나 짐을 실어 나름. 예— 貨物.
〔輸入〕(수입) 외국으로부터 상품을 사들임.
〔輸出〕(수출) 외국으로 상품을 실어 내보냄.
〔輸血〕(수혈) 혈액이 부족한 환자에게 같은 형의 피를 가진 건강한 사람의 피를 주입하는 일.
▷空輸(공수)·禁輸(금수)·運輸(운수)·直輸(직수)

9 ⑬ 〔输〕 수 輸(5339)의 간화자
5340

9 ⑯ 〔輳〕* 주: 去宥 | còu, ソウ
5341

행서 輳 간화 辏 이름 모일 주: 자원 형성. 車+奏→輳. 湊(주)와 같이 奏(주)가 성부.
새김 모이다. 바퀴살처럼 한 곳으로 모여들다. ¶輻輳(바퀴살 폭, —)輻(5336)을 보라.

9 ⑬ 〔辏〕 주: 輳(5341)의 간화자
5342

9 ⑯ 〔輯〕* 집 入緝 | jí, シュウ
5343

소전 輯 행서 輯 간화 辑 이름 모을 집 자원 형성. 車+咠→輯. 楫(집)·緝(집)과 같이 咠(집)이 성부.
새김 모으다. 책을 만들기 위해 자료를 모으다. ¶編輯(엮을 편, —)원고를 정리하여 엮고 짜서 출판물을 만듦. 예雜誌 —.
〔輯錄〕(집록) 모아서 기록함. 또는 그 책.
▷蒐輯(수집)·特輯(특집)

9 ⑬ 〔辑〕 집 輯(5343)의 간화자
5344

10 ⑰ 〔輿〕** 여 平魚 | yú, ヨ
5345

소전 輿 행서 輿 동자 轝 간화 舆 이름 가마 여 자원 형성. 車+舁〔舁의 변형〕→輿. 與(여)와 같이 舁(여)가 성부.

필순 亻 𠂉 𠂉 佰 佰 俥 俥 俥 輿 輿

새김 ❶가마. 또는 수레. ¶喪輿(죽을 상, —)시체를 운반하는 가마나 수레. 예—를 메다. ❷많다. 또는 여러 사람의. ¶輿論(—, 의논 론)세상의 많은 사람들의 공통된 의견. 예— 調査. ❸땅. 대지(大地). ¶輿地(—, 땅 지)땅덩이. 예大東—圖.
〔輿望〕(여망) 여러 사람의 기대나 인기.
▷堪輿(감여)·籃輿(남여)·乘輿(승여)

10 ⑭ 〔舆〕 여 輿(5345)의 간화자
5346

10 ⑰ 〔轅〕* 원 平元 | yuán, エン
5347

소전 轅 행서 轅 간화 辕 이름 끌채 원 자원 형성. 車+袁→轅. 猿(원)·遠(원)과 같이 袁(원)이 성부.
새김 끌채. 수레의 앞쪽에 대는 긴 채. 또는 수레. ¶轅門(—, 문 문)끌채를 마주 세워 만든 문이란 뜻으로, 군영(軍營)의 문을 이르는 말.

10 ⑭ 〔轅〕 원 轅(5347)의 간화자
5348

10 ⑰ 〔輾〕* 전: 上 銑 | zhǎn, テン
5349

행서 輾 간화 辗 이름 돌아누울 전: 자원 형성. 車+展→輾. 展(전)이 성부.
새김 돌아눕다. ¶輾轉(—, 구를 전) 누워서 이리저리 뒤척임. 예 — 反側.
〔輾轉反側〕(전전반측) 누워서 이리저리 뒤척거리며 잠을 이루지 못하는 모양.

10 ⑭ 〔辗〕 전: 輾(5349)의 간화자
5350

10 ⑰ 〔轄〕* 할 入 黠 | xiá, カツ
5351

소전 轄 행서 轄 간화 辖 이름 맡아볼 할 자원 형성. 車+害→轄. 害에는 '해' 외에 '할' 음도 있어, 害(할)이 성부.
새김 맡아보다. 관할하다. ¶直轄(직접 직, —) 직접 관할함. 예 — 部隊.
▷管轄(관할)·總轄(총할)·統轄(통할)

10 ⑭ 〔辖〕 할 轄(5351)의 간화자
5352

11 ⑱ 〔轉〕** 전: 上 銑 | zhuǎn, テン
5353

소전 轉 행서 轉 약자 転 간화 转 이름 구를 전: 자원 형성. 車+專→轉. 傳(전)·塼(전)과 같이 專(전)이 성부.

필순 一 百 亘 車 車一 車百 車甫 車重 轉 轉

새김 ❶구르다. 또는 굴리다. ¶轉禍爲福(—, 재앙 화, 될 위, 복 복)재앙이 굴러서 복이 된다는 뜻으로, 언짢은 일이 계기가 되어 도리어 다른 좋은 일을 보게 됨을 이르는 말. ❷돌다. 빙글빙글 돌다. ¶回轉(돌 회, —)한 곳을 축으로 하거나 중심으로 하여 그 둘레를 돎. 예 — 周期. ❸옮기다. 자리를 옮기다. ¶移轉(옮길 이, —)장소나 주소 등을 옮김. 예 영업 장소의 —. ❹점점. 더욱 더. 〔李白·序〕高談轉淸(고담전청)고상한 말이 더욱 더 맑아지다.
〔轉嫁〕(전가) 자기의 허물이나 책임 따위를 남에게 덮어씌움.
〔轉勤〕(전근) 근무하던 자리를 옮김.
〔轉機〕(전기) 어떤 상태에서 다른 상태로 변하는 기회나 고비.
〔轉落〕(전락) ①굴러 떨어짐. ②타락함.
〔轉賣〕(전매) 산 물건을 딴 사람에게 다시 팖.
〔轉送〕(전송) 딴 데서 보내온 것을 다시 딴 데로 보냄.
〔轉業〕(전업) 직업을 바꿈. 사업을 바꿈.
〔轉役〕(전역) 현재까지 복무하던 역종(役種)에서 다른 역종으로 편입됨.
〔轉用〕(전용) 예정된 곳에 쓰지 아니하고 다른 데로 돌려 씀.
〔轉任〕(전임) 같은 회사나 관청 중에서 일 자리나 직책이 옮겨짐.
〔轉入〕(전입) 다른 지방이나 다른 학교에서 옮겨 들어옴.
〔轉載〕(전재) 신문·잡지 등에 발표된 글이나 사진을 그대로 딴 출판물에 옮겨 실음.
〔轉籍〕(전적) 본적이나 학적 등을 딴 데로 옮김.
〔轉轉〕(전전) 여기저기로 옮겨 다니거나 굴러다니거나 함. 예 — 乞食.
〔轉地〕(전지) 이 지방 저 지방으로 옮겨 다님. 예 — 訓鍊.
〔轉出〕(전출) 딴 곳으로 옮겨 감.
〔轉向〕(전향) ①방향을 바꿈. ②종래의 사상이나 이념 등을 그 사회에 맞추어 바꿈.
▷公轉(공전)·反轉(반전)·變轉(변전)·逆轉(역전)·運轉(운전)·流轉(유전)·自轉(자전)

12 ⑲ 〔轎〕* 교 本교: 去 嘯 | jiào, キョウ
5354

행서 轎 간화 轿 이름 가마 교 자원 회의. 車+喬→轎. 橋(교)·矯(교)와 같이 喬(교)가 성부.
새김 가마. 사람이 타는 가마. ¶轎軍(—, 군사 군)國 가마를 메는 사람.

12 ⑲ 〔轍〕* 철 入 屑 | zhé, テツ
5355

소전 轍 행서 轍 간화 辙 이름 바퀴자국 철 자원 형성. 車+敵→轍. 徹(철)·撤(철)과 같이 敵(철)이 성부.
새김 바퀴자국. 수레가 지나간 뒤에 남은 자국. ¶前轍(앞 전, —)앞 수레가 남긴 바퀴자국이란 뜻으로, 이미 실패한 바 있는 길을 이르는 말. 예 —을 밟다.
〔轍環天下〕(철환천하) 수레를 타고 천하를 두루 돌아다님.

12 ⑯ 〔辙〕 철 轍(5355)의 간화자
5356

14 ㉑ 〔轟〕* 굉 本횡 平 庚 | hōng, ゴウ
5357

소전 轟 행서 轟 간화 轰 이름 울릴 굉 자원 회의. 車+車+車→轟. 석 대의 수레가 갈 때 나는 큰 소리를 뜻한다.
새김 울리다. 큰 소리가 울려 퍼지다. ¶轟音(—, 소리 음)굉장히 요란하게 울리는 소리. 예 포탄이 작렬하는 —.

14 ㉑ 〔轝〕* 여 輿(5345)와 동자
5358

15 ㉒ 〔轢〕* 력 入錫 | lì, レキ
5359

소전 轢 행서 轢 간화 轹 이름 깔아뭉갤 력 자원 형성. 車+樂→轢. 礫(력)과 같이 樂(락)의 변음이 성부.

새김 ❶깔아 뭉개다. 수레로 깔아 뭉개다. ¶轢殺(—, 죽일 살)사람이나 짐승을 차나 수레로 깔아 뭉개어 죽임. ❷삐걱거리다. 인신하여, 사이가 나빠져 다투다. ¶軋轢(삐걱거릴 알, —) 軋(5281)을 보라.

〔轢死〕(역사) 수레에 깔려 죽음.

7 획 부수 辛 部

▷명칭: 매울신
▷쓰임: 매운 맛에 관계 있는 한자의 부수로 쓰이기도 하고, 때로는 자형상의 분류를 위한 부수로도 쓰였다.

0 ⑦ 〔辛〕*** 신 平眞 | xīn, シン
5360

소전 辛 행서 辛 이름 매울 신 자원 상형. 손잡이가 있는 커다란 침의 모양을 본떴다. 새김은 가차.

필순 丶 亠 亡 立 立 辛 辛

새김 ❶맵다. 맛이 맵다. 또는 매운 맛. 인신하여, 고생. ¶千辛萬苦(일천 천, —, 일만 만, 쓴 맛 고)천 가지의 매운맛과 만 가지의 쓴 맛. 곧 여러 가지로 겪는 무한한 고생. 예— 끝에 누리는 영화. ❷매섭다. 엄하다. ¶辛辣(—, 날카로울 랄)몹시 매섭고 날카로움. 예—한 풍자. ❸여덟째 천간. 예辛酉邪獄.

〔辛苦〕(신고) ①매운 맛과 쓴 맛. ②고생스럽게 애를 씀. 또는 그 고통이나 고생.
〔辛酸〕(신산) ①매운 맛과 신 맛. ②쓰라리고 괴로움의 비유.
〔辛勝〕(신승) 고생스럽게 간신히 이김.
▷艱辛(간신)·苦辛(고신)·悲辛(비신)·酸辛(산신)·愁辛(수신)

5 ⑫ 〔辜〕* 고 平虞 | gū, コ
5361

소전 辜 행서 辜 이름 허물 고 자원 형성. 古+辛→辜. 苦(고)·故(고)·固(고)와 같이 古(고)가 성부.

새김 허물. 죄. ¶無₂辜₁(없을 무, —)법적으로나 도의적으로 아무런 허물이 없음. 예—한 백성.
〔辜負〕(고부) 신의를 저버림. 배신함.
〔辜人〕(고인) 중죄인. 사형수.
▷罪辜(죄고)

6 ⑬ 〔辟〕 ㊀벽 入陌 | pì, ヘキ ㊁피: 去寘 | bì, ヒ
5362

소전 辟 행서 辟 이름 ㊀임금 벽 ㊁피할 피: 자원 회의. 尸〔節의 본자인 卩의 변형〕+口+辛→辟. 卩은 절제하다, 辛은 죄의 뜻. 입으로 법에 따라 죄를 결단하는 사람. 곧 임금을 뜻한다.

새김 ㊀❶임금. 군주. ❷闢(5813)의 간화자. ㊁피하다. 避(5476)와 통용.

6 ⑬ 〔辞〕 사 辭(5368)의 속자·간화자
5363

7 ⑭ 〔辣〕* 랄 入曷 | là, ラツ
5364

행서 辣 이름 매울 랄 자원 형성. 辛+朿〔剌의 생략체〕→辣. 剌(랄)이 성부.

새김 맵다. 맛이 맵다. 인신하여, ㉠엄하다. 날카롭다. ¶辛辣(매서울 신, —)몹시 매섭고 날카로움. 예—한 풍자. ㉡인신하여, 잔인하다. 혹독하다. ¶惡辣(악할 악, —)악하고 잔인함. 예—한 만행.

9 ⑯ 〔辨〕** 변: 上銑 | biàn, ベン
5365

소전 辨 행서 辨 이름 분별할 변: 자원 형성. 辡+刂〔=刀〕→辨. 辯(변)과 같이 辡(변)이 성부.

필순 丶 亠 立 立 辛 辛 辛 刹 辨 辨

새김 ❶분별하다. 구별하다. ¶辨別(—, 구별할 별) 옳고 그름과 좋고 언짢음을 가리어 앎. 예—能力. ❷갚다. 물어주다. ¶辨償(—, 갚을 상) 끼친 손해를 갚음. 예—할 액수.
〔辨明〕(변명) ①사리를 분별하여 분명하게 밝힘. ②잘못이 아님을 사리로 따져 밝힘.
▷論辨(논변)·分辨(분변)

9 ⑯ 〔辩〕 변: 辯(5369)의 간화자
5366

9 ⑯ 〔辦〕* 판 本판: 去諫 | bàn, ハン
5367

소전 辦 행서 辦 속자 간화 办 이름 다스릴 판 자원 형성. 辡+力→辦. 瓣(판)과 같이 辡(변)의 변음이 성부.

새김 ❶다스리다. 일을 처리하다. ¶辦理(—, 다스릴 리)맡은 일을 기획하여 처리함. ❷갚다. 물어주다. ¶辦償(—, 갚을 상)㉮빚이나 손실(損失)을 물어줌. ㉯재물을 내어 지은 죄과를 갚음.
〔辦公〕(판공) 공무를 처리함.
〔辦備〕(판비) 마련하여 준비함.

12 ⑲ 〔辭〕** 사 平支 cí, ジ
5368

소전 행서 속자 간화 辞 이름 말 사 자원 형성. 𤔔+辛→辭. 𤔔(란)의 변음이 성부.

필순

새김 ❶말. 언어. ¶辭典(—, 책 전)단어를 일정한 기준에 따라 늘어놓고, 그 뜻·용법 등을 설명한 책. 예國語—. ❷물러나다. 그만두다. ¶辭職(—, 일 직)일하던 자리를 내어놓고 그만둠. 예—願. ❸사양하다. 물리치고 받지 아니하다. ¶固辭(굳이 고, —)굳이 사양함. 예하룻밤 묵고 가라는 것을 —하고 길을 떠났다. ❹이별하다. 떠나가다. ¶辭世(—, 세상 세)세상을 이별하다의 뜻으로, 죽음을 이르는 말. ❺운문으로 된 문체의 이름. 예歸去來辭.
〔辭令〕(사령) ①관청이나 회사에서, 임명하거나 해임할 때 본인에게 주는 문서. 예—狀. ②응대하는 말.
〔辭書〕(사서) 사전(辭典)·자전(字典) 등의 총칭.
〔辭讓〕(사양) 겸손히 물리치고 받지 않거나 응하지 아니함.
〔辭緣〕(사연) 말이나 편지의 내용.
〔辭意〕(사의) ①사임할 뜻. ②말이나 글의 뜻.
〔辭任〕(사임) 맡아보던 일자리를 그만둠.
〔辭退〕(사퇴) 하던 일을 그만두고 물러남.
〔辭表〕(사표) 사직할 뜻을 적은 문서.
▷歌辭(가사)·謙辭(겸사)·答辭(답사)·修辭(수사)·式辭(식사)·言辭(언사)·弔辭(조사)·祝辭(축사)·致辭(치사)·虛辭(허사)

14 ㉑ 〔辯〕** 변: 上銑 biàn, ベン
5369

소전 행서 간화 辩 이름 말잘할 변: 자원 형성. 辡+言→辯. 辨(변)과 같이 辡(변)이 성부.

필순

새김 ❶말을 잘하다. 또는 변론하다. ¶辯護(—, 지킬 호)당사자에게 유리하도록 변론하여 옹호함. 예—士. ❷말. 이리저리 둘러대는 말. ¶懸河之辯(매달 현, 강 하, 의 지, —)높은 데 매달린 강, 곧 폭포가 쏟아져 내리는 듯이 하는 말이란 뜻으로, 거침없이 잘 하는 말의 형용.
〔辯論〕(변론) ①사리를 밝혀 시비를 논함. ②논쟁(論爭)함.
〔辯明〕(변명) ①사리를 가려 똑똑히 밝힘. ②어떤 잘못에 대하여 이러니저러니 구실을 붙혀 그 까닭을 밝힘.
〔辯士〕(변사) ①말을 잘하는 사람. ②國영화가 상영될 때 그 영화에 맞춰서 해설을 하는 사람.
〔辯才〕(변재) 말을 잘하는 재주.
▷強辯(강변)·口辯(구변)·訥辯(눌변)·能辯(능변)·達辯(달변)·代辯(대변)·雄辯(웅변)·抗辯(항변)·好辯(호변)

7 획 부수 辰部

▷명칭: 별신
▷쓰임: 자형상의 분류를 위한 부수이다.

0 ⑦ 〔辰〕*** 一 신 平眞 chén, シン / 二 진 本신 平眞 chén, シン
5370

소전 행서 이름 一별 신 二다섯째지지 진 자원 상형. 조개가 껍질 밖으로 발을 내밀고 움직이는 모양. 새김은 가차.

필순 一 厂 𠂆 戶 𡰱 辰 辰

새김 一❶별. 천체. ¶北辰(북녘 북, —)북극성. ❷때. 철. ¶良辰(좋을 량, —)좋은 때. 좋은 계절. 二다섯째 지지. 방위로는 동남동. 시각으로는 오전 7~9시, 동물로는 용에 배당된다. 예壬辰倭亂(임진왜란).
〔辰方〕(진방) 동남(東南)쪽.
〔辰時〕(진시) 오전 7시에서 9시까지의 동안.
▷吉辰(길신)·生辰(생신)·星辰(성신)·日辰(일진)·誕辰(탄신)

3 ⑩ 〔辱〕** 욕 入沃 rǔ, ジョク
5371

소전 행서 이름 욕할 욕 자원 회의, 辰+寸→辱. 辰은 별, 寸은 법도. 농사철을 알려주는 별을 보고도 그 때를 놓친 자에게는 법으로 그를 응징한다는 뜻.

필순 一 厂 𠂆 戶 𡰱 辰 辰 辱 辱 辱

새김 ❶욕하다. 욕보이다. 또는 욕. 모욕. ¶恥辱(부끄러울 치, —)수치와 모욕. ❷욕되게 하다. 분외의 호의를 받음에 대한 인사의 겸사. ¶辱知(—, 알 지)자기를 알게 된 것이 그 사람에게는 욕이 된다는 뜻으로, 친구에게 대하여 자기를 겸손하게 이르는 말.

〔辱臨〕(욕림) 상대편을 높이여 그가 자기에게 찾아옴을 이르는 말.
〔辱說〕(욕설) 남을 욕하는 말.
▷ 困辱(곤욕)·屈辱(굴욕)·淩辱(능욕)·侮辱(모욕)·雪辱(설욕)·榮辱(영욕)

6 ⑬ 〔農〕*** 5372 농 平冬 | nóng, ノウ

소전 行서 간화 农 이름 농사 농 자원 회의. 曲〔田의 변형〕+辰→農. 농사철임을 알리는 별이 나타나면 밭에 나가 농사를 짓는다는 뜻.

필순 冖 冂 曲 曲 曲 曲 農 農 農 農

새김 ❶농사. 또는 농사를 짓다. ¶農家(—, 집 가)농사 짓는 일을 본업으로 하는 집. ❷농부. 농민. ¶貧農(가난할 빈, —)적은 농토를 경작하는 가난한 농민.
〔農耕〕(농경) 논밭을 경작하는 일.
〔農民〕(농민) 농사 짓는 일을 본업으로 하는 사람.
〔農繁期〕(농번기) 농삿일이 한창 바쁜 시기.
〔農夫〕(농부) 농업에 종사하는 사람.
〔農産物〕(농산물) 농사를 지어 생산한 곡식·야채·과실·가축 따위.
〔農藥〕(농약) 농작물의 병이나 해충을 예방하거나 없애기 위하여 쓰는 약품.
〔農園〕(농원) 채소·화훼·과수 등의 원예 작물을 재배하는 농장.
〔農作物〕(농작물) 논밭에 심어 가꾸는 식물.
〔農場〕(농장) 농사 지을 땅과 여러 시설을 갖춘 곳. 농원(農園).
〔農村〕(농촌) 농민들이 모여 사는 마을.
〔農土〕(농토) 농사 짓는 땅.
〔農閑期〕(농한기) 농삿일이 그다지 바쁘지 아니하여 겨를이 있는 시기.
▷ 勸農(권농)·勤農(근농)·酪農(낙농)·富農(부농)·小作農(소작농)·豪農(호농)

7획 부수 辵(辶·辶)部

▷명칭: 달릴착. 책받침
▷쓰임: 다니는 일, 또는 멀고 가까움의 뜻을 나타내는 한자의 부수로 쓰였다.

2 ⑤ 〔辽〕 5373 료 遼(5467)의 간화자

2 ⑤ 〔边〕 5374 변 邊(5482)의 속자·간화자

2 ⑤ 〔辺〕 5375 변: 邊(5482)의 약자

3 ⑥ 〔过〕 5376 과: 過(5439)의 간화자

3 ⑥ 〔达〕 5377 달 達(5440)의 속자·간화자

3 ⑥ 〔迈〕 5378 매: 邁(5474)의 간화자

⑦〔巡〕 순 巛부 4획(1360)

3 ⑦ 〔迅〕* 5379 신 本신: 去震 | xùn, ジン

소전 行서 이름 빠를 신 자원 형성. 卂+辶→迅. 卂(신)이 성부.
새김 빠르다. ¶迅速(—, 빠를 속)매우 빠름. 예—한 행동.
〔迅雷〕(신뢰) 빠른 우레. 예疾風—.

3 ⑦ 〔迂〕* 5380 우▷오 平虞 | yú, ウ

소전 行서 이름 멀 우▷오 자원 형성. 于+辶→迂. 宇(우)·吁(우)와 같이 于(우)가 성부. 참고 어느 때 '우'로 읽고, 어느 때 '오'로 읽는가는 관행에 따른다.
새김 멀다. ㉠에둘러 멀다. 빙 돌아서 멀다. ¶迂廻(우회)곧바로 가지 아니하고 빙 돌아서 감. 예—道路. ㉡인신하여, 물정에 어둡다. ¶迂闊(우활)사리에 어둡고 덩둘함. 예—한 선비.
〔迂遠〕(오원) ①일정한 수준이나 요구와는 거리가 멂. ②빙 돌아서 멂.
〔迂餘曲折〕(우여곡절) ①이리저리 굽음. ②사정이 뒤얽혀 복잡함. 또는 그 복잡한 사정.

3 ⑥ 〔迁〕 5381 천: 遷(5472)의 속자·간화자

4 ⑧ 〔近〕*** 5382 근: 去問 | jìn, キン

소전 行서 이름 가까울 근: 자원 형성. 斤+辶→近. 芹(근)·劤(근)과 같이 斤(근)이 성부.

필순 ⺁ 丆 斤 斤 䜣 䜣 䜣 近

새김 ❶가깝다. 遠(5461)의 대. ㉠거리가 가깝다. ¶近郊(—, 들 교)도시에서 가까운 거리에 있는 들. 예서울 —. ㉡시간적으로 가깝다. ¶近況(—, 형편 황)요즈음의 형편. 예—이 어떠한가? ㉢촌수가 가깝다. ¶近親(—, 일가 친)

촌수가 가까운 일가. 예—이 없는 외로운 몸. ㉣일상 생활과 가깝다. ¶卑近(가까울 비, —)늘 보고 듣고 할 수 있을 정도로 생활과 가까움. 예—한 實例. ❷비슷하다. 모양이 닮았다. ¶近似(—, 같을 사)거의 같음. 예—한 필체. ❸가까이 하다. 가까이 지내다. ¶側近(곁 측, —)웃사람의 곁에서 가까이 지냄. 예— 人士.
〔近刊〕(근간) 최근에 출판된 간행물.
〔近年〕(근년) 요 몇 해 사이.
〔近代〕(근대) ①얼마 지나가지 않은, 가까운 시대. ②역사의 시대 구분의 하나. 나라와 학자에 따라 이설이 있다.
〔近來〕(근래) 요즈음. 이즈막.
〔近隣〕(근린) 가까운 이웃.
〔近墨者黑〕(근묵자흑) 먹을 가까이하면 검은 물이 들기 쉬움. 나쁜 사람과 가까이 있으면 그 버릇에 젖기 쉬움의 비유.
〔近方〕(근방) 가까운 곳.
〔近視〕(근시) 먼 곳에 있는 것을 잘 보지 못하는 시력.
〔近臣〕(근신) 임금을 가까이에서 모시는 신하.
〔近影〕(근영) 근자에 찍은 사진.
〔近因〕(근인) 가까운 원인.
〔近者〕(근자) 요즈음. 예—엔 통 못 보겠네.
〔近接〕(근접) 가깝게 접근하거나 접촉함.
〔近體詩〕(근체시) 당대(唐代)에 완성된 절구(絶句)·율시(律詩) 등의 한시의 시체. 고시(古詩)에 비하여 엄격한 규칙이 있는 정형시이다.
〔近海〕(근해) ①바다에 가까움. ②육지에 가까운 바다.
〔近況〕(근황) 최근의 형편.
▷輓近(만근)·附近(부근)·遠近(원근)·接近(접근)·最近(최근)·親近(친근)

4 ⑦ 〔连〕 5383 련 連(5418)의 간화자

4 ⑧ 〔返〕** 5384 반: 上阮 | fǎn, ハン

행서 이름 되돌릴 반: 자원 형성. 反+辶→返. 飯(반)·叛(반)과 같이 反(반)이 성부.

필순 一 厂 万 反 返 返 返 返

새김 ❶되돌리다. 되돌려 주거나 되돌아오다. ¶返送(—, 보낼 송)보내온 것을 되돌려 보냄. 예—된 貨物. ❷되비추다. ¶返照(—, 비출 조)지는 해가 동쪽으로 되비춤. 또는 그 햇빛.
〔返納〕(반납) 남에게 빌린 것을 도로 돌려줌.
〔返信〕(반신) 회답하는 편지나 전보.
〔返品〕(반품) 사들인 물품을 도로 돌려 보냄. 또는 그러한 물품.
〔返還〕(반환) 도로 돌려줌.
▷往返(왕반)

4 ⑧ 〔迎〕*** 5385 ㊀영 平庚 | yíng, ゲイ ㊁영: 去敬 | yìng, ゲイ

소전 행서 이름 ㊀맞을 영 ㊁마중나갈 영: 자원 형성. 卬+辶→迎. 卬(앙)의 변음이 성부.

필순 ′ Ľ 卬 卬 卬 迎 迎 迎

새김 ㊀❶맞다. 기다려서 맞다. 送(5406)의 대. ¶迎賓(—, 손 빈)손을 맞음. 예—館. ❷남의 뜻에 맞추다. ¶迎合(—, 맞을 합)남의 마음에 들도록 아첨하여 따름. 예日帝에 —한 친일파. ㊁마중나가다. ¶親迎(몸소 친, —)신랑이 신부네 집에 가서 신부를 직접 맞음. 또는 그 의식.
〔迎新〕(영신) 설이나 새해를 맞이함. 예送舊—.
〔迎入〕(영입) 환영하여 맞아들임.
〔迎接〕(영접) 손을 맞아들여 접대함.
〔迎春〕(영춘) ①봄을 맞이함. ②개나리.
▷奉迎(봉영)·送迎(송영)·歡迎(환영)

4 ⑦ 〔运〕 5386 운: 運(5445)의 간화자

4 ⑦ 〔远〕 5387 원: 遠(5461)의 간화자

4 ⑦ 〔违〕 5388 위 違(5446)의 간화자

4 ⑦ 〔这〕 5389 저: 這(5424)의 간화자

4 ⑦ 〔迟〕 5390 지 遲(5471)의 간화자

4 ⑦ 〔进〕 5391 진: 進(5437)의 간화자

4 ⑦ 〔还〕 5392 환 還(5478)의 속자·간화자

5 ⑨ 〔迦〕* 5393 가 平麻 | jiā, カ

행서 이름 부처 가 자원 형성. 加+辶→迦. 伽(가)·架(가)·茄(가)와 같이 加(가)가 성부.
새김 부처. 범어 Ka의 음역자. ¶迦藍(—, 가람 람)중들이 살면서 불도를 닦는 집인 절.

5 ⑨ 〔迲〕* 5394 겁 國字

새김 자래. 나뭇단을 세는 말. 참고 인명용 추가 한자의 음 '겁'은 상고할 수 없는 음임.

5 ⑨ 〔迫〕** 박 本백 入陌 pò, ハク
5395

소전 행서 이름 닥칠 박 자원 형성. 白+辶→迫. 泊(박)·拍(박)과 같이 白(백)의 변음이 성부.

필순 ノ 亻 白 白 白 白 泊 泊 迫

새김 ❶닥치다. 가까이 이르다. ¶迫擊(—, 칠 격)가까이 다가가 침. 예—砲. ❷핍박하다. 괴롭히다. ¶迫害(—, 해칠 해)부당한 짓으로 괴롭히거나 해를 입힘. 예日帝의 —. ❸강하게 밀고 나가다. ¶迫力(—, 힘 력)강하게 밀고 나가는 힘. 예— 있는 활동.
〔迫頭〕(박두) 기일·시기 따위가 가까이 닥침.
〔迫切〕(박절) ①인정이 없고 야박함. ②바짝 가까이 닥쳐서 몹시 급함.
▷強迫(강박)·驅迫(구박)·急迫(급박)·切迫(절박)·逼迫(핍박)·脅迫(협박)

5 ⑨ 〔述〕** 술 入質 shù, ジュツ
5396

소전 행서 이름 지을 술 자원 형성. 朮+辶→述. 術(술)·鉥(술)과 같이 朮(술)이 성부.

필순 一 十 才 木 朮 朮 沭 沭 述

새김 ❶짓다. 글을 짓다. ¶著述(지을 저, —)문예·학술 등에 관한 글을 씀. 또는 그 글. 예많은 —을 남겼다. ❷말하다. 의견을 자세하게 말하다. ¶述懷(—, 생각 회)마음에 품고 있는 생각을 말함. 또는 그 말.
〔述語〕(술어) 문장 성분의 하나. 주어진 동작·상태 및 성질 따위를 서술하는 말.
▷口述(구술)·記述(기술)·詳述(상술)·敍述(서술)·陳述(진술)·撰述(찬술)

5 ⑧ 〔迩〕 이 邇(5481)의 동자·간화자
5397

5 ⑨ 〔迪〕* 적 入錫 dí, テキ
5398

소전 행서 이름 길 적 자원 형성. 由+辶→迪. 笛(적)과 같이 由(유)의 변음이 성부.
새김 ❶길. 도리. ❷이끌다. 인도하다.

5 ⑨ 〔迭〕* 질 本절 入屑 dié, テツ
5399

소전 행서 이름 갈마들 질 자원 형성. 失+辶→迭. 秩(질)·帙(질)과 같이 失(실)의 변음이 성부.
새김 갈마들다. 번갈아 들다. 또는 번갈아. ¶更迭(바꿀 경, —)어떤 직위에 있는 사람을 내보내고 딴 사람으로 대신함. 예長官을 —하다.

5 ⑨ 〔迥〕 형: 上迥 jiǒng, ケイ
5400

소전 행서 속자 이름 멀 형: 자원 형성. 冋+辶→迥. 炯(형)·泂(형)과 같이 冋(형)이 성부.
새김 멀다. 아득히 멀다.

6 ⑩ 〔适〕* 괄 入曷 kuò, カツ
5401

소전 행서 이름 빠를 괄 자원 형성. 舌[𠯑의 변형]+辶→适. 括(괄)·刮(괄)과 같이 𠯑(괄)이 성부.
새김 빠르다. 신속하다.

6 ⑩ 〔逃〕** 도 平豪 táo, トウ
5402

소전 행서 이름 달아날 도 자원 형성. 兆+辶→逃. 桃(도)·跳(도)와 같이 兆(조)의 변음이 성부.

필순 丿 ｊ ｊ 兆 兆 兆 兆 洮 洮 逃

새김 달아나다. 도망치다. ¶逃走(—, 달릴 주)피하여 달아남. 예—한 도둑.
〔逃亡〕(도망) 피하거나 쫓겨서 달아남.
〔逃避〕(도피) 달아나 몸을 피함.
〔逃刑〕(도형) 형벌을 회피함.
▷遁逃(둔도)·逋逃(포도)

6 ⑩ 〔迷〕** 미 平齊 mí, メイ
5403

소전 행서 이름 홀릴 미 자원 형성. 米+辶→迷. 米(미)가 성부.

필순 丶 丷 䒑 半 米 米 米 洣 洣 迷

새김 ❶홀리다. 미혹하다. ¶迷信(—, 믿을 신)㉮사람의 마음을 홀리게 하는 잘못된 신앙. 예—打破. ㉯도리에 맞지 않는 것을 아무런 비판도 없이 맹목적으로 믿음. ❷길을 잃다. ¶迷路(—, 길 로)한번 들어가면 길을 잃어 빠져나오기 힘든 길. 인신하여, 해결책을 찾지 못해서 갈팡질팡함의 비유. 예—에 빠지다.
〔迷宮〕(미궁) ①나올 길을 쉽게 찾을 수 없게 되어 있는 곳. ②사건 같은 것이 얽혀서 실마

리를 찾기 어려운 상태의 비유. 「들의 겸칭.
〔迷兒〕(미아) ①길을 잃은 아이. ②國자기 아
〔迷惑〕(미혹) ①정신이 헷갈릴 정도로 무엇에 홀림. ②남의 마음을 호려서 어지럽힘.
▷沈迷(침미)·昏迷(혼미)

6 ⑨ 〔选〕 5404 선: 選(5468)의 간화자

6 ⑨ 〔逊〕 5405 손: 遜(5459)의 간화자

6 ⑩ 〔送〕*** 5406 송: 去送 | sòng, ソウ

소전 행서 이름 보낼 송: 자원 형성. 关〔笑의 고자〕+辶→送. 关(소)의 변음이 성부.

필순 丶 丷 ⺷ 兰 关 关 `关 ˋ送 送 送

새김 보내다. ㉠사람을 떠나 보내다. ¶送別(一, 헤어질 별)사람을 떠나 보내고 헤어짐. 예一宴. ㉡물품이나 통신을 보내다. ¶送₂金₁(一, 돈 금)돈을 보냄. 예一한 액수.
〔送舊迎新〕(송구영신) ①묵은해를 보내고 새해를 맞음. ②가는 사람을 보내고 오는 사람을 맞음.
〔送信〕(송신) 전보 등의 통신을 보냄. 예一機. 「음.
〔送迎〕(송영) 가는 이를 보내고 오는 이를 맞
〔送致〕(송치) ①보내어 그 곳에 이르게 함. ②수사 기관에서 검찰청으로 피의자와 관련 서
〔送還〕(송환) 도로 돌려 보냄. 「류를 넘김.
▷發送(발송)·放送(방송)·輸送(수송)·郵送(우송)·運送(운송)·移送(이송)·葬送(장송)·電送(전송)·護送(호송)·回送(회송)

6 ⑩ 〔逆〕*** 5407 역 入陌 | nì, ギャク

소전 행서 이름 거스를 역 자원 형성. 屰+辶→逆. 屰(역)이 성부.

필순 丶 丷 ⺷ 芒 屰 屰 `屰 ˋ逆 逆 逆

새김 ❶거스르다. ㉠반항하다. 배반하다. ¶逆臣(一, 신하 신)임금에게 반항한 신하. ㉡반대되는 방향으로 가다. ¶逆流(一, 흐를 류)물이 거슬러 흐름. 또는 그런 물. 예一하는 물. ❷어그러지다. ¶逆₂理₁(一, 도리 리)도리나 사리에 어그러짐. 또는 그런 도리나 사리. ❸맞다. 영접하다. ¶逆₂旅₁(一, 나그네 려)나그네를 맞는다는 뜻으로, 여관을 이르는 말. 예一過客.
〔逆境〕(역경) 매우 어렵게 된 처지나 환경.
〔逆謀〕(역모) 반역의 음모. 또는 반역을 꾀함.
〔逆說〕(역설) 어떤 주의·주장에 반대되는 이론.
〔逆襲〕(역습) 방어하는 처지에 있다가 도리어 공격하거나 습격함.
〔逆轉〕(역전) 형세나 순위가 뒤바뀌어 반대가 됨. 「내는 성.
〔逆情〕(역정) 國몹시 언짢거나 마땅찮게 여겨
〔逆行〕(역행) ①거슬러 올라감. ②반대 방향으로 나아감. 「혼인함.
〔逆婚〕(역혼) 형제·자매 중에서 동생이 먼저
▷拒逆(거역)·大逆(대역)·謀逆(모역)·反逆(반역)·悖逆(패역)·凶逆(흉역)

6 ⑩ 〔迹〕 5408 적 跡(5247)과 동자

6 ⑨ 〔适〕 5409 적 適(5464)의 간화자

6 ⑩ 〔追〕*** 5410 추 平支 | zhuī, ツイ

소전 행서 이름 쫓을 추 자원 형성. 𠂤+辶→追. 𠂤(퇴)의 변음이 성부.

필순 ′ 亻 𠂉 户 𠂤 𠂤 `𠂤 ˋ追 追 追

새김 ❶쫓다. 내쫓다. ¶追放(一, 내쫓을 방)일정한 지경 밖이나 조직 밖으로 내쫓음. 예一命令. ❷따르다. ㉠뒤좇다. ¶追擊(一, 칠 격)뒤좇아 가면서 공격함. 또는 그 공격. 예一戰. ㉡붙좇다. ¶追慕(一, 사모할 모)죽은 사람을 생각하며 사모함. 예一會. ❸뒤따라. 나중에. ¶追加(一, 더할 가)나중에 더 보탬. 예一募集.
〔追念〕(추념) 옛일이나 죽은 사람을 생각함.
〔追悼〕(추도) 죽은 사람을 추념하고 애도함.
〔追伸〕(추신) 편지 등에서, 사연을 추가하여 쓸 때 그 첫머리에 쓰는 말.
〔追憶〕(추억) 지나간 일을 돌이켜 생각함.
〔追迹〕(추적) 뒤를 밟아 좇음. 「좇음.
〔追從〕(추종) 남이 하는 대로 따라 하거나 뒤
〔追贈〕(추증) 죽은 뒤에 관직을 줌. 「로.
〔追後〕(추후) ①뒤를 좇음. ②이 다음에. 앞으
▷急追(급추)·訴追(소추)

6 ⑩ 〔退〕*** 5411 퇴: 去隊 | tùi, タイ

소전 행서 이름 물러날 퇴: 자원 회의. 日+夂〔夊의 변형〕+辶→退. 日은 신에게 올리는 물건을 담은 그릇, 夊는 물러나다의 뜻. 신에게 제사를 올리고 나서 제물을 물린다는 뜻.

필순 ㄱ ㅋ ㅋ 𡴀 艮 艮 艮 退 退 退 退

새김 ❶물러나다. ㉠뒤로 물러서다. 進(5437)의 대. ¶後退(뒤 후, ―)뒤로 물러남. 예前進과 ―. ㉡어떤 자리에서 물러나다. 그만두다. ¶退職(―, 일 직)직책에서 물러남. 예―金. ❷물리치다. ¶擊退(칠 격, ―)적을 쳐서 물리침. 예적을 ―하다. ❸쇠하다. 또는 쇠해지다. ¶退化(―, 될 화) ㉮생물체의 일부가 차츰 작아지거나 기능이 쇠하여져 본디보다 못하여짐. ㉯진보하여 가던 것이 그 이전의 상태로 되돌아감. ❹國 퇴. 물림. 예몸채에 退를 놓다.

〔退却〕(퇴각) ①싸움에 져서 뒤로 물러남. ②가져온 금품을 물리침.

〔退去〕(퇴거) ①물러 감. ②거주지에서 다른 곳으로 옮겨 감.

〔退校〕(퇴교) 퇴학(退學).

〔退勤〕(퇴근) 직장에서 근무를 마치고 돌아감. 대출근(出勤).

〔退路〕(퇴로) 뒤로 물러날 길. 후퇴할 길.

〔退物〕(퇴물) 國①퇴물림. ㉮퇴박맞은 물건. ㉯물려 오는 낡은 물건. ②기생이나 어떤 직업에 종사하다가 물러난 사람.

〔退步〕(퇴보) ①뒤로 물러섬. ②본디보다 나빠지거나 뒤떨어짐.

〔退社〕(퇴사) ①근무하던 회사를 그만두고 물러남. ②근무를 마치고 회사에서 퇴근함.

〔退役〕(퇴역) 현역에서 물러남.

〔退嬰〕(퇴영) 물러나서 소극적이 됨. 대진취(進取).

〔退院〕(퇴원) 입원했던 환자가 병원에서 나옴.

〔退任〕(퇴임) 퇴직(退職).

〔退場〕(퇴장) ①회의나 운동 경기를 하다가 그 장소에서 물러남. ②등장 인물이 무대 밖으로 나감.

〔退潮〕(퇴조) ①썰물. ②기세가 꺾이어 저하된 상태의 비유.

〔退陣〕(퇴진) ①군사의 진지를 뒤로 물림. ②관여하던 직위에서 물러남.

〔退斥〕(퇴척) 물리침. 파면함.

〔退出〕(퇴출) 물러나서 나감.

〔退治〕(퇴치) 해를 끼치는 것을 물리쳐서 없애버림.

〔退學〕(퇴학) 학생이 다니는 학교에서 물러남.

▷減退(감퇴)·辭退(사퇴)·勇退(용퇴)·隱退(은퇴)·早退(조퇴)·進退(진퇴)·脫退(탈퇴)

6 ⑩ 〔逈〕* 5412

형: 迥(5400)의 속자

6 ⑩ 〔逅〕* 5413

후: 去宥 | hòu, コウ

소전 𨓏 행서 逅 이름 만날 후: 자원 형성. 后+辶→逅. 垕(후)와 같이 后(후)가 성부.

새김 만나다. 우연히 만나다. ¶邂逅(만날 해, ―)우연히 서로 만남. 예― 相逢.

7 ⑪ 〔逕〕* 5414

경 本경: 去徑 | jìng, ケイ

행서 逕 이름 길 경 자원 형성. 巠+辶→逕. 輕(경)·勁(경)·痙(경)과 같이 巠(경)이 성부.

새김 길. 소로(小路).

7 ⑪ 〔逑〕* 5415

구 平尤 | qiú, キュウ

소전 𨓔 행서 逑 이름 짝 구 자원 형성. 求+辶→逑. 救(구)·球(구)·毬(구)와 같이 求(구)가 성부.

새김 짝. 배필. 또는 동반자. 〔詩經〕 君子好逑(군자호구) 군자의 좋은 배필이다.

7 ⑪ 〔途〕** 5416

도 平虞 | tú, ト

행서 途 이름 길 도 자원 형성. 余+辶→途. 余에는 '여' 외에 '도' 음도 있어, 余(도)가 성부.

필순 ノ 𠆢 亼 亼 仐 余 余 涂 涂 途

새김 길. 도로. 통로. ¶前途(앞 전, ―)앞길. 예―가 요원하다.

〔途上〕(도상) ①길의 위. ②일의 진행되는 과정이나 동안. 예發展―.

〔途中〕(도중) ①길을 가고 있는 동안. ②일을 하고 있는 사이.

▷窮途(궁도)·半途(반도)·壯途(장도)·中途(중도)

7 ⑪ 〔逗〕* 5417

두 本주: 去遇 | zhù, トウ

소전 𨔯 행서 逗 이름 머무를 두 자원 형성. 豆+辶→逗. 頭(두)·荳(두)·痘(두)와 같이 豆(두)가 성부.

새김 머무르다. 체류하다. ¶逗遛(―, 머무를 류)객지에서 머물러 묵음.

7 ⑪ 〔連〕*** 5418

련 平先 | lián, レン

소전 𨔣 행서 連 간화 连 이름 이을 련 자원 회의. 車+辶→連. 수레를 끌고 간다는 뜻. 새김은 가차.

필순 一 𠃌 𠂤 亘 亘 車 連 連 連 連

새김 ❶잇다. 잇닿다. 잇따르다. ¶連續(―, 이을 속)끊이지 아니하고 죽 잇닿음. 예―性. ❷연루되다. ¶連坐(―, 앉을 좌)어떤 범죄에 연루되어 그 범죄 사실에 대해 연대 책임을 짐.

㉥── 制의 폐지. ❸연달아. 연거푸. ¶連戰(─, 싸울 전)전투·경기 등을 여러 번 연달아 싸움. ㉥── 連勝. ❹國 데리고 가다. ¶連行(─, 갈 행)데리고 감. ㉥犯人──.
〔連結〕(연결) ①잇대어 맺음. 또는 맺어서 이음. ②서로 관계를 맺도록 잇댐.
〔連繫〕(연계) 관련하여 관계를 맺음. 또는 그러한 관계.
〔連帶〕(연대) 같은 책임을 지고 하나로 연결됨. ㉥── 保證.
〔連絡〕(연락) ①둘 사이에 서로 연계를 지음. ㉥── 船. ②정보나 소식 따위를 주고받음. ㉥──이 끊기다.
〔連累〕(연루) ①남의 범죄 행위에 관련됨. ②끊임없이 이어짐.
〔連綿〕(연면) 역사·혈통·산맥 등이 중간에서 끊어지지 아니하고 계속하여 잇닿음.
〔連名〕(연명) 두 사람 이상의 이름을 잇달아 씀.
〔連發〕(연발) ①총·활 등을 잇달아 쏨. ②같은 말이나 소리를 연거퍼 하거나 냄.
〔連署〕(연서) 두 사람 이상이 잇대어 서명함.
〔連鎖〕(연쇄) ①여러 개가 맞물려 이룬 사슬. ②서로 잇닿아 끊이지 않거나 관련을 맺음.
〔連任〕(연임) 임기를 마친 사람이 다시 그 자리에 임용됨.
〔連載〕(연재) 한 편의 글이나 그림을 여러 차례로 나누어 신문·잡지에 계속 실음.
〔連接〕(연접) 서로 잇닿음.
〔連珠瘡〕(연주창) 결핵성 임파선염을 한방에서 이르는 말.
〔連打〕(연타) 연달아 때리거나 침.
〔連判狀〕(연판장) 같은 문서에 두 사람 이상이 이름을 쓰고 도장을 찍은 문건.
〔連敗〕(연패) 전투·경기 등에서 연거퍼 짐.
〔連衡〕(연횡) 전국 시대에 장의(張儀)가 주창한 외교 정책. 제(齊)·초(楚)·한(韓)·위(魏)·연(燕)·조(趙)의 여섯 나라가 가로로 연합하여 진(秦)나라와 동맹을 맺게 하던 정책.
▷結連(결련)·關連(관련)·一連(일련)

7 ⑪ 〔逞〕* 5419

령: 本정: 上梗 | chěng, テイ

소전 행서 이름 지킬 령: 자원 형성. 呈+辶→逞. 呈(정)의 변음이 성부.
새김 지키다. 법도를 지키다. ¶不逞(아니할 불, ─)법도를 지키지 아니하고 제 마음대로 행동함. ㉥── 한 소년.

7 ⑪ 〔逢〕*** 5420

봉 平冬 | féng, ホウ

소전 행서 이름 만날 봉 자원 형성. 夆+辶→逢. 蜂(봉)·峯(봉)과 같이 夆(봉)이 성부.

필순 ノ ク 夂 夆 夆 夆 夆 逢 逢 逢

새김 ❶만나다. ㉠사람을 만나다. 別(0353)의 대. ¶逢別(─, 헤어질 별)만남과 헤어짐. ㉡어떤 때나 일을 당하다. ¶逢變(─, 변 변)변을 당함. 또는 그 변. ㉥뜻하지 않은 ──. ❷맞다. 맞이하다. ¶逢迎(─, 맞을 영)㉮오는 사람을 맞음. ㉯남의 뜻에 맞추어 줌.
〔逢辱〕(봉욕) 욕을 봄. 욕된 일을 당함.
〔逢着〕(봉착) 어떤 처지나 상태에 맞닥뜨림.
▷相逢(상봉)

7 ⑪ 〔逝〕** 5421

서: 去霽 | shì, セイ

소전 행서 이름 갈 서: 자원 형성. 折+辶→逝. 誓(서)와 같이 折(절)의 변음이 성부.

필순 一 十 才 扌 扩 扩 折 折 逝 逝

새김 가다. ㉠지나가다. 〔論語〕 日月逝矣(일월서의) 해와 달이 지나가다의 뜻으로, 세월이 흘러감을 이르는 말. ㉡인신하여, 사람이 죽다. ¶逝去(─, 떠날 거)사람의 죽음을 정중하게 이르는 말. ㉥──한 날짜.
▷永逝(영서)·長逝(장서)

7 ⑪ 〔逍〕* 5422

소 平蕭 | xiāo, ショウ

소전 행서 이름 거닐 소 자원 형성. 肖+辶→逍. 肖에는 '초' 외에 '소' 음도 있어, 消(소)·宵(소)와 같이 肖(소)가 성부.
새김 거닐다. 왔다갔다하다. ¶逍遙(─, 거닐 요)산보 삼아 이리저리 거닒. ㉥── 散懷.
〔逍風〕(소풍) 기분을 전환하거나 머리를 식히기 위하여 바람을 쐼.

7 ⑪ 〔速〕*** 5423

속 入屋 | sù, ソク

소전 행서 이름 빠를 속 자원 형성. 束+辶→速. 束(속)이 성부.

필순 一 ㄇ 㔾 申 束 束 束 速 速 速

새김 ❶빠르다. 신속하다. 遲(5471)의 대. ¶速斷(─, 판단할 단)빠르게 판단함. 또는 그렇게 내린 판단. ㉥──하지 말라. ❷빠르기. 속도. ¶風速(바람 풍, ─)바람의 빠르기. ㉥── 計.
〔速攻〕(속공) 전쟁이나 경기 등에서 상대편에게 미처 막을 겨를을 주지 않고 신속히 공격함.
〔速記〕(속기) 간단한 부호로 말을 빨리 받아적음. 또는 그 기록.

〔速達〕(속달) 썩 빨리 도달함. 예— 郵便.
〔速度〕(속도) 빠르기. 빠른 정도.
〔速讀〕(속독) 빨리 읽음.
〔速力〕(속력) 속도를 내는 힘.
〔速報〕(속보) 신속한 보도. 「예— 砲.
〔速射〕(속사) 총 등을 빠른 속도로 잇달아 쏨.
〔速成〕(속성) 빨리 이루어짐.
〔速戰速決〕(속전속결) 싸움을 오래 끌지 않고 빨리 끝냄.
〔速效〕(속효) 빨리 나타나는 효험.
▷加速(가속)·高速(고속)·急速(급속)·時速(시속)·迅速(신속)·音速(음속)·早速(조속)·拙速(졸속)·遲速(지속)·快速(쾌속)

7 ⑪ 〔這〕* 저: 本자: 上馬 | zhè, シャ
5424

행서 這 간화 这 이름 이 저: 자원 형성. 言+辶→這. 言(언)의 변음이 성부.
새김 이. 그. 비교적 가까운 시간·장소·사물을 가리키는 말. ¶這間(—, 동안 간)그 동안. 예—의 사정.
〔這番〕(저번) 지난번. 접때.
〔這般〕(저반) ①이와 같은. 이런. ②國 지난번.

7 ⑪ 〔造〕*** 一 조: 上皓 | zào, ゾウ 二 조: 去號 | zào, ゾウ
5425

소전 𨑳 행서 造 이름 一지을 조: 二이를 조: 자원 형성. 告+辶→造. 告(고)의 변음이 성부.
필순 丿 𠂉 ⺧ 生 告 告 告 诰 诰 造
새김 一짓다. ㉠구조물을 만들다. ¶築造(쌓을 축, —)쌓아서 만듦. 예— 된 건물. ㉡물건을 만들다. ¶製造(지을 제, —)물건을 만듦. 예— 工場. 二❶이르다. 도달하다. ¶造詣(—, 학문기예의정도 예)학문·예술·기술 등에 관한 이해와 지식의 정도. 예—가 깊다. ❷갑자기. 창졸간에. ¶造次間(—, 다음 차, 동안 간)오래지 않은 동안. 또는 갑작스러운 때.
〔造景〕(조경) 경관을 아름답게 꾸미는 일.
〔造林〕(조림) 나무를 심어 숲을 만듦.
〔造船〕(조선) 배를 만듦. 「함.
〔造成〕(조성) 만들거나 마련하여 이루어지게
〔造作〕(조작) ①만듦. 제조함. ②없는 일을 있는 듯이 꾸며냄.
〔造幣〕(조폐) 화폐를 만듦. 예— 工場.
〔造化〕(조화) 만물을 만들어 기른다는 천지 자연의 힘과 재주.
〔造花〕(조화) 종이·천 등으로 만든 꽃.
▷改造(개조)·構造(구조)·模造(모조)·變造(변조)·僞造(위조)·人造(인조)·創造(창조)

7 ⑪ 〔逡〕* 준 平眞 | qūn, シュン
5426

소전 𨒞 행서 逡 이름 머뭇거릴 준 자원 형성. 夋+辶→逡. 俊(준)·駿(준)과 같이 夋(준)이 성부.
새김 머뭇거리다. 문치적거리다. ¶逡巡(—, 돌 순)선뜻 나아가지 못하고 뒤로 문치적거림.

7 ⑩ 〔逓〕 체 遞(5462)의 속자
5427

7 ⑩ 〔递〕 체 遞(5462)의 동자·간화자
5428

7 ⑪ 〔逐〕** 축 入屋 | zhú, チク
5429

소전 𨒊 행서 逐 이름 쫓을 축 자원 회의. 豕+辶→逐. 豕는 짐승. 짐승의 뒤를 따라 간다는 데서 '쫓다·따르다' 등의 뜻을 나타낸다.
필순 一 丆 丂 豕 豕 豕 豕 诼 诼 逐
새김 ❶쫓다. ㉠쫓아내다. ¶逐客(—, 손 객)찾아 온 손을 쫓음. ㉡뒤를 따라 달리다. ¶逐鹿(—, 사슴 록)사냥꾼이 사슴을 쫓음. 인신하여, 정권을 잡으려고 다투거나 선거에서의 당선을 위해 경쟁함의 비유. ❷차례로 쫓다. 또는 차례를 따라 하나하나씩. ¶逐條(—, 조목 조)한 조목 한 조목씩 차례로 좇음. 예— 審議. ❸다투다. 겨루다. ¶角逐(다툴 각, —)서로 이기려고 겨루며 다툼. 예— 場.
〔逐斥〕(축척) 내쫓음. 쫓아서 물리침.
〔逐出〕(축출) 쫓아냄. 몰아냄.
▷驅逐(구축)·放逐(방축)·追逐(추축)

7 ⑪ 〔通〕*** 통 平東 | tōng, ツウ
5430

소전 𨕡 행서 通 이름 통할 통 자원 형성. 辶+甬→通. 桶(통)·痛(통)과 같이 甬(통)이 성부.
필순 ㇇ ㇇ 乛 丙 甬 甬 甬 诵 诵 通
새김 ❶통하다. ㉠막힘이 없이 통하다. ¶通風(—, 바람 풍)바람을 통하게 함. 예—이 잘 된다. ㉡다니다. 오가다. ¶通學(—, 학교 교)학교에 다님. 예— 距離. ㉢뜻이나 마음이 통하다. ¶通情(—, 뜻 정)마음이 통함. 예—이 되는 사이. ㉣환하게 알다. 또는 막힘없이 이해되다. ¶通曉(—, 깨달을 효)환하게 깨달아서 앎. 예모든 분야에 —한 사람. ❷널리 퍼지다. ¶通說(—, 설 설)세상에 널리 퍼져 세상 사람들의 인정을 받고 있는 설. ❸간음하다. ¶姦通(간음할 간, —)남편 있는 여자가 그 남편 아닌 남자와 육체적 관계를 맺음. ㊀—罪. ❹알리다. 통지하다. ¶通訃(—, 부고 부)사람의 죽음을 알림. ㊀외조모의 —를 받다. ❺모두. 공통적으로. ¶通用(—, 쓸 용)일반에게 공통적으로 쓰임. ㊀—語. ❻전체를 통하여. ¶通讀(—, 읽을 독)처음부터 끝까지 죽 내리 읽음. ㊀소설을 —하다. ❼통. ㉠서류·편지 등을 세는 단위. ㊀두 通의 편지. ㉡國과거 때에 글의 성적을 매기는 다섯 등급 중의 둘째 등급.

〔通告〕(통고) 통지하여 알림.

〔通過〕(통과) ①어떤 곳을 지남. ②심의나 토의, 검사나 시험 등에 승인되거나 합격됨.

〔通關〕(통관) 수출입의 화물이 세관을 통과함.

〔通勤〕(통근) 직장으로 일하러 다님.

〔通念〕(통념) 사회의 모두에게 통하는 생각.

〔通達〕(통달) 막힘이 없이 통하여 죄다 앎.

〔通報〕(통보) 통지하여 알림. ㊀氣象—.

〔通事情〕(통사정) 國상대자에게 자기의 형편을 털어놓고 말하며 사정함.

〔通算〕(통산) 전체를 통틀어 계산함.

〔通常〕(통상) 보통 정상적으로 있는. 또는 평상시에 보통 있는. ㊀—的인 例.

〔通姓名〕(통성명) 서로 성명을 알려줌.

〔通俗〕(통속) ①널리 통하는 풍속. ②전문적이 아닌 대중에게 널리 통할 수 있는. ㊀—小說.

〔通信〕(통신) 우편·전신 등으로 소식이나 보도를 전함. ㊀—手段.

〔通譯〕(통역) 한 나라 말을 다른 나라 말로 바꾸어 표현함. 또는 그리 하는 사람.

〔通運〕(통운) 화물 등을 실어 나름. ㊀—事業.

〔通帳〕(통장) 금전이나 물품의 거래 내역을 적어두는 장부. ㊀預金—.

〔通知〕(통지) 기별하여 알림. 또는 그 문서나 말.

〔通牒〕(통첩) 공식적 문건으로 통지함. 또는 그 문건. ㊀最後—을 하다.

〔通稱〕(통칭) 일반적으로 널리 통해서 부르는 이름.

〔通行〕(통행) 사람이나 차가 길을 다님. ㊀左側—.

〔通婚〕(통혼) ①혼인하자는 의사를 표시함. ②두 집안 사이에 서로 혼인 관계를 맺음.

〔通貨〕(통화) 한 나라 안에서 통용되는 화폐.

▷開通(개통)·貫通(관통)·交通(교통)·普通(보통)·不通(불통)·四通(사통)·疏通(소통)·神通(신통)·流通(유통)·亨通(형통)

7 ⑪ 〔透〕** 5431 투 ㊍투: 去宥 tòu, トウ

소전 행서 이름 트일 투 자원 형성. 秀+辶→透. 秀(수)의 변음이 성부.

필순 ニ 千 千 禾 秀 秀 秀 诱 诱 透

새김 ❶트이다. 틔게 환히 보이다. ¶透明(—, 밝을 명)속까지 틔게 비치어 환함. ㊀—한 유리 그릇. ❷스미다. 스며들다. ¶浸透(스며들 침, —)액체가 속으로 스미어 젖어듦. 인신하여, 어떤 사상이나 현상이 속속들이 깊이 스며듦. ㊀공산주의 사상의 —.

〔透過〕(투과) 뚫고 지나감. 빛이 통과함.

〔透視〕(투시) 가리어지거나 막힌 것의 속을 환하게 들여다 봄.

〔透徹〕(투철) ①깊은 속까지 환히 트이게 정확하고 철저함. ②사리에 밝고 확실함.

7 ⑪ 〔逋〕* 5432 포 平虞 bū, ホ

소전 행서 이름 달아날 포 자원 형성. 甫+辶→逋. 甫에는 '보'음 외에 '포'음도 있어, 浦(포)·捕(포)와 같이 甫(포)가 성부.

새김 ❶달아나다. 도망치다. ¶逋逃(—, 달아날 도)죄를 짓고 도망을 침. ❷체납하다. 과세를 피하다. ¶逋脫(—, 벗을 탈)과세를 피하여 면함. ㊀—한 세금.

〔逋欠〕(포흠) ①질질 끌고 갚지 않음. ②國관아의 물건을 사사로이 씀.

8 ⑫ 〔逵〕* 5433 규 平支 kuí, キ

행서 이름 길 규 자원 형성. 坴+辶→逵. 坴(륙)의 변음이 성부.

새김 길. 사통팔달의 큰길. ¶九逵(아홉 구, —)사통팔달로 된 도시의 큰길.

8 ⑪ 〔逻〕 5434 라 邏(5483)의 간화자

8 ⑫ 〔逸〕** 5435 일 入質 yì, イツ

소전 행서 이름 달아날 일 자원 회의. 兔+辶→逸. 토끼는 재빨리 달아나는 짐승이기에 달아나다의 뜻을 나타낸다.

필순 ク 𠂊 𠂊 免 免 兔 兔 逸 逸 逸

새김 ❶달아나다. 도망치다. ¶逸走(—, 달릴 주)딴 곳으로 달아남. ❷숨다. 몸을 숨기다. ¶逸民(—, 백성 민)벼슬하지 않고 세상을 피하여 민간에 파묻혀 사는 사람. ❸세상에 별로 알려지지 아니하다. ¶逸話(—, 이야기 화)세상에 별로 알려지지 아니한, 흥미로운 이야기. ❹뛰어나다. 훌륭하다. ¶逸品(—, 물건 품)뛰어나게 훌륭한 물건이나 작품. ㊀고려 자기 같은 —. ❺방종하다. 거리낌없이 놀아나다. ¶放逸

(방탕할 방, 一)제멋대로 함부로 놂. ❻편안하다. 안락하다. ¶安逸(편안할 안, 一)일이 없이 한가하면서 편안함. 예一한 생활.
〔逸居〕(일거) 편안히 삶. 안일하게 지냄.
〔逸事〕(일사) 인멸되어 세상 사람들에게 잘 알려지지 않은 사적(事迹).
〔逸出〕(일출) ①피하여 빠져나옴. ②일반보다 뛰어남. 「어남.
〔逸脫〕(일탈) ①놓쳐 빠뜨림. ②빠져나와 벗
▷逃逸(도일)·散逸(산일)·隱逸(은일)·超逸(초일)·蕩逸(탕일)

8 ⑫ 〔週〕* 주 平尤 zhōu, シュウ
5436

행서 週 이름 주기 주 자원 형성. 周+辶→週. 綢(주)와 같이 周(주)가 성부.
새김 ❶주기. 한 번 도는 기간. 周(0701)와 통용. ¶週年(一, 해 년)한 해를 단위로 하여 돌아오는 돐. 예개교 50一. ❷주. 일요일에서 토요일까지의 동안. ¶週末(一, 끝 말)한 주의 끝. 특히 토요일이나 일요일. 예一旅行.
〔週刊〕(주간) 한 주일에 한 번씩 출판함. 또는 그 출판물. 예一雜誌.
〔週番〕(주번) 한 주일마다 바꾸어 하는 근무. 또는 그 근무를 하는 사람.
▷隔週(격주)·今週(금주)·來週(내주)·每週(매주)·前週(전주)

8 ⑫ 〔進〕*** 진: 去震 jìn, シン
5437

소전 䢋 행서 進 간화 进 이름 나아갈 진: 자원 형성. 隹+辶→進. 隹(추)의 변음이 성부.

필순 丿 亻 亻' 亻'' 仹 隹 隹 淮 進 進

새김 ❶나아가다. 앞으로 나아가거나 벼슬길에 나아가다. 退(5411)의 대. ¶進退(一, 물러날 퇴)나아감과 물러남. 예一維谷. ❷향상하다. ¶進步(一, 걸음 보)좋은 방향으로 향상하거나 발전하여 나아감. 예一的. 반退步. ❸올라가다. ¶進₂學₁(一, 학교 학)한 학교를 마친 다음 상급의 학교에 감. 예大學 一. ❹올리다. 드리다. ㉠물건을 드리다. ¶進呈(一, 드릴 정)물건을 웃사람에게 드림. ㉡말을 드리다. ¶進₂言₁(一, 말 언)웃사람에게 자기의 의견을 말함.
〔進擊〕(진격) 나아가 침. 공격함.
〔進級〕(진급) 등급·계급·학년 등이 오름.
〔進度〕(진도) 일이 진행되는 속도나 정도.
〔進路〕(진로) 앞으로 나아갈 길.
〔進上〕(진상) 바침. 올림. 「예一式.
〔進水〕(진수) 배를 무어 처음으로 물에 띄움.
〔進入〕(진입) 나아가 들어갊. 예一禁止.
〔進展〕(진전) 진행되고 전개되어 나감.
〔進一步〕(진일보) 한 걸음 더 나아감.
〔進駐〕(진주) 진격하여 주둔함. 예美軍의 一. 「되어 감.
〔進陟〕(진척) 일이 이루어지는 방향으로 진행
〔進出〕(진출) 어떤 방면으로 활동 분야를 넓혀서 나서거나 나아감. 「인 기상.
〔進就〕(진취) 차차 이루어서 나아감. 예一的
〔進退兩難〕(진퇴양난) 나아가기도 어렵고 물러서기도 어려움. 이러기도 어렵고 저러기도 어려움의 형용.
〔進行〕(진행) ①일정한 계획이나 안에 따라 하여 나감. 예會議一. ②어떤 과정이 이루어져 나아감. 예一過程. ③앞으로 향하여 나아감. 「해 감. 예一와 退化.
〔進化〕(진화) 진보하여 더 나은 방향으로 변화
▷競進(경진)·急進(급진)·邁進(매진)·先進(선진)·昇進(승진)·榮進(영진)·日進(일진)·前進(전진)·精進(정진)·促進(촉진)·特進(특진)·後進(후진)

8 ⑫ 〔逮〕** 체: 去霽 dì, タイ
5438

소전 逮 행서 逮 이름 잡을 체: 자원 형성. 隶+辶→逮. 隶(이)의 변음이 성부.

필순 ㇇ ⺕ ⺕ 聿 隶 隶 隶 隶 逮 逮

새김 ❶잡다. 붙잡다. ¶逮捕(一, 잡을 포)죄를 지었거나 그 혐의가 있는 사람을 잡음. 예一令狀. ❷미치다. 이르다. ¶不₂逮₁(아니할 불, 一)일정한 수준에 이르거나 미치지 못함.

9 ⑬ 〔過〕*** 과: 去箇 guò, カ
5439

소전 過 행서 過 간화 过 이름 지날 과: 자원 형성. 咼+辶→過. 鍋(과)와 같이 咼(과)가 성부.

필순 丨 冂 冂 冎 冎 咼 咼 渦 過 過

새김 ❶지나다. ㉠때가 지나가다. ¶過去(一, 갈 거)지나간 때. 예一事. 대未來. ㉡어디를 지나가다. ¶過客(一, 사람 객)지나가는 나그네. 예一이 전한 말. ❷지나치다. 정도나 수준을 넘다. ¶過多(一, 많을 다)지나치게 많음. 예一한 요구. ❸넘기다. 나다. ¶過₂冬₁(一, 겨울 동)겨울을 남. 예一準備. ❹잘못. 허물. 또는 잘못하다. ¶過失(一, 잘못 실)잘못이나 허물. 예一을 뉘우치다.
〔過激〕(과격) 지나치게 격렬함.
〔過度〕(과도) 일정한 한도보다 너무 지나침. 예一한 運動.

〔過渡〕(과도) 어떤 단계에서 다른 단계로 옮아감.
〔過勞〕(과로) 지나치게 일하여 지침.
〔過門不入〕(과문불입) 문 앞을 지나면서도 들르지 않음. 직무에 충실하여 사삿일을 잊음의 형용.
〔過敏〕(과민) 지나치게 예민함.
〔過密〕(과밀) 한 지역에 살고 있는 주민수나 한 교실에 수용된 학생수가 정도를 넘게 많이 모여 있음. ㉮—教室.
〔過半數〕(과반수) 절반 이상의 수.
〔過分〕(과분) 분수에 지나침. ㉮—한 은총.
〔過歲〕(과세) 설을 쇰.
〔過小〕(과소) 지나치게 작거나 적음. ㊐과소(過少). ㉮—評價.
〔過信〕(과신) 지나치게 믿음.
〔過誤〕(과오) 허물이나 잘못.
〔過猶不及〕(과유불급) 지나침은 오히려 미치지 못함과 같음. 모든 일에 있어서 그 정도가 지나치면 미치지 못함과 같기에 중용(中庸)의 도를 지켜야 함을 일깨운 말.
〔過飮〕(과음) 술을 양에 지나치게 마심.
〔過剩〕(과잉) 지나치게 많아서 남아 돎.
〔過重〕(과중) 지나치게 무거움. 또는 부담이 지나쳐 힘에 겨움. ㉮—한 책임.
▷改過(개과)·經過(경과)·大過(대과)·罪過(죄과)·通過(통과)

9 ⑬ 〔達〕*** 달 入曷 dá, タツ
5440

소전 行서 속자 간화 达 이름 통할 달 자원 형성. 幸+辶→達. 幸(달)이 성부.

필순 一 十 土 夫 幸 幸 幸 達 達 達

새김 ❶통하다. ㉠길이 막힘없이 통하다. ¶四通八達(넉 사, 통할 통, 여덟 팔, —)길이 사방 팔방으로 통함. ㉮—의 大路. ㉡사리에 통하다. 막힘없이 환하게 알다. ¶達觀(—, 볼 관)사물의 이치에 널리 통달함. 또는 그런 식견. 인신하여, 사소한 사물에 구애됨이 없는, 진리를 깨달은 식견. ❷이르다. 닿다. 미치다. ¶到達(이를 도, —)목적한 곳이나 수준에 다다름. ㉮목적지에 —하다. ❸이루다. 목적을 이루다. ¶達成(—, 이룰 성)목적한 바를 이룸. ㉮목적의 —. ❹입신출세하다. ¶榮達(영화로울 영, —)벼슬과 지위가 높아져 입신출세함. ❺능숙하게 잘 하다. ¶達筆(—, 붓 필) 썩 잘 쓰거나 지은 글씨나 문장.
〔達見〕(달견) 사물의 도리를 꿰뚫어 보는 뛰어난 식견.
〔達辯〕(달변) 막히는 데가 없이 술술 잘하는 말.
〔達人〕(달인) 어떤 분야에 통달한 사람.
▷發達(발달)·配達(배달)·不達(부달)·上達(상달)·先達(선달)·速達(속달)·送達(송달)·熟達(숙달)·欲速不達(욕속부달)·傳達(전달)·調達(조달)·通達(통달)·豁達(활달)

9 ⑬ 〔道〕*** ㊀도: 上皓 dào, ドウ ㊁도: 去號 dǎo, ドウ
5441

소전 行서 이름 ㊀길 도: ㊁다스릴 도: 자원 회의. 首+辶→道. 사람의 신체의 맨 꼭대기에 있는 머리를 향해 가는 길을 뜻한다.

필순 丷 䒑 䒑 䒑 䒑 首 首 道 道 道

새김 ㊀❶길. ㉠도로. 다니는 길. ¶車道(차 차, —)차가 다니는 길. ㉡사람이 지키고 행해야 하는 길. ¶道德(—, 덕 덕)사람이 행해야 할 바른 길. 또는 사회 생활을 함에 있어서 사람이 지켜야 할 규범. ㉮—心. ㉢목적을 이루는 수단이나 방법. ¶道具(—, 용구 구)생활이나 작업을 할 때 쓰는 기구. 인신하여, 일정한 목적을 이루기 위하여 이용하는 수단이나 방법. ㉮돈벌이의 —로 삼는다. ❷학문. 또는 기예. ¶書道(글씨 서, —)붓으로 글씨를 쓰는 기예. ㉮—의 大家. ❸말하다. ¶報道(알릴 보, —)어떤 소식을 알리어 말함. 또는 그 소식. ㉮—記事. ❹노자(老子)의 가르침. ¶道教(—, 종교 교)노자의 가르침을 교리로 삼는 종교. ❺國 지방 자치 행정 구역의 단위. ¶道廳(—, 관아 청) 도의 행정을 맡아보는 관청. ㊁다스리다. 통치하다.
〔論語〕 道千乘之國(도 천승지국)천 승의 제후국을 다스리다.
〔道家〕(도가) 노자(老子)·장자(莊子)를 대표로 하는, 자연을 숭상하고 무위(無爲)를 주장하는 사상의 한 유파.
〔道樂〕(도락) ①취미나 재미로 하는 일. ②주색 잡기에 빠져 일삼아 즐기는 일.
〔道理〕(도리) 사람이 마땅히 지켜야 할 바른 길이나 이치.
〔道士〕(도사) 도교나 불교에서 도를 많이 닦은 사람.
〔道義〕(도의) 사람이 마땅히 행하여야 할 도덕과 의리.
〔道場〕(①도장 ②도량←도장) ①무예를 가르치거나 연습하는 곳. ②불교나 도교에서, 경을 외우고 예배하면서 수도하는 곳.
〔道程〕(도정) ①길의 이수(里數). ②여행의 경로.
〔道聽塗說〕(도청도설) 길거리에서 들은 이야기를 즉시 그 길에서 말한다는 뜻으로, 길거리에 돌아다니는 뜬소문을 이르는 말.
〔道袍〕(도포) 國 선비의 통상 예복인 겉옷.
〔道學〕(도학) ①유교 도덕에 관한 학문. ②성리학(性理學). 또는 주자학(朱子學). ③노자(老子)·장자(莊子)의 도교(道敎)의 학문.
▷街道(가도)·劍道(검도)·權道(권도)·大道(대도)·明道(명도)·無道(무도)·步道(보

도)·師道(사도)·常道(상도)·水道(수도)·修道(수도)·神道(신도)·言語道斷(언어도단)·王道(왕도)·人道(인도)·赤道(적도)·傳道(전도)·正道(정도)·中道(중도)·鐵道(철도)·黃道(황도)·孝道(효도)

9 ⑬ 〔遁〕* 5442 둔: 去願 | dùn, トン

소전 행서 동자 遯 이름 달아날 둔: 자원 형성. 盾+辶→遁. 盾에는 '순' 외에 '둔' 음도 있어, 盾(둔)이 성부.

새김 ❶달아나다. 도망치다. ¶遁走(—, 달릴 주)도망쳐 달림. 달아남. ❷피하다. 회피하다. ¶遁辭(—, 말 사)책임을 회피하려고 꾸며대는 말. ❸숨다. 감추다. 또는 숨기다. ¶遁迹(—, 자취 적)자취를 감춤.

〔遁甲〕(둔갑) 술법을 써서 마음대로 자기 몸을 숨기거나 다른 것으로 변하게 함.

〔遁世〕(둔세) 속세를 피하여 숨어 삶.

▷逃遁(도둔)·隱遁(은둔)

9 ⑬ 〔遂〕** 5443 수 本수: 去寘 | suì, スイ

소전 행서 이름 이룰 수 자원 형성. 㒸+辶→遂. 㒸(수)가 성부.

필순 (획순)

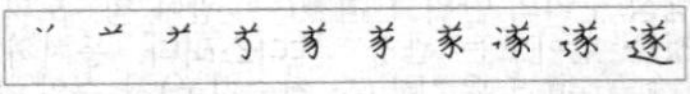

새김 ❶이루다. 수행하다. ¶完遂(완전할 완, —)완전하게 수행함. 예責任—. ❷끝나다. ¶遂事(—, 일 사)이미 끝난 일. 예—不諫. ❸드디어. 마침내. 〔春秋〕遂伐楚(수벌초)마침내 초나라를 정벌하다.

〔遂成〕(수성) 일을 해서 이룸.

〔遂行〕(수행) 일을 계획대로 해냄.

▷旣遂(기수)·未遂(미수)

9 ⑬ 〔遇〕*** 5444 우: 去遇 | yù, グウ

소전 행서 이름 만날 우: 자원 형성. 禺+辶→遇. 偶(우)·愚(우)와 같이 禺(우)가 성부.

필순 (획순)

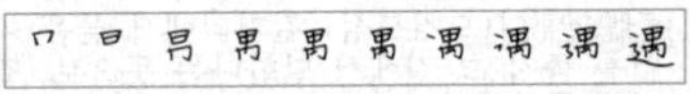

새김 ❶만나다. ㉠사람을 만나다. ¶遭遇(만날 조, —)우연히 서로 만남. 예—한 敵. ㉡때를 만나다. ¶不遇(못할 불, —)때를 만나지 못하여 불행함. 예—한 一生. ❷대접하다. 예우하다. ¶待遇(대접할 대, —) ㉮예를 갖추어 남을 대접함. 예극진한 —. ㉯직장에서의 지위·급료·근로 조건 등의, 사람을 대하는 관계나 태도. 예—가 좋다.

〔遇害〕(우해) ①재난을 당함. ②살해당함.

▷奇遇(기우)·禮遇(예우)·恩遇(은우)·知遇(지우)·千載一遇(천재일우)·會遇(회우)

9 ⑬ 〔運〕*** 5445 운: 去問 | yùn, ウン

소전 행서 간화 运 이름 나를 운: 자원 형성. 軍+辶→運. 鼂(운)과 같이 軍(군)의 변음이 성부.

필순 (획순)

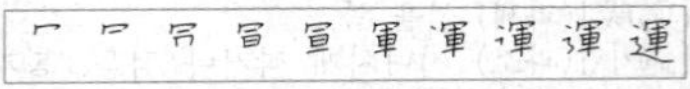

새김 ❶나르다. 날라 옮기다. ¶運搬(—, 옮길 반)물건을 날라 옮김. 예—費. ❷구르다. 돌다. ¶運行(—, 다닐 행) 천체가 궤도를 따라 돎. ❸움직이다. ㉠기계를 부리어 움직이다. ¶運行(—, 다닐 행) 차·배·비행기 등이 정해진 노선을 따라 운전하여 다님. 예—時間. ㉡운영하다. 어떤 목적을 가지고 활동하다. ¶運營(—, 경영할 영)조직이나 기구를 움직여 사업을 경영함. 예學校의 —. ❹운. 운명. 운수. ¶幸運(다행 행, —)다행스런 운수. 좋은 운. 예—을 만나다.

〔運動〕(운동) ①몸을 놀리어 움직임. ②여러 가지 체육이나 경기. ③일정한 목적을 추구하는 사회적 활동.

〔運命〕(운명) 하늘에서 타고난, 이미 정하여져 있는 목숨이나 처지.

〔運送〕(운송) 운반하여 보냄.

〔運輸〕(운수) 화물이나 여객 등을 실어 나르는 일. 예—事業.

〔運用〕(운용) 도움이 되게 부리어 씀. 예法의 —.

〔運賃〕(운임) 사람이나 짐을 실어 날라 준 삯.

〔運轉〕(운전) 기계·배·수레 등을 움직여 부림.

〔運筆〕(운필) 글씨를 쓰거나 그림을 그리기 위하여 붓을 놀림.

〔運河〕(운하) 배가 다닐 수 있도록 인공으로 판 수로(水路).

〔運航〕(운항) 배나 비행기가 정해진 항로를 항행함.

〔運休〕(운휴) 교통 기관의 운전이나 운행을 멈추고 쉼.

▷家運(가운)·國運(국운)·武運(무운)·文運(문운)·不運(불운)·悲運(비운)·水運(수운)·陸運(육운)·天運(천운)·海運(해운)

9 ⑬ 〔違〕** 5446 위 平微 | wéi, イ

소전 행서 간화 违 이름 어길 위 자원 형성. 韋+辶→違. 偉(위)·圍(위)·葦(위)와 같이 韋(위)가 성부.

필순 (획순)

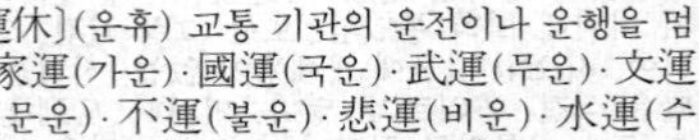

새김 ❶어기다. 위반하다. ¶違法(—, 법 법)법

을 어김. 예—行爲. ❷어긋나다. 일치하지 아니하다. ¶相違(서로 상, —)서로 어긋남. 예의견의 —. ❸사특하다. 부정하다. ¶非違(그를 비, —)그르고 부정함. 법이나 도덕에 위반되는 일. 예공무원의 —事實.
〔違約〕(위약) 약속이나 계약을 어김.
〔違憲〕(위헌) ①법을 어김. ②헌법에 어긋남.
▷無違(무위)

9 ⑬ 〔遊〕*** 유 平尤 yóu, ユウ
5447

행서 이름 놀 유 자원 형성. 斿+辶→遊. 游(유)와 같이 斿(유)가 성부.

필순 亠 ㇇ 方 方 扩 斿 斿 游 游 遊

새김 ❶놀다. ㉠재미있게 시간을 보내다. ¶遊戲(—, 놀 희)㉮재미있고 즐겁게 놀며 장난함. ㉯어린아이들의 즐겁게 놀면서 하는 운동. ㉡기계나 땅이 이용되지 않고 놀다. ¶遊休(—, 쉴 휴)토지나 기계 등이 쓰이지 않고 놀고 있음. 예—施設. ㉢일정한 직업이 없이 놀다. ¶遊民(—, 백성 민)일정한 직업이 없이 놀고 지내는 사람. ❷떠돌다. 자유롭게 돌아다니다. ¶遊牧(—, 칠 목)물과 풀을 찾아 여기저기 옮겨 다니면서 가축을 침. 예—民族. ❸공부하러 외국이나 타향에 나가다. ¶遊學(—, 배울 학)고향을 떠나 타향에 가서 공부함. 유留學(유학). ❹주색 잡기를 즐기다. ¶遊蕩(—, 방탕할 탕)주색잡기에 빠져 방탕하게 놀아남. ❺사귀어 왕래하다. ¶交遊(사귈 교, —)서로 사귀며 왕래함. 예—하는 벗. ❻유세(遊說)하다. 또는 유세. 〔孟子〕子好[2]遊[1]乎(자 호유호)자네는 유세하기를 좋아하는가?
〔遊擊〕(유격) 전열(戰列) 밖에서 그때그때의 형편에 따라 적을 공격함.
〔遊廓〕(유곽) 창기를 여럿 두고 매음을 영업으로 하는 곳.
〔遊覽〕(유람) 돌아다니며 구경함.
〔遊離〕(유리) 따로 떨어짐. 분리되어 떠돎.
〔遊說〕(유세) 각처로 다니며 자기의 정치적 견해나 소속 정당의 주장을 설명하고 선전함.
〔游泳〕(유영) 물 속에서 헤엄치며 놂.
〔遊興〕(유흥) 놀며 즐기는 흥취.
▷同遊(동유)·夜遊(야유)·歷遊(역유)·外遊(외유)·出遊(출유)·閑遊(한유)

9 ⑬ 〔逾〕* 유 平虞 yú, ユ
5448

소전 행서 동자 踰 이름 넘을 유 자원 형성. 兪+辶→逾. 喩(유)·愈(유)와 같이 兪(유)가 성부.
새김 넘다. 기준이나 한도를 넘다. ¶逾[2]月[1](—, 달 월)그 달의 그믐을 넘김. 예산달을 —하다.

9 ⑫ 〔遗〕 유 遺(5469)의 간화자
5449

9 ⑬ 〔遒〕* 주 平尤 qiú シュウ
5450

소전 행서 이름 힘찰 주 자원 형성. 酋+辶→遒. 酋(추)의 변음이 성부.
새김 힘차다. ¶遒勁(—, 굳셀 경)글씨나 그림의 필력이 힘차고 굳셈.
〔遒豪〕(주호) 힘차고 호방함.

9 ⑫ 〔遅〕 지 遲(5471)의 속자
5451

9 ⑬ 〔遍〕** 편: 去霰 biàn ヘン
5452

행서 이름 두루 편: 자원 형성. 扁+辶→遍. 編(편)·篇(편)과 같이 扁(편)이 성부.

필순 丶 ㇇ 户 肩 肩 扁 遍 遍 遍 遍

새김 ❶두루. 널리. 또는 두루 미치다. ¶遍歷(—, 지날 력)널리 여러 곳을 돌아다님. 인신하여, 여러 가지 경험을 함. 예人生 —. ❷번. 처음부터 끝까지 도는 한 번의 회수를 나타내는 말. 〔朱熹·訓學齋規〕讀書百遍而義自見(독서백편이 의자현)책을 백 번을 읽으면 뜻은 저절로 보인다.
〔遍在〕(편재) 널리 퍼져 있음.

9 ⑬ 〔逼〕* 핍 本벽 入職 bī, ヒツ
5453

소전 행서 이름 닥칠 핍 자원 형성. 畐+辶→逼. 畐(핍)이 성부.
새김 닥치다. 가까이 다가오다. ¶逼迫(—, 닥칠 박)바싹 가까이 닥쳐 옴. 인신하여, 바싹 죄쳐서 괴롭게 굶. 예日帝의 —.
〔逼近〕(핍근) 가까이 다가가거나 닥쳐옴.
〔逼眞〕(핍진) 실물과 아주 비슷함.

9 ⑬ 〔遐〕* 하 平麻 xiá, カ
5454

소전 행서 이름 멀 하 자원 형성. 叚+辶→遐. 瑕(하)·霞(하)와 같이 叚(하)가 성부.
새김 ❶멀다. 공간적으로나 시간적으로 멀다. ¶遐遠(—, 멀 원)아득히 멂. ❷멀리하다. 인신하여, 사람이 죽다. ¶昇遐(오를 승, —)임금이나 귀인이 죽음. 예—한 王妃.
〔遐邇〕(하이) 먼 곳과 가까운 곳. 원근(遠近).
〔遐鄕〕(하향) 서울에서 먼 지방.

9 ⑬ 〔遑〕* 황 平陽 huáng, コウ
5455

소전 𨗴 행서 遑 이름 허둥댈 황 자원 형성. 皇+辶→遑. 蝗(황)·篁(황)과 같이 皇(황)이 성부.
새김 허둥대다. 또는 황황히. ¶遑急(—, 급할 급)허둥지둥하도록 급함. 예—히 달아나다.
〔遑忙〕(황망) 마음이 몹시 급하고 당황하여 허둥지둥함.
〔遑遑〕(황황) 갈팡질팡 허둥대는 모양.

10 ⑭ 〔遣〕** 견: 上銑 qiǎn, ケン
5456

소전 𨘩 행서 遣 이름 보낼 견: 자원 형성. 𦥑+辶→遣. 𦥑(견)이 성부.
필순 ㄇ ㅁ 中 虫 冉 冉 贵 遣 遣 遣
새김 보내다. ㉠어떤 임무를 주어 사람을 보내다. ¶派遣(보낼 파, —)일정한 임무를 주어 사람을 보냄. 예—部隊. ㉡세월이나 시간을 보내다. ¶消遣(쓸 소, —)하는 일 없이 세월을 보냄.
〔遣奠祭〕(견전제) 발인(發靷)할 때 문 앞에서 지내는 제사.

10 ⑭ 〔遝〕* 답 入合 tà, トウ
5457

소전 𨘑 행서 遝 이름 모일 답 자원 형성. 眔+辶→遝. 眔(답)이 성부.
새김 모이다. 많이 모여들다. ¶遝至(—, 이를 지)한 군데로 몰려듦. 예고객이 —하다.

10 ⑭ 〔遡〕* 소 本소: 去遇 sù, ソ
5458

행서 遡 동자 溯 이름 거슬러올라갈 소 자원 형성. 朔+辶→遡. 溯(소)·塑(소)와 같이 朔(삭)의 변음이 성부.
새김 거슬러 올라가다. ㉠물길을 거슬러 올라가다. ¶遡流(—, 흐를 류)흐름을 거슬러 올라감. 예洛東江을 —하다. ㉡사물의 근원이나 과거의 일로 거슬러 올라가다. ¶遡及(—, 미칠 급)과거의 일로 거슬러 올라가, 그 영향이나 효력을 미치게 함. 예法律不遡及의 원칙.
〔遡源〕(소원) 근본으로 거슬러 올라가서 상고함.
〔遡風〕(소풍) 바람을 안고 감.

10 ⑭ 〔遜〕* 손: 去願 xùn, ソン
5459

소전 𨘢 행서 遜 간화 逊 이름 겸손할 손: 자원 형성. 孫+辶→遜. 孫(손)이 성부.
새김 ❶겸손하다. 몸을 낮추다. ¶遜讓(—, 사양할 양)겸손하게 사양함. ❷사양하다. 양보하다. ¶遜位(—, 자리 위)임금의 자리를 양보하여 내어놓음. ❸뒤지다. 미치지 못하다. ¶遜色(—, 빛 색)다른 것과 견주어서 못한 점. 예조금도 —이 없다.
〔遜避〕(손피) 겸손히 사양하여 피함.
▷謙遜(겸손)·恭遜(공손)·不遜(불손)

10 ⑭ 〔遙〕** 요 平蕭 yáo, ヨウ
5460

소전 𨙍 행서 遙 이름 멀 요 자원 형성. 䍃+辶→遙. 搖(요)·謠(요)와 같이 䍃(요)가 성부.
필순 ク 夕 夕 乡 夅 𠂆 䍃 遙 遙 遙
새김 ❶멀다. 공간적·시간적 거리가 멀다. ¶遙遠(—, 멀 원)멀고 멂. 예前途—. ❷거닐다. 어정거리다. ¶逍遙(거닐 소, —)산보삼아 이리저리 거닒. 예—散懷.
〔遙望〕(요망) 멀리 바라봄.
〔遙拜〕(요배) 멀리서 절함. 또는 그렇게 하는 절.

10 ⑭ 〔遠〕*** ㊀원: 上阮 yuǎn, エン ㊁원: 去願 yuàn, エン
5461

소전 𨘼 행서 遠 간화 远 이름 ㊀멀 원: ㊁멀리할 원: 자원 형성. 袁+辶→遠. 轅(원)·園(원)과 같이 袁(원)이 성부.
필순 土 吉 吉 青 声 袁 袁 遠 遠 遠
새김 ㊀❶멀다. 近(5382)의 대. ㉠시간적·공간적 거리가 멀다. ¶遠洋(—, 바다 양)육지에서 먼 거리에 있는 바다. 예—漁業. ㉡사귀어 지내는 사이가 멀다. ¶疎遠(소원할 소, —)지내는 사이가 스스럽고 버성김. 예서로 —해진 관계. ㉢촌수가 멀다. ¶遠親(—, 일가 친)먼 일가. ❷조상. 선조. ¶追遠(추모할 추, —)조상을 추모함. 예—報本. ❸깊다. 심원하다. ¶高遠(높을 고, —)이치나 포부가 높고 깊음. 예—難行. ㊁멀리하다. 遠禍召福(—, 화 화, 부를 소, 복 복)화를 물리쳐 멀리하고 복을 불러들임.
〔遠隔〕(원격) 거리가 멀리 떨어져 있음.
〔遠景〕(원경) 멀리 보이는 경치.
〔遠交近攻〕(원교근공) 먼 나라는 사귀고 가까운 나라를 침.
〔遠近〕(원근) ①먼 곳과 가까운 곳. ②먼 곳의 사람과 가까운 곳의 사람.
〔遠大〕(원대) 희망·포부·계획 등이 장래성이 많고 큼.
〔遠慮〕(원려) 먼 앞날에 대한 깊은 생각.

〔遠望〕(원망) 멀리 바라봄. 「또는 그런 계책.
〔遠謀〕(원모) 먼 앞날까지를 내다보고 꾀함.
〔遠視〕(원시) 먼데 것은 잘 보이고 가까운 데 것은 잘 보이지 않는 시력. 「인(原因).
〔遠因〕(원인) 직접적이 아닌 연관성이 먼 원
〔遠征〕(원정) ①먼 곳으로 싸우러 나감. 또는 먼 곳을 정벌함. ②먼 곳으로 경기나 시합을 하러 감.
▷ 敬遠(경원)·久遠(구원)·深遠(심원)·永遠(영원)·迂遠(오원)·遙遠(요원)·悠遠(유원)

10 ⑭ 〔遞〕 체 ㊍체: 上 薺 | dì, テイ
5462

소전 행서 속자 遆 동자 간화 递 이름 갈마들 체 자원 형성. 虒+辶→遞. 虒(제)의 변음이 성부.

필순 | 厂 𠂆 ... 虒 遞

새김 ❶갈마들다. 또는 바꾸다. ¶遞職(一, 벼슬 직)벼슬을 갈아냄. ㊐遞任(체임). ❷전하다. 차례차례로 보내어 전하다. ¶遞信(一, 소식 신)편지·전보 등을 차례로 보내어 전함. 또는 그 소식. ㊑— 業務. ❸역참. 또는 역말. ¶遞夫(一, 사나이 부)역참에서 일하는 인부. ❹차례차례로. 차츰차츰. ¶遞減(一, 줄 감)수나 양이 차츰차츰 줄어듦. ㊑人口의 — 현상.
〔遞代〕(체대) 차례로 교대함.
〔遞傳〕(체전) ①차례로 계승함. ②國 차례대로 여러 곳을 거쳐서 전하여 보냄.
▷ 交遞(교체)·驛遞(역체)·郵遞(우체)

11 ⑮ 〔遯〕 둔: 遁(5442)과 동자
5463

11 ⑮ 〔適〕 적 ㊍석 入 陌 | shì, テキ
5464

소전 행서 간화 适 이름 맞을 적 자원 형성. 啇+辶→適. 敵(적)·摘(적)과 같이 啇(적) 이 성부.

필순 | 丶 亠 ... 適

새김 ❶맞다. ㉠알맞다. ¶適應(一, 응할 응)일정한 조건이나 환경에 알맞게 응함. ㊑새로운 환경에 —하다. ㉡마음에 맞다. ¶快適(쾌할 쾌, 一)마음에도 몸에도 딱 들어맞아 기분이 매우 좋음. ㊑—한 주거 환경. ❷가다. 향하여 가다. 〔論語〕 子適衛(자 적위)공자가 위나라에 가다. ❸때마침. ¶適然(一, 그러할 연)때마침 공교롭게도.
〔適格〕(적격) 어떤 격식이나 일정한 자격에
〔適期〕(적기) 알맞은 시기. 「맞음.
〔適當〕(적당) 알맞음. 마땅함.
〔適齡〕(적령) 어떤 규정에 알맞은 나이. ㊑—
〔適法〕(적법) 법규에 맞음. ㊑—한 節次. 「期.
〔適否〕(적부) 적당함과 부적당함.
〔適性〕(적성) 어떤 일에 알맞은 성질이나 성격. ㊑— 檢査.
〔適用〕(적용) 알맞게 응용함.
〔適宜〕(적의) 알맞고 마땅함. ㊑—한 土質.
〔適任〕(적임) 어떤 임무를 맡기기에 알맞음. 또는 그런 사람. ㊑— 者.
〔適者生存〕(적자생존) 생물은 생존 경쟁의 결과, 환경에 적응하는 것만이 살아 남음.
〔適材適所〕(적재적소) 알맞은 인재에 알맞은
〔適切〕(적절) 꼭 알맞음. 「일자리.
〔適正〕(적정) 알맞고 바름. ㊑—한 對策.
〔適合〕(적합) 알맞게 마침맞음. ㊑—한 方法.
▷ 均適(균적)·自適(자적)·閑適(한적)·好適(호적)

11 ⑮ 〔遭〕 조 平 豪 | zāo, ソウ
5465

소전 행서 이름 만날 조 자원 형성. 曹+辶→遭. 槽(조)·糟(조)와 같이 曹(조)가 성부.

새김 만나다. ㉠우연히 사람을 만나다. ¶遭遇(一, 만날 우)우연히 서로 만남. ㊑옛 친구를 —한 기쁨. ㉡어려움이나 기회를 만나다. ¶遭難(一, 재난 난)재난을 만남. ㊑— 船.

11 ⑮ 〔遮〕 차 平 麻 | zhē, シャ
5466

소전 행서 이름 막을 차 자원 형성. 庶+辶→遮. 庶(서)에는 '서' 외에 '자' 음도 있어, 庶(자)의 변음이 성부.

새김 막다. ㉠가로막다. ¶遮斷(一, 끊을 단)질러 막거나 끊어서 통과하지 못하게 함. ㊑交通 —. ㉡막아서 가리다. ¶遮光(一, 빛 광)광선을 막아 가림. ㊑— 幕.
〔遮陽〕(차양) 햇볕을 가리거나 비를 막기 위하여 처마 끝에 덧대는 물건.
〔遮日〕(차일) 國 햇볕을 가리려고 치는 포장.

12 ⑯ 〔遼〕 료 平 蕭 | liáo, リョウ
5467

소전 행서 간화 辽 이름 멀 료 자원 형성. 尞+辶→遼. 僚(료)·寮(료)와 같이 尞(료)가 성부.

새김 ❶멀다. 공간적으로나 시간적으로 멀다. ¶遼遠(一, 멀 원)시간적으로나 공간적으로 아득히 멂. ㊑前途—. ❷요나라. 처음에는 거란(契丹)이라 하였던, 금(金)나라에 멸망된 중국의 왕조 이름. (916~1125)

12 ⑯ 〔選〕*** 선: 上 銑 | xuǎn, セン
5468

소전 行書 간화 选 이름 가릴 선: 자원 형성. 巽+辶→選. 巽(손)의 변음이 성부.

필순

새김 ❶가리다. 고르다. ¶選擇(—, 가릴 택)여럿 가운데서 필요한 것을 골라 뽑음. 예取捨—. ❷뽑은 글. 또는 그 글을 모아 엮은 책. ¶文選(글월 문, —)많은 글 가운데서 좋은 글을 가려 뽑음. 또는 가려 뽑은 글을 모아 엮은 책.
〔選擧〕(선거) 의원이나 공직자를 투표로 선출함. 「재. ②국회의원의 딴이름.
〔選良〕(선량) ①인재를 뽑음. 또는 선발한 인
〔選拔〕(선발) 여럿 중에서 골라 뽑음.
〔選別〕(선별) 가려서 구별함.
〔選手〕(선수) ①경기에 뽑혀나가는 사람. ②어떤 일에 아주 능숙한 사람.
〔選任〕(선임) 사람을 가려 뽑아 임무를 맡김. 예任員—.
〔選出〕(선출) 여럿 가운데서 뽑아 냄.
▷間選(간선)·落選(낙선)·當選(당선)·補選(보선)·人選(인선)·入選(입선)·精選(정선)·直選(직선)·被選(피선)

12 ⑯ 〔遺〕*** 유 平 支 | yí, イ
5469

소전 行書 간화 遗 이름 끼칠 유 자원 형성. 貴+辶→遺. 貴(귀)의 변음이 성부.

필순

새김 ❶끼치다. 남기다. ¶遺產(—, 재산 산)㉮죽은 사람이 끼친 재산. 예—相續. ㉯후대에게 끼쳐준 가치 있는 사물. 예文化—. ❷잃다. 분실하다. ¶遺失(—, 잃을 실)가지고 있던 것을 떨어뜨려 잃음. 예—物. ❸잃은 물건. 분실물. ¶拾遺(주울 습, —)남이 잃어버린 것을 주음. 인신하여, 빠진 글을 뒤에 보충함. ❹빠뜨리다. 또는 빠지다. ¶遺漏(—, 샐 루)빠지거나 샘. 예대책을 — 없이 세워라.
〔遺憾〕(유감) 마음에 차지 않거나 기대에 어그러져 매우 섭섭함. 「원고.
〔遺稿〕(유고) 죽은 사람이 남긴 시문(詩文)의
〔遺骨〕(유골) 무덤 속에서 나오거나 화장하고 난 뒤에 남은 사람의 뼈.
〔遺棄〕(유기) 돌보지 않고 내버림.
〔遺命〕(유명) 임금이 임종 때에 남긴 명령.
〔遺墨〕(유묵) 죽은 사람의 살았을 때에 쓴 글이나 글씨 또는 그린 그림.
〔遺民〕(유민) 망하여 없어진 나라의 남아 있는 백성. 예百濟의 —들. 「자식.
〔遺腹子〕(유복자) 아버지가 죽은 뒤에 태어난
〔遺言〕(유언) 죽기 전에 부탁하여 남긴 말.
〔遺業〕(유업) 선대가 다 이루지 못하고 후대에게 넘겨 준 사업. 예—을 계승하다.
〔遺跡〕(유적) ①이미 없어진 것의 남은 흔적. ②남아 있는 사적. 예文化—.
〔遺傳〕(유전) ①후세에 남겨 전해짐. ②조상이나 부모의 형질이 자손에게 전해지는 일.
〔遺族〕(유족) 죽은 사람의 남은 가족. 유가족.
〔遺志〕(유지) 생전에 이루지 못하고 남긴 뜻.
〔遺品〕(유품) 생전에 쓰다가 남긴 물품.
〔遺風〕(유풍) ①죽은 사람이 남긴 기풍. ②옛날부터 전하여 내려오는 풍속.
〔遺恨〕(유한) 생전에 풀지 못하여 남은 원한.
〔遺骸〕(유해) 유골(遺骨).
〔遺訓〕(유훈) 옛 사람이 남긴 훈계.
▷補遺(보유)·孑遺(혈유)

12 ⑯ 〔遵〕** 준 平 眞 | zūn, ジュン
5470

소전 行書 이름 좇을 준 자원 형성. 尊+辶→遵. 尊에는 '존' 외에 '준' 음도 있어, 樽(준)과 같이 尊(준)이 성부.

필순

새김 좇다. 따르다. 규칙을 지키다. ¶遵法(—, 법 법)법을 좇아 지킴. 예—精神.
〔遵守〕(준수) 규정을 좇아 지킴.
〔遵用〕(준용) 그대로 좇아 씀.
〔遵行〕(준행) 그대로 좇아서 행함.

12 ⑯ 〔遲〕** 지 平 支 | chí, チ
5471

소전 行書 속자 遅 간화 迟 이름 늦을 지 자원 형성. 犀+辶→遲. 犀(서)의 변음이 성부.

필순

새김 ❶늦다. 정해진 시간에 대지 못하다. ¶遲刻(—, 시각 각)정해놓은 시각에 늦음. 예—生. ❷더디다. 시간이 걸리다. ¶遲滯(—, 느릴 체)시간이 늦어짐. 예—하지 말고 보고하라. ❸굼뜨고 둔하다. ¶遲鈍(—, 둔할 둔)동작이 굼뜨고 머리의 회전이 둔함. 예—兒. ❹혹형 이름. ¶陵遲(혹형이름 릉, —)머리·몸뚱이·손·발을 토막내는 극형의 이름. 예—處斬.
〔遲延〕(지연) 무슨 일이 더디게 진행되어 시간을 늦추거나 시간이 늦추어짐.

〔遲遲不進〕(지지부진) 아주 굼떠서 도무지 잘 나아가지 아니함.

12 ⑯ 〔遷〕** 천: ㊍천平 先 | qiān, セン
5472

소전 행서 속자 간화 迁 이름 옮길 천: 자원 형성. 䙴+辶→遷. 䙴(천)이 성부.

필순

새김 옮기다. ㉠장소나 위치를 옮기다. ¶遷都(—, 도읍 도)도읍을 옮김. 예漢陽에 —한 朝鮮太祖. ㉡벼슬자리를 옮기다. ¶左遷(왼 좌, —)직위가 아래로 떨어짐. 예—된 公務員.
〔遷延〕(천연) 일이나 날짜를 미루어 나감.
〔遷轉〕(천전) 벼슬자리를 옮김.
▷孟母三遷(맹모삼천)·變遷(변천)·播遷(파천)

13 ⑰ 〔遽〕* 거: 去 御 | jù, キョ
5473

소전 행서 이름 갑자기 거: 자원 형성. 豦+辶→遽. 據(거)와 같이 豦(거)가 성부.
새김 갑자기. 황급하게. ¶急遽(급히 급, —)급히 서둘러서. 예— 上京하라는 통지를 받다.

13 ⑰ 〔邁〕* 매: 去 卦 | mài, マイ
5474

소전 행서 간화 迈 이름 갈 매: 자원 형성. 萬+辶→邁. 萬(만)의 변음이 성부.
새김 ❶가다. 힘차게 나아가다. ¶邁進(—, 나아갈 진)힘차게 나아감. 예勇往—. ❷초탈하다. 뛰어나다. ¶高邁(높을 고, —)인품·식견 등이 고상하고 뛰어남. 예—한 인격.
〔邁德〕(매덕) 뛰어난 덕행.
▷英邁(영매)·豪邁(호매)

13 ⑰ 〔邀〕* 요 平 蕭 | yāo, ヨウ
5475

행서 이름 맞을 요 자원 형성. 敫+辶→邀. 敫(교)의 변음이 성부.
새김 맞다. 맞받다. ¶邀擊(—, 칠 격)기다리고 있다가 맞받아 침. 예— 미사일.

13 ⑰ 〔避〕** 피: 去 寘 | bì, ヒ
5476

소전 행서 이름 피할 피: 자원 형성. 辟+辶→避. 辟에는 '벽' 외에 '피' 음도 있어, 辟(피)가 성부.

필순

새김 피하다. 또는 피하여 숨기다. ¶避暑(—, 더위 서)더위를 피함. 예—地.
〔避難〕(피난) 재난을 피해 멀리 옮겨감.
〔避亂〕(피란) 전란을 피해 다른 곳으로 옮김.
〔避雷針〕(피뢰침) 벼락을 피하기 위하여 높은 건물 등에 세우는 금속 막대기.
〔避世〕(피세) 속세나 난세를 피함.
〔避姙〕(피임) 임신을 피함.
▷忌避(기피)·待避(대피)·逃避(도피)·回避(회피)

13 ⑰ 〔邂〕* 해: 去 卦 | xiè, カイ
5477

소전 행서 이름 만날 해: 자원 형성. 解+辶→邂. 懈(해)·蟹(해)와 같이 解(해)가 성부.
새김 만나다. 우연히 만나다. ¶邂逅(—, 만날 후)우연히 서로 만남. 예뜻밖의 —.

13 ⑰ 〔還〕** 환 平 刪 | huán, カン
5478

소전 행서 속자 간화 还 이름 돌아올 환 자원 형성. 瞏+辶→還. 環(환)·鐶(환)과 같이 瞏(환)이 성부.

필순

새김 ❶돌아오다. 본디의 자리로 되돌아오다. ¶還國(—, 나라 국)외국에 나가 있던 사람이 제 나라로 돌아옴. 동 歸國(귀국). ❷돌려주다. ¶返還(되돌릴 반, —)도로 돌려줌. 예빌려 본 책을 —하다. ❸또. 재차. 〔白居易·詩〕若爲南國春還至(약위남국 춘환지)만일 남쪽 나라가 된다면 봄은 재차 오리라.
〔還甲〕(환갑) 예순 한 살. 회갑(回甲).
〔還給〕(환급) 도로 돌려줌. 환부(還付).
〔還付〕(환부) 도로 돌려 줌.
〔還拂〕(환불) 요금 따위를 되돌려 줌.
〔還俗〕(환속) (佛)출가한 승려가 다시 속세로 돌아옴.
〔還收〕(환수) 도로 거두어 들임.
〔還元〕(환원) 본래 모습으로 다시 되돌아 감.
〔還鄕〕(환향) 고향으로 돌아감.
▷歸還(귀환)·償還(상환)·生還(생환)·送還(송환)·往還(왕환)·奪還(탈환)

14 ⑱ 〔邈〕* 막 入 覺 | miǎo, バク
5479

행서 邈 이름 멀 막 자원 형성. 貌+辶→邈. 貌에는 '모' 외에 '막' 음도 있어. 貌(막)이 성부.
새김 멀다. 아득하다. ¶邈然(—, 그러할 연)아득함. 인신하여, 똑똑하지 못하고 어렴풋함. 예—不知.
〔邈邈〕(막막) 먼 모양. 아득한 모양.

14 ⑱ 〔邃〕* 수: 去寘 | suì, スイ
5480

소전 행서 이름 깊을 수: 자원 형성. 穴+遂→邃. 璲(수)·隧(수)와 같이 遂(수)가 성부.
새김 깊다. 깊숙하다. ¶幽邃(그윽할 유, —)그윽하고 깊숙함. 예—한 협곡.

14 ⑱ 〔邇〕* 이 本이: 上紙 | ěr, ジ
5481

소전 행서 동자 간화 迩 이름 가까울 이 자원 형성. 爾+辶→邇. 爾(이)가 성부.
새김 가깝다. 거리가 가깝다. ¶遐邇(멀 하, —)멂과 가까움. 동 遠近(원근).
〔邇來〕(이래) 요사이. 가까운 요마적.

15 ⑲ 〔邊〕** 변 平先 | biān, ヘン
5482

소전 행서 약자 辺 속자 간화 边 이름 가 변 자원 형성. 臱+辶→邊. 臱(변)이 성부.
필순

새김 ❶가. 가장자리. ¶海邊(바다 해, —)바닷가. 예—의 風景. ❷변두리. 국경 지대. ¶邊境(—, 지경 경)나라의 중심 지대로부터 멀리 떨어진, 국경에 가까운 지대. 예—을 지키는 군사. ❸변. ㉠다각형을 이루고 있는 각 선. ㉡한자 구성에서 왼쪽에 붙는 부수. 참고 장음 '변:'으로 읽는다. ㉢國이자. 길미. 이율. ¶邊利(—, 이자 리)길미로 느는 돈이나 곡식.
〔邊防〕(변방) 국경의 방어.
〔邊塞〕(변새) 변경의 요새.
〔邊戍〕(변수) 변경을 수비함. 또는 그 수비.
〔邊錢〕(변전) 변돈. 변리를 무는 돈.
▷江邊(강변)·路邊(노변)·水邊(수변)·身邊(신변)·低邊(저변)·川邊(천변)·河邊(하변)

19 ㉓ 〔邏〕* 라 本라: 去箇 | luó, ラ
5483

소전 행서 간화 逻 이름 순찰할 라 자원 형성. 羅+辶→邏. 蘿(라)와 같이 羅(라)가 성부.
새김 순찰하다. 순라하다. ¶邏卒(—, 군사 졸)순찰하는 군사. 예—이 쫙 깔려 있다.

7획 부수 邑(阝)部

▷명칭: 고을읍. 우부방
▷쓰임: 사람이 사는 마을이나 지명을 나타내는 한자의 부수로 쓰였다.

0 ⑦ 〔邑〕*** 읍 入緝 | yì, ユウ
5484

소전 행서 이름 고을 읍 자원 회의. 口+巴〔卩의 변형〕→邑. 口는 마을의 성곽, 巴는 사람의 절제 있는 삶의 뜻. 그래서 사람이 모여 사는 마을을 뜻한다.
필순

새김 ❶고을. ㉠고대에는 도시 국가이었기에 '나라·서울' 등의 뜻을 나타낸다. ¶都邑(도읍 도, —)서울. 예—地. ㉡마을. 사람이 모여 사는 곳. 〔史記〕邑中有[2]喪[1](읍중유상)마을 안에 초상난 집이 있다. ❷國읍. 행정 구역의 이름. 인신하여, 군(郡)의 소재지를 이르는 말. ¶邑內(—, 안 내)읍의 구역 안.
〔邑民〕(읍민) 읍의 주민. 읍내에서 사는 사람.
〔邑誌〕(읍지) 고을의 연혁·지리·풍속·문화 등을 기록한 책.
▷大邑(대읍)·食邑(식읍)·村邑(촌읍)

2 ④ 〔邓〕 등: 鄧(5519)의 간화자
5485

3 ⑥ 〔邙〕* 망 平陽 | máng, ボウ
5486

소전 행서 이름 북망산 망 자원 형성. 亡+阝→邙. 忙(망)·忘(망)·芒(망)과 같이 亡(망)이 성부.
새김 북망산(北邙山). 하남성(河南省)에 있는 산 이름. 이 산에는 무덤이 많다.

3 ⑩ 〔邕〕* 옹 平冬 | yōng, ヨウ
5487

소전 행서 이름 화목할 옹 자원 회의. 巛〔=川〕+邑→邕. 강물이 빙 둘러 흐르는 고을이기에, 그 고을의 사람들은 외침이 없어 서로 화목하게 지낸다는 뜻.
새김 화목하다. 화락하다.

4 ⑦ 〔那〕** ㊀나 平歌 nuó, ナ ㊁나: 上哿 nǎ, ナ ㊂나 nà, ナ
5488

소전 행서 이름 ㊀어찌 나 ㊁어디 나: ㊂음역자 나 자원 형성. 刃〔冄의 변형〕+阝→那. 冄(염)의 변음이 성부.

필순 ㇆ ㇇ ㇈ 月 尹 那 那

새김 ㊀어찌. 또는 어찌하랴? 의문 또는 반어의 뜻을 나타낸다. 〔左傳〕棄甲則那(기갑즉 나) 갑옷을 버리면 어찌하겠느냐? ㊁어디. 어느 곳. ¶那邊(—, 가 변)어디. 예의도가 —에 있는가? ㊂음역자. 범어 na의 음역자. ㉠나락. ¶那落(—, 떨어질 락)지옥. 인신하여, 구원할 수 없는 마음의 구렁텅이. 예—에 빠지다. ㉡찰나. ¶刹那(찰나 찰, —)아주 짧은 동안. 예위급한 —.

4 ⑦ 〔邦〕** 방 平江 bāng, ホウ
5489

소전 행서 이름 나라 방 자원 형성. 丰+阝→邦. 蚌(방)과 같이 丰(방)이 성부.

필순 一 二 三 丰 丰 邦 邦

새김 나라. 국가. ¶異邦(다를 이, —)자기 조국이 아닌, 다른 나라. 예—人.
〔邦國〕(방국) 나라. 국가.
〔邦土〕(방토) 나라의 땅. 국토(國土).
〔邦畫〕(방화) 자기 나라에서 제작된 영화.
▷ 萬邦(만방)·盟邦(맹방)·聯邦(연방)·友邦(우방)·合邦(합방)

4 ⑦ 〔邪〕** ㊀사 平麻 xié, ジャ ㊁야 平麻 yé, ヤ
5490

소전 행서 이름 ㊀간사할 사 ㊁어조사 야 자원 형성. 牙+阝→邪. 牙(아)의 변음이 성부.

필순 一 二 于 牙 牙 邪 邪

새김 ㊀간사하다. 바르지 아니하다. 正(2541)의 대. ¶邪惡(—, 악할 악)간사하고 악함. 예—한 사람. ㊁어조사. 의문이나 반어의 뜻을 나타낸다. 〔莊子〕其正色邪(기정색야) 그 빛깔이 정색이냐?
〔邪曲〕(사곡) 사사스럽고 바르지 않음.
〔邪敎〕(사교) 사람의 마음을 현혹시키는 요사스런 종교.
〔邪氣〕(사기) ①몸을 해치고 병을 초래하는 나쁜 기운. ②옳지 않은 풍조나 행위.
〔邪念〕(사념) 올바르지 못한, 사악한 생각.
〔邪戀〕(사련) 사람의 지켜야 할 도리에서 벗어나게 하는 연애.
〔邪不犯正〕(사불범정) 요사스러운 것은 정당한 것을 감히 범하지 못함.
〔邪心〕(사심) 사특한 마음.
〔邪慝〕(사특) 간사하고 악독함. 간악함.
▷ 奸邪(간사)·辟邪(벽사)·妖邪(요사)·正邪(정사)·斥邪(척사)·破邪顯正(파사현정)

4 ⑦ 〔邨〕* 촌: 村(2263)의 본자
5491

4 ⑦ 〔邢〕* 형 平青 xíng, ケイ
5492

소전 행서 이름 나라이름 형 자원 형성. 开〔井의 변형〕+阝→邢. 刑(형)·形(형)과 같이 井(정)의 변음이 성부.
새김 나라 이름. 춘추(春秋)때, 하북성(河北省)에 있었던 나라.

5 ⑧ 〔邱〕* 구 平尤 qiū, キュウ
5493

소전 행서 이름 언덕 구 자원 형성. 丘+阝→邱. 坵(구)와 같이 丘(구)가 성부.
새김 언덕. 공자(孔子) 이름인 丘를 기휘하여 丘(0014) 대신에 쓰기 위하여 만든 자.

5 ⑦ 〔邻〕 린 鄰(5520)의 간화자
5494

5 ⑧ 〔邵〕* 소: 去嘯 shào, ショウ
5495

소전 행서 이름 아름다울 소: 자원 형성. 召+阝→邵. 昭(소)·沼(소)와 같이 召(소)가 성부.
새김 아름답다.

5 ⑦ 〔邮〕 우 郵(5511)의 간화자
5496

5 ⑧ 〔邸〕* 저: 上薺 dǐ, テイ
5497

소전 행서 이름 집 저: 자원 형성. 氐+阝→邸. 低(저)·底(저)와 같이 氐(저)가 성부.
새김 집. 큰 집. ¶邸宅(—, 집 택)규모가 큰 집. 옛날에는 주로 귀족들의 집을 이르던 말.
〔邸下〕(저하) 國 왕세자(王世子)를 높이어 이르는 말.
▷ 京邸(경저)·官邸(관저)·別邸(별저)·私邸(사저)·潛邸(잠저)

5 ⑧ 〔邹〕 추 鄒(5515)의 속자·간화자
5498

5 ⑧ 〔邰〕* 태 平灰 | tāi, タイ
5499

소전 행서 이름 나라이름 태 자원 형성. 台+阝→邰. 殆(태)·怠(태)와 같이 台(태)가 성부.
새김 나라 이름. 섬서성(陝西省)에 있었던 고대의 나라 이름.

5 ⑧ 〔邯〕* ㊀한 平寒 | hán, ガン ㊁감 本함 平覃 | hán, ガン
5500

소전 행서 이름 ㊀한단 한 ㊁이름 감 자원 형성. 甘+阝→邯. 甘(감)의 변음이 성부.
새김 ㊀한단(邯鄲). 하북성(河北省)에 있는 지명. ¶邯鄲夢(—, 한단 단, 꿈 몽)세상의 부귀 영화가 덧없는 허황된 것임의 비유. 동 黃粱夢(황량몽). 故 당(唐)나라 노생(盧生)이란 사람이 한단에서 도사 여옹(呂翁)의 베개를 빌려 베고 잠이 들어, 일생 동안 부귀 영화를 누리는 꿈을 꾸었는데, 깨 보니 여관 주인이 짓던 메조밥이 아직 익지도 않은 짧은 동안이었더라는 고사. ㊁이름. 땅 이름, 또는 사람 이름. 예姜邯贊(강감찬).

6 ⑨ 〔郊〕** 교 平肴 | jiāo, コウ
5501

소전 행서 이름 성밖 교 자원 형성. 交+阝→郊. 校(교)·較(교)와 같이 交(교)가 성부.
필순 丶 亠 广 六 亣 交 交 交 郊
새김 성 밖. 인가가 드문 변두리. ¶郊外(—, 밖 외) 인가가 드문, 도시의 변두리 지역. 예— 로 놀러 나가다.
〔郊墟〕(교허) 마을 가까이에 있는 들판.
▷近郊(근교)·遠郊(원교)

6 ⑨ 〔郎〕 랑 郎(5506)의 약자
5502

6 ⑨ 〔郁〕* ㊀욱 入屋 | yù, イク ㊁울
5503

소전 행서 이름 ㊀빛날 욱 ㊁우거질 울 자원 형성. 有+阝→郁. 栯(욱)과 같이 有(유)의 변음이 성부.
새김 ㊀❶빛나다. 문물이 성하다. ¶郁郁(—, —)문물이 성하여 빛남. ❷향기롭다. ¶馥郁(향기짙을 복, —)풍기는 향기가 매우 향기로움. 예— 한 매화 향기. ❸욱리(郁李). 산이스랏. 과수 이름. ㊁鬱(6197)의 간화자.

6 ⑨ 〔郑〕 정: 鄭(5521)의 속자·간화자
5504

7 ⑩ 〔郡〕*** 군: 去問 | jùn, グン
5505

소전 행서 이름 군 군: 자원 형성. 君+阝→郡. 裙(군)·窘(군)과 같이 君(군)이 성부.
필순 ㄱ ㅋ ㅋ 尹 君 君 君 君 郡 郡
새김 군. 지방 행정 구역의 하나. ㉠중국에서는 진(秦)나라 이후는 현(縣)보다 큰 행정 구역이었음. ㉡우리 나라에서는 도(道) 밑에 있는 행정 구역. 예慶尙北道 靑松郡.
〔郡民〕(군민) 군 안에 사는 사람들.
〔郡廳〕(군청) 군의 행정을 맡은 관청.

7 ⑩ 〔郞〕*** 랑 平陽 | láng, ロウ
5506

소전 행서 약자 郎 이름 사내 랑 자원 형성. 良+阝→郞. 良에는 '량' 외에 '랑'의 음도 있어, 浪(랑)·狼(랑)과 같이 良(랑)이 성부.
필순 丶 ㅋ ㅋ ㅋ 自 自 良 良 郎 郞
새김 ❶사내. 젊은 남자. ¶花郞(꽃 화, —)신라 때 귀족 출신의 청소년들로 조직한, 도의 연마와 군사 훈련을 목적으로 한 집단, 또는 그 중심 인물로 뽑힌 사람. 예— 徒. ❷낭군. 갓 결혼한 남자. 또는 사위. ¶新郞(새 신, —)갓 결혼한 남자. 예— 新婦. ❸벼슬 이름. 제왕의 시종관. ¶郞官(—, 벼슬 관)㉮당(唐)나라 이후 낭중원외(郞中員外)를 이르던 말. ㉯國각 관아의 당하관. ¶郞廳(낭청) 각 관아의 당하관.
〔郞君〕(낭군) 아내가 남편을 이르는 말.
〔郞子〕(낭자) 남의 집 아들의 미칭.
▷壻郞(서랑)·侍郞(시랑)·女郞(여랑)

8 ⑪ 〔郭〕** 곽 入藥 | guō, カク
5507

소전 행서 이름 외성 곽 자원 형성. 享〔𩫏의 변형〕+阝→郭. 𩫏(곽)이 성부.
필순 亠 亠 亡 古 古 亨 享 享 郭 郭
새김 ❶외성. 밭재. ¶城郭(성 성, —)내성과 외성을 아울러 이르는 말. 예— 都市. ❷외곽. 둘레. ¶輪郭(둘레 륜, —)대체의 테두리나 모습. 예— 線.

8 ⑪ 〔鄆〕 단 鄲(5518)의 간화자
5508

8 ⑪ 〔都〕 도 都(5513)와 동자
5509

8 ⑪ 〔部〕*** 부 本부: 上 麌 | bù, ブ
5510

소전 행서 이름 떼 부 자원 형성. 咅+阝→部. 咅(부)가 성부.

필순 丶 亠 亠 立 立 咅 咅 咅7 部3 部

새김 ❶떼. 한데 많이 모인 떼. ¶部族(—, 겨레 족)일정한 지역에 함께 살면서 같은 언어·풍속 등을 가진 사람들의 집단. 예— 國家. ❷부분. 구분한 부위. ¶部品(—, 물건 품)기계나 연장을 조립하고 있는 하나하나의 개별적인 물품. 예— 工場. ❸부서. 큰 조직을 업무별로 나눈 구분. ¶部員(—, 사람 원)부서의 단위인 부에 딸린 사람. 예研究部의 —. ❹거느리다. 통솔하다. ¶部下(—, 아랫사람 하)책임자나 지휘자의 명령이나 감독을 받고 행동하는 사람. 예통솔하는 —. ❺부. 신문·잡지·책 등을 세는 단위. ¶部數(—, 수 수)도서나 출판물의 수. 예신문의 發行 —.

〔部隊〕(부대) ①군대 중의 하나의 집단. 예— 派遣. ②같은 목적으로 함께 행동하는 집단.
〔部落〕(부락) 시골 마을. 촌락(村落).
〔部門〕(부문) 분류해 놓은 개별적인 영역이나 갈래.
〔部分〕(부분) 전체를 몇으로 구분한 개별적인 단위.
〔部署〕(부서) 전체의 조직 안에서 사업 체계에 따라 갈라진 사업 부문의 단위. 예새로운 — 를 두다.
〔部首〕(부수) 옥편에서, 한자를 찾는 데 있어 길잡이 구실을 하는 글자.
〔部位〕(부위) 전체에 대하여 그 부분이 차지하고 있는 위치.
▷幹部(간부)·軍部(군부)·內部(내부)·細部(세부)·外部(외부)

8 ⑪ 〔郵〕** 우 平 尤 | yóu, ユウ
5511

소전 행서 간화 邮 이름 우편 우 자원 회의. 垂+阝→郵. 垂는 국경 지대. 국경 지대에 보낼 문서의 전달을 위해 설치한 역참을 뜻한다.

필순 ⺊ ⺊ 千 手 乒 垂 垂 垂7 郵3 郵

새김 ❶우편(郵便). 편지나 소포 따위를 전하여 주는 업무. 예—物. ❷역참. 문서나 짐 등을 전달하던 중계소. 〔孟子〕速[4]於[3]置[2]郵[1](속어치우)역참을 두는 것보다도 더 빠르다.

〔郵送〕(우송) 물건이나 편지 등을 우편으로 보냄.
〔郵遞局〕(우체국) 우편·전신·전보 등의 업무를 맡아보는 기관.
〔郵票〕(우표) 우편 요금을 낸 표시로 우편물에 붙이는 종이 딱지.

8 ⑪ 〔郷〕 향 鄕(5516)의 약자
5512

9 ⑫ 〔都〕*** 도 平 虞 | dū·dōu, ト
5513

소전 행서 동자 都 이름 도읍 도 자원 형성. 者+阝→都. 睹(도)·覩(도)와 같이 者(자)의 변음이 성부.

필순 十 土 耂 耂 者 者 者 者7 都3 都

새김 ❶도읍. 서울. ¶首都(머리 수, —)서울. 중앙 정부가 있는 도시. 예— 서울의 모습. ❷도시. 도회지. ¶港都(항구 항, —)항구 도시. 예— 仁川. ❸모두. 다 ¶都合(—, 합할 합)모두 합한 것. 예— 몇 개냐?

〔都賣〕(도매) 물건을 도거리로 팖.
〔都城〕(도성) ①서울. ②도읍 둘레에 쌓은 성곽.
〔都市〕(도시) 사람이 많이 모여, 그 지방의 정치·경제·문화의 중심이 되고 있는 곳.
〔都心〕(도심) 도시의 중심.
〔都邑〕(도읍) 서울.
〔都會地〕(도회지) 도시(都市).
▷古都(고도)·王都(왕도)·遷都(천도)

9 ⑫ 〔鄂〕* 악 入 藥 | è, ガク
5514

소전 행서 이름 땅이름 악 자원 형성. 咢+阝→鄂. 愕(악)·鰐(악)과 같이 咢(악)이 성부.

새김 땅 이름. 춘추(春秋) 때, 호북성(湖北省)에 있었던 지명.

10 ⑬ 〔鄒〕* 추 平 尤 | zōu, スウ
5515

소전 행서 속자 간화 邹 이름 추나라 추 자원 형성. 芻+阝→鄒. 雛(추)·趨(추)와 같이 芻(추)가 성부.

새김 추나라. 산동성(山東省)에 있었던, 맹자(孟子)가 태어난 나라. ¶鄒魯(—, 노나라 로)맹자가 태어난 추나라와 공자(孔子)가 태어난 노나라. 인신하여, 공자와 맹자. 예—學.

〔鄒魯之鄕〕(추로지향) 공자와 맹자의 고향이란 뜻으로, 예절을 알고 학문을 숭상하는 곳을 이르는 말.

10 ⑬ 〔鄉〕*** 향 平陽 xiāng, キョウ
5516

소전 행서 약자 鄕 간화 乡 이름 시골 향 자원 형성. 乡+皀〔香의 고자인 皀의 변형〕+阝→鄕. 皀이 성부.

필순

새김 ❶시골. 서울 이외의 지방. ¶京鄕(서울 경, —)서울과 시골. 예—各地. ❷고향. 태어난 곳. ¶歸鄕(돌아갈 귀, —)고향으로 돌아감.
〔鄕關〕(향관) 고향의 관문이란 뜻으로, 고향을 이르는 말.
〔鄕校〕(향교) 지방에 설치한 교육 기관.
〔鄕里〕(향리) 고향. 고향 마을.
〔鄕愁〕(향수) 고향을 그리워하는 마음이나 시름.
〔鄕試〕(향시) 각 도(道)에서 그 관내에 사는 선비들에게 보이던 과거.
〔鄕村〕(향촌) 시골. 고향 마을.
〔鄕土〕(향토) ①시골. ②고향.
▷故鄕(고향)·貫鄕(관향)·同鄕(동향)·望鄕(망향)·思鄕(사향)·理想鄕(이상향)

11 ⑭ 〔鄙〕* 비: 上紙 bǐ, ヒ
5517

소전 행서 이름 더러울 비: 자원 형성. 啚+阝→鄙. 啚(비)가 성부.
새김 ❶더럽다. ㉠상스럽고 속되다. ¶鄙語(—, 말 어)상스럽고 속된 말. ㉡자기의 의견을 낮추어 이르는 말. ¶鄙見(—, 생각 견)자기의 의견을 낮추어 이르는 말. ❷성 밖. 시골. 또는 궁벽하다. ¶邊鄙(변두리 변, —)㉮중앙에서 멀리 떨어진 변두리의 시골. ㉯외지고 궁벽함. 예—한 지방.
〔鄙陋〕(비루) ①마음씨가 치뜰고 속됨. ②행실이 야비하고 더러움.
〔鄙劣〕(비열←비렬) 성품과 행실이 더럽고 용렬함.
▷都鄙(도비)·野鄙(야비)

12 ⑮ 〔鄲〕* 단 平寒 dān, タン
5518

소전 행서 간화 郸 이름 한단 단 자원 형성. 單+阝→鄲. 簞(단)과 같이 單(단)이 성부.
새김 한단(邯鄲). 邯(5500)을 보라.

12 ⑮ 〔鄧〕* 등: 去徑 dèng, トウ
5519

소전 행서 간화 邓 이름 등나라 등: 자원 형성. 登+阝→鄧. 燈(등)·橙(등)과 같이 登(등)이 성부.
새김 등나라. 하남성(河南省)에 있었던, 춘추(春秋) 때의 나라 이름.

12 ⑮ 〔鄰〕 린 隣(5873)의 본자
5520

12 ⑮ 〔鄭〕* 정: 去敬 zhèng, テイ
5521

소전 행서 속자 간화 郑 이름 정중할 정: 자원 형성. 奠+阝→鄭. 奠에는 '전' 외에 '정' 음도 있어, 奠(정)이 성부.
새김 ❶정중하다. 점잖고 은근하다. ¶鄭重(—, 예의바를 중)남을 대하는 태도가 점잖고 예의가 바름. 예—한 인사. ❷정나라. 섬서성(陝西省)에 있었던, 춘추 때 나라. ¶鄭聲(—, 소리 성)정나라의 음악. 인신하여, 음탕한 음악.

7획 부수 酉 部

▷명칭: 닭유. 참고 지지로서의 酉는 동물로는 닭에 배당하기에 붙여진 이름이다.
▷쓰임: 발효 식품이나 술에 관한 뜻을 가진 한자의 부수로 쓰이기도 하고, 酒·醜와 같이 성부로도 쓰였다.

0 ⑦ 〔酉〕*** 유 本유: 上有 yǒu, ユウ
5522

소전 행서 이름 닭 유 자원 상형. 술을 빚는 술단지의 모양을 본떴다.

필순 一 丅 丆 币 两 西 酉

새김 ❶열째 지지. 방위로는 서쪽, 시간으로는 오후 5~7시, 동물로는 닭에 배당한다. 예辛酉邪獄(신유사옥).
〔酉方〕(유방) 이십사 방위의 하나. 서쪽.
〔酉時〕(유시) 17시부터 19시까지의 시각.

2 ⑨ 〔酊〕* 정: 上迥 dǐng, テイ
5523

소전 행서 이름 술취할 정: 자원 형성. 酉+丁→酊. 訂(정)·汀(정)과 같이 丁(정)이 성부.
새김 술이 취하다. ¶酩酊(술취할 명, —)술이 몹시 취함.

2 ⑨ 〔酋〕* 추 平尤 qíu, シュウ
5524

소전 행서 이름 우두머리 추 자원 지사. 술지에는 술을 빚은 그릇〔酉〕 밑으로 가라앉고 술이 그 위로 끓어 오르는 모양. 새김은 가차.
새김 우두머리. 한 부족의 우두머리. ¶酋長(—, 어른 장) 미개인의 부족(部族)의 우두머리.

3 ⑩ 〔配〕** 배: 去隊 pèi, ハイ
5525

소전 행서 이름 짝 배: 자원 형성. 酉+己→配. 己(기)의 변음이 성부.

필순 一 丆 冂 丙 两 酉 酉 酉' 酉ᄀ 配

새김 ❶짝. 배우자. 주로 아내를 이르는 말. ¶配匹(—, 짝 필)부부로 되는 짝. 예天定—. ❷짝짓다. 교미하거나 수분(受粉)하다. ¶交配(흘레할 교, —)동물 사이에서 교미하거나 식물 사이에서 수분함. 예동물의 —. ❸나누다. 분배하다. ¶配給(—, 줄 급)분배하여 공급함. 예—物品. ❹보살피다. 마음을 쓰다. ¶配慮(—, 생각 려)관심을 가지고 보살펴 줌. 예지극한 —. ❺귀양보내다. ¶配所(—, 곳 소)죄인을 귀양보낸 곳. 예—에서 죽다. ❻거느리다. ¶支配(버틸 지, —) 자기의 힘이나 의사로 다른 사람이나 사물을 복종시키어 부림. 예—人.
〔配達〕(배달) 물품을 가져다 돌라 줌.
〔配當〕(배당) 몫을 정하여 나누어 줌. 또는 그 몫.
〔配偶〕(배우) 부부로 되는 짝.
〔配位〕(배위) 부부가 다 죽었을 때, 그의 아내에 대한 높임말.
〔配定〕(배정) 나누어 몫을 정함.
〔配置〕(배치) 벌려 놓거나 갈라 놓음.
〔配合〕(배합) 한데 어우르거나 섞음.
▷分配(분배)·流配(유배)·定配(정배)

3 ⑩ 〔酌〕** 작 入藥 zhuó, シャク
5526

소전 행서 이름 술따를 작 자원 형성. 酉+勺→酌. 灼(작)·芍(작)과 같이 勺(작)이 성부.

필순 一 丆 冂 丙 两 酉 酉 酉' 酌 酌

새김 ❶술을 따르다. ¶自酌(스스로 자, —)자기의 술잔에 자신이 술을 따름. 예—自飮. ❷헤아리다. 고려하다. ¶參酌(참고할 참, —)참고삼아서 고려함. 예너의 의견을 —하겠다.
〔酌婦〕(작부) 술집에서 손님을 접대하며 술을 따르는 여자.
〔酌定〕(작정) 사정을 헤아려 결정함.
▷對酌(대작)·獨酌(독작)·酬酌(수작)·斟酌(짐작)·淸酌(청작)

3 ⑩ 〔酒〕*** 주 本주: 上有 jiǔ, シュ
5527

소전 행서 이름 술 주 자원 형성. 氵+酉→酒. 酉(유)의 변음이 성부.

필순 丶 冫 氵 汀 汀 沂 洒 洒 酒 酒

새김 술. ¶酒宴(—, 잔치 연)술잔치. 예영전을 축하하는 —.
〔酒客〕(주객) 술꾼. 술을 좋아하는 사람.
〔酒果脯〕(주과포) 술·과실·포 등으로 차린 간략한 제물.
〔酒氣〕(주기) 술기운.
〔酒量〕(주량) 마시고 견뎌 낼 만한 정도의 술의 양.
〔酒樓〕(주루) 설비를 크게 차린, 술을 파는 집.
〔酒癖〕(주벽) ①술을 몹시 좋아하는 버릇. ②술을 마시면 나타나는 버릇.
〔酒邪〕(주사) 술에 취한 뒤에 부리는 나쁜 언행.
〔酒色〕(주색) ①술과 여색(女色). ②얼굴에 나타난 술기운.
〔酒席〕(주석) 술자리. 예—을 베풀다.
〔酒造〕(주조) 술을 만듦. 예—場.
〔酒池肉林〕(주지육림) 술의 못과 고기의 숲. 굉장히 많은 술과 고기로 호화롭게 잘 차린 술잔치.
〔酒豪〕(주호) 술을 많이 마시는 사람.
〔酒肴〕(주효) 술과 안주.
〔酒興〕(주흥) 술을 마신 뒤에 일어나는 흥겨운 기분.
▷甘酒(감주)·禁酒(금주)·斗酒(두주)·麥酒(맥주)·飯酒(반주)·洋酒(양주)·飮酒(음주)·祭酒(제주)·淸酒(청주)·濁酒(탁주)

3 ⑩ 〔酎〕* 주: 去宥 zhòu, チュウ
5528

소전 행서 이름 술 주: 자원 형성. 酉+寸〔肘의 생략체〕→酎. 紂(주)와 같이 肘(주)가 성부.
새김 술. 진한 술. 전내기

4 ⑪ 〔醉〕 취: 醉(5541)의 속자
5529

5 ⑪ 〔酢〕* 一 초 本초: 去遇 cù, ソ 二 작 入藥 zuò, サク
5530

소전 행서 이름 一초 초 二잔돌릴 작 자원 형성. 酉+乍→酢. 昨(작)·作(작)과 같이 乍(작)이 성부. 참고 二는 대법원 공인 인명용 추가 한자에 들어 있지 않음.
새김 一초. 식초 醋(5540)와 동자. 二잔을 돌리다. 손이 주인에게 술잔을 돌리다. 인신하여, 응대(應對)하다. ¶酬酢(잔돌릴 수, —)주인과 손이 서로 잔을 돌리며 술을 권함. 인신하여, 응대함.

6⑬ 〔酪〕* 락 入藥 lào ラク
5531

소전 酪 행서 酪 이름 타락 락 자원 형성. 酉+各→酪. 絡(락)·烙(락)과 같이 各(각)의 변음이 성부.
새김 타락. 치즈. 소·양 등의 젖으로 만든 음료. ¶酪農(—, 농사 농)소나 양을 길러 우유·버터·치즈 등의 유제품을 만드는 농업. 예—業.

6⑬ 〔酩〕* 명 本명: 上迥 mǐng, メイ
5532

소전 酩 행서 酩 이름 술취할 명 자원 형성. 酉+名→酩. 銘(명)·茗(명)과 같이 名(명)이 성부.
새김 술이 취하다. ¶酩酊(—, 술취할 정)술이 몹시 취함.

6⑬ 〔酬〕* 수 平尤 chóu, シュウ
5533

소전 酬 행서 酬 이름 잔돌릴 수 자원 형성. 酉+州→酬. 州(주)의 변음이 성부.
새김 ❶잔을 돌리다. ㉠주인이 손에게서 받은 술잔을 되돌리며 술을 권하다. ¶酬酢(—, 잔돌릴 작)주인과 손이 서로 잔을 돌리며 술을 권함. 인신하여, 응대(應對)함. ㉡인신하여, 응대하다. ¶應酬(응할 응, —)응하여 서로 의견을 주고받음. 예물음에 —하다. ❷갚다. 사례하다. 또는 갚음. ¶報酬(갚을 보, —)㉮고맙게 해준 데 대한 갚음. ㉯일을 해준 데 대한 대가로 주는 돈이나 물품. 예—를 받다.
〔酬答〕(수답) 묻는 말에 말로 대답함.
〔酬唱〕(수창) 시나 노래를 불러 서로 주고받음.

6⑬ 〔酱〕 장: 醬(5546)의 간화자
5534

7⑭ 〔酸〕* 산 平寒 suān, サン
5535

소전 酸 행서 酸 이름 실 산 자원 형성. 酉+夋→酸. 夋(준)의 변음이 성부.
새김 ❶시다. ㉠맛이 시다. ¶酸味(—, 맛 미)신 맛. ㉡인신하여, 고생스럽다. ¶辛酸(쓸 신, —)가난하여 매우 고생스러움. 예—한 살림. ❷찡하다. 시큰하다. ¶酸鼻(—, 코 비)몹시 슬퍼서 콧마루가 찡함. ❸산. 청색 리트머스 시험지를 적색으로 바꾸는 화합물. ¶酸性(—, 성질 성)산이 들어 있는 물질의 성질. 대알칼리性. ❹산소(酸素)의 준말.
〔酸素〕(산소) 공기 중의 무색·무취·무미의 기체. 예—鎔接.
〔酸化〕(산화) 물질이 산소와 화합하는 반응.
▷悲悼酸苦(비도산고)·硫酸(유산)·青酸(청산)·硝酸(초산)·黃酸(황산)

7⑭ 〔酿〕 양: 釀(5553)의 간화자
5536

7⑭ 〔酷〕* 혹 本곡 入沃 kù, コク
5537

소전 酷 행서 酷 이름 혹독할 혹 자원 형성. 酉+告→酷. 告에는 '고' 외에 '곡' 음도 있어, 告(곡)의 변음이 성부.
새김 혹독하다. ㉠몹시 악하다. 모질고 독하다. ¶酷使(—, 부릴 사)혹독하게 부리거나 시킴. 예—당하다. ㉡몹시 호되다. ¶酷寒(—, 추위 한)혹독한 추위. 예영하 20도의 —.
〔酷毒〕(혹독) ①모질고 악독함. ②정도가 몹시 심함.
〔酷評〕(혹평) 가혹한 비평.
▷苛酷(가혹)·冷酷(냉혹)·殘酷(잔혹)·慘酷(참혹)

7⑭ 〔酵〕* 효 本교: 去效 jiào, コウ
5538

행서 酵 이름 술밑 효 자원 형성. 酉+孝→酵. 涍(효)와 같이 孝(효)가 성부.
새김 ❶술밑. 누룩을 섞어 버무린 지에밥. ¶酵母(—, 어미 모) 효모균의 준말. 당분을 알콜과 탄산가스로 분해하는 작용을 하는 미생물. ❷괴다. 발효하다. ¶發酵(일어날 발, —)효소의 작용으로 유기물질의 화화적 변화가 일어남. ¶동醱酵(발효). 예—飼料.

8⑮ 〔醇〕* 순 平眞 chún, ジュン
5539

소전 醇 행서 醇 이름 전내기 순 자원 형성. 酉+享(𩫖의 생략체)→醇. 淳(순)·諄(순)과 같이 享(순)이 성부.
새김 ❶전내기. 물을 조금도 타지 않은 술. ¶醇酒(—, 술 주)전내기. 무회주. ❷순수하다. 純(3949)과 같다. ¶醇化(—, 될 화)잡것을 없애어 깨끗하게 함. 예國語의 —. ❸인정미가 있다. ¶醇厚(—, 후할 후)인정미가 있고 후함. 예—한 성품.

8⑮ 〔醋〕* 초 本조: 去遇 cù, ソ
5540

소전 醋 행서 醋 동자 酢 이름 초 초 자원 형성. 酉+昔→醋. 昔에는 '석' 외에 '착' 음도 있어, 昔(착)의 변음이 성부.
새김 초. 식초. 신 맛을 내는 조미료. ¶醋醬(—, 장 장)간장에 초를 타고 깨소금·잣가루 등을 뿌린 양념장의 한 가지.
〔醋酸〕(초산) 자극성의 냄새와 신맛을 가진 무색의 액체.
▷ 食醋(식초)

8 ⑮ 〔醉〕 취: 去寘 zuì, スイ
5541

소전 행서 속자 醉 이름 취할 취: 자원 형성. 酉+卒→醉. 翠(취)와 같이 卒(졸)의 변음이 성부.

필순 一 冂 丙 丙 酉 酉 酉 酉 醉 醉

새김 ❶취하다. 술에 취하다. ¶醉客(—, 사람 객)술에 취한 사람. 예— —을 노리는 소매치기. ❷혹하다. 마음을 빼앗기다. ¶心醉(마음 심, —)어떤 일에 마음이 쏠리어 열중함. 예文學에 — 하다. ❸감각을 잃다. ¶痲醉(마비될 마, —)약물의 작용에 의하여 일시적으로 의식이나 아픈 감각을 잃게 함. 예—劑.
〔醉氣〕(취기) 술에 취한 기운
〔醉生夢死〕(취생몽사) 술에 취해 살고 꿈 속에서 죽음. 삶의 목적도 없이 되는 대로 살아감의 형용.
〔醉眼〕(취안) 술에 취해 몽롱한 눈.
〔醉中〕(취중) 술에 취해 있는 동안.
〔醉漢〕(취한) 술에 잔뜩 취한 사나이.
〔醉興〕(취흥) 술이 취하여 일어난 흥취.
▷ 大醉(대취)·陶醉(도취)·宿醉(숙취)·長醉(장취)

9 ⑯ 〔醒〕 성 平青 xǐng, セイ
5542

소전 행서 이름 깰 성 자원 형성. 酉+星→醒. 惺(성)·腥(성)과 같이 星(성)이 성부.
새김 깨다. ㉠취했던 술기운이 없어지다. ¶昨醉未醒(어제 작, 취할 취, 아직 미, —)어제 취한 술기운이 아직 없어지지 아니함. ㉡잠이나 꿈에서 깨거나 마음의 미혹에서 깨어나다. ¶覺醒(깨달을 각, —)잠이나 마음의 미혹에서 깨어남. 예국민적인 —이 요구된다.
〔醒酒湯〕(성주탕) 해장국.

9 ⑯ 〔醍〕 제 平齊 tí, タイ
5543

소전 행서 이름 제호 제 자원 형성. 酉+是→醍. 是에는 '시' 외에 '제'의 음도 있어, 提(제)·題(제)와 같이 是(제)가 성부.
새김 제호(醍醐). 소·양 등의 젖을 정제하여 만든 음료. 인신하여, 불성(佛性)의 비유.

10 ⑰ 〔醜〕 추 本추: 上有 chǒu, シュウ
5544

소전 행서 간화 丑 이름 추할 추 자원 형성. 酉+鬼→醜. 酉(유)의 변음이 성부.

필순 冂 丙 酉 酉 酉 酌 酌 酣 醜 醜

새김 추하다. 美(4172)의 대. ㉠지저분하고 더럽다. ¶陋醜(지저분할 루, —)지저분하고 더러움. 예— 한 방. ㉡치뜰고 던지럽다. 추잡하다. ¶醜行(—, 행실 행)추잡한 행실. 예간음의 —. ㉢얼굴이 못생기다. ¶醜女(—, 여자 녀)얼굴이 못생긴 여자.
〔醜男〕(추남) 얼굴이 못생긴 남자.
〔醜聞〕(추문) 추잡한 소문.
〔醜婦〕(추부) 못생긴 여자.
〔醜惡〕(추악) 더럽고 흉악함.
〔醜態〕(추태) 더럽고 흉한 태도나 모습.

11 ⑱ 〔醫〕 의 平支 yī, イ
5545

소전 행서 약자 간화 医 이름 의원 의 자원 회의. 殹+酉→醫. 殹는 병자의 앓는 소리. 술로써 병을 고친다는 뜻.

필순 一 ㄷ 至 医 医 殹 殹 醫 醫 醫

새김 ❶의원. 의사. 병을 고치는 사람. ¶名醫(이름날 명, —)이름난 의사나 의원. ❷치료하다. 병을 고치다. ¶醫療(—, 치료할 료)병을 치료하는 일. 예— 機關.
〔醫師〕(의사) 병을 치료하는 일을 업으로 삼는 사람.
〔醫術〕(의술) 병을 치료하는 기술.
〔醫藥〕(의약) ①병을 고치는 데 쓰는 약. ②의술과 약품. 예— 分業.
〔醫院〕(의원) 의사가 개인적으로 경영하는, 병원보다 규모가 작은 진료소.
〔醫學〕(의학) 질병을 치료하고 예방하는 것을 연구하는 학문.
▷ 內科醫(내과의)·獸醫(수의)·良醫(양의)·外科醫(외과의)·漢醫(한의)

11 ⑱ 〔醬〕 장: 去漾 jiàng, ショウ
5546

소전 행서 간화 酱 이름 장 장: 자원 형성. 將+酉→醬. 奬(장)과 같이 將(장)이 성부.
새김 장. 간장·된장·고추장 등의 총칭. ¶醬肉(—, 고기 육)장조림. 간장에다 쇠고기를 넣고 조린 반찬.
〔醬油〕(장유) ①간장. ②간장과 기름.

12 ⑲ 〔醱〕* 발 入曷 | fā, ハツ
5547

행서 이름 괼 발 자원 회의. 酉+發→醱. 撥(발)·潑(발)과 같이 發(발)이 성부.
새김 괴다. 술을 빚다. 發(3495)과 통용. ¶醱酵(—, 괼 효)유기 화합물이 효모나 세균 등의 작용으로 알콜·탄산가스 등으로 분해되는 일.

12 ⑲ 〔醮〕* 초 本초: 去嘯 | jiào, ショウ
5548

소전 행서 이름 혼인할 초 자원 형성. 酉+焦→醮. 樵(초)·蕉(초)와 같이 焦(초)가 성부.
새김 혼인하다. 또는 시집가다. ¶醮禮(—, 예례)혼인을 지내는 예식. 예—를 치르다.

12 ⑲ 〔醯〕* 혜 平齊 | xī, ケイ
5549

소전 행서 이름 식혜 혜 자원 회의. 酉〔酒의 생략체〕+㐬〔鬻의 생략체〕+皿→醯. 鬻는 죽. 죽에 술을 타서 그릇에 담아 삭힌 음식을 뜻한다.
새김 식혜(食醯). 밥을 엿기름 가루에 삭힌 것에 꿀물을 탄 음식.

13 ⑳ 〔醵〕* 一 갹 入藥 | jù, キャク
二 거: 去御 | jù, キョ
5550

소전 행서 이름 一추렴할 갹 二추렴할 거: 자원 형성. 酉+豦→醵. 豦(거)가 성부. 참고 二는 대법원 공인 인명용 추가한자에는 들어 있지 않음.
새김 一추렴하다. 돈이나 물품을 분담하여 내다. ¶醵出(—, 내놓을 출)일정한 목적을 위하여 여러 사람이 돈이나 물품을 분담하여 냄. 二뜻은 一과 같다.
〔醵金〕(갹금·거금) 돈을 추렴함.
〔醵飮〕(갹음) 술추렴.

13 ⑳ 〔醴〕* 례: 上薺 | lǐ, レイ
5551

소전 행서 이름 단술 례: 자원 형성. 酉+豊→醴. 禮(례)·澧(례)와 같이 豊(례)가 성부.
새김 ❶단술. 감주. ¶醴酒(—, 술 주)단술. ❷달다. 맛이 좋다. ¶醴泉(—, 샘 천)물 맛이 좋은 샘.
〔醴漿〕(양주) 단술.
〔醴酒不設〕(예주불설) 단술을 마련하지 않음. 사람을 대우하는 정성이 박해짐의 비유.

13 ⑳ 〔醸〕 양: 釀(5553)의 약자
5552

17 ㉔ 〔釀〕* 양: 去漾 | niàng, ジョウ
5553

소전 행서 약자 醸 간화 酿 이름 술빚을 양: 자원 형성. 酉+襄→釀. 壤(양)·讓(양)과 같이 襄(양)이 성부.
새김 술을 빚다. 또는 간장·된장·식초 등을 담그다. ¶釀造(—, 만들 조)발효 작용을 이용하여 술·간장 등을 담가서 만듦. 예—場.
〔釀成〕(양성) ①어떤 사태나 현상을 빚어냄. ②술·간장 등을 담가 만듦. 양조(釀造).
〔釀酒〕(양주) 술을 빚음.
〔釀禍〕(양화) 재앙을 만듦. 재앙을 일으킴.
▷家釀酒(가양주)

7 획 부수 釆 部

▷명칭: 나눌변
▷쓰임: 변별하다의 뜻을 나타내는 한자의 부수로 쓰였다.

1 ⑧ 〔采〕* 一 채: 上賄 | cǎi, サイ
二 채: 去隊 | cài, サイ
5554

소전 행서 이름 一캘 채: 二채지 채: 자원 회의. 爪+木→采. 손톱으로 나무의 열매를 딴다는 뜻.
새김 一❶캐다. 또는 따다. 採(1921)와 같다. ❷무늬. 彩(1522)와 같다. ❸모습. 겉모양. ¶風采(모습 풍, —)드러나 보이는 사람의 겉모양. 예사나이다운 —. ❹꾸미다. ¶喝采(소리지를 갈, —)찬양이나 환영의 뜻을 나타내기 위하여 열렬히 외침. 또는 그 소리. 예박수와 —를 보내다. 二영지. 경대부(卿大夫)의 봉지. ¶采地(—, 땅 지)경대부의 봉지. 그 곳의 조세를 거두어 녹봉으로 삼았음.
〔采緞〕(채단) 國혼인 때 신랑집에서 신부집에 보내는 청색·홍색의 두 가지 비단.
▷納采(납채)·文采(문채)

4 ⑪ 〔釈〕 석 釋(5558)의 약자
5555

5 ⑫ 〔釉〕* 유 本유: 去宥 | yòu, ユウ
5556

행서 이름 유약 유 자원 형성. 釆+由→釉. 油(유)·柚(유)와 같이 由(유)가 성부.
새김 유약(釉藥). 잿물. 광택을 내기 위하여 도자기의 겉면에 바르는 약.

5 ⑫ 〔释〕 석 釋(5558)의 간화자
5557

13 ⑳ 〔釋〕** 석 入陌 shì, シャク
5558

소전 釋 행서 釋 약자 釈 간화 释 이름 풀 석 자원 형성. 釆+睪→釋. 睪(역)의 변음이 성부.

필순 ㇀ ㇒ 釆 釆 釆 釆 釋 釋 釋 釋

새김 ❶풀다. ㉠해설하다. 알도록 밝혀 말하다. ¶解釋(풀 해, —)뜻을 풀어 설명하거나 내용을 밝히어 풂. ㉡古文의 —. ㉡갇혀 있던 것을 풀어놓다. ¶釋放(—, 놓을 방)가두었던 사람을 자유의 몸이 되게 풀어 놓음. ㉡無罪—. ㉢어떤 액체에 다른 액체를 섞어 타다. ¶稀釋(묽을 희, —)아주 묽게 섞어 타거나 풂. ㉡—度. ❷풀리다. 사라져 없어지다. ¶釋然(—, 그러할 연)의심이나 노여움이 풀리어 꺼림하거나 불쾌한 기분이 사라짐. ㉡오해가 —히 풀리다. ❸책임을 벗다. ¶釋負(—, 짐 부)중대한 책임을 벗음. 인신하여, 의정(議政)의 자리를 내어놓음. ❹두다. 벌여놓다. ¶釋奠(—, 제물 전)공자(孔子)에게 올리는 제사. 우리나라에서는 음력 2월과 8월의 상정일(上丁日)에 문묘에서 지내는 제사. ❺석가(釋迦)의 준말. 인신하여, 불교. ¶釋典(—, 책 전)불경(佛經).

〔釋慮〕(석려) 쌓인 근심이 풀림. 마음을 놓음.
〔釋門〕(석문) 불교를 믿는 사람. 또는 그 사회. 불문(佛門).
〔釋尊〕(석존) 석가(釋迦)의 높임말.
▷ 保釋(보석)·氷釋(빙석)·注釋(주석)

7 획 부수 里 部

▷명칭: 마을리
▷쓰임: 野와 같이 의부로서의 부수로 쓰인 경우와 重·量과 같이 자형상의 분류를 위한 부수로 쓰인 경우가 있다.

0 ⑦ 〔里〕*** 리: 上紙 lǐ, リ
5559

소전 里 행서 里 이름 마을 리: 자원 회의. 田+土→里. 논밭이 있어서 사람이 사는 곳. 곧 마을을 뜻한다.

필순 丨 冂 日 日 旦 甲 里

새김 ❶마을. 사람이 모여 사는 곳. ¶鄕里(고향 향, —)고향 마을. 또는 시골 마을. ❷행정 구역의 단위. 우리나라에서는 洞(2701)과 같이 가장 작은 행정 구역. ❸리. 거리를 나타내는 단위. 1리는 주대(周代)는 300보(步, 약 450m). 우리나라는 약 393m. ¶五里霧中(다섯 오, —, 안개 무, 속 중)5리에 걸쳐 있는 안개 속이란 뜻으로, 무슨 일에 대하여 방향이나 갈피를 잡을 수 없는 상태의 비유. ❹裏(4776)의 간화자.

〔里數〕(이수) 거리를 리의 단위로 측정한 수.
〔里程〕(이정) 길의 거리. ㉡—標.
▷ 洞里(동리)·三千里(삼천리)·一瀉千里(일사천리)·千萬里(천만리)·村里(촌리)

2 ⑨ 〔重〕*** ㊀중: 去宋 zhòng, ジュウ ㊁중:㊍중 平冬 chóng, チョウ
5560

소전 重 행서 重 이름 ㊀무거울 중: ㊁거듭 중: 자원 형성. 壬+東→重. 東(동)의 변음이 성부.

필순 ㇀ 二 千 斤 肓 盲 重 重 重

새김 ㊀❶무겁다. 輕(5313)의 대. ㉠무게나 책임이 무겁다. ¶重責(—, 책임 책)중대한 책임. ㉡—을 맡다. ㉡병세가 중하다. ¶重病(—, 병 병)목숨이 위태할 만큼 중한 병. ㉡—을 앓다. ❷중히 여기다. 輕(5313)의 대. ¶重視(—, 볼 시)중요하게 여겨 봄. ㉡학교 성적을 —하다. ❸진중하다. 엄숙하고 정중하다. ¶重厚(—, 두터울 후) 태도가 진중하고 심덕이 두터움. ㉡—한 人品. ❹은근하고 예의가 바르다. ¶鄭重(정중할 정, —) 남을 대하는 태도가 점잖고 예의 바름. ㉡—한 인사. ❺무게. ¶體重(몸 체, —) 몸의 무게. ㊁거듭. 또는 거듭하다. ¶重言(—, 말할 언) 거듭 말함. ㉡—復言.

〔重工業〕(중공업) 주로 제철·조선(造船)·석탄·동력 기계 등 크면서 무게가 나가는 물건을 만드는 공업.
〔重大〕(중대) 중요하고 큼. ㉡—한 任務.
〔重量〕(중량) 무게.
〔重力〕(중력) ①무겁고 큰 힘. ②지구가 지구 위의 물체를 그 중심쪽으로 잡아당기는 힘.
〔重複〕(중복) 겹치거나 거듭됨.
〔重傷〕(중상) 심하게 다침. 또는 그런 부상.
〔重修〕(중수) 낡은 건축물을 보수함.
〔重侍下〕(중시하) 부모와 조부모가 모두 살아 있는 처지.
〔重臣〕(중신) 나라의 중임을 맡은 신하.
〔重心〕(중심) 중력(重力)의 중심.
〔重役〕(중역) ①책임이 무거운 역할. ②은행이나 회사 등에서 책임을 맡은 간부 직원.
〔重要〕(중요) 매우 소중하고 요긴함.
〔重用〕(중용) 중요한 자리에 임용함.
〔重任〕(중임) ①중대한 임무나 책임. ②임기가 끝나고 나서 거듭 그 자리에 임명됨.
〔重點〕(중점) ①중요한 점. ②지렛대가 떠받

치는 물체의 무게에 직접 닿는 점.
〔重罪〕(중죄) 무거운 죄.
〔重鎭〕(중진) 어떤 분야나 방면에서 지도적 영향력을 가진 중요한 인물. ㉠政界의 ―.
〔重疊〕(중첩) 겹쳐지고 포개어짐. ㉠―되는
〔重態〕(중태) 병이 위중한 상태. ⌊難關.
〔重刑〕(중형) 무거운 형벌. ㉠―을 받다.
〔重患〕(중환) 중병(重病)의 높임말.
▷加重(가중)·輕重(경중)·貴重(귀중)·莫重(막중)·愼重(신중)·嚴重(엄중)·自重(자중)·尊重(존중)·荷重(하중)

4 ⑪ 〔野〕*** 야: 上馬 yě, ヤ
5561

소전 行서 이름 들 야: 자원 형성. 里＋予→野. 予(여)의 변음이 성부.

필순 丶 ㄇ 日 旦 甲 里 里 野 野 野

새김 ❶들. 논밭을 이룬 들판. 벌판. ¶曠野(빌 광, ―)텅 빈 너른 벌판. ㉠눈보라 휘몰아치는 ―. ❷민간(民間). 朝(2231)의 대. ¶野黨(―, 정당 당) 정권을 잡고 있지 않은 정당. ㉣與黨(여당). ㉠―의 당수. ❸구역. 범위 ¶視野(볼 시, ―)볼 수 있는 범위. 또는 사물을 관찰하는 식견의 범위. ㉠―를 넓히다. ❹ 미개하다. 문화가 열리지 아니하다. ¶野蠻(―, 미개할 만) 문화가 열리지 아니하여 도덕과 풍습이 미개한 상태에 있음. ㉠―人. ❺자연 그대로의. ¶野生(―, 살 생)산과 들에서 자연 그대로 살거나 자람. ㉠―花. ❻야하다. 속되고 천하다. ¶野卑(―, 천할 비)야하고 천함. ㉠―한 말투. ❼분에 넘치다. ¶野心(―, 마음 심)분수에 넘치는 큰 욕망. ㉠―을 품다.
〔野談〕(야담) 민간에서 전해 오는 흥미 있는 ⌊이야기.
〔野望〕(야망) 야심을 품은 욕망.
〔野史〕(야사) 민간에서 사사로 기록한 역사.
〔野性〕(야성) ①길들이기 어려운 거친 성질. ②전원 생활을 좋아하는 성정(性情).
〔野營〕(야영) ①야외에 친 병영(兵營). ②휴양이나 훈련을 목적으로 야외에 천막을 치고 하는 생활. ⌈들. ②한데.
〔野外〕(야외) ①마을이나 도시에서 좀 떨어진
〔野慾〕(야욕) 야심을 품은 욕망.
〔野遊〕(야유) 들놀이.
〔野人〕(야인) ①시골 사람. ②상식과 교양이 없는 미개한 사람. ③ 벼슬하지 않는 사람.
〔野菜〕(야채) ①들이나 산에서 나는 나물. ② 심어 가꾸는 나물.
〔野合〕(야합) ①좋지 못한 목적으로 서로 어울림. ②부부가 아닌 남녀가 서로 정을 통함.
▷綠野(녹야)·分野(분야)·山野(산야)·沃野(옥야)·林野(임야)·在野(재야)·朝野(조야)·草野(초야)·平野(평야)

5 ⑫ 〔量〕*** ㊀량 平陽 liáng, リョウ ㊁량: 去漾 liàng, リョウ
5562

소전 行서 이름 ㊀헤아릴 량 ㊁마되 량: 자원 형성. 日〔曏의 생략체〕＋重〔重의 생략체〕→量. 曏(향)의 변음이 성부.

필순 丶 ㄇ 日 旦 昌 昌 昌 昌 量 量 量

새김 ㊀헤아리다. ㉠수량을 따지어 셈하다. 무게를 달거나 길이·깊이·넓이·부피를 재다. ¶測量(잴 측, ―)물건의 높이나 깊이, 넓이나 부피, 방향 따위를 재어서 계산함. ㉠―技術. ㉡미루어 짐작하다. 남의 마음을 헤아리다. ¶推量(미루어생각할 추, ―)미루어 생각하여 헤아리거나 어림을 잡음. ㉤推測(추측). ㊁❶마되. 말이나 되의 용기. 또는 분량을 되다. ¶度量衡(잴 도, ―, 달 형)길이를 재며, 분량을 되며, 무게를 다는 일. 또는 그 일에 쓰이는 자·마되·저울. ㉠―器. ❷양. ㉠분량이나 수량. ¶容量(담을 용, ―)그릇에 담을 수 있는 분량. ㉡국량. 마음의 크기. ¶度量(국량 도, ―)사물을 너그럽게 받아들여 처리할 수 있는 마음의 크기. ㉠―이 넓다.
〔量感〕(양감) 무게나 두께·분량 등이 있는 느낌. ⌈㉠―體制를 갖추다.
〔量産〕(양산) 같은 물건을 대량으로 생산함.
〔量水器〕(양수기) 수돗물의 사용량을 재는 계 ⌊기.
〔量地〕(양지) 땅을 측량함.
▷計量(계량)·器量(기량)·無量(무량)·分量(분량)·數量(수량)·雅量(아량)·力量(역량)·裁量(재량)

11 ⑱ 〔釐〕* 리 平支 lí, リ
5563

소전 行서 속자 간화 厘 이름 고칠 리 자원 형성. 𠩺＋里→釐. 𠩺(리)가 성부.
새김 고치다. 고쳐서 바로잡다. ¶釐正(―, 바로잡을 정)문서나 글을 고쳐서 바로잡음.

8획 부수 金部

▷명칭: 쇠금. 쇠금변
▷쓰임: 여러 종류의 금속, 그 금속으로 만든 기구 등을 나타내는 한자의 부수로 쓰였다.

0 ⑧ 〔金〕*** ㊀금 平侵 jīn, キン ㊁國김 ㊍금 平侵 jīn, キン
5564

소전 行書 金 이름 ㊀쇠 금 ㊁성 김 자원 형성. 今+土→金. 衾(금)·芩(금)·衿(금)과 같이 今(금)이 성부.

필순 丿 𠆢 亼 今 伞 伞 金 金

새김 ㊀❶쇠. 금속 광물의 총칭. ¶冶金(쇠불릴 야, —)광석에서 금속을 뽑아냄. 예—術. ❷금. 황금. ¶金塊(—, 덩이 괴)금덩이. ❸돈. 화폐. ¶金額(—, 액수 액)돈의 액수. ❹귀중하다. ¶金言(—, 말 언)모범이나 경계로 삼을 귀중한 말. ❺오행(五行)의 하나. 방위로는 서쪽, 계절로는 가을, 십간으로는 경(庚)·신(辛)에 배당된다. ❻금나라. 여진족이 세운 왕조 이름. (1115～1234년). ㊁國 성(姓).

〔金庫〕(금고) 돈이나 귀중품, 중요한 서류 등을 보관하는, 쇠로 만든 상자.

〔金科玉條〕(금과옥조) 조금도 움직일 수 없는, 아주 소중하게 지켜야 할 규칙이나 법.

〔金冠〕(금관) 금으로 만들거나 장식한 관.

〔金貫子〕(금관자) 國황금으로 만든 망건 관자. 2품 이상의 벼슬아치가 달았음.

〔金鑛〕(금광) 금을 캐내는 광산.

〔金權〕(금권) 돈의 힘으로 생기는 권력. 예—政治.

〔金蘭之交〕(금란지교) 금처럼 단단하고 난초처럼 향기로운 사귐. 곧 매우 친밀한 사귐이나 깊은 우정을 이르는 말.

〔金利〕(금리) 대출금·예금 등에 붙는 이자.

〔金箔〕(금박) 황금을 종이처럼 아주 얇게 만든 조각.

〔金髮〕(금발) 노란빛의 머리털.

〔金石文〕(금석문) 비석이나 종 따위에 새겨진 고대의 문자.

〔金城湯池〕(금성탕지) 쇠붙이로 부어 만든 성과 끓는 물이 고여 있는 해자. 성지(城池)의 견고함의 비유.

〔金屬〕(금속) 쇠붙이.

〔金字塔〕(금자탑) ①모든 사람들이 우러러 볼 만한 훌륭한 업적의 비유. ②피라미드(Pyramid).

〔金盞〕(금잔) 금으로 만든 잔.

〔金錢〕(금전) ①쇠붙이로 만든 돈. ②돈.

〔金枝玉葉〕(금지옥엽) 금같은 가지와 옥같은 잎. ㉮임금의 자손이나 집안의 비유. ㉯귀여운 자손의 비유.

〔金品〕(금품) 돈과 물품.

〔金風〕(금풍) 가을 바람.

〔金婚式〕(금혼식) 서양 풍속에서, 결혼 쉰 돌을 축하하는 예식.

〔金貨〕(금화) 황금으로 만든 돈.

▷公金(공금)·代金(대금)·鍍金(도금)·募金(모금)·白金(백금)·罰金(벌금)·賞金(상금)·誠金(성금)·稅金(세금)·送金(송금)·純金(순금)·年金(연금)·料金(요금)·義捐金(의연금)·資金(자금)·貯金(저금)·積金(적금)·合金(합금)·獻金(헌금)·現金(현금)·黃金(황금)

2 ⑩ 〔釜〕* 5565 부 ㊥부: 上麌 fǔ, フ

행서 釜 이름 가마 부 자원 형성. 父+丢〔金의 생략체〕→釜. 斧(부)와 같이 父(부)가 성부.

새김 ❶가마. 음식물을 삶는 철제의 솥. ¶釜中魚(—, 속 중, 물고기 어)솥 안에 든 물고기란 뜻으로, 생명이 위태롭거나 죽음이 눈앞에 닥침의 비유. ❷國부산(釜山). 지명. ¶釜竹(—, 대 죽)부산 지방에서 생산되는 담뱃대.

〔釜中生魚〕(부중생어) 솥 안에 물고기가 생김. 매우 가난하여 오래도록 밥을 짓지 못함의 형용.

2 ⑩ 〔釗〕* 5566 쇠 國

행서 釗 참고 우리 나라 사람의 이름에 쓰이는 자로, 뜻은 없다.

2 ⑩ 〔釘〕* 5567 정 平靑 dīng, テイ

소전 行書 釘 간화 钉 이름 못 정 자원 형성. 金+丁→釘. 訂(정)·頂(정)과 같이 丁(정)이 성부.

새김 못. 물건을 고정시키기 위해 박는 못. ¶木釘(나무 목, —)나무못.

〔釘頭〕(정두) 못대가리.

2 ⑦ 〔钉〕 5568 정 釘(5567)과 간화자

2 ⑩ 〔針〕*** 5569 ㊀침 平侵 zhēn, シン ㊁침: 去沁 zhèn, シン

행서 針 동자 鍼 간화 针 이름 ㊀바늘 침 ㊁바느질할 침: 자원 형성. 金+十〔辛의 생략체〕→針. 辛(신)의 변음이 성부.

필순 丿 𠆢 亼 亼 伞 伞 伞 金 金 針

새김 ㊀❶바늘. ㉠바느질할 때 쓰는 바늘. ¶針線(—, 실 선)바늘과 실. ㉡시계에서 시각을 가리키는 바늘. ¶秒針(초 초, —)시계의 초를 가리키는 바늘. ㉢주사기의 바늘. 예注射針. ㉣바늘처럼 생긴 물건. ¶針葉(—, 잎 엽)바늘 모양으로 생긴 나뭇잎. 예—樹. ❷침. 병을 치료하는데 쓰는 침. ¶鍼灸(—, 뜸 구)침과 뜸. 또는 침질과 뜸질. 참고 이 새김으로는 鍼을 주로 쓰고 針으로는 쓰지 않는 것이 관용이다. ❸방향. 진로. ¶指針(가리킬 지, —)행동이나 생활에서 나아갈 방향을 보여주는 준칙. 예사업상의 —. ㊁바느질하다. ¶針母(—, 어미 모)남의 집에서 그 집의 바느질을 하여 주는 여자.

〔針小棒大〕(침소봉대) 國조그마한 일을 크게

불려서 말함.
▷短針(단침)·方針(방침)·縫針(봉침)·細針(세침)·長針(장침)

2 ⑦ 〔针〕 5570 ㊀침 針(5569)와 간화자 ㊁침: 針(5569)의 간화자

3 ⑪ 〔釪〕* 5571 우 平虞 | yú, ウ

행서 釪 이름 바리때 우 자원 형성. 金+于→釪. 盂(우)·吁(우)·迂(우)와 같이 于(우)가 성부.
새김 바리때. 승려의 밥그릇.

3 ⑪ 〔釣〕* 5572 조: 去嘯 | diào, チョウ

소전 釣 행서 釣 간화 钓 이름 낚시 조: 자원 형성. 金+勺→釣. 勺(작)의 변음이 성부.
새김 ❶낚시. 물고기를 낚는 낚시. ¶釣竿(—, 낚싯대 간)낚싯대. ❷낚다. 낚시질하다. ㉠물고기를 낚다. ¶釣₂魚₁(—, 물고기 어)물고기를 낚음. ㉡명예나 이익을 구하다. ¶釣₂名₁(—, 명예 명)명예를 탐하여 구함.
〔釣臺〕(조대) 낚시터. 낚시질하는 대.

3 ⑧ 〔钓〕 5573 조: 釣(5572)의 간화자

3 ⑪ 〔釵〕* 5574 차 ㊉채 平佳 | chāi, サイ

소전 釵 행서 釵 간화 钗 이름 비녀 차 자원 형성. 金+叉→釵. 叉(차)가 성부.
새김 비녀. ¶金釵(금 금, —) 금비녀.

3 ⑧ 〔钗〕 5575 차 釵(5574)의 간화자

3 ⑪ 〔釧〕* 5576 천: 去霰 | chuàn, セン

소전 釧 행서 釧 간화 钏 이름 팔찌 천: 자원 형성. 金+川→釧. 玔(천)과 같이 川(천)이 성부.
새김 팔찌. 고대인이 쓰던 장신구의 한 가지.

3 ⑧ 〔钏〕 5577 천: 釧(5576)의 간화자

4 ⑨ 〔钢〕 5578 강 鋼(5674)의 간화자

4 ⑫ 〔鈐〕* 5579 검 平鹽 | qián, ケン

소전 鈐 행서 鈐 간화 钤 이름 도장찍을 검 자원 형성. 金+今→鈐. 黔(검)과 같이 今(금)의 변음이 성부.
새김 도장을 찍다. ¶鈐印(—, 도장 인)관인(官印)을 찍음.

4 ⑨ 〔钤〕 5580 검 鈐(5579)의 간화자

4 ⑫ 〔鈎〕 5581 구 鉤(5600)의 속자

4 ⑨ 〔钩〕 5582 구 鉤(5600)의 간화자

4 ⑫ 〔鈞〕* 5583 균 平眞 | jūn, キン

소전 鈞 행서 鈞 간화 钧 이름 균 균 자원 형성. 金+匀→鈞. 均(균)·畇(균)과 같이 匀(균)이 성부.
새김 ❶균. 무게의 단위. 1균은 30근(斤). ❷고르다. 均(0842)과 통용. 〔孟子〕井地不鈞(정지불균)정전(井田)의 제도가 고르지 아니함.

4 ⑨ 〔钧〕 5584 균 鈞(5583)의 간화자

4 ⑫ 〔鈕〕* 5585 뉴: 上有 | niǔ, ジュウ

소전 鈕 행서 鈕 간화 钮 이름 도장꼭지 뉴: 자원 형성. 金+丑→鈕. 紐(뉴)·杻(뉴)와 같이 丑(추)의 변음이 성부.
새김 도장꼭지. 도장의 손잡이.

4 ⑨ 〔钮〕 5586 뉴: 鈕(5585)의 간화자

4 ⑫ 〔鈍〕** 5587 둔: 去願 | dùn, ドン

소전 鈍 행서 鈍 간화 钝 이름 무딜 둔: 자원 형성. 金+屯→鈍. 芚(둔)과 같이 屯(둔)이 성부.

필순 ノ 𠆢 ㅅ 今 乍 金 金 釒 鈩 鈍

새김 ❶무디다. 銳(5663)의 대. ㉠날이 날카롭지 아니하다. 利(0452)의 대. ¶鈍器(—, 연장 기)잘 들지 않는 연장. ㊉利器(이기). ㉮—에 얻어맞다. ㉡굼뜨다. 재주나 감각이 둔하다. ¶鈍才(—, 재주 재)둔한 재주. 또는 재주가 둔한 사람. ❷직각보다 크다. ¶鈍角(—, 각 각)1직

각보다 크고 2직각보다 작은 각.
〔鈍感〕(둔감) 감각이나 감정이 무딤.
〔鈍濁〕(둔탁) ①성질이 굼뜨고 흐리터분함. ②國소리가 굵고 탁함.
〔鈍筆〕(둔필) 서투른 글씨. 또는 글씨가 서투른 사람.
▷老鈍(노둔)·魯鈍(노둔)·銳鈍(예둔)·愚鈍(우둔)·遲鈍(지둔)·癡鈍(치둔)

4 ⑨ 〔钝〕 5588 둔: 鈍(5587)의 간화자

4 ⑫ 〔鈒〕* 5589 삽 入合 sà, ソウ

소전 鈒 행서 鈒 이름 창 삽 자원 형성. 金+及→鈒. 及(급)의 변음이 성부.
새김 창. 자루가 짧은 창.

4 ⑫ 〔鈗〕* 5590 윤: 上軫 yǔn, イン

소전 鈗 행서 鈗 이름 무기 윤: 자원 형성. 金+允→鈗. 玧(윤)·阭(윤)과 같이 允(윤)이 성부.
새김 무기(武器). 시신(侍臣)이 가지던 병기.

4 ⑨ 〔钟〕 5591 ㊀종 鍾(5720)의 간화자 ㊁종 鐘(5749)의 간화자

4 ⑫ 〔鈑〕* 5592 판 本판: 上潸 bǎn, ハン

행서 鈑 이름 판금 판 자원 형성. 金+反→鈑. 反에는 '반' 외에 '판' 음도 있어, 板(판)·販(판)과 같이 反(판)이 성부.
새김 판금(板金). 금은의 얇은 조각.

5 ⑬ 〔鉴〕 5593 감 鑑(5757)의 간화자

5 ⑬ 〔鉀〕* 5594 갑 入洽 jiǎ, コウ

행서 鉀 간화 钾 이름 갑옷 갑 자원 형성. 金+甲→鉀. 岬(갑)·匣(갑)·閘(갑)과 같이 甲(갑)이 성부.
새김 ❶갑옷. 甲(3392)과 통용. ❷칼륨. 화학원소인 kalium의 한역자.

5 ⑩ 〔钾〕 5595 갑 鉀(5594)의 간화자

5 ⑬ 〔鉅〕* 5596 거: 上語 jù, キョ

소전 鉅 행서 鉅 이름 클 거: 자원 형성. 金+巨→鉅. 拒(거)·距(거)와 같이 巨(거)가 성부.
새김 ❶크다. 巨(1363)와 통용. ¶鉅儒(—, 선비 유)큰 선비. 대학자. ❷톱. 鋸(5675)와 통용. ¶鈍鉅齒(무딜 둔, —, 이 치)식물의 잎의 가장자리가 무딘 톱니처럼 생긴 모양.

5 ⑬ 〔鉗〕* 5597 겸 平鹽 qián, ケン

소전 鉗 행서 鉗 간화 钳 이름 항쇄 겸 자원 형성. 金+甘→鉗. 甘(감)의 변음이 성부.
새김 ❶항쇄. 죄인의 목에 씌우는 칼. ¶鉗梏(—, 수갑 곡)항쇄를 씌우고 수갑을 채워 죄인을 속박함. ❷집게. ¶鉗子(—, 어조사 자)의사들이 수술할 때 쓰는 집게.

5 ⑩ 〔钳〕 5598 겸 鉗(5597)의 간화자

5 ⑬ 〔鉱〕 5599 광: 鑛(5761)의 약자

5 ⑬ 〔鉤〕* 5600 구 平尤 gōu, コウ

소전 鉤 행서 鉤 속자 鈎 간화 钩 이름 갈고리 구 자원 형성. 金+句→鉤. 拘(구)·苟(구)와 같이 句(구)가 성부.
새김 갈고리. 걸어 당기는 데 쓰는, 끝이 꼬부라진 물건. ¶帶鉤(띠 대, —)혁띠의 두 끝을 서로 끼워 맞추게 하는 자물단추.
〔鉤引〕(구인) 갈고리로 걸어 잡아 당김.
▷釣鉤(조구)

5 ⑬ 〔鈴〕* 5601 령 平靑 líng, レイ

소전 鈴 행서 鈴 간화 铃 이름 방울 령 자원 형성. 金+令→鈴. 怜(령)·領(령)·苓(령)과 같이 令(령)이 성부.
새김 방울. 빈 속에 단단한 물건을 넣어 흔들면 소리가 나도록 만든 물건. ¶搖鈴(흔들 요, —) 흔들면 소리가 나도록, 작은 종 모양으로 만든 물건.
▷風鈴(풍령)·懸鈴(현령)

5 ⑩ 〔铃〕 5602 령 鈴(5601)의 간화자

5 ⑬ 〔鉑〕* 5603 박 入藥 bó, ハク

행서 鉑 간화 铂 이름 박 박 자원 형성. 金+白→鉑. 泊(박)·迫(박)과 같이 白(백)의 변음이 성부.
새김 ❶박. 얇게 편 금속 조각. 箔(3839)과 통용. ❷플래티나. 화학 원소인 platinium의 한

역자.

5 ⑩ 〔铂〕 5604 박 鉑(5603)의 간화자

5 ⑬ 〔鉢〕* 5605 발 入曷 bō, ハツ

행서 鉢 간화 钵 이름 바리때 발 자원 형성. 金+本→鉢. 本(본)의 변음이 성부.

새김 바리때. 승려들이 쓰는 식기. ¶衣鉢(옷 의, —)가사와 바리때.

〔鉢盂〕(발우) (佛) 바리때. 승려의 식기. 또는 불법을 전하는 기구.

▷周鉢(주발)·托鉢(탁발)

5 ⑩ 〔钵〕 5606 발 鉢(5605)의 간화자

5 ⑬ 〔鉐〕* 5607 석 入陌 shí, セキ

행서 鉐 이름 놋쇠 석 자원 형성. 金+石→鉐. 柘(석)과 같이 石(석)이 성부.

새김 놋쇠. 구리에 아연을 섞어 만든 금속.

5 ⑬ 〔鉥〕* 5608 술 入質 shù, シュツ

소전 鉥 행서 鉥 이름 찌를 술 자원 형성. 金+朮→鉥. 述(술)·術(술)과 같이 朮(출)의 변음이 성부.

새김 찌르다. 바늘로 찌르다.

5 ⑬ 〔鉛〕** 5609 연 平先 yán, エン

소전 鉛 행서 鉛 간화 铅 이름 납 연 자원 형성. 金+㕣〔沿의 변형〕→鉛. 沿(연)과 같이 㕣(연)이 성부.

필순 丿 𠂉 𠆢 今 全 金 金 釒 釒 鉛

새김 ❶납. 또는 아연. 불에 잘 녹는, 회백색의 금속 원소의 하나. ¶鉛毒(—, 독 독)납에 있는 독. 또는 납의 독으로 생기는 병. ❷분. 흰색의 안료. ¶鉛粉(—, 분 분)흰 빛깔의 분.

〔鉛版〕(연판) 활자로 조판한 것을 지형(紙型)을 뜬 뒤, 납을 녹여 부어 만든 복제 인쇄판.

〔鉛筆〕(연필) 흑연으로 된 심을 나뭇대에 박아 만든 필기구.

▷亞鉛(아연)·黑鉛(흑연)

5 ⑩ 〔铅〕 5610 연 鉛(5609)의 간화자

5 ⑬ 〔鈺〕* 5611 옥 入沃 yù, ギョク

행서 鈺 간화 钰 이름 보배 옥 자원 형성. 金+玉→鈺. 玉(옥)이 성부.

새김 보배. 진귀한 보배.

5 ⑩ 〔钰〕 5612 옥 鈺(5611)의 간화자

5 ⑬ 〔鉞〕* 5613 월 入月 yuè, エツ

소전 鉞 행서 鉞 간화 钺 이름 큰도끼 월 자원 형성. 金+戉→鉞. 越(월)과 같이 戉(월)이 성부.

새김 큰도끼. 임금의 권위를 상징하는 의장의 한 가지. ¶斧鉞(작은도끼 부, —)작은도끼와 큰도끼. ㉮의장의 한 가지. ㉯형구(刑具)의 이름.

5 ⑩ 〔钺〕 5614 월 鉞(5613)의 간화자

5 ⑬ 〔鈿〕* 5615 전: 去霰 diàn, デン

소전 鈿 행서 鈿 간화 钿 이름 상감할 전: 자원 형성. 金+田→鈿. 佃(전)·甸(전)과 같이 田(전)이 성부.

새김 상감하다. 박아 넣어 붙이다. ¶螺鈿(소라 라, —)광채가 나는 자개 조각을 여러 가지 형상으로 상감하여 장식한 공예품. 예—漆器.

〔鈿針〕(전침) 금·은·옥·자개 등으로 상감한 비녀.

5 ⑩ 〔钿〕 5616 전: 鈿(5615)의 간화자

5 ⑩ 〔钱〕 5617 전: 錢(5697)의 간화자

5 ⑬ 〔鉦〕* 5618 정 平庚 zhēng, ショウ

소전 鉦 행서 鉦 간화 钲 이름 징 정 자원 형성. 金+正→鉦. 征(정)·政(정)과 같이 正(정)이 성부.

새김 징. 군대에서 쓰던 금속제의 악기 이름. 싸움터에서는 북은 진격, 징은 정지의 신호로 쳤다. ¶鉦鼓(—, 북 고)징과 북.

5 ⑩ 〔钲〕 5619 정 鉦(5618)의 간화자

5 ⑩ 〔钻〕 5620 ㊀찬 鑽(5762)의 간화자 ㊁찬: 鑽(5762)의 간화자

5 ⑬ 〔鉄〕 5621 철 鐵(5753)의 속자

5 ⑩ 〔铁〕 5622 철 鐵(5753)의 간화자

5 ⑩ 〔铎〕 5623 탁 鐸(5754)의 간화자

5 ⑬ 〔鉍〕* 5624 필 入質 bì, ヒツ

행서 鉍 간화 铋 이름 창자루 필 자원 형성. 金+必→鉍. 泌(필)·苾(필)과 같이 必(필)이 성부.
새김 창자루. 창에 달린 자루.

5 ⑩ 〔铋〕 5625 필 鉍(5624)의 간화자

5 ⑬ 〔鉉〕* 5626 현: 上銑 xuàn, ゲン

소전 鉉 행서 鉉 간화 铉 이름 솥귀 현: 자원 형성. 金+玄→鉉. 絃(현)·眩(현)과 같이 玄(현)이 성부.
새김 솥귀. 솥을 들어 올릴 때 막대를 꿰도록 된 부분. 인신하여, 삼공(三公)의 비유.

5 ⑩ 〔铉〕 5627 현: 鉉(5626)의 간화자

6 ⑪ 〔铠〕 5628 개: 鎧(5722)의 간화자

6 ⑪ 〔铛〕 5629 당 鐺(5752)의 간화자

6 ⑭ 〔銅〕** 5630 동 平東 tóng, ドウ

소전 銅 행서 銅 간화 铜 이름 구리 동 자원 형성. 金+同→銅. 洞(동)·桐(동)과 같이 同(동)이 성부.

필순 ノ 𠆢 𠆢 𠆢 金 釒 釦 鈅 銅 銅

새김 구리. 동. 금속 원소의 하나. ¶銅像(—, 형상 상)구리로 만든 사람이나 동물의 형상. 예—建立.
〔銅鏡〕(동경) 구리로 만든 거울.
〔銅錢〕(동전) 구리로 만든 돈.
〔銅版〕(동판) 구리로 만든 판에 그림이나 글씨를 새긴 인쇄용 원판.
▷鉛銅(연동)·靑銅(청동)·黃銅(황동)

6 ⑪ 〔铜〕 5631 동 銅(5630)의 간화자

6 ⑭ 〔銘〕** 5632 명 平靑 míng, メイ

소전 銘 행서 銘 간화 铭 이름 새길 명 자원 형성. 金+名→銘. 酩(명)·茗(명)과 같이 名(명)이 성부.

필순 ノ 𠆢 𠆢 𠆢 金 金 釒 鈕 銘 銘

새김 ❶새기다. 잊혀지지 않도록 기억하다. ¶銘心(—, 마음 심)잊혀지지 아니하도록 마음에 깊이 새겨둠. 예—不忘. ❷명. 문체의 이름. 자신을 경계하거나 남의 공덕을 기리는 글. ¶座右銘(자리 좌, 오른 우, —)자리 옆에 갖추어 두고 늘 거울삼아 수양하는, 격언 따위의 말. 예欲速不達의 넉 자를 나의 —으로 삼고 있다.
〔銘旌〕(명정) 죽은 사람의 관직·본관·성명을 써서 상여 앞에서 들고 가는 기(旗).
▷感銘(감명)·墓碣銘(묘갈명)·碑銘(비명)·鐘銘(종명)

6 ⑪ 〔铭〕 5633 명 銘(5632)의 간화자

6 ⑭ 〔鉼〕* 5634 병: 上梗 bǐng, ヘイ

행서 鉼 본자 鉼 이름 금은덩이 병: 자원 형성. 金+并〔幷의 약자〕→鉼→鉼. 併(병)·軿(병)과 같이 并(병)이 성부.
새김 금은덩이. 금괴나 은괴.

6 ⑭ 〔銑〕* 5635 선 本선: 上銑 xiǎn, セン

소전 銑 행서 銑 간화 铣 이름 무쇠 선 자원 형성. 金+先→銑. 詵(선)·跣(선)과 같이 先(선)이 성부.
새김 무쇠. 주철. 철광석을 용광로에서 녹여 만든, 주물의 원료로 쓰는 쇠. ¶銑鐵(—, 쇠 철)무쇠. 주철.

6 ⑪ 〔铣〕 5636 선 銑(5635)의 간화자

6 ⑭ 〔銖〕* 5637 수 平虞 zhū, シュ

소전 銖 행서 銖 간화 铢 이름 수 수 자원 형성. 金+朱→銖. 朱에는 '주' 외에 '수' 음도 있어, 殊(수)·茱(수)와 같이 朱(수)가 성부.
새김 수. 무게의 단위. 1수는 1냥(兩)의 24분의 「1.

6 ⑪ 〔铢〕 수 銖(5637)의 간화자 5638

6 ⑭ 〔銀〕*** 은 平眞 | yín, ギン 5639

소전 銀 행서 銀 간화 银 이름 은 은 자원 형성. 金+艮→銀. 艮에는 '간' 외에 '은' 음도 있어, 垠(은)·珢(은)과 같이 艮(은)이 성부.

필순 丿 亼 亽 仐 金 釒 釕 鈩 鉬 銀

새김 ❶은. 금속 원소의 이름. ¶銀塊(—, 덩이 괴)은의 덩어리. ❷은빛. 흰빛. ¶銀髮(—, 머리털 발) 은빛이 나는 흰 머리털. ❸돈. 화폐. ¶銀行(—, 가게 행)예금자로부터 돈을 받아 이를 대부하거나 어음의 할인, 증권의 인수 등의 일을 하는 금융 기관.

〔銀露〕(은로) 달빛에 빛나는 흰 이슬.

〔銀鱗〕(은린) 은빛이 나는 비늘. 곧 물고기를 이르는 말. 「화계.

〔銀幕〕(은막) ①영화의 영사막(映寫幕). ②영

〔銀盤〕(은반) ①은으로 만든 쟁반. ②둥근 달의 비유. ③맑고 깨끗한 얼음판의 비유.

〔銀世界〕(은세계) 눈이 쌓여 온통 희게 보이는 경치.

〔銀翼〕(은익) 은색으로 빛나는 비행기의 날개.

〔銀裝刀〕(은장도) 칼집과 칼자루를 은으로 꾸민, 장식용의 칼.

〔銀錢〕(은전) 은으로 만든 돈.

〔銀河〕(은하) 은하수. 은한(銀漢).

〔銀婚式〕(은혼식) 서양 풍속에서, 결혼 25주년을 축하하는 기념 의식.

〔銀貨〕(은화) 은으로 만든 화폐.

▷金銀(금은)·水銀(수은)·洋銀(양은)

6 ⑪ 〔银〕 은 銀(5639)의 간화자 5640

6 ⑪ 〔铮〕 쟁 錚(5696)의 간화자 5641

6 ⑭ 〔銭〕 전 錢(5697)의 속자 5642

6 ⑭ 〔銓〕* 전 平先 | quán, セン 5643

소전 銓 행서 銓 간화 铨 이름 저울 전 자원 형성. 金+全→銓. 栓(전)·筌(전)과 같이 全(전)이 성부.

새김 저울. 또는 저울질하다. 인신하여, 가려 뽑다. ¶銓衡(—, 저울대 형)저울. 또는 저울로 닮. 인신하여, 인물이나 재능을 이모저모 따져 보아 적임자를 가려 뽑음.

〔銓官〕(전관) 國조선 시대의 이조(吏曹)의 당상관과 병조판서를 이르는 말.

〔銓考〕(전고) 심사하여 선발함.

6 ⑪ 〔铨〕 전 銓(5643)의 간화자 5644

6 ⑪ 〔铤〕 정: 鋌(5667)의 간화자 5645

6 ⑭ 〔銃〕** 총 本총: 去送 | chòng, ジュウ 5646

행서 銃 간화 铳 이름 총 총 자원 형성. 金+充→銃. 充(충)의 변음이 성부.

필순 丿 亼 亽 仐 金 釒 釒 鈩 鉒 銃

새김 총. 탄환을 쏘는 무기. ¶銃擊(—, 칠 격)총으로 공격함. 또는 그 공격. 예—戰.

〔銃劍〕(총검) ①총과 검. ②총대 끝에 꽂은 검.

〔銃彈〕(총탄) 총알.

〔銃砲〕(총포) ①총. ②소총과 대포.

▷空氣銃(공기총)·拳銃(권총)·小銃(소총)·獵銃(엽총)·長銃(장총)

6 ⑪ 〔铳〕 총 銃(5646)의 간화자 5647

6 ⑭ 〔銜〕* 함 平咸 | xián, カン 5648

소전 銜 행서 銜 속자 啣 간화 衔 이름 재갈 함 자원 회의. 行+金→銜. 말을 부리기 위해 그 입에 물리는 재갈을 뜻한다.

새김 ❶재갈. 말을 어거하기 위하여 아가리에 물리는 물건. ¶馬銜(말 마, —)재갈. ❷물리다. 재갈이나 하무를 입에 물리다. ¶銜枚(—, 하무 매)행군 때 군졸들이 떠들지 못하도록 입에다 하무를 물림. ❸이름. 벼슬 이름이나 사람의 이름. ¶職銜(벼슬 직, —)맡아보고 있는 벼슬의 이름. 동官銜(관함).

〔銜字〕(함자) 남을 높여 그의 이름자를 일컫는 말.

▷名銜(명함)·尊銜(존함)

6 ⑪ 〔衔〕 함 銜(5648)의 간화자 5649

6 ⑪ 〔铗〕 협 鋏(5673)의 간화자 5650

6 ⑭ 〔鉷〕* 홍 平東 | hóng, コウ 5651

행서 鉷 이름 고동 홍 자원 형성. 金+共→鉷. 洪(홍)·哄(홍)과 같이 共(공)의 변음이 성부.
새김 고동. 기계에서 운전 작용을 하는 장치. 쇠뇌의 고동.

7 ⑫ 〔锅〕 과 鍋(5707)의 간화자
5652

7 ⑮ 〔銶〕* 구 平尤 | qiú, キュウ
5653

행서 銶 이름 끌 구 자원 형성. 金+求→銶. 球(구)·救(구)와 같이 求(구)가 성부.
새김 끌. 구멍을 파는 연장의 이름.

7 ⑮ 〔鋒〕* 봉 平東 | fēng, ホウ
5654

행서 鋒 간화 锋 이름 날 봉 자원 형성. 金+夆→鋒. 峰(봉)·逢(봉)과 같이 夆(봉)이 성부.
새김 ❶날. 칼·창 따위의 날. ¶鋒刃(—, 날 인)칼이나 창의 날. ❷끝. 사물의 뾰족한 끝. ¶筆鋒(붓 필, —)붓끝. 예—을 휘두르다. ❸군대의 맨앞 대열. ¶先鋒(앞 선, —)맨 앞장에 서는 사람. 예—大將.
▷劍鋒(검봉)·銳鋒(예봉)

7 ⑫ 〔锋〕 봉 鋒(5654)의 간화자
5655

7 ⑮ 〔鋤〕* 서 平魚 | chú, ジョ
5656

행서 鋤 간화 锄 이름 호미 서 자원 형성. 金+助→鋤. 助에는 '조' 외에 '서' 음도 있어, 助(서)가 성부.
새김 ❶호미. 또는 쟁기. 농기구의 하나. ❷김을 매다. 밭을 갈다.

7 ⑫ 〔锄〕 서 鋤(5656)의 간화자
5657

7 ⑮ 〔銷〕* 소 平蕭 | xiāo, ショウ
5658

소전 銷 행서 銷 간화 销 이름 녹일 소 자원 형성. 金+肖→銷. 肖에는 '초' 외에 '소' 음도 있어, 消(소)·宵(소)·逍(소)와 같이 肖(소)가 성부.
새김 ❶녹이다. 쇠붙이를 녹이다. 또는 녹다. ¶銷₂金₁(—, 쇠 금)쇠를 녹임. ❷식히다. 사라지게 하다. 消(2747)와 통용. ¶銷₂夏₁(—, 여름 하)여름을 식힌다는 뜻으로, 여름에 더위를 느끼지 않게 함을 이르는 말. 예해변에서 —를 하다.
〔銷暑〕(소서) 더위를 식힘. 소하(銷夏).

7 ⑫ 〔销〕 소 銷(5658)의 간화자
5659

7 ⑫ 〔锁〕 쇄: 鎖(5725)의 간화자
5660

7 ⑮ 〔銹〕* 수: 去宥 | xiù, シュウ
5661

행서 銹 간화 锈 이름 녹 수: 자원 형성. 金+秀→銹. 秀(수)가 성부.
새김 녹. 쇠붙이의 표면이 산화하여 생긴 물질.

7 ⑫ 〔锈〕 수: 銹(5661)의 간화자
5662

7 ⑮ 〔銳〕** 예: 去霽 | ruì, エイ
5663

소전 銳 행서 銳 간화 锐 이름 날카로울 예: 자원 형성. 金+兌→銳. 兌에는 '태' 외에 '예' 음도 있어, 兌(예)가 성부.

필순 ノ 스 수 余 金 金' 金' 鈖 鉛 銳

새김 ❶날카롭다. ㉠날이 서 있거나 매우 뾰족하다. ¶銳鋒(—, 끝 봉)창이나 칼 따위의 날카로운 끝. 인신하여, 싸움에서의 날카로운 기세나 말이나 글에서의 날카로운 논조. 예—을 피하다. ㉡감각 기관의 작용이 강하다. ¶銳敏(—, 빠를 민)예리하고 민감함. 예감각이 —하다. ❷직각보다 작다. ¶銳角(—, 각 각)90도보다 작은 각.
〔銳氣〕(예기) 남에게 굽히지 아니하는, 날카로운 기백이나 기세.
〔銳利〕(예리) 연장 따위가 날카롭고 잘듦.
〔銳意〕(예의) ①주의를 집중함. ②태도가 단호하고 바람이 절박함.
▷新銳(신예)·精銳(정예)·尖銳(첨예)

7 ⑫ 〔锐〕 예: 銳(5663)의 간화자
5664

7 ⑮ 〔鋥〕* 정: 去敬 | zèng, トウ
5665

행서 鋥 간화 锃 이름 갈 정: 자원 형성. 金+呈→鋥. 程(정)·珵(정)과 같이 呈(정)이 성부.
새김 갈다. 문질러 윤을 내다.

7 ⑫ 〔锃〕 정: 鋥(5665)의 간화자
5666

7 ⑮ 〔鋌〕* 정: 上迥 | dìng, テイ
5667

소전 鋌 행서 鋌 간화 铤 이름 쇳덩이 정: 자원 형성. 金+廷→鋌. 庭(정)·挺(정)과 같이 廷(정)이 성부.
새김 쇳덩이. 제련하지 않은 쇳덩이.

7 ⑮ 〔铸〕 주: 鑄(5759)의 약자
5668

7 ⑫ 〔铸〕 주: 鑄(5759)의 간화자
5669

7 ⑮ 〔銡〕* 지: 去 寘 | zhì, シ
5670

행서 銡 이름 기록할 지: 자원 형성. 金+志→銡. 誌(지)와 같이 志(지)가 성부.
새김 기록하다. 새기다.

7 ⑮ 〔鋪〕* ㊀포 ㊍포: 去 遇 | pù, ホ ㊁포 平 虞 | pū, ホ
5671

소전 鋪 행서 鋪 속자 舖 간화 铺 이름 ㊀가게 포 ㊁펼 포 자원 형성. 金+甫→鋪. 甫에는 '보' 외에 '포' 음도 있어, 浦(포)·圃(포)·匍(포)와 같이 甫(포)가 성부.
참고 속자 舖는 주로 ㊀의 갈래일 때의 속자로 쓰인다.
새김 ㊀❶가게. 상점. ¶店鋪(가게 점, ―) 가게. 상점. ❷國 초소(哨所). ¶軍鋪(군사 군, ―)궁성 밖에 순라군이 머물러 있던 곳. ㊁펴다. 깔아 꾸미다. ¶鋪裝(―, 꾸밀 장)아스팔트나 콘크리트 따위를 깔아 길바닥을 단단하게 꾸밈. 예― 道路.
〔鋪道〕(포도) 바닥을 포장한 길.
〔鋪陳〕(포진) 자리를 깖. 또는 그 자리.

7 ⑫ 〔铺〕 포 鋪(5671)의 간화자
5672

7 ⑮ 〔鋏〕* 협 ㊍겹 入 葉 | jiá, キョウ
5673

소전 鋏 행서 鋏 간화 铗 이름 집게 협 자원 형성. 金+夾→鋏. 俠(협)·頰(협)·莢(협)과 같이 夾(협)이 성부.
새김 ❶집게. 불집게. ❷가위. 또는 검. ❸칼자루.

8 ⑯ 〔鋼〕** 강 平 陽 | gāng, コウ
5674

행서 鋼 간화 钢 이름 강철 강 자원 형성. 金+岡→鋼. 綱(강)·剛(강)과 같이 岡(강)이 성부.

필순 ㇒ 𠆢 亼 全 金 釗 釘 鈤 鋼 鋼 鋼

새김 강철. 제련하여 강도를 높인 쇠. ¶鋼管(―, 관 관)강철로 만든 관.
〔鋼鐵〕(강철) 불려서 강도를 높인 쇠.
▷製鋼(제강)

8 ⑯ 〔鋸〕* 거: 去 御 | jù, キョ
5675

소전 鋸 행서 鋸 간화 锯 이름 톱 거: 자원 형성. 金+居→鋸. 倨(거)·据(거)와 같이 居(거)가 성부.
새김 톱. 나무나 쇠를 자르는 기구의 이름. 鉅(5596)와 통용. ¶鋸齒(―, 이 치)톱니.

8 ⑬ 〔锯〕 거: 鋸(5675)의 간화자
5676

8 ⑬ 〔键〕 건: 鍵(5706)의 간화자
5677

8 ⑯ 〔錮〕* 고: 去 遇 | gù, コ
5678

소전 錮 행서 錮 간화 锢 이름 가둘 고: 자원 형성. 金+固→錮. 痼(고)와 같이 固(고)가 성부.
새김 가두다. 감금하다. ¶禁錮(가둘 금, ―)교도소의 독방에 가두고 노동을 시키지 않는 형벌. 예― 刑.

8 ⑬ 〔锢〕 고: 錮(5678)의 간화자
5679

8 ⑯ 〔錕〕* 곤 平 元 | kūn, コン
5680

행서 錕 간화 锟 이름 곤오 곤 자원 형성. 金+昆→錕. 琨(곤)·崑(곤)과 같이 昆(곤)이 성부.
새김 곤오(錕鋙). 옥(玉)도 자를 수 있다는 명검(名劍)의 이름.

8 ⑬ 〔锟〕 곤 錕(5680)의 간화자
5681

8 ⑯ 〔錧〕* 관: 上 旱 | guǎn, カン
5682

행서 錧 이름 비녀장 관: 자원 형성. 金+官→錧. 館(관)·管(관)과 같이 官(관)이 성부.
새김 비녀장. 수레의 굴대에 꽂는 못.

8 ⑯ 〔錦〕** 금: 上 寢 | jǐn, キン
5683

소전 錦 행서 錦 간화 锦 이름 비단 금: 자원 형성. 金+帛→錦. 金(금)이 성부.

필순 丿 𠆢 亼 今 全 金 釒 鈤 鉑 錦

새김 ❶비단. 채색의 무늬가 있는 견직물. ¶錦衣(—, 옷 의)비단옷. 예—還鄕. ❷아름답다. 색채가 아름다운 사물의 형용. ¶錦鱗(—, 비늘 린)아름다운 비늘이란 뜻으로, 물고기의 미칭. 예— 玉尺. ❸높임말. 상대방을 높여, 그와 관련된 사물에 붙이는 말. ¶錦地(—, 땅 지)상대방을 높여, 그가 사는 곳을 이르는 말.

〔錦囊〕(금낭) 비단으로 만든 주머니.

〔錦上添花〕(금상첨화) 비단 위에 꽃을 더함. 좋은 일에 또 좋은 일을 더함의 비유.

〔錦繡江山〕(금수강산) 비단에 수를 놓은 것처럼 아름다운 산천. 곧 우리 나라 강토를 이르는 말.

〔錦衣夜行〕(금의야행) 비단옷을 입고 밤길을 간다는 뜻으로, 생색이 나지 않는 공연한 짓을 자랑스레 함을 이르는 말.

〔錦衣玉食〕(금의옥식) 비단옷을 입고 좋은 음식을 먹음. 호화롭고 사치한 생활의 형용.

〔錦衣還鄕〕(금의환향) 벼슬을 하거나 성공하여 제 고향으로 돌아옴.

8 ⑬ 〔锦〕 5684 금: 錦(5683)의 간화자

8 ⑯ 〔錡〕* 5685 기 平支 qí, キ

소전 錡 행서 錡 이름 솥 기 자원 형성. 金+奇→錡. 騎(기)·綺(기)와 같이 奇(기)가 성부.

새김 솥. 세 발 달린 가마솥.

8 ⑯ 〔錤〕* 5686 기 平支 jī, キ

행서 錤 이름 자기 기 자원 형성. 金+其→錤. 棋(기)·期(기)·基(기)와 같이 其(기)가 성부.

새김 자기(鎡錤). 호미의 한 가지.

8 ⑯ 〔錟〕* 5687 담 平覃 tán, タン

소전 錟 행서 錟 이름 창 담 자원 형성. 金+炎→錟. 炎에는 '염' 외에 '담' 음도 있어, 談(담)·痰(담)과 같이 炎(담)이 성부.

새김 창. 자루가 긴 창.

8 ⑯ 〔錬〕 5688 련: 鍊(5712)의 속자

8 ⑯ 〔錄〕** 5689 록 入沃 lù, ロク

소전 錄 행서 録 동자 録 간화 录 이름 기록할 록 자원 형성. 金+彔→錄. 綠(록)·菉(록)과 같이 彔(록)이 성부.

필순 亼 今 全 金 釒 釕 釕 鈩 錄 錄

새김 ❶기록하다. 적다. ¶登錄(올릴 등, —)장부에 공식적으로 기록함. 예住民—證. ❷소리나 영상을 베끼다. ¶錄音(—, 소리 음)테이프 등에 소리를 베낌. 또는 베껴 둔 그 소리. 예—放送. ❸기록한 문서. ¶語錄(말 어, —)큰 학자나 고승·지도자 들이 한 말을 모아 엮은 책. 예朱子—. ❹평범하고 하잘것없다. 碌(3611)과 같다. ¶錄錄(—, —)평범하고 하잘것없음. 또는 만만하고 호락호락함. 예—하지 않은 人物.

〔錄畫〕(녹화) 비디오 테이프에 텔레비젼의 영상을 기록함. 또는 그 화상(畫像).

▷記錄(기록)·目錄(목록)·附錄(부록)·實錄(실록)·收錄(수록)·採錄(채록)·抄錄(초록)

8 ⑯ 〔録〕 5690 록 錄(5689)과 동자

8 ⑬ 〔锚〕 5691 묘 錨(5714)의 간화자

8 ⑯ 〔鉼〕 5692 병: 鉼(5634)의 본자

8 ⑯ 〔錫〕* 5693 석 入錫 xī, セキ

소전 錫 행서 錫 간화 锡 이름 주석 석 자원 형성. 金+易→錫. 易(역)의 변음이 성부.

새김 ❶주석(朱錫). 금속 원소의 이름. ¶錫鑛(—, 광산 광)주석을 파내는 광산. ❷지팡이. 승려나 도사가 짚는 지팡이. ¶錫杖(—, 지팡이 장)승려나 도사가 짚는 지팡이.

8 ⑬ 〔锡〕 5694 석 錫(5693)의 간화자

8 ⑯ 〔錞〕* 5695 순 平眞 chún, ジュン

소전 錞 행서 錞 이름 순우 순 자원 형성. 金+享〔𦎧의 변형〕→錞. 淳(순)·諄(순)과 같이 享(순)이 성부.

새김 순우(錞于). 고대의 악기 이름.

8 ⑯ 〔錚〕* 5696 쟁 平庚 zhēng, ソウ

소전 錚 행서 錚 간화 铮 이름 소리 쟁 자원 형성. 金+爭→錚. 諍(쟁)·箏

(쟁)과 같이 爭(쟁)이 성부.
새김 ❶소리. 금이나 옥이 부딪쳐 댕그랑댕그랑 소리를 내다. ¶錚錚(—, —)㉮금이나 옥이 부딪쳐 댕그랑댕그랑하는 소리를 냄. ㉯지나간 소리가 잊혀지지 않고 귀에 울리는 듯함. ㉠귀에 — 하다. ❷명성이나 명망이 높다. ¶錚錚(—, —)여럿 가운데서 뛰어나게 명성이 높음. ㉠우리 축구팀의 —한 선수들. ❸꽹과리. 징보다 좀 작은 타악기의 이름.
〔錚盤〕(쟁반) 운두가 낮고 둥글납작한 그릇.

8 ⑯ 〔錢〕** 전: ㊍전 平先 | qián, セン
5697

소전 鋖 행서 𨫒 속자 銭 간화 钱 이름 돈 전: 자원 형성. 金+戔→錢. 餞(전)·箋(전)과 같이 戔(전)이 성부.

필순 ⺈ 𠂉 𠂉 金 金 釒 鈛 錢 錢 錢

새김 ❶돈. 금속이나 종이로 만든 돈. ¶銅錢(구리 동, —)구리로 만든 돈. ㉠— 한 푼도 없다. ❷전. 화폐의 단위. 원의 100분의 1. 현재는 실용되지 않는다.
〔錢穀〕(전곡) ①돈과 곡식. ②세금 부과와 재정의 관리.
〔錢主〕(전주) 돈의 주인. 밑천을 대는 사람이 ｢나 빚돈을 준 사람.
▷口錢(구전)·金錢(금전)·無錢(무전)·本錢(본전)·葉錢(엽전)·紙錢(지전)·換錢(환전)

8 ⑯ 〔錠〕* 정 ㊍정: 去徑 | dìng, ジョウ
5698

소전 鍁 행서 錠 간화 锭 이름 정 정 자원 형성. 金+定→錠. 碇(정)과 같이 定(정)이 성부.
새김 정. ㉠알약. ¶錠劑(—, 조제할 제)동굴납작하게 만든 알약. ㉡알약·금은 등을 세는 말.

8 ⑬ 〔锭〕 정 錠(5698)의 간화자
5699

8 ⑯ 〔錯〕** ㊀착 入藥 | cuò, サク
㊁조 ㊍조: 去遇 | cù, ソ
5700

소전 錯 행서 錯 간화 错 이름 ㊀섞일 착 ㊁둘 조 자원 형성. 金+昔→錯. 昔에는 '석' 외에 '착' 음도 있어, 昔(착)이 성부.

필순 ⺈ 𠂉 𠂉 𠂉 金 釒 鉗 鉗 錯 錯

새김 ㊀❶섞이다. 또는 뒤섞다. ¶錯雜(—, 섞일 잡)갈피를 잡을 수 없게 뒤섞여 복잡함. ㉠—한 심경. ❷잘못하다. 잘못 알다 ¶錯誤(—, 잘못할 오)잘못함. 또는 그 잘못. ㉠試行—. ㊁두다. 놓아두거나 버려두다. 〔論語〕擧₂直₁錯₅諸₃枉₄(거직조저왕)곧은 사람을 등용하고 모든 굽은 사람을 버려두다.
〔錯覺〕(착각) 사실과 다르게 느끼거나 앎. 또는 그런 감각.
〔錯亂〕(착란) 뒤섞여 어지러움.
〔錯視〕(착시) 착각으로 잘못 봄.
〔錯綜〕(착종) 사물 현상이 뒤섞여 모임.
▷交錯(교착)·倒錯(도착)

8 ⑬ 〔错〕 ㊀착 錯(5700)의 간화자
㊁조 錯(5700)의 간화자
5701

8 ⑯ 〔錘〕* 추 平支 | chuí, スイ
5702

소전 錘 행서 錘 간화 锤 이름 추 추 자원 형성. 金+垂→錘. 垂(수)의 변음이 성부.
새김 ❶추. ㉠저울추. ¶秤錘(저울 칭, —)저울추. ㉡괘종의 흔들이. ¶錘鐘(—, 종 종)추가 달린 괘종. ❷방추(紡錘). ㉮방적기에서 실을 감는 가락. ㉯방적기에 딸린 북.

8 ⑬ 〔锤〕 추 錘(5702)의 간화자
5703

8 ⑯ 〔錐〕* 추 平支 | zhuī, スイ
5704

소전 錐 행서 錐 간화 锥 이름 송곳 추 자원 형성. 金+隹→錐. 推(추)·椎(추)와 같이 隹(추)가 성부.
새김 ❶송곳. 작은 구멍을 뚫는 연장. ¶囊中之錐(주머니 낭, 속 중, 의 지, —)주머니 속에 있는 송곳은 반드시 그 뾰족한 끝이 주머니를 뚫고 나온다는 뜻으로, 재능이 있는 사람은 반드시 그의 진가를 드러냄의 비유. ❷송곳 모양. ¶圓錐(둥글 원, —)직각삼각형이 한 직각변의 주위로 한 바퀴 돌아서 생기는 입체. ㉠—形.

8 ⑬ 〔锥〕 추 錐(5704)의 간화자
5705

9 ⑰ 〔鍵〕* 건: 上阮 | jiàn, ケン
5706

소전 鍵 행서 鍵 간화 键 이름 빗장 건: 자원 형성. 金+建→ . 健(건)·腱(건)과 같이 建(건)이 성부.
새김 ❶빗장. 또는 자물쇠. ¶關鍵(빗장 관, —)문빗장과 자물쇠. 인신하여, 문제 해결의 핵심적 고리. ㉠남북 통일을 앞당기는 —. ❷건. 피아노·풍금 등의 소리를 내기 위하여 손가락으로 치게 장치된 물건. ¶鍵盤(—, 바다 반)피아노·풍금 등의 건을 늘어놓은 바닥. ㉠—樂器.

9 ⑰ 〔鍋〕* 과 平歌 | guō, カ
5707

행서 鍋 간화 锅 이름 노구솥 과 자원 형성. 金+咼→鍋. 過(과)와 같이 咼(과)가 성부.
새김 노구솥. 냄비. 음식을 익히는 철제의 솥.

9 ⑰ 〔鍛〕* 5708 단 ㊍단: 去翰 duàn, タン

소전 鍛 행서 鍛 간화 锻 이름 벼릴 단 자원 형성. 金+段→鍛. 緞(단)과 같이 段(단)이 성부.
새김 벼리다. ㉠쇠붙이를 달구어서 두드려 벼리다. ¶鍛冶(—, 벼릴 야)쇠붙이를 불에 달구어 벼림. 예——工. ㉡마음이나 신체를 굳세게 하다. ¶鍛鍊(—, 불릴 련) ㉮시련이나 실천을 통하여 몸이나 마음을 굳세게 함. 예身體——. ㉯쇠붙이를 불에 달구어 벼림.
〔鍛鐵〕(단철) 쇠를 달구어 두드림. 또는 그렇게 단련한 쇠.

9 ⑭ 〔锻〕 5709 단 鍛(5708)의 간화자

9 ⑰ 〔鍍〕* 5710 도: 去遇 dù, ト

행서 鍍 간화 镀 이름 도금할 도: 자원 형성. 金+度→鍍. 渡(도)와 같이 度(도)가 성부.
새김 도금하다. ¶鍍₂金₁(—, 쇠 금)쇠붙이의 겉에 금·은 등을 얇게 올림. 예——像.

9 ⑭ 〔镀〕 5711 도 鍍(5710)의 간화자

9 ⑰ 〔鍊〕** 5712 련: 去霰 liàn, レン

소전 鍊 행서 鍊 속자 錬 이름 불릴 련: 자원 형성. 金+柬→鍊. 練(련)·煉(련)과 같이 柬(간)의 변음이 성부.

필순 ㅅ 亼 亽 金 金 釘 鉀 鉀 鉮 鍊

새김 ❶불리다. ㉠쇠붙이를 불에 달구어서 단련하다. ¶鍊₂金₁(—, 쇠 금)쇠붙이를 불에 달구어서 단련함. 예——術. ㉡몸이나 정신을 단련하다. 練(4059)과 통용. ¶鍊磨(—, 갈 마)학문이나 기술을 힘써 갈고 닦음. 예不斷의 ——. ❷약을 만들다. 약을 정제하다. 煉(3068)과 통용. ¶鍊₂丹₁(—, 영약 단)도사가 영약을 만듦. 또는 만든 그 영약.
〔鍊武〕(연무) 무예를 단련함.
〔鍊熟〕(연숙) 잘 단련하여 익숙함.
▷敎鍊(교련)·鍛鍊(단련)·洗鍊(세련)·修鍊(수련)·精鍊(정련)·訓鍊(훈련)

9 ⑭ 〔镂〕 5713 루: 鏤(5738)의 간화자

9 ⑰ 〔錨〕* 5714 묘 平蕭 miáo, ビョウ

행서 錨 간화 锚 이름 닻 묘 자원 형성. 金+苗→錨. 描(묘)·猫(묘)와 같이 苗(묘)가 성부.
새김 닻. 배를 정지시키기 위해 물 속에 가라앉히는 물건. ¶投₂錨₁(던질 투, —)배에서 닻을 내림.

9 ⑰ 〔鍑〕* 5715 복 入屋 fù, フク

소전 鍑 행서 鍑 이름 가마솥 복 자원 형성. 金+复→鍑. 復(복)·腹(복)과 같이 复(복)이 성부.
새김 가마솥. 솥의 한 가지.

9 ⑰ 〔鍔〕* 5716 악 入藥 è, ガク

행서 鍔 간화 锷 이름 칼날 악 자원 형성. 金+咢→鍔. 愕(악)·顎(악)과 같이 咢(악)이 성부.
새김 칼날. 칼의 날.

9 ⑭ 〔锷〕 5717 악 鍔(5716)의 간화자

9 ⑰ 〔鍈〕* 5718 영 平庚 yīng, エイ

행서 鍈 이름 방울소리 영 자원 형성. 金+英→鍈. 英(영)이 성부.
새김 방울소리. 방울이 울리는 소리.

9 ⑰ 〔鍮〕* 5719 유 ㊍투 平尤 tōu, チュウ

행서 鍮 이름 놋쇠 유 자원 형성. 金+兪→鍮. 喩(유)·愈(유)와 같이 兪(유)가 성부.
새김 놋쇠. 구리와 아연의 합금. ¶鍮器(—, 그릇 기)놋그릇.

9 ⑰ 〔鍾〕* 5720 종 平冬 zhōng, ショウ

소전 鍾 행서 鍾 간화 钟 이름 쇠북 종 자원 형성. 金+重→鍾. 種(종)·腫(종)과 같이 重(중)의 변음이 성부.
새김 ❶쇠북. 종. 鐘(5749)과 통용. ❷모으다. 또는 모이다. ¶鍾₂愛₁(—, 사랑 애)애정을 한 곳으로 모은다는 뜻으로, 어느 한 대상을 유난히 사랑함을 이르는 말.

9 ⑰ 〖鍼〗* 침 平侵 | zhēn, シン
5721

소전 鍼 행서 鍼 동자 針 이름 침 침 자원 형성. 金+咸→鍼. 咸(함)의 변음이 성부.

새김 ❶침. 병을 치료하는 데 쓰는 침. ¶鍼術(—, 재주 술)침을 놓아 병을 치료하는 의술. 참고 이 새김으로는 針(5569)은 쓰지 않는 것이 관용이다. ❷바늘. 바느질할 때 쓰는 바늘. 참고 이 새김으로는 針(5569)을 주로 쓴다.

〔鍼灸〕(침구) 침질과 뜸질.

〔鍼筒〕(침통) 침을 넣어 두는 통.

▷短鍼(단침)·銀鍼(은침)·長鍼(장침)·鐵鍼(철침)

10 ⑱ 〖鎧〗* 개: 上賄 | kǎi, カイ
5722

소전 鎧 행서 鎧 간화 铠 이름 갑옷 개: 자원 형성. 金+豈→鎧. 豈에는 '기' 외에 '개' 음도 있어, 愷(개)·凱(개)와 같이 豈(개)가 성부.

새김 갑옷. 쇠미늘을 단 갑옷. ¶鎧甲(—, 갑옷 개)쇠미늘을 단 갑옷.

〔鎧冑〕(개주) 갑옷과 투구. 갑주(甲冑).

10 ⑱ 〖鎌〗* 겸 本렴 平鹽 | liǎn, レン
5723

소전 鎌 행서 鎌 이름 낫 겸 자원 형성. 金+兼→鎌. 謙(겸)·慊(겸)과 같이 兼(겸)이 성부.

새김 낫. 풀이나 나무를 베는 낫.

10 ⑱ 〖鎖〗 쇄: 鎖(5725)의 속자
5724

10 ⑱ 〖鎖〗** 쇄: 上哿 | suǒ, サ
5725

소전 鎖 행서 鎖 속자 鎖 간화 锁 이름 자물쇠 쇄: 자원 형성. 金+貨→鎖→鏁. 貨(쇄)가 성부.

필순 ノ 𠆢 亼 全 余 金 金' 金'' 釒 鎖 鎖

새김 ❶자물쇠. 여닫는 물건을 잠그는 장치. ❷사슬. ¶鐵鎖(쇠 철, —)㉮쇠로 만든 자물쇠. ㉯쇠사슬. ❸잠그다. 걸어 잠그다. ¶鎖國(—, 나라 국)정부가 외국과의 교섭이나 무역을 거부하고 나라를 개방하지 않음. 예—政策.

〔鎖骨〕(쇄골) 가슴의 앞 위쪽에 있는 뼈.

▷封鎖(봉쇄)·連鎖(연쇄)·閉鎖(폐쇄)

10 ⑱ 〖鎔〗* 용 平冬 | róng, ヨウ
5726

소전 鎔 행서 鎔 속자 熔 이름 녹일 용 자원 형성. 金+容→鎔. 瑢(용)·蓉(용)과 같이 容(용)이 성부.

새김 녹이다. 쇠붙이를 녹이다. 또는 녹다. ¶鎔鑛(—, 쇳돌 광)광석을 녹임. 예—爐.

〔鎔接〕(용접) 쇠붙이를 녹여 붙이거나 땜함.

〔鎔解〕(용해) 열을 가하여 광석(鑛石)이나 금속 따위를 녹임.

10 ⑱ 〖鎰〗* 일 入質 | yì, イツ
5727

행서 鎰 간화 镒 이름 일 일 자원 형성. 金+益→鎰. 益에는 '익' 외에 '일' 음도 있어, 溢(일)과 같이 益(일)이 성부.

새김 일. 무게의 단위. 1일은 20냥(兩)·24냥이라는 두 설이 있다. 〔孟子〕萬鎰(만일).

10 ⑮ 〖镒〗 일 鎰(5727)의 간화자
5728

10 ⑱ 〖鎭〗** 진: 去震 | zhèn, チン
5729

소전 鎭 행서 鎭 속자 鎮 간화 镇 이름 누를 진: 자원 형성. 金+眞→鎭. 嗔(진)·塡(진)과 같이 眞(진)이 성부.

필순 ノ 𠆢 亼 全 余 金 金ᄂ 釒 鉦 鎭

새김 ❶누르다. ㉠억누르다. 힘으로 누르다. ¶鎭壓(—, 누를 압)강압적인 힘으로 억눌러 진정시킴. 예暴動—. ㉡불을 끄다. ¶鎭火(—, 불 화)일어난 불을 끔. ❷가라앉다. ㉠소란하던 것이나 흥분 등이 가라앉다. ¶鎭靜(—, 고요할 정)흥분이 가라앉음. ㉡가라앉히다. 흥분·아픔·괴로움 등을 그치게 하다. ¶鎭痛(—, 아플 통)아픔을 가라앉히어 멎게 함. 예—劑. ❸안정시키다. 편안하게 하다. ¶鎭撫(—, 어루만질 무)반란을 일으킨 사람들의 마음을 안정시키고 어루만져 달램. 예—使. ❹지키다. ㉠군대의 힘으로 지키다. ¶鎭守(—, 지킬 수)군대를 주둔시켜 군사적 요지를 지킴. 예점령지의 —. ㉡초인적인 힘으로 지키다. ¶鎭山(—, 산 산)도읍이나 마을을 지키는 산이란 뜻으로, 도읍이나 마을의 뒤쪽에 있는 산을 이르는 말. ❺누르는 물건. ¶書鎭(책 서, —)책장이나 종이가 바람에 날리지 못하게 누르는 물건. 동文鎭(문진). ❻중요한 인물. ¶重鎭(중요할 중, —)나라나 일정한 분야에서 지도적 영향을 가진 중요한 인물. 예政界의 —. ❼진. 군영(軍營). ¶邊鎭(변경 변, —)변경을 지키는 군영.

〔鎭營〕(진영) 國 지방의 요해지에 주둔하고 있으면서 군무를 보던 곳.

〔鎭重〕(진중) 점잖고 무게가 있음.
〔鎭魂〕(진혼) 죽은 사람의 넋을 위로하여 편안하게 함. 예—曲.

10 ⑱ 〔鎮〕 5730 진: 鎭(5729)의 속자

10 ⑮ 〔镇〕 5731 진: 鎭(5729)의 간화자

10 ⑱ 〔鎚〕* 5732 추 平支 chuí, ツイ

행서 鎚 이름 망치 추 자원 형성. 金+追→鎚. 追(추)가 성부.
새김 망치. 쇠망치. ¶鐵鎚(쇠 철, —)쇠망치.

10 ⑱ 〔鎣〕* 5733 형 本영: 去徑 yíng, エイ

소전 鎣 행서 鎣 이름 광낼 형 자원 형성. 𤇾+金→鎣. 瑩(형)·滎(형)과 같이 𤇾(영)의 변음이 성부.
새김 광을 내다. 문질러 광을 내다.

10 ⑱ 〔鎬〕* 5734 호: 上晧 hào, コウ

소전 鎬 행서 鎬 간화 镐 이름 호경 호: 자원 형성. 金+高→鎬. 縞(호)·蒿(호)와 같이 高(고)의 변음이 성부.
새김 호경(鎬京). 섬서성(陝西省)에 있었던, 주무왕(周武王)의 도읍지.

10 ⑮ 〔镐〕 5735 호: 鎬(5734)의 간화자

11 ⑲ 〔鏡〕** 5736 경: 去敬 jìng, キョウ

소전 鏡 행서 鏡 간화 镜 이름 거울 경: 자원 형성. 金+竟→鏡. 境(경)과 같이 竟(경)이 성부.

필순 ﾉ 𠂉 今 金 金' 金ˊ 金ˋ 鋅 鏡 鏡 鏡

새김 ❶거울. 물건의 형체를 비추는 물건. ¶鏡臺(—, 대 대)거울을 버티어 놓은 화장용 기구. ❷렌즈. ¶眼鏡(눈 안, —)시력을 돕기 위하여 눈에 덧쓰는 물건.
▷銅鏡(동경)·望遠鏡(망원경)·反射鏡(반사경)·水鏡(수경)·破鏡(파경)·顯微鏡(현미경)

11 ⑯ 〔镜〕 5737 경: 鏡(5736)의 간화자

11 ⑲ 〔鏤〕* 5738 루: 去宥 lòu, ル

소전 鏤 행서 鏤 간화 镂 이름 아로새길 루: 자원 형성. 金+婁→鏤. 樓(루)·蔞(루)·瘻(루)와 같이 婁(루)가 성부.
새김 아로새기다. 무늬를 아로새기다. ¶刻鏤(새길 각, —)여러 가지 모양으로 파서 아로새김.

11 ⑲ 〔鏋〕* 5739 만: 上旱 mǎn, マン

행서 鏋 이름 순금 만: 자원 형성. 金+㒼→鏋. 滿(만)·瞞(만)과 같이 㒼(만)이 성부.
새김 순금(純金). 순수한 금.

11 ⑲ 〔鏞〕* 5740 용 平冬 yōng, ヨウ

소전 鏞 행서 鏞 간화 镛 이름 쇠북 용 자원 형성. 金+庸→鏞. 墉(용)·傭(용)과 같이 庸(용)이 성부.
새김 쇠북. 큰 종.

11 ⑯ 〔镛〕 5741 용 鏞(5740)의 간화자

11 ⑲ 〔鏑〕* 5742 적 入錫 dí, テキ

소전 鏑 행서 鏑 간화 镝 이름 우는살 적 자원 형성. 金+啇→鏑. 摘(적)·敵(적)·適(적)과 같이 啇(적)이 성부.
새김 우는살. 화살. ¶鳴鏑(울 명, —)우는살. 나무로 만든, 속이 빈 깍지를 달아붙인 화살. 화살이 날아갈 때 소리가 난다.

11 ⑯ 〔镝〕 5743 적 鏑(5742)의 간화자

11 ⑲ 〔鏃〕* 5744 촉 本족: 入屋 zú, ゾク

소전 鏃 행서 鏃 간화 镞 이름 살촉 촉 자원 형성. 金+族→鏃. 族(족)의 변음이 성부.
새김 살촉. 또는 화살. ¶石鏃(돌 석, —)석기 시대의 유물인, 돌로 만든 살촉.

11 ⑯ 〔镞〕 5745 촉 鏃(5744)의 간화자

12 ⑳ 〔鐥〕* 5746 선: shàn,

행서 鐥 간화 𨱽 이름 낫 선: 자원 형성. 金+善→鐥. 饍(선)·膳(선)과 같이 善

(선)이 성부.
새김 낫. 무기로 쓰는 낫.

12 ⑰ 〔鐥〕 선: 鐥(5746)의 간화자
5747

12 ⑳ 〔鐫〕* 전 平先 juān, セン
5748

소전 鐫 행서 鐫 이름 새길 전 자원 형성. 金+雋→鐫. 雋(전)이 성부.
새김 새기다. 조각하다.

12 ⑳ 〔鐘〕*** 종 平冬 zhōng, ショウ
5749

소전 鐘 행서 鐘 간화 钟 이름 종 종 자원 형성. 金+童→鐘. 童(동)의 변음이 성부.

필순 ノ ㇒ 亼 金 金' 鈰 鐘 鐘 鐘 鐘

새김 종. 쇠북. ¶鐘樓(—, 다락 루)종을 달아둔 다락집.
〔鐘閣〕(종각) 종을 달아 놓은 집.
〔鐘鼓〕(종고) 종과 북.
〔鐘銘〕(종명) 종에 새긴 명문(銘文).
▷警鐘(경종)·晩鐘(만종)·梵鐘(범종)·自鳴鐘(자명종)·弔鐘(조종)·曉鐘(효종)

12 ⑳ 〔鏶〕* 집 入緝 jí, シュウ
5750

소전 鏶 행서 鏶 이름 쇳조각 집 자원 형성. 金+集→鏶. 集(집)이 성부.
새김 쇳조각. 쇳덩이의 조각.

12 ⑳ 〔鐄〕* 횡 平庚 huáng, コウ
5751

행서 鐄 이름 종소리 횡 자원 형성. 金+黃→鐄. 橫(횡)과 같이 黃(황)의 변음이 성부.
새김 종소리. 종소리의 형용.

13 ㉑ 〔鐺〕* 당 平陽 dāng, トウ
5752

소전 鐺 행서 鐺 간화 铛 이름 낭당 당 자원 형성. 金+當→鐺. 當(당)이 성부.
새김 ❶낭당(鋃鐺). 죄인을 묶는 쇠사슬. ❷귀걸이. ¶金鐺(금 금, —)금으로 만든 귀걸이.

13 ㉑ 〔鐵〕*** 철 入屑 tiě, テツ
5753

소전 鐵 행서 鐵 속자 鉄 간화 铁 이름 쇠 철 자원 형성. 金+戴→鐵. 戴(철)이 성부.

필순 ㇒ 亼 金 金' 釺 鐵 鐵 鐵 鐵 鐵

새김 ❶쇠. ㉠철. 검은 빛깔의 금속 원소의 하나. ¶鐵板(—, 판 판)쇠로 만든 판대기. ㉡쇠처럼 단단하다. ¶鐵則(—, 법칙 칙)변경할 수 없는 엄격한 법칙. ❷날연장. 무기. ¶寸鐵(치 촌, —)한 치 길이의 무기. 곧 조그마한 날연장. 예—殺人. ❸철도(鐵道)의 준말. 예地下鐵.
〔鐵甲〕(철갑) 쇠로 만든 갑옷.
〔鐵鑛〕(철광) 철이 나는 광산. 철광(鐵礦).
〔鐵橋〕(철교) ①철재를 기본 재료로 하여 놓은 다리. ②철로를 깔기 위하여 놓은 다리.
〔鐵拳〕(철권) ①쇠주먹. 무쇠주먹. ②타격이나 제재를 가하기 위하여 쓰는 폭력을 이르는 말.
〔鐵筋〕(철근) 건축물을 세울 때에 속에 넣은 쇠막대.
〔鐵道〕(철도) 선로 위로 객차나 화차를 달리게 하여 사람이나 화물을 실어 나르는 교통수단.
〔鐵路〕(철로) 레일을 깐 길. 철도의 선로.
〔鐵面皮〕(철면피) 쇠가죽을 쓴 얼굴. 뻔뻔스럽고 염치없는 사람을 일컫는 말.
〔鐵壁〕(철벽) 쇠로 만든 벽. 깨뜨릴 수 없는 성벽의 비유.
〔鐵石〕(철석) ①철이 들어 있는 광석(鑛石). ②쇠와 돌. 의지가 굳고 단단함의 비유.
〔鐵線〕(철선) 쇠로 만든 줄.
〔鐵材〕(철재) 토목 공사나 건축의 재료로 쓰이는 쇠.
〔鐵條網〕(철조망) 가시줄을 그물 모양으로 엮어 친 울타리.
〔鐵窓〕(철창) ①쇠창살문. ②감옥(監獄).
〔鐵華粉〕(철화분) 소금물에 담근 강철에 생긴 녹을 약재로 이르는 말.
▷鋼鐵(강철)·古鐵(고철)·銑鐵(선철)·鍊鐵(연철)·製鐵(제철)·鑄鐵(주철)·廢鐵(폐철)

13 ㉑ 〔鐸〕* 탁 入藥 duó, タク
5754

소전 鐸 행서 鐸 간화 铎 이름 방울 탁 자원 형성. 金+睪→鐸. 睪(택)의 변음이 성부.
새김 방울. 정령(政令)이나 군령(軍令)을 내릴 때에 흔들어 소리를 내던 큰 방울. 그 혀를 나무로 만들었으면 목탁(木鐸), 쇠로 만들었으면 금탁(金鐸)이라 하고, 목탁은 문사(文事)에, 금탁은 무사(武事)에 사용하였다. ¶木鐸(나무 목, —)㉮중이 염불할 때 두드리던 기구. ㉯세상을 가르쳐 인도할 만한 사람의 비유. 예사회의 —.

13 ㉑ 〚鐶〛* 환 平刪 huán, カン
5455

행서 鐶 간화 镮 이름 고리 환 자원 형성. 金+睘→鐶. 環(환)·還(환)과 같이 睘(환)이 성부.
새김 고리. 귀고리·목걸이·가락지 등의 총칭.

13 ⑱ 〚镮〛 환 鐶(5455)의 간화자
5756

14 ㉒ 〚鑑〛** 감 本감: 去陷 jiàn, カン
5757

소전 鑑 행서 鑒 동자 鑒 간화 鉴 이름 거울 감 자원 형성. 金+監→鑑. 監(감)이 성부.

필순 钅 金 鉅 鉅 鉅 鉅 鉅 鉅 鑑 鑑

새김 ❶거울. ㉠물체를 비추어 보는 거울. 〔新唐書〕 以銅爲鑑(이동위감)구리로 거울을 만듦. ㉡모범이나 교훈. ¶龜鑑(귀감 귀, —)길흉의 점괘를 나타내는 귀갑과 물체를 비추는 거울이란 뜻으로, 거울로 삼아 본받을 만한 모범을 이르는 말. ㉢경계. 교훈으로 삼을 경계. ¶殷鑑(은나라 은, —)은나라가 망한 경계란 뜻으로, 남의 실패한 것을 보고 자기 스스로의 경계로 삼을 만한 일을 이르는 말. ❷살피다. ㉠살피어 분별하다. ¶鑑定(—, 정할 정)사물의 좋음과 나쁨이나 진짜인가 가짜인가 등을 분별하여 판정함. 예예술품의 —. ㉡이해하며 맛보다. ¶鑑賞(—, 완상할 상)예술 작품이나 화초 등의 아름다움을 즐기며 이해함. 예音樂—. ❸식견. 안목. 감식력. ¶知人之鑑(알 지, 사람 인, 의 지, —)사람을 잘 알아보는 감식력. 예—이 있다.
〔鑑戒〕(감계) ①교훈으로 삼을 본보기. ②지난 잘못을 거울로 삼아 다시 하지 않도록 하는 경계.
〔鑑別〕(감별) 사물의 진위(眞僞)·선악(善惡)을 판정하여 가려냄.
〔鑑識〕(감식) 감정하여 식별함. 또는 알아내는 그 식견.
〔鑑札〕(감찰) 일정한 영업이나 행위를 법적으로 허가해 주는 표지의 패.
▷寶鑑(보감)·前鑑(전감)

14 ㉒ 〚鑒〛 감 鑑(5757)의 동자
5758

14 ㉒ 〚鑄〛** 주: 去遇 zhù, チュウ
5759

소전 鑄 행서 鋳 약자 鋳 간화 铸 이름 주조할 주: 자원 형성. 金+壽→鑄. 疇(주)·籌(주)와 같이 壽(수)의 변음이 성부.

필순 丿 钅 金 釒 鋳 鋳 鋳 鑄 鑄 鑄

새김 주조하다. 쇠붙이를 녹여서 무엇을 만들다. ¶鑄物(—, 물건 물)녹인 쇳물을 일정한 거푸집에 부어서 기물을 만듦. 또는 그리 만든 물건. 예—工.
〔鑄造〕(주조) 쇠붙이를 녹여 기물을 만듦.
〔鑄貨〕(주화) 금속을 녹여 돈을 만듦. 또는 그 화폐.

14 ㉒ 〚纁〛* 훈: 去問 xùn, クン
5760

행서 纁 이름 빛바랠 훈: 자원 형성. 金+熏→纁. 燻(훈)·薰(훈)과 같이 熏(훈)이 성부.
새김 빛이 바래다. 퇴색하다.

15 ㉓ 〚鑛〛** 광: 本굉: 上梗 kuàng, コウ
5761

행서 鑛 약자 鉱 이름 쇳돌 광: 자원 형성. 金+廣→鑛. 曠(광)·壙(광)과 같이 廣(광)이 성부.

필순 金 鈩 鈩 鉱 鉱 鉱 鑛 鑛 鑛 鑛

새김 ❶쇳돌. 광석. ¶鑛山(—, 산 산)광석을 파내는 산. ❷광산. ¶鐵鑛(쇠 철, —)㉮철을 포함하고 있는 광석이 나는 광산. 예—地帶. ㉯철을 포함하고 있는 광석.
〔鑛脈〕(광맥) 광석이 매장된 줄기.
〔鑛物〕(광물) 암석이나 토양 중에 함유된 금·철 등의 무기물(無機物).
〔鑛夫〕(광부) 광산에서 광물을 캐는 인부.
▷金鑛(금광)·銀鑛(은광)·採鑛(채광)·炭鑛(탄광)

19 ㉗ 〚鑽〛* 一 찬 平寒 zuān, サン 二 찬: 去翰 zuàn, サン
5762

소전 鑽 행서 鑽 간화 钻 이름 一연구할 찬 二끌 찬: 자원 형성. 金+贊→鑽. 讚(찬)·瓚(찬)과 같이 贊(찬)이 성부.
새김 一연구하다. 사물의 이치를 깊이 연구하다. ¶硏鑽(갈 연, —)학문이나 기예를 깊이 연구하고 닦음. 예무예의 —. 二끌. 또는 송곳. 구멍을 뚫는 연장.

20 ㉘ 〚鑿〛* 착 入藥 záo, サク
5763

소전 鑿 행서 鑿 간화 凿 이름 뚫을 착 자원 형성. 𣪠+金→鑿. 𣪠(착)이 성부.
새김 ❶뚫다. ㉠구멍을 뚫다. ¶掘鑿(팔 굴, —)땅·암석 등을 파고 뚫음. 예—機. ㉡깊이 파고 들다. ¶穿鑿(뚫을 천, ―)㉮깊이 파고 들어 연구함. ㉯땅·암석 등을 뚫음. ❷끌. 송곳. 정. 구멍을 파는 연장.
〔鑿井〕(착정) 우물을 팜.

8 획 부수 長 部

0 ⑧ 〔長〕*** ㊀장 ㊥陽 cháng, チョウ ㊁장: ㊤養 zhǎng, チョウ
5764

소전 행서 간화 长 이름 ㊀긴 장 ㊁어른 장: 자원 상형. 머리카락을 길게 늘어뜨린 사람의 모양. 그래서 '길다·어른'의 뜻을 나타낸다.

필순 丨 ㄏ F F 트 F 镸 長

새김 ㊀❶길다. 短(3581)의 대. ㉠길이가 길다. 거리가 멀다. ¶長距離(―, 떨어질 거, 떨어질 리)멀리 떨어져 있는 두 곳 사이의 길이. ㉫―飛行. ㉡시간이 오래다. 또는 오래 살다. ¶長久(―, 오랠 구)매우 길고 오램. ㉫―한 세월. ㉢높다. 키가 크다. ¶長身(―, 몸 신)키가 큰 몸. ㉫―의 골키퍼. ㉣글의 내용이 길다. ¶長文(―, 글 문)길게 지은 글. ㉫―의 편지. ❷늘이다. 길게 하다. ¶延長(늘일 연, ―)길이나 시간 등을 본디보다 늘이어 길게 함. ㉫時間―. ❸뛰어나다. 잘하다. ¶長點(―, 점 점)남보다 잘하거나 뛰어난 점. ㉫―을 살리다. ㊁❶어른. 손윗사람. ¶長幼(―, 어린이 유)어른과 어린이. ㉫―有序. ❷맏. 형제 자매 중의 맏. ¶長男(―, 아들 남)맏아들. ❸으뜸. 우두머리. ¶長官(―, 벼슬 관)㉮한 관아의 으뜸 벼슬. ㉯國 행정 각부의 최고 책임자. ❹자라다. ¶長成(―, 이룰 성)아이가 자라서 성년이 됨. ㉫―한 손자.
〔長江〕(장강) ①물줄기가 길고 큰 강. ㉫―大河. ②중국의 양자강(揚子江)의 딴 이름.
〔長劍〕(장검) 긴 검.
〔長考〕(장고) 오랜 동안 생각함. ㉫―끝에 내린 결단.
〔長廣舌〕(장광설) 쓸데없이 장황하게 늘어놓은 말.
〔長技〕(장기) 가장 능한 재주.
〔長期〕(장기) 오랜 기간. ㉫―的인 眼目.
〔長短〕(장단) ①길과 짧음. ②장점과 단점.
〔長大〕(장대) ①키가 크고 우람함. ②성장하여 어른이 됨.
〔長老〕(장로) ①나이가 많고 존경할 만한 사람. ②(佛)덕행이 높고 나이가 많은 중. 노장중. ③기독교에서, 장로교의 교직의 하나.
〔長蛇陣〕(장사진) 한 줄로 길게 늘어선 진세(陣勢). 많은 사람이 줄을 지어 길게 늘어선 모양의 형용.
〔長逝〕(장서) 사람의 죽음을 완곡하게 이르는 말.
〔長壽〕(장수) 수명이 길. 오래 삶.
〔長子〕(장자) 맏아들.
〔長征〕(장정) 전쟁을 하러 먼 곳으로 떠나감.
〔長程〕(장정) 매우 먼 길.
〔長足〕(장족) 빠른 걸음. 진전이 신속함의 형용. ㉫―의 發展.
〔長竹〕(장죽) 긴 담뱃대.
〔長天〕(장천) 끝없이 드넓은 하늘.
〔長篇〕(장편) 내용이 긴 장편 소설이나 장편 서사시를 두루 이르는 말.
〔長兄〕(장형) 맏형.
▷家長(가장)·校長(교장)·部長(부장)·社長(사장)·生長(생장)·所長(소장)·市長(시장)·身長(신장)·驛長(역장)·議長(의장)·總長(총장)·特長(특장)·訓長(훈장)

8 획 부수 門 部

▷명칭: 문문
▷쓰임: 문과, 문과 관계 있는 사물에 관한 한자의 부수로 쓰였다. 참고 問(0739)·聞(4232)·悶(1651)은 자형상으로는 이 부수에 들 듯하나, 각각 口·耳·心의 부수에 딸리어 門이 성부로 쓰였다.

0 ⑧ 〔門〕*** 문 ㊥元 mén, モン
5765

소전 門 행서 门 간화 门 이름 문 문 자원 상형. 두 개의 문짝으로 된 출입문의 모양.

필순 丨 ㄱ 戶 戶 門 門 門 門

새김 ❶문. ㉠드나드는 문. 또는 어떤 곳에 들어가는 문. ¶門前(―, 앞 전)문 앞. ㉫―沃畓. ㉡같은 성씨(姓氏)로서 갈라진 집안. ¶門閥(―, 문벌 벌)대대로 내려오는 그 집안의 사회적 지위. ㉫좋은 ―. ㉢포나 기관총 등을 세는 단위. ㉫大砲三門. ❷문하(門下). 스승이 제자를 가르치는 곳. ¶同門(같을 동, ―)같은 문하. ㉫―受學. ❸갈래. 유별로 나눈 구분. ¶專門(오로지할 전, ―)한 가지 부분에 국한하여 연구하거나 힘이나 마음을 오로지함. ㉫―知識.
〔門客〕(문객) ①권세 있는 집을 드나드는 식객(食客). ②그 가문에 장가든 사람.
〔門徒〕(문도) 문하의 제자.
〔門外漢〕(문외한) 그 일에 관계가 없거나 전문적인 지식이 없는 사람.
〔門人〕(문인) ①제자. 문하생(門下生). ②남에게 얹혀서 사는 사람. 식객(食客).
〔門前成市〕(문전성시) 문 앞이 저자를 이룸. 방문하는 사람이 많음의 비유.
〔門中〕(문중) 성(姓)과 본(本)이 같은 가까운 집안.

〔門牌〕(문패) 집 주인의 주소·성명을 써서 집 앞에 다는 패. 「곳. ③가문. 문벌.
〔門戶〕(문호) ①문짝. ②출입구가 되는 긴요한
▷家門(가문)·關門(관문)·大門(대문)·登龍門(등용문)·名門(명문)·部門(부문)·城門(성문)·水門(수문)·入門(입문)·正門(정문)·旌門(정문)·肛門(항문)

0 ③ 〔门〕 문 門(5765)의 간화자
5766

2 ⑩ 〔閃〕* 섬 ㊍섬: 上琰 | shǎn, セン
5767

소전 閃 행서 闪 간화 闪 이름 번쩍거릴 섬 자원 회의. 門+人→閃. 문안에서 사람이 엿본다는 뜻. 새김은 가차.
새김 번쩍거리다. 번득이다. ¶閃光(—, 빛 광) 순간적으로 번쩍이는 빛. ㉑—電球.

2 ⑤ 〔闪〕 섬 閃(5767)의 간화자
5768

3 ⑥ 〔闯〕 틈 闖(5808)의 간화자
5769

3 ⑪ 〔閉〕*** 폐: 去霽 | bì, ヘイ
5770

소전 閉 행서 闭 간화 闭 이름 닫을 폐: 자원 상형. 門+才→閉. 才는 빗장을 질러놓은 모양. 문에 빗장을 질러놓은 모양이기에 '닫다'의 뜻을 나타낸다.

필순 丨 𠃊 ㄗ 𠁣 門 門 閂 閉 閉 閉

새김 닫다. 開(5775)의 대. ㉠문을 닫다. ¶閉鎖(—, 잠글 쇄)문을 닫아 걺. ㉑공장을 —하다. ㉡눈을 감다. ¶閉₂目₁(—, 눈 목)눈을 감음. ㉢입을 다물다. ¶閉₂口₁(—, 입 구)입을 다묾. ㉑—無言. ㉣모임을 끝마치다. ¶閉₂會₁(—, 모임 회) 회의나 모임을 끝마침. ㉑—를 선언하다.
〔閉講〕(폐강) 강의나 강좌를 끝내거나 그만둠.
〔閉幕〕(폐막) ①연주를 마치고 막을 내림. ②어떤 모임이나 식을 끝냄.
〔閉門〕(폐문) 문을 닫음.
〔閉塞〕(폐색) 닫아 막음. 또는 닫쳐 막힘.
〔閉業〕(폐업) 문을 닫고 영업을 쉼.
〔閉店〕(폐점) 가게의 문을 닫음.
〔閉廷〕(폐정) 그날의 재판을 끝내고 법정을 닫음. ㉢開庭(개정).
▷開閉(개폐)·密閉(밀폐)·幽閉(유폐)

3 ⑥ 〔闭〕 폐: 閉(5770)의 간화자
5771

4 ⑫ 〔閒〕* ㊀간 間(5773)의 본자
㊁한 閑(5780)의 본자
5772

참고 대법원 공인 인명용 추가한자에 ㊀은 들어 있지 아니하다.

4 ⑫ 〔間〕*** ㊀간 平刪 | jiān, カン
㊁간: 去諫 | jiàn, カン
5773

소전 閒 행서 间 본자 閒 간화 间 이름 ㊀사이 간 ㊁헐뜯을 간:
자원 회의. 門+日→間. 문 사이로 해가 보인다는 데서 '사이·틈'의 뜻을 나타낸다.

필순 丨 𠃊 ㄗ 𠁣 門 門 門 門 閒 間

새김 ㊀❶사이. 또는 동안. 공간이나 두 시각의 사이. ¶間隙(—, 틈 극)㉮두 물체 사이의 틈. ㉑벽의 —. ㉯두 동안의 틈. ㉑닷새 동안의 —. ❷간. ㉠집의 간살의 수효를 나타내는 말. ㉑여러 間의 방이 있는 큰 집. ㉡집의 간살의 면적의 단위. 약 212㎠~272㎠의 넓이. ㉑두 間 마루. ㉢길이의 단위. 약 182㎝의 길이. ㉑한 間의 거리. ㊁❶헐뜯다. 하리를 놓다. ¶離間(떨어질 리, —)두 사이를 떼어놓으려고 하리를 놓음. ㉑—政策. ❷첩자. 세작. ¶間諜(—, 첩자 첩)적의 정세를 몰래 살피는 자. ㉑南派—.
〔間隔〕(간격) ①사람들 사이에서 생기는 틈. ②공간적 거리나 시간적 동안.
〔間斷〕(간단) 이어지지 못하고 한동안 끊어짐.
〔間伐〕(간벌) 나무의 생장을 돕기 위해 솎아서 벰. 「(原色)을 섞어서 낸 색.
〔間色〕(간색) ①잡색(雜色). ②두가지의 원색
〔間食〕(간식) 끼니와 끼니 사이에 간단히 먹는 음식. 「말.
〔間言〕(간언) ①이간하는 말. ②은밀하게 하는
〔間接〕(간접) 중간에 다른 사람이나 사물을 넣어, 그를 통하여 대하거나 행하는 관계. ㉢直接(직접). 「종이.
〔間紙〕(간지) 책장과 책장 사이에 끼워두는
〔間歇〕(간헐) 얼마 동안씩 시간을 두고 쉬었다 일어났다 함. ㉑—泉.
〔間或〕(간혹) 이따금. 드물게. 어쩌다가.
▷空間(공간)·期間(기간)·民間(민간)·世間(세간)·瞬間(순간)·時間(시간)·夜間(야간)·人間(인간)·巷間(항간)·行間(행간)

4 ⑦ 〔间〕 ㊀간 間(5773)의 간화자
㊁간: 間(5773)의 간화자
5774

4 ⑫ 〔開〕*** 개 平灰 | kāi, カイ
5775

소전 開 행서 开 간화 开 이름 열 개 자원 회의. 門+开→開. 开는 좌우의 두 손의 모양. 두 손으로 문을 밀쳐 연다는 뜻.

필순 丨 𠃍 ㄕ 𠃓 門 門 門 閂 閈 開

새김 ❶열다. 閉(5770)의 대. ㉠닫힌 문을 열다. ¶開門(—, 문 문)문을 엶. 예— 納賊. ㉡뚜껑·덮개 등을 벗기거나 봉한 것을 떼다. ¶開封(—, 봉할 봉)봉한 것을 뗌. 예편지의 —. ㉢시작하다. ¶開校(—, 학교 교)새로 세운 학교에서 처음으로 수업을 시작함. 예— 紀念日. ㉣뚫어서 길을 트거나 닦다. ¶開通(—, 오갈 통)새로 낸 길이나 다리 등의 통행을 개시함. 예경부 고속 철도의 —을 눈앞에 두고 있다. ㉤나라를 새로 세우다. ¶開國(—, 나라 국)새로 나라를 세움. 예— 功臣. ❷열리다. 문화가 진보하다. ¶開化(—, 될 화) 지식이나 문화가 새로운 방향으로 나아감. 예— 思想. ❸꽃이 피다. ¶開花(—, 꽃 화)꽃이 핌. 예— 期.

〔開墾〕(개간) 황무지를 개척하여 경작지로 만듦.
〔開講〕(개강) 강의나 강습 등을 처음 시작함.
〔開館〕(개관) 도서관·박물관 등의 문을 엶.
〔開幕〕(개막) ①막을 엶. ②회의나 행사를 시작함.
〔開明〕(개명) 사람들의 지식이 열리고 문화가 진보됨.
〔開發〕(개발) ①슬기와 재능을 열어 줌. ②개척하여 발전시킴.
〔開放〕(개방) 문을 열어 놓음. 또는 금하던 것을 풀고 열어 놓음. 예門戶—.
〔開闢〕(개벽) 천지가 처음으로 열림.
〔開設〕(개설) 설립함. 또는 설치함.
〔開始〕(개시) 시작함.
〔開眼〕(개안) (佛)불상이나 탱화를 새로 만들어 그 눈에 혼을 불어 넣는 일. 또는 그 불공을 드리는 의식.
〔開業〕(개업) 영업을 처음 시작함.
〔開場〕(개장) ①어떤 장소를 개방하여 입장을 하게 함. ②國 과거를 보이기 시작함.
〔開戰〕(개전) 전쟁을 시작함.
〔開廷〕(개정) 법정을 열고 재판을 시작함.
〔開陳〕(개진) 사실을 해명하기 위하여 내용을 말함.
〔開拓〕(개척) ①생땅을 일구어 논밭을 만듦. ②아무도 한 일이 없는 일을 처음 시작하여 그 부분의 길을 닦음.
〔開催〕(개최) 모임·행사를 엶.
〔開閉〕(개폐) 엶과 닫음. 여닫음.
〔開票〕(개표) 투표함을 열고 투표한 표를 계산함.
〔開港〕(개항) ①항구를 개설함. ②외국과의 통상(通商)을 할 수 있게 항구를 개방함.
〔開婚〕(개혼) 여러 자녀를 둔 부모가 처음으로 며느리나 사위를 보는 혼인.
〔開會〕(개회) 회의나 집회를 시작함. 예— 式.
▷ 公開(공개)·滿開(만개)·未開(미개)·半開(반개)·展開(전개)·打開(타개)

4 ⑫ 〔閔〕* 5776 민 本민: 上 軫 | mǐn, ビン

소전 閔 행서 闵 간화 闵 이름 근심할 민 자원 형성. 門＋文→閔. 玟(민)·旼(민)과 같이 文(문)의 변음이 성부.

새김 근심하다. 우려하다. 〔孟子〕 有閔其苗之不長(유민 기묘지부장) 그 모가 자라지 아니함을 근심함이 있다.

4 ⑦ 〔闵〕 5777 민 閔(5776)의 간화자

4 ⑫ 〔閏〕** 5778 윤: 去 震 | rùn, ジュン

소전 閏 행서 闰 간화 闰 이름 윤달 윤: 자원 회의. 門＋王→閏. 곡삭(告朔)의 예 때에, 그 달이 윤달이면 왕은 종묘에 있지 않고 문 안에 있도록 되어 있었기에 '윤달'의 뜻을 나타낸다.

필순 丨 𠃍 ㄕ 𠃓 門 門 門 門 閂 閏

새김 ❶윤달. ㉠양력에서 윤년인 해의 2월. 이 해의 2월은 29일이 된다. ㉡음력에서는 12개월 외에 더 넣는 1개월. 예閏八月. ❷정통(正統)이 아니다. ¶閏位(—, 자리 위)정통이 아닌 임금의 자리.

〔閏年〕(윤년) 윤달이 든 해.

4 ⑦ 〔闰〕 5779 윤: 閏(5778)의 간화자

4 ⑫ 〔閑〕*** 5780 한 平 刪 | xián, カン

소전 閑 행서 闲 본자 閒 간화 闲 이름 한가할 한 자원 회의. 門＋木→閑. 문에 나무로 만든 빗장을 질러 놓았다는 뜻. 새김은 가차.

필순 丨 𠃍 ㄕ 𠃓 門 門 門 閂 閈 閑

새김 한가하다. 겨를이 있다. ¶閑雲(—, 구름 운)한가롭게 떠도는 구름. 예— 野鶴.

〔閑暇〕(한가) 조용하고 시간의 여유가 있음.
〔閑寂〕(한적) 조용하고 쓸쓸함.
〔閑散〕(한산) 한가하고 쓸쓸함.
〔閑雅〕(한아) ①한가하고 운치가 있음. ②얌전하고 품위가 있음.
▷ 農閑期(농한기)·等閑(등한)·忙中閑(망중한)·有閑(유한)·偸閑(투한)

4 ⑦ 〔闲〕 5781 한 閑(5780)의 간화자

5 ⑬ [閘]* 갑 ㊌잡: 入洽 | zhá, コウ
5782

소전 閘 행서 闸 간화 闸 이름 수문 갑 자원 형성. 門+甲→閘. 岬(갑)·匣(갑)과 같이 甲(갑)이 성부.
새김 ❶수문(水門). 물문. ¶閘門(—, 문 문)물목이나 물길에 설치한 물문. 예—을 열다. ❷차단 장치. ¶電閘(전기 전, —)전류의 흐름을 차단하는 장치.

5 ⑧ [闸] 갑 閘(5782)의 간화자
5783

5 ⑧ [闹] 뇨: 鬧(6194)의 간화자
5784

6 ⑭ [閣]** 각 入藥 | gé, カク
5785

소전 閣 행서 阁 간화 阁 이름 집 각 자원 형성. 門+各→閣. 恪(각)과 같이 各(각)이 성부.

필순 丨 冂 户 户 門 門 閁 閔 閣 閣

새김 ❶집. 높은 건물. ¶樓閣(다락 루, —)다락식으로 지은 큰 집. 예단청을 한 —. ❷관서. 중앙 관서. ¶閣僚(—, 관리 료)최고의 행정 기관의 각 장관. ❸놓다. 붓을 놓다. 擱(1991)과 통용. ¶閣筆(—, 붓 필)쓰던 글을 그만두고 붓을 놓음.
〔閣道〕(각도) ①누각 사이의 공중에 건너지른 복도. ②잔도(棧道).
〔閣議〕(각의) 내각의 회의.
〔閣下〕(각하) ①전각(殿閣)의 아래. ②신분이 높은 사람에 대한 경칭.
▷高閣(고각)·高樓巨閣(고루거각)·內閣(내각)·碑閣(비각)·沙上樓閣(사상누각)·入閣(입각)·殿閣(전각)·組閣(조각)·畫閣(화각)

6 ⑨ [阁] 각 閣(5785)의 간화자
5786

6 ⑭ [関] 관 關(5811)의 속자
5787

6 ⑭ [閨]* 규 平齊 | guī ケイ
5788

소전 閨 행서 闺 간화 闺 이름 도장방 규 자원 형성. 門+圭→閨. 珪(규)·奎(규)와 같이 圭(규)가 성부.
새김 ❶도장방. 안방. 내실. ¶閨房(—, 방 방)도장방. 여자가 거처하는 방. 예—歌辭. ❷부인(婦人). ¶閨秀(—, 빼어날 수)㉮남의 집 처녀를 점잖게 이르는 말. 예어느집 —와 정혼했는가? ㉯학문과 재주가 뛰어난 여자. 예—作家.
〔閨範〕(규범) 부녀자의 도리나 범절.
〔閨怨〕(규원) 남편과 떨어져 있는 아내의 한.
〔閨中〕(규중) 부녀자가 거처하는 안방.

6 ⑨ [闺] 규 閨(5788)의 간화자
5789

6 ⑨ [闾] 려 閭(5794)의 간화자
5790

6 ⑭ [閥]* 벌 入月 | fá, バツ
5791

소전 閥 행서 阀 간화 阀 이름 문벌 벌 자원 형성. 門+伐→閥. 筏(벌)과 같이 伐(벌)이 성부.
새김 ❶문벌. 집안의 지체. ¶門閥(문 문, —)대대로 내려오는 그 집안의 사회적 지위. 예이름난 —. ❷파벌. 출신이나 이해 관계를 같이하는 사람들의 집단. ¶學閥(학교 학, —)같은 학교의 출신자끼리 이룬 파벌. 예—을 따지다.
〔閥族〕(벌족) 나라에 공을 많이 세우고 벼슬을 많이 한 집안.
▷家閥(가벌)·財閥(재벌)·派閥(파벌)

6 ⑨ [阀] 벌 閥(5791)의 간화자
5792

6 ⑭ [閤]* 합 ㊌갑: 入合 | gé, コウ
5793

소전 閤 행서 阁 이름 궁전 합 자원 형성. 門+合→閤. 哈(합)·蛤(합)과 같이 合(합)이 성부.
새김 ❶궁전. 특히 대궐의 편전. ¶閤門(—, 문 문)편전의 앞문. ❷정승이 있는 관아의 문. ¶閤下(—, 아래 하)㉮신분이 높은 사람에 대한 높임말. ㉯國정일품 벼슬아치를 높이어 부르는 말.
〔閤夫人〕(합부인) 國남의 아내에 대한 높임말.

7 ⑮ [閭]* 려 平魚 | lǘ, リョ
5794

소전 閭 행서 闾 간화 闾 이름 마을 려 자원 형성. 門+呂→閭. 侶(려)와 같이 呂(려)가 성부.
새김 ❶마을. 주대(周代)에 25집을 한 마을로 이르던 말. ¶閭巷(—, 골목 항)백성들의 살림집이 모여 있는 곳. ❷문. 마을 어귀의 문. ¶門閭(문 문, —)동네 어귀의 문.
〔閭門〕(여문) 마을 어귀에 세운 문.
〔閭閻〕(여염) 서민이 모여 사는 마을.
▷旌閭(정려)·鄕閭(향려)

7 ⑮ 閱 ** 열 入屑 yuè, エツ
5795

소전 行서 간화 阅 이름 볼 열 자원 형성. 門+兌→閱. 兌에는 '태' 외에 '열'의 음도 있어, 悅(열)·說(열)과 같이 兌(열)이 성부.

필순 丨 ㄗ ㄗ' 門 門 門 閄 閲 閲 閱

새김 ❶보다. 훑어보다. ¶閱覽(—, 볼 람)책이나 신문 등을 조사하며 훑어봄. 예新聞—. ❷사열하다. 점검하다. ¶閱₂兵₁(—, 군사 병)정렬한 군대의 앞을 지나면서 사열함. 예—式. ❸겪다. 세월이 거쳐가다. ¶閱歷(—, 지날 역)여러 가지 일들을 겪어 지내옴. 예—風霜.
〔閱人〕(열인) ①사람을 관찰함. ②사람을 많이 겪어 봄. ③왕래하며 사귐.
▷檢閱(검열)·校閱(교열)·査閱(사열)

7 ⑩ 阅 열 閱(5795)의 간화자
5796

8 ⑯ 閼 * 알 入曷 è, アツ
5797

소전 행서 간화 阏 이름 막을 알 자원 형성. 門+於→閼. 於(어)의 변음이 성부.
새김 막다. 저지하다. 또는 멈추다.

8 ⑪ 阏 알 閼(5797)의 간화자
5798

8 ⑯ 閻 * 염 平鹽 yàn, エン
5799

소전 행서 간화 阎 이름 마을 염 자원 형성. 門+臽→閻. 焰(염)과 같이 臽(함)의 변음이 성부.
새김 ❶마을. 동네. 또는 동네 어귀의 문. ¶閭閻(마을 려, —)백성들의 살림집이 모여 있는 마을. 예—집의 살림살이. ❷염마(閻魔). 범어 yama의 음역. 인간의 생전의 선악을 심판하여 징벌한다는 저승의 왕. 염라대왕.

8 ⑪ 阎 염 閻(5799)의 간화자
5800

8 ⑪ 阐 천: 闡(5812)의 간화자
5801

9 ⑰ 闇 * 암: 去勘 àn, アン
5802

소전 행서 이름 어두울 암: 자원 형성. 門+音→闇. 暗(암)과 같이 音(음)의 변음이 성부.
새김 어둡다. 흐리다. 어리석다. ¶闇弱(—, 약할 약)사리에 어둡고 대가 약함. 예—한 임금.

9 ⑰ 闊 * 활 本괄: 入曷 kuò, カツ
5803

소전 행서 속자 濶 간화 阔 이름 넓을 활 자원 형성. 門+活→闊. 活(활)이 성부.
새김 ❶넓다. ㉠면적이 넓다. ¶廣闊(넓을 광, —)지역이 매우 넓음. 예—한 벌판. ㉡보폭이 넓다. ¶闊步(—, 걸을 보)보폭을 길게 떼어 당당하게 걸음. 또는 그런 걸음걸이. 인신하여, 거드럭거리며 행동함. 예大路를 —하다. ㉢마음 쓰는 도량이 넓다. ¶闊達(—, 활달할 달)사물에 구애되지 않고 도량이 너그럽고 큼. 동豁達(활달). 예—한 기상. ❷오래 헤어져 지내다. ¶久闊(오랠 구, —)오랜 동안 소식이 없거나 만나지 못함. ❸물정에 어둡다. ¶迂闊(어두울 오, —)사리에 어둡고 덩둘함. 예—한 선비들.
〔闊狹〕(활협) ①넓음과 좁음. ②자기 것을 아끼지 아니하고 남을 도와 주는 데 시원스러움.
▷疎闊(소활)·快闊(쾌활)

9 ⑫ 阔 활 闊(5803)의 간화자
5804

10 ⑱ 闕 * 궐 入月 què, ケツ
5805

소전 행서 간화 阙 이름 대궐 궐 자원 형성. 門+欮→闕. 厥(궐)과 같이 欮(궐)이 성부.
새김 ❶대궐. 궁궐. ¶闕門(—, 문 문)대궐의 문. 예—을 지키는 장수. ❷빠지다. 또는 빠뜨리다. ¶闕文(—, 글 문)문장 가운데서 빠진 글자나 글귀. ❸자리를 비우다. ¶闕席(—, 자리 석)앉아 있어야 할 자리를 비움. 예—裁判.
〔闕內〕(궐내) 대궐 안.
〔闕員〕(궐원) 정원 수에 모자라는 인원. 결원(缺員).
▷宮闕(궁궐)·禁闕(금궐)·大闕(대궐)·補闕(보궐)·入闕(입궐)·退闕(퇴궐)

10 ⑬ 阙 궐 闕(5805)의 간화자
5806

10 ⑱ 鬪 투 鬪(6195)의 속자
5807

10 ⑱ 闖 * 틈 本츰: 去沁 chèn, チン
5808

소전 행서 간화 闯 이름 느닷없이 틈 자원 회의. 門+馬→闖. 말이 문 안으로 갑자기 뛰어든다는 뜻.
새김 느닷없이. 또는 갑자기 뛰어들다. ¶闖入

(一, 들 입)느닷없이 함부로 뛰어 듦.

10 ⑱ 〔闔〕* 합 入合 | hé, コウ
5809

소전 闔 행서 闔 간화 阖 이름 닫을 합 자원 형성. 門+盍→闔. 盍(합)이 성부.
새김 ❶닫다. 문을 닫다. ¶闔門 (一, 문 문)제사 지내는 절차에서, 유식(侑食) 때 제관이 잠시 방을 비우고 그 문을 닫는 일. ❷온. 모두. ¶闔家(一, 집안 가)온 집안.

10 ⑬ 〔阖〕 합 闔(5809)의 간화자
5810

11 ⑲ 〔關〕*** 관 平刪 | guān, カン
5811

소전 關 행서 關 속자 関 간화 关 이름 빗장 관 자원 형성. 門+𢇇→關. 𢇇(관)이 성부.

필순 | 𠃍 門 門 門 閂 閂 閂 關 關 關

새김 ❶빗장. 문빗장. ¶關鍵 (一, 자물쇠 건)문빗장과 자물쇠. 인신하여, 문제 해결의 핵심적인 고리. 예一裝置 ❷관. 국경이나 출입구 등에 두고, 그 곳을 지나다니는 사람이나 물품을 조사하는 곳. ¶稅關(세금 세, 一)항구나 공항에서 수입하고 수출하는 물품의 검사를 하거나 관세를 매기는 일을 하는 관청. 예一을 통과하다. ❸기관. 기계를 움직이는 장치. ¶機關(기계 기, 一) ㉮일정한 에네르기를, 일을 하는 힘으로 바꿀 수 있도록 장치한 기계. 예蒸氣一. ㉯사회적 생활에서 일정한 목적을 수행하고 있는 조직체. 예教育一. ❹잇다. 맞닿다. ¶關節(一, 마디 절)사람이나 동물의 골격에서 뼈와 뼈가 맞닿은 곳. 예一炎. ❺연관되다. 또는 관계하다. ¶關聯(一, 이을 련)둘 이상의 사람이나 사물 현상 사이에 서로 관계를 맺어 이어져 있음. 예一이 있는 일.

〔關係〕(관계) ①서로 관련됨. ②사물의 현상들 사이에 맺어지는 얽힘이나 그것들 사이의 연관.

〔關門〕(관문) ①문을 닫음. ②국경이나 교통 요지에 설치하였던 문. ③어떤 일을 하자면 반드시 거쳐야 하는 중요한 대목.

〔關稅〕(관세) 한나라의 세관을 통과하는 물품에 대하여 부과하는 세금.

〔關心〕(관심) 어떤 것에 돌려지는 마음이나 주의. 예一을 가지다.

〔關與〕(관여) 어떤 일에 관계하여 참여함.

〔關柝〕(관탁) 문빗장과 딱따기. 곧 문을 기키고 야경을 돎.

▷難關(난관)·門關(문관)·聯關(연관)

12 ⑳ 〔闡〕* 천: 上銑 | chǎn, セン
5812

소전 闡 행서 闡 간화 阐 이름 드러낼 천: 자원 형성. 門+單→闡. 單에는 '단' 외에 '선' 음도 있어, 單(선)의 변음이 성부.
새김 ❶드러내다. 드러내 밝히다. ¶闡明 (一, 밝힐 명) 어떤 사실이나 진리 등을 드러내어 밝힘. 예문제의 본질을 一하다.

〔闡揚〕(천양) 뚜렷이 밝혀 드러내거나 널리 퍼지게 함.

〔闡幽〕(천유) 깊이 숨은 것을 드러내게 함.

▷開闡(개천)·遐闡(하천)

13 ㉑ 〔闢〕* 벽 入陌 | pì, ヘキ
5813

소전 闢 행서 闢 간화 辟 이름 열 벽 자원 형성. 門+辟→闢. 壁(벽)·僻(벽)·癖(벽)과 같이 辟(벽)이 성부.
새김 ❶열다. 닫힌 것을 열다. 또는 닫힌 것이 열리다. ¶開闢(열 개, 一)㉮하늘과 땅이 처음으로 생김. 예天地一. ㉯인신하여, 새로운 시대가 열림의 비유. ❷넓히다. 개척하다. ¶闢土拓地(一, 땅 토, 열 척, 땅 지)내버려 두었던 땅을 개척하여 쓸모 있게 만듦.

8 획 부수	阜(阝)部

▷명칭: 언덕부. 좌부방
▷쓰임: 언덕이나 언덕과 관련되는 뜻을 나타내는 한자의 부수로 쓰였다.

0 ⑧ 〔阜〕* 부: 上有 | fù, フ
5814

소전 阜 행서 阜 이름 언덕 부: 자원 상형. 돌이 없는 산의 모양을 본떴다.
새김 언덕. 평면보다 좀 높직한 곳.

2 ④ 〔队〕 대 隊(5858)의 간화자
5815

3 ⑥ 〔阡〕* 천 平先 | qiān, セン
5816

소전 阡 행서 阡 이름 길 천 자원 형성. 阝+千→阡. 千(천)이 성부.
새김 ❶길. 남북으로 난 밭두둑길. ¶阡陌(一, 길 맥) 밭두둑길. 밭 사이로 난 길. ❷일천. 千(0566)의 갖은자.

〔阡兆〕(천조) 묘지. 묘역.

4⑥ [阶] 계 階(5857)의 간화자
5817

4⑦ [防]*** 방 平陽 | fáng, ボウ
5818

소전 행서 이름 막을 방 자원 형성. 阝+方→防. 訪(방)·放(방)·房(방)·芳(방)과 같이 方(방)이 성부.

필순 ㄱ ㄱ 阝 阝 阝 防 防

새김 ❶막다. ㉠흐르는 물을 가로막다. ¶防川(—, 내 천)둑을 쌓아 내나 흘러 넘치는 물을 막음. 또는 그 둑. 예—길. ㉡쳐들어오는 것을 막아 지키다. ¶防衛(—, 지킬 위)적의 공격을 막아 지킴. 예國土—. ㉢어떤 행동이나 어떤 현상이 일어나지 못하게 막다. ¶防止(—, 그칠 지)어떤 일어나 현상이 일어나지 못하게 막음. 예火災—. ❷둑. 방죽. ¶堤防(둑 제, —)물가에 쌓은 둑. 예—工事.

[防空](방공) 항공기에 의한 공중 공격을 막음. 예—訓鍊.
[防毒](방독) 독극물·방사성 물질·세균 등으로부터의 피해를 막음. 예—面.
[防犯](방범) 범죄의 발생을 미리 막음.
[防腐](방부) 물질이 썩어 변하는 것을 막음. 예—劑.
[防備](방비) 미리 준비하여 공격이나 피해를 막음. 또는 그 설비.
[防禦](방어) 적이 공격하여 오는 것을 막음.
[防疫](방역) 전염병의 발생·전염을 소독이나 예방 주사 등의 방법으로 미리 막음.
[防音](방음) 잡음이나 소리의 반사를 막음.
[防彈](방탄) 날아드는 탄알을 막음. 예—조끼.
[防波堤](방파제) 항구 안쪽으로 밀려드는 파도를 막기 위하여 쌓은 둑.
[防寒](방한) 추위를 막음. 예—帽.
[防火](방화) 화재를 미리 막음. 예—포스터.
▷國防(국방)·邊防(변방)·砂防(사방)·消防(소방)·豫防(예방)

4⑥ [阳] 양 陽(5862)의 동자·간화자
5819

4⑦ [阮]* 완: 本원: 上阮 | ruǎn, ゲン
5820

소전 행서 이름 완나라 완: 자원 형성. 阝+元→阮. 玩(완)·頑(완)과 같이 元(원)의 변음이 성부.

새김 ❶완나라. 감숙성(甘肅省)에 있었던, 춘추(春秋) 때의 나라 이름. ❷성(姓).

[阮丈](완장) 國남의 삼촌을 높여 이르는 말.

4⑥ [阭]* 윤: 上軫 | yǔn, イン
5821

소전 행서 이름 높을 윤: 자원 형성. 阝+允→阭. 玧(윤)·銳(윤)과 같이 允(윤)이 성부.

새김 높다. 또는 높고 험한 모양.

4⑥ [阴] 음 陰(5853)의 동자·간화자
5822

4⑥ [阵] 진 陣(5843)의 간화자
5823

4⑦ [阪]* 판: 上阮 | bǎn, ハン
5824

소전 행서 이름 비탈 판: 자원 형성. 阝+反→阪. 反에는 '반' 외에 '판' 음도 있어 板(판)·販(판)과 같이 反(판)이 성부.

새김 비탈. 경사가 진 언덕.

5⑦ [陆] 륙 陸(5850)의 간화자
5825

5⑧ [附]** 부: 去遇 | fù フ
5826

소전 행서 이름 붙을 부: 자원 형성. 阝+付→附. 府(부)·腐(부)·符(부)와 같이 付(부)가 성부.

필순 ㄱ ㄱ 阝 阝 阝 阝 附 附

새김 ❶붙다. ㉠달라붙다. 들어붙다. ¶附着(—, 붙을 착)떨어지지 않게 착 들어붙음. 예—力. ㉡어떤 대상에 바싹 가까이 붙다. ¶附近(—, 가까울 근)어떤 곳에 붙어 있는 가까운 곳. 예學校—. ㉢주되는 것에 딸리다. ¶附屬(—, 딸릴 속)주체되는 기관에 딸리어 붙어 있음. 예—病院. ❷붙좇다. 따르다. ¶附和(—, 화활 화)자기의 주견이 없이 남의 의견에 붙좇음. 예—雷同. ❸맞추다. 억지로 끌어다 맞추다. ¶附會(—, 맞출 회)이치에 닿지 않는 것을 끌어다 맞춤. 예牽強—.

[附錄](부록) 본문 이외에 참고로 덧붙이는 책이나 글.
[附設](부설) 덧붙이어 설치함. 예—休養所.
[附則](부칙) 어떤 규칙·규정·법률 등의 기본적인 조항을 보충하기 위하여 덧붙인 조항.
▷阿附(아부)·添附(첨부)

5⑧ [阿]* 아 平歌 | ē, ア
5827

소전 행서 이름 언덕 아 자원 형성. 阝+可→阿. 婀(아)와 같이 可(가)의

변음이 성부.
새김 ❶언덕. 또는 기슭. ❷아첨하다. 알랑거리다. ¶阿世(一, 세상 세)세상에 아첨함. 세상 사람들이 하는 대로 붙좇음. 예曲學一. ❸범어 A의 음역자. ¶阿鼻(아비) 범어 Avi의 음역. 8대 지옥의 하나인 아비지옥. 이승에서 큰 죄를 저지른 자가 빠진다는 곳으로, 가장 고통이 심한 지옥. 예一叫喚.
〔阿附〕(아부) ①아첨하여 붙좇음. ②의지하여 기댐.

5 ⑦ 〔际〕 5828 제: 際(5872)의 간화자

5 ⑧ 〔阻〕* 5829 조 ㊍저: 上語 zǔ, ソ

소전 행서 이름 험할 조 자원 형성. 阝+且→阻. 且에는 '차' 외에 '조'·'저' 음도 있어 祖(조)·助(조)와 같이 且(조)가 성부.
새김 ❶험하다. 지세가 험하다. ¶險阻(험할 험, 一)지세가 높고 험함. 예一한 산길. ❷가로막히다. 〔詩經〕 道阻且長(도조차장)길은 가로막히고 또 멀다.
▷隔阻(격조)·積阻(적조)

5 ⑦ 〔陈〕 5830 진 陳(5854)의 간화자

5 ⑧ 〔陀〕* 5831 타 平歌 tuó, ダ

행서 이름 비탈진 타 자원 형성. 阝+它→陀. 舵(타)·駝(타)와 같이 它(타)가 성부.
새김 ❶비탈지다. 경사지다. ❷범어 Dhā의 음역. ¶佛陀(불타) 부처.

5 ⑧ 〔陂〕* 5832 피 平支 bēi, ヒ

소전 행서 이름 못 피 자원 형성. 阝+皮→陂. 彼(피)·疲(피)와 같이 皮(피)가 성부.
새김 못. 저수지. ¶陂池(一, 못 지)못. 저수지.

6 ⑨ 〔陋〕* 5833 루: 去宥 lòu, ロウ

소전 행서 이름 천할 루: 자원 형성. 阝+丙〔㔷의 변형〕→陋. 㔷(루)가 성부.
새김 ❶천하다. ㉠더럽거나 상스럽다. ¶陋醜(一, 추할 추)㉮지저분하고 더러움. 예一한 집. ㉯치뜰고 던지러움. 예一한 행동. ㉡자기가 사는 집이나 있는 곳을 말할 때 붙이는 겸사. ¶陋地(一, 곳 지)자기가 사는 곳을 겸손하게 이르는 말. 예一枉臨. ❷좁다. 마음이 좁다. ¶固陋(단단할 고, 一)낡은 관념이나 습관에 물들어 고집이 세고 변통성이 없음. 예一한 선비.
〔陋見〕(누견) ①고루한 견해. ②남에게 대하여 자기의 의견이나 생각을 겸손하게 이르는 말.
〔陋名〕(누명) ①이름을 더럽힐 만한 억울한 평판. ②억울하게 뒤집어 쓴 불명예.
〔陋巷〕(누항) ①지저분한 골목. ②國 자기가 사는 곳의 겸칭.
▷卑陋(비루)·貧陋(빈루)·賤陋(천루)

6 ⑨ 〔陌〕* 5834 一 맥 入陌 mò ハク / 二 백 ㊍맥 國 入陌 mò ハク

행서 이름 一길 맥 二일백 백 자원 형성. 阝+百→陌. 百에는 '백' 외에 '맥' 음도 있어, 貊(맥)과 같이 百(맥)이 성부.
새김 一길. 동서, 또는 남북으로 난 밭두둑길. ¶阡陌(길 천, 一)밭두둑길. 밭 사이로 난 길. 二일백. 佰(0197)과 통용. 百(3497)의 갖은자.

6 ⑧ 〔陕〕 5835 섬: 陝(5838)의 간화자

6 ⑨ 〔限〕*** 5836 한: 上潸 xiàn, ゲン

소전 행서 이름 한정할 한: 자원 형성. 阝+艮→限. 恨(한)과 같이 艮(간)의 변음이 성부.

필순 ㄱ ३ 阝 阝 阝 阝 阝 限 限

새김 ❶한정하다. 범위를 정하다. ¶限度(一, 정도 도) 한정해 놓은 정도. 예一를 넘다. ❷한도. 경계. 정해 놓은 범위. ¶期限(때 기, 一) 미리 정해놓은 시기. 예一을 넘기다.
〔限界〕(한계) ①땅의 경계. ②사물의 정하여 놓은 범위.
〔限命〕(한명) 한정된 수명.
〔限定〕(한정) 일정한 범위를 정함.
▷局限(국한)·極限(극한)·無限(무한)·有限(유한)·制限(제한)

6 ⑨ 〔降〕*** 5837 一 항 平江 xiáng, コウ / 二 강: 去絳 jiàng, コウ

소전 행서 이름 一항복할 항 二내릴 강: 자원 형성. 阝+夅→降. 夅(항→강)이 성부.

필순 ㄱ ३ 阝 阝 阝 阝 降 降 降

새김 一항복하다. 적에게 져서 항복하다. ¶降將(一, 장수 장)항복한 장수. 二❶내리다. ㉠높은 데서 낮은 곳으로 내려오다. 昇(2109)의 대. ¶昇降(오를 승, 一)오르내림. 예一機. ㉡비·눈·이슬 등이 내리다. ¶降雨(一, 비 우)내린

비. 또는 비가 내림. ㉮―量. ❷낮추다. 등급이나 지위를 낮추다. ¶降等(―, 등급 등)등급을 낮춤. ❸태어나다. 탄생하다. ¶降誕(―, 태어날 탄)제왕이나 성인 등 뛰어난 인물이 탄생함. ❹아랫사람에게 시집가다. 공주(公主)나 왕녀가 신하에게 시집가다. ¶降嫁(―, 시집갈 가)공주나 왕녀가 신하의 집으로 시집감. ❺뒤. 이후. ¶以降(써 이, ―)일정한 때로부터 뒤. ㉬以後(이후).

〔降臨〕(강림) 신이 하늘에서 인간 세상에 내려옴.

〔降水〕(강수) 비·눈 등으로 지상에 내리는 물.

〔降下〕(강하) ①공중에서 땅 위로 내려옴. ㉮낙하산 ―. ②기온·온도가 낮아짐. ㉮온도의 ―.

〔降服〕(항복) 전쟁·싸움 등에서 패배하여 굴복함.

〔降書〕(항서) 항복하는 뜻을 적은 문서.

▷霜降(상강)·投降(투항)·下降(하강)

7 ⑩ 〔陜〕* 5838 섬: 上琰 | shǎn, セン

소전 陜 행서 陜 이름 땅이름 섬: 자원 형성. 阝+夾→陜. 夾(섬)이 성부.

새김 땅 이름. 섬서성(陝西省)의 준말.

7 ⑩ 〔陞〕* 5839 승 平蒸 | shēng, ショウ

행서 陞 이름 오를 승 자원 형성. 阝+升+土→陞. 昇(승)과 같이 升(승)이 성부. 참고 현대에는 이 자는 잘 쓰지 않고 昇(2109)을 주로 쓴다.

새김 오르다. 벼슬이나 지위가 오르다. ¶陞進(―, 나아갈 진)지위가 올라감. ㉮―試驗.

〔陞級〕(승급) 등급이 오름. 승급(昇級).

7 ⑨ 〔陨〕 5840 운: 隕(5869)의 간화자

7 ⑩ 〔院〕** 5841 원: 去霰 | yuàn, イン

소전 院 행서 院 이름 집 원: 자원 형성. 阝+完→院. 完(완)의 변음이 성부.

필순 ㇇ ㇌ 阝 阝' 阝'' 阝宀 阝宀 阝完 阝完 院

새김 ❶집. 공공의 목적에 쓰는 집. ¶病院(병 병, ―)병을 치료하는 곳. ❷병원. ¶入院(들 입, ―)환자가 치료를 받기 위하여 일정 기간 병원에 들어감. ㉮―室. ❸국회. ¶院內(―, 안 내)국회의 안. ㉮―總務. ❹원. ㉠역원. 공무로 다니는 벼슬아치들이 묵던 집. ¶院田(―, 밭 전)역원에 딸린 논밭. ㉡일정한 목적으로 활동하는 기관이나 단체. ㉮養老院.

〔院長〕(원장) 원(院)자가 붙은 기관의 우두머리.

▷開院(개원)·法院(법원)·寺院(사원)·書院(서원)·禪院(선원)·醫院(의원)·議院(의원)·通院(통원)·學院(학원)

7 ⑩ 〔除〕*** 5842 제 本저 平魚 | chū, ジョ

소전 除 행서 除 이름 덜 제 자원 형성. 阝+余→除. 余(여)의 변음이 성부.

필순 ㇇ ㇌ 阝 阝' 阝人 阝今 阝令 阝全 阝余 除

새김 ❶덜다. 없애다. 제외하다. ¶除去(―, 버릴 거)없애버림. ㉮불순물의 ―. ❷쓸다. 청소하다. ¶掃除(쓸 소, ―)쓸고 닦고 하여 깨끗하게 함. ㉮―用具. ❸벼슬을 주다. ¶除授(―, 줄 수)임금이 벼슬아치를 임명함. ㉮特使를 ―하다. ❹나누다. 또는 나눗셈. 乘(0056)의 대. ¶除法(―, 법 법)나누는 셈법.

〔除隊〕(제대) 군인이 만기 또는 그밖의 일로 현역 복무가 해제됨.

〔除幕〕(제막) 동상이나 기념비 등을 새로 세웠을 때, 거기에 쳐 두었던 막을 거둬 치우고 일반에게 공개함. ㉮―式.

〔除名〕(제명) 명단에서 이름을 빼버림.

〔除煩〕(제번) 國번다한 인사말은 그만둔다는 뜻으로, 간단한 편지 첫머리에 쓰는 말.

〔除夕〕(제석) ①섣달 그믐날 밤. ②동지날 밤.

〔除雪〕(제설) 길·마당 등에 쌓인 눈을 치움. ㉮―車.

〔除夜〕(제야) ①제석(除夕). ②동지의 하루 전날 밤.

〔除籍〕(제적) 호적·학적 등에서 이름을 삭제함.

〔除草〕(제초) 김을 맴. ㉮―作業.

▷控除(공제)·免除(면제)·排除(배제)·乘除(승제)·解除(해제)

7 ⑩ 〔陣〕** 5843 진 本진: 去震 | zhèn, ジン

행서 陣 간화 阵 이름 진 진 자원 후대에 만들어 쓴 자로서, 회의자라는 설이 있으나 자원이 확실하지 않다.

필순 ㇇ ㇌ 阝 阝一 阝丆 阝戸 阝百 阝亘 阝亘 陣

새김 ❶진. 군대의 대열. ¶布陣(펼 포, ―)진을 침. ㉮강을 등지고 ―한 적군. ❷진을 치다. ¶陣容(―, 모양 용)진을 친 형세의 모양. ㉮ ―을 재정비하다. ❸한차례. 한바탕. ¶陣痛(―, 아플 통)해산을 하려고 주기적으로 배가 아픈 증세. ㉮―이 시작되다.

〔陣頭〕(진두) 군진의 맨 앞장.

〔陣營〕(진영) 군대가 주둔하고 있는 병영.

〔陣地〕(진지) 공격이나 방어를 위한 준비로 구축해 놓은 지역.
▷ 軍陣(군진)·對陣(대진)·背水陣(배수진)·敵陣(적진)·戰陣(전진)·筆陣(필진)

7 ⑩ 〔陟〕* 척 入職 | zhì, チョク
5844

소전 행서 이름 오를 척 자원 회의. 阝+步→陟. 언덕을 걸어서 올라간다는 데서 '오르다'의 뜻을 나타낸다.
새김 오르다. 높은 곳에 오르다. ¶陟降(—, 내릴 강)오르락내리락 함.

7 ⑩ 〔陛〕* 폐: 上薺 | bì, ヘイ
5845

소전 행서 이름 계단 폐: 자원 형성. 阝+坒→陛. 坒(폐)가 성부.
새김 계단. 또는 섬돌. ¶陛下(—, 아래 하) 궁전의 계단 아래라는 뜻으로, 황제나 황후를 높여서 이르는 말.

7 ⑨ 〔陥〕 함: 陷(5855)의 약자
5846

7 ⑨ 〔险〕 험: 險(5876)의 간화자
5847

7 ⑩ 〔陜〕* 一 협 入洽 | xiá, キョウ
二 합 國
5848

소전 행서 이름 一좁을 협 二땅이름 합 자원 형성. 阝+夾→陜. 俠(협)·莢(협)과 같이 夾(협)이 성부. 참고 一은 대법원 공인 인명용 추가한자에 들어 있지 않음.
새김 一좁다. 狹(3189)과 동자. 二땅 이름. 예 慶尙南道 陜川(합천)의 海印寺.

8 ⑪ 〔陶〕** 도 平豪 | táo, トウ
5849

소전 행서 이름 질그릇 도 자원 형성. 阝+匋→陶. 淘(도)·萄(도)와 같이 匋(도)가 성부.

필순 ㇇ ㇌ 阝 阝 阝 阝 陶 陶 陶 陶

새김 ❶질그릇. 진흙을 구워 만든 그릇. ¶陶器(—, 그릇 기)질그릇이나 오지그릇. 예조선 시대의 —. ❷질그릇을 굽다. ㉠옹기그릇을 굽다. ¶陶工(—, 장인 공)옹기그릇을 굽는 일을 업으로 하는 사람. ㉡인신하여, 사람을 가르쳐 기르다. ¶陶冶(—, 쇠불릴 야)질그릇을 굽고 금속을 주조한다는 뜻으로, 훌륭한 품성이나 재능을 갖추도록 잘 가르치거나 스스로 힘써 노력함을 이르는 말. 예人格—. ❸거나하게 취하다. ¶陶醉(—, 술취할 취)거나하게 술에 취함. 인신하여, 즐기거나 좋아하는 것에 흠뻑 빠져 취하다싶이 됨. 예그림 그리기에 —하다. ❹울적하다. 마음이 답답하다. ¶鬱陶(답답할 울, —)마음이 답답함.
〔陶然〕(도연) 술이 거나하게 취하여 기분이 좋은 모양.
〔陶藝〕(도예) 도자기의 미술 공예.
〔陶磁器〕(도자기) 질그릇·오지그릇·사기그릇의 총칭.

8 ⑪ 〔陸〕*** 륙 入屋 | lù, リク
5850

소전 행서 간화 이름 뭍 륙 자원 형성. 阝+坴→陸. 坴(륙)이 성부.

필순 ㇇ ㇌ 阝 阝 阝 阝 阝 陆 陸 陸

새김 ❶뭍. 육지. 海(2765)의 대. ¶陸上(—, 위 상)육지의 위. 예—競技. ❷잇다. 이어지다. ¶陸續(—, 이을 속)사람이나 수레의 내왕이 끊어짐이 없이 자꾸 이어짐. 예— 밀려드는 人波. ❸여섯. 六(0366)의 갖은자.
〔陸橋〕(육교) 도로나 철도 위에 가로질러 놓은 다리.
〔陸軍〕(육군) 육지의 전투 및 방어를 맡은 군대.
〔陸路〕(육로) 육상의 길. ↔해로(海路).
〔陸地〕(육지) 뭍. 물에 잠기지 않은 지구의 표면.
▷ 內陸(내륙)·大陸(대륙)·上陸(상륙)·水陸(수륙)·離陸(이륙)·着陸(착륙)

8 ⑪ 〔陵〕** 릉 平蒸 | líng, リョウ
5851

행서 이름 언덕 릉 자원 형성. 阝+夌→陵. 綾(릉)·菱(릉)과 같이 夌(릉)이 성부.

필순 ㇇ ㇌ 阝 阝 阝 阝 陟 陵 陵 陵

새김 ❶언덕. ¶丘陵(언덕 구, —)언덕. 예—地帶. ❷능. 임금이나 왕비의무덤. ¶陵墓(—, 무덤 묘) 능이나 무덤.
〔陵園〕(능원) 國 능과 원소(園所). 곧 임금·왕비·왕세자·왕세자빈과 임금의 사친(私親)의 무덤.
〔陵遲處斬〕(능지처참) 머리·손·발·몸뚱이를 토막내어 죽이는 잔혹한 형벌.
〔陵幸〕(능행) 國 임금이 능에 거둥함.
▷ 岡陵(강릉)·山陵(산릉)·王陵(왕릉)

8 ⑪ 〔陪〕* 배: 本배 平灰 | péi, バイ
5852

소전 行서 [이름] 모실 배: [자원] 형성. 阝+咅→陪. 倍(배)·培(배)와 같이 咅(배)가 성부.

[새김] ❶모시다. 시종하다. ¶陪席(一, 자리할 석)높은 사람을 모시고 자리를 함께 함. 예一判事. ❷신하의 신하. ¶陪臣(一, 신하 신)제후(諸侯)는 천자의 신하이므로 제후의 신하가 천자에게, 대부(大夫)는 제후의 신하이므로 대부의 가신(家臣)이 제후에게 자기를 일컫는 말.

〔陪侍〕(배시) 높은 사람을 곁에서 모심.

〔陪審〕(배심) 민간에서 선출되어 소송의 심리에 참가함.

8 ⑪ 〔陰〕*** 음 平侵 | yīn, イン 5853

소전 행서 동자 간화 阴 [이름] 그늘 음 [자원] 형성. 阝+侌→陰. 侌(음)이 성부.

필순 ㇇ 了 阝 阝 阾 阾 陰 陰 陰 陰

[새김] ❶그늘. 사물에 가리워져 있는 곳. ¶樹陰(나무 수, 一)나무 그늘. ❷음. 陽(5862)의 대. ㉠동양 철학에서, 소극적이고 정적(靜的)인 면. ¶陰性(一, 성질 성)㉮소극적이고 정적인 성질. ㉯병균 검사에서 반응이 나타나지 않는 일. 대陽性(양성). ㉡산의 북쪽. 내의 남쪽. ¶山陰(산 산, 一)산의 북쪽편. 대山陽(산양). ❸어둡다. 그늘지다. 또는 날씨가 흐리다. ¶陰散(一, 으스스할 산)날씨가 흐리고 으스스함. 예一한 날씨. ❹해그림자. 인신하여, 세월. ¶光陰(빛 광, 一)시간이나 세월. 예一如流. ❺몰래. 남이 모르게. ¶陰謀(一, 꾀할 모)몰래 부정적인 일을 꾀함. 또는 그 꾀. 예一를 꾸미다. ❻옴폭 들어가게 새기다. ¶陰刻(一, 새길 각)평면에 글씨나 그림이 옴폭 들어가게 새김. 또는 그런 조각. 예一 도장. ❼남녀의 생식기. ¶陰部(一, 자리 부)남녀의 생식기가 있는 자리.

〔陰氣〕(음기) 음의 기운. 습기·추위·어둠·흐림 따위.

〔陰德〕(음덕) ①남이 모르게 도와 주는 덕행. ②만물을 기르는 땅의 덕.

〔陰冷〕(음랭) 음산하고 참.

〔陰曆〕(음력) 달을 기준으로 하여 만든 책력.

〔陰濕〕(음습) 그늘지고 습함. 예一한 곳.

〔陰陽〕(음양) 음과 양. ㉠만물을 생성하는 두 가지 기운. ㉡천지·일월·주야·부부·군신·남녀 등의 비유.

〔陰鬱〕(음울) ①그늘이 컴컴하게 짙음. ②음침하고 쓸쓸함.

〔陰沈〕(음침) ①날씨가 흐리고 구름이 많이 낌. ②의뭉스러움. ③어둠침침함.

〔陰害〕(음해) ①남몰래 해침. ②숨겨진 재앙.

〔陰險〕(음험) 속으로 음충맞고 사나움. 예一한 모략.

▷綠陰(녹음)·夜陰(야음)·寸陰(촌음)

8 ⑪ 〔陳〕** 진 平眞 | chén, チン 5854

소전 행서 간화 陈 [이름] 베풀 진 [자원] 회의. 阝+東→陳. 東은 신을 받드는 제단 앞에 자루에 넣은 물건을 늘어놓은 모양. 그래서 '진열하다'의 뜻을 나타낸다.

필순 ㇇ 了 阝 阝 阝 阿 陌 陣 陣 陳

[새김] ❶베풀다. 차리어 벌이다. ¶陳列(一, 늘어놓을 렬)여러 사람에게 보이기 위하여 물건을 죽 늘어 놓음. 예一室. ❷말하다. 진술하다. ¶陳情(一, 사정 정)사정을 진술함. 예一書. ❸묵다. 오래되다. 낡다. ¶陳腐(一, 썩을 부)사상이나 행동·수법 등이 케케묵고 낡음. 예一한 사상. ❹진나라. 강소성(江蘇省)에 있었던 왕조. 수(隋)나라에 멸망당했다. 557~589년.

〔陳設〕(진설) ①진열함. ②제사나 잔치 때 음식을 법식에 따라 차려 놓음.

〔陳述〕(진술) 자세히 벌여 이야기함. 또는 그 이야기.

〔陳外家〕(진외가) 아버지의 외가.

▷開陳(개진)·具陳(구진)

8 ⑪ 〔陷〕** 함: 去陷 | xian, カン 5855

소전 행서 약자 陥 [이름] 빠질 함: [자원] 형성. 阝+臽→陷. 臽(함)이 성부.

필순 ㇇ 了 阝 阝 阝 阝 阝 陥 陷 陷

[새김] ❶빠지다. ㉠물 속이나 깊숙한 곳에 빠지다. ¶陷沒(一, 빠질 몰)물 속이나 땅 속에 몽땅 빠짐. 예道路의 一. ㉡주색이나 계략·곤경 등에 빠지다. ¶陷溺(一, 빠질 닉)㉮주색 등의 못된 구렁에 빠짐. ㉯물 속으로 빠져 들어감. ㉢공격을 받아 둘러 빠지다. ¶陷落(一, 떨어질 락)지키던 성 등이 적의 공격을 받아 둘러 빠짐. 또는 지키는 곳을 공격하여 둘러 빼. 예城이 一하다. ❷빠뜨리다. 깊은 곳이나 죄·곤경에 빠뜨리다. ¶陷穽(一, 허방다리 정)짐승을 빠뜨리기 위하여 쳐놓은 허방다리. 인신하여, 남을 해치기 위한 모략의 비유. 예一에 빠지다. ❸흠. 모자라는 점. ¶缺陷(잘못 결, 一)잘못이나 흠. 예자신의 一을 깨닫다.

〔陷入〕(함입) 불리한 상황에 빠짐.

▷謀陷(모함)·誣陷(무함)

8 ⑩ 〔険〕 험: 險(5876)의 약자 5856

9 ⑫ 〔階〕** 계 本개 平佳 | jiē, カイ 5857

소전 행서 간화 阶 [이름] 섬돌 계 [자원] 형성. 阝+皆→階. 皆(개)의

변음이 성부.

필순 ㇇ ㇋ 阝 阝- 阝ト 阝比 阝比 阝毕 阝皆 階

새김 ❶섬돌. 뜰에서 건물로 오르내리는 층계에 놓은 돌. ¶階下(―, 아래 하)섬돌 아래. 예―의 벽오동. ❷계단. 층층대. ¶階梯(―, 사다리 제) 층층대나 사다리. 인신하여, ㉮진행되는 일의 순서나 절차. 예―를 밟는다. ㉯무슨 일을 할 수 있도록 된 조건이나 기회. 예앞뒤를 가릴 ―가 아니다. ❸등급. 벼슬이나 신분의 등급. ¶階級(―, 등급 급)㉮벼슬이나 신분의 등급. 예―章. ㉯사회적으로 같은 신분·직업·재산 등을 가진 자들에 의하여 형성되는 집단. 예中產―.

〔階段〕(계단) ①층층대. 오르내리기 위한 낱낱의 단. ②일을 하는데 거치는 순서. 단계.

〔階層〕(계층) ①층계(層階). ②어떤 사회. 또는 한 계급 안의 층별(層別).

▷石階(석계)·位階(위계)·層階(층계)·品階(품계)

9 ⑫ 〔隊〕** 5858 대 ㊍대: 去隊 duì, タイ

소전 행서 간화 队 이름 무리 대 자원 형성. 阝+㒸→隊. 㒸(수)의 변음이 성부.

필순 ㇇ ㇋ 阝 阝' 阝ㅗ 阝ㅛ 阝㒸 隊 隊 隊

새김 ❶무리. 떼. ¶隊商(―, 장수 상)사막 등에서 낙타에 짐을 싣고 떼를 지어서 먼 곳으로 다니는 상인들. ❷대. 군사적 목적으로 조직된 집단. ¶隊列(―, 줄 렬)대를 지은 열. 예―을 짓다.

〔隊伍〕(대오) 군대 행렬의 줄. 대열(隊列).

〔隊形〕(대형) 정해진 형태로 이루어진 대열이나 대오.

▷軍隊(군대)·部隊(부대)·樂隊(악대)·聯隊(연대)·縱隊(종대)·編隊(편대)·橫隊(횡대)

9 ⑫ 〔隆〕** 5859 륭 平東 lóng, リュウ

소전 행서 이름 높을 륭 자원 형성. 阝夅〔降의 생략체〕+生→隆. 降(강)의 변음이 성부.

필순 ㇇ ㇋ 阝 阝夂 阝夅 阝夅 阝夅 阝夅 隆 隆

새김 ❶높다. ㉠우뚝하다. ¶隆鼻(―, 코 비)우뚝한 코. 동隆準(융준). 예―術. ㉡國나이가 많다. ¶隆老(―, 늙은이 로)일흔 살이나 여든 살을 넘은 노인. 예―人. ❷성하다. 성하고 기운차다. 替(2215)의 대. ¶隆盛(―, 성할 성)매우 성하고 기운참. 예―期. ❸크다. 많고 극진하다. ¶隆崇(―, 높일 숭)대우하는 태도가 극진하고 정중함. 예―한 대접.

〔隆起〕(융기) 불룩하게 두드러져 일어남.

〔隆昌〕(융창) 융성하고 번창함.

〔隆興〕(융흥) 성하게 일어남.

9 ⑫ 〔隋〕* 5860 수 平支 suí, ズイ

소전 행서 이름 수나라 수 자원 형성. 陊〔隓의 생략체〕+月〔=肉〕→隋. 隓(휴)의 변음이 성부.

새김 수나라. 북주(北周)의 양견(楊堅)이 남북조(南北朝)를 통일하여 세운 왕조(581~618).

9 ⑪ 〔随〕 5861 수 隨(5874)의 약자·간화자

9 ⑫ 〔陽〕*** 5862 양 平陽 yáng, ヨウ

소전 행서 동자 간화 阳 이름 볕 양 자원 형성. 阝+昜→陽. 揚(양)·楊(양)과 같이 昜(양)이 성부.

필순 ㇇ ㇋ 阝 阝' 阝冂 阝日 阝旦 阝昜 陽 陽

새김 ❶볕. 햇볕. 햇빛. ¶秋陽(가을 추, ―)가을볕. ❷해. 태양. ¶夕陽(저녁 석, ―)저녁 무렵의 태양. 또는 저녁 햇볕. 예―이 西山을 넘다. ❸양. 陰(5853)의 대. ㉠동양 철학에서, 적극적이고 동적(動的)인 면. ¶陽性(―, 성질 성)㉮적극적이고 동적인 성질. ㉯병균 검사에서 반응이 또렷이 나타나는 일. 대陰性(음성). ㉡햇빛이 드는 곳. 곧 산의 남쪽, 내의 북쪽. ¶山陽(산 산, ―)산의 햇빛이 드는 곳. 곧 산의 남쪽. 대山陰(산음). ❹따뜻하다. ¶陽春(―, 봄 춘)㉮따뜻한 봄철. ㉯음력 정월의 딴이름. 예―佳節. ❺도드라지게 새기다. ¶陽刻(―, 새길 각)글자나 무늬가 표면에 도드라지게 새김. 또는 그 조각. 예―木刻板. ❻남성(男性). 또는 남자의 생식기인 자지. ¶陽氣(―, 기운 기)㉮남자의 성적 정력. 예―가 세다. ㉯볕의 기운. 또는 활발한 기운. 예봄날의 ―.

〔陽光〕(양광) ①햇빛. ②태양.

〔陽曆〕(양력) 지구가 태양을 한 바퀴 도는 시간을 1년으로 삼아 정한 책력.

〔陽傘〕(양산) 햇빛을 가리기 위해 쓰는 물건.

〔陽地〕(양지) 햇볕이 잘 드는 곳.

▷補陽(보양)·斜陽(사양)·陰陽(음양)·朝陽(조양)·重陽(중양)·淸陽(청양)·春陽(춘양)·太陽(태양)

9 ⑫ 〔隅〕* 5863 우 平虞 yú, グウ

소전 䧢 행서 隅 이름 모퉁이 우 자원 형성. 阝+禺→隅. 偶(우)·愚(우)·遇(우)와 같이 禺(우)가 성부.
새김 모퉁이. 구석. ¶四隅(넉 사, —)네 군데의 모퉁이나 구석. 또는 네 모퉁이의 방위. 곧 동북·동남·서북·서남. 인신하여, 주위의 사방의 비유.

9 ⑪ 〔隐〕 은: 隱(5877)의 간화자
5864

9 ⑫ 〔隍〕* 황 平陽 | huáng, コウ
5865

소전 䧢 행서 隍 이름 해자 황 자원 형성. 阝+皇→隍. 堭(황)·篁(황)과 같이 皇(황)이 성부.
새김 ❶해자. 성 둘레에 판 방어용 못. ❷國성황(城隍). 서낭. 서낭신. 예—堂.

10 ⑬ 〔隔〕** 격 入陌 | gé, カク
5866

소전 䧢 행서 隔 이름 가로막을 격 자원 형성. 阝+鬲→隔. 膈(격)과 같이 鬲(격)이 성부.

필순 ㇇ 了 阝 阝 阝 阝 阝 隔 隔 隔

새김 ❶가로막다. 떼어놓다. ¶隔離(—, 떨어질 리)다른 것과 통하지 못하게 사이를 떼어놓음. 예—患者. ❷멀다. 동떨어지다. ¶懸隔(멀 현, —)썩 동떨어져서 거리가 멀거나 차이가 큼. 예—한 차이. ❸틈. 공간적 거리나 시간적 동안. ¶間隔(사이 간, —)사이의 틈. ㉮사람들 사이가 나빠져 벌어진 틈. ㉯서로 떨어진 공간적 거리나 시간적 동안. ❹거르다. 건너뛰다. ¶隔$_2$月$_1$(—, 달 월)한 달을 거르거나 한 달씩을 거름. 예—誌.
〔隔世之感〕(격세지감) 그다지 오래지 않은 동안에 아주 바뀌어서 딴 세상과 같이 달라진 느낌.
〔隔意〕(격의) 서로 터놓지 않는 속마음.
〔隔阻〕(격조) ①오랫동안 소식이 막힘. ②서로 멀리 떨어져 있어 오가지 못함.
〔隔差〕(격차) 동떨어진 차이.
〔隔靴搔痒〕(격화소양) 신을 신고 가려운 데를 긁음. 요점을 잡지 못하거나 헛수고를 함의 비유.
▷遠隔(원격)

10 ⑬ 〔隙〕* 극 入陌 | xì, ゲキ
5867

소전 䧢 행서 隙 이름 틈 극 자원 형성. 阝+㡿→隙. 㡿(극)이 성부.
새김 틈. ㉠두 물체나 사람 사이에 벌어진 틈. ¶間隙(사이 간, —)㉮두 물체 사이에 생긴 틈. ㉯사귀는 사이나 논하는 의견 사이에 생기는 틈. ㉡겨를. 여가. ¶寸隙(마디 촌, —)얼마 안 되는 겨를.

10 ⑬ 〔隘〕* 애 本애: 去卦 | aì, アイ
5868

소전 䧢 행서 隘 이름 좁을 애 자원 형성. 阝+益→隘. 益(익)의 변음이 성부.
새김 좁다. 장소나 도랑이 좁다. ¶隘路(—, 길 로)㉮좁고 험한 길. ㉯인신하여, 일의 진행을 가로막는 장애. 예—가 많다.

10 ⑬ 〔隕〕* 운: 上軫 | yǔn, イン
5869

소전 䧢 행서 隕 간화 陨 이름 떨어질 운: 자원 형성. 阝+員→隕. 員에는 '원' 외에 '운' 음도 있어, 殞(운)·韻(운)과 같이 員(운)이 성부.
새김 떨어지다. ㉠추락하다. ¶隕石(—, 돌 석)지구에 떨어진 지구 밖의 물체. ㉡숨이 끊어지다. 죽다. ¶殞$_2$命$_1$(—, 목숨 명)사람의 목숨이 끊어짐. 곧 죽음.

11 ⑭ 〔隠〕 은: 隱(5877)의 약자
5870

11 ⑭ 〔障〕** 장 本장: 去漾 | zhàng, ショウ
5871

소전 䧢 행서 障 이름 가릴 장 자원 형성. 阝+章→障. 漳(장)·璋(장)과 같이 章(장)이 성부.

필순 ㇇ 了 阝 阝 阝 阝 阝 阝 阝 障

새김 ❶가리다. 가리어 막다. ¶障壁(—, 벽 벽)㉮가리어 막은 벽. ㉯인신하여, 둘 사이의 관계를 순조롭지 못하게 가로막는 장애물. 예分斷의 —을 허물다. ❷거치적거리다. 거리끼다. ¶障害(—, 해칠 해)거리껴서 해가 됨. ❸탈. 지장. ¶故障(탈 고, —)기계의 작동이나 사람의 활동에 지장을 주는 탈. 예—이 잦다.
〔障碍〕(장애) 거치적거려 방해가 됨.
▷保障(보장)·支障(지장)

11 ⑭ 〔際〕** 제: 去霽 | jì, サイ
5872

소전 䧢 행서 際 간화 际 이름 즈음 제: 자원 형성. 阝+祭→際. 祭(제)가 성부.

필순 ㇇ 了 阝 阝 阝 阝 阝 際 際 際

새김 ❶즈음. 일이 벌어진 경우나 때. ¶實際(실지 실, —)실지의 경우. 예—的인 가능성. ❷사귀다. 남과 접촉하다. ¶交際(사귈 교, —)서로 사귀어 지냄. 예—를 트다. ❸가. 끝. ¶一望無際(한 일, 바라볼 망, 없을 무, —)한 눈에 다 바라볼 수 없도록 넓고 멀어서 끝이 없음. 예—의 바다. ❹사이. 이것과 저것과의 관계. ¶國際(나라 국, —)나라들 사이의 관계. 예—社會. ❺정도. 한계. ¶分際(신분 분, —)신분의 한계. 동分限(분한).
▷此際(차제)·天際(천제)

12 ⑮ 〔隣〕** 린 平眞 lín, リン
5873

소전 행서 본자 鄰 간화 邻 이름 이웃 린 자원 형성. 阝+粦→隣. 麟(린)·鱗(린)과 같이 粦(린)이 성부.

필순

새김 ❶이웃. 잇닿아 있는 집이나 곳. ¶近隣(가까울 근, —)가까운 이웃. ❷이웃하다. ¶隣接(—, 닿을 접)이웃하여 닿아 있음. 예—國.
〔隣近〕(인근) 이웃. 또는 근처.
〔隣里〕(인리) 이웃 마을. 이웃 동네.
▷四隣(사린)·善隣(선린)

13 ⑯ 〔隨〕** 수 平支 suí, ズイ
5874

소전 행서 약자 간화 随 이름 따를 수 자원 형성. 隋+辶→隨. 隋(수)가 성부.

필순

새김 따르다. ㉠뒤를 따르다. ¶隨行(—, 다닐 행)일정한 사명을 띠고 따라 다님. 예대통령을 —하다. ㉡순응하다. 환경·처지·시세 등을 따르다. ¶隨時(—, 때 시)때에 순응하여. 또는 그때 그때. 예—로 연락하세. ㉢맡기다. 상대가 하는 대로 맡겨두다. ¶隨筆(—, 붓 필)붓에 맡긴다는 뜻으로, 견문·느낌·체험 등을 마음이 내키는 대로 자유로운 형식으로 쓴 글을 이르는 말. 예—家. ㉣마음먹은 대로. 또는 마음먹은 대로 되다. ¶半身不隨(반 반, 몸 신, 아니할 불, —)일정한 병으로 온 몸의 반쪽이 감각 기능을 잃어서 마음대로 움직이지 못함. 또는 그런 사람.
〔隨伴〕(수반) 따라 다님.
〔隨意〕(수의) 제 마음대로 함. 생각대로 함.
▷附隨(부수)·夫唱婦隨(부창부수)

13 ⑯ 〔隧〕* 수 본수: 去寘 suì, スイ
5875

행서 이름 길 수 자원 형성. 阝+遂→隧. 燧(수)·璲(수)와 같이 遂(수)가 성부.
새김 길. 땅을 뚫어서 낸 길. ¶隧道(—, 길 도)굴. 터널.

13 ⑯ 〔險〕** 험: 上琰 xiǎn, ケン
5876

소전 행서 약자 険 간화 险 이름 험할 험: 자원 형성. 阝+僉→險. 驗(험)과 같이 僉(첨)의 변음이 성부.

필순

새김 ❶험하다. ㉠지세가 험하다. ¶險峻(—, 가파를 준)지세가 험하고 높고 가파름. 예—한 산길. ㉡생김생김·마음씨·태도 등이 험하다. ¶險惡(—, 악할 악)㉮생김새·표정 등이 험상궂고 악함. 예—한 얼굴 모양. ㉯상태나 분위기가 어수선하고 무시무시함. 예—한 분위기. ❷위험하다. 위태하다. ¶冒險(무릅쓸 모, —)위험함을 무릅씀. 예—家. ❸음충하다. 성질이 내흉하다. ¶陰險(몰래 음, —)겉보기에는 천연덕스러우면서 속으로 음충맞고 사나움. 예—한 모략. ❹國헐뜯다. 흠구덕하다. ¶險談(—, 말 담)흠구덕. 남을 헐뜯어 말함. 또는 그 말. 예—을 늘어 놓다.
〔險難〕(험난) 험하고 어렵거나 고생스러움.
〔險路〕(험로) 험한 길. 고생스러운 길.
〔險相〕(험상) 험상스러운 인상.
▷保險(보험)·危險(위험)

14 ⑰ 〔隱〕** 은: 上吻 yǐn, イン
5877

소전 행서 약자 隠 간화 隐 이름 숨을 은: 자원 형성. 阝+㥯→隱. 㥯(은)이 성부.

필순

새김 ❶숨다. 자취를 감추다. 세상을 피하다. ¶隱居(—, 살 거)사회적 활동을 피하고 숨어서 삶. 예—生活. ❷숨기다. ㉠덮어 감추다. ¶隱蔽(—, 가릴 폐)덮어 감추거나 가리어 숨김. 예죄상을 —하다. ㉡드러내지 아니하다. ¶隱密(—, 비밀할 밀)겉으로 드러내지 않고 비밀스럽게 함. 예—한 장소. ❸가엾게 여기다. 동정하다. ¶惻隱(가엾게여길 측, —)가엾고 불쌍하게 여김. 예—之心.
〔隱匿〕(은닉) 숨기어 감춤.
〔隱遁〕(은둔) 세상을 피하여 숨음.
〔隱微〕(은미) 잘 나타나지 아니하여 알기 어려움. 예—한 사실.
〔隱士〕(은사) 벼슬하지 않고 숨어 사는 선비.
〔隱身〕(은신) 은거하여 세상에 나오지 않음.

〔隱語〕(은어) 곁말. 특정의 동아리에서만 통용되는 말.
〔隱喩〕(은유) '비유하건대 · ~와 같이' 와 같은 말을 쓰지 아니하고, 사물의 의미의 유사성에 근거하여 다른 대상이나 현상을 표현하는 수사법의 한 가지. ㉠직유(直喩).
〔隱忍〕(은인) 마음 속에 감추어서 겉으로 드러내지 않고 참고 견딤. ㉵—自重.
〔隱逸〕(은일) 초야에 묻혀 살면서 벼슬하러 나가지 않음.
〔隱退〕(은퇴) 벼슬에서 물러나 초야에 은거함.
〔隱現〕(은현) 숨었다 나타났다 함.

8 획 부수 隶 部

▷명칭: 미칠이

0 ⑧ 〔隶〕 5878 ㊀이: 去寘 ㊁례: | dài, イ lì

소전 이름 ㊀미칠 이: ㊁종 례: 자원 회의. ⺕〔⺕의 변형〕+氺〔尾의 변형〕→隶. ⺕는 손. 손이 꼬리까지 미치어 손으로 꼬리를 잡는다는 데서 '미치다'의 뜻을 나타낸다.
새김 ㊀미치다. 어디에 가 닿다. ㊁종. 隷(5879)의 간화자.

8 ⑯ 〔隷〕** 5879 례: 上薺 | lì, レイ

소전 행서 본자 간화 隶 이름 종 례: 자원 형성. 柰+隶→隸→隷. 柰(내)의 변음이 성부.

필순

새김 ❶종. 하인. ¶奴隷(종 노, —)종. ㉵—解放. ❷딸리다. 종속되다. ¶隷屬(—, 딸릴 속)종처럼 주인에게 딸리어 그의 지배를 받음. ㉵—狀態. ❸예서(隷書). 진(秦)나라 때에 전서(篆書)의 자획을 간소화한, 한자 자체의 한 가지.

9 ⑰ 〔隸〕 5880 례: 隷(5879)의 본자

8 획 부수 隹 部

▷명칭: 새추
▷쓰임: 새와 관계되는 뜻을 가진 한자의 부수로 쓰였다.

2 ⑩ 〔难〕 5881 ㊀난 難(5903)의 간화자 ㊁난: 難(5903)의 간화자

2 ⑩ 〔隼〕* 5882 준: 上軫 | sǔn, ジュン

행서 이름 새매 준: 자원 상형. 빨리 날아가는 새의 모양을 본떴다.
새김 새매. 매의 한 가지로, 수컷은 난추니, 암컷은 익더귀라 한다.

2 ⑩ 〔隻〕* 5883 척 入陌 | zhī, セキ

소전 행서 간화 只 이름 홑 척 자원 회의. 隹+又〔=手〕→隻. 손에 잡은 한 마리의 새라는 데서, '홑·하나'란 뜻을 나타낸다.
새김 ❶홑. 雙(5900)의 대. ㉠하나. ¶隻身(—, 몸 신)홑몸. ㉠單身(단신). ㉡외짝. 둘이 어울려서 하나를 이루는 것 중의 하나. ¶隻眼(—, 눈 안)외눈. ❷國척. 배를 세는 단위. ㉵한 隻의 배.
〔隻影〕(척영) 외로운 그림자. 인신하여, 홀로 있는 한 사람.

3 ⑪ 〔雀〕* 5884 작 入藥 | qué, ジャク

소전 행서 이름 참새 작 자원 회의. 小+隹→雀. 작은 새라는 데서 '참새'를 뜻한다.
새김 참새. 몸빛이 다갈색인 작은 날짐승의 한 가지. ¶雀躍(—, 뛸 약)참새가 뛰듯, 깡충깡충 뛰면서 기뻐함. ㉵欣喜—.
▷孔雀(공작)·燕雀(연작)

4 ⑫ 〔雇〕* 5885 고 ㊟고: 去遇 | gù, コ

소전 행서 이름 품팔 고 자원 형성. 戶+隹→雇. 戶(호)의 변음이 성부.
새김 품을 팔다. 삯을 주고 사람을 부리다. ¶雇用(—, 품팔 용)일정한 조건 아래, 삯을 주고 사람을 부림. ㉵—條件.
〔雇傭〕(고용) 삯을 받고 남의 일을 함.
▷解雇(해고)

4 ⑫ 〔雅〕** 5886 아: 上馬 | yǎ, ガ

소전 행서 고자 疋 이름 바를 아: 자원 형성. 牙+隹→雅. 芽(아)·訝(아)와 같이 牙(아)가 성부.

[필순] 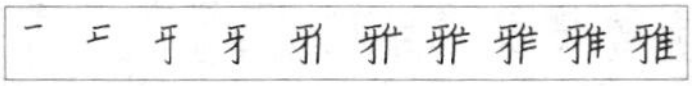

[새김] ❶바르다. 또는 규범에 맞는 정통(正統)의. ¶雅樂(—, 음악 악)국가의 정식 음악으로 제정하여 쓴 음악. ❷아름답다. 고상하고 아름답다. 俗(0227)의 대. ¶優雅(우아할 우, —)품위가 있고 아름다움. [예]—한 자태. ❸상대를 높일 때 쓰는 말. ¶雅兄(—, 형 형)남자 친구끼리 서로 상대를 높여서 이르는, 편지투의 말.

〔雅淡〕(아담) ①고상하고 담박함. ②맵시 있고 산뜻함.

〔雅量〕(아량) 너그럽게 헤아리는 도량이나 품성.

〔雅言〕(아언) 아취 있는 말.

〔雅趣〕(아취) 품위가 있고 풍류스러운 멋이나 분위기.

〔雅號〕(아호) ①남을 높이어 그이 호를 일컫는 말. ②문인·학자·화가의 호나 별호.

▷ 高雅(고아)·端雅(단아)·溫雅(온아)·淸雅(청아)

4 ⑫ 〔雁〕 안: 鴈(6259)과 동자

5887

4 ⑫ 〔雄〕*** 웅 [平]東 xióng, ユウ

5888

[소전] [행서] [이름] 수컷 웅 [자원] 형성. 厷+隹→雄. 厷(굉)의 변음이 성부.

[필순] 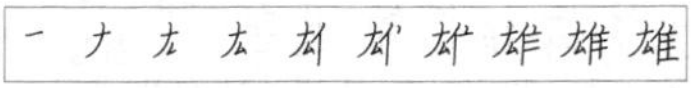

[새김] ❶수컷. 생물의 수컷의 총칭. 雌(5892)의 대. ¶雌雄(암컷 자, —)雌(5892)를 보라. ❷웅대하다. 웅장하다. ¶雄姿(—, 자태 자)웅대한 자태. [예]백두산의 —. ❸우두머리. 굳센 힘이나 뛰어난 재능을 가진 사람. ¶英雄(뛰어날 영, —)재질과 용맹이 뛰어나고 기개가 씩씩한 사람. [예]—豪傑.

〔雄大〕(웅대) 웅장하고 큼.

〔雄飛〕(웅비) 힘차고 씩씩하게 낢.

〔雄壯〕(웅장) 우람하고 으리으리함.

〔雄志〕(웅지) 웅대한 뜻.

〔雄渾〕(웅혼) 글씨나 시문 따위가 웅장하고 힘참. [예]—한 筆致.

▷ 奸雄(간웅)·群雄(군웅)·豪雄(호웅)

4 ⑫ 〔雋〕* [一] 전: [上]銑 juàn, セン [二] 준: [去]震 jùn, シュン

5889

[소전] [행서] [이름] [一]후림새 전: [二]뛰어날 준: [자원] 회의. 隹+冂〔弓자를 옆으로 놓은 자형〕→雋. 활을 쏘아 잡기에 알맞도록 살찐 새란 뜻.

[새김] [一]후림새. 또는 후림새로 새를 잡다. [二]뛰어나다. 재주와 덕행이 뛰어나다. 또는 그런 사람.

4 ⑫ 〔集〕*** 집 [入]緝 jí, シュウ

5890

[소전] [행서] [이름] 모일 집 [자원] 회의. 隹〔𨾊의 생략〕+木→集. 여러 마리의 새가 나무 위에 모여 있다는 데서 '모이다'의 뜻을 나타낸다.

[필순] 

[새김] ❶모이다. 한 곳에 모이다. 散(2034)의 대. ¶雲集(구름 운, —)구름처럼 모인다는 뜻으로, 사람이 많이 모임을 이르는 말. [예]—한 人波. ❷모으다. 모아서 합치다. 散(2034)의 대. ¶集大成(—, 큰 대, 이룰 성)본래부터 있던 많은 것을 모아서 크게 하나로 이룸. [예]박연암의 실학 사상을 —한 열하일기. ❸시문을 모아 엮은 책. ¶詩集(시 시, —)시를 모은 책. [예]金素月—.

〔集結〕(집결) 한 곳으로 모으거나 모임.

〔集計〕(집계) 이미 된 계산들을 한 데 모아서 계산함. 또는 그 계산.

〔集權〕(집권) 권력을 한 군데로 모음. [예]中央—制.

〔集團〕(집단) 사람이나 동물이 한데 모인 떼.

〔集散〕(집산) 모여듦과 흩어짐. [예]농산물의 —地.

〔集約〕(집약) 하나로 모아 묶음. [예]—農法.

〔集註〕(집주) 여러 사람의 주석을 한데 모음. 또는 그러한 책. [예]論語—.

〔集中〕(집중) 어느 한군데로 모으거나 모임.

〔集荷場〕(집하장) 농산물이나 수산물의 짐이 모이는 시장.

〔集合〕(집합) 한 곳으로 모으거나 모임.

〔集會〕(집회) 여러 사람이 모임. 또는 여러 사람을 모음.

▷ 結集(결집)·群集(군집)·文集(문집)·選集(선집)·召集(소집)·收集(수집)·全集(전집)·採集(채집)

5 ⑬ 〔雍〕* 옹 [平]冬 yōng, ヨウ

5891

[행서] [이름] 화락할 옹 [자원] 설문에 보이지 않는 자이며, 그 자원 또한 확실하지 않다.

[새김] 화락하다. 화목하다. ¶雍容(—, 조용할 용)마음이 화락하고 태도가 의젓함. [예]—한 행동거지.

5 ⑬ 〔雌〕* 자 [平]支 cí, シ

5892

[소전] [행서] [이름] 암컷 자 [자원] 형성. 此+隹→雌. 紫(자)·疵(자)와 같이 此(차)의 변음이 성부.

[새김] 암컷. 생물의 암컷. 雄(5888)의 대. ¶雌雄

(—, 수컷 웅)㉮암수. 암컷과 수컷. 예—同株. ㉯인신하여, 승부나 우열. 예—을 겨루다.

5 ⑬ 〖雎〗* 저 平魚 | jū, ショ
5893

행서 이름 저구 저 자원 형성. 且+隹→雎. 且에는 '차' 외에 '저' 음도 있어, 沮(저)·疽(저)와 같이 且(저)가 성부.

새김 저구(雎鳩). 징경이. 따오기. 새의 한 가지.

5 ⑬ 〖雏〗 추 雛(5902)의 간화자
5894

5 ⑬ 〖雉〗* 치 本치: 上紙 | zhì, チ
5895

소전 행서 이름 꿩 치 자원 형성. 矢+隹→雉. 矢(시)의 변음이 성부.

새김 꿩. 새의 한 가지로 수컷은 장끼, 암컷은 까투리라 한다. ¶雉兎(—, 토끼 토)꿩과 토끼.

6 ⑭ 〖雑〗 잡 雜(5901)의 속자
5896

8 ⑯ 〖雕〗* 조 平蕭 | diāo チョウ
5897

소전 행서 이름 수리 조 자원 형성. 周+隹→雕. 調(조)·彫(조)와 같이 周(주)의 변음이 성부.

새김 ❶수리. 독수리. 새의 한 가지. ❷새기다. 조각하다. 彫(1521)와 통용. ¶雕刻(—, 새길 각)그림·글씨 등을 나무나 돌·쇠붙이 등에 새김. 또는 그러한 예술의 한 분야.

9 ⑰ 〖雖〗*** 수 平支 | suī, スイ
5898

소전 행서 동자 간화 虽 이름 비록 수 자원 형성. 唯+虫→雖. 唯(유)의 변음이 성부.

필순 ㅁ 口 吕 吕 吊 虽 虽 虽 雖 雖

새김 비록. 비록 ~하더라도. 가정·양보의 뜻을 나타낸다. 〔論語〕 回雖$_{1\cdot4}$不$_3$敏$_2$(회수불민)回〔顔子의 이름〕가 비록 총명하지 못하다 하더라도.
〔雖然〕(수연) 비록 그러하나.

10 ⑱ 〖雞〗 계 鷄(6285)의 동자
5899

10 ⑱ 〖雙〗** 쌍 平江 | shuāng, ソウ
5900

소전 행서 속자 간화 双 이름 쌍 쌍 자원 회의. 隹+隹+又〔=手〕→雙. 손에 두 마리의 새를 잡고 있다는 데서 '쌍'이란 뜻을 나타낸다.

필순 亻 亻 亻 亻 隹 隹 隹 雔 雙 雙

새김 ❶쌍. ㉠둘씩 짝으로 된 것. ¶雙手(—, 손 수)오른손과 왼손의 두 손. 예—를 들고 환영하다. ㉡둘씩 짝으로 된 것을 세는 말. 예제비 한 雙. ❷유. 비교할 상대. ¶勇敢無$_2$雙$_1$(날쌜 용, 씩씩할 감, 없을 무, —)날쌔고 씩씩함에 있어서 비교할 상대가 없음. 예—한 국군.
〔雙肩〕(쌍견) 두 어깨. 양 어깨.
〔雙曲線〕(쌍곡선) 평면상에서의 두 개의 정점(定點)에서의 거리의 차가, 언제나 일정하게 되는 점을 이어서 이루어진 곡선.
〔雙方〕(쌍방) 두 편. 두 쪽.
〔雙璧〕(쌍벽) ①한 쌍의 구슬. ②한 쌍의 훌륭한 사람이나 사물의 비유.
〔雙墳〕(쌍분) 나란히 매장한 부부의 무덤.
〔雙雙〕(쌍쌍) 둘씩 둘씩 쌍을 이룬 모양.
〔雙生兒〕(쌍생아) 쌍둥이.

10 ⑱ 〖雜〗** 잡 入合 | zá, サツ
5901

소전 행서 속자 雑 간화 杂 이름 섞일 잡 자원 형성. 衣〔=衣〕+集→雜. 集(집)의 변음이 성부.

필순 亠 六 六 卒 杂 杂 新 新 雜 雜

새김 ❶섞이다. 또는 뒤섞다. ¶雜音(—, 소리 음)㉮여러 소리가 뒤섞인, 불유쾌한 시끄러운 소리. 예도시의 길거리에서 나는 —. ㉯방송이나 전화 등에서 본래의 소리를 방해하는 딴 소리. 예—이 없는 라디오. ❷잡스럽다. ¶雜念(—, 생각 념)여러 가지 잡스런 생각. 예—이 생기다. ❸대수롭지 않다. ¶雜草(—, 풀 조)가꾸지 않아도 저절로 나서 자라는 대수롭지 않은 풀. 예우거진 —.
〔雜穀〕(잡곡) 國쌀 밖의 모든 곡식.
〔雜技〕(잡기) 자질구레한 기예.
〔雜談〕(잡담) 실속 없이 지껄이는 말.
〔雜務〕(잡무) 잡다한 사무나 일.
〔雜費〕(잡비) 기본 비용 밖에 잡다하게 쓰이는 돈.
〔雜誌〕(잡지) 여러 가지 내용의 글을 모아서 편집한 정기 간행물의 한 가지.
〔雜種〕(잡종) ①여러 가지의 잡다한 종류. ②품종이 서로 다른 암컷과 수컷 사이에서 태어난 생물.
〔雜貨〕(잡화) 여러 가지의 일용 상품. 예—商.
▷亂雜(난잡)·煩雜(번잡)·複雜(복잡)·紛雜(분잡)·粗雜(조잡)·錯雜(착잡)·醜雜(추

잡)·混雜(혼잡)

10 ⑱ 〔雛〕* 추 平虞 chú スウ
5902

소전 행서 간화 雏 이름 새새끼 추 자원 형성. 芻＋隹→雛. 鄒(추)·騶(추)·趨(추)와 같이 芻(추)가 성부.
새김 새 새끼. 또는 아직 다 자라지 못하다. ¶鳳雛(봉황새 봉, —)봉황새의 새끼. 인신하여, 지략이 뛰어난 젊은이의 비유.

11 ⑲ 〔難〕*** 一 난 平寒 nán, ナン 二 난: 去翰 nàn, ダン
5903

소전 행서 간화 难 이름 一어려운 난 二꾸짖을 난: 자원 형성. 𦰩〔堇의 변형〕＋隹→難. 堇(근)의 변음이 성부.

필순 一 艹 廿 苎 茣 莫 菓 鄞 歎 難

새김 一어렵다. 쉽지 아니하다. 易(2111)의 대. ¶難易(—, 쉬울 이)어려움과 쉬움. 예—度.
二❶위난. 재앙. 어려움. ¶苦難(괴로울 고, —)괴로움과 어려움. 예온갖 —. ❷꾸짖다. 나무라다. ¶非難(헐뜯을 비, —)남의 결점이나 잘못을 책잡아서 나쁘게 말하거나 나무람. 예일방적인 —이 쏟아지다.
〔難攻不落〕(난공불락) 공격하기 어렵고 좀처럼 함락되지 아니함.
〔難關〕(난관) 헤쳐나가기 어려운 일이나 고비.
〔難局〕(난국) 어려운 판국. 어려운 시국.
〔難民〕(난민) 재난을 당하여 구원을 요하는 사람. 예—救護.
〔難忘〕(난망) 잊기 어려움. 예白骨—.
〔難產〕(난산) ①해산 때, 아이가 순조롭게 나오지 아니함. 또는 그런 해산. ②일이 순조롭게 진행되지 아니함의 비유.
〔難色〕(난색) 내키지 않는 기색. 난처한 표정.
〔難點〕(난점) 곤란한 점.
〔難題〕(난제) 해결하기 어려운 문제.
〔難處〕(난처) ①통행하기 어려운 곳. ②國이럴 수도 없고 저럴 수도 없어 딱함.
〔難治〕(난치) 고치기 어려움. 예—病.
〔難破〕(난파) 태풍이나 좌초 등으로 배가 부서짐. 예—船.
〔難航〕(난항) ①폭풍우를 만나거나 하여 배나 항공기의 운항이 어려움. ②장해가 많아서 일이 제대로 진척되지 아니함의 형용.
〔難解〕(난해) 이해하기 어려움.
〔難兄難弟〕(난형난제) 형제 두 사람이 다 훌륭하여 우열을 가리기 어려움. 곧 서로 비슷비슷하여 어느 것이 낫고 못함을 분간하기 어려움을 이르는 말.
▷ 困難(곤란←곤난)·國難(국난)·極難(극난)·論難(논난)·多難(다난)·無難(무난)·災難(재난)·避難(피난)·患難(환난)

11 ⑲ 〔離〕** 리 平支 lí, リ
5904

소전 행서 동자 간화 离 이름 떠날 리 자원 상형. 离＋隹→離. 璃(리)와 같이 离(리)가 성부.

필순 亠 ナ 文 卤 离 离 离 離 離 離

새김 ❶떠나다. ㉠떠나가다. 헤어지다. ¶離別(—, 헤어질 별)남과 서로 헤어짐. 예—의 인사. ㉡벗어나거나 관계를 끊다. ¶離反(—, 반대할 반)지금까지 따르던 자와 관계를 끊고 반대함. 예民心의 —. ❷떨어지다. ㉠달렸거나 붙었던 것이 떨어져 나가다. ¶分離(나눌 분, —)따로 나뉘어 떨어짐. 또는 따로 떼어 냄. 예종류별로 —하다. ㉡떨어져 있는 길이. ¶距離(떨어질 거, —)공간적으로 두 곳 사이의 떨어져 있는 길이. 예가까운 —.
〔離間〕(이간) 하리를 놓아 두 사이를 버성기고 멀어지게 함. 예—질하다.
〔離陸〕(이륙) 비행기 따위가 육지에서 떠오름.
〔離散〕(이산) 뿔뿔이 흩어짐.
〔離乳〕(이유) 젖먹이의 젖을 떼는 일.
〔離任〕(이임) 맡았던 임무를 내놓고 그 자리를 떠남. 예—人事.
〔離職〕(이직) 직무에서 떠나감. 또는 하던 일을 그만둠. 예—率.
〔離脫〕(이탈) 일정한 범위나 대열 등에서 떨어져 나가거나 떨어져 나옴.
〔離合集散〕(이합집산) 헤어지고 합치고 모이고 흩어짐. 헤어졌다 모였다 함.
〔離婚〕(이혼) 부부 관계를 끊는 일.
▷ 隔離(격리)·別離(별리)·遊離(유리)·支離(지리)·會者定離(회자정리)

8 획 부수 雨 部

▷명칭: 비우
▷쓰임: 비·눈·안개·구름·우레 등 기상 현상에 관한 뜻을 나타내는 한자의 부수로 쓰였다.

0 ⑧ 〔雨〕*** 一 우: 上麌 yǔ, ウ 二 우: 去遇 yù, ウ
5905

소전 雨 행서 이름 一비 우: 二비올 우: 자원 상형. 하늘에 낀 구름에서 물방울이 떨어지는 모양. 그래서 '비'를 뜻한다.

필순 一 丅 冂 币 而 雨 雨 雨

새김 一비. 하늘에서 내리는 비. ¶降雨(내릴

강, 一)비가 내림. 또는 내린 비. ㉠—量. 三 비가 오다. 비가 내리다. ¶雨氣(—, 기운 기)비가 올 듯한 기운. ㉠—가 있다.
〔雨露〕(우로) ①비와 이슬. 또는 비. ②은택(恩澤)의 비유.
〔雨備〕(우비) 우산·삿갓·도롱이 등과 같은 비를 가리는 제구. 우구(雨具).
〔雨雪〕(우설) 비와 눈.
〔雨順風調〕(우순풍조) 비 오고 바람 부는 것이 때에 맞고 순조로움.
〔雨衣〕(우의) 비옷. 비가 올 때 덧입는 옷.
〔雨天〕(우천) 비가 오는 날. ㉠—順延.
〔雨後竹筍〕(우후죽순) 비온 뒤에 솟는 죽순. 어떤 사물이 한 때에 많이 성하거나 생겨남의 비유.
▷甘雨(감우)·雷雨(뇌우)·梅雨(매우)·細雨(세우)·雲雨(운우)·霖雨(임우)·春雨(춘우)·暴雨(폭우)·風雨(풍우)·豪雨(호우)

3 ⑪ 〔雪〕*** 설 入屑 | xuě, セツ
5906

소전 雪 행서 雪 이름 눈 설 자원 상형. 구름에서 떨어져 휘날리는 눈송이의 모양을 본 떴다.

필순 一 ㇀ 币 币 雨 雨 雨 雪 雪 雪

새김 ❶눈. 하늘에서 내리는 눈. ¶雪上加₂霜₁(—, 위 상, 더할 가, 서리 상)눈 위에 서리를 더한다는 뜻으로, 부닥친 불행이나 재앙 위에 또 겹쳐서 불행이나 재앙이 닥침을 이르는 말. 덮친 데 덮치기. ❷희다. 깨끗하다. 또는 흰 것의 비유. ¶雪膚(—, 살갗 부)눈처럼 흰 살갗. 미인의 살결의 비유. ㉠—花容. ❸씻다. 치욕을 씻거나 원한을 풀다. ¶雪₂辱₁(—, 치욕 욕) 치욕이나 욕된 일을 씻음. ㉠—戰.
〔雪景〕(설경) 눈이 내릴 때나 눈이 내린 후의 경치.
〔雪原〕(설원) ①눈에 뒤덮인 벌판. ②극지나 고산 지대에서, 만년설이 쌓여 있는 벌판.
〔雪冤〕(설원) 원통함을 씻음. 억울한 누명을 벗음.
〔雪寒風〕(설한풍) 國눈이 내리면서 휘몰아치는 추운 바람.
▷降雪(강설)·大雪(대설)·白雪(백설)·瑞雪(서설)·小雪(소설)·殘雪(잔설)·積雪(적설)·風雪(풍설)

3 ⑪ 〔雩〕* 우 平虞 | yú, ウ
5907

소전 雩 행서 雩 이름 기우제 우 자원 형성. 雨+亏〔=于〕→雩. 亏(우)가 성부.
새김 기우제(祈雨祭). ¶雩祭(—, 제사 제)기우제. 비를 오게 해 달라고 하늘에 지내는 제사.

4 ⑫ 〔雳〕 력 靂(5936)의 간화자
5908

4 ⑫ 〔雯〕* 문 平文 | wén, ブン
5909

행서 雯 이름 무늬 문 자원 형성. 雨+文→雯. 蚊(문)·紊(문)과 같이 文(문)이 성부.
새김 무늬. 구름이 이루는 아름다운 무늬.

4 ⑫ 〔雰〕* 분 平文 | fēn, フン
5910

행서 雰 이름 둘러쌀 분 자원 형성. 雨+分→雰. 芬(분)·粉(분)과 같이 分(분)이 성부.
새김 둘러싸다. 감돌다. ¶雰圍氣(—, 둘레 위, 기운 기)감돌고 있는 주위의 느낌. ㉠직장의 —.

4 ⑫ 〔雲〕*** 운 平文 | yún, ウン
5911

행서 雲 간화 云 이름 구름 운 자원 형성. 雨+云→雲. 芸(운)·沄(운)과 같이 云(운)이 성부.

필순 一 ㇀ 币 币 雨 雨 雨 雲 雲 雲

새김 ❶구름. ㉠하늘을 떠도는 구름. ¶雲霧(—, 안개 무)구름과 안개. ㉠—가 자옥한 산길. ㉡많다·성하다·높다·멀다·떠돌다와 같은 구름이 지닌 속성의 비유. ¶雲集(—, 모일 집)구름처럼 모인다는 뜻으로, 사람이 많이 모여듦의 비유. ❷하늘. ¶雲漢(—, 한수 한)하늘의 한수라는 뜻으로, 은하(銀河)를 이르는 말.
〔雲泥之差〕(운니지차) 하늘과 진흙의 차이란 뜻으로, 아주 엄청난 차이를 이르는 말. 동천양지차(天壤之差).
〔雲散霧消〕(운산무소) 구름이 흩어지고 안개가 사라진다는 뜻으로, 걱정이나 의심 등이 깨끗이 사라짐을 이르는 말.
〔雲水〕(운수) ①구름과 물. ②정처 없이 떠돌아 다님.
〔雲煙過眼〕(운연과안) 구름과 연기가 재빨리 눈앞을 스쳐 지나간다는 뜻으로, 한때의 즐거운 일이나 어떤 사물에 집착하지 않음을 이르는 말.
〔雲雨之情〕(운우지정) 남녀 간에 육체적으로 나누는 정(情).
〔雲梯〕(운제) 높은 사닥다리.
〔雲霞〕(운하) 구름과 놀. 구름과 안개.
〔雲海〕(운해) ①구름 바다란 뜻으로, 높은 하늘에서 많이 낀 구름을 내려다 본 광경의 형용. ②호수나 바닷물이 구름에 닿아 보이는 먼 곳.

▷暮雲(모운)·白雲(백운)·浮雲(부운)·瑞雲(서운)·暗雲(암운)·風雲(풍운)

5 ⑬ [零]** 령 平青 lìng, レイ
5912

소전 행서 이름 떨어질 령 자원 형성. 雨+令→零. 領(령)·鈴(령)·囹(령)과 같이 令(령)이 성부.

필순

새김 ❶떨어지다. 비가 내리다. ¶零雨(—, 비 우)부슬부슬 내리는 비. ❷시들다. 쇠해지다. ¶零落(—, 떨어질 락)㉮시들어 떨어짐. 동凋落(조락). ㉯인신하여, 경제 형편이 차츰 보잘것없이 됨. 예— 한 집안. ❸규모가 작다. ¶零細(—, 가늘 세)살림이 보잘것없고 가난함. 예— 한 농민. ❹영. 숫자의 0. ¶零下(—, 아래 하)기온의 도수에서 영도의 아래. 예— 10도.
〔零丁〕(영정) 의지할 곳 없이 외로움.
〔零敗〕(영패) 경기 따위에서, 득점하지 못하고 짐.

5 ⑬ [雷]** 뢰 平灰 léi, ライ
5913

소전 행서 이름 우레 뢰 자원 형성. 雨+田〔畾의 생략체〕→雷. 畾(뢰)가 성부.

필순

새김 ❶우레. 천둥. ¶雷雨(—, 비 우)우레가 치며 오는 비. ❷빠르다·세차다·울리다·큰 소리와 같은 우레가 지닌 속성의 비유. ¶附和雷同(붙좇을 부, 화할 화, —, 같을 동)자기에게 일정한 주견이 없이 남의 의견에 덮어놓고 붙좇아 그대로 행동함. 예— 하는 사람. ❸화약을 장전하여 터뜨리는 무기. ¶地雷(땅 지, —)땅속에 묻어 두고, 그 위를 지나가면 폭발하도록 장치한 폭탄. 예— 除去.
〔雷聲霹靂〕(뇌성벽력) 우레 소리와 벼락.
〔雷電〕(뇌전) 우레와 번개.
〔雷霆〕(뇌정) 요란하게 울리는 우레. 들날리는 위세나 격렬한 분노의 비유.
▷機雷(기뢰)·落雷(낙뢰)·魚雷(어뢰)·避雷(피뢰)

5 ⑬ [雺] 무: 霧(5929)의 간화자
5914

5 ⑬ [雹]* 박 入覺 báo, ハク
5915

소전 행서 이름 우박 박 자원 형성. 雨+包→雹. 包(포)의 변음이 성부.

새김 ❶우박(雨雹). 하늘에서 떨어지는 얼음덩어리.

5 ⑬ [電]*** 전: 去霰 diàn, デン
5916

소전 행서 간화 电 이름 번개 전: 자원 회의. 雨+电〔申의 변형〕→電. 申은 번갯불이 휙 지나가는 모양. 번개는 비가 올 때 치기에 雨를 더하였다.

필순

새김 ❶번개. 번갯불. ¶電光石火(—, 빛 광, 돌 석, 불 화)번갯불의 빛이나 돌을 쪼을 때 번쩍번쩍 일어나는 불. 인신하여, 매우 빠름의 형용. 예— 처럼 날쌔다. ❷전기·전류의 준말. ¶發電(일으킬 발, —)전기를 일으킴. 예水力— 所. ❸전보·전화의 준말. ¶祝電(축하할 축, —)축하하는 전보. 예— 을 치다.
〔電擊〕(전격) 번개처럼 재빨리 들이침.
〔電力〕(전력) 전기의 힘. 예— 生産.
〔電流〕(전류) 전기의 흐름. 예— 가 흐른다.
〔電文〕(전문) 전보의 글.
〔電報〕(전보) 전신으로 보내는 통신이나 통보.
〔電送〕(전송) 전신으로 보냄.
〔電信〕(전신) 전기를 이용한 통신.
〔電壓〕(전압) 두 점 사이를 흐르는 전기의 세기의 차이.
〔電源〕(전원) 전기를 공급하는 원천.
〔電子〕(전자) 원자(原子)를 구성하는 기본 입자(粒子)의 한 가지.
〔電磁波〕(전자파) 파동의 형태로 전달되는, 전기 마당과 자기 마당의 주기적 변화에 의하여 생기는 진동.
〔電波〕(전파) ①전자파(電磁波). ②텔레비전이나 라디오 등의 전기 통신에 쓰이는, 적외선(赤外線)보다 파장이 긴 전자파.
▷感電(감전)·漏電(누전)·無電(무전)·放電(방전)·送電(송전)·停電(정전)·弔電(조전)·打電(타전)

6 ⑭ [需]** 수 平虞 xū, ジュ
5917

소전 행서 이름 쓰일 수 자원 회의. 雨+而→需. 而는 기다리다의 뜻. 비를 만나서 비가 멎기를 기다린다는 뜻. 새김은 가차.

필순

새김 ❶쓰이다. 필요로 하다. ¶軍需(군사 군, —)군사상 필요로 함. 예— 品. ❷구하다. 요구하다. ¶需要(—, 구할 요)자기에게 필요해서 구함. 또는 구하려는 그 욕구. 예— 와 供給.

〔需給〕(수급) 수요와 공급.
▷ 內需(내수)·實需(실수)·祭需(제수)·特需(특수)·必需(필수)·婚需(혼수)

6 ⑭ 〔霁〕 5918 제: 霽(5935)의 간화자

7 ⑮ 〔霊〕 5919 령 靈(5937)의 약자

7 ⑮ 〔霉〕 5920 미 黴(6332)의 동자·간화자

7 ⑮ 〔霆〕* 5921 정 平 青 | tíng, テイ

소전 행서 이름 벼락 정 자원 형성. 雨+廷→霆. 庭(정)·挺(정)과 같이 廷(정)이 성부.
새김 벼락. 벽력. ¶雷霆(번개 뢰, 一)격렬한 천둥과 벼락. 예 一霹靂.

7 ⑮ 〔震〕** 5922 진: 去 震 | zhèn, シン

소전 행서 이름 흔들 진: 자원 형성. 雨+辰→震. 振(진)·唇(진)과 같이 辰(진)이 성부.
필순 一 𠄌 𠂇 币 雨 雨 霄 霄 震 震
새김 ❶흔들다. 또는 흔들리다. 떨리다. ¶震天動地(一, 하늘 천, 움직일 동, 땅 지)큰 소리가 하늘을 흔들고 땅을 움직인다는 뜻으로, 위엄이 천하에 떨침의 비유. ❷떨치다. 널리 들날리다. 〔新唐書〕 權震天下(권진천하)권세가 천하에 떨침. ❸성내다. ¶震怒(一, 노할 노) 임금이나 웃사람이 몹시 노함. 예 一를 사다. ❹지진(地震). 대지가 흔들리는 현상. ¶強震(강할 강, 一,) 강한 지진. ❺동방. 동쪽. 〔易經〕 萬物出乎震(만물출호진) 만물이 동방에서 나오다.
〔震檀〕(진단) 國 우리 나라의 딴 이름.
▷ 耐震(내진)·雷震(뇌진)·微震(미진)·弱震(약진)·餘震(여진)

8 ⑯ 〔霖〕* 5923 림 平 侵 | lín, リン

소전 행서 이름 장마 림 자원 형성. 雨+林→霖. 琳(림)·淋(림)과 같이 林(림)이 성부.
새김 장마. 3일 이상 계속 내리는 비. ¶霖雨(一, 비 우)장마. 장마비.
▷ 長霖(장림)

8 ⑯ 〔霓〕* 5924 예 平 齊 | ní, ゲイ

소전 행서 이름 무지개 예 자원 형성. 雨+兒→霓. 兒에는 '아' 외에 '예'음도 있어, 倪(예)·猊(예)와 같이 兒(예)가 성부.
새김 ❶무지개. 특히 암무지개. ¶虹霓(무지개 홍, 一)무지개. ❷무지개 빛깔의. 또는 무지개처럼 아름다운. ¶霓裳(一, 치마 상)무지개 빛의 아름다운 치마. 인신하여, 선인(仙人)의 옷.

8 ⑯ 〔霑〕* 5925 점 平 鹽 | zhān, テン

소전 행서 이름 젖을 점 자원 형성. 雨+沾→霑. 沾(점)이 성부.
새김 ❶젖다. 축축하게 젖다. 또는 적시다. ¶霑潤(一, 불을 윤)비나 이슬에 젖어서 불음. ❷입다. 은택이나 혜택을 받다. ¶均霑(고를 균, 一)혜택을 고르게 입거나 은택을 고르게 받음.

9 ⑰ 〔霜〕*** 5926 상 平 陽 | shuāng, ソウ

소전 행서 이름 서리 상 자원 형성. 雨+相→霜. 想(상)·箱(상)과 같이 相(상)이 성부.
필순 一 𠄌 币 雨 雨 霄 霄 霜 霜 霜
새김 ❶서리. 공중의 수증기가 얼어서 된 결정체. ¶霜雪(一, 눈 설)서리와 눈. 예 一雨露. ❷희다·순결하다.엄정하다와 같이 서리가 지닌 속성의 비유. ¶霜髮(一, 머리털 발)하얗게 센 머리털. ❸해. 세월. ¶星霜(별 성, 一)한 해 동안의 세월. 예 三十 一.
〔霜降〕(상강) 24절기의 하나. 양력 10월 23, 24일 경.
〔霜露〕(상로) 서리와 이슬.
〔霜鬢〕(상빈) 하얗게 센 귀밑털.
〔霜葉〕(상엽) 서리 맞은 잎. 또는 붉게 물든 단풍잎.
〔霜月〕(상월) ①서리가 내리는 밤의 달. ②음력 11월의 딴이름.
▷ 雪霜(설상)·雪上加霜(설상가상)·秋霜(추상)·風霜(풍상)

9 ⑰ 〔霙〕* 5927 영 平 庚 | yīng, エイ

행서 이름 싸라기눈 영 자원 형성. 雨+英→霙. 暎(영)·瑛(영)과 같이 英(영)이 성부.
새김 싸라기눈. 또는 눈송이.

9 ⑰ 〔霞〕* 5928 하 平 麻 | xiá, カ

소전 霞 행서 霞 이름 놀 하 자원 형성. 雨+叚→霞. 瑕(하)·鰕(하)와 같이 叚(하)가 성부.
새김 놀. 노을. 해가 뜨기 직전이나 진 직후에 수평선이나 지평선이 벌겋게 보이는 현상. ¶朝霞(아침 조, —)아침 놀.
▷煙霞(연하)·雲霞(운하)

11 ⑲ 〔霧〕** 무: 去 遇 | wù, ム
5929

소전 霧 행서 霧 간화 雾 이름 안개 무: 자원 형성. 雨+務→霧. 務(무)가 성부.

필순 (획순 도해)

새김 ❶안개. ¶濃霧(짙을 농, —)자욱히 낀 짙은 안개. ❷자욱하다·자취도 없이 사라지다·가볍고 보드랍다 등의 안개가 지닌 속성의 비유. ¶霧散(—, 흩어질 산)안개가 흩어지듯 자취도 없이 사라짐.
〔霧消〕(무소) 안개가 사라지듯 흔적도 없이 사라짐.
〔霧笛〕(무적) 안개가 끼었을 때 선박의 충돌을 방지하기 위하여 울리는 뱃고동이나 등대의 경적(警笛).
〔霧中〕(무중) 안개 속. 예五里—.
▷烟霧(연무)·雲霧(운무)·朝霧(조무)

11 ⑲ 〔霭〕 애 靄(5938)의 간화자
5930

12 ⑳ 〔露〕*** 로: 去 遇 | lù, ロ
5931

소전 露 행서 露 이름 이슬 로: 자원 형성. 雨+路→露. 潞(로)·鷺(로)와 같이 路(로)가 성부.

필순 (획순 도해)

새김 ❶이슬. ¶草露(풀 초, —)풀에 맺힌 이슬. 예—人生. ❷드러나다. 또는 드러내다. ¶露出(—, 나올 출)드러나거나 드러냄. 예비밀의 —. ❸한데. 옥외. ¶露店(—, 가게 점)한데에 물건을 벌여 놓고 파는 가게. 예—이 늘어선 南大門市場. ❹러시아의 한역자. 예露日戰爭.
〔露骨〕(노골) 뼈를 드러냄. 곧 조금도 꾸미지 않고 있는 그대로 드러냄. 예—的인 간섭.
〔露宿〕(노숙) 한데서 잠을 잠. 예風餐—.
〔露積〕(노적) 물건을 한데에 쌓아 둠. 또는 그 물건.
〔露呈〕(노정) 드러내어 보임.
〔露地〕(노지) 가리거나 덮여 있지 않은 땅.
〔露天〕(노천) 한데. 실외(室外).
▷甘露(감로)·白露(백로)·玉露(옥로)·雨露(우로)·暴露(폭로)·披露(피로)

12 ⑳ 〔霰〕* 산: 去 霰 | xiàn, サン
5932

소전 霰 행서 霰 이름 싸락눈 산: 자원 형성. 雨+散→霰. 散(산)이 성부.
새김 싸락눈. 싸라기눈.

13 ㉑ 〔霹〕* 벽 入 錫 | pī, ヘキ
5933

행서 霹 이름 벼락 벽 자원 형성. 雨+辟→霹. 璧(벽)·僻(벽)·癖(벽)과 같이 辟(벽)이 성부.
새김 벼락. 또는 벼락치다. ¶霹靂(—, 벼락 력) 벼락. 예青天—.

13 ㉑ 〔霸〕 패: 覇(4812)의 본자
5934

14 ㉒ 〔霽〕* 제: 去 霽 | jì, セイ
5935

소전 霽 행서 霽 간화 霁 이름 갤 제: 자원 형성. 雨+齊→霽. 濟(제)·劑(제)·薺(제)와 같이 齊(제)가 성부.
새김 개다. 비나 눈이 멎고 하늘이 맑다. ¶霽月(—, 달 월)갠 날의 달. 예—光風.
〔霽月光風〕(제월광풍) 비가 갠 뒤의 밝은 달과 시원한 바람. 인품이 고상하고 도량이 넓음의 비유.

16 ㉔ 〔靂〕* 력 入 錫 | lì, レキ
5936

행서 靂 간화 雳 이름 벼락 력 자원 형성. 雨+歷→靂. 瀝(력)과 같이 歷(력)이 성부.
새김 벼락. ¶霹靂(벼락 벽, —)벼락. 예青天—.

16 ㉔ 〔靈〕** 령 平 青 | líng, レイ
5937

소전 靈 행서 靈 약자 霊 속자 간화 灵 이름 신령 령 자원 형성. 霝+巫→靈. 霝(령)이 성부.

필순 (획순 도해)

새김 ❶신령. 영혼. ¶英靈(뛰어날 영, —)뛰어난 사람의 영혼. 특히 전사자에 쓴다. 예護國—. ❷신비하다. 신기하다. ¶靈藥(—, 약 약)신비한 효험이 있는 약. ❸신성하다. 신령스럽다. ¶靈域(—, 지역 역)신령스러운 지역. 신성한 지역.
〔靈感〕(영감) 머릿속에 번득이는 신묘한 생각. 또는 기묘하고 신비한 예감.

〔靈柩〕(영구) 시체를 넣은 널. [예]—車.
〔靈氣〕(영기) 신령스럽게 느껴지는 기운.
〔靈妙〕(영묘) 신령스럽고 기묘함.
〔靈物〕(영물) ①신령스러운 짐승이나 물건. ②상서로운 물건.
〔靈峯〕(영봉) 높고 웅장하여 신비로운 봉우리. [예]白頭山의 —.
〔靈山〕(영산) ①신불에게 제사지내는 산. ②신비로운 산.
〔靈位〕(영위) 신위(神位). 위패(位牌).
〔靈長〕(영장) 가장 영묘한 능력을 지닌 존재. 인신하여, 사람. 「앞.
〔靈前〕(영전) 죽은 사람의 혼령을 모셔 놓은
〔靈驗〕(영험) 신이나 부처가 베풀 수 있다는 신기한 보람. [예]—이 있다.
〔靈魂〕(영혼) ①죽은 사람의 넋. ②육체 이외에 따로 존재한다는 정신의 본원.
▷亡靈(망령)·聖靈(성령)·神靈(신령)·心靈(심령)·慰靈(위령)·精靈(정령)·祖靈(조령)·尊靈(존령)·魂靈(혼령)

16 ㉔ 〔靄〕* 애 [本]애: [去]泰 | ǎi, アイ
5938

[소전] [행서] [간화]霭 [이름] 안개 애 [자원] 형성. 雨＋謁→靄. 謁(알)의 변음이 성부.
[새김] ❶안개. 또는 놀. ¶暮靄(저녁 모, —)저녁 안개. 또는 저녁놀. ❷자욱하다. 잔뜩 끼어 있다. ¶靄靄(—, —)구름이나 안개 따위가 자욱함. 인신하여, 어떤 기운이 넘쳐 흐름의 형용. [예]和氣—.

8 획 부수 青 部

▷명칭: 푸를청
▷쓰임: 의부로서의 쓰임은 없고 성부로서 쓰이기도 하고, 자형상의 분류를 위한 부수로도 쓰였다.

0 ⑧ 〔青〕*** 청 [平]青 | qīng, セイ
5939

[소전] [행서] [동자]靑 [이름] 푸를 청 [자원] 형성. 主〔生의 변형〕＋月〔円의 변형〕→靑→青. 生(생)의 변음이 성부.

[필순] 一 = 丰 主 卡 青 青 青

[새김] ❶푸르다. 또는 푸른 빛깔. ¶青松(—, 소나무 송)사시로 잎이 푸른 소나무. [예]—綠竹. ❷젊다. 나이가 젊다. ¶青年(—, 나이 년)20～30세 전후의 젊은 나이. 또는 그런 나이의 사람. [예]—期.
〔青果〕(청과) 싱싱한 과실과 채소. [예]—類.
〔青丘〕(청구) 우리 나라를 달리 이르던 말.
〔青樓〕(청루) 기생집. 또는 창부를 두고 영업하는 집. 「보지 못하는 눈.
〔青盲〕(청맹) 청맹과니, 겉보기에는 멀쩡하나
〔青史〕(청사) 역사(歷史). 사서(史書).
〔青寫眞〕(청사진) 푸른 바탕에 흰 줄로 나타나는, 건축이나 기계 따위의 도면. 인신하여, 미래의 예정이나 계획. [예]21세기 국가 경영의 —.
〔青山流水〕(청산유수) [國]푸른 산과 흐르는 물. 막힘없이 말을 썩 잘함의 형용.
〔青孀寡婦〕(청상과부) 나이가 아주 젊었을 때 남편을 잃고 혼자 사는 여자.
〔青雲〕(청운) ①푸른 구름. ②높은 명예나 벼슬. 또는 입신 출세(立身出世)함.
〔青瓷〕(청자) 청록색의 유약을 입힌 자기.
〔青天霹靂〕(청천벽력) 맑은 하늘에서 치는 벼락. 뜻밖에 일어나는 큰 변이나 타격의 비유.
〔青出於藍〕(청출어람) 쪽에서 뽑아 낸 푸른 물감이 쪽보다 더 푸르다는 뜻으로, 제자나 후배가 선생이나 선배보다 더 우수함을 이르는 말. 「시절. 청년기(青年期).
〔青春〕(청춘) ①봄, 또는 봄철. ②한창 젊은
▷紺青(감청)·綠青(녹청)·丹青(단청)·淡青(담청)

0 ⑧ 〔靑〕 청 青(5939)과 동자
5940

4 ⑫ 〔靓〕 정: 靚(5944)의 간화자
5941

5 ⑬ 〔靖〕* 정 [本]정: [上]梗 | jìng, セイ
5942

[소전] [행서] [이름] 편안할 정 [자원] 형성. 立＋青→靖. 情(정)·精(정)과 같이 青(청)의 변음이 성부.
[새김] 편안하다. 또는 편안하게 다스리다. ¶靖國(—, 나라 국)어지럽던 나라를 태평하게 다스림.
〔靖難〕(정난) 나라의 위난을 평정함.
〔靖亂〕(정란) 나라의 난리를 평정함.

6 ⑭ 〔静〕 정: 靜(5945)의 약자
5943

7 ⑮ 〔靚〕* 정: [去]敬 | jìng, セイ
5944

[소전] [행서] [간화]靓 [이름] 꾸밀 정: [자원] 형성. 青＋見→靚. 精(정)·情(정)과 같이 青(청)의 변음이 성부.
[새김] ❶꾸미다. 화장하다. ❷고요하다. 또는 정

숙하다.

8 ⑯ 〔靜〕*** 정: 上 梗 | jìng, セイ
5945

소전 靜 행서 静 속자 静 이름 고요할 정: 자원 형성. 青+爭→靜. 淨(정)과 같이 爭(쟁)의 변음이 성부.

필순 〔필순 생략〕

새김 ❶고요하다. ㉠흔들림이나 움직임이 없다. 動(0525)의 대. ¶靜止(一, 그칠 지)움직이지 아니하고 고요히 그쳐 있는 상태. ㉡잠잠하고 적적하다. ¶靜寂(一, 고요할 적)쓸쓸할 정도로 아주 고요함. ㉠一을 깨뜨리다. ❷가라앉다. 소란·흥분·아픔등이 가라앉다. ¶鎭靜(가라앉을 진, 一)소란·흥분·아픔 등이 가라앉음. ㉠마음을 一시키다. ❸침착하다. ¶冷靜(차가울 랭, 一)행동이나 생각이 감정에 사로잡히지 아니하고 침착함. ㉠一한 판단.

〔靜觀〕(정관) 고요히 관찰함. 조용히 사물을 관찰함.
〔靜脈〕(정맥) 몸의 각 부분에서 피를 모아 심장으로 돌려보내는 혈관.
〔靜物〕(정물) ①자체로는 움직이지 못하는 물건. ②그릇에 담긴 과일이나 병에 꽂가지 따위를 그림의 대상으로 이르는 말. ㉠一畫.
〔靜謐〕(정밀) 고요하고 편안함.
〔靜思〕(정사) 고요히 생각함.
〔靜肅〕(정숙) 조용하고 엄숙함. 또는 조용하고 엄숙하게 함.
〔靜養〕(정양) 안정하여 휴양함.
〔靜坐〕(정좌) 마음을 가라앉히고 조용히 앉거나 앉아서 몸과 마음을 조용히 가라앉힘.
▷動靜(동정)·安靜(안정)·平靜(평정)·閑靜(한정)·虛靜(허정)

8 획 부수 非 部

▷명칭: 아닐비
▷쓰임: 자형상의 분류를 위한 부수로 쓰였다.

0 ⑧ 〔非〕*** 비 平 微 | fēi, ヒ
5946

소전 非 행서 非 이름 아닐 비 자원 상형. 새의 좌우 깃이 서로 등지고 있는 모양을 본떠서 '어긋나다'란 뜻을 나타낸다.

필순 丿 丿 扌 扌 非 非 非 非

새김 ❶아니다. ~이 아니다. 부정의 뜻을 나타낸다. ¶非命(一, 명 명)명이 아니다란 뜻으로, 제 명대로 살지 못하는 목숨을 이르는 말. ㉠一橫死. ❷어긋나다. 위배되다. ¶非行(一, 행위 행)도리나 법에 어긋난 행위. ㉠공무원의 一. ❸그르다. 또는 그르다고 하다. ¶是是非非(옳다고할 시, 옳을 시, 그르다고할 비, 그를 비)옳음을 옳다고 하고 그름을 그르다고 한다는 뜻으로, 옳으니 그르니 하고 벌이는 말다툼을 이르는 말. ❹헐뜯다. 나쁘게 말하다. ¶非難(一, 나무랄 난)남의 결점이나 잘못을 책잡아서 나쁘게 말하거나 나무람. ㉠一하는 말.

〔非禮〕(비례) 예의에 어긋남. 예에 맞지 않음.
〔非理〕(비리) 이치에 어긋남. 도리가 아님.
〔非賣品〕(비매품) 특정인에게만 나누어 주고, 일반에게는 팔지 아니하는 물품.
〔非命橫死〕(비명횡사) 제 명대로 다 살지 못하고 뜻밖의 재앙이나 사고로 죽음.
〔非夢似夢〕(비몽사몽) 國 꿈이 아닌 생시인 것 같기도 하고 꿈인 것 같기도 한 어렴풋한 동안이나 그런 상태.
〔非番〕(비번) 번을 설 날이나 차례가 아님.
〔非凡〕(비범) 평범하지 않음. 보통 수준을 넘어 뛰어남.
〔非常〕(비상) ①보통이 아님. ②정상적인 상태가 아님.
〔非違〕(비위) 법을 어김.
〔非一非再〕(비일비재) 어떤 현상이 한두 번이나 한두 가지가 아님.
〔非情〕(비정) ①목석같이 희로 애락의 감정이 없음. ②인간다운 감정이 없음.
▷似而非(사이비)·是非(시비)·前非(전비)

11 ⑲ 〔靡〕* 미 本미: 上 紙 | mǐ, ビ
5947

소전 靡 행서 靡 이름 쓸릴 미 자원 형성. 麻+非→靡. 麻(마)의 변음이 성부.

새김 ❶쓸리다. 바람에 쓰러지다. ¶風靡(바람 풍, 一)바람에 풀이 쓰러진다는 뜻으로, ㉮위풍에 뭇사람이 절로 붙좇음의 형용. ㉯어떤 사조가 널리 사회를 휩쓺의 형용. ㉠一世를 一하다. ❷아니하다. 또는 아니다. ¶靡寧(一, 편안할 녕) 병으로 인해 몸이 편하지 않음.

9 획 부수 面 部

0 ⑨ 〔面〕*** 면: 去 霰 | miàn, メン
5948

소전 面 행서 面 속자 靣 이름 낯 면: 자원 상형. 사람의 얼굴을 정면에서 본 모양을 본떴다.

필순 一 丆 丆 丙 而 而 而 面 面

새김 ❶낯. ㉠얼굴. ¶面相(―, 모양 상)㉮얼굴의 생김새. ㉯인신하여, 관상을 볼 때의 얼굴의 상. ㉡체면. 예面을 보다. ❷면. ㉠겉으로 드러난 쪽의 바닥. ¶表面(겉 표, ―)겉면. 예―的인 이유. ㉡ 어떤 측면이나 쪽. ¶側面(곁 측, ―)㉮옆이 되는 쪽. 또는 그 면. 예―攻擊. ㉯사물 현상의 한 부분이나 한 쪽. 예대립되는 두 ―. ❸향하다. 어느 쪽으로 향하다. ¶南面(남녘 남, ―)㉮남쪽으로 향함. 곧 앞면을 남쪽으로 둠. ㉯인신하여, 임금이 앉는 자리의 방향. ❹만나다. 얼굴을 맞대다. ¶面會(―, 만날 회)어떤 용무를 가지고 찾아가서 만나봄. 예―場所. ❺國면. 군(郡)의 하위 행정 구역의 단위. 예面事務所. ❻麵(6315)의 간화자

〔面談〕(면담) 얼굴을 마주하고 이야기함.
〔面對〕(면대) 서로 얼굴을 대함.
〔面面〕(면면) ①여러 사람의 얼굴들. 예―相顧. ②각 면. 예―村村.
〔面貌〕(면모) ①얼굴 생김새. 또는 얼굴. ②모습. 모양.
「면(體面).
〔面目〕(면목) ①얼굴의 생김새. ②낯이나 체
〔面壁〕(면벽) (佛)도를 닦기 위하여 벽을 향하고 앉음. 예―參禪.
〔面識〕(면식) 얼굴을 서로 앎. 「넓이.
〔面積〕(면적) 평면이나 둥근 물체의 표면의
〔面前〕(면전) 대하여 보고 있는 앞. 또는 눈앞.
〔面接〕(면접) 직접 대면함.
〔面從腹背〕(면종복배) 겉으로는 따르고 마음으로는 등진다는 뜻으로, 겉으로는 찬성하고 떠받드는 체하면서 속으로는 반대하고 뒤에서 훼방함을 이르는 말.
〔面責〕(면책) 면대하여 꾸짖음.
▷假面(가면)·舊面(구면)·內面(내면)·方面(방면)·相面(상면)·書面(서면)·顔面(안면)·全面(전면)·正面(정면)·地面(지면)·體面(체면)·平面(평면)·海面(해면)

0 ⑧ 〔靣〕 5949 면: 面(5948)의 속자

9획 부수 革 部

▷명칭: 가죽혁. 가죽혁변
▷쓰임: 가죽이나 가죽 제품을 뜻하는 한자의 부수로 쓰였다.

0 ⑨ 〔革〕*** 5950 혁 本격 入陌 gé, カク

소전 革 행서 革 이름 가죽 혁 자원 상형. 머리에서 꼬리까지 벗긴 짐승의 가죽을 펴놓은 모양.

필순 一 十 廿 廾 廿 芇 芦 苎 革

새김 ❶가죽. 털을 벗기고 가공한 짐승의 가죽. ¶革帶(―, 띠 대)가죽으로 만든 띠. ❷가죽으로 만든 무구(武具). ¶兵革(군사 병, ―)무기. 인신하여, 전쟁. ❸고치다. 변혁하다. ¶革新(―, 새롭게할 신)낡은 제도나 방법·사상 등을 고쳐서 새롭게 함. 예제도의 ―.

〔革命〕(혁명) ①이전 왕조를 뒤집고 새 왕조가 들어서는 일. ②국가·사회의 조직이 급격하게 바뀌는 일.
〔革罷〕(혁파) 제도·법령·기구 등에서 낡아서 못 쓰게 된 것을 폐지함.
〔革弊〕(혁폐) 폐해를 뜯어 고치거나 폐지함.
▷改革(개혁)·變革(변혁)·沿革(연혁)·皮革(피혁)

3 ⑫ 〔靭〕* 5951 인: 去震 rèn, ジン

행서 靭 이름 질길 인: 자원 형성. 革+刃→靭. 忍(인)과 같이 刃(인)이 성부.
새김 질기다. 탄력이 있으면서 질기다. ¶強靭(굳셀 강, ―)힘차고 검질김. 예―한 투지.
〔靭帶〕(인대) 관절에 있는 탄력이 강한 근육 조직.

4 ⑬ 〔靷〕* 5952 인: 上軫 yǐn, イン

소전 靷 행서 靷 이름 가슴걸이 인: 자원 형성. 革+引→靷. 蚓(인)과 같이 引(인)이 성부.
새김 ❶가슴걸이. 마소의 가슴에 걸어 안장이나 길마·멍에에 매는 끈. ❷國상여. ¶發靷(떠날 발, ―)장사를 지내려고 상여가 집에서 떠남. 예―祭.

4 ⑬ 〔靴〕* 5953 화 平歌 xuē, カ

행서 靴 이름 신 화 자원 형성. 革+化→靴. 化(화)가 성부.
새김 신. 가죽신. ¶軍靴(군사 군, ―)군인들이 신는 가죽신. 예―소리.
〔靴工〕(화공) 구두를 만드는 직공.
▷短靴(단화)·洋靴(양화)·長靴(장화)·製靴(제화)

5 ⑭ 〔靺〕* 5954 一말 入曷 mò, マツ / 二말 入月 wà

행서 靺 이름 一말갈 말 二버선 말 자원 형성. 革+末→靺. 沫(말)·茉(말)과 같이 末

(말)이 성부.
새김 ㊀말갈(靺鞨). 중국 북방의 소수 민족의 이름. ㊁버선. 맨발에 신는 버선.

6 ⑮ [鞏]* 5955 공 ㊍공: 上腫 | gǒng, キョウ

소전 행서 간화 巩 이름 단단할 공 자원 형성. 巩+革→鞏. 恐(공)과 같이 巩(공)이 성부.
새김 단단하다. 견고하다. ¶鞏固(—, 굳을 고) 단단하고 굳음. 예—한 平和.

6 ⑮ [鞍]* 5956 안 平寒 | ān, アン

행서 이름 안장 안 자원 형성. 革+安→鞍. 案(안)·按(안)·晏(안)과 같이 安(안)이 성부.
새김 안장. 사람이 타거나 짐을 싣기 위하여 마소의 등에 얹는 물건. ¶鞍馬(—, 말 마)안장을 지운 말.
〔鞍裝〕(안장) 말이나 나귀의 등에 얹어 사람이 타고 물건을 싣기 편리하게 만든 물건.
▷金鞍(금안)·銀鞍(은안)

6 ⑮ [鞋]* 5957 혜 ㊍해 平佳 | xié, アイ

행서 이름 신 혜 자원 형성. 革+圭→鞋. 圭(규)의 변음이 성부.
새김 신. 짚 따위로 삼은 신. ¶草鞋(풀 초, —) 짚신.

8 ⑰ [鞠]* 5958 국 入屋 | jú, キク

소전 행서 이름 공 국 자원 형성. 革+匊→鞠. 菊(국)·麴(국)과 같이 匊(국)이 성부.
새김 ❶공. 가죽공. ¶蹴鞠(찰 축, —)발로 차는 공의 한 가지. 또는 공을 발로 차는 놀이. ❷기르다. 낳아 기르다. 〔詩經〕 母兮鞠我(모혜국아)어머니가 나를 낳아 길렀다. ❸구푸리다. 몸을 굽히다. ¶鞠躬(—, 몸 궁)존경하는 뜻으로 몸을 굽힘. 예—再拜. ❹캐묻다. 鞫(5960)과 동자. ¶鞠問(—, 물을 문)죄인을 국청에서 신문함.
〔鞠育〕(국육) 보살피어 양육함.
〔鞠廳〕(국청) 國역적과 같은 중죄인을 신문하기 위하여 설치한 임시 관아.

9 ⑱ [鞨]* 5959 갈 ㊍할 入曷 | hé, カツ

행서 이름 말갈 갈 자원 형성. 革+曷→鞨. 渴(갈)·葛(갈)과 가이 曷(갈)이 성부.
새김 말갈(靺鞨). 중국 북방에 있었던 종족 이름.

9 ⑱ [鞫]* 5960 국 入屋 | jú, キク

행서 이름 캐물을 국 자원 형성. 革+匊→鞫. 匊(횡)의 변음이 성부.
새김 캐묻다. 심문하다. 鞠(5958)과 동자. ¶鞫問(—, 물을 문)죄인을 심문함.

9 ⑱ [鞭]* 5961 편 平先 | biān, ベン

소전 행서 이름 채찍 편 자원 형성. 革+便→鞭. 便(편)이 성부.
새김 ❶채찍. 매. 막대기. ¶教鞭(가르칠 교, —) 교사가 수업할 때 필요한 대상을 가리키기 위하여 쓰는 막대기. 예—生活. ❷매질하다. 채찍질하다. ¶鞭撻(—, 매질할 달)채찍질함. 또는 채찍질. 예指導—.
〔鞭策〕(편책) ①말채찍. ②채찍질함.

15 ㉔ [韆]* 5962 천 平先 | qiān, セン

행서 간화 千 이름 그네 천 자원 형성. 革+遷→韆. 遷(천)이 성부.
새김 그네. ¶鞦韆(그네 추, —)그네. 예—놀이.

9 획 부수 韋 部

▷명칭: 가죽위. 다룬가죽위
▷쓰임: 가죽 제품에 관한 뜻을 가진 한자의 부수로 쓰였다.

0 ⑨ [韋]* 5963 위 平微 | wéi, イ

소전 행서 간화 韦 이름 가죽 위 자원 형성. 舛〔舛의 변형〕+囗〔圍의 고자〕→韋. 囗(위)가 성부.
새김 가죽. 무두질한 가죽. ¶韋編三絶(—, 책 편, 석 삼, 끊어질 절) 책을 맨 무두질한 가죽 끈이 세 번 끊어짐. 책을 수없이 되풀이하여 읽음의 형용. 故공자(孔子)가 역경(易經)을 수없이 되풀이하여 읽노라, 죽간(竹簡)을 맨 가죽 끈이 세 번 끊어졌다는 고사. 〈史記〉

0 ④ [韦] 5964 위 韋(5963)의 간화자

8 ⑰ [韓] *** 한 平寒 hán, カン
5965

소전 韓 행서 韓 간화 韩 이름 한나라 한 자원 형성. 倝〔倝의 생략체〕+ 韋→韓. 倝(간)의 변음이 성부.

필순 一 十 古 吉 直 卓 卓' 韓 韓 韓

새김 ❶한나라. 하남성(河南省)·산서성(山西省)에 걸쳐 있었던 전국 칠웅(戰國七雄) 중의 한 나라(전403～전230년). ❷삼한(三韓). 곧 마한(馬韓)·변한(弁韓)·진한(辰韓)의 통칭. ❸한국. 대한제국·대한민국의 약칭. ¶韓日(—, 일본 일)한국과 일본. 예—修交.
〔韓服〕(한복) 한국 고유의 의복.
〔韓屋〕(한옥) 한국 고대의 건축 양식으로 지은 집.
〔韓紙〕(한지) 한국 고래의 제조법으로 뜬 종이. 창호지 따위.

8 ⑫ [韩] 한 韓(5965)의 간화자
5966

10 ⑲ [韜] * 도 平豪 tāo, トウ
5967

소전 韜 행서 韜 간화 韬 이름 감출 도 자원 형성. 韋+舀→韜. 稻(도)·滔(도)와 같이 舀(도)가 성부.
새김 ❶감추다. 숨기다. ¶韜晦(—, 숨길 회)㉮종적을 감춤. ㉯자기의 재주·학식 등을 나타내지 않고 감춤. ❷병략(兵略). 군사에 관한 계책. 육도(六韜)의 준말.

10 ⑭ [韬] 도 韜(5967)의 간화자
5968

9 획 부수 音 部

▷명칭: 소리음
▷쓰임: 악기나 사람·자연의 소리 등 소리에 관한 뜻을 나타내는 한자의 부수로 쓰였다.

0 ⑨ [音] *** 음 平侵 yīn, オン
5969

소전 音 행서 音 이름 소리 음 자원 지사. 音〔言의 변형〕+ 一→音. 一은 마디. 말의 마디, 곧 소리를 가리킨다.

필순 丶 亠 亠 立 立 产 音 音 音

새김 ❶소리. 사람의 목소리나 악기나 자연의 소리. ¶音聲(—, 소리 성)목소리나 말소리. 예고운 —. ❷소식. ¶音信(—, 편지 신)소식이나 편지. 예—이 끊어지다. ❸음악. ¶音律(—, 가락 률)음악의 가락. 또는 음악. 예—에 맞추어 춤을 추다. ❹음. 한자를 읽을 때의 음. 訓(4864)의 대. ¶音訓(—, 새김 훈)한자의 음과 새김.
〔音階〕(음계) 일정한 음정에 따라서, 악음(樂音)을 높이의 차례로 늘어놓은 것. 예長—.
〔音曲〕(음곡) ①음악의 가락. ②음악.
〔音讀〕(음독) ①소리를 내어 글을 읽음. 대묵독(默讀). ②한자를 음으로 읽음.
〔音盤〕(음반) 음성·음악 등을 녹음한 원반.
〔音色〕(음색) 각각의 소리의 독특한 울림. 예색다른 —.
〔音樂〕(음악) 소리를 아름답게 조화·결합시켜 감정이나 정서를 표현하는 예술. 목소리를 사용하는 것을 성악, 악기를 사용하는 것을 기악(器樂)이라고 함.
〔音域〕(음역) 사람이나 악기가 낼 수 있는 음의 고저의 범위.
〔音譯〕(음역) '아시아'를 '亞細亞'로 쓰듯, 한자의 음이나 새김을 빌어 외국어의 음을 적는 일.
〔音韻〕(음운) ①한자의 음과 운. ②말을 이루는 음의 최소 단위.
〔音節〕(음절) 가장 작은 토막으로 나누어지는 언어의 단위.
〔音程〕(음정) 두 음 사이의 높낮이의 간격.
〔音調〕(음조) ①소리의 고저와 강약, 빠름과 느림 등의 정도. ②음악의 곡조.
〔音癡〕(음치) 소리에 대한 음악적인 감각이나 지각이 매우 무디어 노래를 제대로 부르지 못하는 일. 또는 그런 사람.
〔音響〕(음향) 물체의 소리와 그 울림.
▷轟音(굉음)·讀音(독음)·母音(모음)·發音(발음)·福音(복음)·騷音(소음)·五音(오음)·子音(자음)·正音(정음)·表音(표음)·和音(화음)

5 ⑭ [韶] * 소 平蕭 sháo, ショウ
5970

소전 韶 행서 韶 이름 음악이름 소 자원 형성. 音+召→韶. 昭(소)·紹(소)와 같이 召(소)가 성부.
새김 음악 이름. 순(舜)임금 때의 음악.

10 ⑲ [韻] ** 운: 去問 yùn, イン
5971

소전 韻 행서 韻 이름 운 운: 자원 형성. 音+員→韻. 員에는 '원' 외에 '운' 음도 있어 殞(운)·隕(운)과 같이 員(운)이 성부.

필순 亠 立 立 音 音 音" 韵 韻 韻 韻

새김 ❶운. 한자를 사성(四聲)으로 나누고, 중성이나 중·종성의 유사성에 따라 나눈 부류. ¶

押韻(운달 압, ―)한시를 지을 때 운을 닮. ❷울림. ¶餘韻(남을 여, ―)아직 가시지 않고 남아 있거나 계속 풍겨 오는 멋이나 정취나 분위기. ❸고아한 기품의 멋. ¶韻致(―, 풍치 치)고상하고 우아한 풍치. 예― 있는 해변.
〔韻目〕(운목) 운서(韻書)에서, 같은 운을 대표하는 글자.
〔韻文〕(운문) 시와 같이 운율(韻律)이 나타나게 쓴 글. ↔산문(散文).
〔韻書〕(운서) 운에 의해 분류한 자전.
〔韻字〕(운자) 한시(漢詩)에서, 운으로 다는 글자.
〔韻統〕(운통) 운자의 계통.

11 ⑳ 〔響〕 5972 향: 響(5973)의 약자

13 ㉒ 〔響〕** 5973 향: 上養 xiǎng, キョウ

소전 響 행서 響 약자 響 속자 간화 响 이름 울릴 향: 자원 형성. 鄕+音→響. 嚮(향)·饗(향)과 같이 鄕(향)이 성부.

필순 纟 纟 纟 ... 響 響

새김 울리다. ㉠소리가 울리다. ¶反響(되돌아올 반, ―)㉮소리가 장애물에 부딪쳐 되돌아 반사되어 울림. 또는 그런 현상. ㉯인신하여, 어떤 일에 대한 여론의 움직임. ㉡울림. ¶音響(소리 음, ―)소리의 울림. 예―效果. ㉢다른 사물에 작용이 미치다. ¶影響(그림자 영, ―)형체에는 그림자가 생기고, 소리에는 울림이 있다는 뜻으로, 어떤 사물의 작용이 다른 사물에 미치는 현상. 예―力.
〔響應〕(향응) ①소리가 되돌아와 울림. ②남의 주창에 응하여 그와 같이 행동을 취함.

14 ㉓ 〔護〕* 5974 호: 去遇 hù, コ

행서 護 이름 대호 호: 자원 형성. 音+蒦→護. 護(호)·濩(호)와 같이 蒦(확)의 변음이 성부
새김 대호(大護). 탕왕(湯王) 때의 음악 이름.

9 획 부수 頁 部

▷명칭: 머리혈
▷쓰임: 사람의 머리나 얼굴과 관계되는 뜻을 가진 한자의 부수로 쓰였다.

0 ⑨ 〔頁〕* 5975 ㊀혈 ㊁엽 入屑 xié, ケツ yè

소전 頁 행서 頁 간화 页 이름 ㊀머리 혈 ㊁페이지 엽 자원 상형. 얼굴을 중심으로 한 사람의 옆 모습을 본떴다. 참고 ㊁는 대법원공인 인명용 추가한자에 들어 있지 않음.
새김 ㊀머리. 사람의 머리. ㊁페이지. 책장의 한 쪽 면을 세는 단위. 예第十三頁.

0 ⑥ 〔页〕 5976 ㊀혈 頁(5975)의 간화자 ㊁엽 頁(5975)의 간화자

2 ⑪ 〔頃〕** 5977 경 本경: 上梗 qǐng, ケイ

소전 頃 행서 頃 간화 顷 이름 이랑 경 자원 회의. 匕+頁→頃. 匕는 기울다의 뜻. 머리를 기울인다의 뜻을 나타낸다. 새김은 가차.

필순 一 ヒ ヒ ... 頃 頃

새김 ❶이랑. 182a. 곧 100㎡의 넓이를 나타내는 단위. ¶萬頃(일만 만, ―)1만 이랑. 곧 지면이나 수면이 넓디넓음의 형용. 예―蒼波. ❷잠깐. 잠시. ¶頃刻(―, 시각 각)아주 짧은 동안. 예命在―. ❸요즈음. 또는 지난번. ¶頃日(―, 날 일)요즈음. 또는 지난번.
〔頃年〕(경년) 근년. 경세(頃世).
〔頃者〕(경자) ①요사이. 근래. ②옛적. 옛날.
▷食頃(식경)·一食頃(일식경)

2 ⑧ 〔顷〕 5978 경 頃(5977)의 간화자

2 ⑪ 〔頂〕*** 5979 정 本정: 上迥 dǐng, チョウ

소전 頂 행서 頂 간화 顶 이름 정수리 정 자원 형성. 丁+頁→頂. 訂(정)·汀(정)과 같이 丁(정)이 성부.

필순 一 丁 丁 ... 頂 頂

새김 ❶정수리. 숫구멍이 있는 자리. ¶頂門(―, 문 문)정수리. 또는 숫구멍. 예―一針. ❷꼭대기. 가장 높은 곳이나 자리. ¶頂上(―, 위 상)㉮꼭대기의 위. 예백두산 ―. ㉯인신하여, 가장 높은 자리에 있는 사람. 예―會談.
〔頂門一針〕(정문일침) 정수리에 침을 놓음. 남의 약점이나 결함을 똑바로 찌르는 지적이나 따끔한 비판의 비유.
〔頂點〕(정점) ①꼭대기. 가장 높은 곳. ②각을 이루는 두 직선이 만나는 점.
〔頂天履地〕(정천이지) 하늘을 이고 땅을 밟음.
▷登頂(등정)·山頂(산정)·絶頂(절정)

2 ⑧ 〔顶〕 5980 정 頂(5979)의 간화자

3 ⑫ 〔須〕* 수 平虞 | xū, シュ
5981

소전 행서 간화 须 이름 모름지기 수 자원 회의. 彡+頁→須. 彡은 털의 모양. 사람의 머리에 나 있는 털을 뜻한다. 새김은 가차.

필순 彡 彡 彡 彡 须 須 須 須 須 須

새김 ❶모름지기. 모름지기 ~하여야 한다. ¶須知(—, 알 지)모름지기 알아야 함. 또는 그 일. ❷쓰다. 필요로 하다. ¶必須(반드시 필, —)반드시 필요로 함. 예—條件. ❸잠깐. 잠시 동안. ¶須臾(—, 잠깐 유)잠시. 잠깐 동안. 예—라도 마음을 놓아서는 안 된다.

3 ⑨ 〔须〕 ㊀수 須(5981)의 간화자 ㊁수 鬚(6193)의 간화자
5982

3 ⑫ 〔順〕* 순: 去震 | shùn, ジュン
5983

소전 행서 간화 顺 이름 순할 순: 자원 형성. 川+頁→順. 巡(순)·馴(순)과 같이 川(천)의 변음이 성부.

필순 川 川 川 川 顺 順 順 順 順 順

새김 ❶순하다. ㉠성질이나 태도가 부드럽다. ¶溫順(온화할 온, —)온화하고 순함. 예—한 사람. ㉡배가 가는 방향으로 바람이 불다. ¶順風(—, 바람 풍)배가 가는 쪽으로 부는 바람. 예—에 돛을 달다. ㉢때에 맞거나 진행에 지장이 없다. ¶雨順風調(비 우, —, 바람 풍, 고를 조)비는 때맞추어 오고 바람은 고르로움. 예—하니 올해도 풍년일세. ❷따르다. 순종하다. ¶順天(—, 하늘 천)하늘의 도나 뜻에 따름. 예—者存. ❸차례. ¶順序(—, 차례 서) 차례. 예討議—.

〔順流〕(순류) ①아무런 장애도 받지 않고 흐르는 물의 흐름. ②세상 형편이 돌아가는 대로 좇음. 「순조로운 도리나 이치.
〔順理〕(순리) ①도리에 순종함. ②마땅하고
〔順番〕(순번) 차례로 돌아오는 순서.
〔順延〕(순연) 차례로 연기함.
〔順位〕(순위) 순서상의 자리.
〔順應〕(순응) ①순순히 응함. ②조건이나 경우에 맞게 적응함.
〔順調〕(순조) 아무 탈이나 말썽이 없이 잘 되어 지장이 없음. 예—로운 進行.
〔順從〕(순종) 순순히 따름.
〔順次〕(순차) 돌아오는 차례.
〔順坦〕(순탄) 순조롭고 평탄함.
〔順行〕(순행) 순서대로 진행됨. 예—同化.
▷歸順(귀순)·逆順(역순)·柔順(유순)·耳順(이순)·忠順(충순)·孝順(효순)

3 ⑨ 〔顺〕 순: 順(5983)의 간화자
5984

3 ⑫ 〔項〕** 항: 上講 | xiàng, コウ
5985

소전 행서 간화 项 이름 목 항: 자원 형성. 工+頁→項. 缸(항)·肛(항)과 같이 工(공)의 변음이 성부.

필순 一 丅 工 工 工 项 項 項 項 項

새김 ❶목. 인체의 목. ¶項鎖(—, 사슬 쇄) 죄인의 목에 씌우는 칼. 예목에 —를 채우다. ❷조목. 분류한 개별적인 조목. ¶事項(일 사, —) 일의 하나하나의 조목. 예注意—. ❸항. 수식(數式)을 이루는 단위. 예多項式(다항식).
〔項目〕(항목) 어떤 기준에 따라 나눈 일의 대목이나 가닥. 조목(條目).
▷別項(별항)·要項(요항)·條項(조항)

3 ⑨ 〔项〕 항: 項(5985)의 간화자
5986

4 ⑩ 〔顾〕 고 顧(6031)의 간화자
5987

4 ⑬ 〔頓〕* 돈: 去願 | dùn, トン
5988

소전 행서 간화 顿 이름 조아릴 돈: 자원 형성. 屯+頁→頓. 盹(돈)·沌(돈)과 같이 屯(둔)의 변음이 성부.
새김 ❶조아리다. 머리를 땅에 닿을 정도로 숙이다. ¶頓首(—, 머리 수)머리를 조아림. 또는 그런 절. 예—再拜. 참고 경의를 표한다는 뜻으로 편지 끝에 쓰는 편지투. ❷갑자기. ¶頓悟(—, 깨달을 오) 갑자기 깨달음. ❸머무르다. ¶停頓(머무를 정, —)나아가지 않고 정지함. 예—狀態. ❹지치다. 노곤하다. ¶困頓(곤할 곤, —)힘이 빠져 고달프고 노곤함.
〔頓絶〕(돈절) 소식이 갑자기 딱 끊어짐.
▷査頓(사돈)

4 ⑩ 〔顿〕 돈: 頓(5988)의 간화자
5989

4 ⑬ 〔頒〕* 반 平刪 | bān, ハン
5990

소전 행서 간화 颁 이름 나눌 반 자원 형성. 分+頁→頒. 分(분)의 변음이 성부.
새김 ❶나누다. 나누어 펴다. 또는 널리 알리다. ¶頒布(—, 펼 포)일반이 널리 알도록 세상에 널리 폄. 예훈민정음의 —. ❷희끗희끗하다.

¶頒白(一, 흰 백)희끗희끗하게 셈. 또는 그런 머리털. 예一의 노인.
〔頒給〕(반급) 나누어 줌.
〔頒賜〕(반사) 임금이 물건을 신하들에게 나누어 줌.

4 ⑩ 〔颁〕 5991 반 頒(5990)의 간화자

4 ⑬ 〔頌〕** 5992 송: 去宋 | sòng, ショウ

소전 행서 간화 颂 이름 기릴 송: 자원 형성. 公+頁→頌. 松(송)·訟(송)과 같이 公(공)의 변음이 성부.

필순 八 公 公 公 公 公 公 頌 頌 頌

새김 ❶기리다. 칭송하다. ¶頌德(一, 덕 덕) 공덕을 칭송함. 예一碑. ❷송. 칭송하는 글. 시경 육의(六義)의 하나로, 선조나 임금의 공적을 칭송하는 노래.
〔頌歌〕(송가) ①찬양하는 노래. ②기리고 노래함.
〔頌祝〕(송축) 기리어 축하함.
▷讚頌(찬송)·稱頌(칭송)

4 ⑩ 〔颂〕 5993 송: 頌(5992)의 간화자

4 ⑬ 〔預〕* 5994 예: 本여:去御 | yù, ヨ

소전 행서 간화 预 이름 미리 예: 자원 형성. 予+頁→預. 予(여)의 변음이 성부.

새김 ❶미리. 사전에. 참고 현대에는 이 새김으로는 豫(5104)를 주로 쓴다. ❷참견하다. 참여하다. 干預(관계할 간, 一)관계하여 참견함. ❸國맡기다. 자기의 것을 남에게 맡기다. ¶預金(一, 돈 금)돈을 은행 등에 맡김. 또는 맡긴 그 돈. 예定期一.
〔預置〕(예치) 맡겨 둠.
〔預託〕(예탁) 부탁하여 맡겨 둠.
▷參預(참예)

4 ⑩ 〔预〕 5995 예: 預(5994)의 간화자

4 ⑬ 〔頑〕* 5996 완 平删 | wán, ガン

소전 행서 간화 顽 이름 완고할 완 자원 형성. 元+頁→頑. 玩(완)·阮(완)과 같이 元(원)의 변음이 성부.

새김 완고하다. 고집이 세다. ¶頑強(一, 굳셀 강)완고하고 굳세어 좀처럼 상대방에게 지지 않으려 함. 예一히 거절하다.
〔頑固〕(완고) ①어리석고 고루하여 융통성이 없음. ②고집이 셈.
〔頑悖〕(완패) 고집이 세고 도리에 어긋나게 행동함.

4 ⑩ 〔顽〕 5997 완 頑(5996)의 간화자

4 ⑬ 〔頊〕* 5998 욱 入沃 | xù, キョクン

소전 행서 간화 顼 이름 뜻잃을 욱 자원 형성. 王〔玉의 변형〕+頁→頊. 玉(옥)의 변음이 성부.

새김 뜻을 잃다. 뜻이나 의욕을 잃고 멍하다.

4 ⑩ 〔顼〕 5999 욱 頊(5998)의 간화자

5 ⑪ 〔颈〕 6000 경 頸(6008)의 간화자

5 ⑭ 〔領〕*** 6001 령 本령: 上梗 | lǐng, リョウ

소전 행서 간화 领 이름 거느릴 령 자원 형성. 令+頁→領. 鈴(령)·零(령)과 같이 令(령)이 성부.

필순 𠆢 𠆢 今 令 令 令 领 領 領 領

새김 ❶거느리다. 지배하다. 차지하다. ¶領土(一, 땅 토) 한 나라가 통치하고 있는 땅. 예一紛爭. ❷옷깃. ¶領袖(一, 소매 수) 옷깃과 소매. 인신하여, 한 집단의 우두머리. 예一會談. ❸목. 인체의 목. 〔孟子〕引領而望之(인령이 망지)목을 길게 늘이고서 이를 바라보다. ❹받다. 접수하다. ¶領受(一, 받을 수) 돈이나 물품을 받음. 동領收(영수). 예一證. ❺우두머리. ¶首領(우두머리 수, 一) 한 나라나 집단의 우두머리. 예도둑의 一. ❻가장 중요한 골자. ¶要領(중요할 요, 一)㉮어떤 일에 있어서 가장 중요한 골자나 줄거리. 예一만 따서 적다. ㉯어떤 일을 하는 데 꼭 필요한 묘리나 방법. 예一을 부리다.
〔領空〕(영공) 한나라의 주권(主權)이 미치는 영토나 영해 위의 하늘.
〔領導〕(영도) 거느려 이끎.
〔領域〕(영역) ①국가의 주권이 미치는 범위. ②세력이 미치는 범위.
〔領有〕(영유) 자기 것으로 소유함. 예一權.
〔領海〕(영해) 한 나라의 통치권이 미치는 바다.
〔領主〕(영주) 영지(領地)의 소유자.
〔領地〕(영지) ①영주(領主)가 소유한 땅. ②영토(領土).
▷綱領(강령)·大統領(대통령)·頭領(두령)·受領(수령)·占領(점령)·總領(총령)

5 ⑪ 〔领〕 6002 령 領(6001)의 간화자

5 ⑭ 〔䪌〕* 6003 민 平眞 | mín, ビン

행서 䪌 이름 굳셀 민 자원 형성. 民+頁→䪌. 敃(민)·岷(민)과 같이 民(민)이 성부.
새김 굳세다. 강하다.

5 ⑭ 〔頗〕** 6004 파 平歌 | pō, ハ

소전 頗 행서 頗 간화 颇 이름 자못 파 자원 형성. 皮+頁→頗. 波(파)·破(파)와 같이 皮(피)의 변음이 성부.

필순 丿 厂 广 皮 皮 皮 皮 頗 頗 頗

새김 ❶자못. 매우. ¶頗多(—, 많을 다)매우 많음. 또는 매우 많이. 예—한 雜務. ❷기울다. 한쪽으로 치우치다. ¶偏頗(치우칠 편, —)한쪽으로 치우쳐서 바르거나 고르지 못함. 예—的인 언동.

5 ⑪ 〔颇〕 6005 파 頗(6004)의 간화자

6 ⑮ 〔頤〕* 6006 이 平支 | yí, イ

행서 頤 간화 颐 이름 턱 이 자원 형성. 𦣝+頁→頤. 𦣝(이)가 성부.
새김 ❶턱. 특히 아래턱. ❷기르다. 수양하다. ¶頤神養性(—, 정신 신, 기를 양, 성품 성)정신을 기르고 성품을 기른다는 뜻으로, 고요하게 정신을 수양함을 이르는 말.

6 ⑫ 〔颊〕 6007 협 頰(6015)의 간화자

7 ⑯ 〔頸〕* 6008 경 本경: 上梗 | jǐng, ケイ

소전 頸 행서 頸 간화 颈 이름 목 경 자원 형성. 巠+頁→頸. 輕(경)·勁(경)·痙(경)·逕(경)과 같이 巠(경)이 성부.
새김 목. 사람이나 동물의 목. ¶刎頸之交(목벨 문, —, 의 지, 사귈 교)목을 잘리는 사귐이란 뜻으로, 생사를 함께 하는 매우 친한 사이나 그런 벗을 이르는 말.

7 ⑯ 〔頭〕*** 6009 두 平尤 | tóu, トウ·ズ

소전 頭 행서 頭 간화 头 이름 머리 두 자원 형성. 豆+頁→頭. 痘(두)·荳(두)·逗(두)와 같이 豆(두)가 성부.

필순 一 丆 豆 豆 豆 豆 豇 頭 頭 頭

새김 ❶머리. 사람의 머리나 짐승의 대가리. ¶頭髮(—, 털 발)머리털. ❷우두머리. ¶頭目(—, 우두머리 목)한 집단의 우두머리. 예도둑의 —. ❸꼭대기. 가장 높은 곳. ¶峯頭(봉우리 봉, —) 산봉우리의 맨 꼭대기. ❹처음. 첫머리. 시작. ¶年頭(해 년, —)한 해의 첫머리나 시작. 예—教書. ❺가. 언저리. ¶街頭(거리 가, —)거리의 가란 뜻으로, 도시의 길거리를 이르는 말. 예—行進. ❻두. 마리. 가축을 세는 단위. 예돼지 三頭.
〔頭角〕(두각) ①머리의 끝. ②학식이나 재능이 남보다 뛰어남.
〔頭巾〕(두건) 남자 상제나 복인이 머리에 쓰는 쓰개.
〔頭腦〕(두뇌) ①머릿골. ②슬기. 지혜.
〔頭領〕(두령) 한 당파나 무리의 우두머리. 수령(首領).
〔頭緖〕(두서) 일의 차례나 갈피. 앞뒤의 순서.
〔頭數〕(두수) 소·말 등의 마릿수.
〔頭註〕(두주) 본문의 위쪽 난 밖에 다는 주.
〔頭痛〕(두통) 머리가 아픈 증세.
▷竿頭(간두)·口頭(구두)·沒頭(몰두)·白頭(백두)·先頭(선두)·念頭(염두)·話頭(화두)

7 ⑯ 〔頻〕** 6010 빈 平眞 | pín, ヒン

행서 頻 간화 频 이름 자주 빈 자원 회의. 步〔涉의 생략체〕+頁→頻. 강을 안전하게 건너려고 강가에서 지내는 제사를 뜻한다. 새김은 가차.

필순 ⺊ 卜 止 牛 步 步 步 歩 頻 頻

새김 자주. 여러 번 되풀이로. ¶頻發(—, 일어날 발) 일이나 현상이 자주 일어남. 예—하는 교통 사고.
〔頻度〕(빈도) 같은 현상이나 일이 반복되는 도수. 잦은 도수.
〔頻繁〕(빈번) 번거로울 정도로 잦음. 빈번(頻煩).

7 ⑬ 〔频〕 6011 빈 頻(6010)의 간화자

7 ⑬ 〔颐〕 6012 이 頤(6006)의 간화자

7 ⑯ 〔頹〕* 6013 퇴 平灰 | tuí, タイ

행서 頹 간화 颓 이름 무너질 퇴 자원 형성. 禿+頁→頹. 禿(독)의 변음이 성부.
새김 무너지다. ㉠허물어져 내려앉다. ¶頹落

(—, 떨어질 락)건축물이 낡아서 무너지고 떨어짐. [예]— 한 古宮. ㉡재도나 질서·사상 등이 파괴되다. ¶頹廢(—, 쇠퇴할 폐)도덕·풍속·문화 등이 무너져 쇠퇴함. [예]—的인 風潮.
〔頹俗〕(퇴속) 쇠퇴한 풍속.
〔頹風〕(퇴풍) 퇴속(頹俗).

7 ⑬ 〖颓〗 6014 퇴 頹(6013)의 간화자

7 ⑯ 〖頰〗* 6015 협 [本]겹 [入]葉 | jiá, キョウ

[소전] 頰 [행서] 頰 [간화] 颊 [이름] 뺨 협 [자원] 형성. 夾+頁→頰. 峽(협)·莢(협)과 같이 夾(협)이 성부.
[새김] 뺨. 볼. ¶紅頰(붉을 홍, —)붉으레한 뺨. [예]玉顏—.

8 ⑰ 〖顆〗* 6016 과 [本]과: [上]哿 | kě, カ

[소전] 顆 [행서] 顆 [간화] 颗 [이름] 알 과 [자원] 형성. 果+頁→顆. 課(과)·菓(과)와 같이 果(과)가 성부.
[새김] 알. ㉠작고 동글동글한 낟알. ¶顆粒(—, 알 립) 작고 동글동글한 모양의 알. ㉡과. 낟알로 된 사물을 세는 말. [예]一顆의 丸藥.

8 ⑭ 〖颗〗 6017 과 顆(6016)의 간화자

9 ⑱ 〖類〗 6018 류: 類(6027)와 동자

9 ⑱ 〖顎〗* 6019 악 [入]藥 | è, ガク

[행서] 顎 [이름] 턱 악 [자원] 형성. 咢+頁→顎. 愕(악)·鰐(악)과 같이 咢(악)이 성부.
[새김] 턱. 절지 동물의 턱. ¶下顎(아래 하, —)아래턱.

9 ⑱ 〖顏〗*** 6020 안 [平]刪 | yán, ガン

[소전] 顏 [행서] 顏 [간화] 颜 [이름] 얼굴 안 [자원] 형성. 彥+頁→顏. 彥(언)의 변음이 성부.

[필순] 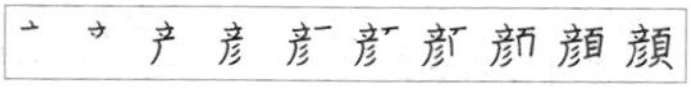

[새김] ❶얼굴. 낯. ¶顏色(—, 빛 색)얼굴빛. [예]—을 바꾸다. ❷낯가죽. ¶厚顏無$_2$恥$_1$(두꺼울 후, —, 없을 무, 부끄러워할 치) 두꺼운 낯가죽에 부끄러워함이 없다는 뜻으로, 뻔뻔스럽고 부끄러워함이 없음을 이르는 말. [예]— 한 행위. ❸색깔. ¶顏料(—, 거리 료)화장품·도료·크레용 등을 만드는 재료.
〔顏面〕(안면) ①얼굴. ②서로 얼굴을 아는 친분(親分).
▷老顏(노안)·童顏(동안)·無顏(무안)·洗顏(세안)·笑顏(소안)·龍顏(용안)·破顏大笑(파안대소)

9 ⑮ 〖颜〗 6021 안 顏(6020)의 간화자

9 ⑱ 〖額〗** 6022 액 [入]陌 | é, ガク

[행서] 額 [간화] 额 [이름] 이마 액 [자원] 형성. 客+頁→額. 客(객)의 변음이 성부.

[필순] 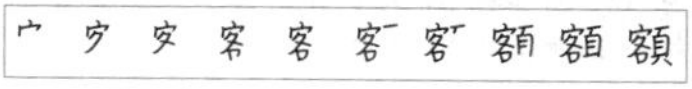

[새김] ❶이마. 눈썹 위의 이마. ¶額$_2$手$_1$(—, 손댈 수)손을 이마에 댐. ❷편액. 현판. 액자. ¶賜$_2$額$_1$(내릴 사, —)임금이 사당이나 서원 따위에 걸 현판을 내려줌. [예]— 書院. ❸액수. 정해진 수량. ¶全額(모두 전, —)전부의 액수. [예]봉급의 —을 예금하다.
〔額面〕(액면) 돈이나 유가 증권에 표시한 금액.
〔額數〕(액수) 돈의 머릿수.
〔額子〕(액자) 그림·글씨·사진 등을 넣어 벽에 걸기 위한 틀.
〔額字〕(액자) [國]현판에 쓴 글자.
▷金額(금액)·稅額(세액)·定額(정액)·總額(총액)·扁額(편액)

9 ⑮ 〖额〗 6023 액 額(6022)의 간화자

9 ⑱ 〖題〗*** 6024 제 [平]齊 | tí, ダイ

[소전] 題 [행서] 題 [간화] 题 [이름] 제목 제 [자원] 형성. 是+頁→題. 是에는 '시' 외에 '제' 음도 있어 提(제)·堤(제)와 같이 是(제)가 성부.

[필순] 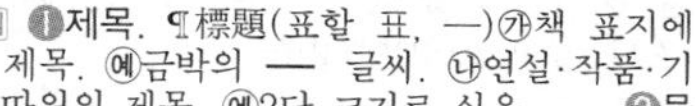

[새김] ❶제목. ¶標題(표할 표, —)㉮책 표지에 쓴 제목. [예]금박의 — 글씨. ㉯연설·작품·기사 따위의 제목. [예]2단 크기로 실을 —. ❷물음. 해답이나 해결을 요구하는 물음이나 협의할 문제. ¶議題(의논할 의, —) 회의에서 협의할 문제. [예]—로 채택하다.
〔題名〕(제명) 제목의 이름.
〔題目〕(제목) 책이나 문학 작품 등에서 그것의 내용을 보이거나 대표하는 이름.
〔題詞〕(제사) 책머리에 그 책의 취지를 적은 글.

〔題字〕(제자) 책의 표지나 비석의 전면에 쓴 글자.
〔題材〕(제재) 작품의 내용이나 주제(主題)가 되는 재료.
▷課題(과제)·難題(난제)·命題(명제)·問題(문제)·宿題(숙제)·主題(주제)

9 ⑮ 〔题〕 6025 제 題(6024)의 간화자

9 ⑱ 〔顕〕 6026 현: 顯(6036)의 약자

10 ⑲ 〔類〕** 6027 류: 去寘 | lèi, ルイ

소전 행서 동자 類 간화 类 이름 무리 류: 자원 형성. 頪+犬→類. 頪(뢰)의 변음이 성부.

필순

새김 ❶무리. 부류. 서로 닮은 동아리. ¶種類(씨 종, ―)모양이나 성질의 공통적 특징에 따라 나누어지는 부류. 예製品의 ―. ❷닮다. 비슷하다. ¶類似(―, 같을 사)한 부류에 넣을 만큼 꼭 닮음. 예―品.
〔類例〕(유례) 같거나 비슷한 실례. 예―를 찾기 어렵다.
〔類別〕(유별) 종류에 따라 구별함. 또는 그러한 구별.
〔類書〕(유서) 같은 부류에 속하는 책.
〔類類相從〕(유유상종←류류상종) 國같은 무리끼리 서로 따르고 왕래하며 사귐.
〔類推〕(유추) 어떤 한 가지 사물의 이치에 비추어 그와 비슷한 사물도 미루어 짐작함.
〔類型〕(유형) 공통된 특징이 있는 여러 가지 사물의 부류. 또는 그 부류가 가지는 일반적 형태.
▷同類(동류)·部類(부류)·分類(분류)·比類(비류)·魚類(어류)·衣類(의류)·人類(인류)·鳥類(조류)

10 ⑲ 〔願〕*** 6028 원: 去願 | yuàn, ガン

소전 행서 간화 愿 이름 원할 원: 자원 형성. 原+頁→願. 源(원)·愿(원)과 같이 原(원)이 성부.

필순

새김 ❶원하다. 바라다. ¶願望(―, 바랄 망)간절히 원하고 바람. 예유일한 나의 ―. ❷빌다. 신불에게 소원을 빌다. ¶祝願(빌 축, ―)신불(神佛) 앞에서 소원이 이루어지게 해 달라고 빎. 예―文.
〔願力〕(원력) (佛) 서원(誓願)의 힘.
〔願書〕(원서) 지원하거나 청원하는 내용을 적은 문서.
▷祈願(기원)·發願(발원)·悲願(비원)·誓願(서원)·所願(소원)·宿願(숙원)·念願(염원)·志願(지원)·請願(청원)·出願(출원)·歎願(탄원)

10 ⑲ 〔顚〕* 6029 전 平先 | diān, テン

소전 행서 간화 颠 이름 넘어질 전 자원 형성. 眞+頁→顚. 塡(전)과 같이 眞(진)의 변음이 성부.

새김 ❶넘어지다. 엎어지다. ¶顚倒(―, 넘어질 도)㉮엎어져 넘어짐. 또는 넘어뜨림. ㉯순서나 위치를 뒤바꾸어 거꾸로 함. 예本末의 ―. ❷꼭대기. 또는 정수리. ¶山顚(산 산, ―)산꼭대기. ❸근본. 시초. ¶顚末(―, 끝 말)일의 진행되어 온 처음부터 끝까지의 경과. 예사건의 ―. ❹미치다. 또는 정신병. ¶風顚(풍 풍, ―)미친병. 또는 미친 병자.
〔顚落〕(전락) 굴러 떨어짐.
〔顚覆〕(전복) 뒤집힘. 뒤집어 엎음.
▷七顚八起(칠전팔기)

10 ⑯ 〔颠〕 6030 전 顚(6029)의 간화자

12 ㉑ 〔顧〕** 6031 고 本고: 去遇 | gù, コ

소전 행서 간화 顾 이름 돌아볼 고 자원 형성. 雇+頁→顧. 雇(고)가 성부.

필순

새김 ❶돌아보다. ㉠뒤를 돌아다 보다. ¶一顧(한 일, ―)한 번 돌아다 봄. 예―의 여지도 없다. ㉡과거를 돌이켜 보다. ¶回顧(돌 회, ―)지나간 일을 돌이켜 생각하여 봄. 예―錄. ❷돌보다. 생각하다. ¶不顧(아니할 불, ―)돌보지 아니함. 예―廉恥. ❸찾다. 마음에 두고 방문하다. ¶顧客(―, 사람 객)상점이나 식당 등에, 잊지 않고 찾아와 주는 손님. 예―을 친절하게 맞는다.
〔顧慮〕(고려) 앞일을 생각하고 뒷일을 걱정함.
〔顧命〕(고명) 임금이 임종 때 유언으로 뒷일을 부탁함. 예―大臣.
〔顧問〕(고문) ①의견을 물음. 상의함. ②자문에 응하여 의견을 내는 직무. 또는 그 사람.
▷眷顧(권고)·三顧(삼고)·後顧(후고)

12 ㉑ 〔顥〕* 6032 호: 上皓 | hǎo, コウ

소전 행서 간화 顥 이름 서쪽하늘 호: 자원 회의. 景+頁→顥. 景은 햇빛으로, 희다의 뜻. 머리털이 흰 모양을 나타낸다. 새김은 가차.
새김 서쪽 하늘. 인신하여, 하늘. ¶顥天(一, 하늘 천)서쪽 하늘.

12 ⑱ 〔颢〕 호: 顥(6032)의 간화자
6033

13 ㉒ 〔顫〕* 전: 去霰 | chàn, セン
6034

소전 간화 颤 이름 떨 전: 자원 형성. 亶+頁→顫. 氈(전)과 같이 亶(전)이 성부.
새김 떨다. 또는 떨리다. ¶顫動(一, 움직일 동)떨거나 떨리거나 하여 움직임.
〔顫舌音〕(전설음) 혀끝을 윗잇몸에 굴리어 내는 소리.
▷手顫症(수전증)

13 ⑲ 〔颤〕 전: 顫(6034)의 간화자
6035

14 ㉓ 〔顯〕** 현: 上銑 | xiǎn, ケン
6036

소전 행서 顯 약자 顕 간화 显 이름 드러날 현: 자원 형성. 㬎+頁→顯. 㬎(현)이 성부.

필순 (획순)

새김 ❶드러나다. 지위나 명망이 높다. ¶顯貴(一, 귀할 귀)지위가 드러나게 높음. 예一한 사람. ❷드러내다. 나타내다. ¶顯彰(一, 나타낼 창)착한 행실이나 공로를 기려 세상에 널리 드러내어 알림. 예공로를 一하다. ❸밝다. 뚜렷하다. ¶顯著(一, 드러날 저)뚜렷하게 드러남. 예一한 공로. ❹높이는 말. ¶顯考(一, 죽은아비 고)신주나 축문에서, 돌아간 아비를 이르는 말. 예一學生府君.
〔顯官〕(현관) 중요하고 높은 벼슬. 또는 그런 벼슬자리에 있는 사람.
〔顯達〕(현달) 높은 지위에 오름. 또는 지위가 높아지고 명성이 널리 알려짐.
〔顯微鏡〕(현미경) 아주 작은 사물을 확대하여 보는 장치.
〔顯示〕(현시) 나타내 보임.
〔顯揚〕(현양) 업적·공훈 등을 세상에 드러내어 찬양함.
〔顯要〕(현요) 현관(顯官)과 요직. 또는 현관이나 요직에 있음.
〔顯正〕(현정) 옳은 이치를 드러냄. 예破邪一.
〔顯職〕(현직) 높고 중요한 벼슬. 예一에 오르다.
〔顯現〕(현현) 똑똑히 나타나거나 나타냄.
▷貴顯(귀현)·露顯(노현)·榮顯(영현)·尊顯(존현)·彰顯(창현)

9획 부수 風 部

▷명칭: 바람풍
▷쓰임: 여러 가지의 바람 이름과 그들 바람을 형용하는 뜻을 가진 한자의 부수로 쓰였다.

0 ⑨ 〔風〕*** 一풍 平東 | fēng, フウ
二풍 本풍: 去送 | fèng, フウ
6037

소전 행서 간화 风 이름 一바람 풍 二바람 쐴 풍 자원 형성. 凡+虫→風. 凡(범)의 변음이 성부.

필순 丿 几 凡 凡 凤 凬 風 風 風

새김 一❶바람. ¶風雨(一, 비 우)바람과 비. 예一를 무릅쓰다. ❷가르침. 교화. 또는 가르쳐 이끌다. ¶風教(一, 가르칠 교)덕으로 사람들을 좋은 방향으로 가르쳐 인도하는 일. ❸풍속. 풍기. ¶美風(아름다울 미, 一)아름다운 풍속이나 기풍. 예一良俗. ❹풍도. 모습. ¶風姿(一, 모습 자) 드러나 보이는 사람의 겉모습. 동風采(풍채). 예우람하고 당당한 一. ❺경치. 자연의 경관. ¶風景(一, 경치 경)자연의 경치. 예자연의 一. ❻멋스럽다. 풍치가 있다. ¶風流(一, 떠돌 류)㉮풍치가 있고 멋스러운 일. 또는 그렇게 노는 일. 예一客. ㉯음악. 풍악. ❼풍. ㉠병 이름. 신경 계통이나 피부에 생기는 병. 예中風. ㉡國 허풍. 예風을 치다. ❽시경 육의(六義)의 하나. 곧 여러 나라의 민요. 二❶바람을 쐬다. 〔論語〕 風乎舞雩(풍호무우) 무우〔기우제를 지내던 제단〕에서 바람을 쐬다. ❷풍간하다. 넌지시 깨우쳐주다. 諷(5029)과 통용.
〔風光〕(풍광) ①경치. 풍경(風景). ②인품(人品). 품격(品格).
〔風紀〕(풍기) 풍속이나 사회의 질서에 관한 규율. 예一가 문란하다.
〔風浪〕(풍랑) 바람과 물결. 바람이 불고 물결이 일어남. 풍파(風波).
〔風磨雨洗〕(풍마우세) 비바람에 씻기고 갈린다는 뜻으로, 오랜 동안 자연에 침식됨을 이르는 말.
〔風貌〕(풍모) 풍채와 용모.
〔風聞〕(풍문) 바람결에 들리는 소문. 예一을 듣다.
〔風物〕(풍물) ①자연의 경치. 예고향의 一. ②농악에 쓰는 모든 악기. 예一을 울리다.
〔風味〕(풍미) ①아주 좋은 맛. 또는 한 지방 특유의 음식 맛. ②멋스럽고 풍류스러운 성격.
〔風靡〕(풍미) 바람에 풀이 쓰러지듯이 어떤 사조나 사회적 현상 등이 널리 사회를 휩쓺. 예一世를 一하다.

〔風飛雹散〕(풍비박산) 사방으로 흩어짐. ⓔ—이 되어 달아난 적.
〔風霜〕(풍상) 바람과 서리. 세상의 모진 고난이나 고통의 비유. 「는 말.
〔風說〕(풍설) 근거 없이 세상에 떠돌아 다니
〔風聲鶴唳〕(풍성학려) 하찮은 소사한 소리에도 놀라고 두려워함. 故 전진(前秦)의 부견(苻堅)의 군대가 싸움에 져서 달아날 때, 바람소리나 학의 울음소리도 적군의 소리가 아닌가 하고 놀라고 두려워했다는 고사.〈晋書〉
〔風俗〕(풍속) 전통적으로 지켜져 오는 생활상의 사회적 관습.
〔風速〕(풍속) 바람의 속도.
〔風樹之嘆〕(풍수지탄) 부모가 이미 돌아가셔 효도할 길이 없는 한탄.
〔風習〕(풍습) 풍속과 습관.
〔風雲〕(풍운) ①바람과 구름. ②큰 변이 일어날 듯한 험악한 형세. ③영웅이 큰 뜻을 펼 수 있는 좋은 기운.
〔風月〕(풍월) ①맑은 바람과 밝은 달. 곧 아름다운 경치. ②풍류를 즐기며 시가(詩歌)를 지음. 「위급한 처지의 비유.
〔風前燈火〕(풍전등화) 바람앞의 등불. 매우
〔風情〕(풍정) 풍치가 있는 정서.
〔風潮〕(풍조) 시대에 따라 변하는 세상의 추세. 시대의 경향.
〔風塵〕(풍진) ①바람과 먼지. ②인간 세상. 속세. ③난리. 병란(兵亂).
〔風餐路宿〕(풍찬노숙) 바람과 이슬을 맞으며 한데에서 먹고 자고 함. 「地區.
〔風致〕(풍치) 훌륭하고 멋스러운 경치. ⓔ—
〔風土〕(풍토) ①어떤 지역의 기후와 토지. ②풍속과 지리적 환경의 상태.
〔風波〕(풍파) ①바람과 물결. ②살아가는 과정에서 겪는 험난한 고비.
▷家風(가풍)·古風(고풍)·國風(국풍)·突風(돌풍)·防風(방풍)·屛風(병풍)·朔風(삭풍)·順風(순풍)·威風(위풍)·淸風(청풍)·颱風(태풍)·暴風(폭풍)·寒風(한풍)·薰風(훈풍)

0 ④ 〔风〕 6038 풍 風(6037)의 간화자

5 ⑭ 〔颯〕* 6039 삽 入 合 | sà, サツ

소전 행서 간화 飒 이름 바람소리 삽 자원 형성. 立+風→颯. 立(립)의 변음이 성부.
새김 ❶바람소리. 쏴 하고 부는 바람소리. ¶颯颯(—, —)바람이 쏴 하고 부는 소리나 그 모양. ❷시원하다. ¶颯爽(—, 상쾌할 상)바람이 시원하여 마음이 상쾌함. ⓔ—한 기분.

5 ⑨ 〔飒〕 6040 삽 颯(6039)의 간화자

5 ⑭ 〔颱〕* 6041 태 | tāi, タイ

행서 간화 台 이름 태풍 태 자원 형성. 風+台→颱. 怠(태)·殆(태)와 같이 台(태)가 성부.
새김 태풍. 여름에서 가을에 걸쳐 남태평양의 바다에서 발생하여, 우리나라·일본·중국 등을 휩쓰는 폭풍우를 동반하는 열대성 저기압.

11 ⑳ 〔飄〕* 6042 표 平 蕭 | piāo, ヒョウ

소전 행서 간화 飘 이름 회오리바람 표 자원 형성. 票+風→飄. 標(표)·瓢(표)와 같이 票(표)가 성부.
새김 ❶회오리바람. 돌개바람. ¶飄風(—, 바람 풍)회오리바람. ❷나부끼다. 바람에 펄럭이다. ¶飄飄(—, —)바람에 팔랑팔랑 나부낌. ⓔ반공에 — 하는 깃발. ❸정처없이 떠돌다. 漂(2912)와 통용.
〔飄泊〕(표박) ①배가 표류하다가 정박함. ②정처 없이 떠돌아다님의 비유.
〔飄然〕(표연) ①바람에 가볍게 나부끼는 모양. ②훌쩍 떠나가는 모양.

11 ⑮ 〔飘〕 6043 표 飄(6042)의 간화자

12 ㉑ 〔飆〕* 6044 표 平 蕭 | biāo, ヒョウ

소전 행서 간화 飙 이름 폭풍 표 자원 형성. 風+猋→飆. 猋(표)가 성부.
새김 폭풍. 또는 회오리바람.

12 ⑯ 〔飙〕 6045 표 飆(6044)의 간화자

9 획 부수 飛 部

▷명칭: 날비
▷쓰임: 나는 일과 관계되는 뜻을 가진 한자의 부수로 쓰였다.

0 ⑨ 〔飛〕*** 6046 비 平 微 | fēi, ヒ

소전 행서 간화 飞 이름 날 비 자원 상형. 새가 날개를 펴고 나는 모양을 본떴다.

필순 飛

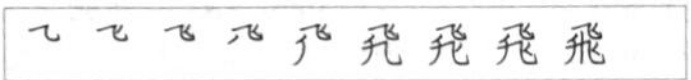

새김 ❶날다. 하늘을 날다. ¶飛行(—, 다닐 행) 하늘을 날아다님. 예—機. ❷높다랗다. 높이 솟다. ¶飛樓(—, 누각 루)높이 솟은 누각. 예—彩閣. ❸빠르다. 빨리 달리다. ¶飛報(—, 알릴 보) 썩 빨리 알림. 또는 그렇게 알리는 알림. ❹유전하다. 근거 없이 떠돌다. ¶飛語(—, 말 어)아무런 근거 없이 떠도는 말. 동蜚語(비어).

〔飛翔〕(비상) 하늘을 날아다님.
〔飛躍〕(비약) ①높이 뛰어오름. ②급격히 발전하거나 향상됨. 「의 비유.
〔飛虎〕(비호) 나는 범. 동작이 빠르고 용맹함
〔飛火〕(비화) 튀는 불똥. 사건 따위가 아무런 관계도 없는 사람에게까지 미침의 비유.
▷高飛(고비)·龍飛(용비)·雄飛(웅비)

12 ㉑ 〔飜〕** 번 平元 fān, ホン
6047

행서 飜 동자 翻 이름 펄럭일 번 자원 형성. 番+飛→飜. 旛(번)·蕃(번)과 같이 番(번)이 성부.

필순 飜

새김 ❶펄럭이다. 펄렁펄렁 나부끼다. ¶飜飜(—, —)깃발 따위가 펄럭임. 또는 그 모양. ❷뒤집다. ¶飜意(—, 뜻 의)생각이나 결심을 뒤집음. ❸딴 나라 말로 옮기다. ¶飜譯(—, 번역할 역)어떤 언어로 된 글을 다른 언어의 글로 옮겨 놓음. 예—小說.

〔飜刻〕(번각) 한 번 새긴 책판을 그 내용대로 다시 새김.
〔飜覆〕(번복) 뒤집음. 뒤엎음.
〔飜案〕(번안) ①앞의 안건(案件)을 뒤집어 놓음. ②원작(原作)의 줄거리는 그대로 두고 다른 표현 양식을 써서 새롭게 고쳐 짓는 일.

9 획 부수 食(飠·飠)部

▷명칭:밥식. 밥식변.
▷쓰임:여러 가지 종류의 음식물, 또는 먹고 마시는 행위와 관계 있는 뜻을 가진 한자의 부수로 쓰였고, 식(飾)·칙(飭)과 같이 간혹 성부로도 쓰였다.

0 ⑨ 〔食〕*** ㊀식 入職 shí, ショク ㊁사: 去寘 sì, シ
6048

소전 食 행서 食 이름 ㊀먹을 식 ㊁밥 사: 자원 상형. 식기에 음식물을 담고, 거기에 뚜껑을 덮어놓은 모양.

필순 食

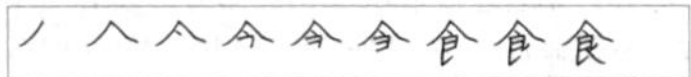

새김 ㊀❶먹다. 음식물을 먹다. ¶食慾(—, 욕심 욕)음식을 먹고 싶어하는 의욕. 예왕성한 —. ❷음식. 음식물. ¶衣食(옷 의, —)입는 옷과 먹는 음식. 예—住. ❸식사. 또는 식사를 하다. ¶食費(—, 비용 비)식사를 하는데 드는 비용. 예한 달의 —. ❹어기다. 지키지 아니하다. ¶食言(—, 말 언)약속한 말을 지키지 아니함. 예—이 잦다. ❺녹봉. 관리에게 주는 급료. ¶食邑(—, 고을 읍)조세를 받아 급료로 쓰라고 하사한 고을. ❻이지러지다. 해나 달이 이지러지다. 蝕(4707)과 동자. ㊁❶밥. ¶簞食(도시락 단, —)도시락에 담은 밥. 예—豆羹(단사두갱). ❷먹이다. 또는 양육하다. 〔詩經〕飮之食之(음지사지) 이에게 마시게 하며 이에게 먹이다.

〔食客〕(식객) 남의 집에 얹히어 하는 일이 없이 밥을 얻어 먹고 지내는 사람. 「표.
〔食券〕(식권) 식당 등에서 식사와 맞바꾸는
〔食器〕(식기) 음식을 담는 그릇.
〔食堂〕(식당) ①식사를 할 수 있도록 시설을 갖추고 음식을 파는 가게. ②식사를 하는 방.
〔食糧〕(식량) 먹는 양식.
〔食祿〕(식록) 나라에서 벼슬아치에게 급료로 주던 쌀·베·돈 따위. 동봉록(俸祿).
〔食福〕(식복) 먹을 복.
〔食傷〕(식상) 음식을 먹고 배탈이 남.
〔食鹽〕(식염) 식용으로 하는 소금. 「됨.
〔食用〕(식용) 먹을 것으로 쓰거나 먹을 것이
〔食餌療法〕(식이요법) 먹는 음식의 종류나 양 등을 조절하여 병을 치료하는 방법.
〔食中毒〕(식중독) 상한 음식물이나 음식물에 섞인 독물 때문에 일어나는 중독.
〔食卓〕(식탁) 여러 사람이 둘러 앉아서 음식을 먹게 만든 탁자.
〔食品〕(식품) 사람이 일상 섭취하는 음식물.
▷間食(간식)·乞食(걸식)·斷食(단식)·生食(생식)·宿食(숙식)·惡食(악식)·弱肉強食(약육강식)·玉食(옥식)·肉食(육식)·蠶食(잠식)·主食(주식)·酒食(주식)·菜食(채식)·草食(초식)·寢食(침식)·飽食(포식)·火食(화식)·會食(회식)

2 ⑪ 〔飢〕** 기 平支 jī, キ
6049

소전 飢 행서 飢 통용 饑 이름 주릴 기 자원 형성. 飠+几→飢. 肌(기)와 같이 几(궤)의 변음이 성부.

필순 飢

새김 ❶주리다. 굶주리다. ¶飢餓(—, 주릴 아) 굶주림. 예— 線上의 이북 동포. ❷흉년이 들다. ¶飢饉(—, 흉년들 근)흉년이 들어 먹을 것이 부족함. 예가뭄으로 인한 —.
〔飢渴〕(기갈) 배고픔과 목마름.
〔飢寒〕(기한) 배고프고 추움.

2 ⑤ 〔饥〕 6050 기 饑(6090)의 간화자

2 ⑪ 〔飧〕* 6051 손 平元 | sūn, ソン

행서 飧 이름 저녁밥 손 자원 회의. 氵〔夕의 변형〕+食→飱→飧. 저녁에 먹는 식사란 뜻.
새김 저녁밥. 또는 저녁밥을 먹다. ¶饔飧(아침 밥 옹, —)아침밥과 저녁밥.

3 ⑫ 〔飨〕 6052 향: 饗(6096)의 간화자

4 ⑬ 〔飯〕*** 6053 ㊀반 ㊍반: 去願 | fàn, ハン ㊁반 ㊍반: 上阮 | fǎn, ハン

소전 飯 행서 飯 간화 饭 이름 ㊀밥 반 ㊁먹을 반 자원 형성. 飠+反→飯. 返(반)과 같이 反(반)이 성부.

필순 丿 𠂉 今 今 今 食 食 飠 飣 飯

새김 ㊀ 밥. 익힌 곡류의 음식. ¶朝飯(아침 조, —)아침밥. 예— 夕粥(조반석죽). ㊁ 먹다. 밥을 먹다. 〔論語〕 飯疏食飲水(반소사 음수) 거친 밥을 먹고 물을 마시다.
〔飯酒〕(반주) 國끼니 때 밥에 곁들여서 마시는 술.
〔飯饌〕(반찬) 밥에 갖추어서 먹는 온갖 음식.
〔飯含〕(반함) 염습할 때에 죽은 사람의 입 안에 넣은 구슬이나 쌀.
〔飯盒〕(반합) 밥을 넣어 다니기도 하고, 야외에서 밥도 지을 수 있게 된 알루미늄으로 만든 밥그릇.
▷茶飯事(다반사)·麥飯(맥반)·夕飯(석반)

4 ⑦ 〔饭〕 6054 반 飯(6053)의 간화자

4 ⑬ 〔飮〕*** 6055 ㊀음: 上寢 | yǐn, イン ㊁음: 去沁 | yìn, イン

소전 飮 행서 飮 간화 饮 이름 ㊀마실 음: ㊁마시게할 음: 자원 형성. 飠〔酓의 변형〕+欠→㱃→飮. 酓(음)이 성부.

필순 丿 𠂉 今 今 今 食 飠 飣 飲 飮

새김 ㊀ 마시다. 물이나 술 등 액체를 마시다. ¶飮酒(—, 술 주)술을 마심. 예— 運轉. ㊁ 마시게 하다. 또는 먹이다. 〔詩經〕 飮之食之(음지사지)이에게 마시게 하며 이에게 먹이다.
〔飮料〕(음료) 마실 것의 총칭. 차·술·청량 음료 따위.
〔飮食〕(음식) 마시고 먹음. 또는 음료와 식품.
▷過飮(과음)·暴飮(폭음)·豪飮(호음)

4 ⑦ 〔饮〕 6056 음: 飮(6055)의 간화자

4 ⑬ 〔飭〕* 6057 칙 入職 | chì, チョク

소전 飭 행서 飭 간화 饬 이름 타이를 칙 자원 형성. 飠+𠂉〔人의 변형〕+力→飭. 食(식)의 변음이 성부.
새김 타이르다. 신칙(申飭)하다. ¶戒飭(경계할 계, —)경계하여 타이름.

4 ⑦ 〔饬〕 6058 칙 飭(6057)의 간화자

5 ⑭ 〔飼〕* 6059 사 ㊍사: 去寘 | sì, シ

행서 飼 간화 饲 이름 먹일 사 자원 형성. 飠+司→飼. 司(사)가 성부.
새김 먹이다. 먹여서 동물을 기르다. ¶飼育(—, 기를 육)가축에게 먹이를 주어 기름. 예家畜 —.
〔飼料〕(사료) 가축의 먹이. 예— 工場.

5 ⑧ 〔饲〕 6060 사 飼(6059)의 간화자

5 ⑭ 〔飾〕** 6061 식 入職 | shì, ショク

소전 飾 행서 飾 간화 饰 이름 꾸밀 식 자원 형성. 飠+人+巾→飾. 飠(식)이 성부.

필순 丿 𠂉 今 今 今 食 飠 飣 飭 飾

새김 꾸미다. ㉠몸이나 방 따위를 좋게 보이도록 꾸미다. ¶裝飾(치장할 장, —)치장하여 꾸밈. 또는 그 꾸밈새. 예室內—. ㉡사실인 것처럼 꾸미다. 〔莊子〕 辯足以飾非(변 족이식비)언변은 족히 써 그릇을 바른 일로 꾸밈에 넉넉하다.
〔飾言〕(식언) 말을 꾸밈. 또는 거짓으로 꾸민 말.
▷假飾(가식)·文飾(문식)·修飾(수식)·外飾(외식)·虛飾(허식)

5 ⑧ 〔饰〕 6062 식 飾(6061)의 간화자

5 ⑭ 〔飴〕* 이 平支 yí, イ
6063

소전 行書 간화 饴 이름 엿 이 자원 형성. 食+台→飴. 台에는 '대·태' 외에 '이' 음도 있어, 怡(이)와 같이 台(이)가 성부.
새김 엿. 곡식을 삭여 만든, 당분이 많은 음식. ¶飴糖(—, 엿 당)엿.

5 ⑧ 〔饴〕 이 飴(6063)의 간화자
6064

5 ⑧ 〔饯〕 전: 餞(6083)의 간화자
6065

5 ⑭ 〔飽〕** 포: 上巧 bǎo, ホウ
6066

소전 行書 간화 饱 이름 배부를 포: 자원 형성. 食+包→飽. 抱(포)·苞(포)·疱(포)와 같이 包(포)가 성부.

필순 ノ 𠂉 亽 今 今 今 食 食 飠 飽

새김 배가 부르다. ㉠배부르게 먹다. ¶飽食(—, 먹을 식)배부르게 먹음. 예— 暖衣. ㉡가득 차다. ¶飽和(—, 섞을 화)가득 차서 한도에 이른 상태. 예— 狀態.
〔飽滿〕(포만) 배가 부름.

5 ⑧ 〔饱〕 포: 飽(6066)의 간화자
6067

6 ⑮ 〔餃〕* 교: jiǎo, コウ
6068

行書 간화 饺 이름 교이 교: 자원 형성. 食+交→餃. 校(교)·郊(교)와 같이 交(교)가 성부.
새김 교이(餃餌). 새알심.

6 ⑨ 〔饺〕 교: 餃(6068)의 간화자
6069

6 ⑮ 〔餅〕 병: 餠(6082)의 속자
6070

6 ⑨ 〔饼〕 병: 餠(6082)의 간화자
6071

6 ⑮ 〔養〕*** ㊀ 양: 上養 yǎng, ヨウ ㊁ 양: 去漾 yàng, ヨウ
6072

소전 行書 간화 养 이름 ㊀기를 양: ㊁봉양할 양: 자원 형성. 羊〔=羊〕+食→養. 洋(양)·恙(양)과 같이 羊(양)이 성부.

필순 丷 䒑 䒑 䒑 𦍌 𦍌 養 養 養 養

새김 ㊀ ❶기르다. ㉠어린이를 기르다. ¶養育(—, 자랄 육)어린이를 길러 자라게 함. 예— 費. ㉡가축이나 동물을 기르다. ¶養豚(—, 돼지 돈)돼지를 기름. 예— 業. ㉢육체나 정신을 단련하다. ¶修養(닦을 수, —)몸과 마음을 닦고 단련하여 지식과 품성을 높임. 예—이 부족하다. ㉣남의 자식을 데려다 기르다. ¶養子(—, 아들 자)자기가 직접 낳지 않고 다른 집에서 데려다가 기르는 아들. 예조카를 —로 삼다. ❷양분. 자라게 하는 물질. ¶營養(양분 영, —)생물이 그 몸의 성장이나 활동에 필요로 하는 물질. 또는 그 물질을 섭취하는 일. 예— 失調. ❸병을 고치다. 치료하다. ¶療養(병고칠 료, —)병을 고치기 위하여 몸을 쉬면서 치료함. 또는 그렇게 하는 치료. 예轉地—. ❹휴양(休養)하다. ¶靜養(고요할 정, —)하던 일을 쉬고 편안하게 휴양함. 예— 하라는 의사의 권고. ㊁ 봉양하다. ¶養老(—, 늙은이 로)노인을 안락하게 봉양함. 예— 院.
〔養家〕(양가) 양자로 들어간 집. 대생가(生家).
〔養鷄〕(양계) 닭을 침. 예— 場.
〔養兵〕(양병) 군사를 양성함. 또는 그 군사.
〔養成〕(양성) ①길러서 자라게 함. ②인재를 기름. 「場.
〔養魚〕(양어) 물고기를 길러 번식시킴. 예—
〔養親〕(양친) 어버이를 봉양함.
〔養護〕(양호) 기르고 보호함. 예— 教師.
▷供養(공양)·教養(교양)·培養(배양)·奉養(봉양)·扶養(부양)·滋養(자양)·涵養(함양)

6 ⑨ 〔饶〕 요 饒(6092)의 간화자
6073

6 ⑮ 〔餉〕* 향: 本상: 去漾 xiǎng, ショウ
6074

소전 行書 간화 饷 이름 군량 향: 자원 형성. 食+向→餉. 珦(향)·嚮(향)과 같이 向(향)이 성부.
새김 군량. 군대의 양식. ¶餉穀(—, 곡식 곡)군량으로 쓰는 곡식.

6 ⑨ 〔饷〕 향 餉(6074)의 간화자
6075

7 ⑯ 〔餓〕** 아: 去箇 è, ガ
6076

소전 行書 간화 饿 이름 주릴 아: 자원 형성. 食+我→餓. 峨(아)·莪(아)와 같이 我(아)가성부.

필순 𠂉 今 今 食 飠 飣 飵 餓 餓 餓

새김 주리다. 굶주리다. ¶餓死(一, 죽을 사)굶어서 죽음. 예一者.
〔餓鬼〕(아귀) 굶주린 귀신이라는 뜻으로, 염치없이 먹을 것만 탐내는 사람을 이르는 말.
▷飢餓(기아)

7 ⑩ 〔饿〕 6077 아: 餓(6076)의 간화자

7 ⑯ 〔餘〕*** 6078 여 平魚 | yú, ヨ

소전 餘 행서 餘 약자 간화 余 이름 남을 여 자원 형성. 食+余→餘. 艅(여)와 같이 余(여)가 성부.

필순 丿 亼 今 今 自 食 飠 飠 餘 餘 餘

새김 ❶남다. ㉠길다 남아 있다. ¶餘力(一, 힘 력)어떤 일에 힘을 들이고도 남아 있는 힘. 예一이 있다. ㉡없어지지 아니하다. ¶餘波(一, 물결 파) ㉮바람이 멎은 뒤에도 가라앉지 않는 물결. ㉯인신하여, 어떤 일이나 행동이 끝났으나 뒤에 남아 미치는 영향. 예전쟁의 一. ❷딴. 그 이외에. ¶餘罪(一, 죄 죄)주되는 죄 외의 다른 죄. 예一를 캐다. ❸나머지. ㉠남는 부분. ¶殘餘(남을 잔, 一)쓰고 남은 나머지. 예一物. ㉡~한 끝에. ¶窮餘之策(궁할 궁, 一, 의 지, 계책 책)궁한 끝에 생각다 못하여 내는 계책.
〔餘暇〕(여가) 겨를이나 짬.
〔餘慶〕(여경) 남에게 좋은 일을 많이 한 보람으로 뒷날 그의 자손이 받는 경사. 예積善之家 必有一.
〔餘念〕(여념) 어떤 것에 생각을 쓰면서 또 다른 것에 대하여 하는 딴 생각.
〔餘談〕(여담) 용건 이외의 이야기. 잡담(雜談).
〔餘白〕(여백) 지면이나 화면에서 글씨나 그림 「이 없는 빈자리.
〔餘生〕(여생) 앞으로 남은 세월의 삶.
〔餘勢〕(여세) 남은 세력이나 기세. 예一를 몰아 진격하다.
〔餘燼〕(여신) 타고 남은 것.
〔餘殃〕(여앙) 남에게 해로운 짓을 많이 한 값으로 받는 재앙.
〔餘韻〕(여운) ①소리가 그친 뒤에도 아직 남아 있는 울림. ②아직 가시지 않는 운치.
〔餘裕〕(여유) ①넉넉하고 남음이 있음. ②느긋하고 대범함.
〔餘震〕(여진) 큰 지진이 있은 뒤에 계속하여 일어나는 작은 지진.
〔餘恨〕(여한) 풀리지 않고 남은 원한.
〔餘興〕(여흥) 모임이나 잔치 끝에 흥겨운 분위기를 돋우기 위하여 벌이는 노래나 춤.
▷剩餘(잉여)

7 ⑯ 〔餐〕* 6079 찬 平寒 | cān, サン

소전 餐 행서 餐 이름 식사 찬 자원 형성. 奴+食→餐. 粲(찬)과 같이 奴(찬)이 성부.
새김 식사. 밥. 음식물. ¶晩餐(저녁 만, 一)보통보다 잘 차린 저녁 식사. 예一에 초대하다.
▷風餐路宿(풍찬노숙)

8 ⑰ 〔館〕** 6080 관 本관: 上旱 | guǎn, カン

소전 館 행서 館 간화 馆 이름 집 관 자원 형성. 食+官→館. 管(관)·琯(관)과 같이 官(관)이 성부.

필순 丿 亼 今 食 食 飠 飠 飠 館 館

새김 ❶집. ㉠크고 화려한 집. ¶洋館(서양 양, 一)서양식으로 지은 집. ㉡관아나 학교 등의 공공의 건물. 예圖書館(도서관). ㉢손을 받아 묵게 하는 집. ¶旅館(나그네 려, 一)나그네를 묵게 하는 것을 업으로 하는 집. ❷관아 이름. 예弘文館(홍문관).
〔館舍〕(관사) 외국 사신의 숙소로 마련한 집.
〔館宇〕(관우) 관사(館舍).
▷公館(공관)·大使館(대사관)·美術館(미술관)·博物館(박물관)·會館(회관)

8 ⑪ 〔馆〕 6081 관 館(6080)의 간화자

8 ⑰ 〔餠〕* 6082 병: 上梗 | bǐng, ヘイ

소전 餠 행서 餠 속자 餅 간화 饼 이름 떡 병: 자원 형성. 食+幷→餠→餠. 倂(병)·屛(병)과 같이 幷(병)이 성부.
새김 떡. 곡식이나 곡식 가루로 만든 음식 이름. ¶月餠(달 월, 一)달 모양으로 둥글게 만든 떡.

8 ⑰ 〔餞〕* 6083 전: 去霰 | jiàn, セン

소전 餞 행서 餞 간화 饯 이름 배웅할 전: 자원 형성. 食+戔→餞. 錢(전)·箋(전)과 같이 戔(전)이 성부.
새김 배웅하다. 주식을 베풀어 떠나보내다. ¶餞送(一, 보낼 송)떠나는 이에게 음식을 차리어 대접하여 떠나보냄. 예손님을 一하다.
〔餞別〕(전별) 잔치를 베풀어 송별함.
〔餞春〕(전춘) 봄날을 떠나 보냄.

9 ⑫ 〔馈〕 6084 궤: 饋(6089)의 간화자

11 ⑳ 〖饉〗* 근: 去震 jǐn, キン
6085

소전 𩝣 행서 饉 간화 馑 이름 흉년들 근: 자원 형성. 食+堇→饉. 僅(근)·勤(근)과 같이 堇(근)이 성부.
새김 흉년이 들다. ¶饑饉(흉년들 기, —)흉년이 들어 먹을 것이 부족함.

11 ⑭ 〖馑〗 근: 饉(6085)의 간화자
6086

11 ⑳ 〖饅〗* 만 平寒 mán, マン
6087

행서 饅 간화 馒 이름 만두 만 자원 형성. 食+曼→饅. 慢(만)·蔓(만)과 같이 曼(만)이 성부.
새김 만두(饅頭). 밀가루를 반죽하여, 소를 넣어 만든 음식 이름.

11 ⑭ 〖馒〗 만 饅(6087)의 간화자
6088

12 ㉑ 〖饋〗* 궤: 去寘 kuì, キ
6089

소전 𩞾 행서 饋 간화 馈 이름 보낼 궤: 자원 형성. 食+貴→饋. 潰(궤)와 같이 貴(귀)의 변음이 성부.
새김 보내다. 음식이나 물품을 보내다. ¶饋恤(—, 구제할 휼)구호를 필요로 하는 사람에게 물품을 보내어 구제함. 예—의 손길.

12 ㉑ 〖饑〗* 기 平微 jī, キ
6090

소전 𩟨 행서 饑 통용 飢 간화 饥 이름 흉년들 기 자원 형성. 食+幾→饑. 機(기)·譏(기)와 같이 幾(기)가 성부.
새김 ❶흉년이 들다. ¶饑饉(—, 흉년들 근)흉년이 들어 먹을 것이 부족함. 인신하여, 생활에 필요한 물자가 충분하지 못하고 부족한 일. ❷굶주리다. ¶饑餓(—, 굶주릴 아)굶주림. 예—에서 신음하는 북한 동포.

12 ㉑ 〖饍〗* 선: 膳(4338)과 동자
6091

12 ㉑ 〖饒〗* 요 平蕭 ráo, ジョウ
6092

소전 𩞃 행서 饒 간화 饶 이름 넉넉할 요 자원 형성. 食+堯→饒. 僥(요)·橈(요)와 같이 堯(요)가 성부.
새김 ❶넉넉하다. 풍족하다. ¶饒富(—, 가멸 부)살림이 넉넉함. 예—한 살림살이. ❷수다하다. 말이 많다. ¶饒舌(—, 혀 설)자꾸 지껄이는 일. 예—家. ❸기름지다. 비옥하다. ¶饒野(—, 들 야)비옥한 들판.

12 ㉑ 〖饌〗* 찬: 上潸 zhuàn, サン
6093

소전 𩞏 행서 饌 간화 馔 이름 찬 찬: 자원 형성. 食+巽→饌. 撰(찬)과 같이 巽(손)의 변음이 성부.
새김 찬. 반찬. 음식. ¶饌母(—, 여자 모)남의 집에 고용되어 음식 만드는 일을 맡아 하는 여자. 동식모(食母).

12 ⑮ 〖馔〗 찬: 饌(6093)의 간화자
6094

13 ㉒ 〖饔〗* 옹 平冬 yōng, ヨウ
6095

소전 𩟧 행서 饔 이름 아침밥 옹 자원 형성. 雍+食→饔. 甕(옹)·擁(옹)과 같이 雍(옹)이 성부.
새김 아침밥. ¶饔飧(—, 저녁밥 손)아침밥과 저녁밥.

13 ㉒ 〖饗〗* 향: 上養 xiǎng, キョウ
6096

소전 𩟄 행서 饗 간화 飨 이름 잔치 향: 자원 형성. 鄉+食→饗. 響(향)과 같이 鄉(향)이 성부.
새김 ❶잔치. 또는 잔치를 벌여 손을 환대하다. ¶饗宴(—, 잔치 연)손을 대접하는 뜻으로 음식을 차려 베푸는 잔치. ❷흠향하다. 신이 제물을 받아서 먹다. ¶尙[2]饗[1](바랄 상, —)흠향하기를 바란다는 뜻으로, 축문(祝文) 끝에 쓰는 말.
〔饗應〕(향응) 음식을 차려서 대접함.
▷祭饗(제향)·歆饗(흠향)

9 획 부수 首 部

0 ⑨ 〖首〗*** ㊀수 ㊍수: 上有 shǒu, シュ ㊁수 ㊍수: 去宥 shòu, シュ
6097

소전 𩠐 행서 首 이름 ㊀머리 수 ㊁자백할 수 자원 상형. 머리털이 나 있는 사람의 머리 모양을 본떴다.

필순 丶 丷 䒑 一 丷 ⺌ 首 首 首

새김 ㊀❶머리. ㉠목 위 부분. 또는 목. ¶斬[2]首[1](벨 참, —)사람의 목을 벰. 예—를 당하다. ㉡우두머리. 통솔자. ¶元首(으뜸 원, —)한 나라의 대표자. 군주국에서는 임금. 공화국에서는 대통령을 일컫는 말. ㉠國家━. ㉢시작. 서두. ¶首尾(━, 끝 미)㉮시작과 끝. ㉠━一貫. ㉯머리와 꼬리. ❷첫째. 맨 윗자리. ¶首席(━, 자리 석)차례나 순서에서 첫째 자리. ㉠━으로 졸업하다. ❸수. ㉠편. 시문을 세는 단위. ㉠漢詩 三首. ㉡마리. 가축·물고기 등을 세는 단위. ㉠닭 三首. ㊂❶자백하다. 죄상을 고백하다. ¶自首(스스로 자, ━)범인이 스스로 죄상을 고백함. ㉠━한 간첩. ❷향하다. 머리를 두다. ¶首丘(━, 언덕 구)여우가 죽을 때에는 본디 살던 언덕 쪽으로 그 머리를 두고 죽는다는 뜻으로, 근본을 잊지 아니함의 비유.

〔首魁〕(수괴) 나쁜 일이나 모반 등을 꾀하는 중심 인물. 괴수.

〔首肯〕(수긍) 그러하다고 고개를 끄덕임.

〔首腦〕(수뇌) 국가나 단체의 활동을 책임지고 있는 사람. ㉠━部.

〔首都〕(수도) 서울. 중앙 정부가 있는 도시.

〔首班〕(수반) 국가나 정부의 가장 높은 자리에 있는 사람. ㉠行政━.

〔首相〕(수상) ①재상 가운데의 우두머리. ②내각의 최고 책임자. 또는 그 직위.

〔首鼠兩端〕(수서양단) 어찌할 바를 몰라 결단하지 못하는 상태의 형용. 故쥐는 의심이 많아, 구멍에서 나오려면 머리만 내밀고 좌우를 요리조리 살핀다는 데서 온 말.〈史記〉

〔首飾〕(수식) 부녀자의 머리에 꽂는 장식물.

〔首位〕(수위) 직위나 등급에서의 첫째 자리.

〔首長〕(수장) 우두머리.

〔首絰〕(수질) 상제가 상복을 입을 때, 머리에 두르는 삼으로 만든 둥근 테.

▷魁首(괴수)·黨首(당수)·白首(백수)·匕首(비수)

9 획 부수 香 部

▷명칭:향기향

▷쓰임:향기에 관한 뜻을 가진 한자의 부수로 쓰였다.

0 ⑨ 〔香〕*** 향 平陽 xiāng, コウ
6098

소전 행서 이름 향기 향 자원 회의. 禾〔黍의 생략체〕+日〔甘의 생략체〕→香. 기장에서 나는 달콤한 냄새, 곧 향기를 뜻한다.

필순 丿 二 千 禾 禾 禾 香 香 香

새김 ❶향기. 좋은 냄새. ¶淸香(맑을 청, ━)맑은 향기. ❷향기롭다. 향기가 나다. ¶香油(━, 기름 유)㉮향기로운 기름. ㉯참기름. ❸향. 불에 태워서 좋은 냄새를 내는 물건. ¶焚香(태울 분, ━)향을 피움. ㉠━再拜.

〔香氣〕(향기) 꽃이나 향 따위에서 나는 좋은 느낌을 주는 냄새.

〔香爐〕(향로) 향을 피우는 데 쓰는 화로.

〔香料〕(향료) 향을 내는 원료.

〔香水〕(향수) ①향료를 알콜에 풀어서 만든 화장품의 한 가지. ②(佛)관불할 때에 뿌리는 향을 달인 물.

〔香辛料〕(향신료) 식물의 열매·꽃·잎·줄기 따위로 만든 맵거나 향기로운 맛을 내는 양념장.

〔香煙〕(향연) 향이 타는 연기.

〔香奠〕(향전) 죽은 사람의 영전에 바치는 제물.

〔香燭〕(향촉) 제사나 불공 때에 쓰는 향과 초.

〔香火〕(향화) ①향불. ②향을 피운다는 뜻으로, 제사를 이르는 말. ㉠━를 끊지 않는다.

〔香華〕(향화) (佛) 부처 앞에 놓는 꽃이나 향.

▷菊香(국향)·蘭香(난향)·墨香(묵향)·暗香(암향)

5 ⑭ 〔馝〕* 필 入質 bì, ヒツ
6099

행서 이름 향기 필 자원 형성. 香+必→馝. 泌(필)·苾(필)과 같이 必(필)이 성부.

새김 향기. 또는 향기가 짙다.

9 ⑱ 〔馥〕* 복 入屋 fù, フク
6100

소전 행서 이름 향기 복 자원 형성. 香+复→馥. 復(복)·腹(복)과 같이 复(복)이 성부.

새김 향기. 또는 향기가 흩어지다. ¶馥郁(━, 향기로울 욱)확 풍기는 향기가 매우 향기로움. ㉠━한 매화 향기.

11 ⑳ 〔馨〕* 형 平青 xīn, ケイ
6101

소전 행서 이름 향기 형 자원 형성. 殸+香→馨. 殸(경)의 변음이 성부.

새김 향기. 향기가 풍기다. ¶馨香(━, 향기 향)꽃다운 향기. 또는 향기가 멀리까지 풍김. 인신하여, 덕화(德化)가 멀리 미침의 비유.

10 획 부수 馬 部

▷명칭:말마. 말마변

▷쓰임:여러 종류의 말과 말을 닮은 짐승의 이름, 또는 말을 다루는 일이나 말의 상태 등을 뜻하는 한자의 부수로 쓰였다.

0 ⑩ 〔馬〕*** 마: 上 馬 | mǎ, バ
6102

소전 행서 간화 马 이름 말 마: 자원 상형. 말의 대가리·갈기·꼬리와 네 다리를 본떠 그린 모양.

필순 丨 𠃍 ⺈ ⺈ 𦣞 馬 馬 馬 馬 馬

새김 말. 가축의 하나. ¶馬耳東風(—, 귀 이, 동녘 동, 바람 풍)말의 귀에 봄바람이란 뜻으로, 남의 말을 귀담아 듣지 아니하고 흘려버림의 비유.
〔馬脚〕(마각) ①말의 다리. ②엉큼한 속셈이나 숨기려던 정체의 비유. 예—이 드러나다.
〔馬力〕(마력) ①말의 힘. ②동력(動力)을 재는 단위의 한 가지.
〔馬術〕(마술) 말을 잘 타거나 잘 부리는 재주.
〔馬場〕(마장) ①말을 기르는 곳. ②경마장(競馬場)의 준말.
〔馬賊〕(마적) 옛날 중국의 동북부에 돌아다니던, 말을 타고 떼를 지어 다니던 도둑.
〔馬牌〕(마패) 벼슬아치가 공무로 출장 중일 때, 역마(驛馬)를 징발할 수 있도록 지니고 다니던 패.
▷犬馬(견마)·競馬(경마)·木馬(목마)·塞翁之馬(새옹지마)·乘馬(승마)·千里馬(천리마)·鐵馬(철마)·匹馬(필마)·胡馬(호마)

0 ③ 〔马〕 마: 馬(6102)의 간화자
6103

2 ⑫ 〔馭〕* 어: 去 御 | yù, ギョ
6104

행서 간화 驭 이름 말몰 어: 자원 회의. 馬+又〔=手〕→馭. 손으로 말을 몰아 부린다는 뜻.
새김 말을 몰다. ¶馭₂馬₁(—, 말 마)말을 몲.

2 ⑤ 〔驭〕 어: 馭(6104)의 간화자
6105

2 ⑫ 〔馮〕* 一 풍 平 東 | féng, フウ
二 빙 平 蒸 | píng, ヒョウ
6106

소전 행서 간화 冯 이름 一성 풍 二물건널 빙 자원 형성. 冫〔冰의 고자〕+馬→馮. 冫(빙)이 성부. 참고 二는 대법원 공인 인명용 추가 한자에는 들어 있지 않음.
새김 一성(姓). 또는 땅 이름. 二 물을 건너다. 강을 걸어서 건너다. ¶馮₂河₁(—, 강 하)강을 걸어서 건넘. 예暴虎—.

2 ⑤ 〔冯〕 一 풍 馮(6106)의 간화자
二 빙 馮(6106)의 간화자
6107

3 ⑬ 〔馴〕* 순 平 眞 | xún, ジュン
6108

소전 행서 간화 驯 이름 길들 순 자원 형성. 馬+川→馴. 順(순)과 같이 川(천)의 변음이 성부.
새김 길들다. 또는 길들이다. ¶馴致(—, 이를 치) ㉮짐승을 길들임. 예야생마를 —하다. ㉯인신하여, 차차 어떤 상태에 이르게 함.
〔馴服〕(순복) 길이 들어서 잘 복종함. 또는 길들여 따르게 함.

3 ⑥ 〔驯〕 순 馴(6108)의 간화자
6109

3 ⑬ 〔馳〕* 치 平 支 | chí, チ
6110

소전 행서 간화 驰 이름 달릴 치 자원 형성. 馬+也→馳. 也에는 '야' 외에 '이' 음도 있어, 也(이)의 변음이 성부.
새김 달리다. 또는 말이나 수레를 빨리 몰다. ¶馳走(—, 달릴 주)말을 빨리 몰아서 달림.
〔馳驅〕(치구) 말에 채찍질하여 빨리 몲.
▷驅馳(구치)·奔馳(분치)

3 ⑥ 〔驰〕 치 馳(6110)의 간화자
6111

3 ⑬ 〔馱〕* 태 本타 平 歌 | tuó, ダ
6112

소전 행서 간화 驮 이름 짐실을 태 자원 형성. 馬+大→馱. 大에는 '대' 외에 '태' 음도 있어, 大(태)가 성부.
새김 짐을 싣다. 마소에 짐을 싣다. ¶馱價(—, 값 가)짐을 실어 날라 준 삯. 예—를 받다.

3 ⑥ 〔驮〕 태 馱(6112)의 간화자
6113

4 ⑭ 〔駆〕 구 驅(6168)의 속자
6114

4 ⑦ 〔驱〕 구 驅(6168)의 간화자
6115

4 ⑦ 〔驴〕 려 驢(6181)의 간화자
6116

4 ⑭ 〔駁〕* 박 入 覺 | bó, バク
6117

소전 행서 간화 驳 이름 섞일 박 자원 형성. 馬+爻→駁. 爻(효)의 변음이 성부.

10획

새김 ❶섞이다. 순일하지 아니하다. ¶雜駁(섞일 잡, 一)함부로 뒤섞이어 일정한 질서가 없음. ❷논박하다. 시비를 논하여 잘못을 따지다. ¶反駁(반대할 반, 一)남의 의견에 반대하여 논박함. 예一할 논거.
〔駁文〕(박문) 옳고 그름을 논하여 공격하는 글.
▷攻駁(공박)·論駁(논박)·面駁(면박)

4 ⑦ 〔驳〕 6118 박 駁(6117)의 간화자

4 ⑭ 〔駅〕 6119 역 驛(6175)의 약자

4 ⑭ 〔馹〕* 6120 일 入質 | rì, ジツ

소전 행서 이름 역말 일 자원 형성. 馬＋日→馹. 日(일)이 성부.
새김 역말. 역참에 배치하던 말. 또는 역참.

5 ⑮ 〔駕〕* 6121 가: 去禡 | jià, ガ

소전 행서 간화 驾 이름 수레 가: 자원 형성. 加＋馬→駕. 架(가)·茄(가)·迦(가)·伽(가)와 같이 加(가)가 성부.
새김 ❶수레. 타기도 하고 짐을 싣기도 하는 수레. ¶御駕(임금 어, 一)임금이 타는 수레. 예一를 호종하다. ❷뛰어 넘다. ¶凌駕(압도할 릉, 一)무엇에 비교하여 그것을 훨씬 넘어섬. 예두 배나 一하는 사업 실적.

5 ⑧ 〔驾〕 6122 가: 駕(6121)의 간화자

5 ⑮ 〔駒〕* 6123 구 平虞 | jū, ク

소전 행서 간화 驹 이름 망아지 구 자원 형성. 馬＋句→駒. 拘(구)·苟(구)와 같이 句(구)가 성부.
새김 망아지. 두 살 된 말. ¶駒隙(一, 틈 극)白駒過隙(백구과극)의 준말. 흰 망아지가 문 틈을 지나간다는 뜻으로, 인생이나 세월이 덧없이 빨리 지나감을 이르는 말.

5 ⑧ 〔驹〕 6124 구 駒(6123)의 간화자

5 ⑮ 〔駑〕* 6125 노 平虞 | nú, ド

행서 간화 驽 이름 둔할 노 자원 형성. 奴＋馬→駑. 怒(노)·努(노)와 같이 奴(노)가 성부.
새김 둔하다. ㉠느리다. 굼뜨다. ¶駑馬(一, 말 마)걸음이 느린 말. ㉡재능이 뒤떨어지고 무능하다. ¶駑鈍(一, 둔할 둔) 재능이 뒤떨어지고 총기가 여림. 예一한 사람.

5 ⑧ 〔驽〕 6126 노 駑(6125)의 간화자

5 ⑮ 〔駙〕* 6127 부: 去遇 | fù, フ

소전 행서 간화 驸 이름 곁마 부: 자원 형성. 馬＋付→駙. 附(부)·符(부)·府(부)와 같이 付(부)가 성부.
새김 곁마. 한 마차를 말 두 마리가 끌 때, 옆에서 끄는 말. ¶駙馬(一, 말 마)㉮곁마. ㉯駙馬都尉(부마도위)의 준말. 공주(公主)에게 장가든 사람에게 내리던 벼슬 이름. 인신하여, 임금의 사위.

5 ⑧ 〔驸〕 6128 부: 駙(6128)의 간화자

5 ⑮ 〔駟〕* 6129 사: 去寘 | sì, シ

소전 행서 간화 驷 이름 사마 사: 자원 형성. 馬＋四→駟. 泗(사)·柶(사)와 같이 四(사)가 성부.
새김 사마(駟馬). 한 채의 수레를 끄는 네 필의 말. 또는 네 필의 말이 끌게 되어 있는 마차.

5 ⑧ 〔驷〕 6130 사: 駟(6129)의 간화자

5 ⑧ 〔驿〕 6131 역 驛(6175)의 간화자

5 ⑮ 〔駐〕* 6132 주: 去遇 | zhù, チュウ

소전 행서 간화 驻 이름 머무를 주: 자원 형성. 馬＋主→駐. 住(주)·柱(주)와 같이 主(주)가 성부.
새김 머무르다. 말이나 수레가 멈추어 서다. ¶駐在(一, 있을 재)사업이나 임무를 위하여 일정한 곳에 파견되어 머물러 있음. 예一國.
〔駐屯〕(주둔) 군대가 진을 치고 머무름.
〔駐兵〕(주병) 군대를 주둔시킴. 또는 그 군대.
〔駐車〕(주차) 자동차를 세워 둠. 예一場.

5 ⑧ 〔驻〕 6133 주: 駐(6131)의 간화자

5 ⑧ 〔骀〕 6134 추 騶(6167)의 간화자

5 ⑮ 〔駝〕* 타 平歌 tuó, タ
6135

행서 駝 간화 驼 이름 낙타 타 자원 형성. 馬+它→駝. 舵(타)·陀(타)와 같이 它(타)가 성부.
새김 ❶낙타(駱駝). 약대. 사막 지대에 있는 동물 이름. ❷타조(駝鳥). 아프리카의 초원이나 사막에 사는 새 이름.

5 ⑧ 〔驼〕 타 駝(6135)의 간화자
6136

6 ⑨ 〔骄〕 교 驕(6172)의 간화자
6137

6 ⑯ 〔駱〕* 락 入藥 luò, ラク
6138

소전 駱 행서 駱 간화 骆 이름 낙타 락 자원 형성. 馬+各→駱. 絡(락)·洛(락)과 같이 各(각)의 변음이 성부.
새김 ❶낙타(駱駝). 약대. 사막에 사는 동물 이름. ❷가리온. 갈기가 검은 흰 말. 〔詩經〕 我馬維駱(아마유락) 내 말은 이 가리온이다.

6 ⑨ 〔骆〕 락 駱(6138)의 간화자
6139

6 ⑨ 〔骂〕 매: 罵(6164)의 간화자
6140

6 ⑨ 〔骈〕 병 駢(6155)의 간화자
6141

6 ⑯ 〔駭〕* 해 ㊍해: 上蟹 hài, ガイ
6142

소전 駭 행서 駭 간화 骇 이름 놀랄 해 자원 형성. 馬+亥→駭. 該(해)·咳(해)와 같이 亥(해)가 성부.
새김 놀라다. 또는 놀라게 하다. ¶駭怪(—, 괴이할 괴)놀랄 만큼 괴이함. 예—罔測.

6 ⑨ 〔骇〕 해 駭(6142)의 간화자
6143

6 ⑨ 〔骁〕 효 驍(6173)의 간화자
6144

7 ⑩ 〔骊〕 려 驪(6183)의 간화자
6145

7 ⑰ 〔騁〕* 빙: ㊍칭: 上梗 chěng, テイ
6146

소전 騁 행서 騁 간화 骋 이름 달릴 빙: 자원 형성. 馬+甹→騁. 聘(빙)과 같이 甹(병)의 변음이 성부.
새김 달리다. 말이나 수레를 몰아 달리다. ¶馳騁(달릴 치, —)말을 몰아 달림. 인신하여, 부산하게 돌아다님.

7 ⑩ 〔骋〕 빙: 騁(6146)의 간화자
6147

7 ⑰ 〔駿〕* 준: 去震 jùn, シュン
6148

소전 駿 행서 駿 간화 骏 이름 준마 준: 자원 형성. 馬+夋→駿. 俊(준)·峻(준)과 같이 夋(준)이 성부.
새김 준마(駿馬). 발이 빠른 좋은 말.

7 ⑩ 〔骏〕 준: 駿(6148)의 간화자
6149

7 ⑩ 〔验〕 험: 驗(6176)의 간화자
6150

8 ⑱ 〔騎〕** ㊀기 平支 qí, キ ㊁기 ㊍기: 去寘 qí, キ
6151

소전 騎 행서 騎 간화 骑 이름 ㊀말탈 기 ㊁기병 기 자원 형성. 馬+奇→騎. 崎(기)·寄(기)와 같이 奇(기)가 성부.

필순 | 丨 𠃌 𠃌 馬 馬 馬 馬 騎 騎 騎 |

새김 ㊀말을 타다. ¶騎₂馬₁(—, 말 마)말을 탐. 예—兵. ㊁기병(騎兵). 말탄 군사. 또는 그를 세는 말. ¶匹馬單騎(필 필, 말 마, 홑 단, —)한 필의 말과 혼자의 기병. 곧 동행하는 사람 없이 외로이 한 필의 말에 올라 타고 가는 사람의 형용.
〔騎兵〕(기병) 말을 타고 군사적 임무를 수행하는 군인.
〔騎士〕(기사) 말을 탄 병사.
〔騎虎之勢〕(기호지세) 범을 탄 형세. 이미 시작한 일이어서 중도에 그만둘 수 없는 형세의 비유.

8 ⑪ 〔骑〕 기 騎(6151)의 간화자
6152

8 ⑱ 〔騏〕* 기 平支 qí, キ
6153

소전 騏 행서 騏 간화 骐 이름 철총이 기 자원 형성. 馬+其→騏. 期(기)·棋(기)·箕(기)와 같이 其(기)가 성부.
새김 ❶철총이. 검푸른 반점이 있는 말. ❷기린(騏驎). ㉮전설상의 짐승 이름. 동麒麟(기린). ㉯하루에 천 리를 달린다는 말의 이름.

8 ⑪ 〔骐〕 기 騏(6153)의 간화자
6154

8 ⑱ 〔騈〕* 병 平青 | pián, ヘン
6155

소전 𩣡 행서 騈 간화 骈 이름 짝 병 자원 형성. 馬+并→騈. 併(병)·屛(병)·甁(병)과 같이 并(병)이 성부.
새김 짝. 또는 짝을 지어 나란히 놓다. ¶騈文(一, 글 문)육조(六朝) 시대에 유행하였던 문체 이름. 4자 또는 6자로 된 대구(對句)를 써서, 음조를 중시하는 수사 기교를 부리는 문체. 동四六文·騈儷文(병려문)·四六騈儷文.

8 ⑱ 〔騒〕 소 騷(6166)의 약자
6156

8 ⑱ 〔験〕 험 驗(6176)의 약자
6157

9 ⑫ 〔骚〕 소 騷(6166)의 간화자
6158

9 ⑲ 〔騙〕* 편 本편: 去霰 | piàn, ヘン
6159

행서 騙 간화 骗 이름 속일 편 자원 형성. 馬+扁→騙. 偏(편)·篇(편)·遍(편)과 같이 扁(편)이 성부.
새김 속이다. 기만하다. ¶騙取(一, 취할 취)속여서 취함. 예公金을 一하다.

9 ⑫ 〔骗〕 편 騙(6159)의 간화자
6160

10 ⑳ 〔騫〕* 건 平先 | qiān, ケン
6161

소전 𩦲 행서 騫 간화 骞 이름 이지러질 건 자원 형성. 寒〔搴의 생략체〕+馬→騫. 搴(건)이 성부.
새김 이지러지다. 훼손되다. 〔詩經〕不騫不崩(불건불붕) 이지러지지 아니하며 무너지지 아니하다.

10 ⑬ 〔骞〕 건 騫(6161)이 간화자
6162

10 ⑳ 〔騰〕** 등 平蒸 | téng, トウ
6163

소전 𩣺 행서 騰 간화 腾 이름 오를 등 자원 형성. 尉〔朕의 변형〕+馬→騰. 謄(등)과 같이 朕(짐)의 변음이 성부.

필순 丿 月 月' 月ᐟ 胖 脒 滕 滕 騰 騰

새김 오르다. 위로 올라가다. ¶騰貴(一, 귀할 귀)물건의 값이 뛰어오름. 예物價一一.

10 ⑬ 〔腾〕 등 騰(6163)의 간화자
6164

10 ⑬ 〔蓦〕 맥 驀(6169)의 간화자
6165

10 ⑳ 〔騷〕** 소 平豪 | sāo, ソウ
6166

소전 𩦐 행서 騷 약자 騒 간화 骚 이름 시끄러울 소 자원 형성. 馬+蚤→騷. 搔(소)·瘙(소)와 같이 蚤(조)의 변음이 성부.

필순 丨 𠃌 馬 馬 馭 馭 駋 騷 騷 騷

새김 ❶시끄럽다. 또는 소란을 피우다. ¶騷音(一, 소리 음)불규칙하게 뒤섞여서 시끄럽게 들리는 소리. 예一一防止. ❷한시의 시체의 하나. 초(楚)나라 굴원(屈原)이 이소(離騷)를 지은 데서 비롯하였다. 인신하여, 시부(詩賦). 또는 풍류. ¶騷人(一, 사람 인)시인이나 문인. 예一墨客.
〔騷動〕(소동) 소란스럽게 떠들어 댐.
〔騷亂〕(소란) 떠들거나 뒤숭숭하여 어지러움.
〔騷擾〕(소요) 어지러운 소동.

10 ⑳ 〔騶〕* 추 平尤 | zōu, シュウ
6167

소전 𩦸 행서 騶 간화 驺 이름 시종기사 추 자원 형성. 馬+芻→騶. 雛(추)·趨(추)와 같이 芻(추)가 성부.
새김 시종 기사(侍從騎士). 귀족이 말을 탈 때, 전후에서 시중을 들던 기사. ¶騶從(一, 따를 종)상전을 따라 다니는 하인. 예下吏一一.

11 ㉑ 〔驅〕** 구 平虞 | qū, ク
6168

소전 𩢳 행서 驅 속자 駆 간화 驱 이름 몰 구 자원 형성. 馬+區→驅. 嶇(구)·鷗(구)와 같이 區(구)가 성부.

필순 丨 𠃌 馬 馬 馬一 馬㇀ 馬𠮛 駧 駆 驅

새김 몰다. ㉠말이나 수레를 몰다. ¶驅馳(一, 달릴 치)말이나 수레 따위를 몰아 달림. 인신하여, 일을 위하여 분주하게 돌아다님. ㉡몰아내다. 내쫓다. ¶驅逐(一, 쫓을 축)어떤 세력을 몰아서 쫓아냄. 예一一艦. ㉢부리다. 사람을 부리다. ¶驅價(—, 값 가)옛날에 벼슬아치에게 그가 부리는 하인의 품삯으로서, 녹봉 외에 더 주던 금품. ⓔ—錢. ㉣기를 펴지 못하게 나무라다. ¶驅迫(—, 핍박할 박)못 견디도록 몹시 굴며 학대함. ⓔ—이 심한 시어머니.
〔驅步〕(구보) 달음박질. 또는 달음박질함.
〔驅使〕(구사) ①사람이나 가축을 부림. ②능숙하게 다루어 씀.
〔驅除〕(구제) 내몰거나 죽여서 없애버림. ⓔ「害蟲—.
〔驅蟲〕(구충) 해충을 없앰. ⓔ—藥.
▷先驅(선구)·長驅(장구)·前驅(전구)·馳驅(치구)

11 ㉑ 〔驀〕* 맥 入陌 mò, バク
6169

소전 행서 간화 蓦 이름 쏜살같이 맥 자원 형성. 莫+馬→驀. 莫(막)의 변음이 성부.
새김 쏜살같이. 힘차게. ¶驀進(—, 나아갈 진)아주 힘차게 나아감.

11 ㉑ 〔驃〕* 표 本표: 去嘯 biāo, ヒョウ
6170

소전 행서 간화 骠 이름 표절따 표 자원 형성. 馬+票→驃. 標(표)·剽(표)와 같이 票(표)가 성부.
새김 표절따. 몸은 누른 바탕에 흰 털이 섞이고 갈기와 꼬리가 흰 말. ¶驃馬(—, 말 마)표절따.

11 ⑭ 〔骠〕 표 驃(6170)의 간화자
6171

12 ㉒ 〔驕〕* 교 平蕭 jiāo, キョウ
6172

소전 행서 간화 骄 이름 교만할 교 자원 형성. 馬+喬→驕. 橋(교)·矯(교)와 같이 喬(교)가 성부.
새김 교만하다. 잘난 체하며 방자하다. ¶驕傲(—, 오만할 오)젠 체하여 거들거리며 남을 업신여겨 낮보는 태도가 있음.
〔驕氣〕(교기) 교만한 태도. ⓔ—를 부리다.
〔驕慢〕(교만) 잘난 체하며 거만함.
〔驕奢〕(교사) 교만하고 사치함.
〔驕態〕(교태) 교만한 태도.

12 ㉒ 〔驍〕* 효 本교 平蕭 xiāo, ギョウ
6173

소전 행서 간화 骁 이름 날쌜 효 자원 형성. 馬+堯→驍. 曉(효)와 같이 堯(요)의 변음이 성부.
새김 날쌔다. 용맹스럽다. ¶驍勇(—, 용맹할 용)날쌔고 용맹함. ⓔ—한 군사들.
〔驍將〕(효장) 용감한 장수.
〔驍悍〕(효한) 용감하고 사나움.

13 ㉓ 〔驚〕*** 경 平庚 jīng, キョウ
6174

소전 행서 간화 惊 이름 놀랄 경 자원 형성. 敬+馬→驚. 警(경)·儆(경)과 같이 敬(경)이 성부.

필순 (stroke order)

새김 놀라다. 또는 놀라게 하다. ¶驚天(—, 하늘 천)하늘을 놀라게 한다는 뜻으로, 엄청나게 놀랍거나 기적적인 일을 이르는 말. ⓔ—動地.
〔驚氣〕(경기) 어린아이가 깜짝깜짝 놀라며 까무러치는 병.
〔驚愕〕(경악) 몹시 놀라고 당황함.
〔驚異〕(경이) 놀라고 이상히 여김.
〔驚惶〕(경황) 놀라고 두려워 허둥지둥함.
▷勿驚(물경)

13 ㉓ 〔驛〕** 역 入陌 yì, エキ
6175

소전 행서 약자 駅 간화 驿 이름 역 역 자원 형성. 馬+睪→驛. 譯(역)·繹(역)과 같이 睪(역)이 성부.

필순 (stroke order)

새김 역. ㉠역참. 우역. 옛날에 공문을 중계하여 전하거나 공무로 다니는 관리들에게 마필을 제공하던 곳. ¶驛馬(—, 말 마)역에 갖추어 두고 공무에 쓰던 말. ㉡정거장. ⓔ서울驛.
〔驛吏〕(역리) 역참의 관리.
〔驛舍〕(역사) 역으로 쓰는 건물.
〔驛前〕(역전) 역의 앞. ⓔ—廣場.
〔驛傳〕(역전) ①역체(驛遞). ②여러 사람이 한 팀을 이루어 장거리를 달릴 때, 각자가 맡은 일정 구간을 달리고 다음 주자에게 바톤을 넘겨주는 일. ⓔ—競走.
〔驛遞〕(역체) 역참에서 공문을 넘겨주고 받고 하던 일.

13 ㉓ 〔驗〕** 험: 本엄: 去豔 yàn, ケン
6176

소전 행서 약자 験 간화 验 이름 겪을 험: 자원 형성. 馬+僉→驗. 險(험)과 같이 僉(첨)의 변음이 성부.

필순 (stroke order)

새김 ❶겪다. 일을 겪다. ¶經驗(겪을 경, —)겪

어보거나 하여 보거나 함. 또는 그 과정을 통해 얻은 지식이나 기능의 모든 것. 예—談. ❷살펴서 따지다. ¶試驗(시험할 시, —)지식이나 기술의 수준이나 숙련 정도를 일정한 절차로 따져봄. 또는 그리하는 일. 예入學—. ❸보람. 효과. ¶效驗(보람 효, —)일의 좋은 보람. 또는 어떤 작용의 보람. 예약의 —이 나타나다.
▷實驗(실험)·靈驗(영험)·證驗(증험)·徵驗(징험)·體驗(체험)

14 ㉔ 〔驟〕* 취: 本추: 去宥 | zhòu, シュウ
6177

소전 행서 간화 骤 이름 빠를 취: 자원 형성. 馬+聚→驟. 聚(취)가 성부.
새김 ❶빠르다. 또는 말이 빠르게 달리다. ¶驟進(—, 나아갈 진)벼슬이 빠르게 오름. 빠르게 승진함. 동驟陞(취승). ❷갑자기. 별안간. ¶驟雨(—, 비 우)소나기.
▷馳驟(치취)

14 ⑰ 〔骤〕 취: 驟(6177)의 간화자
6178

16 ㉖ 〔驥〕* 기: 去寘 | jì, キ
6179

소전 행서 간화 骥 이름 천리마 기: 자원 형성. 馬+冀→驥. 冀(기)가 성부.
새김 천리마. 하루에 1,000리를 달린다는 준마. ¶驥足(—, 발 족)천리마의 발. 인신하여, 뛰어난 재능의 비유.

16 ⑲ 〔骥〕 기: 驥(6179)의 간화자
6180

16 ㉖ 〔驢〕* 려 平魚 | lǘ, ロ
6181

소전 행서 간화 驴 이름 당나귀 려 자원 형성. 馬+盧→驢. 盧(려)와 같이 盧(로)의 변음이 성부.
새김 당나귀. 말보다 몸이 작고, 쫑긋한 귀를 가진 가축. ¶驢馬(—, 말 마)당나귀.

18 ㉘ 〔驩〕* 환 平寒 | huān, カン
6182

소전 행서 이름 기뻐할 환 자원 형성. 馬+雚→驩. 雚(환)이 성부.
새김 기뻐하다. 歡(2539)과 통용. ¶交驩(사귈 교, —)마음을 털어놓고 즐겁게 사귐.

19 ㉙ 〔驪〕* 려 平齊 | lí, レイ
6183

소전 행서 간화 骊 이름 가라말 려 자원 형성. 馬+麗→驪. 儷(려)와 같이 麗(려)가 성부.
새김 가라말. 털빛이 검은 말.

10획 부수 骨部

▷명칭: 뼈골. 뼈골변
▷쓰임: 몸에 있는 여러 가지 뼈의 이름이나 뼈로 만든 사물임을 나타내는 한자의 부수로 쓰였다.

0 ⑩ 〔骨〕*** 골 入月 | gǔ, コツ
6184

소전 행서 이름 뼈 골 자원 회의. 冎+月〔=肉〕→骨. 冎는 뼈에 붙어 있는 살을 바른다는 뜻. 살을 발라내고 남은 것, 곧 뼈를 뜻한다.

필순 丨 ㄇ 冂 冎 冎 冎 冎 骨 骨 骨

새김 ❶뼈. 사람이나 동물의 몸에 있는 뼈. ¶骨肉(—, 살 육)㉮뼈와 살. 예—에 사무치는 한. ㉯인신하여, 부모나 조상이 같은 살붙이. 예—相爭. ❷골격. 기질. ¶風骨(풍채 풍, —)풍채와 골격. 예—이 준수하다. ❸사물에 가장 중요한 부분. ¶骨子(—, 어조사 자)일정한 내용 중에서 가장 요긴한 부분. 예—를 적다. ❹國골품(骨品). 신라 때, 혈통 갈래로 구분하였던 사회적 지위의 등급. ¶聖骨(성스럴 성, —)신라 때의 골품의 첫째 등급.
〔骨幹〕(골간) ①뼈대. ②조직체나 일정한 분야에서, 기본적이고 가장 중요한 부분.
〔骨格〕(골격) ①뼈대. 뼈의 구조. ②시문(詩文)의 짜임새와 격식.
〔骨董〕(골동) ①오래되고 진귀한 서화나 기물. ②사소한 과거사나 진부한 내용의 비유.
〔骨盤〕(골반) 허리뼈와 등골뼈에 붙어서 뱃속의 내장을 싸고 있는 뼈.
〔骨相〕(골상) 얼굴이나 머리의 뼈의 생김새.
〔骨髓〕(골수) 뼛속에 들어 있는 누런 빛깔의 연한 물질. 예—炎.
〔骨折〕(골절) 뼈가 부러짐.
▷刻骨(각골)·筋骨(근골)·氣骨(기골)·白骨(백골)·仙骨(선골)·弱骨(약골)·玉骨(옥골)·眞骨(진골)·皮骨(피골)·骸骨(해골)

6 ⑯ 〔骸〕* 해 平佳 | hái, ガイ
6185

소전 행서 이름 해골 해 자원 형성. 骨+亥→骸. 該(해)·咳(해)와 같이 亥

(해)가 성부.

[새김] ❶해골(骸骨). 송장의 살은 죄다 썩고 남은 뼈. 특히 그 머리뼈를 이르기도 한다. 예—— 을 빌다. ❷송장. 사람의 주검. ¶遺骸(남을 유, —)사람의 주검. 예—— 의 奉安.

▷ 乞骸(걸해)·死骸(사해)·殘骸(잔해)

9 ⑲ 〔髄〕 수: 髓(6187)의 약자
6186

13 ㉓ 〔髓〕* 수: [上]紙 | suǐ, ズイ
6187

[소전] 髓 [약자] 髄 [이름] 골 수: [자원] 형성. 骨+隓〔隨의 생략체〕→髓. 隨(수)가 성부.

[새김] ❶골. 또는 골수(骨髓). 뼛속에 들어 있는 연한 지방상(脂肪狀)의 물질. ¶脊髓(등골뼈 척, —)등골뼈 안에 들어 있는 골. 예—— 神經. ❷사물의 본질적인, 가장 중요한 부분. ¶精髓(정 정, —)사물의 본질이 되는, 가장 중요한 부분이나 요점. 예—— 만 열거하다.

13 ㉓ 〔體〕*** 체 [本]체: [上]薺 | tǐ, タイ
6188

[소전] 體 [행서] 體 [약자·간화] 体 [이름] 몸 체 [자원] 형성. 骨+豊→體. 豊(례)의 변음이 성부.

[필순] 冂 冎 冎 骨 骨 骨 骨 骨 體 體

[새김] ❶몸. 사람이나 동물의 몸. ¶體重(—, 무게 중)사람이나 짐승의 몸의 무게. 예—— 이 나가다. ❷물체. ¶液體(액 액, —)체적은 있으나 일정한 형태는 없는, 유동하는 물체. 예—— 燃料. ❸모양. 형식. ¶體裁(—, 격식 재)밖으로 드러나 보이는 모양이나 형식. 예책의 ——. ❹몸가짐. ¶體面(—, 낯 면)남을 대하기에 떳떳할 만한 몸가짐이나 도리. 예—— 이 서다. ❺본질. 바탕. ¶本體(근본 본, —)본디부터 가지고 있는 근본이 되는 바탕. 예—— 가 드러나다. ❻일정한 체제를 가진 조직. ¶團體(모임 단, —)일정한 목적을 위해 모인 사람들의 조직. 예—— 行動. ❼몸소 행하다. 몸소 행하여 이해하다. ¶體得(—, 깨달을 득)실제의 경험에 의하여 알게 됨. 또는 깊이 이해하여 몸에 배게 함. 예—— 한 삶의 지혜.

〔體格〕(체격) 사람 몸의 골격·근육 등의 생김새.

〔體系〕(체계) 낱낱이 사물이 서로 밀접한 관계를 맺으면서 각 부분이 계층적으로 결합된 조직.

〔體軀〕(체구) 몸. 몸뚱이.

〔體罰〕(체벌) 몸에 직접 고통을 주는 벌.

〔體言〕(체언) 활용을 하지 않고 문장의 주어 구실을 하는 단어.

〔體用〕(체용) ①사물의 본체와 그 작용. ②원리와 응용. ③체언과 용언.

〔體質〕(체질) ①형체와 바탕. ②몸의 생리적 특질.

〔體統〕(체통) 지체나 신분에 알맞은 체면.

〔體驗〕(체험) 직접 겪는 경험.

▷ 個體(개체)·固體(고체)·氣體(기체)·裸體(나체)·物體(물체)·書體(서체)·身體(신체)·玉體(옥체)·一心同體(일심동체)·全體(전체)·主體(주체)·天體(천체)·形體(형체)

10 획 부수 高 部

0 ⑩ 〔高〕*** 고 [平]豪 | gāo, コウ
6189

[소전] 高 [행서] 高 [이름] 높을 고 [자원] 상형. 출입문이 있는 높은 건물의 모양을 본떴다.

[필순] 丶 亠 亠 亡 古 亯 高 高 高 高

[새김] ❶높다. 低(0178)의 대. ㉠높이가 높다. ¶高山(—, 산 산)높은 산. 예—— 地帶. ㉡지위나 신분이 높다. ¶高官(—, 벼슬 관)지위가 높은 벼슬. 또는 벼슬아치. 예—— 大爵. ㉢값이나 가치가 높다. ¶高價(—, 값 가)비싼 값. 또는 값이 비쌈. 예—— 品. ㉣나이가 많다. ¶高齡(—, 나이 령)많은 나이. 또는 그런 나이가 된 사람. 예80세의 ——. ㉤표시되는 숫자가 많다. ¶高熱(—, 열 열)높은 열이나 신열. 예—— 의 환자. ㉥소리의 진동수가 많다. ¶高音(—, 소리 음)높은 소리. 예—— 과 低音. ❷남을 기리거나 높일 때 쓰는 말. ¶高名(—, 이름 명)높이 알려진 이름이란 뜻으로, 남을 높여 그의 이름을 이르는 말. 예그대의 —— 은 일찍 들은 바가 있다. ❸고상하다. 기품이 있다. ¶高潔(—, 깨끗할 결)고상하고 순결함. 예—— 한 人品. ❹높이. 값·수량·정도의 높이. ¶波高(파도 파, —)파도의 높이. 예3m의 ——.

〔高架〕(고가) ①높게 건너지름. ②높은 선반이나 시렁.

〔高見〕(고견) ①훌륭한 의견이나 식견. ②남을 높이어 그의 의견이나 식견을 이르는 말.

〔高校〕(고교) 고등학교(高等學校)의 준말.

〔高貴〕(고귀) ①신분이 높고 귀함. 또는 그런 사람. ②가격이 비쌈. 또는 그런 물건.

〔高級〕(고급) 등급이 높음. 또는 높은 등급.

〔高踏的〕(고답적) 현실을 떠나서 높은 이상을 추구하는.

〔高堂〕(고당) ①높은 집. 훌륭한 집. ②남을 높여 그 집을 이르는 말. ③부모(父母)를 이름.

〔高度〕(고도) ①물체가 공중에 떠 있는 높이. ②높은 정도.

〔高樓〕(고루) 높다란 누각. ㊀—巨閣.
〔高利〕(고리) ①높은 변리. ②많은 이익을 얻음. 또는 그 이익. 「남.
〔高邁〕(고매) 인품이나 식견이 고상하고 뛰어
〔高士〕(고사) ①뜻이 높고 지조가 굳은 사람. ②풍행이 고상한 사람.
〔高尙〕(고상) 뜻이 높고 거룩함. 또는 품이 있고 격이 높음.
〔高速〕(고속) 썩 빠른 속도. ㊀—道路.
〔高手〕(고수) 기예·시문·서화 등에 조예가 깊은 사람. 「높은 중.
〔高僧〕(고승) ①도를 많이 닦은 중. ②지위가
〔高雅〕(고아) 격조가 높고 깨끗함. ㊐低俗(저속). 「압. ㊀—線.
〔高壓〕(고압) ①큰 압력. ㊀—的. ②높은 전
〔高額〕(고액) ①높은 이마. ②많은 금액. 큰돈.
〔高揚〕(고양) ①높이 게양함. ②높이 선양(宣揚)함. ③높은 단계로 지양(止揚)함.
〔高原〕(고원) 높은 산 지대의 넓은 벌판.
〔高遠〕(고원) 포부 등이 높고 원대함.
〔高位〕(고위) 높은 지위. 「높음.
〔高率〕(고율←고률) 높은 비율. 또는 비율이
〔高低〕(고저) ①높낮이. ②우열(優劣).
〔高節〕(고절) 고상한 절개.
〔高弟〕(고제) 학식과 덕행이 뛰어난 제자.
〔高潮〕(고조) ①만조(滿潮). ②기세가 고도로 앙양되고 왕성한 상태. 「여러 층.
〔高層〕(고층) ①높은 층. ②높이 지은 건물의
▷孤高(고고)·登高(등고)·崇高(숭고)·最高(최고)·標高(표고)

10 획 부수 髟 部

▷명칭:머리털머리
▷쓰임:머리털이나 수염, 또는 그 상태를 나타내는 한자의 부수로 쓰였다.

4 ⑭ 〔髥〕* 염 平鹽 rán, ゼン
6190

행서 髥 속자 髯 이름 수염 염 자원 형성. 髟+冄→髥. 冄(염)이 성부.
새김 수염. 특히 구렛나룻. ¶鬚髥(수염 수, —) 수염. 특히 턱수염과 구레나룻.

5 ⑮ 〔髮〕** 발 入月 fà, ハツ
6191

소전 행서 髮 간화 发 이름 터럭 발 자원 형성. 髟+犮→髮. 拔(발)·跋(발)과 같이 犮(발)이 성부.

필순 髮

새김 터럭. 머리털. ¶白髮(흰 백, —)흰 머리털. 센 머리털. ㊀—老人.
〔髮膚〕(발부) 머리털과 살갗. 모발과 피부.
〔髮際〕(발제) 머리털이 난 가장자리. 또는 거기에 난 부스럼. 발찌.
▷假髮(가발)·金髮(금발)·頭髮(두발)·削髮(삭발)·散髮(산발)·理髮(이발)·長髮(장발)·披髮(피발)

5 ⑮ 〔髯〕 염 髥(6190)의 속자
6192

12 ㉒ 〔鬚〕* 수 平虞 xū, シュ
6193

행서 鬚 간화 须 이름 수염 수 자원 형성. 髟+須→鬚. 須(수)가 성부.
새김 수염. 특히 턱수염. ¶鬚眉(—, 눈썹 미)수염과 눈썹.
〔鬚髥〕(수염) 턱수염과 구레나룻.

10 획 부수 鬥 部

▷명칭:싸움투
▷쓰임:싸우다·다투다의 뜻을 나타내는 한자의 부수로 쓰였다.

5 ⑮ 〔鬧〕* 뇨: 去效 nào, ドウ
6194

소전 행서 간화 闹 이름 시끄러울 뇨: 자원 회의. 鬥+市→鬧. 저자 거리에서 싸운다는 데서 '떠들다'의 뜻을 나타낸다.
새김 시끄럽다. 또는 떠들다. ¶喧鬧(떠들 훤, —)사람들이 왁자하게 떠듦.

10 ⑳ 〔鬪〕** 투 本투: 去宥 dòu, トウ
6195

소전 행서 본자 鬭 이름 싸울 투 자원 형성. 鬥+尌〔斲의 변형〕→鬭→鬪. 斲(착)의 변음이 성부.

필순 鬪

새김 ❶싸우다. 또는 싸움. ¶鬪爭(—, 다툴 쟁) 싸우거나 다툼. ㊀—史. ❷싸움을 붙이다. ¶鬪牛(—, 소 우)소를 싸움 붙임. 또는 싸움소. ㊀—士.
〔鬪鷄〕(투계) ①싸움 닭. ②닭을 싸움 붙이는

놀이. 또는 닭싸움.
〔鬪病〕(투병) 병을 고치려고 병마와 싸움. [예]— 生活.
〔鬪士〕(투사) 의로운 일을 위하여 목숨바쳐 싸우는 사람.
〔鬪志〕(투지) 맞서 싸우려는 굳센 의지.
▷敢鬪(감투)·健鬪(건투)·激鬪(격투)·決鬪(결투)·拳鬪(권투)·奮鬪(분투)·死鬪(사투)·戰鬪(전투)

14 ㉔ 〔鬭〕 6196 투 鬪(6195)의 본자

10 획 부수 鬯 部

19 ㉙ 〔鬱〕* 6197 울 [入]物 yù, ウツ

[소전] 鬱 [행서] 鬱 [간화] 郁 [이름] 우거질 울 [자원] 형성. 林＋鬱〔鬱의 생략체〕→鬱. 鬱(울)이 성부.
[새김] ❶우거지다. 초목이 무성하다. ¶鬱蒼(—, 푸를 창)나무가 우거지고 푸름. [예]— 한 숲. ❷답답하다. 불만이 쌓이어 답답하다. ¶鬱憤(—, 분할 분)답답하고 분함. 또는 가슴에 쌓이고 쌓인 분기. [예]—을 터뜨리다. ❸성(盛)하다. 세차다. ¶鬱勃(—, 성할 발)가슴 속에 쌓인 생각이 우글우글 끓어 넘칠 듯 성함. ❹울금향(鬱金香). 향기가 좋은 화초의 이름. 튤립.
〔鬱陶〕(울도) 근심이 쌓여 마음이 답답함.
〔鬱寂〕(울적) 답답하고 쓸쓸함.
〔鬱火〕(울화) 분한 마음을 삭이지 못해 일어나는 화.
▷抑鬱(억울)·憂鬱(우울)·沈鬱(침울)

10 획 부수 鬼 部

▷명칭: 귀신귀
▷쓰임: 영혼이나 귀신에 관한 한자의 부수로 쓰였으나, 때로는 성부로도 쓰였다.

0 ⑩ 〔鬼〕** 6198 귀: [上]尾 guǐ, キ

[소전] 鬼 [행서] 鬼 [이름] 귀신 귀: [자원] 상형. 이상야릇한 머리 모양을 한 사람, 곧 귀신의 모양을 본떴다.

[필순] 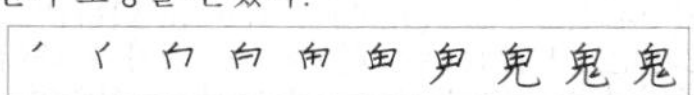

[새김] ❶귀신. ㉠뿔과 엄니가 있는 상상의 괴물. ¶鬼面(—, 낯 면)귀신의 얼굴이라고 상상하여 만든 가면. ㉡영혼. 죽은 사람의 넋. ¶鬼哭(—, 울 곡)사람의 죽은 혼이 밤에 욺. [예]— 聲. ㉢조상. 또는 선조의 영혼. 〔論語〕非3其1鬼2而4祭6之5(비기귀 이제지) 그 조상의 영혼이 아닌데도 이에게 제사를 지내다. ㉣만물의 정령. ¶百鬼(일백 백, —)온갖 정령. [예]— 夜行. ❷귀신같다. 사람의 상상을 뛰어넘어 헤아릴 수 없다. ¶鬼才(—, 재주 재)사람이라고 생각할 수 없을 정도로 뛰어난 재능. 또는 그런 재능을 가진 사람. [예]영화계의 —.
〔鬼門〕(귀문) (佛) 저승으로 들어가는 문.
〔鬼神〕(귀신) ①죽은 사람의 영혼. ②넋. 혼백(魂魄).
〔鬼籍〕(귀적) 죽은 사람의 성명을 적은 저승의 명부. 귀록(鬼錄).
〔鬼畜〕(귀축) 귀신과 축생이란 뜻으로, 사람으로서는 상상할 수도 없는 야만적이고 잔인무도한 자를 이르는 말.
〔鬼火〕(귀화) 도깨비불.
▷魔鬼(마귀)·餓鬼(아귀)·惡鬼(악귀)·冤鬼(원귀)

4 ⑭ 〔魁〕* 6199 괴 [平]灰 kuí, カイ

[소전] 魁 [행서] 魁 [이름] 우두머리 괴 [자원] 형성. 鬼＋斗→魁. 塊(괴)·愧(괴)와 같이 鬼(귀)의 변음이 성부.
[새김] ❶우두머리. 수령. ¶魁首(—, 머리 수)못된 짓을 하는 무리의 두목. [예]깡패의 —. ❷장원(壯元). ¶魁榜(—, 방 방)과거의 갑과에 첫째로 급제한 사람. ❸크다. 우뚝하다. ¶魁偉(—, 클 위)허위대가 크고 끼끗함. [예]용모가 — 하다.
〔魁壯〕(괴장) 크고 튼튼함.
▷首魁(수괴)

4 ⑭ 〔魂〕** 6200 혼 [平]元 hún, コン

[소전] 魂 [행서] 魂 [이름] 넋 혼 [자원] 형성. 云＋鬼→魂. 云(운)의 변음이 성부.

[필순] 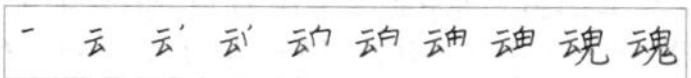

[새김] 넋. ㉠혼. 사람이 죽어도 남아 있다고 생각하는 혼. ¶魂魄(—, 넋 백) 넋. [예]—이 흠향하다. ㉡정신이나 마음. [예]民族魂(민족혼).
〔魂膽〕(혼담) 혼백과 간담.
〔魂靈〕(혼령) 죽은 사람의 넋. 영혼.
〔魂帛〕(혼백) 신주를 만들기 전에 삼베를 접어서 만든 임시 신위.
〔魂飛魄散〕(혼비백산) 혼이 날고 넋이 흩어짐. 몹시 놀라서 넋을 잃음의 형용.
▷亡魂(망혼)·返魂(반혼)

5 ⑮ 〔魅〕* 6201 매 ㊍미: 去寘 | mèi, ミ

행서 魅 이름 도깨비 매 자원 형성. 鬼+未→魅. 妹(매)·昧(매)와 같이 未(미)의 변음이 성부.

새김 ❶도깨비. ¶魑魅(도깨비 리, —)산이나 내에 있다는 도깨비. ❷매혹하다. 사람의 마음을 사로잡아 끌어당기다. ¶魅力(—, 힘 력)남의 마음을 사로잡아 끌어당기는 힘. ㉠—的인 女性.
〔魅了〕(매료) 완전히 매혹됨.
〔魅惑〕(매혹) 남을 호리어 현혹시킴.

5 ⑮ 〔魃〕* 6202 발 入曷 | bá, バツ

소전 魃 행서 魃 이름 한귀 발 자원 형성. 鬼+犮→魃. 拔(발)·髮(발)과 같이 犮(발)이 성부.

새김 한귀(旱鬼). 가뭄을 맡은 귀신. 인신하여, 가물다. ¶旱魃(가물 한, —)가뭄을 맡은 귀신. 인신하여, 가뭄.

5 ⑮ 〔魄〕* 6203 백 入陌 | pò, ハク

소전 魄 행서 魄 이름 넋 백 자원 형성. 白+鬼→魄. 伯(백)·帛(백)과 같이 白(백)이 성부.

새김 ❶넋. 인체를 떠나 떠도는 영혼. ¶魂魄(혼 혼, —)넋. ㉠—이 흠향하다. ❷정신. 또는 담력. ¶氣魄(기운 기, —)기상과 정신. ㉠대담한 —. ❸달의 둘레의 빛이 없는 부분. ¶哉生魄(비로소 재, 날 생, —)달에 비로소 검은 부분이 생긴다는 뜻으로, 음력 16일을 이르는 말.
▷魂飛魄散(혼비백산)

8 ⑱ 〔魏〕* 6204 위 ㊍위: 去未 | wèi, ギ

행서 魏 이름 위나라 위 자원 형성. 委+鬼→魏. 萎(위)와 같이 委(위)가 성부.

새김 위나라. ㉠전국(戰國) 때의 칠웅(七雄)의 한 나라(전403~전225년). ㉡삼국 시대, 조조(曹操)의 아들 조비(曹丕)가 후한(後漢)의 뒤를 이어 세운 왕조(220~265년).

11 ㉑ 〔魔〕* 6205 마 平歌 | mó, マ

소전 魔 행서 魔 이름 마귀 마 자원 형성. 麻+鬼→魔. 磨(마)·摩(마)와 같이 麻(마)가 성부.

새김 ❶마귀(魔鬼). 요사스런 귀신. ¶惡魔(악할 악, —)악독한 마귀. ❷현혹시키다. 사람을 현혹시키는 이상한 힘을 가지다. ¶魔力(—, 힘 력)사람을 현혹시키는 이상한 힘.
〔魔窟〕(마굴) 악마의 소굴.
〔魔法〕(마법) 마술(魔術).
〔魔術〕(마술) 사람의 눈을 속여 넘기는 괴상한 술법.
▷病魔(병마)·色魔(색마)·妖魔(요마)

11 획 부수 魚 部

▷명칭: 물고기어. 물고기어변
▷쓰임: 여러 가지의 물고기 이름, 또는 물고기로 만든 음식물 등을 나타내는 한자의 부수로 쓰였다.

0 ⑪ 〔魚〕*** 6206 어 平魚 | yú, ギョ

소전 魚 행서 魚 간화 鱼 이름 물고기 어 자원 상형. 물고기의 모양을 본떴다.

필순 ノ 𠂊 𠂊 丹 各 角 鱼 鱼 魚 魚

새김 ❶물고기. ¶魚群(—, 무리 군)물고기의 떼. ❷물고기 모양의. ¶魚雷(—, 무기이름 뢰)자동 장치로서 물 속을 헤치고 나가 목표물을 폭파하는 무기.
〔魚魯不辨〕(어로불변) '魚'자와 '魯'자를 분간하지 못한다는 뜻으로, 매우 무식함을 이르는 말.
〔魚鱗〕(어린) 물고기의 비늘. ㉠—鶴翼.
〔魚網〕(어망) 물고기를 잡는 그물.
〔魚肉〕(어육) 물고기와 짐승의 고기.
〔魚貝類〕(어패류) 어류와 패류를 아울러 이르는 말.
▷乾魚(건어)·木魚(목어)·鮮魚(선어)·養魚(양어)·人魚(인어)·釣魚(조어)

0 ⑧ 〔鱼〕 6207 어 魚(6206)의 간화자

4 ⑮ 〔魯〕* 6208 로: 上麌 | lǔ, ロ

소전 魯 행서 魯 간화 鲁 이름 어리석을 로: 자원 형성. 魚+日〔白의 생략체〕→魯. 魚(어)의 변음이 성부.

새김 ❶어리석다. 미련하다. ¶魯鈍(—, 둔한 둔)어리석고 둔함. ㉠—한 사람. ❷노나라. 춘추(春秋) 때의 나라. 주공 단(周公旦)이 봉해진 나라로, 공자(孔子)가 태어난 나라(?~전249년). ¶鄒魯(추나라 추, —)맹자가 태어난 추나라와 공자가 태어난 노나라. 인신하여, 공맹(孔孟)의 학문. ㉠—學.
▷魚魯不辨(어로불변)

4 ⑫ 〔鲁〕 로: 鲁(6208)의 간화자
6209

5 ⑯ 〔鮎〕* 점 本념 平鹽 | nián, デン
6210

소전 행서 鮎 간화 鲇 이름 메기 점 자원 형성. 魚+占→鮎. 點(점)·店(점)과 같이 占(점)이 성부.
새김 메기. 입아귀에 한 쌍의 수염이 있는 민물고기의 이름. ¶鮎魚(—, 물고기 어)메기. 예—炙.

5 ⑬ 〔鲇〕 점 鮎(6210)의 간화자
6211

5 ⑯ 〔鮑〕* 포: 上巧 | bào, ホウ
6212

소전 행서 鮑 간화 鲍 이름 절인물고기 포: 자원 형성. 魚+包→鮑. 抱(포)·苞(포)·疱(포)와 같이 包(포)가 성부.
새김 ❶절인 물고기. 소금에 절여서 말린 물고기. ❷전포(全鮑). 전복(全鰒).

5 ⑬ 〔鲍〕 포 鮑(6212)의 간화자
6213

6 ⑰ 〔鮫〕* 교 平肴 | jiāo, コウ
6214

소전 행서 鮫 간화 鲛 이름 상어 교 자원 형성. 魚+交→鮫. 校(교)·郊(교)와 같이 交(교)가 성부.
새김 상어. 식용의 바닷물고기 이름. ¶鮫魚(—, 물고기 어)상어. 예—皮.

6 ⑭ 〔鲛〕 교 鮫(6214)의 간화자
6215

6 ⑰ 〔鮮〕*** ㊀선 平先 | xiān, セン ㊁선: 上銑 | xiǎn, セン
6216

소전 행서 鮮 간화 鲜 이름 ㊀고울 선 ㊁드물 선: 자원 형성. 魚+羊〔羴의 생략체〕→鮮. 羴(전)의 변음이 성부.

필순 ノ ⺈ 各 角 角 魚 魚 魚' 魚ˇ 鮮

새김 ㊀❶곱다. 산뜻하다. ¶鮮明(—, 또렷할 명)산뜻하고 또렷함. 예—한 인상. ❷싱싱하다. ¶鮮魚(—, 물고기 어)말리거나 절이지 아니한 싱싱한 물고기. ㊁드물다. 적다. ¶鮮少(—, 적을 소)매우 적음.
〔鮮血〕(선혈) 진홍색의 신선한 피.
〔鮮紅〕(선홍) 산뜻하고 짙은 홍색.
▷生鮮(생선)·新鮮(신선)

6 ⑭ 〔鲜〕 ㊀선 ㊁선: 鮮(6216)의 간화자 鮮(6216)의 간화자
6217

6 ⑰ 〔鮟〕* 안 本안: 去翰 | ān, アン
6218

행서 鮟 이름 안강 안 자원 형성. 魚+安→鮟. 案(안)·晏(안)·鞍(안)과 같이 安(안)이 성부.
새김 안강(鮟鱇). 아귀. 몸이 넓적한 바닷물고기의 이름.

7 ⑱ 〔鯉〕* 리: 上紙 | lǐ, リ
6219

소전 행서 鯉 간화 鲤 이름 잉어 리: 자원 형성. 魚+里→鯉. 理(리)·裏(리)와 같이 里(리)가 성부.
새김 ❶잉어. 민물고기의 이름. ¶鯉魚(—, 물고기 어) 잉어. 예—燈. ❷능리(鯪鯉). 천산갑. 포유 동물의 이름.

7 ⑮ 〔鲤〕 리: 鯉(6219)의 간화자
6220

8 ⑲ 〔鯨〕* 경 平庚 | qíng, ゲイ
6221

행서 鯨 간화 鲸 이름 고래 경 자원 형성. 魚+京→鯨. 倞(경)·景(경)과 같이 京(경)이 성부.
새김 고래. ㉠바다에 사는 포유 동물의 이름. ¶捕鯨(잡을 포, —)고래를 잡음. 예—船. ㉡인신하여, 크다·많다의 비유. ¶鯨波(—, 파도 파)고래 만한 파도란 뜻으로, 큰 파도의 비유.
〔鯨飮〕(경음) 고래가 물을 마시듯 함. 술을 매우 많이 마심의 비유.

8 ⑯ 〔鲸〕 경 鯨(6221)의 간화자
6222

8 ⑲ 〔鯤〕* 곤 平元 | kūn, コン
6223

행서 鯤 간화 鲲 이름 곤이 곤 자원 형성. 魚+昆→鯤. 棍(곤)·崑(곤)과 같이 昆(곤)이 성부.
새김 곤이(鯤鮞). 물고기의 새끼.

8 ⑯ 〔鲲〕 곤 鯤(6223)의 간화자
6224

8 ⑲ 〔鯖〕* ㊀청 平青 | qīng, セイ ㊁청 平庚 | zhēng, セイ
6225

행서 鯖 간화 鲭 이름 ㊀청어 청 ㊁어회 청 자원 형성. 魚+青→鯖. 清(청)·菁

(청)과 같이 青(청)이 성부.
새김 ㊀청어(鯖魚). 고등어. 등이 푸른 바닷물고기. 참고 日本에서는 이 자를 '비웃'의 뜻으로 쓰고 있으나, 우리들은 '비웃'은 '青魚'로 쓴다. ㊁어회(魚膾). ¶五侯鯖(오후청) 한(漢)나라 때 왕담(王譚)·왕근(王根)·왕립(王立)·왕상(王商)·왕봉시(王逢時)의 다섯 후왕(侯王)의 집에서 먹었다는, 생선에 고기를 섞어서 익혀 만든 요리 이름.

8 ⑯ 〔鲭〕 6226 청 鯖(6225)의 간화자

9 ⑳ 〔鰒〕* 6227 복 入屋 | fù, フク

소전 행서 간화 鳆 이름 복 복 자원 형성. 魚+复→鰒. 腹(복)·複(복)과 같이 复(복)이 성부.
새김 복. 전복(全鰒). 바닷조개의 이름.

9 ⑰ 〔鳆〕 6228 복 鰒(6227)의 간화자

9 ⑳ 〔鰐〕* 6229 악 入藥 | è, ガク

행서 간화 鳄 이름 악어 악 자원 형성. 魚+咢→鰐. 愕(악)·顎(악)과 같이 咢(악)이 성부.
새김 악어(鰐魚). 열대 지방의 강이나 늪에 사는 파충류의 이름. 예—가죽.

9 ⑰ 〔鳄〕 6230 악 鰐(6229)의 간화자

9 ⑳ 〔鰍〕* 6231 추 平尤 | qiū, シュウ

행서 간화 鳅 이름 미꾸라지 추 자원 형성. 魚+秋→鰍. 楸(추)·湫(추)와 같이 秋(추)가 성부.
새김 미꾸라지. 도랑이나 웅덩이의 흙바닥 속에 사는 물고기의 한 가지. ¶鰍魚(—, 물고기 어) 미꾸라지. 예—湯.

9 ⑰ 〔鳅〕 6232 추 鰍(6231)의 간화자

9 ⑳ 〔鰕〕* 6233 하 平麻 | xiā, カ

소전 행서 이름 새우 하 자원 형성. 魚+叚→鰕. 瑕(하)·霞(하)·遐(하)와 같이 叚(하)가 성부.
새김 새우. 바닷물이나 민물에 사는 동물의 한 가지. 蝦(4711)와 같다. ¶大鰕(큰 대, —)왕새우.

10 ⑱ 〔鳌〕 6234 오 鰲(6241)의 간화자

10 ㉑ 〔鰥〕* 6235 환 本관 平刪 | guān, カン

소전 행서 간화 鳏 이름 홀아비 환 자원 형성. 魚+眔→鰥. 眔(환)이 성부.
새김 홀아비. 늙어서 아내가 없는 남자. ¶鰥居(—, 살 거)홀아비로 삶. 예—한 지 3년.
〔鰥寡孤獨〕(환과고독) 홀아비·과부·고아·늙고 자식이 없는 사람.

10 ⑱ 〔鳏〕 6236 환 鰥(6235)의 간화자

11 ㉒ 〔鱇〕* 6237 강 | kāng, コウ

행서 이름 안강 강 자원 형성. 魚+康→鱇. 糠(강)과 같이 康(강)이 성부.
새김 안강(鮟鱇). 아귀. 몸이 넓적한 바닷물고기의 이름.

11 ㉒ 〔鰻〕* 6238 만 平寒 | mán, マン

소전 행서 간화 鳗 이름 뱀장어 만 자원 형성. 魚+曼→鰻. 慢(만)·蔓(만)과 같이 曼(만)이 성부.
새김 뱀장어. 바다에서 알을 슬어서 깐 뒤에 민물에 올라와 사는 물고기의 한 가지.

11 ⑲ 〔鳗〕 6239 만 鰻(6238)의 간화자

11 ⑲ 〔鳖〕 6240 별 鱉(6244)의 간화자

11 ㉒ 〔鰲〕* 6241 오 平豪 | áo, ゴウ

행서 본자 鼇 간화 鳌 이름 거북 오 자원 형성. 敖+魚→鰲. 熬(오)·傲(오)와 같이 敖(오)가 성부.
새김 거북. 전설상 바다에 산다는 큰 거북. 또는 큰 자라.

12 ㉓ 〔鱗〕* 6242 린 平眞 | lín, リン

소전 행서 간화 鳞 이름 비늘 린 자원 형성. 魚+粦→鱗. 隣(린)·麟(린)과 같이 粦(린)이 성부.
새김 비늘. ㉠물고기나 파충류의 몸에 있는 비늘. ¶魚鱗(물고기 어, —)물고기의 비늘.

㊞── 鶴翼. ㉡비늘 모양의. 비늘처럼 생긴. ¶鱗葉(―, 잎 엽)비늘 같이 된 잎. ㉢인신하여, 물고기. ¶銀鱗(은 은, ―)은빛으로 빛나는 물고기. ㊞── 玉尺.
〔鱗甲〕(인갑) ①비늘과 등딱지. ②비늘 모양을 한 단단한 껍데기.
〔鱗介〕(인개) 생선류와 조개류.
▷細鱗(세린)·逆鱗(역린)·片鱗(편린)

12 ⑳ 〔鳞〕 6243 린 鱗(6242)의 간화자

12 ㉓ 〔鱉〕* 6244 별 入屑 biē, ベツ

행서 鱉 본자 鼈 간화 鳖 이름 자라 별 자원 형성. 敝＋魚→鱉. 瞥(별)과 같이 敝(별)이 성부.
새김 자라. 모양이 거북과 비슷한, 파충류에 속하는 동물의 한 가지. ¶魚鱉(물고기 어, ―) 물고기와 자라.

11 획 부수 鳥 部

▷명칭: 새조. 새조변.
▷쓰임: 여러 가지 새의 이름을 나타내는 한자의 부수로 쓰였다.

0 ⑪ 〔鳥〕*** 6245 조 ㊍조: 上篠 niǎo, チョウ

소전 鳥 행서 鳥 간화 鸟 이름 새 조 자원 상형. 꼬리가 긴 새의 모양을 본떴다.

필순 ′ ｲ 冂 户 户 白 鳥 鳥 鳥 鳥

새김 새. 두 발과 두 날개를 가진 새. ¶鳥獸(―, 짐승 수) 새와 짐승. 날짐승과 길짐승.
〔鳥瞰圖〕(조감도) 높은 곳에서 굽어본 모양의 도면.
〔鳥迹〕(조적) ①새의 발자국. ②한자(漢字). 창힐(蒼頡)이 새의 발자국을 보고 한자를 만들었다는 전설에서 생긴 말.
〔鳥足之血〕(조족지혈) 새발의 피. 매우 적은 분량의 비유.
▷白鳥(백조)·飛鳥(비조)·益鳥(익조)·駝鳥(타조)·玄鳥(현조)·黃鳥(황조)·候鳥(후조)

0 ⑤ 〔鸟〕 6246 조 鳥(6245)의 간화자

2 ⑦ 〔鸡〕 6247 계 鷄(6285)의 간화자

2 ⑬ 〔鳩〕* 6248 구 平尤 jiū, キュウ

소전 鳩 행서 鳩 간화 鸠 이름 비둘기 구 자원 형성. 九＋鳥→鳩. 仇(구)와 같이 九(구)가 성부.
새김 ❶비둘기. 통신에 이용하고, 평화를 상징하는 새의 한 가지. ¶鳩便(―, 소식 편)비둘기를 이용하여 하는 통신. ❷모으다. 또는 모이다. ¶鳩首(―, 머리 수) 여러 사람이 모여 머리를 맞댐. ㊞── 會議.
〔鳩巢〕(구소) 비둘기의 둥지. 허술한 집의 비유.
〔鳩合〕(구합) 사람이나 세력 등을 모음.

2 ⑦ 〔鸠〕 6249 구 鳩(6248)의 간화자

2 ⑬ 〔鳧〕* 6250 부 平虞 fú, フ

소전 鳧 행서 鳧 이름 오리 부 자원 회의. 鳥＋几→鳧. 几는 짧은 깃을 가진 날짐승이 날 때의 모양. 그래서 '오리'를 뜻한다.
새김 오리. 집오리와 물오리의 통칭. ¶家鳧(집 가, ―)집오리.

3 ⑭ 〔鳴〕*** 6251 명 平庚 míng, メイ

소전 鳴 행서 鳴 간화 鸣 이름 울 명 자원 회의. 口＋鳥→鳴. 새가 주둥이에서 소리를 낸다는 데서 울다의 뜻을 나타낸다.

필순 口 口 口′ 口ｲ 口冂 口户 口户 口白 鳴 鳴

새김 ❶울다. 새나 벌레가 울다. ¶鷄鳴聲(닭 계, ―, 소리 성)닭의 울음소리. ❷소리를 지르다. 외치다. ¶悲鳴(슬플 비, ―)일이 위급하거나 무서움을 느낄 때 소리를 지름. 또는 지르는 그 소리. ㊞── 이 들리다. ❸울리다. ¶鳴動(―, 움직일 동)울리어 움직임. ㊞태산이 ── 하다.
〔鳴鼓〕(명고) 북을 쳐서 울림. 인신하여, 성토함.
▷共鳴(공명)·耳鳴(이명)·自鳴(자명)·一鳴驚人(일명경인)

3 ⑧ 〔鸣〕 6252 명 鳴(6251)의 간화자

3 ⑭ 〔鳳〕** 6253 봉: 去送 fèng, ホウ

소전 鳳 행서 鳳 속자 간화 凤 이름 봉 봉: 자원 형성. 凡＋鳥→鳳. 凡(범)의 변음이 성부.

필순 丿 几 凡 凡 凧 凧 凨 凰 凰 鳳

새김 ❶봉. ㉠봉황(鳳凰). 성군의 치세에 나타난다는, 신령스런 상상의 새. 수컷을 鳳, 암컷을 凰(0425)이라 한다. ¶鳳雛(—, 새새끼 추) 봉황의 새끼라는 뜻으로, 지략이 뛰어난 젊은이의 비유. ㉡임금의 사물에 붙이는 말. ¶鳳輦(—, 연 련)봉황의 모양으로 장식한, 임금이 타는 수레. ㉢國어수룩하여 얼러 먹거나 속여 먹기 좋은 사람. 예鳳을 잡다.
▷ 龍鳳(용봉)

3 ⑭ 〔鳶〕* 6254 연 平先 | yuān, エン

행서 鳶 간화 鸢 이름 솔개 연 자원 형성. 弋+鳥→鳶. 弋(익)의 변음이 성부.
새김 ❶솔개. 사나운 새의 한 가지. 〔詩經〕鳶飛戾天(연비려천)솔개가 날아서 하늘에 다다르다. ❷연. 공중에 날리는 놀잇감 이름. 예鳶을 날리다.

3 ⑧ 〔鸢〕 6255 연 鳶(6254)의 간화자

4 ⑨ 〔鸥〕 6256 구 鷗(6289)의 간화자

4 ⑮ 〔鴉〕* 6257 아 平麻 | yā, ア

행서 鴉 간화 鸦 이름 까마귀 아 자원 형성. 牙+鳥→鴉. 雅(아)·芽(아)와 같이 牙(아)가 성부.
새김 까마귀. 또는 갈가마귀. ¶寒鴉(찰 한, —)겨울철의 까마귀.

4 ⑨ 〔鸦〕 6258 아 鴉(6257)의 간화자

4 ⑮ 〔鴈〕** 6259 안: 去諫 | yàn, ガン

동자 鳫 행서 鴈 이름 기러기 안: 자원 형성. 厂+亻〔=人〕+鳥→鴈. 厂(한)의 변음이 성부. 참고 한문교육용 기초한자는 이 자를 택했으나, 현대의 문자 생활에서는 주로 雁을 쓰고 있다.

필순 厂 厂 厂 厂 厂 厂 厂 厂 鴈 鴈

새김 기러기. 가을에 와서 강가나 늪에서 살다가, 이듬해 봄에 북쪽으로 가는 철새의 한 가지. ¶鴈行(—, 행렬 항) 줄을 지어 나는 기러기의 행렬이란 뜻으로, 상대자를 높여 그 형제를 이르는 말. ※行은 '줄·항렬'의 새김일 때는 자음이 '항'이므로 '안항'으로 읽는다. 예— 이 몇분이냐?
〔鴈書〕(안서) 먼 곳에 소식을 전하는 편지.
〔鴈信〕(안신) 안서(鴈書).

5 ⑯ 〔鴨〕* 6260 압 入洽 | yā, オウ

소전 鴨 행서 鴨 간화 鸭 이름 오리 압 자원 형성. 甲+鳥→鴨. 押(압)·狎(압)과 같이 甲(갑)의 변음이 성부.
새김 오리. 물오리와 집오리를 두루 이른다. ¶家鴨(집 가, —)집오리.

5 ⑩ 〔鸭〕 6261 압 鴨(6260)의 간화자

5 ⑯ 〔鴦〕* 6262 앙 平陽 | yāng, オウ

소전 鴦 행서 鴦 간화 鸯 이름 원앙 앙 자원 형성. 央+鳥→鴦. 殃(앙)·快(앙)과 같이 央(앙)이 성부.
새김 원앙(鴛鴦). 암수의 정이 특별히 자별한, 오리의 한 종류. 수컷을 鴛(6265), 암컷을 鴦이라 한다. 인신하여, 부부의 애정이 도타움의 비유. 예—衾.

5 ⑩ 〔鸯〕 6263 앙 鴦(6262)의 간화자

5 ⑩ 〔莺〕 6264 앵 鶯(6286)의 간화자

5 ⑯ 〔鴛〕* 6265 원 平元 | yuān, エン

소전 鴛 행서 鴛 간화 鸳 이름 원앙 원 자원 형성. 夗+鳥→鴛. 怨(원)·苑(원)과 같이 夗(원)이 성부.
새김 원앙(鴛鴦). 암수의 정이 특별히 자별한, 오리의 한 종류. 수컷을 鴛, 암컷을 鴦(6262)이라 한다. 인신하여, 부부의 애정이 도타움의 비유. 예—枕.

5 ⑩ 〔鸳〕 6266 원 鴛(6265)의 간화자

6 ⑪ 〔鸾〕 6267 란 鸞(6300)의 간화자

6 ⑰ 〔鴻〕** 6268 홍 平東 | hóng, コウ

소전 鴻 행서 鴻 간화 鸿 이름 큰기러기 홍 자원 형성. 江+鳥→鴻. 江(강)의 변음이 성부.

필순 氵 汁 汁 江 江 河 沖 泊 鸿 鴻

새김 ❶큰기러기. 가을에 와서 겨울을 나는 물새의 한 가지. ¶鴻鴈(―, 기러기 안) 큰기러기와 기러기. 또는 기러기의 통칭. ❷크다. ¶鴻儒(―, 선비 유) 학식이 많은 큰 선비. 동巨儒(거유). 예당대의 ―.
〔鴻鵠〕(홍곡) 큰기러기와 고니. 인신하여, 원대한 포부를 가진 인물의 비유. 예―之志.
〔鴻圖〕(홍도) 원대한 계획.
〔鴻毛〕(홍모) 기러기의 털. 아주 가벼운 것의 비유.
〔鴻福〕(홍복) 큰 복.
〔鴻業〕(홍업) 큰 사업. 곧 왕업(王業).
〔鴻恩〕(홍은) 큰 은혜. 주로 임금의 은혜.

6 ⑪ 〔鸿〕 6269 홍 鴻(6268)의 간화자

7 ⑱ 〔鵑〕* 6270 견 平先 juān, ケン

행서 鵑 간화 鹃 이름 두견 견 자원 형성. 肙+鳥→鵑. 絹(견)과 같이 肙(연)의 변음이 성부.
새김 두견(杜鵑). ㉠소쩍새. 두견새. 촉(蜀)나라 두우(杜宇)의 화신이라고 하는 새. 예―聲. ㉡진달래. 잎이 돋기 전에 연분홍의 꽃이 피는 관목의 이름. 예―花.

7 ⑫ 〔鹃〕 6271 견 鵑(6270)의 간화자

7 ⑱ 〔鵠〕* 6272 ㊀곡 本혹 入沃 hú, コク ㊁곡 入沃 gǔ, コク

소전 鵠 행서 鵠 간화 鹄 이름 ㊀고니 곡 ㊁과녁 곡 자원 형성. 告+鳥→鵠. 告에는 '고' 외에 '곡' 음도 있어, 梏(곡)과 같이 告(곡)이 성부.
새김 ㊀고니. 온 몸이 새하얀, 물에 사는 새의 한 가지. ¶鴻鵠(큰기러기 홍, ―)큰기러기와 고니. 인신하여, 포부가 원대하고 큰 인물의 비유. 예―之志. ㊁과녁. 활을 쏠 때의 표적. ¶正鵠(바를 정, ―)과녁의 한 가운데 되는 점. 예―을 맞히다.

7 ⑫ 〔鹄〕 6273 곡 鵠(6272)의 간화자

7 ⑱ 〔鵡〕* 6274 무: 上麌 wǔ, ム

행서 鵡 간화 鹉 이름 앵무 무: 자원 형성. 武+鳥→鵡. 珷(무)와 같이 武(무)가 성부.
새김 앵무(鸚鵡). 앵무새. 사람의 말을 흉내내는 새.

7 ⑱ 〔鵝〕* 6275 아 平歌 é, ガ

소전 鵝 행서 鵝 간화 鹅 이름 거위 아 자원 형성. 我+鳥→鵝. 餓(아)·莪(아)와 같이 我(아)가 성부.
새김 거위. 기러기과의 가금(家禽).

7 ⑫ 〔鹅〕 6276 아 鵝(6275)의 간화자

8 ⑲ 〔鶏〕 6277 계 鷄(6285)의 약자

8 ⑬ 〔鹉〕 6278 무: 鵡(6274)의 간화자

8 ⑲ 〔鵬〕* 6279 붕 平蒸 péng, ホウ

행서 鵬 간화 鹏 이름 붕새 붕 자원 형성. 朋+鳥→鵬. 棚(붕)·崩(붕)과 같이 朋(붕)이 성부.
새김 붕새. 날개를 한 번 치면 9만 리를 난다는 상상의 큰 새. ¶鵬程(―, 길 정) 붕새가 날아갈 길이란 뜻으로, 앞으로 가야 할 머나먼 길을 이르는 말. 예―萬里.

8 ⑬ 〔鹏〕 6280 붕 鵬(6279)의 간화자

8 ⑲ 〔鵲〕* 6281 작 入藥 què, ジャク

행서 鵲 간화 鹊 이름 까치 작 자원 형성. 昔+鳥→鵲. 昔(석)의 변음이 성부.
새김 까치. 우리나라가 원산지인, 까마귀 비슷한 새. ¶烏鵲(까마귀 오, ―) 까마귀와 까치.
〔鵲報〕(작보) 까치 소리. 인신하여, 기쁜 소식.
▷山鵲(산작)·喜鵲(희작)

8 ⑬ 〔鹊〕 6282 작 鵲(6281)의 간화자

9 ⑳ 〔鶩〕* 6283 목 入屋 mù, ボク

소전 鶩 행서 鶩 간화 鹜 이름 집오리 목 자원 형성. 敄+鳥→鶩. 敄(무)의 변음이 성부.
새김 집오리. 집에서 기르는 오리.

9 ⑭ 〔鹜〕 6284 목 鶩(6283)의 간화자

10 ㉑ 〔鷄〕*** 6285 계 平齊 jī, ケイ

소전 雞 행서 鷄 동자 雞 약자 鶏 간화 鸡 이름 닭 계 자원 형성. 奚+鳥→鷄. 谿(계)·溪(계)와 같이 奚(해)의 변음이 성부.

필순 ノ ㅆ ㅄ ... 鷄 鷄

새김 닭. 고기와 알을 먹는, 가축으로 기르는 날짐승의 한 가지. ¶鷄卵(—, 알 란)달걀.
〔鷄冠〕(계관) ①닭의 볏. ②맨드라미.
〔鷄灸〕(계구) 닭의 구이.
〔鷄肋〕(계륵) 닭의 갈비뼈. 가치는 적지만 버리기는 아쉬운 사물의 비유.
〔鷄晨〕(계신) 닭이 울어 새벽을 알림.
〔鷄眼瘡〕(계안창) 티눈.
▷群鷄一鶴(군계일학)·養鷄(양계)·鬪鷄(투계)

10 ㉑ 〔鶯〕* 6286 앵 平庚 yīng, オウ

소전 鶯 행서 鶯 간화 莺 이름 꾀꼬리 앵 자원 형성. 𤇾〔熒의 생략체〕+鳥→鶯. 熒(형)의 변음이 성부.
새김 꾀꼬리. 온 몸이 새노랗고, 소리가 아름다운 새의 한 가지. ¶黃鶯(누를 황, —)꾀꼬리.

10 ㉑ 〔鶴〕** 6287 학 入藥 hè, カク

소전 鶴 행서 鶴 간화 鹤 이름 학 학 자원 형성. 隺+鳥→鶴. 隺(학)이 성부.

필순 ⼀ ⼴ ... 鶴 鶴

새김 학. ㉠두루미. 온 몸이 희고, 목이 길며 1,000년의 수를 누린다는 날짐승의 한 가지. ¶鶴首苦待(—, 목 수, 몹시 고, 기다릴 대) 학의 목처럼 목을 길게 늘이고 몹시 기다린다는 뜻. ㉡인신하여, 희다·희고 깨끗하다의 비유. ¶鶴髮(—, 머리털 발) 학처럼 하얗게 센 머리털. 또는 그런 머리털의 늙은이. 예—의 어버이. ㉢인신하여, 장수(長壽)의 비유. ¶鶴壽(—, 수할 수) 학처럼 오래 산다는 뜻으로, 남의 장수를 축하하는 말.
〔鶴望〕(학망) 학처럼 목을 길게 빼고 바라봄. 〔간절히 기다림의 비유.
〔鶴舞〕(학무) 학춤.
▷群鷄一鶴(군계일학)·舞鶴(무학)·白鶴(백학)

10 ⑮ 〔鹤〕 6288 학 鶴(6287)의 간화자

11 ㉒ 〔鷗〕* 6289 구 本우 平尤 ōu, オウ

행서 鷗 간화 鸥 이름 갈매기 구 자원 형성. 區+鳥→鷗. 驅(구)·嶇(구)와 같이 區(구)가 성부.
새김 갈매기. 몸빛이 흰, 떼지어 날며 물고기를 잡아먹는 물새의 한 가지. ¶白鷗(흰 백, —)흰 갈매기.
▷沙鷗(사구)·海鷗(해구)

11 ⑯ 〔鹦〕 6290 앵 鸚(6299)의 간화자

12 ㉓ 〔鷺〕* 6291 로 本로: 去遇 lù, ロ

소전 鷺 행서 鷺 간화 鹭 이름 해오라기 로 자원 형성. 路+鳥→鷺. 露(로)·潞(로)와 같이 路(로)가 성부.
새김 해오라기. 온 몸이 희고, 다리가 긴 새의 한 가지. ¶白鷺(흰 백, —)해오라기.

12 ㉓ 〔鷲〕* 6292 취: 本추: 去宥 jiù, シュウ

소전 鷲 행서 鷲 간화 鹫 이름 수리 취: 자원 형성. 就+鳥→鷲. 就(취)가 성부.
새김 수리. 작은 새를 잡아 먹는, 부리와 발톱이 날카로운 맹금의 한 가지.

12 ⑰ 〔鹫〕 6293 취: 鷲(6292)의 간화자

12 ㉓ 〔鷸〕* 6294 휼 本율 入質 yù, イツ

소전 鷸 행서 鷸 간화 鹬 이름 도요새 휼 자원 형성. 矞+鳥→鷸. 譎(휼)과 같이 矞(휼)이 성부.
새김 도요새. 강가나 바닷가에 사는 새의 한 가지. ¶鷸鳥(—, 새 조)도요새.

12 ⑰ 〔鹬〕 6295 휼 鷸(6294)의 간화자

13 ⑱ 〔鹭〕 6296 로 鷺(6291)의 간화자

13 ㉔ 〔鷹〕* 6297 응 平蒸 yīng, ヨウ

소전 鷹 행서 鷹 간화 鹰 이름 매 응 자원 형성. 雁+鳥→鷹. 應(응)·膺(응)과 같이 雁(응)이 성부.
새김 매. 주둥이와 발톱이 날카롭게 생긴, 새나 짐승을 잡아먹는 날짐승의 한 가지. ¶鷹揚(—, 날 양)매가 하늘을 유유히 난다는 뜻으로, 위무(威武)를 당당하게 떨침을 이르는 말.

13 ⑱ 鹰 6298 응 鷹(6297)의 간화자

17 ㉘ 鸚 6299 * 앵 平庚 yīng, オウ

소전 행서 간화 鹦 이름 앵무 앵 자원 형성. 嬰+鳥→鸚. 櫻(앵)과 같이 嬰(영)의 변음이 성부.
새김 앵무(鸚鵡). 앵무새. 사람의 말을 흉내내는 새.

19 ㉚ 鸞 6300 * 란 平寒 luán, ラン

소전 행서 간화 鸾 이름 난새 란 자원 형성. 䜌+鳥→鸞. 欒(란)과 같이 䜌(란)이 성부.
새김 ❶난새. 봉황을 닮은, 상상의 영조 이름. 그 소리가 오음(五音)에 맞는다고 한다. ¶鸞鳥(—, 새 조)난새. ❷현인(賢人)이나 군자(君子) 또는 부부(夫婦)의 비유. ¶鸞鳳(—, 봉황 봉) 난새와 봉황. 인신하여, ㉮여럿 가운데서 뛰어난 인물의 비유. ㉯한 쌍의 아름다운 부부의 비유. ❸임금의 수레에 다는 방울. 인신하여, 임금에 관한 사물에 붙이는 말. ¶鸞駕(—, 수레 가)임금이 타는 가마나 수레. 연(輦).

11 획 부수 鹵 部

▷명칭: 소금로
▷쓰임: 소금이나 소금기에 관한 한자의 부수로 쓰였다.

0 ⑪ 鹵 6301 * 로 本로: 上麌 lǔ, ロ

소전 행서 간화 卤 이름 소금 로 자원 지사. 𠧧(=西)+⁘→鹵. ⁘는 낱으로 있는 소금의 모양. 중국의 서쪽 지방에 있는 소금의 생산지를 뜻한다.
새김 ❶소금. 돌소금. 또는 소금기가 많은 땅. ❷방패. 또는 의장. ¶鹵簿(—, 의장 부)임금의 거둥 때의 의장. ❸빼앗다. 약탈하다. ¶鹵獲(—, 얻을 획)싸움에 이겨 적의 물품을 빼앗음. 예—한 무기.
〔鹵掠〕(노략) 재물을 약탈함.

0 7 卤 6302 로 鹵(6301)의 간화자

9 ⑳ 鹹 6303 * 함 平咸 xián, カン

소전 행서 간화 咸 이름 짤 함 자원 형성. 鹵+咸→鹹. 喊(함)·緘(함)과 같이 咸(함)이 성부.
새김 짜다. 소금끼가 많다. 또는 염분. ¶鹹淡(—, 싱거울 담)음식 맛의 짜고 싱거움. 또는 그 간. 예—을 맛보다.
〔鹹水〕(함수) 염분을 함유하고 있는 짠 물.

13 ㉔ 鹽 6304 ** 一 염 平鹽 yán, エン 二 염: 去豔 yàn, エン

소전 행서 속자 塩 간화 盐 이름 一소금 염 二절일 염: 자원 형성. 監+鹵→鹽. 監(감)의 변음이 성부.

필순

새김 一소금. ¶食鹽(먹을 식, —)식용으로 하는 소금. 二절이다. 소금에 절이다. ¶鹽藏(—, 저장할 장)소금에 절여 저장함. 예冷凍—.
〔鹽分〕(염분) 소금기. 짠맛.
〔鹽水〕(염수) 소금물. 소금기가 있는 물.
〔鹽田〕(염전) 소금밭. 염밭.
▷岩鹽(암염)·魚鹽(어염)·煮鹽(자염)·製鹽(제염)·天日鹽(천일염)

11 획 부수 鹿 部

▷명칭: 사슴록. 사슴록변
▷쓰임: 여러 종류의 사슴이나 사슴을 닮은 짐승의 이름을 나타내는 한자의 부수로 쓰였고, 때로는 성부로도 쓰였다.

0 ⑪ 鹿 6305 ** 록 入屋 lù, ロク

소전 행서 이름 사슴 록 자원 상형. 사슴의 머리와 뿔, 네 발의 모양을 본떴다.

필순

새김 ❶사슴. 털빛이 아름다운 산짐승의 한 가지. 수컷에는 가지가 친 한 쌍의 뿔이 있다. ¶鹿角(—, 뿔 각)사슴의 뿔. 약재로 씀. ❷정권(政權)의 비유. ¶逐鹿(쫓을 축, —)정권을 잡기 위한 다툼질이나 선거에서의 경쟁을 이르는 말. 예—戰.
〔鹿皮〕(녹비←녹피) 사슴의 가죽.
〔鹿茸〕(녹용) 새로 돋은 사슴의 연한 뿔을 잘라서 말린 것. 보약으로 씀.
〔鹿柴〕(녹채) 울타리. 은거하는 곳의 비유.
▷山鹿(산록)·馴鹿(순록)

7 ⑱ 〔麌〕 우: 上麌 yǔ, ウ
6306

행서 麌 이름 모일 우: 자원 형성. 鹿+吳→麌. 虞(우)와 같이 吳(오)의 변음이 성부.
새김 모이다. 떼를 지어 모이다. 또는 그 모양.

8 ⑲ 〔麒〕* 기 平支 qí, キ
6307

소전 麒 행서 麒 이름 기린 기 자원 형성. 鹿+其→麒. 淇(기)·期·(기)·基(기)·箕(기)와 같이 其(기)가 성부.
새김 기린(麒麟). ㉠성군의 치세에 나타난다는, 상상의 동물. 수컷을 麒, 암컷을 麟(6311)이라 한다. ㉡인신하여, 걸출한 인물의 비유. ¶麒麟兒(—, 기린 린, 아이 아)재주와 지혜가 썩 뛰어난 사람. ㉢아프리카에서 나는 반추 동물의 이름. 목과 다리가 매우 길다.

8 ⑲ 〔麗〕** 려: 去霽 lì, レイ
6308

소전 麗 행서 麗 간화 丽 이름 고울 려: 자원 상형. 아름다운 뿔이 한 쌍 나 있는 사슴의 모양을 본떴다.

필순 丽 丽 丽 丽 丽 麗 麗 麗 麗 麗

새김 ❶곱다. 아름답다. ¶麗容(—, 얼굴 용)아름다운 얼굴. ❷화려하다. ¶美辭麗句(아름다울 미, 말 사, —, 글귀 귀)아름다운 말과 화려한 글귀. 예—를 나열하다. ❸나라 이름. ㉠고구려의 준말. ¶麗濟(—, 백제 제)고구려와 백제. ㉡고려의 준말. ¶麗朝(—, 아침 조)고려의 왕조.
〔麗艶〕(여염) 곱고 아리따움.
〔麗人〕(여인) 미인. 가인(佳人).
▷佳麗(가려)·美麗(미려)·華麗(화려)

8 ⑲ 〔麓〕* 록 入屋 lù, ロク
6309

소전 麓 행서 麓 이름 산기슭 록 자원 형성. 林+鹿→麓. 鹿(록)이 성부.
새김 산기슭. ¶山麓(산 산, —)산기슭. 예지리산의 —.

10 ㉑ 〔麝〕* 사 本사: 去禡 shè, シャ
6310

소전 麝 행서 麝 이름 사향노루 사 자원 형성. 鹿+射→麝. 謝(사)와 같이 射(사)가 성부.
새김 사향노루. 사슴과 비슷하나 뿔이 없는 산짐승의 한 가지. 수컷의 배꼽 옆에는 사향주머니가 달려 있다. ¶麝香(—, 향료 향)사향노루의 사향주머니의 분비물을 말린 것. 향료나 약재로 쓰인다.

12 ㉓ 〔麟〕* 린 平眞 lín リン
6311

소전 麟 행서 麟 이름 기린 린 자원 형성. 鹿+粦→麟. 隣(린)·鱗(린)과 같이 粦(린)이 성부.
새김 기린(麒麟). 麒(6307)를 보라.

11 획 부수 麥 部

▷명칭: 보리맥. 보리맥받침
▷쓰임: 보리의 종류, 보리로 만든 여러 가지 음식물의 이름을 나타내는 한자의 부수로 쓰였다.

0 ⑪ 〔麥〕*** 맥 入陌 mài, バク
6312

소전 麥 행서 麦 속자 간화 麦 이름 보리 맥 자원 회의. 來+夊→麥. 來는 보리의 까끄라기, 夊는 그것이 이리저리 나 있는 모양. 합하여 '보리'를 뜻한다.

필순 一 厂 入 从 巫 夾 夾 來 麥 麥

새김 보리. 농작물의 한 가지. 보리를 大麥, 밀을 小麥이라 한다. ¶麥飯(—, 밥 반)보리밥.
〔麥雨〕(맥우) 보리가 익을 무렵에 오는 비.
〔麥酒〕(맥주) ①보리로 빚은 술. ②엿기름 가루를 물과 함께 가열하여 당화시킨 다음 홉(hop)을 넣어 만든 술.
〔麥秋〕(맥추) 보리가 익는 계절.
▷大麥(대맥)·米麥(미맥)·小麥(소맥)·菽麥(숙맥)·精麥(정맥)·胡麥(호맥)

0 ⑦ 〔麦〕 맥 麥(6312)의 속자·간화자
6313

8 ⑲ 〔麴〕* 국 入屋 qū, キク
6314

행서 麴 이름 누룩 국 자원 형성. 麥+匊→麴. 菊(국)·鞠(국)과 같이 匊(국)이 성부.
새김 누룩. 술이나 장을 담그는 데 쓰는 발효제. ¶麴子(—, 어조사 자)누룩.

9 ⑳ 〔麵〕* 면: 去霰 miàn, メン
6315

행서 麵 간화 面 이름 국수 면: 자원 형성. 麥+面→麵. 緬(면)과 같이 面(면)이 성부.
새김 국수. 또는 밀가루로 만든 음식의 총칭. ¶唐麵(중국 당, —)말린 녹말 국수.

11 획 부수 麻 部

▷명칭: 삼마
▷쓰임: 삼에 관한 문자의 부수로 쓰였으나, 麾의 麻는 성부로 쓰였다.

0 ⑪ 〔麻〕** 마 平麻 má, マ
6316

소전 麻 행서 麻 본자 麻 이름 삼 마 자원 회의. 广+林→麻→麻. 林는 두 개의 겨릅대를 묶어 놓은 모양. 집 안〔广〕에서 삼의 껍질을 벗겨 삼을 삼는다는 뜻을 나타낸다.

필순 丶 亠 广 广 广 庁 庁 麻 麻 麻

새김 ❶삼. 줄기의 껍질은 섬유 원료로, 씨는 기름을 짜는 1년생 재배 식물의 이름. ¶麻衣(—, 옷 의)삼베로 지은 옷. ❷깨. 호마(胡麻). ¶胡麻餠(호마병) 깨떡. ❸마비되다. 감각이 없어지다. ¶麻醉(—, 취할 취)일정한 약품의 작용에 의하여 일시적으로 의식이나 아픈 감각을 잃게 함. 예—藥.
〔麻藥〕(마약) 마취나 환각 작용을 하고 습관성을 가진 약. 아편·모르핀·코카인 따위.
〔麻仁〕(마인) 삼씨.
〔麻中之蓬〕(마중지봉) 삼밭에 난 쑥. 삼밭에서 자라는 쑥이 삼대처럼 곧아지듯이, 좋은 환경에서 자란 사람은 좋은 영향을 많이 받게 된다는 말.
〔麻布〕(마포) 삼베.
〔麻鞋〕(마혜) 미투리. 삼으로 삼은 신.
▷大麻(대마)·山麻(산마)·桑麻(상마)·亞麻(아마)·苧麻(저마)

0 ⑪ 〔麻〕 마 麻(6316)의 본자
6317

4 ⑮ 〔麾〕* 휘 平支 huī, キ
6318

소전 麾 행서 麾 이름 기 휘 자원 형성. 麻〔靡의 생략체〕+毛〔手의 변형〕→麾. 靡(미)의 변음이 성부.
새김 ❶기(旗). 군대를 지휘할 때 쓰던 기. ❷지휘하다. ¶麾下(—, 아래 하)지휘하는 아래란 뜻으로, 장군의 통솔 밑 또는 그 통솔 밑에 있는 군사를 이르는 말. 예—部隊.

12 획 부수 黃 部

0 ⑫ 〔黃〕*** 황 平陽 huáng, コウ·オウ
6319

소전 黃 행서 黃 속자 黄 이름 누를 황 자원 형성. 共〔炗의 변형〕+田→黃. 炗〔=光, 광〕의 변음이 성부.

필순 一 十 廾 芒 芇 芇 苗 黃 黃 黃

새김 ❶누르다. 또는 오색의 하나인 황색. ¶黃土(—, 흙 토)누른 빛이 나는 흙. ❷누러지다. 노래지다. ¶黃葉(—, 잎 엽)누렇게 된 잎. ❸어린아이. ¶黃口(—, 입 구)새 새끼의 노란 주둥이. 인신하여, ㉮새 새끼. ㉯어린아이.
〔黃金〕(황금) ①금(金). ②돈.
〔黃金時代〕(황금시대) ①문화나 세력이 가장 빛나고 훌륭한 전성 시대. ②사람의 일생에서 가장 빛나고 호화로운 시기.
〔黃疸〕(황달) 살갗과 오줌이 누렇게 되는 병. 주로 간장에 탈이 나서 생기는 부차적 병증임.
〔黃道〕(황도) 지구에서 본, 태양이 1년 동안에 걸쳐 일주하는 궤도.
〔黃粱夢〕(황량몽) 세상의 부귀 영화가 허황된 것임의 비유. 故 邯(5500)을 보라.
〔黃毛〕(황모) 족재비의 꽁지털. 붓을 매는 최상의 재료임.
〔黃鳥〕(황조) 꾀꼬리.
〔黃塵〕(황진) ①누런 흙먼지. ②속세의 번잡한 일의 비유.
〔黃泉〕(황천) 저승. 사람이 죽은 뒤 혼령이 산다는 세상.
〔黃昏〕(황혼) ①해가 지고 어두어둑해진 때. ②한창인 고비를 지나 종말에 이른 때.
▷卵黃(난황)·牛黃(우황)·地黃(지황)

0 ⑪ 〔黄〕 황 黃(6319)의 속자
6320

12 획 부수 黍 部

▷명칭: 기장서
▷쓰임: 자형상의 분류를 위한 부수로 쓰였다.

0 ⑫ 〔黍〕* 서: 上語 shǔ, ショ
6321

소전 黍 행서 黍 이름 기장 서: 자원 형성. 禾+氽〔雨의 변형〕→黍. 雨(우)의 변음이 성부.
새김 기장. 밭에 심는 농작물의 한 가지. ¶黍稷

(—, 피 직)기장과 피.
〔黍粟〕(서속) 기장과 조.

3 ⑮ 〔黎〕* 려 平齊 lí, レイ
6322

소전 행서 이름 검을 려 자원 형성. 黍+勿〔利의 고자 秎의 생략체〕→黎. 秎(리)의 변음이 성부.
새김 ❶검다. 또는 흑색. ¶黎民(—, 백성 민)벼슬이 없어 冠(관)을 쓰지 않아 검은머리 그대로의 백성이란 뜻으로, 일반 백성을 이르는 말. ❷미치다. 이르다. ¶黎明(—, 밝을 명)㉮날이 밝음에 미친다는 뜻으로, 날이 밝을녘을 이르는 말. ㉠—이 다가오다. ㉯인신하여, 희망의 빛이 비치는 때의 비유. ㉠해방의 —.

12 획 부수 黑 部

▷명칭: 검을흙. 검을흑변
▷쓰임: 검은 빛깔을 나타내는 한자의 부수로 쓰이기도 하고, 默처럼 때로는 성부로도 쓰였다.

0 ⑫ 〔黑〕*** 흑 入職 hēi, コク
6323

소전 행서 속자 黒 이름 검을 흑 자원 회의. 囪〔窓의 고자〕+炎〔炎의 변형〕→黑. 불꽃이 피어올라 창〔곧 굴뚝〕으로 나온다는 뜻. 그런 굴뚝은 검기에 '검다'의 뜻을 나타낸다.

필순

새김 ❶검다. 또는 흑색. ¶黑幕(—, 막 막)무대에서, 장면이 바뀔 때에 내리는 검은 빛깔의 막. 인신하여, 겉으로 드러나지 아니한 음흉한 비밀의 비유. ㉠정계의 —을 폭로하다. ❷어둡다. 캄캄하다. ¶暗黑(어두울 암, —)아주 캄캄한 어두움. 인신하여, 광명이 없고 암담한 사회의 상태를 이르는 말. ㉠— 期.
〔黑髮〕(흑발) 검은 머리털.
〔黑白〕(흑백) ①검은색과 흰색. ②시비나 선악의 비유.
〔黑心〕(흑심) 검은 마음. 곧 음흉한 마음.
〔黑字〕(흑자) ①검은 글자. ②수입이 지출을 초과하여 잉여나 이익이 생기는 일. ↔적자(赤字).
▷赤黑(적흑)·漆黑(칠흑)

0 ⑪ 〔黒〕 흑 黑(6323)의 속자
6324

4 ⑯ 〔黔〕* 검 平鹽 qián, ケン
6325

소전 행서 이름 검을 검 자원 형성. 黑+今→黔. 鈐(검)과 같이 今(금)의 변음이 성부.
새김 검다. 또는 검은 빛. ¶黔首(—, 머리 수)벼슬이 없는 백성은 관(冠)을 쓰지 않아 검은 머리 그대로의 머리란 뜻으로, 일반 백성을 이르는 말.

4 ⑯ 〔默〕** 묵 入職 mò, モク
6326

소전 행서 이름 잠잠할 묵 자원 형성. 黑+犬→默. 黑(흑)의 변음이 성부.

필순

새김 잠잠하다. ㉠소리를 내지 아니하다. 말하지 아니하다. ¶默讀(—, 읽을 독)소리를 내지 아니하고 속으로 글을 읽음. ㉠—과 音讀. ㉡모른 체하다. ¶默過(—, 지날 과)잘못을 알고도 모르는 체하고 그대로 넘김. ㉠너의 잘못을 더는 —할 수 없다.
〔默契〕(묵계) 말 없는 가운데 우연히 서로 뜻이 일치하여 맞음.
〔默念〕(묵념) 눈을 감고 말 없이 조용히 생각함.
〔默禮〕(묵례) 말 없이 고개만 숙여서 하는 인사.
〔默默〕(묵묵) 말이 없이 잠잠함. ㉠— 不答.
〔默秘權〕(묵비권) 경찰이나 검사의 피의자 조사나 재판에서 자기에게 불리한 일에 대해 진술을 거부할 수 있는 권리. ㉠—을 행사하다.
〔默殺〕(묵살) 어떤 일을 알면서도 문제삼지 않고 내버려 둠.
〔默想〕(묵상) 눈을 감고 말 없이 가만히 생각함. ㉠—에 잠기다.
〔默示〕(묵시) 말이나 행동으로 나타내지 아니하고 은근히 자기의 뜻을 나타내 보임.
〔默認〕(묵인) 덮어두지 말아야 할 것을 그냥 내버려 둠으로써 슬며시 승인함.
▷寡默(과묵)·沈默(침묵)

5 ⑰ 〔黛〕* 대: 去隊 dài, タイ
6327

행서 이름 눈썹먹 대: 자원 형성. 代+黑→黛. 貸(대)·玳(대)와 같이 代(대)가 성부.
새김 ❶눈썹먹. 또는 눈썹먹으로 눈썹을 그리다. ¶粉黛(분 분, —)분을 바른 얼굴과 눈썹먹으로 그린 눈썹. 인신하여, 화장한 아름다운 여자의 비유. ❷검푸르다. 또는 청흑색. ¶黛色(—, 빛 색)검푸른 빛.

5 ⑰ 〔點〕** 점:▷점 上琰 diǎn, テン
6328

소전 행서 속자 간화 点 이름 점 점:▷점 자원 형성. 黑+占→點. 岾(점)·店(점)과 같이 占(점)이 성부.

필순

새김 ❶점. 작고 둥글게 찍는 표. ㉠문장이 끝남을 보이기 위하여 찍는 부호. ¶句讀點(글귀 구, 구두 두, ―)글을 쓸 때, 그 글이 끝남을 표시하는 부호. ㉡위치만 있고 길이·너비·두께는 없는, 수학에서의 기본 개념. ¶點線(―, 선 선)점을 연이어 찍어 이룬 선. ㉢한자를 쓸 때 한 번 찍는 작은 획. ¶點畫(―, 획 획)글자의 점과 획. ❷양수사. ㉠성적이나 평가(評價)를 나타내는 말. ¶點數(―, 수 수)수로 나타낸 성적이나 평가. ㉮좋은 ―를 얻다. ㉡물건이나 옷의 가짓수를 나타내는 말. ㉮衣類五點. ㉢시간을 나타내는 단위. ㉮고대에 하룻밤을 5경(更)으로 나누어, 1경을 5점으로 나눈 시간의 단위. ㉮五更三點. ㉯현대에는 1시간을 1점이라 한다. ㉮오후 다섯 點. ❸자리. 장소를 나타내는 말. ¶地點(땅 지, ―)일정한 지역 안에서의 구체적인 어떤 곳. ㉮여기서 1km 떨어진 ―. ❹측면. 사물 현상의 한 부분을 이르는 말. ¶缺點(모자랄 결, ―)모자라거나 흠으로 되는 측면. ㉮―보다 長點이 많은 사람. ❺國 권점(圈點). 벼슬아치를 임명할 때에, 열기해 놓은 후보자 중 뽑고자 하는 사람의 성명 아래에 찍는 둥근 점. ¶落點(떨어질 락, ―)권점이 떨어진다는 뜻으로, 벼슬을 임명할 때에 삼망(三望)의 후보자 중 뽑을 대상자의 이름 위에 임금이 권점을 찍음을 이르는 말. ❻점을 찍다. ¶點睛(―, 눈동자 정)동물이나 사람을 그리면서 맨 나중에 눈동자를 점찍어 그려 넣음. ㉮畫龍―. ❼일일이 조사하다. ¶點檢(―, 검사할 검)이상이나 고장 등이 없는가를 낱낱이 조사하여 검사함. ㉮무기를 ―하다. ❽점점이 이어지다. ¶點綴(―, 늘어놓을 철)흐트러져 있는 것을 점점이 이어 늘어 놓음. ㉮울창한 숲 사이를 ―하는 전주. ❾불을 붙이다. ¶點火(―, 불 화)불을 붙임. 또는 불을 켬. ㉮―藥. ❿떨어뜨려 넣다. ¶點眼(―, 눈 안)㉮눈에 약물을 떨어뜨려 넣음. ㉮―藥. ㉯불교 용어. ❻과 뜻이 같다. ⓫낮에 먹는 식사. ¶點心(―, 가슴 심)조금의 식사를 가슴 사이에 넣어 둔다는 뜻으로, 낮에 먹는 끼니를 이르는 말. ㉮―時間.

〔點燈〕(점등) 등불을 켬.

〔點滅〕(점멸) 등불이 켜졌다 꺼졌다 함.

〔點字〕(점자) 소경이 손가락 끝으로 만져서 알 수 있게 점 부호로 나타낸 글자.

〔點呼〕(점호) 한 사람씩 이름을 불러서 인원이 맞는가를 알아봄.

▷據點(거점)·觀點(관점)·同點(동점)·得點(득점)·滿點(만점)·弱點(약점)·汚點(오점)·要點(요점)·終點(종점)·重點(중점)·紅一點(홍일점)·黑點(흑점)

5 ⑰ 〔黜〕* 출 入質 chù, チュツ
6329

소전 행서 이름 내칠 출 자원 형성. 黑+出→黜. 出(출)이 성부.

새김 ❶내치다. 내쫓다. ¶黜敎(―, 종교 교)예수교 용어. 신자의 자격을 박탈하고 교회에서 내쫓음. ㉮―를 당하다. ❷떨어뜨리다. 벼슬을 떨어뜨리다. ¶黜陟(―, 오를 척)공이 없는 자는 벼슬을 떨어뜨리고 공이 있는 자는 벼슬을 높임. 곧 인재의 내침과 등용.

〔黜斥〕(출척) 관직을 삭탈하여 물리침.

▷貶黜(폄출)·廢黜(폐출)

6 ⑱ 〔黠〕 힐 本할 入黠 xiá, カツ
6330

소전 이름 약을 힐 자원 형성. 黑+吉→黠. 詰(힐)과 같이 吉(길)의 변음이 성부.

새김 약다. 약바르다. ¶狡黠(교활할 교, ―) 교활하고 약바름.

8 ⑳ 〔黨〕** 당: 上養 dǎng, トウ
6331

소전 행서 약자 간화 党 이름 무리 당: 자원 형성. 尙+黑→黨. 堂(당)·當(당)과 같이 尙(상)의 변음이 성부.

필순

새김 ❶무리. 동아리. 벗의 무리. ¶朋黨(벗 붕, ―)생각이나 이해를 같이 하는 벗의 무리. ㉮―을 짓다. ❷편들다. ¶不偏不黨(아니할 불, 치우칠 편, 아니할 부, ―)어느 편에 치우치지도 아니하고 어느 편을 편들지도 않고 아주 공정함. ❸마을. 고대의 지방의 편제 단위로 500호를 이르던 말. ¶鄕黨(고향 향, ―)자기가 나서 자란 고향의 마을. ❹정당. 정치적인 목적을 위해 조직한 단체. ¶黨首(―, 우두머리 수)한 정당을 대표하는 우두머리.

〔黨論〕(당론) ①정당의 의견이나 주장. ②붕당(朋黨) 사이의 쟁론.

〔黨利黨略〕(당리당략) 그 당만의 이익과 그 이익을 위하는 계략.

〔黨員〕(당원) 어떤 정당에 가입해 있는 사람.

〔黨派〕(당파) 정치적 목적이나 견해의 차이로 갈라져 이루어진 갈래나 파벌.

▷惡黨(악당)·野黨(야당)·與黨(여당)·殘黨(잔당)·政黨(정당)·創黨(창당)·脫黨(탈당)

11 ㉓ 〖黴〗* 미 平支 méi, バイ
6332

소전 行서 동자 간화 霉 이름 곰팡이 미 자원 형성. 微〔微의 생략체〕+黑→黴. 微(미)가 성부.
새김 곰팡이. 또는 곰팡이가 피다. ¶黴菌(—, 균 균)곰팡이.

13 획 부수 黽 部

11 ㉔ 〖鼇〗* 오 鰲(6241)의 본자
6333

12 ㉕ 〖鼈〗* 별 鱉(6244)의 본자
6334

13 획 부수 鼎 部

0 ⑬ 〖鼎〗* 정: 上迥 dǐng, テイ
6335

소전 행서 이름 솥 정: 자원 상형. 두 귀와 세 발이 있는 솥 모양을 본떴다.
새김 ❶솥. ㉠두 귀와 세 발이 달린, 음식을 끓이는 솥. ¶鐘鼎(종 종, —)종과 솥. 또는 종·솥 등 쇠붙이로 된 기물의 총칭. ㉡왕위(王位)나 정권(政權)의 상징. 하(夏)나라의 우(禹)임금이 구주(九州)의 쇠붙이를 모아 주조한 아홉 개의 솥을, 상(商)나라를 거쳐 주(周)나라에 이르기까지, 이를 전국(傳國)의 중기(重器)로 썼기에 이르는 말. ¶鼎運(—, 운수 운)임금이나 나라의 운수. ❷대치하다. 세 방면으로 벌여 서다. ¶鼎立(—, 설 립)솥발처럼 세 방면에서 서로 대치함.
〔鼎談〕(정담) 세 사람이 솥의 세 발과 같이 둘러앉아 하는 이야기.
〔鼎足〕(정족) ①솥발. ②삼공(三公)의 지위. ③솥발처럼 세 방면에서 대치하고 있음.

13 획 부수 鼓 部

0 ⑬ 〖鼓〗** 고 本고: 上麌 gǔ, コ
6336

소전 행서 이름 북 고 자원 회의. 壴+屮+又→鼓. 壴는 북의 모양, 支는 북에 늘어뜨린 장식, 又는 손. 손으로 쳐서 소리를 내는 북을 뜻한다.

필순 一 十 士 吉 吉 吉 壴 鼓 鼓 鼓

새김 ❶북. 타악기의 한 가지. ¶鼓笛(—, 피리 적)북과 피리. 예—隊. ❷두드리다. 북을 치다. ¶鼓吹(—, 불 취)북을 치고 피리를 붊. 인신하여, 고무하여 의기를 북돋음. 예士氣의—. ❸북돋우다. 부추기다. ¶鼓舞(—, 부추길 무)자신을 얻어 더욱 힘을 내도록 용기를 북돋우고 부추김. 예—激勵.
〔鼓動〕(고동) ①두드려 움직이게 함. ②혈액의 순환으로 뛰는 심장의 운동.
〔鼓膜〕(고막) 귀청. 외이와 중이의 사이에 있는 얇은 막.
〔鼓腹擊壤〕(고복격양) 배를 두드리고 땅을 친다는 뜻으로, 세상이 평화롭고 안락한 생활을 누림을 이르는 말.
〔鼓手〕(고수) 북을 치는 사람.
▷小鼓(소고)·申聞鼓(신문고)·鐘鼓(종고)

13 획 부수 鼠 部

0 ⑬ 〖鼠〗* 서: 上語 shǔ, ソ
6337

소전 행서 이름 쥐 서: 자원 상형. 쥐의 모양을 본떴다.
새김 쥐. ㉠설치류에 속하는 동물의 한 가지. ¶鼠齧(—, 쏠 설)쥐가 쏢. ㉡쥐처럼 몰래 나쁜 짓을 살짝 하는 자의 비유. ¶鼠賊(—, 도둑 적)좀도둑.
〔鼠盜〕(서도) 좀도둑. 서적(鼠賊).
▷首鼠兩端(수서양단)

14 획 부수 鼻 部

0 ⑭ 〖鼻〗*** 비: 去寘 bí, ビ
6338

소전 행서 이름 코 비: 자원 형성. 自+畀→鼻. 畀(비)가 성부.

필순 ′ 丨 白 白 自 自 鳥 畠 畠 鼻

새김 ❶코. ㉠얼굴의 중앙에 있는, 감각 기관의

하나. ¶鼻孔(—, 구멍 공)콧구멍. ㉡國콧물. 비공에서 나오는 액체. ¶五鼻三尺(나 오, —, 석 삼, 자 척)내 코가 석 자. 곧 곤경에 처하여 자기 일도 어떻게 할 수 없는데 어찌 남을 동정하거나 도울 수 있겠는가의 뜻을 나타내는 말. ❷ 처음. 시초. ¶鼻祖(—, 조상 조)한 겨레의 맨 처음 되는 조상. 동始祖(시조).

〔鼻腔〕(비강) 코의 내강(內腔). 후각 신경이 분포되어 있으며, 폐로 들어가는 공기를 따뜻하게 하고 습도를 조절해 줌.

〔鼻笑〕(비소) 코웃음. 냉소(冷笑).

〔鼻音〕(비음) 콧소리. 코 안을 울리면서 내는 소리.

▷耳目口鼻(이목구비)

14 획 부수 齊 部

▷명칭: 가지런할제

▷쓰임: 자형상의 분류를 위해 설정한 부수이면서, 성부로 쓰였다.

0 ⑭ 〔齊〕** ㊀ 제 平 齊 qí, セイ ㊁ 재 本자 平 支 zī, シ
6339

소전 행서 약자 斉 속자 간화 齐 이름 ㊀가지런할 제 ㊁옷자락 재 자원 상형. 벼나 보리가 패서 그 이삭이 가지런한 모양을 본떴다.

필순

새김 ㊀❶가지런하다. 또는 가지런하게 하다. ¶整齊(가지런할 정, —)격식대로 한결같이 가지런함. 또는 격에 어울리도록 가지런하게 정돈함. 예대열을 —하다. ❷같다. 고르다. 동등하다. ¶均齊(고를 균, —)균형이 잡혀 고름. 예—味. ❸다스리다. 바루다. ¶齊家(—, 집 가)가정을 바르게 다스림. 예修身—. ❹다 같이. 일제히. ¶齊唱(—, 노래할 창)많은 사람이 소리를 맞추어 노래를 부름. 예校歌—. ❺제나라. ㉠주 무왕(周武王)이 태공망(太公望) 여상(呂尙)을 봉한 나라로서, 춘추(春秋) 때는 오패(五覇)의 하나가 되고, 전국(戰國) 때는 칠웅(七雄)의 하나이었던 나라(?~전221년). ㉡남조(南朝)의 하나. 소도성(蕭道成)이 송(宋)나라의 뒤를 이어 세운 남제(南齊:479~502년). ㉢북조(北朝)의 하나. 고양(高洋)이 세운 북제(北齊:549~577년). ㊁❶옷자락. 〔論語〕 攝齊升堂(섭재승당) 옷자락을 걷어들고 당에 오르다. ❷재최(齊衰). 상례의 복제에서의 오복(五服)의 하나. 조금 굵은 삼베로 짓는데 치마의 아랫단을 꿰맨다. 입는 기간은 부모상에는 3년, 조부모상에는 1년, 증조부모상에는 5개월, 고조부모상에는 3개월이다.

▷一齊(일제)

3 ⑰ 〔齋〕* 재 平 佳 zhāi, サイ
6340

소전 행서 속자 斎 동자 간화 斋 이름 재계할 재 자원 형성. 齊〔齊의 생략체〕+示→齋. 齋(재)와 같이 齊(제)의 변음이 성부.

새김 ❶재계하다. 몸과 마음을 깨끗이하다. ¶齋戒(—, 경계할 계)부정을 타지 않도록, 제사나 기도를 드리기 전에 심신을 깨끗이 하고 육식과 행동을 삼가는 일. 예沐浴—. ❷집. 제사나 공부를 위해 지은 집. ¶齋室(—, 집 실)㉮능이나 무덤, 사당의 옆에 제사 소용으로 지은 집. ㉯문묘(文廟)에서 유생들이 공부하는 집. ❸방. 공부하는 방. ¶書齋(책 서, —)책을 쌓아두고 공부하는 방. ❹(佛) 재. 명복을 빌기 위하여 부처에게 드리는 공양. 예齋를 올리다. ❺서재·옥호(屋號)·아호(雅號) 등에 쓰는 말.

〔齋宮〕(재궁) ①향교(鄕校). ②재실(齋室).

〔齋所〕(재소) ①재계하는 곳. ②(佛) ㉠밥 먹는 곳. ㉡재를 올리는 곳.

〔齋食時〕(재식시) (佛)정오 이전에 먹는 때.

〔齋日〕(재일) 재계하는 날.

〔齋場〕(재장) (佛)①불공을 드리는 곳. ②밥 먹는 곳.

▷山齋(산재)·致齋(치재)

7 ㉑ 〔齎〕* 재 本자: 平 支 zī, シ
6341

소전 행서 이름 탄식할 재 자원 형성. 齊+貝→齎. 齋(재)와 같이 齊(제)의 변음이 성부.

새김 탄식하다. 아 하고 탄식하다. 〔易經〕 齎咨涕洟(재자체이) 아 하고 탄식하며 눈물과 콧물을 흘리다. 참고 齎의 자음을, 〈역경언해〉는 본음인 '자'로 잡았으나, 이 사전에서는 〈전운옥편〉에 따라 속음인 '재'를 관용음으로 잡았다.

15 획 부수 齒 部

▷명칭: 이치. 이치변

▷쓰임: 이의 종류나 상태, 이의 기능인 물거나 깨무는 일 등에 관한 한자의 부수로 쓰였다.

0 ⑮ 〔齒〕*** 치 本치: 上 紙 chǐ, シ
6342

소전 행서 속자 歯 간화 齿 이름 이 치 자원 형성. 止+𠚕→齒. 止(지)의 변음이 성부.

필순

새김 ❶이. ㉠동물의 입 안에 있는, 먹이를 씹는

기관. ¶齒藥(一, 약 약)이를 닦는 데 쓰는 약. ㉡이처럼 생긴 사물이나 이와 같은 작용을 하는 것. ¶鋸齒(톱 거, 一)톱니. ❷나이. 연령. ¶年齒(나이 년,一)나이. ㉠같은 ──의 친구.

〔齒根〕(치근) 이촉. 이의 치조(齒槽) 속에 박혀 있는 부분.

〔齒石〕(치석) 이똥. 침으로 분비되는 석회석이 이의 표면에 부착하여 굳어진 것.

〔齒牙〕(치아) 이와 어금니. 또는 이.

〔齒列〕(치열←치렬) 나란히 박힌 잇발의 줄.

〔齒音〕(치음) 잇소리. ㅅ·ㅈ·ㅊ 따위.

〔齒槽〕(치조) 치근이 박혀 있는 위 아래 턱뼈의 구멍.

〔齒痛〕(치통) 이앓이.

▷ 犬齒(견치)·乳齒(유치)·切齒(절치)

0 ⑧ 〔齿〕 6343 치 齒(6342)의 간화자

0 ⑫ 〔歯〕 6344 치 齒(6342)의 속자

5 ⑳ 〔齡〕* 6345 령 平青 | líng, レイ

소전 行서 간화 龄 이름 나이 령 자원 형성. 齒+令→齡. 鈴(령)·領(령)·零(령)과 같이 令(령)이 성부.

새김 나이. 나서 자란 햇수. ¶年齡(나이 년, 一) 나이. ㉠── 의 차이.

▷ 高齡(고령)·老齡(노령)·妙齡(묘령)·樹齡(수령)·適齡(적령)

5 ⑬ 〔龄〕 6346 령 齡(6345)의 간화자

5 ⑳ 〔齟〕* 6347 저: 上語 | jǔ, ソ

행서 간화 龃 이름 위아랫니어긋날 저: 자원 형성. 齒+且→齟. 且에는 '차' 외에 '저' 음도 있어, 沮(저)·咀(저)와 같이 且(저)가 성부.

새김 위아랫니가 어긋나다. 인신하여, 서로 맞지 아니하다. ¶齟齬(一, 위아랫니어긋날 어)위아랫니가 어긋남. 인신하여, 의견이나 일이 서로 어긋나 화합하지 못함의 비유.

〔齟嚼〕(저작) 음식물을 씹음. 저작(咀嚼).

5 ⑬ 〔龃〕 6348 저: 齟(6347)의 간화자

6 ㉑ 〔齧〕* 6349 설 本얼 入屑 | niè, ゲツ

소전 행서 이름 물 설 자원 형성. 㓞+齒→齧. 㓞(갈)의 변음이 성부.

새김 물다. 깨물다. 또는 쏠다. ¶鼠齧(쥐 서, 一)쥐가 쏢.

〔齧齒類〕(설치류) 쥐나 토끼처럼 물건을 잘 갉는 초식 동물.

7 ㉒ 〔齬〕* 6350 어: 上語 | yǔ, ギョ

소전 행서 간화 龉 이름 위아랫니어긋날 어: 자원 형성. 齒+吾→齬. 吾에는 '오' 외에 '어' 음도 있어, 語(어)·圄(어)와 같이 吾(어)가 성부.

새김 위아랫니가 어긋나다. 저어(齟齬)하다. 齟(6347)를 보라.

7 ⑮ 〔龉〕 6351 어: 齬(6350)의 간화자

7 ㉒ 〔齪〕* 6352 착 入覺 | chuò, サク

행서 간화 龊 이름 악착할 착 자원 형성. 齒+足→齪. 捉(착)과 같이 足(족)의 변음이 성부.

새김 악착(齷齪)하다. 齷(6354)을 보라.

7 ⑮ 〔龊〕 6353 착 齪(6352)의 간화자

9 ㉔ 〔齷〕* 6354 악 入覺 | wò, アク

행서 간화 龌 이름 악착할 악 자원 형성. 齒+屋→齷. 屋에는 '옥' 외에 '악' 음도 있어. 握(악)·幄(악)과 같이 屋(악)이 성부.

새김 악착하다. ¶齷齪(一, 악착할 착)㉮도량이 좁음. ㉠── 한 사람. ㉯참혹한 정경이 끔찍함. ㉠── 한 일. ㉰아득바득 기를 쓰는 것이 이악함. ㉠── 하게 살아가다. ㉱잔인하고 지독함. ㉠── 한 고문.

9 ⑰ 〔龌〕 6355 악 齷(6354)의 간화자

16 획 부수 龍 部

▷명칭: 용룡

▷쓰임: 자형상의 분류를 위해 설정한 부수이면서 성부로도 쓰였다.

0 ⑯ 〔龍〕** 6356 룡 平冬 | lóng, リュウ

소전 행서 고자 竜 간화 龙 이름 용 룡 자원 상형. 상상의 동물인 용의 모양을 본떴다.

필순 亠 亣 立 产 音 音 育 龍 龍 龍

새김 ❶용. 구름을 타고 하늘에 오른다는 상상의 동물 이름. ¶龍頭蛇尾(—, 머리 두, 뱀 사, 꼬리 미)용의 머리에 뱀의 꼬리란 뜻으로, 시작이나 처음은 매우 성하고 좋았으나, 뒤끝이 갈수록 점점 쇠하여지고 나빠짐을 비유하는 말. ❷임금의 비유. 또는 임금이 쓰는 사물에 붙이는 말. ¶龍顔(—, 얼굴 안)임금의 얼굴. 예—을 뵙다. ❸영웅(英雄). 호걸이나 준재(俊才)의 비유. ¶臥龍(누을 와, —)누워 있는 용이란 뜻으로, 장차 큰 일을 할 수 있는 인물로서 때를 기다리느라 세상에 나타나지 않고 있는 사람을 이르는 말.

〔龍駕〕(용가) 임금의 수레. 어가(御駕).

〔龍馬〕(용마) ①용의 머리에 말의 몸을 하고 있다는 상상의 동물. ②아주 잘 달리는 훌륭한 말. 준마(駿馬).

〔龍門〕(용문) 산서성(山西省)과 섬서성(陝西省)의 경계에 있는 골짜기 이름. 여기에 흐르는 격류의 폭포를 올라가는 물고기는 용이 된다는 전설이 있음. 예登—.

〔龍床〕(용상) 임금이 앉는 평상.

〔龍虎相搏〕(용호상박) 용과 범이 서로 싸운다는 뜻으로, 힘이 엇비슷한 강자끼리 서로 싸움을 이르는 말.

▷恐龍(공룡)·蛟龍(교룡)·飛龍(비룡)·魚龍(어룡)·潛龍(잠룡)·青龍(청룡)

0 ⑤ 〔龙〕 6357 룡 龍(6356)의 간화자

3 ⑲ 〔龐〕* 6358 방 平江 | pāng, ホウ

소전 龐 행서 龐 간화 庞 이름 클 방 자원 형성. 广+龍→龐. 龍(룡)의 변음이 성부.

새김 크다. 우람하고 크다.

3 ⑧ 〔庞〕 6359 방 龐(6358)의 간화자

6 ㉒ 〔龕〕* 6360 감 平覃 | kān, ガン

소전 龕 행서 龕 간화 龛 이름 감실 감 자원 형성. 合+龍→龕. 合(합)의 변음이 성부.

새김 감실(龕室). ㉮사당 안에 신주를 모셔 두는 감. ㉯(佛)불상을 모셔 두는 석실(石室)이나 사리를 안치하는 탑 밑의 방. ㉰國용상(龍床)의 위나 법당의 부처 위에 만들어 다는 장식. 닫집.

6 ⑪ 〔龛〕 6361 감 龕(6360)의 간화자

16 획 부수 龜 部

0 ⑯ 〔龜〕** 6362 一 귀 平支 | guī, キ; 二 구 平尤 | qiū, キュウ; 三 균 平眞 | jūn, キン

소전 龜 행서 龜 동자 龜 속자 亀 간화 龟 이름 一거북 귀 二구자 구 三터질 균 자원 상형. 거북의 모양을 본떴다.

필순 ⺈ 仌 仌 仒 龟 龜 龜 龜 龜 龜

새김 一❶거북. 중국에서는 1만년을 산다고 하여 사령(四靈)의 하나로 여기며, 장수(長壽)의 상징으로 쓴다. ¶龜甲(—, 껍데기 갑)거북의 등껍데기. ❷귀갑. 점을 치는 기구로 사용한 거북의 등껍데기. ¶龜鑑(—, 거울 감)길흉을 점치는 귀갑과 사물을 비추어 보는 거울. 둘 다 거울로 삼아야 할 사물이라는 데서, 거울로 삼아 본받을 만한 모범을 이르는 말. 예수양의 —으로 삼다. 二구자(龜茲). 한(漢)나라 때 서역(西域)에 있었던 나라 이름. 三터지다. 갈라지다. ¶龜裂(—, 찢어질 렬)거북의 등에 있는 무늬처럼 갈라져 터짐. 인신하여, ㉮물건에 금이 나거나 가뭄으로 논밭이 갈라지는 일. ㉯친분이나 정의에 틈이 나는 일.

〔龜齡〕(귀령) 거북의 나이. 장수(長壽)함의 비유.

〔龜趺〕(귀부) 거북 모양의 빗돌받침.

0 ⑦ 〔龟〕 6363 一귀 龜(6362)의 간화자 二구 龜(6362)의 간화자 三균 龜(6362)의 간화자

0 ⑪ 〔亀〕 6364 一귀 龜(6362)의 속자 二구 龜(6362)의 속자 三균 龜(6362)의 속자

0 ⑱ 〔龜〕 6365 一귀 龜(6362)와 동자 二구 龜(6362)와 동자 三균 龜(6362)과 동자

總劃索引

1. 이 사전에 수록한 모든 文字를 總劃數에 따라 나누고, 같은 總劃數의 文字는 部首의 차례로, 같은 획수, 같은 부수일 때에는 字音의 가나다……順으로 배열하였다.
2. 劃數를 세는 기준에 다소의 異見이 있으나, 여기서는 康熙字典에 의거함을 원칙으로 삼았다.
3. 文字의 왼쪽에는 그 文字가 들어 있는 部首를 제시하고, 오른쪽에는 그 文字가 실린 페이지를 아라비아 數字로 제시하였다.

5 획

6 획

7획

10획

11획

12획

14획

18획

19획

20획

字音索引

1. 이 사전에 수록한 모든 文字의 字音을 가나다……順으로 분류하고, 같은 字音의 文字는 總劃數別로 나누어 部首順으로 배열하였다.
2. 한 文字가 두 가지 이상의 字音을 가진 자는 그 어느 字音으로도 찾아 볼 수 있도록 각각 그 音의 자리에 제시하였다.
3. 文字의 왼쪽에는 그 文字의 總劃數를, 오른쪽에는 그 文字가 실린 페이지를 아라비아 數字로 제시하였다.

 漢字 · 漢文 학습의 길잡이

漢字活用辭典

초판 발행 : 2004년 1월 25일
8쇄 인쇄 : 2025년 1월 10일
8쇄 발행 : 2025년 1월 25일

편 저 자 : 김 동 길
발 행 인 : 양 진 오
발 행 처 : (주) 교 학 사

주 소 : 서울특별시 금천구 가산디지털1로 42(공장)
서울특별시 마포구 마포대로14길 4(사무소)

등 록 : 1962년 6월 26일 (18-7)
전 화 : 영업부/ (02) 707-5147
편집부/ (02) 707-5350
인 쇄 : (주) 교학사 공무부

정가 : 22,000원

部首索引